KB184706

제 27 판

상법강의 (상)

정 찬 형 저

박영사

Lecture on Commercial Law

Volume I

Twenty-Seventh Edition

By

Dr. Chan-Hyung Chung

Professor Emeritus of School of Law,
Korea University

Seoul

Parkyoung Publishing & Company

제27판 서   문

　　제27판에서는 제26판 출간(2023년 6월 30일) 이후에 새로 나온 대법원판례(판례공보를 기준으로 2023년 5월 15부터 2024년 5월 15일까지 공표된 판례)를 반영하였고, 또한 내용에서 미흡한 부분을 수정·보완하였다.

　　위와 같은 수정과 보완으로 제27판은 그 내용이 매우 up-to-date하고 훨씬 충실하여졌다고 본다. 앞으로도 많은 애독자들의 변함 없는 사랑과 성원을 바라며, 미흡한 부분과 새로운 내용은 계속 수정하고 보완할 것을 다짐한다.

　　제27판의 출간을 위하여 도와주신 박영사 안종만·안상준 대표이사님, 조성호 이사 및 편집부 이승현 팀장에게 깊은 감사를 드린다.

2024년 7월

정 찬 형 씀

제26판 서 문

제26판에서는 제25판 출간(2022년 2월 25일) 이후에 새로 나온 대법원판례(판례 공보를 기준으로 2022년 1월 1일부터 2023년 5월 1일까지 공표된 판례)를 반영하였고, 또한 "주식회사 기관의 비교법적 고찰" 등 내용에서 미흡한 부분을 수정·보완하였다.

위와 같은 수정과 보완으로 제26판은 그 내용이 매우 up-to-date하고 훨씬 충실하여졌다고 본다. 앞으로도 많은 애독자들의 변함 없는 사랑과 성원을 바라며, 미흡한 부분과 새로운 내용은 계속 수정하고 보완할 것을 다짐한다.

제26판의 출간을 위하여 도와주신 박영사 안종만·안상준 대표이사님, 조성호 이사 및 편집부 이승현 팀장에게 깊은 감사를 드린다.

2023년 5월

정 찬 형 씀

제25판 서 문

제25판에서는 제24판 출간(2021년 2월 25일) 이후에 새로 나온 대법원판례(판례 공보를 기준으로 2021년 1월 1일부터 2021년 12월 15일까지 공표된 판례)를 반영하였고, 또한 회사법에서 일부 참고서적의 인용면을 최신판(2021년판 또는 2020년판)에 의하여 변경하면서 내용에서 미흡한 부분을 다수 수정·보완하였다.

위와 같은 수정과 보완으로 제25판은 그 내용이 매우 up-to-date하고 훨씬 충실하여졌다고 본다. 앞으로도 많은 애독자들의 변함 없는 사랑과 성원을 바라며, 미흡한 부분과 새로운 내용은 계속 수정하고 보완할 것을 다짐한다.

제25판의 출간을 위하여 도와주신 박영사 안종만·안상준 대표이사님, 조성호 이사 및 편집부 이승현 팀장에게 깊은 감사를 드린다.

2022년 2월

정 찬 형 씀

제24판 서   문

　　제24판에서는 제23판 출간(2020년 2월 25일) 이후에 새로 공포되고 시행된 개
정상법을 반영하였다. 즉, 2020년 6월 9일 법률 제17362호로 공포되고 공포 후 3
개월이 경과한 날(2020. 9. 10)부터 시행하는 개정상법(제22조의 2 제 1 항에 '유한책임
회사'를 추가하여 유한책임회사의 설립시 상호의 가등기를 할 수 있도록 함)과 2020년 12월
29일 법률 제17764호로 공포되고 공포한 날(2020. 12. 29)부터 시행하는 개정상법
(다중대표소송제도의 신설〈제406조의 2〉, 감사위원회 위원 중 1명의 분리선출제〈제542조의
12 제 2 항 단서 신설〉, 〈1995년 개정상법에서 신설된〉 신주의 이익배당 기준일에 관한 규정
의 삭제〈제350조 제 3 항 등 삭제〉, 주주총회에서 감사·감사위원회 위원의 선임시 전자투표의
경우에는 '발행주식총수의 4분의 1 이상'을 의결정족수에서 배제〈제409조 제 3 항, 제542조의
12 제 8 항〉, 상장회사에서 소수주주권은 일반규정에 따라서도 행사할 수 있도록 함〈제542조
의 6 제10항〉)을 반영하였다. 또한 제24판에서는 2020년 1월 29일 대통령령 제
30363호로 공포되고 공포한 날(2020. 1. 29)부터 시행하는 개정 상법시행령(전자투표
의 편의성 제고〈제13조 제 1 항, 현행 제13조 제 3 항 삭제, 제13조 제 6 항 신설〉, 상장회사 임
원 후보자에 관한 사항 공시 강화〈제31조 제 3 항 제 3 호~제 5 호 신설〉, 주주총회 소집 통지
시 사업보고서 등 제공 의무화〈제31조 제 4 항 제 4 호 신설〉, 사외이사 자격 요건 강화〈제34
조 제 5 항 제 1 호, 제34조 제 5 항 제 7 호 신설〉)과 2020년 4월 14일 대통령령 제30613
호로 공포되고 공포한 날(2020. 4. 14)부터 시행하는 개정 상법시행령(상장회사 감사
위원회 위원 중 1명 이상은 회계 또는 재무전문가일 것〈제37조 제 2 항 제 4 호의 개정 및 제
5 호의 신설〉)을 반영하였다.

　　제24판에서는 제23판 이후에 새로 나온 대법원 판례(법원공보를 기준으로 2020
년 1월 1일부터 2020년 12월 15일까지 공표된 판례)를 반영하였으며, 또한 내용에서 미
흡한 부분을 수정·보완하였다.

　　위와 같은 수정과 보완으로 제24판은 그 내용이 매우 up-to-date하고 훨씬
충실하여졌다고 본다. 앞으로도 많은 애독자들의 변함 없는 사랑과 성원을 바라며,
미흡한 부분과 새로운 내용은 계속 수정하고 보완할 것을 다짐한다.

　　제24판의 출간을 위하여 도와주신 박영사 안종만·안상준 대표이사님, 조성호

이사 및 편집부 이승현 과장에게 깊은 감사를 드린다.

2021년 2월

정 찬 형 씀

제23판 서 문

　제22판 출간(2019년 2월 25일) 이후에 새로 제정되고 시행된 「주식·사채 등의 전자등록에 관한 법률 시행령」(제정: 2019년 6월 25일, 대통령령 제29892호, 시행: 2019년 9월 16일)을 반영하고, 제22판 이후에 새로 나온 대법원 판례(법원공보를 기준으로 2019년 1월 1일부터 2019년 12월 15일까지 공표된 판례)를 반영하였으며, 또한 내용에서 미흡한 부분을 수정·보완하여, 이번에 제23판을 출간하였다.

　이와 같은 수정과 보완으로 이 책의 내용이 매우 up-to-date하고 훨씬 충실하여졌다고 본다. 앞으로도 많은 애독자들의 변함 없는 사랑과 성원을 바라며, 미흡한 부분과 새로운 내용은 계속 수정하고 보완할 것을 다짐한다.

　제23판의 출간을 위하여 도와주신 박영사 안종만 회장님, 조성호 이사 및 편집부 이승현 과장에게 깊은 감사를 드린다.

2020년 2월
정 찬 형 씀

제22판 서 문

　제21판 출간(2018년 3월 5일) 이후에 새로 나온 대법원 판례(판례공보를 기준으로 2018년 1월 1일부터 2018년 12월 15일까지 공표된 판례)를 반영하고, 또한 내용에서 미흡한 부분을 수정·보완하여(특히, 최근 학회지 등에 발표된 논문 및 판례평석 등을 해당되는 곳에서 인용함), 이번에 제22판을 출간하였다.

　이와 같은 수정과 보완으로 이 책의 내용이 매우 up-to-date하고 훨씬 충실하여졌다고 본다. 앞으로도 많은 애독자들의 변함 없는 사랑과 성원을 바라며, 미흡한 부분과 새로운 내용은 계속 수정하고 보완할 것을 다짐한다.

　제22판의 출간을 위하여 도와주신 박영사 안종만 회장님, 조성호 이사 및 편집부 이승현 과장에게 깊은 감사를 드린다.

2019년 2월

정 찬 형 씀

제21판 서 문

    제20판 출간(2017년 3월 5일) 이후에 전부개정된 「주식회사 등의 외부감사에 관한 법률」(2017. 10. 31, 법 15022호, 시행: 2018. 11. 1.)을 반영하고, 또한 제20판 이후에 새로 나온 대법원 판례(판례공보를 기준으로 2017년 1월 1일부터 2017년 12월 15일까지 공표된 판례)를 반영하였으며, 또한 내용에서 미흡한 부분을 수정·보완하여, 이번에 제21판을 출간하였다. 이번에 반영한 대법원 2017. 3. 23. 선고 2015 다 248342 전원합의체 판결은 주주명부상 기재 또는 명의개서의 효력에 대하여 종래의 판례인 실질설을 변경하여 형식설에 따른 것이고, 또한 대법원 2017. 3. 23. 선고 2016 다 251215 전원합의체 판결은 이사·감사의 지위의 취득에 임용계약 체결을 요한다는 종래의 판례를 변경하여 임용계약의 체결 여부와 관계 없이 주주총회의 선임 결의가 있고 선임된 사람의 동의만 있으면 된다고 보는 것으로서 중요한 의미를 갖는다고 본다.

    이와 같은 수정과 보완으로 이 책의 내용이 매우 up-to-date하고 훨씬 충실하여졌다고 본다. 앞으로도 많은 애독자들의 변함 없는 사랑과 성원을 바라며, 미흡한 부분과 새로운 내용은 계속 수정하고 보완할 것을 다짐한다.

    제21판의 출간을 위하여 도와주신 박영사 안종만 회장님, 조성호 이사 및 편집부 이승현 대리에게 깊은 감사를 드린다.

2018년 2월

정 찬 형 씀

제20판 서   문

제19판 출간(2016년 3월 25일) 이후에 새로 시행되거나 제정된 상법의 특별법인 「금융회사의 지배구조에 관한 법률」(제정: 2015년 7월 31일, 법률 제13453호, 시행: 2016년 8월 1일) 및 「금융회사의 지배구조에 관한 법률 시행령」(제정: 2016년 7월 28일, 대통령령 제27414호, 시행: 2016년 8월 1일)과 「주식·사채 등의 전자등록에 관한 법률」(제정: 2016년 3월 22일, 법률 제14096호, 시행: 공포 후 4년을 넘지 아니하는 범위에서 대통령령으로 정하는 날)을 반영하고, 또한 제19판 이후에 새로 나온 대법원판례(판례공보를 기준으로 2016년 1월 1일부터 2016년 12월 15일까지 공표된 판례)와 중요 하급심 판례(각급 법원〈제1, 2심〉 판결공보를 기준으로 2016년 1월 10일부터 2016년 12월 10일까지 공표된 판례)를 반영하였으며, 또한 내용에서 미흡한 부분을 수정·보완하여(주주총회 보통결의요건·감사위원회·준법감시인 등), 이번에 제20판을 출간하였다.

이와 같은 수정과 보완으로 이 책의 내용이 매우 up-to-date하고 훨씬 충실하여졌다고 본다. 앞으로도 많은 애독자들의 변함없는 사랑과 성원을 바라며, 미흡한 부분과 새로운 내용은 계속 수정하고 보완할 것을 다짐한다.

제20판의 출간을 위하여 도와주신 박영사 안종만 회장님, 조성호 이사 및 편집부 이승현 대리에게 깊은 감사를 드린다.

2017년 2월

정 찬 형 씀

제19판 서 문

　　제18판 출간(2015년 2월 20일) 이후에 삼각주식교환·삼각분할합병·간이영업양도 등의 제도를 인정하는 새로 공포된 회사법에 관한 개정상법(2015년 12월 1일, 법률 제13523호, 시행일자: 2016. 3. 2)을 반영하고, 또한 제18판 이후에 새로 나온 대법원판례(판례공보를 기준으로 2014년 12월 1일부터 2015년 12월 15일까지 공표된 판례)를 반영하였으며, 또한 내용에서 미흡한 부분을 수정·보완(자기주식의 취득 및 소각 등)하여, 이번에 제19판을 출간하였다.

　　이와 같은 수정과 보완으로 이 책의 내용이 매우 up-to-date하고 훨씬 충실하여졌다고 본다. 앞으로도 많은 애독자들의 변함없는 사랑과 성원을 바라며, 미흡한 부분과 새로운 내용은 계속 수정하고 보완할 것을 다짐한다.

　　제19판의 출간을 위하여 도와주신 박영사 안종만 회장님·조성호 이사 및 편집부 이승현 대리에게 깊은 감사를 드린다.

2016년 2월

정 찬 형 씀

제18판 서   문

제17판 출간(2014년 1월 25일) 이후에 무기명주식제도를 폐지하는 새로 공포된 회사법에 관한 개정상법(2014년 5월 20일, 법률 제12591호)(2014년 5월 20일부터 시행)을 반영하고, 또한 제17판 이후에 새로 나온 대법원 판례(판례공보를 기준으로 2013년 12월 1일부터 2014년 11월 15일까지 공표된 판례)를 반영하였으며, 또한 내용에서 미흡한 부분을 수정·보완(일반상사유치권의 효력, 주주총회 결의요건, 조건부자본증권, 전자단기사채 등)하여 이번에 제18판을 출간하였다.

저자는 고려대학교 법학전문대학원 교수를 정년퇴임한 후 이 책에 대하여 종전보다 더욱 열과 성을 다하여 개정·보완하고 있으므로, 그 내용이 훨씬 충실하여졌을 것으로 본다. 애독자들의 변함없는 사랑과 애용을 바란다.

제18판의 출간을 위하여 도와주신 박영사의 안종만 회장님·조성호 이사 및 편집부의 이승현 대리에게 깊은 감사를 드린다.

2015년 2월

정 찬 형 씀

제17판 서　문

　　제16판 출간(2013년 2월 25일) 이후에 새로 나온 대법원판례(판례공보를 기준으로 2013년 1월 1일부터 2013년 11월 15일까지 공표된 판례)를 반영하고 내용에서 미흡한 부분을 수정·보완하여 이번에 제17판을 출간하였다.

　　저자는 2013년 8월 말로 고려대학교 법학전문대학원 교수를 정년퇴임하고 동년 9월 1일부터 동교 명예교수로 있는데, 이 책에 관하여는 변함없이 열과 성을 다하여 개정·보완하고자 하니 애독자들의 변함없는 사랑과 애용을 바란다.

　　제17판의 출간을 위하여 도와주신 박영사의 안종만 회장님·조성호 부장 및 편집부 엄주양 대리에게 깊은 감사를 드린다.

2014년 1월

정 찬 형 씀

제16판 서 문

　제15판 출간(2012년 2월 29일) 이후에 공포되고 전면 개정된 상법시행령(2012년 4월 10일, 대통령령 제23720호)(2012년 4월 15일부터 시행)과 제15판 이후에 새로 나온 대법원 판례(판례공보를 기준으로 2012년 1월 1일부터 2012년 12월 15일까지 공표된 판례)를 반영하여 이번에 제16판을 출간하였다. 제16판을 출간하면서 내용에서 미흡한 부분도 많이 수정·보완하였다.

　제16판의 회사법은 2011년 4월 14일 광범위하게 개정된 회사법에 따라 전면 수정한 제15판을 다시 수정·보완한 내용이라고 볼 수 있는데, 이러한 새로운 내용이 애독자들에게 많은 도움을 줄 수 있기를 바라고, 미흡한 부분에 대하여는 앞으로 계속 수정·보완할 것이다.

　제16판의 출간을 위하여 도와준 고려대학교 대학원(법학과) 박사과정에 있으면서 본인의 연구실 조교로 있는 이진효 군과 박영사의 안종만 회장님·조성호 부장 및 편집부 엄주양 대리에게 깊은 감사를 드린다.

2013년 2월

정 찬 형 씀

제15판 서   문

　　제14판 출간(2011년 2월 20일) 이후에 새로 공포되고 광범위하게 개정된 회사법에 관한 개정상법(2011년 4월 14일, 법률 제10600호)(2012년 4월 15일부터 시행)과 2011년 1월 1일부터 시행되고 있는「한국채택국제회계기준(K−IFRS)」및「일반기업회계기준」을 반영하고, 또한 제14판 출간 이후에 새로 나온 대법원 판례(판례공보를 기준으로 2011년 1월 1일부터 2011년 12월 15일까지 공표된 판례)를 반영하여 이번에 제15판을 출간하였다. 제15판을 출간하면서 내용에서 미흡한 부분도 많이 수정·보완하였다.

　　제15판의 회사법에서는 2011년 4월 14일 개정된 회사법상 새로운 제도가 상당히 많이 도입되고 변경되어 거의 전면 수정하게 되었다. 새로운 내용이 애독자들에게 많은 도움을 줄 수 있기를 바라고, 미흡한 부분에 대하여는 좋은 지적을 바란다.

　　제15판의 출간을 위하여 도와준 고려대학교 대학원(법학과) 박사과정에 있으면서 본인의 연구실 조교로 있는 우인경 양 및 기업회계에 관하여 많이 도와준 본인의 지도로 고려대학교 대학원(법학과) 박사과정에 있는 이진효 군과 박영사의 안종만 회장님 및 편집부 노현 부장 및 엄주양 씨에게 깊은 감사를 드린다.

2012년 2월

정 찬 형 씀

제14판 서 문

제13판 출간(2010년 2월 5일) 이후에 공포된 상법총칙·상행위법에 관한 개정상법(2010년 5월 14일, 법률 제10281호)과 새로 나온 대법원판례(판례공보를 기준으로 2009년 12월 1일부터 2010년 12월 15일까지 공표된 판례)를 반영하여 이번에 제14판을 출간하였다.

2010년 5월 14일에 공포되고 동년 11월 15일부터 시행되는 개정상법에서는 신용카드·전자화폐 등을 이용한 지급결제업무의 인수를 기본적 상행위에 추가하였고, 자산평가의 원칙(상법 제31조) 및 격지자간의 청약의 구속력(상법 제52조)에 관한 규정을 삭제하였으며, 비상인에 대한 금전의 대여에도 법정이자청구권을 인정하였고, 지점거래의 채무이행장소를 채권자의 지점으로 하였으며, 위탁매매인의 개입권 대상에 유가증권을 추가하였고, 화물상환증의 문언증권성과 관련하여 운송계약의 추정적 효력과 선의의 제3자에게 대항할 수 없음을 명확히 하였으며, 공중접객업자의 책임을 과실책임으로 하였고, 금융리스업·가맹업(프랜차이즈) 및 채권매입업(팩토링)에 관한 법률관계를 구체화하여 규정하였다.

제14판을 출간하면서 최근 외국의 개정법령(2006년에 대폭 개정된 영국의 회사법, 2006년에 개정된 미국의 모범사업회사법, 독립된 상사회사법을 다시 상법전 내에 규정하는 등 2001년에 대폭 개정된 프랑스 상법, 2005년에 상법에서 분리하여 독립법전으로 규정한 일본의 회사법 등)을 반영하였고, 또한 출판사와 애독자들의 요구에 의하여 전면 한글화를 하였다. 이와 함께 내용에서 미흡한 부분도 부분적으로 보완·수정하였다. 위와 같은 수정과 보완으로 이번에 출간된 제14판의 내용이 훨씬 충실하고 up-to-date하여졌다고 본다. 앞으로도 애독자들의 변함 없는 사랑과 성원을 바란다.

제14판의 출간에서 외국의 개정법령을 확인하는 데 도와준 고려대학교 법학전문대학원에 재학중인 차영훈 군(프랑스법), 본인의 지도로 2010년 8월에 법학박사학위를 마친 문준우 군(영미법) 및 본인의 지도로 고려대학교 대학원(법학과) 박사과정에 있으면서 본인의 연구실 조교로 있는 우인경 양(일본법)에게 감사드린다. 특히 한글화를 하는 과정에서 전문을 확인·교정하는 데 노고가 많은 본인의 조교인 우인경 양과 박영사 편집부의 노현 부장 및 엄주양 씨에게 깊은 감사를 드린다. 또한 어려운 출판업의 현실에서도 항상 변함 없이 지원하여 주시는 박영사의 안종만 회장님께 깊은 감사를 드린다.

2011년 1월

정 찬 형 씀

제13판 서 문

제12판 출간(2009년 3월 5일) 이후에 공포된 개정상법(2009년 5월 28일, 법률 제9746호)과 새로 나온 대법원판례(판례공보를 기준으로 2009년 1월 1일부터 2009년 11월 15일까지 공표된 판례)를 반영하여 이번에 제13판을 출간하였다.

2009년 5월 28일에 공포된 개정상법에서는 소규모 주식회사의 범위를 종래에 자본금 총액 5억원 미만인 회사에서 자본금 총액 10억원 미만인 회사로 확대함과 동시에, 이러한 소규모 주식회사에 대하여는 주주총회 소집절차를 간소화하고, 이사를 1명 또는 2명 둘 수 있는데 이 때에는 이사회를 두지 못하도록 하였으며(즉, 이사회를 임의기관으로 하였으며), 감사(監事)를 임의기관으로 하는 등 지배구조를 전면 개정하였다. 또한 이러한 소규모 주식회사를 발기설립하는 경우에는 원시정관에 대한 공증인의 인증을 면제하고, 주금납입금보관증명서를 잔고증명서로 대체할 수 있도록 하는 등 창업절차를 간소화하였다. 이와 함께 주식회사의 최저자본을 폐지하였다. 또한 전자주주명부·전자투표 등에 관하여 규정함으로써 회사경영의 정보기술(IT)화를 일부 실현하였다.

제13판을 출간하면서 내용에서 미흡한 부분도 부분적으로 보완·수정하였다. 위와 같은 수정과 보완으로 이번에 출간된 제13판의 내용이 훨씬 충실하고 up-to-date하여졌다고 본다. 앞으로도 애독자들의 변함 없는 사랑과 성원을 바란다.

제13판의 출간을 위하여 도와주신 본인의 지도로 고려대학교 대학원(법학과) 석사과정에 있으면서 본인의 연구실 조교로 있는 우인경 양과 박영사의 안종만 회장님·노현 부장에게 깊은 감사를 드린다.

2010년 1월
정 찬 형 씀

제12판 서　　문

　　제11판 출간(2008년 2월 20일) 이후에 새로 나온 대법원판례(판례공보를 기준으로 2008년 1월 1일부터 2008년 12월 15일까지 공표된 판례)를 반영하고, 비송사건절차법에서 분리되어 상업등기법(제정: 2007. 8. 3, 법 8582호)이 새로 제정되고 이에 따라 상업등기규칙(제정: 2007. 12. 24, 대법원규칙 2129호)이 새로 제정됨에 따라 총칙편 중 상업등기에 관한 부분을 수정함은 물론 이에 따른 법령인용을 전부 수정하였으며, 또한 종래의 증권거래법이 2009년 2월 4일 자본시장과 금융투자업에 관한 법률의 시행과 동시에 폐지되고 그 내용이 위 자본시장과 금융투자업에 관한 법률 및 상법의 상장회사에 관한 특례규정에 분산되어 규정됨에 따라 그 내용을 반영하고 법령인용을 전부 수정하여 이번에 제12판을 출간하였다.

　　제12판을 출간하면서 내용에서 미흡한 부분을 부분적으로 보완·수정하였는데, 화물유통촉진법이 물류정책기본법(제정: 2007. 8. 3, 법 8617호)으로 대체됨으로써 상행위편 중 창고업에 관한 내용을 부분적으로 수정한 것이 이의 하나이다.

　　또한 2007년 9월에 정부에서 국회에 이송한 상법(회사편) 개정안은 17대 국회의원의 임기만료로 폐기되었다. 따라서 정부는 2008년에 종래의 개정안을 부분적으로 수정하고 이에 자본금총액이 10억원 미만인 소규모 주식회사의 설립절차와 운영을 간소화하는 개정안 및 종래에 「증권거래법」에서 규정한 상장회사의 지배구조에 관한 특례규정을 추가한 개정안을 확정하여 2008년 10월 21일 제18대 국회에 다시 제출하였다. 정부의 동 법률안은 2008년 11월 27일 제278회 국회(정기회) 제20차 법제사법위원회에 상정되고, 또한 법안심사제 1 소위원회에 회부되었는데, 동 위원회가 2008년 11월 28일 심사한 결과 정부의 「상법 일부개정법률안」은 상법 회사편을 전면 개정하는 것으로서 그 내용이 방대하여 공청회를 거치는 등 심도 있는 심사가 필요하나 개정안 중 상장회사에 관한 특례부분은 2009년 2월 4일부터 시행되는 「자본시장 및 금융투자업에 관한 법률」로 폐지되는 「증권거래법」의 내용을 반영하는 것으로 위 법률의 시행시기에 맞출 필요가 있으므로 「상법 일부개정법률안」 중 상장회사에 관한 특례부분을 발췌하여 위원회안을 성안하고, 이 안을 2009년 1월 6일 제279회(임시회) 제 1 차 법안심사제 1 소위원회에서 위원회안으로 제안하기로 의결하고 같은 날 법제사법위원회에서 이 안을 가결하였으며 2009년 1월 8일에 국회 본회의에서 이 안을 가결하였다. 따라서 이번 제12판에서는 2009년 1월 국회에서 통과된 상장회사에 관한 특례규정을 반영하였고 또한 그 이외의 상법개정안에 대하여도 중요부분에 관하여 반영하여 보완하였다.

제12판을 출간하면서 2008년~2009년에 정부가 국회에 제출한 상법(총칙·상행위편, 회사편) 개정안을 참고자료로 부록 뒤(색인 앞)에 수록하여 애독자들이 최근 개정이 논의되고 있는 상법내용에 대하여 참고할 수 있도록 하였다.

위와 같은 수정과 보완으로 이번에 출간된 제12판의 내용이 훨씬 충실하고 up-to-date하여졌다고 본다.

앞으로도 애독자들의 변함 없는 사랑과 성원을 바란다. 제12판의 출간을 위하여 도와주신 본인의 지도로 고려대학교 대학원(법학과) 박사과정에 있는 차영훈 군 및 문준우 군과 박영사의 안종만 회장님·노현 부장 및 조성호 부장에게 깊은 감사를 드린다.

2009년 1월
정 찬 형 씀

제11판 서   문

제10판 출간(2007년 2월 20일) 이후에 나온 대법원판례(판례공보를 기준으로 2007년 1월 1일부터 2007년 12월 15일까지 공표된 판례)를 반영하고, 내용에서 미흡한 부분(상사계약의 성립시기, 주식회사 이사의 회사에 대한 책임 등)을 본문 또는 주에서 보충하였으며, 잘못 인용된 법령을 바로 잡아 이번에 제11판을 출간하였다.

제11판을 출간하면서 2007년 9월 20일에 정부에서 국회에 이송한 상법(회사편) 개정안을 참고자료로 부록 뒤(색인 앞)에 수록하여 애독자들이 참고할 수 있도록 하였다(제10판에서는 2006년 10월 4일에 입법예고된 개정시안을 수록하였는데, 동 시안은 그 이후 법제처 심의 등에서 수정된 내용이 있음).

위와 같은 수정과 보완으로 이번에 출간된 제11판의 내용이 훨씬 충실하고 up-to-date하여졌다고 본다. 앞으로도 애독자들의 변함 없는 사랑과 성원을 바란다.

제11판의 출간을 위하여 도와주신 본인의 지도로 고려대학교 대학원(법학과) 박사과정에 있는 차영훈 군과 박영사의 안종만 회장님·노현 부장·조성호 차장에게 깊은 감사를 드린다.

2008년 1월

정 찬 형 씀

제10판 서   문

　제 9 판 출간(2006년 2월 25일) 이후에 나온 대법원판례(판례공보를 기준으로 2006년 1월 1일부터 2006년 12월 15일까지 공표된 판례)를 반영하고, 내용에서 미흡한 부분(법인격부인론, 종류주주총회, 전환사채·신주인수권부사채 등)을 본문 또는 주에서 보충하였으며, 잘못 인용된 법령을 바로 잡아 이번에 제10판을 출간하였다.

　제10판을 출간하면서 애독자들이 많은 관심을 갖고 있는 2006년 10월 4일에 입법예고된 상법(회사편) 개정시안을 참고자료로 부록 뒤(색인 앞)에 수록하여 어떠한 내용이 개정논의되고 있는가에 대하여 참고할 수 있도록 하였다.

　위와 같은 수정과 보완으로 이번에 출간된 제10판의 내용이 훨씬 충실하고 up-to-date하여졌다고 본다. 앞으로도 애독자들의 변함 없는 사랑과 성원을 바란다.

　제10판의 출간을 위하여 도와주신 본인의 지도로 고려대학교 대학원(법학과) 박사과정에 있는 차영훈 군과 박영사의 안종만 회장님·노현 부장·조성호 차장에게 깊은 감사를 드린다.

2007년 1월
정 찬 형 씀

제 9 판 서   문

제 8 판 출간(2005년 2월 25일) 이후 「채무자 회생 및 파산에 관한 법률」(제정 : 2005. 3. 31, 법 7428호)이 제정되고 회사정리법·화의법 및 파산법이 폐지됨에 따라 주식회사의 정리에 관한 부분을 전면 개고하여 제 2 장 회사법통칙에서 제 5 절(회사의 회생절차)을 신설하여 동법에 관하여 소개하였고, 이와 함께 파산법 등의 인용조문도 전부 변경하였으며, 이 책에서 인용된 국내의 다수의 단행본의 인용면수를 2005년도 등 최신판에 의하여 수정하였고, 또한 제 8 판에서 반영한 대법원판례(판례공보를 기준으로 2004년 12월 15일까지 공표된 판례) 이후에 나온 대법원판례(판례공보를 기준으로 2005년 1월 1일부터 2005년 12월 15일까지 공표된 판례)를 반영하여 이번에 제 9 판을 출간하였다. 제 9 판을 출간하면서 중요한 최근의 새로운 논문을 주에서 인용하였고, 표현에서 미흡한 부분 등을 바로 잡았다.

위와 같은 수정과 보완으로 이번에 출간된 제 9 판의 내용이 훨씬 충실하고 up－to－date하여졌다고 본다. 앞으로도 애독자들의 변함 없는 사랑과 성원을 바란다.

제 9 판의 출간을 위하여 도와주신 본인의 지도로 고려대학교 대학원(법학과) 박사과정에 있는 김홍식 군과 박영사의 안종만 회장님·노현 부장·조성호 차장에게 깊은 감사를 드린다.

2006년 1월

정 찬 형 씀

제 8 판 서   문

　　제 7 판 출간(2004년 3월 10일) 이후 제 2 인쇄(2004년 4월 20일)를 하면서 누락된 인용·최근법령 및 판례를 보완·수정하고 표현에서 미흡한 부분 등을 부분적으로 수정·보완하였는데, 다수의 개정·추가사항은 제 8 판의 개정내용으로 미루었다. 이번에 제 8 판을 출간하면서 제 7 판에서 반영한 대법원판례(판례공보를 기준으로 2003년 12월 15일까지 공표된 판례) 이후에 나온 대법원판례(판례공보를 기준으로 2004년 1월 1일부터 2004년 12월 15일까지 공표된 판례) 및 2004년 12월 31일까지 개정된 법령을 반영하고, 내용상 미흡한 부분(운송주선인, 자기주식취득제한, 종류주주총회, 서면에 의한 의결권의 행사, 집행임원, 전환사채 등에 관한 부분)을 보완하였으며, 체제에서 현행 상법과 특별법에 관한 설명이 쉽게 구별될 수 있도록 특별법에 관한 설명 등은 작은 글자로 하는 등 수정을 하였다.

　　위와 같은 수정과 보완으로 이번에 출간된 제 8 판의 내용이 훨씬 충실하고 up-to-date하여졌다고 본다. 앞으로도 독자들의 변함 없는 사랑과 성원을 바란다.

　　제 8 판의 출간을 위하여 도와주신 본인의 지도로 고려대학교 대학원(법학과) 박사과정에 있는 김홍식 군과 박영사의 안종만 회장님·노현 차장·조성호 차장에게 깊은 감사를 드린다.

2005년 2월

정 찬 형 씀

제 7 판 서   문

　　제 6 판 출간(2003년 3월 20일) 이후 제 2 인쇄(2003년 8월 10일)를 하면서 오자 및 최근법령 인용의 오류 등을 바로 잡고 내용에 있어서 미흡한 부분 등을 부분적으로 수정·보완하였는데, 다수의 개정·추가사항은 제 7 판의 개정내용으로 미루었다. 이번에 제 7 판을 출간하면서 제 6 판에서 반영한 대법원판례(판례공보를 기준으로 2002년 12월 15일까지 공표된 판례) 이후에 나온 대법원판례(판례공보를 기준으로 2003년 1월 1일부터 2003년 12월 15일까지 공표된 판례) 및 2003년 12월 31일까지 개정된 법령을 반영하고, 또한 2003년도에 국내에서 발간된 법학전문학술지(예컨대, 상사법연구·비교사법 등)에 게재된 다수의 논문을 반영하였으며, 이 책에서 인용된 국내의 다수의 단행본의 인용면수를 2003년도 개정판에 의하여 수정하였고, 내용상 미흡한 부분(예컨대, 화물상환증의 면책약관의 효력 등)을 보완하였다.

　　위와 같은 수정과 보완으로 이번에 출간된 제 7 판의 내용이 훨씬 충실하고 up-to-date하여졌다고 본다. 앞으로도 독자들의 변함 없는 사랑과 성원을 바란다.

　　제 7 판의 출간을 위하여 도와준 본인의 지도로 고려대학교 대학원(법학과) 석사과정에 있는 장승준 군·정은혜 양과 박영사의 안종만 회장님·노현 차장·박노일 차장 및 조성호 과장에게 깊은 감사를 드린다.

2004년 2월

정 찬 형 씀

＊　　＊

　　제 7 판 2쇄를 발행하면서 누락된 인용·최근법령 및 판례를 보완·수정하고, 표현에서 미흡한 부분 등을 바로 잡았다.

2004년 4월

정 찬 형 씀

제 6 판 서 문

제 5 판 출간(2001년 8월 30일) 이후 다시 인쇄하면서(2쇄) 오자 및 인용법령과 내용에서 미흡한 부분 등을 부분적으로 수정하였는데, 그 후 상법은 개정이 없었으나 다수의 법령(예컨대, 민사소송법, 은행법, 증권거래법 등)이 개정되어 이를 반영하고, 제 5 판에서 반영한 대법원판례(판례공보를 기준으로 2001년 6월 15일까지 공표된 판례) 이후에 나온 대법원판례(판례공보를 기준으로 2001년 7월 1일부터 2002년 12월 15일까지 공표된 판례)를 반영하였으며, 또한 국내의 최근 법학전문학술지(예컨대, 상사법연구·비교사법 등)에 게재된 다수의 논문을 반영하고, 내용상 미흡한 부분(예컨대, 주식매수청구권 등)을 보완하여 이번에 제 6 판을 출간하였다.

위와 같은 수정과 보완으로 이번에 출간된 제 6 판의 내용이 훨씬 충실하고 up-to-date하여졌다고 본다. 앞으로도 독자들의 변함 없는 사랑과 성원을 바란다.

제 6 판의 출간을 위하여 도와주신 금융감독원에 조사역으로 재직하면서 본인의 지도로 고려대학교 대학원(법학과) 석사과정에 있는 최인호 군과, 박영사의 안종만 회장님·노현 차장·박노일 차장 및 조성호 과장에게 깊은 감사를 드린다.

2003년 1월

정 찬 형 씀

*　　*

제 6 판 2쇄를 발행하면서 오자 및 최근법령인용의 오류 등을 바로 잡고, 내용에 있어서 미흡한 부분을 수정 또는 보완하였다.

2003년 6월

정 찬 형 씀

제 5 판 서　문

　　정부가 2000년 12월 30일 국회에 제출한 상법개정안이 2001년 6월 28일 국회에서 통과되고 정부가 2001년 7월 24일 법률 제6488호로 공포함에 따라 이러한 2001년 개정상법을 반영하고, 이와 함께 2001년 3월 28일 법률 제6423호로 개정된 증권거래법·2001년 3월 28일 법률 제6427호로 개정된 주식회사의 외부감사에 관한 법률 등 특별법을 반영하였으며, 또한 제 4 판 이후에 새로 나온 대법원판례(판례공보를 기준으로 2001년 1월 1일부터 2001년 6월 15일까지 공표된 판례)를 반영하여 이번에 제 5 판을 출간하였다. 또한 제 5 판을 출간하면서 제 4 판에서의 미흡한 부분을 수정·보완하였다.

　　2001년 개정상법의 주요내용은 물적회사의 경우 1인회사의 설립을 허용한 점, 주주총회의 특별결의에 의하여 주식을 소각할 수 있도록 한 점, 주식의 포괄적 교환·이전제도를 신설한 점, 주주총회의 특별결의사항에 다른 회사의 영업의 일부양수를 추가한 점, 주식매수(매도)가액의 결정절차를 개정한 점, 이사·감사(監事)의 비밀유지의무를 신설한 점, 이사회의 권한을 구체화하고 이사의 정보접근권을 신설한 점, 주주의 신주인수권을 강화한 점 등이다.

　　위와 같은 수정과 보완으로 제 5 판의 내용이 더욱 참신하게 되었다고 보며, 앞으로 독자들의 변함 없는 사랑과 성원을 바란다.

　　제 5 판의 출간을 위하여 도와주신 박영사 안종만 회장님·기획과의 조성호 과장 및 이재균 씨·편집부의 노현 과장에게 깊은 감사를 드린다.

2001년 7월

정 찬 형 씀

＊　　　＊

　　제 5 판 2쇄를 발행하면서 오자 및 최근법령인용과 내용에서 미흡한 부분 등을 바로 잡았다.

2001년 10월

정 찬 형 씀

＊　　　＊

　　제 5 판 3쇄를 발행하면서 오자 및 2001년까지의 개정법령(2001년 12월 29일 법

제6545호로 개정된 상법을 포함)의 인용과 내용에서 미흡한 부분 등을 전부 바로 잡
았다.

2002년 1월

정 찬 형 씀

제4판 서 문

　　제3판의 미흡한 부분을 보완하고, 참고문헌과 주에서 제3판의 출간 이후에 새로 나온 개정판 교과서를 반영하여 인용면수를 수정하였으며, 제3판에서 반영한 대법원판례(판례공보를 기준으로 1999년 12월 15일까지 공표된 판례) 이후에 나온 대법원판례(판례공보를 기준으로 2000년 1월 1일부터 2000년 12월 15일까지 공표된 판례)를 반영하여 이번에 제4판을 출간하였다.

　　위와 같은 수정과 보완으로 이번에 출간된 제4판의 내용이 훨씬 참신하고 up-to-date하여졌다고 본다. 앞으로도 독자들의 변함 없는 사랑과 성원을 바란다.

　　주주총회의 결의에 의한 주식소각과 주식교환·주식이전 등을 중심으로 한 정부의 상법개정안이 2000년 12월 말에 국회에 제출되어 국회에서 1월중에 의결이 되었으면 이를 이번 제4판에서 반영하고자 하였으나, 언제 의결이 될지 알 수 없는 상태에서 동 개정안의 의결시까지 제4판의 출간을 한 없이 미룰 수 없는 형편이므로 부득이 이번에 동 개정안을 반영하지 못하고 제4판을 출간하면서 애독자들의 참고자료로서 동 개정안을 이 책의 색인 다음에 첨부하였다. 동 개정안이 국회에서 의결되어 공포되면 즉시 이에 따른 이 책의 개정내용을 (필요하면 제4판의 추록으로 작성하여 배포하고) 제5판에서 반영할 것을 애독자들에게 약속한다.

　　제4판의 출간을 위하여 많이 도와준 금융감독원에 조사역으로 재직하면서 본인의 지도로 고려대학교 대학원(법학과)에서 2001년 2월에 법학석사학위를 받게 될 이재용 군과, 박영사 안종만 회장님·기획과의 조성호 과장 및 이재균씨·편집부의 송일근 주간님과 노현 과장에게 깊은 감사를 드린다.

2001년 1월

정 찬 형 씀

＊　　＊

　　제4판 2쇄를 발행하면서 최근 변경된 일부 법률에 관한 사항 및 오자 등을 바로 잡았다.

2001년 3월

정 찬 형 씀

제 3 판 서　　문

　　제 2 판에 해당하는 상법강의(상)의 제 1 개정판이 1999년 3월에 출간된 이후 1999년 12월에 상법(1999년 12월 31일 법률 제6086호로 공포)을 비롯한 많은 특별법 (증권거래법, 은행법, 보험업법, 증권투자회사법, 증권투자신탁업법, 종합금융회사에 관한 법률, 주식회사의 외부감사에 관한 법률 등)이 개정되어 이를 반영하기 위하여 이번에 제 3 판을 출간하게 되었다.

　　1999년 12월 개정상법의 주요내용은 주식회사는 정관이 정한 바에 따라 주식매수선택권제도(상 340조의 2~340조의 5)를 도입할 수 있도록 한 점 및 이사회내 위원회(상 393조의 2)와 감사(監事)에 갈음하여 감사위원회(상 415조의 2)를 둘 수 있도록 한 점이다. 이와 함께 동 개정상법은 주식회사는 주식매수선택권 부여목적 등을 위하여 일정한 한도 내에서 자기주식을 취득할 수 있도록 하였고(상 341조의 2), 주주총회의 의장에게 질서유지권을 부여하였으며(상 366조의 2), 정관이 정한 바에 따라 주주의 주주총회에서의 서면에 의한 의결권행사를 인정하였고(상 368조의 3), 이사가 동영상 등 통신수단에 의한 이사회의 결의에 참가하는 것을 허용하고(상 391조 2항), 이사회 의사록의 기재사항을 엄격히 함과 동시에 이의 열람 등을 제한한 점(상 391조의 3) 등이다. 증권거래법 등의 특별법에서는 일정규모 이상의 증권회사나 상장법인 등의 경우에는 감사위원회를 반드시 설치하도록 하고, 이사총수의 2분의 1 이상이며 3인 이상을 사외이사로 선임하도록 하면서 이러한 사외이사는 사외이사가 총위원의 2분의 1 이상인 사외이사 후보추천위원회에서 추천된 자 중에서 선임하도록 하였다. 또한 일정규모 이상의 증권회사 등의 경우에는 대표소송 등을 제기할 수 있는 소수주주권의 행사요건을 현행 상장법인에 적용되는 행사요건보다 절반 수준으로 완화하여 증권회사 등의 경영이 보다 투명하게 이루어지도록 하였다.

　　제 3 판에서는 위와 같은 개정법을 반영함과 동시에 1998년 개정상법에 관한 설명 중 미흡한 부분을 대폭 보완하거나 수정하였으며, 참고문헌과 주에서 1998년 개정상법으로 인하여 1999년에 많이 출간된 개정판 교과서를 반영하여 인용면수를 수정하였다. 또한 초판 및 제 1 개정판(제 2 판)에서 반영한 대법원판례(판례공보를 기준으로 1998년 4월 1일까지 공포된 판례) 이후에 나온 대법원판례(판례공보를 기준으로 1998년 4월 15일부터 1999년 12월 15일까지 공포된 판례)를 거의 빠짐없이 정리하여 반영하였다.

위와 같은 수정과 보완으로 이번에 출간된 제3판의 내용이 훨씬 참신하고 최신의 내용을 많이 반영하고 있다고 본다. 앞으로도 많은 독자들의 변함 없는 사랑과 성원을 바라며, 계속 심혈을 기울여 이 책을 보완하고 수정하여 항상 up-to-date하고 참신한 내용을 담은 책이 되도록 최선의 노력을 다하겠다.

그 동안 제3판의 교정 등을 위하여 수고하여 준 금융감독원에 책임조사담당으로 재직하면서 본인의 지도로 고려대학교 대학원(법학과) 석사과정에 있는 이재용 군에게 깊이 감사한다. 또한 제3판의 출간을 맡아 주신 박영사 안종만 사장님과 편집 및 제작을 위하여 애써 주신 박영사 기획과의 이선주대리와 편집부의 이일성 선생께 진심으로 감사를 드린다.

2000년 1월

정 찬 형 씀

제 1 개정판(제 2 판) 서   문

1998년 12월 29일 증권거래법이 다시 국회에서 개정되고(1999년 4월 1일부터 시행) 1998년 12월 11일에는 기업회계기준이 대폭 개정됨에 따라(1998년 12월 12일부터 시행), 이러한 개정내용을 이 책의 제 1 편 총칙 제 5 장 상업장부와 제 3 편 회사에 반영하여 이번에 상법강의(상)의 제 1 개정판을 출간하게 되었다. 이 책의 제 1 개정판을 출간하는 기회에 부록에 있는 정관(상장회사 표준정관)을 1998년의 개정상법과 1998년의 개정증권거래법을 반영하여 1999년 2월 23일에 개정된 정관으로 교체하였다.

이번에 개정된 증권거래법의 상법과 관련한 주요 개정내용은 협회등록시장(KOSDAQ 시장)의 활성화를 위하여 증권거래법상 주권상장법인에 대한 지원제도를 협회등록법인에 확대적용하면서 경영투명성 제고 및 시장질서유지를 위한 관련조항을 협회등록법인에 대하여도 확대적용하고, 주권상장법인의 주식매수청구권제도를 개정하였으며, 주권상장법인과 주권비상장법인이 합병하는 경우 주권비상장법인의 사전등록기간을 단축하고, 주권상장법인의 신주의 액면미달발행에 대한 상법특례규정을 신설하였다.

기업회계기준은 IMF 경제체제 이후 기업회계의 진실성과 공정성을 보장하기 위하여 대폭 개정될 것이 논의되다가, 1998년 12월 11일 금융감독위원회가 이를 국제적 회계수준으로 개선하여 기업의 경영성과와 기업내용이 정확히 재무제표에 반영되도록 함으로써 기업경영의 투명성을 높이고 재무정보에 대한 국내외의 신뢰성을 제고하기 위하여 전면 개정하고 1998년 12월 12일부터 시행하는 것으로 하였다.

위와 같은 증권거래법과 기업회계기준은 상법과 매우 밀접한 관련을 갖고 있어 이 책에서도 많은 부분에서 이를 인용하고 있기 때문에 이들의 개정내용을 이 책의 제 1 개정판에 의하여 반영하게 된 것이다. 따라서 이 책은 1998년 12월 2일 정기국회에서 통과된 개정상법을 반영하고 있음은 물론, 이와 관련한 주요 특별법의 최근의 개정내용까지 반영하고 있어, 항상 up-to-date하고 참신한 내용을 담은 책이 되고자 노력하였다. 많은 독자들의 이 책에 대한 변함 없는 사랑과 성원을 바라며, 필요한 경우 언제든지 심혈을 기울여 이 책을 개정하고 보완하고자 한다.

　　이 책의 제1개정판의 출간을 맡아주신 박영사 안종만 사장님과 편집 및 제작을 위하여 이번에도 여전히 애써주신 박영사 편집부의 심광명 대리와 기획과의 이선주 대리에게 진심으로 감사를 드린다.

1999년 3월 11일

정 찬 형 씀

서   문

출판사와 독자들의 요청에 의하여 그 동안 본인이 혼신의 힘을 다하여 공저인 「상법원론(상)」 및 「상법원론(하)」에서 집필하고 개고한 내용을 가지고 이번에 단독으로 「상법강의(상)」과 「상법강의(하)」를 출간하게 되었다.

본인이 이 책을 쓰면서 특히 염두에 둔 점은 다음과 같다.

첫째는 이 책이 「대학교재」이며 특히 사법시험을 준비하는 학생들이 많이 애용하고 있는 점을 항상 염두에 두고, 필요한 내용을 전체적으로 빠짐없이 설명하면서, 체계적으로 논리적이며 간명하게 정리하고, 내용적으로 명확하고 이해하기 쉽게 쓰려고 최대한의 노력을 하였다.

둘째는 이 책이 주로 「상법전」의 해설서인 점을 감안하여, 상법전의 이해를 위한 설명에 중점을 두고 상법전 이외의 특별법이나 외국의 제도에 관한 설명은 간단하게 설명하거나 작은 글씨로 본문에 수록하거나 또는 주에서 인용하여, 독자들이 이로 인하여 상법전을 잘못 이해하는 것을 방지하고 또 불필요하게 이러한 분야에 많은 시간을 낭비하지 않도록 하였다.

셋째는 이 책에 항상 가장 최근의 내용을 많이 포함시키고자 노력하였다. 따라서 상법의 이해에 가장 귀중하고 살아있는 소재인 대법원판례는 최근에 발표된 것(판례공보를 기준으로 1998년 4월 1일까지 공표된 대법원판례)까지를 빠짐없이 수록하였고, 또한 국내참고문헌은 최근에 출간 또는 개정된 상법의 단행본에 의하여 학설을 인용하였으며, 또한 법령은 1998년 개정상법을 반영하였음은 물론 특별법도 최근까지 개정된 사항(예컨대, 증권거래법은 1998. 5. 25. 법 5539호로 개정된 사항 등)을 빠짐없이 찾아서 소개하고자 하였다.

이 책은 주로 상법전의 이해를 돕는 해설서이므로, 이를 기초로 하여 상법전이 적용되는 면을 현실감 있게 알기 위하여는 구체적인 판례나 사례를 함께 공부하여야 할 것이다. 따라서 이 책에 의하여 상법에 관한 기본적인 사항을 이해한 후에 「상법사례연습」 등에 의하여 상사에 관한 각종 사례를 공부하면 상법에 관한 종합적이고 입체적인 이해가 가능할 것으로 본다.

이 책에서 미흡한 부분이나 빠진 부분에 대하여는 지금까지와 같이 많은 독자들의 변함 없는 좋은 충고와 조언을 바란다. 본인은 많은 독자들의 성원과 격려에 힘입어 앞으로도 심혈을 기울여 이 책을 개정하고 보완할 것을 다짐한다.

　　그 동안 이 책의 교정을 위하여 책임감을 갖고 헌신적인 수고를 하여 준 본인
의 연구실에 있으며 고려대학교 대학원(법학과) 석사과정에 있는 서기원 군에게 깊
이 감사한다. 또한 이 책의 출간을 맡아주신 박영사 안종만 사장님과 이 책의 편집
및 제작을 위하여 애써주신 박영사 편집부의 심광명 대리 및 기획과의 조성호 대리
와 이선주 대리에게 진심으로 감사를 드린다.

1998. 7

고려대학교 법과대학 연구실에서

정　찬　형 씀

　　　　　　　　　*　　*

　　1998년 12월 2일 제198회 정기국회에서 정부의 상법개정안이 통과되고, 1998
년 12월 28일 법률 제5591호로 공포됨에 따라, 1998년 8월까지 불가피하게 정부의
상법개정안에 의하여 쓴 내용 중 국회에서의 수정내용(극히 일부)을 이번에 반영하
여, 이 책이 이제는 1998년 개정상법의 내용을 완전히 반영하게 되었다.

　　1998년 개정상법 중 정부안을 국회에서 수정한 주요내용은 (i) 상법 제363조
의 2(주주제안권)에서 주주는 주주제안을 이사회가 아닌 이사에게 하도록 하고, 이러
한 주주제안을 받은 이사는 이를 이사회에 보고하도록 한 점, (ii) 상법 제382조의
2(누적투표)에서 누적투표의 표현을 집중투표로 바꾸고, 그 시행을 개정상법 공포
후 6월이 경과한 때부터로 한 점(부칙 제 1 조 단서), (iii) 상법 제383조 1항 단서에서
1인 이상의 이사를 둘 수 있는 소규모 주식회사의 기준을 발행주식의 액면총액에서
자본의 총액으로 변경한 정도이고, 나머지는 거의 전부 문언조정에 관한 것이다. 따
라서 1998년 개정상법은 정부의 상법개정안이 거의 전부 원안대로 국회에서 통과
된 것으로 볼 수 있다.

1998년 12월 15일

정　찬　형 씀

주요목차

제 2 편 상 행 위

제 3 편 회   사

상법강의(하)

제 4 편 어음법 · 수표법

제 5 편 보   험

제 6 편 해   상

제 7 편 항공운송

세부목차

제 2 장 상 인(기업의 주체)

제 3 장 상업사용인(기업의 경영보조자)

제 5 장 상 업 장 부

제 6 장 영 업 소

제 2 편 상 행 위

제 1 장 서 론

제 3 장 각   칙

제 3 편　회　　사

제 1 장　총　　설

제 2 장   회사법통칙

제 3 장 합 명 회 사

제 4 장　합 자 회 사

제 5 장　유한책임회사

제 6 장 주 식 회 사

제 7 장 유 한 회 사

제 8 장   외 국 회 사

제 9 장   벌 　　칙

색   인

참고서적 및 인용약어표

I. 상법총칙·상행위법·회사법(국내서: 가나다순)

저　자	서　명	발행연도	인용약어
강　위　두	상법강의	1985	강
	회사법(전정판)	2000	강, (회)
권　기　범	기업구조조정법(제3판)	2002	권(기), (구조조정)
김　용　태	전정 상법(상)	1984	김(용)
김　영　호	상법총론	1990	김(영), (총)
	회사법총론	1990	김(영), (회)
김　성　태	상법총칙·상행위법강론	1998	김(성), (총)
김　정　호	상법강의(상)(제4판)	2005	김(정)
김　홍　기	상법강의(제3판)	2018	김(홍)
박　상　조	신회사법론(제2증보판)	1999	박(상), (회)
박　원　선	새상법(상)	1982	박
박　원　선 이　정　한	전정 회사법	1979	박·이
법　무　부	상법회사편해설(2011년 개정내용)	2012	해설(2012)
서　돈　각 정　완　용	제4전정 상법강의(상)	1999	서·정
서　돈　각	개정상법요론	1984	서(돈), (요론)
	상법개정시안 및 의견서	1975	의견서
서　돈　각 김　태　주	주석 개정회사법(상)	1984	주회(상)
서　정　갑	상법(상)	1984	서(정)
손　주　찬	제15보정판 상법(상)	2004	손(주)
손　주　찬	제13정증보판 상법(상)	2002	손(주)(2002)
손　주　찬	개정상법축조해설	1984	손(주), (축조)
손　주　찬 이　범　찬 양　승　규 박　길　준	개정상법해설	1984	해설(1984)
손주찬 외 6인(공저)	상법개정안해설	1995	해설(1995)

손 주 찬 서 정 갑 안 병 수 차 낙 훈	}	학설판례 주석상법(상)	1977	주상(상)
손 주 찬 양 승 규 이 균 성 정 동 윤	}	주석상법(Ⅰ)	1992	주상(Ⅰ)
손 주 찬 정 동 윤 이 균 성 이 범 찬 서 정 갑 안 동 섭 박 길 준	}	주석상법(Ⅱ−상) 주석상법(Ⅱ−하)	1991 1991	주상(Ⅱ−상) 주상(Ⅱ−하)
김 교 창 박 원 선 이 정 한 손 주 찬		주석상법(Ⅲ)	1988	주상(Ⅲ)
정 동 윤 (편 집 대 표)	}	주석상법(제 5 판) [회사 Ⅰ]	2014	주상(제 5 판)(회사Ⅰ)
송 옥 렬		상법강의(제11판)	2021	송(옥)
안 동 섭		상법원론	1985	안(동)
양 승 규 박 길 준	}	상법요론(제 3 판)	1993	양ㆍ박
양 승 규		상법사례연구(증보판)	1983	양(승), (사례)
이 기 수 최 한 준 김 성 호	}	상법총칙ㆍ상행위법	2003	이(기) 외, (총)
이 기 수 유 진 희 이 동 승	}	회사법	2002	이(기) 외, (회)
서 돈 각 이 범 찬	}	상법예해(상)	1967	서ㆍ이, (예해)
이 범 찬		예해상법(상)	1988	이(범), (예해)
		개정 상법강의	1985	이(범)
이 범 찬 최 준 선	}	상법개론(제 3 판)	1996	이ㆍ최
이 병 태		전정 상법(상)	1988	이(병)
이 원 석		신상법(상)	1985	이(원)
이 윤 영		기업법개론	1982	이(윤)

이 태 로	판례교재 회사법(개정제 2 증보판)	1982	교재
이 태 로 ⎱ 이 철 송 ⎰	회사법강의(제 7 판)	1999	이·이, (회)(1999)
이 철 송	회사법강의(제29판)	2021	이(철), 회
	회사법강의(제22판)	2014	이(철), (회)(2014)
	상법총칙·상행위(제 4 전정판)	2003	이(철)
	상법총칙·상행위(제 9 판)	2010	이(철)(2010)
임 재 연	(개정 7 판)회사법 Ⅰ, Ⅱ	2020	임(재), (회Ⅰ, Ⅱ)
임 홍 근	상법총칙	1986	임(홍), (총칙)
	상행위법	1989	임(홍), (상행위)
	상법(총칙·상행위)	2001	임(홍), (상)
	회사법	2001	임(홍), (회)
정 경 영	상법학강의	2007	정(경)
정 동 윤	개정판 상법총칙·상행위법	1996	정(동), (총)
	회사법(제 7 판)	2001	정(동), (회)
	상법(상)(개정증보판)	2003	정(동), (상)
정 무 동	전정판 상법강의(상)	1984	정(무)
정 찬 형	회사법강의(제 4 판)	2022	정(찬), (회)
	EC회사법	1992	정(찬), (EC)
	상법사례연습(제 4 판)	2006	연습
	상법강의(상)(제27판)	2024	정(찬), (상)
	상법강의(하)(제24판)	2024	정(찬), (하)
	상법강의(상)(제14판)	2011	정(찬), (상)(제14판)
정 희 철	상법학(상)	1989	정(희)
차 낙 훈	상법(상)	1966	차
채 이 식	개정판 상법강의(상)	1996	채
최 기 원	제15판 상법학신론(상)	2004	최(기)
	제11대정판 신회사법론	2001	최(기), (회)

Ⅱ. 동(외국서: 알파벳순)

〔일 본〕

鈴 木 竹 雄	新版會社法(全訂第 2 版)	1983	鈴木
大 隅 健 一 郎	商法總則(法律學全集)	1957	大隅
田 中 耕 太 郎	改正商法總則	1938	田中(耕)
實 方 正 雄	商法學總論	1950	實方
田 中 誠 二	商法總論	1952	田中(誠)

松 田 二 郎	新會社法槪論	1957	松田
西 原 寬 一	日本商法論	1942	西原, (商法)
	商行爲法	1981	西原, (商行爲)
	會社法(商法講義 Ⅱ)	1952	西原, (會社)
神 崎 克 郎	商行爲法 Ⅰ	1973	神崎
江 頭 憲 治 郎	商取引法(上)	1990	江頭(上)
	商取引法(下)	1992	江頭(下)
北 澤 正 啓	會社法(新版)	1983	北澤
永 井 和 之	會社法(第3版)	2001	永井, (會)

〔독 일〕

Biedenkopf 외	Kölner Kommentar zum Aktiengesetz	1970~ 1981	Kölner Kommentar
Capelle—Canaris	Handelsrecht	1969	Capelle/Canaris
Düringer—Hachenburg	Kommentar HGB		Düringer— Hachenburg
Gierke—Sandrock	Handels—und Wirtschafts— recht, 9. Aufl., Bd. 1	1975	Gierke/Sandrock
Hueck, G.	Gesellschaftsrecht, 18. Aufl.	1983	Hueck
Kübler, F.	Gesellschaftsrecht	1981	Kübler
Raisch, P.	Unternehmensrecht, 1 n. 2	1973,1974	Raisch
Raiser, T.	Recht der Kapitalgesell— schaften	1982	Raiser
Schmidt, K.	Gesellschaftsrecht	1986	Schmidt(GR)
Schmidt, K.	Handelsrecht, 2. Aufl.	1982	Schmidt(HR)
Staub	Gross Kommentar HGB I, 4. Aufl.	1983	Staub—HGB
Steiger, F. V.	Das Recht der Aktien— gesellschaft in der Schweiz	1966	Steiger
Wiedemann, H.	Gesellschaftsrecht I	1980	Wiedemann
Wieland, K.	Handelsrecht I	1921	Wieland
Würdinger, H.	Aktienrecht und das Recht der verbundenen Unternehmen, 4. Aufl.	1981	Würdinger
	Juristische Schulung		JuS
	Juristische Wochenschrift		JW
	Juristen Zeitung		JZ
	Zeitschrift für Handels—und Wirtschaftsrecht		ZHR

[영 미]

Ballantine, H. W.	On Corporations, rev. ed.	1946	Ballantine
Dooley, Michael P.	Fundamentals of Corporation Law	1995	Dooley
Eisenberg, M.	The Structure of the Corporation	1976	Eisenberg
Freer, Richard	The Law of Corporations in a Nutshell, 8th ed.	2020	Freer(Nutshell) (2020)
Gower, L. C. B.	The Principles of Modern Company Law, 4th ed.	1979	Gower(1979)
	The Principles of Modern Company Law, 5th ed.	1992	Gower(1992)
Hamilton, Robert W.	Cases and Materials on Corporation, 2nd ed.	1981	Hamilton
	The Law of Corporations in a Nutshell, 2nd ed.	1987	Hamilton(Nutshell)
	The Law of Corporations in a Nutshell, 4th ed.	1996	Hamilton(Nutshell) (1996)
	The Law of Corporations in a Nutshell, 5th ed.	2000	Hamilton(Nutshell) (2000)
Henn, H.	Handbook of the Law of Corporation, 2nd ed.	1970	Henn
Henn & Alexander	Laws of Corporations and Other Business Enterprises, 3rd ed.	1983	Henn & Alexander
Lattin, N.	The Law of Corporations, 2nd ed.	1971	Lattin
Morse, G.	Charlesworth's Company Law, 13th ed.	1987	Morse
Schmitthoff, C. E.	Palmer's Company Law, 23th ed.	1982	Palmer/Schmitthoff

Ⅲ. 법령약어(가나다순)

[간   투] ············ 간접투자자산운용업법(개정: 2008. 3. 14, 법 8910호)[이 법은 「자본시장과 금융투자업에 관한 법률」(2007. 8. 3, 법 8635호, 시행일자: 2009. 2. 4) 부칙 제 2 조에 의하여 시행일자에 폐지됨]

[공 사 등] ············ 공사채 등록법(제정: 1970. 1. 1, 법 2164호, 개정: 2014. 10. 15, 법 12834호)[이 법은 「주식·사채 등의 전자등록에 관한 법률」(2016. 3. 22, 법 14096호, 시행일자: 2019. 9. 16) 부칙 제 2 조에 의하여 시행일자에 폐지됨]

[공   운] ············ 공공기관의 운영에 관한 법률(개정: 2024. 3. 26, 법 20400호)

[공   증] ············ 공증인법(개정: 2017. 12. 12, 법 15150호)

[관   세] ············ 관세법(개정: 2023. 12. 31, 법 19924호)

〔국   공〕 ··········· 국가공무원법(개정: 2023. 4. 11, 법 19341호)

〔국사(國私)〕 ········· 국제사법(개정: 2022. 1. 4, 법 18670호)

〔근   기〕 ··········· 근로복지기본법(개정: 2022. 6. 10, 법 18926호)

〔금   산〕 ··········· 금융산업의 구조개선에 관한 법률(개정: 2021. 4. 20, 법 18115호)

〔기   준〕 ··········· 일반기업회계기준(제정: 2009. 11. 27)(2010년까지는 기업회계기준이 적
                        용되었으나, 2011년 1월 1일부터는 일반기업회계기준이 비상장회사에
                        대하여 적용되고 있다. 일반기업회계기준은 종래의 기업회계기준을 수
                        정·보완하여 제정된 것이다)

〔농   협〕 ··········· 농업협동조합법(개정: 2024. 1. 23, 법 20082호)

〔담 보 사〕 ··········· 담보부사채신탁법(개정: 2021. 4. 20, 법 18120호)

〔독   규〕 ··········· 독점규제 및 공정거래에 관한 법률(개정: 2024. 2. 6, 법 20239호)

〔獨商(HGB)〕 ········· 독일 상법(Handelsgesetzbuch)(제정: 1897. 5. 10, 개정: 2000. 12.
                        19; 2000. 12. 21; 2001. 1. 18; 2013. 7. 23)

〔獨株(AktG)〕 ········ 독일 주식법(Aktiengesetz)(제정: 1965. 9. 6, 개정: 2000. 2. 24; 2001.
                        1. 18; 2001. 2. 16)

〔물   류〕 ··········· 물류정책기본법(개정: 2024. 1. 9, 법 19986호)

〔민〕 ······················ 민법(개정: 2023. 5. 16, 법 19409호)

〔민   소〕 ··········· 민사소송법(개정: 2024. 1. 16, 법 20003호)

〔민   집〕 ··········· 민사집행법(개정: 2022. 1. 4, 법 18671호)

〔법   인〕 ··········· 법인세법(개정: 2022. 12. 31, 법 19193호)

〔법   조〕 ··········· 법원조직법(개정: 2021. 1. 26, 법 17907호)

〔벤   육〕 ··········· 벤처기업육성에 관한 특별법(개정: 2024. 3. 19, 법 20398호)

〔변 호 사〕 ··········· 변호사법(개정: 2021. 1. 5, 법 17828호)

〔보   험〕 ··········· 보험업법(개정: 2024. 2. 6, 법 20242호)

〔보 험 시〕 ··········· 보험업법 시행령(개정: 2024. 4. 23, 대통령령 34431호)

〔부   등〕 ··········· 부동산등기법(개정: 2020. 2. 4, 법 16912호)

〔부 정 경〕 ··········· 부정경쟁방지 및 영업비밀보호에 관한 법률(개정: 2024. 2. 20,
                        법 20321호)

〔佛   商〕 ··········· 프랑스 상법(개정: 2001. 5. 15; 2013년 시행 상법)

〔佛   會〕 ··········· 프랑스 상사회사법(이 법은 1966년 7월 24일에 제정되어 시행되었는데,
                        2001년 프랑스 개정상법에 의하여 폐지되고 상법에 흡수됨)

〔비   송〕 ··········· 비송사건절차법(개정: 2020. 2. 4, 법 16912호)

〔산   발〕 ··········· 산업발전법(개정: 2022. 6. 10, 법 18888호)

〔산   은〕 ··········· 한국산업은행법(개정: 2022. 1. 4, 법 18682호)

〔상〕 ······················ 상법(개정: 2020. 12. 29, 법 17764호)

〔상   등〕 ··········· 상업등기법(제정: 2007. 8. 3, 법 8582호, 개정: 2020. 6. 9, 법 17362호)

〔상 등 규〕············· 상업등기규칙(제정: 2007. 12. 24, 대법원규칙 2129호, 개정: 2021. 11.
　　　　　　　　　29, 대법원규칙 3007호)

〔상　　부〕············· 상법부칙

〔상　　시〕············· 상법 시행령(「상법의 일부규정의 시행에 관한 규정」은 2009년 2월 4일
　　　　　　　　　부터 상법시행령으로 그 명칭이 변경되고, 2009년 개정 상법상 시행령
　　　　　　　　　등이 추가 규정됨)(개정: 2023. 12. 19, 대통령령 33968호)

〔상 시 법〕············· 상법시행법(제정: 1962. 12. 12, 법 1213호, 개정: 2010. 7. 23, 법
　　　　　　　　　10372호)

〔상　　저〕············· 상호저축은행법(개정: 2023. 7. 18, 법 19564호)

〔상　　표〕············· 상표법(개정: 2024. 2. 6, 법 20200호)

〔瑞　　債〕············· 스위스 채무법

〔선　　등〕············· 선박등기법(개정: 2020. 2. 4, 법 16912호)

〔선　　박〕············· 선박법(개정: 2022. 6. 10, 법 18957호)

〔선 박 안〕············· 선박안전법(개정: 2022. 12. 27, 법 19134호)

〔선　　원〕············· 선원법(개정: 2024. 1. 23, 법 20127호)

〔소　　기〕············· 소비자기본법(개정: 2024. 2. 13, 법 20301호)

〔소　　득〕············· 소득세법(개정: 2023. 7. 18, 법 19563호)

〔수〕·········· 수표법(개정: 2010. 3. 31, 법 10197호)

〔신　　탁〕············· 신탁법(개정: 2017. 10. 31, 법 15022호)

〔신 탁 업〕············· 신탁업법(개정: 2008. 3. 14, 법 8908호)[이 법은 「자본시장과 금융투자
　　　　　　　　　업에 관한 법률」(2007. 8. 3, 법 8635호, 시행일자: 2009. 2. 4) 부칙 제
　　　　　　　　　2조에 의하여 시행일자에 폐지됨]

〔약　　규〕············· 약관의 규제에 관한 법률(개정: 2024. 2. 6, 법 20239호)

〔어〕············· 어음법(개정: 2010. 3. 31, 법 10198호)

〔여　　금〕············· 여신전문금융업법(개정: 2023. 3. 21, 법 19260호)

〔여 금 시〕············· 여신전문금융업법 시행령(개정: 2024. 5. 21, 대통령령 34522호)

〔英會(CA)〕············· 영국 회사법(Companies Act, 2006)

〔외　　감〕············· 주식회사 등의 외부감사에 관한 법률(개정: 2024. 1. 16, 법 20055호)

〔외　　투〕············· 외국인투자 촉진법(개정: 2023. 6. 13, 법 19438호)

〔우　　편〕············· 우편법(개정: 2024. 1. 23, 법 20063호)

〔유　　상〕············· 유가증권시장 상장규정(개정: 2022. 12. 7, 규정 2087호)

〔은　　행〕············· 은행법(개정: 2023. 3. 21, 법 19261호)

〔은 행 시〕············· 은행법 시행령(개정: 2023. 12. 12, 대통령령 33913호)

〔日　　商〕············· 일본 상법(개정: 2002, 법 44호)

〔日　　會〕············· 일본 회사법(제정: 2005, 법 86호; 개정: 2016, 법 62호)

〔자　　금〕············· 자본시장과 금융투자업에 관한 법률(제정: 2007. 8. 3, 법 8635호, 개

정: 2024. 2. 13, 법 20305호)

〔자 금 시〕 ············ 자본시장과 금융투자업에 관한 법률 시행령(제정: 2008. 7. 29, 대통령령 20947호, 개정 2024. 3. 5, 대통령령 34296호)

〔자　　재〕 ··········· 자산재평가법(개정: 2019. 8. 27, 법 16568호)(이 법은 2000년 말부터 적용되지 않고 있으나 폐지된 것도 아니기 때문에 타법에 의한 개정만 이루어지고 있음)

〔전　　사〕 ··········· 전기사업법(개정: 2024. 2. 6, 법 20206호, 시행일자: 2024. 8. 7)

〔전　　단〕 ··········· 전자단기사채 등의 발행 및 유통에 관한 법률(제정: 2011. 7. 14, 법 10855호, 시행: 2013. 1. 15)[이 법은 「주식·사채 등의 전자등록에 관한 법률」(제정: 2016. 3. 22, 법 14096호, 시행일자: 2019. 9. 16) 부칙 제2 조 제2항에 의하여 시행일자에 폐지됨]

〔전　　등〕 ··········· 주식·사채 등의 전자등록에 관한 법률(제정: 2016. 3. 22, 법 14096호, 개정: 2023. 9. 14, 법 19700호)

〔전 등 시〕 ············ 주식·사채 등의 전자등록에 관한 법률 시행령(제정: 2019. 6. 25, 대통령령 29892호, 개정: 2023. 6. 27, 대통령령 33604호)

〔전　　어〕 ··········· 전자어음의 발행 및 유통에 관한 법률(개정: 2020. 6. 9, 법 17354호)

〔종　　회〕 ··········· 종합금융회사에 관한 법률(개정: 2008. 3. 14, 법 8909호)[이 법은 「자본시장과 금융투자업에 관한 법률」(2007. 8. 3, 법 8635호, 시행일자: 2009. 2. 4) 부칙 제2조에 의하여 시행일자에 폐지됨]

〔中　　會〕 ··········· 중국회사법(개정: 2005. 10. 27)

〔증　　거〕 ··········· 증권거래법(개정: 2008. 3. 21, 법 8985호)[이 법은 「자본시장과 금융투자업에 관한 법률」(2007. 8. 3, 법 8635호, 시행일자: 2009. 2. 4) 부칙 제2조에 의하여 시행일자에 폐지됨]

〔지　　공〕 ··········· 지방공무원법(개정: 2024. 3. 19, 법 20377호)

〔지　　배〕 ··········· 금융회사의 지배구조에 관한 법률(제정: 2015. 7. 31, 법 13453호, 개정: 2024. 1. 2, 법 19913호)

〔지 배 시〕 ············ 금융회사의 지배구조에 관한 법률 시행령(제정: 2016. 7. 28, 대통령령 27414호, 개정: 2024. 4. 23, 대통령령 34449호)

〔지　　자〕 ··········· 지방자치법(개정: 2024. 1. 9, 법 19951호)

〔철　　도〕 ··········· 철도사업법(제정: 2004. 12. 31, 법 7303호, 개정: 2023. 4. 18, 법 19391호)

〔특　　허〕 ··········· 특허법(개정: 2024. 2. 20, 법 20322호)

〔파〕 ······················ 채무자회생 및 파산에 관한 법률(개정: 2024. 2. 13, 법 20264호)

〔한　　전〕 ··········· 한국전력공사법(개정: 2022. 12. 31, 법 19207호)

〔헌〕 ······················ 헌법(개정: 1987. 10. 29)

〔형〕 ······················ 형법(개정: 2023. 8. 8, 법 19582호)

〔ALI원칙〕 ·············· American Law Institute(ALI)가 1992. 3. 31에 Proposed Final Draft로
　　　　　　　　　발표하고 1992년 5월의 정기회의에서 승인되었으며, 1992년 정기회의에
　　　　　　　　　서 논의되었던 사항이 반영되어 1993년 4월에 위원회에 의하여 최종 의
　　　　　　　　　결되어 승인된 Principles of Corporate Governance: Analysis and
　　　　　　　　　Recommendations(회사지배구조의 원칙)
〔K－IFRS(기업
회계기준서)〕 ··········· 한국채택국제회계기준(제정: 2007. 11. 23, 개정: 2021. 10. 15〈의결〉)
〔RMBCA(2016)〕 ····· 미국의 개정모범사업회사법(Revised Model Business Corporation Act,
　　　　　　　　　2016)
〔Cal. Corp. Code〕 ················ California Corporations Code(2022)
〔N.Y. Bus Corp. Law〕 ·········· New York Business Corporation Law(2022)
〔Del. Gen. Corp. Law〕 ········ Delaware General Corporation Law(2022)

Ⅳ. 판결·결정약어

〔대　　판〕 ······························· 대법원판결
〔대판(전)〕 ······························· 대법원 전원합의체 판결
〔대　　결〕 ······························· 대법원결정
〔○○고판〕 ······························· ○○고등법원판결
〔○○민지판〕 ···························· ○○민사지방법원판결
〔헌　　결〕 ······························· 헌법재판소결정
〔朝 高 判〕 ······························· 조선고등법원판결
〔日最高判〕 ····························· 일본최고재판소판결
〔日 大 判〕 ······························· 일본대심원판결
〔日○○高判〕 ··························· 일본○○고등재판소판결
〔日○○地判〕 ··························· 일본○○지방재판소판결
〔대판(헌결) 1978. 11. 6, 78 다 216〕 ····· 선고연월일, 사건번호
〔BGH〕 ····································· 독일의 Bundesgerichtschof 판결
〔RG〕 ······································· 독일의 Reichsgerichtshof 판결

Ⅴ. 판결전거약어

〔집 16 ① 민 20〕 ····················· 대법원판결집 제16권 1호 민사편, 20면
〔고집 1967 민 156〕 ················· 고등법원판결집 1967년 민사편, 156면
〔카드 2775〕 ···························· 판례 카드 No. 2775
〔공보 315, 6783〕 ···················· 법원공보 315호, 6783면
〔공보 1989, 233〕 ···················· 법원공보 1989년도, 233면(이는 1996년도부터 '판례공보'

제 1 편 총 칙

제1장 서 론

제 1 절 상법의 개념

제 1 총   설

상법(commercial or mercantile law; business law; Handelsrecht; droit commercial) 이라는 말에는 헌법·민법 등의 경우와 같이 형식적 의의의 상법과 실질적 의의의 상법이 있다.

형식적 의의의 상법은 「상법」이라는 이름으로 제정된 법률(상법전)을 말하는데, 이는 각국의 역사적 배경과 입법정책을 반영하고 있다. 따라서 상법전이라는 성문 법규는 나라와 시대에 따라 이것을 가진 나라도 있고 갖지 않은 나라도 있으며, 또 상법전을 가진 나라도 나라와 시대에 따라 그 내용과 체계를 달리하고 있다.[1]

실질적 의의의 상법은 학문적 개념으로 상법전의 유무나 그 내용에 관계 없이 상법이 규율하는 생활관계의 실질 또는 내용에 의하여 파악된 통일적이며 체계적인 법역을 말한다. 이러한 실질적 의의의 상법을 규명함으로써 비로소 상법의 개념을 비교법적으로 또는 법사학적으로 다룰 수 있게 되고, 또한 학문적으로 상법이 독립적인 법학의 한 분야로서 존재할 수 있게 되는 것이다.[2]

---

1) 예컨대, 대륙법계의 나라는 상법전이 있고, 영미법계의 나라와 북구의 여러 나라는 일반적으로 통일된 상법전이 없고 주로 판례법으로 다루어지고, 스위스·이탈리아 등은 민법전에서 상사관계가 규율된다. 또한 상법전을 가진 나라도 상법전의 내용이 우리나라와 같이 총칙·상행위·회사·보험·해상 등을 포함한 광범한 것도 있고, 독일의 경우와 같이 (물적) 회사법 등이 포함되지 않은 것도 있으며, 미국의 통일상법전(Uniform Commercial Code: U.C.C.)과 같이 어음·수표·은행거래·리스·자금이체·신용장·증권거래 등을 포함하는 것도 있다.

2) 상법학의 연혁 및 논점에 관하여는 정찬형, "상법학의 회고와 전망," 「고려법학」(고려대 법학연구원), 제68호(2013. 3), 1~54면 참조.

따라서 이하에서는 실질적 의의의 상법과 형식적 의의의 상법을 좀더 상세히 살펴보고 양자의 관계를 간단히 살펴보겠다.

제2 실질적 의의의 상법

1. 총   설

실질적 의의의 상법이란 상(commerce; Handel)에 관한 법이라고 말할 수 있으므로 실질적 의의의 상법이 무엇인가를 알기 위하여는 먼저 이 때 상(商)$\binom{상법을 이룩하}{게 하는 바탕}$$\binom{이 되는}{생활관계}$이 무엇인가를 법률적으로 검토하여야 할 것이고$\binom{법률상의}{상의 개념}$, 그 다음으로 법률상의 상에 공통적인 점이 있는지 여부를 검토하여야 할 것인데 공통점이 있다면 이를 규율하는 법이 실질적 의의의 상법이라고 볼 수 있다$\binom{상법의 대상}{론〈對象論〉}$. 따라서 이하에서는 먼저 상의 개념을 살펴보고, 그 다음으로 상법의 대상론을 간단히 살펴본 후, 실질적 의의의 상법에 대하여 설명하겠다.

2. 상의 개념

(1) 경제상의 상

경제학에서 일반적으로 말하는 원래의 「상」이란 '생산자와 소비자의 사이에서 상품(재화)전환을 중개하여 이윤을 얻고자 하는 행위'$\binom{상품전환}{의 중개}$라고 말할 수 있다$\binom{고유}{본상}$$\binom{상 또}{는 기}$. 경제의 실체가 이러한 의미의 경제상의 상에 한정되어 있었던 유치한 시대에는 상법$\binom{즉, 법률}{상의 상}$의 대상도 이것에 한정되었으나[1]$\binom{예컨대, 1212년의 파루마의}{상인조례와 중세의 교회법}$, 오늘날은 경제의 발전에 따른 필연적인 결과로서 (넓은 의미의) 경제상의 상의 개념 및 법률상의 상의 개념은 아래에서 보는 바와 같이 고유상보다 훨씬 확대되어 있다.

(2) 법률상의 상

법률상의 상의 개념은 국가와 시대에 따라 다소의 차이는 있지만, 고유상 외에도 대체로 다음과 같이 확대되어 있다.

1) 보 조 상   고유상과 불가분의 관계를 가지면서 여러 가지 방법으로 고유상을 보조하는 상이 발생하였는데, 이에는 다음과 같은 것들이 있다. 즉, 고유상을 위하여 상품을 장소적으로 이전하는 물건운송업$\binom{상 46조}{13호 참조}$, 상품을 거래시까지 보관하는 창고업$\binom{상 46조}{14호 참조}$, 상품의 매수자금 등을 대출하는 금융업$\binom{상 46조}{8호 참조}$, 운송이나 보관중인 상품의 위험을 인수하는 손해보험업$\binom{상 46조}{17호 참조}$, 상품판매를 중개 또는 주선

---

1) 서·정, 4면.

하는 중개업($^{상\ 46조}_{11호\ 참조}$) · 대리상($^{상\ 46조}_{10호\ 참조}$) · 위탁매매업($^{상\ 46조}_{12호\ 참조}$) 및 운송주선업($^{상\ 46조}_{12호\ 참조}$) 등이 보조상에 해당한다.

2) **유형상**(類型商)   보조상과 영업의 형태에 있어서는 아주 유사하지만 상품의 전환과는 무관한 새로운 형태의 상이 출현하였는데, 이를 유형상이라 한다. 유형상에 속하는 것으로는 여객운송업($^{상\ 46조}_{13호\ 참조}$) · 생명보험업($^{상\ 46조}_{17호\ 참조}$) 등이 있다.

3) **공 업 등**   법률상의 상에는 위의 보조상 및 유형상 외에도 상품의 전환과는 거리가 먼 공업(제조업)($^{상\ 46조}_{3호\ 참조}$), 임대업($^{상\ 46조}_{2호\ 참조}$), 전기 · 전파 · 가스 또는 물의 공급업($^{상\ 46조}_{4호\ 참조}$), 건설업($^{상\ 46조}_{5호\ 참조}$), 출판업($^{상\ 46조}_{6호\ 참조}$), 통신정보업($^{상\ 46조}_{7호\ 참조}$) 및 서비스업($^{상\ 46조}_{9호\ 참조}$) 등이 포함된다.

4) **원시생산업**   법률상의 상에는 심지어 상품의 전환과는 전혀 무관한 원시생산업의 일부($^{광업\ ·\ 채토}_{업\ ·\ 채석업}$)까지 포함된다($^{상\ 46조}_{18호\ 참조}$).[1]

3. 상법의 대상론

위에서 본 바와 같이 다양한 의미의 상을 포함하는 법률상의 상의 중심개념은 있는지, 있다면 그것이 무엇인지가 문제된다. 이에 대하여는 많은 학설이 있지만, 이는 실질적 의의의 상법을 정의하기 위한 목적 외에는 그 논의의 실익이 거의 없다.[2] 따라서 이하에서는 이에 관하여 통설을 중심으로 간단히 살펴보겠다.

(1) 통일적 파악을 부정하는 견해

법률상의 상의 중심개념은 없고, 이는 여러 가지의 법률사실의 단편적인 집합(fragmentarische Gesamtheit)에 불과하다는 견해가 있다.[3] 이러한 견해에서는 (실질적 의의의) 상법은 고유상에 필요하고 유익한 각종의 법률제도와 법률규정의 집합에 불과하다는 것이다.[4]

그러나 (실질적 의의의) 상법의 대상을 이와 같이 본다면 결국 실질적 의의의 상법의 존재를 부인하는 것이 되고, 또한 상법의 이론적 자주성을 부인하는 것이 되어 타당하다고 할 수 없다. 법률상의 상의 범위가 확대된 것은 자본주의사회에서 경제

---

1) 위에서 본 바와 같이 유형상 이하는 상품의 전환과는 무관하므로 법률상의 상의 본질을 경제상의 상과 관련하여 설명할 수는 없고, 법률상의 상의 본질은 '인적 · 물적 설비를 갖추고 영리를 목적으로 계속 · 반복적으로 재화를 창조하는 것'(창조업)이라고 보는 견해가 있다(채, 4면). 이 견해에서는 재화의 전환의 매개는 재화를 창조하는 한 방법에 지나지 않으며, 무형의 재화를 창조하는 서비스업이 근대적 상의 총아라고 한다.

2) 동지: 채, 4면.

3) Müller-Freienfels, "Zur 'Selbständigkeit' des Handelstechts," *Festschrift für v. Caemmerer*, 1978, S. 583; Staub, HGB, Einl, Rdz. 8(독일의 통설).

4) Lehmann-Hoeniger, *Lehrbuch des Handelsrechts*, 1921, S. 2.

생활의 상화(商化)에 따른 필연적인 현상으로서, 이에는 상법의 대상이 되는 생활관계가 통일적으로 파악될 수 있는 계기가 반드시 있는 것이며, 이 계기를 밝힘으로써 비로소 (실질적 의의의) 상법의 존재가 이론적으로 뒷받침되는 것이다.[1] 따라서 많은 학자들은 다음에서 보는 바와 같이 상법의 대상을 통일적으로 파악하려고 많은 노력을 하여 왔다.

(2) 통일적 파악을 긍정하는 견해

1) 법률상의 상은 외견적인 단편성에도 불구하고 이를 통일적으로 인식하게 하는 중심개념이 있다고 하는 견해로서,[2] 그 중심개념이 무엇이냐에 대하여는 학설이 다양하게 설명하고 있다. 즉, 법률상의 상의 중심개념이 무엇이냐에 대하여는 발생사적(역사적) 관련설[3]·매개행위 본질설[4]·집단거래 본질설[5]·상적 색채설[6] 등이 있으나, 모두 법률상의 상의 일면만을 나타내거나 또는 애매하여 타당하지 않다고 본다. 따라서 법률상의 상의 중심개념을 생활관계의 실질에서 파악하여 「기업적 생활관계」로 보는 기업법설[7]이 가장 타당하다고 본다(우리나라 및 일본의 통설). 기업(enterprise; Unternehmen)이라는 개념은 법률상의 개념이 아니라 경영경제학상의 개념이나, 이 설은 상법의 특성과 통일성은 그 대상인 생활관계의 특성과 통일성에서 유래한다는 데에 착안하여 생활관계 자체를 경제적 관점에서 개념구성하는 「기업」이라는 용어를 상법학에 도입하여 상법의 새로운 개념구성을 시도한 것이다.[8] 따라서 이 설에 의하면 법률상의 상은 기업이고, 상법은 기업법에 해당한다고 볼 수 있다.[9]

---

1) 그러나 상법의 대상이 되는 생활관계의 실질이 밝혀진다고 하더라도, 상법이라는 개념은 어디까지나 학문상의 개념이지 실증적 법역(法域)으로서의 개념은 아니라는 점을 유의하여야 한다 (Hirsch, *a.a.O.*, S. 180).

2) O.v. Gierke, *Grundzüge des Handelsrecht, in Enzyklopädie des Rechtswissenschaft*, Bd. 3, 1913, S. 2.

3) Lastig, *Der gewerbetreibenden Eintragungspflicht zum Handelsregister und Beitragspflicht zur Handelskammer und Handwerkskammer, Sonderabzug aus Festgabe für Fitting*, 1903, S. 35 ff.

4) Goldschmidt, *Handbuch des Handelsrechts*, 1. 2. Aufl., 1974, S. 398 ff.

5) Ph. Heck, *Weshalb besteht ein von dem bürgerlichen Rechte gesondertes Handelsprivatrecht, Archiv für die civilistische Praxis*, S. 456.

6) 田中耕太郎,「改正商法總則槪論」, 1938, 7면, 36면, 45면 이하.

7) Karl Wieland, *Handelsrecht*, Bd. Ⅰ, 1921, S. 143 ff.; 정(동), (총) 10면.

8) 서·정, 6면.

9) 상법이 기업법(기업에 특유한 법)이라고 하여, 기업에 관계되는 법(세법·노동법·경제법 등)이 상법이 될 수 없음은 물론이다. 기업에 관계되는 법을 넓은 의미의 기업법이라고 보면 상법은 이러한 의미의 기업법은 아니다. 기업에 관계되는 법은 모두 각각 독립된 법역을 이루고 있기 때문에 이들과 상법이 교차되는 면을 고찰하면 된다[동지: 주상(상), 37면].

또한 기업이라는 개념 대신에 상법상의 개념인 영업이라는 용어를 사용하여 상법을 「영업법」이라고 표현하는 견해도 있다[정(동), (총) 11~12면; Schmidt(HR), 3. Aufl., 1987, S. 60, S. 246].

2) 위의 기업법설에 대하여 기업은 법적 주체가 될 수 없고 그 범위와 한계가 모호하다는 점 등에서 이를 비판하고, 상법은 「상인」에 관한 특별사법이라고 주장하는 상인법설이 있다.[1] 그러나 이 설은 상인을 상법이 정한 상인으로 한정하는 경우에는 입법자의 자의에 의해서 결정된 상인의 활동으로부터 통일적인 법률상의 상의 중심개념이 도출될 수 없는 문제점이 있다.[2] 결국 이 설에 의하면 법률상의 상의 중심개념을 부정하는 견해와 같게 되어, 상법은 한낱 입법자의 자의에 의하여 이룩된 편의적인 존재에 지나지 않고 그 이론적 자주성을 부정하는 결과가 되어 타당하지 않다고 본다.

4. 실질적 의의의 상법

상법의 대상을 위와 같이 기업으로 보면, 실질적 의의의 상법은 한마디로 「기업에 관한 특별사법」이라고 볼 수 있다. 이를 분설하면 다음과 같다.

(1) 상법은 「기업」에 관한 법[3]

1) 광의의 기업   기업이라는 용어는 경제학·경영학 및 법학 등에서 사용되고 있을 뿐만 아니라 우리의 일상생활에서 일상용어가 되어 있어 많은 분야에서 매우 다양하게 사용되고 있으므로, 이를 모두 포함하여 통일적으로 개념정의한다는 것은 불가능하고 또 불필요하다.[4]

2) 법학상의 기업   기업의 개념은 19세기 중반 이래 경제학에서 먼저 파악되었고, 20세기 이후에는 법학에서 비로소 논의되기 시작하였다. 따라서 법학에서의 기업개념도 본질적으로는 경제학상의 기업개념에서 오는데, 법학상의 기업개념은 경제학상의 그것과는 구별되고 있다. 앞에서 본 기업법설을 주장한 K. Wieland는 상법상의 규정들을 기업개념에 의하여 통일적으로 체계화하여 법률상의 상의 대상을 기업개념에서 도출하였으나, 이러한 기업개념에 대하여는 법률상 명확한 정의를 내리지 못하였다. 법률상 기업개념에 대하여 최초로 명확한 정의를 내린

---

1) Capelle—Canaris, *Handelsrecht*, 21. Aufl., 1989, S. 1; Gierke—Sandrock, *Handelsrecht und Wirtschaftsrecht*, 9. Aufl., 1975, § 1; Karsten Schmidt, *Handelsrecht*, 3. Aufl., 1987, S. 3; Wiedemann, *Handelsrecht*, 5. Aufl., 1979, S. 3(독일의 통설); 최(기), 6면; 이(기) 외, (총) 14~15면.

2) 동지: 채, 5면.

3) 기업개념에 관한 상세는 정찬형, "상법학상의 기업개념," 「기업법의 행방」(서울: 박영사, 1991), 237~259면 참조.

4) 참고: 송강, "통일 후 북한기업의 사유화에 관한 연구," 법학박사학위논문(고려대, 2017. 2)(우리 해방 후 귀속기업체의 처리 및 동독 등 체제전환국가의 기업사유화를 소개한 후, 통일 후 북한기업의 사유화 방식을 제시함).

법학자는 J. v. Gierke인데, 그에 의하면 기업은 (i) 기업활동의 존재($^{주관적}_{요소}$), (ii) 기업활동에 의하여 취득된 재화 및 권리·의무의 존재($^{객관적}_{요소}$)($^{협의의}_{기업}$), (iii) 기업주와 근로자 사이의 기업공동체의 존재의 세 가지 요소로 구성된다고 하고, 상법학에서의 기업(상기업)의 개념도 이와 동일하게 보았다.[1] 그 후 T. Raiser는 법사회학적 관점에서 기업개념을 더욱 발전시켰으며,[2] P. Raish는 K. Wieland의 기업법설을 따르면서 다시 이를 발전시켜 상법을 기업개념 중심으로 새롭게 구성하였다.[3]

   3) 상 기 업   실질적 의의의 상법의 대상이 되고 있는 기업은 상기업(商企業)만을 의미하는데, 이러한 상기업의 내용도 국가마다 그 내용이 같지 않다. 즉, 우리나라에서의 이러한 상기업의 개념은 상법의 규율대상인 생활관계를 통일적으로 파악하기 위하여($^{다시\ 말하면\ 상법의\ 내용을}_{더욱\ 명백하게\ 하기\ 위하여}$) 해석학상의 보조개념으로 사용하는 데 그 특색이 있으므로, 독일 등에서와 같이 상기업이 상인·상행위 또는 영업의 개념에 대체되는 개념으로 사용되는 점과 근본적으로 구별된다.[4] 또한 우리나라에는 현재 공동결정에 관한 특별법이 없기 때문에 상기업의 개념에 기업주와 근로자와의 기업공동체라는 면이 존재하지 않는 점도, 공동결정에 관한 특별법이 있는 독일 등에서 상기업의 개념에 기업공동체의 면이 당연히 포함되는 점과도 근본적으로 구별된다.

   우리나라에서 상법의 대상으로서의 기업(상기업)이란 「상인적 설비와 방법에 의하여 영리의 목적으로 경영활동을 하는 경제적 생활체」라고 말할 수 있는데,[5] 이를 분설하면 다음과 같다.

   ㈎ 기업조직   (상)기업은 상인들이 보통 사용하는 영업설비(상인적 설비)를 갖추어야 하는데, 이에는 인적 설비와 물적 설비가 있다.

   ① 우리나라에서의 (상)기업의 인적 설비에는 기업주(상인) 및 기업의 경영보조자(상업사용인)가 있다. 그러나 독일 등과 같이 공동결정법이 있는 국가에서는 동법에 의하여 근로자가 기업의 경영에 참여하므로 근로자도 기업의 인적 설비에 포함된다.[6]

   우리나라의 경우 (상)기업은 기업주의 형태에 따라 개인기업과 공동기업으로 크게 분류되고, 공동기업은 다시 회사기업·조합기업·익명조합·선박공유 등으로 분

---

1) J. v. Gierke, in: *ZHR* 111(1948), S. 7~11.
2) Thomas Raiser, *Das Unternehmen als Organisation*, 1969, S. 105 ff.
3) Peter Raisch, *Unternehmensrecht* Ⅰ, 1973, S. 17~18.
4) 동지: 정(희), 10면.
5) 동지: 정(희), 10면.
   정(동), (총) 11면은 기업을 「일정한 계획에 따라 계속적 의도를 가지고 영리의 목적으로 시장에 등장하는 독립된 경제적 단위체」라고 한다.
6) 독일에서는 기업주와 근로자간의 기업공동체를 기업의 요소로 보고 있으며, 프랑스에서도 이를 사회적 세포로서 기업의 요소로 설명하고 있다.

류되는데 대표적인 공동기업은 회사기업($^{특히}_{식회사}$)이다.

② 기업의 물적 설비는 동산·부동산·영업권 등과 같은 기업의 경영에 필요한 유형·무형의 재산을 의미하는바,[1] 우리 상법에서의 이러한 기업의 물적 설비에는 자본·영업소($^{본점 또}_{는 지점}$)·상호·상업장부 등이 이에 해당한다고 볼 수 있다.

상법에서 사용하고 있는 '영업'은 주관적으로는 상인의 「기업활동」을 의미하고 ($^{상 24조, 25}_{조, 46조 등}$) 객관적으로는 상인의 「기업재산」을 의미하는바($^{상 41}_{조 등}$), 객관적 의의의 영업은 이러한 기업의 물적 설비에 해당하는 것으로 볼 수 있다. 이러한 점에서 보면 (객관적 의의의) 영업은 기업의 일부분으로서 기업과는 구별된다고 볼 수 있다.

(나) **기업활동**   (상)기업은 상인적 방법에 의하여 영리의 목적으로 경영활동을 하여야 한다. 상법의 대상으로서의 기업(상기업)이 영리목적을 그 요소로 하는 점에서, 일반적으로 법학에서 사용되는 기업개념($^{헌 126}_{조 참조}$)과는 구별되고 있다. 따라서 영리목적이 없는 협동조합·상호회사·공공기관 등은 (상)기업이 될 수 없다.

기업은 이러한 기업활동을 통하여 외부로부터 기업으로 인식되는데, 이것은 기업의 「주관적인 면」으로 이러한 의미의 기업은 주관적 의의의 영업에 해당된다고 볼 수 있다.

(다) **기업주체**   (상)기업은 경제적 또는 사회적으로 존재하여 활동하는 경제적 생활체로서 경제사회의 세포이다. 그런데 이러한 기업은 법률상으로는 아직 권리주체화되지 못하고 있다.

우리나라에서의 이러한 기업은 기업주($^{또는}_{자본}$)와 근로자의 결합체인 독립한 사업체로서 파악되지 못하고, 자본 또는 그의 소유자인 기업주와 자본의 증식면에서만 파악되고 있다. 이와 같이 기업을 자본 또는 자본의 소유자인 기업주와 동일시하게 되면, 기업주와 분리된 기업의 존재와 이익은 존재할 수 없게 된다. 이와 같은 기업개념은 민·상법만이 경제에 관한 자족의 법으로서 충분한 자유주의 경제시대에는 맞는 것이었다.

그러나 오늘날 다른 국가에서는 점차로 기업주와 기업의 개념을 분리하여 기업은 기업주에 대하여 독립한 존재와 이익을 갖고 있는 것으로 파악하는 견해가 많아져 가고 있다.[2] 이와 같이 기업주와 구별되는 기업의 개념은 근로자를 반드시 포함시켜 기업주의 이익뿐만 아니라 근로자의 이익도 제도적으로 함께 도모하여 기업의 사회적 책임에 이바지하고 있다. 우리나라에서도 자본주의의 제도적 모순을 통일적

---

1) Gierke는 이러한 기업의 물적 요소를 '협의의 기업' 또는 '객관적 의미의 기업'으로 표현하고 있다[Gierke, *ZHR* 111(1948), S. 13].
2) 이에 관한 상세는 古田龍夫, 「企業の法律概念の研究」(京都: 法律文化社, 1987) 참조.

으로 수정한다는 점, 또한 기업의 사회적 책임을 제도적으로 보장한다는 점 등에서
볼 때, 위와 같은 발전된 기업의 개념은 입법론에서나 해석론에서 많은 참고가 되리
라고 본다.

(2) 상법은 기업에 관한 「사법(商私法)」

상법은 기업에 관한 법규의 전체라고 하는 견해가 다수설이다.[1] 그러나 상법은
연혁적으로 자유주의경제를 기초로 하여 사법의 하나로 발생한 점, 상법이 사법적
규정 이외에 공법적 규정을 포함하고 있다고 하더라도 상법의 본질적인 내용은 사
법적 규정이라는 점 등에서 볼 때, 상법은 사법(상사법)이라고 볼 수 있다.[2] 즉, 상법
은 그 대상이 되는 기업의 조직과 활동에 관한 규정의 주류가 사법적 규정이기 때문
에 상법이 전체로서 사법체계에 속하는 것이다.[3]

그러나 자본주의경제의 발전에 따라 기업에 대한 국가의 간섭이 많아짐에 따라
상법에도 공법적 규정이 많아지고, 또한 상법상 공법적 규정이 사법적 규정과 유기
적으로 연결되어 있으므로, 이러한 규정들을 함께 이해함으로써 사법체계로서의 상
법을 올바르게 이해할 수 있게 될 것이다.[4]

(3) 상법은 기업에 관한 「특별」사법[5]

경제생활 일반을 규율하는 일반사법이 민법임에 대하여, 상법은 기업을 중심으
로 한 생활관계를 규율하는 특별사법이다. 따라서 상법의 규정 중에는 (i) 기업에
특유한 독자적 규정(예컨대, 회사·상업등기·상호·상업장부·
상호계산·보험·해상 등에 관한 규정), (ii) 민법상의 일반제도를 기업
에 맞게 특수화한 규정(예컨대, 상사유치권·상사보증·상사질
권·상사매매·운송·창고에 관한 규정), (iii) 민법상의 규정을 단순히
변경하거나 보충한 규정(예컨대, 상사법정이율·상사단기시효·상사대리·상사위
임·상사계약의 성립·상사채권의 효과 등에 관한 규정)들이 있는데, 이러
한 규정들은 모두 일반사법인 민법에 대하여 특별사법적인 규정들이다.[6]

상법전 외에도 상사특별법령이 민법에 대하여 기업에 관한 특별사법적 규정인
점은 말할 나위가 없다.

---

1) 서·정, 7면; 손(주), 7면; 서(정), 22면; 최(기), 6면; 양·박, 19면; 주상(상), 34면; 주상(Ⅰ),
   38면; 김(용), 27면; 이(원), 39면; 정(동), (총) 14~15면.
2) 동지: 정(희), 11면; 채, 2면; 이(기) 외, (총) 18면.
3) 독일에는 상법을 기업사법(Unternehmensprivatrecht)이라고 하고, 경제법을 기업공법
   (öffentliches Unternehmensrecht)이라고 하는 견해도 있다[Raisch, "Die dogmatische
   Bedeutung der Abgrenzung von Handelsrecht und Bürgerlichesrecht," *JuS*, 1967, S. 533].
4) 동지: 박, 36면; 이(병), 26면; 차, 53면; 정(무), 9면.
5) 상법을 기업에 관한 법규의 전체라고 하는 견해에서도 상법은 기업관계의 특유한 수요에 응하
   기 위한 법이라는 점에서, 상법은 법체계상으로는 특별사법에 속한다고 보는 것이 보통이다[정
   (동), (총) 16면; 주상(상), 36면 주 22; Gierk/Sandrock, S. 1 이하, 특히 S. 4 이하 참조].
6) 동지: 정(희), 12면.

⑷ 상법은 기업에「관한」특별사법

상법은 기업에 특유한 생활관계를 그 규율대상으로 삼고 있다고 하여 기업의 주체(기업주)만을 규율하는 것은 아니다. 기업주 아닌 일반인도 기업과 거래를 하는 한 상법의 적용을 받게 되고($\stackrel{상}{3조}$), 또한 상법은 명시적으로 상인성을 인정한 기업(당연상인)($\stackrel{상}{조}, \stackrel{46}{4조}$)뿐만 아니라 기업의 형식과 방법에 따라 상인성이 인정되는 기업(의제상인)($\stackrel{상}{5조}$)도 그 적용대상이 된다. 따라서 상법은 기업에「관한」특별사법이다.

이에 더 나아가 상법은 그가 상인성을 인정한 기업($\stackrel{상}{46조}$) 이외의 원시생산업이나 또는 변호사·의사 등과 같은 자유업도 그것이 기업의사를 객관적으로 인식할 수 있게 하는 기업적인 설비와 방법(기업적 특질)에 의하여 운영되는 한 그 적용대상이 된다고 본다.[1]

제3 형식적 의의의 상법

⑴ 형식적 의의의 상법이란 앞에서 본 바와 같이「상법」이라는 이름으로 제정된 실정성문법인 상법전($\stackrel{1962. 1. 20 제정,}{법률 제1000호}$)을 말한다. 이러한 상법전은 제1편 총칙, 제2편 상행위, 제3편 회사, 제4편 보험, 제5편 해상, 제6편 항공운송으로 구성되어 있다. 상법전의 규정은 주로 사법규정이기는 하지만, 그 밖에도 형벌법규·소송법규·국제사법적 규정 등 많은 공법적 규정이 포함되어 있다. 상법전을 기업법으로 보고 기업법을 기업조직법과 기업활동법으로 나누면, 상법 제1편과 제3편은 대체로 기업조직법에 속하고, 상법 제2편·제4편·제5편 및 제6편은 대체로 기업활동법에 속한다고 볼 수 있다.[2]

⑵ 한편 실질적 의의의 상법은 상법전 이외에도 많은 상사특별법령 및 상관습법 등을 포함한다. 즉, 은행법·보험업법·자본시장과 금융투자업에 관한 법률·물

---

1) 동지: 정(희), 12~13면. 일본에서도 자유직업의 영리성을 일정한 기준을 정하여 인정하려는 경향이 강해지고 있다[주상(상), 104면 참조; 神崎, 8면]. 손(주), 68면은 자유업에 대하여 원칙적으로 영리성을 부정하면서 의사가 환자를 입원시켜 병실과 음식을 제공하는 것은 영리성이 있다고 하나, 이 경우 의료행위와 영업행위를 그토록 확연하게 구별할 수 있을 것인지 의문이다.

반대: 서·정, 9면 주 1(상법 제5조의 경영설비요건을 갖추지 않은 원시생산업·의사·변호사 등은 상법의 적용을 받지 않는다고 한다); 임(홍), (총칙) 150면; 정(동), (총) 94~95면; 채, 39면 (의사와 변호사에 대하여); 서울고판 1983. 6. 10, 83 나 274; 대결 2007. 7. 26, 2006 마 334(공보 2007, 1339)(우리 대법원은 변호사를 의제상인이 아니라고 하여 변호사의 상호신설등기 신청을 각하함).

2) 정(동), (총) 16면은 상법 제1편과 제3편은 상인법을 이루고, 제2편·제4편 및 제5편은 넓은 의미의 상행위법을 이룬다고 한다.

류정책기본법·담보부사채신탁법·부정경쟁방지 및 영업비밀보호에 관한 법률 등
각종의 기업에 관한 특별법령은 실질적 의의의 상법에 속한다.

제4 양자의 관계

1. 양자의 범위와 불일치

실질적 의의의 상법은 학문적 입장에서 법을 본 것으로 통일성·체계성을 중요
시하는 데 대하여, 형식적 의의의 상법은 입법정책적 입장에서 실제성·편의성을 위
주로 하여 제정된 것이므로, 양자는 반드시 그 범위가 일치하는 것이 아니다.[1]

2. 양자의 관련

형식적 의의의 상법의 발달과 변천이 실질적 의의의 상법의 연구를 자극하고,
실질적 의의의 상법의 연구가 형식적 의의의 상법의 개정 또는 해석에 유력한 지침
을 줄 수 있는 등, 양자의 관계는 매우 밀접한 관련을 갖고 있다.[2]

제 2 절   상법의 지위

제 1 서   설

앞에서 상법의 의의를 살펴보았는데, 이러한 상법을 그와 관련되는 다른 법과
의 관계를 살펴봄으로써 보다 분명하게 상법을 이해할 수 있을 것이다. 상법과 보다
관련성이 많은 법으로는 민법·노동법·경제법·어음법·수표법 등이 있으므로, 이
하에서는 상법과 이러한 법들과의 관계를 살펴보기로 한다. 이 중에서 상법과 민법
과의 관계는 상법의 자주성과 관련하여 특히 문제가 된다고 볼 수 있다.

---

1) 동지: 정(희), 13~14면.
2) 동지: 정(희), 14면.

제 2 상법과 민법과의 관계

1. 민상이법(民商二法) 통일론(상법의 형식적 자주성)

(1) 통일론의 발단

1) 상법의 형식적 자주성이라는 문제는 상법전이 과연 민법전에서 독립하여 존재할 이유가 있는가 하는 문제이다. 이 문제의 발단은 프랑스에서 1804년의 민법전에 이어 1807년 상법전이 제정됨을 계기로 하여 상법은 중세기적인 상인계급법의 입장을 떠나 '상사'(商事)의 관념을 매개로 하여 일반인에게도 적용되게 되었으며, 한편 상법에 특별규정이 없는 한 '상사'에 관하여 민법이 적용되도록 되었으므로 일반국민의 경제생활을 양법이 지배하게 되고, 따라서 상법이 왜 민법에서 분리·독립하여 존재하여야 하는가 하는 의문이 생기게 된 데에서 시작된다. 이러한 점은 상법상의 여러 제도가 민법의 기본원칙을 그 바탕으로 하고 있는 점, 상법의 대상인 상(商)이 무질서하고 산만하게 확대되고 있으며 그 규정이 단편적인 듯한 인상을 주는 점 등을 본다면, 상법을 독립한 법부문으로 인정할 필요가 없을 것 같이도 생각된다.[1]

2) 이러한 입장에서 1847년 이탈리아의 몬타넬리(Montanelli), 1888년에는 비반테(Vivante)가 각각 민상이법 통일론(民商二法 統一論)을 주장하여 여러 나라의 법학계에 많은 반향을 일으키게 되었다.[2] 또한 이 이론을 실정법으로 실현한 국가의 입법으로는 1911년의 스위스채무법, 1925년의 태국민법, 1929년의 중국민법, 1942년의 이탈리아의 국민법전 등이 있다.

(2) 통일론의 이유와 비판[3]

민상이법 통일론이 드는 이유는 다음과 같은데, 이것은 또한 많은 문제점이 있어 찬성하기 어렵다.

1) 첫째, 통일론에 의하면 오늘날의 상법은 중세와 같은 상인단체법이 아니라 일반인의 모든 경제생활에 적용되므로 상법전을 민법전과 독립하여 규정할 필요가 없다는 것이다. 그러나 기업이라는 특수한 구조와 성격을 가진 생활관계가 일반인

---

1) 동지: 정(희), 39면.
2) Vivante, *Fratto di diritto commerciale*, Vol. 1, 1934. 그 후 이것을 주장하는 논자로서는 일본의 勝本正晃, "商法典廢止論,"「私法學論集(下卷)」, 491면 이하; 독일 나치스시대의 Nipperdey, *Das System des bürgerlichen Rechts in zur Erneuerung des bürgerlichen Rechts*, 1938 등이 있다.
3) 동지: 정(희), 40면; 정(동), (총) 23면 외.

의 경제생활과 구별될 수 있다면, 그것에 관계하는 자가 누구인가와는 상관없이 독립의 법역을 이룩할 기반이 될 수 있다고 본다.

2) 둘째, 통일론에 의하면 상법은 은행업자·상공업자 등 대상업자(大商業者)의 이익보호를 위한 계급법이기 때문에 상법전을 민법전과 독립하여 규정하면 상인과 거래하는 일반인에게 불리하다고 한다. 그러나 만일 입법에 있어서 특수한 이익이나 계급의 세력이 현실적으로 작용한다면, 그것은 법전의 통일 여부와는 관계없이 모든 법의 성립에 그 영향을 미칠 것이므로 이는 민상이법을 통일한다고 하여 해결될 문제가 아니다.

3) 셋째, 통일론에 의하면 민상이법을 구별할 학리상의 정확한 기준이 없고, 법률상의 상과 상인의 개념이 불확정하여 법적용상의 혼란과 불안정을 초래한다고 한다. 그러나 통일론자가 주장하는 법률상의 상과 상인의 개념이 불확정하여 법적용상의 혼란과 불안정을 초래한다는 문제는 상법의 전반에 관한 것이 아니고 상행위편 총칙에 있는 소수의 규정(예컨대, 위임·계약성립시기·
시효·법정이율 등의 규정)의 적용문제일 뿐이고, 이것도 생활관계의 본질을 깊이 통찰하고 입법기술을 활용함으로써 어느 정도 합리적으로 해결될 수 있다.

4) 넷째, 통일론에 의하면 민상이법전(民商二法典)의 병존은 사법이론의 통일적 발전을 저해한다고 한다. 그러나 법체계는 생활관계의 실체에 순응하여야 하지 구조와 정신이 다른 생활관계를 다루는 법을 단순한 외형의 유사성에 따라 획일적으로 규율하는 것은 타당하지 않다고 보며, 사법학의 진보는 법전의 형식적 통일에 의하여 이루어지는 것이 아니라 오히려 민상이법의 연관성과 한계점을 밝힘으로써 이룩되는 것이다.

결론적으로 민상이법 통일론은 오늘날 거의 그 의미를 잃었고, 이를 반영한 입법례에서도 법전의 내부에서는 여전히 민상이법을 분리하여 입법하고 있다. 그러나 상법은 언제나 민법을 의식하면서 실질적 의의의 상법의 대상과 성격을 밝히는 데서 오늘날 상법의 존재의의가 확인될 수 있는 것이다.[1] 이러한 점에서 민법과 상법에 분산하여 규정하고 있는 사항을 개별적인 사항에 따라 종합적·유기적으로 체계화하여 통일적으로 규정하는 문제는 앞으로 검토될 수 있다고 본다[2](예컨대, 단체법, 대
리제도, 매매법, 임치
법, 운
송법 등).

---

1) 동지: 정(희), 40면; 서·정, 14~15면; 손(주), 13~14면; 최(기), 9~10면; 이(병), 43~44면; 김(용), 29면; 박, 38면; 서(정), 33면; 양·박, 22면; 강, 8면; 정(무), 14면; 채, 8면 등 이론이 없다.
2) 동지: 정(동), (총) 23~24면.

2. 민법의 상화(商化)와 상법(상법의 실질적 자주성)

(1) 민법의 상화현상

1) 민상이법 통일론이 평면적 · 형식적인 데 대하여, 민법의 상화(商化)의 문제는 민법의 내용이 시대와 더불어 발전하여 상법에 접근하여 합쳐지는 것이 아닌가 하는 시간적 · 실질적인 고찰인 것이다.[1]

2) 이러한 민법의 상화에는 다음과 같이 두 가지의 의미가 있다.[2]

(가) 첫째의 뜻은 상법에서 형성 · 승인된 원리(예컨대, 계약자유 · 방식자유 등)나 제도(예컨대, 파산 · 어음 · 수표 등)를 민법이 받아들여 일반화함으로써 민법의 상화현상이 나타나는 점이다.[3] 원래 민법은 일반생활, 상법은 기업생활을 직접의 대상으로 하는 구별이 있기는 하지만, 경제생활이나 거래생활을 규율하는 점에 있어서는 양자에 차이가 없다. 그러나 자본주의의 발달과 더불어 '경제생활의 상화'가 생기고, 일반인도 그 생활태도를 기업의 경제적 정신에서 본받지 않으면 아니 되게 되어 있다.[4] 이와 같이 민법에 있어서의 생활관계도 결국은 영리경제의 기초 위에서 하는 개별거래이고, 여기에 관여하는 인간이 경제인의 유형에 속하는 것이므로 자본주의 경제제도의 유지 · 발전에 가장 적합한 상법의 진보적 원리가 민법에 침투하는 것은 당연한 결과라고 할 것이다.[5]

(나) 둘째의 뜻은 본래 민법에 속하고 있던 법률제도(예컨대, 민사회사, 의제상인 등)가 상법의 지배 하에 들어감으로써 민법의 상화현상이 나타나는 점이다.

(2) 상법의 실질적 자주성

1) 첫째의 의미의 민법의 상화에 의하여 상법이 영향을 받는 데에는 성질상 한계가 있다. 즉, 민법 중 신분법은 그 성질상 상화가 될 여지가 없고, 재산법 중 추상적 · 일반적인 채권법에서 부분적으로 상화가 일어나는데 이것도 그 성질상 매우 제한적이다. 다시 말하면 민법은 비영리거래를 대상으로 하지만 상법은 영리거래를 그 대상으로 하고, 영리거래인 경우에도 상법에서는 필연적 · 현재적(顯在的)인 데

---

1) 동지: 정(희), 41면.
2) 민법의 상화라 함은 야코브 리이서(Jakob Riesser)가 1894년 그의 저 「상법적 이념의 독일 민법전 초안에 미친 영향(*Der Einfluss handelsrechtlicher Ideen auf den Entwurf eines bürgerlichen Gesetzbuchs für das deutsche Reich*)」에서 쓰여진 표어이며, 이의 두 가지 의미도 그가 쓴 표현이다.
3) 이에 관한 독일에서의 예는 1974. 4. 16 시행된 통일매매법(das einheitliche Kaufgesetz)을 들 수 있다(Müller−Freienfels, 전게논문, S. 611).
4) 라드브루흐(Radbruch)는 "근대법이 대상으로 하는 유형적 인간은 상인이며, 그것은 자기의 이익추구에 노력할 뿐 아니라 그 목적실현에 대하여 매우 현명한 개인이다"라고 지적하고 있다(Radbruch, *Der Mensch im Recht*, 1927, S. 7 ff.).
5) 동지: 정(희), 42면.

반하여 민법에서는 우연적·잠재적이며 비록 현재적인 경우에도 개별적·비조직적이다. 또한 그 거래의 형태에서도 상법상의 그것은 반복성·대량성을 띠고 있는 데 반하여, 민법상의 그것은 단편적·소량적이다. 따라서 민법의 상화현상은 민법 중 극히 일부분에서만 일어나는 현상이지, 상법이 그 자주성을 상실할 정도로 일어나는 것은 아니다.

민법의 상화에 의하여 상법이 자주성을 잃지 않는 사실에는 또 다른 원인이 있다. 그것은 상법이 그 규정의 일부를 민법에 이양하더라도 상법 자체는 경제생활의 진전과 더불어 끊임없이 새로운 질서를 창조하는 점이다. 예컨대, 상법은 유한회사·후배주·무의결권주·전환사채·이익참가부사채·교환사채·신주인수권부사채·수권자본제·상환주·CIF나 FOB 등과 같은 특수매매·단체보험·상품권·새로운 형태의 상행위(lease, factoring, franchise) 등 수없이 새로운 제도를 창조하고 있으며, 각국의 상법이 빈번하게 개정되고 있는 사실은 이것을 증명하고 있다.[1]

2) 둘째의 의미의 민법의 상화현상도 자본주의 경제제도의 발전과정에서 나타나는 현상으로서 기업의 목적의 확대·발전이라는 특색이 있지마는, 이는 그다지 중요성이 없다. 왜냐하면 이러한 것은 원래 상법에 속하여야 할 것이 입법기술 내지 법이론의 졸렬성 때문에 민법 안에 부자연스럽게 들어가 있던 것이고, 이것이 상법 안으로 돌아온 것은 제 집을 찾아온 격이 되는 까닭이다. 따라서 이러한 의미의 민법의 상화현상은 민법의 순화현상이라고도 볼 수 있다.[2]

위와 같은 민법의 상화에도 불구하고 상법의 실질적 자주성을 은유적으로 표현한 것으로 상법은 '얽히고 설킨 거래의 길목에 있어서의 민법의 안내자·선구자'이고,[3] '하류에서는 녹아가는 만년설이 일반의 침전물과 섞이지만 상류에서는 항상 새로운 만년설을 형성하는 빙하와 같은 존재'[4]라고 할 수 있다.

제 3 상법과 노동법과의 관계

1. 상법과 노동법의 분리

기업은 그 활동범위가 확대됨에 따라 많은 기업보조자가 필요하게 되는데, 이

---

1) 동지: 정(희), 42~43면.
2) 동지: 정(희), 41~42면; 서·정, 16면; 정(동), (총) 21면 외.
3) Riesser, *Der Einfluss handelsrechtlicher Ideen auf den Entwurf eines bürgerlichen Gesetzbuchs für das deutsche Reich*, 1894, S. 71.
4) Goldschmidt, *Universalgeschichte des Handelsrechts*, S. 12.

러한 기업보조자의 법률관계에는 대외적 법률관계(대리관계)(_{의 관계}^{제3자와})와 대내적 법률관계(고용관계)(_{의 관계}^{기업주와})가 있다. 이 양자의 법률관계는 그 성질을 달리하는데, 전자는 상인적 활동으로서 상품교환사회가 요청하는 거래법적 정신에 의하여 지배되고, 후자는 상품유통과는 관계없이 주로 피용자의 생존권적 관계를 내용으로 하고 있어서 특수한 사회정책적 정신에 의하여 지배된다. 따라서 전자를 규율하는 법이 상법(_{관한 규정}^{상업사용인에})이고, 후자를 규율하는 법이 노동법(_{준법 등}^{근로기})이다.

2. 상법과 노동법의 접근

그런데 기업보조자(피용자)의 지위의 향상·강화와 더불어, 노동관계 중에도 사회정책적 입법 외에 기업의 조직 또는 기업의 활동 자체와 관련되는 입법이 나타나고 있는데, 이것이 상법과 노동법의 접근현상이다. 즉, 프랑스의 1917년의 노동자참가주식회사제도(La société anonyme à participation ouvrière), 독일의 기업경영에 대한 노동자의 참가수단으로서 인정되는 종업원조직제도(Betriebsverfassungsgesetz)[1] 및 공동결정제도(Mitbestimmungsgesetz), 영국의 이익참가제도(copartnership), 미국의 종업원지주제도(employee stock ownership), 우리나라의 우리사주조합제도 등이 그것이다. 이것은 상법과 노동법과의 중간에 위치하는 법역으로서 양 법역에 관계되는 부문이라고 하겠다.[2]

위와 같은 새로운 법역의 출현으로 인하여 오늘날에는 노동법적인 요소가 다시 상법분야에 영향을 미치게 되었는데, 이와 같이 양자는 다같이 기업적인 생활관계를 토대로 하여 이룩된 것인 만큼 양자를 합하여 광의의 기업법이라고 할 수 있다. 이렇게 보면 협의의 기업법인 상법은 개인주의적 법사상을 이념적 바탕으로 하고 있고 광의의 기업법에 포함되는 노동법은 사회주의적 법사상을 이념적 바탕으로 하고 있지만, 앞으로의 기업법은 이 양자를 통합한 개념으로 사용될 것이라고 전망할 수도 있을 것이다.[3] 오늘날 독일에서는 근로자의 경영참가제도 등으로 인하여 상법이 크게 변화하고 있으며, 이와 아울러 상법과 노동법 등을 통합하여 기업법을 제정

---

1) Betrieb과 Unternehmen은 똑같이 기구상의 단일체인데, 다만 그 목적·규모 등에서 구별된다. 즉, Betrieb은 근로자(종업원)의 입장에서 노동기술상 파악된 소규모 기업이고, Unternehmen은 포괄적이고 경제상의 목적에서 파악된 대규모 기업을 의미한다. 이러한 점에서 본서의 저자는 Betrieb을 그 의미에 가깝게 번역한다. 즉, Betriebsverfassungsgesetz를 "종업원조직법"으로, Betriebsrat를 "종업원대표회"로 번역한다[정찬형, "서독 물적회사의 기관과 근로자의 공동결정제도,"「현대상사법의 제문제」(설성이윤영선생정년기념)(서울: 법지사, 1988), 192면 주 140 참조].

2) 정(희), 44면; 동, "주식회사법리의 사회화경향,"「기업법의 전개」, 36면 이하 참조.

3) 동지: 정(희), 44면.

하려는 움직임도 있다.[1]

제 4 상법과 경제법과의 관계

1. 경제법의 발생

(1) 19세기 후반 이래 사상적으로는 자연과학적·물질주의적 사고방식이 충만하고, 현실적으로는 기술이 놀랄 만큼 발달한 결과 경제는 극도로 융성하고, 헤데만(Hedemann)이 말하는 '전 세계형상의 경제화'(Verwirtschaftlichung des ganzen Weltbildes)라는 현상이 일어났는데,[2] 특히 집단기업으로서의 물적회사 형태의 기업은 비약적으로 발전하였다. 따라서 상법에 있어서는 주식회사법이 우월적 지위를 갖게 되고, 근대경제의 중점은 대기업으로 옮겨지게 되었다.

(2) 이로 인하여 기업집중과 독점화의 경향이 심화됨에 따라 이를 규제하기 위하여 이른바 '경제법'이 발생하게 된 것인데, 직접적으로 '경제법' 출현의 계기가 된 것은 독일에서의 제1차 세계대전 후의 경제적 동요이었다. 즉, 독일에서는 이러한 경제적 위기를 모면하기 위하여 강제적인 경제통제를 하는 여러 가지 통제입법을 하게 되었는데, 이것이 경제법의 발생의 계기가 되었다.[3]

2. 경제법의 의의

위와 같이 발생한 경제법이 무엇인가에 대하여 가장 많은 경제법이 있었으며 그의 이론화에 노력한 독일학설을 소개하면 다음과 같다.[4]

(1) 소 극 설

경제법을 독립한 법역으로 보지 않는 소극설이 있는데, 이에도 여러 가지가 있다. 누스바움(Nussbaum)은 「직접 국민경제에 대하여 영향을 미칠 것을 목적으로 하는 제규범」을 경제법이라고 하고, 이것은 모든 법역 중에 존재하므로 경제법의 개념이 이론적으로 독립하여 성립하지 않는다고 하였다.[5] 헤데만은 경제법을 18세기의 자연법과 같은 일종의 세계관으로 보았으며, 가일러(Geiler)는 경제법의 본질은 자료의 독자성에 있는 것이

---

1) 이에 관하여는 Bundesministerium der Justiz, *Bericht über die Verhandlungen der Unternehmensrechtskommission*, Verlag Dr. Otto Schmidt KG Köln, 1980이 있다.
2) Hedemann, *Grundzüge des Wirtschaftsrechts*, 1922, S. 8 ff.
3) 정(희), 45면.
4) 이에 관한 상세는 황적인, "한국경제법론(학술연구조성비에 의한 연구보고서)," 「사회과학」, 제32집; 정(희), 45~46면; 서·정, 17~19면; 손(주), 18면; 이(병), 47면 주 28; 최(기), 12면 등 참조.
5) Nussbaum, *Das neue deutsche Wirtschaftsrecht*, 2. Aufl., 1922, S. 1.

아니라 법에 대한 사회학적 고찰방법의 적용에 있다고 하였다.[1]

(2) 적 극 설

경제법의 특정한 대상을 구하여 그 독자적 법역을 인정하는 적극설이 있는데, 이에도 여러 가지가 있다. 카스켈(Kaskel)은 경제법을 「경제적 기업자의 기업경제에 관한 특별법」이라고 하였고,[2] 골드슈미트(Goldschmidt)는 「조직된 경제에 고유한 법」이라고 하였으며,[3] 드니스트리안스키(Dnistriansky)는 「사회에 있어서의 공동경제의 법」이라고 하였고,[4] 쾨트겐(Köttgen)은 「국가가 경제를 지배하는 법」이라고 하였으며,[5] 뷔르딩거(Würdinger)는 「전체경제와의 관계에서의 기업자 지위를 규정하는 법」이라 하였다.[6] 이에 더 나아가 클라우징(Klausing)은 「자유주의적 원리를 바탕으로 하는 경제질서와 이것과 다른 어떠한 원리의 지배를 받는 새로운 경제질서가 갈등하고 있는 현시의 경제질서를 규율하는 법」이 현재의 경제법이고, 따라서 상법도 경제법의 개념 내에 들어간다고 하였다.[7]

위에서 본 바와 같이 경제법의 의의에 관하여는 아직 뚜렷한 정설이 없으나, 경제법은 한마디로 「국가가 전체경제의 입장에서 개인 및 기업의 사적 경제를 통제(규제)하는 법(경제통제법)」이라고 말할 수 있다.[8] 우리나라에서의 이러한 경제법의 예로는 독점규제 및 공정거래에 관한 법률(개정: 2024. 2. 6, 법 20239호), 부정경쟁방지 및 영업비밀보호에 관한 법률(개정: 2024. 2. 20, 법 20321호), 소비자기본법(개정: 2024. 2. 13, 법 20301호), 방문판매 등에 관한 법률(개정: 2024. 2. 6, 법 20239호), 할부거래에 관한 법률(개정: 2024. 2. 6, 법 20239호) 등이 있다.

3. 상법과의 관계

경제법의 의의에 대하여 그의 독자적인 법역을 인정하지 않는 소극설이나 상법과 경제법을 기업법으로 통일적으로 파악하는 기업법설에서는 상법과 경제법과의 관계에 관한 문제가 특별히 문제되지 않으나, 경제법의 독자적인 법역을 인정하는

1) Geiler, *Die wirtschaftsrechtliche Methode im Gesellschaftsrechts — Beiträge zum modernen Recht*, 1933, S. 35 ff.
2) Kaskel, "Gegenstand und systematischer Aufbau des Wirtschaftsrecht als Rechtsdisziplin und Lehrfach," *J.W.*, 1926, S. 11 ff.
3) Goldschmidt, *Reichswirtschaftsrecht*, 1923, S. 12.
4) Dnistriansky, "Die Stellung des Wirtschaftsrechts im Rechtssystem," *Archiv. Ziv. Prax.*, Bd. 137, S. 27.
5) Köttgen, *Gewerbegesetzgebung in Handwörterbuch der Staatswissenschaft*, 4. Aufl., 1927, S. 1006.
6) Würdinger, "Wirtschaftsordnung und Unternehmung," *Jahrbuch der Akademie für deutsches Recht*, 1963, S. 101.
7) Klausing, *Wirtschaftsrecht — Beiträge zum Wirtschaftsrecht*, Bd. 1, 1931, S. 1~2.
8) 동지: 정(동), (총) 24면(경제법이란 '고도화한 자본주의 경제체제를 전제로 하여 국가가 국민경제 전체의 입장에서 경제적 · 사회적 정의를 실현하기 위하여 개인 및 기업의 사적 경제활동에 규제를 가하는 법체계'라고 한다); Gerd Rink, *Wirtschaftsrecht*, 4. Aufl., 1974, S. 1(경제법은 '영리활동에 대한 국가의 규제를 규정하는 법'이라고 한다).

적극설에서는 상법과 경제법과의 관계에 관한 문제에 대하여 다음의 두 가지의 견
해가 있다.

(1) **분리설**(대립설)

상법은 개개의 경제주체의 이익을 기초로 하여 이들 상호간의 이익조정을 목적
으로 함에 반하여, 경제법은 국민경제 전체의 이익을 기초로 하여 개개의 경제주체
의 이익을 초월하여 전체적인 이익을 목적으로 하므로, 양자는 다른 이념과 원리 하
에 존재하는 법이라는 것이다. 따라서 상법과 경제법은 서로 다른 법역을 갖는 별개
의 법으로서 합일(융합)될 수 없다는 것이다(다수설).[1]

(2) **합일설**(통합설)

상법의 이념은 입법정책에 따라 자유주의일 수도 있고 통제주의일 수도 있으므
로, 경제법은 상법의 발전에 의하여 상법에 흡수·통합된다는 것이다(소수설).[2]

생각건대 상법과 경제법은 근본적으로 그 이념과 대상이 다르므로 위의 분리설
(대립설)에 찬성한다. 다시 말하면 상법은 자유주의적·개인주의적 이념을 바탕으로
성립하여 사기업의 조직이나 활동 및 사기업 상호간의 이익조정을 그 규제의 대상
으로 하는 사법인 데 대하여, 경제법은 국민경제적·통제주의적 이념을 바탕으로 공
법에 의한 사법에 대한 간섭으로서 국민경제를 조직화하고 기업활동을 구속하고 시
장경제를 통제하고자 하는 법이다. 상법은 자본주의 경제체제에 일관하는 기본적인
기업사법이나, 경제법은 독점단계에 이르러 나타난 법질서로서 기본적 기업사법을
사회적 입장에서 제약하는 기업공법이다.[3]

그러므로 우리 경제생활을 규율하는 법은 일반생활을 규율하는 민법, 개별적
기업생활을 규율하는 상법 및 이것을 국민경제적 입장에서 통제하는 경제법이 있다
고 볼 수 있다. 그런데 경제생활을 규율하는 법의 중점이 민법에서 상법으로, 상법
에서 경제법으로 옮겨지는 것은 자본주의경제의 발전에 따르는 역사적 발전상이 그
대로 나타난 것에 불과하다.[4]

---

1) 정(희), 46~47면; 임(홍), (총칙) 30면; 이(철), 14면; 채, 10면; 이(병), 44면; 김(용), 32면;
   양·박, 24~25면; 정(무), 20~21면; 주상(Ⅰ), 52면; 이·최, 15면; 정(동), (총) 26면 외.

2) 서·정, 19~20면; 손(주), 20면(그러나 경제에 관한 입법주의가 자유주의를 취하는 단계에서는
   양법이 그 이념을 달리하는 것이므로 하나의 통합된 법개념으로 파악하는 것은 무리가 있다고 한
   다); 최(기), 12~13면.

3) Raisch, *Geschichtliche Voraussetzungen, dogmatische Grundlage und Sinnwandlung des
   Handelsrecht*, 1965 참조.

4) 정(희), 47면. 이에 관한 외국문헌으로는 Wiethölter, "Die Position des Wirtschaftsrecht im
   sozialen Rechtsstaat," *Festsch. für F. Böhm*, 1965, S. 41 ff.; Rinck, *Wirtschaftsrecht*, 1974;
   Ballerstedt, "Der Einfluss des Wirtschaftsrecht auf die zivilrechtliche Dogmatik," *Archiv.*,

제 5 상법과 어음법·수표법과의 관계

유가증권 중에서도 주권·채권(債券)·화물상환증·선하증권·창고증권·상품권·승차권 등은 모두 기업과 관련하여 이용되는 것인 데 반하여, 어음·수표는 기업 이외의 일반인 상호간에도 널리 이용되고 있는 제도이기 때문에, 전자는 이를 상법전 안에서 규정하고 있으나 후자는 이를 단행법으로 규정하고 있다. 어음법·수표법이 실질적 의의의 상법에 들어가는 것인가 하는 문제가 있는데, 어음·수표는 기업과 관련하여서만 이용되는 제도가 아니라 일반인 상호간에도 널리 이용되는 제도가 되었으므로 기업에 특유한 생활관계를 규율하는 법인 실질적 의의의 상법에 속한다고 할 수 없다. 이것은 마치 파산제도가 기업에게만 인정되다가 이것이 일반화됨에 따라 상법에서 독립하여 별도로 규정하게 된 것과 같다고 볼 수 있다. 상법에서 독립한 어음법·수표법은 민법·상법과 함께 사법체계 중의 재산법의 하나의 법역을 이루고 있다.[1] 그러나 어음·수표는 원래 기업거래의 금전지급의 수단에서 기원하며 또한 현재도 기업과 관련하여 많이 이용되고 있으므로, 상법과 밀접한 관련이 있다고 볼 수 있다.

제 6 상법과 기타의 법과의 관계

상법과 기타의 법과의 관계에서는 상법의 대상이 되는 기업생활관계와 관련을 갖는 법역으로서는 행정법·민사소송법·형법이 있다.

1) 행정법은 국가임무가 확대됨에 따라 기업생활관계에 영향을 미치므로 이러한 점에서 상법과 관련을 갖지만, 이러한 점은 경제에 관한 국가의 간섭으로서 경제법에서 규율하기 때문에 행정법과 상법과의 관계는 경제법과 상법과의 관계의 문제가 된다.

2) 민사소송법은 회사설립 또는 합병의 무효의 소, 주주총회결의 무효(부존재) 내지 취소의 소 등에서, 또 상업등기법은 각종 상업등기와의 관계에서 상법과 밀접한 관련을 갖고 있다. 그러나 상법은 기업생활관계의 특성에서 발생하는 점으로 인하여 이들 법역에 대한 특칙이나 중요한 사항만을 규정하는 데 그치고, 그 이상의

Praxis, 1951, S. 551.
1) 동지: 서·정, 10면; 이(원), 47~48면. 다만 본서(하)에서는 강학의 편의상 상법의 일부로 취급하고 있을 뿐이다.

상세한 사항은 이들 법역에 미루고 있다.

3) 상법은 기업생활관계에 특유한 벌칙(예컨대, 회사)을 규정함으로써 형법과 관련을 갖지만, 이것은 형법이 자연인 본위·일반생활 본위로 규정하고 있기 때문에 부득이한 현상이다. 그러나 상법상 이러한 벌칙규정은 원래 형법의 특수한 부분(실질적)이라고 보아야 할 것이다.

제 3 절 각국의 상법

상법이 어떠한 법인가에 대하여는 제 1 절에서 살펴보았고, 이러한 상법이 그와 관련되는 여러 가지의 법과의 관계에 대하여는 제 2 절에서 살펴봄으로써 상법이 전체의 법체계에서 차지하는 위치가 보다 명백하여졌을 것이다. 이 곳에서는 다시 각국의 상법을 비교법적으로 살펴봄으로써 상법에 대한 보다 폭넓은 이해를 도모하고자 한다.

오늘날 세계 각국의 상법은 프랑스법계·독일법계 및 영미법계의 세 가지로 나누어 볼 수 있으므로 이하에서는 이에 따라 각국의 현행 상법을 간단히 살펴보고, 마지막으로 상사에 관한 국제조약을 간단히 소개하였다.

제 1 프랑스법계

1. 프 랑 스

프랑스는 국가에 의한 최초의 통일적 상사입법을 가진 국가이다. 즉, 1673년의 상사조례(Ordonnance sur le commerce)와 1681년의 해사조례(L'ordonnance de la marine)가 그것이다. 이 두 법은 통일적 상법을 제정한 것으로서는 획기적이긴 하였으나, 상사조례는 상인법(law merchant)적인 것이었다. 따라서 프랑스 상법이 상사법으로서 근대적 상법이라고 할 수 있는 것은 위 두 조례를 바탕으로 하여 제정된 1807년 9월 15일의 프랑스 상법전(Code de commerce)이다.[1]

프랑스의 상법은 이러한 1807년의 「상법전」이 기본법이고, 이 외에 중요한 특별법으로 1966년의 「상사회사법」, 1930년의 「보험계약법」,[2] 1936년의 「해상물건운송법」 등이

---

1) 프랑스 해사조례와 프랑스 상법전의 해상편에 관한 번역서로는 채이식, 「프랑스 해사칙령과 나폴레옹 상법전 해상편」(서울: 고려대출판부, 2005) 참조.

2) 이 법은 그 후 1976년에 「보험법전」(Code des Assurances, 1976)으로 새로 제정되어 시행되고 있는데, 이 법전은 보험관계 공·사법을 망라한 방대한 것이다. 이 법전 제 1 부(법률) 중 제 1 편 (보험계약) 및 제 2 편(의무적 보험)의 번역으로는 김성태, "프랑스보험법전," 「법무자료」, 제58집 (법무부 편), 4~66면 참조.

있다. 프랑스의 상사특별법으로서 가장 중요한 법률은 「상사회사법」이었고,[1] 이 법은 합명회사 · 합자회사 · 주식회사 · 주식합자회사 및 유한회사에 관하여 규정하였다.

그런데 프랑스는 2001년에 다시 상법전을 대폭 개정하여 상법전 제 2 편에 상사회사법을 흡수하여 규정함으로써, 다시 상법전 제정 당시의 입법을 취하게 되었다.

2. 이탈리아

1865년의 상법은 프랑스 상법전을 기초로 한 것이었으나, 1882년에 다시 제정된 상법전(Codice di commercio)은 독일법을 가미하였다. 그런데 1942년에 제정된 민법전(Codice civile)$\left(\substack{전 6 편,\\2,969조문}\right)$은 1865년의 민법과 1882년의 상법 및 노동법 · 경제법 등을 통합한 것으로, 민상이법 통일론을 채택하여 입법한 것으로 지금도 시행중에 있다.[2]

3. 기   타

이 밖에 프랑스 상법의 영향을 받은 국가로는 벨기에$\left(\substack{1811\\년 법}\right)$ · 스페인$\left(\substack{1829\\년 법}\right)$ · 포르투갈$\left(\substack{1883\\년 법}\right)$ · 그리스$\left(\substack{1835\\년 법}\right)$ · 이집트$\left(\substack{1875\\년 법}\right)$ · 터키$\left(\substack{1850\\년 법}\right)$ · 아르헨티나$\left(\substack{1889\\년 법}\right)$ · 우루과이$\left(\substack{1893\\년 법}\right)$ · 칠레$\left(\substack{1865\\년 법}\right)$ · 멕시코$\left(\substack{1889\\년 법}\right)$ · 페루$\left(\substack{1902\\년 법}\right)$ 등이다.[3]

제 2 독일법계

1. 독   일

독일은 1794년 2월 5일의 보통프로이센주법(das Allgemeine Preussische Landrecht)에 의하여 프로이센 왕국에 관한 한 포괄적인 상법전을 가졌는데, 독일연방 전체에 대한 통일법으로서의 지위를 가진 입법은 1869년의 보통독일어음조례(die Allgemeine Deutsche Wechselordnung) 및 보통독일상법(das Allgemeine Deutsche Handelsgesetzbuch, ADHGB)이었다. 즉, 보통독일어음조례(Text in Anlage A zum Gesetz vom 5. 6. 1869)$\left(\substack{\text{BGB1. des Norddt,}\\\text{Bundes S. 379}}\right)$, 보통독일어음조례의 보충 및 해석에 관한 「뉴른베르거」 어음법보충법률〔Die Nürnberger Novellen, betreffend die Ergänzung und Erläuterung der Allgemeinen Deutschen Wechselordnung(Text in Anlage B zum Gesetz vom 5. 6. 1869)$\left(\substack{\text{BGB1. des Norddt,}\\\text{Bundes S. 379}}\right)$〕 및 보통독일상법(Text in Anlage C zum Gesetz vom 5. 6. 1869)$\left(\substack{\text{BGB1. des Norddt,}\\\text{Bundes S. 379}}\right)$의 세 법률은 1869년 6월 5일의 「보통독일어음조례 · 뉴

---

1) 이 법은 1966. 7. 24자 제정의 법률 제66－537호(전 509개 조문)와 동 일자 제정의 법률 제66－538호(전 15개 조문)의 두 개의 법률로 구성되어 있는데, 후자는 전자를 보충하는 법률이다.

2) 이 법에 대한 독역(獨譯)으로는 *Italienisches Zivilgesetzbuch, Materialien zum Ausländischen und Internationalen Privatrecht* 6, 1942, 2. Aufl., 1968; 영역(英譯)으로는 *The Italian Civil Code*, 1969, Standford University 판, Oceana Publications Inc.을 참조.

3) 손(주)(2002), 39면 참조.

른베르거 어음법보충법률 및 보통독일상법의 연방법으로의 시행에 관한 법률」(Gesetz betreffend die Einführung der Allgemeinen Deutschen Wechselordnung, der Nürnberger Wechselnovellen und des Allgemeinen Deutschen Handelsgesetzbuchs als Bundesgesetzes)에 의하여 연방법으로 되었다. 이러한 보통독일상법, 즉 독일 구(舊)상법은 그 범위를 사법적 규정에 한정한 점에서 순 상사법적 입법의 선구가 되었지만, 그 입장은 상인법주의와 상사법주의의 절충이었다. 보통독일상법은 그 후 1870년 6월 11일의 주식합자회사 및 주식회사에 관한 법률(Gesetz, betreffend die Kommanditgesellschaft auf Aktien und die Aktiengesellschaft vom Juni 1870)$\binom{\text{소위 Aktienrechtsnovelle}}{\text{vom 1870으로 자주 인용됨}}\binom{\text{BGB1. des Norddt.}}{\text{Bundes S. 375}}$ 및 1884년 7월 18일의 주식합자회사 및 주식회사에 관한 법률$\binom{\text{소위 Aktiennovelle}}{\text{von 1884로 자주 인용됨}}\binom{\text{RGB1}}{\text{S. 123}}$ 에 의하여 크게 변경되었다. 그 후 독일 민법전$\binom{\text{1896. 8. 18 제정,}}{\text{1900. 1. 1 시행}}$의 제정과 더불어 이 민법전과의 조화를 꾀하여 제정된 것이 1897년 5월 10일 독일 상법전(Handelsgesetzbuch für das Deutsche Reich, HGB)$\binom{\text{RGB1}}{\text{S. 219}}$이고, 이 법은 1900년 1월 1일 민법전(BGB)과 동시에 시행되었다. 이 입법의 특색은 상인법주의의 부활과 상인의 범위를 확대한 점에 있다.

독일의 상법은 이러한 1897년의 「상법전」이 기본법이고, 이 외에 중요한 특별법으로는 1965년의 「주식법」(Aktiengesetz vom 6. Sep. 1965)$\binom{\text{BGB1.}}{\text{S. 1089}}$, 1892년의 「유한회사법」(Gesetz betreffend die Gesellschaften mit beschränkter Haftung vom 20. Apr. 1892) $\binom{\text{RGB1}}{\text{S. 477}}$, 1908년의 「보험계약법」[1](Gesetz über den Versicherungsvertrag vom 30. Mai 1908)$\binom{\text{RGB1}}{\text{S. 263}}$ 등이 있다. 따라서 독일에서는 합명회사 및 합자회사는 상법전(HGB) 제2편에서 규정되고, 주식회사 및 주식합자회사는 주식법에서 규정되며, 유한회사는 유한회사법에서 규정되고 있다. 독일의 주식법과 유한회사법은 EU 지침에 의하여 수시로 개정되고 있는데, 1985년에는 EU 지침에 따라 주식법 및 유한회사법의 재무제표에 관한 규정이 대폭 개정되었다($\binom{\text{이러한 규정이 상법의 상업장}}{\text{부에 관한 규정으로 옮겨 옴}}$). 독일의 상법은 제정 후 100년만인 1998년 6월 22일의 상법개정법(Gesetz zur Neuregelung des Kaufmanns-und Firmenrechts und zur Änderung anderer handels-und gesellschaftsrechtlicher Vorschriften vom 22. 6. 1998, Handelsrechtsreformgesetz-HRefG)$\binom{\text{BGB1. I}}{\text{1474}}$과 1998년 6월 25일의 운송법개정법(Gesetz zur Neuregelungs des Fracht-, Speditions-und Lagerrechts vom 25. 6. 1998, Transportrechtsreformgesetz-TRG)$\binom{\text{BGB1. I}}{\text{1588}}$에 의하여 대폭 개정되었고, 주식법과 유한회사법은 2008년에 다시 개정되었다.

---

1) 이 법에 대한 번역으로는 정호열, 전게 법무자료(법무부), 제58집, 67~122면 참조.
  1908년 독일의 「보험계약법」은 2007년에 대폭 개정되어 2008년 1월 1일부터 시행되고 있는데, 일부 새로운 내용은 (개정법〈Reformgesetz〉 제11조에 의하여) 2009년 1월 1일부터 시행되고 있다. 이러한 2007년 개정된 독일 보험계약법에 대한 번역으로는 이필규·최병규·김은경, 「2009년 독일 보험계약법」(서울: 세창출판사, 2009) 참조.

2. 오스트리아

1862년에 독일의 구(舊)상법이 시행되다가, 1938년 독일과의 통합과 함께 독일의 신상법 및 주식법이 시행되었다. 현재에도 오스트리아에는 독일 신상법이 일부 개정되어 시행되고 있으나, 주식법($^{1965. 3.}_{31\ 제정}$) 및 유한회사법($^{1906. 3.}_{6\ 제정}$)은 새로 제정되어 시행되고 있다.

3. 스 위 스

스위스에서의 상법전은 스위스채무법(Obligationenrecht vom 30. März 1911) 제5편에 포함되어 있어, 앞에서 본 이탈리아와 같이 민상이법 통일론을 채택하여 입법한 국가에 속한다. 스위스 상법은 대부분 독일의 구(舊)상법을 모방한 것인데, 상행위에 관하여 주관주의 입장만을 취하고 상법의 적용범위를 대폭 확장한 점이 특색이라고 하겠다.

4. 일   본

일본의 상법전은 1899년 3월 9일에 제정되어 동년 6월 16일부터 시행되고 있는데, 그 후 최근까지 다수의 개정이 있었다.[1] 이러한 일본의 상법전은 대체로 독일의 구(舊)상법을 모방한 것으로서 독일법계에 속한다고 볼 수 있다. 일본도 종래에는 독일의 경우와 같이 유한회사에 관하여 별도의 법전을 갖고 있었는데, 1938년에 제정된 유한회사법이 그것이다. 그런데 이러한 유한회사법은 다음에서 보는 바와 같이 2005년 회사법에 흡수되었다.

일본의 상법전은 원래 제4편으로 구성되어 있었는데, 제1편 총칙, 제2편 회사, 제3편 상행위, 제4편 해상으로 구성되어 있었다. 제2편의 회사에서는 총칙·합명회사·합자회사·주식회사·외국회사 및 벌칙에 대하여만 규정하고 있었고 유한회사에 대하여는 별도의 특별법인 유한회사법(1938년)이 규정하고 있었는데, 2005년에는 회사법을 별도로 제정하여($^{법률\ 제86호,\ 시}_{행:\ 2006.\ 5.\ 1.}$) 상법의 회사편의 규정·유한회사법 및 특별법상 회사법에 관한 규정을 회사법에서 통일하여 규정하고 있는 점이 우리 상법의 경우와 다르다. 또한 일본에서는 종래에 보험에 관하여 상법 제3편 상행위에서 규정하고 있었는데, 이러한 보험법이 2008년 6월 6일에 대폭 개정됨과($^{공포일로부터\ 2}_{년\ 이내에\ 시행}$) 동시에 상법에서 분리되어 단행법으로 규정되었다. 이 점도 우리 상법의 경우와 다르다.

5. 기   타

이 밖에 독일상법의 영향을 받은 국가로는 덴마크·노르웨이·스웨덴·핀란드 및 태

---

1) 1990년대 초의 개정으로는 주식회사에 관한 규정을 개정한 것으로 1990. 6. 29의 개정법률(1991. 4. 1 시행) 및 1993년 개정법률(1993. 10. 1 시행)이 있다. 1990년 개정법률에 관한 간단한 소개로는 김교창, "일본상법중 주식회사법의 개정요지,"「상장」, 제204호(1991. 12), 11~13면 참조.

국 등이 있다.[1] 특히 태국은 이탈리아 및 스위스와 같이 민상이법 통일론을 채택하여 입법한 국가로서 상법이 민법과 함께 같은 법전에서 규정되고 있다.

제 3 영미법계

1. 영   국

영국은 불문법국가이므로 일반생활에 관하여는 보통법(common law)과 형평법(equity)의 양 관습법이 지배하고 있으나, 상법 분야에서는 많은 성문법이 있다. 즉, 1882년의 Bills of Exchange Act, 1890년의 Partnership Act, 1907년의 Limited Partnership Act, 2000년의 Limited Liability Partnership Act, 2006년의 Companies Act 등이 중요한 상법의 성문법이다. 그 밖에도 상사에 관하여는 Factors Act($^{1889}_{년}$), Sales of Goods Act($^{1893}_{년}$), Merchant Shipping Act($^{1958}_{년}$), Marine Insurance Act($^{1906}_{년}$),[2] Carriage of Goods by Sea Act($^{1924}_{년}$), Carriage by Air and Road Act($^{1979}_{년}$) 등 다수의 성문법(statute law)이 있다.

2. 미   국

(1) 미국의 법제도는 영국의 경우와 비슷하지만, 상사에 관한 성문법은 원칙으로 연방법(federal law)이 아니고 각 주의 주법(state law)에 의하여 제정되는 까닭에 그 내용이 주마다 달라 실제에 있어서 불편이 많았다. 따라서 각 주 대표자로 구성된 통일주법 전국위원회의(National Conference of Commissioners of Uniform State Laws)는 미국법조협회(American Law Institute)와 공동으로 상사에 관한 각종의 통일법안을 작성하여, 각 주에서 이를 채택하는 방식으로 통일화의 길을 걷고 있다. 이러한 상법관계의 통일법안 중 중요한 것으로는 Uniform Negotiable Instruments Law($^{1896}_{년}$), Uniform Conditional Sales Act($^{1918}_{년}$), Uniform Sales Act($^{1906}_{년}$), Uniform Warehouse Receipts Act($^{1906}_{년}$), Uniform Bills of Lading Act($^{1909}_{년}$), Uniform Stock Transfer Act($^{1909}_{년}$) 등이 있었는데, 이들은 모두 1952년의 통일상법전(Uniform Commercial Code, U.C.C.)에 흡수되어 폐지되었다. 통일상법전은 1953년부터 1968년까지 미국의 49개 주, 콜롬비아지역(District of Columbia) 및 버진아일랜드(Virgin Islands)에서 채택해, 루이지애나(Louisiana)주만이 통일상법전을 채택하지 않은 유일한 주이었다. 그러나 동주(同州)도 1974년에는 통일상법전 제 1·3·4·5·8 장을 채택하였다.[3] 통일상법전은 1952년의 제정 후 1962년, 1966년, 1972

---

1) 손(주)(2002), 40~41면 참조.
2) 이 법에 대한 번역으로는 정호열, 전게 법무자료(법무부), 제58집, 123~155면 참조.
3) James J. White and Robert S. Summers, *Handbook of the Law under the Uniform Commercial Code*(Hornbook Series), 2nd ed., 1980, pp. 4~5.

년, 1977년, 1987년, 1988년, 1989년 및 1990년에 개정되었는데, 특히 최근에 개정된 사항으로는 1987년에 Article 2 A(leases)를 신설하였고, 1988년에 Article 6($^{Bulk\ Transfers에}_{서\ Bulk\ Sales로}$ $^{제목}_{개정}$)를 개정하였으며, 1989년에 Article 4 A(Funds Transfers)를 신설하였으며, 1990년에는 제3장($^{제목도\ Commercial\ Paper에서}_{Negotiable\ Instrument로\ 변경됨}$)이 대폭 개정된 점이다. 이 통일상법전은 형식상은 전부 11장으로 구성되어 있는데, 위에서 본 바와 같이 2개의 장이 새로 신설되었으므로 실제로는 13개의 장으로 구성되어 있는 것이다.

통일상법전 외에도 회사법에 관한 통일법안으로는 Uniform Partnership Act($^{1914}_{년}$)($^{48}_{개}$ $^{주\ 채택,\ Georgia주}_{및\ Louisiana주\ 제외}$), Uniform Limited Partnership Act($^{1916}_{년}$)($^{43개\ 주}_{채택}$), Revised Uniform Limited Partnership Act($^{1976}_{년}$)($^{7개\ 주}_{채택}$), Revised Model Business Corporation Act[1]($^{2006}_{년}$) 등이 있다.

이 외에 상사에 관한 통일법안으로는 Uniform Consumer Credit Code($^{1974}_{년}$) 등이 있다.

(2) 위에서 본 것은 주법을 통일하기 위한 통일법안인 데 반하여, 주간(州間)통상과 국제통상에 관하여는 별도로 처음부터 연방법으로 제정된 법들이 있다. 이러한 연방법으로는 Interstate Commerce Act(1887), Harter Act(1893), Bankruptcy Code(1898), Bankruptcy Reform Act(1978), Sherman Anti−trust Act(1890), Clayton Act(1914), Federal Trade Commission Act(1914), Federal Bills of Lading Act(1916), Carriage of Goods by Sea Act(1936), United States Warehouse Act(1936) 등이 있다.

3. 캐 나 다

캐나다에서도 미국의 경우와 같이 주 내에서의 상사에 관한 입법권은 각 주에 있는데, 상법전을 가지고 있는 주는 하나도 없다. 따라서 상사에 관하여는 원칙적으로 보통법(common law)에 의하고 있으며, 개별적인 사항에 관하여는 특별법도 제정되고 있다. 회사법에 관한 한 통일회사법의 제정을 위한 작업이 진행중에 있다.[2]

4. 호   주

호주에서도 미국의 경우와 같이 주 내에서의 상사에 관한 입법권은 각 주에 있는데,

---

1) 미국의 회사법의 통일법안에 관해서는 1928년에 통일주법 전국위원회의에서 Uniform Business Corporation Act가 제정되었는데, 동 법안은 몇 개의 주에서만 채택되다가 1958년에 폐지되었다(동 법안은 1943년부터 1958년에 폐지될 때까지 한때 'Model Business Corporation Act'라고 불려지기도 하였으나, 다음에서 보는 ABA회사법위원회가 제정한 Model Business Corporation Act와는 완전히 구별된다). 1950년에는 미국변호사회(American Bar Association, A.B.A.) 소속의 회사법위원회가 Model Business Corporation Act(M.B.C.A.)를 제정하여 여러 주의 회사법의 입법에 많은 영향을 미쳤다. 동법은 그 후 수차 개정되었는데, 1984년에는 그 내용과 형식에 있어서 전면 개정되어 Revised Model Business Corporation Act(R.M.B.C.A.)로 나오게 된 것이다. 동법은 그 후에도 수차례 개정되었는데, 최근 개정은 2006년 개정이다.
2) 손(주)(2002), 43면 참조.

상사에 관한 법률은 대체로 영국법을 따르고 있다. 따라서 어음에 관한 한 영국의 경우와 같이 일찍이 성문법이 있었는데, 1909년의 Bills of Exchange Act가 그것이다. 1986년에는 Cheques and Payment Orders Act가 제정되었다.

최근에 회사법에 관한 연방법이 제정되었는데, 2001년의 Corporations Act 및 2001년의 Australian Securities and Investments Commission Act 등이 그것이다.[1]

제 4 상사에 관한 국제조약

(1) 근대상법은 상인단체의 자족법으로서의 지위에서 국가법적 지위로 비약함으로써 본격적으로 성립하였는바, 다른 한편 상거래는 국제적으로 더욱 확대되어 국가마다 내용이 다른 상법을 가지고는 빈번한 국제거래의 수요에 따라가기 어렵게 되었다. 따라서 19세기 말경부터 국제적 성질이 강한 거래부문에 관해서는 통일법을 실현하고자 하는 운동이 일어났다.

(2) 상사에 관하여 지금까지 성립한 중요한 국제적 통일사업으로서는 철도운송에 관한 베른조약($^{1890년,}_{1924년 개정}$), 어음법통일에 관한 헤이그조약($^{1912}_{년}$), 어음법통일에 관한 제네바조약($^{1930}_{년}$), 수표법통일에 관한 제네바조약($^{1931}_{년}$), 국제환어음 및 국제약속어음에 관한 UN협약($^{1988년 12}_{월 9일 성립}$), 선박충돌조약 및 해난구조조약($^{1910년,}_{1967년 개정}$), 선박소유자책임제한조약($^{1957년,}_{1976}$ $^{년}_{개정}$), 선하증권조약[2]($^{1924년의 Hague Rules, 1968년의 Hague-}_{Visby Rules, 1978년의 Hamburg Rules}$), 해상우선특권 및 해상저당권조약($^{1926년,}_{1967년 개정}$), 상표ㆍ상호ㆍ부정경쟁방지 등을 포함한 파리만국공업소유권보호동맹조약($^{1883}_{년,}$ $^{1951년 리스본}_{회의에서 개정}$), 항공사법상의 특수문제에 관한 법규의 통일에 관한 조약($^{1922년 바르샤바조약,}_{1933년 로마조약, 1967년}$ $^{몬트리}_{올협정}$), 국제동산매매에 관한 통일법에 관한 조약($^{1964}_{년}$) 등이 있다. 또 1873년 벨기에의 브뤼셀에서 창설된 국제법학회(International Law Association)가 작성한 공동해손에 관한 York-Antwerp Rules, CIF매매에 관한 Warsaw-Oxford Rules, 국제상업회의소(International Chamber of Commerce)에서 채택된 「상업신용장에 관한 통일규칙과 관례」, 국제무역용어에 관한 「Incoterms 규칙」 등이 있고, 그 밖의 각종 단체가 상사관계법의 국제적 통일을 위하여 많은 노력을 하여 왔다($^{예컨대, UNCITRAL〈유엔 국제상거래법위원회〉에서}_{성안한 통일국제매매법, UN해상물건운송조약 등}$).

이러한 조약 등은 모든 국가가 예외 없이 참가한 것은 아니고, 또 조인(調印)을 하고도 비준ㆍ공포하지 않은 나라도 있으며, 또 각종의 유보규정이 있어서 완전한 세계법으로 성립하였다고는 볼 수 없지만, 그 실현을 향하여 접근한 것이라고는 말할 수 있다. 이들 조약 등은 우리나라가 독립하기 이전에 성립한 것이 많기 때문에 우리나라가 직접 참가한 조약은 적지만, 우리나라의 어음법ㆍ수표법은 1930년 및 1931년의 제네바통일조약에 의

---

1) 이에 관한 최근의 간단한 소개로는 CCH Corporations Law Editors, *Australian Corporations Law Guide*, 1991; 전국경제인연합회, 「주요국 회사법」, 2009 등이 있다.
2) 이에 관한 상세는 이균성, 「국제해상운송법연구」(서울: 삼영사, 1981) 참조.

한 것이고, 해상법의 많은 규정은 이러한 국제조약에 의하고 있다.

(3) 이러한 국제적 통일을 위한 조약 이외에 2 차대전 이후에 EU조약과 같이 지역국가간에서 법의 통일을 기하고자 하는 경향이 두드러지게 나타나고 있다. 앞으로도 무역거래 등에 관한 지역국가간의 협력체제는 더욱 늘어날 것으로 예상되는데, 이러한 대표적인 예로는 위에서 말한 EU조약 외에도 유럽자유무역연합($^{1960.\ 5.}_{3\ 발효}$)(European Free Trade Association, EFTA) · 북미자유무역지대($^{1994.\ 1.}_{1\ 발효}$)(North American Free Trade Area, NAFTA) · 남미공동시장($^{1991.\ 11.}_{9\ 발효}$)(Southern Common Market, MERCOSUR) · 중부유럽자유무역지대($^{1993.\ 3.}_{1\ 발효}$)(Central European Free Trade Area, CEFTA) 등이 있다.

제 4 절 상법의 이념과 특성

제 1 상법의 이념

상법은 기업을 중심으로 하는 생활관계를 규율하는 법이므로 상법의 이념은 이러한 기업을 유지강화하고 기업활동(영리활동)을 왕성하게 하여 자본재생산사회를 발전시키고, 나아가서 이것이 국민경제에 이바지하도록 하는 데 있다.[1]

그런데 이러한 상법의 이념은 지나치게 기업만을 두둔하는 것이라 하여 이러한 상법의 이념은 기업의 사회적 책임론과 관련하여 수정되어야 한다는 견해도 있다.[2]

1. 기업의 유지강화

오늘날 기업은 국민의 막대한 재산을 흡수 · 저축하고 노동의 기회를 제공함으로써 대부분의 국민의 소득의 원천이 되어 있으므로, 기업은 이미 어느 개인의 이윤추구의 수단에 그치는 것이 아니라 그 자체가 하나의 사회적 존재로 되어 있다. 그러므로 이와 같이 사회적 존재가 된 기업이 소멸되면 그 개인경제뿐만 아니라 국민경제에 미치는 손실은 막대하게 된다. 따라서 상법은 기업의 이와 같은 개인경제 및 국민경제에서 차지하는 중요한 기능과 지위로 인하여 그 기업의 형성을 쉽게 하고, 또 이것을 유지강화하는 것을 이념으로 하고 있는데, 상법에서 이를 구체화한 것으로는 다음과 같은 것들이 있다.

---

1) 상법의 이념에 관한 설명으로서 비교적 상세한 것으로는 정(희), 32~38면; 정(동), (총) 32~40면(다만 상법의 특색으로 설명하고, 이를 상법 전반에 관한 특색 · 기업조직에 관한 특색 및 기업활동에 관한 특색으로 분류하고 있다); 주상(상), 44면; 주상(Ⅰ), 53면 이하.
2) 기업의 사회적 책임론에 관하여는 정(희), 38면; 동, "기업의 사회적 책임과 법적 문제,"「기업법의 전개」, 99면 이하; 주상(상), 55~56면 등 참조.

(1) 영리성의 보장

영리성은 기업에 내재하는 필연적 속성이고 기업성립의 전제가 된다. 따라서 이러한 영리성을 보장하기 위한 상법의 규정으로는 법정이율의 인상($_{민}^{상}$ $_{379조}^{54조,}$), 소비대차 및 체당금의 이자청구권($_{55조}^{상}$), 상인의 보수청구권($_{61조}^{상}$) 등이 있다.

(2) 자본집중의 촉진

기업의 조직(성립)에 있어 자본집중을 촉진하기 위한 상법의 규정으로는 익명조합제도($_{조\ 이하}^{상\ 78}$), 합자조합제도($_{의\ 2\ 이하}^{상\ 86조}$), 각종 회사의 합병제도($_{175조}^{상\ 174}$), 유한책임회사($_{의\ 2\ 이하}^{상\ 287조}$) · 주식회사($_{조\ 이하}^{상\ 288}$) 및 유한회사제도($_{조\ 이하}^{상\ 543}$), 선박공유($_{조\ 이하}^{상\ 756}$) 등이 있다. 특히 주식회사에 있어서 자본집중을 촉진하기 위한 상법상의 규정으로는 자본금이 주식으로 분할되어($_{3항,\ 451조}^{상\ 329조\ 2항\ ·}$) 유통성을 가진 주권으로 표창되어 있는 점($_{355조}^{상}$), 주주의 책임이 유한으로 되어 있는 점($_{331조}^{상}$) 등이 있다.

(3) 자금조달의 원활화

기업의 활동 중에 자금조달의 원활을 기하기 위한 상법의 규정으로는 자기자본의 조달을 용이하게 하기 위한 규정으로 수권자본제도($_{항\ 3호,\ 416조}^{상\ 289조\ 1}$), 타인자본의 조달을 용이하게 하기 위한 규정으로 사채(社債)제도($_{조\ 이하}^{상\ 469}$), 주식과 사채의 장점을 결합한 규정으로는 상환주식($_{345조}^{상}$) · 전환주식($_{조\ 이하}^{상\ 346}$) · 전환사채($_{조\ 이하}^{상\ 513}$) · 신주인수권부사채제도($_{의\ 2\ 이하}^{상\ 516조}$) · 이익참가부사채($_{2항\ 1호}^{상\ 469조}$) · 교환사채($_{2항\ 2호}^{상\ 469조}$) · 상환사채($_{2항\ 2호}^{상\ 469조}$) 등이 있다.

(4) 인력의 보충

기업의 인력의 보충을 위한 상법상의 규정으로는 상업사용인($_{조\ 이하}^{상\ 10}$) · 대리상($_{조\ 이하}^{상\ 87}$) · 중개인($_{조\ 이하}^{상\ 93}$) · 위탁매매인($_{조\ 이하}^{상\ 101}$) · 합명회사($_{조\ 이하}^{상\ 178}$) 등의 규정이 있다.

(5) 위험부담의 완화

기업활동에 따르는 위험부담을 완화하는 제도로는 기업위험을 처음부터 분산하는 제도와 기업담당자의 책임을 제한하는 방법이 있는데, 이에 관한 상법상의 규정으로는 다음과 같은 것들이 있다.

1) 기업위험을 분산하기 위한 상법상의 규정으로는 각종의 회사제도($_{식회사}^{특히\ 주}$) · 보험제도($_{조\ 이하}^{상\ 638}$) · 공동해손제도($_{조\ 이하}^{상\ 865}$) 등이 있다.

2) 기업담당자의 책임을 제한하는 상법상의 규정으로는 물건운송인의 책임제한($_{797조,\ 915조}^{상\ 137조,}$), 합자회사의 유한책임사원($_{279조}^{상}$), 유한책임회사의 사원($_{조의\ 7}^{상\ 287}$) · 주식회사의 주주($_{331조}^{상}$) 및 유한회사의 사원의 유한책임($_{553조}^{상}$), 선박소유자의 책임제한($_{769조}^{상}$), 적하의 이해관계인의 책임제한($_{752조}^{상}$), 공동해손분담의무자의 책임제한($_{868조}^{상}$), 해난구조료지급의무자의 책임제한($_{884조}^{상}$), 항공운송인 및 항공기 운항자의 책임감면($_{898조}^{상}$)

등이 있다.

(6) 기업의 독립성의 확보

기업은 이를 구성하는 인적 요소를 떠나서 독립적인 존재를 가지고 활동할 수 있어야 하는데, 이러한 요청에 부응하기 위한 가장 대표적인 상법상의 규정은 회사기업을 전부 법인으로 한 것이다($\frac{상}{169조}$). 상법은 이 외에도 기업의 독립성을 확보하기 위한 규정을 두고 있는데, 이에 해당하는 것으로는 개인기업에 대하여도 상호제도를 둔 점($\frac{상\ 18}{조\ 이하}$), 개인기업에 대하여도 상업장부를 영업재산본위로 기재하도록 한 점($\frac{상\ 29}{조\ 이하}$), 대리권이 본인의 사망으로 소멸하지 않도록 한 점($\frac{상}{50조}$) 등이 있다.

(7) 소유와 경영의 분리

기업의 소유와 경영을 분리하여 적임자가 그 기업을 관리·경영할 수 있도록 하는 대표적인 상법상의 규정은 주식회사에 관한 규정에 있다. 즉, 기업이익의 귀속자인 주주는 기업소유자로서의 지위를 가질 뿐 기업경영의 의무를 부담하지 않고($\frac{상}{382조}$), 반대로 기업경영자인 이사 또는 집행임원은 기업소유자(주주)임을 요하지 않는다($\frac{상}{387조}$).

상법은 이 밖에도 기업소유와 경영을 분리하여 적임자가 그 기업을 경영할 수 있도록 뒷받침하는 규정으로 지배인제도($\frac{상\ 10}{조\ 이하}$), 익명조합($\frac{상\ 78}{조\ 이하}$), 인적 회사에서의 업무집행사원의 권한상실선고제도($\frac{상\ 205}{조,\ 269조}$), 주식회사에서의 집행임원제도($\frac{상\ 408조}{의\ 2\ 이하}$) 등을 두고 있다.

(8) 기업소멸의 회피

기업의 소멸을 회피하여 기업유지의 이념에 부응하기 위한 상법상의 규정으로는 각종 회사의 계속제도($\frac{상\ 229조,\ 269조,\ 287}{조의\ 40,\ 519조,\ 610조}$), 유한책임회사 및 물적회사에서 「1인회사」를 인정한 것($\frac{상\ 287조의\ 38,\ 517}{조\ 1호,\ 609조\ 1항\ 1호}$) 등이 있다.

이 외에도 회사의 합병제도($\frac{상}{174조}$), 주식회사의 분할제도($\frac{상\ 530조}{의\ 2\ 이하}$), 회사의 조직변경제도($\frac{상\ 242조,\ 269조,\ 287조의}{43\sim287조의\ 44,\ 604조,\ 607조}$), 회사설립무효·취소의 소의 제소기간의 제한($\frac{상\ 184조,}{269조,}$ $\frac{287조의\ 6,}{328조,\ 552조}$) 등도 간접적으로 기업의 소멸을 회피하여 기업의 유지이념에 기여하는 규정이라고 볼 수 있다.

2. 기업활동의 왕성과 거래의 안전

기업은 국민의 방대한 재산을 관리하고 또한 대다수의 국민에게 노동의 기회를 제공하는 사회적 존재이기 때문에, 상법은 이러한 기업의 유지강화뿐만 아니라 기업활동의 왕성을 위하여 많은 규정을 두고 있다. 기업은 그 활동의 원활·왕성을 통하여($^{즉 출자한 자본을 신}_{속히 순환시킴으로써}$) 출자한 자본금을 증식하고 있는데, 이것이 기업의 목적인 것이다. 이러한 기업활동의 왕성을 위하여 기업거래는 간이·신속함과 정형화를 요구하고 있으며, 거래객체는 그 유통성의 확보를 위한 조치를 요구하고 있다.

한편 기업과 거래하는 제3자를 보호하기 위하여 기업활동의 왕성을 위한 조치와 함께 거래의 안전을 위한 조치도 필요하다. 거래의 안전을 위하여는 기업에 공시의무·외관존중 및 책임가중 등을 부여하고 있다.

이하에서는 이러한 요구에 부응하는 상법의 규정들을 살펴보겠다.

(1) 기업활동의 왕성

1) 거래의 간이·신속   기업활동의 간이·신속을 위한 상법의 규정으로는 상행위의 대리($^{상}_{48조}$), 상사계약의 청약의 효력($^{상}_{51조}$), 계약의 청약에 대한 상인의 승낙 여부의 통지의무($^{상}_{53조}$), 상사매매에 있어서 매도인의 공탁권과 자조(自助)매각권($^{상}_{67조}$), 확정기매매에 있어서 해제권($^{상}_{68조}$), 매수인의 목적물검사와 하자통지의무($^{상}_{69조}$), 일반상사채무의 단기소멸시효($^{상}_{64조}$), 특수상사채무의 단기시효($^{상 121조, 122조, 147조,}_{166조, 662조, 814조, 875}$ $_{조, 895조}$), 유가증권상실의 경우의 구제수단의 신속화($^{상 65조}_{민 521조}$) 등이 있다.

2) 거래방식의 정형화   기업거래는 일반적으로 보통거래약관에 의하여 그 내용 및 효과가 획일화되는 경우가 많다. 이러한 보통거래약관은 상품매매·운송·임치·은행·신탁·보험 등의 거래에 관하여 대량거래의 필요상 발달한 것인데, 계약의 정형화 내지 자주적 요식주의란 이 현상을 뜻하는 것이다. 이 보통거래약관에 의한 계약조항의 정형화도 기업활동의 왕성·합리화에 기여하는 동시에, 기업경영을 확실하게 함으로써 기업을 유지·강화하는 데 도움이 되고 있다. 그러나 이것이 두드러지게 부합계약이 되는 경우에는 소비자 내지 이용자의 이익이 부당하게 압박당하여 계약자유의 이름 하에 기업자측이 경제적 지위를 남용하는 경우에는 민법 제2조의 신의성실 또는 권리남용의 법리에 의하여 보통거래약관의 유효성을 부인할 수도 있으나, 약관규제법[1] 제6조는 그 뜻을 명문화하였다.

3) 거래객체의 유통성의 확보

(가) 거래를 원활하고 왕성하게 하기 위하여 상법은 거래객체인 상품의 유통기능

---

1) 우리나라에서는 약관에 의한 폐단을 방지하기 위하여 1986년에 약관의 규제에 관한 법률(이하 '약관규제법'이라고 함)이 제정되었다.

독일에서는 1976년에 약관규제법(Gesetz zur Regelung des Rechts der Allgemeinen Geschäftsbedingungen, AGBG)이 제정되어 약관에 의한 폐단을 방지하였으나, 동법은 2001년 11월 26일 제정된(시행은 2002년 1월 1일) 채권법의 현대화에 관한 법률(Gesetz zur Modernisierung des Schuldrechts)에 의하여 폐지되고 그의 주요한 내용이 동법에 의하여 개정된 독일 민법전(BGB)에 수용되었다.

에 적응하도록 하는 규정을 두고 있다. 원래 자본주의의 상품교환에 있어서는 모든 재산은 상품화되고, 이 상품은 상표제도나 규격제도($^{KS 표}_{시 등}$)에 의하여 그 등질성과 특이성이 확보됨으로써 대량거래의 신속·확실한 실현을 가능하게 한다. 그러나 이 점에 관하여는 상법이 직접 규정하지 않고, 상표법·산업표준화법이 규정하고 있다.

(내) 한편 재산의 상품화의 경향과 관련하여 권리의 증권화현상이 나타난다. 자본주의 경제의 발달에 따라 모든 재산은 채권화되고, 이것이 우월적 지위를 차지하게 되는 동시에 또한 이것이 유가증권화됨으로써 유통의 객체로서의 상품적격성을 갖게 된다. 실로 현대의 특색은 모든 자본이나 화폐가 유가증권화되고 있는 점에 있다. 상법 안에 규정된 유가증권으로는 화물상환증($^{상}_{128조}$)·창고증권($^{상 156}_{조이하}$)·주권($^{상}_{335}$$^{조}_{이하}$)·신주인수권증서($^{상 420}_{조의 2}$)·채권(債券)($^{상 478}_{조 이하}$)·신주인수권증권($^{상 516}_{조의 5}$)·선하증권($^{상}_{852조}$) 등이 있고, 어음이나 수표는 최고도의 유가증권으로서 어음법·수표법에 따로 규정되고 있다.

(2) 거래의 안전

1) 공시주의 기업의 조직·자산상태·경영기구·경영담당자 등과 같이 기업의 기초가 되는 중요사항은 그 내용을 널리 일반공중에게 알리는 것이 기업자로서나 거래의 상대방으로서나 필요한 것이므로, 상법은 그것의 진실한 공시를 요구하고 있는데 이는 다음과 같다.

(개) 공시주의가 구체화된 것으로서 가장 중요한 것은 상업등기제도인데, 이에는 미성년자·법정대리인의 영업($^{상 6조}_{8조 1항}$), 지배인의 선임·해임($^{상}_{13조}$), 상호의 선정·변경·폐지($^{상 22조, 25}_{조 2항, 27조}$), 상호의 가등기($^{상 22}_{조의 2}$), 각종 회사의 설립·해산, 유한책임회사 및 물적회사의 자본금의 증감 등이다. 또 법률상 요구되는 등기사항은 등기하지 않으면 그 등기사항을 선의의 제3자에게 대항하지 못하게 되어 있다($^{상}_{37조}$).

(내) 이 밖에 유한책임회사 및 물적회사에 있어서 재무제표의 열람제도($^{상 287조의}_{34, 448조 2}$$^{항, 579}_{조의 3}$)나 주식회사에 있어서 대차대조표의 공고의무($^{상 449}_{조 3항}$) 등도 중요한 공시제도의 표현이다.

2) 외관주의(금반언의 법리) 공시된 사실이 진실과 일치하지 않는 경우, 공시된 사실을 믿고 어떤 행위를 하거나 하지 않는 자를 보호할 필요가 있게 된다. 이때 외관을 만들어낸 자에게 귀책사유가 있음을 이유로 외관을 신뢰한 자를 보호하게 되는데, 이를 외관주의라고 한다. 독일법에서의 '외관이론'(Rechtsscheintheorie)과 영미법에서의 '표시에 의한 금반언'(estoppel by representation)은 이러한 외관주의를 표현한 것이다. 상법에 나타난 이러한 외관주의의 규정을 상법의 편별에 따라

살펴보면 다음과 같다.

⑺ 총 칙 편　　지배인의 대리권제한의 효력($\frac{상\ 11}{조\ 3항}$), 표현지배인($\frac{상}{14조}$), 물건판매점포의 사용인($\frac{상}{16조}$), 명의대여자의 책임($\frac{상}{24조}$), 고의 또는 과실에 의한 부실등기의 공신력($\frac{상}{39조}$), 상호를 속용하는 영업양수인의 책임 및 양도인의 채무자의 보호($\frac{상\ 42}{조,\ 43조}$), 영업양도시의 영업채무인수의 광고를 한 양수인의 책임($\frac{상}{44조}$) 등이다.

⑷ 상행위편　　자기의 성명을 영업자의 상호 중에 사용할 것을 허락한 익명조합원의 책임($\frac{상}{81조}$), 고가물의 명시를 하지 아니하고 운송주선이나 운송 또는 임치를 위탁한 자의 손해배상청구권의 제한($\frac{상\ 124조,}{136조,\ 153조}$), 화물상환증 또는 선하증권의 문언증권성($\frac{상\ 131}{조,\ 854조}$)에 관한 규정 등이다.

⒟ 회 사 편　　사실상의 회사제도($\frac{상\ 190조\ 단서,\ 269조,}{287조의\ 6,\ 328조,\ 552조}$), 합명회사에서의 자칭사원의 책임($\frac{상}{215조}$)·퇴사원의 책임($\frac{상}{225조}$), 합자회사에서의 자칭무한책임사원의 책임($\frac{상}{281조}$), 주식회사에서의 납입금보관은행의 책임($\frac{상\ 318}{조\ 2항}$)·유사발기인의 책임($\frac{상}{327조}$)·표현대표이사($\frac{상}{395조}$)·이사직무대행자의 행위에 의한 회사의 책임($\frac{상\ 408}{조\ 2항}$) 등이 있다.

⒠ 보 험 편　　당사자가 보험가액을 정한 경우의(기평가보험) 보험자의 보상액감소청구의 제한($\frac{상}{670조}$), 해상보험자의 위부(委付)승인의 효력($\frac{상}{716조}$) 등이 있다.

⑾ 해 상 편　　선박관리인 또는 선장의 대리권제한의 효력($\frac{상\ 765조}{2항,\ 751조}$), 적하가격의 부실기재가 공동해손의 손해액 및 분담액의 결정에 주는 영향($\frac{상}{873조}$), 선하증권기재의 효력($\frac{상}{854조}$) 등이 있다.

⑿ 항공운송편　　항공운송증서 기재의 효력($\frac{상}{929조}$) 등이 있다.

3) 엄격책임주의

⑺ 기업과 일반인의 거래에서는 기업자측이 우월하므로 이러한 기업자측의 의무와 책임을 엄격히 하는 것이 거래안전상 필요하다. 이를 반영한 상법의 규정으로는 다수채무자의 연대채무($\frac{상\ 57}{조\ 1항}$), 상사보증채무의 연대성($\frac{상\ 57}{조\ 2항}$), 상인의 물건보관의무($\frac{상}{60조}$), 상인간의 매매에서의 목적물의 검사와 하자의 통지의무($\frac{상}{69조}$), 상사매매계약의 해제시 매수인의 목적물보관의무($\frac{상\ 70}{조,\ 71조}$), 순차운인의 손해배상책임의 연대($\frac{상\ 138}{조\ 1항}$), 운송주선인·운송인·공중접객업자·창고업자·해상운송인의 손해배상책임($\frac{상\ 115}{조,\ 135조,\ 148조,\ 152조,}$ $\frac{}{160조,\ 795조\ 1항,\ 826조}$) 등이 있다. 이 밖에 중개인·위탁매매인·운송주선인·운송인·공중접객업자·창고업자 등에 대하여 각각 그 업무와 관련하여 구체적인 의무가 규정된 것도 이와 같은 취지이다.

⑷ 이와 같이 기업자측에 의무 내지 책임을 가중하는 규정은 앞에서 본 기업자측의 책임을 완화하는 규정과 모순되는 것 같다. 그러나 기업(자)측의 책임이 완화

되는 면은 기업의 유지이념(기업조직면)과 관련하여서 파악된 것이고, 기업(자)측의 책임이 가중되는 면은 기업활동(기업활동면)에서 거래의 안전과 관련하여 파악된 것이다. 따라서 이러한 양자는 모순되는 것이라기보다는 기업에 내재하는 특수성으로 인하여 기업에서의 합리주의의 구체적인 표현이라고 볼 수 있다.[1]

제 2 상법의 특성(경향)

상법은 기업에 관한 특별사법으로서 경제법칙에 따르는 성격을 많이 갖고 있다. 따라서 상법의 법역은 다른 법역(특히민법)에 비하여 현저한 특성을 갖고 있다. 이러한 상법의 특성은 시간적인 면에서 볼 때는 유동적·진보적 경향으로 나타나고, 공간적으로 볼 때는 세계적·통일적 경향으로 나타나고 있다.

1. 유동적·진보적 경향

상법의 유동적·진보적 경향은 민법과 대비할 때 특히 선명하게 나타난다. 즉, 민법에 있어서는 친족·상속 등의 신분법의 영역은 물론이려니와, 재산법의 영역에 있어서도 물권법의 영역에서는 그 나라의 풍속·습관·윤리·민족성 등에 의하여 영향을 받아 대체로 보수적·전통적 경향을 갖는다. 또한 민법의 채권법도 주로 일반적·추상적 성질을 가지고 있기 때문에 그 변동은 비교적 완만하다.

이에 반하여 상법은 새로운 기계·기술의 발달에 따른 경제의 발전에 적응하기 위하여 매우 유동적이고 진보적이다. 이것은 각국의 상법전의 개정이 민법전의 개정보다도 보다 자주 발생하는 점만 보아도 명백하다.

2. 세계적·통일적 경향

상법은 대표적인 이익사회의 법으로 자본주의적 합리주의에 의하여 지배되고 또 이것은 인류에게 공통되는 보편적인 것이기 때문에, 상법은 원래 그 성질상 세계적·통일적 경향을 갖는다. 이러한 경향은 자본주의경제가 발전하고 자본증식운동이 세계적 규모로 일어남에 따라 더욱 촉진된다. 따라서 상법분야에서는 법의 국제적 통일운동이 활발하게 진행되는데, 국제연합 국제상거래법위원회(UNCITRAL) 등에 의한 각종의 통일화 작업, 신용장통일규칙 등과 같은 국제상관습법 및 각종의 국제적 협정 등은 이러한 경향을 반영하고 있다.

---

1) 동지: 손(주), 28~29면.

제 5 절   상법의 법원과 효력

제 1   상법의 법원(法源)

1. 상법의 법원의 의의와 상사에 관하여 적용될 법규

상법의 법원(法源)이라 함은 기업에 특유한 생활관계를 규율하는 법규범으로서의 상법(^{실질적 의}_{의의 상법})의 존재형식이다. 그런데 상법 제1조는「상사에 관하여 적용될 법규」로서 민법을 보충적으로 열거하고 있다. 따라서 민법이 상법의 법원인가 하는 의문이 있을 수 있으나,[1] 위에서 본 바와 같이 상법의 법원의 의의에서 볼 때 민법은 상법의 법원이 될 수 없다. 즉, 민법은 기업에 특유한 생활관계를 규율하는 법규범의 존재형식은 아닌 것이다. 다시 말하면 상법과 민법은 엄연히 법역을 달리하는 것이다. 따라서 실질적 의의의 상법은 상사(商事)에 특유한 법이지만, 상사에 적용될 법규는 이러한 상법에 한하지 않는다는 것을 알 수 있다. 이러한 점에서 볼 때 상법 제1조의「상사」의 의미는 실질적으로는 '기업생활과 관련된 모든 재산법적 생활관계'를 말하며, 형식적으로는 '상법전이 규정하여야 할 모든 사항'을 의미한다고 볼 수 있다.[2] 원래 상사로서의 기업생활에 관한 법률관계에는 일반 시민생활관계와 구별되는 기업에 특유한 생활관계와 그 성질상 일반 시민생활관계와 같게 규율하더라도 무방한 경우(^{예컨대, 능력·법률행위·채권총칙·계}_{약총칙·부당이득 등에 관한 일반원칙})가 있는데, 상법전은 후자의 경우를 원칙적으로 민법전의 규정에 미루고 상법전에서는 중복하여 규정하지 않는다. 이러한 의미에서 민법전은 상법의 법원이 아니면서도 상사에 관하여 적용되는 것

---

1) 민법을 상법의 법원으로 보는 견해로는 강, 18면; 임(홍), (총칙) 118면.

2) 동지: 정(희), 50면.
　　그러나 이에 대하여 상사의 개념을 형식적 의의로만 이해하고, 이 때의「상사」의 의미를 '상법전이 규정하고 있는 사항 또는 특별법에 의하여 상법전을 적용하기로 되어 있는 사항'으로 보는 견해가 있다[서·정, 40면, 48면; 정(동), (총) 43면]. 그런데 상사의 개념을 실질적으로 보는 견해는 이와 같이 형식적으로만 보는 견해에 대하여 "상사의 개념을 형식적으로만 보면 법규가 먼저 있고, 그것에 의하여 규율되는 생활관계가 후에 정해진다는 부당한 결과가 될 뿐만 아니라, 상법이 규정하고 있지 않은 사항에 대하여는 상법 제1조가 적용될 수 없는 결과가 되어 본조의 의의가 거의 반감된다. 상사의 개념을 형식적으로만 파악하는 견해에서는 상사의 개념을 실질적으로 파악하는 견해에 대하여 그 한계가 모호하여 법적용상의 불안이 생긴다고 비판하나, 타당하지 않다. 왜냐하면 상사의 개념을 형식적으로만 파악하는 견해에 의하면, 상법 제1조를「상법이 규정하고 있거나 특별법에 의하여 상법전의 적용을 받도록 되어 있는 사항에 관하여 본법에 규정이 없으면…」로 읽어야 되는바, 변화무상한 기업생활관계에 적용하기 어렵게 될 뿐만 아니라,「본법이 규정하고 있는 사항에 관하여 본법에 규정이 없으면」이라는 것도 이상하기 때문이다"라고 비판한다[정(희), 50~51면 및 주 2].

이다.

2. 상법의 법원의 종류

(1) 상사제정법

1) 의   의

(가) 기업생활관계는 기술적·대량적·계속적·반복적인 성질이 있으므로 이러한 거래에 따른 법규의 내용을 명확히 하고 법적 안정성을 위하여 성문의 제정법이 필요하게 된다. 따라서 불문법주의국가인 영미에서도 상법의 영역에서는 많은 성문의 제정법을 갖고 있다.

(나) 이러한 제정법은 당사자 사이의 권리·의무를 명확히 하고 또한 법적 안정성을 유지하는 장점은 있으나, 매우 고정적이고 한정적이어서 날로 발전하는 기업생활관계에 부응하지 못하는 단점도 있다. 따라서 상사제정법은 날로 발전하고 또 그 범위가 확장되는 기업생활관계에 부응하기 위하여 자주 개정되는 경향이 있다.

2) 상사제정법의 종류

(가) **상 법 전**   우리나라의 상법전($법_{1000호}$)은 1962년 1월 20일 공포되고 1963년 1월 1일부터 시행되고 있는데, 이것이 가장 기본적인 상법의 법원이다. 제정상법은 전문 5편($총칙·상행위·_{회사·보험·해상}$) 874조, 부칙 12조로 되어 있었다.[1]

이 상법은 제정 후 약 20여년 동안 시행되어 왔으나 그 동안 경제사정 및 기업조직의 여건 등에서 많은 변동이 있어 시대에 맞지 않는 부분이 많게 되었다. 따라서 동법은 1981년부터 개정작업에 착수하여 대폭적으로 개정하게 되었는데, 이 개정상법($법_{3724호}$)은 1984년 4월 10일에 공포되었고 동년 9월 1일부터 시행되고 있다. 이 개정상법은 총칙편의 일부($특히 상_{업장부}$)와 회사편($특히 주_{식회사}$)에서 새로운 제도를 많이 도입하였다.[2]

그 후 상법은 보험편($제_{4편}$)과 해상편($제_{5편}$)에서도 대폭적으로 개정되었는데, 이 개정상법($법_{4770호}$)은 1991년 12월 31일에 공포되었고 1993년 1월 1일부터 시행되고 있다.[3]

그 후 상법은 과학기술의 발달과 기업환경의 변화에 따라 다시 개정할 필요가

---

1) 상법전 제정경위에 관하여는 손(주), 34~35면이 가장 상세하다.
2) 1984년의 개정상법의 성립경위에 관하여는 손(주) 외, 상법개정해설; 박휴상, 개정상법해설 등 참조.
3) 1991년의 개정상법의 개요에 관한 간단한 소개로는 「고시계」, 1992. 2, 4월호 참조(보험편에 관하여는 장경환 교수가 소개하였고, 해상편에 관하여는 이균성 교수가 소개함).

있어 정부는 1990년부터 총칙·상행위 및 회사편의 개정작업에 착수하여 정부의 상법개정안이 1994년 11월 11일에 국회에 제출되고, 동 개정안이 1995년 11월 30일 제177회 정기국회에서 일부 수정되어 통과되었다. 이 개정상법($\frac{법}{5053호}$)은 1995년 12월 29일에 공포되었고, 1996년 10월 1일부터 시행되고 있다($\frac{상부}{1조}$).[1] 이 1995년 개정상법은 동법에 특별히 정함이 있는 경우($\frac{상부}{조~5조}$)를 제외하고는 동법시행 전에 생긴 사항에도 적용되는데, 다만 종전의 규정에 의하여 생긴 효력에는 영향을 미치지 아니한다($\frac{상부}{2조}$).

그 후 IMF 경제체제에 대응하고 기업의 구조조정 및 자금조달의 편의와 기업경영의 투명성을 보장하기 위하여 1998년 7월에 정부가 상법 중 회사편($\frac{특히 주}{식회사}$)의 개정안을 제정하여 국회에 제출하였고, 국회에서는 이를 거의 전부 정부의 원안대로 1998년 12월 2일에 통과시켰으며, 정부는 이 법률을 1998년 12월 28일 법률 제5591호로 공포하였다($\frac{이 법은 공포한 날로}{부터 시행되고 있다}$)($\frac{이하 '1998년 개정}{상법'이라 약칭한다}$).

1998년 상법개정에 이어 다음 해인 1999년 11월에 정부는 자본시장의 국제화에 따라 주식회사의 지배구조를 세계적인 추세에 맞추고 회사의 설립·경영과 기술혁신 등의 활성화를 위하여 이사회내 위원회제도·감사위원회제도 및 주식매수선택권제도 등의 도입을 주요골자로 하는 상법 중 회사편($\frac{특히 주}{식회사}$)의 개정안을 제정하여 국회에 제출하였다. 국회에서는 1999년 12월 7일 제208회 정기국회에서 이를 일부 수정하여 통과시켰고, 정부는 이 법률을 1999년 12월 31일 법률 제6086호로 공포하였다($\frac{이 법은 공포한 날로}{부터 시행되고 있다}$)($\frac{이하 '1999년 개정}{상법'이라 약칭한다}$).

2000년 정부는 위의 1998년 및 1999년 개정상법과 함께 기업경영의 투명성을 제고하고 기업의 국제경쟁력을 강화시키며 또한 기업의 구조조정을 지원하기 위하여 주주총회의 결의에 의한 주식소각·주식의 포괄적 교환 및 이전제도 등을 중심으로 한 상법(특히 주식회사)개정안을 국회에 제출하였고, 국회는 동 개정안을 일부 수정하여 2001년 6월 28일에 통과시켰다. 정부는 이 법률을 2001년 7월 24일 법률 제6488호로 공포하였다($\frac{이 법은 공포한 날로}{부터 시행되고 있다}$)($\frac{이하 '2001년 개정}{상법'이라 약칭한다}$).

2005년 정부는 전반적인 해상법 체계를 근대적인 해운기업에 적합하도록 하기 위하여 상법 중 해상편의 개정작업을 착수하였는데, 동 법률은 2007년 8월 3일 법률 제8581호로 공포되었다($\frac{이 법의 시행일자는 공}{포 후 1년이 경과한 날임}$)($\frac{이하 '2007년 개정}{상법'이라 약칭한다}$).

2008년 10월 21일 정부는 새로운 기업형태의 도입·소규모 주식회사의 설립절

---

1) 1995년 개정상법의 간단한 요지로는 손(주)(2002), 48~50면을 참조하고, 이에 관한 해설로는 손주찬 외, 「상법개정안해설」(서울: 법문사, 1995) 참조.

차 간소화 및 지배구조의 개선·무액면주식 및 다양한 종류의 주식 도입·전자증권 및 전자투표 등 회사경영의 정보기술(IT)화·집행임원제도 도입·회계규정 개정·사채(社債)제도 개선·상장회사의 지배구조에 관한 특례규정 신설 등을 내용으로 하는 회사법을 광범위하게 개정하는「상법일부개정법률안」을 국회에 제출하였다(이하 '상법 개정안'으로 약칭한다). 국회는 이러한 상법개정안 중「자본시장과 금융투자업에 관한 법률」이 제정(2007. 8. 3, 법 8635호, 2009. 2. 4. 시행)되어 동법의 시행과 동시에 폐지되는「증권거래법」상 상장법인의 지배구조에 관한 특례규정을 상법 회사편에 포함시키는 내용 등을 2009년 1월 8일에 통과시켜, 정부는 이 법률을 2009년 1월 30일 법률 제9362호로 공포하였다(이 법은 위의「자본시장과 금융투자업에 관한 법률」과 같이 2009년 2월 4일부터 시행되고 있다)(이하 '2009년 1월 개정상법'이라 약칭한다). 또한 국회는 2008년 10월 21일 정부가 제출한「상법일부개정법률안」중 소규모 주식회사의 설립절차 간소화 및 지배구조의 개선·전자투표 등 회사경영의 정보기술(IT)화에 관한 규정의 일부 등을 2009년 4월 29일 통과시켜, 정부는 이 법률을 2009년 5월 28일 법률 제9746호로 공포하였다(이 법률은 소규모 주식회사에 관한 규정은 공포한 날부터 시행되는데, 정보기술화에 관한 규정은 공포 후 1년이 경과한 날부터 시행한다)(이하 '2009년 5월 개정상법'이라 약칭한다).

2009년 1월 5일 정부는 지급결제 업무의 인수 등 새로운 상행위를 도입하고 그 동안 상법 제46조에서 상행위로서만 규정되었던 금융리스·프랜차이즈·팩토링의 법률관계를 구체적으로 규정하는 등 상법총칙·상행위법을 개정하는 것을 내용으로 하는「상법일부개정법률안」을 국회에 제출하였다. 국회에서는 이 개정법률안을 일부 수정하여 2010년 4월 21일 통과시켰고, 정부는 2010년 5월 14일 법률 제10281호로 공포하였다(이 법의 시행일자는 공포 후 6개월이 경과한 날〈2010. 11. 15〉이다)(이하 '2010년 개정상법'이라 약칭한다).

위에서 본 바와 같이 2008년 10월 21일 정부는 회사법을 광범위하게 개정하는「상법일부개정법률안」을 국회에 제출하였는데, 국회는 이 중 일부만을 2009년 두 차례에 걸쳐 통과시켰고, 그 나머지에 대하여 2011년 3월 11일 통과시켜, 정부는 이 법률을 2011년 4월 14일 법률 제10600호로 공포하였다(이 법률은 공포 후 1년이 경과한 날〈2012. 4. 15〉부터 시행한다)(이하 '2011년 4월 개정상법'이라 약칭한다). 또한 국회는 2011년 4월 29일 상법 제6편을 신설하여 항공운송에 관하여 규정하는「상법일부개정법률안」을 통과시켜, 정부는 이 법률을 2011년 5월 23일 법률 제10696호로 공포하였다(이 법률은 공포 후 6개월이 경과한 날〈2011. 11. 24〉부터 시행한다)(이하 '2011년 5월 개정상법'이라 약칭한다).

2008년 8월 6일 정부는 상법(보험편)개정안을 국회에 제출하였으나 동 개정안은 다양한 이해관계인들의 대립으로 국회에 유보되어 있다가 2014년 2월 20일에야 국회 법제사법위원회가 정부안을 기초하여 제안한 대안이 국회를 통과하여, 정부는 이 법률을 2014년 3월 11일 법률 제12397호로 공포하였다(이 법률은 2015년 3월 12일부터 시행한다)(이하 '2014년 3월 개정 상법'이라 약칭한다). 또한 국회는 2014년 4월 29일 회사법에서 무기명주식제도를 폐지하고,

항공운송법에서 항공운송인의 책임한도액을 상향조정하는 「상법일부개정법률안」을 통과시켜, 정부는 이 법률을 2014년 5월 20일 법률 제12591호로 공포하였다(법률은 공포일자부터 시행한다)(이하 '2014년 5월 개정상법'이라 약칭한다).

2015년 11월 12일 국회는 삼각주식교환·삼각분할합병·간이영업양도 등의 제도를 도입하여 기업의 M&A에 대한 경제적 수요를 원활히 뒷받침할 수 있도록 하기 위하여 「상법일부개정법률안」을 통과시키고, 정부는 이 법률을 2015년 12월 1일 법률 제13523호로 공포하였다(이 법률은 공포 후 3개월이 경과한 날〈2016. 3. 2〉부터 시행한다)(이하 '2015년 개정상법'이라 약칭한다).

2017년 9월 28일 국회는 보험계약자가 타인의 생명보험계약을 체결할 때 타인인 피보험자가 하는 서면동의의 '서면'에는 전자서명법상의 전자서명 또는 공인전자서명 중 대통령령이 정하는 전자문서를 포함하는 내용의 「상법일부개정법률안」을 통과시키고, 정부는 이 법률을 2017년 10월 31일 법률 제14969호로 공포하였다(이 법률은 공포 후 1년이 경과한 날〈2018. 11. 1.〉부터 시행한다)(이하 '2017년 개정상법'이라 약칭한다).

2020년 12월 9일 국회는 다중대표소송제도의 신설, 감사위원회 위원 중 1명의 분리선출제, (1995년 개정상법에 의하여 신설된) 신주의 이익배당 기준일에 관한 규정의 삭제, 주주총회에서 감사 또는 감사위원회 위원의 선임시 전자투표의 경우에는 '발행주식총수의 4분의 1 이상'을 의결정족수에서 배제, 상장회사의 소수주주권은 일반규정에 따라서도 행사할 수 있도록 한 「상법일부개정법률안」을 통과시켰다. 정부는 이 법률을 2020년 12월 29일 법률 제17764호로 공포하였다(이 법률은 공포한 날부터 시행한다)('2020년 개정상법'이라 약칭한다).

(H) 상사특별법령   상사특별법령은 크게 상법전에 부속된 상사특별법령과 상법전과 독립한 상사특별법령이 있다.

① 상법전에 부속된 상사특별법령은 다시 상법전의 존재를 전제로 하여 「상법전 자체의 시행에 관한 특별법령」과 상법전 중의 특별규정의 구체적 세칙과 같이 「상법전에 부속된 특별법령」이 있는데, 전자에 관하여는 상법시행법(1962. 12. 12, 법 1213호)이 있고, 후자에 관하여는 상법시행령(전문개정: 2012. 4. 10, 대통령령 23720호, 개정: 2023. 12. 19, 대통령령 33968호), 선박소유자 등의 책임제한절차에 관한 법률(1991. 12. 31, 법 4771호), 상업등기법(전문개정: 2014. 5. 20, 법 12592호, 개정: 2020. 6. 9, 법 17362호), 상업등기규칙(전문개정: 2014. 10. 2, 대법원규칙 2560호, 개정: 2021. 11. 29, 대법원규칙 3007호) 등이 있다.

② 상법전과 독립한 상사특별법령으로는 다음과 같은 것들이 있다.

상표법(전문개정: 2016. 2. 29, 법 14033호, 개정: 2024. 2. 6, 법 20200호), 은행법(전문개정: 1998. 1. 13, 법 5499호, 개정: 2023. 3. 21, 법 19261호), 광업법(전문개정: 2007. 4. 11, 법 8355호, 개정: 2022. 12. 27, 법 19117호), 수산업법(전문개정: 2009. 4. 22, 법 9626호, 개정: 2024. 1. 2, 법 19908호), 건설산업기본법(전문개정: 1996. 12. 30, 법 5230호, 개정: 2024. 2. 27, 법 20357호), 선박법(전문개정: 1982. 12. 31, 법 3641호, 개정: 2022. 6. 10, 법 18957호), 선박직원법(전문개정: 1983. 12. 31, 법 3715호, 개정: 2023. 7. 25,

법$\binom{제정: 1958. 3. 11, 법}{19573호,}$), 철도사업법$\binom{제정: 2004. 12. 31, 법 7303호,}{개정: 2023. 4. 18, 법 19391호}$), 산업표준화법$\binom{전문개정: 2007. 5. 25, 법}{8486호, 개정: 2022. 6. 10,}$ 법$\binom{18958호}{}$), 공장 및 광업재단 저당법$\binom{전문개정: 2009. 3. 25, 법 9520}{호, 개정: 2013. 3. 23, 법 11690호}$), 공중위생관리법$\binom{제정:}{1999. 2. 8,}$ 법 5839호, 개정: $\binom{}{2024. 2. 6, 법 20210호,}$), 도선법$\binom{전문개정: 1986. 12. 31, 법 3908}{호, 개정: 2023. 12. 29, 법 19867호,}$), 한국철도공사법$\binom{제정: 1989. 12. 30,}{법 4192호, 개정:}$ 2018. 3. 13,$\binom{}{법 15460호}$), 자동차 등 특정동산 저당법$\binom{제정: 2009. 3. 25, 법 9525}{호, 2022. 6. 10, 법 18957호}$), 중소기업협동조합법$\binom{전문개정: 2007. 4. 11, 법 8363}{호, 개정: 2023. 9. 14, 법 19733호}$), 신탁법$\binom{전문개정: 2011. 7. 25, 법 10924}{호, 개정: 2017. 10. 31, 법 15022호}$), 물류정책기본법$\binom{전문}{개정:}$ 2007. 8. 3, 법 8617호, 개$\binom{}{정: 2024. 2. 6, 법 20231호,}$), 부정경쟁방지 및 영업비밀보호에 관한 법률$\binom{전문개정: 1986. 12. 31, 법}{3897호, 개정: 2024. 2. 20,}$ 법$\binom{}{20321호,}$), 궤도운송법$\binom{전문개정: 2009. 4. 22, 법 9636}{호, 개정: 2023. 8. 16, 법 19675호}$), 여객자동차 운수사업법$\binom{제정: 2008. 3.}{21, 법 8980호, 개}$ 정: 2024. 1.$\binom{}{30, 법 20175호}$), 선박안전법$\binom{전문개정: 2007. 1. 3, 법 8221호,}{개정: 2022. 12. 27, 법 19134호}$), 선원법$\binom{전문개정: 2011. 8. 4, 법}{11024호, 개정: 2024. 1. 23,}$ 법$\binom{}{20127호,}$), 어선원 및 어선 재해보상보험법$\binom{제정: 2003. 3. 19, 법 6866호,}{개정: 2024. 1. 23, 법 20132호,}$), 자본시장과 금융투 자업에 관한 법률$\binom{제정: 2007. 8. 3, 법 8635호,}{개정: 2024. 2. 13, 법 20305호}$), 보험업법$\binom{전문개정: 2003. 5. 29, 법 6891}{호, 개정: 2024. 2. 6, 법 20242호}$), 담보부 사채신탁법$\binom{제정: 1962. 1. 20, 법 991호,}{개정: 2021. 4. 20, 법 18120호}$), 비송사건절차법$\binom{전문개정: 1991. 12. 14, 법 4423}{호, 개정: 2020. 2. 4, 법 16912호}$), 상업 등기법$\binom{전문개정: 2014. 5. 20, 법 12592}{호, 개정: 2020. 6. 9, 법 17362호}$), 자동차손해배상 보장법$\binom{전문개정: 2008. 3. 28, 법 9065}{호, 개정: 2024. 2. 20, 법 20340호,}$), 선박등기법$\binom{제정: 1963. 4. 18, 법 1331호,}{개정: 2020. 2. 4, 법 16912호}$), 항만운송사업법$\binom{제정: 1963. 9. 19, 법 1404호,}{개정: 2023. 6. 20, 법 19501호}$), 해운법 $\binom{전문개정: 2007. 4. 11, 법 8381호,}{개정: 2023. 10. 31, 법 19807호}$), 자산재평가법$\binom{제정: 1965. 3. 31, 법 1691호,}{개정: 2019. 8. 27, 법 16568호}$), 상호저축은행법 $\binom{제정: 1972. 8. 2, 법 2333호,}{개정: 2023. 7. 18, 법 19564호}$), 신용협동조합법$\binom{전문개정: 1998. 1. 13, 법 5506호,}{개정: 2023. 12. 26, 법 19853호}$), 독점규제 및 공 정거래에 관한 법률$\binom{전문개정: 1990. 1. 13, 법 4198}{호, 개정: 2024. 2. 6, 법 20239호}$), 주식회사 등의 외부감사에 관한 법률 $\binom{제정: 1980. 12. 31, 법 3297호,}{개정: 2024. 1. 16, 법 20055호}$), 약관의 규제에 관한 법률$\binom{제정: 1986. 12. 31, 법 3922호,}{개정: 2024. 2. 6, 법 20239호}$), 소비자 기본법$\binom{전문개정: 2006. 9. 27, 법 7988}{호, 개정: 2024. 2. 13, 법 20301호}$), 여신전문금융업법$\binom{제정: 1997. 8. 28, 법 5374호,}{개정: 2023. 3. 21, 법 19260호}$), 금융실 명거래 및 비밀보장에 관한 법률$\binom{제정: 1997. 12. 31, 법 5493호,}{개정: 2020. 12. 29, 법 17799호}$), 금융위원회의 설치 등에 관한 법률$\binom{제정: 1997. 12. 31, 법 5490호,}{개정: 2023. 9. 14, 법 19700호}$), 금융지주회사법$\binom{제정: 2000. 10. 23, 법 6274호,}{개정: 2023. 9. 14, 법 19700호}$), 예금자 보호법$\binom{제정: 1995. 12. 29, 법 5042호,}{개정: 2021. 8. 17, 법 18436호}$), 금융산업의 구조개선에 관한 법률$\binom{전문개정: 1997. 1. 13,}{법 5257호, 개정: 2021.}$ 4. 20, 법$\binom{}{18115호}$), 금융회사의 지배구조에 관한 법률$\binom{제정: 2015. 7. 31, 법 13453호,}{개정: 2024. 1. 2, 법 19913호}$), 인터넷전문은 행 설립 및 운영에 관한 특례법$\binom{제정: 2018. 10. 16, 법 15856호,}{개정: 2023. 3. 21, 법 19262호}$), 금융복합기업집단의 감독 에 관한 법률$\binom{제정: 2020. 12.}{29, 법 17800호}$), 외국인투자 촉진법$\binom{제정: 1998. 9. 16, 법 5559호,}{개정: 2023. 6. 13, 법 19438호}$) 등이 있다.

이러한 특별법령은 앞에서 본 경제법 등의 법원을 포함하고 있고, 또한 국가경 제의 변동에 따라 상법보다 자주 개폐되는 경향이 있다.

3) 상사관계 조약 및 국제법규　　헌법 제6조 1항은「헌법에 의하여 체 결·공포된 조약과 일반적으로 승인된 국제법규는 국내법과 같은 효력을 가진다」고 규정하고 있으므로, 상사에 관한 조약과[1] 일반적으로 승인된 국제법규[2]는 상법의

---

1) 국제항공운송에 관한 바르샤바조약(Warsaw Convention)(1967. 10. 11, 조약 제259호), 유류 오염손해에 대한 민사책임에 관한 국제조약(1979. 3. 15, 조약 제678호) 등은 이에 속한다고 볼 수 있다[동지: 손(주), 36면].

법원이 된다.

(2) 상관습법

1) 의 의 상관습법이 무엇이냐에 대하여는 사실인 상관습과 관련하여 양자를 구별하는 견해와, 구별하지 않는 견해로 나뉘어 있다.

(개) 양자를 구별하는 견해에서는 법적 확신의 유무에 따라 양자를 구별하므로, 이 견해에서는 상관습법을 「사실인 상관습이 사회의 법적 확신 또는 법적 의식에 의하여 지지를 받게 된 법규범」이라고 정의한다.[1] 따라서 이 견해에서는 상관습법을 사실인 상관습과 다음과 같은 점에서 구별하고 있다.[2]

① 상관습법은 상법의 법원을 이루는 법규범이지만($\substack{상\\1조}$), 사실인 상관습은 당사

그러나 조약이 체약국법으로 하여금 일정한 내용의 법규를 제정하도록 의무를 지우는 것은(예컨대, 제네바어음법통일조약 등) 상법의 법원성을 인정할 수 없다[동지: 손(주), 36면; 정(동), (총) 46면; 최(기), 32면; 채, 19면(이를 자기집행적 조약이라고 하는데, 상법의 직접적 법원은 아니지만 상법을 해석하는 데 중요한 자료가 된다고 한다); 이(기) 외, (총) 49~50면].

2) 공동해손에 관한 York—Antwerp Rules, ICC가 제정한 화환신용장통일규칙(Uniform Customs and Practice for Documentary Credits) 및 Incoterms(무역조건) 등은 일반적으로 승인된 국제법규(또는 국제상관습법)라고 볼 수 있다[이에 관하여는 정희철, "Incoterms의 법률적 의의와 타당근거,"「기업법의 전개」, 302면 이하 참조].

1) 참고로 종중 구성원의 자격을 성년 남자만으로 제한하는 관습법은 그 후 사회질서의 변화 등으로 법적 규범으로서의 효력을 상실하였다고 본 우리 대법원의 변경된 전원합의체판결로는 대판 2005. 7. 21, 2002 다 1178(공보 2005, 1326) 참조(관습법이란 사회의 거듭된 관행으로 생성한 사회생활규범이 사회의 법적 확신과 인식에 의하여 법적 규범으로 승인·강행되기에 이른 것을 말하고, 그러한 관습법은 법원으로서 법령에 저촉되지 아니하는 한 법칙으로서의 효력이 있는 것이고, 또 사회의 거듭된 관행으로 생성한 어떤 사회생활규범이 법적 규범으로 승인되기에 이르렀다고 하기 위하여는 헌법을 최상위 규범으로 하는 전체 법질서에 반하지 아니하는 것으로서 정당성과 합리성이 있다고 인정될 수 있는 것이어야 하고, 그렇지 아니한 사회생활규범은 비록 그것이 사회의 거듭된 관행으로 생성된 것이라고 할지라도 이를 법적 규범으로 삼아 관습법으로서의 효력을 인정할 수 없다. 이러한 점에서 종원의 자격을 성년 남자로만 제한하고 여성에게는 종원의 자격을 부여하지 않는 종래 관습에 대하여 우리 사회 구성원들이 가지고 있던 법적 확신은 상당 부분 흔들리거나 약화되어 있고, 무엇보다도 헌법을 최상위 규범으로 하는 우리의 전체 법질서는 개인의 존엄과 양성의 평등을 기초로 한 가족생활을 보장하고, 가족 내의 실질적인 권리와 의무에 있어서 남녀의 차별을 두지 아니하며, 정치·경제·사회·문화 등 모든 영역에서 여성에 대한 차별을 철폐하고 남녀평등을 실현하는 방향으로 변화되어 왔으며, 앞으로도 이러한 남녀평등의 원칙은 더욱 강화될 것인바, 종중은 공동선조의 분묘수호와 봉제사 및 종원 상호간의 친목을 목적으로 형성되는 종족단체로서 공동선조의 사망과 동시에 그 후손에 의하여 자연발생적으로 성립하는 것임에도, 공동선조의 후손 중 성년 남자만을 종중의 구성원으로 하고 여성은 종중의 구성원이 될 수 없다는 종래의 관습은, 공동선조의 분묘수호와 봉제사 등 종중의 활동에 참여할 기회를 출생에서 비롯되는 성별만에 의하여 생래적으로 부여하거나 원천적으로 박탈하는 것으로서, 위와 같이 변화된 우리의 전체 법질서에 부합하지 아니하여 정당성과 합리성이 있다고 할 수 없으므로, 종중 구성원의 자격을 성년 남자만으로 제한하는 종래의 관습법은 이제 더 이상 법적 효력을 가질 수 없게 되었다).

2) 서·정, 42면; 양·박, 40면; 임(홍), (총칙) 105~106면; 채, 21면; 정(무), 45면; 김(용), 43면; 이(기) 외, (총) 51~52면; 이·최, 40면; 정(동), (총) 47~48면; 대판 1959. 5. 28, 4291 민상 1(카드 5675); 동 1983. 6. 14, 80 다 3231(집 31 ③ 민 31).

자의 의사표시가 명확하지 않은 경우에 그 의사표시의 해석재료가 됨에 불과하다($^{민}_{106조}$).

② 상관습법과 민법과의 관계에서 상관습법은 민법의 강행법규에 반하여도 성립할 수 있으나($^{상}_{1조}$), 사실인 상관습은 그러하지 아니하다($^{민}_{106조}$).

③ 상관습법과 상법과의 관계에서 상관습법은 상법의 임의법규에 반하여 성립할 수 없지만($^{상}_{1조}$), 사실인 상관습은 상법의 임의법규에 반하여도 성립할 수 있다($^{민}_{106조}$)($^{이는 관습법의 보충적}_{효력설을 전제로 함}$).[1]

④ 상관습법은 법규범이므로 법원이 이에 위반하여 판결을 한 때에는 이는 법적용을 잘못한 것으로 상고이유가 되지만(법률문제)($^{민소}_{423조}$), 사실인 상관습에 위반하여 판결을 한 때에는 사실인정의 문제가 되는 데 그친다(사실문제).

(나) 그러나 양자를 구별하지 않는 견해가 타당하다고 보는데, 그 이유는 다음과 같다.[2]

① 상관습법과 사실인 상관습을 법적 확신의 유무라는 주관적 요소에 의하여 구별하는 것은 법적 안정성을 해칠 염려가 있다.[3]

② 사실인 상관습은 의사해석의 재료에 불과하다고 하더라도 의사해석의 문제는 단순한 사실문제가 아니라 법률문제이다.[4]

③ 상관습법과 상법과의 관계에서 양자를 구별하는 견해에 의하면, 법규범성이 강한 상관습법은 상법의 임의규정에 반하여 성립할 수 없는데 법규범성이 약한 사실인 상관습은 상법의 임의규정에 반하여도 성립할 수 있다는 것이 되는데($^{위 (가) ③}_{의 설명}$), 이것은 불합리하다($^{관습법의 보충적 효력설}_{에 근거한 설명에 대하여}$).[5]

④ 민법에서도 관습법과 사실인 관습을 구별하게 되면 민법 제1조(강행규정 — 임의규정 — 관습법)와 민법 제106조(강행규정 — 사실인 관습 — 임의규정)의 해석에서

---

1) 관습법의 대등적 효력설(개폐적 효력설)에서는 상관습법은 상법의 강행규정에 반하는 경우에도 성립할 수 있지만, 사실인 상관습은 상법의 임의규정에 반하는 경우에만 성립할 수 있는 점에서 양자는 구별된다고 설명한다[손(주), 37면 참조].

2) 동지: 서(정), 45면(사실인 상관습을 정면으로 상관습법으로 보고 있다).

3) 동지: 정(희), 54면(사실인 관습과 관습법의 차이를 일반적 확신의 유무라는 주관적 요소에 의존시키는 것이 법적 안전을 위하여 타당한가 하는 점 등을 고려한다면 양자를 구별할 필요가 있는 것인지 매우 의심스럽다고 한다); 이(철), 30면.

4) 동지: 손(주), 37면(사실인 상관습도 임의규정에 우선하여 해석의 기준이 되므로 실제로는 양자를 구별하는 실익이 적다고 한다); 최(기), 32면(양자를 구별할 실익이 없다고 한다); 차, 80면; 이(병), 55면; 주상(상), 74면; 주상(Ⅰ), 103면; 김(영), (총) 44면.

5) 관습법의 대등적 효력에 근거한 설명에서는, 상법의 강행규정에 반하는 상관습법은 법규범성을 갖고 상법의 임의규정에 반하는 사실인 상관습은 의사해석의 재료에 불과하다는 것이 되는데, 이것도 불합리하게 된다.

모순이 발생하므로, 양자를 우선 (법의 적용면에서는) 동일하게 보고 민법 제106조는 민법 제 1 조에 대하여 특별법으로서의 성격을 갖는다고 하거나 또는 민법 제 1 조에서의 '법률'은 강행규정만을 의미한다고 하여 두 조문의 해석에 있어서 조화를 기하고자 노력하고 있다. 따라서 이러한 점은 상관습법과 사실인 상관습에서도 동일하게 해석되어야 한다고 본다.

  2) 특   성

  ㈎ 민사관습법이 전통적·비합리적·보수적 성격을 갖고 있음에 반하여, 상관습법은 합리적·진보적·기술적이며 기업거래의 편의를 위하여 의식적으로 형성되는 특성이 있다.

  ㈏ 상법전의 많은 부분은 상관습법이 성문화된 것이고 또 상법전의 규정은 성문법으로서 고정적이고 한정적인 결함이 있으나, 상관습법은 합리적이고 진보적인 특성이 있다.

  3) 상관습법의 예   상관습법으로 인정된 것 중 중요한 것으로는 백지어음의 유효성[1]$\binom{어}{10조}$ 등이 있었으나 성문화되었고, 현재로는 국제무역과 관련된 상업신용장에 관한 관습·해상화물운송에 있어서의 보증도의 관습[2] 등이 있다고 볼 수 있다.[3]

  (3) 상사자치법

  1) 회사 기타의 단체의 조직과 활동에 관한 근본규칙인 정관이나 자본시장과 금융투자업에 관한 법률에 의하여 그 작성이 강제되어 있고($\binom{자금\ 393}{조\ 1항}$) 또 증권시장에서의 매매거래에 관하여 법적 구속력이 있는 한국거래소의 (증권시장)업무규정 등은 상법의 법원이 된다(법규설).[4]

---

  1) 대결 1956. 10. 27, 4289 민재항 31·32(민결집 1, 270)(백지어음의 발행에 관하여는 상관습법으로 인정되어 있다.
  2) 대판 1974. 12. 10, 74 다 376(공보 505, 8235)(상법 제820조의 선하증권의 상환증권성에 관한 규정은 적용될 여지가 없다고 판시하고 있다).
  3) 상관습법이 부정된 판례로는, 수표의 분실계가 제출되면 지급은행이 수표금을 지급하지 아니하는 것[대판 1960. 12. 8, 4293 민상 22(집 7 민 216)], 통장 없이 예금지급청구서만으로 지급하는 것[대판 1962. 1. 11, 4294 민상 195(집 10 ① 민 6)], 지급보증서를 유가증권으로 유통시키는 것[대판 1967. 5. 16, 67 다 311(집 15 ② 민 3)] 등이 있다.
   이에 반하여 상관행(상관습법―저자 주)을 인정한 판례로는, 상인간의 계속적인 물품공급거래에 있어서 인수증이 발행·교부되는 것은 거래의 상례라고 하거나[대판 1983. 2. 8, 82 다카 1275(공보 701, 507)], 연불(年拂)조건으로 선박을 매매함에 있어 그 중개료는 선박대금액을 기준으로 산정하는 것이 일반거래의 관행이라고 한 것[대판 1985. 10. 8, 85 누 542(공보 765, 1501)] 등이 있다.
  4) 동지: 정(희), 54면; 대판 2000. 11. 24, 99 다 12437(공보 2001, 113)(사단법인의 정관은 이를 작성한 사원뿐만 아니라 그 후에 가입한 사원이나 사단법인의 기관 등도 구속하는 점에 비추어 보면 그 법적 성질은 계약이 아니라 자치법규로 보는 것이 타당하므로, 이는 어디까지나 객관적인 기준에 따라 그 규범적인 의미 내용을 확정하는 법규해석의 방법으로 해석되어야 하는 것이지, 작

2) 회사의 정관은 상법이 그 작성을 요구하고($^{상\ 178조,\ 270조,\ 287}_{조의\ 2,\ 288조,\ 543조}$), 일정한 경우에는 정관의 규정을 상법보다 우선적으로 적용하고 있다($^{상\ 200조,\ 207}_{조,\ 416조\ 등}$). 따라서 회사의 정관은 강행법규에 반하지 않는 한 법적 구속력을 가지는 자치법규이다. 이러한 정관의 수권에 의하여 작성되는 이사회규칙 등도 또한 자치법규라고 볼 수 있다. 또한 한국거래소의 업무규정도 한국거래소의 정관의 세칙에 해당하는 것이므로 자치법규가 되는 것이다.

(4) 보통거래약관[1]

1) 의   의   보통거래약관(allgemeine Geschäftsbedingungen)이란 「그 명칭이나 형태 또는 범위에 상관없이 계약의 한 쪽 당사자가 여러 명의 상대방과 계약을 체결하기 위하여 일정한 형식으로 미리 마련한 계약의 내용」을 말한다($^{약규\ 2}_{조\ 1호}$). 보통거래약관은 정형계약서에 의한 계약을 포함하나, 하나의 「모델」에 불과한 표준계약서서식이나 모범약관 등에 의한 계약과는 구별된다. 또한 보통거래약관은 개별계약이나 약관의 일부분을 구성하는 데 지나지 않는 「통일규칙」($^{예컨대,\ York-}_{Antwerp규칙\ 등}$)과도 구별된다.

2) 경제적 기능

㈎ 보통거래약관은 민법·상법 등에 규정이 없는 경우에 이를 보완하기도 하고 ($^{성문법의\ 미비를}_{보완하는\ 기능}$) 또는 민법·상법 등에 규정이 있는 경우에도 임의법규에 우선하여 적용되어 민·상법상의 전형계약을 변경하거나 새로운 계약형태를 발전시킴으로써 ($^{성문법의\ 불합리성}_{을\ 교정하는\ 기능}$), 대량거래에서 당사자에게 법률생활의 안정을 가져다 주고 또한 계약의 체결을 합리적으로 하게 할 수 있는 장점을 갖고 있다.

㈏ 그러나 보통거래약관은 기업자가 일방적으로 제정하는 일이 많으므로 이로 인하여 기업의 일방적인 이익만을 위하고 거래상대방의 이익을 희생하는 단점(문제점)을 갖고 있다. 즉, 보통거래약관에 의한 계약(부합계약)에서 거래상대방은 그 계약의 체결 여부를 결정할 자유만을 가질 뿐 그 내용에 관하여 결정할 자유는 갖지 못하고, 계약의 체결 여부도 기업의 경제적 우위로 인하여 거래상대방은 계약을 체

성자의 주관이나 해석 당시의 사원의 다수결에 의한 방법으로 자의적으로 해석될 수는 없다. 따라서 어느 시점의 사단법인의 사원들이 정관의 규범적인 의미 내용과 다른 해석을 사원총회의 결의라는 방법으로 표명하였다 하더라도 그 결의에 의한 해석은 그 사단법인의 구성원인 사원들이나 법원을 구속하는 효력이 없다 할 것이다).

반대(계약설): 정(동), (총) 53면(이러한 것이 당사자를 구속하는 근거는 당사자의 자발적 의사에 있는 것이므로 이는 하나의 계약으로서의 성질을 가지는 것에 지나지 않고 상법의 법원이 되는 것은 아니라고 한다).

1) 이에 관한 상세는 연습, 3~7면(사례 1) 참조.

결하지 않을 수 없는 지위에 있게 되는 것이 보통이다.

보통거래약관이 이러한 단점을 갖고 있다고 하여 사회적으로 중요한 역할을 담당하고 있는 보통거래약관에 의한 계약을 (강행법규에 반하지 않음에도 불구하고) 전면적으로 부인할 수는 도저히 없다. 따라서 보통거래약관의 유효성을 인정하면서 그 내용이 거래상대방의 이익을 심히 해하는 경우에는 입법적·행정적·사법적으로 규제할 수밖에 없다.

3) **약관의 법원성**　　보통거래약관에 의한 계약(부합계약)에서 그 약관의 적용에 관하여 당사자가 구체적이고 명시적으로 개별적 합의를 하지 않았다 하더라도 그 약관은 당사자를 구속하는 것이 일반적인데, 그 근거가 무엇이냐가 문제된다. 즉, 그러한 약관이 상법의 법원(法源)이기 때문에 당사자를 구속하는지 여부가 문제된다. 이에 대하여는 크게 약관의 법원성을 긍정하는 견해와 부정하는 견해로 나누어진다.

(카) **긍 정 설**

① 자치법설(규범설)　　약관을 정관과 같이 자치법규의 일종으로 보거나,[1] 또는 약관을 사회학적으로 그 거래권에 있어서 규범으로 보아 중요한 법원의 하나라고 보는 견해이다.[2]

② 제 도 설　　약관을 기업이념을 실현하는 기업의 제도적 소산으로 보고, 이는 국가법과 개인간의 계약의 중간에 위치하는 기업의 자치법규의 일종으로 보는 견해이다.[3] 이 견해에서는 약관의 규범력의 근거는 상위법질서에서 나온다고 하며, 이러한 약관은 이에 의한 계약이 수반되어야 규범력이 구체화된다고 한다.

(나) **부 정 설**

① 상관습법설(백지상관습법설)　　약관은 그 자체가 상관습(법)으로 인정될 수 없고, '약관에 의한다'는 것이 상관습(법)으로 형성되어 있으면 이에 근거하여 약관의 법원성을 인정하는 견해이다.[4]

② 법률행위설(의사설 또는 계약설)　　약관은 그 자체가 결코 법규범이 될 수 없고, 고객이 약관에 의한다는 점을 밝히고 또 고객이 볼 수 있게 약관을 제시한 경우에 한해서 개별계약의 내용을 구성하는 것이며, 이렇게 약관이 계약의 내용이 되

---

1) 강, 19면; 김(영), (총) 47면.
2) 양·박, 45면.
3) 안동섭, "일반거래약관의 본질과 규칙,"「월간고시」, 1982. 7, 29면; 이(병), 57면.
4) 정(희), 55면; 서·정, 45면; 최(기), 36면; 김(용), 43면; 정(무), 46면; 임(홍), (총칙) 111면 외(다수설).

기 때문에 당사자를 구속한다는 견해이다.[1] 이 견해가 가장 타당하다고 본다.[2]

우리나라의 약관규제법은 사업자에게 약관의 명시 및 설명의 의무를 부과하고 있고, 이를 이행하지 않는 약관은 계약의 내용으로 주장하지 못하게 하고 있는 점으로 보아($\frac{약규}{3조}$), 이는 법률행위설에 근거하고 있다고 볼 수 있다.[3]

우리나라의 대법원판례는 보험약관에 대하여 일관하여 법률행위설을 취하고 있다. 즉, 보험약관이 당사자를 구속하는 근거에 대하여 「약관 그 자체가 법규범 또는 법규범적 성질을 갖는 것이기 때문이 아니라, 보험계약 당사자 사이에서 계약내용에 포함시키기로 합의하였기 때문이다」라고 판시하고 있다.[4]

4) 약관의 설명의무 및 사본 교부의무   사업자는 약관에 정하여져 있는 중요한 내용을 고객이 이해할 수 있도록 설명하여야 하는 의무를 부담하는데($\frac{약규}{항}$ $\frac{3조\ 3}{본문}$),[5] 이에 위반하여 계약을 체결한 경우에는 해당 약관을 계약의 내용으로 주장할

---

1) 이은영, 「약관규제론」(서울: 박영사, 1984), 93~94면(89면 이하에서는 자치법설과 상관습법설에 대한 비판이 상세하다); 이(철), 34면; 정(동), (총) 57면(의사추정설이 타당하다고 한다).

2) 연습, 4면. 동지: 채, 22~23면; 이(기) 외, (총) 57면; 이 · 최, 43면(채택합의설이 타당하다고 한다).

3) 동지: 최(기), 36~37면. 손(주), 44~45면은 「약관규제법은 법률행위설보다 완화된 의사추정설의 입장을 취한 것이다」라고 한다.

4) 대판 1985. 11. 26, 84 다카 2543(공보 768, 108); 동 1986. 10. 14, 84 다카 122(공보 789, 3028) 외 다수.

5) 대판 2017. 4. 13, 2016 다 274904(공보 2017, 963)(약관에 정하여진 사항이더라도 거래상 일반적이고 공통된 것이어서 고객이 별도의 설명 없이도 충분히 예상할 수 있었던 사항이거나, 이미 법령에 의하여 정해진 것을 되풀이하거나 부연하는 정도에 불과한 사항이라면, 그러한 사항에 관해서까지 사업자에게 명시 · 설명의무가 있다고 할 수는 없다); 동 2018. 6. 19, 2018 다 201610(공보 2018, 1356)('약관의 규제에 관한 법률'에서 사업자에 대하여 약관에 정하여져 있는 중요한 내용을 고객이 이해할 수 있도록 설명할 의무를 부과한 입법 취지 등을 종합하면, 고객이 약관의 내용을 충분히 잘 알고 있는 경우에는 그 약관이 바로 계약 내용이 되어 당사자에 대하여 구속력을 가지므로, 사업자로서는 고객에게 약관의 내용을 따로 설명할 필요가 없다고 보는 것이 상당하다. 이는 약관의 내용이 거래상 일반적이고 공통된 것이어서 사업자가 별도의 설명을 하지 않아도 충분히 예상할 수 있는 사항이거나 이미 법령에 의하여 정하여진 것을 되풀이하는 것에 불과한 경우에도 마찬가지이다. 다만 위와 같이 사업자가 고객에게 약관의 내용을 따로 설명할 필요가 없는 특별한 사정이 있다는 점은 이를 주장하는 사업자가 증명하여야 한다〈이 사건에서는 원고인 사업자가 이를 증명하지 못하여 약관의 명시 · 설명의무를 이행하지 않았다고 하여 패소함〉); 동 2018. 10. 25, 2014 다 232784(공보 2018, 2201)(약관의 규제에 관한 법률 제3조 제3항 전문은 "사업자는 약관에 정하여져 있는 중요한 내용을 고객이 이해할 수 있도록 설명하여야 한다"라고 정하여, 사업자에게 약관의 중요한 내용에 대하여 구체적이고 상세한 설명의무를 부과한다. 같은 조 제 4 항은 이러한 약관의 설명의무를 위반하여 계약을 체결한 때에는 약관의 내용을 계약의 내용으로 주장할 수 없도록 한다. 설명의무의 대상이 되는 약관의 '중요한 내용'은 사회통념에 비추어 고객이 계약체결의 여부나 대가를 결정하는 데 직접적인 영향을 미칠 수 있는 사항을 말한다. 약관 조항 중에 무엇이 중요한 내용에 해당하는지는 일률적으로 말할 수 없고, 구체적인 사건에서 개별적 사정을 고려하여 판단하여야 한다. 그러나 사업자에게 이러한 약관의 설명의무가 인정되는 것은 어디까지나 계약 상대방이 알지 못하는 가운데 약관에 정해진 중요한 사항이 계약 내용으로 되어 예측하지 못한 불이익을 받게 되는 것을 피하고자 하는 데 근거가 있다. 따라서 약관

수 없다(약규 3
조 4항).

또한 사업자는 계약을 체결할 때에는 고객에게 약관의 내용을 계약의 종류에 따라 일반적으로 예상되는 방법으로 분명하게 밝히고, 고객이 요구할 경우 그 약관의 사본을 고객에게 내주어 고객이 약관의 내용을 알 수 있게 하여야 한다(약규 3조
2항 본문). 사업자가 이에 위반하여 계약을 체결한 경우에는 해당 약관을 계약의 내용으로 주장할 수 없다(약규 3
조 4항).[1]

에 정해진 사항이라고 하더라도 거래상 일반적이고 공통된 것이어서 계약 상대방이 별도의 설명 없이도 충분히 예상할 수 있었던 사항이거나 이미 법령에서 정하여진 것을 되풀이하거나 부연하는 정도에 불과한 사항이라면 그러한 사항에 대해서까지 보험자에게 설명의무가 있다고 할 수 없다); 동 2019. 5. 30, 2016 다 276177(공보 2019, 1289)(약관에 정하여진 사항이 '이미 법령에 의하여 정하여진 것을 되풀이하거나 부연하는 정도에 불과한지'는 약관과 법령의 규정내용, 법령의 형식 및 목적과 취지, 해당 약관이 고객에게 미치는 영향 등 여러 가지 사정을 종합적으로 고려하여 판단하여야 한다. 여기에서 말하는 '법령'은 일반적인 의미에서의 법령, 즉 법률과 그 밖의 법규명령으로서의 대통령령·총리령·부령 등을 의미하고, 이와 달리 상급행정기관이 하급행정기관에 대하여 업무처리나 법령의 해석·적용에 관한 기준을 정하여 발하는 이른바 행정규칙은 일반적으로 행정조직 내부에서만 효력을 가질 뿐 대외적인 구속력을 갖는 것이 아니므로 이에 해당하지 않는다. 다만, 행정규칙이라 하더라도, 법령의 규정이 특정 행정기관에 법령 내용의 구체적 사항을 정할 수 있는 권한을 부여함으로써 그 법령 내용을 보충하는 기능을 가지고, 그 내용이 해당 법령의 위임한계를 벗어나지 않아 그 법령과 결합하여 대외적 구속력이 있는 법규명령으로서의 효력을 가지는 등의 특별한 사정이 인정된다면, 달리 볼 수 있다. 그러나 대외적 구속력이 인정되지 않는 행정규칙으로서의 고시는, 약관이 포함된 계약의 일방 당사자인 고객에게 당연히 그 법률효과가 미친다고 할 수 없을 뿐만 아니라 고객이 별도의 설명 없이 그 내용을 예상할 수 있었다고 보기도 어려우므로, 약관 조항에서 고시의 내용을 되풀이하거나 부연하고 있다는 이유만으로 사업자의 설명의무가 면제된다고 할 수 없다. 또한 구 여신전문금융업감독규정〈2012. 10. 15. 금융위원회 고시 제2012―24호로 개정되기 전의 것〉 제25조 제1항 제2호는, '부가서비스를 부당하게 변경하는 행위'에 해당하는지를 판단할 수 있는 보다 구체화된 기준과 요건 등을 제시하거나 위 기준 등에 근거한 금지행위의 유형화는 전혀 시도하지 않은 채, 신용카드업자가 부가서비스를 변경할 경우 일정 기간 동안 부가서비스를 유지해 왔고 6개월 이전에 변경 사유 등을 정해진 방법으로 고지하는 등의 절차만 준수한다면 부가서비스 변경이 신용카드회원 등의 권익을 부당하게 침해하는지에 대한 어떠한 고려도 없이 변경행위가 금지되지 않는 것으로 정하고 있다. 이는 법과 시행령의 위임 범위를 벗어난 고시규정을 통하여 '부가서비스를 부당하게 변경하는 행위'를 금지하고자 한 법과 시행령의 입법 취지를 본질적으로 변질시킨 것으로도 볼 수 있다. 결국 위 고시규정은 그 내용이 법과 시행령의 위임 범위를 벗어난 것으로서 법규명령으로서의 대외적 구속력을 인정할 수도 없다); 동 2023. 4. 13, 2021 다 250285(공보 2023, 810)(사업자는 계약의 성질상 설명하는 것이 현저하게 곤란한 경우가 아니라면 약관에 정하여져 있는 중요한 내용을 고객이 이해할 수 있도록 설명하여야 하고〈약관의 규제에 관한 법률 제3조 제3항〉, 이러한 약관의 설명의무를 위반하여 계약을 체결한 때에는 약관의 내용을 계약의 내용으로 주장할 수 없다〈제3조 제4항〉. 그러나 사업자의 약관 설명의무는 계약 상대방이 알지 못하는 가운데 약관에 정해진 중요한 사항이 계약 내용으로 되어 예측하지 못한 불이익을 받게 되는 것을 피하는 데 근거가 있다. 따라서 약관에 정하여진 사항이라도 거래상 일반적이고 공통된 것이어서 고객이 별도의 설명 없이도 충분히 예상할 수 있었던 사항이거나, 이미 법령에 의하여 정해진 것을 되풀이하거나 부연하는 정도에 불과한 사항이라면, 사업자에게 설명의무가 없다).

1) 대판 2023. 6. 29, 2020 다 248384·248391(공보 2023, 1275)(약관의 규제에 관한 법률〈이하 '약관법'이라 한다〉 제3조 제2항 본문은 "사업자는 계약을 체결할 때에는 고객에게 약관의 내용

5) 약관의 해석원칙

㈎ 약관의 해석원칙은 이를 법원(法源)으로 본다면 법규해석의 원칙이 적용되어야 할 것이지만, 이를 법원으로 보지 않고 당사자간의 의사의 합의라고 본다면 의사(계약)의 해석원칙이 적용되어야 할 것이다.

약관의 법원성을 인정하든 또는 인정하지 않든 약관의 해석에는 다음의 원칙이 지켜져야 하는데, 이는 또한 약관규제법에도 명문으로 규정되어 있다.

① 개별약정우선의 원칙　　약관의 내용과 상충하는 내용으로 당사자가 개별약정을 한 경우에는 당사자의 개별약정이 약관에 우선하여 적용된다는 원칙이다($_{4조}^{약규}$).

② 신의성실의 원칙　　약관은 신의성실의 원칙에 따라 공정하게 해석되어야 한다($_{단, 민 2조 1항}^{약규 5조 1항 전}$).[1]

③ 객관적 해석의 원칙　　약관의 해석은 당사자의 주관적 의사와는 무관하게 해석되어야 하고, 고객에 따라 다르게 해석되어서는 안 된다는 원칙이다($_{항 후단}^{약규 5조 1}$).[2]

을 계약의 종류에 따라 일반적으로 예상되는 방법으로 분명하게 밝히고, 고객이 요구할 경우 그 약관의 사본을 고객에게 내주어 고객이 약관의 내용을 알 수 있게 하여야 한다"라고 규정하고, 같은 조 제4항은 "사업자가 제2항 및 제3항을 위반하여 계약을 체결한 경우에는 해당 약관을 계약의 내용으로 주장할 수 없다"라고 규정하고 있다. 약관법 제3조 제2항, 제4항이 사업자에 대하여 약관의 명시의무와 약관 사본 교부의무를 부과하고 이를 위반하여 계약을 체결한 경우에는 약관을 계약의 내용으로 주장할 수 없도록 한 것은, 고객으로 하여금 각 당사자를 구속하게 될 내용을 미리 알고 약관에 의한 계약을 체결하도록 함으로써 예측하지 못한 불이익을 받게 되는 것을 방지하여 고객을 보호하려는 데 입법 취지가 있다. 이러한 약관법 제3조 제2항 및 제4항의 규정 내용과 입법 취지를 고려하면, 약관법 제3조 제4항에 따라 해당 약관을 계약의 내용으로 주장할 수 없는 사유로서 '약관 사본 교부와 관련하여 약관법 제3조 제2항을 위반하여 계약을 체결한 경우'라 함은 고객이 계약 체결 당시 사업자에게 약관 사본을 내줄 것을 요구하여 사업자가 약관 사본 교부의무를 부담하게 되었음에도 이를 이행하지 아니한 경우를 의미하고, 계약이 체결된 이후 고객이 사업자에게 약관의 사본을 내줄 것을 요구하고 사업자가 이에 불응한 경우까지 포함하는 것은 아니다).

1) 대판 2017. 4. 13, 2016 다 274904(공보 2017, 963)(구 약관의 규제에 관한 법률〈2010. 3. 22. 법률 제10169호로 개정되기 전의 것〉 제6조 제1항, 제2항 제1호에 따라 고객에 대하여 부당하게 불리한 조항으로서 '신의성실의 원칙에 반하여 공정을 잃은 약관조항'이라는 이유로 무효라고 보기 위해서는, 약관조항이 고객에게 다소 불이익하다는 점만으로는 부족하고, 약관 작성자가 거래상의 지위를 남용하여 계약 상대방의 정당한 이익과 합리적인 기대에 반하여 형평에 어긋나는 약관조항을 작성·사용함으로써 건전한 거래질서를 훼손하는 등 고객에게 부당하게 불이익을 주었다는 점이 인정되어야 한다. 그리고 이와 같이 약관조항의 무효 사유에 해당하는 '고객에게 부당하게 불리한 조항'인지는 약관조항에 의하여 고객에게 생길 수 있는 불이익의 내용과 불이익 발생의 개연성·당사자들 사이의 거래과정에 미치는 영향·관계 법령의 규정 등 모든 사정을 종합하여 판단하여야 한다); 동 2022. 5. 12, 2020 다 278873(공보 2022, 1108)(앞의 판결이유와 동일함).

2) 동지: 대판 2005. 10. 28, 2005 다 35226(공보 2005, 1862)(보통거래약관의 내용은 개개 계약 체결자의 의사나 구체적인 사정을 고려함이 없이 평균적 고객의 이해가능성을 기준으로 하여 객

④ 불명확조항해석의 원칙   약관의 조항 중에 명확하지 않은 조항은 작성자(기업)에게 불리하게 해석되어야 한다는 원칙과,[1] 작성자의 면책조항 등은 축소해

관적·획일적으로 해석하여야 한다); 동 2010. 11. 25, 2010 다 45777(공보 2011, 13)(보험약관은 신의성실의 원칙에 따라 당해 약관의 목적과 취지를 고려하여 공정하고 합리적으로 해석하되, 개개의 계약당사자가 기도한 목적이나 의사를 참작함이 없이 평균적 고객의 이해가능성을 기준으로 보험단체 전체의 이해관계를 고려하여 객관적·획일적으로 해석하여야 한다); 동 2018. 10. 25, 2014 다 232784(공보 2018, 2201)(약관의 해석은 신의성실의 원칙에 따라 해당 약관의 목적과 취지를 고려하여 공정하고 합리적으로 해석하되, 개별 계약 당사자가 의도한 목적이나 의사를 참작하지 않고 평균적 고객의 이해가능성을 기준으로 객관적·획일적으로 해석하여야 한다. 위와 같은 해석을 거친 후에도 약관 조항이 객관적으로 다의적으로 해석되고 각각의 해석이 합리성이 있는 등 해당 약관의 뜻이 명확하지 않은 경우에는 고객에게 유리하게 해석하여야 한다. 그러나 약관의 목적과 취지를 고려하여 공정하고 합리적으로, 그리고 평균적 고객의 이해가능성을 기준으로 객관적이고 획일적으로 해석한 결과 약관 조항이 일의적으로 해석된다면 약관 조항을 고객에게 유리하게 해석할 여지가 없다. 한편 대한주택보증 주식회사의 보증규정, 그 시행세칙과 분양보증계약에 적용되는 약관의 내용을 종합하면, 위 분양보증계약은 입주자모집공고 승인을 얻을 때 장래 주채무가 발생할 것을 조건으로 보증채무가 성립하고, 보증기간은 입주자모집공고 승인 시점부터 소유권 보존등기일까지이며, 보증채무가 성립하기 전에는 보증을 취소하고 보증료를 전액 반환받을 수 있지만, 보증채무가 성립한 후에는 입주자모집공고 여부를 묻지 않고 보증을 해지할 수 있고 입주자모집공고 승인 취소일을 기준으로 취소일 다음 날부터 잔여 보증기간에 대한 보증료를 반환받을 수 있을 뿐이어서, 위 보증규정과 그 시행세칙은 문언과 체계상 위와 같은 객관적이고 획일적인 해석이 가능하고 다의적으로 해석되지 않으므로, 이를 고객에게 유리하게 해석할 여지가 없어 작성자 불이익 원칙이 적용되지 않는데도, 이와 달리 본 원심판단에 법리오해의 잘못이 있다); 동 2023. 6. 15, 2021 다 206691(공보 2023, 1216)(보험약관은 신의성실의 원칙에 따라 당해 약관의 목적과 취지를 고려하여 공정하고 합리적으로 해석하되, 개개의 계약당사자가 기도한 목적이나 의사를 참작함이 없이 평균적 고객의 이해가능성을 기준으로 보험단체 전체의 이해관계를 고려하여 객관적·획일적으로 해석하여야 한다).

[1] 동지: 상게 대판 2005. 10. 28, 2005 다 35226(보통거래약관은 고객보호의 측면에서 약관내용이 명백하지 못하거나 의심스러운 때에는 고객에게 유리하게, 약관작성자에게 불리하게 제한해석하여야 한다); 대판 1998. 10. 23, 98 다 20752(공보 1998, 2730)(보통거래약관의 내용은 개개 계약체결자의 의사나 구체적인 사정을 고려함이 없이 평균적 고객의 이해가능성을 기준으로 하여 객관적·획일적으로 해석하여야 하고, 고객보호의 측면에서 약관 내용이 명백하지 못하거나 의심스러운 때에는 고객에게 유리하게, 약관작성자에게 불리하게 제한해석하여야 한다. 따라서 신용보증약관 제8조 제2항의 "채무자가 제3자를 위하여 부담한 보증채무 및 어음상의 채무 등"은 이를 「채무자가 제3자를 위하여 부담한 보증채무」, 「어음상의 채무 등」"으로 해석할 수도 있는 반면에 이를 "「채무자가 제3자를 위하여 부담한 보증채무」, 「채무자가 제3자를 위하여 부담한 어음상의 채무 등」"으로 해석할 수 있는 여지가 있고 또한 그러한 해석이 무리라고 보여지지도 아니하며, 더구나 "… 어음상의 채무「등」"이라고 함은 채무자가 제3자를 위하여 부담한 보증채무와 같은 종류의 것들이 더 있음을 나타내는 것으로 보여져, 결국 신용보증약관 제8조 제2항의 "… 어음상의 채무"라는 규정이 약관작성자인 신용보증기금의 의사와는 달리 해석될 수 있어 그 뜻이 명백하지 아니한 경우에 해당하므로 약관해석원칙에 따라 위 규정의 "… 어음상의 채무"는 위 약관의 작성자에게 불리하게, 고객에게 유리하게 이를 "채무자가 제3자를 위하여 부담한 어음상의 채무"로 해석하여야 한다); 동 2010. 12. 9, 2009 다 60305(공보 2011, 100)(약관의 해석은, 신의성실의 원칙에 따라 당해 약관의 목적과 취지를 고려하여 공정하고 합리적으로 해석하되, 개개 계약 당사자가 기도한 목적이나 의사를 참작함이 없이 평균적 고객의 이해가능성을 기준으로 객관적·획일적으로 해석하여야 하며, 위와 같은 해석을 거친 후에도 약관 조항이 객관적으로 다의적으로 해석되고 그 각각의 해석이 합리성이 있는 등 당해 약관의 뜻이 명백하지 아니한 경우에

석하여야 한다는 원칙 등이 이에 해당한다(약규 5조 2항).

(나) 약관의 작성자(사업자)는 약관에 정하여져 있는 중요한 내용을 고객이 이해할 수 있도록 설명하여야 할 의무가 있고(약규 3조 3항 본문), 약관의 작성자(사업자)가 이에 위반하여 계약을 체결한 경우에는 해당 약관을 계약의 내용으로 주장할 수 없다[1](약규 3조 4항).

6) **약관에 대한 규제** 앞에서 본 바와 같이 약관의 단점(문제점)은 거래상대방의 이익을 희생시킬 염려가 크므로 이를 해결하기 위하여 약관에 대한 규제방법이 발생하였다. 약관에 대한 기본적인 규제방법으로는 입법적 규제 · 행정적 규

는 고객에게 유리하게 해석하여야 한다); 동 2018. 7. 24, 2017 다 256828(공보 2018, 1763)(보험약관은 신의성실의 원칙에 따라 해당 약관의 목적과 취지를 고려하여 공정하고 합리적으로 해석하되, 개개 계약 당사자가 기도한 목적이나 의사를 참작하지 않고, 평균적 고객의 이해가능성을 기준으로 보험단체 전체의 이해관계를 고려하여 객관적 · 획일적으로 해석하여야 한다. 위와 같은 해석을 거친 후에도 약관 조항이 객관적으로 다의적으로 해석되고, 그 각각의 해석이 합리성이 있는 등 당해 약관의 뜻이 명백하지 아니한 경우에는 고객에게 유리하게 해석하여야 한다. 이 사건 보험약관은 '암'의 의미에 관하여 제3차 개정 한국표준질병 · 사인분류의 분류기준과 그 용어만을 인용하고 있고, 제3차 개정 한국표준질병 · 사인분류의 분류기준과 그 용어에 충실하게 해석하면 갑의 종양을 악성 신생물로 분류되는 질병인 암으로 보는 해석도 충분히 가능하고 그러한 해석의 객관성과 합리성도 인정되므로, 보험사고 또는 보험금 지급액의 범위와 관련하여 위 보험약관이 규정하는 '암'은 객관적으로 다의적으로 해석되어 약관 조항의 뜻이 명백하지 아니한 경우에 해당하는 것이어서 약관의 규제에 관한 법률 제5조 제2항에서 정한 작성자 불이익의 원칙에 따라 갑의 용종과 같은 상세불명의 직장 유암종은 제3차 개정 한국표준질병 · 사인분류상 '소화기관의 악성 신생물'로서 보험약관에서 정한 '암'에 해당한다고 해석함이 타당한데도, 이와 달리 본 원심판결에는 약관의 해석에 관한 법리오해의 잘못이 있다); 동 2023. 7. 13, 2021 다 283742(공보 2023, 1431)(약관은 신의성실의 원칙에 따라 해당 약관의 목적과 취지를 고려하여 공정하고 합리적으로 해석하되, 개개 계약 당사자가 기도한 목적이나 의사를 참작하지 않고 평균적 고객의 이해가능성을 기준으로 전체의 이해관계를 고려하여 객관적 · 획일적으로 해석하여야 한다. 위와 같은 해석을 거친 후에도 약관조항이 객관적으로 다의적으로 해석되고 그 각각의 해석이 합리성이 있는 등 해당 약관의 뜻이 명백하지 아니한 경우에는 고객에게 유리하게 해석하여야 한다〈인지기능 저하와 실어증을 별개의 장해로 봄〉).

1) 동지: 서울중앙지판 2016. 2. 3, 2015 가합 10764(판공 2016, 290)(갑이 인터넷을 통해 을 주식회사가 항공사와 제휴하여 발행하는 신용카드에 관한 회원가입계약을 체결하면서 카드사용금액에 따른 일정 비율의 마일리지 적립 등 부가서비스를 제공받기로 약정하였는데, 을 회사가 부가서비스 변경에 관한 약관 조항에 따라 인터넷 홈페이지 등에 마일리지 적립 비율의 축소를 발표한 다음 갑에게 변경된 적립 비율로 마일리지를 제공하자, 갑이 을 회사를 상대로 변경 전 적립 비율에 따른 마일리지 제공을 구한 사안에서, 마일리지 제공기준은 단순한 부수적인 서비스를 넘어 계약의 주요 내용을 이룬다고 해석되고, 이에 관한 약정이 약관 조항에서 정한 '부가서비스'로 취급되고 나아가 갑의 의사와 무관하게 을 회사나 해당 제휴기관의 사정에 따라 일방적으로 변경될 수 있다는 약관 조항의 내용은 갑이 계약 체결 여부를 정할 때 직접적인 영향을 미칠 수 있는 사항으로서 설명의무의 대상이 되는 약관의 중요한 내용에 해당하고, 갑이 이를 잘 알고 있었다거나 별도의 설명 없이도 충분히 예상할 수 있었다고 할 수 없는 점 등에 비추어 을 회사의 설명의무가 면제된다고 할 수 없으므로, 을 회사는 약관 조항에 대한 설명의무를 이행하지 아니하여 이를 계약의 내용으로 주장할 수 없어 갑에게 회원가입계약 당시 약정한 적립 비율에 따라 마일리지를 제공할 의무가 있다).

제·사법적 규제가 있고, 이외에도 약관은 공정거래위원회에 의하여 규제되기도 하고 또 당사자간의 자율적인 협상을 통하여 규제되는 경우도 있다.

㈎ 입법적 규제   약관에 대한 입법적 규제는 사전적 규제로서 예방적 효과를 갖게 되고, 구체적인 소송에서 법적 기준이 되고 있다. 입법적 규제방법으로는 포괄적인 입법과 개별적인 입법이 있는데, 우리나라에서의 포괄적인 입법으로는 앞에서 본 「약관의 규제에 관한 법률」$\binom{1986.\ 12.\ 31,\ 법\ 3922호로\ 제정,\ 1987.\ 7.}{1부터\ 시행,\ 개정:\ 2024.\ 2.\ 6,\ 법\ 20239호}$[1]이 있다.[2]

㈏ 행정적 규제   약관에 대한 행정적 규제는 보통 행정청에 의한 약관의 사전인가에 의한다. 이의 예로는 보험약관의 금융위원회의 허가$\binom{보험\ 5}{조\ 3호}$, 운송약관의 국토교통부장관에 의한 인가$\binom{여객자동차\ 운}{수사업법\ 10조}$, (전기)기본공급약관의 산업통상부장관에 의한 인가$\binom{전사\ 16}{조\ 1항}$[3] 등이 있다.

㈐ 사법적 규제   약관에 대한 사법적 규제는 구체적으로 소송이 제기된 경우에 법원의 판결에 의한 규제로서, 사후적이고 개별적이며 소극적인 규제인 점에 특색이 있다. 우리나라의 대법원판례의 태도는 이에 관하여 종래에는 소극적인 태도를 취했으나, 최근에는 적극적인 태도로 변화하고 있다.

㈑ 공정거래위원회에 의한 규제   공정거래위원회는 약관을 사용하는 사업자가 공정거래법상의 시장지배적 사업자 또는 기타 일정한 경우로서 그가 불공정약

---

1) 이러한 우리나라의 약관규제법은 독일 약관규제법(AGB-Gesetz)을 많이 참조하여 제정된 것인데, 독일 약관규제법은 2001년 11월 26일 제정된(시행은 2002년 1월 1일) 채권법의 현대화에 관한 법률(Gesetz zur Modernisierung des Schuldrechts)에 의하여 폐지되고 그의 주요한 내용이 동법에 의하여 개정된 독일 민법전(BGB)에 수용되었다[이에 관한 상세는 최병규, "독일 약관규제법(AGB-Gesetz) 폐지와 변화," 「상사법연구」, 제21권 1호(2002), 63~97면 참조].

2) 동지: 대판 2002. 5. 10, 2000 다 70156(신문 3080, 11)(계속적 거래에 따른 채무를 보증하기는 하지만 보증기간과 보증한도가 정해져 있는 보증보험계약의 보험자에게, 그 계속적 거래의 한 당사자인 채권자 및 피보험자가 변경되었다는 사정만으로 그 계속적 거래의 유형이나 거래내용, 채권자 및 피보험자가 변경되게 된 사유〈단순한 계약인수인지, 영업양도나 합병에 수반된 계약인수인지 등〉, 그 채권자 및 피보험자의 변경이 채무자의 채무이행에 영향을 미치는지 여부나 그 내용 및 정도, 나아가 그로 인하여 채무자의 채무불이행으로 인한 손해 발생의 위험을 현저히 변경 또는 증가시켰는지 등을 묻지 않고 곧바로 보증관계를 유지할지 여부를 결정할 권한을 무제한적으로 주는 것을 내용으로 한 보증보험약관은 약관의 규제에 관한 법률 제9조 2호에 위반되어 무효라고 할 것이다).

3) 대판 2023. 3. 30, 2018 다 207076(공보 2023, 743)(한국전력공사가 작성하여 지식경제부장관〈현 산업통상부장관〉으로부터 인가받은 전기기본공급약관 중 주택용 전력에 관하여 두고 있는 누진요금제의 구간 및 구간별 전기요금이 관련 절차를 준수하고 그 기준을 위반하지 않는 범위 내에서 책정된 것으로, 구 전기사업법〈2013. 3. 23. 법률 제11690호로 개정되기 전의 것〉의 목적과 취지에 반하는 정도로 주택용 전력 사용자의 이익을 제한하는 정도에 이르지 않는다면, 설령 구 간별 전기요금이 주택용 전기사용자에게 가장 유리한 전기요금이라고 보기에 미흡한 점이 있다고 하더라도, 그와 같은 사정만으로 약관의 규제에 관한 법률 제6조 제2항 제1호가 말하는 '고객에게 부당하게 불리한 조항'에 해당한다고 할 수는 없다).

관조항($\frac{약규 6조}{\sim14조}$)의 사용금지($\frac{약규}{17조}$)에 위반하는 경우에는 당해 약관조항의 삭제·수정 등의 「시정명령」을 할 수 있는데($\frac{약규 17조}{의 2 2항}$), 이 시정명령에 위반한 사업자는 형사처벌을 받는다($\frac{약규}{32조}$). 또한 공정거래위원회는 불공정약관조항이 있는 약관을 사용하는 자가 이러한 시장지배적 사업자가 아닌 경우에도 당해 조항의 삭제·수정 등의 「시정권고」를 할 수 있는데($\frac{약규 17조}{의 2 1항}$), 이러한 시정권고는 행정지도의 성질을 가지는 것으로서 그에 따르지 않는 경우에도 벌칙이 없다. 이러한 공정거래위원회는 준사법적 성격과 동시에 준행정적 성격도 아울러 갖는 약관의 사전·사후의 규제기관이라고 볼 수 있다.[1]

(삐) **자율적 규제**   약관이 당사자에 의하여 스스로 자율적으로 사전에 규제되는 경우가 있는데, 약관이 당사자 쌍방에 의하여 작성되거나 또는 중립적인 제3자의 조정에 의하여 작성되는 경우 등이 이에 해당한다. 이의 실효를 위하여는 당사자 쌍방이 대등한 지식과 경제력이 있어야 하는데, 이는 소비자단체 등을 통하여 어느 정도 달성될 수 있다.

(5) 상사판례법·상사학설법

1) 상사에 관하여 법원이 판시한 상사판례법이 법원(法源)이냐에 대하여, 우리나라에서는 판례에 대하여 선례구속의 원칙이 인정되지 않는다는 점에서 이를 부정하는 견해가 다수설이나,[2] 상사에 관한 법원의 판결이 성문법 또는 관습법에 대하여 수정적·창조적 작용을 하면 이에 대하여 법원(法源)성을 인정할 수 있다고 본다.[3]

2) 상사에 관한 학설이 상법의 법원(法源)이 될 수 있는가에 대하여, 학설 중 법률상의 원칙을 밝힌 유력한 학설은 판례와 같이 학설법으로서 법원이 될 수 있다고 하는 견해도 있으나,[4] 학설은 성문법의 해석에 있어서 지침이 되어 판례 등에 영향을 미치는 것은 사실이나 이를 법원이라고 할 수는 없다고 본다(통설).[5]

---

1) 1986. 12. 31의 약관규제법 제정 당시에는 약관심사위원회가 당해 사업자에게 시정권고하거나 당해 행정청에 시정요청을 할 수 있게 하였으며, 이에 위반한 경우에도 처벌규정이 없었다. 그러나 1992. 12. 8의 개정된 약관규제법에서는 약관심사위원회를 폐지하고(약규 24조~29조 삭제) 이 업무를 공정거래위원회가 담당하도록 하고, 시장지배적 사업자 등이 시정명령에 위반한 경우에는 형사처벌을 받도록 하였다.

2) 손(주), 49면(판례는 관습법의 발생을 촉구하는 데 그친다고 함); 서·정, 47면; 이(철), 42면; 최(기), 45면; 채, 26면; 이(기) 외, (총) 63면; 주상(Ⅰ), 115면; 정(동), (총) 60면 외(다수설).

3) 동지: 정(희), 55면.

4) 박, 45면; 서(정), 61면.

5) 정(희), 55면; 정(동), (총) 61면 외.

(6) 조   리

조리(條理)란 사물 자연의 이치로서 이것이 법률과 관련되는 경우로는, (i) 법률 또는 계약의 내용을 결정함에 있어서 표준이 되는 경우와, (ii) 법률이 존재하지 않는 경우에 조리에 따라서 재판하여야 하는 경우가 있다($^{민}_{1조}$). 조리가 법원(法源)이 될 수 있는가의 문제는 (ii)의 경우에 발생하는데, 이에 대하여는 조리의 법원성을 긍정하는 견해와 부정하는 견해로 나뉘어 있다.

1) 조리의 법원성을 긍정하는 견해에서는 헌법 제103조가 「법관은 헌법과 법률에 의하여 그 양심에 따라 독립하여 심판한다」고 규정하고 있는 점과, 민법 제1조가 「법률에 규정이 없으면 관습법에 의하고 관습법이 없으면 조리에 의한다」고 규정하고 있는 점에서 조리의 법원성을 긍정하고 있다.[1]

2) 그러나 조리의 법원성을 부정하는 견해가 타당하다고 보는데, 그 이유는 다음과 같다.[2]

(가) 첫째는 민법 제1조가 조리를 재판의 준거로 들고 헌법이 법률에 의한 재판을 규정하고 있으므로 조리가 바로 법률과 동일한 지위를 갖는다고 단정하는 것은 무리라고 본다. 민법 제1조의 규정은 조리의 법원성을 규정한 것이 아니고, 단순히 재판의 준거가 되는 점을 밝힌 것이거나 또는 스위스 민법 제1조 2항과 같이 법관의 보충적 입법권을 규정한 것이라고 보아야 할 것이다.

(나) 둘째로는 조리란 결국 법관의 법정립의 이념이지 경험적 실재가 아니라는 점이다. 즉, 조리는 자연법적 존재로서 일종의 이념이고, 이러한 이념은 성문법·관습법 등에 대하여 타당근거로서 존재하는 것이다. 따라서 법원의 의미를 법의 존재형식이라는 경험적·실재적 뜻으로 보면, 이념으로서의 조리는 법원이 될 수 없다고 보아야 할 것이다.

3. 법규적용의 순서

(1) 상법전과 상관습법

상법 제1조에 의하면 상사에 관하여 상법전에 규정이 없으면 상관습법을 적용한다고 하였는데, 이의 해석을 어떻게 할 것인지는 (상)관습법의 효력을 어떻게 볼 것인지에 따라 아래와 같이 달리 설명되고 있다.

---

1) 이영섭,「신민법총칙강의」(서울: 박영사, 1960), 72면; 서·정, 46~47면; 손(주), 50면; 주상(상), 81면; 주상(Ⅰ), 116면; 박, 44면; 양·박, 42면; 임(홍), (총칙) 116~117면.
2) 동지: 정(희), 56면; 채, 26면; 최(기), 45면; 차, 80면; 김(용), 44면; 서(정), 47면; 이(기) 외, (총) 63면; 이·최, 48면; 김(영), (총) 49면; 정(동), (총) 61면.

1) 관습법의 보충적 효력설에서는 상법 제1조는 민법 제1조와 입법정신을 같이하는 것으로 성문법 제1주의를 규정한 것이라고 설명하는데, 이 견해가 타당하다고 본다.[1]

2) 그러나 관습법의 대등적 효력설(개폐적 효력설)에서는 상법 제1조는 관습법의 보충적 효력을 규정한 것이 아니라, 입법의 한계를 자인한 규정이라고 설명한다.[2]

(2) 상관습법과 민법전

상법 제1조에 의하면 상사에 관하여 상법전에 규정이 없는 경우에는 즉시 민법전을 적용하지 않고, 이에 관한 상관습법을 우선적으로 적용하여야 한다($^{\text{상}}_{1\text{조}}$). 이의 해석에 있어서도 아래와 같이 달리 설명하고 있다.

1) (상)관습법의 보충적 효력설에서는 성문법우선주의의 예외를 인정한 것이라고 설명하는데, 이 견해가 타당하다고 본다.[3]

2) 그러나 (상)관습법의 대등적 효력설에서는 상관습법도 상법전과 동등한 지위에 있으므로 상관습법이 민법전에 우선하는 것은 특별법과 일반법과의 관계에서 생기는 당연한 원칙에 의한 것이지, 성문법우선주의의 예외를 정한 것이라고 볼 필요가 없다고 설명한다.[4]

(3) 상법전과 민법전

1) 상법 제1조는 상사에 관하여 상법전 및 상관습법에 규정이 없는 경우에는 민법을 적용한다고 규정하고 있는데, 이것이 민법을 상법의 법원(法源)으로 규정한 것이 아님은 앞에서 설명한 바와 같다.

2) 상사에 관하여 민법이 적용되는 경우로는, (i) 제도는 상법전이 창설하였으나 그 상위개념이 민법에 있는 경우($^{\text{예컨대, 지배권〈대리〉・회사〈사단법인〉・운송}}_{\langle\text{도급}\rangle\text{・상호계산〈상계〉・공동해손〈채권〉 등}}$)에 민법의 상위개념이 상법의 규정에 보충적으로 적용되는 경우, (ii) 기업생활관계에 대하여 성질상 일반생활관계와 동일하게 규율하여도 무방한 경우($^{\text{예컨대, 신의칙・능력・물건・법률행위・기}}_{\text{간・물권관계・채권총칙・계약총칙・사무}}$ $^{}_{\text{관리・부당이}}_{\text{득・불법행위 등}}$)에 민법의 규정이 적용되는 경우 등이 대표적인 경우이다.[5]

---

1) 동지: 서・정, 49면; 양・박, 41면(입법론으로는 관습법의 변경적 효력설에 찬성함); 정(무), 49면; 채, 26면; 이(기) 외, (총) 78면.

2) 정(희), 56면; 손(주), 53면; 정(동), (총) 62~63면.

3) 동지: 서・정, 49면; 양・박, 41면.
　　관습법의 대등적 효력설의 입장이면서 성문법우선주의의 예외라고 하는 견해로는 최(기), 46면.

4) 정(희), 56~57면; 손(주), 53~54면; 이(병), 62면; 정(무), 49면; 주상(상), 83면; 주상(Ⅰ), 117면; 채, 27면.

5) 동지: 정(희), 57면.

이상의 상법의 각종 법원 및 상사적용법규를 그 적용순위에 따라 일괄하여 표시하면 다음과 같다(관습법의 위치는 보충적 효력설을 취하느냐, 또는 대등적 효력설을 취하느냐에 따라 달라진다).

상사자치법→ 상사특별법령 → 상 법 전 →(상관습법)→상사판례법→민사자치법→
　　　　　 상 사 조 약 　 (상관습법)

민사특별법령 → 민 법 전 →(민사관습법)→민사판례법→(조리)
민 사 조 약 　 (민사관습법)

제 2 상법의 효력(적용범위)

상법의 효력은 때(시)·곳(장소)·사람(인) 및 사항의 네 가지로부터 제한을 받는다.

1. 때(시)에 관한 효력

(1) 두 개 이상의 상사법규가 시간적으로 선후관계에 있으면 이들 법규 상호간의 효력문제에 대하여는 다음의 원칙이 적용된다. 첫째는 동 순위에 있는 수 개의 법규에 관하여는 「신법은 구법을 변경한다」(lex posterior derogat legi priori)는 원칙이고, 둘째는 특별법과 일반법과 같이 동 순위가 아닌 수 개의 법규에 관하여는 「일반적 신법은 특별적 구법을 변경하지 않는다」(lex posterior generalis non derogat legi prior speciali)라는 원칙이다(상시법 3조).

(2) 위의 원칙은 법규 그 자체의 효력에 관한 문제이나, 이것과는 달리 생활사실의 면에서 구법시대에 발생한 생활사실이 신법시행 후에도 존속하는 경우에 이를 어떻게 취급할 것인가 하는 문제가 있다. 이는 신법의 소급효를 인정할 것인가 하는 경과규정 또는 시제(時際)법의 문제로서 보통 「시행법」 또는 「부칙」에서 규정된다.

1) 이에 관하여는 법적 안정성과 기득권을 존중하는 의미에서 원칙적으로 법률불소급의 원칙이 적용된다(법률해석 의 원칙). 따라서 신법은 그 시행 후에 생긴 생활사실만을 규율하고 시행 전의 생활사실에는 적용되지 않는다.

2) 그러나 상법의 영역에서는 신법은 일반으로 진보적이고 합리적인 제도를 채용하고 있으므로, 신법의 소급이 기득권을 침해하지 않고 오히려 당사자의 이익이 되며 또한 법률관계를 통일하기 위하여 필요한 경우에는 소급효를 인정하는 경우가 많다. 따라서 이러한 점에서는 법률불소급의 원칙에 대한 예외가 인정되는 것이다

$\binom{\text{법률정책}}{\text{의 문제}}\binom{\text{1984년 부칙}}{\text{2조 본문 참조}}$.

2. 곳(장소)에 관한 효력

(1) 상법은 국내법으로서 원칙적으로 전 한국영토에 적용된다.

(2) 이에 대한 예외로서 특정한 경우에는 우리 상법이 한국영토 외에서 적용되는 일도 있고, 이와 반대로 외국상법이 한국영토에서 적용되는 일도 있는데, 이와 같은 사항을 규정하고 있는 법이 국제사법이다. 따라서 국제사법에 의하여 상법의 장소적 적용범위가 예외적으로 한국 이외로 달리 정하여질 수 있다.

3. 사람(인)에 관한 효력

(1) 국내법인 상법은 원칙적으로 전 한국인에게 적용된다.

(2) 그러나 이에 대하여는 다음과 같은 두 가지의 예외가 있다.

1) 첫째는 국제사법상의 문제로서 특정한 경우에는 우리 상법이 외국인에 대하여 적용되는 경우가 있고, 반면에 외국 상법이 우리 국민에 대하여 적용되는 경우가 있다. 그러나 국제거래가 빈번한 기업생활관계에서는 국제간의 거래에서 국제사법에 의한 우회적 해결로는 충분하다고 할 수 없으므로, 각국 상법의 통일운동이 이루어지고 있다.

2) 둘째는 상법의 국제사법적 적용범위의 문제와는 별도로 상법 중의 어떤 규정은 특수한 상인에게 적용되지 않는 경우가 있다. 즉, 소상인(Minderkaufleute)에게는 지배인·상호·상업장부·상업등기에 관한 규정이 적용되지 않는 경우가 대표적인 예이다($\frac{상}{9조}$). 그러나 이러한 소상인에 대하여도 영업활동에 관한 상법의 그 밖의 규정은 물론 적용된다.

4. 사항에 관한 효력

상법은 상사(商事)에 관한 사항에 적용되는데, 이에 대하여는 다음의 두 가지 점을 주의할 필요가 있다.

1) 상사의 의미가 무엇이냐는 앞에서 설명한 바와 같고, 이러한 상사(상행위)에 대하여는 원칙적으로 그 관계자가 상인이든 비상인이든 관계 없이 모두에게 상법이 적용된다($\frac{상}{3조}$). 이로 인하여 상법의 적용범위는 매우 확장된다. 또한 이 때의 상행위에는 공법인의 상행위를 포함한다($\frac{상}{2조}$). 그러나 상법 중 상인간의 상행위에 한하여 상법이 적용된다고 정한 규정은 예외적으로 그 관계자가 모두 상인인 경우에 한하

여 적용된다($\binom{\text{상 58조,}}{\text{67조 이하}}$).

   2) 상사라고 하여 항상 상법이 적용되는 것이 아니다. 앞에서 설명한 바와 같이 상법은 상사에 특유한 사항에 대하여서만 규정하고 있으므로, 그렇지 않은 사항에 대하여는 (상법에 규정이 없으므로) 민법의 일반규정이 적용된다($\binom{\text{상}}{\text{1조}}$).

제 2 장 상 인(기업의 주체)

제 1 절 상인의 의의

제 1 총   설

1. 서   설

(1) 상법은 기업에 관한 특별사법이므로 이 기업과 관련된 생활관계에서 생기는 모든 권리의무를 처리하기 위한 법적 주체가 필요하게 된다. 그런데 이러한 기업 그 자체에 대하여는 실정법상 법인격이 인정되지 않으므로, 기업생활관계에서 발생하는 권리의무를 처리하기 위한 법률기술상의 요청에 의하여 나타난 것이 상인이다. 따라서 상인은 기업생활관계에서 발생하는 권리의무의 귀속주체의 통일을 위하여 불가결한 존재인 동시에, 기업은 또 그 법적 주체인 상인을 떠나서는 존재할 수 없다.

(2) 상인은 형식적으로 보면「기업생활관계에서 발생하는 권리의무의 귀속의 주체(명의인)」이고, 실질적으로 보면「기업에 내재하여 기업활동을 영위하는 자」라고 할 것이다. 따라서 이러한 상인은 기업의 인적 요소가 된다.

(3) 이러한 상인은 일반적으로 형식적으로 파악된 개념으로서 개인기업의 경우에는「영업주」가 상인이지만, 회사기업의 경우에는「회사」그 자체가 상인이 된다$\binom{\text{상 169}}{\text{조 참조}}$.

2. 상인에 관한 입법주의

기업의 주체인 상인의 개념을 정하는 데에는 다음과 같은 세 가지의 입법주의가 있다.

(1) 실질주의(상행위법주의·객관주의·상사법주의)

이는 실질적으로 특정한 행위를 상행위로 정하고, 이러한 상행위를 (영업으로) 하는 자를 상인으로 하는 입법주의이다(스페인 상법). 이는 상행위의 개념을 전제로 하여 상인의 개념을 끌어내는 입법주의이기 때문에 상행위법주의라고도 한다. 이 입법주의는 행위의 객관적인 성질만을 강조하고 주체와 관련하여 파악하지 않으므로 주체와 관련하여 파악된 기업법으로서의 상법의 본질에도 맞지 않고, 또한 열거된 상행위의 종류와 내용은 고정적이므로 기업생활의 발전에도 부응하지 못하는 면이 있다.[1]

(2) 형식주의(상인법주의·주관주의·상업법주의)

행위의 종류와 내용에는 관계 없이 형식적으로 상인적 방법에 의하여 영업을 하는 자를 상인으로 하는 입법주의이다(스위스 채무법[2]·독일 상법[3]). 이는 상행위의 개념을 전제로 하지 않고 상인의 개념을 끌어내는 입법주의이기 때문에 상인법주의라고도 한다. 이 입법주의는 영업의 시설이나 방식(상인적 방법)이 애매하여 상인의 범위와 한계가 불명확하게 되는 면이 있다.[4]

(3) 절충주의

이는 실질주의와 형식주의를 절충하여 상인을 정하는 입법주의이다(일본 상법[5]).

3. 우리 상법의 입법주의

우리 상법은 제4조에서 기본적 상행위(영업적 상행위)를 전제로 하여 당연상인

---

1) 동지: 서·정, 58~59면(또한 실질주의는 연혁적으로 중세의 봉건적인 상인계급법에 대한 정치적 반동으로서의 의미는 있지만, 자본주의의 진전으로 말미암아 비상업자의 개개의 영리행위인 절대적 상행위에 상법을 적용하게 되어 부당하다고 한다); 채, 32면; 이(기) 외, (총) 86면; 주상(Ⅰ), 126면.

2) 스위스 채무법 제934조는「상업·제조업 기타 상인적 방법에 의하여 영업을 하는 자는 상업등기부에 등기함으로써 상인이 된다」고 규정하고 있다. 따라서 상인적 방법으로 영업을 하는 자라면 원시생산업이나 의사·변호사와 같은 직업이라도 그 규모·설비에 따라 상인으로 인정받을 수 있다[서·정, 59면 주 1].

3) 독일 상법은 종래에 절충주의의 입법이었으나, 1998. 6. 22의 개정에 의하여 형식주의를 채용하였다(HGB § 1)[동지: 최(기), 52면; 유주선, "상법상 상인의 개정방향," 「상사판례연구」(한국상사판례학회), 제26집 제2권(2013. 6), 81~107면(우리도 당연상인의 개념을 폐지하고 의제상인의 개념을 통한 상인개념 방식으로 재편하여야 한다고 한다)].

4) 동지: 채, 33면; 이(기) 외, (총) 86면.

5) 서·정, 58~59면은 일본 상법을 절충주의에 의한 입법이라고 설명하면서, 절충주의란 절대적 상행위(日商 501조)와 영업적 상행위(日商 502조)를 업으로 하는 자(日商 4조 1항)를 상인으로 하는 입법주의라고 한다. 그런데 일본은 1938년의 상법개정에서 상행위와 관계 없는 의제상인(日商 4조 2항)을 인정하고 있기 때문에, 일본은 형식주의로 옮겨지는 과도적인 단계에 있다고 볼 수 있다.

을 규정하고 있고 제5조에서 상행위를 전제로 하지 않은 의제상인을 규정하고 있
는데, 이러한 상법의 입법태도는 위의 어느 입법주의에 해당하는지가 문제된다. 이
에 대하여 우리나라의 학설은 다음과 같이 설명하고 있다.

(1) 절충주의의 입법이라는 견해

상법 제4조의 당연상인은 영업적 상행위를 기초로 해서 상인개념을 정하고 있
으므로 실질주의를 취하고 있고, 상법 제5조의 의제상인은 상행위와는 무관하게 상
인개념을 정하고 있으므로 형식주의를 취하고 있어, 전체적으로 절충주의의 입법에
속한다고 하는 견해가 있다.[1]

(2) 형식주의의 입법이라는 견해

상법 제4조의 당연상인은 영업적 상행위$\binom{상}{46조}$를 기초로 하고 있는데, 이 때의
영업적 상행위는 영업의 주체인 상인과의 관련에서만 그 상행위성이 인정되므로,
결국 우리 상법은 형식주의의 입법에 속한다고 하는 견해가 있다.[2]

(3) 형식주의에 가까운 절충주의의 입법이라는 견해

위의 어느 것도 우리 상법의 입법주의를 정확하게 표현한 것으로 볼 수 없다.
절충주의의 특색으로 절대적 상행위의 존재를 강조하면 우리 상법이 절대적 상행위
를 인정하고 있지 않기 때문에 우리 상법은 형식주의의 입법을 한 것으로 볼 수 있
다. 그러나 형식주의의 특색으로 상행위의 개념과 무관한 상인개념을 강조하면 우
리 상법은 순수한 형식주의가 아님은 틀림없다. 이와 같은 점은 당연상인의 개념과
기본적 상행위(영업적 상행위)의 개념이 일종의 순환론에 빠져 있는 상법의 입법태도
에 기인한다.[3] 따라서 우리 상법은 형식주의에 가까운 절충주의(주관주의적 절충주의)
에 속한다고 하는 견해가 있다.[4]

생각건대 상법 제5조의 의제상인은 상행위를 전제로 하지 않고 상인개념을 정
하고 있으므로, 이는 형식주의의 입법이라는 점에 이론(異論)이 있을 수 없다. 문제
는 상법 제4조의 당연상인인데, 이 당연상인은 상행위$\binom{비록\ 영업을\ 전제로}{한\ 상행위일지라도}$를 전제로 하
여 상인개념을 정하고 있는 점에서는 실질주의의 입법인 면이 있다. 그러나 이 당연

---

1) 손(주), 65~66면; 최(기), 53면; 강, 23면; 서(정), 60면; 이·최, 56면; 이(철), 55~57면(회사
   는 형식주의적 입법이고, 설비상인은 규정형식으로만 판단하여 형식주의에 의한 것이라고 단정할
   수 없고 근본적으로는 실질주의적 접근방식으로 도달할 수 있는 개념이고 당연상인의 개념은 실
   질주의에 입각한 것이라고 한다).
2) 서·정, 59~60면; 주상(Ⅰ), 132면; 김(영), (총) 63면; 정(동), (총) 81~82면(우리 상법이 절
   대적 상행위를 인정하지 않은 점에서는 분명히 형식주의에 속하지만, 그 실질을 뚫어보면 실질주
   의의 요소가 깊이 침투되어 있다고 한다); 임(홍), (총칙) 146면.
3) 이(범), (예해) 67면.
4) 정(희), 61면; 이(범), (예해) 67면; 채, 33면; 이(기) 외, (총) 87면.

상인의 개념의 전제가 되는 상행위는 상인과 무관한 상행위가 아니라 상인과 관련하여서만 파악될 수 있는 영업적 상행위라는 점에서 상법 제4조의 당연상인은 순수한 실질주의의 입법이라고는 볼 수 없다. 따라서 우리 상법의 상인에 관한 입법주의는 전체적으로 볼 때「형식주의에 가까운 절충주의」(주관주의적 절충주의)에 속한다고 하는 견해가 가장 타당하다고 본다.

제 2 당연상인

1. 의 의

당연상인이란「자기명의로 상행위를 하는 자」를 말하는데($\substack{상 \\ 4조}$), 이를 분설하면 다음과 같다.

(1)「자기명의」로 상행위를 하여야 한다

「자기명의」라는 뜻은 '자기가 그 (상)행위에서 생기는 권리의무의 귀속의 주체가 된다'는 뜻이다. 따라서 이는 다음의 점에서 특히 주의할 필요가 있다.

1) 자기명의는「자기의 계산으로」($\substack{상 17조 \\ 등 참조}$)와 구별된다.「자기의 계산으로」라는 뜻은 '자기가 그 행위의 결과 발생하는 손익의 귀속의 주체가 된다'는 뜻이다. 따라서 당연상인이란 그 행위의 결과 발생하는 권리의무의 주체이면 되는 것이지, 영업상의 자본이 누구의 것이든, 영업상의 이익이 누구에게 귀속되든, 또는 영업상의 이익이 어떻게 사용되든 상관이 없다($\substack{예컨대, 자〈子〉가 부〈父〉의 계산으로 영업을 하는 경우에 \\ 자가 상인이 되는 것이지 부가 상인이 되는 것이 아니다}$).

2) 자기명의는「영업행위의 담당자」와는 구별된다. 따라서 당연상인은 그 행위의 결과 발생하는 권리의무의 주체이면 되는 것이지, 스스로 영업행위를 하지 않고 타인에게 대리시켜도 무방하다($\substack{예컨대, 친권자가 미성년자인 자를 위하여 영업하거나 지배인이 영업주를 \\ 위하여 영업을 대리하는 경우에, 미성년자나 영업주가 상인이 되는 것이지,}$ 친권자나 지배인이 상 인이 되는 것이 아니다).

3) 자기명의는「기업을 소유하는 것이나 기업위험을 부담하는 것」과 구별된다. 상인은 일반적으로 기업을 소유하고 기업위험을 부담하는 경우가 많은데, 기업을 소유하지 않는 경우나($\substack{기업의 \\ 임차}$) 또는 기업위험을 부담하지 않는 경우에도($\substack{기업의 \\ 경영위임}$) 상인이 되는 데에는 아무런 영향이 없다.

4) 자기명의는「행정관청에 대한 신고명의인이나 납세명의인」과 구별된다. 따라서 행정관청에 대한 신고명의인이나 납세명의인이라도 그가 권리의무의 주체가 되지 않는 이상 상인이 되지 못한다.[1]

---

1) 대판 1962. 3. 29, 4294 민상 962(집 10 ① 민 272)(점포의 임차명의인은 처〈妻〉의 명의로 되

5) 자기명의는 타인의 명의(이름)로 영업하는 경우에 그「명의인」과 구별된다. 따라서 상법 제24조의 명의대여가 있는 경우에 명의대여자는 상인이 되지 못하고, 명의차용자가 상인이 된다. 왜냐하면 이 경우에 명의차용자만이 영업에서 발생하는 권리의무의 주체가 되기 때문이다.[1]

(2)「상행위」를 하여야 한다

여기에서 말하는「상행위」란 상법 제46조에 열거된 기본적 상행위(영업적 상행위)와 특별법($\frac{담보사}{23조 2항}$)에서 상행위로 인정한 것을 말한다. 즉, 이 때의 상행위는 한정적으로 열거되어 있는 것에 한한다(한정성). 특별법(담보부사채신탁법)에서 상행위로 인정한 것은 영업으로 할 것 등의 추가요건이 없으나($\frac{담보사\ 23}{조\ 2항\ 참조}$)($\frac{그러나\ 그\ 행위의\ 주체가\ 상인이\ 되}{기\ 위하여는\ 영업으로\ 할\ 것을\ 요함}$), 상법 제46조의 기본적 상행위가 되기 위하여는 다음과 같은 추가요건이 필요하다.

1)「영업성」이 있어야 한다($\frac{상\ 46조}{본문}$). 이 때의「영업성」이란 '영리의 목적으로 동종행위를 반복하는 것'을 의미한다.[2] 따라서 이러한 영업성은 영리성, 계속성 및 영업의사를 그 요건으로 한다.

(가) 영업이 되기 위하여는「영리성」이 있어야 하므로, 영리성이 없는 구내매점 등의 판매행위는 영업이라고 볼 수 없다. 그러나 이러한 영리성은 실제에 있어서의 이익의 발생 유무, 이익의 사용목적 등을 불문한다.[3]

(나) 영업이 되기 위하여는 동종행위를 반복하는「계속성」이 있어야 하므로, 한

어 있고 납세명의인은 부〈夫〉의 명의로 되어 있을 뿐, 본건 영업이 부 또는 처의 누구에 속하는지 분명하지 아니한 경우에는 민법〈개정전〉제830조 2항에 의하여 부를 상인으로 추정한다).

1) 동지: 손(주), 67면 주 1.
　타인의 명의를 사용하여 행한 법률행위에 관하여는 송덕수, "타인의 명의를 사용하여 행한 법률행위,"「고시계」, 1998. 5, 70~78면 참조.

2) 동지: 대판 1994. 4. 29, 93 다 54842(공보 970, 1611)(어느 행위가 상법 제46조 소정의 기본적 상행위에 해당하기 위하여는 영업으로 같은 조 각 호 소정의 행위를 하는 경우이어야 하고, 여기에서 '영업으로 한다'고 함은 영리를 목적으로 동종의 행위를 계속·반복적으로 하는 것을 의미하는바, 구 대한광업진흥공사법〈1986. 5. 12, 법률 제3834호로 전문 개정되기 전의 것〉의 제반규정에 비추어 볼 때 대한광업진흥공사가 광업자금을 광산업자에게 융자하여 주고 소정의 금리에 따른 이자 및 연체이자를 지급받는다고 하더라도 이와 같은 대금행위는 같은 법 제1조 소정의 목적인 민영광산의 육성 및 합리적인 개발을 지원하기 위하여 하는 사업이지 이를 '영리의 목적'으로 하는 행위라고 보기는 어렵기 때문에 이는 상법 제46조의 기본적 상행위에 해당하지 않는다); 동 1998. 7. 10, 98 다 10793(공보 1998, 2091)(어느 행위가 상법 제46조 소정의 기본적 상행위에 해당하기 위하여는 영업으로 동조 각 호 소정의 행위를 하는 경우이어야 하고, 여기서 영업으로 한다고 함은 영리를 목적으로 동종의 행위를 계속 반복적으로 하는 것을 의미한다. 따라서 새마을금고법의 제반 규정에 의하면 새마을금고는 우리나라 고유의 상부상조정신에 입각하여 자금의 조성 및 이용과 회원의 경제적·사회적·문화적 지위의 향상 및 지역사회개발을 통한 건전한 국민정신의 함양과 국가경제발전에 기여함을 목적으로 하는 비영리법인이므로, 새마을금고가 금고의 회원에게 자금을 대출하는 행위는 일반적으로는 영리를 목적으로 하는 행위라고 보기 어렵다).

3) 동지: 손(주), 67면; 최(기), 54면; 이(기) 외, (총) 89면.

번에 국한된 행위나 기회가 있을 때마다 반복하는 투기행위 등은 영업이 될 수 없다.[1] 그러나 영업기간은 반드시 장기간을 요하지 않고, 단기간의 영업이라도 무방하다($\substack{박람회나 해수 \\ 욕장에서의 매점}$).

(대) 영업이 되기 위하여는 「영업의사」가 있어야 한다. 이러한 영업의사는 반드시 일반공중에게 표시되어야 하는 것은 아니고, 외부에서 영업의사를 인식할 수 있으면 된다[2]($\substack{예컨대, 점포의 임차, 상업사용인의 고용 등을 통한 \\ 여 개업준비행위를 일반인이 인식할 수 있으면 된다}$). 따라서 대외적으로 영업의사를 비밀로 하면서 영리활동을 하는 자는 영업을 한다고 볼 수 없다.

2) 「기업성」이 있어야 한다($\substack{상 46 \\ 조 단서}$). 상법 제46조 각 호의 행위를 아무리 영업으로 하더라도, 오로지 임금을 받을 목적으로 물건을 제조하거나($\substack{예컨대, \\ 삯바느질}$) 노무에 종사하는 자($\substack{예컨대, \\ 지게꾼}$)의 행위는 기업성이 없으므로 상행위에서 제외된다.

2. 당연상인의 개념의 기초가 되는 상행위

당연상인의 개념의 기초가 되는 상행위라 함은 상법 제46조에 규정된 기본적 상행위(영업적 상행위)와 특별법에서 상행위로 본 것이라 함은 이미 앞에서 설명하였는데, 이 곳에서 그 내용을 좀더 상세히 살펴보면 다음과 같다.

(1) 기본적 상행위(영업적 상행위)

1) 매매행위($\substack{상 46 \\ 조 1호}$)

(가) 매매의 「목적물」은 동산·부동산·유가증권 기타의 재산이다. 동산·부동산의 의의는 민법에 의하여 정하여지고($\substack{민 \\ 99조}$), 유가증권의 의의는 유가증권법에서 학문상 정하여지는 바에 의하며, 기타의 재산이라 함은 상호권·상표권·특허권·저작권 등의 무체재산권과 광업권·어업권 등과 같이 법률에 의하여 일종의 물권으로 인정되는 것을 말한다. 동산·부동산 등의 매매는 가장 오래되고 전형적인 상행위이나, 기타의 재산($\substack{무체재산권이 \\ 나 특별한 물권}$)은 일시적인 매매의 대상은 될 수 있어도 이를 영업으로 계속·반복하는 매매업은 거의 없을 것으로 본다.

(나) 여기에서의 「매매」의 의미에 대하여는 (i) 「매수(유상승계취득)와 매도」로 보는 견해와,[3] (ii) 「매수(유상승계취득) 또는 매도」로 보는 견해[4]로 나뉘어 있는데, 매

---

1) 동지: 최(기), 54면; 이(기) 외, (총) 89면.
2) 동지: 손(주), 68면; 최(기), 55면.
3) 서·정, 63면; 이·최, 63면; 정(무), 63면; 최준선, "상법 제46조 제1호의 매매의 의미(원시취득한 물건을 매도하는 자의 당연상인성 여부와 관련하여)," 「기업법연구」(한국기업법학회), 제8집(2001), 339~372면(상법 제46조 제1호의 매매에 관한 학설의 소개가 상세하고, 이 때의 매매란 '유상의 승계취득과 매도'를 의미하는데 '매수와 매도 사이에는 내적 관련성이 있어야 한다'고 한다); 최(기), 57~58면; 김(영), (총) 101면.

수(유상승계취득)와 매도는 이익을 얻고자 하는 의사에 의하여 내면적 연관성만 있으면 되는 것이지 매수행위와 매도행위를 합쳐서 하나의 상행위로 보고자 하는 것이 아니므로 후자의 견해가 타당하다고 본다. 따라서 '팔기 위하여 사는 행위(유상으로 취득하는 행위)' 또는 '산(유상으로 취득한) 물건을 파는 행위'도 여기에서의 매매에 해당하는 것이다.[1]

이 때의 「사는 행위」란 매수행위뿐만 아니라, 유상의 승계취득을 포함한다(유상을 요건으로 하는 명문규정은 없으나, 영업으로 하여야 한다는 점에서 그렇게 해석된다). 따라서 증여·유증 등과 같은 무상취득이나 선점·가공·원시생산 등과 같은 원시취득의 경우는 여기에 해당되지 않으나, 유상의 승계취득인 한 매매에 의한 취득뿐만 아니라 교환·소비대차·소비임치·대물변제 등의 경우도 여기에 포함된다.[2] 또한 이 때의 「사는 행위」는 소유권의 취득을 의미하므로, 임대차·사용대차 등에 의한 취득은 이에 포함되지 않는다.

여기에서의 「파는 행위」란 위에서 본 바와 같이 '산' 물건이거나 '유상으로 승계취득한' 물건을 파는 행위로서 매수(유상의 승계취득)와 내면적 연관성이 있어야 하므로, 원시생산업자가 스스로 생산한 물건을 파는 행위(예컨대, 해수로써 소금을 제조하여 판매하는 행위 또는 자기 우물물로써 얼음을 제조하여 파는 행위 등)는 여기에서의 매매에 해당하지 않는다(원시생산업자의 판매행위가 기본적 상행위가 되는 경우는 상법 제46조 18호밖에 없다). 따라서 원시생산업자가 스스로 생산한 물건을 계속적·반복적으로 파는 경우에 그가 의제상인의 요건을 갖추는 경우에는 의제상인이 될 수는 있으나, 당연상인이 될 수는 없다.[3]

(다) 매수(유상의 승계취득)한 물건에 제조 또는 가공을 하여 매도하는 경우, 상법 제46조 1호의 「매매」에 해당하는 것이냐 또는 동조 3호의 「제조·가공에 관한 행위」이냐에 관하여 의문이 있다. 이에 대하여 (i) 이러한 행위도 상법 제46조 1호의 「매매」에 포함된다고 보는 견해가 있으나,[4] (ii) 상법 제46조 3호의 「제조·가공에 관한 행

---

4) 정(희), 63면 및 주 3; 손(주), 69면; 채, 146면; 서(정), 75면; 이(병), 82면.

1) 최준선, 전게논문(기업법연구 제8집), 367면 및 369면은 이러한 견해를 (i)의 견해와 같다고 하는데, (i)의 견해는 매수와 매도를 합쳐서 하나의 상행위로 보는 것이나 이 견해는 매수 또는 매도를 별도로 상행위로 보는 점에서 양자는 구별된다.

2) 동지: 정(희), 64면; 김(용), 50면; 주상(상), 280면; 채, 146면; 정(동), (총) 281면.
반대: 이(병), 68면.

3) 동지: 정(희), 64면 주 3.
반대: 박, 132면(원시취득하여 매도하는 것도 본 호의 매매에 해당하여 그러한 자는 당연상인이 될 수 있다고 한다); 김(성), (총) 384면.

4) 서·정, 64면; 손(주), 69~70면; 차, 91면; 김(용), 50면; 정(무), 63면; 주상(상), 281면; 임(홍), 157면(동 교수 157면 이하는 독일 상법 또는 일본 상법의 해석을 그대로 받아들이고 또 그 나라 학설을 근거로 이와 같이 주장하고 있으나, 제조·가공·수선에 관한 규정이 우리나라가 「…에 관한 행위」라고 하고 있는 데 대하여, 전기양국(前記兩國)은 「타인을 위하여(für andere)…을 인수(Übernahme)하는 행위」라고 되어 있으므로 그 이론의 직수입은 곤란하지 않은가 한다).

위」로 보아야 할 것이다.[1] 왜냐하면 자기의 계산으로 물건(원료)을 사들여 물건을
제조·가공하여 판매하는 것은 제조업이지 판매업이라고 볼 수 없고, 또한 이를 매
매에 포함시키는 견해와 같이 해석하면 상법 제46조 4호(전기·전파·가스 또는 물의
공급에 관한 행위)나 동조 18호(광물 또는 토석의 채취에 관한 행위)에 의한 행위도 동조
1호의 매매에 포함된다고 보아야 하는데, 이렇게 되면 각각 별호로 둔 의미가 없어
지기 때문이다(관계법규: 유통산업발전법·자본
시장과 금융투자업에 관한 법률 등).

2) 임대차행위(동조
2호)

(개) 임대차의「목적물」에 관하여는 제1호와 같다. 다만 제1호는 이러한 목적물
의 소유권의 이전에 관한 것이라면, 본 호는 이러한 목적물의 이용권을 영업의 대상
으로 하는 점에서 차이가 있다. 임대차의 목적물에 유가증권을 포함시키는 것은 입
법상 의문이 있다.[2]

(내) 여기에서의「임대차」의 의미에 대하여는 (i)「임차와 임대가 내적으로 관련
한 것」으로 보는 견해(소수설)[3]와, (ii)「임대할 의사를 가지고 임차하거나(유상으로
취득하거나)
또는 이것을 임대하는 행위」라고 보는 견해(다수설)[4]가 있는데, 후자(다수설)의 견해
가 타당하다고 본다. 왜냐하면 전자의 견해는 임대업을 너무 좁게 해석하여 본 호의
의미를 실질적으로 상실시킬 뿐만 아니라, 거래의 실정에도 맞지 않기 때문이다. 임
대의사는 행위 당시에 존재하여야 하고, 또 객관적으로 인식될 수 있어야 한다.

(대) 이러한 임대업의 예로는, 책·자동차·비디오테이프 등 대여업, 건물·아파
트·빌딩의 임대업, 선박·항공기의 용선업 등이 있다(관계법규: 민간임대주
택에 관한 특별법 등).

3) 제조·가공 또는 수선에 관한 행위(동조
3호)

(개)「제조」라 함은 재료에 노동력을 가하여 전연 다른 물건을 만드는 것이고(제지
〈製
紙〉·제사〈製絲〉·
방직·양조·제약 등),「가공」이라 함은 재료의 동일성을 변하지 아니하면서 형상·색
채·재료 등의 형식적인 변화를 가하는 것이며(염색·세탁·
정미 등),「수선」이라 함은 물건의
용도에 따른 기능의 불완전을 보완하는 것인데 이것은 가공의 개념에 포함될 수도

---

1) 동지: 정(희), 64면; 채, 147면; 최(기), 58면; 이(병), 82면; 박, 132면; 이(기) 외, (총) 249면.
   대판 1987. 7. 21, 86 다카 2446은「이른바 제조물공급계약은 매매와 도급의 양 성질을 가지고
   있으나, 계약의 주목적이 제작에 있으므로 도급의 성질이 강하고, 따라서 매매에 관한 규정이 당
   연히 적용된다고 할 수 없다」고 하고 있는바, 이것은 이 행위가 본 호가 아니라 제5호에 해당됨
   을 간접적으로 인정한 것이라 하겠다.
2) 동지: 임(홍), (총칙) 158면.
3) 서·정, 64면; 이(병), 69면; 이·최, 63~64면.
4) 정(희), 65면; 최(기), 58면; 이(기) 외, (총) 250면.
   동지이면서 유상취득에 대하여는 설명이 없는 견해로는 손(주), 70면; 임(홍), (총칙) 158면.
   동지이면서 원시취득까지 포함하는 견해로는 채, 147면; 정(무), 57면; 주상(Ⅰ), 145면.

있다. 이러한 행위는 사실행위이므로 이의 인수행위가 본 호에 해당한다.

(나) 이러한 제조 등의 행위에 대하여, (i) 「타인으로부터 재료의 교부를 받거나 또는 타인의 계산으로 이것을 매입하여 제조하는 것 등을 의미한다」고 보는 견해가 있는데,[1] (ii) 앞에서 본 바와 같이 「타인의 계산으로 제조 등을 할 것을 인수하는 행위뿐만 아니라, 자기의 계산으로 원료를 구입하여 물건을 제조하여 판매하는 행위를 포함한다」고 보아야 할 것이다[2]$\left(\substack{\text{관계법규: 산업표준화법 · 전기} \\ \text{용품 및 생활용품 안전관리법 등}}\right)$.

4) 전기, 전파, 가스 또는 물의 공급에 관한 행위$\left(\substack{\text{동조} \\ \text{4호}}\right)$ 이러한 물건들의 계속적인 공급을 인수하는 행위가 본 호에 해당된다. 전파에 관하여는 수신자뿐 아니라 송신자와의 사이에도 법률관계가 생긴다$\left(\substack{\text{라디오 · 텔} \\ \text{레비전 등}}\right)$. 물의 공급이라 함은 수도물 · 기타의 음료의 공급뿐만 아니라, 광천수$\left(\substack{\text{온천장에 대한} \\ \text{온천수의 공급 등}}\right)$의 공급도 포함된다. 공급을 인수할 때에 설비의 설치 및 임대를 하는 경우가 흔히 있으므로, 이들의 법률적 성질은 매매계약 · 도급계약 또는 임대차계약 등과 결합한 혼합계약인 경우가 많을 것이다. 이에 해당하는 것으로는 전기회사 · 방송국 · 가스회사 · 수도사업자 등의 행위가 있다[3]$\left(\substack{\text{관계법규: 전기통신사업법 · 전기통신} \\ \text{기본법 · 전파법 · 방송법 · 수도법 등}}\right)$.

5) 작업 또는 노무의 도급의 인수$\left(\substack{\text{동조} \\ \text{5호}}\right)$ 「작업의 도급」의 인수라 함은 건물 · 교량 · 도로 등과 같은 부동산 또는 선박에 관한 공사의 도급을 인수하는 계약을 말한다. 「노무의 도급」[4]의 인수라 함은 노무자의 공급을 약정하는 계약$\left(\substack{\text{즉 일정수의 노} \\ \text{무자로 하여금}}\right.$ $\left.\substack{\text{상대방을 위하여 노무에 종사} \\ \text{하도록 할 것을 약정하는 계약}}\right)$을 말하는데$\left(\substack{\text{하역업 · 인} \\ \text{부청부업 등}}\right)$, 이를 하기 위하여는 시장 · 군수 · 구청장 또는 고용노동부장관에게 신고 또는 등록을 하여야 한다$\left(\substack{\text{직업안정법} \\ \text{18~19조}}\right)$ $\left(\substack{\text{관계법규: 건설산} \\ \text{업기본법 · 직업} \\ \text{안정법 등}}\right)$.

6) 출판 · 인쇄 · 촬영에 관한 행위$\left(\substack{\text{동조} \\ \text{6호}}\right)$ 「출판」에 관한 행위라 함은 인쇄한 문서 · 도화를 판매하는 것을 말하는데, 서적 · 신문 · 잡지 등의 출판업자의 행위가 그것이다. 출판은 보통 출판업자와 저작자간의 출판계약, 출판업자와 인쇄업자간의 인쇄계약 및 출판업자와 판매업자와의 판매계약[5]으로 이루어지고 있다. 그러

---

1) 서 · 정, 64~65면(입법론으로서는 「타인을 위한」이라는 명문을 두는 것이 타당하다고 한다); 손(주), 70면; 임(홍), (총칙) 159면; 차, 91면; 주상(상), 281면; 이 · 최, 64면; 김(영), (총) 102면.

2) 동지: 정(희), 65면; 채, 147면; 박, 132면; 서(정), 76면; 이(범), 51면; 최(기), 59면; 이(병), 69면; 이(기) 외, (총) 250면; 주상(Ⅰ), 146면.

3) 냉난방사업자의 행위를 포함하는 견해로는 임(홍), (총칙) 159면이 있고, 이에 반대하는 견해로는 손(주), 71면이 있다.

4) 노무의 도급이란 말을 법문이 사용하고는 있으나, 일의 완성을 주안으로 하는 것이 아니기 때문에 그 성질은 도급계약이 아니라 일정수의 노무자를 노무에 종사시킬 것을 목적으로 하는 특별한 계약이다.

5) 출판사는 보통 서점 등과 판매계약을 체결하는데, 직접 판매하여도 무방하다. 출판사가 서점과

나 자비(自費)출판인 경우도 있다. 「인쇄」에 관한 행위라 함은 인쇄기계 등에 의하여 문서·도화를 제작할 것을 인수하는 것을 말한다. 「촬영」에 관한 행위라 함은 사진촬영 등을 인수하는 행위를 말한다. 이러한 행위의 인수행위가 상행위가 된다^(관계법규: 출판문화산)(업 진흥법·저작권법 등).

7) 광고, 통신 또는 정보에 관한 행위(동조7호)   「광고」라 함은 일반공중에게 상품 등을 널리 선전 또는 홍보하는 것을 말하고(광고업·광고대행업 등), 「통신」은 서신(書信) 또는 각종 기사를 송달 또는 제공하는 것을 말하며(통신사 등), 「정보」는 타인의 상거래·자산·금융상의 신용상태 등 타인의 기밀을 탐지하여 통보하는 것을 말하는데(흥신소 등), 이러한 행위의 인수행위가 상행위가 된다(관계법규: 옥외광고물 등의 관리와 옥외광고산업 진흥에 관한 법률).

8) 수신·여신·환 기타의 금융거래1)(동조8호)   「수신」이란 예금의 수입·유가증권 기타 채무증서의 발행에 의하여 불특정다수인으로부터 채무를 부담함으로써 자금을 획득하는 것을 말하고(은행 2조 1호 전단 참조), 「여신」은 이와 같이 획득한 자금으로써 대출하는 것을 말하며(은행 2조 1호 후단 참조), 「환」이라 함은 격지자간의 채권·채무 기타의 대차관계를 결제하는 업무를 말한다. 「금융거래」라 함은 수신·여신의 양 업무를 통하여 금전 또는 유가증권의 전환을 매개하는 은행거래를 의미한다2)(넓은 의미로는 보험·신탁·상호부금 등도 포함되지만, 상법은 이를 별도로 규정하고 있으므로 이렇게 좁게 보아야 할 것이다)(관계법규: 은행법·한국은행법·외국환거래법 등).

9) 공중이 이용하는 시설에 의한 거래(동조9호)   이는 공중의 이용에 적합한 물적·인적 설비를 갖추고 이것을 이용시키는 행위이다. 호텔·여관·음식점·이발소3)·미장원·목욕탕·극장·각종의 오락실·동물원·유원지 등 상법 제151조의 공중접객업자의 업무행위가 이에 해당한다. 병원·도서관·독서실 등의 시설을 이용

판매계약을 체결하는 것이 본 호에 해당하고, 서점이 매수한 서적 등을 판매하는 행위는 상법 제46조 1호에 해당한다. 출판에 관한 행위 중에서 필수불가결한 것은 세 가지의 행위 중 판매행위(판매계약)라고 보는 견해가 있는데[임(홍), (총칙) 161면; 주상(Ⅰ), 147면], 이는 상법 제46조 1호와 중복되므로 타당하지 않다고 본다[동지: 정(동), (총) 287면 주 25].

1) 1995년 개정상법 이전에는 「대금·환금 기타의 금융거래」라고 표현하였는데, 오늘날 금융거래의 중심이 수신 및 여신에 있고 환금은 그 비중이 극히 미미한 점 등을 고려하여 1995년 개정상법에서 이와 같이 그 표현을 변경한 것이다[해설(1995), 17면].

2) 은행법상 금융기관이라 함은 「예금의 수입·유가증권 기타 채무증서의 발행에 의하여 불특정다수인으로부터 채무를 부담함으로써 조달한 자금을 대출하는 업무를 규칙적·조직적으로 영위하는 한국은행 외의 모든 법인」이라고 하는바(은행 2조 1항 1호·2호), 여기에서의 금융거래는 이러한 금융기관의 업무를 말한다[동지: 손(주), 72면; 이(기) 외, (총) 252면(기타의 금융거래는 금전 또는 유가증권의 여신·수신에 관한 행위를 제외한 할인이나 보증 등의 행위를 말한다고 한다); 주상(Ⅰ), 148면].

3) 이발소에 관하여는 공중접객업이 아니고 주인과 객과의 도급계약이 존재할 뿐이라고 한 일본판례가 있다(日大判 1937. 11. 26). 이발사가 객이 있는 곳에 출장을 가서 이발을 하는 경우는 당연히 본 호에 포함되지 않는다[임(홍), (총칙) 165면].

시키는 행위도 이를 영업으로 하면 이에 포함된다(관계법규: 상법의 공중접객업에 관한 규정·공중 위생관리법·공연법·영화 및 비디오물의 진흥에 관한 법률·식품위생법 등).

10) 상행위의 대리의 인수(동조 10호) 이는 위탁자에게 상행위가 되는 행위의 대리를 인수하는 것을 말하는데, 위탁자에게 상행위가 되는 행위이면 영업적 상행위(기본적 상행위 및 준상행위)이든 보조적 상행위이든 불문한다. 체약대리상(상 87조 전단)의 행위가 그 대표적인 예이다. 대리의 목적인 행위가 위탁자(본인)에게 상행위인 경우에 한하고 상행위 이외의 행위의 대리(예컨대, 위탁자의 주거 용건물의 매매의 대리)의 인수를 포함하지 않는 점이 중개 또는 주선의 경우와 다른데, 이 점은 입법론상 의문이다[1](관계법규: 상법의 대리상에 관한 규정).

11) 중개에 관한 행위(동조 11호) 이는 타인간의 법률행위의 중개를 인수하는 행위를 말하는데, 「중개대리상」(상 87조 후단)·「상사중개인」(상 93조) 및 「민사중개인」의 중개의 인수행위가 이에 해당한다. 중개인이 중개하는 법률행위는 상행위뿐만 아니라(중개대리 상·상사중개인), 민사상의 행위(부동산매매·금전대차·혼인중매·직업알선 등의 행위)를 포함한다(민사 중개인)[2](관계법규: 상법의 대리상 및 중개업에 관한 규정·공인중개사법·직업안정법·전자상거래 등에서의 소비자보호에 관한 법률 등).

12) 위탁매매 기타의 주선에 관한 행위(동조 12호) 「주선에 관한 행위」[3]라 함은 '자기명의로 타인의 계산으로 법률행위를 할 것을 인수하는 행위(간접대리의 인수행위)'를 말하는데, 위탁매매인(상 101조 이하)·운송주선인(상 114조 이하)·준위탁매매인(상 113조)의 인수행위가 그것이다. 따라서 주선인이 법률상 그 행위의 권리의무의 주체(명의인)가 되나, 경제상의 효과(손익)는 타인(위탁자)에게 귀속된다. 주선의 목적이 되는 행위는 위탁자에게 상행위가 됨을 요하지 않는다[4](이 점은 민사중개인과 동일하고, 중개대리상 및 상사중개인과 다르다)(관계법규: 상법의 위탁매매인·준위탁매매인 및 운송주선인에 관한 규정, 자본시장과 금융투자업에 관한 법률).

13) 운송의 인수(동조 13호) 물건 또는 사람의 운송을 인수하는 행위를 말하고, 운송행위 자체(사실행위)를 의미하는 것이 아니다. 「운송」이란 물건 또는 사람의 장소적 이동을 의미하는데, 운송목적에 따라 물건운송과 여객운송으로 나누어지고, 운송장소에 따라 육상운송·해상운송·항공(공중)운송으로 나누어지나, 모두 본 호에 해당된다. 예선(曳船)계약은 운송의 본 뜻에 포함되지 않으므로 본 호의 상행위라고 볼 수 없고, 일반적으로는 상법 제46조 5호의 「작업의 도급의 인수행위」라고

---

1) 동지: 정(희), 67면; 주상(상), 282면; 이(병), 71면.
   반대: 주상(Ⅰ), 148면.
2) 동지: 대판 1968. 7. 24, 68 다 955(집 16 ② 민 304)(복덕방은 상법 제46조 11호 및 제4조에 의하여 상인임이 명백하다).
3) 「주선에 관한 행위」는 일반용어인 '알선행위'에 해당한다[손(주), 72면].
4) 동지: 손(주), 72면; 정(동), (총) 290면; 임(홍), (총칙) 166면; 주상(Ⅰ), 149면 외.

보아야 할 것이다[1]$\left(\substack{\text{관계법규: 상법의 육상운송업 및 제5편 해상에 관한 규정·물류정책기본법·도} \\ \text{선법·선박법·여객자동차 운수사업법·화물자동차 운수사업법·항공안전법 등}}\right)$.

14) 임치의 인수$\left(\substack{\text{동조} \\ \text{14호}}\right)$ 타인을 위하여 물건 또는 유가증권을 보관할 것을 인수하는 행위이다[2]$\left(\substack{\text{민 693} \\ \text{조 참조}}\right)$. 창고업자의 업무행위$\left(\substack{\text{상 155} \\ \text{조 이하}}\right)$가 본 호의 대표적인 예인데, 주차장이나 일시물건보관소$\left(\substack{\text{예컨대, coin} \\ \text{locker 등}}\right)$의 업무행위도 이에 해당한다고 볼 수 있다.[3] 여기에서의 임치는 일반적으로 소비임치$\left(\substack{\text{민} \\ \text{702조}}\right)$를 포함하지만,[4] 금전 또는 유가증권의 소비임치는 금융거래의 일종으로서 상법 제46조 8호에 해당하고 본 호의 임치의 인수에는 포함되지 않는다고 본다[5]$\left(\substack{\text{관계법규: 상법의 창고업에 관} \\ \text{한 규정·물류정책기본법 등}}\right)$.

15) 신탁의 인수$\left(\substack{\text{동조} \\ \text{15호}}\right)$ 「신탁」이란 '위탁자와 수탁자와의 신임관계에 기하여 위탁자가 수탁자에게 특정의 재산을 이전하거나 담보권의 설정 또는 그 밖의 처분을 하고, 수탁자로 하여금 수익자의 이익 또는 특정의 목적을 위하여 그 재산의 관리·처분·운용·개발·그 밖에 신탁 목적의 달성을 위하여 필요한 행위를 하게 하는 법률관계'를 말하는데$\left(\substack{\text{신탁} \\ \text{2조}}\right)$, 「신탁의 인수」라 함은 '이러한 재산을 관리·처분 등을 할 것을 인수하는 행위'를 말한다. 신탁업을 영위하고자 하는 자는 일정한 요건을 가진 회사로서 금융위원회의 인가를 받아야 한다$\left(\substack{\text{자금} \\ \text{12조}}\right)\left(\substack{\text{관계법규: 신탁법·자본시장과 금} \\ \text{융투자업에 관한 법률·담보부사} \\ \text{채신탁법 등}}\right)$.

16) 상호부금 기타 이와 유사한 행위[6]$\left(\substack{\text{동조} \\ \text{16호}}\right)$ 본 호에서의 상호부금업무를 취급하는 대표적인 기관은 상호저축은행인데, 상호저축은행은 현행 은행법상 금융기관이 아니고$\left(\substack{\text{은행} \\ \text{6조}}\right)$ 또한 상호부금업무는 금융거래와는 다른 특색이 있으므로 제8호와는 달리 본 호에서 규정한 것이다.[7] 상호저축은행이 취급하는 상호부금업무에는 신용계(稧)업무와 신용부금(賦金)업무가 있는데$\left(\substack{\text{상저 11조 1} \\ \text{항 1호·2호}}\right)$, 「신용계업무」란 '일정한 계좌수와 기간 및 금액을 정하고 정기적으로 계금을 납입하게 하여 계좌마

---

1) 동지: 임(홍), (총칙) 167면.
2) 동지: 정(희), 68면.
    그러나 이 곳에서의 임치의 목적물을 물건에 한하고 유가증권을 제외하는 견해로는 정(동), (총) 291면.
3) 동지: 손(주), 73면; 정(동), (총) 291면; 임(홍), (총칙) 167면; 주상(Ⅰ), 149면.
4) 반대: 정(동), (총) 291면(이 곳에서의 임치에는 소비임치가 포함되지 않는다고 한다).
5) 반대: 정(희), 68면(이 곳에서의 임치에는 금전 또는 유가증권의 소비임치도 포함된다고 한다).
6) 1995년 개정상법 이전에는 「무진(無盡)」이라고 표현하였으나, 이 표현은 원래 조선무진령(朝鮮無盡令)(1931. 6. 9, 제령 7호)에 의하여 일본용어로서 사용되었고 현재 우리나라에서는 이러한 용어가 사용되지 않고 있으므로 1995년 개정상법에서 이를 금융기관에서 취급하는 상호부금으로 변경한 것이다.
7) 해설(1995), 17면.
    시중은행이 금융위원회의 인가를 얻어 행하는 상호부금업무(은행 28조)도 본 호의 상호부금업무에 포함하여 보는 견해도 있으나[정(동), (총) 288면, 292면], 이는 8호의 금융거래에 포함시켜 보는 것이 타당하지 않을까 생각한다.

다 추첨·입찰 등의 방법으로 계원에게 금전을 지급할 것을 약정하여 행하는 계금의 수입과 급부금의 지급업무'이고($^{상저\,2}_{조\,2호}$), 「신용부금업무」란 '일정한 기간을 정하고 부금을 납입하게 하여 기간의 중도 또는 만료시에 부금자에게 일정한 금전을 지급할 것을 약정하여 행하는 부금의 수입과 급부금의 지급업무'를 말한다($^{상저\,2}_{조\,3호}$)($^{관계법규:}_{상호저축}$ $_{은행}^{}$ $_{법\,등}^{}$).

17) 보　　험($^{동조}_{17호}$)　　「보험」이란 '당사자의 일방(보험계약자)이 약정한 보험료를 지급하고 상대방(보험자)이 피보험자의 재산 또는 생명이나 신체에 관하여 불확정한 사고(보험사고)가 생길 경우에 일정한 보험금액 기타의 급여를 지급하는 제도'이다($^{상}_{638조}$). 본 호에서의 보험이란 영리보험의 인수만을 말하고, 상호보험($^{보험}_{34\sim73조}$)·국민건강보험(국민건강보험법) 또는 기타 사회보험은 본 호에 포함되지 않는다.

보험자가 보험계약을 체결함에는 상법 제4편에 의하여 규율되고, 행정감독에 관해서는 보험업법에 의해서 규율된다. 보험업을 영위하고자 하는 자는 일정한 요건을 가진 주식회사로서 금융위원회의 허가를 받아야 한다($^{보험\,4}_{조\sim7조}$)($^{관계\,법규:\,상법}_{제4편,\,보험업법\,등}$).

18) 광물 또는 토석의 채취에 관한 행위($^{동조}_{18호}$)　　광업·채석업·채토업의 업무행위를 말한다. 광물 또는 토석의 채취행위는 사실행위이므로 그것이 기본적 상행위가 되는 것이 아니고, 채취한 광물 또는 토석을 판매하는 행위가 본 호에 해당하는 것이다. 이는 원래 원시생산업자의 행위로서 상행위가 될 수 없고 다만 일정한 요건을 갖춘 경우에 의제상인의 행위로서 준상행위가 될 것이지만, 상법 제정시부터 기업성을 인정하여($^{마치\,3호가\,공업자의\,행위에\,기업}_{성을\,인정하는\,것과\,같은\,취지에서}$) 본 호를 두게 된 것이다($^{관계법규:\,광업}_{법·공장\,및\,광업}$ $_{재단\,저당법\,·}^{}$ $_{골재채취법\,등}^{}$).

19) 기계·시설·그 밖의 재산의 금융리스에 관한 행위[1]($^{동조}_{19호}$)　　이는 금융리스업자의 업무행위를 말하는데, 「금융리스」란 '금융리스이용자(lessee)가 선정한 기계·시설·그 밖의 재산(금융리스물건)을 금융리스업자(lessor)가 제3자(공급자)로부터 취득하거나 대여받아 그 금융리스물건에 대한 직접적인 유지·관리책임을 지지 아니하면서 금융리스이용자에게 일정기간 이상 사용하게 하고, 그 기간에 걸쳐 일정한 대가(금융리스료)를 (정기적으로 분할하여) 지급받는 금융'을 말한다($^{상\,168조의}_{2\sim168조의\,3}$). 이러한 의미의 금융리스는 임대차적인 성격보다도 금융적인 성격이 강한 것으로서

---

1) 본 호는 1995년 개정상법에서 신설된 것인데, 새로운 형태의 상행위를 기본적 상행위에 추가한 것이다. 이러한 입법에 대하여는 실질주의에 연연하여 끊임없이 상행위를 열거하는 것은 바람직스럽지 않다고 하여 부정하는 견해와, 매우 진보적인 입법으로 평가받을 수 있다고 하여 긍정하는 견해로 나뉘어 있다[이에 관한 상세는 해설(1995), 18면 참조].

제2호 및 제8호와도 구별되므로 본 호에서 별도로 금융리스에 관한 행위로서 규정하게 된 것이다(관계법규: 상법의 금융리스업에 관한 규정·여신전문금융업법 등).

20) 상호·상표 등의 사용허락에 의한 영업에 관한 행위[1](동조 20호)   이는 가맹업자의 업무행위를 말하는데, 「가맹업(프랜차이즈)」이란 '가맹업자(franchisor)가 가맹상(franchisee)에 대하여 자기의 상호·상표 등을 사용하여 영업할 것을 허락함과 동시에 자기가 지정하는 품질기준이나 영업방식에 따라 영업할 것을 약정하고, 이에 대하여 가맹상은 가맹업자에 대하여 일정한 사용료를 지급하기로 하는 계속적인 채권계약관계'를 말한다(상 168 조의 6). 이러한 가맹상의 영업행위는 타인의 상호로써 물건을 판매 또는 제조하는 점에서는 자기의 상호로써 하는 제1호 및 제3호와 구별되고, 자기의 명의로써 거래하는 점에서는 본인의 명의로써 하는 제10호와 구별되며, 자기의 계산으로 영업하는 점에서는 타인의 계산으로 하는 제12호와 구별되므로 본 호에서 별도로 규정하게 된 것이다(관계법규: 상법의 가 맹업에 관한 규정 등).

21) 영업상 채권의 매입·회수 등에 관한 행위[2](동조 21호)   이는 채권매입업자의 업무행위를 말하는데, 「채권매입업」이란 '거래기업(타인)(client)이 물건·유가증권의 판매, 용역의 제공 등에 의하여 취득하였거나 취득할 영업상의 채권(영업채권)을 채권매입업자가 매입하여 회수할 것을 인수하는 것'을 말한다(상 168 조의 11). 이러한 채권매입업자의 영업행위는 거래기업에 대하여 금융(또는 보증)을 공여하는 업무도 하나, 이와 동시에 각종의 서비스를 제공하는 업무도 겸하고 있으므로, 제8호와는 구별되는 점 등에서 본 호에서 별도로 규정하게 된 것이다(관계법규: 상법의 채권매입업에 관 한 규정·팩토링업무운용관련지침 등).

22) 신용카드·전자화폐 등을 이용한 지급결제업무의 인수(동조 22호)   「지급결제」(payment and settlement)란 '경제주체들이 지급수단(그 소지인 또는 사용자가 자금을 이체하거나 인출하기 위하여 사용할 수 있는 현금 외의 모든 장표 또는 전자적 방식의 수단으로 신용카드·전자화폐·선불전자지급수단·직불카드·전자채권 등을 말함)을 이용하여 거래당사자간 채권·채무관계를 화폐적 가치의 이전을 통하여 청산하는 행위'를 의미한다.[3] 현금 이외에 신용카드나 전자화폐 등을 이용한 지급결제는 지급결제시스템에 의하여 지급·청산 및

---

1) 본 호도 1995년 개정상법에서 신설된 것이다. 상법 제46조 20호의 이러한 표현은 무체재산권의 사용허락인 "licensing"을 우리 말로 옮긴 것으로 이는 '상당한 정도의 실질적 영업지도나 통제' 같은 요건이 추가되는 "franchising"과 구별되는 점에서, 이러한 표현으로는 영업주체(franchisor) 및 영업주체의 사용허락대상이 불명확하고 또한 프랜차이즈 성립요건의 흠결을 가져오므로, 이는 「상호·상표 기타 영업표지의 사용허락과 상당한 정도의 통제 또는 지원에 의한 영업에 관한 행위」로 개정되어야 한다는 견해가 있다[최영홍, "프랜차이즈 관련 상법개정안의 고찰,"「상사법연구」(한국상사법학회), 제28권 제2호(2009), 71~76면].
2) 본 호도 1995년 개정상법에서 신설된 것이다.
3) 김선광, "상행위개념의 변화와 상법개정(방송·지급결제업무를 중심으로),"「상사법연구」(한국상사법학회), 제28권 제2호(2009), 23면 및 같은 면 주 32.

결제로 이루어지는데, 이러한 지급결제는 IT기술과 전자상거래의 발달로 금융환경
이 변화하면서 은행의 고유업무에서 벗어나 금융업무와 무관하였던 이동통신사 · 소
매유통업체 · 제조업체 등이 전자지급결제와 금융서비스판매를 위한 시스템을 구축
하고 지급결제업무를 수행하고 있다.[1]

이러한 지급결제업무는 대표적인 환거래행위이고, 또한 전자금융거래의 일종으
로서 금융기관 또는 전자금융업자가 수행하고 전자금융거래법 등이 적용된다. 지급
결제업무는 환거래로서 원래 금융기관(은행)의 고유업무이었으나, IT기술과 전자상
거래의 발달로 비금융기관(전자금융업자)도 이 업무를 취급하게 되었는데, 다만 한국
은행으로부터 일정한 감독을 받는다($\binom{한국은행}{법\ 81조}$)($\binom{관계법규:\ 한국은행법 · 전자금융거래법 ·}{자본시장과\ 금융투자업에\ 관한\ 법률\ 등}$).

(2) **특별법상의 상행위**($\binom{담보부사채신탁법\ 제23조}{제2항에\ 의한\ 사채총액의\ 인수}$)

「담보부사채」라 함은 사채권의 담보를 위하여 물상(物上)담보가 붙여진 사채인
데, 신탁회사(수탁회사)는 사채발행회사(위탁회사)와의 신탁계약에 의하여 자기에게
신탁적으로 귀속된 담보권을 총사채권자를 위하여 보존 · 실행할 의무를 부담한다.
담보부사채신탁법에 의하여 사채발행회사(위탁회사) 또는 신탁회사(수탁회사)는 신탁
계약의 정하는 바에 따라 제3자로 하여금 사채총액을 인수시킬 수 있는데($\binom{동법\ 23}{조\ 1항}$),
이 사채총액의 인수행위가 상행위가 된다($\binom{동법\ 23}{조\ 2항}$). 이 때의 제3자의 자격에는 제한이
없고 또 이것을 영업으로 하는 것이 요건도 아니므로, 말하자면 구(舊)상법상의 '절
대적 상행위'와 같은 것이라 하겠다. 이것을 영업으로 할 때에 그 주체가 상인이 됨
은 물론이다. 따라서 이와 같은 사채총액의 인수를 영업으로 하는 자는 당연상인인
데, 이와 같은 사채총액의 인수를 비상인이 하는 경우는 실제로 거의 없으므로($\binom{담보}{사\ 5}$
$\binom{}{조}$
참조), 동조에 의하여 당연상인으로 인정되는 실익은 거의 없다고 보겠다.[2]

제 3 의제상인(형식에 의한 상인)

1. 의   의

(1) 당연상인의 개념의 전제가 되는 상행위는 앞에서 본 바와 같이 상법상 제한
적으로 열거되어 있기 때문에, 앞으로 당연상인과 유사한 설비와 방식으로 영업행
위를 하는 자가 발생하는 경우에도 그러한 자의 행위는 상법이 열거한 상행위에 형
식상 해당되지 않는다는 이유로 상행위성을 부정하고 따라서 그러한 자는 상인이

---

1) 김선광, 상게논문, 23면.
2) 동지: 임(홍), (총칙) 171면.

아니라고 하여 상법의 적용을 배제하면, 상법은 발전하는 기업적 생활관계에 순응하지 못하게 되어 기업법으로서의 그 임무를 다하지 못하게 된다. 따라서 상법에 한정적으로 열거된 상행위($\substack{영업의 \\ 내용}$)와는 관계 없이 그 상인적 설비와 상인적 방법($\substack{영업의 \\ 형식}$)만에 의하여 상인을 정할 필요가 있는데, 이러한 필요에서 입법한 것이 상법 제5조의 의제상인의 제도이다. 그런데 이 때 주의할 점은 의제상인이 되기 위하여는 상법이 열거한 상행위(기본적 상행위) 이외의 행위를 반드시 '영업으로' 하여야 함을 요하고, 그러한 행위를 영업으로 하지 않으면 의제상인도 될 수 없는 것이다.[1] 상법 제5조는 상행위의 개념을 전제로 하지 않고 상인개념을 규정한 입법으로서 위에서 본 바와 같이 순수한 형식주의(상인법주의)의 입법인 것이다.

(2) 의제상인을 당연상인과 비교하여 보면, (i) 당연상인은 '기본적 상행위'를 영업으로 함에 반하여, 의제상인은 '기본적 상행위 이외의 행위'를 영업으로 하는 자인 점, (ii) 당연상인은 상법 제46조 각 호의 행위를 자기명의로 할 때 '당연히' 상인이 되는 데 반하여, 의제상인은 상법 제46조 이외의 행위를 영업으로 할 때에 법에 의하여 상인으로 '의제'되는 점에서 양자는 구별된다. 그러나 당연상인이든 의제상인이든 '상인자격을 취득하는 면'과 '상법의 적용면'에서는 하등의 차이가 없으므로 양자를 구별할 실익이 없다.[2]

(3) 의제상인에는 「설비상인」($\substack{상5조 \\ 1항}$)과 「민사회사」($\substack{상5조 \\ 2항}$)가 있으므로, 이하에서는 이 양자를 나누어서 설명한다.

2. 설비상인

설비상인이란 「점포 기타 유사한 설비에 의하여 상인적 방법으로 상행위 이외의 영업을 하는 자」를 말한다($\substack{상5 \\ 조1항}$). 이러한 설비상인은 (i) 상인적 설비($\substack{점포 기타 \\ 유사한 설비}$)와 (ii) 상인적 방법의 두 가지 요건을 요한다. 학원을 설립하여 운영하는 자는 상법 제5조 1항의 설비상인(의제상인)이다.[3]

---

1) 동지: 대판 1993. 6. 11, 93 다 7174 · 7181(공보 950, 2015)(사과나무 과수원을 경영하면서 사과를 수확하여 그 중 일부를 대도시의 사과판매상에 위탁판매한 자는 '영업으로' 사과를 판매하는 것이 아니므로 상인〈의제상인 – 저자 주〉이라고 볼 수 없다).
2) 동지: 채, 37면.
3) 대판 2012. 4. 13, 2011 다 104246(공보 2012, 788)(갑이 학원 설립과정에서 영업준비자금으로 을에게서 돈을 차용한 후 학원을 설립하여 운영한 경우, 제반 사정에 비추어 갑이 운영한 학원업은 점포 기타 유사한 설비에 의하여 상인적 방법으로 영업을 하는 경우에 해당하여 갑은 상법 제5조 1항에서 정한 '의제상인'에 해당한다).

(1) 상인적 설비

'점포 기타 유사한 설비'란 사회통념상 「상인적 설비」를 말하는데, 이는 물적 (장소적) 설비(영업소·상업장부·상호 등)뿐만 아니라 인적 설비(상업사용인 등)를 포함한다고 본다.[1] 따라서 이러한 요건으로 인하여, 예컨대, 농산물을 행상하는 자는 의제상인이 될 수 없으나 농산물을 점포 기타 유사한 설비에 의하여 판매하는 자는 의제상인이 될 수 있다.

(2) 상인적 방법

「상인적 방법」이란 사회통념상 당연상인이 보통 이용하는 영업방법을 의미한다고 볼 수 있다.[2]

우리 대법원판례에 의하면 의사,[3] 변호사,[4] 법무사[5] 또는 세무사[6]는 「상인적

---

1) 동지: 손(주), 77면; 임(홍), (총칙) 172면; 주상(Ⅰ), 153면.
2) 손(주), 77면은 「기업의 전체적인 모습에서 이를 결정하는 것이다」고 하고, 채, 38면은 「영리의 추구를 주된 목적으로 하고 일정한 계획과 계산하에 동종행위를 상당기간 동안 계속·반복하는 것을 말한다」고 한다.
3) 대판 2022. 5. 26, 2022 다 200249(공보 2022, 1270)(의사의 영리추구 활동을 제한하고 직무에 관하여 고도의 공공성과 윤리성을 강조하며 의료행위를 보호하는 의료법의 여러 규정에 비추어 보면, 개별 사안에 따라 전문적인 의료지식을 활용하여 진료 등을 행하는 의사의 활동은 간이·신속하고 외관을 중시하는 정형적인 영업활동, 자유로운 광고·선전을 통한 영업의 활성화 도모, 인적·물적 영업기반의 자유로운 확충을 통한 최대한의 효율적인 영리추구 허용 등을 특징으로 하는 상인의 영업활동과는 본질적으로 차이가 있다 할 것이다. 또한 의사의 의료행위와 관련하여 형성된 법률관계에 대하여 상인의 영업활동 및 그로 인한 형성된 법률관계와 동일하게 상법을 적용하여야 할 특별한 사회경제적 필요 내지 요청이 있다고 볼 수도 없다. 따라서 의료법의 여러 규정과 제반 사정을 참작하면 의사나 의료기관을 상법 제4조 또는 제5조 제1항이 규정하는 상인이라고 볼 수는 없고, 의사가 의료기관에 대하여 갖는 급여, 수당, 퇴직금 등 채권은 상사채권에 해당한다고 할 수 없다).
4) 대결 2007. 7. 26, 2006 마 334(공보 2007, 1339)(변호사의 영리추구 활동을 엄격히 제한하고 그 직무에 관하여 고도의 공공성과 윤리성을 강조하는 변호사법의 여러 규정에 비추어 보면, 위임인·위촉인과의 개별적 신뢰관계에 기초하여 개개 사건의 특성에 따라 전문적인 법률지식을 활용하여 소송에 관한 행위 및 행정처분의 청구에 관한 대리행위와 일반 법률사무를 수행하는 변호사의 활동은, 간이·신속하고 외관을 중시하는 정형적인 영업활동을 벌이고, 자유로운 광고·선전활동을 통하여 영업의 활성화를 도모하며, 영업소의 설치 및 지배인 등 상업사용인의 선임, 익명조합, 대리상 등을 통하여 인적·물적 영업기반을 자유로이 확충하여 효율적인 방법으로 최대한의 영리를 추구하는 것이 허용되는 상인의 영업활동과는 본질적으로 차이가 있다 할 것이고, 변호사의 직무 관련 활동과 그로 인하여 형성된 법률관계에 대하여 상인의 영업활동 및 그로 인하여 형성된 법률관계와 동일하게 상법을 적용하지 않으면 아니 될 특별한 사회경제적 필요 내지 요청이 있다고 볼 수도 없다. 따라서 근래에 전문직업인의 직무 관련 활동이 점차 상업적 성향을 띠게 됨에 따라 사회적 인식도 일부 변화하여 변호사가 유상의 위임계약 등을 통하여 사실상 영리를 목적으로 그 직무를 행하는 것으로 보는 경향이 생겨나고, 소득세법이 변호사의 직무수행으로 인하여 발생한 수익을 같은 법 제19조 1항 11호가 규정하는 '사업서비스업에서 발생하는 소득'으로 보아 과세대상으로 삼고 있는 사정 등을 감안한다 하더라도, 위에서 본 변호사법의 여러 규정과 제반 사정을 참작하여 볼 때, 변호사를 상법 제5조 1항이 규정하는 '상인적 방법에 의하여 영업을 하는 자'라고 볼 수는 없다 할 것이므로, 변호사는 의제상인에 해당하지 아니한다. 따라서 변호사가 변호사법 제40조에 의하여 그 직무를 조직적·전문적으로 행하기 위하여 설립한 법무법인은, 같은 법 제42조 1호에 의하여 그 정관에 '상호'가 아닌 '명칭'을 기재하고, 같은 법 제43조 2항 1호에

방법」에 의하여 영업을 하는 자가 아니므로 이러한 자는 상법 제5조 1항의 의제상
인이 아니다.

3. 민사회사

(1) 민사회사란 「상행위 이외의 행위를 영리의 목적으로 하는 회사」를 말한다
($\frac{상5조}{2항}$). 회사($\frac{상}{169조}$)에는 상사회사와 민사회사가 있는데, 상행위($\frac{상}{46조}$)를 영리의 목적
으로($\frac{즉 영}{업으로}$) 하는 회사가 「상사회사」(당연상인)이고, 상행위 이외의 행위를 영리의 목
적으로 하는 회사가 「민사회사」(의제상인)인 점에서, 양자는 차이가 있다. 그런데 민
사회사도 상사회사의 설립의 조건에 좇아 설립되고($\frac{민 39}{조 1항}$) 또한 민사회사에도 모두
상사회사에 관한 규정이 준용되므로($\frac{민 39}{조 2항}$), 양자는 모두 상법의 적용면에서는 같으
므로 구별할 실익이 없다.

(2) 민사회사는 일반적으로 상인적 설비를 잘 갖추고 또 상인적 방법으로 영업
을 하므로, 개별적으로 설비상인의 요건을 구비했는지 여부에 불문하고 일률적으로

의하여 그 설립등기시 '상호'가 아닌 '명칭'을 등기하도록 되어 있으므로, 이러한 법무법인의 설립
등기를 '상호' 등을 등기사항으로 하는 상법상 회사의 설립등기나 개인 상인의 상호등기와 동일시
할 수 없다. 또한 변호사는 그 직무수행과 관련하여 의제상인에 해당한다고 볼 수 없고, 조세정책
적 필요에 의하여 변호사의 직무수행으로 발생한 소득을 사업소득으로 인정하여 종합소득세를 부
과한다고 하여 이를 달리 볼 것은 아니며, 변호사가 상인이 아닌 이상 상호등기에 의하여 그 명칭
을 보호할 필요가 있다고 볼 수 없으므로 등기관이 변호사의 상호등기신청을 각하한 처분은 적법
하다).

5) 대결 2008. 6. 26, 2007 마 996(공보 2008, 1068)(법령에 의하여 상당한 정도로 그 영리추구
활동이 제한됨과 아울러 직무의 공공성이 요구되는 법무사의 활동은 상인의 영업활동과는 본질적
인 차이가 있고, 법무사의 직무 관련 활동과 그로 인하여 형성된 법률관계에 대하여 상인의 영업
활동 및 그로 인하여 형성된 법률관계와 동일하게 상법을 적용하지 않으면 안 될 특별한 사회·경
제적 필요 내지 요청이 있다고 볼 수도 없으므로, 법무사를 상법 제5조 1항이 규정하는 '상인적
방법에 의하여 영업을 하는 자'라고 볼 수는 없다. 따라서 법무사의 상호등기 신청을 각하한 등기
관의 처분은 정당하고, 법무사 합동법인의 경우 법무사법 제33조 이하에서 그 명칭의 등기를 허용
하고 있다거나, 상호의 등기를 허용하는 다른 일부 전문 직종에서 관계 법령에 공익적 목적의 제한
규정을 두고 있는 경우가 있다는 사정만으로 부당한 차별에 해당하여 위법하다고 볼 수는 없다).

6) 대판 2022. 8. 25, 2021 다 311111(공보 2022, 1956)(세무사의 직무에 관하여 고도의 공공성
과 윤리성을 강조하고 있는 세무사법의 여러 규정에 비추어 보면, 개별 사안에 따라 전문적인 세
무지식을 활용하여 직무를 수행하는 세무사의 활동은 간이·신속하고 외관을 중시하는 정형적인
영업활동, 자유로운 광고·선전을 통한 영업의 활성화 도모, 인적·물적 영업기반의 자유로운 확
충을 통한 최대한의 효율적인 영리 추구 허용 등을 특징으로 하는 상인의 영업활동과는 본질적으
로 차이가 있다. 그리고 세무사의 직무와 관련하여 형성된 법률관계에 대하여는 상인의 영업활동
및 그로 인해 형성된 법률관계와 동일하게 상법을 적용하여야 할 특별한 사회경제적 필요 내지 요
청이 있다고 볼 수도 없다. 따라서 세무사를 상법 제4조 또는 제5조 제1항이 규정하는 상인이라
고 볼 수 없고, 세무사의 직무에 관한 채권이 상사채권에 해당한다고 볼 수 없으므로, 세무사의 직
무에 관한 채권에 대하여는 민법 제162조 제1항에 따라 10년의 소멸시효가 적용된다).

상인으로 의제하기 위하여 설비상인과는 별도로 규정하고 있는 것이다.[1] 이러한 민사회사의 대표적인 예는, 농업·축산업·수산업 등 원시산업을 목적으로 하는 회사를 들 수 있다.[2]

제 4 소상인(간이기업)

1. 소상인제도

당연상인과 의제상인이 영업활동의 내용이 (상법 및 특별법에서 규정된) 상행위인가 그 이외의 영업행위인가에 따른 구별인 데 대하여, 완전상인(Vollkaufleute)과 소상인(Minderkaufleute)은 기업규모의 대소에 따른 상인의 구별이다. 따라서 소상인은 당연상인이나 의제상인과 대립되는 개념이 아니다.[3] 상인을 이와 같이 완전상인과 소상인으로 구별하는 것은 독일법계의 상법에서 온 것이다. 소상인을 완전상인($^{일반상인}_{또는 보통상인}$)과 구별하는 이유는, 소상인에게는 상법 중 일부규정($^{상}_{9조}$)의 적용이 배제되기 때문이다. 또한 소상인에게 상법의 일부규정의 적용을 배제한 이유는, 그 규모나 형태로 보아 기업성이 그다지 뚜렷하지 않은 것에 대해서까지 복잡한 기업설비에 관한 법규를 적용할 필요가 없는 까닭이다.[4]

2. 소상인의 의의

「소상인」이란 '자본금액이 1,000만원에 미치지 못하는 상인으로서 회사가 아닌 자'를 말한다($^{상시}_{2조}$). 이 때의 「자본금액」은 회사법상의 자본금과 같이 특별한 의미를 갖는 것은 아니고, 단순히 '영업재산의 현재가격'으로 볼 수밖에 없을 것이다.[5] 「회사」는 1,000만원 미만의 자본금을 가진 경우라도 소상인이 아니다.

---

1) 입법론으로 민사회사를 당연상인으로 취급하여야 한다는 견해로는 임(홍), (총칙) 174면 참조.
2) 신용보증기금은 상인이 아니라고 한다[대판 1989. 6. 27, 88 다카 16812(집 37 ② 민 182)].
3) 소상인은 당연상인에만 존재한다고 보는 견해가 있는데[임(홍), (총칙) 177면], 타당하지 않다고 본다[동지: 정(동), (총) 97면].
4) 동지: 정(희), 72면; 정(동), (총) 97면 외.
5) 동지: 손(주), 80면; 정(동), (총) 97면; 임(홍), (총칙) 177면.
    그러나 채, 39면은 「특정한 영업을 단위로 하는 순재산의 평가액」이라 한다. 그러나 이러한 의미의 자본금은 항상 유동적인 것이므로 소상인의 범위가 매우 불안정한 면이 있다. 따라서 입법론으로서는 행상·노점 등 경영의 형태·방법 등을 고려한 표준을 정하여야 할 것이 아닌가 한다[동지: 서·정, 72면; 손(주), 80면; 임(홍), (총칙) 177면; 주상(Ⅰ), 164면].

3. 소상인에게 적용되지 않는 상법의 규정

이러한 소상인에 대하여는 지배인($\substack{상법 제1\\편 제3장}$) · 상호($\substack{상법 제1\\편 제4장}$) · 상업장부($\substack{상법 제1\\편 제5장}$) 및 상업등기($\substack{상법 제1\\편 제6장}$)에 관한 규정이 적용되지 않는다($\substack{상\\9조}$). 소상인에게 이와 같은 상법의 규정이 적용되지 않는다는 뜻은 소상인이 그러한 제도를 이용하지 못한다는 뜻이 아니고, 소상인이 그러한 제도를 이용하여야 할 상법상의 의무가 없다거나 또는 소상인이 그러한 제도를 이용하더라도 상법상 보호받지 못한다는 의미이다.[1] 예컨대, 소상인이 지배인을 선임하더라도 그것을 등기할 수 없고 또 상법상의 영업주보호의 규정이 적용되지 않는다든가, 또 소상인이 상호를 사용하더라도 상법상의 상호로서 보호를 받지 못한다든가, 또 소상인은 상업장부를 작성할 의무를 지지 않는다는 것을 의미하는 것이다.

제 2 절   상인자격의 취득과 상실

제 1 총   설

1. 상인능력

상인자격(Kaufmannseigenschaft)을 취득할 수 있는 법률상의 지위를 「상인능력」(Kaufmannsfähigkeit)이라고 하는바, 이러한 상인능력은 법이 권리능력자에 대하여 일반적으로 인정하고 있다. 따라서 민법상 권리능력자는 상법상으로는 모두 상인능력자라고 볼 수 있다. 즉, 상인은 민법상의 권리능력자(인격자)를 전제로 하는 것이지, 상법이 상인이라는 특별한 인격자를 창설하는 것은 결코 아니다.

2. 상인자격(상인적격성)

상인능력(권리능력)이 있는 자는 상법 제4조와 제5조의 요건을 구비함으로써 「상인자격」을 취득한다. 상인능력자(권리능력자) 중 자연인은 개별적인 의사에 기하여($\substack{상법 제4조 또는 제5\\조의 요건을 구비하여}$) 상인자격을 취득하기도 하고 상실하기도 하나, 법인($\substack{특허\\회사}$)의 경우는 일반적으로 그 존재의 목적($\substack{즉, 영리\\성의 유무}$)이 권리능력(법인격)의 부여의 기초가 되고 있으므로 상인자격은 권리능력(법인격)의 시기(始期) 및 종기와 일치한다($\substack{따라서 회사는 설\\립등기에 의하여}$ 법인격 및 상인자격을 동시에 취득하고, 청산종결에 의하여 법인격 및 상인자격을 동시에 상실하는데, 이를 '태생적 상인'이라 한다).

---

1) 동지: 정(희), 71~72면; 정(동), (총) 97~98면.

상인자격의 유무는 상법의 적용 여부와 직결되므로 매우 중요하다고 보겠다.

3. 영업능력

상인자격을 취득한 자가 스스로 유효한 영업활동을 할 수 있는 능력을 「영업능력」이라고 한다. 즉, 민법에서의 행위능력은 상법에서는 영업능력에 해당한다고 보겠다. 따라서 민법상 제한능력자는 상인자격을 취득하여도 영업능력은 취득하지 못하게 된다.

이러한 영업능력에 관한 문제는 이론상은 자연인인 상인과 법인인 상인에 관하여 존재할 수 있는데, 법인인 상인은 그 기관을 통하여 활동하므로 영업능력에 관하여 특별히 문제되지 않고, 영업능력에 관한 문제는 특히 자연인인 상인에 관하여 발생한다(이는 민법상 행위능력의 문제도 법인에 관하여는 거의 문제되지 않고, 특히 자연인에 관하여 문제되는 점과 같다).

제 2 자연인의 상인자격

1. 상인자격의 취득

자연인은 생존한 동안 권리능력(상인능력)이 있으므로, 생존한 동안 원칙적으로 아무런 제한 없이(연령·성별·행위능력 유무 등) 자기의 의사에 기하여 상법 제4조 또는 제5조의 요건을 구비하여 상인자격을 취득하게 되는데, 언제 상법 제4조 또는 제5조의 요건을 구비하였다고 볼 것인가가 문제된다. 이에 대하여는 다음과 같이 두 가지의 견해가 있다.

1) 우리나라의 다수설은 상법 제4조 또는 제5조의 「영업행위를 개시한 때」에 상인자격을 취득한다고 보는데, 이 때의 「영업행위」란 영업의 목적 자체인 행위를 의미하는 것이 아니라 그 준비행위(예컨대, 점포의 임차, 영업자금의 차입, 상업사용인의 고용 등)를 의미한다고 한다. 따라서 자연인은 영업의 준비행위를 통하여 「영업의사가 객관적으로 나타났을 때」(즉, 거래상대방에게 영업의 준비행위라는 것이 인식되었을 때)에 상인자격을 취득하고, 이 때의 영업의 준비행위는 보조적 상행위(상 47조)가 된다고 한다.[1] 또한 우리나라의 판례도 이와 동지로「부동산임대업을 개시할 목적으로 그 준비행위의 일환으로 당시 같은 영업을 하고 있던 자로부터 건물을 매수하는 행위는 보조적 상행위로서의 개업준비행위에 해당하므로, 이 개업준비

---

1) 서·정, 73면; 양·박, 53면; 최(기), 69면; 채, 42면; 임(홍), (총칙) 186~187면; 이 (기) 외, (총) 93면 외.
   이는 또한 일본의 통설·판례(日最高判 1958. 6. 19; 同 1972. 2. 24 외)이기도 하다.

행위에 착수하였을 때에 상인자격을 취득한다」고 판시하고 있다.[1]

2) 그러나 다수설과 같이 상인자격의 취득시기를 정하면 그 취득시기가 매우 불명확할 뿐만 아니라 너무 확대된 면이 있다[2](특히 법인인 상인과 비
교하여 볼 때 그러하다). 따라서 상인은 기업의 주체이고 기업의 존재는 객관적인 경제현상이라는 점에서 볼 때, 상인자격은 그 상인이 영위하는 기업이 「객관적으로 기업으로서 인식될 수 있는 조직이 갖추어졌을 때」에 취득되는 것이라고 보아야 할 것이다. 즉, 「기업의 존재를 객관적으로 인식하게 할 수 있을 정도의 영업의사가 나타났을 때」에 상인자격을 취득하는 것이

---

1) 대판 1999. 1. 29, 98 다 1584(공보 1999, 364)[이 판결에 대한 평석으로는 최준선, 「법률신문」, 제2787호(1999. 5. 10), 14면 참조].

　동지: 대판 2012. 4. 13, 2011 다 104246(공보 2012, 788)(상법은 점포 기타 유사한 설비에 의하여 상인적 방법으로 영업을 하는 자는 상행위를 하지 아니하더라도 상인으로 보면서〈제5조 1항〉, 제5조 1항에 의한 의제상인의 행위에 대하여 상사소멸시효 등 상행위에 관한 통칙 규정을 준용하도록 하고 있다〈제66조〉. 한편 영업의 목적인 상행위를 개시하기 전에 영업을 위한 준비행위를 하는 자는 영업으로 상행위를 할 의사를 실현하는 것이므로 준비행위를 한 때 상인자격을 취득함과 아울러 개업준비행위는 영업을 위한 행위로서 최초의 보조적 상행위가 되는 것이고, 이와 같은 개업준비행위는 반드시 상호등기 · 개업광고 · 간판부착 등에 의하여 영업의사를 일반적 · 대외적으로 표시할 필요는 없으나 점포구입 · 영업양수 · 상업사용인의 고용 등 준비행위의 성질로 보아 영업의사를 상대방이 객관적으로 인식할 수 있으면 당해 준비행위는 보조적 상행위로서 여기에 상행위에 관한 상법의 규정이 적용된다. 그리고 영업자금 차입행위는 행위 자체의 성질로 보아서는 영업의 목적인 상행위를 준비하는 행위라고 할 수 없지만, 행위자의 주관적 의사가 영업을 위한 준비행위이었고 상대방도 행위자의 설명 등에 의하여 그 행위가 영업을 위한 준비행위라는 점을 인식하였던 경우에는 상행위에 관한 상법의 규정이 적용된다고 봄이 타당하다. 따라서 갑이 학원 설립과정에서 영업준비자금으로 을에게서 돈을 차용한 후 학원을 설립하여 운영한 사안에서, 제반 사정에 비추어 갑이 운영한 학원업은 점포 기타 유사한 설비에 의하여 상인적 방법으로 영업을 하는 경우에 해당하여 갑은 상법 제5조 1항에서 정한 '의제상인'에 해당하는데, 갑의 차용행위는 학원영업을 위한 준비행위에 해당하고 상대방인 을도 이러한 사정을 알고 있었으므로 차용행위를 한 때 갑은 상인자격을 취득함과 아울러 차용행위는 영업을 위한 행위로서 보조적 상행위가 되어 상법 제64조에서 정한 상사소멸시효가 적용된다); 동 2016. 5. 12, 2014 다 37552.

　그러나 회사 성립 전에 대표이사가 한 사업자금의 차용행위는 상행위가 아니라고 한 판례로는 대판 2012. 7. 26, 2011 다 43594(공보 2012, 1491)(영업을 준비하는 행위가 보조적 상행위로서 상법의 적용을 받기 위해서는 행위를 하는 자 스스로 상인자격을 취득하는 것을 당연한 전제로 하므로, 어떠한 자가 자기 명의로 상행위를 함으로써 상인자격을 취득하고자 준비행위를 하는 것이 아니라 다른 상인의 영업을 위한 준비행위를 하는 것에 불과하다면, 그 행위는 행위를 한 자의 보조적 상행위가 될 수 없다. 여기에 회사가 상법에 의해 상인으로 의제된다고 하더라도 회사의 기관인 대표이사 개인은 상인이 아니어서 비록 대표이사 개인이 회사 자금으로 사용하기 위해서 차용한다고 하더라도 상행위에 해당하지 아니하여 차용금채무를 상사채무로 볼 수 없는 법리를 더하여 보면, 회사 설립을 위하여 개인〈대표이사〉이 한 행위는 그것이 설립중 회사의 행위로 인정되어 장래 설립될 회사에 효력이 미쳐 회사의 보조적 상행위가 될 수 있는지는 별론으로 하고, 장래 설립될 회사가 상인이라는 이유만으로 당연히 개인의 상행위가 되어 상법 규정이 적용된다고 볼 수는 없다).

2) 따라서 입법론으로는 자연인인 상인도 반드시 등기에 의하여 상인자격을 취득하도록 하여야 한다는 견해도 있다[서 · 정, 73면].

라고 보아야 할 것이다.[1]

이렇게 해석하는 것이 법인(회사)인 상인이 객관적으로 기업으로서의 조직을 갖추었을 때에 등기함으로써 상인자격을 취득하는 것과 균형을 이룬다고 볼 수 있다. 그러므로 자연인의 경우에도 영업을 위한 준비행위에 대하여는 설립중의 회사의 행위와 동일하게 취급하여 보조적 상행위로 인정하여 상법을 적용할지라도, 결코 상인성을 그 준비행위시까지 확장할 수는 없다고 본다.

자연인은 위와 같이 객관적으로 기업으로서 인식될 수 있는 조직을 갖추었을 때에 상인자격을 취득하는 것이므로, 이는 영업과 관련하여 행정관청으로부터의 인·허가의 취득 여부나 신고 여부와는 무관하다.[2]

2. 상인자격의 상실

(1) 자연인의 상인자격은 「영업의 종료」($\text{폐지}^{\text{영업의}}$)로써 소멸한다. 영업의 종료의 「원인」은 상인의 의사에 의하는 경우(폐업)와 상인의 의사 이외의 원인($\text{그 영업이 금지되}^{\text{법률에 의하여}}_{\text{는 경우 등}}$)에 의하는 경우가 있다. 「영업의 종료」의 의미는 영업의 목적인 행위 자체를 중지하는 의미가 아니라, '영업활동의 사실상의 종결'을 의미한다. 이것은 법인의 상인자격도 '사실상 청산절차를 종결한 때'에 소멸된다고 보는 것과 대응하는 것이다.

위와 같이 상인자격은 사실상 영업을 종료함으로써 소멸되는 것이지, 행정관청이나 세무관서 등에 폐업신고를 하였다고 하여 소멸되는 것이 아니다.[3]

(2) 자연인인 상인이 사망하면 그의 영업은 상속인에게 상속되어 상속인이 상인자격을 승계취득하는 것이지, 상인자격(기업실체)을 상실한다고 볼 수는 없다.[4]

제 3 법인의 상인자격

1. 상인자격의 취득

(1) 사 법 인

1) 영리법인(회사)

(가) 영리법인은 사단법인에 한하여 인정되는데, 이 영리사단법인이 바로 「회사」이다($\text{169조}^{\text{상}}$). 회사에는 상행위를 목적으로 하는 상사회사와 상행위 이외의 영리를 목

---

1) 동지: 정(희), 74~75면.
2) 동지: 정(동), (총) 100면.
3) 동지: 손(주), 86면; 정(동), (총) 101면; 채, 42면; 임(홍), (총칙) 189면.
4) 동지: 임(홍), (총칙) 190면.

적으로 하는 민사회사가 있는데, 상사회사는 당연상인이고($\substack{상\\4조}$) 민사회사는 의제상인이다($\substack{상5조\\2항}$). 따라서 양자는 모두 상인인 점에서 같고 또한 모두 회사로서 성립한 때에 상인자격을 취득한다. 즉, 회사는 태생적 상인이고, 상인자격의 취득시기와 법인격의 취득시기가 동일하다.

(나) 회사는 법인격을 취득하기(설립등기) 이전에는 「설립중의 회사」로서 여러 가지의 설립준비행위를 하게 되는데, 이러한 설립중의 회사의 행위를 보조적 상행위($\substack{상47조\\1항}$)로 인정하여 이에 상법을 적용할지라도 회사의 상인성을 결코 설립중의 회사에까지 확장할 수는 없다고 본다. 이러한 점은 이미 앞에서 본 바와 같이 자연인인 상인이 상인자격을 취득하는 경우에도 동일하다고 본다.

2) 비영리법인

(가) 공익법인   비영리법인 중에서 학술·종교·자선 등과 같은 공익사업을 목적으로 하는 사단법인 또는 재단법인($\substack{민\\32조}$)이 부수적인 영리사업과 관련하여 상인자격을 취득할 수 있는지 여부에 대하여 의문이 있을 수 있다. 공익법인이 그의 목적인 공익사업을 수행하는 데 필요 또는 유익한 수단으로서의 영업은 할 수 있다고 보는데, 이러한 범위에서 공익법인은 부수적으로 상인자격을 취득할 수 있다고 해석하여야 할 것이다(통설).[1] 사립학교법 제6조 1항도 「학교법인은 그가 설치한 사립학교의 교육에 지장이 없는 범위 안에서, 그 수익을 사립학교의 경영에 충당하기 위하여 수익을 목적으로 하는 사업을 할 수 있다」고 규정하여, 이를 명문으로 인정하고 있다.

이러한 공익법인이 부수적으로 상인자격을 취득하는 시기는 자연인인 상인의 경우와 같다.

(나) 특수법인   민·상법 이외의 특별법($\substack{농업협동조합법·수산업협동조합법·\\축산법·대외무역법·보험업법 등}$)에 의하여 설립되는 각종의 특수법인[2]($\substack{각종의 협동조합·\\상호회사 등}$)은 법인격 부여의 목적이 각각의 특별법에 의하여 비영리적인 특정사업에 한정되어 있고 그 이외의 사업(영업)은 할 수 없으므로, 이러한 특수법인은 처음부터 상인능력이 없고 따라서 상인자격을 취득할 여지가 없다고 본다(통설).[3]

---

1) 정(희), 73면; 서·정, 75면; 손(주), 87면; 채, 41면; 최(기), 72면; 임(홍), (총칙) 184면; 이(기) 외, (총) 95면; 이·최, 73면; 정(동), (총) 103면 외.
   반대: 박, 94면.
2) 손(주), 87~88면; 최(기), 72면; 임(홍), (총칙) 185면; 주상(Ⅰ), 140면은 이를 「중간법인」(중성〈中性〉법인)이라 한다.
3) 정(희), 73면; 서·정, 75면; 손(주), 88면; 최(기), 72면; 주상(Ⅰ), 140면 외.
   반대: 임(홍), (총칙) 185면(농업협동조합중앙회·수산업협동조합중앙회 및 축산업협동조합중

(2) 공 법 인

1) 일반공법인　　　국가나 지방자치단체와 같은 일반공법인은 그 목적이나 활동에 제한이 없으므로 상인능력이 있고, 따라서 상인자격을 취득할 수 있다(철도·지하철·수도사업 등). 상법 제2조는 공법인의 상행위에 대하여 규정하고 있는데, 이는 공법인이 상인자격을 취득할 수 있음을 전제로 하고 있다고 볼 수 있다. 따라서 공법인이 상인자격을 취득하게 되면 당연히 상법의 규정이 적용되겠으나, 실제로는 각각 그에 관한 특별법령이 있으므로 그러한 특별법령이 우선 적용되고, 그러한 특별법령에 규정이 없는 사항에 한하여 상법이 적용된다(상2조). 또한 이러한 공법인에 대하여는 상법 중 상업사용인·상호·상업장부·상업등기에 관한 규정도 그 성질상 적용되지 않는다.

이러한 일반공법인이 상인자격을 취득하는 시기는 자연인인 상인과 같다.

2) 특수공법인　　　특별법(농어촌정비법 등)에 의하여 설립되는 특수공법인(농업기반공사 등)은 각각의 법률에 의하여 법인격 부여의 목적이 비영리적인 특정사업에 한정되어 있고 그 이외의 사업(영업)은 할 수 없으므로, 이러한 특수공법인은 사법인 중의 특수법인과 같이 처음부터 상인능력이 없고 따라서 상인자격을 취득할 여지가 없다(통설).[1]

2. 상인자격의 상실

(1) 사법인 중 영리법인(회사)인 경우에는 「청산을 사실상 종결한 때」에 법인격의 소멸과 함께 상인자격을 상실한다.

(2) 사법인 중 공익법인 및 일반공법인이 부수적으로 영업을 함으로써 상인자격을 취득하는 경우, 그 상인자격의 상실시기는 자연인인 상인의 경우와 같다.

제 3 절　영업능력

제 1　총　　설

(1) 자연인 또는 법인이 제2절에서 본 바와 같이 상인자격을 취득하였다고 하여 당연히 그가 스스로 유효하게 영업행위를 할 수 있는 능력(영업능력)을 갖는 것은 아니다. 영업능력에 관한 문제는 위에서 본 바와 같이 법인인 상인에서는 거의 문제가

양회 등에는 일정한 경우에 상인성을 인정할 수 있다고 한다); 정(동), (총) 103면.
1) 정(희), 73면; 손(주), 88면; 최(기), 72~73면; 이(기) 외, (총) 95면; 주상(Ⅰ), 138면 외.

되지 않고(왜냐하면 법인은 그 기
관을 통하여 활동하므로) 자연인인 상인에서 특히 문제된다. 따라서 이하의 영업능력에 관한 설명은 전부 자연인인 상인의 영업능력에 관한 사항이다.

(2) 민법상 제한능력자는 상법상 영업 제한능력자로서 그의 영업행위에는 일정한 제한을 받는다. 다만 상법은 영업행위의 특수성(집단성·반복성·
거래안전 등)으로 인하여 약간의 특별규정을 두고 있다. 이하에서는 영업 제한능력자인 미성년자, (동의유보의) 피한정후견인 및 피성년후견인에 대하여 차례로 살펴본다.

제 2 미성년자

1. 미성년자가 스스로 영업을 하는 경우

(1) 미성년자는 상인자격을 취득하여도 원칙적으로 스스로 유효한 영업을 할 수 없고, 법정대리인의 허락을 얻은 경우에만 유효하게 영업행위를 할 수 있는데, 이때 허락을 얻은 특정한 영업에 관하여는 미성년자는 성년자와 동일한 영업능력을 갖는다(민 8조
1항).

(2) 미성년자가 법정대리인의 허락을 얻어 스스로 영업을 하는 경우에는 거래의 안전을 위하여 이를 상업등기부에 「등기」하여야 한다(상
6조). 이의 등기에는 미성년자라는 사실, 미성년자의 성명·주민등록번호와 주소, 영업소의 소재지 및 영업의 종류를 등기하여야 하는데, 그 미성년자가 이를 신청한다(다만 영업허락의 취소로 인한 소멸의 등
기 또는 영업허락의 제한으로 인한 변경
의 등기는 법정대리
인도 신청할 수 있다)(상등 46
조~47조). 이는 민법의 경우와 구별되는 점이다.

(3) 법정대리인은 이 허락을 취소 또는 제한할 수 있는데, 다만 선의의 제3자에게 대항하지 못한다(민 8조
2항). 법정대리인이 영업의 허락을 취소 또는 제한한 때에는 거래의 안전을 위하여 지체 없이 이를 「등기」하여야 하는데(상 40조, 상
등 47조 2항), 이 때에는 선의의 제3자에게 대항할 수 있다고 본다(상 37조 1항
반대해석). 이 점도 민법의 경우와 구별되는 점이다.

2. 법정대리인이 영업을 대리하는 경우

(1) 법정대리인은 미성년자를 대리하여 영업을 할 수 있는데(민 920조, 938조, 946
조, 949조 등 참조), 이 경우에는 미성년자가 상인이 되는 것이지 법정대리인이 상인이 되는 것이 아니다.

(2) 법정대리인이 미성년자를 대리하여 영업을 하는 경우에도 거래의 안전을 위하여 이를 상업등기부에 「등기」하여야 한다(상 8조
1항). 이의 등기에는 법정대리인의 성명·주민등록번호와 주소, 제한능력자의 성명·주민등록번호와 주소, 영업소의 소

재지 및 영업의 종류를 등기하여야 한다($\frac{상등}{조}\frac{48}{1항}$). 또한 법정대리인의 등기는 법정대리인이 이를 신청한다($\frac{상등}{조}\frac{49}{1항}$). 이 점도 민법의 경우와 구별되는 점이다.

(3) 법정대리인의 대리권에 대한 제한은 선의의 제3자에게 대항하지 못하는데($\frac{상 8조}{2항}$), 이 대리권의 범위는 법률에 의하여 정하여지는 것이지 등기사항이 아니므로 이의 제한도 등기사항이 아니다. 그러나 법정대리인의 대리권의 소멸($\frac{민 924조, 925}{조, 937조 등}$)은 등기사항의 소멸이므로「변경등기」를 요한다($\frac{상 40조, 상등}{49조 2항~4항}$). 이 점도 민법의 경우와 구별되는 점이다.

3. 미성년자가 인적회사의 무한책임사원인 경우

(1) 미성년자가 법정대리인의 허락을 얻어 인적회사의 무한책임사원이 된 때에는 그 사원자격으로 인한 행위에는 능력자로 본다($\frac{상}{7조}$). 이 때에「사원자격으로 인한 행위」란 회사에 대한 관계에서는 출자이행의무 등을 부담하는 것을 의미하고, 회사의 채권자에 대한 관계에서는 무한책임을 부담하게 된다는 것을 의미한다. 회사를 대표하는 행위($\frac{상 207조,}{269조}$)는 기관자격의 행위로서 이에는 능력의 제한을 받지 않으므로($\frac{민 117}{조 참조}$), 여기에서의 사원자격으로 인한 행위에 해당하지 않는다.[1]

(2) 미성년자가 법정대리인의 허락을 얻어 인적회사의 무한책임사원으로서 활동하는 경우에도, 상인은 (인적)회사가 되는 것이지 사원(미성년자)이 되는 것이 아니므로 상법 제7조는 상인자격과는 전혀 무관하다. 다만 이러한 인적회사의 무한책임사원은 원칙적으로 회사의 기관으로서 영업활동을 하고($\frac{상 200조,}{207조, 269조}$) 이러한 회사의 기관의 영업활동은 영업능력에 관한 문제이므로, 상법 제7조는 인적회사의 영업능력과 관련되는 규정이라고 볼 수 있다.

제 3   피한정후견인

피한정후견인은 원칙적으로 영업능력이 있는데, 다만 가정법원이 한정후견인의 동의를 받아야 하는 행위(영업)의 범위를 정한 경우에는(즉, 동의유보의 경우에는) 한정후견인의 동의를 받아 영업을 할 수 있고 피한정후견인이 한정후견인의 동의 없이 영업을 한 때에는 그 영업행위(법률행위)를 취소할 수 있다($\frac{민 13조 1항 \cdot}{4항 본문}$).

법정대리인이 피한정후견인을 위하여 영업을 하는 때에는 등기를 하여야 한다($\frac{상 8조}{1항}$). 이 경우 법정대리인의 대리권에 대한 제한은 선의의 제3자에게 대항하

---

1) 동지: 손(주), 90면; 임(홍), (총칙) 195면; 주상(Ⅰ), 161면.

못한다($\substack{상8조 \\ 2항}$).

제 4 피성년후견인

피성년후견인은 원칙적으로 영업능력이 없으므로($\substack{민10 \\ 조1항}$), 피성년후견인 자신이 후견인의 동의를 받아 유효한 영업행위를 하지 못한다. 그러므로 피성년후견인의 경우에는 후견인이 피성년후견인을 대리하여 영업을 할 수밖에 없는데, 이 경우에도 미성년자 또는 피한정후견인의 경우와 같이 후견인이 이를 「등기」하여야 한다($\substack{상8조 \\ 1항}$). 이 경우에 후견인의 대리권에 대한 제한은 선의의 제3자에게 대항하지 못한다($\substack{상8조 \\ 2항}$).

피성년후견인도 (정관의 규정에 의하여) 무한책임사원이 될 수 있다는 견해가 있으나,[1] 이는 타당하지 않다고 본다. 왜냐하면 피성년후견인도 무한책임사원이 될 수 있다고 해석하면 이는 상법 제7조의 규정(강행규정)에 정면으로 반하고, 또한 민·상법의 규정이 피성년후견인에게 영업능력을 인정하지 않는 취지에도 반하며($\substack{민10조 \\ 1항 참조}$), 또한 피성년후견인이 아닌 자가 무한책임사원이 된 경우에 그가 성년후견개시의 심판을 받으면 퇴사원이 되기 때문이다($\substack{상218 \\ 조4호}$). 따라서 피성년후견인은 후견인의 동의가 있는 경우에도 인적회사의 무한책임사원이 될 수 없다고 본다.

제 4 절 영업의 제한

제 1 총 설

영업의 자유는 오늘날 자본주의국가에서 근본원칙이나($\substack{헌15조 \\ 참조}$), 이러한 영업의 자유는 절대적인 것은 아니고 국가안전보장·질서유지 또는 공공복리를 위하여 필요한 경우에 한하여 법률로써 제한될 수 있는 것이다($\substack{헌37조 \\ 2항}$). 따라서 영업은 사법상 및 공법상 여러 가지로 제한받을 수 있는데, 이는 다음과 같다.

---

1) 최(기), 75면; 주상(Ⅰ), 161면.

제 2 사법상 제한

1. 계약에 의한 제한

당사자 사이의 계약에 의하여 영업이 제한되는 경우가 있다. 예컨대, 당사자간에 경쟁을 금지하는 부작위계약을 체결하는 경우가 이에 해당한다($\substack{\text{상 41조} \\ \text{2항 참조}}$). 이러한 계약은 선량한 풍속 기타 사회질서($\substack{\text{민} \\ \text{103조}}$)에 반하지 않는 한 유효하다. 당사자가 이에 위반하여 영업을 하는 경우, 그 행위 자체는 유효하여 영업을 하는 자는 상인이 되지만, 그는 상대방에 대하여 채무불이행으로 인한 손해배상책임을 부담한다.[1]

2. 법률에 의한 제한

상업사용인($\substack{\text{상} \\ \text{17조}}$), 영업양도인($\substack{\text{상} \\ \text{41조}}$), 대리상($\substack{\text{상} \\ \text{89조}}$), 인적회사의 무한책임사원($\substack{\text{상 198} \\ \text{조, } \\ \text{269조}}$), 물적회사의 이사($\substack{\text{상 397조,} \\ \text{567조}}$) 등은 상법상 일정한 경업피지의무를 부담하므로 영업의 제한을 받는다. 이러한 자가 경업피지의무에 위반하여 영업을 하는 경우에도 계약에 의한 제한의 경우와 같이 그 행위 자체는 유효하고, 다만 위반한 자는 영업주($\substack{\text{양수인} \\ \text{인·회사}}^{\text{·본}}$)에 대하여 해임의 대상이 되며 또한 손해배상책임을 부담한다. 그런데 이 경우에 상법은 영업주 등의 이익을 보호하기 위하여 영업주 등에게 손해배상청구권과는 별도로 개입권을 인정하고 있다($\substack{\text{상 17조 2항, 89조 2항, 198조} \\ \text{2항, 269조, 397조 2항, 567조}}$).

제 3 공법상 제한

1. 공익상 및 국가재정상 이유에서 받는 제한

(1) 공서양속에 위반하는 행위를 목적으로 하는 영업을 할 수 없는 것은 물론이다($\substack{\text{민 103} \\ \text{조, 형 198} \\ \text{조·199조}}$).

(2) 국가재정상의 이유에 의하여 금지되는 영업이 있다. 예컨대, 담배의 제조·판매($\substack{\text{담배사업} \\ \text{법 11조}}$), 우편사업($\substack{\text{우편} \\ \text{법 2조}}$), 전기통신사업($\substack{\text{전기통신} \\ \text{기본법 3조}}$) 등이 그것이다.

(3) 이에 위반하는 영업은 상행위로서 성립할 수 없고, 이에 위반하여 영업을 하는 자는 상인이 될 수 없다.[2]

---

1) 동지: 손(주), 93면; 최(기), 77면; 임(홍), (총칙) 197면; 채, 44면; 이(기) 외, (총) 98면.
2) 동지: 손(주), 92면; 최(기), 76면; 임(홍), (총칙) 202면; 이(기) 외, (총) 98면.

2. 경찰상 이유에서 받는 제한

(1) 영업개시에 행정청의 허가 또는 신고를 요하는 영업이 있다. 그 이유는 일반공안 $\binom{전당포·고}{물상·여관업}$ · 위해 예방 $\binom{독물극약물영업·총}{포화약제조판매영업}$ · 풍기단속 $\binom{음식업·}{다방}$ · 보건위생 $\binom{약종상·우유·청}{량음료수영업·욕}$ $\binom{장·이}{용업}$ · 교통사고방지 $\binom{도선영업·}{유선영업}$ 등에 있다.

(2) 이에 위반하여 영업을 하는 자가 있는 경우에는 그러한 자가 처벌을 받는 것은 별론으로 하고, 그의 행위의 사법상 효력은 유효하므로 그는 상인이 될 수 있다.[1]

3. 국민경제상 이유에서 받는 제한

(1) 전기 · 가스업, 각종의 대(大) 운송업, 은행 · 신탁 · 상호신용계 · 상호부금 · 신용부금 · 보험 · 기타의 금융업, 건설업 및 거래소업 등이 이에 해당하는데, 이러한 영업의 경우에는 영업형태 및 자본금액 · 명칭 · 자격 등에 관하여 각종의 제한이 있는 외에 주무관청의 면허를 받아야 한다.

(2) 이러한 제한에 위반하여 영업을 하는 경우에도, 그러한 행위의 사법상 효력은 유효하므로 그는 상인이 될 수 있다.[2]

4. 특수신분상 이유에서 받는 제한

(1) 특정한 공직을 가진 자, 예컨대 법관 $\binom{법조}{49조}$ · 변호사 $\binom{변호사}{38조}$ · 공무원 $\binom{국공 64조,}{지공 56조,}$ 등은 금전상의 이익을 목적으로 하는 업무에 종사하지 못한다.

(2) 이러한 자가 영업을 하는 경우에도 그의 행위의 사법상 효력은 유효하므로 그는 상인이 될 수 있다.[3]

---

1) 동지: 손(주), 92면; 최(기), 76면; 임(홍), (총칙) 202면; 이(기) 외, (총) 98면.
2) 동지: 손(주), 92면; 최(기), 76면; 임(홍), (총칙) 202면; 이(기) 외, (총) 98면.
3) 동지: 손(주), 92~93면; 최(기), 76~77면; 임(홍), (총칙) 202면; 이(기) 외, (총) 98면.

제 3 장 상업사용인(기업의 경영보조자)

제 1 총 설

1. 상업사용인제도의 목적

⑴ 기업은 인적 설비와 물적 설비를 갖추어야 하는데, 인적 설비에는 기업의 경영자와 기업의 보조자가 있다. 기업의 경영자는 개인기업의 경우에는 일반적으로 기업의 주체(상인)이고, 법인기업의 경우에는 기업의 주체(법인인 $\binom{법인인}{상인}$)와 구별되는 기관이다. 기업의 보조자에는 특정한 상인에 종속하여 기업의 내부에서 기업을 보조하는 자와, 기업의 외부에서 독립한 상인으로 기업을 보조하는 자가 있다. 전자에 해당하는 자는 이 장에서 다룰 상업사용인이고, 후자에 해당하는 자는 대리상·중개인·위탁매매인·운송주선인·운송인·창고업자 등이다. 후자에 해당하는 자 중 대리상은 특정한 상인을 보조하는 자이나$\binom{이\ 점에서는\ 상}{업사용인과\ 같음}$, 중개인 이하의 자는 불특정상인$\binom{또는}{일반인}$을 보조하는 자이다.[1]

⑵ 기업의 내부에서 기업을 보조하는 자에는 다시 두 종류가 있는데, 경영(영업)보조자와 기술보조자가 그것이다. 전자는 유통과정에 참가하여 대외적으로 활동하는 보조자인데 상업사용인(kaufmännische Personal)이 그것이고, 후자는 생산과정에 참가하여 대내적으로 활동하는 보조자인데 기사·노동자가 그것이다. 상법은 상품유통에 관한 조직법 내지 거래법이므로 기업의 기술보조자에 대하여는 규정하지 않고, 기업의 경영보조자인 상업사용인에 대하여만 규정하고 있다. 상업사용인과

---

1) 우리나라의 경우 1962년 제정상법 이전의 의용(依用)상법에서는 상업사용인과 대리상에 관한 규정을 총칙편에서 규정하였는데, 1962년 제정상법에서는 현재와 같이 총칙편에서는 상업사용인만을 규정하고 대리상은 상행위편에서 규정하게 되었다. 또한 총칙편의 상업사용인에 관한 규정도 노동법적 보호규정을 배제하고 대외적 대리권에 관해서만 규정하였다[정(동), (총) 106면].

상인과의 법률관계도 내부관계($^{주로 \; 고}_{용관계}$)와 외부관계($^{주로 \; 대}_{리관계}$)가 있는데, 내부관계에 대하여는 민법 또는 노동법이 규정하고 있으나 외부관계는 상법이 규정하고 있다. 또한 내부관계의 법률관계는 원칙적으로 당사자가 자율적으로 정할 수 있으나, 외부관계의 법률관계는 거래의 안전을 위하여 강제적으로 규율된다.

2. 상업사용인[1]의 의의와 종류

(1) 상업사용인의 의의

상업사용인(Handlungsgehilfe)이란 「특정한 상인에 종속하여 대외적인 영업상의 업무에 종사하는 자」이다. 이를 분설하면 아래와 같다.

1) 상업사용인은 「특정한 상인에 종속」되어 있는 자   이러한 특정한 상인을 상법은 「영업주」라고 표현하고 있는데($^{상 \; 11조}_{1항 \; 참조}$), 이에는 자연인과 법인이 있다. 이러한 상인이 상업사용인을 선임하는 것이다.[2]

(가) 대리상과의 구별   상업사용인이 특정한 상인을 위하여 활동하는 점에서는 대리상과 같으나, 상업사용인은 기업의 내부에서 특정한 상인에 종속되어 있으나 대리상은 기업의 외부에서 독립된 상인인 점에서 양자는 구별된다.

(나) 기관과의 구별   상업사용인은 특정한 상인에 종속된 경영보조자이지 경영담당자는 아니므로 법인($^{특히}_{회사}$)인 상인의 경영담당자인 기관과 구별된다. 따라서 인적회사의 업무집행사원이나 물적회사의 이사 등은 상업사용인이 아니다.[3]

2) 상업사용인은 「대외적인 영업상의 업무」에 종사하는 자

(가) 기업의 영업상의 업무에는 대리권을 수반하는 「대외적인 영업상의 업무」($^{예컨대, 판}_{매 \cdot 구입 \, 등}$)와 대리권을 수반하지 않는 「대내적인 영업상의 업무」($^{예컨대, 출}_{납 \cdot 회계 \, 등}$)가 있는데, 전자에 해당하는 업무에 종사하는 자가 상업사용인이다.

(나) 상업사용인은 기업의 영업상의 업무에 종사하는 자이므로, 기업의 내부에서 생산과정에 참여하는 기술적 보조자($^{예컨대, 기}_{사 \cdot 직공 \, 등}$)는 상업사용인이 아니다. 또한 그 업

---

1) 민법에서는 노무자에 대응하여 「사용자」라는 용어를 쓰고 있고(민 657조) 근로기준법에서는 근로자에 대응하여 「사용자」라는 용어를 쓰고 있으므로(동법 13조, 14조) 이 곳에서의 상업「사용인」을 영업주와 혼동하기 쉬우나, 대외적으로 영업주를 대리하는 의미에서 상업사용인이므로 대내적으로는 피용자로서 영업주(상인)와 구별되는 것이다. 따라서 이는 「상업대리인」이 정확한 표현이며, 우리 상법은 상업사용인이라는 표제 밑에 상업대리인에 관하여 규정하고 있다는 견해도 있다[임(홍), (총칙) 210~211면].

2) 자연인인 상인이 상업사용인을 선임하는 경우에는 소상인을 포함하나, 다만 소상인이 상업사용인인 지배인을 선임하는 경우에는 상법의 규정이 적용되지 않을 뿐이다[동지: 손(주), 95면].

3) 그러나 주식회사의 기관인 상무이사라 하더라도 상법 제15조의 부분적 포괄대리권을 가지는 그 회사의 상업사용인을 겸임할 수 있다[대판 1996. 8. 23, 95 다 39472(공보 1996, 822)].

무의 내용이 비영업적·비기술적인 잡무에 종사하는 배달원·청소부·수위·사환 등도 상업사용인이 아니다.

㈐ 상업사용인은 「자연인」에 한한다. 상업사용인은 실제로 대외적인 영업상의 업무에 종사하는 자이므로 자연인에 한한다고 본다.[1]

㈑ 상업사용인은 「고용계약」의 존재를 요하지 않는다. 상업사용인은 대외적인 영업상의 업무에 종사하므로 반드시 대리권수여행위는 있어야 하나, 영업주(상인)와의 사이에 반드시 고용계약을 체결하여야 하는 것은 아니다.[2] 따라서 상인과 이러한 고용계약이 없는 상인의 가족도 대리권이 수여되기만 하면 상업사용인이 될 수 있다.

⑵ 상업사용인의 종류

상법은 상업사용인에 대하여 대리권의 유무·광협에 따라 (i) 지배인, (ii) 부분적 포괄대리권을 가진 상업사용인, (iii) 물건판매점포사용인(의제상업사용인)이라는 세 가지의 상업사용인을 인정하고 있다.

제 2 지 배 인

1. 지배인의 의의

지배인(Prokurist)은 「영업주에 갈음하여 그 영업에 관한 재판상 또는 재판외의 모든 행위를 할 수 있는 대리권을 가진 상업사용인」이다($\frac{상 11}{조 1항}$). 이를 분설하면 다음과 같다.

1) 지배인은 「포괄적인 영업상의 대리권」을 가진 상업사용인   지배인의 이러한 대리권을 지배권(Prokura)이라 한다. (i) 이러한 지배권은 추상적이고 포괄·정형적인 성질을 갖는 점에서, 민법상의 대리권이 구체적이고 개별적인 점과 구별된다. 지배권의 이와 같은 성질은 거래의 안전이라는 기업활동의 특질에 기인하는데, 이로 인하여 지배인과 거래하는 상대방은 대리권의 유무·광협을 개별적으로 조사할 필요가 없게 된다. (ii) 지배권의 이러한 성질은 회사의 대표권($\frac{상 209조, 269조, 287조}{의 19, 389조 3항, 567조}$)과 유사한데, 지배권이란 개인법상의 대리관계로서 그 범위는 특정영업(소)의 영업

---

1) 동지: 정(희), 79면; 서·정, 80면; 손(주), 95면; 정(무), 81면; 이(원), 97면; 주상(Ⅰ), 171면; 정(동), (총) 108면.

2) 동지: 정(희), 79면; 서·정, 78면; 손(주), 95면; 최(기), 79면; 채, 46면; 정(무), 81면; 이(원), 97면; 임(홍), (총칙) 214면; 이(기) 외, (총) 114면; 이·최, 80면; 김(영), (총) 123면; 정(동), (총) 107면.

활동에 한정되나 대표권은 단체법상의 대표관계로서 그 범위는 회사의 영업 전반에 미치는 점에서 양자는 근본적으로 구별된다.[1]

   2) 지배인은 「상업사용인」   지배인은 이와 같이 최고급의 경영보조자이지만 역시 영업주(상인)에 의하여 선임된 상업사용인의 일종이므로, 영업주에 대하여 종속적 근로의무를 부담하고 영업주의 지휘명령에 복종하지 않으면 아니 된다. 이러한 의무를 부담하지 않는 자는 포괄적 영업대리권이 부여되어 있더라도 상법상의 지배인이라고 할 수 없다.

2. 지배인의 선임 · 종임

(1) 선   임

   1) 선임권자   지배인을 선임할 수 있는 자는 「상인 또는 그 대리인」이다($\frac{상}{10조}$). 이 때 상인의 대리인은 법정대리인에 한한다고 보는 견해가 있으나,[2] 법정대리인 · 임의대리인의 양자를 포함한다고 본다.[3] 그러나 상인의 임의대리인 중 지배인은 자기와 동등한 지위에 있는 다른 지배인을 선임할 수 없다($\frac{상\ 11조\ 2항}{의\ 반대해석}$).

   회사기업의 경우에는 지배인의 선임에 있어서 내부절차상 일정한 제한($\frac{합명회사의}{경우에는}$ 「총사원의 과반수」, 합자회사의 경우는 「무한책임사원의 과반수」, 주식회사의 경우는 「이사회」의 결의, 유한회사의 경우는 이사가 수인인 경우 「이사 과반수」의 결의를 요한다)을 받지만($\frac{상\ 203조,\ 274}{조,\ 287조의}$ $\frac{18,\ 393}{조,\ 564조}$), 그 제한에 위반하더라도 회사의 대표기관이 지배인을 선임한 이상 그 지배인이 제3자와 거래를 하는 경우 그 선임행위의 효력에는 아무런 영향이 없다고 본다.[4] 지배인은 영업을 전제로 하여 선임되는 것이므로 청산중의 회사, 파산중의 회사는 지배인을 선임할 수 없고(통설),[5] 재판상 소송행위만을 대리하기 위한 지배인도 선임될 수 없다.[6]

   2) 자   격   지배인은 의사능력을 가진 자연인이어야 하지만, 반드시 행위능력자가 아니라도 좋다[7]($\frac{민}{117조}$). 또 직무의 성질상 감사(監事)와의 겸임은 허용되

---

1) 이에 관한 상세는 연습, 문 6(30~38면) 참조.
2) 정(동), (총) 110면 및 주 5(상인의 가장 광범위한 대리권을 가진 임의대리인인 지배인조차 다른 지배인을 선임할 수 없기 때문에〈상 11조 2항〉 이 때의 대리인은 법정대리인에 한한다고 한다). 이를 명문으로 규정하고 있는 입법례도 있다(獨商 48조 1항).
3) 동지: 정(희), 81면.
4) 동지: 정(희), 81면; 손(주), 96면; 최(기), 82면; 이(기), (총) 117면; 주상(Ⅰ), 174면; 김(영), (총) 127면; 정(동), (총) 110면 외(통설).
5) 동지: 정(희), 81면; 정(동), (총) 110면 외.
6) 동지: 대판 1978. 12. 26, 78 도 2131.
7) 동지: 정(희), 81면; 정(동), (총) 111면 외.

지 않지만($\frac{상}{570조} \frac{411조}{}$), 업무집행사원이나 이사는 지배인을 겸할 수 있다.[1] 합자회사의 유한책임사원이나 익명조합의 익명조합원도 지배인이 될 수 있다.[2]

  3) 선임행위의 성질   지배인의 선임행위에는 대리권의 수여행위 외에 일반적으로 고용계약 또는 위임계약이 수반되는 경우가 많겠으나 앞에서 본 바와 같이 상업사용인은 고용계약 등의 존재를 전제로 하지 않으므로, 지배인의 선임의 성질을 「수권행위와 결합한 고용계약 또는 위임계약」[3]으로 볼 필요는 없고, 단지 「대리권(지배권)의 수여행위」[4]라고 보면 충분하다고 생각한다.

  지배인의 선임행위의 방식에는 제한이 없으므로(불요식행위), 명시적이든 묵시적이든, 서면이든 구두이든 무방하다고 본다.[5] 지배인의 선임에 있어 반드시 그 명칭을 지배인이라고 할 필요는 없고, 실제로 상법 제11조 1항의 지배권이 부여된 자는 지배인인 것이다.[6]

  지배인의 선임은 등기사항이지만($\frac{상}{13조}$), 이는 대항요건에 불과하고($\frac{상}{37조}$) 지배인인지 여부를 결정하는 것은 결코 아니다.

  (2) 종   임

  지배인의 지위는 그 선임계약의 내용에 따라 그 계약의 종료 또는 대리권의 소멸에 의하여 종료된다($\frac{민 127조, 128조, 659조,}{661조, 663조, 689조, 690조}$). 즉, 대리권의 소멸에 의한 경우는 지배인의 사망·성년후견·파산($\frac{민 127}{조 2호}$)에 의하여 지배권은 소멸된다. 그러나 영업주의 사망($\frac{민 127}{조 1호}$)은 기업 자체의 존속에 영향을 주지 않으므로 지배권을 소멸시키지 않는다($\frac{상}{50조}$).

  지배인의 선임계약에서 대리권(지배권)의 수여행위 외에 고용계약이나 위임계약 등이 있는 경우에는 그 원인된 고용계약($\frac{민 659조,}{661조, 663조}$)이나 위임계약($\frac{민 689조,}{690조}$) 등의 종료에 의해서도 지배권은 소멸된다($\frac{민}{128조}$). 지배인이 영업의 양수 또는 상속 등에 의하여 영업주(상인)가 된 경우에도 지배권은 소멸된다.[7]

  (3) 등   기

  지배인의 선임과 종임은 등기사항이다($\frac{상 13조, 상등}{50조~51조}$). 즉, 지배인의 선임이나 종임

---

1) 동지: 정(희), 81면; 정(동), (총) 111면 외; 대판 1968. 7. 23, 68 다 442(집 16 ② 민 255)(주식회사의 기관인 상무이사는 같은 회사의 사용인을 겸할 수 있다).
2) 동지: 최(기), 83면; 주상(Ⅰ), 175면.
3) 정(희), 81면; 최(기), 83면; 정(동), (총) 111면.
4) 동지: 손(주), 97면.
5) 동지: 손(주), 97면; 임(홍), (총칙) 218면.
6) 동지: 임(홍), (총칙) 218면.
7) 동지: 최(기), 84면.

의 사실이 있는 경우에는 영업주(상인)가 이를 등기하여야 하는데, 영업주가 이를 등기하지 않으면 영업주는 이로써 선의의 제3자에게 대항할 수 없다($상 \atop 37조$). 이러한 지배인의 등기는 대항요건에 불과하므로, 지배인은 선임의 사실만으로 즉시 상법에 규정된 지배권을 취득한다.

3. 지배인의 권한(지배권)

지배인의 권한(지배권)에 대하여 상법은 「지배인은 영업주에 갈음하여 그 영업에 관한 재판상 또는 재판 외의 모든 행위를 할 수 있다」고 규정하고 있다($상 11 \atop 조 1항$). 이를 분설하면 다음과 같다.

(1) 지배권의 내용

1) 포괄성·정형성　　지배인의 대리권(지배권)은 수권행위에 의하여 부여된다는 의미에서는 임의대리에 해당하지만, 그 범위는 「그 영업에 관한 모든 재판상·재판 외의 행위」에 미친다는 점($상 11 \atop 조 1항$)에서는 포괄성과 정형성을 갖는다. 즉, 민법상의 대리권의 범위는 개별적으로 정하여지나 지배권의 범위는 이와 같이 그 영업에 관한 영업전반에 걸치고(포괄성), 민법상의 대리권의 범위는 본인의 의사에 의하여 정하여지나 지배권의 범위는 상법의 규정에 의하여 정하여지는 법정의 효력이다(정형성). 그러나 이와 같은 지배권은 수권행위에서 절대로 그 범위를 제한하지 못한다는 것이 아니라, 후술하는 바와 같이 그 제한을 선의의 제3자에게 대항하지 못할 뿐이다($상 11 \atop 조 3항$).

이러한 지배권의 포괄성과 정형성에 관한 「그 영업에 관한 모든 재판상·재판 외의 행위」를 분설하면 다음과 같다.

(가) 지배권은 영업주의 「영업에 관한 행위」이어야 하므로 영업주의 신분상의 행위($혼인· \atop 입양 등$) 등은 그 성질상 영업에 관한 행위가 아니므로 지배권에 포함되지 않는다.[1] 또한 영업에 관한 행위란 영업의 존재를 전제로 하여 그 범위 내에서의 활동을 뜻하므로, 영업 자체의 양도나 폐지를 할 권한은 지배권에 포함되지 않는다.[2] 영업에 관한 행위라도 이에 관한 모든 행위가 지배권에 해당되는 것은 아니고, 그 성질상 대리가 허용될 수 없는 행위이거나($선서· \atop 서명 등$) 법률에 의하여 제한되는 행위($지배인 \atop 의 선임$)

---

1) 동지: 정(동), (총) 115면; 대판 1984. 7. 10, 84 다카 424·425(집 32 ③ 민 147)(상업사용인이 영업과 관계없는 일에 관하여 상인의 행위를 대행한 경우에 특별한 수권이 있다고 믿을 만한 사정이 없는 한 상업사용인이라는 이유만으로 그 대리권이 있는 것으로 믿을 만한 정당한 이유가 있다고 보기 어렵다).

2) 동지: 정(희), 83면; 손(주), 99면; 정(동), (총) 115면; 서(정), 73면; 서·정, 81면; 정(무), 85면; 양·박, 50면; 채, 50면; 이(기) 외, (총) 120면; 주상(Ⅰ), 181면.

$\binom{\text{상 11조 2항}}{\text{의 반대해석}}$ 등은 지배권에 포함되지 않는다.

「영업에 관한 행위」인가 아닌가는 그 행위의 객관적 성질에 따라 추상적으로 판단하여야 한다.[1] 따라서 지배인이 자기 개인의 이익을 위하여 지배인 명의를 사용한 경우에도 행위의 객관적·추상적 성질상 영업에 관한 행위로 인정되면 그 행위는 영업주(상인)의 행위로 인정된다.[2] 이로 인하여 지배인의 대내적 직무위반의 문제와 경영활동의 대외적 효력의 문제는 구별되는 것이다. 실제로 지배인의 자격에서 한 상행위는 반증이 없는 한 영업주의 영업에 관한 행위로 인정되어야 할 경우가 많을 것이므로, 사실상 지배인이 자기의 이익을 위하여 한 경우에도 상대방이 선의인 이상 그 행위는 영업주에 대하여 효력이 있다고 보아야 한다.[3] 그러나 지배인의 행위가 영업에 관한 것으로서 대리권한 범위 내의 행위라고 하더라도 영업주 본인의 이익이나 의사에 반하여 자기 또는 제3자의 이익을 도모할 목적으로 그 권한을 행사한 경우에 그 상대방이 지배인의 진의를 알았거나 알 수 있었을 때에는 영업주에 대하여 효력이 없다.[4]

(나) 영업에 관한 행위로서 「재판상의 행위」란 소송행위를 말한다. 따라서 지배

---

1) 동지: 정(희), 83면; 대판 1987. 3. 24, 86 다카 2073(공보 800, 723)(지배인의 행위가 영업주의 영업에 관한 것인가의 여부는 지배인의 행위 당시의 주관적 의사와는 관계없이 그 행위의 객관적 성질에 따라서 추상적으로 판단되어야 한다); 동 1997. 8. 26, 96 다 36753(공보 1997, 2818)(지배인의 어떤 행위가 영업주의 영업에 관한 것인가의 여부는 지배인의 행위 당시의 주관적인 의사와는 관계없이 그 행위의 객관적 성질에 따라 추상적으로 판단되어야 한다); 동 1998. 8. 21, 97 다 6704(공보 1998, 2274)(지배인의 행위가 영업주의 영업에 관한 것인가의 여부는 지배인의 행위 당시의 주관적인 의사와는 관계없이 그 행위의 객관적 성질에 따라 추상적으로 판단하여야 할 것인바, 지배인이 영업주 명의로 한 어음행위는 객관적으로 영업에 관한 행위이다).
2) 대판 1955. 3. 10, 4287 민상 292(주판집 민 Ⅳ, 283)(은행의 지배인이 개인의 용도로 약속어음을 발행한 경우, 은행은 그 책임이 있다). 동지: 日大判 1920. 4. 27(지배인이 유흥비를 마련하기 위하여 차입한 금전에 대하여 영업주가 책임을 져야 한다).
3) 전게 대판 1987. 3. 24, 86 다카 2073(공보 800, 723)(지배인이 그 대리권에 관한 제한에 위반하여 한 행위에 대하여는 그 상대방이 악의인 경우에 한하여 영업주는 그 상대방에게 대항할 수 있다).
4) 동지: 대판 1999. 3. 9, 97 다 7721·7738(공보 1999, 618)(이에 대하여 민법 제107조 1항 단서를 유추해석하고 있다).
   부분적 포괄대리권을 가진 상업사용인에 대하여도 이와 동지의 판례로는 대판 2008. 7. 10, 2006 다 43767(공보 2008, 1132)(부분적 포괄대리권을 가진 상업사용인이 그 범위 내에서 한 행위는 설사 상업사용인이 영업주 본인의 이익이나 의사에 반하여 자기 또는 제3자의 이익을 도모할 목적으로 그 권한을 남용한 것이라 할지라도 일단 영업주 본인의 행위로서 유효하나, 그 행위의 상대방이 상업사용인의 진의를 알았거나 알 수 있었을 때에는 민법 제107조 1항 단서의 유추해석상 그 행위에 대하여 영업주 본인에 대하여 무효가 되고, 그 상대방이 상업사용인의 표시된 의사가 진의 아님을 알았거나 알 수 있었는가의 여부는 표의자인 상업사용인과 상대방 사이에 있었던 의사표시 형성 과정과 그 내용 및 그로 인하여 나타나는 효과 등을 객관적인 사정에 따라 합리적으로 판단하여야 한다. ─ 이 판결에서는 상대방이 과실로 인하여 진의가 아니라는 것을 알지 못하였다고 하여 그 효력이 없다고 함).

인은 변호사가 아닌 경우에도 영업주를 위하여 소송대리인이 될 수 있는데($^{민소}_{87조}$), 이에는 지배인이 소송대리인을 선임하거나 소송서류의 송달을 받는 권한도 포함된다.

(다) 영업에 관한 행위로서「재판 외의 행위」란 사법상의 모든 적법행위를 말한다. 따라서 이에는 영업주가 영업으로 하는 행위이든($^{기본적 상행}_{위·준상행위}$) 영업을 위하여 하는 행위이든($^{보조적}_{상행위}$),[1] 또 유상이든 무상이든 불문한다.

2) 불가제한성(획일성)

(가) 지배인의 대리권은 이와 같이 그 범위가 객관적으로 법률에 의하여 정형화되어 있으므로 거래의 안전을 위하여 그 획일성이 요구된다. 즉, 영업주가 그 대리권에 대하여 거래의 금액·종류·시기·장소 등에 관하여 개별적으로 제한하더라도, 그 위반은 대내적으로 해임 또는 손해배상청구의 사유가 되는 데 그치고, 대외적으로 선의의 제3자에게 대항할 수 없다($^{상 11}_{조 3항}$). 즉, 지배인의 대리권은 제한될 수 없는 것이 아니라, 그 제한을 선의의 제3자에게 대항하지 못한다는 의미에서 불가제한성(획일성)이 있는 것이다.[2]

영업주가 비록 지배인의 대리권을 제한하는 경우에도 이를 등기하여 공시하는 방법도 없기 때문에,[3] 영업주는 언제나 선의의 제3자에게 이를 대항할 수 없게 되는 것이다.[4]

(나) 영업주가 지배인의 대리권의 제한을 대항할 수 없는「선의」의 제3자란 과실 있는 제3자를 포함하지만 중과실 있는 제3자를 포함하지 않는다.[5] 이 때 제3자의 악의 또는 중과실에 대한 증명책임은 영업주가 부담한다.[6] 또한 제3자는 어음행위의 경우 직접 어음을 취득한 상대방뿐만 아니라, 그로부터 어음을 다시 배서양도 받은 제3취득자도 포함된다.[7]

---

1) 따라서 상법 제11조 2항은 당연한 규정이다. 이 규정은 지배인이 다른 지배인을 선임할 수 없다는 점에 의미가 있을 뿐이다.
2) 이로 인하여 '완전한 지배권이 아니면 지배권은 없다'(entweder ganze Prokura, oder keine Prokura)라는 말이 있다[정(희), 84면].
3) 민법상 이사의 대표권에 대한 제한은 등기할 수 있고, 등기하면 이로써 선의의 제3자에게 대항할 수 있다(민 60조).
4) 동지: 차, 106면; 손(주), 100면; 최(기), 86면; 임(홍), (총칙) 224면.
5) 동지: 대판 1997. 8. 26, 96 다 36753(공보 1997, 2818)(지배인이 영업주가 정한 대리권에 관한 제한규정에 위반하여 한 행위에 대하여는 제3자가 위 대리권의 제한사실을 알고 있었던 경우뿐만 아니라 알지 못한 데에 중대한 과실이 있는 경우에도 영업주는 그러한 사유를 들어 상대방에게 대항할 수 있다); 정(희), 84면; 임(홍), (총칙) 224면; 이(철), 102면; 이(원), 101면; 김(영), (총) 133면.
　그러나 제3자에게 중과실이 있는 경우에도 선의로 보는 견해로는 채, 51면.
6) 동지: 대판 1997. 8. 26, 96 다 36753(공보 1997, 2818).
7) 동지: 대판 1997. 8. 26, 96 다 36753(공보 1997, 2818).

(대) 영업주가 상법에서 규정한 지배권의 범위를 초월하여 지배인에게 대리권을 부여하는 경우에는, 지배권의 정형성과 관련하여 볼 때 지배권의 확장이라고 볼 수는 없고, 단지 지배권 이외에 특별수권이 있는 것이라고 보아야 할 것이다.[1]

(2) 지배권의 범위(영역)

지배권은 영업주의 영업에 관한 것이나, 이 때의 영업은 영업주의 영업 전반에 관한 것이 아니고 상호 또는 영업(소)에 의하여 개별화된「특정한 영업」을 의미한다($\binom{이 점에서 지배권과}{대표권은 구별된다}$). 이 점에서 상법은 지배권의 범위에 대하여 영업 전반이 아니라「그 영업에 관한…」으로 규정하고 있다($\binom{상 11조 1항과}{209조 1항의 비교}$).

따라서 영업주가 수 개의 상호로 수 종의 영업을 할 때에는 지배인이 대리할 영업과 그 사용할 상호를 등기하여야 하고($\binom{상동 50조}{1항 3호}$), 한 개의 영업(상호)에 대하여 수 개의 영업소를 가지는 경우에는 지배인을 둔 각 영업소를 등기하여야 한다($\binom{상동 1}{항 4호}$). 한 개의 영업소($\binom{예컨대,}{본점}$)에 수 개의 영업이 있는 경우에는 각 영업마다 지배권이 성립한다. 그러나 1인의 지배인이 수 개의 영업(소)의 지배인을 겸하는 것은 무방하다.[2]

4. 공동지배인

(1) 의   의

1) 영업주는 수 인의 지배인이 공동으로만 지배권을 행사하게 할 수 있는데($\binom{상 12}{조 1항}$) 이것이 공동지배(Gesamtprokura)이고, 이 경우의 지배인을 공동지배인(Gesamtprokurist)이라 한다.[3] 이것은 독일법계에서만 인정되고 있는 제도이다.

2) 이와 같이 공동지배인제도를 두는 목적은 지배권의 남용 또는 오용을 방지하기 위해서이다. 이러한 공동지배인제도로 인하여 지배권의 행사방법에 있어서 중요한 제한이 있게 되고($\binom{그러나 지배권의 범}{위에서는 제한이 없다}$),[4] 이는 등기사항이므로($\binom{상 13}{조 2문}$) 등기에 의하여 선의의 제3자에게도 대항할 수 있다($\binom{상 37조 1항}{의 반대해석}$).

3) 공동지배인은「수 인의 지배인」과 구별된다. 즉, 공동지배인은 수 인의 지배인이 공동으로만 지배권을 행사할 수 있는데, 수 인의 지배인은 각자 단독으로 지배권을 행사할 수 있다. 공동지배인의 형태에는 수 인의 지배인 전부를 공동지배인으

---

1) 동지: 서·정, 82면; 손(주), 100면; 주상(Ⅰ), 185면.
2) 동지: 손(주), 100면; 이(기) 외, (총) 119면; 주상(Ⅰ), 186면.
3) 이와 같은 제도는 회사의 대표기관에서도 인정되고 있는데, 합명회사의 공동대표사원(상 208조), 주식회사의 공동대표이사(상 389조 2항·3항, 208조 1항) 등이 그것이다.
4) 임(홍), (총칙) 225면은 지배권의 범위에 관한 상법 제11조 3항의 예외라고 하는데, 이는 지배권의 범위라기보다는 지배권의 행사방법의 제한이라고 본다[동지: 손(주), 101면; 최(기), 87~88면].

로 할 수도 있고(예컨대, 공동지배인 갑, 공 동지배인 을, 공동지배인 병), 수 인의 지배인 중 일부만을 공동지배인으로 하고(공동지배인 갑, 공동지배인 을) 나머지를 단독지배인(지배 인 병)으로 할 수도 있다.

(2) **능동대리**(적극대리)

1) 공동지배인이 능동대리를 하는 경우에는 공동으로 하여야만 그 법률효과가 발생한다(상 12 조 1항). 이 때 공동지배인의 의사표시는 직접 상대방에 대하여 명시적 또는 묵시적으로 하여야 하고, 지배인 상호간의 동의 또는 추인으로는 부족하다.[1] 그러나 공동지배인이 반드시 동시에 할 필요는 없다.

2) 공동지배인의 능동대리에 있어서 문제가 되는 것은 공동지배인 중의 일부가 타인에게 지배권을 위임할 수 있는지 여부이다. 이에 대하여 (i) 지배권의 포괄적 위임은 명백히 공동지배인제도의 입법취지에 반하므로 인정될 수 없다는 점에서는 이설(異說)이 없다. (ii) 그러나 지배권의 개별적 위임은 이를 긍정하는 견해(소수설)[2]와 부정하는 견해(다수설)[3]로 나뉘어 있다.

생각건대 특정한 사항에 관한 지배권의 개별적 위임은 공동지배인제도의 입법취지에 반한다고 볼 수 없으므로, 개별적 위임을 긍정하는 견해가 타당하다고 본다.

3) 지배권의 개별적 위임을 긍정한다고 하더라도 「어음·수표행위」나 「재판상의 행위」는 그 성질상 반드시 공동으로 하여야 한다고 본다.[4] 그러나 지배권의 개별적 위임을 부정하는 견해에서는 이러한 문제가 없다.

(3) **수동대리**(소극대리)

공동지배인이 수동대리를 하는 경우에는 그 중 1인만이 하여도 그 법률효과가 발생한다. 즉, 공동지배인과 거래하는 상대방은 그 중 1인에 대하여만 의사표시를 하여도 영업주에 대하여 그 효력이 발생한다(상 12 조 2항). 이와 같이 규정한 이유는 거래의 원활과 신속을 기하기 위해서이다. 이 경우에 영업주의 지(知)·부지(不知), 선의·악의 등은 거래상대방이 의사표시를 한 공동지배인 중의 1인의 주관적 사정에

---

1) 동지: 손(주), 102면; 주상(Ⅰ), 188면.
2) 정(동), (총) 118면; 최(기), 88면; 이(철), 95면(다만 공동지배인간의 위임관계를 행위시 현명〈顯名〉하는 경우에 개별위임이 가능하다고 한다); 임(홍), (총칙) 227면(대리권의 남용 또는 오용의 위험이 없고, 또한 기업거래의 탄력성의 부여를 그 이유로 든다); 이(기) 외, (총) 122면; 이·최, 82면.
　　독일 상법 제125조 2항(합명회사의 경우 공동업무집행사원) 및 독일 주식법 제78조 4항(주식회사의 경우 공동대표이사)은 「일정한 거래 또는 일정한 종류의 거래」에서는 이를 명문으로 인정하고 있다.
3) 정(희), 84면; 서·정, 82~83면; 손(주), 102면; 정(무), 86면; 주상(Ⅰ), 188면; 김(영), (총) 137면 외.
4) 동지: 정(동), (총) 118면; 최(기), 88면.

의하여 정하여진다.[1]

(4) 등 기

공동지배인제도는 그와 거래하는 상대방에게 이해관계가 크므로 공시할 필요가 있다. 따라서 영업주가 공동지배인을 둔 경우에는 이에 관한 사항과 그 변경 또는 소멸에 관하여 등기하여야 한다$\binom{\text{상 13조 2문, 상등}}{50조 1항 5호 · 2항}$.

5. 표현지배인

(1) 의 의

1) 「본점 또는 지점의 본부장·지점장·그 밖에 지배인으로 인정될 만한 명칭을 가진 사용인」은 지배인이 아닌 경우에도 상대방이 선의인 경우에 지배인으로 의제하고 있는데$\binom{\text{상}}{14조}$, 이것이 표현지배인이다.

2) 지배인인지 여부는 그 명칭에 관계 없이 지배권$\binom{\text{상 11}}{\text{조 1항}}$의 유무에 의하여 정하여지나, 영업주가 지배권을 부여하지 않으면서 외관상 마치 지배권이 있는 것과 같은 명칭$\binom{\text{본부장}}{\text{지점장 등}}$의 사용을 허락하고 그러한 명칭에 의하여 거래의 상대방은 지배권이 있는 것으로$\binom{\text{즉, 지배}}{\text{인으로}}$ 믿었다면, 이러한 거래의 상대방을 보호하여 거래의 안전을 도모할 필요가 있다.

따라서 표현지배인제도는 거래의 안전을 위하여 영미법상의 표시에 의한 금반언의 법리 또는 독일법상의 외관법리와 같은 정신으로 인정된 것이고, 민법상의 표현대리$\binom{\text{민 125조,}}{\text{126조, 129조}}$ 및 상법상의 명의대여자의 책임$\binom{\text{상}}{24조}$·표현대표이사$\binom{\text{상}}{395조}$ 등과 같은 정신으로 인정된 것이다.

3) 표현지배인제도는 거래의 안전$\binom{\text{선의의 제}}{\text{3자의 보호}}$을 위하여 지배인으로 「의제」한 것에 불과하고, 표현지배인이 지배인으로 되는 것은 결코 아니다.[2]

(2) 요 건

표현지배인이 성립하기 위하여는 다음의 세 가지 요건이 필요하다.

1) 첫째로 영업주는 표현지배인에게 지배인으로 인정될 만한 명칭사용을 허락하여야 한다(명칭부여).

(가) 영업주는 이와 같은 명칭사용을 명시적 또는 묵시적으로 「허락」하여야 하는데, 이 점에서 영업주에게는 표현지배인의 행위에 대하여 그 상대방에게 책임을 부담해야 하는 귀책사유가 있게 된다.

---

1) 동지: 임(홍), (총칙) 227면; 최(기), 89면; 주상(Ⅰ), 189면.
2) 동지: 손(주), 103면.

(내) 표현지배인으로 믿을 만한「명칭」에 대하여 상법은 '본점 또는 지점의 본부장·지점장·그 밖에 지배인으로 인정될 만한 명칭을 사용하는 자'라고 예시하고 있는데, 지배인·지점장·영업부장 등이 일반거래의 관념상 대표적인 예라고 할 수 있다.[1] 그러나 지점차장·지점장대리·영업소 주임 등은 그 명칭 자체에 의하여 표현지배인이 될 수 없다[2](그러나 이러한 명칭은 상법 제15조의 부분적 포괄대리권을 가진 상업사용인을 나타내는 명칭임은 물론이다). 지사장 또는 영업소장 등은 의문이 있으나, 판례는 보험회사의 경우 이러한 명칭에 대하여 표현지배인을 부정하고 있다.[3]

(다) 표현지배인이 될 수 있는 자는「상업사용인」뿐만 아니라,「상업사용인이 아닌 단순한 피용자」도 지배인으로서의 외관을 갖추면 거래의 안전을 위하여 표현지배인으로 인정될 수 있다고 본다.[4]

2) 둘째는 표현지배인은 그러한 명칭을 사용하여 영업에 관한 행위를 하여야 한다(명칭사용).

(가) 표현지배인이 그러한 명칭을 사용하는 영업은「지배인의 권한 내의 행위」이어야 한다.[5] 또한 표현지배인의 이러한 명칭사용은「거래행위」에서 하여야 하므로, 거래행위라고 볼 수 없는「재판상의 행위」는 제외된다(상 14조 1항 단서).

(내) 표현지배인이 그러한 명칭을 사용하는 영업은「영업소로서의 실질」을 갖추고 있어야 하느냐의 문제가 있다. 이에 대하여 (i) 거래의 안전을 위하여 영업소(본점 또는 지점)로서의 외관(표시)만 있으면 충분하고 그 실질을 갖출 것을 요하지 않는다는

---

1) 대판 1960. 6. 5, 4293 민상 53(카드 6365)(협동생명보험주식회사 중앙지점 지점장 갑명의로 어음을 발행한 경우 갑이 지배인이 아니더라도 회사는 변제책임이 있다고 하여, 갑의 표현지배인을 인정하고 있다).

2) 대판 1993. 12. 10, 93 다 36974(공보 961, 351)(지점차장이라는 명칭은 그 명칭 자체로써 상위직의 사용인의 존재를 추측할 수 있게 하는 것이므로 상법 제14조 1항 소정의 본부장·지점장·그 밖에 이에 유사한 명칭을 가진 사용인을 표시하는 것이라고 할 수 없고, 따라서 표현지배인이 아니다).

3) 대판 1967. 9. 26, 67 다 1333(카드 2128)(지사장에 대하여); 동 1978. 12. 13, 78 다 1567(집 26 ③ 민 295)(영업소장에 대하여); 동 1983. 10. 25, 83 다 107(공보 718, 1739)(영업소장에 대하여).

4) 동지: 채, 62면.

5) 대판 1998. 8. 21, 97 다 6704(공보 1998, 2274)(지배인의 행위가 영업주의 영업에 관한 것인가의 여부는 지배인의 행위 당시의 주관적인 의사와는 관계 없이 그 행위의 객관적 성질에 따라 추상적으로 판단하여야 할 것인바, 지배인이 영업주 명의로 한 어음행위는 객관적으로 영업에 관한 행위로서 지배인의 대리권의 범위에 속하는 행위라 할 것이므로 지배인이 개인적 목적을 위하여 어음행위를 한 경우에도 그 행위의 효력은 영업주에게 미친다 할 것이고, 이러한 법리는 표현지배인의 경우에도 동일하다. 따라서 제약회사의 지방 분실장이 자신의 개인적 목적을 위하여 권한 없이 대표이사의 배서를 위조하여 어음을 할인한 경우, 표현지배인이 성립한다).

형식설(외관설)도 있으나(소수설),[1] (ii) 본점 또는 지점의 실체를 가지고 어느 정도 독립적으로 영업활동을 할 수 있는 영업소로서의 실질을 갖추고 있어야 한다는 실질설이 타당하다고 본다(다수설[2] 및 판례[3]).

3) 셋째는 표현지배인과 거래하는 상대방은 선의이어야 한다(상대방의 선의)(상14조2항).

(가) 이 때 선의의 대상은 당해 법률행위에 있어서 대리권이 없음을 모른 것으로 볼 것이 아니라, 표현「지배인」이므로 지배인이 아니라는 점을 모른 것으로 보아야 할 것이다(통설).[4]

(나) 과실 있는 선의인 경우, 경과실이면 선의로 볼 것이나 중과실이면 악의로 보

1) 채, 62면; 임(홍), (총칙) 231면; 이·최, 84면; 최준선, "표현지배인의 성립요건,"「고시계」, 2002. 6, 165면.
2) 정(희), 85면; 손(주), 104면; 정(동), (총) 129~130면; 최(기), 92면; 이(철), 100~101면(특히 양설의 차이점에 대한 설명이 상세하다); 이(기) 외, (총) 122면; 주상(Ⅰ), 192~193면; 김(영), (총) 141면 외.
3) 대판 1978. 12. 13, 78 다 1567(집 26 ③ 민 295)(상법 제14조 1항 소정의 지배인으로서 동조를 적용하려면 당해 사용인의 근무장소가 상법상의 영업소인 본점 또는 지점의 실체를 가지고 어느 정도 독립적으로 영업활동을 할 수 있음을 요하므로, 본·지점의 지휘감독 아래 기계적으로 제한된 보조적 사무만을 처리하는 영업소는 상법상의 영업소라고 할 수 없고, 따라서 동 영업소의 소장을 동조 소정의 표현지배인이라고 할 수 없다); 동 1998. 8. 21, 97 다 6704(공보 1998, 2274)(상법 제14조 1항 소정의 표현지배인에 관한 규정이 적용되기 위하여는 당해 사용인의 근무장소가 상법상 지점으로서의 실체를 구비하여야 하고, 어떠한 영업장소가 상법상 지점으로서의 실체를 구비하였다고 하려면 그 영업장소가 본점 또는 지점의 지휘·감독 아래 기계적으로 제한된 보조적 사무만을 처리하는 것이 아니라 일정한 범위 내에서 본점 또는 지점으로부터 독립하여 독자적으로 영업활동에 관한 결정을 하고 대외적인 거래를 할 수 있는 조직을 갖추어야 한다); 동 1998. 10. 13, 97 다 43819(공보 1998, 2655)(상법 제14조 1항 소정의 표현지배인이 성립하려면 당해 사용인의 근무장소가 상법상의 영업소인 '본점 또는 지점'의 실체를 가지고 어느 정도 독립적으로 영업활동을 할 수 있는 것임을 요하고, 본·지점의 기본적인 업무를 독립하여 처리할 수 있는 것이 아니라 단순히 본·지점의 지휘·감독 아래 기계적으로 제한된 보조적 사무만을 처리하는 영업소는 상법상의 영업소인 본·지점에 준하는 영업장소라고 볼 수 없다. 따라서 회사의 주주로서 자금조달 업무에 종사함과 아울러 지방 연락사무소장으로서 그 회사로부터 토지를 분양받은 자들과의 연락업무와 투자중개업무를 담당해 온 경우, 회사를 위하여 독립적으로 영업활동을 할 수 있는 지위에 있었다고 단정할 수 없으므로 표현지배인이 아니다); 동 2000. 8. 22, 2000 다 13320(신문 2915, 11)(A가 갑회사와의 사이에 위탁판매 및 서비스대행계약을 체결하고 갑회사의 지휘·감독 아래 브레이카 등 중기의 판매대행 및 그 판매대금의 수금, 이와 관련된 채권의 확보 및 행사, 판매한 중기에 대한 사후관리를 담당하면서 그 실적에 따라 갑회사로부터 일정한 수수료를 지급받는 경우에는 A가 운영하던 영업대리점은 갑회사를 위하여 독립적으로 영업활동을 처리할 수 없고 다만 갑회사의 지휘·감독 아래 판매와 관련된 일정한 업무만을 보조적으로 처리하고 있었으므로 상법상의 영업소인 본점·지점에 준하는 영업장소라고 볼 수 없고 따라서 A는 표현지배인으로 볼 수 없다).
4) 손(주), 104면; 채, 63면; 임(홍), (총칙) 233면; 이(기) 외, (총) 126면; 주상(Ⅰ), 196면; 김(영), (총) 141~142면 외.

아야 할 것이다(통설).[1]

㈐ 선의의 유무의 판단시기는 법률행위시이나, 어음·수표 등과 같은 유가증권의 경우에는 그 증권의 취득시이다.

(3) 효   과

1) 이에 대하여 상법은 「…본점 또는 지점의 지배인과 동일한 권한이 있는 것으로 본다」고 규정하고 있다($\frac{상}{항}\frac{14조 1}{1문 후단}$). 즉, 지배권이 없는 자의 행위(무권대리행위)를 지배권이 있는 자($\frac{진정한}{지배인}$)의 행위(유권대리행위)로 의제하고 있다. 이로 인하여 영업주(상인)는 상대방에 대하여 책임을 부담하는 것이다.

2) 표현지배인의 행위에 대하여 영업주가 그 책임을 지는 것은 지배인이 아닌 자의 행위에 대하여 책임을 지는 것으로, 지배권이 제한된 진정한 지배인이 그 제한에 위반하여 한 행위에 대하여 영업주가 책임을 지는 경우($\frac{상}{조}\frac{11}{3항}$)와는 구별된다.

제 3 부분적 포괄대리권을 가진 상업사용인

1. 의   의

⑴ 부분적 포괄대리권을 가진 상업사용인(Handlungsbevollmächtigte)이란 「영업주의 영업의 특정한 종류 또는 특정한 사항에 관하여 재판 외의 모든 행위를 할 수 있는 대리권을 가진 상업사용인」을 말한다. 보통 회사의 팀장·차장·과장·계장·대리 등의 명칭을 가진 상업사용인이 이에 해당한다.[2]

---

1) 정(동), (총) 130면; 채, 63면; 이(철), 102면; 임(홍), (총칙) 233~234면; 이·최, 83면 외.
2) 부분적 포괄대리권을 가진 상업사용인으로서의 행위를 긍정한 판례: ① 대판 1963. 1. 31, 62 다 773(회사가 통관〈通關〉을 의뢰하고 그 이름으로 통관시키고, 그로 하여금 통관업자에게 출고의뢰서를 작성케 하여 이것을 물품매수인에게 교부하여 대금을 받아 온 사실이 있는 경우에 그 자는 회사의 출장소장으로 피용〈被傭〉되어 그 회사의 수입물품의 통관, 물품판매와 업무를 수행하여 온 사용인임을 인정하여야 한다); ② 동 1968. 3. 5, 67 다 2297(집 16 ① 민 133)(회사의 사령〈辭令〉을 받은 영업소장이 회사제품의 공급계약을 한 경우에 회사의 대리인으로서 한 것이지 개인자격으로 한 것이 아니다); ③ 동 1974. 6. 11, 74 다 492(민판집 199, 283)(자동차운송사업을 경영하는 회사의 사업과장은 그 회사의 운송업에 관한 재판 외의 모든 행위를 할 수 있는 권한을 가진 자이므로 그 권한 내의 행위인 물품구입행위에 대하여 그 회사는 대금지급채무를 부담한다); ④ 동 1989. 8. 8, 88 다카 23742(공보 857, 1348)(회사의 과장대리가 거래처의 선정 및 계약의 체결, 담보의 설정, 어물의 구매·판매·재고관리 등의 업무에 종사하고 있었던 경우에 비록 상무·사장 등의 결재를 받아 그 업무를 시행하였더라도 상법 제15조 소정의 '영업의 특정한 종류 또는 특정한 사항에 대한 위임을 받은 사용인'으로서 그 업무에 관한 부분적 포괄대리권을 가진 사용인이라 할 것이다); ⑤ 동 1994. 1. 28, 93 다 49303(공보 964, 827)(일반적으로 증권회사의 지점장대리는 그 명칭 자체로부터 상위직의 사용인의 존재를 추측할 수 있게 하는 것이므로 상법 제15조 소정의 그 업무에 관한 부분적 포괄대리권을 가진 사용인으로 봄이 타당하다); ⑥ 동 2009. 5. 28, 2007 다 20440·20457(공보 2009, 987)(상법 제15조에 의하여 부분적 포괄대리권

(2) 부분적 포괄대리권을 가진 상업사용인을 지배인과 비교하여 보면 다음과 같다.

1) 같은 점으로는 대리권이 (i) 포괄성과 정형성을 갖는 점$\binom{상\,15}{조\,1항}$, (ii) 불가제한성을 갖는 점이다$\binom{상\,15}{조\,2항}$.

2) 다른 점으로는 부분적 포괄대리권을 가진 상업사용인은 (i) 그 대리권이「특정사항」에 관하여만 포괄성과 정형성을 갖는 점$\binom{상\,15조}{1항\,전단}$, (ii) 그 대리권은「재판상의 행위」에는 미치지 않는 점$\binom{상\,15조}{1항\,후단}$, (iii)「지배인」이 선임할 수 있는 점$\binom{상\,11}{조\,2항}$, (iv)「등기사항」이 아닌 점$\binom{상\,13}{조\,참조}$ 등이다.

2. 선임 · 종임

(1) 지배인의 경우와 대체로 같으나, 다른 점은 (i) 영업주(상인)뿐만 아니라「지배인」도 부분적 포괄대리권을 가진 상업사용인을 선임할 수 있는 점$\binom{상\,11}{조\,2항}$, (ii) 부분적 포괄대리권을 가진 상업사용인의 선임과 종임은「등기사항」이 아닌 점$\binom{지배인의}{경우는\,등}$ $\binom{기사항임-}{상\,13조}$이다.

(2) 부분적 포괄대리권을 가진 상업사용인의 선임행위의 성질도「대리권의 수여

을 가진 상업사용인은 그가 수여받은 영업의 특정한 종류 또는 특정한 사항에 관한 재판 외의 모든 행위를 할 수 있으므로 개개의 행위에 대하여 영업주로부터 별도의 수권이 필요 없으나, 어떠한 행위가 위임받은 영업의 특정한 종류 또는 사항에 속하는가는 당해 영업의 규모와 성격 · 거래행위의 형태 및 계속 반복 여부 · 사용인의 직책명 · 전체적인 업무분장 등 여러 사정을 고려해서 거래통념에 따라 객관적으로 판단하여야 한다. 따라서 A는 Y회사의 영업부 직원으로서 주임 · 계장 및 팀장이라는 이름으로 X와 선급금거래의 방식으로 물품을 무상으로 공급하는 계약을 체결한 경우, A는 상법 제15조에 의한 부분적 포괄대리권을 가진다).

부분적 포괄대리권을 가진 상업사용인으로서의 행위를 부정한 판례: ① 대판 1960. 12. 8, 4293 민상 22(카드 6883)(여관의 상업사용인은 그 영업이 어음과 관련성이 희박하므로 주인을 대리하여 어음행위를 할 권한이 없는 것이 상례이다); ② 동 1971. 5. 24, 71 다 656(집 19 ② 민 70)(은행의 채무부담행위인 보증행위는 은행본점의 계리부장대리의 직무범위에 속하지 않고 또 그 직무와 관련된 행위로도 볼 수 없다); ③ 동 1965. 12. 28, 65 다 2133(집 13 ② 민 321)(회사의 과장은 다른 특별한 사유가 없는 한 민법상 시효중단사유가 되는 채무의 승인을 할 수 없다); ④ 동 1987. 6. 23, 86 다카 1418(공보 806, 1209)(회사의 지점에서 자금과장으로 호칭되고 지점장 바로 다음 직위에 있으며, 그가 위 지점장 명의로 은행지점에 개설된 회사의 보통예금계좌에서 예금을 인출하거나 또는 이에 입금한 사실이 있다 하여, 예금을 인출할 수 있는 권한을 포괄하여 위임받은 상업사용인이라 할 수 없다); ⑤ 동 1990. 1. 23, 88 다카 3250(공보 868, 510)(회사의 경리부장은 경리사무 일체에 관하여 그 권한을 위임받은 것으로 봄이 타당하고, 자금차입에 관한 부분적 포괄대리권은 있다고 할 수 없다); ⑥ 동 2007. 8. 23, 2007 다 23425(공보 2007, 1456) (상법 제15조의 부분적 포괄대리권을 가진 상업사용인에 해당하기 위하여는 그 사용인의 업무내용이 영업주를 대리하여 법률행위를 하는 것이 당연히 포함되어 있어야 하므로〈대판 2002. 1. 25, 99 다 25969 등 참조〉, 피고를 대리하여 영업과 관련된 계약을 체결할 권한을 가지지 않은 피고 강남지사의 영업 2팀장 및 영업 2팀에서 근무하는 과장은 상법 제15조의 상업사용인이 아니다) [이 판결에 반대하는 취지의 평석으로는 권재열, "부분적 포괄대리권을 가진 사용인으로 오인될 만한 유사한 명칭을 사용한 사용인에 대한 상법 제14조의 유추적용가능성 검토,"「상사판례연구」 (한국상사판례학회), 제21집 제3권(2008. 9), 33~56면].

행위」라고 보면 충분하다. 따라서 상법 제15조 1항의 「위임」의 의미는 수권행위의 원인된 법률관계로서의 위임계약이 아니라, 「수권행위」라고 보아야 할 것이다.[1]

(3) 「소상인」은 지배인을 선임하더라도 상법이 적용되지 않으나($\frac{상}{9조}$), 소상인이 부분적 포괄대리권을 가진 상업사용인을 선임하는 경우에는 상법이 적용된다.

3. 대리권의 범위

(1) 부분적 포괄대리권을 가진 상업사용인의 대리권의 범위는 지배인의 지배권과 유사하다. 즉, 그 대리권은 (i) 특정한 사항에 관한 한 포괄성과 정형성을 갖고 ($\frac{상 15}{조 1항}$), (ii) 또한 이를 제한하는 경우에도 이를 선의의 제3자에게 대항하지 못하는 불가제한성(획일성)을 갖는다. 따라서 부분적 포괄대리권을 가진 상업사용인의 대리권은 민법상의 대리권과는 구별되고, 지배인의 대리권과 유사하다.

그러나 부분적 포괄대리권을 가진 상업사용인의 대리권은 (i) 지배인과 같이 영업전반($\frac{비록 상호 또는 영업소에 의하여 개}{별화된 특정한 영업을 의미할지라도}$)에 미치는 것이 아니라, 「영업의 특정한 종류 또는 특정한 사항」에만 미치는 점[2]($\frac{예컨대, 판매·구}{입·대부·출납 등}$)($\frac{상 15조}{1항 전단}$), (ii) 「재판상의 행위」에는 미치지 않는 점($\frac{상 15조}{1항 후단}$)에서 지배인의 대리권과 구별된다.

(2) 부분적 포괄대리권을 가진 상업사용인이 그의 대리권($\frac{상 15조}{1항 전단}$)에 속하지 않는 행위를 한 경우에, 우리 대법원판례는 민법상의 표현대리가 적용되는 경우에 한하여 그와 거래한 제3자가 보호된다고 하나,[3] 다음에서 보는 바와 같이 상법 제14조($\frac{표현지}{배인}$)를 유추적용하여 제3자를 보호할 수도 있다고 본다.

4. 공동대리인 및 표현대리인

(1) 부분적 포괄대리권을 가진 상업사용인의 경우에는 지배인과는 달리 수 인이

---

1) 동지: 임(홍), (총칙) 238면.
2) 대판 1966. 1. 31, 65 다 2295(민판집 100, 476)(특정한 사항에 '유사한 것'이라는 이유만으로 당연히 그 대리권의 범위에 속한다고 할 수 없다).
3) 대판 1999. 7. 27, 99 다 12932(공보 1999, 1768)(부분적 포괄대리권을 가진 상업사용인이 특정된 영업이나 특정된 사항에 속하지 않는 행위를 한 경우 영업주가 책임을 지기 위하여는 민법상의 표현대리의 법리에 의하여 그 상업사용인과 거래한 상대방이 그 상업사용인에게 그 권한이 있다고 믿을 만한 정당한 이유가 있어야 한다)[이 판결에 반대하면서 '무자료의 거래'도 상법 제15조의 대리권 범위가 미친다는 취지의 평석으로는 전우현, "부분적 포괄대리권을 가진 상업사용인의 대리권 범위," 「판례월보」, 2000. 12(통권 363호), 25~34면]; 동 2006. 6. 15, 2006 다 13117(공보 2006, 1324)(전산개발장비 구매와 관련된 실무를 총괄하는 상업사용인의 지위에 있는 자가 회사에 새로운 채무부담을 발생시키는 지급보증행위를 하는 것은 부분적 포괄대리권을 가진 상업사용인의 권한에 속하지 아니하므로, 영업주가 책임을 지기 위하여는 민법상의 표현대리의 법리에 의하여 그 상업사용인과 거래한 상대방이 그 상업사용인에게 그 권한이 있다고 믿을 만한 정당한 이유가 있어야 한다).

공동으로만 대리권을 행사하게 하는 상법의 규정이 없다. 지배인 및 공동지배인에 관한 사항은 등기사항으로서($\frac{상}{13조}$) 공시되므로 거래의 상대방의 보호에 큰 문제가 없으나, 부분적 포괄대리권을 가진 상업사용인에 관한 사항은 등기사항이 아니므로 설사 이러한 수 인의 상업사용인이 공동으로만 대리권을 행사하게 하여도 이를 등기(공시)할 수 없어 거래의 상대방의 보호에 큰 문제가 있게 된다. 따라서 부분적 포괄대리권을 가진 상업사용인에게는 공동으로 대리권을 행사하게 할 수는 없다고 본다.

　(2) 부분적 포괄대리권을 가진 상업사용인의 경우에는 지배인과는 달리 표현과장 등에 대하여 상법은 규정하고 있지 않다. 따라서 영업주가 차장·과장·대리 등과 같이 부분적 포괄대리권을 가진 상업사용인과 같은 명칭사용을 허락하면서 실제로는 이에 해당하는 대리권을 부여하지 않은 경우, 그러한 표현과장 등이 제3자와 거래하였을 때에 제3자를 어떻게 보호할 것인가가 문제된다. 이에 대하여 (i) 제3자는 민법상 표현대리에 관한 규정($\frac{민\ 125조}{또는\ 126조}$)에 의하여 구제받을 수밖에 없다는 견해도 있으나,[1] (ii) 표현지배인에 관한 상법 제14조를 유추적용하여 제3자를 보호할 수도 있다고 본다.[2] 왜냐하면 영업주가 과장 등의 명칭사용을 허락하였다고 하여 이것이 민법 제125조의 「제3자에 대하여 대리권을 수여한 것」으로 보기 어렵고, 또한 제3자가 그러한 명칭을 가진 자를 과장 등으로 오신하였다고 하여 당연히 제3자에게 민법상의 「선의·무과실」 또는 민법 제126조의 「권한이 있다고 믿을 만

1) 채, 61면; 이(철), 108면(명문의 규정 없이 상법 제14조를 유추적용할 수 없고 또 민법 제125조에도 해당하지 않는 경우라면 통념상 영업주가 표현제도를 적용해야 될 정도로 유책하다고 보기 어렵다고 하여, 이 경우에는 민법 제756조의 사용자배상책임을 묻는 것이 타당하다고 한다); 대판 2007. 8. 23, 2007 다 23425(공보 2007, 1456)(상법 제14조 1항은, 실제로는 지배인에 해당하지 않는 사용인이 지배인처럼 보이는 명칭을 사용하는 경우에 그러한 사용인을 지배인으로 신뢰하여 거래한 상대방을 보호하기 위한 취지에서, 본점 또는 지점의 영업주임 기타 유사한 명칭을 가진 사용인은 표현지배인으로서 재판상의 행위에 관한 것을 제외하고는 본점 또는 지점의 지배인과 동일한 권한이 있는 것으로 본다고 규정하고 있으나, 부분적 포괄대리권을 가진 사용인의 경우에는 상법은 그러한 사용인으로 오인될 만한 유사한 명칭에 대한 거래 상대방의 신뢰를 보호하는 취지의 규정을 따로 두지 않고 있는바, 그 대리권에 관하여 지배인과 같은 정도의 획일성, 정형성이 인정되지 않는 부분적 포괄대리권을 가진 사용인들에 대해서까지 그 표현적 명칭의 사용에 대한 거래 상대방의 신뢰를 무조건적으로 보호한다는 것은 오히려 영업주의 책임을 지나치게 확대하는 것이 될 우려가 있으며, 부분적 포괄대리권을 가진 사용인에 해당하지 않는 사용인이 그러한 사용인과 유사한 명칭을 사용하여 법률행위를 한 경우 그 거래 상대방은 민법 제125조의 표현대리나 민법 제756조의 사용자 책임 등의 규정에 의하여 보호될 수 있다고 할 것이므로, 부분적 포괄대리권을 가진 사용인의 경우에도 표현지배인에 관한 상법 제14조의 규정이 유추적용되어야 한다고 할 수는 없다. 따라서 부분적 포괄대리권을 가진 사용인의 경우에도 표현지배인에 관한 상법 제14조의 규정이 유추적용되어야 한다는 전제 하에, 소외인이 '피고 강남지사 영업팀장'이라는 명칭을 사용하였으므로 상법 제14조에 의하여 소외인을 부분적 포괄대리권을 가진 사용인과 동일한 권한이 있는 자로 보아야 한다는 원고의 주장은 그 전제가 잘못되어 채택할 수 없다).
2) 동지: 임(홍), (총칙) 237~238면; 주상(상), 130면; 주상(Ⅰ), 200면; 정(동), (총) 134면.

한 정당한 이유」가 있다고 볼 수 없으므로, 민법의 규정만으로는 제3자의 보호가 충분하다고 볼 수 없기 때문이다.

제 4   물건판매점포사용인(의제상업사용인)

1. 의   의

(1) 물건을 판매하는 점포의 사용인은 그 판매에 관한 모든 권한이 있는 것으로 의제되는데($\frac{상\ 16}{조\ 1항}$), 이로 인하여 물건판매점포사용인을 의제상업사용인이라고도 한다.

(2) 물건판매점포사용인은 실제로 물건판매에 관한 대리권을 갖고 있지 않은 경우라도 제3자에 대하여 물건판매에 관한 대리권을 가진 것 같은 외관을 갖고 있으므로, 거래의 안전($\frac{특히\ 일반소}{비자의\ 보호}$)을 위하여 물건판매에 관한 대리권이 있는 것으로 의제하고 있는 것이다. 따라서 제3자가 악의인 경우에는 물건판매점포사용인은 대리권이 있는 것으로 의제되지 않는다($\frac{상\ 16}{조\ 2항}$). 그러므로 상법 제16조의 물건판매점포사용인에 관한 규정은 외관존중주의의 한 표현으로 거래의 안전을 보호하기 위한 규정이다.

2. 선임 · 종임

(1) 물건판매점포사용인은 그에게 대리권이 없는 경우에도 대리권이 있는 것으로 의제되는 자이므로, 지배인이나 부분적 포괄대리권을 가진 상업사용인과는 달리 그 선임에「대리권의 수여행위」가 존재할 필요가 없다. 영업주와 물건판매점포사용인과의 사이에는 원칙적으로 고용계약이 존재하여야 할 것이나, 그러한 고용계약이 없는 자($\frac{예컨대,\ 영}{업주의\ 가족}$)에게도 거래의 안전을 위하여 물건판매점포사용인에 관한 상법의 규정이 유추적용되어야 할 것이다.[1]

또한 상법 제16조 1항의 법문에는「사용인」이라고 규정하고 있지만, 이는 대리권이 있는 상업사용인만을 의미하는 것이 아니라, 널리「점포 내에서 물건을 판매할 권한이 있는 것 같은 외관을 가진 자」로 보아야 할 것이다.[2]

(2) 물건판매점포사용인은 그 선임에 고용계약이 존재하는 경우에는 고용계약의 종임사유에 의하여 종임될 것이나, 고용계약이 종료된 경우에도 그가 점포에서 물건을 판매하는 이상 거래의 안전을 위하여 물건판매점포사용인에 관한 상법의 규

---

1) 동지: 주상(상), 131면; 주상(Ⅰ), 201면.
2) 동지: 이(철), 110면.

정이 (유추)적용되어야 할 것이다.

(3) 물건판매점포사용인의 선임·종임의 의미가 위와 같고 또 이러한 사항이 등 기사항도 아니어서 공시되지 않는 점에서 볼 때, 물건판매점포사용인의 선임·종임 에 관한 문제는 상법 제16조의 적용에 있어서 거의 그 의미가 없다고 본다.

3. 적용범위

(1) 장소적 제한

1) 상법 제16조는 물건을 판매하는 「점포」의 사용인에 대하여만 적용된다. 점 포에서의 물건판매가 외관을 구성하기 때문이다. 따라서 물건판매점포사용인은 특 별한 수권이 없는 한 그 점포 외에서 대금을 수령할 권한이 없고,[1] 백화점의 외무사 원이 점포 외에서 물건을 판매하는 행위에 대하여는 물건판매점포사용인에 관한 상 법의 규정이 적용되지 않는다.[2]

2) 그러나 이의 의미는 「점포 내의 물건」만을 판매하는 경우를 의미하는 것은 아니다. 따라서 물건판매점포사용인이 점포 내에서 물건을 판매하는 이상, 그 물건 이 점포 외에 존재하는 경우에도 상법 제16조가 적용된다.[3]

(2) 업무적 제한

1) 상법 제16조는 물건의 「판매」에 관해서만 그 권한이 있는 것으로 의제하고 있다. 따라서 물건을 구입하거나, 영업자금을 차입하거나, 점포를 대여하는 행위 등 은 물건판매가 아니므로 그의 제한범위 내의 행위로 의제될 수 없다. 판매에 관한 행위란 현실적인 판매 자체에 관한 행위만을 의미하는 것이 아니라, 외상판매·할인 판매·교환 등과 같이 통상 판매와 관련되는 모든 행위(채무부담행위·처분행위 등)를 의미한다.[4]

2) 상법 제16조는 물건의 「판매」에 관한 행위에 대하여만 그 권한이 있는 것으 로 의제하고 있으나, 동조의 입법취지에서 볼 때 이에 한정할 것이 아니라 그 범위 를 확대하여 적용하여야 한다고 본다. 따라서 물건임대업·금융업·공중접객업 등 에 종사하는 점포의 사용인에게도 상법 제16조를 유추적용하여 거래의 안전을 도모 해야 한다고 본다(통설).[5] 그러나 당사자의 개성이 중시되는 용역의 공급을 내용으

---

1) 대판 1971. 3. 30, 71 다 65(월보 9, 75)(퇴직한 물건판매점포사용인에 대하여 점포 외에서 외 상대금을 지급한 경우, 민법 제129조의 표현대리도 성립하지 않는다고 판시함).
2) 대판 1976. 7. 13, 76 다 860(공보 544, 9313)(그러나 제3자가 물품거래행위로 인하여 손해를 입은 경우에는 백화점에 대하여 민법 제756조에 의한 사용자배상책임을 물을 수 있다고 판시함).
3) 동지: 이(철), 110면 외.
4) 동지: 임(홍), (총칙) 240면; 이(철), 111면.
5) 정(희), 87면; 손(주), 111면; 임(홍), (총칙) 240면; 이(철), 111면; 이(원), 102면; 정(무), 90

로 하는 거래(예컨대, 건축공사의 발)의 경우에는 이에 해당하지 않는다.[1]

(3) 악의의 자에 대한 제한

1) 물건판매점포사용인의 대리권의 의제는 악의의 제3자에게는 적용되지 않는다(상 16조 2항). 상법 제16조의 입법취지가 외관을 존중하여 거래의 안전을 도모하고자 하는 것이라는 점에서 볼 때 이는 당연하다. 이 때 악의의 내용은 「물건판매에 관한 대리권이 없음을 아는 것」을 의미한다[2](따라서 표현지배인의 경우 '지배 인이 아님을 아는 것'과 구별된다).

2) 제3자에게 모르는 데 대한 과실이 있는 경우, 경과실이면 선의로 보나 중과실이면 악의로 보아야 할 것이다.[3]

제 5   상업사용인의 의무(부작위의무, 광의의 경업피지의무)

1. 총   설

(1) 상업사용인은 위에서 본 바와 같이 영업주를 대리하여 각종의 영업활동에 종사하므로 영업주의 영업비밀 및 고객관계를 잘 알게 되는데, 상업사용인이 이를 이용하여 스스로 영업주와 경쟁관계에 있는 거래(영업)를 하여 자기 자신의 이익을 위하거나 또는 다른 영업주를 도와 그의 이익을 위하여 활동한다면, 상업사용인은 그를 선임한 영업주의 신뢰를 크게 위반함은 물론 그 영업주의 이익을 크게 희생하게 된다. 따라서 상법은 영업주와 상업사용인 사이의 신뢰관계를 유지하고 영업주의 이익을 보호하기 위하여 특별한 상업사용인의 부작위의무(광의의 경업피지의무)를 규정하고 있는 것이다(상 17조 1항).[4]

(2) 상업사용인과 영업주와의 사이에 수권행위의 원인관계로서 고용계약이나 위임계약이 있다면 각각의 그러한 계약의 효력으로서 상업사용인은 영업주에 대하여 민법상 각종 의무를 부담하게 되지만(예컨대, 고용계약의 경우에는 노무제공의무⟨민 655조⟩, 위임 계약의 경우에는 위임사무처리의무⟨민 680조⟩, 선관주의의무 ⟨민 681조⟩ 등), 「상법」은 이와는 별도로 상업사용인의 부작위의무를 규정하고 있는 것이다.

(3) 상업사용인은 영업주와 사법상의 계약에 의하여도 부작위의무를 부담할 수

면; 주상(상), 131면; 주상(Ⅰ), 201면; 정(동), (총) 135면 외.
1) 동지: 이(철), 110면.
2) 동지: 이(철), 110~111면; 주상(상), 131면; 주상(Ⅰ), 202면.
3) 이에 반하여 제3자에게 중과실이 있는 경우에도 선의로 해석하는 견해도 있다(채, 55면).
4) 상법 제17조 1항은 모든 상업사용인에 대하여 부작위의무를 규정하고 있는데, 구(舊)상법은 지배인에 대해서만 이 의무를 규정하였고, 독일 상법은 지배인을 제외한 상업사용인(상업보조자)에 대해서만 이 의무를 규정하고 있다.

있는데,[1] 상법은 이와는 별도로 「법률상의 의무」로서 상업사용인의 부작위의무를 규정하고 있다.[2]

(4) 상업사용인의 부작위의무와 같은 정신으로 상법상 규정한 것으로는 영업양도인($\frac{상}{41조}$), 대리상($\frac{상}{89조}$), 합명회사의 사원($\frac{상}{198조}$), 합자회사의 무한책임사원($\frac{상}{269조}$), 주식회사의 이사($\frac{상}{397조}$), 유한회사의 이사($\frac{상}{567조}$) 등의 부작위의무가 있다.

2. 내 용

상법은 상업사용인의 부작위의무에 대하여 두 가지를 규정하고 있는데, 하나는 경업금지의무($\frac{협의의 경업피지의무, 경}{업회피의무, 거래금지의무}$)이고, 다른 하나는 겸직금지의무($\frac{겸직회피의무, 특정}{지위취임금지의무}$)이다. 이하에서 나누어서 살펴보겠다.

(1) 경업금지의무(협의의 경업피지의무, 경업회피의무, 거래금지의무)

상업사용인은 「영업주의 허락 없이 자기 또는 제3자의 계산으로 영업주의 영업부류에 속한 거래」를 하지 못하는데($\frac{상 17조}{1항 전단}$), 이것이 상업사용인의 경업금지의무이다.

1) 영업주의 「허락」은 명시이든 묵시이든, 또한 서면이든 구두이든, 또한 사전이든 사후(추인)이든 무방하다. 이렇게 영업주의 허락이 있으면 상업사용인은 영업주의 영업부류에 속한 거래라도 자기 또는 제3자의 계산으로 할 수 있다. 그러나 상업사용인은 영업주의 영업부류에 속하지 않는 거래는 영업주의 허락이 없이도 자기 또는 제3자의 계산으로 할 수 있다.[3]

2) 「자기 또는 제3자의 계산으로」라는 의미는 '상업사용인 또는 제3자가 손익의 귀속의 주체(경제적 주체)가 된다'는 의미이지, 명의인을 의미하는 것이 아니다. 따라서 그러한 거래의 명의인은 누구라도 상관없다.

3) 「영업주의 영업부류에 속한 거래」란 '영업주가 영업(목적)으로 하는 거래'($\frac{기본적 상행위}{또는 준상행위}$)를 의미하는 것이지, 영업주가 '영업을 위하여 하는 거래'($\frac{보조적}{상행위}$)($\frac{예컨대,}{예금·}$ $\frac{}{어음행}$ $\frac{}{위 등}$)를 의미하는 것이 아니다. 그런데 영업주가 영업(목적)으로 하는 모든 거래가 이에 해당하는 것이 아니고, 영리성이 없는 거래는 이에 해당되지 않는다($\frac{예컨대, 부동}{산매매업을 영}$ $\frac{위하는 상인의 지배인이 자기의 주택으로 구입하는 경우, 은행의 지점장}{이 그의 은행에 예금을 하거나 그의 생활자금으로 대출을 받는 경우 등}$).

1) 독일 상법 제74조 이하에서는 상업사용인의 「계약상의 경업금지」(vertragliches Wettbewerbsverbot)에 대하여 규정하고 있다.
2) 독일 상법 제60조 1항은 이에 대하여 규정하고 있는데, 이를 「법률상 경업금지」(gesetzliches Wettbewerbsverbot)라고 한다.
3) 동지: 정(회), 87~88면; 정(동), (총) 124면; 손(주), 113면.

영업주의 영업부류에 속하는 거래인 이상, 개별적인 거래이든 계속적인 영업이
든 불문하고 금지된다.

4) 경업금지의무를 부담하는 자는 「모든 상업사용인」이다.[1] 따라서 이러한 자
는 영업주와의 관계에서 상업사용인인 동안에만 경업금지의무를 부담하므로, 상업
사용인의 종임 후에는 원칙적으로 이러한 의무를 부담하지 않는다(그러나 종임 후에도 사법상의 특약에 의하여 이러한 의무를 부담할 수는 있다).[2] 상업사용인인 동안에는 근무시간 내외를 불문하고 이러한 의무를
부담한다고 본다.[3]

(2) **겸직금지의무**(겸직회피의무, 특정지위취임금지의무)

상업사용인은 「영업주의 허락 없이 (다른) 회사의 무한책임사원, 이사 또는
다른 상인의 사용인」이 되지 못하는데($\frac{상\ 17조}{1항\ 후단}$), 이것이 상업사용인의 겸직금지의무
이다.

1) 영업주의 「허락」의 의미 등은 경업금지의무에서 설명한 바와 같다.

2) 상업사용인은 「다른」인적회사의 무한책임사원이나 「다른」물적회사의 이
사가 되지 못한다. 이러한 「다른」회사의 의미에 대하여는 대리상($\frac{상}{89조}$)·무한책임사
원($\frac{상\ 198조}{269조}$)·이사($\frac{상\ 397조}{567조}$) 등의 겸직금지의무와 비교하여 볼 때 「동종영업을 목적
으로 하는 다른 회사」를 의미하는 것이라는 제한설(소수설)[4]과, 영업의 내용에 불문
하고 「다른 모든 회사」를 의미하는 것이라는 무제한설(다수설)[5]로 나뉘어 있다.

(개) 제한설은 그 이유를 (i) 상업사용인의 경업금지의무에서도 모든 영업을 금지
하는 것이 아니라 '영업주의 영업부류에 속한 거래'만을 금지한 점, (ii) 상법은 상업
사용인의 개념을 정함에 있어 고용에 관한 규정을 삭제함으로써 고용인으로서의 충
실의무를 없애고 오로지 영업주와의 이해의 충돌을 피하는 점만을 규정한 점 등을
들고 있다.

(내) 무제한설은 그 이유를 (i) 상업사용인의 겸직금지의무는 대리상·무한책임

---

1) 이에 대하여 물건판매점포사용인에 대하여도 이러한 경업금지의무를 지우는 것은 입법상 무리
   가 있다고 보는 견해가 있다[임(홍), (총칙) 242면].
2) 동지: 정(동), (총) 125면; 주상(Ⅰ), 204~205면(그러나 이를 위하여는 명시의 계약이 있음을
   요하고, 그 내용이 사용인의 생활이익을 부당히 침해하는 것이어서는 안 된다고 한다); 임(홍),
   (총칙) 242~243면(이러한 계약은 공서양속에 반하지 않는 한 유효하다고 한다); 최(기), 102면
   (이러한 계약의 기간은 상법 제41조 2항을 유추적용하여 20년을 초과할 수 없다고 한다); 독일 상
   법 74조 이하; 日東京地判 1967. 12. 25(商事判例 96, 12).
3) 동지: 정(희), 88면; 서·정, 86면; 손(주), 113면; 정(동), (총) 125면; 채, 56면; 주상(Ⅰ), 204면.
4) 서·정, 86면; 서(정), 109면.
5) 정(희), 88면; 손(주), 113면; 최(기), 103면; 채, 58면; 임(홍), (총칙) 246면; 이(기) 외, (총)
   133면; 주상(Ⅰ), 206면; 이·최, 87면; 김(영), (총) 153면; 정(동), (총) 125면 외.

사원·이사의 그것과는 달리 특히 영업주와의 대인적 신뢰관계에 기초하여 넓게 규정된 점, (ii)「동종영업을 목적으로 하는」이라는 제한이 없는 상법 제17조 1항의 규정에 충실하게 해석해야 한다는 점 등을 들고 있다.

생각건대 무제한설이 타당하다고 본다. 따라서 상업사용인은 다른 모든 인적회사의 무한책임사원이나 다른 모든 물적회사의 이사의 직무를 겸하지 못한다. 그러나 상업사용인은 다른 익명조합의 조합원, 합자회사의 유한책임사원, 주식회사의 주주, 유한회사의 사원의 직무는 아무런 제한 없이 겸할 수 있다.

3) 상업사용인은 대리상($\frac{상}{89조}$)·무한책임사원($\frac{상 198조,}{269조}$)·이사($\frac{상 397조,}{567조}$) 등의 겸직금지의무와는 달리,「다른 상인」의 상업사용인도 겸하지 못한다. 이 때의 상인의 의미도 동종영업을 목적으로 하는 다른 상인이 아니라, 영업의 내용에 불문하고「다른 모든 상인」을 의미한다고 보아야 한다(무제한설).

3. 의무위반의 효과

상업사용인이 위와 같은 금지(부작위)의무에 위반하여 자기 또는 제3자의 이익을 추구한 경우에는 영업주에게 손해가 발생하였는지 여부를 불문하고 상업사용인이 그러한 이익추구를 단념하고 영업주의 영업에만 전념하도록 상법은 금지의무위반에 대하여 규정하고 있다. 이를 경업금지의무위반의 효과와 겸직금지의무위반의 효과로 나누어서 살펴보겠다.

(1) 경업금지의무위반의 효과

상업사용인이 경업금지의무를 위반하여 제3자와 거래를 한 경우, 그 거래 자체는 제3자의 선의·악의에 불문하고 유효하다. 다만 영업주를 보호하기 위하여 상법은 영업주에게 다음과 같은 권리를 인정하고 있다.

1) **계약의 해지권**　　상업사용인이 영업주의 허락 없이 자기 또는 제3자의 이익을 위하여 영업주의 영업부류에 속한 거래를 한 경우에는 이미 영업주와의 대인적 신뢰관계가 파괴된 것이므로, 영업주는 상업사용인과의 모든 계약을 해지할 수 있다($\frac{상 17조}{3항 전단}$).

이 때의「계약」이란 제1차적으로는 영업주와 상업사용인간의 대리권수여행위가 될 것이고,[1] 제2차적으로는 수권행위의 원인관계에서 고용계약 또는 위임계약 등이 있는 경우에는 이러한 계약을 의미하는 것이다.

2) **손해배상청구권**　　상업사용인의 경업금지의무위반으로 인하여 영업주에

---

1) 동지: 손(주), 115면.

게 손해가 발생한 경우에는, 영업주는 이를 증명하여 그 상업사용인에게 손해배상
을 청구할 수 있다($\frac{상\ 17조}{3항\ 후단}$).

이 때의 영업주의 손해는 적극적 손해보다는 소극적 손해($\frac{기대이익}{의\ 상실}$)인 경우가 많
을 것이고, 이의 증명이 곤란한 경우가 많을 것이다.[1]

3) 개입권(탈취권)

㈎ 입법목적　　영업주가 상업사용인에게 손해배상청구권을 행사하기 위하
여는 자기가 입은 손해를 증명해야 하는데, 이 손해는 위에서 본 바와 같이 일반적
으로 소극적 손해로서 이의 증명이 곤란한 경우가 많다. 따라서 영업주의 이러한
증명의 곤란을 해결하고 또한 영업주의 고객관계를 그대로 확보해 주면서 영업주
의 경제적 이익을 보호하기 위하여 인정된 제도가 개입권(Eintrittsrecht) 또는 탈취권
(Aneignungsrecht)이다.[2]

㈏ 의 의　　개입권이란 「상업사용인이 경업금지의무에 위반하여 제3자
와 거래를 한 경우에, 그 거래가 상업사용인의 계산으로 한 것인 때에는 영업주는
이를 영업주의 계산으로 한 것으로 볼 수 있고, 제3자의 계산으로 한 것인 때에는
영업주는 그 사용인에 대하여 이로 인한 이득의 양도를 청구할 수 있는 권리」를 말
한다($\frac{상\ 17}{조\ 2항}$). 상법 제17조 2항에서 「전항」의 의미는, 경업금지의무만을 의미하는 것
이지, 겸직금지의무까지 포함하는 것이 아니다.

여기에서 상업사용인의 계산으로 한 경우에 「영업주의 계산으로 한 것으로 볼
수 있다」는 의미는 영업주가 그 거래로 인하여 실제로 발생한 이익의 귀속의 주체
가 된다는 의미이지,[3] 영업주가 제3자에 대하여 거래의 상대방이 된다는 의미가 아
니다.

또한 제3자의 계산으로 한 경우에 「영업주는 상업사용인에 대하여 이로 인한
이득의 양도를 청구할 수 있다」는 의미는, 상업사용인이 제3자로부터 받은 이익
($\frac{예컨대,}{보수\ 등}$)의 양도를 청구할 수 있다는 의미이지, 제3자가 그 거래로 인하여 취득한 이
익의 양도를 영업주가 청구할 수 있다는 의미가 아니다.[4]

---

1) 동지: 임(홍), (총칙) 247면.
2) 정(동), (총) 126면은 「개입권이라는 용어는 상법상의 용어가 아닐 뿐더러 오해를 일으킬 염려
가 있으므로, 이를 탈취권이라 부르는 것이 좋다」고 한다.
　　한편 채, 58면은 이 외에도 「상업사용인이 영업주에게 발생한 손해를 배상하고도 이득이 남은
경우, 이러한 상업사용인의 부당이득을 제거하기 위하여도 개입권이 필요하다」고 한다.
3) 영업주의 계산으로 하였다면 「얻었을 이익」과 상업사용인의 계산으로 하여 「실제로 발생한 이
익」과의 차액은, 영업주가 손해배상으로 청구할 수 있다[동지: 이(철), 114면].
4) 동지: 임(홍), (총칙) 249면; 이(철), 114면. 독일 상법 61조 1항 참조.

㈘ **법적 성질 및 행사방법** 개입권의 법적 성질은 형성권이다. 따라서 영업주는 상업사용인에 대하여 일방적인 의사표시만을 하여 그 권리를 행사할 수 있다.

㈙ **행사의 효과** 영업주가 개입권을 행사하면 영업주가 상업사용인의 거래의 상대방에 대하여 직접 당사자가 되는 것이 아니고, 상업사용인은 다만 거래의 경제적 효과를 영업주에게 귀속시킬 의무를 부담할 뿐이다. 즉, 영업주는 상업사용인으로부터 당해 거래로 인하여 그가 취득한 물권 또는 채권(제3자의 계산으로 거래한 때에는 상업사용인이 취득한 이득) 등을 취득할 권리를 갖고, 상업사용인이 당해 거래를 위하여 부담한 채무를 변제하고 지출한 비용을 지급할 의무를 부담한다(일종의 간접 대리의 현상). 따라서 영업주의 상업사용인에 대한 개입권의 행사의 효과는 채권적(債權的)인데, 이로 인하여 이러한 개입권을 「내부적(실질적) 개입권」이라 한다. 상업사용인에 대한 개입권과 동일한 유형으로는 대리상($\binom{상}{89조}$) · 인적회사의 무한책임사원($\binom{상\ 198조.}{269조}$) · 물적회사의 이사($\binom{상\ 397조.}{567조}$)에 대한 개입권이 있다.[1]

㈚ **행사기간** 개입권은 영업주가 그 거래를 안 날로부터 2주간을 경과하거나, 그 거래가 있은 날로부터 1년을 경과하면 소멸한다($\binom{상\ 17}{조\ 4항}$). 이 기간은 제척기간(법정기간)으로 상업사용인의 지위가 장기간 불안정하게 됨을 방지하기 위하여 인정되고 있다.

㈛ **개입권과 손해배상청구권과의 관계** 영업주가 개입권을 행사하였다 하여도 아직 별도의 손해가 있으면 영업주는 다시 상업사용인에게 손해의 배상을 청구할 수 있다($\binom{상\ 17조}{3항\ 후단}$). 이와 반대로 영업주가 손해배상을 청구한 후에도 개입권을 행사할 수 있지만, 그 결과 부당이득이 발생하면 이를 반환하여야 한다.[2]

(2) 겸직금지의무위반의 효과

상업사용인이 겸직금지의무를 위반하여 다른 회사의 무한책임사원 · 이사가 되거나 또는 다른 상인의 상업사용인이 된 경우, 그러한 지위에 취임한 행위 그 자체는 유효하다. 다만 영업주는 그 상업사용인에 대하여 계약을 해지하거나 또는 손해배상을 청구할 수 있다($\binom{상\ 17조}{3항\ 유추}$). 상업사용인이 겸직금지의무에 위반하여 그러한 지위에 취임하는 행위는 「거래」가 아니므로 영업주는 개입권을 행사할 수는 없다(통설).[3]

---

1) 이에 반하여 거래의 상대방에 대하여 직접 당사자가 되는 개입권이 있는데, 이를 「외부적(전면적) 개입권」이라 한다. 이에 속하는 것으로는 위탁매매인(상 107조) · 준위탁매매인(상 113조) 및 운송주선인(상 116조 1항)의 개입권이 있다. 또한 중개인(상 99조) 및 위탁매매인(상 105조)의 이행담보책임을 강학상 「개입의무」라고 하는데, 이러한 자는 의무(책임)만을 부담하는 점에서 내부적 개입권이나 외부적 개입권과는 구별된다.

2) 동지: 임(홍), (총칙) 250면; 이(철), 114면; 주상(상), 135면; 주상(Ⅰ), 209면.

3) 손(주), 115면; 정(동), (총) 128면; 최(기), 105면; 임(홍), (총칙) 251면; 이(철), 115면;

「계약의 해지」에서 계약이란 경업금지의무위반의 경우와 같이 제1차적으로는 대리권수여행위가 될 것이고, 제2차적으로는 수권행위의 원인관계에서 존재하는 고용계약 또는 위임계약 등이 될 것이다.[1]

「손해배상의 청구」는 계약의 해지와 선택적으로 행사할 수도 있고 또한 병행하여 행사할 수도 있다.[2]

이·최, 87~88면; 김(영), (총) 155면 외.

　　반대: 채, 58면(상법 제17조 2항의 「거래」의 의미를 좁게 해석할 이유가 없으므로 이에는 겸직금지의무에 위반하여 그러한 지위에 취임하는 행위를 포함한다고 본다).

1) 이에 대하여 대리권수여행위는 영업주가 그의 일방적인 의사표시에 의하여 언제든지 철회할 수 있으므로 해지권을 인정할 실익이 없고, 고용·위임 등 원인관계에서 존재하는 계약의 해지권을 인정한 점에 실익이 있다는 견해가 있는데[이(철), 115면], 이는 수권행위의 법적 성질을 단독행위로 보는 경우에만 의미가 있는 견해라고 본다.

2) 동지: 손(주), 115면.

제 **4** 장 상 호[1](기업의 명칭)

제 1 상호의 입법목적

(1) 기업은 독립적 경제생활체로서 그것이 법적으로 주체화하기 위하여는 기업 활동에 따른 권리의무의 귀속의 주체인 상인을 필요로 하는 외에, 그 기업의 개성을 표시하고 그 동일성을 식별하기 위한 어떠한 명칭 또는 표지(表識)를 필요로 한다. 이러한 필요에 의하여 기업의 명칭으로서 기업의 동일성과 개성을 표시하기 위하여 사용되는 것이 상호(trade name; Firma; nom commercial)이다. 따라서 기업의 명성과 신용이 상호에 화체(化體)되고, 기업의 독립성과 동일성은 상호에 의하여 식별된다.

(2) 상호는 (i) 기업에 대하여는 재산적 가치가 있는 제도로서 타인에 의한 부정 침해로부터 기업(상인)을 보호할 필요가 있게 되고, (ii) 상호의 남용을 제한하여 일 반사회의 이익을 보호할 필요가 있으며, 또한 (iii) 상호의 상속·양도를 가능하게 하여 기업의 신용을 유지시켜 줄 필요가 있게 된다. 따라서 이러한 필요에 의하여 상호를 상법에서 규정하게 된 것이고, 최근에는 상거래가 널리 국제적으로 이루어 짐에 따라 상호보호의 문제는 국제적인 문제가 되고 있다.

(3) 자연인인 상인은 그의 성명을 그대로 상호로 사용하는 경우도 있으나 실제 로는 성명과 다른 명칭을 상호로 사용하고 있고, 법인인 상인(특허회사)은 대체로 그 법 인의 명칭이 그대로 상호로 사용되고 있다.

---

1) 학자에 따라서는 상호·상업장부·영업소를 합하여 기업의 물적 설비로서 설명하는 견해도 있 으나[서·정, 88면 이하; 손(주), 116면 이하; 최(기), 107면 이하], 본서에서는 상법의 편제에 따 라 설명하고 영업소에 대하여는 상업장부 다음에 설명하기로 한다.

제 2 상호의 의의

상호의 정의에 대하여는 상법에 명문규정은 없으나, 「상인이 기업(영업)활동상 사용하는 기업(영업)의 명칭」이라고 정의할 수 있다. 이를 분설하면 아래와 같다.

1) 상호는 「상인」이 사용하는 명칭이다. 따라서 상인이 아닌 상호회사나 협동 조합 등이 사용하는 명칭은 상호가 아니다. 소상인에 대하여는 상호에 관한 규정이 적용되지 않으므로($\frac{상}{9조}$), 소상인이 영업상 사용하는 명칭은 상법상의 상호로서 보호를 받지 못한다.

2) 상호는 상인이 「기업(영업)활동상」 사용하는 명칭이다. 상호는 실질적으로는 기업(영업)의 명칭이므로 상인이 기업(영업)활동상 사용하는 명칭이 상호이다. 이 점은 개인기업의 경우에 분명하다. 즉, 개인기업의 경우에는 보통 자연인으로서의 성명 외에 기업(영업)활동상 사용하는 상호를 별도로 갖고 있는데, 이렇게 「기업(영업)활동상」 사용하는 명칭이 상호이다.

그런데 자연인인 상인의 경우에도 모든 기업(영업)활동에는 상호만을 사용하여야 하는 것은 아니다. 즉, 상법 등은 화물명세서($\frac{상\ 126조}{2항\ 3호}$) · 화물상환증($\frac{상\ 128조}{2항\ 1호}$) · 선하증권($\frac{상\ 853조}{1항\ 11호}$) · 전자선하증권($\frac{상\ 862}{조\ 2항}$) · 해상화물운송장($\frac{상\ 863}{조\ 2항}$) 등에 '성명 또는 상호'를 기재할 수 있도록 규정하고 있는데, 이것은 기업(영업)활동에도 성명을 사용할 수 있게 한 것이다.

그런데 회사(법인) 기업의 경우에는 회사(법인)의 명칭이 바로 상호가 되고 회사(법인)는 이외에 다른 명칭이 없으므로 회사(법인)는 기업(영업)활동 이외의 생활관계에서도 상호로 자신을 나타낼 수밖에 없고, 또한 회사의 활동은 자연인과는 달리 거의 모두 기업(영업)활동과 관계가 되므로 「기업(영업)활동상」 사용하는 명칭이 상호라는 점은 거의 그 의미가 적다고 보겠다.

3) 상호는 「기업(영업)」의 명칭이다. 상호가 상인의 명칭인가 또는 기업(영업)의 명칭인가에 대하여, (i) 다수설은 상인이 그 영업에 관하여 사용하는 「상인 자신의 명칭」이라고 설명하고 있다.[1] (ii) 그러나 상호가 무엇을 나타내는 것인가 하는 것

---

1) 손(주), 121면; 서 · 정, 92면; 정(동), (총) 141면; 최(기), 107면; 이(병), 132면; 이(원), 110면; 임(홍), (총칙) 265면; 이(철), 124면(상호를 기업의 명칭으로 보는 견해에 대하여, 기업 자체는 권리능력이 없으므로 상호사용의 효과를 누릴 수 없으며 특히 법인기업의 경우 기업만이 명칭을 갖고 정작 그 주체인 법인은 명칭을 갖지 못하게 되어 부당하다는 점에서 비판한다); 채, 64면; 주상(상), 139면; 이(기) 외, (총) 145면; 김(영), (총) 164면 외.

독일 상법은 상인의 상명(商名)(Handelsname des Kaufmanns)이라고 보는 것이 보통이고,

과 상호의 귀속주체가 누구인가 하는 것은 이를 개념상 구별하여 생각할 수 있다. 상호는 실질적으로 기업을 나타내는 「기업(영업)의 명칭」인 것이고, 상인은 상호권의 귀속의 주체로 취급되는 데 불과하다.[1] 상호는 사회적·경제적인 기능면에서 볼 때 분명히 기업 그 자체의 명칭으로서 기업의 신용의 표적이 되는 것이다. 회사기업의 경우에는 상호와 회사(상인)의 명칭이 동일하기 때문에 상호는 바로 상인의 명칭으로 생각될 수 있으나, 개인기업의 경우에는 기업의 경영담당자($\binom{또는 기업활동에서 발생}{하는 권리의무의 귀속자}$)인 상인의 명칭과 기업 그 자체의 명칭인 상호는 쉽게 개념상 구별된다고 본다.

4) 상호는 「명칭」이다. 상호는 명칭이므로 문자로 표시되고 발음할 수 있는 것이어야 한다. 따라서 기호·도안 같은 것은 상호가 될 수 없다. 이 점에서 상품표시인 「상표」(trade mark; Wahrenzeichen; marque de fabrique) 또는 영업의 기호 또는 도안인 「영업표」와 다르다. 상호는 외국어라도 상관이 없으나, 외국문자로 된 상호는 실무상 등기할 수 없고 대법원예규에서 정하는 바에 따라 한글로 기록한 다음 괄호 안에 로마자·한자·아라비아숫자 그리고 부호를 병기할 수 있다($\binom{상등}{규 2조}$). 그러나 개인기업의 경우에는 외국어를 미등기상호로서 사용할 수 있고, 이 때에 이러한 상호는 등기를 전제로 하지 않은 상법상의 보호도 받는다고 할 것이다.[2]

제 3   상호의 선정

1. 입법주의

상호를 어느 정도로 기업의 실질과 합치시킬 것인지에 대하여는 다음과 같이 입법주의가 나뉘어 있다.

(1) 상호자유주의

상호자유주의에 의하면 기업은 어떠한 명칭이든 자유로이 상호로 선정하여 사용할 수 있다. 이 주의는 기업으로서는 편리한 점이 많지만, 공중의 오인을 살 염려가 있다. 영미법계는 이 주의를 채용하고 있다.

그 이유는 기업이 권리능력이 없기 때문이라고 하여 형식적 면을 강조한다(Hüffer, *Staub's HGB Kommentar*, 4. Aufl., §17 Rdz. 3, 4).
1) 동지: 정(희), 92면[그런데 상인은 기업활동에서 생기는 권리의무를 처리하기 위한 법기술적 존재라는 점에서 보면, 상호를 기업의 명칭이라고 하든 상인의 명칭이라고 하든 동일사실을 형식과 실질의 양면에서 본 것에 불과하다고 한다. 즉 상호는 내용의 면(실질적 면)에서 보면 「기업의 명칭」이나, 상호권의 형식적 귀속의 면(형식적 면)에서 보면 「상인의 명칭」이라는 것이다].
2) 동지: 이(철), 125면; 최(기), 108면; 임(홍), (총칙) 267면.
    반대: 채, 64면(외국문자 자체를 상호로 삼을 수는 없다고 한다).

(2) 상호진실주의

상호진실주의에 의하면 기업은 그 실체에 합치하지 않는 명칭을 사용할 수 없다. 즉, 기업이 인명·지명·업종명 등을 사용함에는 반드시 이들의 진실과 일치하여야 한다. 이 주의는 공중오인의 위험은 없지만, 기업에 있어서 이러한 사항이 변경되는 경우에 기존상호를 유지할 수 없는 불이익이 있다. 프랑스 및 라틴 법계가 이에 속한다.

(3) 절충주의

절충주의는 상호자유주의와 상호진실주의를 절충한 입법주의이다. 이러한 절충주의는 다시 두 가지가 있는데, 첫째는 신상호에는 진실을 표시하여야 하지만 기존기업을 양도하는 경우에는 진실주의를 완화한 「진실주의적 절충주의」(독일)와, 둘째는 자유주의를 원칙으로 하고 일정한 경우에는 이를 제한하는 「자유주의적 절충주의」(한국·일본)가 있다.

2. 상법상의 상호선정

(1) 원칙(상호자유주의)

상법 제18조는 「상인은 그 성명 기타의 명칭으로 상호를 정할 수 있다」고 규정하여, 원칙적으로 상호자유주의를 채용하고 있다. 따라서 상인(기업)은 인명·지명·업종명 등을 자유로이 사용하여 상호를 정할 수 있는데, 이들이 진실과 일치할 필요가 없다.

(2) 예외(상호자유주의의 제한)

상호자유주의는 일반공중의 오인의 위험이 있고 그 결과 거래의 안전을 해하게 되므로, 상법은 필요한 최소한의 범위 내에서 예외적으로 상호자유주의를 제한하고 있는데, 이는 다음과 같다.

1) 회사의 상호   회사의 상호 중에는 반드시 회사의 종류를 명기하여야 한다($\frac{상}{19조}$). 회사기업은 특히 일반공중과의 관계가 깊고, 또한 회사의 종류에 따른 조직·사원책임 등의 차이는 회사의 채권자에게 커다란 영향이 있는 까닭이다. 회사 중에서 특히 공공적 성격이 많은 회사기업의 경우에는 특별법에 의하여 그 업종까지도 명시하여야 한다($\frac{보험 8조}{1항 등}$).

2) 비회사 상인의 상호   회사기업이 아니면서 상호 중에 회사임을 나타내는 문자를 사용하지 못한다($\frac{상 20}{조 1문}$). 예컨대, 합명상회(合名商會)라는 것과 같은 것이다. 회사의 기업을 양수한 경우에도 같다($\frac{상 20}{조 2문}$). 이의 위반에 대하여는 일정한 과태

료의 제재가 있다($\frac{상}{28조}$). 은행·보험·금융투자업 등의 업종을 영위하는 회사가 아닌 경우에는 특별법에 의하여 은행·보험·증권투자 등의 문자를 상호로 사용하지 못한다($\frac{은행\ 14조,\ 보험\ 8}{조\ 2항,\ 자금\ 38조}$).

3) 부정목적 상호사용금지　　　누구든지 부정한 목적으로 타인의 영업이라고 오인시킬 수 있는 상호를 사용하여서는 아니 된다($\frac{상\ 23}{조\ 1항}$). 이 때의 상호에는 타인의 상호뿐만 아니라 타인의 성명을 포함한다. 이의 위반에 대하여는 과태료의 제재가 있다($\frac{상}{28조}$).

4) 명의대여자의 책임　　　상법은 간접적 방법에 의하여 상호의 진실한 표시를 기하고 있다. 즉, 자기의 성명 또는 상호를 사용하여 영업을 할 것을 타인에게 허락한 자는 자기를 영업주라고 오인하여 거래한 자에 대하여 그 거래에서 생긴 채무에 관하여 그 타인과 연대하여 변제할 책임을 져야 한다($\frac{상}{24조}$)($\frac{이에\ 관한\ 상}{세는\ 후술함}$). 이것은 금반언칙의 한 예이다.

이에 더 나아가 특별법에서는 명의대여를 정책적으로 금지한 경우도 있다. 예컨대, 자본시장과 금융투자업에 관한 법률에 의하면 금융투자업자는 자기의 명의를 대여하여 타인으로 하여금 금융투자업을 영위하게 하지 못한다($\frac{자금}{39조}$).

5) 부정경쟁방지 및 영업비밀보호에 관한 법률에 의한 상호사용제한　　　부정경쟁방지 및 영업비밀보호에 관한 법률($\frac{전문개정:\ 1986.\ 12.\ 31,\ 법\ 3897}{호,\ 개정:\ 2024.\ 2.\ 20,\ 법\ 20321호}$)상 부정경쟁행위($\frac{동법\ 2}{조\ 1호}$)로 인하여 자신의 영업상의 이익[1]이 침해되거나 침해될 우려가 있는 자는 부정경쟁행위를 하거나 하고자 하는 자에 대하여 법원에 그 행위의 금지 또는 예방을 청구할 수 있는데 ($\frac{동법\ 4}{조\ 1항}$), 이 때에는 그 부정경쟁행위를 조성한 물건의 폐기·부정경쟁행위에 제공된 설비의 제거·행위의 대상이 된 도메인이름의 등록 말소·그 밖에 부정경쟁행위의 금지 또는 예방을 위하여 필요한 조치를 함께 청구할 수 있다($\frac{동법\ 4}{조\ 2항}$). 고의 또는 과실에 의한 부정경쟁행위로 타인의 영업상의 이익을 침해하여 손해를 입힌 자는 그 손해를 배상할 책임을 진다($\frac{동법}{5조}$). 이 때 법원은 영업상의 이익이 침해된 자의 청구에 의하여 손해배상을 갈음하거나 손해배상과 함께 영업상의 신용을 회복하는 데 필요한 조치를 명할 수 있다($\frac{동법}{6조}$). 이 때 상호에 관한 사항에는 상법 중 상호에 관한 규정이 적용되므로 등기의 유무를 묻지 않

---

1) 참고: 춘천지판 2016. 2. 3, 2014 가단 34228(판공 2016, 285)(주류도매업체인 갑 합자회사가, 그의 영업상무 을과 영업과장 병이 동종 업체인 정 합자회사로 이직한 후 갑 회사의 거래처 중 45 개 업소가 갑 회사와 거래를 종료하고 정 회사와 거래를 하자, 정 회사가 갑 회사의 영업비밀인 거래처 명단·마진율 및 마진액·할인액·사은품 제공내역 등의 정보를 사용하여 갑 회사의 거래처를 빼앗아 영업상 손실을 입혔다고 주장하며 을·병 및 정 회사를 상대로 손해배상을 구한 사안에서, 갑 회사의 영업사원들이 마진내역·사은품 제공내역·할인금 등 거래조건 등의 정보를 공유하고 있다고 볼 수 있는 점 등 제반 사정에 비추어, 위 정보는 비공지성·독립된 경제적 가치·비밀관리성을 구비하지 못하여 부정경쟁방지 및 영업비밀보호에 관한 법률 제2조 제2호에서 정한 '영업비밀'이라 할 수 없다).

고 보호받는다. 이외에 이러한 부정경쟁행위를 한 자는 형사처벌($\binom{3년 이하의 징역 또는}{3천만원 이하의 벌금}$)을 받는다($\binom{동법 18조}{3항 1호}$).

3. 상호의 수(상호단일의 원칙)

(1) 개인기업(개인상인)의 경우

동일한 영업에는 단일상호를 사용하여야 하는데($\binom{상 21}{조 1항}$), 이를 「상호단일의 원칙」이라 한다. 만일 동일한 영업에 수 개의 상호를 사용할 수 있게 하면, 일반공중을 오인시킬 뿐만 아니라 타인의 상호선정의 자유를 부당하게 침해하기 때문이다. 따라서 개인기업(상인)이 수 개의 영업을 영위하는 경우에는 원칙적으로 각 영업별로 수 개의 상호를 사용하여야 하나($\binom{상등 50조 1}{항 3호 참조}$), 하나의 상호를 수 개의 영업에 공통적으로 사용할 수도 있다.[1]

동일한 영업에는 단일상호를 사용하여야 하므로 동일영업에 관하여 수 개의 영업소가 있는 경우에도 모든 영업소에 동일한 상호를 사용하여야 한다. 다만 이 경우에 지점의 상호에는 본점과의 종속관계를 표시하여야 한다($\binom{상 21}{조 2항}$).

(2) 회사기업(회사상인)의 경우

회사의 상호는 회사의 전 인격을 표시하는 유일한 명칭으로서 한 개만이 있으므로, 회사가 수 개의 영업을 하더라도 한 개의 상호만을 사용할 수 있다. 이 점은 회사기업이 개인기업의 경우와 다른 점이다. 따라서 회사가 동일한 영업에 수 개의 상호를 사용하는 경우란 있을 수 없다. 그러나 회사가 수 개의 영업소를 가지는 경우에는 본점과의 종속관계를 표시하여야 한다($\binom{상 21}{조 2항}$).

4. 상호의 등기

(1) 개인기업(개인상인)의 경우

1) 상호는 기업측뿐만 아니라 그 거래의 상대방에게도 이해관계가 크므로 상법은 상호의 공시방법으로 상호의 등기제도를 인정하고 있다. 그런데 개인기업의 경우에는 등기에 의하여 그 존재가 증명되는 것도 아니고 또 대부분 영세하여 영업의 개시와 폐지가 빈번하므로 상호등기를 강제하고 있지 않다(상대적 등기사항).

2) 그러나 개인기업이라 하더라도 상호를 등기하면 그 보호가 더욱 강화된다($\binom{이에 관한 상}{세는 후술함}$). 또한 개인기업이라 하더라도 상호를 일단 등기하면 그 변경과 소멸의 등기는 절대적 등기사항이다($\binom{상}{40조}$).

---

1) 동지: 최(기), 111면; 주상(Ⅰ), 222면.

3) 개인기업의 경우 상호의 등기는 상호등기부에 하는데$\binom{상등 11조}{1항 1호}$, 등기절차에 관한 상세는 상업등기법$\binom{동법 22}{조 이하}$과 상업등기규칙에 의한다.

(2) 회사기업(회사상인)**의 경우**

1) 회사기업의 경우는 상호만이 유일한 회사의 명칭이고 회사는 그 명칭이 공시되어야 존재를 인식할 수 있으므로, 회사의 상호는 반드시 등기되어야 한다(절대적 등기사항).

2) 회사기업의 경우 상호의 등기는 설립등기시에 하고$\binom{상 180조 1호, 271조 1항, 287조}{의 5 1호, 317조 2항 1호, 549조 2}$ $\binom{항}{1호}$, 상호등기부가 아니라 각종의 회사등기부에 하게 된다$\binom{상등 11조 1}{항 6호~11호}$.

제 4 상호의 보호

1. 상호권의 의의

(1) 상호권(Firmenrecht)은 적법하게 선정한 상호를 타인의 방해를 받지 않고 사용할 수 있는 「상호사용권」$\binom{적극적 권리 \cdot}{사용권능}$과, 타인이 부정한 목적으로 자기가 사용하는 상호와 동일 또는 유사한 상호를 사용하는 경우에 이를 배척할 수 있는 「상호전용권」$\binom{소극적 권리 \cdot}{배타권능}$을 말한다.

(2) 상호권 중 상호전용권은 등기에 의하여 발생한다는 견해도 있으나(소수설),[1] 상호전용권은 등기의 유무와는 상관 없이 상호의 선정·사용만으로 생기는 권리이고 상호의 등기는 다만 상호전용권을 강화할 뿐이다(다수설).[2] 이러한 견해의 차이는 회사기업의 경우는 발생할 여지가 없고, 개인기업의 경우에 한하여 발생한다. 왜냐하면 회사기업의 경우에는 회사의 설립과 동시에 상호가 등기되므로 미등기상호가 존재할 여지가 없으나, 개인기업의 경우에는 상호가 상대적 등기사항이므로 미등기상호와 등기상호가 병존하기 때문이다.

2. 상호권의 법적 성질

상호권의 법적 성질에 관하여는 크게 등기의 전후에 따라 이를 구별하여 파악

---

1) 서·정, 97면; 채, 73면(동 교수는 「전용권」이란 법률상 일정한 행위를 할 수 있는 권한이 특정인에게만 부여되어 손해발생과는 상관 없이 제3자의 행위를 금지 혹은 중지시킬 수 있는 권리를 뜻하는데, 상법상 이같은 권리는 상호의 등기시에만 발생하므로 이런 점에서 볼 때에 소수설이 보다 논리적이라고 한다. 그러나 용어에 의하여 권리의 내용이 정하여지는 것은 아니므로 이러한 설명은 타당하지 않다고 본다).

2) 정(희), 98면; 손(주), 137면; 정(동), (총) 149면; 최(기), 116면; 이(철), 137면; 임(홍), (총칙) 286면; 정(무), 105면; 이(기) 외, (총) 163면; 주상(Ⅰ), 256면 외.

하는 설과,[1] 이를 구별하지 않고 동일시하여 파악하는 설이 있는데, 오늘날 우리나라에서는 후자의 입장에서 상호권의 법적 성질을 다음과 같이 파악하고 있다.[2]

(1) 재산권설

상호권은 재산권으로서의 배타성과 양도성이 인정되므로 약간의 특수성을 가진 「재산권」이라고 한다(소수설).[3]

(2) 겸 병 설

상호권은 기업(영업)의 명칭이라는 점에서는 인격권적 성질을 갖고, 한편 이것은 기업(영업)에 고착·전속되는 것이 아니라 양도성이 인정되는 점에서 재산권적 성질(무체재산권)을 가지므로, 「인격권적 성질을 가진 재산권」이라고 한다(다수설).[4]

생각건대 상호권은 인격권적 성질을 가진 재산권(겸병설)으로서 기업생활관계에서 발생하는 특수한 권리라고 볼 수 있다. 우리 상법도 상호의 이러한 법적 성질을 반영하여 규정하고 있다. 즉, 상법이 상호는 원칙적으로 영업(기업)과 함께 하는 경우에 한하여 이를 양도할 수 있도록 규정하고 있는 점($\frac{상\ 25조}{1항\ 후단}$)은 상호권의 인격권적 성질을 반영한 것이요, 예외적으로 영업이 폐지된 경우에는 상호만을 양도할 수 있도록 규정하고 있는 점($\frac{상\ 25조}{1항\ 전단}$)은 상호권의 재산권적 성질을 반영한 것이다.

---

1) 이는 과거에 일본에 있었던 학설인데, 이에는 다시 (i) 등기 전의 상호는 단순한 「사실관계」 등기 후의 상호는 「재산권」으로 보는 설, (ii) 등기 전의 상호는 「인격권」 등기 후의 상호는 「재산권」으로 보는 설, (iii) 등기 전의 상호는 「인격권」 등기 후의 상호는 「재산권성(財産權性)을 갖는 인격권」으로 보는 설로 나뉘어 있었다.

2) 상호권의 법적 성질에 대하여 우리나라에서는 인격권설을 취하는 견해가 없으므로, 재산권설과 겸병설의 두 가지에 대하여만 소개한다.

3) 강, 46면; 김(용), 74~75면; 이(병), 104면; 주상(Ⅰ), 256면.

4) 정(희), 99면[상호권은 성명권과 같이 인격권적인 지배적 기능(즉, 경제적 생활체로서의 기업이 자기의 표창인 상호에 관하여 그 이익을 향수하는 것을 내용으로 하는 지배적 기능)을 가지고 있음을 인정하지 않을 수 없다. 그러나 이러한 지배적 기능에 의하여 향수하는 이익은 재산적 이익이지 단순한 윤리적·인격적인 이익이 아니다(이 점에 있어서 상호권은 재산권적인 성질을 띠고 있다). 따라서 상호권은 그 권리의 껍질인 지배적 기능에 있어서는 인격권적이요, 그 지배의 내용인 이익은 재산권적이라고 볼 수 있다. 그러므로 상호권은 전통적인 인격권도 아니요 재산권도 아닌 기업현상에 따라 나타나는 특수한 권리인데, 그 성질은 인격권적 성질을 갖는 재산권이라고 말할 수 있겠다. 상호권의 이러한 성질은 등기의 전후를 불문하고 동일하다. 이 상호권이 상인에게 속한다고 말하는 경우에, 이것은 상인이 기업에 내재하는 법인격자로서 기업에 관한 권리의무의 귀속자로 되어 있다는 의미이지, 상인이 기업의 밖에서 상호권을 가질 수 있다는 의미는 아니다]; 서·정, 101면; 손(주), 137면; 정(동), (총) 148−2~149면; 이(기) 외, (총) 165면; 최(기), 116~117면; 채, 71면; 이(철), 138면; 임(홍), (총칙) 288면; 이·최, 95면; 김(영), (총) 173면 외.

3. 상호권의 내용

(1) 상호사용권

앞에서 본 바와 같이 상인은 자기가 적법하게 선정한 상호를 타인의 방해를 받지 않고 사용할 수 있는 권리인 상호사용권을 갖는다. 이러한 상호사용권은 일종의 절대권으로서 이에 대한 침해는 민법상의 불법행위를 구성할 것이나($\frac{민}{750조}$),[1] 상법은 이를 특수화하여 상호전용권으로 규정하고 있다. 이러한 상호사용권은 상호의 등기 유무와는 무관하게 상호권의 내용이 된다.

(2) 상호전용권

앞에서 본 바와 같이 상호전용권은 상호의 등기 유무와는 무관하게 생기는 권리인데, 다만 등기에 의하여 상호전용권인 배타성이 더욱 강화될 뿐이므로, 이 곳에서도 등기 전의 상호전용권과 등기 후의 상호전용권으로 나누어 설명하고, 등기 후의 상호전용권은 등기 전의 상호전용권에 비하여 어떠한 점에서 그 배타성이 더욱 강화되는지를 살펴보겠다.

1) 등기 전의 상호전용권

㈎ 사용폐지청구권

① 의   의   누구든지 부정한 목적으로 타인의 영업으로 오인할 수 있는 상호를 사용하지 못하고($\frac{상\ 23}{조\ 1항}$), 이에 위반하여 상호를 사용하는 자가 있는 경우에는 이로 인하여 손해를 받을 염려가 있는 자는 그 사용폐지를 청구할 수 있는데($\frac{상\ 23}{조\ 2항}$), 이것이 미등기상호권자의 상호전용권의 내용으로서「사용폐지청구권」이다.

② 요   건
(i) 가해자($\frac{상호권을}{침해한\ 자}$)측의 입장에서는「부정목적으로 상호권자의 영업으로 오인할 수 있는 상호를 사용」하여야 한다.

(a)「부정목적」이란 자기의 영업을 타인의 영업으로 오인시켜 그 타인이 가지는 사회적 신용을 자기의 영업에 이용하려는 목적을 말한다.[2] 이 때의 부정목적은 부정경쟁의 목적($\frac{부정경\ 2}{조\ 참조}$)보다는 넓은 개념이므로, 부정경쟁의 목적이 없더라도 부정목적이 있을 수 있다.[3] 이러한 부정목적에 관한 판례를 보면 "「허바허바칼라」라는 상

---

1) 동지: 채, 76면; 이(철), 139면; 임(홍), (총칙) 285면; 이(기) 외, (총) 165면; 주상(Ⅰ), 256면.

2) 동지: 이(철), 143면; 채, 74면; 대판 1995. 9. 29, 94 다 31365 · 31372(공보 1004, 3591)(상법 제23조 1항 · 4항 소정의「부정한 목적」이란 '어느 명칭을 자기의 상호로 사용함으로써 일반인으로 하여금 자기의 영업을 그 명칭에 의하여 표시된 타인의 영업으로 오인시키려는 의도'를 말한다고 한다); 동 2003. 9. 26, 2003 다 12601; 동 2004. 3. 26, 2001 다 72081(공보 2004, 706).

3) 동지: 이(철), 143면; 임(홍), (총칙) 289면; 이(기) 외, (총) 166면.

호로 사진촬영업을 하던 자가 이 상호를 양도한 후「새 허바허바칼라」라는 상호로
다시 영업을 개시한 경우에는「허바허바칼라」로 오인시키기 위한 부정목적이 있
다"고 하였고,[1] "「뉴서울사장」이라는 상호 옆에 혹은 아래에 작은 글씨로「전 허바
허바 개칭」이라고 기재한 것은「허바허바」사장으로 오인시키기 위한 부정목적이
있다"고 하였다.[2] 또한 "피고가「주식회사 대성지주(DAESUNG GROUP HOLDINGS
CO., LTD.)」의 상호를 사용한 것은, 원고의 상호인「대성 홀딩스 주식회사
(DAESUNG HOLDINGS CO., LTD.)」와 유사하고 피고의 상호는 원고의 영업으로 오
인할 수 있는 상호에 해당하여, 피고는 일반인으로 하여금 오인·혼동을 일으킬 수
있다는 것을 충분히 알 수 있었으므로 부정한 목적이 인정된다"고 하였다.[3] 또한
"「굿옥션」이라는 상호(도메인이름)의 양도계약이 무효임에도 불구하고, 양수인이 이
도메인이름을 자신의 인터넷 웹사이트 주소로 사용하는 것은 부정한 목적이 있다"
고 하였다.[4]

---

1) 서울고판 1977. 5. 26, 76 다 3276(월보 87, 67).

2) 대판 1964. 4. 28, 63 다 811(카드 6776).

3) 대판 2016. 1. 28, 2013 다 76635(공보 2016, 337)(상법 제23조 제1항은 "누구든지 부정한 목
적으로 타인의 영업으로 오인할 수 있는 상호를 사용하지 못한다"라고 규정하고 있는데, 위 규정
의 취지는 일반거래시장에서 상호에 관한 공중의 오인·혼동을 방지하여 이에 대한 신뢰를 보호함
과 아울러 상호권자가 타인의 상호와 구별되는 상호를 사용할 수 있는 이익을 보호하는 데 있다.
위와 같은 입법 취지에 비추어 볼 때 어떤 상호가 '타인의 영업으로 오인할 수 있는 상호'에 해당
하는지를 판단할 때에는 양 상호 전체를 비교 관찰하여 각 영업의 성질이나 내용, 영업 방법, 수
요자층 등에서 서로 밀접한 관련을 가지고 있는 경우로서 일반인이 양 업무의 주체가 서로 관련이
있는 것으로 생각하거나 또는 타인의 상호가 현저하게 널리 알려져 있어 일반인으로부터 기업의
명성으로 견고한 신뢰를 획득한 경우에 해당하는지를 종합적으로 고려하여야 한다. 또한 위 조항
에 규정된 '부정한 목적'이란 어느 명칭을 자기의 상호로 사용함으로써 일반인으로 하여금 자기의
영업을 명칭에 의하여 표시된 타인의 영업으로 오인하게 하여 부당한 이익을 얻으려 하거나 타인
에게 손해를 가하려고 하는 등의 부정한 의도를 말하고, 부정한 목적이 있는지는 상인의 명성이나
신용, 영업의 종류·규모·방법, 상호 사용의 경위 등 여러 가지 사정을 종합하여 판단하여야 한
다. 이러한 점에서 볼 때 피고의 상호가 '주식회사 대성지주'인 것은 원고의 상호 '대성홀딩스 주
식회사'의 영업으로 오인할 수 있는 상호를 부정한 목적으로 사용한 것이다).

4) 대판 2021. 7. 15, 2016 다 25393(공보 2021, 1457)(상법 제23조 제1항에서는 누구든지 부정
한 목적으로 타인의 영업으로 오인할 수 있는 상호를 사용하지 못한다고 정하고 있다. 어떤 상호
가 '타인의 영업으로 오인할 수 있는 상호'에 해당하는지를 판단할 때에는 두 상호 전체를 비교 관
찰하여 각 영업의 성질이나 내용, 영업방법, 수요자층 등에서 서로 밀접한 관련을 가지고 있는 경
우로서 일반인이 두 업무의 주체가 서로 관련이 있는 것으로 생각하거나 또는 타인의 상호가 현저
하게 널리 알려져 있어 일반인으로부터 기업의 명성으로 견고한 신뢰를 획득한 경우에 해당하는
지를 종합적으로 고려하여야 한다. 또한 '부정한 목적'은 어느 명칭을 자기의 상호로 사용함으로
써 일반인으로 하여금 자기의 영업을 그 명칭으로 표시된 타인의 영업으로 오인하게 하여 부당한
이익을 얻으려 하거나 타인에게 손해를 가하려고 하는 등의 부정한 의도를 말한다. 부정한 목적이
있는지는 상인의 명성이나 신용, 영업의 종류·규모·방법, 상호 사용의 경위 등 여러 사정을 종합
하여 판단하여야 한다. 갑〈원고〉 주식회사의 대표이사와 을이 체결한 자산매매계약 등에 따라 갑
회사가 사용하는 상호 '굿옥션'과 같은 명칭의 병〈피고〉 주식회사가 설립되어 갑 회사의 유·무형

그러나 "을 상인이 마산에 「고려당」이라는 상호로 영업을 하는 경우 갑 상인이 마산에서 같은 영업을 하면서 그의 간판에 「SINCE 1945 신용의 양과 고려당 마산 분점」이라고 표시한 것은 상법 제23조 1항의 부정한 목적이 없다"고 하였다.[1]

이 때 가해자의 부정목적에 대한 증명책임은 피해자인 상호권자가 부담한다.[2]

(b) 「상호권자의 영업으로 오인할 수 있는 상호의 사용」이란 '상호권자의 상호와 동일 또는 유사한 상호를 법률상($\binom{예컨대,}{계약서 등}$) 및 사실상($\binom{예컨대, 간}{판·광고 등}$) 사용하는 것'을 말한다. 이에 관한 판례를 보면 "원고가 등기한 상호인 「주식회사 유니텍」과 그 후에 피고가 등기한 상호인 「주식회사 유니텍전자」는 등기된 지역이 모두 서울특별시이고 그 주요부분이 '유니텍'으로서 일반인이 확연히 구별할 수 없을 정도로 동일하다"고 판시하였다.[3]

그러나 "「천일한약주식회사」와 「주식회사 천일약방」은 유사상호라고 볼 수 있느냐 하는 점은 별 문제로 하되 동일상호라고는 할 수 없다"고 하였고,[4] "수원에 개

자산 일체를 인수받아 영업을 시작하였고, 갑 회사가 병 회사에 이전한 도메인이름은 정⟨피고⟩ 앞으로 등록이전되어 병 회사가 사용하고 있는데, 그 후 주주총회 특별결의 없이 체결한 위 계약이 무효라는 취지의 판결이 선고·확정되었으나, 병 회사가 위 상호와 도메인이름을 계속 사용하고 있는 사안에서, 상호 '굿옥션'의 권리자인 갑 회사는 위 도메인이름에 대해 정당한 권원이 있고, 정은 갑 회사가 위 도메인이름을 사용하여 영업하는 것을 방해하려는 부정한 목적으로 도메인이름을 자신의 명의로 등록이전하였다고 볼 여지가 있으며, 한편 병 회사는 위 도메인이름을 자신의 인터넷 웹사이트 주소로 사용함으로써 갑 회사의 도메인이름에 관한 권리를 사실상 침해하고 있거나 침해할 우려가 있고, 나아가 병 회사는 상호 '굿옥션'을 계속 사용함으로써 자신의 영업을 갑 회사의 영업으로 오인하게 하여 갑 회사에 손해를 가하고 자신은 부당한 이득을 얻으려는 부정한 목적이 있었다고 볼 여지가 있는데도, 갑 회사의 정에 대한 도메인이름 등록이전 청구와 병 회사에 대한 도메인이름의 인터넷 웹사이트 주소 사용행위의 금지 및 상호사용금지 청구를 배척한 원심판단에 법리오해 등의 잘못이 있다. 다만, 피고 정은 이 사건 도메인이름을 자기 앞으로 등록했지만 실질적으로 사용하고 있지 않으므로, 정에 대해서는 등록이전청구를 인정하는 것으로 충분하고 사용금지를 인정할 필요는 없다).

1) 대판 1993. 7. 13, 92 다 49492(공보 952, 2256). 동지: 대판 1995. 9. 29, 94 다 31365·31372(공보 1004, 3591)(Y회사가 1984년 법인설립 이래 경남지역에서 '동성'이라는 상호로 아파트공사를 시작하여 온 경우, X회사가 피혁제품의 제조·판매를 사업목적으로 하는 주식회사 동성을 흡수합병한 1986년 이래 1990년 경부터 아파트건설에 '동성'이라는 이름을 사용하였다면, Y회사는 상법 제23조 1항 및 4항 소정의 부정한 목적이 없다); 동 1996. 10. 15, 96 다 24637(공보 1996, 3393)('합동공업사'와 '충주합동레카'는 그 칭호와 외관 및 관념을 일반수요자의 입장에서 전체적·객관적으로 관찰할 경우 서로 유사하지 아니하여 영업주체에 대한 오인·혼동의 우려가 없다); 서울고판 1996. 3. 5, 95 나 20111(신문 2492, 11)(서로 다른 상호를 사용하는 자가 내부장식을 서로 유사하게 함으로써 영업주체를 혼동·오인할 수 있다는 사정이 있는 것만으로는 상법 제23조에서 말하는 주체를 오인시킬 상호의 사용이라고 할 수 없다).

2) 동지: 정(동), (총) 150면; 이(철), 146면; 주상(Ⅰ), 236면.

3) 대판 2004. 3. 26, 2001 다 72081(공보 2004, 706).

4) 대판 1970. 9. 17, 70 다 1225·1226(집 18 ③ 민 18). 그러나 「중앙성명철학관총본부」와 「서울중앙성명관 영남총본부」는 유사한 상호이다"고 하였다(부산지판 1958. 5. 28).

설된 「수원 보령약국」이 서울에 있는 「보령제약주식회사」의 영업으로 혼돈·오인하게 된다는 것은 좀처럼 있을 수 없다"고 하였다.[1] 또한 "한국전력공사가 2000. 1. 26에 서울에 설립한 자본금 7,500억원의 「주식회사 파워콤」을 전기통신회선설비 임대사업·종합유선방송 분배망 및 전송망 사업 등을 목적으로 설립한 경우, 이는 전자부품·전자제품·반도체부품의 도소매업 및 수출입업 등을 목적으로 1995. 6. 20에 서울에 설립한 「파워컴 주식회사」의 영업으로 오인할 수 있는 상호를 사용하고 있는 것으로 볼 수 없다"고 하였다.[2]

(c) 「가해자」는 상호를 갖지 않는 경우에 타인(상호권자)의 상호를 자기의 상호로서 사용하는 경우도 있고, 상호를 가지는 자가 타인의 상호를 자기의 영업으로 오인시킬 수 있는 방법으로 사용하는 경우(즉, 상호권자와 다른 영업에 상호권자의 상호와 동일 또는 유사한 상호를 사용하는 경우),[3] 일단 상호를 양도한 자가 그 상호를 다시 자기영업을 위하여 사용하는 경우[4] 등이 있다.

(ii) 피해자(상호권자)측의 입장에서는 그로 인하여 「손해를 받을 염려」가 있어야 한다(상 23조 2항 전단).

(a) 「손해」는 상호권자의 재산 또는 인격에 관하여 발생하는 불이익을 말한다.

(b) 「받을 염려」가 있어야 하기 때문에 현재에 손해가 발생한 경우뿐만 아니라, 장래에 불이익을 받을 염려가 있는 경우까지 포함한다. 이러한 손해를 받을 염려가 있음은 피해자가 증명하여야 한다.

---

1) 대판 1976. 2. 24, 73 다 1238(집 24 ① 민 78).
2) 대판 2002. 2. 26, 2001 다 73879(공보 2002, 805)(상법 제23조 1항은, "누구든지 부정한 목적으로 타인의 영업으로 오인할 수 있는 상호를 사용하지 못한다"고 규정하고 있는바, 타인의 영업으로 오인할 수 있는 상호는 그 타인의 영업과 동종 영업에 사용되는 상호만을 한정하는 것은 아니라고 할 것이나, 어떤 상호가 일반 수요자들로 하여금 영업주체를 오인·혼동시킬 염려가 있는 것인지를 판단함에 있어서는, 양 상호 전체를 비교 관찰하여 각 영업의 성질이나 내용·영업방법·수요자층 등에서 서로 밀접한 관련을 가지고 있는 경우로서 일반 수요자들이 양 업무의 주체가 서로 관련이 있는 것으로 생각하거나 또는 그 타인의 상호가 현저하게 널리 알려져 있어 일반 수요자들로부터 기업의 명성으로 인하여 절대적인 신뢰를 획득한 경우에 해당하는지 여부를 종합적으로 고려하여야 한다. 이러한 점에서 상호를 먼저 사용한 자〈선사용자〉〈파워컴 주식회사〉의 상호와 동일·유사한 상호를 나중에 사용하는 자〈후사용자〉〈주식회사 파워콤〉의 영업규모가 선사용자보다 크고 그 상호가 주지성을 획득한 경우, 후사용자의 상호사용으로 인하여 마치 선사용자가 후사용자의 명성이나 소비자 신용에 편승하여 선사용자의 상품의 출처가 후사용자인 것처럼 소비자를 기망한다는 오해를 받아 선사용자의 신용이 훼손된 때 등에 있어서는 이를 이른바 역혼동에 의한 피해로 보아 후사용자의 선사용자에 대한 손해배상책임을 인정할 여지가 없지는 않다고 할 것이나, 상호를 보호하는 상법과 부정경쟁방지 및 영업비밀보호에 관한 법률의 입법 취지에 비추어 선사용자의 영업이 후사용자의 영업과 그 종류가 다른 것이거나 영업의 성질이나 내용·영업방법·수요자층 등에서 밀접한 관련이 없는 경우 등에 있어서는 위와 같은 역혼동으로 인한 피해를 인정할 수 없다).
3) 이 점에서도 상법 제23조는 부정경쟁방지법보다 그 적용범위가 넓다.
4) 전게 대판 1964. 4. 28, 63 다 811(카드 6776).

(c) 「피해자」는 상인에 한하지 않고, 또한 자기의 명칭사용을 허락하지 않았어야 한다. 피해자가 상인이 아닌 대표적인 예로는 K대학교 약학대학 근처에서 「K대학 약방」이라는 상호로 약국을 경영하면 K대학교($\substack{엄격히는\ 이\ 대학교\\ 소속의\ 재단법인}$)는 상법 제23조에 의하여 그 사용폐지청구권($\substack{및\ 손해배\\ 상청구권}$)을 행사할 수 있을 것이다. 피해자가 명칭사용을 허락하면 피해자는 상법 제24조의 명의대여자가 되어 당사자간에 상호전용권의 문제는 발생할 여지가 없고, 제3자에 대한 책임문제만 발생한다.

③ 효   과   위의 요건이 구비되고 또 이를 상호권자(피해자)가 증명하면, 상호권자는 가해자에 대하여 상호사용폐지청구권을 갖는다. 이 때의 사용폐지청구는 앞으로의 사용금지의 청구뿐만 아니라, 현재의 사용금지의 청구를 포함한다[1] ($\substack{예컨대,\ 간판의\ 철거청\\ 구\cdot등기말소청구\ 등}$). 이로 인하여 미등기상호권자도 사용폐지청구권의 일환으로 가해자에 대하여 등기말소청구권을 행사할 수 있는 것이다.[2]

상호권자의 이러한 사용폐지청구권은 손해발생을 방지하기 위한 사전의 구제책이다. 그러나 다음에서 보는 상호권자의 손해배상청구권은 손해가 발생한 후에 인정되는 권리로서 사후의 구제책이다.[3]

(ㅛ) **손해배상청구권**   상호의 부정사용으로 인하여 상호권자에게 매출액이 감소하거나 영업상의 신용이 훼손되는 등 손해가 발생한 경우에는, 상호권자는 상호의 사용폐지청구권을 행사하는 것과는 별도로 가해자에 대하여 손해배상청구권을 행사할 수 있다($\substack{상\ 23\\ 조\ 3항}$).

이는 민법상의 불법행위에 기한 손해배상청구권을 특수화하여 규정한 것이므로,[4] 상호권자는 불법행위의 요건을 전부 증명할 필요는 없고 상호의 부정사용으로 인하여 실제로 손해가 발생하였음을 증명하면 된다.[5]

부정경쟁방지 및 영업비밀보호에 관한 법률상 가해자가 고의 또는 과실로 인한 부정경쟁행위로 타인의 영업상의 이익을 침해하여 손해를 가한 자는 그 손해를 배상할 책임을 진다($\substack{동법\\ 5조}$). 이 때 법원은 영업상의 이익이 침해된 자의 청구에 의하여 손해배상에 갈음하거나 손해배상과 함께 영업상의 신용을 회복하는 데 필요한 조치($\substack{예컨대,\ 신문지상\\ 의\ 사죄광고\ 등}$)를 명할 수 있다($\substack{동법\\ 6조}$).

---

1) 쌍용양회공업주식회사가 쌍용주택투자개발회사를 상대로 낸 상호사용금지가처분신청에 대하여 쌍용주택은 쌍용이란 표시를 그 상호에 사용해서는 안 되며, 이미 사용한 광고물·간판 기타 인쇄물을 집행관에게 보관시켜야 한다고 한다(서울민사지판 1975. 6. 9).
2) 전게 서울고판 1977. 5. 26, 76 다 3276.
3) 동지: 임(홍), (총칙) 291면.
4) 동지: 정(동), (총) 151면; 이(철), 147면(민법상의 불법행위에 기한 손해배상청구권을 주의적으로 규정한 것이라고 한다).
5) 동지: 채, 76면.

(대) **과태료의 제재**   상법 제23조 1항에 위반하여 타인의 상호를 부정사용한 자는 상법에 의하여 200만원 이하의 과태료의 처벌을 받는다($\stackrel{상}{28조}$).

2) 등기 후의 상호전용권   상호는 등기에 의하여 상호전용권인 배타성이 더욱 강화되는데, 이 때 배타성이 강화된다는 의미는 상호전용권의 내용($\stackrel{행사의}{효과}$)에 실질적인 차이가 있다는 의미가 아니라, 배타성의 주장(행사요건)이 쉬워진다는 의미이다. 그러면 등기상호의 경우에 미등기상호의 경우보다 어떤 점에서 그 행사요건이 완화되어 있는지를 이하에서 살펴보겠다.

(가) 피해자(상호권자)는 일정한 경우에 가해자의 부정목적을 증명할 필요가 없다. 즉, 동일한 특별시·광역시·시·군에서 동종영업으로 타인이 등기한 상호를 사용하는 자는 부정한 목적으로 사용하는 것으로 추정되기 때문에($\stackrel{상}{조}\stackrel{23}{4항}$), 이 경우에는 가해자가 부정목적이 아니라는 점을 증명해야 한다. 즉, 등기상호의 경우에는 업종적·지역적 제한 하에 부정목적의 증명책임이 전환되기 때문에 상호권자는 쉽게 상호전용권을 행사할 수 있는 것이다.[1]

(나) 피해자가 등기상호권자인 경우에는 상호의 부정사용으로 인하여 「손해를 받을 염려가 있음」을 증명하지 않아도 당연히 상호전용권(사용폐지청구권)을 행사할 수 있다[2]($\stackrel{상 23조}{2항 후단}$).

---

1) 동지: 대판 2004. 3. 26, 2001 다 72081(공보 2004, 706)(피고는 서울특별시에서 동종 영업으로 원고가 먼저 등기한 상호인 '주식회사 유니텍'과 확연히 구별할 수 없는 상호인 '주식회사 유니텍전자'를 사용하고 있으므로 위 상호를 부정한 목적으로 사용하는 것으로 추정된다. 또한 위 상호를 사용함에 있어서 부정한 목적이 없다는 피고의 주장에 대하여는, 원고는 소프트웨어의 개발·판매업에, 피고는 컴퓨터 하드웨어의 제조·판매업에 각 영업의 중점을 두고 있기 때문에 원·피고가 실제 영위하는 영업의 구체적 내용에 다소 차이가 있지만, 원고 역시 전체 매출액의 30% 가량이 피고가 영위하는 영업과 같은 컴퓨터 하드웨어의 조립·판매에서 발생하고 있어 원·피고의 주 고객층도 명백히 차별화되어 있다고 단정할 수 없으므로 피고가 위 상호를 사용하는 것이 원고의 영업에 영향을 미치지 않는다고 볼 수 없고, 한편 '유니텍'이라는 단어가 컴퓨터 관련 업계에서 흔히 사용하는 상호라거나 피고의 영업이 신장됨에 따라 현재 자본금 또는 매출액에 있어서 피고가 원고보다 월등히 많고 피고의 주식이 코스닥〈KOSDAQ〉시장에 등록되었다는 사정만으로는 상법 제23조 4항의 규정에서 말하는 부정한 목적에 의한 사용에 관한 추정이 번복되었다고 볼 수 없다).

2) 동지: 채, 80면; 임(홍), (총칙) 290면.
　 반대: 이(철), 146면(미등기상호권자는 자신의 상호권이 존재하는 사실만을 입증하면 되고 따로이 '손해를 받을 염려가 있음'을 입증할 필요가 없다는 점에서 미등기상호와 등기상호간에 차이가 없으며, 다만 등기상호권자는 등기된 사실만 입증함으로써 자신의 상호권을 입증할 수 있다는 편의를 누릴 뿐이라고 하는데, 상법 제23조 2항의 해석상 의문이다); 김(영), (총) 178면.

4. 등기상호권자의 사전등기배척권

(1) 원   칙

1) 위에서 본 바와 같이 상호사용권과 상호전용권은 상호의 등기 유무와 관계없이 주어지는 권리이나, 다만 등기상호권자는 상호전용권의 행사를 쉽게 할 수 있는 이점이 있다. 그런데 등기상호권자는 상호전용권을 이와 같이 쉽게 행사할 수 있는 이점($상호권에\atop 서의 이점$) 외에, 타인에 대한 사전등기배척권을 갖는다. 즉, 타인이 등기한 상호는 동일한 특별시 · 광역시 · 시 · 군에서 동종영업의 상호로 등기하지 못한다($상\atop 22조$).

2) 미등기상호권자도 위에서 본 바와 같이 사용폐지청구권의 일환으로 등기말소청구권을 가지나, 등기상호권자와 같이 사전등기배척권을 갖지는 못한다.[1] 따라서 이 점에서 등기상호권자의 사전등기배척권은 (등기 또는 미등기) 상호권자의 등기말소청구권과 구별된다.

3) 이와 같은 등기상호권자의 사전등기배척권을 등기상호권자의 상호전용권의 내용으로 설명하는 견해가 다수이나[2]($이 견해에서는 등기배척에 대하여 등기법상의\atop 효력뿐만 아니라 실체법상의 효력도 인정함$), 이는 등기상호권자의 상호전용권과는 다른 것으로 등기법상의 효력만이 있는 것으로 보는 것이 타당하다고 본다.[3] 왜냐하면 상법 제22조에 의한 사전등기배척권은 상호권의 침해에 따른 배타적인 권리라고 볼 수 없고, 또한 타인이 등기한 상호와 동일 또는 유사한 상호를 등기하여 상호권을 현실적으로 침해한 경우에는 상호권자는 사용폐지청구권을 행사하여 그 등기를 말소청구할 수 있어 상호권자는 충분히 보호되기 때문이다.

이에 관하여 우리 대법원판례는 "상법 제22조의 규정은 동일한 특별시 · 광역시 · 시 또는 군 내에서는 동일한 영업을 위하여 타인이 등기한 상호 또는 확연히 구별할 수 없는 상호의 등기를 금지하는 효력과 함께 그와 같은 상호가 등기된 경우에는 선등기자가 후등기자를 상대로 그와 같은 등기의 말소를 소로써 청구할 수 있는 효력도 인정한 규정이라고 봄이 상당하다"고 판시하고 있다.[4]

---

1) 동지: 정(희), 97면.
2) 실체법상 권리설: 정(희), 97면(상호를 등기하면 다시 전용적〈專用的〉효력이 한층 강화된다고 한다); 서 · 정, 97~98면; 채, 79~80면; 손(주), 140면; 정(동), (총) 151~152면; 최(기), 124면; 임(홍), (총칙) 282면; 이(기) 외, (총) 161면; 윤선희, "상호의 보호,"「고시계」, 2002. 7, 115면 (상법 제23조는 부정한 목적을 전제로 한 규정이므로 상호의 부정사용자가 부정목적이 없음을 입증하면 상법 제23조에 의하면 상호등기를 말소청구할 수 없으나, 상법 제22조에 의하면 이를 말소청구할 수 있다고 한다) 외(다수설).
3) 동지(등기법상 권리설): 이(범), (예해) 105면; 이(철), 148면(상법 제22조를 상호전용권의 강화라는 제목하에서 설명하면서, 그 내용은 등기법상의 권리의 취지로 설명하고 있다); 강, (Ⅰ) 149면; 서(정), 87면(소수설).
4) 대판 2004. 3. 26, 2001 다 72081(공보 2004, 706).

4) 상호등기의 절차규정인 상업등기법 제29조는 상법 제22조와 아주 유사하게 규정하고 있는데, 실제로는 상업등기법에 의하여 사전등기가 배척되고 있다. 상업등기법은 「동일한 특별시·광역시·특별자치시·시 또는 군에서는 동종의 영업을 위하여 다른 상인이 등기한 상호와 동일한 상호는 등기할 수 없다」고 규정하고 있다($\frac{상등}{29조}$).[1]

(2) 예   외

위와 같은 등기배척에 대하여는 다음과 같은 두 가지의 예외가 인정된다.

1) 행정구역의 변경에 의한 경우에는 동일상호가 같은 지역 내에 경합하여 존재하게 되는 경우에도 등기가 인정된다.

2) 지점소재지에서의 상호의 등기는 본점소재지에 있어서의 상호등기가 적법한 이상 동일상호의 경우에도 등기가 인정된다. 다만 이 경우에는 지점의 표시를 부기하여 등기하여야 한다($\frac{상 35}{조 참조}$).

5. 가(假)등기 상호권자의 사전등기배척권

1995년 개정상법에 의하여 상호의 가등기제도가 도입되어 가등기 상호권자의 사전등기배척권을 인정하고 있다[2]($\frac{상 22}{조의 2}$).

(1) 상호의 가등기의 요건

상법은 다음과 같은 세 가지의 경우에 있어 상호의 가등기제도를 인정하고 있다.

1) 첫째는 유한책임회사, 주식회사 또는 유한회사를 설립하고자 하는 경우에 본점소재지를 관할하는 등기소에 상호의 가등기를 신청할 수 있다($\frac{상 22조}{의 2 1항}$). 유한책임회사, 주식회사나 유한회사를 설립함에는 상당한 기간이 소요되는데, 이 때 이러한 정보를 입수한 제3자가 먼저 동일한 상호를 등기하게 되면, 이러한 회사를 설립하고자 하는 자는 그 상호로써 등기할 수 없게 되어($\frac{상}{22조}$) 실질적으로 신설회사의 상호

---

1) 대판 2011. 12. 27, 2010 다 20754(공보 2012, 177)(선등기자인 '동부주택건설 주식회사'가 후등기자인 '동부건설 주식회사', '주식회사 동부', '동부디엔씨 주식회사', '동부부산개발 유한회사'를 상대로 상법 제22조에 의한 상호등기말소청구소송을 제기하였는데, 원심 변론종결 전에 2009. 5. 28. 법률 제9749호로 개정된 상업등기법이 시행된 사안에서, 원심 변론종결 당시 상법 제22조에 의하여 선등기자가 후등기자를 상대로 상호 등기의 말소를 청구할 수 있는 효력 범위는 먼저 등기된 상호와 동일한 상호에 한정되는데, 먼저 등기한 상호인 '동부주택건설 주식회사'와 나중에 등기한 상호인 '동부건설 주식회사', '주식회사 동부', '동부디엔씨 주식회사', '동부부산개발 유한회사'가 동일하지 않음이 외관·호칭에서 명백하므로, 동부주택건설 주식회사에 상법 제22조의 등기말소청구권이 없다).
2) 이는 일본의 제도를 도입한 것인데(일본 상업등기법 35조 이하 참조), 이러한 가등기의 효력은 상호의 순위만을 보전하는 효력이 있는 것이 아니라 본등기의 효력도 일부 가지고 있다[동지: 이(철), 135면. 반대: 채, 72면].

권이 침해됨은 물론 그 상호를 등기한 자와 분쟁이 발생하게 된다. 따라서 상법은 유한책임회사, 주식회사 또는 유한회사를 설립하는 자가 이러한 불안을 갖지 않고 안심하고 회사를 설립할 수 있도록 하기 위하여 이러한 회사를 설립하는 자에게 상호의 가등기를 신청할 수 있도록 하여 그의 상호권을 보호하고 있다.[1] 그런데 회사의 설립에서 상호의 가등기에 의한 보호는 설립에 상당한 기간이 소요되는 유한책임회사, 주식회사 또는 유한회사에 대하여만 인정되고, 설립절차가 간단하고 단기간에 종료되는 인적회사에 대하여는 인정되지 않는다.

　　2) 둘째는 회사가 상호나 목적, 또는 상호와 목적을 변경하고자 하는 경우에 본점소재지를 관할하는 등기소에 상호의 가등기를 신청할 수 있다($\frac{상}{의}\frac{22조}{2}\frac{}{2항}$). 회사가 상호나 목적 또는 이 양자를 변경하기 위하여는 이러한 사항이 정관의 절대적 기재사항인 점에서($\frac{상}{의}\frac{179조 1호·2호, 180조 1호, 270조, 287조}{3}$ $\frac{}{1호, 289조 1항 1호·2호, 543조 2항 1호}$) 반드시 정관변경절차($\frac{상}{조의}\frac{204조, 269조, 287}{16, 433조~434}$ $\frac{조, 584조}{~585조}$)를 거쳐야 하는 등 상당한 기간이 소요되므로 위의 물적회사를 설립하는 자와 동일하게 그의 상호를 보호하여 줄 필요가 있다. 따라서 상법은 이러한 자가 안심하고 상호나 목적을 변경하여 미리 사업대책을 세울 수 있도록 하기 위하여 상호의 가등기에 의한 보호를 인정하고 있다.[2] 상호나 목적의 변경에 따른 상호의 가등기에 의한 보호는 회사의 설립의 경우와는 달리 모든 회사에 대하여 인정된다.

　　3) 셋째는 회사가 본점을 이전하고자 하는 경우에 이전할 곳을 관할하는 등기소에 상호의 가등기를 신청할 수 있다($\frac{상}{의}\frac{22조}{2}\frac{}{3항}$). 회사가 본점을 이전하기 위하여는 회사의 본점소재지가 정관의 절대적 기재사항인 점에서($\frac{상}{호}\frac{179조 5호, 270조, 287조의 3}{, 289조 1항 6호, 543조 2항 5호}\frac{1}{}$) 반드시 정관변경절차($\frac{상}{433조~434조, 584조~585조}\frac{204조, 269조, 287조의 16,}{}$)를 거쳐야 하는 등 상당한 기간이 소요되므로 위의 물적회사를 설립하는 자와 동일하게 그의 상호를 보호하여 줄 필요가 있다. 따라서 상법은 이러한 자가 본점을 이전함에 있어 상호권을 계속 보존할 수 있도록 하기 위하여 상호의 가등기에 의한 보호를 인정하고 있다.[3] 회사의 본점을 이전함에 있어 상호의 가등기에 의한 보호는 회사의 설립의 경우와는 달리 모든 회사에 대하여 인정된다.

　(2) **상호의 가등기의 효과**

　　위와 같은 경우에 상호의 가등기를 하면 등기상호권자와 같이 사전등기배척권

---

1) 해설(1995), 2~3면.
2) 등기상호는 지역적·업종적 제한하에서 그 상호의 사전등기배척권만을 갖기 때문에(상 22조), 변경상호를 보호하기 위하여는 이러한 규정이 필요하다.
3) 이에 관하여는 日最高判 1961. 9. 29(民集 15－8, 2256)(東京瓦斯〈가스〉주식회사가 본점을 이전하기 위한 경우) 참조.

이 발생한다. 따라서 가등기한 상호는 동일한 특별시·광역시·시·군에서 동종영업의 상호로 등기하지 못한다[1]($\frac{상}{의 2}\frac{22조}{4항}$). 이러한 상호의 가등기에 관한 상세한 사항은 상업등기법에 규정되어 있다($\frac{상등}{조~45조}\frac{38}{}$).

제5 상호의 이전과 폐지(변경)

1. 상호의 이전

상호의 이전에는 상호의 양도와 상호의 상속이 있다.

(1) 상호의 양도

1) 양도가능성   상호권의 법적 성질을 순수한 「인격권」으로 보면 그 양도성은 부정되어야 하겠으나, 앞에서 본 바와 같이 상호권을 「인격권적 성질을 가진 재산권」으로 보기 때문에 상호의 양도가능성이 이론적으로도 인정되는 것이다. 그런데 상호는 순수한 재산권은 아니고 인격권적 성질도 갖고 있기 때문에, 상법은 상호의 이러한 법적 성질을 잘 반영하여 규정하고 있다.

  (개) 원 칙   상호는 원칙적으로 영업과 함께 하는 경우에 한하여 이를 양도할 수 있다($\frac{상 25조}{1항 후단}$). 이는 상호의 인격권적 성질을 반영한 것이다. 상호는 영업과 밀접한 관계를 가지면서 대외적인 신용이 축적되는 것이므로 상호를 영업과 분리하여 양도할 수 있게 하면 일반공중의 신뢰를 해하기 때문이다.

  이 때의 「영업」이란 '영업의 전부'를 의미하고, 그 일부를 의미하지 않는다고 본다.[2]

  (내) 예 외   상호는 예외적으로 영업이 폐지된 경우에는 상호만을 양도할 수 있다($\frac{상 25조}{1항 전단}$). 이는 상호의 재산권적 성질을 반영한 것이다. 상호는 그 자체가 독립된 가치를 가지고 또 영업이 폐지된 경우에는 일반공중의 신뢰를 해하는 일도 없으므로 상호만을 양도할 수 있게 한 것이다.

  이 때의 「영업의 폐지」란 '정식으로 영업폐지에 필요한 행정절차를 밟아 폐업하는 경우에 한하지 않고 사실상 폐업한 경우도 이에 해당한다'고 본다.[3]

---

1) 상호를 가등기한 자에 대하여 사전등기배척권 외에 상호전용권(상 23조)도 인정하여야 한다는 견해가 있으나[이(철), 136면], 상법 제22조의 2 4항의 해석상 무리라고 본다.
2) 동지: 이(범), (예해) 109면; 임(홍), (총칙) 295면; 주상(Ⅰ), 260면.
   반대: 최(기), 128면(영업은 반드시 그 전체가 아니고 중요한 부분의 이전이 있으면 된다고 한다).
3) 동지: 대판 1988. 1. 19, 87 다카 1295(집 36 ① 민 3).

2) 양도방법

㈎ 상호는 당사자간의 의사표시만으로 그 양도의 효력이 발생하고, 특별한 방식을 요하지 않는다. 이는 상호를 영업과 함께 양도하는 경우이든 영업이 폐지되어 상호만을 양도하는 경우이든 동일하며, 또한 등기상호이든 미등기상호이든 불문하고 동일하다. 다만 회사가 그 상호를 양도하는 경우에는 먼저 상호를 변경하는 정관 변경의 절차를 밟아야 하고, 회사의 상호를 자연인 또는 다른 회사가 양수하는 경우에는 회사라는 명칭을 삭제하거나($^{양수인이\ 자}_{연인인\ 경우}$)($^{상\ 20}_{조\ 2문}$), 그 회사명을 변경하여야 하는 점은 있다($^{양수인이\ 회}_{사인\ 경우}$)($^{상}_{19조}$).

㈏ 등기상호의 경우에는 제3자에 대한 대항요건으로서 변경등기를 요한다[1]($^{상}_{25}$ $^{조}_{2항}$). 이러한 상호양도의 변경등기의 대항력은 제3자의 선의·악의를 불문하고 발생하는 것으로서 상업등기의 일반적 효력으로서의 대항력($^{상}_{37조}$)과는 그 취지를 달리하고, 구(舊)민법상의 부동산등기의 대항력과 유사하다. 따라서 상호의 이중양도가 있는 경우에는 먼저 등기한 자가 상호권을 취득하는 것이다. 그런데 상법 제25조 2항의 대항력은 상법 제37조의 대항력과는 그 취지를 달리하므로, 후술하는 바와 같이 (등기)상호의 양도에 따른 변경등기에 상법 제25조 2항이 적용된다고 하여 상법 제37조의 적용이 배제되는 것은 아니다($^{예컨대,\ A가\ 등기상호를\ B에게\ 양도하고\ 다시\ 그\ 후에\ 동\ 상호를}_{C에게\ 이중양도한\ 경우에\ C가\ 동\ 상호를\ 먼저\ 변경등기하였다면,}$ C의 B에 대한 상호권의 취득의 문제에는 상법 제25조 2항이 적용될 것이나 C의 B 이외의 제3자에 대한 기업공시에 따른 책임문제에는 상법 제37조가 적용될 것이다).

3) 양도효과

상호를 양도하면 양도인은 상호권을 상실하고 양수인은 상호권을 취득하는 점은 당연한데, 이 외에도 양도인과 양수인에 대하여는 상법상 다음의 효력이 인정된다.

㈎ 상호를 영업과 함께 양도하는 경우에는, 「양도인」은 일정한 지역적·기간적 제한하에 동종영업을 하지 못하는 경업피지의무를 부담하고($^{상}_{41조}$), 동 영업과 관련하여 양도인이 양도한 상호를 다시 사용하면 양수인의 상호권을 침해하는 것이 된다[2]

---

1) 이에 대하여 미등기상호의 양도도 상법 제25조 2항에 따라 등기(상호의 양수인이 새로이 하는 상호등기)를 하여야 제3자에게 대항할 수 있다는 견해(그 이유는 이렇게 해석하지 않으면 미등기 상호의 양수인이 등기상호의 양수인보다 더 두텁게 보호받는 결과가 되어 부당하다는 것이다)가 있으나[이(철), 155면], 타당하지 않다고 본다. 왜냐하면 이와 같이 해석하면 상호양도가 있은 경우에는 등기가 강제될 뿐만 아니라, 구(舊)민법상의 부동산등기의 대항력의 의미가 아니라 상업 등기의 일반적 효력으로서의 대항력의 의미가 되는데, 이것은 상법 제25조 2항의 입법취지가 아니라고 보기 때문이다[동지: 정(동), (총) 153면].

2) 동지: 전게 서울고판 1977. 5. 26, 76 다 3276; 이(범), (예해) 110면. 그러나 A(신청인의 부〈父〉)가 건물을 신축하고 B(피신청인의 모〈母〉)에게 그 건물 내에서 식당경영을 하도록 맡겼는데 B의 자〈子〉인 Y(피신청인)가 이를 승계하여 A의 자〈子〉인 X(신청인)와 임차계약을 체결하고 영업을 하다가 임차계약이 만료된 후 그 건물 옆에 동일상호로써 같은 영업을 한 경우에는, B가 A로부터 식당의 영업과 함께 상호를 양도받았다고 볼 수 없으므로 X가 Y에 대하여 상호전용권을

($^{상}_{23조}$). 또한 상호를 영업과 함께 양도한 경우에는 양도인의 채권자를 보호하기 위하여 일정한 경우에 「양수인」에게 변제책임을 인정하고($^{상\ 42}_{조\ 1항}$), 양도인의 채무자를 보호하기 위하여 일정한 경우에 채무자의 「양수인」에 대한 변제도 유효하다($^{상}_{43조}$).

(내) 영업이 폐지되어 상호만을 양도하는 경우에는 양수인이 상호권을 취득하는 점($^{상}_{23조}$) 등은 상호를 영업과 함께 양도하는 경우와 같다. 양도인이 일정한 경우에 경업피지의무를 부담하는 상법의 규정($^{상}_{41조}$) 및 양도인의 채권자 및 채무자를 보호하기 위한 상법의 규정($^{상\ 42조}_{1항,\ 43조}$) 등은 이에 적용되지 않는다.

(2) 상호의 상속

상호는 재산권적 성질을 가지므로 양도와 함께 상속도 가능하다. 이는 등기상호이든 미등기상호이든 동일하다. 상호의 상속에 관하여는 상법에는 규정이 없으나, 상업등기법에는 (등기상호에 관하여) 규정이 있다. 즉, 상업등기법은 「등기된 상호를 상속하거나 양수한 사람은 그 상호를 계속 사용하려는 경우에는 상호의 상속 또는 양도의 등기를 신청할 수 있다」고 규정하고 있다($^{상등}_{33조}$). 이러한 상호상속의 등기는 상호양도의 등기와는 달리 상호이전의 대항요건이 아니다($^{상\ 25조}_{2항\ 참조}$)(통설).[1]

2. 상호의 폐지(변경)

(1) 의   의

상인은 상호권을 포기하여 상호권을 절대적으로 소멸시킬 수 있는데, 이것이 상호의 폐지이다. 이러한 상호의 폐지는 상호권자가 상호권을 포기한다는 의사표시(단독행위)에 의하여 성립하지만, 이 의사표시는 특별한 형식을 요하지 않으므로 명시적 또는 묵시적으로 할 수 있다.[2]

상인이 상호를 변경하면 구(舊)상호에 대하여 상호를 폐지하는 묵시적인 의사표시가 있다고 보아야 할 것이다. 상호는 보통 영업과 함께 폐지되지만, 회사의 경우에는 반드시 상호가 있어야 하므로 상호의 폐지보다는 상호의 변경이 많을 것이다.[3]

(2) 등기상호에 관한 특칙

1) 상호의 폐지(변경)의 등기   상호를 등기한 자는 그 상호를 폐지 또는 변

행사한 것은 적법하다[대판 1994. 5. 13, 93 다 56183(공보 970, 1672)].

1) 서 · 정, 102면; 손(주), 143면; 최(기), 129면; 채, 83면; 임(홍), (총칙) 297면; 주상(Ⅰ), 262면 외.

2) 동지: 이(철), 157면.

3) 회사의 경우 상호가 변경되어도 회사의 권리주체로서의 동일성에는 아무런 영향이 없다[대판 1966. 3. 15, 65 다 2546(카드 1346); 동 1966. 4. 6, 65 다 2592(민판집 103, 20); 동 1970. 11. 24, 70 다 2205(집 18 ③ 민 325)].

경하였을 때에는 이를 등기하여야 한다(강제적 등기사항)($\substack{상\ 40조,\\상등\ 32조}$).

　　2) 등기말소청구권　　　상호를 등기한 자는 위와 같이 상호의 폐지 또는 변경이 있는 경우에는 그 상호의 폐지 또는 변경의 신청을 하여야 하는데, 이를 게을리하는 경우가 많고 또 이로 인하여 제3자의 상호등기를 방해하게 된다. 따라서 이 경우에 상호를 등기한 자가 상호를 폐지 또는 변경하였음에도 불구하고 2주간 내에 이의 폐지 또는 변경등기를 신청하지 않은 경우에는, 「이해관계인」이 그 등기의 말소를 청구할 수 있다($\substack{상\ 27조,\ 상\\등\ 36조\ 1항}$). 이 때 상호를 등기한 자는 상호등기말소에 관하여 이의신청을 제기할 수 있다($\substack{상등\ 36조\ 2항\cdot 3\\항,\ 78조\sim80조}$).

　　3) 상호폐지의 의제　　　상호의 폐지 여부는 실제로 사실관계에 의하여 판단되므로, 상호를 등기한 자가 정당한 사유 없이 2년간 상호를 사용하지 아니하는 경우에는 이를 폐지한 것으로 간주하고 있다[1]($\substack{상\\26조}$). 이는 상호권자의 이익보다는 제3자의 상호선정의 자유를 보호하기 위한 것이다. 이러한 상호폐지의 의제는 등기상호에 대하여만 적용되는 것이다.[2]

제 6　명의대여자의 책임[3]

1. 의　　의

　　상법 제24조는 「타인에게 자기의 성명 또는 상호를 사용하여 영업을 할 것을 허락한 자는 자기를 영업주로 오인하여 거래한 제3자에 대하여 그 타인과 연대하여 변제할 책임이 있다」고 규정하여, 명의대여자의 책임에 대하여 규정하고 있다. 이와 같이 명의대여자의 책임을 인정한 것은 외관을 믿고 거래한 제3자를 보호하기 위한 것으로, 그 이론적 근거는 독일법상의 외관이론(Rechtsscheintheorie) 및 영미법상의 표시에 의한 금반언의 법리(estoppel by representation)에 있다. 이는 또한 간접적으로 상호진실주의의 요청에 부응하기 위한 규정이라고 볼 수 있다.

---

　1) 동지: 대판 1970. 9. 17, 70 다 1225 · 1226(집 18 ③ 민 18).

　2) 최(기), 130면은 「상법 제26조는 미등기상호의 경우에도 유추적용된다」고 하나, 미등기상호의 경우는 그 기간계산의 시기가 불명확하므로 이를 유추적용할 수는 없고 상호를 사실상 사용하지 않는 경우는 묵시적인 상호폐지의 의사표시가 있는 것으로 보아야 할 것이다.

　3) 이에 관한 상세는 연습, 문 14(73~78면) 및 문 15(79~89면); 정찬형, "명의대여자의 책임," 「고시계」, 1984. 12, 51~70면 참조.

2. 요   건

(1) 명의대여

명의대여자의 책임이 발생하기 위하여는, 첫째로 명의대여자는 타인(명의차용자)에게 「자기의 성명 또는 상호를 사용하여 영업할 것을 허락」하여야 하는데, 이 점에 명의대여자의 귀책사유가 있게 된다.

1) 대여하는 「명의」에 관하여 상법 제24조는 '성명 또는 상호'로 예시하고 있으나, 이에 한정되는 것은 아니고 명의대여자를 영업주로 오인시키는 외관이면 모두 인정된다(예컨대, 상호에 지점·영업소·출장소). 1)
   (등의 명칭사용을 허락하는 경우 등)

2) 명의「대여」의 유형에는 (i) 위법한 명의대여(관허사업에 있어서 영업자는 일정한 자격을
                                          (갖추어 행정관청의 면허 등을 얻어야 하는데,
이러한 면허 등을 얻지 아니한 자가 그 영업을 영위하기
위하여 면허 등이 있는 자로부터 그 명의를 빌리는 경우), (ii) 적법한 명의대여(상호권자가 자기의 영업을 하
                                                                         (면서 타인으로 하여금 자기의
상호로 영업을 하
도록 허락하는 경우), (iii) 상호의 임대차2)(보통 영업과 함께 하는 상호의 임대차를 말하는데, 이례적으로 영업
                                        (이 폐지된 경우에는 상호만의 임대차도 이에 포함된다. 따라서 상
법 제25조는 이러한 상호의 임대
차에 유추적용되어야 할 것이다) 또는 영업의 임대차(이는 영업과 함께 상호를 임대차하는 것을 말하는데, 상
                                               (호를 제외한 영업만의 임대차는 명의대여와는 무관하다)
가 있다. 3) 위법한 명의대여는 보통 특별법에 의하여 금지되는데, 이에 위반하여 명의대여를 한 경우에는 명의대여자가 당해 특별법에 의하여 처벌받는 것은 물론, 동 대여행위가 당사자 사이에는 위법행위로서 무효4)이나 선의의 거래상대방에 대한 관계에서는 명의대여자의 책임이 인정되는 것이다. 5)

---

1) 대판 1957. 6. 27, 4290 민상 178(카드 5351)(대한여행사가 타인에게 '대한여행사 외국부국제항공권판매처'라는 간판하에 항공권판매행위를 대행 또는 대리하게 한 경우); 동 1973. 11. 27, 73 다 642(집 21 ③ 민 185)(공사를 하도급준 경우에 수급인에 대하여 명의대여자의 책임을 인정한 경우); 동 1976. 9. 28, 76 다 955(공보 547, 9366)(대한통운주식회사가 출장소장으로 임명하여 자기의 상호를 사용하여 영업할 것을 허락한 경우); 동 1977. 7. 26, 77 다 797(공보 568, 10244)(자동차정비사업을 하는 회사가 같은 영업장소와 사무소에서 같은 사업을 하도록 허락한 경우); 동 1985. 2. 26, 83 다카 1018(공보 750, 466)(공사의 수급인이 그 공사를 타인에게 하도급을 주고 그 하수급인을 수급인의 현장소장인 양 행동하게 하였다면 수급인은 명의대여자로서의 책임을 면할 수 없다); 동 1991. 11. 12, 91 다 18309(공보 911, 93)(수급인이 공사를 하도급을 준 경우 수급인에게 명의대여자의 책임을 인정함).
   반대: 대판 1989. 10. 10, 88 다카 8354(공보 861, 1656)(자기의 상호 아래 대리점이란 명칭을 붙여 사용하는 것을 허락하거나 묵인하였더라도 명의대여자로서의 책임을 물 수는 없다).
2) 대판 1967. 10. 25, 66 다 2362(집 15 ③ 민 231)(갑이 을에게 상호와 함께 영업을 임대한 경우, 갑은 을과 거래한 병에 대하여 상법 제24조의 명의대여자의 책임을 진다고 판시함).
3) 이외에 영업양도의 경우에 양수인이 양도인의 상호를 계속 사용하는 경우에도(상 42조) 양도인은 상법 제24조에 의한 책임을 부담하는가의 문제가 있다. 이에 대하여 「영업양도에 관한 등기가 없을 때에는 양도인은 역시 그에 대한 책임을 진다」는 견해가 있으나[손(주), 130면; 양승규, "명의대여의 책임," 「고시계」, 1969. 6, 74~75면], 이 때 양수인은 타인의 상호를 사용하는 것이 아니라 자기의 상호를 사용하는 것이므로 양도인은 특단의 사유가 없는 한 상법 제24조의 책임을 부담하는 것이 아니라고 본다.
4) 동지: 대판 1988. 12. 27, 86 다카 2452(공보 842, 219).
5) 동지: 대판 1978. 6. 13, 78 다 236(집 26 ② 민 116); 동 1959. 2. 19, 4290 민상 829(집 7 민

3)「영업」할 것을 허락하여야 한다. 이 점에서 단순한 명의사용과 구별된다. 따라서 명의대여자가 단순히 자기의 상호 등을 1회에 한하여 사용하도록 허락한 경우에는, 상법 제24조의 명의대여는 되지 않고 민법상 표현대리(대행)의 문제가 될 것이다.

명의차용자는 명의대여자의 명의를 사용하여 실질적으로 영업을 하므로 명의대여자가 상인이 아니라「명의차용자」가 상인이 되는 것이고,[1] 또한 명의차용자는 명의대여자의 표현대리인 또는 표현지배인이 되는 것도 아니다.

명의대여자는 자기의 명의를 사용하여「영업」할 것을 허락하여야 한다고 해서 명의대여자가 상인임을 요하는 것은 아니다. 따라서 공법인도 명의대여자의 책임을 부담할 수 있다.[2]

4) 명의대여자는 명의사용을「허락」하여야 하는데, 이 허락에 의하여 명의대여자의 귀책사유가 있게 된다. 이 허락은 구두 또는 서면에 의한 명시의 허락 뿐만 아니라, 묵시의 허락도 포함된다.[3]

이 때 단순한「부작위」가 묵시의 허락이 될 수 있겠는지 여부가 문제되는데, 단순한 부작위만으로는 부족하고 이에「부가적 사정」(예컨대, 자기 사무실의 사용허락, 수입의 일부를 받는 것 등)이 추가되어야 한다. 왜냐하면 상호권자는 타인이 자기의 상호를 허락 없이 사용하는 경우에 상호전용권으로서 그 사용폐지청구권을 행사할 수는 있으나($\frac{상}{23조}$) 사용폐지를 시켜야 할 의무까지 지는 것은 아니고, 영미법상 표시에 의한 금반언의 법리가 적용되는 경우에도 부작위의 경우에는 그 부작위가 일정한 의무위반(법률상 의무에 한하지 않고 널리 사회생활상의 의무위반을 포함함)을 구성해야 하기 때문이다.[4]

---

46); 동 1988. 2. 9, 87 다카 1304(공보 1988, 503).

1) 동지: 이(철), 163~164면. 이 점에서 영업의 임대차와 같고, 경영위임과는 구별된다.

2) 대판 1987. 3. 24, 85 다카 2219(공보 800, 705)(인천직할시가 사단법인 한국병원관리연구소에게 인천직할시립병원이라는 이름을 사용하여 병원업을 경영할 것을 승낙한 경우, 인천직할시는 상법 제24조의 명의대여자의 책임을 진다고 판시함).

3) 묵시의 허락을 긍정한 판례: 대판 1966. 3. 22, 65 다 2362(민판집 102, 225)(명칭사용을 알면서 이를 방지하지 않은 자는 그와 거래한 제3자에 대하여 책임을 져야 한다).

묵시의 허락을 부정한 판례: 대판 1982. 12. 28, 82 다카 887(공보 699, 363)(영업주가 타인에게 자기의 상점·전화·창고 등을 사용하게 한 사실은 있으나, 그 타인의 거래에 있어서 영업주의 상호를 사용하게 한 사실이 없는 경우에는 영업주가 그 타인에게 자기의 상호의 사용을 묵시적으로 허락하였다고 볼 수 없다).

4) 동지: 서돈각, "타인에게 자기상호의 사용을 허락한 자의 책임,"「법정」, 1961. 2, 68면; 정(동), (총) 157면; 임(홍), (총칙) 301~302면; 채, 84~85면; 이(기) 외, (총) 152면; 주상(Ⅰ), 245면.

반대: 이(철), 162면(영업의 임대 등과 같은 부수적인 사실이 없더라도 자신의 성명 또는 상호가 타인에 의해 무단히 사용되는 사실을 알면 그 표현적 상태를 제거할 생활상 의무를 지므로 이를 장기간 방치하면 명의사용을 묵시적으로 허락한 것이라고 한다).

(2) 외관존재

명의대여자의 책임이 발생하기 위하여는, 둘째로 명의차용자의 영업이 「명의대여자의 영업인 듯한 외관」이 존재하여야 한다. 이 때 명의차용자는 명의대여자로부터 직접 명의대여를 받은 자뿐만 아니라, 직접 명의대여를 받은 자로부터 명의대여자의 명의로 영업할 것을 허락받은 자도 포함한다.[1]

1) 명의대여자가 전혀 영업을 하지 않는 경우에는 「명의의 동일성」만 인정되면 충분하다.

2) 명의대여자가 영업을 하는 경우에는 「영업외관의 동일성」까지 인정되어야 한다. 그런데 이러한 영업외관의 의미는 엄격하게 해석될 것은 아니고 완화하여 해석되어야 할 것이다. 따라서 우리 대법원도 명의대여자의 영업이 「호텔경영」이고 명의차용자의 영업이 「나이트클럽경영」인 경우에도 영업외관의 동일성을 인정하였고,[2] 명의대여자의 영업이 「보험을 인수하는 업무」이고 명의차용자의 영업이 「보험가입자와 보험회사간의 보험계약의 체결을 알선하는 업무」인 경우에도 영업외관의 동일성을 인정하여 명의대여자에게 상법 제24조에 의한 책임을 인정하고 있다.[3]

(3) 상대방의 선의

명의대여자의 책임이 발생하기 위하여는, 셋째로 명의차용자의 거래의 상대방은 「명의대여자를 영업주로 오인하여」 거래하였어야 한다.

1) 이 때 「오인」의 의미가 무엇이냐에 대하여 다음과 같이 학설이 나뉘어 있다. 즉, (i) 상대방의 과실유무를 불문하고 명의대여자는 책임을 지나 다만 악의인 경우에는 면책된다는 「오인설」,[4] (ii) 상대방의 오인에 경과실이 있어도 명의대여자는 면책된다는 「경과실면책설」,[5] (iii) 상대방의 오인에 (악의 또는) 중과실이 있는 경우

---

1) 동지: 대판 2008. 10. 23, 2008 다 46555(공보 2008, 1659)(상법 제24조는 명의를 대여한 자를 영업의 주체로 오인하고 거래한 상대방의 이익을 보호하기 위한 규정으로서 이에 따르면 명의대여자는 명의차용자가 영업거래를 수행하는 과정에서 부담하는 채무를 연대하여 변제할 책임이 있다. 그리고 건설업 면허를 대여한 자는 자기의 성명 또는 상호를 사용하여 건설업을 할 것을 허락하였다고 할 것인데, 건설업에서는 공정에 따라 하도급거래를 수반하는 것이 일반적이어서 특별한 사정이 없는 한 건설업 면허를 대여받은 자가 그 면허를 사용하여 면허를 대여한 자의 명의로 하도급거래를 하는 것도 허락하였다고 봄이 상당하므로, 면허를 대여한 자를 영업의 주체로 오인한 하수급인에 대하여도 명의대여자로서의 책임을 지고, 면허를 대여받은 자를 대리 또는 대행한 자가 면허를 대여한 자의 명의로 하도급거래를 한 경우에도 마찬가지이다).
2) 대판 1978. 6. 13, 78 다 236(집 26 ② 민 116).
3) 대판 1969. 3. 31, 68 다 2270(집 17 ① 민 395).
4) 강위두, "명의대여자의 책임요건에 있어서 제3자의 과실 있는 선의," 「판례월보」, 제278호 (1993. 11), 24면; 末川博, "表見的 營業主の責任," 「民商法雜誌」, 第 9 卷 3號, 182면 이하.
5) 石井照久, "名板貸人の責任," 「商法演習 Ⅱ」, 17면 이하; 日東京地判 1956. 8. 3.

에만 명의대여자는 면책된다는 「중과실면책설」(우리나라)[1]이 있다.

생각건대 명의대여자와 거래의 상대방간의 이익균형을 위해서나, 또 상법에 있어서 다른 규정(상 14조 2항, 16조 2항, 43조 등)의 해석에 있어서도 악의와 동일시하는 것은 중과실만인 점 등에서 볼 때, 중과실면책설이 가장 타당하다고 본다.

이 때 상대방의 악의 또는 중과실의 증명책임은 명의대여자가 부담한다.

2) 우리나라의 판례는 간접적으로 「중과실면책설」의 입장을 밝힌 판례와,[2] 「오인설」의 입장에서 상대방의 악의를 인정하여 명의대여자의 면책을 인정한 판례[3]로 나뉘어 있다. 또한 상대방의 악의 또는 중과실의 증명책임은 면책을 주장하는 명의대여자에게 있다고 판시하고 있다.[4]

---

1) 손(주), 128면; 정(동), (총) 157면; 최(기), 135면; 이(철), 167면; 임(홍), (총칙) 305면; 채, 86면; 이(기) 외, (총) 156면; 주상(Ⅰ), 249면; 이·최, 94면; 김(영), (총) 190면 외.

2) 대판 1991. 11. 12, 91 다 18309(공보 911, 93)(상법 제24조의 명의대여자의 책임은 명의자를 영업주로 오인하여 거래한 상대방을 보호하기 위한 것이므로 거래상대방이 명의대여의 사실을 알았거나 모른 데 대하여 중대한 과실이 있는 경우에는 그 명의대여자는 책임을 지지 아니하는데, 본 건에서 거래상대방은 이를 알고도 묵인 내지 방치한 것으로 볼 여지가 있으므로 원심은 상대방의 악의 또는 충과실 여부를 심리판단하였어야 할 것이다); 동 1992. 8. 18, 91 다 30699(공보 930, 2735)(Y는 자신의 사업인 야채중매업과 그의 아들인 A가 경영하는 야채판매업을 A와 공동으로 경영하는 것과 같은 외관을 만들어 놓고 이를 방치하였다면, A가 경영하는 야채판매업과 관련된 채권자 X에 대하여 명의대여자로서의 책임이 있고, Y가 A에게 자신의 상호와 점포 등을 사용하게 한 사정 등에 비추어 X는 오인에 중대한 과실이 있다고 볼 수 없다).

3) 대판 1977. 9. 13, 77 다 113(판총 11-1〈A〉, 730-18); 동 1979. 12. 26, 79 다 757(공보 626, 45); 동 1974. 9. 10, 74 다 457(판례교재보험법·해상법 1982, 590); 대구고판 1980. 2. 1, 78 나 219(고집 1980 민 ① 98); 대판 1986. 6. 10, 85 다카 2636(집 34 ② 민 23); 동 1993. 5. 27, 93 다 7341(공보 949, 1880)(지입차량의 운행관리상 통상업무에 속하는 유류공급거래에서 지입차주〈명의차용자〉도 회사〈명의대여자〉를 대리하려는 의사가 없고, 상대방인 유류공급자도 회사와 거래하려는 의사가 없었으므로 회사는 유류대금의 지급의무가 없다); 동 2002. 6. 28, 2002 다 22380(공보 2002, 1814)(원칙적으로 물품대금 채무를 부담하는 자는 매도인으로부터 물품을 매수한 자이고, 매수인 아닌 자가 주채무자로서 물품대금 채무를 부담하기 위해서는, 실제로 매도인으로부터 물품을 매수한 자에게 자신의 성명 또는 상호를 사용하여 영업을 할 것을 허락하여 매도인이 그와 같은 명의를 대여한 자를 영업주로 오인하여 거래를 한 경우 등에 한한다 할 것이다. 따라서 대리점 계약시 계약이나 그에 의한 권리를 상대방 동의 없이 양도할 수 없다고 약정하였다 하더라도 영업양도 사실을 알면서 영업양수인과 거래한 상대방이 영업양도인에게 명의대여자의 책임을 물을 수는 없다).
   그러나 앞의 대판 1986. 6. 10, 85 다카 2636과 유사한 사안에서 대판 1989. 10. 27, 89 다카 319(공보 1989, 1780)은 「유류공급자가 지입차량임을 알면서 유류를 공급하였다고 하여 지입차주만이 그 대금을 부담하기로 하는 특약이 있었다고 볼 수 없다」고 하여 지입회사(명의대여자)의 책임을 인정하고 있다.

4) 대판 2001. 4. 13, 2000 다 10512(신문 2979, 10).

3. 효   과

(1) 책임의 성질

상법 제24조의 법문은 「…그 타인과 연대하여 변제할 책임이 있다」고 규정하고 있는데, 여기에서의 「연대」의 의미는 명의차용자의 채무를 보증한다거나 대신하여 변제한다는 의미가 아니고 부진정연대채무를 부담한다는 의미이다. 이와 같은 부진정연대채무에서는 채무자 1인에 대한 이행청구 또는 채무자 1인이 한 채무의 승인 등 소멸시효의 중단사유나 시효이익의 포기는 다른 채무자에게 효력을 미치지 아니한다.[1] 그런데 거래상대방은 명의대여자와 명의차용자 중 그가 선택하는 누구에 대하여도 변제를 청구할 수 있다.[2] 이 때 명의대여자가 변제한 경우에는 명의차용자에게 구상할 수 있다.

(2) 책임의 범위

1) 상법 제24조에 의하여 명의대여자가 책임을 지는 범위는 「명의차용자[3]의 영업상의 거래와 관련하여 생긴 채무」에 한한다. 따라서 명의차용자의 불법행위 등으로 인한 채무나,[4] 단순한 개인적인 채무와 같이 거래관계 이외의 원인으로 인하여 생긴 채무에 대하여는 그 책임을 지지 않는다. 그러나 직접적인 거래로 인한 채무가 아니라도 그 거래의 효과로서 발생한 채무$\binom{\text{예컨대, 채무불이행으로 인한 손해배상}}{\text{채무, 계약해제로 인한 원상회복의무 등}}$ 등은 당연히 포함된다.

---

1) 대판 2011. 4. 14, 2010 다 91886(공보 2011, 908)(상법 제24조에 의한 명의대여자와 명의차용자의 책임은 동일한 경제적 목적을 가진 채무로서 서로 중첩되는 부분에 관하여 일방의 채무가 변제 등으로 소멸하면 타방의 채무도 소멸하는 이른바 부진정연대의 관계에 있다. 이와 같은 부진정연대채무에서는 채무자 1인에 대한 이행청구 또는 채무자 1인이 행한 채무의 승인 등 소멸시효의 중단사유나 시효이익의 포기가 다른 채무자에게 효력을 미치지 아니한다. 따라서 명의대여자를 영업주로 오인하여 명의차용자와 거래한 채권자가 물품대금채권에 관하여 상법 제24조에 의한 명의대여자 책임을 묻자 명의대여자가 그 채권이 3년의 단기소멸시효기간 경과로 소멸하였다고 항변한 사안에서, 부진정연대채무자의 1인에 불과한 명의차용자가 한 채무 승인 또는 시효이익 포기의 효력은 다른 부진정연대채무자인 명의대여자에게 미치지 않음에도, 명의차용자가 시효기간 경과 전 채권 일부를 대물변제하고 잔액을 정산하여 변제를 약속한 사실이 있으므로 이는 채무 승인 또는 시효이익 포기에 해당한다는 이유로 위 항변을 배척한 원심판단을 파기한다).
2) 동지: 손(주), 129면; 주상(Ⅰ), 250면 외.
3) 이 때의 명의차용자의 의미에 대하여 대판 1989. 9. 12, 88 다카 26390(집 37 ③ 민 64)은 「명의의 사용을 허락받은 자의 행위에 한하고 명의차용자의 피용자의 행위에 대해서까지 미칠 수 없다」고 판시하고, 또한 대판 1987. 11. 24, 87 다카 1379(공보 1988, 162)는 「명의차용자의 승인을 받은 자가 명의대여자의 명의로 금전을 차용한 행위에 대해서까지 명의대여자의 책임이 있다고 할 수 없다」고 판시하고 있다.
4) 대판 1998. 3. 24, 97 다 55621(공보 1998, 1142)(불법행위의 경우에는 비록 피해자가 명의대여자를 영업주로 오인하고 있었더라도 그와 같은 오인과 피해의 발생 사이에 아무런 인과관계가 없으므로, 이 경우 신뢰관계를 이유로 명의대여자에게 책임을 지울 수 없다).

명의차용자의 거래로 인한 채무라 하더라도 명의대여자가 허락한 「영업범위 내」의 채무이어야 한다. 따라서 판례를 보면 「수산물매매의 중개영업행위」를 하도록 명의대여를 한 경우 명의차용자가 「냉동명태를 거래한 행위」에 대하여는 명의대여자의 책임을 부인하고,[1] 「정미소의 경영에 관한 영업행위」를 하도록 명의대여를 한 경우 명의차용자가 정미소의 점유 부분에 대하여 「임대차계약을 체결한 행위」에 대하여는 명의대여자의 책임을 부인하였다.[2] 그러나 이러한 「영업범위 내」인지 여부는 완화하여 해석하여야 하고, 또 제반사정을 참작하여 객관적으로 해석하여야 한다. 따라서 영업범위에 제한을 가하거나 또는 기한을 정한 경우, 이에 위반한 경우에도 영업외관이 존재하고 또 상대방이 선의인 경우에는 명의대여자의 책임을 인정하여야 할 것이다.[3]

2) 어음행위에 대하여도 명의대여자의 책임이 발생한다. 즉, (i) 명의대여자가 영업에 관하여 명의대여를 하고 명의차용자가 이 영업과 관련한 어음행위를 함에 있어서 명의대여자의 명의를 사용한 경우에는, 명의대여자는 당연히 상법 제24조에 의한 책임을 진다. (ii) 그런데 명의대여자가 어음행위에 관해서만 명의대여를 한 경우에도 동일한가. 이는 명의대여자가 「영업」할 것을 허락한 것이 아니므로 상법 제24조가 직접적으로 적용될 수는 없다. 이에 대하여 상법 제24조의 유추적용을 부정하는 견해도 있으나(유추적용 부정설),[4] 이 경우에도 상법 제24조를 유추적용하여 명의대여자와 명의차용자의 책임을 인정하여야 할 것으로 본다(유추적용 긍정설).[5]

3) 명의대여자와 명의차용자 사이에 적어도 사실상 사용관계($\binom{사실상\ 지휘\cdot}{감독의\ 존재}$)가 존재하면 명의대여자는 사용자배상책임($\binom{민}{756조}$)도 부담하나,[6] 이러한 사용관계가 없으

---

1) 대판 1977. 7. 26, 76 다 2289(판총 11−1⟨A⟩, 730−11).

2) 대판 1983. 3. 22, 82 다카 1852(집 31 ② 민 50).

3) 동지: 손(주), 129면.

4) 日最高判 1967. 6. 6(어음행위의 문언성과 관련하여 명의차용자의 어음행위로서 성립할 수 없다는 것을 이유로 함).

5) 동지: 손(주), 129면; 주상(Ⅰ), 244면.

6) 동지: 대판 1996. 5. 10, 95 다 50462(공보 1996, 1816)(객관적으로 보아 명의대여자가 명의차용자를 지휘·감독할 지위에 있었으면, 명의대여자는 명의차용자의 불법행위에 대하여 민법 제756조의 사용자배상책임을 진다); 동 2001. 6. 1, 2001 다 18476(신문 2997, 8)(타인에게 어떤 사업에 관하여 자기의 명의를 사용할 것을 허용한 경우에 그 사업이 내부적으로는 그 타인과 명의자가 이를 공동 운영하는 관계로서 그 타인이 명의자의 고용인이 아니라 하더라도 외부적으로는 그 타인이 명의자의 고용인임을 표명한 것과 다름이 없으므로 명의사용을 허가받은 사람이 업무수행을 함에 있어 고의 또는 과실로 다른 사람에게 손해를 끼쳤다면 명의사용을 허가한 사람은 민법 제756조 1항에 의하여 그 손해를 배상할 책임이 있다); 동 2001. 8. 21, 2001 다 3658(공보 2001, 2039)(타인에게 어떤 사업에 관하여 자기의 명의를 사용할 것을 허용한 경우에 그 사업이 내부관계에 있어서는 타인의 사업이고 명의자의 고용인이 아니라 하더라도 외부에 대한 관계에 있어서는 그 사업이 명의자의 사업이고 또 그 타인은 명의자의 종업원임을 표명한 것과 다름

면 명의대여자는 사용자배상책임을 부담하지 않는다.[1] 또한 이러한 사실상 사용관계가 있는 경우에도 상대방(피해자)에게 일반적으로 요구되는 주의의무를 현저히 위반한 중과실이 있으면 명의대여자는 사용자배상책임을 부담하지 않는다.[2]

이 없으므로, 명의사용을 허용받은 사람이 업무수행을 함에 있어 고의 또는 과실로 다른 사람에게 손해를 끼쳤다면 명의사용을 허용한 사람은 민법 제756조에 의하여 그 손해를 배상할 책임이 있다. 이러한 명의대여관계의 경우 민법 제756조가 규정하고 있는 사용자책임의 요건으로서의 사용관계가 있느냐 여부는 실제적으로 지휘·감독을 하였느냐의 여부에 관계없이 객관적·규범적으로 보아 사용자가 그 불법행위자를 지휘·감독해야 할 지위에 있었느냐의 여부를 기준으로 결정하여야 한다. 따라서 민간보육시설 설치신고자 명의를 대여한 자는 보육교사의 과실로 3세의 위탁아가 열차에 치어 사망한 사고에 대하여 사용자책임을 진다).

1) 동지: 대판 1993. 3. 26, 92 다 10081(공보 944, 1284)(숙박업허가 명의대여자에게는 명의차용자에 대한 사실상의 지휘·감독의무가 존재한다고 볼 수 없으므로 사용자배상책임을 인정할 수 없다).

2) 동지: 대판 2005. 2. 25, 2003 다 36133(공보 2005, 476)(타인에게 어떤 사업에 관하여 자기의 명의를 사용할 것을 허용한 경우에 그 사업이 내부관계에 있어서는 타인의 사업이고 명의자의 고용인이 아니라 하더라도 외부에 대한 관계에 있어서는 그 사업이 명의자의 사업이고 또 그 타인은 명의자의 종업원임을 표명한 것과 다름이 없으므로, 명의사용을 허용받은 사람이 업무수행을 함에 있어 고의 또는 과실로 다른 사람에게 손해를 끼쳤다면 명의사용을 허용한 사람은 민법 제756조에 의하여 그 손해를 배상할 책임이 있다고 할 것이고, 명의대여관계의 경우 민법 제756조가 규정하고 있는 사용자책임의 요건으로서의 사용관계가 있느냐 여부는 실제적으로 지휘·감독을 하였느냐의 여부에 관계없이 객관적·규범적으로 보아 사용자가 그 불법행위자를 지휘·감독해야 할 지위에 있었느냐의 여부를 기준으로 결정하여야 할 것이다. 또한 사용자책임이 면책되는 피해자의 중대한 과실이라 함은 거래의 상대방이 조금만 주의를 기울였더라면 피용자의 행위가 그 직무권한 내에서 적법하게 행하여진 것이 아니라는 사정을 알 수 있었음에도 만연히 이를 직무권한 내의 행위라고 믿음으로써 일반인에게 요구되는 주의의무에 현저히 위반하는 것으로 거의 고의에 가까운 정도의 주의를 결여하고, 공평의 관점에서 상대방을 구태여 보호할 필요가 없다고 봄이 상당하다고 인정되는 상태를 말한다. 이 사건에서 거래의 상대방에게는 일반적인 거래관행과 상이하다는 것을 잘 알고 있음에도 불구하고 명의사용자의 불법적 행위에 편승하여 계약을 체결함으로써 일반적으로 요구되는 주의의무를 현저히 위반한 중과실이 있다고 인정된다).

제5장 상업장부

제1 서 언

(1) 오늘날 기업은 국민경제에 있어서 매우 중요한 지위를 갖고 있으므로, 기업경영의 합리성과 투명성을 담보하는 기업경리로서의 상업장부제도는 단지 기업을 위한 사(私)경제적 의의뿐만 아니라 국민경제적 의의도 크다고 볼 수 있다. 이러한 점에서 볼 때 상업장부의 통일성과 그 기록의 진실성의 확보는 하나의 국민경제적 요청이 되었다. 따라서 상법 제1편 제5장에서는 상업장부에 관한 한 개의 장을 두어 규정하고 있다.[1] 이 상업장부에 관한 상법총칙상의 규정은 원칙적으로 모든 상인에 대하여 적용되나, 예외적으로 소상인에 대하여는 적용되지 않는다($^{\text{상}}_{9조}$).

(2) 기업 중에서도 회사기업, 특히 물적회사($^{\text{주식회사와}}_{\text{유한회사}}$)는 사원·회사채권자 및 회사와 거래하는 제3자의 보호를 위하여 회계에 관하여 더욱 엄격히 규정할 필요가 있다. 따라서 상법은 물적회사의 회계에 관하여는 별도로 상세한 규정을 두고 있다($^{\text{상 447조~468조,}}_{\text{579조~583조}}$).

(3) 위와 같은 상법상의 기업회계에 관한 규정을 보강하는 것으로 기업회계처리의 기준으로는 2010년까지는 기업회계기준($^{\text{제정: 1981. 12. 23 증권관리위원회〈재무부승인〉, 전문개}}_{\text{정: 1998. 12. 11 금융위원회, 개정: 2009. 2. 27 한국회계}}$ $^{\text{연구원의 회}}_{\text{계기준위원회}}$)이 있었는데,[2] 2011년 이후에는 이에 갈음하여 한국채택국제회계기준과

---

1) 상법 제1편 제5장의 상업장부에 관한 규정은 후술하는 바와 같이 1995년 개정상법에 의하여 일부 개정되었는데(전표 등의 보존기간이 5년으로 단축되고, 상업장부와 서류는 마이크로필름 기타의 전산정보처리조직에 의하여 보존할 수 있도록 한 점 등), 이러한 개정규정은 이 법 시행(1996. 10. 1) 후 최초로 도달하는 상법 제30조 2항의 일정시기(회사의 경우는 결산기) 이후에만 적용된다(상부 3조).

2) 기업회계기준은 제정 후 수회에 걸쳐 개정되었는데, 1996년 3월의 대폭 개정이 중요한 개정으로 볼 수 있고(1996. 3. 30부터 시행)[1996년 3월의 개정에 대한 상세한 설명으로는 박범호, "기

일반기업회계기준이 있다. 이러한 기업회계처리의 기준은 회계관행의 유동성을 고려하여 금융위원회가 증권선물위원회의 심의를 거쳐 제정하는데(외감 5 조 1항), 금융위원회는 기업회계처리의 기준의 제정권을 대통령령이 정하는 바에 따라 전문성을 갖춘 민간법인 또는 단체에 위탁할 수 있다(외감 5 조 4항).

　(4) 주권상장법인·해당 사업연도 또는 다음 사업연도 중에 주권상장법인이 되려는 회사·금융지주회사·은행·투자매매업자 등·보험회사·신용카드업자는「한국채택국제회계기준」(Korean International Financial Reporting Standards: K－IFRS)을 적용하여 재무제표 또는 연결재무제표를 작성하여야 한다(외감 5조 1항 1호·3항 2문, 외감시 6조 1항). 그 이외의 회사는「일반기업회계기준」을 적용하여 재무제표 또는 연결재무제표를 작성할 수도 있고(외감 5조 1항 2호·3항 1문),「한국채택국제회계기준」에 의하여 재무제표 또는 연결재무제표를 작성할 수도 있다(외감 5조 3항 1문)(기업회계기준서 제1001호 한 2. 1).

　「한국채택국제회계기준」은 금융위원회가 증권선물위원회의 심의를 거쳐 '국제회계기준위원회의 국제회계기준[1])을 채택하여 정한 회계처리기준'이므로(외감 5조 1항 1호), 국제회계기준(IFRS)과 그 내용이 거의 동일한데 다만 한국의 법체계에 맞추어 형식을 다소 변경하였다.「한국채택국제회계기준」은 '기업회계기준서'와 '기업회계기준해석서'로 구성되어 있는데(기업회계기준서 제1001호 문단 7), 이들은 한국회계기준원 회계기준위원회가 2007년 11월 23일에 제정하였고,[2]) 이들을 준수하면 동시에 국제회계기준을 준수한 것으로 규정하고 있다. 이러한 국제회계기준의 법적 성격은 '국제적으로(일반적으로) 인정된 회계관행'이라고 볼 수 있다.[3]) 또한「일반기업회계기준」은 한국회계기준원 회계기준위원회가 2009년 11월 27일에 제정하였고, 2011년 1월 1일 이후 최초로 개시하는 회계연도부터 적용된다.

업회계기준개정에 즈음하여,"「상장협」, 제33호(1996. 5), 3~9면 참조], 1998년 IMF 경제체제 이후 기업회계기준을 국제적 회계수준으로 개선하여 기업의 경영성과와 기업내용이 명확히 재무제표에 반영되도록 함으로써 기업경영의 투명성을 높이고 재무정보에 대한 국내외의 신뢰성을 제고하기 위하여 다시 대폭 개정되었다(1998. 12. 11 개정, 1998. 12. 12 시행). 이러한 기업회계기준은 그 후 2000년 8월 25일에 개정되어, 이후 기업회계기준은 금융위원회의 위탁을 받은 한국회계연구원이 설치한 회계기준위원회의 심의·의결을 거쳐 제정·개정된다(기준 1조의 3).

1) 국제회계기준(IFRS)이란 런던 소재 민간기구인 국제회계기준위원회(IASB)가 제정한 것인데, 2010년 말 현재 EU·호주·남아프리카공화국 등 100여 개국이 의무적용 또는 허용하고 있다.
　IFRS의 시행에 따른 국내 기업의 회계감사와 관련한 문제점에 대하여는 오수근, IFRS 시행에 따른 감사환경의 변화와 내부감사의 법적 책임(한국상장회사협의회)(상장협연구보고서 2010－3), 2010. 11. 참조.
2) 이에 관한 상세는 한국회계기준원(KAI) 회계기준위원회(KASB),「한국채택국제회계기준」(서울: 한국회계기준원, 2007. 12. 29) 참조.
3) 이에 관하여는 공영찬, "기업회계와 관련된 상법의 지위(최근 상법 개정방향과 국제회계기준 도입과 관련하여)," 법학석사학위논문(고려대, 2010. 8), 100면 이하 참조.

(5) 상업장부에 관한 입법주의에는 간섭주의(엄격주의)(상업장부의 작성에 상사법관 또는 시장 등의 서명을 요하고, 그 기재방법도 엄격하게 제한되어 있다 – 프랑스법계), 방임주의(상업장부의 작성을 원칙적으로 법이 요구하고 있지 않다 – 영미법계) 및 절충주의(완화주의)(상업장부의 작성은 법이 요구하고 있으나, 그 기재방법 등은 상인의 관습에 맡겨져 있다 – 독일법계)가 있는데, 우리 상법은 절충주의의 입법을 취하고 있다.[1]

제 2   상업장부의 의의

상업장부(Handelsbücher)는 「상인이 영업상의 재산 및 손익의 상황을 명백하게 하기 위하여 상법상의 의무로서 작성하는 장부」인데, 이에는 회계장부와 대차대조표가 있다. 이를 분설하면 다음과 같다.

1) 상업장부는 「상인」이 작성하는 장부이다. 따라서 상인이 아닌 상호회사나 협동조합 등이 작성하는 장부는 상업장부와 유사하여도 상업장부가 아니다. 소상인은 상인이지만 그에게는 상업장부에 관한 상법의 규정이 적용되지 않으므로(상 9조), 그가 작성하는 장부는 상법상의 상업장부라고 볼 수 없다.

2) 상업장부는 상인의 「경영상의 재산 및 손익의 상황」에 관한 장부(즉, 기업회계에 관한 장부)이다. 따라서 상법상의 의무로서 작성되는 장부라도 기업회계에 관한 장부가 아닌 주주명부(상 352조)·사채원부(상 488조)·중개인장부(상 97조) 등은 상업장부가 아니다.

3) 상업장부는 「상법상의 의무」로서 작성하는 장부이다. 따라서 보험업법에 의하여 상호회사가 작성의무를 부담하는 재무제표(동법 44조)나 상법상 작성의무가 없는 소상인이 작성한 상업장부는 상법상의 상업장부가 아니다.

4) 상업장부는 「재무제표」와 동일하지 않다. 즉, 대차대조표는 상업장부이기도 하고 또한 재무제표이기도 하지만, 회계장부는 상업장부이지만 재무제표가 아니고, 손익계산서·이익잉여금처분계산서 또는 결손금처리계산서는 재무제표이지만 상업장부가 아니다.

제 3   상업장부의 종류

상법상 상업장부의 종류에는 회계장부와 대차대조표가 있다(상 29조 1항, 30조). 이를 분설하면 다음과 같다.

---

1) 손(주), 147면.

1. 회계장부

(1) 의   의

회계장부(Rechnungsbücher; accounting books)란 「상인의 영업상의 거래 기타 기업재산의 일상의 동적 상태를 기록하기 위한 장부」이다($\frac{상 30}{조 1항}$). 회계장부인지 여부는 그 명칭이나 형식을 불문하고, 그 실질에 따라 판단되어야 한다. 즉, 매일 매일의 거래를 기재하는 전표($\frac{입금전표·출금}{전표 및 대체전표}$), 이를 거래의 발생순서 또는 거래의 유형 등에 따라 작성하는 분개장(分介帳)($\frac{이는 크게 일반분개장}{과 특수분개장이 있다}$), 또 이를 다시 종합하여 기재하는 (총계정)원장 등은 모두 회계장부에 해당한다.[1] 다만 회계장부의 주(主)장부는 원장이고 다른 것은 원장에 기입하기 위한 준비장부에 지나지 않으므로, 거래와 재산의 상태를 명확하게 알려면 원장을 보아야 한다.

또 회계장부는 마이크로필름 기타의 전산정보처리조직에 의하여 전산화할 수도 있다($\frac{상 33}{조 3항}$).[2]

(2) 기재방법 · 기재사항 · 기재시기

1) 기재방법   회계장부의 작성에 관하여 상법은 「이 법에 규정한 것을 제외하고는 일반적으로 공정·타당한 회계관행에 의한다」고 규정하여($\frac{상 29}{조 2항}$), 그 작성기준을 규정하고 있다. 여기에서 말하는 「일반적으로 공정·타당한 회계관행」이란, 일반적으로 기업회계기준을 지칭한 것이라고 볼 수 있다.[3] 그런데 기업회계기준은 대차대조표·손익계산서·자산 및 부채의 평가·기타의 계산서류 등에 관하여는 규정하고 있으나, 회계장부인 전표·분개장·원장 등에 관하여는 규정하고 있지 않으므로, 이것들의 기재방법은 기업회계에 있어서의 명료성의 원칙에 따른 일반적인 부기·회계의 관행에 따를 수밖에 없다.[4]

---

1) 이러한 회계장부를 「고유의(일기장적) 회계장부」라고 하고, 상법 제30조 2항에 의하여 영업개시시의 대차대조표와 회사설립시의 대차대조표의 작성을 위하여 먼저 작성되는 회계장부를 「재산목록적 회계장부」라고 하여, 양자를 구별하여 설명하는 견해도 있다[손(주), 155~156면].
  구체적인 회계장부인 전표·분개장·(총계정)원장 등에 관한 간단한 설명으로는 정(동), (총) 174~176면 참조.
2) 이는 1995년 개정상법에 의하여 신설된 것이다.
3) 동지: 정(동), (총) 167면('일반적으로 공정·타당한 회계관행'을 요약한 것이 기업회계기준이다); 박휴상, 전게서, 24면; 이(철), 186면(외감법의 적용대상이 아닌 기업의 경우는 기업회계기준은 '일반적으로 공정·타당한 회계관행'의 일부이다).
  반대: 채, 92면(기업회계기준은 일반적으로 용인되는 회계모델이지, 공정·타당한 회계관행은 아니다); 왕순모, 「기업회계법의 구축과 전망」(부산: 경성대출판부, 2004), 77면(기업회계기준은 '일반적으로 공정·타당한 회계관행'을 판단하는 데 있어 하나의 추정적 자료가 됨에 지나지 않는다).
4) 동지: 정(희), 107면.

법인기업의 경우는 법인세법상 복식부기에 의하여야 하지만($^{법인 112}_{조 본문}$), 개인기업의 경우는 이에 관한 제한이 없다.

2) **기재사항**　　회계장부에 기재할 사항은 「영업상의 재산 및 손익의 상황을 명백하게 하기 위한 사항」($^{상 29}_{조 1항}$), 즉 「일상의 거래와 기타 영업재산에 영향을 미치는 모든 사항」이다($^{상 30}_{조 1항}$). 따라서 법률행위이든 불법행위이든 또 화재·수해 등의 사실이든 기재능력이 있으나, 이러한 회계장부에 기재할 사항은 부기상의 거래로서 이것은 법률상의 거래와 일치하지 않는다. 따라서 단순히 법률관계의 발생만으로는 아직 기재능력이 없고, 현실적인 재산이동의 발생을 기다려 기록하여야 한다. 예컨대, 매매계약만이 성립하고 그 목적물의 인도나 대금수수가 아직 발생하지 않은 것은 아직 회계장부에 기재할 수 없다.[1]

개인기업의 경우에 비업무용재산(사용〈私用〉재산)은 원칙적으로 회계장부에 기재할 필요가 없으나, 영업재산과 관련되는 경우($^{예컨대, 사용〈私用〉재산에서 영업용으로 지출}_{하거나 영업재산에서 사용〈私用〉으로 지출하}$$_{는 경}_{우 등}$)에는 기재하여야 할 것이다.[2]

3) **기재시기**　　회계장부의 기재시기에 관하여도 「공정·타당한 회계관행」에 의하여야 할 것이다($^{상 29}_{조 2항}$). 따라서 기재사항이 생긴 때에는 기업회계에 관한 충분성의 원칙에 따라 상당한 시기에 기재하여야 한다.[3]

2. 대차대조표

(1) 의　　　　의

대차대조표(balance sheet; Bilanz; bilan)라 함은 「일정시기에 있어서의 기업의 총재산을 자산·부채·자본의 과목으로 나누어 기업의 재무상태를 일목요연하게 나타내는 개괄표」이다($^{기준 문단 2. 17 참조. 일반기업회계기준에서는 '대차대조표'}_{라는 용어 대신에 '재무상태표'라는 용어를 사용하고 있음}$).[4] 앞에서 본 회계장부는 영업의 「동적 상태」를 나타내는 장부이다. 대차대조표는 일정한 시점에 있어서의 영업의 「정적 상태」를 나타내는 장부이다.

대차대조표는 자산·부채 및 자본으로 구분되는데, 자산은 유동자산 및 비유동자산으로 구분되고, 부채는 유동부채 및 비유동부채로 구분되며, 자본은 자본금·자본잉여금·자본조정·기타포괄손익누계액 및 이익잉여금(또는 결손금)으로 각각 구

---

1) 동지: 정(희), 107면; 정(동), (총) 173면 외.
2) 동지: 손(주), 157면; 최(기), 148면; 채, 95면; 이(기) 외, (총) 183면.
3) 동지: 손(주), 158면; 최(기), 148면; 정(동), (총) 177면.
　이에 반하여 매일 지체없이 기재하여야 한다는 견해로는 정(희), 107면.
4) K－IFRS에서는 재무상태표(대차대조표)상 표시되어야 할 항목의 순서나 형식을 규정하지 않고 있다(기업회계기준서 1001호 문단 57).

분된다($^{기준 문단}_{2. 18}$).

(2) 작성시기와 종류

1) 통상대차대조표

(카) 개업(개시)대차대조표　　회사기업은 「성립한 때」에, 기타의 기업은 「영업을 개시한 때」에 작성되는 대차대조표이다($^{상 30}_{조 2항}$).

(나) 결산(연도)대차대조표　　회사기업은 「매 결산기」에, 기타의 기업은 「매년 1회 이상 일정시기」에 작성되는 대차대조표이다($^{상 30}_{조 2항}$). 이러한 대차대조표는 주식회사 및 유한회사의 경우에는 재무제표의 일부로서 작성된다($^{상 447조 1호,}_{579조 1항 1호}$).

2) 비상(특수)대차대조표　　이는 회사의 합병·청산 등의 목적에서 작성되는 대차대조표를 말하는데, 이러한 대차대조표는 영업의 계속을 전제로 하지 않기 때문에 이에 기재할 재산의 범위 및 평가기준 등에서 차이가 있다.[1] 이러한 대차대조표에는 합명회사·합자회사가 임의청산을 하는 경우에 작성되는 청산대차대조표($^{상 247조,}_{269조}$), 주식회사·유한회사의 청산인이 취임 후 작성하는 청산대차대조표($^{상 533}_{조 1항,}$ $^{613}_{조 1항}$) 등이 있다.

(3) 작성방법

1) 대차대조표는 회계장부에 의하여 작성되고(유도〈誘導〉법), 작성자가 기명날인 또는 서명하여야 한다($^{상 30}_{조 2항}$). 이 때 「작성자」라 함은 작성의무자를 의미하는 것이지, 현실로 기재한 계산담당직원을 의미하는 것이 아니다.

2) 대차대조표의 작성방법에 관한 그 밖의 사항에 대하여 한국채택국제회계기준에서는 특별히 규정하고 있지 않고, 일반기업회계기준에서는 '자산과 부채는 유동성이 큰 항목부터 배열하는 것을 원칙으로 한다'라고만 규정하고 있다($^{유동성}_{배열법}$).

제 4 상업장부에 관한 의무

1. 작　　성

(1) 작성의무

모든 상인은 소상인을 제외하고 상업장부를 작성할 의무를 부담한다($^{상 29}_{조 1항}$). 회사기업의 경우에는 업무집행사원·이사·청산인 등이 상업장부를 작성할 의무를 부담하고, 이러한 자가 상업장부를 작성하지 않거나 부실기재를 한 때에는 일정한 과태료의 처벌을 받는다($^{상 635조}_{1항 9호}$). 그러나 개인기업의 경우에는 상업장부의 작성의무

---

1) 손(주), 164면.

자가 이를 이행하지 않은 경우에도 제재가 없다.

(2) **작성기준**

1) 상법에는 그 장부의 형식·기재방법 또는 부기의 기술에 관하여는 아무 규정이 없으므로 단식부기이든 복식부기이든, 장부식이든 전표식이든, 어떠한 방식을 사용하여도 무방하다. 그러나 상법은 「상업장부의 작성에 관하여 이 법에 규정한 것을 제외하고는 '일반적으로 공정·타당한 회계관행'에 의한다」고 규정하고 있다($\frac{상\ 29}{조\ 2항}$). 이 규정은 널리 기업회계 전체에 관한 원칙적 규정임을 인정할 수 있다. 여기에서 '일반적으로 공정·타당한 회계관행'이라는 것은 앞에서 본 기업회계기준이 이에 해당한다고 볼 수 있으므로, 상업장부의 작성기준은 기업회계기준이 된다고 보아도 무방할 것이다. 기업회계기준은 공정·타당한 회계관행을 집약한 것으로, 이는 상관습 내지 상관습법으로 포괄적으로 승인된 것이라고도 볼 수 있다.[1] 그럼으로써 고정적인 상법이 유동적인 회계관행과 연관을 맺게 된다.

2) 상법 제29조 2항에서 '상업장부에 관하여 이 법에 규정된 것'이라 함은 상법 제30조·제31조뿐 아니라, 주식회사나 유한회사의 계산규정($\frac{상\ 447조\ 이하,}{579조\ 이하}$)도 포함된다.

2. 보   존

(1) 모든 상인은 10년간 상업장부와 영업에 관한 중요서류를 보존하여야 한다($\frac{상\ 33조}{1항\ 본문}$). 「영업에 관한 중요서류」란 영업활동에 관한 증거로서의 가치가 있는 서류($\frac{주문서 \cdot}{영수증\ 등}$)를 말한다. 다만 전표 또는 이와 유사한 서류는 5년간 이를 보존하여야 한다($\frac{상\ 33조}{1항\ 단서}$). 상업장부 가운데 전표 등 부대서류는 대량으로 작성되어 그 부피가 매우 커서 이를 장기간 보존하기에는 상인에게 너무 큰 불편과 비용을 부담시켰다. 따라서 1995년 개정상법에서는 이러한 상인의 불편과 비용을 덜어주기 위하여 그 중요성이 비교적 적은 전표 등에 한하여 그 보존기간을 5년으로 단축하였다.[2]

이 기간의 기산점은 상업장부에 있어서는 「장부폐쇄의 날」(결산마감일)이다($\frac{상\ 33}{조\ 2항}$). 기타의 서류는 「작성한 날」 또는 (타인으로부터) 「받은 날」로부터 기산할 수 있다.[3]

(2) 상업장부와 영업에 관한 중요서류는 마이크로필름 기타의 전산정보처리조직에 의하여 이를 보존할 수 있다($\frac{상\ 33}{조\ 3항}$). 이 때 그 보존방법 기타 필요한 사항은 대

---

1) 오수근, 전게논문은 이 점에 관한 법리적 문제를 다루고 있다.
2) 해설(1995), 8면.
3) 동지: 임(홍), (총칙) 333면; 이(철), 181~182면.

통령령($\frac{상시}{3조}$)에 위임하고 있다($\frac{상~33}{조~4항}$). 이는 1995년 개정상법에 의하여 신설된 것으로 현대의 발달된 전산정보처리조직에 의하여 상업장부 등을 보존하도록 함으로써, 상인이 상업장부 등의 보존에 드는 비용을 절감하고 또 이를 효율적으로 관리할 수 있게 하였다.[1]

(3) 회사인 상인의 경우에는 청산등기 후 10년간($\frac{전표~또는~이와~유}{사한~서류는~5년간}$)의 보존의무에 관한 특칙을 규정하고 있으나($\frac{상~266조,~269조,~287}{조의~45,~541조,~613조}$), 회사가 존속하는 동안에는 상법 제33조에 의하여 상업장부의 보존의무를 부담한다.[2]

(4) 기업은 영업을 폐지한 경우에도 이러한 상업장부의 보존의무를 부담한다.

3. 제   출

(1) 법원은 신청에 의하거나 직권으로 소송담당자에게 상업장부 또는 그 일부분의 제출을 명할 수 있다($\frac{상}{32조}$). 이러한 상업장부의 제출의무는 민사소송법상의 일반적인 문서제출의무에 있어서와 같은 요건($\frac{민소}{344조}$)이 필요하지 않고, 또 당사자의 신청 유무와 관계 없이 인정된다는 점에 의미가 있다. 이러한 제출의무를 부담하는 자는 상인 또는 상업장부의 보존의무를 지는 자로서 소송당사자이고,[3] 제출명령의 대상이 되는 목적물은 상업장부에 한하며 그 외의 영업상의 중요서류는 포함되지 않는다.[4] 당사자가 법원의 이러한 제출명령에 응하지 않은 경우에는 민사소송법상의 증명방해에 관한 규정($\frac{그~문서에~관한~상대방의~주장을}{진실한~것으로~인정할~수~있음}$)에 의한다[5]($\frac{민소}{349조}$).

(2) 일반인이 상업장부의 열람을 요구하자면 계약 또는 법률의 특별규정이 있어야 하고, 상법 제32조를 원용할 수는 없다.

(3) 상업장부에 대한 증거력은 민사소송법상의 일반적인 자유심증주의에 의하여 판단된다[6]($\frac{민소}{202조}$).

4. 제   재

(1) 상업장부의 작성·보존을 게을리하거나 또는 부실한 기재가 있을 때에 상법

---

1) 해설(1995), 8면. 동지 입법: 1985년 독일 개정상법 257조; 1962년 뉴욕주 회사법 624조; 캘리포니아주 회사법 3002조; 1967년 델라웨어주 회사법 224조 등.
2) 동지: 임(홍), (총칙) 333면.
3) 동지: 정(동), (총) 170면.
4) 동지: 정(희), 105면; 정(동), (총) 170면.
5) 동지: 정(희), 105면; 정(동), (총) 170면.
6) 동지: 朝高判 1916. 7. 21(상업장부의 기재를 믿을 것인가 아닌가는 법원의 자유로운 심증판단에 일임된다).

상 일반적 제재는 개인기업에는 없다. 다시 말해서 상법의 이 규정은 불완전법규 (lex imperfecta)에 속한다. 그러나 파산의 경우에는 개인기업의 경우에도 자기 또는 타인의 이익을 도모하거나 채권자를 해할 목적이 있는 경우에는 사기(詐欺)파산죄로서 10년 이하의 징역 또는 1억원 이하의 벌금의 처벌을 받고 이러한 목적이 없는 경우에는 과태(過怠)파산죄로서 5년 이하의 징역 또는 5천만원 이하의 벌금의 처벌을 받는다($\frac{파\ 650조\ 1항\ 3호,}{651조\ 1항\ 3호}$). 또한 이것이 일반불법행위의 요건을 구성하면 상인은 불법행위의 책임을 진다($\frac{민}{750조}$).

(2) 회사기업에 있어서는 그 부정작성 또는 부실기재에 대하여 업무집행사원·업무집행자·이사·집행임원·감사·검사인·청산인·지배인 등이 500만원 이하의 과태료의 제재를 받게 된다($\frac{상\ 635조}{1항\ 9호}$). 또한 이것은 법령위반행위가 되어 이사 등은 회사 또는 제3자에 대하여 손해배상책임을 부담할 것이다($\frac{상\ 399조,}{401조,\ 567조}$).

제 1 영업소의 의의

영업소(office; Handelsniederlassung)라 함은 「기업의 존재와 활동을 공간적으로 통일하는 일정한 장소」를 말한다. 다시 말하면 기업활동의 중심지를 의미한다. 자연인의 경우에는 그 주소가 일반생활의 중심지가 되는 것과 같이, 영업소는 기업의 경영활동의 중심지인 것이다. 회사기업에 있어서는 기업생활이 그 생활의 전부이므로 회사의 주소인 본점소재지($\frac{상}{171조}$)는 주되는 영업소와 일치한다.

영업소이기 위하여는 다음과 같은 점이 있어야 한다.

(1) **기업활동의 장소적 중심지**

영업소는 기업활동에 관한 기본적 사항을 결정하고 경영활동에 관한 지휘명령을 하는 중심지이다. 이러한 영업소는 대내적으로는 결정 또는 명령을 하는 장소이나, 대외적으로는 기본적인 거래가 이루어지는 장소이기도 한다. 따라서 이러한 결정 또는 명령에 따라 구체적으로 거래를 기계적으로 하거나 사실행위를 하는 데 불과한 장소($\frac{예컨대,}{창고 등}$ $\frac{공장 ·}{}$)는 영업소가 아니다. 또한 영업소는 주소의 경우와 같이 단순히 공간적 내지 장소적 관념이므로, 특정한 장소에 있는 점포 기타의 물적 설비를 뜻하는 것이 아니다.

(2) **계 속 성**

영업소는 어느 정도 시간적으로 계속성을 가지는 장소이어야 한다. 따라서 일시적인 매점 등은 영업소가 될 수 없다.

(3) **단 위 성**

영업소는 인적 조직과 물적 조직에 의한 하나의 단위이어야 하고, 기업활동의

결과가 보고·통일되는 중심지이어야 한다. 특히 계산조직에 있어서 유기적 한 단위를 이루고 있어야 한다. 따라서 하나의 기업에 수 개의 영업소가 있을 수 있다.

(4) 객 관 성

영업소인지 여부는 객관적인 사실의 문제이지, 당사자의 의사의 문제가 아니다. 그러나 기업이 영업소에 관하여 사실과 상위한 등기를 한 경우에는 기업은 이를 선의의 제3자에게 대항할 수 없다($\frac{상}{39조}$). 또한 형식적 의의의 영업소와 실질적 의의의 영업소가 다른 경우에 제3자가 형식적 의의의 영업소를 신뢰한 경우에는, 기업은 금반언칙 또는 외관법리에 의하여 선의의 제3자에게 대항할 수 없다고 본다.[1]

제 2 영업소의 종류

상법상의 영업소의 종류는 「본점」과 「지점」뿐이다. 본점(main office; Hauptniederlassung)은 기업활동 전체의 지휘명령의 중심점으로서의 지위를 가진 영업소이고, 지점(branch office; Zweigniederlassung)은 본점의 지휘를 받으면서도 부분적으로는 독립된 기능을 하는 영업소를 말한다.[2] 출장소·사무소·매점 등은 본점 또는 지점에 있어서의 조직·활동의 구성부분을 이루고 있는 데 불과하고 그 자체는 영업소가 아니지만, 경우에 따라 영업소의 성질을 가지고 있는 경우가 있다. 그러므로 영업소인가 아닌가는 실질에 따라 결정될 것이지, 당사자가 붙인 명칭 여하에 의하지 않는다. 대리점은 대리상의 영업소이지 본인인 기업의 영업소가 아니다.

위와 같은 본점과 지점은 기업이 동일한 영업을 경영하는 경우에 있어서의 각 영업소간의 주종(主從)관계이고, 기업이 수 종의 영업을 경영하는 경우에 그 각 영업에 관하여 각각 독립한 영업소를 두는 경우에는 각 영업소간의 주종관계는 있을 수 없고 각각 독립한 지위를 갖는다.

제 3 영업소에 관한 법률상의 효과

(1) 일반적 효과

영업소는 자연인에 있어서의 주소에 해당하는 법률상의 효과를 가지고 있다.

---

1) 동지: 최(기), 155면; 이(기) 외, (총) 138면.
2) **지점을 부인한 판례**: 대판 1967. 9. 26, 67 다 1333(카드 2128)(지사장은 본사에서 임면하나 운영은 지사장의 책임도급제로 하고, 일정한 금액을 사고담보로서 회사에 임치하고, 지사가 부분적 포괄대리권을 가지고 있다면 그 조직과 권한이 지점과 다르다고 할 것이다).

영업소에 관하여 특히 주의할 것은 다음과 같다.

1) 상행위로 인한 채무이행의 장소가 된다(특정물인도채무를 제외)(상 56조, 민).
   (하고는 채권자의 영업소)(467조 2항).

2) 증권채무의 이행장소가 된다(채무자의)(어 2조·4조·21조 이하·48조·52조·).
   (영업소)(60조·76조·77조, 민 516조·524조 등).

3) 등기소 및 법원의 관할결정의 표준이 된다(상인의 영업소)(상 34조, 민소 5조·).
   (소재지의 법원)(12조, 파 3조, 상등 4조).

4) 민사소송법상의 서류송달의 장소가 된다(수령인의)(민소 183).
   (영업소)(조 1항).

(2) 지점의 법률상의 효과

지점은 독립한 영업소로서 다음과 같은 법률상의 의미를 갖는다. 그러나 지점은 독립한 법인격을 전제로 한 능력(예컨대,)(소송능력)을 갖지 못한다.

1) 지점영업만을 위하여 지배인을 선임할 수 있다(상 10조,)(13조).

2) 표현지배인의 여부를 결정하는 표준이 된다(상)(14조).

3) 상업등기의 대항력을 결정하기 위한 독립적 단위가 되고, 지점에 있어서의 등기가 없는 이상 본점에 있어서의 등기를 지점거래에 원용할 수 없다(상 35조,)(38조).

4) 지점에서의 거래로 인한 채무이행의 장소가 된다(상)(56조).

5) 지점만을 독립적으로 영업양도·양수의 대상으로 할 수 있다(상 374조 1항 1호·)(3호, 576조 1항).

제 7 장 상업등기(기업의 공시)

제 1 상업등기(기업공시)의 필요성

(1) 상업등기제도는 기업의 공시제도 중에서 가장 대표적인 것인데, 기업에 관한 각종 공시제도는 상업등기제도 이외에도 회사의 공고에 관한 강제($\substack{\text{상 289조 3항,} \\ \text{449조 3항 등}}$), 재무제표 등의 열람제도 또는 그 등본·초본교부청구제도($\substack{\text{상 448} \\ \text{조 2항}}$) 등이 있다.

상법이 이와 같이 기업으로 하여금 일정한 사항을 공시하도록 요구하고 있는 것은, 그 공시의 결과로써 기업 및 그 기업과 거래하는 제3자에게 유익하기 때문이다. 즉, (i) 기업측에서 보면 그 기업의 기초·책임관계 등을 공시함으로써 기업의 사회적 신용을 증대시키고, 또한 기업경영의 건전화 내지 합리화를 촉진시키는 기회를 갖게 되며, 또한 공시에 의하여 제3자에게 대항할 수 있는 등의 이점이 있다. (ii) 한편 기업과 거래하는 제3자측에서 보면 기업의 조직·책임관계 등 거래상 필요한 여러 가지 사항을 미리 알게 되어 기업과의 거래관계에서 생기는 법률적 및 경제적 효과를 미리 예측할 수 있게 되는 등의 이점이 있다.

(2) 기업의 공시의 필요성은 개인기업에서보다도 다수인과의 거래관계가 빈번한 회사기업에서 더욱 크게 요구된다. 따라서 회사기업에서는 기업자본·경영기구 및 계산관계 등에 관하여 통일적으로 공시할 것을 요구하고 있고($\substack{\text{상 180조, 269조, 317} \\ \text{조, 449조 3항, 549조}}$), 이는 또한 상법에 의하여 강요되고 있다($\substack{\text{상 635조} \\ \text{1항 1호}}$). 그러나 개인기업에서는 상호(임의적 등기사항)·지배인(강제적 등기사항) 등과 같이 부분적으로만 공시할 수 있고, 또한 지배인을 제외하고는 상법이 공시를 강요하고 있지도 않다.

제 2 상업등기의 의의

(1) 상업등기라 함은「일정한 사항을 공시할 목적으로 상법의 규정에 의하여 등기할 사항을 법원의 상업등기부에 하는 등기」를 말한다($\frac{\text{상}}{34\text{조}}$). 이를 분설하면 다음과 같다.

1) 상업등기는 주로「일정한 사항을 공시할 목적으로」하는 등기이다. 따라서 상업등기는 상호등기를 제외하고는 일정한 사실의 등기이다. 이 점에서 상업등기는 권리등기인 부동산등기와 구별된다.

2) 상업등기는「상법의 규정에 의하여 등기할 사항」을 등기하는 제도이다. 따라서 민법에 의한 부동산등기나 법인등기, 보험업법에 의한 상호회사의 등기, 특별법에 의하여 설립되는 법인의 등기 등은 상업등기가 아니다. 선박등기는 상법의 규정에 의하여 등기할 사항으로 되어 있으나($\frac{\text{상}}{743\text{조}}$), 그 성질이 부동산등기와 유사하여 특별법(선박등기법)에 의하여 상업등기부 이외의 별도의 등기부에 등기되고 있으므로 상업등기가 아니다.

3) 상업등기는「법원」이 관할하는 상업등기부에 하는 등기이다. 따라서 행정관청이 취급하는 특허권·상표권 등의 등록과도 구별된다.

4) 상업등기는「상업등기부」에 하는 등기이다. 따라서 일정한 사항을 공시하는 장부라도 상업등기부 이외의 장부에 의하여 하는 주주명부·사채원부 등은 상업등기와 구별된다.

(2) 상법이 상업등기에 관하여 규정하는 것은 상업등기의 실체적 법률관계 및 중요한 절차사항뿐이며, 절차관계의 상세한 것은 상업등기법 및 상업등기규칙에서 규정되고 있다. 상업등기부에는 상호·미성년자·법정대리인·지배인·합자조합·합명회사·합자회사·유한책임회사·주식회사·유한회사·외국회사에 관한 11종이 있다($\frac{\text{상등}}{\text{조 1항}}$ 11).

제 3 등기사항

1. 의   의

등기사항이란「상법의 규정에 의하여 상업등기부에 등기하도록 정하여진 사항」을 말한다. 어떠한 사항을 등기사항으로 할 것인가는 입법정책상의 문제이다.

등기사항이 너무 간단하면 기업공시의 목적을 달성할 수 없고, 그렇다고 너무 상세하면 기업의 기밀을 폭로하는 결과가 된다.[1] 따라서 등기사항은 기업의 신용유지와 제3자의 보호에 관한 사항으로 상법에 일일이 개별적으로 규정되어 있다. 그러므로 상법에 등기사항으로 규정된 것이 아닌 사항은 등기할 수도 없고, 잘못하여 등기가 된 경우에도 등기의 효력이 발생하지도 않는다.[2]

2. 종   류

상법이 규정하고 있는 등기사항을 각종의 표준에 따라 분류하면 다음과 같다.

(1) 등기 주체에 의한 분류

1) 기업 일반에 관한 등기사항   지배인등기($\frac{상}{13조}$) · 상호등기($\frac{상\ 22조.}{23조}$) 등이 이에 해당한다.

2) 개인기업에 관한 등기사항   미성년자가 법정대리인의 허락을 얻어 영업을 하는 경우의 등기($\frac{상}{6조}$), 법정대리인이 제한능력자를 위하여 영업을 하는 경우의 등기($\frac{상}{8조}$) 등이 이에 해당한다.

3) 회사기업에 관한 등기사항   회사의 설립부터 해산 · 청산에 이르기까지 많은 사항을 등기사항으로 하고 있는데, 특히 주식회사에서 등기사항이 많은 편이다.

(2) 강제 유무에 의한 분류

1) 절대적 등기사항   반드시 등기를 하여야 할 사항으로, 대부분의 등기사항은 이에 속한다. 절대적 등기사항을 등기하지 않은 경우에는 이를 선의의 제3자에게 대항할 수 없는 불이익이 있다($\frac{상}{37조}$). 회사기업의 경우에는 이 외에도 벌칙의 제재가 있으나($\frac{상\ 635조}{1항\ 1호}$), 개인기업의 경우에는 벌칙의 제재가 없다.

2) 상대적 등기사항   기업의 의사에 따라 등기할 것인지 여부를 결정할 수 있는 사항으로, 개인기업의 상호등기가 이에 해당한다. 그러나 상대적 등기사항이라도 일단 등기한 이상 그 사항의 변경 · 소멸은 절대적 등기사항이다($\frac{상}{40조}$).

(3) 법적 효과에 의한 분류

1) 설정적(창설적) 등기사항[3]   법률관계의 설정(창설)을 목적으로 하는 등

---

1) 동지: 정(희), 117면.
2) 동지: 정(동), (총) 184~185면.
3) 설정적(창설적) 등기사항이 모두 후술하는 상업등기의 효력 중 창설적 효력이 발생하는 것은 아니다. 예컨대, 회사의 설립등기는 설정적(창설적) 등기사항이고 또한 창설적 효력이 발생하나, 지배인의 선임등기는 설정적(창설적) 등기사항이나 창설적 효력은 없다.

기사항으로, 지배인의 선임등기($\frac{\text{상}}{13\text{조}}$) · 상호의 선정등기($\frac{\text{상 22조.}}{23\text{조.}}$) · 회사의 설립등기($\frac{\text{상}}{172\text{조}}$) 등이 이에 해당한다.

  2) 면책적(해소적) 등기사항   법률관계의 해소($\frac{\text{당사자의}}{\text{책임면제}}$)를 목적으로 하는 등기사항으로, 지배인의 해임등기($\frac{\text{상}}{13\text{조}}$) · 상호의 폐지등기($\frac{\text{상 27조.}}{40\text{조}}$) · 회사의 해산등기($\frac{\text{상 228}}{\text{조 등}}$) · 사원의 퇴사등기($\frac{\text{상 225}}{\text{조 등}}$) 등이 이에 해당한다.

3. 지점의 등기

  상법총칙은 지점소재지에서의 등기사항에 관하여 특별히 규정하고 있다. 즉, 본점소재지에서의 등기사항은 다른 규정이 없으면 지점소재지에서도 등기하여야 하고($\frac{\text{상}}{35\text{조}}$), 만일 이를 지점소재지에서 등기하지 않으면 그 지점의 거래에 관하여 선의의 제3자에게 대항하지 못한다($\frac{\text{상}}{38\text{조}}$).

  이 때「본점소재지에서의 등기사항」은 절대적 등기사항에 한하고,[1]「다른 규정」이란 지배인의 선임과 그 대리권의 소멸에 관한 등기이다($\frac{\text{따라서 지배인은 선임된 본점}}{\text{또는 지점에서만 등기하면 된다}}$)($\frac{\text{상}}{13\text{조}}$).

4. 변경 · 소멸의 등기

  상법총칙은 등기사항의 변경 · 소멸의 등기에 대하여 특별히 규정하고 있다. 즉, 등기사항에 변경이 있거나 그 사항이 소멸한 때에는 당사자는 지체 없이 이의 변경 또는 소멸의 등기를 하여야 한다($\frac{\text{상}}{40\text{조}}$). 이는 상대적 등기사항에도 적용되기 때문에, 상대적 등기사항이라도 일단 등기한 이상 이의 변경 · 소멸의 등기는 본조에 의하여 절대적 등기사항이 된다.

  상호($\frac{\text{상}}{27\text{조}}$) 및 회사설립의 등기($\frac{\text{상 183조, 269조, 287조의}}{5, 317조 4항, 549조 4항}$)의 변경 또는 소멸에 관하여는 상법이 다시 특별한 규정을 두고 있다.

제 4 상업등기의 절차

(1) 신청주의

  1) 상업등기는 원칙적으로 당사자의 신청에 의한다[2]($\frac{\text{상 34조 · 40조.}}{\text{상등 22조 1항}}$). 이것을「신청주의의 원칙」(Antrags – od. Anmeldungsprinzip)이라 한다. 이 때「당사자」라 함은

---

1) 동지: 손(주), 169면; 이(철), 191면; 이(기) 외, (총) 197면.
2) 참고로 부동산등기는 등기권리자와 등기의무자의 공동신청에 의한다(부등 22조, 23조).

기업의 법적 주체인 상인이라는 뜻이 아니고 '등기사항의 관계자'라는 뜻인데, 구체적인 경우에 법률이 이를 규정하고 있다.[1] 즉, 상법 제27조에 의한 상호등기의 말소의 경우에는 「이해관계인」($^{상등\ 36}_{조\ 1항}$), 미성년자 등기의 경우에는 그 「미성년자」($^{상등\ 47}_{조\ 1항}$), 주식회사의 설립등기에는 「대표이사(대표집행임원)」($^{상\ 317조\ 2항,\ 상등}_{규\ 129조\cdot 23조\ 1항}$)가 당사자가 된다.

상업등기의 「신청」은 서면($^{전자문서}_{를\ 포함함}$)의 신청서로 하여야 하는데($^{상등\ 24조\ 1}_{항\cdot 2항\cdot 4항}$), 이 신청서에는 일정한 사항을 기재하고 신청인 또는 그 대리인이 기명날인($^{대법원규칙으로\ 정}_{하는\ 전자서명을\ 포}$ 함하고, 대법원규칙으로 정하는 경 $_{우에는\ 서명으로\ 갈음할\ 수\ 있음}$)하여야 한다($^{상등\ 24}_{조\ 4항}$). 전자서명의 방식은 대법원규칙($^{상등동}_{기규칙}$)으로 정한다($^{상등\ 24조\ 4항,}_{상등규\ 67조\ 4항}$).

2) 이 신청주의에 대하여 다음과 같은 경우에는, 예외적으로 법원이 등기소에 등기를 촉탁하거나 또는 직권으로써 등기한다($^{촉탁\ 및}_{직권등기}$).

㈎ 법원의 해산명령($^{상}_{176조}$) 또는 해산판결($^{상\ 241조,\ 269조,\ 287}_{조의\ 42,\ 520조,\ 613조}$)에 의한 회사의 해산($^{비송\ 90}_{조,\ 93조}$)

㈏ 회사의 설립무효($^{상\ 184조,\ 269조,\ 287}_{조의\ 6,\ 328조,\ 552조}$), 설립취소($^{상\ 184조,\ 185조,\ 269}_{조,\ 287조의\ 6,\ 552조}$), 합병무효($^{상\ 236}_{조,\ 269}$ 조, 287조의 41, $_{529조,\ 603조}$)의 판결이 확정되었을 때($^{비송\ 98조,\ 99}_{조,\ 107조\ 2호}$)

㈐ 등기사항인 총회결의의 취소($^{상\ 378}_{조,\ 578조}$), 무효 또는 부존재($^{상\ 380}_{조,\ 578조}$), 또는 부당결의의 취소나 변경($^{상}_{381조}$)의 판결이 확정된 경우($^{비송\ 107}_{조\ 6호}$)

㈑ 주식회사의 주식의 교환 및 이전의 무효($^{상\ 360조의}_{14,\ 360조의\ 23}$)의 판결이 확정된 경우($^{비송\ 107}_{조\ 8호}$)

㈒ 법인인 채무자에 대하여 회생절차의 개시·폐지 등이 있을 때($^{파\ 23조}_{\sim 25조}$)

㈓ 휴면회사의 해산이 의제되거나 청산종결이 의제된 때($^{상\ 520}_{조의\ 2}$) 등이다($^{상등}_{73조}$).

(2) 전산정보처리조직에 의한 상업등기

상업등기사무는 전산정보처리조직에 의하여 처리하여야 하는데($^{상등\ 8}_{조\ 2항}$), 등기관이 전산정보처리조직에 의하여 등기사무를 처리한 때에는 등기사무를 처리한 등기관이 누구인지 알 수 있는 조치를 하여야 한다($^{상등\ 8}_{조\ 4항}$). 따라서 「등기부」란 전산정보처리조직에 의하여 입력·처리된 등기정보자료를 대법원규칙으로 정하는 바에 따라 편성한 것을 말한다($^{상등\ 2}_{조\ 2호}$).

(3) 등기관할

1) 관할등기소   등기 당사자의 영업소 소재지를 관할하는 등기사무를 담당하는 지방법원, 그 지원 또는 등기소가 관할등기소이다($^{상등}_{4조}$).

2) 등 기 관   등기사무는 등기소에 근무하는 법원서기관·등기사무관·등

---

1) 동지: 정(희), 118면.

기주사 또는 등기주사보 중에서 지방법원장이 지정하는 사람(등기관)이 처리한다(상등 8조 1항). 등기관의 상업등기절차에 관하여는 상업등기법 이외에, 「상업등기규칙」이라는 대법원규칙(2021. 11. 29, 대법원규칙 3007호)이 있다.

(4) 등기소의 심사권

등기관은 신청사항이 등기할 사항이 아닌 경우 등에는 이유를 적은 결정으로써 신청을 각하하여야 하는데(상등 26조), 이 때 등기관은 등기신청사항의 적법성에 관하여 어느 정도의 심사권을 갖는가에 대하여는 다음과 같이 학설이 나뉘어 있다.

1) 형식적 심사주의   형식적 심사주의에 의하면 등기관은 등기의 신청사항에 대하여 형식적 적법성(신청권한이 있는 자의 신청인가, 신청서가 그 방식에 적합한가, 신청사항이 상법의 규정에 의한 등기사항인가, 신청사항이 관할등기소에 속하는가 등)만을 심사할 수 있을 뿐이고, 실체적 진실성(내용적 합법성)까지 심사할 권한이 없다고 한다.[1]

이 견해가 이론적 근거로 들고 있는 것은 (i) 등기관은 단순한 기록관이지 법관이 아니므로 등기사항의 실체적 진실성을 심사할 수 없다는 점, (ii) 상업등기는 성질상 진실된 사실의 기재가 아니고 신청된 내용을 기재하는 점, (iii) 실질적 심사주의에 의하면 등기지연의 우려가 있는 점, (iv) 상업등기의 내용에 대하여는 원칙적으로 공신력이 인정되지 않으므로 그 실체적 진실성까지 심사하게 할 필요가 없다는 점 등이다.

2) 실질적 심사주의   실질적 심사주의에 의하면 등기관은 등기의 신청사항에 대하여 형식적 적법성뿐만 아니라 실체적 진실성까지도 심사할 권한이 있다고 한다.[2]

이 견해가 이론적 근거로 들고 있는 것은 (i) 등기제도의 목적은 원래 객관적 진실을 공시하는 데 있는 점, (ii) 비송사건의 경우에도 법원은 직권으로 사실의 탐지와 필요하다고 인정하는 증거를 조사하여야 하는데(비송 11조) 이는 상업등기의 관할도 법원인 점에서(상등 4조) 등기관에게도 동일하게 적용되어야 하는 점, (iii) 등기관은 등기를 마친 후 그 등기에 착오나 빠진 부분이 있음을 발견하였 때에는 (지체 없이 그 사실을 등기를 한 자에게 통지하여야 하고, 등기관의 잘못으로 인한 것이었을 때에는 등기관은 지체 없이 그 등기를 직권으로 경정하고 그 사실을 등기를 한 자에게 통지하여) 이를 직권경정할 수 있는 점(상등 76조) 등이다.

---

1) 임(홍), (총칙) 170면; 이(철), 194면; 정(무), 130면; 日大判 1921. 12. 12; 同 1940. 4. 5(비송사건절차법상 등기공무원에게 형식적 심사권을 부여하였을 뿐 실질적 심사권을 부여한 것은 아니라고 한다); 日大決 1933. 7. 31(民集 12, 1972).
2) 서·정, 120면; 주상(Ⅰ), 351면.

3) 절충주의   등기관은 기록관에 불과하므로 신청사항의 실체적 진실성까지 심사할 수 없는 점에서 보면 형식적 심사주의의 면이 있으나, 등기관은 등기한 사항에 관하여 착오가 있거나 빠진 것이 있음을 발견한 때에는 이를 경정할 수 있는 점($\frac{상등}{76조}$)에서 보면 실질적 심사주의의 면도 있다. 따라서 우리나라의 상업등기법상 상업등기에 관한 등기관의 심사권은 절충주의의 입장이라고 한다. 그러므로 등기관은 신청된 등기사항의 진실성에 대하여 의문이 있는 경우에는 이를 심사할 권한이 있으나, 그렇지 않은 경우에는 이를 적극적으로 심사할 권한이 없다는 것이다.[1]

생각건대 절충주의가 가장 타당하다고 보겠다. 원래 상업등기제도는 진실한 객관적 사실의 공시를 목적으로 하는 것이므로 실질적 심사주의에 의하여야 할 것이나, 등기관은 법관이 아니라 기록관에 불과하므로 그 심사능력에는 한계가 있으므로 등기관은 신청사항에 대하여 현저한 의문이 있는 경우에만 그 실체적 진실성을 심사할 권한과 의무가 있다고 보아야 할 것이다. 따라서 등기관이 신청사항에 대하여 현저한 의문이 있음에도 불구하고 그 실체적 진실성을 심사하지 않는 것은 직무위반이 될 것이요, 현저한 의문이 없음에도 불구하고 실체적 진실성의 심사를 이유로 등기절차를 지연시키는 것은 직권남용이 된다고 볼 것이다. 그러므로 이를 달리 표현하면 「수정실질심사주의」라고 명명할 수 있을 것이다.[2]

(5) 등기의 경정과 말소

1) 등기에 「착오 또는 빠진 것」이 있음을 발견하였을 때에는 등기관은 등기의 경정을 하여야 한다($\frac{상등 75}{조, 76조}$). 이는 당사자의 신청에 의하여 하는 경우와($\frac{상등}{75조}$), 등기소가 직권으로 하는 경우가 있다($\frac{상등}{76조}$).

2) 등기가 상법·상업등기법의 규정에 의하여 허용할 수 없는 것임을 발견하였을 때($\frac{예컨대, 관할등기소에 속하지 아니한 것, 등기사항이 아닌 것, 등기소}{에 이미 등기되어 있는 것, 등기된 사항에 무효의 원인이 있는 것 등}$)에는 등기관은 그 등기를 말소할 수 있다($\frac{상등 77}{조~81조}$). 이것도 당사자의 신청에 의한 경우와($\frac{상등}{77조}$) 직권말소의 경우가 있다($\frac{상등 78}{조~80조}$). 상호등기의 말소에 관하여는 특별규정이 있다($\frac{상 27조,}{상등 36조}$).

---

1) 정(희), 119~120면; 손(주), 172면; 정(동), (총) 189면; 최(기), 164면(이를 '수정형식적 심사주의'라 한다); 채, 103면; 강, 68~69면(원칙적으로 형식적 심사주의에 의하는데, 현저한 의심이 있는 경우에만 그 실체적 진실에 대하여 심사하여야 한다고 보고 있다); 이(기) 외, (총) 199면; 김(영), (총) 223면; 독일의 통설(Gierke/Sandrock, § 11Ⅱ5).

2) 동지: 정(희), 119~120면.

제 5 상업등기의 공시[1]

상업등기도 부동산등기나 선박등기와 동일하게 개별적으로 공시된다. 이것은 상업등기법 및 상업등기규칙이 규정하고 있는데, 등기기록과 부속서류의 열람($\frac{상등}{15조1항}$) 및 등기사항증명서의 발급신청을 할 수 있다($\frac{상등}{15조}$).

제 6 상업등기의 효력

상업등기의 효력에는 모든 상업등기에 공통된 효력인「일반적 효력」, 일정한 등기사항에 관하여 등기 자체에 따르는 효력인「특수적 효력」및 공신력이 인정되는「부실등기의 효력」이 있다. 이하에서 차례로 설명한다.

1. 일반적 효력(확보적 효력 또는 선언적 효력)($\frac{상}{37조}$)

(1) 등기 전의 효력

등기사항은 등기 전에는 이로써 선의의 제3자에게 대항하지 못하는데($\frac{상 37}{조 1항}$), 이것을 등기의「소극적 공시의 원칙」(negatives Publizitätsprinzip)이라고 한다. 이로 인하여 법정등기사항의 등기가 촉진되는 효과가 있을 뿐만 아니라, 제3자가 보호된다. 악의의 제3자에 대하여는 언제나 등기사항의 객관적 내용을 주장할 수 있다. 이를 분설하면 다음과 같다.

1)「등기사항」은 절대적 등기사항뿐만 아니라 상대적 등기사항을 포함한다. 또한 등기사항이 변경되었거나 소멸하였음에도 불구하고 이에 대한 변경등기나 소멸등기($\frac{상}{40조}$)를 하지 않은 경우에는 부실등기의 효력($\frac{상}{39조}$)의 문제이나, 이에 일반적 효

---

1) 1995년 개정상법 이전에는 독일 상법을 따라서 상업등기의 일반적 공시방법인 공고제도를 규정하고(상 36조), 상업등기는 등기뿐만 아니라 공고까지 있어야 선의의 제3자에게 대항 할 수 있는 것으로 하였다(상 37조). 그러나 상법의 규정과는 달리 실제에 있어서는 상업등기는 등기만으로 끝나고 상법제정 이후 지금까지 한번도 공고되지 않았다(1962. 1. 20 제정상법 부칙 3조 및 그 당시의 상등규 9조 참조). 또한 가까운 시일 내에 상업등기의 공고를 기대할 수도 없고 또 기업의 수가 증가함에 따라 상업등기의 수도 증가하여 그 등기의 공고는 일반인에 대한 공시로서의 효력도 거의 없게 되었다. 이러한 이유로 상법은 상업등기의 공고제도를 폐지하게 되었는데, 이 과정에서 이의 폐지에 반대하는 견해도 많았다[해설(1995), 11면].
　상업등기제도와 부동산등기 등 일반등기제도와의 사이에는 그 목적이나 기능 등에서 차이가 있는 점을 고려할 때 이러한 공고제도의 폐지에 대하여 의문을 제기하는 견해로는 정(동), (총) 191면 등 참조.

력($_{37조}^{상}$)도 적용된다.[1]

2) 등기를 하지 못한 점에 대한 「귀책사유」가 등기의무자에게 있든 또는 등기소에 있든 불문한다.

3) 「선의의 제3자」란 '등기사항의 존재를 알지 못한 제3자'를 말한다.

「선의」에서 제3자에게 알지 못한 데 대하여 경과실이 있으면 선의이지만, 중과실이 있으면 악의로 보아야 할 것이다.[2] 선의의 유무의 판단시기는 거래시이고, 이의 증명책임은 제3자의 악의를 주장하는 자가 부담한다.

「제3자」라 함은 거래의 상대방에 국한하지 않고 '등기사항에 관하여 법률상 정당한 이해관계를 갖는 모든 자'를 의미하는데,[3] '등기사항을 대외적으로 주장할 수 있는 자'($_{한을~받는~자}^{대항력의~제}$)는 제외된다. 따라서 합명회사의 사원이 퇴사한 때에 이의 변경등기를 하지 않은 경우에 그 퇴사한 사원은 등기사항을 제3자에게 주장할 수 있는 자이므로 제3자가 아니다. 또한 이 때의 「제3자」라 함은 대등한 지위에서 하는 보통의 거래의 상대방을 말하므로, 조세의 부과처분을 하는 경우의 국가는 여기에 규정된 제3자가 아니다.[4]

4) 「대항하지 못한다」는 의미는 '선의의 제3자가 등기사항인 사실의 존재를 부인할 수 있다는 뜻'이다. 이에는 등기할 사항을 등기하지 않은 경우와 등기한 사항을 변경 또는 소멸등기하지 않은 경우가 있다. 전자는 예컨대, Y합자회사의 총사원이 B를 무한책임사원으로 가입시키기로 합의하였으나 그에 관한 변경등기가 이루어지기 전에 무한책임사원으로 등기되어 있는 A가 B를 제외한 등기부상의 총사원의 동의를 얻어 X에게 자신의 지분 및 회사를 양도하고 사원 및 지분의 변경등기를 마친 경우, B는 선의의 제3자인 X에게 자기가 무한책임사원임을 주장할 수 없으므로 Y회사나 B는 그 지분양도에 B의 동의가 없었음을 주장하여($_{이~그의~지분을~양도하기~위}^{합자회사에서~무한책임사원}$

---

1) 동지: 손(주), 181면, 189면; 최(기), 167~168면, 172면.
  이 경우 상법 제39조의 문제만으로 보는 견해: 채, 112면(상법 제37조의 문제로 보면 과실 없이 변경 또는 소멸등기를 해태한 등기자도 책임을 지고, 변경 또는 소멸등기를 필한다 하더라도 상대방이 정당한 사유가 있는 때에는 등기자에게 책임을 물을 수 있다는 모순이 있다고 한다).
  이 경우 상법 제37조의 문제만으로 보는 견해: 이(철), 198면, 207면; 정(동), (총) 192면, 202~203면.
2) 동지: 이(철), 199면.
  반대: 정(동), (총) 193면(중과실이 있는 선의자도 보호받는다고 한다); 손(주), 179면; 이(기) 외, (총) 204면; 최(기), 168면(과실이나 중과실이 있는 경우에도 선의라고 한다).
3) 동지: 대판 1960. 4. 21, 4290 민상 816(민판집 42, 1)(따라서 불법행위자는 이에 해당하지 않는다고 한다).
4) 대판 1978. 12. 26, 78 누 167(집 26 ③ 행 179); 동 1990. 9. 28, 90 누 4235(공보 1990, 2213).

하여는 전 사원의 동의를 얻
어야 함 — 상 269조·197조) 그 지분양도가 효력이 없다고 주장할 수 없다는 의미이다.[1] 또한 Y회사의 공동지배인이 A와 B인데 공동지배인에 관한 사항을 등기하지 않은 경우에(상 12조 1항,
13조 2문), A만이 Y회사를 대리하여 Y회사의 부동산을 X에게 매도한 경우에 X가 선의이면 Y회사는 X에 대하여 그 부동산의 매매가 무효임을 주장할 수 없는 경우도 전자의 예이다. 공동대표의 경우에도 같다.[2] 후자는 앞에서 본 바와 같이 부실등기의 효력(상 39조)의 문제이기도 하지만 또한 일반적 효력(상 37조)의 문제이기도 하다. 예컨대, Y주식회사가 대표이사 A를 B로 교체하면서 변경등기를 하지 않고 있는 동안에 A가 Y회사의 부동산을 이러한 사실을 모른 X에게 매도한 경우에 Y는 X에 대하여 그 부동산의 매매가 무효임을 주장할 수 없다. 그런데 이 때 그 근거를 X는 B가 대표이사라는 사실의 존재를 부인할 수 있는 점에서 보면 일반적 효력(상 37조)의 문제가 되고, 부실등기된 A를 대표이사라고 신뢰한 점에서 보면 부실등기의 효력(상 39조)의 문제가 된다.[3]

그러나 제3자측에서 이 사실을 인정하여 당사자에게 주장하는 것은 무방하다. 또한 이것은 등기의무자측과 제3자와의 관계이므로, 당사자간과 제3자간에 있어서는 등기와 관계 없이 객관적 사실의 실질관계에 따라 해결된다.

(2) 등기 후의 효력

1) 등기사항에 관하여 등기가 있으면 선의의 제3자에게도 대항할 수 있게 되는데(상 37조 1항,
의 반대해석), 이것을 등기의 「적극적 공시의 원칙」(positives Publizitätsprinzip)이라고 한다. 이러한 등기의 적극적 공시의 원칙은 제3자의 악의를 의제하여 법률관계의 획일명확화 및 무익한 쟁송을 방지하고자 하는 것이다.[4] 따라서 이로 인하여 등기의무자가 보호된다.

2) 그러나 제3자가 「정당한 사유」로 이를 알지 못하였을 때에는 그에게 대항하지 못한다[5](상 37
조 2항). 이 때 「정당한 사유」는 되도록 엄격하게 해석하여 등기 후에는

---

1) 대판 1996. 10. 29, 96 다 19321(공보 1996, 3518).
2) 대판 2014. 5. 29, 2013 다 212295(공보 2014, 1314)(상법 제269조, 제180조 제5호, 제209조, 제37조에 의하면, 회사를 대표하는 사원은 회사의 영업에 관하여 재판상 또는 재판 외의 모든 행위를 할 권한이 있고, 정관으로 수인의 사원이 공동으로 회사를 대표할 것을 정하고도 이를 등기하지 아니한 경우, 공동대표사원 중 1인이 단독으로 회사를 대표하여 행위하였더라도 그 대표행위가 정관에 위배된다는 점을 들어 위 대표행위의 유효를 주장하는 선의의 제3자에게 대항하지 못한다).
3) 이를 일반적 효력(상 37조)만의 문제로 보고 설명하는 견해로는 정(동), (총) 192면.
4) 동지: 정(희), 122면.
5) 제3자의 「정당한 사유」란 등기사항의 공고와 관련이 있는 제도로서 1995년 개정상법에서 상업등기의 공고제도를 폐지하면서 이와 같이 정당한 사유에 관한 규정(상 37조 2항)을 그대로 존치시키는 것은 아무런 의미가 없다는 견해[해설(1995), 13면; 정(동), (총) 197~198면]가 있으나,

모든 제3자가 등기사항을 알 수 있었던 것으로 보는 것이 상업등기제도의 취지에 적합하다. 따라서 「정당한 사유」는 객관적 사유(예컨대, 등기소의 화재 등으로 등기부가 소실되어 등기기록의 열람이나 등기사항증명서의 발급신청 등을 할 수 없는 경우 등)에 한하고, 주관적 사유(예컨대, 장기여행 또는 질병 등)를 포함하지 않는다(통설).[1]

정당한 사유의 존재 및 이로 인하여 알지 못했다는 증명책임은 제3자측에게 있다.[2]

(3) 일반적 효력이 미치는 범위

1) 비(非)거래관계   비(非)법률행위(예컨대, 불법행위·부당이득·사무관리)에 의한 법률관계에도 상업등기의 일반적 효력이 미치는가. 이에 대하여는 부정설(다수설)[3]·수정부정설(원칙적으로 부정설을 취하면서, 다만 예외적으로 불법행위 등이 거래관계와 불가분의 관계가 있는 경우에는 상법 제37조가 적용된다(따라서 이 점에서는 긍정설과 결과적으로 별 차이가 없다)고 보는 견해)(소수설)[4] 및 긍정설(소수설)[5]로 견해가 나뉘어 있다.

생각건대 불법행위 등과 같은 비거래관계에서는 상대방의 신뢰란 있을 수 없고, 또한 이러한 경우에는 상대방(즉, 피해자)을 보호해야 하므로 등기 유무에 불문하고 실질관계에 따라서 판단하여야 한다. 따라서 부정설(다수설)에 찬성한다.

2) 상호양도   상호양도의 등기에 관하여 상법 제25조 2항은 「상호의 양도는 등기하지 아니하면 제3자에게 대항하지 못한다」라고 규정하고 있는데, 이러한 상호양도의 변경등기의 대항력은 제3자의 선의·악의를 불문하고 발생한다. 따라서 상법 제25조 2항과 제37조와의 관계에 대하여, 상법 제25조 2항은 상법 제37조

상업등기의 일반적 효력은 특수적 효력(특히 창설적 효력)과 구별되는 점에서 볼 때 그 의미가 있다고 본다.

참고로 독일 상법은 등기사항의 공고를 규정하면서, 정당한 사유로 인하여 등기사항을 알지 못한 제3자가 보호를 받을 수 있는 기간을 등기와 공고 후 15일 동안으로 제한하고 있다(獨商 14조 2항).

1) 손(주), 180~181면; 최(기), 170면; 채, 107면; 이(철), 200~201면; 주상(Ⅰ), 364면 외.
   상업등기의 공고제도의 폐지와 함께 상법 제37조 2항도 삭제되었어야 한다는 견해로는 정(동), (총) 198면 참조.
2) 동지: 정(희), 122면.
3) 서·정, 122면(상업등기제도는 거래의 안전과 원활을 위한 것이므로 불법행위에 기한 손해배상청구권과 같은 것은 등기의 유무에 따라 제3자의 보호가 좌우될 것이 아니라는 것이다); 채, 108면; 이(철), 202면; 이(병), 128면; 김(용), 92면; 정(무), 134면; 주상(Ⅰ), 367면.
4) 손(주), 181~182면; 정(동), (총) 196면; 최(기), 171면; 임(홍), (총칙) 416면; 이·최, 114면.
5) 정(희), 122면(기업이 경제적 생활체로서 광범위한 활동을 하고 있는 점, 지배인이었던 자가 타인에게 불법행위를 한 경우에 영업주가 민법 제756조에 의하여 책임을 지는가의 여부는 지배인의 해임등기의 유무와 전혀 무관하다고 볼 수 없는 점, 특히 회사기업에 있어서는 기관에 의한 불법행위능력이 인정되고 있는 점 등으로 미루어, 등기사항의 등기의 유무와 불법행위 등의 성립이 전혀 관계가 없다고 할 수 없다. 따라서 상법 제37조의 상업등기의 일반적 효력을 기업의 「거래행위」만에 한정하는 것은 법적 생활의 안정성의 요구를 부당하게 무시하는 것이 되므로, 널리 기업활동 일반에 적용된다고 생각한다); 차, 141면.

의 상업등기의 일반적 효력에 대한 예외규정으로 보는 설(다수설)[1]과, 상법 제25조
2항과 제37조는 각각 적용되는 경우가 다를 뿐이지 예외규정으로 볼 수 없다는 설
(소수설)[2]로 나뉘어 있다.

생각건대 상법 제37조와 제25조 2항은 그 규정의 정신이 다른 것으로서 이는
원칙과 예외의 관계가 아니라 적용되는 경우를 달리하는 것으로 본다. 즉, 제37조
는 대(對)공중적 책임관계의 공시를 목적으로 하는 규정으로「대항하지 못한다」라
는 것은 그 법률사실의 주장을 허용하지 않는다는 뜻으로서 책임관계의 존부에 문
제의 중점이 있으나, 제25조 2항은 등기상호권의 배타성의 존부를 결정하는 일반물
권적 관계의 규정으로「대항하지 못한다」라는 것은 물권의 배타적 효력을 인정하지
않는다는 뜻으로서 물권의 취득·상실 및 변경에 문제의 중점이 있다. 그런데 상호
는 성질상 물권적 관계와 기업표창의 책임관계라는 양면을 가지고 있으므로, 그 양
도는 물권법적 공시와 상사법적 공시의 양 원칙의 적용을 받게 된다. 따라서 상호의
이중양도의 경우에 권리소재는 제25조 2항의 규정에 따라 해결될 것이고, 양수상호
로 인한 각종 채무에 대한 책임에 관하여는 제37조의 규정이 적용될 것이다.[3]

3) 지점거래   상업등기의 일반적 효력은 등기한 영업소를 표준으로 하여
지역적 제한을 받게 된다. 따라서 영업소가 본점·지점 등 수 개 있을 때에는 본점
소재지에서 등기할 사항은 (다른 규정〈상법 제13조〉이 없으면) 지점소재지에서도 등기
하여야 하고($^{상}_{35조}$), 지점소재지에서 이를 등기하지 않으면 본점소재지에서의 등기사
항은 그 지점의 거래에 관하여는 일반적 효력이 미치지 않는다($^{상}_{38조}$). 즉, 이 경우 본
점소재지의 거래에서는 적극적 공시의 원칙이 지배하나, 그 지점의 거래에서는 소
극적 공시의 원칙이 지배한다.

4) 소송행위   상업등기의 일반적 효력은 소송행위에도 적용된다고 본다.[4]
따라서 지배인의 대리권의 소멸에 관한 등기 전에 그 지배인이 한 각종의 소송행위
$\left(\begin{smallmatrix}소〈訴〉 제기와 같은 적극적 소송행위이든, 소장〈訴狀〉\\의 수령과 같은 소극적 소송행위이든 이를 불문한다\end{smallmatrix}\right)$는 유효하다.

5) 표현책임   지배인($^{상}_{13조}$) · 대표이사($^{상 317조}_{2항 9호}$) 등은 등기사항이므로 이를

---

1) 서·정, 123면; 정(동), (총) 200면(상호양도의 대항력은 물권적·채권적인 면을 따지지 않고
   제3자에 대하여 획일적으로 결정하는 것이 타당하므로 제25조 2항은 제37조의 예외가 된다고 한
   다); 김(용), 94면; 최(기), 173~174면; 임(홍), (총칙) 425면; 이(병), 128면; 이(철), 154면.
2) 정(희), 123면; 정(무), 135~136면; 채, 109면(상법 제25조 2항은 오로지 이중양수인들 사이의
   권리의 우선순위를 정하기 위한 규정이고, 제3자와의 권리의무를 정하기 위하여 적용될 성질의
   규정이 아니라고 한다).
3) 동지: 정(희), 123면.
4) 동지: 최(기), 172면; 이(철), 203면 외.
   반대: 정(동), (총) 196면.

등기하면 상업등기의 일반적 효력이 발생하여 선의의 제3자에게도 대항할 수 있을 것 같으나, 상법은 이에 대한 예외규정으로 표현지배인($^{상}_{14조}$)·표현대표이사($^{상}_{395조}$) 등에 대하여 규정하고 있다. 따라서 이러한 표현지배인·표현대표이사 등에 대하여는 상업등기의 일반적 효력이 미치지 않는다. 그러므로 이 경우 선의의 제3자는 악의로 의제되지 않고 보호받는다.

6) 공법관계   상업등기의 일반적 효력은 대등한 지위에서 하는 거래관계에 적용되는 것이므로, 앞에서 본 바와 같이 국가 등과의 관계에서와 같이 공법관계에서는 상업등기의 일반적 효력이 적용될 여지가 없다. 우리나라의 대법원판례도 이러한 취지에서「상법 제37조에서 '제3자'라 함은 대등한 지위에서 하는 보통의 거래관계의 상대방을 말한다 할 것이므로 조세권(租稅權)에 기하여 조세의 부과처분을 하는 경우의 국가는 여기에 규정된 제3자라 할 수 없다」고 판시하고 있다.[1]

2. 특수적 효력

상업등기 중 일정한 사항은 제3자의 선의·악의의 유무를 불문하고 등기 그 자체만으로써 효력이 발생하는 경우가 있는데, 이를 상업등기의「특수적 효력」이라고 한다. 상업등기 중 특수적 효력을 가진 사항으로는 다음과 같은 것들이 있다.

(1) 창설적(설정적) 효력(konstitutive Wirkung)

등기에 의하여 새로운 법률관계가 형성 또는 설정되는 효력을 말한다. 예컨대, 설립등기에 의하여 회사가 법인격을 취득하고($^{상}_{172조}$), 합병등기에 의하여 회사의 합병이 그 효력을 발생하며($^{상}_{234조}$), 상호가 등기에 의하여 배타성이 완성되는 것($^{상 22}_{조, 23조}$) 등이 이에 속한다. 이러한 등기사항은 등기에 의하여 새로운 법률관계를 형성하나, 상업등기의 일반적 효력이 미치는 등기사항은 등기가 이미 형성된 법률관계를 선언하는 데 불과하다. 따라서 상업등기의 일반적 효력을 창설적 효력과 구별하여「확보적 효력」또는「선언적 효력」이라고도 한다.[2]

(2) 보완적 효력(heilende Wirkung)

등기의 전제인 법률사실에 존재하는 하자를 등기 후에는 주장할 수 없게 하는 효력을 말하는데, 이로 인하여 이러한 하자는 등기에 의하여 치유되는 듯한 외관을 갖는다. 예컨대, 설립등기 후 또는 신주발행으로 인한 변경등기를 한 날로부터 1년을 경과한 후에 주식인수의 무효나 취소를 주장할 수 없게 하는 것($^{상 320}_{조, 427조}$) 등이 이

---

1) 전게 대판 1978. 12. 26, 78 누 167(집 26 ③ 행 179).
2) 손(주), 178면; 주상(Ⅰ), 361~362면.

에 속한다.

(3) **해제적**(부수적) **효력**(auflösende Wirkung)

등기에 의하여 면책의 기초가 되거나 일정한 제한이 해제되는 효력을 말한다. 예컨대, 인적회사에 있어서 사원의 퇴사등기($\frac{상\ 225조,}{269조}$) 또는 해산등기($\frac{상\ 267조,}{269조}$)에 의한 사원의 책임해제, 주식회사의 설립등기에 의하여 주권발행·권리주양도의 제한이 해제되는 것($\frac{상\ 355조}{2항,\ 319조}$) 등이 이에 속한다.

3. 부실등기의 효력(공신력)

(1) **의   의**

1) **상업등기의 확보적**(선언적) **효력**   상업등기제도는 객관적 진실을 공시하여 그 효력을 확보하는 데에 목적이 있으므로, 상업등기에는 원칙적으로 확보적 (선언적) 효력이 있을 뿐 공신력은 인정되지 않는다. 즉, 객관적 진실과 다른 사항을 등기하더라도 원칙적으로 아무런 효력이 생기지 않는다.[1]

2) **상업등기의 사실상의 추정력**   상업등기에 객관적 진실과 다른 사항이 등기되면 그 사항은 일단 진실하다는 사실상의 추정을 받게 된다(통설[2]·판례[3]). 그러나 이러한 추정력은 증명책임을 전환시키는 법률상 추정력을 생기게 하는 것은 아니다.[4] 그 이유는 등기소의 심사권이 철저하지 못하여 법률상 추정력을 인정하기 어렵기 때문이다.[5]

3) **제한적 공신력**   이와 같이 상업등기는 사실상 추정력밖에 없는데, 이를 관철하면 기업과 거래하는 자는 등기를 신뢰하지 못하고 거래시마다 등기사항의 진

---

1) 동지: 대판 1996. 10. 29, 96 다 19321(회사 등기에는 공신력이 인정되지 아니하므로 합자회사의 사원 지분등기가 부실등기인 경우 그 부실등기를 믿고 합자회사 사원의 지분을 양수하였다 하여 그 지분을 양수한 것으로는 될 수 없다).

2) 서·정, 124면; 손(주), 187면; 정(동), (총) 206면; 차, 142면; 서(정), 110면; 최(기), 178면; 정(무), 137면; 채, 114면; 주상(Ⅰ), 371면; 김(영), (총) 239면 외.
반대: 박, 120면(법률상의 추정력을 인정하고 있다); 이·최, 116면.

3) 대판 1959. 7. 23, 4291 민상 759·760(카드 4776)(주식회사등기부에 대표이사로 등재된 자는 반증이 없는 한 정당한 절차에 의하여 선임된 대표이사로 추정을 받는다); 동 1983. 12. 27, 83 다카 331(법인등기부에 이사 또는 감사로 등재되어 있는 경우에는 특단의 사정이 없는 한 정당한 절차에 의하여 선임된 적법한 이사 또는 감사로 추정된다); 동 1991. 12. 27, 91 다 4409·4416(공보 915, 765)(법인등기부에 이사 또는 감사로 등기되어 있는 경우에는 특단의 사정이 없는 한 정당한 절차에 의하여 선임된 적법한 이사 또는 감사로 추정된다).
동지: 日最高判 1959. 8. 28(상업등기부의 기재는 사실상의 추정력이 있는 데 불과하므로 다른 증거에 의하여 그 기재에 반하는 인정을 하더라도 위법은 아니다).

4) 동지: 채, 114면; 손(주), 187면 외.

5) 동지: 손(주), 187면.

실을 확인하여야 한다. 그러나 이것은 거래의 안전과 신속을 위하여 매우 바람직스럽지 못할 뿐만 아니라, 상업등기제도의 효용을 크게 감소시키는 것이다. 따라서 상법은 등기의무자측에 귀책사유가 있는 부실등기에 대하여는 공신력을 제한적(상대적)으로 인정하고 있다.[1] 즉, 상법 제39조는「고의 또는 과실로 인하여 사실과 상위한 사항을 등기한 자는 그 상위를 선의의 제3자에게 대항하지 못한다」라고 규정하여, 상업등기의 공신력을 제한적(상대적)으로만 인정하고 있다. 이것은 등기소가 실질적 심사권을 갖지 않는 현 제도 아래에서는 무조건으로 상업등기의 공신력을 인정할 수 없다는 점, 등기공무원의 착오 또는 제3자의 허위신청에 의한 부실등기에 대하여서까지 공신력을 인정하여 당사자에게 책임을 지우는 것은 가혹하다는 점, 또 지나치게 공신력을 인정하는 것은 오히려 기업의 기초를 위태롭게 한다는 점 등을 고려하여, 상법이 중간의 방법을 택한 것이다.[2] 이렇게 상법이 상업등기의 공신력을 제한적으로 인정하고 있는 것은 또한 외관법리 또는 표시에 의한 금반언칙을 반영하여 선의의 제3자를 보호하고자 하는 것이다.

(2) 요 건

1) 등기한 자의 고의 또는 과실로 인하여 사실과 상위한 사항을 등기하여야 한다(상 39조 전단).

(가)「등기한 자」란 일반적으로 등기의무자(등기신청인)를 의미하는데, 그 대리인(예컨대, 지배인)·부실등기에 (동의 또는 묵인 등에 의하여) 협력한 자(예컨대, 지배인이 아닌 자가 영업주에 대하여 자신을 지배인으로 등기하는 데 동의한 경우) 등을 포함한다.[3] 따라서 일반적으로 개인기업의 경우는 '상인'이 이에 해당되고, 회사기업의 경우는 '대표사원(대표이사)'이 이에 해당한다.[4] 그러므로 등기소

1) 동지: 정(희), 125면; 최(기), 178면.
　　이에 반하여 상법 제39조의 근거를 공신력에서 구하지 않고 외관주의에서만 구하는 견해로는 정(동), (총) 202면(공신력의 본래의 의미는 등기신청인에게 고의·과실이 없는 경우에도 부실등기를 신뢰한 제3자를 보호하는 것이므로, 이는 상법 제39조와 명확히 구별된다고 한다); 채, 111면(부실등기자의 책임제도는 등기한 바대로 무조건 법률관계가 형성되는 공신력이 있는 경우와 다르나, 등기사항이 없더라도 등기사실에 기해 법률관계가 형성된다는 점에서 상업등기가 공신력과 유사한 효력을 가진다고 말할 수 있다고 한다); 이(철), 206면(공신력이란 공시의무자의 과실 유무에 불구하고 공시방법을 권리의 표상으로 인정하는 것이므로, 상법 제39조는 공신력과는 무관하고 외관주의에 기초를 둔 제도라고 한다); 이(기) 외, (총) 212면(상업등기에는 공신력이 없으므로 공시적 효력의 문제로서 다루어져야 할 것이라고 한다).
　　그러나 이에 대하여 손(주), 188면은「공신력의 개념파악에 차이가 있을 뿐이고, 모두 외관법리를 바탕으로 하고 있는 점은 공통된다」고 하는데, 타당하다고 본다.
2) 동지: 정(희), 125면.
3) 동지: 손(주), 189면; 이(철), 209면; 주상(Ⅰ), 372면; 日最高判 1972. 6. 15.
4) 동지: 대판 1971. 2. 23, 70 다 1361·1362(집 19 ① 민 93)(부실등기를 한 사실이나 이를 방치한 사실에 대한 고의 또는 과실의 유무는 합명회사의 경우 그「대표사원」을 표준으로 결정할 것이다); 동 1981. 1. 27, 79 다 1618·1619(집 29 ① 민 27); 동 2004. 2. 27, 2002 다 19797(공보

의 과실로 인한 부실등기는 이에 해당하지 않는다.

(나) 「고의」란 사실이 아님을 알면서 부실등기를 하는 경우를 말하고, 「과실」이란 부주의로 사실이 아님을 모르고 부실등기한 경우를 말하는데, 이 과실에는 경과실을 포함한다.[1] 이 때 등기한 자의 과실유무에 대하여 다음과 같은 점이 있다.

① 제3자가 문서위조 등의 방법으로 등기신청인 몰래 부실등기를 한 경우라도 그 부실등기의 신청 및 존속에 관하여 (부실등기임을 모른 점에 대하여) 등기신청인에게 중과실이 있는 경우는 상법 제39조를 (유추)적용할 수 있는가. 이에 대하여 우리나라의 대법원판례는 이를 부정하나,[2] (부실등기임을 모른 점에 대하여) 등기신청인에

2004, 519)(이사 선임의 주주총회결의에 대한 취소판결이 확정되어 그 결의가 소급하여 무효가 된다고 하더라도 그 선임 결의가 취소되는 대표이사와 거래한 상대방은 상법 제39조의 적용 내지 유추적용에 의하여 보호될 수 있으며, 주식회사의 법인등기의 경우 회사는 대표자를 통하여 등기를 신청하지만 등기신청권자는 회사 자체이므로 취소되는 주주총회결의에 의하여 이사로 선임된 대표이사가 마친 이사 선임 등기는 상법 제39조의 부실등기에 해당된다).

1) 동지: 손(주), 189면; 주상(Ⅰ), 372면.
2) 대판 1975. 5. 27, 74 다 1366(집 23 ② 민 71)(제3자의 문서위조 등의 방법으로 이루어진 부실등기에서는 등기신청인에게 그 부실등기의 경료 및 존속에 있어서 그 정도가 어떠하건 과실이 있다는 사유만 가지고는 상법 제39조를 적용할 수 없다); 동 2008. 7. 24, 2006 다 24100(공보 2008, 1221)(등기신청권자에 대하여 상법 제39조에 의한 부실등기〈不實登記〉책임을 묻기 위하여는 원칙적으로 그 등기가 등기신청권자에 의하여 마쳐진 것임을 요하지만, 등기신청권자가 스스로 등기를 하지 아니하였다 하더라도 그 등기가 이루어지는 데 관여하거나 그 부실등기의 존재를 알고 있음에도 이를 시정하지 않고 방치하는 등 등기신청권자의 고의 또는 과실로 부실등기를 한 것과 동일시할 수 있는 특별한 사정이 있는 경우에는 그 등기신청권자에 대하여 상법 제39조에 의한 부실등기 책임을 물을 수 있다. 그런데 등기신청권자 아닌 사람이 주주총회의사록 및 이사회의사록 등을 허위로 작성하여 주주총회결의 및 이사회결의 등의 외관을 만들고 이에 터잡아 대표이사 선임등기를 마친 경우에는, 주주총회의 개최와 결의가 존재는 하지만 무효 또는 취소사유가 있는 경우와는 달리, 그 대표이사 선임에 관한 주식회사 내부의 의사결정이 존재하지 아니하여 등기신청권자인 회사가 그 등기가 이루어지는 데 관여할 수 없었을 것이므로, 달리 회사의 '적법한 대표이사가 그 부실등기가 이루어지는 것에 협조·묵인하는 등의 방법으로 관여하였다거나 회사가 그 부실등기의 존재를 알고 있음에도 시정하지 않고 방치하는 등' 이를 회사의 고의 또는 과실로 부실등기를 한 것과 동일시할 수 있는 특별한 사정이 없는 한, 회사에 대하여 상법 제39조에 의한 부실등기 책임을 물을 수 없고, 이 경우 위와 같이 허위의 주주총회결의 등의 외관을 만들어 부실등기를 마친 사람이 회사의 상당한 지분을 가진 주주라고 하더라도 그러한 사정만으로는 회사의 고의 또는 과실로 부실등기를 한 것과 동일시할 수는 없다); 동 2011. 7. 28, 2010 다 70018(공보 2011, 1749)(등기신청권자에게 상법 제39조에 의한 부실등기 책임을 묻기 위해서는, 원칙적으로 등기가 등기신청권자에 의하여 고의·과실로 마쳐진 것임을 요하고, 주식회사의 경우 부실등기에 대한 고의·과실의 유무는 대표이사를 기준으로 판정하여야 하는 것이지만, 등기신청권자가 스스로 등기를 하지 아니하였다 하더라도 '그의 책임 있는 사유로 등기가 이루어지는 데에 관여하거나 부실등기의 존재를 알고 있음에도 이를 시정하지 않고 방치하는 등' 등기신청권자의 고의·과실로 부실등기를 한 것과 동일시할 수 있는 특별한 사정이 있는 경우에는, 등기신청권자에 대하여 상법 제39조에 의한 부실등기 책임을 물을 수 있다. 따라서 등기신청권자 아닌 자가 주주총회 의사록 및 이사회 의사록 등을 허위로 작성하여 주주총회결의 및 이사회결의 등의 외관을 만들고 이에 터잡아 이사 및 대표이사 선임등기를 마친 경우는 물론이고, 그와 같은 허위의 의사록에 선임된 것으로 기재된 이사 및 대표이사가 기존에 적법하게 선임된 이사 및 대표이사를 배

게 중과실이 있는 경우에는 이를 긍정하여 등기신청인측의 책임을 인정하는 것이 거래의 안전을 위해서나 상법 제39조의 입법취지에서 볼 때 타당하다고 생각한다.[1] 따라서 등기신청인의 고의·과실 없이 경료된 부실등기라도, 등기신청인이 이러한 부실등기를 안 후에는 이의 말소 또는 경정의 등기절차를 밟아야 한다. 만일 등기신청인이 이러한 절차를 밟지 않은 경우에는 상법 제39조에 의한 책임을 부담해야 할 것이다.

② 상법 제40조에 의하여 등기사항에 변경이 있거나 소멸한 때에는 등기신청인은 즉시 이의 변경 또는 소멸의 등기를 하여야 하는데, 만일 등기신청인이 이를 하지 않은 경우에는 그는 상법 제39조에 의한 책임을 부담할 수 있는가. 이에 대하여 이는 상법 제39조의 부실등기의 문제가 아니라 상법 제37조의 상업등기의 일반적 효력의 문제로만 보는 견해도 있으나,[2] 이는 상법 제37조 및 제39조의 문제가 동시에 될 수 있다고 본다.[3]

㈐ 「사실과 상위한 사항의 등기」란 상업등기부에 기재되는 사항이면 어떠한 사항도 본조의 적용대상이 된다고 본다.[4] 따라서 등기할 당시뿐만 아니라 사후의 사정으로 사실과 다르게 등기된 경우(예컨대, 지배인이 변경되었으나 변경등기를 하지 않은 경우 등)를 포함한다.[5]

2) 제3자는 선의이어야 한다($^{상\ 39}_{조\ 후단}$).

㈎ 「제3자」는 등기신청인의 직접상대방만을 의미하는 것이 아니라, 그 등기에 관한 이해관계인을 포함한다.

제한 채 과반수에 미달하는 일부 주주에 대하여만 소집통지를 보낸 후 주주총회를 개최하여 일부 주주만의 찬성으로 이사 선임결의를 하고, 거기서 선임된 이사들로 구성된 이사회를 개최하여 새로운 대표이사를 선임한 후 대표이사 선임등기를 마친 경우에는, 비록 외형상 주주총회결의 및 이사회결의가 존재한다고 하더라도 그것이 적법하게 선임된 대표이사와 이사들 및 나머지 주주들의 관여가 배제된 채 이루어진 이상 등기신청권자인 회사가 선임등기가 이루어지는 데에 관여한 것으로 볼 수 없고, 달리 회사의 고의·과실로 부실등기를 한 것과 동일시할 수 있는 특별한 사정이 없는 한 회사에 대하여 상법 제39조에 의한 부실등기 책임을 물을 수 없다. 이 경우 위와 같이 허위의 주주총회결의 등의 외관을 만들어 부실등기를 마친 자가 회사의 상당한 지분을 가진 주주라고 하더라도 그러한 사정만으로는 회사의 고의 또는 과실로 부실등기를 한 것과 동일시할 수는 없다).

1) 연습, 문 18(특히 108~109면).
　　동지: 이(철), 208면(등기신청인이 과실로 알지 못하고 부실등기를 방치한 경우에도 상법 제39조가 적용된다고 한다); 임(홍), (총칙) 434면; 서울고판 1974. 7. 9, 72 나 1289(상게 대판 1975. 5. 27, 74 다 1366의 원심판결).
　　반대: 정(동), (총) 204면(부실등기가 된 것을 알고 방치한 것이 등기명의인의 과실로 평가될 수 있는 때에만 비로소 상법 제39조가 적용된다고 한다).
2) 이(철), 198면, 207면; 정(동), (총) 202~203면.
3) 동지: 손(주), 189면; 최(기), 181면.
4) 동지: 이(철), 206면.
5) 반대: 이(철), 207면.

(나) 「선의」란 등기내용이 사실과 다름을 알지 못하는 것을 말하는데, 경과실은 선의로 인정되나 중과실은 선의에서 제외된다.[1] 선의인지 여부는 거래시를 기준으로 하고, 증명책임은 등기신청인측이 부담한다.

(3) 효　　과

위의 요건이 충족되면 부실등기를 한 자는 그 등기가 사실과 다름을 선의의 제3자에게 대항하지 못한다. 이 때 「대항하지 못한다」는 의미는 '제3자가 등기내용대로 주장하는 경우에 등기한 자가 그 등기가 사실과 다름을 주장하지 못한다'라는 뜻이다.[2]

따라서 제3자측에서 등기와는 달리 사실에 맞는 주장을 하는 것은 무방하다.[3]

「대항할 수 없는 자」의 범위는 앞에서 본 「등기한 자」의 범위와 같다.

---

1) 동지: 이(철), 209면.
　　반대: 손(주), 190면(선의인 것이 과실〈중과실을 포함〉로 인한 경우에도 보호받는다고 한다); 정(동), (총) 204면.
2) 동지: 대판 1968. 7. 31, 68 다 1050(집 16 ② 민 342)(따라서 회사의 대표이사로 등기되어 있는 자가 체결한 보수계약은 유효하다); 동 1993. 4. 9, 92 다 46172(공보 945, 1364)(Y회사의 대표이사 A는 Y회사를 양도한 후임에도 불구하고 대표이사 사임등기를 마칠 때까지 대표이사직에 있음을 기화로 수표의 이면에 Y회사 명의의 배서를 한 경우에는 이를 수표소지인인 X에게 대항할 수 없다. 그러나 Y회사는 그 대표이사 A 개인의 어음거래행위에 대하여 A가 Y회사의 대표이사임을 전제로 하여 담보조로 배서한 것이므로 신의칙상 A가 Y회사의 대표이사로 있는 기간 동안에 X와의 거래에서 발생한 채무에 한하여 책임이 있다); 동 1996. 10. 29, 96 다 19321(공보 1996, 3518)(Y합자회사의 무한책임사원으로 A가 등기되어 있는 상태에서 총사원의 동의로 B를 무한책임사원으로 가입시키기로 합의하였으나 그에 관한 변경등기가 이루어지기 전에 A가 등기부상의 총사원의 동의를 얻어 자기의 지분 및 회사를 선의의 제3자인 X에게 양도한 경우, Y회사나 B는 A의 지분양도에 B의 동의가 없었음을 이유로 그 지분양도계약이 무효라고 주장할 수 없다); 동 2004. 2. 27, 2002 다 19797(공보 2004, 519)(Y주식회사의 대표이사 A가 Y회사의 고의 또는 과실로 인한 부실등기인 경우 이를 모른 X와 Y회사간에 체결된 근저당권설정계약과 근저당권설정등기 및 이에 터잡은 모든 거래행위는 유효하다).
3) 동지: 이(철), 210면; 채, 113면.

제 8 장 영업양도(기업의 이전)[1]

제1 총 설

1. 서 설

(1) 자본주의경제의 발전과 더불어 경영을 합리화하고 이윤을 극대화하기 위한 목적으로 기업의 집중현상이 일어나게 된다. 이러한 기업집중현상으로서 상법이 규율하는 것으로는 영업양도와 합병 및 기업결합이 있는바, 영업양도는 주로 상법 제1편 총칙$\binom{상\ 41조\sim}{45조}$에서, 합병$\binom{상\ 174조\sim175조,\ 230조\sim240조,\ 269조,}{287조의\ 41,\ 522조\sim530조,\ 598조\sim603조}$ 및 기업결합$\binom{상\ 342조}{의\ 2,\ 369}_{조\ 3항}$은 상법 제3편 회사에서 다루고 있다.

상법상 영업양도는 원칙적으로 자유이다. 그러나 일정한 공익기업은 그 영업의 양도에 행정관청의 인가 또는 허가를 받도록 하고 있어 사실상 영업양도를 제한하고 있고$\binom{은행\ 55조\ 1항}{3호,\ 자금\ 12조}$, 일정규모 이상의 회사가 경쟁을 제한할 목적으로 다른 회사의 영업의 전부 또는 주요 부분을 양수하는 경우에는 독점규제 및 공정거래에 관한 법률에 의하여 그 영업양수가 제한되고 있다$\binom{동법\ 9조}{1항\ 4호}$. 그 밖에도 영업양도는 많은 특별법에서 일정한 제한을 받고 있는 경우가 있다$\binom{보험\ 150)}{조\ 등}$.

(2) 우리 상법은 영업양도에 관하여 주로 제1편(총칙) 제7장$\binom{상\ 41조}{\sim45조}$에서 규정하고 있는데, 제3편(회사) 제4장(주식회사) 및 제5장(유한회사)$\binom{상\ 374조\ 1항}{1호,\ 576조\ 1항}$에서도 일부 규정을 두고 있다. 그런데 상법총칙에서 규정하고 있는 영업양도에 관한 규정은 영업양도의 효과, 즉 영업양도 후의 양수인의 지위를 보호하기 위하여 양도인의 경업피지의무를 규정하고 있고$\binom{상}{41조}$ 아울러 영업상의 채권자와 채무자가 영업양도로 인

---

1) 이에 관한 상세는 백웅철, "상법상의 영업양도에 관한 연구," 법학석사학위논문(고려대, 1998. 2); 권기범, 「회사의 합병 및 영업양수 · 도('97개정판)」(서울: 한국상장회사협의회, 1997); 정병덕, "영업양도에 관한 연구," 법학박사학위논문(고려대, 2000. 8) 등 참조.

하여 뜻하지 않은 손실을 입지 않도록 배려하는 규정($\frac{상 42조\sim}{45조}$)을 두고 있음에 반하여, 주식회사 및 유한회사에서의 영업양도에 관한 규정은 주주총회·사원총회의 특별결의를 받아야 하는 사항($\frac{상 374조 1항}{1호, 576조 1항}$)으로서 영업양도를 규정하고 있다. 따라서 상법상 영업양도에 관한 이러한 규정을 적용하기 위하여는 무엇이 영업양도에 해당하는 것인가가 확정되어야 하고, 아울러 상법총칙에서 규정하고 있는 영업양도와 주식회사·유한회사에서 규정하고 있는 영업양도는 어떠한 관계가 있는가도 고찰되어야 하겠다.

(3) 그런데 영업양도의 의의를 이해하기 위하여는 먼저 영업양도의 대상인 「영업」이 무엇인가를 이해하여야 하므로, 이하에서는 먼저 영업의 의의를 살펴본 후, 상법총칙에서의 영업양도의 의의를 살펴보고, 그 다음으로 이를 주식회사·유한회사에서의 영업양도의 의의와 비교하여 보겠다.

2. 영업의 의의

상법은 영업이라는 용어를 「주관적 의의의 영업」과 「객관적 의의의 영업」으로 나누어서 사용하고 있다.

(1) 주관적 의의의 영업

「주관적 의의의 영업」이란 '상인의 영리활동'을 의미하는데, 상법 제5조(의제상인의 의의)·제6조(미성년자의 영업과 등기)·제8조(법정대리인에 의한 영업의 대리)·제11조 1항(지배인의 대리권)·제15조 1항(부분적 포괄대리권을 가진 상업사용인의 대리권)·제21조 1항(상호의 단일성)·제22조(상호등기의 효력)·제23조 1항(주체를 오인시킬 상호의 사용금지)·제46조(기본적 상행위)·제53조(청약에 대한 낙부통지의무)·제61조(상인의 보수청구권)·제78조(익명조합의 의의) 등에서 사용하는 「영업」이 이에 속한다.

(2) 객관적 의의의 영업

「객관적 의의의 영업」이란 '상인의 영업목적을 위하여 결합시킨 재산의 전체'인데, 상법 제20조 단서(회사영업을 양수한 자의 상호의 부당사용의 금지)·제25조(상호의 양도)·제41조(영업양도인의 경업금지) 등에서 사용하는 「영업」이 이에 속한다. 영업양도에 있어서의 영업이란 객관적 의의의 영업을 의미한다. 그런데 이 때의 객관적 의의의 영업이란 영업에 바쳐진 개개의 재산 또는 그 전체를 말하는 「영업용 재산」을 의미하는 것이 아니라, 영업을 위하여 조직화된 한 덩어리의 재산으로서 이와 관련된 재산적 가치 있는 사실관계(영업권)를 포함한다.[1]

---

1) 동지: 정(희), 126면; 정(동), (총) 224면; 이(철), 212면; 채, 116면; 이(기) 외, (총) 217~218

또한 객관적 의의의 영업이라도 주관적 의의의 영업과 완전히 분리되는 것이 아니라 양자는 서로 밀접한 관계에 있으므로, 양자는 통일적으로 파악되는 것이 바람직하다. 또한 객관적 의의의 영업이라도 그 자체가 독립하여 하나의 물권으로 취급되는 것이 아니라, 다만 채권법상 독립된 일체로 취급되는 것 뿐이다. 객관적 의의의 영업을 구성하는 재산적 가치 있는 사실관계(영업권)는 정태적으로 존재하는 영업용 재산을 영업활동(영리활동)에 활용될 수 있도록 동태적 · 유기적으로 결합하는 기능을 하는 것으로서, 이는 영업양도시에 양도가격에 반영되는데 때로는 영업용 재산보다 큰 가액으로 평가되어 거래되기도 한다.[1]

3. 영업양도의 의의

(1) 영업양도의 법적 성질

영업양도가 무엇을 의미하느냐에 대하여는 영업양도의 대상을 파악함에 있어서 무엇에 중점을 두느냐에 따라 크게 세 가지의 학설로 나누어진다. 즉, 영업양도의 대상을 영업재산 등 물적 요소에 중점을 두는 학설(양도처분설), 영업주체인 인적 요소에 중점을 두는 학설(지위교체설) 및 이 양자에 중점을 두는 학설(절충설 또는 지위 · 재산이전설)이 있다. 이하에서 차례로 간단히 살펴본다.

1) 양도처분설   이 설은 영업양도의 대상을 물적 요소에 중점을 두는 학설로서, 이는 다시 영업재산양도설 · 영업조직양도설 및 영업유기체양도설로 나뉜다.

(가) 영업재산양도설   영업양도는 객관적 의의의 영업(영업용재산과 재산적 가치 있는 사실관계가 합하여 이루어진 조직적 · 기능적 재산으로서의 영업재산의 일체)을 양도하는 것이라고 하는 설로서, 우리나라의 현행 영업양도에 관한 상법상의 규정은 이 설에 따라서 입법화된 것이고,[2] 이 설은 우리나라의 다수설이기도 하다.[3] 즉, 우리나라에서 이 설을 취하는 견해에서는 영업양도를 「객관적 의의의 영업의 양도로서, 일정한 영업목적에 의하여 조직화된 유기적 일체로서의 기능적 재산의 이전을 목적으로 하는 채권계약」,[4] 또는 「영업재산을 물건 또는 권리뿐만 아니라 재산적 가치가 있는 사실관계를 포함하는 의미의 조직적 일체로서 파악하고, 이러한 조직적 재산을 그 동일성을 유지하면서 그 이전을 목적으로 하는 채권계약」,[5] 또는 「재산적 가치 있는 조직화된 영업재산을 포괄적으로 이전하는 채권계약」,[6] 「영업재산(물건 · 권리뿐만 아니라 사실관계도 포함하는 조직적 · 기능적 재산)을

면; 주상(Ⅰ), 379면.
1) 동지: 이(철), 212~213면.
2) 동지: 강위두, "영업양도,"「고시계」, 1984. 12, 36면.
3) 손(주), 193면; 정(동), (총) 231면; 최(기), 186면; 임(홍), (총칙) 457~458면; 이(철), 215면; 강, 74면; 이(범), (예해) 139면; 이(기) 외, (총) 221면 외.
4) 손(주), 193면; 최(기), 186면; 이 · 최, 119면.
5) 임(홍), (총칙) 457~458면.
6) 이(철), 215면.

일괄하여 이전할 것을 목적으로 하는 채권계약」,[1] 「영업목적을 실현하기 위하여 조직화된 유기적 일체로서의 기능적 재산인 (객관적 의의의) 영업을 계약에 의해서 양도인이 양수인에게 이전하는 것」[2] 등으로 설명한다.

상법총칙에서의 영업양도에 관한 우리나라의 대법원판례도 위의 다수설과 같이 영업재산양도설과 동지로 판시하고 있다.[3]

(나) 영업조직양도설　　영업의 본질을 재산적 가치 있는 사실관계, 즉 영업조직(영업활동을 통하여 생긴 재화·영업상의 비결·종업원·단골 등에 의하여 구성되는 추상적 조직)에 있다고 보고, 영업양도란 이러한 사실관계 내지 영업조직의 양도라고 한다.[4] 따라서 이 설에서는 개개의 재산(물건·권리)은 이러한 사실관계 내지 영업조직의 종물(從物)로서 영업양도에 수반하여 양수인에게 이전할 뿐이라고 한다. 현재 우리나라에서 이 설을 취하는 분은 없다.[5]

(다) 영업유기체양도설　　영업의 본질을 단순한 영업용 재산과는 다른 사회적 활력이 있는 유기체로서 파악하여, 영업양도란 이러한 유기체로서의 기능적 재산의 양도라고 한다.[6] 이 설에서는 원래 유기체로서의 영업 위에 1개의 물권 또는 기타의 권리(영업주권·기업에 관한 권리 등)를 인정하여, 이러한 권리의 양도를 영업양도로 이해하려고 한다. 이 설은 영업재산을 중심으로 영업을 이해하려고 하는 점에서는 영업재산양도설과 비슷하나,[7] 영업의 유기체성(특히 1개의 권리를 인정하는 점)을 강조하는 점에서는 영업재산양도설과 구별된다고 보겠다.[8] 우리나라에서 영업재산양도설을 취하는 분 중에는 영업양도에서의 영업을 「영업목적에 의하여 조직화된 유기적 일체로서의 기능적 재산」이라고 설명하는 견해가 있으나,[9] 순수하게 이 설을 취하는 견해는 없다.[10]

2) 지위교체설　　이 설은 영업양도의 대상을 인적 요소에 중점을 두는 학설로서, 영업양도는 영업자(기업자 또는 경영자)인 지위의 양도라고 해석하는 견해이다. 따라서 이 설에서

1) 강, 74면; 동, 전게 고시계, 36면.
2) 이(범), (예해) 139면; 이·최, 117면(영리목적을 실현하기 위하여 조직화된 유기적 일체로서의 기능적 재산〈객관적 의의의 영업〉을 〈영업의 동일성을 유지하면서〉 계약에 의하여 양도하는 것이다).
3) 대판 1968. 4. 2, 68 다 185(집 16 ① 민 213)(상법 제1편 제7장에 규정한 영업양도라 함은 일정한 영업목적에 의하여 조직화된 업체의 일체로서의 이전을 목적으로 하는 것으로서, 영업이 그 동일성을 유지하면서 이전됨을 요한다고 한다)[이 판례가 후술하는 절충설의 입장에서 판시한 것이라고 보는 견해로는 서·정, 129면 주 2 참조]; 동 1989. 12. 26, 88 다카 10128(집 37 ④ 민 231)(영업양도란 영업목적을 위하여 조직화된 유기적 일체로서의 기능재산이 동일성을 유지하면서 일괄하여 이전하는 것을 의미한다).
4) O. Pisko, *Ehrenbergs Handbuch*, Bd. 2, S. 221 ff.
5) 동지: 이(철), 214면.
6) R. Jsay, *Das Recht am Unternehmen*, 1910, S. 67 f.; 石井照久·鴻常夫, 「商法總則」, 1979, 100면.
7) 임(홍), (총칙) 453면; 강위두, 전게 고시계, 36면.
8) 임(홍), (총칙) 453면.
9) 손(주), 193면 외.
10) 동지: 이(철), 214면.

는 영업재산은 영업자인 지위의 이전에 수반하여 양수인에게 이전될 뿐이라고 한다. 이 설은 이를 주장하는 학자에 따라 약간 달리 설명되고 있는데, 이에 의하면 영업활동교체계약설,[1] 기업주체지위양도설[2] 및 기업자지위승계설[3] 등이 있다. 그러나 우리나라에서는 현재 순수하게 이 설을 취하는 분은 없다.[4]

　　3) 절 충 설　　　　이 설은 영업양도의 대상을 물적 요소와 인적 요소의 양자에 중점을 두는 학설로서, 영업양도는 영업자인 지위의 이전과 영업재산의 이전이라는 두 가지 요소가 포함되는 행위라고 한다. 이 설은 현재 우리나라에서 소수설이라고 볼 수 있다. 즉, 우리나라에서 이 설을 취하는 견해에서는 영업양도를「양도인이 양수인에게 자기와 자리를 바꾸어 영업의 경영자의 지위에 있게 할 목적으로써 영업재산을 일괄하여 양수인에게 양도하는 계약」,[5]「양도인이 가지는 영업이 전체로서 그 동일성을 해하지 않는 범위 안에서 계약에 의하여 양수인에게 이전하는 것을 말하는데, 이는 단순히 영업재산의 양도만이 아니고 경영자의 지위의 이전을 포함하는 채권계약」,[6] 또는「양도인이 양수인에게 영업의 경영자인 지위에 있게 할 약속으로써 영업재산을 일괄하여 이전하는 것을 내용으로 하는 채권계약」,[7] 또는「양도인이 영업재산을 일괄하여 양수인에게 이전하는 동시에, 양수인으로 하여금 양도인에 있어서와 같은 상태에서 영업을 계속할 수 있도록 경영을 인도할 의무를 양도인이 지는 계약」,[8] 또는「기업의 동일성을 유지하면서 기업 그 자체를 일체로서 이전하는 계약」[9] 등으로 설명한다.

　　4) 사　　　 견　　　　영업양도의 법적 성질은 양도처분설 중「영업재산양도설」에 의하여 설명하는 것이 가장 간명한 것으로 생각된다.[10] 양도처분설 중 영업조직양도설은 영업에 있어서 재산적 가치 있는 사실관계의 중요성을 너무 강조하여 사실관계를 바로 영업으로 보고 있는데 이것은 무리인 점, 또 이러한 사실관계라고 하더라도 영업재산과 결합하여야 비로소 조직적 일체로서 기능을 발휘하는 것이라는 점에서 볼 때 타당하지 않다고 본다.[11] 또한 영업유기체양도설은 영업이라는 유기체 위에 1개의 물권 또는 기타의 권리의 성립을 인정하는 것은 특수한 경우를 제외하고는 현행 실정법상 난점이 있으므로 타당하

---

　1) 高澗喜八郞,「改訂商法總論」, 1928, 249면.
　2) 升本重夫, "企業讓渡に就て,"「法學新報」, 第46卷 2號, 30면.
　3) 西原寬一,「日本商法論(第1卷)」, 1950, 39면, 240면.
　4) 동지: 이(철), 214면.
　5) 서·정, 128~129면(따라서 영업양도는 경영자인 지위의 인계와 영업재산의 이전을 내용으로 하는 채권계약이라고 한다).
　6) 양·박, 94~95면.
　7) 김(용), 99면.
　8) 서(정), 113면.
　9) 정(희), 130~131면. 동지: Hubmann, "Das Recht der Unternehmen," *ZHR*, 117, S. 61 ff.(Vertrag über eine Unternehmensveräusserung, um die gewerbliche Betätigung in der bisherigen Art fortzusetzen).
　10) 정찬형, "영업양도의 의의,"「월간고시」, 1989. 9, 103~104면.
　11) 동지: 임(홍), (총칙) 452~453면; 강위두, 전게 고시계, 36~37면; 이(철), 214면.

지 않다고 본다. 지위교체설은 영업자란 지위는 객관적 의의의 영업의 귀속주체가 당연히 누리는 지위이므로 객관적 의의의 영업이 양도되면 그 영업의 양수인은 당연히 영업자의 지위를 취득하기 때문에 영업양도를 영업자의 지위의 승계로 파악할 필요가 없는 점, 또 영업자의 지위는 채권계약의 대상이 될 수 없는 점 등에서 볼 때 타당하지 않다고 본다.[1] 또한 절충설은 영업자인 지위의 이전을 영업재산의 이전과 함께 보는 점에서 지위교체설에서와 같은 비난을 면하기 어렵기 때문에 타당하지 않다고 본다.[2]

(2) 영업양도의 의의

영업양도의 법적 성질을 위와 같이 본다면 영업양도란 「영업의 동일성을 유지하면서 객관적 의의의 영업$\binom{\text{영업용 재산과 재산적 가치 있는 사실관계가 합하여 이}}{\text{루어진 조직적·기능적 재산으로서의 영업재산의 일체}}$의 이전을 목적으로 하는 채권계약」으로 볼 수 있다. 따라서 영업양도는 다음과 같은 개념과 근본적으로 구별된다.

1) 영업양도는 영업용 재산$\binom{\text{물건·}}{\text{권리}}$과 재산적 가치 있는 사실관계가 기능적으로 조직화된 일체$\binom{\text{객관적 의}}{\text{의의 영업}}$가 동일성을 유지하면서 이전하는 것이므로, 「개개의 영업용 재산 또는 단순한 영업용 재산의 전부의 양도」와는 구별된다.[3] 그러나 영업이 위와

---

1) 동지: 임(홍), (총칙) 454면; 이(철), 214면; 강위두, 전게 고시계, 37면.
2) 동지: 강위두, 전게 고시계, 38면.
3) 동지: 정(희), 128면; 정(동), (총) 233~234면.
   영업양도를 부정한 판례: 대판 1968. 4. 2, 68 다 185(집 16 ① 민 213)(점포에 있는 재고품 전부와 가공용 재봉틀을 매수하고 점포를 명도받아 같은 상호로 잠시 동안 같은 종류의 영업을 한 사실만으로는 영업양수라고 인정할 수 없다); 동 1994. 11. 18, 93 다 18938(공보 983, 43)(X회사가 Y회사의 기존판매망과 생산시설을 바탕으로 하여 동일한 제품을 생산하게 되었다 하더라도 이로써 당연히 영업양도에 관한 합의가 있었다고 보기 어렵다); 동 1995. 7. 14, 94 다 20198(공보 998, 2775)(Y회사가 영위하던 사업부문을 폐지함에 따라 근로자들의 절반 정도가 Y회사와 동일한 사업을 하고 있던 계열회사인 X회사에 종전 수준으로 입사한 경우, X회사가 Y회사의 사업부문을 그 동일성을 유지한 채 포괄적으로 이전받은 것으로 볼 수 없다); 동 1995. 7. 25, 95 다 7987(공보 999, 2947)(운수업자가 운수업을 폐지하는 자로부터 그 소속 종업원들에 대한 임금 및 퇴직금 등 채무를 청산하기로 하고 그 운수사업의 면허 및 운수업에 제공된 목적시설을 양수한 후, 폐지 전 종업원의 일부만을 신규채용의 형식으로 새로이 고용한 경우, 그러한 사정만으로는 영업양도라고 볼 수 없다); 동 1995. 8. 25, 95 다 20904(공보 1001, 3273)(회사의 지배자로부터 지분권을 양도받는 것은 영업양도가 아니다); 동 1997. 6. 24, 96 다 2644(공보 1997, 2263)(영업양도란 일정한 영업목적에 의하여 조직화된 총체 즉 물적·인적 조직을 그 동일성을 유지하면서 일체로서 이전하는 것으로서 영업양도 당사자 사이의 명시적 또는 묵시적 계약이 있어야 하므로, 한국수자원공사의 기중기선단 보관사업이 해운산업연구원에게 영업양도에 의하여 포괄적으로 이전되었다고 볼 수 없다); 동 2001. 7. 27, 99 두 2680(공보 2001, 1958)(영업양도로 인정되는지 여부는 어떠한 영업재산이 어느 정도로 이전되어 있는가에 의하여 결정되는 것이 아니라, 종래의 영업조직이 유지되어 그 조직이 전부 또는 중요한 일부로서 기능할 수 있는가에 의하여 결정되어져야 하는 것이다. 따라서 포항종합제철의 자회사가 삼미종합특수강으로부터 봉강 및 강관 사업부문을 매수하였으나 실질적으로 그 사업부문의 영업상 인적·물적 조직을 그 동일성을 유지하면서 일체로서 포괄적으로 이전받음으로써 영업을 양도받은 것으로 보기에는 부족하다); 동 2003. 5. 30, 2002 다 23826(공보 2003, 1431)(영업양도가 이루어졌는가의 여부는 단지 어떠한 영업재산이 어느 정도로 이전되어 있는가에 의하여 결정되어야 하는 것이 아니고 거기에 종래의 영업조

직이 유지되어 그 조직이 전부 또는 중요한 일부로서 기능할 수 있는가에 의하여 결정되어야 하므로 영업재산의 일부를 유보한 채 영업시설을 양도했어도 그 양도한 부분만으로도 종래의 조직이 유지되어 있다고 사회관념상 인정되면 그것을 영업의 양도라 볼 것이지만, 반면에 영업재산의 전부를 양도했어도 그 조직을 해체하여 양도했다면 영업의 양도로 볼 수 없다. 따라서 부실금융기관의 정리와 예금자보호를 위하여 그 부실금융기관의 일부 우량자산만을 다른 금융기관에게 이전시킨 구 금융산업의 구조개선에 관한 법률〈1998. 9. 14. 법률 제5549호로 개정되기 전의 것〉제14조 2항에 의한 계약이전결정에 의하여 고용승계를 수반하는 영업양도의 효과가 발생하였다고 볼 수 없다); 동 2005. 7. 22, 2005 다 602(공보 2005, 1400)(상법 제42조 1항의 영업이란 일정한 영업목적에 의하여 조직화된 유기적 일체로서의 기능적 재산을 말하고, 여기서 말하는 유기적 일체로서의 기능적 재산이란 영업을 구성하는 유형·무형의 재산과 경제적 가치를 갖는 사실관계가 서로 유기적으로 결합하여 수익의 원천으로 기능한다는 것과 이와 같이 유기적으로 결합한 수익의 원천으로서의 기능적 재산이 마치 하나의 재화와 같이 거래의 객체가 된다는 것을 뜻하는 것이므로, 영업양도가 있다고 볼 수 있는지의 여부는 양수인이 유기적으로 조직화된 수익의 원천으로서의 기능적 재산을 이전받아 양도인이 하던 것과 같은 영업적 활동을 계속하고 있다고 볼 수 있는지의 여부에 따라 판단되어야 한다. 이와 같이 상법상의 영업양도는 일정한 영업목적에 의하여 조직화된 유기적 일체로서의 기능적 재산인 영업재산을 그 동일성을 유지시키면서 일체로서 이전하는 채권계약이므로 영업양도가 인정되기 위해서는 영업양도계약이 있었음이 전제가 되어야 하는데, 본건에서 영업재산의 이전 경위에 있어서 사실상·경제적으로 볼 때 결과적으로 영업양도가 있는 것과 같은 상태가 된 것으로 볼 수는 있다고 하더라도 묵시적 영업양도계약이 있고 그 계약에 따라 유기적으로 조직화된 수익의 원천으로서의 기능적 재산을 그 동일성을 유지시키면서 일체로서 양도받았다고 볼 수 없으므로 상법상 영업양도를 인정할 수 없다).

영업양도를 긍정한 판례: 대판 1997. 11. 25, 97 다 35085(공보 1998, 12)(상법 제42조가 말하는 영업이란 일정한 영업 목적에 의하여 조직화된 유기적 일체로서의 기능적 재산을 뜻하는바, 여기서 말하는 유기적 일체로서의 기능적 재산이란 영업을 구성하는 유형·무형의 재산과 경제적 가치를 갖는 사실관계가 서로 유기적으로 결합하여 수익의 원천으로 기능한다는 것과 이와 같이 유기적으로 결합한 수익의 원천으로서의 기능적 재산이 마치 하나의 재화와 같이 거래의 객체가 된다는 것을 뜻한다 할 것이므로, 영업양도가 있다고 볼 수 있는지의 여부는 양수인이 당해 분야의 영업을 경영함에 있어서 무〈無〉로부터 출발하지 않고 유기적으로 조직화된 수익의 원천으로서의 기능적 재산을 이전받아 양도인이 하던 것과 같은 영업적 활동을 계속하고 있다고 볼 수 있는지의 여부에 따라 판단되어야 한다. 따라서 슈퍼마켓의 매장시설과 비품 및 재고상품 일체를 매수한 것은 영업양도에 해당한다); 동 1998. 4. 14, 96 다 8826(공보 1998, 1315)(파주콘크리트 주식회사는 주식회사 파주레미콘으로부터 공장건물 등에 관하여 소유권이전등기를 넘겨받는 등 영업에 필요한 시설 등을 양도받고 양도인을 대신하여 채무를 변제하고 종전 거래처들과 거래를 계속하여 왔다면 영업양도에 해당한다); 동 2008. 4. 11, 2007 다 89722(공보 2008, 675)(상법 제42조 1항의 영업이란 일정한 영업 목적에 의하여 조직화된 유기적 일체로서의 기능적 재산을 말하고, 여기서 말하는 유기적 일체로서의 기능적 재산이란 영업을 구성하는 유형·무형의 재산과 경제적 가치를 갖는 사실관계가 서로 유기적으로 결합하여 수익의 원천으로 기능한다는 것과, 이와 같이 유기적으로 결합한 수익의 원천으로서의 기능적 재산이 마치 하나의 재화와 같이 거래의 객체가 된다는 것을 뜻하는 것이므로, 영업양도를 하였다고 볼 수 있는지의 여부는 양수인이 유기적으로 조직화된 수익의 원천으로서의 기능적 재산을 이전받아 양도인이 하던 것과 같은 영업적 활동을 계속하고 있다고 볼 수 있는지 여부에 따라 판단하여야 한다. 따라서 피고가 2004. 10. 15.경 미래테크 주식회사의 안테나 제조·판매에 관한 물적 설비 및 인적 조직으로 구성된 영업조직을 그대로 양수함으로써 이 부분에 관한 영업을 양수하였다고 본 것은 정당하다); 동 2009. 1. 15, 2007 다 17123·17130(공보 2009, 148)(상법상의 영업양도는 일정한 영업목적에 의하여 조직화된 업체, 즉 인적·물적 조직을 그 동일성은 유지하면서 일체로서 이전하는 것을 의미하고, 영업양도가 이루어졌는가의 여부는 단지 어떠한 영업재산이 어느 정도로 이전되어 있는가에 의하여 결정되어야 하는 것이 아니고 거기에 종래의 영업조직이 유지되어 그 조직이 전부 또는 중요한 같이 조직화된 일체로서 동일성을 유지하면서 이전되기만 하면 영업양도이므로, 영업의 동일성의 유지에 영향이 없는 영업용 재산이 양도시에 변동이 있거나 또는 양수인이 양도인의 상호를 속용하지 않는 경우에도 영업양도가 됨에는 변함이 없다.[1]

　2) 영업양도는 (기능적으로 조직화된) 영업(재산)을 이전하는 계약이므로 양도인은 영업의 주체로서 소유자이어야 하고, 따라서 영업양도는 위의 의미의 영업의 소유관계에 변동을 가져온다. 그러므로 영업양도는 영업의 소유관계에 변동을 가져오지 않고 경영관계에서만 변동을 가져오는 「영업의 임대차나 경영위임」과는 구별된다.[2]

　3) 영업양도는 양도인과 양수인의 2 당사자가 체결하는 (채권)계약(개인법상의 법현상)에 의하여 그 법률상의 효력이 발생하는 점에서, 상법의 특별규정에 의하여 그 법률상의 효력이 발생하는 「회사의 합병」(단체법상의 법현상)과는 근본적으로 구별된다.[3] 또한 영업양도는 당사자간의 의사에 기한 (개인법상의) 계약에 의하여 특정승계되는 것이므로, 당사자의 의사와는 무관하게 포괄승계되는 「상속이나 회사의 합병」 등과 구별된다.

영업양도와 회사합병과의 그 밖의 차이점을 간단히 요약하면 다음과 같다.

㈎ 양자의 법적 성질의 차이에서 영업양도에 있어서는 양도당사회사의 「법인격」이 소멸하지 않으나, 합병당사회사의 일방은 소멸한다. 또한 영업양도에는 「영업일부의 양도」도 있으나, 합병에는 일부합병이 없다.

㈏ 양자의 「당사자」에서 보면 영업양도의 당사자는 회사 이외에 자연인도 될 수 있으나, 합병의 당사자는 회사뿐이다.

㈐ 양자의 「계약형식」에서 보면 영업양도는 불요식계약이지만, 합병은 법정기재사항을 기재한 합병계약서를 작성하여야 하는 점에서 요식계약이다.

㈑ 양자의 「등기」에서 보면 영업양도는 그 자체의 등기가 없는데, 합병은 그 자체의 합병등기에 의하여 효력이 발생한다.

㈒ 양자의 「제3자에 대한 관계」에서 보면 영업양도는 사후에 채권자 등의 보

일부로서 기능할 수 있는가에 의하여 결정되어야 하므로, 영업재산의 일부를 유보한 채 영업시설을 양도했어도 그 양도한 부분만으로도 종래의 조직이 유지되어 있다고 사회관념상 인정되면 그것을 영업의 양도라 볼 수 있고, 이러한 영업양도는 반드시 영업양도 당사자 사이의 명시적 계약에 의하여야 하는 것은 아니며 묵시적 계약에 의하여도 가능하다. 따라서 A주식회사의 대표이사 겸 Y주식회사의 실질적 대표이사인 B에 의하여 Y회사가 A회사의 영업을 양수하였다고 봄이 상당하다).

1) 동지: 이(철), 216면; 이(기) 외, (총) 224~225면; 전게 대판 1989. 12. 26, 88 다카 10128.
2) 동지: 정(희), 128면.
3) 영업양도와 회사합병과의 차이점에 관하여는 특히 정(희), 127면; 정(동), (총) 232~233면; 양·박, 98~101면; 이(범), 145~148면; 임(홍), (총칙) 464~466면; 주상(Ⅰ), 385~386면 등 참조.

호제도가 있으나, 합병은 사전에 채권자보호절차를 밟아야 한다.

(빠) 양자의 「이행 후의 당사자의 의무」에서 보면 영업양도의 경우에는 양도인에게 일정한 경업피지의무가 있으나, 회사합병의 경우에는 그러한 것이 없다.

(싸) 양자의 「절차상의 하자」에 대하여 보면 영업양도의 무효는 일반민법상의 원칙에 의하나, 합병의 무효는 회사법상 반드시 소(訴)만으로 하여야 한다.

4) 상법총칙에서의 영업양도의 의의와 회사법에서의 영업양도의 의의와는 어떠한 관계가 있는가의 문제가 있다.

(가) 이에 대하여는 상법 제374조 1항 1호에서의 영업양도의 의의를 상법총칙에서의 영업양도의 의의와 동일하게 해석하여 법해석의 통일성·안정성을 꾀하자는 형식설[1](영업용 재산 또는 중요재산만의 양도에는 주주총회의 특별결의를 요하지 않는다는 점에서 '불요설'이라고도 함), 양자는 입법의 목적이 다르므로 동일하게 해석할 필요가 없다고 보는 실질설[2](영업용 재산 또는 중요재산만의 양도에도 ─ 이것이 영업양도에 해당되지 않을지라도 ─ 주주총회의 특별결의를 요한다고 보는 점에서 '필요설'이라고도 함) 및 거래의 안전을 우위에 두어 원칙적으로 형식설(불요설)을 취하면서 동설의 단점인 주주 등의 이익보호를 위하여 상법 제374조의 적용범위에 「사실상의 영업양도」를 포함시키자는 절충설[3]로 나뉘어 있다.

(나) 이에 관한 우리나라의 대법원판례를 종합하여 보면 「상법 제374조 1항 1호 소정의 '영업의 전부 또는 중요한 일부의 양도'라 함은 일정한 영업목적을 위하여 조직화되고 유기적 일체로서 기능하는 재산의 전부 또는 일부를 총체적으로 양도하는 것을 의미하는 것으로서 이에는 양수회사에 의한 양도회사의 영업적 활동의 전부 또는 중요한 일부의 승계가 수반되어야 하는 것이다」고 하거나,[4] 또는 「상법 제374조 1항 1호 소정의 영업의 양도란 동법 제1편 제7장의 영업양도를 가리키는 것이므로 영업용 재산의 양도에 있어서는 그 재산이 주식회사의 유일한 재산이거나 중요한 재산이라 하여 그 재산의 양도를 곧 영업의 양도라 할 수는 없지만, 주식회사 존속의 기초가 되는 중요한 재산의 양도는 영업의 폐지 또는 중단을 초래하는 행위로서 이는 영업의 전부 또는 일부의 양도와 다를 바 없으므로 이러한 경우에는 상법 제374조 1항 1호의 규정을 유추적용하여 주주총회의 특별결의를 거쳐야 한다」

---

1) 이(철), (회) 589면(상법 제374조 1항 1호에서의 영업양도는 상법 제41조에서 규정하는 영업양도와 같은 개념이라고 한다); 日最高判 1965. 9. 22(民集 19-6, 1600); 同 1968. 2. 23(民集 20-2, 302).
2) 정(동), (회) 313면(과거에는 형식설이었으나, 1996년판에서 실질설로 개설〈改說〉함); 채, 491면; 日最高判 1965. 9. 22(民集 19-6, 1600) 및 同 1968. 2. 23(民集 20-2, 302)에서의 소수의견.
3) 절충설에 관한 일본 학설의 상세한 소개로는 정(동), (회) 311~312면 참조.
4) 대판 1987. 6. 9, 86 다카 2478(공보 805, 1137) 외.

고 판시하고 있다.[1] 이러한 대법원판례의 입장은 (비록 그 영업양도의 결과로 양도회사
가 경업피지의무를 부담하는 것까지를 판시하고 있지는 않더라도) 기본적으로는 상법 제41
조 이하의 영업양도와 상법 제374조 1항 1호의 영업양도를 동일하게 보고 있는 것
으로 생각된다[2](형식설). 그러나 대법원판례는 순수한 형식설의 입장은 아니고, 「단
순한 영업용 재산의 양도라 하더라도 그 양도의 결과 '회사 영업의 전부 또는 일부
를 양도하거나 폐지하는 것과 같은 결과를 가져오는 경우'에는 상법 제374조 1항 1
호를 (유추)적용하여 주주총회의 특별결의를 요한다」[3]고 판시한 점으로 보아 절충
설의 입장인 것으로 생각된다. 다시 말하면 상법 제374조 1항 1호의 영업양도의 개
념에 해당하지 않는 영업용 재산의 양도에도 — 그것이 회사 영업의 전부 또는 일부를
양도하거나 폐지하는 것과 같은 결과를 가져오는 경우에는 — 상법 제374조 1항 1호를 (적
용 또는) 유추적용하여 주주 등을 보호하는 입장이므로, 앞에서 본 우리나라 학설에
서의 절충설과는 다른 또 하나의 절충설의 입장으로 볼 수 있다.

　　㈐ 생각건대 형식설은 주주 등의 보호에 문제가 있을 뿐더러 상법 제374조 1항
1호 후단의 「영업의 일부의 양도」를 사문화(死文化)시킬 우려가 있거나 또는 이와
조화하지 못하는 문제가 있어 찬성할 수 없고, 실질설은 같은 상법상의 영업양도의
개념을 다르게 해석한다는 점에서 법해석의 통일을 기하지 못한다는 점에서 뿐만
아니라 또한 상법 제374조 1항 1호의 적용범위를 너무 확대하여 거래의 안전을 해
할 우려가 있다는 점에서 찬성할 수 없다. 따라서 거래의 안전을 기할 수도 있고 또
한 주주 등의 이익보호도 기할 수 있으며, 아울러 기본적으로 법해석의 통일을 기할
수 있는 절충설에 찬성한다. 절충설 중에서도 우리나라의 학설에서의 절충설은 「사
실상의 영업양도」의 개념이 주관적이며 또한 애매하여 취할 수 없고, 보다 기준이
객관적이고 명백한 「영업을 양도하거나 폐지한 것과 같은 결과를 가져오는 영업용
재산의 양도」를 영업양도에 포함하는 판례에서의 절충설의 입장이 가장 타당하다고
생각한다.

　　5) 상법 제374조 1항 1호와 관련하여 상법총칙에서도 영업의 일부양도가 인정

---

1) 대판 1988. 4. 12, 87 다카 1662(공보 824, 834).

2) 동지: 이(철), (회) 593면.

　　그러나 우리나라의 학설 중에는 「대법원판례는 실제로는 실질설(필요설)을 취하고 있다. 그러
나 대법원결이 형식설이냐 실질설이냐 또는 그 어느 것도 아니냐를 따지는 것은 별로 의미가 없
다」고 설명하는 견해도 있다[정(동), (회) 312면].

3) 대판 1955. 12. 15, 4288 민상 136(요지 민·상 Ⅱ, 493); 동 1958. 5. 22, 4290 민상 460(집 6
민 29); 동 1966. 1. 25, 65 다 2140·2141(집 14 ① 민 22); 동 1969. 11. 25, 64 다 569(집 17
④ 민 29); 동 1987. 4. 28, 86 다카 553(공보 1987, 870) 등 참조.

될 수 있는지 여부의 문제가 있다.

우리나라의 학설 중에는 상법 제374조 1항 1호가 영업의 일부양도를 규정하고 있는 점에서 보아 영업의 일부가 나머지 부분과는 구분되어 독립적으로 영업이 수행될 수 있는 조직과 설비를 갖추고 있는 경우라면($^{예컨대,}_{지점}$), 그러한 영업의 일부양도는 상법총칙에서도 인정된다고 보는 견해도 있다.[1] 그러나 상법총칙에서의 영업양도는 영업이 전부 양도된 것을 전제로 하여 양도인에게 경업피지의무($^{상}_{41조}$)를 부담시키고 또 양도인의 채권자 및 채무자를 보호하기 위한 규정($^{상\ 42조\sim}_{45조}$)을 두고 있다. 설사 개념상 상법총칙에서 영업의 일부양도를 인정한다고 하더라도 그러한 영업의 일부양도에는 양도인에게 경업피지의무($^{상}_{41조}$)를 부과하거나 또는 양도인의 채권자 및 채무자를 보호하기 위한 규정($^{상\ 42조\sim}_{45조}$)을 적용할 수는 없다.[2] 그러므로 영업의 일부양도의 개념은 상법 제374조 1항 1호의 적용에서만 인정되고, 상법 제41조 이하를 적용하는 데에는 인정되지 않는다고 보아야 할 것이다.

6) 영업양도는 채권자취소권 행사의 대상이 된다.[3]

---

1) 이(철), 219면; 이(기) 외, (총) 224면; 김성탁, "영업의 일부양도에 있어서 채권자보호에 관한 상법 총칙편 규정의 적용,"「상사판례연구」(한국상사판례학회), 제29집 제 2 권(2016), 3~43면 (상법 총칙에서도 영업의 일부양도를 인정하면서, 이에 상법 제42조와 제44조는 적용되나 동 제 45조는 적용되지 않는다고 한다); 대판 1994. 11. 18, 93 다 18938(공보 983, 43)(상법 제41조 에 의한 영업양도라 함은 일정한 목적에 의하여 조직화된 업체, 즉 인적·물적 조직을 그 동일성 을 유지하면서 일체로서 이전하는 것이므로, 영업의 일부만의 양도도 가능하고 이러한 영업양도 가 이루어진 경우에는 원칙적으로 해당 근로자들의 근로관계가 양수인에 승계된다).

2) 상법총칙상 영업의 일부양도의 개념을 인정하는 견해에서도 영업양도인에게 경업피지의무(상 41조)를 적용하기는 어렵다고 한다[이(철), 220면].

3) 동지: 대판 2015. 12. 10, 2013 다 84162(공보 2016, 111)(영업은 일정한 영업 목적에 의하여 조직화된 유기적 일체로서의 기능적 재산이므로, 영업을 구성하는 유형·무형의 재산과 경제적 가치를 가지는 사실관계가 서로 유기적으로 결합하여 수익의 원천으로 기능하고, 하나의 재화와 같이 거래의 객체가 된다. 그리고 여러 개의 부동산, 유체동산, 그 밖의 재산권에 대하여 일괄하여 강제집행을 할 수 있으므로〈민사집행법 제98조 제 1 항, 제 2 항, 제197조 제 1 항, 제251조 제 1 항 참조〉, 영업재산에 대하여 일괄하여 강제집행이 될 경우에는 영업권도 일체로서 환가될 수 있다. 따라서 채무자가 영업재산과 영업권이 유기적으로 결합된 일체로서의 영업을 양도함으로써 채무 초과상태에 이르거나 이미 채무초과상태에 있는 것을 심화시킨 경우, 영업양도는 채권자취소권 행사의 대상이 된다. 그러나 영업양도 후 종래의 영업조직이 전부 또는 중요한 일부로서 기능하면서 동일성을 유지한 채 채무자에게 회복되는 것이 불가능하거나 현저히 곤란하게 된 경우, 채권자는 사해행위취소에 따른 원상회복으로 피보전채권액을 한도로 하여 영업재산과 영업권이 포함된 일체로서의 영업의 가액을 반환하라고 청구할 수 있다).

제 2 영업양도의 절차

1. 양도계약의 당사자

(1) 양 도 인

영업의 양도인은 영업(기업)을 소유하고 있는 「상인」이다. 이 때 상인은 개인인 경우도 있고, 회사인 경우도 있다. 개인인 경우에 영업을 양도하는 상인은 양도하는 영업만을 소유하고 있는 경우에는 영업양도에 의하여 상인자격을 상실하나, 회사인 경우에는 영업을 양도하더라도 정관상의 목적을 변경하여 다른 영업을 할 수 있으므로(즉; 법인격이 소멸하지 않으므로) 영업을 양도하는 상인은 상인자격을 상실하지 않는다.[1] 회사는 영업양도가 해산사유가 되지 않고, 청산중의 회사는 청산의 방법으로 영업양도를 할 수 있다.[2]

(2) 양 수 인

영업의 양수인은 상인인 경우도 있으나, 상인이 아닌 경우도 있다. 상인이 아닌 자가 영업을 양수하는 행위는 보조적 상행위가 될 것이고,[3] 이러한 영업양수에 의하여 「기업의 존재를 객관적으로 인식하게 할 수 있을 정도의 영업의사가 나타나면」 상인자격을 취득한다고 본다.

2. 양도계약의 체결

(1) 의사결정

영업양도의 당사자가 개인인 경우에는 아무런 문제가 없으나, 회사인 경우에는 영업의 소유자인 출자자단체의 일정한 의사결정절차를 밟아야 한다. 만일 이러한 출자자단체의 의사결정절차를 밟지 않고 회사의 대표기관이 영업양도(양수)계약을 체결하였다면 그 계약은 무효라고 본다.[4]

1) 양도인이 회사인 경우에는 회사의 종류에 따라 다음의 절차를 밟아야 한다.

㈎ 인적회사 및 유한책임회사가 회사의 존속중에 영업양도를 하는 경우에는 (이는 정관변경사항인 점에서) 「총사원의 동의」를 요하나(상 204조, 269조, 287조의 16), 해산 후(청산중)

---

1) 동지: 손(주), 197면; 최(기), 188면.
2) 동지: 손(주), 197면; 최(기), 188면.
3) 동지: 손(주), 197면.
4) 동지: 정(동), (회) 416면; 이(철), (회) 558면; 권기범, 전게서, 323~324면; 백웅철, 전게논문, 71면 외.
   반대: 정(희), 482면.

에 영업양도를 하는 경우에는 「총사원의 과반수의 결의」를 요한다($^{상\ 257조,\ 269}_{조,\ 287조의\ 45}$).

(내) 물적회사는 회사의 해산 전후를 불문하고 영업양도에는 「주주총회(사원총회)의 특별결의」를 요한다($^{상\ 374조\ 1항}_{1호,\ 576조\ 1항}$).

2) 양수인이 회사인 경우에는 다음의 절차를 밟아야 한다.

(개) 인적회사 및 유한책임회사인 경우에는 상법에 규정이 없다. 따라서 영업양수에 의하여 정관의 목적을 변경하여야 하는 경우에는 이를 위하여 「총사원의 동의」를 요하나($^{상\ 204조,\ 269}_{조,\ 287조의\ 16}$), 그렇지 않은 경우에는 업무집행의 방법으로 영업양수를 할 수 있다고 본다.[1]

(내) 물적회사가 그 회사의 영업에 중대한 영향을 미치는 다른 회사의 영업 전부 또는 일부를 양수하는 경우에는 「주주총회(사원총회)의 특별결의」를 요한다($^{상\ 374조}_{1항\ 3호,}$ $^{576}_{조\ 1항}$).

3) 주식회사의 경우 영업양도 또는 영업양수에 관한 주주총회의 특별결의시 이를 반대하는 주주에게는 주식매수청구권이 인정되므로($^{상\ 374}_{조의\ 2}$), 이 경우에 회사는 필요한 주식매수절차를 밟아야 한다.

(2) **계약의 체결**

양도계약의 당사자가 개인인 경우에는 그 당사자간에 양도계약을 체결하면 되지만, 회사인 경우에는 보통 위의 의사결정절차를 밟아 대표기관이 양도계약을 체결한다. 그러나 회사의 경우 대표기관이 먼저 양도계약을 체결하고 그 후 의사결정절차를 밟아도 무방하다고 본다.[2]

(3) **계약의 내용**

일반적으로 영업양도계약의 내용이 되는 것은 (i) 자산·부채에 관한 사항($^{그\ 범}_{위,\ 이}$ $^{전의\ 시}_{기\ 등}$), (ii) 영업소 및 상호의 양도에 관한 사항, (iii) 양도 후에 있어서의 양도인의 폐업 내지 해산에 관한 사항, (iv) 사용인 인계에 관한 사항, (v) 해약사유 기타 계약조건의 변경에 관한 사항 등이다.

(4) **계약의 성질**

영업양도계약의 성질은 객관적 의의의 영업의 이전을 목적으로 하는 「채권계약」이다. 영업 그 자체는 독립한 물권으로서의 재산권은 아니므로, 영업양도계약은

---

1) 동지: 손(주), 197면; 이(기) 외, (총) 224면; 주상(Ⅰ), 388면.

　　최(기), 189면은 「물적회사의 영업양수에 관한 규정(상 374조 1항 3호, 576조 1항)을 유추적용하여 총사원의 동의를 요한다」고 설명하나, 인적회사에 물적회사에 관한 규정을 유추적용할 성질도 아니고 유추적용하는 경우에도 총사원의 동의는 유추적용의 내용과 맞지 않으므로 타당하지 않다고 본다.

2) 동지: 손(주), 198면.

민법상 순수한 매매계약($^{민}_{563조}$)과는 구별되고 일종의 혼합계약으로 보아야 할 것이다. 영업양도계약의 내용은 위에서 본 바와 같이 복잡한 내용을 갖지만, 이는 수 개의 채권계약이 집합한 것이 아니라 단일한 채권계약으로서 복잡한 내용을 갖는 것으로 보아야 한다.

3. 양도계약의 효과

당사자간에 영업양도계약이 체결된 경우에는 민법상 매매계약이 체결된 경우와 같이 양도인은 양수인에게 영업을 이전할 의무를 부담하고, 양수인은 양도인에게 양수대금을 지급할 의무를 부담한다($^{민 563}_{조 참조}$). 그런데 이 때 양수인이 양도인에게 양수대금을 지급할 의무는 당사자간의 영업양도계약의 내용에 따라 정하여질 것인데, 이것이 금전이면 아무런 문제가 없으나 주식 기타 유가증권이면 일정한 경우에 해당 법률에 의하여 제한을 받는다($^{상 341조의 2·342조의 2·369조 3항,}_{자금 133조, 독규 9조 1항·21조 등}$). 또한 후술하는 바와 같이 양도인이 영업을 현물출자하고 그 회사의 주식을 취득하는 경우에는 영업양도는 아니지만 영업양도에 관한 규정이 유추적용된다.[1]

그런데 양도인이 양수인에게 영업을 이전할 의무는 영업양도의 의의를 어떻게 파악할 것인가와 관련하여 약간 달리 설명된다. 즉, (양도처분설 중) 영업재산양도설에서는 양도인의 의무로 영업재산의 이전의무만이 설명되고, 지위교체설에서는 양도인의 의무로 경영자(영업자)지위의 이전의무만이 설명되나, 절충설에서는 양도인의 의무로 영업재산의 이전의무 및 경영자지위의 이전의무가 설명된다. 이하에서는 이해의 편의를 위하여 영업재산의 이전의무와 경영자지위의 이전의무를 함께 설명하겠다.

(1) 영업재산의 이전의무

1) 영업양도계약은 채권계약이므로 그 이행으로서 양도인은 양수인에게 영업재산을 이전하여야 할 의무를 부담한다. 채권계약의 이행으로서 물권행위가 행하여지는데 영업양도의 경우 영업재산의 전부를 포괄적으로 이전하는 물권행위는 있을 수 없으므로 영업재산을 이루는 개개의 구성부분에 대하여 물권행위가 행하여져야 하는데,[2] 이는 다음과 같다.

(가) 부동산에 관하여는 「등기」가 있어야 한다(효력요건)($^{민}_{186조}$).

(나) 동산에 관하여는 「인도」가 있어야 한다(효력요건)($^{민}_{188조}$).

---

1) 대판 1995. 8. 22, 95 다 12231(공보 1001, 3248) 외.
2) 동지: 이(철), 224면; 이(기) 외, (총) 226면; 주상(I), 389면.

(다) 지명채권에 관하여는 채무자에 대한 「통지」 또는 채무자의 「승낙」이 있어야 한다(대항요건)[1]($\frac{민}{450조}$). 그러나 영업양도에 수반된 계약인수에 대해서는 개별 채권양도에서 요구되는 대항요건은 요구되지 않는다.[2]

(라) 지시채권에 관하여는 양도인이 증권에 「배서」하여 양수인에게 교부하여야 한다(효력요건)($\frac{민\ 508조,\ 어}{14조,\ 수\ 17조}$).

(마) 무기명채권에 관하여는 양도인이 양수인에게 그 증권을 「교부」하여야 한다 (효력요건)($\frac{민}{523조}$).

(바) (등기된) 상호에 관하여는 「이전등기」가 있어야 한다(대항요건)($\frac{상\ 25}{조\ 2항}$).

(사) 특허권에 관하여는 「이전등록」이 있어야 한다(효력요건)($\frac{특허\ 101조}{1항\ 1호}$).

(아) 상표권에 관하여는 「이전등록」이 있어야 한다(대항요건)($\frac{상표\ 100조}{1항\ 1호}$).

---

1) 대판 1991. 10. 8, 91 다 22018 · 22025(공보 900, 2689)(양도인의 제3자에 대한 매매계약해제에 따른 원상회복청구권은 지명채권이므로, 그 양도에는 채무자에 대한 양도인의 통지나 채무자의 승낙이 있어야 채무자에게 대항할 수 있다).

2) 대판 2020. 12. 10, 2020 다 245958(공보 2021, 212)(계약당사자로서 지위 승계를 목적으로 하는 계약인수는 계약으로부터 발생하는 채권 · 채무의 이전 외에 계약관계로부터 생기는 해제권 등 포괄적 권리의무의 양도를 포함하는 것으로서, 계약인수가 적법하게 이루어지면 양도인은 계약관계에서 탈퇴하게 되고, 계약인수 후에는 양도인의 면책을 유보하였다는 등 특별한 사정이 없는 한 잔류당사자와 양도인 사이에는 계약관계가 존재하지 않게 되며 그에 따른 채무권채무관계도 소멸하지만, 이러한 계약인수는 양도인과 양수인 및 잔류당사자의 합의에 의한 삼면계약으로 이루어지는 것이 통상적이며 관계당사자 3인 중 2인의 합의가 선행된 경우에는 나머지 당사자가 이를 동의 내지 승낙하여야 그 효력이 생긴다. 이러한 계약인수가 이루어지면 계약관계에서 이미 발생한 채권 · 채무도 이를 인수 대상에서 배제하기로 하는 특약이 있는 등 특별한 사정이 없는 한 인수인에게 이전된다. 계약인수는 개별 채권 · 채무의 이전을 목적으로 하는 것이 아니라 다수의 채권 · 채무를 포함한 계약당사자로서의 지위의 포괄적 이전을 목적으로 하는 것으로서 계약당사자 3인의 관여에 의해 비로소 효력을 발생하는 반면, 개별 채권의 양도는 채권양도인과 양수인 2인만의 관여로 성립하고 효력을 발생하는 등 양자가 법적인 성질과 요건을 달리하므로, 채무자 보호를 위해 개별 채권양도에서 요구되는 대항요건은 계약인수에서는 별도로 요구되지 않는다. 그리고 이러한 법리는 상법상 영업양도에 수반된 계약인수에 대해서도 마찬가지로 적용된다. 갑 주식회사가 을 주식회사와 항공권 발권대행 사업 부문에 관한 영업양도계약을 체결하면서 병을 포함한 근로자에 대한 사용자로서의 모든 권리의무를 을 회사에 이전하기로 하였고, 이에 따라 을 회사와 병이 갑 회사에서와 동일한 근로조건으로 연봉근로계약서를 작성하였는데, 위 영업양도가 있기 전에 병이 갑 회사의 항공권 구매대행 업무를 담당하면서 갑 회사의 고객 등이 송금한 돈을 개인 용도로 사용하였고, 이에 을 회사가 갑 회사의 병에 대한 손해배상채권을 승계취득하였다고 주장하며 병을 상대로 손해배상을 구한 사안에서, 영업양도에 수반된 근로계약의 인수 대상에 병과의 근로계약이 포함되었고, 잔류당사자인 병이 영업양도를 인식하고 갑 회사에서 퇴사한 이후 을 회사와 종전 근로계약상 근로조건과 동일한 조건으로 근로계약을 체결하면서 근로계약기간을 종전 근로계약상 근로기간으로 소급하여 작성하는 방법으로 근로계약의 인수를 승낙하였으므로, 인수인인 을 회사에 사용자지위가 이전될 뿐만 아니라 근로계약관계를 기초로 하여 이미 발생한 위 손해배상채권도 이를 인수 대상에서 배제하기로 하는 특약이 있는 등 특별한 사정이 없는 한 을 회사에 이전되고, 개별 채권양도에 관한 대항요건을 별도로 갖출 필요는 없으므로, 을 회사는 영업양도에 수반된 근로계약 인수의 효과로서 위 손해배상채권을 취득하였다고 볼 여지가 있는데도, 이와 달리 본 원심판단에 법리오해 등의 잘못이 있다).

(짜) 주식에 관하여는 (기명주식이든 무기명주식이든) 양도인이 주권을 양수인에게 「교부」하여야 하고(효력요건)($\frac{상\ 336}{조\ 1항}$), 기명주식의 경우에는 주주명부에 「명의개서」를 하여야 한다(대항요건)($\frac{상}{337조}$).

(차) 재산적 가치 있는 사실관계($\frac{영업}{권등}$)는 특별한 이전방법이 없으므로, 구두 또는 문서 등으로 거래통념에 부합하도록 이전하면 된다.[1]

(카) 양도인과 양수인간의 계약으로 양수인이 양도인의 채무를 인수하는 경우에는 「채권자의 승낙」을 받아야 한다(효력요건)($\frac{민}{454조}$).

2) 위와 같이 영업재산을 이루는 개개의 구성부분이 개별적인 물권행위에 의하여 개별적으로 이전되는 경우에도, 전체적으로 또 결과적으로는 영업의 동일성이 유지되도록 기능적으로 조직화된 일체로서 이전되어야 한다. 따라서 영업재산의 이전을 수반하는 영업양도는 앞에서 본 바와 같이 「개개의 영업용 재산 또는 단순한 영업용 재산의 전부의 양도」와 구별되고, 영업양도에 있어서의 영업재산의 이전이란 반드시 「영업에 속하는 모든 재산의 이전」을 의미하는 것이 아니며 영업의 동일성을 해하지 않는 한 일부 재산의 이전을 제외하여도 무방하다.[2]

(2) 경영자지위의 이전의무

앞에서 본 바와 같이 영업양도의 법적 성질에 관하여 지위교체설 또는 절충설을 취하는 입장에서는 양도인은 양수인이 자기와 동일한 상태에서 영업의 경영활동을 할 수 있는 지위에 서게 할 의무를 부담한다고 한다. 이 견해에서는 경영권은 영업에 전속하는 권리로서 영업의 이전이 있는 경우에는 반드시 경영권도 이전되는 것인데, 이것을 양수인인 영업소유자가 스스로 행사할 것인지 여부는 완전히 별개의 문제라고 한다. 또한 경영권의 이전과 관련하여 경영의 인적 조직($\frac{상업사용인}{과의\ 관계}$)도 당연히 이전된다고 한다($\frac{그러나\ 상업사용인\ 등은\ 언제나\ 계약을}{해지할\ 수\ 있다\ -\ 민법\ 660조,\ 689조}$).

생각건대 영업양도의 의의에 대하여 영업재산양도설을 취하였으므로 양도인의 의무에 경영자지위의 이전의무에 관한 설명은 필요하지 않다고 본다. 즉, 경영자지위란 객관적 의의의 영업의 귀속주체가 당연히 누리는 지위이므로 객관적 의의의 영업이 양도되면 그 영업의 양수인은 당연히 경영자지위를 취득하고, 또 경영자지위는 채권계약의 대상이 될 수 없으므로 영업양도계약의 효과로서 별도로 설명할 필요는 없다고 본다. 상업사용인 등과 같은 경영의 인적 조직도 객관적 의의의 영업이 그 동일성을 유지하기 위하여 필요하기 때문에, 원칙적으로 이전되는 것이라고

---

1) 동지: 손(주), 199면; 이(철), 225면; 임(홍), (총칙) 475~476면.
2) 동지: 임(홍), (총칙) 473면.

본다.[1] 그러나 상업사용인 등이 반대의사를 표시함으로써 양수기업에 승계되는 대신 양도기업에 잔류하거나 양도기업과 양수기업 모두에서 퇴직할 수도 있다.[2]

1) 동지: 임(홍), (총칙) 477~478면; 대판 1991. 8. 9, 91 다 15225(공보 905, 2322)(영업양도의 경우 양도인과 근로자간에 체결된 고용계약도 양수인에게 승계된다); 동 1991. 11. 12, 91 다 12806(공보 911, 90)(영업양도의 경우 양도인과 종업원 사이의 근로계약관계는 포괄적으로 양수인에게 승계된다); 동 1994. 6. 28, 93 다 33173(공보 970, 2082)(영업이 포괄적으로 양도되면 반대의 특약이 없는 한 양도인과 근로자간의 근로관계도 원칙적으로 양수인에게 포괄적으로 승계된다); 동 1995. 9. 29, 94 다 54245(공보 1004, 3603)(영업양도계약에 따라 승계되는 근로계약관계는 계약체결일 현재 실제로 근무하고 있는 근로자와의 근로관계만을 의미하고 해고의 효력을 다투는 근로자와의 근로관계까지 승계되는 것은 아니며, 근로관계 일부를 승계대상에서 제외하기로 한 특약은 근로기준법 제27조 1항의 정당한 이유가 있는 한 유효하다); 동 1996. 5. 31, 95 다 33238(공보 1996, 2019)(영업양도시 양도되는 직장에서 해고되어 그 효력을 다투는 근로자에 대한 근로관계는 승계되지 않으나, 전적명령의 효력이 없음이 객관적으로 명확하고 또 양수인도 이를 알았다면 그러한 근로관계는 양수인에게 승계된다); 동 1996. 5. 31, 96 다 11105(공보 1996, 2028)(영업을 양도하면서 양도일 당시 당사자간에 확인되지 않은 채무는 양도인이 책임지기로 한 경우, 양도 후 판결에 의하여 확정된 양도 전 해고근로자들의 임금채무에 대한 양도인의 책임범위는 해고일로부터 약정일까지의 것에 한한다); 동 2001. 7. 27, 99 두 2680(영업양도의 경우 해당근로자들의 근로관계가 양수하는 기업에 포괄적으로 승계된다); 동 2001. 11. 13, 2000 다 18608(공보 2002, 34)(영업양도의 경우에는 특단의 사정이 없는 한 근로자들의 근로관계 역시 양수인에 의하여 계속적으로 승계되는 것으로, 영업양도시 퇴직금을 수령하였다는 사실만으로 전 회사와의 근로관계가 종료되고 인수한 회사와 새로운 근로관계가 시작되었다고 볼 것은 아니다. 다만 근로자가 자의에 의하여 사직서를 제출하고 퇴직금을 지급받았다면 계속근로의 단절에 동의한 것으로 볼 여지가 있지만, 이와 달리 회사의 경영방침에 따른 일방적 결정으로 퇴직 및 재입사의 형식을 거친 것이라면 퇴직금을 지급받았더라도 계속근로관계는 단절되지 않는 것이다); 동 2003. 5. 30, 2002 다 23826(공보 2003, 1431)(영업의 양도라 함은 일정한 영업목적에 의하여 조직화된 업체, 즉 인적·물적 조직을 그 동일성은 유지하면서 일체로서 이전하는 것으로서, 이러한 영업양도가 이루어진 경우에는 원칙적으로 해당 근로자들의 근로관계가 양수하는 기업에 포괄적으로 승계된다).

2) 대판 2012. 5. 10, 2011 다 45217(공보 2012, 985)(영업의 양도란 일정한 영업목적에 의하여 조직화된 업체 즉, 인적·물적 조직을 동일성은 유지하면서 일체로서 이전하는 것이어서 영업 일부만의 양도도 가능하고, 이러한 영업양도가 이루어진 경우에는 원칙적으로 해당 근로자들의 근로관계가 양수하는 기업에 포괄적으로 승계되지만 근로자가 반대의사를 표시함으로써 양수기업에 승계되는 대신 양도기업에 잔류하거나 양도기업과 양수기업 모두에서 퇴직할 수도 있다. 또한 이와 같은 경우 근로자가 자의에 의하여 계속근로관계를 단절할 의사로 양도기업에서 퇴직하고 양수기업에 새로이 입사할 수도 있다. 이때 근로관계 승계에 반대하는 의사는 근로자가 영업양도가 이루어진 사실을 안 날부터 상당한 기간 내에 양도기업 또는 양수기업에 표시하여야 하고, 상당한 기간 내에 표시하였는지는 양도기업 또는 양수기업이 근로자에게 영업양도 사실, 양도이유, 양도가 근로자에게 미치는 법적·경제적·사회적 영향, 근로자와 관련하여 예상되는 조치 등을 고지하였는지 여부, 그와 같은 고지가 없었다면 근로자가 그러한 정보를 알았거나 알 수 있었던 시점, 통상적인 근로자라면 그와 같은 정보를 바탕으로 근로관계 승계에 대한 자신의 의사를 결정하는 데 필요한 시간 등 제반 사정을 고려하여 판단하여야 한다. 따라서 갑〈甲〉 병원을 운영하던 을〈乙〉 학교법인이 병〈丙〉 의료법인을 새로 설립하여 갑 병원 영업을 양도하면서 갑 병원 근로자들에게 그 사실을 고지하지 않았는데, 나중에 영업양도 사실을 알게 된 정〈丁〉 등 갑 병원 근로자 일부가 을 법인을 상대로 퇴직금 지급을 구한 사안에서, 제반 사정에 비추어 을 법인과 병 법인 사이에 정 등에 대한 근로관계 승계가 이루어지지 않았고 을 법인과 정 등의 근로관계도 종료되었으므로, 을 법인은 정 등에게 퇴직금을 지급할 의무가 있다고 본 원심판결의 결론은 정당하다).

제 3   영업양도의 효과[1]

상법은 영업양도가 있은 후에($^{즉, 영업양도계약의}_{이행이 있은 후에}$) 양수인을 보호하기 위하여 양도인에게 경업피지의무를 부과하고($^{상}_{41조}$), 또 영업으로 인한 양도인의 채권자 및 채무자를 보호하기 위하여 양수인에게 일정한 책임을 부과하고 있다($^{상\ 42조\sim}_{45조}$).

이하에서는 이를 대내관계($^{당사자간}_{의 관계}$)와 대외관계($^{제3자에}_{대한 관계}$)로 나누어서 살펴보겠다.

1. 대내관계(양도인의 경업피지의무)

상법은 영업양도의 실효성을 꾀하고 양수인을 보호하기 위하여 영업의 지역적·시간적 제한하에 양도인에게 부작위의무(소극적 의무)를 부과하고 있는데, 이를 당사자간에 약정이 없는 경우와 약정이 있는 경우로 나누어서 규정하고 있다.

(1) 당사자간에 약정이 없는 경우

영업을 양도한 경우에 당사자간에 다른 약정이 없으면 양도인은 10년간 동일한 특별시·광역시·시·군과 인접한 특별시·광역시·시·군에서 동종영업을 하지 못한다($^{상\ 41}_{조\ 1항}$).

1) 이 규정에 의한 양도인의 경업피지의무는 「법률에 의하여 정책적으로 인정된 의무」라고 볼 수 있다.[2] 또한 이 의무는 「일신(一身)전속적 의무」이므로 특정승계나 포괄승계($^{상속}_{합병 등}$)에 의하여 이전될 수 없다고 본다.[3] 그러나 이 규정에 의한 양도인의 경업피지의무는 최초의 영업양수인뿐만 아니라 전전 영업양수인들에게도 미친다.[4]

---

1) 영업양도의 효과는 영업양도계약의 효과와 개념상 구별되어야 한다. 즉, 상법 제41조 이하에서 규정하고 있는 사항은 영업양도의 효과(즉, 영업양도가 있은 후의 효과)를 규정한 것이지, 영업양도계약의 효과를 규정한 것은 결코 아니다. 그런데 우리나라의 대부분의 학자들은 영업양도의 효과에서 영업양도계약의 효과를 함께 설명하고 있는데, 이것은 이해의 편의를 위하여 적절하지 않은 것으로 본다.

2) 반대: 이(철), 228면(영업양도계약에 묵시적으로 경업금지의 합의가 포함되어 있다고 보는 것이 양도당사자의 합리적인 의사에 부합한다고 한다).

3) 동지: 임(홍), (총칙) 481면; 채, 128면; 주상(상), 248면; 주상(Ⅰ), 407면.

4) 대판 2022. 11. 30, 2021 다 227629(공보 2023, 136)(영업양도인이 영업을 양도한 후에도 인근에서 동종영업을 한다면 영업양도는 유명무실해지고 영업양수인은 부당한 손실을 입게 되므로, 영업양도의 실효성을 높이고 영업양수인을 보호하기 위해서는 영업양도인의 경업을 제한할 필요가 있다. 상법 제41조 제1항은 이러한 취지에서 영업을 양도한 경우에 다른 약정이 없으면 영업양도인은 10년간 동일 특별시·광역시·시·군과 인접 특별시·광역시·시·군에서 동종영업을 하지 못한다고 규정하고 있다. 한편 영업이 동일성을 유지한 채 전전양도된 경우에도 최초 영업양도인이 인근에서 동종영업을 한다면 영업양도의 실효성이 크게 제한되어 영업양수인뿐만 아니라

2)「동종영업」이란 동일영업보다는 넓은 개념으로 양도한 영업과의 경쟁관계 또는 대체관계에 있는 영업을 뜻하고, 영업소의 설치 여부를 불문한다.[1] 경업금지지역으로「인접한 특별시…」를 규정한 것은 지역의 경계선에서 경업하는 것을 금지하기 위한 것이다. 이러한 경업금지지역은 양도된 물적 설비가 있던 지역을 기준으로 정하는 것이 아니라, 영업양도인의 통상적인 영업활동이 이루어지던 지역을 기준으로 한다.[2]

3) 이 의무의 발생시기는「영업양도계약의 이행을 마친 시점」에서 발생한다.[3] 즉, 영업양도계약이 체결된 때가 아니고 양수인이 영업을 할 수 있는 때이다.

4) 이 의무를 부담하는 자는 양도인이「상인」인 경우에 한한다. 따라서 우리 대법원판례도 이와 동지로「상법상 영업양도에 관한 규정은 양도인이 상인이 아닌 경우에는 적용할 수 없는바, 농업협동조합은 영리나 투기사업을 하지 못하게 되어 있

전전 영업양수인들이 부당한 손실을 입게 되는 것은 마찬가지이므로, 최초 영업양도인과 전전 영업양수인들 사이에서도 위와 같은 상법 제41조 제1항의 취지가 참작되어야 한다. 그렇다면 영업양도계약에서 경업금지에 관하여 정함이 없는 경우 영업양수인은 영업양도인에 대해 상법 제41조 제1항에 근거하여 경업금지청구권을 행사할 수 있고, 나아가 영업양도계약에서 경업금지청구권의 양도를 제한하는 등의 특별한 사정이 없다면 위와 같이 양도된 영업이 다시 동일성을 유지한 채 전전양도될 때 영업양수인의 경업금지청구권은 영업재산의 일부로서 영업과 함께 그 뒤의 영업양수인에게 전전양도되고, 그에 수반하여 지명채권인 경업금지청구권의 양도에 관한 통지권한도 전전이전된다고 보는 것이 타당하다).

1) 주상(상), 248면; 주상(Ⅰ), 406면; 이(철), 228면.
2) 동지: 대판 2015. 9. 10, 2014 다 80440(공보 2015, 1483)(상법 제41조 1항은 다른 약정이 없으면 영업양도인이 10년간 동일한 특별시·광역시·시·군과 인접 특별시·광역시·시·군에서 양도한 영업과 동종인 영업을 하지 못한다고 규정하고 있다. 위 조문에서 양도대상으로 규정한 '영업'은 일정한 영업목적에 의하여 조직화되어 유기적 일체로서 기능하는 재산의 총체를 말하는데, 여기에는 유형·무형의 재산 일체가 포함된다. 영업양도인이 영업을 양도하고도 동종 영업을 하면 영업양수인의 이익이 침해되므로 상법은 영업양수인을 보호하기 위하여 영업양도인의 경업금지의무를 규정하고 있다. 위와 같은 상법의 취지를 고려하여 보면, 경업이 금지되는 대상으로서의 동종영업은 영업의 내용·규모·방식·범위 등 여러 사정을 종합적으로 고려하여 볼 때 양도된 영업과 경쟁관계가 발생할 수 있는 영업을 의미한다고 보아야 한다. 따라서 양도인〈피고〉이 제3의 업체로부터 국내산 소·돼지고기를 공급받아 유통·판매하는 영업은 양도대상인 중부공장 영업〈국내산 소·돼지의 도축·가공을 포함〉과 일부 차이가 있어도 동종영업으로 볼 수 있다. 또한 상법 제41조 1항은 영업양도인의 경업금지의무를 규정하면서 경업금지지역을 동일한 특별시·광역시·시·군과 인접 특별시·광역시·시·군으로 규정하고 있다. 위 조문에서 양도대상으로 규정한 영업은 일정한 영업목적에 의하여 조직화되어 유기적 일체로서 기능하는 재산의 총체를 가리킨다는 점과 상법이 경업금지의무를 규정하고 있는 취지는 영업양수인을 보호하기 위한 것인 점을 고려하여 보면, '경업금지지역'으로서의 동일 지역 또는 인접 지역은 양도된 물적 설비가 있던 지역을 기준으로 정할 것이 아니라, 영업양도인의 통상적인 영업활동이 이루어지던 지역을 기준으로 정하여야 한다. 이 때 통상적인 영업활동인지 여부는 해당 영업의 내용·규모·방식·범위 등 여러 사정을 종합적으로 고려하여 판단하여야 한다. 따라서 양도인의 양도대상인 중부공장의 소재지는 충북 청원군이나 양도인의 영업범위는 전국적이므로 경업금지지역은 청원군과 인접 군에 한정되는 것으로 볼 수 없다).
3) 정(동), (총) 239면; 주상(상), 248면; 주상(Ⅰ), 406~407면.

으므로 동 조합은 상인이라 할 수 없고, 따라서 동 조합이 도정공장을 양도하였다 하더라도 동 조합은 양수인에 대하여 상법 제41조에 의한 경업금지의무를 부담하지 않는다」고 판시하고 있다.[1]

5) 입법론으로 「특별시」와 「군」 등은 지역적으로 너무 불균형을 이루고 있으므로 균형을 이루도록 재조정할 필요가 있고, 또한 양도인의 경업피지의무기간을 10년간으로 한 것은 양도인의 영업의 자유를 너무 장기간 제한하므로 단축할 필요가 있다고 본다.[2]

(2) 당사자간에 약정이 있는 경우

양도인이 동종영업을 하지 아니할 것을 약정한 때에는 동일한 특별시 · 광역시 · 시 · 군과 인접한 특별시 · 광역시 · 시 · 군에 한하여 20년을 초과하지 아니한 범위 내에서 그 효력이 있다(상 41조 2항).

1) 이 규정에 의한 양도인의 경업피지의무는 「당사자의 의사표시에 의한 의무」이다.

2) 이 규정에 의하여 당사자간의 약정으로 10년을 초과하여 양도인의 경업피지의무를 정할 수 있다. 그러나 너무 장기간 양도인의 영업의 자유를 제한할 수 없으므로, 이 기간은 20년을 초과하지 않는 범위 내에서만 효력이 있는 것으로 하였다. 그러나 당사자간의 약정으로 양도인의 경업피지의무를 면제하거나, 지역(예컨대, 동일한 서울특별시 등으로 한정함) 또는 기간(예컨대, 5년 간 등으로)을 단축할 수는 있다.[3]

(3) 의무위반의 효과

양도인이 위의 법정 또는 약정의 경업피지의무를 위반한 경우에는 양수인은 양도인의 비용으로써 그 위반한 것을 제거하고 장래에 대한 적당한 처분을 법원에 청구할 수 있고(민 389조 3항), 이로 인하여 양수인이 손해를 입은 경우에는 양수인은 양도인에 대하여 손해배상청구를 할 수 있다(민 389조 4항, 390조, 393조). 이에 대하여 대법원은 「상법 제41조의 양도인의 경업금지의무의 내용은 양도인 본인의 영업금지 외에 제3자에 대한 영업의 임대 · 양도 기타의 처분을 금지하는 것도 가능한데, 이러한 가처분명령에 의하여 그 행위의 사법상 효력이 부인되는 것은 아니고 양도인이 그 의무 위반에 대한 제재를 받는 것에 불과하다」고 판시하고 있다.[4]

1) 대판 1969. 3. 25, 68 다 1560(집 17 ① 민 349).
2) 동지: 임(홍), (총칙) 480면.
3) 동지: 대판 2015. 9. 10, 2014 다 80440(공보 2015, 1483)(2년간 경업피지의무를 배제한 약정을 유효로 판시함); 임(홍), (총칙) 482면; 이(철), 228면; 채, 128면; 주상(상), 249면; 주상(Ⅰ), 408면.
4) 대판 1996. 12. 23, 96 다 37985(공보 1997, 518).

2. 대외관계(영업상의 채권자 및 채무자의 보호)

(1) 영업상의 채권자의 보호

양도인이 영업을 양수인에게 양도하는 경우에는 당연히 양도인의 제3자(채권자)에 대한 채무도 이전되어야 한다.[1] 그런데 실제로 채무이전을 하지 않았으면서 채무이전을 한 것과 같은 외관을 야기한 경우에는(양수인이 상호를 계속 사용하거나, 채무를 인수한 것처럼 광고한 경우 등) 외관법리에 의하여 채권자를 보호할 필요가 있다.[2] 이러한 경우에 민법의 일반원칙에 의하면(민454조) 양도인만이 채무를 부담하게 되어 채권자를 해할 염려가 크므로 상법은 이에 대하여 특칙을 두고 있는 것이다. 상법은 양수인이 상호를 속용(續用)하는 경우(상42조)와 속용하지 않는 경우(상44조)로 구별하여 규정하고 있고, 또 양도인의 책임의 존속기간에 대하여 규정하고 있으므로, 이하에서는 이에 따라 설명한다.

상법에는 규정이 없으나, 판례에서는 양도인의 채권자를 보호하기 위하여 영업양도에 대하여도 채권자취소권 행사의 대상으로 인정하고 있다.[3]

1) 양수인이 양도인의 상호를 속용하는 경우

(개) 원   칙   양도인의 영업으로 인한 제3자의 채권에 대하여 양수인도 변제할 책임이 있다(상42조 1항). 영업양도가 있었음에도 불구하고 채무인수가 없었고 또 양수인이 양도인의 상호(상호 자체가 아닌 옥호〈屋號〉또는 영업표지인 때에도 동일함)[4]를 계속 사용하는 경우에는, 채권자

---

1) 동지: 朝高判 1924. 12. 12(영업양도의 경우에 적극재산뿐만 아니라 영업상의 채무도 이전하는 것을 통상으로 하기 때문에 반증이 없는 한 채무도 이전되는 것으로 추정하여야 할 것이다).

2) 상법 제42조에 대한 입법론상 비판으로는 정병덕, 전게 박사학위논문, 79~81면; 동, "영업양수인의 책임규정의 법적 구조," 「상사법연구」, 제20권 2호(2001), 236~238면, 254~255면(상호를 속용하는 영업양수인에 대한 책임을 정하고 있는 상법 제42조는 법체계에 어긋난 규범으로서 내용상의 정당성이 없기 때문에 지금과는 다른 내용의 입법으로 해결되어야 할 것이다. 이 경우 제한적이지만 상호속용의 체계를 계속 유지한다면 양수인의 책임을 보증책임과 같은 것으로 이해하고〈책임의 법적 성질〉, 책임의 범위도 양수한 재산의 가액을 한도로 제한하며〈책임의 물적 범위〉, 시간상으로도 일정하게 제한하여야 한다〈책임의 시간적 제한〉고 한다).

3) 대판 2015. 12. 10, 2013 다 84162(영업은 일정한 영업목적에 의하여 조직화된 유기적 일체로서의 기능적 재산이므로, 영업을 구성하는 유형·무형의 재산과 경제적 가치를 가지는 사실관계가 서로 유기적으로 결합하여 수익의 원천으로 기능하고, 하나의 재화와 같이 거래의 객체가 된다〈대법원 1997. 11. 25. 선고 97 다 35085 판결 등 참조〉. 그리고 여러 개의 부동산·유체동산·그 밖의 재산권에 대하여 일괄하여 강제집행을 할 수 있으므로〈민사집행법 제98조 1항, 2항, 제197조 1항, 제251조 1항 참조〉, 영업재산에 대하여 일괄하여 강제집행이 될 경우에는 영업권도 일체로서 환가될 수 있다. 따라서 채무자가 영업재산과 영업권이 유기적으로 결합된 일체로서의 영업을 양도함으로써 채무초과상태에 이르거나 이미 채무초과상태에 있는 것을 심화시킨 경우, 그 영업양도는 채권자취소권 행사의 대상이 된다. 나아가 위와 같은 영업양도 후 종래의 영업조직이 전부 또는 중요한 일부로서 기능하면서 동일성을 유지한 채 채무자에게 회복되는 것이 불가능하거나 현저히 곤란하게 된 경우, 채권자는 사해행위취소에 따른 원상회복으로 피보전채권액을 한도로 하여 영업재산과 영업권이 포함된 일체로서의 영업의 가액을 반환하라고 청구할 수 있다).

4) 대판 2010. 9. 30, 2010 다 35138; 동 2022. 4. 28, 2021 다 305659(공보 2022, 1049)(상호를

의 입장에서는 영업양도의 사실을 알지 못하여 양도인이 자력이 있는 동안에 채권을 회수할 기회를 잃게 될 수가 있다. 한편 이 경우에 양수인은 채무인수를 하지 않았으면서 상호를 계속 사용함으로 인하여 마치 채무인수를 한 것과 같은 외관을 야기시키고 있다. 따라서 상법은 이 경우에 양수인은 중첩적 채무인수를 한 것으로 의제하고 있다.[1] 그러므로 양수인이 채무를 인수하지 않았음을 증명하여도 양수인은 변제책임을 면하지 못한다. 이 경우에 양수인의 책임을 인정하면서도 양도인의 책임을 면책시키지 않은 것은 채권자의 의사를 존중하고 또한 채권자를 보호하기 위한 것이다. 따라서 이 경우에 양도인과 양수인은 채권자에 대하여 부진정연대채무를 부담한다(통설).[2]

그러나 양도인과 양수인간에 면책적 채무인수를 정식으로 한 경우에는, 상법 제42조는 적용될 여지가 없고 당사자간의 약정에 의하여 양도인은 면책되고 양수인만이 책임을 부담한다.[3]

① 「양도인의 영업으로 인한 제3자의 채권」이란 양도인의 영업상의 활동과 관련하여 발생한 모든 채무를 의미하므로, 거래에서 발생한 채무뿐만 아니라 불법행위로 인한 손해배상채무나 부당이득으로 인한 상환채무 등도 포함된다.[4] 그러나 양

속용하는 영업양수인의 책임을 정하고 있는 상법 제42조 제1항은, 일반적으로 영업상 채권자의 채무자에 대한 신용은 채무자의 영업재산에 의하여 실질적으로 담보되어 있는 것이 대부분인데도 실제 영업양도가 이루어지면서 채무인수가 제외된 경우에는 채권자의 채권이 영업재산과 분리되게 되어 채권자를 해치게 되는 일이 일어나므로 채권자에게 채권추구의 기회를 상실시키는 것과 같은 영업양도의 방법, 즉 채무를 인수하지 않았음에도 불구하고 상호를 속용함으로써 영업양도의 사실이 대외적으로 판명되기 어려운 방법 또는 영업양도에도 불구하고 채무인수가 이루어지지 않은 사실이 대외적으로 판명되기 어려운 방법 등이 채용된 경우에 양수인에게도 변제의 책임을 지우기 위하여 마련된 규정이다. 양수인에 의하여 속용되는 명칭이 상호 자체가 아닌 옥호 또는 영업표지인 때에도 그것이 영업주체를 나타내는 것으로 사용되는 경우에는 채권자가 영업주체의 교체나 채무인수 여부 등을 용이하게 알 수 없다는 점에서 일반적인 상호속용의 경우와 다를 바 없으므로, 양수인은 특별한 사정이 없는 한 상법 제42조 제1항의 유추적용에 의하여 그 채무를 부담한다).

1) 동지: 정(희), 135~136면; 정병덕, 전게 박사학위논문, 97면; 동, 전게 논문(상사법연구 제20권 2호), 250면.
2) 정(동), (총) 245면; 임(홍), (총칙) 484면; 이(철), 235면; 주상(Ⅰ), 412면 외.
3) 동지: 정(희), 136면.
4) 동지: 정(동), (총) 245면; 임(홍), (총칙) 484면; 이(철), 232면; 주상(상), 252면; 주상(Ⅰ), 412~413면; 채, 131면; 이(기) 외, (총) 239면; 이·최, 123면; 대판 1989. 3. 28, 88 다카 12100(집 37 ① 민 190)(영업으로 인하여 발생한 채무란 영업상의 활동에 관하여 발생한 모든 채무를 말하는 것이므로 불법행위로 인한 손해배상책임도 이에 포함된다).
    양도인의 영업으로 인한 제3자의 채권이 아니라고 본 판례로는 대판 2002. 6. 28, 2000 다 5862(공보 2002, 1762)(X는 주식회사 파주레미콘〈이하 '파주레미콘'이라 한다〉이 발행한 이 사건 약속어음의 적법한 소지인으로서 파주레미콘에 대하여 그 어음금채권을 보유하고 있고, 나아가 X의 A에 대한 토지매매대금채권 중 일부에 관하여 파주레미콘이 그 명의로 당좌수표를 발행하

도인의 영업자금과 관련한 피보증인의 지위, 영업양도 당시에 발생하지 않은 채권 등은 포함되지 않는다.[1]

② 「양수인이 양도인의 상호를 계속 사용한다」는 의미는 사실판단의 문제로서 (상호속용의 원인관계가 무엇인지를 불문함 으로, 상호를 무단 사용하는 경우를 포함함), 사회통념상 객관적으로 보아 영업의 동일성이 있다 고 믿을 만한 외관이 양도인 및 양수인에 의하여 표시되어 있는 것을 의미한다.[2] 따 라서 이것은 양수인이 양도인의 상호와 동일한 상호를 사용하는 경우뿐만 아니라, 종전의 상호의 전후에 어떠한 문자를 부가한 경우에도 거래의 사회통념상 종전의

여 X에게 교부하는 방식으로 연대보증하여 그 수표 액면금에 상당하는 연대보증채권도 보유하고 있고, 한편 Y는 파주레미콘의 영업을 양수하여 그 상호를 계속 사용하고 있어 X가 파주레미콘에 대하여 보유하고 있는 위 채권들 모두 파주레미콘의 영업으로 인한 채권이라고 보고 파주레미콘 의 상호를 속용하는 영업양수인인 Y에 대하여 파주레미콘의 위 약속어음금채무 및 연대보증채무 의 이행을 청구한 사안에서, 대법원은 다음과 같이 판시하였다. 상법 제42조 1항은 영업양수인이 양도인의 상호를 계속 사용하는 경우에는 양도인의 영업으로 인한 제3자의 채권에 대하여 양수인 도 변제할 책임이 있다고 규정하고 있고, 이 때 양도인의 영업으로 인한 채무란, 영업상의 활동에 관하여 발생한 채무를 말하는 것으로서〈대법원 1989. 3. 28 선고, 88 다카 12100 판결 참조〉, 양 도인이 주식회사인 경우에는 회사에게 사적인 생활이 존재하지 아니한 관계로 주식회사의 명의로 한 행위는 반증이 없는 한 일단 회사의 영업을 위하여 하는 행위로 추정되며〈대법원 1967. 10. 31 선고, 67 다 2064 판결 참조〉, 따라서 그로 인하여 회사가 부담하는 채무도 영업으로 인한 채무로 추정된다고 할 것이지만, 반증에 의하여 그 채무가 영업으로 인한 채무가 아니라는 점이 밝혀지는 경우 그러한 추정은 복멸될 수 있을 것이다. 따라서 본건의 경우 파주레미콘의 사실상 소유주인 A 가 파주레미콘의 목적사업이나 영업과는 전혀 무관하게 개인적으로 주유소영업을 하기 위하여 X 로부터 주유소 부지 등을 매입한 후 그 대금지급을 위하여 발행한 이 사건 약속어음 및 당좌수표 에 대한 X의 채권은 양도인의 영업으로 인한 채권으로 볼 수 없으므로 Y는 X에 대하여 그 이행책 임이 없다)[이 판결에 대하여 반대의 취지의 평석으로는 정진세, 「JURIST」, Vol. 386(2002. 11), 75~79면(상법 제42조 1항은 영업의 현물출자와 영업양도를 구별하지 않는다고 한다)].

1) 동지: 대판 2020. 2. 6, 2019 다 270217(공보 2020, 621)(상법 제42조 제1항은 영업양수인이 양도인의 상호를 계속 사용하는 경우 양도인의 영업으로 인한 제3자의 채권에 대하여 양수인도 변제할 책임이 있다고 규정함으로써 양도인이 여전히 주채무자로서 채무를 부담하면서 양수인도 함께 변제책임을 지도록 하고 있으나, 위 규정이 영업양수인이 양도인의 영업자금과 관련한 피보 증인의 지위까지 승계하도록 한 것이라고 보기는 어렵고, 영업양수인이 위 규정에 따라 책임지는 제3자의 채권은 영업양도 당시 채무의 변제기가 도래할 필요까지는 없다고 하더라도 그 당시까지 발생한 것이어야 하고, 영업양도 당시로 보아 가까운 장래에 발생될 것이 확실한 채권도 양수인이 책임져야 한다고 볼 수 없다).

2) 동지: 대판 2009. 1. 15, 2007 다 17123 · 17130(공보 2009, 148)(상호를 속용하는 영업양수인 의 책임을 정하고 있는 상법 제42조 1항의 취지에 비추어 보면, 상호를 속용하는 영업양수인에게 책임을 묻기 위해서는 상호속용의 원인관계가 무엇인지에 관하여 제한을 둘 필요는 없고 상호속 용이라는 사실관계가 있으면 충분하다. 따라서 상호의 양도 또는 사용허락이 있는 경우는 물론 그 에 관한 합의가 무효 또는 취소된 경우라거나 상호를 무단 사용하는 경우도 상법 제42조 1항의 상 호속용에 포함된다. 나아가 영업양도인이 자기의 상호를 동시에 영업 자체의 명칭 내지 영업 표지 로서도 사용하여 왔는데, 영업양수인이 자신의 상호를 그대로 보유 · 사용하면서 영업양도인의 상 호를 자신의 영업 명칭 내지 영업 표지로서 속용하고 있는 경우에는 영업상의 채권자가 영업주체 의 교체나 채무승계 여부 등을 용이하게 알 수 없다는 점에서 일반적인 상호속용의 경우와 다를 바 없으므로, 이러한 경우도 상법 제42조 1항의 상호속용에 포함된다).

상호를 계승한 것이라고 판단되는 경우에는 이에 포함된다.[1] 또한 영업을 출자하여 주식회사를 설립하고 그 상호를 계속 사용하는 경우에는, 영업의 양도는 아니지만 출자의 목적이 된 영업의 개념이 동일하고 법률행위에 의한 영업의 이전이란 점에서 영업의 양도와 유사하므로, 새로 설립된 회사는 상법 제42조의 유추적용에 의하여 출자자의 채무를 변제할 책임이 있다.[2] 또한 영업양수인이 상호 자체가 아닌 옥호(屋號) 또는 영업표지를 속용하는 경우에도 상법 제42조가 유추적용되어 영업양수인은 영업양도인의 채무를 변제할 책임이 있다.[3]

③「제3자」란 양도인과 직접 거래한 채권자뿐만 아니라 그러한 채권자로부터 채권을 양수한 자를 포함하고,[4] 채무인수의 사실 등이 없다는 것을 알고 있는 자가 아닌 한 비록 영업의 양도가 이루어진 것을 알고 있었다 하여도 보호받는 제3자에 포함된다.[5] 또한 채권자(제3자)가 영업양도 무렵 채무인수 사실이 없음을 알지 못

---

1) 동지: 주상(상), 252면; 주상(Ⅰ), 413면; 이(기) 외, (총) 237면; 상게 대판 1989. 3. 28, 88 다카 12100(상호가 전혀 동일한 것임을 요하지 않고, 양도인의 기업주체를 표상하는 부분을 양수인이 상호 중에 사용하는 경우를 포함한다); 대판 1989. 12. 26, 88 다카 10128(집 37 ④ 민 231); 동 1998. 4. 14, 96 다 8826(공보 1998, 1315)(영업양도 전후의 상호가 '주식회사 파주레미콘'과 '파주콘크리트 주식회사'이면 상호의 주요부분에서 공통하므로 상호속용에 따른 영업양수인은 그 책임을 진다).

2) 대판 1995. 8. 22, 95 다 12231(공보 1001, 3248); 동 1996. 7. 9, 96 다 13767(공보 1996, 2451).

3) 대판 2010. 9. 30, 2010 다 35138(공보 2010, 1996)(상호를 속용하는 영업양수인의 책임을 정하고 있는 상법 제42조 1항은, 일반적으로 영업상의 채권자의 채무자에 대한 신용은 채무자의 영업재산에 의하여 실질적으로 담보되어 있는 것이 대부분인데도 실제 영업의 양도가 이루어지면서 채무의 승계가 제외된 경우에는 영업상의 채권자의 채권이 영업재산과 분리되게 되어 채권자를 해치게 되는 일이 일어나므로 영업상의 채권자에게 채권추구의 기회를 상실시키는 것과 같은 영업양도의 방법, 즉 채무를 승계하지 않았음에도 불구하고 상호를 속용함으로써 영업양도의 사실이 대외적으로 판명되기 어려운 방법 또는 영업양도에도 불구하고 채무의 승계가 이루어지지 않은 사실이 대외적으로 판명되기 어려운 방법 등이 채용된 경우에 양수인에게도 변제의 책임을 지우기 위하여 마련된 규정이라고 해석된다. 따라서 양수인에 의하여 속용되는 명칭이 상호 자체가 아닌 옥호〈屋號〉 또는 영업표지인 때에도 그것이 영업주체를 나타내는 것으로 사용되는 경우에는 영업상의 채권자가 영업주체의 교체나 채무승계 여부 등을 용이하게 알 수 없다는 점에서 일반적인 상호 속용의 경우와 다를 바 없으므로, 양수인은 특별한 사정이 없는 한 상법 제42조 1항의 유추적용에 의하여 그 채무를 부담한다. 따라서 교육시설인 '서울종합예술원'의 영업을 양도받아 그 명칭을 사용하여 같은 영업을 계속한 양수인은 상법 제42조 1항의 유추적용에 의하여 양도인의 채무를 변제할 책임이 있다).

4) 동지: 이(철), 232면.

5) 대판 1989. 12. 26, 88 다카 10128(집 37 ④ 민 231); 동 2009. 1. 15, 2007 다 17123 · 17130(공보 2009, 148)(상호를 속용하는 영업양수인의 책임은 위와 같이 채무승계가 없는 영업양도에 의하여 자기의 채권추구의 기회를 빼앗긴 채권자의 외관신뢰를 보호하기 위한 것이므로, 영업양도에도 불구하고 채무승계의 사실 등이 없다는 것을 알고 있는 악의의 채권자가 아닌 한, 당해 채권자가 비록 영업의 양도가 이루어진 것을 알고 있었다고 하더라도 그러한 사정만으로 보호의 적격이 없다고는 할 수 없고, 이 경우 당해 채권자가 악의라는 점에 대한 주장 · 증명 책임은 상법 제42조 1항에 의한 책임을 면하려는 영업양수인에게 있다).

하였으나, 그 후 채권자(제3자)가 채무인수 사실이 없음을 알게 된 경우에도 이미 발생한 영업양수인의 변제책임은 소멸하지 않는다.[1]

④ 「양수인」은 양도인이 채권자에 대하여 항변할 수 있는 모든 사유로써 항변할 수 있음은 당연하다(민 458조 참조). 그러나 채권자가 영업양도가 이루어진 뒤 영업양도인을 상대로 소를 제기하여 확정판결을 받았다면 영업양도인에 대한 관계에서 소멸시효가 중단되거나 소멸시효가 연장된다고 하더라도 그와 같은 소멸시효 중단이나 소멸시효 연장의 효과는 상호를 속용하는 영업양수인에게 미치지 않으므로, 채권자는 이를 영업양수인에게 주장할 수 없다.[2]

⑤ 이 때 「양수인」도 변제할 책임이 있다고 하여 채권자가 양도인에 대한 채무명의(집행권원)로써 바로 양수인의 재산에 대하여 강제집행할 수는 없다. 우리나라의 대법원판례도 이와 동지로 「상법 제42조는 영업양수인도 변제의 책임이 있다고 규정하고 있을 뿐이고, 양도인에 대한 채무명의(집행권원)로써 바로 양수인의 소유

1) 대판 2022. 4. 28, 2021 다 305659(공보 2022, 1049)(상호를 속용하는 영업양수인의 책임은 어디까지나 채무인수가 없는 영업양도에 의하여 채권추구의 기회를 빼앗긴 채권자를 보호하기 위한 것이므로, 영업양도에도 불구하고 채무인수 사실이 없다는 것을 알고 있는 악의의 채권자에 대하여는 상법 제42조 제1항에 따른 책임이 발생하지 않고, 채권자가 악의라는 점에 대한 주장·증명책임은 그 책임을 면하려는 영업양수인에게 있다. 나아가 채권자 보호의 취지와 상법 제42조 제1항의 적용을 면하기 위하여 양수인의 책임 없음을 등기하거나 통지하는 경우에는 영업양도를 받은 후 지체 없이 하도록 규정한 상법 제42조 제2항의 취지를 종합하면, 채권자가 영업양도 당시 채무인수 사실이 없음을 알고 있었거나 그 무렵 알게 된 경우에는 영업양수인의 변제책임이 발생하지 않으나, 채권자가 영업양도 무렵 채무인수 사실이 없음을 알지 못한 경우에는 특별한 사정이 없는 한 상법 제42조 제1항에 따른 영업양수인의 변제책임이 발생하고, 이후 채권자가 채무인수 사실이 없음을 알게 되었다고 하더라도 이미 발생한 영업양수인의 변제책임이 소멸하는 것은 아니다).

2) 동지: 대판 2023. 12. 7, 2020 다 225138(공보 2024, 108)(상법 제42조 제1항은 "영업양수인이 양도인의 상호를 계속 사용하는 경우에는 양도인의 영업으로 인한 제3자의 채권에 대하여 양수인도 변제할 책임이 있다"라고 정하고 있다. 이는 채무가 승계되지 아니함에도 상호를 계속 사용함으로써 영업양도의 사실 또는 영업양도에도 불구하고 채무의 승계가 이루어지지 않은 사실이 대외적으로 판명되기 어렵게 되어 채권자에게 채권 추구의 기회를 상실시키는 경우 상호를 속용하는 영업양수인에게도 변제의 책임을 지우기 위한 것이다. 상법 제42조 제1항에 기한 영업양수인의 책임은 당사자의 의사나 인식과 관계없이 발생하는 법정 책임으로서, 상호를 속용하는 영업양수인은 상법 제42조 제1항에 의하여 영업양도인의 채권자에 대한 영업상 채무를 중첩적으로 인수하게 된다. 영업양도인의 영업으로 인한 채무와 상호를 속용하는 영업양수인의 상법 제42조 제1항에 따른 채무는 같은 경제적 목적을 가진 채무로서 서로 중첩되는 부분에 관하여는 일방의 채무가 변제 등으로 소멸하면 다른 일방의 채무도 소멸하는 이른바 부진정연대의 관계에 있다. 따라서 채권자가 영업양도인을 상대로 소를 제기하여 확정판결을 받아 소멸시효가 중단되거나 소멸시효 기간이 연장된 뒤 영업양도가 이루어졌다면 그와 같은 소멸시효 중단이나 소멸시효 연장의 효과는 상호를 속용하는 영업양수인에게 미치지만, 채권자가 영업양도가 이루어진 뒤 영업양도인을 상대로 소를 제기하여 확정판결을 받았다면 영업양도인에 대한 관계에서 소멸시효가 중단되거나 소멸시효 기간이 연장된다고 하더라도 그와 같은 소멸시효 중단이나 소멸시효 연장의 효과는 상호를 속용하는 영업양수인에게 미치지 않는다).

재산을 강제집행할 근거는 되지 못한다」고 판시하거나,[1] 또는 「영업양수인이 상법 제42조 1항에 의하여 그 양도인의 영업으로 인한 채무를 변제할 책임이 있다 하여도, 그 확정판결상의 채무에 관하여 이를 면책적으로 인수하는 등 특별사정이 없는 한 그 영업양수인을 곧 민사소송법 제218조($^{기판력의 ^주}_{관적 범위}$)의 변론종결 후의 승계인에 해당된다고 할 수 없다」고 판시하고 있다.[2]

   (내) **예   외**   그러나 양수인은 다음과 같은 경우에는 귀책사유가 없으므로 변제할 책임이 없다.

   ① 양수인이 영업양도를 받은 후 지체 없이 양도인의 채무에 대하여 책임이 없음을 등기한 경우에는 양수인은 변제의 책임을 지지 아니한다($^{상 42조}_{2항 1문}$).

   ② 양수인이 이러한 등기를 하지 않더라도 양도인과 양수인의 양자가 영업양도 후 지체 없이 양수인이 책임을 지지 않는다는 뜻을 채권자(제3자)에게 통지한 경우에는, 그 통지를 받은 채권자에 대하여는 양수인은 변제의 책임을 지지 아니한다($^{상}_{조 2항 2문}$). 그러나 이러한 경우에 양수인만이 채권자에게 책임을 지지 않는다는 뜻을 통지한 것만으로는 양수인은 변제책임을 면할 수 없다.[3]

   2) 양수인이 양도인의 상호를 속용하지 않는 경우

   (개) **원   칙**   이 경우에는 영업이전의 외관이 뚜렷하므로 이에 대비하지 못한 채권자를 보호할 필요가 없다. 따라서 양수인이 채권자의 승낙을 받아 채무를 인수한 경우가 아닌 한, 양수인은 원칙적으로 양도인의 영업으로 인한 채무를 변제할 책임이 없다($^{민 454}_{조 참조}$).

   (내) **예   외**   양수인이 양도인의 채무를 인수하지 않았으면서 마치 양수인이 양도인의 채무를 인수한 것처럼 광고한 경우에는($^{양도인이 채권자에 대하여 변제}_{책임을 부담하는 것은 당연하고}$), 양수인은 채무인수의 외관을 야기했으므로 이로 인하여 양수인도 변제할 책임을 부담한다($^{상}_{44조}$).

   이 때 양수인의 「채무인수의 광고」라 함은 사회통념상 영업으로 인하여 생긴 채무를 인수한 것으로 채권자가 일반적으로 믿을 수 있는 외관을 야기한 경우를 의미한다. 따라서 양수인이 하는 광고 중에 반드시 채무인수라는 글자가 안 들어갔다 하더라도 양수인이 채무인수를 한 것으로 채권자가 일반적으로 믿을 수 있는 문

---

1) 대판 1967. 10. 31, 67 다 1102(집 15 ③ 민 252). 결과동지: 대판 1989. 12. 22, 89 다카 11005(공보 866, 339)(영업양도인의 연대보증인은 그의 보증채무의 이행에 따른 피보증인에 대한 구상권을 영업양수인에게는 청구할 수 없다).
2) 대판 1979. 3. 13, 78 다 2330.
3) 동지: 대판 1976. 4. 27, 75 다 1209 · 1210(민판집 220의 하, 634).

면이 기재되면 양수인은 변제의 책임이 있다.[1] 또한 양수인이 광고의 방법에 의하지 않고 양도인의 채권자에게 개별적으로 채무인수의 의사를 표시하거나,[2] 또는 상호를 변경한다는 통지를 한 경우에도,[3] 그러한 의사표시를 받은 채권자에 대하여는 양수인은 변제의 책임이 있다. 또한 단순한 영업양수의 광고의 경우에도 양수인이 채무인수를 한 것으로 채권자가 신뢰한 경우에는 상법 제42조와 관련시켜 볼 때 양수인의 변제책임을 인정하여야 할 경우도 있다고 본다.[4]

이와 같이 영업양수인이 상법 제44조에 따라 영업양도인의 영업으로 인한 채무를 인수한 것으로 인정되는 경우, 채권자의 영업양수인에 대한 채권이 영업양도인에 대한 채권의 처분에 당연히 종속되는 것은 아니므로 채권자는 그 채권양도의 대항요건을 채무자별로 갖추어야 한다.[5]

---

1) 동지: 이(기) 외, (총) 241면; 日最高判 1954. 10. 7.

2) 동지: 서·정, 133~134면; 채, 132면; 이(기) 외, (총) 241면; 주상(Ⅰ), 421면; 대판 2008. 4. 11, 2007 다 89722(공보 2008, 675)(양도인의 상호를 계속 사용하지 아니하는 영업양수인에 대해서도 양도인의 영업으로 인한 채무를 인수할 것을 광고한 때에는 그 변제책임을 인정하는 상법 제44조의 법리는, 영업양수인이 양도인의 채무를 받아들이는 취지를 광고에 의하여 표시한 경우에 한하지 않고, 양도인의 채권자에 대하여 개별적으로 통지를 하는 방식으로 그 취지를 표시한 경우에도 적용되어, 그 채권자와의 관계에서는 위 채무변제의 책임이 발생한다); 동 2010. 11. 11, 2010 다 26769(공보 2010, 2241)(양도인의 상호를 계속 사용하지 아니하는 영업양수인에 대해서도 양도인의 영업으로 인한 채무를 인수할 것을 광고한 때에는 그 변제책임을 인정하는 상법 제44조의 법리는, 영업양수인이 양도인의 채무를 받아들이는 취지를 광고에 의하여 표시한 경우에 한하지 않고, 양도인의 채권자에 대하여 개별적으로 통지를 하는 방식으로 그 취지를 표시한 경우에도 적용이 되어, 그 채권자와의 관계에서는 위 채무변제의 책임이 발생한다).

3) 동지: 대판 2010. 1. 14, 2009 다 77327(공보 2010, 330)(신설회사가 기존회사로부터 영업재산 대부분을 그대로 인수하여 그 영업을 양수하여 기존회사의 거래처와 거래를 계속하던 중 기존회사의 채권자에게 상호를 변경한다는 취지의 개별통지를 하였다면, 신설회사가 기존회사의 채무를 면탈할 목적으로 설립된 것이라고 볼 수 없고, 신설회사는 상법 제44조의 채무인수를 광고한 양수인에 해당하여 기존회사의 채권자에게 채무변제의 책임이 있다)[이 판결에 대하여 상법 제44조에 의하여 회사의 책임을 인정한 것에 대하여는 찬성하나 법인격부인론을 채택하지 않은 것에 대하여는 의문을 제기하는 평석으로는 김재범, "회사의 동일성, 채무면탈 목적과 법인격부인론의 적용,"「경영법률」(한국경영법률학회), 제22집 제1호(2011. 10), 1~22면].

4) 동지: 주상(상), 257면; 주상(Ⅰ), 422면.

5) 동지: 대판 2009. 7. 9, 2009 다 23696(공보 2009, 1433)(영업양수인이 양도인의 상호를 계속 사용하지 아니하는 경우에 양도인의 영업으로 인한 채무를 인수할 것을 광고한 때에는 양수인도 변제할 책임이 있는바〈상법 제44조〉, 이 경우 영업양도인의 영업으로 인한 채무와 영업양수인의 상법 제44조에 따른 채무는 같은 경제적 목적을 가진 채무로서 서로 중첩되는 부분에 관하여는 일방의 채무가 변제 등으로 소멸하면 다른 일방의 채무도 소멸하는 이른바 부진정연대의 관계에 있지만, 채권자의 영업양도인에 대한 채권과 영업양수인에 대한 채권은 어디까지나 법률적으로 발생원인을 달리하는 별개의 채권으로서 그 성질상 영업양수인에 대한 채권이 영업양도인에 대한 채권의 처분에 당연히 종속된다고 볼 수 없다. 따라서 채권자가 영업양도인에 대한 채권을 타인에게 양도하였다는 사정만으로 영업양수인에 대한 채권까지 당연히 함께 양도된 것이라고 단정할 수 없고, 함께 양도된 경우라도 채권양도의 대항요건은 채무자별로 갖추어야 한다).

3) 양도인의 책임의 존속기간

(개) 위 1) 및 2)의 경우에 양수인이 채권자에 대하여 변제책임을 부담하는 경우에는(상호를 속용하는 경우에는 양수인은 원칙적으로 변제책임을 부담하고, 상호를 속용하지 않는 경우에는 예외적으로 변제책임을 부담함), 양도인의 채무는 영업양도 또는 광고 후 2년이 경과하면 소멸한다(상45조).[1]

(내) 상법이 이와 같이 양도인의 책임을 소멸시키는 것은 실제상의 편의를 고려하면서 법률관계를 양수인에게 집약시켜 단순화하려는 법의 정책적 배려에 의한 것임은 물론, 이론적으로도 영업상의 채무는 실질적으로 양도인 개인의 채무라기보다는 오히려 영업 그 자체의 채무라고 볼 수 있기 때문이다.[2]

(대) 위의 2년의 기간은 제척기간이므로 중단이나 정지는 있을 수 없다.[3] 제척기간은 권리행사기간으로 볼 수 있으므로 채권자가 2년 내에 양도인에 대하여 권리를 행사한 경우에는 양도인의 채무는 소멸하지 않는다고 본다.[4]

참고로 일본 상법의 경우에는 2년 내에 채권자가 「청구 또는 청구의 예고를 하지 않음」에 대하여 명문의 규정을 두고 있으나(일본 상법 17조 3항), 이와 같은 명문규정이 없는 우리 상법의 경우에도 동일하게 해석할 수 있다고 본다.[5]

만일 2년의 기간 내에 양도인의 채무의 소멸시효가 완성하면 양도인의 채무는 당연히 그 때에 소멸한다.[6]

(래) 위와 같이 양도인의 책임이 2년의 제척기간에 의하여 소멸되는 것은 양도인과 양수인간에 중첩적 채무인수가 있는 경우에도 유추적용되는 것일까. 이를 긍정하는 견해에서는 양수인이 실제로 채무인수를 하지 않았으면서 외관책임을 지는 경우에도 양도인은 2년의 경과로 책임을 면하게 되는데, 하물며 양수인이 정식으로 (중첩적) 채무인수를 한 경우에는 이와 균형상 상법 제45조를 유추적용하여 양도인을 조기 면책시켜야 한다는 것이다.[7] 그러나 양도인과 양수인간에 정식으로 중첩적 채무인수가 있는 경우에는 당사자의 의사를 존중하여야 한다는 점, 이를 믿고 동 채

---

1) 대판 2009. 9. 10, 2009 다 38827(공보 2009, 1641)(상법 제42조 1항은 영업양수인이 양도인의 상호를 계속 사용하는 경우에는 양수인의 영업으로 인한 제3자의 채권에 대하여 양수인도 변제할 책임이 있다고 규정하고, 상법 제45조는 영업양수인이 상법 제42조 1항의 규정에 의하여 변제의 책임이 있는 경우에는 양도인의 제3자에 대한 채무는 영업양도 후 2년이 경과하면 소멸한다고 규정하고 있는바, 영업을 출자하여 주식회사를 설립하고 그 상호를 계속 사용함으로써 상법 제42조 1항의 규정이 유추적용되는 경우에는 상법 제45조의 규정도 당연히 유추적용된다).

2) 동지: 주상(상), 258면; 주상(Ⅰ), 423면; 임(홍), (총칙) 487면; 이(철), 238면.

3) 동지: 정(동), (총) 247면; 주상(상), 258면; 임(홍), 487면; 이(철), 238면.

4) 동지: 주상(상), 258면; 주상(Ⅰ), 424면.

5) 동지: 주상(상), 258면; 주상(Ⅰ), 424면.

6) 동지: 이(철), 238면.

7) 주상(상), 259면; 주상(Ⅰ), 425면; 최(기), 200~201면; 이(철), 238면.

무인수를 승낙한 채권자를 보호해야 한다는 점, 상법 제45조의 법문의 해석에서 볼 때 이 경우까지 유추적용하는 것은 무리라는 점 등에서 볼 때, 이 때에는 양도인의 채무가 2년의 경과로 인하여 소멸되지 않는다고 해석하는 것이 타당하다고 본다.

(2) 영업상의 채무자의 보호

양도인이 영업을 양수인에게 양도하는 경우에는 당연히 양도인의 제3자(채무자)에 대한 채권도 이전되어야 한다. 그런데 실제로 채권양도를 하지 않았으면서 채권양도를 한 것과 같은 외관을 야기한 경우에는, 채무인수의 경우와 같이 외관법리에 의하여 채무자를 보호할 필요가 있다. 이하에서도 양수인이 상호를 속용하는 경우와($\substack{상\\43조}$) 속용하지 않는 경우($\substack{상법에는\\규정\ 없음}$)로 나누어서 설명한다.

1) 양수인이 양도인의 상호를 속용하는 경우

⑺ 원   칙   채무자가 선의이며 중대한 과실 없이 양수인에게 변제한 때에는 그 효력이 있다($\substack{상\\43조}$). 영업양도가 있었음에도 불구하고 채권양도가 없었고 또 양수인이 양도인의 상호를 계속 사용하는 경우에는, 양도인은 채권양도의 외관을 야기했다고 볼 수 있으므로 외관법리에 의하여 이를 모르고 양수인에게 변제한 채무자를 면책하게 한 것이다.[1] 여기에서 채무자의 주관적 요건은 「영업양도」의 사실에 대한 선의·무중과실을 의미한다[2]($\substack{상법\ 제42조에\ 의하여\ 양수인이\ 양도인의\ 채무에\ 대하여\ 변제책임\\을\ 지는\ 것은\ 앞에서\ 본\ 바와\ 같이\ 양도인의\ 채권자가\ 영업양도가\\아니라\ 채무인수가\ 없었다는\ 점에\ 대\\하여\ 선의이어야\ 하는\ 점과\ 대비됨}$). 영업양도의 사실에 대하여는 알고 있었지만 채권양도가 없었다는 사실에 대하여는 모른 경우($\substack{즉\ 채권양도가\ 있\\었다고\ 믿은\ 경우}$)에는 채권의 준점유자에 대한 변제의 법리($\substack{민\\470조}$)에 의하여 채무자는 보호될 것이다.[3]

만일 채권양도가 있었고 또 이에 대한 대항요건($\substack{민\\450조}$)까지 갖추었다면 상법 제43조를 거론할 필요 없이 채무자가 양수인에게 변제하는 것은 당연하고($\substack{대항요건을\ 갖추\\지\ 않았으나\ 채\\무자가\ 그\ 후\ 이를\ 승\\낙한\ 경우에도\ 동일함}$), 채권양도가 있었으나 이에 대한 대항요건을 갖추지 않은 경우에는 채무자는 양도인 또는 양수인의 누구에 대하여 변제하여도 면책될 것이다.[4]

⑷ 예   외   상법 제43조의 규정은 증권채권에 대하여는 동 채권의 제시증권성 또는 상환증권성 등으로 인하여 적용되지 않는다고 본다. 따라서 양수인이 양도인의 상호를 계속 사용하면서 양수인이 증권채권을 양수하지 않은 경우에는 ($\substack{따라서\ 양수인이\ 증권을\ 소\\지하고\ 있지\ 않은\ 경우에는}$) 그 증권상의 채무자가 양수인에게 변제하여도 그 효력이 없다.[5]

---

1) 동지: 정(희), 137면; 정(동), (총) 247면(채권양도가 없는 경우에만 본조가 적용된다고 한다).
2) 동지: 정(동), (총) 247면.
3) 동지: 주상(상), 254면; 주상(Ⅰ), 416~417면.
4) 동지: 정(희), 173면. 그러나 양수인은 채권양수의 대항요건을 갖추지 않는 한 채무자에게 스스로 변제의 청구를 할 수 없다.
5) 동지: 주상(상), 254면; 주상(Ⅰ), 417면.

2) 양수인이 양도인의 상호를 속용하지 않는 경우

(개) 원   칙   양수인이 양도인의 상호를 계속 사용하지 않는 경우에는 채무자의 외관신뢰의 관계가 없으므로 채권양도의 일반원칙에 의한다. 따라서 영업양도가 있은 경우에도 채권양도가 없는 한, 어떠한 경우에도 채무자는 양수인에게 변제하여 면책될 수는 없다.

(내) 예   외   상법에는 규정이 없으나 양수인이 채권양도를 받지 않았으면서도 마치 이를 양수받은 것처럼 양도인의 동의(묵인)하에 광고하거나 또는 양도인과 함께 채무자에게 통지한 경우에는 양도인에게 귀책사유가 있고 또 선의의 채무자를 보호하여야 할 필요가 있으므로, 상법 제44조를 유추적용하여 선의이며 중대한 과실 없이 양수인에게 변제한 채무자는 면책될 수 있다고 본다.[1]

제 4 영업의 임대차

1. 의   의

(1) 영업(기업)의 임대차는 상인이 객관적 의의의 영업의 전부 또는 일부를 타인에게 임대하는 것을 말하는데, 이 때에는 영업소유의 법적 관계에는 영향을 주지 않고 영업경영의 법적 관계가 전면적으로 임차인에게 이전한다. 따라서 영업의 임차인은 (i) 경영권행사의 주체, (ii) 영업활동에 의한 권리의무의 귀속자, 및 (iii) 영업이윤의 제1차적 귀속자로서의 지위를 승계하게 된다. 이 경우 임차인이 영업활동에 의한 권리의무의 귀속자이므로 상인자격을 갖게 된다. 한편 임대인은 여전히 영업소유자로서의 지위를 갖게 되지만, 그는 영업이윤의 제1차적 귀속자로서의 지위를 상실하고 오로지 약정된 임대료를 취득하는 데 불과하다. 이와 같이 영업소유자가 가지는 영업이윤이 임료화(賃料化)하는 것을 「물권의 채권화 경향」이라고 하는데, 이것은 영업소유와 영업경영이 분리되는 현상이다.[2]

(2) 영업의 임대차는 영업 그 자체(영업용 재산과 재산적 가치 있는 사실관계가 합하여 이루어진 조직적·기능적 재산으로서의 객관적 의의의 영업으로서, 영업양도에서와 같다)의 임대차를 의미하는 것으로서, 단순한 「영업시설의 임대차」와 구별된다.[3]

(3) 영업의 임대차도 순수한 민법상의 임대차계약(민 618조 이하)이 아니고 일종의 혼합계약이나, 그 성질이 허용하는 한 민법의 임대차에 관한 규정이 유추적용된다고 본다.[4]

---

1) 동지: 주상(상), 255면; 주상(Ⅰ), 418~419면.
   반대: 정(동), (총) 248면 및 주 46(이 경우에는 변제자〈채무자〉와 양수인간의 불법행위가 문제가 될 뿐이라고 하고, 채무자는 채권의 준점유자에 대한 변제의 법리〈민 470조〉에 의해서만 면책될 수 있다고 한다).
2) 동지: 정(희), 138면.
3) 동지: 정(희), 138면; 정(동), (총) 248면.
4) 동지: 정(동), (총) 248면; 손(주), 206면; 주상(Ⅰ), 393면.

(4) 영업의 임대차도 영업양도와 같이 원칙적으로 자유이나, 예외적으로 일정한 경우에는 특별법에 의하여 제한되고 있다. 즉, 「독점규제 및 공정거래에 관한 법률」에 의하여 일정 규모 이상의 회사는 일정한 거래분야에서 경쟁을 실질적으로 제한하는 경우에는 다른 회사의 영업의 전부 또는 주요부분을 임차할 수 없다($\frac{동법\ 9조}{1항\ 4호}$).

2. 절   차

영업의 임대차에 관하여는 상법에 규정이 없으므로, 민법의 임대차에 관한 규정을 (그 성질이 허용하는 한) 유추적용하여 임대차절차를 취한다. 다만 임대인이 물적회사인 경우 그 회사가 영업전부를 임대하는 경우에는 내부절차로서 주주총회(사원총회)의 특별결의를 요하고($\frac{상\ 374조\ 1항\ 2}{호\ 전단,\ 576조}$), 이러한 특별결의에서 그 임대차에 반대하는 주주가 있는 경우에는 그 주주에게는 주식매수청구권이 인정되므로($\frac{상\ 374}{조의\ 2}$) 회사는 이러한 절차도 밟아야 한다.

3. 효   력

상법에 특별한 규정이 없으므로 당사자간의 계약내용에 의한다. 그러나 당사자간의 계약내용에 없다 하더라도 일정한 경우에는 영업양도에 관한 상법의 규정이 유추적용될 수 있다고 본다. 즉, 임대차기간중에는 임대인은 영업양도인에 준하여 경업피지의무를 부담한다고 본다.[1] 그러나 상호를 속용하는 양수인의 책임에 관한 규정($\frac{상}{42조}$)은 유추적용되지 않는다.[2]

---

1) 동지: 손(주), 207면; 최(기), 206면; 이(기) 외, (총) 243면; 주상(Ⅰ), 394~395면; 이·최, 126면.
　반대: 서울고판 1973. 12. 26, 73 나 1624·1625(상법 제42조 1항은 영업권의 임대차계약에 확대적용되거나 유추적용될 수 없다).
2) 동지: 대판 2016. 8. 24, 2014 다 9212(공보 2016, 1346)(상법 제42조 제1항은, 일반적으로 영업상의 채권자의 채무자에 대한 신용은 채무자의 영업재산에 의하여 실질적으로 담보되어 있는 것이 대부분인데도 실제 영업의 양도가 이루어지면서 채무의 승계가 제외된 경우에는 영업상의 채권자의 채권이 영업재산과 분리되게 되어 채권자를 해치게 되는 일이 일어나므로, 이러한 채권자를 보호하기 위하여 양도인의 상호를 계속 사용함으로써 대외적으로 영업양도 사실이나 채무의 승계가 이루어지지 아니한 사실을 알기 어렵게 하여 양도인의 채권자로 하여금 채권추구의 기회를 상실하도록 한 양수인에게 책임을 물어 타인인 양도인의 채무에 대한 변제의 책임을 지우기 위하여 마련한 규정이다. 그런데 영업임대차의 경우에는 상법 제42조 제1항과 같은 법률규정이 없을 뿐만 아니라, 영업상의 채권자가 제공하는 신용에 대하여 실질적인 담보의 기능을 하는 영업재산의 소유권이 재고상품 등 일부를 제외하고는 모두 임대인에게 유보되어 있고 임차인은 사용·수익권만을 가질 뿐이어서 임차인에게 임대인의 채무에 대한 변제책임을 부담시키면서까지 임대인의 채권자를 보호할 필요가 있다고 보기 어렵다. 여기에 상법 제42조 제1항에 의하여 양수인이 부담하는 책임은 양수한 영업재산에 한정되지 아니하고 그의 전 재산에 미친다는 점 등을 더하여 보면, 영업임대차의 경우에 상법 제42조 제1항을 그대로 유추적용할 것은 아니다)(이 판결에 대하여 피고는 골프연습장을 임차한 임차인인 동시에 그 골프연습장을 운영하던 임대인의 영업을 그대로 이어받아 운영하는 영업의 양수인이라는 평석으로는 강해룡, 법률신문, 2016. 9. 26, 11면 참조).

제 5 영업의 경영위임

1. 의   의

(1) 경영위임은 객관적 의의의 영업의 전부 또는 일부의 경영을 타인에게 위임하는 것을 말한다. 이러한 경영위임도 영업소유의 법적 관계에는 영향을 주지 않고 영업경영의 법적 관계에만 변동을 생기게 하는 것이지만, 그 내용이 영업의 임대차와 다르다. 즉, 임대차의 경우에는 영업활동에 의한 권리의무의 귀속자로서의 지위(상인자격)를 임차인이 가지나, 경영위임의 경우에는 이의 지위(상인자격)를 여전히 위임인이 가지고 있고 수임인은 경영권행사의 주체로서 이것을 대리행사하는 데 불과하다.

(2) 경영위임의 경우 수임인의 지위는 구체적으로 계약의 내용에 따라 결정될 것이지만, 수임인이 영업이윤의 제1차적 귀속자로서의 지위를 갖는 경우(즉, 수임인의 계산으로 경영을 하는 경우)에는「경영위임계약」(Betriebsüberlassungsvertrag)이 되고, 위임인이 영업이윤의 제1차적 귀속자의 지위를 갖고(즉, 위임인의 계산으로 경영을 하고) 수임인은 다만 경영권행사의 주체로서의 지위만을 갖는 경우에는「경영관리계약」(Betriebsführungsvertrag)이 된다.[1]

(3) 영업의 경영위임도 영업양도와 같이 원칙적으로 자유이나, 예외적으로 일정한 경우에는 특별법에 의하여 제한되고 있다(독규 9조 1항 4호).

이하에서는「경영위임계약」및「경영관리계약」에 관하여 간단히 설명한다.

2. 경영위임계약

(1) 경영위임계약은 앞에서 본 바와 같이 수임인이「경영권행사의 주체로서의 지위」뿐만 아니라,「영업이윤의 제1차적 귀속자로서의 지위」를 갖는 계약이다. 이러한 경영위임을「협의의 경영위임」이라고도 한다.[2]

(2) 이러한 경영위임계약에서는 수임인이 위임인에 대하여 일정한 보수를 지급하거나 일정비율의 배당보증을 하게 되므로 영업의 임대차와 아주 유사하게 된다. 따라서 이 경우에는 영업의 임대차의 경우와 같이 법률관계를 처리하여야 할 것이다. 그러므로 영업의 위임인은 임대인과 같이 위임계약기간중에는 경업피지의무를 부담한다고 본다.[3] 그러나 이 경우 위임인이 상인자격을 갖고 그 영업활동에 의한 모든 권리의무는 위임인에게 귀속

---

1) 정(동), (회) 888면은「경영관리계약은 수임인이 위임인의 계산으로 영업을 경영하기만 하면 대외적으로 위임인의 이름으로 하든 수임인의 이름으로 하든 상관이 없다」고 하나, 영업의 임대차는 임차인이 상인이나 영업의 경영위임은 위임인이 상인이므로 수임인은 대외적으로 위임인의 이름으로 영업을 경영하는 것이 원칙이라고 본다.

2) 손(주), 208면; 정(동), (총) 250면; 최(기), 206면; 이(기) 외, (총) 243면; 주상(Ⅰ), 396면; 이·최, 126면.

3) 동지: 손(주), 208면.

되므로(즉, 그 영업은 위임인의 명의로 경영되는데, 이 점에서 영업의 임대인의 지위와 구별됨), 위임인은 수임인에 대하여 광범위한 영업의 경영상의 대리권을 부여한다.

(3) 경영위임계약을 체결하는 경우에도 임대차의 경우와 같이 물적회사가 영업전부를 경영위임하는 경우에는 내부절차로서 주주총회(사원총회)의 특별결의를 요하고(상 374조 1항 2호 후단, 576조), 이러한 특별결의에서 그 경영위임에 반대하는 주주가 있는 경우에는 그 주주에게 주식매수청구권이 인정된다(상 374조의 2).

3. 경영관리계약

(1) 경영관리계약은 앞에서 본 바와 같이 수임인이 「경영권행사의 주체로서의 지위」만을 갖는 계약이다. 경영관리계약은 순수한 경영위임계약으로서 이 경우에 수임인은 경영활동에 대하여 위임인으로부터 일정한 보수를 받는다. 따라서 이는 민법상 위임계약이므로(민 680조 이하), 이에 영업양도에 관한 상법의 규정이 유추적용될 여지가 없다.[1]

(2) 물적회사의 경우 내부절차로서 주주총회(사원총회)의 특별결의를 요하고(상 374조 1항 2호 후단, 576조), 이러한 특별결의에서 그 경영관리에 반대하는 주주에게 주식매수청구권이 인정되는 점(상 374조의 2) 등은 경영위임계약의 경우와 같다.

제 6   영업(기업)의 담보와 강제집행

(1) 영업은 채권계약(양도계약·임대차계약·경영위임계약 등)으로서의 단일한 목적물은 될 수 있으나, 물권의 목적(객체)은 될 수 없으므로 영업 그 자체에 질권·저당권을 설정할 수는 없다. 그러나 영업(기업)의 금융면에서 보면 영업 그 자체를 담보의 목적물로 할 수 있게 할 필요가 있다. 이에 대하여 현재로서는 공장 및 광업재단 저당법(개정: 2013. 3. 23, 법 11690호) 등의 특별법에서 인정하는 범위 내에서 어느 정도 영업담보의 길이 열려 있다고 하겠으나, 이에 더 나아가 영업 일반에 관하여 영업을 일체로 하여 담보할 수 있는 입법적 조치가 강구되어야 할 것으로 본다.[2]

(2) 영업 그 자체에 대한 강제집행도 현행법상 인정되고 있지 않다. 따라서 영업을 구성하는 개개의 재산에 대하여 강제집행을 개별적으로 할 수밖에 없다.

---

1) 동지: 손(주), 209면; 주상(Ⅰ), 397면.
2) 동지: 정(희), 139면; 손(주), 209면; 정(동), (총) 252면; 최(기), 208면.
　　영업담보에 관한 입법론적 의견을 제시한 논문으로는 안종준, "영업담보제도의 법리와 그 도입 방안,"「상사법연구」, 제15권 2호(1996), 37~110면; 박훤일, "상사채권에 대한 새로운 담보수단의 모색(국제기구에서의 논의를 중심으로),"「상사법연구」, 제21권 1호(2002), 145~170면 등 참조.
　　1909년의 프랑스의 영업재산의 매입과 입질에 관한 법률, 오스트리아의 1895년의 강제집행조례, 1957년의 일본의 기업담보법, 영국의 부동담보(floating charge)제도는 기업(영업)을 일체로 하여 담보하기 위한 법제인 것이다.

제2편 상 행 위

제1 총 설

(1) 기업은 영리목적을 실현하기 위하여 다른 기업이나 일반 공중과 계속적으로 거래를 하게 된다. 상법총칙 및 회사법이 규율하는 기업의 조직이나 설비는 모두 이러한 영리활동을 수행하기 위한 기구인 것이다. 이러한 기업의 조직을 기초로 하여 수행되는 각종의 기업(영업)활동을 규율하는 법이 상행위법이다.

(2) 이러한 상행위법은 상법 제2편 「상행위」에서 주로 규율되고 있는데, 이 외에 상법 제4편 「보험」·상법 제5편 「해상」 및 제6편 「항공운송」에서도 규율되고 있다.

(3) 그런데 상법상의 이러한 상행위법의 조문은 민법의 상화(商化)와 다량의 거래가 반복됨에 따른 거래형식의 일반화(통일화) 등으로 인하여 일반거래에서 그 비중이 낮아지고 있다. 따라서 상행위법을 연구함에 있어서는 단순히 상행위법의 조문에만 구애되지 말고 널리 상거래에 있어서의 각종의 법원(法源)을 찾아서 산(실질적) 상행위법을 함께 연구하도록 하여야 한다.[1]

제2 상행위법의 의의와 특성

1. 상행위법의 의의

상법을 실질적 의의의 상법과 형식적 의의의 상법으로 나누어서 설명하는 것과 같이, 상행위법도 실질적 의의의 상행위법과 형식적 의의의 상행위법으로 나누어서

---

1) 동지: 정(희), 143~144면.

설명할 수 있는데, 이를 간단히 살펴보면 다음과 같다.

(1) 실질적 의의의 상행위법

실질적 의의의 상법을 「기업에 관한 특별사법」으로 본다면, 실질적 의의의 상행위법은 「기업의 활동(거래)에 관한 특별사법」으로 볼 수 있다. 상법을 기업에 관한 법으로 보는 경우에 이는 「기업의 조직에 관한 법」과 「기업의 활동(거래)에 관한 법」으로 분류될 수 있는데, 상행위법은 「기업의 활동(거래)에 관한 법」인 것이다.

(2) 형식적 의의의 상행위법

형식적 의의의 상행위법은 상행위라는 명칭을 가진 성문법을 의미하는데, 우리 상법전 제2편이 이에 해당한다.

우리 상법 제2편은 모두 14장으로 구성되어 있는데, 이 중 제1장(통칙)·제2장(매매)·제3장(상호계산)·제4장(익명조합) 및 제4장의 2(합자조합)는 모든 상행위에 공통적인 사항으로^(제3장·제4장 및 제4장의 2는 부속적 상행위로서 모든 상행위에 공통됨) 「상행위법 총칙」에 해당하고, 제5장(대리상)·제6장(중개업)·제7장(위탁매매업)·제8장(운송주선업)·제9장(운송업)·제10장(공중접객업)·제11장(창고업)·제12장(금융리스업)·제13장(가맹업)·제14장(채권매입업)은 「상행위법 각칙」에 해당한다.

(3) 양자의 관계

1) 형식적 의의의 상행위법에 규정되어 있으나 실질적 의의의 상행위법에 속하지 않는 사항으로는 다음과 같은 것들이 있다. 상법전 제2편의 제3장(상호계산)·제4장(익명조합) 및 제4장의 2(합자조합)는 기업이 영업으로 하는 거래 그 자체에 관한 규정은 아니고 이러한 계약은 부속적 상행위가 되기 때문에 상행위편에 규정될 수도 있겠으나,[1] 이러한 규정들은 순수한 기업의 활동에 관한 규정은 아니고 (특히 익명조합 및 합자조합에 관한 규정은) 기업의 조직에 관한 규정인 면이 더욱 많으므로 기업조직법(^{상법총칙}_{및 회사법})에서 규율될 수도 있다고 본다.[2] 또한 상법전 제2편의 제1장(통칙) 제65조는 유가증권에 관한 일반규정인데, 이는 순수한 기업의 활동에 관한 규정은 아니므로 원래 상행위법에서 규율되어야 할 사항은 아니고 어음법·수표법 등과 함께 (형식적 의의의) 유가증권법에서 규율되어야 할 사항이다.[3]

2) 실질적 의의의 상행위법에 속하나 형식적 의의의 상행위법에서 규정되고 있지 않은 사항으로 다음과 같은 것들이 있다.

---

1) 손(주), 214면.
2) 동지: 임(홍), (상행위) 6면(상호계산에 관한 규정은 상법총칙에서, 익명조합은 회사편에서 규율될 수 있다고 한다).
3) 동지: 임(홍), (상행위) 6면.

㈎ 형식적 의의의 상행위법에서 규율되고 있지는 않으나, 상법($\binom{\text{제2편 이}}{\text{외의 편}}$) 또는 특별법 등에서 규율되고 있는 사항으로는 보험계약($\binom{\text{상법}}{\text{제4편}}$)·해상운송($\binom{\text{상법}}{\text{제5편}}$)·은행거래 ($\binom{\text{은행법 및}}{\text{각종 약관}}$)·증권거래($\binom{\text{자본시장과 금융투}}{\text{자업에 관한 법률 등}}$)·신탁거래($\binom{\text{신탁}}{\text{법 등}}$) 등 그 종류가 매우 많다.

㈏ 형식적 의의의 상행위법에서 규율되고 있기는 하나, 현실적으로는 그 거래 분야에서 형성된 상관습이나 보통거래약관 등에 의하여 규율되는 경우도 매우 많다 ($\binom{\text{예컨대 상사매매·주선거래·}}{\text{운송거래·창고거래 등}}$).

2. 상행위법의 특성

상거래는 사인(私人) 상호간의 거래에 비하여 집단성·반복성 등의 특징이 있으므로 상행위법은 「민법에 대한 특성」이 있고, 또한 상행위법은 기업활동법으로서 「기업조직법에 대한 특성」이 있다.[1]

(1) 민법에 대한 특성

상행위법의 민법에 대한 중요한 특성은 다음과 같다.

1) 유 상 성   민사거래는 원칙적으로 무상이지만($\binom{\text{민 600조.}}{\text{686조 등}}$), 상거래는 영리의 추구를 본질로 하므로 원칙적으로 유상이다($\binom{\text{상 55조 1항.}}{\text{61조 등}}$).

2) 신 속 성   민사거래는 일반적으로 개별적·일시적으로 이루어지므로 특별히 신속히 처리될 것을 요하지 않으나($\binom{\text{민 528}}{\text{조 등}}$), 상거래는 집단적·반복적으로 이루어지므로 신속성을 요한다($\binom{\text{상 51}}{\text{조 등}}$).

3) 정 형 성   민사거래는 일반적으로 특정한 상대방과 개별적으로 이루어지므로 거래의 방식이 정형성을 갖지 않으나, 상거래는 일반적으로 불특정다수인을 상대로 계속적·반복적으로 이루어지므로 거래의 방식이 정형성을 갖는다. 따라서 상거래는 대부분의 경우 보통거래약관에 의한 부합(附合)계약의 형식으로 이루어진다.

(2) 기업조직법에 대한 특성

상행위법은 기업활동법으로서 기업조직법에 대한 중요한 특성은 다음과 같다.

1) 임의법규성   상법총칙·회사법 등과 같은 기업조직법은 모든 이해관계인에 대하여 그 법률관계를 획일적으로 처리하여야 하므로 대부분 강행법규이나, 상행위법과 같은 기업활동법은 합리적인 판단과 능력을 가진 당사자간의 이익조정에 관한 법으로서 민법에서보다도 더욱 강하게 계약자유의 원칙이 지배하므로 대부

---

1) 상행위법의 특성에 관한 상세는 임(홍), (상행위) 11~29면; 이(철), 245~249면; 주상(Ⅰ), 433~438면 등 참조.

분 임의법규이다($\substack{\text{상 59조} \\ \text{등 참조}}$). 그러나 상행위법 중에서도 기업과 거래하는 상대방을 보호하기 위하여 강행법규로서 규정된 것도 있고($\substack{\text{상 663} \\ \text{조 등}}$), 보통거래약관을 일반적으로 규율하는 약관규제법 등이 있다.

　　2) 국 제 성　　기업조직법과 기업활동법은 모두 국내법이기는 하나, 기업활동은 (특히 오늘날에 있어서) 국제적으로 이루어지고 있으므로 기업활동법인 상행위법은 기업조직법보다도 더욱 국제성을 갖는 규정들이 많다($\substack{\text{특히 상법 제5편 해} \\ \text{상 및 제6편 항공운송}}$).

제 3　상행위의 의의와 종류

1. 상행위의 의의

(1) 서　　설

　　상행위가 무엇인가를 확정하여 상법전에 규정하는 것은 상법의 적용범위를 정하기 위하여 매우 중요한데($\substack{\text{예컨대 공법인이 상행위를 하는 경우에도} \\ \text{원칙적으로 상법이 적용된다 — 상 2조}}$), 이것은 절대적인 것이 아니고 상법전이 규정하고 있는 상행위 이외의 영리행위를 하여도 상법이 적용되는 경우도 있다($\substack{\text{상 5조, 66조,} \\ \text{169조, 740조 등}}$).

　　이하에서는 이러한 상행위를 어떻게 정할 것인가의 문제($\substack{\text{상행위에 관} \\ \text{한 입법주의}}$)와 또한 이러한 상행위는 무엇이고 민법상의 법률행위와 어떠한 점에서 구별되는가의 문제($\substack{\text{상행위} \\ \text{의 의의}}$)를 간단히 살펴보겠다.

(2) 상행위에 관한 입법주의

　　1) 입법주의　　상행위를 어떻게 정할 것인가의 문제에 대하여 아래와 같은 입법주의가 있다.

　　(7) 객관주의　　이는 행위의 주체가 누구인가를 묻지 않고 행위의 객관적 성질에 의하여 상행위를 정하는 입법주의이다. 이러한 입법주의는 상행위를 상법전에 제한적으로 열거하여 규정하는데, 이는 경제발전에 순응하지 못하는 문제점이 있으므로 오늘날 순수하게 이러한 입법주의를 취한 국가는 없다.

　　(4) 주관주의　　이는 먼저 상인의 개념을 정하고 그 상인의 영업상의 행위를 상행위로 정하는 입법주의이다($\substack{\text{독일 상법 ·} \\ \text{스위스 채무법}}$). 이러한 입법주의는 상인의 개념만 명확히 정하여진다면 경제발전에 순응하는 장점이 있지만, 행위의 내용이나 성질을 전혀 고려하지 않고 상인의 개념을 정한다는 것이 매우 어렵기 때문에 상행위의 한계가 불분명하게 되는 단점도 있다.[1]

---

1) 동지: 채, 144면.

㈐ **절충주의**   위의 양 주의를 병용하는 입법주의인데, 주로 주관주의의 입법에 객관주의를 가미한 입법주의이다(프랑스 상법·
일본 상법).

2) 우리 상법의 입장   우리 상법의 상행위에 관한 입법이 위의 어느 입법주의에 의한 것이냐에 대하여 (i) 주관주의적 절충주의(또는 주관주의적
성격을 띤 절충주의)로 보는 견해도 있으나,[1] (ii) 주관주의의 입법이라고 보아야 할 것이다.[2] 왜냐하면 우리 상법은 절대적 상행위를 인정하고 있지 않고, 또한 상법 제46조가 제한적인 열거를 하고 있는 점에서 보면 객관주의를 가미한 입법이라고도 생각될 수 있으나 이러한 행위는 행위의 주체와 무관하게 상행위가 되는 것이 아니라 행위의 주체와 관련하여 「영업성」을 인정받을 때에만 상행위가 되기 때문이다. 그러나 우리 상법의 입법주의를 어떻게 보든 실제적인 면에서 차이가 있는 것은 아니다.

(3) 상행위의 의의

상행위의 의의는 실질적 의의의 상행위와 형식적 의의의 상행위로 구별하여 아래와 같이 설명된다.

1) 실질적 의의의 상행위   실질적 의의의 상행위는 행위의 내용이나 성질을 실질적으로 파악하여 상행위를 정하는 것인데, 상법을 실질적으로 기업에 관한 법으로 파악한다면 실질적 의의의 상행위란 일반적으로 「기업이 유통활동으로서 하는 영리행위」라고 말할 수 있다.

㈎ 기업활동은 생산활동과 유통활동으로 나누어지는데, 생산활동은 사실행위에 불과하므로 원칙적으로 상행위가 될 수 없고(그러나 예외적으로 후술하는 바와
같이 보조적 상행위는 될 수 있음), '유통활동'이 법률행위(영리행위)이므로 일반적으로 실질적 의의의 상행위가 되는 것이다.

㈏ 상행위도 법률행위(이 중 특히
채권행위)이므로 민법상의 법률행위와 다를 바가 없지만, 다만 (실질적 의의의) 상행위는 '기업'이 하는 법률행위이고 또한 이는 '영리'를 목적으로 하는 법률행위라는 점에서 민법상의 법률행위와는 구별되는 특질을 갖는다.

㈐ 실질적 의의의 상행위를 형식적 의의의 상행위와 관련하여 볼 때, 상법은 형식적 의의의 상행위를 제외한 실질적 의의의 상행위 중 '의제상인(설비상인 및 민사
회사 — 상 5조)이 영업으로 하는 행위'를 「준상행위」라고 하여 이에 상행위법 통칙의 규정을 준용하도록 규정하고 있다(상
66조). 이로 인하여 경제적 변동에 민감한 상법이 발전하는 경제적 사실에 맞추어 그의 사명을 다하도록 하고 있다.

1) 양·박, 105면; 채, 144면; 이(범), 152면; 정(무), 59~60면.
2) 동지: 정(희), 145면; 서·정, 139면; 손(주), 215면; 정(동), (총) 266면(우리 상법은 주관주의를 취하고 있는데, 실제로는 객관주의의 요소가 깊이 침투되어 있음을 부인하기 어렵다고 한다); 최(기), 213면; 임(홍), (상행위) 163~164면.

2) 형식적 의의의 상행위   형식적 의의의 상행위란 「상법 및 특별법에서 상행위로 규정되어 있는 상행위」를 말한다. 이는 상법의 적용범위를 명확하게 하기 위한 편의상·기술상의 이유에서 규정된다.

(개) '상법'에서 상행위로 규정되어 있는 상행위는 상법 제46조의 「기본적 상행위」인데, 이에 관하여는 이미 당연상인의 개념과 관련하여 상세히 설명하였다.

(내) '특별법'에서 상행위로 규정되어 있는 상행위는 담보부사채신탁법 제23조 2항의 「사채총액의 인수」를 의미하는데, 이에 관하여도 이미 당연상인의 개념과 관련하여 상세히 설명하였다.

(대) 실질적 의의의 상행위를 모두 형식적 의의의 상행위에 규정하여 상법의 규율대상으로 하는 것이 가장 이상적이겠으나, 상행위와 비상행위를 구별하는 것도 쉽지 않을 뿐만 아니라 또 이를 전부 실정법에서 규정한다는 것도 입법기술상 곤란하고 또한 성문법으로서의 상법의 적용범위와 한계는 명확하여야 하므로 자연히 양자의 범위에는 차이가 있게 된다.[1]

2. 상행위의 종류

상법에서 규정하고 있는 상행위의 종류를 보면 다음과 같다.

(1) 영업적 상행위와 보조적 상행위

1) 영업적 상행위   영업적 상행위는 상인($\substack{당연상인\\및 의제상인}$)이 '영업으로' 하는 상행위를 말하는데, 이는 당연상인 및 의제상인에 따라 다음과 같이 나뉘어 있다.

(개) 기본적 상행위

① 기본적 상행위란 「당연상인이 '영업으로' 하는 상행위」를 말한다($\substack{상\\46조}$). 이에 관하여는 이미 당연상인의 개념에서 상세히 설명하였다. 「영업으로」라는 의미는 이미 설명한 바와 같이 '영리의 목적으로 동종행위를 반복하는 것'($\substack{영리성·계속성 및 영업\\의사를 그 요건으로 함}$)을 의미한다. 기본적 상행위는 이와 같이 (당연상인이) '영업으로' 하여야 상행위가 되기 때문에 「영업적 상행위」이고, 절대적 상행위에 대하여 「상대적 상행위」가 된다.

② 기본적 상행위는 상법이 그 상행위의 종류를 한정적으로 열거하고 있는 점에서 「형식적 (의의의) 상행위」가 된다. 이러한 형식적 (의의의) 상행위에는 기본적 상행위 외에도 특별법에서 상행위로 규정한 절대적 상행위가 있다.

(내) 준상행위

① 준상행위란 「의제상인($\substack{설비상인 또\\는 민사회사}$)이 '영업으로' 하는 상행위」를 말한다($\substack{상\\66조}$).

---

1) 동지: 채, 142면.

예컨대, 상법 제5조의 요건을 갖춘 농장주가 생산한 농산물을 판매하는 행위 등이 이에 해당하다. 이 준상행위도 (의제상인이) '영업으로' 하여야 상행위가 되기 때문에 「영업적 상행위」이고, 절대적 상행위에 대하여 「상대적 상행위」가 된다.

② 준상행위는 상법에 상행위로 규정되어 있지 않으나(따라서「형식적 (의의)」의) 상행위」가 아님), '기업이 유통활동으로서 하는 영리행위'이므로 「실질적 (의의의) 상행위」이다.

2) 보조적 상행위

㈎ 의 의

① 보조적 상행위란 「상인(당연상인 및 의제상인)이 '영업을 위하여' 하는 상행위」를 말한다(상 47조 1항). 보조적 상행위는 '영업을 위하여' 하는 점에서 '영업으로' 하는 영업적 상행위(기본적 상행위 및 준상행위)와 구별되고, 「부속적 상행위」 또는 「부수적 상행위」라고도 한다.

이 때의 상인은 당연상인이든 의제상인이든, 소상인이든 또는 공법인인 상인이든 불문한다.

② 보조적 상행위는 영업과 관련하여서만 상행위가 되므로, 절대적 상행위에 대하여 「상대적 상행위」가 된다.

③ 회사기업의 경우에는 그 행위가 전부 영업과 관련된 행위이므로('영업으로' 하는 행위이거나 또는 '영업을 위하여' 하는 행위임) 그 행위의 상행위성에 대하여 거의 문제가 되지 않으나, 특히 개인기업의 경우에는 어느 행위가 '영업을 위하여' 하는 행위인지 또는 '개인의 이익을 위하여' 하는 행위인지 불분명한 경우가 많다.[1] 따라서 상법은 어느 행위가 '영업을 위하여' 하는 행위인지 여부가 불분명한 경우를 대비하고 거래의 안전을 위하여 「상인의 행위는 '영업을 위하여' 하는 것으로 추정한다」고 규정하고 있다(상 47조 2항). 이것은 어디까지나 「추정」 규정이므로 상인(부정하는 측)은 '영업을 위하여' 하는 행위가 아님을 증명하여 상행위성을 배제할 수 있다.

㈏ 범 위

① 보조적 상행위는 상인이 「영업을 위하여 하는 행위」인데, 이의 의미를 어떻게 해석하느냐에 따라 보조적 상행위의 범위가 결정된다.[2] 이 때 「영업을 위하여 하는 행위」란 '영업과 관련된 모든 재산법상의 행위'(특히 채권법상의 행위)를 의미하고, 유상이든 무상이든 불문한다. '영업을 위하여 하는 행위'인지 여부는 행위의 「객관적 성

1) 동지: 손(주), 218면; 주상(Ⅰ), 464면.
2) 보조적 상행위의 범위에 관한 대법원판례의 검토에 관하여는 김광록, "판례를 통해 본 자연인 및 법인의 회사의 보조적 상행위," 「상사법연구」(한국상사법학회), 제37권 제1호(2018. 5), 105~135면 참조.

질」에 의하여 판단한다. 따라서 예컨대, 영업자금의 차입,[1] 영업자금의 대여,[2] 상업사용인의 고용,[3] 사무소의 구입 또는 임차 등이 이에 해당된다. 그러므로 신분상의 행위(예컨대, 혼인·입양 등) 또는 공법상의 행위(예컨대, 납세신고 등)는 어떤 경우에도 보조적 상행위가 될 수 없다. 또한 회사 대표이사 개인이 회사의 운영자금으로 사용하려고 돈을 빌리거나 투자를 받더라도 그것만으로 보조적 상행위가 될 수 없다.[4]

② 보조적 상행위는 「법률행위」뿐만 아니라 「준법률행위」(예컨대, 통지, 최고, 이행의 청구 등) 및 「사실행위」(예컨대, 영업소의 설정, 상호의 선정, 상품의 생산·가공·인도·수령 등)에도 성립될 수 있다.[5]

③ 보조적 상행위는 영업과 관련하여 발생한 「사무관리」·「부당이득」[6] 및 「불법행위」에도 성립될 수 있으며, 이로 인하여 발생한 채권은 상사채권이 된다.[7]

---

1) 대판 1993. 10. 26, 92 다 55008(공보 958, 3162)(갑이 X산업사라는 상호로 사업자등록을 하고 단추·버클 등의 제조 및 판매를 주로 하는 사업을 개시한 이래 을로부터 금원을 차용한 경우, 갑의 이러한 금원차용행위는 특별한 사정이 없는 한 상인인 갑이 그의 영업을 위하여 한 것으로 추정된다고 보아야 할 것이며, 이러한 추정은 그 금원이 병의 예금구좌에 입금되고 병이 그 금원을 사용하였다는 사실만으로 번복되기에 부족하다); 동 1967. 10. 31, 67 다 2064(카드 2138)(주식회사가 한 행위는 반증이 없는 한 그 영업을 위하여 한 것으로 추정되는 것이고…회사에 대한 대여금채권은 상행위로 인하여 생긴 채권이 된다); 동 2016. 5. 12, 2014 다 37552.
2) 대판 2008. 12. 11, 2006 다 54378(공보 2009, 9)(영업을 위하여 하는 것인지 여부가 분명치 아니한 상인의 행위는 상법 제47조의 규정에 의하여 영업을 위하여 하는 것으로 추정되고 그와 같은 추정을 번복하기 위해서는 그와 다른 반대사실을 주장하는 자가 이를 증명할 책임이 있다. 그런데 금전의 대여를 영업으로 하지 아니하는 상인이라 하더라도 그 영업상의 이익 또는 편익〈便益〉을 위하여 금전을 대여하거나 영업자금의 여유가 있어 이자 취득을 목적으로 이를 대여하는 경우가 있을 수 있으므로, 이러한 상인의 금전대여행위는 반증이 없는 한 영업을 위하여 하는 것으로 추정된다. 따라서 음식점업을 영위하는 상인이 부동산중개업을 영위하는 상인에게 금원을 대여한 행위는 상법 제47조 2항에 의하여 영업을 위하여 하는 것으로 추정되고, 그 금전대여행위가 상호 고율의 이자소득을 얻기 위한 목적으로 행하여졌다는 사정만으로는 위 추정이 번복된다고 볼 수 없다).
3) 대판 1976. 6. 22, 76 다 28(공보 541, 9259)(대한석탄공사가 피용자들과 체결한 근로계약은 그 영업을 위한 보조적 상행위이므로 이에 따른 퇴직금채무는 상사채무이다).
4) 동지: 대판 2018. 4. 24, 2017 다 205127(공보 2018, 947)(상인은 상행위에서 생기는 권리·의무의 주체로서 상행위를 하는 것이고, 영업을 위한 행위가 보조적 상행위로서 상법의 적용을 받기 위해서는 행위를 하는 자 스스로 상인 자격을 취득하는 것을 당연한 전제로 한다. 회사가 상법에 의해 상인으로 의제된다고 하더라도 회사의 기관인 대표이사 개인이 상인이 되는 것은 아니다. 대표이사 개인이 회사의 운영 자금으로 사용하려고 돈을 빌리거나 투자를 받더라도 그것만으로 상행위에 해당하는 것은 아니다. 또한 상인이 영업과 상관없이 개인 자격에서 돈을 투자하는 행위는 상인의 기존 영업을 위한 보조적 상행위로 볼 수 없다).
5) 동지: 정(희), 146면; 채, 151면; 임(홍), (상행위) 194면.
   사실행위는 보조적 상행위가 될 수 없다는 견해로는 이(철), 257~258면.
6) 朝高判 1935. 9. 27(민집 22, 359); 대판 1976. 12. 14, 76 다 2212(집 24 ③ 민 453).
7) 동지: 정(희), 147면(불법행위도 보조적 상행위가 되어 그 효과에는 상법이 적용된다고 한다); 손(주), 218면; 정(동), (총) 275면; 최(기), 215면; 채, 151면; 정(무), 157면.
   「불법행위」는 보조적 상행위가 될 수 없다는 견해로는 이(철), 258면(보조적 상행위의 개념을 인정하는 실익은 그에 해당하는 행위에 대해 상법을 적용하기 위함인데, 불법행위에 대해서는 어느 상법규정을 적용할 수 있는지 알 수 없다고 한다); 임(홍), (상행위) 194면; 대판 1985. 5. 28,

상행위가 법률행위라는 점만을 강조하면 「사실행위」나 「불법행위」 등은 당연히 보조적 상행위가 될 수 없다고 보아야 할 것 같다. 그러나 보조적 상행위는 '영업을 위하여 하는 행위'이고 이 때의 「행위」에는 반드시 법률행위만을 의미한다고 한정할 필요가 없는 점, 보조적 상행위는 고유한 의미의 상행위가 아니고 상행위로 의제됨에 불과한 점, 보조적 상행위는 가능한 한 상대방의 이익을 위하여 확대해석하는 것이 입법취지에 맞는 점 등에서 볼 때, 위의 「사실행위」나 「불법행위」를 보조적 상행위에 포함시켜도 무방하다고 본다.

④ 보조적 상행위는 법문상 「상인」이 영업을 위하여 하는 행위로 되어 있어 상인자격을 취득하고 있음을 전제로 하고 있는 것 같으나, 영업을 위하여 하는 것이 명백한 이상 시간적으로 상인자격을 취득하기 이전에 한 행위이든(예컨대, 개업준비행위) 상인자격을 상실한 후에 한 행위이든(예컨대, 기업의 완전폐지를 목적으로 하는 행위) 무방하다. 그러나 이미 앞에서 설명한 바와 같이 이러한 보조적 상행위를 하였을 때에 상인자격을 취득하거나 상실한다고 볼 필요는 없다.[1]

(2) 일방적 상행위와 쌍방적 상행위

1) 일방적 상행위

㈎ 일방적 상행위란 「당사자의 일방에게만 상행위가 되는 행위」이다. 예컨대, 상인 갑이 비(非)상인 을로부터 영업자금을 차용하는 경우에 이 소비대차는 갑에 대하여는 상행위(보조적 상행위)가 되지만, 을에 대하여는 상행위가 되지 않는다.

㈏ 이러한 일방적 상행위인 경우에도 전원에게 상법이 적용된다(상3조). 따라서 위의 예에서 을은 상사법정이율(연 6퍼센트)로 계산한 이자를 갑에게 청구할 수 있고(상54조), 을의 갑에 대한 채권에는 상사시효(5년)가 적용된다(상64조). 이렇게 일방적 상행위인 경우에 전원에 대하여 상법을 적용하도록 한 것은, 동일행위에 대하여 한 당사자에게는 민법을 적용하고 다른 당사자에게는 상법을 적용하면 법률관계를 확정할 수 없는 폐단이 발생하기 때문에 이를 방지하기 위한 것이다. 이와 같이 일방적 상행위인 경우에 전원에게 상법을 적용하도록 함으로 인하여 상법의 적용범위가 매우 확대된다.

㈐ 당사자의 한편이 수 인인 경우에 그 1인에 대하여만 상행위가 되는 행위에도 전원에 대하여 상법이 적용된다.

2) 쌍방적 상행위   쌍방적 상행위란 「당사자의 쌍방에게 상행위가 되는

---

84 다카 966(집 33 ② 민 47)(상인의 불법행위로 인한 손해배상채무에는 상법 제54조의 상사법정이율이 적용되지 않는다).

1) 반대: 손(주), 217면; 정(동), (총) 100면, 271~272면, 277면.

행위」이다. 예컨대, 도매상(상인)과 소매상(상인)과의 거래가 이에 속한다. 이 경우에 상법이 적용됨은 말할 나위가 없으나, 상법의 일부규정은 쌍방적 상행위에만 적용된다($^{상\ 58조,}_{67조\ 등}$).

(3) 사법인의 상행위와 공법인의 상행위

1) 법인은 사법인과 공법인이 있으므로 법인인 상인에는 사법인인 상인과 공법인인 상인이 있다($^{이에\ 관하여는\ 이미\ 법인의\ 상인자}_{격의\ 취득에서\ 상세히\ 설명하였다}$). 사법인인 상인의 가장 대표적인 형태는 회사이고, 공법인인 상인은 국가나 지방자치단체와 같은 일반공법인을 의미한다.

2) 사법인인 상인의 상행위에 상법이 적용됨은 당연하므로 특별한 의미가 없으나, 공법인인 상인의 상행위에도 상법이 적용될 수 있을 것인지에 대하여 의문이 있다. 따라서 상법은 「공법인의 상행위에 대하여도 법령에 다른 규정이 없는 경우에는 상법을 적용한다」고 규정하고 있다($^{상}_{2조}$). 따라서 공법인도 상인으로서 기본적 상행위($^{예컨대,\ 국가의\ 철도운송업,}_{서울특별시의\ 수도공급업\ 등}$) 및 보조적 상행위($^{예컨대,\ 위의\ 예에서\ 국가가\ 열차를\ 구입하는\ 계약을}_{하거나,\ 서울특별시가\ 수도관배관공사계약을\ 체결하}$$_{는\ 경}$)를 할 수 있는데, 이 경우에는 특별법령이 없는 한 상법이 보충적으로 적용된다.

이상 설명한 상행위의 종류를 표로 나타내면 다음과 같다.

제**2**장 통 칙

제 1 절 서 설

(1) 상거래는 민법상의 거래와는 달리 영리의 추구를 본질로 하면서 일반적으로 불특정다수인을 상대로 계속적·반복적으로 이루어지는 특징이 있으므로 상행위법도 앞에서 본 바와 같이 민법과는 다른 많은 특성(유상성·신속성·정형성 등)을 갖고 있다. 따라서 이러한 상행위법은 민법의 일반규정을 많이 보충 내지 변경하여 제1장 「통칙」에서 규정하고 있다. 이렇게 민법과 달리 규정한 상법의 규정을 이하에서는 이해의 편의상 민법의 편제(총칙·물권·채권)에 따라 민법과 비교하여 설명하고자 한다.

(2) 제1장 「통칙」 중에 규정되어 있는 유가증권에 관한 규정(상65조)은 성질이 다르므로 별도로 설명하겠고, 제2장 「매매」는 민법 채권편의 매매에 관한 규정의 특칙이므로 민법 채권편에 대한 특칙에서 함께 설명하겠다. 제3장 「상호계산」은 당사자간의 대차(貸借)결제를 위한 특수한 제도이고, 제4장 「익명조합」은 공동기업의 특수한 형태인 점에서 각각 고유한 특징을 갖고 있으므로 별도로 설명하겠다.

제 2 절 민법 총칙편에 대한 특칙

상법이 민법 총칙편에 대한 특칙을 둔 규정으로는 크게 상행위의 대리와 위임(상48조~50조) 및 소멸시효기간(상64조)에 관한 규정이 있다.

제 1 상행위의 대리와 위임

기업의 경영활동은 경영보조자(상업사용인)에 의하여 실현되는 것이 보통이다.

이 경우 경영보조자에게 주어진 대리권의 내용 및 그 범위 등에 관하여는 이미 상업
사용인에 관한 부분에서 설명하였으므로, 여기에서는 대리인의 행위가 유효하게 기
업활동으로서 성립하기 위하여 필요한 여러 가지 문제, 즉 대리권행사의 방법($\frac{상}{48조}$),
대리권의 존속($\frac{상}{50조}$), 위임사무처리의 방법($\frac{상}{49조}$) 등에 관하여 민법의 규정과 다르게
규정된 상법상의 규정을 보기로 한다.

1. 대리의 방식(본인의 표시가 없는 경우)

(1) 민법의 규정($\frac{민}{115조}$)(현명주의)

대리인이 본인을 위한 것임을 표시하지 않고 한 행위에 대하여는 원칙적으로
대리인만이 책임을 진다($\frac{민\ 115}{조\ 본문}$). 그러나 상대방이 대리인으로서 한 것임을 알았거나
알 수 있었을 경우에는 본인이 책임을 진다($\frac{민\ 115}{조\ 단서}$).

(2) 상법의 규정($\frac{상}{48조}$)(비현명주의)

1) 상행위의 대리인($\frac{본인에\ 대하여\ 상행위}{가\ 되는\ 행위의\ 대리인}$)이 본인(영업주)을 위하여 상행위를 하는 경
우[1]에는 본인을 표시하지 않더라도 그 행위는 원칙적으로 본인에 대하여 효력이 생
기고[2]($\frac{상\ 48}{조\ 본문}$)($\frac{즉,\ 이\ 경우에는\ 본인만이\ 그}{행위에\ 대하여\ 책임을\ 진다}$), 다만 예외적으로 상대방이 본인을 위하여 하는
것임을 알지 못한 경우에는($\frac{알지\ 못한\ 데\ 대하여\ 과실이\ 있는\ 경}{우,\ 즉「알\ 수\ 있었을\ 경우」를\ 포함함}$)[3] 본인 또는 대리인의 어느

---

1) 동지: 朝高判 1925. 4. 10(본인을 위하여 상행위를 한 경우에만 적용되므로, 먼저 본인을 위하
   여 한 것이냐 아니냐를 결정하여야 한다).
2) 동지: 대판 1956. 12. 15, 4289 민상 527(주판집 민 Ⅲ, 565)(인쇄소의 외교원이 그 인쇄소를
   대리하여 체결한 인쇄도급계약은 '본인을 위함을 표시하지 않은 경우에도' 본인에 대하여 효력
   이 있다); 동 1964. 10. 20, 64 다 408(카드 6489)(복덕방의 중개행위는 상행위라 할 것이므로 그
   의 피용자가 제3자와 체결한 중개에 관한 계약은 '본인을 위함을 표시하지 않은 경우에도' 본인
   에게 그 효력이 있다); 동 1973. 5. 22, 72 다 2572(집 21 ② 민 14)(지입차주가 그 차량에 대하
   여 수리를 하였다 하더라도 이는 자동차관리의 통상업무에 속하는 행위로서 회사를 대리한 행위
   라고 보아야 할 것이므로, 피고회사는 그 수리비의 부담책임을 면할 수 없다); 동 1985. 10. 8, 85
   다 351(공보 765, 1476); 동 1987. 5. 26, 86 다카 2677(공보 804, 1071); 동 1987. 7. 21, 87 누
   224(공보 808, 1414); 동 1987. 9. 8, 87 다카 1026(공보 811, 1566); 동 1989. 7. 25, 88 다카
   17273(공보 1989, 1286); 동 2009. 1. 30, 2008 다 79340(공보 2009, 254)(민법 제114조 1항은
   "대리인이 그 권한 내에서 본인을 위한 것임을 표시한 의사표시는 직접 본인에게 대하여 효력이
   생긴다"라고 규정하고 있으므로, 원칙적으로 대리행위는 본인을 위한 것임을 표시하여야 직접 본
   인에 대하여 효력이 생기는 것이고, 한편 민법상 조합의 경우 법인격이 없어 조합 자체가 본인이
   될 수 없으므로, 이른바 조합대리에 있어서는 본인에 해당하는 모든 조합원을 위한 것임을 표시하
   여야 하나, 반드시 조합원 전원의 성명을 제시할 필요는 없고, 상대방이 알 수 있을 정도로 조합을
   표시하는 것으로 충분하다. 그리고 상법 제48조는 "상행위의 대리인이 본인을 위한 것임을 표시
   하지 아니하여도 그 행위는 본인에 대하여 효력이 있다. 그러나 상대방이 본인을 위한 것임을 알
   지 못한 때에는 대리인에 대하여도 이행의 청구를 할 수 있다"고 규정하고 있으므로, 조합대리에
   있어서도 그 법률행위가 조합에게 상행위가 되는 경우에는 조합을 위한 것임을 표시하지 않았다
   고 하더라도 그 법률행위의 효력은 본인인 조합원 전원에게 미친다).
3) 연습, 90면(사례 15).

편에도 이행청구를 하더라도 무방하다(상대방이 채권자인 경우에는 본인과 대리인이 부진정연대채
무를 부담하나, 상대방이 채무자인 경우에는 본인만이 채권자
가
된다)¹⁾(상 48
조 단서).

이는 민법에 있어서의 대리가 현명주의를 채용하고 있는 점에 대한 예외규정인데, 그 이유는 상거래의 신속·안전을 기하기 위하여 규정한 것이다. 따라서 상행위의 대리에 있어서 본인을 위한 것임을 표시하지 않은 경우에, (i) 상대방이 본인을 위하여 대리인으로서 한 것임을 「안 경우」에는 본인만이 책임을 지고(상 48
조 본문)(민법의 경
우와 동
일 — 민 115
조 단서), (ii) 상대방이 본인을 위하여 대리인으로서 한 것임을 「알지 못했거나」또는 「알 수 있었을 경우」(알지 못한 데 대하
여 과실이 있는 경우)에는 본인 및 대리인이 책임을 진다(상 48
조 단서)(민법의 경우에는 「알지 못한 경우」에는 대리인만이 책임을 지고〈민 115조 본문〉, 「알 수 있
었을 경우」에는 본인만이 책임을 지게 되어〈민 115조 단서〉, 민법의 경우와 차이가 있게 된다).

2) 그러나 이 규정은 대리권의 존재를 전제로 한 것이므로 대리권의 존재가 불분명한 경우이거나, 문언성의 특색이 있는 어음(수표)행위의 대리에는 적용되지 않는다.²⁾

2. 본인의 사망과 대리권의 존속

(1) 민법의 규정(민 127
조 1호)

민법상의 대리관계는 본인과 대리인과의 개인적 신뢰관계를 바탕으로 하고 있는 까닭에 그 대리권은 본인의 사망에 의하여 소멸한다.

(2) 상법의 규정(상
50조)

상인이 그 영업에 관하여 수여한 대리권은 본인의 사망에 의하여 소멸하지 않고 그 상속인과 대리인 사이에 여전히 대리관계가 존속한다. 이것은 경제적 생활체로서의 기업이 기업으로서 존속하는 한 대리인에 의한 기업활동의 효력을 확보하는 동시에, 기업을 상대로 하여 거래하는 제3자를 보호하기 위하여 설정된 규정이다.

이와 같이 상인이 그 영업에 관하여 대리권을 수여하는 행위는 지배인 등의 선임행위가 대표적인 예인데, 이러한 지배인 등의 선임행위는 본인인 상인에게 부속적 상행위가 된다.

회사기업에 있어서는 본인의 사망이라는 것은 있을 수 없고 회사의 소멸이 곧

동지: 정(희), 148면; 서·정, 148면; 손(주), 221면; 채, 154면.
반대: 정(동), (총) 299~300면; 임(홍), (상행위) 209면; 日最高判 1968. 4. 24(民集 22−4,
1043).

1) 동지: 손(주), 221면; 채, 154면.
반대: 정(동), (총) 300~301면(상대방이 채무자인 경우에 대리인도 채권자가 된다고 한다); 임
(홍), (상행위) 212면.

2) 동지: 정(희), 149면; 정(동), (총) 302면; 대판 1968. 5. 28, 68 다 408.

기업의 소멸이므로, 상법 제50조가 적용될 여지가 없다.

3. 상행위의 수임인의 권한

(1) 민법의 규정($\frac{민}{681조}$)

민법상의 수임인은 「위임의 본지에 따라 선량한 관리자의 주의로써」 위임사무를 처리하여야 한다.

(2) 상법의 규정($\frac{상}{49조}$)

상행위의 수임인은 「위임의 본지에 반하지 않는 범위 내에서 위임을 받지 않은 행위」도 할 수 있다($\frac{상}{49조}$). 예컨대, 상품구입의 수임인이 구입한 상품의 가격이 폭락하므로 그 손실을 최소한도로 막기 위하여 즉시 전매할 수 있는 것과 같은 것이다. 상법은 이와 같이 민법의 일반원칙에 대하여 달리 규정하고 있는데, 이는 대리권의 범위에 관한 특칙인지 여부 및 수임인의 권한을 민법의 경우보다 실제로 확대한 것인지 여부에 관한 문제가 있다.

1) 상법 제49조는 대리권의 범위에 관한 특칙인지 여부에 대하여, 상법 제49조는 그 전후의 조문과의 관계에서 보아 상행위에 관하여 부여된 대외적인 「대리권의 범위에 관한 특칙」이라고 해석하는 견해가 있다.[1] 이는 그 규정형식에 있어서는 그렇게 해석될 수도 있으나, 그 규정내용에 있어서는 대내적인 수임인의 권한을 규정한 것이다. 따라서 상법 제49조의 「상행위의 위임을 받은 자」를 '상행위의 위임에 수반하여 대외적인 대리권도 수여받은 자'로 한정하여 해석할 필요는 없다고 본다.[2]

2) 상법 제49조는 수임인의 권한을 민법 제681조보다 실제로 확대한 것인지 여부에 대하여, 이는 그 표현에서 보아 정도의 차이를 인정하는 견해가 있다(예외규정설)(소수설).[3] 그러나 민법의 경우에도 사정변경의 경우에 임기응변의 조치를 취할 수 있으므로, 상법의 규정은 민법의 원칙규정을 다만 주의적으로 규정한 것으로 볼 수 있다(주의규정설)(다수설).[4]

---

1) 서·정, 148면; 채, 158면; 이(기) 외, (총) 265면.
2) 동지: 임(홍), (상행위) 217면; 이(철), 264면; 주상(Ⅰ), 468면.
3) 서·정, 148면; 이(기) 외, (총) 265면; 채, 157~158면.
4) 동지: 정(희), 150면; 손(주), 224면; 정(동), (총) 304면; 최(기), 221면; 이(철), 264면; 임(홍), (상행위) 216~217면; 이(범), 98면; 양·박, 109면.

제 2 소멸시효기간

(1) **민법의 규정**($\frac{민}{조}\,\frac{162}{1항}$)

민사채권의 소멸시효기간은 「10년」이다.

(2) **상법의 규정**($\frac{상}{64조}$)

상행위로 인한 채권(상사채권)의 소멸시효기간은 원칙적으로 「5년」이다. 이렇게 상사채권(상사채무)의 소멸시효기간을 민사채권(민사채무)보다 단기로 규정한 것은 상거래의 신속한 해결을 위한 것이다. 소멸시효 항변에는 변론주의가 적용되나, 민사채권의 소멸시효기간을 적용할 것인가 또는 상사채권의 소멸시효기간을 적용할 것인가에는 변론주의가 적용되지 않으므로 법원이 직권으로 판단할 수 있다.[1]

이 때 상행위로 인한 채권(상사채권)은 쌍방적 상행위로 인한 채권이든 일방적 상행위로 인한 채권이든 불문하고, 이러한 일방적 상행위로 인한 채권은 채권자를 위한 상행위($\frac{예컨대, 은행이 비상}{인에게 대출한 경우}$)이든 채무자를 위한 상행위($\frac{예컨대, 비상인이 상인에}{게 금전을 대여한 경우}$)이든 불문한다.[2] 상사채권인 이상 (면책적) 채무인수가 있는 경우에도 채무인수행위가 상행위나 보조적 상행위에 해당하지 아니한 경우에도 5년의 상사시효가 적용된다.[3] 또한

---

1) 동지: 대판 2017. 3. 22, 2016 다 258124(공보 2017, 844)(민사소송절차에서 변론주의 원칙은 권리의 발생·변경·소멸이라는 법률효과 판단의 요건이 되는 주요사실에 관한 주장·증명에 적용된다. 따라서 권리를 소멸시키는 소멸시효 항변은 변론주의 원칙에 따라 당사자의 주장이 있어야만 법원의 판단대상이 된다. 그러나 이 경우 어떤 시효기간이 적용되는지에 관한 주장은 권리의 소멸이라는 법률효과를 발생시키는 요건을 구성하는 사실에 관한 주장이 아니라 단순히 법률의 해석이나 적용에 관한 의견을 표명한 것이다. 이러한 주장에는 변론주의가 적용되지 않으므로 법원이 당사자의 주장에 구속되지 않고 직권으로 판단할 수 있다. 당사자가 민법에 따른 소멸시효기간을 주장한 경우에도 법원은 직권으로 상법에 따른 소멸시효기간을 적용할 수 있다).

2) 동지: 손(주), 224면; 대판 1989. 6. 27, 89 다카 2957(공보 1989, 1159)(동업탈퇴로 인한 정산금채권을 상인을 위한 소비대차의 목적으로 약정한 경우, 새로 발생한 채권은 상사시효의 적용을 받는다); 동 1994. 3. 22, 93 다 31740(공보 968, 1308)(채권자를 위한 상행위이고 보조적 상행위인 경우에, 그 채권은 5년의 단기소멸시효에 걸리는 상사채권이다); 동 1996. 1. 23, 95 다 39854(공보 1996, 667)(위탁자의 위탁상품공급으로 인한 위탁매매인에 대한 이득상환청구권이나 이행담보책임의 이행청구권의 소멸시효기간에는 민법 제163조 제6호가 적용되지 않고 상법 제64조가 적용되어, 5년이다); 동 2000. 5. 12, 98 다 23195(공보 2000, 1368)(상법 제64조에서 정한 5년의 소멸시효기간이 적용되는 상사채권은 쌍방적 상행위뿐만 아니라 일방적 상행위를 포함하며, 이 상행위는 기본적 상행위뿐만 아니라 보조적 상행위를 포함한다); 동 2000. 8. 22, 2000 다 19922(음식점을 운영하던 Y가 종래부터 겸영하여 오던 숙박업을 더욱 확장 경영하기 위하여 새로운 여관건물을 건축하면서 그에 필요한 돈을 마련하고자 X로부터 이 사건 금전을 빌렸고, 실제 그 차용금을 여관 신축에 사용하였다면, Y의 위 차용행위는 자신의 숙박업 영업을 위하여 한 이른바 보조적 상행위에 해당함이 분명하고, 그로 인하여 발생한 X의 이 사건 대여금채권은 상법 제64조에서 말하는 상사채권에 해당하여 5년의 소멸시효기간이 적용된다).

3) 대판 1999. 7. 9, 99 다 12376(공보 1999, 1602).

이 때의 상사채권은 영업적 상행위로 인한 채권(예컨대, 은행의 대출금채권)이든 보조적 상행위로 인한 채권(예컨대, 은행직원의 월급 · 퇴직금 등에 대한 채권)[1]이든 불문한다. 또한 이 때의 상사채권은 상행위를 직

---

1) 동지: 대판 1977. 4. 12, 76 다 497(민판집 232, 75)(대한석탄공사에 대한 퇴직금채권에 관하여 상사채권의 소멸시효기간을 인정함); 동 1998. 7. 10, 98 다 10793(공보 1998, 2091)(당사자 쌍방에 대하여 모두 상행위가 되는 행위로 인한 채권뿐만 아니라 당사자 일방에 대하여만 상행위에 해당하는 행위로 인한 채권도 상법 제64조 소정의 5년의 소멸시효기간이 적용되는 상사채권에 해당하고, 그 상행위에는 상법 제46조 각 호에 해당하는 기본적 상행위뿐만 아니라 상인이 영업을 위하여 하는 보조적 상행위도 포함된다. 따라서 새마을금고가 상인인 회원에게 자금을 대출한 경우, 상인의 행위는 특별한 사정이 없는 한 영업을 위하여 하는 것으로 추정되므로 그 대출금채권은 상사채권으로서 5년의 소멸시효기간이 적용된다); 동 2002. 9. 24, 2002 다 6760 · 6777(공보 2002, 2516)(당사자 쌍방에 대하여 모두 상행위가 되는 행위로 인한 채권뿐만 아니라 당사자 일방에 대하여만 상행위에 해당하는 행위로 인한 채권도 상법 제64조 소정의 5년의 소멸시효기간이 적용되는 상사채권에 해당하는 것이고, 그 상행위에는 상법 제46조 각 호에 해당하는 기본적 상행위뿐만 아니라 상인이 영업을 위하여 하는 보조적 상행위도 포함되며, 상인이 영업을 위하여 하는 행위는 상행위로 보되 상인의 행위는 영업을 위하여 하는 것으로 추정되는 것이다. 따라서 상인이 제3자를 위한 계약의 수익자로서 수익의 의사표시를 하여 발생한 특허권의 전용실시권 설정등록절차 이행청구권은 상법 제64조 소정의 상사채권으로 5년의 소멸시효기간이 적용된다); 동 2005. 5. 27, 2005 다 7863(공보 2005, 1044)(당사자 쌍방에 대하여 모두 상행위가 되는 행위로 인한 채권뿐만 아니라 당사자 일방에 대하여만 상행위에 해당하는 행위로 인한 채권도 상법 제64조에서 정한 5년의 소멸시효기간이 적용되는 상사채권에 해당하는 것이고, 그 상행위에는 상법 제46조 각 호에 해당하는 기본적 상행위뿐만 아니라 상인이 영업을 위하여 하는 보조적 상행위도 포함된다. 따라서 차용금채무의 연대보증인이 그 채권자인 주식회사의 금융기관에 대한 대출금채무를 변제함으로써 위 차용금채무를 변제한 것으로 하기로 채권자와 약정한 경우, 위 약정에 따른 채권의 소멸시효기간은 5년이다); 동 2006. 4. 27, 2006 다 1381(공보 2006, 897)(당사자 쌍방에 대하여 모두 상행위가 되는 행위로 인한 채권뿐만 아니라 당사자 일방에 대하여만 상행위에 해당하는 행위로 인한 채권도 상법 제64조 소정의 5년의 소멸시효기간이 적용되는 상사채권에 해당하는 것이고, 그 상행위에는 상법 제46조 각 호에 해당하는 기본적 상행위뿐만 아니라, 상인이 영업을 위하여 하는 보조적 상행위도 포함된다. 따라서 근로계약이나 단체협약은 보조적 상행위에 해당하므로, 단체협약에 기한 근로자의 유족들의 회사에 대한 위로금채권에는 5년의 상사소멸시효기간이 적용된다); 동 2024. 3. 12, 2021 다 309927(공보 2024, 636)(당사자 쌍방에 대하여 모두 상행위가 되는 행위로 인한 채권뿐만 아니라 당사자 일방에 대하여만 상행위에 해당하는 행위로 인한 채권도 상법 제64조에서 정한 5년의 소멸시효기간이 적용되는 상사채권에 해당하고, 그 상행위에는 상법 제46조 각호에 해당하는 기본적 상행위뿐만 아니라 상인이 영업을 위하여 하는 보조적 상행위도 포함된다. 또한 상법 제5조, 제47조에 의하면, 회사는 상행위를 하지 않더라도 상인으로 보고, 상인이 영업을 위하여 하는 행위는 상행위로 보며, 상인의 행위는 영업을 위하여 하는 것으로 추정된다. 그러므로 회사가 한 행위는 그 영업을 위하여 한 것으로 추정되고, 회사가 그 영업을 위하여 하는 행위는 상행위로 보아야 한다. 이와 같은 추정을 번복하기 위해서는 회사의 행위가 영업을 위하여 한 것이 아니라는 사실을 주장하는 사람이 이를 증명할 책임이 있다. 따라서 갑 주식회사가 도시개발사업의 사업시행대행자 및 시공사로 선정된 을 주식회사로부터 사업권 일부를 얻을 목적으로 을 회사의 대표이사 병에게 위 사업의 사업비로 사용할 금전을 대여하였다가 을 회사가 부도로 사업에서 배제된 후 파산선고를 받자, 병 및 을 회사의 공동대표이사 정과 위 대여금 채권의 정산에 관한 내용이 포함된 금전소비대차계약을 체결하고, 병 · 정이 무 신탁회사에 신탁한 부동산에 관하여 갑 회사 명의의 근저당권설정등기를 마친 사안에서, 갑 회사가 병 · 정과 금전소비대차계약을 체결한 행위는 영업을 위하여 한 것으로 추정되고, 위 계약이 기존 대여금 채권의 원금과 이자를 확정하고 이를 다시 갑 회사가 병에게 대여하는 것으로 정하고 있다는 등의 사정만으로는 그러한 추정이 번복된다고 보기 부족하므로, 위 근저당권의 피담보채권인 금전소비

접 원인으로 하여 발생한 채권뿐만 아니라, 그와 동일성이 있는 채권(예컨대, 채무불이행
청구권, 상사계약의 해제로 인한 원상회복청구권,
상사계약의 무효로 인한 부당이득반환청구권 등)을 포함한다.¹⁾ 상행위로 인한 보증채무는 주채무

대차계약에 기한 정산금 채권에는 5년의 상사 소멸시효기간이 적용된다고 보아야 하는데도, 금전소비대차계약 체결행위가 영업을 위하여 한 것임을 정이 증명하여야 한다는 그릇된 전제에서 갑 회사가 상행위 또는 영업으로 금전소비대차계약을 체결하였다고 인정할 증거가 부족하다는 이유로 위 근저당권의 피담보채권은 상사채권이 아닌 민사채권으로서 소멸시효기간이 10년이라고 본 원심판단에 법리오해 등의 잘못이 있다).

1) 동지: 정(동), (총) 305면; 대판 1978. 11. 28, 78 다 388(집 26 ③ 민 237)(신용장의 매매계약으로 인한 손해배상청구권도 5년의 상사채권의 소멸시효기간의 만료로 소멸한다); 동 1993. 9. 14, 93 다 21569(공보 955, 2775)(상행위인 계약의 해제로 인한 원상회복청구권도 상법 제64조의 상사시효의 대상이 된다); 동 2007. 5. 31, 2006 다 63150(공보 2007, 962)(상행위에 해당하는 보증보험계약에 기초하여 급부가 이루어졌으나 이 보증보험계약이 무효임에 따라 발생한 부당이득반환청구권에 대하여는 5년의 상사소멸시효가 적용된다); 동 2018. 6. 15, 2017 다 248803 · 248810(공보 2018, 1264)(상행위로부터 생긴 채권뿐 아니라 이에 준하는 채권에도 상법 제64조가 적용되거나 유추적용될 수 있다. 가맹점사업자인 갑 등이 가맹본부인 을 유한회사를 상대로 을 회사가 가맹계약상 근거를 찾을 수 없는 'SCM Adm'〈Administration Fee〉이라는 항목으로 갑 등에게 매장 매출액의 일정 비율에 해당하는 금액을 청구하여 지급받은 것은 부당이득에 해당한다며 그 금액 상당의 반환을 구한 경우, 갑 등이 청구하는 부당이득반환채권은 갑 등과 을 회사 모두에게 상행위가 되는 가맹계약에 기초하여 발생한 것일 뿐만 아니라, 을 회사가 정형화된 방식으로 가맹계약을 체결하고 가맹사업을 운영해 온 탓에 수백 명에 달하는 가맹점사업자들에게 갑 등에게 부담하는 것과 같은 내용의 부당이득반환채무를 부담하는 점 등 채권 발생의 경위나 원인 등에 비추어 볼 때 그로 인한 거래관계를 신속하게 해결할 필요가 있으므로, 위 부당이득반환채권은 상법 제64조에 따라 5년간 행사하지 않으면 소멸시효가 완성한다); 동 2021. 6. 24, 2020 다 208621(공보 2021, 1340)(부당이득반환청구권이라도 그것이 상행위인 계약에 기초하여 이루어진 급부 자체의 반환을 구하는 것으로서, 그 채권의 발생 경위나 원인, 당사자의 지위와 관계 등에 비추어 그 법률관계를 상거래 관계와 같은 정도로 신속하게 해결할 필요성이 있는 경우 등에는 5년의 소멸시효를 정한 상법 제64조가 적용된다. 그러나 이와 달리 부당이득반환청구권의 내용이 급부 자체의 반환을 구하는 것이 아니거나, 위와 같은 신속한 해결 필요성이 인정되지 않는 경우라면 특별한 사정이 없는 한 상법 제64조는 적용되지 않고 10년의 민사소멸시효기간이 적용된다); 동(전) 2021. 7. 22, 2019 다 277812(공보 2021, 1525)(보험계약자가 다수의 계약을 통하여 보험금을 부정 취득할 목적으로 체결한 보험계약이 민법 제103조에 따라 무효인 경우, 보험금에 대한 부당이득반환청구권에 상법 제64조를 유추적용하여 5년의 상사 소멸시효기간이 적용된다고 하여, 종래에 10년이라고 본 대법원판례를 변경함); 대판 2021. 8. 19, 2018 다 258074(공보 2021, 1696)(상행위인 계약의 무효로 인한 부당이득반환청구권은 민법 제741조의 부당이득 규정에 따라 발생한 것으로서 특별한 사정이 없는 한 민법 제162조 제1항이 정하는 10년의 민사 소멸시효기간이 적용되나, 부당이득반환청구권이 상행위인 계약에 기초하여 이루어진 급부 자체의 반환을 구하는 것으로서 채권의 발생 경위나 원인 · 당사자의 지위와 관계 등에 비추어 법률관계를 상거래 관계와 같은 정도로 신속하게 해결할 필요성이 있는 경우 등에는 상법 제64조가 유추적용되어 같은 조항이 정한 5년의 상사 소멸시효기간에 걸린다. 이러한 법리는 실제로 발생하지 않은 보험사고의 발생을 가장하여 청구 · 수령된 보험금 상당 부당이득반환청구권의 경우에도 마찬가지로 적용할 수 있다); 동 2022. 7. 14, 2019 다 271661(공보 2022, 1588)(상행위인 투자 관련 계약에서 투자자가 약정에 따라 투자를 실행하여 주식을 취득한 후 투자대상회사 등의 의무불이행이 있는 때에 투자자에게 다른 주주 등을 상대로 한 주식매수청구권을 부여하는 경우가 있다. 특히 주주 간 계약에서 정하는 의무는 의무자가 불이행하더라도 강제집행이 곤란하거나 그로 인한 손해액을 주장 · 증명하기 어려울 수 있는데, 이때 주식매수청구권 약정이 있으면 투자자는 주식매수청구권을 행사하여 상대방으로부터 미리 약정된 매매대금을 지급받음으로써 상대방의 의무불이행에 대해 용이하게

가 민사채무라도 주채무와는 별개의 채무인 점에서 5년의 상사시효에 걸린다.[1] 그러나 상인과 관련하여 발생한 채권이라도 상행위와는 전혀 무관한 채권(예컨대, 불법행위·부당이득·사무관리 등으로 인한 채권)은 상사시효의 대상이 아니다.[2]

상사채권에 관한 5년의 소멸시효기간에 관하여는 다음과 같은 두 가지의 예외가 있다.

1) 「상법」에 소멸시효기간에 관하여 다른 규정이 있는 경우에는 그에 의하여 소멸시효기간이 정하여진다(상 64조 본문 참조). 즉, 상법은 기업의 특수성이나 채무의 특수성에 비추어 일반상사채무의 소멸시효기간(5년)보다 훨씬 단기의 소멸시효기간을 규정한 경우가 있는데, 이 경우에는 이러한 상법의 규정에 의하여 단기의 소멸시효기간이 적용된다. 예컨대, 상법이 「6월」의 단기소멸기간을 규정한 것으로는 공중접객업자의 책임(상 154조 1항) 등이 있고, 「1년」의 단기소멸시효기간을 규정한 것으로는 운송주선인의 책임(상 121조 1항)·운송주선인의 채권(상 122조)·육상운송인의 책임(상 147조, 121조 1항)·육상운송인의 채권(상 147조, 122조)·창고업자의 책임(상 166조 1항)·창고업자의 채권(상 167조)·해상운송인의 채권(상 814조)·공동해손채권(상 875조) 등이 있고, 「2년」의 단기소멸시효기간을 규정한 것으로는 보험자의 보험료청구권(상 662조 후단) 등이 있고, 「3년」의 단기소멸시효기간을 규정한 것으로는 보험자의 보험금지급채무(상 662조 전단) 등이 있다.

2) 상법 이외의 「다른 법령」(민법·어음법·수표법 등)에 일반상사채권의 소멸시효기간(5년)보다 단기의 소멸시효기간이 규정된 때에는 그 규정에 의하여 단기의 소멸시효기간이 적용된다(상 64조 단서). 예컨대, 숙박료·음식료·대석료·입장료·소비물의 대가 및 체당금 등에 관한 채권의 소멸시효기간은 「1년」이고[3](민 164조), 이자채권[4]·생산자 및 상인

권리를 행사하여 투자원금을 회수하거나 수익을 실현할 수 있게 된다. 이러한 주식매수청구권은 상행위인 투자 관련 계약을 체결한 당사자가 달성하고자 하는 목적과 밀접한 관련이 있고, 그 행사로 성립하는 매매계약 또한 상행위에 해당하므로, 이때 주식매수청구권은 상사소멸시효에 관한 상법 제64조를 유추적용하여 5년의 제척기간이 지나면 소멸한다고 보아야 한다).

1) 동지: 손(주), 225면; 최(기), 224면; 채, 169면; 임(홍), (상행위) 288면; 이(기) 외, (총) 269 면; 주상(Ⅰ), 494면 외; 대판 2014. 6. 12, 2011 다 76105; 동 2016. 5. 12, 2014 다 37552(채권 자와 주채무자〈상인〉 사이의 확정판결에 의하여 주채무가 확정되어 그 소멸시효기간이 10년으로 연장되었다 할지라도 이로 인해 보증채무까지 당연히 단기소멸시효의 적용이 배제되어 10년의 소 멸시효기간이 적용되는 것은 아니고, 채권자와 연대보증인 사이에 있어서 연대보증채무의 소멸시 효기간은 여전히 종전의 소멸시효기간에 따른다).

2) 동지: 손(주), 225면; 임(홍), (상행위) 287면; 이(기) 외, (총) 269면; 대판 1985. 5. 28, 84 다 카 966.
   반대: 채, 169면(부당이득이나 사무관리에 의한 채권도 상사시효에 걸린다고 한다).

3) 동지: 대판 1966. 6. 28, 66 다 790(집 14 ② 민 108)(본 건 채권이 상행위로 인한 채권이라도 민법상 1년의 단기시효에 의하여 소멸되는 것이라면 민법에 의한다).

4) 그러나 변제기 이후의 지연이자에 관한 채권은 이자채권이 아니므로 이에 대하여는 「5년」의 일반 상사채권의 소멸시효기간이 적용된다(동지: 대판 1979. 11. 13, 79 다 1453〈집 27 ③ 민 156〉 등).

이 판매한 생산물 및 상품의 대가에 관한 채권·수공업자 및 제조자의 업무 등에 관한 채권의 소멸시효기간은 「3년」이다($민_{163조}$). 또한 어음채권의 경우 주채무자에 대한 어음상 권리의 소멸시효기간은 「3년」이고($어_{77조 1항 8호}^{70조 1항,}$), 상환청구권의 소멸시효기간은 「1년」이며($어_{77조 1항 8호}^{70조 2항,}$), 재상환청구권의 소멸시효기간은 「6월」이다($어_{77조 1항 8호}^{70조 3항,}$). 수표채권의 경우 지급보증인에 대한 수표상 권리의 소멸시효기간은 「1년」이고($수_{58조}$), 상환청구권 및 재상환청구권의 소멸시효기간은 「6월」이다($수_{51조}$).

제 3 절 민법 물권편에 대한 특칙

상법이 민법 물권편에 대한 특칙으로 둔 규정으로는 주로 담보물권에 관한 규정이다. 즉, 법정담보물권인 상사유치권의 인정범위를 확대함과 동시에 그 성립요건을 완화하여 규정하고 있고, 상거래의 당사자는 서로 평등한 경제적 지위에 있음을 전제로 하여 질권에서 유질(流質)계약을 허용하고 있다($상_{59조}$). 상사유치권에는 일반상인에 대하여 인정되는 일반상사유치권($상_{58조}$)과 특수한 업종에 종사하는 상인에 대하여 인정되는 특별상사유치권이 있는데, 이 곳에서는 일반상사유치권에 대하여만 설명하고 특별상사유치권에 대하여는 상행위편 각론의 해당되는 곳에서 개별적으로 설명한다. 참고로 특별상사유치권은 대리상($상_{91조}$)·위탁매매인($상_{111조}$)·운송주선인($상_{120조}$)·육상운송인($상_{147조}$)·해상운송인($상_{2항}^{807}$) 등에 대하여 인정되고 있다. 또한 상법은 선박채권의 담보물권으로 특별히 선박우선특권($상_{조 이하}^{777}$)·선박저당권($상_{787조}$) 및 선박질권($상_{조 참조}^{789}$)을 규정하고 있다.

제 1 상사유치권(일반상사유치권)

1. 민사유치권($민_{320조}$)

타인의 물건이나 유가증권을 점유한 자는 그 물건이나 유가증권에 관하여 생긴 채권이 변제기에 있는 경우에는, 변제를 받을 때까지 그 물건이나 유가증권을 유치할 권리가 있다.

2. 상사유치권(일반상사유치권)($상_{58조}$)

(1) 의   의

일반상사유치권($상인간의_{유치권}$)이란 「상인간의 상행위로 인한 채권이 변제기에 있는 경우에 채권자가 변제를 받을 때까지 그 채무자에 대한 상행위로 인하여 그가 점유하고 있는 채무자소유의 물건 또는 유가증권을 유치할 수 있는 권리」이다. 이것은 기업활동에 있어서의 신용보호라는 특수수요에 따라 상사채권의 물적 담보를 강화하기 위하여 유치권의 성립요건을 완화하여 규정한 점에 특색이 있을 뿐이지, 민법상의 유치권(민 320 조 이하)과 다른 특수한 효력을 가진 유치권을 인정한 것은 아니다.[1]

(2) 성립요건

1) 당 사 자　　당사자의 「쌍방이 상인」이어야 한다. 따라서 은행과 비상인인 그 고객, 영업주와 그 상업사용인, 주식회사와 그 이사 등 사이에는 일반상사유치권은 성립하지 않는다. 그러나 상인인 이상 소상인이라도 무방하고, 또 유치권이 성립한 후에 상인자격을 상실하더라도 유치권은 그대로 존속한다(따라서 유치권의 행사시에는 당사자 쌍방이 모두 상인자격을 상실하여도 무방함). 이 점이 민사유치권(민 320조) 및 위탁매매인(상 111조)·운송주선인(상 120조)·육상운송인(상 147조)·해상운송인(상 807 조 2항) 등에 인정된 특별상사유치권과 다르다(그러나 대리상에 인정된 특별상사유치권은 채무자도 상인이어야 하는 점에서 이 요건에서는 일반상사유치권과 같다 — 상 87조).

2) 피담보채권　　「당사자 쌍방을 위하여 상행위」가 되는 행위(쌍방적 상행위)에 의하여 생기고, 또 「변제기」에 있음을 요한다. 따라서 당사자 쌍방이 상인이라도 일방적 상행위 또는 상행위가 아닌 행위에 의하여 발생한 채권에 관하여는 이 유치권은 성립하지 않는다.[2] 또한 이미 발생한 타인의 채권을 양수한 경우에는 상거래로 인하여 발생한 채권이 아니므로 원칙적으로 피담보채권이 되지 못하나, 유가증권(지식식 또는 무기명식의 유가증권)상의 권리를 양수한 경우나 유치목적물과 함께 채권자의 지위를 포괄적으로 승계하는 경우(상속·합병 등)에는 피담보채권에 포함된다.[3]

이와 같이 일반상사유치권의 피담보채권은 당사자간에 쌍방적 상행위(이 때의 상행위는 영업적 상행위 및 보조적 상행위를 모두 의미함)로 인하여 발생한 채권이면 모두 포함되는 점에서, 민사유치권이 「유치목적물에 관하여 생긴 채권」만이 피담보채권이 되는 점과 구별되고(민 320조), 특별상사유치권의 피담보채권이 상법에 각각 한정적으로 규정되어 있는 점(예컨대, 대리상의 피담보채권은 「거래의 대리 또는 중개로 인한 채권」으로 한정됨 — 상 91조)과 구별되고 있다.

그러나 피담보채권이 변제기에 있어야 한다는 점에서는 민사유치권 및 특별상

---

1) 금융거래와 상사유치권에 관하여는 도제문, "금융거래와 상사유치권,"「상사판례연구」(한국상사판례학회), 제26집 제4권(2013. 12), 203~234면 참조.
2) 동지: 정(희), 155면; 서(정), 200면; 이(범), 113면; 손(주), 228면; 정(동), (총) 307면; 최(기), 229면; 이(병), 218면; 채, 173면; 이(기) 외, (총) 274면; 주상(Ⅰ), 483면. 쌍방적 상행위로 인하여 생긴 채권이라고 해석하자면 그것을 명문화하여야 한다고 하는 견해로는 서돈각, "상사유치권의 특색과 몇 가지의 문제점,"「법정」, 1964. 4, 66면.
3) 동지: 손(주), 229면; 정(동), (총) 308면; 최(기), 229면; 이(기) 외, (총) 274면; 주상(Ⅰ), 483면.

사유치권의 경우와 같다.

3) 유치목적물

㉮ 점유취득원인　　「채무자에 대한 상행위」로 인하여 채권자가 그 목적물을 취득하였어야 한다. 즉, 점유취득원인은 상행위이어야 하는데, 채권자에게 상행위가 되어야 한다. 왜냐하면 상사유치권은 기업활동에 의하여 점유하게 된 목적물에 대하여 법률상 당연히 담보물권을 인정하고자 하는 제도인 까닭이다. 이 때 채권자가 목적물을 점유하는 것은 직접점유를 하는 경우뿐만 아니라, 간접점유(예컨대, 선 하증권에 의한 운송물의 점유 등)를 하는 경우를 포함한다(이 경우에는 또한 직접점유자가 간접점 유자에 대하여 유치권을 행사할 수 있다).

이 점은 민사유치권 및 특별상사유치권이 유치목적물의 점유취득원인에 관하여 특별히 제한하고 있지 않은 점과 구별되고 있다.

㉯ 목적물의 소유관계　　「채무자의 소유」이어야 한다. 따라서 그 목적물이 제3자의 소유이면 비록 채권자가 이를 모른 경우에도 일반상사유치권이 성립할 수 없다. 그러나 채무자의 소유이어야 하는 요건은 유치권의 성립 당시에만 존재하면 충분하므로, 그 후 채무자가 목적물의 소유권을 타인에게 이전하여도 유치권은 존속한다.[1]

이 점은 민사유치권 및 특별상사유치권이 유치목적물을 채무자소유의 목적물에 한정하고 있지 않은 점과 구별되고 있다.

㉰ 목적물의 범위　　「물건 또는 유가증권」에 한한다. 이 때 물건에는 부동산을 제외하는 견해도 있으나(소수설),[2] 민법상 물건의 정의규정(민 98 조, 99조)에서 볼 때 부동산을 제외할 합리적인 이유는 없다고 본다(다수설).[3] 물건 또는 유가증권에 한정되므로 이 이외의 권리나 무체재산권 등은 목적물이 될 수 없다.

이 점은 민사유치권(민 320조) 및 대리상의 유치권(상 91조)의 목적물의 범위와 같으나, 운송주선인(상 120조)·육상운송인(상 147조) 및 해상운송인(상 807 조 2항)의 유치권의 목적물의 범위(운송물에 한정됨)와 구별되고 있다.

4) 목적물과 피담보채권과의 관련성
유치목적물과 피담보채권과는 개별적인 관련성을 요하지 않고,「영업을 통하여 관련」되어 있으면 된다. 이러한 점에서 일반상사유치권의 담보목적물의 범위가 민사유치권 등의 그것보다 확대되어 있고

---

1) 동지: 손(주), 228면; 임(홍), (상행위) 265면; 채, 174면; 이(기) 외, (총) 275면; 주상(Ⅰ), 484면.
2) 최(기), 230면.
3) 동지: 정(희), 155면; 손(주), 227~228면; 정(동), (총) 309면; 임(홍), (상행위) 264면; 이(기) 외, (총) 274면.

또한 유동적이다.

이 점은 특별상사유치권 중 대리상($\frac{상}{91조}$) 및 위탁매매인($\frac{상}{111조}$)의 유치권과 같으나, 개별적인 관련성을 요하는 민사유치권($\frac{민}{320조}$) 및 운송주선인($\frac{상}{120조}$)·육상운송인($\frac{상}{147조}$)·해상운송인($\frac{상\ 807}{조\ 2항}$) 등의 특별상사유치권과는 구별되고 있다.

5) 유치권배제의 특약   일반상사유치권은 법정담보물권의 일종이지만, 당사자간의 특약으로써 그 성립을 배제할 수 있다($\frac{상\ 58}{조\ 단서}$). 유치권은 직접적으로는 채권자의 이익을 위하여 존재하는 것이므로, 채권자는 채무자와의 특약으로 이러한 이익을 포기할 수 있는 것이다. 이 특약은 명시적인 경우뿐만 아니라, 묵시적인 경우에도 그 특약이 있다고 보는 것이 합리적인 경우에는 역시 배제의 효력을 인정할 수 있다.[1] 예컨대, 위탁매매인이 위탁판매의 목적물을 판매하지 않고 유치하는 것은 신의칙상 인정되지 않으므로, 이 경우에는 배제의 특약이 묵시적으로 존재한다고 보아야 할 것이다.

일반상사유치권이 이 점을 명문으로 규정하고 있는 것은 특별상사유치권 중 대리상($\frac{상\ 91}{조\ 단서}$) 및 위탁매매인($\frac{상}{111조}$)의 유치권과 같다. 그러나 민사유치권($\frac{민}{320조}$) 및 특별상사유치권 중 운송주선인($\frac{상}{120조}$)·육상운송인($\frac{상}{147조}$)·해상운송인($\frac{상\ 807}{조\ 2항}$)의 유치권의 경우에는 이에 관한 명문규정이 없어 형식적으로는 일반상사유치권과 다르다. 그러나 이 경우에도 채권자가 유치권을 포기할 수 없는 것이 아니므로 유치권배제의 특약은 유효하다고 해석한다. 따라서 이렇게 해석하면 이 점은 모든 유치권에서 동일하게 된다.

(3) 효   력

일반상사유치권의 효력에 관하여는 상법에 규정이 없으므로 유치권의 효력에 관한 민법상의 규정이 적용된다.

따라서 유치권자는 변제를 받을 때까지 목적물을 유치할 수 있는 권리를 갖고 (목적물의 유치권)($\frac{민}{320조}$),[2] 채권을 변제받을 때까지 목적물을 경매할 수 있으며, 정당

---

1) 대판 2012. 9. 27, 2012 다 37176(공보 2012, 1740)(은행이 차주로부터 제3자발행의 어음을 점유하고 있는 경우, 은행의 여신거래기본약관에 의하여 상사유치권이 인정되면 당사자 사이에 그러한 약관조항에 우선하는 다른 약정이 명시적으로 존재하지 않는 상황에서 추심위임약정만으로는 상사유치권 배제의 특약이 묵시적으로 존재한다고 볼 수 없다).

2) 민법과 상법에서 유치권에 대하여는 유치적 효력만을 인정하고 우선변제권을 인정하고 있지 않다. 그러나 민사집행법 제91조 제5항에서 "(경매절차에서) 매수인은 유치권자에게 그 유치권으로 담보하는 채권을 변제할 책임이 있다"고 규정함으로써(이 조항의 폐지안은 2013년 정부안으로 국회에 제출됨), (민사)유치권자는 사실상 최우선변제권을 갖게 되었다. 이로 인하여 부동산 경매절차 등에서 (민사)유치권으로 인한 폐해가 매우 심각하게 되었다. 따라서 대법원에서는 2005년 이후 (민사)유치권의 효력을 제한하는 판결을 하고 있다. 즉, "채무자 소유의 부동산에 경매개시

한 이유 있는 때에는 감정인의 평가에 의하여 유치물로 직접 변제에 충당할 것을 법원에 청구할 수 있고(경매권과 간이변제충당)($\frac{민}{322조}$), 목적물의 과실을 수취하여 다른 채권자보다 우선적으로 자기의 채권의 변제에 충당할 수 있으며(과실수취권)($\frac{민}{323조}$), 목적물의 보존에 필요한 범위 내에서 목적물을 사용할 수 있고(유치물사용권)($\frac{민 324}{조 2}$ $항_{단서}$), 목적물에 관하여 필요비를 지출한 때에는 그 소유자에게 상환을 청구할 수 있는 권리(비용상환청구권)($\frac{민 325}{조 1항}$)를 갖는다.

제 2 상사질권(유질계약의 허용)

1. 민사질권(유질계약의 금지)

질권설정자는 채무변제기 전의 계약으로 질권자에게 변제에 갈음하여 질물(質物)의 소유권을 취득하게 하거나 법률에 정한 방법에 의하지 아니하고 질물을 처분

결정의 기입등기가 경료되어 압류의 효력이 발생한 이후에 취득한 (민사)유치권에 관해서는 경매절차의 매수인에게 대항할 수 없다"고 판시하였다(대판 2005. 8. 19, 2005 다 22688). 그러나 "경매절차 개시에 앞서 저당권 설정 후 취득한 (민사)유치권, 가압류 후 취득한 (민사)유치권, 체납처분 압류 후 취득한 (민사)유치권은 경매 후에도 매수인에게 대항할 수 있다"고 판시하였다(대판 〈전〉 2014. 3. 20, 2009 다 60336). 이러한 대법원 전원합의체판결은 "부동산에 관한 민사집행절차에서는 경매개시결정과 함께 압류를 명하므로 압류가 행하여짐과 동시에 매각절차인 경매절차가 개시되는 반면, 국세징수법에 의한 체납처분절차에서는 그와 달리 체납처분에 의한 압류와 동시에 매각절차인 공매절차가 개시되는 것이 아니다. 따라서 체납처분으로 압류가 되어 있다고 하여 경매절차에서 경매개시결정에 따른 압류가 행하여진 경우와 마찬가지로 볼 수는 없다"고 하여, 체납처분 압류 후 취득한 민사유치권은 경매 후에도 매수인에게 대항할 수 있다고 판시하였다.

그런데 대법원은 상사유치권의 경우 "상사유치권이 성립하기 이전에 선행 저당권에 기한 경매절차가 개시된 경우 상사유치권자가 유치권을 행사하는 것은 신의칙에 반하는 권리행사 또는 권리남용으로서 허용되지 않는다"고 판시하였다(대판 2011. 12. 22, 2011 다 84298). 또한 "채무자 소유의 부동산에 관하여 이미 선행 저당권이 설정되어 있는 상태에서 채권자의 상사유치권이 성립한 경우, 상사유치권자는 채무자 및 그 이후 그 채무자로부터 부동산을 양수하거나 제한물권을 설정받는 자에 대하여는 대항할 수 있지만, 선행저당권자 또는 선행저당권에 기한 임의경매절차에서 부동산을 취득한 매수인에 대한 관계에서는 그 상사유치권으로 대항할 수 없다"고 판시하였다(대판 2013. 2. 28, 2010 다 57350)[이 판결에 대하여 부정하는 견해로는 김재형, "상사유치권의 효력제한: 선행 저당권에 대해 대항할 수 없어," 법률신문, 2014. 3. 6, 13면이 있고, 찬성하는 견해로는 김홍기, 법률신문, 2014. 4. 24, 12면이 있다]. 따라서 이러한 대법원판례에 의하면, 상사유치권자는 선행 저당권자 또는 이에 기한 임의경매절차에서의 그 부동산의 매수인 및 선행 체납처분 압류권자에 대항할 수 없으나, 민사유치권자는 경매개시결정등기 이전이면 선행 저당권자 및 이에 기한 임의경매절차에서의 그 부동산의 매수인 및 선행체납처분 압류권자에 대항할 수 있는 점에서(즉 민사유치권자가 일반상사유치권자보다 넓게 보호받는 점에서), 양자는 구별된다. 그 이유는 상사유치권은 민사유치권과는 달리 피담보채권이 '목적물에 관하여' 생긴 것 필요가 없고, 유치권의 대상이 되는 물건은 '채무자 소유'일 것으로 제한되어 있어 상사유치권의 성립 당시 채무자가 목적물에 대하여 보유하고 있는 담보가치만을 대상으로 하는 제한물권이라는 의미를 갖고 있기 때문이다(대판 2013. 2. 28, 2010 다 57350 참조). 이러한 점에서 민사유치권이 일반상사유치권보다 더 넓게 사실상 우선 변제권을 갖는다고 볼 수 있다.

할 것을 약정하지 못한다(유질계약)(민_{339조}).

이와 같이 민법에서 유질계약을 금지하는 이유는 법이 후견적인 입장에서 경제적 약자인 채무자를 보호하기 위한 것이다.

2. 상사질권(유질계약의 허용)

(1) 상법은 명문규정을 두어 상행위로 인하여 생긴 채권을 담보하기 위하여 설정한 질권에는 유질계약을 허용하고 있다(상_{59조}). 이와 같이 상사질권에서 유질계약을 허용한 이유는 (i) 채권자의 질권실행을 용이하게 하여 상인이 쉽게 금융의 편의를 얻게 하고, (ii) 상거래의 당사자는 서로 평등한 경제적 지위에 있거나 상인은 경제적인 자위능력을 가진 자이므로 법이 채무자를 보호하기 위한 후견적인 역할을 할 필요가 없기 때문이다.[1]

(2) 유질계약이 허용되는 질권은 「상행위로 인하여 생긴 채권」을 담보하기 위하여 설정한 질권인데, 이 때 「상행위로 인하여 생긴 채권」이란 쌍방적 상행위로 인하여 생긴 채권뿐만 아니라 일방적 상행위로 인하여 생긴 채권도 포함한다.[2] 그런데 이 때 「일방적 상행위」에 대하여는, (i) 채권자 또는 채무자의 어느 일방에게 상행위가 되는 경우를 의미한다고 해석하는 견해가 있는데(다수설),[3] (ii) 유질계약을 허용하는 이유에서 볼 때 채무자에게 상행위가 되는 경우를 의미한다고 본다(소수설).[4] 따라서 상인(채무자)이 비상인(채권자)으로부터 금전을 차용하고 질권을 설정하여 주는 경우에는 유질계약이 허용되나, 이와 반대의 경우에는 유질계약이 허용되지 않는다고 본다.

이와 동일하게 질권설정행위도 적어도 질권설정자(채무자)에게 상행위가 되는 행위이어야 한다.

---

1) 동지: 정(희), 154면.
2) 동지: 대판 2017. 7. 18, 2017 다 207499(공보 2017, 1725)(질권설정계약에 포함된 유질약정이 상법 제59조에 따라 유효하기 위해서는 질권설정계약의 피담보채권이 상행위로 인하여 생긴 채권이면 충분하고, 질권설정자가 상인이어야 하는 것은 아니다. 또한 상법 제3조는 "당사자 중 그 1인의 행위가 상행위인 때에는 전원에 대하여 본법을 적용한다"라고 정하고 있으므로, 일방적 상행위로 생긴 채권을 담보하기 위한 질권에 대해서도 유질약정을 허용한 상법 제59조가 적용된다〈이 사건에서는 채권자 및 채무자는 상인이고, 질권설정자만이 상인이 아님〉)[이 판결에 대한 평석으로는 김성탁, "유질계약을 허용하는 상법 제59조의 해석방법론 — 대법원 2017. 7. 18. 선고, 2017다207499 판결 평석 및 관련 쟁점사항—,"「선진상사법률」(법무부), 제83호(2018. 7), 1~33면(민법 제339조의 삭제를 주장함)].
3) 서·정, 151면; 정(동), (총) 314면; 최(기), 227면; 임(홍), (상행위) 267면; 이(원), 159면; 정(무), 162면 외.
4) 동지: 채, 176면; 이(철), 269면; 김(용), 92면; 이(기) 외, (총) 272면; 주상(Ⅰ), 487면.

(3) 상행위로 인하여 생긴 채권을 담보하기 위하여 유질약정이 포함된 질권설정계약이 체결된 경우, 질권의 실행 방법이나 절차는 상법에 이에 관한 규정이 없으므로 질권설정계약에서 정한 바에 따라야 한다.[1]

제 4 절 민법 채권편에 대한 특칙

상법이 민법 채권편에 대한 특칙으로 규정한 것을 민법의 규정순서에 따라 보면 다음과 같다. 채권총칙에서의 특칙으로는 법정이율을 인상하였고($\binom{상}{54조}$), 연대채무($\binom{상 57}{조 1항}$) 및 연대보증($\binom{상 57}{조 2항}$)이 되는 경우를 확대하였으며, 상사채무의 이행장소($\binom{상}{56조}$) 및 이행(청구)의 시기($\binom{상}{63조}$)에 대하여 규정하였다. 채권각칙에서는 상사계약의 성립시기($\binom{상}{51조}$)와 청약을 받은 상인의 의무($\binom{상 53조,}{60조}$), 상사매매($\binom{상 67조~}{71조}$), 소비대차의 이자($\binom{상 55}{조 1항}$), 위임 등에 의한 상행위의 유상($\binom{상}{61조}$), 위임 등에 의한 체당금의 이자($\binom{상 55}{조 1항}$), 상사임치($\binom{상}{62조}$)에 대한 특별규정을 두었다. 또한 상행위와 관련하여 유통되는 유가증권에 대하여 적용되는 포괄적인 준용규정을 두고 있다($\binom{상}{65조}$). 이하에서는 민법에서 규정된 순서에 따라 민법과 비교하여 상법의 특칙규정을 설명하겠다.

제 1 채권총칙에 대한 특칙

1. 법정이율

(1) 민사법정이율($\binom{민}{379조}$)

이자 있는 민사채권의 이율은 다른 법률의 규정이나 당사자의 약정이 없으면 「연 5퍼센트」이다.

---

1) 동지: 대판 2021. 11. 25, 2018 다 304007(공보 2022, 83)(상법 제59조는 "민법 제339조의 규정은 상행위로 인하여 생긴 채권을 담보하기 위하여 설정한 질권에는 적용하지 아니한다"라고 정함으로써 상행위로 인하여 생긴 채권을 담보하기 위한 질권설정계약에 대해서는 유질약정을 허용하고 있다. 다만 상법은 유질약정이 체결된 경우 질권의 실행 방법이나 절차에 관하여는 아무런 규정을 두고 있지 않으므로, 유질약정이 포함된 질권설정계약이 체결된 경우 질권의 실행 방법이나 절차는 원칙적으로 질권설정계약에서 정한 바에 따라야 한다. 따라서 비상장주식에 대하여 유질약정이 포함된 질권설정계약이 적법하게 체결된 경우, 질물인 비상장주식의 가격이나 그 산정방식에 관하여 질권설정계약에서 정한 바가 없고 또 객관적으로 형성된 시장가격이 없거나 이를 확인하기 어려운 형편이라면, 채권자가 유질약정을 근거로 처분정산의 방법으로 질권을 실행할 때 일반적으로 허용된 여러 비상장주식 가격 산정방식 중 하나를 채택하여 그에 따라 처분가액을 산정한 이상, 설령 나중에 그 가격이 합리적인 가격이 아니었다고 인정되더라도, 다른 특별한 사정이 없는 한 유질약정의 내용에 따라 채권자와 채무자 사이에서 피담보채무의 소멸 범위나 초과액의 반환 여부, 손해배상 등이 문제 될 여지가 있을 뿐이고 채권자와 처분 상대방 사이에서 채권자의 처분행위 자체가 무효로 된다고 볼 수는 없다).

(2) 상사법정이율($\frac{상}{54조}$)

1) 상행위로 인한 채무의 법정이율은 「연 6퍼센트」이다.[1] 이와 같이 상사법정이율을 민사법정이율보다 높인 이유는 기업거래에서는 보통 자금의 수요가 클 뿐만 아니라, 이러한 자금의 이용에 의하여 발생하는 이익이 크기 때문이다.

2) 이 때 「상행위로 인한 채무」란 쌍방적 상행위로 인한 채무뿐만 아니라, 채권자 또는 채무자의 어느 한편에 대한 일방적 상행위로 인한 채무를 포함한다(통설).[2] 또한 이러한 채무는 상행위로 인한 채무와 동일하거나 변형된 채무(예컨대, 채무불이행으로 인한 손해배상채무, 계약해제로 인한 원상회복채무 등)를 포함한다.[3] 그러나 불법행위로 인한 손해배상채무나 부당이득반환채무 등은 비록 상인간에 발생한 것이라 하더라도 상사법정이율이 적용되지 않는다.[4]

3) 위와 같은 상사법정이율이 적용되는 것은 당사자간에 약정이율이 없는 경우에 적용되고, 상행위에 의하여 발생된 채무라도 다른 특별법에 의하여 법정이율이 정하여진 경우에는 그 규정에 의한다(어 48조·49조, 수 44조·45조 등 참조).

2. 연대채무

(1) 민법의 원칙($\frac{민}{408조}$)(분할채무)

민법에서는 채무자가 수 인인 경우에는 특별한 의사표시가 없으면 각 채무자는

---

1) 동지: 대판 1977. 4. 12, 76 다 497(민판집 232, 75)(대한석탄공사가 석탄채취에 관하여 체결한 근로계약은 보조적 상행위이므로 임금채무에 관하여는 연 6 퍼센트의 비율에 의한 지연손해금을 지급하여야 한다); 동 1986. 9. 9, 84 다 464, 84 다카 1951(공보 787, 1367)(갑주식회사가 미역을 수집·가공하여 수출하는 상인인 을의 수출대행을 하는 과정에서 을에게 그 전도자금 등으로 금원을 선급한 경우에 이에 대하여 을은 상사법정이율에 의한 이자를 지급하여야 한다).

2) 손(주), 238면; 최(기), 240면; 임(홍), (상행위) 281면; 채, 169면; 이(철), 290~291면(채무자가 상인이면 차입한 자금으로 보다 고수익을 얻을 것이므로 상사법정이율을 적용해야 하고, 채권자가 상인이면 채권자가 고수익의 기회를 상실당하므로 상사법정이율을 적용하는 것이 합리적이라고 한다); 이(기) 외, (총) 291면; 주상(Ⅰ), 473면.

3) 대판 2014. 11. 27, 2012 다 14562(공보 2015, 3)(상법 제54조의 상사법정이율이 적용되는 '상행위로 인한 채무'에는 상행위로 인하여 직접 생긴 채무뿐만 아니라 그와 동일성이 있는 채무 또는 그 변형으로 인정되는 채무도 포함된다. 따라서 운송계약상의 채무불이행을 원인으로 한 손해배상청구권을 대위행사하는 경우에 연 6%의 상사법정이율이 적용된다); 동 2016. 6. 10, 2014 다 200763·200770(상법 제54조의 '상행위로 인한 채무'에는 상행위로 인하여 직접 생긴 채무뿐만 아니라, 그와 동일성이 있는 채무 또는 그 변형으로 인정되는 채무〈채무불이행을 원인으로 한 손해배상청구권〉도 포함된다).

4) 동지: 정(희), 153면; 대판 1985. 5. 28, 84 다카 966(집 33 ② 민 47)(상행위가 아닌 불법행위로 인한 손해배상채무에는 상사법정이율이 적용되지 아니한다); 동 2004. 3. 26, 2003 다 34045(공보 2004, 712)(상법 제54조의 상사법정이율은 상행위로 인한 채무나 이와 동일성을 가진 채무에 관하여 적용되는 것이고, 상행위가 아닌 불법행위로 인한 손해배상채무에는 적용되지 아니한다); 동 2018. 2. 28, 2013 다 26425(공보 2018, 627)(상법 제54조의 상사법정이율은 상행위로 인한 채무나 이와 동일성을 가진 채무에 관하여 적용되는 것이고, 상행위가 아닌 불법행위로 인한 손해배상채무에는 적용되지 아니한다).

균등한 비율로 채무를 부담한다.

(2) **상법의 특칙**(상 57조 1항)(연대채무)

1) 의 의 상법에서는 수 인이 그 1인 또는 전원에게 상행위가 되는 행위로 인하여 채무를 부담한 때에는 연대하여 변제할 책임이 있다. 상법이 이와 같이 규정한 이유는 상거래상의 채무의 이행을 확실하게 하여 거래의 안전을 기하기 위해서이다.

2) 요 건

㈎ 위와 같은 연대채무가 성립하기 위하여는 (i) 채무발생원인이 되는 행위가 채무자의 1인 또는 전원에게 「상행위」가 되어야 하고[1](따라서 수 인의 채무자 중 1인은 상인이어야 하고, 채권자만이 상인인 경우에는 이 특칙이 적용되지 않는다), (ii) 수 인의 채무자가 「하나의 행위」(공동의 행위)에 의하여 채무를 부담하여야 한다[2](따라서 수 인의 채무자가 각자 개별적인 행위에 의하여 부담한 채무에 대하여는 이 특칙이 적용되지 않는다).

㈏ 이러한 채무는 직접 상행위에서 생긴 채무가 아니라 하여도 이와 동일하거나 변형된 채무(예컨대, 채무불이행으로 인한 손해배상채무, 계약해제로 인한 원상회복채무 등)를 포함한다.[3]

㈐ 위와 같은 요건이 구비되어 연대채무를 인정한 판례로는 (i) 상업을 공동으로 경영하는 수 인이 부담하는 영업상의 채무,[4] (ii) 양말제조업을 공동으로 경영하는 수 인이 부담하는 원사구입의 외상대금채무,[5] (iii) 동업자로서 영업을 하는 자가 부담하는 물품대금채무,[6] (iv) 차량정비와 주유업을 공동으로 경영하는 수 인이 부담하는 유류대금의 지급채무,[7] (v) 상가건물의 일부에서 숙박업을 하는 공유자들이 부담하는 관리비 지급채무,[8] (vi) 공동수급체의 구성원들이 상인인 경우, 공사도급계약에 따라 도급인에 대하여 부담하는 하자보수의무[9] 또는 탈퇴한 조합원에 대한

1) 동지: 정(희), 153면; 대판 1987. 6. 23, 86 다카 633(공보 1987, 1205).
2) 동지: 정(희), 153면.
3) 동지: 정(희), 153면; 대판 1962. 1. 31, 4294 민상 310(민판집 53, 390)(상행위로 인한 채무의 불이행으로 인하여 생긴 손해배상채무도 연대채무가 된다); 동 1991. 11. 22, 91 다 30705(공보 912, 272)('보광쇼핑센타'라는 상사건물의 건축 및 그 점포분양 등 사업을 공동으로 경영하는 동업조합에서 대표조합원이 분양계약을 합의해제하면서 위 동업조합이 원상회복채무를 부담하는 경우에는 이 채무는 연대채무로서 전 조합원이 연대하여 이를 변제할 책임이 있다).
4) 대판 1956. 9. 20, 4289 민상 347(카드 5620).
5) 대판 1966. 11. 29, 66 다 1741(집 14 ③ 민 265).
6) 대판 1976. 1. 27, 75 다 1606(공보 532, 8977).
7) 대판 1976. 12. 14, 76 다 2212(집 24 ③ 민 453).
8) 대판 2009. 11. 12, 2009 다 54034·54041(공보 2009, 2099)(상가건물의 일부에서 숙박업을 하는 공유자들이 건물의 관리를 담당한 단체와 체결한 위 숙박사업장의 관리에 관한 계약은 상법 제57조 1항에서 규정하는 상행위에 해당하므로, 위 공유자들은 연대하여 관리비 전액의 지급의무를 부담한다).
9) 대판 2015. 3. 26, 2012 다 25432(공동수급체의 구성원들이 상인인 경우, 공사도급계약에 따라 도급인에게 하자보수를 이행할 의무는 수급체 구성원 전원의 상행위에 의하여 부담한 채무로서

지분환급의무[1] 등이 있다.

3) 효   과

(가) 이 때 수 인의 채무자는 연대채무를 부담하는데, 연대채무의 효력은 민법에 의한다($\substack{민\ 414조~ \\ 427조}$). 이 때 수 인의 채무자 중 1인만이 상인인 경우에도($\substack{상 \\ 3조}$) 채무자 및 채권자 전원에 대하여 상법이 적용되어, 채무자 전원은 채권자에 대하여 연대채무를 부담한다.

(나) 상법 제57조 1항의 규정은 임의규정이므로 당사자간에 이와 다른 약정을 할 수 있다(통설).

3. 연대보증

(1) 민법의 원칙($\substack{민\ 437조, \\ 439조}$)

민법에서는 보증인이 있는 경우에 그가 주채무자와 연대하여 보증한다는 특약이 없는 한 일반보증이 되어, 보증인은 최고 및 검색의 항변권(보충성)을 가진다($\substack{민 \\ 437조}$). 또한 보증인이 수 인 있는 경우(공동보증)에는 각자 균등한 비율로 보증채무를 부담한다($\substack{분별의 \\ 이익}$)($\substack{민 \\ 439조}$).

(2) 상법의 특칙($\substack{상\ 57 \\ 조\ 2항}$)

1) 의   의   상법에서는 보증인이 있는 경우에 그 보증이 상행위이거나($\substack{은행이\ 지급보증 \\ 을\ 하는\ 경우\ 등}$) 주채무가 상행위로 인한 것인 때($\substack{상인이\ 영업자금을 \\ 차용하는\ 경우\ 등}$)에는, 보증인이 연대보증을 한다는 의사표시를 하지 않은 경우에도 그 보증은 연대보증이 된다($\substack{상\ 57 \\ 조\ 2항}$). 상법이 이와 같이 규정한 이유는 연대채무에서와 같이 상거래상 발생한 채무에 대하여는 그 이행을 확실하게 하여 거래의 안전을 기하기 위해서이다.

2) 요   건

(가) 위와 같은 연대보증이 성립하기 위하여는 (i) 보증이 상행위이거나, 또는 (ii) 주채무가 상행위로 인한 것이어야 한다.[2]

이 때 「보증이 상행위가 되는 경우」 또는 「주채무가 상행위가 되는 경우」란 쌍방적 상행위인 경우는 물론 일방적 상행위인 경우를 포함하는데, 이 때의 일방적 상

공동수급체의 구성원들은 상법 제57조 제1항에 의하여 연대하여 도급인에게 하자보수를 이행할 의무가 있다).

1) 대판 2016. 7. 14, 2015 다 233098.

2) 동지: 대판 1975. 3. 11, 75 다 123(민판집 207, 279)(회사가 금원을 차용함에 있어 동 회사의 상무가 차용증에 갈음하는 회사명의의 수표에 배서한 경우에는 상무는 원인채무인 차용금에 대하여 보증을 하였다 할 것이고, 이 보증채무는 주채무가 상행위로 인한 것인 만큼 연대보증채무이다).

행위란 보증인 또는 주채무자에게 상행위가 되는 경우만을 의미한다고 본다.[1] 이 때의 일방적 상행위를 보증인 및 주채무자에게 상행위가 되지 않는 경우에도 채권자(및 피보증인)에게만 상행위가 되는 경우(예컨대, 비상인이 은행으로부터 대출받는 경우에 비상인이 보증을 하는 경우)를 포함하는 견해가 있으나,[2] 상법 제57조의 입법취지는 원래 상인의 신용을 강화하여 거래의 안전을 기하자는 것이므로 상법 제57조 1항의 적용에서 채무자측의 상행위성만을 문제로 삼는 것과 같이 상법 제57조 2항의 적용에 있어서도 보증인 또는 주채무자측의 상행위성을 문제로 삼아야 할 것으로 본다.[3] 따라서 채권자측의 상행위성 여부는 본조의 적용에 있어서 무관하다고 본다.

(나) 주채무자의 채무는 직접 상행위에서 생긴 채무가 아니라 하여도 이와 동일성을 가진 채무를 포함한다. 따라서 매도인인 상인을 위하여 목적물인도채무를 보증한 비상인은 매도인이 그 목적물을 인도시기까지 인도하지 못하여 약정한 위약금을 지급하여야 하는 경우에 그 위약금의 지급에 관하여 상법 제57조 2항에 의하여 매도인과 연대책임을 부담한다.[4]

(다) 보증인이 수 인인 경우에 보증인 상호간에도 연대관계(보증연대)가 성립하는가의 문제가 있다. 이에 대하여 상법에는 규정이 없으나, 보증인 또는 주채무자측에서 상행위가 되어 주채무자와 연대관계(연대보증)가 성립하는 한, 보증인 상호간에도 연대관계(보증연대)를 인정하여야 할 것이다(상 57조 2항 유추적용, 민 439조 참조)(통설).[5] 그러나 이 경우에도 보증인 상호간에는 구상권을 행사할 수 있다(민 448조).[6] 보증인 상호간에 연대

---

1) 동지: 임(홍), (상행위) 253~254면; 이(철), 300면; 채, 179면; 이(기) 외, (총) 297면; 朝高判 1918. 5. 10(민집 5, 866).

2) 손(주), 243면, 최(기), 244면; 대판 1959. 8. 27, 4291 민상 407(집 7 민 195)(보증이 상행위가 되는 경우라 함은 보증이 보증인에 있어서 상행위인 경우뿐만 아니라 채권자에 있어서 상행위인 경우를 포함하므로, 상인이 직원을 채용함에 있어 비상인인 제3자가 그 직원을 위하여 신원보증을 하는 경우에도 이에 해당한다).

3) 동지: 정(희), 154면; 정(동), (총) 332~333면.

4) 동지: 대판 1960. 3. 24, 4292 민상 501(민판집 41, 364).

5) 정(희), 154면; 손(주), 244면; 최(기), 245면; 채, 182면; 이(철), 301~302면(다만 주채무가 상행위로 인한 경우에 한해 각 보증인이 채무자와 연대책임을 지며 보증인간에도 연대관계가 성립할 뿐이라고 한다); 이(기) 외, (총) 298면; 이 · 최, 147면 외.
   반대: 정(동), (총) 333면; 임(홍), (상행위) 254면; 대판 1988. 10. 25, 86 다카 1729.

6) 동지: 대판 2012. 5. 24, 2011 다 109586(공보 2012, 1117)(보증보험회사인 갑 주식회사가 아파트 건설공사 원사업자인 을 주식회사로부터 일부 공사를 도급받은 병 주식회사와 피보험자를 을 회사로 하는 내용의 선급금 보증보험계약을 체결하였는데, 이후 병 회사 부도로 공사가 중단되자 을 회사에 보험금을 지급한 다음 도급계약서에 수급인의 보증인으로 기명 · 날인한 정 주식회사를 상대로 구상권을 행사한 사안에서, 정 회사가 선급금 부분에 대하여 책임이 없다는 등의 단서 조항 없이 도급계약서에 수급인의 보증인으로 기명 · 날인한 점, 병 회사가 을 회사에 부담하는 채무는 상행위 채무여서 보증인이 연대하여 변제할 책임이 있는 점 등에 비추어 정 회사는 선급금 반환채무까지 포함하여 연대보증한 것으로 보아야 하고, 갑 회사와 정 회사는 선급금 반환채무에

관계(보증연대)를 인정할 수 있는지 여부는 다음과 같이 경우를 나누어 고찰하여 볼 수 있다.[1]

① 주채무가 채무자측에서 상행위인 경우(예컨대, 상인이 비상인으로부터 영업자금을 차입하는 경우 등)에는 보증인이 상인이든 비상인이든, 또는 수 인의 보증인이 한 개의 공동행위에 의하여 보증을 하든 각각 별개의 행위에 의하여 보증을 하든 불문하고, 수 인의 보증인간에는 연대관계가 성립한다.

② 주채무가 채무자측에서 상행위가 아닌 경우(예컨대, 비상인이 상인 또는 비상인 으로부터 자금을 차입하는 경우 등)에는 다음과 같이 나누어서 고찰할 수 있다.

(i) 보증인이 상인인 경우에는 각 보증인이 한 개의 행위에 의하여 동시(同時)에 보증을 하든 별개의 행위에 의하여 이시(異時)에 보증을 하든 불문하고, 수 인의 보증인간에는 연대관계가 성립한다.

(ii) 보증인이 비상인인 경우에는 주채무자와 연대보증이 성립할 수 없으므로(앞의 ⑺의 설명 참조), 각 보증인은 한 개의 행위에 의하여 동시에 보증을 하든 별개의 행위에 의하여 이시(異時)에 보증을 하든 불문하고, 수 인의 보증인간에는 연대관계가 성립하지 않는다.

(iii) 보증인의 일부가 상인이고 나머지 일부가 비상인인 경우에는 (a) 모든 보증인이 한 개의 행위에 의하여 동시에 보증을 한 경우에는 그 전원에게 상법이 적용되므로(상 3조) 수 인의 보증인간에는 연대관계가 성립하나, (b) 각 보증인이 별개의 행위에 의하여 이시(異時)에 보증을 한 경우에는 상인인 보증인 상호간에만 연대관계가 성립한다.

3) 효 과

⑺ 위의 요건이 성립하여 주채무자와 보증인간에 연대관계(연대보증)가 성립하면 그 효력은 민법에 의한다(민 437 조 단서). 따라서 그러한 보증채무에는 「보충성」이 배제되어 보증인은 최고 및 검색의 항변권을 갖지 못한다.

⑷ 위의 요건이 성립하는 경우에 보증인이 수 인이면 보증인 상호간에는 연대관계(보증연대)가 성립하여, 각 보증인은 「분별의 이익」을 상실하고 보증채무의 전액을 변제할 책임을 부담한다(민 439 조 참조).

⑸ 상법 제57조 2항의 규정은 임의규정이므로 당사자간에 이와 다른 약정을 한

관하여 공동보증인 관계에 있으므로 갑 회사가 정 회사에 구상권을 행사할 수 있다고 보아야 하는데도, 이와 달리 본 원심판결에 건설공사도급계약에서 연대보증인의 책임에 관한 법리오해의 위법이 있다).

1) 동지: 임(홍), (상행위) 254~255면.

경우에는 그 약정에 의한다(통설).

4. 상사채무의 이행

(1) 채무이행의 장소

1) 민법의 원칙($^{민\ 467조,}_{516조}$)

(가) 채무의 성질 또는 당사자의 의사표시로 채무이행의 장소가 정하여진 경우에는 「그 채무의 성질에서 정하여지는 장소 또는 약정장소」가 채무이행의 장소가 된다($^{민\ 467조}_{1항\ 전단}$).

(나) 위 (가) 이외의 경우로서 특정물의 인도채무는 「채권성립 당시에 그 물건이 있던 장소」가 채무이행의 장소가 된다($^{민\ 467조}_{1항\ 후단}$).

(다) 위 (가) 및 (나) 이외의 채무는 「채권자의 현주소」($^{영업에\ 관한\ 채무는}_{채권자의\ 현영업소}$)가 채무이행의 장소가 된다(지참채무)($^{민\ 467}_{조\ 2항}$).

(라) 증권채무인 경우에는 증권에 채무이행의 장소가 기재되지 않은 경우에는 「채무자의 현영업소」($^{영업소가\ 없는}_{때에는\ 현주소}$)가 채무이행의 장소가 된다(추심채무)($^{민}_{516조}$).

2) 상법의 특칙($^{상}_{56조}$)

(가) 상법은 상사채무의 이행장소에 대하여 특별히 규정하고 있지 않고, 다만 채권자의 지점에서의 거래로 인한 채무이행장소에 대하여만 규정하고 있다($^{상}_{56조}$). 따라서 상사채무의 이행장소는 위에서 본 민법의 일반원칙($^{민\ 467조,}_{516조}$)에 의하고, 다만 채권자의 지점에서의 거래로 인한 채무이행장소에 대하여만 상법의 특칙이 적용된다.

(나) 상법 제56조는 채권자의 지점에서의 거래로 인한 채무이행장소에 대하여 「그 행위의 성질 또는 당사자의 의사표시에 의하여 특정되지 아니한 경우로서 특정물인도 이외의 채무의 이행은 그 지점을 이행장소로 본다」고 규정하고 있다. 따라서 이러한 경우 민법의 일반원칙에 의하면 「채권자의 현주소」(현영업소)가 채무이행의 장소가 되나($^{민\ 467}_{조\ 2항}$), 상법의 특칙에 의하면 「거래가 있었던 채권자의 지점」이 채무이행의 장소가 된다.

(2) 채무이행(청구)의 시기

1) 민법의 원칙($^{규정}_{없음}$) 민법에 의하면 채무이행 또는 이행청구의 시기는 이행기($^{이는\ 당사자의\ 의사표시,\ 급부의\ 성질}_{또는\ 법률의\ 규정에\ 의하여\ 정하여짐}$)인데, 이 이행기에 있어서의 이행시기 또는 이행청구기간에 관하여는 민법에 규정이 없고 거래관행 및 신의칙에 따라 정하여진다고 해석되고 있다.[1]

---

1) 곽윤직, 「재전정판 채권총론」(박영사, 1992), 424면.

2) 상법의 특칙$\binom{\text{상}}{63조}$

(가) 상법에서는 「법령 또는 관습에 의하여 영업시간이 정하여져 있는 때에는 채무의 이행 또는 이행의 청구는 그 시간 내에 하여야 한다」고 규정하고 있다$\binom{\text{상}}{63조}$. 민법의 해석에서 채무의 이행 또는 이행청구의 시간은 거래관행 및 신의칙에 따라 정하여진다는 의미는 결국 상법 제63조의 의미이므로, 상법 제63조는 민법과는 다른 특칙으로서의 의미는 없고 당연한 사항을 명문화한 것으로서 다만 주의규정에 불과하다(통설).

(나) 상법 제63조는 채권자 또는 채무자 중 일방만이 상인인 경우에도 적용된다. 또한 이 규정은 임의규정이므로 당사자가 이와 다른 약정을 한 경우에는 그에 의하고, 당사자가 명시적으로 다른 약정을 하지 않은 경우에도 채권자가 영업시간 외에 이행청구를 하면 채무자가 이에 응하여 이행할 수는 있다. 따라서 상법 제63조의 의미는 채권자가 영업시간 외에 이행을 청구하더라도 채무자는 이행을 거절할 수 있고($\substack{\text{이행지체가} \\ \text{되지 않음}}$), 채무자가 영업시간 외에 이행을 하더라도 채권자는 이를 수령할 의무가 없다($\substack{\text{수령지체가} \\ \text{되지 않음}}$)는 의미이다.

제 2   채권각칙에 대한 특칙

1. 대화자간의 계약의 성립시기

(1) 민법의 원칙$\binom{\text{민 111조 1항,}}{\text{528조 1항, 529조}}$

민법에는 대화자간의 계약의 성립시기에 관하여 특별한 규정을 두고 있지 않다. 따라서 이에 관하여는 학설·판례의 해석에 의할 수밖에 없는데, 학설은 도달주의의 일반원칙($\substack{\text{민 111} \\ \text{조 1항}}$)에 따라 승낙의 의사표시는 도달한 때에 그 효력이 발생하고, 따라서 계약도 그 때에 성립·발효한다고 해석한다.[1] 다만 민법은 대화자와 격지자를 구별하지 않고 「승낙기간을 정한 경우」와 「승낙기간을 정하지 않은 경우」로 나누어 계약의 성립시기를 규정하고 있는데, 전자의 경우는 「승낙기간 내」에 승낙의 의사표시가 도달한 때에($\substack{\text{민 528} \\ \text{조 1항}}$), 후자의 경우는 「상당기간 내」에 승낙의 의사표시가 도달한 때에($\substack{\text{민} \\ \text{529조}}$) 계약이 성립한다.

(2) 상법의 특칙$\binom{\text{상}}{51조}$

1) 상법은 대화자간의 계약의 성립시기에 대하여 특별히 규정하고 있는데, 「대화자간의 계약의 청약은 상대방이 즉시 승낙하지 아니한 때에는 그 효력을 잃는다」

---

1) 곽윤직, 상게 채권각론(1992), 68면.

고 하여, 청약과 동시에 하는 승낙에 의하여 계약이 성립함을 규정하고 있다($\substack{상 \\ 51조}$).[1] 이는 상거래의 민활한 결제를 위하여 규정한 것이다.[2] 이 특칙이 적용되기 위하여는 청약자 또는 승낙자의 어느 일방의 행위가 상행위이면 충분하다(통설).[3]

2) 민법에 의하면 대화자간에도 승낙기간을 정하여 청약할 수 있고, 이 때에는 「승낙기간 내에 승낙의 의사표시가 도달한 때」에 그 계약이 성립하나($\substack{민 528 \\ 조 1항}$), 상법에 의하면 대화자간에는 원칙적으로 즉시 승낙이 있어야 계약이 성립하므로($\substack{상 \\ 51조}$), 이 점에서 양법에 차이가 있다. 그러나 상법 제51조는 강행법규라고는 볼 수 없으므로 당사자가 민법 제528조 1항과 같은 내용의 특약을 한 경우에는 물론 양법에 차이가 없게 된다.

또한 민법에 의하는 경우 대화자간에 승낙기간을 정하지 않고 청약을 한 때에는 「상당기간 내」에 승낙이 도달하여야 계약이 성립하는 것으로 규정하고($\substack{민 \\ 529조}$), 상법은 「즉시」 승낙이 있어야 계약이 성립하는 것으로 규정하고 있어($\substack{상 \\ 51조}$), 표현상 차이가 있는 것같이 보이지만 양법의 규정은 결국 같은 것이라 할 수 있다.[4]

2. 계약의 청약을 받은 상인의 의무

(1) 민법의 원칙($\substack{규정 \\ 없음}$)

민법상 계약의 청약은 청약자를 구속할 뿐($\substack{계약의 청약은 이를 철회 \\ 하지 못함 — 민 527조}$), 청약을 받은 상대방에게 이에 대하여 낙부(諾否)통지의무를 발생시키지 않는다($\substack{이는 청약자가 청약시에 상대방 \\ 에 대하여 거절의 통지를 하지 \\ 않을 때에는 계약을 승낙한 것으로 \\ 본다는 예고를 한 경우에도 같다}$).[5] 또한 청약을 하는 자가 청약과 동시에 물건을 송부하더라도 상대방이 청약을 거절하는 경우 상대방은 이를 보관할 의무가 없고, 상대방이 이를 보관하는 경우에는 사무관리가 된다($\substack{민 \\ 734조}$).

(2) 상법의 특칙($\substack{상 53조, \\ 60조}$)

상법에서는 상거래의 신속과 당사자의 편의($\substack{청약자는 상대방의 지연된 승낙거절로 인하여 발생 \\ 하는 손해를 방지하고, 상대방은 거래시마다 승낙 \\ 의 통지를 할 필요없이 계약을 체결할 수 있음}$)를 위하여, (일정한 경우에는) 청약을 받은 상인에 대하여 낙부통지의무($\substack{상 \\ 53조}$)와 물건보관의무($\substack{상 \\ 60조}$)를 부과하고 있는데, 이는 다음과 같다.

---

1) 상법 제51조와 같은 규정은 독일 상법에는 없고[西原, (商行爲) 127면 주 2)], 일본 상법에서 규정하고 있다(日商 제507조). 그러나 후술하는 바와 같이 상법 제51조의 특칙의 의미는 거의 없다고 본다.

2) 주상(상), 293면; 주상(Ⅰ), 470면; 채, 159면; 이(기) 외, (총) 277면.

3) 동지: 정(희), 150면; 임(홍), (상행위) 224면 외.

4) 동지: 우리나라의 다수의 견해는 상법 제51조는 민법에 대한 특칙으로 볼 필요가 없다고 설명한다[정(동), (총) 315면; 최(기), 234면; 임(홍), (상행위) 224면; 이(기) 외, (총) 277면; 주상(Ⅰ), 469면 외].

5) 동지: 손(주), 235면; 이(철), 281면; 채, 160면; 주상(Ⅰ), 471면.

1) 낙부통지의무

㈎ 의　　의　　상법은 「상인이 상시 거래관계에 있는 자로부터 그 영업부류에 속한 계약의 청약을 받은 때에는 지체 없이 낙부의 통지를 발송하여야 하며, 이를 게을리한 때에는 승낙한 것으로 본다」고 규정하여($\frac{상}{53조}$), (일정한 경우) 청약을 받은 상인에 대하여 낙부통지의무를 부과하고 있다.[1]

㈏ 요　　건　　청약을 받은 상인에게 낙부통지의무가 발생하기 위하여는 다음과 같은 요건이 필요하다.

① 「상인이 상시 거래관계가 있는 자로부터 받은 청약」이어야 한다. 이 때 청약을 받은 자는 반드시 「상인」임을 요하나, 청약을 한 자는 상인임을 요하지 않는다(통설).[2] 「상시 거래관계」가 있는 경우라 함은 '과거부터 거래관계가 있어 왔고 장래에도 거래가 계속될 것이 예상되는 경우'를 말하는데, 이는 거래의 규모·종류 등을 종합하여 개별적으로 판단하여야 할 것이다.[3] 따라서 상시 거래관계가 없는 청약자가 미리 정한 기간 내에 이의를 하지 아니하면 승낙한 것으로 간주한다는 뜻을 청약시 표시하였다고 하더라도 이는 상인(상대방)을 구속하지 않는다.[4] 「청약」은 '승낙기간을 정하지 않은 격지자간의 청약'을 의미한다. 왜냐하면 대화자간의 청약은 즉시 승낙하지 않으면 그 효력을 잃으므로($\frac{상}{51조}$) 본조가 적용될 여지가 없고, 승낙기간을 정한 격지자간의 청약은 청약자의 의사에서 본조를 배제하는 것으로 볼 수 있으므로($\substack{이\ 경우\ 계약의\ 성립시기는\ 민\ 제531조 \\ 및\ 제528조\ 1항에\ 의하여\ 정하여짐}$) 본조가 적용될 여지가 없기 때문이다.[5]

② 청약을 받은 내용은 청약을 받은 상인의 「영업부류에 속한 것」이어야 한다. 이는 청약을 받은 내용이 청약을 받은 상인의 기본적 상행위 또는 준상행위($\substack{즉,\ '영업 \\ 으로\ 하 \\ 는\ 거래}$)에 속하는 것이어야 함을 의미한다. 따라서 청약을 받은 상인은 그의 보조적 상행위에 속하는 거래에 관하여 청약을 받은 경우에는 낙부통지의무를 부담하지 않는다.

---

1) 참고로 보험법은 보험계약의 경우에 「보험자는 보험계약자로부터 보험료 상당액의 전부 또는 일부의 지급을 받은 때에는 다른 약정이 없으면 30일 내에 그 상대방에 대하여 낙부의 통지를 발송하여야 하며, 이 기간 내에 낙부의 통지를 해태한 때에는 승낙한 것으로 본다」고 규정하여(상 638조의 2　1항·2항), 상법 제53조에 대한 특칙을 다시 규정하고 있다. 이를 상법 제53조와 비교하여 보면, (i) 「상시거래관계」가 있음을 요하지 않는 점과, (ii) 낙부의 통지기간을 「30일 내」로 명문으로 규정하고 있는 점에서 구별되고 있다.

2) 손(주), 234면; 정(동), (총) 317면; 최(기), 235면; 이(철), 281면; 이(기) 외, (총) 281~282 면; 주상(Ⅰ), 472면 외.

3) 동지: 손(주), 234면; 최(기), 235면; 이(철), 281면.

4) 대판 1999. 1. 29, 98 다 48903(공보 1999, 372).

5) 동지: 이(철), 282면.

③ 당사자간에 이와 다른 약정, 이와 다른 관습, 또는 기타 특수한 사정(예컨대, 거래의 내용이 종래에 비하여 크게 다르거나 또는 큰 위험부담을 수반하는 경우 등)이 없어야 한다.[1]

(대) 효   과

① 청약을 받은 상인은 지체 없이 낙부의 통지를 발송하여야 할 의무를 부담한다. 이 때 청약을 받은 상인은 낙부의 통지를 「발송」하기만 하면 되므로(발신주의), 부도달에 의한 불이익은 청약자가 부담한다.

② 청약을 받은 상인이 위의 낙부통지의무를 게을리한 경우에는 그 청약을 승낙한 것으로 본다(상53조 후단). 따라서 이 경우에는 계약성립의 효력이 발생한다. 그러나 낙부통지가 상대방의 책임 없는 사유로 지연되거나(예컨대, 상대방이 과실 없이 청약의 사실을 알지 못한 경우 등) 또는 상대방이 제한능력자인 경우 등에는 승낙으로 의제할 수 없다(과실책임주의의 원칙).[2]

이와 같이 낙부통지의무를 게을리한 효과로서는 승낙한 것으로 의제하는 효력만이 있을 뿐이지 손해배상책임은 문제삼지 않으므로, 청약을 받은 상인의 이러한 의무는 간접의무 또는 불완전의무(부진정의무)이다.

2) 물건보관의무

(가) 의   의   상법은 「상인이 그 영업부류에 속한 계약의 청약을 받은 경우에 견품 기타의 물건을 받은 때에는 그 청약을 거절한 때에도 청약자의 비용으로 그 물건을 보관하여야 하는데, 그 물건의 가격이 보관비용을 상환하기에 부족하거나 보관으로 인하여 손해를 받을 염려가 있는 때에는 그러하지 아니하다」고 규정하고 있다(상60조). 상인에게 이러한 의무를 부과시키는 이유는 상거래의 안전과 신용유지를 기하기 위해서이므로, 이 의무는 신의칙상 요구되는 의무라고 볼 수 있다.[3] 따라서 상인은 사무관리로서가 아니라 선량한 관리자의 주의로써 물건을 보관하여야 할 의무를 부담한다.

(나) 요   건

① 청약을 받은 자는 「상인」이어야 한다. 청약자는 상인이 아니어도 무방하고, 청약을 받은 자와 상시 거래관계가 있음을 요하지도 않는다(낙부통지의무와 구별되는 점).[4]

---

1) 동지: 이(철), 282면; 이(기) 외, (총) 283면; 주상(Ⅰ), 472면.
2) 동지: 정(희), 151면; 정(동), (총) 318면; 손(주), 234면; 임(홍), (상행위) 231면; 이(철), 283면.
3) 동지: 정(희), 151면(거래보호와 신용유지를 위하여 기업책임이 가중된 본보기라고 한다); 이(철), 283면; 이(기) 외, (총) 283~284면.
   그러나 정(동), (총) 319면은 「이 의무는 청약자의 이익을 보호하고 거래의 안전에 이바지하려고 한 규정이다」고 한다.
4) 입법론으로 낙부통지의무와 같이 「상시 거래관계」가 있음을 요한다고 보는 견해로는 이(철), 284면; 이(기) 외, (총) 284면.

② 청약을 받은 자는「그 영업부류에 속한 계약의 청약」을 받아야 한다.「영업부류에 속한 것」이라 함은 청약을 받은 자가 '영업으로 하는 거래'($\frac{기본적 상행위}{또는 준상행위}$)이어야 하고,「청약」은 해석상 대화자간의 청약은 제외되고 격지자간의 청약을 의미한다.[1]

③ 청약을 받은 자는 청약과 관련하여「견품 기타의 물건」을 받아야 한다. 이 때「견품 기타의 물건」이란 거래상의 자료로서 송부되는 상품견품을 의미하는 것이 아니라, 목적상품의 일부로서 받는 견품 기타의 물건을 의미한다.[2]

④ 그 물건의 가격이 보관비용을 상환하기에 부족하거나 보관으로 인하여 손해를 받을 염려가 있는 경우가 아니어야 한다($\frac{상 60}{조 단서}$).

(대) 효 과

① 청약을 받은 상인은 청약을 거절한 경우에도 그가 받은 물건을 선량한 관리자의 주의로써 보관할 의무를 부담한다. 이 때 보관비용은 청약자의 부담으로 하나[3] ($\frac{상 60}{조 본문}$), 청약을 받은 자는 청약자에 대하여 보관에 따른 보수청구권($\frac{상}{61조}$)을 행사할 수는 없다고 본다($\frac{왜냐하면 보관의무는 법률에 의하여}{특별히 부과되는 의무이기 때문이다}$).

② 청약을 받은 상인이 이러한 의무를 이행하지 않아 청약자에게 손해가 발생한 경우에는, 그는 청약자에게 손해배상책임을 진다.

3. 상사매매[4]

(1) 총 설

1) 상법상 특칙의 인정이유 매매는 최초로 나타난 기업활동이고 상행위의 기본이다. 이와 같이 매매는 기업활동에서 매우 중요한 지위에 있으나 상법에 규정된 상사매매에 관한 특칙은 겨우 5개조뿐이고($\frac{상 67조~}{71조}$), 상세한 것은 민법의 계약법 중에 규정되어 있다($\frac{민 563조~}{595조}$). 상법에 규정된 상사매매에 관한 특칙은 매도인의 목적물의 공탁·경매권($\frac{상}{67조}$), 확정기매매의 해제($\frac{상}{68조}$), 매수인의 목적물의 검사·하자통지의무($\frac{상}{69조}$) 및 매수인의 목적물 보관·공탁의무($\frac{상 70조,}{71조}$)의 네 가지인데, 이 중 확정기매매의 해제($\frac{상}{68조}$)를 제외하고는 모두 매도인의 이익을 보호하기 위한 규정들

---

1) 동지: 손(주), 235면; 최(기), 237면; 이(철), 284면; 이(기) 외, (총) 285면; 주상(Ⅰ), 488면.

2) 동지: 손(주), 235면; 주상(Ⅰ), 488면.

3) 동지: 대판 1996. 7. 12, 95 다 41161·41178(공보 1996, 2468)(상법 제60조는 상거래에 있어 청약을 받은 상인에게 청약과 함께 송부받은 물건의 현상이나 가치를 반송할 때까지 계속 유지·보존하는 데 드는 보관비용의 상환에 관한 규정일 뿐, 청약자가 그 물건이 보관된 장소의 사용이익 상당의 손해배상을 청구할 수 있는 규정은 아니다).

4) 이에 관한 상세는 神崎, 28~303면; 江頭, (上) 1~41면 참조.

이다. 상법이 이와 같은 특칙을 두게 된 이유는 상사매매에 따른 법률관계를 신속히 종결시켜 거래의 신속을 기하고, 당사자간의 분쟁을 사전에 예방하여 기업의 신용을 유지시키고자 하는 데 있다.

2) 상법상 특칙의 적용범위

(가) 상사매매에 관한 상법의 특칙은 모두 상인간의 매매에 적용되는데, 이러한 상법의 특칙이 적용되기 위하여는 다음의 요건이 필요하다. (i) 첫째는 당사자 쌍방이 상인이어야 한다.[1] (ii) 둘째는 상인간의 매매는 당사자 쌍방에게 모두 상행위가 되는 매매이어야 한다. 이 때「당사자 쌍방에게 상행위가 되는 매매」란 그 매매가 당사자 쌍방을 위하여 기본적 상행위이어야 하는 것은 아니고, 부속적 상행위로서 하는 매매를 포함한다. 그러나 당사자 쌍방이 상인이라 할지라도 그 매매가 어느 한 쪽에게 부속적 상행위도 안 되는 경우(예컨대, 카메라 상인이 먹기 위하여 음료수를 산다든가, 상인이 카메라용 필름을 산다든가 하는 것 등)는 이에 포함되지 않는다. (iii) 셋째는 상사매매에 관한 상법상 특칙규정은 임의규정이므로 당사자간에 이에 관한 다른 특약이 없어야 한다.

(나) 상사매매에 관한 상법의 규정은 상인간의 매매에 적용될 일반적 원칙이지, 매매업이라는 특수업종에 적용되는 규정은 아니다. 이러한 특수한 매매는 정형화된 보통거래약관에 의하여 체결되는 것이 보통이므로, 특히 이러한 매매에 있어서는 이에 관한 관습법·자치법·특별법령 등이 고려되어야 한다[2](예컨대, 해상물품매매에 있어서의 CIF·FOB약관이나 한국거래소에 있어서의 각종 약관 등).

(2) 매도인의 공탁권 및 경매권

1) 민법의 원칙(민 487조, 490조)

(가) 공 탁 권   민법상 매도인(채무자)이 목적물을 공탁하기 위하여는 (i) 매수인(채권자)이 목적물을 수령하지 아니하거나, (ii) 매수인(채권자)이 목적물을 수령할 수 없거나, 또는 (iii) 매도인(채무자)이 과실 없이 매수인(채권자)을 알 수 없는 경우이어야 한다(민 487조).

(나) 경 매 권   민법상 매도인이 목적물을 경매(또는 시가로 방매〈放賣〉)하기 위하여는 (i) 목적물이 공탁에 적당하지 아니하거나, 멸실 또는 훼손될 염려가 있거나, 공탁에 과다한 비용을 요하는 경우로서, (ii) 법원의 허가를 얻어야 한다(민 490조 전단). 또한 매도인이 목적물을 경매(또는 시가로 방매)한 경우에는 반드시 그 대금을 공탁하여야 한다(민 490조 후단).

---

1) 동지: 대판 1993. 6. 11, 93 다 7174·7181(공보 950, 2015)(상법 제69조는 매수인이 상인인 경우에도 매도인이 상인이 아니면 적용되지 않는다).
　　참고로 獨商 제373조, 제343조는 당사자 쌍방의 상인성을 요구하지 않는다.
2) 동지: 정(희), 157면.

2) 상법의 특칙($^{상}_{67조}$)

(카) 공 탁 권

① 요   건   민법의 원칙과 같다($^{상 67조}_{1항 전단}$). 다만 다음과 같은 점을 유의할 필요가 있다.

(i) 상사매매에서는 매도인이 과실 없이 매수인을 알 수 없는 경우란 예상할 수 없으므로, 이의 요건이 상법 제67조 1항에 없다 하더라도 상법상 공탁요건은 민법상 그것과 동일하다고 볼 수 있다.

(ii) 상사매매에 있어서 매수인이 목적물을 수령하지 않는 경우에는 공탁요건에 해당되어 매도인은 목적물을 공탁할 수 있으나, 실제 거래에 있어서는 보통 매도인이 이를 임의로 처분할 수 있음을 특약하고 있기 때문에 목적물의 가격이 상승하는 경우에는 매도인이 목적물을 공탁할 필요성이 거의 없을 것이다. 특히 이 경우에 매도인이 매수인으로부터 매매대금을 지급받지 않은 경우에는 매도인은 위의 특약에 의하여 아무런 문제 없이 목적물을 다른 데 매각할 수 있으므로 공탁은 실제로 문제될 여지가 거의 없을 것이다. 그러나 목적물의 가격이 하락하는 경우로서 매수인이 부당하게 목적물의 수령을 거부하는 경우에는 매도인의 이러한 공탁권은 매도인의 이익을 위하여 큰 의미가 있을 것이다.

② 효   과

(i) 매도인이 목적물을 공탁한 경우에는 지체 없이 매수인에 대하여 이에 관한 통지를 발송하여야 한다($^{상 67조}_{1항 2문}$). 민법상 공탁에서도 공탁자(매도인)는 지체 없이 채권자(매수인)에게 공탁통지를 하여야 하므로($^{민 488}_{조 3항}$), 이 점에서 상법은 민법과 다를 것이 없다. 다만 공탁의 실무에서는 공탁자(매도인)가 직접 채권자(매수인)에게 통지하지 않고 공탁관을 통하여 통지한다($^{공탁규칙〈대법원규칙 제3119〉}_{호, 개정: 2023. 12. 29〉 29조}$).

(ii) 매도인의 채무($^{목적물의}_{인도의무}$)는 소멸한다. 따라서 매도인이 매수인으로부터 매매대금을 지급받지 못한 경우에는 매수인의 지급능력·담보·보증 등에 의하여 권리실현을 할 수밖에 없다. 이에 대하여는 상법에서 특별히 규정하고 있지 않으므로 민사소송법의 일반규정에 의한다. 공탁비용은 매수인의 부담이므로 매도인은 매수인에 대하여 공탁비용의 상환청구권을 갖는다.

(내) 경매권(자조〈自助〉매각권)

① 요   건

(i) 상사매매에 있어서 매도인의 목적물에 대한 경매요건은 위에서 본 민법상 채무자(매도인)의 경매요건을 일체 필요로 하지 않고, 다만 공탁요건만 성립하면 충

분하다. 따라서 목적물이 공탁에 적합한 경우 등에도 법원의 허가 없이 경매할 수
있다. 다시 말하면 매도인은 공탁권과 경매권의 어느 하나를 선택하여 행사할 수 있
고(민법상 경매권은 원칙적으로 목적물이 공탁에 부적당한 경우에
한하여 발생하므로, 공탁할 수 있는 목적물을 경매할 수는 없음), 이미 어느 일방의 권리를 행사하였
더라도 이를 변경하여 다른 권리를 행사할 수도 있다.

(ii) 다만 매도인이 경매권을 행사하기 위하여는 매수인에게 상당한 기간을 정
하여 「수령을 최고」하여야 하는데(상 67조 1항
1문 후단), 이러한 수령최고도 매수인에 대하여
최고할 수 없거나(매수인의 주
소불명 등) 목적물이 멸실 또는 훼손될 염려가 있는 때에는 할 필요
가 없다(상 67
조 2항).

② 효   과

(i) 매도인이 목적물을 경매한 경우에는 공탁의 경우와 같이 지체 없이 매수인
에 대하여 이에 관한 통지를 발송하여야 한다(상 67조
1항 2문).

(ii) 매도인이 목적물을 경매한 경우에는 그 대금에서 경매비용을 공제한 잔액
을 공탁하여야 하나, 그 대금의 전부나 일부를 매매대금에 충당할 수도 있다(변제충
당권)(상 67
조 3항). 경매비용을 매수인의 부담으로 하는 점은 앞에서 본 공탁권과 같은 점
이나, 경매대금을 공탁하지 않고 직접 매매대금에 충당할 수 있도록 한 점은 민법상
의 경매권과는 중요한 차이점이다.

매도인이 이와 같이 목적물을 경매하여 그 대금을 공탁 또는 매매대금에 충당
하면 매도인의 채무는 소멸한다.

(3) 확정기매매의 해제

1) 민법의 원칙(민
545조)   상법상 확정기매매란 민법상 정기행위의 일종인데,
민법상 정기행위(계약의 성질 또는 당사자의 의사표시에 의하여 일정한 시일 또는 일정
한 기간 내에 이행하지 아니하면 계약의 목적을 달성할 수 없는 행위)의 경우에는 「당
사자 일방이 그 시기에 이행하지 아니한 때에는 상대방은 그 이행을 최고하지 아니
하고 계약을 해제할 수 있다」(민
545조).

민법상 계약을 해제할 수 있는 경우(법정해제권
의 발생원인)는 이행지체(민 544조,
545조)와 이행불능
(민
546조)이 있는데(이 밖에 학설상 인정되는 것으로
불완전이행과 수령지체가 있다), 이행지체에는 보통의 이행지체(민
544조)와 정
기행위의 이행지체(민
545조)가 있다. 정기행위의 이행지체가 보통의 이행지체와 구별되
는 점은 「이행의 최고」를 요하지 않고 이행기의 경과로 바로 해제권이 발생한다는
점이다. 해제권이 발생하는 것은 해제의 효력이 발생하는 것과 구별되어, 해제권자
의 해제의 의사표시를 요하고 이 의사표시가 상대방에게 도달한 때에 해제의 효력
이 발생한다(민 111
조 1항). 민법이 이와 같이 해제의 의사표시를 요구하는 것은 정기행위에
있어서 채권자가 이행기 후에 계약을 해제하지 않고 본래의 급부를 원하는 경우도

있는 점을 고려한 것이다.

   2) 상법의 특칙($\substack{상 \\ 68조}$)   　　상법은 확정기매매에 대하여 「상인간의 매매에 있어
서 매매의 성질 또는 당사자의 의사표시에 의하여 일정한 일시 또는 일정한 기간 내
에 이행하지 아니하면 계약의 목적을 달성할 수 없는 경우에 당사자의 일방이 이행
시기를 경과한 때에는 상대방은 즉시 그 이행을 청구하지 아니하면 계약을 해제한
것으로 본다」고 규정하고 있는데($\substack{상 \\ 68조}$), 이를 분설하면 다음과 같다.

   ⑺ 요   　건　　상사매매에 관한 상법특칙의 일반적인 적용요건 외에 다음
과 같은 요건이 필요하다.[1]

   ① 「확정기매매」이어야 한다. 즉, 매매의 성질(절대적 확정기매매) 또는 당사자의
의사표시(상대적 확정기매매)에 의하여 일정한 일시 또는 일정한 기간 내에 이행하지
아니하면 계약의 목적을 달성할 수 없는 매매이어야 한다.[2]

   ② 채무자($\substack{당사자 \\ 의 일방}$)의 귀책사유에 의한 「채무불이행」($\substack{이행시기 \\ 의 경과}$)이 있어야 한다. 채무
불이행이 채무자의 귀책사유에 의한 것인지 여부를 불문한다는 견해가 있으나,[3] 이
는 민법상 계약해제의 일반법리에 반하므로 타당하지 않다고 본다.[4]

   ③ 채권자(상대방)가 즉시 「이행청구」를 하지 않아야 한다. 채권자가 즉시 이행
을 청구한 때에는 그 계약은 해제되지 않는데, 이것은 이행기를 경과한 채무의 이행
이 채권자에게 이익이 되는 경우에 채권자가 이를 선택하여 이행청구할 수 있도록

---

[1] 동지: 대판 1955. 3. 31, 4287 민상 320(집 2 ② 민 37); 정(희), 161면은 「양 당사자가 상인이
　면 일방적 상행위인 경우(예컨대, 상인이 자녀의 결혼식 때 쓰기 위하여 답례품을 주문하는 경우)
　에도 본조가 적용된다」고 하나, 이는 상법의 조문에 반하는 해석으로 타당하지 않다고 본다.
[2] 확정기매매를 긍정한 판례: 대판 1995. 5. 26, 93 다 61543(공보 995, 2243)(국제해상매매
　계약에서 C.I.F. 약관이 있는 경우에 가격변동이 심한 원자재인 알루미늄에 대하여 운송계약을 체
　결하고 선적기일 내에 선적하기로 한 매매계약은 그 성질 또는 당사자의 의사표시에 의하여 약정
　된 선적기일 내에 선적되지 아니하면 계약의 목적을 달성할 수 없는 상법 제68조 소정의 이른바
　확정기매매에 해당한다)(이 판결에 반대하는 취지의 평석으로는 김연호, 「법률신문」, 제2440호
　〈1995. 9. 21〉, 14면).
　　확정기매매를 부정한 판례: 대판 2009. 7. 9, 2009 다 15565(공보 2009, 1290)(상법 제68조
　에 정한 상인간의 확정기매매의 경우 당사자의 일방이 이행시기를 경과하면 상대방은 이행의 최
　고나 해제의 의사표시 없이 바로 해제의 효력을 주장할 수 있는바, 상인간의 확정기매매인지 여부
　는 매매목적물의 가격 변동성·매매계약을 체결한 목적 및 그러한 사정을 상대방이 알고 있었는지
　여부·매매대금의 결제 방법 등과 더불어 이른바 시.아이.에프(C. I. F.) 약관과 같이 선적기간의
　표기가 불가결하고 중요한 약관이 있는지 여부·계약당사자 사이에 종전에 계약이 체결되어 이행
　된 방식, 당해 매매계약에서의 구체적인 이행상황 등을 종합하여 판단하여야 한다. 따라서 계약당
　사자 사이에 종전에 계약이 체결되어 이행된 방식·당해 매매계약에서의 구체적인 이행상황 등에
　비추어 볼 때, 가격변동이 심한 원자재〈페로몰리브덴〉를 계약목적물로 한 국제중개무역이라는 사
　유만으로는 상법 제68조에 정한 상인간의 확정기매매에 해당한다고 볼 수 없다).
[3] 손(주), 250면; 채, 188면; 이(기) 외, (총) 328면; 주상(Ⅰ), 510면.
[4] 동지: 이(철), 309면.

하기 위해서이다.

(내) 효 과

① 확정기매매계약은 해제된 것으로 의제된다. 이 점에서 민법상 정기행위의 해제와 구별된다. 즉, 이행기경과의 경우 민법상의 정기행위는 해제권만이 발생하나(따라서 해제의 의사표시를 요함), 상법상 확정기매매는 해제의 효력이 발생한다(따라서 해제의 의사표시를 요하지 않고 당연히 해제의 효력이 발생한다). 상법이 이와 같이 규정한 이유는 확정기매매관계를 빨리 종결지우기 위해서이다.

② 확정기매매계약이 해제되면(즉, 해제된 것으로 의제되면) 이에는 민법상 계약해제에 관한 일반원칙이 적용된다. 즉, 그 계약은 소급하여 효력을 잃게 되어 각 당사자는 그 상대방에 대하여 원상회복의무가 있고(민 548조, 549조), 채무자(보통 매도인)는 상대방(보통 매수인)에 대하여 손해배상책임을 부담한다(민 551조).

(4) 매수인의 검사 · 통지의무

1) 민법의 원칙(민 574조, 580조~582조)

(가) 민법상 매도인의 담보책임에 관한 규정은 크게 (i) 권리의 하자에 대한 담보책임(민 569조~ 577조), (ii) 물건의 하자에 대한 담보책임(하자담보책임)(민 580조~ 582조), (iii) 채권의 매도인의 담보책임(민 579조) 및 (iv) 경매에 있어서의 담보책임(민 578조, 580조 2항)으로 분류된다.

① 권리의 하자에 대한 담보책임은 다시 (a) 재산권의 전부 또는 일부가 타인에게 속하는 경우(민 569조~ 573조), (b) 재산권의 일부가 전혀 존재하지 않는 경우(목적물의 수량부족 또는 일부멸실의 경우)(민 574조) 및 (c) 재산권이 타인의 권리(용익물권 또는 담보물권)에 의하여 제한을 받는 경우(민 575조~ 577조)가 있다.

② 물건의 하자에 대한 담보책임은 다시 (a) 특정물매매에 있어서의 하자담보책임(민 580조)과 (b) 불특정물매매(종류매매)에 있어서의 하자담보책임이 있다(민 581조~ 582조).

상법 제69조와 관련된 매도인의 담보책임은 ① 권리의 하자에 대한 담보책임으로서 목적물의 수량부족(위 ① (b))에 대한 매도인의 담보책임과 ② 물건의 하자에 대한 매도인의 담보책임이므로, 이하에서는 이에 관해서만 좀더 상세히 살펴본다.

(내) 수량을 지정한 매매의 목적물이 부족되는 경우(가 ① (b) 의 경우)에는 선의의 매수인은 (i) 원칙적으로 「대금감액청구권」과 「손해배상청구권」을 행사할 수 있으나(민 574조, 572조 1항 · 3항), (ii) 만일 계약 당시에 잔존하는 것만으로는 매수인이 목적물을 매수하지 않았으리라는 사정이 있는 때에는 「계약해제권」과 「손해배상청구권」을 행사할 수 있다(민 574조, 572조 2항 · 3항). 선의의 매수인은 이러한 권리를 그 사실(수량부족)을 안 날로부터 「1년 내」에 행사하여야 한다(민 574조, 573조).

이러한 매도인의 담보책임은 「특정물의 매매」에 관해서만 적용되는 것이고, 불특정물의 매매(종류매매)에 관해서는 단순한 채무불이행의 문제가 된다고 한다.[1]

(다) 매도인의 하자담보책임$\binom{(가) ②}{의 경우}$은 「특정물」에 관한 책임과 「불특정물」에 관한 책임으로 나누어진다.

① 「특정물」에 관하여 하자가 있는 경우에는 선의·무과실의 매수인은, (i) 목적물의 하자로 인하여 매매의 목적을 달성할 수 없는 경우에는 「계약해제권」과 「손해배상청구권」을 행사할 수 있고$\binom{민 580조 1항 본문,}{575조 1항 본문}$, (ii) 목적물의 하자에도 불구하고 매매의 목적을 달성할 수 있는 경우에는 「손해배상청구권」만을 행사할 수 있을 뿐이다$\binom{민 580조 1항 본문,}{575조 1항 단서}$.

선의·무과실의 매수인은 이러한 권리를 그 사실을 안 날로부터 「6월 내」에 행사하여야 한다$\binom{민}{582조}$.

② 「불특정물」에 관하여 하자가 있는 경우$\binom{매매의 목적물을 종류로 지정한 경우에 그 후}{특정된 목적물에 관하여 하자가 있는 경우}$에는 특정물에 관하여 하자가 있는 경우와 같으나$\binom{민 581}{조 1항}$, 이 때 매수인은 계약해제권 또는 손해배상청구권을 행사하지 않고 이에 갈음하여 「하자 없는 물건」을 청구할 수 있다$\binom{민 581}{조 2항}$.

선의·무과실의 매수인은 이러한 권리를 그 사실을 안 날로부터 「6월 내」에 행사하여야 한다$\binom{민}{582조}$.

(라) 민법상 매수인이 매도인에게 위와 같은 담보책임을 묻기 위하여는 매수인이 목적물에 대한 하자 또는 수량부족을 적극적으로 발견해야 할 의무는 없고, 매수인은 언제든지 이를 발견하면 매도인에 대하여 담보책임을 물을 수 있다. 다만 매수인이 매도인의 담보책임을 물을 수 있는 기간은 이를 안 날로부터 6월 내$\binom{물건의}{하자}\binom{민}{582조}$ 또는 1년 내$\binom{수량}{부족}\binom{민 574조,}{573조}$로 제한되어 있을 뿐이다.

2) 상법의 특칙$\binom{상}{69조}$(매수인의 검사·통지의무)

(가) 의 의   상법은 「상인간의 매매에 있어서 매수인이 목적물을 수령한 때에는 지체 없이 이를 검사하여야 하고, 하자 또는 수량의 부족을 발견한 경우에는 즉시 매도인에게 그 통지를 발송하지 아니하면 이로 인한 계약해제, 대금감액 또는 손해배상을 청구하지 못한다」고 규정하여$\binom{상 69조}{1항 1문}$, 매수인의 검사·통지의무를 규정하고 있다.

상법이 이와 같이 민법과는 달리 매수인에게 검사·통지의무를 부과한 이유는 매수인이 매도인의 손실부담으로 투기적인 담보책임을 주장하는 것을 방지하고$\binom{예컨}{대,}$

---

1) 곽윤직, 전게 채권각론(1992), 215면.

목적물의 가격변동을 보아 유리한 시기에 매 $\binom{\text{목적물의 가격변동을 보아 유리한 시기에 매}}{\text{수인이 담보책임을 주장하는 것 등을 방지}}$), 상사매매에 따른 법률관계를 신속히 종결시켜 매도인을 보호 $\binom{\text{예컨대, 전매}\langle\text{轉}\rangle}{\langle\text{賣}\rangle\text{기회 보장 등}}$하기 위해서이다.[1]

(내) 요   건   상사매매에 관한 상법특칙의 일반적인 적용요건 외에, 다음과 같은 요건이 필요하다.

① 매수인이 목적물을 (검사할 수 있는 상태에서)「수령」하여야 한다. 이 때의「수령」은 검사할 수 있는 상태에서의 수령이므로 '목적물 자체를 실제로 수령하는 것'을 의미하고, 화물상환증·선하증권 등의 양수에 의하여 목적물에 대한 권리가 이전되는 것 $\binom{\text{상 133조,}}{\text{861조}}$을 의미하지 않는다.[2]「목적물」은 특정물인 경우뿐만 아니라, 불특정물(종류매매)을 포함한다(통설).[3] 또한 목적물은 대체물뿐만 아니라, 부대체물도 원칙적으로 포함된다고 볼 수 있다.[4] 그러나 특정한 매수인만이 사용할 수 있는 부대체물을 제작하여 공급하는 계약은 매매계약이라기보다는 도급계약이므로 상사매매에 관한 상법의 특칙규정이 적용되지 않는다.[5] 또한 상인간의 수량을 지정한 물건의 임대차계약에도 상법 제69조는 적용되지 않는다.[6]

② 목적물에「하자 또는 수량부족」이 있어야 한다. 이를 민법상 매도인의 담보책임의 대상과 비교하면 권리의 하자 중「목적물의 수량부족」$\binom{\text{민 574}}{\text{조 전단}}$과「물건의 하자」$\binom{\text{민 580조~}}{\text{582조}}$만이 상사매매에 있어서 매수인의 검사·통지의무의 발생요건이 된다.[7] 따라서 그 밖의 권리의 하자 $\binom{\text{재산권의 전부 또는 일부가 타인에 속하는 경우, 목적물의 일부}}{\text{멸실의 경우, 재산권이 타인의 권리에 의하여 제한받는 경우 등}}$의 경우에는 매수인이 검사·통지의무를 부담하지 않고 민법의 일반원칙에 따라 매도인에게 담보책임을 물을 수 있다 $\binom{\text{민 569조~573조, 574조}}{\text{후단, 575조~577조}}$. 또한 채무불이행에 해당하는 불완전이행의 경우에도 상법 제69조 1항이 적용되지 않는다.[8]

---

1) 이러한 이유에 관한 상세는 이(철), 310면 및 대판 1987. 7. 21, 86 다카 2446(공보 808, 1380) 등 참조.
   그러나 영국의 물품매매법(Sale of Goods Act, 1979)에 의하면 매도인은 매수인에 대하여 담보책임(warranty)을 부담하므로(동법 34조 1항) 매수인은 물품을 검사하지 아니하였다는 이유만으로 그 손해배상청구권을 상실하지 않는다[대판 1988. 12. 13, 87 다카 2986(공보 1989, 101)].
2) 동지: 정(희), 159면; 정(동), (총) 407~408면 외.
3) 정(희), 159면; 정(동), (총) 407면; 손(주), 252면; 이(철), 311면; 이(기) 외, (총) 331면; 주상(Ⅰ), 512면 외.
4) 동지: 이(철), 311면.
5) 동지: 정(동), (총) 407면(제조물공급계약에는 원칙적으로 본조가 적용되지 않는다고 한다); 대판 1987. 7. 21, 86 다카 2446(공보 808, 1380).
6) 대판 1995. 7. 14, 94 다 38342(공보 998, 2792).
7) 동지: 정(희), 159면; 정(동), (총) 408면; 이(철), 313면; 채, 190면; 이(기) 외, (총) 331면; 주상(Ⅰ), 512면.
8) 동지: 대판 2015. 6. 24, 2013 다 522(공보 2015, 1035)(상인 간의 매매에서 매수인이 목적물을 수령한 때에는 지체 없이 이를 검사하여 하자 또는 수량의 부족을 발견한 경우에는 즉시, 즉시 발견할 수 없는 하자가 있는 경우에는 6개월 내에 매수인이 매도인에게 그 통지를 발송하지 아니

목적물의 수량초과의 경우에는 상법상 매수인에게 검사·통지의무가 발생하지 않음은 물론,[1] 민법상으로도 매수인에게 원칙적으로 대금증액의무(매도인에게 대
금증액청구권)를 인정하지 않는다.[2]

③ 매도인이 「선의」이어야 한다(상 69
조 2항). 즉, 매도인이 목적물의 인도 당시에 물건의 하자 또는 수량부족을 알고 있었다면(악의), 매수인은 검사·통지의무를 부담하지 않고, 민법의 일반원칙에 의하여 매도인의 담보책임을 물을 수 있다.

㈐ 효   과

① 검사의무 및 통지의무의 발생(의무의 내용)

(i) 검사의무

(a) 원칙적으로 매수인은 수령 후 「지체 없이」 목적물을 검사하여야 할 의무를 부담한다. 이 때 매수인의 검사의 시기·방법·정도 등은 목적물의 종류 등에 따라 객관적으로 정하여진다. 따라서 매수인은 객관적인 주의로써 검사하여야 하고, 매수인의 주관적 사정(예컨대, 매수인의 능
력부족·인력부족 등)은 고려되지 않는다(통설).[3] 또한 매수인의 과실 유무를 불문한다.[4]

(b) 예외적으로 목적물에 즉시 발견할 수 없는 하자가 있는 경우에는 「6월 내」에 검사하여야 할 의무를 부담한다.[5]

(ii) 통지의무

(a) 매수인이 목적물을 검사한 결과 하자 또는 수량부족을 발견한 경우에는, 「즉시」 이에 관하여 매도인에게 통지를 발송하여야 할 의무를 부담한다[6](발신주의).

하면 그로 인한 계약해제·대금감액 또는 손해배상을 청구하지 못하도록 규정하고 있는 상법 제69조 1항은 민법상 매도인의 담보책임에 대한 특칙으로서, 채무불이행에 해당하는 이른바 불완전이행으로 인한 손해배상책임을 묻는 청구에는 적용되지 않는다. 따라서 갑 유한회사가 을 주식회사를 상대로 을 회사가 유류·중금속 등으로 오염된 토지를 매도하였다는 이유로 매도인의 하자담보책임 또는 불완전이행으로 인한 손해배상을 구한 사안에서, 갑 회사와 을 회사의 매매계약은 상인 간의 매매인데 갑 회사가 토지를 인도받아 소유권이전등기를 마친 때로부터 6개월이 훨씬 경과한 후에야 토지에 토양 오염 등의 하자가 있음을 통지하였다는 이유로 하자담보책임에 기한 손해배상청구는 배척하고, 을 회사가 오염된 토양을 정화하지 않은 채 토지를 인도한 것은 불완전이행에 해당한다는 이유로 오염된 토양을 정화하는 데 필요한 비용 상당의 손해배상책임을 인정한 원심판단은 정당하다).

1) 동지: 손(주), 252면; 이(기) 외, (총) 331~332면.
2) 곽윤직, 전계 채권각론(1992), 216면.
3) 동지: 손(주), 252면; 정(동), (총) 409면; 최(기), 256면; 이(철), 313면; 이(기) 외, (총) 332면; 주상(Ⅰ), 512~513면 외.
4) 동지: 대판 1999. 1. 29, 98 다 1584(공보 1999, 365).
5) 동지: 대판 1993. 6. 11, 93 다 7174·7181(공보 950, 2015)(사과의 과심이 썩은 하자는 상법 제69조 1항 소정의 '즉시 발견할 수 없는 하자'에 해당한다).
6) 하자를 발견한 후 20일을 경과한 후에 한 통지는 「즉시」 통지한 것으로 볼 수 없다[日大阪地判

매수인이 목적물을 수령한 후 '지체 없이' 검사하여 하자 등을 발견한 경우나 또는 즉시 발견할 수 없는 하자가 있어서 '6월 내'에 이를 검사하여 발견한 경우를 불문하고, 매수인은 발견「즉시」통지할 의무를 부담한다.

(b) 통지의 방법은 제한이 없으므로 서면·구두 또는 전화 등으로 할 수 있고, 통지의 내용은 구체적인 하자의 종류와 범위인데 행사하고자 하는 권리의 내용을 포함하지 않는다.

(c) 통지를 발송하였다는 사실에 대한 증명책임은 매수인이 부담한다.[1]

② 의무이행의 효과   매수인이 위의 의무를 이행한 경우에는 민법의 일반원칙에 의하여 매도인에 대하여 담보책임을 물을 수 있는데, 이는 다음과 같다.

(i) 목적물에 대한 하자의 경우에는 매수인은 (a) 특정물인 때에는「계약해제권」(그 하자로 인하여 매매의 목적을 달성할 수 없는 경우에 한하여 인정됨)과「손해배상청구권」(그 하자로 인하여 매매의 목적을 달성할 수 있는 경우에는 손해배상청구권만을 행사할 수 있음)을 행사할 수 있고(민 580조 1항 본문, 575조 1항), (b) 불특정물인 때에는「계약해제권」및 (또는)「손해배상청구권」을 행사할 수도 있는데(민 581조 1항), 이에 갈음하여「하자 없는 물건」을 청구할 수도 있다(민 581조 2항). 매수인은 이러한 권리를 그 사실을 안 날로부터「6월 내」에 행사하여야 한다(민 582조).

(ii) 목적물에 대한 수량부족의 경우에는 매수인은「대금감액청구권」(만일 잔존하는 것만으로는 매수인이 목적물을 매수하지 않았으리라는 사정이 있으면「계약해제권」)과「손해배상청구권」을 행사할 수 있다(민 574조, 572조). 매수인은 이러한 권리를 그 사실을 안 날로부터「1년 내」에 행사하여야 한다(민 574조, 573조).

③ 의무위반의 효과

(i) 매수인이 위의 검사·통지의무를 이행하지 않으면(매수인이 검사의무를 이행하고 통지의무를 이행하지 않은 경우에는 매수인은 이러한 의무를 이행하지 않은 것이 되지만, 매수인이 검사의무를 이행하지 않고도 다른 방법으로 이를 알고 통지의무를 이행하면 매수인은 이러한 의무를 이행한 것이 된다),[2] 매수인은 매도인에 대하여 담보책임을 물을 수 없다(상 69조 1항 1문).[3] 즉, 매수인은 매도인에 대하여 계약해제권·대금감액청구권 또는 손해배상청구권을 행사할 수 없다.

(ii) 매수인이 이러한 의무를 이행하지 않은 경우에는 매도인에 대하여 위의 권리를 행사하지 못하는 불이익을 받는 데 불과하고, 손해배상책임을 부담하는 것은 아니다. 따라서 매수인의 이러한 의무는 간접의무 또는 불완전의무이다.

1951. 1. 30(下民集 2-1, 100)].

1) 손(주), 253면; 정(동), (총) 410면; 이(기) 외, (총) 334면; 대판 1990. 12. 21, 90 다카 28498·28504(공보 890, 597).

2) 동지: 손(주), 253면; 이(기) 외, (총) 332면.

3) 동지: 대판 1999. 1. 29, 98 다 1584(공보 1999, 365).

(5) 매수인의 보관 · 공탁의무

1) 민법의 원칙($^{민}_{548조}$)

㈎ 민법상 매매의 목적물의 하자 또는 수량부족으로 인하여 매수인이 매도인의 담보책임을 물어 매매계약을 해제한 경우에는, 각 당사자는 원상회복의 의무가 있으므로($^{민\ 548조}_{1항\ 본문}$) 매수인은 매도인에게 (매도인의 비용으로) 목적물을 반환하면 된다.

㈏ 또한 매도인이 매수인에게 인도한 물건이 매매의 목적물과 상위하거나 수량을 초과한 경우에는, 이에 관한 민법의 명문규정은 없으나 매수인은 매도인에게 (매도인의 비용으로) 상위한 물건이나 수량을 초과한 물건을 반환하면 되는 것으로 해석된다.[1]

2) 상법의 특칙($^{상\ 70조\sim}_{71조}$)(보관 · 공탁의무)

㈎ 의   의

① 상법상 매매의 목적물의 하자 또는 수량부족으로 인하여 매수인이 매도인의 담보책임을 물어 매매계약을 해제하거나 또는 매수인이 매도인으로부터 인도받은 물건이 매매의 목적물과 상위하거나 수량을 초과한 경우에는, 매수인은 (매도인의 비용으로) 인도받은 물건($^{또는\ 수량을}_{초과한\ 물건}$)을 「보관」 또는 「공탁」하여야 할 의무를 부담한다($^{상\ 70조\ 1항}_{본문,\ 71조}$).

② 상법이 위와 같이 매수인에게 인도받은 물건($^{또는\ 수량을}_{초과한\ 물건}$)에 대하여 보관 또는 공탁의무를 지우는 것은, 매도인에게 반송의 비용 및 위험을 경감시킬 뿐만 아니라 전매(轉賣)의 기회를 부여하여 매도인의 이익을 보호하기 위함이다.[2]

③ 상법 제70조 및 제71조의 매수인의 목적물보관의무를 상법 제60조의 청약을 받은 상인의 물건보관의무와 비교하면 다음과 같다.[3]

(i) 전자는 일단 계약이 성립한 것을 전제로 하여 (이를 해제하거나 또는 해제하지 않고) 발생하나, 후자는 처음부터 계약이 성립하지 않음을 전제로 하여 발생한다.

(ii) 전자는 모든 상사매매계약에서 발생하나, 후자는 매수인이 영업부류에 속한 계약의 청약을 받은 경우에 발생한다.

(iii) 전자는 목적물이 멸실 또는 훼손될 염려가 있는 때에는 법원의 허가를 얻어 그 목적물을 경매하여 그 대가를 보관($^{또는}_{공탁}$)하여야 하나($^{상\ 70조}_{1항\ 단서}$), 후자는 그 물건의 가격이 보관비용을 상환하기에 부족하거나 보관으로 인하여 손해를 받을 염려가 있는 때에는 보관의무가 면제된다($^{상\ 60}_{조\ 단서}$).

---

1) 동지: 손(주), 255면.
2) 동지: 정(희), 160면; 정(동), (총) 412면.
3) 이에 관한 상세는 이(철), 316~317면 참조.

(iv) 전자는 목적물의 인도장소가 매도인의 영업소 또는 주소와 동일한 특별시·광역시·시·군에 있는 때에는 적용되지 않으나($\substack{상 70 \\ 조 3항}$), 후자는 이러한 제한이 없다.

④ 상법 제70조 및 제71조의 매수인의 목적물공탁·경매의무를 상법 제67조의 매도인의 목적물공탁·경매권과 비교하면, 전자의 경우 매수인의 경매의무는 공탁의무에 비하여 제2차적인 의무이나, 후자의 경우 매도인의 경매권은 공탁권과 함께 선택적으로 행사할 수 있는 권리이다.

(내) 요 건 상사매매에 관한 상법특칙의 일반적인 적용요건 외에 다음과 같은 요건이 필요하다.

① 매수인이 목적물을 수령한 후 매매의 목적물의 하자 또는 수량부족으로 인하여 (매도인의 담보책임을 물어)「매매계약을 해제」하거나($\substack{상 70조 \\ 1항 본문}$), 또는 매수인이 매매의 목적물과「상위하거나 수량을 초과한 목적물」을 수령하여야 한다($\substack{상 \\ 71조}$). 매매계약의 해제로 인하여 매수인이 목적물보관·공탁의무를 부담하는 것은 그 해제원인이 매도인의 일정한 담보책임에 의한 경우이나,[1] 그 이외의 사유에 의하여 매매계약이 해제된 경우($\substack{예컨대 \\ 정해제 등}$약)에도 매수인이 이미 목적물을 수령한 경우에는 상법 제70조 1항을 유추적용하여 매수인의 보관·공탁의무를 인정하여야 할 것으로 본다(통설).[2]

② 매도인의 영업소($\substack{영업소가 없는 \\ 경우에는 그 주소}$)와 목적물의 인도장소가 동일한 특별시·광역시·시·군에 있는 때에는 본조는 적용되지 않는다[3]($\substack{상 70조 \\ 3항, 71조}$). 왜냐하면 위와 같은 경우에는 매도인은 즉시 적절한 조치를 취할 수 있기 때문이다.

③ 매도인이「선의」이어야 한다. 즉, 매도인이 목적물의 하자 또는 수량부족으로 인한 해제사유 또는 매매의 목적물과 상위하거나 수량을 초과하여 물건을 인도

---

1) 민법의 하자담보책임의 경우에는 그 하자로 인하여 매매의 목적을 달성할 수 없는 경우에 해제권이 인정되고(민 580조 1항, 581조 1항), 수량부족으로 인한 매도인의 담보책임의 경우에는 잔존하는 것만으로는 매수인이 목적물을 매수하지 않았으리라는 사정이 있는 경우에 해제권이 인정된다(민 574조).

2) 손(주), 253면; 정(동), (총) 413면; 최(기), 260면; 임(홍), (상행위) 481면; 이(철), 318면; 채, 193면; 이(기) 외, (총) 336면; 주상(Ⅰ), 515면 외.

3) 1995년 개정상법 이전에는 매도인과 매수인의 영업소의 소재지(또는 주소)만을 기준으로 하여 이것이 동일한 경우에(즉, 동지〈同地〉매매의 경우에)는 매수인의 목적물 보관·공탁의무가 없는 것으로 하였으나, 이지(異地)매매의 경우라도 목적물을 매도인의 창고 등과 같이 매도인의 영업소에서 인도하기로 한 경우에는 동지매매와 동일하게 볼 수 있으므로 1995년 개정상법에서는 영업소의 소재지(또는 주소)를 기준으로 하지 않고 목적물의 인도장소를 기준으로 하여(송부매매의 경우에만) 매수인의 목적물 보관·공탁의무를 규정하였다. 그런데 1995년 개정상법의 해석에서 목적물의 인도장소와 매도인의 영업소(또는 주소)가 동일한 경우에도 그 인도장소가 매수인의 창고이면 매수인에게 보관·공탁의무가 있고, 목적물의 인도장소와 매도인의 영업소(또는 주소)가 다른 경우에도 그 인도장소가 매수인의 영업소에 있는 매도인의 창고인 경우에는 매수인에게 보관·공탁의무가 없다고 본다(獨商 379조 1항, 瑞〈스위스〉債 204조 1항은 이러한 점을 명백히 규정하고 있다)[해설(1995), 20면].

한 사실을 알지 못하여야 한다($\frac{상}{2항}$ $^{69조}_{참조}$). 이에 관하여는 신의칙상 매도인이 선의인 경우에만 매수인의 보관·공탁의무가 인정되는 것으로 해석하여야 한다고 본다.[1]

(대) 효   과

① 보관의무 및 공탁의무의 발생(의무내용)

(i) 위의 요건이 성립하면 매수인은 수령한 목적물($\frac{계약해제}{의 경우}$), 상위한 물건($\frac{매매의 목}{적물과 상}$$^{위한}_{경우}$) 또는 수량을 초과한 부분의 물건($\frac{수량을 초과하여}{물건을 인수한 경우}$)을 보관 또는 공탁하여야 할 의무를 부담한다($\frac{상}{본문,}$$^{70조 1항}_{71조}$). 매수인은 위의 물건을 보관($\frac{직접 보관할 수도 있고, 창고업}{자 등에게 임치시킬 수도 있음}$)하거나 또는 공탁할 수 있으므로 선택하여 어느 하나의 의무를 이행하여야 하고, 이에 따른 비용은 매도인의 부담으로 한다($\frac{상}{본문,}$$^{70조 1항}_{71조}$). 매수인이 이를 보관하는 경우 매수인은 매도인에 대하여 보관료(보수청구권)를 청구할 수 있는가에 대하여($\frac{상}{61조}$), 이를 긍정하는 견해도 있으나,[2] 이는 법률의 규정에 의하여 인정되는 의무이므로 이를 부정하여야 한다고 본다.[3]

(ii) 만일 목적물이 멸실 또는 훼손될 염려가 있는 경우에는 매수인은 법원의 허가를 얻어 그 목적물을 경매하여 그 대가를 보관 또는 공탁하여야 한다($\frac{상}{단서,}$$^{70조 1항}_{71조}$). 이러한 경매를 「긴급매각」이라고 하는데, 앞에서 본 바와 같이 이는 제2차적인 수단으로만 인정된다. 매수인이 이와 같은 긴급매각을 한 때에는 지체 없이 매도인에게 그 통지를 발송하여야 한다(발신주의)($\frac{상}{2항,}$$^{70조}_{71조}$).

② 의무위반의 효과   매수인이 위의 의무($\frac{보관·공탁·}{경매의무}$)를 위반한 경우에는 민법의 일반원칙에 의하여 매도인에 대하여 손해배상책임을 진다.

4. 소비대차의 이자

(1) 민법의 원칙($\frac{민}{598조}$)

민법상 소비대차는 당사자간에 특약이 없는 한 무이자가 원칙이다($\frac{민}{및}$$^{598조, 600조}_{601조 참조}$).

(2) 상법의 특칙($\frac{상}{조}$$^{55}_{1항}$)

1) 상법은 「상인이 그 영업에 관하여 금전을 대여한 경우에는 법정이자를 청구

---

1) 동지: 손(주), 256면; 최(기), 263면; 이(철), 318면; 이(기) 외, (총) 336면; 주상(Ⅰ), 515면.
　이에 반하여 정(동), (총) 414면은 「상법 제71조가 제70조를 준용하고 있고 또 제70조는 '제69조의 경우에 매수인이 계약을 해제한 때'라고 규정하고 있는 점에서 매도인이 악의가 아니어야 하는 점은 상법상 명백하다」고 설명하고 있는데, 위에서 본 바와 같이 상법 제69조에 의한 계약의 해제 및 상법 제71조 이외의 경우에도 매수인의 목적물 보관·공탁의무를 인정하는 것이 통설이므로 이러한 모든 점을 종합하여 볼 때 매도인의 선의는 신의칙상 요구되는 요건이라고 하여도 무방하다고 본다.
2) 손(주), 256면; 채, 194면; 이(기) 외, (총) 337면.
3) 동지: 이(철), 319면.

할 수 있다」고 규정하여($\frac{상}{조} \frac{55}{1항}$), 상인이 그 영업에 관하여 금전을 대여한 경우에는 당사자간에 이자약정의 유무에 불구하고 상인에게 법정이자의 청구권을 인정하고 있다.[1]

상법이 이와 같이 규정한 이유는 상인의 영리성을 보장하여 주기 위한 것이다.

2) 「상인이 그 영업에 관하여 금전을 대여한 경우」란 대주(貸主)인 상인에게만 상행위($\frac{영업적 상행위 또}{는 보조적 상행위}$)가 되면 충분하므로, 차주(借主)는 상인이든 비상인이든 무방하다. 이는 상법 제55조 2항 및 제61조가 상인과 비상인간의 행위에도 적용되는 점과 같다.

5. 보수청구권

(1) 민법의 원칙($\frac{민}{1항,} \frac{686조}{701조}$)

민법상 위임계약에서 수임인은 특별한 약정이 없으면 위임인에 대하여 보수를 청구하지 못하는데($\frac{민}{조} \frac{686}{1항}$), 이러한 점은 임치계약에서 수치인의 경우에도 같다($\frac{민}{701조}$).

(2) 상법의 특칙($\frac{상}{61조}$)

1) 의   의

(개) 상법은 「상인이 그 영업범위 내에서 타인을 위하여 행위를 한 때에는 이에 대하여 상당한 보수를 청구할 수 있다」고 규정하여($\frac{상}{61조}$), 특약이 없는 경우에도 상인의 보수청구권을 인정하고 있다.

(내) 이와 같이 상인에 대하여 당연히 보수청구권을 인정한 이유는, 상인의 영리성을 보장하고 이에 관한 분쟁을 사전에 방지하기 위해서이다.[2]

2) 요   건

(개) 「상인이 그 영업범위 내」에서 행위를 하여야 한다. 행위를 하는 자($\frac{보수청구권}{을 갖는 자}$)는 「상인」이어야 하고, 그 상대방($\frac{또는}{타인}$)은 상인임을 요하지 않는다. 민사중개인($\frac{예컨}{대, 부}$ $\frac{동산소}{개업자}$)도 상인이므로($\frac{상}{46조} \frac{4조,}{11호}$), 그가 영업범위 내에서 타인을 위하여 행위를 한 이상 특약이 없어도 소개를 부탁한 상대방에 대하여 상당한 보수청구권을 갖는다.[3]

---

1) 대판 2007. 3. 15, 2006 다 73072(공보 2007, 537)(상인간에서 금전소비대차가 있었음을 주장하면서 약정이자의 지급을 구하는 청구에는 약정이자율이 인정되지 않더라도 상법 소정의 법정이자의 지급을 구하는 취지가 포함되어 있다고 보아야 한다. 따라서 이 경우 대여금에 대한 약정이자의 지급청구에는 상법 소정의 법정이자의 지급을 구하는 취지도 포함되어 있다고 보아야 하므로, 법원으로서는 이자 지급약정이 인정되지 않는다 하더라도 곧바로 위 청구를 배척할 것이 아니라 법정이자 청구에 대하여도 판단하여야 한다).

2) 동지: 이(철), 286면; 이(기) 외, (총) 287면.

3) 대판 1968. 7. 24, 68 다 955(집 16 ② 민 304).

「영업범위 내」의 행위란 그 상인이 '영업으로' 하는 상행위(영업적 상행위)이든 또는 '영업을 위하여' 하는 상행위(보조적 상행위)이든 불문한다(통설).[1]

(내)「타인을 위하여 행위」를 하여야 한다.「타인을 위하여」라는 의미는 '타인의 이익을 위하여'라는 의미이다.[2] 우리나라의 대법원판례도 부동산소개업자가 매도인을 위한 의사를 갖지 않고 매수인을 위한 의사만 가지고 부동산을 소개하여 매매계약이 체결된 후 매도인에게 보수청구권을 행사한 사안에서, 이와 같은 취지로「상법 제61조에서 '타인을 위하여' 행위를 한다 함은 타인의 이익을 위하여 행위한다는 뜻이므로, 설사 부동산소개업자가 부동산매매를 소개하여 계약이 성립하였다 하더라도 그 어느 한쪽(매도인)의 이익을 위하여 행위한 사실이 인정되지 않는 이상 그에 대한 보수청구권은 없다」고 판시하고 있다.[3]

「행위」는 법률행위$\binom{\text{거래의 대}}{\text{리, 보증 등}}$이든 사실행위$\binom{\text{거래의 중개,}}{\text{물건의 보관 등}}$[4] 이든 불문하고, 그 행위를 하게 된 원인이 위임$\binom{\text{민 686}}{\text{조 1항}}$·임치$\binom{\text{민}}{\text{701조}}$ 등과 같은 계약상의 의무에 의하든 또는 의무 없이 하든$\binom{\text{사무관리ー}}{\text{민 734조}}$[5] 불문한다$\binom{\text{이러한 점에서}}{\text{민법과 구별됨}}$. 그러나 상인이 법률상 의무에 의하여 행위를 하는 경우$\binom{\text{예컨대, 상법 제60조 또는 제70조}}{\text{에 의한 상인의 물건보관의무 등}}$에는 보수청구권이 발생하지 않는다고 본다. 상인이 타인을 위하여 불법행위를 한 경우에 보수청구권이 발생하지 않음은 물론이다.[6]

(다) 당사자간에 보수를 지급하지 않는다는「특약」또는 그러한 내용의「거래관행」$\binom{\text{예컨대, 물건의 포장·배달, 견적서}}{\text{의 작성·교부, 중개인의 현장안내 등}}$이 없어야 한다.

3) 효　　과

(가) 위의 요건이 성립하면 상인은 그 상대방(타인)에 대하여「상당한 보수」를 청구할 수 있다. 상인의 이러한 보수청구권은 상대방의 승낙을 요하지 않고 당연히 발생하는데,「상당한」보수인지 여부는 거래의 관행·사회의 통념·상인의 노력정

---

1) 동지: 손(주), 239면; 정(동), (총) 287면; 이(철), 287면; 채, 166면; 이(기) 외, (총) 287면; 주상(Ⅰ), 490~491면 외.

2) 동지: 정(희), 151면; 손(주), 239면; 정(동), (총) 325면; 이(철), 286면; 이(기) 외, (총) 287면; 주상(Ⅰ), 490면.
　　반대: 최(기), 238면(「타인을 위하여」라는 의미는 '그 행위의 효과가 타인에게 귀속되는 것'을 의미하고, 실제로 타인에게 이익이 있어야 하는 것은 아니라고 한다).

3) 대판 1977. 11. 22, 77 다 1889(집 25 ③ 민 331).

4) 동지: 정(희), 151~152면; 정(동), (총) 325면. 그러나 거래의 중개행위인 경우에는 그 거래(매매 등)가 중개인의 손을 거쳐 성립됨을 조건으로 중개료청구권이 발생하므로, 그 거래가 성립되지 않은 이상 중개인이 중개의 노력을 하였더라도 그 노력의 비율에 상당한 보수를 청구할 수 없다 [대판 1956. 4. 12, 4289 민상 81(카드 7420)].

5) 동지: 정(희), 152면.

6) 동지: 이(철), 288면.

도·타인의 이익정도 등에 의하여 구체적인 사정하에서 개별적으로 결정될 수밖에 없다.[1] 또한 이러한 「보수」는 비용($\binom{\text{필요비 또}}{\text{는 유익비}}$)의 개념($\binom{\text{민 688조 1항,}}{\text{739조 1항}}$)과는 다르다.

(나) 부동산소개업자(민사중개인)의 중개수수료는 공인중개사법($\binom{\text{전문개정: 2005. 7. 29,}}{\text{법 7638호, 개정: 2023.}}$ $\binom{\text{12. 26, 법}}{\text{19841호}}$) 및 각 지방자치단체의 조례인 「부동산중개수수료 및 실비의 기준과 한도 등에 관한 조례」에 의하여 규제된다.

6. 체당금의 이자

(1) 민법의 원칙($\binom{\text{민 688조 1항,}}{\text{739조 1항}}$)

민법은 위임의 경우에는 「수임인이 위임사무의 처리에 관하여 필요비를 지출한 때에는 위임인에 대하여 지출한 날 이후의 이자를 청구할 수 있다」고 규정하여($\binom{\text{민 688}}{\text{조 1항}}$) 수임인에게 체당금에 대한 법정이자청구권을 인정하고 있고, 임치의 경우에도 같다($\binom{\text{민}}{\text{701조}}$). 그러나 사무관리의 경우에는 「관리자가 본인을 위하여 필요비 또는 유익비를 지출한 때에는 본인에 대하여 그 상환을 청구할 수 있다」고만 규정하여($\binom{\text{민 739}}{\text{조 1항}}$), 관리자에게 체당금에 대한 법정이자청구권을 인정하고 있지 않다.

(2) 상법의 특칙($\binom{\text{상 55}}{\text{조 2항}}$)

1) 상법은 「상인이 그 영업범위 내에서 타인을 위하여 금전을 체당하였을 때에는 체당한 날 이후의 법정이자를 청구할 수 있다」고 규정하여($\binom{\text{상 55}}{\text{조 2항}}$), 상인에게는 (그가 영업범위 내에서 금전을 체당한 이상) 모든 경우에 체당금에 대한 법정이자청구권을 인정하고 있다.

상법이 이와 같이 규정한 이유는 상인의 금전소비대차에서 상인인 대주(貸主)에게 법정이자청구권을 인정하고 있는 것과 같이 상인의 영리성을 보장하여 주기 위한 것이다.

2) 「체당(替當)」이라 함은 금전소비대차가 아니면서 널리 타인의 채무의 변제로서 금전을 지출하는 것을 의미한다. 체당을 하게 되는 원인에는 위임·임치·사무관리 등이 있다. 앞에서 본 바와 같이 위임·임치의 경우에는 민법에서도 체당금에 대한 법정이자청구권을 인정하고 있으므로 이 경우에는 상법 제55조 2항의 특칙이 적용될 실익이 없으나, 그 밖의 경우($\binom{\text{그러한 권리가 인정되지 않는 사무관}}{\text{리 등에 의하여 금전을 체당한 경우}}$)에는 상법 제55조 2

---

1) 동지: 정(희), 152면; 정(동), (총) 326면.
　상당한 보수인지 여부에 관한 판례로는 대판 1964. 6. 30, 64 다 268(카드 8084)(부동산소개업자가 부동산교환거래를 중개한 경우에 그 소개료 산정의 기준이 될 거래액은, 양 부동산의 차액이 아니고 그 부동산의 가액이라고 봄이 상당하다); 동 1976. 6. 8, 76 다 766(집 24 ② 민 122)(부동산소개료액을 정함에 있어서는 반드시 감정에 의할 것이 아니고, 법원이 당시의 제반사정을 참작하여 정할 수 있다).

항의 특칙이 적용될 실익이 있게 된다.

　　3) 상인이 그 영업범위 내에서 타인을 위하여 금전을 체당하였을 경우에는 상인은 그 체당금에 대한 법정이자청구권이 있을 뿐만 아니라($\overset{상}{\underset{조 2항}{55}}$), 체당하는 행위 그 자체는 상인이 타인을 위하여 하는 행위이므로 이에 대하여 상인은 다시 상당한 보수청구권이 있다($\overset{상}{\underset{61조}{}}$)(통설).[1]

7. 상사임치

(1) 민법의 원칙($\overset{민}{\underset{695조}{}}$)

　　민법은 무상수치인의 주의의무에 대하여「보수 없이 임치를 받은 자는 임치물을 자기의 재산과 동일한 주의로 보관하여야 한다」고 규정하고 있다($\overset{민}{\underset{695조}{}}$). 민법상 임치는 무상을 원칙으로 하나($\overset{민}{\underset{693조}{}}$), 예외적으로 당사자간의 특약 등에 의하여 유상으로 할 수 있다($\overset{민 701조,}{\underset{686조}{}}$). 유상수치인은「선량한 관리자의 주의로써」임치물을 보관하여야 하나($\overset{민}{\underset{374조}{}}$), 무상수치인은「자기의 재산과 동일한 주의로써」임치물을 보관하면 되므로($\overset{민}{\underset{695조}{}}$) 그 주의의무가 경감되어 있다($\overset{즉, 유상수치인은 추상적 경과실에 대하여 책임}{\underset{진다}{을 지나, 무상수치인은 구체적 경과실에 대하여만 책임을}}$).[2]

(2) 상법의 특칙($\overset{상}{\underset{62조}{}}$)

1) 의   의

　　㈎ 상법은 일반상인의 무상임치책임에 대하여「상인이 그 영업범위 내에서 물건의 임치를 받은 경우에는 보수를 받지 아니하는 때에도 선량한 관리차의 주의를 하여야 한다」고 규정하여($\overset{상}{\underset{62조}{}}$), 민법상 무상수치인의 주의의무보다 그 주의의무를 가중하고 있다[3]($\overset{즉, 민법상 유상수치인의 주의}{\underset{의무와 동일하게 규정하고 있다}{}}$).

　　상인의 무상임치에 대하여 이와 같이 그 주의의무를 가중한 이유는 상인은 상거래의 안전을 위하여 누구나 평균인 이상의 주의의무를 갖고 있는 것으로 가정하고, 또한 상인의 신용을 높이기 위해서이다.[4]

　　㈏ 상법은 상인의 임치책임에 대하여 (i) 일반상인의 임치책임($\overset{상}{\underset{62조}{}}$), (ii) 공중접

---

1) 정(희), 152면; 서·정, 155면; 손(주), 237면; 정(동), (총) 324면; 최(기), 239면; 채, 168면; 이(기) 외, (총) 290면 외.
　　반대: 이(철), 290면(체당금에 대한 이자가 바로 보수를 의미한다고 한다).
2) 곽윤직, 전게 채권각론(1992), 464면.
3) 동지: 대판 1964. 7. 14, 64 다 470(카드 8051)(임치물의 보관에 대하여 상법상의 주의의무와 민법상의 주의의무가 서로 다르므로 응당 원고의 청구가 어느 것에 속하는 것인가를 규명하고, 그에 대하여 피고가 책임을 져야 하는 주의의무위반여부를 판단하여야 한다).
4) 동지: 정(희), 161면; 정(동), (총) 334면.
　　이에 관한 상세는 이(철), 291면 참조.

객업자의 임치책임($\substack{상 152 \\ 조 1항}$), (iii) 창고업자의 임치책임($\substack{상 \\ 160조}$)의 세 가지를 규정하고 있는데, (i)은 모든 상인에 대하여 적용되는 일반책임이나 (ii) 및 (iii)은 특수한 업종에 종사하는 상인에 대하여만 적용되는 특별책임이다.

책임발생원인은 (i)의 경우는 「선량한 관리자의 주의위반」이나, (ii) 및 (iii)의 경우는 「자기 또는 사용인이 주의를 게을리하지 아니하였음을 증명하지 아니하면」 이다.

(i) 및 (ii)의 경우는 임치를 보조적 상행위로 하는 경우로서($\substack{상 \\ 47조}$) 무상이나, (iii) 의 경우는 임치를 기본적 상행위로 하는 경우로서($\substack{상 46 \\ 조 14호}$) 유상이다.

2) 요 건

㈎ 수치인은 「상인」이어야 한다. 임치인은 상인이 아니어도 무방하다. 수치인이 특수업종에 종사하는 상인($\substack{공중접객업 \\ 자·창고업자}$)인 경우에는 위에서 본 바와 같이 상법이 그러한 자의 임치책임을 특별히 규정하고 있으므로, 상법 제62조에서 말하는 상인에는 해석상 그러한 상인을 제외한다.

㈏ 상인이 그 「영업범위 내」에서 물건의 임치를 받아야 한다. 이 때에 「영업범위 내」의 의미는, 상인이 '영업으로'(기본적 상행위) 임치하는 경우를 제외하고($\substack{예컨대, \\ 창고업 \\ 자의 \\ 임치}$) '영업을 위하여'(보조적 상행위) 임치하는 경우만을 의미하는데, 이 경우에도 상법이 특수업종에 종사하는 상인(공중접객업자)에 대하여 별도로 규정하고 있는 경우를 제외한다. 따라서 이 경우에 해당하는 대표적인 예로는 백화점이 손님의 물건을 일시 보관하는 경우, 위탁매매인이 위탁물을 일시 보관하는 경우 등이다.[1]

㈐ 상인은 그 물건의 보관에 관하여 「보수를 받지 않아야」 한다. 이 때의 「보수」는 물건의 보관 그 자체와 관련하여 받는 경우뿐만 아니라, 상인의 보수청구권 ($\substack{상 \\ 61조}$)에 기하여 받는 경우를 포함한다. 따라서 이에 해당하는 대표적인 예로는, 상인이 법률상 보관의무를 부담하는 경우($\substack{이 경우에는 해석상 상법 제61조의 \\ 상인의 보수청구권이 발생하지 않음}$)($\substack{상 60조, 70 \\ 조, 95조 등}$), 무상임치의 특약이 있거나 상관습이 있는 경우 등이다.

㈑ 상법 제62조는 임의규정이므로 당사자간에 이를 경감하거나 배제하는 「특약」이 없어야 한다.[2]

3) 효 과 상인은 「선량한 관리자의 주의로써」 그 물건을 보관하여야

---

1) 동지: 대판 1994. 4. 26, 93 다 62539·62546(공보 969, 1473)(갑이 을과의 임치계약에 의하여 건고추를 창고업자인 병 소유의 냉동창고 중 을이 임차한 부분에 운반적치하고, 그 입고시에 병은 갑이 제시한 서류만을 근거로 하여 그 서류에 기재된 입고량에 따른 인수증을 갑에게 발행하였다면, 병은 갑에 대한 관계에서는 적어도 위 건고추에 대한 무상수치인의 지위에서 선량한 관리자로서의 주의의무를 진다).

2) 동지: 손(주), 245면; 정(동), (총) 335면; 주상(Ⅰ), 492면.

할 의무를 부담한다. 즉, 상인은 추상적 경과실이 없어야 면책된다. 상법 제62조에 의한 수치인의 이러한 선관주의의무는 임치계약이 존속하는 동안만 있는 것이고, 임치계약이 해지된 후 임치인이 그 임치물을 수령지체하고 있는 동안에는 일반원칙에 따라 수치인의 책임이 결정된다.[1]

제 5 절   유가증권에 관한 규정

(1) 상법은 제2편 상행위편에서 1개의 포괄규정을 두어 유가증권 중에서 「금전의 지급청구권·물건 또는 유가증권의 인도청구권이나 사원의 지위를 표시하는 유가증권」[2]에 대하여는 민법의 증권채권에 관한 규정($^{민\ 508조}_{\sim 525조}$) 및 어음법의 규정의 일부($^{어\ 12조}_{1항\cdot 2항}$)를 준용하고 있다($^{상}_{65조}$). 동 규정상 「금전의 지급청구권을 표시하는 유가증권」이란 어음·수표·채권(債券) 등을 의미하는데,[3] 이 때 어음·수표에는 별도의 어음법·수표법이 먼저 적용되므로 동 규정이 적용될 여지가 거의 없고, 채권(債券)에 대하여는 상법이 규정하고 있는 사항($^{상\ 478조}_{\sim 480조}$) 이외의 사항에 대하여 동 규정이 적용될 여지가 있다. 또한 동 규정상 「물건의 인도청구권을 표시하는 유가증권」이란 화물상환증·창고증권·선하증권·상품권 등을 의미하는데, 이 때 화물상환증·창고증권·선하증권에 대하여는 상법이 규정하고 있는 사항($^{상\ 128조\sim 133조,\ 156조}_{\sim 157조,\ 852조\sim 864조}$) 이외의 사항에 대하여 동 규정이 적용될 여지가 있고, 상품권에 대하여는 동 규정이 적용될 여지가 있다. 또한 동 규정상 「유가증권의 인도청구권을 표시하는 유가증권」이란 승차권·승선권 등의 인도를 청구할 수 있는 유가증권으로서 여행권과 같은 것을 의미하는데, 이러한 증권에 대하여는 (비록 그 예가 적지만) 동 규정이 적용될 여지가 있다. 「사원의 지위를 표시하는 유가증권」이란 주권(株券) 등을 말한다.

한편 동 규정의 형식만으로 보면 증권에 표창된 권리의 종류에 의하여 유가증

---

1) 대판 1983. 11. 8, 83 다카 1476(공보 719, 26)(수치인이 적법하게 임치계약을 해지하고 임치물의 회수를 최고하였음에도 불구하고 임치인의 수령지체로 반환하지 못하고 있는 사이에 임치물이 멸실·훼손된 경우에는 수치인에게 고의 또는 중과실이 없는 한 채무불이행으로 인한 손해배상책임이 없다).
2) 2011년 4월 개정상법 이전에는 「금전·물건 또는 유가증권의 지급을 목적으로 하는 유가증권」에 대하여만 규정하여, 이러한 유가증권을 상업증권으로 부르는 견해가 있었으나[서정갑·손주찬·김세원·정동윤(공저), 「학설판례 주석어음·수표법」(한국사법행정학회, 1973), 71면], 2011년 4월 개정상법은 이에 「사원의 지위를 표시하는 유가증권(주권)」을 추가하였으므로 2011년 4월 개정상법 이후에는 상법 제65조의 유가증권을 상업증권으로 부르는 것이 적절치 않다고 본다.
3) 판례는 「지가(地價)증권은 배서 또는 인도의 방법으로 양도할 수 없다」고 판시하여[대판 1956. 2. 16, 4288 민상 231(카드 7277)], 그의 유가증권성을 부인하고 있다.

권을 한정하는 것같이 보이나, 해석상 이에 한정할 것이 아니라 유가증권에 특유한 유통방법인 배서 또는 교부에 의하여 양도할 수 있는 모든 지시증권 및 무기명증권을 포함하는 것으로 해석하여야 할 것이다. 결국 상법 제65조는 협의의 유가증권($\substack{지시증권\ 및\\ 무기명증권}$)에 관한 통칙규정이라고 볼 수 있다.

(2) 위의 유가증권에 대하여는 특별법($\substack{상법,\ 어음법,\ 수표법,\ 주식\cdot 사채\\ 등의\ 전자등록에\ 관한\ 법률\ 등}$)에 규정이 없는 한 민법 제508조 내지 제525조의 규정 및 어음법 제12조 1항·2항의 규정이 준용된다($\substack{상\\65조}$). 상법 제65조가 어음법 제12조 1항 및 2항을 준용한다는 규정을 둔 것은 민법이 이에 관한 규정을 두고 있지 않기 때문이다. 따라서 지시증권은 배서에 의하여 양도되는데($\substack{상\ 65조,\\민\ 508조}$), 이 배서는 무조건으로 하여야 하고($\substack{배서에\ 붙인\ 조건은\ 기재\\하지\ 아니한\ 것으로\ 본다}$)($\substack{상\ 65조,\\어\ 12조\ 1항}$) 일부배서는 무효가 된다($\substack{상\ 65조,\\어\ 12조\ 2항}$).

위와 같은 민법의 규정($\substack{민\ 508조\sim\\525조}$)은 동일 내지 유사한 내용의 규정이 어음법 또는 수표법에도 있으므로 큰 의미는 없다. 다만 민법상 공시최고절차에 의하여 증서를 무효로 할 수 있다는 규정($\substack{민\\521조}$) 및 공시최고의 신청이 있는 때에도 증권소지인은 채무자에게 목적물을 공탁하게 하거나 상당한 담보를 제공하고 변제받을 수 있도록 한 규정($\substack{민\\522조}$)은, 어음법·수표법에 규정이 없으므로 위의 유가증권에 준용되는 의미가 크다고 볼 수 있다.[1]

(3) 유가증권 중에서 위와 같은 협의의 유가증권이 아닌 것으로 어음·수표가 아닌 채권증권인 유가증권에 대하여는 민법의 증권채권($\substack{지시채권\cdot 무기명채권\\및\ 선택무기명채권}$)에 관한 규정($\substack{민\ 508조\sim\\525조}$)이 적용된다. 그런데 이론상으로는 이렇게 민법만의 적용을 받는 유가증권의 발행이 가능하지만, 실제에 있어서는 그 예가 없다고 한다.[2] 또한 민법의 규정은 어음법·수표법뿐만 아니라 상법의 규정과 거의 동일한데, 이렇게 동일한 내용의 규정을 그것이 적용되는 경우가 거의 없음에도 불구하고 민법에 중복하여 둘 필요가 있는지는 대단히 의문이다.[3] 민법에는 또한 기명증권인 유가증권에 대하여는 규정하고 있지 않아 통일성도 없다.

(4) 2011년 4월 상법개정 및 2019년 9월 16일부터 시행되는 「주식·사채 등의 전자등록에 관한 법률」($\substack{제정:\ 2016.\ 3.\\22,\ 법\ 14096호}$) 및 동법 시행령($\substack{제정:\ 2019.\ 6.\ 25,\\대통령령\ 29892호}$)에 의하여 위와 같은 유가증권으로서 그 권리의 발생·변경·소멸을 전자등록하는 데에 적합한 유가

---

1) 그런데 주권(株券)에 대하여는 공시최고절차에 의하여 무효로 할 수 있음을 상법이 특별히 규정하고 있다(상 360조 1항). 따라서 주권에 대하여는 그 성질상 민법 제522조가 준용될 여지가 거의 없다[동지: 손(주), 271면].

2) 곽윤직, 전게 채권총론(1992), 384면.

3) 동지: 서·정, 164~165면.

증권은 전자등록기관의 전자등록부에 등록하여 발행할 수 있는데, 이 경우에는 주식의 전자등록과 같다$\left(\begin{smallmatrix}\text{상 65조 2항, 전등 24조 이하} \cdot \\ \text{부칙 3조} \cdot 4조 \cdot 10조 1항 1문\end{smallmatrix}\right)$.

제 6 절   상호계산

제 1 총   설

1. 상호계산제도의 목적 및 기능

(1) 기업활동에 따른 거래는 보통 집단적 · 반복적으로 이루어지므로 계속적 거래관계가 있게 된다. 이 때 각 당사자가 그 거래에서 생기는 수많은 채권 · 채무를 각 변제기마다 개별적으로 변제(결제)하게 되면, 법률관계가 너무나 복잡하게 되어 거래의 신속이라는 기업활동의 이념에 반할 뿐만 아니라 격지자간의 결제에 있어서는 개별적인 결제를 위한 송금에 따른 비용과 위험도 크게 발생한다.

(2) 이 때 만일 일정기간 내에 있어서의 채권 · 채무의 총액을 일괄하여 상계(相計)하고 그 잔액을 지급하도록 한다면, 이것은 기업활동의 결제를 간편하게 할 뿐만 아니라 경영활동을 매우 신속 · 원활하게 할 것이다. 따라서 이러한 목적에서 발생한 것이 기업의 상호계산제도이다.[1]

(3) 상호계산제도의 주기능은 기업의 결제방법에 편의를 제공하는 것이고, 보조기능에는 신용제공기능$\left(\begin{smallmatrix}\text{상호계산기간의 종료시까지 개개}\\ \text{의 채무의 변제를 연기할 수 있음}\end{smallmatrix}\right)$ · 담보기능$\left(\begin{smallmatrix}\text{각 채권은 상대방의}\\ \text{채권에 의해 담보됨}\end{smallmatrix}\right)$ 등이 있다.[2]

2. 상호계산제도의 보조적 상행위성

상호계산제도는 기업이 금전채권 · 채무의 결제방법으로서 이용하는 수단적인 것이므로 보조적 상행위(부속적 상행위)에 해당한다. 즉, 상호계산은 성질상 그 자체를 '영업으로' 하는 영업적 상행위는 될 수 없고, '영업을 위하여' 이용하는 제도이므로 보조적 상행위에 해당한다. 또한 상호계산제도를 이용하는 당사자의 일방은 적어도 상인이어야 하므로$\left(\begin{smallmatrix}\text{상}\\\text{72조}\end{smallmatrix}\right)$ 그에게 보조적 상행위가 된다$\left(\begin{smallmatrix}\text{상}\\\text{47조}\end{smallmatrix}\right)$. 상법은 상호계산이 (보조적) 상행위이고, 또한 모든 상인이 이용할 수 있는 제도라는 점에서 상행위편에서 규정하고 있다.

---

1) 동지: 정(희), 164면.
2) 이(철), 326~327면.

제 2 상호계산의 의의

상호계산이란 「상인간 또는 상인과 비상인간에 상시 거래관계가 있는 경우에 일정한 기간의 거래로 인한 채권채무의 총액에 관하여 상계하고 그 잔액을 지급할 것을 약정하는 계약」을 말한다($\frac{\text{상}}{72\text{조}}$). 이를 분설하면 아래와 같다.

1) 상호계산계약은 적어도 당사자의 일방이 「상인」이어야 한다. 이것은 상호계산이 기업활동의 결제제도라는 성질에서 나오는 당연한 요건인데, 상법은 「상인간 또는 상인과 비상인간」으로 규정하여 이 점을 명확히 하고 있다. 따라서 기업활동과 관계 없는 비상인간에서 이것과 비슷한 계약을 체결하여도(민사상호계산), 그것은 상법상의 상호계산은 아니어서 상법의 적용을 받지 않게 된다.[1]

또 상인간의 거래결제방법을 정하는 것이라도 은행간의 어음교환과 같은 이른바 집합적 결제계약($\frac{\text{또는 집합차}}{\text{감계산계약}}$)은 상법상 상호계산이 아니다. 어음교환은 적어도 3개 이상의 은행이 각각 추심 또는 지급의 적격을 가진 어음·수표 등을 교환에 돌려 자기은행이 지급할 총액과 각 은행으로부터 수령할 총액을 금융결제원을 통하여 수수함으로써 교환에 돌린 증권에 관하여 지급이 된 것과 동일한 효력을 인정하는 것인데, 이것은 증권의 무색적(無色的) 성질로 인하여 지급을 하는 것으로서 상호 대립된 채권·채무의 실질을 문제시하지 않는 점에서($\frac{\text{즉 은행이 스스로 채권자·}}{\text{채무자가 아닌 점에서}}$), 그 당사자간의 채권·채무의 실질을 문제시하여 일괄상계하는 상호계산과는 그 개념이 다르다.[2]

2) 양 당사자간에는 「항상 계속하여 서로 채권·채무를 생기게 하는 거래관계」 ($\frac{\text{거래의}}{\text{계속성}}$)가 있어야 한다. 예컨대, 은행이 당좌예금을 하는 자와의 사이에 예금계약·수표계약·상호계산계약을 체결하고 당좌예금반환채무와 당좌수표를 지급한 경우의 상환채권과를 상계(차감계산)하여 그 잔액을 지급하는 것이 대표적인 예인데,[3] 이 외에도 도매상과 소매상간, 운송인간, 보험회사와 그 대리점간에서도 많이 이루어진다.

그러나 채권 또는 채무의 일방만이 생기는 데 불과한 거래관계(일방적 상호계산)

---

1) 동지: 정(희), 165면.
　그러나 이러한 민사상호계산에 대하여도 상법상 상호계산에 관한 규정을 유추적용하여야 한다고 보는 견해가 있다[정(동), (총) 363면; 임(홍), (상행위) 395면].
2) 동지: 정(희), 165면; 정(동), (총) 364면.
3) 동지: 정(희), 165면.
　은행에서 당좌예금에 관하여 매일 매일 기장하고 예금잔액을 계산하여, 이로써 발행된 수표금을 그 때마다 상계하여 지급하는 것은 「단계적인 상호계산」의 일종이라는 견해가 있다 [Hefermehl, "Grundfragen des Kontokorrent," *Festsch. f. H. Lehmann*, Bd. Ⅱ, 1956, S. 555].

(예컨대, 소매상과 일반소
비자간의 채권채무관계)는 상법상 상호계산이 아니다.[1] 즉, 상법상 상호계산이 되기 위하
여는 채권·채무 발생의 상호성이 존재하여야 한다. 그러나 상법상 상호계산이라도
계약 당시 상호간에 채권·채무가 발생할 것이 예정되면 되는 것이지, 뒤에 한쪽에
만 채권이 발생한다든가 또는 전연 채권·채무가 생기지 않는다고 하더라도 상법상
상호계산임에는 틀림이 없다.[2]

3) 총액상계의 대상이 되는 것은 「일정기간 내의 거래에서 생기는 채권·채무」
이다.

(개) 이 일정기간을 「상호계산기간」이라고 하는데, 다른 약정에 없는 한 6월로
한다(상74조). 이 상호계산기간은 상호계산계약의 존속기간과 다르다. 상호계산은 이러
한 상호계산기간을 단위로 하여 총액상계되는 것이다. 당사자간의 특약으로 거래가
있을 때마다 상계하는 계약(단계적 상호계산계약)은 가능하다고 보나,[3] 이러한 계약은
후술하는 상호계산불가분의 원칙이 적용되지 않으므로 상법상 상호계산계약은 아
니라고 본다.

(내) 상호계산제도는 간이결제의 기술로서 총액상계의 방법을 쓰고 있기 때문에
「상호계산에 의하여 결제되는 채권·채무」는 일정한 제한이 있다(상호계산능력). 즉,
상호계산능력이 있는 채권·채무는 원칙적으로 '거래에서 생긴 채권·채무로서 금
전채권'에 한한다. 따라서 (i) 거래에 의하지 않은 채권·채무(예컨대, 불법행위·사무관리 등
에 의하여 발생한 채권·채무)
는 상호계산능력이 없고(통설),[4] (ii) 거래에서 생긴 채권·채무라도 금전채권·채무
이외의 채권·채무는 총액상계에 부적당하므로 상호계산능력이 없다. (iii) 또한 금
전채권이라도 어음 기타의 유가증권(상업증권)상의 채권·채무는 상호계산능력이 없
다. 왜냐하면 이러한 유가증권상의 채권은 제시증권성·상환증권성 등으로 인한 특
수한 행사방법을 요하기 때문이다. 그러나 이러한 어음 기타의 유가증권 수수의 대
가관계상의 채권·채무는 상호계산능력이 있다(상73조)(예컨대, 상호계산의 일방당사자인 갑이 그 상
대방인 을에게 A가 발행한 100만원의 약속어
음을 배서양도하고 그 대가인 98만원을 받기로 하였다면, 을이 부담하
는 98만원의 채무가 유가증권 수수의 대가채무로서 상호계산능력이 있다.).[5] (iv) 상호계산능력이 있는 채
권·채무라도 실제로 상호계산에 의하여 결제되는 채권·채무의 범위는 당사자간의

1) 동지: 정(희), 165면.
그러나 정(동), (총) 364면은 「일방적 상호계산은 개개의 채권이 독립성을 잃는 것이 아니므로
상호계산이 아니다」고 하는데, 일방적 상호계산은 그 성립에서 채권발생의 상호성이 없고 그 효
력에서 독립성이 없다고 본다.
2) 동지: 정(희), 165면.
3) 동지: 최(기), 268면; 이(철), 333면.
4) 정(희), 165면; 정(동), (총) 361면 외.
5) 동지: 정(동), (총) 360~361면.

계약에 의하여 정하여지는 것이고, 당사자간에 생기는 모든 채권·채무가 포함되는 것은 아니다. 따라서 취급영업소에 따라 또는 거래의 종류에 따라 그 범위를 한정할 수 있다. 그러나 당사자간에 이러한 특약 또는 관습이 없으면 당사자간의 거래에서 보통 생길 수 있는 상호계산능력이 있는 모든 채권·채무가 상호계산에 의하여 결제되는 것으로 본다.[1] 담보부채권은 당사자가 이를 포함시킨다는 명백한 의사가 없는 한 상호계산에 계입되지 않는 것으로 본다. 그러나 당사자간의 특약으로 이를 상호계산에 계입하기로 한 경우에는 그 담보권은 잔액채권도 담보하는 것으로 해석해야 할 것이다.[2]

4) 상호계산은 「채권·채무의 총액에 관하여 상계하고 그 잔액을 지급할 것을 약정」하는 계약이다. 상호계산기간이 만료하면 상호계산에 포함되었던 채권·채무의 총액을 일괄하여 상계하고 그 잔액을 확정하는데, 이는 각 당사자가 이에 관한 계산서를 승인하는 때에 그 효력이 발생한다($\substack{\text{상 75} \\ \text{조 본문}}$). 이로 인하여 구(舊) 채권·채무($\substack{\text{각 항목채} \\ \text{권·채무}}$)는 소멸하고 신(新) 채권·채무($\substack{\text{잔액채} \\ \text{권·채무}}$)가 발생하는데(경개적〈更改的〉 효력), 이는 상호계산의 효력($\substack{\text{기간만료} \\ \text{후의 효력}}$)에서 상세히 설명한다. 각 당사자는 이러한 잔액을 지급하지 않고 다시 개시되는 상호계산기간의 최초의 항목으로 계상할 수 있다.[3]

5) 상호계산은 「계약」이다. 상호계산의 계약으로서의 법적 성질에 관하여는 상호적 소비대차설·쌍방적 위임설·혼합계약설·상계(相計)예약설·연기(延期)계약설 등 여러 가지로 생각할 수 있으나, 간이결제제도의 설정을 목적으로 하여 「상법상 인정된 특수한 낙성계약」이라고 볼 수 있다(통설).[4]

상호계산은 채권·채무가 대등액의 범위에서 소멸하는 점에서는 민법상의 상계($\substack{\text{민 492} \\ \text{조 이하}}$)와 유사하나, 민법상의 상계는 개별적인 채무를 소멸시키는 단독행위이나 상법상의 상호계산은 포괄적인 채무를 소멸시키는 계약이라는 점에서 양자는 구별된다.

제 3   상호계산의 효력

상호계산은 설정계약에서 정한 존속기간 내에서 그 효력을 갖게 되는데, 이는

---

1) 동지: 정(희), 166면.
2) 동지: 정(희), 166면 외(다수설).
   반대: 정(동), (총) 361면(담보부채권도 상호계산능력이 있다고 한다).
3) 동지: 최(기), 269면.
4) 정(희), 166면; 정(동), (총) 362면(상법상 특수한 간이결제계약이라고 한다) 외.

상호계산기간을 단위로 하여 상호계산의 과정이 그 존속기간 내에서 반복된다. 따라서 여기에서 말하는 상호계산의 효력은 매 단위로 반복되는 상호계산기간중의 효력과 상호계산기간만료 후의 효력을 의미한다.

1. 상호계산기간중의 효력(소극적 효력, 상호계산불가분의 원칙)

상호계산은 상호계산기간중의 채권·채무를 일괄하여 결제하는 제도이므로, 각 채권·채무는 상호계산기간중에는 집단적으로 묶이게 되고 개별적인 효력은 발생하지 않게 되어 그 독립성을 잃게 된다. 이러한 상호계산의 효력을 「상호계산의 불가분의 원칙」 또는 「소극적 효력」이라고 하는데, 이는 당사자간의 효력과 제3자에 대한 효력으로 나누어진다.

(1) 당사자간의 효력

1) 원   칙   당사자간은 상호계산에 계입된 채권·채무를 임의로 제거할 수 없다. 또한 당사자간은 상호계산에 계입된 채권·채무를 개별적으로 이행청구할 수 없고(따라서 이러한 이행청구에 응하지 아니하였다고 하여도 이행지체가 되지 않는다), 또 상호계산 외의 다른 채권·채무와 상계할 수도 없다. 따라서 상호계산에 포함된 채권·채무는 개별적으로 시효가 진행되지 않는다. 그러나 개별채권에 대한 확인소송·해제권·취소권 등은 행사할 수 있다(통설).[1]

2) 예   외   상호계산에 계입된 채권·채무는 당사자가 임의로 계산으로부터 제거할 수 없는 것이 원칙이다. 그러나 어음 기타의 상업증권이 수수된 대가가 상호계산에 계입된 경우에는, 그 증권채무자가 변제하지 아니한 경우에 한하여 예외적으로 당사자는 그 대가에 관한 항목을 계산으로부터 제거할 수 있다(상 73조 후단)(앞의 예에서 을의 대가채무를 상호계산에 계입한 것은 을이 A로부터 지급받는 것을 전제로 한 것이므로, 만약 A가 지급하지 아니한 때에는 을에게는 가혹하다. 즉, 이 때 을은 갑에 대한 상환청구권을 새로 항목에 넣을 수도 있으나 갑이 파산한 경우에는 다른 채권자와 경합하여 평등한 변제를 받는 데 불과하므로 충분한 변제를 받지 못하는데, 을의 대가채무는 상호계산에 계입되어 그 전액이 상계되므로 을은 대단히 불리하다. 따라서 이 때에는 예외적으로 을의 대가채무항목 그 자체를 상호계산에서 제거하여 대가의 전액을 회복시킨 것과 동일한 결과를 얻게 한 것이다. 그러나 실제에 있어서는 대가채무항목을 제거하지 않고, 반대채권항목을 기입하는 방법에 의한다).[2]

(2) 제3자에 대한 효력

제3자는 상호계산에 계입된 채권·채무를 개별적으로 양수·입질·압류할 수 있는가. 이는 다시 말하면 상호계산불가분의 원칙이 제3자에게도 미치는가의 문제이다. 이에 대하여 학설은 상호계산의 효력은 제3자에게도 미친다는 견해(절대적 효력설), 상호계산의 효력은 제3자에게 미치지 않는다는 견해(상대적 효력설) 및 상호계산의 효력은 압류의 경우만 제3자에게 미친다는 견해(절충설)로 나뉘어 있다.

---

1) 손(주), 274면; 정(동), (총) 366면; 이(철), 330면; 최(기), 270면; 주상(Ⅰ), 521면 외.
2) 동지: 주상(상), 333면; 주상(Ⅰ), 521면; 정(동), (총) 306~361면, 364~365면.

1) **절대적 효력설**　이 견해에서는 상법상 상호계산에 관한 규정은 개별적인 채권양도 등을 제한하는 특약을 정한 임의규정이 아니라 강행규정으로서, 이에 위반하면 제3자의 선의·악의를 불문하고 모두 무효가 된다고 설명한다.[1]

2) **상대적 효력설**　이 견해에서는 상호계산불가분의 원칙은 당사자 이외에는 미치지 아니하므로, 당사자의 한 쪽이 이 원칙에 위반하여 채권양도 등을 하였을 때에는 선의의 제3자에게는 그 제한을 대항할 수 없고($\frac{민}{조}\frac{449}{2항}$) 상대방에 대하여 손해배상책임만을 발생시킬 뿐이라고 설명한다.[2] 또한 이 견해에서는 만일 절대적 효력설에 의하면 채무자가 압류금지재산을 만들 수도 있고, 또는 채무면탈을 목적으로 상호계산에 자기의 채권을 계입할 수도 있어 부당하다고 한다.

3) **절 충 설**　이 견해에서는 채권의 양도와 입질의 경우에는 양도인 등이 채무자에게 대항요건을 갖추고($\frac{민\ 450조,}{451조,\ 349조}$) 이 때 채무자가 이의 없이 채권의 양도 등을 승낙하면 당사자간에는 이를 상호계산에서 제거하기로 하는 묵시적인 합의가 있다고 볼 수 있다는 점에서 상대적 효력설이 타당하다고 하나($\frac{즉,\ 양도·입질}{의\ 효력이\ 있으나}$), 압류의 경우에는 제3채권자에게 압류권을 허용할 이유가 없으므로 상호계산에 계입된 개별채권은 압류의 대상이 되지 않는다는 점($\frac{즉,\ 압류의\ 효}{력이\ 없다는\ 점}$)에서 절대적 효력설이 타당하다고 한다.[3]

4) **사　　견**　상거래의 간이결제를 위하여 상호계산제도를 채택할 것인가의 여부는 거래당사자의 임의의 의사에 속하는 것인데, 당사자가 우연히 이 제도를 채택하였다고 하여 선의의 제3자를 해할 수 없고 또한 당사자간의 약정에 의하여 국가의 강제집행권을 제한하는 재산권을 만들 수도 없으므로, 상호계산불가분의 원칙은 제3자에게는 미치지 않는다는 견해가 타당하다고 본다[4](상대적 효력설).

1) 손(주), 275면; 정(희), 168면(상호계산에 관한 상법의 규정은 강행규정이므로 제3자의 선의·악의를 불문하고 상호계산에 계입된 채권의 양도·입질 및 압류는 모두 무효가 된다); 최(기), 269~270면; 이(범), (예해) 185면; 채, 204면(상호계산계약에서 양도금지의 특약을 하는 것은 변제방법에 관한 항변으로서 양수인에게 대항할 수 있다고 보는 것이 이론적으로 옳고, 이로 인하여 선의의 양수인이 피해를 보는 것은 채권양도의 본질상 감수해야 할 위험이고 또 상호계산계약에 편입시킴으로 인하여 압류금지재산이 창설되는 것이라고 한다).
2) 서·정, 172면; 정(무), 185면; 양·박, 123면; 정(동), (총) 366~367면(양도·입질의 경우는 상호계산계약인 당사자간의 의사표시에 의한 양도금지는 선의의 제3자에게 대항할 수 없다는 것이 민법의 대원칙〈민 449조 2항 단서〉이므로 선의의 제3자에 대하여는 유효하고, 압류의 경우는 상호계산계약인 당사자간의 의사표시에 의한 양도금지가 국가의 강제집행권을 배척할 수 없으므로 제3자에 의한 압류는 그의 선의·악의를 불문하고 유효하다고 한다); 주상(상), 333면; 주상(Ⅰ), 522면.
3) 이(철), 331~332면.
4) 연습, 133면(사례 23).
　동지: 대판 2002. 8. 27, 2001 다 71699(공보 2002, 2287)(당사자 사이에 양도금지의 특약이

2. 상호계산기간만료 후의 효력(적극적 효력)

(1) 잔액채권의 성립

1) 상호계산기간이 만료하면 상호계산에 포함되었던 채권·채무의 총액을 일괄 상계하고 그 잔액이「성립」하는데, 이러한 잔액의「확정」은 잔액을 산출한 계산서를 각 당사자가 승인함으로써 하게 된다[1]($\frac{\text{상}\,75}{\text{조 본문}}$). 이것을「상호계산기간만료 후의 효력」또는「적극적 효력」이라고 한다.

2) 상호계산기간만료 후 상호계산에 계입된 채권·채무의 총액을 일괄 상계한 후 잔액에 대하여는 채권자는 계산폐쇄일 이후의 상사법정이자를 청구할 수 있다($\frac{\text{상}\,76}{\text{조 1항}}$). 이 때 각 항목채권에 당사자간의 특약으로써 이자를 붙인 경우에도 채권자는 계산폐쇄일 이후의 상사법정이자를 청구할 수 있다($\frac{\text{상}\,76}{\text{조 2항}}$). 따라서 이 때에는 채무자는 이중으로 이자를 지급하게 된다.[2]

(2) 잔액채권의 확정

1) 잔액채권은 상호계산의 각 당사자가「승인」함으로써 확정되는데, 이 승인은 구(舊) 채권·채무를 소멸시키고 신(新) 채권·채무를 발생시키는 경개적 효력을 갖는다[3]($\frac{\text{민}\,500}{\text{조 참조}}$). 따라서 잔액채권·채무는 구(舊) 채권·채무와는 별개의 채권·채무로서, 이러한 승인시부터 각 항목채권·채무와는 별도로 소멸시효에 걸린다.[4] 그러나 앞에서 본 바와 같이 당사자간의 특약에 의하여 보증 또는 담보가 있는 개별채권을 상호계산에 계입한 경우에는 이러한 담보권은 잔액채권에도 미치는 것으로 보아야 할 것이다[5]($\frac{\text{민}\,505}{\text{조 참조}}$).

있는 채권이라도 압류 및 전부명령에 따라 이전될 수 있고, 양도금지의 특약이 있는 사실에 관하여 압류채권자가 선의인가 악의인가는 전부명령의 효력에 영향이 없다).

1) 잔액은 상호계산기간의 만료와 동시에 수액의 가감에 의하여 자동적으로 성립하나(상 제76조 1항의 '계산폐쇄일'은 이를 의미함), 이러한 잔액은 각 당사자의 승인에 의하여 확정된다(상 75조).

2) 동지: 정(희), 169면; 정(동), (총) 370면 외.

3) 동지: 정(희), 169면 외.
  반대: 정(동), (총) 368면, 372면(잔액채권은 상호계산기간이 경과하면 자동적으로 성립하며 당사자의 특별한 의사표시를 요하지 않는다고 하고, 승인에 의하여 구〈舊〉 채권은 소멸하지 않고 양자는 병존한다고 한다〈무인적 채무승인설〉).

4) 동지: 정(동), (총) 372면(승인시부터 민법 제162조에 의하여 10년의 소멸시효에 걸린다고 한다).
  이(철), 334면은「잔액채권의 성립시부터 채권자는 이를 행사할 수 있고 그 채권은 그 때부터 소멸시효가 진행한다」고 하나, 잔액채권의 확정시부터 그 권리를 행사할 수 있고 또 그 때부터 소멸시효가 진행하는 것으로 보아야 할 것이다.
  정(희), 169면 및 최(기), 274면은 잔액채권의 시효기간의 기산점을「계산폐쇄일」이라고 보고 있으나, 위에서 본 바와 같이 잔액채권의 확정시로 보아야 할 것이다[동지: 정(동), (총) 372면 주 42].

5) 동지: 이(철), 334면.
  그러나 정(동), (총) 372~373면은「구채권을 위한 담보는 당사자간의 특약이 없는 경우에도 상대방이 제공한 것은 무인적 잔액채권의 담보로 전환되고, 제3자가 제공한 것은 유인적 잔액채

2) 상호계산의 각 당사자가 잔액을 산출한 계산서를 승인하면 각 당사자는 각 항목채권·채무에 존재하던 하자를 이유로 하여 「이의를 제기하지 못하는데」($^{\text{상 75}}_{\text{조 본문}}$), 이는 각 항목채권·채무의 수액(數額)을 다투지 못함은 물론 그 원인행위의 무효 등을 다투지 못한다는 의미이다.[1] 그러나 승인행위 자체에 존재하는 의사표시의 흠결 또는 하자를 이유로 하여 무효 또는 취소를 주장할 수는 있다($^{\text{민 107}}_{\text{조 이하}}$).

3) 계산서의 각 항목채권·채무에 존재하는 하자 중에서 「착오 또는 탈루(빠진 것)가 있는 경우」에는 예외적으로 각 당사자는 이의를 제기할 수 있는데($^{\text{상 75}}_{\text{조 단서}}$), 이의 의미가 무엇이냐에 대하여 다음과 같이 학설은 나뉘어 있다.

(개) 소수설은 법조문의 문맥상 승인행위 그 자체의 효력을 다투어 잔액채권·채무의 효력을 다툴 수 있다고 해석한다(승인행위무효설).[2]

(내) 다수설은 이러한 사정은 승인행위 자체에 연유하는 하자에 지나지 않고 또 상호계산제도의 목적인 채권·채무의 결제의 간이화라는 취지에서 볼 때 승인행위 자체의 효력에는 영향이 없고, 다만 부당이득을 이유로 하여 이득상환청구를 할 수 있다고 한다(부당이득설).[3]

생각건대 다수설과 소수설은 그 결과에 있어서는 동일한데, 소수설에 의한 해석이 법문에 충실한 해석이고 간명한 것으로 생각한다.

제 4 상호계산의 종료

1. 종료원인

(1) 일반종료원인

상호계산계약은 (계속적 거래관계의 설정을 목적으로 하는) 계약이므로 존속기간의

권의 담보로 존속한다」고 한다.
   독일 상법 제156조는 담보권의 존속을 명문으로 규정하고 있다.
1) 동지: 정(희), 169면; 이(철), 335면; 채, 201면; 주상(Ⅰ), 524~525면.
   반대: 정(동), (총) 372면(구〈舊〉 채권〈유인적 잔액채권〉이 병존한다는 점에서 원인행위의 무효를 다툴 수 있게 된다).
2) 정(희), 169면; 김(용), 142면; 이(병), 242면.
   채, 202면은 「부당이득설은 상법 제75조 단서를 무의미하게 하므로 찬성할 수 없고, 그렇다고 조그마한 착오나 탈루가 있는 경우까지 승인행위 전체를 무조건 무효로 하는 것도 옳지 않다고 하고, 착오나 탈루가 있는 경우 그 반환을 청구할 수 있는 것은 물론 착오 혹은 탈루금액에 한하여 이행을 거절할 수 있다고 보는 것(한정무효설)이 타당하다」고 한다.
3) 서·정, 174면; 손(주), 277면; 정(동), (총) 373~374면; 최(기), 274면; 이(철), 336면(착오나 탈루가 민법상의 무효·취소사유에 해당되면 그에 따라 승인은 무효·취소될 것이나, 그렇지 않은 경우에는 상법 제75조 단서의 규정만을 근거로 하여 승인행위의 무효·취소를 주장할 수 없다고 한다); 양·박, 123면; 이(기) 외, (총) 357면; 주상(Ⅰ), 525면; 이·최, 158면 외.

만료 등 이 계약의 일반적 종료원인에 의하여 종료한다. 따라서 당사자간에 계속적 거래관계가 종료되면 상호계산계약이 종료되고, 영업이 양도되면 원칙적으로 상호계산계약이 종료되는 것으로 보아야 할 것이다.[1] 상호계산계약은 그 계약의 존속기간의 만료에 의하여 종료하는 것이지, 상호계산기간의 만료에 의하여 종료하는 것은 결코 아니다.

(2) 특별종료원인

1) 상법이 규정하고 있는 상호계산계약의 특별종료원인으로는 해지가 있다. 즉, 상호계산계약의 각 당사자는 상대방의 신용에 변동이 있거나 기타 특별한 사정이 있는 경우에는 언제든지 상호계산계약을 해지할 수 있다($\frac{상 77}{조 1문}$). 해지의 의사표시는 상대방에게 명백히 하여야 하고, 이 의사표시가 상대방에게 도달하여야 그 효력이 생긴다($\frac{민 111}{조 1항}$).

2) 상법 이외의 특별법이 규정하고 있는 특별종료원인으로는 당사자 일방의 파산($\frac{파 343}{조 1항}$), 회생절차의 개시($\frac{파 125}{조 1항}$) 등이 있다. 이러한 것은 상호계산계약의 기초가 되는 당사자의 신용에 중대한 변경을 가져오기 때문이다.[2]

2. 종료효과

상호계산계약이 당사자의 해지에 의하여 종료된 때에는 당사자는 즉시 계산을 폐쇄하고 그 잔액의 지급을 청구할 수 있다($\frac{상 77}{조 2문}$).

다만 당사자일방의 파산의 경우에는 그 잔액채권은 파산재단에 속하거나($\frac{파산자}{가 잔액}$ $\frac{채권을 가}{지는 경우}$) 파산채권이 되고($\frac{상대방이 잔액채}{권을 가지는 경우}$)($\frac{파 343}{조 2항}$), 회생절차의 개시의 경우에는 회생채권($\frac{상대방이 잔액채}{권을 가지는 경우}$)이 된다($\frac{파 125}{조 2항}$).

제 7 절   익명조합

제 1 총   설

1. 익명조합의 목적 및 기능

(1) 공동기업형태의 원형이며 소수인간의 간이한 기업형태는 민법상의 조합($\frac{민 703}{조 이하}$)이다. 그러나 민법상의 조합은 조합원 전원이 업무를 집행하고($\frac{민}{706조}$) 또 조합재

---

1) 동지: 이(철), 337면; 이(기) 외, (총) 360면.
2) 동지: 정(희), 170면; 이(철), 337면; 이(기) 외, (총) 360면; 주상(Ⅰ), 526면.

산은 조합원의 합유(合有)이므로($\frac{민}{704조}$), 이로 인하여 복잡한 법률문제가 발생하여 신속·원활을 위주로 하는 상기업의 형태로는 적합하지 않다. 따라서 민법상의 조합을 상기업에 맞게 가공을 하여 기업활동의 수요에 적응시킨 것이 익명조합인데, 이는 공동기업형태의 다른 하나의 형태이다.

(2) 익명조합의 목적은 자본가(익명조합원)와 유능한 경영자(영업자)가 합작하여 기업을 형성하는 데 있다. 이러한 목적에서 형성된 익명조합은 익명조합원에게는 그의 사회적 지위 또는 경영능력부족이나 경영활동의 법률상의 제한으로 인하여 직접 경영(영업)에 참여하지 않으면서 영업이익에 참여할 수 있는 기능을 부여하고, 영업자에게는 타인으로부터 이자 없는 자금을 공급받으면서 타인의 간섭 없이 경영활동을 수행할 수 있는 기능을 한다.[1]

2. 익명조합과 유사제도와의 비교

(1) 소비대차와의 비교

익명조합은 익명조합원이 영업자에 대하여 계약상의 채권자라는 점에서는 소비대차와 유사한 점도 있으나, 다음과 같은 차이점이 있다.

1) 익명조합은 영업자의 영업으로 인한 「불확정한 이익의 분배」를 요소로 하나, 소비대차는 (이자부인 경우) 「확정이자의 지급」을 요소로 한다.

2) 익명조합원은 업무의 감시권이 있는 등($\frac{상 86조,}{277조}$) 영업자의 「영업에 관여하나」, 소비대차의 대주는 차주의 「원본사용에 관여할 권리가 없다」.

3) 익명조합에서 당사자간에 손실분담의 특약이 있고 이에 따라 출자가 손실로 감소된 때에는 그 계약의 종료시에 그 「잔액」만을 반환하면 되나($\frac{상 85}{조 단서}$), 소비대차에서는 그 계약의 종료시에 「원본 전액」을 반환하여야 한다($\frac{민}{598조}$).

(2) 민법상의 조합과의 비교

익명조합은 민법상의 조합과 같이 계약으로 성립하는 공동기업형태이나, 다음과 같은 차이점이 있다.

1) 익명조합의 당사자는 「두 당사자」에 한정되나($\frac{상}{78조}$), 민법상의 조합의 당사자는 「2인 이상」이다($\frac{민 703}{조 1항}$).

2) 익명조합원의 출자목적물은 「금전 또는 재산」에 한하나($\frac{상 86조,}{272조}$), 민법상 조합의 조합원의 출자목적물은 「금전 기타 재산 또는 노무」이다($\frac{민 703}{조 2항}$).

3) 익명조합의 영업은 「영업자의 단독영업」이나($\frac{상 80}{조 참조}$), 민법상의 조합은 「공동사업을 경영하기 위한 형태」이다($\frac{민 703}{조 1항}$).

---

1) 동지: 정(희), 170면; 정(동), (총) 375면.

4) 익명조합의 재산의 소유형태는 「영업자의 단독소유」이나$\binom{상\ 79}{조\ 참조}$, 민법상 조합의 재산의 소유형태는 「조합원의 합유」이다$\binom{민}{704조}$.

(3) 합자회사와의 비교

익명조합과 합자회사는 자본가(익명조합원)와 기업가(영업자)가 결합한 공동기업형태로서 그 형식 및 연혁이 동일하나, 다음과 같은 차이점이 있다.

1) 익명조합은 「법인성이 없으나」, 합자회사는 회사이므로 「법인성이 있다」$\binom{상}{169조}$.

2) 익명조합에서는 「익명조합원」만이 출자의무가 있고$\binom{상}{78조}$ 또 출자목적물은 「재산출자」에 한정되나$\binom{상\ 86조,}{272조}$, 합자회사에서는 「모든 사원」에게 출자의무가 있고$\binom{상\ 269조,}{179조\ 4호}$ 무한책임사원은 재산출자뿐만 아니라 「신용출자·노무출자」도 할 수 있다$\binom{상}{222조}$.

3) 익명조합의 재산은 「영업자의 재산」이 되나$\binom{상}{79조}$, 합자회사의 재산은 「회사의 재산」이 된다.

4) 익명조합에서는 「영업자」만이 영업을 수행하고 영업자만이 채권자에 대하여 책임을 지나$\binom{상}{80조}$, 합자회사에서는 「전 사원」이 회사의 업무수행에 직접·간접으로 참여하고 또 전 사원이 회사의 채권자에 대하여 제2차적으로 무한 또는 유한의 책임을 진다.

5) 익명조합에서는 「익명조합원」에게만 이익분배를 하고 또 이것이 그 「계약의 요소이나」$\binom{상}{78조}$, 합자회사에서는 「전 사원」에게 이익배당을 하고 또 이것은 「합자회사의 요소가 아니다」. 또한 손실분담에 있어서 익명조합에서는 특약이 없는 한 익명조합원은 「손실분담의무가 없으나」, 합자회사에서는 전 사원이 「손실을 분담한다」.

(4) 합자조합과의 비교

익명조합과 합자조합은 계약으로 성립하는 공동기업형태이나, 다음과 같은 차이점이 있다.

1) 익명조합의 두 당사자는 「영업자와 익명조합원」인데$\binom{상}{78조}$, 합자조합의 두 당사자는 「무한책임조합원과 유한책임조합원」이다$\binom{상\ 86}{조의\ 2}$.

2) 익명조합원의 출자목적물은 「금전 또는 재산」에 한하나$\binom{상\ 86조,}{272조}$, 합자조합의 조합원의 출자목적물은 제한이 없고 「조합계약에 의하여」 정하여진다$\binom{상\ 86조}{의\ 3\ 6호}$. 또한 익명조합에서는 익명조합원만이 출자의무가 있으나$\binom{상}{78조}$, 합자조합에서는 「모든 조합원」에게 출자의무가 있다$\binom{상\ 86조의\ 2,}{86조의\ 3\ 6호}$.

3) 익명조합의 영업은 「영업자의 단독영업」이고 「영업자」만이 채권자에 대하여 책임을 지나$\binom{상}{80조}$, 합자조합의 영업은 원칙적으로 「각 무한책임조합원(업무집행조합원)」이 수행하고$\binom{상\ 86}{조의\ 5}$ 「전 조합원」이 회사의 채권자에 대하여 무한 또는 유한의 책임을 진다$\binom{상\ 86}{조의}$ $\binom{2,\ 86}{조의\ 6}$.

4) 익명조합의 재산의 소유형태는 「영업자의 단독소유」이나$\binom{상\ 79}{조\ 참조}$, 합자조합의 재산의 소유형태는 「조합원의 합유」이다$\binom{민\ 704}{조\ 참조}$.

5) 익명조합에서는 「익명조합원」에게만 이익분배를 하고 또 이것이 「계약의 요소이

나」$\binom{상}{78조}$, 합자조합에서는 「전 조합원」에게 손익분배를 하는데 이는 「계약의 요소가 아니고」 조합계약에 의하여 정하여진다$\binom{상\ 86조}{의\ 3\ 7호}$.

제 2   익명조합의 의의(설립)

익명조합(undisclosed association; stille Gesellschaft; société en participation)이라 함은 「당사자의 일방이 상대방의 영업을 위하여 출자를 하고, 상대방은 그 영업으로 인한 이익을 분배할 것을 약정하는 계약」인데$\binom{상}{78조}$, 익명조합은 당사자간의 이러한 계약으로써 성립된다. 이를 분설하면 아래와 같다.

1) 익명조합계약의 당사자는 「영업자」와 「익명조합원」이다. 당사자는 이들에 한하고, 민법상의 조합과 같이 3인 이상이 있을 수 없다. 다만 익명조합원이 수 인이 있는 것은 상관이 없다. 이 때 수 인의 익명조합원이 공동으로 출자한 경우에는 하나의 익명조합계약이 있게 되나, 수 인이 따로따로 출자한 경우에는 각기 독립한 수 개의 익명조합계약이 있게 된다(이 때 익명조합원 상호간에는 아무런 법률관계가 없고, 영업자는 익명조합계약의 체결시 이전의 익명조합원의 동의를 받을 필요가 없다).[1] 익명조합원의 자격에는 제한이 없으므로, 상인이든 비상인이든 또는 영업자의 상업사용인[2]이라도 상관이 없다.[3]

영업자는 상인이어야 한다. 왜냐하면 익명조합에 있어서 익명조합원의 출자는 영업자의 '영업을 위하여' 하고, 영업자는 '영업으로 인한' 이익을 분배하여 주어야 하기 때문이다. 그러나 상인인 이상 자연인이든 회사이든, 보통상인이든 소상인이든, 단독상인이든 조합이든 상관이 없다. 또 그 상인자격은 계약체결 당시에 이미 존재하지 않더라도, 계약의 체결이 영업자의 '영업을 위한 행위'$\binom{개업준비}{행위\ 등}$이면 무방하다.[4] 또 익명조합계약은 반드시 그 영업의 전부에 걸칠 필요는 없다. 즉, 객관적으로 어느 정도의 독립성을 인정할 수 있는 한 영업의 일부$\binom{예컨대,}{지점\ 등}$에 대하여도 이 계약을 체결할 수 있다.[5]

---

1) 동지: 정(희), 171면; 정(동), (총) 376~377면.
    그러나 이 경우에 영업자는 각 익명조합원에게 다른 익명조합원과의 계약내용을 통지하여야 하는 것으로 하자는 개정의견이 있었다[의견서, 31면].
2) 대판 1957. 11. 18, 4290 민상 616(민판집 27, 329)(대외관계에 있어서는 어느 주식회사의 지방출장소장으로 되어 있으나 대내적으로는 그 회사의 영업을 위하여 출자를 하고 그 영업에서 생기는 이익의 분배를 받을 것을 약정한 사실이 인정될 수 있는 경우에는, 특별한 사정이 없는 한 출자를 한 자와 회사와의 관계를 상법상의 익명조합관계에 있다고 할 것이다).
3) 동지: 정(희), 171면; 정(동), (총) 377면.
4) 동지: 정(희), 171면; 정(동), (총) 377면.
5) 동지: 정(희), 171면; 정(동), (총) 377면.

2) 익명조합계약에서 익명조합원은 영업자의 영업을 위하여「출자」하고, 영업자는 영업에서 생기는「이익을 분배」할 것을 약정하여야 한다. 즉, 익명조합원의 출자의무와 영업자의 이익분배의무는 익명조합계약의 본질적인 요소가 된다.

익명조합원은 금전 기타의 재산만을 출자할 수 있는데, 이러한 출자는 영업자의 재산에 귀속한다($\frac{상}{79조}$).[1] 익명조합원은 후술하는 감시권($\frac{상\ 86조,}{277조}$) 이외에는 영업자의 영업에 간섭하지 못한다.

영업자의「이익분배」에 관한 약정에서 영업자는 이익의 유무를 불문하고 매월 일정액을 익명조합원에게 지급할 것을 약정한 경우에는 익명조합계약이 될 수 있는지 여부에 대하여 의문이 있다. 이에 대하여 우리나라의 다수설[2]과 판례[3]는 익명조합계약이 아니라고 본다. 그러나 이에 대하여 소수설[4]은 영업자의 상대방이 영업에 대한 감시권이나 기타의 간섭권을 가지고 있다면, 위와 같이 일정률의 이익분배를 특약하였다고 하더라도 익명조합계약으로 볼 수 있다고 한다.

생각건대 상법 제78조의「영업으로 인한 이익을 분배한다」는 법문으로 보아 이익의 유무를 불문하고 매월 일정액을 익명조합원에게 지급한다는 약정은, 소비대차계약은 될지언정 익명조합계약으로는 볼 수 없다고 생각한다.

3) 익명조합은「계약」이다. 계약으로서의 성질은 유상·쌍무·불요식·낙성계약인 점은 명확하다. 그런데 이것이 어떤 종류의 계약인가에 대하여는 문제가 있다. 익명조합계약은 계속적인 기업활동을 위한 기업조직에 관한 특수한 계약이므로 민법상 어떤 전형계약에 속하는 것이 아니고「상법상의 특수한 계약」으로, 그 내용은「기업조직에 관한 장기적 계약」이라고 볼 수 있다.[5] 이러한 익명조합은 대외적인

---

1) 대판 1971. 12. 28, 71 도 2032(익명조합원의 출자는 영업자의 재산으로 되므로 영업자가 영업의 이익금을 함부로 자기 용도에 소비한 경우에도 횡령죄가 되지 않는다); 동 1972. 8. 29, 72 다 1097(민판집 198, 247)(익명조합에서 영업자가 건축한 건물에 대하여 익명조합원은 합유권을 주장할 수 없다); 동 1973. 1. 30, 72 도 2704(형판집 105, 555)(익명조합원이 영업을 위하여 출자한 금전 기타의 재산은 영업자의 재산이 되므로, 그 영업자는 타인의 재물을 보관하는 자의 입장에 서지 아니한다).

2) 손(주), 279면; 정(동), (총) 378면; 최(기), 279면; 이(철), 341면; 채, 206면; 이(기) 외, (총) 102면 외.

3) 대판 1962. 12. 27, 62 다 660(집 10 ④ 민 336)(그 영업에서 이익이 난 여부를 따지지 않고 상대방이 정기적으로 일정한 금액을 지급하기로 약정한 경우에는 가령 이익이라는 명칭을 사용하였다 하더라도 그것은 상법상의 익명조합계약이라고 할 수 없다); 동 1983. 5. 10, 81 다 650(공보 707, 962)(매일 매상금 중 일정비율의 금액을 지급할 것을 약정한 것은 상법상의 익명조합계약이 아니다).

4) 정(희), 172면.

5) 동지: 정(희), 172면.
   이에 대하여 정(동), (총) 379면은「민법상의 조합을 공동관계를 대외적으로 나타내지 않게 수정한 것」이라고 한다.

면에서는 영업자의 단독영업이나 대내적인 면에서는 조합성이 있으므로, 대내적인
문제에서는 민법상의 조합에 관한 규정을 유추적용할 수 있다고 본다.[1]

제 3 익명조합의 효력

1. 대내적 효력

(1) 출   자

1) 출자의무자

(가) 익명조합에서 출자의무를 부담하는 자는 「익명조합원」뿐이다($^{상\ 78}_{조\ 전단}$). 익명
조합원의 출자의무는 익명조합계약의 본질적 요소이다.

(나) 영업자는 출자의무가 없다. 영업자가 익명조합의 영업을 위하여 자기의 재
산 등을 출연하는 것은 무방하나, 이것은 자기의 영업을 위하여 출연하는 것이고 또
한 이에 대하여 익명조합원이 지분을 갖는 것도 아니므로 공동기업에서의 출자라고
볼 수 없다.[2]

2) 출자목적물

익명조합원의 출자목적물은 「재산」($^{금전\ 또}_{는\ 현물}$)에 한정되고, 신
용이나 노무는 출자목적물이 될 수 없다($^{상\ 86조.}_{272조}$). 출자목적물인 재산은 「소유권」에
한하는 것은 아니고, 당사자간의 특약에 의하여 특정한 재산에 대한 「사용권」 또는
($^{영업자\ 등}_{에\ 대한}$)「채권」 등도 포함된다고 본다.[3] 출자목적물의 구체적인 내용($^{종류.}_{금액\ 등}$)은 조
합계약에서 정하여진다.

3) 출자이행의 시기 및 방법

(가) 출자이행의 시기는 계약에서 특별히 정한 바가 없으면, 「영업자로부터 이행
할 것을 최고받은 때」이다($^{민\ 387}_{조\ 2항}$).[4]

(나) 출자이행의 방법은 출자목적물이 영업자의 재산에 귀속되는 점에서($^{상}_{79조}$) 재
산권의 이전에 필요한 절차($^{예컨대,\ 부동산의\ 경우는\ 등기,\ 동산의\ 경우는\ 인도,\ 지명채권의}_{경우는\ 통지\ 또는\ 승낙,\ 주식의\ 경우는\ 주주명부의\ 명의개서\ 등}$)를 밟아야
한다[5]($^{그러나\ 출자목적물이\ 사용권이면\ 영}_{업자에게\ 사용권만을\ 이전하면\ 된다}$).

---

1) 동지: 이(철), 339면; 이(기) 외, (총) 104면.
2) 동지: 정(동), (총) 381~382면; 이(철), 342~343면; 이(기) 외, (총) 106면.
3) 동지: 정(희), 173면(특약에 의하여 재산의 사용권만을 출자하는 것도 인정된다고 한다); 손
   (주), 283면; 정(동), (총) 381면(재산의 사용권을 포함한다고 한다); 최(기), 281~282면; 채,
   209면; 이(기) 외, (총) 105면.
4) 민법 제387조 2항: 채무이행의 기한이 없는 경우에는 채무자는 이행청구를 받은 때로부터 지체
   책임이 있다.
5) 동지: 정(희), 173면; 정(동), (총) 381면 외.

익명조합계약은 유상계약이므로 익명조합원의 출자이행에 대하여는 민법의 매매에 관한 규정이 준용된다($^{\text{민}}_{567\text{조}}$). 따라서 익명조합원은 출자목적물에 관하여 담보책임 등을 진다[1]($^{\text{민 570}}_{\text{조 이하}}$).

4) 출자이행의 효과   익명조합원이 출자한 재산은 법률상 영업자의 재산으로 본다($^{\text{상}}_{79\text{조}}$). 따라서 영업자가 익명조합원이 출자한 재산을 사용(私用)으로 소비하였다고 하더라도 형법상 (배임은 될지라도) 횡령이 되지 않는다.[2]

(2) 영업의 수행

1) 영업자의 영업수행의무

(개) 익명조합에서 영업수행의무를 부담하는 자는 「영업자」뿐이다($^{\text{상 78}}_{\text{조 후단}}$). 익명조합은 형식적(대외적)으로는 영업자의 단독영업이나 실질적(대내적)으로는 익명조합원과 영업자의 공동영업이므로, 민법상 조합에 관한 규정이 유추적용되어 영업자는 조합계약의 본지에 따라 선량한 관리자의 주의로써 영업을 수행하여야 할 의무를 익명조합원에 대하여 부담한다($^{\text{민 707조·}}_{681\text{조}}$). 따라서 영업자가 정당한 사유 없이 익명조합원의 승낙을 받지 않고 임의로 영업을 개시하지 않거나 영업을 휴업·폐지 또는 양도한 경우에는, 익명조합원은 계약을 해지하는($^{\text{상 83}}_{\text{조 2항}}$) 외에 영업자에 대하여 채무불이행을 이유로 손해배상을 청구할 수 있다.

(내) 영업자의 영업수행의무와 관련하여 영업자는 「경업피지의무」를 부담하는지 여부가 문제된다. 이에 대하여 상법은 명문규정을 두고 있지 않으므로 학설은 나뉘어 있다. 즉, (i) 상법이 익명조합에 관한 규정에서 합자회사의 무한책임사원의 경업피지의무에 관한 규정($^{\text{상 269조,}}_{198\text{조 참조}}$)을 영업자에게 준용한다는 규정을 두고 있지 않은 취지에서 볼 때, 영업자는 원칙적으로 경업피지의무를 부담하지 않으나 익명조합계약에 의하여 이러한 의무가 인정될 수 있다고 보는 「소극설」과,[3] (ii) 영업자의 선관주의의무 또는 신의칙에서 영업자에게 당연히 경업피지의무를 인정하는 「적극설」이 있다.[4]

생각건대 영업자는 위에서 본 바와 같이 익명조합원에 대하여 선관주의의무를 부담하므로 익명조합원의 이익을 희생하여 자기의 이익을 도모하게 할 수는 없다.

---

1) 동지: 정(희), 173면; 정(동), (총) 381면 외.
2) 전게 대판 1971. 12. 28, 71 도 2032; 동 1973. 1. 30, 72 도 2704.
3) 소수설: 서·정, 179면.
　　정(희), 175면은 이에 대하여 「영업자의 경업피지의무는 상법에 규정이 없으므로 그 행위가 정당한 영업수행의무에 위반되는지 여부를 따져 구체적으로 그 유무를 결정하여야 할 것이다」고 한다.
4) 다수설: 손(주), 285면; 정(동), (총) 382면; 양·박, 127면; 최(기), 286면; 이(철), 344면; 임(홍), (상행위) 424면; 채, 210면; 이(기) 외, (총) 108면; 주상(Ⅰ), 531면; 이·최, 163면 외.

따라서 익명조합의 영업자는 익명조합원에 대하여 조합계약에서 정한 영업에 관하여 당연히 경업피지의무를 부담한다고 해석하여야 할 것으로 본다(적극설에 찬성). 이와 같이 영업자에게 경업피지의무를 인정하는 경우에도 영업자가 이를 위반하면 익명조합원은 개입권을 행사할 수는 없고(이를 인정하는 상법의 규정이 없으므로), 다만 계약해지권 및 손해배상청구권만을 행사할 수 있을 뿐이다.[1]

2) 익명조합원의 감시권

(가) 익명조합원은 합자회사의 유한책임사원과 같이 영업을 수행할 권리가 없다(상 86조, 278조). 이러한 익명조합의 취지에서 익명조합원은 영업자를 대리하여 제3자와 거래를 할 수 없다고 본다.[2] 다만 익명조합계약(당사자간의 특약)에 의하여 내부관계에서만 익명조합원에게 영업을 수행할 수 있는 권한을 부여할 수는 있다고 본다.[3]

(나) 익명조합원은 영업을 수행할 권한이 없는 반면에, 합자회사의 유한책임사원과 같이 영업을 감시할 권리가 있다(상 86조, 277조). 즉, 익명조합원은 영업연도 말에 있어서 영업시간 내에 한하여 회계장부·대차대조표 및 기타의 서류를 열람할 수 있고 회사의 업무와 재산상태를 검사할 수 있는데, 중요한 사유가 있는 때에는 언제든지 법원의 허가를 얻어 이러한 열람과 검사를 할 수 있다.

이와 같이 익명조합원에게 감시권을 인정한 이유는 익명조합원이 영업의 수행에서 배제됨으로 인하여 소홀하기 쉬운 익명조합원의 이익을 보호하기 위해서이다.

(3) 손익의 분배

영업자는 익명조합원에게 영업으로 인한 이익을 분배할 의무를 부담하는데(상 78조 후단), 익명조합원은 영업자에게 영업으로 인한 손실을 분담할 의무를 지는 것은 아니다. 즉, 「이익분배」는 익명조합계약의 본질적인 요소이나, 「손실분담」은 익명조합계약의 본질적인 요소가 아니다.

1) 이익의 분배

(가) **이익의 개념**   익명조합은 대외적으로는 영업자의 단독영업이고 또 영업자가 제3자에 대하여 무한책임을 지므로 회사에서와 같은 자본금이 존재하지 않는다. 따라서 익명조합에서의 이익의 개념은 (익명조합원 등의 출자총액을 기준으로) 영업활동으로 인한(고정자산의 상승으로 인한 경우는 해당되지 않음) 순재산액의 증가를 의미한다(순재산액의 감소는 손실을 의미한다). 익명

---

1) 동지: 손(주), 285면; 정(동), (총) 383면; 이(철), 344면; 이(기) 외, (총) 108면.
2) 동지: 이(철), 343면.
3) 합자회사의 유한책임사원의 경우에도 정관 또는 내부규정에 의하여 대표권을 부여할 수는 없으나(대판 1966. 1. 25, 65 다 2128〈집 14 ① 민 15〉), 업무집행권을 부여할 수는 있다고 보는 것이 통설이다.

조합에는 자본금이라는 개념이 없으므로 채권자를 보호하기 위한 자본금 충실의 원칙이나 준비금의 적립강제가 있을 수 없다.

(내) **이익유무의 기준** 이익유무의 기준은 「매 영업연도」를 기준으로 하는데 $\binom{상\ 86조,}{277조\ 참조}$, 이 영업연도는 당사자간의 다른 특약이 없으면 「1년」으로 한다$\binom{상\ 30조}{2항\ 전\ 단\ 참조}$. 따라서 이익 유무의 확정은 영업연도 말의 대차대조표에 의하여 확정된다$\binom{상\ 30조}{2항}$.

(대) **이익분배의 비율** 이익분배의 비율은 (i) 「당사자간에 특약」$\binom{조합계약}{의\ 규정}$이 있으면 그것에 의하나$\binom{이\ 때\ 당사자간의\ 특약이\ 이익\ 또는\ 손실의\ 어느\ 하나에\ 대하여만\ 그\ 분배비율이\ 정}{하여진\ 경우에는\ 그\ 비율은\ 이익과\ 손실에\ 공통된\ 것으로\ 추정한다\ —\ 민\ 711조\ 2항}$, (ii) 이러한 특약이 없으면 「각자의 출자가액」에 비례하여 정하여진다$\binom{민\ 711}{조\ 1항}$. 이 때 「각자의 출자가액」이란 익명조합원의 출자액과 영업자 자신이 영업에 투자한 재산 및 노력을 평가하여 합산한 금액의 총액에 대한 각자의 출자가액의 비율을 의미한다.

(래) **이익분배의 의무**

① 위와 같은 의미의 이익이 발생하면 영업자는 반드시 이를 익명조합원에게 분배할 의무를 부담하고, 익명조합원은 영업자에게 이익분배청구권을 갖는다. 이러한 이익분배는 익명조합원의 출자에 대한 대가를 이루는 것으로서 출자와 함께 익명조합계약의 본질적인 요소가 되므로, 만일 익명조합계약에서 처음부터 이익분배를 전혀 하지 않겠다는 특약을 한 경우에는 민법상의 조합계약은 될 수 있을지라도 익명조합계약이라고 볼 수는 없다$\binom{獨商\ 336조}{2항\ 참조}$.

② 그러나 당사자간의 특약으로 이익의 일부를 영업 내에 유보하거나,[1] 이익을 익명조합원의 출자에 가산할 수 있다고 본다.[2] 또한 이익은 매 영업연도를 단위로 하여 계산되므로 (당사자간의 특약이 없으면) 차년도에 이월되지도 않고, (손실을 분담하지 않는다는 특약이 있으면) 전년도의 손실을 보전하지 않고도 이익을 분배할 수 있다$\binom{상\ 82조}{3항\ 참조}$.

2) **손실의 분담** 이익분배의 경우와 다른 점만을 보면 다음과 같다.

(가) 손실분담의 약정은 익명조합계약의 요소가 아니나, 당사자간에 손실을 분담하지 않기로 하는 특약$\binom{상\ 82}{조\ 3항}$이 없으면 공동기업의 일반원칙에 의하여 익명조합원은 손실을 부담한다는 묵시적인 특약을 한 것으로 추정하여야 한다고 본다(통설).[3]

---

1) 동지: 정(희), 174면; 정(동), (총) 385면; 채, 212면.
2) 동지: 이(철), 345면.
3) 정(희), 173면(손실분담은 익명조합의 요소가 아니나, 당사자간에 이에 관한 특약이 있으면 그 비율은 특약에 따르나, 그 의무는 원칙으로 출자액에 한정된다고 한다); 서·정, 178면; 손(주), 283면; 정(동), (총) 386면; 양·박, 128면; 최(기), 282면; 임(홍), (상행위) 427면; 이(철), 343면; 채, 213면; 이(기) 외, (총) 106면; 주상(Ⅰ), 532면 외.

(나) 익명조합원이 위와 같이 손실분담의무를 부담하게 되면, 익명조합원의 출자가 손실로 인하여 감소된 때에 당사자간에 다른 약정이 없으면 그 손실을 보전한 후가 아니면 익명조합원은 이익분배를 청구하지 못한다($\frac{\lambda}{1항} \cdot 3항$). 이러한 출자의 손실은 영업이익으로써 보전할 수도 있으나, 익명조합원의 추가출자로써 보전할 수도 있다.[1]

(다) 익명조합원이 손실분담의무를 부담하는 경우, 손실이 커서 손실액이 출자액을 초과하는 경우에도 당사자간에 다른 약정이 없으면 익명조합원은 추가출자할 의무나 이미 받은 이익을 반환할 의무를 부담하지 않는다($\frac{\lambda}{2항} \cdot 3항$). 이 부분의 손실은 영업자의 손실로 돌아가는데, 이것은 익명조합이 대외적으로는 영업자의 단독영업으로서 영업자가 익명조합의 채권자에 대하여 무한책임을 부담하는 관계상 당연하다. 그러나 이 때 익명조합원이 출자를 이행하지 않은 부분이 있으면 당연히 이를 이행하여야 한다.

(4) 당사자지위의 이전

익명조합계약은 당사자간의 인적 신뢰를 전제로 하는 것이므로, 각 당사자는 특약이 없는 한 그 지위를 타인에게 이전할 수 없다고 본다. 이러한 각 당사자의 지위는 의사에 기하여 양도될 수 없을 뿐만 아니라, 상속(익명조합원의 사망의 경우는 제외)·합병 등에 의해서도 이전될 수 없다고 본다.[2] 이러한 점은 특히 영업자의 지위의 이전에 관한 문제에서 그 중요성이 크다고 볼 수 있다.

2. 대외적 효력

(1) 영업자의 지위

익명조합은 실질적(경제적)으로는 익명조합원과 영업자의 공동영업이지만 형식적(법률적)으로는 영업자의 단독영업이므로, 대외적으로는 영업자만이 제3자와 법률관계를 갖게 된다. 즉, 익명조합원이 출자한 재산은 영업자에게 귀속되고($\frac{\lambda}{79조}$) 영업자는 자기명의로 영업하므로, 영업자는 제3자에 대하여 모든 권리의무의 귀속의 주체가 되고 또한 익명조합의 채무에 대하여는 무한책임을 진다. 이와 같이 영업자만이 제3자와 법률관계를 갖고 또한 책임을 지도록 하는 점은, 영업자와 거래하는 제3자도 그렇게 믿었기 때문에 제3자의 신뢰의 보호에 아무런 문제가 없다.[3]

---

1) 동지: 이(철), 345면.
2) 동지: 손(주), 284면(익명조합원은 출자의무를 완전히 이행한 경우에도 그 지위를 일방적으로 타인에게 양도하지 못한다고 한다); 정(동), (총) 384면; 최(기), 283면; 이(철), 346면 외.
3) 동지: 채, 215면.

(2) 익명조합원의 지위

1) 원 칙 익명조합원은 위에서 본 바와 같이 영업을 수행할 권리가 없으므로($\frac{상\,86조,}{278조}$) 제3자와 법률관계를 갖게 될 여지도 없고, 또한 제3자에 대하여 책임을 부담하지도 않는다. 상법은 이 점을 다시 명백히 하여 「익명조합원은 영업자의 행위에 관하여는 제3자에 대하여 권리나 의무가 없다」고 규정하고 있다($\frac{상}{80조}$).

2) 예 외 익명조합원은 제3자에 대하여 아무런 책임을 지지 않는 것이 원칙이나, 이에 대한 하나의 예외로서 상법은 익명조합원에게 명의대여자로서의 책임을 규정하고 있다. 즉, 상법은 「익명조합원이 자기의 성명을 영업자의 상호 중에 사용하게 하거나 자기의 상호를 영업자의 상호로 사용할 것을 허락한 때에는 그 사용 이후의 채무에 대하여 영업자와 연대하여 변제할 책임이 있다」고 규정하고 있다($\frac{상}{81조}$). 이러한 상법의 규정은 상법 제24조와 같은 취지로서 제3자의 신뢰이익을 보호하기 위하여 외관주의 또는 금반언의 법리를 규정한 것이다.

익명조합원이 영업자에게 자기의 성명 또는 상호를 사용할 것을 허락한 경우에는 상법 제81조가 없어도 동 제24조에 의하여 익명조합원에게 명의대여자로서의 책임을 물을 수 있다. 따라서 상법 제81조는 동 제24조에 대한 주의규정에 불과하다고 볼 수 있고, 양자는 동일하게 해석하여야 한다고 본다.[1] 그러므로 상법 제81조의 법문에는 규정이 없으나 동 제24조와 같이 익명조합원은 「선의의 제3자」($\frac{즉, 오인}{하여 거래}$ $\frac{한}{제3자}$)에 대하여만 책임을 지는 것으로 해석하여야 한다.

제 4 익명조합의 종료

1. 종료의 원인

익명조합은 계약이므로 계약의 일반적인 종료원인에 의하여 종료된다. 그런데 상법은 익명조합계약의 특성에서 약정종료원인에 대하여 하나의 특칙을 두고 있고, 이 외에 법정종료원인을 규정하고 있다.

(1) 약정종료원인

익명조합계약에서 조합의 존속기간을 정한 경우에는 익명조합은 이 「존속기간의 만료」로써 당연히 종료된다. 익명조합계약은 원칙적으로 상대방의 채무불이행이 있는 경우에 「해지」될 수 있는데($\frac{민}{543조}$), 이러한 채무불이행이 없더라도 상법은 다음

---

1) 동지: 손(주), 286면; 정(동), (총) 388면; 임(홍), (상행위) 429면; 이(철), 346~347면; 이(기) 외, (총) 109면.

과 같은 경우에 익명조합계약이 「해지」될 수 있음을 규정하고 있다. 즉, 존속기간을 정하지 아니한 경우 또는 어느 당사자의 종신까지 존속기간을 정한 경우에는 각 당사자는 해지에 의하여 계약을 종료시킬 수 있다($\frac{상}{83조}$). 다만 조합의 계속적 성질에 비추어 해지의 시기는 영업연도 말이고, 또 6월 전에 예고를 하여야 한다($\frac{상\ 83}{조\ 1항}$). 그러나 부득이한 사유($\frac{예컨대,\ 익명조합원의\ 출자의무\ 불}{이행,\ 영업자의\ 이익분배\ 불이행\ 등}$)가 있으면 조합의 존속기간의 정함이 있는지 여부를 불문하고 언제든지 해지할 수 있다($\frac{상\ 83}{조\ 2항}$).[1]

(2) 법정종료원인

익명조합계약은 다음과 같은 법정사유에 의하여 종료한다($\frac{상}{84조}$).

1) **영업의 폐지 또는 양도**

2) **익명조합원의 파산**   그러나 익명조합원의 사망 또는 성년후견개시는 익명조합계약의 종료사유가 되지 않는다.

3) **영업자의 사망, 파산 또는 성년후견개시**   회사가 영업자인 경우에는 해산 후에도 청산의 목적범위 내에서 존속하므로, 그 청산과정 중에도 익명조합원에 대한 이익의 분배를 할 수 있다. 회사가 합병된 경우에는 존속회사 또는 신설회사가 그 권리의무를 승계한다. 그러므로 해산사유의 발생은 파산의 경우를 제외하고 당연히 그 자체만으로 익명조합을 종료시키는 것이 아니다.

2. 종료의 효과

익명조합계약이 종료한 때에는 계약의 존속을 전제로 한 각 당사자의 권리·의무는 종료하고, 각 당사자는 익명조합이 종료할 때까지 생긴 당사자간의 권리·의무에 관하여 계약종료 당시의 재산상태를 기초로 하여 계산을 하여야 할 뿐이다. 따라서 이 때 영업자는 익명조합원에게 출자의 가액을 반환하여야 하는데, 이는 익명조합원이 손실을 분담하지 않는 경우, 손실을 분담하는 경우, 당사자가 파산한 경우에 따라 다음과 같이 나누어 볼 수 있다.

(1) 익명조합원이 손실을 분담하지 않는 경우

익명조합원이 손실을 분담하지 않는다는 특약이 있는 경우에는 영업자는 익명조합원에게 그 「출자의 가액」을 반환하여야 한다($\frac{상\ 85}{조\ 본문}$). 이 때 「출자의 가액」이라 함은 납입된 출자를 말하고, 납입미필액이 있는 대로 계약이 종료하면 익명조합원은 잔액납입의무를 부담하지 않는다. 익명조합원이 현물출자를 한 경우에도 영업자

---

1) 익명조합원의 채권자에게는 익명조합계약의 해지권이 없다고 본다[동지: 최(기), 288면; 이(철), 347면; 이(기) 외, (총) 110면; 주상(Ⅰ), 533면 주].

는 이를 금전으로 평가하여 그 가액을 반환하면 된다. 상법이 이와 같이 출자 자체
가 아니라 출자의 가액을 반환하도록 규정한 것은 출자가 영업자의 재산에 귀속하
기 때문이다($\frac{상}{79조}$). 그러나 당사자간의 특약에 의하여 사용권만을 출자한 경우에는
물론 출자 자체를 반환하여야 한다.

(2) 익명조합원이 손실을 분담하는 경우

익명조합원이 손실을 분담하는 경우($\frac{손실분담의 특약이 있는 경우 및 손실}{을 분담하지 않는다는 특약이 없는 경우}$)에는 납입된
출자가 손실에 의하여 감소된 때에는 영업자는 그 「잔액」을 반환하면 되나($\frac{상 85조}{단서}$),
손실분담액이 출자한 가액을 초과하는 경우에는 익명조합원은 아직 「출자하지 못한
부분」을 영업자에게 이행하여야 한다. 그러나 이 때 익명조합원은 출자하지 못한
부분만 영업자에게 이행하면 되는 것이고, 손실분담부분이 출자가액을 초과하는 경
우에도 당사자간에 다른 약정이 없으면 다시 출자할 필요는 없다($\frac{상 82조}{2항 \cdot 3항}$).[1] 따라서
이 경우 익명조합원의 출자가액을 초과한 손실액은 영업자의 부담이 된다.

(3) 당사자가 파산한 경우

영업자가 파산한 경우에는 익명조합원은 파산채권자로서 영업자의 파산재단에
대하여 다른 일반채권자와 평등한 지위에서 그 권리를 행사할 수 있을 뿐이지 우선
변제권이나 환취권(還取權)을 행사할 수 없다. 그러나 익명조합원이 사용권만을 출
자한 경우에는 그 소유권에 기하여 그 물건에 관하여 환취권을 행사할 수 있다
($\frac{파}{407조}$).

익명조합원이 파산한 경우에는 영업자에 대한 출자반환청구권은 익명조합원의
파산재단에 속한다.

제 8 절   합자조합

제 1 총   설

1. 합자조합의 목적 및 기능

(1) 최근 인적 자산의 중요성이 높아감에 따라 인적 자산을 적절히 수용할 수 있
는 공동기업형태에 대한 수요가 늘게 되었다. 즉, 기업의 설립·운영 및 해산과 관
련하여 사적 자치를 폭넓게 인정하면서도 유한책임이 인정되는 기업형태가 필요하
게 되었는데, 현행법상 민법상의 조합은 모든 조합원이 조합채무에 대하여 무한책

---

1) 동지: 정(희), 177면; 정(동), (총) 390~391면; 임(홍), (상행위) 434면.

임을 지는 문제점이 있고 또한 합자회사는 법인성이 있으면서 유한책임사원이 회사의 경영에 참여할 수 없는 문제점이 있어, 이러한 문제점을 해결할 수 있는 기업형태로 2011년 4월 개정상법은 미국식 합자조합(Limited Partnership: LP)제도를 도입하게 된 것이다.[1]

(2) 합자조합은 조합의 업무집행자로서 조합의 채무에 대하여 무한책임을 지는 「무한책임조합원(업무집행조합원)」과 출자가액을 한도로 하여 조합의 채무에 대하여 유한책임을 지는 「유한책임조합원」으로 구성되는데($\stackrel{상 86}{조의 2}$), 합자회사에 비하여 법인격이 없고($\stackrel{상}{169조}$) 또한 사적 자치를 많이 인정하고 있다($\stackrel{상 86조의 8\ 3}{항\ 및\ 4항\ 참조}$). 이러한 합자조합은 특히 사모투자펀드(Private Equity Fund: PEF) 등에 적합한 기업형태로 기능할 것으로 본다.[2]

이러한 합자조합의 형태로는 「벤처투자 촉진에 관한 법률」($\stackrel{제정: 2020. 2. 11, 법}{16998호, 개정: 2024. 1. 9,}$ $\stackrel{법}{19990호}$)상 벤처투자조합($\stackrel{동법 50}{조 3항}$)[3]과 「자본시장과 금융투자업에 관한 법률」상 집합투자기구의 하나인 투자합자조합($\stackrel{동법 219}{조 1항}$)[4]이 있다.[5]

2. 합자조합과 유사제도와의 비교

(1) 합자조합과 합자회사와의 비교

합자조합과 합자회사는 유사한 점이 많은데, 다음의 점에서는 차이가 있다.

1) 합자조합은 법인격이 없으나,[6] 합자회사는 법인격이 있다($\stackrel{상}{169조}$). 따라서 회사는

---

1) 법무부, 「상법(회사편)개정 공청회자료」, 2006. 7. 4, 55면.
2) 법무부, 상게 공청회자료, 55면.
3) 벤처투자 촉진에 관한 법률 제50조 제3항: 벤처투자조합은 조합의 업무집행자로서 조합의 채무에 대하여 무한책임을 지는 1인 이상의 조합원(업무집행조합원)과 출자가액을 한도로 하여 유한책임을 지는 유한책임조합원으로 구성한다. 이 경우 업무집행조합원은 제1항 각 호의 어느 하나에 해당하는 자로 하되, 중소벤처기업부령으로 정하는 자는 제1항 제1호부터 제6호까지의 규정에 해당하는 자와 공동으로 업무집행조합원이 될 수 있다.
4) 자본시장과 금융투자업에 관한 법률(개정: 2024. 2. 13, 법 20305호) 제219조 제1항: 투자합자조합은 투자합자조합의 채무에 대하여 무한책임을 지는 집합투자업자인 업무집행조합원 1인과 출자액을 한도로 하여 유한책임을 지는 유한책임조합원으로 구성된다.
5) 2011년 개정상법상의 합자조합에 관한 상세는 황학천, "2011년 개정상법상의 합자조합과 유한책임회사에 관한 연구," 법학박사학위논문(고려대, 2012. 2) 참조. 또한 중국의 조합기업법(合伙企業法)에 관하여는 李何偉, "중국 조합기업법(合伙企業法)에 관한 연구," 법학석사학위논문(고려대 2013. 8) 참조.
6) 2008년 10월 21일 국회에 제출한 정부의 상법개정안에서는 합자조합에 대하여 상법상 기업형태의 하나로서 거래의 편의를 고려하여야 한다는 점에서 법인격은 없으나 소송의 당사자능력을 인정하였으나(동 개정안 86조의 8), 국회의 논의과정에서 삭제되었다[이에 관하여는 구승모, "상법 회사편 입법과정과 향후과제," 「선진상사법률연구」(법무부), 통권 제55호(2011. 7), 134면 참조].

합자조합의 무한책임조합원이 될 수 있으나, 합자회사의 무한책임사원이 될 수는 없다[1]($\substack{상\\173조}$).

2) 합자조합은 무한책임조합원과 유한책임조합원간의 계약으로 성립하는데($\substack{다만, 일정\\한 사항을\\등기하\\도록 함}$)($\substack{상 86조의\\2, 86조의 4}$), 합자회사는 회사로서 정관의 작성과 설립등기에 의하여 성립한다($\substack{상 269\\조 · 178\\조 · 179조,\\270조, 271조}$).

3) 합자조합에서 유한책임조합원의 지분은 조합계약에서 정하는 바에 따라 양도할 수 있는데($\substack{상 86조의 7\\86조의 3}\substack{2항,\\8호}$), 합자회사에서 유한책임사원의 지분은 무한책임사원 전원의 동의가 있어야 양도할 수 있다($\substack{상\\276조}$).

4) 합자조합에서 업무집행조합원(무한책임조합원)은 원칙적으로 각자가 합자조합의 업무를 집행하고 대리할 권리와 의무가 있으며 예외적으로 조합계약에서 이와 달리 규정할 수 있으나($\substack{상 86조\\의 5 1항}$), 합자회사에서는 무한책임사원만이 회사의 업무를 집행하고 대표하며 유한책임사원은 회사의 업무집행이나 대표행위를 하지 못한다($\substack{상\\278조}$).

5) 합자조합에서는 합자회사에 비하여 업무집행조합원(무한책임조합원)($\substack{상 86조의\\8 2항 단서}$)과 유한책임조합원($\substack{상 86조\\의 8 3항}$)의 권리 · 의무에 대하여 조합계약에 달리 규정할 수 있도록 함으로써 자율성을 더 확대하고 있다.

(2) 합자조합과 민법상 조합과의 비교

1) 합자조합에서는 조합계약에 기재되어야 하는 사항이 법정되어 있으나($\substack{상 86\\조의 6}$), 민법상의 조합에서는 조합계약에 기재되어야 하는 법정사항이 없다($\substack{민 703\\조 참조}$).

2) 합자조합에서는 일정한 사항을 등기하여야 하나($\substack{상 86\\조의 4}$), 민법상의 조합에서는 등기사항이 없다.

3) 합자조합에서는 조합계약에 다른 규정이 없으면 업무집행조합원(무한책임조합원)의 각자가 조합의 업무를 집행하고 대리할 권한이 있는데($\substack{상 86조\\의 5 1항}$), 민법상의 조합에서는 원칙적으로 조합원이 공동으로 업무를 집행하고($\substack{민 706\\조 2항}$) 조합의 업무를 집행하는 조합원은 그 업무집행의 대리권이 있는 것으로 추정한다($\substack{민\\709조}$).

4) 합자조합에서는 유한책임조합원에 대하여 조합의 채권자는 그 권리를 행사할 수 없고 또한 무자력 조합원의 변제할 수 없는 부분에 대하여 변제할 책임이 없으나($\substack{상 86조의\\8 4항 단\\서, 민 712\\조 · 713조}$), 민법상 조합원에 대하여는 이러한 예외가 없다($\substack{민 712\\조, 713조}$).

---

1) 동지: 정대익, "상법개정안상 새로운 기업유형에 대한 검토,"「상사법연구」(한국상사법학회), 제28권 제3호(2009. 11), 82면.

제 2 합자조합의 의의(설립)

1. 합자조합계약서의 작성

(1) 합자조합의 의의

합자조합은 「조합의 업무집행자이고 조합의 채무에 대하여 무한책임을 지는 무한책임조합원과 출자가액을 한도로 하여 유한책임을 지는 유한책임조합원이 상호출자하여 공동사업을 경영할 것을 약정하는 계약」이다($\frac{상\,86}{조의\,2}$). 합자조합은 당사자간의 이러한 계약만에 의하여 설립될 수 있는 점에서, 민법상의 조합 및 상법상의 익명조합과 같고, 합자회사의 설립절차(정관작성 및 설립등기)와 구별된다. 그런데 합자조합의 조합계약서에는 법정기재사항이 있는데, 이 점은 합자회사와 유사하고 민법상의 조합 및 상법상의 익명조합과 구별된다. 이 점에서 합자조합계약은 「유상 · 요식계약」이고($\frac{유상계약인\,점은\,익명조합과\,같으나,}{요식계약인\,점은\,익명조합과\,구별됨}$), 기업조직에 관한 특수한 계약이므로 민법상 어떤 전형계약에 속하는 것이 아니고 「상법상 특수한 계약」으로서 그 내용은 「기업조직에 관한 장기적 계약」이라고 볼 수 있다($\frac{이\,점은\,익명}{조합과\,같음}$).

(2) 합자조합계약서의 법정기재사항

합자조합의 설립을 위한 조합계약에는 다음 사항을 적고, 총조합원이 기명날인하거나 서명하여야 한다($\frac{상\,86}{조의\,3}$).

1) 목   적   이는 합자회사의 정관의 절대적 기재사항과 같다($\frac{상\,270조,}{179조\,1호}$). 합자조합의 목적에 제한이 없으므로 영리목적을 가질 필요가 없다는 견해도 있으나,[1] 합자조합이 상법에 규정되어 있고 상법은 상사(商事)에 적용되는 법규인 점($\frac{상}{1조}$)에서 볼 때, 영리목적이어야 한다고 본다.[2] 합자조합의 목적이 적법하여야 함은 당연하다고 하겠다.

2) 명   칭   이는 합자회사의 정관의 절대적 기재사항과 같다($\frac{상\,270조,}{179조\,2호}$). 합자조합은 법인은 아니나 어느 정도 단체적 독립성이 인정되는 기업유형이라고 볼 수 있으므로($\frac{ULPA(2001)}{Sec.\,104(a)\,참조}$), 합자조합의 명칭에는 반드시 '합자조합'이라는 명칭을 부기하여야 한다고 본다($\frac{동지:\,ULPA(2001)}{Sec.\,108(b)}$). 또한 합자조합의 명칭에 업무집행조합원(무한책임조합원)의 명칭뿐만 아니라, 유한책임조합원의 명칭도 사용할 수 있다고 본다

---

1) 정대익, 전게논문(상사법연구 제28권 제3호), 83면.
2) 미국의 Uniform Limited Partnership, Act(ULPA)(2001) 제104조에서는 합자조합이 영리목적일 필요가 없다고 규정하였으나, Revised Uniform Limited Partnership Act(RULPA) 제106조에서는 합자조합이 영리목적이어야 한다고 규정하고 있다.

$\binom{\text{동지: ULPA}(2001)}{\text{Sec. 108(a)}}$.

3) 업무집행조합원의 성명 또는 상호 및 주소, 주민등록번호   이는 합자회사의 정관의 절대적 기재사항과 같다$\binom{\text{상 270조,}}{\text{179조 3호}}$. 업무집행조합원의 상호도 기재사항으로 있는 점으로 보아, 이는 회사도 업무집행조합원(무한책임조합원)이 될 수 있음을 간접적으로 의미한다고 볼 수 있다. 합자회사의 경우 회사는 무한책임사원이 될 수 없다$\binom{\text{상}}{\text{173조}}$.

4) 유한책임조합원의 성명 또는 상호 및 주소, 주민등록번호   이는 합자회사의 정관의 절대적 기재사항과 같다$\binom{\text{상 270조,}}{\text{179조 3호}}$. 유한책임조합원의 상호도 기재사항으로 있는 점으로 보아, 이는 회사도 유한책임조합원이 될 수 있음을 간접적으로 의미한다고 볼 수 있다. 합자회사의 경우에도 회사는 유한책임사원이 될 수 있다.

5) 주된 영업소의 소재지   이는 합자회사의 정관의 절대적 기재사항과 같다$\binom{\text{상 270조,}}{\text{179조 5호}}$.

6) 조합원의 출자에 관한 사항   합자회사의 경우 사원의 출자의 목적과 그 가격 또는 평가의 표준이 정관의 절대적 기재사항이고$\binom{\text{상 270조,}}{\text{179조 4호}}$, 무한책임사원의 출자의 목적은 재산·노무 또는 신용의 어느 것이라도 무방하나$\binom{\text{상 195조 · 222}}{\text{조, 민 703조 2항}}$ 유한책임사원은 신용 또는 노무를 출자의 목적으로 하지 못하는$\binom{\text{상}}{\text{272조}}$ 제한이 있다. 합자조합의 경우 업무집행조합원(무한책임조합원)의 출자목적에 대하여 조합계약에 다른 규정이 없으면 민법상의 조합에서 조합원과 같이 「금전 기타 재산 또는 노무」에 한하고$\binom{\text{상 86조의 8 4항,}}{\text{민 703조 2항}}$ 「신용」은 포함되지 않는다고 보는 견해도 있으나,[1] 합자회사의 무한책임사원과 같이 조합계약에 다른 규정이 없으면 「재산·노무 또는 신용」을 출자의 목적으로 할 수 있다고 본다.[2] 합자조합의 유한책임조합원은 원칙적으로 신용 또는 노무를 출자의 목적으로 하지 못하나$\binom{\text{상 86조의 8}}{\text{3항, 272조}}$, 다만 조합계약에 의하여 신용 또는 노무를 출자의 목적으로 할 수 있다. 이 점에서 합자조합은 합자회사와 구별되고, 자율성을 확대하였다고 볼 수 있다.

7) 조합원에 대한 손익분배에 관한 사항   합자회사의 경우 이 점에 관하여 상법에도 규정이 없고 또한 정관의 절대적 기재사항도 아니어서, 정관$\binom{\text{임의적}}{\text{기재사항}}$ 또는 총사원의 동의로 자유로이 정할 수 있다. 그런데 합자조합의 경우 이 점에 관하여 조합계약에 반드시 기재하여야 한다$\binom{\text{이 점은 합자회사}}{\text{의 경우와 다른 점}}$. 따라서 합자조합에서는 조합계

---

1) 김재문, "새로운 기업형태의 도입에 관한 상법개정안에 대한 소고," 「경영법률」(한국경영법률학회), 제18집 제1호(2007), 213면.
2) 정대익, 전게논문(상사법연구 제28권 제3호), 82면.

약에서 정하는 바에 따라 출자가액에 비례하지 않는 손익분배도 가능하고[1]($^{상\,86조의}_{8\;4항,\,민}$$_{711조}^{대비}$), 이익이 없음에도 이익배당이 가능한데 다만 이 경우 유한책임조합원이 이익배당을 받으면 변제책임을 정할 때에 그 금액만큼 변제책임의 한도액에 더한다($^{상\,86}_{조의}$$^{6}_{2항}$).

8) 유한책임조합원의 지분의 양도에 관한 사항   합자회사의 경우 유한책임사원은 무한책임사원 전원의 동의에 의하여 그 지분(持分)의 전부 또는 일부를 타인에게 양도할 수 있는데($^{상}_{276조}$), 합자조합의 경우는 조합계약에서 정하는 바에 따라 유한책임사원의 지분을 양도할 수 있도록 함으로써 자율성을 더 보장하고 있다.

9) 둘 이상의 업무집행조합원이 공동으로 합자조합의 업무를 집행하거나 대리할 것을 정한 경우에는 그 규정   합자회사의 경우 공동업무집행사원에 대하여는 정관으로 정하도록 하고($^{상\,269}_{조,\,202조}$) 공동대표에 대하여는 정관 또는 총사원의 동의로 정하도록 하고 있는데($^{상\,269조,}_{208조\,1항}$), 합자조합의 경우는 이러한 사항을 모두 조합계약에서 정하도록 하고 있다. 이 점은 합자회사와 합자조합이 유사하다고 볼 수 있다.

10) 업무집행조합원 중 일부 업무집행조합원만 합자조합의 업무를 집행하거나 대리할 것을 정한 경우에는 그 규정   합자회사의 경우 정관에 의하여 무한책임사원 중 일부 무한책임사원에 대하여만 회사의 업무를 집행하고 회사를 대표하게 할 수 있고($^{상\,269조,\,201조}_{1항,\,207조\,2문}$), 업무집행사원 중 특히 회사를 대표할 자를 정하는 경우에는 정관 또는 총사원의 동의로 하도록 하고 있다($^{상\,269조,}_{207조\,3문}$). 이에 반하여 합자조합의 경우는 이러한 사항을 조합계약에 규정하도록 하고 있는데, 이는 합자회사의 경우와 유사하다고 볼 수 있다.

11) 조합의 해산시 잔여재산 분배에 관한 사항   합자회사의 경우 잔여재산의 분배는 청산인의 직무권한에 속하고($^{상\,269조,\,254}_{조\,1항\,4호}$), 회사의 채무를 완제한 후에 하여야 하며, 다툼이 있는 채무에 대하여는 그 변제에 필요한 재산을 보류하고 잔여재산을 분배할 수 있도록 하고 있다($^{상\,269조,}_{260조}$). 민법상 조합의 경우 잔여재산의 분배는 청산인의 직무에 속하고($^{민\,724조\,1항,}_{87조\,1항\,3호}$), 잔여재산은 각 조합원의 출자가액에 비례하여 분배하여야 한다($^{민\,724}_{조\,2항}$). 그러나 합자조합에서의 잔여재산의 분배에 대하여는 상법상 아무런 제한이 없고, 전적으로 조합계약에서 자율로 정하도록 하고 있다.

12) 조합의 존속기간이나 그 밖의 해산사유에 관한 사항   합자회사의 경우 (i) 존립기간의 만료 기타 정관으로 정한 사유의 발생, (ii) 총사원의 동의, (iii) 사원이 1인으로 된 때, (iv) 합병, (v) 파산, (vi) 법원의 명령 또는 판결($^{상\,269조,}_{227조}$) 및 무한

---

1) 동지: 정대익, 전게논문(상사법연구 제28권 제3호), 84면.

책임사원 또는 유한책임사원의 전부가 퇴사한 때($\frac{상 285}{조 1항}$)이다. 민법상의 조합의 해산 사유에 대하여는 민법이 특별히 규정하고 있지는 않으나, 조합의 목적인 사업을 성 공하였거나 또는 그 성공이 불가능하게 된 때·존속기간의 만료 기타 조합계약에서 정한 해산사유의 발생·조합원 전원의 합의 등으로 조합이 해산하게 된다고 해석하 고 있다.[1] 민법에서는 부득이한 사유가 있는 때에 각 조합원이 조합의 해산을 청구 할 수 있는 것으로 규정하고 있다($\frac{민}{720조}$). 합자조합의 경우 해산사유에 대하여 상법 에서는 특별히 규정하고 있지 않고, 전적으로 조합계약에 규정하도록 하고 있다. 따 라서 조합계약에서 규정하지 않은 경우의 합자조합의 해산에 대하여는 민법상 조합 에 관한 규정과 해석이 적용된다고 본다($\frac{상 86조의}{8 4항 본문}$).

13) 조합의 효력발생일   합자조합은 이 효력발생일에 성립하는데, 이 효력 발생일은 조합계약의 작성일 또는 그 이후이어야 한다고 본다. 이는 민법상의 조합 과 유사하고, 설립등기시에 성립하는($\frac{상 172}{조, 169조}$) 합자회사와 구별된다.

2. 합자조합 설립의 등기

(1) 합자조합이 설립된 경우 합자조합의 업무집행조합원은 설립 후(조합의 효력 발생일 후) 2주 내에 조합의 주된 영업소의 소재지에서 (i) 목적, (ii) 명칭, (iii) 업무 집행조합원의 성명 또는 상호 및 주소·주민등록번호, (iv) 업무를 집행하는 유한책 임조합원의 성명 또는 상호 및 주소·주민등록번호, (v) 주된 영업소의 소재지, (vi) 둘 이상의 업무집행조합원이 공동으로 합자조합의 업무를 집행하거나 대리할 것을 정한 경우에는 그 규정, (vii) 업무집행조합원 중 일부 업무집행조합원만 합자조합 의 업무를 집행하거나 대리할 것을 정한 경우에는 그 규정, (viii) 조합의 존속기간 이나 그 밖의 해산사유에 관한 사항, (ix) 조합의 효력발생일, (x) 조합원의 출자의 목적·재산출자의 경우에는 그 가액과 이행한 부분을 등기하여야 한다($\frac{상 86조}{의 4 1항}$). 위의 사항이 변경된 경우에는 2주 내에 변경등기를 하여야 한다($\frac{상 86조}{의 4 2항}$).

합자조합의 경우 설립시 위와 같이 일정한 사항을 등기하도록 하고($\frac{상 86}{조의 4}$) 또한 주된 영업소의 이전에 대하여 등기하도록 한 점($\frac{상 86조의8, 269}{조·182조 1항}$)은 합자회사의 경우 ($\frac{상}{271조}$)와 유사하고, 민법상의 조합 및 상법상의 익명조합과 구별된다.

(2) 합자조합의 업무집행조합원 또는 그의 직무대행자 또는 청산인이 위의 등기 를 게을리한 경우에는 500만원 이하의 과태료의 처벌을 받는다($\frac{상 86}{조의 9}$).

---

1) 곽윤직, 「재전정판 채권각론」(서울: 박영사, 1992), 518면.

제 3 기 구

1. 내부관계

(1) 출 자

1) 합자조합의 모든 조합원은 반드시 출자를 하여야 하는데, 구체적으로는 조합계약에서 정하는 바에 따라 출자를 하여야 한다($\frac{상\ 86조}{의\ 3\ 6호}$).

업무집행조합원은 「재산·노무 또는 신용」을 출자의 목적으로 할 수 있고 유한책임조합원은 원칙적으로 「신용 또는 노무」를 출자의 목적으로 할 수 없는데($\frac{상\ 86조}{의\ 8\ 3}$ $\frac{항,}{272조}$), 다만 조합계약에 의하여 이와 달리 자유롭게 정할 수 있다($\frac{상\ 86조}{의\ 3\ 6호}$). 조합원은 조합의 설립시에 출자의 목적을 전부 이행할 필요는 없다($\frac{상\ 86조의\ 4}{1항\ 2호\ 참조}$).

조합원의 출자의 목적·재산출자의 경우에는 그 가액과 이행한 부분이 등기사항으로서 공시된다($\frac{상\ 86조의}{4\ 1항\ 2호}$).

2) 합자조합의 조합원이 출자의무를 이행하지 않으면 채무불이행의 일반적인 효과만이 발생한다($\frac{민\ 387}{조\ 이하}$). 합자회사의 경우는 사원이 출자의무를 이행하지 않으면 채무불이행의 일반적인 효과 외에 상법상 사원의 제명($\frac{상\ 269조,\ 220}{조\ 1항\ 1호}$)·업무집행권($\frac{상\ 269}{조,\ 205}$ $\frac{}{조\ 1항}$) 또는 대표권($\frac{상\ 269조,}{216조·}$)의 상실원인이 되는데, 합자조합의 경우는 상법에 이러한 규정을 두고 있지 아니하다. 따라서 이는 합자조합이 합자회사와 구별되는 점이라고 볼 수 있다.

(2) 업무집행

1) 합자조합의 경우 업무집행은 조합계약에 다른 규정이 없으면(원칙적으로) 각 업무집행조합원(무한책임조합원)이 한다($\frac{상\ 86조}{의\ 5\ 1항}$). 유한책임조합원은 조합계약에 다른 규정이 없으면(원칙적으로) 조합의 업무집행을 하지 못한다($\frac{상\ 86조의\ 8}{3항,\ 278조}$). 그러나 합자조합의 경우 조합계약에 의하여 유한책임조합원에게 조합의 업무집행권을 부여할 수 있는데($\frac{상\ 86조}{의\ 8\ 3항}$), 이 점은 합자회사의 경우($\frac{상}{278조}$)와 구별된다.

2) 합자조합의 조합계약에 의하여 공동업무집행조합원을 둘 수도 있고($\frac{상\ 86조}{의\ 3\ 9호}$) 업무집행조합원 중 일부 업무집행조합원만 조합의 업무를 집행하게 할 수 있는데($\frac{상\ 86조}{의\ 3\ 10호}$), 이 점은 합자회사의 경우($\frac{상\ 269조,\ 202조·208조\ 1}{항,\ 201조\ 1항·207조\ 2문}$)와 유사하다.

3) 합자조합에서 둘 이상의 업무집행조합원이 있는 경우에 조합계약에 다른 정함이 없으면, 각 업무집행조합원의 업무집행에 관한 행위에 대하여 다른 업무집행조합원의 이의가 있는 경우에는 그 행위를 중지하고 업무집행조합원의 과반수의 결

의에 따라야 한다(상 86조의 5 3항). 이는 합자회사의 경우(상 269조, 201조 2항)와 같다.

4) 업무집행조합원의 업무집행을 정지하거나 직무대행자를 선임하는 가처분을 하거나 또는 그 가처분을 변경·취소할 수 있는데, 이 때에는 주된 영업소 및 지점이 있는 곳의 등기소에서 이를 등기하여야 한다(상 86조의 8 2항). 이 때 직무대행자는 가처분명령에 다른 정함이 있거나 법원의 허가를 얻은 경우 외에는 조합의 통상업무에 속하지 아니한 행위를 하지 못하는데, 이에 위반한 행위를 한 경우에도 조합은 선의의 제3자에 대하여 책임을 진다(상 86조의 8 2항, 200조의 2).

5) 업무집행권이 없는 유한책임조합원은 조합계약에 다른 규정이 없으면(원칙적으로) 합자회사의 유한책임사원과 같이 업무감시권이 있다(상 86조의 8 3항·4항·277조, 민 710조). 즉, 유한책임조합원은 영업연도 말에 있어서 영업시간 내에 한하여 조합의 회계장부·대차대조표 기타의 서류를 열람할 수 있고 조합의 업무와 재산상태를 검사할 수 있는데, 중요한 사유가 있는 때에는 유한책임조합원은 언제든지 법원의 허가를 얻어 이러한 열람과 검사를 할 수 있다(상 86조의 8 3항, 277조). 그러나 유한책임조합원의 이러한 감시권은 조합계약에 의하여 배제하는 등 달리 규정할 수 있는데(상 86조의 8 3항), 이는 합자회사의 경우와 다른 점이다.

(3) 조합원의 의무

1) 선관주의의무   합자조합의 업무집행조합원은 선량한 관리자의 주의로써 조합의 업무를 집행하고 대리하여야 한다(상 86조의 5 2항).

2) 경업피지의무   합자조합의 업무집행조합원은 조합계약에 다른 규정이 없으면 (원칙적으로) 합자회사의 무한책임사원과 같이 다른 모든 조합원의 동의가 없으면 경업피지의무(경업금지의무 및 겸직금지의무)를 부담한다(상 86조의 8 2항, 198조 본문). 이 때의 업무집행조합원에는 조합계약에 의하여 업무집행권이 부여된 유한책임조합원(상 86조의 8 3항, 278조 참조)을 포함한다고 본다.[1] 그런데 업무집행조합원의 이러한 경업피지의무는 조합계약에 의하여 배제하는 등 달리 규정할 수 있는데(상 86조의 8 2항 단서), 이는 합자회사의 경우와 구별되는 점이다.

합자조합의 유한책임조합원은 조합계약에 다른 규정이 없으면(원칙적으로) 다른 조합원의 동의 없이 자기 또는 제3자의 계산으로 조합의 영업부류에 속하는 거래를 할 수 있고(영업거래 의 허용) 동종영업을 목적으로 하는 다른 회사의 무한책임사원 또는 이사가 될 수 있다(겸직 허용)(상 86조의 8 3항, 275조). 그러나 조합계약에 의하여 합자조합의 유한책임조합원에게 경업피지의무를 부과하는 등 이와 달리 규정할 수 있다(상 86조의 8 3항).

---

1) 합자회사에 경우 동지의 견해로는 이 책 619면 주 1) 참조.

3) 자기거래금지의무   합자조합의 업무집행조합원은 조합계약에 다른 규정이 없으면(원칙적으로) 합자회사의 무한책임사원과 같이 다른 조합원의 과반수의 결의가 없으면 자기 또는 제3자의 계산으로 조합과 거래를 할 수 없다($\frac{상\ 86조의}{8\ 2항\ 본문}$). 이 때의 업무집행사원에는 조합계약에 의하여 업무집행권이 부여된 유한책임조합원($\frac{상\ 86}{조의\ 8\ 3항,}$ $_{278조\ 참조}$)을 포함한다고 본다. 그런데 업무집행조합원의 이러한 자기거래금지의무는 조합계약에 의하여 배제하는 등 달리 규정할 수 있는데($\frac{상\ 86조의}{8\ 2항\ 단서}$), 이는 합자회사의 경우와 구별되는 점이다.

합자조합의 유한책임조합원은 조합계약에 다른 규정이 없으면 (원칙적으로) 자기거래금지의무를 부담한다($\frac{상\ 86조}{의\ 8\ 3항}$). 합자회사의 유한책임사원에게는 상법에 아무런 규정이 없어 자기거래가 허용된다고 해석하는데,[1] 이는 합자조합의 경우와 구별되는 점이다. 그런데 유한책임조합원의 이러한 자기거래금지의무는 조합계약에 의하여 배제하는 등 달리 규정할 수 있는데($\frac{상\ 86조}{의\ 8\ 3항}$), 이는 합자회사의 유한책임사원에게 자기거래금지의무가 없다고 해석하는 점과 유사하게 된다.

(4) 손익의 분배

합자조합에서 조합원에 대한 손익분배에 관한 사항은 조합계약에서 정하는 바에 의한다($\frac{상\ 86조}{의\ 3\ 7호}$). 다만 유한책임조합원이 합자회사에 이익이 없음에도 불구하고 배당을 받은 때에는, 이와 같이 배당을 받은 금액을 변제책임의 한도액에 더한다($\frac{상\ 86}{조의}$ $_{6\ 2항}$).

(5) 지   분

1) 지분의 양도   업무집행조합원은 다른 조합원 전원의 동의를 받아야 그 지분의 전부 또는 일부를 타인에게 양도할 수 있다($\frac{상\ 86조}{의\ 7\ 1항}$).

유한책임조합원의 지분은 조합계약에서 정하는 바에 따라 양도할 수 있는데($\frac{상\ 86}{조의}$ $_{7\ 2항}$), 이 때 유한책임조합원의 지분을 양수한 자는 양도인의 조합에 대한 권리·의무를 승계한다($\frac{상\ 86조}{의\ 7\ 3항}$). 이 점은 합자회사의 유한책임사원의 지분은 무한책임사원 전원의 동의에 의하여 양도할 수 있는 점($\frac{상}{276조}$)과 구별된다.

2) 지분의 입질·압류   이에 관하여는 상법에 규정이 없으나, 해석상 업무집행조합원의 지분이든 유한책임조합원의 지분이든 입질 및 압류가 가능하다고 본다. 조합원의 지분에 대한 압류는 그 조합원의 장래의 이익배당 및 지분의 반환을 받을 권리에 대하여 효력이 있다($\frac{상\ 86조의\ 8}{4항,\ 민\ 714조}$).

---

1) 이 책 619~620면 참조.

2. 외부관계

(1) 대 리

1) 합자조합의 대외적 행위에 대하여 조합을 대리할 권한은 조합계약에 다른 규정이 없으면(원칙적으로) 각 업무집행조합원이 갖는다($^{상\ 86조}_{의\ 5\ 1항}$). 합자조합의 유한책임조합원은 조합계약에 다른 규정이 없으면(원칙적으로) 합자조합의 대외적 행위에 대하여 합자조합을 대리할 권한이 없다($^{상\ 86조의\ 8}_{3항,\ 278조}$). 그러나 합자조합의 경우 조합계약에 의하여 유한책임조합원에게 조합의 대리권을 부여할 수 있는데($^{상\ 86조}_{의\ 8\ 3항}$), 이 점은 합자회사의 경우($^{상}_{278조}$)와 구별된다.

합자조합을 대리하는 업무집행조합원은 조합의 경영에 관하여 재판상 또는 재판 외의 모든 행위를 할 권한이 있고($^{대리권의\ 포}_{괄\cdot정형성}$)($^{상\ 86조의\ 8\ 2}_{항,\ 209조\ 1항}$), 이러한 대리권에 대한 제한은 선의의 제3자에게 대항하지 못한다($^{불가제}_{한성}$)($^{상\ 86조의\ 8\ 2}_{항,\ 209조\ 2항}$).

2) 합자조합의 조합계약으로 업무집행조합원 중 일부 업무집행조합원만 합자조합을 대리할 것을 정할 수도 있고($^{대표조합원을}_{정함을\ 포함함}$)($^{상\ 86조의}_{3\ 10호}$), 둘 이상의 업무집행조합원이 공동으로 합자조합을 대리할 것을 정할 수도 있다($^{상\ 86조}_{의\ 3\ 9호}$).

합자조합의 조합계약으로 둘 이상의 업무집행조합원이 공동으로 합자조합을 대리할 것을 정한 경우에는($^{상\ 86조의}_{3\ 9호}$), 합자조합이 제3자에 대하여 의사표시를 하는 것(능동대리)은 대리권이 있는 조합원이 공동으로 하여야 하지만, 제3자가 합자조합에 대하여 의사표시를 하는 것(수동대리)은 대리권이 있는 조합원 중 1인에 대하여 하면 된다($^{상\ 86조의\ 8\ 2}_{항,\ 208조\ 2항}$).

(2) 책 임

1) **업무집행조합원**(무한책임조합원)　　합자조합의 업무집행조합원(무한책임조합원)은 합자조합의 채권자에 대하여 인적·연대·무한·직접의 책임을 부담한다($^{상\ 86조의\ 2,\ 86조}_{의\ 8\ 2항\cdot212조}$). 이 점은 합자회사의 무한책임사원의 책임($^{상\ 269조,}_{212조}$)과 유사하다고 볼 수 있다. 따라서 합자조합의 업무집행조합원은 조합의 재산으로 조합의 채무를 완제할 수 없거나 조합재산에 대한 강제집행이 주효하지 못한 때에는 각 업무집행조합원은 연대하여 변제할 책임이 있는데, 이 때 업무집행조합원이 조합에 변제할 자력이 있으며 집행이 용이한 것을 증명한 때에는 그러하지 아니하다($^{상\ 86조의\ 8}_{2항,\ 212조}$). 이와 같이 합자조합의 업무집행조합원의 책임에는 부종성과 보충성이 있는 점에서 민법상 연대보증인의 책임과 구별되고, 보증연대가 있는 보증인의 책임과 유사하다.

2) 유한책임조합원　　합자조합의 유한책임조합원은 합자조합의 채권자에 대하여 출자가액을 한도로 하는 인적·연대·유한·직접의 책임을 부담한다. 즉, 합자조합의 유한책임조합원은 조합계약에서 정한 출자가액에서 이미 이행한 부분을 뺀 가액을 한도로 하여 조합채무를 변제할 책임이 있는데($\frac{\text{상}86조}{\text{의}6\ 1항}$), 이 경우 합자조합에 이익이 없음에도 불구하고 배당을 받은 금액은 변제책임을 정할 때에 변제책임의 한도액에 더한다($\frac{\text{상}86조}{\text{의}6\ 2항}$). 이 점은 합자회사의 유한책임사원의 책임($\frac{\text{상}}{279조}$)과 유사하다고 볼 수 있다.

합자조합의 유한책임조합원은 위와 같이 합자조합의 채권자에 대하여 조합계약에서 정한 출자가액에서 이미 이행한 부분을 뺀 가액을 한도로 하여 조합책임을 변제할 책임이 있으므로 민법상 조합의 조합원의 책임에 관한 규정은 적용될 수 없다. 즉, 합자조합의 채권자는 합자조합의 유한책임조합원에 대하여 위의 책임범위 이상의 책임을 물을 수 없고($\frac{\text{상}86조의8\ 4항}{\text{단서, 민}712조}$), 합자조합의 조합원 중 변제할 자력이 없는 자가 있는 경우에도 그 부분을 균분하여 변제할 책임이 없다($\frac{\text{상}86조의8\ 4항}{\text{단서, 민}713조}$).

제 4　조합원의 변경(가입·탈퇴)

1. 가　입

(1) 합자조합에서 조합원의 가입이나 탈퇴가 있어 조합원에 변경이 있는 경우, 조합을 단순히 당사자 사이의 계약관계로만 보면 당사자의 변경으로 조합은 동일성을 잃게 되어 해산하게 될 것으로 생각될 수도 있으나, 합자조합은 어느 정도 단체성을 갖고 있으므로 조합원의 변동으로 합자조합이 그 동일성을 잃지 않는 것으로 보아야 할 것이다.[1]

(2) 조합원의 가입에 관하여 상법 및 민법에 규정은 없으나, 당연히 인정된다고 본다.[2] 조합원의 가입은 새로 조합원으로 가입하려는 자와 합자조합의 조합원 전원과의 가입계약에 의하는데,[3] 조합계약의 변경($\frac{\text{상}86조의}{3\ 3호·4호}$)과 변경등기($\frac{\text{상}86조}{\text{의}4\ 2항}$)를 요한다.

(3) 새로 가입한 조합원은 계약에서 정한 출자의무를 부담한다($\frac{\text{상}86조의}{3\ 6호 참조}$).

새로 가입한 조합원이 그의 가입 후에 발생한 조합의 채무에 대하여 책임을 지

---

1) 민법상의 조합에 대하여도 이와 동지의 견해로는 곽윤직, 전게 채권각론(1992), 509~510면.
2) 동지: 곽윤직, 상계 채권각론(1992), 516면.
3) 동지: 곽윤직, 상계 채권각론(1992), 516면.

는 것은 당연한데, 가입 전에 발생한 조합의 채무에 대하여도 책임을 진다고 본다[1]
$\left(\substack{상\ 269조,\\ 213조\ 참조}\right)$.

2. 탈 퇴

(1) 법적 근거

합자조합의 조합원의 탈퇴에 관하여 상법에는 특별한 규정을 두고 있지 않으므
로 조합계약에 다른 규정이 없으면 민법의 조합에 관한 규정이 준용된다$\left(\substack{상\ 86조\\ 의 8\ 4항}\right)$.
따라서 합자조합의 조합원의 탈퇴에는 조합원의 의사에 의한「임의탈퇴」와 조합원
의 의사에 의하지 않는「비임의탈퇴」가 있다.

(2) 임의탈퇴

합자조합의 조합계약으로 존속기간을 정하지 아니하거나 조합원의 종신까지 존
속할 것을 정한 때에는 각 조합원은 언제든지 탈퇴할 수 있는데, 부득이한 사유 없
이 조합에 불리한 시기에 탈퇴하지 못한다$\left(\substack{상\ 86조의 8\ 4\\ 항, 민\ 716조\ 1항}\right)$. 합자조합의 존속기간을 정
한 때에도 조합원은 부득이한 사유가 있으면 탈퇴할 수 있다$\left(\substack{상\ 86조의 8\ 4\\ 항, 민\ 716조\ 2항}\right)$. 이 때
「부득이한 사유」란 원칙적으로 탈퇴하려는 조합원의 주관적인 사정을 의미하나 조
합사업의 부진이나 다른 조합원의 무성의 등도 이에 포함되고,「조합에 불리한 시
기」란 그 조합원이 그 시기에 탈퇴하는 것이 조합의 목적을 달성하는 데 특히 불리
한 시기를 의미한다.[2]

합자조합 조합원의 임의탈퇴의 요건을 조합계약에 의하여 이보다 무겁게 정하
는 것은 무방하나, 어떠한 경우에도 조합원의 탈퇴를 금지하는 조합계약은 무효라
고 본다.[3]

(3) 비임의탈퇴

합자조합 조합원의 비임의탈퇴의 사유에는 사망·파산·성년후견 및 제명이 있
다$\left(\substack{상\ 86조의 8\\ 4항, 민\ 717조}\right)$.

1) 사 망   업무집행조합원(무한책임조합원)의 사망은 합자조합의 탈퇴원
인이나$\left(\substack{상\ 86조의 8\ 4\\ 항, 민\ 717조\ 1호}\right)$,[4] 유한책임조합원의 사망은 (조합계약에 다른 규정이 없으면) 탈퇴
원인이 아니고 그 상속인이 그 지분을 승계하여 조합원이 된다$\left(\substack{상\ 86조의 8\ 3\\ 항, 283조\ 1항}\right)$. 유한책

---

1) 민법상의 조합에 있어서는 가입 전에 생긴 조합채무에 대하여 가입조합원이 취득한 합유지분
   범위 내에서 책임을 진다고 한다[곽윤직, 상게 채권각론(1992), 516면].
2) 동지: 곽윤직, 상게 채권각론(1992), 511면.
3) 동지: 곽윤직, 상게 채권각론(1992), 512면.
4) 그러나 조합계약에 의하여 업무집행조합원이 사망한 때에 상속을 특약하는 것은 유효하다고 본
   다(상 269조, 219조 참조)[동지: 곽윤직, 상게 채권각론(1992), 513면].

임조합원이 사망한 경우에 상속인이 그 지분을 상속하고, 상속인이 수인인 때에는 그 유한책임조합원의 권리를 행사할 자 1인을 정하여야 하는데, 이를 정하지 아니하면 회사의 통지 또는 최고는 그 상속인 중의 1인에 대하여 하면 전원에 대하여 그 효력이 있다(상 86조의 8 3항, 283조 2항).

　　2) 파　　산　　합자조합의 조합원(업무집행조합원 및 유한책임조합원)이 파산선고를 받으면 그 조합원이 파산선고 후 파산재단에 속하는 재산에 관하여 한 법률행위는 파산채권자에게 대항할 수 없으므로(파 329조 1항), 조합원의 파산은 합자조합의 탈퇴원인이 된다(상 86조의 8 4항, 민 717조 2호). 파산을 합자조합의 탈퇴원인이 아닌 것으로 조합계약에서 특약할 수 없다고 본다.[1]

　　3) 성년후견　　업무집행조합원이 성년후견개시의 심판을 받으면 원칙적으로 합자조합의 탈퇴원인이 되는데(상 86조의 8 4항, 민 717조 3호), 다만 조합계약에서 탈퇴원인이 아닌 것으로 특약할 수는 있다.[2] 그러나 유한책임조합원이 성년후견개시의 심판을 받으면 (조합계약에 다른 규정이 없으면) 합자조합의 탈퇴원인이 되지 않는다(상 86조의 8 3항, 284조).

　　4) 제　　명　　합자조합에서 조합원의 제명은 (조합계약에 다른 규정이 없으면) 정당한 사유가 있는 때에 한하여 다른 조합원의 일치로써 이를 결정하는데(상 86조의 8 4항, 민 718조 1항), 이러한 조합원의 제명 결정은 제명된 조합원에게 통지하지 아니하면 그 조합원에게 대항하지 못한다(상 86조의 8 4항, 민 718조 2항). 이 때 「정당한 사유」란 출자의무 기타의 의무불이행이나 조합업무의 집행에 있어서 부정행위가 있는 등으로 인하여, 그를 계속 조합원으로 한다면 조합업무의 원활한 운영이 방해되는 사유 등을 말한다.[3]

　　(4) 탈퇴의 효과

　　합자조합의 조합원이 탈퇴한 경우 (조합계약에 다른 규정이 없으면) 탈퇴한 조합원과 다른 조합원간의 계산은 탈퇴 당시의 조합재산 상태에 의한다(상 86조의 8 4항, 민 719조 1항). 탈퇴 당시의 합자조합의 재산을 결산한 결과 적자가 아니면 탈퇴조합원은 합자조합에 대하여 그의 지분에 해당하는 것을 환급청구할 수 있으나, 적자이면 탈퇴조합원은 그의 손실비율에 따라 합자조합에 대하여 손실된 지분만큼 지급하여야 한다.[4]

　　탈퇴한 조합원에 대한 지분을 현물로 반환하는 것이 곤란하거나 불가능한 경우에 대비하여, 탈퇴한 조합원의 지분을 그 출자의 종류 여하에 불구하고 금전으로 반

---

1) 동지: 곽윤직, 상게 채권각론(1992), 513면.
2) 동지: 곽윤직, 상게 채권각론(1992), 513면.
3) 동지: 곽윤직, 상게 채권각론(1992), 513면.
4) 동지: 곽윤직, 상게 채권각론(1992), 515면.

환할 수 있도록 하고 있다($^{상\ 86조의\ 8\ \ 4항,}_{민\ 719조\ 2항}$). 그러나 반드시 금전으로 반환하여야 하는 것은 아니므로, 가능하다면 그 전부 또는 일부를 현물로도 반환할 수 있다.

탈퇴한 조합원에 대한 지분의 환급에 대하여 탈퇴 당시에 완결되지 아니한 사항에 대하여는 완결 후에 계산할 수 있다($^{상\ 86조의\ 8\ \ 4항,}_{민\ 719조\ 3항}$).

제 5   해산과 청산

1. 해   산

(1) 합자조합의 해산사유는 조합계약에서 정하여지는데($^{상\ 86조}_{의\ 3\ \ 12호}$), 조합계약에 없는 경우에도 업무집행조합원(무한책임조합원) 또는 유한책임조합원의 전원이 퇴사한 때에는 해산사유가 된다($^{상\ 86조의\ 8\ \ 1}_{항,\ 285조\ 1항}$). 이 경우 잔존한 업무집행조합원(무한책임조합원) 또는 유한책임조합원은 전원의 동의로 새로 유한책임조합원 또는 업무집행조합원(무한책임조합원)을 가입시켜서 조합을 계속할 수 있는데, 이 때 이미 조합의 해산등기를 하였을 때에는 주된 영업소의 소재지에서 2주간 내에 또한 지점소재지에서는 3주간 내에 조합의 계속등기를 하여야 한다($^{상\ 86조의\ 8\ \ 1항,}_{285조\ 3항\cdot229조\ 3항}$). 업무집행조합원(무한책임조합원)을 가입시켜 합자조합을 계속하는 경우 새로 가입한 업무집행조합원(무한책임조합원)은 그 가입 전에 생긴 합자조합의 채무에 대하여 다른 업무집행조합원(무한책임조합원)과 동일한 책임을 진다($^{상\ 86조의\ 8\ \ 1항,}_{285조\ 3항\cdot213조}$).

(2) 합자조합이 해산된 때에는 파산의 경우 외에는 그 해산사유가 있은 날로부터 주된 영업소의 소재지에서는 2주간 내에 또한 지점소재지에서는 3주간 내에 해산등기를 하여야 한다($^{상\ 86조의\ 8}_{1항,\ 228조}$).

2. 청   산

(1) 합자조합에 해산사유가 발생하면 파산의 경우 외에는 청산절차가 개시되는데, 청산절차는 청산인이 진행한다. 합자조합의 청산인은 합자회사의 청산인과 같이 원칙적으로 업무집행조합원(무한책임조합원) 과반수의 결의로 선임되는데, 이를 선임하지 아니한 때에는 업무집행조합원이 청산인이 된다($^{상\ 86조의\ 8}_{2항,\ 287조}$).

(2) 청산인이 선임된 때에는 그 선임된 날로부터, 업무집행조합원이 청산인이 된 때에는 해산된 날부터 주된 영업소의 소재지에서는 2주간 내에 또한 지점소재지에서는 3주간 내에 청산인의 성명 등 일정한 사항을 등기하여야 한다($^{상\ 86조의\ 8\ \ 1}_{항,\ 253조\ 1항}$). 이러한 등기사항이 변경된 때에도 위의 등기기간 내에 변경등기를 하여야 한다($^{상\ 86}_{조의}$

8 1항,
253조 2항).

(3) 합자조합의 청산이 종결된 때에는 청산인은 총조합원의 청산종결의 승인이 있은 날로부터 주된 영업소의 소재지에서는 2주간 내에 또한 지점소재지에서는 3주간 내에 청산종결의 등기를 하여야 한다(상 86조의 8 1항, 264조).

제 1 절   대 리 상

제 1 총   설

1. 대리상제도의 목적

(1) 기업이 발전하기 위하여는 그 영업활동을 지역적으로 확대할 필요가 있다. 특히 무역·은행·보험·운송 등과 같이 넓은 지역에서 많은 계약을 계속적·반복적으로 체결하는 기업에 있어서는 그 필요성이 더욱 크다. 이와 같이 기업이 지역적으로 그 영업활동을 확대하기 위하여는 필요한 지역에 영업소(지점 등)를 신설하여 상업사용인을 파견하는 방법이 있다. 그러나 이 방법에는 많은 비용이 들 뿐만 아니라 (영업성적의 여하에 불문하고 상업사용인의 보수를 지급하여야 하고, 또한 영업소의 유지를 위한 비용을 지급하여야 함), 또 멀리 떨어져 있어 업무집행을 감독하기가 곤란한 점도 있고, 또한 상업사용인이 그 지역의 사정에 정통하지 않아 능률을 충분히 발휘할 수 없는 난점이 있다. 그런데 이 경우 만일 그 지역의 사정에 정통한 자가 일정한 기업을 위하여 계속적으로 거래의 대리 또는 중개를 하고, 거래가 있을 때마다 일정한 수수료만을 받고 만족한다면 그 기업으로서는 매우 편리하고 또 비용을 절약할 수 있으며 능률을 극대화할 수 있을 것이다. 대리상제도가 필요한 경제적 이유는 여기에 있다.[1]

(2) 이러한 필요를 충족시키기 위한 제도로서 중개인이나 위탁매매인 등의 제도도 있으나, 이러한 제도는 기업이 계속적·배타적으로 이용하기에는 적합하지 않으므로, 기업이 일정한 지역의 거래를 위하여 계속적·배타적인 보조상을 이용하는 방법으로는 대리상을 이용할 수밖에 없다. 이와 같은 이유로 오늘날 대리상은 국제무

---

1) 동지: 정(희), 178면; 정(동), (총) 439면.

역업·해상운송업 등에서 많이 이용되고 있다.

(3) 대리상에 관한 상법의 규정의 중점은 대리상과 본인과의 관계($_{91조, 92조}^{상 88조, 89조,}$) 및 대리상과 제3자와의 관계($_{90조}^{상}$)에 있다. 전자에 있어서는 본인과 대리상과의 이익의 조화가 그 중심이고, 후자에 있어서는 본인과 제3자와의 이익의 조화가 그 중심이다.[1]

우리나라에서는 대리상과 본인(공급업자)과의 거래에서 상호 대등한 지위에서 거래를 할 수 있도록 하기 위하여 「대리점거래의 공정화에 관한 법률」($_{22, 법 13614호,}^{제정: 2015. 12.}$ $_{6, 법 20239호}^{개정: 2024. 2.}$)이 제정·시행되고 있다.

2. 경제상의 대리점

대리상의 영업소를 「대리점」이라고 한다. 그러나 경제계에서 사용하고 있는 대리점이라는 용어는 반드시 상법상의 대리상의 영업소만을 의미하는 것이 아니고, 보다 넓은 뜻으로 사용되고 있다. 즉, 상법상의 대리상은 특정한 상품의 공급자로부터 제공된 상품을 상품공급자의 대리인으로서 계속적으로 판매하는 자(체약대리상)와, 특정한 상품의 공급자를 위하여 그 상품의 판매를 계속적으로 중개하는 자(중개대리상)가 있으므로, 이들의 영업소만이 상법상 「대리점」이다. 그러나 경제계에서는 상품의 공급자가 상품의 판매활동에 전문적으로 종사하는 특정한 업자에게 상품을 계속적으로 공급하고 이 판매업자[2] ($_{위탁매매인}^{매매업자 또는}$)의 판매활동을 통하여 그 상품의 판로를 유지·확장하고자 하는 경우에 이 판매업자는 법률상 대리상이 아닌데도 불구하고 일반적으로 대리상이라 부르고 이들의 영업소를 대리점이라고 부르는 경우가 많다. 따라서 이하에서는 경제상 의미의 이러한 대리점을 법률상 의미에서 다음의 네 가지로 나누어 간단히 살펴본다.[3]

---

1) 대리상은 1897년의 독일 상법이 최초로 입법화하였는데, 독일은 1953년에 대리상에 관한 상법의 규정(獨商 84조~92조 c)을 전면적으로 개정·보충하여 대리상의 명칭을 종래의 Handelsagent에서 Handelsvertreter로 바꾸고 대리상의 법적 지위를 강화하였으며, 또한 1989년에는 1986년의 EU대리상지침에 따라 대리상에 관한 규정을 다시 개정하여 1990. 1. 1부터 시행하고 있다(1990. 7. 1부터는 구〈舊〉 동독지역에도 이 법이 시행되고 있다).

프랑스의 agent commercial representant de commerce와 영미법에 있어서의 (commercial) agent는 대리상과 비슷한 점이 있기는 하지만, 독일법계의 대리상과 동일한 제도라고는 볼 수 없다. 프랑스에서 대리상에 관한 법령은 1958년에 상법에서 독립한 대리상에 관한 명령(Décrét n° 58 – 1345 du decembre 1958)이 제정되어 시행되다가, 1986년의 EU대리상지침에 따라서 1991년에 대리상법(Loi n° 91 – 593 du 25 juin 1991 relative aux apports entre les agents commerciaux et leurs mandants)이 제정되어 1958년의 대리상에 관한 명령을 대체하게 되었는데, 이 법은 대리상에 관한 모든 계약에 전면 적용되고 있다. 영국에서도 1986년 EU대리상지침이 국내법에 편입되어 시행되다가 1993년에는 대리상법(commercial agent regulations 1993)이 별도로 제정되어 1994. 1. 1부터 시행되고 있다[EU국가인 영국·프랑스·독일의 대리상법에 관한 소개로는 윤남순, "대리상에 관한 유럽공동체법연구," 법학박사학위논문(고려대, 1997. 2) 참조].

2) 이러한 판매업자는 영미법상의 agent에 해당하는 것이라고 할 수 있다.

3) 이에 관한 상세는 정(희), 179면; 정(동), (총) 453 – 3~453 – 4면(특히 특약점과의 관계에 대

1) 첫째는 상품의 공급자로부터 제공된 상품을 매입하여 이것을 자기의 명의와 계산으로 판매하는 자의 영업소를 「대리점」이라고 부르는데, 이러한 대리점을 특히 「특약점」이라 부르기도 한다.[1] 이 경우 상품공급자와 특약점(대리점)간의 계속적인 상품공급계약은 매매계약이고, 특약점은 상품의 구입대금과 판매대금의 차액으로써 이익을 보는 점에서 보통의 매매업과 동일하다.[2] 다만 이러한 특약점은 특정한 상인으로부터의 계속적인 상품의 공급이 확보되어 있는 점에서 일반매매업과 다르다.[3] 이러한 특약점에 대하여는 특약점계약 외에 민법의 매매, 상법의 상인간의 매매에 관한 규정이 적용된다.

2) 둘째는 상품의 공급자로부터 제공된 상품을 자기명의로써 그러나 상품공급자의 계산으로 판매하는 자의 영업소를 「대리점」이라고 부르는데, 이러한 대리점은 법률상으로는 후술하는 위탁매매인의 영업소에 해당한다. 그런데 이러한 자는 특정한 상인으로부터 계속적인 상품의 공급을 받는 판매위탁계약이 있다는 점에서 대리점이라고 부르는 것이다. 이러한 자는 공급자로부터 계속적인 상품공급이 확보되어 있는 점에서는 특약점과 같지만, (i) 판매차액으로 이익을 보는 것이 아니라 수수료를 받는 점, (ii) 잔품에 대한 위험을 상품공급자가 부담하는 점이 특약점과 다르다. 이러한 대리점에 대하여는 대리점계약 외에 상법의 위탁매매업에 관한 규정($\frac{상\ 101조\sim}{113조}$)이 적용된다.

3) 셋째는 상법에 규정된 체약대리상의 영업소이다.

4) 넷째는 상법에 규정된 중개대리상의 영업소이다.

제 2 대리상의 의의

대리상(Handelsvertreter; commercial agent)이라 함은 「일정한 상인을 위하여 상업사용인이 아니면서 상시 그 영업의 부류에 속하는 거래의 대리 또는 중개를 하는 자」이다($\frac{상}{87조}$).[4] 이를 분설하면 다음과 같다.

하여); 神崎, 376~420면 참조.
1) 특정지역에서 특정된 특약점에 대하여서만 상품공급을 약정한 경우, 그 특약점을 「총판매점」이라고 부르기도 한다.
2) 동지: 대판 1999. 2. 5, 97 다 26593(공보 1999, 434)(어떤 자가 제조회사와 대리점 총판계약이라는 명칭으로 계약을 체결하고 그 제조회사로부터 스토어〈노래방기기 중 본체〉를 매입하여 위 대리점 스스로 10여 종의 주변기기를 부착하여 노래방기기 세트의 판매가격을 결정하여 위 노래방기기 세트를 소비자에게 판매한 경우에는 위 대리점을 상법상의 대리상으로 볼 수 없다).
3) 이러한 계속적인 상품공급에 관하여는 프랜차이즈 계약(franchiseagreement)이 체결되는 경우가 많다. 이것은 계약에 의하여 당사자의 일방(프랜차이즈 제공자)이 자기의 상호·상표 기타의 영업을 표시하는 외관과 경영 노하우(know-how)를 사용하여 영업을 할 것을 상대방(프랜차이즈 인수자)에게 허용하고, 상대방(프랜차이즈 인수자)이 이에 대하여 사용료(로열티)를 지급하고 그의 통제하에 영업할 것을 약정하는 계속적인 계약관계를 말하는데, 우리나라에서도 외국의 유명상사와의 사이에서 이러한 계약을 체결하는 일이 많다[이러한 프랜차이즈에 대하여는 리스·팩토링과 함께 뒤의 새로운 상행위에서 상세히 설명함].
4) EU대리상지침 제1조 2항은 대리상을 「본인을 대리하여(on behalf of the principal) 물

1) 「일정한 상인」을 위하여 거래의 대리 또는 중개를 하여야 한다. 대리상은 「상인」을 위하여 행위를 하는 자이므로, 상인 이외의 자를 위하여 대리·중개를 하는 자는 상법상의 대리상이 아니다(상호회사, 회사 이외의 농·임·어업을 위하여 하는 이른바 민사대리상). 본인인 상인은 단일함을 요하지 않으나, 반드시 「특정」되어야 한다. 이 점에서 대리상은 불특정다수인을 보조하는 중개인 또는 위탁매매인과 다르다.

2) 「상시」 거래의 대리 또는 중개를 하여야 하므로, 대리상은 본인인 상인과 계속적 거래관계에 있어야 한다. 따라서 대리상은 단지 개별적인 위임사무를 처리하는 데 그치는 단순한 수임인과는 달리, 본인인 상인과 깊은 신뢰관계에 기초를 두고 있는 것이다.

3) 일정한 상인의 「영업부류에 속하는 거래의 대리 또는 중개」를 하여야 한다. 대리상은 본인의 「영업부류에 속하는 거래」(영업으로 하는 거래)를 하여야 하므로, 본인의 영업부류에 속하지 않는 거래를 하는 자는 본인을 위하여 계속적으로 이를 대리하거나 중개하더라도 대리상이 아니다. 따라서 매매업을 하는 특정한 상인을 위하여 주로 금융의 대리·중개를 하는 자는 대리상이 아니다.

대리상이 본인을 위하여 하는 행위(목적행위)는 「거래의 대리 또는 중개」이다. 거래의 대리를 하는 대리상을 체약대리상(Abschlussvertreter; sales agent), 중개를 하는 자를 중개대리상(Vermittlungsvertreter; marketing agent)이라고 한다.

4) 대리상은 「상업사용인이 아닌 독립한 상인」이다. 대리상은 상업사용인과 같이 기업(일정한 상인)을 보조하는 자이지만, 대리상은 기업의 외부에서 독립한 상인으로서 기업을 보조하는 자이므로, 기업의 내부에서 기업의 인적 요소를 구성하며 종속적 경영보조를 담당하는 「상업사용인」과는 구별되는 것이다. 대리상이 상업사용인과 구별되는 구체적 표준으로서는 (i) 본인과의 계약의 내용, (ii) 자기영업소의 유무, (iii) 영업비의 부담 여부, (iv) 보수가 수수료 본위인가 정액봉급 본위인가, (v) 특정한 수 기업을 위하여 활동할 수 있는가 또는 한 기업만을 위하여 활동하는가 등인데, 이러한 여러 가지의 점을 종합·고찰하여 판단하여야 한다.[1]

건의 매매를 중개하거나(negotiate) 그러한 계약을 체결할(negotiate and conclude such transactions) 권한을 계속적으로 갖고 있는 자(a self-employed intermediary)로 정의하고 있다.
1) 동지: 정(희), 181~182면; 정(동), (총) 442면.
　대리상을 긍정한 판례: 대결 2012. 7. 16, 2009 마 461(공보 2012, 1425)(선박대리점이 선박소유자 등을 대리하여 선박의 항해에 필요한 계약을 체결하는 것은 통상 상법 제87조 소정의 대리상의 지위에서 하는 것이고, 선박대리점이 이행인수약정에 따라 선박소유자의 채무를 자신의 재산을 출연하여 변제하면 민법 제481조에 의하여 법정대위권을 갖는다).
　대리상을 부정한 판례: 대판 1962. 7. 5, 62 다 244(집 10 ③ 민 150)(Y보험회사가 X에 대하여 매월 일정금액을 지급하는 외에 …화재보험의 종류에 따라 보험료의 40% 또는 30%를 지급대리상은 상행위의 대리의 인수($^{상\ 46}_{조\ 10호}$) 또는 중개에 관한 행위의 인수($^{상\ 46}_{조\ 11호}$)를 영업으로 함으로써(기본적 상행위) 당연상인의 자격을 취득하여($^{상}_{4조}$), 「독립한 상인」이 되는 것이다. 따라서 대리상이 이렇게 인수한 행위를 제3자와 구체적으로 실시하는 거래의 대리 또는 중개는 보조적 상행위가 된다.

제 3 대리상의 권리의무

1. 대리상과 본인과의 관계

대리상은 위에서 본 바와 같이 본인인 상인의 영업부류에 속하는 거래의 대리 또는 중개를 하는 자이므로, 대리상과 본인과의 계약(대리상계약)은 법률행위($^{상행위}_{의\ 대리}$) 또는 법률행위 아닌 사무($^{중개에\ 관}_{한\ 행위}$)에 관한 위임계약이 중심이 된다. 따라서 대리상계약에는 민법의 위임계약에 관한 규정($^{민}_{681조}$)이 적용되어 대리상은 본인을 위하여 선량한 관리자의 주의로써 그 영업부류에 속하는 거래의 대리나 중개를 하여야 하는 일반적 의무를 지게 되지만,[1] 상법은 이 외에도 대리상의 의무와 권리에 대하여 다음과 같은 특칙을 두고 있다.

(1) 대리상의 의무

1) 통지의무($^{상}_{88조}$)   대리상은 「거래의 대리 또는 중개를 하였을 때」에는 지체 없이 본인에 대하여 그 통지를 발송하여야 한다(발신주의)($^{상}_{88조}$). 민법상 위임계약에서 수임인은 「위임인의 청구가 있거나 위임이 종료한 때」에 한하여 위임인에게

하고, 보험계약 모집에 필요한 제반경비, …는 X가 부담하기로 한 경우에도 X는 Y의 상업사용인에 불과하며, … 이것을 대리상계약이라고 인정할 수 없다); 동 1999. 2. 5, 97 다 26593(어떤 자가 제조회사와 대리점 총판 계약이라고 하는 명칭의 계약을 체결하였다고 하여 곧바로 상법 제87조의 대리상으로 되는 것은 아니고, 그 계약 내용을 실질적으로 살펴 대리상인지의 여부를 판단하여야 하는바, 원심이 적법하게 확정한 사실에 의하면 X회사는 Y회사로부터 이 사건 스토어를 매입하여 X회사 스스로 10여 종의 주변기기를 부착하여 노래방기기 세트의 판매가격을 결정하여 위 노래방기기 세트를 소비자에게 판매하였다는 것이므로 X회사를 Y회사의 상법상의 대리상으로 볼 수 없다 할 것이고, 또한 Y회사가 국제신문에 Y회사 제품의 전문취급점 및 A/S센터 전국총판으로 X회사를 기재한 광고를 한 번 실었다고 하더라도, 전문취급점이나 전국총판의 실질적인 법률관계는 대리상인 경우도 있고 특약점인 경우도 있으며 위탁매매업인 경우도 있기 때문에, 위 광고를 곧 Y회사가 제3자에 대하여 X회사에게 Y회사 제품의 판매에 관한 대리권을 수여함을 표시한 것이라고 보기 어렵다).

1) 대판 2003. 4. 22, 2000 다 55775(Y회사로부터 2억 원 이상의 고가 중장비 판매를 위임받은 대리상인 X회사로서는 적어도 민법 제681조의 규정 취지에 따라 그 매수인과 연대보증인들의 변제자력을 면밀히 조사하여 계약을 체결함과 동시에 필요한 경우 충분한 담보를 확보함으로써 위임자인 Y회사의 이익을 해하지 않을 선량한 관리자의 주의의무를 부담한다. 그런데 X회사는 본거래와 관련하여 위임의 본지에 따른 선량한 관리자의 주의를 다하였다고는 도저히 볼 수 없으므로 Y회사에게 확정적인 손해가 발생한 이상에는 이를 배상할 의무가 있다).

보고의무($\frac{민}{683조}$)를 부담하는데, 상법은 본인을 보호하고자 하는 기업거래의 필요에서 대리상(수임인)의 의무를 보다 엄격히 하여 규정하고 있다.[1]

2) 경업피지의무($\frac{상}{89조}$)

(가) 대리상은 본인의 허락이 없으면 자기 또는 제3자의 계산으로 본인의 영업부류에 속하는 거래를 하거나, 동종영업을 목적으로 하는 회사의 무한책임사원 또는 이사가 될 수 없다($\frac{상\ 89}{조\ 1항}$).[2] 이것은 대리상과 본인의 이해충돌을 방지하여 본인을 보호하기 위한 것으로서 상업사용인($\frac{상}{17조}$)·인적회사의 무한책임사원($\frac{상\ 198조,}{269조}$)·유한책임회사의 업무집행자($\frac{상\ 287}{조의\ 10}$)·물적회사의 이사($\frac{상\ 397조,}{567조}$)의 경업피지의무와 같은 정신으로 규정된 것이다.

(나) 대리상의 경업피지의무를 상업사용인의 그것과 비교하여 보면 협의의 경업피지의무는 같으나, 겸직금지의무에서는 「동종영업을 목적으로 하는」 회사에 대해서만 인정되고 또 「다른 상인의 사용인」이 될 수 없는 점에 대해서는 규정이 없다. 따라서 대리상에 대하여는 「동종영업을 목적으로 하는」 회사에 대해서만 겸직금지의무를 인정함으로써, 상업사용인에서와 같이 제한설과 무제한설과 같은 학설의 대립이 있을 여지가 없고 언제나 제한설과 같은 결과가 인정된다. 또한 대리상의 겸직금지의무에서는 「다른 상인의 사용인」이 될 수 없는 점에 대하여 규정하고 있지 않은데, 본인의 이익을 보호하고자 하는 이 규정($\frac{상}{89조}$)의 입법취지에서 볼 때 대리상은 「동종영업을 목적으로 하는 다른 상인의 상업사용인」이 될 수 없다고 본다.[3]

(다) 대리상의 경업피지의무의 위반효과에 대하여는 상업사용인의 그것과 같다($\frac{상\ 89조\ 2항,}{17조\ 2항~4항}$). 즉, 협의의 경업피지의무위반의 경우에는 본인은 대리상계약의 해지권·손해배상청구권 및 개입권(介入權)을 행사할 수 있고, 겸직금지의무위반의 경우에는 본인은 대리상계약의 해지권 및 손해배상청구권만을 행사할 수 있다.

3) 영업비밀준수의무[4]($\frac{상\ 92}{조의\ 3}$)　　　대리상은 (대리상계약의 존속중에는 물론이고)

---

1) 日大判 1935. 5. 27(보험회사의 대리상이 보험계약을 체결하고 이러한 통지의무를 해태하여 보험회사가 재보험에 가입하지 못하여 손해를 입은 경우, 대리점에 대하여 이에 대한 손해배상책임을 인정함).
2) 입법론상 '집행임원'을 포함시켜야 할 것으로 본다.
3) 동지: 채, 242면; 이(철), 355면(입법의 착오라고 함); 이(기) 외, (총) 372면.
4) 대리상의 이러한 의무는 대리상계약 중에는 물론 계약 종료 후에도 인정되는데, 이는 대리상계약이 종료된 후에 상법에 의하여 발생하는 법정의 의무이나, 편의상 대리상의 의무에서 함께 설명한다.
　　대리상의 영업비밀준수의무에 관하여는 박준우, "대리상의 보상청구권과 영업비밀준수의무 (상법 제92조의 2 및 제92조의 3에 대한 법경제학적 분석)," 「상사법연구」, 제21권 1호(2002), 171~196면(영업비밀준수의무는 시간적·공간적인 한계가 있는 것으로 해석되어야 하고, 또한 이는 당사자간에 특약이 없는 경우에 적용되는 보충규정으로 해석하여야 한다고 한다).

대리상계약이 종료된 후에도 대리상이 계약과 관련하여 알게 된 본인의 영업상의 비밀을 준수하여야 한다($\frac{상 92}{조의 3}$). 이것은 본인의 이익을 보호하기 위하여 인정된 것인데, 1995년 개정상법에 의하여 후술하는 대리상의 보상청구권($\frac{상 92}{조의 2}$)에 대응하여 인정된 것이다. 이 때 영업상의 비밀이란 영업과 관련된 사항으로서 소수인만이 알고 있고 본인이 공표되는 것을 바라지 않는 것($\frac{예컨대, 고객}{의 명단 등}$) 등을 의미한다.[1] 대리상이 영업비밀준수의무에 위반하면 본인에 대하여 손해배상책임이 있다.[2]

(2) 대리상의 권리

1) 보수청구권($\frac{상}{61조}$)   대리상은 상인이므로 본인을 위하여 한 행위에 관하여 당사자간에 보수의 약정을 하지 않은 경우에도 당연히 상당한 보수청구권이 있다($\frac{상}{61조}$). 대리상의 이러한 보수액에 관하여는 보통 대리상계약에서 정하여진다.

2) 유 치 권($\frac{상}{91조}$)

(가) 의   의   대리상은 다른 의사표시가 없는 한 거래의 대리 또는 중개를 함으로 말미암아 생긴 채권($\frac{예컨대, 수수료청구}{권 · 체당금청구권}$)이 변제기에 있을 때에는 그 변제를 받을 때까지 본인을 위하여 점유하는 물건 또는 유가증권을 유치할 수 있다($\frac{상 91}{조 본문}$). 이와 같이 상법은 대리상을 위하여 별도로 유치권을 규정하고 있는데, 이는 특별상사유치권의 일종이다. 대리상은 이러한 유치권 외에도 민사유치권($\frac{민 320조~}{328조}$)이나 일반상사유치권($\frac{상}{58조}$)의 발생요건을 충족하면 이와 같은 유치권을 행사할 수도 있다. 그러나 대리상의 보수청구권 등과 같은 채권은 그의 기업유지를 위하여 그 이행의 확보가 더욱 요청되고, 또한 대리상이 본인을 위하여 점유하는 물건 등은 이러한 채권과 밀접히 관련되어 있으므로 그의 소유 여하에 불문하고 이러한 물건 등에 유치권을 인정하여 줄 필요성이 크기 때문에, 상법은 대리상에 대하여 특별상사유치권을 인정한 것이다. 그런데 이러한 유치권이라도 대리상의 의사에 반하여서까지 인정될 수는 없는 것이므로, 당사자간에 다른 약정($\frac{유치권배}{제의 특약}$)이 있으면 적용되지 않는다($\frac{상 91}{조 단서}$).

이러한 특별상사유치권은 그 발생요건에서만 민사유치권 및 일반상사유치권과 구별되고, 그 효력에서는 다른 유치권과 같다.

(나) 요   건

① 피담보채권과 유치목적물과의 관련을 요하지 않는다. 피담보채권은 (본인의 영업부류에 속하는)「거래의 대리 또는 중개를 함으로써 생긴 채권」이면 충분하고, 민사유치권($\frac{민}{320조}$)과는 달리 피담보채권이 유치목적물에 관하여 생긴 채권임을 요하

---

1) 동지: 정(동), (총) 447면.
2) 동지: 정(동), (총) 447면.

지 않는다. 대리상의 특별상사유치권이 이와 같이 피담보채권과 유치목적물과의 관련을 요하지 않는 것으로 한 것은, 대리상과 본인과는 계속적 관계에 있으므로 대리상의 영업과 관련하여 발생한 채권이면 그 목적물과 관련이 없는 경우에도 유치권이 미치는 것으로 하여 대리상을 보호할 필요가 있기 때문이다.[1] 이 점은 대리상의 특별상사유치권이 민사유치권($^{민}_{320조}$)과 다르고, 일반상사유치권($^{상}_{58조}$)과 같은 점이다.[2]

② 유치목적물의 점유취득원인과 소유권의 소재 여하를 불문한다. 즉, 대리상의 유치목적물은 「본인을 위하여 적법하게 점유하는 물건 또는 유가증권」이면 족하고, 점유취득원인 여하 및 소유권의 소재 여하를 불문한다. 이 점에 있어서 대리상의 특별상사유치권은 「상행위」에 의하여 채권자가 점유하게 된 물건으로서 「채무자 소유」의 것을 유치목적물로 할 수 있는 일반상사유치권($^{상}_{58조}$)과 다르고, 민사유치권($^{민}_{320조}$)과 같다. 대리상에게 이러한 특칙을 인정한 것은 대리상의 업무의 성질상 대리상의 점유는 본인에게 간접점유가 되는 점유뿐만 아니라($^{본인의 소유물을}_{점유하는 경우}$), 제3자로부터 취득한 물건의 소유권이 아직 본인에게 귀속하지 않은 경우의 점유나 본인의 물건이 이미 타인에게 이전한 경우의 점유도 많을 것이므로($^{타인의 소유물을}_{타주점유하는 경우}$) 대리상보호의 실효를 거두기 위해서이다.[3]

(다) 효   력   민사유치권과 같은 효력이 있다($^{민 320}_{조 이하}$).

3) 보상청구권[4]($^{상 92}_{조의 2}$)

(가) 의   의   대리상의 활동으로 본인이 새로운 고객을 획득하거나 영업상의 거래가 현저하게 증가하고 이로 인하여 본인이 대리상계약의 종료 후에도 이익을 얻고 있는 경우에는 대리상은 본인에 대하여 상당한 보상을 청구할 수 있는데,

---

1) 동지: 정(희), 183면.
2) 대리상의 특별상사유치권을 일반상사유치권(상 58조) 및 다른 특별상사유치권[위탁매매인(상 111조)·준위탁매매인(상 113조)·운송주선인(상 120조)·육상운송인(상 147조)·해상운송인(상 807조 2항)]과 비교한 것으로는 연습, 146~152면(문 26) 참조.
3) 동지: 정(희), 183면; 정(동), (총) 448면.
4) 대리상의 이러한 권리는 대리상계약의 효과로서 인정된 의무는 아니고 대리상계약이 종료된 후에 상법에 의하여 발생하는 법정의 권리이나, 이는 대리상의 보수청구권 및 대리상계약과 밀접히 관련된 것이므로 편의상 대리상의 권리에서 함께 설명한다.
   대리상의 보상청구권에 관하여는 심재한, "특약상의 보상청구권," 「경영법률」(한국경영법률학회), 제12집(2001), 61~87면(확대되어 가는 특약상 계약관계에서 발생하는 보상청구권에 관하여 그 근거·성격·발생요건·보상금액·보상청구권의 배제와 소멸에 관하여 설명함); 박준우, "대리상의 보상청구권과 영업비밀준수의무(상법 제92조의 2 및 제92조의 3에 대한 법경제학적 분석)," 「상사법연구」, 제21권 1호(2002), 171~196면(대리상의 노력으로 인하여 대리상 계약 종료 후에도 본인이 계속 얻고 있는 이익이 대리상의 보수에 반영되어 있는 경우에는 대리상의 보상청구권을 부인하여야 하고, 이는 임의규정으로 해석하여야 하며, 대리상계약 종료 후의 본인의 이익은 '이익을 실현할 수 있는 가능성'으로 해석하여야 한다) 등 참조.

이를 대리상의 보상청구권(Ausgleichsanspruch)이라 한다($\frac{상\ 92조의}{2\ 1항\ 본문}$). 대리상이 열심히 노력하여 새로운 고객을 획득하거나 종래의 고객과의 거래규모가 현저하게 증가하였는데, 이 때 본인이 대리상계약을 종료시키고 직접 고객과 거래하는 경우가 종종 있다. 이러한 경우 본인이 대리상에게 그의 노력에 대한 상당한 대가를 지급하도록 함으로써 대리상을 보호하고 또 본인과 대리상간의 형평을 도모하기 위하여, 1995년 개정상법은 독일 상법[1]을 참조하여 대리상의 보상청구권을 신설하였다.[2]

대리상의 이러한 보상청구권은 본인의 불법행위로 인한 손해배상청구권도 아니고, 본인에게 발생한 부당이득에 대한 반환청구권도 아니며, 본인에 대한 보수청구권도 아닌 법정의 권리이다.[3]

이와 같이 대리상의 보상청구권은 대리상을 보호하기 위한 법정의 권리이므로, 이를 사전에 제한하거나 배제하는 당사자간의 특약은 무효라고 본다.[4]

(나) 요　건

① 대리상계약이 종료되어야 한다($\frac{상\ 92조의\ 2}{1항\ 본문\ 후단}$). 대리상의 보상청구권은 대리상계약이 종료된 후에 발생하는 법정의 권리인 점에서 이는 당연하다. 따라서 대리상계약이 유효하게 존재하고 있어야 하고, 대리상계약의 종료원인은 묻지 아니한다. 대리상은 아니나 대리상과 유사한 특약점에 대하여도 본조를 유추적용하는 것이 타당하다고 본다.[5]

② 대리상의 활동으로 인하여 본인이 새로운 고객을 획득하거나, 영업상의 거래가 현저하게 증가하여야 한다($\frac{상\ 92조의\ 2}{1항\ 본문\ 전단}$).

③ 위 ②의 결과 본인은 대리상계약의 종료 후에도 이익(Vorteil)을 얻고 있어야 한다($\frac{상\ 92조의\ 2}{1항\ 본문\ 후단}$). 이 때의 이익은 영업이익을 말하는 것이 아니라, 대리상이 개척한 고객과의 거래가 유지됨으로써 얻는 기업상의 경제적 가치를 말한다.[6]

④ 대리상계약의 종료가 대리상의 귀책사유로 인한 경우가 아니어야 한다($\frac{상\ 92}{조의}$ $\frac{2\ 1항}{단서}$). 대리상계약의 종료가 대리상의 귀책사유로 인한 경우에는 대리상을 보호할 필요가 없기 때문에, 상법은 이 경우에는 대리상의 보상청구권을 인정하지 않는다.[7]

---

1) 獨商 89조 b, 92조 b, 92조 c 참조.
2) 해설(1995), 22면.
3) 동지: 정(동), (총) 449면.
4) 동지: 이철송, "대리상의 보상청구권,"「고시연구」, 1996. 6, 60면; BGH, NJW 1967, 248. 반대: 채, 243면.
5) 동지: 정(동), (총) 452~453-1면; BGH 29, 83.
6) 동지: 이철송, 전게「고시연구」(1996. 6), 57면.
7) 이에 관한 상세는 이철송, 상게「고시연구」(1996. 6), 54~56면 참조.

(다) 효   과   대리상이 위의 요건을 구비하면 본인에 대하여 상당한 보상을 청구할 수 있는데($상 \frac{92조의}{2 \ 1항 본문}$), 이 때 보상청구금액이 문제가 되므로 상법은 그 기준을 명확히 규정하고 있다. 즉, 대리상의 보상청구금액은 대리상계약의 종료 전 5년간의 평균 연보수액을 초과할 수 없고, 대리상계약의 존속기간이 5년 미만인 경우에는 그 기간의 평균 연보수액을 기준으로 한다($상 \frac{92조}{의 2 \ 2항}$). 이 때의 보수액은 대리상이 본인으로부터 받은 보수총액을 의미하고, 순보수액을 의미하지 않는다.[1]

(라) 행사기간   대리상의 보상청구권은 대리상계약이 종료한 날로부터 6월을 경과하면 소멸하는데($상 \frac{92조}{의 2 \ 3항}$), 이는 당사자간의 법률관계를 가능한 한 조속히 종결시키기 위한 것이다. 이러한 6월의 기간은 제척기간이다.[2]

2. 대리상과 제3자와의 관계

(1) 대리상의 의무·책임

1) 체약대리상이 한 법률행위에 대하여는 대리의 법리에 의하여 당연히 본인이 의무와 책임을 지고, 대리상은 아무런 의무와 책임을 지지 않으며, 중개대리상이 한 행위에 대하여는 대리상은 전혀 당사자로서 처음부터 관여하지 않으므로 제3자에 대하여 의무와 책임을 부담할 여지가 없다.

2) 그러나 대리상이 그의 업무수행중 제3자에게 불법행위를 한 경우에는 대리상만이 책임을 지고, 본인은 책임을 지지 않는다. 다만 보험대리점의 경우는 법률의 규정에 의하여 대리상 또는 그의 피용자의 업무상 불법행위에 대하여 본인이 책임을 지는 경우가 있다($보험 \atop 102조$).

(2) 대리상의 권리

1) 대리상이 제3자에 대하여 어떠한 범위 내에서 본인을 위하여 행위를 할 수 있는가는 본래 대리상계약의 내용에 의한다. 즉, 체약대리상은 대리상계약에서 인정하는 범위 내에서 계약체결에 관한 대리권을 갖고, 중개대리상은 계약을 체결할 권한을 갖지 않지만 중개와 관련한 행위를 대리상계약에서 인정하는 범위 내에서 할 수 있는 권한을 갖는다.

2) 그런데 대리상계약에서 정함이 없는 경우에 대리상은 제3자로부터의 통지수령권을 갖는지 여부가 문제된다. 따라서 상법은 물건의 판매나 중개의 위탁을 받은 대리상에 대하여는 매수인인 제3자의 이익을 위하고 매매관계를 신속히 종결시

1) 동지: 이철송, 상게「고시연구」(1996. 6), 59면; BGHZ 61, 112, 114.
2) 동지: 정(동), (총) 452면.

키기 위하여 통지수령권을 인정하고 있다.[1] 즉, 상법은 「물건의 판매나 그 중개의 위탁을 받은 대리상은 매매의 목적물의 하자 또는 수량부족 기타의 매매의 이행에 관한 통지를 받을 권한을 갖는다」고 규정하고 있다($\substack{상 \\ 90조}$).

이러한 대리상의 통지수령권은 「법정의 권한」으로 체약대리상뿐만 아니라 중개대리상에게도 인정된다.[2] 또한 이러한 통지수령권은 물건판매와 관련하여 「매매의 이행에 관한 통지」에 한정되므로, 매매계약 자체의 무효·취소·해제 등에 따른 통지수령권은 대리상에게 없다.[3]

제 4 대리상계약의 종료

1. 일반종료원인($\substack{민 \\ 690조}$)

대리상계약은 위임의 일반종료원인($\substack{위임인의 사망·파산, 수임 \\ 인의 사망·파산·성년후견}$)($\substack{민 \\ 690조}$)에 의하여 종료된다. 다만 본인의 사망에 의하여서는 종료되지 않는다($\substack{상 50 \\ 조 참조}$). 또한 대리상계약은 기업의 존재를 전제로 하므로 그 기업의 해소는 당연히 종료원인이 된다. 그러나 영업양도의 경우에는 상업사용인의 경우와 같이 원칙적으로 종료되지 않는다고 본다.[4]

2. 법정종료원인($\substack{상 \\ 92조}$)

상법은 대리상관계가 계속적인 성질을 갖고 있는 점에서 민법 제689조의 위임의 즉시해지자유의 원칙에 대하여 특칙을 두고 있다. 즉, (i) 당사자가 계약의 기간을 정하지 않았을 때에는 각 당사자는 「2월 전에 예고」를 하여 그 계약을 해지할 수 있다($\substack{상 92 \\ 조 1항}$). (ii) 그러나 부득이한 사정이 있을 때에는 각 당사자는 「언제든지」 그 계약을 해지할 수 있다[5]($\substack{상 92 \\ 조 2항}$).

---

1) 이와 같이 대리상에게 통지수령권을 인정하고 있는 점은 특히 상인간의 매매에 있어서 매수인 (제3자)이 매도인의 대리상에게 통지함으로써 매수인(제3자)의 이익을 보호하는 의미가 크다고 볼 수 있다. 왜냐하면 상인간의 매매에 있어서는 매수인(제3자)이 검사통지의무(상 69조)를 부담하기 때문이다.

2) 동지: 정(희), 184면; 정(동), (총) 453-2면; 이(철), 367면(체약대리상은 대리의 일반원칙에 따라 통지수령권이 있다고 보여지므로, 본조는 중개대리상에게 통지수령권을 부여하였다는 데 의미가 있다고 한다).

3) 동지: 손(주), 295면; 정(동), (총) 453-2면(따라서 이에 관한 사항은 표현대리의 법리에 의하여 제3자가 보호될 수밖에 없다고 한다); 주상(Ⅰ), 543면.

4) 반대: 정(동), (총) 453-2면(영업의 양도의 경우에는 지배인과 같이 대리상계약이 종료한다고 한다).

5) 이 때 「부득이한 사정」이 있는 경우란 '보험대리점이 보험료추심액을 송금하지 않고 그 연체액이 다액에 이른 경우' 등이다(日東京地判 1939. 10. 13).

제 2 절 중 개 업

제 1 총   설

중개업(brokage; Maklergeschäft)은 (i) 타인간의 계약의 체결을 중개하고, (ii) 시장의 시세·상대방의 신용상태 등을 탐지하고 전문적 자료(상품의 감정, 선박의 성질, 어음의 진위 등)를 위탁자에게 제공함으로써 계약의 체결을 용이하게 하며, (iii) 당사자에게 상대방을 알리지 않음으로써 거래를 원활하게 하는 기능을 갖는다.[1]

중개업은 많은 시설이나 자금을 필요로 하지 않으므로 그 거래에 있어서 전문적 지식과 경험이 많으면서도 자력이 없어서 스스로 거래를 하지 못하는 자가 이에 종사하는 일이 많다. 중개업은 많은 분야에서 이용되고 있는데, 특히 무역업·상품 및 유가증권의 매매·보험·해상운송·금융 등에서 그 활약이 크다. 또한 토지·가옥 등의 부동산의 매매·대차 등의 중개를 하는 복덕방과 같은 민사중개업의 활동도 크지만, 이러한 민사중개업은 이 곳에서 말하는 상법상의 중개업이 아니다.[2]

제 2 중개인의 의의

중개인(broker; Handelsmakler; courtier)이라 함은 「타인간의 상행위의 중개를 영업으로 하는 자」이다(상 93조). 이를 분설하면 다음과 같다.

1) 「타인간의 상행위」의 중개를 하여야 한다. 널리 「타인간」(불특정다수인)의 상행위의 중개를 하는 점이, 특정한 상인을 위하여 계속적으로 상행위의 중개를 하는 「중개대리상」(상 87조 후단)과 다르다.

또 「상행위」의 중개를 하여야 하므로(상사중개인) 적어도 타인의 일방은 상인이어야 한다. 왜냐하면 상인 이외의 자의 상행위란 있을 수 없기 때문이다(절대적 상행위는 인정되지 않으므로). 그러나 그 상행위는 쌍방적 상행위뿐만 아니라 일방적 상행위를 포함한다. 그러나 이 때의 상행위는 영업적 상행위(기본적 상행위 또는 준상행위)만을 의미하고 보조적 상행위를 포함하지 않는다. 왜냐하면 상법 제93조 이하의 규정은 '영업으로' 반복하는 상행위의

---

1) 동지: 정(희), 185면; 정(동), (총) 453−5면.
2) 상법상의 중개업은 1897년의 독일 상법이 규정하였고, 우리나라 및 일본도 이러한 중개인제도를 상법에서 도입하게 된 것이다[정(동), (총) 454면].

중개를 예상한 규정이기 때문이다.[1] 상법상의 중개인은 「상행위」의 중개를 하여야 하는 점에서(상사중개인), 당사자의 어느 일방에게도 상행위가 되지 않는 행위의 중개를 하는 민사중개인(예컨대, 혼인중매인·직업소개인·비상인간의)과 구별된다. 그러나 이러한 (토지나 가옥의 매매 등을 중개하는 복덕방 등 민사중개인도 상행위가 되지 않는 중개행위의 인수를 '영업으로' 하면 당연상인이 되어($\binom{상 4조,}{46조 11호}$) 상법($\binom{특히 상행}{위편 총칙}$)의 적용을 받는다. 다만 그러한 민사중개인은 상법 제93조가 규정하는 상사중개인이 아닐 뿐이다.

2) 「중개」를 하여야 한다. 중개라 함은 '타인간의 법률행위의 체결에 힘쓰는 사실행위'이다. 중개인은 이와 같이 사실행위인 중개행위만을 할 뿐이므로 제3자에 대하여 당사자가 되지 않을 뿐만 아니라, 위탁자의 대리권도 없다.[2] 따라서 중개인은 자기의 이름으로 위탁자의 계산으로 매매계약을 체결하는 「위탁매매인」($\binom{상}{101조}$) 또는 일정한 상인을 위하여 계속적으로 그 대리인으로서 제3자와 계약을 체결하는 「체약대리상」($\binom{상}{87조}$)과 구별된다.

3) 중개를 「영업으로 하는 자」이어야 한다. 이 때 중개를 「영업으로 한다」는 의미는 중개행위(사실행위)를 영업으로 한다는 의미가 아니고, 중개의 인수(법률행위)를 영업으로 한다는 뜻이다. 왜냐하면 상법 제46조 11호의 「중개에 관한 행위」라 함은 법률행위를 말하는 것이므로, 법률행위인 중개의 인수를 영업으로 함으로써 상인자격을 취득한다고 보아야 하기 때문이다($\binom{상}{4조}$). 따라서 (상사)중개인은 당연상인이다.

---

1) 동지(통설): 정(희), 186면; 손(주), 302면; 서·정, 189면; 정(동), (총) 455면; 최(기), 319면; 임(홍), (상행위) 666면; 강, (Ⅰ) 323면 외.
　　반대(보조적 상행위를 포함한다고 보는 견해)(소수설): 이(철), 370면; 채, 248면; 주상(Ⅰ), 548면; 이(기) 외, (총) 379면; 이·최, 171면.

2) 상품의 판매활동을 중개 또는 알선하기 위한 목적에서 그 필요한 범위 내의 데이터베이스나 정보를 제공한 것에 불과하다면 상품중개업이나 전자상거래업을 영위한 것으로 보아야 하고 부가통신업을 영위한 것으로 볼 수는 없다(대판 2013. 6. 28, 2012 두 22607). 따라서 오픈마켓 운영자는 상품중개업을 영위하는 자라고 할 수 있다(전자상거래 등에서의 소비자보호에 관한 법률 2조 4호 참조).
　　이와 같이 오픈마켓(G마켓, 옥션, 11번가 등) 운영자가 상사중개인에 해당하는 경우에도 인터넷의 특성으로 인하여 일반 상사중개인에 관한 상법의 규정이 그대로 적용될 수는 없다[이형규, "오픈마켓 운영자의 권리와 의무," 「법학논집」, 제23집 제3호(2007. 4), 226면]. 따라서 오픈마켓 운영자는 인터넷 거래의 특성상 매매대상물의 견품을 받지 않으므로 상사중개인의 견품보관의무(상 95조)에 관한 규정은 원칙적으로 적용되지 않고, 약관의 규정에 의하여 판매자와 구매자간의 이행에 관한 책임을 배제하고 있으므로 상사중개인의 성명·상호묵비의무(상 98조)에 관한 규정 및 개입의무(상 99조)에 관한 규정이 적용될 여지가 없으며, 약관의 규정에 의하여 물건을 판매하려는 자로부터 매매가 이루어지기 전에 등록수수료를 받고 매매가 이루어진 경우에는 판매대금의 일부를 수수료 등의 보수로 받고 구매자에 대하여는 원칙적으로 무상으로 하고 있으므로 상사중개인의 보수청구권(상 100조)에 관한 규정은 원칙적으로 적용되지 않는다. 또한 오픈마켓 운영자는 판매자와 구매자에게 매매확인 메일을 발송함으로써 결약서 교부의무(상 96조)를 이행한 것으로 볼 수 있고, 약관의 규정에 의하여 당사자를 위하여 대금을 지급받을 수 있다(상 94조 단서).

이러한 중개인 중에서 증권시장에서의 매매거래의 중개업무를 영위하는 자를 「투자중개업자」라 하는데, 이러한 투자중개업자는 금융위원회의 인가를 받은 자이어야 한다($\frac{자금 12조}{1항 1호}$).

4) 중개인과 중개를 의뢰한 당사자간에 체결되는 중개계약은 보통 비법률행위적 사무인 중개의 위탁과 이의 인수로써 성립하는 「위임계약」이다($\frac{민}{680조}$). 그러나 이러한 중개계약에는 이론상 일방적(편무적〈片務的〉) 중개계약($\frac{수탁자인 중개인은 적극적으로 중}{개할 의무는 없고, 다만 계약이 성립하면 보수를 청구할 수 있는 계약}$)과 쌍방적(쌍무적〈雙務的〉) 중개계약($\frac{수탁자가 적극적으로 중개}{할 의무를 부담하는 계약}$)이 있다.[1]

이러한 중개계약의 법적 성질에 대하여 쌍방적 중개계약은 위임계약이라고 보는 것이 통설이다.[2] 그러나 일방적 중개계약의 법적 성질에 대하여는 이를 「위임계약」,[3] 「도급계약에 준하는 계약」,[4] 「도급에 유사한 독자적인 계약」,[5] 「도급계약에 유사한 특수한 계약」,[6] 「위임에 유사한 특수한 계약」,[7] 「상법이 인정하고 있는 독자적인 특수한 계약」[8]이라고 보는 견해 등으로 나뉘어 있다. 생각건대 위임계약이란 수임인(중개인)이 사무처리의 의무를 부담하는 계약이므로($\frac{민}{680조}$) 중개인이 이러한

---

1) 동지: 정(희), 187면(상법이 중개인의 권리의무로서 규정한 것들은 중개계약이 위임이라는 전제하에 그 특별규정을 둔 것이라고 본다면, 일방적 중개계약은 극히 드문 일이고 쌍방적 중개계약이 대부분일 것이므로 이론적 또는 개념적인 분류로서는 수긍이 가지만 그 구별의 실익은 없다고 한다).

중개인의 법적 지위로서 중개인이 당사자 쌍방과 중개계약을 체결한 「쌍방위탁중개인(쌍방적 위임)」과 당사자 일방과 중개계약을 체결하고 다른 당사자 일방과는 계약관계를 갖지 않는 「일방위탁중개인(일방적 위임)」으로 분류하는 견해가 있는데(채, 249~250면; 정(동), (총) 456면), 이러한 분류는 위에서 본 「쌍방적 중개계약」 및 「일방적 중개계약」과 일치하지 않는다고 본다. 왜냐하면 「일방적 중개계약」은 당사자 쌍방과 중개계약을 체결하지만 어느 일방과 체결한 중개계약이 편무계약일 때에도 성립하는데, 이것은 「쌍방위탁중개인」이 되기 때문이다.

또한 중개인은 특약이 없는 한 거래의 실정에서 볼 때 적극적인 중개의무를 지지 않는다고 보아 쌍방적 중개계약은 없다고 보는 견해도 있으나[이(철), 371면], 당사자간의 계약내용을 이와 같이 단정할 수는 없다고 본다.

또한 일방적 위탁의 경우에는 중개인이 위탁자에 대하여 적극적으로 중개활동을 할 의무를 부담하는데(쌍방적 중개계약), 쌍방적 위탁의 경우에는 중개인이 위탁자에 대하여 적극적으로 중개활동을 할 의무를 부담하지 않는다고(일방적 중개계약) 보는 견해도 있다[정(동), (총) 456~457면].

2) 그러나 이러한 통설에 대하여 정(동), (총) 458면은 「이를 위임계약이라고 보면 민법상 수임인이 무상이라는 점에서 문제가 있으므로, '고용 또는 도급에 유사한 특수한 계약'이다」라고 하나, 이를 위임계약이라고 하더라도 중개인은 상법 제61조에 의하여 보수청구권을 갖는 것이므로 아무런 문제가 없다고 본다.

3) 채, 249면; 이(철), 371면; 이(기) 외, (총) 381면.

4) 서·정, 190면; 이(병), 263면; 김(용-), 156면; 정(무), 204면; 이(원), 189면.

5) 손(주), 303면.

6) 임(홍), (상행위) 623면.

7) 정(동), (총) 458면.

8) 임중호, "중개계약의 법적 구조," 「현대상사법논집」(우계 강희갑박사 화갑기념), 2001, 8~10면.

의무를 부담하지 않는 일방적 중개계약은 위임계약으로 볼 수는 없고,「도급계약에 유사한 특수한 계약」으로 보아야 할 것이다. 그런데 당사자간의 특약이 없는 한 중개계약은 원칙적으로 쌍방적 중개계약으로 보아야 하고, 이러한 중개계약은 위임계약이 된다(통설).[1]

제 3 중개인의 의무

중개계약은 보통 쌍방적 중개계약이고 또한 위임계약이므로 중개인은 수임인으로서 선량한 관리자의 주의로써 위임사무(중개행위)를 처리할 의무를 부담한다($\binom{민}{681조}$). 이 의무의 내용은 구체적인 경우에 따라 개별적으로 계약에 의하여 결정될 것이지만, 적극적으로 위임사무를 처리할 의무뿐만 아니라 그 밖의 부수적인 의무도 부담한다.[2] 즉, 중개인은 수임인으로서 일반적으로 위임인의 위임에 관한 비밀을 준수할 의무를 부담하여 위임된 상행위의 성립을 방해하지 않는 등 위임자의 이익을 해하지 않고 행동하여야 할 의무를 부담하는데, 만일 위임사무의 처리가 있다고 인정할 수 없을 정도의 의무위반이 있는 경우에는 위임인은 수임인인 중개인의 보수의 지급을 거절할 수 있다고 본다.[3]

중개인은 위와 같은 일반적 의무를 부담하는 이외에, 상법에 의하여 다음과 같

---

1) 정(희), 187면; 서·정, 190면; 손(주), 303면; 채, 250면; 이(기) 외, (총) 380면 외.
   반대: 이(철), 371면; 주상(Ⅰ), 549면; 임중호, 전게논문(현대상사법논집), 4~8면(중개인은 당사자간의 특약이 없는 한 적극적인 중개의무가 없으므로 일방적 중개계약이라고 한다).
2) 동지: 대판 2015. 1. 29, 2012 다 74342(공보 2015, 290)(부동산중개업자와 중개의뢰인의 법률관계는 민법상 위임관계와 유사하므로 중개의뢰를 받은 중개업자는 선량한 관리자의 주의로 중개대상물의 권리관계 등을 조사·확인하여 중개의뢰인에게 설명할 의무가 있고, 이는 부동산중개업자나 중개보조원이 구 부동산중개업법〈2005. 7. 29. 법률 제7638호로 전부 개정되기 전의 것〉에서 정한 중개대상물의 범위 외의 물건이나 권리 또는 지위를 중개하는 경우에도 다르지 않다. 갑 등이 부동산중개업자 또는 중개보조원인 을 등의 중개로 아파트 건설을 추진하던 병 지역주택조합과 조합원 가입 계약을 체결하였는데, 조합 설립인가 지연 중 사업부지가 재정비촉진구역으로 지정되어 지역주택조합 방식으로는 아파트 건축이 불가능하게 되자 을 등을 상대로 손해배상을 구한 사안에서, 조합 가입을 중개한 시점에 조합 설립인가 또는 아파트 건설사업이 무산될 위험이 존재하였는지와 위험의 존재를 확인할 수 있었는지를 심리하여 을 등이 선량한 관리자의 주의로써 위와 같은 위험을 확인·조사하여 고지할 의무를 부담하는지와 그러한 의무를 위반하였는지를 판단하였어야 하는데도, 이를 심리하지 않은 채 갑 등이 이 사건 조합 가입계약 이전에 을 등의 설명 기타 사정을 통하여 이미 이 사건 조합이 관할 관청으로부터 그 설립에 필요한 인가를 받지 아니하였음을 충분히 알았거나 알 수 있었던 것으로 보임에도 불구하고 을 등이 조합 설립 여부와 정비구역 지정 여부 및 그에 따른 영향 등에 관한 사항을 정확하게 설명할 업무상의 일반적인 주의의무나 신의칙상 의무를 위반하였다고 본 원심판결에는 수임인의 선관의무에 관한 법리오해 등의 위법이 있다).
3) 동지: 정(희), 187면.

은 특수한 의무를 부담한다. 중개인은 이러한 특수한 의무를 중개인의 지위(중간자적 지위)의 특수성에서 중개를 의뢰한 당사자쌍방에 대하여만 부담한다.[1] 중개인은 제3자에 대하여 당사자로 나타나지도 않고 또 본인을 대리하여 계약을 체결하는 것도 아니므로, 중개인과 제3자간에는 원칙적으로 아무런 법률관계가 발생하지 않는다. 따라서 중개인은 제3자에 대하여는 아무런 의무를 부담하지 않는데, 이 점은 중개인이 위탁매매인 등과 구별되는 점이다.

1. 견품보관의무($^{상}_{95조}$)

(1) 중개인은 그 중개한 행위에 관하여 견품을 수령한 때에는 그 행위가 완료할 때까지 그것을 보관하여야 한다($^{상}_{95조}$). 이 때 「견품」이라 함은 견품매매($^{견품에 의하여 목}_{적물을 정하고,}$ $^{그 품질을 담}_{보하는 매매}$)에서 수령한 견품을 말하고, 이 경우 이것을 중개인에게 보관시키는 것은 당사자간의 분쟁을 방지하거나 또는 신속히 해결하기 위하여 그 증거를 보전하기 위한 것이다.

(2) 중개인의 견품보관의 종기인 '행위가 완료할 때까지'라는 것은 단순히 중개행위가 완료하거나 목적물이 이행된 때까지의 뜻이 아니라, 그 물건의 품질에 관하여 분쟁($^{매도인의}_{담보책임}$)이 발생하지 않을 것이 확실하게 된 때($^{계약의 해제,시}_{효기간의 만료}$)까지라는 뜻이다.[2] 보관의무가 종료한 후에는 특별한 약정이 없는 한 중개인은 견품을 그 소유자에게 반환하여야 한다.

(3) 중개인의 견품보관의무는 「법률상 당연한 의무」이므로 특약 또는 특별한 관습이 없는 한 그 보관에 대하여 보수를 청구할 수 없다.[3] 또한 보관의 정도는 「선량한 관리자의 주의로써」 하여야 한다. 중개인이 이 의무를 위반하였을 때에는 그로 인한 손해를 거래당사자에게 배상하여야 한다.

2. 결약서(結約書) 교부의무($^{상}_{96조}$)

1) 의   의   중개가 성공하여 당사자간에 계약이 성립한 때에는 중개인은 지체 없이 각 당사자의 성명 또는 상호·계약의 연월일 및 그 요령을 기재한 서면을 작성하여 기명날인 또는 서명한 후 이를 각 당사자에게 교부하여야 하는데($^{상}_{96}$ $^{조}_{1항}$), 이 서면을 결약서(Schlussnote)라고 한다. 이와 같이 중개인에게 결약서 교부의무를 부담시키는 것은 중개인이 중개한 사항에 대하여 계약이 성립한 사실 및 그 내

---

1) 동지: 정(희), 187~188면.
2) 동지: 정(희), 188면; 정(동), (총) 460면.
3) 동지: 정(희), 188면; 정(동), (총) 460면 외.

용을 명확히 하여 당사자간의 분쟁을 예방하고자 하는 취지에서이다(이 점은 건물보관의
무를 부담시키는 것
과 같은
취지이다).

2) 성   질   결약서의 성질은 그것이 당사자간의 계약이 성립한 후에 중개인이 작성하는 것이고(상 96조 1항
전단 참조), 또한 계약을 즉시 이행하는 경우에는 당사자의 기명날인 또는 서명을 요하는 것도 아니므로(상 96조 2항
전단 참조), 계약의 성립요건도 아니요 계약서도 아니며 단순한 증거증권에 불과하다.

3) 기재사항   결약서의 기재사항은 (i) 각 당사자의 성명 또는 상호(당사자
가 상대
방에게 알리지 않도록 중개
인에게 명한 경우를 제외함), (ii) 계약의 연월일, (iii) 계약요령, 및 (iv) 중개인의 기명날인 또는 서명이다(상 96
조 1항). 이 중에서 「계약요령」이란 계약내용의 요점으로, 목적물의 명칭·수량·품질·이행의 방법·시기·장소 등이다.[1] 결약서의 기재형식에 관하여는 제한이 없다. 만일 중개인의 이러한 기재에 오류가 있고, 이로 인하여 당사자가 손해를 입은 경우에는, 중개인은 이를 배상하여야 한다.

4) 교부시기   중개인은 당사자간에 성립한 계약이 (i) 즉시 이행할 것인 때에는 「지체 없이」 결약서를 작성하여 이것을 각 당사자에게 교부하여야 하고(상 96
조
1항), (ii) 당사자가 즉시 이행함을 요하지 않는 경우에는(기한부 또는 정지
조건부의 계약 등) 결약서를 작성하여 이에 「각 당사자로 하여금 기명날인 또는 서명시킨 후」 이것을 상대방에게 교부하여야 한다(상 96
조 2항). 어느 경우에나 만일 당사자의 일방이 결약서를 수령하지 않거나 이것에 기명날인 또는 서명하지 않을 때에는, 상대방에 대하여 지체 없이 그 통지를 발송하여야 한다(상 96
조 3항). 이 통지는 발송만 하면 되는데(발신주의), 이 통지의무를 게을리하면 중개인은 손해배상책임을 부담한다.

3. 장부작성 및 등본교부의무(상
97조)

(1) 중개인은 장부를 비치하여 이것에 결약서의 기재사항(당사자의 성명 또는 상호,
계약의 연월일 및 그 요령)을 기재하여야 한다(상 97
조 1항). 또 당사자는 언제든지 중개인이 자기를 위하여 중개한 행위에 관하여 그 장부의 등본의 교부를 청구할 수 있다(상 97
조 2항).

(2) 이러한 장부는 중개인의 「일기장」이라고 불리지만, 상법상의 상업장부로서의 「회계장부」(상
29조)는 아니다. 왜냐하면 전자는 「타인간의 거래」에 관한 증거를 보존하기 위하여 작성할 의무가 있는 것이지만, 후자는 「자신의 거래」에 관한 회계를 명백히 하기 위하여 작성할 의무가 있는 것이기 때문이다. 그러나 중개인의 장부에 수수료 기타 영업회계에 관한 기재를 하면, 중개인 자신의 영업회계에 관한 장부로

---

1) 동지: 정(희), 188면.

서 동시에 상업장부가 된다.[1] 이러한 중개인 일기장에 대하여는 상업장부의 규정을 유추적용하여야 할 것이다.[2] 중개인의 이러한 장부는 과세, 기타 행정의 참고자료가 된다.

(3) 이러한 중개인의 장부의 보존기간에 관하여는 상법상 명문규정이 없으나, 상업장부와 같이 장부를 「폐쇄한 날로부터 10년간」으로 보아야 할 것이다[3]($\binom{상\ 33조}{유추적용}$).

4. 성명 · 상호묵비의무($\binom{상}{98조}$)

(1) 당사자가 그 성명 또는 상호를 상대방에게 표시하지 않도록 요구한 경우에는,[4] 중개인은 결약서 및 장부의 등본에 그 성명 또는 상호를 기재하지 못한다($\binom{상}{98조}$). 그러나 중개인 일기장 그 자체에는 그 성명 또는 상호를 기재하여야 한다.[5] 이와 같이 중개인에게 성명 · 상호의 묵비의무를 인정한 것은 당사자로서는 자기의 성명 또는 상호를 상대방에게 알리지 않는 것이($\binom{특히\ 경쟁관계}{에\ 있는\ 경우}$) 거래에 유리한 경우가 종종 있기 때문이고, 또한 상거래는 개성이 중시되지 않기 때문이다.

(2) 이러한 묵비의무는 중개를 위탁한 자뿐만 아니라, 그 상대방이 요구한 경우에도 발생한다.[6]

5. 개입(介入)의무(이행담보책임)($\binom{상}{99조}$)

(1) 중개인이 임의로 또는 당사자의 요구에 의하여 당사자의 일방의 성명 또는 상호를 그 상대방에게 알리지 않은 경우에는, 중개인은 그 상대방에게 스스로 이행할 책임을 진다[7]($\binom{상}{99조}$). 중개인은 중개행위를 하는 데 그치고 스스로 그 계약의 당사자가 되는 것이 아니지만, 이 때에는 그 상대방의 신뢰를 보호할 필요가 있으므로 위탁자의 성명을 숨기고 중개한 결과에 대하여 개입의무(이행책임)를 인정한 것이다.[8] 중개인의 이러한 개입의무는 상대방의 신뢰를 보호하기 위하여 법률상 인정된

---

1) 동지: 정(희), 189면; 정(동), (총) 463면; 이(철), 374면; 채, 252면; 주상(Ⅰ), 551면; 최(기), 321면; 이(기) 외, (총) 385면.
   반대: 손(주), 305면 및 주 4(중개인일기장과 상업장부는 그 성격이 같지 않다는 이유로 중개인 일기장의 상업장부의 성격을 부인함).
2) 동지: 정(희), 189면.
3) 동지: 정(희), 189면; 정(동), (총) 464면.
4) 獨商 제95조는 일시적 성명묵비의 경우에 한하여 규정하고 있다.
5) 동지: 정(동), (총) 465면; 임(홍), (상행위) 688면.
6) 동지: 손(주), 306면; 임(홍), (상행위) 688면; 주상(Ⅰ), 551면.
7) 동지: 대판 1972. 8. 22, 72 다 1071 · 1072(민판집 178, 125).
8) 동지: 정(희), 190면; 정(동), (총) 465면.

특별한 「(이행)담보책임」이라고 볼 수 있다.[1]

(2) 중개인의 이러한 개입의무는 「위탁매매인의 개입권」($\substack{상\\107조}$)과 비슷하지만, 중개인은 계약의 당사자가 되는 것이 아니고 또한 상대방의 청구가 없는 한 적극적으로 자신이 스스로 이행하고 상대방의 이행을 청구할 권리는 없는 점이 다르다. 또한 중개인의 이러한 개입의무는 「위탁매매인의 이행담보책임」($\substack{상\\105조}$)과도 비슷하지만, 위탁매매인의 상대방은 위탁자에 대하여 법률상 아무런 채무를 부담하지 않으나 ($\substack{\text{이 점에서 위탁매매인의 이행담보책임은 법률상}\\\text{주채무의 존재를 전제로 하는 보증채무와 구별됨}}$) 중개인의 묵비된 당사자는 상대방에 대하여 법률상 계약당사자로서의 채무를 부담하는 점($\substack{\text{이 점에서 중개인의 이행담보책임은 주채무}\\\text{의 존재를 전제로 하는 보증채무와 유사함}}$)과 구별된다.

(3) 이행을 한 중개인은 물론 묵비된 당사자($\substack{\text{그가 묵비를 요구한 경우이든, 상}\\\text{대방이 묵비를 요구한 경우이든}}$)에게 구상할 수 있다($\substack{민 481\\조 참조}$).

(4) 중개인이 당사자의 일방의 성명·상호를 묵비한 채 계약이 성립한 후 중개인이 그 상대방에 대하여 묵비된 당사자의 성명·상호를 공개하여도, 일단 발생한 중개인의 개입의무는 소멸되지 않는다.[2]

제 4 중개인의 권리

1. 보수청구권($\substack{상 61조,\\100조}$)

(1) 발생요건

중개인은 상인이므로 특약이 없는 경우에도 중개에 대한 보수, 즉 중개료($\substack{\text{courtage;}\\\text{Provision}}$)를 청구할 수 있다($\substack{상\\61조}$). 그러나 중개인의 보수청구권의 발생을 위하여는 다음의 요건이 필요하다.[3]

1) 중개에 의하여 당사자간에 계약이 성립하여야 한다. 계약이 성립한 이상 이행의 유무를 불문하고,[4] 계약이 성립하지 않는 한 중개인의 노력이 아무리 크더라

---

1) 동지: 손(주), 306면; 정(동), (총) 465면; 이(기) 외, (총) 386면.
2) 동지: 손(주), 307면; 정(동), (총) 466면; 이(철), 375면; 임(홍), (상행위) 691면; 최(기), 323면; 이(기) 외, (총) 386면.
3) 동지: 정(희), 190~191면.
　　그러나 정(동), (총) 467~468면은 결약서의 작성교부절차가 완료되어야 하는 것은 보수청구권의 발생요건이 아니라, 보수청구의 시기에 관한 것으로 본다. 그 대신 「중개계약에서 예정한 것과 본질적으로 동일성이 있는 계약이 중개로 인하여 성립할 것」을 보수청구권의 발생요건의 하나로 들고 있다. 그러나 이것은 「중개에 의하여 당사자간에 계약이 성립하여야 한다」는 요건에 포함된다고 본다.
4) 그러나 민사중개인의 경우 계약의 이행을 조건으로 중개료를 지급하기로 특약하거나 그러한 관

도 중개인은 보수를 청구할 수 없다.[1]

2) 중개행위와 계약성립간에는 상당인과관계가 있어야 한다. 즉, 당사자간에 성립한 계약은 당사자가 그 중개를 중개인에게 위임한 것이고, 또 그것이 중개인의 중개에 의하여 성립한 것이어야 한다.

3) 결약서의 작성교부절차가 완료되어야 한다($\substack{상 100 \\ 조 1항}$). 상법이 계약의 성립만으로는 만족하지 않고 이러한 절차의 종료를 요건으로 한 것은, 중개인으로 하여금 신중하게 중개를 시키기 위함이다.

(2) 비   율

중개인의 보수청구권의 발생요건이 갖추어진 때에 중개인이 당사자 쌍방으로부터 중개의 위탁을 받았으면(쌍방위탁중개인) 중개인은 특약 또는 관습이 없는 한 보수(중개료)를 균분하여 당사자 쌍방에게 그 지급을 청구할 수 있다[2]($\substack{상 100 \\ 조 2항}$). 이와 같이 중개인은 보수를 균분하여 청구할 권리만이 있으므로, 당사자의 일방이 그 채무를 이행하지 않더라도 다른 당사자에게 그 부분의 지급까지 청구할 수는 없다.[3] 중

습이 있는 경우가 많다.

1) 동지: 대판 1956. 4. 12, 4289 민상 81(카드 7420)(매매중개료청구권은 매매가 중개인의 손을 거쳐 성립되었음을 조건으로 하여 발생하므로, 매매가 성립되지 아니한 이상 중개인이 중개의 노력을 하였더라도 그 노력의 비율에 상당한 보수를 청구하지 못한다).

2) 민사중개인의 경우는 상법에 규정은 없으나 상사중개인과 같이 (당연)상인이므로(상 4조, 46조 11호), 민사중개인의 중개료청구권에 관하여도 상법 제100조가 유추적용될 수 있을 것으로 본다[동지: 손(주), 308면; 정(동), (총) 469면; 임(홍), (상행위) 667면]. 다만 민사중개인 중 부동산소개업자의 중개료는 공인중개사법(2014. 5. 21, 법 12635호)과 서울특별시·광역시 또는 도의 「부동산중개수수료 및 실비의 기준과 한도 등에 관한 조례」에 의하여 규제되는데, 이러한 규정들은 강행법규로서 이러한 규정에 위반하여 한도를 초과하는 부동산중개수수료 약정은 그 한도를 초과하는 범위 내에서 무효이다[대판 2007. 12. 20, 2005 다 32159(전원합의체판결)(공보 2008, 99)]. 동지: 대판 2021. 7. 27, 2017 다 243723(공보 2021, 1598)(공인중개사법 제32조 제1항 본문은 "개업 공인중개사는 중개업무에 관하여 중개의뢰인으로부터 소정의 보수를 받는다."라고 정하고 있고, 제32조 제4항과 같은 법 시행규칙 제20조 제1항, 제4항은 중개대상물별로 공인중개사가 중개업무에 관하여 중개의뢰인으로부터 받을 수 있는 보수의 한도를 정하고 있다. 부동산중개보수 제한에 관한 위 규정들은 중개보수 약정 중 소정의 한도를 초과하는 부분에 대한 사법상의 효력을 제한하는 이른바 강행법규에 해당한다. 따라서 공인중개사법 등 관련 법령에서 정한 한도를 초과하는 부동산 중개보수 약정은 한도를 초과하는 범위 내에서 무효이다. 공인중개사가 중개대상물에 대한 계약이 완료되지 않을 경우에도 중개행위에 상응하는 보수를 지급하기로 약정할 수 있다. 이 경우 당사자의 약정에서 보수액을 산정하는 구체적인 기준을 정하지 않았으면 중개의뢰 경위, 중개사건처리 경과와 난이도, 중개에 들인 기간과 노력의 정도, 의뢰인이 중개로 얻는 구체적 이익, 중개대상물의 가액, 그 밖에 변론에 나타난 여러 사정을 고려하여 보수를 정해야 하고, 약정에서 특정 보수액이 정해졌다면 신의성실의 원칙, 형평의 원칙 등을 고려하여 합리적이라고 인정되는 범위 내의 보수만을 청구할 수 있다. 이러한 보수는 계약이 완료되었을 경우에 적용되었을 부동산 중개보수 제한에 관한 공인중개사법 제32조 제4항과 같은 법 시행규칙 제20조 제1항, 제4항에 따른 한도를 초과할 수는 없다고 보아야 한다).

3) 동지: 정(희), 191면; 손(주), 308면; 정(동), (총) 468면; 이(기) 외, (총) 388면.

개료의 액은 특약 또는 관습에 의하여 거래가액에 대한 백분율로써 정하는 것이 보통이다.[1]

2. 비용상환청구권의 부존재

중개인은 중개를 함에 있어 아무리 비용$\binom{\text{예컨대, 신문광}}{\text{고료·교통비 등}}$을 많이 지출하더라도 특약 또는 관습이 없는 한 그 상환을 청구할 수 없다. 왜냐하면 비용은 보통 중개인의 보수 중에 포함되기 때문이다. 계약이 성립하지 아니하여 보수청구권이 발생하지 않는 경우에, 중개인은 당사자의 특별한 지시에 의한 것이 아닌 한 중개계약의 성질상 이러한 비용의 상환청구를 할 수 없다.

3. 급여수령권의 부존재$\binom{\text{상}}{94\text{조}}$

중개인은 중개만을 할 뿐 스스로 행위의 당사자가 되는 것이 아니고 또 당사자의 대리인도 아니므로, 다른 약정 또는 관습이 있는 경우를 제외하고 당사자를 위하여 지급 기타의 급여를 받을 권한이 없다$\binom{\text{상}}{94\text{조}}$.

당사자의 일방이 그 성명·상호의 묵비를 요구한 때에는 그 당사자는 중개인에게 급여수령권을 묵시적으로 부여하는 의사표시를 한 것으로 볼 수 있다.[2]

---

1) 동지: 정(희), 191면.
　　대판 1976. 6. 8, 76 다 766(집 24 ② 민 122)은 부동산매매 소개료에 관하여 「부동산매매 소개료의 약정이 없는 경우에 그 소개료액을 정함에 있어 반드시 감정에 의할 것이 아니고 법원이 당시의 제반사정을 참작하여 상당한 액을 정할 수 있다」고 하였고, 대판 1964. 6. 30, 64 다 268(카드 8084)은 「부동산소개업자가 부동산교환거래를 중개한 경우에 그 소개료 산정의 기준이 될 거래액은 양 부동산의 차액이 아니고 그 부동산의 가액이라고 봄이 상당하다」고 한 것들은 중개인의 중개료의 산정에도 참고가 될 것이다.
　　또한 대판 1985. 10. 8, 85 누 542(공보 765, 1501)는 「선박을 매매함에 있어 그 대금을 연불조건으로 지급하기로 약정하는 경우의 중개수수료는 연불(年佛)에 따른 이자를 제외한 선박대금액을 기준으로 산정하여 지급하는 것이 일반거래의 관행이다」고 하고, 대판 2002. 9. 4, 2000 다 54406·54413(공보 2002, 2308)은 「부동산중개업법 및 동 시행규칙(건설부령)이 정하는 범위 내에서 특별시·광역시 또는 도의 조례로 정한 상한을 초과하는 부동산중개수수료의 약정은 강행법규 위반으로 무효이다」고 판시하고 있다.
2) 동지: 손(주), 308면; 정(동), (총) 469면; 임(홍), (상행위) 667면; 채, 253면; 이(기) 외, (총) 389면.

제 3 절   위탁매매업

제 1 총   설

(1) 기업이 그 활동지역을 확대하기 위하여는 우선 지점을 설치하거나 대리상을 이용하는 방법이 있다. 그러나 지점은 경비가 많이 들어 거래가 매우 빈번한 경우에만 이를 설치할 수 있을 뿐이다. 또한 기업이 대리상을 이용하면 대리권이 남용될 위험이 있을 뿐만 아니라, 거래의 상대방도 그 본인의 신용상태·대리상의 대리권의 유무 및 그 범위 등을 조사할 필요가 있어 거래의 신속을 기할 수 없다. 그런데 기업이 위탁매매인을 이용하면 지점 설치에서와 같은 다액의 비용을 지출할 필요가 없고, 또한 그 거래는 위탁매매인과 상대방 사이에서 이루어지므로 상대방은 본인의 신용 또는 그 위탁매매인의 대리권을 일일이 조사할 필요가 없으므로 대리상을 이용할 때에 발생하는 대리권의 남용이나 거래의 지체의 문제가 발생하지 않는다.

또한 기업이 위탁매매인을 이용하면 기업은 위탁매매인의 신용과 영업상의 기술을 이용하는 이점이 있는 동시에, 자기를 상대방과 거래계에 알리지 않음으로써 자기를 노출시킨 경우에 생길지도 모를 가격의 변동을 피할 수 있고, 또한 상대방과의 거래가 성립한 후에 상대방의 신용상태가 악화된 경우에도 위탁매매인이 자기의 권리로써 임기응변의 조처를 취할 수 있는 점 등이 있어, 위탁매매인이 기업거래에서 갖는 경제적 효용은 매우 크다. 따라서 오늘날 국제거래의 현저한 발전과 더불어 위탁매매업의 효용이 일층 높아지고, 위탁매매업은 '근대상업의 중핵'[1]이라고까지 불리게 되었다.[2] 그러나 오늘날 운송수단 및 통신수단의 발달로 인하여 일반상품거래에서는 위탁매매인의 이용이 줄어들고 있으나, 유가증권 및 기타의 특수상품의 매매에서는 여전히 위탁매매인이 중요한 역할을 담당하고 있다.[3]

(2) 위탁매매인은 형식적으로 보면 상대방과 직접 거래를 하나, 실질적으로 보면 본인을 대리하여 거래를 하는 것이므로 대리상(특히 체약대리상)의 역할을 담당하고, 또한 실질적으로는 공급자와 수요자를 간접적으로 연결시켜 주므로 중개인의 역할도 담당한다.[4]

---

1) Grünhut, *in Endemans* Ⅲ, S. 162.
2) 정(희), 192면; 정(동), (총) 470~471면.
3) 동지: 정(동), (총) 471면; 최(기), 325면; 이(철), 378면; 이(기) 외, (총) 391면.
4) 동지: 이(철), 377면; 이(기) 외, (총) 390면.

(3) 물건매매의 위탁의 인수를 주업으로 하던 위탁매매인이 위탁물을 운송인에게 부탁하여 위탁자 또는 상대방에게 송부하게 되는 데에서 운송의 주선을 하는 업무가 분화하여 발생하였는데 이것이 운송주선업이고, 또 물건 또는 유가증권의 매매 이외의 행위(출판·광고·임대차·보험계약 등)의 위탁의 인수를 영업으로 하는 업무가 발생하였는데 이것이 준위탁매매업이다. 따라서 오늘날 이러한 3자를 합하여 주선업이라고 하고, 상법은 이러한 주선업에 대하여 규정하고 있다.

제 2 위탁매매인의 의의

위탁매매인(영: commission agent or commission merchant; 미: factor or commissionnaire; 독: Kommissionär)이라 함은 「자기의 명의로 타인의 계산으로 물건 또는 유가증권의 매매를 영업으로 하는 자」이다(상101조). 이를 분설하면 아래와 같다.

1) 「자기명의」(법률적 형식)라는 의미는 위탁매매인 자신이 제3자에 대한 관계에서 법률상 권리의무의 주체가 된다는 의미이다. 즉, 위탁매매인 자신이 매매계약의 당사자가 된다는 의미이다. 따라서 이 점에서 위탁매매인은 그 법률적 형식에서 당사자간에 계약이 성립하도록 중개하는 데 불과하고 전혀 계약의 당사자로 나타나지 않는 「중개인」 또는 「중개대리상」과 구별된다. 그러나 위탁매매인은 실질적으로는 위탁자를 위하여 매매의 중개를 하는 기능을 수행한다. 또한 위탁매매인은 자기명의로 제3자와 거래하는 점에서, 본인명의로 제3자와 거래하는 「체약대리상」 또는 기타의 「본인의 대리인」과도 구별된다.

2) 「타인의 계산」(경제적 효과)으로 매매를 하는 자이다. 「타인의 계산」으로 한다는 의미는 그 거래에서 발생하는 손익이 모두 타인에게 귀속된다는 의미이다(그러나 특약으로써 그 손익의 일부를 위탁매매인에게 귀속시키는 것은 무방하다). 이 점에서 위탁매매인은 법률상 제3자에 대하여 계약의 당사자로 나타나지만, 실질상 경제적 효과는 모두 위탁자인 타인에게 귀속되므로 그 실질은 대리와 유사하다. 따라서 위탁매매인의 행위를 간접대리라고 부르나, 이것은 법률상의 대리가 아니고 경제상의 대리에 불과하다.

3) 「물건 또는 유가증권의 매매」(주선행위의 목적)를 하는 자이다.

(가) 위탁매매인은 주선행위의 목적이 이와 같이 「물건 또는 유가증권의 매매」인 점에서, 다른 주선인과 구별된다. 즉, 운송주선인의 주선행위의 목적은 「물건운송」이고(상114조), 준위탁매매인의 주선행위의 목적은 「매매 아닌 행위」이다(상113조).

(나) 이 때의 「물건」에 부동산을 포함하는가에 대하여 이를 부정하는 견해[1](소수설)도 있으나, 이를 제외하여야 할 법률상 근거는 없으므로 긍정하는 견해[2](다수설)가 타당하다고 본다.[3]

(다) 「유가증권」($^{특히\ 상장}_{유가증권}$)은 한국거래소 등이 개설한 증권시장에서 주로 매매되는데, 이 시장에서 매매할 수 있는 자는 금융투자업자(거래소의 회원)에 한정되어 있으므로($^{자금}_{388조}$) 금융투자업자가 유가증권의 위탁매매인이 된다.[4]

(라) 위탁매매인이 하는 물건 또는 유가증권의 매매는 위탁매매인이 「영업을 위하여」 하는 행위이므로 보조적 상행위($^{상}_{47조}$)가 된다.

4) 「주선행위의 인수」를 영업으로 하는 자이다.

(가) 상법은 다만 「물건 또는 유가증권의 매매를 영업으로 하는 자」라고 표현하고 있으나, 위탁매매인이 상인자격을 취득하는 것은 「주선행위의 인수」를 영업으로 하기 때문이고($^{상\ 46}_{조\ 12호}$), 위탁매매인이 하는 매매행위는 위탁업무의 이행행위로서 위탁매매인이 「영업을 위하여」 하는 행위(보조적 상행위)이지 「영업으로」 하는 행위(영업적 상행위)가 아니다(통설).[5]

(나) 위탁매매인과 위탁자와의 관계, 즉 주선계약은 「위임」이다. 따라서 이 양자간에는 위임에 관한 규정이 적용된다[6]($^{상}_{112조}$).

(다) 위탁매매인은 「주선행위의 인수」를 영업으로 하는 외에, 다른 영업($^{예컨대,}_{매매업}$)

---

1) 최(기), 328면; 이(철), 379~380면; 이(기) 외, (총) 392면.

2) 서·정, 197면; 손(주), 310면; 정(동), (총) 473면(그러나 입법론상 검토의 여지가 있다고 한다); 채, 257면; 임(홍), (상행위) 707면 외.

3) 獨商 제383조는 「상품 또는 유가증권」(Waren oder Wertpapier)이라고 하였고, 瑞(스위스)債 제425조 1항에는 「동산 또는 유가증권」(bewegliche Sachen oder Wertpapier)이라고 규정하고 있는데, 이러한 점은 입법론상 참고가 될 수 있을 것이다.

4) 동지: 대판 1980. 5. 27, 80 다 418(공보 636, 12875); 동 1980. 12. 23, 79 다 1480(민판집 276, 451).

5) 이러한 통설에 대하여 의문을 제기하면서 「위탁매매인은 위탁의 인수와 매매 양자의 어느 것이든 상인자격취득의 원인이 될 수 있다」고 보는 견해가 있다(채, 259면).

6) 따라서 증권매매거래의 위임계약(주선계약)의 성립시기에 대하여 우리 대법원은 「위탁금이나 위탁증권을 받을 직무상 권한이 있는 직원이 증권매매거래를 위탁한다는 의사로 이를 위탁하는 고객으로부터 금원이나 주식을 수령하면 곧바로 위임계약이 성립한다고 할 것이고, 그 이후에 그 직원의 금원수납에 관한 처리는 위 계약의 성립에 영향이 없다」고 판결하고 있으나[대판 1994. 4. 29, 94 다 2688(공보 970, 1622); 동 1997. 2. 14, 95 다 19140(공보 1997, 736)], 위임계약은 낙성계약이므로 증권회사(금융투자업자)가 금원이나 증권을 수령하지 않아도 당사자간에 이에 관한 의사의 합치만 있으면 위임계약이 성립한다고 본다.

위탁매매계약은 위임계약이므로 위임의 종료사유로 종료되나, 위탁매매인의 영업점포의 상호변경이나 영업장소의 변경으로 당연히 해지된다고 볼 수 없고, 또한 위탁매매인이 영업장소를 이전한 점포에 위탁판매물건의 전시시설이 있는지의 유무에 따라 동 계약의 해지 여부에 관한 판단이 달라진다고 볼 수 없다(대판 1995. 12. 22, 95 다 16660).

을 겸할 수 있다.

㈜ 위탁자는 상인임을 요하지 않는다.[1] 이 점에서 위탁매매인은 「대리상」 또는 「(상사)중개인」과 구별되고 있다.

제 3 위탁매매계약의 법률관계

1. 외부관계

(1) 위탁매매인과 제3자(상대방)와의 관계($\substack{상\\102조}$)

위탁매매인은 타인(위탁자)의 계산으로 한 매매로 인하여 상대방에 대하여 직접 권리를 취득하고 의무를 부담한다($\substack{상\\102조}$). 이것은 위탁매매인이 자기의 명의로 매매를 하는 당연한 결과인데, 상법이 다시 명문으로 규정한 것이다. 따라서 위탁매매인과 제3자($\substack{위탁관계에서 본 제3자,\\즉 매도 또는 매수의 상대방}$)와의 관계는 보통 매매에 있어서의 매도인과 매수인과의 관계와 같고, 제3자측에서 위탁매매인이 하는 매매가 위탁자의 계산으로 한 것임을 알고 있는지 여부는 매매의 효력에 영향을 미치지 않는다. 따라서 이 매매계약의 성립과 효력에 영향을 미칠 사유($\substack{착오, 사기의 존부,\\항변, 상계의 주장 등}$)는 모두 위탁매매인과 상대방과의 사이에 존재하는 사유만을 기준으로 하여 결정한다.

(2) 위탁자와 제3자(상대방)와의 관계

1) 위탁자와 제3자와의 사이에는 아무런 직접적인 법률관계가 생기지 않는다. 따라서 위탁자는 제3자에 대하여 위탁매매계약에 따른 채무의 이행청구나 손해배상청구를 할 수 없다. 또한 위탁자는 위탁매매인과의 사이의 법률행위의 하자를 이유로 하여 위탁매매인과 제3자 사이의 매매행위의 효력을 다툴 수 없다. 또 위탁매매인이나 제3자는 그들 사이에 다른 거래에 의하여 갖게 된 채권을 가지고 상계를 할 수 있으나, 위탁자가 가지는 채권·채무를 상계의 목적으로 사용할 수 없다.

2) 제3자의 채무불이행 등이 있는 경우에 위탁자는 채권자대위권($\substack{민\\404조}$)을 행사하거나, 위탁매매인에 대하여 이행담보책임($\substack{상\\105조}$)을 물을 수 있다.

(3) 위탁자와 위탁매매인의 채권자와의 관계(위탁물의 귀속관계)($\substack{상\\103조}$)

1) 「위탁매매인의 채권자」라 함은 위탁매매로 인하여 채권자가 된 제3자를 포함하여 널리 위탁매매인의 일반적인 채권자를 말하는데, 이러한 위탁매매인의 채권자와 위탁자 사이에는 원칙적으로 아무런 법률관계가 없다.

---

1) 동지: 정(희), 194면; 손(주), 310면; 정(동), (총) 473면; 이(철), 380면; 채, 258면; 주상(Ⅰ), 554면.

2) 그러나 상법은 위탁물의 귀속에 관하여 하나의 예외규정을 두고 있다. 즉, 상법 제103조는 「위탁매매인이 위탁자로부터 받은 물건 또는 유가증권이나, 위탁매매로 인하여 취득한 물건·유가증권 또는 채권은 위탁자와 위탁매매인의 채권자간의 관계에서는 이를 위탁자의 소유 또는 채권(債權)으로 본다」고 규정하고 있다. 상법이 이와 같은 규정을 두게 된 이유는 실질적(경제적)으로 위탁자에게 귀속하면서 형식적(법률적)으로는 위탁매매인에게 귀속하는 소유권 또는 채권을 위탁매매인의 채권자와의 관계에서는 실질관계를 중시하여 위탁자에게 귀속하는 것으로 의제하여 위탁자를 보호하고자 하기 위함이다. 따라서 이러한 규정으로 인하여 다음과 같은 효력이 발생한다.

(가) 첫째는 위탁매매인이 위탁매매로 인하여 취득한 물건·유가증권 또는 채권은 (위탁자와 위탁매매인의 채권자 사이에서는) 위탁매매인의 이전행위 없이도 당연히 위탁자에게 귀속되는 것으로 간주된다.[1] 따라서 위탁매매인이 위탁매매로 취득한 채권을 자신의 채무를 담보하기 위하여 제3자(자신의 채권자)에게 양도한 경우 위탁자에게 효력이 없다.[2]

(나) 둘째는 위탁매매인의 채권자가 위의 물건·유가증권 또는 채권에 대하여 강제집행을 한 경우에는 위탁자는 그 채권자를 상대로 이의(異議)의 소를 제기할 수 있고($\frac{민집}{48조}$), 위탁매매인이 파산한 경우에는 위탁자는 위의 목적물에 대하여 환취권을 행사할 수 있다($\frac{파}{407조}$).

2. 내부관계(위탁매매인과 위탁자와의 관계)

(1) 위탁매매인의 의무

위탁매매인과 위탁자와의 주선계약은 위임계약이므로 위탁매매인은 수임인으

---

1) 동지: 대판 1982. 2. 23, 81 도 2619(공보 679, 398)(위탁매매에 있어서 위탁물의 소유권은 위탁자에게 속하고 그 판매대금은 특별한 사정이 없는 한 이를 수령함과 동시에 위탁자에게 귀속되므로, 위탁매매인이 이를 사용 또는 소비한 때에는 횡령죄가 성립한다).
2) 동지: 대판 2011. 7. 14, 2011 다 31645(공보 2011, 1627)(위탁매매인이 그가 제3자에 대하여 부담하는 채무를 담보하기 위하여 그 채권자에게 위탁매매로 취득한 채권을 양도한 경우에 위탁매매인은 위탁자에 대한 관계에서는 위탁자에 속하는 채권을 무권리자로서 양도한 것이고, 따라서 그 채권양도는 무권리자의 처분 일반에서와 마찬가지로 양수인이 그 채권을 선의취득하였다는 등의 특별한 사정이 없는 한 위탁자에 대하여 효력이 없다. 이는 채권양수인이 양도의 목적이 된 채권의 귀속 등에 대하여 선의였다거나 그 진정한 귀속을 알지 못하였다는 점에 관하여 과실이 없다는 것만으로 달라지지 아니한다. 따라서 갑 주식회사가 국내에서 독점적으로 판권을 보유하고 있는 영화에 관하여 갑 회사와 국내배급대행계약을 체결한 을 주식회사가 배급대행계약의 이행으로 극장운영자인 병 주식회사와 영화상영계약을 체결하고 그 계약에 따라 병 회사에 대하여 가지게 된 부금채권을 자신의 채권자인 정에게 채권 담보를 위해 양도한 사안에서, 채권양도가 준위탁매매계약상 위탁자의 지위에 있는 갑 회사에 효력이 없다고 본 원심판단은 정당하다).

로서 위탁자를 위하여 선량한 관리자의 주의로써 그 위임사무를 처리하여야 할 일반적인 의무를 부담한다[1]($\stackrel{민}{681조}$). 따라서 위탁매매인은 자기의 이익을 위하여 위탁자의 이익을 희생시키는 행위를 할 수 없을 뿐만 아니라, 스스로 위탁사무를 처리하여야 하고 타인에게 다시 위임시킬 수도 없다. 상법은 위탁매매인에게 이러한 일반적 의무 이외에 다음과 같은 특별한 의무를 부과하고 있다.

1) 통지의무 · 계산서 제출의무($\stackrel{상}{104조}$)　　위탁매매인이 위탁자를 위하여 물건의 매도 또는 매수를 한 경우에는 지체 없이 위탁자에 대하여 계약의 요령과 상대방의 주소 · 성명의 통지를 발송하여야 하고, 또 계산서를 제출하여야 한다($\stackrel{상}{104조}$). 상법이 이러한 특칙을 두게 된 이유는 위탁자가 이러한 점을 알아야 그 후에 다시 적절한 지시를 할 수도 있고, 또 다른 계획을 세울 수도 있기 때문이다.[2]

민법상 수임인은 위임인의 청구가 있거나 위임이 종료한 때에만 보고의무를 부담하는데($\stackrel{민}{683조}$), 상법 제104조는 이에 대한 특칙이다.

2) 지정가액 준수의무($\stackrel{상}{106조}$)　　위탁자는 매매가액을 위탁매매인에게 일임하는 경우도 있으나, 최고가액 또는 최저가액을 지정하는 경우가 많다. 이와 같이 위탁자가 매도 또는 매수의 가액을 지정한 경우에는 위탁매매인은 이것을 준수할 의무가 있다. 따라서 만일 위탁매매인이 지정가액을 준수하지 않고 그보다 싸게 팔거나 비싸게 샀을 경우에는 위탁자는 그 매매의 결과를 인수하지 않아도 무방하다. 그러나 이에 대하여 상법은 다음과 같은 특칙을 두고 있다.

㈎ 차액부담부 염가매도 또는 고가매수의 효력

① 위탁자의 의사가 매매의 결과를 얻는 데 목적이 있고 매수인 또는 매도인이 누구인가에 대하여는 관심이 없는 경우에는, 위탁매매인이 스스로 그 차액을 부담하면 그 매도 또는 매수는 위탁자에 대하여 효력이 있다($\stackrel{상\ 106}{조\ 1항}$). 이로 인하여 위탁매매인은 불필요한 거래의 경제적 효과를 떠맡지 않아도 되고, 또한 차액을 부담하는 대신 자기의 보수에 대한 경제적 이익을 확보할 수 있는 것이다.

② 이와 같이 위탁매매인이 차액을 부담하여 그 매매가 위탁자에 대하여 효력을 발생하기 위하여는 당사자간에 이에 관한 반대의 특약이 없어야 한다($\stackrel{상법\ 106조}{는\ 임의규정}$). 따라서 위탁자가 상품의 가격을 통일하기 위하여 위탁매매인에게 절대적인 지정가

---

1) 대판 1991. 5. 24, 90 다 14416(공보 900, 1725)(증권회사가 위탁받은 주식에 관한 이익배당금의 수령이나 무상증자에 의한 주식의 인수를 이행하지 아니하였다면, 증권회사는 위탁자에게 채무불이행으로 인한 손해배상책임을 부담한다); 동 1995. 12. 22, 95 다 16660(공보 1996, 493)(위탁판매계약이 수탁판매인의 영업점포의 상호변경이나 영업장소의 변경으로 당연히 해지된다고 볼 수 없다).
2) 동지: 정(희), 196면; 정(동), (총) 479면.

격을 부여한 경우에는, 당사자간에 묵시적인 반대의 특약이 있는 것으로 보아 위탁매매인은 그 차액을 부담하여도 그 매매의 효력을 위탁자에게 귀속시킬 수 없다.[1]

③ 위탁매매인의 차액부담의 의사표시는 매도 또는 매수의 통지와 동시에 위탁자에게 도달하여야 한다(통설).[2] 왜냐하면 그 의사표시는 위탁매매인의 일방적 행위에 의하여 위탁자의 거절권을 상실시키는 것이므로, 그 시기를 위탁매매인의 자유에 맡기는 것은 부당하기 때문이다. 또한 차액부담의 의사표시는 단순하여야 하는데, 그 표시의 형식에는 제한이 없다.

④ 차액의 지급방법은 상대방과의 매매계약에서 정한 조건에 따라야 한다.[3]

⑤ 만일 지정가액을 어긴 결과 차액 이외에 손해를 발생시킨 경우(예컨대, 위탁매매인이 염가로 매도함으로써 위탁자가 보관하는 동종의 상품의 가격이 하락한 경우 등)에는 위탁매매인은 그 손해에 대한 배상책임을 져야 한다[4] (獨商 386조 2항 참조).

(내) 고가매도 또는 염가매수의 효력

① 위의 경우와는 반대로 위탁매매인이 고가로 매도하거나 또는 염가로 매수한 경우에는 당사자간에 반대의 특약이 없는 한 그 매매의 효력을 위탁자에게 귀속시킬 수 있다.

② 다만 이 경우 그 차익은 당사자간에 다른 약정이 없으면 위탁자의 이익으로 한다(상 106조 2항). 이것은 위탁매매인의 매매가 「위탁자의 계산으로」 행하여지는 점에서 당연한 것이라고 보겠다.[5]

3) 이행담보책임(개입〈介入〉의무)(상 105조)

(개) 의 의   위탁매매인은 다른 약정이나 관습이 없으면 위탁자를 위한 매매에 관하여 상대방이 채무를 이행하지 아니하는 경우에는 위탁자에 대하여 이를 이행할 책임이 있다(상 105조).

위탁매매인은 위탁자와의 관계에서 위탁계약의 수임인이므로 선량한 관리자의 주의로써 매매를 하는 한 상대방이 채무불이행을 하여도 원칙적으로 이에 대한 담보책임이 없다. 그러나 상대방의 채무불이행으로 인한 손해는 결국 위탁자의 손해가 되는데, 위탁자와 상대방 사이에는 아무런 법률관계가 없으므로 위탁자는 상대방에 대하여 직접 채무이행을 청구할 수 없어 위탁자의 보호가 필요한 점, 위탁매매

---

1) 동지: 정(희), 197면; 정(동), (총) 476면.
2) 정(희), 197면; 정(동), (총) 476면 외.
3) 동지: 정(희), 197면; 정(동), (총) 476면.
4) 동지: 정(희), 197면; 정(동), (총) 477면.
5) 동지: 이(철), 387면; 이(기) 외, (총) 398면; 주상(Ⅰ), 568면.

인은 전문적인 지식이 있는 자로서 매매를 자기의 판단에 따라서 하면서 또한 위탁자로부터 상당한 보수를 받기 때문에 무거운 책임을 지울 필요가 있는 점 등에서, 상법은 위탁매매인에게 위와 같은 이행담보책임을 인정하고 있다.[1)]

(나) **법적 성질**   이 책임은 위탁자를 보호하고 위탁매매제도의 신용을 유지하기 위하여 상법이 특히 인정한 「법정책임」이고, 또한 「무과실책임」이다.[2)] 이 책임은 상대방이 이행하지 않은 경우에 책임을 진다는 의미에서 보증채무와 유사하나, 위탁자와 상대방 사이에는 주채무가 존재하지 않는다는 의미에서 보증채무와 구별되고 있다. 따라서 위탁매매인은 보증인과는 달리 최고 또는 검색의 항변권($\binom{민}{437조, 438조}$)을 갖지 않는다.[3)]

(다) **적용범위**

① 위탁매매인이 위탁자에 대하여 「이행할 책임이 있다」는 의미는 '대체이행이 가능한 채무로서 상대방과 동일한 내용의 채무를 부담한다'는 의미이다. 따라서 위탁매매인은 매도위탁의 경우에는 대금지급채무를 부담하고, 매수위탁의 경우에는 목적물인도채무 및 목적물의 하자에 따른 하자담보책임을 부담한다.[4)]

② 「상대방이 채무를 이행하지 아니하는 경우」란 '상대방이 위탁매매인과의 사이에서 한 매매계약에서 위탁매매인에 대하여 부담하는 의무를 이행하지 아니하는 경우'를 말한다. 따라서 계약해제 등으로 인하여 상대방의 채무가 소멸하거나 상대방이 동시이행의 항변권을 행사할 수 있는 경우($\binom{이는 위탁자와 위탁매매인 사이에도 목적물의 이전이 없거나〈매도위탁의 경우〉, 대금지급이 없는 경우}{〈매수위탁의 경우〉를 전제로 한다}$)에는 위탁매매인도 이행담보책임을 부담하지 아니한다. 따라서 결과적으로 위탁매매인이 상대방에게 이행을 하였음에도 불구하고 상대방이 이행을 하지 않은 경우에만 위탁매매인은 이행담보책임을 부담하게 된다.[5)] 상대방의 채무불이행의 유형은 이행지체뿐만 아니라, 불완전이행 등을 포함한다.[6)]

③ 위탁매매인이 위탁자에 대하여 이행담보책임을 부담하는 경우에도 선관주

---

1) 동지: 정(동), (총) 479면(위탁매매인의 이러한 이행담보책임은 물건의 위탁매매에서 큰 의미를 갖는다고 한다).

　　그러나 입법론으로는 다른 외국의 입법례(獨商 387조; 伊〈이태리〉商 394조)에서와 같이 「특약 또는 관습이 있는 경우에 한하여」 이행담보책임을 인정하는 것이 타당하다고 본다. 동지: 서·정, 201면; 이(기) 외, (총) 396~397면; 채, 262면(상행위의 위임의 경우에는 위탁매매인의 이행담보책임을 폐지하는 것이 타당하다고 한다).

2) 동지: 정(희), 197면; 정(동), (총) 480면(일종의 손해담보책임이라고 한다).

3) 동지: 정(동), (총) 480면; 주상(Ⅰ), 564~565면; 채, 262면.

4) 동지: 정(희), 197~198면; 정(동), (총) 480면.

5) 동지: 손(주), 313~314면; 최(기), 336면; 채, 262면 외.

6) 동지: 정(동), (총) 480면; 주상(Ⅰ), 564면; 채, 261면.

의의무의 위반이 있고 이로 인하여 위탁자에게 손해가 생긴 경우에는, 위탁자에 대하여 손해배상책임을 부담한다[1](예컨대, 매도위탁의 경우 위탁자가 위탁매매인에게 목적물을 인도하였음에도 불구하고 위탁매매인이 이를 상대방에게 인도하지 않은 경우에는, 위탁매매인은 상대방의 동시이행의 항변권을 원용할 수 없고 위탁자에 대하여 대금채무에 대한 이행담보책임을 부담함은 물론, 선관주의의무를 위반했으므로 이로 인하여 위탁자에게 손해가 생긴 경우에는 이를 배상하여야 한다).

④ 위탁매매인의 이행담보책임은 위탁자가 위탁매매인의 상대방에 대한 채권을 양수한 경우에도 소멸하지 않는다. 이 경우에는 위탁자는 위탁매매인(법정책임) 및 상대방(계약상 책임)에 대하여 이행을 청구할 수 있다.

⑤ 위탁매매인의 이행담보책임은 당사자간의 다른 약정이나 관습에 의하여 이를 배제할 수 있다($^{상\ 105}_{조\ 단서}$).

㈐ **시효기간**　　위탁매매인의 이행담보책임은 위탁매매인의 영업상의 책임이므로 상대방의 채무의 시효기간과는 상관 없이 5년의 시효로 소멸한다[2]($^{상}_{64조}$).

4) 위탁물의 훼손·하자 등의 통지·처분의무($^{상}_{108조}$)　　위탁매매인이 위탁매매의 목적물을 인도받은 후 그 물건의 훼손 또는 하자를 발견하거나, 그 물건이 부패할 염려가 있을 때, 또는 가격저락의 상황(商況)을 안 때에는 지체 없이 위탁자에게 그 통지를 발송하여야 한다($^{상\ 108}_{조\ 1항}$). 이 경우에 위탁자의 지시를 받을 수 없거나, 그 지시가 지연된 때에는 위탁매매인은 위탁자의 이익을 위하여 적당한 처분($^{목적물}_{의\ 공탁·전매·경매\ 등}$)을 할 수 있다($^{상\ 108}_{조\ 2항}$). 이것은 「가격저락의 상황을 안 때」를 제외하고는 일반적인 수임인의 주의의무를 구체화한 규정이다.[3]

(2) 위탁매매인의 권리

1) 보수청구권($^{상}_{61조}$)　　위탁매매인은 상인이므로 위탁자를 위하여 한 매매에 관하여 특약이 없더라도 상당한 보수를 청구할 수 있다($^{상}_{61조}$). 다만 이 보수청구권은 '위임사무를 완료한 후'에 비로소 행사할 수 있으므로($^{민\ 686}_{조\ 2항}$), 위탁매매인이 단순히 제3자와 매매계약을 체결한 것만으로는 이를 청구할 수 없고, 위탁자로 하여금 위탁의 목적을 달성할 수 있게 하는 상태에 놓이게 하여야 비로소 이를 청구할 수 있다[4]($^{인도청구권,\ 대금}_{청구권의\ 양도\ 등}$).

2) 비용상환청구권($^{민\ 687조,}_{688조}$)　　위탁매매인이 위탁자를 위하여 매도 또는 매수를 하는 데 비용이 필요한 경우에는 특약 또는 관습이 없는 한 이를 체당할 의무

---

1) 동지: 주상(Ⅰ), 565면.
2) 동지: 정(희), 198면; 정(동), (총) 481면(그러나 당사자간의 약정에 의하여 이 책임을 확대하거나 제한 또는 면제할 수 있다고 한다).
3) 이는 독일 상법 제388조와 같은 내용의 규정이고, 일본 상법에는 이와 같은 규정이 없다.
　　상인이 아닌 위탁자에게 본 규정을 적용하는 것은 입법론적으로 불합리하다는 견해로는 이(철), 388면 참조.
4) 동지: 정(희), 198면; 정(동), (총) 481면.

가 없고 위탁자에 대하여 선급을 요구할 수 있는데($\binom{민}{687조}$), 만일 위탁매매인이 이를 체당한 경우에는 그 체당금과 체당한 날 이후의 이자를 청구할 수 있다($\binom{민\ 688}{조\ 1항}$).

3) 유 치 권($\binom{상}{111조}$)

(가) 위탁매매인은 위와 같은 일반적인 권리 외에도 상법상의 특별한 권리를 갖는데, 이의 대표적인 것은 이 곳에서 보는 유치권과 다음에서 보는 개입권이다. 위탁매매인은 위탁자를 위하여 물건의 매도 또는 매수를 함으로 말미암아 위탁자에 대하여 생긴 채권에 관하여 위탁자를 위하여 점유하는 물건 또는 유가증권을 유치할 수 있다. 그러나 다른 약정이 있을 때에는 그러하지 아니하다($\binom{상\ 111}{조,\ 91조}$). 이것은 위탁자가 비상인일 수도 있어 상인간의 유치권인 일반상사유치권($\binom{상}{58조}$)만으로 부족한 까닭에 둔 특별상사유치권으로, 대리상의 특별상사유치권과 같다.

(나) 따라서 그 요건에 있어서 피담보채권은 「물건 또는 유가증권의 매도 또는 매수로 인한 채권」이어야 하는 점($\binom{피담보채권과\ 유치목적물}{의\ 관련성을\ 요하지\ 않음}$)에서 민사유치권과 다르고 일반상사유치권과 유사하며, 유치목적물은 「위탁자를 위하여 점유하는 물건 또는 유가증권」이어야 하는 점($\binom{유치목적물의\ 점유취득원인과}{소유권의\ 소재\ 여하를\ 불문함}$)에서 민사유치권과 유사하고 일반상사유치권과 다르다.[1]

4) 매수물의 공탁 및 경매권(매수위탁의 경우)($\binom{상}{109조}$)

(가) 매수위탁자가 위탁매매인이 매수한 물건의 수령을 거절하거나 또는 수령할 수 없는 때에는 위탁매매인은 (상인간의 매매에 있어서의 매도인과 같이) 그 물건을 공탁하거나 또는 상당한 기간을 정하여 최고한 후 이것을 경매할 수 있는 권리를 갖는다[2]($\binom{상\ 109조,\ 67}{조\ 1항\ 본문}$). 이 경우에 위탁매매인은 지체 없이 위탁자에게 그 통지를 발송하여야 한다($\binom{상\ 109조,\ 67}{조\ 1항\ 단서}$). 또한 위탁매매인이 위탁자에 대하여 최고할 수 없거나, 그 물건이 멸실 또는 훼손될 염려가 있는 때에는 최고 없이 경매할 수 있다($\binom{상\ 109조,}{67조\ 2항}$).

(나) 위탁매매인이 그 물건을 경매한 때에는 그 대금에서 경매비용을 공제한 잔액을 공탁하여야 하는데, 만일 위탁매매인이 그 물건의 매수에 관하여 대금 및 비용 등을 체당한 경우에는 위의 경매대금의 전부 또는 일부를 그 변제에 충당할 수 있다($\binom{상\ 109조,}{67조\ 3항}$).

---

1) 위탁매매인의 특별상사유치권을 일반상사유치권 및 다른 특별상사유치권과 비교한 것으로는 연습, 103~109면(사례 18) 참조.
2) 상법 제109조가 동법 제67조를 준용하나, 상법 제67조가 적용되는 경우는 매수인이 상인인 경우에 한하여 적용되나 상법 제109조의 경우에는 위탁자가 상인이 아닌 경우에도 적용되는 점에서 양자는 구별된다.

5) 개 입 권($\frac{상}{107조}$)

(개) 개입권(介入權)의 의의

① 위탁매매인은 위탁을 받은 물건(또는 유가증권)을 제3자와 매매하는 것이 원칙이지만, 위탁자로서는 그 매매가 공정하게 되는 이상 상대방이 누구이든 무관할 것이다. 따라서 상법은 위탁매매인이 거래소의 시세가 있는 물건 또는 유가증권의 매매의 위탁을 받은 경우에는 스스로 매수인 또는 매도인이 될 수 있는 것으로 규정하고 있다($\frac{상 107}{조 1항}$). 이 경우에는 위탁자와 위탁매매인 사이에 이해충돌이 없으면 오히려 처리가 간편하기 때문이다. 위탁매매인이 갖는 이 권리를 개입권(Selbsteintritts-recht)이라고 한다.[1]

② 상법이 이와 같이 개입권을 인정한 취지는 위탁사무의 신속처리에 의하여 위탁자와 위탁매매인의 양자에게 편의를 주고자 하는 것이나, 이는 위탁자와 위탁매매인의 이해의 대립을 가져오는 것이므로($\substack{\text{이는 마치 대리인이 자기계약을 체결하거나 이사가} \\ \text{자기거래를 하는 경우와 유사하다 — 민 124조, 상}}$ $\frac{398}{조 등}$), 이는 공정하게 행사되어야 하고 또 남용되지 않도록 해석론상 및 입법론상 세심한 주의가 필요하다고 본다.[2]

③ 위탁매매인의 개입권($\frac{상}{107조}$)은 운송주선인($\frac{상}{116조}$) 및 준위탁매매인($\frac{상}{113조}$)의 개입권과 같이 직접 거래상대방이 되는 점에서($\substack{\text{외부적 개입권 또} \\ \text{는 전면적 개입권}}$), 상업사용인 등이 협의의 경업피지의무(경업금지의무)에 위반하여 거래한 경우에 그가 받은 경제적 이익만을 박탈하는 영업주의 개입권($\substack{\text{내부적 개입권 또} \\ \text{는 실질적 개입권}}$)($\substack{\text{상 17조, 89조, 198조,} \\ \text{269조, 397조, 567조}}$)과 구별된다.[3]

④ 개입권의 행사는 위탁매매인의 일방적 행위에 의하여 하므로, 개입권은 일종의 형성권이다.

(내) 개입권 행사의 요건

① 위탁을 받은 물건 또는 유가증권에 관하여 「거래소의 시세」가 있어야 한다. 이 요건에 의하여 위탁매매인이 개입한 경우에도 가격을 객관적으로 공정하게 할 수 있고, 개입권 행사의 공정을 기할 수 있는 것이다. 여기에서의 「거래소」라 함은 '공개·경쟁적인 방법으로 매매가 이루어지는 시장'을 말하는데[4]($\substack{\text{예컨대, 한국거래소가 개} \\ \text{설하는 금융투자상품시장}}$

---

1) 위탁매매인에게 개입권을 인정하는가 않는가는 입법례에 따라 다르다. 독법(獨法)에 있어서는 구(舊) 상법 이래 이것을 인정하고 있으나(獨商 400조~405조), 불법(佛法)에 있어서는 이것을 인정하지 않다가 1988. 1. 22. 법률에 의하여 증권회사에 한하여 인정하였으며, 영미법에 있어서는 위탁자의 전적인 동의(full knowledge and consent)가 없으면 개입권을 행사할 수 없도록 하고 있다[정(희), 200면; 정(동), (총) 482~483면].
2) 동지: 정(희), 200면; 정(동), (총) 483면.
3) 이에 관한 상세는 연습, 40~46면(사례 7) 참조.
4) 이(철), 390면.

은 대표적인 거래소이다 — 자($^{자금\ 8조의\ 2\ 1항~4항,\ 386조}$), 이러한 거래소는 당사자간의 특약 또는 관습에 의하여 매매를 할 장소가 정하여진 경우에는 그 장소의 거래소이나, 이러한 특별사정이 없는 경우에는 위탁매매인이 소재하는 장소의 거래소이다.[1]

또한 「시세」라 함은 '위탁매매인이 개입권을 행사할 때($^{개입의\ 의사표}_{시를\ 발송한\ 때}$)의 그 물건 또는 유가증권의 거래소에서의 매매가액'을 의미한다($^{상\ 107조\ 1}_{항\ 후단\ 참조}$).

② 개입권의 행사를 금하는 명시 또는 묵시의 「특약이나 법률의 규정」이 없어야 한다. 묵시적인 개입금지의 특약이 있다고 볼 수 있는 경우는, 예컨대, 매수 또는 매도의 상대방을 지정한 경우이다. 그리고 개입의 금지는 위탁계약과 동시에 할 필요는 없고 위탁계약을 체결한 후에도 개입권을 행사하기 전에는 언제든지 위탁자가 임의로 할 수 있다.[2] 상법 제107조 1항의 규정에서는 유가증권도 개입권의 행사의 대상이 되나, 투자매매업자 또는 투자중개업자는 금융투자상품에 관한 매매에서 개입권의 행사를 할 수 없다($^{자금}_{67조}$).

③ 위탁매매인이 아직 「매매행위」를 하지 않았어야 한다. 왜냐하면 위탁매매인이 이미 매매를 하였으면 위탁매매인과 위탁자와의 사이에서는 위탁매매인의 상대방에 대한 권리의무가 당연히 위탁자에게 귀속하여($^{상}_{103조}$) 위탁매매인이 개입할 여지가 없게 되기 때문이다.[3] 또한 만일 이 경우에도 이를 인정하면 위탁매매인이 개입권을 행사하여 상대방과의 매매차액을 이득할 우려가 있으므로, 이 경우에는 개입권의 행사가 금지되어야 한다[4]($^{예컨대,\ 매도위탁의\ 경우\ 위탁매매인이\ 시세보다\ 높은\ 가격으로\ 매}_{도한\ 경우에는\ 시세로\ 개입권을\ 행사하여\ 그\ 차액을\ 이득할\ 수\ 있다}$).

④ 위탁자와 위탁매매인간에 「위탁계약」(주선계약)이 유효하게 존속하고 있어야 한다. 즉, 위탁자가 이미 위탁계약을 해제하거나 또는 동 계약의 소멸사유가 발생한 경우에는 개입권을 행사할 여지가 없다.[5]

㈐ 개입권 행사의 효과

① 위탁매매인이 개입권을 행사하면 위탁매매인은 법정의 효력으로 위탁자에 대하여 자동적으로 「매도인 또는 매수인의 지위」에 서게 된다.[6] 따라서 당사자간에

---

1) 동지: 정(희), 200면; 정(동), (총) 483면.
2) 동지: 정(희), 200면; 정(동), (총) 483면; 주상(Ⅰ), 571면; 이(철), 390면.
3) 동지: 정(희), 200~201면; 정(동), (총) 483면.
4) 동지: 이(철), 391면.
5) 동지: 정(희), 201면.
6) 이 경우 위탁매매인이 매도인 또는 매수인의 지위에 있게 되는 것뿐이지, 위탁매매인과 위탁자간에 매매계약이 성립하는 것으로 볼 수는 없다[그러나 최(기), 340~341면은 매매계약관계가 성립한다고 설명한다]. 왜냐하면 계약의 성립에는 당사자간의 합의가 있어야 하는데, 개입권행사는 위탁매매인의 일방적 의사표시에 의하여 그 효과가 생기고 위탁자의 의사를 묻지 않는 까닭이다[동지: 정(희), 201면; 정(동), (총) 484면].

는 매매에 관한 민법 및 상법의 규정($^{민 537조, 538조,}_{상 67조 이하}$)이 적용된다.

② 이 경우「매매가액」은 위탁매매인이 개입의사의 통지를 발송한 때의 거래소의 시세에 따르고($^{상 107조}_{1항 2문}$), 개입의「효력발생시기」는 위탁매매인의 개입의사가 위탁자에 도달하였을 때이다[1]($^{민 111}_{조 1항}$).

또한 위탁매매인은 위탁자에 대하여는 위임사무를 이행한 것이 되므로, 위탁매매인이 개입을 한 경우에도 위탁자에게 당연히 보수·비용 등을 청구할 수 있다고 보아야 한다($^{상 107조 2항. 이 규정은}_{주의적 규정에 불과하다}$).

③ 위탁매매인의 개입권은 위탁매매인의 수임인으로서의 주의의무를 면제하는 것이 아니므로, 위탁매매인은 개입을 함에 있어서 항상 위탁자와의 신뢰관계를 유지하여 선량한 관리자의 주의를 가지고 개입을 하여야 할 것이다. 만일 위탁매매인이 이 의무를 위반하여 위탁자에게 손해가 발생한 때에는 위탁매매인은 위탁자에 대하여 손해배상책임을 질 것이고, 개입이 위임의 본지에 몹시 반하는 경우에는 위탁자측에서 개입의 효과를 거절할 수도 있다고 본다.[2]

(3) 매수위탁자가 상인인 경우의 특칙

1) 위탁자가 상인이고 또한 그 영업에 관하여 물건의 매수를 위탁한 경우에는 상인간의 매매에 관한 (일부) 규정을 준용하고 있다($^{상 110조,}_{68조~71조}$). 이러한 경우 위탁매매인이 상대방으로부터 매수한 물건은 형식적으로 위탁매매인에게 귀속되므로($^{상}_{102조}$), 위탁매매인(매도인)이 그 물건을 위탁자(매수인)에게 이전하는 행위는 상인간의 매매와 아주 유사하다. 따라서 이 경우 상인간의 매매에 관한 (일부) 규정을 준용하고 있다.[3]

2) 이 때 상인간의 매매에 관한 규정이 준용되기 위하여는 (i) 위탁자가「상인」이고, (ii) 위탁자는「물건의 매수의 위탁」을 하여야 하며, (iii) 매수의 위탁은 위탁자의「영업에 관하여」($^{물건의 매매를 영업으로 하는 자가 그 영업상 취급하는 물건의}_{매수를 위탁하는 경우, 즉 위탁자에게 기본적 상행위가 되는 경우}$) 하여야 한다[4]($^{상}_{110조}$).

3) 위와 같은 요건이 성립하면 (i) 확정기매매에 있어서 이행시기를 경과한 때에는 원칙적으로 매수위탁계약이 해제된 것으로 의제되고($^{상 110}_{조, 68조}$), (ii) 위탁자는 그 물건의 검사와 하자통지의무를 부담하며($^{상 110}_{조, 69조}$), (iii) 위탁매매인의 목적물의 인도장소가 위탁매매인의 영업소 또는 주소와 다른 특별시·광역시·시·군에 있는 때에는 매수위탁계약이 목적물의 하자·수량부족으로 인하여 해제되거나 또는 목적물의

---

1) 동지: 이(철), 391면; 채, 279면; 이(기) 외, (총) 402면; 주상(Ⅰ), 571면.
2) 동지: 정(희), 201면.
3) 동지: 주상(Ⅰ), 578면; 정(동), (총) 486면.
4) 동지: 이(철), 393면; 이(기) 외, (총) 395면.

상위나 수량초과의 경우 위탁자는 위탁매매인의 비용으로 그 목적물을 보관 또는
공탁하여야 할 의무를 부담한다[1]($\substack{상\ 110조,\\ 70조~71조}$).

제 4 준위탁매매인

(1) 준위탁매매인이란 「자기명의로써 타인의 계산으로 매매 아닌 행위를 영업으
로 하는 자 중 운송주선인이 아닌 자」를 말한다($\substack{상\\ 113조}$).[2] 준위탁매매인이 다른 주선
인과 구별되는 것은 주선의 목적이다. 즉, 준위탁매매인은 「매매 아닌 행위」를 주선
의 목적으로 하는데, 위탁매매인은 「물건 또는 유가증권의 매매」를 주선의 목적으
로 하고, 운송주선인은 「물건운송」을 주선의 목적으로 한다.

준위탁매매인의 주선의 목적인 「매매 아닌 행위」의 예로는, 출판·광고의 주선,
임대차의 주선, 임치계약의 주선, 여객운송(여행)의 주선,[3] 다른 주선인과의 주선계
약을 주선하는 간접주선 등이다.

(2) 상법은 준위탁매매인에 대하여 위탁매매인에 관한 규정을 전면적으로 준용
하고 있으나($\substack{상\\ 113조}$), 상법 제107조(개입권)·제108조(위탁물의 훼손·하자 등에 관한 통
지·처분의무)·제109조(매수위탁의 경우 위탁물의 공탁·경매권)·제110조(매수위탁자가
상인인 경우의 특칙)는 그 성질상 매매를 전제로 한 규정이므로 준위탁매매인에게는
적용되지 않는다.[4] 따라서 준위탁매매인에게는 해석상 상법 제102조(위탁매매인의

---

1) 상사매매에 관한 상법 제67조~제71조의 규정 중 제67조(매도인의 목적물의 공탁·경매권)와
   관련하여서는 제109조의 특칙을 두고 있어 매수위탁자가 상인이 아닌 경우에도 적용되나, 매수위탁
   자가 상인인 경우에는 제68조~제71조의 규정이 그대로 준용되는 것으로 규정하고 있다(상 110조).

2) 동지: 대판 2011. 7. 14, 2011 다 31645(공보 2011, 1627)(위탁매매란 자기의 명의로 타인의
   계산에 의하여 물품을 매수 또는 매도하고 보수를 받는 것으로서 명의와 계산의 분리를 본질로 한
   다. 그리고 어떠한 계약이 일반의 매매계약인지 위탁매매계약인지는 계약의 명칭 또는 형식적인
   문언을 떠나 그 실질을 중시하여 판단하여야 한다. 이는 자기 명의로써, 그러나 타인의 계산으로
   매매 아닌 행위를 영업으로 하는 이른바 준위탁매매〈상법 제113조〉에 있어서도 마찬가지이다. 갑
   주식회사가 국내에서 독점적으로 판권을 보유하고 있는 영화의 국내배급에 관하여 을 주식회사와
   체결한 국내배급대행계약이 준위탁매매계약의 성질을 갖는지가 문제된 사안에서, 배급대행계약서
   의 내용 등 여러 사정에 비추어 을 회사는 위 배급대행계약에 따라 갑 회사의 계산에 의해 자신의
   명의로 각 극장들과 영화상영계약을 체결하였다고 보아야 하므로, 을 회사는 준위탁매매인의 지
   위에 있다고 본 원심판단은 정당하다).

3) 여행계약의 법적 성질에 대하여는 김윤구, "여행계약의 법적 성질,"「비교사법」, 제9권 1호
   (2002. 4), 7~34면 참조(여행계약은 무형적 결과의 실현을 목적으로 하는 도급계약의 일종이라
   고 한다). 그러나 2002년 민법개정안에서는 이에 대하여 별도의 규정을 두고 있다(안 674조의 2).
   이에 대하여 여행계약을 상법전에서 규정하여야 한다는 견해로는 권순희, "신종 상행위인 여행
   계약의 상법전에의 편입필요성에 관한 검토,"「상사법연구」, 제22권 1호(2003), 303~327면.

4) 동지: 정(희), 202면(개입에 관한 규정에 대하여); 손(주), 339면; 정(동), (총) 496면; 이(철),
   394면; 임(홍), (상행위) 751면; 주상(Ⅰ), 580면; 이(기) 외, (총) 406면 외.

지위)·제103조(위탁물의 귀속)·제104조(통지·계산서제출의무)·제105조(이행담보책임)·제106조(지정가액준수의무)·제111조(유치권) 및 제112조(위임에 관한 규정의 적용)만이 준용된다.

제 4 절 운송주선업

제 1 총   설

(1) 운송주선업(forwarding agency; Speditionsgeschäft; commerce de commission de transport)은 위탁매매업을 그 기원으로 하고 있다. 즉, 위탁매매인이 매수한 물건을 위탁자에게 보내기 위하여 위탁자의 계산으로 운송인과 운송계약을 체결하게 되면서 운송주선업이 발생하게 된 것이다. 상법은 운송주선업이 한편에서는 타인을 위하여 주선행위를 하는 점에 있어서 위탁매매업과 공통되는 점을 고려하여 위탁매매업에 관한 규정을 준용하고($\frac{\text{상}}{123\text{조}}$), 다른 한편에서는 물건의 매매에 따른 지리적 장애를 제거하는 데 협력하는 점에서 운송업과 공통되는 점을 고려하여 운송업에 관한 규정도 준용하고 있다[1]($\frac{\text{상}}{124\text{조}}$).

(2) 운송주선인은 물건을 발송하고자 하는 자($\frac{\text{특히}}{\text{상인}}$)를 위하여 적당한 운송인·중간운송주선인 및 도착지운송주선인을 선택하고, 저렴·확실·신속한 운송경로와 시기를 정하여 운송의 주선을 하는 동시에, 운송에 필요한 서류($\frac{\text{예컨대, 관세서류,}}{\text{기타의 부속서류}}$)를 준비하며, 운송물의 보관·(운송인에 대한) 인도 기타 운송을 용이하고 안전하게 하는 데 필요한 여러 가지 업무를 수행하는 경제적 기능을 담당한다. 그러나 최근의 철도·궤도·자동차·선박·항공기 등에 의한 운송수단의 발달과 운송구역의 확대와 더불어, 운송주선인은 앞에서 본 업무 이외에도 운송용구의 임대업·대리상·중개업·위탁매매업·창고업 등을 겸영하여 상품거래와 관련된 여러 가지 편익을 도모하는 업무를 겸하는 방향으로 발전하고 있다. 이와 같이 운송주선인은 각종 영업을 겸영하는 관계상 운송주선인에 관한 각국의 입법은 도저히 그 수요를 따를 수 없어, 운송주선인은 스스로 그의 이해관계인과 공동으로 다양한 보통거래약관을 작성하

---

1) 운송주선업에 관한 입법례는 상이하다. 예컨대, 프랑스 상법은 운송주선업을 위탁매매업 및 운송업과 대립하는 독립한 기업으로 보면서도 이를 운송업과 동일한 취급을 하고 있는데(132-3조~132-9조), 독일 상법은 이것을 완전히 독립한 기업으로 보아 이 기업에 고유한 법률관계를 규정하고 있다(407조~415조)[정(희), 202면; 정(동), (총) 589~590면].

여 이에 의하여 거래하고 있다.[1]

(3) 우리나라에서도 오늘날 화물자동차운송주선업(화물자동차 운수사업법〈2024. 1. 9, 〉
법 19988호〉 2조 4호, 24조~28조) 등
이 있는데, 이는 이러한 운송주선업에 유사하다고 볼 수 있다. 우리나라에서 화물자
동차 운송주선사업을 경영하려는 자는 국토교통부령이 정하는 바에 따라 국토교통
부장관의 허가를 받아야 한다(화물자동차 운수
사업법 24조 1항).

제 2 운송주선인의 의의

운송주선인(Spediteur)[2]이라 함은 「자기의 명의로 물건운송의 주선을 영업으로
하는 자」이다(상
114조). 이를 분설하면 다음과 같다.

1) 「(타인의 계산으로) 자기의 명의로」 운송계약을 체결하는 자이다. 이 점에 있
어서 운송주선인은 다른 주선인(위탁매매인 및
준위탁매매인)과 같으나, 본인의 명의로 계약을 체결하
는 운송계약의 「개별적인 대리인 또는 운송대리인(체약대리상)」과 다르고, 또한 당
사자로서 전혀 나타나지 않으면서 운송계약의 중개만을 하는 「중개인 또는 중개대
리상」과도 구별된다. 이와 같이 운송주선인은 자기명의로 운송계약을 체결하기 때
문에, 위탁자가 운송인에게 운송계약상의 권리를 주장하기 위하여는 운송주선인으
로부터 그 권리의 대항요건을 갖추어 양수하여야 한다[3](민 450조~452
조, 508조, 523조). 그러나 실제
에 있어서는 운송주선인은 송하인이나 운송인의 대리인으로서 운송계약을 체결하
기도 하고, 위탁자(송하인)의 이름으로 운송계약을 체결하는 일도 많다.[4] 이것은 위
탁자가 화환어음에 의하여 은행의 신용을 얻기 위하여는 위탁자 자신을 송하인으로
하여 화물상환증이나 선하증권을 발행받을 필요가 있기 때문이다. 이와 같은 경우
에도 그러한 자가 실질적으로 운송주선인임에는 변함이 없으므로, 해석론상 그 성
질이 허용하는 한 이러한 경우에도 운송주선인에 관한 규정을 유추적용하여야 할
것으로 본다.[5] 또한 복합운송주선인이 운송인인가 또는 운송주선인인가에 대하여

---

1) 정(희), 202~203면; 정(동), (총) 589면.
2) 1998년 독일 개정상법 제453조는 운송주선인(Spediteur)의 개념을 "운송주선인은 운송주선계
   약에 따라 물건운송을 취급할 의무를 부담한다"고 정의하여, '자기의 명의와 타인의 계산으로' 행
   위를 할 것으로 규정하지 않고 그 업무의 범위를 매우 포괄적으로 규정함으로써 운송주선인의 실
   무를 반영하고 있다.
3) 대판 1987. 10. 13, 85 다카 1080(공보 813, 1691).
4) 상게 대판 1987. 10. 13, 85 다카 1080.
5) 동지: 정(희), 203~204면; 정(동), (총) 590면(입법론상 운송주선인의 영업내용에 물건운송
   의 주선 외에 대리 또는 중개도 포함시켜야 한다고 한다); 대판 2007. 4. 26, 2005 다 5058(공보
   2007, 754)(상법 제114조에서 정한 '주선'은 자기의 이름으로 타인의 계산 아래 법률행위를 하는

도, 복합운송주선인이 위탁자(송하인)와 계약을 체결하면서 복합운송증권을 발행하는 등 처음부터 운송인이 될 의사로 계약을 체결한 경우에는 운송인의 지위를 갖게 되고, 복합운송증권을 발행하지 아니하고 운송주선인으로서 화물수취증(forwarder's cargo receipt: FCR)만을 발급한 경우에는 운송주선인의 지위를 갖는다고 보아야 할 것이다.[1]

물류정책기본법($\binom{2024.\ 1.\ 9.}{법\ 19986호}$) 제2조 제11호는 국제물류주선업에 대하여 정의규정을 두고 있는데, 이에 의하면 "국제물류주선업이란 타인의 수요에 따라 자기의 명의와 계산으로 타인의 물류시설·장비 등을 이용하여 수출입화물의 물류를 주선하는 사업을 말한다"고 한다. 따라서 이러한 국제물류주선업의 개념은 실무를 반영하여 그 범위를 확대·개편한 것으로, 이러한 국제물류주선업이 상법상의 주선업인지 여부는 위탁자(송하인)와 체결된 계약내용에 따라 결정되어야 할 것이다.

2)「물건운송」의 주선을 하는 자이다. 이 때「물건」이란 운송의 객체가 될 수 있는 모든 물건을 말하고,「운송」이란 물건의 육상·해상 또는 항공의 운송 및 이 중 2자 또는 3자를 통하여 하는 운송을 의미한다. 상법은 이와 같이 운송주선업을

것을 말하므로, 운송주선인은 자기의 이름으로 주선행위를 하는 것이 원칙이지만, 실제로 주선행위를 하였다면 하주나 운송인의 대리인·위탁자의 이름으로 운송계약을 체결하는 경우에도 운송주선인으로서의 지위를 상실하지 않는다).

1) 동지: 김창준, "복합운송주선업자의 법적 지위에 관한 연구," 법학박사학위논문(경희대, 2004. 2), 9~12면; 대판 2007. 4. 27, 2007 다 4943(공보 2007, 783)(물품운송계약은 당사자의 일방에게 물품을 한 장소로부터 다른 장소로 이동할 것을 약속하고 상대방이 이에 대하여 일정한 보수를 지급할 것을 약속함으로써 성립하는 계약으로서〈대법원 1963. 4. 18. 선고 63 다 126 판결, 1983. 4. 26. 선고 82 누 92 판결 참조〉, 운송계약에 따른 권리·의무를 부담하는 운송인은 운송의뢰인에 대한 관계에서 운송을 인수한 자가 누구인지에 따라 확정된다. 한편, 운송주선인은 자기의 명의로 물건운송의 주선을 영업으로 하는 사람으로서, 자기의 이름으로 주선행위를 하는 것이 원칙이지만 하주나 운송인의 대리인 또는, 위탁자의 이름으로 운송계약을 체결하였다고 하더라도 실제로 주선행위를 하였다면 운송주선인임에는 변함이 없다〈대법원 1987. 10. 13. 선고 85 다카 1080 판결 참조〉. 그런데 운송주선인이 상법 제116조에 따라 위탁자의 청구에 의하여 화물상환증을 작성하거나 상법 제119조 2항에 따라 운송주선계약에서 운임의 액을 정한 경우에는 운송인으로서의 지위도 취득할 수 있지만, 운송주선인이 위 각 조항에 따라 운송인의 지위를 취득하지 않는 한, 운송인의 대리인으로서 운송계약을 체결하였더라도 운송의뢰인에 대한 관계에서는 여전히 운송주선인의 지위에 있음에 지나지 아니한다고 할 것이다. 그리고 운송주선업자가 운송의뢰인으로부터 운송관련 업무를 의뢰받았다고 하더라도 운송을 의뢰받은 것인지, 운송주선만을 의뢰받은 것인지 여부가 명확하지 않은 경우에는 당사자의 의사를 탐구하여 운송인의 지위를 취득하였는지 여부를 확정하여야 할 것이지만, 당사자의 의사가 명확하지 않은 경우에는 하우스 선하증권의 발행자 명의, 운임의 지급형태 등 제반 사정을 종합적으로 고려하여 논리와 경험칙에 따라 운송주선업자가 운송의뢰인으로부터 운송을 인수하였다고 볼 수 있는지 여부를 확정하여야 한다. 따라서 원고가 당초 피고 유피에스 코리아에게 이 사건 화물의 운송관련업무를 의뢰하였다는 사정만으로는 원고가 피고 유피에스 코리아와 사이에서 운송계약을 체결하였다고 단정할 수 없다고 할 것이고, 따라서 원고는 피고 유피에스 코리아에 대하여 이 사건 화물의 멸실에 관하여 운송인으로서의 손해배상책임을 물을 수 없다고 할 것이다).

물건운송의 주선에 한정하였으므로, 여객운송의 주선을 영업으로 하는 자는 운송주
선인이 아니라 준위탁매매인이다(그러나 관광회사나 여행사가 여객과 자기명의로 계약을 체결하지 않고
운송인 및 숙박업자와의 계약을 중개하는 데 불과한 경우에는 중개인
에 속)1)
한다 .

    (가) 이와 같이 운송주선인은 주선의 목적이 「물건운송」이라는 점에서 다른 주선
인과 구별되는 것이다. 즉, 위탁매매인의 주선의 목적은 「물건 또는 유가증권의 매
매」이고($상\atop{101조}$), 준위탁매매인의 주선의 목적은 「매매 아닌 행위」이다($상\atop{113조}$).

    (나) 그러나 운송주선인은 주선의 목적이 물건운송이라는 점을 제외하고는 위탁
매매인과 같다. 그러므로 상법은 운송주선인에 대하여 다른 정함이 있는 경우를 제
외하고는 위탁매매인에 관한 규정을 준용하고 있다($상\atop{123조}$). 즉, 운송주선인의 운송인
에 대한 지위($상\atop{102조}$), 당사자간에서의 위탁물의 귀속관계($상\atop{103조}$), 수탁행위의 실행에
따른 통지·계산서제출의무2)($상\atop{104조}$), 지정가액 준수의무($상\atop{106조}$), 위탁물의 훼손·하자
등에 따른 통지·처분의무($상\atop{108조}$), 위탁물의 공탁·경매권($상\atop{109조}$), 당사자간의 위임에
관한 규정의 적용($상\atop{112조}$)에 관한 규정이 준용된다.

    그러나 운송주선인의 개입권($상\atop{116조}$)·특별상사유치권($상\atop{120조}$)에 관하여는 상법이
특별히 규정하고 있으므로 이에 위탁매매인의 해당 규정이 준용될 여지가 없고, 또
한 위탁매매인의 이행담보책임($상\atop{105조}$)·매수위탁자가 상인인 경우의 특칙($상\atop{110조}$)은 그
성질상 운송주선인에게 준용될 여지가 없다.3)

    3) 물건운송의 주선을 「영업」으로 하는 자이다. 운송주선인은 물건운송의 주선
의 인수를 영업으로 함으로써 상인이 된다($상 4조,\atop{46조 12호}$). 위탁자(송하인)와 운송주선인과
의 관계, 즉 주선인수계약의 성질은 위임이다.4) 운송주선인은 물건운송의 주선의
인수를 영업으로 함으로써 상인이 되지만, 다른 종류의 영업을 겸영하는 것을 금지
하는 것은 아니다. 보통 운송주선인은 그 사업의 성질상 부수운송(철도·궤도 등의 대운송
기관이 하는 운송에 선행
또는 후속하여), 이용운송(대운송기관으로부터 하수〈下受〉형식
하는 물건운송으로 이용하여 물건운송을 인수하는 것) 및 이 기본행위에 부수하여 필요
서류의 준비 등 비법률행위적 사무의 위탁을 받는 일이 많이 있다. 이러한 업무는
상법 제114조가 규정하는 운송주선업은 아니지만 운송주선업에 보통 부수하는 것

---

   1) 동지: 정(희), 204면; 정(동), (총) 591면.
   2) 동지: 전게 대판 1987. 10. 13, 85 다카 1080(따라서 이 경우에 운송주선인이 운송인과의 사이
      에 물건운송계약을 체결하였을 때에는 상법 제123조, 제104조에 의하여 그 구체적 내용에 관한
      통지를 해야 한다).
   3) 동지: 정(희), 205면(위탁매매인의 이행담보책임에 관한 상법 제105조가 준용되지 않는 점에
      대하여); 손(주), 321면; 정(동), (총) 593면; 임(홍), (상행위) 761면; 이(철), 450~451면(위탁매
      매인의 이행담보책임에 대하여); 채, 275면; 이(기) 외, (총) 410면.
   4) 전게 대판 1987. 10. 13, 85 다카 1080.

이므로, 이것에 운송주선업에 관한 규정을 그 성질이 허용하는 한 준용하여야 할 것으로 본다.[1]

제 3 운송주선인의 의무 · 책임

1. 운송주선인의 의무

(1) 일반적 의무(주의의무)($^{상\ 123조\ \cdot\ 112}_{조,\ 민\ 681조}$)

운송주선계약은 위임계약이므로 운송주선인은 선량한 관리자의 주의로써 운송의 주선계약을 이행하여야 한다($^{상\ 123조\ \cdot\ 112}_{조,\ 민\ 681조}$). 그런데 여기에서의 운송의 주선계약의 이행이라 함은 운송계약을 체결하는 것에 한하는 것이 아니라, 이에 부수하는 업무로서 상관습상 인정되거나 또는 위탁자로부터 지시받은 업무를 포함한다. 예컨대, 상법 제115조의 「운송물의 수령 · 인도 · 보관 · 운송인이나 다른 운송주선인의 선택 · 기타 운송에 관한 주의」라고 하는 것은 이를 의미한다.[2] 상법은 이러한 운송주선인의 주의의무 위반에 대해서만 특별히 그 책임을 규정하고 있다.

(2) 개별적 의무($^{상\ 123조,\ 104조,}_{106조,\ 108조}$)

앞에서 본 바와 같이 운송주선인은 위탁매매인과 같이 상법상 다음과 같은 개별적 의무를 부담한다. 즉, (i) 운송주선인이 위탁받은 행위를 한 때에는 지체 없이 이를 위탁자에게 통지하고 계산서를 제출하여야 할 의무를 부담한다($^{상\ 123조,}_{104조}$). 또한 (ii) 운송주선인은 위탁자가 운임을 지정한 경우에는 이를 준수할 의무를 부담하는데, 만일 고가로 운송계약을 체결한 경우에는 그 차액을 부담하여야 하고, 염가로 운송계약을 체결한 경우에는 그 차액은 위탁자의 이익으로 한다($^{상\ 123조,}_{106조}$). 또한 (iii) 운송주선인이 운송물을 인도받고 그 물건의 훼손 · 하자를 발견하거나 부패할 염려가 있는 경우에는 위탁자에게 이를 통지할 의무를 부담하고, 일정한 경우에는 이를 처분할 수 있다($^{상\ 123조,}_{108조}$).

2. 운송주선인의 손해배상책임($^{상}_{115조}$)

(1) 책임발생원인

1) 운송주선인은 자기 또는 그 사용인($^{이행보조자를\ 의미하고,\ 고용관}_{계의\ 존재를\ 전제로\ 하지\ 않음}$)[3]이 운송물의 수

---

1) 동지: 정(희), 204면.
2) 동지: 정(희), 205면; 정(동), (총) 593~594면.
3) 동지: 대판 2018. 12. 13, 2015 다 246186(공보 2019, 260)(상법 제115조에 의하면, 운송주선인은 자기나 그 사용인이 운송물의 수령 · 인도 · 보관 · 운송인이나 다른 운송주선인의 선택 · 기타

령·인도·보관·운송인이나 다른 운송주선인(중계지 또는 도착지의 운송주선인)의 선택·기타 운송에 관한 주의(운송주선인의 주선행위의 이행에 관련된 주의에 한하고, 운송인의 행위에 대한 주의를 포함하지 않음)를 게을리하지 않았음을 증명하지 않으면, 운송물의 멸실(물리적 소멸뿐만 아니라 법률적으로 운송물의 점유를 회복할 수 없는 경우를 포함)·훼손(가액을 감소시키는 상태의 발생) 또는 연착(약정일시 또는 보통 도착하여야 할 일시에 미도착)으로 인한 손해배상책임을 면하지 못한다(상115조).

2) 운송주선인의 이러한 손해배상책임은 채무불이행책임의 일종이고, 과실책임주의에 따른 입법이다. 증명책임은 운송주선인측에 있다.[1] 운송주선인의 이러한 손해배상책임에 관한 상법의 규정은 그 사용인 등의 고의·과실에 대하여도 운송주선인이 책임을 부담하며 운송주선인측이 무과실의 증명책임을 부담하는 점에서 민법상 채무불이행으로 인한 손해배상책임(민390조)에 대하여 예외규정(특별규정)으로 보는 견해가 있으나,[2] 민법에서도 이행보조자의 과실을 채무자의 과실로 보고(민391조) 증명책임은 해석상 채무자측에 있다고 보고 있는 점에서 볼 때 이는 민법의 일반원칙에 대한 주의규정이라고 보아야 할 것이다(통설).[3]

이렇게 보면 책임발생원인 중에서 채무불이행의 유형(주의의무 해태〈懈怠〉의 유형)은 「운송물의

운송에 관하여 주의를 해태하지 아니하였음을 증명하지 아니하면 운송물의 멸실·훼손 또는 연착으로 인한 손해를 배상할 책임을 면하지 못한다. 한편 민법 제391조에 정하고 있는 '이행보조자'로서 피용자는 채무자의 의사 관여 아래 그 채무의 이행행위에 속하는 활동을 하는 사람이면 충분하고 반드시 채무자의 지시 또는 감독을 받는 관계에 있어야 하는 것은 아니다. 따라서 그가 채무자에 대하여 종속적인 지위에 있는지, 독립적인 지위에 있는지는 상관없다. 운송주선인은 위탁자를 위하여 물건운송계약을 체결할 것 등의 위탁을 인수하는 것을 본래적인 영업 목적으로 하나, 이러한 운송주선인이 다른 사람의 운송목적의 실현에 도움을 주는 부수적 업무를 담당할 수도 있는 것이어서 상품의 통관절차, 운송물의 검수·보관·부보·운송물의 수령인도 등의 업무를 담당하고 있는 것이 상례이다. 따라서 갑 주식회사는 복합화물운송주선사업 등을 영위하는 회사로 을 보험회사와 화물배상책임보험계약을 체결하였고, 그 후 병 주식회사 등과 운송주선계약을 체결하여 수입화물에 대한 해상운송·보세창고 보관·통관작업 진행·국내 배송을 위임받았는데, 위 화물이 인천항에 도착한 후 갑 회사와 거래하던 정 주식회사 운영의 보세창고에 입고되었다가 원인불명의 화재로 모두 전소되자, 갑 회사가 을 회사를 상대로 책임보험금의 지급을 구한 사안에서, 갑 회사는 위 화물의 운송과정에서 운송인의 선택과 운송계약 체결뿐만 아니라 인천항 보세창고 보관·통관절차 진행·국내 배송(또는 그 운송계약 체결)까지 위임받았고, 위임받은 사무를 선량한 관리자의 주의로써 이행할 의무가 있으며, 정 회사의 위 화물에 대한 보관은 갑 회사의 의사 관여 아래 이루어진 갑 회사의 채무 이행행위에 속하는 행위이므로, 정 회사를 갑 회사의 이행보조자라고 봄이 타당한데도, 이와 달리 본 원심판결에는 복합운송주선계약·운송주선인의 손해배상책임에 관한 법리오해의 잘못이 있다).

1) 동지: 대판 2007. 4. 27, 2007 다 4943(공보 2007, 783)(운송주선인이 자기나 그 사용인이 운송물의 수령·인도·보관·운송인이나 다른 운송주선인의 선택 기타 운송에 관하여 주의를 게을리하지 않았음을 증명하였으므로, 운송주선인은 상법 제115조에 따른 손해배상책임을 지지 않는다).

2) 김(용), 169면; 日大判 1913. 11. 15.

3) 정(희), 205~206면; 서·정, 208면; 손(주), 323~324면; 정(동), (총) 595면; 최(기), 348면; 이(철), 449면; 채, 276면; 이(기) 외, (총) 413면 외.

반대: 채, 276면(증명책임의 부담에서 민법의 일반원칙과 구별되고, 운송주선인에게 수급인과 유사한 책임을 부과한다는 의미가 있다고 한다); 김(용), 169면.

수령 · 인도 · 보관 · 운송인이나 다른 운송주선인의 선택 · 기타 운송에 관한 주의의
해태(懈怠)」만을 의미하는 것이 아니라 그 밖의 선량한 관리자로서의 주의의무의 해
태(예컨대, 포장의 점검 · 서류작성 등에서 필요한 주의의무의 해태)를 포함하고, 손해의 유형에서도 「운송물의 멸실 · 훼
손 · 연착으로 인한 손해」에 한하지 않고 그 밖의 손해를 포함한다.[1]

(2) 손해배상액

1) 운송주선인의 손해배상액에 대하여는 상법에 특별규정이 없으므로 민법의
일반원칙에 의한다. 즉, 운송주선인은 원칙적으로 채무불이행과 상당인과관계에 있
는 모든 손해를 배상하여야 하고($\frac{민\ 393}{조\ 1항}$), 예외적으로 특별손해는 운송주선인이 그 사
정을 알았거나 알 수 있었을 때에 한하여 배상할 책임을 진다[2]($\frac{민\ 393}{조\ 2항}$).

2) 상법 제115조는 임의규정이므로 운송주선인의 고의를 제외하고($\frac{민\ 2조,\ 103조,}{104조\ 참조}$),
당사자간의 특약에 의하여 그 책임을 면제 또는 제한하는 것은 무방하다고 본다.[3]

(3) 불법행위책임과의 관계

상법 제115조는 운송주선인의 주선계약상의 채무불이행으로 인한 손해배상책
임을 규정한 것인데, 운송물이 멸실 또는 훼손된 경우에는 동시에 불법행위를 구성
하는 경우가 있게 된다. 이 경우에 위탁자는 운송주선인에 대하여 채무불이행과 불
법행위를 이유로 하는 두 개의 청구권을 동시에 갖고 그 중 어느 것을 선택적으로
행사할 수 있다고 보는 견해(청구권경합설)와, 채무불이행책임은 불법행위책임의 특
수한 형태이므로 위탁자는 운송주선인에 대하여 채무불이행에 기한 손해배상청구
권만을 갖는다고 보는 견해(법조경합설)로 나뉘어 있다.

1) 청구권경합설은 채무불이행책임과 불법행위책임과는 그 요건과 효과를 달리
하므로 두 개의 청구권은 별개의 청구권이고, 그 선택행사를 인정하는 것이 피해자
인 위탁자를 보호하는 것이 된다고 한다(통설 · 판례).[4]

---

1) 동지: 정(희), 205면.
　　반대: 정(동), (총) 596면(상법 제115조가 적용되는 손해의 발생사유는 운송물의 멸실 · 훼손 또
　　는 연착으로 인한 손해에만 한한다고 보고 이렇게 해석하는 것이 상법 제121조의 해석과도 모순
　　되지 않는다고 하는데, 운송주선인의 경우에는 상법 제137조와 같은 규정이 없어 손해배상액에
　　대하여 제한을 하지 않으므로 운송인과는 구별된다고 본다).
2) 동지: 정(희), 206면; 정(동), (총) 596면.
　　다만 입법론으로는 운송주선인에게도 상법 제137조를 준용하도록 하자는 의견이 있다[의견서,
　　34면; 서 · 정, 209면].
3) 동지: 정(희), 206면; 정(동), (총) 598면.
　　보통 약관에서 각종의 면책약관을 규정하고 있는데, 이러한 면책약관이 민법 제103조의 반사회
　　질서의 법률행위 또는 민법 제2조의 신의칙에 반하거나 권리남용이 되는 법률행위가 되는 경우는
　　무효가 된다고 보아야 함은 물론이다(약규 6조, 7조 참조).
4) 서 · 정, 209면; 손(주), 325면; 정(동), (총) 598면; 임(홍), (상행위) 769면; 이(철), 450면; 채,
　　278면; 김(용), 170면; 이(병), 289면; 정(무), 227면; 최(기), 383면; 이(기) 외, (총) 417면; 대판

2) 법조경합설은 하나의 행위가 두 개의 법규에 저촉되는 외관을 나타내지만, 불법행위책임은 일반적인 손해배상책임으로서 계약관계가 있는 경우는 불법행위로서의 위법성이 조각될 뿐만 아니라 계약법은 특별법으로서 일반법인 불법행위의 규정의 적용을 배제하므로 채무불이행으로 인한 손해배상책임만이 발생한다고 한다(소수설).[1]

생각건대 채무불이행으로 인한 책임과 불법행위로 인한 책임은 그 성질을 달리하고, 또 운송주선인의 채무불이행책임은 상법에 의하여 경감되어 있으므로(단기소멸시효 등에서 - 상121조) 피해자를 보호하기 위하여는 청구권경합설이 타당하다고 본다.

참고로 상법(1991년 개정)은 해상운송인의 책임에 관하여는 법조경합설에 따른 입법을 하고 있다(상798조).

(4) 고가물에 대한 특칙(상124조, 136조)

1) 화폐·유가증권 기타의 고가물[2]에 대하여는 위탁자가 운송의 주선을 위탁함에 있어 그 종류와 가액을 명시하지 않으면 운송주선인은 손해배상책임을 지지 않는다(상124조, 136조). 상법이 이와 같이 고가물에 대하여 특칙을 둔 이유는 위탁자는 고가물의 종류와 가액을 명시하지 않음으로써 고가물에 상당하는 보수의 지급을 면하고자 하는 경우가 많은데 이를 방지하고, 위탁자가 고가물을 명시하였더라면 운송주선인은 그 보관 기타의 처리에 있어서 그에 상당한 주의를 하여 손해의 발생을 미리 방지할 수 있기 때문이다.[3]

2) 이러한 고가물에 대한 특칙과 관련하여 발생하는 많은 문제점에 관하여는 운송인의 책임에서 상세히 설명한다.

(5) 운송주선인의 책임의 시효(상121조)

1) 운송주선계약에 의하여 운송주선인이 부담하는 채무는 상행위에 의하여 생긴 채무이므로 이 채무의 불이행으로 인한 책임은 원칙적으로 5년의 시효에 걸릴

1962. 6. 21, 62 다 102(집 10 ③ 민 299); 동 1977. 12. 13, 75 다 107(집 25 ③ 민 340).
　청구권경합설 중에는 채무불이행으로 인한 책임의 한도에서만 불법행위책임을 인정하자는 견해(절충설)도 있다(양·박, 149면; 日大判 1926. 2. 23).
1) 정(희), 207면(불법행위책임이 채무불이행책임보다 더 무겁다고 할 수도 없고 또 청구권의 시효도 짧으므로, 불법행위책임을 인정한다고 하여 피해자가 더 두텁게 보호된다고 할 수 없는 점 등을 고려한다면 법조경합설이 옳지 않은가 한다); 이(원), 204면.
　법조경합설 중에서도 고의의 경우는 청구권경합을 인정하는 견해(절충설)도 있다[서(정), 156~157면].
2) 대판 1963. 4. 18, 63 다 126(집 11 ① 민 256)(견직물은 오늘날 사회경제 및 거래상태로 보아 고가물이라고 할 수 없다).
3) 동지: 정(희), 207면.

것이지만($\substack{상 \\ 64조}$), 상법은 운송주선인의 책임에 관하여 단기소멸시효를 두어 「수하인이 운송물을 수령한 날로부터 1년을 경과한 때에는 소멸시효가 완성한다」고 하였다($\substack{상 121 \\ 조 1항}$). 그 이유는 운송주선계약상의 채무불이행으로 인한 책임($\substack{특히 운송물의 멸실·훼 \\ 손·연착으로 인한 책임}$)은 이에 관한 증거가 인멸되기 쉽고, 비록 증거가 보전된 경우에도 무수한 운송물을 다루는 운송주선인으로서는 오래 그 증거를 보전하기가 곤란하며, 또 운송물의 멸실·훼손·연착 등은 운송인 또는 다른 운송주선인의 귀책사유와 밀접한 관계가 있기 때문이다.[1]

2) 1년의 시효는 원칙적으로 「수하인이 운송물을 수령한 날」의 다음 날부터 기산되는데($\substack{상 121조 1항, \\ 민 157조 본문}$), 운송물이 전부 멸실된 경우에는 예외적으로 그 운송물을 「인도할 날」의 다음 날부터 기산한다($\substack{상 121조 2항, \\ 민 157조 본문}$). 「수하인이 운송물을 수령한 날」이라 함은 위탁자를 보호하기 위하여 위탁자가 운송물의 수하인으로 지정한 자가 적법하게 운송물의 인도를 받은 날을 의미하고, 운송주선인이 운송물을 운송인에게 인도한 날 또는 운송주선인 또는 그의 이행보조자가 운송계약상 수하인으로 된 경우에 이러한 자가 운송물을 수령한 날을 의미하지 않는다.[2]

3) 1년의 단기소멸시효기간이 적용되기 위하여는 (i) 운송주선인의 책임발생원인이 「운송물의 멸실·훼손 및 연착」으로 인한 경우에 한하고, (ii) 또 운송주선인이나 그 사용인이 「악의」가 아니어야 한다($\substack{상 121 \\ 조 3항}$). 따라서 운송주선인의 책임이 운송물의 멸실·훼손 및 연착 이외의 원인으로 발생하거나, 운송주선인이나 그 사용인이 악의인 경우에는 운송주선인의 책임은 일반상사시효와 같이 5년의 소멸시효에 걸린다($\substack{상 \\ 64조}$). 이 때 운송주선인이나 그 사용인이 「악의」라 함은 적극적으로 운송물의 멸실·훼손·연착을 초래하거나 은폐한 경우뿐만 아니라, 소극적으로 이를 알면서 수하인에게 알리지 않고 인도한 경우를 포함한다고 본다.[3] 또한 이러한 1년의 단기소멸시효기간은 당사자간의 약정에 의하여 이를 배제하거나 연장할 수 없다.[4]

(6) 수하인에 대한 책임($\substack{상 124조, \\ 140조}$)

운송물이 도착지에 도착한 후에는 운송주선계약상 수하인으로 된 자도 권리자

---

1) 동지: 정(희), 207면; 정(동), (총) 596~597면.
2) 동지: 정(희), 208면; 정(동), (총) 597면.
3) 동지: 대판 1987. 6. 23, 86 다카 2107(공보 806, 1216)(운송인이나 그 사용인이 운송물에 훼손이나 일부 멸실이 있다는 것을 알면서 이를 수하인에게 인도한 경우는 악의에 해당한다).
반대: 손(주), 325면(채무자의 악의는 보다 강한 귀책사유를 요구하기 때문에 소극적으로 알리지 않은 경우는 포함되지 않는다고 한다).
4) 동지: 상게 대판 1987. 6. 23, 86 다카 2107.
반대: 상 814조 단서(해상운송인 등의 책임의 제척기간은 당사자간의 합의에 의하여 연장할 수 있다) 등.

이므로($\substack{상 124조,\\140조 1항}$), 운송주선인은 이러한 수하인에 대하여도 운송주선계약상의 의무 및 이러한 의무위반에 따른 책임을 부담한다.

제 4 운송주선인의 권리

1. 보수청구권($\substack{상\\119조}$)

(1) 보수청구권의 발생

운송주선인은 상인이므로 당사자간에 보수에 관한 특약이 없더라도 위탁자에 대하여 상당한 보수를 청구할 수 있다($\substack{상\\61조}$).

(2) 보수청구권의 행사시기

그런데 운송주선인은 이러한 보수청구권을 언제 행사할 수 있느냐가 문제된다. 즉, 운송주선인은 「주선계약(위임계약)의 이행을 완료하였을 때」에 보수청구권을 행사할 수 있는데, 언제 주선계약의 이행이 완료되었다고 볼 것인지가 문제된다($\substack{민 686\\조 2항}$). 이는 운송주선인이 운송인과 운송계약을 체결하고, 운송인에게 운송물을 인도하였을 때라고 보아야 할 것이다. 이에 대하여 우리 상법은 운송주선인의 보수청구권에 관하여 「운송주선인이 운송물을 운송인에게 인도한 때에는 즉시 보수를 청구할 수 있다」고만 규정하여($\substack{상 119\\조 1항}$), 특히 보수청구권의 행사시기에 대하여만 규정하고 있는데, 이는 운송계약의 존재를 전제로 하고 있다. 따라서 운송물의 인도가 있더라도 운송계약이 성립하지 않은 이상 운송주선인은 보수를 청구할 수 없다. 운송계약의 성립을 전제로 하지 않는 운송물의 인도는 운송주선계약의 이행에 따른 인도라고 볼 수 없기 때문이다.[1] 운송주선인이 보수를 청구함에는 운송주선에 관한 계산보고를 하여야 할 것이고, 또 운송주선인이 도착지운송주선인의 사무까지 인수한 경우에는 그 사무를 끝마쳤을 때 비로소 보수를 청구할 수 있다.[2] 운송주선인에게 책임 없는 사유로 말미암아 운송주선인이 운송인에게 운송물을 인도할 수 없었을 때에는 인도 없이 보수를 청구할 수 있는 것은 물론이다($\substack{민 686\\조 3항}$).

(3) 보수청구권이 발생하지 않는 경우

1) 확정운임 운송주선계약(Spedition mit festen Spesen)의 경우

(가) 운송주선인은 운송주선계약에서 운임의 액을 정하는 경우가 있다. 이 경우에는 특약이 없는 한 운송주선인은 따로 보수를 청구하지 못한다($\substack{상 119\\조 2항}$). 왜냐하면

---

1) 동지: 정(희), 210면; 정(동), (총) 599면.
2) 동지: 정(희), 210면.

이 경우에는 당사자가 보수를 포함하여 운임액을 확정하고, 상호간 운임에 대한 투기를 하고 있다고 볼 수가 있기 때문이다.

(나) 확정운임 운송주선계약을 무엇으로 볼 것인가에 대하여, (i) 운송주선인이 개입권($^{상}_{조}\,^{116}_{1항}$)을 행사한 경우로 보는 견해도 있으나(개입설),[1] (ii) 개입권은 당사자간의 특약에 의하여 발생하는 것이 아니라 상법의 규정에 의하여 발생하고 또 그 권리는 형성권으로서 당사자 일방의 의사표시에 의하여 행사되는 것이므로 이를 개입권을 행사한 것으로 볼 수는 없고, 운송계약이 성립한 것으로 보아야 할 것이다(운송계약설).[2] 만일 이러한 경우 개입권을 행사한 경우로 보게 되면 운송주선인은 위탁자에 대하여 보수청구권을 갖게 되는데, 이것은 상법 제119조 2항에도 정면으로 반하게 된다. 이와 같이 이를 운송계약이 성립한 것으로 보는 경우, 운송주선인이 선정한 운송인은 운송주선인의 이행보조자가 되므로 그의 고의·과실에 대하여 운송주선인이 책임을 져야 하고($^{상}_{135조}$), 운송주선인은 운송을 완료한 때에 한하여 그의 보수(확정운임)청구권을 행사할 수 있다($^{민}_{665조}$).

판례는 이러한 확정운임 운송주선계약으로 볼 수 있는 요건으로서 주선인에게 운송수행을 위한 재산적 바탕($^{선박 등의 소유}_{기타 상업신용}$)이 있어야 하고, 정해진 운임의 액이 운임뿐만 아니라 운송물이 위탁자로부터 수하인에게 도달될 때까지의 액수이어야 한다고 한다.[3]

2) 혼재운송(주선)계약(Sammelladungsspedition)의 경우

(가) 운송주선인이 다수의 위탁자로부터 동일한 운송노선에 관하여 운송을 위탁받고 자기명의와 자기계산으로 운송계약을 체결하는 경우($^{혼재운송계약을}_{체결하는 경우}$)가 있다. 이 경우에는 (실제의) 운임이 확정되지 않은 경우에도 앞에서 본 확정운임 운송주선계약과 동일하게 보아야 할 것이다. 따라서 이 경우에는 운송주선인은 위탁자에 대하여 별도의 보수청구권을 갖지 못한다.[4]

(나) 그러나 이 때 운송주선인이 위탁자의 계산으로 (그러나 자기명의로) 운송계약을 체결하는 경우에는, 운송주선인이 받은 운임과 실제의 운임의 차액은 위탁자가

---

1) 소수설: 서·정, 211면; 김(용), 171~172면.
2) 동지(다수설): 정(희), 210면; 손(주), 326면; 이(철), 452면(다만 당사자가 운송계약인지, 운송주선계약인지를 분명히 밝히지 않고 이러한 계약을 체결한 경우에 한하여 운송계약으로 볼 수 있다고 한다); 정(동), (총) 606면; 최(기), 352면; 이(원), 205~206면; 주상(상), 618면; 이(기) 외, (총) 418면; 주상(Ⅰ), 618면 외.
   독일 상법 제413조 1항은 「이 경우 운송주선인은 운송인으로서의 권리와 의무만 가진다」고 규정하고 있다.
3) 대판 1987. 10. 13, 85 다카 1080(공보 813, 1691).
4) 동지: 정(희), 212면; 최(기), 352면.

이득을 보는 것이므로 이러한 운송계약은 실제로 운송주선계약이 된다. 따라서 이 경우에는 운송주선인은 위탁자에 대하여 보수청구권을 갖는다.

2. 비용상환청구권($^{상}_{123조}$)

운송주선인이 주선계약을 이행함에 있어서 운송인에게 운임 기타 운송을 위한 비용을 지급한 때에는 위탁자에 대하여 이의 상환을 청구할 수 있다($^{상\ 123조\ \cdot\ 112조,}_{민\ 688조}$).

3. 유 치 권($^{상}_{120조}$)

(1) 운송주선인은 운송물에 관하여 수령할 보수·운임 기타 위탁자를 위한 체당금이나 선대금(先貸金)에 관하여서만 그 운송물을 유치할 수 있는 특별상사유치권을 갖는다($^{상}_{120조}$). 이와 같이 운송주선인은 이 유치권을 위에 적은 채권에 관하여서만 행사할 수 있다. 상인간의 유치권인 일반상사유치권에 비하여 운송주선인의 특별상사유치권의 피담보채권의 범위를 이와 같이 제한한 것은, 위탁자와 운송주선인간에는 원칙적으로 계속적 거래관계가 없고 또 수하인의 이익을 보호할 필요가 있기 때문이다.[1]

(2) 이와 같이 운송주선인의 특별상사유치권은 (i) 피담보채권과 유치목적물과의 관련을 요하고, (ii) 유치목적물(운송물)의 소유권의 소재 여하·점유취득원인이 상행위인지 여부를 묻지 않으므로, 일반상사유치권($^{상}_{58조}$)과는 많은 차이가 있고 오히려 민사유치권($^{민}_{320조}$)과 유사하다. 그러나 유치목적물이 운송물로 한정된다는 점에서는 민사유치권과 구별된다.

(3) 운송주선인의 보수청구권은 운송물을 운송인에게 인도하였을 때 행사할 수 있으므로($^{상\ 119}_{조\ 1항}$) 이러한 보수청구권을 담보하기 위하여 운송주선인에게 유치권을 인정하는 것은 물건의 점유를 요건으로 하는 유치권과 모순되는 것 같지만, 운송주선인은 운송인을 통하여 운송물을 간접점유를 하고 있으므로 운송물의 처분권을 행사함으로써($^{상}_{139조}$) 유치권을 행사할 수 있다.

4. 개 입 권($^{상}_{116조}$)

(1) 개입권의 의의

운송주선인은 다른 약정이 없으면 직접 운송할 수 있는데($^{상\ 116조}_{1항\ 1문}$), 이를 운송주선인의 개입권이라 한다. 이를 인정하는 취지 및 남용되지 않도록 해석론상 및 입법

---

1) 동지: 정(희), 211면.

론상 세심한 주의가 필요한 점은 위탁매매인의 개입권과 같다.

(2) 개입권행사의 요건

운송주선인이 개입권을 행사함에는 개입금지의 특약만 없으면 족하고, 위탁매매인의 개입권과 같이 운임에 관하여 시세가 있음을 요하지 않는다. 이는 운임이나 운송방법이 대체로 일정하여 운임에 관하여 시세가 있음을 요하는 요건이 없어도 개입에 의한 폐단이 없기 때문이다.[1] 또한 운송주선인이 아직 운송계약을 체결하지 않았어야 한다는 요건도 필요 없다(이 점도 위탁매매인의 개입 / 권행사의 요건과 구별된다). 따라서 운송주선인이 운송인과 운송계약을 체결한 후라도 위탁자에게 주선계약의 이행을 통지하기까지에는 그 운송계약을 해제하고 개입권을 행사하거나, 또는 개입권을 행사하여 그 운송계약을 하수운송계약으로 할 수 있다.[2]

(3) 개입권의 성질과 행사

개입권의 성질은 형성권이므로, 운송주선인의 위탁자에 대한 명시 또는 묵시의 단독의 의사표시로 이를 행사한다. 개입의 효력은 이러한 개입의 의사표시가 상대방에게 도달하였을 때 생긴다고 본다($\frac{민}{조}\frac{111}{1항}$). 왜냐하면 개입은 운송주선인이 스스로 운송인으로서 운송채무를 부담하는 효과를 생기게 할 뿐이고 반드시 스스로 운송을 할 필요가 없기 때문에, 그 의사표시가 없는 한 개입의 유무를 위탁자가 판별할 수 없어 거래의 안전을 해할 염려가 있기 때문이다. 그러나 운송주선인이 스스로 운송을 개시하고 위탁자가 그 사실을 안 때에는 묵시의 개입의 의사표시가 있다고 볼 수 있을 것이다.[3]

(4) 개입권행사의 효과

1) 개입을 한 경우에는 운송주선인은 운송인과 동일한 권리의무를 갖는다($\frac{상}{조}\frac{116}{1항}$ / 2문). 즉, 위탁자와 운송주선인 사이에는 새로이 운송계약상의 법률관계가 생겨 운송의 규정을 적용받게 된다.

2) 개입은 운송주선계약을 이행하는 한 방법에 불과하므로 위임관계가 종료하는 것은 아니다. 따라서 운송주선인은 개입권을 행사하더라도 운송주선인으로서의 의무를 부담하는 동시에 운송주선인으로서의 권리도 가지고 있어 보수·비용 등을 청구할 수 있다. 다만 이 경우에는 운송주선인이 스스로 운송인이 되는 것이므로, 보수청구권의 행사시기는 「운송물을 인도받았을 때」가($\frac{상}{조}\frac{119}{1항}$) 아니라 「현실로 운송

---

1) 동지: 정(희), 211면; 정(동), (총) 602면.
2) 동지: 주상(Ⅰ), 603면; 정(동), (총) 602면(운송계약을 체결하였어도 운송인에게 운송물을 인도하기〈운송주선의 실행행위를 하기〉 전에는 스스로 개입할 수 있다고 한다).
3) 동지: 정(희), 212면.

을 개시하였을 때」라고 보아야 할 것이다.[1]

3) 위탁자가 개입의 통지를 받은 후에는 위탁자는 위탁을 취소할 수 없다. 왜냐하면 개입의 의사표시는 위탁자가 그 통지를 받은 때부터 당연히 그 효력이 생기기 때문이다.[2]

(5) 개입의 의제

1) 개입권의 행사는 명시 또는 묵시의 의사표시로 하는데, 상법은 일정한 경우에는 개입권을 행사한 것으로 의제하고 있다. 즉, 「운송주선인이 위탁자의 청구에 의하여 화물상환증을 작성한 때」에는 직접 운송하는 것으로 의제하고 있다($\frac{\text{상 116}}{\text{조 2항}}$). 상법이 이와 같이 개입을 의제하는 규정을 둔 취지는 운송주선인이 자기명의로 화물상환증을 발행하는 경우에는 개입을 한다는 묵시적인 의사표시가 있는 것으로 볼 수 있고, 또 그러한 운송증권의 유효성과 신용을 확보해 주기 위해서이다.[3] 상법은 화물상환증을 작성한 경우에 대하여만 규정하고 있으나, 선하증권을 작성한 경우에도 동일하게 해석하여야 할 것이다.[4]

2) 이 때 운송주선인이 발행하는 화물상환증은 「자기명의」로 발행한 경우에 한하고, 타인의 대리인으로 발행한 경우에는 개입이 의제되지 않는다.[5]

5. 운송주선인의 채권의 소멸시효($\frac{\text{상}}{\text{122조}}$)

운송주선인이 위탁자 또는 수하인에 대하여 가지는 채권은 1년간 행사하지 않

---

1) 동지: 정(희), 213면; 정(동), (총) 604면; 임(홍), (상행위) 780면.

2) 동지: 정(희), 213면.

3) 동지: 주상(Ⅰ) 604면; 이(철), 455면; 정(희), 212면(이는 개입의 의사표시가 가장 뚜렷한 경우로서 의제의 필요조차 없는 당연한 규정이라고 한다).

4) 동지: 대판 2015. 5. 28, 2014 다 88215(운송인이 누구인지는 운송의뢰인에 대한 관계에서 운송을 인수한 자가 누구인지에 따라 확정된다. … 당사자의 의사가 명확하지 않은 경우에는 계약체결 당시의 상황, 선하증권의 발행자 명의, 운임의 지급형태, 운송을 의뢰받은 회사가 실제로 수행한 업무 등 여러 사정을 종합적으로 고려하여 논리와 경험칙에 따라 운송주선업자가 운송의뢰인으로부터 운송을 인수하였다고 볼 수 있는지 여부를 확정하여야 한다. 원심은, 법인등기부상 피고 회사의 목적, 화물에 관한 해상화물운송장과 마스터 선하증권이 발행된 경위 및 그 기재 내용, 피고가 실제로 수행한 업무의 내용, 피고가 청구한 운임 내역 등을 들어, 피고는 수입업자와의 관계에서 운송주선인이 아니라 화물의 운송을 담당하기로 한 운송인이라고 판단하였는데, 정당하다).

5) 동지: 대판 1987. 10. 13, 85 다카 1080(공보 813, 1691)(해상운송주선인이 양륙항에서의 통관 및 육상운송의 편의를 위하여, 화주의 부탁으로 현지상인을 대리하여 선적선하증권을 발행한 경우는 상법 제116조의 개입권행사의 적법조건이 되는 운송주선인이 작성한 증권으로 볼 수 없다); 동 2007. 4. 26, 2005 다 5058(공보 2007, 754)(해상운송주선인이 위탁자의 청구에 의하여 선하증권을 작성한 때에는 상법 제116조에서 정한 개입권을 행사하였다고 볼 것이나, 해상운송주선인이 타인을 대리하여 위 타인 명의로 작성한 선하증권은 특별한 사정이 없는 한 같은 조에서 정한 개입권행사의 적법조건이 되는 '운송주선인이 작성한 증권'으로 볼 수 없다).

으면 소멸시효가 완성한다($\substack{상 \\ 122조}$). 이러한 단기소멸시효가 적용되는 운송주선인의 위탁자에 대한 채권은 보수청구권과 비용상환청구권이고, 그 시효기간의 기산점은 그 채권을 행사할 수 있는 때이다.

제 5 수하인의 지위

운송주선계약에서 운송물의 수령인으로 지정된 자인 수하인($\substack{운송계약상의 수하인과 반 \\ 드시 동일인인 것이 아님}$)은 운송주선계약의 당사자는 아니지만, 운송물의 공간적 이동과 계약이행의 정도에 따라 마치 운송계약에 있어서의 운송인과 수하인과의 관계와 같이 직접 운송주선인과의 사이에 법률관계가 생긴다. 즉, (i) 운송물이 도착지에 도착한 때에는 수하인은 운송주선계약에 의하여 생긴「위탁자의 권리」와 동일한 권리를 취득하고($\substack{상 124조, \\ 140조 1항}$), (ii) 운송물이 도착지에 도착한 후 수하인이 그 인도를 청구한 때에는 수하인의 권리가 위탁자의 권리에 우선하며($\substack{상 124조, \\ 140조 2항}$), (iii) 수하인이 운송물을 수령한 때에는 운송주선인에 대하여「보수 기타의 비용과 체당금을 지급할 의무」를 부담한다($\substack{상 124 \\ 조, 141조}$). 실무에서는 운송주선계약에서 요금을 위탁자가 지급(선급)할 것인가, 수하인이 지급(착급)할 것인가를 정하는 것이 보통이다.

제 6 순차운송주선에 관한 특칙

1. 순차운송주선의 형태

동일운송물의 운송에 수 인의 운송주선인이 관계하는 형태에는 다음과 같이 여러 형태가 있는데, 이를「광의의 순차운송주선」이라 한다.

(1) **부분운송주선**(Teilspedition)

1) 수 인의 운송주선인이 각 구간별로 독립하여 위탁자(송하인)로부터 운송주선을 인수하는 경우가 이에 해당한다.

2) 이는 각 운송주선인과 위탁자간에 개별적인 운송주선계약이 성립하므로, 각 운송주선인 상호간에는 아무런 법률적인 문제가 생기지 않는다.

(2) **하수운송주선**(Unterspedition)

1) 한 운송주선인이 전 구간의 운송주선을 위탁자(송하인)로부터 인수하고, 이의 전부 또는 일부를 자기의 명의와 자기의 계산으로 다른 운송주선인에게 다시 위탁하는 경우가 이에 해당한다.

2) 이는 위탁자와의 관계에서 보면 최초의 운송주선인만이 주선계약의 당사자이고, 다른 운송주선인은 최초의 운송주선인의 이행보조자에 불과하므로 위탁자와는 직접적인 법률관계를 갖지 않는다. 따라서 이 경우에도 운송주선인 상호간 및 운송주선인과 위탁자와의 관계에서 새로운 법률문제가 발생하지 않는다.

(3) 중간(중계)운송주선(Zwischenspedition)

1) 중계운송을 요하는 운송물에 관하여 제1의 운송주선인($^{발송지의}_{운송주선인}$)이 위탁자(송하인)로부터 최초의 구간의 운송주선을 인수하고, 자기의 구간 이외의 구간에 대하여는 자기의 명의와 위탁자의 계산으로 제2이하의 운송주선인과 운송주선을 할 것을 인수하는 등, (운송주선인의 명의와 위탁자의 계산으로 하는) 이러한 운송주선의 인수행위가 순차로 이어져 최후에는 도착지의 운송주선인이 운송주선을 인수하는 경우에, 제1의 운송주선인의 구간 이외의 운송주선이 이에 해당한다. 이 때 제1의 운송주선인이 중간운송주선인을 선임하는 것은 복위임에 해당하므로, 제1의 운송주선인은 위탁자와의 사이에서 이에 관한 특약이 있든가 또는 부득이한 사정이 있는 경우에만 이를 선임할 수 있다고 본다[1]($^{민\ 120조,}_{121조\ 참조}$).

이러한 형태의 운송주선을 「협의의 순차운송주선」이라고 하고($^{상법\ 117조\ 1항의\ '수}_{인이\ 순차로\ 운송주선}_{는\ 이를\ 의미함}$), 중계지와 도착지의 운송주선인을 「중간운송주선인」이라고 한다.[2] (협의의) 순차운송주선의 경우 제1의 운송주선인은 중간운송주선인의 선택에 과실이 있는 경우에만 책임을 지고 전 구간에 대하여 책임을 지는 것이 아닌 점에서 하수운송주선과 구별된다($^{민\ 121조}_{1항\ 참조}$).[3]

2) 이러한 협의의 순차운송주선의 경우에는 운송주선인 상호간에 새로운 법률문제가 발생하므로, 상법은 제117조와 제118조에서 특별히 규정하고 있다.[4]

---

1) 동지: 서·정, 214면.
2) 반대: 대판 1987. 10. 13, 85 다카 1080(공보 813, 1691)(이러한 운송주선인이 운송주선인이라고 불려지고 있어도 이러한 자는 화주〈송하인〉의 위탁이 아니고 발송지운송주선인의 위탁을 받고 하는 도착지운송주선인이나 중간운송주선인이므로, 이러한 자는 특별한 사정이 없는 한 '상법상의 운송주선인'이 아니다).
3) 동지: 정(동), (총) 609면.
4) 동지: 정(희), 214면.
  반대: 정(동), (총) 610면(우리 상법은 독일 상법 제411조·제408조와는 달리 중간운송주선인을 제한하고 있지 않은 점과 우리 상법 제147조의 순차운송의 해석에 있어서는 부분운송·하수운송 등이 모두 포함된다고 해석하는 것이 통설인 점에서, 상법 제117조·제147조는 모두 공통되게 부분운송주선과 하수운송주선이 포함되는 것으로 해석하여야 한다고 한다).

2. 순차운송주선인의 법률관계

(1) 전자의 권리를 행사할 의무($\substack{\text{상 117} \\ \text{조 1항}}$)

수 인이 순차로 운송주선을 하는 경우에는 「후자($\substack{\text{중간운송주선인}}$)는 전자($\substack{\text{발송지운} \\ \text{송주선인}}$ 또는 자기의 이전의 중간운송주선인)에 갈음하여 그 권리($\substack{\text{보수·비용 등의} \\ \text{청구권, 유치권}}$)를 행사할 의무를 부담한다」($\substack{\text{상 117} \\ \text{조 1항}}$). 원래 발송지운송주선인(갑)과 제1의 중간운송주선인(을) 또는 제1의 중간운송주선인(갑)과 제2의 중간운송주선인(을)간에는 운송주선계약이 체결될 것이므로 을은 수임인으로서 갑을 위하여 선량한 관리자의 주의로써 위임사무를 처리할 의무를 부담하는데($\substack{\text{민} \\ \text{681조}}$), 을이 갑의 권리를 행사하여야 할 의무를 부담하는 것은 이러한 선관주의의무를 구체화한 것이라고 볼 수 있다. 따라서 여기에서 「전자(前者)」라고 하는 것은 자기의 직접적인 전자($\substack{\text{운송주선계} \\ \text{약의 상대방}}$)만을 의미한다.[1]

을의 권리행사는 갑의 대리인으로서 하는 것이지만, 갑의 수권을 요하지 않고 운송주선계약에서 당연히 생기는 일종의 「법정대리」이다.[2] 이것은 운송의 특수한 성질($\substack{\text{지역적으로} \\ \text{이전하는 성질}}$)에서 후자에게 전자를 위한 법정대리인의 지위를 인정한 것으로 볼 수 있다. 을의 이 의무는 법률상의 의무이므로 을이 이 의무를 게을리하면 갑에 대하여 손해배상책임을 진다.[3]

(2) 전자의 권리의 취득($\substack{\text{상 117} \\ \text{조 2항}}$)

수 인이 순차로 운송의 주선을 하는 경우에는 「후자가 전자에 변제를 하였을 때에는 전자의 권리를 취득한다」($\substack{\text{상 117} \\ \text{조 2항}}$). 이 경우의 전자는 반드시 자기의 직접 전자임을 요하지 않는다(통설).[4] 왜냐하면 전자의 청구금액이 명백한 이상, 이것을 변제하는 것은 그 자의 이익이 되면 되었지 불이익이 될 까닭이 없기 때문이다.

이 때 후자는 변제에 의하여 전자의 권리를 「법률상 당연히 승계취득」하는데, 민법상 변제자대위($\substack{\text{민} \\ \text{481조}}$)에 대한 특칙으로 볼 수 있다.[5] 따라서 전자의 채무자($\substack{\text{예컨} \\ \text{대, 전} \\ \text{자의 위} \\ \text{탁자 등}}$)는 전자에 대항할 수 있었던 항변사유로써 그 권리를 승계취득한 후자에 대하

---

1) 동지: 손(주), 330면; 임(홍), (상행위) 688면; 임(홍), (상) 415면(후자는 전자의 위임을 필요로 하지 않고 전자에 갈음해서 그 권리를 행사하는 대리권을 당연히 가진다고 한다); 주상(Ⅰ), 613면; 정(동), (상) 227면(자기와 전 전자 사이에는 아무런 법률관계가 없기 때문이라고 함).
   반대: 이(철), 457면(중간운송주선인은 자기의 위탁자인 운송주선인 및 그 이전의 단계의 운송주선인이 갖는 보수 등의 권리를 행사할 의무를 갖는다고 한다).
2) 동지: 정(희), 215면; 서·정, 214면 외.
   반대: 정(동), (총) 611면(을은 자기의 이름으로 그 권리를 행사하기 때문에 대리가 아니고, 소송상 이 권리를 행사하는 경우에는 제3자의 소송담당에 해당한다고 한다); 정(동), (상) 277면.
3) 동지: 정(동), (상) 277면.
4) 정(희), 215면; 정(동), (총) 611~612면 외.
5) 동지: 김(정), 312면(이 때에 운송주선인은 변제할 정당한 이익을 가지므로 민법상 변제자대위의 법리가 적용된다고 한다).

여도 전부 대항할 수 있다.

(3) 운송인의 권리의 취득($\overset{상}{118조}$)

운송주선인이 운송인에게 변제를 한 때에는 「운송인의 권리($\overset{운임 기타}{의 채권}$)를 취득한다」($\overset{상}{118조}$). 이 경우도 민법상 변제자대위($\overset{민}{481조}$)에 대한 특칙으로 볼 수 있다.[1] 여기에서 「운송주선인」이라 함은 중간운송주선인($\overset{특히 도착지}{운송주선인}$)을 말하고, 「운송인」이라 함은 자기가 운송계약을 체결한 운송인을 말하는 것이 아니라 자기의 이전 구간의 운송인을 말한다($\overset{보통 중간운송주선인은 이전 구간의 운송인에게}{운임·비용 등을 지급하고 운송물을 수령한다}$). 왜냐하면 운송주선인이 운송계약을 체결한 운송인에게 변제를 하는 것은 당연하고, 또 그가 그 변제로 인하여 운송인의 권리를 취득한다는 것은 자기에 대한 권리를 취득하는 것이 되어 무의미하기 때문이다.[2]

제 5 절 운 송 업

제 1 관 총   설

제 1 운송업의 목적

기업활동은 재화의 교환을 중심으로 하여 발전하여 온 것이므로, 재화의 교환가치의 시간적·공간적 차이를 이용하여 이윤을 획득하는 것이 기업활동의 중심이 되어 있다. 이러한 재화의 공간적 이전을 관장하는 기업이 곧 (물건)운송업(carriage; Frachtgeschäft; commerce de transport)인데($\overset{이에 반하여 재화의 교환가치의 시간적 차이를}{이용하여 이윤을 확보해 주는 기업이 창고업이다}$), 이러한 운송업은 창고업과 함께 재화의 수급조절에 중대한 기능을 할 뿐만 아니라 기업에 있어서 가장 중요한 보조업 중의 하나이다.[3]

제 2 운송의 종류

1. 물건운송 · 여객운송 · 통신운송(운송의 객체에 의한 분류)

이것은 운송의 객체(목적물)에 따른 구별이다. 운송업의 중심이 되는 것이 물건운송임은 말할 것도 없지만, 여객운송의 중요성도 매우 증대하고 있다. 통신운송에

---

1) 동지: 김(정), 312면(이 때에도 민법상 변제자대위의 법리가 적용된다고 한다).
2) 동지: 정(희), 215면; 이(철), 457면; 이(기) 외, (총) 425면; 주상(Ⅰ), 615면.
3) 정(희), 215~216면; 정(동), (총) 497면.

는 서신의 송달뿐만 아니라 전신과 전화 등도 포함되는데, 우리나라에서의 우편통신업은 공익사업으로서 원칙적으로 공공기관이 독점하고 있으나, 예외적으로 한정된 범위 내에서는 사인(私人)이 영업을 할 수 있다($^{우편\ 2조,\ 1조의\ 2}_{7호,\ 동법시행령\ 3조}$).[1)]

2. 육상운송 · 해상운송 · 항공(공중)운송(운송지역에 의한 분류)

이것은 운송지역에 따른 구별이다. 육상운송과 해상운송은 운송의 용구 · 방법 · 위험성 · 운송기간 · 비용 등 여러 가지 점에서 많은 차이점이 있기 때문에 상법은 이를 구별하여 규정하고 있다. 항공운송은 육상운송과 해상운송의 두 가지 성질을 겸하고 있다고 하겠으나, 전체적으로는 해상운송에 유사한 성질을 갖고 있다고 볼 수 있다. 2011년 5월 개정상법은 상법 제6편을 신설하여 항공운송에 관하여 규정하고 있다.

제 3 법원(法源)

1. 육상운송

(1) 상법은 육상운송에 관하여는 제2편 상행위편($^{상\ 125조\sim}_{150조}$)에서 규정하고 있다. 이러한 상법의 규정은 물건운송과 여객운송으로 나누어 규정하고 있는데, 운송인과 그 상대방간의 사법상(私法上)의 법률관계를 규정하고 있다. 그런데 물건운송의 경우에는 운송인을 보호하고, 여객운송의 경우에는 여객을 보호하는 방향에서 규정하고 있다.

---

1) 우편법(2024. 1. 23, 법 20063호) 제2조, 제1조의 2 7호 및 동법시행령(2022. 12. 6, 대통령령 33013호) 제3조에 의하여 일정한 제한된 범위의 서신의 송달은 사인이 영위할 수 있는데, 이는 다음과 같다.
  1.「신문 등의 진흥에 관한 법률」제2조 제1호에 따른 신문
  2.「잡지 등 정기간행물의 진흥에 관한 법률」제2조 제1호 가목에 따른 정기간행물
  3. 다음 각 목의 요건을 모두 충족하는 서적
  가. 표지를 제외한 48쪽 이상인 책자의 형태로 인쇄 · 제본되었을 것
  나. 발행인 · 출판사나 인쇄소의 명칭 중 어느 하나가 표시되어 발행되었을 것
  다. 쪽수가 표시되어 발행되었을 것
  4. 상품의 가격 · 기능 · 특성 등을 문자 · 사진 · 그림으로 인쇄한 16쪽 이상(표지를 포함한다)인 책자 형태의 상품안내서
  5. 화물에 첨부하는 봉하지 아니한 첨부서류 또는 송장
  6. 외국과 주고 받는 국제서류
  7. 국내에서 회사(「공공기관의 운영에 관한 법률」에 따른 공공기관을 포함한다)의 본점과 지점 간 또는 지점 상호 간에 주고 받는 우편물로서 발송 후 12시간 이내에 배달이 요구되는 상업용 서류
  8.「여신전문금융업법」제2조 제3호에 해당하는 신용카드

(2) 육상운송에 관하여는 상법 이외에도 많은 특별법이 제정되어 있다. 즉, 철도사업법($^{제정:\ 2004.\ 12.\ 31,\ 법\ 7303호;}_{개정:\ 2023.\ 4.\ 18,\ 법\ 19391호}$), 한국철도공사법($^{제정:\ 1989.\ 12.\ 30,\ 법\ 4192호;}_{개정:\ 2018.\ 3.\ 13,\ 법\ 15460호}$), 철도사업법 시행령($^{제정:\ 2005.\ 6.\ 30,\ 대통령령\ 18932호;}_{개정:\ 2023.\ 10.\ 10,\ 대통령령\ 33795호}$), 도시철도법($^{제정:\ 1979.\ 4.\ 17,\ 법\ 3167호;}_{개정:\ 2024.\ 1.\ 9,\ 법\ 19987호}$), 궤도운송법($^{전문개정:\ 2009.\ 4.\ 22,\ 법\ 9636}_{호;\ 개정:\ 2023.\ 8.\ 16,\ 법\ 19675호}$) 등이 제정되어 있어 육상운송 중 가장 중요한 철도와 궤도의 운송에 관하여는 상법이 적용될 여지가 거의 없다.

따라서 오늘날 상법이 적용되는 경우란 이들 영업자 이외의 자가 철도와 궤도에 의하여 운송을 하는 경우와, 최근 급속한 진보를 하고 있는 자동차에 의하여 운송을 하는 경우이다. 자동차운송업을 규율하는 법률로는 화물자동차 운수사업법($^{전문개정:\ 2008.\ 3.\ 21,\ 법\ 8979}_{호;\ 개정:\ 2024.\ 1.\ 9,\ 법\ 19988호}$)·여객자동차 운수사업법($^{전문개정:\ 2008.\ 3.\ 21,\ 법\ 8980}_{호;\ 개정:\ 2024.\ 1.\ 30,\ 법\ 20175호}$) 등이 있다.

(3) 운송업에 있어서는 운송계약의 성질상($^{대량성·}_{반복성\ 등}$) 보통거래약관이 발달하여 이것이 제1차적 법원(法源)이 되는 경우가 많다. 그러나 운송업의 공익적 성질로 인하여 이러한 약관에 대하여는 국가적 감독이 강화되어 있고, 계약자유를 제한하여 체약강제의 방향으로 나아가고 있다($^{앞의\ 각종\ 특별법령의\ 내용에\ 이}_{러한\ 취지의\ 규정이\ 많이\ 있다}$). 따라서 이러한 약관 등이 제1차적인 법원이 되기 때문에 상법의 적용범위는 더욱 좁아지고 있다.

2. 해상운송

(1) 상법은 해상운송에 관하여는 제5편 해상편 제2장 운송과 용선($^{상\ 791조~}_{864조}$)에서 규정하고 있다. 상법이 이와 같이 육상운송과 해상운송을 구별하여 입법한 이유는 앞에서 본 바와 같이 양자는 운송설비·운송기간·위험성 등에서 매우 상이하기 때문이다. 해상운송에 관한 상법의 규정도 물건운송과 여객운송으로 나누어 규정하고 있고, 주로 당사자간의 사법상(私法上)의 법률관계를 규정하고 있다.

(2) 해상운송은 연혁적으로 육상운송보다 먼저 발달하여 이에 관한 규정도 먼저 제정된 것이나, 상법은 법전상의 체제로 인하여 해상운송에 육상운송에 관한 규정을 많이 준용하고 있다($^{특히\ 해상여객운송에서\ 육상여객운송에\ 관한}_{규정을\ 많이\ 준용하고\ 있다\ -\ 상\ 826조\ 참조}$).

3. 항공(공중)운송

(1) 상법은 항공운송에 관하여는 제6편 항공운송편을 신설하여($^{2011.\ 5.\ 23,}_{법\ 10969호}$) 제1장 통칙·제2장 운송($^{제1절\ 통칙·제2절\ 여객운송·}_{제3절\ 물건운송·제4절\ 운송증서}$)·제3장 지상 제3자의 손해에 대한 책임에 관하여 규정하고 있다. 항공안전법($^{2023.\ 4.\ 18,}_{법\ 19394호}$)은 당사자간의 사법상의 법률관계를 규정한 것이 아니라 행정법규이다.

(2) 국제항공운송에 관하여는 바르샤바조약·파리조약·몬트리올조약 등 국제적
조약이 있다.[1]

제 4 운송인의 의의

운송인(carrier; Frachtführer; transporteur)이란「육상 또는 호천·항만에서 물건
또는 여객의 운송을 영업으로 하는 자」이다($^{상}_{125조}$). 상법 제125조에서 말하는 운송인
은 육상운송인만을 의미하고, 상법 제2편 제9장의 운송업은 육상운송업만을 의미
한다. 이러한 육상운송인을 분설하면 다음과 같다.

1)「육상 또는 호천·항만」(운송지역)에서 운송을 해야 한다

(가) 이 점에서 육상운송인은 해상운송인 및 항공운송인과 구별된다. 육상운송인
은 육상뿐만 아니라, 호천·항만에서 운송하는 자를 포함하는 점에 주의를 요한다.
호천과 항만에서의 운송은 그 규모가 작고 빈번하기 때문에 육상운송에 포함시키고
있다.[2]

(나) 이 때「호천·항만의 범위」($^{즉, 해상과}_{의 \cdot 분계점}$)는 상법 시행령 제4조에 의하여 선박안
전법 시행령 제2조 1항 3호 가목에 따른 평수구역(平水區域)으로 하는데, 이러한 평
수구역은 해안선에 따라 구체적으로 열거되어 있다. 육상이라 함은 지하를 포함한다.

2)「물건 또는 여객」(운송의 객체)의 운송을 해야 한다

(가)「물건」이라 함은 운송을 할 수 있는 모든 물체를 말하므로, 거래의 목적이
될 수 있든 아니든($^{예컨대,}_{시체}$), 위험물이든 아니든 상관이 없다.

(나)「여객」이라 함은 운송의 목적이 되는 자연인이다. 반드시 여객이 운송계약
의 상대방임을 요하지 않는다($^{예컨대,}_{유아}$).

3)「운송」(운송행위)을 해야 한다

(가)「운송」이라 함은 물건 또는 여객을 장소적으로 이동시키는 것을 말한다. 거
리의 장단, 운송용구, 방법 여하 등을 묻지 아니한다. 해상운송이 반드시 선박으로
하여야 하는 점과 구별된다.

(나) 물건운송에 있어서는 운송의 개념에 운송의 목적물이 운송인의「보관」에 속
하는 것을 포함한다. 따라서 단지 물체의 이동만을 목적으로 하는 계약($^{예컨대, 예선}_{\langle 曳船\rangle계약}$)은

---

1) 항공운송에 관한 국제조약과 입법례에 관하여는 손(주), 374~375면; 김두환, "항공운송인의
   책임과 그 입법화에 관한 연구," 법학박사학위논문(경희대, 1984); 동, 국제항공법학론(파주: 한
   국학술정보〈주〉, 2005) 등 참조.
2) 동지: 최(기), 362면; 채, 285면.

운송계약이 아니라, 단순히 도급계약이거나 고용계약이다.

　　4)「운송의 인수를 영업으로」(상인성) 해야 한다　　상법은「운송을 영업으로 하는 자」라고 규정하고 있으나, 운송행위 자체는 사실행위이므로 그로부터 운송인의 상인성이 발생할 수는 없고, 운송인은 법률행위인「운송의 인수(법률행위)를 영업으로」함으로써 (당연)상인이 된다($\frac{상\ 4조,}{46조\ 13호}$). 운송의 인수를 하면 족하지 반드시 스스로 운송업무를 수행하여야 할 필요는 없다. 따라서 운송인은 스스로 운송행위를 하지 않고 타인으로 하여금 운송행위를 하게 하여도(하수운송) 무방하다.

제 5　운송계약의 체결

1. 운송계약의 성질

　　(1) 운송계약은 운송이라는 일의 완성을 목적으로 하는 것이므로「도급계약」이다[1]($\frac{민}{664조}$). 그러나 상법은 운송에 관하여 상세한 규정을 두고 있으므로 민법의 도급에 관한 규정은 거의 적용될 여지가 없다.

　　(2) 운송계약은「낙성계약」이고(이 점에서 운송계약의 성립에 '운송물의 인도'를 요하지 않는다), 원칙적으로「유상·쌍무계약」이다[2](이 점에서 성질이 허용하는 한 민법의 매매에 관한 규정이 적용된다). 또한 운송계약은「불요식계약」이므로 화물명세서나 화물상환증 등 기타 어떠한 서면의 작성을 요하지 않는다.

2. 운송계약의 당사자

　　(1) 운송계약의 당사자는 운송을 위탁하는 자인「송하인 또는 여객」과, 이를 인수하는「운송인」이다. 운송인의 자격에는 제한이 없고, 그 상대방은 여객 자신 또는 운송물의 소유자가 아니어도 무방하다[3](따라서 유아의 운송에는 그의 부모 등이 상대방이 되고, 물건운송의 경우 운송주선인이 있으면 그 운송주선인이 송하인이 된다).

　　(2) 물건운송에 있어서 수하인은 운송계약의 당사자가 아니다. 또 화물상환증이 발행된 경우에는 동 증권의 소지인은 송하인과 수하인의 지위를 겸하는데, 이러한 화물상환증을 송하인 이외의 자가 소지하는 경우에 그러한 증권소지인도 운송계약

---

　1) 동지: 대판 1983. 4. 26, 82 누 92(공보 706, 898).
　2) 동지: 대판 1963. 4. 18, 63 다 126(집 11 ① 민 256)(일정한 시간 또는 일정한 장소 사이를 일정한 화주의 물품을 운송하기 위하여 자동차가 제공되고, 그에 대한 보수가 개개의 물품에 대하여 정하여지지 않고 일정한 장소 사이의 운행을 기준으로 하여 정하는 전세계약도 운송계약이다); 동 1983. 4. 26, 82 누 92(공보 706, 898).
　3) 동지: 대판 1995. 7. 25, 94 다 50878(공보 999, 2939)(수출대행자가 대행의뢰자와의 수출대행계약에 따라 운송인과 사이에 체결한 운송계약은 수출대행자가 대행의뢰자를 대리하여 체결한 것이라고는 볼 수 없고, 오히려 수출대행자가 위 운송계약의 직접당사자이다).

의 당사자가 아니다.

3. 운송계약의 체결

(1) 운송계약은 불요식·낙성계약이므로 이의 체결에는 아무런 양식을 필요로 하지 않고, 구두 또는 묵시의 방법으로도 체결될 수 있다.

(2) 상법이 물건운송에 관하여 송하인에게 화물명세서의 교부의무를 규정하고 ($^{상\,126}_{조\,1항}$), 또 운송인에게 화물상환증의 교부의무를 규정하고 있으나($^{상\,128}_{조\,1항}$), 이것은 모두 계약성립 후에 작성되는 것이므로 이것은 계약의 성립요건도 아니고 또한 계약서도 아니다($^{화물상환증은\,유가증권이지만,\,화물명세서는}_{유가증권이\,아니고\,증거증권에\,지나지\,않는다}$).

제 2 관 물건운송

제 1 운송인의 의무·책임

1. 총 설

(1) 운송계약이 성립하면 운송인은 운송물을 「수령」하여, 이를 「보관」하고, 상당한 기간 내에 「운송」을 완료하여, 정당한 권리자에게 운송물을 「인도」할 의무를 부담한다. 운송인은 이러한 일반적 의무 이외에 운송이 장소적 거리를 극복하기 위하여 상당한 시간을 필요로 하는 특성에서 특수한 의무를 부담하는데, 화물상환증교부의무·운송물처분의무 등이 그것이다. 또 상법은 운송인의 운송채무불이행에 따른 운송인의 손해배상책임을 규정하고 있다. 그러나 이 규정들은 매우 불충분한 것이어서($^{특히\,육상물건운송인의\,의무와\,책임에\,관한\,규정은\,해상물}_{건운송인의\,그것에\,비하여\,매우\,간단하게\,규정되어\,있다}$) 특약·관습 또는 특별법규에 의하여 보충되기도 하는데, 이것으로도 부족한 경우에는 민법의 일반원칙에 의하여 결정할 수밖에 없다.

(2) (육상)운송인의 의무와 책임에 관한 규정은 임의규정이므로 특약에 의하여 이를 제한 또는 배제할 수 있다($^{그러나\,해상운송인의\,의무와\,책임에\,관한\,규정은\,강행규정이므로\,이를}_{감경\,또는\,면제하는\,당사자간의\,특약은\,효력이\,없다\,—\,상\,799조\,1항}$).

위에서 말한 운송인의 의무와 책임에 관하여 좀더 상세히 설명하면 다음과 같다.

2. 화물상환증교부의무($^{상\,128}_{조\,1항}$)

(1) 운송인은 송하인의 청구에 의하여 화물상환증을 교부하여야 한다($^{상\,128}_{조\,1항}$). 이러한 운송인의 화물상환증교부의무는 송하인의 재산적 이익을 위하여 인정된 의무

이고, 운송인의 부수적인 의무이다.

(2) 화물상환증은 해상운송에서 이용되는 선하증권을 육상운송에 응용한 것인데, 그 이용도는 선하증권에 비하여 상당히 낮다. 상법이 화물상환증에 관하여 상세한 규정을 두고 선하증권에 이를 준용하고 있는 것은($\frac{상}{861조}$) 법전(法典) 체계의 편의적 이유에 의한 것이다.

(3) 화물상환증에 관한 상세한 것은 후술하는 화물상환증에서 설명한다.

3. 운송물의 보관 및 처분의무

(1) **보관의무**($\frac{상}{135조}$)

운송인은 운송을 인수하는 것이므로 운송물을 「수령한 때부터 그것을 인도할 때까지」 선량한 관리자의 주의로써 그 운송물을 보관할 의무를 부담한다($\frac{상}{135조}$).

(2) **처분의무**($\frac{상 139}{조 1항}$)

1) **의   의**

(개) 운송인은 송하인 또는 화물상환증 소지인이 운송의 중지·운송물의 반환·기타의 처분을 명한 경우에는 그 지시($\frac{송하인 등의}{운송물처분권}$)에 따라야 하는데($\frac{상 139조}{1항 1문}$), 이를 운송인의 처분의무라고 한다. 이와 같이 송하인 등에게 운송물의 처분권을 인정하고 운송인의 처분의무를 인정한 이유는, 송하인 또는 화물상환증 소지인은 시장의 상황(商況) 또는 매수인의 신용상태의 변화에 따라 운송물에 관하여 위의 처분을 할 필요가 종종 발생하기 때문이다.[1]

(내) 송하인 등의 이러한 처분권은 운송의 특수성으로 인하여 송하인 등이 계약을 해제하지도 않고 또 손해배상책임을 부담하지도 않고, 「법정의 효력」으로 인정된 권리이다[2]($\frac{민 673조에}{대한 예외}$).

2) **처분권자**

(개) 화물상환증이 발행된 경우에는 그의 「정당한 소지인」이고, 화물상환증이 발행되지 않은 경우에는 「송하인」이다($\frac{상 139조 1}{항 1문 전단}$).

(내) 화물상환증이 발행되지 않은 경우 운송물이 도착지에 도착한 후 수하인이 그 「인도를 청구한 때」에는 수하인의 권리가 송하인의 이러한 처분권에 우선한다($\frac{상 140}{조 2항}$). (i) 이러한 점에서 수하인이 인도를 청구한 때라도 그 후 수령을 거부(포기)

---

1) 동지: 정(희), 221면.
2) 동지: 손(주), 335면(이에 관하여는 법정설과 계약성설이 있는데, 운송의 중지 등은 운송계약의 내용이나 목적이 되는 것이 아니므로 법정설이 타당하다고 한다); 이(철), 402면; 임(홍), (상행위) 805면.

하거나 수령할 수 없는 경우에는 송하인의 이러한 처분권은 부활한다($^{상 143조 1항,}_{142조 2항}$).
(ii) 또한 수하인이 인도를 청구한 때라도 수하인(매수인)이 파산한 경우에는 송하인(매도인)은 수하인이 운송물을 「수령할 때까지」는 그 운송물을 환취할 수 있다($^{파 408조}_{1항 본문}$).

  3) **처분의무의 내용**   처분의무의 내용은 「운송의 중지, 운송물의 반환, 기타의 처분지시에 따를 의무」이다. 이러한 의무로 인하여 운송인에게 새로운 부담이나 불이익을 주어서는 안 된다. 이러한 의미에서 볼 때 「운송의 중지」란 운송물이 현재 소재하는 지(地)에서 더 이상 운송을 진행하지 않는 것을 의미하고, 「운송물의 반환」은 운송지가 아니라 현재 소재하는 지(地)에서 운송물을 반환하는 것을 의미하며, 「기타의 처분」은 법률상의 처분이 아니라 수하인의 변경 등과 같이 운송인에게 부담을 주지 않는 사실상의 처분을 의미한다.[1]

  4) **운임 등의 청구권**

  ⑺ 운송인이 송하인 등의 지시에 따라 운송물을 처분한 경우에는 이미 한 운송의 비율에 따라 운임·체당금·비용의 변제를 청구할 수 있다($^{상 139조}_{1항 2문}$).

  ⑻ 그러나 송하인 등이 임의로 운송중지·기타의 처분을 할 수 있게 하면서 운송인은 비율운임만을 청구할 수 있게 한 상법 제139조 1항 2문은 상법 제134조 2항(송하인의 과실로 인한 운송물 멸실의 경우의 운임전액의 청구권 인정)과 균형이 맞지 않는다. 따라서 이 점에 관하여는 입법론상 재검토가 있어야 하겠으나, 해석론상도 이 점을 감안하여 운송시간·운송의 난이도 등을 감안하여 운임을 결정하여야 할 것이다.[2] 이 점은 「운임」에 관해서만 문제되는 것이고, 「체당금」 및 「처분비용」에 대해서는 이러한 문제가 없다.

4. 운송물인도의무($^{상}_{135조}$)

  운송인은 운송물이 도착지에 도착하면 수하인 또는 화물상환증 소지인에게 운송물을 인도할 의무를 부담하게 되는데, 운송인은 이러한 의무를 이행함으로써 운송계약은 종료된다. 운송인의 이러한 의무를 화물상환증이 발행된 경우와 화물상환증이 발행되지 않은 경우로 나누어서 설명한다.

---

  1) 동지: 손(주), 336면; 이(철), 403면.
  2) 동지: 정(희), 221~222면; 손(주), 336면; 이(철), 404면; 주상(Ⅰ), 704면.

(1) 화물상환증이 발행된 경우

1) 상환증권성

(가) 화물상환증이 발행된 경우에는 운송물의 인도청구권은 이 증권에 표창되고 이 증권의 소지인이 송하인 및 수하인의 지위를 갖게 되므로, 운송인은 이 증권의 「소지인」에게 운송물을 인도하여야 한다. 상법은 이 점을 명문으로 규정하여 「화물상환증이 발행된 경우에는 이와 상환하지 아니하면 운송물의 인도를 청구할 수 없다」(상환증권성)고 규정하고 있다($\frac{상}{129조}$). 이로 인하여 화물상환증이 발행된 경우에는 운송물에 관한 처분도 화물상환증으로써 하여야 하고(처분증권성)($\frac{상}{132조}$), 또 운송인과 동 증권의 소지인간의 운송에 관한 사항은 화물상환증에 기재된 바에 의한다(문언증권성)($\frac{상}{131조}$).

(나) 운송인은 원칙적으로 화물상환증의 정당한 소지인에게 인도하여야 면책되는데, 예외적으로 동 증권의 형식적 자격을 가진 소지인에게 인도하고 그가 비록 실질적 자격을 갖지 않았다고 하더라도 운송인이 이에 관하여 악의 또는 중과실이 없는 한 운송인은 면책된다($\frac{상\,65조,}{민\,518조}$).

(다) 화물상환증이 발행된 경우에 운송인이 화물상환증을 소지하지 않은 자에게 운송물을 인도하면 운송인은 동 증권소지인에 대하여 채무불이행 또는 불법행위에 기한 손해배상책임을 부담한다.

2) 보증도 · 가도

(가) 운송인은 화물상환증과 상환하여서만 운송물을 인도하여야 하는데($\frac{상환증}{\mathstrut}$ $\genfrac{}{}{0pt}{}{권성}{-상}$ $\frac{}{129조}$), 실무에서는 운송인이 수하인(운송물인도청구인) 등을 신뢰하여 그에게 화물상환증과 상환하지 않고 운송물을 인도하거나($\genfrac{}{}{0pt}{}{가도\langle假渡\rangle\ 또}{는\ 공도\langle空渡\rangle}$) 또는 은행 기타 제3자의 보증서를 받고 화물상환증과 상환하지 않고 운송물을 인도하는(보증도〈保證渡〉) 상관습이 있다[1](수입업자가 운송물 도착 후에 선하증권을 입수하게 되는 경우, 또는 상품을 전매자〈轉賣者〉에게 인도하여 대금회수를 하지 않으면 화환어음의 지급을 할 수 없음으로써 선하증권을 취득할 수 없는 경우 등에 하여진다. 이 경우에는 수입업자가 후에 선하증권을 취득하여 이것을 운송인에게 반환하는 것이 보통이다).

(나) 그러나 이와 같은 운송인의 보증도 또는 가도의 상관습이 있다 하여, 이것이 화물상환증의 정당한 소지인에 대한 운송인의 책임을 면제하는 것은 결코 아니다.[2]

---

1) 동지: 대판 1974. 12. 10, 74 다 376(공보 505, 8235)(해상화물운송인은 상법 제129조, 제820조에 의하여 선하증권과 상환하여 화물을 인도하여야 함은 소론과 같다 하더라도… 그 선하증권상에 수하인으로 표시되어 있고 이를 소지한 원고은행의 인도지시가 있는 경우에는 본조가 적용될 여지가 없다).

2) 동지: 대판 1992. 2. 25, 91 다 30026(공보 918, 1136); 동 1991. 12. 10, 91 다 14123(공보 913, 475); 동 1992. 1. 21, 91 다 14494(공보 916, 878); 동 1992. 2. 14, 91 다 13571(공보 917, 1015); 동 1992. 2. 14, 91 다 4249(공보 917, 1007); 정(희), 223면; 정(동), (총) 510면(이

① 따라서 화물상환증과 상환하지 않고 운송물을 인도한 운송인은 운송물에 대한 이행책임을 면하지 못하므로, 후에 화물상환증의 정당한 소지인이 운송물의 인도를 청구하였을 때에는 운송인은 상법상 채무불이행으로 인한 손해배상책임을 지게 된다. 이 때 화물상환증의 정당한 소지인에게 배상할 손해액은 그 운송물의 멸실 당시의 가액(운송물의 가액을 한 도로 한 신용장대금) 및 이에 대한 지연손해금이다.[1] 그러나 이 때 화물상환증의 정당한 소지인에게 과실이 있으면 그만큼 과실상계한다.[2]

② 또한 운송인이 운송물의 보증도 또는 가도(공도)[3]로 인하여 화물상환증의 정당한 소지인에게 운송물을 인도할 수 없게 된 경우에는(제3자의 운송물의 선의취득 또는 운송물의 멸실 등으로 인하여) 운송인은 고의 또는 과실로 인하여 화물상환증의 정당한 소지인의 권리를 침해한 것이므로 운송인은 화물상환증의 정당한 소지인에 대하여 민법상 불법행위로 인한 손해배상책임도 지게 된다.[4]

③ 보증도 또는 가도로 인하여 운송인은 화물상환증의 정당한 소지인에 대하여 형법상 횡령죄 또는 배임죄[5]를 구성하는 경우도 있을 수 있다.

④ 보증도 또는 가도로 인하여 수하인이 운송물을 점유하고 있는 동안에는 화물상환증의 정당한 소지인은 수하인에게 운송물의 인도를 청구할 수 있으나, 제3자가 운송물을 수하인으로부터 선의취득한 경우에는 화물상환증의 정당한 소지인은 제3자에게 운송물의 인도를 청구할 수 없고 운송인에 대하여 손해배상을 청구할

때 증권의 소지인이 증권을 양수할 때에 증권양도인 이외의 자에게 이미 가도·보증도가 있었다는 사실을 알고 있었다고 하더라도 이는 운송물인도청구권이 손해배상청구권으로 변경된 것이므로 운송인에 대하여 동일하게 손해배상청구권을 갖는다고 한다); 채, 294면.

반대: 보증도나 가도가 위법행위가 아니라고 보는 견해로는 최(기), 367면.

1) 대판 1993. 10. 8, 92 다 12674(공보 957, 3042)(선하증권에 관한 판결임).

2) 대판 2001. 3. 23, 99 다 33397(공보 2001, 933)(D/A조건의 화환어음을 할인하고 선하증권을 취득한 선하증권의 소지은행이 선하증권과의 상환 없이 화물을 인도한 운송인에게 손해배상을 구하는 경우, 동 은행이 수출업자에 대하여 대출금의 회수조치를 취하지 않고 자기가 체결할 수출보험계약에서 면책사유에 해당하여 보험금을 지급받지 못한 사정이 있었다면 동 은행에게는 30% 정도의 과실이 있다).

3) 채, 293면(화물상환증과 교환함이 없이 운송물을 인도하기 때문에 이러한 인도를 공도라고 하고, 형식상은 수령자에게 보관 혹은 신탁하는 형식으로 인도하기 때문에 가도라고도 한다).

4) 항공화물운송에 관하여 동지의 판례로는 대판 1999. 7. 13, 99 다 8711(국제항공운송에서의 수하인은 바르샤바협약 제13조 1항·2항에 의하여 수하인용 항공운송장의 교부 및 화물의 인도를 청구할 권리를 가지므로, 운송인 등이 수하인의 지시 없이 제3자에게 항공화물운송장을 교부하고 화물을 인도하면 수하인에 대하여 불법행위를 구성한다).

5) 동지: 정(희), 223면.

반대: 정(동), (총) 512면(수하인이 가도로 받은 운송물을 소비한 경우에는 횡령죄의 성립을 인정할 수 있으나, 가도·보증도의 상관습이 유효로 인정되는 오늘날에 와서 운송인에 대하여 횡령죄·배임죄 등과 같은 형사책임을 인정하는 것으로 풀이하기는 어렵다고 한다).

수 있을 뿐이다.[1] 이 때 운송인이 화물상환증의 정당한 소지인에게 손해배상을 이행한 경우에는, 수하인(청구인) 또는 그 보증인에게 구상권을 행사한다.

(2) 화물상환증이 발행되지 않은 경우

1) 수하인 또는 송하인에게 인도

(가) 화물상환증이 발행되지 않은 경우에는 운송물이 도착지에 도착하였을 때 수하인이 운송계약에 의하여 생긴 송하인과 동일한 권리를 취득하고($\frac{상\ 140}{조\ 1항}$), 수하인이 그 운송물의 인도를 청구한 때에는 수하인의 권리가 송하인의 권리보다 우선하므로 ($\frac{상\ 140}{조\ 2항}$), 운송인은 「수하인」의 청구에 따라 운송물을 인도하여야 한다. 원래 운송인의 의무는 운송계약의 상대방인 송하인에 대하여 부담하는 것인데, 운송의 특수성에 비추어 법이 특히 이를 인정한 것이다.

(나) 그러나 극히 드문 일이지만 만일 수하인이 없는 경우에는, 운송인은 운송계약의 상대방인 「송하인」에게 운송물을 인도할 수밖에 없다.

2) 수하인의 지위
수하인은 운송계약의 당사자가 아니면서도 위에서 본 바와 같이 운송물의 인도청구권을 취득하는데, 운송의 장소적 진행에 따라 발생하는 수하인과 운송인과의 법률관계를 정리하면 다음과 같다(화물상환증이 발행된 경우에는 그 소지인이 운송물에 관하여도 운송계약상의 유일한 권리자가 되고, 송하인 및 수하인의 지위가 증권소지인에게 집중통일되어 있다).

(가) 수하인의 지위의 발전

① 운송물이 도착지에 「도착하기 전」에는 수하인은 운송계약상 아무런 권리·의무를 갖지 못하고, 송하인만이 운송계약상의 모든 권리·의무를 갖는다($\frac{상\ 139}{조\ 1항}$).

② 운송물이 도착지에 「도착한 후」에는 수하인은 운송계약상의 송하인과 동일한 권리($\frac{인도청구권\cdot 손}{해배상청구권}$)를 취득하고, 자기의 명의로 이를 행사할 수 있다($\frac{상\ 140}{조\ 1항}$). 따라서 이 경우에 수하인은 운송인으로부터 송하인에 대한 모든 항변사유로써 대항을 받으므로, 수하인의 지위는 화물상환증 소지인보다 훨씬 약화되어 있다. 이 경우에는 송하인의 권리도 존속하므로, 양자의 권리가 병존하게 된다.

③ 운송물이 도착지에 도착한 후 수하인이 그 「인도를 청구하였을 때」에는 수하인의 권리가 송하인의 권리에 우선한다[2]($\frac{상\ 140}{조\ 2항}$).

④ 수하인이 운송물을 「수령하였을 때」에는 이것과 상환하여 수하인은 운임 기

---

[1] 동지: 정(희), 223면.

[2] 1995년 개정전 상법에서는 「송하인의 권리는 운송물이 도착지에 도착한 후 수하인이 그 인도를 청구한 때에는 소멸한다」고 규정하였으나(상 139조 2항), 1995년 개정상법은 이 조항을 제140조 2항으로 옮김과 동시에 그 문언을 변경하여 「… 수하인의 권리가 송하인의 권리에 우선한다」고 규정하였다.

타 운송에 관한 비용과 체당금을 지급할 의무를 부담한다($\frac{상}{141조}$). 그런데 이로 인하여 송하인의 운임 등의 지급의무는 소멸하지 않으므로, 이 때에 송하인과 수하인은 운송인에 대하여 부진정연대채무를 부담하게 된다.[1]

(나) **수하인의 지위의 법적 성질**   운송물이 도착지에 도착한 후 수하인이 송하인의 권리를 취득하고 일정한 경우 의무를 부담하는 점을 법률적으로 설명하기 위하여는 송하인대리설·사무관리설·권리이전설·제3자를 위한 계약설·송하인과 수하인과의 인격융합이라고 하는 인격융합설 등 여러 가지 설이 있으나, 어느 설명도 만족할 만한 것이 되지 못한다. 한 예로 제3자를 위한 계약설은 수하인에 수익의 의사가 없을 뿐만 아니라 또 수하인은 의무도 부담하는 점에서 타당하다고 할 수 없다. 결국 수하인의 지위는 운송의 특수성에 적용하기 위하여「법률에 의하여 인정된 지위($\frac{권리·}{의무}$)」라고 볼 수밖에 없다(특별규정설).[2]

(다) **수하인의 권리의무의 소멸**

① 수하인이 유보 없이 운송물을 수령하고 운임 등을 지급한 경우에는 운송인이 선의인 한 수하인의 운송인에 대한「운송물에 관한 권리」(손해배상청구권)는 소멸한다($\frac{상}{146조}$). 수하인의 운송인에 대한「그 이외의 권리」는 운송인이 선의인 한 운송물을 수령한 날로부터 1년을 경과하면 시효소멸한다($\frac{상\ 147조,}{121조}$).

② 수하인의 운송인에 대한 의무는 운송인이 1년간 행사하지 않으면 시효소멸한다($\frac{상\ 147조,}{122조}$).

5. 운송인의 손해배상책임

(1) 책임발생원인($\frac{상}{135조}$)

1) 상법 제135조는 물건운송인의 채무불이행으로 인한 손해배상책임에 대하여「육상운송인은 자기 또는 운송주선인이나 사용인 그 밖에 운송을 위하여 사용한 자가 운송물의 수령·인도·보관 및 운송에 관한 주의를 게을리하지 아니하였음을 증명하지 아니하면 운송물의 멸실·훼손 또는 연착으로 인한 손해를 배상할 책임이 있다」고 규정하고 있다. 운송인의 손해배상책임은 전통적으로 레셉툼책임(Receptumhaftung)($\frac{결과책임주의 또}{는 무과실책임주의}$)이었으나, 우리 상법은 독일 상법($\frac{상}{429조}$)에 따라서 민

---

1) 동지: 손(주), 339면; 주상(Ⅰ), 710면.
2) 동지: 정(희), 224면; 손(주), 339면; 정(동), (총) 547면; 임(홍), (상행위) 854면; 김(용), 186면; 이(병), 313면; 정(무), 247면; 주상(Ⅰ), 707면; 이·최, 195면.
   제3자를 위한 계약설로는 서·정, 222면; 최(기), 363면; 이(기) 외, (총) 459면; 채, 309면(특별규정설은 수하인의 지위를 이해하는 데 아무런 도움을 주지 못한다고 한다).
   인격융합설로는 박, 188면.

법과 같이 과실책임주의로 규정하고 있는 것이다.[1]

2) 위의 상법의 규정에서 볼 때 운송인이 손해배상책임을 지는 경우는 채무불이행의 유형이 「운송물의 수령·인도[2]·보관 및 운송[3]에 관한 주의를 게을리함[4]」에 한하고 또한 그로부터 발생하는 손해의 유형도 「운송물의 멸실·훼손 또는 연착으로 인한 손해」인 경우에 한정되는가, 또는 이 이외의 채무불이행의 유형과 손해의 유형에도 손해배상책임을 부담하는가가 문제된다. 이는 상법 제135조의 성질을 민법상 채무불이행에 기한 손해배상책임($^{민}_{조, 391조}$)과의 관계에서 예외규정으로 볼 것이냐, 또는 단순한 예시규정으로 볼 것이냐에 달려 있다.

생각건대 상법 제135조는 운송주선인 등의 과실을 운송인의 과실과 같게 보고 운송인측에서 무과실의 증명책임을 부담하는 점에서 민법상 채무자의 채무불이행 책임과 달리 볼 수 있는 여지도 있으나, 민법에서도 이행보조자의 과실을 채무자의 과실로 보고($^{민}_{391조}$) 또 민법상 채무불이행의 경우에도 해석상 채무자측에서 무과실의 증명책임을 부담한다고 보는 점에서 볼 때, 상법 제135조의 규정은 민법의 예외규정이 아니라 민법상의 일반원칙을 운송인에 관하여 구체화시켜 놓은 것에 불과한 예시규정이라고 보는 것이 타당하다고 본다.[5] 이렇게 보면 상법 제135조에 예시된

---

1) 동지: 서·정, 223면; 채, 295면; 이(기) 외, (총) 446면; 주상(Ⅰ), 668면.

2) 「인도」에 관한 과실로 본 판례로는 다음과 같은 것이 있다. 즉, 「운송인이 수하인 이외의 제3자에게 물건을 인도하여 수하인이 물건을 인도받을 수 없게 되었다면 그 제3자가 수하인과의 계약으로 물건의 소유권을 취득한 자라 하더라도 운송인의 수하인과의 관계에 있어서 물건의 인도에 관하여 주의를 해태하지 아니하였다고 할 수 없다」고 판시하고 있다[대판 1965. 10. 19, 65 다 697(카드 1595)]. 동지: 대판 1966. 7. 26, 65 다 2308(민판집 106, 439); 동 1993. 5. 27, 92 다 32180(공보 949, 1865)(운송인이 운송물을 운송계약상의 의무에 위반하여 수하인이 아닌 수입상에게 인도하였다면 손해배상책임이 있다).

  이와 관련하여 만일 화물상환증이 발행된 경우에는 운송인이 정당한 화물상환증의 소지인에게 운송물을 인도하지 않고 제3자에게 인도한 경우에도(가도 또는 보증도 등에 의하여) 운송인은 화물상환증 소지인에 대하여 운송물의 인도에 따른 과실로 인하여 손해배상책임을 부담하게 된다[대판 1992. 2. 25, 91 다 30026(공보 918, 1136) 외].

3) 「운송」에 관한 과실이 있다고 본 판례로는 다음과 같은 것이 있다. 즉, 「철도편으로 탁송한 화물이 훼손된 경우에는 철도운송인에게 화물운송에 관하여 과실이 있다고 일응 추정되는 것이며, … 본건에서 설사 한탄강의 범람을 예측할 수 없다 할지라도 침수에 대한 아무런 조치를 취한 흔적이나 또는 조치를 취할 수 없었던 사정을 엿볼 자료가 없는 이 사건에 있어서는 운송인의 운송에 관한 주의를 해태하지 아니하였다고는 인정되지 아니하므로 원심판결이 불가항력이란 운송인의 주장을 배척한 조치는 정당하다」고 판시하고 있다[대판 1975. 10. 7, 75 다 71(공보 525, 8698)]. 동지: 대판 1965. 12. 28, 65 다 2125(카드 1512).

4) 「주의의 해태(과실)」에 관한 증명책임이 운송인측에 있다는 판례로는 대판 1975. 10. 7, 75 다 71(공보 525, 8698)(탁송화물이 훼손된 경우에는 운송인에 과실이 있는 것으로 일응 추정되므로 운송인이 주의를 해태하지 아니하였음을 증명하지 아니하면 이로 인한 손해배상책임을 면하지 못한다); 동 1965. 12. 28, 65 다 2125(카드 1512).

5) 통설: 정(희), 225면; 손(주), 341면; 정(동), (총) 518~519면; 임(홍), (상행위) 813면; 이(철),

채무불이행의 유형이 아닌 채무불이행이 있거나 또는 상법 제135조에 예시된 손해의 유형이 아닌 손해가 발생한 경우에도 운송인은 손해배상책임을 부담한다고 본다.[1]

(2) 손해배상액($\frac{상}{137조}$)

1) 육상물건운송인의 손해배상액에 대하여 상법 제137조는 정액배상주의의 특칙을 두고 있다. 즉, 운송물의 전부멸실 또는 연착된 경우의 손해배상액은 「인도할 날」의 도착지의 가격에 의하고($\frac{상 137}{조 1항}$), 운송물의 일부멸실 또는 훼손된 경우의 손해배상액은 「인도한 날」의 도착지의 가격에 의한다($\frac{상 137}{조 2항}$). 이와 같이 운송인의 손해배상액을 정액배상주의에 의하여 규정함으로써 손해배상액을 제한한 것은, 상법 제135조에서 운송인의 책임발생원인을 과실책임으로 규정한 것과 함께 운송인을 보호하고자 하는 정책적 이유에 기인하는 것이다. 즉, 운송인은 다수의 송하인으로부터 다량의 물건의 운송을 위탁받는데 운송인의 손해배상액이 송하인별로 다르게 된다면 그에 따라 개별적으로 손해를 증명해야 될 뿐만 아니라, 송하인과의 분쟁에 말려들어 운송인은 원만한 업무수행을 할 수 없기 때문이다.[2]

2) 운송인의 손해배상액을 규정한 상법 제137조는 그 규정형식에서 보나 또한 이를 제한하는 정책적 이유에서 볼 때, 민법상 채무자의 손해배상액을 규정한 민법 제393조에 대한 예외규정이라고 볼 수 있다. 따라서 상법 제137조가 적용되기 위하여는 운송물에 발생된 손해의 유형이 반드시 「운송물의 멸실·훼손 또는 연착」인 경우에 한하고, 그 이외의 손해의 유형에 대하여는 민법의 일반원칙($\frac{민}{393조}$)에 의하여 운송인의 손해배상액이 결정된다.[3]

또한 운송물에 발생된 손해의 유형이 「운송물의 멸실·훼손 또는 연착」인 경우에도 그러한 손해가 운송인의 경과실로 인하여 발생된 경우에만 운송인의 책임이 제한되는 것이고($\frac{즉, 정액배상주의}{가 적용되는 것이고}$), 그러한 손해가 운송인의 고의나 중과실로 인하여 발생된 경우에는 운송인의 책임이 제한되지 않는다($\frac{상 137}{조 3항}$). 즉, 운송인의 고의 또는 중과실로 인하여 운송물의 멸실·훼손 또는 연착이 발생한 경우에는, 운송인은 원칙적으로 채무불이행과 상당인과관계에 있는 모든 손해를 배상하여야 하고($\frac{민 393}{조 1항}$), 예

407면; 채, 296면 및 같은 면 주 1(동 교수는 운송주선인의 손해배상책임에 관한 규정인 상법 제115조는 민법의 일반원칙과 구별된다고 하면서 운송인의 손해배상책임에 관한 상법 제135조는 통설과 같이 민법의 일반원칙에 대하여 주의적 규정이라고 하여 양자를 구별하여 설명하고 있는데, 양 규정은 동일취지의 규정인 점에서 이러한 설명은 의문이다); 이(기) 외, (총) 446면 외.
1) 연습, 160면(사례 28).
2) 동지: 정(희), 225~226면; 정(동), (총) 519~520면; 이(철), 408면.
3) 동지: 정(희), 225~226면; 정(동), (총) 520면; 임(홍), (상행위) 814면; 이(철), 410면; 주상(Ⅰ), 671면 외.

외적으로 특별손해에 대하여는 운송인은 그 사정을 알았거나 알 수 있었을 경우에 한하여 배상책임을 부담한다($\frac{민 393}{조 2항}$).

3) 상법 제137조 1항은 운송물이 연착된 경우를 운송물이 전부멸실된 경우와 같이 보고, 이 때에 운송인이 배상하여야 할 손해액은 운송물의 「인도할 날」의 도착지의 가격에 의하도록 규정하고 있다. 이는 연착의 경우에 「인도한 날」의 가격이 「인도할 날」의 가격보다 하락한 것을 전제로 하여 이의 차액을 손해배상액으로 규정한 것이다. 그러나 실제로 위의 전제와 반대로 「인도한 날」의 가격이 「인도할 날」의 가격보다 높거나 또는 가격에 변동이 없는 경우에는 운송인은 아무런 책임을 부담하지 않게 되어 부당한 결과가 발생한다. 따라서 이에 대하여 (i) 해석론상 운송인은 채무불이행의 일반원칙에 의하여 손해배상책임을 부담해야 한다고 보는 견해도 있으나,[1] (ii) 이 경우에 민법의 일반원칙에 의한 해석은 상법 제137조 1항의 명문규정에 너무나 벗어난 해석으로 생각되므로 해석론상은 상법 제137조 1항에 따라 해석할 수밖에 없고 입법론상 연착의 경우를 상법 제137조에서 제외하든가 또는 별도로 규정해야 할 것으로 본다.[2]

운송물이 일부멸실 또는 훼손되어 연착된 경우에는 상법 제137조 1항에 의하여 「인도할 날」의 도착지의 가격에 의할 것인가, 또는 동법 제137조 2항에 의하여 「인도한 날」의 도착지의 가격에 의할 것인가가 문제된다. 이 때에는 상법 제137조 1항에 의하여 「인도할 날」의 도착지의 가격에 의한다고 본다.[3]

4) 운송인이 정액배상주의에 의하여 손해배상액을 부담하는 경우에도 운송물의 멸실 또는 훼손으로 인하여 (송하인 등이) 지급을 요하지 아니하는 운임 기타 비용($\substack{예컨대,\\관세 등}$)은 손해배상액에서 공제된다($\frac{상 137}{조 4항}$). 또한 이 때에 손해배상청구권자의 과실이 있는 경우에는 당연히 과실상계가 인정된다($\frac{민}{396조}$).

그런데 운송인이 상법 제137조에 의한 손해배상액을 청구권자에게 지급한 경우에는, 민법의 일반원칙($\frac{민}{399조}$)에 의하여 운송인은 운송물에 대하여 청구권자의 권리를 대위할 수 있는지 여부가 문제된다. 이에 대하여는 (i) 민법과 상법의 일반원칙에 의하여 대위를 인정하여야 한다는 견해도 있으나(긍정설),[4] (ii) 상법 제137조에 의한 배상은 민법 제393조에 의한 배상과는 달리 완전배상이 아니므로 대위를 부정

---

1) 정(희), 226면.
2) 동지: 이(철), 409면.
3) 동지: 이(철), 410면.
   참고로 일본 상법 제580조 2항 단서는 이러한 내용으로 명문규정을 두고 있다.
4) 정(희), 226면.

하는 것이 타당하다고 본다(부정설).[1]

(3) 고가물에 대한 특칙($\substack{상 \\ 136조}$)

1) 상법 제135조의 운송인의 손해배상책임에 관한 일반원칙의 예외로서 고가물에 대하여는 특칙규정이 있다. 즉, 상법 제136조는 「화폐·유가증권 기타의 고가물에 대하여는 송하인이 운송을 위탁할 때에 그 종류와 가액을 명시한 경우에 한하여 운송인이 손해를 배상할 책임이 있다」고 규정하고 있다. 이러한 상법의 규정은 직접적으로는 운송인을 보호하고, 간접적으로는 송하인에 대하여 고가물에 대한 사전의 명시를 유도하여 손해를 미연에 방지시키고자 하는 것이다.

2) 상법 제136조의 특칙에 의하여 송하인이 고가물에 대하여 그 종류와 가액을 명시하지 않은 경우에는, 그 고가물이 멸실·훼손되더라도 운송인은 아무런 책임을 부담하지 않는다고 본다. 이 때에 운송인은 명시하지 않은 고가물에 대하여 「보통물로서의 주의의무」를 부담하는가. 이에 대하여 (i) 운송인은 보통물로서의 주의의무를 부담한다고 보고 운송인이 보통물로서의 주의를 다하지 못한 경우에는 운송인은 보통물로서의 손해배상책임을 부담해야 한다고 보는 견해가 있다.[2] (ii) 그러나 고가물을 보통물로서 그 가액을 환산한다는 것도 사실상 어려운 일이고, 또한 송하인이 고가물을 명시한 경우에 한하여 운송인에게 그 책임을 부담시켜 송하인에게 고가물의 명시를 촉구하고자 하는 것이 상법 제136조의 입법취지인 점에서 볼 때, 종류와 가액을 명시하여 신고하지 않은 고가물에 대하여는 운송인은 보통물로서의 주의의무도 없다고 본다.[3] 이렇게 보면 운송인은 신고하지 않은 고가물에 대하여 보통물로서의 주의를 게을리하여 그 고가물이 멸실·훼손된 경우 등에도 손해배상책임을 부담하지 않게 된다. 그러나 운송인이 고가물임을 모른 경우에도 고의($\substack{또는 \\ 악의}$)로 그 고가물을 멸실·훼손시킨 경우에는,[4] 운송인은 원칙적으로 고가물로서의 손해배상책임을 부담하고, 다만 송하인의 과실상계($\substack{민 \\ 396조}$)가 인정될 수 있다고 본다.[5]

---

1) 동지: 임(홍), (상행위) 821면.

2) 이(철), 412면.

3) 동지: 정(희), 226면; 정(동), (총) 525면; 임(홍), (상행위) 824면; 채, 298면(운송인은 원칙적으로 보통의 물건으로서의 손해배상책임도 지지 않는다고 한다); 이(기) 외, (총) 450면; 주상(Ⅰ), 681면.

4) 이 때 운송인이나 이행보조자의 중대한 과실로 운송물이 멸실·훼손한 경우에도 운송인은 고가물로서의 책임을 부담해야 한다고 보는 견해도 있으나[최완진, "고가물의 운송에 관한 운송인의 책임," 「고시계」, 2002. 9, 162면], 상법 제136조의 취지에서 신고하지 않은 고가물에 대하여 운송인이 보통물로서의 주의를 게을리하여 그 고가물이 훼손·멸실된 경우에도 면책된다는 의미는 운송인의 과실뿐만 아니라 중과실을 포함한다고 본다(상 789조의 2 3항 단서 참조).

5) 동지: 정(동), (총) 526면(이 때 운송인을 면책시키는 것은 심히 형평에 반하기 때문이라고 한다).

3) 송하인이 고가물을 신고하지 않았으나 운송인이 우연히 「고가물임을 안 경우」에는 운송인은 어느 정도의 주의의무를 부담하는가. 이 경우에 운송인이 면책되기 위하여는 필요한 주의의무를 다해야 하는데, 어느 정도의 주의의무가 있는지에 대하여 우리나라의 학설은 다음과 같이 크게 세 가지로 나뉘어 있다.

(i) 첫째는 운송인은 보통물로서의 주의의무가 있고, 이를 게을리한 경우에는 고가물로서의 책임을 진다는 견해이다(다수설).[1]

(ii) 둘째는 운송인은 고가물로서의 주의의무가 있고, 이를 게을리한 경우에는 고가물로서의 책임을 진다는 견해이다(소수설).[2]

(iii) 셋째는 대량의 물건을 다루는 운송인에게 우연히 알게 된 주관적 사정을 고려하는 것은 부당하고 또 고가물의 명시를 촉진하고자 하는 의미에서 운송인은 면책된다고 보는 견해이다(소수설).[3]

생각건대 둘째의 견해에 의하면 운송인이 우연히 고가물임을 안 경우를 송하인이 고가물을 신고한 경우와 동일시하여 운송인에게 보다 높은 주의의무를 부담시키는 것이 되어 타당하지 않다고 생각하고, 셋째의 견해는 신의칙에 반하여 타당하지 않다고 본다. 따라서 첫째의 견해(다수설)에 찬성한다.

4) 송하인이 고가물을 신고하지 않았으나 운송인이 「중대한 과실」로 인하여 고가물임을 알지 못한 경우에는, 위 3)의 경우와 같이 운송인이 알고 있는 경우와 동일하게 볼 것인가 또는 운송인이 모른 경우로 볼 것인가가 문제된다. 이에 대하여 상법 제137조 3항 등을 참조하여 운송인이 알고 있는 경우(악의)와 동일하게 해석할 수도 있으나, 운송인을 보호하고 송하인 등에게 고가물의 신고를 촉구하고자 하는 것이 상법 제136조의 입법취지인 점에서 볼 때 운송인이 중대한 과실로 인하여 고가물임을 알지 못한 경우를 운송인이 알고 있는 경우와 동일시할 수는 없다고 본다.[4]

5) 송하인이 고가물임을 신고하지 않은 경우에는 비록 그 고가물이 멸실·훼손된 경우 등에도 운송인은 손해배상책임을 부담하지 않는데, 이 때 운송인은 후술하는 바와 같이 고의가 없는 한 송하인에 대하여 불법행위에 기한 손해배상책임도 부

---

1) 정(희), 227면; 정(동), (총) 525면; 임(홍), (상행위) 824~825면; 이(기) 외, (총) 451면; 최(기), 378면; 주상(Ⅰ), 682면 외.
2) 이(철), 412~413면; 손(주), 344면; 강, 390면 외.
3) 채, 299면.
4) 상법 제797조 3항 단서는 「송하인이 운송물의 종류 또는 가액을 고의로 현저하게 부실의 고지를 한 때에는 운송인은 자기 또는 그 사용인이 악의인 경우를 제외하고 운송물의 손해에 대하여 책임을 면한다」고 규정하여, 「중과실」을 악의와 구별하고 있는데, 이는 육상운송인의 책임에 관하여도 참고가 될 수 있을 것으로 본다.

담하지 않는다고 본다.[1] 그런데 이에 대하여 우리나라의 대법원판례는 「상법 제136조와 관련되는 고가물 불고지로 인한 면책규정은 운송계약상의 채무불이행으로 인한 청구에만 적용되고 불법행위로 인한 손해배상청구에는 그 적용이 없으므로, 운송인의 이행보조자의 고의 또는 과실로 송하인에게 손해를 가한 경우에는 송하인은 운송인에게 민법 제756조에 의한 사용자배상책임을 물을 수 있다」고 판시하고 있다.[2] 그러나 이와 같은 대법원판례에 의하면 상법 제136조의 취지는 거의 무시된다고 본다.[3]

(4) 불법행위책임과의 관계

1) 이에 관하여는 청구권경합설(통설·판례)[4]과 법조경합설(소수설)[5]이 있는데, 운송주선인에서 설명한 바와 같다.

2) 다만 채무불이행책임과 불법행위책임과의 관계에서 청구권경합설을 취하느냐 또는 법조경합설을 취하느냐에 따라, 상법 제136조(고가물에 대한 특칙)와 불법행위책임과의 관계도 다음과 같이 달리 설명된다. 왜냐하면 상법 제136조에 의하여 운송인이 면책되는 것은 운송계약상의 채무불이행책임이지, 불법행위에 기한 손해배상책임을 포함하는 것으로 볼 수는 없기 때문이다.

㈎ 청구권경합설에 의하면 송하인이 고가물을 운송인에게 신고하지 않아 운송인이 그 고가물의 멸실·훼손 등에 대하여 상법 제136조에 의하여 면책되는 경우에도, 운송인은 불법행위의 요건을 충족하는 경우에는 불법행위책임을 면할 수 없다. 그러나 이렇게 되면 운송인에게 과실이 있는 경우에 운송인은 고가물을 신고하지 않은 송하인에게 책임(불법행위책임)을 부담하게 되어, 상법 제136조의 입법취지는 거의 무시된다고 볼 수 있다. 따라서 이 때에 운송인에게 불법행위에 기한 손해배상책임을 지우기 위해서는 민법 제750조를 그대로 적용할 수는 없고 상법 제136조와의 관계상 수정적용하여야 할 것이다. 따라서 청구권경합설의 입장에서도 이 경우

---

1) 동지: 정(희), 227면.
2) 대판 1991. 8. 23, 91 다 15409(공보 906, 2048); 동 1977. 12. 13, 75 다 107(집 25 ③ 민 340).
3) 동지: 최완진, 전게 고시계(2002. 9), 163면.
4) 서·정, 209면; 손(주), 345면; 정(동), (총) 532면; 임(홍), (상행위) 828면; 이(철), 415면; 이(기) 외, (총) 453면 외.
   동지: 대판 1962. 6. 21, 62 다 102(집 10 ③ 민 299).
   해상운송인에 관하여 동지의 판례로는 대판 1983. 3. 22, 82 다카 1533(전원합의체판결); 동 1989. 4. 11, 89 다카 11428 등이 있고(그러나 이러한 판례는 상법 제798조 1항에 의하여 그 의미가 없다고 본다―저자 주), 항공운송인에 관하여 동지의 판례로는 대판 1999. 7. 13, 99 다 8711(이러한 판례도 상법 제899조 제1항에 의하여 그 의미가 없다고 본다―저자 주) 등이 있다.
5) 정(희), 206~207면; 주상(Ⅰ), 678면 외.

에 운송인에게 불법행위에 기한 손해배상책임을 지우기 위하여는 운송인에게 고의 (악의)가 있는 경우에 한한다고 설명한다.[1]

(나) 법조경합설에 의하면 송하인이 고가물을 신고하지 않아 운송인이 상법 제 136조에 의하여 면책되는 경우에는 운송인은 당연히 불법행위에 기한 손해배상책임도 면한다. 그런데 법조경합설의 입장에서도 운송인에게 고의(악의)가 있는 경우에는 운송인에게 불법행위에 기한 손해배상청구권을 행사할 수 있다고 설명한다.[2]

사견으로 청구권경합설에 찬성하므로 위의 청구권경합설에 의한 설명이 타당하다고 본다. 그런데 어느 견해에 의하든 운송인에게 고의(악의)가 있는 경우에는 운송인은 불법행위에 기한 손해배상책임을 부담하므로 그 결과에 있어서는 같다고 본다. 그런데 운송인에게 고의가 있는 경우에는 이미 위에서 본 바와 같이 운송인은 상법 제136조에 의한 채무불이행책임도 부담한다. 따라서 운송인에게 고의가 있는 경우에는 어느 견해에 의하든 운송인은 상법 제136조에 의한 채무불이행책임과 민법 제750조에 의한 불법행위책임을 부담하게 된다.

(5) 면책약관

1) 운송인의 운송계약상의 손해배상책임에 대하여 화물상환증 등에 면책약관이 있으면 이에 의하여 운송인의 책임은 감경 또는 면제될 수 있는가. 운송인의 책임에 관한 상법의 규정은 강행법규가 아니고 임의법규라고 볼 수 있으므로, 당사자간의 특약으로 운송인의 책임을 감면할 수 있다고 본다.[3] 따라서 그러한 면책약관이 신의칙에도 반하지 않고 또한 「약관의 규제에 관한 법률」에도 저촉되지 않는 한, 운송인은 운송계약상의 채무불이행책임이 감경 또는 면제된다.

참고로 해상물건운송인의 책임에 관한 상법의 규정은 (상대적) 강행규정이므로 이러한 상법의 규정에 반하여 해상물건운송인의 의무 또는 책임을 경감 또는 면제하는 당사자간의 특약(면책약관)은 원칙적으로 무효이다(상 799 조 1항).

2) 그런데 이러한 면책약관에 의하여 운송인의 불법행위책임도 감경 또는 면제되는가. 운송인의 채무불이행책임과 불법행위책임과의 관계에 대하여 청구권경합설을 취하면 운송인은 원칙적으로 불법행위책임이 감경 또는 면제될 수 없으나, 법조경합설을 취하면 운송인은 당연히 불법행위책임이 감경 또는 면제될 수 있다.

사견으로 청구권경합설에 찬성하므로 면책약관에 의하여 운송인의 불법행위책

---

1) 서·정, 225~226면.
2) 정(희), 227면.
3) 동지: 손(주), 346면; 채, 301면; 이(기) 외, (총) 455면; 주상(Ⅰ), 673면.

임은 원칙적으로 감경 또는 면제되지 않는다고 본다.[1]

(6) 손해배상책임의 소멸

운송인의 운송계약상의 손해배상책임에 대하여는 상법이 특별소멸사유와 단기소멸시효에 대하여 규정하고 있다. 이러한 규정은 운송인을 보호하기 위한 것인데, 대량의 운송을 반복하는 운송인에게 장기간의 증거보전의무를 부담시키는 것은 가혹하기 때문이다. 이외에도 운송인은 앞에서 본 바와 같이 면책약관 등에 의하여 그 책임을 면할 수 있다.

1) **특별소멸사유**($^{상}_{146조}$)   운송인의 책임은 수하인 또는 화물상환증소지인이 유보 없이 운송물을 수령하고 운임 기타의 비용을 지급한 때에는 소멸한다($^{상\ 146조}_{1항\ 본문}$).[2] 즉, 운송인은 운송물을 정당한 권리자에게 인도한 때에 그 책임이 소멸한다. 그러나 운송물에 즉시 발견할 수 없는 훼손 또는 일부멸실이 있는 경우에는 수하인 또는 화물상환증소지인이 운송물을 수령한 날로부터 2주간 내에 운송인에게 그 통지를 발송한 때에는 운송인의 책임은 소멸하지 아니한다($^{상\ 146조}_{1항\ 단서}$).

운송인 또는 그 사용인이 운송물의 멸실·훼손된 사실을 알고(악의) 운송물을 인도한 경우에는 수하인 등이 유보 없이 수령한 경우에도 운송인은 그 책임을 면하지 못한다($^{상\ 146}_{조\ 2항}$). 그러나 운송인이 자기 또는 그 사용인의 (중)과실로 인하여 운송물의 멸실·훼손된 사실을 모른 경우에는 수하인 등이 유보 없이 운송물을 수령하면 운송인은 운송물의 인도시에 면책된다고 본다.

2) **단기소멸시효**($^{상\ 147}_{조,\ 121조}$)   운송인이 운송물의 인도 후에 손해배상책임을

---

1) 동지: 이(철), 416면; 대판 1999. 7. 13, 99 다 8711(공보 1999, 1615)(항공운송계약상의 면책특약은 일반적으로 이를 불법행위책임에도 적용하기로 하는 명시적 또는 묵시적 합의가 없는 한 당연히 불법행위책임에 적용되지 않는다).
   반대: 대판 1983. 3. 22, 82 다카 1533(전원합의체판결)(공보 704, 735)(해상운송인이 발행한 선하증권에 기재된 면책약관은 일반 운송계약상의 면책약관과는 달리 운송계약상의 채무불이행책임뿐만 아니라 그 운송물의 소유권침해로 인한 불법행위책임에 대하여도 이를 적용하기로 하는 당사자간의 숨은 합의가 포함되어 있다고 보는 것이 타당하므로, 별도로 당사자 사이에 위 면책약관을 불법행위책임에도 적용키로 한 합의를 인정할 증거가 없더라도 그 면책약관의 효력은 당연히 운송인의 불법행위책임에까지 미친다고 보아야 할 것이다)(이 판결은 1991년 개정상법 이전의 판결로서 해상물건운송계약에서 운송인의 면책약관을 원칙적으로 유효로 보는 전제에서 그 면책약관의 효력이 운송인의 불법행위책임에까지 미친다는 것인데, 앞에서 본 바와 같이 1991년 개정상법 제790조 1항〈2007년 개정상법 제799조 1항〉에 의하여 해상운송계약에서의 면책약관은 원칙적으로 무효이므로 이 판결은 현재 그 의미가 없게 되었다고 본다).
2) 이는 수하인 등 화주에게 지나치게 불리하고 해상운송의 경우와도 불균형하므로 개정이 필요하다는 견해로는 최세련, "육상운송인의 손해배상책임의 특별소멸사유에 대한 검토,"「상사법연구」(한국상사법학회), 제35권 제2호(2016. 8), 309∼335면(통지 없는 멸실·훼손의 경우는 멸실·훼손 없이 인도된 것으로 추정하고, 연착의 경우는 충분한 통지기간을 부여하여 책임소멸사유로 규정하여야 한다고 한다).

부담하는 경우에도, 이 책임은 수하인 등이 운송물을 수령한 날$\binom{전부멸실의 경우에는}{그 운송물을 인도할 날}$로부터 1년을 경과하면 소멸시효가 완성한다[1]$\binom{상 147조, 121}{조 1항 · 2항}$.

이러한 운송인의 책임의 단기소멸시효도 운송인이나 그 사용인이 악의인 경우에는 적용되지 않는다$\binom{상 147조,}{121조 3항}$. 이 때에는 일반상사시효와 같이 5년이다$\binom{상 64}{조 본문}$.

제 2 운송인의 권리

1. 운송물인도청구권

운송계약은 낙성계약이므로 운송인이 운송물을 수령하지 않아도 계약은 성립한다. 그러나 운송인이 운송물을 수령하지 아니하면 운송계약상의 채무를 이행할 수 없으므로 운송인은 송하인에게 운송물을 인도하도록 청구할 수 있는 권리를 갖는다. 따라서 송하인측에서는 운송물을 인도할 채무가 있는 것이고, 만일 송하인이 지체 없이 인도를 하지 않는다면 채권자지체의 책임을 져야 할 것이다$\binom{민 400조~403}{조, 538조}$.

2. 화물명세서교부청구권$\binom{상 126}{조 1항}$

운송인은 송하인에 대하여 화물명세서[2]의 교부를 청구할 수 있는 권리를 갖는데$\binom{상}{126조}$, 이를 좀더 상세히 살펴보면 다음과 같다.

(1) 의   의

1) 화물명세서는 운송에 관한 중요사항과 운송의 당사자 등 법정사항을 기재하고 송하인이 기명날인 또는 서명한 서면으로, 일종의 송하인의 운송지시서와 같은 것이다.[3]

2) 이러한 화물명세서는 송하인(매도인)이 운송인에게 발행하는 것이므로, 매도인이 매매의 목적물에 관하여 그 내용을 기재하여 매수인에게 송부하는 서류로서 매매당사자간의 매매의 이행에 관한 서류인 「송장」(invoice)과는 구별된다.

(2) 기   능

1) 화물명세서는 운송물의 내용을 잘 알고 있는 송하인으로 하여금 그 내용을 운송인에게 고지하게 하는 서류로서, 보통 이에 근거하여 화물상환증이 작성된다.[4]

---

1) 대판 1976. 9. 14, 74 다 1215(43개의 전주의 운송에서 한 개가 완전파손되고 42개만 인도된 경우에 그 한 개는 멸실된 것이므로, 인도할 날로부터 운송인의 책임의 시효가 진행된다).
2) 종래에 운송장으로 표현한 것을, 해상법 개정(2007. 8. 3, 법 8581호)시에 화물명세서로 그 용어를 변경하였다.
3) 이(철), 400면; 이(기) 외, (총) 435면.
4) 채, 306면.

2) 또한 이러한 화물명세서는 보통 송하인에 의하여 운송물과 함께 수하인에게 송부되는데, 수하인은 양자를 대조하여 송하인이 발송한 운송물과 동일한 물건이 도착하였는가를 검사하고 또 자기의 부담이 될 책임의 범위를 알기 위하여 이용된다.

(3) 성   질

화물명세서는 운송계약 성립 후에 운송인의 청구에 의하여 송하인이 작성하여 교부하는 서류이므로 「계약서」도 아니고, 또 어떠한 재산권이 표창된 것도 아니므로 「유가증권」도 아니다. 이것은 운송계약의 성립과 내용을 증명하기 위한 「증거증권」으로, 그 증거력은 법원의 자유재량에 의하게 된다. 그러나 화물명세서가 운송계약에 관한 유일한 증거증권도 아니다.

(4) 기재사항($^{상\ 126}_{조\ 2항}$)

화물명세서에는 (i) 운송물의 종류·중량 또는 용적, 포장의 종류·개수와 기호, (ii) 도착지, (iii) 수하인과 운송인의 성명 또는 상호, 영업소 또는 주소, (iv) 운임과 그 선급(先給)·착급(着給)의 구별, (v) 화물명세서의 작성지·작성연월일이 기재되고, 송하인의 기명날인 또는 서명이 있어야 한다($^{상\ 126}_{조\ 2항}$). 이 사항은 예시적인 것이므로, 이 사항 중의 어느 것이 누락되거나 이 외의 사항($^{예컨대,\ 운송의\ 경로,}_{운송물\ 인도시기\ 등.}$)을 기재하더라도 상관이 없다.[1]

(5) 부실기재의 책임($^{상}_{127조}$)

1) 화물명세서의 주목적은 수하인에게 운송물과 화물명세서의 기재가 일치하는가를 검사하도록 하는 데 있으나, 운송인도 화물명세서의 기재에 따라 운송의 준비 기타 운송의 이행에 관한 행위를 하는 것이므로, 송하인이 화물명세서에 부실한 기재를 하여 이로 인하여 운송인에게 손해를 준 경우에는 송하인은 그것을 배상할 책임을 져야 한다($^{상\ 127}_{조\ 1항}$). 그러나 운송인이 악의인 경우에는 그러하지 아니하다($^{상\ 127}_{조\ 2항}$).

2) 송하인이 부실기재에 대하여 책임을 지기 위하여는 과실이 있어야 하는가. 이에 대하여 송하인의 이 책임은 과실책임이므로 송하인이 이 책임을 지기 위하여는 송하인에게 (고의 또는) 과실이 있어야 한다는 견해도 있으나(소수설),[2] 송하인의 이 책임은 과실책임으로 손해배상책임이라기보다는 오히려 일종의 법정담보책임이므로 무과실책임으로 보아야 할 것이다(다수설).[3]

---

1) 동지: 정(희), 237면; 정(동), (총) 539면.
2) 정(희), 237면.
3) 정(동), (총) 540면; 이(철), 401면; 채, 306면; 최(기), 390면; 이(기) 외, (총) 435면; 주상(Ⅰ), 638면.

3. 운임 및 기타 비용청구권

(1) 운임청구권($\substack{상\,61조,\\134조}$)

1) 운임청구권의 발생시기

(가) 운임은 운송이라는 일의 완성에 대한 보수로서 보통 운송계약에서 정하여지는데, 운송계약에서 정하여지지 않은 경우에도 운송인은 상인으로서($\substack{상\,4조,\\46조\,13호}$) 당연히 상당한 운임(보수)청구권을 갖는다($\substack{상\\61조}$).

(나) 운송계약은 도급계약이므로 운송인의 운임청구권의 발생시기는 원칙적으로 수급인의 보수청구권의 발생시기($\substack{민\\665조}$)와 같이, 수하인 등에게 「운송물을 인도한 때」($\substack{즉,\,운송이라는\\일을\,완성한\,때}$)이다[1]($\substack{즉,\,원칙적으\\로\,후급\langle後給\rangle}$). 그러나 예외적으로 당사자간의 특약에 의하여 운송인은 송하인으로부터 운임을 선급(先給)받을 수 있다.

2) 운송물의 멸실과 운임청구권

운송물의 전부 또는 일부가 멸실된 경우에 운송인은 운임청구권을 갖는가에 대하여는 운송물의 멸실이 누구의 과실에 의한 것이냐에 달려 있는데, 이에 대하여 상법 제134조는 특칙을 두고 있다.

(가) 운송물의 전부 또는 일부가 「송하인의 책임 없는 사유」로 인하여 멸실하였을 때에는 운송인은 그 운임을 청구하지 못한다. 만일 운송인이 이미 운임의 전부 또는 일부를 받았으면 이를 반환하여야 한다($\substack{상\,134\\조\,1항}$). 그러나 운송물이 훼손 또는 연착한 데 지나지 않는 경우에는 운송이 완료된 것이므로, 운송인은 손해배상책임을 부담하는 점은 별론으로 하고 「운임청구권」을 갖는다.

운송물의 전부 또는 일부가 「송하인의 책임 없는 사유」로 인하여 멸실된 경우는, 다시 「운송인의 책임 없는 사유」로 인한 경우와 「운송인의 책임 있는 사유」로 인한 경우로 나누어진다.

① 「운송인의 책임 없는 사유」로 인한 경우는 불가항력에 의한 경우로, 이 때에는 민법의 일반원칙($\substack{채무자위험부담\\주의 — 민\,537조}$)에 의하여도 운송인은 운임청구권을 갖지 못한다. 따라서 이 경우 상법 제134조 1항은 다만 주의규정에 불과하다고 볼 수 있다. 그런데 상법 제134조 1항은 임의규정이므로 운송인은 특약에 의하여 운임청구권을 가질 수 있다고 본다.[2]

② 「운송인의 책임 있는 사유」로 인하여 운송물이 멸실된 경우에 운송인이 운임청구권을 갖지 못하는 것은 너무나 당연하다. 오히려 운송인은 송하인에 대하여

---

1) 동지: 대판 1993. 3. 12, 92 다 32906(공보 943, 1161)(운임청구권은 원칙적으로 운송이 완료한 때에 발생하는데, 이 때 운송의 완료라 함은 운송물을 현실적으로 인도할 필요는 없으나 운송물을 인도할 수 있는 상태를 갖추면 충분하다).

2) 동지: 대판 1972. 2. 22, 72 다 2500.

운송물의 멸실로 인한 손해배상책임을 부담한다. 그런데 이 책임은「인도한(할) 날」의 도착지의 가격에 의하는데($\frac{상\ 137조}{1항\cdot 2항}$), 운송인은 운임청구권이 처음부터 없으므로 이 손해배상액에서는 운임이 공제되지 않는다고 본다($\frac{상\ 137조}{4항\ 참조}$).

(나) 운송물의 전부 또는 일부가 그「성질이나 하자 또는 송하인의 과실」로 인하여 멸실한 때에는 운송인은 운임의 전액을 청구할 수 있다($\frac{상\ 134}{조\ 2항}$). 운송물의「성질($\frac{과일\ 또는\ 생}{선의\ 부패\ 등}$)이나 하자($\frac{포장의\ 흠결로\ 인한}{운송물의\ 파손\ 등}$)」가 추가되어 있는 점이($\frac{상\ 678}{조\ 참조}$) 민법 제538조 1항(채권자 귀책사유로 인한 이행불능)에 대한 보충적 의미를 갖는다.[1]

3) 운임청구권의 보전

(가) 수하인이나 화물상환증소지인이 운송물을 수령한 때에는 운임($\frac{및\ 기타\ 비}{용과\ 체당금}$)을 지급할 의무를 부담하므로($\frac{상}{141조}$), 운송인은 운임청구권을 확보하기 위하여 수하인 등에게 운송물의 인도와 동시이행의 항변권을 갖는다.

(나) 운송인은 자기의 운임청구권을 확보하기 위하여 후술하는 바와 같이 운송물에 대한 유치권($\frac{상\ 147조,}{120조}$)과 운송물을 경매하여 그 대금으로써 운임에 충당할 수 있는 권리($\frac{상\ 145조}{67조\ 3항}$)를 갖는다.

4) 운임청구권의 시효

운송인의 송하인·수하인 또는 화물상환증소지인에 대한 운임청구권($\frac{및\ 기타\ 비용과\ 체}{당금의\ 상환청구권}$)은 1년간 행사하지 않으면 소멸시효가 완성한다($\frac{상\ 147조,}{122조}$).

(2) 비용 등의 상환청구권

운송인은 운임 외에 운송에 관련한 비용과 체당금의 상환청구권을 갖는다($\frac{상\ 141}{조\ 참조}$). 이 때「운송에 관한 비용」이란 운임으로 보상되지 않는 운송에 관한 비용($\frac{예컨}{대,\ 통}$관비용·창고보관료·보험료 등)을 말하고,「체당금」이란 송하인 등을 위하여 운송인이 채무의 변제로서 금전을 지출하는 것을 말한다($\frac{상\ 55}{조\ 2항}$).

4. 유 치 권($\frac{상\ 147조,}{120조}$)

운송인에게는 민사유치권($\frac{민}{320조}$) 및 일반상사유치권($\frac{상}{58조}$) 이외에 운송주선인의 그것과 동일한 특별상사유치권이 인정된다($\frac{상\ 147조,}{120조}$). 즉, 운송인은 운임 기타 송하인을 위하여 한 체당금 또는 선대금(先貸金)에 관한 채권에 관해서만 그 운송물을 유치할 수 있다.[2] 운송인의 특별상사유치권에서 이와 같이 피담보채권의 범위를 제한

---

1) 동지: 정(희), 238면; 정(동), (총) 537면.
2) 동지: 대판 1993. 3. 12, 92 다 32906(공보 943, 1161)(동일한 기회에 동일한 수하인에게 운송하여 줄 것을 의뢰받은 운송인이 운송물의 일부를 유치한 경우, 운송물 전체에 대한 운임청구권은 동일한 법률관계에서 발생한 채권으로서 유치목적물과 견련〈牽連〉관계가 인정되어 피담보채권의

한 것은, 수하인이 수령할 운송물과 관계가 없는 운송물에 관하여 생긴 채권 기타 송하인에 대한 그 운송물과는 관계가 없는 채권을 담보하기 위하여 그 운송물이 유치됨으로써 수하인이 뜻밖의 손해를 입지 않도록 하기 위한 것이다.[1] 운송인의 유치권에서는 피담보채권이 위에서 본 바와 같이 제한되어 있으므로, 송하인이 운송물 인도의무나 화물명세서 교부의무 등을 위반하여 운송인이 송하인에 대하여 손해배상청구권을 갖는 경우에도 이 청구권은 운송인의 특별상사유치권에 의하여 담보되지 않는다.[2]

5. 운송물의 공탁·경매권($\frac{상\ 142조\sim}{145조}$)

운송물이 목적지에 도착하면 수하인 등은 상당한 기간 내에 이를 수령할 의무를 부담한다. 만일 수하인 등이 상당한 기간 내에 이를 수령하지 않으면 수하인 등은 운송인에 대하여 수령지체(채권자지체)의 책임을 부담한다($\frac{민\ 400조\sim}{403조}$). 그런데 이 경우 운송계약관계가 종료되지 않아 운송인은 운송물의 인도채무를 부담하고 또 운임채권 등을 확보할 수 없어, 운송인은 영업에 막대한 지장을 받게 된다. 이에 운송계약관계를 조속히 종료시키고($\frac{즉,\ 운송물의\ 인도}{채무를\ 소멸시키고}$) 또 운임채권 등을 확보하게 하기 위하여, 상법은 운송인에게 운송물의 공탁·경매권을 인정하고 있다. 운송인의 이러한 권리는 상인간의 매매에 있어서 매도인에게 인정된 공탁·경매권과 그 취지와 내용이 유사하다.

(1) 공 탁 권

1) 요   건   운송인은 다음의 경우에 운송물을 공탁할 수 있다.

⑺ 수하인을 알 수 없는 경우이다($\frac{상\ 142}{조\ 1항}$). 이 점은 민법상 공탁의 요건과 유사하고($\frac{민\ 487}{조\ 2문}$), 상인간의 매매에 있어서 매도인에게 인정된 공탁권의 요건과 다르다($\frac{상\ 67}{조\ 1}$ $\frac{항}{전단}$). 이 때「수하인」이라 함은 송하인이 지정한 수하인만을 의미하는 것이 아니라, 널리 운송물을 수령할 권한이 있는 자를 의미한다[3]($\frac{따라서\ 화물상환증이\ 발행된\ 경우에는\ 「화물}{상환증소지인」을\ 의미하고,\ 화물상환증이\ 발}$ $\frac{행되지도\ 않고\ 수하인이\ 별도로\ 지정되지}{도\ 않은\ 경우에는\ 「송하인」을\ 의미한다}$).「수하인을 알 수 없는 경우」라 함은 수하인이 지정된 경우에는 수하인의 소재불명 등을 의미하고, 화물상환증이 발행된 경우에는 그의 소지인을 알 수 없는 경우를 의미한다.

⑼ 수하인을 알 수는 있으나 수하인이 운송물의 수령을 거부하거나 수령할 수

범위에 속한다).

1) 상게 대판 1993. 3. 12, 92 다 32906.

2) 동지: 손(주), 349면.

3) 동지: 이(철), 421면.

없는 경우이다($\frac{상\,143조}{1항\,전단}$). 이 점은 민법상 공탁의 요건($\frac{민\,487}{조\,1문}$) 및 상인간의 매매에 있어서 매도인에게 인정된 공탁권의 요건과 같다($\frac{상\,67조}{1항\,1문}$). 이 때 「수하인」의 의미는 ㈎의 경우와 같다. 「수령을 거부한 경우」란 수하인이 정당한 사유 없이 수령을 거절한 경우를 의미하고, 「수령할 수 없는 경우」란 수하인측의 사정($\frac{주관적\,또는}{객관적\,사정}$)으로 장기간 수령할 수 없는 경우를 의미한다.[1]

2) 행 사

㈎ 공탁소는 원칙적으로 운송물을 인도하여야 할 지(地)의 공탁소이고($\frac{민\,488}{조\,1항}$), 공탁비용은 수하인이 부담한다($\frac{민\,403}{조\,참조}$).

㈏ 운송인이 운송물을 공탁한 경우에는 지체 없이 송하인[2]($\frac{수하인을\,알}{수\,없는\,경우}$), 수하인 또는 화물상환증소지인($\frac{수하인\,또는\,화물상환증소지인이\,수령}{을\,거부하거나\,수령할\,수\,없는\,경우}$)에게 그 통지를 발송하여야 한다 (발신주의)($\frac{상\,142조\,3항,}{143조\,1항}$). 이 점은 민법상의 공탁($\frac{민\,488}{조\,3항}$) 및 상인간의 매매에 있어서의 매도인의 공탁($\frac{상\,67조}{1항\,2문}$)의 경우와 같다.

(2) 경 매 권

1) 요 건

㈎ 수하인을 알 수 없는 경우에는 운송인이 송하인[3]에 대하여 상당한 기간을 정하여 운송물의 처분에 대한 지시를 최고하였음에도 불구하고 송하인이 그 기간 내에 지시를 하지 않은 경우이다($\frac{상\,142}{조\,2항}$).

㈏ 수하인을 알 수 있는데 그가 운송물의 수령을 거부하거나 수령할 수 없는 경

---

1) 동지: 이(철), 421면.
2) 1995년 개정전 상법 제142조 3항은 수하인을 알 수 없는 사유로 공탁을 하는 경우에 「송하인 또는 알고 있는 화물상환증소지인」에게 그 통지를 발송하도록 규정되어 있었는데, 이 때의 수하인은 화물상환증소지인을 포함하는 개념이므로 이 경우의 통지의 상대방은 송하인만을 의미한다고 보아야 하므로[동지: 정(동), (총) 542~543면], 1995년 개정상법은 통지의 상대방에서 「또는 알고 있는 화물상환증소지인」을 삭제하였다.
3) 1995년 개정전 상법 제142조 2항은 화물상환증소지인을 포함하고 있었으나, 화물상환증소지인은 수하인에 포함되는 개념이므로 이 때에 지시를 할 수 있는 자는 송하인에 한한다고 보므로, 1995년 개정상법에서는 「또는 알고 있는 화물상환증소지인」을 삭제하였다. 이 때 화물상환증이 발행된 경우에는 동 증권의 소지인이 송하인과 수하인의 지위를 겸한다는 점에서 상법 제142조 2항 및 3항에서의 송하인은 화물상환증이 발행되지 않은 경우만을 의미한다고 해석하는 견해[해설 (1995), 33면]가 있으나, 이는 상법 제142조 1항의 수하인에는 화물상환증소지인이 포함된다고 설명하는 점과 모순되고, 또 그와 같이 해석하면 화물상환증이 발행된 경우로서 운송인이 그 소지인을 알 수 없는 경우에는 송하인에 대한 최고 없이 경매할 수 있고 또 공탁이나 경매를 한 경우에도 송하인에 대하여 통지를 하지 않아도 되는 결과가 되어 송하인측의 이익을 너무 해하는 결과가 되어 타당하지 않다고 본다. 따라서 상법 제142조 1항에서 수하인 다음에 '또는 화물상환증소지인'을 추가하고, 동조 2항 및 3항에서 '또는 알고 있는 화물상환증소지인'을 삭제하여 화물상환증이 발행된 경우도 예상하여 함께 규정하였어야 할 것으로 본다.

우에는, 운송인이 먼저 수하인[1]에 대하여 상당한 기간을 정하여 운송물의 수령을 최고하고, 그 후 다시 송하인[2]에게 상당한 기간을 정하여 운송물의 처분에 대한 지시를 최고하였음에도 불구하고 그 기간 내에 지시를 하지 않은 경우이다($\frac{상}{조}\frac{143}{2항}$).

㈐ 송하인·화물상환증소지인 및 수하인을 모두 알 수 없는 경우에는 운송인이 6월 이상의 기간을 정하여 공시최고를 하였음에도 불구하고 그 기간 내에 권리를 주장하는 자가 없는 경우이다($\frac{상}{1항}\frac{144조}{·3항}$). 이러한 공시최고는 관보나 일간신문에 하여야 하는데, 2회 이상 하여야 한다($\frac{상}{조}\frac{144}{2항}$).

㈑ 위의 경우 송하인 등에게 최고를 할 수 없거나 운송물이 멸실 또는 훼손될 염려가 있는 경우에는, 위와 같은 최고 없이 경매를 할 수 있다($\frac{상}{67조}\frac{145조,}{2항}$).

2) 행   사

㈎ 운송인이 위와 같은 사유($\substack{공시최고에 의한\\경우는 제외됨}$)로 인하여 경매한 때에는 지체 없이 송하인($\substack{수하인을 알\\수 없는 경우}$), 수하인 또는 화물상환증소지인($\substack{수하인이 수령을 거부하\\거나 수령할 수 없는 경우}$)에게 그 통지를 발송하여야 한다(발신주의)($\frac{상}{143조}\frac{142조 3항,}{1항}$).

㈏ 운송인이 운송물을 경매한 경우에는 원칙적으로 그 대금에서 경매비용을 공제한 잔액을 공탁하여야 하는데, 예외적으로 그 대금의 전부나 일부를 운임·체당금·기타 비용에 충당할 수 있다(자조〈自助〉매각권)($\frac{상}{67조}\frac{145조,}{3항}$).

6. 운송인의 채권의 소멸시효

운송인의 송하인 또는 수하인에 대한 채권은 1년간 행사하지 아니하면 소멸시효가 완성된다($\frac{상}{122조}\frac{147조,}{}$). 이러한 운송인의 채권은 운임청구권($\frac{상}{134조}\frac{61조,}{}$)·운송에 관련한 비용과 체당금의 상환청구권($\frac{상}{조}\frac{141}{참조}$)이고, 그 시효기간의 기산점은 그 채권을 행

---

1) 이 때의 수하인에도 화물상환증소지인이 포함된다.
2) 1995년 개정전 상법 제143조 2항은 「송하인 또는 화물상환증소지인에 대한 최고…」로 규정하고 있었으나, 앞에서 본 바와 같이 화물상환증소지인은 수하인에 포함되므로[동지: 정(동), (총) 542~543면] 1995년 개정상법에서는 「또는 화물상환증소지인」을 삭제하였다. 이 때 상법 제143조도 동 제142조와 마찬가지로 화물상환증이 발행되지 않은 경우만을 의미한다고 보는 견해[해설(1995), 34면]가 있으나, 상법 제143조도 화물상환증이 발행된 경우도 예상하여 함께 규정하였어야 할 것으로 본다. 따라서 이렇게 본다면 제143조 1항에서 수하인 다음에 '알고 있는 화물상환증소지인'을 추가하고, 제143조 2항을 「운송인이 경매를 함에는 송하인에 대한 최고를 하기 전에 수하인 또는 화물상환증소지인에 대하여 상당한 기간을 정하여 운송물의 수령을 최고하여야 한다」고 하여, 화물상환증소지인을 삭제하지 않고 그 위치만을 변경하는 것으로 개정하였어야 할 것으로 본다. 이에 대하여 경매는 운송물이 목적지에 도착한 후에 일어나는 것인데 운송물이 목적지에 도착하면 화물상환증소지인은 수하인의 지위에 있기 때문에 수하인과는 별도로 화물상환증소지인에 대한 최고는 필요하지 않다는 견해가 있으나[정(동), (총) 543면], 상법 제143조를 제142조와 구별하여 보아야 할 이유가 없으며 또 화물상환증이 발행된 경우의 처리방법을 명확히 하여야 할 필요가 있는 점에서 볼 때 위와 같이 입법을 하였어야 할 것으로 본다.

사할 수 있는 때이다.

제 3 화물상환증

1. 총   설

(1) 의   의

화물상환증(Ladeschein)이란 「운송인이 운송물의 수령을 증명하고 도착지에서 이를 증권소지인에게 인도할 의무($^{소지인측에서 보면}_{운송물반환청구권}$)를 표창하는 유가증권」인데, 송하인의 청구에 의하여 운송인이 발행한다($^{상\ 128}_{조\ 1항}$).

(2) 성   질

화물상환증은 유가증권으로서 요식증권성($^{상\ 128}_{조\ 2항}$)·요인증권성($^{상\ 128}_{조\ 1항}$)·제시증권성($^{상}_{129조}$)·상환증권성($^{상}_{129조}$)·지시증권성($^{상}_{130조}$)·문언증권성($^{상}_{131조}$)·처분증권성($^{상}_{132조}$)·인도증권성($^{상}_{133조}$)이 있다.

(3) 효   용

화물상환증의 효용은 그것이 처분증권으로서의 유가증권이라는 점에 있다. 즉, 증권소지인은 이것에 의하여 운송중의 운송물을 처분할 수 있고, 또 증권이 발행된 이상 이것에 의하지 않고는 운송물을 처분하거나 인도청구할 수 없다($^{상\ 132조,}_{133조,\ 129조}$). 화물상환증의 이러한 성질로 인하여 상품의 매도인은 화환어음을 발행하여 할인받는 방법으로 즉시 상품의 대금상당액을 회수할 수 있고, 매수인은 운송물이 도착하기 전에 증권에 의하여 운송물의 전매 기타의 처분을 할 수 있는 이점이 있다. 즉, 화물상환증의 발행에 의하여 운송에 수반하는 시간적·장소적 장애를 극복할 수 있게 되는 효용이 있다. 그러나 육상운송은 그 기간이 대체로 단기간이고 1회의 운송량이 적은 관계로, 화물상환증은 선하증권에 비하여 그 이용률이 적어 이 제도를 인정하지 않는 입법례도 있다.[1]

2. 발   행

(1) 발행자와 청구권자($^{상\ 128}_{조\ 1항}$)

화물상환증의 발행자는 「운송인」이고, 청구권자는 「송하인」이다($^{상\ 128}_{조\ 1항}$). 운송인이 화물상환증의 발행($^{작성·}_{교부}$)의무를 부담하는 것은 운송물을 수령한 후이고, 송하인

---

1) 독일 상법은 이 제도를 인정하기는 하지만, 실제 이용되는 것은 내수운송에 한한다고 한다. 베른의 철도운송조약 6 vii 2는 화물명세서 이외에 화물상환증의 이용을 금지하고 있다.

의 청구에 의하여 지체 없이 발행($^{작성\cdot}_{교부}$)하여야 한다. 운송인의 대리인도 화물상환증을 발행할 수 있다. 송하인 이외의 자는 운송물의 소유자라 하더라도($^{예컨대,\ 운송주선}_{인에\ 대한\ 위탁자}$) 당연히 그 교부를 청구할 수 있는 것은 아니다.

(2) 형   식($^{상\ 128}_{조\ 2항}$)

1) 화물상환증의 형식은 상법 제128조 2항이 규정하고 있다. 그러나 이것은 증권에 기재할 법정기재사항을 규정하고 작성자의 기명날인 또는 서명을 요구하고 있을 뿐, 기재의 방법·증권의 재료 등에 관하여는 아무런 제한이 없다. 화물상환증이 법정기재사항을 흠결한 경우에 어음과 같이 무효로 볼 것이냐에 대하여는 의문이 있으나, 어음보다는 한층 완화하여 해석하여야 할 것이다($^{완화된\ 요}_{식증권성}$). 즉, 법정기재사항의 하나를 빠뜨리더라도 운송물의 동일성이 인정되고 운송인에 의한 운송물의 수령과 도착지에서의 인도의무가 확정된다면, 그 증권을 유효로 보아야 할 것이다.[1] 임의적 기재사항도 어음과 같이 법에 의하여 제한되어 있지 않다.

2) 화물상환증에 기재하여야 할 법정기재사항(필요적 기재사항)은 (i) 운송물의 종류, 중량 또는 용적, 포장의 종별, 개수와 기호, (ii) 도착지, (iii) 수하인과 운송인의 성명 또는 상호, 영업소 또는 주소, (iv) 송하인의 성명 또는 상호, 영업소 또는 주소, (v) 운임 기타 운송물에 관한 비용과 그 선급 또는 착급의 구별, (vi) 화물상환증의 작성지와 작성연월일, (i) 운송인의 기명날인 또는 서명이다. 이러한 법정기재사항 중 (iv)~(vi)은 화물상환증의 본질적 효력에 관한 사항은 아니라고 본다.[2]

그러나 화물상환증에는 위의 법정기재사항 이외의 다수의 사항($^{임의적}_{기재사항}$)이 상세히 기재되어 있고, 이러한 임의적 기재사항에 관하여는 위에서 본 바와 같이 법상 아무런 제한이 없다($^{예컨대,\ 유효기간\cdot 보증기간\cdot 배상액\cdot 배상청구}_{방법\cdot 면책사항\ 등\ 일일이\ 들\ 수\ 없을\ 정도이다}$). 이와 같이 화물상환증에 임의적 기재사항이 많은 것은 이것이 요인증권이기 때문이다.

3. 양   도($^{상}_{130조}$)

(1) 화물상환증은 법률상 당연한 지시증권이므로 기명식으로 작성된 것이라도 특히 배서금지의 표시가 없는 한 배서에 의하여 양도할 수 있다($^{상}_{130조}$).

(2) 화물상환증의 배서에는 권리이전적 효력과 자격수여적 효력이 있다($^{상\ 65조,\ 민}_{508조\cdot 513조}$). 따라서 권리이전적 효력과 관련하여 인적 항변이 절단되고($^{상\ 65조,}_{민\ 515조}$), 자격수여적 효력과 관련하여 선의취득이 인정될 뿐만 아니라($^{상\ 65조,}_{민\ 514조}$), 선의인도자(변제자)에 대한

---

1) 동지: 정(희), 228~229면; 정(동), (총) 550면.
2) 동지: 정(동), (총) 551면.

면책적 효력이 인정된다($\frac{상\ 65조.}{민\ 518조}$). 이 점은 어음이나 수표의 배서와 같다.

(3) 그러나 화물상환증의 배서에는 어음이나 수표의 배서와는 달리 담보적 효력은 없다. 따라서 화물상환증의 발행인 및 배서인은 일반사법상의 담보책임을 진다.[1]

4. 효   력

화물상환증은 위에서 본 바와 같이 운송물반환청구권을 표창하는 채권적 유가증권이고(채권적 효력)($\frac{상}{131조}$), 한편 이 증권을 운송물을 받을 수 있는 자에게 교부하면 운송물 위에 행사하는 권리에 관하여 운송물을 인도한 것과 동일한 효력이 있는 물권적 유가증권이다(물권적 효력)($\frac{상}{133조}$). 그러므로 이것을 채권적 효력과 물권적 효력으로 나누어 고찰하겠다.

(1) **채권적 효력**(문언증권성)($\frac{상}{131조}$)

1) **채권적 효력의 의의**

㈎ **요인증권성**   운송인과 운송계약을 체결한 자는 송하인이므로 운송에 관한 채권관계는 원칙적으로 운송계약에 의하여 정하여진다. 따라서 운송인이 화물상환증을 발행한 경우에도 그 화물상환증은 운송계약에 원인을 두고 있으므로, 화물상환증은 송하인과 운송인간에는 운송계약 이상의 구속력이 없다(요인증권성). 그러나 운송인과 송하인 사이에는 화물상환증에 적힌 대로 운송계약이 체결되고 운송물을 수령한 것으로 추정되므로($\frac{상\ 131}{조\ 1항}$), 운송계약의 내용과 화물상환증의 기재가 다른 경우에는 운송계약의 당사자가 운송계약의 내용이 화물상환증에 적힌 내용과 다름을 증명하여야 한다. 따라서 운송계약의 당사자가 이를 증명하지 못하면 운송인은 화물상환증에 적힌 대로 운송계약상의 권리를 주장하고 의무를 부담하면 된다. 그러나 당사자간의 이러한 화물상환증의 요인증권성은 거의 문제가 되지 않고, 다음에서 보는 문언증권성이 화물상환증의 채권적 효력으로서 특히 문제된다.

㈏ **문언증권성**   화물상환증은 원래 운송계약상의 당사자(송하인) 이외의 수하인 또는 제3자에게 교부될 것($\frac{즉,\ 유통}{되어질\ 것}$)을 목적으로 발행된다. 이 경우 제3자는 원칙적으로 운송계약에 관한 모든 사항에 관하여 증권에 기재된 내용 이상을 알지 못하므로 (만일 이 증권의 유통을 조장하고자 한다면) 운송에 관한 사항은 선의의 증권소지인에 대한 관계에서는 이 증권의 기재를 기초로 하여 결정될 필요가 있다. 따라서 상법은 「화물상환증을 선의로 취득한 소지인에 대하여 운송인은 화물상환증에 적힌 대로 운송물을 수령한 것으로 보고 화물상환증에 적힌 바에 따라 운송인으로

---

1) 동지: 정(희), 229면; 정(동), (총) 551면.

서 책임을 진다」고 규정하였다($\substack{\text{상 131} \\ \text{조 2항}}$). 이와 같이 운송인과 화물상환증소지인간의
운송에 관한 사항은 화물상환증권에 적힌 바에 의한다는 화물상환증의 효력(문언증
권성)을 특히 화물상환증의 채권적 효력이라 한다. 그러므로 일단 화물상환증이 유
통되면 송하인과 운송인간의 운송계약관계 외에 증권소지인과 운송인간의 운송계
약관계가 생기게 되는데, 후자는 원칙적으로 전자로부터 완전히 절단된다.

  2) 공권(空券)과 채권적 효력   화물상환증의 채권적 효력에서 가장 문제가
되는 것은 운송인이 운송물을 수령하지 않고 화물상환증을 발행한 경우($\substack{\text{이른바 공} \\ \text{권의 경우}}$) 및
운송인이 실제로 수령한 운송물과 그 증권에 기재된 운송물이 다른 경우이다.

  화물상환증의 요인성은 화물상환증 작성의 (운송인과 송하인간의) 실질관계를 고
려하여 인정된 것이요, 화물상환증의 문언성은 증권의 (운송인과 증권소지인간의) 유
통관계를 고려하여 선의취득자의 보호를 위하여 인정된 것이니, 양자는 그 적용되
는 면이 다르다. 따라서 공권(空券)의 경우에는 그 기재에 상응하는 원인이 없으므
로 송하인에 대하여는 무효가 되나, 다만 증권발행자는 증권의 선의취득자에 대하
여는 완전한 증권으로서 그 문언에 따라 책임을 져야 할 것이다. 이것은 순전히 증
권의 유통을 조장하기 위하여 권리외관법리 또는 금반언칙이 적용된 일례인 것이
다. 이러한 권리외관법리 또는 금반언칙이 적용되는 이상($\substack{\text{상 131} \\ \text{조 2항}}$) 증권발행자는 인도
할 운송물이 없는 데 대하여, 불법행위상의 책임뿐만 아니라 「채무불이행에 의한
책임」도 져야 한다. 운송물상이(相異)의 경우에도 같다.[1] 선하증권의 문언성에 대하

---

  1) 동지: 정(희), 231~232면; 손(주), 361면(화물상환증이 원칙적으로 요인증권이라고 하면서,
     운송물을 수령하지 않고 화물상환증을 발행한 운송인은 운송계약체결상의 과실이 있어 운송인
     은 선의의 증권소지인에 대하여 채무불이행에 의한 손해배상책임을 부담한다고 한다); 정(동),
     (총) 558면; 김(용), 193면; 양·박, 153면; 정(무), 264~265면; 이(원), 239면; 이(철), 429면;
     이·최, 200면.
       반대: 2010년 개정상법 이전에는 상법 제131조가 「화물상환증을 작성한 경우에는 운송에 관한
     사항은 운송인과 소지인간에 있어서는 화물상환증에 기재된 바에 의한다」고 규정되었는데, 이 규
     정에서 「운송에 관한 사항」이 무엇을 의미하는지의 해석과 관련하여 요인성을 중요시하는 설과
     문언성을 중요시하는 설로 나뉘어 있었다. 그런데 우리 대법원은 요인성을 중요시하는 설에 따라
     다음과 같이 판시하였다.
       대판 1982. 9. 14, 80 다 1325(집 30 ③ 1)(선하증권은 운송물의 인도청구권을 표창하는 유가
     증권으로서 운송계약에 기하여 운송물을 수령 또는 선적한 후에 교부되는 요인증권이므로, 운송
     물을 수령 또는 선적하지 아니하였음에도 불구하고 발행된 선하증권은 그 원인과 요건을 구비하
     지 못하여 그 목적물에 흠결이 있는 것으로서 누구에 대하여도 무효라고 봄이 상당하다)[이 판결
     에 대한 평석으로는 정희철, "선하증권의 요인성과 문언성," 「법률신문」, 제1475호(1983. 1. 3),
     10면]; 동 2005. 3. 24, 2003 다 5535(공보 2005, 633)(선하증권은 운송물의 인도청구권을 표창
     하는 유가증권인바, 이는 운송계약에 기하여 작성되는 유인증권으로 상법은 운송인이 송하인으로
     부터 실제로 운송물을 수령 또는 선적하고 있는 것을 유효한 선하증권 성립의 전제조건으로 삼고
     있으므로 운송물을 수령 또는 선적하지 아니하였는데도 발행된 선하증권은 원인과 요건을 구비하
     지 못하여 목적물의 흠결이 있는 것으로서 무효라고 봄이 상당하고, 이러한 경우 선하증권의 소

여도 이와 같은 취지로 명문규정을 두고 있다($\frac{상}{854조}$).

3) 채권적 효력(문언증권성)이 미치는 범위

㈎ 화물상환증의 채권적 효력(문언증권성)은 증권의 기재를 신뢰한 선의의 제3자를 보호하여 증권의 유통성을 촉진하기 위하여 인정된 것이므로($\frac{상 131}{조 2항}$), 악의 취득자($\frac{공권인 줄}{안 양수인}$)에 대하여는 이 효력이 미치지 않는다.

㈏ 화물상환증의 채권적 효력(문언증권성)은 운송인과 송하인간에는 적용되지 않으므로, 증권의 소지인이 형식적으로는 송하인과 관계 없는 제3자이지만 실질적으로는 송하인과 동일인인 경우에는($\frac{예컨대, 본}{점과 지점}$) 당연히 채권적 효력(문언증권성)이 발생할 여지가 없다.

㈐ 운송인이 증권소지인에 대하여 주장할 수 있는 항변권의 범위 내에서는 채권적 효력(문언증권성)이 제한을 받는다. 즉, 증권작성행위에 관한 하자($\frac{예컨대, 사기 · 착}{오 · 강박 등이 있}$ $\frac{고 증권소지인이 이에 대}{하여 알고 있는 경우 등}$), 증권의 성질에서 생기는 사유($\frac{예컨대, 불가항력에 의}{한 운송물의 멸실 · 훼손}$) 및 운송인이 증권소지인에게 직접 대항할 수 있는 사유 등으로 인하여 항변을 주장할 수 있는 범위 내에서는 채권적 효력(문언증권성)이 제한된다.

㈑ 채권적 효력(문언증권성)은 선의의 증권소지인을 보호하는 데 있으므로, 운송인이 이것을 자기의 이익을 위하여 원용할 수는 없다[1]($\frac{예컨대, 비단을 받고 면포라고 기재하}{였거나, 그 수량을 적게 기재한 경우}$).

(2) 물권적 효력(인도증권성)($\frac{상}{133조}$)

1) 물권적 효력의 의의   화물상환증에 의하여 운송물을 받을 수 있는 자에게 화물상환증을 교부한 때에는 운송물 위에 행사하는 권리의 취득에 관하여 운송물을 인도한 것과 동일한 효력이 있는데(인도증권성)($\frac{상}{133조}$), 이를 화물상환증의 물권적 효력이라 한다. 이로 인하여 권리의 취득(소유권) 또는 설정(질권) 등에 점유를 요하는 경우에는 그 물건에 대신하여 화물상환증을 교부받으면 된다. 이로 인하여 화물상환증을 「물권적 유가증권」($\frac{물권을 표창하는 것이 아니라, 채권}{인 인도청구권을 표창하는 유가증권}$) 또는 「인도증권」이라고 한다.

2) 발생요건   화물상환증의 물권적 효력이 발생하기 위하여는 다음의 요건이 필요하다.

㈎ **운송인이 「운송물을 인도」받았을 것**   화물상환증의 물권적 효력은 운송인이 운송물을 수령하고 그 반환(인도)채무를 부담하기 때문에, 그 반환(인도)청구권의 양도에 관하여 법이 인정한 효력이다. 그러므로 운송인이 송하인으로부터 운송물을 수령하지 않고 발행한 공권(空券)의 경우에는 물권적 효력이 생길 여지가 없

지인은 운송물을 수령하지 않고 선하증권을 발행한 운송인에 대하여 불법행위로 인한 손해배상을 청구할 수 있다 할 것이다); 동 2008. 2. 14, 2006 다 47585(공보 2008, 567).

1) 동지: 정(희), 232면; 정(동), (총) 558~559면.

다. 그러나 운송인이 언제나 운송물의 직접점유를 취득하여 증권소지인에게 인도할 수 있는 지위에 있는 이상(예컨대, 운송인이 일시 점유를 잃더라도 민법 제204조에 의한 점유회수의 소가 인정되는 경우) 반드시 운송물을 현실적으로 직접점유할 필요는 없다.

(나)「운송물이 존재」할 것   물권적 효력이 생기기 위하여는 운송물이 존재하여야 한다.

① 따라서 운송물이 멸실된 경우에는 운송인은 운송물을 점유하지도 않고 또 운송물을 인도할 수도 없으므로 물권적 효력이 생길 여지가 없다. 이 때 운송물이 운송인의 귀책사유에 의하여 멸실된 경우에는 화물상환증소지인은 운송인에게 물권적 효력을 주장할 수는 없으나, 채권적 효력으로서 채무불이행에 의한 손해배상을 청구할 수 있다.

② 그런데 운송물이 제3자에 의하여 선의취득(민 249조 ~251조)된 경우는 어떠한가. 이 경우에는 운송물이 멸실된 경우와 같이 물권적 효력이 생길 여지가 없다고 보는 것이 다수설이나,[1] 물권적 효력의 대상인 운송물은 존재하므로 물권적 효력은 인정하나(따라서 화물상환증소지인은 운송물의 점유를 취득한 것과 같으나) 운송물의 선의취득자가 화물상환증소지인보다 우선하므로 물권적 효력을 인정할 실익이 없다고 보아야 할 것이다.[2]

(다) 화물상환증에 의하여「운송물을 받을 수 있는 자」에게 이 증권이 교부되었을 것   화물상환증에 의하여「운송물을 받을 수 있는 자」라 함은 화물상환증의 정당한 소지인을 의미한다. 화물상환증의 정당한 소지인이라 함은 원칙적으로 증권상 형식적 자격도 갖고(지시식인 경우에는 연속된 배서의 최후의 피배서인, 무기명식인 경우는 단순한 소지인), 실질적 권리도 가진 자를 의미한다. 그런데 예외적으로 상속·합병 등과 같이 법률상 당연히 권리가 실질적으로 이전되는 경우에는, 형식적 자격이 없다고 하여도 이에 포함시켜야 한다고 본다.[3]

따라서 화물상환증을 절취한 절취범 등에게는 물권적 효력이 발생하지 않으나,[4] 화물상환증의 선의취득자(상 65조, 민 514조)에게는 물권적 효력이 발생한다.[5] 다만 이 경우에는 운송물에 관한 물권의 선의취득의 요건으로서의 운송물의 점유를 취득한 것과 같은 효력이 있을 뿐 그 소유권을 선의취득하였다고는 할 수 없으므로, 그 운송

---

1) 손(주), 363면; 정(동), (총) 560면; 채, 333면; 주상(Ⅰ), 662면; 이(철), 433면(물권적 효력은 무의미해진다고 한다) 외.
2) 동지: 정(희), 235~236면.
3) 동지: 정(희), 233면; 손(주), 363면; 정(동), (총) 561면; 양·박, 154면.
　　이에 반하여「운송물을 받을 수 있는 자」란 형식적 자격을 가진 자만을 의미한다고 보는 형식적 자격설[이(범), (예해) 234면; 정(무), 265면; 日大判 1924. 7. 18]도 있고, 실질적 권리자만을 의미한다고 보는 실질적 권리설[임(홍), (상행위) 879면]도 있다.
4) 동지: 정(동), (총) 561면; 정동윤, "화물상환증의 물권적 효력,"「고시계」, 1991. 9, 68면.
5) 동지: 정(희), 233면; 정(동), (총) 562면.

물의 선의취득자가 있는 경우에는($\substack{민\ 249\\ 조\ 이하}$) 운송물의 선의취득자가 우선한다.

3) 이론구성   「화물상환증의 인도가 운송물의 인도와 동일한 효력이 있다」라는 것이 어떠한 의미인가. 즉, 증권의 인도가 물권적 효력을 갖는 것에 대한 이론구성에 관하여는 다음과 같이 견해가 나뉘어 있다.

(⑦) 절대설(Die absolute Theorie)   이 설은 상법 제133조에 의한 증권의 인도는 민법상 동산의 양도에서 목적물반환청구권의 양도에 의한 점유의 이전($\substack{민\\190조}$)과는 다른 「상법상 특별히 인정된 점유취득원인」이라고 한다. 이 설에서는 운송인이 운송물을 점유하고 있는지 여부를 불문하고($\substack{그러나\ 운송물의\\존재를\ 전제로\ 함}$), 증권의 교부에 의하여 증권소지인은 절대적으로 운송물의 점유를 취득한다고 한다.[1]

즉, 이 설은 상법 제133조에 의한 증권의 교부가 민법 제190조와는 무관하게 운송물에 대한 물권변동을 일으키는 것이라고 보고, 이러한 증권의 교부에 민법 제450조에 의한 대항요건은 필요 없다고 본다.

(⑭) 상 대 설   이 설은 상법 제133조를 민법 제190조와 관련시켜 설명하는데, 이는 다시 엄정상대설과 대표설로 나누어진다.

① 엄정상대설(Die strengrelative Theorie)   이 설은 상법 제133조에 의한 증권의 교부를 점유권취득의 특수한 원인으로 생각하지 않고, 민법 제190조의 목적물반환청구권의 양도에 의한 간접점유를 이전하는 한 방법의 예시에 지나지 않는다고 한다. 그러므로 이 설에서는 상법 제133조에 의한 증권의 교부에는 (민법 제190조에서와 동일하게) 운송인이 운송물을 직접점유하고 있어야 하고, 민법 제450조에 의한 대항요건을 갖출 것을 요한다.

즉, 이 설에 의하면 상법 제133조의 규정은 민법 제190조와 다른 특별규정이 아니고 그것의 한 방법을 예시한 규정에 불과하게 되어, 결과적으로 화물상환증의 물권적 효력을 인정하지 않는 것과 동일하게 된다.[2]

② 대표설(Die Repräsentationstheorie)   이 설은 상법 제133조를 민법 제190조에 기초를 두면서 민법 제190조에 대한 특칙으로서의 의미를 인정하고 있다. 즉, 이 설은 운송인이 운송물을 직접점유하고 있는 것을 전제로 하지만, 증권은 운송물을 대표($\substack{증권의\ 소\\지는\ 운송}$)($\substack{물의\ 간접점\\유를\ 대표}$)하므로 증권의 교부는 (민법 제450조에 의한 대항요건이 필요 없이) 바로 이 운송물의 간접점유를 이전하는 것이 된다고 한다. 다만 이 설에서는 운송인이 운송물을 직접점유하고 있을 것을 원칙으로 하지만, 예외적으로 운송인이 일시 직접점유를 상실한 경우에도 운송인이 점유회수소권(占有回收訴權)($\substack{민\\204조}$)을 가지고 있는 동안에는 운송인이 운송

---

1) 박, 193면; 차, 227면; 이(병), 328면; 독일에서는 Heymann−Kötter, HGB § 424 Anm. 2; 일본에서는 我妻 榮, 物權法, 108면.

2) 독일의 Hellwig. 우리나라에서 이 설을 취하는 분은 없다.
    일본에서 물권적 효력 부인설이 유력하게 주장되고 있어 엄정상대설과 그 취지를 같이 하고 있으나, 소유권의 변동에 형식주의를 취하고 있는 우리나라에서는 이러한 주장을 하기 어렵다고 본다.

물을 직접점유하고 있는 것으로 보고 있다.

따라서 이 설은 운송인이 운송물을 직접점유하고 있어야 하는 점과 상법 제133조에 의한 점유취득원인은 민법 제190조가 그 근거를 제공해 준다는 점에서는 엄정상대설과 같으나, 화물상환증은 운송물을 대표(즉, 증권의 소지는 운송물의 간접점유를 대표)하는 것이므로 증권의 교부에 민법 제450조의 대항요건을 갖출 필요가 없다는 점에서는 엄정상대설과 다르다. 또한 이 설은 증권의 교부에 민법 제450조의 대항요건을 갖출 필요가 없다는 점에서는 절대설과 같으나, 상법 제133조를 민법 제190조와 관련하여 파악하는 점과 운송인이 운송물을 (원칙적으로) 직접점유하고 있어야 한다는 점에서는 절대설과 구별되고 있다. 즉, 대표설은 절대설과 엄정상대설을 절충한 견해라고 볼 수 있다(통설).[1]

(다) **유가증권적 효력설**(절충설)   이 설은 상법 제133조는 민법 제190조의 단순한 목적물반환청구권의 양도는 아니고, 그와는 다른 증권에 표창된 운송물반환청구권을 유가증권법적으로 양도하는 특별한 방식(따라서 민법 제450조에 의한 대항요건을 요하지 않음)을 규정한 것이라고 한다. 이 설이 상법 제133조의 독자적인 의미를 인정하고 있는 점에서는 절대설 및 대표설과 같으나(엄정상대설과 는 구별되는 점), 운송인이 운송물을 직접점유하고 있어야 한다는 점에서는 절대설과 구별되고(엄정상대설 및 대표설과 같은 점), 또 운송인이 운송물을 직접점유하고 있는 이상 자주점유이든 타주점유이든 불문한다는 점에서는 대표설과 구별된다(대표설 및 엄정상대설에서는 운송인의 직접점유가 타주점유임을 요함). 요컨대 이 설이 대표설과 다른 점은 운송인이 운송물을 횡령한 경우(자주점유의 경우)에도 물권적 효력을 인정하여 거래의 안전을 더 보호하고자 하는 것이다.[2]

(라) **부 정 설**

① 상법 제133조는 당연한 원리를 선언하는 데 지나지 않고 동조에서 규정하는 화물상환증의 교부는 화물상환증의 양도를 말한다고 하여, 화물상환증의 물권적 효력을 부정하는 견해가 있다.[3]

② 일본에서도 화물상환증의 물권적 효력은 채권적 효력의 반사적 효력에 불과하다고 하여, 물권적 효력 자체를 부정하는 견해가 있다.[4]

(마) **사   견**   결론적으로 말하여 대표설이 가장 타당하다고 보는데, 그 이유는 다음과 같다.

(i) 절대설은 증권의 효력을 확실하게 하고 증권소지인의 지위를 강화한다고는 하지만, 운송인에 의한 운송물의 점유를 요구하지 않을 뿐 운송물의 존재를 전제로 하므로, 화물상환증이 공권(空券)이거나 운송물이 멸실 또는 제3자에 의하여 선의취득된 경우에는

---

1) 정(희), 234~235면; 서 · 정, 237면; 손(주), 367면; 김(용), 195면; 최(기), 407면; 이(원), 232면; 양 · 박, 155면; 정(무), 267면; 일본 · 독일의 판례 및 학설의 주류. 이것은 엄정상대설과 절대설을 절충한 것으로서 상거래의 실제적 요구에 가장 적합하다고 한다[Capelle/Canaris, S. 124].

2) 정(동), (총) 569~570면; 정동윤, 전게 「고시계」(1991. 9), 75면; 이(기) 외, (총) 471면.

3) 채, 331~332면(각 설에 대한 비판이 상세함).

4) 谷川 久, "船荷證券の物權的 效力理論に關する反省,"「海法會誌」, 第5號, 64면 이하.

물권적 효력이 생기지 않는다고 한다. 그렇다면 운송인이 일시 운송물의 점유를 잃은 경우에만 이 설의 장점이 인정될 뿐인데, 이 점에 관하여는 대표설도 운송인이 직접점유를 하고 있지 않더라도 그가 점유회수소권(占有回收訴權)을 가지고 있는 동안은 증권의 소지가 운송물의 간접점유를 대표한다고 하여 증권의 교부에 물권적 효력을 인정하므로 결과적으로는 같아진다. 그러므로 양설은 이론구성상의 차이에 불과한데, 화물상환증이 요인증권이라는 점에서 보면 운송인의 운송물의 점유를 전제로 하여 이론구성하여야 할 것이다. 따라서 이 점에서 보면 운송인의 운송물의 점유와 무관하게 이론구성하는 절대설보다는 대표설이 더 타당하다고 본다.[1]

   (ii) 엄정상대설은 물건과 증권이 따로따로 이동하는 데도 불구하고 물권의 설정·이전에 관한 민법의 일반원칙으로 성급하게 통일하고자 상법 제133조의 규정을 사문화(死文化)하는 점에서, 해석의 한계를 넘어선 결점이 있다고 하겠다. 우리나라 민법이 소유권의 이전에 관하여 형식주의를 채용하고 있기 때문에($\frac{민}{조}\frac{188}{1항}$) 운송중의 물건에 대한 소유권이전을 위하여는 현실의 인도 이외에 증권의 교부에 의하여 점유의 이전을 의제할 필요가있는데, 이러한 의제의 근거를 민법 제190조가 제공해 주는 것이다. 그렇다고 상법 제133조가 불필요한 것은 아니고, 상법 제133조는 민법 제190조에 의한 목적물반환청구권의 양도에 필요로 하는 대항요건($\frac{민}{450조}$)을 갖추지 않고도 증권의 교부만으로 당연히 운송물의 간접점유가 이전된다는 것을 명문화한 것으로서, 민법 제190조에 대한 특별규정으로서의 의미를 갖는다. 그러므로 민법 제190조를 상법 제133조의 근거규정으로 파악하면서, 상법 제133조에 민법 제190조에 대한 특칙으로서의 의미를 인정하는 대표설이 엄정상대설보다 더 타당하다고 본다.

   (iii) 유가증권적 효력설과 부정설은 물권변동에 관하여 형식주의를 취하고 있는 우리나라에서는 문제가 있다고 본다.

   4) 물권적 효력의 내용

   ㈎ 화물상환증의 물권적 효력은 「운송물 위에 행사하는 권리의 취득」에 관하여만 인정된다.

   ① 이 때 「운송물 위에 행사하는 권리」란 가장 중요한 것이 소유권이나 이 외에도 질권·유치권 및 위탁매매인의 처분권 등도 포함되는데, 구체적으로 어느 권리인가는 화물상환증을 수수하는 당사자간의 계약의 내용에 의하여 정하여진다.[2]

   ② 그리고 이러한 권리의 「취득」에 관해서만 물권적 효력이 인정되는 것이므로, 그 이외의 경우에는 물권적 효력이 발생하지 않는다.[3] 예컨대, 운송물의 상인간의 매매에 있어서 매도인이 매수인에게 화물상환증을 교부하여도 매수인은 상법 제

---

   1) 동지: 손(주), 367면.
   2) 동지: 정(희), 233면; 정(동), (총) 561면.
   3) 동지: 정(동), (총) 561면.

69조에 의한 목적물의 검사와 하자통지의무를 부담하지 않는다. 그런데 위의 권리
의 취득에 관해서는 화물상환증의 교부가 물권취득의 효력발생요건으로서 운송물
을 인도한 것과 동일한 효력이 발생하는 것이다($\frac{상\ 133}{조\ 후단}$).

(나) 화물상환증의 물권적 효력은 「운송물이 존재하는 경우」에만 발생한다.

① 따라서 앞에서 본 바와 같이 운송인이 운송물을 수령하지 않고 화물상환증
을 발행한 경우($\frac{空券}{의\ 경우}$), 또는 운송인이 운송물을 수령하고 화물상환증을 발행하였으
나 운송물이 멸실된 경우에는 물권적 효력이 발생하지 않는다.

② 운송물이 제3자에 의하여 선의취득된 경우에는, 앞에서 본 바와 같이 일단
물권적 효력을 인정하고 운송물의 선의취득자의 권리가 증권소지인의 권리보다 우
선하는 점에서 물권적 효력을 인정할 실익이 없다고 해석하는 것이 순리라고 본다.

(다) 화물상환증의 물권적 효력이 인정되는 결과 화물상환증이 작성된 경우에는
「운송물에 관한 처분」은 화물상환증으로써 하여야 한다(처분증권성)($\frac{상}{132조}$). 그런데
이러한 화물상환증의 처분증권성에 관한 상법의 규정이 있다고 하여 운송물 자체의
선의취득을 전면적으로 부정할 수는 없다. 다만 화물상환증의 처분증권성은 증권에
의하지 않는 운송물의 처분을 간접적으로 제한하고, 한편 운송물 자체의 양수인이
증권이 발행된 사실을 알고 있는 경우에는 운송물 자체의 선의취득이 되지 않음을
간접적으로 인정한 것뿐이다.[1]

제 4 순차운송

1. 순차운송의 의의 및 형태

(1) 의   의

철도·궤도·자동차 등 각종 교통수단의 발달과 통신수단의 발전은 운송지역
을 확대시키고 장거리운송의 양을 증가시키며, 지역 또는 운송수단에 따른 전문성
을 요구하기도 한다. 이러한 상황에서는 한 운송인이 스스로 전 구간의 운송에 종사
하는 것은 불가능하거나 비경제적이다. 이러한 상황에서 하나의 운송에 복수의 운

---

1) 동지: 정(희), 236면. 반대: 정(동), (총) 563면(양도인이 운송물을 인도하더라도 화물상환증을
   인도하지 않는 한 소유권이전의 효력은 발생하지 않는다고 한다. 이것은 마치 어음상의 권리를 지
   명채권양도방법에 의하여 양도하는 경우에도 어음증권의 교부가 필요한 것과 같으며, 이렇게 해
   석하는 것이 화물상환증의 인도증권으로서의 성질에도 합치한다고 한다. 그러나 운송물의 선의취
   득은 원시취득이기 때문에 그 운송물인도청구권을 표창하는 유가증권이 있는 경우에도 이와 분리
   된 운송물 자체의 선의취득을 인정하지 않을 수 없다고 본다); BGHZ 49, 160; BGH WM 1977,
   172; Hueck/Canaris, § 23 II 4.

송기업이 시간적·장소적으로 연속하여 참여하게 되는데, 이와 같이「동일운송물에 관하여 수 인의 운송인이 순차로 운송을 하는 것」을 순차운송이라 한다.

상법은 이러한 순차운송에 관하여 운송물의 멸실 등에 대한 순차운송인의 연대책임($^{상}_{138조}$), 순차운송인간의 권리의 대위행사($^{상}_{조,}$ $^{147}_{117조}$)에 대하여 규정하고 있다.

(2) 형   태

수 인의 운송인이 동일운송물의 운송에 참여하는 형태에는 다음과 같이 여러 형태가 있는데, 이를「광의의 순차운송」또는「통운송(연락운송)」이라 한다. 이러한 통운송에는 동종의 운송수단에 의한 단순통운송과, 2종 이상의 운송수단에 의한 복합운송이 있다.[1] 특히 복합운송은 일정한 규격의 컨테이너 사용을 전제로 하는 해륙(海陸)운송수단에 의한 복합운송이 전형적인 것이고, 이에 관하여는 1980년의 UN 국제물건복합운송조약이 있다.

1) **부분운송**   이는 수 인의 운송인이 각자 독립하여 각 특정구간의 운송을 인수하는 것이다. 이 경우에는 각 운송구간마다 1개의 운송계약이 성립하고, 각 운송계약 상호간에는 아무 관계가 없다.

2) **하수운송**   이는 제1의 운송인(원수〈元受〉운송인)이 전 구간의 운송을 인수하고, 그 전부 또는 일부를 제2의 운송인(하수〈下受〉운송인)에게 운송시키는 것이다. 이 때 제2의 운송인과의 운송계약은 원수운송인의 명의와 그의 계산으로 체결되므로, 송하인 또는 수하인은 하수운송인에 대하여 직접 책임을 추궁할 수 없다.[2] 즉, 제2의 운송인(하수운송인)은 제1의 운송인(원수운송인)의 이행보조자에 불과하고, 송하인과 직접적인 법률관계를 갖지 않는다.

3) **동일운송**   이는 수 인의 운송인이 공동으로 전 구간의 운송을 인수하는 계약을 송하인과 체결하고, 내부관계로서 각 운송인의 담당구간을 정하는 것이다.[3] 이러한 동일운송의 경우에는 1개의 운송계약이 성립하나, 수 인의 운송인 전원에게 상행위가 되는 한 개의 행위로서 채무를 부담하는 것이므로, 각 운송인은 전 운송구간에 대하여 송하인에게 상법상 당연히 연대채무를 부담한다($^{상}_{조}$ $^{57}_{1항}$). 이러한 동일운송계약은 운송주선인의 경우에는 없다.

4) **공동운송**(연대운송)   수 인의 운송인이 서로 운송상의 연결관계를 가지고 있을 때, 송하인은 최초의 운송인에게 운송을 위탁함으로써 다른 운송인을 동시

---

1) 동지: 주상(Ⅰ), 692면.
2) 동지: 정(동), (총) 581면.
3) 이러한 동일운송을 임(홍), (상행위) 857면은 공동운송으로 표현하고 있어, 개념의 혼동을 유발시키고 있다.

에 이용할 수 있는 것이다. 즉, 송하인과 제1의 운송인간에 전 구간에 관한 운송계약이 체결되지만, 제1의 운송인은 자기의 운송구간만의 운송을 실행하고 나머지 구간에 대하여는 제2의 운송인 등과 자기의 명의와 송하인의 계산으로 운송계약을 체결함으로써, 제2의 운송인이 제1의 운송인의 운송구간을 제외한 나머지의 구간의 운송을 인수하는 등 수 인의 운송인이 법률상 하나의 운송관계에 순차적으로 참가하는 것을 말한다. 이러한 공동운송을 「협의의 순차운송」이라고 하는데, 이는 운송주선인의 경우 중간(중계)운송주선에 대응되는 개념이다. 공동운송에서 제1의 운송인의 경우에는 전 구간에 대한 운송을 인수하나, 중간(중계)운송주선에서 제1의 운송주선인의 경우에는 자기의 구간에 대해서만 운송주선을 인수하는 점에서, 양자는 구별된다. 또한 이러한 공동운송은 제1의 운송인이 송하인의 계산으로 제2의 운송인과 운송계약을 체결하는 점에서, 자기의 계산으로 운송계약을 체결하는 하수운송과 구별된다.[1]

공동운송은 운송인 상호간에 직접 운송물을 주고 받는 점에서는 동일운송과 매우 유사하다. 그러나 동일운송의 경우에는 송하인은 수 인의 운송인과 전 구간에 대한 하나의 운송계약을 체결하지만 부분화물명세서를 교부하나, 공동운송의 경우에는 송하인은 제1의 운송인과 전 구간에 대한 (하나의) 운송계약을 체결하고 통화물명세서를 교부하는 점이 다르다.[2]

2. 순차운송인의 법률관계

상법은 순차운송인의 법률관계에 대하여 순차운송인의 연대책임($^{\c상}_{138조}$)과 순차운송인간의 권리의 대위행사($^{\c상}_{조, 117조}^{147}$)에 대하여 규정하고 있는데, 이를 각각 나누어서 설명하면 다음과 같다.

(1) 순차운송인의 연대책임($^{\c상}_{138조}$)

1) 상법 제138조는 「수 인이 순차로 운송을 하는 경우에는 각 운송인은 운송물의 멸실·훼손·연착으로 인한 손해를 연대하여 배상할 책임이 있다」라고 규정하고 있다. 상법이 이와 같은 규정을 둔 이유는 송하인 및 수하인의 보호를 강화하고, 손해발생장소에 관한 곤란한 증명책임을 면하기 위해서이다.[3]

2) 이 조문이 의미하는 순차운송인은 공동운송($^{\c협의의}_{순차운송}$)에 있어서의 운송인을 말

---

1) 동지: 정(동), (총) 582면.
2) 동지: 정(희), 241면.
3) 동지: 정(희), 241면; 정(동), (총) 583~584면.

한다(통설).[1] 그 이유는 부분운송의 경우는 각 운송구간마다 독립된 운송계약이 성립하므로 각 운송인이 송하인에 대하여 연대책임을 부담할 근거가 없고, 하수운송인의 경우는 원수(元受)운송인만이 송하인에 대하여 계약당사자로서 모든 책임을 부담하며, 동일운송의 경우는 각 운송인이 상법 제57조 1항에 의하여 당연히 연대책임을 부담하기 때문이다.

3) 연대책임을 지는 순차운송인은 내부관계로서 부담부분이 있다. 즉, 손해발생장소가 명백하면「그 구간의 담당자」가 전액을 부담하고, 불명(不明)인 경우에는 특약이 없는 한 전 운송인이「운임액에 비례하여」손해를 부담하여야 하는데, 손해배상을 한 운송인은 그 손해를 발생시킨 운송인에게 이러한 부담부분에 관하여 구상권을 행사할 수 있다($\frac{상\ 138조}{2항\cdot3항}$).

(2) 순차운송인의 대위($\frac{상\ 147}{조,\ 117조}$)

1) 수 인이 순차로 운송을 하는 경우에 운송물을 다음 운송인에게 인도한 운송인은 운임 기타의 채권을 행사하고자 하여도 운송물의 점유를 상실하고 있으므로 유치권 등의 권리를 행사할 수 없다. 따라서 후자의 운송인은 전자의 운송인에 갈음하여 그 권리를 행사할 의무가 있고, 또한 후자의 운송인이 전자의 운송인에게 변제한 때에는 전자의 운송인의 권리를 취득하는 것으로 규정하고 있다($\frac{상\ 147}{조,\ 117조}$). 이에 관하여는 순차운송주선인에 관한 설명과 같다.

2) 이러한 순차운송인의 대위가 인정되는 순차운송인의 범위에 대하여는「광의의 순차운송」에 인정된다고 보는 견해(다수설)[2]와「협의의 순차운송」에 대하여만 인정된다고 보는 견해(소수설)[3]로 나뉘어 있다.

생각건대 운송주선인의 경우 이 규정이 중간(중계)운송주선의 경우에만 적용된다고 해석하는 점과 균형을 이루기 위해서나, 또한 앞에서 본 상법 제138조가 공동운송($\frac{협의의}{순차운송}$)에 대해서만 적용되는 이유에서 볼 때, 대위에 관한 규정도 공동운송에 대해서만 적용된다고 본다($\frac{소수설}{에\ 찬성}$).

---

1) 정(희), 241면; 서·정, 231면; 손(주), 354면; 정(동), (총) 583면; 최(기), 396면; 채, 312~313면; 이(기) 외, (총) 474면; 강, 143면.
  그러나 이(철), 435~436면은「동일운송의 경우에도 상법 제138조가 적용된다」고 한다(그 이유는 상법 제138조 2항·3항을 적용시키기 위해서라고 한다).
2) 정(희), 242면; 서·정, 232면; 손(주), 355면; 정(동), (총) 585면; 최(기), 398면; 채, 316면; 이(기) 외, (총) 476면 외.
3) 임(홍), (상행위) 860면; 김(용), 188면; 이(철), 437~438면(그러나 동일운송을 포함한다); 강위두,「신상법강의(Ⅰ)」, 1986, 414면; 김(성), (총) 643면(특히 부분운송에 있어서는 순차운송인 간에 아무런 연결이 없는 점에서 볼 때 전면적인 적용은 무리라고 본다).

제 3 관   여객운송

제 1 총   설

(1) 여객운송(carriage of passengers; Personenbeförderung; transport de voyageurs)에 관하여는 철도·궤도·자동차에 의한 정기운송에 관하여 철도사업법·궤도운송법·여객자동차 운수사업법 등과 같은 운송사업에 관한 특별법이 있다고 함은 이미 앞에서 본 바와 같다. 따라서 여객운송계약에 관하여는 제1차적으로 이러한 특별법이 적용되겠으나, 상법은 여객운송에 관한 일반규정으로서 운송인의 책임에 관하여 세 개의 조문($\substack{상\ 148조~\\150조}$)을 두고 있다.

(2) 오늘날 물건운송업 이외에 여객운송업도 운송업의 중요한 일 부문을 이루고 있고, 특히 자동차운송사업이 급속히 발달한 오늘날 여객의 운송상의 지위를 명백히 하여 두는 것은 매우 필요한 것이다. 상법의 규정은 매우 불완전한 것이기는 하지만, 앞에서 본 특별법령에 대한 일반규정으로서 운송인의 여객과 수하물에 대한 책임을 밝히고 있다.[1]

제 2   여객운송계약의 특징

(1) 물건운송계약과 다른 점

여객운송계약은 「자연인」을 운송의 목적으로 하는 계약이고($\substack{이\ 점에서\ 물건운송의\ 경우\\보다\ 고도의\ 주의가\ 요구되}$ 고, 운송중의 손해는 대부분 여객의 생명 또는 신체에 관한 손상을 의미하며, 이러한 손해액의 산정방법도 물건운송의 경우와 다르다), 여객 자신이 「계약당사자」가 되는 것이 보통이지만 그렇지 않은 경우도 있다($\substack{부모가\ 아이의\ 운\\송을\ 부탁하는\ 경우}$). 또한 여객운송계약은 유상이 원칙이지만 「무상」의 경우도 있고($\substack{6세\ 미만,\\의\ 소아}$), 계약의 성질상 여객은 물건의 경우와 달라 운송인의 「보관」에 들어갈 수도 없다($\substack{또한\ 여객운송인은\ 물건운송인과\ 같이\ 운송물의\\수령·보관·인도에\ 따른\ 책임이\ 있을\ 수\ 없다}$).

(2) 승차권의 법적 성질

1) 여객운송계약도 불요식의 낙성계약이므로, 승차권의 발행이 계약의 성립요건은 아니다. 여객운송계약도 도급계약이므로 원칙적으로 운송을 종료한 후에 운임을 지급하여야 하겠으나($\substack{민\\665조}$), 실제로는 운송인이 운송을 개시하기 전에 운임을 미리 받고 여객에게 승차권을 발행하여 준다. 따라서 여객운송계약은 보통 「승차권의

---

1) 동지: 정(희), 242면.

발행시」에 성립한다고 보는데, 승차 후에 승차권을 구입하는 경우에는 「승차시」에 성립한다고 본다.[1]

2) 이러한 승차권은 운임의 선급(지급)을 증명하고 운송채권(운송청구권)을 표창하는 증권이라고 볼 수 있는데, 이의 유가증권성 여부에 대하여는 승차권의 여러 형태에 따라 각각 달리 설명되고 있다.[2]

㈎ 승차권제도는 집단적인 운송관계를 처리하기 위한 기술로서 인정된 것이지 유통을 목적으로 하는 것이 아니라는 점에서 승차권의 유가증권성을 전면적으로 부정하는 견해도 있으나,[3] 승차권은 획일적이고 신속하게 수행되어야 할 현대의 운송거래에서 필수불가결한 제도라는 점에서 볼 때 유가증권성을 인정하여야 할 것이다(통설).

㈏ 승차권의 유가증권성을 긍정하는 견해에서도 「승차 후에 발행되는 승차권」은 운임의 지급을 증명하는 단순한 증거증권에 불과하다고 보는 견해가 있으나,[4] 역시 유가증권성을 인정해야 할 것이다.[5]

㈐ 승차권의 유가증권성을 긍정하는 견해에서도 동 승차권이 개찰된 후에는 운송인은 특정인에 대해서만 운송채무를 부담하므로 그 승차권은 유가증권성을 상실한다는 견해도 있으나,[6] 역시 유가증권성을 잃지 않는다고 보아야 할 것이다.[7]

㈑ 승차권의 유가증권성을 긍정하는 견해에서도 기명식승차권·회수승차권·정기승차권에 대하여는 유가증권성을 부정하는 견해가 다수인데,[8] 논리의 일관성에서 보면 이러한 승차권에 대하여도 유가증권성을 인정할 수 있을 것으로 본다.[9]

---

1) 동지: 정(희), 243면; 정(동), (총) 571면.
2) 이에 관한 상세는 정찬형, 「어음·수표법강의(제7판)」(서울: 박영사, 2009), 12~15면; 동, "유가증권의 개념," 「고시계」, 1990. 9, 127면 이하 참조.
3) 鈴木竹雄, 「商行爲法·海商法·保險法」(弘文堂, 1954), 53면.
4) 西原寬一, 「商行爲法」(有斐閣, 1973), 333면.
5) 동지: 정(동), (총) 573면; 동, 「어음·수표법(4정판)」(법문사, 1996), 53면.
6) 손(주), 368면; 최(기), 412면.
7) 동지: 서·정, 238~239면; 정(동), (총) 573면; 이(기) 외, (총) 493면; 주상(Ⅰ), 72면. 다만 이러한 견해들은 동 승차권은 개찰에 의하여 양도할 수 없는 증권으로 변한다고 한다.
8) 정(희), 243면(회수승차권은 운임의 선급을 증명하는 단순한 표권이며 유가증권이 아니라고 한다); 서·정, 239면; 손(주), 369면; 최(기), 412~413면; 채, 334면(회수승차권은 운임의 선급을 증명하는 단순한 증표에 불과하다고 한다); 이(철), 439면(무기명식 승차권은 유가증권이지만, 기명식 승차권은 증거증권에 불과하여 양도할 수 없다고 한다) 외.
9) 동지: 정(동), (총) 574면; 동, 전게 어음·수표법, 53면; 이(기) 외, (총) 494~497면; 주상(Ⅰ), 728면, 730면, 732면.

제 3 여객운송인의 손해배상책임

1. 여객이 입은 손해에 대한 책임($\frac{상}{148조}$)

(1) 상법 제148조 1항은 「운송인은 자기 또는 사용인이 운송에 관한 주의를 해태하지 아니하였음을 증명하지 아니하면 여객이 운송으로 인하여 받은 손해를 배상할 책임을 면하지 못한다」고 규정하여, 여객운송인의 손해배상책임에 대하여 물건운송인의 경우와 같이 과실책임주의의 입장에서 규정하고 있다.

「여객이 운송으로 인하여 받은 손해」란 보통 '여객의 사상(死傷)으로 인한 손해'를 의미하는데, 이외에 '여객의 피복 등에 발생한 손해' 또는 '연착으로 인한 손해' 등을 포함한다.[1] 그러나 상법 제148조 2항이 적용되는 여객의 손해는 그 성질상 '여객의 사상(死傷)으로 인한 손해'만을 의미하고, 그 이외의 여객의 손해에는 상법 제148조 2항이 적용되지 않는다.[2] 따라서 여객의 피복 등에 발생한 손해나 여객의 연착으로 인한 손해 등에는, 민법의 일반원칙($\frac{민 390조 이}{하, 750조 이하}$)에 의하여 운송인의 손해배상액이 결정될 수밖에 없다고 본다.

(2) 「여객의 사상(死傷)으로 인한 손해」는 재산적 손해뿐만 아니라 정신적 손해(위자료)를 포함한다. 여객의 재산적 손해는 여객의 사상(死傷)으로 인한 치료비·장례비와 같은 적극적인 손해뿐만 아니라, 장래의 일실이익(逸失利益)과 같은 소극적인 손해를 포함한다. 여객의 일실이익의 산정에 대하여는 우리나라의 대법원판례에 잘 나타나 있다. 즉, 여객의 사망으로 인한 일실이익을 산정함에 있어서는 사망 당시의 수익을 기준으로 함이 원칙이고 사망 당시 직업이 없었다면 일반노동임금을 기준으로 할 수밖에 없으나, 사망 이전에 장차 일정한 직업에 종사하여 그에 상응한 수익을 얻게 될 것으로 확실하게 예측할 만한 객관적 사정이 있을 때에는 장차 얻게될 수익도 일실이익에 포함된다.[3]

여객의 정신적 손해는 위자료청구권인데, 이는 여객이 상해를 입은 경우에는 여객에게 있고, 그 후 여객이 다른 원인으로 사망한 경우에는 여객의 상속인에게 승계되는 점에 대하여는 아무런 문제가 없다. 그런데 여객이 즉사(卽死)한 경우에는 위자료청구권이 여객의 상속인에게 있는가가 문제된다. 이에 대하여 (i) 여객인 사자(死者)는 권리의무의 주체가 될 수 없으므로 위자료청구권을 취득할 수 없고, 그

---

1) 동지: 서·정, 240면; 정(동), (총) 576면; 이(기) 외, (총) 500면; 주상(Ⅰ), 735면.
2) 동지: 서·정, 240면; 이(철), 442면; 이(기) 외, (총) 501면; 주상(Ⅰ), 737면.
3) 대판 1982. 7. 13, 82 다카 278(공보 688, 750).

상속인은 운송계약의 당사자가 아니므로 운송인의 채무불이행에 기한 위자료청구권을 행사할 수 없다는 견해가 있다.[1] (ii) 그러나 이러한 해석은 여객이 상해를 입고 그 후에 사망한 경우와 비교하여 볼 때 너무나 균형을 잃은 점, 여객이 사망한 경우에는 상해의 경우보다 더 피해자측을 보호할 필요가 있다는 점 등에서 볼 때, 여객은 위자료청구권을 취득하고 이 권리는 상속인에게 승계된다고 보는 것이 타당하다고 생각한다.[2]

(3) 여객의 사상(死傷)으로 인한 손해배상액을 정함에는 법원은 피해자와 그 가족의 정상을 참작하여야 한다($\frac{상\ 148}{조\ 2항}$). 이는 여객이 입은 특별손해에 대하여 당사자의 예견 유무를 묻지 않고 법원이 당연히 이를 참작하여야 한다는 것으로, 민법 제393조 2항에 대한 예외가 된다. 또한 여객운송인의 여객의 사상(死傷)으로 인한 손해배상책임은 개별적이고 또 특별손해에 대하여도 그 배상책임을 부담하는 점에서, 물건운송인의 책임이 획일적이고 또 정액배상책임($\frac{상}{137조}$)인 점과 구별되고 있다. 즉, 여객운송인의 책임은 물건운송인의 책임에 비하여 많이 확장되어 있다.

(4) 여객운송인의 손해배상책임에 관한 판례는 아래에서 보는 바와 같이 거의 전부가 여객 자신이 입은 손해(대인적 손해)에 관한 것이고, 여객의 수하물에 대한 손해(대물적 손해)에 관한 것은 거의 없다.

1) 열차의 승객이 그 열차의 창문으로 날아 들어온 어떤 사람이 한강 연변에서 던진 돌에 얼굴을 맞아 상해를 입은 경우에는, 여객운송인(국가)은 채무불이행으로 인한 손해배상책임이 없다.[3]

2) 기차가 만원되어 승객이 승강구에 매달려 있으면, 열차차장은 승객을 완전히 열차 안으로 들어가게 한 뒤 발차신호를 하여야 할 주의의무가 있다.[4]

3) 철도를 경영하는 자는 그가 운행하는 열차에 승차하였다가 탈선사고로 인하여 중상을 입은 자들에게 상법 제148조 소정의 면책사유에 관하여 주장·입증을 하지 못하는 이상, 그 손해를 배상할 책임을 지는 것이다.[5]

4) 차량의 초만원으로 수많은 사람이 데크까지 매달려 있는 상태이었는데도 관계공무원이 이에 대한 위험방지조치를 강구하지 아니하여 데크에 매달려 가던 승객이 전신주의 전선에 접촉되어 추락·부상한 경우에는, 관계공무원의 열차에 의한 승객운송상의 주

---

1) 상게 대판 1982. 7. 13, 82 다카 278.
2) 동지: 서·정, 241면; 주상(Ⅰ), 738~739면 외.
3) 대판 1969. 7. 29, 69 다 832(집 17 ② 민 400).
4) 대판 1970. 5. 12, 69 다 378(민판집 151, 253).
5) 대판 1970. 9. 22, 70 다 1850(집 18 ③ 민 82).

의의무를 게을리한 과실에 기인하는 것이라 할 것이다.[1]

　　5) 승객이 열차의 선반 위에 짐을 불완전하게 올려 놓았기 때문에 그 짐보따리가 떨어져 다른 승객이 상해를 입었다면, 그 사실만으로서는 국가 또는 그 사용인이 위 다른 승객의 운송에 관하여 주의의무를 해태하지 않았다고 단정할 수 없다.[2]

　　6) 국영철도에 의한 여객운송중에 여객이 사망하였다면, 피해자는 국가를 상대로 상법 제148조에 의하여 채무불이행으로 인한 손해배상청구도 할 수 있다.[3]

　　7) 버스차장은 여객운송의 안전을 위하여 차내에서 흡연하는 승객이 있으면 이를 제지할 업무상 주의의무를 부담하는데 이에 위배하여 방임한 과실로 폭발사고가 발생하였다면, 버스회사는 위 사고로 인해 승객이 입은 손해에 대해 상법 제148조에 의한 배상책임이 있다.[4]

　　8) 철도공무원은 열차측면 등의 문이 닫혀 있는가를 확인한 다음 열차가 출발하도록 하여야 하고, 진행중에도 위험한 승강구에 매달려 가는 사람이 있는가를 확인하여 그러한 사람이 있으면 객실 안으로 유도하는 등 여객운송의 안전을 위한 모든 조치를 취하여야 할 주의의무가 있다.[5]

　　9) 철도운송규정에 따라 차비(車扉)를 폐쇄하였다면 사고를 미연에 방지할 수 있을 것인데 그러한 조치를 취하지 아니한 관계로 사고가 발생한 것이라면, 국가는 운송인으로서의 손해배상책임을 면할 수 없다.[6]

　　10) 야유회에 갔다가 술에 취한 승객들이 바깥으로 향한 문이 열려 있는 소화물칸에서 노는 경우에 기차의 차장이 한 번 그들을 객차칸으로 돌려보냈다 하더라도 군중심리와 취기에 승하여 다시 되돌아올 염려가 있고 그렇게 되면 열려 있는 소화물칸의 바깥을 향한 문으로 실족할 수 있으리라고 예견할 수 있으므로, 기차의 차장으로서는 객차와 소화물칸을 연결하는 문을 폐쇄하거나 소화물칸의 바깥으로 향한 문을 닫고 잠가 놓아야 할 주의의무가 있다 할 것이고, 다만 그들을 한 번 객차칸으로 돌려보낸 것만으로는 여객운송에 관한 주의의무를 다하였다고 할 수 없다.[7]

　　11) 전철운행을 앞두고 설치된 높이 약 1.2미터의 전철용 승강장인 고상(高床)홈은 일반열차의 하단보다는 높고 객차측면과 고상홈의 간격은 좁아 승객이 일반열차의 승강구에 매달려 고상홈을 통과할 경우 신체의 일부가 이에 부딪힐 위험이 크므로, 여객의 안내 및 열차운행을 지시하는 역의 조역 및 열차의 차장은 열차의 출발에 앞서 승차중인 승객이 있는 여부를 확인하고 승차한 승객을 객차 안으로 들여 보낸 다음 승강구의 문을 폐

---

1) 대판 1971. 1. 29, 70 다 2770(민판집 159, 484).
2) 대판 1971. 6. 22, 71 다 846(집 19 ② 민 145).
3) 대판 1971. 12. 28, 71 다 2434(집 19 ③ 민 219).
4) 대판 1973. 2. 28, 72 다 2404(민판집 184, 731).
5) 대판 1974. 11. 12, 74 다 997(공보 503, 8165).
6) 대판 1974. 12. 10, 74 다 1490(민판집 204, 241).
7) 대판 1975. 11. 11, 75 다 1879(집 23 ③ 민 73).

쇄하는 등의 조치를 취하여 사고발생을 미리 방지하여야 할 업무상 주의의무가 있다.[1]

12) 열차가 역구내에 진입할 무렵 승객이 열려져 있는 승강구 밖의 승강구계단의 손잡이를 잡고 승강대 위에 서 있다가 갑자기 위 열차가 진동하는 충격으로 인하여 승강대에서 떨어져서 결국 사망한 경우에는, 여객운송인은 상법 제148조 소정의 면책사유에 관한 입증이 없는 한 위 망인이 받은 손해를 배상할 책임이 있다.[2]

13) 열차승객이 술을 마시고 빈 좌석이 있음에도 승강구에 매달려 있다가 열차의 진동으로 추락사망한 경우, 위 열차는 평소와 달리 객차 3량을 더 늘렸으면서도 승무원은 1명만을 배치하고 또한 승무원은 객차 승강구의 문을 닫지도 않고 승강구의 승객에게 들어가라는 등의 주의환기도 하지 않았다면, 위 사고는 피해자의 과실에 국가의 과실이 경합하여 발생하였다 할 것이므로 국가는 운송인의 책임을 면할 수 없다.[3]

14) 승객이 술을 마시고 열차의 승강구를 들락거리며 소란을 피우는 것을 열차차장이 제지하였을 뿐 승강구로 나오거나 정차하기 전에 차에서 뛰어내리지 못하도록 적당한 조치를 취하지 아니하였다면, 여객운송에 관한 주의를 다하였다고 할 수 없다.[4]

15) 여객이 동대구역에서 수원역까지의 승차권을 구입하고 열차에 승차한 후 열차 내에서 졸다가 미처 하차역을 알지 못하고 있다가 수원역을 발차한 후 비로소 하차하지 못한 것을 알고 당황하여 성급하게 출입구에 서 있다가 실족추락하여 사망한 경우에, 여객운송인은 채무불이행으로 인한 손해배상책임이 있다.[5]

16) 열차에 승객을 60퍼센트나 초과승차시켜 피해자가 도중 정차시에 내리는 승객을 위하여 잠시 내렸다가 다시 승강구를 잡고 올라타려고 하는데 열차가 개문한 채 발차함으로써 추락·부상한 경우, 열차의 차장 등 국가의 사용인들이 여객운송에 관한 업무상의 주의의무를 다하였다는 입증이 없는 한 국가는 여객운송인으로서의 손해배상책임을 진다.[6]

17) 운행하던 열차의 열려진 창문의 틈 사이로 유리조각이 날아 들어와서 승객이 상해를 입은 경우, 그 유리조각이 제3자의 투척 등의 행위에 기인된 것이 아니고 열차진행에 수반해서 통상적으로 날아 들어온 것이라면, 이는 운송업자나 그 사용인이 적절한 조치를 취하여 여객의 안전을 도모하여야 할 주의의무의 범위에 속하는 사항에 연유하는 것이므로, 위 운송에 관한 주의를 해태하지 아니하였음을 증명하지 못하는 한 운송업자는 이에 대한 손해배상책임이 있다.[7]

18) 철도에 의한 여객의 운송에 있어서 운송인은 승객이 열차에 들어가고 출입문을

---

1) 대판 1978. 5. 23, 78 다 393(민판집 245, 524). 동지: 대판 1977. 9. 28, 77 다 982(공보 572, 10335).
2) 대판 1979. 5. 8, 79 다 365(민판집 257, 129).
3) 대판 1979. 5. 15, 79 다 336(민판집 257, 239).
4) 대판 1979. 5. 29, 79 다 679(민판집 257, 529).
5) 대판 1979. 8. 14, 79 다 1070(집 27 ② 민 249).
6) 대판 1979. 10. 30, 79 다 1604(민판집 262, 585).
7) 대판 1979. 11. 27, 79 다 628(공보 625, 12402).

닫은 후에 열차를 출발하게 하여 승객이 운송도중 추락하는 등의 사고가 발생하지 않도록 조처할 주의의무가 있다.[1]

19) 여객이 술에 취한 상태에서 가락국수를 사 먹으려고 하차하였다가 열차가 출발하여 이미 40미터 정도 진행한 상태에 있었는데도 무모하게 위 열차에 올라타려고 승강대 손잡이를 뛰어서 잡으려다가 놓쳐 홈 밑으로 떨어지게 되어 상해를 입은 경우, 여객운송인(국가)은 상법 제148조에 의한 손해배상책임이 없다.[2]

20) 승객이 여객전무의 말을 듣지 않고 열차의 제일 뒷부분에 연결된 객차의 뒷쪽 승강구 맨 윗계단 위에 서 있다가 추락하여 사망한 경우에는, 여객운송인(국가)은 손해배상책임이 있고 피해자(승객)의 과실은 50%이다.[3]

21) 입장권을 소지한 사람이 객차 안까지 들어가 전송을 한 다음 진행중인 열차에서 뛰어내리다가 사망한 경우에는, 여객운송계약이 체결되었다고 볼 수 없으므로 여객운송인(국가)은 손해배상책임이 없다.[4]

22) 잠결에 하차하지 못한 피해자가 열차가 출발할 무렵 잠에서 깨어나 서서히 진행중인 열차에서 뛰어 내리다 추락한 경우, 운송인(국가)은 여객에 대하여 손해배상책임이 없다.[5]

2. 여객의 수하물에 대한 책임($^{상 149조,}_{150조}$)

(1) 여객의 탁송수하물에 대한 여객운송인의 책임은 물건운송인의 그것과 동일하다($^{상 149}_{조 1항}$). 즉, 여객운송인측에서 무과실의 증명책임을 부담하고, 손해배상액은 정액배상주의에 의한다.

(2) 여객의 휴대수하물에 대한 여객운송인의 책임은 여객측에서 운송인 또는 그의 사용인의 과실을 증명한 경우에 한하여 발생한다($^{상}_{150조}$). 이 때 여객운송인의 손해배상액에 대하여는 명문규정이 없다. 따라서 민법의 일반원칙($^{민}_{393조}$)에 의할 것인가, 또는 탁송수하물의 경우와 같게 볼 것인가가 문제된다. 이에 대하여 민법의 일반원칙에 의하면 탁송수하물의 경우보다 운송인의 책임이 무겁게 되어 균형을 잃으므로, 탁송수하물과 같이 상법 제137조에 의하여 그 배상액을 정하는 것이 타당하다고 본다.[6]

---

1) 대판 1980. 1. 15, 79 다 1966 · 1967(공보 627, 12544).
2) 대판 1990. 5. 25, 89 다카 9200(공보 876, 1357).
3) 대판 1991. 7. 23, 91 다 12165(주간법정신문 123, 5).
4) 대판 1991. 11. 8, 91 다 20623(공보 911, 74).
5) 대판 1993. 2. 26, 92 다 46684(공보 942, 1085).
6) 동지: 정(희), 245면; 정(동), (총) 579면; 이(철), 443면; 채, 336면; 주상(Ⅰ), 742면.

3. 순차여객운송인의 책임

상법은 물건의 순차운송에 대하여는 규정을 두고 있으나($\overset{\text{상}}{138\text{조}}$), 여객의 순차운송에 대하여는 규정하고 있지 않다. 그 이유는 여객의 손해인 경우에는 그 어느 운송인 또는 운송구간에서 발생하였는가를 쉽게 증명할 수 있기 때문이다. 그러나 순차여객운송의 경우에도 손해를 발생시킨 운송인이나 운송구간이 증명되지 않거나 각 운송인의 과실이 경합하는 경우에는 물건의 순차운송에 관한 규정($\overset{\text{상}}{138\text{조}}$)을 유추적용할 수 있다고 본다.[1]

4. 손해배상책임의 소멸

(1) 물건운송인의 책임과는 달리 여객운송인의 여객 자신에 관한 손해배상책임에 대하여는 특별소멸사유도 없고 또 단기소멸시효에 관한 특칙도 없다. 따라서 여객운송인의 여객 자신에 관한 손해배상책임은 일반상사시효와 같이 그 시효기간이 5년이다($\overset{\text{상}}{64\text{조}}$). 물건운송인과는 달리 (운송인보다는) 여객을 보호하기 위한 것이다.

(2) 그러나 여객운송인의 수하물에 관한 손해배상책임에 대하여는 물건운송인의 책임과 동일하게 보아야 할 것이다.

(3) 운송약관상에 여객운송인의 면책규정이 있으면 그에 의하여 여객운송인의 책임이 감경 또는 면제될 수 있는 점은 물건운송인의 경우와 같다.

제 4 여객운송인의 권리

여객운송인의 권리에 관하여는 상법에 규정이 없으나, 다음과 같은 권리가 인정된다.

1. 운임청구권

(1) 여객운송인은 상인이므로($\overset{\text{상 4조,}}{46\text{조 13호}}$), 당사자간에 보수에 관한 특약이 없더라도 여객에 대하여 상당한 운임을 청구할 수 있다($\overset{\text{상}}{61\text{조}}$).

(2) 이러한 운임청구의 시기는 운송계약의 법적 성질(도급계약)과 관련하여서 보면 운송을 종료한 후이겠으나($\overset{\text{민}}{665\text{조}}$), 약관 또는 상관습에 의하여 승차 전 또는 승차 후 목적지에 도착하기 전이고, 보통 승차권과 상환으로 지급된다.

---

1) 동지: 정(희), 246면(운송인의 과실이 경합한 경우에 대하여).

2. 유 치 권

여객운송인은 운임채권 등을 확보하기 위하여 여객의 탁송수하물 등을 유치할 수 있는가. 이에 관하여 상법에 명문규정은 없으나 물건운송인의 특별상사유치권에 관한 규정($\frac{상\ 147조,}{120조}$)을 유추적용하여, 특별상사유치권을 인정할 수 있다고 본다.[1]

제6절   공중접객업

제1 총   설

(1) 극장·여관·음식점 등과 같이 공중이 이용하는 시설을 제공·이용시키는 영업은 서비스업으로서 국민의 사교·건강 등을 위하여 매우 중요한 기능을 영위하고 있다. 이러한 공중접객업자와 고객과의 계약은 그 내용이 매우 다양하므로($\frac{예컨대,\ 매매·}{임대차^{2)}·도}$ $\frac{급·노무}{의\ 제공\ 등}$) 이를 일률적으로 규정할 수는 없고, 상법은 다만 고객의 휴대품에 대한 기업주의 책임에 대하여만 규정하고 있다. 이는 고객의 휴대품에 관하여 안전을 유지하고 공중접객업자의 신용을 유지하게 하기 위한 것이다. 공중접객업자의 고객의 휴대품에 대한 책임에 대하여, 상법은 그것을 임치한 경우($\frac{상\ 152}{조\ 1항}$)와 그렇지 않은 경우($\frac{상\ 152}{조\ 2항}$) 및 고가물의 경우($\frac{상}{153조}$)로 나누어 상행위편 제10장에서 규정하고 있다.

(2) 상행위편 제10장의 공중접객업자의 임치책임과 상행위편 제11장 창고업자의 임치책임 및 일반상인의 임치물에 대한 책임($\frac{상}{62조}$)은 민법상의 임치에 관한 규정($\frac{민\ 693}{조\ 이하}$)에 대하여 특칙규정이 된다.

---

1) 동지: 손(주), 373면; 정(동), (총) 579면; 최(기), 418면; 채, 334면; 이(기) 외, (총) 508면; 주상(Ⅰ), 740~741면.
　　이에 반하여 임(홍), (상행위) 895면은 민사유치권(민 320조)만이 인정된다고 한다. 그러나 이렇게 되면 여객운송인은 탁송수하물에 관한 운임에 대해서만 유치권을 행사할 수 있을 뿐인데, 보통 탁송수하물에 관한 운임은 없으므로 결국 여객운송인의 유치권을 인정하지 않는 것과 같게 된다. 그러나 여객운송인의 운임채권 등을 확보해 주기 위해서는 여객운송인의 (특별상사)유치권을 인정해야 할 것이다.
2) 공중접객업자인 숙박업자와 투숙객이 체결하는 숙박계약은 일종의 일시 사용을 위한 임대차계약인데, 이에 의하여 숙박업자는 신의칙상 부수적인 의무로서 고객의 안전을 배려하여야 할 보호의무를 부담하므로, 숙박업자가 이에 위반하여 고객의 생명·신체를 침해하여 손해를 입힌 경우에는 불완전이행으로 인한 채무불이행책임을 부담한다[대판 1994. 1. 28, 93 다 43590(공보 825, 824); 동 1997. 10. 10, 96 다 47302(공보 1997, 3406); 동 2000. 11. 24, 2000 다 38718·38725(공보 2001, 137)].

제 2 공중접객업자의 의의

(1) 공중접객업자라 함은「극장·여관·음식점·그 밖의 공중이 이용하는 시설에 의한 거래를 영업으로 하는 자」를 말한다($\frac{상}{151조}$).

「공중이 이용하는 시설」에 대하여 상법은 극장·여관·음식점 등을 예시하고 있으나, 이외에도 목욕탕·이발관·미장원·당구장·골프장·유기장 등 그 수가 무수히 많다. 공중접객업자는 이러한 시설의 소유자가 아니라, 이러한 시설에 의한 거래를 영업으로 하는 자로서 영업을 경영하는 기업의 주체(상인)이다.[1] 따라서 공중접객업자는 당연상인이다($\frac{상 4조,}{46조 9호}$). 상법은 공중접객업자에 대하여 상행위편의 다른 상행위와는 달리 거래행위 자체의 특징에 의하여 정의하지 않고 그 거래가 발생하는 시설($\frac{물적·인}{적 설비}$)에 의하여 포괄적으로 정의하고 있다.[2] 따라서 공중접객업자와 고객과의 계약은 공중접객업의 내용에 따라 임대차계약(숙박업)·매매계약(음식점) 등 매우 다양하다.

(2) 공중접객업자는 다수의 고객과 그가 제공한 시설에 의하여 거래를 하는 자이므로 공안상 또는 위생상 국가에 의하여 사전 및 사후의 엄격한 감독을 받는다. 그러므로 공중접객업자의 영업에 따라서는 경찰관서 또는 행정청의 사전의 허가를 받도록 하고, 사후에도 계속하여 엄격한 단속을 하고 있는 것이 많다. 공중위생관리법($\frac{제정: 1999. 2. 8, 법 5839호,}{개정: 2024. 2. 6, 법 20210호.}$)·식품위생법($\frac{전부개정: 2009. 2. 6, 법 9432}{호, 개정: 2024. 2. 6, 법 20246호}$) 등은 이러한 목적에서 제정된 특별법들이다. 그러나 이러한 특별법들은 행정규제에 관한 것으로서 사법적 법률관계를 규정하는 것은 아니다. 공중접객업자의「사법적 법률관계」($\frac{특히 휴대}{품에 대}{한}{책임}$)에 대하여는 상법에서 규정하고 있는데, 이에 관하여는 이하에서 설명한다.

제 3 공중접객업자의 책임

1. 임치받은 물건에 대한 책임($\frac{상 152}{조 1항}$)

(1) 책임의 의의

1)「공중접객업자는 자기 또는 그 사용인이 고객으로부터 임치받은 물건의 보관에 관하여 주의를 게을리하지 아니하였음을 증명하지 아니하면 그 물건의 멸실

---

1) 동지: 정(동), (총) 642면.
2) 동지: 정(동), (총) 641면.

또는 훼손으로 인한 손해를 배상할 책임이 있다」($\frac{상}{조} \frac{152}{1항}$). 이러한 공중접객업자의 책임에 대하여 2010년 개정상법 이전에는 로마법상의 레셉툼(수령)책임($\frac{물건수령의 사실만}{가지고 그 손해에 대}$ $\frac{하여 법률상 당연히}{결과책임을 지우는 것}$)을 승계하여 공중접객업자가 「불가항력」을 증명하지 아니하면 그 손해를 배상할 책임이 있는 것으로 하였으나, 2010년 개정상법은 과실책임으로 변경하였는데, 이러한 공중접객업자의 책임은 법문상 상행위편의 운송주선인($\frac{상}{115조}$)·육상물건운송인($\frac{상}{135조}$)·육상여객운송인($\frac{상}{148조}$)·창고업자($\frac{상}{160조}$)의 책임과 동일하므로 공중접객업자는 자기나 사용인의 무과실을 증명하여 그 책임을 면할 수 있다.

2) 이러한 공중접객업자의 책임은 임치계약상의 책임으로서 「상법상의 특별책임」이라고 볼 수 있다.[1] 따라서 이 책임과 공중접객업자의 불법행위책임은 별개이다.[2]

(2) 임치받은 물건

1) 상법 제152조 1항이 적용되기 위하여는 「임치받은 물건」이어야 하므로($\frac{이 점}{에서}$ $\frac{상법 제152조 2항이 적}{용되는 경우와 구별됨}$), 공중접객업자는 그 물건(휴대품)에 관하여 고객과의 사이에 명시 또는 묵시의 임치계약을 체결하여야 한다.

2) 구체적인 사안에서 공중접객업자와 고객과의 사이에 임치계약이 성립한 것으로 볼 수 있을 것인가에 대하여 문제가 되는데, 이에 대하여 우리나라의 대법원판례는 다음과 같이 판시하고 있다. 즉, 「상법 제152조 1항의 규정에 의한 임치가 성립하려면 우선 공중접객업자와 고객 사이에 목적물보관에 관한 명시적 또는 묵시적 합의가 있음을 필요로 하는바, 본 건에서와 같이 여관이 주차장 출입과 주차사실을 통제하거나 확인하는 시설이나 조치를 갖추지 않은 채 단지 주차의 장소만을 제공하는 데 불과한 경우에는 여관의 투숙객이 그러한 주차장에 주차한 것만으로는 여관업자와 투숙객 사이에 임치의 합의가 있은 것으로 볼 수 없고, 투숙객이 여관측에 주차사실을 고지하거나 차량열쇠를 맡겨 차량의 보관을 위탁한 경우에만 임치의 성립을 인정할 수 있다」고 판시하고 있다.[3]

---

1) 동지: 채, 359면 및 이(기) 외, (총) 531면은 특히 이 책임을 「계약체결상의 과실책임을 확장한 상법상의 특별책임」이라고 한다.

2) 대판 1965. 2. 23, 64 다 1724(카드 2011)(호텔 유숙객의 일반휴대물을 평소에 보관하는 숙직실 창고에 보관하였던 수정원석을 도적이 호텔의 비상문을 부수고 침입하여 절취한 경우, 호텔은 일반사회의 평상인으로서 지켜야 할 주의의무를 다하였으므로 불법행위로 인한 손해배상책임이 없다); 동 1954. 8. 31, 4287 민상 68(주판집 민 Ⅱ, 285)(여인숙주인은 그의 피용인에게 숙객이 맡긴 물건을 그 피용인이 소홀히 다루어 도난당한 경우에는 그 피용인의 선임감독에 과실이 없음을 증명하지 못하는 한 그 손해를 배상할 책임이 있다).

3) 대판 1992. 2. 11, 91 다 21800(공보 917, 988)[이 판결에 찬성하는 평석으로는 정찬형, "공중접객업자의 책임," 법률신문, 제2123호〈1992. 5. 18〉, 15면이 있고, 반대하는 평석으로는 김성태, 법률신문, 제2179호〈1992. 12. 21〉, 14면; 한철, "공중접객업자의 책임," 「고시연구」, 2002. 4, 33면; 정경영, "숙박계약의 법적 문제(숙박업자의 손해배상책임을 중심으로)," 「비교사법」,

(3) 손해배상청구권자(고객)

공중접객업자에 대하여 상법 제152조 1항에 근거하여 손해배상을 청구할 수 있는 자는 고객이다. 이 때의 고객은 원칙적으로 공중접객업자와 시설이용계약을 체결한 자이나, 예외적으로 시설이용계약을 체결하기 전이라 하더라도 법령 또는 관습상「사실상 그 시설을 이용할 권리를 갖는 자」를 포함한다.[1] 따라서 예컨대,. 여관(호텔)의 주차장에 자동차를 주차시킨 손님이 이 사실을 여관측에 고지한 후 숙박계약을 체결하기 전에 그 자동차를 분실한 경우에는 여관주인은 상법 제152조 1항에 의한 손해배상책임을 부담한다고 본다.

(4) 면책의 특약

1) 상법 제152조 1항은 강행규정이 아니므로, 당사자간의 명시 또는 묵시의 개별적인 특약에 의하여 공중접객업자의 이 책임은 원칙적으로 감경 또는 면제될 수 있다(통설).[2]

2) 그러나 공중접객업자가 고객의 휴대물에 대하여 책임이 없음을 알린 것만으로는 공중접객업자는 그 책임을 면하지 못한다($^{상\ 152}_{조\ 3항}$). 즉, 이 경우에는 면책의 특약이 있는 것으로 인정되지 않는 것이다.[3] 그러나 이와 같이 공중접객업자가 고객에게 알린 것은 고객의 과실을 판단하는 자료는 될 수 있으므로, 공중접객업자의 책임을 산정함에 있어서 과실상계의 대상이 될 수는 있을 것이다.[4]

2. 임치받지 아니한 물건에 대한 책임($^{상\ 152}_{조\ 2항}$)

(1) 책임의 의의

1)「공중접객업자가 고객으로부터 임치를 받지 아니한 물건이라도 그 시설내에 휴대한 물건이 공중접객업자 또는 그 사용인의 과실로 인하여 멸실 또는 훼손되었을 때에는 공중접객업자는 그 손해를 배상할 책임을 진다」($^{상\ 152}_{조\ 2항}$).

2) 이러한 공중접객업자의 책임은 휴대수하물에 대한 여객운송인의 책임($^{상}_{150조}$)

제9권 1호(2002. 4), 52~60면, 69면(묵시적 임치계약이 성립하고 있다고 보아 숙박업자의 책임을 인정하여야 한다고 한다)이 있다].

　동지: 대판 1998. 12. 8, 98 다 37507(공보 1999, 101).

1) 동지: 손(주), 386면(이를「사실상 객으로서 대우를 받는 자」라고 표현하고 있다); 최 (기), 422면; 서·정, 244면; 이(기) 외, (총) 531면; 주상(Ⅰ), 747면.

2) 손(주), 386면; 최(기), 423면; 채, 360면; 이(기) 외, (총) 534면; 주상(Ⅰ), 751면 외.

3) 서울민사지판(합의 5부) 1991. 3. 20, 70 나 24290(신문 2020, 11)(대중골프장의 현관구내와 접수대에 '골프가방의 보관관리는 본인이 해야 하고 분실시 책임을 지지 않는다'는 안내문이 게시되었어도 골프장의 가방거치대에 놓아 둔 골프채를 도난당했으면 업주측에 책임이 있다).

4) 동지: 손(주), 386면; 채, 360면; 이(기) 외, (총) 534면; 주상(Ⅰ), 751면.

과 같이 과실책임이지만, 공중접객업자측의 과실에 대한 증명책임을 「고객」이 부담한다. 따라서 이 책임은 임치받은 물건에 대한 책임에 비하면 훨씬 경감된 것이다.

3) 공중접객업자의 이러한 책임은 임치계약상의 책임도 아니고 불법행위상의 책임도 아닌 것으로, 공중접객업자와 고객 사이의 시설이용관계를 근거로 하여 「상법이 인정한 특별책임」이다(통설).[1]

(2) 주의의 정도

공중접객업자가 임치받지 아니한 물건에 대하여 기울여야 할 주의의 정도는 「선량한 관리자의 주의」($\frac{민}{조}\frac{681}{참조}$)이다(통설). 이러한 부주의에 대한 증명책임을 「고객」이 부담하는 점에서, 임치받은 물건에 대한 경우와 다르다.

(3) 사 용 인

공중접객업자는 자기뿐만 아니라 자기의 사용인의 과실에 대하여도 책임을 지는데, 이 때의 사용인이란 피용자에 한하지 않고 널리 공중접객업자가 고객과 시설이용의 거래를 하기 위하여 사용하는 모든 자($\frac{가족\cdot}{친지\ 등}$)를 포함한다.

(4) 손해배상청구권자(고객)

임치받은 물건에 대한 책임의 경우와 같다.

(5) 면책의 특약

임치받은 물건에 대한 책임의 경우와 같다($\frac{상}{조}\frac{152}{3항}$).

3. 고가물에 대한 책임($\frac{상}{153조}$)

(1) 화폐·유가증권 그 밖의 고가물[2]에 대하여는 고객이 그 종류 및 가액을 명시하여 이것을 공중접객업자에게 임치한 경우를 제외하고는, 공중접객업자는 그 물건의 멸실 또는 훼손으로 인한 손해를 배상할 책임이 없다($\frac{상}{153조}$). 이는 운송인($\frac{상}{136조}$)·운송주선인($\frac{상\ 124조,}{136조}$) 등의 고가물에 대한 책임과 같은 취지로, 직접적으로는 공중접객업자를 보호하고 간접적으로는 고객에 대하여 고가물에 대한 사전의 명시를 유도하여 손해를 미연에 방지시키고자 하기 때문이다. 이 때 공중접객업자는 자기 또는 그 사용인에게 과실이 있는 경우에도 손해배상의 책임이 없는데, 다만 고의(악의)가 있는 경우에는 불법행위(채무불이행)상의 책임을 부담하는 점은 운송인·운

---

[1] 서·정, 244면; 손(주), 387면; 임(홍), (상행위) 903면; 채, 359면; 이(기) 외, (총) 532면; 주상(Ⅰ), 750면 외.

[2] 대판 1977. 2. 8, 75 다 12(공보 556, 9927)(결혼식장에서 선물로 교환된 물건이라도 고가물로서의 고지의무가 없다고 할 수 없고, 고급시계·다이아반지·다이아목걸이 등은 상법 제153조의 고가물에 속한다).

송주선인 등의 경우와 같다.[1]

그러나 우리나라의 하급심판례는 공중접객업자의 사용인의 과실로 인하여 임치받지 않은 고가물이 분실된 경우에 공중접객업자에게 민법 제756조에 의한 사용자배상책임(불법행위책임)을 인정하고 있다[2]$\left(\substack{\text{다만 고객의 과실에 대하여는}\\\text{과실상계를 인정하고 있다}}\right)$.

(2) 공중접객업자의 고가물에 대한 책임$\left(\substack{\text{상}\\\text{153조}}\right)$도 위에서 본 바와 같이 운송인 등의 고가물에 대한 책임$\left(\substack{\text{상}\\\text{136조}}\right)$과 같은 취지이므로, 이에 관한 그 밖의 많은 법률문제는 운송인 등의 이에 관한 설명을 참고하기 바란다.

4. 책임의 소멸시효$\left(\substack{\text{상}\\\text{154조}}\right)$

(1) 고객의 임치물 및 휴대물에 대한 공중접객업자의 책임은, (i) 임치받은 물건에 관하여는 이것을 고객에게 반환한 때부터, (ii) 임치받지 아니한 휴대물에 관하여는 고객이 휴대물을 가져간 후, 「6개월」이 지나면 소멸시효가 완성한다$\left(\substack{\text{상 154}\\\text{조 1항}}\right)$. 그리고 이 기간은 그 물건이 전부멸실된 경우에는 고객이 그 시설을 퇴거한 날부터 기산한다$\left(\substack{\text{상 154}\\\text{조 2항}}\right)$.

(2) 공중접객업자의 책임의 이러한 단기소멸시효는 공중접객업자를 보호하기 위한 것이므로, 공중접객업자에게 「악의」가 있으면 그를 보호할 필요가 없으므로 이러한 단기시효는 적용되지 않는다$\left(\substack{\text{상 154}\\\text{조 3항}}\right)$. 이 때 「악의」라 함은 고의로 물건의 멸실·훼손을 생기게 하는 것을 말하고, 단지 멸실 또는 훼손을 알고 있는 것을 의미하지 않는다(통설).[3] 이행보조자의 악의도 이에 포함된다. 이와 같이 공중접객업자가 악의인 경우 그의 책임은 5년의 상사소멸시효에 의하여 소멸한다$\left(\substack{\text{상}\\\text{64조}}\right)$.

---

1) 연습, 192면(사례 33).
2) 대구고판 1977. 4. 22, 76 나 665(고집 1977 민 제1권, 337)(목욕탕에서 종업원의 과실에 대하여 목욕탕주인에게 사용자배상책임을 인정함); 서울고판 1988. 9. 19(법률신문 1785, 5)(귀중품을 맡기지 않고 골프장 락카실 옷장에 넣어 두었다가 분실한 경우에 골프장주인에게 불법행위에 기한 손해배상책임을 인정하고, 고객의 과실에 대하여는 60% 과실상계를 함).
3) 정(희), 250면; 서·정, 245면; 손(주), 388면; 최(기), 425면; 채, 361면; 주상(Ⅰ), 754면 외.

제 7 절 창 고 업

제 1 총   설

1. 창고업의 효용

창고업(Lagergeschäft)은 상품이 대량으로 거래되는 경우에 특히 운송업과 함께 매우 중요한 보조상이 되고 있는데, 이러한 창고업은 다음과 같은 효용으로 인하여 매우 중요시되고 또 발전하고 있다.

(1) 첫째로 상인은 창고업을 이용함으로써 시간적 차이에 의한 상품의 가치의 증가로 인한 이익을 도모할 수 있다.

(2) 둘째로 상인은 창고업을 이용함으로 인하여 각자의 상품을 자기의 창고에 보관하는 것보다 훨씬 비용을 절감할 수 있을 뿐만 아니라, 자기가 상품을 보관하는 것보다 훨씬 안전한 보관을 할 수 있다.

(3) 셋째로 상인은 창고업을 이용함으로 인하여 창고증권제도를 이용함으로써 임치중의 상품을 처분할 수도 있고, 또 금융의 편의를 받을 수도 있다.

2. 창고업의 감독

(1) 창고업은 위에서 본 바와 같은 효용이 있으므로 이를 적극 보호하고 육성해야 하겠다. 그러나 창고업은 상품의 시장시세의 형성을 용이하게 하는 작용을 하는 결과 시장시세를 교란하는 수단으로 악용되는 일도 있고, 또 창고업자가 임치물을 안전하게 보관하는가 또는 증권의 발행을 건실하게 하는가 등은 국민생활에 미치는 영향이 크다. 그러므로 창고업에 대한 국가의 감독이 필요하게 된다.

(2) 따라서 일반창고업 및 농업창고업은 물류정책기본법[1](전문개정: 2007. 8. 3, 법 8617호, 개정: 2024. 1. 9, 법 19986호)에 의하여 규율되고, 보세창고(수입관세미납의 외국물품을 장치하기 위한 특허보세구역)는 관세법(전문개정: 2000. 12. 29, 법 6305호, 개정: 2023. 12. 31, 법 19924호)에 의하여 규율되고 있다.[2]

---

1) 일반창고업은 종래에는 창고업법(1970. 8. 7, 법 2224호)에 의하여 규율되었으나 동법은 1991. 12. 14, 법 4433호로 제정된 화물유통촉진법에 의하여 폐지되었고(동법 부칙 2조 1항), 농업창고 업은 종래에는 농업창고업법(1961. 12. 14, 법 4413호)에 의하여 규율되었으나 동법은 1996. 8. 14. 법 5160호로 폐지되고 이는 화물유통촉진법에 편입되었다. 그런데 이러한 화물유통촉진법은 다시 2007. 8. 3. 법 8617호로 제정된 물류정책기본법에 의하여 폐지되었다(동법 부칙 2조).
2) 외국의 경우 일본에서는 창고업법이 있어 창고증권을 발행하는 창고업자는 주무대신의 허가를 받게 되어 있고, 독일에서는 「창고증권령」(Verordnung über Orderlagerscheine vom 16. Dez.

제 2 창고업자의 의의

창고업자(Warehouseman; Lagerhalter; entrepositaire)란 「타인을 위하여 물건을 창고에 보관함을 영업으로 하는 자」이다($\frac{상}{155조}$). 이러한 창고업자를 분설하면 아래와 같다.

(1) 「타인을 위하여 물건」을 창고에 보관하여야 한다(임치목적물). 즉, 창고임치의 목적물은 타인의 물건인데, 이는 타인의 동산을 의미한다. 따라서 자기물건(상품)이나 부동산은 이것에서 제외된다. 그러므로 민법상의 임치의 목적물($\frac{금전이나 유가증}{권 기타 물건 -}$ $\frac{민}{693조}$)보다 그 범위가 좁다. 그러나 타인의 화폐·유가증권 등과 같은 고가물이나 동물은 창고임치의 목적물이 될 수 있다고 본다.[1]

(2) 「창고에 보관」을 하여야 한다(보관행위).

(가) 「창고」라는 것은 물건보관에 이용·제공되는 설비를 말하는데, 반드시 지붕이 있는 건물이 아니라도 좋고($\frac{따라서 목재·석재 등을 보관하는 야적창고, 저수장과 같은 수면창}{고, 자동차를 주차하기 위한 주차장시설 등도 여기의 창고가 된다}$), 창고의 소유 여하를 묻지 아니한다($\frac{따라서 임차한 것도}{여기의 창고가 된다}$).

(나) 「보관」이라 함은 목적물의 점유를 취득하여 멸실 또는 훼손을 방지하고 현상을 보존하는 것을 말한다. 따라서 이러한 보관을 하지 않고 단순히 창고의 전부 또는 일부의 임대만을 영업으로 하는 자는 창고업자가 아니다.

창고업자는 이와 같이 목적물을 직접 점유하여 현상을 보존하는 것이므로, (임치인의 지시가 없는 한) 임치물을 처분할 권한을 갖지 않는다. 따라서 임치인의 목적물의 소유권을 취득하여 임치물을 처분할 권한을 갖고 동량의 다른 물건을 반환할 것(소비임치)($\frac{민}{702조}$)의 인수를 영업으로 하는 자는 창고업자가 아니다.[2] 그러나 수 인의 임치인의 임치물($\frac{예컨대, 원}{유·곡물 등}$)을 혼합하여 보관할 것을 인수하는 경우(혼장임치)에는, 수치인(보관자)은 그 임치물의 처분권을 갖지 않고 임치인 상호간에 임치물의 공유관계만 존재하여(混和)($\frac{민}{258조}$) 수치인은 그 혼합물 중에서 임치인의 청구에 따라 출고할 의무를 부담하는 것이므로, 이러한 임치를 인수하는 자는 창고업자가 될 수 있다[3]($\frac{그러나 상법은 이에 관하여}{특별한 규정을 두고 있지 않다}$).

이 보관의 개념에 있어서 보관기간의 장단은 묻지 아니한다.

1931)이 있어 창고업자의 창고증권 발행을 감독하고 있다.
1) 동지: 정(희), 252면; 정(동), (총) 616면.
2) 동지: 정(희), 252면; 정(동), (총) 617면.
3) 동지: 정(희), 252면; 정(동), (총) 617면.

(3) 보관함을 「영업」으로 하여야 한다(상인성).

(가) 상법은 단순히 「보관함을 영업으로 하는 자」라고 규정하고 있으나, 창고업자는 타인을 위하여 물건을 창고에 보관할 것을 인수하고, 이것을 영업으로 함으로써 상인이 된다($\frac{상\,4조,}{46조\,14호}$). 따라서 수치인인 창고업자는 언제나 상인이지만, 임치인은 상인이든 비상인이든 무방하다.

이와 같이 창고업자는 「임치의 인수」를 영업으로 하는 자이므로, 임치의 주선을 영업으로 하는 자는 창고업자가 아니고 준위탁매매인($\frac{상}{113조}$)이다. 임치의 인수는 상인이 반드시 주업(主業)으로 할 필요는 없고 부업(副業)으로 할 수도 있다. 그러나 운송인·운송주선인 등이 임치계약이 없이 업무의 성질상 운송물을 보관하는 것은 창고업자가 아니다. 그러나 이들이 운송물 보관의 임치계약을 별도로 체결하고 또한 이의 인수를 영업으로 하면 창고업자의 자격을 겸하게 된다.[1)]

(나) 창고업자와 임치인이 체결하는 임치계약은 타인의 물건을 보관할 것을 약정하는 것이지 물건의 인도를 요하는 것이 아니므로 「낙성계약」이고(통설), 또한 이 계약은 그 형식에 아무런 제한이 없고 창고업자는 다른 약정이 없는 한 보관료청구권이 있으므로 「불요식·유상계약」이다($\frac{상}{162조}$). 따라서 임치물의 인도는 이 계약이 성립한 후에 임치인이 창고업자에게 부담하는 의무이고, 창고증권의 발행($\frac{상}{156조}$)은 이 계약이 성립한 후에 임치인의 청구가 있는 때에 창고업자가 임치인에게 부담하는 의무이다. 이러한 임치계약상 임치인은 임치물의 소유권자임을 요하지 아니한다.[2)] 상법상 이러한 창고임치계약은 「상법상 특별한 임치계약」의 일종이다.[3)]

제 3 창고업자의 의무·책임

1. 보관의무($\frac{상\,163조,}{164조}$)

(1) 창고업자는 선량한 관리자의 주의로써 임치물을 보관하여야 할 의무를 부담하는데,[4)] 주의의무의 내용은 임치물의 성질에 따라 구체적으로 결정될 것이지만 일반적으로 임치물의 멸실·훼손 등을 방지하기 위하여 필요한 주의를 다하여야 할

---

1) 동지: 정(희), 252면; 정(동), (총) 617~618면.
2) 대판 1955. 3. 10, 4287 민상 128(주판집, 민 Ⅱ, 288)(임치계약상 임치인은 그 임치물의 소유권자임을 요하지 않으므로, 임치인의 청구에 의하여 창고증권이 발행되었다고 하더라도 임치물의 소유권이 임치인에게 있다고 할 수 없다).
3) 동지: 정(희), 253면.
4) 창고업자가 특약에 의하여 보관료를 받지 않는 경우에도 창고업자는 보관에 관하여 이러한 선관의무를 부담한다(상 62조).

의무를 말한다.

(2) 창고업자는 이러한 주의의무를 임치물을 보관하는 동안 부담하게 되는데, 언제까지 임치물을 보관하느냐가 문제된다.

㈎ 창고임치에 있어서는 보통 보관기간을 약정하게 되는데, 이러한 약정이 있으면 창고업자는 부득이한 사유가 없는 한 그 약정기간 내에 임의로 임치물을 반환할 수 없다. 그러나 임치인 또는 창고증권소지인은 언제든지 그 임치물의 반환을 청구할 수 있다($^{민\ 698조}_{상\ 157조}$). 이 점은 민법의 경우와 동일한 점이다.

㈏ 그러나 보관기간의 약정이 없는 경우에는, 창고업자는 민법의 수치인과는 달리 언제든지 임치물을 반환할 수 있는 것이 아니고($^{민}_{699조}$), 임치물의 입고일부터 6월을 경과한 후 2주간 전에 예고를 한 경우에 한하여 그 반환을 할 수 있다($^{상}_{163조}$). 다만 부득이한 사유가 있는 경우에는(예컨대, 임치물이 부패의 위험이 있거나, 보관이 위법하거나, 장기간 보관료를 지급하고 있지 않은 경우 등) 예외적으로 언제든지 반환을 할 수 있다($^{상}_{164조}$). 상법이 이와 같이 보관기간의 약정이 없는 경우에 대하여 특칙을 둔 것은 창고업의 경제적 효용을 증대시키기 위한 것이다.

2. 창고증권교부의무($^{상\ 156}_{조\ 1항}$)

창고업자는 임치인의 청구가 있을 때에는 창고증권을 교부할 의무가 있다($^{상\ 156}_{조\ 1항}$). 창고증권에 관한 상세는 뒤에서 별도로 설명한다.

3. 임치물의 검사·견품적취·보존처분에 따를 의무($^{상}_{161조}$)

(1) 창고업자는 임치인 또는 창고증권소지인이 임치물의 검사 또는 견품의 적취(摘取)를 요구하거나 또는 그 보존에 필요한 처분을 하겠다고 요청하였을 때에는, 이에 따를 의무를 부담한다($^{상}_{161조}$). 창고업자는 임치인 등이 영업시간 내에 이 청구를 하였을 때에 한하여 이것에 따를 의무를 부담하는데($^{상}_{161조}$), 이 때 영업시간은 창고소재지의 관습에 따라 결정되어야 할 것이다.[1]

(2) 임치물의 「검사」란 임치물의 존부·품질·수량 등을 조사하는 것인데, 이를 어느 정도로 할 수 있는지는 창고의 상황과 창고소재지의 관습 등을 고려하여 결정된다.[2] 창고업자는 이 검사의 편의를 제공하여야 할 의무를 부담한다. 「견품의 적취」는 임치물로부터 견품을 빼어내는 것을 말하는데, 그 적취의 정도 여하에 따라 임치물의 수량 등에 변화가 생길 수 있으므로 창고업자는 자기의 책임을 면하기 위

---

1) 동지: 정(희), 256면.
2) 동지: 정(희), 256면; 정(동), (총) 621면.

하여 적취수량에 관한 증명서의 교부 또는 상당한 담보의 제공을 요구할 수 있다.[1] 「보존처분」은 임치물의 멸실·훼손 등을 방지하기 위한 필요한 조치를 말하는데, 이의 정도는 각 경우에 따라 구체적인 상황을 판단하여 결정될 것이나 임치물의 보존을 위한 필요한 처분($\binom{소극적}{조치}$) 이외에 임치물의 판매를 위한 가공·수선 등($\binom{적극적}{조치}$)은 허용되지 않는다.[2]

(3) 창고업자의 이러한 의무는 당사자간의 특약에 의하여 배제될 수 있으나, 이의 전면적인 배제는 인정되지 않는다.[3]

4. 임치물의 반환의무($\binom{상 163조,}{164조}$)

(1) 창고업자는 임치인의 청구가 있을 때에는 보관기간의 약정의 유무를 불문하고 임치물을 반환할 의무를 부담한다($\binom{상 163조·164조,}{민 698조·699조}$).

(2) 창고증권이 발행된 경우에는 그 소지인의 청구에 대하여서만 임치물을 반환할 의무를 부담한다. 이 때 창고업자는 창고증권 소지인에 대하여 창고증권과 상환으로써만 임치물을 반환할 수 있는데($\binom{상 157조,}{129조}$), 이에 대하여 창고증권과 상환하지 않고 임치물을 반환하는 보증도(保證渡) 또는 가도(假渡)가 있음은 화물상환증의 경우와 같다.

5. 임치물의 훼손·하자 등의 통지의무($\binom{상 168조,}{108조}$)

(1) 창고업자가 임치물을 받은 후 그 물건의 훼손 또는 하자를 발견하거나 그 물건이 부패할 염려가 있는 때에는 지체 없이 임치인에게 그 통지를 발송하여야 하고, 만일 이 경우에 임치인의 지시를 받을 수 없거나 그 지시가 지연되는 때에는 창고업자는 임치인의 이익을 위하여 적당한 처분을 할 수 있다($\binom{상 168조,}{108조}$). 이것은 위탁매매인의 위탁자에 대한 통지의무($\binom{상}{108조}$)와 같으나, 다만 창고업자에 대한 임치인은 임치물의 매매를 목적으로 한 자에 한정되는 것이 아니므로 임치물의 가격저락(低落)의 상황을 안 때에는 임치인에게 통지할 의무가 없다고 본다.[4]

(2) 그러나 창고업자는 특약이 없는 한 임치물에 관하여 적극적으로 손해의 예방 또는 방지에 노력하여야 할 의무는 없다.

---

1) 동지: 정(희), 256면; 정(동), (총) 622면.
2) 동지: 정(희), 256면; 정(동), (총) 622면.
3) 동지: 정(동), (총) 622면.
4) 동지: 손(주), 391면; 정(동), (총) 622면; 최(기), 434면; 임(홍), (상행위) 916면; 이(기) 외, (총) 520면; 주상(Ⅰ), 790면; 이·최, 211면 외.
   반대(이러한 경우에도 통지의무가 있다는 견해): 서·정, 249면; 채, 242면.

6. 손해배상책임($\overset{상}{_{160조}}$)

(1) 책임원인

1) 창고업자는 자기 또는 그 사용인이 임치물의 보관에 관하여 주의를 게을리 하지 않았음을 증명하지 않으면 임치물의 멸실 또는 훼손에 대하여 손해배상책임을 면하지 못한다($\overset{상}{_{160조}}$). 이러한 창고업자의 손해배상책임은 운송주선인($\overset{상}{_{115조}}$) 및 운송인($\overset{상}{_{135조}}$)의 그것과 같다. 따라서 창고업자는 자기 또는 그의 사용인에 과실(주의의무 해태)이 있어야 손해배상책임을 부담한다.[1][2]

2) 창고업자가 손해배상책임을 지는 경우로서「임치물이 멸실」된 경우란 물리적 멸실의 경우뿐만 아니라, 도난당한 경우 또는 창고증권과 상환하지 않고 임치물을 권한 없는 자에게 반환함으로써 임치인에게 반환할 수 없게 된 경우 등을 포함한다.[3]

3) 창고업자에게는 손해배상액에 관한 특칙($\overset{상}{_{137조}}$), 고가물에 관한 특칙($\overset{상\,124}{_{조,\,136}}_{조\cdot153조}$)의 규정이 없다. 그러므로 이에 관하여는 창고업자에 대하여도 이러한 규정을 유추적용하어야 한다는 견해가 있으나,[4] 이것은 해석의 한계를 벗어난 것으로 부당하다고 본다(특히 고가물에 관한 특칙의 경우에는 창고업자는 다른 업종과는 달리 임치를 전문으로 하는 점에서도 그 성질을 달리한다). 따라서 이러한 경우에는

---

1) 창고업자의 주의의무 해태를 인정한 판례: 대판 1972. 1. 31, 71 다 2651·2652(집 20 ① 민 65)(인부들의 실화로 인한 임치물의 소실〈燒失〉에 대하여 특단의 사정이 없는 한 입고작업을 시킨 사람에게 소실에 대한 책임이 있다); 서울지판 2001. 3. 27, 2000 나 56203(신문 2975, 13) (유료주차장을 운영하는 Y와 자동차 소유자인 A 사이에 주차계약이 체결되었는데 Y는 A의 자동차를 도난당하고 A는 주차할 당시 Y 주차장의 직원 등에게 주차사실을 고지하지 않았을 뿐만 아니라 차량열쇠도 맡기지 않았다면 Y는 A의 권리를 대위하는 보험자인 X에게 차량가액의 50%의 손해배상책임을 지고 A의 과실을 50%로 한다).

　　창고업자의 주의의무 해태를 부인한 판례: 대판 1975. 4. 8, 74 다 1213(집 23 ① 민 172) (보관장소가 그 이전 오랫동안 침수된 일이 없었다면, 10년 이래의 최대강수량을 보인 장마가 시작된 사실만으로, 또 이미 방송·신문에 의하여 침수된 사실이 보도된 이상 완전침수된 후에야 보관의뢰자에게 통지하였다는 사실만으로 주의의무를 해태하였다고 할 수 없다).

2) 실화책임에 관한 법률(1961. 4. 28, 법 607호)에 의하면「민법 제750조의 규정(일반불법행위책임)은 실화(失火)의 경우에는 중대한 과실이 있을 때에 한하여 이를 적용한다」고 규정하고 있는데, 우리 대법원판례는 이 법률은 창고업자측의 과실로 인한 실화의 경우에 창고업자에게 상법 제160조에 의한 책임을 지우는 데는 적용되지 않는다(즉, 경과실이 있는 경우에도 창고업자는 책임을 진다)고 판시하였다[대판 1967. 10. 23, 67 다 1919(집 15 ③ 민 222)(실화책임에 관한 법률은 창고업자의 실화로 인하여 임치물의 반환의무가 이행불능케 된 경우의 책임까지 배척하는 것이 아니다); 동 1968. 9. 17, 68 다 1402(대전 658)(창고업자의 임치물의 소실로 인한 손해배상책임에 관하여는 실화책임에 관한 법률을 적용할 수 없다)].

　　그러나 실화책임에 관한 법률은 2007. 8. 30, 2004 헌가 25의 헌법재판소의 헌법불합치결정으로(이는 1995. 3. 23, 92 헌가 4의 합헌결정을 변경한 것임) 그 효력을 잃게 되어, 이러한 대법원판결은 그 의미가 없게 되었다.

3) 동지: 손(주) 392면; 채, 343면; 대판 1981. 12. 22, 80 다 1609.

4) 최(기), 433면.

임치계약 및 일반원칙에 의하여야 한다.[1]

(2) 책임의 소멸

창고업자의 위와 같은 책임에 관하여는 물건운송인의 책임의 경우와 같이 특별소멸원인과 단기소멸시효가 인정되고 있다.

1) **특별소멸원인**   창고업자의 책임은 임치인 또는 창고증권 소지인이 유보하지 않고 임치물을 수령하고 또 보관료 기타의 비용을 지급하였을 때에 소멸한다. 그러나 (i) 임치물에 즉시 발견할 수 없는 훼손 또는 일부멸실이 있는 경우로서 임치인 또는 증권소지인이 수령한 날로부터 2주간 내에 창고업자에게 그 통지를 발송한 때, 또는 (ii) 창고업자 또는 그 사용인이 악의인 때에는, 소멸하지 않는다[2]($\substack{상 168 \\ 조, \\ 146조}$).

2) **단기소멸시효**   임치물의 멸실 또는 훼손으로 인하여 생긴 창고업자의 책임은 그 물건의 출고일로부터 1년을 경과한 때에는 소멸시효가 완성한다($\substack{상 166 \\ 조 1항}$). 이러한 창고업자의 책임에 관한 단기소멸시효는 창고업자의 계약상대방인 임치인의 청구에 대하여만 적용되고, 임치물이 타인 소유의 물건인 경우에 소유권자인 타인의 청구에는 적용되지 아니한다.[3] 이 기간은 임치물의 전부멸실의 경우에는 창고업자가 임치인과 알고 있는 창고증권 소지인에게 그 멸실의 통지를 발송한 날로부터 기산한다($\substack{상 166 \\ 조 2항}$). 이러한 단기소멸시효는 창고업자 또는 그 사용인이 악의인 경우에는 적용되지 않는다($\substack{상 166 \\ 조 3항}$). 이 때에는 일반상사시효인 5년에 의하여 소멸한다($\substack{상 \\ 64조}$).

제 4 창고업자의 권리

1. 임치물인도청구권

창고임치계약은 낙성계약이므로(통설) 물건운송계약의 경우와 같이 계약이 성립하면 창고업자는 임치인에 대하여 임치물의 인도를 청구할 수 있는 권리를 갖는다.

---

1) 동지: 손(주), 392면; 채, 343면; 이(기) 외, (총) 521면; 주상(Ⅰ), 778면.
2) 동지: 대판 1978. 9. 26, 78 다 1376(공보 598, 11121)(임치물을 정당한 권리자가 아닌 자에게 인도하여 정당한 권리자가 반환받지 못하게 된 경우에는, 임치물의 멸실에 있어 악의인 경우에 해당한다); 동 1981. 12. 22, 80 다 1609(공보 674, 174).
3) 대판 2004. 2. 13, 2001 다 75318(공보 2004, 460).

2. 보관료 및 비용상환청구권($\frac{상}{162조}$)

(1) 보관료청구권

1) 창고업자는 특약에 의하여 무상임치의 인수를 한 경우를 제외하고, 약정한 보수($\frac{보수의 약정}{이 있는 경우}$) 또는 상당한 보수($\frac{보수의 약정}{이 없는 경우}$)를 청구할 권리를 갖는다($\frac{상}{61조}$).

2) 이 청구권을 행사할 수 있는 시기는 지급시기에 관한 특약 또는 관습이 없는 한, 임치물을 「출고할 때」이다($\frac{상 162조}{1항 본문}$). 그러나 보관기간이 경과한 후에는 그 출고 전이라도 보관료를 청구할 수 있다($\frac{상 162조}{1항 단서}$).

3) 보관료의 지급채무자는 임치인이지만, 창고증권이 발행된 경우에는 그 소지인이다. 따라서 입고된 임치물의 소유권이 창고증권의 양도에 의하여 다른 사람에게 이전된 경우에는 그 타인에게 보관료를 청구하여야 한다.[1]

4) 일부출고의 경우에는 그 비율에 따라 보관료의 지급을 청구할 수 있다($\frac{상}{162조 2항}$). 보관기간이 경과하기 전에 임치계약이 종료한 때에도 같다($\frac{민 701조,}{686조 3항}$).

(2) 비용상환청구권

창고업자가 임치물에 관하여 지출한 비용과 체당금의 상환청구의 시기도 보관료청구권의 경우와 같다($\frac{상}{162조}$). 다만 일부출고의 경우로서 체당금 기타의 비용($\frac{예컨대, 통}{관세 기타의 세금, 운임·보험료·수}$ $\frac{}{탁물보관에 관한 비용, 경매비용 등}$) 등이 그 출고하는 임치물에 대하여서만 지출된 경우에는 그 전액의 상환을 청구할 수 있다($\frac{상 162조 2}{항 적용배제}$).

3. 유 치 권

창고업자에게는 대리상($\frac{상}{91조}$)·위탁매매인($\frac{상}{111조}$)·준위탁매매인($\frac{상}{113조}$)·운송주선인($\frac{상}{120조}$)·물건운송인($\frac{상}{147조}$)의 경우와 같은 특별상사유치권이 인정되지 않는다. 따라서 창고업자는 보관료 등에 관하여 임치물에 대하여 민사유치권($\frac{민}{320조}$)과 임치인이 상인인 경우에는 일반상사유치권($\frac{상}{58조}$)을 행사할 수 있을 뿐이다.

창고업자의 이러한 상사유치권의 행사를 배제하는 보통거래약관의 조항은 무효이다.[2]

---

1) 동지: 대판 1963. 5. 30, 63 다 188(집 11 ① 민 351).
2) 동지: 대판 2009. 12. 10, 2009 다 61803·61810(공보 2010, 113)(금융기관인 양도담보권자가 양도담보 목적물을 보관하는 창고업자로부터 '창고주는 양도담보권자가 담보물 임의처분 또는 법적 조치 등 어떠한 방법의 담보물 환가와 채무변제 충당시에도 유치권 등과 관련된 우선변제권을 행사할 수 없다'는 문구가 부동문자로 인쇄된 확약서를 제출받은 사안에서, 이는 창고업자가 보관료 징수 등을 위하여 공평의 관점에서 보유하는 권리인 유치권의 행사를 상당한 이유 없이 배제하고 일방적으로 금융기관인 양도담보권자의 담보권 실행에 유리한 내용의 약관 조항으로서, 고객에게 부당하게 불리하고 신의성실의 원칙에 반하여 공정을 잃은 것이므로 무효이다).

4. 공탁 및 경매권($\frac{상\ 165}{조,\ 67조}$)

(1) 창고업자는 임치인 또는 창고증권 소지인이 임치물의 수령을 거절하거나 또는 이것을 수령할 수 없을 때에는 임치물을 공탁 및 경매할 권리를 갖는데, 경매를 하자면 임치인이나 창고증권 소지인에게 상당한 기간을 정하여 임치물의 수령을 최고하여야 한다($\frac{상\ 165조,\ 67}{조\ 1항\ 1문}$). 그러나 임치인 또는 창고증권 소지인에게 최고를 할 수 없거나 임치물이 멸실 또는 훼손될 염려가 있을 때에는 이러한 최고를 하지 않고 임치물을 경매할 수 있다($\frac{상\ 165조,}{67조\ 2항}$).

(2) 창고업자가 위의 공탁 또는 경매를 하였을 때에는 지체 없이 임치인 또는 창고증권 소지인에게 그 통지를 발송하여야 한다($\frac{상\ 165조,}{67조\ 1항\ 2문}$). 창고업자가 임치물을 경매한 때에는 그 대금에서 경매비용을 공제한 잔액을 원칙적으로 공탁하여야 하나, 예외적으로 그 전부나 일부를 보관료 기타의 비용에 충당할 수 있다($\frac{상\ 67조}{3항\ 유추}$).

5. 손해배상청구권($\frac{민}{697조}$)

창고업자는 임치물의 성질 또는 하자로 인하여 입은 손해의 배상을 임치인에게 청구할 수 있는데, 창고업자가 이를 안 때에는 청구할 수 없다($\frac{민}{697조}$).

6. 채권의 단기시효($\frac{상}{167조}$)

창고업자의 임치인 또는 창고증권 소지인에 대한 채권은 그 물건을 출고한 날로부터 1년간 행사하지 아니하면 소멸시효가 완성한다($\frac{상}{167조}$).

제 5 창고증권

1. 의   의

(1) 창고증권이란 「창고업자가 임치물을 수령하였음을 증명하고 임치물반환청구권(임치물반환채무)을 표창하는 유가증권」이다. 이러한 창고증권은 상법상 임치인의 청구에 의하여 창고업자가 발행한다($\frac{상\ 156}{조\ 1항}$).

(2) 이러한 창고증권은 「하도(荷渡)지시서」[1](delivery order, Lieferschein)와 구별된다. 즉, 하도지시서는 상법의 규정에 있는 것이 아니고 상거래의 실제에서 발생

---

1) 이러한 하도지시서는 법적인 문서가 아니기 때문에 그 용어도 다양하고, 그 형태도 다양하다. 즉, 하도지시서는 실무계에서 「하도의뢰서」·「출고지시서」·「출고의뢰서」·「하도지시증」·「화도지시증」 등 다양하게 불리고 있다.

한 것이므로 그 내용과 형식이 매우 다양한데, 크게 (i) 임치인(창고증권 소지인) 등
이 창고업자 등에게 임치물의 전부 또는 일부를 그 증서의 소지인에게 인도할 것을
위탁하는 경우, (ii) 위 (i)의 경우로서 임치인 등이 발행하고 창고업자 등이 이에 서
명 또는 기명날인(부서〈副書〉)한 경우, (iii) 창고업자 등이 그 이행보조자에게 임치
물의 전부 또는 일부를 그 증서의 소지인에게 인도할 것을 위탁하는 경우가 있다.[1]
이러한 하도지시서가 유가증권인지 여부에 대하여, 이를 유가증권으로 보는 견해도
있고(다수설),[2] 창고업에서 이용되는 하도지시서를 넓은 의미의 창고증권에 포함시
키는 견해도 있다.[3] 그러나 하도지시서는 보관중인 물건을 수령할 권한만을 부여할
뿐 소지인에게 물건의 인도청구권을 부여하는 것이 아니라는 점,[4] 하도지시서 소지
인에 대한 물건의 인도는 창고증권 등의 선의의 취득자에게 대항할 수 없는 점 등에서
볼 때,[5] 하도지시서는 유가증권이 아니라 면책증권으로의 성질을 갖는다고 본다.

(3) 창고증권은 화물상환증 및 선하증권과 함께 물건의 인도청구권을 표창하는
유가증권(채권〈債權〉증권)으로 그 성질이 화물상환증과 아주 유사하므로, 창고증권
에 관하여는 화물상환증에 관한 많은 규정을 준용하고 있다($\overset{\text{상}}{157조}$). 따라서 이 곳에서
의 창고증권에 관하여는 화물상환증과 중복되는 부분은 그 설명을 생략하고, 차이
가 있는 점에 대해서만 설명하기로 한다.

2. 입법주의

창고증권에 관한 입법주의에는 다음과 같이 세 가지가 있다.

(1) 단권주의

이것은 화물상환증과 같이 한 장의 창고증권에 의하여 임치물의 양도와 입
질 등의 처분을 모두 할 수 있게 하는 입법주의이다. 미국·독일·네덜란드·스위
스·스페인 등이 이 입법주의를 채용하고 있는데, 우리나라도 이 단권주의에 의하고
있다. 이 입법주의는 권리행사방법이 간편한 장점은 있으나, 입질을 위하여 증권을
교부한 후에는 양도가 곤란한 것과 같은 단점이 있다.

---

1) 이에 관한 상세는 정(동), (총) 636~639면; 손(주), 395면 참조.
2) 정(동), (총) 638~639면(창고업자 등이 이를 발행하거나〈위 (iii)의 경우〉 부서한 경우〈위 (ii)
   의 경우〉에만 유가증권으로 보고 있다); 손(주), 395면(창고업자 등이 이를 발행하거나〈위 (iii)의
   경우〉 부서한 경우〈위 (ii)의 경우〉에만 유가증권으로 보고 있다); 최(기), 440~441면(임치인 등
   이 일방적으로 발행한 경우에는 유가증권이라고 할 수 없으나, 창고업자 등이 발행하거나 기명날
   인 또는 서명한 경우에는 유가증권의 일종이라고 한다) 외.
3) 서·정, 252면.
4) 동지: 대판 1970. 10. 23, 70 다 1985.
5) 동지: 채, 346면.

(2) 복권주의

이것은 창고업자에게 운송물의 양도를 위한 예증권(預證券)과 금융의 편의를 위한(입질을) 입질증권의 두 장의 증권을 일조(一組)로서 발행하도록 하는 입법주의이다. 이 입법주의의 장점은 임치인이 입질증권에 의하여 먼저 금융의 편의를 받으면서 그 후 유리한 시기에 임치물을 매도할 수 있게 하는 점이나, 법률관계가 복잡한 단점이 있다. 프랑스·이탈리아·벨기에 등이 이 입법주의를 채용하고 있다.[1]

(3) 병용주의

이것은 단권주의와 복권주의의 양자를 모두 인정하면서 그 중 어느 하나를 당사자가 선택할 수 있도록 하는 입법주의이다. 이 입법주의는 일본이 채택하고 있는데, 창고업자는 임치인의 청구에 의하여 예증권과 입질증권을 발행할 수도 있고($\frac{日商}{598조}$), 한 장의 창고증권만을 발행할 수도 있다($\frac{日商}{627조}$).

3. 성   질

창고증권은 화물상환증과 동일한 효력이 있다. 즉, 요인증권성·상환증권성($\frac{상157}{조,}$ $\frac{}{129조,}$)·법률상 당연한 지시증권성($\frac{상 157조,}{130조}$)·문언증권성($\frac{상 157조,}{131조}$)·처분증권성($\frac{상157}{조,}$ $\frac{}{132조,}$)·인도증권성($\frac{상 157조,}{133조}$)이 있다.

4. 발   행

(1) 발행청구($\frac{상 156}{조 1항}$)

1) 창고증권은 임치인의 청구에 의하여 창고업자가 발행한다($\frac{상 156}{조 1항}$). 창고업자는 임치인과 임치계약을 체결하고 임치물을 수령한 후 창고증권을 발행하여야 한다($\frac{독창령 33}{조 3항 참조}$).

2) 창고증권 소지인이 대량의 임치물을 분할하여 양도하거나 입질하고자 하는 경우에는, 창고업자에게 그 증권을 반환하고 임치물을 분할하여 각 부분에 대한 창고증권의 교부를 청구할 수 있다($\frac{상 158}{조 1항}$). 이 경우에 임치물의 분할과 증권교부의 비용은 증권 소지인이 부담한다($\frac{상 158}{조 2항}$).

(2) 기재사항($\frac{상 156}{조 2항}$)

1) 창고증권에는 (i) 임치물의 종류·품질·수량, 포장의 종별·개수와 기호, (ii) 임치인의 성명 또는 상호, 영업소 또는 주소, (iii) 보관장소, (iv) 보관료, (v) 보

---

1) 영국은 원칙으로 단권주의이지만 매매계약금을 수령한 경우에는 예증권(weightnote)을 매수인에게 교부하고 잔금 외상의 증거로서 매도인이 입질증권(warrant)을 소지하는데, 이것을 조건부 복권주의(bedingter Zwischenscheinsystem)라고 한다.

관기간을 정한 때에는 그 기간, (vi) 임치물을 보험에 붙인 때에는 보험금액, 보험기간과 보험자의 성명 또는 상호, 영업소 또는 주소, (vii) 창고증권의 작성지와 작성연월일을 기재하고, 창고업자가 기명날인 또는 서명하여야 한다(상 156조 2항).

2) 창고증권은 이와 같이 요식증권이나, 엄격한 요식증권은 아니고 화물상환증과 같이 완화된 요식증권이다. 따라서 창고증권의 본질에 관한 것이 아닌 한 기재사항의 일부가 빠져도 창고증권은 유효하다.

5. 양 도(상 157조, 130조)

화물상환증의 경우와 같으나, 특히 중요한 점은 다음과 같다. 창고증권은 법률상 당연한 지시증권이므로 기명식인 경우에도 배서금지의 기재가 없는 한 배서에 의하여 양도될 수 있다(상 157조, 130조). 또한 이러한 배서에 권리이전적 효력 및 자격수여적 효력은 있으나, 담보적 효력은 없다.

6. 효   력

(1) 채권적 효력 및 물권적 효력(상 157조, 131조, 133조)

1) 화물상환증의 경우와 같다. 다만 채권적 효력과 관련하여 창고증권 소지인은 보관료·기타 보관에 관한 비용과 체당금을 지급할 의무를 부담한다(통설)[1](운송인의 경우에는 수하인에 관하여 상법 제141조의 명문규정이 있다). 이는 창고증권이 발행된 경우에는 임치계약상의 임치인의 지위를 증권 소지인이 갖는 관계에서 당연하다고 본다.[2]

2) 창고증권의 물권적 효력과 관련하여 창고증권이 발행되면 다른 특별한 사정이 없는 한 그 임치물의 소유권은 증권의 발행일로부터 증권상의 명의인에게 귀속된다.[3] 따라서 임치인이 창고증권의 명의인이 아닌 이상 임치물의 소유권이 임치인에게 있다고 할 수 없다.[4]

---

1) 손(주), 399면; 채, 349면; 임(홍), (상행위) 320면; 정(무), 290~291면; 주상(Ⅰ), 782면 외.
   동지: 대판 1963. 5. 30, 63 다 188(집 11 ① 민 351)(창고증권의 발행으로써 입고된 물건의 소유권이 타인에게 이전된 경우에는 특단의 사정이 없는 한, 그 소유권 이전 이후의 창고료·화재보험료 및 감량대금 등은 전 소유자가 부담할 성질이 아니다).
2) 채, 344면은 「이 경우에도 원래 계약당사자였던 임치인의 의무가 소멸되는 것은 아니다」고 하나, 의문이다. 왜냐하면 원래의 임치인은 권리는 없고 의무만을 부담한다고 보는 것은 균형을 잃은 것이기 때문이다.
3) 동지: 대판 1963. 5. 30, 63 다 188(집 11 ① 민 351)(창고증권이 발행되면 그 발행일자 이후에는 그 창고증권의 명의인이 그 물건에 대하여 소유권을 취득한다).
4) 대판 1955. 3. 10, 4287 민상 128(주판집, 민 Ⅱ, 288)(임치계약상 임치인은 그 임치물의 소유권자임을 요하지 않으므로, 임치인의 청구에 의하여 창고증권이 발행되었다고 하더라도 임치물의 소유권이 임치인에게 있다고 할 수 없다) 참조.

(2) 창고증권에 의한 입질과 일부출고($\frac{상}{159조}$)

창고증권 소지인이 임치물을 입질하는 데에는 화물상환증의 경우와 같이 채권자와 질권설정계약을 체결하고, 또 증권을 채권자에게 교부하여야 한다. 따라서 임치인은 채무변제 전에 임치물의 반환을 청구할 수 없게 될 것이지만, 상법은 임치인의 편의를 위하여 질권자의 승낙이 있으면 임치물의 일부출고를 할 수 있는 것으로 하였다($\frac{상\ 159}{조\ 1문}$). 이 경우에 창고업자는 반환한 임치물의 종류·품질과 수량을 창고증권에 기재하여야 한다($\frac{상\ 159}{조\ 2문}$). 이렇게 함으로써 구(舊) 증권의 회수와 신증권의 발행이라는 번잡을 피할 수 있게 되어 임치인에게 편리하게 된다.

제 8 절 금융리스업

제 1 총   설

1. 우리나라에서 (금융)리스[1]의 의의

리스에 관한 우리나라의 최초의 입법은 「시설대여산업육성법」($\frac{1973.\ 12.\ 31.}{법\ 2664호}$)인데, 이 법은 그 후 시설대여업법으로 개칭되었다가, 그 후 신용카드업·할부금융업 및 신기술사업금융업을 합하여 여신전문금융업법($\frac{1997.\ 8.\ 28.}{법\ 5374호}$)으로 전면 개정되었다. 이러한 여신전문금융업법에 의하면 리스(시설대여)란 「시설대여업자(lessor)가 대통령령으로 정하는 물건(특정물건)을 새로이 취득하거나 대여받아 거래상대방(대여시설이용자)(lessee)에게 대통령령으로 정하는 일정기간 이상 사용하게 하고, 그 사용기간 동안 일정한 대가를 정기적으로 나누어 지급받으며, 그 사용기간이 끝난 후의 물건의 처분에 관하여는 당사자간의 약정으로 정하는 방식의 금융」을 말하고($\frac{여금\ 2조\ 10}{호,\ 여금시\ 2}$ $\frac{조\ 1항\ ·}{4항}$), 시설대여업이란 「이러한 시설대여를 업으로 하는 것」을 말한다($\frac{여금\ 2}{조\ 9호}$).

---

1) 리스에 관한 국내 주요논문으로는 다음과 같은 것들이 있다. 정동윤, "새로운 유형의 상행위(기일) — 리스(Lease)에 관하여," 「상사법논집」(무애서돈각교수정년기념)(서울: 법문사, 1986), 79~102면; 정희철, "리스계약에 관한 연구," 「법학」(서울대), 제20권 2호(1980. 5); 권오승·구연창, "리스계약에 관한 연구," 「경희법학」(경희대), 제22권 1호(1987. 12), 133~160면; 강희갑, "금융리스거래의 법적 구조와 그 법률관계," 「현대재산법의 제문제」(梣隱김기선박사고희기념)(서울: 법문사, 1987); 조용호, "리스(Lease)거래의 법률문제," 「사법논집」(법원행정처), 제16집(1985); 최기원, "금융리스계약의 특수성에 관한 소고," 「법학」(서울대), 제29권 2호(1988. 9); 김재두, "리스거래의 법률문제에 관한 연구," 법학석사학위논문(고려대, 1991. 2); 강정혜, "금융리스에 대한 개정 상법안의 쟁점," 「상사법연구」(한국상사법학회), 제28권 제2호(2009), 39~59면 등이 있다.

또한 리스에 관하여 비교적 상세하게 다룬 국내 교과서로는 정(동), (총) 655~679면; 이(기)외, (총) 537~567면; 이(철), 476~487면; 최(기), 441~448면 등이 있다.

상법상 금융리스란 「금융리스이용자(lessee)가 선정한 기계·시설·그 밖의 재산(금융리스물건)을 금융리스업자(lessor)가 제3자(공급자)로부터 취득하거나 대여받아 그 금융리스물건에 대한 직접적인 유지·관리책임을 지지 아니하면서 금융리스이용자에게 일정기간 이상 사용하게 하고, 그 기간에 걸쳐 일정한 대가(금융리스료)를 (정기적으로 분할하여) 지급받는 금융」이라고 볼 수 있다($^{상\ 168조의}_{2~168조의\ 3}$).

이러한 의미의 리스는 전통적인 의미의(광의의) 리스($^{토지·건물}_{등의\ 임대차}$)가 아니라, 현대적인 의미(협의의) 리스($^{컴퓨터·사무용\ 기기(機器)\ 등과\ 같}_{은\ 내구성\ 동산이나\ 시설의\ 임대차}$)이다. 또한 이러한 의미의 리스는 임대차적인 성격뿐만 아니라, 금융적인 성격($^{리스회사가\ 리스이용자에게\ 그가\ 필요로\ 하는}_{물건을\ 구입하여\ 제공하는\ 물융〈物融〉의\ 성격}$)을 띠고 있다.

우리나라에서 위와 같은 현대적인 의미의(협의) 리스가 처음으로 도입된 것은 한국산업은행이 전액 출자하여 1972년 12월에 설립한 한국산업리스주식회사에 의해서이고, 그 후 1973년의 시설대여산업육성법의 제정에 의하여 많은 리스전업(專業)회사가 설립되었고 또한 많은 종합금융회사도 리스산업을 영위할 수 있도록 인가되었다.[1]

2010년 개정상법 이전에는 상법 제46조 19호를 「기계·시설 기타 재산의 물융(物融)에 관한 행위」라고 규정하였는데, 2010년 개정상법에서는 이를 「기계·시설·그 밖의 재산의 금융리스에 관한 행위」라고 개정하면서 상법 제2편 제12장(금융리스업)을 신설하여 당사자간의 권리·의무에 관한 사법상(私法上) 규정을 두고 있다. 한편 여신전문금융업법에서는 위에서 본 바와 같이 「시설대여」라는 용어를 사용하고 있다($^{여금\ 2}_{조\ 10호}$). 따라서 「(금융)리스」의 의미는 2010년 개정상법 이전에 상법에서 사용하였던 「물융」 및 여신전문금융업법상 「시설대여」와 동일 또는 아주 유사한 용어라고 볼 수 있다.[2]

리스의 종류는 다음에서 보는 바와 같이 금융리스(finance lease)와 운용리스(operating lease)가 있는데, 금융리스는 리스이용자가 리스를 이용하는 목적이 금융에 있는 것으로서 물융이므로 이의 법적 성질은 순수한 임대차계약이 아니라 비전형계약(무명계약)[3]이나, 운용리스는 리스이용자가 리스를 이용하는 목적이 물건 자체의 사용에 있는 것으로서 이의 법적 성질은 순수한 임대차계약으로 상법 제46조 2호가 적용된다. 따라서 상법 제46조 19호는 금융리스에 대하여만 규정하게 된 것

---

1) 정동윤, 전게논문, 81면; 최(기), 443면.
2) 동지: 강정혜, 전게논문(상사법연구 제28권 제2호), 42~43면.
3) 대판 1994. 11. 8, 94 다 23388(공보 982, 3240) 외.

이다.[1]

2. 금융리스의 경제적 기능

(1) 장   점

금융리스는 다음과 같은 장점을 갖고 있기 때문에 오늘날 많이 이용되고 있다.

1) 첫째로 금융리스에 의하여 금융리스이용자는 필요한 물건(금융리스물건)을 구입한 것과 동일한 효과를 가져오므로 금융리스이용자는 금융리스업자로부터 100% 설비금융을 받은 효과를 가져옴은 물론, 금융리스이용자가 스스로 자금을 차입하여 구입하는 것과 비교할 때 대차대조표상 금융리스료는 부채로 기재되지 않기 때문에 재무구조를 개선하고 또 구입비용을 운전자금으로 활용할 수 있는 효과를 아울러 가져온다.

2) 둘째로 금융리스료는 실질적으로는 금융리스물건의 구입대금이지만 형식적으로는 금융리스물건의 사용대가이므로, 금융리스이용자는 세법상 그 전액을 손비로 처리할 수 있어 절세의 효과를 가져온다. 영미에서는 이러한 세제상의 이점이 금융리스산업의 발전에 크게 기여하였다고 하나, 우리나라에서는 금융리스료 전부에 대하여 손비처리를 인정하지 않고 금융리스료 중에서 차입금의 이자에 상당하는 부분만을 손비로 인정하고 있으므로(법인세법통칙 2-3-57…9 제1항 및 제2항) 이러한 점에서의 장점은 크게 감소하고 있다고 볼 수 있다.[2]

3) 셋째로 금융리스는 금융리스물건(설비등)의 소유에 따르는 관리사무를 면할 수 있고, 기계 노후화와 기술 진부화에 따른 위험을 피할 수 있는 효과 등이 있다.

(2) 단   점

금융리스는 금융리스료가 은행이자율보다 비싼 점, 금융리스물건의 잔존가치가 크면 금융리스이용자에게 손해인 점 등의 단점도 있다. 금융리스는 이와 같은 단점도 있지만 그 장점이 훨씬 크기 때문에 오늘날 금융리스산업은 날로 번창하고 있다.

---

1) 그러나 미국의 통일상법전(Uniform Commercial Code: U.C.C.) 제2A장(리스)은 금융리스와 운용리스 양자를 포함하여 규정하고 있다.

2) 리스세제에 관한 간단한 소개로는 이(철), 484면; 동(2010), 521~522면 참조.

제 2 리스의 종류

1. 금융리스와 운용리스[1]

이는 리스이용자가 리스를 이용하는 목적에 의한 구별이다.

(1) 금융리스

금융리스(finance lease; Finanzierungsleasing)란 금융리스업자가 금융리스이용자에게 기계·설비 등과 같은 금융리스물건의 구입자금을 융자하여 주는 대신에 금융리스물건을 직접 구입하여 이를 임대하는 것을 말한다. 일반적으로 리스라고 할 때는 이러한 금융리스를 말하는데,[2] 이는 형식적으로 보면 물건의 임대차이지만 실질적으로 보면 자금의 대여이다. 따라서 금융리스업자는 자금의 운영방법으로 이러한 금융리스를 이용한다. 그러므로 금융리스에서의 금융리스기간은 보통 금융리스물건의 내용(耐用)연수이고, 금융리스이용자는 금융리스기간중 금융리스계약을 원칙적으로 해지할 수 없으며, 금융리스료는 금융리스물건의 구입대금·부대비용 및 금융리스업자의 이윤 등을 합한 금액이고, 금융리스물건에 대한 유지·관리책임을 금융리스이용자가 부담한다.[3]

(2) 운용리스

운용리스(operating lease; Operatingleasing)란 금융리스 이외의 리스를 총칭하는 것인데, 리스물건 자체의 이용에 목적이 있는 리스를 말한다. 운용리스는 금융적 성격은 거의 없고 서비스제공적 성격이 강하다. 운용리스에서는 리스기간은 보통 리스물건의 내용연수의 일부이고, 리스이용자는 리스기간중 리스계약을 해지(중도해지)할 수 있으며, 리스료는 리스물건의 구입가격의 일부이고, 리스물건에 대한 유지·관리책임을 리스업자가 부담한다.

2. 기타의 종류

(1) 금융리스의 특수한 형태로서 리스이용자는 자금조달을 위하여 그가 소유하는 물건을 리스업자에 매각하고 이를 다시 리스업자로부터 재취득하는「판매재취

---

1) 이러한 구별은 우리나라의 법인세법통칙(1985. 1. 1 시행) 2−3−57…9와 리스회계처리기준(1985. 1. 1 증권관리위원회〈현재는 금융위원회〉제정)(기준 94조 참조) 제4조 등에서 채택하고 있다.
2) 김재두, 전게논문, 9면; 이(기) 외, (총) 540면.
3) 금융리스와 운용리스의 차이점에 관한 상세는 정(동), (총) 659~662면; 정동윤, 전게논문, 82~84면 참조.

(販賣再取)리스」(sale and lease-back), 이와 정반대로 리스업자가 리스이용자로부터 일정한 규모의 공사나 계획사업을 도급받아 이를 시공·완성한 후에 이를 리스이용자에게 다시 리스하여 주는「계획사업리스」(project lease) 등이 있다.[1]

(2) 리스업자가 리스이용자에게 리스하는 가장 전형적인 형태의「단순리스」, 리스이용자가 다시 제3자에게 전대(轉貸)하는「전대(轉貸)리스」(sublease) 등이 있다. 이외에도 리스기간에 따른「단기리스」·「장기리스」, 리스의 부대비용을 리스업자가 부담하는지 여부에 따른「총리스」·「순리스」, 리스업자가 리스물건의 유지·보수 등의 서비스를 제공하는지 여부에 따른「서비스부(附)리스」·「비(非)서비스부(附)리스」 등이 있다.

(3) 리스대상을 기준으로 개별적인 기계나 설비를 대상으로 하는「설비리스」(equipment lease)와 기업의 경영시설 전부를 대상으로 하는「프랜트리스」(plant lease)가 있다.[2] 또한 리스이용자가 일반소비자이거나 개인사업자인 경우의 리스를「소비자리스」(consumer lease)라고 한다.[3]

제 3 금융리스거래의 구조

1. 당 사 자

금융리스거래에는 기본적으로 3 당사자가 있다. 즉, 금융리스이용자(lessee; Leasingnehmer), 금융리스업자(lessor; Leasinggeber) 및 공급자(supplier; Lieferant)가 그것이다.

2. 금융리스거래의 과정

① 금융리스이용자는 자신이 필요로 하는 기계·시설·그 밖의 재산인 금융리스물건을 공급자와 직접 상담하여 선정한다.

② 이를 토대로 금융리스업자와 금융리스이용자는 금융리스계약을 체결한다.

③ 금융리스업자는 금융리스계약의 이행으로 공급자와 매매계약을 체결한다(물건발주).

④ 공급자는 매매계약에서 정한 바와 같이 금융리스물건을 금융리스이용자에게 인도한다.

---

1) 정(동), (총) 662면; 정동윤, 전게논문, 86면.
2) 강정혜, 전게논문(상사법연구 제28권 제2호), 43면.
3) 강정혜, 상게논문, 45면.

⑤ 금융리스업자는 공급자에게 리스물건의 대금을 지급한다.

⑥ 금융리스이용자는 금융리스업자에게 소정의 금융리스료를 지급한다.

이러한 금융리스거래의 과정을 그림으로 도시(圖示)하면 다음과 같다.

3. 금융리스계약의 법적 성질

위에서 본 금융리스거래의 과정 중에서 「금융리스계약」이 가장 본질적인 것인데, 이의 법적 성질을 어떻게 볼 것인가에 대하여 우리나라에서는 크게 다음과 같이 임대차계약설(특수임대차계약설)과 무명계약설(비전형계약설)로 나뉘어 있다.[1]

(1) 임대차계약설[2](특수임대차계약설)

이 설은 금융리스계약의 형식적(법률적)인 면인 임대차의 성격을 강조하는 견해로, 리스계약의 법적 성질은 (민법상의) 임대차계약이라고 한다. 이 설은 금융리스업자와 은행은 명확히 구별된다는 점을 강조한다. 그러나 이 설에서도 금융리스계약을 민법상의 순수한 임대차계약으로 보는 견해(순수임대차계약설)는 거의 없고, 대부분 금융리스계약이 민법상의 임대차계약과는 다른 면(금융리스료는 금융리스물건의 사용·수익에 대한 대가가 아닌 점, 금융리스업자는 금융리스물건의 하자·멸실·훼손에 대하여 책임을 지지 않는 점 등)을 인정하여 특수한 임대차계약이라고 한다.

이러한 임대차계약설에 대하여는 금융리스계약의 본질을 설명할 수 없다는 비판이 있다.[3]

---

1) 일본에는 이 외에도 3 당사자계약설·도급계약설 등이 있다(이러한 견해에 대한 소개로는 권오승·구연창, 전게논문, 146~148면 참조).

2) 정희철, 전게논문, 72면; 최(기), 446면(금융리스는 비전형임대차계약이라 한다); 권오승·구연창, 전게논문, 148면.

　동지: 서울민사지판 1984. 2. 14, 82 나 1361·1362; 서울고판 1985. 7. 2, 84 나 4323; 동 1985. 10. 23, 85 나 285.

3) 민병국, "리스(시설대여)계약의 법적 성질," 법률신문, 제1652호(1986. 9. 15), 6면; 이(철),

임대차계약설에 의하면 금융리스계약에도 민법상의 임대차에 관한 규정이 적용
되므로, 민법상 임대차에 관한 강행규정에 반하는 금융리스계약상의 면책약관은 무
효가 된다.

(2) **무명계약설**[1](비전형계약설)

이 설은 금융리스계약의 실질적(경제적)인 면인 물적 금융의 성격을 강조하는
견해로, 금융리스계약의 법적 성질은 민법상의 임대차와는 다른 무명계약(비전형계
약)이라고 한다. 이 설은 금융리스업자는 자산의 소유보다는 자본의 효율적인 이용
에 중점을 두고 있는 점, 금융리스료는 금융리스물건의 사용대가가 아니라 물건대
금(원금) 및 이에 대한 이자의 분할상환금이라는 점, 여신전문금융업법 및 동법시행
령에 의하여도 리스는 물적 금융이라는 것을 전제로 하여 규정하고 있는 점 등을 강
조하고 있다.[2]

우리나라의 대법원판례도 이러한 무명계약설의 입장에서 「시설대여(리스)는 시
설대여회사가 대여시설이용자가 선정한 특정물건을 새로이 취득하거나 대여받아
그 물건에 대한 직접적인 유지·관리책임을 지지 아니하면서 대여시설이용자에게
일정기간 사용하게 하고, 그 기간 종료 후에 물건의 처분에 관하여는 당사자간의 약
정으로 정하는 계약으로서, 형식에서는 임대차계약과 유사하나 그 실질은 물적 금
융이며 임대차계약과는 여러 가지 다른 특질이 있기 때문에 리스계약은 비전형계약
(무명계약)이고, 따라서 이에 대하여는 민법의 임대차에 관한 규정이 바로 적용되지
아니한다」고 판시하고 있다.[3]

이러한 무명계약설에 대하여는 금융리스의 경제적 기능을 부각시키는 데는 성
공하였으나, 당사자간의 이해관계를 적절히 조정할 수 있는 기준을 제시하지 못하

484면; 김성태, "리스계약,"「고시계」, 1985. 5, 147면; 김재두, 전게논문, 31~32면 외(다수설).
1) 정(동), (총) 669면(금융리스는 특수한 내용을 가지는 무명계약 또는 임대차적 요소·소비대차
   적 요소·매매적 요소 등을 가진 혼합계약이라 한다); 정동윤, 전게논문, 94면; 이(철), 483면; 동
   (2010), 520~521면; 정(경), 287면; 민병국, 전게논문, 6면; 강희갑, 전게논문, 561면 외.
2) 이(철), 483면.
3) 대판 1994. 11. 8, 94 다 23388(공보 982, 3240). 동지: 대판 1997. 10. 24, 97 다 27107(공보
   1997, 3600)(시설대여〈리스〉는 시설대여회사가 대여시설 이용자가 선정한 특정 물건을 새로이
   취득하거나 대여받아 그 물건에 대한 직접적인 유지·관리책임을 지지 아니하면서 대여시설 이용
   자에게 일정 기간 사용하게 하고 그 기간 종료 후의 물건의 처분에 관하여는 당사자간의 약정으로
   정하는 계약으로서, 형식에서는 임대차계약과 유사하나 그 실질은 대여시설을 취득하는 데 소요
   되는 자금에 관한 금융의 편의를 제공하는 것을 본질적인 내용으로 하는 물적 금융이고 임대차계
   약과는 여러 가지 다른 특질이 있기 때문에 이에 대하여는 민법의 임대차에 관한 규정이 바로 적
   용되지 아니한다); 동 1997. 11. 28, 97 다 26098(공보 1998, 62)(금융리스의 본질적 기능은 리
   스이용자에게 리스물건의 취득자금에 대한 금융편의를 제공하는 데 있다); 동 1999. 9. 3, 99 다
   23055; 동 2001. 2. 9, 2000 다 52929.

고 있다는 비판이 있다.[1]

　무명계약설에 의하면 금융리스계약에는 민법상의 임대차에 관한 규정이 (원칙적으로) 적용되지 않으므로, 민법상 임대차에 관한 강행규정에 반하는 금융리스계약상의 면책약관은 유효하다.[2]

　생각건대 금융리스계약은 그 실질이 임대차의 성격보다는 물적 금융의 성격이 크므로, 임대차계약이라고 보는 것보다는 무명계약(비전형계약)의 일종이라고 보는 것이 거래의 실정에 맞는다고 본다. 이러한 점에서 상법 제46조 19호(금융리스)를 상법 제46조 2호(임대차)와 별도로 규정하게 되었고, 2010년 개정상법에서는 금융리스업에 관하여 신설규정을 두게 된 것이다.

(3) 금융리스계약의 형식

　금융리스계약의 형식에 관하여는 법상 특별한 제한이 없으므로, 원칙적으로 불요식·낙성계약이라고 보아야 할 것이다.[3]

제 4　금융리스업자의 의의

　금융리스업자(lessor)란 「금융리스이용자가 선정한 기계·시설·그 밖의 재산(금융리스물건)을 제3자(공급자)로부터 취득하거나 대여받아 금융리스이용자에게 이용하게 하는 것을 영업으로 하는 자」를 말한다(상 168조의 2).

　이러한 금융리스업자는 여신전문금융업법(2023. 3. 21. 법 19260호)상 시설대여업자(여금 28조 참조)로서, 이러한 시설대여업을 영위하거나 영위하고자 하는 자는 금융위원회에 등록하여야 한다(여금 3조 2항). 이와 같이 시설대여업을 영위하기 위하여 금융위원회에 등록을 할 수 있는 자는 여신전문금융회사이거나 여신전문금융회사가 되고자 하는 자에 한하는데, 은행법에 의하여 인가를 받은 금융기관·한국산업은행·중소기업은행·수출

---

1) 권오승·구연창, 전게논문, 148면.
2) 이에 대하여 임대차계약설을 취하면 민법상 임대차에 관한 규정이 당연히 적용되나, 무명계약설을 취하면 민법상 임대차에 관한 규정이 유추적용되는 정도의 차이만이 있다고 보는 견해도 있다(정희철, 전게논문, 74~75면; 조용호, 전게논문, 178면).
3) 동지: 권오승·구연창, 전게논문, 151면; 대판 1991. 12. 10, 90 다 19114(공보 913, 464)(리스계약은 낙성계약이므로 이용자가 리스물건 수령증서를 리스회사에 발급한 이상, 현실적으로 리스물건이 인도되기 전이라도 이 때부터 리스기간이 개시되고, 이용자의 리스료 지급의무도 발생한다); 동 1997. 10. 24, 97 다 27107(공보 1997, 3600)(리스계약은 물건의 인도를 계약 성립의 요건으로 하지 않는 낙성계약으로서 리스이용자가 리스물건 수령증서를 리스회사에 발급한 이상, 특별한 사정이 없는 한 현실적으로 리스물건이 인도되기 전이라고 하여도 이 때부터 리스기간이 개시된다).

입은행 등과 영위하고 있는 사업의 성격상 신용카드업을 겸영하는 것이 바람직하다고 인정되는 자로서 대통령령이 정하는 자는 겸영여신업자로서 시설대여업을 영위하기 위하여 금융위원회에 등록할 수 있다(여금 3조 3항,). 이러한 시설대여업자에 대하여는 여신전문금융업법상 특칙이 적용된다(여금 28조~37조).

제 5 금융리스거래의 법률관계

금융리스거래의 법률관계에서는 금융리스계약의 당사자인 금융리스업자와 금융리스이용자의 의무에 대하여 설명하고, 금융리스계약의 직접당사자는 아니지만 금융리스계약의 당사자에게 큰 영향을 미치는 공급자의 의무를 설명한 후, 금융리스계약의 해지에 관하여 금융리스업자의 해지와 금융리스이용자의 해지에 대하여 설명하겠다.

1. 금융리스업자의 의무

(1) 금융리스이용자가 금융리스물건을 수령할 수 있도록 할 의무

금융리스업자는 금융리스이용자가 금융리스계약에서 정한 시기에 금융리스계약에 적합한 금융리스물건을 수령할 수 있도록 하여야 할 의무를 부담한다(상 168조의 3 1항).[1] 금융리스계약의 특성상 금융리스물건을 금융리스이용자에게 인도할 의무를 부담하는 자는 형식적으로는 공급자이지만 실질적으로는 금융리스업자이므로 금융리스업자에게 이러한 의무를 부여하였다(이러한 점에서 법문의 표현도 '인도하여야 한다' 대신에 '금융리스이용자가 금융리스물건을 수령할 수 있도록 하여야 한다'로 규정함). 그런데 금융리스업자에게 금융리스계약에 적합한 금융리스물건을 금융리스이용자가 수령할 수 있도록 의무를 지운 것은 금융리스업자에게 금융리스계약에 적합한 금융리스물건을 금융리스이용자가 수령할 수 있도록 협력할 의무를 부담시킨 것뿐이고, 이와 별도로 독자적인 금융리스물건의 인도의무 또는 검사·확인의무를 부담시킨 것은 아니다.[2]

---

1) 이러한 2010년 개정상법 제168조의 3 제1항에 대하여 "이는 통상 리스거래에서 물건의 인도책임과 하자담보책임을 부담시키지 않는 것과 배치되어 리스거래의 위축을 가져올 위험이 있다"는 비판이 있다[김권회, "상법총칙·상행위편 개정안에 대한 토론문(3)," 「상법총칙 및 상행위편 개정안 공청회 자료집」(법무부), 2008. 6. 25, 71면].

2) 동지: 대판 2019. 2. 14, 2016 다 245418·245425·245432(공보 2019, 734)(금융리스계약의 법적 성격에 비추어 보면, 금융리스계약 당사자 사이에 금융리스업자가 직접 물건의 공급을 담보하기로 약정하는 등의 특별한 사정이 없는 한, 금융리스업자는 금융리스이용자가 공급자로부터 상법 제168조의 3 제1항에 따라 적합한 금융리스물건을 수령할 수 있도록 협력할 의무를 부담할 뿐이고, 이와 별도로 독자적인 금융리스물건 인도의무 또는 검사·확인의무를 부담한다고 볼 수는

(2) 금융리스이용자의 공급자에 대한 손해배상청구권의 행사에 협력할 의무

금융리스물건이 공급계약에서 정한 시기와 내용에 따라 공급되지 아니한 경우 금융리스이용자는 공급자에게 직접 손해배상을 청구하거나 공급계약의 내용에 적합한 금융리스물건의 인도를 청구할 수 있는데($^{상\,168조}_{의\,4\,\,2항}$), 금융리스업자는 금융리스이용자가 이러한 권리를 행사하는 데 필요한 협력을 하여야 한다($^{상\,168조}_{의\,4\,\,3항}$).

2. 금융리스이용자의 의무

(1) 금융리스물건 수령증 발급의무

금융리스이용자는 금융리스계약에서 정한 시기에 금융리스계약에 적합한 금융리스물건을 수령한 때에는 금융리스업자에게 금융리스물건 수령증을 발급하여야 하는데, 금융리스이용자가 금융리스업자에게 이와 같이 금융리스물건 수령증을 발급한 경우에는 금융리스계약 당사자 사이에 적합한 금융리스물건이 수령된 것으로 추정한다($^{상\,168조}_{의\,3\,\,3항}$). 이러한 추정규정으로 인하여 금융리스이용자가 금융리스물건의 「수령」을 추정하는 법적 효력을 발생시키는 것과 동시에 「금융리스계약에 적합한 내용의 물건」을 수령한 것으로 추정하는 효과를 발생시키므로, 이에 반하는 증명책임은 금융리스이용자에게 전환된다.[1] 또한 금융리스이용자는 리스물건의 「수령」의 추정으로 인하여 금융리스물건의 수령과 동시에 금융리스료를 지급하여야 하는 의무를 부담하고($^{상\,168조}_{의\,3\,\,2항}$), 「금융리스계약에 적합한 내용의 물건」을 수령한 것으로 추정되는 효과로 인하여 금융리스이용자의 반증이 없는 한 금융리스업자는 금융리스물건에 대한 담보책임을 면한다.[2] 따라서 대부분의 리스약관이나 리스계약서에도 (금융)리스이용자가 (금융)리스물건 수령증을 발급한 이후에는, (금융)리스이용자가 (금융)리스물건의 사용·보관·유지책임을 지고 그의 멸실이나 훼손에 대한 위험부담을 지는 것으로 규정되어 있다.[3]

(2) 금융리스료 지급의무

금융리스이용자는 금융리스계약에서 정한 시기에 금융리스계약에 적합한 금융

없다). 저자는 제22판까지 "상법 제168조의 3 제1항은 금융리스업자에게 리스물건에 대한 담보책임을 부여한 것으로 볼 수 있다"고 하였으나, 이 판례와 같이 견해를 변경한다.

1) 동지: 강정혜, 전게논문(상사법연구 제28권 제2호), 49~50면.
2) 동지: 대판 1996. 8. 23, 95 다 51915(리스업자의 담보책임은 리스물건이 공급자로부터 리스이용자에게 인도될 당시에서의 물건의 성능이 정상적임을 담보하되, 리스이용자가 별다른 이의 없이 물건인도인수확인서를 발급하면 리스업자의 하자담보의무는 충족된 것으로 보는 리스업자의 하자담보책임 제한약관은 유효하다); 강정혜, 전게논문(상사법연구 제28권 제2호), 50면.
3) 동지: 강정혜, 상게논문, 47면.

리스물건을 수령함과 동시에 금융리스료를 금융리스업자에게 지급하여야 한다($^{\text{상}}_{\text{의}}{}^{168조}_{3}$ ^{2항}). 이러한 금융리스료 지급채무의 소멸시효기간은 3년이다($^{\text{민}}_{\text{조}}{}^{163)}_{1호}$).[1]

금융리스이용자가 금융리스물건 수령증을 발급한 경우에는 금융리스계약에 적합한 금융리스물건을 수령한 것으로 추정되므로($^{\text{상}}_{\text{의}}{}^{168조}_{3}$ ^{3항}), 금융리스이용자의 다른 반증이 없는 한 금융리스이용자는 금융리스물건 수령증을 발급한 때부터 금융리스료를 지급할 의무를 부담한다. 그런데 이러한 규정은 강행규정으로 볼 수 없으므로 금융리스계약의 당사자는 금융리스물건의 수령 전에도 금융리스료를 지급할 것을 약정할 수 있고($^{\text{예컨대, 항공기나}}_{\text{선박 리스의 경우 등}}$),[2] 금융리스업자는 금융리스물건 수령증의 발급 전에도 금융리스물건이 공급된 경우에는 금융리스료의 지급을 청구할 수 있다.[3]

(3) 금융리스물건의 유지 및 관리의무

금융리스이용자는 금융리스물건을 수령한 이후에는 선량한 관리자의 주의로 금융리스물건을 유지 및 관리하여야 한다($^{\text{상}}_{\text{의}}{}^{168조}_{3}$ ^{4항}). 이 점은 금융리스계약의 특색을 반영한 것으로, 임대인이 임대차계약의 존속중 목적물의 사용·수익에 필요한 상태를 유지하게 할 의무를 부담하는($^{\text{민}}_{623조}$) 임대차계약과는 구별된다. 금융리스이용자의 이러한 의무로 인하여 금융리스료에는 금융리스물건의 유지·수선에 관한 비용이 포함되지 않고, 또한 금융리스업자는 투하자본의 회수를 위하여 금융리스물건의 담보가치를 유지·확보할 수 있는 것이다.[4]

금융리스이용자가 금융리스물건을 제3자에게 매도하고 금융리스계약관계를 승계하도록 하면서 매매대금과 장래 리스료채무의 차액 상당을 매수인으로부터 지급받은 경우, 그 금융리스이용자는 금융리스업자와의 금융리스계약관계에서는 탈퇴하지만 매수인에 대한 소유권이전의무 및 매도인으로서의 담보책임은 여전히 부담한다.[5]

3. 공급자의 의무

(1) 금융리스물건의 인도의무

금융리스물건의 공급자는 공급계약에서 정한 시기에 금융리스물건을 금융리스

---

1) 대판 2013. 7. 12, 2013 다 20571(민법 제163조 제1호의 '1년 이내의 기간으로 정한 채권'이란 1년 이내의 정기로 지급되는 채권을 말하므로, 시설대여계약에 기한 월 대여료채권은 이에 해당한다).

2) 동지: 강정혜, 상게논문, 49면.

3) 동지: 대판 1998. 4. 14, 98 다 6565(공보 1998, 1327).

4) 동지: 강정혜, 전게논문(상사법연구 제28권 제2호), 50면.

5) 대판 2013. 6. 13, 2012 다 100890.

이용자에게 인도하여야 한다($^{상\,168조}_{의\,4\,1항}$). 공급자의 금융리스물건의 인도의무에서는 「공급계약에서 정한 시기」에 대하여만 규정하고 있는데, 금융리스이용자의 직접청구권이 발생하기 위한 공급자의 인도(공급)의무 불이행의 유형에 대하여는 「공급계약에서 정한 시기와 내용」에 대하여 규정하고 있어($^{상\,168조}_{의\,4\,2항}$), 균형이 맞지 않는 점이 있다.[1]

공급자는 금융리스이용자와는 공급계약상의 당사자가 아니나, 공급자의 금융리스이용자에 대한 이러한 의무는 공급계약에 이러한 내용이 규정되어 있으면 「공급계약」에 따른 제3자($^{금융리스}_{이용자}$)를 위한 의무($^{민}_{539조}$)이고[2] 또한 「법정 의무」라고 볼 수 있다.

(2) 공급자의 인도의무 불이행시 금융리스이용자의 직접청구권

금융리스물건이 공급계약에서 정한 시기와 내용에 따라 공급(인도)되지 아니한 경우, 금융리스이용자는 공급자에게 직접 손해배상을 청구하거나 공급계약의 내용에 적합한 금융리스물건의 인도를 청구할 수 있다($^{상\,168조}_{의\,4\,2항}$). 이는 금융리스이용자를 보호하기 위하여 금융리스이용자에게 인정된 「법정 권리」라고 볼 수 있다. 공급자의 인도의무 불이행시 금융리스이용자는 공급계약의 당사자가 아니므로 공급자에 대하여 원래 이러한 권리를 행사할 수 없고, 금융리스업자로부터 이러한 권리를 양도받거나 또는 공급계약에 금융리스이용자(제3자)를 위하여 이러한 내용이 규정된 경우($^{민}_{539조}$) 등에만 이러한 권리를 행사할 수 있을 것인데, 이러한 사정이 없다고 하더라도 금융리스이용자는 위 규정에 의하여 공급자에 대하여 직접 이러한 권리를 행사할 수 있는 것이다.[3]

금융리스업자는 위에서 본 바와 같이 금융리스이용자가 이러한 권리를 행사하는 데 필요한 협력을 하여야 할 의무가 있다($^{상\,168조}_{의\,4\,3항}$).

4. 금융리스계약의 해지

(1) 금융리스업자의 해지

금융리스업자가 금융리스이용자의 책임 있는 사유로 금융리스계약을 해지하는 경우, 금융리스업자는 잔존 금융리스료 상당액의 일시 지급 또는 금융리스물건의 반환을 청구할 수 있는데($^{상\,168조}_{의\,5\,1항}$), 이는 금융리스이용자에 대한 손해배상청구에 영향을 미치지 아니한다($^{상\,168조}_{의\,5\,2항}$).

이 때 금융리스이용자의 「책임 있는 사유」란 금융리스이용자가 금융리스료를

---

1) 동지: 강정혜, 상게논문, 51면.
2) 동지: 이(철)(2010), 526면.
3) 동지: 강정혜, 전게논문(상사법연구 제28권 제2호), 52~53면.

지급하지 않는 등 채무불이행이 있는 경우 등이다. 또한 이 경우 금융리스업자는 「잔존 금융리스료 상당액의 일시 지급」이나 「금융리스물건의 반환」을 선택적으로 행사하여야 하는가, 또는 양자를 함께 청구할 수 있느냐의 문제가 있다. 이에 대하여 「잔존 금융리스료 상당액의 일시 지급」이나 「금융리스물건의 반환」은 금융리스업자의 권리행사의 방식을 예시한 것이므로, 금융리스업자는 이 양자의 권리를 모두 행사할 수 있는데, 다만 금융리스물건의 반환시에 그 물건이 가지는 가치와 금융리스기간의 만료시에 가지는 그 물건의 잔존가치의 차액에 대하여는 청산하여야 한다는 견해가 있다.[1] 그러나 법문상 「잔존 금융리스료 상당액의 일시 지급」과 「금융리스물건의 반환」은 선택적으로 규정되어 있고, 또한 「잔존 금융리스료 상당액의 일시 지급」이나 「금융리스물건의 반환」을 단순히 금융리스업자의 권리행사의 방법으로 예시한 것으로는 보기 어렵고 이는 금융리스계약의 해지의 효과를 구체화한 것으로 볼 수 있으며($\frac{민\ 550조,}{551조\ 참조}$), 또한 금융리스업자가 이 두 권리 중의 하나를 선택한 결과 손해가 있으면 별도로 그에 대하여 손해배상으로 청구할 수 있으므로($\frac{상}{168조}$ $\frac{의\ 5}{2항}$), 금융리스업자는 금융리스계약의 해지시 이 두 권리 중 하나를 선택하여 행사할 수 있는 것으로 해석하여야 할 것으로 본다. 금융리스업자가 금융리스계약의 해지시 「잔존 금융리스료 상당액의 일시 지급」을 청구할 수 있도록 한 것은, 금융리스료가 금융리스물건에 대한 사용·수익의 대가($\frac{민\ 618}{조\ 참조}$)가 아니라 금융리스이용자에게 제공한 여신의 분할변제에 해당한다는 특색을 반영한 것이다.[2]

금융리스이용자의 귀책사유로 금융리스업자가 금융리스계약을 해지할 수 있는 경우에($\frac{범용성이나\ 시장성을\ 결}{여한\ 리스물건에\ 관하여}$) 금융리스물건의 공급자와 재매입약정을 체결하였다면 그러한 재매입약정은 약관규제법에 저촉되지 않고 유효하다.[3] 그런데 금융리스업자가 상당기간 경과 후 재매입을 청구하면 신의칙상 재매입대금이 제한된다.[4]

(2) 금융리스이용자의 해지

금융리스이용자는 중대한 사정변경으로 인하여 금융리스물건을 계속사용할 수 없는 경우에는 3개월 전에 예고하고 금융리스계약을 해지할 수 있는데, 이 경우 금융리스이용자는 계약의 해지로 인하여 금융리스업자에게 발생한 손해를 배상하여야 한다($\frac{상\ 168조}{의\ 5\ 3항}$). 종래의 금융리스약관이나 금융리스계약에서는 금융리스이용자의

---

1) 대판 1995. 9. 29, 94 다 60219(공보 1004, 3606); 강정혜, 전게논문(상사법연구 제28권 제2호), 54면.

2) 동지: 강정혜, 상계논문, 53면.

3) 대판 2012. 3. 29, 2010 다 16199(디스크감압치료기에 대하여 재매입약정을 체결하였다).

4) 대판 2013. 2. 14, 2010 다 59622(필름출력기에 대하여 1년 4개월이 경과한 시점에서 재매입을 청구한 것은 정당한 사유 없이 재매입청구를 지체하였다고 볼 수 있다).

계약해지권이 금지되었는데,[1] 이 규정에 의하여 금융리스이용자는 엄격한 요건(중대한 사정변경, 3개월 전 예고, 손해배상의무) 하에 금융리스계약을 해지할 수 있게 되었다. 따라서 이 규정은 강행규정으로 해석하는 것이 타당하다고 본다.[2]

금융리스이용자가 금융리스로 이용하는 자동차를 제3자에게 매도하고 금융리스계약관계를 승계하도록 하면서 매매대금과 장래 금융리스료 채무의 차액 상당을 매수인으로부터 지급받았다면, 금융리스이용자는 금융리스회사와의 금융리스계약관계에서는 탈퇴하지만 매수인에 대하여 소유권이전의무와 매도인으로서의 담보책임을 부담한다.[3]

제 9 절 가 맹 업

제 1 총   설

1. 우리나라에서 가맹업(프랜차이즈)[4]의 의의

가맹업(프랜차이즈)은 나라에 따라 달리 정의되고 있는데,[5] 우리나라에서 가맹업

---

1) 강정혜, 상게논문, 54~55면(그 이유는 금융리스업자를 보호하기 위한 것인데, 금융리스물건은 금융리스이용자의 구체적 필요에 의하여 제작된 것이 많아 범용성과 전용가능성이 희박하므로 금융리스기간중 금융리스이용자의 계약해지권을 인정하면 금융리스업자는 금융리스물건을 다른 사람에게 같은 조건으로 빌려주거나 처분할 수 없게 되어 투하자금의 회수가 곤란하게 된다는 것이다).

2) 강정혜, 상게논문, 55면.

3) 대판 2013. 6. 13, 2012 다 100890(공보 2013, 1202)(리스회사가 리스물건인 자동차의 구입대금 중 일부를 리스이용자에게 금융리스의 형태로 제공하고 리스회사 명의로 자동차소유권 등록을 해 둔 다음 공여된 리스자금을 리스료로 분할 회수하는 리스계약관계에서, 리스이용자가 그 자동차를 제3자에게 매도하고 리스계약관계를 승계하도록 하면서 매매대금과 장래 리스료 채무의 차액 상당을 매수인으로부터 지급받은 경우, 그 리스이용자는 리스회사와의 리스계약관계에서는 탈퇴하지만 매수인에 대한 소유권이전의무 및 매도인으로서의 담보책임은 여전히 부담한다).

4) 프랜차이즈에 관한 국내 주요문헌으로는 다음과 같은 것들이 있다. 정동윤, "새로운 유형의 상행위(其三) — 프랜차이징(franchising)에 관하여," 「기업법의 행방」(박영사, 1991), 278~302면; 최영홍, "프랜차이즈계약에 관한 연구," 법학석사학위논문(고려대, 1985); 동, "가맹상계약의 법률문제에 관한 연구 — 미국 프랜차이즈계약을 중심으로," 법학박사학위논문(고려대, 1990); 동, 「가맹계약론」(서울: 프랜차이즈시스템연구소, 2003); 동, "프랜차이즈 관련 상법개정안의 고찰," 「상사법연구」(한국상사법학회), 제28권 제2호(2009), 69~105면; 임재호, "가맹사업법상 가맹본부의 정보공개," 「상법학의 전망(평성 임홍근교수 정년퇴임기념논문집)」(서울: 법문사, 2003), 1~21면; 동, "가맹사업(거래)에서의 정보공개제도에 관한 연구," 「상사법연구」, 제22권 4호(2003), 9~58면; 법무부, 「프랜차이즈의 법리」, 법무자료, 제115집 외.

또한 프랜차이즈에 관하여 비교적 상세하게 다룬 교과서로는 정(동), (총) 679~694면; 이(기) 외, (총) 568~586면; 최(기), 449~452면 등이 있다.

5) 각국의 프랜차이즈의 정의에 관한 소개로는 정동윤, 전게논문, 289~293면 참조.

(프랜차이즈)이란 「가맹업자(franchisor; Franchisegeber)가 가맹상(franchisee; Franchisenehmer)에 대하여 자기의 상호·상표 등(상호 등)을 사용하여 영업할 것을 허락하는 한편, 자기가 지정하는 품질기준이나 영업방식에 따라 영업할 것을 약정하고, 이에 대하여 가맹상은 가맹업자에 대하여 일정한 사용료를 지급하기로 하는 계속적인 채권계약관계」라고 할 수 있다(상168).[1]

　　가맹사업거래의 공정화에 관한 법률($^{2024.\ 2.\ 6.}_{법\ 20239호}$)은 가맹사업(franchise)을 「가맹본부(가맹업자)(franchisor)가 가맹점사업자(가맹상)(franchisee)로 하여금 자기의 상표·서비스표·상호·간판 그 밖의 영업표지($^{이하\ '영업}_{표지'라\ 한다}$)를 사용하여 일정한 품질기준이나 영업방식에 따라 상품($^{원재료\ 및\ 부재료를}_{포함한다.\ 이하\ 같다}$) 또는 용역을 판매하도록 함과 아울러 이에 따른 경영 및 영업활동 등에 대한 지원·교육과 통제를 하며, 가맹점사업자(가맹상)는 영업표지의 사용과 경영 및 영업활동 등에 대한 지원·교육의 대가로 가맹본부(가맹업자)에 가맹금(사용료)을 지급하는 계속적인 거래관계」라고 정의하고 있다($^{동법\ 2}_{조\ 1호}$).

　　이러한 가맹업은 가맹상이 가맹업차의 상호 등을 사용하고 그가 지정하는 품질기준이나 영업방식에 따라 영업하는 점에서, 상품의 제조자(공급자)로부터 상품을 계속적으로 공급받아(매입하여) 자기의 상호를 사용하여 독립적으로 판매하는 「특약점」과 구별된다. 또한 가맹업은 가맹상이 자신의 명의로 거래하는 점에서 본인의 명의로 거래하는 「대리상」과 구별되고, 또 자기의 계산으로 영업을 하는 점에서 타인(위탁자)의 계산으로 영업을 하는 「위탁매매인」과 구별된다.[2]

　　2010년 개정상법 이전에는 상법 제46조 20호에 「상호·상표 등의 사용허락에 의한 영업에 관한 행위」만을 규정하여 가맹업(프랜차이즈)이 (기본적) 상행위가 된다는 점만을 규정하였으나, 2010년 개정상법에서는 상법 제2편 제13장(가맹업)을 신설하여 당사자간의 권리·의무에 관한 사법상 규정을 두고 있다.

2. 가맹업의 경제적 기능

(1) 장   점

1) 가맹업자의 경우는 스스로 직접투자를 하지 않고도 사업을 확장할 수 있고,

---

1) 동지: 정(동), (총) 685면; 정동윤, 전게논문, 293면; 최(기), 448면.
2) 따라서 프랜차이즈인수자(가맹상)가 프랜차이즈제공자(가맹업자)가 공급한 물품의 판매대금은 프랜차이즈인수자(가맹상)의 소유에 속하므로, 그가 이를 임의로 소비한 행위는 프랜차이즈(가맹업) 계약상의 채무불이행에 지나지 않고 횡령죄가 성립하지 않는다[동지: 대판 1996. 2. 23, 95 도 2608; 동 1998. 4. 14, 98 도 292(이 판결에 대하여 찬성하는 취지의 평석으로는 최관식, 법률신문, 제2915호〈2000. 9. 18〉, 14면)].

또한 가맹상으로부터 사용료를 받아 수익을 중대할 수 있다.

2) 가맹상의 경우는 일반공중에게 널리 알려진 가맹업자의 유명상호·영업비결·기술 등을 이용할 수 있어 비교적 적은 자금으로 위험을 부담하지 않고 사업을 개시할 수 있다.

(2) 단   점

1) 가맹업자의 경우는 가맹상을 항상 감시해야 하고, 또 가맹상이 독립하여 사업을 영위하고자 하는 경우에 대처해야 하는 등의 단점이 있다.

2) 가맹상의 경우는 사업의 경영에서 가맹업자로부터 계속적으로 그가 지정하는 품질기준이나 영업방식에 따라야 하므로 경제적으로 사업의 독립성이 없는 단점이 있다.

제 2   가맹업의 종류

가맹업은 여러 가지 기준에 의하여 다음과 같이 다양하게 분류된다.

1. 발생시점에 따른 분류

가맹업이 발생하는 시점에 따라 「제1세대 가맹업($^{제조자가맹업}_{또는 상품가맹업}$)」과 「제2세대 가맹업($^{사업형식}_{가맹업}$)」이 있다. 전자는 생산자(제조자)가 그의 제품의 유통을 보장하기 위한 수단으로 이용되는데, 후자는 가맹업자가 가맹상에게 자기가 개발한 노하우(know-how)나 판매전략 등을 이용하여 사업을 경영하도록 지도하는 것으로서 전형적인 가맹업이다.

2. 대상사업에 따른 분류

가맹업의 대상인 사업이 무엇인가에 따라 상품의 판매에 관한 「상품가맹업」, 용역의 제공에 관한 「용역가맹업」 등이 있다.

3. 당사자에 따른 분류

가맹계약의 당사자에 따라 「생산자와 도매상간의 가맹업」, 「도매상과 소매상간의 가맹업」, 「소매상과 생산자간의 가맹업」 및 「소매상과 소매상간의 가맹업」 등이 있다.

제 3   가맹거래의 구조

1. 당 사 자

가맹거래의 당사자는 앞에서 본 바와 같이 「가맹업자」와 「가맹상」의 두 당사자
이다.

2. 가맹거래의 과정

① 가맹업자는 가맹상에게 자기의 상호·상표 등(상호 등)의 사용을 허락해야 한
다. 따라서 일반 소비자에게는 가맹상의 영업이 가맹업자의 영업과 동일하게 나타
나고, 가맹상은 가맹업자의 상호 등의 사용권을 취득한다.

② 가맹상은 가맹업자가 지정하는 품질이나 영업방식에 따라 영업을 해야 한다.

③ 가맹상은 독립적 상인으로서(가맹업자의 대리인이나 피용자가 아님), 가맹업자에게 일정한 사용료(가
맹금)를 지급해야 한다.

이러한 가맹거래의 과정은 금융리스거래나 채권매입거래의 과정에 비하여 매우
간단하나, 이를 그림으로 도시(圖示)하면 다음과 같다.

3. 가맹계약의 법적 성질

가맹계약은 「계속적인 채권계약」인데, 이는 민법상 전형계약의 어디에도 속하
지 않는 「비전형계약」으로 매매·임대차·도급·위임 등의 요소가 있는 「혼합계약」
이다.[1] 따라서 가맹계약이 어떤 계약의 내용을 포함하는 혼합계약인가는 가맹업의
종류에 따라 다르다. 즉, 상품가맹업에는 매매계약의 요소가 있으나, 사업형식가맹
업에는 노무제공계약의 요소가 있다.

---

1) 동지: 정(동), (총) 688면; 정동윤, 전게논문, 296~297면; 이(철)(2010), 530~531면; 이(기)
   외, (총) 579면.

제 4   가맹업자 및 가맹상의 의의

1. 가맹업자의 의의

가맹업자(franchisor)[1]란 「자신의 상호·상표 등(상호 등)을 제공하는 것을 영업으로 하는 자」를 말한다($^{상\,168조}_{의\,6\,전단}$). 이 때의 가맹업자는 단순히 상호 등을 가맹상에게 사용허락하는 것뿐만 아니라, 가맹상에 대하여 품질기준이나 영업방식에 관하여 통제를 한다($^{이\,점에서\,franchisor}_{는\,licensor와\,구별됨}$).

참고로 위에서 본 가맹사업거래의 공정화에 관한 법률에 의하면 '가맹업자'를 '가맹본부'라 하고, 이는 「가맹사업과 관련하여 가맹점사업자(franchisee)에게 가맹점운영권을 부여하는 사업자」라고 정의하고 있다($^{동법\,2}_{조\,2호}$). 동법상 가맹본부(가맹업자)는 가맹사업의 성공을 위한 사업구상, 상품이나 용역의 품질관리와 판매기법의 개발을 위한 계속적인 노력 등 일정한 준수사항을 준수하여야 한다($^{동법}_{5조}$).

2. 가맹상의 의의

가맹상(franchisee)이란 「가맹업자로부터 그의 상호 등을 사용할 것을 허락받아 가맹업자가 지정하는 품질기준이나 영업방식에 따라 영업을 하는 자」를 말한다($^{상}_{168}$$^{조의}_{6\,후단}$).

참고로 위에서 본 가맹사업거래의 공정화에 관한 법률에 의하면 '가맹상'을 '가맹점사업자'라 하고, 이는 「가맹사업과 관련하여 가맹본부로부터 가맹점운영권을 부여받은 사업자」라고 정의하고 있다($^{동법\,2}_{조\,3호}$). 동법상 가맹점사업자(가맹상)는 가맹사업의 통일성 및 가맹본부의 명성을 유지하기 위한 노력 등 일정한 준수사항을 준수하여야 한다($^{동법}_{6조}$).

제 5   가맹거래의 법률관계

가맹거래의 법률관계는 가맹업자와 가맹상과의 관계(내부관계), 가맹업자와 제3자와의 관계(외부관계) 및 가맹상과 제3자와의 관계가 있다. 그런데 가맹상과 제3자와의 관계는 일반상인과 고객과의 문제로 가맹거래에 고유한 관계가 아니므

---

1) franchisor를 시장에서 널리 사용되고 있는 "가맹본부"라고 하는 것이 거래계의 혼란을 방지하면서도 보다 시장친화적인 입법태도라고 하는 견해가 있다[최영홍, 전게논문(상사법연구 제28권 제2호), 79면].

로, 이하에서는 내부관계와 외부관계에 관하여만 살펴본다.

1. 내부관계

가맹업자와 가맹상간의 내부관계는 구체적으로 가맹계약에 의하여 정하여지는데, 가맹계약은 보통 가맹업자가 작성한 약관에 의하여 체결된다. 2010년 개정상법은 가맹업자와 가맹상간의 내부관계에 대하여 가맹업자의 의무·가맹상의 의무·가맹상의 영업양도($^{가맹업자}_{의 동의}$) 및 가맹계약의 해지에 대하여 규정하고 있으므로, 이에 관하여 살펴본다.

(1) 가맹업자의 의무

1) **지원의무**   가맹업자는 가맹상의 영업을 위하여 필요한 지원을 하여야 할 의무가 있다($^{상 168조}_{의 7 1항}$). 이 때「필요한 지원」이 무엇이냐에 대하여는, 위에서 본 가맹사업거래의 공정화에 관한 법률상 가맹업자(가맹본부)의 준수사항이 참고가 될 수 있을 것으로 본다($^{동법}_{5조}$). 즉, 가맹업자(가맹본부)는 (i) 가맹사업의 성공을 위한 사업구상을 하고, (ii) 상품이나 용역의 품질관리와 판매기법의 개발을 위한 계속적인 노력을 하며, (iii) 가맹상(가맹점사업자)에 대하여 합리적 가격과 비용에 의한 점포설비의 설치·상품 또는 용역 등을 공급하고, (iv) 가맹상(가맹점사업자)과 그 직원에 대하여 교육·훈련을 실시하며,[1] (v) 가맹상(가맹점사업자)의 경영·영업활동에 대한 지속적인 조언과 지원 등을 하여야 한다.

2) **경업피지의무**   가맹업자는 다른 약정이 없으면 가맹상의 영업지역 내에서 동일 또는 유사한 업종의 영업을 하거나, 동일 또는 유사한 업종의 가맹계약을 체결할 수 없다($^{상 168조}_{의 7 2항}$). 위에서 본 가맹사업거래의 공정화에 관한 법률에서도 가맹업자(가맹본부)의 준수사항으로「가맹업자(가맹본부)는 가맹계약기간중 가맹상(가맹점사업자)의 영업지역 안에서 자기의 직영점을 설치하거나 가맹상(가맹점사업자)과 유사한 업종의 가맹점을 설치하는 행위를 하여서는 아니 된다」고 규정하고 있다($^{동법 5}_{조 6호}$). 상법에서는 당사자 간의 약정이 있으면 가맹업자가 가맹상의 영업지역 내에 자기의 직영점을 설치할 수 있는 것으로 규정하고 있는데, 입법론상 이를 할 수 없는 것으로 규정하여야 하고,[2] 해석론상도 가맹상을 보호하기 위하여 가맹사업거래의 공정화에 관한 법률 제5조 6호를 유추적용하여 가맹업자는 (당사자 간의 약정이

---

1) 특히 이 점에 대하여는 가맹업자의 의무의 내용으로 규정하여야 한다는 견해로는 최영홍, 상게논문, 81~82면.
2) 동지: 최영홍, 상게논문, 82~83면(동 교수는 이에 더 나아가 입법론상 가맹업자가 이 의무를 위반하는 경우, 가맹상의 손해배상청구권 및 손해액의 산정기준도 규정하여야 한다고 주장한다).

있는 경우에도) 가맹상의 영업지역 내에 자기의 직영점을 설치하는 것이 금지된다고 본다.[1]

가맹업자가 이러한 의무 등을 불이행한 경우, 가맹상은 손해배상청구권을 행사할 수 있으나($\substack{\text{민 390조.} \\ \text{393조}}$,),[2] 개입권(介入權)을 행사할 수 없는 점은 상업사용인·대리상 등의 경우와 구별된다고 볼 수 있다($\substack{\text{상 17조 2항·} \\ \text{4항, 89조 2항}}$).

(2) 가맹상의 의무

1) 가맹업자의 영업에 관한 권리를 침해하지 않을 의무   가맹상은 가맹업자의 영업에 관한 권리가 침해되지 아니하도록 하여야 할 의무가 있다($\substack{\text{상 168조} \\ \text{의 8 1항}}$). 이때「가맹업자의 영업에 관한 권리를 침해하지 않는 것」이 무엇이냐에 대하여는, 위에서 본 가맹사업거래의 공정화에 관한 법률상 가맹상(가맹점사업자)의 준수사항이 참고가 될 수 있을 것으로 본다[3]($\substack{\text{동법} \\ \text{6조}}$). 즉, 가맹상은 (i) 가맹업의 통일성 및 가맹업자의 명성을 유지하기 위하여 노력하여야 하고, (ii) 가맹업자의 공급계획과 소비자의 수요충족에 필요한 적정한 재고유지 및 상품진열을 하여야 하며, (iii) 가맹업자가 상품 또는 용역에 대하여 제시하는 적절한 품질기준을 준수하여야 하고, (iv) 위 (iii)에 의한 품질기준의 상품 또는 용역을 구입하지 못하는 경우 가맹업자가 제공하는 상품 또는 용역을 사용하여야 하며,[4] (v) 가맹업자가 사업장의 설비와 외관·운

---

1) 동지: 대판 2000. 6. 9, 98 다 45553·45560·45577(가맹업자가 아무런 제약 없이 언제라도 가맹상의 점포와 동일지역 내에 직영점을 개설하거나 다른 가맹상을 둘 수 있도록 하는 조항을 두었다면, 이는 가맹상에 부당하게 불리한 조항으로 약관의 규제에 관한 법률 제6조 제1항, 제2항 제1호에 의하여 무효라고 보아야 할 것이다).

2) 가맹사업거래의 공정화에 관한 법률상 가맹본부(가맹업자)의 가맹희망자(가맹상)에 대한 정보제공의무 위반에 따른 가맹본부(가맹업자)의 손해배상책임을 인정한 것으로는 대판 2015. 4. 9, 2014 다 84824·84831(공보 2015, 689)(구 가맹사업거래의 공정화에 관한 법률〈2013. 8. 13. 법률 제12094호로 개정되기 전의 것, 이하 '가맹사업법'이라고 한다〉 제4조, 제9조 제1항, 제41조 제1항의 내용을 종합하면, 가맹사업법 제9조 제1항의 중요사항을 누락한 경우라 함은 가맹계약의 체결과 유지 등 가맹희망자의 의사결정에 중대한 영향을 줄 수 있는 사실 또는 가맹희망자가 일정한 사정에 관하여 고지를 받았더라면 가맹계약을 체결하지 않았을 것임이 경험칙상 명백한 경우 그와 같은 사정 등을 가맹계약을 체결하기 위하여 상담하거나 협의하는 단계에서 가맹희망자에게 고지하지 아니한 경우를 의미한다. 그리고 이러한 행위는 가맹사업법 제9조 제1항에 따른 정보제공의무 내지 고지의무를 위반한 것으로서, 가맹본부는 가맹희망자에 대하여 가맹사업법 제37조 제3항, 독점규제 및 공정거래에 관한 법률 제56조 제1항에 의한 손해배상책임을 부담한다).

3) 가맹상의 의무에「가맹업자가 시행하는 교육·훈련 기타 영업상 합리적인 지도와 통제에 따라야 할 의무」를 포함시켜야 한다는 견해가 있는데[최영홍, 상계논문, 83~84면], 이는 가맹상의 의의에 관한 규정에 포함되어 있고(상 168조의 6 후단) 또한 상법 제168조의 8 제1항의「가맹업자의 영업에 관한 권리를 침해하지 않는 것」에 포함될 수 있으므로 별도로 그러한 규정을 둘 필요는 없다고 본다.

4) 동지: 대판 2005. 6. 9, 2003 두 7484(가맹업자 X의 가맹상인 A가 X로부터 수차례에 걸쳐 지도 및 경고를 받았음에도 불구하고 X가 공급하는 양배추샐러드와 치킨박스를 사용하지 않고 다른 업

송수단에 대하여 제시하는 적절한 기준을 준수하여야 하고, (vi) 취급하는 상품·용역이나 영업활동을 변경하는 경우 가맹업자와 사전 협의하여야 하며, (vii) 상품 및 용역의 구입과 판매에 관한 회계장부 등 가맹업자의 통일적 사업경영 및 판매전략의 수립에 필요한 자료를 유지·제공하여야 하고, (viii) 가맹상의 업무현황 및 (vii)에 의한 자료의 확인과 기록을 위한 가맹업자의 임직원 그 밖의 대리인의 사업장 출입을 허용하며, (ix) 가맹업자의 동의를 얻지 아니한 경우 사업장의 위치변경 또는 가맹점 운영권을 양도하지 못하고, (x) 가맹계약기간중 가맹업자와 동일한 업종을 영위하는 행위를 하지 못하며, (xi) 가맹업자의 영업기술이나 영업비밀을 누설하여서는 아니 되고, (xii) 영업표지에 대한 제3자의 침해사실을 인식하는 경우 가맹업자에 대하여 영업표지의 침해사실을 통보하고 이에 대한 금지조치에 적절히 협력하여야 한다.

2) **가맹업자의 영업상의 비밀을 준수할 의무** 가맹상은 가맹계약이 종료한 후에도 가맹계약과 관련하여 알게 된 가맹업자의 영업상의 비밀을 준수하여야 할 의무가 있다($^{상\ 168조}_{의8\ 2항}$). 이는 가맹업자의 이익을 보호하기 위하여 인정된 것으로, 대리상의 영업비밀준수의무($^{상\ 92}_{조의3}$)와 유사하다고 볼 수 있다.

이 때에「가맹계약이 종료한 후」란 가맹계약기간의 만료뿐만 아니라, 가맹계약 기간중이라도 중도해지 등으로 계약관계가 소멸되는 경우를 포함한다.[1]「영업상의 비밀」이란 영업과 관련된 사항으로서 소수인만이 알고 있고 가맹업자가 공표되기를 바라지 않는 것 등을 의미한다.

가맹상이 이 의무를 위반하면 가맹업자에 대하여 손해배상책임을 진다($^{민\ 390조,}_{393조}$).

(3) **가맹상의 영업양도**(가맹업자의 동의)

가맹상은 가맹업자의 동의를 받아 그 영업을 양도할 수 있는데($^{상\ 168조}_{의9\ 1항}$), 가맹업자는 특별한 사유가 없으면 가맹상의 영업양도에 동의하여야 한다($^{상\ 168조}_{의9\ 2항}$). 가맹업자와 가맹상간의 가맹계약관계는 고도의 신뢰를 기초로 하는 계속적 계약관계이고 또한 가맹상은 가맹업자의 영업을 독자적으로 수행할 수 있는 능력이 있어야 하므로 가맹상이 그 영업을 양도하기 위하여는 가맹업자의 동의를 받도록 한 것이고, 가맹상의 투자금의 회수가 부당하게 제한되는 것을 방지하기 위하여 가맹업자는 특별한 사유(예컨대, 가맹상의 영업을 양수하려는 자가 가맹업자의 영업을 독자적으로 수행할 수 있는 능력이 없는 경우, 가맹업자의 영업에 관한 권리를 침해할 우려가 있는 경우 등)가 없는 한 가맹

체로부터 구입한 백각두기와 치킨박스를 사용함으로써 X가 가맹계약을 해지한 것은 정당하고, 이러한 X의 조치가 부당한 거래거절로서 불공정거래행위에 해당한다고 볼 수 없다).

1) 동지: 최영홍, 상게논문, 84~85면.

상의 영업양도에 동의하도록 한 것이다.[1]

가맹상이 그 영업을 임대하는 경우에도 양도하는 경우와 동일하게 보아야 할 것이다[2]($\substack{상~168조의 \\ 9~유추적용}$).

가맹상이 그 영업을 양도하면 상법상 영업양도에 관한 규정($\substack{상~41조~\sim \\ 45조}$)이 그대로 적용될 수 있는지 여부의 문제가 있다. 특별히 이를 배제하는 규정이 없는 한 가맹상의 영업양도에도 상법상 영업양도에 관한 규정이 적용된다고 본다.[3]

(4) 가맹계약의 해지

가맹계약상 존속기간에 대한 약정의 유무와 관계 없이 부득이한 사정이 있으면, 각 당사자는 상당한 기간을 정하여 예고한 후 가맹계약을 해지할 수 있다($\substack{상~168조 \\ 의~10}$).[4] 존속기간에 대한 약정의 유무와 관계 없이 부득이한 사정이 있는 때에 각 당사자가 계약을 해지할 수 있도록 한 점은 익명조합계약 및 대리상계약과 같다($\substack{상~83 \\ 조~2 \\ 항,~92 \\ 조~2항}$). 그러나 부득이한 사정이 있는 때 익명조합계약 및 대리상계약에서는 즉시 계약을 해지할 수 있는데, 가맹계약에서는 상당한 기간을 정하여 예고하도록 한 점은 익명조합계약 및 대리상계약과 구별되는 점이다. 가맹계약은 두 당사자의 신뢰를 기초로 한 계약이므로 이러한 신뢰에 반하는 부득이한 사정이 있는 경우 각 당사자는 가맹계약을 해지할 수 있도록 한 것이고, 또한 계속적인 성질을 갖는 계약이기 때문에 상당한 기간을 정하여 예고한 후 가맹계약을 해지할 수 있도록 한 것이다.

이 때「부득이한 사정」이란 가맹업자의 경우에는 가맹상이 가맹업자가 지정하는 품질기준이나 영업방식에 따르지 않는 경우 등이고($\substack{상~168조의~6~후단, \\ 168조의~8~1항}$), 가맹상의 경우에는 가맹업자가 다른 약정이 없음에도 가맹상의 영업지역 내에서 동일·유사한 업종의 영업을 직접 하거나 또는 다른 자와 동일·유사한 업종의 가맹계약을 다시 체결하는 경우 등이다($\substack{상~168조 \\ 의~7~2항}$). 예고를 하여야 하는「상당한 기간」이란 구체적으로 가맹계약에서 정하여지겠으나, 상법에서 익명조합계약의 경우에는「6월 전」에 예고하

---

1) 동지: 최영홍, 상게논문, 86~87면.
2) 동지: 최영홍, 상게논문, 86면.
3) 동지: 이(철)(2010), 540면.
   이에 대하여 입법론상 가맹상의 경업피지의무기간(10년)이 너무 장기이므로 가맹상에 대하여는 상법 제41조 1항을 배제하는 규정을 두고, 이와 함께 가맹업자에 대하여는 명의대여자의 책임에 관한 규정인 상법 제24조를 배제하는 규정을 두어야 한다는 견해가 있다[최영홍, 전게논문(상사법연구 제28권 제2호), 92~97면].
4) 이러한 가맹계약의 해지에 관한 규정은 가맹계약의 상호의존성과 구속력을 크게 약화시켜 가맹업의 정상적인 발전을 저해하고, 가맹계약의 구속력을 강화하는 프랜차이즈 법제의 세계적 흐름에 역행하며, 이를 가맹업자가 남용할 가능성이 크다는 점 등을 이유로 가맹계약의 해지에 관한 이 규정은 삭제되어야 한다고 주장하는 견해가 있다[최영홍, 상게논문, 88~90면].

도록 하고($^{\text{상 83}}_{\text{조 1항}}$) 대리상계약의 경우에는 「2월 전」에 예고하도록 하고 있다($^{\text{상 92}}_{\text{조 1항}}$).

참고로 위에서 본 가맹사업거래의 공정화에 관한 법률에 의하면 "가맹점사업자(가맹상)의 계약갱신요구권은 최초 가맹계약기간을 포함한 전체 가맹계약기간이 10년을 초과하지 아니하는 범위 내에서만 행사할 수 있다"라고 규정하고 있다($^{\text{동법 13}}_{\text{조 2항}}$). 따라서 이 기간이 경과하면 당사자는 원칙적으로 새로이 계약의 갱신 등에 관하여 합의하여야 한다.[1] 또한 가맹계약 해지절차 등을 규정하고 있는 가맹사업거래의 공정화에 관한 법률 제14조는 강행규정이므로, 이에 위반한 가맹본부(가맹업자)의 가맹점사업자(가맹상)에 대한 가맹계약의 해지조항 및 해지통지는 무효이다.[2]

---

1) 대판 2020. 7. 23, 2019 다 289495(공보 2020, 1670)(가맹사업거래의 공정화에 관한 법률〈이하 '가맹사업법'이라고 한다〉제13조 제2항은 "가맹점사업자의 계약갱신요구권은 최초 가맹계약기간을 포함한 전체 가맹계약기간이 10년을 초과하지 아니하는 범위 내에서만 행사할 수 있다"라고 규정하고 있다. 계속적 계약관계에 해당하는 가맹사업〈프랜차이즈〉계약관계에서 가맹사업법상의 위 계약갱신요구권 행사기간이 경과하였고, 가맹계약에 계약의 갱신 또는 존속기간의 연장에 관하여 별도의 약정이 없거나 그 계약에 따라 약정된 가맹점사업자의 계약갱신요구권 행사기간마저 경과한 경우에는, 당사자가 새로이 계약의 갱신 등에 관하여 합의하여야 한다. 그 경우 가맹본부는 가맹점사업자의 갱신요청을 받아들여 갱신 등에 합의할 것인지 여부를 스스로 판단·결정할 자유를 가진다. 다만 가맹본부의 갱신거절이 당해 가맹계약의 체결 경위·목적이나 내용, 그 계약관계의 전개 양상, 당사자의 이익 상황 및 가맹계약 일반의 고유한 특성 등에 비추어 신의칙에 반하여 허용되지 아니하는 특별한 사정이 있는 경우에는 그러하지 아니하다〈대법원 2010. 7. 15. 선고 2010다30041 판결, 헌법재판소 2011. 6. 30. 선고 2009헌마582 전원재판부 결정 참조〉. 갑이 치킨 프랜차이즈 가맹본부를 운영하는 을과 가맹계약을 체결한 후 약 12년간 가맹점을 운영하고 있었는데, 을이 갑에게 가맹본부의 중요한 영업방침인 조리 매뉴얼을 위반하였다고 시정요구를 하였으나 갑이 이에 불응한다는 등의 이유로 가맹계약 갱신을 거절하자, 갑이 을을 상대로 손해배상을 구한 사안에서, 제반 사정에 비추어 갑이 을과 가맹계약을 체결한 지 10년이 경과하여 가맹사업거래의 공정화에 관한 법률상 계약갱신요구권 내지 가맹계약상 계약갱신요구권이 인정되지 않는 경우라고 하더라도, 을의 가맹계약 갱신거절에는 신의칙에 반하여 허용될 수 없는 특별한 사정이 있다고 보이므로, 을이 우월한 거래상 지위를 남용하여 부당하게 가맹계약 갱신을 거절함으로써 갑에게 불이익을 부과하였다고 보아 을의 손해배상책임을 인정한다).

2) 대판 2021. 8. 19, 2021 다 225708(공보 2021, 1714)(가맹사업거래의 공정화에 관한 법률 제14조는 가맹본부가 가맹계약을 해지하려는 경우에는 가맹점사업자에게 2개월 이상의 유예기간을 두고 계약의 위반 사실을 구체적으로 밝히고 이를 시정하지 아니하면 그 계약을 해지한다는 사실을 서면으로 2회 이상 통지하여야 하고〈제1항〉, 그와 같은 절차를 거치지 않은 가맹계약의 해지는 효력이 없다고 정하고 있다〈제2항〉. 위 조항은 가맹점사업자로 하여금 유예기간 동안 계약해지사유에 대하여 해명·시정할 기회를 주고 가맹점사업자에게 가맹사업 종료에 대비할 수 있는 기간을 부여하기 위한 것으로 강행규정에 해당한다. 갑이 을 주식회사와 지점설치계약을 체결한 후 을 회사의 택배사업을 수탁하여 운영하였는데, 을 회사가 갑에게 '거래처 이탈, 물량감소 등으로 지점운영이 불가능하여 지점존속이 불가능하다고 판단될 경우 을 회사가 일방적으로 계약을 해지하여도 갑은 하등의 이의를 제기하지 못한다'고 정한 계약 조항에 근거하여 경영상의 이유를 들어 계약을 해지한다고 통지한 사안에서, 위 계약은 본인인 을 회사가 지점사업자인 갑으로 하여금 을 회사의 영업권·상표 등 영업표지를 사용하여 택배사업을 수탁·운영하도록 하면서 갑에게 영업활동에 대한 지원과 통제를 하고, 갑은 을 회사의 영업표지를 사용하여 택배영업을 하면서 택배전산시스템을 이용하여 을 회사에 일 단위로 매출수입금 전액을 보고하고 월 단위로 정산하는 것을 주된 내용으로 하고 있으므로, 위 계약은 가맹사업거래의 공정화에 관한 법률〈이하 '가맹사

2. 외부관계

(1) 원   칙

가맹업자와 제3자와의 외부관계에서 가맹업자는 제3자에 대하여 책임을 부담하는가. 가맹상은 가맹업자와는 독립된 상인이므로, 가맹상이 제3자와 거래를 하거나 또는 제3자에 대하여 불법행위를 한 경우에 가맹업자는 이에 대하여 책임을 지지 않는 것이 원칙이다.[1]

(2) 예   외

그러나 가맹업자는 제3자에 대하여 가맹상에 대하여 동일한 기업인 것과 같은 외관을 부여하였고, 이로 인하여 제3자가 가맹상의 기업을 가맹업자의 기업으로 신뢰하였으며, 또한 가맹상은 가맹업자가 지정하는 품질기준이나 영업방식에 따라 영업을 하여야 하는데 가맹업자가 가맹상에 대하여 이러한 통제를 게을리한 경우에는 제3자를 보호할 필요가 있다. 따라서 다음과 같은 경우에는 예외적으로 가맹업자의 제3자에 대한 책임을 인정할 수 있다.[2] 이는 또한 가맹업거래의 내부관계에서 가맹상의 독립성과 외부관계에서 가맹업자의 통일성을 조화시키는 문제라고 보겠다.[3]

1) 가맹상이 가맹업자의 사실상 대리인($^{표현대리}_{인을\,포함}$), 피용자 또는 명의차용자인 지위를 갖는 경우에는, 각각 해당 법리($^{민\,114조\cdot125조\cdot126조\cdot129}_{조\cdot756조,\,상\,24조\cdot87조\,등}$)에 의하여 가맹업자는 제3자에 대하여 책임을 진다($^{미국에서는\,이를\,'대위책임'}_{\langle vicarious\,liability\rangle이라\,함}$).

2) 가맹업자가 상품의 제조자인 경우에는 제조물책임의 법리에 의하여 가맹업자는 제3자에 대하여 책임을 진다($^{미국에서는\,이를\,'직접책임'}_{\langle direct\,liability\rangle이라\,함}$).

업법'이라 한다〉 제2조 제1호에서 정한 '가맹사업'에 해당하는데, 위 계약이 민법상 위임의 성격을 가지고 있다고 하더라도 가맹사업법이 특별법으로서 우선 적용되므로 계약해지절차에 관해서는 가맹사업법 제14조가 적용되고, 위 계약 조항은 강행규정인 가맹사업법 제14조에 반하는 것으로 그 자체로 무효이며, 위 계약 조항에 따른 을 회사의 해지 통지도 가맹사업법 제14조에서 정하고 있는 적법한 절차를 거치지 않은 이상 효력이 없다고 본 원심판결은 정당하다).

1) 이에 상법 제24조가 적용된다고 보면 가맹업자는 명의대여자로서 책임을 진다고 보아야 할 것 같으나, 가맹업자와 가맹상이 독립된 상인이라는 점은 거래 실무에서 널리 인식되어 있으므로 제3자가 가맹업자를 영업주로「오인」한 점에 대하여는 중과실이 있다고 보아야 할 것이다(대판 1989. 10. 10, 88 다카 8354; 동 1991. 11. 12, 91 다 18309; 동 1992. 3. 18, 91 다 30699 등 참조).
   이를 명확히 하기 위하여 입법론으로 가맹업자에 대하여는 상법 제24조의 적용을 배제하여야 한다는 견해로는 최영홍, 전게논문(상사법연구 제28권 제2호), 95~97면.
2) 이에 관한 상세는 정유나, "가맹본부의 제3자에 대한 책임에 관한 연구," 법학석사학위논문(고려대, 2010. 2) 참조.
3) 동지: 정(동), (총) 693~694면; 정동윤, 전게논문, 301~302면; 이(철)(2010), 541면; 임재호, "프랜차이즈 가맹점의 행위로 인한 사업본사의 책임,"「상사법연구」, 제20권 3호(2001), 9~45면; 최영홍, 전게논문(상사법연구 제28권 제2호), 97면.

제10절   채권매입업

제 1 총   설

1. 우리나라에서 채권매입업(팩토링)[1]의 의의

채권매입업(팩토링)이란「거래기업(타인)(client)이 물건·유가증권의 판매나 용역의 제공 등에 의하여 취득하였거나 취득할 영업상의 채권(영업채권)(accounts receivable)을 채권매입업자(factor)에 매도하고, 채권매입업자는 거래기업에 갈음하여 영업채권의 채무자(customer)로부터 영업채권을 회수하는 형태의 영업」을 말한다($\frac{상\ 168}{조의\ 11}$).[2]

위와 같은 (현대적 의미의) 채권매입업은 영국에서 발생한 것인데, 우리나라에서는 1980년에 종합금융회사들이 처음으로 이 업무를 취급하면서 도입되었다. 그 후 단기금융회사·은행 등도 이 업무를 취급하게 되었고($\frac{은행\ 27조의\ 2\ \ 2항,}{은행시\ 18조의\ 2}$),[3] 채권매입업무를 전담하는 회사도 설립되었다. 채권매입업무를 규율하는 정부의 지침으로는 종래에 재정경제부의「팩토링업무운용관련지침」이 있었는데, 이에 의하면 채권매입업무의 내용은 채권매입업무·채권회수업무·금융업무·회계업무·컴퓨터 또는 서비스업무·컨설턴트업무 등이었다.[4]

2010년 개정상법 이전에는 상법 제46조 21호에「영업상 채권의 매입·회수 등

1) 팩토링에 관한 국내 주요논문으로는 다음과 같은 것들이 있다. 정동윤, "새로운 유형의 상행위(其二) — 팩토링(factoring)에 관하여,"「민사법과 환경법의 제문제」(松軒안이준박사화갑기념) (서울: 박영사, 1986), 832~853면; 박주환, "팩토링에 대한 법적 연구," 법학석사학위논문(고려대, 1991. 8); 박철홍, "팩토링계약의 법률관계에 관한 연구," 법학석사학위논문(경희대, 1990); 오상수, "팩토링제도에 관한 연구," 법학석사학위논문(성균관대, 1988); 이상규, "팩토링의 법률관계에 관한 고찰 — 외국의 제도를 중심으로," 법학석사학위논문(국민대, 1984); 김홍기, "채권매입업(factoring)의 법적 쟁점과 상법개정안의 검토,"「상사법연구」(한국상사법학회), 제28권 제 2 호(2009), 107~150면; 권순희, "채권매입업(팩토링)에 의한 자금조달에 관한 연구,"「상사법연구」(한국상사법학회), 제33권 제 1 호(2014. 5), 261~297면 등이 있다.
   또한 팩토링에 관하여 비교적 상세하게 다룬 교과서로는 정(동), (총) 695~716면; 이(기) 외, (총) 587~596면; 이(철), 489~492면; 최(기), 450~454면 등이 있다.
2) 팩토링이 무엇이냐에 대하여는 다양한 개념 정의가 있는데, 일반적으로 영업채권의 매입·장부기장 및 관리·영업채권의 회수·신용위험의 부담의 네 가지 요소 가운데 두 가지 이상을 충족하면 팩토링거래로 보는 경우가 많은 점에서, 우리 상법은 이 요소들 가운데 영업채권의 매입과 회수의 두 가지 기능을 중심으로 채권매입업을 정의하고 있다[김홍기, 전게논문(상사법연구 제28권 제 2 호), 109~110면, 136면].
3) 은행은 팩토링을 부수업무의 하나로서 취급하고 있다.
4) 정동윤, 전게논문, 837면.

에 관한 행위」만을 규정하여 채권매입업(팩토링)이 (기본적) 상행위가 된다는 점만을 규정하였으나, 2010년 개정상법에서는 상법 제2편 제14장(채권매입업)을 신설하여 당사자간의 권리·의무에 관한 사법상 규정을 두고 있다.

2. 경제적 기능

채권매입업은 다음과 같은 경제적 기능을 수행하고 있다.

(1) 첫째로 채권매입업은 채권매입업자가 거래기업에 그 영업채권을 변제기 전에 선급(先給)하는 방법에 의하여 필요한 자금을 공여하는 「신용공여기능(금융기능)」을 한다. 이러한 기능은 채권매입업의 가장 중요한 기능으로, 채권매입업의 연혁적 배경에서도 명백히 나타나고 있다.

(2) 둘째로 채권매입업은 채권매입업자가 거래기업에 대하여 상환청구를 하지 않는 조건으로 거래기업의 영업채권을 매입하는 경우($\substack{\text{상 168조} \\ \text{의 12 단서}}$)($\substack{\text{즉, 진정채권} \\ \text{매입업의 경우}}$)에는 채권매입업자가 거래기업의 채무자의 신용을 보증하는 「신용보증기능」을 한다. 그러나 이 경우 채권매입업자는 거래기업의 채무자의 신용만을 보증하는 것이지, 거래기업의 상품까지 보증하는 것은 아니다.[1]

(3) 셋째로 채권매입업은 채권매입업자가 거래기업의 영업채권과 관련하여 채권회수업무·회계업무·경영지도 및 정보제공업무를 하는 등 거래기업을 위하여 「서비스제공기능」을 한다.

제 2 채권매입업의 종류

채권매입업은 여러 가지 기준에 의하여 다양하게 나뉘는데, 실제는 이들 여러 가지의 채권매입업이 결합하여 하나의 채권매입계약이 성립하는 것이 일반적이다.

1. 상환청구권의 유무에 따른 분류

채권매입업자가 매수하는 영업채권을 채무자로부터 회수하지 못하는 경우에 거래기업에 대하여 이를 상환할 수 있는지 여부에 따라 「상환청구권이 없는 채권매입업(factoring without recourse)」과 「상환청구권이 있는 채권매입업(factoring with recourse)」으로 분류된다.[2] 상환청구권이 없는 채권매입업은 채권매입업자가 채무

---

1) 정(동), (총) 699면; 정동윤, 전게논문, 840면.
2) 독일에서는 상환청구권이 없는 팩토링을 「진정팩토링」으로, 상환청구권이 있는 팩토링을 「부진정팩토링」으로 부른다.

자의 신용위험을 인수하는 것인데, 미국에서는 이러한 채권매입업이 원칙이라고 한다. 이에 반하여 우리나라에서는 상환청구권이 있는 채권매입업이 원칙이다($\overset{상\ 168}{조의}$ 12)본문).[1]

이러한 상환청구권은 채무자가 '파산이나 무자력'에 처한 경우에 거래기업이 그 상환을 담보한다는 의미이므로, (영업채권양도의 법적 성질을 매매로 보는 경우) 영업채권 매도인의 하자담보책임과는 구별된다고 본다.[2]

2. 채권양도의 통지유무에 따른 분류

거래기업이 영업채권을 채권매입업자에 양도하는 경우에 이를 채무자에게 통지하는지 여부에 따라 「통지방식 채권매입업(notification factoring)」과 「비(非)통지방식 채권매입업(non‑notification factoring)」으로 분류된다.[3] 영미에서는 통지방식 채권매입업이 일반적이나, 우리나라 및 독일과 일본에서는 비통지방식 채권매입업도 상당히 이용되고 있다.

3. 선급의 유무에 따른 분류

채권매입업자가 매입한 영업채권의 변제기 전에 거래기업에 그 대가를 선급(先給)하는 「선급 채권매입업(advance factoring)」과 영업채권의 변제기에 그 대가를 지급하는 「만기 채권매입업(maturity factoring)」이 있다. 선급 채권매입업은 금융공여기능이 있으나, 만기 채권매입업은 금융공여기능은 없고 다만 거래기업을 위하여 채권을 추심하고 관리하는 기능만이 있다.

4. 기타의 분류

이 밖에 채권매입업은 채무자의 업종에 따라 「도매채권매입업(wholesale factoring)」과 「소매채권매입업(retail factoring)」으로 분류되고, 거래지역에 따라 「국내채권매입업(domestic factoring)」과 「국제채권매입업(international factoring)」 등으

---

1) 우리나라에서는 실무상 부진정팩토링이 일반화되어 있는 것을 고려하여, 2010년 개정상법에서 부진정팩토링을 원칙으로 하여 규정하였다[신현윤, "상법총칙·상행위법 개정안의 주요쟁점," 「상사판례연구」(한국상사판례학회), 제21집 제3권(2008. 9. 3), 25면].

2) 동지: 김홍기, 전게논문(상사법연구 제28권 제2호), 116~117면.

3) 2009년 정부의 상법개정안 제168조의 13은 「채권매입업자는 민법 제450조의 규정에도 불구하고 영업채권을 양도받을 경우 영업채권의 양도의 사실을 증명하여 제3채무자에게 채권양도의 통지를 할 수 있다」고 규정하여, 채권양수인도 양도사실을 증명하여 통지할 수 있음을 규정하였으나, 채무자의 이중변제의 위험 및 승낙서를 징구하거나 통지 위임 등의 실무를 고려하여 국회 논의과정에서 삭제되었다.

로 분류된다. 또한 특수한 채권매입업으로 「은행제휴 채권매입업(bank participation factoring)」, 「생산자직송방식 채권매입업(drop shipment factoring)」 등이 있다.

제 3   채권매입거래의 구조

1. 당 사 자

채권매입거래에는 기본적으로 3당사자가 있다. 즉, 채권매입업자(factor; Factoringinstitut), 거래기업(client; Kunde) 및 채무자(customer; Drittschuldner)가 그것이다.

2. 채권매입거래의 과정

채권매입거래는 위에서 본 바와 같이 선급 채권매입업과 만기 채권매입업이 있는데, 전자를 「채권매입금융」이라고 하고 후자를 「단순채권매입」이라고 한다. 이하에서는 채권매입거래에서 실제로 중요한 기능을 하는 채권매입금융의 거래과정을 살펴본다[1]$\left(\substack{\text{채권매입금융은 또한 미국에서 많이 이}\\\text{용하는 전형적인 채권매입이기도 하다}}\right)$.

① 채권매입업자와 거래기업은 채권매입계약(factoring agreement)을 체결한다.

② 채권매입업자는 신용위험을 피하기 위하여 거래기업의 채무자에 대한 신용조사를 실시하여 거래기업에 통지한다.

③ 거래기업은 채권매입업자로부터 채무자의 신용에 관하여 통지받은 바에 따라 채무자와 상품의 외상거래를 한다.

④ 거래기업은 채권매입계약에서 정한 바에 따라 영업채권을 채권매입업자에 매도한다.

⑤ 채권매입업자는 거래기업의 요청이 있으면 영업채권의 변제기 전에 채권대금을 선급한다.

⑥ 채권매입업자는 채무자로부터 변제기에 영업채권을 지급받는다.

⑦ 채권매입업자는 영업채권의 회수와 관련하여 거래기업을 위하여 회계·장부정리 및 기타 서비스를 제공한다.

이러한 채권매입거래의 과정을 그림으로 도시하면 다음과 같다.

---

1) 정동윤, 전게논문, 838~839면; 박주환, 전게논문, 15~17면 등 참조.

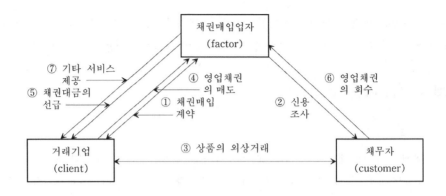

3. 채권매입거래의 법적 성질

채권매입거래는 위에서 본 바와 같이 채권매입업자와 거래기업간의 「채권매입
계약」(기본계약)과 이러한 채권매입계약에 기초하여 거래기업이 채권매입업자에게
하는 「영업채권의 매도」(개개의 채권매입행위)로 구성되는데, 이러한 행위의 법적 성
질이 무엇인가가 문제된다. 이하에서 차례로 간단히 살펴본다.

(1) 채권매입계약은 채권매입거래의 기본계약으로서 「계속적 채권계약」이고,
「특수한 혼합계약」이다(통설).[1] 따라서 선급채권매입의 경우는 소비대차의 성질을
갖고, 채권매입업자가 거래기업에 대하여 여러 가지 서비스를 제공하는 점에서는
위임계약의 성질도 갖고 있다. 그러므로 이러한 채권매입계약은 민법상 전형계약의
어느 하나로 설명될 수는 없다.[2]

(2) 채권매입계약(기본계약)에 기하여 이 계약상의 채무의 이행으로서 하는 개개
의 영업채권의 매입(개별 채권매입행위)의 법적 성질이 무엇이냐에 대하여, 우리나라
에서는 다음과 같이 학설이 나뉘어 있다.

(가) 상환청구권이 없는 채권매입(진정채권매입)은 「채권매매」이고, 상환청구권이
있는 채권매입(부진정채권매입)은 「소비대차」라고 보는 견해가 있다.[3]

---

1) 김홍기, 전게논문(상사법연구 제28권 제2호), 112~114면(팩토링계약의 법적 성질에 대하여
  업무관리계약설·병합설·혼합계약설이 있는데, 혼합계약설이 타당하다고 한다); 이(철)(2010),
  547면 외.

2) 그런데 이에 대하여 채권매입계약을 「독립된 새로운 유형의 계약」으로 파악해야 한다는 견해도
  있다[서 민, 「채권양도에 관한 연구」(경문사, 1985), 164면].

3) 정(동), (총) 705~706면; 정동윤, 전게논문, 843면; 이은영, 「채권각론」(박영사, 1989), 275
  면; 최(기), 455면; 이(기) 외, (총) 592~593면; 김홍기, 전게논문(상사법연구 제28권 제2호),
  114~116면(다만 이 경우에도 진정팩토링은 매매, 부진정팩토링은 소비대차로 '확정적으로' 간주
  하는 것은 곤란하고, 해당 거래내용을 면밀히 검토한 후 결정하여야 한다고 한다).

(나) 「소비대차」와 「양도담보」가 결합된 것이라고 보는 견해가 있다.[1]

(다) 개별 채권매입행위를 통일적으로 파악하기 위하여는 이를 「특수한 무명(無名)계약」으로 보아야 한다는 견해가 있다.[2]

생각건대 우리나라에서 취급되는 채권매입업은 원칙적으로 상환청구권이 있는 채권매입이고$\binom{\text{상 168조}}{\text{의 12 본문}}$ 또한 선급채권매입임을 전제하면, 우리나라에서의 개별 채권매입행위는 「소비대차의 담보를 위하여 하는 영업채권의 양도」라고 파악하여야 할 것으로 본다.

제 4 채권매입업자의 의의

채권매입업자란 「타인(거래기업)이 물건·유가증권의 판매, 용역의 제공 등에 의하여 취득하였거나 취득할 영업상의 채권(영업채권)을 매입하여 회수하는 것을 영업으로 하는 자」를 말한다$\binom{\text{상 168}}{\text{조의 11}}$.

채권매입업자에 대하여는 상법 및 특별법상 특별한 제한이 없다.[3] 은행이 부수업무의 하나로 채권매입업을 영위하고$\binom{\text{은행 27조의 2 2}}{\text{항, 은행시 18조}}$ 또한 여신전문금융회사가 그의 업무 중의 하나로 채권매입업을 영위한다고 하여$\binom{\text{여금 46조}}{\text{1항 2호}}$ 이러한 은행 등을 채권매입업자라고 볼 수는 없다. 그러나 채권매입업이 다른 특별법상의 업무에 해당하게 되면 동법의 적용을 받게 된다$\binom{\text{예컨대, 자산유동화에 관한 법률〈개정: 2023. 7. 11, 법 19533〉}}{\text{호) 22조 2항, 유동화전문회사 회계처리기준 7−1조 등}}$.

채권매입업자에 대하여 영업채권을 매도(양도)하는 자(거래기업)에 대하여도 제한이 없다. 그러나 「물건·유가증권의 판매, 용역의 제공 등에 의하여 취득하였거나 취득할 영업상의 채권」이라는 점에서 보면 영업채권의 매도인(양도인)은 상인이어야 할 것으로 본다.[4] 매도(양도)대상 영업채권의 범위에 대하여 (금전채권으로서) 지명채권만이 이에 해당한다고 보는 견해가 있으나,[5] 특별한 제한이 없으므로 어음채권 등 지시채권을 포함한다고 본다$\binom{\text{여금 46조 1항 2호는}}{\text{이를 명문으로 규정함}}$.

---

1) 서 민, 전게서, 164면.
2) 이(철), 492면(소비대차·위임 등이 혼합된 무명계약이라고 한다); 동(2010), 547~548면.
3) 동지: 김홍기, 전게논문(상사법연구 제28권 제2호), 137면.
4) 동지: 김홍기, 상게논문, 138면.
5) 김홍기, 상게논문, 138~139면.

제 5 채권매입거래의 법률관계

채권매입거래의 법률관계는 채권매입업자와 거래기업간의 법률관계, 거래기업과 채무자간의 법률관계 및 채권매입업자와 채무자간의 법률관계가 있다. 이 중 거래기업과 채무자간의 법률관계는 일반적인 상품매매계약 또는 서비스공급계약이므로 특별히 문제될 것이 없다. 채권매입업자와 거래기업간에는 채권의 양도와 관련된 법률문제가 있고, 채권매입업자와 채무자간에는 채무자의 항변과 관련된 법률문제가 있으므로, 이하에서는 이 두 가지 점에 대하여만 간단히 살펴본다.

1. 채권매입업자와 거래기업간의 법률문제(채권양도와 관련된 법률문제)

(1) 거래기업이 채권매입업자에 영업채권을 양도하는 방법에는 포괄적(선행적) 일괄양도의 방법과 개별적 양도의 방법이 있다. 전자는 채권매입계약(기본계약)의 이행행위로서 하는 방법으로 별개의 양도행위를 요하지 않으나, 후자는 구체적인 영업채권이 발생할 때마다 개별적인 양도행위를 요한다. 이 두 가지 방법 중 어느 것에 의할 것인가는 당사자간의 의사해석에 의할 것이나, 당사자의 의사가 명백하지 아니한 경우에는 포괄적(선행적) 일괄양도로 해석한다.[1]

(2) 위에서 본 개별적 채권양도의 방법에 의하는 경우에는 아무런 법률상 문제가 없으나, 포괄적(선행적) 일괄양도의 방법에 의하는 경우에는 장래채권이 양도성을 갖는지 여부와 관련하여 의문이 있다. 그런데 일반적으로 장래채권이라도 확정(특정)가능성이 있는 경우에는 그의 양도성을 인정하므로,[2] 위와 같은 채권의 포괄적(선행적) 일괄양도는 유효하다고 본다.[3]

위의 어떠한 방법에 의한 채권양도이든 영업채권은 양도할 수 있는 채권이어야 하므로, 채권이 그 성질·당사자간의 의사 및 법률 등에 의하여 양도할 수 없는 경우에는 당연히 채권매입거래에서도 양도대상이 되지 않는다(민 449 조 참조).

---

1) 동지: 정(동), (총) 707면; 정동윤, 전게논문, 845면; 박주환, 전게논문, 44면; 이(기) 외, (총) 593면.
2) 서 민, 전게서, 78면 외.
3) 동지: 정(동), (총) 707~708면; 정동윤, 전게논문, 845면; 박주환, 전게논문, 46면; 이(기) 외, (총) 593면 외.

2. 채권매입업자와 채무자간의 법률문제(채무자의 항변과 관련된 법률문제)

(1) 거래기업이 채권매입업자에게 영업채권을 매도하는 것도 민법상의 채권양도이므로 민법상 채권양도의 대항요건을 갖추지 않으면 채무자는 채권매입업자에 대항할 수 있다($^{민\ 450}_{조\ 1항}$). 실제 채권매입거래에서는 채권매입업자가 거래기업으로부터 채무자가 당해 채권양도를 이의 없이 승낙하였다는 내용의 확정일자 있는 서면을 징구하므로 채권매입업자가 채무자로부터 이러한 항변을 받을 염려는 없다.[1]

(2) 이 때 채무자는 양도통지를 받은 때까지 거래기업에 대하여 생긴 사유로써 채권매입업자에 대항할 수 있다($^{민\ 451}_{조\ 2항}$). 그러나 위에서 본 바와 같이 채무자가 이의 없이 채권양도를 승낙한 경우에는 거래기업에 대항할 수 있는 사유로써 채권매입업자에 대항하지 못한다($^{민\ 451조}_{1항\ 본문}$).

(3) 채무자는 거래기업에 대하여 가지고 있는 채권(자동채권)으로써 채권매입업자의 채권추심에 대하여 상계하여 대항할 수 있는가. 위에서 본 바와 같이 우리나라에서는 채권이 포괄적(선행적) 일괄양도의 방법에 의하고 또 채권매입업자는 채무자의 이의 없는 승낙서를 받는 실정에서 볼 때 다음과 같이 생각할 수 있다.

1) 채무자의 거래기업에 대한 채권(자동채권)이 영업채권(수동채권)의 포괄적 일괄양도 이전에 성립한 경우에는 채무자는 영업채권의 양도에 관하여 이의를 보류하여 승낙하거나 또는 채권양도금지의 특약을 하였어야 하는데, 이의를 보류하지 아니하고 채권양도를 승낙하였다면 채무자는 채권매입업자에 대하여 상계로써 대항할 수 없다[2]($^{민\ 451}_{조\ 본문}$).

2) 채무자의 거래기업에 대한 채권(자동채권)이 영업채권(수동채권)의 포괄적 일괄양도 이후에 성립한 경우에는 채무자는 채권매입업자에 대하여 상계로써 대항할 수 없다($^{민\ 451조\ 2항}_{반대해석\ 참조}$).

(4) 거래기업은 채권매입업자에 대하여 영업채권을 양도함에 있어서 동 채권이 유효하게 성립하였다는 점과 또 상품위험을 담보한다. 따라서 채권매입업자는 채무자로부터 이러한 점에 관한 항변의 대항을 받지 않는다.[3]

---

1) 동지: 강길원, 전게서, 39면.
2) 동지: 정(동), (총) 709~710면; 정동윤, 전게논문, 846~847면.
3) 동지: 정동윤, 전게논문, 845면; 박주환, 전게논문, 47면.

제3편 회 사

제**1**장 총 설

제 1 회사제도의 경제적 기능

1. 공동기업형태

기업의 형태에는 크게 개인기업과 공동기업이 있는데, 우리나라의 실정법상 공동기업형태에는 민법상의 조합($\frac{민 703조\sim}{724조}$), 상법상의 익명조합($\frac{상 78조\sim}{86조}$)·합자조합($\frac{상}{86조의 2\sim}$ $\frac{}{86조의 9}$), 회사($\frac{상 169조\sim}{637조의 2}$) 및 해상기업에 특유한 것으로 선박공유($\frac{상 756조\sim}{768조}$)가 있다. 개인기업은 그 수에 있어서는 월등히 많으나 그 경제적 기능은 공동기업에 비하여 훨씬 취약하다. 공동기업형태 중에도 민법상의 조합·상법상의 익명조합·합자조합 및 선박공유는 개인기업의 단점을 부분적으로는 보충하나 일정한 한계가 있고, 또 법인격도 없기 때문에 거대한 기업형태로는 적절하지 못하다. 따라서 오늘날 공동기업의 대표적인 형태는 회사이고, 이에는 법인격이 부여되어 있어($\frac{상}{169조}$) 자연인과 같이 독립적으로 활동한다. 우리 상법상 회사에는 인적회사로서 합명회사와 합자회사가 있고, 물적회사로서 주식회사와 유한회사가 있으며, 합명회사에 주식회사의 요소를 부분적으로 반영한 유한책임회사가 있는데, 이 중에서 주식회사가 가장 대표적인 공동기업형태이다. 따라서 오늘날 대기업은 어느 국가에서나 주식회사형태를 취하고 있다.

2. 회사제도의 장점과 단점

(1) 장   점

(i) 기업은 물적 요소(자본)와 인적 요소(人力)가 유기적으로 결합·통일된 경제적 단위인데, 회사제도는 이러한 자본의 결합과 인력의 보충을 가장 합리적으로 실

현하는 기업형태로서, 능력과 책임에 있어서 한계가 있는 개인기업으로서는 수행할 수 없는 거대한 영리사업을 수행할 수 있는 장점을 갖고 있다($\frac{\text{자본의 결합}}{\text{및 인력의 보충}}$). (ii) 또한 기업은 언제나 손실의 위험도 부담하고 있는바, 회사제도는 이러한 손실을 분담하는 방식에 의하여 그 손실을 상대적으로 경감시키는 장점도 있다($\frac{\text{손실의}}{\text{분산}}$). (iii) 또한 회사는 그의 구성원(출자자)인 개인과는 독립한 지위를 갖게 되어 회사는 그 구성원의 개인적 사정에 의하여 영향을 받지 않고 영속성을 보존할 수 있는 장점도 있다($\frac{\text{기업의}}{\text{영속성}}$).[1] 이러한 회사제도의 장점은 다음에서 보는 바와 같이 회사의 종류에 따라 다르게 나타나는데, 특히 주식회사의 경우에는($\frac{\text{인력의 보충이라는}}{\text{장점을 제외하고는}}$) 위의 세 가지 장점을 가장 잘 발휘하고 있다.

이러한 회사제도의 장점으로 인하여 회사제도는 오늘날 산업발달의 기초가 되고 있는데, 특히 주식회사제도는 오늘날 자본주의 경제의 발달에 크게 공헌하였다.[2]

(2) 단   점

회사제도는 한편으로는 위와 같은 많은 장점이 있음에도 불구하고, 다른 한편으로는 이에 수반하는 단점도 많다. 즉, 회사 외부로는 회사채권자나 일반소비자 등의 이익을 침해하고, 회사 내부로는 소수사원이나 종업원 등의 이익을 희생하게 되는데, 이러한 단점은 주로 주식회사에서 발생한다.[3]

그러나 회사제도의 장점은 그 단점을 훨씬 초과하는 것이므로, 회사제도는 앞으로도 자본주의 경제의 전형적인 기업형태로서 존속할 것으로 전망되고, 회사제도의 단점은 여러 가지의 측면에서 개선되도록 노력하여야 할 것이다.[4]

3. 회사의 종류와 기능의 차이

위와 같은 회사제도의 장점은 모든 종류의 회사에 공통적인 것은 아니고, 회사의 종류에 따라 상이하다. 즉, 물적회사인 주식회사와 유한회사의 경우에는 자본의 결합·손실의 분산 및 기업의 영속성의 장점은 있으나, 인력의 보충이라는 장점은 거의 없다. 이에 반하여 인적회사인 합명회사와 합자회사의 경우에는 인력의 보충이라는 장점은 크게 발휘되나, 자본의 결합·손실의 분산 및 기업의 영속성이라는 장점은 크게 기대할 수 없다. 유한책임회사는 합명회사의 장점($\frac{\text{인력의}}{\text{보충}}$)과 주식회사의 장점($\frac{\text{자본의 결합·}}{\text{손실의 분산}}$)을 살린 회사라고 볼 수 있다.

---

1) 이에 관한 상세는 주상(Ⅱ-상), 32~33면; 정(희), 263~264면; 정(동), (회) 5면 등 참조.
2) 동지: 정(희), 264면.
3) 이에 관한 상세는 주상(Ⅱ-상), 33면.
4) 동지: 주상(Ⅱ-상), 33면; 정(희), 264면.

제 2 회사법의 개념

1. 실질적 의의의 회사법

회사법(corporation law; Gesellschaftsrecht; droit des sociétés commerciales)의 의의에는 실질적 의의의 회사법과 형식적 의의의 회사법이 있는데, 실질적 의의의 회사법은 「회사기업에 고유한 사법(私法)」을 말한다. 다시 말하면 실질적 의의의 회사법은 회사기업에 고유한 조직($\binom{조직법}{적인 면}$)과 활동($\binom{거래법}{적인 면}$)에 관한 법률관계를 규율하는 법을 말한다. 이러한 의미의 회사법의 내용은 (i) 사법(私法)뿐만 아니라 공법(公法)도 포함한다고 보는 것이 다수설이나,[1] (ii) 회사법의 핵심은 사법규정인 점에서 사법만을 의미한다고 보고 이러한 사법만이 회사법학의 대상이 된다고 본다.[2] 그러나 형식적 의의의 회사법 중에는 사법 외에도 소송법적 규정·형법적 규정 등과 같은 공법적 규정이 있다. 이러한 공법적 규정은 실질적 의의의 소송법이나 형법에 속한다고 볼 수 있는데, 이는 사법적 규정과 매우 밀접한 관련을 갖고 있으므로 회사법을 연구함에 있어서는 이러한 공법적 규정도 종합적으로 고찰하여야 할 것으로 본다. 또한 회사법은 자본이나 인력을 제공한 단체에 대해 법인격을 부여하여 이를 회사라고 정의하고 있으므로, 단체법이라고 할 수 있다.[3]

회사기업은 기업의 일부이므로 실질적 의의의 회사법은 실질적 의의의 상법의 일부가 된다. 따라서 실질적 의의의 회사법에 관한 그 이외의 사항에 대하여는 실질적 의의의 상법에 관한 설명을 참고하기 바란다.

2. 형식적 의의의 회사법

형식적 의의의 회사법은 「회사기업에 관한 성문법규」를 말한다. 이러한 의미의 회사법은 그 규정의 내용이 회사기업에 고유한 것인가 아닌가를 불문하고, 오로지 그 규정의 형식에만 착안하여 회사(법)라는 명칭을 사용한 법률 또는 편·장을 말한다. 우리나라에 있어서의 형식적 의의의 회사법은 상법 제3편이다. 불문법국가인 영미법계에서도 회사법은 성문법인 형식적 의의의 회사법을 갖고 있다.

---

1) 서·정, 270면; 손(주), 422면; 정(동), (회) 57면; 이(철), (회) 6면; 주회(상), 51면; 주상(Ⅱ－상), 38면; 최(기), 461면.
2) 동지: 정(희), 265면; 채, 363면.
   이에 대하여 광의로는 회사에 관한 법규의 전체, 협의로는 회사에 관한 사법규라고 하는 설도 있다[이(병), 364면].
3) 동지: 정(희), 265면.

제 3   회사법의 특성

회사법은 상법의 일부이므로 상법이 가지는 일반적 특성을 가지고 있을 뿐만 아니라, 또한 회사법은 사법(私法)의 일부분으로서 사법의 일반법인 민법이 가지는 일반적 특성도 갖고 있다. 회사법은 이 외에도 그에 고유한 특성을 갖고 있는데, 이하에서는 특히 회사법에 고유한 몇 가지 특성을 간단히 살펴보겠다.

1. 단체법적(조직법적) 성질과 거래법적(행위법적) 성질

(1) 회사법은 자본형성 또는 인력을 제공한 단체 등에 관한 단체법이므로 회사법의 거의 전부는 단체법에 속한다(기업조직
법적인 면). 따라서 회사법은 개인법에서와는 다른 특수한 원리(기관관계, 다수결원리, 법률관계
의 획일확정, 사원평등의 원칙 등)에 의하여 지배된다. 즉, 회사와 사원·사원과 사원과의 관계와 같은 대내관계에 대해서는 법률관계를 획일적으로 확정하기 위한 규정(회사법
상의 소) 또는 개인법상의 대등관계와는 다른 특수한 상하관계를 규율하는 규정(대표관계
의 규정) 등이 있다.

(2) 회사법 중에는 회사와 회사채권자·사원과 회사채권자와의 관계와 같은 대외관계(기업행위
법적인 면)를 규율하는 규정도 있고, 또 사원권의 이전 등을 목적으로 하는 규정도 있다. 즉, 사채(社債) 또는 주식의 양도와 같은 규정이 이에 해당하는데, 이러한 규정은 단체법적 성질 이외에 거래법적(개인법적) 성질을 함께 갖고 있다. 따라서 회사법 중의 이러한 규정은 거래의 안전보호와 개인법상의 원리에 의하여 지배된다.

2. 이익단체법적(영리적) 성질과 공동단체법적(사회적) 성질

(1) 회사는 그 구성원인 사원의 경제적 이익을 도모할 것을 목적으로 하는 단체이므로 이익단체(Gesellschaft)이지 공동단체(Gemeinschaft)가 아니다. 따라서 회사는 사원인 개인의 경제적 이익을 도모하기 위한 수단적 존재에 불과하다. 이와 같은 회사의 영리성은 회사의 필연적 속성이고 또한 회사의 성립의 동기가 된다. 따라서 회사법은 이러한 영리성을 보장하고 조장하기 위하여 많은 규정(사원에 대한 이익배
당에 관한 규정 등)을 두고 있다. 회사법은 이러한 이익(영리)단체적 성질로 인하여, 공익법인이나 국가·지방자치단체의 조직을 규율하는 법과는 근본적으로 구별된다.

(2) 회사는 위와 같이 영리성을 필연적인 속성으로 하지만, 회사는 그와 관계하는 자(사원·채권자·
거래상대방 등)가 대단히 많고 또한 그 활동범위도 매우 광범위하여 오늘날 회사

(특히 대규모)는 사원의 영리추구를 위한 수단이라는 존재를 떠나서 하나의 사회적 존
재가 되었다. 따라서 이러한 점에서 회사는 이익단체적 성질과 함께 공동단체적 성
질을 갖는다. 회사 특히 주식회사에 관하여 「기업 자체」(Unternehmen an sich) 또는
「기업의 사회적 책임」[1]이라는 말은 이러한 회사의 공동단체적 성질을 반영하는 말
이다.

기업의 사회적 책임이란 보통 회사기업(특히)의 사회적 책임을 의미하는데, 이
말은 매우 다의적으로 사용되고 있다. 즉, 어떤 학자는 이 책임을 도덕적 책임으로
파악하여 기업의 경영을 담당하고 있는 자의 경영의 자세와 방법의 문제로 보고 있
고,[2] 다른 학자는 이 책임을 법적 책임으로 파악하여 이 책임의 수행을 위하여 회사
법 및 이에 영향을 주는 법들이 어떻게 수정되어야 하는가를 설명하고 있다.[3]

기업의 사회적 책임이라는 개념은, 기업은 오로지 이윤추구에만 전념할 것이
아니라 종업원·소비자·국민 전체의 이익을 균형 있게 고려하여 기업의 이익을 사
회에 환원하여 사회봉사를 다한 후에 이익을 향수하여야 할 책임이라는 뜻으로 다
소 추상적이면서 적극적인 의미로 사용되고 있다.[4]

이러한 기업의 사회적 책임에 관한 논의는 독일에서는 1920년대부터 있었고,
미국에서는 1930년대부터 있었는데,[5] 우리나라에서도 1960년대 이후 기업의 사회
적 책임에 관하여 활발하게 논의되어 왔다. 또한 학자에 따라서는 상법에 기업의 사
회적 책임에 관한 일반규정을 두어야 한다고 주장하는 견해도 있었으나,[6] 아직 상

---

1) 이에 관하여는 Rathenau, *Vom Aktienwesen*, 1917, S. 38; Hausmann, *Von Aktienrecht und
Aktienwesen*, 1928, S. 27; 정(동), (회) 5~9면; 남기윤, "기업자체사상에 관한 연구서설(그 경
제사상적, 법학방법론적 기초를 중심으로)," 「경영법률」(한국경영법률학회), 제12집(2001),
109~137면; 서의경, "기업의 사회적 책임(CSR) 확산을 위한 입법적 검토 — 상법을 중심으로 —,"
「상사판례연구」(한국상사판례학회), 제27집 제4권(2014. 12), 3~46면(사회책임정보의 공시와
이사회 내에 사회책임위원회를 설립하고 이에는 반드시 1인 이상의 사외이사를 포함하도록 구성
하여야 한다고 한다) 등 참조.
2) 이태로, "대규모주식회사의 본질과 사회적 의무," Fides Vol. 18, No. 2, 15면(1973); 이(철),
(회) 69~71면.
3) 정희철, "이른바 기업의 사회적 책임과 법적 제문제," 「기업법의 전개」(박영사, 1979), 99면 이
하; 손주찬, "기업의 사회적 책임," 「상사법의 제문제」, 1983, 625면 이하.
4) 정희철, 전게논문, 100~101면; 정(동), (회) 6면.
5) Berle, "Corporate Powers as Powers in Trust," 44 *Harv. L. Rev.* 1049(1931); Dodd, "For
Whom are Corporate Managers Trustees?," 45 *Harv. L. Rev.* 1145(1932); Berle and Means,
The Modern Corporation and Private Company, 1932, p. 58; D. L. Engel, "Approach to
Corporate Social Responsibility," 32 *Stand. L. Rev.* 1~98(N'79).
6) 정희철, "주식회사법개정의 방향," 「법무자문위원논설집(법무부)」, 제1집(1978), 35면 이하
외. 동 교수는 또한 이러한 기업의 사회적 책임이라는 사상은 근래의 법사상이 개인본위로부터 사
회본위로 흐르는 경향과 보조를 같이하는 것이며, 법의 운용이 개체와 전체의 조화라는 방향을 지
향하고 있는 만큼, 우리는 회사가 지니는 이 두 개의 성질을 잘 조화시켜 제도운용의 만전을 기하

법에 입법화되지는 못하였다.[1]

3. 강행법적 성질과 임의법적 성질

(1) 회사법은 위와 같이 대부분이 단체법적 성질을 갖고 있기 때문에, 대부분이 강행법적 성질을 갖고 있다. 또한 거래법적 성질을 가진 규정이라도 회사채권자의 이익보호나 거래의 안전을 위한 규정은 역시 강행법적 성질을 갖고 있다. 따라서 이러한 의미에서 회사법은 엄격주의 또는 간섭주의의 입법을 취하고 있는데, 이는 당사자간의 사적 자치가 광범위하게 인정되는 상행위법과는 현저한 대조를 이루고 있다.

(2) 회사법 중에는 거래법적 성질을 가진 규정으로 당사자간의 의사를 특히 존중할 필요가 있는 사항에 대하여는, 임의법적인 성질을 가진 것도 있다.

제 4 회사법의 법원(法源)

1. 상 법 전

상법전($^{1962.\ 1.\ 20,\ 법\ 1000호.}_{시행일자:\ 1963.\ 1.\ 1}$) 제 3 편이 회사법의 가장 중요한 법원(法源)이다. 그 내용은 독일법을 기본으로 하고 미국법의 수권자본제, 영국법의 주식할인발행제도 등을 부분적으로 채용하여 독일법에 영미법을 가미하고 있다. 또한 구(舊) 상법(의용〈依用〉상법)에 있던 주식합자회사제도를 폐지하고, 특별법으로 있던 유한회사에 관한 규정을 상법 안에 두었고, 구 상법 안에 있던 주식회사의 정리($^{구상(舊商)}_{381조\ 이하}$) 및 특별청산에 관한 규정($^{구상\ 431}_{조\ 이하}$)을 상법에서 삭제하여 특별법인 회사정리법에 규정하였는데, 회사정리법은 2005년 3월 31일 법 7428호로 제정된 채무자 회생 및 파산에 관한 법률에 흡수되었다.

이러한 상법전 제 3 편(회사)은 그 후 기업환경의 변화에 따라 1984년($^{1984.\ 4.\ 10,}_{법\ 3724호,\ 시행}$ $^{일자:}_{1984.\ 9.\ 1}$)과 1995년($^{1995.\ 12.\ 29,\ 법\ 5053호,}_{시행일자:\ 1996.\ 10.\ 1}$)에 대폭적인 개정이 있었고($^{이하\ 각각\ '1984년\ 개정상}_{법,'\ '1995년\ 개정상법'이}$ $_{라\ 약칭한다}$), 1998년($^{1998.\ 12.\ 28,\ 법\ 5591호,}_{시행일자:\ 1998.\ 12.\ 28}$)·1999년($^{1999.\ 12.\ 31,\ 법\ 6086호,}_{시행일자:\ 1999.\ 12.\ 31}$) 및 2001년($^{2001.\ 7.\ 24,}_{법\ 6488호,시행}$ $^{일자:}_{2001.\ 7.\ 24}$)에는 IMF 경제체제에 대응하고 기업의 구조조정 및 자금조달의 편의와 기업경영의 투명성 제고를 위하여 특히 주식회사에 관한 부분의 개정이 있었다($^{이하\ 각}_{각\ '1998}$

지 않으면 아니 된다고 한다[정(희), 276면].

　　회사의 사회적 책임을 규정한 입법례로는 중국 회사법 제 5 조 참조.

1) 우리나라에서 근간된 회사법 책들이 기업의 사회적 책임에 관하여 지나치게 많은 지면을 할당하고 있는 경향이 있는데, 이것은 자칫하면 회사법의 기본방향을 혼미시킬 우려가 있다고 보는 견해가 있다[정(희), 276면 주 2].

　　중국은 이를 회사법에 입법화하였다(2005년 개정 중국 회사법 5조).

년 개정상법', '1999년 개정 상법' 및 '2001년 개정상법'이라 약칭한다).

자본시장과 금융투자업에 관한 법률이 제정(2007. 8. 3, 법 8635호,/시행일자: 2009. 2. 4)됨에 따라 동법의 시행일에 폐지되는 증권거래법상 상장회사의 지배구조에 관한 특례규정을 상법 회사편에 포함시키는 내용의 상법개정(2009. 1. 30, 법 9362호,/시행일자: 2009. 2. 4)이 2009년 1월에 있었고('이하 '2009년 1월 개정상법'이라 약칭한다), 2009년 5월에는 소규모 주식회사의 설립절차 간소화 및 지배구조의 개선·전자투표 등 회사경영의 정보기술(IT)화에 관한 규정의 일부 등에 관한 상법개정(2009. 5. 28, 법 9746호, 시행일자: 공포 후 1년이 경과한 날〈2010. 5. 29〉부터 시행하는데,/제292조, 제318조, 제329조, 제363조, 제383조, 제409조는 공포한 날〈2009. 5. 28〉부터 시행)이 있었다('이하 '2009년 5월 개정상법'이라 약칭한다).

2008년 10월 21일 정부가 국회에 제출한 「상법중 일부(회사편)개정법률안」의 내용 중 2009년 1월 개정상법 및 2009년 5월 개정상법에서 반영한 부분을 제외한 나머지의 광범위한 내용에 대하여 2011년 4월 상법개정(2011. 4. 14, 법 10600호,/시행일자: 2012. 4. 15)이 있었다(이하 '2011년 4월 개정상법'이라 약칭한다).

2014년 5월 무기명주식제도를 폐지하는 상법개정(2014. 5. 20, 법 12591호,/시행일자: 2014. 5. 20)이 있었다(이하 '2014년 5월 개정상법'이라 약칭한다).

2015년 삼각주식교환·삼각분할합병·간이영업양도 등의 제도를 인정하는 상법개정(2015. 12. 1, 법 13523호,/시행일자: 2016. 3. 2)이 있었다(이하 '2015년 개정상법'이라 약칭한다).

2020년 12월 다중대표소송제도의 신설, 감사위원회 위원 중 1명의 분리선출제, (1995년 개정상법에서 신설된) 신주의 이익배당 기준일에 관한 규정의 삭제, 주주총회에서 감사·감사위원회 위원의 선임시 전자투표의 경우에는 '발행주식총수의 4분의 1 이상'을 의결정족수에서 배제, 상장회사에서 소수주주권은 일반규정에 따라서도 행사할 수 있도록 한 상법개정(2020. 12. 29, 법 17764호,/시행일자: 2020. 12. 29)이 있었다(이하 '2020년 개정상법'이라 약칭한다).

2. 상법전 이외의 법원(法源)

(1) 조   약

회사법에는 해상법에서와 같은 국제적 통일조약은 거의 없고, 다만 통상조약에 외국회사를 인정하는 취지의 규정이 있을 뿐이다. 그러나 우리나라의 사법(私法)에서는 외국회사에 대하여 차별을 두고 있지 않으므로(상/621조), 조약 중의 이러한 규정은 소송법상의 당사자능력을 인정하는 뜻밖에 없다.[1]

(2) 특별법령

회사법에 관한 특별법령은 그 수가 매우 많지만, 그 중 중요한 것을 소개하면

---

1) 동지: 주상(Ⅱ-상), 41면; 주상(제5판)(회사 Ⅰ), 46면; 정(희), 273~274면.

다음과 같다. 상법시행령($\binom{구(舊) \text{ 상법의 일부규}}{\text{정의 시행에 관한 규정}}$)($\binom{전문개정: 2012. 4. 10, 대통령령 23720}{\text{호, 개정: 2023. 12. 19, 대통령령 33968호}}$), 상법시행법($\binom{제정: 1962. 12. 12, 법 1213호,}{\text{개정: 2010. 7. 23, 법 10372호}}$), 채무자 회생 및 파산에 관한 법률($\binom{제정: 2005. 3. 31, 법 7428}{\text{호, 개정: 2024. 2. 13,}}$ 법 20264호), 은행법($\binom{전문개정: 1998. 1. 13, 법 5499}{\text{호, 개정: 2023. 3. 21, 법 19261호}}$), 보험업법($\binom{전문개정: 2003. 5. 29, 법 6891}{\text{호, 개정: 2024. 2. 6, 법 20242호}}$), 공공기관의 운영에 관한 법률($\binom{제정: 2007. 1. 19, 법 8258호,}{\text{개정: 2024. 3. 26, 법 20400호}}$), 담보부사채신탁법($\binom{제정: 1962. 1. 20, 법 991}{\text{호, 개정: 2021. 4. 20,}}$ 법 18120호), 자산재평가법($\binom{제정: 1958. 1. 2, 법 468호,}{\text{개정: 2019. 8. 27, 법 16568호}}$), 자본시장과 금융투자업에 관한 법률($\binom{제정: 2007. 8. 3, 법 8635호,}{\text{개정: 2024. 2. 13, 법 20305호}}$), 법인세법($\binom{전문개정: 1998. 12. 28, 법 5581}{\text{호, 개정: 2022. 12. 31, 법 19193호}}$), 외국인투자 촉진법($\binom{제정: 1998. 9. 16, 법 5559호,}{\text{개정: 2023. 6. 13, 법 19438호}}$), 주식회사 등의 외부감사에 관한 법률($\binom{제정: 1980. 12. 31, 법}{\text{3297호, 개정: 2024. 1. 16,}}$ 법 20055호), 독점규제 및 공정거래에 관한 법률($\binom{전문개정: 2020. 12. 29, 법 17799}{\text{호, 개정: 2024. 2. 6, 법 20239호}}$) 등이 있다.

(3) 관 습 법

1981년에 재무부장관($\binom{현재는 금}{\text{융위원회}}$)의 승인을 얻어 증권관리위원회($\binom{2000. 8. 25. \text{ 이후에는 금}}{\text{융〈감독〉위원회의 위탁}}$을 받은 한국회계연구원이 설치한 회계기준위원회)가 제정한 기업회계기준($\binom{2011년부터는 \text{ 한국채택국제회}}{\text{계기준 및 일반기업회계기준}}$)은 기업회계의 관행을 집약한 것으로서 회사법에 관한 관습법적 성질을 갖는 것이라고 볼 수 있다.

(4) 각 회사의 정관

회사의 정관의 법적 성질에 대하여는 여러 가지 설이 있으나, 그것이 공서양속에 반하지 아니하는 한 회사의 내부문제에 관하여는 법규범으로서의 효력이 있으므로(통설), 이는 자치법으로서 회사법의 법원(法源)이 된다고 본다($\binom{판례법 \cdot 조리에 \text{ 관하여}}{\text{는 상법의 법원에 관한 설}}$ 명 참조).

3. 법원(法源) 적용의 순위

회사에 관한 법률문제에서는 (i) 첫째로 각 회사의 정관이 자치법으로서 우선 적용되고, (ii) 둘째로 회사에 관한 각종의 특별법령($\binom{또는}{\text{조약}}$)이 그 다음으로 적용되며, (iii) 셋째로 상법전 제3편(회사)이 그 다음으로 적용된다. (iv) 회사에 관한 상관습법은 성문법과 관습법과의 관계에서 대등적 효력설을 취하는 입장에서는 상법전과 동 순위로 적용되고, 보충적 효력설을 취하는 입장에서는 상법전에 규정이 없는 경우에 한하여 적용된다($\binom{상}{\text{1조}}$). (v) 이러한 상관습법도 없는 경우에는 민법의 일반규정이 보충적으로 적용된다($\binom{상}{\text{1조}}$). 그러나 상법 제3편(회사)은 회사에 관한 거의 자족적인 법인 점, 민법의 법인에 관한 규정은 그 내용이 비영리법인에 관한 규정이므로($\binom{민 39}{\text{조 참조}}$) 영리법인인 회사에 적용하기에는 스스로 한계가 있다는 점 등에서 볼 때, 상관습법의 규정이 없는 경우에는 바로 민법의 규정을 적용할 것이 아니라 그에 앞서 관련규정을 유추적용하여 합리적인 해석을 하여야 할 경우가 많을 것이다.[1]

---

1) 동지: 정(동), (회) 59면; 최(기), 463면; 이(철), (회) 10면; 주상(Ⅱ-상), 42면; 주상(제5판)

제5 각국의 회사법

회사법의 법계(法系)를 크게 나누면 독일법계·프랑스법계·영미법계·EU법계로 나눌 수 있는데, 이들 각 법계의 내용을 간단히 소개하면 다음과 같다.[1]

1. 독일법계

(1) 독　　일

1897년의 상법은 제2장 「상사회사 및 익명조합」에서 합명회사·합자회사·주식회사·주식합자회사의 네 종류의 회사에 대하여 규정하였으나, 우리나라 상법의 경우와는 달리 회사편 통칙의 규정은 없었다. 이러한 독일 상법은 제정 후 약 100년만인 1998년에 상법개정법(Handelsrechtsreformgesetz, HRefG)으로 대폭 개정되었다(상인·상호·인적 회사 등이 개정됨). 독일에서는 1870년에 주식회사에 관한 입법정책에서 면허주의를 폐지하고 준칙주의로 변경하였는데, 이는 1897년의 독일 상법에 반영되었다. 그 후 1937년에는 주식법(Gesetz über Aktiengesellschaften und Kommanditgesellschaften auf Aktien: Aktiengesetz)이 제정되어 주식회사·주식합자회사 및 결합기업에 관하여 규정함으로써, 독일 상법 중 주식회사와 주식합자회사에 관한 규정은 폐지되었다. 이 주식법은 1965년에 다시 대폭 개정되었는데(전문 410조), 이 개정법에서는 공동결정법(Montan Mitbestimmungsgesetz vom 21. Mai 1951, Betriebsverfassungsgesetz vom 11. Okt. 1952, Mitbestimmungsergänzungsgesetz vom 7. Aug. 1956, Mitbestimmungsgesetz vom 4. Mai 1976)과 조화시키기 위한 문제·기타 결합기업(Konzern)에 관한 여러 문제의 해결을 꾀하였다.[2] 주식법의 그 후의 개정은 주로 EU의 지침에 따른 개정인데, 공시에 관한 제1지침에 의한 1969년 개정, 자본에 관한 제2지침에 의한 1976년 개정, 합병에 관한 제3지침에 의한 1982년 개정, 계산에 관한 제4지침에 의한 1985년 개정 등이 그것이다. 이러한 독일의 주식법은 1998년 상법 개정과 함께 다시 일부가 개정되었고, 그 후 2008년에 개정되었다.[3]

또한 독일에서는 1994년에 사업재편법(Umwandlungsgesetz: UmwG)의 제정에 의하

(회사 Ⅰ), 47면.

1) 2000년 전후에 있어서 각국의 회사법 개정동향에 관하여는 강희갑, "주요 서구 국가의 회사법 개정의 최근 동향,"「비교사법」, 제8권 1호(하)(2001. 6), 1125~1172면; 전국경제인연합회, 「주요국 회사법」, 2009; 법무부, 「비교회사법총서(1)~(11)」, 2014~2017 등 참조.

2) 이에 관하여는 독영대역(獨英對譯)의 Text로서 Müller−Galbraith, *Aktiengesetz* 1965(*The German Stock Corporation Law*, 1966); 김정후 역, "독일주식법,"「법제월보」, 1969. 9~1970. 6 등 참조.

3) 2000년 이전과 이후의 독일 주식법 개정동향에 관한 소개로는 정대익, "21세기 진입을 전후한 독일 주식회사법의 주요개정내용(1)(2),"「법학논고」, 제21집(2004. 12), 217~245면 및 제25집(2006. 12), 211~246면 참조.

여, 각종 회사의 합병·분할·영업양도·조직변경 등에 관한 규정을 단일법으로 통일하였다.[1]

독일의 유한회사는 1892년에 제정된 유한책임회사법(Gesetz betreffend die Gesellschaft mit beschränkter Haftung vom 20. 4. 1892: GmbHG)에 의하여 규율되는데, 동법은 1980년에 부분적인 개정이 있었으며($\binom{1인\ 회사가\ 인정되고,\ 최저자본금을\ 50,000}{DM으로\ 인상하는\ 등의\ 개정이\ 있었다}$),[2] 2008년에는 대폭적인 개정이 있었다.[3]

(2) 오스트리아

오스트리아는 1938년 독일과의 합병에 의해 독일의 상법과 주식법이 시행되었다. 그후 1965년에는 주식법이 제정되었는데, 이에 의하여 주식합자회사는 폐지되었다. 유한회사는 1906년에 제정된 유한책임회사법에 의하여 규율되고 있다.

(3) 스 위 스

1936년에 개정된 채무법 제3장에서 합명회사·합자회사·주식회사·주식합자회사·유한회사의 5종의 회사를 인정하고, 1949년에 자본금의 최저액을 인상하는 개정($\binom{5만}{프랑}$)과 채권자단체구성법(Ordnung über die Gläubigergemeinschaft)에 따르는 개정이 있었으나, 그 내용은 대체로 독일법과 같다.[4] 1983년에 주식회사제도의 효율적 운영에 관한 대대적 개정이 있었다.[5]

(4) 중   국

1) 대만의 1965년 제정 신회사법(公司法)($\binom{전문}{499조}$)은 우리나라와 같이 합명회사·합자회사·주식회사 및 유한회사의 4종의 회사를 인정하고, 수권자본제·주주총회의 권한축소·이사회의 법정기관화·의결권의 대리행사의 제한·누적투표제도·법정준비금의 자본전입 등 새로운 제도를 마련하였으나, 무액면주식은 채용하지 않고 있다. 동법은 그 후 수차에 걸쳐 개정되었다($\binom{1983년}{개정\ 등}$).

2) 중화인민공화국(中國)에는 1979년 시장경제체제로 전환함에 따라 처음에는 외자를 유치하는 합작투자기업에 관한 특별법 등이 있을 뿐이었으나, 1993년부터는 회사법($\binom{중화인민공화국\ 公司法,\ 1993.\ 12.\ 29}{제정,\ 2005.\ 10.\ 27,\ 2013.\ 12.\ 28\ 개정}$)을 제정하여 시행하고 있다.

(5) 일   본

일본의 회사법은 2차대전까지는 우리나라에서 시행되었던 의용(依用)상법과 동일한 내용이었다. 일본에서는 독일 상법에 따라 1899년에 제정된 상법전에 합명회사·합자회

---

1) 이에 관한 소개로는 정동윤, "독일의 새로운 사업재편법,"「상장」, 제249호(1995. 9), 83면 이하 참조.
2) 독일의 주식법과 유한회사법에 관한 간단한 소개로는 정(찬), (EC) 25~100면 참조.
3) 이에 관하여는 정대익, 독일 및 유럽연합(EU)의 회사법제연구(독일 유한회사법 개정을 중심으로)(경북대 산학협력단)(2009년도 법제처 연구용역 과제보고서) 참조.
4) F. v. Steiger, *Das Recht der Aktiengesellschaft in der Schweiz*, 3. Aufl., 1966 참조.
5) 이에 관하여는 최기원, "스위스 주식회사법의 개정방향에 관한 고찰,"「상사법논집(무애서돈각 교수정년기념)」, 1986, 105면 이하 참조.

사 및 주식회사가 규정되었고, 유한회사는 1938년에 제정된 유한회사법에 규정되었다. 종전 후 이 상법은 수 차에 걸쳐 개정되어 주금전액납입제도를 확립하고($^{1948}_{년\ 개정}$), 다시 미국법상의 수권자본제도($^{日商\ 166조}_{1항\cdot3항}$)와 무액면주식제도($^{日商\ 166조\ 1\ 1항}_{항\ 6호,\ 199조}$)[1]를 실시함으로써 그 내용이 독일법과 영미법의 절충식으로 되어 갔다. 1990년에는 주식회사에 관한 부분이 다시 개정되었는데($^{1990.\ 6.\ 29\ 공포,}_{1991.\ 4.\ 1\ 시행}$), 그 주요내용은 발기인의 수에 제한을 두지 않은 점($^{日商}_{165조}$), 최저자본제($^{1,000}_{만엔}$)의 도입, 무기명주권제도의 폐지($^{日商\ 227조,}_{228조\ 참조}$), 주주에게 원칙적으로 신주인수권을 부여한 점($^{日商\ 280}_{조의\ 5의\ 2}$), 주식배당제도를 주식분할설의 입장에서 배당가능이익의 자본전입제도로 변경하여 입법한 점($^{日商\ 293}_{조의\ 2}$) 등이다.[2] 일본의 회사법은 1993년에 다시 개정되어($^{1993.\ 10.}_{1\ 시행}$) 감사제도에 관한 부분이 많이 변경되었고, 그 후 1994년 및 1997년에도 부분적으로 개정되었다. 일본의 회사법은 1999년에도 개정되어 (i) 주식교환·주식이전제도가 도입되었고, (ii) 모자회사법제를 정비하였으며, (iii) 기업회계에서 시가주의 평가제도가 도입되었다. 그 후 일본의 회사법은 2000년에 개정되어 회사분할에 대하여 규정하고, 2001~2002년에 다시 크게 개정되어 회사의 자금조달의 원활을 기하고 회사의 지배구조(Corporate Governance)에 대하여 미국제도를 도입하였다.

일본은 2005년에 회사법을 별도로 제정하여($^{법률}_{제85호}$) 상법·유한회사법 및 특별법상 회사법에 관한 규정을 회사법에서 통일하여 규정하고 있다.

2. 프랑스법계

(1) 프 랑 스

프랑스는 1807년의 상법전 제1편 제3장에서 회사에 관한 규정을 두었다($^{합명회사\cdot}_{합자회사\ 및}$ $^{주식}_{회사}$). 인적회사(sociétés intérét)에 관하여는 대체로 그대로 시행되고 있으나, 물적회사(sociétés par actions)에 관하여는 19세기의 자본주의경제의 발달에 따라 1867년에 주식합자회사 및 주식회사에 관한 회사법을 제정하고 면허주의에서 준칙주의로 옮겼다. 이 법은 그 후 수차례의 개정을 거쳐 1966년에 프랑스 상사회사법(Loi n° 66-537 du 24 juillet 1966 sur les sociétés commerciales)이 제정되기에 이르렀다. 이 법은 그 때까지의 단편적인 회사법규를 통합하여 새로운 체계 아래 회사의 기본법으로 만든 것으로 회사의 헌장이라고 할 수 있다[3]($^{전문}_{509조}$). 이 법에서 합명회사·합자회사·주식회사·주식합자회사 및 유한

---

1) 日商 제166조 1항 6호(정관의 절대적 기재사항): 회사설립시에 발행하는 주식의 총수 및 액면·무액면 주식의 수.

  日商 제199조: 회사는 액면주식 또는 무액면주식 또는 그 양자를 발행할 수 있다.

  그런데 일본의 2001년 회사법에서는 액면주식제도를 폐지하여, 이에 관한 규정을 두지 않았다(日會 27조).

2) 이에 관한 간단한 소개로는 김교창, "일본상법중 주식회사법 개정요지,"「상장」, 제204호 (1991. 12), 11~13면 참조.

3) 이에 관하여는 법제처, 「독불(獨佛)상사법」, 법제자료 제30집 안에 전문 번역이 있다. 또한 이윤영, 「프랑스상사회사법」, 1985 등 참조.

회사가 규정되고 있다. 프랑스도 EU국가이므로 EU각료회의지침에 따라 회사법의 몇 차례 개정이 있었다.

그 후 프랑스는 2001년에 상법전을 대폭 개정하여 상법전 제2편에 '상사회사 및 경제이익단체'를 규정하게 됨으로써 1966년의 상사회사법을 폐지하고 이를 상법전에 흡수하게 되어 다시 상법전 제정 당시의 입법형식을 취하게 되었다.[1]

(2) 이탈리아

1882년의 상법 제1편 제9장에 회사에 관하여 규정되었는데, 동법은 1923년의 소규모의 개정을 거친 후 1942년 국민법전에 흡수되어 오늘날까지 시행되고 있다. 이탈리아는 민·상이법(民商二法)통일법전($\frac{전문}{2969조}$)을 가진 국가로서 회사법이 민법전에 규정되어 있는데($\frac{제5편}{제5장}$), 이에 합명회사·합자회사·주식회사·주식합자회사 및 유한회사가 규정되어 있다. 이탈리아의 상법은 원래 프랑스법을 기초로 한 것이지만, 그 후에 독일법의 영향을 많이 받았고, 특히 EU지침에 따른 수 차의 개정이 있었다.

3. 영미법계

(1) 영   국

영국법과 미국법은 common law에 기초를 둔 법인 점에서 공통적이기는 하지만, 영국법은 국가의 감독이 엄중한 점에서 대륙법에 가깝고, 미국법은 회사에 관하여 광범위한 자유를 인정하고 있다. 영미의 회사법이 현저하게 달라진 이유는 영국의 경우 17세기의 식민지 개척시대에 이어 상업자본주의 하에서 풍미했던 주식투기 기타 회사제도를 악용한 경제적 혼란으로 회사 불신풍조가 일어나자 이에 힘입어 제정되었던 Bubble Act(1720)가 (1825년 그 법이 폐지될 때까지) 영국 회사법의 정상적 발전을 저해하였기 때문이며, 한편 영국 회사법은 영국이 EU가입에 의하여 더욱 대륙법화되고 있기 때문이다.[2]

영국의 회사법으로서 중요한 것은 1985년의 Companies Act(CA)이다. 이것은 영국의 회사법이 그 전에 다수의 개정을 거치면서 복잡하게 된 내용을 총정리하여 단일법으

프랑스 회사법의 번역서로는 조르즈 리뻬르 저·정진세 역, 「프랑스회사법론」(삼지원, 1996) 참조. 프랑스의 회사지배구조에 관한 논의의 소개에 대하여는 정진세, "주식회사의 경영감사제도(프랑스의 회사지배구조 효율성에 관한 논의를 참조하여)," 「상사법연구」, 제20권 1호(2001), 9~50면 참조.

1) 2001년 프랑스 개정상법에 관한 상세는 원용수, "주요국가의 기업규제 개혁법제에 관한 비교법적 연구(V)(프랑스)," 비교법제 연구 08-02(한국법제연구원), 2008. 6. 30; 동, "프랑스의 회사법 개정방향과 시사점," 「상장협연구」(한국상장회사협의회), 제54호(2006. 10); 동, "프랑스 상사법의 개별입법화동향(프랑스 상법의 판별 개별 입법화현황과 시사점을 중심으로)," 「기업법연구」 (한국기업법학회), 제23권 제4호(2009. 12); 정준혁, "프랑스 회사법의 현대화에 관한 연구(주식회사의 자금조달방법을 중심으로)," 법학석사학위논문(서울대, 2006. 12); 동, "주요국가의 기업규제 개혁법제에 관한 비교법적 연구(V)(프랑스 회사법상 주식 및 사채제도의 자유화)," 비교법제 연구 08-06(한국법제연구원), 2008. 6. 등 참조.

2) 정(희), 271~272면.

로 제정한 것으로 27편 747조로 된 방대한 법전이다. 이 영국의 회사법은 2006년에 많은 개정이 있었다(Companies Act 2006). 이 외에도 1890년의 Partnership Act, 1907년의 Limited Partnership Act 및 2000년의 Limited Liability Partnership Act가 있고, 그 밖에 많은 판례법이 있다.

영국에서 법인격이 인정되는 회사는 네 종류가 있는데, (i) Companies Act(CA)(회사법)에 의하여 설립되는 Registered Company(등록회사), (ii) Private Bill(私權法)에 의하여 설립되는 Statutory Company(법령회사), (iii) Crown($\stackrel{왕실의}{특허}$)에 의하여 설립되는 Chartered Company(특허회사), (iv) Cost Book Companies(mine companies in the stannaries)가 그것이다.

회사법에 의하여 설립되는 등록회사($\stackrel{우리\ 상법상\ '물}{적회사'에\ 해당}$)는 10여 종류가 있다. 즉, 크게는 사회사(Private Company)($\stackrel{우리\ 상법상\ '유}{한회사'에\ 해당}$)와 공회사(Public Company)($\stackrel{우리\ 상법상\ '주}{식회사'에\ 해당}$)로 나뉘고, 각각에 대하여 사원의 책임이 유한책임(limited)인 경우와 무한책임(unlimited)인 경우로 나뉘며, 유한책임인 경우는 주식에 의한 유한책임(by shares)과 보증에 의한 유한책임(by guarantee)으로 나뉜다. 보증에 의한 유한책임회사와 무한책임회사는 각각 주식자본을 가진 경우(with share capital)와 주식자본을 가지지 않은 경우(without share capital)로 나뉜다.

영국에서 오늘날 존재하는 대부분의 회사는 주식에 의한 유한책임회사로서 사회사(유한회사)이다. 주식에 의한 유한책임회사로서 공회사(주식회사)는 그 수에 있어서는 적지만 경제력은 크다. 한편 무한책임회사 및 보증에 의한 유한책임회사는 그 수에 있어서나 중요성에 있어서나 미미하다. 주식자본을 가진 보증유한책임회사 및 무한책임회사로서 공회사는 1980년 회사법 이후에는 설립될 수 없다[1]($\stackrel{CA}{\S\,1③·④}$).

(2) 미   국

미국은 연방제도를 채택하고 있기 때문에 주내(州內)통상에 관하여는 각 주가 입법권을 가진다. 따라서 회사법은 주법으로 각 주의 제정법에 따라 다르다. 그러므로 각 주의 제정법의 차이를 피하고 이를 통일시키기 위한 통일법안이 통일법위원회에 의하여 제정되어 각 주의 채용이 권고되고 있는데, 이러한 통일법안으로는 Uniform Partnership Act($\stackrel{1914년,\ Geogia주\ 및\ Louisiana}{주를\ 제외한\ 48개\ 주가\ 채택}$), Uniform Limited Partnership Act($\stackrel{1916년,\ 43}{개\ 주\ 채택}$), Revised Uniform Limited Partnership Act($\stackrel{1976,\ 7개}{주\ 채택}$), Uniform Stock Transfer Act($\stackrel{1990년,\ 48}{개\ 주\ 채택}$), Uniform Business Corporation Act[2](1928) 등이 있다. 이 외에 미국변호사회(American

---

1) 영국 회사법에 관한 간단한 소개로는 정(찬), (EC) 183~246면 참조.
2) 이 법안은 National Conference of Commissioners on Uniform State Laws에 의하여 제정된 것으로, 몇 개의 주에 의해서만 채택되고 California(1929~1931)·Illinois(1933)·Michigan (1931)주 등에는 회사법 중요개정의 자료를 제공하였다. 이 법안은 1943년부터 1958년 폐지시까지 'Model Business Corporation Act'로도 불려졌는데, 이는 ABA회사법위원회가 제정한 Model Business Corporation Act와는 구별되는 것이다.

Bar Association)의 회사법위원회가 편찬한 Model Business Corporation Act가 있는데, 이 법은 1950년·1969년·1979년 등의 개정을 거친 후 1984년에 다시 대대적인 개정을 하였고, 그 후 2006년에 개정된 Revised Model Business Corporation Act가 나와 있다. 이 법은 여러 주의 회사입법에 많은 영향을 주었다. 미국 각 주의 회사법 중 뉴욕사업회사 법과 델라웨어주 회사법, 캘리포니아주 회사법은 중요한 회사법이라고 볼 수 있다.[1]

위와 같은 각 주의 입법권에 대하여 연방은 헌법에 의하여 인정된 주간(州間)통상에 관한 입법권을 가지고 있는데, 이 입법권에 의하여 각 주의 회사법에 영향을 미치는 많은 입법을 하고 있다. 이러한 연방법으로 회사법과 관련된 대표적인 법으로는 Securities Act[2](1933), Securities Exchange Act(1934), Bankruptcy Reform Act(1978) 등이 있다.

4. EU법계

1957년 상품과 인(人)($\binom{회사}{포함}$)의 자유로운 유통을 목적으로 EC($\binom{European\ Economy}{Community:\ 유럽경제공동체}$)가 성립되었다. 이러한 EC는 처음에는 관세연합에서 출발하였으나, 그 후 경제연합을 지향하게 되어 대내적으로는 시장을 단일화하고 대외적으로는 공동관세를 설치하였다. 이러한 EC는 창설 당시에는 그 회원국이 6개국이었는데($\binom{독일·프랑스·이탈리아·네}{덜란드·벨기에·룩셈부르크}$), 1973년에 영국·아일랜드·덴마크가 가입하여 9개국이 되었고, 1981년에 그리스가 가입하여 10개국이 되었으며, 다시 1986년에 스페인과 포르투갈이 가입하여 12개국이 되었다. EC는 1992. 2. 8 마스트리히트조약으로 EU($\binom{European}{Union:\ 유럽연합}$)로 개편되었는데($\binom{1993.\ 1.}{1\ 발효}$), 1995년에는 오스트리아·핀란드·스웨덴이 다시 회원으로 가입하여 15개국이 되었고, 2004년에는 새로 10개국($\binom{사이프러스·체코·에스토니아·헝가리·라트비아·}{리투아니아·몰타·폴란드·슬로바키아·슬로베니아}$)이 가입하여 25개국이 되었으며, 2007년에는 불가리아와 루마니아가 가입하여 27개국이 되었다. 또한 EU는 2002년부터 단일통화인 유로를 사용하고 있는데, 이 유로를 사용하고 있는 국가는 17개국이다($\binom{벨기에·독일·}{그리스·스페}$ 인·프랑스·아일랜드·이탈리아·사이프러스·슬로바키아·몰타·룩셈부르크·네덜란드·오스트리아·포르투갈·핀란드·슬로베니아·에스토니아).

이러한 시장단일화 및 관세연합에는 기업(회사) 및 기업법(회사법)이 중요한 역할을 하게 되는데, EU에는 현재 하나의 통일된 회사법은 없고 EU각료회의에서 제정한 지침에 의하여 간접적으로 통일되어가고 있을 뿐이다.[3] 또한 EU주식회사법(안)($\binom{Societas}{Europaea:\ SE}$)이

---

1) 미국 회사법에 관한 저서로는 Ballantine, *On Corporations*, rev. ed.(1946)이 대표적이고 고전적인 저서이다. 개설서로는 Henn & Alexander, *Law of Corporations and Other Business Enterprises*(3rd ed., 1983); Lattin, *Corporation*(2nd ed., 1971); Michael P. Dooley, *Fundamentals of Corporation Law*(1995); James D. Cox & Thomas Lee Hazen, *Corporations*(2nd ed., 2003); Robert W. Hamilton & Jonathan R. Macey, *Corporations*(8th ed., 2003) 등이 있다.

2) 이는 각 주가 제정한 State Securities Act(일명 'Blue Sky Laws'로 불림)와 구별된다.

3) 이러한 지침에 관한 상세한 소개로는 이(철), (회) 21~23면 참조.

1970년에 각료회의에 제출되었고 동안(同案)은 1975년에 보충되었는데,[1][2] 2001년에 EU 각료회의에서 통과되었다.[3] 동법은 2004년 10월 8일부터 시행되고 있는데, 동법에 의하여 설립되는 유럽회사는 주식회사·공개회사 및 유한책임회사이고, 2021년 1월 1일 현재 이 법에 의하여 유럽회사로 등기되어 있는 회사는 3,358개이다.[4] 그런데 EU주식회사법이 성립된다 하더라도 동법은 EU 각국의 회사법을 폐지하거나 대체하지 않고 단지 보충할 뿐이다. 따라서 현재 회사법에 관한 EU법계의 법원(法源)은 지금까지 나와 있고 또 앞으로 나오는 EU각료회의의 지침과 EU주식회사법이라고 볼 수 있다.

참고로 EU주식회사법과는 달리 EU경제이익단체가 있으나, 이는 회사와는 직접 관련이 없다.

---

1) 동안(同案)은 1970. 6. 24에 제1차안이 제출되었고 1975. 5. 13에 이를 수정한 제2차안이 제출되었는데, 그 내용은 본문 284개조와 4개의 부칙으로 되어 있고, 대체로 프랑스 회사법과 독일 주식법을 절충한 것이다.
2) 제2차안에 관한 독일어판으로는 Marcus Lutter, *Europäisches Gesellschaftsrecht*(ZGR Sonderheft), 2. Aufl.(Berlin, New York: Walter de Gruyter, 1984)이 있고, 이의 번역으로는 이윤영 역, 유럽회사법(안)(일조각, 1981) 참조.
3) 이에 관한 소개로는 김정호, "유럽주식회사," 「현대상사법논집」(우계강희갑박사화갑기념 논문집), 2001, 67~78면이 있고, 독일어판의 소개로는 Heibert Hirte, "Die Europäische Aktiengesellschaft," 「경영법률」, 제12집(2001), 19~46면 참조.
4) 이(철), (회) 20면.

제 2 장　회사법통칙

제 1 절　회사의 개념

제 1　회사의 의의

상법상 회사(company, business corporation; Handelsgesellschaft; société commerciale)라 함은 「상행위나 그 밖의 영리를 목적으로 하여 설립한 법인」을 말한다($\frac{상}{169조}$). 이러한 회사의 요소를 분설하면 다음과 같다.

1. 영 리 성

(1) 회사는 「상행위나 그 밖의 영리」를 목적으로 하여야 한다. 우리나라에서 회사의 영리성은 회사라는 단체가 만들어진 동기이고 또 그 존재와 활동을 성격지우는 요소이다.[1] 회사가 영리를 목적으로 하는 것 중에서 「상행위」를 영업으로 하면 상사회사가 되고, 「상행위 이외의 영리」를 목적으로 하면 민사회사가 된다. 상사회사는 당연상인($\frac{상 4조,}{46조}$)이고 민사회사는 의제상인($\frac{상 5조 2항,}{민 39조}$)으로서 양자는 개념상 구별되나, 양자는 모두 상인으로 상법이 적용되므로 상법상 이를 구별할 실익은 없다.

(2) 영리를 목적으로 한다는 뜻에 대하여는 (i) 회사가 영리사업을 경영하여 이익귀속의 주체가 된다는 뜻으로 보는 설(영리사업설)도 있으나,[2] (ii) 회사가 영리사업을 경영하여 이익귀속의 주체가 되는 것만으로는 부족하고, 다시 그 이익을 사원

---

1) 정(희), 277면.
　그러나 독일 주식법 제3조는 「주식회사는 기업의 목적이 상업의 경영(Betrieb eines Handelsgewerbes)에 있지 아니한 경우에도 상사회사로 본다」고 규정하여, 회사의 영리성을 배제하고 있다.
2) 靑木徹二, 「會社法論」, 1909, 55면.

에게 분배하여야 한다는 뜻으로 해석하여야 한다(이익분배설).[1] 따라서 구성원이 없는 재단법인은 영리법인(회사)으로 인정될 수 없고, 공법인이 수단으로서 영리사업을 하는 경우에도 그 구성원에게 이익을 분배하지 않으므로 영리법인(회사)으로 인정되지 않는다.

또한 회사가 그 구성원에게 이익을 분배한다는 뜻은 회사가 대외적 활동에 의하여 이익을 얻고 이 이익을 이익배당 등의 방식으로 그 구성원에게 분배하는 것을 의미하므로,[2] 단체의 내부적 활동에 의하여(즉, 사원 상호간의 계산에 의하여) 그 구성원에게 직접 이익을 주는 협동조합이나 상호회사(보험 34조 이하 참조) 등은 상법상의 회사가 아니다.[3]

회사의 영리성은 이와 같이 그 구성원에게 이익을 분배하여야 한다는 점에서, 회사의 영리성은 대외적 활동에서 영리를 추구하고자 하는 의사만 있으면 되는 상인의 영리성(상 4조, 5조)과는 구별된다. 이러한 점에서 보면 공법인이 수단으로서 영리사업을 하는 경우에, 그 범위에서 공법인은 상인은 될 수 있으나 회사는 될 수 없다.[4]

(3) 회사의 정관상 목적사업이 영리사업인 이상 영리사업에 부수하여 비영리사업을 겸하거나 각종의 기부행위를 하는 것은 상관이 없다(영리성의 형식화경향). 그런데 정관상 목적사업은 영리사업이나 실질적으로는 비영리사업을 경영하는 경우에, 이를 회사로 인정할 수 있을 것인가에 대하여는 의문이 있다. 이 경우에도 이를 회사라고 보는 견해가 있으나,[5] 타당하지 않다고 본다. 왜냐하면 비영리사업인 학원이나 병원을 경영한다 할지라도 그것을 실질적으로 영리로 경영하는 한 영리사업으로 보아

---

1) 우리나라의 정설(定說): 정(희), 278면; 서·정, 282면; 박·이, 37면; 정(동), (회) 10면; 이(철), (회) 45면; 손(주), 437면; 강, 170면; 양·박, 175면; 최(기), 474면; 이(병), 394면; 주회(상), 61면; 주상(제5판)(회사 Ⅰ), 79~80면; 채, 378면; 이(기) 외, (회) 67면; 송(옥), 706면 외.

   이러한 이익분배설에 대하여 문제점을 제기한 견해로는 김진우, "영리법인과 비영리법인의 구별에 관한 법비교적 고찰,"「비교사법」, 제10권 3호(2003. 9), 99~130면(미국법에서 영리와 비영리의 구별은 법인설립단계와는 하등 관계가 없고 주로 세법과 관련된 문제인데, 이것이 보다 효율적이고 정확하다고 본다. 또한 어느 단체의 영리성 여부는 이익분배 여부만으로 판단할 수 없는 경우도 많다. 특히 법인설립단계에서는 정관의 주목적이 중요한 기준이 될 수밖에 없다) 참조.

2) 동지: 정(동), (회) 11면.

3) 동지: 이(철), (회) 45면; 채, 378면; 이(기) 외, (회) 67면; 주상(제5판)(회사 Ⅰ), 80면; 이·최, 378면.

4) 동지: 정(동), (회) 11면; 채, 378면; 이(기) 외, (회) 67면; 주상(제5판)(회사 Ⅰ), 81면; 임(재), (회 Ⅰ) 47면; 송(옥), 706면.

5) 서·정, 283면; 서(정), 178면; 이(병), 395면; 정(동), (회) 11면; 양·박, 175면; 채, 378면; 주상(제5판)(회사 Ⅰ), 80면; 주회(상), 61면(정관에 영리성을 정한 이상 이익을 분배하지 않고 공익사업을 하더라도 무방하다고 한다. 그러나 공익사업을 한다는 것과 이익분배를 하지 않는다는 것은 뜻이 다르므로 이것은 구별하여야 할 것이다).

상법을 적용하여야 하는 것과 같은 이치로, 비영리사업을 실질적으로 할 목적으로 설립된 법인을 정관상 목적사업에 영리사업이 기재되었다는 이유만으로 회사로 단정할 수는 없기 때문이다.[1] 따라서 회사는 「부수적인」 한에 있어서만 비영리사업의 겸영이 허용된다고 보아야 할 것이다.[2]

2. 사 단 성[3]

(1) 사단성의 폐지

1) 2011년 4월 개정상법 이전에 우리 상법 제169조는 「본법에서 회사라 함은 … 사단을 이른다」고 규정하여 「사단성」을 회사의 요소로 하고 있었다. 그런데 우리 상법상 인정된 다섯 종류의 회사 중에서 인적회사($\substack{\text{합명회사}\\\text{합자회사}}$) 및 유한책임회사는 단체의 실질이 조합인데 어떻게 사단으로 설명될 수 있으며, 물적회사($\substack{\text{특히,}\\\text{주식회사}}$)는 단체의 실질이 사람의 결합이기보다는 재산의 결합으로서 재단성이 있으며 또한 1인설립 및 1인회사로서의 존속이 가능한데 어떻게 사단으로 설명될 수 있을 것인가가 항상 문제점이 되었다. 따라서 2011년 4월 개정상법에서는 회사의 의의에서 사단을 삭제하였다($\substack{\text{상}\\\text{169조}}$).

2) 이와 같이 우리 상법상 어떤 회사의 실체도 민법상 사단과 동일하지 않음에도 불구하고 2011년 4월 개정상법 이전에 상법 제169조에서 모든 회사의 요소를 「사단」이라고 규정한 것은, 그 자체가 모순이고 또한 실익도 없었다($\substack{\text{단체의 법률관계를 획}\\\text{일명확하게 처리하기}}$위한 입법기술은 법인성이고, 이러한 법인성$\substack{\\\text{은 사단성과 아무런 논리필연적인 관계도 없다}}$). 또한 외국의 입법례에서도 모든 회사를 일률적으로 사단으로 정의하고 있는 입법례는 없었다. 따라서 2011년 4월 개정상법에서는 상법 제169조에서 「사단」을 삭제한 것이다. 그런데 2011년 4월 개정상법상 회사의 의의에서 「사단」을 삭제하였다고 하여 회사는 사단과 무관하다고 볼 수는 없다. 즉, 회사는 민법상의 사단과 같지는 않으나, 회사에 따라 정도의 차이는 있을지라도 사단의 성질을 갖고 있음은 부인할 수 없다.[4]

---

1) 독일 주식법 제3조, 독일 유한회사법 제1조, 스위스 채무법 제620조 3항과 같은 명문의 규정이 없는 우리나라에서는 그러한 입법의 경향만 가지고 영리성의 존재가 형식화하였다고 단정할 수는 없다[동지: 정(희), 278~279면].

2) 동지: 정(희), 279면; 정(무), 305면; 이(기) 외, (회) 67면.

3) 이에 관한 상세는 정찬형, "상법상 회사의 사단성에 관한 연구," 「논문집」(경찰대), 제6집 (1987), 407~433면; 동, "회사의 사단성," 「고시연구」, 1986. 7, 115~148면; 동, 연습, 205~210면(사례 35) 참조.

4) 동지: 송(옥), 717~718면; 주상(제5판)(회사 Ⅰ), 107면.

(2) 1인회사[1]

1) 우리 상법상 1인회사는 합명회사·합자회사에서는 인정되지 않으나, 주식회사·유한회사·유한책임회사에서 인정되고 있다. 왜냐하면 합명회사·합자회사에서는 「2인 이상의 사원」을 회사의 성립요건($\frac{상\,178조,}{268조}$)으로 뿐만 아니라 존속요건($\frac{상\,227}{조\,3}$ $\frac{호,}{269조}$)으로 규정하고 있어 1인회사가 존재할 여지가 없으나, 주식회사·유한회사·유한책임회사에서는 1인설립이 가능하고[2]($\frac{상\,288조,\,543}{조,\,287조의\,2}$) 또한 존속요건으로는 2인 이상의 주주 또는 사원을 요구하고 있지 않기 때문이다($\frac{상\,517조\,1호,\,609조\,1}{항\,1호,\,287조의\,38\,\,2호}$). 따라서 우리 상법상 물적회사 및 유한책임회사의 경우 1인회사가 인정될 수 있을 것인가에 관한 논의는 처음부터 문제가 되지 않는다.

2) 우리 상법상 물적회사 및 유한책임회사의 경우 1인회사는 명문으로 인정되고 있으므로($\frac{상\,517조\,1호,\,609조\,1항}{1호,\,287조의\,38\,\,2호}$), 1인회사에 관한 법률관계가 문제되는데 주식회사의 경우 학설·판례를 중심으로 살펴보면 다음과 같다.

㈎ **주주총회**(내부관계)   1인주식회사에서는 주주가 1인이므로 복수의 주주를 전제로 하여 주주의 이익을 보호하기 위한 상법상의 규정은 완화하여 적용된다. 즉, 주주총회의 소집절차나 결의방법이 상법의 규정에 위배된다고 하여도, 그것이 1인주주의 의사에 합치하는 한 유효라고 볼 수 있다(통설[3]·판례[4]).

---

1) 1인주식회사에 관하여는 주상(제5판)(회사 Ⅰ), 107~113면; 김태형, "1인주식회사의 법적 문제점," 법학석사학위논문(고려대, 2003. 2) 참조.

참고로 독일 주식법에서는 1인주주가 된 경우에는 즉시 주주의 성명·생년월일 및 주소를 상업등기부에 등기하여 공시하도록 하고(獨株 42조), EU의 1인유한회사지침(1989. 12. 22. 지침) 제3조 및 제6조에서도 1인유한회사 또는 1인주식회사가 된 경우에는 그 사실 및 1인사원(주주)의 인적 사항을 공시하도록 하고 있다.

2) 1인설립의 회사에 대하여 설립중의 1인회사와 성립 후의 1인회사를 기본적으로 동질로 보고 설립중의 1인회사를 법인(권리주체자)으로 설명하는 견해가 있으나[안성포, "1인 회사설립의 법리,"「상사법연구」(한국상사법학회), 제20권 2호(2001), 261~288면], 이는 설립중의 회사의 능력을 확대하여 보고자 하는 점에서는 이해되나 회사의 법인격 취득에 관한 상법의 규정(상 169조, 172조)에 너무나 반하는 해석이라고 본다.

3) 손(주), 429~430면, 정(동), (회) 16면; 채, 376면; 이(기) 외, (회) 69면; 주상(제5판)(회사 Ⅰ), 110~111면; 송(옥), 718~719면 외.

반대: 이(철), (회) 47면, 526~528면.

4) 대판 1964. 9. 22, 63 다 792(민판집 82, 296)(1인주식회사의 경우 그 주주가 유일한 주주로서 출석하면 전원총회로서 성립할 수 있을 것이며 따로 총회소집절차는 필요없다); 동 1966. 9. 20, 66 다 1187·1188(집 14 ③ 민 54)(임시주주총회가 소집권한 없는 자의 소집에 의하여 소집되고 또 임시주주총회를 소집키로 한 이사회의 정족수와 결의절차에 흠결이 있어 이 주주총회 소집절차가 위법한 것이라 하더라도, 피고회사가 1인주주로 그 주주가 참석하여 총회개최에 동의하고 아무 이의 없이 결의한 것이라면, 이 결의 자체를 위법한 것이라고 볼 아무런 이유가 없다); 동 1976. 4. 13, 74 다 1755(집 24 ① 민 203)(1인주식회사의 경우에는 그 주주가 유일한 주주로서 주주총회에 출석하면 전원총회로서 성립하고 그 주주의 의사대로 결의가 될 것임이 명백하므로 따로 이 총회소집절차가 필요없다 할 것이고, 실제로 총회를 개최한 사실이 없다 하더라도 그 1인

(내) 1인주주와 회사와의 거래(내부관계)　　　　1인주식회사에서 1인주주($^{그가 이사}_{인지 여부}$를불)[1]가 회사와 거래하는 경우에는 상법 제398조에 의하여 이사회의 승인을 받아야 한다($^{상 398조}_{1호 후단}$).

(대) 업무상 배임(내부관계)　　　　1인주식회사에서 1인주주 겸 대표이사($^{또는 대표}_{집행임원}$)가 회사에 손해를 가하였을 경우에 이는 회사에 대한 배임죄가 성립되는지 여부에 대하여, 우리나라의 과거의 판례는 이를 부정하였으나, 그 후 전원합의체 판결에서 이를 긍정하고 있다. 즉, 과거의 판례는 「1인주식회사에서 회사의 손해는 바로 그 주주 한 사람의 손해인 것임에 비추어 회사에 손해를 가하려는 범의(犯意)가 없어 회사에 대한 업무상 배임죄는 성립될 수 없다」고 판시하였으나,[2] 그 후의 전원합의체판결에서는 「1인주주와 1인회사는 별개의 인격이므로 회사에 대한 업무상 배임죄가 성립한다」고 변경하여 판시하였다.[3]

생각건대 1인주주와 1인회사는 별개의 인격이므로 변경된 판례의 입장에 찬성한다.[4]

(라) 법인격부인론과의 관계(외부관계)　　　　1인주식회사도 회사와 1인주주는 별개의 인격이므로 1인주주는 복수주주가 있는 주식회사의 경우와 같이 유한책임을

주주에 의하여 의결이 있었던 것으로 주주총회의사록이 작성되었다면 특별한 사정이 없는 한 그 내용의 결의가 있었던 것으로 볼 수 있어 형식적인 사유만에 의하여 결의가 없었던 것으로 다툴 수도 없다); 동 1964. 9. 22, 63 다 743(민판집 82, 289)(1인주식회사의 경우에는 그 주주가 유일한 주주로서 주주총회에 출석하면 전원총회로서 성립하여 그 주주의 의사대로 결의가 될 것이므로 그 주주가 주식회사의 대표이사로서 회사를 대표하여 회사의 중요한 영업재산을 양도하는 경우에도 따로 주주총회의 특별결의를 거칠 필요는 없다); 동 1976. 5. 11, 73 다 52(민판집 221의상, 8)(실질상 1인회사의 소유재산을 그 회사의 대표이사이자 1인주주가 처분하였다면 그러한 처분의사결정은 곧 주주총회의 특별결의에 대치되는 것이라 할 것이므로 그 재산이 회사의 유일한 영업재산이라 하더라도 동 처분은 유효하다고 할 것이다); 동 2004. 12. 10, 2004 다 25123(공보 2005, 107)(주식회사에 있어서 회사가 설립된 이후 총 주식을 한 사람이 소유하게 된 이른바 1인회사의 경우에는 그 주주가 유일한 주주로서 주주총회에 출석하면 전원 총회로서 성립하고 그 주주의 의사대로 결의가 될 것임이 명백하므로 따로 총회소집절차가 필요 없고, 실제로 총회를 개최한 사실이 없었다 하더라도 그 1인 주주에 의하여 의결이 있었던 것으로 주주총회의사록이 작성되었다면 특별한 사정이 없는 한 그 내용의 결의가 있었던 것으로 볼 수 있고, 이는 실질적으로 1인회사인 주식회사의 주주총회의 경우도 마찬가지이며, 그 주주총회 의사록이 작성되지 아니한 경우라도 증거에 의하여 주주총회 결의가 있었던 것으로 볼 수 있다).

1) 2011년 4월 개정상법에서는 주요주주와 회사와의 거래에도 이사회의 승인을 받도록 하고 있으므로(상 398조 1호 후단), 1인주주가 이사인지 여부를 불문하고 1인주주와 회사와의 거래에는 이사회의 승인을 받아야 한다고 본다.

2) 대판 1974. 4. 23, 73 도 2611(집 22 ① 형 53).

3) 대판 1983. 12. 13, 83 도 2330. 동지: 대판 1989. 5. 23, 89 도 570(집 37 ② 민 650)(1인주주가 회사재산을 횡령한 경우 횡령죄의 성립을 인정함).

4) 1인주식회사와 배임죄에 관한 상세는 유주선·이정민, "1인주식회사와 배임죄,"「경영법률」(한국경영법률학회), 제28집 제4호(2018. 7), 97~145면 참조.

부담하고, 또 회사재산과 주주재산은 구별되는 것이 원칙이다. 즉, 이 때의 1인주주는 회사채권자에 대하여 무한책임을 부담하지 않는 것이 원칙이다.

그러나 1인주주가 자기 개인이 부담하는 채무를 면탈하기 위하여 1인주식회사를 설립하고, 1인주식회사는 이에 필요한 충분한 자본금을 갖지 못하며, 또 1인주주 개인의 재산과 회사의 재산이 상호 혼용되어 있는 등의 사유가 있어 1인주주와 1인주식회사가 도저히 별개의 법인격이라고 볼 수 없는 사정이 있다면, 동 회사의 법인격은 부인되어 회사와 1인주주는 채권자에 대하여 무한책임을 부담하여야 할 것이다.[1] 따라서 1인주식회사의 경우에는 복수주주의 주식회사에 비하여 법인격부인론이 적용될 여지가 크다고 볼 수 있다.[2]

3. 법 인 성

(1) 법인의 의의와 주소

1) 우리 상법은 모든 회사를 법인으로 규정하고 있다($\frac{상}{169조}$). 법인이란 단체의 법률관계를 간명하게 처리하기 위한 입법기술로서 권리의무의 주체가 될 수 있는 지위(자격)이다. 앞에서 본 사단성은 단체의 내부관계에서 구성원의 결합관계를 의미하는데, 법인격은 단체의 외부관계에서 인격자로 나타나는 문제이다.[3]

2) 회사는 법인이므로 자연인과 같이 반드시 그 주소가 있어야 하는데, 이는 본점소재지에 있는 것으로 한다($\frac{상}{171조}$).

(2) 법인의 속성

1) 법인의 속성으로는 (i) 법인명의로 권리의무의 주체가 되고,[4] (ii) 법인 자체의 명의로 소송당사자가 되며, (iii) 법인의 재산에 대하여는 법인 자체에 대한 집행권원(채무명의)에 의해서만 강제집행할 수 있고, (iv) 법인의 재산은 법인 구성원(사원) 개인의 채권자에 의하여 강제집행의 대상이 되지 않고, (v) 법인의 채권자에 대

---

1) 1985년 영국 회사법은 「사원이 2인 미만이 되고 또 이것이 6개월 이상 계속되는 경우에는 이를 알고 있는 잔존사원은 그 후 사원이 2인 이상이 될 때까지 발생하는 회사의 모든 채무를 변제할 책임을 진다」고 규정하여(CA § 24), 이와 같은 경우에 법인격부인론을 원용할 필요가 없게 되었으나, 2006년 영국 회사법에서는 이 규정이 폐지되었다.
   중국 회사법(2005년 개정) 제64조는 「1인 유한회사의 사원은 회사의 자산이 사원 자신의 자산과 별개임을 증명하지 못할 경우 회사채무에 대하여 연대책임을 진다」고 규정하고 있다.
2) 동지: 이(철), (회) 48면; 채, 377면; 김(영), (회) 51면.
3) 동지: 손(주), 432면.
4) 대판 1959. 5. 7, 4290 민상 496(집 7 민 87)(주식회사의 주주는 그 회사재산에 대하여 소유권을 행사할 수 없다); 동 1990. 11. 27, 90 다카 10862(집 38 ④ 민 84)(주주회원제를 채택한 골프장의 경우 골프장이용권〈회원권〉을 판매하여 그 대금을 취급할 권리는 원칙적으로 회사에 귀속하고 주주에 귀속하지 않는다).

하여는 법인 자체의 재산만이 책임재산이 되고 법인의 구성원(사원)의 재산은 책임재산이 되지 않는다는 것 등이 있다.[1]

2) 이러한 법인의 속성은 조합적 성질이 있는 합명회사·합자회사에서는 희박하고, 주식회사에서 가장 뚜렷하다. 즉, 합명회사와 합자회사의 경우에는 사원의 채권자가 사원의 지분을 압류하여 그 사원을 퇴사시킬 수 있고($\frac{상\ 223조,}{224조,\ 269조}$), 이 경우에는 퇴사에 의한 지분반환청구권에 지분압류의 효력이 미치므로 (iv)의 속성이 없으며, 또 합명회사·합자회사의 사원은 회사채권자에 대하여 직접책임을 지므로($\frac{상\ 212}{조,\ 269조}$) (v)의 속성도 없다.[2]

이 다섯 가지의 속성을 모두 전형적으로 갖고 있는 회사가 주식회사인데, 이 주식회사형태의 남용을 방지하기 위한 목적에서 발전한 이론이 다음에서 보는 법인격부인론이다.

(3) 회사와 법인성

회사를 법인으로 할 것인지 여부는 입법정책의 문제로서, 이는 입법례에 따라 약간의 차이가 있다. 즉, 프랑스법·일본법은 우리나라와 같이 모든 회사를 법인으로 규정하고 있지만, 독일법이나 영미법에서는 회사에 따라 법인성이 인정되는 것과 인정되지 않는 것이 있다. 즉, 독일법에서는 주식회사(AG)와 주식합자회사(KGaA) 및 유한회사(GmbH)는 법인이지만 합명회사(OHG)와 합자회사(KG)는 법인이 아니고 단순한 조합에 지나지 않고, 영미법에서는 물적회사인 company(영국)와 corporation(미국)은 법인이지만 인적회사의 성질이 있는 partnership과 limited partnership은 법인이 아니다.

(4) 법인격부인론[3]

1) 의   의

(가) 법인격부인론은 법인격 자체를 박탈하지 않고 그 법인격이 남용된 특정한

---

1) 주상(제5판)(회사 Ⅰ), 81면; 정(희), 280면.

2) 동지: 주상(제5판)(회사 Ⅰ), 81~82면; 정(희), 280면.

3) 법인격부인론에 대한 논문으로는 김표진, "회사법인격부인의 법리,"「법정」, 1965. 12, 50면 이하; 이병태, "법인격부인의 법리,"「새법정」, 1971. 6, 43면; 정동윤, "주식회사의 법형태의 남용의 규제와 법인격부인론,"「저스티스」(한국법학원), 제10권 1호(1972), 95면 이하; 정희철, "법인격부인의 이론과 실제,"「법조」, 24-7(1975), 1면 이하; 정찬형, "법인격부인론,"「현대민상법의 연구」(위정 이재철박사 화갑기념), 1984, 367면 이하; 남장우 "회사법인격무시의 법리," 법학박사학위논문(고려대, 1996. 2)(Powell 교수의 발전적 도구이론에 따라 적용요건을 제시하고 있다); 김정호, "법인격 부인론의 적용범위,"「고려법학」, 제41호(2003), 95~118면(법인격부인론을 전형적인 책임실체파악의 경우만으로 한정시킬 필요가 없고, 그 적용요건에 있어서도 까다로운 요건설이나 적용범위에 대한 논의보다는 실질존중의 관점에서 법인격이 형해화한 모든 경우에 본 이론을 적용할 수 있다고 한다); 김재범, "회사의 동일성, 채무면탈 목적과 법인격부인론의 적

경우에 한하여 그 회사의 독립적인 법인격을 제한함으로써 회사형태의 남용에서 생기는 폐단을 교정하고자 하는 이론으로, 특정한 경우에 회사와 사원간의 분리원칙의 적용을 배제함으로써 회사와 사원을 동일시하여 구체적으로 타당한 해결을 하려는 이론이다.

㈏ 회사의 법인격을 남용하는 경우에 이를 규제하는 방법으로는 (i) 회사의 최저자본금을 법정하는 예방적인 방법, (ii) 회사의 설립목적이 불법인 경우 등에 법원의 명령에 의하여 해산시키는 방법($\frac{상}{176조}$), (iii) 법인격부인에 의한 방법이 있다. 그런데 (i)의 경우는 사전의 예방적인 방법으로서 스스로 일정한 한계가 있고, (ii)의 경우는 우리 상법에도 입법이 되어 있으나($\frac{상}{176조}$) 이는 법인격을 영원히 박탈하는 것으로서 기업유지이념에 반한다. 따라서 법인격이 남용된 경우에 사후적 조치로서 그 경우에만 법인격을 부분적·일시적으로 부인하는 조치로는 법인격부인이론을 원용하여 구체적 타당성을 얻는 것이 가장 적합하다.

㈐ 법인격부인이론은 모든 법인에 관하여 발전된 이론이 아니라 사원유한책임제도가 확립되고 소유와 경영이 분리된 물적회사, 특히 주식회사에 관하여 발전된 이론이다. 우리 상법상 인적회사·유한책임회사 및 유한회사에서는 사해(詐害)행위취소에 해당하는 설립취소의 제도가 있고($\frac{상 184조, 269조,}{287조의 6, 552조}$) 또 인적회사의 경우에는 무한책임사원이 있어($\frac{상 212}{조, 269조}$) 회사의 법인격의 남용행위에 의한 폐단이 적지만, 주식회사의 경우에는 이러한 제도가 없어($\frac{상 328조,}{331조 참조}$) 특히 주식회사의 경우에 법인격부인이론의 효용이 크다.

㈑ 법인격부인이론은 19세기 후반부터 미국의 판례에 의하여 형성·발전되어 왔는데, 현재에는 이 이론이 미국에만 한정되어 있지 않고 영국·독일·일본 등 회사에 대하여 사원과 별개의 법인격을 부여하고 있는 모든 나라에서 공통적으로 인정되고 있다.

2) 요　　　건　　　법인격부인이론에서 가장 중요하고 어려운 문제는 요건인데, 이에 대하여는 뚜렷한 정설이 없고 잡다한 사건 속에 흐르는 몇 가지의 공통점을 찾아내는 것뿐이다. 따라서 이에 관하여는 각각 달리 그 요건을 설명하고 있는데, 다음과 같이 간명하게 그 요건을 정리할 수 있다.[1]

용 — 대법원 2010. 1. 14. 선고 2009다77327 판결 —,"「경영법률」(한국경영법률학회), 제22집 제1호(2011), 1~22면 등이 있다.
　법인격부인이론을 채택한 입법으로는 중국 회사법(2005년 개정) 제20조 참조.
　또한 중국 회사법상 법인격부인이론에 관하여는 崔蓮花, "中國會社法上 法人格否認論," 법학석사학위논문(고려대, 2013. 2) 참조.
1) David Barber, "Incorporation Risks: Defective Incorporation and Piercing the Corporate

(가) **지배**(형태)**요건**(formalities requirement)　　　회사의 독립된 법인격이 사원 개인과 분리하여 존재하지 않는다는 이해 및 소유의 일치가 있거나, 사원에 의한 회사의 지배가 있어야 한다는 요건이다. 이러한 지배(형태)요건은 종종 「1인주주의 분신으로서의 회사」, 「회사와 주주간의 완전한 이해의 일치」, 「주주의 단순한 도구가 된 회사」 등등의 다른 이름으로 불려진다.

(나) **자본불충분**(공정)**요건**(fairness requirement)　　　그 행위가 회사의 행위로 인정되면 형평에 어긋나는 결과가 발생하여야 하는 요건으로, 이러한 공정요건의 평가에서 다루어지는 핵심적인 사항은 자본불충분이다.

3) 적용범위

(가) **계약에서의 적용**　　　법인격부인론이 계약사례에서 적용되는 것은 가장 전형적인 예이다. 그런데 이 때에 법원이 위의 두 요건 중 자본불충분(공정)요건을 적용함에 있어서는 상대방의 「인식 또는 상대적 인식」을 고려하고, 그에게 엄격한 증명책임을 부담시켜야 한다고 한다. 즉, 회사가 자본불충분이고 이러한 사실을 상대방(원고)이 합리적으로 조사했더라면 발견했을 경우($\binom{\text{따라서 그 회사의 대주주에게}}{\text{개인적인 보증을 요구했을 경우}}$)에는 법인격을 부인할 정당성이 거의 없다고 한다.

(나) **불법행위에서의 적용**　　　법인격부인론은 거래행위에서 상대방의 선의만을 보호하는 것이 아니라 법인격이 남용된 경우에 형평의 관념에서 구체적으로 타당한 결론을 얻고자 하는 것이므로, 불법행위책임에 있어서도 법인격부인론이 적용될 수 있다고 본다.[1] 다만 미국에서의 많은 학설은 불법행위에서 법인격부인론을 적용함에 있어서는 자본불충분(공정)요건만이 결정적인 요건이라고 주장한다($\binom{\text{그러나}}{\text{법원에서}}$ 는 계약의 경우와 같이 위의 두 요건의 적용을 주장한다).

(다) **사법이론에서 규율될 수 있는 경우**　　　이에 대하여 우리나라의 학설은 법인격부인론의 문제는 일반사법이론에 의하여 해결될 수 있는 문제라고 하여 법인격부인론 그 자체를 부인하거나,[2] 또는 법인격부인론을 인정하는 경우에도 이 이론은 종래의 사법이론에 의하여 적절히 해결될 수 없는 경우에 한하여 보충적으로만 적

Veil in California," *12 Pacific Law Journal 829*(1981).

1) 동지: 정(동), (회) 30면; 이(철), (회) 56~57면[동 교수는 같은 책 1987년판에서는 불법행위에는 법인격부인론이 원용되어서는 안 된다는 견해이었으나(1987년판, 37면), 1991년판 이후에서는 위와 같이 견해를 바꾸었다(1991년판, 43면 주 2 참조)]; 임(재), (회 I) 70면; 송(옥), 712~713면; 부산지판 1997. 8. 20, 96 가합 23873.

2) 정기남, "회사법인격무시의 법리," 「현대법학의 제문제」(무애서돈각박사화갑기념)(법문사, 1981), 321~337면; 고평석, "법인격부인론의 부인," 「상사법의 현대적 과제」(춘강손주찬박사화갑기념)(박영사, 1984), 73~99면.

용되어야 할 것이라고 설명한다.[1]

생각건대 법인격부인이론을 전통적인 사법이론($^{특히\ 포괄규정인}_{민\ 제2조의\ 경우}$)과 무관한 경우에만 적용한다는 것은 그러한 경우가 성문법주의국가에서 있을 수 없거나 또는 법인격부인이론 그 자체를 부정하는 것과 동일하게 되므로, 법인격부인이론은 다른 사법이론과 명백히 상충되지 않는 한 인정되어야 할 것으로 본다.[2]

4) 근   거   법인격부인이론을 인정하는 경우에 우리나라의 대부분의 학설은 그 근거를 민법 제2조 1항의 신의성실의 원칙위반[3] 또는 민법 제2조 2항의 권리남용금지[4]에서 구하고 있다.

생각건대 법인격부인의 실정법적 근거는 미국의 다수의 판례와 학설에서 지적된 바와 같이 법인격의 개념에 내재하는 한계($^{상}_{169조}$)에서 찾는 것이 가장 타당하다고 본다.[5]

5) 효   과

㈎ 회사의 법인격이 부인되면 그 회사의 독립된 존재가 부인되고, 회사와 사원은 동일한 실체로 취급된다. 따라서 회사의 행위로 인한 책임은 사원에게 귀속된다.

㈏ 그러나 회사에 대한 판결의 기판력 및 집행력이 사원에게까지 확장되는 것은 아니다. 따라서 사원에 대하여 강제집행을 하고자 하면 사원에 대하여 다시 집행

---

1) 정(동), (회) 28~29면(예컨대, 채무자가 자기의 전 재산을 현물출자하여 주식회사를 설립한 경우에는 민법 제406조의 채권자취소권을 행사하여 회사의 설립행위를 취소할 수 있고, 또 채무자가 회사에 대하여 가지는 주주권이나 이익배당청구권 등을 민사소송법 제584조에 의하여 압류·환가할 수 있으며, 이 밖에 관계법규·당사자간의 계약·약관의 해석 등에 의하여 문제를 해결할 수 있으면, 그것에 의하여 해결하여야 하고 법인격부인이론이 적용되지 않는다고 한다); 이(철), (회) 56면; 송(옥), 712면; 주상(Ⅱ-상), 85면; 주상(제5판)(회사 Ⅰ), 98면 외(다수설).
2) 정찬형, "법인격부인이론,"「현대민상법의 연구」(위정이재철박사화갑기념)(법문사, 1984), 402면.
   동지: 김교창, "법인격부인의 법리,"「회사법의 제문제」(육법사, 1982), 203면.
3) 정(경), 305면 외.
4) 정(동), (회) 33면; 주상(제5판)(회사 Ⅰ), 100면.
5) 정찬형, 전게논문(현대민상법의 연구), 403~404면.
   동지: 손(주), 436면(법인격남용론과 더불어 법인격을 규정한 상법 제169조의 해석론을 바탕으로 한다고 보는 것이 옳을 것이다); 임(재), (회 Ⅰ), 64면(신의칙설과 내재적 한계설 모두 차이가 없고, 신의칙의 속성인 보충성을 요건으로 보는지 여부에서만 다르다고 한다); 송(옥), 710면(두 견해 사이에 실질적인 차이는 없다고 한다).
   그런데 정(희), 283면은「어느 것을 근거로 하든 그 법적 효과는 그 사실에 따라 달라질 수밖에 없겠는데, 일반적으로 기도되고 있는 위법적인 결과를 막을 수 있는데 가장 알맞는 문제해결의 기준을 찾아야 한다」고 한다.
   참고로 중국 회사법 제20조는「회사가 자기의 독립적인 법인지위와 주주의 유한책임을 남용하여 회사채권자의 이익을 해하여서는 아니 된다. 회사의 주주가 회사법인의 독립적인 지위 및 주주의 유한책임을 남용하여 채무를 회피함으로써 회사채권자의 이익을 중대하게 해한 경우, 주주는 회사채무에 대하여 연대책임을 부담하여야 한다」고 규정하여, 회사의 법인격부인에 대하여 실정법에서 규정하고 있는 입법례를 취하고 있다.

권원(채무명의)을 얻어야 한다.[1]

6) 판 례

(가) 갑회사는 사실상 을 및 을의 가족에 의해서만 설립된 경우에 갑회사가 병에 대하여 부담한 채무를 — 갑회사는 무자력하고 을은 자력이 있다면 — 을은 변제할 책임이 있는가. 이에 대하여 서울고등법원에서는 법인격부인의 요건을 제시하지는 않았지만, 갑회사의 법인격을 부인하고 갑회사의 병에 대한 채무는 그 회사의 배후에 있는 을 개인의 채무가 된다고 판시하였다.[2] 그러나 이에 대하여 대법원은 갑회사를 형해에 불과하다고 인정한 것은 잘못이라고 하여 갑회사의 법인격을 부인하지 않고, 이러한 서울고등법원의 판결(원심)을 파기환송하였다.[3]

(나) 그 후에 대법원은 선박의 편의치적을 위하여 형식상 설립된 외국회사(갑)가 동 선박의 실제상의 소유회사(외국회사)(을)의 선박수리대금을 면탈하기 위하여 갑회사가 을회사와는 별개의 법인격을 가지는 회사라고 주장하는 것은, 신의성실의 원

---

1) 동지(부정설): 정(동), (회) 34~35면(다만 회사와 사원 개인이 완전히 동일한 실체법상의 지위에 있으면 배후인인 사원에게 독자적인 절차권을 인정할 필요가 없다는 점에서 이 때에는 회사에 대한 판결의 기판력 및 집행력이 사원에게 미친다고 한다. 따라서 동 교수는 우리의 통설·판례를 '전면적 부정설'로 부르면서 이를 '절충설'로 부르고 있다); 이(철), (회) 58면; 임(재), (회 I) 69~70면; 송(옥), 714면; 손(주), 437면; 채, 386면; 주상(제5판)(회사 I), 101~102면(정동윤 교수와 견해가 같음) 외(통설).

동지 판례: 대판 1995. 5. 12, 93 다 44531(공보 994, 2090)(갑회사와 을회사가 기업의 형태·내용이 실질적으로 동일하고 갑회사는 을회사의 채무를 면탈할 목적으로 설립된 것으로서 갑회사가 을회사의 채권자에 대하여 을회사와는 별개의 법인격을 가지는 회사라는 주장을 하는 것이 신의성실의 원칙에 반하거나 법인격을 남용하는 것으로 인정되는 경우라도, 권리관계의 공권적인 확정 및 그 신속·확실한 실현을 도모하기 위하여 절차의 명확·안정을 중시하는 소송절차 및 강제집행절차에 있어서는 그 절차의 성격상 을회사에 대한 판결의 기판력 및 집행력의 범위를 갑회사에까지 확장하는 것은 허용되지 아니한다); 日最高判 1978. 9. 14(判時 906, 88).

반대(긍정설): Booth v. Bunce, 33 N. Y. 139(1865); 日大阪高判 1975. 3. 28(判時 781, 101) 등.

2) 서울고판 1974. 5. 8, 72 나 2582(집 25 ③ 민 8)(이 판결에 대한 평석으로는 송상현, 「법률신문」, 제1061호〈1974. 5. 27〉, 8면 참조).

동지: 서울고판 1976. 5. 27, 75 나 616·617(신문 1445, 12); 서울민사지판(제17부) 1991. 10. 18, 90 가합 55832.

3) 대판 1977. 9. 13, 74 다 954(집 25 ③ 민 1)(살피건대 이는 원심이 강학상 이른바 법인형해론을 채용하여 입론〈立論〉한 것인바, 그 형해론을 채용함이 가한가 여부의 문제에 들어가기 전에 우선 본건 갑회사의 실태가 형해에 불과한 지경에 이르렀는가 여부를 기록에 의하여 살펴보기로 한다. …〈중략〉… 을이 갑회사의 대표이사로서 원판시와 같이 위법·부당한 절차에 의하여 회사 운영상 필요로 하는 주주총회절차를 무시하고 등한히 하였다고 인정하기 어렵고, 더구나 1인주주인 소위 1인회사도 해산사유로 보지 않고 존속한다는 것이 당원판례의 태도이고 보면 원심이 갑회사를 형해에 불과하다고 인정한 것은 잘못이고 이는 판결에 영향을 미친 것이라 아니할 수 없다)(이 판결에 대한 평석으로는 양승규, 「법률신문」, 제1243호〈1978. 3. 12〉, 12면; 김교창, "법인격형해화의 의미," 「사법행정」, 1978. 6, 47면 이하 참조).

동지: 대판 1977. 5. 24, 76 다 1688·1689.

칙에 위반하거나 법인격을 남용하는 것으로 허용될 수 없다고 판시하였다.[1] 이 판결에 대하여 우리나라의 대부분의 학설은 우리 대법원이 법인격부인론을 최초로 명백하게 채택한 판결로 보고 있다.[2]

그러나 이 판결은 대상이 되는 회사가 모두 외국회사인 점,[3] 또 갑회사의 설립은 편의치적을 위하여 해상기업에 있어서 상관습으로 인정되고 있는 점, 판결문에서 법인격부인론에 관한 요건이나 채택근거 등에 관한 설시가 전혀 없이 다만 신의성실의 원칙위반에 대체되는 개념으로 사용하고 있을 뿐이라는 점 등에서 볼 때, 이 판결을 우리 대법원이 최초로 법인격부인론을 채택한 판결로 보기에는 미흡하다고 본다.[4]

㈐ 그 후에 대법원은 갑회사가 사실상 을에 의하여 지배되고 있는 경우에 다음과 같이 판시하여,[5] 명백하게 법인격부인론을 채택하였다.[6]

1) 대판 1988. 11. 22, 87 다카 1671(공보 839, 17).
  동지: 대판 1989. 9. 12, 89 다카 678(피고도 같고 편의치적된 선박에 대하여 동지의 판결을 함).
2) 정동윤, "법인격부인이론의 적용요건과 근거(판례평석)," 법률신문, 제1845호(1989. 5. 22), 11면; 동, (회) 27면; 주상(제5판)(회사 Ⅰ), 95~96면; 강위두, "법인격부인의 법리의 적용범위와 적용요건," 「판례월보」, 제223호(1989. 4), 58~65면; 손(주), 435면 외.
3) 동지: 석광현, "외국회사의 법인격부인," 법률신문, 제3680호(2008. 9. 8), 15면(외국회사의 법인격부인이 문제되는 사안이라면 법원으로서는 우선 법인격부인의 준거법을 결정하고, 그 준거법에 따라 법인격부인을 위한 요건의 구비여부와 효력을 판단하여야 한다).
4) 이에 관한 상세는 정찬형, "법인격부인론," 「판례월보」, 제226호(1989. 7), 29~37면 참조.
  동지: 송호영, "법인격부인의 요건과 효과(대판 2001. 1. 19, 97 다 21604)," 「저스티스」, 통권 제66호(2002. 4), 258~259면; 이(철), (회) 58~59면(논리성에서 의문이고, 일반적으로 인정되는 법인격부인론의 요건과는 크게 괴리된다고 한다).
5) 대판 2001. 1. 19, 97 다 21604(공보 2001, 485). 동지: 대판 2004. 11. 12, 2002 다 66892(공보 2004, 2013)(기존회사가 채무를 면탈할 목적으로 기업의 형태·내용이 실질적으로 동일한 신설회사를 설립하였다면, 신설회사의 설립은 기존회사의 채무면탈이라는 위법한 목적달성을 위하여 회사제도를 남용한 것이므로, 기존회사의 채권자에 대하여 위 두 회사가 별개의 법인격을 갖고 있음을 주장하는 것은 신의성실의 원칙상 허용될 수 없다 할 것이어서 기존회사의 채권자는 위 두 회사 어느 쪽에 대하여도 채무의 이행을 청구할 수 있다. 따라서 피고회사가 원고들에 대하여 별개의 법인격임을 내세워 그 책임을 부정하는 것은 신의성실의 원칙에 반하거나 법인격을 남용하는 것으로서 허용될 수 없다); 동 2008. 8. 21, 2006 다 24438(공보 2008, 1269)(기존회사가 채무를 면탈하기 위하여 기업의 형태·내용이 실질적으로 동일한 신설회사를 설립하였다면, 신설회사의 설립은 기존회사의 채무면탈이라는 위법한 목적달성을 위하여 회사제도를 남용한 것에 해당한다. 이러한 경우에 기존회사의 채권자에 대하여 위 두 회사가 별개의 법인격을 갖고 있음을 주장하는 것은 신의성실의 원칙상 허용될 수 없으므로, 기존회사의 채권자는 위 두 회사 어느 쪽에 대하여도 채무의 이행을 청구할 수 있다. 여기에서 기존회사의 채무를 면탈할 의도로 신설회사를 설립한 것인지 여부는 기존회사의 폐업 당시 경영상태나 자산상황, 신설회사의 설립시점, 기존회사에서 신설회사로 유용된 자산의 유무와 그 정도, 기존회사에서 신설회사로 이전된 자산이 있는 경우 그 정당한 대가가 지급되었는지 여부 등 제반 사정을 종합적으로 고려하여 판단하여야 한다. — 이 사건에서 원심은 법인격을 부인하였으나, 대법원은 다른 사정을 충분히 고려하지 아니하고 신설회사가 기존회사의 대표이사에 의하여 지배되고 있다는 사정에 기초하여 채무면탈의 목적으로 신설회사를 설립한 경우로 볼 수 없다고 하여 원심판결을 파기함); 동 2008. 9. 11, 2007 다 90982(공보 2008, 1365)(회사가 외형상으로는 법인의 형식을 갖추고 있으나 법인의 형태를 빌리고 있는

것에 지나지 아니하고 실질적으로는 완전히 그 법인격의 배후에 있는 사람의 개인기업에 불과하거나, 그것이 배후자에 대한 법률적용을 회피하기 위한 수단으로 함부로 이용되는 경우에는, 비록 외견상으로는 회사의 행위라 할지라도 회사와 그 배후자가 별개의 인격체임을 내세워 회사에게만 그로 인한 법적 효과가 귀속됨을 주장하면서 배후자의 책임을 부정하는 것은 신의성실의 원칙에 위배되는 법인격의 남용으로서 심히 정의와 형평에 반하여 허용될 수 없고, 따라서 회사는 물론 그 배후자인 타인에 대하여도 회사의 행위에 관한 책임을 물을 수 있다고 보아야 한다. 여기서 회사가 그 법인격의 배후에 있는 사람의 개인기업에 불과하다고 보려면, 원칙적으로 문제가 되고 있는 법률행위나 사실행위를 한 시점을 기준으로 하여, 회사와 배후자 사이에 재산과 업무가 구분이 어려울 정도로 혼용되었는지 여부, 주주총회나 이사회를 개최하지 않는 등 법률이나 정관에 규정된 의사결정절차를 밟지 않았는지 여부, 회사 자본의 부실 정도, 영업의 규모 및 직원의 수 등에 비추어 볼 때, 회사가 이름뿐이고 실질적으로는 개인 영업에 지나지 않는 상태로 될 정도로 형해화되어야 한다. 또한, 위와 같이 법인격이 형해화될 정도에 이르지 않더라도 회사의 배후에 있는 자가 회사의 법인격을 남용한 경우, 회사는 물론 그 배후자에 대하여도 회사의 행위에 관한 책임을 물을 수 있으나, 이 경우 채무면탈 등의 남용행위를 한 시점을 기준으로 하여, 회사의 배후에 있는 사람이 회사를 자기 마음대로 이용할 수 있는 지배적 지위에 있고, 그와 같은 지위를 이용하여 법인 제도를 남용하는 행위를 할 것이 요구되며, 위와 같이 배후자가 법인 제도를 남용하였는지 여부는 앞서 본 법인격 형해화의 정도 및 거래상대방의 인식이나 신뢰 등 제반 사정을 종합적으로 고려하여 개별적으로 판단하여야 한다. ― 이 사건에서 원심은 법인격을 부인하였으나, 대법원은 위의 요건이 구비되지 않았다 하여 법인격을 부인하지 않음); 동 2010. 1. 14, 2009 다 77327(기존회사가 채무를 면탈하기 위하여 기업의 형태·내용이 실질적으로 동일한 신설회사를 설립하였다면, 신설회사의 설립은 기존회사의 채무면탈이라는 위법한 목적 달성을 위하여 회사제도를 남용한 것에 해당하고, 이러한 경우에 기존회사의 채권자에 대하여 위 두 회사가 별개의 법인격을 갖고 있음을 주장하는 것은 신의성실의 원칙상 허용될 수 없으므로, 기존회사의 채권자는 위 두 회사 어느 쪽에 대하여서도 채무의 이행을 청구할 수 있다. 여기에서 기존회사의 채무를 면탈할 의도로 신설회사를 설립한 것인지 여부는 기존회사의 폐업 당시 경영상태나 자산상황, 신설회사의 설립시점, 기존회사에서 신설회사로 유용된 자산의 유무와 그 정도, 기존회사에서 신설회사로 이전된 자산이 있는 경우 그 정당한 대가가 지급되었는지 여부 등 여러 사정을 종합적으로 고려하여 판단하여야 한다); 동 2011. 5. 13, 2010 다 94472(공보 2011, 1168)(기존회사가 채무를 면탈할 목적으로 기업의 형태·내용이 실질적으로 동일한 신설회사를 설립하였다면, 신설회사 설립은 기존회사의 채무면탈이라는 위법한 목적달성을 위하여 회사제도를 남용한 것이므로, 기존회사의 채권자에게 위 두 회사가 별개의 법인격을 갖고 있음을 주장하는 것은 신의성실 원칙상 허용될 수 없다 할 것이어서 기존회사의 채권자는 위 두 회사 어느 쪽에 대하여서도 채무 이행을 청구할 수 있고, 이와 같은 법리는 어느 회사가 채무를 면탈할 목적으로 기업의 형태·내용이 실질적으로 동일한 이미 설립되어 있는 다른 회사를 이용한 경우에도 적용된다. 기존회사의 채무를 면탈할 의도로 다른 회사 법인격을 이용하였는지는 기존회사의 폐업 당시 경영상태나 자산상황, 기존회사에서 다른 회사로 유용된 자산의 유무와 정도, 기존회사에서 다른 회사로 이전된 자산이 있는 경우 정당한 대가가 지급되었는지 등 제반 사정을 종합적으로 고려하여 판단하여야 한다. 아파트 신축사업을 추진하던 갑〈甲〉 회사와 을〈乙〉 회사가 사업부지인 토지의 공유지분을 소유하고 있던 병〈丙〉과, 그에게서 공유지분을 이전받는 대신 신축 아파트 1세대를 분양해 주기로 하는 내용의 약정을 체결하면서 담보로 당좌수표를 발행해 주고, 그 약정에 따라 을 회사와 병이 분양계약을 체결하여 갑 회사가 공유지분을 이전받았는데, 아파트 공사 진행 중 갑·을 회사가 위 토지와 사업권을 정〈丁〉 회사와 무〈戊〉 회사를 거쳐 기〈己〉 회사에 매도한 사안에서, 위 회사들은 모두 영업목적이 동일하고 법인 소재지도 상당 부분 일치하는 점, 위 회사들은 을 회사의 대표이사였던 자가 사실상 지배하는 회사인 점, 위 토지 외에 별다른 자산이 없었던 갑·을 회사가 부도가 이미 발생하였거나 임박하여 위 토지와 사업권을 정당한 대가를 지급받지 않고 정 회사에 양도한 것으로 보이고, 정 회사에서 무 회사를 거쳐 기 회사에게 위 토지와 사업권이 이전되는 과정에서도 정당한 대가가 지급되었다고 볼 만한 자료가 없는 점, 갑·을 회사가 병에게서 이전받은 공유지분이 포함된 위 토지와 사업권을 정 회사에 양도하면서 위 약정 등에 따른 병에 대한 채무를 부도난 갑·을 회사에 남겨둔 점 등을 종합할 때, 위 회사들은 을 회사의 대표이사였던 자가 사실상 지배하는 동일한 회사로서 갑·을 회사가 병에 대한 채무를 면탈할 목적으로 다른 회사의 법인격을 내세운 것으로 볼 여지가 충분하므로, 갑·을 회사의 채권자인 병은 갑·을 회사뿐만 아니라 기 회사에 대해서도 위 약정에 기한 채무의 이행을 청구할 수 있다); 동 2016. 4. 28, 2015 다 13690(회사가 외형상으로는 법인의 형식을 갖추고 있으나 법인의 형태를 빌리고 있는 것에 지나지 아니하고 실질적으로는 완전히 그 법인격의 배후에 있는 타인의 개인기업에 불과하거나 그것이 배후자에 대한 법률적용을 회피하기 위한 수단으로 함부로 이용되는 경우에는, 비록 외견상으로는 회사의 행위라 할지라도 회사와 그 배후자가 별개의 인격체임을 내세워 회사에게만 법적 효과가 귀속됨을 주장하면서 배후자의 책임을 부정하는 것은 신의성실의 원칙에 위반되는 법인격의 남용으로서 정의와 형평에 반하여 허용될 수 없고, 회사는 물론 그 배후자인 타인에 대하여도 회사의 행위에 관한 책임을 물을 수 있다. 또한 기존회사가 채무면탈의 목적으로 기업의 형태나 내용이 실질적으로 동일한 회사를 설립하였다면, 신설회사의 설립은 기존회사의 채무면탈이라는 위법한 목적달성을 위하여 회사제도를 남용한 것이므로, 기존회사의 채권자에 대하여 두 회사가 별개의 법인격을 갖고 있음을 주장하는 것은 신의성실의 원칙상 허용될 수 없고, 기존회사의 채권자는 두 회사 어느 쪽에 대하여서도 채무 이행을 청구할 수 있다); 인천지판 2016. 7. 12, 2015 가단 245786(운송업을 하는 갑이 개인사업체인 을 업체를 운영하는 병과 운송계약을 체결한 후 을 업체 공장에 설치된 작업용 엘리베이터를 타고 포장자재 이동작업을 하던 중 추락하여 부상을 입자 병을 상대로 손해배상을 구하는 소를 제기하여 일부 승소 확정판결을 받았는데, 제1심판결 선고 이후 소송 계속 중 갑이 병의 예금채권에 대하여 채권압류 및 추심명령을 받았고, 그 직후 병이 을 업체 공장 소재지에 을 업체와 주된 업무가 동일한 정 주식회사를 설립하자 갑이 정 회사를 상대로 위 확정판결에서 인정된 손해배상금 등의 지급을 구한 사안에서, 사고 발생 당시 병이 운영하던 을 업체의 상호와 정 회사의 상호가 '회사'를 나타내는 부분을 제외하고는 동일하고, 을 업체와 정 회사의 본점소재지, 을 업체의 대표와 정 회사의 대표이사, 을 업체와 정 회사의 주된 업무가 모두 동일한 점 등에 비추어 병은 채무를 면탈할 목적으로 정 회사를 설립하여 회사제도를 남용하였으므로, 갑은 병 개인뿐만 아니라 정 회사에 대하여도 채무의 이행을 구할 수 있다); 대판 2021. 4. 15, 2019 다 293449(공보 2021, 966)(주식회사는 주주와 독립된 별개의 권리주체이므로 그 독립된 법인격이 부인되지 않는 것이 원칙이다. 그러나 개인이 회사를 설립하지 않고 영업을 하다가 그와 영업목적이나 물적 설비·인적 구성원 등이 동일한 회사를 설립하는 경우에, 그 회사가 외형상으로는 법인의 형식을 갖추고 있으나 법인의 형태를 빌리고 있는 것에 지나지 않고, 실질적으로는 완전히 그 법인격의 배후에 있는 개인의 개인기업에 불과하거나, 회사가 개인에 대한 법적 책임을 회피하기 위한 수단으로 함부로 이용되고 있는 예외적인 경우까지 회사와 개인이 별개의 인격체임을 이유로 개인의 책임을 부정하는 것은 신의성실의 원칙에 반하므로, 이러한 경우에는 회사의 법인격을 부인하여 그 배후에 있는 개인에게 책임을 물을 수 있다. 나아가 그 개인과 회사의 주주들이 경제적 이해관계를 같이하는 등 개인이 새로 설립한 회사를 실질적으로 운영하면서 자기 마음대로 이용할 수 있는 지배적 지위에 있다고 인정되는 경우로서, 회사 설립과 관련된 개인의 자산 변동 내역, 특히 개인의 자산이 설립된 회사에 이전되었다면 그에 대하여 정당한 대가가 지급되었는지 여부, 개인의 자산이 회사에 유용되었는지 여부와 그 정도 및 제3자에 대한 회사의 채무 부담 여부와 그 부담 경위 등을 종합적으로 살펴보아 회사와 개인이 별개의 인격체임을 내세워 회사 설립 전 개인의 채무 부담행위에 대한 회사의 책임을 부인하는 것이 심히 정의와 형평에 반한다고 인정되는 때에는 회사에 대하여 회사 설립 전에 개인이 부담한 채무의 이행을 청구하는 것도 가능하다고 보아야 한다); 동 2023. 2. 2, 2022 다 276703(공보 2023, 523)(주식회사는 주주와 독립된 별개의 권리주체이므로 그 독립된 법인격이 부인되지 않는 것이 원칙이다. 그러나 개인이 회사를 설립하지 않고 영업을 하다가 그와 영업목적이나 물적 설비, 인적 구성원 등이 동일한 회사를 설립하는 경우에 그 회사가 외형상으로는 법인의 형식을 갖추고 있으나 법인의 형태를 빌리고 있는 것에 지나지 않고, 실질적으로는 완전히 그 법인격의 배후에 있는 개인의 개인기업에 불과하거나, 회사가 개인에 대한 법적 책임을 회피하기 위한 수단으로 함부로 이용되고 있는 예외

"을의 갑회사 주식양수 경위, 을의 갑회사에 대한 지배의 형태와 정도, 을과 갑회사의 업무와 재산에 있어서의 혼융 정도, 갑회사의 업무실태와 지급받은 분양대금의 용도, 갑회사의 오피스텔 신축 및 분양사업의 규모와 그 자산 및 지급능력에 관한 상황 등 제반 사정에 비추어 보면 갑회사는 형식상은 주식회사의 형태를 갖추고 있으나 이는 회사의 형식을 빌리고 있는 것에 지나지 아니하고 그 실질은 배후에

적인 경우까지 회사와 개인이 별개의 인격체임을 이유로 개인의 책임을 부정하는 것은 신의성실의 원칙에 반하므로, 이러한 경우에는 회사의 법인격을 부인하여 그 배후에 있는 개인에게 책임을 물을 수 있다. 개인과 회사의 주주들이 경제적 이해관계를 같이 하는 등 개인이 새로 설립한 회사를 실질적으로 운영하면서 자기 마음대로 이용할 수 있는 지배적 지위에 있다고 인정되는 경우로서, 회사 설립과 관련된 개인의 자산 변동 내역, 특히 개인의 자산이 설립된 회사에 이전되었다면 그에 대하여 정당한 대가가 지급되었는지 여부, 개인의 자산이 회사에 유용되었는지 여부와 그 정도 및 제3자에 대한 회사의 채무 부담 여부와 그 부담 경위 등을 종합적으로 살펴보아 회사와 개인이 별개의 인격체임을 내세워 회사 설립 전 개인의 채무 부담행위에 대한 회사의 책임을 부인하는 것이 심히 정의와 형평에 반한다고 인정되는 때에는 회사에 대하여 회사 설립 전에 개인이 부담한 채무의 이행을 청구하는 것도 가능하다고 보아야 한다. 개인의 채무 부담행위에 대한 회사의 책임을 부인하는 것이 심히 정의와 형평에 반한다고 인정되어 회사에 대하여 개인이 부담한 채무의 이행을 청구하는 법리는 채무면탈을 목적으로 회사가 새로 설립된 경우뿐 아니라 같은 목적으로 기존 회사의 법인격이 이용되는 경우에도 적용되는데, 여기에는 회사가 이름뿐이고 실질적으로는 개인기업에 지나지 않은 상태로 될 정도로 형해화된 경우와 회사의 법인격이 형해화될 정도에 이르지 않더라도 개인이 회사의 법인격을 남용하는 경우가 있을 수 있다. 이때 회사의 법인격이 형해화되었다고 볼 수 있는지 여부는 원칙적으로 문제가 되고 있는 법률행위나 사실행위를 한 시점을 기준으로, 회사의 법인격이 형해화될 정도에 이르지 않더라도 개인이 회사의 법인격을 남용하였는지 여부는 채무면탈 등의 남용행위를 한 시점을 기준으로 각 판단하여야 한다); 동 2024. 3. 28, 2023 다 265700(공보 2024, 719)(기존회사가 채무를 면탈하기 위하여 기업의 형태·내용이 실질적으로 동일한 신설회사를 설립하였다면, 신설회사의 설립은 기존회사의 채무면탈이라는 위법한 목적 달성을 위하여 회사제도를 남용한 것에 해당한다. 이러한 경우에 기존회사의 채권자에 대하여 위 두 회사가 별개의 법인격을 갖고 있음을 주장하는 것은 신의성실의 원칙상 허용될 수 없으므로, 기존회사의 채권자는 두 회사 어느 쪽에 대하여도 채무의 이행을 청구할 수 있다. 나아가 기존회사에 대한 소멸시효가 완성되지 않은 상태에서 신설회사가 기존회사와 별도로 자신에 대하여 소멸시효가 완성되었다고 주장하는 것 역시 별개의 법인격을 갖고 있음을 전제로 하는 것이어서 신의성실의 원칙상 허용될 수 없다).

또한 결론에서는 법인격부인론을 채택하지 않았으나 이러한 경우 법인격부인론을 주장할 수 있는 기준(요건)을 제시한 것으로는 대판 2006. 8. 25, 2004 다 26119(공보 2006, 1600)(친자회사는 상호간에 상당 정도의 인적·자본적 결합관계가 존재하는 것이 당연하므로, 자회사의 임·직원이 모회사의 임·직원 신분을 겸유하고 있었다거나 모회사가 자회사의 전 주식을 소유하여 자회사에 대해 강한 지배력을 가진다거나 자회사의 사업규모가 확장되었으나 자본금의 규모가 그에 상응하여 증가하지 아니한 사정 등만으로는 모회사가 자회사의 독자적인 법인격을 주장하는 것이 자회사의 채권자에 대한 관계에서 법인격의 남용에 해당한다고 보기에 부족하고, 적어도 자회사가 독자적인 의사 또는 존재를 상실하고 모회사가 자신의 사업의 일부로서 자회사를 운영한다고 할 수 있을 정도로 완전한 지배력을 행사하고 있을 것이 요구되며, 구체적으로는 모회사와 자회사 간의 재산과 업무 및 대외적인 기업거래활동 등이 명확히 구분되어 있지 않고 양자가 서로 혼용되어 있다는 등의 객관적 징표가 있어야 하며, 자회사의 법인격이 모회사에 대한 법률 적용을 회피하기 위한 수단으로 사용되거나 채무면탈이라는 위법한 목적 달성을 위하여 회사제도를 남용하는 등의 주관적 의도 또는 목적이 인정되어야 한다).

6) 동지: 송호영, 전게논문(저스티스 통권 제66호), 260면.

있는 을의 개인기업이라 할 것이고 따라서 갑회사가 분양사업자로 내세워져 수분양자들에게 이 사건 건물을 분양하는 형식을 취하였다 할지라도 이는 외형에 불과할 뿐이고, 실질적으로는 위 분양사업이 완전히 을의 개인사업과 마찬가지라고 할 것이다. 그런데 을은 아무런 자력이 없는 갑회사가 자기와는 별개의 독립한 법인격을 가지고 있음을 내세워 이 사건 분양사업과 관련한 모든 책임을 갑회사에게만 돌리고 비교적 자력이 있는 자신의 책임을 부정하고 있는데, 이는 신의성실의 원칙에 위반되는 법인격의 남용으로서 심히 정의와 형평에 반하여 허용될 수 없다 할 것이고, 따라서 갑회사로부터 이 사건 오피스텔을 분양받은 원고(병)로서는 갑회사는 물론 갑회사의 실질적 지배자로서 그 배후에 있는 을에 대하여도 위 분양계약의 해제로 인한 매매대금의 반환을 구할 수 있다 할 것이다."

이러한 대법원판결은 종래의 판결에 비하여 법인격부인의 요건을 제시하면서 이 사건의 경우 이 요건에 부합하므로 법인격이 부인되어야 한다는 취지로 판시하고 있으므로, 명백하게 법인격부인론을 채택한 판결이라고 볼 수 있다.[1]

4. 기   타

상법상 회사의 정의규정($\frac{상}{169조}$)에 나타난 회사의 요소는 위의 두 가지이나, 그 밖에 상법의 일반규정의 적용에 있어서 회사는 태생적인 「상인성」과 설립에 있어서 「준칙성」이 있다. 이 점에서도 회사는 자연인이나 다른 법인(비영리법인)과 구별된다.[2]

(1) 상 인 성

회사의 영리성($\frac{상}{169조}$)에 의하여 회사는 당연히 상인성을 갖는다($\frac{상 4조}{5조 2항}$). 따라서 회사는 태생적 상인이다. 그러므로 회사는 자연인 또는 비영리법인과는 달리 성립시($\frac{상}{172조}$)부터 상인으로서 반드시 상호를 선정하여야 하는데, 그 상호에는 회사의 종류에 따라 합명회사·합자회사·유한책임회사·주식회사·유한회사의 문자를 사용하여야 한다($\frac{상}{19조}$).

(2) 준 칙 성

회사는 상법 회사편의 규정에 따라서만 설립되는 것이지, 주무관청 등의 허가나 면허를 요하지 않는다(준칙성). 회사는 그 실체인 자본과 인력의 결합방법의 준칙

---

1) 이에 관한 상세는 정찬형, "법인격부인론," 「고려법학」, 제37호(2001), 293~311면; 동, "회사의 법인격부인론," 「고시계」, 2001. 7, 49~64면.
2) 회사의 상인성과 준칙성을 인정하는 견해로는 정(희), 279면, 283면; 손(주), 438면; 최(기), 489면.
　　이에 반하여 이러한 상인성과 준칙성은 당연한 것으로 상법상의 회사의 요소가 될 수 없다는 견해로는 정(동), (회) 10면 주 1; 채, 370면.

성으로 인하여 그 설립에 주무관청의 허가를 요하는 비영리법인($\frac{민}{32조}$) 등과 구별된다. 회사의 준칙성에 대하여 민사회사의 경우에는 명문으로 규정하고 있다($\frac{민}{조}\frac{39}{1항}$). 상사회사의 경우에는 이에 관한 명문규정은 없으나, 민사회사의 경우와 같다. 영리법인이라 할지라도 이 요건을 갖추지 않으면 회사가 아니다.[1]

제 2 회사의 종류

회사는 여러 가지 기준에 따라 분류되는데, 이는 다음과 같다.

1. 상법상의 종류[2]

(1) 합명회사 · 합자회사 · 유한책임회사 · 주식회사 · 유한회사(사원의 책임에 의한 종류)[3]

이는 회사법 통칙에 규정된 것인데($\frac{상}{170조}$), 그 구별의 기준은 주로 사원의 책임에 의한 것이다.

회사법상의 사원의 책임은 협의와 광의로 사용되는데,「협의의 책임」이란 회사가 제3자에 대하여 채무를 부담하는 경우에 사원이 이것을 변제할 채무를 부담하는가(직접책임) 또 어느 정도로 부담하는가(무한책임 · 유한책임)이고,「광의의 책임」이란 이러한 협의의 책임에 사원의 출자의무(간접책임)를 포함한다. 회사법상의 협의의 책임에는 회사채무의 증가에 따라 사원이 무한으로 이것을 변제할 채무를 부담하는「무한책임」(합명회사 사원 및 합자회사 무한책임사원의 책임)과, 일정한 한도에서만 사원이 변제책임을 부담하는「유한책임」(금액유한책임)(합자회사 유한책임사원의 책임)이 있다. 그런데 사원의 유한책임은 출자의무(간접책임)가 일정한 범위로 한정되고, 그 범위 내에서만 책임을 진다는 의미로도 사용된다(주식회사 · 유한책임회사 및 유한회사 사원의 책임).[4]

또한 책임에는 인적 책임과 물적 책임이 있는데, 인적 책임은 자기의 전 재산으

---

1) 동지: 정(회), 283면.

2) 이에 관한 상세는 정(찬), (회) 56~72면; 정찬형, "상법상 각종회사의 비교,"「고시연구」, 1991. 2, 34~49면; 동, "상법상 각종회사의 사원의 책임,"「월간고시」, 1992. 6, 18~32면 참조.

3) 2020년 12월 말 현재 우리나라에서 등기되어 있는 회사의 총수는 1,254,281개사인데, 이 중 주식회사가 1,139,111개(90.82%), 유한회사가 94,774개(7.56%), 합자회사가 15,660개(1.25%), 합명회사가 2,503개(0.20%), 유한책임회사가 2,233개(0.18%)이다[이(철), (회) 91면].

회사형태(특히 합명회사 · 합자회사 · 유한회사)의 실증연구에 관하여는 오수근 · 김성애, "회사형태의 선택에 관한 실증연구,"「상사법연구」, 제21권 1호(2002), 397~426면 참조.

4) 동지: 주상(제5판)(회사 Ⅰ), 116면; 정(희), 284면.

로써 채무를 이행하여야 하는 책임을 말하고, 물적 책임은 특정물로써 이행하여야 하는 책임을 말한다. 따라서 인적 책임·물적 책임은 무한책임·유한책임과는 다르다. 회사의 사원의 책임은 모두 인적 책임이고, 물적 책임은 없다.[1]

1) 합명회사(offene Handelsgesellschaft〈OHG〉, Kollektivegesellschaft; société en nom collectif)는 그의 사원이 회사채권자에 대하여 직접·연대·무한의 책임을 지는($\frac{상}{212조}$) 무한책임사원만으로 일원적으로 구성된 회사이다. 합명회사의 사원은 원칙적으로 회사의 업무집행권과 대표권을 갖고($\frac{상\ 200조,}{207조}$), 그 지위를 양도하고자 하는 경우에는 다른 사원 전원의 동의를 받아야 한다($\frac{상\ 197조,}{218조\ 2호}$).

합명회사의 사원이 회사채권자에 대하여 이와 같이 「직접·연대·무한책임」을 부담하는 점에서는 주식회사의 주주 및 유한회사의 사원의 책임과 구별되고, 「무한책임」을 부담하는 점에서는 합자회사의 유한책임사원의 책임과 구별된다.

2) 합자회사(Kommanditgesellschaft〈KG〉; société en commandite)는 그의 사원이 합명회사의 사원과 동일한 책임을 지는 무한책임사원과 회사채권자에 대하여 직접·연대책임을 지지만 출자액을 한도로 하여 유한책임을 지는($\frac{상\ 279}{조\ 1항}$) 유한책임사원으로 이원적으로 구성된 회사이다. 합자회사의 업무집행과 대표는 무한책임사원이 하고($\frac{상\ 273조,}{278조}$), 유한책임사원은 감시권($\frac{상}{277조}$)이 있을 뿐이다. 합자회사에서 무한책임사원이 그의 지분을 양도함에는 총사원의 동의를 요하지만($\frac{상\ 269조,}{197조}$), 유한책임사원이 그의 지분을 양도함에는 무한책임사원 전원의 동의만 있으면 된다($\frac{상}{276조}$). 상법은 합자회사를 합명회사의 변형으로 보고, 합자회사에 관하여 별도의 규정이 없는 한 합명회사에 관한 규정을 준용하고 있다($\frac{상}{269조}$).

합자회사의 유한책임사원이 유한책임을 부담하는 점에서는 주식회사의 주주 및 유한회사의 사원의 경우와 같으나, 회사채권자에 대하여 「직접·연대책임」을 부담하는 점에서는 주식회사의 주주 및 유한회사의 사원이 회사채권자에 대하여 단순히 간접책임을 부담하는 점과 구별된다.

3) 유한책임회사(limited liability company〈LLC〉)는 사원이 출자한 자본금을 갖고, 원칙적으로 그 출자금액을 한도로 하여(유한책임) 회사에 대해서만 책임을 지는 (간접책임) 사원만으로 구성된 회사이다($\frac{상\ 287조의\ 3\ 3호,\ 287}{조의\ 4\ 2항,\ 287조의\ 7}$). 이 점에서 유한책임회사는 주식회사와 아주 유사하다. 다만 유한책임회사의 자본금은 주식과 같이 일정한 단위로 분할되지 않는 점이 다르다. 유한책임회사에서 업무집행권은 정관에서 사원 또는 사원이 아닌 자를 업무집행자로 정한 자에게 있고($\frac{상\ 287조}{의\ 12\ 1항}$), 대표권은 업무집

---

1) 동지: 정(희), 284면.

행자에게 있는데($^{상\ 287조}_{의\ 19\ 1항}$) 업무집행자가 둘 이상인 경우에는 정관 또는 총사원의 동의로 유한책임회사를 대표할 업무집행자를 정할 수 있다($^{상\ 287조}_{의\ 19\ 2항}$). 따라서 유한책임회사에서의 사원은 정관에서 업무집행자로 정하여지면 유한책임회사의 업무집행권과 대표권을 갖는다. 유한책임회사에서는 사원자격에서 당연히 회사의 업무집행권과 대표권을 갖는 것이 아니고 정관에서 업무집행자로 정하여져야 이러한 권리를 갖는다는 점에서, 이는 합명회사의 경우와는 다르고 오히려 주식회사의 경우($^{상}_{387조}$)와 유사한 면이 있다. 유한책임회사의 사원은 원칙적으로 다른 사원의 동의를 받지 아니하면 그 지분의 전부 또는 일부를 타인에게 양도하지 못한다($^{상\ 287조}_{의\ 8\ 1항}$). 이 점은 합명회사의 경우와 유사하다.

4) 주식회사(public company limited by shares, stock corporation; Aktien-gesellschaft⟨AG⟩; société anonyme)는 (사원인 주주의 출자에 의한 자본단체로서 주주의 지위는 자본금의 단위인 주식의 수로 표시되고) 그의 사원인 주주는 그가 인수한 주식금액을 한도로 하여(유한책임) 회사에 대해서만 책임을 지고 회사채권자에 대하여는 아무런 책임을 지지 않는(간접책임) 사원만으로 구성된 회사이다($^{상}_{331조}$). 주식회사에서 집행임원 비설치회사의 경우 업무집행권은 원칙적으로 이사회와 대표이사($^{집행임원\ 설}_{치회사의\ 경}$ $^{우는\ 집}_{행임원}$)에게 있고 대표권은 원칙적으로 대표이사($^{집행임원\ 설치회사의}_{경우는\ 대표집행임원}$)에게 있으므로, 주주(사원)는 (원칙적으로) 그의 지위에서는 회사의 업무집행 및 대표에 참여할 수 없다($^{상}_{387조}$)($^{소유와\ 경}_{영의\ 분리}$). 주주의 지위는 주식의 형식으로 나타나는데, 이러한 주식은 정관에 다른 규정이 없는 한 원칙적으로 자유롭게 양도될 수 있다($^{상\ 335}_{조\ 1항}$).

5) 유한회사(private company; Gesellschaft mit beschränkter Haftung⟨GmbH⟩; société à responsabilité limitée)는 기본적으로 주식회사의 주주와 같이 회사채권자에 대하여는 직접 아무런 책임을 지지 않고 회사에 대하여만 일정한 범위의 출자의무만을 부담하는(간접·유한책임)($^{상}_{553조}$) 사원만으로 구성된 회사이다. 따라서 유한회사의 사원의 책임은 기본적으로 주식회사의 주주의 책임과 같지만, 일정한 경우에 사원이 자본금의 전보책임을 지는 점($^{상\ 550조,\ 551조,}_{593조,\ 607조\ 4항}$)과 회사의 조직이 합명회사와 비슷하게 간소화되어 있는 점이 주식회사와 다르다.[1] 유한회사의 업무집행권 및 대표권

---

1) 독일·오스트리아에는 GmbH & Co. KG(유한합자회사)라는 유한회사와 합자회사의 혼합형태인 회사가 있는데, 이는 적은 자본의 유한회사를 설립하여 이것을 무한책임사원으로 하고 이 유한회사의 사원이 설립될 합자회사의 유한책임사원인 합자회사를 말하는 것으로서, 이는 회사와 사원에 대한 이중과세를 피하기 위하여 고안된 것이라고 한다. 이 때 유한회사의 사원은 이 유한합자회사에서도 유한책임사원으로서의 혜택을 받으면서, 또한 유한합자회사의 업무집행권과 대표권을 가지고 회사를 지배할 수 있는 이점도 갖게 된다[이에 관한 상세한 소개로는 손주찬, "서독의 유한회사법개정의 동향과 유한합자회사," 「한독법학」, 창간호, 3면 이하, 특히 9면 이하; 이기수,

은 이사에게 있으므로($\frac{상\ 562조,}{564조}$), 사원은 그 지위에서 회사의 업무집행 및 대표에 참여할 수 없다($\frac{주식회사와}{같은\ 점}$). 유한회사의 사원의 지위는 자유롭게 양도하거나 상속할 수 있는데, 다만 정관으로 지분의 양도를 제한할 수 있다($\frac{상}{556조}$).

(2) **상사회사 · 민사회사**(영업목적에 의한 종류)

상행위를 영업목적으로 하는 회사를 「상사회사」라고 하고, 상행위 이외의 영리를 영업목적으로 하는 회사를 「민사회사」라고 한다. 상사회사는 당연상인이고 ($\frac{상\ 4조,}{46조}$) 민사회사는 의제상인인($\frac{상\ 5조}{2항}$) 차이는 있으나, 민사회사도 상사회사의 설립조건에 좇아 설립되고 또 민사회사에는 상사회사에 관한 규정이 전부 준용되므로 ($\frac{민}{39조}$) 양자를 구별할 실익은 없다. 상사회사이든 민사회사이든 모두 영리성을 그 요소로 하므로 상법상의 회사이고, 또한 태생적 상인이다.[1]

(3) **모회사 · 자회사**(주식소유비율에 의한 종류)

상법 제342조의 2 제1항은 다른 회사의 발행주식의 총수의 100분의 50(50%)을 초과하는 주식을 가진 회사를 「모회사」라고 하고, 그 다른 회사를 「자회사」라고 규정하고 있다. 이것은 자회사에 의한 모회사의 주식취득을 제한하기 위하여 일단 모자회사의 개념에 대하여 일정한 기준에 따라 정의한 것이다. 모자회사는 후술하는 지배회사 · 종속회사의 일종인데, 그 기준이 상법에 의하여 정하여진 점에서 일반적인 지배회사 · 종속회사의 개념과 다르다.

2. 설립근거법상의 종류

(1) **내국회사 · 외국회사**(설립준거법에 의한 종류)

내국회사와 외국회사를 구별하는 기준에 대하여는 여러 가지 설이 있으나 설립준거법설(통설)에 의하면, 한국법에 준거하여 설립된 회사가 「내국회사」이고, 외국법에 준거하여 설립된 회사가 「외국회사」이다.

내국회사와 외국회사의 구별은 국내법과 국제사법의 적용에 있어서 그 실익이 있다. 상법전에 외국회사에 관한 규정이 있지만, 이로 인하여 외국회사가 상법상의 회사인 것은 아니다.[2]

"유한회사법에서의 채권자보호제도," 「상법논집」, 221면 등 참조]. 그러나 우리나라와 같이 회사가 다른 회사의 무한책임사원이 되지 못한다는 규정(상 173조)이 있는 입법례에서는 이러한 회사가 발생할 여지가 없다.

1) 이 구별은 상법의 적용범위에 관하여 상행위 중심주의를 취한 데서 생긴 유물이고, 이미 상행위 중심주의를 버린 우리나라의 상법에서는 이 구별이란 한낱 역사적인 의미밖에 없다고 한다[정(희), 285면].

2) 동지: 정(희), 286면.

외국회사는 우리나라의 법률의 적용에 있어서 그 법률에 다른 규정이 있는 경우 외에는 우리나라에서 성립된 동종 또는 가장 유사한 회사로 간주된다($\overset{상}{621조}$). 다만 외국회사가 우리나라에서 영업을 하고자 하는 경우에는 우리나라에서의 대표자를 정하고 국내에 영업소를 설치하거나 (국내)대표자 중 1명 이상이 국내에 그 주소를 두어야 하며, 또 그 영업소에 관하여는 등기하여야 한다($\overset{상 614조,}{상등규 163조}$). 또 외국회사의 탈법행위를 방지하기 위하여 외국회사가 우리나라에서 본점을 설치하거나 우리나라에서 영업을 할 것을 주된 목적으로 하는 경우에는 내국회사와 동일한 규정이 적용된다($\overset{상}{617조}$).

(2) 일반법상의 회사 · 특별법상의 회사(설립법원〈法源〉에 의한 종류)

회사는 그 설립 · 존속 등에 관한 법원(法源)을 기준으로 「일반법상의 회사」와 「특별법상의 회사」로 구별된다.

「일반법상의 회사」는 상법만이 적용되는 회사인데, 일반회사 또는 상법상의 회사를 말하고, 대부분의 회사가 이에 속한다.

「특별법상의 회사」는 다시 일반특별법상의 회사와 특정특별법상의 회사로 분류된다. 일반특별법상의 회사는 상법 외에 일반특별법의 적용을 받는 회사인데, 이의 예로는 은행법의 적용을 받는 각종 은행 · 보험업법의 적용을 받는 각종 보험회사 등이 있다. 특정특별법상의 회사란 그 회사(또는 법인)의 설립 · 존속 등을 위하여 특정의 특별법이 제정된 회사(특수회사)를 말하는데, 이의 예로는 한국가스공사법($\overset{전문개정: 1986. 5. 12, 법 3836호,}{개정: 2022. 12. 31, 법 19206호}$)에 의하여 설립된 한국가스공사 등이 있다.

3. 학설(강학)상의 종류

(1) 인적회사 · 물적회사(사회학적 형태에 의한 종류)

이는 사원의 개성과 회사기업과의 관계가 밀접한가 아닌가에 따라 회사를 학설상(강학상) 사회학적 형태로 구별한 것이다. 이에 의하면 회사의 대내관계에서 사원의 개성이 농후하고 대외관계에서 사원이 누구냐 하는 회사의 인적 요소에 중점을 두는 회사를 「인적회사」(Personengesellschaften; sociétés de peronnes)라고 하고, 대내관계에서 사원의 개성이 희박하고 대외관계에서 회사재산이라는 회사의 물적 요소에 중점을 두는 회사를 「물적회사(자본회사)」(Kapitalgesellschaft; sociétés de capitaux)라고 한다.[1] 이러한 기준에서 볼 때 우리 상법상 합명회사는 인적회사에 속

---

1) 프랑스에서는 회사의 대내적 관계에 착안하여 사원지위의 이전성이 있고 없고에 따라 인적회사를 「지분에 의한 회사」(société par intérêts), 물적회사를 「주식에 의한 회사」(société par abtions)로 부르고 있다. 이러한 인적회사와 물적회사의 특성을 구체적으로 설명한 것으로는 정

하고, 주식회사는 물적회사에 속한다. 합자회사는 인적회사와 물적회사의 중간형태이나 인적회사에 가깝고, 유한회사는 대외적으로는 물적회사에 가깝고 대내적으로는 인적회사에 가까운 중간형태이나 물적회사에 가깝다.[1] 유한책임회사는 인적회사(합명회사)에 물적회사(주식회사)의 요소를 부분적으로 반영한 회사라고 볼 수 있다.

인적회사에 있어서는 사적 자치가 어느 정도 인정되어 내부규정은 임의법규성을 가진 것도 있으나($\frac{상\ 195조.}{269조}$), 물적회사에 있어서는 내부규정이 모두 강행법규성을 갖는다.[2]

(2) 개인주의적 회사 · 단체주의적 회사(법률적 형태에 의한 종류)

이는 사원자격과 업무집행기관의 자격이 동일한지 분리되는지 여부에 따라 회사를 학설상 법률적 형태에 의하여 구별한 것이다.[3] 이에 의하면 사원자격과 업무집행기관의 자격이 동일한 자기기관(Selbstorganschaft)을 가진 회사를 「개인주의적 회사」(individualistische Gesellschaften)라고 하고, 사원자격과 업무집행기관의 자격이 분리된 제3자기관(Drittorganschaft)을 가진 회사를 「단체주의적 회사」(kollektivistische Gesellschaft)라고 한다. 경제적인 면에서 보면 개인주의적 회사에서는 소유와 경영이 결합되고, 단체주의적 회사에서는 그것이 분리되는 것을 의미한다. 개인주의적 회사에서는 전원일치를 원칙으로 하고 임의법적 규정이 인정되나, 단체주의적 회사에서는 다수결을 원칙으로 하고 강행법적 규정이 많다. 이는 인적회사 · 물적회사의 구별을 다른 각도에서 구별한 것으로 볼 수 있다.[4]

4. 경제상의 종류

(1) 지배회사 · 종속회사(지배 · 종속관계에 의한 종류)

일반적으로 어느 회사가 다른 회사를 계약 · 자본참가(주식 · 지분의 소유) · 임원의 파견 등에 의하여 지배하는 경우에 전자를 「지배회사」, 후자를 「종속회사」라고 한

(희), 287면[인적회사의 대내적인 면을 보면, (i) 사원의 수는 적고, (ii) 사원이 원칙적으로 회사의 업무에 관여하며(자기기관) 의사결정에 전원일치가 필요하고, (iii) 사원지위의 양도가 곤란한 반면에 퇴사제도가 인정되고, (iv) 사원이 1인이 되면 해산사유가 되고, (v) 청산방법으로서 임의청산이 인정된다. 또 인적회사의 대외적인 면을 보면, (i) 사원과 회사채권자간에 직접적인 관계가 생기고, (ii) 회사재산의 독립성이 약하고, (iii) 회사신용의 기초는 주로 사원의 개성에 있다. 인적회사의 이러한 특성에 대하여 물적(자본)회사는 대체로 반대의 입장에 있다]; 정(동), (회) 38~39면 등 참조.

1) 동지: 정(희), 287~288면; 정(동), (회) 39면.
2) 동지: 손(주), 442면; 정(희), 287면.
3) K. Wieland, *Handelsrecht*, Bd. I, 1921, S. 474.
4) 정(희), 288면.

다.[1] 앞에서 본 모자회사는 지배·종속회사의 하나의 형태인데, 주식취득제한의 기준을 명확히 마련하기 위하여 상법에서 정의한 것이다(상 342조의 2 1항).

(2) 내자회사·외자회사·합작회사·초국적 회사(다국적회사)(자본금의 내외에 의한 종류)

회사의 자본금이 내국자본인 회사를 「내자회사」라고 하고, 외국자본인 회사를 「외자회사」라고 하며,[2] 내국자본과 외국자본이 합쳐진 회사를 「합작회사」[3](joint venture corporation)라고 한다. 우리나라에서의 외자회사 또는 합작회사는 외국인투자 촉진법(제정: 1998. 9. 16, 법 5559호, 개정: 2023. 6. 13, 법 19438호)에 의하여 규율되고 있다. 「초국적 회사」(또는 다국적회사)(multinational or transnational corporation)란 동일자본이 많은 나라에서 동종영업을 위하여 출자되고, 이 자본으로 별개의 다수의 회사가 설립되어 그 회사들이 서로 모자회사 등으로 연결되어 있는 회사를 말한다. 이러한 초국적 회사는 전 세계적으로 통일된 계획과 지시에 의하여 경영되는데, 이는 최근 세계경제에 강력한 영향력을 행사하고 있다.

(3) 상장회사·비상장회사(상장 여부에 의한 종류)

「상장회사(법인)」라 함은 '증권시장[4]에 상장[5]된 증권(상장증권)을 발행한 회사(법인)'를 말하고(자금 9조 15항 1호), 상장회사(법인)를 제외한 회사(법인)를 「비상장회사(법인)」라고 한다(자금 9조 15항 2호). 증권시장에 상장된 주권을 발행한 회사(법인) 또는 주권과 관련된 증권예탁증권이 증권시장에 상장된 경우에는 그 주권을 발행한 회사(법인)를 「주

---

1) 지배회사·종속회사에서 발생하는 문제점에 대하여는 정쾌영, "지배회사의 자회사 채무에 대한 책임,"「비교사법」, 제9권 1호(2002. 4), 339~376면(지배회사의 종속회사 채무에 대한 책임을 설명함); 최장현, "지주회사의 회사법적 문제에 관한 고찰(소수주주 및 채권자보호를 중심으로),"「기업법연구」(한국기업법학회), 제9집(2002), 139~165면; 김재형·최장현, "지배종속관계의 종료시 지주회사의 충실의무,"「기업법연구」(한국기업법학회), 제10집(2002), 239~258면; 박진태, "모회사주주의 보호,"「상법학의 전망(평성 임홍근교수 정년퇴임기념논문집)」(서울: 법문사, 2003), 131~146면; 황승화, "현행 지주회사제도의 문제점과 개선방안연구,"「상장협」, 제48호(2003, 추계호), 123~161면; 최성근, "지주회사와 사업회사간 지배·견제의 적정화를 위한 해석론·입법론,"「비교사법」, 제10권 2호(2003. 6), 293~319면 등 참조.

2) Würdinger, *Aktienrecht*, 4. Aufl., 1981, S. 23에서 외자회사에 대한 법형식을 상세히 설명하고 있다.

3) 이를 달리 표현하면 「합작투자회사」 또는 「국제회사」(internationale Gesellschaften)라고도 한다.

4) 「증권시장」이란 '증권의 매매를 위하여 거래소가 개설하는 시장'을 말하고(자금 8조의 2 4항, 1호),「증권」이란 '채무증권·지분증권·수익증권·투자계약증권·파생결합증권·증권예탁증권으로 구분된다(자금 4조 2항).

5) 「상장」이라 함은 '증권시장이 특정 증권에 대해 자신의 시장에서 매매대상이 될 수 있음을 인정하는 것'인데[이(철), (회) 93면], 이에 관하여는 한국거래소가 제정한 상장규정이 있다(자금 390조).

권상장회사(법인)」라고 하고($\binom{자금 9조}{15항 3호}$), 주권상장회사(법인)를 제외한 회사(법인)를 「주권비상장회사(법인)」라고 한다($\binom{자금 9조}{15항 4호}$).

2009년 개정상법은 상장회사의 지배구조에 관한 특례규정을 신설하여 규정하고 있다($\binom{상 제3편 제4장 제13절 상장회사}{에 대한 특례⟨2009. 1. 30. 신설⟩}$). 이러한 특례규정이 적용되는 상장회사는 「자본시장과 금융투자업에 관한 법률」 제8조의 2 제4항 제1호에 따른 증권시장($\binom{증권의 매매}{를 위하여 거}$ 래소가 개설하는 시장을 말함)에 상장된 주권을 발행한 주식회사를 말한다($\binom{상 542조의 2 1항}{본문, 상시 29조 1항}$). 그러나 집합투자($\binom{2인 이상에게 투자권유를 하여 모은 금전, 그 밖의 재산적 가치가 있는 재산을 취득·처}{분, 그 밖의 방법으로 운용하고 그 결과를 투자자에게 배분하여 귀속시키는 것을 말함}$)를 수행하기 위한 기구(Mutual Fund)로서 「자본시장과 금융투자업에 관한 법률」 제6조 제5항에 따른 집합투자를 수행하기 위한 기구인 주식회사는 제외한다($\binom{상 542조의 2 1항}{단서, 상시 29조 2항}$). 이하 이 책에서 상장회사는 이러한 상장회사를 의미한다.

한국거래소는 증권시장에 상장할 증권의 심사 및 상장증권의 관리를 위하여 규정을 제정하고 있는데, 이것이 증권상장규정이다($\binom{이 경우 유가증권시장과 코스닥시장에 대}{하여 별도의 상장규정으로 정할 수 있다}$)($\binom{자금}{390}$ $\binom{조}{1항}$). 주권을 거래소에 상장한 회사는 투자자를 보호하기 위한 여러 가지의 규제를 받는다($\binom{자금 172조~}{175조 등}$).

(4) **기업집단 · 계열회사 · 지주회사**(독점규제 및 공정거래에 관한 법률에 의한 종류)

「기업집단」이라 함은 '동일인이 일정한 기준($\binom{주식 또는 지분의}{소유나 임원파견 등}$)에 의하여 사실상 그 사업내용을 지배하는 회사의 집단'을 말하는데, 동일인이 회사인 경우에는 그 동일인과 그 동일인이 지배하는 하나 이상의 회사의 집단을 말하고, 동일인이 회사가 아닌 경우에는 그 동일인이 지배하는 둘 이상의 회사의 집단을 말한다($\binom{독규 2}{조 11호}$). 「계열회사」란 '둘 이상의 회사가 동일한 기업집단에 속하는 경우에 이들 회사는 서로 상대방의 계열회사'라 한다($\binom{독규 2}{조 12호}$). 이러한 개념은 기업결합을 제한하기 위하여 사용되고 있다. 「지주회사」란 '주식(지분)의 소유를 통하여 국내회사의 사업내용을 지배하는 것을 주된 사업으로 하는 회사로서 자산총액이 대통령령이 정하는 금액 이상인 회사'를 말하는데($\binom{독규 2}{조 7호}$), 이러한 지주회사를 설립하고자 하거나 지주회사로 전환하고자 하는 자는 대통령령이 정하는 바에 의하여 공정거래위원회에 신고하여야 한다($\binom{독규}{17조}$).

(5) **공공적 법인**(산업내용에 의한 종류)

「공공적 법인」이란 '국가기간산업 등 국민경제상 중요한 산업을 영위하는 법인으로서 대통령령으로 정하는 상장법인'을 말한다($\binom{자금 152}{조 3항}$). 이러한 공공적 법인이라는 개념은 1987년에 수립된 국영기업의 민영화계획의 시행에서 증권거래법($\binom{동법 199조 2}{항,}$ $\binom{200조}{}$)($\binom{이 법은 자본시장과 금융투자업에 관한 법}{률이 제정됨에 따라 2009. 2. 4에 폐지됨}$) 등에 새로이 도입된 개념이다($\binom{예컨대, 한국}{전력공사}$).[1]

---

1) 이(철), (회) 94면.

제 3 회사의 능력

1. 회사의 권리능력[1]

우리 상법상 모든 회사는 법인이므로($\frac{상}{169조}$) 권리의무의 주체가 될 수 있는 자격, 즉 권리능력을 갖고 있다. 이러한 권리능력을 일반적(추상적) 권리능력이라고 한다. 그러나 법인은 자연인과는 다른 특성이 있기 때문에 법인의 개별적(구체적) 권리능력은 다음과 같이 제한을 받는다. 이러한 문제는 회사와 거래관계를 갖는 제3자에게 매우 이해관계가 크다.

(1) 성질에 의한 제한

회사는 법인이므로 자연인에게 존재하는 특유한 권리의무(예컨대, 신체·생명에 관한 권리, 친권, 상속권, 부양의무 등과 같은 신분상의 권리의무)를 가질 수 없다(그러나 유증은 받을 수 있다). 그러나 회사는 그 밖의 권리는 모두 가질 수 있다. 따라서 회사는 재산권뿐만 아니라, 명예권·상호권 등과 같은 권리를 가질 수 있다.

회사는 그 성질상 인적 개성이 중시되는 지배인 등과 같은 상업사용인은 되지 못하지만, 유한책임사원(합자회사의 유한책임사원, 유한책임회사의 사원, 주식회사의 주주 및 유한회사의 사원)이나(통설)[2] 유한책임회사의 업무집행자는 될 수 있다($\frac{상\ 287조의\ 3\ 4}{호,\ 287조의\ 15}$).

회사가 다른 회사의 이사·집행임원이나 감사(다른 법인의 기관)가 될 수 있는가에 대하여는 긍정설[3]·부정설[4] 및 업무를 담당하지 않는 이사나 감사는 될 수 있으나 업무를 담당하는 이사나 감사는 될 수 없다는 설[5]로 나뉘어 있다. 생각건대 회사의 이사·집행임원이나 감사는 우리나라의 경우 본질적으로 인적 개성에 의하여 임면되고 또 이사·집행임원이나 감사는 일반적으로 직무를 집행하는 자이므로, 독일 주식

---

1) 이에 관한 상세는 정찬형, "회사의 권리능력(Ⅰ)(Ⅱ)," 「논문집」(충북대), 제20집(1980), 81~94면 및 제21집(1981), 151~166면; 동, "회사의 권리능력," 「판례월보」, 제217호(1988. 10), 51~59면; 동, "회사의 권리능력," 「고시계」, 1992. 12, 15~28면 참조.

2) 정(동), (회) 47면; 손(주), 446면; 이(철), (회) 77면; 주상(제5판)(회사 Ⅰ), 136면 외.

3) 정(동), (회) 47~48면; 정(경), 311면; 서·정, 289면; 강, 177~178면; 주상(제5판)(회사 Ⅰ), 136면.

긍정설을 취한 외국의 입법례로는 영국 회사법(2006) 155조; 프랑스 상법 225-20조 1항.

4) 이(철), (회) 77면; 임(재), (회 Ⅰ) 75면; 송(옥), 731면; 이(범), (예해) 277면; 채, 387면; 박·이, 66면; 최(기), (회) 77면.

부정설을 취한 외국의 입법례로는 독일 주식법 76조 3항 및 100조 1항(완전한 행위능력이 있는 자연인에 한한다고 규정하고 있다); 영국 회사법(2006) 155조(1인 회사인 경우 자연인이어야 한다).

5) 정(희), 290~291면, 471면; 손(주), 446면.

법과 같이 자연인에 한한다고 본다. 따라서 부정설에 찬성한다.[1] 주식회사의 발기인도 이와 동일하게 보아야 할 것이다.

(2) 법률에 의한 제한

회사는 법률에 의하여 법인격(권리능력)을 부여받으므로, 법률에 의하여 권리능력이 제한될 수 있음은 당연하다. 상법에 의하면 회사는 다른 회사의 무한책임사원이 되지 못하는데($\frac{상}{173조}$), 이것은 회사가 자기의 위험 외에 다른 회사의 모든 위험을 부담하는 것을 회사정책상 인정하지 않기 때문이다.[2] 또한 청산중의 회사는 청산의 목적범위 내로 권리능력이 제한된다($\frac{상 245조, 269조, 287조의}{45, 542조 1항, 613조 1항}$).

특정회사는 각종의 특별법령에 의하여 겸업 또는 특정행위가 제한되는 경우가 있다($\frac{은행 38조, 보험}{10조·11조 등}$). 이에 대하여는 그러한 규정을 효력법규로 보고 특별법에 의한 권리능력의 제한이라고 설명하는 견해와,[3] 그러한 규정을 단속법규로 보고 이 규정을 특별법에 의한 권리능력의 제한이라고 볼 수 없다는($\frac{즉, 권리능력과}{는 무관하다는}$) 견해[4]로 나뉘어 있다.

생각건대 이러한 특별법상의 제한규정을 일률적으로 단속법규로 보면 그러한 제한목적에 반할 뿐만 아니라, 때에 따라서는 일반공중의 손해발생의 위험도 있기 때문에, 일률적으로 단속법규로 보는 견해에는 찬성할 수 없다. 따라서 각종의 특별법상의 개별적인 제한규정에 따라 그 제한목적과 일반공중의 이익을 고려하여 효력규정으로 해석해야 할지의 여부를 결정해야 하고, 효력규정으로 해석될 때에는 특별법에 의한 권리능력의 제한으로 보아야 할 것이다.[5]

(3) 목적에 의한 제한

1) 총   설   법인은 정관의 목적범위 내에서 권리와 의무의 주체가 된다는 민법의 비영리법인에 관한 규정($\frac{민}{34조}$)이 회사에 대해서도 적용 또는 유추적용되는 것인지 여부의 문제가 있다. 이 문제는 회사의 성립시부터 해산시까지의 회사의 권리능력이 정관의 목적범위 내로 제한되는지 여부에 관한 문제이므로, 회사의 설립행위가 시작되어 성립할 때까지 존속하는 「설립중의 회사」 및 회사의 해산에서 청

---

1) 정찬형, 전게논문(충북대논문집, 제20집), 84면.
2) 동지: 정(희), 291면; 정(동), (회) 48면(다만 이 규정의 당부에 대하여는 의문이 있다고 한다).
3) 박·이, 69면; 이(병), 403면; 양·박, 185면.
4) 정(동), (회) 48면; 이(철), (회) 78면; 임(재), (회 Ⅰ) 76면; 송(옥), 731면.
5) 동지: 대판 1985. 11. 26, 85 다카 122(신문 1617, 6)는 상호신용금고법(현 상호저축은행법) 제17조(채무부담제한에 관한 규정)를 효력규정으로 보고 이에 위반한 채무보증은 무효라고 보면서, 대판 1987. 12. 12, 87 다카 1458(공보 818, 326)은 상호신용금고법 제12조(동일인에 대한 일정액을 넘는 대출 등을 금지하는 행위)를 단속규정으로 보고 이에 위반한 대출을 유효라고 판시하고 있다.

산종결시까지 존속하는 「청산중의 회사」의 권리능력과는 구별된다.[1] 「설립중의 회사」는 회사 설립에 관계되는 행위에 관해서 실질적으로는 권리능력이 있으나(즉, 설립중의 회사의 법적 성질은 권리능력이 없는 사단이므로, 그 소유형태로는 총유를 하게 되고, 부동산등기능력이 있으며, 소송상 당사자능력이 있다) 형식상은 권리능력이 없으며, 「청산중의 회사」는 회사 소멸에 관계되는 행위만을 할 수 있는 것으로 법률에 의하여 그 권리능력이 제한된다[2](상 245조, 269조, 287조의 45, 542조 1항, 613조 1항).

2) 학 설   정관의 목적에 의하여 회사의 권리능력이 제한되는지 여부에 대하여 우리나라에서 학설은 크게 제한설(제한긍정설)과 무제한설(제한부정설)로 나뉘어 있다. 이러한 문제가 특히 회사에서 논의되는 것은, 상법 회사편에서는 회사는 정관상 목적에 의하여 그의 권리능력이 제한된다는 명문규정이 없어 민법 제34조(법인은 법률의 규정에 좇아 정관으로 정한 목적의 범위 내에서 권리와 의무의 주체가 된다)가 상법상 회사에도 적용 또는 유추적용되는지 여부에 관한 해석의 차이에 기인한다. 이하에서는 제한설과 무제한설에 관한 우리나라의 학설의 근거를 살펴보겠다.

(가) 제 한 설   제한설은 법인의제설에 입각한 태도라고 볼 수 있겠는데, 그 근거는 다음과 같이 설명되고 있다.[3]

① 민법 제34조는 회사를 포함한 법인 일반에 공통되는 기본원칙이므로 상법에 이를 배제하는 규정이 없는 한 회사에도 동 규정이 적용 또는 유추적용된다(상 1조 참조).

② 법인은 원래 특정한 목적을 위하여 설립되는 인격자이므로 그 목적범위 내에 있어서만 권리·의무의 주체가 된다는 것은 법인의 본질에 속하고, 이러한 법인의 본질이 영리법인인 회사에 있어서도 해당되는 것은 일반법인과 다를 바가 없다.

③ 회사의 목적은 정관의 필요적 기재사항이고(상 179조, 270조, 287조의 3, 289조, 543조) 또 등기되는데(상 180조 1호, 271조, 287조의5 1항 1호, 317조 2항, 549조 2항 1호), 그 목적에 의한 제한을 받지 않는다면 상법상 등기제도의 근본원칙(상 37조)이 거래의 안전 때문에 배척되어 정당한 사유가 없는 선의자에 대하여까지 회사가 대항하지 못하는 결과가 되어 이론상 시인될 수 없다.

④ 회사재산이 특정한 목적을 위하여 이용될 것을 기대하는 주주의 이익을 보호하는 데 중점을 두어야 한다. 회사 설립의 기본이 되는 주주의 이익을 소홀히 하게 되면, 일반 공중의 투자심리를 저하시키게 되고 따라서 대자본을 흡수해야 할 회사의 설립 자체가 곤

---

1) 동지: 정(희), 291면.
2) 또한 설립중의 회사는 「설립목적」의 범위 내에서 실질적인 권리능력이 있고 청산중의 회사는 「청산목적」의 범위 내에서 권리능력이 제한되므로 이러한 경우도 목적에 의한 권리능력의 제한으로 생각될 수 있겠으나, 설립중의 회사는 형식상 권리능력이 없으므로 권리능력의 제한의 문제가 있을 여지가 없고 청산중의 회사의 권리능력의 제한은 법률에 의한 제한의 제한의 문제가 있을 여지가 없고 청산중의 회사의 권리능력의 제한은 법률에 의한 제한으로 보아야 할 것이다.
3) 정(희), 293면; 박원선, "회사의 권리능력," 「연세행정논총」(연세대행정대학원), 제 5 집 (1987), 148~149면; 동, "회사의 목적범위외의 행위," 「고시계」, 1965. 1, 29~30면; 박·이, 69~70면; 강, 179면.

란해진다.

⑤ 회사의 권리능력을 목적에 의하여 제한하지 않는다면 회사는 비영리사업을 할 수 있게 되는데, 이는 민법에서 비영리법인의 설립에 허가주의($\frac{민}{32조}$)를 채용한 제도적 기능을 상실시킬 우려가 있다.

⑥ 무제한설이 그 근거의 하나로서 들고 있는 주주의 이익보호를 위한 「주주의 유지청구권」에 관한 규정($\frac{상}{402조}$)은 회사의 목적범위의 제한 여부와는 하등 관계가 없고, 또 무제한설이 들고 있는 「회사의 권리능력은 목적에 의하여 제한되지 않거나 또는 그 제한이 완화되어 가고 있다는 비교법적 고찰」은 입법론으로는 참고할 가치가 있겠지만 이로써 우리 상법의 해석론을 좌우할 수는 없다.

(내) 무제한설　　　무제한설은 법인실재설에 입각한 태도라고 볼 수 있겠는데, 그 근거는 다음과 같이 설명되고 있다.[1]

① 민법상의 법인에 관한 규정은 비영리법인에 관한 규정으로서 사법인 일반에 관한 통칙은 아니다. 민법 제34조의 규정은 비영리법인에 대하여 정책적으로 인정한 특칙으로 활동의 범위가 넓은 영리법인에 유추적용할 것이 아니고, 상법에 민법 제34조를 준용한다는 명문의 규정이 없는 이상 회사의 목적에 의한 권리능력의 제한은 없다고 해석하는 것이 타당하다.

② 회사의 목적에 의하여 그 권리능력을 제한하면 거래의 안전을 심히 해치게 된다. 회사의 활동범위가 대단히 넓은 오늘날의 현실에서 볼 때, 거래의 안전을 희생하여서까지 사원을 보호할 필요는 없다.

③ 회사의 권리능력을 그 목적에 의하여 제한하면, 회사가 목적 외의 행위를 하여서 성공하면 그냥 그 이익을 자기의 것으로 하나 손실이 있으면 그 행위의 효력을 부인하게 되어, 불성실한 회사에 대하여 책임을 회피할 수 있는 구실을 주게 되고 불필요한 분쟁이 발생하여 거래의 안전을 해할 위험성이 많다.

④ 회사의 목적은 등기되지만, 제3자가 거래할 때마다 이를 확인한다는 것은 번잡하고 또 목적범위에 속하는지 여부에 대한 판단이 어려워서 거래의 실정에도 맞지 않는다. 따라서 회사의 목적이 등기된다는 사실만으로 제3자에 대하여 대항력이 발생한다고 하면($\frac{이의 결과 목적에 의하여 권}{리능력이 제한된다고 하면}$), 회사와 거래하는 상대방으로 하여금 불측(不測)의 손해를 입힐 염려가 있다.

⑤ 비교법적으로 볼 때에도 대륙법 등에서는 목적에 의하여 회사의 권리능력이 전혀

---

1) 서·정, 291~292면; 서돈각, "영미회사법에서의 ultra vires이론," 「법학」(서울대), 제1권 1호 (1959. 6), 131~133면; 이(철), (회) 82면; 임(재), (회 Ⅰ) 78면; 주상(제5판)(회사 Ⅰ), 140면; 손(주), 449면; 정(동), (회) 51면; 최(기), 507면; 최기원, "회사의 권리능력에 관한 소고(ultra vires이론을 중심으로)," 「논문집」(서울대 경영대학원 창립 5주년기념), 1971, 288~289면; 채, 389~390면; 이(기) 외, (회) 104~105면; 김(영), (회) 73면; 최병규, "회사의 권리능력," 「고시연구」, 제350호(2003. 5), 198~199면 등.

제한되지 않고, 영미법 등에서도 목적에 의한 회사의 권리능력의 제한은 점차 완화 내지는 폐지되고 있다.

⑥ 법규정의 형식에서 볼 때에도 의용(依用)상법(구〈舊〉상법) 제72조는 「정관의 변경 기타 회사의 목적의 범위 내에 들지 않는 행위를 함에는 총사원의 동의가 있어야 한다」고 규정하였으나, 이에 해당하는 현행 상법 제204조는 「정관을 변경함에는 총사원의 동의가 있어야 한다」고만 규정하여 회사의 목적범위 외의 행위에 관한 부분은 삭제하고 있는데, 이는 현행 상법이 회사의 권리능력은 목적에 의하여 제한되지 않는 입장을 취하였기 때문에 불필요한 부분을 삭제한 것으로 볼 수 있다.

생각건대 무제한설에 찬성한다. 그 이유는 민법 제34조는 그 성질상 비영리법인에게만 적용되고, 정관의 목적이 등기된다고 하여 회사의 모든 거래상대방에 대하여 악의를 의제하는 것은 거래의 안전을 심히 해하게 되며, 사원의 이익보다는 거래상대방인 제3자의 이익을 보다 중시하는 것이 상법의 근본이념에 합치하기 때문이다. 비교법적으로 볼 때도 독일 주식법($^{82조}_{1항}$) 등은 명문으로 무제한설의 입장에서 규정하고 있고, 제한설의 모법(母法)이라고 할 수 있는 영국까지도 EU법의 영향으로 회사법을 개정하여 무제한설의 입장에서 규정하고 있으며($^{Companies\ Act}_{2006,\ 39조\ 1항}$), 미국에서도 많은 주가 무제한설의 입장에서 규정하고 있다($^{RMBCA\ 2006\ §\ 3.04;\ Cal.}_{Corp.\ Code\ 2008\ §\ 208\ 등}$). 또한 제한설이 그 목적 범위를 아주 확대하고($^{그\ 목적수행}_{에\ 직접 · 간}$ $^{접으로\ 필요한}_{행위\ 등으로}$) 또 그 판단기준도 객관적 · 추상적으로 결정하여야 하는 것으로 보면, 실질적으로 무제한설과 아주 유사하게 된다. 그러나 상법상 뚜렷한 근거도 없으면서 제한설에 입각하여 이렇게 해석하는 것보다는, 처음부터 무제한설에 입각한 이론이 더 확실하고 간명한 것으로 본다.[1]

3) 판 례 이에 관한 우리나라의 판례는 제한설의 입장에서 일관하여 판시하고 있는데, 다만 목적범위를 넓게 해석하여($^{목적수행에\ 직접 · 간접으로\ 필요한\ 행위를\ 모두}_{포함하고,\ 목적수행에\ 필요한지\ 여부도\ 행위의}$ $^{객관적\ 성질에\ 따라}_{추상적으로\ 판단함}$) 거래의 안전을 도모하고 있다.[2] 따라서 판례의 입장은 결과적으로

---

1) 정(찬), (회) 82~85면; 정찬형, 전게논문(충북대논문집 제21집), 162~164면; 동, 전게논문(판례월보, 제217호), 56~58면; 동, 전게논문(고시계, 1992. 12), 24~27면.

무제한설의 입장에서 "계열사간 보증행위는 목적범위 내의 행위이나, 아무런 거래관계나 자본관계가 없는 주채무자를 위하여 보증하는 행위는 회사의 목적범위 외의 행위에 해당한다"고 설명하는 견해가 있는데[임(재), (회 Ⅰ) 79~80면; 송(옥), 733~734면], 이는 무제한설의 취지에서 의문이다.

동지: 권기범, "회사의 권리능력," 「상법논총」(인산정희철선생정년기념), 1985, 106~109면; 송호영, "법인의 권리능력," 「비교사법」(한국비교사법학회), 제7권 1호(2000. 6), 91~122면.

2) 이에 관한 우리나라의 판례는 다음과 같은데, 그 요지만을 간단히 소개한다.

① 유기질비료 · 사료 · 어지(魚脂) · 해산물의 생산, 수집 기타 부대가공업 및 판매업을 목적으로 하는 회사가 일정한 경우에 타인을 위하여 한 「주식매입자금의 보전행위」는, 위 회사의 「목적달성에 필요한 범위 내에 속한 행위」로서 동 회사의 목적범위 내에 속하는 행위라고 판시하였다(대판 1946. 2. 8, 4278 민상 179).

② 가마니 매매업 및 이에 관련된 부대사업 일체를 목적으로 하는 회사가 타인을 위하여 한 「짚등으로 만든 수공품(藁工品) 보관계약」은, 위 회사의 「목적에 배치되지 않는 행위」로서 동 회사

는 무제한설과 거의 동일하다.

4) 정관상 목적의 기능　　제한설에 의하면 정관에 기재된 목적은 회사의 권리능력을 제한하는 기능을 한다.

그러나 무제한설에 의하면 회사의 정관상 목적은 회사의 기관($^{업무집행}_{및 대표기관}$)의 권한을 내부적으로만 제한하는 기능을 하는 것으로 해석할 수 있다. 따라서 이사 등이 그러한 정관상 목적에 위반하여 행위를 한 경우에 주주 또는 회사는 그러한 행위자에 대하여 손해배상책임을 추궁할 수 있고($^{상 195조, 269조, 287조의 18, 399조, 408}_{조의 8, 402조, 403조, 406조의 2, 567조}$), 상대방이 악의인 경우에는 「대표권의 제한은 선의의 제3자에게 대항하지 못한다」($^{상 209조 2항,}_{269조, 287조}$ $^{의 19 5항, 389조 3항,}_{408조의 5 \ 2항, 567조}$)는 규정의 반대해석 또는 권리남용의 법리나 신의칙($^{민}_{2조}$)에 의하여 대항할 수 있다고 본다.[1]

5) 회사의 권리능력과 기부행위(정치헌금)　　회사의 권리능력이 정관상 목적에 의하여 제한을 받는지 여부는 회사의 영업과 관련한($^{특히 거래상대방}_{의 보호와 관련한}$) 거래행위에 관해서이다. 그런데 회사가 영업과 관련이 없는($^{특히 거래상대방의}_{보호와 관련이 없는}$) 기부행위($^{또는 정}_{치헌금}$)를 할 수 있는지 여부가 회사의 권리능력과 관련하여 문제된다. 이에 대하여 미국의 회사

의 목적범위 내에 속하는 행위라고 판시하였다(대판 1955. 3. 10, 4287 민상 128〈주판집, 민 Ⅱ, 288〉).

③ 벽지제조업·국내외수출업 등과 이에 부대하는 사업을 목적으로 하는 회사가 타인을 위하여 한 「채무인수행위」는, 위 회사의 「목적사업을 수행함에 필요한 행위」로서 동 회사의 목적범위 내에 속하는 행위라고 판시하였다(원심에서는 목적 범위 외의 행위로서 무효라고 판시하였음)(대판 1968. 5. 21, 68 다 46〈집 16 ② 민 55〉).

④ 피고회사(이 회사의 사업목적은 판결문에 나타나 있지 않음)가 타인을 위하여 한 「손해배상의무(원고로부터 극장위탁경영으로 인하여 발생하는 손해배상의무임)를 연대보증한 행위」는 「피고회사의 사업목적범위에 속하지 아니하는 행위」로서 피고회사를 위하여 효이 있는 적법한 보증으로 되지 아니한다고 판시하였다(원심을 지지한 판결임)(대판 1975. 12. 23, 75 다 1479〈집 23 ③ 민 161〉).

⑤ 피고회사(단기금융업을 영위하는 회사)가 타인을 위하여 한 「어음보증행위」는 위 회사의 목적을 수행하는 데 있어서 「직접·간접으로 필요한 행위」로서 피고회사의 목적범위 내에 속하는 행위라고 판시하였다(대판 1987. 12. 8, 86 다카 1230〈공보 817, 256〉). 동지: 대판 1988. 1. 19, 86 다카 1384〈공보 820, 445〉.

⑥ 피고회사(단기금융업을 영위하는 회사)가 타인을 위하여 한 「어음배서행위」는 행위의 객관적 성질상 위 회사의 「목적수행에 직접·간접으로 필요한 행위」로서 동 회사의 목적범위 내의 행위라고 판시하였다(대판 1987. 9. 8, 86 다카 1349〈공보 1987, 1552〉).

⑦ 피고회사(시멘트제조 주식회사)가 타인의 대출금채무에 대하여 한 「연대보증행위」는 위 회사의 목적수행을 하는 데 있어서 객관적 성질에 따라 판단할 때 「직접·간접으로 필요한 행위」라고 하여 적법한 보증행위라고 판시하였다(대판 1999. 10. 8, 98 다 2488〈공보 1999, 2280〉).

⑧ 원고 합자회사(시장건물의 관리회사)가 시장건물이 있는 토지를 「매도하는 행위」는 원고의 목적사업을 수행하는 데 있어 「직접·간접으로 필요한 행위」라고 판시하였다(대판 2009. 12. 10, 2009 다 63236〈공보 2010, 115〉).

1) 동지: 이(철), (회) 82~83면(민 제2조 2항의 권리남용에 근거함); 손(주), 450~451면(민 제2조 2항의 권리남용에 근거함); 주상(제5판)(회사 Ⅰ), 141면; 임(재), (회 Ⅰ) 78면.

법은 회사의 사업과 업무를 촉진하는 적법한 기부행위는 가능하다는 명문규정을 두 었고,[1] 일본의 최고재판소판례도 합리적인 범위 내의 정치헌금은 정관상 목적과 무 관하더라도 가능하다고 판시하고 있다.[2]

우리나라에서 이를 어떻게 해석할 것인가에 대하여, 합리적인 규모의 기부행위 는 가능하다고 보는 견해가 있다.[3] 무제한설의 입장에서는 이의 유효를 설명하는 데 큰 문제가 없겠으나, 제한설의 입장에서는 이의 유효를 설명함에 논리에 있어서 문제가 있다고 본다.[4] 그런데 무제한설의 입장에서도 회사의 자본금이나 경영상태 에 비추어 과도한 기부행위(또는 정 치헌금)는 이사·집행임원의 회사에 대한 손해배상책임의 원인이 될 수 있고[5](상 399, 408조의 8), 그 기부행위(또는 정 치헌금)가 실질적으로 주주권을 침해하면 업무상 배임죄가 될 수 있다.[6]

2. 의사능력 · 행위능력

(1) 회사는 법인으로서 권리능력이 있는데, 그의 행위는 회사의 조직의 일부 인 기관을 통하여 스스로 하고 이러한 기관의 행위는 곧 회사의 행위이므로 회사 는 의사능력과 행위능력을 갖는다(법인실재설).[7] 회사의 기관은 회사가 대내적·대 외적 활동을 하기 위한 기구로서 회사의 조직의 일부인데, 보통 1인 또는 수 인의 자연인에 의하여 구성된다.[8] 인적회사에서는 사원자격(Mitgliederschaft)과 기관자격 (Organschaft)이 일치하지만, 물적회사에서는 원칙적으로 일치하지 않는다. 사원은 회사의 권리능력의 기초가 되는 자인데, 기관은 행위능력 내지 의사능력의 기초가 되는 자이다.[9]

(2) 회사의 권리능력에 관하여 무제한설에 의하면 대표권 남용의 문제는 정관상 목적범위의 내외를 불문하고 문제되겠으나(특히 목적범위 외의 행위를 한 경우에는 거 의 전부 대표권남용의 문제가 발생할 것임), 제한설

---

1) RMBCA 2006 § 3.02 (15).
2) 日最高判 1970. 6. 24(民集 24-6, 625).
3) 정(동), (회) 54면; 채, 392면; 주상(Ⅱ-상), 99면; 주상(제5판)(회사 Ⅰ), 142면.
4) 정찬형, 전게논문(고시계, 1992. 12), 28면.
5) 동지: 임(재), (회 Ⅰ) 79면.
6) 동지: 대판 2010. 5. 13, 2010 도 568 외.
7) 이에 반하여 법인의제설에서는 회사 자체의 의사능력과 행위능력을 부정하고, 회사의 대표자는 회사의 조직 외의 대리인이라고 한다.
8) 이 기관과 회사와의 관계를 대표관계라고 하고, 이것에 대리의 규정이 준용된다(민 59조 2항). 그런데 대리는 대립하는 2 인격자간의 개인법적 이원관계인 데 대하여, 대표는 기관과 법인의 사 단법인적인 일원관계인 점에서 법률구성이 다르다. 그러나 그 효과가 직접 회사에 귀속하는 점에 서는 양자에 차이가 없다.
9) 동지: 정(희), 294면.

에 의하면 정관상 목적범위 외의 행위는 무효가 되므로 대표권남용을 거론할 실익이 없게 될 것이고 정관상 목적범위 내의 행위에 대해서만 대표권남용을 거론할 실익이 있을 것이다.

3. 불법행위능력

(1) 회사의 행위능력이 인정되는 한 이의 당연한 귀결로서 회사의 불법행위능력도 인정된다. 회사의 불법행위능력에 관하여는 상법상 특별규정이 있다. 즉, 상법은 회사를 대표하는 자가 그 업무집행으로 인하여 타인에게 손해를 가한 때에는 회사는 그 자와 연대하여 배상할 책임이 있는 것으로 규정하여, 피해자의 이익을 보호하고 있다(상 210조, 269조, 287조의 20, 389조 3항, 567조).[1] 이는 민법 제35조 1항과 그 표현은 다르지만 같은 취지를 규정한 것이다. 회사가 피해자에 대하여 그 손해의 전부 또는 일부를 배상하였을 때에는 회사는 당연히 그 대표기관 개인에 대하여 구상할 수 있다.[2] 이 때에는 대표기관 개인도 피해자에 대하여 불법행위를 한 것이 되므로(민 750조),[3] 회사와 대표기관 개인은 피해자에 대하여 부진정연대책임을 부담한다.[4]

(2) 대표기관 이외의 자(피용자)가 회사의 사무집행에 관하여 불법행위를 하였을 때에는 회사는 민법 제756조의 사용자배상책임의 법리에 의하여 책임을 진다. 이 때 동조의 「사무의 집행에 관하여」라는 것에 해당하는지의 여부는 행위의 외형을 기준으로 하여 객관적으로 판단할 것이고, 행위자의 의사를 기준으로 주관적으

---

1) 동지: 대판 1980. 1. 15, 79 다 1230(집 28 ① 민 20)(회사의 대표이사가 그 업무집행중 불법행위로 인하여 제3자에게 손해를 가한 때에는 대표이사는 회사와 연대하여 배상할 책임이 있고, 그 불법행위는 고의는 물론 과실이 있는 때에도 같다).

2) 동지: 정(희), 295면.

3) 동지: 정(희), 295면; 정(동), (회) 55면.
   반대: 이(철), (회) 84면(대표기관 개인의 책임은 불법행위책임이라기보다는 피해자를 두텁게 보호하기 위한 상법상의 특별책임이라고 한다).

4) 동지: 대판 2007. 5. 31, 2005 다 55473(공보 2007, 954)(주식회사의 대표이사가 업무집행을 하면서 고의 또는 과실에 의한 위법행위로 타인에게 손해를 가한 경우 주식회사는 상법 제389조 3항·제210조에 의하여 제3자에게 손해배상책임을 부담하게 되고, 그 대표이사도 민법 제750조 또는 상법 제389조 3항·제210조에 의하여 주식회사와 공동불법행위책임을 부담하게 된다〈대법원 1980. 1. 15. 선고 79 다 1230 판결, 2003. 3. 11. 선고 2000 다 48272 판결 등 참조〉. 그리고 주식회사 및 대표이사 이외의 다른 공동불법행위자 중 한 사람이 자신의 부담부분 이상을 변제하여 공동의 면책을 얻게 한 후 구상권을 행사하는 경우에, 그 주식회사 및 대표이사는 구상권자에 대한 관계에서는 하나의 책임주체로 평가되어 각자 구상금액의 전부에 대하여 책임을 부담하여야 하고, 이는 위 대표이사가 공동대표이사인 경우에도 마찬가지라고 할 것이다. 따라서 공동면책을 얻은 다른 공동불법행위자가 공동대표이사 중 한 사람을 상대로 구상권을 행사하는 경우, 그 공동대표이사는 주식회사가 원래 부담하는 책임부분 전체에 관하여 구상에 응하여야 하고, 주식회사와 공동대표이사들 사이 또는 각 공동대표이사 사이의 내부적인 부담비율을 내세워 구상권자에게 대항할 수는 없다 할 것이다).

로 판단할 것이 아니다.[1]

4. 공법상의 능력

회사는 소송법상 당사자능력($\frac{민소\ 51조,}{민\ 34조}$)과 소송능력을 갖고($\frac{민소\ 64조,}{형소\ 27조}$), 행정소송제기권·납세의무 등과 같은 공법상 권리능력도 갖는다.

또한 회사는 일반적으로 형법상 범죄능력은 없으나,[2] 특별법상 범죄능력은 있다($\frac{보험\ 208}{조\ 등}$).

제 2 절   회사의 설립[3]

제 1   회사설립에 관한 입법주의

회사설립에 관한 입법주의에는 그때 그때의 사회적 배경과 입법정책에 따라 다음과 같이 여러 가지가 있었다.

(1) 자유설립주의

회사의 설립에 아무런 제한을 가하지 않고 영리사단의 실체만 형성되면 회사의 성립을 인정하는 입법주의이다. 이 입법주의에서는 회사가 투기를 목적으로 남설될 위험성이 많았다.

(2) 특허주의

군주의 특허 또는 의회의 특별입법에 의하여 개별적으로 회사의 성립을 인정하는 입법주의이다. 이 입법주의는 근대국가가 식민회사를 설립하는 데 쓰던 입법주의이었지만, 현재도 특수회사의 설립에 종종 사용된다($\frac{특정특별법}{상의\ 회사}$).

(3) 면허주의 또는 허가주의

회사에 관한 일반법률을 미리 제정하고, 이에 근거한 행정처분($\frac{면허\ 또}{는\ 허가}$)에 의하여 회사의 성립을 인정하는 입법주의이다. 이 입법주의는 행정관청에 의한 회사성립의

---

1) 동지: 대판 1969. 7. 22, 69 다 702(집 17 ② 민 357); 동 1966. 9. 20, 66 다 1166(집 14 ③ 민 49); 동 1966. 10. 21, 64 다 1102(카드 2296), 65 다 825(카드 2297); 동 1971. 6. 8, 71 다 598(집 19 ② 민 95); 서울고판 1984. 5. 23, 83 나 3338(신문 1984. 6. 25, 8)(회사의 자금과 직원이 대표이사의 위조 인영으로 발행된 약속어음을 할인한 경우에 회사의 책임을 인정함).

2) 동지: 서·정, 293면; 손(주), 452면; 이(기) 외, (회) 106면; 대판 1984. 10. 10, 82 도 2595(전원합의체판결).

3) 회사가 법적 인격자로서 존재하게 되는 것을 회사의 「성립」이라고 하고, 회사를 성립시키는 절차를 동적으로 관찰하여 회사의 「설립」이라고 한다.

심사가 충분한 실효를 거두지 못하여 자본주의경제의 발전에 부응하지 못하는 결점이 있으나, 현재도 공익기업회사에 대하여는 실질적으로 이 입법주의가 사용되고 있다.

(4) 준칙주의

회사에 관한 일반법률(우리나라에서는 상법)에 의하여 회사의 실체형성에 관한 대내적 요건과 거래안전에 관한 대외적 요건을 정해 놓고, 이것에 준거하여 설립한 것에 대하여 당연히 회사의 성립을 인정하는 입법주의이다.[1]

이러한 준칙주의에는 설립요건의 엄격 여부에 따라 다시 단순준칙주의와 엄격준칙주의가 있다. (i) 단순준칙주의는 설립의 책임에 관하여 상세한 규정을 두지 않는 입법주의로 자유설립과 같은 문제점이 발생한다. (ii) 엄격준칙주의는 설립의 책임(발기인의 책임)에 관하여 상세한 규정을 둔 입법주의로, 오늘날 대부분의 국가는 이 입법주의를 취하고 있다. 우리 상법도 이 엄격준칙주의를 원칙으로 하고 있으나, 일정한 영업에 관하여는 영업면허제도[2](은행 등 조)를 채택하고 있으므로 실질적으로는 엄격준칙주의와 설립면허주의의 중도를 가고 있다.[3]

제 2 회사의 설립절차

회사의 설립절차는 크게 「실체형성절차」와 「설립등기」로 분류된다. 이 때의 실체형성절차는 여러 가지의 행위로 이루어지는데, 이 중 법률행위인 설립행위가 가장 중요하므로 실체형성절차와 설립등기를 설명하기 전에 설립행위의 의의와 그 법적 성질을 먼저 살펴보겠다.

1. 설립행위의 의의 및 법적 성질

(1) 설립행위의 의의

1) 회사의 설립(formation, incorporation; Gründung, Errichtung)이라 함은 '회사

---

1) 준칙주의의 경우에도 법률상 설립요건에만 일치하면 당연히 법인격을 취득하는 것이 아니라 등기에 의하여 법인격을 취득하는 것으로 하고 있는데(상 172조), 이러한 등기의 경우 등기공무원은 오로지 설립절차가 적법하게 밟아졌느냐의 여부만을 심사하는 데 그치고 설립의 허가 여부를 결정할 권한을 가진 것이 아니므로 이것이 준칙주의에 지장을 주는 것은 아니다[동지: 손(주), 454면].

2) 설립면허는 회사의 법인격취득에 면허를 요하는 것이지만, 영업면허는 회사가 수행하고자 하는 영업에 면허를 요하는 것이고 그 법인격취득에는 아무런 면허를 요하지 않는다.

3) 동지: 정(회), 296면; 손(주), 454면(영업면허를 요하는 특정회사는 실질적으로 면허주의에 가깝다고 한다).

의 실체를 갖추어 회사라는 하나의 법인을 성립시키는 여러 가지 행위로 이루어진 법률요건'이다. 이러한 회사를 성립시키는 여러 가지 행위는 정관의 작성에서 시작하여 설립등기에서 끝나는데, 이러한 여러 가지의 행위 중 「법률행위」만이 설립행위가 된다. 즉, 설립행위는 설립을 위해 행하여지는 법률행위의 통칭으로서, 정관작성과 사원을 확정하는 행위(주식회사인 경우는 주식인수)를 말한다(통설).[1]

2) 합명회사·합자회사와 같은 인적회사나 유한책임회사 및 유한회사에 있어서는 정관의 작성과 동시에 사원을 확정하는 절차가 종료되고, 따라서 그것으로 법인격취득의 기초가 되는 사단적 실체가 완성한다. 그러나 주식회사에 있어서는 정관의 작성 이외에 주식인수에 의하여 사원을 확정함으로써 사단적 실체를 확립하여야 한다.

또한 유한책임회사·주식회사·유한회사에 있어서는 정관이 작성되고 사원이 확정된 후에도 출자이행 등 여러 가지 복잡한 행위에 의하여 자본적 실체가 충실하여진 후에 비로소 법인격취득의 전제가 되는 회사의 실체가 성립된다. 물적회사의 경우 사원이 다수이고 또 출자의무를 확정하여 이행시키는 것이 보다 중요하기 때문에 인적회사의 경우와 구별되는 점이다.[2]

(2) 설립행위의 법적 성질

회사의 설립행위의 법적 성질에 대하여 이를 일률적으로 합동행위라고 보는 것이 통설이다.[3]

그러나 정관작성행위가 합동행위라는 점에서는 이론이 있을 수 없으나, (주식회사의 경우) 주식인수는 합동행위라고 볼 수는 없고 계약이라고 보아야 할 것이다. 따라서 정관작성에 의하여 사원이 확정되는 합명회사·합자회사·유한책임회사 및 유한회사의 설립행위의 법적 성질은 「합동행위」이나, 정관작성에 의하여 사원이 확정되지 않고 별도의 주식인수에 의하여 사원이 확정되는 주식회사의 설립행위의 법적 성질은 「합동행위와 계약」이 병존하는 것으로 보아야 한다.[4]

---

1) 정(희), 296면; 손(주), 452~453면; 최(기), 512면; 채, 402면 외.
　반대: 정(동), (회) 94면(설립행위란 사원으로 될 사람의 법률행위라고 한다); 이(철), (회) 98면(주식회사의 설립행위도 정관작성만을 의미한다고 한다).
2) 동지: 정(희), 297면.
3) 서·정, 306면; 손(주), 453면; 최(기), 512면; 채, 403면; 임(재), (회 I) 83면 외.
4) 동지: 정(희), 297면. 정(동), (회) 95면은 이러한 견해를 '병합행위설'로 부르고 있다.
　반대: 정(동), 95면(설립절차를 이루는 여러 가지 행위 중 한 두 가지만을 골라 이를 설립행위의 법적 성질로 파악하는 것은 이상할 뿐만 아니라 실익도 없다고 하여 합동행위설과 병합행위설을 비판하고, 문제된 개개의 행위의 성질을 음미하면 족하다고 하는데, 설립행위의 개념을 설명하면서 이의 법적 성질을 파악하여 보는 것은 해석법학에서 어디에도 존재하는 것이므로 굳이 설립

2. 회사의 실체형성절차

회사의 실체형성절차는 여러 가지의 행위로 진행되는데, 이 중 가장 중요한 설립행위는 앞에서 본 바와 같이 「정관작성」 및 「사원확정절차」이다. 이 외에 유한책임회사는 「출자이행절차」가 별도로 있고, 물적회사는 「출자이행절차」 및 「기관구성절차」가 별도로 있다.

(1) 정관작성

회사는 정관의 작성에 의하여 자본과 인력을 결합하는데, 이는 회사의 실체가 형성되는 출발점이다.

1) 정관의 의의　　정관(memorandum, articles; Statut, Verfassung)은 회사의 근본규칙인데, 실질적으로는 「규칙으로서의 정관」을 말하고, 형식적으로는 「서면으로서의 정관」을 말한다. 양자는 일반적으로 일치하지만, 정관변경의 경우에는 근본규칙의 변경을 의미하고 서면인 정관의 변경 없이도 정관변경의 효력이 생기므로 $\binom{\text{상 204조, 269조, 287조의}}{\text{16, 433조 1항, 584조 참조}}$ 양자가 불일치하게 된다.[1]

2) 정관의 법적 성질　　정관의 법적 성질에 대하여 사원$\binom{\text{주식회사의}}{\text{경우 발기인}}$간의 계약으로 보는 견해(계약설)도 있고,[2] 정관작성행위는 계약이지만 일단 작성된 정관은 자치법규라고 보는 견해(절충설)도 있으나,[3] 회사라는 단체의 「자치법규」라고 본다(자치법규설)(통설).[4]

3) 정관의 방식　　정관의 방식은 일정한 사항을 기재하고 사원(발기인)이 기명날인 또는 서명하면 되는 것이지만, 물적회사의 경우에는 원칙적으로 다시 공증인의 인증절차를 밟아야 한다$\binom{\text{상 292조 본}}{\text{문, 543조 3항}}$. 정관의 기재사항에는 절대적 기재사항$\binom{\text{이것을 기재하지 않으면}}{\text{정관이 무효가 되는 사항}}$·상대적 기재사항$\binom{\text{그 기재의 유무가 정관의 효력에 관계되는 것은 아니지만 정관에}}{\text{기재하여야 비로소 그 사항이 유효해지는 것으로 상법에 규정되어 있는 사항}}$·임의적 기재사항$\binom{\text{상법에 규정이 없더라도 강행법규에 반하지}}{\text{않는 한 정관에 임의로 규정할 수 있는 사항}}$의 세 가지가 있다.

정관의 작성에 의하여 인적회사와 유한책임회사의 경우에는 법률상 충분한 회

행위의 법적 성질에서만 불필요하다고 볼 것은 아니라고 본다); 이(철), (회) 99면(설립행위의 성질을 계약으로 파악하는 것은 적절치 않고 또한 합동행위라고 보는 것도 설립행위의 성질론으로 부적합하며 실익이 있는 것도 아니므로, 회사설립행위라는 별도의 법률행위의 유형을 시인해야 한다고 한다); 정(경), 315~316면(설립행위의 법적 성질을 논하는 것은 부적절하다고 한다); 송(옥), 753면(설립행위라는 개념을 창안하여 문제를 복잡하게 만들 이유가 없고, 논의의 실익이 없다고 한다); 계약설(독일의 통설).

1) 동지: 정(희), 297면.
2) 정(동), (회) 106면.
3) 이(기) 외, (회) 50~51면.
4) 정(희), 297~298면; 서·정, 310면; 이(철), (회) 100~101면(정관의 법적 성질을 계약으로 보는 견해에 대한 비판이 상세하다); 임(재), (회 Ⅰ) 83~84면 외.

사의 실체가 형성되지만, 물적회사의 경우에는 다시 사원의 확정절차인 주식의 인수절차($\substack{주식회사\\예만 해당}$)와 납입절차에 의하여 자본을 결합시키고 기관구성($\substack{임사·감사\\등의 선임}$)을 하여야 한다($\substack{유한책임회사의 경우에도 납입절차를\\이행하여야 한다 — 상 287조의 4 2항}$).

(2) 사원확정절차

인적회사 · 유한책임회사 및 유한회사의 경우에는 사원의 성명 · 주민등록번호 및 주소가 정관의 절대적 기재사항이므로($\substack{상 179조 3호, 270조, 287\\조의 3 1호, 543조 2항 1호}$), 정관의 작성에 의하여 사원이 확정되기 때문에 특별히 사원확정절차가 있을 수 없다.

그러나 주식회사의 경우에는 사원(주주)은 정관의 기재사항이 아니고 주식인수절차에 의하여 확정되므로, 사원을 확정하기 위하여 별도의 주식인수절차를 거쳐야 한다($\substack{상 293조,\\301조~304조}$). 이에 관하여는 주식회사의 설명에서 상술하기로 한다.

(3) 출자이행절차

인적회사 및 유한책임회사의 사원의 출자목적물은 정관의 절대적 기재사항이므로($\substack{상 179조 4호, 270\\조, 287조의 3 2호}$) 정관에 의하여 확정된다. 인적회사의 출자이행시기에 관하여는 상법에 규정이 없다. 따라서 인적회사의 출자이행시기는 정관 또는 업무집행방법에 따라 자유로이 정할 수 있는 것으로 해석되므로, 설립등기 이전에 이행할 필요는 없다고 본다. 또한 인적회사의 경우 출자이행절차는 실체형성절차의 필수불가결한 요소가 아니다($\substack{이렇게 해석하여도 인적회사는 무한책임사원\\이 있으므로 회사채권자보호에 문제가 없다}$). 유한책임회사의 경우 사원의 출자목적 및 가액이 정관의 절대적 기재사항이면서($\substack{상 287조\\의 3 2호}$) 사원은 정관의 작성 후 설립등기를 하는 때까지 이러한 출자의 전부를 이행하도록 하고 있다($\substack{상 287조\\의 4 2항}$).

그러나 물적회사의 경우에는 자본적 실체형성이 회사의 법인격취득의 기초가 되고 있으므로, 출자이행절차가 실체형성절차의 필수불가결한 요소가 된다. 따라서 상법은 주식회사 및 유한회사에 대하여 회사의 성립 전의 출자이행절차를 특별히 규정하고 있다($\substack{상 295조, 303조~\\307조, 548조}$).

(4) 기관구성절차

인적회사는 무한책임사원이 원칙적으로 회사의 기관이 되고($\substack{상 200조 1항,\\207조, 273조}$) 이러한 무한책임사원은 정관의 절대적 기재사항이므로, 정관의 작성에 의하여 기관이 구성된 결과가 되기 때문에 새로이 기관구성절차가 없다. 유한책임회사도 업무집행자의 성명 및 주소가 정관의 절대적 기재사항이므로($\substack{상 287조\\의 3 4호}$), 인적회사의 경우와 같이 새로이 기관구성절차가 없다. 다만 유한책임회사는 정관에서 사원 또는 사원이 아닌 자를 업무집행자로 정하여야 한다($\substack{상 287조의 3 4호,\\287조의 12 1항}$).

그러나 물적회사는 원칙적으로 소유(사원)와 경영(기관)이 분리되므로 별도의 기관구성절차가 있고, 이에 대하여 상법은 특별히 규정하고 있다($\binom{\text{상 296조,}}{\text{312조, 547조}}$).

3. 설립등기

회사가 법정된 요건을 갖추어 실체형성절차를 완료한 경우에는, 본점소재지에서 설립등기를 함으로써 비로소 회사가 성립(entstehen)하게 된다.

설립등기는 거래의 안전을 위하여 필요한 제도로서, 이는 회사설립절차의 최종요건이다($\binom{\text{상}}{\text{172조}}$). 설립등기에 관한 사항을 개별적으로 살펴보면 다음과 같다.

(1) 등기사항

각 회사별로 등기사항이 법정되어 있다($\binom{\text{상 180조, 181조, 271조,}}{\text{287조의 5, 317조, 549조}}$).

(2) 등기기간

합명회사·합자회사 및 유한책임회사의 경우에는 설립등기의 등기기간에 대하여 상법에 규정이 없다. 그러나 주식회사와 유한회사의 경우에는 소정의 법정절차($\binom{\text{주식회사의 경우에는 변태설립사항의 조사 및 변경처분 후이}}{\text{고, 유한회사의 경우에는 출자의 납입 또는 이행이 있은 후}}$)를 종료한 날로부터 2주간 내에 하여야 하는데($\binom{\text{상 317조,}}{\text{549조}}$), 이 기간은 관청의 허가 또는 인가를 요하는 것에 관하여는 그 서류가 도달한 날부터 기산한다($\binom{\text{상}}{\text{177조}}$). 주식회사·유한회사의 발기인·이사 등이 법정등기기간 내에 등기를 하지 않으면 과태료의 제재를 받으나($\binom{\text{상 635조}}{\text{1항 1호}}$), 등기기간이 경과하였다고 등기를 못하는 것은 아니다.[1]

(3) 등기사항의 변경

등기사항에 변경이 생긴 때에는 회사는 본점과 지점의 소재지에서 그 변경등기를 하여야 한다($\binom{\text{상 182조, 183조, 269조, 287}}{\text{조의 5 4항, 317조, 549조 3항}}$).[2]

(4) 설립등기의 효력

1) 본질적 효력 회사는 본점소재지에서 설립등기를 함으로써 성립한다(창설적 효력)($\binom{\text{상}}{\text{172조}}$). 이러한 회사의 설립등기의 효력은 상업등기의 일반적 효력($\binom{\text{상}}{\text{37조}}$)의 예외가 되고 있다. 즉, 회사의 설립등기의 효력이 상업등기의 일반적 효력과 차이가 있는 점은 제3자의 선의 또는 정당사유의 존재 유무를 불문하고 본점소재지의 등

---

1) 동지: 정(희), 298면.
2) 대결 2009. 4. 23, 2009 마 120(공보 2009, 753)(회사의 등기사항에 변경이 있는 때에는 본점소재지에서는 2주간 내, 지점소재지에서는 3주간 내에 변경등기를 하여야 하는바〈상법 제183조〉, 본점소재지와 지점소재지의 관할 등기소가 동일하지 아니한 때에는 그 등기도 각각 신청하여야 하는 것이므로, 그 등기 해태에 따른 과태료도 본점소재지와 지점소재지의 등기 해태에 따라 각각 부과되는 것이다. 또한 회사의 등기는 법령에 다른 규정이 있는 경우를 제외하고는 그 대표자가 신청의무를 부담하므로〈상업등기법 제17조〉, 회사의 등기를 해태한 때에는 등기 해태 당시 회사의 대표자가 과태료 부과 대상자가 되고, 등기 해태 기간이 지속되는 중에 대표자의 지위를 상실한 경우에는 대표자의 지위에 있으면서 등기를 해태한 기간에 대하여만 과태료 책임을 부담한다).

기만으로 대항력이 발생하는 점 등에 있다.

2) **부수적 효력**　　회사의 설립등기를 하면 상호전용권의 배타성이 강화되고(창설적 효력), 주권의 발행·주식의 양도 등을 할 수 있으며(해제적 효력)($\frac{상 355조,}{319조}$), 주식청약서의 요건흠결을 이유로 주식인수의 무효를 주장하거나 착오·사기·강박을 이유로 주식인수의 청약을 취소할 수 없게 되는(보완적 효력)($\frac{상}{320조}$) 부수적 효력이 있다.

제 3　회사설립의 하자(무효·취소)

1. 의　　의

(1) 회사설립의 하자란 회사가 설립등기를 하여 외관상 유효하게 성립하고 있으나 그 설립절차(설립행위)에 중대한 하자가 있는 경우를 말하는데, 이것은 회사설립의 무효·취소의 소의 원인이 된다. 회사는 그와 관계하는 이해관계인이 다수이므로 회사설립의 하자는 민법상 법률행위(의사표시)의 하자와는 다른 특색이 있다. 즉, 회사설립에 있어서 일정한 하자는 설립등기에 의하여 치유되고($\frac{상}{320조}$), 그 이외의 하자의 경우에도 사소한 하자는 설립무효·취소의 사유가 되지 못하고「중대한 하자」만이 설립무효·취소의 사유가 된다. 우리 상법은 설립절차에 중대한 하자가 있는 경우에도 반드시「소」의 방법에 의해서만 설립무효·취소를 주장할 수 있도록 하고, 또 이러한 소는「일정한 기간 내」에서만 주장할 수 있도록 하며($\frac{상 184조}{1항 등}$), 또 판결이 확정되어도 그 효력은「장래에 대해서만」그 효력이 발생하는 것으로 하였다($\frac{상 190}{조 등}$).

따라서 설립등기시부터 무효·취소의 확정판결시까지 존재하는 회사가 발생하는데, 이러한 회사를「사실상의 회사」(표현회사)라고 한다. 상법이 이렇게 회사설립의 하자에 대하여 규정하고 또 사실상의 회사를 인정하는 이유는 기존상태를 가능한 한 보호하고, 거래의 안전을 도모하기 위한 것이다.

(2) 회사설립의 하자는 하자 있는 설립절차와 회사의 성립(설립등기)을 전제로 하므로, 설립절차가 있으나 설립등기가 없는 회사의「불성립」과 구별되며, 또한 설립절차가 전혀 없이 설립등기만이 있는 회사의「부존재」와도 구별된다.[1]

(3) 회사설립의 하자에는 사원의 의사무능력 등과 같은「주관적 하자」와, 법령·정관 위반의 설립행위와 같은「객관적 하자」가 있다. 회사설립무효원인이 되는 하자는 이러한 주관적 하자와 객관적 하자이나, 회사설립취소원인인 하자는 주관적

---

1) 이(범), (예해) 329면.

하자에 한한다.

(4) 회사설립의 하자로 인하여 회사는 설립무효·취소가 되는데, 이는 각종 회사에 따라 상이하다. 따라서 이하에서는 각종 회사의 설립하자와 이에 따른 설립무효·취소의 소에 대하여 고찰한다.

2. 합명회사의 설립하자

(1) 소의 원인

1) 합명회사의 설립하자 중 「객관적 하자」($\binom{\text{예컨대, 정관의 불작성, 절대적 기재사항의}}{\text{흠결 또는 위법기재, 설립등기의 무효 등}}$)와, 사원의 의사무능력 등과 같은 「주관적 하자」가 있는 경우에는 설립무효의 소의 원인이 된다.

2) 그러나 제한능력자($\binom{\text{미성년자·}}{\text{피한정후견인}}$)가 법정대리인의 동의 없이 합명회사의 설립행위를 하거나($\binom{\text{피성년후견인의 경우는 법정대리}}{\text{인의 동의가 있는 경우에도 동일함}}$)($\binom{\text{민 5조 1항,}}{\text{10조, 13조}}$), 사원이 착오·사기 또는 강박으로 인하여 설립행위를 하거나($\binom{\text{민 109조,}}{\text{110조}}$), 사원이 그 채권자를 해할 것을 알고 회사를 설립하는 경우($\binom{\text{상}}{\text{185조}}$) 등과 같은 「주관적 하자」가 있는 경우에는 설립취소의 소의 원인이 된다.

(2) 주장방법·소의 당사자·제소기간

1) **주장방법** 합명회사의 설립절차에 하자가 있는 경우에 이는 사원뿐만 아니라 제3자의 이해관계에도 밀접한 관계가 있으므로, 법률관계를 획일적으로 처리하기 위하여 이는 반드시 「소」로써만 주장할 수 있게 하였다($\binom{\text{일반적인 하자의 주장은 소}}{\text{이외의 방법으로도 주장할}}$ $\binom{\text{수 있는 점}}{\text{과 구별됨}}$).

2) **소의 당사자**

(가) 설립무효의 소의 제소권자(원고)는 「사원」에 한정되고($\binom{\text{일반적인 무효의 소의 제소권}}{\text{자는 제한이 없는 점과 구별됨}}$)($\binom{\text{상 184조}}{\text{1항 전단}}$), 피고는 「회사」이다.

(나) 설립취소의 소의 제소권자(원고)는 「제한능력자, 착오에 의한 의사표시를 한 자, 하자($\binom{\text{사기 또}}{\text{는 강박}}$) 있는 의사표시를 한 자와 그 대리인 또는 승계인」이고($\binom{\text{상 184}}{\text{조 2항·10조·13}}$ $\binom{\text{조·109조·}}{\text{110조·140조}}$), 사원이 그 채권자를 해할 것을 알고 회사를 설립한 때에는 그 「채권자」이다($\binom{\text{상}}{\text{185조}}$).

설립취소의 소의 피고는 원칙으로 「회사」이나, 사해행위에 의한 취소의 경우에는 「회사와 그 사원」이 공동피고가 된다($\binom{\text{상}}{\text{185조}}$).

3) **제소기간** 설립무효·취소의 소의 제소기간은 회사성립의 날로부터 「2년 내」이다($\binom{\text{일반적인 무효의 소는 제}}{\text{소기간이 없는 점과 구별됨}}$)($\binom{\text{상 184조}}{\text{1항 후단}}$).

(3) 소의 절차

설립무효·취소의 소의 「관할법원」은 회사의 본점소재지의 지방법원에 전속하고($\frac{상}{186조}$), 회사는 설립무효·취소의 소가 제기된 때에는 지체 없이 「공고」하여야 한다($\frac{상}{187조}$).

법원은 수 개의 설립무효·취소의 소가 제기된 때에는 이를 「병합심리」하여야 하고($\frac{상}{188조}$), 소의 심리중에 원인이 된 하자가 보완되고 회사의 현황과 제반사정을 참작하여 설립을 무효 또는 취소하는 것이 부적당하다고 인정한 때에는 그 청구를 「기각」할 수 있다($\frac{상}{189조}$).

(4) 판결의 효과

1) 원고승소의 경우

(개) 대세적 효력·불소급효 원고가 승소하면 설립무효·취소의 판결의 효력은 당사자 이외의 제3자에게도 미치고(대세적 효력), 판결의 효력이 소급하지 않으므로 그 판결확정 전에 생긴 회사와 사원 및 제3자간의 권리의무에 영향을 미치지 않는다(불소급효)($\frac{민사소송법상의 소에 있어}{서 판결의 효력과 구별됨}$)($\frac{상}{190조}$).

(내) 등 기 설립무효의 판결 또는 설립취소의 판결이 확정된 때에는 본점과 지점의 소재지에서 등기하여야 한다($\frac{상}{192조}$).

(대) 회사의 계속 설립무효의 판결 또는 설립취소의 판결이 확정된 경우에도 그 무효나 취소의 원인이 특정한 사원에게 있는 경우에는 다른 사원 전원의 동의로써 회사를 계속할 수 있는데($\frac{상 194}{조 1항}$), 이 때에 그 사원은 퇴사한 것으로 간주되고($\frac{상 194}{조 2항}$), 회사계속의 등기를 요한다($\frac{상 194조 3항,}{229조 3항}$). 또한 이로 인하여 사원이 1인이 된 때에는 새로 사원을 가입시켜서 회사를 계속할 수도 있다($\frac{상 194조 3항,}{229조 2항}$).

2) 원고패소의 경우

(개) 원고가 패소하면 그 판결의 효력에는 상법이 적용되지 않고 민사소송법의 일반원칙이 적용된다. 따라서 그 패소의 효력은 당사자간에만 미치므로, 다른 제소권자는 다시 소를 제기할 수 있다.[1]

(내) 이 때에 패소한 원고에게 악의 또는 중과실이 있는 경우에는 원고는 회사에 대하여 연대하여 손해를 배상할 책임이 있다($\frac{상}{191조}$).

3. 합자회사의 설립하자

합자회사의 설립하자의 경우에 있어서 설립무효·설립취소의 소에 관해서는 합

---

1) 동지: 이(범), (예해) 332면; 채, 455면; 주상(제5판)(회사Ⅰ), 200면.

명회사의 그것과 동일하다($\substack{상\ 269조,\\184조~194조}$).

합자회사의 유한책임사원에게 주관적 하자($\substack{의산무능력\\또는\ 제한능력}$)가 있는 경우에도 이를 설립무효 또는 설립취소의 원인으로 볼 수 있는지 여부에 대하여는 의문이 있을 수 있겠으나, 역시 무한책임사원의 경우와 동일하게 보아야 할 것으로 생각한다($\substack{이\ 점에서\ 같은\ 유한책\\임을\ 부담하는\ 주식회사의\ 주주와\ 구별되고,\\유한회사의\ 사원과\ 같다\ —\ 상\ 552조\ 참조}$). 또한 합자회사의 유한책임사원도 설립무효의 소의 제소권자가 된다고 본다($\substack{상\ 269조,\\184조\ 1항}$).

4. 유한책임회사의 설립하자

유한책임회사의 설립하자의 경우에 있어서 설립무효·설립취소의 소에 관해서는 합명회사의 그것과 동일하다($\substack{상\ 287조\\의\ 6\ 1문}$). 다만 설립무효의 소의 제소권자는 합명회사의 경우는 「사원」이나($\substack{상\\184조}$), 유한책임회사의 경우는 「사원 및 업무집행자」인데($\substack{상\ 287조\\의\ 6\ 2문}$) 이 점은 물적회사의 경우($\substack{상\ 328조\ 1\\항,\ 552조\ 1항}$)와 유사하다.

5. 주식회사의 설립하자

(1) 소의 원인

주식회사의 설립하자에 대해서는 설립취소의 소는 없고, 「설립무효의 소」만이 있다($\substack{합명회사·합자회사·유한책임\\회사\ 및\ 유한회사와\ 구별되는\ 점}$). 그 이유는 주식회사에서는 합명회사·합자회사·유한책임회사 및 유한회사에서와는 달리 사원(주주)의 개성이 중요시되지 않고, 또 주식인수·납입에 하자가 있는 경우에도 발기인의 자본충실의 책임($\substack{상\\321조}$)이 인정되어 있어 회사설립 자체에 영향을 주지 않기 때문이다. 주식회사의 설립무효의 소의 원인이 되는 하자에도 주관적 하자는 없고, 「객관적 하자」만이 있다($\substack{합명회사·합자회사·유한\\책임회사\ 및\ 유한회사와\ 구별되\\는\ 점}$). 그 이유는 위에서 본 설립취소의 소가 인정되지 않는 것과 같다.

주식회사의 설립에 특유한 객관적 하자(무효원인)의 중요한 예로는 (i) 정관에 공증인의 인증을 받아야 할 경우 받지 않은 경우($\substack{상\ 292\\조\ 본문}$), (ii) 창립총회를 소집하지 않았거나($\substack{상\\308조}$), 그 법정업무를 수행하지 않았거나($\substack{상\ 310\\조\ 이하}$), 또는 그 결의에 하자가 있는 경우($\substack{상\\309조}$) 등이다.

(2) 주장방법·소의 당사자·제소기간

「소」만으로 주장할 수 있고, 또 제소기간이 회사성립의 날로부터 「2년 내」인 점은($\substack{상\ 328\\조\ 1항}$) 합명회사의 경우와 같다. 그러나 제소권자는 사원(주주)에 한하지 않고 「이사·감사」가 추가되어 있는 점은, 합명회사의 경우와 다르다($\substack{상\ 328\\조\ 1항}$). 피고가 「회사」인 점은 합명회사의 경우와 같다.

(3) 소의 절차

합명회사의 경우와 동일하다($^{상\ 328조\ 2항,}_{186조\sim189조}$).

(4) 판결의 효과

합명회사의 경우와 대체로 동일하다($^{상\ 328조\ 2항,}_{190조\sim193조}$). 다만 합명회사와 다른 점은 주식회사에서는 주관적 하자로 인한 설립무효는 인정되지 않으므로, 특정한 사원에게 무효원인이 있어 설립무효가 된 경우의 회사계속의 제도는 없다($^{상\ 328조\ 2항에서\ 194}_{조를\ 준용하지\ 않음}$).

6. 유한회사의 설립하자

합명회사의 경우와 대체로 같으나, 두 가지의 점에서만 다르다. 즉, (i) 설립무효의 소의 제소권자는 사원에 한하지 않고 「이사·감사」가 추가되어 있는 점($^{상\ 552}_{조\ 1항}$)($^{이\ 점은\ 주식회}_{사의\ 경우와\ 같음}$), (ii) 설립무효나 설립취소의 원인이 특정한 사원에 한한 경우에 그 사원을 배제하고 다른 사원 전원의 동의로써 회사를 계속할 수 없는 점($^{상\ 552조\ 2항에서}_{194조를\ 준용하}$ $_{지}_{않음}$)이 합명회사의 경우와 다르다.

7. 사실상의 회사

(1) 의   의

위에서 본 바와 같이 회사의 설립절차에 하자가 있어 회사설립의 무효·취소의 소가 제기되고 또 동 소(訴)의 확정판결이 내려진 경우라도 동 판결의 효력은 장래에 향해서만 발생하고 소급하지 않으므로, 회사의 성립시부터 그 회사의 설립무효·취소의 판결이 확정될 때까지 존속하는 회사의 법률문제가 발생한다. 이와 같이 회사의 성립시(설립등기시)부터 설립무효·취소의 판결이 확정될 때까지 존속하는 회사를 「사실상의 회사」(표현회사)라고 하여, 회사가 유효하게 성립한 경우와 동일하게 취급하고 있다.[1]

이와 같이 사실상의 회사를 인정하는 이유는 앞에서 본 바와 같이 외관주의와 기존상태 존중주의에 의하여 법률관계의 안정과 거래의 안전을 기하기 위해서이다.

사실상의 회사는 회사의 설립하자로 인하여 설립무효·취소의 소가 제기된 경우에만 인정되고, 그 이외($^{예컨대,\ 회사합병무효·신주발행무효·주주}_{총회\ 또는\ 사원총회의\ 결의하자의\ 경우\ 등}$)의 경우에는 인정되지 않는다.

사실상의 회사는 회사가 일단 성립하였다가 설립무효·취소의 판결이 확정된

---

1) 이는 대륙법계 국가에서 인정하는 사실상의 회사의 개념으로, 영미법계 국가에서의 사실상의 회사(de facto corporation)의 개념과 다르다. 이에 관하여는 이(철), (회) 278~279면 참조.

경우에 발생하는 것이므로, 앞에서 본 바와 같이 회사의 설립절차에 착수하였으나 설립등기를 하지 못한 회사의 「불성립」이나, 설립절차가 전혀 없이 설립등기만이 있는 회사의 「부존재」의 경우에는 사실상의 회사가 발생할 여지가 없다.[1]

(2) 사실상의 회사의 법률관계

1) 설립무효·취소판결 이전　　회사의 성립 후부터 설립무효·취소판결 이전에 존속하는 사실상의 회사는 완전한 권리능력이 있는 회사이므로, 그 회사가 한 모든 행위는 완전한 회사의 경우와 같이 유효하다. 따라서 주식회사의 경우 발기인의 회사설립에 관한 책임은 회사불성립의 경우의 책임($\substack{상\\326조}$)이 아니라, 회사성립의 경우의 책임($\substack{상\ 321조,\\322조}$)을 부담한다.

2) 설립무효·취소판결 이후　　설립무효·취소판결이 확정되면 사실상의 회사는 동 판결의 확정에 의하여 해산된 것으로 보게 되어, 해산에 준하여 청산을 하여야 한다($\substack{상\ 193조\ 1항,\ 269조,\ 287조\\의\ 6,\ 328조\ 2항,\ 552조\ 2항}$). 이 경우의 청산절차는 완전한 회사의 해산시의 청산절차와 동일하나, 상법은 다음과 같은 두 가지의 특칙을 두고 있다.

(개) 업무집행사원·업무집행자 또는 이사만이 청산인이 되지 않고($\substack{상\ 251조,\\252조\ 참조}$), 법원은 사원 기타의 이해관계인의 청구에 의하여 청산인을 선임할 수 있다($\substack{상\ 193조\ 2항,\\269조,\ 287조의\\6,\ 328조\ 2\\항,\ 552조\ 2항}$).

(내) 인적회사 및 유한책임회사의 경우에는 회사설립무효·취소의 원인이 특정한 사원에 한한 것인 때에는 다른 사원 전원의 동의로써 회사를 계속할 수 있는데, 이 때에 그 사원은 퇴사한 것으로 간주한다($\substack{상\ 194조\ 1항·2항,\\269조,\ 287조의\ 6}$). 또한 이 때 사원이 1인으로 된 때에는 다른 사원을 가입시켜 회사를 계속할 수도 있다($\substack{상\ 194조\ 3항,\ 229조\\2항,\ 269조,\ 287조의\ 6}$). 회사를 계속하는 경우에는 회사계속의 등기를 하여야 한다($\substack{상\ 194조\ 3항,\ 229조\\3항,\ 269조,\ 287조의\ 6}$).

제 3 절　회사의 기구변경(구조조정)[2]

제 1　총　　설

회사는 경영의 합리화·사업의 확장·(국제)경쟁력의 제고 등을 위하여 회사의 존속중에 그 기구를 변경할 필요가 종종 발생하는데, 이로 인한 이해당사자의 이익

---

1) 동지: 이(범), (예해) 334면.
2) 이에 관한 상세는 권기범, 「기업구조조정법(제2판)」(서울: 삼지원, 1999); 동, "합리적 기업구조조정수단으로서의 회사합병법제 및 회사분할법제의 개선방안," 「상장협」, 제43호(2001, 춘계호), 39~55면 참조.

조정과 국민경제의 건전한 발전을 위하여 각국은 이에 관하여 상법 등에서 규정하고 있다. 우리 상법이 이에 관하여 규정한 것으로는 영업양도(양수)($^{상\ 41조\sim45}_{조,\ 374조}$), 어느 회사가 (원칙적으로) 성질이 유사한 다른 종류의 회사로 전환될 수 있도록 하는 조직변경($^{상\ 242조,\ 269조,\ 287}_{조의\ 43,\ 604조,\ 607조}$), 두 개 이상의 회사가 한 개의 회사로 합쳐지는 합병($^{상\ 174조\sim}_{175조,\ 230}$ $^{조\sim240조,\ 269조,\ 287조의\ 41,}_{522조\sim530조,\ 598조\sim603조}$), 기업(회사)결합($^{상\ 342조의}_{2,\ 369조\ 3항}$) 등이 있다. 또한 1998년 개정상법이 규정한 것으로 회사의 합병의 반대현상으로 (주식회사에서) 하나의 회사가 둘 이상으로 분리되는 회사의「분할」($^{상\ 530조의\ 2\sim}_{530조의\ 12}$), 자본시장과 금융투자업에 관한 법률에서 규정하고 있는 기업매수(M & A)($^{자금\ 133}_{조\sim151조}$) 등이 있다.

이 중에서 영업양도에 관하여는 이미 총칙에서 설명한 바 있으므로, 이 곳에서는 회사의 조직변경·합병·분할·매수(M & A)의 순으로 설명하겠다. 기업(회사)결합에 관하여는 상법에서 포괄적인 규정을 두지 않고 여기 저기에서 분산하여 규정하고 있는데, 이 곳에서 이러한 규정을 모아서 간단히 정리하여 보겠다.

또한 회사의 기구변경과 관련하여 우리 상법은 회사의「계속」제도($^{일정한\ 해산사유}_{로\ 인하여\ 해산된}$ 회사가 상법의 규정과 사원의 의사에 의하여 다시 해산 전의 회사로 복귀하여 존속하는 제도)를 인정하고 있는데, 이에 관하여는 다음 절의 회사의 해산에서 상세히 살펴보겠다.[1]

제 2 회사의 조직변경

1. 경제적 목적

기존회사가 영업에 적합하지 않게 되어 다른 종류의 회사로 변경하고자 하는 경우, 기존회사를 해산하고 다른 종류의 회사를 신설하는 것은 실제에 있어서 매우 불편할 뿐만 아니라 경제적·조세적으로도 매우 불리하다. 또한 이것은 기업유지의 이념에도 반한다. 따라서 이러한 불편과 불리를 제거하기 위하여 회사의 법인격을 유지하면서 (그 성질이 유사한) 다른 종류의 회사로 변경할 수 있는 제도가 회사의 조직변경제도이다.

2. 의   의

회사의 조직변경(transformation; Formwechsel)이라 함은「회사가 그 법인격의 동일성을 유지하면서 (그 성질이 유사한) 다른 종류의 회사로 그 법률상의 조직을 변

---

1) 회사의 합병·분할·조직변경·계속의 비교로는 연습, 250~258면(사례 42) 참조.

경하는 것」을 말한다.[1] 조직변경은 변경 전의 회사가 소멸하고 변경 후 새로운 별개의 회사가 생기는 것이 아니라, 법인격의 동일성이 그대로 유지되는 점에서 합병과 근본적으로 구별되고 있다.

3. 종   류

조직변경은 (원칙적으로) 그 성질이 비슷한 회사간에서만 허용된다. 따라서 우리 상법상 조직변경은 (원칙적으로) 인적회사($\frac{합명회사와}{합자회사}$) · 물적회사($\frac{주식회사와}{유한회사}$)의 상호간에 인정된다($\frac{상\ 242조,\ 286조,}{604조,\ 607조}$).[2] 다만 이에 대한 예외로 인적회사(합명회사)의 성격이 강한 유한책임회사와 주식회사의 상호간 조직변경을 인정하고 있다($\frac{상\ 287조의}{43\sim 287조의\ 44}$).[3]

4. 절   차

회사의 조직변경은 대내적 · 대외적으로 회사의 이해관계인에게 매우 중요한 영향을 미친다. 따라서 상법은 대내적으로 총사원의 동의 또는 전원일치에 의한 주주(사원)총회의 결의를 받도록 하고($\frac{상\ 242조\ 1항,\ 286조\ 1항,\ 287}{조의\ 44,\ 604조\ 1항,\ 607조\ 1항}$), 대외적으로는 회사채권자의 이익을 보호하는 조치를 취하도록 하고 있다. 특히 물적회사와 유한책임회사의 경우에는 자본충실을 위하여 사원에게 전보책임(塡補責任)을 부과하고 있다($\frac{상\ 604조\ 1}{항\ 단서 \cdot\ 2}$ 항 · 4항, 605조, 607조 2항 · 4항, 608조, 287조의 44). 조직변경은 회사의 동일성을 잃게 하지는 않지만, 형식상은 해산과 설립의 등기를 하여야 한다($\frac{상\ 243조,\ 286조\ 3항,}{287조의\ 44,\ 606조}$). 이하 각종 회사의 조직변경의 절차를 보면 다음과 같다.

---

1) 대판 1985. 11. 12, 85 누 69(공보 767, 49)(기존 합자회사와 그 목적 · 주소 · 대표자 등이 동일한 주식회사를 설립한 다음 기존 합자회사를 흡수합병하는 형식으로 사실상 합자회사를 주식회사로 변경하였다 하더라도, 이것은 회사의 조직변경이 아니라고 한다. 이것은 법인세면세소득의 범위를 정함에 있어 기존 합자회사와 신설 주식회사의 동일성을 부인한 것이다); 동 1979. 7. 24, 78 다 2551(공보 618, 12144)(공주군조합이 해산하고 공주상협상호신용금고가 설립된 경우, 양자간에 법인격의 동일성이 유지되는 법률상의 조직변경은 아니라고 할지라도 사실상 또는 경제상의 조직변경이라고 보아야 한다는 주장도 포함되어 있다).
2) 조직변경을 이렇게 제한하는 점에 대하여 의문을 제기하는 견해로는 정(동), (회) 800면; 주상(제5판)(회사 Ⅰ), 327면.
     독일에서는 인적회사도 물적회사로 조직변경될 수 있는데(독일 조직변경법 참조), 이에 관한 상세한 설명은 Hueck, S. 363 이하 참조.
3) 유한책임회사는 인적회사(합명회사)의 성격이 강한데 물적회사(주식회사)의 요소를 반영하는 일환으로 주식회사와 조직변경을 할 수 있는 것으로 규정하였기 때문에, 조직변경이 원칙적으로 그 성질이 비슷한 회사간에만 허용되는데 유한책임회사와 주식회사와의 상호간의 조직변경은 이러한 원칙에 대한 예외로 본다.

(1) 합명회사에서 합자회사로의 조직변경

1) 대내적 절차

⑦ 합명회사는 「총사원의 동의」로 일부 사원을 유한책임사원으로 하거나 새로이 유한책임사원을 가입시켜, 합자회사로 조직변경할 수 있다($\substack{상\ 242 \\ 조\ 1항}$).

⑷ 합명회사의 사원이 1인으로 되어 해산사유가 된 경우에, 새로 사원을 가입시켜 회사를 계속하는 경우에도 합자회사로 조직변경할 수 있다($\substack{상\ 242 \\ 조\ 2항}$).

2) 대외적 절차 합명회사의 사원 중 일부를 유한책임사원으로 하여 합자회사로 조직변경을 하는 경우에는 회사채권자에 대하여 그만큼 담보가치가 감소되는 것이므로 「회사채권자를 보호하는 조치」가 필요하다. 따라서 이 경우 무한책임사원에서 유한책임사원이 된 자는 본점소재지에서 조직변경의 등기를 하기 전에 생긴 회사채무에 대하여 등기 후 2년 내에는 무한책임사원의 책임을 면하지 못한다($\substack{상 \\ 244조}$).

3) 등 기 합명회사를 합자회사로 조직변경을 한 경우 본점소재지에서는 2주간 내, 지점소재지에서는 3주간 내에 합명회사에 있어서는 해산등기, 합자회사에 있어서는 설립등기를 하여야 한다($\substack{상 \\ 243조}$).

(2) 합자회사에서 합명회사로의 조직변경

1) 대내적 절차 합자회사는 「총사원의 동의」로 유한책임사원을 무한책임사원으로 변경하여($\substack{상\ 286 \\ 조\ 1항}$), 또는 유한책임사원 전원이 퇴사한 경우에는 무한책임사원 전원의 동의로 합명회사로 조직변경할 수 있다($\substack{상\ 286 \\ 조\ 2항}$).

2) 대외적 절차 유한책임사원이 무한책임사원으로 된 경우에는 회사채권자에게 유리하므로 회사채권자를 보호하는 절차는 별도로 없다.

3) 등 기 합자회사를 합명회사로 조직변경을 한 경우 본점소재지에서는 2주간 내, 지점소재지에서는 3주간 내에, 합자회사에서는 해산등기를, 합명회사에 있어서는 설립등기를 하여야 한다($\substack{상\ 286 \\ 조\ 3항}$).

(3) 주식회사에서 유한회사 또는 유한책임회사로의 조직변경

1) 대내적 절차 주식회사는 「총주주의 일치(동의)에 의한 총회의 결의」로 유한회사 또는 유한책임회사로 조직변경을 할 수 있다($\substack{상\ 604조\ 1항\ 본문, \\ 287조의\ 43\ 1항}$). 이 결의에서는 정관 기타 조직변경에 필요한 사항을 정하여야 한다($\substack{상\ 604조\ 3항, \\ 287조의\ 44}$).

2) 대외적 절차

⑦ 유한회사 또는 유한책임회사는 사채(社債)발행이 허용되지 않으므로, 주식회사가 유한회사 또는 유한책임회사로 조직변경을 하는 경우 주식회사의 사채의 상환

이 완료되지 않은 경우에는 먼저 이의 상환을 완료하여야 한다(상 604조 1항 단서, 287조의 44).

(ㄴ) 주식회사를 유한회사 또는 유한책임회사로 조직변경을 하는 경우 유한회사 또는 유한책임회사의 자본금은 주식회사에 현존하는 순재산액보다 많을 수 없다(상 604조 2항, 287조의 44). 만일 유한회사 또는 유한책임회사의 자본금을 이보다 많은 금액으로 하는 경우에는, 조직변경의 결의 당시의 이사와 주주는 회사에 대하여 연대하여 그 부족액을 지급할 책임이 있다(상 605조 1항, 287조의 44). 이 때 이사의 책임은 총사원의 동의로 면제할 수 있으나, 주주의 책임은 면제하지 못한다(상 605조 2항, 550조 2항, 551조 2항·3항, 287조의 44).

(ㄷ) 주식회사를 유한회사 또는 유한책임회사로 조직변경을 함에는 합병에서와 같은 채권자보호절차를 밟아야 한다(상 608조, 232조, 287조의 44).

(ㄹ) 주식회사를 유한회사 또는 유한책임회사로 조직변경을 하는 경우 종전의 주식에 대하여 설정된 질권은 물상대위(物上代位)가 인정된다(상 604조 4항, 601조, 287조의 44).

3) 등   기   주식회사를 유한회사 또는 유한책임회사로 조직변경을 한 경우에는 본점소재지에서는 2주간 내, 지점소재지에서는 3주간 내에, 주식회사에 있어서는 해산등기, 유한회사 또는 유한책임회사에 있어서는 설립등기를 하여야 한다(상 606조, 287조의 44).

(4) 유한회사 또는 유한책임회사에서 주식회사로의 조직변경

1) 대내적 절차   유한회사 또는 유한책임회사는 (원칙적으로)「총사원의 일치에 의한 총회의 결의(유한회사) 또는 총사원의 동의(유한책임회사)」로 주식회사로 조직변경을 할 수 있다(상 607조 1항 본문, 287조의 44). 다만, 유한회사 또는 유한책임회사는 그 결의를 정관에서 정하는 바에 따라 정관변경의 특별결의로 할 수 있다(상 607조 1항 단서, 287조의 44). 이 결의에서는 정관 기타 조직변경에 필요한 사항을 정하여야 한다(상 607조 5항, 604조 3항, 287조의 44).

2) 대외적 절차

(ㄱ) 이 조직변경은 법원의 인가를 받아야 그 효력이 있다(상 607조 3항, 287조의 44). 이는 엄격한 주식회사 설립절차를 탈법하는 것을 방지하기 위한 것이다.

(ㄴ) 이 조직변경을 하는 경우 유한회사 또는 유한책임회사에 현존하는 순재산액의 범위 내에서 조직변경시에 발행하는 주식의 발행가액총액이 정하여져야 하는데, 이에 위반하여 발행가액총액을 정한 경우에는 조직변경의 결의 당시의 이사(유한책임회사에서는 업무집행자)·감사와 사원은 회사에 대하여 연대하여 그 부족액을 지급할 책임이 있다(상 607조 4항 본문, 287조의 44). 이 때 이사(유한책임회사에서는 업무집행자)·감사의 책임은 총사원의 동의로 면제할 수 있으나, 사원(조직변경 당시의 유한회사 또는 유한책임회사의 사원 겸 조직변경 후의 주식회사의 주주)의 책임은 면제할 수 없다(상 607조 4항 단서, 550조 2항, 551조 2항·3항, 287조의 44).

㈐ 유한회사 또는 유한책임회사를 주식회사로 조직변경을 함에는 합병에서와 같은 채권자보호절차를 밟아야 한다(상 608조, 232조, 287조의 44).

㈑ 종전의 유한회사 또는 유한책임회사의 지분에 대한 등록질권자는 회사에 대하여 주권교부청구권이 있고(상 607조 5항, 340조 3항, 287조의 44), 종전의 지분에 대하여 설정된 질권은 물상대위가 인정된다(상 607조 5항, 601조 1항, 287조의 44).

3) 등 기 유한회사 또는 유한책임회사를 주식회사로 조직변경을 한 경우의 등기에 대하여는, 주식회사를 유한회사 또는 유한책임회사로 조직변경을 하는 경우와 같이, 유한회사 또는 유한책임회사의 해산등기와, 주식회사의 설립등기를 하여야 한다(상 607조 5항, 606조, 287조의 44).

5. 효력발생

조직변경의 효력이 언제 발생하느냐에 대하여 합병의 경우와는 달리 상법에 규정이 없다(합병의 경우는 상 234조). 따라서 이에 대하여 「현실로 조직이 변경되었을 때」에 그 효력이 발생한다는 견해도 있으나,[1] 합병의 경우와 같이 「조직변경을 등기한 때」에 그 효력이 발생하는 것으로 보아야 할 것이다(상 제244조는 이를 간접적으로 표현한 것으로 볼 수 있다).[2]

6. 하 자

회사의 조직변경절차에 하자가 있는 경우, 이에 대한 처리에 관하여 합병의 경우와는 달리 상법에 규정이 없다(합병의 경우는 합병무효의 소에 대하여 상법이 상세하게 규정하고 있음). 이에 관하여도 단체법상 획일적으로 확정함을 요하므로 민법의 무효·취소에 관한 규정이 적용될 수는 없고, 회사설립절차에 하자가 있는 경우와 같이 회사설립의 무효·취소에 관한 소의 규정이 준용되어야 할 것이다.[3] 이 때 조직변경의 무효가 확정되면 조직변경 전의 회사로 복귀한다.

---

1) 서·정, 637면.
2) 동지: 정(동), (회) 803면; 이(철), (회) 137면; 채, 813면; 이(기) 외, (회) 111면; 주상(제5판) (회사 Ⅰ), 331면.
　　독일의 조직변경법은 이를 명문으로 규정하고 있다(동법 202조).
3) 동지: 정(동), (회) 803면; 이(철), (회) 138면; 이(기) 외, (회) 111면; 주상(제5판)(회사 Ⅰ), 329면; 이·최, 475면; 서울민사지판 1990. 2. 13, 88 가합 60411(신문 1924, 12)(따라서 회사를 피고로 하여 회사성립일로부터 2년 내에 설립무효의 소를 제기하여야 한다고 한다); 日最高判 1971. 6. 29(民集 25-4, 711).

제 3 회사의 합병

1. 총 설

자본주의 경제의 발전과 함께 기업집중현상이 나타나는데, 이러한 기업집중의 수단으로는 자본참가에 의하여 지배·종속관계를 맺는 이른바「기업결합」($\binom{상\ 342조}{의\ 2,\ 369조\ 3항}$)·「합병」($\binom{상\ 174조.}{175조}$)·「영업양도」($\binom{상\ 41조~}{45조}$) 등의 방법이 있다. 이러한 기업집중현상은 경영을 합리화하고 이윤을 극대화하는 등의 긍정적인 면도 있으므로, 우리 상법은 기업결합에 관하여는 이를 금지하지 아니하고 그 폐단을 극소화시키는 방향에서 규정하고 있고, 영업양도와 합병은 다같이 일반제도로서 총칙과 회사편에서 각각 규정하고 있다.

상법상 합병에 관하여는 회사편 통칙($\binom{174조~}{175조}$)·합명회사($\binom{230조~}{240조}$)·합자회사($\binom{269}{조}$)·유한책임회사($\binom{287조}{의\ 41}$)·주식회사($\binom{522조~}{530조}$) 및 유한회사($\binom{598조~}{603조}$)에서 각각 규정하고 있다.

2. 합병의 경제적 목적

합병제도는 기업집중현상의 가장 완전한 형태로서, 경제적으로는 경영의 합리화·영업비의 절약·사업의 확장·경쟁의 회피를 통한 시장의 독점 등의 목적을 달성하기 위하여 이용되고, 법률적으로는 해산하는 회사의 청산절차를 생략하고 재산의 이전에 따르는 세금을 감경할 수 있으며 또 영업권을 상실하는 것을 방지하기 위하여 이용된다.[1] 이 중에서 경쟁의 회피를 통한 시장독점을 위한 합병은 소비자를 희생시키고 중소기업을 붕괴시키는 등 국민경제에 부정적인 영향을 주기 때문에 국가는 이러한 목적을 위한 합병을 금지하고 있으나($\binom{독규\ 9조}{1항\ 3호}$), 그 이외의 목적을 위한 합병은 기업의 구조조정을 통한 생산성향상과 기업경영을 합리화하는 등 국민경제에 긍정적인 영향을 주기 때문에 이를 보호하고 조장할 필요가 있다. 따라서 상법은 회사편에서 일반제도로서 합병제도를 두게 된 것인데, 이에 한 걸음 더 나아가 금융산업의 구조개선에 관한 법률($\binom{전문개정:\ 1997.\ 1.\ 13,\ 법\ 5257}{호,\ 개정:\ 2021.\ 4.\ 20,\ 법\ 18115호}$)에서는 금융기관의 대형화를 위하여 금융기관간의 합병을 장려하고($\binom{동법\ 3}{조\ 이하}$) 또한 산업발전법($\binom{전문개정:\ 2009.\ 4.\ 1,\ 법}{9584호,\ 개정:\ 2022.\ 6.\ 10,\ 법\ 18888호}$)에서는 산업통상자원부장관이 기업구조조정을 원활하게 하기 위하여 필요한 지원시책을 수립·추진할 수 있음을 규정하고 있다($\binom{동법\ 25}{조\ 1항}$).

---

1) 동지: 정(회), 302~303면; 정(동), (회) 806면; 주상(제5판)(회사 Ⅰ), 143면.

3. 합병의 의의

(1) 합병의 개념

합병(fusion, combination, amalgamation, merger, consolidation; Verschmelzung; fusion)이란 「2개 이상의 회사가 상법의 특별규정에 의하여 청산절차를 거치지 않고 합쳐져 그 중 한 회사가 다른 회사를 흡수하거나(흡수합병) 신회사를 설립함으로써 (신설합병), 1개 이상의 회사의 소멸과 권리의무(및사원)의 포괄적 이전을 생기게 하는 회사법상의 법률요건」이다.[1] 합병을 합병계약과 동일하게 보는 견해가 있지만,[2] 합병은 당사회사 사이에 합병계약이 먼저 체결되고 이 계약의 이행과 더불어 합병절차가 진행되는 것으로서 합병계약은 합병을 이루는 절차 중의 하나이므로 합병계약과 합병은 구별된다고 본다.[3]

이러한 상법상의 합병은 다음과 같이 「사실상의 합병」이나 「영업양도」와 구별된다.

1) 상법상의 합병은 2개 이상의 회사가 상법의 특별규정에 의하여 청산절차를 거치지 않고 합쳐지는 것이므로, 상법의 합병에 관한 특별규정에 의하지 않고 또 청산절차를 거쳐 회사재산을 사원에게 분배하고 그 사원이 다시 분배받은 재산을 출자하여 신회사를 설립하거나 또는 당사회사의 전부가 영업 전부를 현물출자하여 신회사를 설립하거나 그 일부가 다른 회사에 영업 전부를 현물출자한 후 주식을 발행받고 당사회사의 전부 또는 일부(영업 전부의 양도회사)를 해산하여 청산하는 등의 방법에 의한 「사실상의 합병」과 구별된다.[4] 이러한 사실상의 합병은 각 부분의 절차를 상법의 규정에 따라 하는 것이므로 이것을 무효로 볼 필요는 없지만, 청산절차를 밟아야 하

---

1) 동지: 대판 2003. 2. 11, 2001 다 14351(공보 2003, 775)(회사의 합병이라 함은 두 개 이상의 회사가 계약에 의하여 신회사를 설립하거나 또는 그 중의 한 회사가 다른 회사를 흡수하고, 소멸회사의 재산과 사원〈주주〉이 신설회사 또는 존속회사에 법정 절차에 따라 이전·수용되는 효과를 가져오는 것으로서, 소멸회사의 사원〈주주〉은 합병에 의하여 1주 미만의 단주만을 취득하게 되는 경우나 혹은 합병에 반대한 주주로서의 주식매수청구권을 행사하는 경우 등과 같은 특별한 경우를 제외하고는 원칙적으로 합병계약상의 합병비율과 배정방식에 따라 존속회사 또는 신설회사의 사원권〈주주권〉을 취득하여, 존속회사 또는 신설회사의 사원〈주주〉이 된다).

2) 서·정, 640~641면; 박, 234면; 손(주), 456면.

3) 동지: 정(희), 303면; 정(동), (회) 804면; 이(철), (회) 123~125면(양자의 구별에 관한 설명이 상세하다); 홍진기, "회사합병의 본질,"「법학의 제문제」(유민 홍진기 선생 화갑기념논문집), 1977, 388면 이하; 정희철, "회사합병본질론의 재검토,"전게「법학의 제문제」, 78면 이하; 김교창, "회사의 합병에 관한 종합적 연구(1~7),"「사법행정」, 1977. 8~1978. 2 및 동, "회사의 합병에 관한 종합적 연구,"「회사법의 제문제」, 1982, 13면, 53면 이하; 주상(제5판)(회사 Ⅰ), 144면.

4) 동지: 정(동), (회) 806~807면.

므로 불편한 점이 있다.[1]

2) 상법상의 합병은 그 효과로서 1개 이상의 회사의 소멸과 권리의무의 포괄적 이전이 생기는 것이므로($\substack{\text{상 235조, 269조, 287조} \\ \text{의 41, 530조 2항, 603조}}$), 권리의무가 개별적으로 이전되는 영업양도와 구별된다. 합병의 경제적 목적은 영업양도에 의하여도 이루어지지만 합병은 단체법상의 법현상이나, 영업양도는 개인법상의 법현상이라는 점에서 양자는 근본적으로 구별된다. 이 밖에 합병이 영업양도와 구별되는 점에 대하여는 총칙편의 영업양도에 관한 설명을 참고하기 바란다.

(2) 합병의 종류

1) 합병에는 1회사가 존속하고 다른 회사가 소멸하는 「흡수합병」(merger; Verschmelzung durch Aufnahme; fusion par voie d'absorption)과 당사회사 전부가 소멸하고 신회사를 설립하는 「신설합병」(consolidation; Verschmelzung durch Neugründung; fusion par voie de création d'une société nouvelle)이 있다. 흡수합병에서 존속하는 회사를 존속회사, 신설합병에서 설립되는 회사를 신설회사, 이 두 경우에 해산하여 즉시 법인격이 없어지는 회사를 소멸회사라고 한다.

우리나라에서는 대부분이 흡수합병이고, 신설합병의 예는 적다. 그 이유는 신설합병의 경우는 회사를 설립하는 절차와 비용으로 인하여 인적 및 물적인 부담이 크고, 당사회사가 갖고 있는 영업에 관한 허가·인가 등 무형의 권리를 잃게 되며, 또 세제상으로도 불리하기 때문이다.[2]

2) 주식회사의 합병에는 보통 합병 당사회사의 주주총회 특별결의에 의한 승인을 요하는데($\substack{\text{상 522조} \\ \text{1항·3항}}$), 합병절차를 간소화하기 위하여 어느 일방 당사회사의 주주총회의 승인결의를 요하지 아니하고 이사회결의만으로 하는 합병이 있다. 즉, 주식회사의 흡수합병에서 소멸회사의 주주총회 승인결의를 요하지 않는 합병을 「간이합병(약식합병)」(short-form merger)이라고 하고($\substack{\text{상 527} \\ \text{조의 2}}$), 존속회사의 주주총회 승인결의를 요하지 않는 합병을 「소규모합병」(small scale merger)이라고 한다($\substack{\text{상 527} \\ \text{조의 3}}$).

이러한 간이합병이나 소규모합병의 제도는 미국[3] 또는 일본[4]의 제도를 도입하여 주식회사의 합병을 신속·용이하게 할 수 있도록 하기 위하여 절차를 간소화한 것인데, 주주의 보호와 관련하여 문제가 없는 것도 아니다.

---

1) 동지: 정(회), 303면.
2) 동지: 정(동), (회) 804~805면; 이(철), (회) 121면; 주상(제5판)(회사 Ⅰ), 146면.
   또한 신설합병은 거의 이용되지 않으므로 흡수합병제도만을 인정하여야 할 것이라는 주장도 있다(김교창, "회사의 합병에 관한 입법론적 고찰,"「상법논집」, 164면).
3) RMBCA 2006 § 11.04, § 11.05(간이합병에 대하여).
4) 日會 796조.

(3) 합병의 성질

합병에 의하여 소멸회사의 권리의무($^{및}_{사원}$)가 존속회사 또는 신설회사에 포괄적으로 이전되는데, 이러한 현상을 어떻게 법적으로 설명할 수 있을 것인가가 합병의 성질(본질)이다. 이에 대하여는 크게 인격합일설과 현물출자설로 나뉘어 있다.

1) 인격합일설   이 설에 의하면 합병이란 두 개 이상의 회사가 하나의 회사로 되는 것이라고 한다. 즉, 합병되는 것은 회사라는 법인격 자체이고, 권리의무($^{및}_{사원}$)의 이전은 모두 인격합일의 결과라고 한다. 따라서 이 설은「회사합일설」이라고도 볼 수 있다. 또한 이 설은 합병의 효과로서 (사단)법인적 요소를 중시한 견해로, 엄격히는「사원합일설」이라고도 볼 수 있다.[1]

2) 현물출자설   이 설에 의하면 합병이란 소멸하는 회사가 영업 전부를 존속회사 또는 신설회사에 현물출자함으로써 이루어지는 자본금의 증가($^{흡수합병}_{의 경우}$) 또는 회사설립($^{신설합병}_{의 경우}$)이라고 한다. 이 설은 합병의 효과로서 재산법적 요소를 중시한 견해이다.[2] 그런데 현물출자설은 소멸회사의 사원이 존속회사(신설회사)의 사원이 되는 관계를 설명할 수 없다거나 또는 자본금의 증가가 없는 회사의 합병을 설명할 수 없다는 난점이 있게 되어, 이를 설명하기 위하여 다음과 같이 다시 두 가지의 설로 나누어지고 있다.

(카) 사원현물출자설   이 설에 의하면 합병은 소멸회사의 전 사원이 그 지분(주식)을 존속회사 또는 신설회사에 현물출자하는 것이라고 한다.[3]

이 설은 현물출자설의 난점인 현물출자를 하는 자는 소멸회사인데, 소멸회사의 사원이 어떻게 하여 존속회사(신설회사)의 사원의 지위를 취득하는가를 해결하기 위한 견해이다.

(나) 재산합일설   이 설에 의하면 합병은 소멸회사의 재산($^{적극재산이든 소극}_{재산이든 불문하고}$)이

---

1) 통설: 손(주), 457면; 정(동), (회) 809~811면(그러나 합병의 본질론은 실익이 없는 논쟁이라고 한다); 이(철), (회) 123면(합병의 본질은 인격의 실체를 계승하는 것이라고 한다); 정(경), 547~548면; 송(옥), 1137면; 채, 820면; 이(기) 외, (회) 560면; 이·최, 467면 외.
　인격합일설에 대하여는 다음과 같은 비판이 있다. 즉, 인격합일설은 마치 1+1=1이 된다는 설명인바, 이는 난자와 정자가 합쳐서 태아가 된다든가 하는 설명과 같다. 이는 생물학적 설명은 되어도 법학적 설명은 되지 않는다. 마찬가지로 후술하는 회사의 분할을 1 : 2＝2라는 식으로 설명한다면 세포분열과 같은 생물학적 설명이 될 수밖에 없을 것이다[정(희), 304면 주 3].

2) 서·정, 641면(합병은 현물출자로써 하는 자본참가 또는 설립이라고 한다).

3) 服部榮三, "會社合併の基本的性質,"「民商法雜誌」(創刊 25週年紀念論集〈上〉), 290면.
　이 설에 대하여는 소멸회사의 전 사원이 그 지분을 존속회사 또는 신설회사에 현물출자한다고 하여, 왜 소멸회사의 전 재산이 존속회사 또는 신설회사에 포괄승계되는지를 설명하지 못한다는 비판이 있다[鈴木竹雄, "合倂契約書一考察,"「商法學論集」(小町谷先生古稀紀念論文集), 174면].

존속회사 또는 신설회사에 반드시 포괄적으로 합일되는 것이라고 한다.[1]

이 설은 현물출자설의 난점인 적극재산만이 현물출자의 대상이 되고 소극재산은 현물출자의 대상이 될 수 없어 자본금의 증가가 없는 회사의 합병은 불가능한 점을 해결하기 위한 견해이다.

생각건대 현물출자설은 우리 상법이 회사를 법인이라고 하고 있는 점을 간과한 해석이라고 생각한다. 즉, 현물출자설은 소멸회사의 사원의 인계에 대해서는 전혀 설명이 없고,[2] 또 회사는 「법인」인데 소멸회사의 법인격이 소멸하는 점은 간과하고 자본금의 증가 또는 회사설립의 면만을 강조하고 있다. 따라서 인격합일설에 찬성한다. 인격합일설이 법학적 설명이 되지 못한다는 비판은 있으나, 법학적 설명이 되기 위하여는 반드시 수학적 설명이어야 하는지는 의문이다.

(4) 합병계약의 성질

1) 앞에서 본 바와 같이 합병계약은 합병과는 구별되는 개념으로 합병을 이루는 중요한 절차 중의 하나이다. 이러한 합병계약의 당사자는 회사이고, 사원이 아니다. 사원이 합병에 의하여 영향을 받는 것은 합병당사자인 회사의 사원이기 때문이고, 합병계약의 당사자로서 그 효력이 미치는 것은 아니다.

2) 이러한 합병계약은 개인법상의 계약이 아니고 「단체법상에서만 생길 수 있는 특별한 채권계약」으로서, 계약당사회사는 계약에 따른 합병절차를 진행시킬 채무를 부담한다.[3]

---

1) 정(희), 304면[합병의 본질이 사단법적 계기로서의 사원의 합일과 재산법적 계기인 재산의 합일이 함께 이루어지는 데 있기는 하나, 사원의 합일은 최소한도로 요구되는 데 대하여 재산의 합일은 (비록 소극재산이라고 할지라도) 완전히 이루어져야 하므로 합병의 본질을 재산의 합일(Vermögensvereinigung)에 있다고 한다].

   이 설에 대하여 이·이, (회)(1991) 95면은 「재산의 합일」이란 용어가 적합치 않다고 하여, 재산이 합일되는 것은 합성물이 된다든지 물리적 변화를 일으키는 경우 외에는 재산이 하나가 된다는 일은 있을 수 없다고 비판한다. 그런데 이에 대하여 정(희), 304면 주 4는 다시 이 비판은 이 때의 재산이라는 것을 민법상의 「물건」과 동일시하는 독단에서 유래하는 것이며, 재산 즉 물건은 아니고 여기서 말하는 재산이란 적극재산(자산)뿐 아니라 소극재산(부채)도 포함한 개념이라고 반박한다. 그 후 이·이, (회)(1996) 109~110면은 재산합일설에 대하여 「합병에서는 재산이 독립적 실체를 가지고 재산법적으로 이전되는 것이 아니라 피합병법인이 소멸하고 그 권리·의무를 존속법인이나 신설법인이 포괄적으로 승계함으로 말미암아 그 권리의 객체인 재산이 따라서 자동적으로 이전·합일되는 것이다」고 비판한다.

2) 동지: 전게 대판 2003. 2. 11, 2001 다 14351(공보 2003, 775).

3) 동지: 정(희), 306면; 서·정, 641면(특별한 사단법상 또는 조직법상의 계약이라고 한다); 정(동), (회) 814면(조직법상 특수한 채권계약이라고 한다); 이(철), (회) 125면(단체법상의 계약으로서 개인법상의 일반채권계약과는 구별된다고 한다); 채, 822면(이 계약을 단체법상 특수한 채권계약이라고 하면서 또한 독립계약이라고 한다); 임(재), (회 II) 684~685면; 이(기) 외, (회) 562면.

   준물권계약설로는 박·이, 95면; 김(용), 232면.

3) 합병과 합병계약의 관계를 보면 합병은 「여러 가지 행위로 이루어지는 법률요건」이지만, 합병계약은 「특별한 채권계약」이다. 또한 합병의 효과를 생기게 하는 것은 이러한 합병계약의 이행행위의 효력이고 또한 합병절차의 하나인 합병등기의 효력이지, 합병계약의 효력은 아니다.

4. 합병의 자유와 제한

(1) 합병의 자유

상법상 회사는 어느 종류의 회사와도 자유로이 합병할 수 있는 것이 원칙이다($\frac{상}{조} \frac{174}{1항}$). 즉, 물적회사 상호간 인적회사 상호간은 물론, 물적회사와 인적회사간에도 합병할 수 있다.[1]

(2) 합병의 제한

합병은 상법상 및 특별법상 다음과 같은 제한이 있다.[2]

1) 상법상의 제한

㈎ 합병을 하는 회사의 일방 또는 쌍방이 주식회사·유한회사 또는 유한책임회사인 경우에는, 존속회사 또는 신설회사는 주식회사·유한회사 또는 유한책임회사이어야 한다($\frac{상}{조} \frac{174}{2항}$). 이는 존속회사 또는 신설회사가 합명회사 또는 합자회사인 경우에는 사원의 책임이 가중되기 때문이다.

㈏ 주식회사와 유한회사가 합병하는 경우에 존속회사 또는 신설회사가 주식회사인 경우에는 법원의 인가를 받아야 하고($\frac{상}{조} \frac{600}{1항}$), 존속회사 또는 신설회사가 유한회사인 경우에는 주식회사의 사채(社債)의 상환이 완료되어야 한다($\frac{상}{조} \frac{600}{2항}$). 왜냐하면 전자의 경우에는 주식회사의 엄격한 설립절차를 탈법하는 것을 막고, 후자의 경우에는 유한회사는 사채의 발행이 인정되지 않기 때문이다.

주식회사와 유한책임회사와의 합병의 경우 이에 관한 명문의 규정은 없으나, 위의 주식회사와 유한회사와의 합병의 경우와 동일하게 보아야 할 것이다($\frac{상}{44,} \frac{287조의}{604조 1}$

독일에서는 이를 「재산법적·회사법적 영역에서 채권적·물권적 효력을 갖는 계약」으로 보는 견해도 있고(Alfons Kraft, *in Kölner Komm*, § 341 Rn. 1~3), 「제3자를 위한 계약」으로 보는 견해도 있다(RGZ 124, 355, 361).

1) 이에 대하여 입법론상 이렇게 합병을 넓게 인정하는 것은 실익이 없으며, 개인적 색채가 강한 인적회사는 합병에 적합하지 않다는 견해가 있다[손(주), 458면].

2) 합병에 관한 현행 상법 및 특별법상의 제한은 합병의 공정성 및 부당한 합병을 억제하기 위하여 매우 미흡하기 때문에, 이를 위한 입법론적 견해를 제시한 것으로는 정(동), (회) 812~813면 및 동, "기업합병제도의 현황과 개선방안," 한국상장회사협의회 연구보고서 90-5(1990), 37면 이하 참조.

항 단서, 607조). 1)
3항 유추적용

(다) 해산 후의 회사가 존립중의 회사와 합병하는 경우에는 존립중의 회사를 존속회사로 하는 경우에 한하여 합병할 수 있다(상 174조 3항).

2) 특별법상의 제한

(가) 파산절차가 진행중인 회사는 합병할 수 없고(파 329조 1항), 회사 회생절차가 진행중인 회사는 채무자 회생 및 파산에 관한 법률에 의해서만 합병할 수 있다(파 193조 2항, 210조, 211조).

(나) 독점규제 및 공정거래에 관한 법률에 의하여 독점을 억제하고 자유로운 경쟁을 촉진하기 위하여 일정한 거래분야에서 경쟁을 실질적으로 제한하는 합병은 제한되고 있다(동법 9조 1항 3호, 11조 1항 4호·4항·5항).

(다) 일정한 공익회사(은행·보험회사 등)는 주무관청의 허가를 받은 경우에 한하여 합병할 수 있다(은행 55조 1항 1호, 보험 139조 등).

(라) 자본시장과 금융투자업에 관한 법률상 주권상장법인이 다른 법인과 합병하려면 대통령령으로 정하는 요건·방법 등의 기준에 따라야 한다(자금 165조의 4 1항 1호, 자금시 176조의 5).

5. 합병의 절차

상법은 각종 회사의 규정에서 합병절차를 규정하고 있는데, 특히 합명회사와 주식회사의 합병절차에 관하여 상세하게 규정하고 있다. 상법상 규정된 합병절차에 관한 규정을 정리하면 다음과 같은데, 1998년 개정상법에 의하면 합병절차를 매우 간소화하고 주주의 이익을 보호하고 있다.

(1) 합병계약

1) 합병절차는 합병계약의 체결에서 시작되는데, 합병계약을 체결하는 권한은 합병당사회사의 대표기관에게 있고, 이 계약에서 합병의 조건·존속회사 또는 신설회사의 정관의 내용·합병기일 등 합병에 관한 여러 사항이 결정된다. 합병계약의 방식은 상법상 특별한 방식을 요하지 아니하나, 합병계약서를 작성하여 상호 교환하는 것이 보통이다. 합병계약서의 기재사항에 대하여 존속회사 또는 신설회사가 인적회사와 유한책임회사(상 287조의 41)인 경우에는 아무런 제한이 없으나, 물적회사인 경우에는 기재하여야 할 일정한 법정사항이 있다(상 523조, 524조, 603조).

2) 합병계약은 총사원의 동의(인적회사 및 유한책임회사의 경우) 또는 합병결의(물적회사의 경우)를 「정지조건

---

1) 입법론으로는 상법 제287조의 41에서 동 제600조를 준용하는 규정을 두어야 할 것으로 본다.

으로 하는 본계약 또는 합병의 예약(가〈假〉계약)」이라고 볼 수 있다.[1] 이와 같이 합병계약을 예약으로 보면 합병결의에 의하여 본계약으로서 효력이 발생하는 것으로 볼 수 있고, 본계약으로 보면 합병결의를 정지조건으로 하여 그 효력이 발생하는 것으로 볼 수 있다.

(2) 합병결의(대내적 절차)

1) 합병결의방법

① 원　　　칙　　　합병계약은 당사회사의 대표이사가 체결한 것만으로 그 효력이 발생하는 것이 아니라, 사원을 보호하기 위한 대내적 절차를 밟아야 그 효력이 발생한다. 즉, 인적회사 및 유한책임회사에서는 총사원의 동의에 의한 승인이 있어야 하고($\frac{상\ 230조,\ 269}{조,\ 287조의\ 41}$), 물적회사에서는 주주(사원)총회의 특별결의($\frac{상\ 522조\ 1항\cdot}{3항,\ 598조}$)에 의한 승인이 있어야 한다. 합병 후 존속하는 회사 또는 합병으로 인하여 설립되는 회사가 주식회사인 경우에 합병할 회사의 일방 또는 쌍방이 합명회사 또는 합자회사인 때에는 총사원의 동의를 얻어 합병계약서를 작성하여야 한다($\frac{상\ 525}{조\ 1항}$).

② 예　　　외

㉠ 간이합병　　　상법은 간이합병제도를 1995년 개정상법에 의하여 신설하였고, 1998년 개정상법에 의하여 확대하였다. 즉, 주식회사에서 흡수합병의 경우에 소멸회사의 총주주의 동의가 있거나 또는 그 회사의 발행주식총수의 100 분의 90 이상($\frac{이는\ 1998년\ 개정상법에\ 의한\ 것이고,}{개정\ 전에는\ 발행주식총수의\ 전부}$)을 존속회사가 소유하고 있는 경우에는, 소멸회사의 주주총회의 승인은 이사회의 승인으로 갈음할 수 있다($\frac{상\ 527조}{의\ 2\ 1항}$). 이 때 소멸회사는 주주총회의 승인을 얻지 않고 합병한다는 뜻을 합병계약서를 작성한 날부터 2주내에 공고하거나 또는 주주에게 통지하여야 하는데, 총주주의 동의가 있는 때에는 그러하지 아니하다($\frac{상\ 527조}{의\ 2\ 2항}$).

자본금 총액이 10억원 미만으로서 이사를 1명 또는 2명을 둔 소규모 주식회사($\frac{상\ 383조}{1항\ 단서}$)는 이사회가 없으므로, 간이합병에 관한 이러한 규정이 적용되지 않는다($\frac{상383}{조\ 5항}$).

㉡ 소규모합병　　　1998년 개정상법은 간이합병제도 이외에 소규모합병제

---

[1] 동지: 정(희), 306~307면; 정(동), (회) 814면; 손(주), 459면; 최(기), 1222면.
　　이에 반하여 합병계약은 예약이나 정지조건부계약이 아니라, 언제나 합병결의와는 독립된 본계약으로서 이는 합병결의와 함께 합병이라는 조직법상의 법률요건을 구성하는 두 요소라고 보는 견해로는 서·정, 643면; 채, 822면; 이(철), (회) 125면(합병계약의 이행으로 당사회사가 사원〈주주〉총회를 소집하여 결의에 붙이는 것이므로 합병계약이 정지조건부계약이 될 수 없고, 합병계약에는 예약완결권의 행사와 같은 의사표시를 요하지 않으므로 합병계약을 합병의 예약으로 볼 수 없다고 한다).

도를 도입하였고, 2011년 4월 개정상법에 의하여 확대하였다. 이에 의하면 합병 후 존속하는 회사가 합병으로 인하여 발행하는 신주 및 이전하는 자기주식의 총수가 그 회사의 발행주식총수의 100분의 10$\binom{1998년 개정상법에서는 100분의 5이었는데,}{2011년 4월 개정상법에서 100분의 10으로 확대함}$을 초과하지 아니한 때에는 그 존속하는 회사의 주주총회의 승인은 이사회의 승인으로 갈음할 수 있는데, 다만 합병으로 인하여 소멸하는 회사의 주주에게 지급할 금전이나 그 밖의 재산을 정한 경우에 그 금액 및 그 밖의 재산의 가액이 존속하는 회사의 최종 대차대조표상으로 현존하는 순자산액의 100분의 5$\binom{1998년 개정상법에서는 100분의 2이었는}{데, 2011년 4월 개정상법에서 100분의 5로 확대함}$를 초과하는 때에는 정식 합병절차에 의하도록 하고 있다$\binom{상 527조}{의 3 1항}$. 이 때 존속회사의 합병계약서에는 주주총회의 승인을 받지 아니하고 합병한다는 뜻을 기재하여야 하고$\binom{상 527조}{의 3 2항}$, 이러한 뜻과 소멸회사의 상호 및 본점의 소재지와 합병을 할 날을 합병계약서를 작성한 날부터 2주 내에 공고하거나 또는 주주에게 통지하여야 한다$\binom{상 527조}{의 3 3항}$. 이러한 공고 또는 통지에 의하여 존속회사의 발행주식총수의 100분의 20 이상에 해당하는 주식을 소유한 주주가 위의 공고 또는 통지를 한 날부터 2주 내에 회사에 대하여 서면으로 이러한 합병에 반대하는 의사를 통지한 때에는 정식 합병절차를 밟아야 한다$\binom{상 527조}{의 3 4항}$. 이러한 소규모합병의 경우에는 합병반대주주의 주식매수청구권은 인정되지 아니한다$\binom{상 527조}{의 3 5항}$.

자본금 총액이 10억원 미만으로서 이사를 1명 또는 2명을 둔 소규모 주식회사$\binom{상 383조}{1항 단서}$는 이사회가 없으므로, 소규모합병에 관한 이러한 규정이 적용되지 않는다$\binom{상 383}{조 5항}$.

ⓒ 종류주주총회의 결의·총주주의 동의   주식회사의 경우 합병으로 인하여 어느 종류주식의 주주에게 손해를 미치게 되는 경우에는 그 종류주식의 종류주주총회의 결의를 얻어야 하고$\binom{상}{436조}$, 합병의 결과 주주의 책임이 무거워지는 경우에는 총주주의 동의를 얻어야 한다$\binom{상 530조의 3}{6항 유추적용}$.[1]

2) 합병결의와 관련된 사항

① 합병결의의 부결 또는 변경결의의 효력   합병결의의 결과 합병이 부결되면$\binom{이는 일방 당사회사의 합병결의는 성립하고 타방 당사회}{사의 합병결의는 불성립 또는 무효가 된 경우를 포함한다}$ 합병의 본계약이 성립하지 않거나$\binom{예약으로}{보는 경우}$ 또는 합병계약의 효력이 발생하지 않게 된다$\binom{정지조건부 본계}{약으로 보는 경우}$. 이 경우에는 특약이 없는 한 상호간에 손해배상청구를 하지 못한다고 본다.[2]

합병결의에서 계약내용을 변경하는 결의가 있을 때에는 대표자간에 변경된 내

---

1) 입법론상 합병의 경우에도 분할의 경우와 같이 이에 관하여 명문규정을 두어야 한다고 본다.
2) 동지: 정(희), 307면.

용에 따라 다시 계약을 체결하여야 한다.

② 합병결의와 합병계약과의 관계　　　합병계약을 체결하기 전에 합병결의를 할 수 있는가. 합병계약을 합병결의와 관련하여 예약(가〈假〉계약) 또는 정지조건부 계약으로 보는 이상, 합병계약이 합병결의보다 선행하여야 한다고 본다.[1] 물적회사인 경우에는 회사가 합병계약서를 작성하여 주주(사원)총회의 승인을 얻어야 한다고 규정하고 있으므로, 이 점이 법문상 명백하다고 볼 수 있다(상 522조 1항, 603조).

③ 주권상장법인이 다른 법인과 합병하는 경우의 특칙　　　주권상장법인이 다른 법인과 합병하는 경우에는 합병가액의 산정에서 대통령령으로 정하는 요건 · 방법 등의 기준에 따라야 한다(자금 165조의 4 1호, 자금 시 176조의 5 1항~5항). 또한 이 경우 주권상장법인은 원칙적으로 대통령령으로 정하는 바에 따라 외부의 전문평가기관으로부터 합병가액의 적정성 등에 대하여 평가를 받아야 한다(자금 165조의 4 2항~4항, 자금시 176조의 5 7항~13항).

④ 주식매수청구권

㉠ 주식매수청구권의 내용　　　주식회사가 합병하는 경우에 합병결의에 반대하는 주주에게는 자기소유주식을 회사로 하여금 매수하게 하는 주식매수청구권이 인정되고 있다. 즉, 합병계약서의 주주총회의 승인에 관하여 이사회의 결의가 있는 때에 그 결의에 반대하는 주주(의결권이 없거나 제한되는 종류주식의 주주를 포함함)는 주주총회 전에 회사에 대하여 서면으로 그 결의에 반대하는 의사를 통지한 경우에는, 그 총회의 결의일로부터 20일 이내에 주식의 종류와 수를 기재한 서면으로 회사에 대하여 자기가 소유하고 있는 주식의 매수를 청구할 수 있다(상 522조의 3 1항). 합병승인결의시의 주주의 주식매수청구권의 행사에 관한 그 밖의 사항은 후술하는 영업양도 등의 승인결의시의 주식매수청구권의 행사에 관한 규정이 준용된다(상 530조 2항, 374조 2항, 374조의 2 2항~5항). 간이합병의 경우에는 총주주의 동의가 있는 때가 아니면 소멸회사가 합병계약서를 작성한 날부터 2주 내에 주주총회의 승인을 얻지 않고 합병한다는 뜻을 공고하거나 주주에게 통지하여야 하는데(상 527조의 2 2항), 이와 같이 공고하거나 또는 주주에게 통지한 날부터 2주 내에 회사에 대하여 서면으로 합병에 반대하는 의사를 통지한 주주는, 위 2주가 경과한 날부터 20일 이내에 주식의 종류와 수를 기재한 서면으로 회사에 대하여 자기가 소유하고 있는 주식의 매수를 청구할 수 있다(상 522조의 3 2항)(소규모합병의 경우에는 주식매수청구권이 인 정되지 않는 점과 대비됨 — 상 527조의 3 5 항 참조).

---

1) 동지: 손(주), 460면; 박 · 이, 93면; 이(철), (회) 125면(합병계약을 언제나 합병결의와 무관한 본계약으로 보는 입장에서 이 견해를 취하고 있다).
　　반대: 서 · 정, 643면; 정(동), 814면(합병계약을 예약 또는 정지조건부계약이라고 보면서 이 견해에 반대하는 입장임); 임(재), (회 Ⅱ) 684~685면.

ⓛ 주권상장법인의 주식매수청구권에 대한 특칙   주식매수청구권은 1995년 개정상법 이전에는 주권상장회사의 주주에게만 인정되었는데(증거 191조), 1995년 개정상법에 의하여 상법상의 제도로서 도입되어 모든 주식회사의 주주가 이 제도를 이용할 수 있게 되었다. 그러나 주권상장법인의 주주가 주식매수청구권을 행사한 경우에는 (i) 당해 회사는 주주의 주식매수의 청구에 대하여 매수의 청구기간이 종료하는 날부터 1개월 이내에 해당 주식을 매수하여야 하는 점(자금 165조의 5 2항과 상 374조의 2 2항의 비교), (ii) 주식매수가격에 대하여 회사와 주주간에 협의가 이루어지지 아니하는 경우에는, 이사회결의일 이전에 증권시장에서 거래된 해당 주식의 거래가격을 기준으로 하여 대통령령으로 정하는 방법에 따라 산정된 금액으로 하고, 당사자가 이러한 매수가격에 반대하는 경우에는 법원에 매수가격의 결정을 청구할 수 있도록 한 점(자금 165조의 5 3항 단서와 상 374조의 2 3항 단서 및 4항의 비교)은, 주권비상장법인의 경우와 구별되는 점이다. 또한 (iii) 주권상장법인의 경우에는 주권상장법인이 주주의 주식매수청구권의 행사에 의하여 매수한 주식을 매수한 날부터 3년 이내에 처분하여야 하는 점(자금 165조의 5 4항, 자금시 176조의 7 4항), (iv) 주주총회 소집의 통지 또는 공고(의결권이 없거나 제한되는 종류주식의 주주를 포함한)에 주식매수청구권의 내용 및 행사방법을 명시하여야 하는 점(자금 165조의 5 5항)도 이러한 의무가 없는 주권비상장법인의 경우와 구별되는 점이다.

ⓒ 주식매수청구권의 불이행의 효력   주주가 주식매수청구권을 행사하면 회사는 이에 따른 절차를 따로 진행시켜야 하나, 이 절차의 불이행이 합병무효의 원인이 되지 않는다. 왜냐하면 합병결의 자체는 유효이므로 합병절차에 하자가 있는 것이 아니고, 또 주식매수청구권은 (적법하게 성립한) 결의에 반대한 주주의 이익을 보호하고자 하는 것이지 합병 자체의 유·무효를 다투는 것이 아니기 때문이다.

(3) 회사채권자의 보호(대외적 절차)

상법은 합병의 경우 회사채권자를 보호하기 위하여 특별히 대외적 절차에 관하여 규정하고 있다.

1) 합병결의 전의 절차(물적회사의 합병계약서 등의 공시)   합병당사회사가 물적회사인 경우에는 회사(이사)는 합병결의를 위한 주주(사원)총회 회일 2주 전부터 합병을 한 날 이후 6월이 경과하는 날까지 (i) 합병계약서, (ii) 합병으로 인하여 소멸하는 회사의 주주에게 발행하는 주식의 배정에 관하여 그 이유를 기재한 서면 및 (iii) 각 회사의 최종의 대차대조표와 손익계산서를 본점에 비치하고, 주주 및 회사채권자가 이를 열람하거나 등·초본의 교부청구를 할 수 있도록 하여야 한다(상 522조의 2, 603조). 이에 의하여 주주(사원)는 합병결의에서 찬성할 것인지 여부를 사전에 판단할 수 있고, 회사채권자는 합병에 이의를 제기할 것인지 여부를 사전에 판단할 수 있게 된다.

2) 합병결의 후의 절차(회사채권자의 이의를 위한 조치)　　　이는 합병당사회사가 어느 회사인 경우에도 적용되는데, 회사는 합병결의(간이합병 및 소규모합병의 경우에는 이사회의 승인결의가 있은 날인데, 자본금 총액이 10억원 미만으로서 이사를 1명 또는 2명을 둔 소규모 주식회사의 경우에는 이사회가 없으므로 이러한 규정이 적용되지 아니함 — 상 383조 5항)가 있은 날부터 2주 내에 회사채권자에 대하여 합병에 이의가 있으면 1월 이상의 일정한 기간 내에 이를 제출할 것을 공고하고 또 알고 있는 채권자에 대하여는 따로따로 이를 최고하여야 한다. 만일 이 기간 내에 이의를 제출하지 않은 채권자는 합병을 승인한 것으로 보고, 이의를 한 채권자에게는 변제를 하거나 또는 상당한 담보를 제공하거나 이를 목적으로 하여 신탁회사에 상당한 재산을 신탁하여야 한다(상 232조, 269조, 287조의 41, 527조의 5, 603조). 합병당사회사가 이 절차를 위반하면 합병무효의 원인이 된다.[1]

(4) 그 밖의 절차

1) 신설합병의 경우에는 각 회사에서 선임한 설립위원(의 선임에는 인적회사 및 유한책임회사의 경우에는 총 사원의 동의를 요하고, 물적회사의 경우에는 사원총회의 특별결의를 요한다 — 상 175조 2항, 230조, 269조, 287조의 41, 434조, 585조)이 정관작성, 기타 설립에 관한 행위를 공동으로 하여야 한다(상 175조). 설립위원은 벌칙의 적용상 발기인과 같은 책임을 진다(상 635조).

2) 합병계약서에 정하여진 합병기일[2]에 소멸회사는 존속회사 또는 신설회사에 재산·관계서류 일체를 인도하고, 소멸회사의 주주(사원)는 그 날 원칙적으로 존속회사 또는 신설회사의 주식(지분)을 배정받게 되어 합병은 실행된다.

그런데 2011년 4월 개정상법에 의하여 주식회사의 흡수합병의 경우에는 소멸회사의 주주에게 그 대가의 전부 또는 일부로서 금전이나 그 밖의 재산을 제공할 수 있도록 하였고(상 523조 4호), 존속회사가 소멸회사의 주주에게 모회사의 주식을 교부하는 경우(삼각합병의 경우)에는 존속회사는 그 지급을 위하여 모회사의 주식을 취득할 수 있도록 하였으므로(상 523조의 2), 소멸회사의 주주에게 그 대가의 전부를 금전(현금지급합병)이나 그 밖의 재산(현물지급합병)으로 제공하는 교부금 합병의 경우에는 소멸회사의 주주는 존속회사의 주식을 배정받지 않게 되고 또한 삼각합병(자회사를 통하여 대상회사를 흡수합병하는 형태)의 경우에는 소멸회사의 주주는 존속회사(또는 자회사)의 주식을 배정받지 않게 된다.

3) 합병으로 인한 존속회사 또는 신설회사가 물적회사인 경우에는 형식적 절차로서, 흡수합병의 경우에는 이사가 보고총회를 소집하여 합병에 관한 사항을 보고하여야 하고(상 526조 1항~2항, 603조), 신설합병의 경우에는 설립위원이 창립총회를 소집하여

---

1) 동지: 정(희), 307면.
2) 합병기일은 해산회사의 재산이 존속회사에 승계되고, 존속회사 또는 신설회사의 주식이 해산회사의 주주에게 배정되어, 합병당사회사가 실질적으로 합쳐지는 날을 말하는 것으로서, 이는 합병의 효력발생일인 합병등기일과 구별된다[정(동), (회) 822면].

필요한 사항(정관변경을 포함하나, 합병계약 의 취지에 반하는 사항은 제외)을 결의한다(상 527조 1항~ 3항, 603조). 그러나 주식회사의 경우 이러한 주주총회에 대한 보고를 이사회의 결의에 의한 공고로써 갈음할 수 있다(상 526조 3항, 527조 4항).[1] 이러한 주주총회는 합병절차의 경과와 결과에 대하여만 보고하기 위하여 소집되는 것이고 합병승인결의를 번복하거나 합병계약의 내용을 변경할 수는 없으므로, 이를 공고로써 갈음할 수 있도록 한 것이다.[2]

4) 주식회사 상호간에 합병하고 소멸회사의 주식 1주에 대하여 존속회사 또는 신설회사의 주식 1주를 배정할 수 없는 경우에는, 소멸회사의 주식에 대하여 주식병합절차를 밟아야 한다(상 530조 3항, 440조~443조).

5) 주식회사의 경우 존속회사(흡수합병 의 경우)의 이사 및 감사로서 합병 전에 취임한 자는 합병계약서에 다른 정함이 있는 경우를 제외하고는 합병 후 최초로 도래하는 결산기의 정기총회가 종료하는 때에 퇴임한다(상 527조 의 4 1항).[3]

(5) 합병등기

합병의 최종절차로서 합병등기를 하여야 한다.

1) 회사가 합병을 한 때에는 본점소재지에서는 2주 내, 지점소재지에서는 3주 내에, 존속회사는 변경등기, 소멸회사는 해산등기, 신설회사는 설립등기를 하여야 한다(상 233조, 269조, 287 조의 41, 528조, 602조). 이 때 이러한 등기기간의 기산일에 대하여 인적회사에는 규정이 없으므로 합병기일(사실상 합병 실행을 한 날)로 보아야 할 것이다. 그러나 물적회사에는 명문의 규정을 두고 있다. 즉, 흡수합병의 경우에는 보고총회가 종결한 날(주식회사의 경우 이러한 보고총회에 갈음하여 이사회가 공고하는 경우에는 공고일)이고, 신설합병의 경우에는 창립총회가 종결한 날(주식회사의 경우 이러한 창립총회에 갈음하여 이사회가 공고하는 경우에는 공고일)이다(상 528조 1항, 602조).

2) 합병등기는 단순한 대항요건이 아니고, 합병의 효력발생요건이다(상 234조, 269 조, 287조의 41, 530조 2항, 603조).

(6) 합병공시

1998년 개정상법은 합병이 공정하고 투명하게 진행되도록 하기 위하여 물적 회사의 경우 이에 관한 공시를 강화하였다. 즉, 주식회사와 유한회사에서는 합병계약서 등의 사전공시에서 공시할 내용을 확대함과 아울러 공시기간을 확대하고(상 522 조의 2, 603조), 주식회사에서는 합병에 관한 중요서류의 사후공시를 신설하였다(상 527 조의 6).

1) 사전공시   사전공시는 앞에서 본 바와 같이 합병주주총회 회일의 2주

---

1) 흡수합병의 경우는 1995년 개정상법에 의하여 이러한 내용이 신설되었고, 신설합병의 경우는 1998년 개정상법에 의하여 이러한 내용이 신설되었다.
2) 해설(1995), 196면.
3) 이는 1998년 개정상법에 의하여 신설된 것이다.

전부터 합병을 한 날(합병기일) 이후 6월이 경과하는 날까지 합병계약서·합병을 위하여 신주를 발행하거나 자기주식을 이전하는 경우에는 합병으로 인하여 소멸하는 회사의 주주에 대한 신주의 배정 또는 자기주식의 이전에 관하여 그 이유를 기재한 서면·각 회사의 최종 대차대조표와 최종 손익계산서를 본점에 비치하여야 한다($\frac{상}{의\ 2\ 1}$$\frac{522조}{항,\ 603조}$). 주주 및 회사채권자는 영업시간 내에는 언제든지 사전공시된 내용의 서류의 열람을 청구하거나, 회사가 정한 비용을 지급하고 그 등본 또는 초본의 교부를 청구할 수 있다($\frac{상}{2항,\ 603조}$$\frac{522조의\ 2}{}$). 이러한 사전공시는 주주 또는 사원에게 합병승인총회에서 합병을 승인할 것인지 여부를 결정하는 자료를 제공하고, 또한 회사채권자에게 합병에 대한 이의를 제출할 것인지 여부를 결정하는 자료를 제공하기 위함이다.[1]

2) 사후공시　　　사후공시는 합병을 한 날(합병기일)부터 6월간, 채권자보호절차의 경과·합병을 한 날(합병기일)·소멸회사로부터 승계한 재산가액과 채무액·기타 합병에 관한 사항을 기재한 서면을 본점에 비치하는 것이다($\frac{상}{의\ 6\ 1항}$$\frac{527조}{}$). 이 사후공시의 경우에도 주주 및 회사채권자는 영업시간 내에는 언제든지 이러한 서면의 열람을 청구하거나, 회사가 정한 비용을 지급하고 그 등본 또는 초본의 교부를 청구할 수 있다($\frac{상}{의\ 6\ 2항}$$\frac{527조}{}$). 이러한 사후공시도 주주와 회사채권자 등 회사의 이해관계인을 보호하기 위하여 인정된 것이다.[2]

6. 합병의 효과

합병의 효과로서 1개 이상의 회사의 소멸과 회사의 신설(신설합병) 또는 변경(흡수합병)이 생기고, 소멸회사의 권리의무($\frac{및}{사원}$)가 신설회사 또는 존속회사에 포괄적으로 이전된다. 이를 좀더 상세히 살펴보면 다음과 같다.

(1) 회사의 소멸과 회사의 설립(변경)

1) 회사의 소멸　　　존속회사를 제외하고 당사회사는 청산절차를 거치지 않고 소멸한다($\frac{상}{1호,\ 517조\ 1호,\ 609조\ 1항\ 1호}$$\frac{227조\ 4호,\ 269조,\ 287조의\ 38}{}$). 상법이 회사의 해산사유의 하나로 합병을 규정하고 있으나, 다른 해산사유와는 달리 합병의 경우에는 청산절차를 거치지 않고 바로 소멸하는 점에 특색이 있다.

2) 회사의 설립 또는 변경　　　신설합병의 경우에는 회사가 신설되고, 흡수합병의 경우에는 존속회사의 정관변경이 발생한다.[3] 이러한 효과는 합병등기로 인하

---

1) 동지: 정(동), (회) 825면.
2) 동지: 日會 801조 1항·3항·4항.
3) 이 경우 자본금(신설합병의 경우) 또는 자본금의 증가(흡수합병의 경우)와 승계되는 순재산액과의 관계를 규정할 필요가 있다고 보는데, 이는 회사분할의 경우에도 동일하다고 본다(상 360

여 당연히 발생하는 것이므로, 이에 상법상 회사의 설립 또는 자본증가($\frac{또는}{감소}$)에 관한 규정은 적용되지 않는다.

(2) 권리의무 및 사원의 포괄적 이전

1) 권리의무의 포괄적 이전

(가) 회사의 합병이 있게 되면 존속회사 또는 신설회사는 소멸회사의 모든 권리의무를 포괄적으로 승계한다($\frac{상\ 235조,\ 269조,\ 287조}{의\ 41,\ 530조\ 2항,\ 603조}$). 이는 상속의 경우와 같은 포괄승계로서, 소멸회사의 재산은 법률상 당연히 포괄적으로 존속회사 또는 신설회사에 이전하고 이를 구성하는 권리의무에 대하여 개별적으로 이전행위를 할 필요가 없다. 즉, 동산·부동산·유가증권 등은 인도·등기·교부 등이 없어도 권리이전의 효력이 생긴다.[1] 이 점이 영업양도의 경우와 근본적으로 다른 점이다. 다만 대항요건을 필요로 하는 권리, 예컨대 선박($\frac{상\ 743}{조\ 단서}$)·주식($\frac{상\ 337}{조\ 1항}$)·기명사채(記名社債)($\frac{상\ 479}{조\ 1항}$) 등은 소정의 법정절차를 밟아야 제3자($\frac{또는}{회사}$)에게 대항할 수 있다.[2] 그러나 채권(債權)의 경우 그 대항요건은 특정승계의 경우에 한하므로 채권은 위의 대항요건을 필요로 하는 권리에 포함되지 않는다.[3] 또한 부동산 등은 공시방법(등기)을 갖추지 않아도 권리가 이전되나, 이를 처분하기 위하여는 공시방법을 갖추어야 한다($\frac{민\ 187}{조\ 단서}$).

(나) 이전되는 권리의무에는 공법상의 권리의무도 포함된다.

(다) 주식회사나 유한회사가 합병을 하는 경우 신설회사 또는 존속회사의 자본액은 당사회사의 자본액의 합계와 일치할 필요는 없고, 당사회사의 재산상태에 따라 이보다 많아질 수도 있고 적어질 수도 있다.[4] 또한 신설회사 또는 존속회사는 소멸회사의 법정준비금을 반드시 승계할 필요는 없고 이를 분배하여도 무방하지만,[5] 특수한 목적을 위하여 소멸회사가 적립한 법정준비금은 존속회사 또는 신설회사가 그러한 사업을 승계함에 따라 존속시킬 필요가 있으면 이를 승계할 수 있다($\frac{상\ 459}{조\ 2항}$).[6]

조의 7, 360조의 18, 607조 2항 참조). 동지: 권기범, "상법상 기업재편법제의 현황과 개선방안," 「상사법연구」(한국상사법학회), 제33권 제1호(2014. 5), 33면.

1) 동지: 정(희), 309면; 대판 1980. 3. 25, 77 누 265(집 28 ① 행 104).

2) 동지: 정(희), 309면.

　그러나 이에 대하여 정(동), (회) 831~832면은 「상법이 선박에 관한 권리이전에 있어서 의사주의를 따르는 것은 입법상의 과오이고, 기명주식에 관하여는 회사 이외의 제3자에 대한 관계에서는 주권의 점유자가 권리자로 추정되는 점에서(상 336조 2항) 특별한 대항요건이 필요 없으므로, 합병의 경우 대항요건을 필요로 하는 것은 기명사채 정도이다」고 한다.

3) 동지: 정(희), 309면.

4) 동지: 정(희), 309면.

5) 이러한 소멸회사의 법정준비금은 소멸회사의 권리의무가 아니어서 그대로 존속회사 또는 신설회사에 승계되는 것이 아니고, 승계될 수 있을 뿐이다(상 459조 2항).

6) 이는 1995년 개정상법에 의하여 신설된 것이다.

그러나 존속회사는 종래의 법정준비금을 반드시 보존하여야 한다.

2) 사원의 수용

(가) 합병의 성질상 소멸회사의 사원은 존속회사 또는 신설회사의 사원이 되는 것이 원칙이다[1]($\frac{\text{상 523조 3호, 524}}{\text{조 2호, 603조 참조}}$). 이와 같이 소멸회사의 사원이 존속회사 또는 신설회사의 사원이 되는 것은 합병의 효과로서 인정되는 것이지, 새로이 사원이 되는 절차를 밟았기 때문에 사원이 되는 것은 아니다. 이 때 사원수용의 구체적인 조건은 합병계약의 내용에 의하여 정하여진다. 이 경우 사원의 의사에 반하여 책임을 가중할 수 없는데, 이는 합병결의로도 강제하지 못한다.[2]

그러나 앞에서 본 바와 같이 주식회사의 흡수합병의 경우에 존속회사가 소멸회사의 모든 주주에게 그 대가의 전부로서 금전이나($\frac{\text{현금교}}{\text{부합병}}$) 그 밖의 재산을($\frac{\text{현물교}}{\text{부합병}}$) 제공하는 경우($\frac{\text{교부금}}{\text{합병}}$)에는 예외적으로 사원의 수용이 없는 합병이 가능하다($\frac{\text{상 523}}{\text{조 4호}}$).[3]

(나) 주식회사의 경우 합병에 반대하는 주주는 회사에 대하여 주식매수청구권을 행사하여 사원이 되지 않을 수 있다($\frac{\text{상 522조}}{\text{의 3, 530조}}$).

(3) 소송법상의 효과

소송당사자인 회사가 합병에 의하여 소멸한 때에는 소송절차가 중단되고, 존속회사 또는 신설회사가 이 소송절차를 승계하여야 한다($\frac{\text{민소}}{\text{234조}}$).

7. 합병의 무효

(1) 총   설

합병절차에 하자가 있는 경우에 그 효력이 문제되는데, 이를 민법의 일반원칙에만 맡겨 무효·취소를 주장할 수 있게 한다면 이해관계인이 다수인 회사에서는 법률관계의 혼란과 불안정을 초래할 것이다. 따라서 상법은 단체법상의 법률관계를 획일적으로 확정하기 위하여 설립무효의 소의 경우와 같이 합병무효의 소에 대하여 별도로 규정하고 있다($\frac{\text{상 236조~240조, 269조, 287}}{\text{조의 41, 529조~530조, 603조}}$).

---

1) 동지: 전계 대판 2003. 2. 11, 2001 다 14351(공보 2003, 775)(회사의 합병이라 함은 두 개 이상의 회사가 계약에 의하여 신회사를 설립하거나 또는 그 중의 한 회사가 다른 회사를 흡수하고, 소멸회사의 재산과 사원〈주주〉이 신설회사 또는 존속회사에 법정 절차에 따라 이전·수용되는 효과를 가져오는 것으로서, 소멸회사의 사원〈주주〉은 합병에 의하여 1주 미만의 단주만을 취득하게 되는 경우나 혹은 합병에 반대한 주주로서의 주식매수청구권을 행사하는 경우 등과 같은 특별한 경우를 제외하고는 원칙적으로 합병계약상의 합병비율과 배정방식에 따라 존속회사 또는 신설회사의 사원권〈주주권〉을 취득하여, 존속회사 또는 신설회사의 사원〈주주〉이 된다).

2) 동지: 정(희), 309면.

3) 이에 관한 상세는 주상(제5판)(회사 V), 352~355면 참조.

(2) 무효의 원인

합병무효의 원인에 대하여는 상법에 규정이 없으므로, 해석에 의하여 무효원인을 정할 수밖에 없다. 해석상 합병무효원인으로 인정되는 것은 합병을 제한하는 각종 법규정의 위반($^{상\ 174조\ 2항\cdot 3항,\ 600}_{조,\ 자금\ 165조의\ 4\ 등}$), 합병계약의 하자($^{상\ 523조,}_{524조}$), 채권자보호절차의 불이행($^{상\ 232조,\ 269조,\ 287조의\ 41,}_{522조의\ 2,\ 527조의\ 5,\ 603조}$), 합병결의의 하자, 합병비율의 불공정[1] 등이 있다.

(3) 합병무효의 소

1) 무효의 주장방법　　합병무효의 주장은 「소」만으로 할 수 있고, 항변 등에 의한 방법으로 무효를 주장할 수 없다. 합병무효의 소는 형성의 소이다(통설).[2]

2) 제소권자

(가) 합병무효의 소의 제소권자는 인적회사 및 유한책임회사에서는 「사원, 청산인, 파산관재인 또는 합병을 승인하지 아니한 채권자」에 한하고($^{상\ 236조\ 1항,\ 269}_{조,\ 287조의\ 41}$), 물적

---

1) 대판 2008. 1. 10, 2007 다 64136(공보 2008, 199)(합병비율을 정하는 것은 합병계약의 가장 중요한 내용이고, 그 합병비율은 합병할 각 회사의 재산 상태와 그에 따른 주식의 실제적 가치에 비추어 공정하게 정함이 원칙이며, 만일 그 비율이 합병할 각 회사의 일방에게 불리하게 정해진 경우에는 그 회사의 주주가 합병 전 회사의 재산에 대하여 가지고 있던 지분비율을 합병 후에 유지할 수 없게 됨으로써 실질적으로 주식의 일부를 상실케 되는 결과를 초래하므로, 현저하게 불공정한 합병비율을 정한 합병계약은 사법관계를 지배하는 신의성실의 원칙이나 공평의 원칙 등에 비추어 무효이고, 따라서 합병비율이 현저하게 불공정한 경우 합병할 각 회사의 주주 등은 상법 제529조에 의하여 소로써 합병의 무효를 구할 수 있다. 그런데 흡수합병시 존속회사가 발행하는 합병신주를 소멸회사의 주주에게 배정·교부함에 있어서 적용할 합병비율은 자산가치 이외에 시장가치, 수익가치, 상대가치 등의 다양한 요소를 고려하여 결정되어야 하는 만큼 엄밀한 객관적 정확성에 기하여 유일한 수치로 확정할 수 없고, 그 제반 요소의 고려가 합리적인 범위 내에서 이루어졌다면 결정된 합병비율이 현저하게 부당하다고 할 수 없으므로, 합병당사자 회사의 전부 또는 일부가 주권상장법인인 경우 증권거래법〈2009. 2. 4. 이후에는 자본시장과 금융투자업에 관한 법률임〉과 그 시행령 등 관련 법령이 정한 요건과 방법 및 절차 등에 기하여 합병가액을 산정하고 그에 따라 합병비율을 정하였다면 그 합병가액 산정이 허위자료에 의한 것이라거나 터무니없는 예상 수치에 근거한 것이라는 등의 특별한 사정이 없는 한, 그 합병비율이 현저하게 불공정하여 합병계약이 무효로 된다고 볼 수 없다); 동 2009. 4. 23, 2005 다 22701·22718(공보 2009, 703)(현저하게 불공정한 합병비율을 정한 합병계약은 사법관계를 지배하는 신의성실의 원칙이나 공평의 원칙 등에 비추어 무효이고, 따라서 합병비율이 현저하게 불공정한 경우 합병할 각 회사의 주주 등은 상법 제529조에 의하여 소로써 합병의 무효를 구할 수 있다. 다만, 합병비율은 자산가치 이외에 시장가치·수익가치·상대가치 등의 다양한 요소를 고려하여 결정되어야 할 것인 만큼 엄밀한 객관적 정확성에 기하여 유일한 수치로 확정할 수 없고, 그 제반요소의 고려가 합리적인 범위 내에서 이루어진 것이라면 결정된 합병비율이 현저하게 부당하다고 할 수 없다. 따라서 합병당사회사의 전부 또는 일부가 주권상장법인인 경우 증권거래법〈2009. 2. 4. 이후에는 자본시장과 금융투자업에 관한 법률임〉과 그 시행령 등 관련 법령이 정한 요건과 방법 및 절차 등에 기하여 합병가액을 산정하고 그에 따라 합병비율을 정하였다면 그 합병가액 산정이 허위자료에 의한 것이라거나 터무니없는 예상 수치에 근거한 것이라는 등의 특별한 사정이 없는 한, 그 합병비율이 현저하게 불공정하여 합병계약이 무효로 된다고 볼 수 없다); 인천지판 1986. 2. 9, 85 가합 1526.

2) 손(주), 464면; 이(철), (회) 131면; 정(동), 834면; 이(기) 외, (회) 574면; 주상(제5판)(회사 Ⅰ), 319면 외.

회사에서는 「주주(사원)·이사·감사·청산인·파산관재인 또는 합병을 승인하지 아니한 채권자」에 한정하고 있다($\frac{상}{1항}$529조, 603조). 이 중에서 회사채권자가 합병무효의 소를 제기한 때에는, 법원은 채권자의 합병무효의 소가 악의임을 소명한 회사의 청구에 의하여 채권자에게 상당한 담보를 제공하도록 명할 수 있다($\frac{상}{269조}$ 237조, 176조 3항·4항, 269조, 287조의 41, 530조 2항, 603조). 또 무효의 소를 제기한 원고가 패소한 경우, 그 원고에게 악의 또는 중과실이 있는 때에는 그 원고는 회사에 대하여 연대하여 손해배상책임을 지도록 하여($\frac{상 240}{조, 191}$조, 269조, 287조의 41, 530조 2항, 603조) 남소를 방지하고 있다.

제소권자에서 「각 회사」는 존속회사 또는 신설회사만을 의미한다고 보는 견해도 있으나,[1] 청산인·파산관재인 등이 제소권자인 점에서 볼 때 소멸회사를 포함한다고 본다.[2]

이 소의 피고는 존속회사 또는 신설회사이다.[3]

(내) 합병이 독점규제 및 공정거래에 관한 법률에 위반한 때에는 「공정거래위원회」가 제소권자가 된다($\frac{독규 14}{조 2항}$).

3) 제소기간

(가) 합병무효의 소의 제소기간은 합병등기가 있는 날부터 「6월 내」이다($\frac{상 236조 2}{항, 269조,}$ 287조의 41, 529조 2항, 603조).

(내) 공정거래위원회가 합병무효의 소를 제기하는 경우에는 제소기간의 제한이 없다($\frac{독규 14}{조 2항}$).

4) 소의 절차 　　 합병무효의 소는 그 성질상 획일적으로 결정할 필요가 있고, 각 소에 따라 제기방법 등이 달라지면 곤란하다. 그러므로 상법은 소의 전속관할, 소제기의 공고, 소의 병합심리, 하자의 보완과 청구의 기각 등에 관하여 설립무효의 소의 규정을 준용하고 있다($\frac{상 240조, 186조~190조, 269조,}{287조의 41, 530조 2항, 603조}$).

(4) 합병무효판결의 효과

1) 합병무효의 등기 　　 합병무효판결이 확정된 때에는 본·지점의 소재지에서, 존속회사는 변경등기, 신설회사는 해산등기, 소멸회사는 회복등기를 하여야 한다($\frac{상 238조, 269조, 287조}{의 41, 530조 2항, 603조}$).

2) 대세적 효력 및 불소급효

(가) 합병무효의 판결은 다른 회사법상의 소와 마찬가지로 원·피고뿐만 아니라

---

1) 손(주), 464면(그 이유는 존속회사 또는 신설회사만이 피고가 되기 때문이라고 한다).
2) 동지: 정(동), 835면; 최(기), 1240면; 이(기) 외, (회) 574면; 주상(제5판)(회사 Ⅰ), 319~320면.
3) 동지: 주상(제5판)(회사 Ⅰ), 320면.

제3자에게도 그 효력이 미치는데(대세적 효력), 이는 합병당사회사 및 이해관계인들 간의 법률관계를 획일적으로 처리하기 위해서이다(상 240조, 190조, 269조, 287조의 41, 530조 2항, 603조).

(내) 합병무효의 판결의 효력은 기왕에 소급하지 않으므로(불소급효) 존속회사 또는 신설회사와 그 사원 및 제3자 사이에 생긴 권리의무에 영향을 미치지 아니한다(상 240조, 190조, 269조, 287조의 41, 530조 2항, 603조). 따라서 합병에서 무효판결확정시까지에 한 이익의 배당(잉여금의 분배), 지분 또는 주식의 양도, 회사와 제3자와의 거래 등은 모두 유효하다.

3) 무효판결확정 전의 채무 및 재산의 처리 합병무효의 판결이 확정되면 단일화하였던 회사가 장래에 향하여 다시 종전의 복수의 회사로 환원한다. 따라서 소멸회사는 부활하고, 소멸회사가 당시 가지고 있었던 재산으로서 현존하는 재산은 당연히 소멸회사에 귀속된다. 그런데 합병무효판결이 확정된 경우 합병 후 무효판결확정시까지 존속회사 또는 신설회사가 부담한 채무와 취득한 재산의 처리가 문제이다. 따라서 상법은 이러한 문제에 대하여 규정하고 있는데, 부담채무에 대해서는 합병당사회사의 연대채무로 하고 취득재산에 대하여는 그 공유로 하고 있다(상 239조 1항·2항, 269조, 287조의 41, 530조 2항, 603조). 이 때 각 회사의 부담부분 또는 지분은 협의로 정하는데, 만일 협의가 되지 않을 경우에는 그 청구에 의하여 법원이 합병 당시의 각 회사의 재산상태 기타의 사정을 참작하여 이를 정한다(상 239조 3항, 269조, 287조의 41, 530조 2항, 603조).

제 4 회사의 분할[1)

1. 의 의

(1) 회사의 분할(scission, corporate division; Spaltung〈Aufspaltung, Abspaltung, Ausgliederung〉; scission)이란 「1개의 회사가 2개 이상의 회사로 나누어져, 분할 전 회사(분할회사)의 권리의무가 분할 후 회사에 포괄승계되고 (분할 전 회사가 소멸하는

---

1) 이에 관한 상세는 김성호, "주식회사의 분할에 관한 연구(비교법적 고찰을 중심으로)," 법학박사학위논문(고려대 대학원, 1999. 8); 동, "상법상 회사분할과 계산," 「상사법연구」(한국상사법학회), 제21권 4호(2003), 9~37면(상법 규정상 미흡한 면을 지적하고 있다); 한국상장회사협의회, 회사분할의 제도화에 관한 연구(상장협연구보고서 95-5), 1995. 12; 천승희, "회사분할에 관한 연구(실무적 측면을 중심으로)," 법학박사학위논문(고려대 대학원, 2008. 2); 강현구, "회사분할의 실무상 문제점에 관한 연구," 법학석사학위논문(고려대 법무대학원, 2010. 2); 권기범, "주식회사의 분할," 「상사법논문집」(무애서돈각교수정년기념), 1986, 221면(프랑스 회사법상의 제도를 소개하고 있다); 정준우, "회사분할의 요건 및 절차상의 효용성 제고방안," 「비교사법」, 제9권 4호(2002. 12), 379~409면(회사분할제도의 활성화 및 효용성의 제고를 위하여 현행법의 개선방안을 제시하고 있다); 황남석, "회사분할과 채권자보호: 최근 대법원판례를 중심으로," 「상사법연구」(한국상사법학회), 제33권 제1호(2014. 5), 221~260면(입법론적으로 채권자보호의 정도에 대한 조정이 필요하다고 한다); 이(철), (회) 1126~1173면; 정(동), (회) 838~854면 등 참조.

경우에는 청산절차 없이 소멸되며) 원칙적으로 분할 전 회사의 사원이 분할 후 회사의 사원이 되는 회사법상의 법률요건」을 말한다.[1] 1998년 개정상법은 주식회사에 대하여 회사의 분할을 규정하였는데, 이러한 회사의 분할에 대하여「회사는 분할에 의하여 1개 또는 수 개의 회사를 설립하거나(단순분할)($\frac{상}{의2}\frac{530조}{1항}$), 또는 1개 또는 수 개의 존립중의 회사와 합병하는 것(분할합병)($\frac{상}{의2}\frac{530조}{2항}$)」이라고 규정하고 있다. 또한 상법은 회사가 단순분할과 분할합병을 겸할 수도 있음을 규정하고 있다($\frac{상}{의2}\frac{530조}{3항}$). 회사분할은 회사합병의 반대현상이라고 볼 수 있다.

(2) 회사의 기구변경의 하나인 회사분할은 영업을 전제로 하므로 단순한 영업용 재산의 분할 또는 분할합병은 회사분할이라고 볼 수 없다[2]($\frac{상 41조\sim45조, 374}{조 1항 1호 참조}$).

(3) 회사분할에 관하여는 1966년의 프랑스 상사회사법이 분할에 관한 규정을 둔 것이 입법의 효시이고($\frac{佛會 371조 이하, 현재는 佛商}{(2001) 236-1조\sim236-24조}$), 그 후 불법계(佛法系) 국가에서 이를 채택하였다.[3] 또한 EU에서 회사분할에 관한 1982년의 제6지침이 제정된 이후 다수의 EU국가가 이것을 국내법화하였고,[4] 또한 미국도 이를 규율하고 있다.[5] 우리나라에서는 종래에 사실상의 회사분할[6]이 이루어지고 있었으면서도 이에 관한 규정을 두지 않았으나,[7] 1998년 개정상법이 기업의 구조조정을 제도적으로 지원하기 위하여 이것을 상법에서 규정하였는데,[8] 주식회사에 대하여만 인정하고

---

1) 이러한 회사의 분할의 개념에는 (i) 재산 일부의 양도, (ii) 포괄승계의 양도방법 및 (iii) 지분의 교부라는 세 가지의 요소가 있어야 한다고 보는 견해가 있다[정(동), (회) 838면; Kallmeyer, Umwandlungsgesetz(Kommentar), 1997, Rdn 1~3].

2) 동지: 대판 2010. 2. 25, 2008 다 74963(공보 2010, 623)(〈2015년 개정상법 이전의〉 상법 제530조의 9 제2항에서 '출자한 재산'이란 영업을 의미함).
   이에 관한 상세는 강현구, 전게 석사학위논문, 10~15면(동원지주는 100% 자회사인 동원증권으로부터 투자주식과 현금을 분할하여 자신과 분할합병을 하기 위하여 금융감독위원회에 인가신청을 하였는데, 동 위원회는 이에 대하여 2003. 10. 21. 법무부에 유권해석을 의뢰하였고 법무부는 이에 대하여 2004. 3. 11. 부정적인 회신을 하여 동 위원회는 동원지주에게 인가신청을 철회할 것을 권고하고 동원지주는 이에 따랐다) 참조.

3) 스위스 채무법 634조 이하, 아르헨티나 회사법 88조, 브라질 회사법 223조 등.

4) 독일 사업재편법(Umwandlungsgesetz) 123~173조(1995년 도입), 이탈리아 민법 2504조(1991년 도입), 벨기에 회사법 174조, 룩셈부르크 상사회사법 289조(1987년 도입), 포르투갈(1986년 도입), 그리스(1987년 도입), 영국 회사법(2006) 919조~934조(1987년 도입), 아일랜드(1987년 도입), 스페인(1989년 도입).

5) 미국 연방소득세법(Internal Revenue Code, I.R.C.)(26USC) 354~368조.

6) 사실상의 회사분할과 상법상 회사분할과의 차이에 관한 상세는 손(주), 1022~1026면 참조.

7) 우리나라에서는 종래에 회사분할에 관한 규정이 없었으므로 영업양도·현물출자·사후설립 등을 상호 혼합함으로써 사실상 회사분할을 하고 있었으나, 이는 매우 복잡하고 불편하였으므로 이를 제도화하여 상법에 분할절차를 규정할 필요가 있다는 점이 많이 지적되어 왔다[동지: 정(희), 312면 외].

8) 1998년 개정상법상 회사분할에 관한 규정의 주요내용은 다음과 같다.
① 회사분할의 종류는 단순분할 또는(및) 분할합병을 인정하고 있다(상 530조의 2).

있다.[1]

2. 분할의 경제적 목적

회사의 분할은 복합적인 사업을 경영하는 대기업에 있어서 특정사업부문의 기능별 전문화, 부진사업이나 적자사업의 분리에 의한 경영의 효율화, 이익분산에 의한 절세, 주주들간의 이해조정, 기타 국민경제적 목적 등 다양한 목적에 의하여 이루어지고 있다.[2]

3. 분할의 종류

회사분할의 종류에는 분류기준에 따라 다음과 같은 것들이 있다.

---

② 회사분할의 범위는 원칙적으로 물적(재산) 분할 및 인적 분할을 포함하는데, 예외로 물적 분할만의 경우도 인정하고 있다(상 530조의 12).
③ 분할절차에서는 분할계획서 내지 분할합병계약서를 작성하여 주주총회의 특별결의에 의한 승인을 받도록 하였다(상 530조의 3 1항·2항).
④ 절차의 간소화를 위하여 분할에 의하여 설립되는 회사(분할 후 회사)가 분할 전 회사의 출자만으로 설립되는 경우에도 분할 전 회사의 주주에게 손해가 되지 않는 경우에는 검사인 등에 의한 조사를 생략하도록 하였다(상 530조의 4 2항).
⑤ 분할 또는 분할합병에 따르는 법률관계를 명확하게 하기 위하여 분할계획서 및 분할합병계약서의 기재사항을 법정하였다(상 530조의 5~530조의 6).
⑥ 분할 전 회사의 채권자를 보호하기 위하여 분할 또는 분할합병 후의 존속회사 또는 신설회사(분할 후 회사)는 원칙적으로 분할 전 회사의 채무에 관하여 연대책임을 지도록 하면서(상 530조의 9 1항), 예외적으로 연대책임이 배제되는 경우에는(상 530조의 9 2항·3항) 분할 전 회사의 채권자가 분할에 대하여 이의를 제기할 수 있도록 하였다(상 530조의 9 4항, 530조의 11 2항).
⑦ 분할 전 회사의 주주를 보호하기 위하여 분할합병의 경우 분할 전 회사의 주주에게 주식매수청구권을 인정하는 동시에(상 530조의 11 2항, 522조의 3), 분할 전 회사의 이사 등에게 분할대차대조표 등의 공시를 의무화하고 있다(상 530조의 7).
이러한 우리 상법상 회사분할제도의 문제점을 지적한 논문으로는 김성호, "상법상 회사분할제도의 문제점,"「상사법연구」, 제20권 1호(2001), 51~78면(분할주체를 주식회사로 한정하고 있는 점, 분할태양을 정리하지 않은 점, 의결권 없는 주식의 의결권을 인정하는 점, 소규모합병의 준용 등은 반드시 재검토되어야 한다고 한다. 또한 회사분할의 현실적 실현여부라는 점에서는 주주·채권자보호와 관련하여 심각한 입법적 모순이 있는데, 주주보호와 관련하여서는 비안분비례형분할의 경우 소수주주의 보호규정이 없는 점·주식매수청구권을 제한하고 있는 점·분할보고서제도를 채택하지 않은 점이 그것이며, 회사채권자보호와 관련하여서는 연대책임의 배제가능범위가 불명확한 점·분할 후 존속양도회사의 연대책임부담여부가 명백하지 않은 점·상호속용 영업양수인의 책임에 관한 상법총칙과의 관계에 대한 규정이 없는 점이 그것이라고 한다); 김병기, "주식회사분할에 있어서 이해관계인의 보호,"「기업법연구」(한국기업법학회), 제7집(2001), 29~57면; 김지환, "우리 회사분할법제에 대한 입법적 재검토,"「기업법연구」(한국기업법학회), 제8집(2001), 419~439면 등 참조.
1) 유한회사에 대하여도 회사의 분할을 인정하여야 한다는 견해로는 정(동), (회) 839면, 843면.
2) 이에 관한 상세는 이(철), (회) 1127면; 김성호, 전게 박사학위논문, 5~11면; 강현구, 전게 석사학위논문, 15~19면 등 참조.

(1) 단순분할·분할합병

이는 회사분할이 합병과 관련을 갖는지 여부에 따른 분류로서, 합병과 관련을 갖지 않은 회사분할을 「단순분할」이라고 하고, 합병과 결합된 회사분할을 「분할합병」이라고 한다. 1998년 개정상법은 단순분할(이에 대하여는 '분할'이라고만 규정함)과 분할합병의 모두를 인정함과 동시에, 회사는 이를 선택적으로 행사할 수도 있고 또 이를 결합하여 행사할 수도 있음을 규정하고 있다(상 530조의 2 1항~3항).

1) 단순분할에는 분할 전 회사(이를 '분할회사'라 함)[1](갑회사)가 소멸되는 「완전분할」과 분할 전 회사(분할회사)(갑회사)가 존속하는 「불완전분할」이 있는데(이때 분할에 의하여 설립되는 회사를 '단순분할신설회사'라 함),[2] 이는 다음과 같다.

「완전분할」(소멸분할, 전부분할)이란 한 회사(분할 전 회사)(갑회사⟨a영업+b영업⟩)가 분할하여 그의 전 재산이 2개 이상의 분할 후 회사인 신설회사(A회사⟨a영업⟩ 및 B회사⟨b영업⟩)에 현물출자되어 포괄승계되고(이 경우 A회사 또는 B회사는 갑이 출자한 재산만으로 설립할 수도 있고, 제3자로부터 다시 출자를 받아 설립할 수도 있다) 분할 전 회사(갑회사)는 청산절차 없이 소멸되는 회사분할의 형태를 말한다. 이것은 합병의 경우 신설합병에 대응되는 형태이고, 영업의 전부양도와 유사하다.

「불완전분할」(존속분할, 일부분할)이란 1개의 회사(갑회사)가 2개 이상의 회사(갑회사·A회사 또는 갑회사·A회사·B회사 등)로 분할되지만, 당사회사의 협의에 의하여 분할 전 회사(갑회사⟨a영업+b영업⟩+c영업⟩)의 재산의 일부만이 분할 후 회사(A회사⟨a영업⟩ 또는 A회사⟨a영업⟩·B회사⟨b영업⟩)에 이전되고 분할 전 회사(A회사만이 설립된 경우에는 갑회사에게는 b영업 및 c영업이 잔존하고, A회사 및 B회사가 설립된 경우에는 갑회사에게는 c영업만이 잔존함)는 존속하는 회사분할의 형태를 말한다. 이것은 합병의 경우 흡수합병에 대응되는 형태이고, 영업의 일부양도와 유사하다.

우리 상법상 (단순)분할의 경우 분할 전 회사(갑회사)의 존속 유무를 불문하므로(상 530조의 2 1항), 완전분할과 불완전분할이 모두 인정된다(상 530조의 5 1항·2항 참조).

2) 「분할합병」이란 어느 회사(분할 전 회사)(갑회사⟨a영업+b영업⟩)가 분할한 후에 그 분할된 부분(a영업 또는 b영업)이 다른 기존회사(A회사⟨a영업⟩·B회사⟨b영업⟩)나 또는 다른 회사의 분할된 부분(을회사의 a영업과 b영업 중 분할된 a영업 또는 b영업)과 합쳐져(합병하여) 하나의 회사(C회사⟨예컨대, 갑회사의 a영업+을회사의 a영업⟩)가 되는 형태를 말한다. 이러한 분할합병에는 다시 두 가지가 있는데, 분할된 부분(갑회사의 a영업 또는 b영업)이 다른 회사(A회사 또는 B회사)(이 회사를 '분할'[3]승계회사'라 함)에 흡수되는 「흡수분할합병」(예컨대, 갑회사의 a영업이 a영업을 하는 A회사에 흡수합병되거나, 갑회사의 b영업이 b영업을 하는 B회사에 흡수합병되는 경우)과, 분할된 부분(갑회사의 a영업 또는 b영업)이 다른 기존 회사(A회사 또는 B회사) 또는 다른 회사

---

1) 2015년 개정상법 제530조의 4 제1항에 의하여 이와 같은 명칭이 부여되었다.
2) 2015년 개정상법 제530조의 5 제1항에 의하여 이와 같은 명칭이 부여되었다.
3) 2015년 개정상법 제530조의 6 제1항에 의하여 이와 같은 명칭이 부여되었다.

의 분할된 부분(을회사의 a영업 또는 b영업)과 합쳐져 회사(C회사 또는 D회사)(이 회사를 '분할합병신설회사'라 함)[1]가 신설되는「신설분할합병」(예컨대, 갑회사의 a영업이 a영업을 하는 A회사 또는 을회사의 a영업과 합쳐져 C회사가 신설되거나, 갑회사의 b영업이 b영업을 하는 B회사 또는 을회사의 b영업과 합쳐져 D회사가 신설되는 경우)이 있다.[2]

흡수분할합병에는 다시 분할 전 회사(갑회사〈a영업+b영업〉)의 영업이 전부 다른 회사(A회사 및 B회사)에 흡수되어 분할 전 회사(갑회사)가 소멸하는 완전(소멸)분할합병(예컨대, 갑회사의 a영업은 a영업을 하는 A회사에 흡수합병되고, 갑회사의 b영업은 b영업을 하는 B회사에 흡수합병되어 갑회사가 소멸하는 경우)과, 분할 전 회사의 영업의 일부(갑회사의 a영업 또는 b영업)만이 다른 회사(A회사 또는 B회사)에 흡수되어 분할 전 회사(갑회사〈b영업 또는 a영업〉)가 존속하는 불완전(존속)분할합병(예컨대, 갑회사의 a영업이 a영업을 하는 A회사에 흡수합병되면 갑회사는 b영업만을 하는 회사로 존속하는 경우나, 갑회사의 b영업이 b영업을 하는 B회사에 흡수합병되면 갑회사는 a영업만을 하는 회사로 존속하는 경우)이 있다.[3] 또한 신설분할합병에도 다시 분할 전 회사(갑회사)가 소멸하는 완전(소멸)분할합병(예컨대, 갑회사의 a영업은 a영업을 하는 A회사와 합하여 C회사를 설립하고 갑회사의 b영업은 b영업을 하는 B회사와 합하여 D회사를 설립하는 경우)과, 분할 전 회사(갑회사)가 존속하는 불완전(존속)분할합병(예컨대, 갑회사의 a영업이 a영업을 하는 A회사와 합하여 C회사를 설립하고 갑회사는 b영업만을 하는 회사로 존속하거나, 갑회사의 b영업이 b영업만을 하는 B회사와 합하여 D회사를 설립하고 갑회사는 a영업만을 하는 회사로 존속하는 경우)이 있다.

우리 상법상 분할합병의 경우에도 흡수분할합병(상 530조의6 1항 참조)과 신설분할합병(상 530조의6 2항 참조)의 모두를 인정하고 있다.

3) 우리 상법은 단순분할과 분할합병을 결합하여 행사할 수도 있음을 규정하고 있다(상 530조의2 3항). 예컨대, 위의 예에서 a영업·b영업 및 c영업을 영위하는 갑회사가 a영업에 대하여는 이미 a영업을 하고 있는 A회사에 합병시키고(분할합병) b영업에 대하여는 별도로 B회사를 신설하고 갑회사는 c영업만을 영위하면서 존속하는 경우(단순분할〈불완전분할〉) 등이 이에 해당한다.[4]

위에서 설명한 분할의 종류를 정리하면 다음과 같다.

---

1) 2015년 개정상법 제530조의 6 제2항에 의하여 이와 같은 명칭이 부여되었다.
2) 동지: 정(동), (회) 842면.
3) 동지: 이(철), (회) 1131면.
4) 동지: 이(철), (회) 1133면.

(2) 흡수분할 · 신설분할

이는 분할된 부분을 양수하는 회사가 기존회사인가 또는 신설회사인가에 따른 분류인데, 분할된 부분을 양수하는 회사가 기존회사(분할승계회사)이면 「흡수분할」이라고 하고, 분할된 부분을 양수하는 회사가 신설회사(분할합병신설회사)이면 「신설분할」이라고 한다.

이러한 흡수분할과 신설분할은 분할된 부분을 양수하는 회사를 기준으로 한 구별로서, 완전분할과 불완전분할이 분할된 부분을 양도하는 회사(즉, 분할회사)를 기준으로 그 존속유무에 따라 구별한 것과 구별된다. 그러나 양자는 결합할 수 있으므로 양자의 결합형태로 완전(소멸)흡수분할(위 ⑴의 경우 분할합병 중 흡수분할합병 중 일부) · 완전(소멸)신설분할(위 ⑴의 경우 단순분할 중 완전분할) · 불완전(존속)흡수분할(위 ⑴의 경우 분할합병 중 흡수분할합병 중 일부) · 불완전(존속)신설분할(위 ⑴의 경우 분할합병 중 신설분할합병 중 일부)이 있다.[1]

(3) 인적 분할 · 물적(재산) 분할

이는 분할 전 회사(분할회사)의 사원(주주)이 분할 후 회사의 사원(주주)이 되는지

---

1) 동지: 정(동), (회) 841면.

여부에 따른 분류로서, 분할부분에 해당하는 지분(신주)을 분할 전 회사(분할회사)의 사원(주주)에게 배당하는 형태의 회사분할을 「인적 분할」(횡적 분할, 수평적 분할,)이라고 하고(완전 분할임), 분할부분에 해당하는 지분(신주)을 분할 전 회사(분할회사)의 사원(주주)에게 배당하지 않고 분할 전 회사(분할회사)가 취득하는 형태의 회사분할(자회사의 설립)을 「물적(재산) 분할」(종적 분할, 수직적 분할)이라고 한다(상 530조의 12)(단순분할 중 불완전분할, 분할합병 중 신설분 할합병으로서 불완전분할합병의 경우에 인정됨). 우리 나라에서 회사의 분할은 그 도입시기가 짧음에도 불구하고 기업의 구조조정의 수단 으로 많이 이용되고 있는데, 인적 분할에 비하여 특히 물적 분할이 월등히 많이 이 용되고 있다.[1]

단순분할의 경우에 물적 분할이 쉽게 성립할 수 있음은 의문의 여지가 없으나, 분할합병(신설분 할합병)의 경우에도 물적 분할이 성립할 수 있다고 본다. 예컨대, 갑회사의 a영업이 a영업을 하는 A회사와 합하여 C회사를 설립하고 갑회사는 b영업만을 하는 회사로 존속하거나, 갑회사의 b영업이 b영업만을 하는 B회사와 합하여 D회사를 설 립하고 갑회사는 a영업만을 하는 회사로 존속하는 경우에도 갑회사에 대하여는 물 적 분할이 성립한다고 본다(따라서 상 530조의 12의 '설립되는 회사의 주식의 총수를 취득하는 경우'란 분 할합병의 경우에는 존속회사가 자신의 분할출자에 대하여 배정되는 신설회사 의 신주의 전부를 의미하는 것이지 신설회사의 발행주식 총수를 의미하는 것으로 볼 수는 없다).[2] 또한 갑회사(a, b, c, d)의 a영업은 신설되는 A 회사에게 단순분할하고(인적 분할), b영업은 기존의 B회사에 흡수합병시키고(인적 분할), c영업 은 신설되는 C회사에 물적분할하면서 갑회사(d)는 존속하는 복합적 분할(혼합 분할)도 가 능하다고 본다.[3]

그러나 예컨대, 갑회사(a, b)의 a영업을 신설되는 A회사에 단순분할하면서 그 대가로 A회사의 주식을 일부는 갑회사 자신이 갖고 나머지를 그의 주주에게 배정하 는 단순분할에 있어서 인적분할과 물적분할의 혼합형태나, 흡수분할합병에서의 물적 분할은 상법 제530조의 12의 문언상 불가능하다고 본다.[4] 특히 갑회사(a, b)의 a영 업이 A회사에 흡수되거나 또는 b영업이 B회사에 흡수되는 물적 흡수분할합병이 가 능한가에 대하여 실무에서 이를 인정한 경우도 있고,[5] 이를 인정하는 견해도 있으

---

1) 황남석, "상법상 물적 분할제도의 쟁점 및 입법적 개선방안," 「상사법연구」(한국상사법학회), 제34권 제4호(2016. 2), 129~130면.
2) 동지: 주상(제5판)(회사 V), 427면(이 경우 갑회사는 자신의 분할출자에 대하여 배정되는 C회 사 또는 D회사의 신주 전부를 취득하면 된다); 황남석, 상게논문, 142면(물적 신설분할합병이 허 용되지 않는다고 보는 견해는 없다고 한다).
3) 동지: 주상(제5판)(회사 V), 427면.
4) 동지: 주상(제5판)(회사 V), 427~428면.
5) 2003년 7월 경 롯데카드(주)는 경영난을 타개하고자 롯데쇼핑(주)이 가지고 있는 백화점카드 사업부문을 분할하여 자신이 흡수합병하되 분할부분에 해당하는 신주 100%를 롯데쇼핑의 주주 가 아닌 롯데쇼핑 자체에게 교부하는 내용의 물적분할이면서 흡수분할합병을 하기 위하여 금융감

나,[1] 이는 해석론상 상법 제530조의 12의 규정에 반한다고 본다.[2] 그러나 입법론으로는 이를 인정할 필요가 있다고 본다.[3]

회사분할은 인적분할이 원칙이고 물적(재산)분할은 예외인데, 1998년 개정상법은 이 양자를 모두 인정하고 있다($\binom{상\ 530조의\ 2,}{530조의\ 12}$).

(4) 보통분할·간이분할 또는 소규모분할

주식회사의 분할의 경우에도 합병의 경우와 같이 원칙적으로 분할 당사회사의 주주총회 특별결의에 의한 승인을 요하는데($\binom{상\ 530조의\ 3}{1항\ 후단,\ 2항}$), 이를 「보통분할」이라고 볼 수 있다. 이에 반하여 예외적으로 분할절차를 간소화하여 기업구조조정의 편의를 위하여 어느 일방 당사회사의 주주총회 승인결의를 요하지 아니하고 이사회결의 만으로 하는 분할이 있는데, 흡수분할합병에서 분할회사의 주주총회의 승인결의를 요하지 않는 경우를 「간이분할」이라고 하고($\binom{상\ 530조의\ 11}{2항,\ 527조의\ 2}$), 분할승계회사의 주주총회 승인결의를 요하지 않는 경우를 「소규모분할」이라고 한다($\binom{상\ 530조의\ 11}{2항,\ 527조의\ 3}$).[4]

독위원회(현재는 금융위원회)에 인가신청을 하였는데, 이 때 상법 제530조의 12의 해석상 이것이 가능한지 여부가 문제되었다. 이에 대하여 대법원 법원행정처(공탁법인과)는 물적합병으로서 흡수분할합병의 경우에도 이에 따른 변경등기가 가능하다고 하였다(롯데카드(주)의 2003. 9. 29자 질의에 대한 회신: 대법원 2003. 10. 8. 공탁법인 3402－239). 또한 금융감독위원회는 우리 상법 의 해석상 명백하지는 않지만, 우리 상법이 참고로 하였던 독일의 사업재편법에서는 물적분할의 경우에도 신설이든 흡수이든 구분없이 물적 분할합병을 인정하고 있는 점, 1998년 상법개정 특별 분과위원회 회의록에 의하면 당시 상법 개정위원들은 물적분할의 경우에도 인적분할과 마찬가지 로 신설이든 흡수이든 상관 없이 분할합병을 인정하려고 하였다는 점에서, 상법 규정의 문구에 구속될 필요 없이 상법 해석상 물적 흡수분할합병이 인정된다고 판단하여, 롯데쇼핑(주)과 롯데카드 (주) 간의 물적 흡수분할합병을 인가하였다(이에 관한 상세는 강현구, 전게 석사학위논문, 24～30 면 참조).

그런데 이러한 해석은 상법 제530조의 12의 명문규정에 너무나 반한다고 본다. 따라서 이와 같이 우리 상법의 해석상 물적 흡수분할합병이 인정되지 않는다고 보면 위의 등기나 인가는 모두 법률에 위반한 것이 된다.

1) 이(철), (회) 1157면(흡수분할합병의 경우에 유독 물적분할을 제외할 이유가 없고, 이를 규정하지 않은 것은 입법의 착오라고 한다); 임(재), (회 Ⅱ) 760면; 노혁준, 「회사분할의 제문제」(서울: 도서출판 소화, 2013), 79면; 강현구, 전게 석사학위논문, 30면, 136면; 대법원 2003. 10. 8. 공탁 법인 3402－239 질의회신.

2) 동지: 권(기), (구조조정) 331면.

3) 동지: 권기범, "상법상 기업재편법제의 현황과 개선방안,"「상사법연구」(한국상사법학회), 제 33권 제1호(2014. 5), 11면; 황남석, 전게논문(상사법연구 제34권 제4호), 141～142면, 151～ 152면(비교법적으로 물적 흡수분할합병을 제한하는 입법례는 찾아보기 어렵고, 물적 흡수분할합 병은 법인세법상 과세특례요건을 충족하지 못한다는 것이 행정해석이기 때문에 실무에서 이용되 지 않으므로 입법론으로 이를 인정할 필요가 있다고 한다).

4) 이는 1999년 개정상법에 의하여 신설된 것이다.

소규모합병에 관한 규정(상 527조의 3)을 분할합병에 준용하도록 한 것은(상 530조의 11 2항) 잘못된 입법이라는 견해로는 이(철), (회) 1154～1155면(그 이유는 흡수분할합병에 의해 분할승 계회사는 재산을 얼마를 인수하든 분할회사의 채무총액에 대해 연대책임을 지므로 발행하는 주식 의 수량이 소량이라 해서 분할합병으로 인한 위험도 소량이 되는 것은 아니기 때문이라고 한다).

4. 분할의 성질

분할에 의하여 분할 전 회사의 권리의무(및 사원)가 분할 후 회사에 포괄적으로 이전되는데, 이러한 현상을 법적으로 어떻게 설명할 수 있을 것인가가 분할의 성질이다. 이에 대하여 회사의 분할이 재산출자의 측면에서만 규정되어 있고$\binom{佛商\langle2001\rangle}{236-1조\ 2항}$ 또한 물적 분할에 대하여도 규정되어 있는 점$\binom{상\ 530조의\ 12,\ 독일의}{사업재편법\ 123조\ 3항}$에서 회사의 분할은 재산법적인 면에서 그의 성질을 파악하여야 한다는 견해도 있다.[1]

그러나 회사의 분할은 합병의 반대현상이고, 원칙적으로 분할 전 회사의 사원이 분할 후 회사의 사원이 되는 것이고(인적 분할) 물적 분할은 예외적인 현상이며, 우리 상법은 회사의 분할을 재산출자의 측면에서만 규정하고 있지 않은 점$\binom{상\ 530}{조의\ 2}$ 등에서 볼 때, 회사의 합병을 인격의 합일로 본 것과 같이 회사의 분할을 인격의 분할로 보는 것이 타당하다고 본다.[2]

5. 분할의 자유와 제한

1998년 개정상법상 주식회사는 원칙적으로 자유롭게 분할할 수 있다$\binom{상\ 530조의\ 2}{1항\sim3항,\ 530}$ $\binom{조의}{12}$. 다만 해산 후의 회사는 분할회사가 존속할 수 없는 점에서 존립중의 회사를 존속회사로 하거나 새로 회사를 설립하는 경우에 한하여 분할할 수 있다$\binom{상\ 530조}{의\ 2\ 4항}$. 즉, 불완전분할이나 불완전분할합병은 불가능하고, 완전분할 또는 완전분할합병만이 가능하다는 의미이다.[3]

6. 분할의 절차

1998년 개정상법에 규정된 분할절차에 관한 규정을 정리하면 다음과 같다.

(1) 분할계획서 또는 분할합병계약서의 작성

1) 분할절차는 분할계획서$\binom{단순분할}{의\ 경우}$ 또는 분할합병계약서$\binom{분할합병}{의\ 경우}$의 작성을 기초

---

1) 정(동), (회) 839~840면.
2) 동지: 정(경), 658면; 송(옥), 1277면(인적분할의 경우).
   그러나 회사분할의 법적 성질을 이와 달리 보는 견해는 「회사분할은 회사의 영업을 분리하여 그 주체인 법인격을 달리하는 동시에 분할되는 영업에 상응하여 회사의 주식소유관계를 분리하는 단체법적 법률사실」[이(철), (회) 1136면, 최(기), 1273~1274면(분할합병의 법적 성질에 대하여 이와 같이 설명하는데, 단순분할의 법적 성질에 대하여도 주식의 소유관계에 기한 인적분할의 면을 설명하고 있다)], 또는 「현물출자만으로는 보기 어렵고 상법상의 특별한 제도」[손(주), 1029면] 등으로 설명하고 있다. 또한 인적분할은 주식의 분할이 있으므로 '인격분할'로 설명할 수 있으나 주식의 분할이 없는 물적분할은 독자적인 '회사법적 법률사실'로 보는 견해도 있다(강현구, 전게 석사학위논문, 8~10면).
3) 그러나 해산회사가 회사계속을 결의하거나 재산의 환가처분의 방법으로 분할하는 경우에는 불완전분할 또는 불완전분할합병이 가능하다는 견해로는 이(철), (회) 1135~1136면 참조.

로 하여 진행된다($\frac{상}{3}$ $\frac{530조의}{1항 전단}$). 분할에 따른 법률관계($\binom{예컨대, 출자재산의 범위, 단순분할신설회사의}{내용, 분할회사의 주주에게 주어지는 단순분할}$ $\binom{신설회사의 주식에 관한 사항,}{분할교부금 또는 분할교부물 등}$)를 명확하게 하기 위하여 이러한 분할계획서 또는 분할합병계약서의 기재사항에 대하여는 상법에서 상세하게 규정하고 있다($\frac{상}{5,}$ $\frac{530조의}{530조의 6}$).[1]

2) 2015년 개정상법은 분할계획서의 기재사항 중 '분할되는 회사의 주주에게 지급할 금액을 정한 때에는 그 규정($\frac{분할교}{부금}$)'을 '분할회사의 주주에게 제4호에도 불구하고 금전이나 그 밖의 재산($\binom{자신의 사채, 관련회사의 주식이나 사채,}{분할회사로부터 승계한 재산의 일부 등}$)을 제공하는 경우에는 그 내용 및 배정에 관한 사항'으로 개정하여($\frac{상}{5}$ $\frac{530조의}{1항 5호}$) 합병($\frac{상 523}{조 4호}$)·주식교환($\frac{상 360조}{의 3}$ $\frac{3}{4호}$) 등의 경우와 같이 분할회사의 주주에게 제공하는 대가를 유연화하여 기업구조조정을 보다 원활히 할 수 있도록 하였다. 이 경우 주주가 없이 신설회사를 설립할 수는 없으므로 교부금만으로 하는 분할은 허용될 수 없다. 또한 '분할을 할 날($\frac{분할}{기일}$)'을 기재사항에 추가하여($\frac{상}{5}$ $\frac{530조의}{1항 8의 2}$) 합병계약서($\frac{상 523}{조 6호}$) 등의 기재사항과 균형을 이루도록 하였다.

또한 2015년 개정상법은 분할합병계약서의 기재사항도 개정하여 분할회사의 주주에게 제공하는 대가에 신주뿐만 아니라 자기주식의 이전을 명문화하여 유연화하고, 삼각분할합병도 가능하도록 하여 기업구조조정을 보다 원활히 할 수 있도록 하였다. 즉, 흡수분할합병계약서의 기재사항 중 '분할합병의 상대방회사가 분할합병을 함에 있어서 발행하는 신주의 총수, 종류 및 종류별 주식의 수'를 '분할승계회사가 분할합병을 하면서 신주를 발행하거나 자기주식을 이전하는 경우에는 그 발행하는 신주 또는 이전하는 자기주식의 총수, 종류 및 종류별 주식의 수'로 개정하였고($\frac{상}{6}$ $\frac{530조의}{1항 2호}$), '분할되는 회사의 주주에 대한 분할합병의 상대방회사의 주식의 배정에 관한 사항 및 배정에 따른 주식의 병합 또는 분할을 하는 경우에는 그에 관한 사항'을 '분할승계회사가 분할합병을 하면서 신주를 발행하거나 자기주식을 이전하는 경우에는 분할회사의 주주에 대한 분할승계회사의 신주의 배정 또는 자기주식의 이전에 관한 사항 및 주식의 병합 또는 분할을 하는 경우에는 그에 관한 사항'으로 개정하였으며($\frac{상}{6}$ $\frac{530조의}{1항 3호}$), '분할되는 회사의 주주에 대하여 분할합병의 상대방회사가

---

1) 상법은 분할의 종류에 따라 분할계획서 또는 분할합병계약서의 기재사항을 상세히 규정하고 있다. 즉, 상법 제530조의 5 제1항은 단순분할(완전분할·불완전분할)의 경우 주로 분할 후 회사(단순분할신설회사)에 대한 분할계획서의 기재사항을 규정하고, 동조 제2항은 단순분할 중 불완전분할의 경우 분할 전 회사(분할회사)에 대한 분할계획서의 기재사항을 규정하고 있다. 또한 상법 제530조의 6 제1항은 분할합병 중 흡수분할합병의 경우 주로 분할합병의 상대방회사(분할승계회사)에 대한 분할합병계약서의 기재사항을 규정하고, 동조 제2항은 분할합병 중 신설분할합병의 경우 주로 분할합병의 신설회사(분할합병신설회사)에 대한 분할합병계약서의 기재사항을 규정하고 있으며, 동조 제3항은 이 경우 분할 전 회사(분할회사)에 대한 기재사항을 규정하고 있다.

지급할 금액을 정한 때에는 그 규정'을 '분할승계회사가 분할회사의 주주에게 제3호에도 불구하고 그 대가의 전부 또는 일부로서 금전이나 그 밖의 재산을 제공하는 경우에는 그 내용 및 배정에 관한 사항'으로 개정하였다($_{6\ 1항\ 4호}^{상\ 530조의}$). 이로 인하여 분할승계회사의 자본금 또는 준비금이 증가하지 않는 경우도 있으므로 '분할합병의 상대방회사의 증가할 자본의 총액과 준비금에 관한 사항'을 '분할승계회사의 자본금 또는 준비금이 증가하는 경우에는 증가할 자본금 또는 준비금에 관한 사항'으로 개정하였다($_{6\ 1항\ 5호}^{상\ 530조의}$). 상법 제530조의 6 제1항 제4호의 개정으로 인하여 삼각분할합병이 가능함에 따라 '상법 제342조의 2 제1항에도 불구하고 상법 제530조의 6 제1항 제4호에 따라 분할회사의 주주에게 제공하는 재산이 분할승계회사의 모회사 주식을 포함하는 경우에는 분할승계회사는 그 지급을 위하여 모회사 주식을 취득할 수 있다'는 규정($_{의\ 6\ 4항}^{상\ 530조}$)과, '분할승계회사는 상법 제530조의 6 제4항에 따라 취득한 모회사의 주식을 분할합병 후에도 계속 보유하고 있는 경우 분할합병의 효력이 발생하는 날부터 6개월 이내에 그 주식을 처분하여야 한다'는 규정($_{의\ 6\ 5항}^{상\ 530조}$)을 신설하여, 삼각합병($_{조의\ 2}^{상\ 523}$) 및 삼각주식교환($_{3\ 6항.7항}^{상\ 360조의}$)과 균형을 이루도록 하였다.

(2) **분할결의**(대내적 절차)

1) **결의방법**

① 원   칙   분할계획서 또는 분할합병계약서는 주주총회의 특별결의에 의한 승인을 얻어야 한다($_{1항\ 후단,\ 2항}^{상\ 530조의\ 3}$). 이러한 주주총회의 소집의 통지에는 분할계획 또는 분할합병계약의 요령을 기재하여야 한다($_{의\ 3\ 4항}^{상\ 530조}$). 이러한 주주총회의 승인결의에는 의결권이 없는 종류주식이나 의결권이 제한되는 종류주식($_{의\ 3\ 1항}^{상\ 344조}$)을 가진 주주도 의결권이 있다($_{의\ 3\ 3항}^{상\ 530조}$).[1]

② 예   외   앞에서 본 바와 같이 1999년 개정상법에 의하여 분할합병의 경우에도 합병의 경우와 같이 간이분할과 소규모분할이 인정되어 있다.

㉠ 간이분할   흡수분할합병의 경우에 분할회사의 총주주의 동의가 있거나 또는 그 회사의 발행주식총수의 100분의 90 이상을 분할승계회사가 소유하고 있는 경우에는 분할회사의 주주총회의 승인은 이사회의 승인으로 갈음할 수 있다($_{527조의\ 2\ 1항}^{상\ 530조의\ 11\ 2항,}$). 이 때 분할회사는 주주총회의 승인을 얻지 않고 분할합병한다는

---

1) 이는 합병, 주식의 포괄적 교환 및 주식의 포괄적 이전의 경우에는 없는 규정으로 합병 등과 불균형한 점이 있다(동지: 권기범, 전게논문, 21면). 이는 합병 등의 경우와 불균형하고 의결권 없는 주식을 가진 주주를 보호하려면 합병 등의 경우와 같이 주식매수청구권을 확대하여 인정하면 충분하므로, 상법 제530조의 3 제3항은 삭제되어야 한다는 견해도 있다(강현구, 전게 석사학위논문, 137~138면).

뜻을 공고하거나 또는 주주에게 통지하여야 하는데, 총주주의 동의가 있는 때에는 그러하지 아니하다($\substack{상\ 530조의\ 11\ 2항,\\ 527조의\ 2\ 2항}$).

ⓒ 소규모분할   흡수분할합병의 경우에 분할승계회사가 분할합병으로 인하여 발행하는 신주의 총수가 그 회사의 발행주식총수의 100분의 10을 초과하지 아니한 때에는 그 분할승계회사의 주주총회의 승인은 이사회의 승인으로 갈음할 수 있는데, 다만 분할회사의 주주에게 지급할 금전이나 그 밖의 재산을 정한 경우에 그 금액 및 그 밖의 재산의 가액이 분할승계회사의 최종 대차대조표상으로 현존하는 순자산액의 100분의 5를 초과하는 때에는 정식 분할합병절차에 의하도록 하고 있다($\substack{상\ 530조의\ 11\ 2항,\\ 527조의\ 3\ 1항}$). 이 때 분할승계회사의 분할합병계약서에는 주주총회의 승인을 받지 아니하고 분할합병한다는 뜻을 기재하여야 하고($\substack{상\ 530조의\ 11\ 2항,\\ 527조의\ 3\ 2항}$), 이러한 뜻과 분할회사의 상호 및 본점의 소재지와 분할합병을 할 날을 분할합병계약서를 작성한 날부터 2주 내에 공고하거나 또는 주주에게 통지하여야 한다($\substack{상\ 530조의\ 11\ 2항,\\ 527조의\ 3\ 3항}$). 이러한 통지 또는 공고에 의하여 분할승계회사의 발행주식총수의 100분의 20 이상에 해당하는 주식을 소유한 주주가 위의 공고 또는 통지를 한 날부터 2주 내에 회사에 대하여 서면으로 이러한 분할합병에 반대하는 의사를 통지한 때에는 정식 분할합병절차를 밟아야 한다($\substack{상\ 530조의\ 11\ 2항,\\ 527조의\ 3\ 4항}$). 이러한 소규모분할의 경우에는 분할합병 반대주주의 주식매수청구권은 인정되지 아니한다($\substack{상\ 530조의\ 11\ 2항,\\ 527조의\ 3\ 5항}$).

ⓒ 종류주주총회의 결의 · 총주주의 동의   회사가 종류주식을 발행한 경우에는 회사의 분할로 인하여 어느 종류의 주주에게 손해를 미치게 될 때에는, 분할에 관한 주주총회의 결의 외에 그 종류의 종류주주총회의 결의가 다시 있어야 한다($\substack{상\\436조}$).

또한 회사의 분할로 인하여 분할에 관련되는 각 회사의 주주의 부담이 가중되는 경우에는($\substack{예컨대,\ 주주들로부터\ 추가\\출자를\ 받고자\ 하는\ 경우}$),[1] 분할에 관한 주주총회의 결의 및 종류주주총회의 결의 외에 그 주주 전원의 동의가 다시 있어야 한다($\substack{상\ 530조\\의\ 3\ 6항}$).[2]

---

1) 동지: 이(철), (회) 1141~1142면.
   그러나 주식회사인 경우(상 331조 참조) 이러한 경우를 상상하기 어렵다고 보는 견해도 있고 (권기범, 전게논문, 18~19면), 우리 상법은 주식회사에 대하여만 회사분할을 인정하고 있고 또한 주식회사는 주주유한책임의 원칙(상 331조)이 있어 주주의 부담이 가중되는 경우는 없으므로 상법 제530조의 3 제6항은 삭제되어야 한다는 견해도 있다(강현구, 전게 석사학위논문, 139면).
2) 대판 2010. 8. 19, 2008 다 92336(공보 2010, 1776)(상법 제530조의 3 제6항은 "회사의 분할 또는 분할합병으로 인하여 분할 또는 분할합병에 관련되는 각 회사의 주주의 부담이 가중되는 경우에는 제2항 및 제5항의 결의 외에 그 주주 전원의 동의가 있어야 한다"고 규정하고 있다. 이 규정은 회사의 분할 또는 분할합병과 관련하여 주주를 보호하기 위하여 마련된 규정이고, 분할 또는 는 분할합병으로 인하여 회사의 책임재산에 변동이 생기게 되는 경우 채권자를 보호하기 위하여

2) 분할결의와 관련된 사항

① **주식매수청구권**　　　분할합병의 경우에는 분할결의에 관한 주주총회의 특별결의에 반대하는 주주에게 합병의 경우와 같이 주식매수청구권이 인정되어 있으나(상 530조의 11 2항, 522조의 3), 단순분할의 경우에는 원칙적으로 이러한 주식매수청구권이 인정되어 있지 않다.

② **주권상장법인에 대한 특칙**　　　주권상장법인이 분할 또는 분할합병하는 경우에는 합병의 경우와 같이 분할(분할합병)가액의 산정 및 외부평가기관에 의한 평가에 관한 특칙이 적용된다(자금 165조의 4 1항 4호, 자금시 176조의 6).

또한 주권상장법인의 경우에는 단순분할의 경우에도 물적분할이 아닌 분할로서 분할에 의하여 설립되는 법인이 발행하는 주권이 증권시장에 상장되지 아니하는 경우에는 주식매수청구권이 인정된다(자금 165조의 5 1항, 자금시 176조의 7 1항).

(3) **회사채권자의 보호**(대외적 절차)

회사채권자를 보호하기 위하여 특별한 대외적 절차가 인정되어 있다.

1) 분할결의 전의 절차(분할대차대조표 등의 작성·비치·공시)[1]　　　분할회사의 이사는 분할을 승인하기 위한 주주총회의 회일의 2주 전부터 분할의 등기를 한 날 또는 분할합병을 한 날 이후 6월간, (i) 분할계획서 또는 분할합병계약서, (ii) 분할되는 부분의 대차대조표, (iii) 분할합병의 경우에 분할합병의 상대방회사의 대차대조표, (iv) 분할회사의 주주에 대한 신주의 배정 또는 자기주식의 이전에 관하여 그 이유를 기재한 서면을 본점에 비치하여야 한다(상 530조의 7 1항).

또한 흡수분할합병의 경우 분할합병의 상대방회사(분할승계회사)의 이사는 분할합병을 승인하는 주주총회의 회일의 2주 전부터 분할합병의 등기를 한 후 6월간, (i) 분할합병계약서, (ii) 분할회사의 분할되는 부분의 대차대조표, (iii) 분할합병을 하면서 신주를 발행하거나 자기주식을 이전하는 경우에는 분할회사의 주주에 대한 신주의 배정 또는 자기주식의 이전에 관하여 그 이유를 기재한 서면을 본점에 비치하여야 한다(상 530조의 7 2항).

주주 및 회사채권자는 영업시간 내에는 언제든지 위의 서류의 열람을 청구하거나, 회사가 정한 비용을 지급하고 그 등본 또는 초본의 교부를 청구할 수 있다(상 530조의 7 3항, 522조의 2 2항).

마련된 규정이 아니므로, 회사의 채권자는 위 규정을 근거로 회사분할로 인하여 신설된 회사가 분할 전 회사의 채무를 연대하여 변제할 책임이 있음을 주장할 수 없다).

1) 우리 상법은 합병·분할·주식교환(주식이전)의 각 경우에 비치대상서류의 통일성을 결여하고 있는데, 입법론상 통일적 규율을 위한 개정이 필요하다는 견해가 있다(권기범, 전게논문, 30~31면).

2) 분할결의 후의 절차(회사채권자의 이의를 위한 조치)　　　분할합병의 경우 당사자인 회사는 주주총회의 분할승인결의가 있은 날부터 2주 내에 채권자[1]에 대하여 분할에 이의가 있으면 1월 이상의 기간 내에 이를 제출할 것을 공고하고, 또 알고 있는 채권자에 대하여는 각별로 이를 최고하여야 한다(상 530조의 11 2항,/527조의 5 1항). 채권자가 위의 기간 내에 이의를 제출하지 아니한 때에는 분할을 승인한 것으로 보고(상 530조의/11 2항, 527/조의 5 3항,/232조 2항), 이의를 제출한 때에는 회사는 그 채권자에 대하여 변제 또는 상당한 담보를 제공하거나 이를 목적으로 하여 상당한 재산을 신탁회사에 신탁하여야 한다(상 530조의 11 2항, 527/조의 5 3항, 232조 3항). 이 때 사채권자가 이의를 함에는 사채권자집회의 결의가 있어야 하는데, 이 경우 법원은 이해관계인의 청구에 의하여 사채권자를 위하여 이의의 기간을 연장할 수 있다(상 530조의 11/2항, 439조 3항). 이러한 절차에 위반하면 분할무효의 소의 원인이 된다(상 530조의 11/1항, 529조).

단순분할의 경우에는 분할 후 회사가 분할 전 회사의 채무 중에서 출자한 재산에 관한 채무만을 부담하는 경우에 한하여, 이러한 채권자이의제출권이 인정된다(상 530조/의 9 4항).

(4) 그 밖의 절차

1) 회사분할에 따른 회사의 설립에 관하여는 주식회사의 설립에 관한 규정을 준용한다(상 530조/의 4 본문). 이 때 분할에 의하여 설립되는 회사(분할 후 회사로서 신설회사인/데, '단순분할신설회사'라 칭함)는 분할 전 회사(분할회사/라 칭함)의 출자(현물출자)만으로도 설립될 수 있는데(상 530조/의 4 단서), 이 경우 주식회사의 변태설립사항과 (발기설립의 경우) 현물출자의 이행에 대하여 적용되는 법원이 선임한 검사인에 의한 조사·보고의 규정(상/299조)[2]이 적용되지 않는데(상 530조/의 4 단서),[3] 이는 설립절차를 간소화하기 위한 것이다.[4]

---

1) 채권자 중 회사분할로 인하여 손해를 입을 우려가 없는 채권자는 이 경우의 채권자에서 배제하여야 한다는 견해가 있다(권기범, 전게논문, 25면).

2) 상법 제530조의 4 단서는 동 제299조만의 적용을 배제하나, 이에 갈음하는 감정인의 감정에 관한 규정인 상법 제299조의 2도 배제하는 규정을 두었어야 할 것으로 본다[동지: 정(동), (회) 849~850면].

3) 2015년 개정상법 이전에는 「이 경우 분할되는 회사의 주주에게 그 주주가 가지는 그 회사의 주식의 비율에 따라서 설립되는 회사(신설회사)의 주식이 발행되는 때에는」[즉, 이는 안분비례적 분할의 경우인데, 이 때에는 분할 전 회사의 사원의 이익을 해할 염려가 없다. 동지: 정(동), (회) 841~842면]으로 제한하였는데(개정전 상 530조의 4 2항 2문), 2015년 개정상법은 이러한 제한을 폐지하였다.

　　EU에서 (주주 보호 차원에서) 합병비율이나 분할비율의 적정성을 검사하는 것을 주목적으로 하는 합병검사인·분할검사인 제도와 (회사채권자 보호차원에서) 자본금 충실의 원칙 위반 여부의 조사를 주목적으로 하는 현물출자검사인 제도가 있고 양자는 취지가 전혀 다르므로, 이에는 분할검사인제도의 도입을 검토하는 것이 옳다는 견해도 있다(권기범, 전게논문, 23~24면).

4) 이 경우에도 분할 후 회사가 연대책임을 지지 않는 때에는 채권자를 해할 염려가 있으므로 검사

2) 회사분할에 따라 주식분할($\substack{상\ 329 \\ 조의\ 2}$), 주식병합($\substack{상\ 440조\sim \\ 442조}$), 단주처리($\substack{상 \\ 443조}$)의 필요가 있는 경우에는 상법의 해당규정을 준용한다($\substack{상\ 530조 \\ 의\ 11\ 1항}$).

(5) 분할등기

분할의 마지막 절차는 등기이다.

1) 회사가 분할을 한 경우 본점소재지에서는 2주 내, 지점소재지에서는 3주 내에, 분할 후 존속하는 회사에 있어서는 변경등기, 분할로 인하여 소멸하는 회사에 있어서는 해산등기, 분할로 인하여 설립되는 회사에 있어서는 설립등기를 하여야 한다($\substack{상\ 530조의\ 11 \\ 1항,\ 528조}$). 이 때 이러한 등기기간의 기산일은 합병의 경우와 같다. 즉, 분할합병의 경우에는 보고총회가 종결한 날($\substack{이러한\ 보고총회에\ 갈음하여\ 이사 \\ 회가\ 공고하는\ 경우에는\ 공고일}$)이고, 단순분할의 경우에는 창립총회가 종결한 날($\substack{이러한\ 창립총회에\ 갈음하여\ 이사 \\ 회가\ 공고하는\ 경우에는\ 공고일}$)($\substack{상\ 530조의\ 11 \\ 1항,\ 528조}$)이다.

2) 회사의 분할은 분할 후 회사가 그 본점소재지에서 위의 분할등기를 함으로써 그 효력이 생긴다($\substack{상\ 530조의\ 11 \\ 1항,\ 234조}$).

(6) 분할공시

1) **사전공시** 회사분할이 공정하고 투명하게 진행되도록 하기 위하여, 앞에서 본 바와 같이 분할계획서 또는 분할합병계약서 등의 공시($\substack{분할을\ 승인하기\ 위한\ 주주총 \\ 회의\ 회일의\ 2주\ 전부터\ 분할 \\ 의\ 등기를\ 한\ 날\ 또는\ 분할합병 \\ 을\ 한\ 날\ 후\ 6월간\ 공시하는\ 것}$)에 대하여 규정하고 있다($\substack{상\ 530조의 \\ 7\ 1항·2항}$).[1] 이 공시된 서류에 대하여 주주 및 회사채권자는 영업시간 내에는 언제든지 이러한 서류의 열람을 청구하거나, 회사가 정한 비용을 지급하고 그 등본 또는 초본의 교부를 청구할 수 있다($\substack{상\ 530 \\ 조의\ 7\ 3항, \\ 522조의\ 2\ 2항}$).

2) **사후공시** 합병의 경우($\substack{상\ 527 \\ 조의\ 6}$)와 같다($\substack{상\ 530조의\ 11 \\ 1항,\ 527조의\ 6}$).

7. 분할의 효과

(1) 권리의무의 포괄적 이전

1) 단순분할신설회사·분할승계회사 또는 분할합병신설회사는 분할회사의 권리와 의무를 분할계획서 또는 분할합병계약서에서 정하는 바에 따라 (포괄적으로) 승계한다($\substack{상\ 530 \\ 조의\ 10}$).[2] 이 점에서 회사의 분할은 영업양도와 근본적으로 구별된다.

인의 조사·보고에 관한 규정 등(상 299조, 299조의 2)이 적용되어야 한다는 견해가 있다[정(동), (회) 850면].

1) 2015년 개정상법은 흡수분할합병의 경우 분할회사의 주주에게 분할승계회사의 자기주식도 이전할 수 있음을 명문으로 규정함에 따라(상 530조의 6 1항 2호·3호), 공시사항에서도 '자기주식을 이전하는 경우에는 자기주식의 이전에 관하여 그 이유를 기재한 서면'을 추가하였다(상 530조의 7 1항 4호 및 2항 3호).

2) 대판 2011. 8. 25, 2010 다 44002(공보 2011, 1925)(갑주식회사와 을주식회사가 공동수급체를

2) 단순분할신설회사·분할승계회사 또는 분할합병신설회사가 분할회사의 주주에게 주식을 배정하거나 (분할승계회사가) 자기주식을 이전하는 경우에는(인적 분할) $\left(\substack{상 530조의 5\ 1항 4호, 530조의 6 \\ 1항 2호 및 3호·2항 3호 참조}\right)$ 사원(주주)의 이전이 있으나(원칙), 분할회사가 분할 또는 분할합병으로 인하여 설립되는 회사(단순분할신설회사 또는 분할합병신설회사)의 주식의 총수$\left(\substack{분할합병신설회사의 경우는 각 분할회사 \\ 가 그에 이전한 재산에 대한 주식의 총수}\right)$를 취득하는 경우에는(물적 분할)$\left(\substack{상 530조 \\ 의 12 참조}\right)$ 사원(주주)의 이전이 없다(예외).

(2) 분할 후의 회사의 책임

1) 원 칙   분할회사·단순분할신설회사·분할승계회사 또는 분할합병신설회사는 분할 또는 분할합병 전의 분할회사의 모든 채무[1]를 원칙적으로 연대하여 변제할 책임이 있다$\left(\substack{상 530조 \\ 의 9 1항}\right)$.[2] 이러한 연대책임은 법정책임이고 또한 부진정연대책임이다. 부진정연대채무에서는 채무자 1인에 대한 이행청구 또는 채무자 1인이 행한 채무의 승인 등 소멸시효의 중단사유나 시효이익의 포기가 다른 채무자에게 효력을 미치지 않으므로, 분할회사 채무에 관한 소를 제기하여 분할회사에 대한 관계에서 시효가 중단되는 등의 사유는 다른 채무자인 분할 후 회사에 효력이 미치지 않는다.[3]

형성하여 한국전력공사와 공사도급계약을 체결한 후 갑회사의 전기공업사업부문과 전문소방서시설공사업 부분이 병주식회사에 분할합병된 사안에서, 갑회사의 공사계약에 관한 계약상대자 구성원의 지위는 병회사에 포괄승계의 대상이 되지 않는다).

1) 이는 '분할등기 또는 분할합병등기 전'의 분할회사의 채무로 보아야 할 것이다(동지: 강혁구, 전게 석사학위논문, 123면; 독일 사업재편법 133조 1항).

2) 이러한 연대책임은 기업재편수단으로서 회사분할의 역할을 상당히 제약하므로, 입법론상 책임의 주체와 대상을 명확히 함과 동시에 책임기간이나 책임재산에 관하여 일정한 제한을 가하는 등 이를 완화할 필요가 있다는 견해가 있다(권기범, 진게논문, 26~30면).

3) 동지: 대판 2017. 5. 30, 2016 다 34687(공보 2017, 1363)(구 상법⟨2015. 12. 1. 법률 제13523호로 개정되기 전의 것⟩ 제530조의 9 제1항은 "분할 또는 분할합병으로 인하여 설립되는 회사 또는 존속하는 회사⟨이하 '수혜회사'라 한다⟩는 분할 또는 분할합병 전의 회사채무에 관하여 연대하여 변제할 책임이 있다"라고 정하고 있다⟨2015. 12. 1. 개정된 상법 제530조의 9 제1항은 "분할회사, 단순분할신설회사, 분할승계회사 또는 분할합병신설회사는 분할 또는 분할합병 전의 분할회사 채무에 관하여 연대하여 변제할 책임이 있다"라고 정하여, '분할회사'와 '분할합병신설회사' 등이 동일한 분할회사 채무에 관해 연대책임을 부담한다는 점을 명시하고 있다). 이는 회사분할로 채무자의 책임재산에 변동이 생겨 채권 회수에 불리한 영향을 받는 채권자를 보호하기 위하여 부과된 법정책임을 정한 것으로, 수혜회사와 분할 또는 분할합병 전의 회사는 분할 또는 분할합병 전의 회사채무에 대하여 부진정연대책임을 진다. 구 상법⟨2015. 12. 1. 법률 제13523호로 개정되기 전의 것⟩에서 제530조의 9 제1항에 따라 채권자가 연대책임을 물을 수 있는 기간이나 금액에 대해서 아무런 제한규정을 두고 있지 않지만, 채권자를 분할 또는 분할합병 이전의 상태보다 더욱 두텁게 보호할 필요는 없다. 분할 또는 분할합병으로 인하여 설립되는 회사 또는 존속하는 회사⟨이하 '수혜회사'라 한다⟩가 채권자에게 연대하여 변제할 책임을 부담하는 채무는 분할 또는 분할합병 전의 회사가 채권자에게 부담하는 채무와 동일한 채무이다. 따라서 수혜회사가 채권자에게 부담하는 연대채무의 소멸시효 기간과 기산점은 분할 또는 분할합병 전의 회사가 채권자에게 부

분할회사의 채무에는 분할 또는 분할합병 당시에 그 변제기가 도래하였는지 여부를 불문한다.[1]

2) 예 외   예외적으로 분할승인에 관한 주주총회의 결의로 단순분할신설회사는 분할회사의 채무 중에서 분할계획서에 승계하기로 정한 채무에 대한 책임

담하는 채무와 동일한 것으로 봄이 타당하다. 결국, 채권자는 해당 채권의 시효기간 내에서 분할로 인하여 승계되는 재산의 가액과 무관하게 연대책임을 물을 수 있다. 부진정연대채무에서는 채무자 1인에 대한 이행청구 또는 채무자 1인이 행한 채무의 승인 등 소멸시효의 중단사유나 시효이익의 포기가 다른 채무자에게 효력을 미치지 않는다. 따라서 채권자가 분할 또는 분할합병이 이루어진 후에 분할회사를 상대로 분할 또는 분할합병 전의 분할회사 채무에 관한 소를 제기하여 분할회사에 대한 관계에서 시효가 중단되거나 확정판결을 받아 소멸시효 기간이 연장된다고 하더라도, 그와 같은 소멸시효 중단이나 연장의 효과는 다른 채무자인 분할 또는 분할합병으로 인하여 설립되는 회사 또는 존속하는 회사에 효력이 미치지 않는다).

1) 동지: 대판 2008. 2. 14, 2007 다 73321(공보 2008, 381)(상법 제530조의 9 제1항에 따라 주식회사의 분할 또는 분할합병으로 인하여 설립되는 회사와 존속하는 회사가 회사 채권자에게 연대하여 변제할 책임이 있는 분할 또는 분할합병 전의 회사 채무에는, 회사 분할 또는 분할합병의 효력발생 전에 발생하였으나 분할 또는 분할합병 당시에는 아직 그 변제기가 도래하지 아니한 채무도 포함된다); 동 2010. 8. 26, 2009 다 95769(공보 2010, 1805)(분할 또는 분할합병으로 인하여 설립되는 회사 또는 존속하는 회사〈이하 '분할당사회사'라고 한다〉는 특별한 사정이 없는 한 상법 제530조의 9 제1항에 의하여 각자 분할계획서 또는 분할합병계약서에 본래 부담하기로 정한 채무 이외의 채무에 대하여 연대책임을 지는 것이 원칙이고, 이 연대책임은 채권자에 대하여 개별 최고를 거쳤는지 여부와 관계없이 부담하게 되는 법정책임이므로, 채권자에 대하여 개별 최고를 하였는데 채권자가 이의제출을 하지 아니하였다거나 채권자가 분할 또는 분할합병에 동의하였기 때문에 개별 최고를 생략하였다는 등의 사정은 상법 제530조의 9 제1항이 규정하는 분할당사회사의 연대책임의 성부에 영향을 미치지 못한다. 이 때 분할당사회사가 상법 제530조의 9 제1항에 의한 연대책임을 면하고 각자 분할합병계약서에 본래 부담하기로 정한 채무에 대한 변제책임만을 지는 분할채무관계를 형성하기 위해서는, 분할합병에 따른 출자를 받는 존립중의 회사가 분할되는 회사의 채무 중에서 출자한 재산에 관한 채무만을 부담한다는 취지가 기재된 분할합병계약서를 작성하여 이에 대한 주주총회의 승인을 얻어야 하고〈상법 제530조의 9 제3항·제2항 후단, 상법 제530조의 3 제1항·제2항〉, 이러한 요건이 충족되었다는 점에 관한 주장·증명책임은 분할당사회사가 연대책임관계가 아닌 분할채무관계에 있음을 주장하는 측에게 있다. 단순히 분할합병계약서에 상법 제530조의 6 제1항 제6호가 규정하는 '분할되는 회사〈분할회사〉가 분할합병의 상대방 회사〈분할승계회사〉에 이전할 재산과 그 가액'의 사항 등을 기재하여 주주총회의 승인을 얻었다는 사정만으로는 위와 같이 분할책임관계를 형성하기 위한 요건이 충족되었다고 할 수 없으므로, 분할당사회사는 각자 분할합병계약서에 본래 부담하기로 정한 채무 이외의 채무에 대하여 연대책임을 면할 수 없다. 따라서 상법 제530조의 9 제2항 및 제3항에 따른 주주총회의 특별결의 없이 갑 주식회사가 출자한 재산에 관한 채무만을 을 주식회사가 부담한다는 취지가 일간신문에 공고되었다고 하여 그에 따른 효력이 발생한다고 볼 수 없고, 채권자가 분할합병에 동의한 관계로 개별 최고를 생략하였다는 사정 등 역시 을 주식회사가 상법 제530조의 9 제1항에 의하여 부담하게 되는 연대책임의 성부에 아무런 영향을 미치지 못한다. 분할당사회사가 상법 제530조의 9 제1항에 의하여 각자 분할계획서나 분할합병계약서에 본래 부담하기로 정한 채무 이외의 채무에 대하여 연대책임을 지는 경우, 이는 회사분할로 인하여 채무자의 책임재산에 변동이 생기게 되어 채권 회수에 불이익한 영향을 받는 채권자를 보호하기 위하여 부과된 법정책임으로서 특별한 사정이 없는 한 그 법정 연대책임의 부담에 관하여 분할당사회사 사이에 주관적 공동관계가 있다고 보기 어려우므로, 분할당사회사는 각자 분할계획서나 분할합병계약서에 본래 부담하기로 정한 채무 이외의 채무에 대하여 부진정연대관계에 있다고 봄이 상당하다).

만을 부담하는 것으로 정할 수 있고($\frac{상\ 530조의}{9\ 2항\ 1문}$), 분할합병승인에 관한 주주총회의 결의로 분할승계회사 또는 분할합병신설회사가 분할회사의 채무 중에서 분할합병계약서에 승계하기로 정한 채무에 대한 책임만을 부담하는 것으로 정할 수 있다($\frac{상\ 530}{조의\ 9}$ $\frac{3항}{1문}$). 이 경우 분할회사는($\frac{존속하는}{경우에\ 한함}$) 단순분할신설회사·분할승계회사 또는 분할합병신설회사가 부담하지 아니하는 채무에 대한 책임만을 부담한다($\frac{상\ 530조의\ 9\ 2항}{2문,\ 3항\ 2문}$).

2015년 개정상법 이전에는 연대책임에 대한 예외를 「분할승인에 관한 주주총회의 결의로 분할 후 회사가 분할 전 회사의 채무 중에서 '출자한 재산에 관한 채무'만을 부담할 것을 정한 경우」라고 규정하였는데($\frac{개정전\ 상\ 530조}{의\ 9\ 2항 \cdot 3항}$), 이 때 '출자한 재산에 관한 채무'가 명확하지 않다고 하여 연대책임이 배제되는 채무의 범위를 명확히 하기 위하여 2015년 개정상법이 위와 같이 개정한 것이다. 2015년 개정상법 이전에서 「출자한 재산」이란 '분할 전 회사의 특정재산을 의미하는 것이 아니라 조직적 일체로서의 영업을 의미한다'고 보았다.[1]

위와 같이 단순분할신설회사가 예외적으로 분할계획서에 승계하기로 정한 채무에 대한 책임(2015년 개정상법 이전에는 '분할로 인하여 출자받은 재산에 관한 채무')만을 부담하는 경우에는(즉, 연대책임을 지지 않는 경우에는) 분할회사의 채권자를 보호하기 위하여 단순분할의 경우에도 채권자이의제출권($\frac{상\ 527조의\ 5,}{439조\ 3항}$)을 인정하고 있다[2]($\frac{상\ 530}{조의}$

---

[1] 동지: 대판 2010. 2. 25, 2008 다 74963(공보 2010, 623)(회사가 분할되는 경우 분할로 인하여 설립되는 회사 또는 존속하는 회사는 분할 전 회사채무에 관하여 연대하여 변제할 책임이 있으나〈상법 제530조의 9 제1항〉, 분할되는 회사가 상법 제530조의 3 제2항에 따라 분할계획서를 작성하여 출석한 주주의 의결권의 3분의 2 이상의 수와 발행주식총수의 3분의 1 이상의 수로써 주주총회의 승인을 얻은 결의로 분할에 의하여 회사를 설립하는 경우에는 설립되는 회사가 분할되는 회사의 채무 중에서 출자한 재산에 관한 채무만을 부담할 것을 정하여〈상법 제530조의 9 제2항〉 설립되는 회사의 연대책임을 배제할 수 있고, 이 경우 분할되는 회사가 '출자한 재산'이라 함은 분할되는 회사의 특정재산을 의미하는 것이 아니라 조직적 일체성을 가진 영업, 즉 특정의 영업과 그 영업에 필요한 재산을 의미하는 것으로 해석된다); 동 2010. 8. 19, 2008 다 92336(공보 2010, 1776)(회사가 분할되는 경우 분할로 인하여 설립되는 회사 또는 존속하는 회사는 분할 전 회사 채무에 관하여 연대하여 변제할 책임이 있으나〈상법 제530조의 9 제1항〉, 분할되는 회사가 상법 제530조의 3 제2항에 따라 분할계획서를 작성하여 출석한 주주의 의결권의 3분의 2 이상의 수와 발행주식총수의 3분의 1 이상의 수로써 주주총회의 승인을 얻은 결의로 분할에 의하여 회사를 설립하는 경우에는 설립되는 회사가 분할되는 회사의 채무 중에서 출자한 재산에 관한 채무만을 부담할 것을 정하여〈상법 제530조의 9 제2항〉 설립되는 회사의 연대책임을 배제할 수 있다. 여기서 분할되는 회사가 '출자한 재산'이라 함은 분할되는 회사의 특정재산을 의미하는 것이 아니라 조직적 일체성을 가진 영업, 즉 특정의 영업과 그 영업에 필요한 재산을 의미하며, '출자한 재산에 관한 채무'라 함은 신설회사가 분할되는 회사로부터 승계한 영업에 관한 채무로서 당해 영업 자체에 직접적으로 관계된 채무뿐만 아니라 그 영업을 수행하기 위해 필요한 적극재산과 관련된 모든 채무가 포함된다); 강현구, 전게 석사학위논문, 100면, 127면, 135면.

반대: 천승희, 전게 박사학위논문, 181면(이전할 재산을 영업으로 보기보다는 적극재산 및 소극재산으로 보는 것이 합리적이라고 한다).

[2] 분할 후 회사의 책임이 제한되는 경우(상 530조의 9 2항 본문, 3항 본문)뿐만 아니라, 분할회

$^9_{4항}$). 따라서 이 때 분할회사가 자신이 알고 있는 채권자에게[1] 개별적인 최고절차를 거치지 않은 경우에는, 그 채권자에 대하여 분할채무관계의 효력이 발생할 수 없고 원칙으로 돌아가 연대책임을 진다.[2] 그런데 이 때 채권자가 회사분할에 관여되어 있고 회사분할을 미리 알고 있는 지위에 있으면, 그러한 채권자에 대하여 개별적인 최고를 누락하였다고 하여 그 채권자에 대하여 분할회사와 단순분할신설회사가 연대책임을 지는 것은 아니다(즉, 단순분할신설 회사만이 변제할 책임이 있다).[3]

분할회사가 자신이 알고 있는 채권자에게 개별적인 최고절차를 거치지 않은 경

사의 주주에게 분할교부금을 지급하는 경우(상 530조의 5 1항 5호)에도 자본감소에 준하는 것으로 보아 상법 제439조를 유추적용하여 채권자보호절차를 취해야 한다는 견해가 있다[이(철), (회) 1155~1156면].

1) 대판 2010. 8. 19, 2008 다 92336(공보 2010, 1776)(분할 전 회사의 분식회계로 손해를 입었음을 주장하는 일부 실질주주명부상 주주들이 상법 제530조의 9 제4항, 제527조의 5 제1항에 정한 채권자보호절차에서 분할에 대한 이의 여부를 개별적으로 최고하여야 하는 분할 전 회사가 '알고 있는 채권자'에 해당한다고 볼 수 없다); 동 2011. 9. 29, 2011 다 38516(공보 2011, 2220)(분할 전 회사가 발행한 약속어음의 소지인은 분할 전 회사에 알려져 있는 채권자이다).

2) 대판 2004. 8. 30, 2003 다 25973(공보 2004, 1594)(상법은 회사가 분할되고 분할되는 회사가 분할 후에도 존속하는 경우에, 특별한 사정이 없는 한 회사의 책임재산은 분할되는 회사와 신설회사의 소유로 분리되는 것이 일반적이므로 분할 전 회사의 채권자를 보호하기 위하여 분할되는 회사와 신설회사가 분할 전의 회사채무에 관하여 연대책임을 지는 것을 원칙으로 하고, 이 경우에는 회사가 분할되더라도 채권자의 이익을 해할 우려가 없으므로 알고 있는 채권자에 대하여 따로 이를 최고할 필요가 없도록 한 반면에, 다만 만약 이러한 연대책임의 원칙을 엄격하게 고수한다면 회사분할제도의 활용을 가로막는 요소로 작용할 수 있으므로 연대책임의 원칙에 대한 예외를 인정하여 신설회사가 분할되는 회사의 채무 중에서 출자받은 재산에 관한 채무만을 부담할 것을 분할되는 회사의 주주총회의 특별결의로써 정할 수 있게 하면서, 그 경우에는 신설회사가 분할되는 회사의 채무 중에서 그 부분의 채무만을 부담하고, 분할되는 회사는 신설회사가 부담하지 아니하는 채무만을 부담하게 하여 채무관계가 분할채무관계로 바뀌도록 규정하였다고 해석된다. 이와 같이 분할되는 회사와 신설회사가 분할 전 회사의 채무에 대하여 연대책임을 지지 않는 경우에는 채무자의 책임재산에 변동이 생기게 되어 채권자의 이해관계에 중대한 영향을 미치므로 채권자의 보호를 위하여 분할되는 회사가 알고 있는 채권자에게 개별적으로 이를 최고하도록 규정하고 있는 것이고, 따라서 분할되는 회사와 신설회사의 채무관계가 분할채무관계로 바뀌는 것은 분할되는 회사가 자신이 알고 있는 채권자에게 개별적인 최고절차를 제대로 거쳤을 것을 요건으로 하는 것이라고 보아야 하며, 만약 그러한 개별적인 최고를 누락한 경우에는 그 채권자에 대하여 분할채무관계의 효력이 발생할 수 없고 원칙으로 돌아가 신설회사와 분할되는 회사가 연대하여 변제할 책임을 지게 되는 것이라고 해석하는 것이 옳다).

3) 대판 2010. 2. 25, 2008 다 74963(공보 2010, 623)(분할되는 회사와 신설회사가 분할 전 회사의 채무에 대하여 연대책임을 지지 않는 경우에는 채무자의 책임재산에 변동이 생기게 되어 채권자의 이해관계에 중대한 영향을 미치므로 채권자의 보호를 위하여 분할되는 회사가 알고 있는 채권자에게 개별적으로 이를 최고하고 만약 그러한 개별적인 최고를 누락한 경우에는 그 채권자에 대하여 신설회사와 분할되는 회사가 연대하여 변제할 책임을 지게 된다고 할 것이나, 채권자가 회사분할에 관여되어 있고 회사분할을 미리 알고 있는 지위에 있으며, 사전에 회사분할에 대한 이의 제기를 포기하였다고 볼 만한 사정이 있는 등 예측하지 못한 손해를 입을 우려가 없다고 인정되는 경우에는 개별적인 최고를 누락하였다고 하여 그 채권자에 대하여 신설회사와 분할되는 회사가 연대하여 변제할 책임이 되살아난다고 할 수 없다).

우, 이러한 채권자는 분할무효의 소를 제기할 수 있다고 본다($^{\text{상 530조의 11}}_{\text{1항, 529조}}$).

이러한 채권자이의제출권은 분할합병의 경우에는 분할합병 결의 후 채권자보호
절차로서 (분할회사 및 분할승계회사 또는 분할합병신설회사에게) 위와 같은 제한이 없이
(즉, 연대책임을 지는 경우이든, 지지 않는 경우이든 불문하고) 인정된다($^{\text{상 530조}}_{\text{의 11 2항}}$).

8. 분할의 무효

(1) 분할무효의 소의 절차

분할절차에 하자가 있는 경우에 그 효력이 문제되는데, 상법은 단체법상의 법
률관계를 획일적으로 확정하기 위하여 합병무효의 소에 관한 규정을 준용하여 분할
무효의 소를 별도로 규정하고 있다($^{\text{상 530조의 11}}_{\text{1항, 529조}}$). 따라서 분할무효의 소는 각 회사의
주주[1] · 이사 · 감사 · 청산인 · 파산관재인 또는 분할을 승인하지 아니한 채권자에 한하
여, 분할등기가 있은 날로부터 6월 내에, 소만으로 이를 주장할 수 있다($^{\text{상 530조의 11}}_{\text{1항, 529조}}$).
회사채권자가 분할무효의 소를 제기한 때에는 법원은 회사의 청구에 의하여 채권자
에게 상당한 담보를 제공할 것을 명할 수 있는데, 이 때 회사는 채권자의 악의를 소
명하여야 한다($^{\text{상 530조의 11 1항,}}_{\text{237조, 176조 3항 · 4항}}$). 그 밖의 분할무효의 소의 절차는 설립무효의 소의
규정을 준용한다($^{\text{상 530조의 11 1항,}}_{\text{240조, 186조~190조}}$).

(2) 분할무효판결의 효과

1) 분할무효판결이 확정된 때에는 본점과 지점의 소재지에서 존속회사는 변경
등기, 신설회사는 해산등기, 소멸회사는 회복등기를 하여야 한다($^{\text{상 530조의 11}}_{\text{1항, 238조}}$).

2) 분할무효판결의 효력은 제3자에게도 그 효력이 미치고(대세적 효력), 기왕에
소급하지 않는다(불소급효)($^{\text{상 530조의 11}}_{\text{1항, 240조, 190조}}$).

3) 분할무효판결이 확정되면 1개 또는 수 개의 단순분할신설회사 · 분할승계회
사 또는 분할합병신설회사에 출자하였던 재산이 환원된다. 따라서 분할 후 무효판
결확정시까지 단순분할신설회사 · 분할승계회사 또는 분할합병신설회사가 부담한
채무와 취득한 재산의 처리가 문제된다. 이 때 단순분할의 경우에는 단순분할신설
회사가 취득한 재산 및 부담한 채무는 분할회사에 귀속한다.[2] 그런데 분할합병의
경우에는 분할승계회사 또는 분할합병신설회사의 부담채무에 관해서는 분할 당사

---

1) 대판 2010. 7. 22, 2008 다 37193(공보 2010, 1633)(주주가 회사를 상대로 제기한 분할합병무
효의 소에서 당사자 사이에 분할합병계약을 승인한 주주총회결의 자체가 있었는지 및 그 결의에
이를 부존재로 볼 만한 중대한 하자가 있는지 등 주주총회결의의 존부에 관하여 다툼이 있는 경
우, 주주총회결의 자체가 있었다는 점에 관해서는 회사가 증명책임을 부담하고, 그 결의에 이를 부
존재로 볼 만한 중대한 하자가 있다는 점에 관해서는 주주가 증명책임을 부담하는 것이 타당하다).
2) 동지: 이(철), (회) 1172면.

회사의 연대채무로 하고, 취득재산에 관하여는 그 공유가 된다$\binom{\text{상 530조의 11 1항,}}{239조 1항·2항}$. 이 경우 각 회사의 부담부분 또는 지분은 협의로 정하게 되나, 만일 협의가 되지 않을 때에는 각 회사의 청구에 의하여 법원이 분할 당시의 각 회사의 재산상태 기타의 사정을 참작하여 정한다$\binom{\text{상 530조의 11}}{\text{1항, 239조 3항}}$.

제 5   회사(기업)의 매수(M&A)[1)]

(1) 오늘날 합병은 기업매수(merger and acquisition: M&A)[2)]의 하나의 방법으로도 많이 이용되고 있다. 기업매수(M&A)는 대상회사의 지배권(경영권)[3)]을 장악함으로써 가능하고 이는 이사선임에 필요한 의결권을 확보함으로써 가능한데, 이의 수단으로는 합병·주식의 매수·의결권대리행사의 위임장(proxy)의 취득 및 영업양수 등이 있다. 이러한 기업매수에는 우호적 매수·적대적 매수 및 중립적 매수 등이 있는데, 특히 문제가 되는 것은 적대적 매수이다. 기업매수는 기업경영의 효율화와 민주화를 위하여 원칙적으로 그 필요성이 인정되는데, 다만 주주·경영진 기타 다수의 이해관계인을 보호하기 위하여 우리 자본시장과 금융투자업에 관한 법률은 주식대량보유 등의 보고 등$\binom{\text{자금 147}}{\text{조~151조}}$ 및 공개매수[4)] $\binom{\text{자금 133}}{\text{조~146조}}$에 대하여 규제하고 있다.[5)]

(2) 정부는 1998년 2월 24일 법 5521호로 증권거래법을 개정하여 기업의 구조조정을

---

1) 기업매수(M&A)에 관한 상세는 정(찬), (회) 152~185면; 정(동), (회) 855~866면; 송종준, "공개매수에 관한 연구," 법학박사학위논문(고려대, 1990. 8); 김택주, "기업매수의 방어에 관한 연구," 법학박사학위논문(부산대, 1994. 2); 유영일, "주식공개매수에 관한 연구―방어행위의 적법성에 관한 미국회사법상의 논의를 중심으로," 법학박사학위논문(서울대, 1994. 2); 손수일, "기업지배권변동을 수반하는 기업인수 및 합병의 적정성 확보를 위한 회사법적 구제방안," 법학박사학위논문(서울대, 1996. 2); 정동윤·송종준·이문성, "적대적 기업매수에 대한 방어대책," 전경련연구보고서(1996); 김순석, "M&A 활성화 방안(기업구조조정과 관련하여)," 「비교사법」, 제9권 4호(2002. 12), 95~139면(특히 회사정리와 관련하여 부실기업주에 대한 징벌적 규정을 완화하여야 한다고 한다); 김홍식, "적대적 M&A에 있어서 대상회사의 방어수단에 관한 법적 연구," 법학박사학위논문(고려대, 2007. 2); 동, 「M&A개론」(서울: 박영사, 2009) 등 참조.
2) M&A는 법률학상의 용어라기보다는 경영학상의 용어로서 이를 직역하면 기업의 합병·인수(매수)라고 할 수 있는데, 일상용어로서는 기업의 인수·합병이라고 종종 부르고 있다. 그런데 M&A의 목적은 대상회사의 지배권(경영권)을 취득하고자 하는 것이므로, 즉 (흡수)합병은 기업을 매수(인수)하고자 하는 것이므로 이를 간단히 기업의 매수라고 부르기로 한다[동지: 정(동), (회) 855면].
3) 지배권은 기업의 소유(권)에 관한 개념이고 경영권은 업무집행권에 관한 개념으로 양자는 구별되는 개념인데, 기업의 소유자가 업무집행을 담당하는 경우에는 양자의 개념이 일치하게 된다.
　기업매수(M&A)의 대상은 원래 지배권인데, 실무에서는 '경영권 분쟁'이라는 용어를 많이 사용한다[동지: 임(재), (회 Ⅰ) 178면].
4) 상장회사 공개매수제도에 관한 한국과 중국의 비교에 관하여는 南玉梅, "상장회사 공개매수제도에 관한 연구(한·중 비교를 중심으로)," 법학석사학위논문(고려대, 2010. 8) 참조.
5) M&A에 관한 종합적인 국내판례에 관하여는 정동윤, "M&A에 관한 판례의 동향," 「한국법학원보」, 제76호(1997. 11. 5), 51~65면 참조.

위한 M&A를 쉽게 할 수 있도록 하기 위하여 발행주식총수의 100분의 25 이상을 취득하고자 할 때 대통령령이 정하는 주식수(주식 등의 총수의 100분의 50에 1주를 더
한 수에서 기보유주식 등의 수를 공제한 수)를 초과하여 공개매수하도록 하는 의무공개매수제도를 폐지하고(증거 21조 2항 및 동법
시행령 11조의 2 삭제), 2001년 3월 법 6423호로 개정된 증권거래법에서는 공개매수공고를 한 후 금융감독위원회(2008년부터는
'금융위원회')에 신고하도록 하는 등 공개매수절차를 개선하였다(증거 21조의
2~23조의 2).

이와 함께 정부는 국내산업의 구조조정 및 고용안정과 기업경쟁력강화에 필요한 외국인투자를 적극적으로 유치하기 위하여, 1998년 5월 25일 법 5538호로 외국인투자 및 외자도입에 관한 법률을 개정하여, 종래에 외국인이 국내회사의 기존주식을 3분의 1 이상 취득하고자 하는 경우에 당해 회사의 이사회의 동의를 받도록 한 제한(1998. 2. 24, 법 5523
호로 이와 같이 제한함)을 폐지하여, 외국인에 의한 국내기업의 매수(M&A)를 용이하게 하였다(동법 8조의 1 1항
및 8조의 3 1항 삭제). 또한 정부는 위와 같은 목적으로 1998. 2. 24. 법 5523호로 외국인투자 및 외자도입에 관한 법률을 개정하여, 종래에 외국인이 총자산 2조원 이상인 국내회사의 기존주식을 취득하는 경우에 재정경제부장관의 허가를 받도록 하던 것을 폐지하고, 대통령령이 정하는 방위산업체 및 국가기간산업을 영위하는 회사의 기존주식을 취득하고자 하는 경우에만 재정경제부장관의 허가를 받도록 하였다(동법 8조
의 2 3항). 그 후 외국인투자 및 외자도입에 관한 법률은 1998년 9월 16일 법률 5559호로 폐지되고, 동 일자에 외국인투자를 활성화하기 위하여 외국인투자에 관한 규제를 대폭 완화하는 내용으로 외국인투자 촉진법이 제정되었다(제정: 1998. 9. 16, 법 5559호,
개정: 2023. 6. 13, 법 19438호). 따라서 외국인투자 촉진법에 의하면 외국인이 대한민국 법인 또는 대한민국 국민이 영위하는 기업의 주식을 인수하거나 또는 매수하고자 하면 미리 산업통상자원부장관에게 신고하여야 하고(동법 5조, 6
조 1항·2항), 대통령령이 정하는 방위산업체를 영위하는 기업의 주식을 취득하고자 하면 미리 산업통상자원부장관의 허가를 받아야 한다(동법 6조
3항~6항).[1]

(3) 기업매수의 경우 대상회사(target company)의 경영권방어전략[2]도 매우 다양하다. 우리나라에서는 경영권분쟁기간중에 사모(私募)에 의한 전환사채[3] 및 신주인수권부사채를 경영권방어수단으로 악용하는 것을 규제하고 있다(증권의 발행 및 공시 등에 관한 규정〈금융위〉
원회 고시 2009-14호〉 5-21조, 5-24조).

(4) 이 밖에 미국 회사법상 많이 논의되고 있는 경영권방어수단으로는, 황금낙하산 (golden parachute)(대상회사의 경영진이 퇴임하는 경우에 그에게 거액의 퇴직위로금 등을 지급하도록
정관개정 등을 하여 매수인이 대상회사를 매수하더라도 큰 이익이 없도록 하는 방법),[4] 녹

---

1) 중국의 외국인투자 및 기업인수 법제에 관하여는 정영진, "중국의 외국인투자 및 기업인수 법제에 관한 연구," 법학박사학위논문(고려대 2013. 8) 참조.

2) 이에 관한 상세는 김홍식, "적대적 M&A에 있어서 대상회사의 방어수단에 관한 법적 연구," 법학박사학위논문(고려대, 2007. 2); 동 「M&A개론」(서울: 박영사, 2009) 참조. 또한 이에 관하여 실무적 차원에서 사전대책과 사후대책을 간단히 소개한 것으로는 연강흠, "적대적 기업인수와 경영권 방어전략," 「상장」, 2003. 1, 9~15면 참조.

3) 이에 대하여는 윤찬영, "사모전환사채 발행을 통한 경영권방어의 적법성(회사지배권시장에 대한 법경제학적 고찰에 기초하여)," 법학석사학위논문(고려대, 2002. 8) 참조.

4) 한국기업지배구조원이 2012년 사업연도를 대상으로 국내상장기업들의 M&A 방어수단 도입현

색우편(green mail)^(대상회사가 적대적 매수인에게 프리미엄을 주고 그가 취득한 자기주식을 다시 취득하는 방법), 왕관의 보석(crown jewel)에 의한 유인^(대상회사가 자기회사의 매수를 방지하기 위하여 그의 가장 고가의 재산을 제3자에게 매도하기로 약정하고 그 제3자로 하여금 자기회사를 매수하도록 하는 방법), 백기사(white knight)^(대상회사가 그의 선호하는 제3자로 하여금 자기회사를 먼저 매수하도록 하는 방법), 유독환약(poison pill)^(매수 이전에 대상회사의 주주들에게 일정한 사실이 발생하는 경우에 주식으로 전환하거나 또는 낮은 가격으로 신주를 인수할 수 있는 증권을 발행하는 방법)[1] 등 다양한 방법이 은유법으로 표현되고 있다.[2]

정부는 적대적 M&A의 방어수단인 유독환약(poison pill)제도를 '신주인수선택권'의 이름으로 도입하고자 하는 상법일부개정법률안(^{432조의 2~}_{432조의 9})을 2010년 3월 2일 국무회의에서 통과시킨 후 이를 국회에 제출하여, 이 법률안은 국회 법제사법위원회에서 검토하였으나, 국회에서 통과되지 못하였다.

제 6   기업^(회사)결합

1. 의   의

기업(회사)결합이란 협의로는 2개 이상의 기업(회사)이 경제적 공동목적을 위하여 결합하는 현상으로 각 기업(회사)이 그 법적 독립성(법인격)을 유지하는 것을 말하나, 광의로는 각 기업(회사)이 그 법인격을 상실하는 합병을 포함한다.[3] 합병에 관하여는 앞에서 상세히 설명하였으므로 이 곳에서는 협의의 기업(회사)결합에 대하여만 우리 상법의 규정을 중심으로 간단히 정리하여 보고자 한다.

이러한 기업결합은 자본주의 경제의 발전에 따라 경영합리화·경쟁제한을 통한

황을 조사한 바에 따르면 '황금낙하산'을 도입한 회사는 전체 상장사 1,601사 중 128개(8%)인데, 이 중 코스닥시장 상장사(908사) 중에는 12.6%가 도입하였고, 유가증권시장 상장사(693사) 중에는 2%가 도입하였다. 2013년 결산법인의 주주총회에서도 일부 상장회사가 적대적 M&A시 대표에게 30억~100억원을 지급하는 조항을 정관에 넣거나 빼는 안건을 논의했다[조선경제, 2014. 4. 18, B7면].

1) 우리나라에서는 적대적 M&A 방어수단으로 활용될 수 있는 신주인수선택권(포이즌 필)제도를 도입하는 상법개정안(동 개정안 432조의 2~432조의 9)이 2010년 3월 2일 국무회의에서 통과되고 동년 3월 10일에 국회에 제출되었다. 이 정부안에 의하면 회사는 정관에 의하여 신주인수선택권을 도입할 수 있는데(동 개정안 432조의 2 1항), 신주인수선택권의 부여는 이사총수의 3분의 2 이상의 찬성으로 하는 이사회결의로써 하고(동 개정안 432조의 3), 회사는 회사의 가치 및 주주 일반의 이익을 유지·증진시키기 위하여 필요하고 제3자가 회사의 주요 경영사항에 대하여 영향력을 행사할 목적으로 주식을 취득하는 등 일정한 사유가 있는 경우에는 신주인수선택권의 행사나 상환에 주주차별이 가능하도록 하였다(동 개정안 432조의 2 3항).

이러한 신주인수선택권에 관한 상법개정안을 다룬 논문으로는 우인경, "신주인수선택권에 관한 연구," 법학석사학위논문(고려대, 2010. 8); 이인수, "포이즌 필의 도입방안과 그 적법성 판단 기준에 관한 연구," 법학석사학위논문(고려대, 2010. 8); 박준·송옥렬·최문희, "신주인수선택권의 바람직한 운용방안," 「상사법연구」(한국상사법학회), 제30권 제2호(2011), 507~546면; 김홍식, "상법개정안상 신주인수선택권에 관한 연구," 「금융법연구」(한국금융법학회), 제9권 제2호(2012), 559~599면 등 참조.

2) 이에 관하여는 정(동), (회) 864~866면 및 주 3~4, 865면 및 주 1~5 참조.

3) 정(동), (회) 885면; Hueck, S. 371.

이익의 극대화 등의 목적으로 필연적으로 발생하는 것으로 기업집중의 현상을 가져 오고 있다. 그런데 기업집중으로 인한 폐해에 대하여 다른 이해관계인의 이익을 보호하고 또한 건전한 국민경제의 발전을 위하여 우리나라는 상법·독점규제 및 공정거래에 관한 법률 등에서 부분적으로 그 부작용을 방지하기 위한 규정을 두고 있다.[1]

2. 종류 및 법적 규제

기업(회사)결합은 그 목적·방법 등에 따라 여러 가지로 구별되고, 이에 대한 법적 규제도 다양한데, 우리 상법을 중심으로 이에 관한 규정을 정리하여 보면 다음과 같다.

(1) 계약에 의한 기업(회사)결합

상법상 당사자간의 계약에 의한 기업(회사)결합의 형태에는 영업의 양도(양수)·임대차·경영위임, 이익공통계약 등이 있다.[2] 이러한 기업(회사)결합의 방식은 대등적(평등적) 결합방식이라고 볼 수 있다. 이 중 모든 기업의 영업의 (전부)양도의 경우에는 양수인 및 양도인의 채권자와 채무자의 이익을 보호하기 위한 규정을 두고 있다($\frac{상\ 41조\sim}{45조}$). 물적회사의 경우에는 주주(사원)의 이익을 보호하기 위하여 영업의 전부 또는 중요한 일부의 양도, 영업 전부의 임대 또는 경영위임·타인과 영업의 손익 전부를 같이 하는 계약, 그 밖에 이에 준하는 계약의 체결·변경 또는 해약, 회사의 영업에 중대한 영향을 미치는 다른 회사의 영업 전부 또는 일부의 양수시에 주주(사원)총회의 특별결의를 받도록 하였다($\frac{상\ 374조}{1항,\ 576조}$). 이 때 주식회사의 경우에는 이러한 결의사항에 반대하는 주주에 대하여 주식매수청구권을 인정하고 있다($\frac{상\ 374}{조의\ 2}$). 이에 관한 상세는 상법총칙 및 회사법의 해당되는 부분의 설명을 참고하기 바란다.

(2) 자본참가에 의한 기업(회사)결합

상법상 자본참가에 의한 기업(회사)결합의 형태에는 주식회사에서 주식의 상호보유가 있다. 이에는 모자회사간 주식의 상호보유와 비모자회사간 주식의 상호보유가 있는데, 모자회사간에는 자회사가 모회사의 주식을 취득할 수 없도록 하고($\frac{상\ 342}{조의\ 2}$) 비모자회사간에는 의결권만이 없는 것으로 하였다($\frac{상\ 369}{조\ 3항}$). 이에 관한 상세는 회사법의 해당되는 부분의 설명을 참고하기 바란다.

---

1) 기업결합에 관한 포괄적 입법이 필요하다는 견해로는 정(동), (회) 893~897면 참조.
2) 정(동), (회) 887~888면.

제 4 절 회사의 해산 · 청산 · 해산명령(판결) · 계속

제 1 해 산

1. 해산의 의의

(1) 회사의 해산(dissolution, winding−up; Auflösung)이란 「회사의 법인격(회사의 권리능력)을 소멸시키는 원인이 되는 법률요건」을 말한다. 회사는 해산에 의하여 그 목적사업인 영업을 수행할 수는 없으나, 이로 인하여 바로 법인격 자체가 소멸하는 것은 아니다. 다시 말하면 해산은 법인격소멸의 원인은 되지만, 법인격소멸 자체가 발생하는 것은 아니다.

(2) 회사(법인)의 경우에는 자연인의 경우와 같이 피상속인의 권리의무를 포괄적으로 승계하는 상속인이 없으므로, 회사의 권리의무의 처리를 위하여 필요한 절차를 밟게 할 필요가 있고 이러한 절차를 끝낼 때까지 권리능력을 존속시킬 필요가 있다. 따라서 회사는 해산에 의하여 영업능력은 상실하지만, 청산의 목적의 범위 내에서는 권리능력(법인격)이 있고(상 245조, 269조, 287조의45, 542조 1항, 613조 1항),[1] 이러한 권리능력(법인격)은 청산절차가 사실상 종료됨으로써 소멸된다. 회사는 청산에 의하여 그의 법인격이 소멸되지만, 청산의 방법으로 영업양도를 하는 경우 등에는 회사의 법인격은 소멸하지만 그 회사가 영위하는 영업(기업)의 실체는 소멸되지 않고 양수인의 영업(기업)으로서 존속하게 되는 것이다.

2. 해산회사의 법적 성질

해산 후 존속하는 청산중의 회사(청산회사)의 법적 성질이 무엇이냐에 대하여 여러 견해가 있을 수 있겠으나, 해산 전의 회사와 동일한 회사로서 다만 그 목적이 청산의 범위 내로 축소된 것이라고 보는 「동일회사설」(Identitätstheorie)이 가장 타당하다고 본다(통설).

3. 해산사유

해산사유는 회사의 종류에 따라 다르기 때문에(상 227조, 285조, 287조의 38, 517조, 609조), 이하에서는 각

---

1) 동지 판례: 대결 1966. 6. 14, 66 마 259(카드 7867); 대판 1956. 6. 8, 4289 행상 5(행판집 7, 663); 대결 1959. 5. 6, 4292 민재항 8(카드 8672) 등이 있다.

종 회사에 있어서의 해산사유를 간단히 살펴본 후, 각종 회사의 공통적인 해산사유인 해산명령과 해산판결에 대하여는 별도로 상세히 설명하겠다.

(1) 합명회사의 해산사유($\substack{상 \\ 227조}$)

1) 존립기간의 만료 기타 정관 소정사유의 발생   이것은 정관을 변경하지 않는 한 당연히 회사의 해산을 생기게 한다.

2) 총사원의 동의   이것은 회사의 발의에 의해 수시로 하게 되지만, 상법은 기업유지의 이념에서 그 절차를 신중히 하여 총사원의 동의를 받도록 하고 있다.

3) 사원이 1인으로 된 때   사원의 복수는 합명회사의 성립요건이면서($\substack{상 \\ 178조}$) 또한 존속요건이다. 이는 민법상 사단법인이 사원의 복수를 존속요건으로 하고 있지 않은 점($\substack{민 77조 \\ 2항 전단}$)과 구별되고 있다.

4) 회사의 합병   합병의 경우 존속회사를 제외하고 언제나 당사회사의 해산사유가 된다. 다만 이 경우에 회사는 청산절차를 밟지 않고 소멸된다.

5) 회사의 파산   회사의 지급불능에 의하여 법원의 파산선고가 있으면 해산사유가 된다. 다만 이 경우에는 청산절차가 아니라 파산절차를 밟게 된다.

6) 법원의 해산명령 및 해산판결   이에 관하여는 뒤에서 상세히 설명한다.

(2) 합자회사의 해산사유($\substack{상 269조, \\ 285조 1항}$)

합명회사의 해산사유와 대체로 같으나($\substack{상 269조, \\ 227조}$), 다른 점은 다음과 같다. 합자회사는 무한책임사원과 유한책임사원($\substack{즉, 이원 \\ 적인 사원}$)으로 구성되는 회사이기 때문에, 무한책임사원 또는 유한책임사원의 전원이 퇴사한 때에는 해산사유가 된다($\substack{상 285 \\ 조 1항}$).

(3) 유한책임회사의 해산사유($\substack{상 287 \\ 조의 38}$)

합명회사의 해산사유와 대체로 같으나($\substack{상 287 \\ 조의 38}$), 다른 점은 합명회사는 '사원이 1인으로 된 때'가 해산사유인데($\substack{상 227 \\ 조 3호}$) 유한책임회사는 '사원이 없게 된 경우'가 해산사유인 점이다($\substack{상 287조 \\ 의 38 2호}$).

(4) 주식회사의 해산사유($\substack{상 \\ 517조}$)

합명회사의 해산사유와 대체로 같으나($\substack{상 517 \\ 조 1호}$), 다른 점은 다음과 같다.

1) 합명회사의 경우에는 '사원이 1인으로 된 때'가 해산사유이나, 주식회사의 경우에는 주주가 1인으로 되어도 해산사유가 아니다($\substack{상 517 \\ 조 1호}$). 따라서 1인주식회사가 상법상 명문으로 가능하다.

2) 합명회사의 경우에는 총사원의 동의가 있어야 해산할 수 있으나, 주식회사의 경우에는 주주총회의 특별결의만 있으면 해산할 수 있다($\substack{상 517조 \\ 2호, 518조}$).

3) 주식회사에만 있는 해산사유로서 휴면회사의 해산의제가 있다. 즉, 주식회사

가 폐업을 하고도 등기부상만 존속하는 회사를 「휴면회사」라고 하는데, 이러한 휴면회사가 법원이 정한 일정한 기간 내에 영업을 폐지하지 아니하였다는 뜻의 신고를 본점소재지를 관할하는 법원에 하지 않으면 해산한 것으로 본다($\frac{상\ 520조}{의\ 2\ 1항}$). 이 때 법원은 휴면회사에 대하여 이러한 공고가 있었다는 뜻의 통지를 발송하여야 한다($\frac{상\ 520조}{의\ 2\ 2항}$).

4) 주식회사에만 있는 해산사유로서 1998년 개정상법에 의하여 인정된 회사의 분할 또는 분할합병이 있다($\frac{상\ 517조}{1호의\ 2}$). 이 때 분할전 회사(분할회사)가 소멸하는 경우 합병과 같이 청산절차를 밟지 않고 소멸한다.

(5) 유한회사의 해산사유($\frac{상}{609조}$)

유한회사의 해산사유는 합명회사의 그것과 대체로 같으나($\frac{상\ 609조}{1항\ 1호}$), 다른 점은 다음과 같다.

1) 합명회사의 경우에는 '사원이 1인으로 된 때'가 해산사유이나, 유한회사의 경우에는 주식회사의 경우와 같이 사원이 1인으로 되어도 해산사유가 아니다($\frac{상\ 609조}{1항\ 1호}$).

2) 합명회사의 경우에는 총사원의 동의가 있어야 해산할 수 있으나, 유한회사의 경우에는 사원총회의 특별결의만 있으면 해산할 수 있는 점($\frac{상\ 609조\ 1}{항\ 2호,\ 2항}$)이 다르다.

4. 해산의 효과

1) 청산절차의 개시 회사가 해산하면 원칙적으로 청산절차가 개시되지만, 합병은 회사재산의 포괄승계가 있게 되고 또 파산은 파산절차로 이전되기 때문에 합병($\frac{주식회사의\ 경우는\ 분할}{및\ 분할합병을\ 포함함}$)과 파산이 해산사유인 경우에는 청산절차가 개시되지 않는다.

2) 해산등기 합병($\frac{주식회사의\ 경우는\ 분할}{및\ 분할합병을\ 포함함}$)과 파산의 경우를 제외하고($\frac{이\ 때에는\ 합}{병등기와\ 파}$ $\frac{산등기에\ 대하여}{별도로\ 규정함}$)($\frac{상\ 233조·269조·287조의\ 41·528}{조·530조의\ 11\ 1항·602조,\ 파\ 23조}$), 그 외의 사유로 해산한 경우에는 본점소재지에서는 2주간 내, 지점소재지에서는 3주간 내에 해산등기를 하여야 한다($\frac{상\ 228}{조,\ 269}$ $\frac{조,\ 287조의\ 39,\ 521}{조의\ 2,\ 613조\ 1항}$).

이러한 해산등기는 설립등기와는 달리 상법 제37조의 대항요건에 불과하다.[1]

제 2 청   산

1. 청산의 의의

(1) 청산이란 「회사가 해산 후 그 재산적 권리의무를 정리한 후 회사의 법인격

---

1) 대결 1964. 5. 5, 63 마 29(집 21 ① 민 59); 대판 1981. 9. 8, 80 다 2511(집 29 ③ 민 1).

을 소멸시키는 것」을 말한다. 합병(주식회사의 경우는 분할 및 분할합병을 포함함)과 파산이 해산사유인 경우에는 앞에서 본 바와 같이 청산을 필요로 하지 않는다.

(2) 앞에서 본 바와 같이 청산회사는 해산 전의 회사와 동일회사이므로, 상인성·상호·사원의 출자의무·제3자에 대한 책임 등은 해산 전의 회사(영업중의 회사)와 동일하다. 그러나 청산회사는 영업을 하지 않으므로 영업을 전제로 한 지배인 등 상업사용인을 둘 수 없고, 또 인적회사의 무한책임사원·유한책임회사의 업무집행자 및 물적회사의 이사는 경업피지의무를 부담하지 않게 된다(상 198조, 269조, 287조의 10, 397조, 567조). 또한 청산회사에서는 해산 전의 회사의 업무집행기관은 그 권한을 잃고,[1] 이익(잉여금)은 배당(분배)되지 아니하며, 인적회사의 경우 사원의 퇴사는 인정되지 않는다.[2]

2. 청 산 인

청산회사의 업무집행기관은 「청산인」인데, 이 청산인은 해산 전의 회사의 업무집행기관과는 다르다.

1) 원 칙   청산인은 제1차적으로 자치적으로 선임되는데, 이렇게 자치적으로 선임되지 않으면 제2차적으로 해산 전의 회사의 업무집행기관(인적회사의 경우는 업무집행사원, 유한책임회사의 경우는 업무집행자, 물적회사의 경우는 이사)이 된다(상 251조, 287조, 287조의 45, 531조 1항 본문, 613조 1항).[3]

청산인의 해임은 다음과 같다. (i) 인적회사와 유한책임회사의 경우에는 사원이 선임한 청산인은 총사원 과반수의 결의로 해임할 수 있는데(상 261조, 269조, 287조의 45), 청산인이 그 직무를 집행함에 현저하게 부적임하거나 중대한 임무에 위반한 행위가 있는 때에는 법원은 사원 기타 이해관계인의 청구에 의하여 청산인을 해임할 수 있다(상 262조, 269조, 287조의 45). (ii) 물적회사의 경우에는 청산인은 (법원이 선임한 경우 외에는) 언제든지 주주(사원)총회의 결의로 이를 해임할 수 있는데(상 539조 1항, 613조 2항), 청산인이 그 업무를 집행함에 현저하게 부적임하거나 중대한 임무에 위반한 행위가 있는 때에는 발행주식총수의 100분의 3 이상에 해당하는 주식을 가진 주주(자본금총액의 100분의 3 이상에 해당하는 출자좌수를 가진 사원)는 법원에 그 청산인의 해임을 청구할 수 있다(상 539조 2항, 613조 2항).

2) 예 외

(가) 사원이 1인이 되어 해산한 경우(주식회사·유한회사 및 유한책임회사는 제외)와 해산을 명하는 재판(해산명령

---

1) 동지: 대결 1959. 5. 6, 4292 민재항 8(카드 8672)(청산중의 법인은 적극적인 권리의 취득 등은 직무권한 외의 행위이므로 부동산을 경락취득할 수 없다).

2) 동지: 정(희), 318면.

3) 동지: 대결 2000. 10. 12, 2000 마 287(공보 2000, 2377)(휴면회사의 해산의 경우 대표이사가 있는데 감사가 청산회사를 대표하여 제기한 경매개시결정에 대한 이의신청은 각하되어야 한다).

및 해)에 의하여 해산한 경우에는 위와 같은 회사의 자치는 인정되지 않고, 법원이
산판결
이해관계인이나 검사의 청구에 의하여 또는 직권으로 청산인을 선임한다(상 252조, 269
조, 287조의
45, 542조 1항,
613조 1항). 이와 같이 법원에 의하여 선임된 청산인은 법원에 의하여 해임된다.

(나) 물적회사의 경우에는 이 외에도 위의 원칙에 의하여 청산인이 되는 자가 없
는 경우에는, 이해관계인의 청구에 의하여 법원이 청산인을 선임한다(상 531조 2항,
613조 1항).
이와 같이 법원에 의하여 선임된 청산인은 법원에 의하여 해임된다.

3. 청산의 절차

(1) 청산사무

청산인의 직무권한은 (i) 현존사무의 종결(필요한 사무원의 신규채용, 퇴직금의 지급,
공로자에 대한 위로금의 증여 등을 포함한다), (ii)
채권의 추심과 채무의 변제, (iii) 재산의 환가처분(환가방법으로 영
업양도도 가능함), (iv) 잔여재산의 분
배이다(상 254조, 269조, 287조의
45, 542조 1항, 613조 1항).

(2) 청산절차의 방법

청산절차에는 임의청산과 법정청산의 두 가지가 있다.

1) 임의청산은 인적회사가 해산한 경우에(사원이 1인이 된 경우 또는 해산을 명하
는 재판에 의하여 해산한 경우를 제외) 정관 또
는 총사원의 동의로 회사재산의 처분방법을 임의로 정하는 청산방법이다(상
247조). 임
의청산의 경우에도 채권자보호절차를 취하여야 한다(상 248조,
249조, 269조).

2) 법정청산은 물적회사 및 유한책임회사가 해산한 경우 또는 인적회사에서 임
의청산의 방법에 의하지 않는 경우에 이용되는 청산방법인데, 그 절차에 관하여 상
법은 상세하게 규정하고 있다. 법정청산의 경우 상법은 회사채권자와 사원을 보호
하기 위하여 엄격하게 규정하고 있다(엄격주의)(상 250조 이하, 269조, 287조
의 45, 542조 1항, 613조 1항).

4. 청산의 종결과 종결의제

(1) 법정청산의 경우에는 잔여재산의 분배를 포함한 모든 청산사무를 종결하였
을 때에, 청산인은 총사원(인적회사 및 유한
책임회사의 경우) 또는 주주(사원)총회(물적회사
의 경우)의 승인을 얻은
후 청산종결의 등기를 하여야 한다(상 264조, 269조, 287조의
45, 542조 1항, 613조 1항).

(2) 청산이 사실상 종결되지 아니한 경우에는, 청산종결의 등기를 하였더라도
그 등기에는 공신력이 없고 또한 회사의 법인격도 소멸되지 않는다.[1]

---

1) 동지: 대판 1968. 6. 18, 67 다 2528(집 16 ② 민 133)(청산종결의 등기를 하였더라도 채권이
있는 이상 청산은 종료되지 않으므로 그 한도에서 청산법인은 당사자능력이 있다); 동 1969. 2.
4, 68 다 2284(민판집 136, 226); 동 1982. 3. 23, 81 도 1450(집 30 ① 형 37)(청산종결의 등기
가 종료되었다고 하여도 그 피고사건이 종결되기까지는 회사의 청산사무는 종료되지 아니하고 형

(3) 상법 제520조의 2 1항의 규정에 의하여 해산이 의제된 주식회사가 3년 내에 회사계속의 결의를 하지 아니하면, 그 3년이 경과한 때에 청산이 종결된 것으로 본다($\substack{상\ 520조\\의\ 2\ 4항}$).

제 3 회사의 해산명령과 해산판결

1. 회사의 해산명령

(1) 회사의 해산명령의 의의

1) 회사의 해산명령이란 「공익상 회사의 존속이 허용될 수 없는 경우에 법원이 직권 또는 신청에 의하여 회사의 해산을 명하는 재판」이다($\substack{상\ 176\\조\ 1항}$). 이러한 회사의 해산명령제도는 회사의 설립준칙주의의 폐단을 사후에 규제하기 위한 제도로서, 민법상 법인의 설립허가취소제도($\substack{민\\38조}$)나 회사의 설립면허주의에 있어서의 면허취소에 해당된다고 볼 수 있다.[1]

2) 회사의 해산명령제도는 해산판결제도($\substack{상\ 241조,\ 269조,\ 287조\\의\ 42,\ 520조,\ 613조\ 1항}$)와 함께 법원에 의하여 회사의 법인격을 전면적으로 박탈시키는 제도라는 점 등에서는 공통점을 가지고 있다. 그러나 「해산명령제도」는 공익목적을 위한 제도로서 그 원인이 회사의 대외적인 문제이고 청구권자는 이해관계인 또는 검사($\substack{또는\ 법원\\자신의\ 직권}$)이나, 「해산판결제도」는 사원 또는 주주의 이익보호를 위한 제도로서 그 원인이 회사의 대내적인 문제이고

사소송법상 당사자능력도 존속한다); 대결 1991. 4. 30, 90 마 672(공보 899, 1596)(상법 제520조의 2 제1항 내지 제4항에 의하여 회사가 해산되고 그 청산이 종결된 것으로 보게 되는 회사라도 권리관계가 남아 있어 현실적으로 정리할 필요가 있는 때에는 그 범위 내에서는 아직 완전히 소멸하지 아니한다); 대판 1994. 5. 27, 94 다 7607(공보 971, 1824)(상법 제520조의 2의 규정에 의하여 주식회사가 해산되고 그 청산이 종결된 것으로 보게 되는 회사라도 어떤 권리관계가 남아 있어 현실적으로 정리할 필요가 있으면 그 범위 내에서는 아직 완전히 소멸하지 아니하고, 이러한 경우 그 회사의 해산 당시의 이사는 정관에 다른 규정이 있거나 주주총회에서 따로 청산인을 선임하지 아니한 경우에 당연히 청산인이 되고, 그러한 청산인이 없는 때에는 이해관계인의 청구에 의하여 법원이 선임한 자가 청산인이 되므로, 이러한 청산인만이 청산중인 회사의 청산사무를 집행하고 대표하는 기관이 된다); 대판(전) 2019. 10. 23, 2012 다 46170(공보 2019, 2175)(상법 제520조의 2에 따라서 주식회사가 해산되고 그 청산이 종결된 것으로 보게 되는 회사라도 어떤 권리관계가 남아 있어 현실적으로 정리할 필요가 있으면 그 범위에서는 아직 완전히 소멸하지 않고, 이러한 경우 그 회사의 해산 당시의 이사는 정관에 다른 정함이 있거나 주주총회에서 따로 청산인을 선임하지 않은 경우에 당연히 청산인이 되며, 그러한 청산인이 없는 때에 비로소 이해관계인의 청구에 따라 법원이 선임한 자가 청산인이 되어 청산 중 회사의 청산사무를 집행하고 대표하는 유일한 기관이 된다).

결과 동지: 대결 1966. 10. 17, 66 마 901(민결집 27, 117)(회사가 설립되어 그 설립등기를 마친 이상 그 후 8·15해방과 더불어 동 회사의 본점소재지가 북괴치하에 들어가고 이사는 모두 행방불명이 되었다고 하더라도 동 회사가 소멸하여 그 존재가 없어진 것으로는 볼 수 없다).

1) 동지: 정(희), 315면.

청구권자는 사원 또는 주주(법원 자신의 직권에
의한 경우는 없음)라는 점 등에서 양자는 구별되고 있다.[1]

또한「해산명령제도」는 비송사건절차에 의한 결정으로 하게 되나,「해산판결제도」는 소송사건으로 판결로 하게 되는 점에서도 양자는 구별되고 있다.

3) 회사의 해산명령제도(및 해산
판결제도)는 회사의 법인격을 남용하는 것을 시정하기 위한 제도라는 점에서는 법인격부인론과 공통점을 가지고 있다. 그러나「해산명령제도」는 회사의 법인격을 전면적으로 박탈하는 제도이나,「법인격부인론」은 회사의 법인격 자체를 박탈하지 않고 그 법인격이 남용된 특정한 경우에 한하여 그 회사의 독립적인 법인격을 제한함으로써 법인격의 남용에서 생기는 폐단을 시정하기 위한 제도라는 점에서 양자는 차이가 있다.[2]

4) 회사의 해산명령제도는 법인격을 전면적으로 박탈시키는 제도라는 점에서는 휴면회사에 대한 해산의제제도(상 520
조의 2)와 같으나,「해산명령제도」는 법원의 재판에 의한 법인격의 박탈이나,「해산의제」는 법률의 의제규정에 의한 법인격의 박탈이라는 점에서 양자는 구별되고 있다.

(2) 회사의 해산명령의 사유

회사의 해산명령의 사유에 대하여 상법은 다음과 같이 세 가지를 규정하고 있다(상 176
조 1항).

1) 회사의「설립목적이 불법」인 때이다. 정관에 기재된 회사의 목적이 형식적으로 불법인 경우는 물론, 실질적으로 불법인 경우를 포함한다(예컨대, 정관상 목적은 무역
업이나 실질적으로 밀수를 하
는 경
우 등).

2) 회사가「정당한 사유 없이 설립한 후 1년 내에 영업을 개시하지 아니하거나, 1년 이상 영업을 휴지하는 때」이다. 영업의 성질상 불가피하게 개업준비하는 데 1년 이상 소요된 경우(예컨대, 유전개발을 목적으로 하는 회사가
시추작업을 하는 데 1년 이상 소요한 경우)에는「정당한 사유」가 있다고 볼 수 있으나, 사업자금의 부족·영업실적의 부진 등과 같은 회사의 내부적인 사정으로 인한 경우에는「정당한 사유」가 있다고 볼 수 없다.[3]

3)「이사 또는 회사의 업무를 집행하는 사원이 법령 또는 정관에 위반하여 회사

---

1) 이에 관한 상세는 이(범), (예해) 317~320면 참조.

2) 동지: 정(동), (회) 673면.

3) 동지: 이(철), (회) 139면.

우리나라의 대법원결정은 회사가 소유권분쟁 때문에 정상적인 업무수행을 하지 못하다가 승소하여 영업을 개시한 경우에는 그 결정확정 전까지 영업을 개시하지 못한 점에 대하여「정당한 사유」가 있다고 보아 상법 제176조 1항 2호의 해산명령사유에 해당하지 않는다고 하였으나(대결 1978. 7. 26, 78 마 106〈공보 597, 11083〉), 패소한 경우에는 회사가 그 소송으로 인하여 수년간 정상적인 업무를 수행하지 못한 점은 상법 제176조 1항 2호의「해산명령사유」에 해당되어 회사는 해산될 수 있다고 하고 있다(대결 1979. 1. 31, 78 마 56〈집 27 ① 민 62〉).

의 존속을 허용할 수 없는 행위를 한 때」이다. 이것은 이사 등이 기관의 지위에서 위법행위를 한 경우뿐만 아니라(예컨대, 회사가 공서양속에 위반하는 영업을 한 경우), 이사 등이 개인적 이익을 위하여 기관의 지위를 남용한 경우(예컨대, 이사가 자기의 채무를 변제 하기 위하여 회사재산을 처분한 경우)를 포함하나, 이사 등의 교체만으로는 구제될 수 없을 정도로 이사 등의 위법행위와 회사와의 관계가 밀접하여야 한다.[1]

(3) 회사의 해산명령의 절차

1) 법원은 이해관계인이나 검사의 청구에 의하여 또는 직권으로 회사의 해산명령을 할 수 있다(상 176 조 1항). 이 때 회사는 이해관계인의 악의를 소명하여(상 176 조 4항) 이해관계인에게 상당한 담보를 제공할 것을 법원에 청구할 수 있고, 법원은 이에 의하여 상당한 담보를 제공할 것을 명할 수 있다(상 176조 3항, 비송 97조).

2) 회사의 해산명령청구사건은 비송사건으로서, 이에 관한 재판절차는 비송사건절차법(동법 90 조 이하)에 의한다.

3) 회사의 해산명령의 청구가 있는 때에는 법원은 회사의 해산을 명하기 전이라도, 이해관계인이나 검사의 청구에 의하여 또는 직권으로 관리인의 선임 기타 회사재산의 보전에 필요한 처분을 할 수 있다(상 176조 2항, 비송 94조).

(4) 회사의 해산명령의 효과

법원의 해산명령의 재판은 이유를 부기한 결정으로써 하는데(비송 90조 1항, 75조 1항), 이러한 해산명령재판의 확정에 의하여 회사는 해산한다(상 227조 6호, 269조, 287조의 38, 517조 1항, 609조 1항 1호). 해산명령에 대하여 회사·이해관계인과 검사는 즉시항고를 할 수 있다(비송 91조).

2. 회사의 해산판결

(1) 회사의 해산판결의 의의

1) 회사의 해산판결이란 「사원의 이익을 보호하기 위하여 회사의 존속이 사원의 이익을 해하는 경우에, 사원의 청구에 의하여 법원이 판결로써 회사의 해산을 명하는(법인격을 박탈하는) 재판」이다(상 241조, 269조, 287조의 42, 520조, 613조 1항).

2) 회사의 해산판결이 해산명령과 구별되는 점은 앞의 해산명령의 의의에서 본 바와 같다. 입법의 형식도 해산명령은 회사법 통칙에서 규정하고 있는데, 해산판결은 각종의 회사에 관한 규정에서 개별적으로 규정하고 있다.

---

1) 동지: 대결 1987. 3. 6, 87 마 1(회사의 대표이사가 주금납입을 가장하고 약정한 투자도 하지 않을 뿐만 아니라 회사 건축물공사에 따른 공사보증금까지 횡령하는 등의 행위를 하고, 또 자본을 끌어들이는 과정에서 사기행위를 하여 형사처벌을 받는 등의 행위를 한 경우에는 상법 제176조 1항 3호에 해당한다).

(2) 회사의 해산판결의 사유

회사의 해산판결사유는 해산명령사유와는 달리 회사의 위법행위가 공익침해까지는 되지 않아도 영업의 실적을 회복할 가망이 없고, 그렇다고 자발적 해산도 하지 아니하는 경우에, 회사존속으로 인한 보다 큰 손해를 피하기 위하여 (소수)사원에게 인정된 구제책이다. 이를 인적회사·유한책임회사 및 물적회사로 나누어서 살펴보면 다음과 같다.

1) 인적회사 및 유한책임회사 　　「부득이한 사유」가 있는 때이어야 한다($\frac{상}{241조 1항, 269조, 287조의 42}$). 이 때 「부득이한 사유」란 사원간의 불화가 극심하여 그 상태로는 회사의 존속이 곤란한 경우로서, 사원의 제명·퇴사·지분양도(소극적 방법)나 총사원의 동의에 의한 해산(적극적 방법)이 곤란한 경우를 의미한다.[1] 이 부득이한 사유는 회사의 해산명령의 사유와도 중복될 수 있는데, 이 경우에 사원은 해산명령을 청구할 수도 있고 해산판결을 청구할 수도 있다.[2]

2) 물적회사

㈎「회사의 업무가 현저한 정돈상태를 계속하여 회복할 수 없는 손해가 생기거나 생길 염려가 있을 때」로서, 또한 「부득이한 사유」가 있는 때이다($\frac{상 520조 1항}{1호, 613조 1항}$). 예컨대, 이사간에 분쟁이 있어서 업무가 교착상태(deadlock)에 빠진 경우로서 이사의 개선(改選) 등으로는 주주의 정당한 이익을 보호할 수 없는 경우 등이다.[3]

㈏「회사재산의 관리 또는 처분의 현저한 실당(失當)으로 인하여 회사의 존립을 위태롭게 한 때」로서, 또한 「부득이한 사유」($\frac{다른 방법으로는 잘못된 경영이}{나 비행을 시정하기 어려울 때}$)가 있는 때이다($\frac{상 520조 1항}{2호, 613조 1항}$). 예컨대, 이사가 회사의 재산을 부당하게 유용하거나 처분한 때로서 이

---

1) 동지: 이(철), (회) 142면; 손(주), 472면; 이(기) 외, (회) 116면; 주상(제5판)(회사 Ⅰ), 324면; 日最高判 1938. 10. 29; 同 1958. 5. 20(그러나 사원의 제명에 의하여 이를 해결할 수 있는 경우는 해산판결의 사유가 되지 않는다).

2) 동지: 손(주), 473면.

3) 동지: 대판 2015. 10. 29, 2013 다 53175(공보 2015, 1755)(상법 제520조 제1항은 주식회사에 대한 해산청구에 관하여 "다음의 경우에 부득이한 사유가 있는 때에는 발행주식의 총수의 100분의 10 이상에 해당하는 주식을 가진 주주는 회사의 해산을 법원에 청구할 수 있다"라고 하면서, 제1호로 "회사의 업무가 현저한 정돈〈停頓〉상태를 계속하여 회복할 수 없는 손해가 생긴 때 또는 생길 염려가 있는 때"를 규정하고 있다. 여기서 '회사의 업무가 현저한 정돈상태를 계속하여 회복할 수 없는 손해가 생긴 때 또는 생길 염려가 있는 때'란 이사 간·주주 간의 대립으로 회사의 목적 사업이 교착상태에 빠지는 등 회사의 업무가 정체되어 회사를 정상적으로 운영하는 것이 현저히 곤란한 상태가 계속됨으로 말미암아 회사에 회복할 수 없는 손해가 생기거나 생길 염려가 있는 경우를 말하고, '부득이한 사유가 있는 때'란 회사를 해산하는 것 외에는 달리 주주의 이익을 보호할 방법이 없는 경우를 말한다. 따라서 원심이 이 사건의 경우 같은 취지에서 피고에게 상법 제520조 제1항 제1호의 해산사유가 존재한다고 판단한 것은 정당하다); 정(동), (회) 675면; 정(희), 316면.

사의 개선(改選)이나 위법행위유지청구 등으로는 주주의 정당한 이익을 보호할 수 없는 경우 등이다.[1]

(3) 회사의 해산판결의 절차

1) 청구권자는 인적회사 및 유한책임회사의 경우는 「각 사원」이고($\frac{상~241조~1항,}{269조,~287조}$
$\frac{의}{42}$), 물적회사의 경우는 「발행주식총수(자본금)의 100분의 10 이상에 해당하는 주식(출자좌수)을 가진 주주(사원)」이다($\frac{상~520조~1항,}{613조~1항}$).

2) 회사의 해산판결 청구사건은 「소송사건」으로 그 소는 형성의 소에 해당하고, 재판은 「판결」에 의한다.

3) 이 소는 본점소재지를 관할하는 지방법원의 전속관할에 속한다($\frac{상~241조~2항,~186}{조,~269조,~287조}$
$\frac{의~42,~520조~2)}{항,~613조~1항}$).

(4) 회사의 해산판결의 효과

1) 원고가 승소하여 해산재판이 확정되면, 회사는 해산하여 청산절차를 밟아야 한다.

2) 원고가 패소한 경우, 원고에게 악의 또는 중과실이 있으면 원고는 회사에 대하여 연대하여 손해배상할 책임을 부담한다($\frac{상~241조~2항,~191조,~269조,~287}{조의~42,~520조~2항,~613조~1항}$).

제 4 회사의 계속[2]

1. 회사의 계속의 의의

(1) 회사의 계속이란 「일정한 해산사유로 인하여 해산된 회사가 상법의 규정과 사원의 의사에 의하여 다시 해산 전의 회사로 복귀하여 존속하는 것」을 말한다. 이러한 제도는 상법이 기업유지의 이념에서 인정한 제도이다.[3]

(2) 상법은 각종 회사의 해산에 관한 규정에서 회사의 계속제도를 규정하고 있다($\frac{상~229조,~269조,~285조~2항,~287조}{의~40,~519조,~520조의~2~3항,~610조}$).

2. 회사의 계속의 사유 및 절차

(1) 각종 회사의 계속의 사유 및 절차

회사의 계속은 일정한 해산사유에 해당하는 회사에 대하여 인정되는데, 그 대내적 절차는 각종 회사에 따라서 또 해산사유에 따라서 상이하다($\frac{회사의~계속의~경우에는~대}{외적~절차로서~채권자보호}$

---

1) 동지: 정(동), (회) 675면; 정(희), 316면.
2) 회사의 계속과 합병·분할 및 조직변경의 비교에 관하여는 연습, 250~258면(사례 42) 참조.
3) 동지: 정(동), (회) 677면; 정(희), 317면.

절차가 필)
요 없다).

1) **합명회사**　　합명회사가「존립기간의 만료 기타 정관으로 정한 사유의 발생」으로 인하여 해산되거나 또는「총사원의 동의」에 의하여 해산되는 경우에는, 사원의 전부 또는 일부(이 때에 회사의 계속에 동의하지
않는 사원은 퇴사한 것으로 간주됨)의 동의로 회사를 계속할 수 있다. 또한「사원이 1인」이 되어 해산한 경우에는, 새로 사원을 가입시켜서 회사를 계속할 수 있다($\substack{상\ 229조 \\ 1항\cdot2항}$).

2) **합자회사**　　합자회사가「존립기간의 만료 기타 정관으로 정한 사유의 발생」으로 인하여 해산되거나 또는「총사원의 동의」에 의하여 해산되는 경우에는, 사원의 전부 또는 일부(이 때에 회사의 계속에 동의하지
않는 사원은 퇴사한 것으로 간주됨)의 동의로 회사를 계속할 수 있음은 합명회사의 경우와 같다($\substack{상\ 269조, \\ 229조\ 1항}$). 그런데 합자회사에 특유한 것으로는 합자회사가「무한책임사원 또는 유한책임사원의 전원이 퇴사」하여 해산사유가 된 경우에, 잔존 무한책임사원 또는 유한책임사원의 전원의 동의로 새로 유한책임사원 또는 무한책임사원을 가입시켜서 회사를 계속할 수 있는 점이다($\substack{상\ 285 \\ 조\ 2항}$).

3) **유한책임회사**　　유한책임회사가「존립기간의 만료 기타 정관으로 정한 사유의 발생」으로 해산되거나「총사원의 동의」에 의하여 해산되는 경우에는, 사원의 전부 또는 일부(이 때 회사의 계속에 동의하지 않
는 사원은 퇴사한 것으로 간주됨)의 동의로 회사를 계속할 수 있는데($\substack{상287조 \\ 의 \\ 40}$), 이 점은 합명회사의 경우와 같다.

4) **주식회사**　　주식회사가「존립기간의 만료 기타 정관으로 정한 사유의 발생」또는「주주총회의 특별결의」에 의하여 해산되는 경우에는, 주주총회의 특별결의에 의하여 회사를 계속할 수 있다($\substack{상 \\ 519조}$). 또한 최후의 등기 후 5년을 경과하고 또 그 후 법원에 영업을 폐지하지 아니하였다는 뜻을 신고기간(법원의 공고일로부터 2월) 내에 신고하지 않아 신고기간이 만료된 때에「해산한 것으로 의제된 휴면회사」라도, 신고기간 후 3년 이내에는 주주총회의 특별결의에 의하여 회사를 계속할 수 있다($\substack{상\ 520조 \\ 의\ 2\ 3항}$).

5) **유한회사**　　유한회사가「존립기간의 만료 기타 정관으로 정한 사유의 발생」또는「사원총회의 특별결의」에 의하여 해산되는 경우에는, 사원총회의 특별결의에 의하여 회사를 계속할 수 있다($\substack{상\ 610 \\ 조\ 1항}$).

(2) **조직변경에 의한 회사의 계속**

회사의 계속은 원칙적으로 회사의 종류에는 변경이 없고 동일회사로 존속하므로 당사회사 내에서만 가능하다.

그러나 이에 대한 예외로서, (i) 합명회사의「사원이 1인」이 되어(해산원인) 새로 사원을 가입시켜 회사를 계속하는 경우에는 이와 함께 합자회사로 조직변경을 할 수 있고($\frac{상\ 242조\ 2}{항,\ 229조\ 2항}$), (ii) 또한 합자회사의 「유한책임사원 전원이 퇴사」하여 해산사유가 된 경우에는($\frac{상\ 285}{조\ 1항}$) 무한책임사원 전원의 동의로써 합명회사로 조직변경하여 회사를 계속할 수 있다($\frac{상\ 286}{조\ 2항}$). 이러한 경우는 회사의 계속과 조직변경이 함께 성립하는 경우이다.

(3) 회사의 계속등기

회사의 계속의 경우에 이미 회사의 해산등기를 하였을 때에는 본점소재지에서는 2주간 내, 지점소재지에서는 3주간 내에 회사의 계속등기를 하여야 한다($\frac{상\ 229조}{3항,\ 269}$ $\frac{조,\ 285조\ 1항,\ 287조의}{40,\ 521조의\ 2,\ 611조}$). 계속등기에 있어서는 회사를 계속할 뜻과 그 연월일을 등기하여야 하고($\frac{상등\ 61조,\ 상등규\ 109조,}{118조,\ 127조,\ 154조,\ 162조}$), 설립무효 또는 취소의 판결이 확정된 후에 회사계속등기를 신청하는 경우에는 설립무효 또는 설립취소에 관한 정보를 제공하여야 한다($\frac{상등규}{109조\ 2항}$).

3. 회사의 계속의 효과

(1) 회사의 계속에 의하여 해산한 회사는 장래에 향하여 해산 전의 회사로 복귀하여 다시 영업능력을 회복한다. 해산한 회사와 부활 후의 회사는 동일성을 가지므로, 해산에 의하여 청산의 목적범위 내로 줄어들었던 권리능력은 다시 완전한 권리능력을 회복하게 된다. 회사의 계속의 효력은 장래에 대해서만 생기므로, 해산 후 계속까지에 청산인이 한 행위는 그 효력이 있다. 그러나 회사의 계속은 장래에 대하여 제3자에게 영향을 미치는 바가 크므로, 상법은 앞에서 본 바와 같이 계속의 등기를 하도록 규정하고 있다.

(2) 회사의 계속이 언제 그 효력을 발생하느냐에 대하여는 상법에 규정이 없으므로 해석에 의할 수밖에 없는데, 합병 및 조직변경의 경우와는 달리($\frac{즉,\ 회사의\ 소멸이나}{다른\ 종류의\ 회사로}$ 변경되지 않고 같은 종류의 회사로 복귀하며, 다만 청산의 목적범위 내로 줄어들었던 권리능력을 다시 완전히 회복하는 데 불과한 점에서) 계속등기에 의하여 비로소 그 효력이 발생하는 것은 아니라고 본다.

(3) 회사의 계속은 일정한 사유로 인하여 일단 해산한 회사에 대하여 인정되는 제도인데, 이 때 다른 사원을 가입시켜 회사를 계속하는 경우에는 다른 사원의 회사채무에 대한 책임의 문제가 있다. 합명회사에서 사원이 1인이 되어 다른 사원을 가입시켜 합명회사를 계속하는 경우 또는 합자회사에서 무한책임사원 전원이 퇴사하여 다른 무한책임사원을 가입시켜 합자회사를 계속하는 경우에, 새로 가입한 무한책임사원은 그 가입 전에 생긴 회사채무에 대하여 다른 사원과 동일한 책임을 진다

$\binom{\text{상 229조 4항,}}{\text{285조 3항, 213조}}$.

(4) 회사의 계속절차에 하자가 있는 경우에 이의 무효의 소에 대해서는 상법에 별도의 규정이 없으나, 이에 관하여도 단체법상의 획일적인 확정을 요하므로 조직변경의 경우와 같이 회사설립의 무효·취소에 관한 소의 규정이 준용되어야 할 것으로 본다.

제 **3** 장 합명회사

제 1 절 총 설

제 1 의 의

(1) 합명회사는 2인 이상의 무한책임사원만으로 구성되는 회사이고, 자본의 결합보다는 노동력의 결합에 중점이 있다.[1] 합명회사는 사원이 회사의 채권자에 대하여 직접·연대·무한책임을 부담하고, 직접 업무집행을 담당하는 점(자기기관)에 특색이 있다.

(2) 합명회사는 다른 회사와 같이 형식은 법인으로 규정되어 있으나($\overset{상}{169조}$), 실질은 조합적 성질이 있어 내부관계에서는 민법의 조합에 관한 규정이 준용된다($\overset{상}{195조}$).

제 2 경제적 기능

합명회사는 전형적인 인적회사로서 자본의 결합보다는 인적 결합에 그 주된 기능을 갖고 있으므로 구성원 사이에 인적 신뢰관계가 깊은 가까운 친척이나 친지간의 기업으로서 이용될 수 있는 회사형태이다. 이러한 합명회사는 사원의 개성이 농후하고 사원이 회사의 채권자에 대하여 무한책임을 부담하며 또 원칙적으로 회사의 업무를 집행하고 회사를 대표하므로, 법적으로는 법인이나($\overset{상}{169조}$) 경제적으로는 개인

---

1) 합명회사라는 명칭은 프랑스법계의 것으로 전 사원의 성명을 집합표시하여 회사의 상호로 한 데서 이 말이 사용되었다. 따라서 상호자유주의를 취하는 우리나라에서는 적당한 명칭이 아니다 (중국 公司法은 無限責任公司라고 하고 있다). 독일법계의 상법에서 공연(公然)상사회사(offene Handelsgesellschaft: OHG)라고 하는 것은 익명조합(stille Gesellschaft)에 대한 것으로 역시 사원의 성명을 외부에 나타낸다는 데 중점이 있고, 이는 우리나라의 합명회사에 해당된다[정(희), 321면].

기업에 가깝다.¹⁾ 따라서 합명회사는 대기업에는 부적합하고, 특히 인적 신뢰와 노동력의 보충을 필요로 하는 중소기업에 적합한 회사형태이다.

제 2 절 설   립

제 1 설립절차

합명회사의 설립절차는 「정관의 작성」과 「설립등기」만으로 구성되는데(물적회사와는 달리 출자이행절차는 회사의 성립요건이 아님), 이러한 절차는 회사설립을 목적으로 하는 당사자(사원)간의 계약인 민법상의 조합계약의 이행으로써 수행된다.

1. 정관의 작성

합명회사의 정관은 2인 이상의 사원이 공동으로 작성하는데(상178조), 이 정관에는 아래와 같이 일정한 사항(절대적 기재사항·상대적 기재사항·임의적 기재사항)을 기재하고, 총사원이 기명날인 또는 서명을 하여야 한다(상179조). 이러한 정관의 절대적 기재사항에서 나타나는 바와 같이 합명회사는 정관의 작성에 의하여 사원, 출자(상 179조 3호·4호) 및 기관(상 200조 조 1항)이 확정되어 실체형성절차가 끝나게 된다. 합명회사에서는 설립시에 출자의 이행이 있어야 할 필요가 없는데,²⁾ 이러한 점은 물적회사(특히, 주식회사)의 설립절차와 크게 구별되는 특징이다.

(1) 절대적 기재사항

정관에 기재하여야 할 절대적 기재사항은 (i) 목적(회사가 수행하는 영업의 내용을 표시하여야 하는데, 이는 회사의 권리능력과 관련된다), (ii) 상호(합명회사라는 문자를 사용하여야 한다), (iii) 사원의 성명·주민등록번호³⁾ 및 주소(합명회사의 사원은 회사채권자에 대하여 무한책임을 지는 등 매우 중요하기 때문에 사원이 누구인지를 정관에 반드시 기재하도록 한 것이다), (iv) 사원의 출자의 목적(출자의 목적이 재산·신용·노무의 어느 것인지 여부와 그 구체적 내용)과 그 가격(재산출자 중 금전 이외의 경우에는 금전으로 평가한 가격) 또는 평가의 표준(신용출자나 노무출자의 경우에는 손익배분의 기준으로서 가격산출이 필요하므로 이의 가격산출방법을 말하는데, 예컨대 이의 가격을 매월 일정액으로 정하거나 또는 이의 가격을 재산출자의 최저액에 준한다고 정하는 것 등이다), (v) 본점의 소재지,⁴⁾ (vi) 정관의 작성연월일이다(상179조).

---

1) 동지: 손(주), 476면.
2) 정(동), (회) 740면; 채, 871면; 이(기) 외, (회) 616면; 주상(제5판)(회사 Ⅰ), 163면, 173면; 日大判 1933. 2. 15(民集 12-3, 215)
3) 1995년 개정상법에 의하여 사원의 동일성 확인을 분명히 하기 위하여 주민등록번호가 추가되었다.
4) 지점의 소재지는 수시 변동되는 등으로 인하여 1995년 개정상법에 의하여 물적회사의 경우와 같이 「지점의 소재지」가 삭제되었다.

(2) 상대적 기재사항

정관의 상대적 기재사항은 (i) 사원의 업무집행권의 제한($\frac{상\ 200}{조\ 1항}$), (ii) 대표사원의 결정($\frac{상\ 207}{조\ 단서}$), (iii) 공동대표의 결정($\frac{상\ 208}{조\ 1항}$), (iv) 사원의 당연퇴사사유의 결정($\frac{상\ 218}{조\ 1호}$), (v) 회사의 존립기간 기타 해산사유의 결정($\frac{상\ 217조\ 1항,}{227조\ 1호}$), (vi) 노무 또는 신용으로 출자한 사원에 대한 지분환급의 제한($\frac{상\ 222}{조\ 단서}$), (vii) 임의청산의 결정($\frac{상\ 247}{조\ 1항}$) 등이다.[1]

(3) 임의적 기재사항

정관에는 합명회사의 본질, 강행법규, 사회질서에 반하지 않는 한 어떠한 사항도 기재할 수 있다.

2. 설립등기

정관의 작성에 의하여 실체가 완성된 합명회사는 본점소재지에서 설립등기를 함으로써 성립한다($\frac{상}{172조}$). 이러한 설립등기에 의하여 합명회사의 설립절차는 종료된다. 설립등기에서의 등기사항 및 첨부서류는 다음과 같다[2]($\frac{상\ 180조,\ 상등}{규\ 52조·98조}$).

(1) 등기사항

1) 설립등기사항은 (i) 목적, (ii) 상호, (iii) 사원의 성명·주민등록번호 및 주소($\frac{회사를\ 대표할\ 사원을\ 정한\ 때에는\ 대}{표사원\ 이외의\ 사원의\ 주소를\ 제외한다}$), (iv) 본점의 소재지($\frac{지점을\ 둔\ 때}{에는\ 그\ 소재지}$), (v) 사원의 출자의 목적, 재산출자에는 그 가격과 이행한 부분, (vi) 존립기간 기타 해산사유를 정한 때에는 그 기간 또는 사유, (vii) 대표사원을 정한 경우에는 그의 성명·주소 및 주민등록번호, (viii) 공동대표에 관한 사항을 정한 때에는 그 규정 등이다($\frac{상\ 180조}{1호~5호}$).

2) 설립등기사항의 변경, 지점의 설치, 본·지점의 이전의 등기에 관한 사항은 상법 및 상업등기규칙에 상세하게 규정되어 있다($\frac{상\ 181조~183조,}{상등규\ 99조~103조}$).

또한 업무집행사원의 업무집행의 정지·직무대행자를 선임하는 가처분, 이러한 가처분의 변경·취소의 경우에는 본점 및 지점이 있는 곳의 등기소에서 이를 등기하여야 한다($\frac{상\ 183}{조의\ 2}$).

---

1) 본문의 정관의 상대적 기재사항 중 (ii) 대표사원의 결정(상 207조 단서), (iii) 공동대표의 결정(상 208조 1항), (vii) 임의청산의 결정(상 247조 1항) 등은 정관으로 정할 수 있으나, 총사원의 동의로도 정할 수 있는 점에서, 이를 정관의 상대적 기재사항에서 제외하는 견해가 있으나[정(희), 322면], 이것도 정관에 기재하면 그 효력이 발생한다는 점에서 상대적 기재사항으로 본다[동지: 손(주), 477~478면; 정(동), (회) 739면].

2) 1995년 개정전 상법에 의하면 「총사원의 공동신청으로」 설립등기를 하도록 되어 있었으나, 1995년 개정상법은 등기신청의 번거로움을 지양하기 위하여 총사원이 공동으로 신청하도록 한 요건을 삭제하였다.

(2) **첨부서류**

1) 설립등기의 신청에는 첨부서류로서 (i) 정관, (ii) 재산출자에 관하여 이행을 한 부분을 증명하는 서면 등을 첨부하여야 한다($^{상등규}_{98조}$).

2) 등기사항으로서 관청($^{법원 또는}_{행정청}$)의 허가 또는 인가가 필요한 사항의 등기를 신청하는 경우에는 신청서에 이러한 허가서 또는 인가서의 도달연월일을 신청정보의 내용으로 등기소에 제공하여야 하는데($^{상등규 51}_{조 1항 5호}$), 이러한 경우의 등기기간은 그 서류가 도달한 날로부터 기산한다($^{상}_{177조}$).

제 2   설립하자(무효·취소)

합명회사의 설립의 하자에는 설립무효의 소와 설립취소의 소가 인정되고($^{상 184}_{조~}$ $^{193)}_{조}$), 또 무효나 취소의 판결이 확정된 경우에도 그 무효나 취소의 원인이 특정한 사원에 한한 것인 때에는 다른 사원 전원의 동의로써 회사를 계속할 수 있다($^{상}_{194조}$). 이에 관하여는 회사의 설립하자 일반에 관한 설명에서 이미 상술하였으므로, 그 설명을 생략한다.

제 3 절   기   구

제 1 관   총   설

제 1   합명회사의 법률관계의 구조

합명회사의 법률관계는 크게 내부관계와 외부관계로 분류되는데, 내부관계는 ① 회사와 사원간의 관계(사단성)와 ② 사원과 사원간의 관계(조합성)이고, 외부관계는 ③ 회사와 제3자와의 관계(법인성)($^{상}_{169조}$)와 ④ 사원과 제3자와의 관계(조합성)이다. 이와 같이 합명회사의 법률관계에는 조합성이 많이 반영되어 있다($^{상 195}_{조 참조}$).

합명회사의 법률관계를 도시(圖示)하면 다음과 같다.

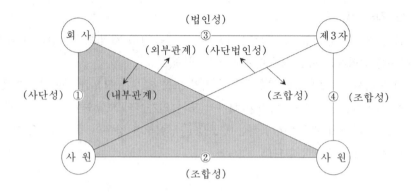

제 2 합명회사에 관한 법규의 성격 및 적용순서

(1) 합명회사의 법률관계를 규율하는 규정 중 내부관계를 규율하는 규정은 당사자간의 사적 자치의 원칙이 존중되어야 하므로, 원칙적으로 임의법규이다. 따라서 합명회사의 내부관계에 관한 한 원칙적으로 정관, 상법의 규정(임의법규), 민법의 조합규정의 순으로 적용된다(상 195 조 참조).

(2) 합명회사의 법률관계를 규율하는 규정 중 외부관계를 규율하는 규정은 거래의 안전이 존중되어야 하므로, 대부분 강행법규이다. 따라서 합명회사의 외부관계에 관한 한 원칙적으로 상법의 규정(강행법규), 정관, 민법의 조합규정의 순으로 적용된다.

제 2 관 내부관계

제 1 출   자

1. 출자의 의의 및 종류

(1) 출자의 의의

1) 합명회사의 사원은 반드시 회사에 대하여 출자를 하여야 하는데(상 179조 4호·195조, 민 703조), 이렇게 사원이 회사에 대하여 사원의 자격에서 하는 급여를 출자라 한다.[1]

2) 사원은 반드시 출자를 하여야 하고(상 179조 4호, 195조), 정관의 규정에 의하여도 이에

---

1) 동지: 정(희), 325면; 정(동), (회) 744면; 이(기) 외, (회) 619면; 주상(제5판)(회사 I), 208~209면.

반하는 정함을 할 수 없다.

3) 출자의무 및 그 범위는 정관에 의하여 확정되므로, 출자의무는 무한은 아니다. 따라서 사원의 출자의무는 사원이 대외적으로 무한책임을 지는 것이나($\substack{상\\212조}$) 손실분담의무($\substack{상\ 195조,\\민\ 711조}$)를 부담하는 것과는 구별된다.[1]

4) 사원의 출자의 목적 등이 정관의 절대적 기재사항이므로 출자의 변경도 정관변경의 절차에 의하여야 하는데, 특별한 제한은 없다.

5) 합명회사에는 법률상 자본금이라는 개념이 없고,[2] 통속적으로 자본금이라고 할 때에는 노무출자와 신용출자를 제외한 「재산출자의 총액」을 말한다.[3]

(2) 출자의 종류

합명회사 사원의 출자의 목적은 아래와 같이 재산·노무 또는 신용의 어느 것이라도 무방하다($\substack{상\ 195조·222\\조,\ 민\ 703조\ 2항}$). 출자의 목적에 노무와 신용이 인정되는 점이 하나의 큰 특징인데, 이는 정관에 그 뜻과 평가의 표준을 정한 경우에 비로소 할 수 있다($\substack{상\ 179\\조\ 4호}$). 사원에게 노무와 신용의 출자가 인정되는 것은 사원이 무한책임을 지기 때문이다($\substack{상\ 272\\조\ 참조}$).

1) **재산출자**　　사원이 재산출자를 하는 경우에는 원칙적으로 금전출자를 하여야 하지만, 예외적으로 현물출자도 할 수 있다. 현물출자의 목적인 재산은 동산·부동산·유가증권·채권·무체재산권·영업상의 비결 등 그 제한이 없다. 영업을 일괄하여 현물출자하는 것도 가능하다.[4] 또 현물출자는 목적물 자체를 이전하는 출자(이전출자)이든, 목적물의 사용의 출자(사용출자)이든 상관없다.[5]

2) **노무출자**　　사원이 회사를 위하여 노무(services)를 제공함으로써 하는 출자이다. 이 노무는 정신적이든 육체적이든 불문하고, 임시적이든 계속적이든 불문한다. 예컨대, 특정한 기술을 가진 자가 이러한 기술을 회사를 위하여 제공하는 것 등이 이에 속한다.[6]

3) **신용출자**　　사원이 회사로 하여금 자기의 신용(credit)을 이용하게 하는 출자이다. 예컨대, 회사를 위하여 인적 또는 물적 담보를 제공하거나, 회사가 발행

---

1) 동지: 정(희), 325면.
2) 주식회사의 경우는 상법 제451조가 자본금에 대하여 정의하고 있다.
3) 동지: 정(동), (회) 747면.
4) 동지: 정(희), 326면; 정(동), (회) 745면.
5) 동지: 정(희), 326면; 손(주), 484~485면(특히 이전출자와 사용출자에 관한 설명이 상세하다).
6) 사원으로서 당연히 하여야 할 업무의 집행(상 201조)을 하는 것도 정관에서 특히 출자로 인정한다면 노무의 출자가 된다고 하는 견해가 있는데[정(희), 326면], 의문이다.

한 어음에 배서 또는 인수를 하는 것 등이 이에 해당한다.[1)]

2. 출자의무의 발생과 소멸

출자의무는 사원자격에 따른 의무이므로 원칙적으로 사원자격의 취득과 동시에 발생하고, 사원자격의 상실과 동시에 소멸한다.

1) 출자의무는 회사 설립의 경우에는 정관의 작성에 의하여, 회사의 성립 후 입사하는 경우에는 정관의 변경에 의하여 발생한다. 출자의무의 종류와 범위도 정관에 의하여 결정된다.

2) 출자의무는 이를 이행하든가, 사원의 자격을 상실하면 소멸한다. 그러나 회사의 최고(催告) 후 또는 기한의 도래로 인하여 구체화한 출자청구권은 양도·압류 또는 전부(轉付)의 대상이 되고,[2)] 사원의 이러한 구체적 출자의무는 사원의 자격을 상실하더라도 소멸되지 않는다.[3)]

3. 출자의 이행

(1) 출자이행의 시기와 방법

1) 출자이행의 시기는 정관에 규정이 있는 경우에는 이에 의하고, 정관에 규정이 없는 경우에는 보통의 업무집행의 방법으로 자유로이 정할 수 있다.[4)] 따라서 설립등기와 동시에 이행기가 도래한다고 볼 것은 아니다. 다만 합명회사의 사원의 출자시기에 관하여 상법은 하나의 특칙을 규정하고 있는데, 이에 의하면 회사의 청산시에 회사의 현존재산이 회사채무를 완제하기에 부족한 경우 청산인은 출자의 이행기에 불구하고 각 사원에 대하여 출자를 청구할 수 있다($\frac{상\ 258}{조\ 1항}$). 이 때 각 사원의 출자의무는 청산인의 청구에 의하여 구체적으로 확정되지만, 회사의 해산 당시에 이미 이행기에 있는 출자의무는 순수한 회사의 채권으로서 채권의 추심에 관한 규정($\frac{상\ 254조}{1항\ 2호}$)에 따라야 하고 본조($\frac{상\ 258}{조\ 1항}$)의 적용은 없다.[5)]

2) 출자이행의 방법은 출자의 종류에 따라 다르다. 즉, 금전출자의 경우는 금전의 납입, 현물출자의 경우는 그 목적인 재산의 이전, 노무출자의 경우는 노무의 제

---

1) 단지 사원으로서 가입하는 것도 신용의 출자가 될 수 있다고 하는 견해가 있는데[정(동), (회) 745면], 의문이다.
2) 동지: 日大判 1916. 5. 1(民錄 22, 841).
3) 동지: 정(회), 327면; 손(주), 486면; 정(동), (회) 746면 외.
4) 회사성립 전의 경우에는 설립조합의 업무집행의 방법이 되겠고(상 195조, 민 706조 2항), 회사성립 후의 경우에는 회사의 업무집행의 방법이 되겠다(상 200조~202조).
5) 동지: 주상(제5판)(회사 Ⅰ), 370면; 日大判 1961. 6. 18(民錄 9, 750).

공, 신용출자의 경우는 신용의 제공 등으로 한다. 다만 상법은 채권출자와 관련하여 사원이 채권출자를 하는 경우에, 그러한 사원은 채무자의 자력도 담보한다고 규정 하고 있다($^{상\ 196}_{조\ 본문}$). 이 경우에 사원은 회사에 대하여 이자를 지급하는 외에 이로 인하 여 생긴 손해도 배상하여야 한다($^{상\ 196}_{조\ 단서}$). 사원이 현물출자를 하는 경우에는 이에 대 하여 위험부담·하자담보책임도 부담한다($^{상\ 195조,\ 민\ 567조·}_{570조\ 이하·580조}$).

사원의 구체화된 출자의무는 ─ 주주의 회사에 대한 납입의무의 상계금지($^{상\ 421}_{조\ 2항}$) 와는 달리 ─ 상계로써 회사에 대항할 수 있다.[1] 또 합명회사의 사원은 회사채권자 에 대하여 무한책임을 부담하므로 회사재산이 중요하지 않기 때문에, 회사의 설립 시 또는 입사시에 즉시 출자의무를 이행할 필요도 없다.[2]

(2) 출자불이행의 효과

합명회사의 사원이 출자의무를 이행하지 않으면 민법상 채무불이행의 일반적인 효과가 발생하는 외에($^{민\ 387}_{조\ 이하}$), 상법상 사원의 제명($^{상\ 220조}_{1항\ 1호}$)·업무집행권($^{상\ 205}_{조\ 1항}$) 또는 대표권($^{상}_{216조}$)의 상실원인이 된다.

제 2 업무집행

1. 업무집행의 의의

업무집행이란 회사가 그 목적사업을 수행하기 위하여 하는 행위를 말하는데, 이러한 행위에는 법률행위뿐만 아니라 사실행위를 포함한다. 업무집행이란 영업의 존재를 전제로 하는 것이므로, 영업 자체에 관한 정관변경·영업양도·해산 등은 업 무집행에 포함되지 않는다.

2. 업무집행기관

(1) 업무집행권의 취득

1) **원칙**(자기기관)   합명회사의 업무집행기관은 원칙적으로 각 사원이다 ($^{상\ 200}_{조\ 1항}$). 따라서 각 사원은 회사의 업무를 집행할 권리와 의무가 있다. 이와 같이 합 명회사에서는 사원자격과 기관자격이 일치하는데, 이를 「자기기관의 원칙」이라 한다.

2) **예외**(업무집행사원)   합명회사의 업무집행기관은 예외적으로 정관의 규

---

1) 동지: 정(희), 327면; 정(동), (회) 746면; 채, 880면; 주상(제5판)(회사 Ⅰ), 210면.
2) 동지: 정(동), (회) 746면; 채, 881면; 주상(제5판)(회사 Ⅰ), 210면; 日大判 1933. 2. 15(民集 12−3, 215).

정에 의하여 특정한 사원($^{1인~또}_{는~수~인}$)만이 될 수도 있고($^{상~201}_{조~1항}$), 수 인의 사원을 공동업무
집행사원으로 할 수도 있다($^{상~202조}_{본문~전단}$). 이 경우에는 그러한 업무집행사원만이 회사의
업무를 집행할 권리와 의무를 갖고, 그 이외의 사원은 감시권만을 갖는다. 그러나
회사는 어떠한 경우에도(즉, 정관의 규정이나 총사원의 동의가 있는 경우에도) 사원 아닌
자에게 업무집행을 맡길 수는 없다($^{제3자기관은~인}_{정되지~않는다}$).[1]

또한 업무집행사원의 업무집행의 정지 및 직무대행자를 선임하는 가처분이 있
으면 그러한 직무대행자가 업무를 집행한다($^{상~183조}_{의~2~참조}$).

(2) 업무집행권의 상실(정지)

1) 사임 · 해임   업무집행사원은 정당한 사유 없이 「사임」할 수 없고, 다른
사원의 일치가 아니면 「해임」할 수 없다($^{상~195조,}_{민~708조}$).

2) 권한상실선고

(가) 업무집행사원이 업무를 집행함에 현저하게 부적임하거나 중대한 업무에 위
반한 행위가 있는 때에는 법원은 사원의 청구에 의하여 업무집행권한의 상실을 선
고할 수 있다[2]($^{상~205}_{조~1항}$).

(나) 업무집행사원이 1인인 경우에도 업무집행 권한상실선고가 가능한가. 업무
집행사원에 대한 권한상실선고제도는 회사의 존속과 운영의 계속을 전제로 하므로,
합명회사에서 업무집행사원이 1인인 경우 그의 업무집행권을 박탈하면 그 회사는
운영을 계속할 수 없는 지경에 이르게 되는 경우에는 이는 상법 제205조의 권한상
실선고제도를 인정한 취지에 반하므로, 이 경우에는 비록 그 업무집행사원에게 상
법 제205조의 사유가 발생한 경우에도 업무집행권의 상실선고를 할 수 없다고 볼
것이다.[3]

(다) 상법 제205조는 임의규정이므로 그의 내용과 달리 정관에 규정할 수 있다.[4]
상법 제205조가 상법 제195조에 의하여 준용되는 민법 제708조에 의한 업무집행사
원의 권한상실을 배제한다고 보기 어렵기 때문에 업무집행사원은 상법 제205조 또
는 민법 제708조에 의하여 업무집행권한이 상실될 수 있고, 또한 정관에서 상법 제

---

1) 동지: 정(동), (회) 748면; 이(철), (회) 159면; 채, 876면; 이(기) 외, (회) 621면; 주상(제5판)
(회사 Ⅰ), 223면, 228면; 이 · 최, 427면; BGHZ 36, 292.
2) 이러한 청구를 하기 위하여는 당해 업무집행사원을 제외한 나머지 모든 사원의 동의가 있어야
한다[필요적 공동소송)는 견해가 있다[정(동), (회) 748면].
3) 동지: 대판 1977. 4. 26, 75 다 1341(집 25 ① 민 166)(합자회사에서 무한책임사원이 1인으로
업무집행사원이 1인인 경우); 동 1995. 7. 11, 95 다 5820(공보 998, 2755).
   반대: 정(동), (회) 748면; 주상(제5판)(회사 Ⅰ), 237면; BGHZ 51, 198.
4) 동지: 정(동), (회) 748~749면; 주상(제5판)(회사 Ⅰ), 235면.

205조를 명백히 배제하지 않고 상법 제205조와 다른 내용을 규정하면 상법 제205조와 정관의 규정 중 하나의 방법으로 업무집행사원의 업무집행권한을 상실시킬 수 있다.[1]

㈑ 업무집행사원의 권한상실의 판결이 확정된 때에는 본점과 지점의 소재지에서 등기하여야 한다(상 205조 2항).

3) 업무집행정지가처분 업무집행사원에 대하여 그 업무집행의 정지 및 직무대행자를 선임하는 가처분이 있으면, 그러한 사원은 가처분의 취소가 없는 한 업무를 집행할 수 없다. 사원의 업무집행을 정지하거나 직무대행자를 선임하는 가처분을 하거나 그 가처분을 변경·취소하는 경우에는 본점 및 지점이 있는 곳의 등기소에서 이를 등기하여야 한다(상 183조의 2).

(3) 업무집행기관과 회사와의 관계

업무집행사원과 회사와의 관계는 「위임관계」로서, 업무집행사원은 선량한 관리

---

1) 동지: 대판 2015. 5. 29, 2014 다 51541(공보 2015, 866)(상법 제195조에 비추어 볼 때, 합명회사의 내부관계에 관한 상법 규정은 원칙적으로 임의규정이고, 정관에서 상법 규정과 달리 정하는 것이 허용된다. 이와 같이 합명회사의 정관에서 내부관계에 관하여 상법과 달리 정한 경우, 해당 정관 규정이 관련 상법 규정의 적용을 배제하는지는 해당 정관 규정의 내용·관련 상법 규정의 목적·합명회사의 특징 등 여러 사정을 종합적으로 고려하여 판단하여야 한다. 상법상 합명회사의 사원 또는 업무집행사원의 업무집행권한을 상실시키는 방법으로는 다음의 두 가지를 상정할 수 있다. 첫째, 상법 제205조 제1항에 따라 다른 사원의 청구에 의하여 법원의 선고로써 권한을 상실시키는 방법이다. 둘째, 상법 제195조에 의하여 준용되는 민법 제708조에 따라 법원의 선고절차를 거치지 않고 총사원이 일치하여 업무집행사원을 해임함으로써 권한을 상실시키는 방법이다. 위 두 가지 방법은 요건과 절차가 서로 다르므로, 상법 제205조 제1항이 민법 제708조의 준용을 배제하고 있다고 보기 어렵다. 따라서 정관에서 달리 정하고 있지 않는 이상, 합명회사의 사원은 두 가지 방법 중 어느 하나의 방법으로 다른 사원 또는 업무집행사원의 업무집행권한을 상실시킬 수 있다. 합명회사의 사원은 회사채권자에 대하여 직접·연대·무한책임을 진다. 만약 다른 사원 또는 업무집행사원이 업무집행에 현저히 부적합하거나 중대하게 의무를 위반하는 경우에는 그로 인하여 자신의 책임이 발생·중대될 우려가 있으므로, 다른 사원 또는 업무집행사원을 업무집행에서 배제할 수 있는지는 각 사원의 이해관계에 큰 영향을 미친다. 합명회사의 사원은 업무집행권한 상실제도를 통하여 업무집행에 현저히 부적합하거나 중대하게 의무를 위반한 사원이나 업무집행사원을 업무집행에서 배제함으로써 자신의 책임이 부당하게 발생·중대되는 것으로부터 자신을 보호할 수 있다. 따라서 업무집행권한 상실에 관한 정관이나 관련 법률 규정을 해석할 때에는 위와 같은 사원의 권리가 합리적 근거 없이 제한되지 않도록 신중하게 해석하여야 한다. 따라서 갑 합명회사의 정관에서 "업무집행사원이 업무를 집행함에 현저하게 부적임하거나 중대한 업무에 위반한 행위가 있는 때에는 총사원의 결의로써 업무집행권한을 상실하게 할 수 있다"라고 규정한 사안에서, 정관에서 명시적으로 상법 제205조 제1항의 적용을 배제하고 있지 않는 한 업무집행권한 상실과 관련하여 상법이 부여한 사원의 권리를 제한할 합리적 근거를 찾을 수 없고, 법원의 선고절차 없는 업무집행권한 상실방법과 유사한 정관 규정이 신설되었다고 하여 법원의 선고에 의한 업무집행권한 상실방법을 배제한 것이라고 해석하기는 어려우므로, 상법 제205조 제1항은 위 정관 규정의 신설에도 불구하고 여전히 적용된다고 보아야 하는데도, 위 정관 규정이 상법 제205조 제1항의 적용을 배제하는 규정이라고 본 원심판단에는 법리오해의 잘못이 있다).

자의 주의로써 업무를 집행하여야 한다($\substack{\text{상 195조, 민 707}\\ \text{조 · 681조~688조}}$).

3. 업무집행의 방법

(1) 사원의 의사결정

1) 업무집행에 관하여 먼저 '사원의 의사결정이 있어야 하는 경우'($\substack{\text{예컨대, 상 203}\\ \text{조 · 204조 등}}$)에는 먼저 상법 또는 정관에 의한 결의를 요하고, 상법 또는 정관에 다른 규정이 없으면 「총사원의 과반수」로써 결정하여야 한다($\substack{\text{상 195조, 민}\\ \text{706조 2항 1문}}$). 이 경우에 의결권은 원칙적으로 사원의 두수(頭數)에 의한다($\substack{\text{1인 1의결권주}\\ \text{의 · 두수주의}}$).[1]

2) 합명회사(인적회사)에는 물적회사의 경우와는 달리 상법상 사원총회가 없다. 따라서 위와 같이 사원의 의사결정을 요하는 경우에도 회의를 소집할 필요는 없고, 적당한 방법으로 사원의 의사를 파악하면 된다.[2] 그러나 정관의 규정에 의하여 사원총회를 둘 수는 있다.[3]

3) 합명회사에서 사원의 의사결정이 요구되는 경우에는 사원의 개성이 중요하므로, 물적회사의 경우와는 달리 의결권의 대리행사는 인정되지 않는다.[4]

(2) 업무집행의 실행

1) 원칙(단독업무집행)　　　업무집행사원은 원칙적으로($\substack{\text{정관에 다른 규정}\\ \text{이 없는 때에는}}$) 각자 독립하여 회사의 업무를 집행할 수 있다($\substack{\text{단독업무집}\\ \text{행의 원칙}}$)($\substack{\text{상 200조 1항,}\\ \text{201조 1항}}$).

2) 예　　외

㈎ 각 사원이 업무집행사원인 경우　　　다른 사원의 이의가 있는 때에는 곧 그 행위를 중지하고 「총사원의 과반수」의 결의에 의하여야 한다($\substack{\text{상 200}\\ \text{조 2항}}$).

㈏ 정관으로 업무집행사원을 정한 경우　　　다른 업무집행사원의 이의가 있는 때에는 곧 그 행위를 중지하고 「총업무집행사원의 과반수」의 결의에 의하여야 한다($\substack{\text{상 201}\\ \text{조 2항}}$).

㈐ 지배인의 선임과 해임　　　지배인의 선임과 해임은 정관에 다른 정함이 없으면 「총사원($\substack{\text{업무집행사}\\ \text{원이 아님}}$)의 과반수」의 결의에 의하여야 한다($\substack{\text{상}\\ \text{203조}}$).

㈑ 공동업무집행사원　　　정관으로 공동업무집행사원이 정하여진 경우에는 그 사원의 「공동으로만」 업무집행을 할 수 있다($\substack{\text{상 202조}\\ \text{본문 후단}}$). 그러나 지체할 염려가 있

---

1) 통설: 정(찬), (회) 217면; 정(희), 328면; 정(동), (회) 749면; 이(철), (회) 162~163면; 채, 876면; 이(기) 외, (회) 621면; 주상(제5판)(회사 I), 228면.
2) 동지: 이(철), (회) 163면; 대판 1995. 7. 11, 95 다 5820(공보 998, 2755).
3) 동지: 이(철), (회) 162면.
4) 동지: 이(철), (회) 163면; 이(기) 외, (회) 621면.

는 때에는 단독으로 할 수 있다($\substack{\text{상 202} \\ \text{조 단서}}$).

⒨ 업무집행사원의 업무집행의 정지 및 직무대행자를 선임하는 가처분이 있으면 그 직무대행자가 업무를 집행하는데($\substack{\text{상 183조} \\ \text{의 2 참조}}$), 이 때 그러한 직무대행자는 가처분명령에 다른 정함이 있거나 또는 법원의 허가를 얻은 경우를 제외하고는 회사의 통상업무에 속하는 행위만을 할 수 있다($\substack{\text{상 200조} \\ \text{의 2 1항}}$). 그러나 직무대행자가 이에 위반한 행위를 한 경우에도 회사는 선의의 제3자에 대하여 책임을 진다($\substack{\text{상 200조} \\ \text{의 2 2항}}$).

4. 업무감시권

업무집행권이 없는 사원에게는 회사의 업무와 재산상태를 검사할 수 있는 권리가 인정된다($\substack{\text{상 195조,} \\ \text{민 710조}}$). 왜냐하면 그러한 사원이라도 회사채권자에 대하여 무한책임을 부담하므로, 그는 회사의 업무집행에 관하여 중대한 이해관계가 있기 때문이다. 이러한 업무감시권은 정관의 규정으로써도 박탈할 수 없다(통설).[1]

제 3 경업피지의무와 자기거래제한

1. 경업피지의무

(1) 의   의

1) 합명회사의 사원($\substack{\text{대표권 또는 업무집행} \\ \text{권의 유무와는 무관함}}$)[2]은 상업사용인과 같이 경업금지의무($\substack{\text{협의의} \\ \text{경업} \\ \text{피지} \\ \text{의무}}$)와 겸직금지의무를 부담한다. 즉, 사원은 자기를 제외한 다른 모든 사원의 동의가 없으면 자기 또는 제3자의 계산으로 회사의 영업부류에 속하는 거래를 하지 못하고(경업금지의무), 동종영업을 목적으로 하는 다른 회사의 무한책임사원 또는 이사가 되지 못한다(겸직금지의무)[3]($\substack{\text{상 198} \\ \text{조 1항}}$).[4]

---

1) 정(찬), (회) 218면; 정(희), 329면; 정(동), (회) 750면; 이(철), (회) 162면; 채, 878면; 이(기) 외, (회) 622면 외.
  반대: 최(기), 1172면(업무집행의 원활을 위하여 정관으로 그 제한이 가능하다고 한다).
2) 동지: 이(철), (회) 164면; 채, 879면.
3) 합명회사의 사원의 겸직금지의무를 상업사용인의 그것과 비교하여 볼 때, 「동종영업을 목적으로 하는」의 요건이 있고, 「다른 상인의 사용인」이 없는 점에서 구별되고 있다. 전자에 관한 상업사용인의 경우의 해석에서는 제한설과 무제한설이 있는데, 제한설의 입장에서는 합명회사의 사원의 겸직금지의무의 범위와 같고, 무제한설의 입장에서는 합명회사의 사원의 그것이 좁다. 후자에 관하여 합명회사의 사원은 무한책임사원이므로 상법 제17조에 의하여 다른 상인의 상업사용인이 겸직할 수 없게 된다.
4) 이는 주식회사 및 유한회사의 경우와 거의 동일한 규정인데, 주식회사의 경우에는 「이사회의 승인」이 있는 때에 한하여 경업피지의무가 면제되고(상 397조 1항), 유한회사의 경우에는 「사원 총회의 승인」이 있는 때에 한하여 경업피지의무가 면제된다(상 567조 2문—1998년 개정상법에 의하여 신설됨).

2) 이 규정은 회사의 내부관계를 규율하는 규정으로서 임의법규라고 보아야 할 것이다. 따라서 정관의 규정으로 사원의 이 의무의 범위를 증가·단축하거나 면제할 수 있다고 본다.[1]

(2) 의무위반의 효과

1) 합명회사의 사원이 경업금지의무에 위반한 경우에는 회사는 「개입권」($\frac{상 198}{조 2항 \cdot 4항}$)과 「손해배상청구권」($\frac{상 198}{조 3항}$)을 행사할 수 있고, 또 다른 모든 사원의 과반수의 결의에 의하여 그 사원의 「제명」을 법원에 청구할 수 있다($\frac{상 220조}{1항 2호}$). 회사가 개입권을 행사하는 경우 이러한 개입권은 다른 모든 사원의 과반수의 결의에 의하여 행사하고, 일정한 제척기간 내($\frac{다른 사원 1인이 그 거래를 안 날로부터 2}{주간 내, 그 거래가 있은 날로부터 1년 내}$)에 행사하여야 한다($\frac{상 198}{조 4항}$).[2]

2) 사원이 겸직금지의무에 위반한 경우에는, 회사는 개입권을 행사할 수는 없고 「손해배상청구권」을 행사할 수 있으며($\frac{상 195조, 민}{707조 \cdot 681조}$), 또한 다른 모든 사원의 과반수의 결의에 의하여 그 사원의 「제명」을 법원에 청구할 수 있을 뿐이다($\frac{상 220조}{1항 2호}$).

3) 사원의 경업피지의무 위반이 있는 경우에 회사의 위와 같은 조치와는 별도로, 다른 사원은 해당 사원에 대하여 「업무집행권 또는 대표권의 상실의 선고」를 법원에 청구할 수 있다($\frac{상 205조}{1항, 216조}$).

2. 자기거래제한

(1) 의   의

합명회사의 각 사원은 다른 모든 사원의 과반수의 결의가 있는 때에 한하여 자기 또는 제3자의 계산으로 회사와 거래를 할 수 있다($\frac{상}{199조}$).[3]

(2) 의무위반의 효과

사원이 이에 위반한 경우에는 그 사원은 회사에 대하여 「손해배상의 책임」을 지는($\frac{상 195조, 민}{707조 \cdot 681조}$) 외에, 다른 사원의 청구에 의하여 법원으로부터 「업무집행권 또는 대표권의 상실」을 선고받을 수 있다($\frac{상 205조}{216조}$). 이 위반행위의 사법상(私法上) 효력은 회사와 상대방인 사원 사이에는 무효이지만, 선의의 제3자에 대하여는 그 무효를 주장할 수 없다고 본다.[4]

---

1) 동지: 정(동), (회) 751면; 최(기), 1173면; 이(철), (회) 164면; 이(기) 외, (회) 622면; 주상 (제5판)(회사 I), 217면.
2) 이는 상업사용인의 그것의 경우와 대체로 같다(상 17조 4항 참조).
3) 이는 주식회사의 이사 등과 회사간의 거래제한과 같은 취지인데, 주식회사의 경우 이사 등이 자기거래를 하기 위해서는 「(이사 3분의 2 이상의 수로써 하는) 이사회의 승인」을 요한다(상 398조). 유한회사의 경우에는 감사가 있는 때에는 「감사의 승인」이 있는 때에 한하여, 감사가 없는 때에는 「사원총회의 승인」이 있는 때에 한하여, 이사는 회사와 거래를 할 수 있다(상 564조 3항).
4) 동지: 주상(제5판)(회사 I), 222면.

그러나 경업피지의무위반의 경우와는 달리 사원의 자기거래제한위반의 경우에는 사원의 제명사유가 되지 못한다[1]($\binom{상 220조}{1항 참조}$).

제 4 손익의 분배

1. 손익의 의의

합명회사는 영리법인이므로 영업에서 얻은 이익 또는 손실을 사원에게 분배하여야 한다. 또 합명회사는 상인이므로 매 결산기에 회계장부에 의하여 대차대조표를 작성하여야 하는데($\binom{상 30}{조 2항}$), 대차대조표상의 순재산액이 회사의 자본금($\binom{사원의 재}{산출자총액}$)을 초과하는 경우 그 초과액이 이익이고, 반대의 경우 부족액이 손실이다.[2] 노무출자와 신용출자는 대차대조표상의 순재산액이나 자본금의 계산에 산입되지 않는다.[3]

2. 손익분배의 표준

손익분배의 표준에 대하여 상법에는 규정이 없으므로, 정관 또는 총사원의 동의로 자유로이 정할 수 있다. 정관 또는 총사원에 의하여 정하여진 바가 없으면, 민법의 조합에 관한 규정에 의하여 정하여진다($\binom{상}{195조}$). 즉, 각 사원의 출자가액[4]에 비례하여 손익분배의 비율이 정하여지고($\binom{민 711}{조 1항}$), 이익 또는 손실의 어느 한쪽에 대하여만 분배의 비율이 정하여진 경우에는 그 비율은 이익과 손실에 공통된 것으로 추정한다($\binom{민 711}{조 2항}$).

3. 손익분배의 시기

손익분배의 시기에 대하여 정관에 특별히 규정된 바가 있으면 이에 의하고, 정관에 규정된 바가 없으면 매결산기에 지급한다(통설)($\binom{상 30조}{2항 참조}$).

4. 손익분배의 방법

(1) 이익의 분배는 원칙적으로 금전배당을 현실적으로 하여야 하나, 정관의 규

---

1) 반대: 주상(제5판)(회사 I), 221면; 이(철), (회) 164면(동 교수는 제명도 가능하다고 하나, 이는 제명사유인 상법 제220조 1항에서 보아 의문이다. 즉, 동법에서 경업피지의무위반에 대하여는 명문으로 규정하고 있으나, 자기거래제한위반에 대하여는 규정이 없기 때문이다).

2) 동지: 정(회), 330면; 손(주), 496면; 정(동), (회) 754면.

3) 동지: 정(회), 330면; 손(주), 496면.

4) 이 때의 출자가액은 분할출자인 경우는 이미 이행된 출자액을 기준으로 한다[정(희), 330면; 손(주), 497면; 정(동), (회) 754면; 이(범), 214면; 이(기) 외, (회) 623면].

정 또는 총사원의 동의에 의하여 이익의 전부 또는 일부를 회사에 적립할 수도 있다$\binom{\text{지분의 평가}}{\text{액이 증가}}$.

(2) 손실의 분배는 계산상 지분의 평가액이 감소하는 데 그치고, 추가출자를 요구하는 것이 아니다. 그러나 퇴사 또는 청산의 경우에는 사원은 분담손실액을 납입하여야 한다.[1] 사원의 출자가 유한임에 반하여, 이러한 손실분담은 무한이다.[2]

(3) 합명회사는 사원이 회사신용의 기초가 되고 있으므로 주식회사에서와 같은 자본금유지(충실)의 원칙이 없다. 따라서 법정준비금제도도 없고, 이익이 없는 경우에도 배당을 할 수 있다.[3] 또 전 영업연도의 손실을 전보하지 않고도 이익배당을 할 수 있다.[4]

(4) 사원이 그 자격에서 가지는 이익배당청구권은 추상적인 권리이지만, 이것에서 발생한 결산기에 확정된 배당금에 대한 지급청구권은 구체적인 개인법상의 채권이다. 따라서 이러한 구체적인 배당금지급청구권에는 지분양도의 제한에 관한 규정$\binom{\text{상}}{197\text{조}}$이 적용되지 않고, 이 권리는 자유롭게 양도·입질될 수 있고 또 압류·전부명령의 목적이 될 수 있다.[5]

제 5 지 분

1. 지분의 의의

(1) 지분이란 법률상 용어는 회사의 사원의 지분$\binom{\text{상 197조,}}{276\text{조, 556조}}$ 이외에도, 공유자의 지분(공유지분)$\binom{\text{민 262조~}}{270\text{조}}$, 합유자의 지분(합유지분)$\binom{\text{민 271조~274조,}}{714\text{조, 719조}}$, 선박공유자의 지분$\binom{\text{상 756~}}{763\text{조}}$ 등이 있다.

(2) 상법에서 사용하는 합명회사의 사원의 지분에는 두 가지의 뜻이 있는데, 첫째는 사원권을 뜻하고$\binom{\text{지분의 양도}}{-\text{상 197조}}$, 둘째는 회사의 해산 또는 사원의 퇴사의 경우에 사원이 사원자격에 기하여 회사로부터 지급받거나(적극지분) 또는 회사에 지급할(소극지분) 계산상(재산상)의 수액(數額)을 뜻한다[6]$\binom{\text{퇴사한 사원의 지분}}{\text{의 환급 — 상 222조}}$. 그런데 둘째의 의미의 지분은 첫째의 의미의 지분(사원권) 중 자익권을 의미하는 것이므로,[7] 결국 합명

---

1) 동지: 정(회), 331면; 정(동), (회) 755면; 이(철), (회) 165면; 이(기) 외, (회) 623면 외.
2) 동지: 정(회), 331면; 정(동), (회) 755면.
3) 동지: 손(주), 497면; 이(철), (회) 165면; 이(범), 214면.
4) 동지: 정(회), 331면.
5) 동지: 정(회), 331면.
6) 동지: 정(회), 331~332면; 정(동), (회) 755~756면.
7) 동지: 정(동), (회) 756면; 이(기) 외, (회) 623면; 주상(제5판)(회사 Ⅰ), 212면.

회사의 사원의 지분은 사원권을 의미한다고 볼 수 있다(지분사원권설). 이렇게 볼 때 합명회사의 사원의 지분의 의미는 공유자 또는 합유자가 공유물 또는 합유물에 대하여 갖는 재산상의 지분과는 근본적으로 다르다.[1]

(3) 합명회사의 사원의 지분은 각 사원에게 1개만이 있고(지분단일주의), 다만 그 분량이 출자액에 비례하여 상이할 뿐이다[2]($\frac{상\ 195조,}{민\ 711조}$).

2. 지분의 양도

(1) 지분의 양도에서 지분의 뜻은 위의 첫째의 의미의 지분의 뜻(사원권)이다. 지분의 양도[3]는 당사자간의 계약($\frac{의사의}{합치}$)에 의하여 성립하지만, 그 계약이 효력을 발생하기 위하여는 다른 모든 사원의 동의를 요한다(효력발생요건)[4]($\frac{상}{197조}$). 이와 같이 상법은 합명회사의 사원의 지분양도를 사원 상호간의 인적 신뢰관계를 중시하여 극히 엄격하게 제한하고 있다.[5] 그러나 이러한 지분양도의 제한규정은 회사의 대내관계에 관한 임의법규에 속하는 것이므로, 정관으로써 완화하여 규정할 수 있다(통설).[6]

(2) 합명회사의 사원의 지분은 각 사원에게 1개가 있다는 점(지분단일주의)에서 지분의 일부양도는 가능한 것인가, 또 지분의 일부양도가 가능하다고 하더라도 지분의 일부양수인은 공익권을 취득할 수 있겠는지의 여부가 있다. 이에 대하여 상법은 지분의 일부양도를 명문으로 규정하고 있고($\frac{상}{197조}$), 이 때에 지분양도인은 사원자격에서 탈퇴하지 않고 다만 지분의 감소를 가져오며, 지분양수인은 지분의 승계에 의하여 사원자격($\frac{특히}{자익권}$)을 취득하는 동시에 지분양도인의 공익권과는 무관하게 공익권을 원시취득하는 것으로 해석한다.[7] 지분의 전부를 양도하게 되는 경우에는 양도인은 사원자격을 잃고(퇴사), 양수인은 지분이 증가하거나($\frac{사원인}{경우}$) 또는 사원자격($\frac{자익}{권}$

---

1) 대판 1962. 5. 3, 4294 민상 1590(민판집 57, 65)(합명회사의 사원은 단지 합명회사의 지분을 가졌음에 불과하고 회사재산에 대하여는 직접 아무런 권리가 없으므로 그 재산의 인도를 청구할 수 없다).
2) 이 점에서 유한회사의 사원의 지분이 균등한 비례적 단위로 되어 있는 점(지분복수주의)(상 554조)과 구별된다.
3) 대판 1971. 10. 25, 71 다 1931(집 19 ③ 민 73)(무한책임사원의 지분은 이를 양도할 수 있다).
4) 동지: 주상(제5판)(회사 Ⅰ), 213면.
5) 이는 주식의 자유양도성(상 335조 1항 본문)과 대조를 이루고 있다.
6) 정(찬), (회) 223면; 정(희), 333면; 서·정, 590면; 손(주), 488면; 정(동), (회) 757면; 최(기), 1176면; 이(범), 211~212면; 주상(제5판)(회사 Ⅰ), 213면 외.
   반대: 이(철), (회) 168면.
7) 동지: 정(희), 332~333면; 정(동), (회) 758면(합명회사에서 사원의 지분은 빈모류(貧毛類)의 환형동물과 같아서 그것이 분할되면 분할된 지분이 완전한 지분이 되는 것이므로, 일부양수인은 자익권뿐만 아니라 공익권도 취득한다고 한다); 주상(제5판)(회사 Ⅰ), 214면; 이(철), (회) 167면(사원이 아닌 자가 지분 일부를 양수하면 양수인이 사원으로 입사하게 된다고 한다).

및 공
익권)을 취득하게 된다(사원이 아닌 경우). 양도인이 지분의 전부를 사원이 아닌 자에게 양도한
경우에는 사원변경이 생기고 이 경우는 정관변경사항이므로(상 179 조 3호), 이 경우에 지분
의 양도에 총사원의 동의를 받는 외에 다시 정관변경에 관한 총사원의 동의를 요하
는가의 문제가 있다. 이 때 지분양도에 관한 동의는 동시에 이에 관한 정관변경의
동의를 포함한다고 본다.[1]

(3) 분할출자의 경우 최고를 받지 않은 추상적 출자의무는 지분양도와 함께 양
수인에게 이전된다. 왜냐하면 이 출자의무도 지분의 내용이 되기 때문이다.

(4) 지분의 양도를 제3자에게 대항하기 위하여는 지분양도에 따른 사원변경의
「등기」를 요한다[2](상 180조 1호, 179 조 3호, 183조, 37조). 또한 회사채권자를 보호하기 위하여 양도인은
이러한 등기 후 2년 내에는 등기 전에 생긴 회사의 채무에 대하여 다른 사원과 동일
한 책임을 진다(상 225 조 2항).

3. 지분의 상속

(1) 합명회사는 사원 상호간의 신뢰관계를 기초로 하므로 합명회사의 사원이 사
망한 경우에 그 사원의 지분은 원칙적으로 상속되지 않고, 상속인은 다만 지분의 환
급을 받게 된다(퇴사원인)(상 218 조 3호). 이 때 사원의 사망 후 퇴사등기 전에 발생한 회사채
무에 대하여도 상속인은 책임을 진다고 보아야 한다[3](상 225 조 참조).

(2) 그러나 예외적으로 정관에 의하여 상속인이 사망한 사원의 지분을 상속하도
록 규정하는 것은 무방하고, 이 때에 상속인은 상속의 개시를 안 날로부터 3월 내에
회사에 대하여 승계 또는 포기의 통지를 발송하여야 한다(상 219 조 1항). 상속인이 이러한
통지 없이 3월을 경과한 때에는, 사원이 될 권리를 포기한 것으로 본다(상 219 조 2항). 그러
나 청산중의 회사의 사원이 사망한 경우에는, 이러한 정관의 규정이 없더라도 당연
히 상속인이 피상속인의 지분을 상속한다(상 246 조 참조).

---

1) 동지: 정(희), 333면; 이(철), (회) 168면; 채, 887면; 주상(제5판)(회사 I), 213면.
　　결과 동지: 대판 1989. 11. 28, 88 다카 33626(공보 864, 132)(합자회사의 정관규정에 따라 지
　　분권에 대한 명의신탁의 해지에 총사원의 동의를 요한다고 함).
2) 동지: 정(희), 333면; 정(동), (회) 757면; 대판 1968. 10. 29, 68 다 1088(집 16 ③ 민 119)(합
　　자회사의 무한책임사원이 채무담보를 위하여 동 회사에 대하여 가진 지분을 양도한 경우에 위 지
　　분양수인은 대외적으로 그 지분권자임을 주장할 수 있는 지위에 있으므로 회사에 대하여 사원변
　　경등기를 청구할 수 있다).
3) 동지: 정(동), (회) 758면; 주상(제5판)(회사 I), 215면.
　　반대: 日大判 1935. 3. 9(民集 14, 291).

4. 지분의 입질 · 압류

합명회사의 사원의 지분도 재산적 가치를 가지는 것이므로, 그 입질(권리질)과 압류가 가능하다고 본다.

(1) 지분의 입질

지분의 입질에 관하여는 상법상 명문규정은 없으나, 통설[1]과 판례[2]가 이를 인정하고 있다. 그런데 입질의 요건에 대하여는 견해가 나뉘어 있다. (i) 통설은 지분양도에 관한 규정($\frac{상}{197조}$)을 유추적용하여「입질 자체」에 다른 모든 사원의 동의를 요한다고 해석한다.[3] (ii) 그러나 소수설은 입질 자체에 다른 사원의 동의가 필요한 것은 아니고 채권자의「지분의 환가」에 다른 사원의 동의가 필요하다고 하거나[4]($\frac{그러}{나}$ 다른 사원의 동의가 없으면 질권의 효력은 사원의 장차 구체화될 이익배당청구권 또는 지분환급청구권에만 그 효력이 미친다고 함), 또는 입질은「자유로이」할 수 있으나 지분의 성질상 질권의 효력은 이익배당청구권 · 지분환급청구권 및 잔여재산분배청구권에 한하여 미칠 뿐이고($\frac{민 342조}{323조 참조}$) 경매권은 주어지지 않는다고 해석한다.[5]

생각건대 지분의 입질을 지분의 양도와 동일하게 보아 입질 자체에 다른 모든 사원의 동의를 요하게 하는 통설에 찬성한다. 그러나 이 경우에도 지분의 질권자는 지분에 대한 경매권은 없고, 사원의 장차 구체화될 이익배당청구권과 지분환급청구권 및 잔여재산분배청구권에 그 질권의 효력을 가질 뿐이다($\frac{민}{342조}$).

(2) 지분의 압류

지분의 압류에 관하여는 사원의 채권자를 보호하고자 하는 입법정책적 배려에서 상법은 다음과 같이 규정하고 있다[6]($\frac{상 223조, 224조,}{247조 4항, 249조}$).

1) 사원의 강제퇴사　　　사원의 지분의 압류채권자는 6월 전에 예고함으로써 영업연도 말에 그 사원을 퇴사시킬 수 있다($\frac{상 224}{조 1항}$). 이 사원의 채권자의 퇴사청구권은 형성권으로 채권자가 예고기간을 정하여 예고를 한 이상 (사원이 변제를 하거나 상당한 담보를 제공하지 않는 한) 다른 의사표시가 없어도 영업연도말에 당연히 퇴사의 효력이 발생하고, 영업연도말이 도래하여 일단 퇴사의 효력이 발생하였다면 그 후 사원 또는 채권자가 일방적으로 위 퇴사의 의사표시를 철회할 수 없고 이는 퇴사의

---

1) 정(희), 333~334면; 정(동), (회) 758면; 서 · 정, 590면; 손(주), 488~489면; 최(기), 1177면; 이(철), (회) 174면; 채, 890면; 이(기) 외, (회) 624면; 주상(제5판)(회사 I), 215면; 이 · 최, 425면 외.

2) 대판 1971. 10. 25, 71 다 1931(집 19 ③ 민 73).

3) 정(희), 334면; 손(주), 489면; 최(기), 1177면; 채, 890면; 이(기) 외, (회) 624면 외.

4) 정(동), (회) 758~759면; 서 · 정, 590면; 주상(제5판)(회사 I), 215면.

5) 이(철), (회) 174~175면.

6) 동지: 대판 1971. 10. 25, 71 다 1931(집 19 ③ 민 73)(무한책임사원의 지분은 채권자에 의하여 압류될 수 있다).

효력이 발생한 후 사원이 채권자에게 채무를 변제한 경우에도 마찬가지이다.[1]

이 퇴사에 의하여 발생하는 지분환급청구권($\binom{상}{222조}$)을 전부(轉付)함으로써 사원의 지분의 압류채권자는 채권의 만족을 얻을 수 있다. 다만 사원이 변제를 하거나 상당한 담보를 제공한 때에는 퇴사의 예고는 그 효력을 잃는다[2]($\binom{상\ 224}{조\ 2항}$).

2) 구체적 배당금지급청구권과 지분환급청구권에 대한 효력($\binom{상}{223조}$) 사원의 지분에 대한 압류의 효력은 사원이 장래 배당받을 이익인 구체적 배당금지급청구권과 지분환급청구권에도 그 효력이 있다. 그 결과 이 청구권들을 행사할 수 있는 시기에 달할 때마다 채권자는 이를 추심하거나 전부(轉付)할 수 있다.[3]

3) 임의청산의 경우 동의권 임의청산의 경우에는 사원의 지분에 대한 압류채권자의 동의를 얻어야 한다($\binom{상\ 247}{조\ 4항}$). 회사가 이러한 압류채권자의 동의를 얻지 않고 임의청산의 방법에 의하여 재산을 처분한 때에는, 압류채권자는 회사에 대하여 그 지분에 상당하는 금액의 지급을 청구할 수 있다($\binom{상\ 249}{조\ 1문}$).

제 3 관 외부관계

합명회사의 외부관계는 회사와 제3자와의 관계 및 사원과 제3자와의 관계인데, 전자는 회사대표의 문제이고 후자는 사원책임의 문제이다.

---

1) 동지: 대판 2014. 5. 29, 2013 다 212295(공보 2014, 1314) 상법 제224조 제1항의 규정 취지는, 사원의 채권자가 사원의 지분을 압류하여도 상법 제197조의 규정에 따라 다른 사원의 동의를 얻어야만 이를 환가할 수 있는 점 등을 감안하여, 사원의 지분을 압류한 채권자에게 퇴사청구권을 인정하고 지분환급에 의하여 채권의 변제를 받을 수 있게 한 것으로서, 위 퇴사청구권은 사원 지분의 압류채권자가 직접 일방적 의사표시로 사원을 퇴사시킬 수 있도록 한 형성권이다. 이에 따라 채권자가 예고기간을 정하여 예고를 한 이상 다른 의사표시 없이도 영업연도말에 당연히 퇴사의 효력이 발생하고, 사원이 이를 저지하기 위하여서는 영업연도말이 되기 전에 변제를 하거나 상당한 담보를 제공하여야 하며, 변제 또는 담보제공이 없이 영업연도말이 도래하여 일단 퇴사의 효력이 발생하였다면 그 후 사원 또는 채권자가 일방적으로 위 퇴사의 의사표시를 철회할 수 없고, 이는 퇴사의 효력이 발생한 후 사원이 채권자에게 채무를 변제한 경우에도 마찬가지이다).
2) 동지: 대판 1989. 5. 23, 88 다카 13516(공보 852, 987; 집 37 ② 민 126)(이 경우 '담보를 제공한 때'라 함은 담보물권을 설정하거나 보증계약을 체결한 때를 말하는 것이므로, 중첩적 채무인수계약이 압류채권자와의 사이에서 체결되거나 또는 압류채권자가 그 채무인수를 승낙한 때에는 이에 해당한다).
3) 동지: 정(희), 334면.

제 1 회사대표

1. 회사대표의 의의

합명회사는 법인으로서 권리능력이 있고($\frac{상}{169조}$), 이러한 법인은 그의 기관을 통하여 활동하므로 법인의 기관은 법인의 의사능력 및 행위능력의 기초가 된다. 이와 같이 회사와 그의 기관과의 관계는 사단법적인 일원관계로서 대표관계라 하여, 개인법적인 이원관계인 대리관계와 구별하고 있다.[1] 따라서 회사의 대표란 회사의 기관을 담당하는 자가 제3자에게 회사의 의사표시를 하거나 또는 회사에 대한 의사표시를 받는 것으로서 그 기관의 행위가 바로 회사 자신의 행위가 되는 관계를 말한다. 이러한 회사의 대표는 회사의 업무집행의 대외적인 면이다.[2]

2. 대표기관

(1) 대표권의 취득

1) **원칙**(자기기관) 합명회사의 대표기관은 원칙적으로 각 사원이다($\frac{상\ 207}{조\ 1문}$). 따라서 원칙적으로 사원자격과 대표자격이 일치하므로 자기기관의 원칙이 지배한다.

2) **예외**(업무집행사원) 합명회사의 대표기관은 예외적으로 다음의 자만이 될 수 있다. 그러나 대표권은 업무집행권의 다른 면이므로 업무집행권이 없는 자에게는 대표권을 부여할 수 없고, 또 사원이 아닌 자에게 대표권을 부여할 수도 없다.[3]

(개) 정관의 규정에 의하여 수 인의 업무집행사원을 정한 경우에는 각 업무집행사원이 대표기관이 된다($\frac{상\ 207}{조\ 2문}$).

(내) 위 (개)의 경우에 정관 또는 총사원의 동의로 업무집행사원 중에서 특히 회사를 대표할 자(대표사원)를 정할 수도 있다($\frac{상\ 207}{조\ 3문}$). 그러나 모든 업무집행사원의 대표권을 박탈하는 것은 정관의 규정 또는 총사원의 동의로도 할 수 없다.[4]

---

1) 그러나 법인의 대표에 관하여도 대리에 관한 규정이 준용되고 있다(민 59조 2항).
2) 그러나 대표권의 범위와 업무집행권의 범위가 언제나 일치하는 것은 아니다. 즉, ① 대표권의 행사에는 제한이 없으나(상 207조) 업무집행권의 행사에 다른 사원의 이의가 있으면 즉시 중지해야 하고(상 200조 2항, 201조 2항), ② 대표권은 영업의 모든 사항에 미치나(상 209조) 업무집행권은 통상의 영업에만 미치고 비상의 영업이나 지배인의 선임·해임 등에는 미치지 않으며(상 203조), ③ 공동대표권의 행사(능동대표)는 언제나 공동으로만 하여야 하나(상 208조 1항) 공동업무집행권의 행사(능동업무집행)는 긴급한 때에는 단독으로 할 수 있고(상 202조 단서), ④ 대표권에 관한 사항의 변동은 언제나 등기사항이나(상 180조 4호·5호, 216조) 업무집행권에 관한 사항의 변동은 권한상실선고를 제외하고는(상 205조 2항) 등기사항이 아니다[정(동), (회) 764면].
3) 동지: 정(희), 335면; 정(동), (회) 761면; 주상(제5판)(회사 Ⅰ), 240면.
4) 동지: 정(동), (회) 761면; 주상(제5판)(회사 Ⅰ), 240면.

(다) 회사는 정관 또는 총사원의 동의로 수 인의 사원이 공동으로만 회사를 대표할 것을 정할 수 있는데(공동대표)($\binom{상\ 208}{조\ 1항}$), 이 때에는 그러한 공동대표사원이 공동으로만 대표권을 행사할 수 있다.

(2) 대표권의 제한 및 상실

1) 대표권의 제한

(가) 회사가 사원에 대하여 또는 사원이 회사에 대하여 소(訴)를 제기하는 경우에 회사를 대표할 사원이 없는 때에는, 다른 사원 과반수의 결의로 회사를 대표할 자를 선정하여야 한다($\binom{상}{211조}$).

(나) 이 이외에는 대표권에 대한 제한은 선의의 제3자에게 대항하지 못한다($\binom{상\ 209}{조\ 2항}$).

2) 대표권의 상실

(가) 대표사원도 업무집행사원과 같이 정당한 사유 없이 「사임」할 수 없고, 다른 사원의 일치가 아니면 「해임」할 수 없다($\binom{상\ 195조,}{민\ 708조}$).

(나) 대표권이 있는 사원이 업무를 집행함에 현저하게 부적임하거나 중대한 업무에 위반한 행위가 있는 때에는, 업무집행사원의 경우와 같이 사원의 청구에 의하여 법원은 대표권의 상실을 선고할 수 있다($\binom{상\ 216조,}{205조\ 1항}$). 이 판결이 확정되면 본점과 지점의 소재지에서 등기하여야 한다($\binom{상\ 216조,}{205조\ 2항}$). 대표사원이 1인인 경우에는 업무집행사원의 경우와 같이 대표권의 상실선고를 할 수 없다고 본다.[1]

3. 대표의 방법

(1) 원칙(단독대표)

대표사원은 원칙적으로($\binom{정관\ 또는\ 총사원의\ 동의로}{공동대표를\ 정하지\ 않은\ 경우}$) 각자 단독으로 회사를 대표한다($\binom{상}{207조}$).

(2) 예외(공동대표)

회사는 정관 또는 총사원의 동의로 수 인의 사원이 공동으로 회사를 대표할 것을 정할 수 있는데($\binom{상\ 208}{조\ 1항}$), 이 경우에는 「능동대표」($\binom{회사가\ 제3자에\ 대하여}{의사표시를\ 하는\ 경우}$)는 반드시 공동으로 하여야 하나($\binom{상\ 208조\ 1항,}{202조\ 본문\ 참조}$), 「수동대표」($\binom{회사가\ 제3자로부터}{의사표시를\ 받는\ 경우}$)는 각자가 단독으로 할 수 있다($\binom{상\ 208}{조\ 2항}$).

4. 대표기관의 권한

(1) 합명회사를 대표하는 사원은 「회사의 영업에 관하여 재판상 또는 재판 외의

---

1) 반대: 정(동), (회) 761면.

모든 행위」를 할 권한이 있다($\frac{상\ 209}{조\ 1항}$).[1] 대표기관은 「회사의 영업에 관한 행위」만을
할 수 있으므로, 영업이 아닌 회사의 기구변경에 관한 사항($\frac{예컨대, 사원의\ 입사·}{퇴사, 정관변경\ 등}$) 등에는
대표권이 미치지 않는다.[2] 또 회사의 영업에 관한 행위인지 여부도 객관적으로 판
단할 것이지 대표사원이 주관적으로 판단할 것이 아니다. 이 때의 「재판상의 행위」
란 회사의 소송대리인이 될 수 있다는 뜻이고($\frac{민소}{87조}$), 「재판 외의 행위」란 사법(私法)
상의 적법행위를 말하는데 법률행위이든 준법률행위이든 이를 묻지 않으며 또 유상
이든 무상이든 이를 묻지 않는다.

(2) 이러한 대표기관의 권한은 정관 또는 총사원의 동의로써 제한할 수 있으나,
그러한 제한을 가지고 선의의 제3자에게 대항하지 못한다[3]($\frac{상\ 209}{조\ 2항}$).

이러한 대표권의 무제한성에 대하여 한 가지의 예외가 있는데, 이는 앞에서 본
바와 같이 회사와 대표사원간의 소(訴)에서 회사를 대표할 다른 사원이 없는 때에는
($\frac{즉, 회사를\ 대표할\ 사원이\ 1인뿐인\ 경우에,}{그\ 사원과\ 회사간에\ 소송이\ 있는\ 때에는}$),[4] 그 대표사원은 대표권이 없고 다른 사원 과반수의
결의로 대표사원을 선정하여야 한다($\frac{상}{211조}$).

또한 업무집행 및 대표권을 가지는 사원에 대하여 그 업무집행의 정지 및 직무
대행자를 선임하는 가처분이 있으면($\frac{상\ 183조}{의\ 2\ 참조}$), 그러한 직무대행자는 가처분명령에
다른 정함이 있거나 법원의 허가를 얻은 경우를 제외하고는 회사의 통상업무에 속
하는 행위만을 할 수 있다($\frac{상\ 200조}{의\ 2\ 1항}$). 그러나 직무대행자가 이에 위반한 행위를 한 경
우에도 회사는 선의의 제3자에 대하여 책임을 진다($\frac{상\ 200조}{의\ 2\ 2항}$).

(3) 합명회사를 대표하는 사원이 그 업무집행으로 인하여 타인에게 손해(불법행
위)를 가한 때에는 그 사원과 회사는 연대하여 배상할 책임이 있다($\frac{상}{210조}$).[5] 이는 피
해자를 두텁게 보호하기 위하여 회사 외에 대표사원 개인에게도 책임을 지운 것으
로, 민법 제35조 1항(법인의 불법행위능력)과 표현은 다르지만 같은 취지의 규정이다.

---

1) 회사의 대표기관의 권한은 지배인의 대리권(지배권)(상 11조 1항)과 유사하나, 전자는 회사의
   영업 전반에 미치고 후자는 특정영업 또는 특정영업소에 한정되는 점에서 근본적으로 구별된다
   [상세는 이(범), (예해) 57~60면].
2) 동지: 정(동), (회) 763면; 주상(제5판)(회사 Ⅰ), 245면; 이(기) 외, (회) 626면.
3) 합명회사의 대표기관의 권한은 민법상 법인의 대표기관의 권한과는 달리 그 제한을 등기하는
   방법도 없기 때문에, 언제나 선의의 제3자에게 대항하지 못한다(민 60조 참조).
4) 동지: 정(동), (회) 763면.
5) 회사의 대표기관의 불법행위책임은 지배인의 그것과 구별된다. 즉, 지배인의 업무집행으로 인
   한 불법행위에 대하여는 회사가 사용자배상책임을 지고(민 756조 1항 본문), 회사가 지배인의 선
   임 또는 감독에 상당한 주의를 한 것을 증명한 때에는 면책될 수 있다(민 756조 1항 단서). 그러
   나 대표기관의 불법행위에 대하여는 회사 자신의 불법행위로서 회사는 상법 제210조에 의하여 책
   임을 지고, 회사의 면책이란 있을 수 없다.

5. 등　기

(1) 모든 사원에게 대표권이 있고 또 단독대표가 인정되는 경우에는 대표에 관한 사항은 별도로 등기할 필요가 없다($_{179조 3호 참조}^{상 180조 1호,}$). 그러나 회사를 대표할 사원을 특별히 정한 경우($_{사원이 있는 경우}^{즉, 대표권이 없는}$)에는 이 대표사원의 성명·주소 및 주민등록번호를 등기하여야 한다($_{조 4호}^{상 180}$).

(2) 정관 또는 총사원의 동의로 공동대표사원을 정한 경우에는 이에 관한 사항을 등기하여야 한다($_{조 5호}^{상 180}$).

(3) 대표권이 있는 사원에게 대표권의 상실선고가 있고 이 재판이 확정된 때에는, 본점과 지점의 소재지에서 등기하여야 한다($_{205조 2항}^{상 216조,}$).

(4) 업무집행권이 있는 대표사원에 대하여 업무집행의 정지 및 직무대행자를 선임하는 가처분이 있거나 그 가처분을 변경·취소하는 경우에는, 본점 및 지점이 있는 곳의 등기소에서 이를 등기하여야 한다($_{조의 2}^{상 183}$).

제 2　사원의 책임

1. 사원의 책임의 성질

합명회사의 사원은 회사채권자에 대하여 인적·연대·무한·직접책임을 부담한다. 이러한 사원의 책임은 합명회사의 기본적 특색으로 사원이 대내적으로 회사에 대하여 부담하는 출자의무[1]나 손실분담의무와도 구별되고, 정관 또는 사원간의 합의로 면제할 수 없으며(강행규정), 업무집행권이나 대표권의 유무에 의하여 책임의 구별이 생기지 않는 것으로서, 회사의 담보기능을 수행한다.[2]

(1) 인적 책임

합명회사의 사원은 자기의 전 재산으로써 회사의 채무를 이행하여야 하는 「인적 책임」을 부담하는 점에서 민법상 보증인의 책임과 유사하나, 물상보증인의 책임과는 구별된다. 그러나 민법상 보증인의 책임은 채권자와 보증인간의 보증계약에 의하여 발생하는 약정담보책임이나, 합명회사의 사원의 책임은 법률의 규정에 의하여 발생하는 법정담보책임($_{조 1항}^{상 212}$)이다.

---

1) 이러한 사원의 책임이 사원의 출자의무와 구별되는 점으로는, 사원의 책임은 외부관계에서 발생하고 무한책임이며 이에 관한 규정은 강행규정이나, 사원의 출자의무는 내부관계에서 발생하고 유한책임이며 이에 관한 규정은 임의규정이라는 점이다.

2) 동지: 정(희), 336면.

(2) 연대책임

합명회사의 사원은 회사채권자에 대하여 「연대책임」을 부담한다. 이러한 연대책임은 법률의 규정에 의하여 당연히 발생하는데($\frac{상\ 212}{조\ 1항}$), 이 때에 「연대」라는 의미는 사원과 회사간의 연대가 아니라 사원 상호간의 연대를 의미한다. 따라서 합명회사의 사원의 책임은 민법상 연대보증인의 책임과는 구별되고, 보증연대가 있는 보증인의 책임과 유사하다. 그러므로 합명회사의 사원의 책임은 민법상 (일반)보증인의 책임과 같이 부종성과 보충성이 있는데, 이 점을 상법은 명문으로 규정하고 있다. 즉, 합명회사의 사원의 책임은 회사의 채무의 존재를 전제로 하여 회사가 회사채권자에게 주장할 수 있는 항변사유로써 사원은 회사채권자에게 대항할 수 있고($\frac{상\ 214}{조\ 1항}$), 회사가 회사채권자에 대하여 상계·취소 또는 해제할 권리가 있는 경우에는 사원이 직접 이 권리를 행사할 수는 없지만 사원은 회사의 채무의 변제를 거절할 수 있다 ($\frac{상\ 214}{조\ 2항}$)(부종성). 또한 합명회사의 사원은 회사의 재산으로써 회사의 채무를 완제할 수 없는 경우($\frac{채무초과}{의\ 경우}$)($\frac{상\ 212}{조\ 1항}$) 또는 회사재산에 대한 강제집행이 주효하지 못한 경우 ($\frac{회사채권자\ 자신\ 또는\ 제}{3\ 자가\ 강제집행한\ 경우}$)($\frac{상\ 212}{조\ 2항}$)에만 회사의 채무를 변제할 책임을 지고, 사원이 회사에 변제의 자력이 있고 또 그 집행이 용이한 것을 증명하면 그 책임을 면할 수 있다($\frac{상\ 212}{조\ 3항}$)(보충성). 따라서 합명회사의 사원의 책임은 제2차적 책임이고, 보충적 책임이다.

(3) 무한책임

합명회사의 사원은 그의 전 재산으로써 회사채무에 대하여 「무한책임」을 부담하는 점에서 민법상 (인적) 보증인의 책임과 유사하나, 물상보증인이 물적 유한책임을 부담하는 점과는 구별된다. 그러나 합명회사의 사원도 절대적인 무한책임을 부담하는 것은 아니고, 회사의 채무의 범위 내에서만 책임을 부담하는 점에서 볼 때는 유한책임을 부담하는 것이 된다.

(4) 직접책임

합명회사의 사원은 회사채권자에 대하여 「직접책임」을 부담하는 점에서, 물적회사의 사원이 (원칙적으로) 회사에 대해서만 책임을 부담하고 회사채권자에 대해서는 책임을 부담하지 않는 간접책임을 부담하고 있는 점과 구별된다. 회사채권자에 대하여 사원이 「직접책임」을 부담하는 점에서만 보면, 합자회사의 유한책임사원의 책임과 같다.

2. 사원의 책임의 존속기간

합명회사의 사원이라도 그가 입사한 후에 발생한 회사의 채무에 대해서만 책임

을 부담하고, 또 이러한 책임은 그가 퇴사하거나 회사가 해산한 경우에는 소멸되는
것으로 보아야 할 것 같다. 그러나 상법은 합명회사의 사원의 책임을 이보다 훨씬
확대하여 규정하고 있다.

(1) 회사성립 후에 입사한 사원의 책임

회사성립 후에 입사한 합명회사의 사원은 그가 입사하기 이전에 생긴 회사의
채무에 대하여도 다른 사원과 동일한 책임을 진다($\frac{상}{213조}$). 그 이유는 합명회사도 법
인인 이상 대외관계에서 사원의 책임이 통일되어야 하기 때문이다.

(2) 퇴사(지분양도)·해산 후의 사원의 책임

1) 합명회사의 사원이 퇴사하거나 지분을 양도한 경우에도 퇴사 또는 지분양도
에 따른 사원의 변경등기를 한 후 2년 내에는 (그러한 등기를 하기 전에 생긴 회사채무
에 대하여) 다른 사원과 동일한 책임을 부담한다[1]($\frac{상\ 225조}{1항·2항}$). 그 이유는 인적회사에서
의 거래는 사원의 재산이 중시되는데, 퇴사(지분양도)는 회사채권자의 의사와는 상
관 없이 이루어지고 또 아무런 회사채권자의 보호절차 없이 이루어지므로, 회사채
권자를 보호하기 위하여 퇴사(지분양도) 후 일정한 기간까지는 책임을 부담시키는
것이 타당하기 때문이다. 등기 후 2년의 기간은 제척기간이고, 거래상대방의 선
의·악의에 의하여 영향을 받지 않고 책임을 부담한다. 이 점에서 상법 제225조는
상업등기의 일반적 효력에 관한 상법 제37조의 예외가 된다.

2) 합명회사가 해산한 경우에는 사원의 책임이 본점소재지에서 해산등기 후 5
년까지 연장된다($\frac{상\ 267}{조\ 1항}$).

3. 사원의 책임의 내용

(1) 책임의 내용인 회사채무의 종류

합명회사의 사원이 부담하는 책임의 내용은 「회사의 채무」인데, 이러한 회사의 채
무에는 공법상의 것이든 사법상의 것이든 모두 포함된다. 또한 회사의 채무에는 거래
에서 생긴 채무만이 아니고, 불법행위나 부당이득에 의하여 생긴 채무도 포함된다.[2]

입사한 무한책임사원의 책임의 내용은 「입사 전에 생긴」 회사의 채무이고
($\frac{상}{213조}$), 퇴사(지분양도)한 무한책임사원의 책임은 「퇴사등기하기 전에 생긴」 회사의
채무이다($\frac{상\ 225조}{1항·2항}$).

---

1) 동지: 대판 1975. 2. 10, 74 다 1727(공보 509, 8314)(합자회사의 무한책임사원이 퇴사한 경
   우, 퇴사등기를 하기 전에 생긴 회사의 채무에 대하여 등기 후 2년까지 책임을 인정함).
2) 동지: 상게 대판 1975. 2. 10, 74 다 1727(합자회사의 불법행위책임, 즉 동 회사의 소속운전수
   의 자동차사고로 인한 책임에 대하여 무한책임사원의 책임을 인정함).

(2) 책임이행의 조건

1) 사원의 책임은 회사채무가 발생함과 동시에 생기는 것이지만 이 책임은 앞에서 본 바와 같이 보충적 책임이므로, 그 책임의 이행은 일정한 조건하에서만 가능하다. 즉, 회사재산으로써 회사채무를 완제할 수 없거나($\frac{상}{조}\frac{212}{1항}$), 또는 회사재산에 대한 강제집행이 주효하지 않은 경우($\frac{상}{조}\frac{212}{2항}$)에만 책임이행을 할 수 있다.[1] 이 때「완제불능」이란 회사의 실제의 부채의 합계액이 실제의 자산의 합계액을 초과하는 경우(채무초과)를 의미한다.[2] 또한「강제집행부주효」는 채권자 자신의 강제집행뿐만 아니라,[3] 제3자가 강제집행을 한 경우에도 그 실효를 얻지 못한 경우를 의미한다.

---

1) 대판 2012. 4. 12, 2010 다 27847(공보 2012, 747)(상법 제269조에 의하여 합자회사에 준용되는 상법 제212조 제1항은 "회사의 재산으로 회사의 채무를 완제할 수 없는 때에는 합명회사의 각 사원은 연대하여 변제할 책임이 있다"고 규정하고, 제2항은 "회사재산에 대한 강제집행이 주효하지 못한 때에도 전항과 같다"고 규정하고 있는데, 합자회사의 무한책임사원 책임은 회사가 채무를 부담하면 법률의 규정에 기해 당연히 발생하는 것이고, "회사의 재산으로 회사의 채무를 완제할 수 없는 때" 또는 "회사재산에 대한 강제집행이 주효하지 못한 때"에 비로소 발생하는 것은 아니며, 이는 회사채권자가 그와 같은 경우에 해당함을 증명하여 합자회사의 무한책임사원에게 보충적으로 책임의 이행을 청구할 수 있다는 책임이행 요건을 정한 것으로 봄이 타당하다. 따라서 합자회사의 무한책임사원이 한 대물변제계약 등 법률행위가 사해행위에 해당하는지를 판단할 때, 무한책임사원 고유의 채무 총액과 합자회사의 부채 총액을 합한 액이 무한책임사원 고유의 재산 총액을 초과하는 경우에는 그 법률행위는 특별한 사정이 없는 한 사해행위에 해당한다고 볼 수 있지만, 합자회사의 무한책임사원 책임이 위와 같이 보충성을 갖고 있는 점 등에 비추어 법률행위 당시 합자회사가 그 재산으로 채무를 완제할 수 있었다는 점〈상법 제212조 제1항〉이 주장·입증된 경우에는 합자회사의 채무를 고려함이 없이 무한책임사원 고유의 채무 총액과 고유의 재산 총액을 비교하여 법률행위가 사해행위에 해당하는지를 판단하여야 한다); 동 2009. 5. 28, 2006 다 65903(공보 2009, 985)(합명회사는 실질적으로 조합적 공동기업체여서 회사의 채무는 실질적으로 각 사원의 공동채무이므로, 합명회사 사원의 책임은 회사가 채무를 부담하면 법률의 규정에 기해 당연히 발생하는 것이고, '회사의 재산으로 회사의 채무를 완제할 수 없는 때' 또는 '회사재산에 대한 강제집행이 주효하지 못한 때'에 비로소 발생하는 것은 아니며, 이는 회사 채권자가 그와 같은 경우에 해당함을 증명하여 합명회사의 사원에게 보충적으로 책임의 이행을 청구할 수 있다는 책임이행의 요건을 정한 것으로 봄이 타당하다).
2) 동지: 대판 2012. 4. 12, 2010 다 27847(공보 2012, 747)(상법 제212조 제1항에서 정한 "회사의 재산으로 회사의 채무를 완제할 수 없는 때"란 회사의 부채 총액이 회사의 자산 총액을 초과하는 상태, 즉 채무초과 상태를 의미하는데, 이는 회사가 실제 부담하는 채무 총액과 실제 가치로 평가한 자산 총액을 기준으로 판단하여야 하고, 대차대조표 등 재무제표에 기재된 명목상 부채 및 자산 총액을 기준으로 판단할 것은 아니며, 나아가 회사의 신용·노력·기능〈기술〉·장래 수입 등은 원칙적으로 회사의 자산 총액을 산정하면서 고려할 대상이 아니다).
3) 동지: 대판 2011. 3. 24, 2010 다 99453(공보 2011, 829)(변호사법 제58조 제1항은 "법무법인에 관하여 이 법에 정한 것 외에는 상법 중 합명회사에 관한 규정을 준용한다"고 규정하고 있으며, 상법 제212조 제1항은 "회사의 재산으로 회사의 채무를 완제할 수 없는 때에는 합명회사의 각 사원은 연대하여 변제할 책임이 있다"고 규정하고, 제2항은 "회사재산에 대한 강제집행이 주효하지 못한 때에도 전항과 같다"고 규정하고 있다. 위 제2항은 회사 채권자가 제1항에서 규정한 '회사의 재산으로 회사의 채무를 완제할 수 없는 때'를 증명하는 것이 현실적으로 용이하지 않다는 점을 고려하여, 회사 재산에 대한 강제집행이 주효하지 못한 때에 해당한다는 객관적 사실을 증명하는 것만으로도 각 사원에게 직접 변제책임을 물을 수 있도록 함으로써 회사 채권자를 보

2) 위의 경우 증명책임은 회사채권자에게 있다(통설).[1] 그런데 사원이 회사에 변제능력이 있고 또 집행이 용이하다는 것을 증명하면 그 책임의 이행을 거절할 수 있다($\frac{상\ 212}{조\ 3항}$).

3) 사원이 부담하는 책임의 범위(한도)는 회사의 완제불능이나 강제집행이 주효하지 않은 부족액이 아니고, 회사채무의 전액이다.[2] 완제불능이나 강제집행부주효는 사원의 책임이행의 조건에 불과하고, 사원의 책임의 범위(한도)를 의미하는 것은 아니다.[3]

(3) 회사채무의 내용과 사원책임의 내용과의 관계

사원이 부담하는 책임의 내용은 회사가 부담하는 채무의 내용과 동일하여야 하는가. 회사의 채무가 대체성이 있는 채무인 경우에는 사원의 책임도 회사의 채무의 내용과 동일하여야 하겠으나, 회사의 채무가 대체성이 없는 채무인 경우에는($\frac{그\ 채무}{가\ 손해배상채무로}$ 변경된 경우에는) 사원의 책임의 내용은 금전배상책임이라고 보아야 할 것이다.[4]

(4) 사원이 회사채권자인 경우

사원이 회사에 대하여 가지는 채권($\frac{즉,\ 회사가\ 사원에\ 대}{하여\ 부담하는\ 채무}$)에 대하여도 상법 제212조가 적용되는가. 이에 대하여는 견해가 나뉘어 있다. 즉, ① 다수설은 상법 제212조의 적용을 부정하고 각 사원은 그 손실분담의 비율에 따라 그 사원에게 변제하면 충분하다고 해석한다. 그 이유는 상법 제212조는 원래 제3자인 회사채권자를 보호하기 위한 특별규정이고, 또 이 때 상법 제212조를 적용하면 회사채권자인 사원에게 변제한 사원이 다시 회사에 대한 구상권($\frac{민\ 481조,}{482조}$)으로써 다른 사원($\frac{채권자인\ 사원}{을\ 포함하여}$)에 대하여 상법 제212조에 의하여 책임을 추궁하게 되어 이러한 행위가 순환하게 되기 때

다 폭넓게 보호하려는 데 그 취지가 있다. 위와 같은 법 규정의 취지 및 문언적 의미 등을 종합하여 보면, 상법 제212조 제2항에서 정한 '강제집행이 주효하지 못한 때'란 회사 채권자가 회사 재산에 대하여 강제집행을 하였음에도 결국 채권의 만족을 얻지 못한 경우를 뜻한다. 따라서 법무법인의 채권자가 법무법인의 구성원들을 상대로 그들이 상법 제212조 제2항에 따라 법무법인의 채무를 변제할 책임이 있다고 주장한 사안에서, 위 규정은 강제집행의 개시를 전제로 하고 있으므로 채권자가 그 동안 법무법인의 재산인 전세금 및 임대차보증금 반환청구권에 대하여 아무런 환가 시도도 하지 않은 이상 위 규정이 적용될 수 없다는 이유로 위 주장을 배척한 원심판단은 정당하다).

1) 정(찬), (회) 238면; 정(희), 338면; 정(동), (회) 766면 외.
2) 동지: 정(희), 338면(그 이유는 완제불능의 부족액이라고 보면 사원으로 하여금 회사채권자에 대하여 일부변제를 강요하는 결과가 되어 부적당하기 때문이라고 한다); 정(동), (회) 766면; 이 (기) 외, (회) 627면; 주상(제5판)(회사 I), 255면.
3) 동지: 주상(제5판)(회사 I), 255면.
4) 동지: 정(동), (회) 767면; 이(철), (회) 177~178면; 채, 886면; 주상(제5판)(회사 I), 256면; 대판 1956. 7. 5, 4289 민상 147(카드 5420)(합자회사의 무한책임사원에 대하여 회사의 채무가 전화가입권의 이전의무와 같이 대체성이 없는 채무인 경우 금전배상책임을 인정함).

문이라고 한다.[1] ② 이에 대하여 소수설은 사원의 회사에 대한 채권을 두 가지로 나누어 (i) 사원관계와 무관한 원인에 의하여 발생한 채권(예컨대, 매매·소비대차 등에 의한 채권)에 대하여는 원칙적으로 다른 채권자와 동일하게 취급하여야 하므로 상법 제212조가 적용되어야 하나(그러나 그가 사원이라는 점에서 회사와 무관한 제3채권자의 채권과 동일하게 볼 수는 없고, 그는 내부관계에서 자기의 손실분담액을 공제한 잔액만을 청구할 수 있다), (ii) 사원관계를 원인으로 한 채권(예컨대, 사원의 보수청구권·비용상환청구권 등)에 대하여는 상법 제212조가 적용되지 않는다고 한다.[2]

생각건대 다수설이 타당하다고 본다. 소수설에서는 사원관계와 무관하게 발생한 채권을 한편으로는 다른 채권자의 채권과 동일하게 보면서도 다른 한편으로는 다시 그가 사원이라는 점에서 회사와 무관한 제3채권자의 채권과 동일하게 볼 수는 없고 달리 취급하여야 한다고 하는데,[3] 이는 논리의 일관성에서 자연스럽지 못하고 또 채권자인 사원이 자기의 손실분담액을 공제한 잔액만을 청구하는 것은 내부관계에서도 가능한데 이를 굳이 외부관계인 상법 제212조에 의한 책임으로 볼 필요는 없다고 본다. 소수설의 이러한 해석은 그 결과에 있어서 다수설과 동일하게 되며, 또한 회사가 어느 사원에 대하여 부담하는 채무란 결국 내부관계의 실질에서 보면 사원 자신의 채무와 다름없기 때문에 다수설이 타당하다고 본다.

4. 사원의 책임이행의 효과

(1) 합명회사의 사원이 회사채권자에 대하여 회사채무를 이행하면 회사채무는 소멸한다.

(2) 회사채무를 이행한 사원은 변제자의 법정대위(민481조)에 관한 법리에 의하여 회사에 대하여 구상권을 취득하는데, 이러한 회사에 대한 구상권은 다른 사원에 대한 구상권으로서 다른 사원에 대하여 그 부담부분을 구상할 수 있다(민425조 1항). 이 때 다른 사원의 부담부분은 손실분담비율에 의하고, 다른 사원은 회사에 자력이 있다는 것을 이유로 하여 이러한 구상을 거절할 수 없다.[4]

---

1) 정(희), 338면; 서·정, 596~597면; 손(주), 503면; 정(무), 622면 외.
2) 정(동), (회) 767~769면; 주상(제5판)(회사 Ⅰ), 257면.
   결과 동지: 최(기), 1183면; 이(기) 외, (회) 627면; 채, 886면; 이(철), (회) 178면.
3) 정(동), (회) 768면.
4) 동지: 정(희), 338면; 이(기) 외, (회) 628면; 주상(제5판)(회사 Ⅰ), 258면.
   반대: 이(철), (회)(2014) 168면(변제한 사원이 다른 사원의 이익을 포기한 것이 되어 의문이라고 한다).

5. 자칭사원의 책임

사원이 아닌 자가 타인에게 자기를 사원이라고 오인시키는 행위를 하였을 때에는, 그는 그 오인으로 인하여 회사와 거래한 자에 대하여 사원과 동일한 책임을 진다($_{215조}^{상}$). 이는 금반언의 법리에 기한 사원의 책임이다.

제 4 절   기구변경

제 1 관   정관변경

1. 의   의

정관변경이란 실질적 의의의 정관을 변경하는 것을 의미하는데, 그 내용은 사회질서와 강행법규에 반하지 않는 한 어느 것도 자유로이 변경할 수 있다.

2. 절   차

(1) 합명회사는 총사원의 동의에 의하여 정관($_{의의 정관}^{실질적 의}$)을 변경할 수 있다($_{204조}^{상}$). 총사원의 동의를 받도록 한 것은 합명회사에서는 사원의 개성이 중시되고 또 조합적 실체를 가진 점을 고려한 것이다. 정관변경에 이와 같이 총사원의 동의를 받도록 한 상법 제204조는 회사의 내부관계에 관한 규정으로 임의법규($_{적 성질의 반영}^{합명회사의 조합}$)이므로, 정관의 규정에 의하여 그 요건을 완화할 수 있다(통설).[1] 합명회사에는 앞에서 본 바와 같이 사원총회라는 기관이 없으므로, 정관변경시에 요구되는 총사원의 동의에는 개별적인 구두에 의한 동의도 무방하다.[2]

(2) 사원의 성명·주민등록번호 및 주소는 정관의 절대적 기재사항이므로($_{조 3호}^{상 179}$) 어떠한 사유로 인한 사원의 변동에도 총사원의 동의에 의한 정관변경을 요하는 것으로 생각될 수 있다. 그러나 앞에서 본 바와 같이 이미 다른 사원의 동의에 의하여

---

1) 정(동), (회) 771면; 이(철), (회) 165~166면; 채, 888면; 이(기) 외, (회) 631면; 주상(제5판) (회사 Ⅰ), 234면 외.

동지: 日大判 1930. 5. 30(民集 9, 1031).

2) 동지: 이(철), (회) 166면; 주상(제5판)(회사 Ⅰ), 234면; 대판 1995. 7. 11, 95 다 5820(공보 998, 2755)(합자회사는 정관에 특별한 규정이 없는 한 소집절차라든지 결의방법에 특별한 방식이 있을 수 없고, 따라서 사원의 구두 또는 서면에 의한 개별적인 의사표시를 수집하여 본 결과 총사원의 동의나 사원 3분의 2 또는 과반수의 동의 등 법률이나 정관 및 민법의 조합에 관한 규정이 요구하고 있는 결의요건을 갖춘 것으로 판명되면 유효한 결의가 있다고 보아야 할 것이다); 日大判 1927. 2. 1(民集 2, 45).

지분의 전부 또는 일부를 타인에게 양도하여 사원변경이 생긴 경우($\substack{상 \\ 197조}$), 사원의 사망($\substack{상 218 \\ 조 3호}$)·임의퇴사($\substack{상 \\ 217조}$)·제명($\substack{상 \\ 220조}$) 등의 사유에 의하여 사원변경이 생긴 경우에는 총사원의 동의를 요하지 않고 바로 정관변경의 효력이 생긴다.[1]

3. 등 기

정관변경이 동시에 등기사항의 변경인 경우에는 변경등기($\substack{상 \\ 183조}$)를 하여야 제3자에게 대항할 수 있다($\substack{상 \\ 37조}$).

제 2 관 사원변경(입사·퇴사)

사원변경은 사원자격의 취득과 상실을 의미하는데, 사원자격의 취득에는 원시적 취득과 승계적 취득이 있고, 사원자격의 상실에는 절대적 상실과 상대적 상실이 있다. 사원자격의 원시적 취득에는 설립행위(합동행위)($\substack{상 178 \\ 조 이하}$)와 입사(계약)($\substack{상 213 \\ 조, 204조}$)가 있고, 사원자격의 승계적 취득에는 지분의 양수(특정승계)($\substack{상 \\ 197조}$)와 상속(포괄승계)($\substack{정관 \\ 의 규 \\ 정에 의하여 상속이 인정되 \\ 는 경우에 한함 — 상 219조}$)이 있다. 사원자격의 절대적 상실에는 해산($\substack{전 사원 \\ 에 해당}$)($\substack{청산·합병·파산절 \\ 차의 종료로 인한 법 \\ 인격의 소멸을 요함 \\ — 상 264조, 230조}$)과 퇴사($\substack{특정사원 \\ 에 해당}$)($\substack{상 217조, \\ 218조}$)가 있고, 상대적 상실에는 지분전부의 양도($\substack{상 \\ 197조}$)와 사망($\substack{정관의 규정에 의하여 상속이 인 \\ 정되는 경우에 한함 — 상 219조}$)이 있다. 이하에서는 이 중 입사와 퇴사에 의한 사원변경만을 설명하고, 그 이외의 사원변경에 관한 사항은 해당되는 곳에서 개별적으로 설명한다.

제 1 입 사

1. 의   의

입사란「회사성립 후에 사원자격을 원시적으로 취득하는 것」을 말하고, 회사와의 사이에 입사계약[2]을 요한다. 입사는 회사에 대한 새로운 출자를 반드시 요하는 점에서, 회사에 대한 새로운 출자 없이 사원자격을 승계취득하는 지분의 양수($\substack{상 \\ 197조}$)나 상속($\substack{이에 관한 정관의 규정이 있 \\ 는 경우에 한함 — 상 219조}$)과는 개념상 구별된다. 그러나 상법에서는 입사(퇴사)나 지분의 양수(양도)를 동일하게 취급하고 있으므로 양자를 구별할 실익은 없다($\substack{상 179 \\ 조 3호, \\ 204조, 197조, \\ 225조 1항·2항}$).

---

1) 동지: 정(동), (회) 771~772면; 손(주), 494면; 채, 888면; 이(기) 외, (회) 631면; 주상 (제5판)(회사 Ⅰ), 234면.
2) 이 계약을「단체법상의 특수한 사원권계약」으로 설명하는 견해가 있다[손(주), 506면].

2. 절   차

사원은 정관의 절대적 기재사항이기 때문에($\frac{\text{상 179}}{\text{조 3호}}$) 입사로 인한 사원의 증가의 경우에는 정관변경을 요하고, 따라서 입사에는 총사원의 동의를 요하는데($\frac{\text{상}}{\text{204조}}$), 총사원의 동의가 있는 시점에 사원자격을 취득한다.[1]

그러나 입사의 경우에는 회사채권자에 대한 책임자를 증가시켜 오히려 회사채권자에게 유리하므로, 채권자보호절차를 밟을 필요는 없다.

3. 등   기

입사는 등기사항의 변경을 요하므로($\frac{\text{상 180}}{\text{조 1호}}$), 변경등기를 요한다($\frac{\text{상}}{\text{183조}}$).

4. 효   과

회사성립 후에 입사한 사원은 입사 전에 생긴 회사의 채무에 대하여 다른 사원과 동일한 책임을 진다($\frac{\text{상}}{\text{213조}}$).

제 2 퇴   사

1. 의   의

(1) 퇴사란 「회사의 존속중[2]에 특정사원의 사원자격이 절대적으로[3] 소멸되는 것」을 말한다.

(2) 이러한 퇴사제도가 인정되어 있는 것은 인적회사의 하나의 특색인데, 이는 지분의 양도를 제한하는 대신에 인정된 것이다. 이를 회사의 해산사유로 하지 않은 것은 기업의 유지이념에서이다.[4]

---

1) 동지: 대판 1996. 10. 29, 96 다 19321(공보 1996, 3518)(합자회사의 성립 후에 신입사원이 입사하여 사원으로서의 지위를 취득하기 위하여는 정관변경을 요하고 따라서 총사원의 동의를 얻어야 하지만, 정관변경은 회사의 내부관계에서는 총사원의 동의만으로 그 효력이 발생하는 것이므로 신입사원은 총사원의 동의가 있으면 정관인 서면의 경정이나 등기부에의 기재를 기다리지 않고 그 동의가 있는 시점에 곧바로 사원으로서의 지위를 취득한다).
2) 퇴사는 회사의 「존속중」이어야 하므로, 회사의 해산 후에 전 사원의 사원자격이 상실되는 것은 퇴사가 아니다.
3) 퇴사는 사원자격이 「절대적」으로 상실되는 것이므로, 사원자격이 상대적으로 소멸되는 지분의 전부양도(탈퇴)와도 구별된다.
4) 동지: 손(주), 507면.

2. 퇴사원인

퇴사는 퇴사원인에 따라 임의퇴사, 강제퇴사 및 당연퇴사로 구별된다. 이러한 퇴사원인은 회사의 해산 전에 발생한 경우에만 인정되고, 회사의 해산 후 청산종결 전에 이러한 퇴사원인이 발생한 경우에는 퇴사가 인정되지 않는다. 왜냐하면 퇴사는 일부청산이라고 볼 수 있으므로, 회사의 해산에 의하여 전부청산이 개시된 경우에는 일부청산은 필요없기 때문이다.[1]

(1) 임의퇴사

정관으로 회사의 존립기간을 정하지 아니하거나 어느 사원의 종신까지 존속할 것을 정한 경우에는, 사원은 일방적 의사표시에 의하여 퇴사할 수 있다(퇴사권). 이 때에 사원은 원칙적으로 6월 전의 예고에 의하여 영업연도 말에 한하여 퇴사할 수 있다($\frac{\text{상 } 217}{\text{조 1항}}$). 그러나 예외적으로 사원이 부득이한 사유가 있는 때에는 언제든지 퇴사할 수 있다($\frac{\text{상 } 217}{\text{조 2항}}$).

이러한 임의퇴사제도에 의하여 사원은 출자금을 회수할 수 있다($\frac{\text{상}}{222\text{조}}$). 사원의 임의퇴사에 의하여 사원이 1인이 된 경우에도 임의퇴사가 가능하다고 본다($\frac{\text{제명의}}{\text{경우}}$ $\frac{\text{와}}{\text{차이}}$).[2] 이 경우에는 해산의 원인이 된다($\frac{\text{상 } 227}{\text{조 3호}}$).

(2) 강제퇴사

이는 지분압류채권자에 의한 사원의 강제퇴사인데, 이 때에도 압류채권자는 회사와 채무자인 사원에게 6월 전에 예고하고 영업연도 말에 한하여 그 사원을 퇴사시킬 수 있다($\frac{\text{상 } 224}{\text{조 1항}}$). 압류채권자의 이러한 퇴사청구권은 형성권으로 영업연도말에 퇴사의 효력이 발생하였다면 그 후 사원 또는 채권자가 일방적으로 이 퇴사의 의사표시를 철회할 수 없다.[3]

그러나 채무자인 사원이 변제를 하거나 상당한 담보를 제공한 경우에는, 퇴사예고가 그 효력을 잃게 되어 그 사원을 강제퇴사시킬 수 없다[4]($\frac{\text{상 } 224}{\text{조 2항}}$). 이는 압류채권자를 보호하기 위한 것으로 강행규정으로 보아야 하므로, 정관으로 이를 배제하거나 또는 이와 달리 규정할 수 없다.[5]

(3) 당연퇴사

1) 사원에게 다음의 사유가 있는 경우에는, 그 사원은 당연히 퇴사한다($\frac{\text{상}}{218\text{조}}$).

---

1) 동지: 손(주), 507면; 정(동), (회) 774면(퇴사원인인 파산에 관하여 동지 설명); 日大判 1934. 6. 27(判決全集 1, 352); 日最高判 1965. 3. 12(判時 412, 72).
2) 동지: 정(동), (회) 773면; 주상(제5판)(회사 I), 267면; 日大判 1933. 6. 10(民集 12, 1426).
3) 대판 2014. 5. 29, 2013 다 212295(공보 2014, 1314).
4) 동지: 대판 1989. 5. 23, 88 다카 13516(공보 852, 42).
5) 동지: 정(동), (회) 774면; 손(주), 508면; 주상(제5판)(회사 I), 284면.

즉, (i) 사원에게 정관에 정한 사유가 발생한 때(정년 등), (ii) 총사원의 동의가 있을 때 (사원이 임의퇴사사유에 해당하지 않는 경우로 서 자기의 의사에 기하여 퇴사신고를 한 경우), (iii) 사원이 사망하였을 때(정관으로 상속을 규정하지 않 은 경우에만 해당하고, 정관으 로 상속을 규정한 경우에는 예외적으로 상속인이 피상속인의 사원자격을 상속한다 — 상 219조), (iv) 사원이 성년후견개시의 심판을 받았을 때 (이는 사원과 회사간에 신뢰 관계가 상실되었기 때문이다), (v) 사원이 파산선고를 받았을 때(이는 사원과 회사간의 신뢰관계가 상실 되었기 때문인데, 이 때 사원의 파산은 회사의 해산 전 의 파산에 한한다),[1] (vi) 사원이 제명되었을 때이다.

2) 위의 당연퇴사원인 중 제명에 대하여 좀더 상세히 살펴보면 다음과 같다.

㈎ 제명의 의의　　　제명은 당해 사원의 의사에 반하여 사원자격을 박탈하는 것으로서, 신뢰를 기대할 수 없는 사원을 다른 사원들에 의하여 축출함으로써 회사 존속을 도모하기 위한 것이다.[2] 상법은 제명사유 및 제명절차를 엄격하게 규정하고 있다.

㈏ 제명사유　　　사원의 제명사유는 (i) 사원이 출자의무를 이행하지 아니한 때, (ii) 사원이 경업피지의무를 위반한 때, (iii) 사원에게 회사의 업무집행 또는 대 표행위에 관하여 부정한 행위가 있는 때, 또는 권한 없이 업무집행을 하거나 회사를 대표한 때, (iv) 기타 중요한 사유가 있는 때이다(상 220 조 1항).

이러한 제명사유를 정관에 의하여 배제하거나 제한할 수 있는가. 이에 대하여, 상법 제220조는 임의법규로서 정관에 의하여 법정제명사유를 배제·제한할 수 있다 고 보는 견해도 있으나(임의법규설),[3] 제명은 당해 사원의 의사에 반하여 사원자격을 박탈시키는 제도이므로 이를 엄격하게 해석하여야 할 것이므로 상법 제220조를 강 행법규로 보아 정관에 의하여 법정제명사유를 배제·제한할 수 없음은 물론 추가할 수도 없다고 본다[4](강행법규설).

㈐ 제명절차

① 위의 제명사유에 해당하면 당연히 제명되는 것이 아니라, 「다른 사원 과반 수의 결의에 의한 사원의 제명청구」와 「법원의 제명선고」로 제명되는 것이다.

② 이 때 다른 사원 과반수의 결의를 요하는데, 「다른 사원」이란 무엇을 의미하 는가. 피제명자가 수 인인 경우에는 (i) 수 인의 피제명자를 제외한 나머지 사원을 의미하는 것이라고(따라서 일괄제명 이 가능하다고) 보는 견해도 있으나,[5] (ii) 제명은 당해 사원의 개인

---

1) 동지: 정(동), (회) 774~775면; 채, 893면; 주상(제5판)(회사Ⅰ), 270면.
2) 동지: 이(철), (회) 170면.
3) 최(기), 1188면.
4) 동지: 손(주), 509면; 정(동), (회) 775면; 주상(제5판)(회사Ⅰ), 274면, 278면.
　　 정관에 의하여 제명사유를 확대할 수는 없으나 강화할 수는 있다는 견해도 있다[이(철), (회) 171면].
5) 최(기), 1188~1189면.

적 특질이 고려되어야 하므로 일괄제명은 할 수 없고 피제명자 개인별로 제명하여야 하기 때문에 당해 피제명자 1인을 제외한 나머지 사원($\frac{당해 피제명자를 제외한}{다른 피제명자를 포함함}$)을 의미하는 것이라고 보아야 할 것이다.[1]

③ 사원이 2인인 경우 그 중 1인에 제명사유가 있는 경우에 다른 사원이 제명할 수 있는가. 이 때는 그 사원을 제명하면 사원이 1인이 되어 해산사유($\frac{상 227}{조 3호}$)가 되므로 당해 사원을 제명할 수 없다고 본다.[2] 이 경우에 다른 사원은 「부득이한 사유」를 이유로 회사의 해산을 법원에 청구하거나($\frac{상 241}{조 1항}$), 퇴사($\frac{상 217}{조 2항}$)할 수는 있다.

(라) 관할법원 · 등기

① 제명청구의 소는 회사의 본점소재지의 지방법원의 관할에 속한다($\frac{상 220조}{조, 2항, 206}{186조}$).

② 법원의 제명선고의 판결이 확정되면 본점과 지점의 소재지에서 등기하여야 한다($\frac{상 220조 2항,}{205조 2항}$).

③ 이 외에 사원이 당연퇴사한 것으로 의제되는 경우가 있다. 즉, 이는 (i) 회사설립의 무효 또는 취소의 판결이 확정된 후 무효 또는 취소의 원인이 있는 사원을 제외한 다른 사원 전원의 동의로써 회사를 계속하는 경우에 그 무효 또는 취소의 원인이 있는 사원과($\frac{상 194}{조 2항}$), (ii) 회사에 해산사유가 발생한 경우에 사원의 전부 또는 일부의 동의로써 회사를 계속할 수 있는데, 이 때 회사계속에 동의하지 않은 사원($\frac{상 229조}{1항 단서}$)의 경우이다.

3. 퇴사절차

(1) 퇴사의 경우에는 사원의 변경이 생기고 사원은 정관의 절대적 기재사항($\frac{상}{179}{조 3호}$)이므로, 총사원의 동의에 의한 정관변경($\frac{상}{204조}$)이 있어야 하는가의 문제가 있다. 입사의 경우와는 달리 퇴사원인이 있으면 퇴사가 되는 것이고, 이를 위하여 정관변경을 요하는 것은 아니다.[3]

(2) 사원의 퇴사의 경우에는 등기사항($\frac{상 180}{조 1호}$)의 변경이 있으므로 변경등기($\frac{상}{183조}$)를 하여야 한다. 사원은 이 퇴사등기 후 2년이 경과하여야 회사의 채무에 대하여 책임을 면하므로($\frac{상 225}{조 1항}$), 이 등기는 사원의 면책과 관련하여 매우 중요하다.

---

1) 동지: 정(희), 341면; 손(주), 509면; 정(동), (회) 775면; 채, 893면; 주상(제5판)(회사 Ⅰ), 276~277면; 대판 1976. 6. 22, 75 다 1503(집 24 ② 민 158).

2) 동지: 정(희), 341면; 손(주), 509면; 정(동), (회) 775면; 이(철), (회) 170면; 이(기) 외, (회) 630면; 대판 1991. 7. 26, 90 다 19206(공보 1991, 2241)(합자회사에서 무한책임사원과 유한책임사원이 각 1인인 경우에는 한 사원의 의사에 의하여 다른 사원을 제명할 수는 없다).

3) 동지: 손(주), 510면; 정(동), (회) 776면.

4. 퇴사의 효과

퇴사의 효과로서 퇴사원은 사원자격을 상실한다. 퇴사원의 사원자격의 상실로 인하여 한편으로는 회사채무에 대하여 연대·무한의 책임을 지는 사원수가 감소하므로 회사채권자를 보호하는 조치가 필요하고, 다른 한편으로는 사원과 회사간의 관계를 끝맺을 조치가 필요하다. 따라서 상법은 이 두 문제에 관하여 규정을 두고 있다.

(1) 회사채권자의 보호(상 225조 1항)

퇴사한 사원은 본점소재지에서 퇴사등기를 하기 전에 생긴 회사채무에 대하여 등기 후 2년 내에는 다른 사원과 동일한 책임이 있다.

(2) 회사와 퇴사원과의 관계

1) 지분환급청구권 또는 손실분담금 납입의무

(가) 퇴사한 사원의 지분의 계산은 정관에 다른 규정이 없으면 「퇴사 당시」의 회사재산의 상태에 따라서 하여야 하고(상 195조, 민 719조 1항), 제명의 경우에는 제명판결이 확정될 때까지는 장기간을 요하므로 「소(訴) 제기시」의 회사재산의 상태에 따라서 하여야 하며 그 때부터 법정이자를 붙여야 한다(상 221조). 지분계산의 결과 지분은 적극·소극 또는 영으로 되는데, 퇴사원은 적극지분의 경우에는 출자를 환급받고, 반대로 소극지분의 경우에는 그 금액을 납입하여야 한다(예컨대, A가 4,000만원을 출자하고 B가 2,000만원을 출자하여 갑 합명회사를 설립한 후 손익을 균분하기로 하였는데, A가 갑 회사를 퇴사하는 경우 퇴사 당시 갑 회사에 2,000만원의 손실이 있게 되면 A는 3,000만원〈4,000만원 − 손실부담분 1,000만원〉의 적극지분을 갖게 되고, 퇴사 당시 갑 회사에 1억원의 손실이 있었다면 1,000만원〈4,000만원 − 손실부담분 5,000〉만원의 소극지분을 갖게 된다).

지분의 분배는 퇴사원이 한 출자의 종류가 무엇이든 상관 없이 모두 금전으로 할 수 있다(상 195조, 민 719조 2항). 따라서 퇴사원이 노무출자나 신용출자를 한 경우에도 정관에 다른 규정이 없는 한 지분의 환급을 받을 수 있다(상 222조). 퇴사 당시에 완결되지 아니한 사항에 대하여는 완결 후에 계산할 수 있다(상 195조, 민 719조 3항).

(나) 지분환급청구권은 퇴사원이 사원자격을 잃은 후에 취득하는 제3자적 권리이므로, 다른 사원은 상법 제212조에 의하여 연대·무한의 책임을 져야 한다.[1]

(다) 사원이 특정한 재산의 사용과 용익만을 출자의 목적으로 한 경우에는(사용출자) 그 재산의 반환을 청구할 수 있는데, 이것은 사원자격이 소멸하는 동시에 출자의무도 소멸하여 소유권에 기한 반환청구이므로 이 곳에서 말하는 지분환급청구권과는 다른 것이다.[2]

---

1) 동지: 정(희), 342면; 손(주), 512면.
2) 동지: 정(희), 342면; 손(주), 512면.

2) **상호변경청구권**($\frac{상}{226조}$)   퇴사한 사원의 성명이 회사의 상호 중에 사용된 경우에는 그 사원은 회사에 대하여 그 사용의 폐지를 청구할 수 있다. 퇴사원이 이 상호변경청구권을 행사할 것인지 여부는 자유이지만, 만일 그가 회사에 대하여 그의 성명의 사용을 허락한 경우에는 자칭사원으로서의 책임을 질 위험이 있다($\frac{상}{215조}$).

제 3 관 합   병

합명회사는 어느 회사와도 합병하여 기구를 변경할 수 있는데, 이에 관하여는 이미 회사에 관한 일반적 설명에서 상세하게 살펴보았다($\frac{상\ 174조\sim175조,}{230조\sim240조\ 참조}$).

제 4 관 조직변경

합명회사는 총사원의 동의로 합자회사로 조직변경을 하여 기구를 변경할 수 있는데, 이에 관하여도 이미 회사에 관한 일반적 설명에서 상세하게 살펴보았다 ($\frac{상\ 242조\sim}{244조}$).

제 5 절 해산과 청산

제 1 관 해   산

1. 해산사유

합명회사의 해산사유는, (i) 존립기간의 만료 기타 정관으로 정한 사유의 발생, (ii) 총사원의 동의, (iii) 사원이 1인으로 된 때,[1] (iv) 합병, (v) 파산, (vi) 법원의 해산명령($\frac{상}{176조}$) 또는 해산판결($\frac{상}{241조}$)이다($\frac{상}{227조}$).

2. 해산등기

합명회사가 해산한 경우에는 합병과 파산의 경우를 제외하고는 그 해산사유가 있은 날로부터 본점소재지에서는 2주간 내, 지점소재지에서는 3주간 내에 해산등기를 하여야 한다($\frac{상}{228조}$). 합병의 경우에는 합병등기를 하고($\frac{상\ 233}{조\ 외}$), 파산의 경우에는 파

---

1) 주식회사·유한회사 및 유한책임회사의 경우 (iii)의 사유는 해산사유가 아니다(상 517조 1호, 609조 1항 1호, 287조의 38 2호).

산등기를 하여야 한다($^{파}_{23조}$). 합명회사의 해산등기에 있어서는 해산한 뜻과 그 사유 및 연월일을 등기하여야 하고($^{상등\,60}_{조\,1항}$), 정관에 정한 사유의 발생으로 인한 해산등기를 신청하는 경우에는 그 사유의 발생을 증명하는 정보를 제공하여야 한다($^{상등규}_{106조\,2항}$).

합명회사 사원의 책임은 본점소재지에서 해산등기를 한 후 5년을 경과하면 소멸한다($^{상\,267}_{조\,1항}$). 해산등기를 한 후 5년을 경과한 후에도 분배하지 아니한 잔여재산이 있는 때에는 회사채권자는 이에 대하여 변제를 청구할 수 있다($^{상\,267}_{조\,2항}$).

3. 해산의 효과

(1) 청산절차의 개시

1) 합명회사는 해산에 의하여 청산절차가 개시되는데, 다만 합병과 파산의 경우에는 제외된다. 그 이유는 합병의 경우는 청산절차를 거치지 않고 상법상의 특별규정에 의하여 1개 이상의 회사가 바로 소멸되기 때문이고, 파산의 경우에는 청산절차가 아니라 파산절차가 개시되기 때문이다.

2) 회사는 청산절차가 개시되면 청산의 목적범위 내로 그 권리능력이 제한된다($^{상}_{245조}$). 따라서 청산회사에 대하여는 회사의 영업을 전제로 하는 다수의 규정($^{상\,198}_{조,\,200}$ $^{조,\,201조,\,207}_{조~209조\,등}$)이 적용되지 않으나, 회사의 상인자격·상호·사원의 출자의무·사원의 책임에 관한 규정 등은 해산에 의하여 영향을 받지 않고 적용된다.

(2) 회사의 계속

1) 계속사유   합명회사가 (i)「존립기간의 만료 기타 정관으로 정한 사유의 발생」($^{상\,227}_{조\,1호}$), 또는 (ii)「총사원의 동의」($^{상\,227}_{조\,2호}$)에 의하여 해산한 경우에는, 사원의 전부 또는 일부[1]의 동의로 회사를 계속할 수 있다($^{상\,229조}_{1항\,본문}$).[2] 또한 (iii) 회사의 「사원이 1인이 됨으로써 해산하는 경우」에도($^{상\,227}_{조\,3호}$), 새로 사원을 가입시켜서 회사를 계속할 수 있다[3]($^{상\,229}_{조\,2항}$). 이 경우 새로 가입한 사원은 그 가입 전에 생긴 회사채무

---

1) 이 경우에 동의하지 않은 일부의 사원은 퇴사한 것으로 간주된다(상 229조 1항 단서).
2) 동지: 대판 2017. 8. 23, 2015 다 70341(공보 2017, 1801)(합자회사가 정관으로 정한 존립기간의 만료로 해산한 경우에도〈상법 제269조, 제227조 제1호〉, 사원의 전부 또는 일부의 동의로 회사를 계속할 수 있다〈상법 제269조, 제229조 제1항〉. 이 경우 존립기간에 관한 정관의 규정을 변경 또는 폐지할 필요가 있는데, 특별한 사정이 없는 한 합자회사가 정관을 변경함에는 총사원의 동의가 있어야 할 것이나〈상법 제269조, 제204조〉, 합자회사가 존립기간의 만료로 해산한 후 사원의 일부만 회사계속에 동의하였다면 그 사원들의 동의로 정관의 규정을 변경하거나 폐지할 수 있다. 그리고 회사계속 동의 여부에 대한 사원 전부의 의사가 동시에 분명하게 표시되어야만 회사계속이 가능한 것은 아니므로, 일부 사원이 회사계속에 동의하였다면 나머지 사원들의 동의 여부가 불분명하더라도 회사계속의 효과는 발생한다).
3) 이 때에 가입된 신입사원은 그 가입 전에 생긴 모든 회사채무에 대하여 기존사원과 동일한 책임을 진다(상 229조 4항, 213조).

에 대하여 다른 사원과 동일한 책임을 진다($\frac{상\ 229조}{4항,\ 213조}$).

2) **계속등기**　　회사의 해산등기 후에 위와 같이 회사를 계속하는 경우에는 회사의 계속등기를 하여야 한다($\frac{상\ 229}{조\ 3항}$).

제 2 관 청　　산

1. 총　　설

(1) 회사는 자연인과 같은 상속이 없으므로 해산에 의하여 즉시 권리능력이 없어지는 것으로 할 수 없고 회사의 권리의무의 처리를 위하여 일정한 절차를 필요로 하는데, 이러한 절차가 청산절차이다. 따라서 회사는 해산 후에도 청산의 목적범위 내에서 권리능력이 있고($\frac{상}{245조}$), 사실상 청산절차의 종결로써 권리능력($\frac{법인}{격}$)이 소멸한다.

(2) 합명회사의 해산 후 사원이 사망한 경우에 그 상속인이 수 인인 때에는 청산에 관한 사원의 권리를 행사할 자 1인을 정하여야 하는데, 이를 정하지 아니한 때에는 회사의 통지 또는 최고는 그 중의 1인에 대하여 하면 전원에 대하여 그 효력이 있다($\frac{상}{246조}$).

(3) 합명회사는 정관 또는 총사원의 동의에 의하여 청산방법을 정하는 임의청산($\frac{상\ 247}{조\ 이하}$)을 원칙으로 하고, 임의청산을 할 수 없는 경우에는 예외적으로 법정의 엄격한 절차에 의하여 청산을 하는 법정청산($\frac{상\ 250}{조\ 이하}$)을 한다. 합명회사($\frac{및\ 합자}{회사}$)에서 법정청산 외에 임의청산의 방법이 인정되는 것은, 법정청산만이 인정되는 주식회사($\frac{유한책임}{회사\ 및}$) ($\frac{유한}{회사}$)의 청산방법과 구별되는 큰 특색이다.

2. 임의청산

(1) 사　　유

합명회사는 원칙적으로 임의청산의 방법, 즉 정관 또는 총사원의 동의에 의하여 회사의 재산처분방법을 정한다($\frac{상\ 247}{조\ 1항}$). 그러나 「회사의 사원이 1인으로 되어 해산한 때」($\frac{상\ 227}{조\ 3호}$)와 「법원의 해산명령 또는 해산판결에 의하여 해산한 때」($\frac{상\ 227}{조\ 6호}$)에는, 재산처분의 공정을 기하기 위하여 임의청산의 방법이 인정되지 않는다($\frac{상\ 247}{조\ 2항}$). 또한 합병($\frac{상\ 227}{조\ 4호}$)과 파산($\frac{상\ 227}{조\ 5호}$)으로 인하여 해산한 경우에는 처음부터 청산절차가 없으므로, 결국 임의청산의 방법에 의하는 경우란 「회사의 존립기간의 만료 기타 정관으로 정한 사유의 발생」($\frac{상\ 227}{조\ 1호}$)과 「총사원의 동의」($\frac{상\ 227}{조\ 2호}$)에 의하여 회사가 해산하는 경우뿐이다.

(2) 채권자보호절차

임의청산의 방법은 회사채권자 및 사원채권자의 이해에 중대한 영향을 미치므로 상법은 이들을 보호하기 위하여 특별히 규정을 두고 있다. 이러한 상법의 규정을 회사채권자의 보호절차에 관한 규정과 사원채권자($^{특히\ 사원의\ 지}_{분압류채권자}$)의 보호절차에 관한 규정으로 분류하여 살펴보면 다음과 같다.

1) 회사채권자의 보호절차

(개) 회사는 해산사유가 있는 날로부터 2주간 내에 재산목록과 대차대조표를 작성하여야 하고($^{상\ 247}_{조\ 2문}$), 그 기간 내에 회사채권자에 대하여 이의가 있으면 일정한 기간($^{1월\ 이상}_{의\ 기간}$) 내에 이를 제출할 것을 공고하고 알고 있는 채권자에 대하여는 개별적으로 이를 최고하여야 한다($^{상\ 247조\ 3항,}_{232조\ 1항}$). 이 때에 채권자가 그 기간 내에 이의를 제출하지 아니한 때에는 임의청산을 승인한 것으로 본다($^{상\ 247조\ 3항,}_{232조\ 2항}$). 그러나 채권자가 그 기간 내에 이의를 제출한 때에는, 회사는 그 채권자에 대하여 변제 또는 상당한 담보를 제공하거나 이를 목적으로 하여 상당한 재산을 신탁회사에 신탁하여야 한다($^{상\ 247조\ 3항,}_{232조\ 3항}$).

(나) 회사가 이러한 절차에 위반하여 그 재산을 처분함으로써 회사채권자를 해한 때에는, 회사채권자는 그 처분의 취소를 법원에 청구할 수 있다($^{상\ 248}_{조\ 1항}$).[1] 그러나 회사의 재산처분으로 인하여 이익을 받은 자나 전득(轉得)한 자가 그 처분행위 또는 전득 당시에 채권자를 해함을 알지 못한 경우에는, 회사채권자는 회사의 재산처분행위를 취소할 수 없다($^{상\ 248조\ 2항,}_{민\ 406조\ 1항\ 단서}$). 이러한 회사채권자의 회사의 재산처분에 대한 취소의 소는 그 채권자가 취소원인을 안 날로부터 1년 내, 그 처분행위가 있은 날로부터 5년 내에 제기하여야 한다($^{상\ 248조\ 2항,}_{민\ 406조\ 2항}$). 회사채권자의 회사의 재산처분에 대한 취소 및 원상회복은 모든 채권자의 이익을 위하여 그 효력이 있다($^{상\ 248조\ 2}_{항,\ 민\ 407조}$). 회사채권자의 이러한 취소의 소는 회사의 본점소재지의 지방법원의 전속관할에 속한다($^{상\ 248조}_{2항,\ 186조}$).

2) 사원채권자의 보호절차

(개) 상법은 사원채권자에 대하여는, 특히 사원의 지분압류채권자의 보호절차에 관하여 규정하고 있다. 즉, 임의청산시에 사원의 지분압류채권자가 있는 경우에는 그의 동의를 얻어야 한다($^{상\ 247}_{조\ 4항}$).

(나) 그런데 회사가 사원의 지분압류채권자의 동의를 얻지 않고 재산을 처분한

---

1) 이는 민법 제406조 본문(채권자취소권)과 같은 취지이다.

때에는, 지분압류채권자는 회사에 대하여 그 지분에 상당하는 금액의 지급을 청구할 수 있고, 회사채권자의 경우와 같이 회사의 재산처분의 취소를 법원에 청구할 수 있다($\begin{smallmatrix}상\ 249조.\\248조\end{smallmatrix}$).

(3) 청산종결의 등기

해산된 회사는 그 재산의 처분을 완료한 날로부터 본점소재지에서는 2주간 내에, 지점소재지에서는 3주간 내에 청산종결의 등기를 하여야 한다($\begin{smallmatrix}상\ 247\\조\ 5항\end{smallmatrix}$).[1]

3. 법정청산

(1) 사 유

1) 임의청산을 할 수 있는 해산사유($\begin{smallmatrix}상\ 227조\\1호.\ 2호\end{smallmatrix}$)[2]에 해당하지만 임의청산방법을 정하지 않은 경우에는 법정청산에 의한다($\begin{smallmatrix}상\\250조\end{smallmatrix}$).

2) 처음부터 임의청산을 할 수 없는 해산사유, 즉 「회사의 사원이 1인으로 되어 해산한 때」($\begin{smallmatrix}상\ 227\\조\ 3호\end{smallmatrix}$)와 「법원의 해산명령 또는 해산판결에 의하여 해산한 때」($\begin{smallmatrix}상\ 227\\조\ 6호\end{smallmatrix}$)에는 반드시 법정청산에 의한다($\begin{smallmatrix}상\ 247\\조\ 2항\end{smallmatrix}$).

(2) 청 산 인

1) 의   의   청산인은 법정청산절차에서 청산회사의 사무를 집행하고 또 이를 대표하는 기관인데, 해산 전의 회사에서의 업무집행 및 대표사원에 대응하는 기관이다($\begin{smallmatrix}상\ 255조.\ 265조.\ 207\\조.\ 208조.\ 209조\ 2항\end{smallmatrix}$).

2) 선   임

㈎ 청산인은 원칙적으로 총사원의 과반수의 결의에 의하여 선임된다($\begin{smallmatrix}상\ 251\\조\ 1항\end{smallmatrix}$).

㈏ 청산인이 위와 같이 사원에 의하여 선임되지 않은 경우에는, 예외적으로 업무집행사원이 청산인이 된다($\begin{smallmatrix}상\ 251\\조\ 2항\end{smallmatrix}$). 이와 같이 업무집행사원이 청산인이 된 경우에는 종전의 정함에 따라 회사를 대표한다($\begin{smallmatrix}상\ 255\\조\ 1항\end{smallmatrix}$).

㈐ 「사원이 1인으로 되어 해산된 때」($\begin{smallmatrix}상\ 227\\조\ 3호\end{smallmatrix}$)와 「법원의 해산명령 또는 해산판결에 의하여 해산된 때」($\begin{smallmatrix}상\ 227\\조\ 6호\end{smallmatrix}$)에는 언제나 법원에 의하여 청산인이 선임된다($\begin{smallmatrix}상\\252조\end{smallmatrix}$). 법원이 수 인의 청산인을 선임하는 경우에는 회사를 대표할 자를 정하거나 수 인이 공동하여 회사를 대표할 것을 정할 수 있다($\begin{smallmatrix}상\ 255\\조\ 2항\end{smallmatrix}$).

㈑ 위의 모든 청산인의 선임은 등기사항이다($\begin{smallmatrix}상\\253조\end{smallmatrix}$).

---

1) 1995년 개정전 상법에는 이에 관한 규정이 없었으나, 임의청산 종결시에도 그 사실을 당연히 등기하여야 한다는 점에서 1995년 개정상법은 이를 신설하였다.

2) 이는 「회사의 존립기간의 만료 기타 정관으로 정한 사유의 발생」과 「총사원의 동의」에 의하여 해산하는 경우이다.

3) 해   임

(개) 위와 같이 선임된 청산인($_{(나) \cdot (다)}^{위의 \ (개) \cdot}$)이 그 직무를 집행함에 현저하게 부적임하거나 중대한 임무위반의 행위를 한 때에는, 법원은 이해관계인의 청구에 의하여 그 청산인을 해임할 수 있다($_{262조}^{상}$).

(나) 그러나 사원이 선임한 청산인($_{(개)}^{위의}$)은 이외에도 총사원의 과반수의 결의에 의하여 언제든지 해임될 수 있다($_{261조}^{상}$).

4) 의무·책임

(개) 청산인은 회사와의 자기거래가 제한되지만($_{199조}^{상 265조,}$), 경업피지의무는 부담하지 않는다.

(나) 청산인은 해산 전의 대표사원과 같이 제3자에게 가한 손해에 대하여 손해배상책임을 지고($_{210조}^{상 265조,}$), 주식회사의 이사와 같이 회사 또는 제3자에 대하여 임무해태로 인한 손해배상책임을 진다($_{399조, \ 401조}^{상 265조,}$).

(3) 청산사무

1) 재산목록 등 작성의무   청산인은 취임 후 지체 없이 회사의 재산상태를 조사하고, 재산목록과 대차대조표를 작성하여 각 사원에게 교부하여야 한다($_{조 1항}^{상 256}$). 또한 청산인은 사원의 청구가 있는 때에는 언제든지 청산의 상황을 보고하여야 한다($_{조 2항}^{상 256}$).

2) 청산사무의 범위   청산인은 회사의 (i) 현존사무의 종결, (ii) 채권의 추심과 채무의 변제($_{259조}^{상}$), (iii) 재산의 환가처분, (iv) 잔여재산의 분배($_{260조}^{상}$)에 관한 직무권한이 있다[1]($_{조 1항}^{상 254}$). 회사를 대표할 청산인은 이러한 직무에 관하여 재판상 또는 재판 외의 모든 행위를 할 권한이 있다($_{조 3항}^{상 254}$). 청산인이 수 인인 때에는 청산의 직무에 관한 행위는 그 과반수의 결의로 정한다($_{조 2항}^{상 254}$).

이 밖에 청산인은 회사의 현존재산이 회사채무를 변제함에 부족한 때에는 변제기에 불구하고 각 사원에 대하여 출자를 청구할 수 있다($_{조 1항}^{상 258}$). 그러나 청산회사의 업무 중 청산회사의 영업의 전부 또는 일부를 양도하는 업무는, 청산인이 독자적으로 처리할 수 없고 총사원의 과반수의 결의를 받아야 한다($_{257조}^{상}$).

또한 청산인은 회사의 채무를 완제한 후가 아니면 회사재산을 사원에게 분배하지 못하는데, 다툼이 있는 채무에 대하여는 그 변제에 필요한 재산을 보류하고 잔여재산을 분배할 수 있다($_{260조}^{상}$).

---

1) 그러나 청산인의 직무권한이 상법 제254조 1항에 열거되어 있는 것에 한정되는 것은 아니다.

(4) 청산종결

1) 사원의 승인　　청산이 종결된 때에는 청산인은 지체 없이 계산서를 작성하여 각 사원에게 교부하고 그 승인을 얻어야 한다($\frac{상\ 263}{조\ 1항}$). 이 때 사원이 그 계산서를 받은 후 1월 내에 이의를 제기하지 아니하면 청산인에게 부정행위가 있는 경우를 제외하고 그 계산서를 승인한 것으로 본다($\frac{상\ 263}{조\ 2항}$).

2) 청산종결등기　　청산이 종결된 때에는 청산인은 위의 계산서에 대하여 총사원의 승인을 받은 날로부터 본점소재지에서는 2주간 내, 지점소재지에서는 3주간 내에 청산종결의 등기를 하여야 한다($\frac{상}{264조}$). 보통 회사의 법인격은 청산사무의 종결에 이은 청산종결의 등기에 의하여 소멸하는데, 청산이 실제로 종결되지 않으면 청산종결의 등기를 하더라도 그 등기에는 공신력이 없으므로 회사의 법인격은 소멸되지 않는다.[1] 따라서 회사의 법인격은 청산종결등기를 한 때가 아니라, 실제로「청산사무를 종결한 때」에 소멸한다.

3) 장부 등 보존　　청산종결등기 후 회사의 장부와 영업 및 청산에 관한 중요서류는 본점소재지에서 10년간 보존하여야 하고($\frac{상\ 266조}{1항\ 본문}$), 전표 또는 이와 유사한 서류는 5년간 보존하여야 한다($\frac{상\ 266조}{1항\ 단서}$). 이 경우에는 총사원의 과반수의 결의로 보존인과 보존방법을 정하여야 한다($\frac{상\ 266}{조\ 2항}$).

---

1) 동지: 대판 1968. 6. 18, 67 다 2528(집 16 ② 민 133); 동 1969. 2. 4, 68 다 2284 외.

제4장 합자회사

제1절 총 설

제1 의 의

합자회사는 무한책임사원과 유한책임사원으로 조직되는 회사로서[1]($\overset{상}{_{268조}}$), 이종 (異種)의 사원으로 구성되는 점에서 다른 종류의 회사와는 다른 특색이 있다.

합자회사는 유한책임사원을 갖고 있다는 점에서는 합명회사와 구별되나, 무한 책임사원을 갖고 있다는 점에서는 합명회사와 같다. 이와 같이 합자회사는 무한책 임사원을 갖고 있는 점에서 사원의 개성이 농후하고 인적 요소에 중점이 있는 인적 회사에 속한다고 볼 수 있는데, 그 실체는 조합적 성질을 갖는다고 볼 수 있다. 따라 서 합자회사는 합명회사의 하나의 변형이라고 볼 수 있다.[2] 이로 인하여 상법은 합 자회사에 관하여 특별히 규정하고 있는 사항을 제외하고는 합자회사에는 합명회사 에 관한 규정을 준용하고 있다($\overset{상}{_{269조}}$).

합자회사는 이원적인 구성원으로 조직되었다는 점에서 상법상의 익명조합($\overset{상}{_{78조}}$) 및 합자조합($\overset{상\ 86}{_{조의\ 2}}$)과 그 경제적 기능에서는 유사하나, 합자회사는 법인($\overset{상}{_{169조}}$)이고 익 명조합 및 합자조합은 법인격이 없는 조합이라는 점에서 양자는 근본적으로 구별되 고 있다.[3]

---

1) 이(철), (회) 188면은 무한책임사원을 「기능자본가」로, 유한책임사원을 「지분자본가」로 표현하 고 있다.
2) 동지: 정(동), (회) 785면.
3) 합자회사와 익명조합과의 비교에 관한 상세는 이 책 익명조합에 관한 설명; 연습, 139면(사례 24) 참조.

제 2 경제적 기능

합자회사는 연혁적으로 10세기 이래 익명조합과 같이 기업가와 자본가의 조합인 코멘다계약에서 출발하였는데, 자본가가 표면에 나타난 형태가 합자회사이고 자본가가 표면에 나타나지 않은 형태가 익명조합이 되었다. 따라서 합자회사는 합명회사와는 달리 가족적 공동단체에서 출발한 것이 아니라, 자본적 결합에서 출발하였다. 그런데 위에서 본 바와 같이 우리 상법은 합자회사에 대하여 합명회사의 하나의 변형으로 보고, 합명회사에 관한 규정을 많이 준용하고 있다($\frac{\text{상}}{269\text{조}}$). 따라서 합자회사의 경제적 기능도 합명회사와 유사하다. 즉, 대기업에는 부적합하고, 중소기업에 적합한 회사형태이다.

이러한 합자회사의 형태는 우리나라에서는 많이 이용되고 있지 않으나, 독일에서는 비교적 많이 이용되고 또 이와 다른 회사의 혼합형태도 많이 있다($\frac{\text{예컨대,}}{\text{GmbH \&}}$ $\frac{\text{Co.}}{\text{KG 등}}$).[1]

제 2 절 설   립

1. 설립절차

합자회사의 설립절차도 합명회사와 같이 「정관의 작성」과 「설립등기」로 구성된다.

(1) 정관작성

합자회사의 정관작성에서 합명회사의 그것과 구별되는 점은 다음과 같다.

1) 정관의 작성에 1인 이상의 무한책임사원 외에 1인 이상의 유한책임사원이 있어야 한다($\frac{\text{상 268조,}}{269\text{조, }178\text{조}}$).

2) 정관의 절대적 기재사항에는 반드시 각 사원의 무한책임 또는 유한책임을 기재하여야 한다($\frac{\text{상}}{270\text{조}}$).

3) 정관의 절대적 기재사항 중 상호($\frac{\text{상 270조,}}{179\text{조 2호}}$)에는 반드시 합자회사의 문자를 사용하여야 한다($\frac{\text{상}}{19\text{조}}$).

(2) 설립등기

합자회사의 설립등기에서 등기사항은 합명회사의 그것과 같은데($\frac{\text{상 271조 1}}{\text{항 전단, 2항}}$), 다

---

1) 정(동), (회) 785~786면 참조.

만 등기사항에 각 사원의 무한책임 또는 유한책임이 등기되어야 하는 점($_{1항\ 후단}^{상\ 271조}$)이 합명회사의 경우와 구별된다.

2. 설립하자(무효·취소)

합자회사의 설립의 하자에도 설립무효의 소와 설립취소의 소가 인정되고($_{184조\sim193}^{상\ 269조,}$), 또 일정한 경우에는 무효나 취소의 판결이 확정된 경우에도 회사를 계속할 수 있다 ($_{194조.}^{상\ 269조,}$). 이에 관하여는 이미 회사의 설립하자 일반에 관한 설명에서 상술하였다.

제 3 절 기   구

제 1 관 내부관계

제 1 출   자

(1) 합자회사에서 무한책임사원의 출자의 목적은 합명회사 사원의 그것과 같다. 따라서 무한책임사원은 재산출자 외에 노무출자와 신용출자가 가능하다($_{269조.}^{상}$).

(2) 합자회사의 유한책임사원은 「재산출자」만이 가능하고, 노무출자 및 신용출자는 불가능하다($_{272조.}^{상}$). 이것은 사원 전원이 유한책임을 지는 물적회사에서 자본충실이 강조되는 것과 같은 취지이다.[1]

제 2 업무집행

1. 업무집행기관

(1) 무한책임사원

합자회사에서의 업무집행기관은 「무한책임사원」만이 될 수 있고($_{273조}^{상}$) 유한책임사원은 될 수 없다($_{278조}^{상}$). 그런데 무한책임사원 중에서 누가 업무집행기관이 될 수 있는가. (i) 원칙적으로 각 무한책임사원이 업무집행기관이 될 수 있다($_{273조}^{상}$). (ii) 그러나 예외적으로 정관의 규정에 의하여 특정한 무한책임사원을 업무집행기관으로 정할 수 있다($_{201조.}^{상\ 269조,}$).

---

1) 동지: 이(철), (회) 189면.

(2) 유한책임사원

합자회사에서 정관 또는 내부규정에 의하여 유한책임사원에게 업무집행권을 부여할 수 있는가. 이에 대하여 (i) 업무집행은 내부관계라는 이유로 상법 제278조 전단을 임의규정으로 보아 이를 긍정하는 견해[1]와, (ii) 상법 제278조는 유한책임사원에게 회사의 관리를 맡기는 것은 적절하지 못하다는 취지에서 규정된 것이므로 동조를 강행규정으로 보아 이를 부정하는 견해[2]가 대립하고 있다.

생각건대 업무집행은 내부관계에 관한 사항이므로 이를 긍정하는 견해가 타당하다고 본다.[3]

(3) 업무집행권의 상실

합자회사의 업무집행권이 있는 사원에 대한 권한상실선고는 유한책임사원의 청구에 의하여도 가능하다[4]($\binom{상\ 269}{조,\ 205조}$). 그런데 무한책임사원이 1인인 경우에는, 앞에서 본 바와 같이 유한책임사원은 그의 권한상실선고를 신청할 수 없다고 본다.[5] 그러나 업무집행권이 있는 무한책임사원이 A와 B가 있는 합자회사에서 A 무한책임사원이 업무집행권한의 상실을 선고하는 판결을 받은 후 B 무한책임사원이 사망으로 퇴사하여 A가 유일한 무한책임사원인 경우에는 A에 대한 형성판결인 업무집행권한의 상실을 선고하는 판결의 효력이 당연히 상실된다고 볼 수는 없다.[6]

---

1) 정(동), (회) 788면; 손(주), 526면; 최(기), 1201면; 이(기) 외, (회) 637면; 日最高判 1949. 7. 26(民集 3－8, 283); BGHZ 17, 392; 51, 198.
2) 이(철), (회) 189~190면; 채, 904면.
3) 상세는 연습, 290면(사례 48) 참조.
4) 동지: 이(철), (회) 190면; 대판 2012. 12. 13, 2010 다 82189(공보 2013, 127)(상법 제205조 제1항은 합명회사의 업무집행사원의 권한상실선고에 관하여 "사원이 업무를 집행함에 현저하게 부적임하거나 중대한 의무에 위반한 행위가 있는 때에는 법원은 사원의 청구에 의하여 업무집행권한의 상실을 선고할 수 있다"고 규정하고 있고, 상법 제269조는 "합자회사에는 본장에 다른 규정이 없는 사항은 합명회사에 관한 규정을 준용한다"고 규정하여 상법 제205조 제1항을 합자회사에 준용하고 있다. 이러한 상법 규정의 문언과 취지 등에 비추어 볼 때, 합자회사의 무한책임사원뿐만 아니라 유한책임사원도 각자 업무집행사원에 대한 권한상실선고를 청구할 수 있다고 해석하는 것이 타당하다); 서울고판 1974. 1. 24, 72 나 1588.
5) 동지: 이(철), (회) 190면; 대판 1977. 4. 26, 75 다 1341(집 25 ① 민 166).
   반대: 정(동), (회) 788면.
6) 대판 2021. 7. 8, 2018 다 225289(공보 2021, 1439)(합자회사에서 업무집행권한 상실선고제도 〈상법 제269조, 제205조〉의 목적은 업무를 집행함에 현저하게 부적임하거나 중대한 의무위반행위가 있는 업무집행사원의 권한을 박탈함으로써 그 회사의 운영에 장애사유를 제거하려는 데 있다. 업무집행사원의 권한상실을 선고하는 판결은 형성판결로서 그 판결 확정에 의하여 업무집행권이 상실되면 그 결과 대표권도 함께 상실된다. 합자회사에서 무한책임사원이 업무집행권한의 상실을 선고하는 판결로 인해 업무집행권 및 대표권을 상실하였다면, 그 후 어떠한 사유 등으로 그 무한책임사원이 합자회사의 유일한 무한책임사원이 되었다는 사정만으로는 형성판결인 업무집행권한의 상실을 선고하는 판결의 효력이 당연히 상실되고 해당 무한책임사원의 업무집행권 및 대표권이 부활한다고 볼 수 없다).

합자회사에서 업무집행권한의 상실을 선고받은 무한책임사원이 다시 업무집행권이나 대표권을 갖기 위해서는 정관이나 총사원의 동의로 새로 그러한 권한을 부여받아야 한다($\frac{상 273조, 269조,}{201조 1항, 207조}$).[1]

2. 업무집행의 방법

정관의 규정에 의하여 특정한 무한책임사원을 업무집행기관으로 정한 경우에도, 지배인의 선임과 해임은 모든 무한책임사원의 과반수의 결의에 의하여야 한다($\frac{상}{274조}$).

3. 업무감시권

(1) 유한책임사원은 업무집행권이 배제되므로 언제나 업무감시권을 갖고 있다. 즉, 유한책임사원은 원칙적으로 영업연도 말에 있어서 영업시간 내에 한하여 회사의 회계장부·대차대조표 및 기타의 서류를 열람할 수 있고, 회사의 업무와 재산상태를 검사할 수 있다($\frac{상 277}{조 1항}$). 그러나 중요한 사유가 있는 때에는 예외적으로 유한책임사원은 언제든지 법원의 허가를 얻어 위의 감시권을 행사할 수 있다($\frac{상 277}{조 2항}$).

(2) 무한책임사원도 정관의 규정에 의하여 업무집행권이 없는 경우에는 위의 감시권이 있고, 유한책임사원이라도 정관 등의 규정에 의하여 업무집행권이 있으면 ($\frac{긍정설의}{입장에서}$) 위의 감시권이 없다.

---

1) 대판 2021. 7. 8, 2018 다 225289(공보 2021, 1439)(합자회사에서 업무집행권한의 상실을 선고받은 무한책임사원이 다시 업무집행권이나 대표권을 갖기 위해서는 정관이나 총사원의 동의로 새로 그러한 권한을 부여받아야 한다〈상법 제273조, 제269조, 제201조 제1항, 제207조〉. 합자회사에서 무한책임사원들만으로 업무집행사원이나 대표사원을 선임하도록 정한 정관의 규정은 유효하고, 그 후의 사정으로 무한책임사원이 1인이 된 경우에도 특별한 사정이 없는 한 여전히 유효하다. 다만 유한책임사원의 청구에 따른 법원의 판결로 업무집행권한의 상실을 선고받아 업무집행권 및 대표권을 상실한 무한책임사원이 이후 다른 무한책임사원이 사망하여 퇴사하는 등으로 유일한 무한책임사원이 된 경우에는 업무집행권한을 상실한 무한책임사원이 위 정관을 근거로 단독으로 의결권을 행사하여 자신을 업무집행사원이나 대표사원으로 선임할 수는 없다고 봄이 옳다. 이렇게 해석하는 것이 판결에 의한 업무집행권한 상실선고제도의 취지와 유한책임사원의 업무감시권의 보장 및 신의칙 등에 부합한다. 결국 이러한 경우에는 유한책임사원을 포함한 총사원의 동의에 의해서만 해당 무한책임사원이 업무집행사원이나 대표사원으로 선임될 수 있을 뿐이다).

제 3 경업피지의무와 자기거래제한

1. 경업피지의무

합자회사의 무한책임사원[1]은 다른 모든 사원[2]의 동의가 없으면 경업피지의무를 부담하지만($\frac{상\ 269}{조,\ 198조}$), 유한책임사원($\frac{업무집행권이\ 있는\ 유}{한책임사원은\ 제외됨}$)은 동 의무를 부담하지 않는다. 따라서 유한책임사원은 다른 사원의 동의 없이도 자기 또는 제3자의 계산으로 회사의 영업부류에 속하는 거래를 할 수 있고, 동종 영업을 목적으로 하는 다른 회사의 무한책임사원 또는 이사가 될 수 있다($\frac{상}{275조}$). 그러나 입법론으로는 유한책임사원에게도 업무감시권이 있으므로 업무집행권이 없는 무한책임사원의 경우와 동일하게 보아 경업피지업무를 인정하여야 할 것이다.

2. 자기거래제한

합자회사의 무한책임사원은 원칙적으로 업무집행권이 있으므로, 이와 같이 업무집행권이 있는 무한책임사원은 다른 사원[3]의 과반수의 결의가 없으면 회사와 자기거래를 할 수 없다($\frac{상\ 269조,}{199조}$). 그런데 유한책임사원도 회사와 자기거래를 할 수 없는가. 이에 대하여 유한책임사원에게 자기거래를 인정하는 상법상 명문규정이 없다는 이유로($\frac{상\ 275조}{와\ 비교}$) 유한책임사원에게도 회사와의 자기거래제한의 규정이 적용된다는 견해($\frac{상\ 269조,}{199조}$)가 있으나,[4] 타당하지 않다고 본다. 왜냐하면 자기거래제한의 규정은 업무집행권을 전제로 하는 규정이므로 업무집행권이 없는 유한책임사원($\frac{업무집행권}{이\ 없는\ 무}$ $\frac{한책임사원도\ 이에}{포함된다고\ 본다}$)에게는 동 규정이 적용되지 않는 것으로 해석하여야 하기 때문이다.[5]

---

1) 이 때의 「무한책임사원」에는 회사의 업무집행을 담당하는 무한책임사원뿐만 아니라, 업무집행을 담당하지 않는 무한책임사원을 포함한다고 해석한다(상 269조, 201조 1항 참조). 왜냐하면 업무집행을 담당하지 않는 사원이라도 회사의 업무와 재산상태에 대한 검사권은 갖고 있어(상 269조·195조, 민 710조), 회사사업의 비밀에 정통하여 회사와의 경업활동을 함으로써 회사를 희생하고 사리(私利)를 추구할 우려가 크기 때문이다[동지: 주상(제5판)(회사 Ⅰ), 417면; 양(승), (사례) 86면]. 또한 정관 등에 의하여 유한책임사원에게 업무집행권이 부여되면, 이러한 유한책임사원도 이에 포함된다[동지: 정(동), (회) 789면].
2) 유한책임사원을 포함한 그 사원 이외의 모든 사원을 의미한다.
3) 유한책임사원을 포함한 그 사원 이외의 모든 사원을 의미한다.
4) 이(철), (회) 191면; 채, 904면.
5) 동지: 정(동), (회) 789면(유한책임사원에 대하여 회사와의 자기거래제한을 해제하지 아니한 것은 법전기초상의 과오라고 한다); 주상(Ⅱ-상), 318면; 주상(제5판)(회사 Ⅰ), 419면.

제 4 손익의 분배

정관 또는 총사원의 결의에 의하여 달리 정하여진 바가 없으면, 유한책임사원에게도 각 사원의 출자가액에 비례하여 손익이 분배된다($\frac{상}{조,}\frac{269조 \cdot 195}{민 711조}$). 다만 유한책임사원은 정관에 달리 정한 바가 없으면 출자가액을 한도로 하여서만 손실을 분담한다. 즉, 유한책임사원이 대외적으로 유한책임을 부담하는 것과($\frac{상}{279조}$) 대내적으로 손실분담을 하는 것은 구별되는 것으로서, 유한책임사원은 정관의 규정으로 출자가액 이상의 손실분담의무를 부담할 수 있다고 본다.[1]

제 5 지   분

1. 지분의 양도

무한책임사원의 지분($\frac{전부 또}{는 일부}$)의 양도에는 유한책임사원을 포함한 「모든 사원」의 동의를 요하지만[2]($\frac{상}{197조}\frac{269조 \cdot}{}$), 유한책임사원의 지분($\frac{전부 또}{는 일부}$)의 양도에는 「무한책임사원 전원」의 동의만 있으면 충분하고 다른 유한책임사원의 동의를 요하지 않는다($\frac{상}{276조}$).

2. 지분의 입질 · 압류

유한책임사원의 지분의 입질(入質)도 해석상 가능하다고 보며, 압류도 가능하다고 본다($\frac{상 269조,}{223조, 224조}$).

---

1) 동지: 손(주), 528면(유한책임사원에게 정관으로 출자액 이상의 손실분담의무를 부담하게 하는 것은 무방하다고 한다); 정(동), (회) 789면(유한책임사원에게 출자가액 이상으로 손실을 분담시키기로 정관에서 정하는 것은 상관이 없다고 한다); 이(기) 외, (회) 637면; 주상(제5판)(회사 Ⅰ), 414면; 이 · 최, 444면.
2) 동지: 대판 1989. 11. 28, 88 다카 33626(공보 864, 132).

제 2 관 외부관계

제 1 회사대표

1. 대표기관

(1) 무한책임사원

합자회사의 대표기관은, (i) 원칙적으로 각 무한책임사원이다($\substack{상\ 269조,\\207조\ 1문}$). (ii) 그러나 예외적으로 정관의 규정에 의하여「업무집행을 담당하는 각 무한책임사원」이 회사를 대표할 수가 있는데($\substack{상\ 269조,\\207조\ 2문}$), 이 때에는 정관 또는 총사원의 동의로 업무집행을 담당하는 무한책임사원 중에서「특히 회사를 대표할 자」(대표사원)를 정할 수도 있다($\substack{상\ 269조,\\207조\ 3문}$).

(2) 유한책임사원

유한책임사원은 어떠한 경우에도 합자회사의 대표기관이 될 수 없다($\substack{상\ 278\\조\ 후단}$). 즉, 회사의 대표권은 외부관계에 속하는 사항이므로 이에 관한 상법 제278조의 규정은 강행규정이고, 이는 정관·내부규정 또는 총사원의 동의에 의해서도 달리 정할 수 없다(통설[1]·판례[2]).

(3) 대표권의 제한 및 상실

1) 대표권이 있는 사원의 대표권의 제한 및 상실은 합명회사의 경우와 같다. 즉, 합자회사에서 대표권이 있는 사원과 회사간의 소(訴)에서 회사를 대표할 사원이 없는 때에는 다른 사원($\substack{무한책임사원\\및\ 유한책임사원}$) 과반수의 결의로 회사를 대표할 자를 선정하여야 한다($\substack{상\ 269\\조,\ 211조}$).

2) 또한 대표권이 있는 사원이 그 대표권을 행사함에 현저하게 부적임하거나 중대한 업무위반의 행위가 있는 경우에는, 사원($\substack{유한책임사\\원을\ 포함}$)의 청구에 의한 법원의 대표권상실선고가 인정된다($\substack{상\ 269조,\\216조}$). 그러나 무한책임사원($\substack{대표권이\\있는\ 사원}$)이 1인뿐인 경우에는, 업무집행사원의 경우와 같이 다른 사원은 대표권상실선고를 법원에 청구할 수

---

1) 정(동), (회) 790면; 이(철), (회) 193면; 채, 903면; 이(기) 외, (회) 638면; 주상(제5판)(회사 Ⅰ), 426~427면 외.
2) 대판 1966. 1. 25, 65 다 2128(집 14 ① 민 15); 동 1972. 5. 9, 72 다 8(집 20 ② 민 13)(그러나 유한책임사원을 대표사원으로 등기하였다고 하여도 대표권을 가질 수 없는데, 그 후 그 유한책임사원을 무한책임사원으로 변경등기하였다면 그는 이 변경등기를 한 때에 대표사원의 자격을 갖게 된다고 한다); 동 1991. 7. 26, 90 다 19206.

없다고 본다.[1]

2. 대표의 방법

대표기관이 대표권을 행사하는 방법은 합명회사의 경우와 같다. 즉, 원칙적으로 각자 대표이나($\frac{\text{상 269조,}}{\text{207조}}$), 예외적으로 정관 또는 총사원의 동의로 공동대표를 정할 수 있다($\frac{\text{상 269조,}}{\text{208조}}$).

제 2 사원책임

1. 무한책임사원의 책임

합자회사의 무한책임사원은 합명회사의 사원과 같이 회사채권자에 대하여 인적·연대·무한·직접의 책임을 부담한다($\frac{\text{상 269조,}}{\text{212조}}$).

2. 유한책임사원의 책임

(1) 합자회사의 유한책임사원은 회사채권자에 대하여 인적·연대·유한·직접의 책임을 부담한다. 또한 유한책임사원의 책임도 무한책임사원의 그것과 같이 회사채무와 관련하여 부종성과 보충성을 갖는다.[2] 다만 유한책임사원은 무한책임사원과 비교하여 유한의 책임을 부담하는 점에서 차이가 있는데, 유한책임사원의 책임은 출자가액을 한도로 한다. 따라서 유한책임사원이 회사채권자에 대하여 직접 변제책임을 지는 한도는, 출자가액에서 이미 회사에 이행한 부분을 공제한 가액이다($\frac{\text{상 279}}{\text{조 1항}}$). 이 때 유한책임사원이 회사에 이익이 없음에도 불구하고 배당을 받은 경우에는, 그 배당받은 금액은 변제책임을 정함에 있어서 이를 가산한다($\frac{\text{상 279}}{\text{조 2항}}$).

이와 같이 유한책임사원이 회사채권자에 대하여 직접 변제를 하면 그만큼 유한책임사원의 출자의무는 감소한다.[3]

(2) 유한책임사원의 출자가액의 감소는 다른 한편 그 사원의 책임의 감소를 수반하는데, 다만 회사채권자를 보호하기 위하여 그러한 사원은 출자가액의 감소에 따른 변경등기 전에 생긴 회사채무에 대하여는 변경등기 후 2년 내에는 종전의 책

---

1) 동지: 대판 1977. 4. 26, 75 다 1341(집 25 ① 민 166); 정(희), 350면; 채, 906면; 정(동), (회) 790~791면(동 교수는 무한책임사원이 1인인 경우 업무집행권상실선고는 가능하다고 보면서, 대표권상실선고는 불가능하다고 본다).
2) 동지: 정(동), (회) 791면; 주상(제5판)(회사 I), 427면.
3) 동지: 정(동), (회) 791면; 주상(제5판)(회사 I), 428면.

임을 진다($\frac{상}{280조}$).

3. 사원의 책임의 변경

정관변경에 의하여 유한책임사원이 무한책임사원으로 변경된 경우에는, 그 사원은 합명회사의 신입사원의 가입과 같이 변경 전의 회사채무에 대하여 다른 무한책임사원과 동일한 책임을 진다($\frac{상\ 282조,}{213조}$). 한편 정관변경에 의하여 무한책임사원이 유한책임사원으로 변경된 경우에는, 그 사원은 합명회사의 퇴사원과 같이 변경등기를 하기 전에 생긴 회사채무에 대하여 변경등기 후 2년 내에는 다른 무한책임사원과 동일한 책임을 진다($\frac{상\ 282조,}{225조\ 1항}$).

4. 자칭무한책임사원의 책임

유한책임사원이 타인에게 자기를 무한책임사원이라고 오인시키는 행위를 한 때에는 그 오인으로 인하여 회사와 거래한 자에 대하여 무한책임사원과 동일한 책임을 진다($\frac{상\ 281}{조\ 1항}$). 유한책임사원이 그 책임의 한도를 오인시키는 행위를 한 때에도 오인시킨 한도에서 책임을 진다($\frac{상\ 281}{조\ 2항}$).

제 4 절　기구변경

제 1 관　정관변경

합자회사는 총사원($\frac{무한책임사원}{및\ 유한책임사원}$)의 동의에 의하여 정관($\frac{실질적\ 의}{의의\ 정관}$)을 변경할 수 있다($\frac{상\ 269조,}{204조}$). 그러나 이 규정은 임의규정이므로 정관의 규정에 의하여 그 요건을 완화할 수 있다(통설).

합자회사가 존립기간의 만료로 인하여 해산되는 경우 사원의 일부만 회사계속에 동의하였다면, '총사원의 동의'가 아닌 '존속에 찬성하는 사원들의 동의'만으로 존속기간에 관한 정관의 규정을 변경하거나 폐지할 수 있다.[1]

제 2 관　사원변경(입사 · 퇴사)

(1) 합자회사의 사원의 입사와 퇴사는 거의 합명회사의 사원의 그것과 같다

---

1) 대판 2017. 8. 23, 2015 다 70341(공보 2017, 1801).

($\binom{상}{269조}$).[1] 다만 합명회사의 사원($\binom{합자회사의}{무한책임사원}$)의 사망($\binom{정관의 규정으로 상속}{을 정하지 않은 경우}$) 및 성년후견개시시는 (당연)퇴사원인이 되나($\binom{상 269조, 218조}{3호·4호, 219조}$), 합자회사의 유한책임사원의 「사망」 및 「성년후견개시」는 (당연)퇴사원인이 되지 않는 점($\binom{상 283조}{1항, 284조}$)만이 다르다. 상법이 이와 같이 규정한 것은 유한책임사원은 그 사원의 개성이 중시되지 않기 때문인데, 이와 같은 규정은 모두 임의규정이므로 정관에 이와 달리 규정할 수 있다.[2] 유한책임사원이 사망한 경우 상속인이 수 인인 때에는 사원의 권리를 행사할 자 1인을 정하여야 하는데, 이를 정하지 아니한 때에는 회사의 통지 또는 최고는 그 중 1인에 대하여 하면 전원에 대하여 그 효력이 있다($\binom{상 283}{조 2항}$).

(2) 무한책임사원과 유한책임사원 각 1인만으로 된 합자회사에 있어서는 한 사원이 다른 사원을 제명청구할 수 없다.[3]

(3) 정관에 기재된 합자회사 사원의 책임변경은 정관변경의 절차에 의하여야 한다.[4]

제 3 관   합   병

합자회사는 어느 회사와도 합병하여 기구를 변경할 수 있는데, 이에 관하여는 이미 회사에 관한 일반적 설명에서 상세하게 살펴보았다($\binom{상 174조, 175조, 269}{조, 230조\sim240조 참조}$).

---

1) 대판 2002. 4. 9, 2001 다 77567(공보 2002, 1064)(합자회사 설립 후 제3자가 합자회사의 사원으로 되는 방법으로는 입사에 의하여 원시적으로 사원자격을 취득하는 방법과 기존의 사원으로부터 지분을 양수하는 방법이 있는데, 전자의 입사 방법은 입사하려는 자와 회사 사이의 입사계약으로 이루어지고 후자의 입사 방법은 입사하려는 자와 기존 사원 개인 사이의 지분매매계약으로 이루어진다. 이러한 점에서 볼 때 합자회사의 무한책임사원인 대표사원과 제3자 사이의 동업계약은 그 내용에 비추어 제3자가 대표사원 개인에게 대금을 주고 그로부터 합자회사에 대한 지분 일부를 양수하기로 하는 지분매매계약이 아니라, 제3자가 합자회사와 사이에 합자회사에 출자금을 출자하고 새로 유한책임사원의 지위를 원시취득하기로 하는 입사계약이라고 볼 수 있다).

2) 동지: 정(동), (회) 793면; 주상(제5판)(회사 Ⅰ), 438~439면.

3) 동지: 대판 1991. 7. 26, 90 다 19206(공보 1991, 2241)(상법 제220조 1항, 제269조는 합자회사에 있어서 사원에게 같은 법조 소정의 제명사유가 있는 경우에는 다른 사원 과반수의 결의에 의하여 그 사원의 제명선고를 법원에 청구할 수 있다고 규정하고 있는바, 다른 사원 과반수의 결의란 그 문언상 명백한 바와 같이 제명대상인 사원 이외에 다른 사원 2인 이상의 존재를 전제로 하고 있는 점, 위 제명선고제도의 취지나 성질 등에 비추어 보면, 무한책임사원과 유한책임사원 각 1인만으로 된 합자회사에 있어서는 한 사원의 의사에 의하여 다른 사원의 제명을 할 수는 없다고 보아야 한다).

4) 동지: 대판 2010. 9. 30, 2010 다 21337(공보 2010, 1981)(상법 제270조는 합자회사 정관에는 각 사원이 무한책임사원인지 또는 유한책임사원인지를 기재하도록 규정하고 있으므로, 정관에 기재된 합자회사 사원의 책임 변경은 정관변경의 절차에 의하여야 하고, 이를 위해서는 정관에 그 의결정족수 내지 동의정족수 등에 관하여 별도로 정하고 있다는 등의 특별한 사정이 없는 한 상법 제269조에 의하여 준용되는 상법 제204조에 따라 총 사원의 동의가 필요하다. 또한 합자회사의 유한책임사원이 한 지분양도가 합자회사의 정관에서 규정하고 있는 요건을 갖추지 못한 경우에는 그 지분양도는 무효이다).

제 4 관   조직변경

합자회사는 총사원의 동의로 합명회사로 조직변경을 하여 기구를 변경할 수 있는데, 이에 관하여는 이미 회사에 관한 일반적 설명에서 상세하게 살펴보았다($\substack{\text{상}\\286조}$).

제 5 절   해산과 청산

제 1 관   해   산

(1) 합자회사의 해산사유는 합명회사의 그것과 대체로 같으나($\substack{\text{상} 269조,\\227조}$), 이에 추가되는 해산사유는 「무한책임사원 또는 유한책임사원의 전부가 퇴사한 때」이다($\substack{\text{상}285\\조\\1항}$). 이러한 경우에 합자회사는 「청산절차」에 들어갈 수도 있지만, 기업의 유지를 위하여 잔존한 사원 전원의 동의로써 새로 무한책임사원 또는 유한책임사원을 가입시켜서 회사를 「계속」할 수도 있다($\substack{\text{상} 285\\조 2항}$). 회사를 계속하는 경우 신입사원의 책임 및 회사계속의 등기는 합명회사의 그것과 같다($\substack{\text{상} 285조 3항,\\213조, 229조 3항}$).

(2) 합자회사는 유한책임사원의 전원이 퇴사하여 해산사유가 발생한 경우에는, 잔존 무한책임사원만으로 그의 전원의 동의로써 합명회사로 조직변경하여 회사를 「계속」할 수도 있다($\substack{\text{상} 286\\조 2항}$).

제 2 관   청   산

합자회사의 청산방법에도 임의청산과 법정청산의 두 가지 방법이 있는 것은 합명회사의 경우와 같다($\substack{\text{상} 269조,\\247조~266조}$). 다만 법정청산의 경우에 청산인이 원칙적으로 총사원이 아니라 무한책임사원의 과반수의 의결로 선임되는 점($\substack{\text{상} 287\\조 본문}$)은 합명회사의 경우와 다르다.

그러나 예외적으로 청산인이 선임되지 않은 경우에 업무집행사원이 청산인이 되는 점($\substack{\text{상} 287\\조 단서}$), 「사원이 1인으로 되어 해산된 때」와 「법원의 해산명령 또는 해산판결에 의하여 해산된 때」에는 법원에 의하여 청산인이 선임되는 점($\substack{\text{상} 269조,\\252조}$)은 합명회사의 경우와 같다.

제 5 장 유한책임회사

제1절 총 설

제1 의 의

(1) 유한책임회사는 대내관계에서는 조합의 요소(폭넓은 사적 자치)를 갖고 대외관계에서는 주식회사(물적회사)의 요소(사원의 유한책임)를 갖는 혼합형 회사형태라고 볼 수 있다.[1] 즉, 유한책임회사는 원칙적으로 합명회사의 성격을 갖는데, 이에 예외적으로 주식회사(물적회사)의 성격을 반영한 회사형태라고 볼 수 있다. 유한책임회사에 주식회사(물적회사)의 성격을 반영한 대표적인 것으로는, 자본금이 있고(상 287조의 3, 3호) 또한 이를 등기하도록 한 점(상 287조의 5) · 사원의 책임은 상법에 다른 규정이 없는 한 그 출자금액을 한도로 하는 점(상 287조의 7) · 사원이 아닌 자를 업무집행자로 정할 수 있도록 한 점(상 287조의 12 1항) · 대표소송에 관한 규정이 있는 점(상 287조의 22) · 회계에 관한 별도의 규정이 있는 점(상 287조의 32~287조의 37) · 1인회사의 설립 및 존속을 인정하는 점(상 287조의 2, 287조의 38 2호) · 유한책임회사를 주식회사로 조직변경하거나 주식회사를 유한책임회사로 조직변경할 수 있도록 한 점(상 287조의 43) · 임의청산을 배제한 점(상 287조의 45) 등이다.

(2) 유한책임회사는 위에서 본 바와 같이 주식회사의 요소를 반영한 부분도 있으나 전체적으로 볼 때 합명회사의 요소를 더 많이 갖고 있으므로 인적회사인 합자회사 다음에 규정하고 있다(상 170조에서도 '유한책임회사'를 합자회사와 주식회사 사이에 배열하고 있음).

(3) 우리 상법상 유한책임회사는 미국의 유한책임회사(Limited Liability Company: LLC) 및 일본의 2005년 회사법이 도입한 합동회사와 유사한 제도이다. 미국의 LLC

---

1) 동지: 정대익, "상법개정안상 새로운 기업유형에 대한 검토," 「상사법연구」(한국상사법학회), 제28권 제3호(2009. 11), 91면.

는 1977년 Wyoming주에서 최초로 입법이 되었는데, 1988년 미국 연방국세청 (Internal Revenue Service: IRS)이 LLC에 대하여 조합과세 결정을 내린 것을 결정적 계기로 하여 급속도로 확산되었으며, 1996년에는 통일유한책임회사법(Uniform Limited Liability Company Act: ULLCA)이 입법되고 나서 모든 주가 LLC제도를 도입하게 되었고 2006년에는 개정통일유한책임회사법(Revised Uniform Limited Liability Company Act: RULLCA)이 제정되었다.[1] 일본의 회사법에서는 유한회사제도를 폐지하고 이에 갈음하여 합동회사를 입법하였다. 따라서 2011년 4월 개정상법에서 도입한 유한책임회사[2]는 이와 유사한 유한회사와 병존하고 있고$\binom{일본의\ 경우}{와\ 구별됨}$[3] 또한 유한책임회사에 대하여 별도의 세제상 인센티브가 없는 상태에서$\binom{미국의\ 경우}{와\ 구별됨}$[4] 유한책임회사의 이용이 활성화될 것인지는 매우 의문이다.[5]

제 2 경제적 기능

유한책임회사는 최근의 경제체제가 인적 자산을 중시하는 지식기반형 산업중심구조로 변화되고 있음에 따라, 사적 자치를 존중하고 인적 능력을 적절하게 평가 · 보상할 수 있는 기업의 형태에 부응하기 위한 회사로서, 조합과 주식회사의 장점을 살린 회사형태이다.[6]

이러한 유한책임회사는 기업형태의 선택 기회를 다양화하고 또한 지식기반사회에 적합한 기업형태로서 인적 요소가 중시되는 소규모 폐쇄기업 · 벤처기업 및 투자기업 등 기술이나 지식을 기반으로 하는 기업 등에서 이용될 것으로 예상하는데,[7] 앞으로 그 경제적 기능이 얼마나 활성화될지는 앞에서 본 바와 같이 매우 의문이다.

---

1) 정대익, 전게논문(상사법연구 제28권 제3호), 99~100면.
2) 2011년 개정상법상 유한책임회사에 관한 상세는 황학천, "2011년 개정상법상의 합자조합과 유한책임회사에 관한 연구," 법학박사학위논문(고려대, 2012. 2) 참조.
3) 유한회사를 회사형태로 채택하고 있는 국가에서는 유한책임회사(LLC)를 도입하지 않고(중국 · 영국), 유한책임회사(LLC)를 도입한 국가에서는 유한회사제도가 없다(일본)[정대익, 전게논문(상사법연구 제28권 제3호), 114면 주 81 참조].
4) 유한책임회사가 이와 유사한 유한회사와 병존하고 있는 상태에서 유한책임회사에 대하여만 특별히 세제상 인센티브를 부여하는 것도 기대하기 어렵다.
5) 동지: 정대익, 전게논문(상사법연구 제28권 제3호), 112~116면.
6) 구승모, "상법 회사편 입법과정과 향후과제," 「선진상사법률연구」(법무부), 통권 제55호(2011. 7), 134면.
7) 정대익, 전게논문(상사법연구 제28권 제3호), 109면.

제 3 유한책임회사와 합명회사 및 유한회사와의 차이점

1. 유한책임회사와 합명회사와의 차이점

유한책임회사와 합명회사와의 차이점은 주로 유한책임회사에 주식회사의 성격을 반영한 점인데, 이는 다음과 같다.

(1) 유한책임회사는 1인 설립과 1인 존속이 가능한데($\frac{\text{상 287조의 2,}}{\text{287조의 38 2호}}$), 합명회사는 2인 이상의 사원이 회사를 설립하여야 하고 또한 사원이 1인으로 된 때는 해산사유가 된다($\frac{\text{상 178조,}}{\text{227조 3호}}$).

(2) 유한책임회사는 '자본금의 액'이 정관의 절대적 기재사항이고($\frac{\text{상 287조}}{\text{의 3 3호}}$) 또한 이는 본점소재지의 등기사항인데($\frac{\text{상 287조}}{\text{의 5 3호}}$), 합명회사는 법률상 자본금이라는 개념이 없다.[1]

(3) 유한책임회사는 '업무집행자의 성명($\frac{\text{법인인 경우}}{\text{에는 명칭}}$) 및 주소'가 정관의 절대적 기재사항이고($\frac{\text{상 287조}}{\text{의 3 4호}}$) 또한 이는 본점의 등기사항인데($\frac{\text{상 287조}}{\text{의 5 3호}}$), 합명회사의 각 사원은 정관에 다른 규정이 없는 때에는 회사의 업무를 집행할 권리와 의무가 있으므로($\frac{\text{상 200}}{\text{조 1항}}$) 원칙적으로 업무집행사원은 정관의 절대적 기재사항도 아니고 또한 등기사항($\frac{\text{상}}{\text{180조}}$)도 아니다.

(4) 유한책임회사에서는 '정관에서 공고방법을 정한 경우에는 그 공고방법'이 등기사항이나($\frac{\text{상 287조}}{\text{의 5 6호}}$), 합명회사에서는 공고방법이 등기사항($\frac{\text{상}}{\text{180조}}$)이 아니다.

(5) 유한책임회사의 사원은 신용이나 노무를 출자의 목적으로 하지 못하는데($\frac{\text{상 287}}{\text{조의 4 1항}}$), 합명회사의 사원은 신용이나 노무도 출자의 목적으로 한다($\frac{\text{상 195조 · 222조,}}{\text{민 703조 2항}}$).

(6) 유한책임회사의 사원은 정관의 작성 후 설립등기를 하는 때까지 금전이나 그 밖의 재산의 출자를 전부 이행하여야 하고($\frac{\text{상 287조}}{\text{의 4 2항}}$) 현물출자도 납입기일에 전부 이행하여야 하는데($\frac{\text{상 287조}}{\text{의 4 3항}}$), 합명회사에서는 사원의 출자이행의 시기와 방법에 대하여 규정하고 있지 않으므로 정관에 규정이 없으면 보통의 업무집행의 방법으로 자유로이 할 수 있다.[2]

(7) 유한책임회사는 정관에서 사원이 아닌 자를 업무집행자로 정할 수 있는데($\frac{\text{상 287}}{\text{조의 12}}$), 합명회사에서는 사원이 아닌 자에게 업무집행을 맡길 수 없다($\frac{\text{상 200조 1항,}}{\text{201조 1항}}$).

유한책임회사에서는 법인이 업무집행자와 대표자가 될 수 있는데($\frac{\text{상 287조의 3 4호,}}{\text{287조의 5 1항 4}}$

---

1) 합명회사에서 통속적으로 자본금이라고 할 때에는 노무출자와 신용출자를 제외한 「재산출자의 총액」을 말한다(이 책 576면〈출자의 의의〉참조).

2) 이 책 578~579면 참조.

호·5호, 287조의 15, 287조의 19 1항), 합명회사에서는 사원이 업무집행자와 대표자가 되고 회사는 합명회사의 사원이 될 수 없으므로(상173조) 회사(법인)는 합명회사의 업무집행사원 및 대표사원이 될 수 없다.

(8) 유한책임회사의 사원은 회사채권자에 대하여 (상법에 다른 규정이 있는 경우 외에는) 그 출자금액을 한도로 하여 책임을 지는데(상287조의7), 합명회사의 각 사원은 회사채권자에 대하여 회사의 재산으로 회사의 채무를 완제할 수 없는 때에는 연대하여 변제할 책임이 있다(상212조 1항).

(9) 유한책임회사에서는 대표소송이 인정되는데(상287조의22), 합명회사에서는 대표소송이 인정되지 않는다.

(10) 유한책임회사에서는 입사의 효력이 정관변경만으로 발생하지 않고 출자의 납입 또는 현물출자의 이행을 마친 때에 발생하나(상287조의23 2항·3항), 합명회사에서 입사의 효력은 총사원의 동의에 의한 정관변경시(총사원의 동의시)에 발생한다(상204조).

(11) 유한책임회사에서는 사원이 퇴사하는 경우 퇴사하는 사원에게 환급하는 금액이 잉여금을 초과한 때에는 그 환급에 대하여 회사의 채권자가 회사에 이의를 제기할 수 있도록 하는 등 회사의 채권자보호에 관한 규정이 있는데(상287조의30), 합명회사에는 사원이 회사의 채권자에 대하여 무한책임을 지므로 이러한 규정이 없다.

(12) 유한책임회사에서 사원의 제명을 위한 결의요건은 원칙적으로 '다른 사원 과반수의 결의'이고 다만 정관에서 이와 달리 정할 수 있는데(상287조의27), 합명회사에서 사원의 제명을 위한 결의요건은 언제나 '다른 사원 과반수의 결의'이다(상220조 1항).

(13) 유한책임회사에서는 회사의 회계에 관하여 특별한 규정을 두고 있는데(상287조의32~287조의37), 합명회사에서는 회계에 관하여 특별한 규정을 두고 있지 않다.

(14) 유한책임회사는 주식회사와 상호 조직변경을 할 수 있는데(상287조의43), 합명회사는 합자회사와 상호 조직변경을 할 수 있다(상242조 1항, 286조 1항).

(15) 유한책임회사에서는 법정청산만이 인정되는데(상287조의45), 합명회사에서는 임의청산(상247조~248조)과 법정청산(상250조 이하)이 모두 인정된다.

2. 유한책임회사와 유한회사와의 차이점

유한책임회사는 (내부관계에서) 폭넓은 사적 자치를 위하여 유한회사에 비하여 합명회사의 요소를 더 많이 갖고 있는데(상287조의18 참조), 이 점이 특히 유한회사와의 차이점이라고 볼 수 있다.

(1) 유한책임회사에서는 자본금이 균일한 비례적 단위인 출자(좌수)로 분할되지

않으나$\binom{상 287조}{의 35 참조}$$\binom{이 점에서 각 사원의 지분}{은 인적회사의 지분과 같음}$, 유한회사에서는 자본금이 출자(좌수)로 분할되고 출자 1 좌의 금액은 100원 이상으로 균일하여야 한다$\binom{상}{546조}$$\binom{이 점은 액면주식을 가}{진 주식회사와 유사함}$.

이러한 점에서 유한책임회사에서는 '사원의 출자의 목적 및 가액'이 정관의 절대적 기재사항이나$\binom{상 287조}{의 3 2호}$, 유한회사에서는 '각 사원의 출자좌수'가 정관의 절대적 기재사항이다$\binom{상 543조}{2항 4호}$.

또한 유한책임회사에서의 자본금의 액은 '사원이 출자한 금전이나 그 밖의 재산의 가액'인데$\binom{상 287}{조의 35}$$\binom{이 점은 합명회사}{의 경우와 유사함}$,[1] 유한회사의 자본금은 (상법에 정의규정은 없으나) '(출자 1좌의 발행가액 − 자본준비금으로 적립할 금액)×발행한 출자좌수'라고 볼 수 있다$\binom{상 546조, 583}{조·459조 1항}$.

(2) 유한책임회사는 설립에서 상법에 변태설립사항에 관한 규정이 없으나$\binom{이 점은}{합명회사}$$\binom{의 경우}{와 유사함}$, 유한회사는 설립에서 상법에 변태설립사항에 대하여 규정하고 있다$\binom{상}{544조}$$\binom{이 점은 주식회사}{의 경우와 유사함}$.

(3) 유한책임회사의 경우는 설립시 사원의 현물출자 등의 부족재산가격 및 출자 불이행 등에 대하여 아무런 규정을 두고 있지 않으나$\binom{이 점은 합명회사}{의 경우와 유사함}$, 유한회사의 경우는 사원의 현물출자 등의 부족재산가격에 대하여는 회사 성립 당시의 사원에 대하여 전보책임을 부과하고$\binom{상 550}{조 1항}$ 회사 성립 후에 금전출자 또는 현물출자의 불이행이 있는 때에는 회사 성립 당시의 사원 및 이사·감사에 대하여 출자미필액에 대한 전보책임을 부과하고 있다$\binom{상 551}{조 1항}$$\binom{이 점은 주식회사의 발}{기인의 책임과 유사함}$.

그러나 주식회사로의 조직변경시에 발행하는 주식의 발행가액의 총액에 부족한 순재산액에 대한 전보책임이 사원 및 이사·감사에게 있는 점은 유한책임회사와 유한회사가 같다$\binom{상 287조의}{44, 607조 4항}$.

(4) 유한책임회사에서 사원은 정관에 다른 정함이 없으면 다른 사원의 동의$\binom{업무}{를 집}$$\binom{행하지 아니한 사원은 업}{무집행사원의 전원의 동의}$를 받지 아니하면 그 지분의 전부 또는 일부를 타인에게 양도하지 못하는데$\binom{상 287}{조의 8}$$\binom{이 점은 합명회사}{의 경우와 유사함}$, 유한회사에서 사원은 정관에서 지분의 양도를 제한하지 않으면 자유롭게 그 지분의 전부 또는 일부를 양도할 수 있다$\binom{상}{556조}$$\binom{이 점은 주식}{회사의 경우}$$\binom{와 유}{사함}$.

(5) 유한책임회사에서는 회사가 자기지분의 전부 또는 일부를 양수할 수 없고$\binom{상 287조}{의 9 1항}$ 유한책임회사가 그의 지분을 취득하는 경우 그 지분은 취득한 때에 소멸하나$\binom{상 287조}{의 9 2항}$$\binom{이 점은 합명회사}{의 경우와 유사함}$, 유한회사에서는 일정한 사유가 있는 경우$\binom{회사의 합병 또는 다른}{회사의 영업전부의 양수}$

---

1) 합명회사에서는 자본금에 대한 규정은 없으나, 자본금은 손익의 계산에 필요한데 이는 해석상 '사원의 재산출자 총액'으로 보고 있다(이 책 577면 참조).

로 인한 경우 등)에는 자기지분을 취득할 수 있고(상 560조 1항, 342조의 2) 또한 이와 같이 취득한 자기지분은 처분하거나 소각할 수 있다(상 560조 1항, 342조, 343조)(이 점은 주식회사의 경우와 유사함).

(6) 유한책임회사에서는 사원총회가 없는데(이 점은 합명회사의 경우와 유사함), 유한회사에는 사원총회가 있다(상 571조 이하)(이 점은 주식회사의 경우와 유사함).

(7) 유한책임회사에서는 업무집행자의 성명(법인인 경우에는 명칭) 및 주소가 정관의 절대적 기재사항이나(상 287조의 3 3호)(이 점은 합명회사에서 정관으로 업무집행사원을 정한 경우와 유사함), 유한회사에서는 초대이사에 한하여 정관에서 정할 수 있으나(정관에서 정하지 아니한 때에는 회사 성립 전에 사원총회에서 선임함) 그 이후에는 사원총회에서 선임한다(상 547조, 567조 · 382조)(이 점은 주식회사의 경우와 유사함).

또한 유한책임회사에서는 법인이 업무집행자인 경우의 특칙을 두고 있으나(상 287조의 3 4호, 287조의 5 4호, 287조의 15)(이 점은 합명회사의 경우와 구별됨), 유한회사에서는 법인이 이사인 경우의 특칙이 없고 법인이 이사가 될 수 있는지 여부에 대하여는 학설이 나뉘고 있다(이 점은 주식회사의 경우와 유사함).

(8) 유한책임회사에서는 감사(監事)가 없는데(이 점은 합명회사의 경우와 유사함), 유한회사는 정관에 의하여 1인 또는 수인의 감사(監事)를 둘 수 있다(상 568조)(이 점은 자본금 총액이 10억원 미만인 소규모 주식회사의 경우와 유사함).

(9) 유한책임회사에서는 업무집행자가 자기 또는 제3자의 계산으로 회사의 영업부류에 속한 거래를 하거나 같은 종류의 영업을 목적으로 하는 다른 회사의 업무집행자 · 이사 또는 집행임원이 되기 위하여는 '사원 전원의 동의'를 받아야 하고(상 287조의 10) 업무집행자와 회사간의 거래를 하기 위하여는 '다른 사원 과반수의 결의'가 있어야 하는데(상 287조의 11)(이 점은 합명회사의 경우와 유사함), 유한회사에서는 이사가 회사의 영업부류에 속한 거래를 하거나 같은 종류의 영업을 목적으로 하는 다른 회사의 업무집행자 등이 되기 위하여는 '사원총회의 승인'이 있어야 하고(상 567조 2문) 이사와 회사간의 거래를 하기 위하여는 '감사(監事)가 있으면 감사의 승인, 감사가 없는 때에는 사원총회의 승인'이 있어야 한다(상 564조 3항).

(10) 유한책임회사에서는 업무집행자가 아닌 사원에 대하여는 합자회사의 유한책임사원과 같은 감시권을 인정하고 있는데(상 287조의 14, 277조)[1](이 점은 인적회사의 경우와 유사함), 유한회사에서는 이사가 아닌 사원은 사원총회를 통하여 이사의 업무집행을 간접적으로 감독하고 또한 이사에 대한 위법행위 유지청구권과 대표소송권[2]을 통하여 직접적으로 감독한다(상 567조 · 382조, 564조의 2, 565조 등)(이 점은 주식회사의 경우와 유사함).

(11) 유한책임회사에서는 원칙적으로 업무집행자가 유한책임회사를 대표하고(상 287

---

1) 합명회사에서 업무집행권이 없는 사원에게도 해석상 업무감시권이 인정된다(이 책 580면, 583면 참조).
2) 유한책임회사에서는 사원의 업무집행자에 대한 위법행위 유지청구권은 인정되지 않으나, 사원의 대표소송권은 인정되고 있다(상 287조의 22).

$\binom{\text{조의}}{19\ 1항}$ 업무집행자가 둘 이상인 경우로서 정관 또는 총사원의 동의로 유한책임회사를 대표할 업무집행자를 정할 수 있는데$\binom{\text{상 287조}}{\text{의 19 3항}}$$\binom{\text{이 점은 합명회사}}{\text{의 경우와 유사함}}$, 유한회사에서는 원칙적으로 이사가 유한회사를 대표하는데$\binom{\text{상 562}}{\text{조 1항}}$ 이사가 수인인 경우에 정관에 다른 정함이 없으면 사원총회에서 회사를 대표할 이사를 선정하여야 한다$\binom{\text{상 562}}{\text{조 2항}}$$\binom{\text{반드시 대표}}{\text{이사를 두어}}$ 야 하는 점은 주식회사의 경우와 유사하나, 대 표이사의 선임방법은 합명회사의 경우와 유사함$)$.

(12) 유한책임회사에서는 사원의 가입(입사) 및 탈퇴(퇴사)$\binom{\text{제명을}}{\text{포함함}}$에 대하여 규정하고 있는데$\binom{\text{상 287조의}}{23\sim287조의\ 31}$$\binom{\text{이 점은 합명회사}}{\text{의 경우와 유사함}}$, 유한회사에서는 (원칙적으로) 사원의 지분의 자유로운 양도를 인정하고 있으므로$\binom{\text{상}}{556조}$ 입사와 퇴사에 대하여는 규정하고 있지 않다$\binom{\text{이 점은 주식회사}}{\text{의 경우와 유사함}}$.

(13) 유한책임회사에서의 잉여금의 분배는 대차대조표상의 순자산액으로부터 자본금의 액을 뺀 액을 한도로 하는데$\binom{\text{상 287조}}{\text{의 37 1항}}$$\binom{\text{이 점은 합명회사}}{\text{의 경우와 유사함}}$, 유한회사에서의 이익배당은 대차대조표의 순자산액으로부터 (i) 자본금의 액·(ii) 그 결산기까지 적립된 자본준비금과 이익준비금의 합계액·(iii) 그 결산기에 적립하여야 할 이익준비금의 액 및 (iv) 대통령령으로 정하는 미실현이익을 공제한 액을 한도로 한다$\binom{\text{상 583조,}}{462조\ 1항}$ $\binom{\text{이 점은 주식회사}}{\text{의 경우와 동일함}}$.

(14) 유한책임회사에서는 '총사원의 동의'가 있어야 해산사유가 되나$\binom{\text{상 287조의}}{38\ 1호·227}$ $\binom{조}{2호}$$\binom{\text{이 점은 합명회사}}{\text{의 경우와 동일함}}$, 유한회사에서는 '사원총회의 특별결의'가 해산사유이다$\binom{\text{상 609조 1}}{\text{항 2호, 2항}}$ $\binom{\text{이 점은 주식회사}}{\text{의 경우와 유사함}}$.

또한 유한책임회사에서는 부득이한 사유가 있는 때에 각 사원이 회사의 해산을 청구할 수 있는데$\binom{\text{상 287조의}}{42,\ 241조}$ $\binom{\text{이 점은 합명회사}}{\text{의 경우와 동일함}}$, 유한회사에서는 각 사원의 해산청구가 인정되지 않는다$\binom{\text{이 점은 주식회사}}{\text{의 경우와 동일함}}$.

제 2 절 설   립

제 1 설립절차

유한책임회사의 설립절차는 「정관의 작성」·「출자의 이행」 및 「설립등기」로 진행된다. 「출자의 이행」절차가 있는 점에서 인적회사의 설립절차에 물적회사의 설립절차의 요소를 가미하고 있다.

1. 정관의 작성

유한책임회사의 정관은 1인 이상의 사원이 작성하는데($\frac{상\ 287}{조의\ 2}$),[1] 이 정관에는 아래의 사항을 적고 각 사원이 기명날인하거나 서명하여야 한다($\frac{상\ 287}{조의\ 3}$).

(1) 절대적 기재사항

유한책임회사의 정관에 기재하여야 하는 절대적 기재사항은 다음과 같다.

1) **목   적**   유한책임회사가 수행하는 영업의 내용을 표시하여야 하는데, 이는 회사의 권리능력의 기초가 된다.

2) **상   호**   상호에 '유한책임회사'의 문자를 사용하여야 한다($\frac{상}{19조}$).

3) **사원의 성명 · 주민등록번호 및 주소**   유한책임회사의 조합적 성질을 반영하여 사원을 정관의 절대적 기재사항으로 한 것이다. 따라서 사원의 변경은 정관변경사항이다.

4) **사원의 출자의 목적 및 가액**   사원은 신용이나 노무를 출자의 목적으로 하지 못하고($\frac{상\ 287조}{의\ 4\ 1항}$) 금전이나 그 밖의 재산(현물)만을 출자의 목적으로 할 수 있으므로($\frac{상\ 287조의}{4\ 2항\ 참조}$), 이 때의 「출자의 목적」은 금전 또는 현물($^{구체적\ 내용}_{을\ 표시함}$) 중 어느 것인지 여부를 말한다. 또한 「출자의 가격」이란 현물출자의 경우 금전으로 평가한 가격을 의미한다.

5) **자본금의 액**   이 때의 「자본금의 액」은 '사원이 출자한 금전이나 그 밖의 재산의 가액'을 의미한다($\frac{상\ 287}{조의\ 35}$).

6) **업무집행자의 성명**(법인인 경우에는 명칭) **및 주소**   유한책임회사는 정관에서 사원 또는 사원이 아닌 자를 업무집행자로 정하여야 한다($\frac{상\ 287조}{의\ 12\ 1항}$). 유한책임회사는 법인을 업무집행자로 정할 수 있는데($\frac{상\ 287조의\ 3\ 4호,\ 287}{조의\ 5\ 1항\ 4호\ 참조}$), 법인이 업무집행자인 경우에는 그 법인은 해당 업무집행자의 직무를 행할 자(업무수행자)를 선임하여야 하고 이러한 업무수행자는 업무집행자와 동일하게 회사의 업무를 집행한다($\frac{상\ 287}{조의\ 15}$).

7) **본점의 소재지**   유한책임회사는 본점의 소재지에서 설립등기를 함으로써 성립한다($\frac{상}{172조}$).

8) **정관의 작성연월일**

(2) 상대적 기재사항

정관의 상대적 기재사항은 (i) 사원의 지분양도요건의 완화($\frac{상\ 287조}{의\ 8\ 3항}$), (ii) 정관의 변경요건의 완화($\frac{상\ 287}{조의\ 16}$), (iii) 업무집행자가 둘 이상인 경우 대표사원의 결정($\frac{상\ 287}{조의}$

---

1) 2인 이상의 사원이 정관을 작성하는 경우에는, 이러한 사원간에 회사설립을 목적으로 하는 민법상의 조합계약이 선행되고 이러한 조합계약의 이행으로써 정관을 작성하는 것이다.

$\frac{19}{2항}$), (iv) 공동대표의 결정($\frac{상\ 287조}{의\ 19\ 3항}$), (v) 사원의 임의퇴사요건의 결정($\frac{상\ 287}{조의\ 24}$), (vi) 사원의 당연퇴사사유의 결정($\frac{상\ 287조의}{25,\ 218조\ 1호}$), (vii) 사원의 제명요건의 결정($\frac{상\ 287조의}{27\ 단서}$), (viii) 퇴사사원에 대한 지분의 환급에 관한 사항($\frac{상\ 287조의}{28\ 3항}$), (ix) 사원에 대한 잉여금의 분배방법의 결정($\frac{상\ 287조의}{37\ 4항\cdot 5항}$), (x) 회사의 존립기간 기타 해산사유의 결정($\frac{상\ 287조의}{24\cdot 217조\ 1항,}$ $\frac{287조의}{38\cdot 227조\ 1호}$) 등이다.

(3) 임의적 기재사항

정관에는 유한책임회사의 본질·강행법규·사회질서에 반하지 않는 한 어떠한 사항도 기재할 수 있다.

2. 출자의 이행

(1) 유한책임회사에 주식회사의 요소를 반영한 것으로 회사의 설립시에 출자를 전부 이행하도록 하고 있다. 즉, 사원은 정관의 작성 후 설립등기를 하는 때까지 금전이나 그 밖의 재산의 출자를 전부 이행하여야 한다($\frac{상\ 287조}{의\ 4\ 2항}$). 현물출자를 하는 사원은 납입기일에 지체 없이 유한책임회사에 출자의 목적인 재산을 인도하고, 등기·등록·그 밖의 권리의 설정 또는 이전이 필요한 경우에는 이에 관한 서류를 모두 갖추어 교부하여야 한다($\frac{상\ 287조}{의\ 4\ 3항}$). 이는 주식회사의 경우($\frac{상\ 295조\ 1}{항\ 1문\cdot 2항}$)와 유사한데, 다만 납입장소에 관하여는 규정하고 있지 않다. 주식회사의 경우는 납입장소가 '은행 기타 금융기관 등'으로 지정되어야 하는데($\frac{상\ 295조}{1항\ 2문}$), 유한책임회사에서는 납입장소가 지정되지 않으므로 사원은 업무집행자에게 출자를 이행하면 된다고 본다.

(2) 유한책임회사의 사원이 출자를 이행하지 않는 경우에는 채무불이행의 일반원칙에 따라 그 이행을 강제하든가($\frac{민\ 389}{조,\ 390조}$), 정관을 변경하여 사원을 변경함으로써 출자를 이행하도록 하여야 하는데($\frac{상\ 287}{조의\ 16}$), 그렇지 않으면 회사불성립의 결과가 된다.

3. 설립등기

정관의 작성과 사원의 출자의 이행으로 실체가 완성된 유한책임회사는 본점의 소재지에서 설립등기를 함으로써 성립한다($\frac{상\ 172조,\ 287}{조의\ 5\ 1항}$). 이러한 설립등기에 의하여 유한책임회사의 설립절차는 종료된다. 설립등기에서의 등기사항 및 첨부서류는 다음과 같다($\frac{상\ 287조의}{5\ 1항\ 각호}$).

(1) 등기사항

1) 설립등기사항은 (i) 목적, (ii) 상호, (iii) 본점의 소재지와 지점을 둔 때에는 그 소재지, (iv) 존립기간 기타 해산사유를 정한 때에는 그 기간 또는 사유, (v) 자

본금의 액, (vi) 업무집행자의 성명·주소 및 주민등록번호$\binom{\text{법인인 경우에는 명칭·}}{\text{주소 및 법인등록번호}}\binom{\text{다만 유한}}{\text{책임회사}}$를 대표할 업무집행자를 정한 경우에는 $)$, (vii) 유한책임회사를 대표할 자를 정한 경우에는 그 그 외의 업무집행자의 주소는 제외한다 성명·주소 및 주민등록번호$\binom{\text{법인인 경우에는 명칭·}}{\text{주소 및 법인등록번호}}$), (viii) 정관에서 공고방법을 정한 경우에는 그 공고방법, (ix) 둘 이상의 업무집행자가 공동으로 회사를 대표할 것을 정한 경우에는 그 규정 등이다.

　2) 설립등기사항의 변경$\binom{\text{상 287조}}{\text{의 5 4항}}$, 지점의 설치$\binom{\text{상 287조의 5}}{\text{2항, 181조}}$, 본점이나 지점의 이전$\binom{\text{상 287조의 5}}{\text{3항, 182조}}$의 경우에도 일정기간 내에 등기하여야 한다.

　또한 유한책임회사의 업무집행자의 업무집행을 정지하거나 직무대행자를 선임하는 가처분을 하거나 그 가처분을 변경 또는 취소하는 경우에 본점 및 지점이 있는 곳의 등기소에서 등기하여야 한다$\binom{\text{상 287조}}{\text{의 5 5항}}$.

　(2) 첨부서류

　설립등기의 신청에는 첨부서류로서 (i) 정관, (ii) 출자이행을 한 것을 증명하는 서류 등을 첨부하여야 한다.

제 2　설립하자(무효·취소)

　유한책임회사의 설립의 무효와 취소에 관하여는 합명회사 설립의 무효와 취소에 관한 규정$\binom{\text{상 184조부터}}{\text{194조까지}}$이 준용된다$\binom{\text{상 287조}}{\text{의 6 1문}}$. 다만 유한책임회사의 설립 무효의 소의 제소권자가 '사원' 외에 '업무집행자'가 추가되어 있다$\binom{\text{상 287조}}{\text{의 6 2문}}$.

제 3 절　기　　구

제 1 관　총　　설

　(1) 유한책임회사의 법률관계는 크게 내부관계와 외부관계로 분류된다. 내부관계는 크게 출자 및 지분·업무집행·경업피지의무와 자기거래제한 등으로 분류할 수 있고, 외부관계는 회사의 대표·사원의 제3자에 대한 책임·대표소송 등으로 분류할 수 있는데, 이하에서는 이에 관하여 차례대로 살펴보기로 한다.

　(2) 유한책임회사의 내부관계에 관한 상법의 규정은 당사자간의 사적 자치의 원칙이 존중되어야 하므로 원칙적으로 임의법규라고 볼 수 있고, 정관이나 상법에 다른 규정이 없으면 합명회사에 관한 규정이 준용된다$\binom{\text{상 287}}{\text{조의 18}}$.

유한회사의 외부관계에 관한 상법의 규정은 거래의 안전이 존중되어야 하므로 대부분 강행법규라고 볼 수 있다.

제 2 관   내부관계

제 1   출자 및 지분

1. 출   자

(1) 유한책임회사의 사원은 반드시 회사에 대하여 출자를 하여야 하는데($\frac{상}{의\,3}\,\frac{287조}{2}$호 참조), 사원은 신용이나 노무를 출자의 목적으로 하지 못하고($\frac{상}{의\,4}\,\frac{287조}{1항}$) 금전이나 그 밖의 재산(현물)으로써만 출자할 수 있다($\frac{상}{2항\cdot3항}\,\frac{287조의\,4}{참조}$). 이 점은 합명회사의 사원의 출자목적과 구별되고, 주식회사의 주주의 출자목적과 유사하다.

(2) 사원은 정관 작성 후 설립등기를 하는 때까지 재산출자($\frac{금전\,또는}{현물출자}$)를 전부 이행하여야 하는데($\frac{상}{의\,4}\,\frac{287조}{2항}$), 현물출자인 경우 납입기일에 지체 없이 출자목적인 재산을 인도하고 등기·등록 그 밖의 권리의 설정 또는 이전이 필요한 경우에는 이에 관한 서류를 모두 갖추어 교부하여야 한다. 이 점은 합명회사의 경우와 구별되고, 주식회사의 경우($\frac{상}{295조}$)와 유사하다.

유한책임회사의 사원이 회사 성립시(설립등기시)까지 출자를 전부 이행하지 않으면 회사가 성립되지 않거나 사원으로 존속할 수 없으므로, 사원의 출자불이행시 합명회사의 경우와 같은 사원의 제명($\frac{상\,220조}{1항\,1호}$)·업무집행권($\frac{상\,205}{조\,1항}$) 또는 대표권($\frac{상}{216조}$)의 상실제도는 불필요하게 된다.

2. 지   분

(1) 지분의 의의

유한책임회사에서 사원의 지분은 사원권을 의미하는데(지분사원권설), 유한책임회사의 사원의 지분은 각 사원에게 1개만 있고(지분단일주의) 다만 그 분량이 출자액에 비례하여 상이할 뿐이다($\frac{상\,287조의\,18,}{195조,\,민\,711조}$). 이 점은 합명회사의 경우와 유사하고, 주식회사의 경우와는 구별된다.

(2) 지분의 양도

1) 유한책임회사의 사원은 정관에 다른 정함이 없는 경우 다른 사원의 동의를 받지 아니하면 그 지분의 전부 또는 일부를 타인에게 양도하지 못한다($\frac{상\,287조의}{8\,1항\cdot3항}$). 이

점은 합명회사의 경우($\frac{상}{197조}$)와 유사하고,[1] 주식회사의 경우($\frac{상 335}{조 1항}$)와 구별된다.

2) 유한책임회사의 업무를 집행하지 아니하는 사원은 정관에 다른 규정이 없는 경우 업무를 집행하는 사원 전원의 동의가 있으면 그 지분의 전부 또는 일부를 타인에게 양도할 수 있는데($^{다만, 업무를 집행하는 사원이 없는 경}_{우에는 사원 전원의 동의를 받아야 한다}$)[2]($^{상 287조의}_{8\ 2항 \cdot 3항}$), 이 점은 합자회사에서 유한책임사원의 지분양도의 경우($\frac{상}{276조}$)와 유사하다.

(3) 자기지분의 양수금지

유한책임회사는 그 지분의 전부 또는 일부를 양수할 수 없고($^{상 287조}_{의 9\ 1항}$), 유한책임회사가 자기지분을 취득하는 경우에 그 지분은 취득한 때에 소멸한다($^{상 287조}_{의 9\ 2항}$). 합명회사의 경우에 이 점에 관한 명문규정은 없으나, 합명회사가 사원으로부터 그의 지분을 취득하는 것은 그 사원의 퇴사로 인한 일부청산과 유사하므로 그 지분은 합명회사가 취득한 때에 소멸한다고 볼 수 있다. 따라서 이 점은 합명회사의 경우와 유사하고, 주식회사의 경우($^{상 341조,}_{341조의 2}$)와 구별된다고 본다. 이 점에서 유한책임회사는 물적회사는 아니고, 인적회사에 가깝다고 볼 수 있다.

(4) 지분의 상속

유한책임회사의 사원이 사망한 경우에는 합명회사의 경우와 같이 원칙적으로 상속되지 않고, 상속인은 지분의 환급을 받게 된다(퇴사원인)($^{상 287조의}_{25,\ 218조 3호}$). 다만, 유한책임회사의 사원이 사망한 경우에는 정관으로 그 상속인이 회사에 대한 피상속인의 권리의무를 승계하여 사원이 될 수 있음을 정한 경우에만 상속되는데, 이 때 상속인은 상속의 개시를 안 날로부터 3월 내에 회사에 대하여 승계 또는 포기의 통지를 발송하여야 한다($^{상 287조의}_{26,\ 219조 1항}$). 상속인이 이러한 통지 없이 3월을 경과한 때에는 사원이 될 권리를 포기한 것으로 본다($^{상 287조의}_{26,\ 219조 2항}$). 그러나 청산중의 회사의 사원이 사망한 경우에는, 이러한 정관의 규정이 없더라도 당연히 상속인이 피상속인의 지분을 상속한다($^{상 287조의}_{45,\ 246조}$). 유한책임회사의 이러한 점은 합명회사의 경우와 동일하다.

(5) 지분의 입질 · 압류

유한책임회사의 사원의 지분도 재산적 가치를 가지는 것이므로, 그 입질(권리질)과 압류가 가능하다고 본다.

1) 유한책임회사의 사원의 지분의 입질에 관하여는 상법상 명문규정은 없으나,

---

1) 합명회사의 경우 정관으로써 이 요건을 완화하여 규정할 수 있느냐에 대하여, 유한책임회사에서와 같이 명문규정은 없으나, 지분양도의 제한규정은 회사의 대내관계에 관한 임의법규에 속하는 것이므로 정관으로써 이를 완화하여 규정할 수 있다고 보는 것이 통설이다(이 책 587면 참조). 이와 같이 보면 이 점은 유한책임회사의 경우와 합명회사의 경우가 같은 점인데, 다만 규정형식에서만 차이가 있을 뿐이다.

2) 이는 사원이 아닌 자를 전부 업무집행자로 정한 경우이다(상 287조의 12 1항 참조).

지분의 양도와 동일한 방법($\frac{\text{상 287}}{\text{조의 8}}$)으로 질권을 설정할 수 있다고 본다.[1] 그러나 이 경우 지분의 질권자는 지분에 대한 경매권은 없고, 사원의 장차 구체화될 이익배당청구권과 지분환급청구권 및 잔여재산분배청구권에 그 질권의 효력을 갖는다고 본다($\frac{\text{민}}{\text{342조}}$).

2) 유한책임회사의 사원의 지분을 압류한 채권자는 회사와 그 사원에 대하여 6월 전에 예고를 함으로써($\frac{\text{이러한 예고는 그 사원이 변제를 하거나 상}}{\text{당한 담보를 제공한 때에는 그 효력을 잃음}}$) 영업연도말에 그 사원을 퇴사시킬 수 있다($\frac{\text{상 287조의}}{\text{29, 224조}}$). 이 때 사원의 지분의 압류채권자는 그 퇴사 사원의 지분환급청구권($\frac{\text{상 287}}{\text{조의 28}}$)을 전부(轉付)함으로써 채권의 만족을 얻을 수 있다. 이 경우 그 퇴사 사원에 대한 지분환급금액이 그 유한책임회사의 순자산액으로부터 자본금의 액을 뺀 액(잉여금)을 초과하면 그 유한책임회사의 채권자는 회사에 이의를 제기할 수 있는데($\frac{\text{상 287조}}{\text{의 30 1항}}$), 이러한 이의제기가 있으면 회사는 그 채권자에 대하여 변제 또는 상당한 담보를 제공하거나 이를 목적으로 하여 상당한 재산을 신탁회사에 신탁하여야 한다($\frac{\text{상 287조의 30 2항}}{\text{본문, 232조 3항}}$). 다만 회사가 잉여금을 초과한 지분을 환급하더라도 회사의 채권자에게 손해를 끼칠 우려가 없는 경우에는 회사는 그 채권자에게 변제 등을 하지 않아도 된다($\frac{\text{상 287조의}}{\text{30 2항 단서}}$).

유한책임회사의 사원의 지분을 압류한 채권자는 합명회사 사원의 지분의 압류채권자와 같이 그 사원이 장래 유한책임회사로부터 받을 잉여금분배청구권($\frac{\text{상 287조}}{\text{의 37 6항}}$)과 임의퇴사나 당연퇴사에 의한 지분환급청구권($\frac{\text{상 287}}{\text{조의 28}}$)에도 압류의 효력이 미친다고 본다.[2] 이 경우 압류채권자는 이러한 청구권들을 행사할 수 있는 시기에 달할 때마다 이를 추심하거나 전부(轉付)할 수 있다.

제 2 업무집행

1. 업무집행기관

(1) 업무집행권의 취득

1) 유한책임회사의 업무집행기관은 정관에 (절대적 기재사항으로) 업무집행자로 정하여지는 자인데($\frac{\text{상 287조}}{\text{의 3 4호}}$), 이러한 업무집행자는 사원뿐만 아니라 사원이 아닌 자도 될 수 있다($\frac{\text{상 287조}}{\text{의 12 1항}}$)($\frac{\text{이 점은 합명회사}}{\text{의 경우와 구별됨}}$).

---

1) 합명회사의 사원의 지분의 입질에 관하여 동지의 견해로는 이 책 589면 참조.
2) 지분의 압류에서 지분의 의미를 사원권으로 보면 상법 제223조는 당연규정이라고 볼 수 있다 [동지: 정동윤, 「주석상법(회사법〈1〉)」(서울: 한국사법행정학회, 2003), 263~264면; 박상근, "인 적회사 지분의 법률관계,"「민사판례연구」(민사판례연구회), 제24권(1996. 10), 618면].

2) 업무집행자는 자연인뿐만 아니라 법인도 될 수 있는데($^{상\ 287조의\ 3\ 4호\ 및}_{287조의\ 5\ 4호\ 참조}$)($^{이러한}_{법인은}$ 사원인 경우도 있고[1] 사원이 아닌 경우도 있음), 법인이 업무집행자인 경우에는 그 법인은 해당 업무집행자의 직무를 행할 자(직무수행자)를 선임하고, 그 자의 성명과 주소를 다른 사원에게 통지하여야 한다($^{상\ 287}_{조의\ 15}$). 법인이 업무집행자인 경우 위와 같이 선임된 업무수행자에 대하여는 업무집행자에 관한 일부의 규정이 준용된다($^{상\ 287조}_{의\ 15\ 2항}$). 즉, 업무수행자가 그의 유한책임회사와 (자기 또는 제3자의 계산으로) 거래를 하는 경우에는 그 회사의 다른 사원 과반수의 결의를 받아야 하고($^{상\ 287조의\ 15}_{2항,\ 287조의\ 11}$), 1명 또는 둘 이상의 업무수행자를 정한 경우에는 업무수행자 각자가 회사의 업무를 집행할 권리와 의무가 있는데 다른 업무수행자의 이의가 있는 때에는 곧 그 행위를 중지하고 업무수행자 과반수의 결의에 의하여야 하며($^{상\ 287조의\ 15\ 2항,}_{287조의\ 12\ 2항}$), 둘 이상을 공동업무수행자로 정한 경우에는 그 전원의 동의가 없으면 업무집행에 관한 행위를 하지 못한다($^{상\ 287조의\ 15\ 2항,}_{287조의\ 12\ 3항}$).

유한책임회사에서 법인을 업무집행자로 정할 수 있도록 한 것은, 합명회사의 경우와 구별되는 점이다.[2]

3) 유한책임회사는 정관의 규정에 의하여 둘 이상의 업무집행자를 공동업무집행자로 정할 수 있다($^{상\ 287조}_{의\ 12\ 3항}$). 이 점은 합명회사의 경우($^{상}_{202조}$)와 같다.

4) 유한책임회사의 업무집행자의 업무집행을 정지하고 직무대행자를 선임하는 가처분이 있으면 직무대행자가 업무를 집행한다($^{상\ 287조의\ 13,}_{287조의\ 5\ 5항}$).

(2) **업무집행권의 상실**(정지)

1) **사임 · 해임**　　업무집행자는 정당한 사유 없이 「사임」할 수 없고($^{상\ 287조}_{의\ 18\cdot195}$ $^{조,\ 민\ 708}_{조\ 전단}$), 정관에 다른 규정이 없는 경우 총사원의 동의가 없으면 「해임」할 수 없다($^{상\ 287조의\ 3\ 4}_{호,\ 287조의\ 16}$). 이 점은 합명회사의 경우($^{상\ 195조,}_{민\ 708조}$)와 유사하다.

2) **권한상실선고**　　업무집행자가 업무를 집행함에 현저하게 부적임하거나 중대한 업무에 위반한 행위가 있는 때에는 법원은 사원의 청구에 의하여 업무집행 권한의 상실을 선고할 수 있는데($^{상\ 287조의\ 17}_{1항,\ 205조\ 1항}$), 이 소(訴)는 본점소재지의 지방법원의 관할에 전속한다($^{상\ 287조}_{의\ 17\ 2항}$). 업무집행자가 1인인 경우에는 업무집행 권한상실선고를 할 수 없다고 보며, 상법 제205조는 임의규정이므로 정관에 의하여 달리 규정할 수

---

1) 유한책임회사의 사원은 그 출자금액을 한도로 유한책임을 지므로(상 287조의 7) 합명회사의 사원(무한책임사원)과는 달리 상법 제173조(회사는 다른 회사의 무한책임사원이 되지 못한다)가 적용되지 않고, 따라서 법인(회사)도 유한책임회사의 사원이 될 수 있다.

2) 합명회사에서는 법인(회사)이 사원이 될 수 없고(상 173조) 또한 회사는 어떠한 경우에도 사원이 아닌 자에게 업무집행을 맡길 수 없으므로(상 200조 1항, 201조 1항 참조), 법인(회사)이 업무집행자가 될 수 없다.

있다고 본다.[1)]

업무집행자의 권한상실의 판결이 확정된 때에는 본점과 지점의 소재지에서 등기하여야 한다($\substack{상 287조의 17 \\ 1항, 205조 2항}$). 이 점은 합명회사의 경우($\substack{상 \\ 205조}$)와 같다.

3) **업무집행정지가처분**　업무집행자에 대하여 그 업무집행의 정지 및 직무대행자를 선임하는 가처분이 있으면, 그러한 업무집행자는 가처분의 취소가 없는 한 업무를 집행할 수 없다($\substack{상 287조의 5 5항, \\ 287조의 13 참조}$). 이 점은 합명회사의 경우($\substack{상 183조의 2, \\ 200조의 2 참조}$)와 같다.

(3) 업무집행자와 회사와의 관계

업무집행자와 회사와의 관계는 「위임관계」로서, 업무집행자는 선량한 관리자의 주의로써 업무를 집행하여야 한다($\substack{상 287조의 18·195조, \\ 민 707조·681조~688조}$).

2. 업무집행의 방법

(1) 사원의 의사결정

1) 업무집행에 관하여 먼저 '사원의 의사결정이 있어야 하는 경우'($\substack{예컨대, 상 287 \\ 조의 11, 287조 \\ 의 16 등}$)에는 먼저 상법 또는 정관에 의한 결의를 요하고, 상법 또는 정관에 다른 규정이 없으면 「총사원의 과반수」로써 결정하여야 한다($\substack{상 287조의 18·195 \\ 조, 민 706조 2항 1문}$). 이 경우에 의결권은 원칙적으로 사원의 두수(頭數)에 의한다($\substack{1인 1의결권주 \\ 의·두수주의}$).

2) 유한책임회사에는 인적회사에서와 같이 사원총회가 없으므로, 사원의 의사결정을 요하는 경우에는 회의를 소집할 필요가 없고 적당한 방법으로 사원의 의사를 파악하면 된다고 본다.[2)] 그러나 정관의 규정에 의하여 사원총회를 둘 수는 있다고 본다.[3)]

3) 유한책임회사에서 사원의 의사결정을 요구하는 경우에는 사원의 개성이 중요하므로, 물적회사의 경우와는 달리 의결권의 대리행사는 인정되지 않는다고 본다.[4)]

(2) 업무집행의 실행

1) **원칙**(단독업무집행)　유한책임회사가 1명 또는 둘 이상의 업무집행자를 정한 경우에는 (원칙적으로) 각자가 회사의 업무를 집행할 권리와 의무가 있다($\substack{단독업 \\ 무집행 \\ 의 \\ 원칙}$)($\substack{상 287조의 \\ 12 1항 1문}$).

---

1) 합명회사에서 동지의 견해로는 이 책 580~581면.
2) 합명회사에서 동지의 견해로는 이 책 582면.
3) 합명회사에서 동지의 견해로는 이 책 582면.
4) 합명회사에서 동지의 견해로는 이 책 582면.

2) 예   외   (i) 둘 이상의 업무집행자를 정한 경우 각 업무집행자의 업무집행에 관한 행위에 대하여 다른 업무집행자의 이의(異議)가 있는 때에는, 곧 그 행위를 중지하고 총업무집행자의 「과반수」의 결의에 의하여야 한다($\frac{상\ 287조의\ 12\ 2}{항\ 2문,\ 201조\ 2항}$). (ii) 정관에서 둘 이상의 업무집행자를 공동업무집행자로 정한 경우에는 그 전원의 동의가 없으면 업무집행에 관한 행위를 하지 못한다($\frac{상\ 287조}{의\ 12\ 3항}$). 이 경우 합명회사의 경우는 지체할 염려가 있는 때에는 단독으로 할 수 있는데($\frac{상\ 202}{조\ 단서}$), 유한책임회사의 경우는 이러한 특칙이 없는 점에서 합명회사의 경우와 구별되고 있다. (iii) 업무집행자의 업무집행의 정지 및 직무대행자를 선임하는 가처분이 있으면 그 직무대행자가 업무를 집행하는데($\frac{상\ 287조의}{5\ 5항\ 참조}$), 이 때 그러한 직무대행자는 가처분명령에 다른 정함이 있거나 또는 법원의 허가를 얻은 경우를 제외하고는 회사의 통상업무에 속하는 행위만을 할 수 있다($\frac{상\ 287조의\ 13,}{200조의\ 2\ 1항}$).

3. 업무감시권

유한책임회사에서 업무집행자가 아닌 사원은 합자회사의 유한책임사원과 같이 업무집행자에 대한 업무감시권을 갖는다($\frac{상\ 287조의}{14,\ 277조}$).

제 3 경업피지의무와 자기거래제한

1. 경업피지의무

(1) 의   의

1) 유한책임회사의 업무집행자는 사원 전원의 동의를 받지 아니하고는 자기 또는 제3자의 계산으로 회사의 영업부류에 속한 거래를 하지 못하며(경업금지의무), 같은 종류의 영업을 목적으로 하는 다른 회사의 업무집행자·이사 또는 집행임원이 되지 못한다(겸직금지의무)($\frac{상\ 287조}{의\ 10\ 1항}$). 이는 합명회사의 경우($\frac{상\ 198}{조\ 1항}$)와 동일하다.

2) 이 규정은 회사의 내부관계에 관한 규정으로서 임의법규라고 볼 수 있으므로, 정관의 규정으로 업무집행자의 이 의무의 범위를 증가·단축하거나 면제할 수 있다고 본다.[1]

(2) 의무위반의 효과

1) 유한책임회사의 업무집행자가 경업금지의무에 위반한 경우에는 회사는 「개입권」($\frac{상\ 287조의\ 10\ 2항,}{198조\ 2항·4항}$)과 「손해배상청구권」($\frac{상\ 287조의\ 10}{2항,\ 198조\ 3항}$)을 행사할 수 있다. 회사가

---

1) 합명회사에서 동지의 견해로는 이 책 584면.

개입권을 행사하는 경우 이러한 개입권은 사원($_{경우에는\ 다른\ 사원}^{업무집행자가\ 사원인}$)의 과반수의 결의에 의하여 행사하고, 일정한 제척기간 내($_{부터\ 2주간\ 내,\ 그\ 거래가\ 있은\ 날로부터\ 1년\ 내}^{사원\ 또는\ 다른\ 사원의\ 1인이\ 그\ 거래를\ 안\ 날로}$)에 행사하여야 한다($_{2항,\ 198조\ 4항}^{상\ 287조의\ 10}$).

  2) 유한책임회사의 업무집행자가 겸직금지의무에 위반한 경우에는, 회사는 개입권을 행사할 수는 없고 「손해배상청구권」만을 행사할 수 있다($_{198조\ 3항\ 유추}^{상\ 287조의\ 10\ \ 2항,}$).

  3) 유한책임회사의 업무집행자가 경업피지의무($_{및\ 겸직금지의무}^{경업금지의무}$)에 위반하는 경우, 사원은 업무집행자의 업무집행권한의 상실을 법원에 청구할 수 있다고 본다($_{17,\ 205조}^{상\ 287}^{조의}$).[1]

2. 자기거래제한

(1) 의   의

유한책임회사의 업무집행자는 다른 사원 과반수의 결의가 있는 경우에만 자기 또는 제3자의 계산으로 회사와 거래를 할 수 있고, 이 경우에는 민법 제124조가 적용되지 않는다($_{조의\ 11}^{상\ 287}$).

(2) 의무위반의 효과

유한책임회사의 업무집행자가 자기거래제한에 위반한 경우에는 회사에 대하여 「손해배상책임」을 지는($_{조,\ 민\ 707조\cdot681조}^{상\ 287조의\ 19\cdot195}$) 외에, 다른 사원의 청구에 의하여 법원으로부터 「업무집행권 또는 대표권의 상실」을 선고받을 수 있다고 본다($_{17,\ 205조}^{상\ 287조의}$).[2]

제 3 관 외부관계

제 1 회사대표

1. 대표기관

(1) 대표권의 취득

1) 유한책임회사의 업무집행자는 유한책임회사를 대표한다($_{의\ 19\ 1항}^{상\ 287조}$). 따라서 업무집행자가 아닌 자는 유한책임회사를 대표할 수 없고,[3] 업무집행자는 (원칙적으로) 유한책임회사의 사원이든 아니든($_{12\ \ 1항\ 참조}^{상\ 287조의}$) 자연인이든 법인이든($_{287조의\ 15\ 참조}^{상\ 287조의\ 3\ \ 4호,}$) 불문하고 유한책임회사를 대표한다. 둘 이상의 업무집행자가 있는 경우에도 (원칙적으

---

1) 합명회사에서 동지의 견해로는 이 책 584면.
2) 합명회사에서 동지의 견해로는 이 책 584면.
3) 합명회사에서 동지의 견해로는 이 책 591면.

로) 각자가 유한책임회사를 대표한다($\substack{상\ 287조의 \\ 12\ \ 2항\ 참조}$).

2) 업무집행자가 둘 이상인 경우 정관 또는 총사원의 동의로 유한책임회사를 대표할 업무집행자를 정할 수 있다(대표업무집행자)($\substack{상\ 287조 \\ 의\ 19\ \ 2항}$). 이는 합명회사의 경우($\substack{상\ 207 \\ 조\ 3문}$)와 같다. 그러나 모든 업무집행자에 대하여 유한책임회사의 대표권을 박탈하는 것은 정관의 규정 또는 총사원의 동의로도 할 수 없다.[1]

3) 유한책임회사는 정관 또는 총사원의 동의로 둘 이상의 업무집행자가 공동으로 회사를 대표할 것을 정할 수 있다(공동대표업무집행자)($\substack{상\ 287조 \\ 의\ 19\ \ 3항}$). 이 점은 합명회사의 경우($\substack{상\ 208 \\ 조\ 1항}$)와 같다.

4) 유한책임회사의 대표권 상실에 대하여는 상법에 규정이 없으나 대표권은 업무집행권을 전제로 하므로($\substack{상\ 287조 \\ 의\ 19\ \ 1항}$) 업무집행권이 상실되면 자동적으로 대표권도 상실된다고 본다. 그러나 입법적으로는 대표권 상실에 대하여 규정을 두어야 할 것으로 본다. 이를 입법하는 경우에는 업무집행권은 존속시키면서 대표권만을 상실시킬 수 있다($\substack{상\ 216 \\ 조\ 참조}$).

5) 유한책임회사에서 업무집행자의 업무집행을 정지하고 직무대행자를 선임하는 가처분이 있으면 직무대행자가 회사를 대표한다($\substack{상\ 287조의\ 13\ \cdot\ 287조의 \\ 5\ \ 5항,\ 287조의\ 19\ \ 1항}$).

(2) 대표권의 제한 및 상실

1) 대표권의 제한

유한책임회사가 사원($\substack{사원이\ 아닌\ 업무집행자를\ 포 \\ 함한다.\ 이하\ 이\ 조에서\ 같다}$)에 대하여 또는 사원이 유한책임회사에 대하여 소를 제기하는 경우에 유한책임회사를 대표할 사원이 없을 때에는 다른 사원 과반수의 결의로 대표할 사원을 선정하여야 한다($\substack{상\ 287 \\ 조의\ 21}$). 이 경우에는 업무집행권을 전제로 하지 않는 대표사원을 정할 수 있다고 본다.

유한책임회사의 대표업무집행자의 대표권에 대한 제한은 선의의 제3자에게 대항하지 못한다($\substack{상\ 287조의\ 19 \\ 5항,\ 209조\ 2항}$).

2) 대표권의 상실

(개) 사임 · 해임　　대표업무집행자도 업무집행자와 같이 정당한 사유 없이 「사임」할 수 없고($\substack{상\ 287조의\ 19\ \ 1항\ \cdot\ 287조 \\ 의\ 18\ \cdot\ 195조,\ 민\ 708조\ 전단}$), 정관에 다른 규정이 없는 경우 총사원의 동의가 없으면 「해임」할 수 없다($\substack{상\ 287조 \\ 의\ 19\ \ 2항}$).

(내) 대표행위 정지가처분　　유한책임회사를 대표하는 업무집행자에 대하여 그 대표행위의 정지 및 그 직무대행자를 선임하는 가처분이 있으면, 그러한 업무집행자는 가처분의 취소가 없는 한 회사를 대표하지 못한다($\substack{상\ 287조의\ 5\ \ 5항,\ 287조의 \\ 13,\ 287조의\ 19\ \ 1항\ 참조}$).

---

1) 합명회사에서 동지의 견해로는 이 책 591면.

2. 대표의 방법

(1) 원칙(단독대표)

유한책임회사에서 업무집행자는 원칙적으로$\left(\substack{\text{정관 또는 총사원의 동의로 둘 이상의 업무집행자} \\ \text{가 공동으로 회사를 대표할 것을 정하지 않는 한}}\right)$ 각자 단독으로 회사를 대표한다$\left(\substack{\text{상 287조} \\ \text{의 19 1항}}\right)$.

(2) 예외(공동대표)

유한책임회사는 정관 또는 총사원의 동의로 둘 이상의 업무집행자가 공동으로 회사를 대표할 것을 정할 수 있는데$\left(\substack{\text{상 287조} \\ \text{의 19 3항}}\right)$, 이 경우에는 능동대표$\left(\substack{\text{회사가 제3자에 대} \\ \text{하여 의사표시를 하} \\ \text{는 경우}}\right)$는 반드시 공동으로 하여야 하나$\left(\substack{\text{상 287조의} \\ \text{의 19 3항}}\right)$, 수동대표$\left(\substack{\text{제3자가 유한책임회사에 대} \\ \text{하여 의사표시를 하는 경우}}\right)$는 각자가 단독으로 할 수 있다$\left(\substack{\text{상 287조} \\ \text{의 19 4항}}\right)$.

3. 대표기관의 권한

(1) 유한책임회사의 대표기관의 권한은 합명회사의 대표사원의 권한$\left(\substack{\text{상} \\ \text{209조}}\right)$과 같다$\left(\substack{\text{상 287조} \\ \text{의 19 5항}}\right)$. 즉, 유한책임회사를 대표하는 업무집행자는 회사의 영업에 관하여 재판상 또는 재판 외의 모든 행위를 할 권한이 있고, 이러한 권한에 대한 제한은 선의의 제3자에게 대항하지 못한다$\left(\substack{\text{상 287조의 19} \\ \text{5항, 209조}}\right)$.

(2) 유한책임회사를 대표하는 업무집행자에 대하여 그 대표행위의 정지 및 그 직무대행자를 선임하는 가처분이 있으면 그러한 직무대행자가 회사를 대표하는데$\left(\substack{\text{상 287조의 5 5항, 287조의} \\ \text{13, 287조의 19 1항 참조}}\right)$, 이 때 그러한 직무대행자는 가처분명령에 다른 정함이 있거나 또는 법원의 허가를 얻은 경우를 제외하고는 회사의 통상업무에 속하는 행위에 대하여만 회사를 대표할 수 있다$\left(\substack{\text{상 287조의 13, 287조의} \\ \text{19 1항, 200조의 2 1항}}\right)$. 그러나 직무대행자가 이에 위반하여 회사를 대표한 경우에도 회사는 선의의 제3자에 대하여 책임을 진다$\left(\substack{\text{상 287조} \\ \text{의 13,} \\ \text{287조의 19 1항,} \\ \text{200조의 2 2항}}\right)$.

(3) 유한책임회사를 대표하는 업무집행자가 그 업무집행으로 타인에게 손해를 입힌 경우에는 회사는 그 업무집행자와 연대하여 배상할 책임이 있다$\left(\substack{\text{상 287} \\ \text{조의 20}}\right)$. 이는 유한책임회사에게 불법행위능력을 인정한 것으로, 합명회사$\left(\substack{\text{상} \\ \text{210조}}\right)$ 등 회사의 불법행위능력과 같다.

4. 등 기

(1) 유한책임회사를 대표할 자를 정한 경우에는 그 성명·주소 및 주민등록번호$\left(\substack{\text{법인인 경우에는 명칭·} \\ \text{주소 및 법인등록번호}}\right)$를 등기하여야 하는데$\left(\substack{\text{상 287조의} \\ \text{5 1항 5호}}\right)$, 이와 같이 유한책임회사를 대표할 업무집행자를 정한 경우에는 그 외의 업무집행자에 대하여는 성명 및 주민등록

번호만 등기하고 주소는 등기하지 아니한다($\substack{상\ 287조의\ 5 \\ 1항\ 4호\ 단서}$).

 (2) 둘 이상의 업무집행자가 공동으로 회사를 대표할 것을 정한 경우에는 그 규정도 등기하여야 한다($\substack{상\ 287조의 \\ 5\ 1항\ 7호}$).

 (3) 유한책임회사의 대표권이 있는 업무집행자의 업무집행을 정지하거나 직무대행자를 선임하는 가처분을 하거나 그 가처분을 변경 또는 취소하는 경우에 본점 및 지점이 있는 곳의 등기소에서 등기하여야 한다($\substack{상\ 287조 \\ 의\ 5\ 5항}$).

제 2   사원의 제3자에 대한 책임

 유한책임회사의 사원의 책임은 (상법에 다른 규정이 있는 경우 외에는) 그 「출자금액」을 한도로 한다($\substack{상\ 287 \\ 조의\ 7}$). 이러한 유한책임회사의 사원의 책임은 합명회사의 사원의 책임($\substack{상 \\ 212조}$)과 크게 다르고, 주식회사의 주주의 책임($\substack{상 \\ 331조}$) 및 유한회사의 사원의 책임($\substack{상 \\ 553조}$)과 유사하다고 볼 수 있다. 이 점은 유한책임회사가 주식회사(물적회사)의 요소를 반영한 것이다. 유한회사의 사원은 회사 성립 후에 현물출자 등의 부족재산가격($\substack{상\ 550 \\ 조\ 1항}$) 및 출자불이행($\substack{상\ 551 \\ 조\ 1항}$)에 따른 출자미필액에 대하여 전보책임을 지므로 「유한회사 사원의 책임은 '상법에 다른 규정이 있는 경우' 외에는 그 출자금액을 한도로 한다」고 규정하고 있는데($\substack{상 \\ 553조}$), 유한책임회사의 경우에는 상법에 위와 같은 사원의 전보책임에 대하여 아무런 규정을 두고 있지 않으므로, 상법 제287조의 7에서 '상법에 다른 규정이 있는 경우'란 거의 그 의미가 없다. 유한책임회사를 주식회사로의 조직변경시에 발행하는 주식의 발행가액의 총액에 부족한 순재산액에 대한 전보책임이 (이사·감사 및) 사원에게 있으므로($\substack{상\ 287조의 \\ 44,\ 607조\ 4항}$) 이 점이 상법 제287조의 7의 '상법에 다른 규정이 있는 경우'라고 볼 수 있는 여지도 있으나, 이 점은 주식회사의 주주에 대하여도 동일하게 규정하고 있다($\substack{상 \\ 605조}$). 따라서 유한책임회사의 사원의 책임은 유한회사의 사원의 책임보다 주식회사의 주주의 책임에 더 가깝다고 볼 수 있다.

 유한책임회사의 사원은 회사 성립 전에 그 출자를 전부 이행하여야 하므로($\substack{상 \\ 287조 \\ 의\ 4 \\ 2항}$) 회사 채권자에 대하여 변제할 책임이 없는 점에서(간접 유한책임), 회사 채권자에 대하여 직접 변제할 책임을 지는 합자회사에서의 유한책임사원의 책임(직접 유한책임)($\substack{상\ 279 \\ 조\ 1항}$)과 구별된다.

제 3   대표소송

유한책임회사의 사원은 회사에 대하여 업무집행자의 책임을 추궁하는 소의 제기를 청구할 수 있다($\substack{상 287 \\ 조의 22}$). 이는 주식회사($\substack{상 403조~ \\ 406조}$) 및 유한회사($\substack{상 \\ 565조}$)의 경우와 유사한데, 다만 유한책임회사는 1인의 사원도 대표소송을 제기할 수 있으나 주식회사 및 유한회사는 이를 소수주주권으로 규정하고 있다($\substack{상 403조 1항, 542조 \\ 의 6 6항, 565조 1항}$). 이 점은 유한책임회사가 주식회사(물적회사)의 요소를 반영한 것이다. 이 대표소송에 관한 구체적인 내용에 대하여는 주식회사의 주주의 대표소송에 관한 규정이 준용된다($\substack{상 287조 \\ 의 22 2항}$).

제 4 절   기구변경

기구변경에는 정관변경·사원변경(가입 및 탈퇴)·합병 및 조직변경이 있는데, 이하에서는 이에 대하여 살펴본다.

제 1 관   정관변경

정관변경이란 실질적 의의의 정관을 변경하는 것을 의미하는데, 그 내용이 사회질서와 강행법규에 반하지 않는 한 어느 것이나 자유로이 변경할 수 있다.

유한책임회사는 정관에 다른 규정이 없으면 총사원의 동의에 의하여 정관을 변경할 수 있다($\substack{상 287 \\ 조의 16}$). 따라서 정관상 규정으로 총사원의 동의의 요건을 완화할 수 있다. 이러한 사원의 동의에는 개별적인 구두에 의한 동의도 무방하다고 본다.[1]

사원의 지분양도에 다른 사원의 동의를 받은 경우($\substack{상 287 \\ 조의 8}$) 등 이미 총사원의 동의를 받은 경우에는, 이러한 사원의 변경에 따른 정관변경을 위하여 다시 총사원의 동의를 받을 필요는 없다고 본다.[2]

---

1) 합명회사에서 동지의 견해로는 이 책 600면.
2) 합명회사에서 동지의 견해로는 이 책 600~601면.

제 2 관   사원변경 (가입〈입사〉 및 탈퇴〈퇴사〉)

사원변경은 사원자격의 취득과 상실을 의미하는데, 사원자격의 취득에는 원시적 취득(설립행위·가입)과 승계적 취득(지분의 양수·상속)이 있고, 사원자격의 상실에는 절대적 상실(해산·퇴사)과 상대적 상실(지분 전부의 양도·사망)이 있다. 이곳에서는 사원자격의 원시적 취득인 가입(입사)과 사원자격의 절대적 상실인 탈퇴(퇴사)에 대하여만 살펴보겠다.

제 1   가입 (입사)

(1) 유한책임회사는 사원이 정관의 절대적 기재사항이므로(상 287조의 3 1호) 정관을 변경함으로써 새로운 사원을 가입시킬 수 있다(상 287조의 23 1항). 정관을 변경하기 위하여는 원칙적으로(정관에 다른 규정이 없는 경우) 총사원의 동의가 있어야 하므로, 새로운 사원을 가입시키기 위하여는 원칙적으로 총사원의 동의가 있어야 한다. 이와 같이 새로운 사원의 가입에 총사원의 동의를 받은 경우에는 정관의 변경에 다시 총사원의 동의를 받을 필요가 없다.

(2) 새로 가입하는 사원은 출자의 전부를 이행하여야 하므로(상 287조의 4 2항 참조), 새로 가입하는 사원이 정관을 변경하기 전에 출자의 전부를 이행하면 '정관을 변경한 때'에 사원 가입의 효력이 발생하고(상 287조의 23 2항 본문), 정관을 변경한 때에 새로 가입하는 사원이 출자에 관한 납입 또는 재산의 전부 또는 일부의 출자를 이행하지 아니한 경우에는 '그 납입 또는 이행을 마친 때'에 사원 가입의 효력이 발생한다(상 287조의 23 2항 단서). 사원 가입시 현물출자를 하는 사원은 납입기일에 지체 없이 유한책임회사에 출자의 목적인 재산을 인도하고, 등기·등록·그 밖의 권리의 설정 또는 이전이 필요한 경우에는 이에 관한 서류를 모두 갖추어 교부하면 된다(상 287조의 23 3항, 287조의 4 3항).

(3) 유한책임회사에서 사원의 성명 등은 등기사항이 아니므로, 유한책임회사에서 사원의 가입은 변경등기를 요하지 않는다. 이것은 합명회사(상 180조, 183조) 및 합자회사(상 271조)의 경우와 구별되는 점이다.

제 2 탈퇴(퇴사)

1. 의 의

탈퇴란 「회사의 존속중에 특정사원의 사원자격이 절대적으로 소멸되는 것」을 말한다. 유한책임회사에서 사원의 탈퇴를 인정한 것은 합명회사(인적회사)의 요소를 반영한 것이다.

2. 탈퇴원인

유한책임회사의 사원의 탈퇴(퇴사)에는 합명회사의 경우와 같이($\binom{상\ 217조\sim}{224조}$) 탈퇴원인에 따라 임의퇴사·강제퇴사 및 당연퇴사가 있다. 사원의 퇴사는 일부청산이라고 볼 수 있으므로, 퇴사원인은 해산 전에 발생한 경우에만 인정된다.

(1) 임의퇴사

유한책임회사에서 사원의 임의퇴사는 정관에서 이에 관하여 달리 정하지 아니한 경우에는 합명회사 사원의 임의퇴사의 경우와 유사하다. 즉, 정관으로 회사의 존립기간을 정하지 아니하거나 어느 사원의 종신까지 존속할 것을 정한 때에는 사원은 6월 전의 일방적 예고에 의하여 영업연도 말에 한하여 퇴사할 수 있다($\binom{상\ 287조}{의\ 24,\ 217}$ $\binom{조}{1항}$). 이러한 임의퇴사에 의하여 사원은 출자금을 회수할 수 있다. 사원의 임의퇴사에 의하여 사원이 1인이 된 경우에도 임의퇴사가 가능하다고 보는데($\binom{제명의\ 경}{우와\ 차이}$),[1] 이는 합명회사의 경우($\binom{상\ 227}{조\ 3호}$)와는 달리 유한책임회사의 해산원인도 아니다($\binom{상\ 287조의}{38\ 2호\ 참조}$).

(2) 강제퇴사

유한책임회사에서 사원의 지분을 압류한 채권자는 회사와 그 사원에 대하여 6월 전에 예고를 함으로써 영업연도 말에 그 사원을 퇴사시킬 수 있다($\binom{상\ 287조의}{29,\ 224조\ 1항}$). 그러나 채무자인 사원이 변제를 하거나 상당한 담보를 제공한 때에는, 퇴사예고는 그 효력을 잃게 되어 그 사원을 강제퇴사시킬 수 없다($\binom{상\ 287조의}{29,\ 224조\ 2항}$). 이는 합명회사의 경우와 같다. 또한 이는 압류채권자를 보호하기 위한 것으로 강행규정으로 보아야 할 것이므로, 정관으로 이를 배제하거나 또는 이와 달리 규정할 수 없다고 본다.[2]

(3) 당연퇴사

유한책임회사의 사원에게 다음의 사유가 있는 경우에는, 그 사원은 당연히 퇴

---

1) 합명회사에서 이와 동지의 견해로는 이 책 603면.
2) 합명회사에서 이와 동지의 견해로는 이 책 603면.

사한다($\frac{상\ 287조의}{25,\ 218조}$). 이는 합명회사의 경우와 같다.

1) 정관에서 정한 사유가 발생한 때　　정관에서 사원의 퇴사사유(정년 등)를 정한 경우이다.

2) 총사원의 동의가 있는 때　　사원이 임의퇴사사유에 해당하지 않는 경우로서 자기의 의사에 기하여 퇴사신고를 한 경우 등이다.

3) 사원이 사망한 때　　정관으로 상속을 규정하지 않은 경우에만 해당하고, 정관으로 상속을 규정한 경우에는 그에 따라 상속된다($\frac{상\ 287조의}{26,\ 219조}$). 이는 합명회사의 사원($\frac{상\ 218}{조\ 3호}$) 및 합자회사의 무한책임사원($\frac{상\ 269조,}{218조\ 3호}$)의 경우와 같고, 합자회사의 유한책임사원($\frac{상\ 283}{조\ 1항}$)과는 구별된다.

4) 사원이 성년후견개시의 심판을 받은 때　　이는 사원과 회사간의 신뢰관계가 상실되었기 때문에 당연퇴사원인으로 한 것이다.

5) 사원이 파산선고를 받은 때　　이는 사원과 회사간의 신뢰관계가 상실되었기 때문에 당연퇴사원인으로 한 것이다.

6) 사원이 제명된 때　　사원의 제명사유는 (i) 출자의무를 이행하지 아니한 때($\frac{\text{이는 회사설립시의 사원에만 해당하고 사원의 가입에 의한}}{\text{사원에는 해당되지 않는다 — 상 287조의 23 2항 단서 참조}}$), (ii) 경업피지의무에 위반한 때($\frac{\text{이는 사}}{\text{원이 업}}$ $\frac{\text{무집행자인}}{\text{경우에 한한다}}$), (iii) 회사의 업무집행 또는 대표에 관하여 부정한 행위가 있는 때($\frac{\text{이는 사}}{\text{원이 업}}$ $\frac{\text{무집행자인}}{\text{경우에 한한다}}$) 또는 권한 없이 업무를 집행하거나 회사를 대표한 때, (iv) 기타 중요한 사유가 있는 때이다($\frac{상\ 287조의\ 27}{본문,\ 220조\ 각호}$).

사원에게 위와 같은 제명사유가 있는 때에는 회사는 다른 사원 과반수의 결의에 의하여 그 사원의 제명을 본점소재지의 지방법원에 청구할 수 있고($\frac{상\ 287조의\ 27\ 본}{문,\ 220조\ 1항\ 본}$ $\frac{문·2항,}{206조}$), 법원의 제명선고로 사원은 제명되는데, 이 경우 판결이 확정된 때에는 본점과 지점의 소재지에서 등기하여야 한다($\frac{상\ 287조의\ 27\ 본문,}{220조\ 2항,\ 205조\ 2항}$).[1] 유한책임회사에서는 사원의 제명청구에서「다른 사원 과반수의 결의」와 다른 결의요건을 정관에서 규정할 수 있는데($\frac{상\ 287조}{의\ 27\ 단서}$), 이는 합명회사의 경우($\frac{상\ 220조}{1항\ 본문}$)와 구별되는 점이다.

3. 퇴사절차

퇴사의 경우에는 사원의 변경이 생기고 사원은 정관의 절대적 기재사항이므로($\frac{상\ 287조}{의\ 3\ 1호}$), 정관변경이 있어야 한다($\frac{상\ 287}{조의\ 16}$). 그런데 정관변경에는 정관에 다른 규정이 없는 경우 총사원의 동의가 있어야 하므로 이 경우에도 총사원의 동의에 의한 정관

---

1) 유한책임회사에서의 사원의 성명 등은 등기사항이 아니므로(상 287조의 5 참조), 법원의 제명선고가 있더라도 이를 군이 등기하도록 할 필요가 없다고 본다. 따라서 입법론으로는 상법 제287조의 27에서 상법 제205조 제2항의 준용을 배제하여야 할 것으로 본다.

변경절차를 밟아야 하는지에 대하여 의문이 있으나, 사원의 가입(입사)의 경우와는 달리 퇴사의 경우에는 퇴사원인이 있으면 퇴사가 되는 것이므로 이를 위하여 별도로 정관변경의 절차를 밟을 필요는 없다고 본다.[1]

유한책임회사에서 사원의 성명 등은 등기사항이 아니므로($_{5\ 1항\ 참조}^{상\ 287조의}$) 퇴사의 경우에 변경등기를 할 필요가 없다. 이는 합명회사($_{183조}^{상\ 180조.}$) 및 합자회사($_{271조}^{상}$)의 경우와 구별되는 점이다.

4. 퇴사의 효과

(1) 지분환급청구권

1) 유한책임회사의 사원이 위의 퇴사원인에 의하여 퇴사하는 경우, 퇴사 사원은 그 지분의 환급을 금전으로 받을 수 있다($_{의\ 28\ 1항}^{상\ 287조}$). 즉, 퇴사 사원이 금전 이외의 재산출자를 한 경우에도 퇴사 사원은 원칙적으로 금전으로 그 지분의 환급을 받을 수 있다. 그러나 정관으로 퇴사 사원의 지분 환급에 대하여 달리 정할 수 있다. 즉, 정관으로 금전 이외의 재산 출자의 경우 재산 자체를 반환할 것을 정할 수 있다($_{28\ 3항}^{상\ 287\ 조의}$). 퇴사 사원에 대한 회사의 환급금액은 퇴사시의 회사의 재정 상황에 따라 정한다($_{의\ 28\ 2항}^{상\ 287조}$).

2) 유한책임회사의 채권자는 퇴사하는 사원에게 환급하는 금액이 잉여금($_{조의\ 37}^{상\ 287}$)을 초과하는 경우에는 그 환급에 대하여 이의를 제기할 수 있는데($_{의\ 30\ 1항}^{상\ 287조}$), 이에 대하여는 합병시의 채권자 이의에 관한 규정이 준용한다($_{2항\ 본문,\ 232조}^{상\ 287조의\ 30}$). 다만 퇴사하는 사원에게 지분을 환급하더라도 채권자에게 손해를 끼칠 우려가 없는 경우에는 회사는 그 채권자에 대하여 변제 등을 할 필요가 없다($_{30\ 2항\ 단서}^{상\ 287조의}$).

3) 유한책임회사의 사원은 그 출자금액을 한도로 하여 책임을 지므로($_{조의\ 7}^{상\ 287}$), 어떠한 경우에도 회사에 대하여 추가출자의무를 부담하거나 손실분담금 납입의무는 없다고 본다. 이는 물적회사의 사원의 책임과 유사하고, 인적회사의 무한책임사원의 책임과는 근본적으로 구별되는 점이다.

(2) 상호변경청구권

퇴사한 사원의 성명이 유한책임회사의 상호 중에 사용된 경우에는 그 사원은 유한책임회사에 대하여 그 사용의 폐지를 청구할 수 있다($_{조의\ 31}^{상\ 287}$). 이는 합명회사 퇴사원의 경우와 같다($_{226조}^{상}$). 이 경우 유한책임회사에서 퇴사한 사원이 그 사용의 폐지를 청구하지 않으면 그 퇴사한 사원은 명의대여자로서 책임을 질 위험이 있다($_{24조}^{상}$).

---

1) 합명회사에서 이에 관하여 동지의 견해로는 이 책 605~606면.

제 3 관 합   병

유한책임회사는 어느 회사와도 합병하여 기구를 변경할 수 있는데, 이에 관하여는 합명회사의 합병에 관한 규정이 준용된다($\substack{상\ 174조~175조,\ 287 \\ 조의\ 41\cdot230조~240조}$).

제 4 관 조직변경

(1) 주식회사는 주주총회에서 총주주의 동의로 결의한 경우에는 그 조직을 변경하여 유한책임회사로 할 수 있고($\substack{상\ 287조 \\ 의\ 43\ 1항}$), 유한책임회사는 총사원의 동의에 의하여 주식회사로 조직변경할 수 있다($\substack{상\ 287조 \\ 의\ 43\ 2항}$).

조직변경은 원래 그 성질이 비슷한 회사간에만 허용되어 인적회사($\substack{합명회사와 \\ 합자회사}$)·물적회사($\substack{주식회사와 \\ 유한회사}$)의 상호간에만 인정되었는데($\substack{상\ 242조,\ 286조, \\ 604조,\ 607조}$), 이에 대한 예외로 인적회사(합명회사)의 성질을 많이 가진 유한책임회사가 물적회사(주식회사)로 조직변경을 할 수 있도록 한 것으로 볼 수 있다. 이는 사원의 유한책임 및 자본금과 함께 유한책임회사에 물적회사(주식회사)의 요소를 반영한 대표적인 사항의 하나라고 볼 수 있다($\substack{유한책임회사가\ 주식회사로\ 조직변경을\ 할\ 수\ 있다는\ 점만으로\ 유한책 \\ 임회사를\ 유한회사와\ 동일하게\ 보아\ 물적회사라고\ 볼\ 수는\ 없다고\ 본다}$).

(2) 유한책임회사와 주식회사와의 상호 조직변경에는 합병시의 채권자보호절차 및 유한회사와 주식회사와의 상호 조직변경에 관한 절차에 의한다($\substack{상\ 287조의\ 44,\ 232 \\ 조,\ 604조~607조}$).

유한책임회사를 주식회사로 조직변경하는 경우에 회사에 현존하는 순재산액이 조직변경시에 발행하는 주식의 발행가액총액에 부족한 때에는 조직변경 결의 당시의 유한책임회사의 사원은 업무집행자와 연대하여 회사에 대하여 그 부족액을 지급할 책임이 있다. 사원의 이러한 책임은 면제될 수 없는데($\substack{상\ 287조의\ 44, \\ 607조\ 4항}$), 이러한 유한책임사원의 책임은 유한책임의 예외가 된다($\substack{상\ 287조 \\ 의\ 7\ 참조}$).

제 5 절 회사의 회계

1. 총   설

유한책임회사에 대하여는 물적회사의 요소를 반영하여 회계에 관한 규정을 두고 있다. 따라서 유한책임회사의 회계에 관하여는 회계에 관한 특칙($\substack{상\ 287조의\ 32~ \\ 287조의\ 36}$)이 먼저 적용되고, 이러한 특칙에 없는 사항에 대하여는 상법총칙의 상업장부에 관한 규정($\substack{상 29조 \\ \sim33조}$)이 적용되며, 상법과 상법시행령으로 규정한 것 외에는 「일반적으로 공정하고 타당한 회계관행」에 따른다($\substack{상 287 \\ 조의 32}$). 이 때 「일반적으로 공정하고 타당한 회계관행」이란 한국채택국제회계기준(Korean International Financial Reporting Standards: K-IFRS)($\substack{외감 5 \\ 조 1항}$), 일반기업회계기준($\substack{외감 5 \\ 조 1항}$), 기타 일반적인 회계관행이라고 볼 수 있다.

2. 재무제표

(1) 작   성

유한책임회사의 업무집행자는 결산기마다 재무제표, 즉 대차대조표·손익계산서·그 밖에 유한책임회사의 재무상태와 경영성과를 표시하는 것으로서 대통령령으로 정하는 서류(자본변동표나 이익잉여금처분계산서 또는 결손금처리계산서)를 작성하여야 한다($\substack{상 287조의 \\ 33, 상시 5조}$). 유한책임회사의 재무제표는 원칙적으로 주식회사의 경우($\substack{상 447 \\ 조 1항}$) 및 유한회사의 경우($\substack{상 579 \\ 조 1항}$)와 같은데, 유한책임회사의 업무집행자는 재무제표 부속명세서를 작성할 필요가 없는 점에서 주식회사($\substack{상 447조 \\ 1항 본문}$) 및 유한회사의 경우($\substack{상 579조 \\ 1항 본문}$)와 구별되고, 또한 연결재무제표를 작성할 필요가 없는 점에서 주식회사의 경우($\substack{상 447 \\ 조 2항}$)와 구별된다.

(2) 비치·공시

유한책임회사의 업무집행자는 위의 재무제표를 본점에 5년간 갖추어 두어야 하고, 그 등본을 지점에 3년간 갖추어 두어야 한다($\substack{상 287조 \\ 의 34 1항}$). 사원과 유한책임회사의 채권자는 회사의 영업시간 내에는 언제든지 위의 재무제표의 열람과 등사를 청구할 수 있다($\substack{상 287조 \\ 의 34 2항}$). 이 점은 주식회사($\substack{상 \\ 448조}$) 및 유한회사의 경우($\substack{상 579 \\ 조의 3}$)와 같다.

3. 자본금의 증가와 감소

(1) 자본금의 의의

유한책임회사의 자본금이란 「사원이 출자한 금전이나 그 밖의 재산의 가액」이다($\substack{상 287 \\ 조의 35}$). 이는 유한책임회사가 물적회사의 요소를 반영한 점이다. 그런데 주식회사에서의 자본금은 액면주식을 발행한 경우에는 「(상법에 달리 규정한 것 외에는) 발행주식의 액면총액」이고($\substack{상 451 \\ 조 1항}$), 무액면주식을 발행한 경우에는 「주식 발행가액의 2분의 1 이상의 금액으로서 이사회($\substack{상 416조 단서에서 정한 주 \\ 식발행의 경우에는 주주총회}$)에서 자본금으로 계상하기로 한 금액의 총액」인 점($\substack{상 451조 \\ 2항 1문}$)에서, 유한책임회사에서의 자본금은 주식회사에서의 자본금과는 구별된다. 또한 유한회사의 자본금은 액면주식을 발행한 주식회사의 자본금과 유사하게 「(출자 1좌의 발행가액 – 자본준비금으로 적립할 금액) × 발행한 출자좌수」인 점($^{상\ 546조,\ 583}_{조.\ 459조\ 1항}$)에서 유한책임회사의 자본금과 구별된다. 즉, 유한책임회사에서의 자본금에는 주식회사에서의 주식($^{유한회사에서}_{는\ 출자좌수}$)과 같은 구성단위의 개념이 없는 점에서 주식회사 및 유한회사의 자본금과 근본적으로 구별된다. 이러한 점에서 유한책임회사에서는 주식회사에서의 주식($^{유한회사에서}_{는\ 출자좌수}$)의 증가와 감소에 따른 자본금의 증가와 감소의 개념은 있을 수 없다. 그러나 유한책임회사와 유한회사에서 「자본금의 액」이 정관의 절대적 기재사항인 점($^{상\ 287조의\ 3\ 3호.}_{543조\ 2항\ 2호}$)은 두 회사에서 같다. 따라서 유한책임회사와 유한회사에서는 자본금의 증가와 감소가 모두 정관변경사항이다.

(2) 자본금의 증가

유한책임회사에서는 위에서 본 바와 같이 자본금의 구성단위가 없으므로, 이러한 구성단위의 수의 증가 또는 구성단위 금액의 증가의 방법 등에 의한 자본금의 증가는 있을 수 없다. 따라서 유한책임회사에서의 자본금의 증가는 「새로운 사원의 가입 등에 따른 출자한 금전이나 그 밖의 재산의 가액의 증가」라고 볼 수 있다($^{상\ 287}_{조의}$ $^{23,\ 287}_{조의\ 35}$). 이 경우 정관의 절대적 기재사항인 「사원의 성명 등」과 「자본금의 액」의 변경을 가져오므로($^{상\ 287조의}_{3\ 1호 \cdot 3호}$), (정관에 다른 규정이 없는 경우) 총사원의 동의에 의한 정관변경절차를 밟아야 한다($^{상\ 287}_{조의\ 16}$).

(3) 자본금의 감소

1) 유한책임회사의 자본금의 감소에는 사원의 퇴사($^{상\ 287}_{조의\ 28}$) 등으로 인하여 「출자한 금전이나 그 밖의 재산의 가액이 감소하는 경우」($^{실질상의\ 자}_{본금\ 감소}$)와, 출자한 재산의 실질가치의 하락 등으로 인하여 「출자한 재산의 가액을 감소하는 경우」($^{명의상의\ 자}_{본금\ 감소}$)가 있다. 어느 경우나 자본금이 감소하면 그만큼 회사가 유보하여야 할 현실재산이 감소하게 되어 대외적으로 회사 채권자에게 불리하게 되므로, 자본금의 감소에는 채권자보호절차를 밟아야 한다($^{상\ 287조의\ 36}_{2항\ 본문,\ 232조}$). 그러나 자본금 감소 후의 자본금의 액이 순자산액 이상인 경우에는 채권자보호절차를 밟지 않아도 되는 것으로 완화하고 있다($^{상\ 287조의}_{36\ 2항\ 단서}$).

2) 자본금이 감소되면 정관의 절대적 기재사항($^{상\ 287조}_{의\ 3\ 3호}$)의 변경을 가져오므로, 정관 변경의 방법으로 자본금을 감소할 수 있는 점은 당연하다고 보겠다($^{상\ 287조}_{의\ 36\ 1항}$).

4. 잉여금의 분배

(1) 잉여금의 분배의 요건

1) 유한책임회사에서는 대차대조표상의 순자산액으로부터 자본금의 액을 뺀 액(잉여금)을 한도로 하여 잉여금을 분배할 수 있다($\frac{상}{의}\frac{287조}{37}$ 1항). 상법이 이와 같이 유한책임회사의 잉여금 분배의 요건을 규정한 것은 회사 채권자를 보호하기 위한 것이다. 따라서 유한책임회사가 이 요건에 위반하여 잉여금을 분배한 경우에는 유한책임회사의 채권자는 그 잉여금을 분배받은 자에 대하여 회사에 반환할 것을 청구할 수 있는데($\frac{상}{의}\frac{287조}{37}$ 2항), 이러한 청구에 관한 소는 본점소재지의 지방법원의 관할에 전속한다($\frac{상}{의}\frac{287조}{37}$ 3항).

2) 주식회사의 경우 이익배당의 요건은 대차대조표의 순자산액으로부터 (i) 자본금의 액, (ii) 그 결산기까지 적립된 자본준비금과 이익준비금의 합계액, (iii) 그 결산기에 적립하여야 할 이익준비금의 액, (iv) 대통령령으로 정하는 미실현이익을 공제한 액을 한도로 한다($\frac{상}{조}\frac{462}{1}$항). 유한회사의 경우에도 주식회사의 경우와 같다($\frac{상}{조},\frac{583}{462조}$). 따라서 유한책임회사가 물적회사의 요소를 반영하여 잉여금 분배의 요건을 상법에서 규정하고 있으나, 그 내용은 물적회사의 경우와 다르다.

(2) 잉여금 분배의 기준

1) 유한책임회사에서 잉여금 분배의 기준은 정관에 다른 규정이 없으면 각 사원이 출자한 가액에 비례한다($\frac{상}{의}\frac{287조}{37}$ 4항).

2) 주식회사에서 이익배당의 기준은 (종류주식의 경우를 제외하고) 각 주주가 가진 주식의 수에 따른다($\frac{상}{464조}$). 유한회사에서 이익배당의 기준은 정관에 다른 정함이 있는 경우 외에는 각 사원의 출자좌수에 따른다($\frac{상}{580조}$). 따라서 유한책임회사에서의 잉여금 분배의 기준은 유한회사의 경우와 유사하고($\frac{특히, 정관에 의하여 출자가액에 비}{례하는 원칙을 배제할 수 있는 점}$), 주식회사의 경우와는 구별된다고 본다.

(3) 잉여금 분배의 청구 등

1) 유한책임회사에서 잉여금의 분배를 청구하는 방법이나 그 밖에 잉여금의 분배에 관한 사항은 정관에서 정할 수 있다($\frac{상}{의}\frac{287조}{37}$ 5항). 유한책임회사에서는 잉여금 분배의 지급시기 등 잉여금 분배에 관한 많은 사항을 정관에서 자율적으로 정할 수 있도록 하고 있는 점에서, 물적회사에서의 경우와 구별되고 있다.

2) 유한책임회사에서 사원의 지분의 압류는 잉여금배당청구권에 대하여 그 효력이 있으므로($\frac{상}{의}\frac{287조}{37}$ 6항), 사원의 지분에 대하여 압류가 있으면 회사는 그 압류채권자에게 잉여금을 분배하여야 한다.

제 6 절 해산과 청산

제 1 관 해 산

1. 해산사유

유한책임회사의 해산사유는 (i) 존립기간의 만료 기타 정관으로 정한 사유의 발생, (ii) 총사원의 동의, (iii) 사원이 없게 된 경우, (iv) 합병, (v) 파산, (vi) 법원의 해산명령($^{상}_{176조}$) 또는 해산판결($^{상\ 287조의}_{42,\ 241조}$)이다($^{상\ 287}_{조의\ 38}$). 합명회사의 해산사유($^{상}_{227조}$)와 거의 같은데, 다만 합명회사는 '사원이 1인으로 된 때'가 해산사유인데($^{상\ 227}_{조\ 3호}$) 유한책임회사는 '사원이 없게 된 경우'가 해산사유이다($^{상\ 287조}_{의\ 38\ 2호}$). 유한책임회사가 1인회사로서 존속이 가능한 점은 주식회사($^{상\ 517}_{조\ 1호}$) 및 유한회사($^{상\ 609}_{조\ 1호}$)와 같다.

2. 해산등기

유한책임회사가 해산된 경우에는 합병과 파산의 경우 외에는 그 해산사유가 있었던 날부터 본점소재지에서는 2주 내에 해산등기를 하고, 지점소재지에서는 3주 내에 해산등기를 하여야 한다($^{상\ 287}_{조의\ 39}$). 합병의 경우에는 합병등기를 하고($^{상\ 233}_{조\ 외}$), 파산의 경우에는 파산등기를 하여야 한다($^{파}_{23조}$). 이는 다른 회사의 경우($^{상\ 228조,\ 269조,\ 521}_{조의\ 2,\ 613조\ 1항}$)와 같다.

3. 해산의 효과

(1) 청산절차의 개시

1) 유한책임회사는 해산에 의하여 청산절차가 개시되는데, 다만 합병과 파산의 경우는 제외된다. 합병의 경우는 청산절차를 거치지 않고 상법상의 특별규정에 의하여 1개 이상의 회사가 바로 소멸되는 것이고, 파산의 경우에는 청산절차가 아니라 파산절차가 개시된다.

2) 유한책임회사는 청산절차가 개시되면 청산의 목적범위 내로 그 권리능력이 제한된다($^{상\ 287조의}_{45,\ 245조}$). 따라서 청산회사에 대하여는 회사의 영업을 전제로 하는 다수의 규정이 적용되지 않으나, 회사의 상인자격·상호 등에 관한 규정은 해산에 의하여 영향을 받지 않고 적용된다.

(2) 회사의 계속

1) 계속사유 유한책임회사가 (i)「존립기간의 만료 기타 정관으로 정한 사유의 발생」$\left(\substack{상\ 287조의\ 40,\\227조\ 1호}\right)$, (ii)「총사원의 동의」$\left(\substack{상\ 287조의\ 40,\\227조\ 2호}\right)$에 의하여 해산한 경우에는, 사원의 전부 또는 일부의 동의로 회사를 계속할 수 있다$\left(\substack{상\ 287조의\ 40,\\229조\ 1항\ 본문}\right)$. 이 때 동의를 하지 않은 사원은 퇴사한 것으로 본다$\left(\substack{상\ 287조의\ 40,\\229조\ 1항\ 단서}\right)$.

2) 계속등기 회사의 해산등기 후에 위와 같이 회사를 계속하는 경우에는 본점소재지에서는 2주 내에, 지점소재지에서는 3주 내에 회사의 계속등기를 하여야 한다$\left(\substack{상\ 287조의\ 40,\\229조\ 3항}\right)$.

제 2 관 청   산

유한책임회사의 청산절차는 합명회사의 경우와 거의 같다$\left(\substack{상\ 287\\조의\ 45}\right)$. 다만 유한책임회사의 청산절차에서 합명회사의 경우와 다른 점은, 유한책임회사에서는 임의청산$\left(\substack{상\ 247조\sim\\249조}\right)$이 인정되지 않는다는 점$\left(\substack{이\ 점은\ 물적회사\\의\ 경우와\ 유사함}\right)$, 유한책임사원은 그 출자금액을 한도로 유한책임을 지고$\left(\substack{상\ 287\\조의\ 7}\right)$ 또한 금전이나 그 밖의 재산의 출자를 회사 성립시 등에 전부 이행하여야 하므로$\left(\substack{상\ 287조의\ 4\ 2항,\\287조의\ 23\ 2항}\right)$ 청산시에 회사의 현존재산이 그 채무를 변제함에 부족한 때에도 청산인은 (합명회사의 경우와 같이) 각 사원에 대하여 출자를 청구하는 것$\left(\substack{상\ 258\\조\ 1항}\right)$이 있을 수 없다는 점 등이다.

제**6**장 주식회사

제 1 절 총 설

제 1 주식회사의 개념

우리 상법은 주식회사의 정의규정을 두고 있지는 않으나, 주식회사에 관한 여러 규정에 의하여 주식회사는 다음과 같이 정의될 수 있다. 즉, 주식회사는 「사원(주주)의 출자에 의한 자본금을 가지고, 자본금은 그의 구성단위인 주식에 의하여 분할되며, 사원(주주)은 그가 인수한 주식의 인수가액을 한도로 회사에 대해서만 책임을 지는(유한책임) 회사」이다.[1] 따라서 주식회사의 세 가지 요소는 자본금·주식·주주의 유한책임이라고 볼 수 있으므로, 이하에서는 이 세 가지 요소에 관하여 상세히 살펴보겠다.

1. 자 본 금[2]

(1) 자본금의 의의

1) **자본금의 기능**   주식회사는 전형적인 물적회사로서 사람의 결합보다는 자본금의 결합에 그 특질이 있다. 따라서 주식회사의 자본금은 「회사」에 대하여는

---

1) 동지: 손(주), 534면; 정(동), (회) 73면.
2) 이에 관하여는 정찬형, "주식회사의 자본," 「고시계」, 1984. 9(제331호), 121~138면; 강희갑, "세계 주요국가의 주식회사 자본제도에 관한 최근의 개정동향," 「경영법률」(한국경영법률학회), 제12집(2001), 139~171면 등 참조.
    영미법상의 자본금의 개념에는 ① the nominal(authorized) capital(명목자본금·수권자본금), ② the issued capital(발행자본금), ③ the paid up capital(납입자본금)이 있고, 그 밖에 경제적 목적에 따라 Reserve liability(capital), Quasi−Capital funds, Equity share capital, Loan capital, Fixed and current capital 등의 용어도 사용된다(Palmer/Schmitthoff, p. 349).

성립의 기초가 되고, 「주주」에 대하여는 출자액 및 책임의 한계를 의미하며, 「회사채권자」에 대하여는 회사 신용 및 담보의 기능을 한다.[1]

2) 자본금의 정의　　주식회사의 자본금은 상법의 규정에 의하여 정의되고 있는데, 이에 의하면 자본금은 액면주식을 발행하는 경우에는 원칙적으로 「발행주식의 액면총액」이고($\frac{상}{조}\frac{451}{1항}$), 무액면주식을 발행하는 경우에는 「주식의 발행가액에서 자본금으로 계상하기로 한 금액의 총액」이다($\frac{상}{조}\frac{451}{2항}$).[2] 주식회사는 정관에서 정한 경우에만 주식의 전부를 무액면주식으로 발행할 수 있는데, 무액면주식을 발행하는 경우에는 액면주식을 발행할 수 없다($\frac{상}{조}\frac{329}{1항}$). 회사는 정관에서 정하는 바에 따라 발행된 액면주식을 무액면주식으로 전환하거나 무액면주식을 액면주식으로 전환할 수 있다($\frac{상}{4항}\frac{329조}{·5항}$). 그런데 이 때 주식회사의 자본금은 액면주식을 무액면주식으로 전환하거나 무액면주식을 액면주식으로 전환함으로써 변경할 수 없다($\frac{상}{조}\frac{451}{3항}$).

주식회사가 액면주식을 발행하는 경우 위의 자본금의 정의에 대한 예외로는 상환주식의 상환($\frac{상}{345조}$)·배당가능이익으로써 취득한 자기주식의 소각($\frac{상}{1항}\frac{343조}{단서}$)이 있다. 이 때에는 자본금 감소절차에 따른 주식의 소각이 아니기 때문에 자본금의 감소가 생기지 않는데, 이로 인하여 소각되는 주식수만큼 자본금의 계산의 기초가 되는 주식수와 현재의 주식수간에 불일치가 생기게 된다. 그러나 액면주식의 경우 신주발행시에 할인발행을 하는 경우($\frac{상}{417조}$)에는 자본금이 「발행주식의 액면총액」($\frac{상}{조}\frac{451}{1항}$)이라는 개념에는 일치하나, 다만 신주발행에 의하여 회사가 취득하는 재산이 자본금에 미달하게 되는 점이 있을 뿐이다.

㈎ 재산과 구별　　자본금은 「회사가 보유하여야 할 순재산액의 기준」으로 추상적·불변적[3]인 계산상의 수액(數額)을 의미하는 점에서, 「회사가 현재 보유하고 있는 순재산액」으로서 회사의 경영상태에 따라서 또는 물가의 변동에 따라서 항상 변동하는 구체적·가변적인 재산과는 구별된다.

㈏ 수권자본과 구별　　자본금은 회사가 액면주식을 발행하는 경우 「회사가 발행한 주식의 (액면)총액」($\frac{상}{조}\frac{451}{1항}$)을 의미하는 것으로, 「회사가 발행할 주식의 (액면)총액」($\frac{상}{1항}\frac{289조}{3호}$)[4]을 의미하는 수권자본과도 구별된다.

---

1) 동지: 이(철), (회) 220면.
2) 회사가 무액면주식을 발행하는 경우 주식의 발행가액에서 자본금으로 계상하기로 한 금액을 정하는 자는 원칙적으로 「이사회」인데, 신주발행사항을 정관으로 주주총회의 결의사항으로 한 경우에는 「주주총회」이다(상 451조 2항). 그런데 자본금 총액이 10억원 미만인 회사로서 이사를 1명 또는 2명 둔 경우에는 이사회가 없으므로 이를 「주주총회」가 결정한다(상 383조 4항, 451조 2항).
3) 「불변적」이라는 뜻은 「증자 또는 감자의 절차를 밟지 않는 한 불변」이라는 의미이다.
4) 상법 제289조 1항 3호는 「회사가 발행할 주식의 총수」로 규정하고 있는데, 이것을 정확하게 표

(다) **경제상의 자본과 구별**   상법상의 자본금은 법률상의 개념이므로 경제상의 자본과도 구별된다. 경제상의 자본에는 기본자본·부가자본($\substack{\text{기본자본과 부가자본을}\\\text{합하여 자기자본이라 함}}$) 및 외래자본(타인자본)이 있는데, 이 중에서 법률(상법)상의 자본금에 해당하는 개념은 기본자본만이다. 경제상의 개념인 부가자본은 상법에서 「준비금」으로 규정하고 있으며($\substack{\text{상 458조}\sim\\\text{461조의 2}}$), 외래자본 중 장기차입금의 일부는 상법에서 「사채(社債)」로 규정하고 있다($\substack{\text{상 469조}\sim\\\text{516조의 11}}$).

(2) **자본금의 규모**

1) 자본금은 금액으로 표시되는데 정관의 (절대적) 기재사항은 아니고,[1] 등기사항에 불과하다($\substack{\text{상 317조}\\\text{2항 2호}}$).

2) 주식회사의 최저자본금[2] 및 최고자본금에 대하여는 제한이 없다.

(3) **자본금에 관한 입법례**

주식회사의 자본금에 관한 입법례는 회사의 설립시에 자본금 총액에 해당하는 주식의 인수를 요하는가의 여부에 따라, 총액인수제도(확정자본주의)와 수권자본제도(창립주의)가 있다.

1) **총액인수제도**(확정자본주의)   총액인수제도는 대륙법계 국가의 입법례로, 자본금이 정관의 기재사항이고 회사의 설립시에 자본금 총액에 해당하는 주식의 인수를 요하는 제도이다.[3]

총액인수제도는 회사의 설립시에 자본적 기초를 확보하게 하여 회사채권자를 보호하는 장점은 있으나, 회사설립과 자본금 조달에 탄력성이 없다는 단점이 있다.

2) **수권자본제도**(창립주의)   수권자본제도는 영미법계 국가의 입법례로, 자본금은 정관의 기재사항이 아니고 정관에는 다만 「회사가 발행할 주식총수」(수권주식총수)만이 기재되며, 회사의 설립시에는 수권주식총수 중 일부만이 인수되어도 회사는 성립되고 회사는 성립 후 나머지($\substack{\text{이 중 전부}\\\text{또는 일부}}$)에 대하여 이사회결의만으로 신주발행을 하여 자본금 조달을 할 수 있는 제도이다.

현하면 수권주식 또는 수권주식(총)수이다[동지: 정(동), (회) 74면].

1) 상법 제289조 1항 3호(회사가 발행할 주식의 총수) 및 5호(회사의 설립시에 발행하는 주식의 총수)는 자본금을 의미하지 않는다.

2) 각국의 회사법상 주식회사의 최저자본금을 보면 독일은 5만 유로이고(獨株 7조), 영국은 공개회사의 경우(public company) 5만 파운드이며(CA 2006 제763조 제1항), EU회사법은 25,000유로(유럽계산단위)(Second Council Directive 77/91/EEC of 13 Dec. 1976 제6조 제1항)이다.

3) 그러나 오늘날 대륙법계 국가에서도 회사의 자본조달의 편의를 위하여 총액인수제도를 완화하여 규정하고 있다. 예컨대, 독일 주식법 제202조 내지 제204조의 인허자본(genehmigtes Kapital)은 정관의 규정으로 회사 성립 후 5년이 경과한 뒤에 기본자본의 2분의 1을 넘지 않는 한도에서 감사회의 동의만으로 신주발행을 할 수 있게 하고 있다.

수권자본제도는 회사설립과 자본금 조달에 탄력성이 있다는 장점은 있으나, 회사의 설립시에 자본적 기초가 튼튼하지 못하다는 단점이 있다.

3) 우리 상법의 입법태도　　우리 상법은 자본금을 정관의 기재사항으로 규정하지 않고($\frac{상\,289조}{1항\,참조}$) 정관에는 다만 수권주식총수만을 기재하도록 하고($\frac{상\,289조}{1항\,3호}$), 이러한 수권주식총수 중 미발행주식은 이사회의 결의만으로 발행할 수 있게 하여 ($\frac{상}{416조}$) 자본금 조달의 탄력을 기하고 있는데, 이러한 점에서는 수권자본제도를 따른 입법을 하고 있다.

그러나 순수한 수권자본제도를 따른 입법은 아니고, 설립시의 자본적 기초를 튼튼하게 하기 위하여 설립시에 발행하는 주식의 총수를 인수하도록 하고 또한 이와 같이 인수된 주식의 총수에 대하여 전액 납입하도록 규정하고 있는데($\frac{상\,295조.}{305조}$), 이러한 점에서는 확정자본제도를 가미하고 있다(통설).[1]

(4) 자본금에 관한 원칙

물적회사인 주식회사에서의 자본금은 회사채권자 등에게 유일한 담보가 되는 기능을 하므로, 주식회사의 자본금에 관하여는 다음과 같은 원칙이 있다.[2] 이러한 자본금에 관한 원칙은 원래 총액인수제도의 입법에서 엄격하게 지켜지는 원칙이므로, 수권자본제도에 의한 입법을 기본으로 하고 있는 우리 상법의 해석에서 이러한 자본금에 관한 원칙이 그대로 유지될 수 있을 것인지에 대하여는 견해가 나뉘어 있다.

1) 다 수 설　　다수설에서는 우리 상법이 주식회사의 자본금에 관하여 기본적으로는 수권자본제도를 채택하고 있지만 순수한 수권자본제도를 채택한 것은 아니고 확정자본제도를 가미하고 있으므로, 이 점에서 자본금의 3원칙은 유지되고 있다고 설명한다. 다만 이러한 자본금의 3원칙은 원래의 의미는 아니고 수정되어 유지되고 있다고 한다. 즉, 자본금의 3원칙 중 자본금 유지(충실)의 원칙은 원래의 의미로 유지되고 있으나, 자본금 확정의 원칙은 증자시에는 폐기되고 회사의 설립시에만 유지되고 있으며($\frac{설립시에도\,원래의\,의미보}{다는\,훨씬\,완화되어\,있다}$), 자본금 불변의 원칙도 증자시에는 폐기되고 자본금 감소에서만 유지되고 있다고 한다.[3] 따라서 다수설에서는 자본금 불변

---

1) 정(찬), (회) 307면; 정(희), 357면, 359면; 손(주), 536면; 정(동), (회) 76면; 최(기), 524~525면; 이(범), 122면; 채, 397면 외.

2) 자본금에 관한 이러한 원칙은 그 자체가 상법에 규정되어 있는 것은 아니고, 상법의 자본금에 관한 여러 가지의 규정에 의하여 자본금에 관한 원칙이 설명된다.

3) 서·정, 296~298면; 손(주), 538~540면; 양·박, 275면; 최(기), 524~527면(특히 소수설에 대한 비판이 상세하다); 채, 396~398면; 이(철), (회) 221면(자본금 확정의 원칙에 관하여) 외.

의 원칙을 자본금 감소제한의 원칙이라고도 부르고,[1] 또한 자본금 불변의 원칙을
자본금 유지(충실)의 원칙에 포함시켜 이해할 수 있다고 보는 견해도 있다.[2]

　　2) 소 수 설　　　　소수설에서는 현행 상법상 주식회사의 자본금에 관한 원칙
에는 다음과 같이 자본금 유지(충실)의 원칙만이 있다는 견해도 있고, 또는 자본금
에 관한 원칙을 형식적 원칙과 실질적 원칙으로 크게 분류하여 설명하는 견해도 있다.

　　㈎ 자본금에 관한 원칙에는 자본금 유지의 원칙만이 있다는 견해에서는 현행
상법상 주식회사의 자본금에 관한 원칙에는 자본금 유지(충실)의 원칙만이 존재한
다고 한다. 이 견해에서는 자본금 확정의 원칙은 회사 설립시에만 요구되는 원칙이
고 신주발행시에는 자본금 조달의 편의를 위하여 이 원칙은 적용되지 않으므로 이
미 이것은 자본금에 관한 원칙이 아니라고 하고, 자본금 불변의 원칙은 자본금 증가
의 경우를 제외하고 자본금 감소에 대해서만 이 원칙이 인정되기 때문에 이것도 자
본금에 관한 원칙이라고 하기 어렵다고 한다.[3]

　　㈏ 자본금에 관한 원칙을 형식적 원칙과 실질적 원칙으로 크게 분류하여 설명
하는 견해에서는 다음과 같이 설명하고 있다.[4]

　　① 형식적 원칙　　　　이는 자본금의 3원칙과 관련하여 설명되는데, 자본금 확
정의 원칙은 우리 상법상 자본금의 원칙이 아니고 자본금 유지(충실)의 원칙과 자본
금 불변(감소제한)의 원칙이 이에 해당한다고 한다. 또한 자본금 유지(충실)의 원칙은
자본금 불변(감소제한)의 원칙과 합하여야만 완전한 구실을 할 수 있다고 한다.

　　이러한 자본금의 형식적 원칙은 자본금을 소극적인 면에서 유지시키고자 하는
것이라고 한다.

　　② 실질적 원칙　　　　이는 자본금 충분의 원칙으로서, 회사는 그가 영위하려
는 사업의 규모와 성질에 비추어 충분하다고 인정되는 자본금을 갖지 않으면 안 된
다고 하는 원칙이라고 한다. 우리 상법에는 이 원칙을 정면으로 선언한 규정이 없으
므로 과연 이것을 상법상의 자본금의 원칙으로 인정할 수 있을 것인가가 문제되는
데, 영미에서는 오래 전부터 판례와 학설에 의하여 이 원칙이 자본금에 관한 지도원
리로서 인정되어 왔고, 독일에서도 금융기관·자본투자회사 및 보험회사에 대하여
는 특별법에 의하여 이 원칙이 인정되고 있으며, 또 물적회사에서 충분한 자본금이

---

1) 손(주), 540면; 주상(제5판)(회사Ⅱ), 209면; 최(기), 526면(구체적으로 표현하면 자본감소절
　 차의 엄격원칙이라고 한다); 이·최, 238면.
2) 이(철), (회) 222면.
3) 정(희), 357~358면.
4) 정(동), (회) 76~82면; 정동윤, "주식회사의 자본―그 구성과 기능―,"「고시연구」, 1986. 4,
　 102~110면.

라는 전제조건이 결여된 경우에는 사원은 유한책임의 혜택을 누릴 수 없다고 하는 것이 형평상 맞고 또 물적회사제도의 법리상 당연하다고 하는 점 등에서 볼 때, 우리나라에서도 자본금 충분의 원칙을 긍정할 수 있다고 한다. 이 때에 이의 실정법적 근거를 찾는다고 하면 회사채권자의 보호를 꾀하려고 하는 자본금 유지(충실)의 원칙에 관한 상법의 제규정에서 찾아야 하고, 자본금이 충분한지 여부는 회사가 영위하는 사업의 규모·종류 및 그 영업에서 예상되는 채무액 및 기타 제반사정을 종합하여 결정되어야 할 것이라고 한다.

이러한 자본금의 실질적 원칙은 자본금을 적극적인 면에서 유지시키고자 하는 것이라고 한다.[1]

3) 사 견 생각건대 다수설에 찬성한다. 따라서 이러한 다수설에 따라 주식회사의 자본금의 3원칙은 다음과 같이 설명될 수 있다.[2]

(개) **자본금 확정의 원칙** 이 원칙의 원래의 의미는 회사의 자본금이 정관에 의하여 확정되고, 또 그 자본금에 대한 주식인수도 확정되어야 한다는 뜻이다. 따라서 이 원칙은 총액인수제도에 따른 입법에서는 정확하게 일치한다. 그러나 현행 우리 상법의 규정에서도 (i)「회사의 설립시에 발행하는 주식의 총수」는 정관의 (절대적) 기재사항인 점($\frac{상\ 289조}{1항\ 5호}$), (ii) 회사의 설립시 발행된 주식에 대하여는 전부 인수와 납입이 되어야 하는 점($\frac{상\ 295조,}{305조,}$)에서 볼 때, 회사의 설립시에는 이 범위 내에서 자본금이 확정되어야 한다고 볼 수 있다. 따라서 우리 상법에서도 이 한도에서 자본금 확정의 원칙이 유지되고 있다고 볼 수 있다.

(내) **자본금 유지**(충실)**의 원칙** 이 원칙은 회사는 자본금[3]에 상당하는 현실적인 재산을 항상 유지해야 한다는 원칙으로, 이는 회사채권자를 보호하기 위한 것이다. 이 원칙은 현행 상법에서도 총액인수제도에 따른 입법에서와 같은 의미로 유지되고 있다. 상법상 이 원칙을 반영한 규정은 매우 많은데, 대표적인 예는 다음과 같다. 즉, 납입기일에 있어서의 전액납입 또는 현물출자의 전부이행($\frac{상\ 295조,\ 305조,}{421조,\ 425조}$), 현물출자 기타 변태설립사항의 엄격한 규제($\frac{상\ 299조,\ 310조,}{313조,\ 314조,\ 422조}$), 발기인과 이사의 인수

---

1) 이에 대하여 정(희), 357면 주 2는「영업의 규모와 성질에 따른 적정한 자본금이란 케이스 바이 케이스로 정할 수밖에 없는데, 하물며 그 객관적 자본규모를 정한다는 것은 거의 불가능한 것이다. 따라서 이것의 입법화는 추상적인 선언적 규정으로 만족할 수밖에 없는 것이고, 이것의 위반에 대한 규제도 기술상 난점이 있다. 따라서 현재로서는 해석론으로서 이 원칙을 도입할 수는 있을지 모르나 그것도 한낱 탁상공론에 그칠 염려가 있다」고 비판한다.

2) 정찬형, 전게논문(고시계, 1984. 9), 123~125면.

3)「자본금」은 현실적인 재산이 아니라, 회사가 보유하여야 할 계산상의 수액(數額)에 불과하다.

및 납입담보책임($\frac{\text{상}\ 321}{\text{조},\ 428\text{조}}$), 주식의 할인발행의 제한($\frac{\text{상}\ 330}{\text{조},\ 417\text{조}}$),[1] 자기주식의 질취(質取)의 제한($\frac{\text{상}\ 341}{\text{조의}\ 3}$), 법정준비금의 적립($\frac{\text{상}\ 458}{\text{조},\ 459\text{조}}$), 이익배당의 제한($\frac{\text{상}}{462\text{조}}$) 등이다.

(대) 자본금 불변의 원칙　　이 원칙은 자본금을 임의로 변경시키지 못하고, 자본금의 변경을 위하여는 엄격한 법적 절차를 요한다는 원칙이다. 따라서 이 원칙은 자본금의 증가와 감소에 모두 적용되는 원칙이다. 그런데 우리 상법은 수권자본제도를 채택하여 자본금의 증가는 이사회의 결의만으로 가능하도록 하여($\frac{\text{상}}{416\text{조}}$) 엄격한 법적 절차를 요하지 않고 자본금의 감소에만 엄격한 법적 절차를 요하고 있으므로($\frac{\text{상}\ 438\text{조}\sim}{446\text{조}}$), 자본금 불변의 원칙은 자본금의 감소에만 해당한다. 따라서 자본금 불변의 원칙은 우리 상법의 해석으로서는 「자본금 감소제한의 원칙」으로 수정된다.

2. 주　　식

(1) 주식회사의 자본금은 주식으로 분할되므로($\frac{\text{상}\ 451\text{조}}{1\text{항}\cdot 2\text{항}}$), 자본금과 주식과의 관계에서 주식은 자본금의 구성단위가 된다.[2] 액면주식의 금액은 균일하여야 하고($\frac{\text{상}\ 329}{\text{조}\ 2\text{항}}$), 액면주식 1주의 금액은 100원 이상으로 하여야 한다($\frac{\text{상}\ 329}{\text{조}\ 3\text{항}}$).

(2) 주식회사가 액면주식을 발행하는 경우 자본금은 원칙적으로 「발행주식의 액면총액(1주의 액면가액 × 발행주식수)」인데($\frac{\text{상}\ 451}{\text{조}\ 1\text{항}}$), 이에 대한 예외로 자본금과 주식과의 관계에서 위의 등식이 성립하지 않는 경우는 상환주식의 상환에 따른 주식의 소각($\frac{\text{상}}{345\text{조}}$) 및 배당가능이익으로써 취득한 자기주식의 소각($\frac{\text{상}\ 343\text{조}}{1\text{항}\ \text{단서}}$)의 경우이다. 이 때에는 소각된 만큼 주식수와 그 주식의 액면총액이 감소하지만, 이는 자본금 감소절차($\frac{\text{상}\ 438\text{조}\sim}{446\text{조}}$)에 따른 것이 아니기 때문에 자본금의 감소가 생기지 않게 되어 자본금과 주식 사이에 불일치가 생긴다(통설). 이와 같은 예외적인 현상은 상법에 따로 규정이 있는 경우에만 가능한데, 이 때에는 주식이 자본금 형성의 구성단위라는 본래의 뜻은 잃게 되지만 주식이 자본금 형성의 기초가 된다는 의의마저 없어지는 것은 아니다.[3]

---

1) 주식의 할인발행은 회사의 설립시에는 금지되나(상 330조), 회사의 성립 후에는 엄격하게 제한하여 인정하고 있다(상 417조). 주식의 할인발행의 경우에도 상법상 자본금의 개념(상 451조 1항)에는 변동이 없으나, 다만 액면미달금액(할인금액)의 총액만큼 회사의 재산에 결손이 있을 뿐이다. 이것은 자본금 유지의 원칙에 반하나, 회사의 자금조달을 위하여 부득이한 경우에 예외적으로만 인정되고 있는 것이다.

2) 주식의 개념에는 이외에도 「주주가 회사에 대하여 가지는 권리의무」라는 뜻도 있는데, 이러한 개념으로서의 주식은 주식회사의 물적 요소인 자본금과 인적 요소인 주주(사원)를 연결시킨다. 인적회사에서는 사원이 자본금에 선행하나, 주식회사에서는 자본금이 사원(주주)에 선행하고 이러한 자본금은 주식을 통하여 사원(주주)과 연결된다.

3) 정희철, "주식회사의 자본구성의 원칙과 예외," 「사법행정」, 1966. 11, 10면.

3. 주주의 유한책임

(1) 주주는 회사에 대하여만 그가 가진 주식의 「인수가액」[1]을 한도로 책임을 지고(출자의무)($\frac{상}{331조}$),[2] 그 밖의 회사채권자 등에는 아무런 책임을 지지 않는다. 주주의 이러한 책임(출자의무)은 인수가액의 전액납입주의를 취하고 있는 우리 상법 하에서는($\frac{상\ 295조,}{305조,\ 421조}$) 일반적인 경우 엄격하게 말하면 「주식인수인」으로서의 책임을 의미하는 것으로 볼 수 있는데, 주식인수인이 인수가액의 전액을 납입하면 주주(주식인수인)는 회사에 대해서도 아무런 책임을 지지 않는다는 의미이다. 그러나 회사설립의 경우 주식인수인이 주금납입을 하지 않았음에도 불구하고 회사가 성립하고 발기인이 납입담보책임($\frac{상\ 321}{조\ 2항}$)을 부담한 경우에는, 그러한 주식인수인은 회사의 성립 후에는 주주의 자격에서 인수가액의 납입의무를 지게 된다. 그러나 신주발행의 경우에는 납입을 한 주식인수인만이 납입기일의 다음 날부터 주주가 되므로($\frac{상\ 423}{조\ 1항}$), 이 때에는 미납입주주란 있을 수 없다.

(2) 주주의 이러한 책임은 「회사」에 대해서만 지는 책임이라는 점에서 간접유한책임이므로, 합자회사의 유한책임사원이 「회사채권자」에 대하여도 책임을 지는 직접유한책임($\frac{상}{279조}$)과 구별된다.[3]

(3) 주주의 이러한 유한책임은 주식회사의 본질에 관한 것이므로 정관 또는 주주총회의 결의로 이와 달리 정할 수 없다.[4] 그러나 주주의 이러한 유한책임은 주주가 사후에 개별적으로 포기하는 것은 무방하다.[5] 따라서 이 경우에는 주주 개개인의 동의로 주주에게 회사채무를 부담시키거나,[6] 인수가액 이상의 추가출자를 시키는 것도 가능하다.[7] 주주의 개별적인 동의나 포기 없이 주주의 유한책임을 부인하는 이론으로는 법인격부인론만이 있다.[8]

---

1) 이 때의 인수가액은 주식의 「액면가액」 또는 「발행가액」과 항상 일치하는 것은 아니다.

2) 주주의 출자의무는 원칙적으로 금전출자이나, 일정한 요건 하에 예외적으로 현물출자도 인정된다.

3) 주주와 유한회사의 사원의 책임은 모두 「간접유한책임」을 지는 점에서는 공통하나, 주주의 책임은 엄격한 간접유한책임임에 반하여 유한회사의 사원은 예외적으로 현물출자 등에 관하여 전보책임을 지므로(상 550조, 593조) 완화된 간접유한책임을 지는 점에서 양자는 구별된다.

4) 1인회사인 경우에는 유한책임이 제한되어야 한다는 견해로는 양동석, "1인회사설립과 유한책임의 제한,"「비교사법」, 제8권 1호(하)(2001. 6), 671~699면 참조. 또한 주식회사의 본질과 주주에의 책임부과의 가능성에 대하여는 김원규, "주식회사에 있어서 주주의 책임,"「상법학의 전망(평성 임홍근교수 정년퇴임기념논문집)」(서울: 법문사, 2003), 104~130면 참조.

5) 동지: 정(희), 359면.

6) 동지: 대판 1983. 12. 13, 82 도 735(공보 721, 210); 동 1989. 9. 12, 89 다카 890(공보 1989, 1469).

7) 동지: 이(기) 외, (회) 136면; 채, 399면.

8) 이는 사법상의 책임에 관해서만 그러한 것이고, 공법상의 책임은 전혀 별개이다. 즉, 국세기본

제 2 주식회사의 경제적 기능

(1) 오늘날 주식회사는 대표적인 공동기업의 형태이고 또한 회사 중에서도 가장 전형적인 형태이다. 그 이유는 주식회사의 형태에서는 출자자인 주주의 책임이 그가 인수한 주금액(株金額)을 한도로 하여 회사에 대하여만 책임을 지고(간접·유한책임), 또 그의 지위는 주권을 통하여 자유롭게 양도될 수 있어(주식의자유양도성) 투자의 회수가 보장되므로, 다른 어느 종류의 회사에서보다도 투자에 가장 적합한 회사형태이다. 따라서 주식회사는 많은 투자자(주주)를 모아 대자본을 형성하게 되어 대규모의 기업에 가장 적합한 형태가 되었고, 오늘날 국민생활에 직결되는 생산·유통·금융 등을 담당하는 기업형태는 거의 전부가 주식회사의 형태이다. 또한 주식회사는 기업의 소유와 경영이 분리되어 소유자(주주)가 아닌 전문경영인이 기업경영을 담당할 수 있으므로 대기업에 가장 적합한 회사형태이고, 이는 주주의 물적 유한책임과 함께 기업의 독립성과 영속성을 유지할 수 있도록 한다. 따라서 주식회사는 자본주의 경제의 발달에 큰 공헌을 하였고, 또한 오늘날 국민경제에 미치는 기능이 매우 크다.[1]

(2) 위와 같은 주식회사의 장점에 반하여 주식회사는 기업집중·남설(濫設)·경영기관의 횡포·소수주주 및 채권자의 이익침해·일반인의 투기심의 조장의 원인이 되는 등 그 폐해도 많다.

따라서 주식회사법은 이 주식회사제도의 장단점을 항상 고려하여 회사·주주·제3자 등의 이익을 조화하고 회사의 건실한 경영을 조장함으로써, 주식회사로 하여금 그 맡은 바 경제적 기능을 충분히 발휘할 수 있도록 규율하여야 할 것이다.[2]

법상 주식회사에서 과점주주가 출자자로서 제2차 납세의무를 부담하는 경우에, 이러한 과점주주는 주주유한책임이나 자기의 납세의무가 주식점유비율에 따라 제한됨을 주장할 수 없고, 회사의 체납세액 전액에 대하여 납세의무를 진다(대판 1990. 9. 11, 90 누 1083〈집 38 ③ 민 129〉).

1) 동지: 손(주), 541~543면.
2) 동지: 정(희), 353면.
　주식회사로서의 벤처기업에 대한 주식회사법의 특례규정에 대하여는 김한종, "벤처기업에 대한 회사법적 특례적용," 「한림법학 FORUM」(한림대학교 법학연구소), 제10권(2001), 209~227면 참조.

제 2 절   주식회사의 설립

제 1 관   총   설

제 1   주식회사 설립의 특색

모든 회사의 설립절차는 실체형성절차와 설립등기로 구성되는데, 실체형성절차에서 각종 회사의 설립절차의 특색이 나타난다. 인적회사 및 유한책임회사에서는 정관의 작성에 의하여 사원과 그 출자액 등이 확정되므로($^{\text{상 179조 3호·4호, 269}}_{\text{조, 287조의 3 1호·2호}}$), 인적회사 및 유한책임회사의 설립은 정관의 작성만으로 실체형성절차가 끝나게 된다.[1] 유한회사도 정관의 작성에 의하여 사원과 출자액 등이 확정되므로($^{\text{상 543조 2항 1호·}}_{\text{4호, 179조 3호}}$), 유한회사의 설립도 정관의 작성에 의하여 그의 실체형성절차가 거의 끝나게 된다.[2] 그러나 주식회사의 설립에서는 인적회사 및 유한책임회사나 유한회사에서와는 달리, 실체형성절차에서 정관작성 이외에 여러 가지의 복잡한 절차를 밟아야 한다. 여기에서 주식회사설립의 특색이 나타나는데, 이는 다음과 같다.

1) 주식회사의 설립사무를 담당하는 자는 모든 사원(주주)이 아니라, 특수한 지위를 가진 발기인이다($^{\text{상 288}}_{\text{조, 289조}}$).

2) 주식회사의 사원(주주)은 정관의 작성에 의해서가 아니라, 정관의 작성과는 별도의 절차인 주식인수절차에 의하여 확정된다($^{\text{상 293}}_{\text{조, 302조}}$).

3) 주식회사의 자본금은 회사채권자에 대하여 유일한 담보기능을 하므로, 이를 회사성립 전에 확보하기 위하여 주식인수인의 출자이행절차가 있다($^{\text{상 295조,}}_{\text{303조~307조}}$).

4) 주식회사는 원칙적으로 사원(주주)이 아닌 제3자기관에 의하여 운영되므로, 회사성립 전에 기관구성절차를 밟아야 한다($^{\text{상 296조,}}_{\text{312조}}$).

5) 주식회사의 설립남용을 방지하기 위하여 설립경과에 대하여는 엄격한 조사를 받도록 하고($^{\text{상 298조~300조,}}_{\text{313조, 314조}}$), 발기인 등 설립관여자에게는 엄격한 책임을 지우고 있다($^{\text{상 321조~}}_{\text{327조}}$). 또한 이러한 점과 관련하여 주식회사의 설립절차에 관한 규정은 모

---

1) 인적회사는 무한책임사원이 회사채권자에 대하여 무한책임을 지므로 사원이 회사설립 전에 「출자이행절차」를 밟아야 하는 것도 아니고, 또 무한책임사원이 업무집행 및 대표의 권한을 갖고 있으므로 회사설립 전에 「기관구성절차」를 밟을 필요도 없다.

2) 그러나 유한회사의 실체형성절차에는 정관작성 이외에도 회사설립 전에 「출자이행절차」를 밟아야 하고(상 548조), 정관으로 규정하지 않은 경우에는 회사설립 전에 「기관구성절차」를 밟아야 한다(상 547조).

두 엄격한 강행규정으로 되어 있다(통설).[1]

제 2 주식회사 설립의 방법

1. 발기설립과 모집설립

(1) 주식회사 설립의 방법에는 회사의 설립시에 발행하는 주식의 인수방법에 따라 「발기설립」(단순설립·동시설립)(Übernahme– od. Simultangründung)과 「모집설립」(복잡설립·절차설립)(Zeichnungs– od. Sukzessivgründung)이 있다. 「발기설립」이란 설립시에 발행하는 주식의 전부를 발기인만이 인수하여 회사를 설립하는 방법을 말하고(상 295조 이하), 「모집설립」이란 설립시에 발행하는 주식 중 그 일부는 발기인이 인수하고[2] 나머지 주식은 주주를 모집하여 인수시켜 회사를 설립하는 방법을 말한다(상 301조 이하).

(2) 원래 발기설립의 방법은 소규모 주식회사의 설립에 적합하고, 모집설립의 방법은 대규모 주식회사의 설립에 적합하다고 하겠다.

참고로 1995년 개정상법 이전에는 발기설립의 경우에는 반드시 법원이 선임한 검사인에 의하여 그 설립경과를 엄격히 조사받도록 되어 있었으므로, 이를 회피하기 위하여 소규모 주식회사를 설립하는 경우에도 연고모집 등에 의한 모집설립의 방법을 선호하고 발기설립의 방법은 거의 이용되지 않았다.[3] 따라서 우리 대법원판례는 이러한 모집설립을 절차상의 하자가 크다는 이유로 무효로 판시하였다.[4] 그런데 1995년 개정상법은 발기설립의 경우도 모집설립의 경우와 같이 원칙적으로 이사·감사가 자율적으로 그 설립경과를 조사하도록 개정하였으므로, 앞으로 소규모 주식회사의 설립에는 발기설립의 방법이 많이 이용될 것으로 본다.[5]

---

1) 정(동), (회) 96~97면; 최(기), 532면; 이(범), 124면; 이(기) 외, (회) 149면 외.
2) 각 발기인은 반드시 1주 이상의 주식을 인수하여야 한다(상 293조).
3) 정(동), (회) 98면; 이(범), 124면.
4) 대판 1992. 2. 14, 91 다 31494(공보 917, 1026)(주식회사를 설립함에 있어 모집설립의 절차를 갖추었으나 발기인이 주식모집 전에 주식의 대부분을 인수하고 일반공중으로부터 주식을 모집함에 있어 발기인이 타인의 명의를 모용하여 주식을 인수하였다면, 명의모용자가 주식인수인이라 할 것이어서 결국 주식 전부를 발기인이 인수한 결과가 되기 때문에, 이 때의 회사설립〈모집설립〉은 절차상의 하자가 있어 무효이다)[이 판결에 대하여 찬성하는 취지의 평석으로는 이기수, 「법률신문」, 제2129호, 15면; 안동섭, 「법률신문」, 제2136호, 15면이 있고, 반대하는 취지의 평석으로는 최기원, 「법률신문」, 제2163호, 15면이 있다]. 동지: 서울고판 1991. 7. 26, 90 나 21775(신문 2059, 11)(주식회사를 설립함에 있어 실제로는 발기인이 주식 전부를 인수하는 발기설립을 하면서 형식상으로는 모집설립을 하는 것처럼 법무사에 설립등기신청서류를 일괄 작성케 하여 설립등기를 한 것은 회사설립무효에 해당한다).
5) 동지: 정(동), (회) 98면.

2. 양자의 차이

발기설립과 모집설립은 근본적으로 설립시에 발행하는 주식의 인수방법에 따른 차이이나, 양자는 이외에도 다음과 같은 설립절차상($\frac{납입해태효과 \cdot}{기관구성방법}$) 및 설립경과조사상에서 많은 차이가 있다($\frac{상\ 295조\sim}{316조}$).

(1) 설립절차상의 차이

발기설립의 경우 납입을 게을리한 때에는 채무불이행의 일반원칙($\frac{민\ 389조,}{390조,\ 544조}$)에 의하여 처리되고, 이사·감사의 선임은 발기인의 의결권의 과반수로써 한다($\frac{상}{296조}$). 이에 반하여 모집설립의 경우 납입을 게을리한 때에는 실권(失權)절차가 인정되고 ($\frac{상}{307조}$), 이사·감사의 선임은 창립총회에서 하게 된다($\frac{상}{312조}$).

(2) 설립경과조사상의 차이

설립경과에 대하여 원칙적으로 이사·감사가 조사하고($\frac{상\ 298조\ 1항,}{313조\ 1항}$), 예외적으로 변태설립사항은 법원이 선임한 검사인이 하는 점($\frac{상\ 298조\ 4항,}{310조\ 1항}$)은 발기설립과 모집설립이 같다.

그러나 발기설립의 경우에는 이사·감사의 조사보고는 발기인에게 하고($\frac{상\ 298}{조\ 1항}$), 변태설립사항을 조사하기 위하여 하는 법원에 대한 검사인의 선임청구는 이사가 하며($\frac{상\ 298}{조\ 4항}$), 변태설립사항이 부당한 때의 변경은 법원이 한다($\frac{상}{300조}$). 이에 반하여 모집설립의 경우에는 이사·감사의 조사보고는 창립총회에 하고($\frac{상\ 313}{조\ 1항}$), 변태설립사항을 조사하기 위하여 하는 법원에 대한 검사인의 선임청구는 발기인이 하며($\frac{상\ 310}{조\ 1항}$), 변태설립사항이 부당한 때의 변경은 창립총회가 하게 된다[1]($\frac{상}{314조}$).

(3) 정관의 효력발생시기의 차이

자본금 총액이 10억원 미만인 회사를 발기설립하는 경우에는 발기인이 정관을 작성하고 각 발기인이 정관에 기명날인 또는 서명함으로써 그 효력이 생기는데($\frac{상\ 292}{조\ 단서}$), 모집설립의 경우에는 언제나 정관은 공증인의 인증을 받아야 그 효력이 생긴다($\frac{상\ 292}{조\ 본문}$).

---

1) 이 외에도 원시정관의 변경에서 발기설립의 경우는 (자본금 총액이 10억원 이상인 경우) 발기인 전원의 동의를 요하지만, 모집설립의 경우는 창립총회의 결의(상 316조 1항)로 하는 점에서, 양자는 차이가 있다고 보는 견해도 있다[정(동), (회) 133면].

제 3 발기인 · 발기인조합 · 설립중의 회사

1. 발 기 인

(1) 의   의

1) 개   념   발기인은 실질적으로 보면 「회사의 설립사무에 종사한 자」 (promoter)를 의미하나, 형식적으로 보면 「정관에 발기인으로 기명날인 또는 서명을 한 자」(incorporator)($\frac{\text{상 289}}{\text{조 1항}}$)를 의미한다(통설).[1] 발기인은 법률상으로는 형식적인 면에서 파악되어 그의 권한과 책임이 부여된다. 따라서 실제로 설립사무에 종사하였더라도 정관에 발기인으로 기명날인 또는 서명을 하지 않은 자는 발기인이 아니고,[2] 반대로 실제 설립사무에 종사하지 아니하였더라도 정관에 발기인으로 기명날인 또는 서명을 한 자는 발기인이다(통설).[3]

2) 지   위   발기인은 대외적으로는 설립중의 회사의 기관으로서 활동하고, 대내적으로는 발기인조합의 구성원으로서 회사의 설립사무에 종사한다.

(2) 자격 및 수

1) 자   격   발기인의 자격에 대하여 통설은 제한이 없다고 보므로 법인도 발기인이 될 수 있고, 또 제한능력자도 발기인이 될 수 있다고 본다.[4]

생각건대 발기인은 실제로 회사의 설립사무에 종사하는 자이므로 법인이나 제한능력자는 사실상 발기인으로 활동하는 데 여러 가지 문제점이 있다고 본다. 따라서 발기인은 완전한 행위능력이 있는 자연인에 한한다고 본다.[5]

2) 수   발기인은 1인 이상이어야 한다($\frac{\text{상}}{\text{288조}}$).[6]

---

1) 정(찬), (회) 317면; 서·정, 308면; 손(주), 547면; 정(동), (회) 100면; 이(범), 124면; 이(기) 외, (회) 150면; 주상(제5판)(회사 Ⅱ), 113면; 이·최, 242면 외.
2) 그러나 이러한 자라도 주식청약서 기타 주식모집에 관한 서면에 성명과 회사의 설립에 찬조하는 뜻을 기재할 것을 승낙하면, 유사발기인으로서 발기인과 동일한 책임을 진다(상 327조).
3) 정(찬), (회) 317면; 서·정, 308면; 손(주), 547~548면; 채, 428~429면; 이(기) 외, (회) 150면; 주상(제5판)(회사 Ⅱ), 113면 외.
4) 정(회), 362면(법인도 발기인이 될 수 있다고 한다); 서·정, 308면; 손(주), 548면; 채, 429면; 이(기) 외, (회) 150면; 주상(제5판)(회사 Ⅱ), 114면; 정(동), (회) 101면(다만 제한능력자가 발기인이 되려면 민법이 정하는 요건을 갖추어야 한다고 함); 이(철), (회) 230면 외.
5) 동지: 박·이, 134면(법인에 대하여).
6) 1995년 개정상법 이전에는 발기인이 7인 이상이었는데, 이는 영국법에 따라서 이와 같이 규정한 일본 상법을 그대로 답습한 것이었다. 이와 같이 규정한 이유는 설립행위를 신중하고 적정하게 하도록 하면서 다수의 원시주주를 확보하여 회사의 설립에 확실성을 기하고, 또 한편으로 설립행위에 관하여 다수의 사람으로 하여금 책임을 부담하도록 하여 이해관계인의 이익을 도모함과 아울러 설립시부터 자본을 분산시키려는 데에 있었다[해설(1995), 57면]. 그런데 우리 상법상 발

(3) 권 한

1) 학 설 　발기인의 권한에 대하여 우리나라에서는 아래와 같이 세 개의 학설로 나뉘어 있다.

(가) 제1설 　발기인은 회사의 설립 그 자체를 직접적 목적으로 하는 행위만을 할 수 있으므로, 개업준비행위는 당연히 제외된다는 학설이 있다. 이 설에서는 법정의 요건을 갖춘 재산인수($\frac{상}{조}\frac{290}{3호}$)는 예외적으로만 인정된다고 설명한다.[1]

(나) 제2설 　발기인은 회사의 설립을 위하여 법률상·경제상 필요로 하는 모든 행위를 할 수 있으나, 개업준비행위는 제외된다는 학설이 있다. 이 설에서도 법정의 요건을 갖춘 재산인수($\frac{상}{조}\frac{290}{3호}$)는 예외적으로만 인정된다고 보므로, 법정의 요건을 갖추지 않은 재산인수는 원칙적으로 회사에 대하여 효력이 생기지 않는다고 본다.[2]

(다) 제3설 　발기인은 회사설립에 필요로 하는 법률상·경제상의 모든 행위를 할 수 있으므로, 이에는 회사성립 후의 개업을 위한 개업준비행위도 포함된다는 학설이 있다. 이 설에 의하면 발기인의 재산인수($\frac{상}{조}\frac{290}{3호}$)는 개업준비행위로서 원래 발기인의 권한에 속하는 행위라고 볼 수 있으나, 이는 특히 위험성이 많으므로 이의 남용을 방지하기 위하여 상법이 이를 제한하고 있다고 한다.[3]

　생각건대 발기인의 회사설립에 관한 행위가 「회사의 설립에 필요한 행위」와 「개업준비행위」로 명백하게 분리되지 않는 점, 발기인은 회사설립에 관하여 엄격한 책임을 부담하므로($\frac{상}{322조}\frac{321조,}{}$) 발기인에게 회사설립에 관하여 그 권한을 넓게 인정하여도 무방하다는 점 등에서 볼 때, 발기인의 권한에 개업준비행위를 포함하는 위 제3설이 타당하다고 본다. 이 때 성립 후의 회사의 보호문제는 우리 상법이 발기인에게 회사의 설립과 관련하여 엄격한 책임을 부담하는 규정을 두고 있어($\frac{상}{322조}\frac{321조,}{}$) 어느 정도 해결되고 있다고 본다.[4]

기인은 형식적으로만 해석되어 발기인의 수를 다수로 한 입법취지에 부응하지 못하고, 또 회사설립의 실제에서도 1인 내지 소수의 인원에 의하여 설립절차가 이루어지고 있는 점에서, 1995년 개정상법은 발기인의 수를 3인 이상으로 개정하였는데[이에 관한 상세는 해설(1995), 56~60면 참조], 2001년 개정상법은 회사설립의 요건을 완화하는 외국의 입법추세에 따라(獨株 36조 2항 2문; 1989년 12월 22일 EU지침〈1인유한회사지침〉6조 등 참조) 다시 발기인의 수를 1인 이상으로 하였다.

1) 이(철), (회) 236면; 최(기), 533~534면.
2) 정(희), 362면, 365면, 371면(다만 개업준비행위는 그것의 추인을 인정함으로써 제3설과 같은 결과를 얻을 수 있을 것이라고 한다); 채, 436면; 이(기) 외, (회) 151면.
3) 정(동), (회) 145면; 임(재), (회 Ⅰ) 241면.
4) 정(찬), (회) 319면; 정찬형, "주식회사 발기인의 개업준비행위와 회사의 책임," 법률신문, 제1392호(1981. 4. 20), 9면.

2) 판   례   우리나라의 대법원은 「발기인대표가 성립 후의 회사를 위하여 자동차조립계약을 체결한 것은(발기인대표 개인명의로 되어 있다 하더라도) 발기인대표로서 회사설립사무의 집행인으로서 위 계약을 체결한 것으로 회사에 책임이 있고, 이는 상법 제290조(변태설립사항)의 각 호에 해당되지 않는다」고 판시하여, 발기인의 권한에 개업준비행위를 포함시키고 있다.[1]

(4) 의무 · 책임

발기인은 설립사무와 관련하여 여러 가지의 의무와 책임을 부담하는데, 의무로는 주식인수의무($\frac{상}{293조}$) · 의사록작성의무($\frac{상}{297조}$) 등이 있고, 책임으로는 주식의 인수 및 납입담보책임($\frac{상}{321조}$) · 임무를 게을리함으로 인한 손해배상책임($\frac{상}{322조}$) 등이 있다.

2. 발기인조합

(1) 의   의

주식회사의 설립에서 발기인이 2인 이상인 경우에는 이러한 발기인 상호간에는 정관작성에 앞서 회사의 설립을 목적으로 하는 어떤 계약이 존재하는 것이 일반적이다.[2] 이러한 계약의 형태는 조합계약이고, 그러한 계약에 의하여 성립하는 조합이 발기인조합이다. 이러한 발기인조합의 성질은 민법상의 조합이므로, 발기인조합에는 조합에 관한 민법의 규정이 적용된다(통설).[3] 이와 같이 민법상 발기인조합을 인정하는 이유는 그의 업무집행방법과 대외적인 책임을 규율할 필요가 있기 때문이다.[4]

(2) 권   한

주식회사의 설립절차는 이러한 발기인조합의 업무집행으로 진행된다. 따라서 발기인조합은 정관작성 등 회사의 설립사무를 담당하는 권한을 갖는다.

(3) 발기인 및 설립중의 회사와의 관계

1) 발기인과의 관계   발기인은 발기인조합의 구성원이고 설립중의 회사의 기관이므로, 발기인이 하는 회사의 설립행위는 발기인조합계약의 이행행위이고 또

---

1) 대판 1970. 8. 31, 70 다 1357(집 18 ② 민 298).
2) 그러나 발기인조합이 반드시 있어야 하는 것은 아니고, 예컨대 발기인이 1인인 경우에는 그 성질상 발기인조합이 있을 수 없고(상 288조) 또한 가족설립의 경우에는 이러한 계약이 없는 것이 보통이다(Würdinger, S. 102 참조).
3) 정(찬), (회) 321면; 정(희), 363면; 서 · 정, 309면; 손(주), 549면; 정(동), (회) 103면; 이(철), (회) 231면; 이(범), 125면; 이(기) 외, (회) 151면; 주상(제5판)(회사 Ⅱ), 115면 외.
4) 동지: 이(철), (회) 231면.

한 설립중의 회사의 기관의 활동이 된다.[1]

  2) **설립중의 회사와의 관계**   「발기인조합」은 그 후에 성립하는 「설립중의 회사」와 구별되는데, 보통 회사의 성립시(설립등기시)까지 양자는 병존한다.[2] 발기인조합은 발기인 상호간의 내부적인 계약관계로서 개인법상의 존재이나, 설립중의 회사는 사단법상의 존재로서 회사법적 효력을 가지는 점에서 양자는 근본적으로 구별된다. 따라서 설립중의 회사는 성립 후의 회사와 직접 관련을 갖지만, 발기인조합은 그 자체로서 설립중의 회사 및 성립 후의 회사와 직접적인 법적 관계를 갖지 못한다.[3]

3. 설립중의 회사

(1) 의   의

  설립중의 회사란 「회사의 성립(설립등기) 이전에 어느 정도 회사로서의 실체가 형성된 미완성의 회사」를 말한다. 설립중의 회사라는 개념은 대륙법계의 회사법에서 입법상[4] 또는 강학상[5] 인정되는 개념인데, 이는 설립과정에서 생긴 발기인 내지 설립중의 회사의 기관이 취득한 권리의무가 성립 후의 회사에 이전되는 관계를 설명하기 위하여 인정된 것이다.[6]

(2) 법적 성질

  설립중의 회사의 법적 성질에 대하여 우리나라에서는 「조합도 아니고 권리능력이 없는 사단도 아니며 법인도 아닌 특수한 성질의 단체」라고 보는 소수설도 있으나,[7]

---

  1) 동지: 정(동), (회) 142면; 정(희), 363면.
  2) 그러나 발기인조합계약에 의하여 정관의 작성·인증만으로 종료되는 것으로 특약할 수는 있다고 하는 견해도 있고[정(동), (회) 142면], 설립중의 회사의 이사·감사가 선임될 때까지 존속한다는 견해도 있다[정(희), 363면].
  3) 동지: 이(철), (회) 231면.
  4) 프랑스 상법(2001) 210−6조 2항.
  5) 대판 1970. 8. 31, 70 다 1357(집 18 ② 민 298).
  6) 동지: 정(희), 363면; 이(철), (회) 232면.
  7) 정(동), (회) 140~141면(이 특수한 단체란 법인격이 없다는 점을 제외하고는 성립 후의 회사와 동일한 실체를 가진 단체로서, 이에는 성립 후의 회사에 적용되는 상법과 정관의 규정 중 법인격을 전제로 하지 않는 것은 모두 적용된다고 한다); 이(기) 외, (회) 153면.
     이러한 견해는 설립중의 회사의 법적 성질을 권리능력과 구별하여 권리주체의 개념을 인정하는 독일의 독자성설(Uwe John, *Die organisierte Rechtsperson, System und Probleme der Personifikation im Zivilrecht*, Berlin, 1977)에 따른 것으로 볼 수 있다. 이러한 견해에 의하면 법인의 구조는 행위조직(Handlungsorganisation)·책임단체(Haftungsverband) 및 동일성장치(Identitätsausstattung)의 세 가지의 요소로 구성되는데, 이들 세 가지 요소는 각 법인에 따라 그 내용을 달리 하면서 구성원과는 독립된 독자성을 갖는다고 하면서, 설립중의 회사는 행위조직과 동일성장치에서는 성립 후의 회사의 독자성과 일치하나 다만 책임단체에서는 설립중의 회사가 성

통설[1] · 판례[2]는 「권리능력이 없는 사단」으로 보고 있다.[3]

생각건대 설립중의 회사를 인정하는 취지에서 이의 법적 성질을 명확히 할 필요가 있는 점에서 볼 때, 통설 · 판례에 찬성한다.

(3) 성립시기

설립중의 회사의 성립시기에 대하여 우리나라에서는 (i) 정관이 작성된 때라고 보는 설,[4] (ii) 정관이 작성되고 발기인이 1주 이상의 주식을 인수한 때라고 보는 설 (통설[5] · 판례[6]), (iii) 발행주식총수가 인수된 때라고 보는 설[7]이 있다.

생각건대 설립중의 회사가 성립하기 위하여는 사원의 일부가 확정되어야 하는데 발기인의 주식인수가 예정되어 있다 하더라도 그의 주식인수 전에는 사원의 자격으로 볼 수 없는 점에서 (i)의 설은 문제가 있고, 또 설립중의 회사는 성립 후의 회사와는 달라서 발행주식의 전부가 인수될 필요가 없다는 점에서 (iii)의 설도 문제가 있다고 본다. 따라서 일부의 주식인수에 의하여 사원의 일부가 확정된 때를 설립

립 후의 회사의 독자성에 미치지 못할 뿐이라고 한다[즉, 설립중의 회사의 책임은 (i) 행위조직의 행위자 · (ii) 설립사원 · (iii) 설립중의 회사 및 (iv) 성립 후의 회사가 개별적 또는 병존적으로 책임을 부담하나, 성립 후의 회사의 책임은 성립 후 회사가 회사재산만으로 책임을 진다]. 설립중의 회사에 관한 독일이론에 관한 상세는 Sung–Po An, *Die Vor–AG*(Marburg Univ. Diss., 1997) 참조.

　설립중의 회사의 법적 성질을 「조합도 아니고 권리능력이 없는 사단도 아니며 법인도 아닌 특수한 성질의 단체」라고 보는 소수설에 대한 비판으로는 이(철), (회) 232~233면 참조(특히 설립중의 회사가 권리능력이 없는 사단이 아니라고 한다면 회사성립 전의 재산소유형태를 설명할 수 없다고 함).

1) 정(희), 364면; 서 · 정, 309면; 최(기), 543면; 이(철), (회) 232면; 이(범), 125면; 채, 432면; 주상(제5판)(회사 Ⅱ), 120면 외.
2) 전게 대판 1970. 8. 31, 70 다 1357.
3) 독일에서는 설립중의 회사의 법적 성질을 「민법상의 조합」으로 보는 견해도 있다(RGZ 144, 348, 356; 151, 85, 91).
4) 이(철), (회) 233~234면(정관작성 후 발기인의 주식인수 전에도 발기인의 권리의무가 성립 후의 회사에 귀속하는 관계를 설명할 필요성이 있으며, 발기인의 주식인수는 확실하게 예정되어 있으니 사원의 일부는 확정되어 있음을 이유로 함); 이(기) 외, (회) 152면; 임(재), (회 Ⅰ) 244~245면; 주상(제5판)(회사 Ⅱ), 119~120면.
5) 정(희), 364면; 서 · 정, 309면; 손(주), 550~551면; 최(기), 545면; 이(범), 125면; 정(경), 340면; 채, 434면 외.
6) 대판 1985. 7. 23, 84 누 678(공보 760, 1196); 동 1990. 11. 23, 90 누 2734(공보 1991, 254); 동 1990. 12. 26, 90 누 2536(공보 1991, 660); 동 1994. 1. 28, 93 다 50215(공보 964, 830); 동 1998. 5. 12, 97 다 56020(공보 1998, 1611)(설립중의 회사는 정관이 작성되고 발기인이 적어도 1주 이상의 주식을 인수하였을 때 비로소 성립한다); 동 2000. 1. 28, 99 다 35737(공보 2000, 564)(설립중의 회사가 성립하기 위하여는 정관이 작성되고 발기인이 적어도 1주 이상의 주식을 인수하였을 것을 요건으로 한다).
7) 독일의 통설. 동지: 정(동), (회) 139~140면(회사의 설립시에 발행하는 주식총수 또는 설립무효가 되지 않을 정도의 주식의 인수가 확정된 때에 설립중의 회사가 창립된다고 한다).

중의 회사의 성립시기로 보는 (ii)의 설(통설·판례)이 가장 타당하다고 본다.

(4) 법률관계

1) 내부관계

⑦ **창립총회**　　　이는 모집설립의 경우에만 있는 기관으로, 이에는 소집절차 등에 관하여 주주총회에 관한 많은 규정을 준용하고 있다$\binom{상\ 308}{조\ 2항}$. 그러나 그 결의방법에 관하여는「출석한 주식인수인의 의결권의 3분의 2 이상이며 인수된 주식총수의 과반수」로 특별히 규정하고 있고$\binom{상}{309조}$,「서면에 의한 의결권의 행사」및「전자적 방법에 의한 의결권의 행사」는 인정되지 않는다$\binom{상\ 308조\ 2항에서\ 368조의\ 3}{및\ 368조의\ 4를\ 준용하지\ 않음}$.

이와 같이 모집설립의 경우에는 의결기관으로 창립총회가 있으므로, 이러한 창립총회는 회사의 설립에 관한 모든 사항을 결의할 수 있다[1]$\binom{상\ 308조\ 2항은\ 361}{조를\ 준용하지\ 않음}$.

㉯ **업무집행기관**　　　설립중의 회사의 업무집행기관은「발기인」이다. 발기인$\binom{발기설립의\ 경}{우\ -\ 상\ 296조}$ 또는 창립총회$\binom{모집설립의\ 경}{우\ -\ 상\ 312조}$가 선임한 이사·감사는 설립중의 회사의 감사기관이지 업무집행기관이 아니다[2]$\binom{상\ 313}{조\ 참조}$.

설립중의 회사의 업무집행기관인 발기인은 그의 권한범위$\binom{이에\ 관하여는\ 발기인의}{권한에서\ 이미\ 설명함}$ 내에서 회사의 설립에 필요한 모든 행위$\binom{예컨대,\ 정관작성·주식인수절차·출자이행}{절차·기관구성절차\ 등\ 모든\ 실체형성절차}$를 할 권리의무를 갖는다.

발기인의 업무집행은 원칙적으로 발기인 전원의 과반수로써 결정하여야 하나$\binom{민\ 706}{조\ 2항}$, 중요한 업무$\binom{상}{291조}$ 또는 기본구조의 변경$\binom{예컨대,\ 정관변경,}{발기인의\ 변경\ 등}$에 관한 사항은 발기인 전원의 동의에 의하여 결정하여야 한다.[3]

㉰ **감사기관**　　　설립중의 회사의 감사기관은 앞에서 본 바와 같이 이사·감사인데, 그의 권한은 설립에 관한 사항을 조사하여 발기인$\binom{발기설립의\ 경우}{-\ 상\ 298조\ 1항}$ 또는 창립총회$\binom{모집설립의\ 경우}{-\ 상\ 313조\ 1항}$에 보고하는 일이다.

2) 외부관계

⑦ **능　　력**　　　설립중의 회사의 법적 성질을 권리능력이 없는 사단으로 보면 설립중의 회사에는 권리능력이 없다. 그러나 우리 법상 권리능력이 없는 사단에도 민사소송법상 당사자능력이 인정되고$\binom{민소}{52조}$ 또 부동산등기법상 등기능력이 인정되고 있으므로$\binom{부등}{26조}$, 설립중의 회사에도 당연히 이러한 능력이 인정된다.

---

1) 동지: 정(동), (회) 131면.
2) 동지: 정(희), 365면.
　　반대: 정(동), (회) 121면, 131면(이사가 선임되면 그러한 이사가 설립중의 회사의 집행기관이라고 한다).
3) 동지: 정(동), (회) 143면.

그러나 설립중의 회사는 다른 권리능력이 없는 사단과는 달리 그 목적이 뚜렷하고 또 존속기간이 일시적이므로, 위의 특별법상의 능력 외에도 그 목적인 설립활동에 필수불가결한 범위 내에서는 위와 같은 특별법의 규정을 유추하여 그의 능력을 인정할 수 있다고 본다. 따라서 설립중의 회사는 은행과의 예금거래능력·어음능력 등을 갖는다고 본다.[1]

(나) 대   표   설립중의 회사를 제3자에게 대표하는 기관은 「발기인」이다. 따라서 발기인은 대내적으로는 설립중의 회사의 업무를 집행하고, 대외적으로는 설립중의 회사를 대표한다. 모든 발기인은 각자 이와 같은 대표권을 갖는데, 발기인조합계약 등에 의하여 특정한 발기인을 대표발기인으로 선임할 수는 있다고 본다. 이러한 대표발기인은 보통 설립중의 회사를 대표할 권한과 발기인조합을 대리할 권한을 갖는데,[2] 이러한 대표권(대리권)의 제한은 선의의 제3자에게 대항할 수 없다고 본다($\frac{\text{상 209조 2}}{\text{항 유추적용}}$).

(다) 책   임   설립중의 회사가 제3자에 대하여 부담하는 채무에 대하여 누가 책임을 질 것인가가 문제된다. 설립중의 회사는 법인격이 없으므로 이러한 채무를 설립중의 회사 자체가 부담한다고 볼 수는 없다. 따라서 주식인수인($\frac{\text{설립중의 회}}{\text{사의 구성원}}$) 및 발기인이 부담할 수밖에 없다.

① 주식인수인은 설립중의 회사가 부담하는 채무를 준총유($\frac{\text{민}}{\text{278조}}$)의 형식으로 공동부담하고 그 채무에 대하여는 설립중의 회사의 재산만으로 책임을 지므로, 주식인수인은 자기의 주식의 인수가액의 범위 내에서만 책임을 진다고 본다. 따라서 주식인수인이 출자의무를 이행하면 그 이상 아무런 책임을 지지 않는다.[3] 회사가 성립하고 회사의 채무가 적극재산을 초과하는 경우, 회사채권자를 보호하기 위하여 주주(사원)의 책임을 인정할 수 있을 것인가의 논의는 후술한다.

② 발기인은 설립중의 회사의 채무에 대하여 개인적으로 연대하여 무한책임을 지는 것으로 보아야 한다.[4] 우리 상법은 회사불성립이 확정된 경우에만 설립에 관한 행위에 대하여 발기인의 연대책임을 규정하고 있으나($\frac{\text{상}}{\text{326조}}$), 이 규정을 유추하여

---

1) 동지: 정(동), (회) 144면; 최(기), 539면.
2) 동지: 손(주), 552면; 주상(제5판)(회사 Ⅱ), 122면.
3) 동지(간접유한책임설): Hueck, S. 318 f.
   반대: 정(동), (회) 147면(간접무한책임설); K. Schmidt, NJW 1981, S. 1347; BGH ZIP 1997, 679.
4) 동지: 정(동), (회) 148~149면(동 교수는 이에 대하여 민법 제135조 1항과 상법 제326조를 유추적용한다고 하나, 무권대리인의 책임에 관한 민법 제135조 1항을 이에 유추적용하는 것은 적절치 못하다고 본다).

회사불성립이 확정되기 이전에도 발기인에게 동일한 책임($^{연대 \cdot 무}_{한책임}$)을 인정할 수 있다고 본다. 회사가 성립한 경우의 발기인의 책임에 대하여는 상법이 회사에 대한 책임($^{상\ 321조,}_{322조\ 1항}$)과 제3자에 대한 책임($^{상\ 322}_{조\ 2항}$)으로 나누어 별도로 규정하고 있다.

  (5) 권리의무의 이전

  1) 설립중의 회사의 법적 성질을 권리능력이 없는 사단이라고 보면, 설립중의 회사의 명의로 취득한 권리의무는 설립중의 회사에 총유($^{또는}_{준총유}$)의 형식으로 귀속하였다가($^{민\ 275조,}_{278조}$) 성립 후의 회사에 별도의 이전행위 없이 귀속하게 된다(통설).[1] 이는 대륙법계에서 설립중의 회사와 성립 후의 회사를 실질적으로 동일하게 보는 동일성설의 입장에 따른 설명이다.

  영미법계에서는 설립중의 회사의 개념을 인정하지 않으므로 회사 성립 전에는 발기인의 행위만이 있을 뿐인데, 이러한 발기인의 행위의 효력은 원칙적으로 성립 후의 회사에 미치지 않는다. 그러나 영국에서는 성립 후의 회사는 발기인의 계약에 대하여 직접 동의(direct agreement)하거나[2] 또는 1999년의 계약($^{제3자}_{의\ 권리}$)법[Contracts (Rights of Third Parties) Act 1999]에 의하여 그 계약을 채택할(evoke) 수 있다. 또한 미국에서도 성립 후의 회사가 발기인의 계약을 추인하거나 채택하는 것을 인정하는데 이러한 경우 발기인이 체결한 계약이 경개(更改)(novation)로 인정되면 발기인은 면책되고, 성립 후의 회사는 이러한 추인 또는 채택을 명시적 또는 묵시적으로(예컨대, 발기인이 체결한 계약의 이익을 취득하는 경우 등) 할 수 있다.[3]

  2) 그런데 설립중의 회사의 기관은 발기인이므로 발기인의 행위의 효과가 성립 후의 회사에 귀속하는 결과가 되어, 이 때 발기인의 권한남용에 따른 성립 후의 회사의 보호의 문제가 있다. 따라서 이러한 발기인의 행위의 효력이 성립 후의 회사로 이전되기 위하여는 다음의 요건이 구비되어야 한다.

  (가) 첫째로 형식적인 면에서 발기인은 설립중의 회사의 명의로 행위를 하여야 그 행위의 효력이 성립 후의 회사에 귀속한다. 만일 발기인이 자기 개인명의로 행위를 하거나 발기인조합명의로 행위를 한 경우에는, 그 행위의 효력은 별도의 이전행

---

1) 정(찬), (회) 327~328면; 손(주), 551면; 이(철), (회) 235~236면; 이(범), 125면; 채, 437면; 주상(제5판)(회사 Ⅱ), 122~123면 외.

2) Rover International Ltd. v. Cannon Film Sales Ltd.[1987] BCLC 540.

3) Hamilton(Nutshell)(1996), pp. 83~89.
  설립중의 회사가 취득한 권리의무의 이전 및 설립중의 회사를 위한 행위자(발기인 등)의 책임에 관하여 독일·영국·미국의 경우를 간단히 소개한 것으로는 정찬형, "설립중의 회사의 성립시기와 불법행위책임," 「고려법학」(고려대 법학연구원), 제36호(2001), 305~317면 참조.

위가 없이는 성립 후의 회사에 귀속하지 않는다(통설[1]·판례[2]).

(나) 둘째로 실질적인 면에서 발기인은 설립중의 회사의 기관으로서 그의 권한범위 내에서 행위를 하여야 그 행위의 효력이 성립 후의 회사에 귀속한다. 그런데 이때에 발기인의 권한이 어디까지 미치느냐에 대하여는 이미 발기인의 권한에서 설명하였다.

3) 발기인이 한 행위의 효력이 성립 후의 회사에 이전하는 점과 관련하여 다음과 같은 두 가지 문제점이 있다.

(가) 첫째는 발기인이 설립중의 회사의 명의로 발기인의 권한범위 내에서 행위를 하여 설립중의 회사가 취득하거나 부담한 권리의무를 모두 성립 후의 회사가 포괄승계한 결과, 회사의 성립시(설립등기시)에 회사의 자본금과 실제의 재산보다 회사의 채무가 큰 경우에 회사의 채권자를 보호하기 위하여 어떠한 조치가 필요한가의 문제가 있다. 이에 대하여 이와 같은 경우에는 회사의 구성원이 그 차액에 대하여 지분의 비율에 따라 책임을 져야 한다는 독일의 차액책임이론[3]을 소개하고, 우리나라에서도 주식회사에 관하여 이 이론을 적용할 수 있다는 견해가 있다. 이 견해에서는 「주식회사에 관하여는 이와 유사한 명문의 규정은 없으나 상법 제321조에 의하여 발기인에게, 또 상법 제607조 4항에 의하여 주주·이사 및 감사에게 각각 차액책임

---

1) 정(희), 365면(또한 성립할 회사의 계산으로 하여야 한다고 한다); 손(주), 552면; 이(철), (회) 236면 외.
  독일 주식법은 「주식회사의 설립등기 전에 회사의 명의로 행위를 한 자는 개인적으로 책임을 지고, 수 인이 이러한 행위를 한 때에는 그 수 인이 연대채무자로서 책임을 진다」고 규정하여(獨株 41조 1항 2문), (설립중의 회사가 책임을 질 수 없는 경우) 상대방을 보호하고 있다.
2) 대판 1990. 12. 26, 90 누 2536(공보 1991, 660)(발기인이 취득한 권리의무를 성립 후의 회사에 귀속시키기 위하여는 권리의 양수나 채무인수 등의 특별한 이전행위가 있어야 한다); 동 1994. 1. 28, 93 다 50215(공보 964, 830)(설립중의 회사로서의 실체가 갖추어지기 이전에 발기인이 취득한 권리의무는 구체적 사정에 따라 발기인 개인 또는 발기인조합에 귀속되는 것으로서 그들에게 귀속된 권리의무를 성립 후의 회사에 귀속시키기 위하여는 양수나 재산인수 등의 특별한 이전행위가 있어야 한다); 동 1998. 5. 12, 97 다 56020(공보 1998, 1611)(설립중의 회사로서의 실체가 갖추어지기 이전에 발기인이 취득한 권리의무는 구체적인 사정에 따라 발기인 개인 또는 발기인 조합에 귀속되는 것으로서, 이들에게 귀속된 권리의무를 성립 후의 회사에게 귀속시키기 위하여는 양수나 계약자 지위인수 등의 특별한 이전행위가 있어야 한다). 그러나 「발기인 중 1인이 회사의 설립을 추진중에 행한 불법행위가 외형상 객관적으로 성립 후 회사의 대표이사로서의 직무와 밀접한 관련이 있는 경우에는 그 행위를 발기인 개인 명의로 하였더라도 성립 후 회사가 불법행위책임을 진다」고 판시하고 있다[대판 2000. 1. 28, 99 다 35737(공보 2000, 564)][이 판결에 반대하는 취지의 평석으로는 "설립중의 회사의 성립시기와 불법행위책임," 「고려법학」, 제36호 (2001), 295~322면].
3) 이 이론은 독일의 유한회사에 관하여 1981. 3. 9 자 독일 연방대법원의 판례에 의하여 형성된 것이다(BGHZ 80, 129, 137 ff.).

을 지울 수 있다」고 설명한다.[1] 그러나 이 이론은 사원에게 자본금 전보책임을 인정하는($\frac{상\ 550조,}{551조}$) 유한회사에서는 그 적용 가능성이 있을 수 있다고 볼 수 있으나, 주주에게 엄격한 유한책임을 인정하는($\frac{상}{331조}$) 주식회사에 이 이론을 적용하는 것은 실정법상 명문규정이 없는 점에서 보나 또 주식회사의 본질면($\frac{주주의}{유한책임}$)에서 보아 무리라고 생각된다.[2]

(나) 둘째는 발기인이 권한범위 외의 행위($\frac{또는\ 정관에\ 기재하}{지\ 않고\ 한\ 재산인수}$)를 한 경우에 성립 후의 회사가 추인할 수 있으며, 추인할 수 있다고 보면 어떠한 방법으로 추인할 수 있는가의 문제가 있다.

① 발기인의 권한범위 외의 행위($\frac{또는\ 정관에\ 기재하}{지\ 않고\ 한\ 재산인수}$)를 성립 후의 회사가 추인할 수 있는지 여부에 대하여는 부정설(다수설)과 긍정설(소수설)로 나뉘어 있다.

(i) 부정설(다수설)에서는 발기인의 권한범위 외의 행위($\frac{또는\ 정관에\ 기재하}{지\ 않고\ 한\ 재산인수}$)는 무효로서 성립 후의 회사가 이를 추인하지 못하고, 이 무효는 회사뿐만 아니라 양도인도 주장할 수 있다고 한다.[3] 이러한 부정설에서는, 긍정설을 실정법상의 근거가 없을 뿐만 아니라, 변태설립사항을 규정한 상법 제290조의 탈법행위를 인정하는 결과가 된다는 등의 이유를 들어 비판하고 있다.[4]

(ii) 긍정설(소수설)에서는 발기인의 권한범위 외의 행위($\frac{또는\ 정관에\ 기재하}{지\ 않고\ 한\ 재산인수}$)는 발기인이 설립중의 회사의 명의로 성립 후의 회사의 계산으로 한 것은 비록 그것이 발기인의 권한범위 외의 행위라 할지라도 무권대리행위로서 민법 제130조 이하의 규정에 의하여 추인할 수 있다고 보며, 이렇게 성립 후의 회사가 추인하는 경우에는 상대방이 추인 전에 무효를 주장하지 않는 이상 그 효과가 회사에 귀속된다고 한다.[5]

생각건대 긍정설이 타당하다고 본다. 왜냐하면 발기인의 권한범위 외의 행위($\frac{또는\ 정관에\ 기재하}{지\ 않고\ 한\ 재산인수}$)가 회사에 폐해가 없다면($\frac{더\ 나아가서\ 회사가}{하고자\ 했던\ 것이라면}$) 그 추인을 부정할 이유가 없으며, 또 부정설도 성립 후의 회사가 상대방의 승인을 얻어 발기인의 계약상의 지위를 승계하는 것 등을 부정할 수가 없는데 이 때에 부정설은 발기인의 무권한을 알고 있는 상대방에게까지 자유로운 선택권을 인정하는 결과가 되어 부당하기 때문이

---

1) 정(동), (회) 152~153면.
2) 동지: 정진세, "회사설립중의 개업준비행위,"「고시연구」, 1995. 7(통권 256호), 116면.
3) 서·정, 316면; 손(주), 554면; 정(동), (회) 114면; 이(철), (회) 248~249면; 이(기) 외, (회) 162면; 日最高判 1967. 9. 26 등.
4) 정(동), (회) 114면; 이(철), (회) 249면.
5) 정(희), 371면; 채, 409면; 주상(제5판)(회사 Ⅱ), 127면; 정진세, 전게논문(고시연구, 1995. 7), 117면; 대판 1992. 9. 14, 91 다 33087(공보 931, 2851)(이 판결에 대한 평석으로는 정진세, 법률신문, 제2250호, 15면).
　동지: 北澤, "設立中의 會社,"「株式會社法講座 Ⅰ」(田中耕太郎 編), 254면 이하.

다.[1] 그러나 재산인수의 경우에는 검사인의 조사를 받지 않게 되어 문제가 있으므로, 이 점에 대하여는 입법적으로 해결하여야 할 것으로 본다.[2]

② 발기인의 권한범위 외의 행위(또는 정관에 기재하지 않고 한 재산인수)를 성립 후의 회사가 추인할 수 있다고 보는 경우에, 성립 후의 회사는 어떠한 방법으로 추인할 수 있는가. 이에 대하여 (i) 성립 후의 회사는 새로이 동일내용의 계약을 체결하는 경우와 동일한 방법으로써 발기인의 무권대리를 명시적·묵시적으로 추인할 수 있다는 견해도 있으나[3] (즉, 그 행위가 업무집행의 일환으로 이사회 또는 대표이사에 의한 경우에는 이의 결정으로 추인한다), (ii) 성립 후의 회사는 사후설립에 관한 규정(상 375조)을 유추적용하여 주주총회의 특별결의로써 이를 추인할 수 있다고 보아야 할 것이다.[4]

이와 관련하여 발기인의 권한범위 외의 행위(또는 정관에 기재하지 않고 한 재산인수)를 창립총회가 추인할 수 있을 것인가의 문제가 있다. 그러나 창립총회는 회사가 성립되기 전에 소집되고(상 317조 1항), 이 때에 회사의 조직은 미완성이므로 이러한 창립총회의 자치적 판단에 맡길 수 없음은 물론, 회사의 자본금 충실을 기하기 위하여 창립총회의 권한에는 엄격한 제한이 요구되므로, 위와 같은 발기인의 행위에 대하여 창립총회의 결의로써 추인하게 할 수는 없다고 본다.[5]

제 2 관   실체형성절차

주식회사의 실체형성절차는 크게 정관의 작성과 그 밖의 실체형성절차로 분류될 수 있는데, 이하에서 차례로 설명한다.

---

1) 정(찬), (회) 334면; 정찬형, "주식회사 발기인의 개업준비행위와 회사의 책임," 법률신문, 제1392호(1981. 4. 20), 9면; 연습, 302면(사례 51).
   독일 주식법상 성립 후 회사는 설립중의 회사가 부담하는 채무를 채권자와의 계약에 의하여 인수할 수 있으나(獨株 41조 2항), 변태설립사항에 관한 채무는 정관에 규정이 없으면 인수할 수 없다(獨株 41조 3항).
2) 獨株(AktG) 52조 4항; 佛商(2001) 225-8조 등 참조(추인을 하는 경우에도 검사인에 의한 조사를 받도록 규정함).
3) 정진세, 전게논문(고시연구, 1995. 7), 118면(명백하지는 않으나 이러한 취지로 설명함); 平出慶道, "開業準備行爲,"「新商法演習 會社(1)」(東京: 有斐閣, 1979), 36면.
4) 정(찬), (회) 335면; 정찬형, 전게 법률신문(1981. 4. 20), 9면; 연습, 303면(사례 51).
   동지: 정(희), 371면; 채, 409면.
5) 정(찬), (회) 247면; 정찬형, 전게 법률신문(1981. 4. 20), 9면; 연습, 303면(사례 51).
   동지: 日最高判 1941. 12. 23.

제 1 정관의 작성

1. 정관의 의의

(1) 정관의 개념

정관(Ursatzung)[1]이란 실질적으로는 「회사의 조직과 활동에 관하여 규정한 근본규칙」을 말하고, 형식적으로는 「이러한 근본규칙을 기재한 서면」을 말하는데, 회사설립에 있어서 작성되는 정관은 이 양자를 포함한다.[2]

(2) 정관의 종류

정관은 회사의 설립시에 최초로 작성되는데 이를 「원시정관」이라 하고, 그 뒤에 변경된 정관을 「변경정관」이라 한다.

(3) 정관의 방식

주식회사의 정관은 1인 이상의 발기인이 작성하여야 하고($\frac{상}{288조}$), 각 발기인이 이에 기명날인 또는 서명하여야 한다($\frac{상}{289조}$). 또한 원시정관은 회사의 설립관계를 명확히 하기 위하여 원칙적으로 공증인의 인증을 효력발생요건으로 하고 있다($\frac{상\ 292}{조\ 본문}$).

그러나 2009년 5월 28일 개정상법은 자본금 총액이 10억원 미만인 소규모 주식회사의 설립절차를 간소화하기 위하여, 이러한 회사를 발기설립하는 경우에는 예외적으로 정관에 대한 공증인의 인증의무를 면제하고 각 발기인이 정관에 기명날인 또는 서명함으로써 정관의 효력이 생기는 것으로 하고 있다($\frac{상\ 292}{조\ 단서}$).

2. 정관의 기재사항

정관의 기재사항에는 반드시 정관에 기재하여야 하고 이의 기재흠결이 있으면 정관이 무효가 되는 「절대적 기재사항」($\frac{상}{289조}$), 정관에 기재함으로써 그 효력이 발생하는 사항으로 상법에 규정되어 있는 「상대적 기재사항」($\frac{상\ 290조,\ 344조\ 2항,\ 344조의\ 2\sim346}{조,\ 356조의\ 2,\ 357조,\ 361조,\ 383조\ 3}$ $\frac{항,\ 387조,\ 416조,}{418조,\ 517조\ 1호\ 등}$), 상법에는 규정이 없으나 강행법규 또는 주식회사의 본질에 반하지 않는 사항으로 정관에 규정함으로써 그 효력이 발생하는 「임의적 기재사항」이 있다. 이를 각각 살펴보면 다음과 같다.

---

1) 영미법에서 정관이란 기본정관과 부속정관이 있는데, 기본정관은 영국에서는 memorandum, 미국에서는 charter 또는 articles라고 하고, 부속정관은 영국에서는 articles, 미국에서는 by-laws라고 한다. 영미법에서 기본정관은 우리 상법상 정관의 절대적 기재사항을 기재한 것이고, 부속정관은 우리 상법상 정관의 상대적 기재사항 및 임의적 기재사항을 기재한 것이다[손(주), 555면 주 3 참조].

2) 그러나 정관변경에서의 정관은 실질적 의미의 정관만을 의미한다.

(1) 절대적 기재사항

정관의 절대적 기재사항은 다음과 같다($\frac{상\ 289}{조\ 1항}$).

1) 목　　적　　업종을 확인할 수 있을 정도로 구체적으로 기재하여야 하는데, 이는 회사의 권리능력의 기준이 되거나($\frac{제한설}{의\ 경우}$) 회사기관의 권한남용여부의 기준이 된다($\frac{무제한설}{의\ 경우}$).

2) 상　　호　　회사의 명칭인데, 반드시 주식회사라는 문자를 사용하여야 한다($\frac{상}{19조}$).

3) 회사가 발행할 주식의 총수　　이는 수권주식총수(발행예정주식총수)이다.

4) 액면주식을 발행하는 경우 1주의 금액　　액면주식을 발행하는 경우 1주의 금액은 100원 이상이어야 하고($\frac{상\ 329}{조\ 3항}$),[1] 균일하여야 한다($\frac{상\ 329}{조\ 2항}$).

5) 회사의 설립시에 발행하는 주식의 총수　　이는 회사의 설립시의 자본금의 기초가 된다($\frac{상}{451조}$).

6) 본점의 소재지　　이는 회사의 주소와 관련되는데($\frac{상}{171조}$), 최소독립행정구역으로 표시하면 된다.[2] 지점의 설치·이전 또는 폐지는 이사회의 결의사항이다($\frac{상}{393}$$\frac{조}{1항}$).

7) 회사가 공고를 하는 방법　　원칙적으로 관보 또는 일간신문 중에서 특정하여 기재하는데($\frac{상\ 289조}{3항\ 본문}$), 회사의 모든 공고($\frac{상\ 354조\ 4항,\ 431}{조\ 2항,\ 449조\ 3항\ 등}$)는 이를 통하여 하게 된다. 이는 주주 또는 회사의 이해관계인으로 하여금 용이하게 공고내용을 알 수 있게 하기 위해서이다.

그러나 2009년 5월 28일 개정상법은 예외적으로 회사의 정관에서 정하는 바에 따라 전자적 방법으로 공고(전자공고)할 수 있도록 하고 있다($\frac{상\ 289조}{3항\ 단서}$). 회사가 전자적 방법으로 공고하려는 경우에는 회사의 인터넷 홈페이지에 게재하는 방법으로 하

---

1) 1998년 개정상법 이전에는 1주의 금액이 5,000원 이상이었는데(1998년 개정전 상 329조 4항), 주권상장법인 또는 협회등록법인의 주식은 상법 제329조 4항의 규정에 불구하고 1주의 금액을 100원 이상으로 할 수 있도록 하였고(증거 192조의 2 1항) 또한 1주의 금액이 5,000원 미만인 주식을 발행한 주권상장법인 또는 협회등록법인이 주권상장법인 및 협회등록법인 중 어느 쪽에도 속하지 아니하게 된 경우에도 그 발행한 주식은 유효하다고 하였다(증거 192조의 2 2항)(이는 증권거래법이 1997. 12. 13. 법 5423호로 개정되면서 둔 특칙인데, 이 규정은 1998년 개정상법이 1주의 금액을 100원 이상으로 함에 따라 1998년 12월 28일 증권거래법의 개정시에 삭제되었다).

1998년 개정상법에서는 1주의 금액을 100원 이상으로 하였는데, 이와 같이 1주의 금액을 대폭 인하한 것은 주식분할을 자유롭게 하고 신주발행시 기업자금조달의 편의를 돕기 위한 것이다(정부의 상법개정안 제안이유). 그런데 이에 대하여는 무액면주식을 인정하지 않은 이상 기업자금조달의 편의에는 도움이 되지 않고 주식의 물량만이 증대된다는 등의 비판이 있었다.

2011년 4월 개정상법에서는 무액면주식의 발행을 인정하여(상 329조 1항), 액면주식의 경우 1주의 금액을 대폭 인하한 것은 주식분할을 자유롭게 하도록 한다는 의미밖에 없게 되었다.

2) 동지: 정(동), (회) 110면; 채, 407면; 이(기) 외, (회) 158면; 주상(제5판)(회사 Ⅱ), 136면.

여야 하는데($\frac{\text{상 289조 6항,}}{\text{상시 6조 1항}}$), 이 경우 회사는 인터넷 홈페이지 주소를 등기하여야 한다 ($\frac{\text{상 289조 6항,}}{\text{상시 6조 2항}}$). 회사가 이와 같이 전자적 방법으로 공고할 경우에는 대통령령으로 정하는 기간($\frac{\text{법에서 특정한 날부터 일정한 기간 전에 공고하도록 한 경우에는 '그 특정한 날'이고, 법에서 공고에서 정}}{\text{하는 기간 내에 이의를 제출하거나 일정한 행위를 할 수 있도록 한 경우에는 '그 기간이 지난 날'이며, 이}}$ $\frac{\text{외의 경우에는 '해당 공고를 한 날부터}}{\text{3개월이 지난 날'이다 — 상시 6조 5항}}$)까지 계속 공고하고, 재무제표를 전자적 방법으로 공고할 경우에는 정기총회에서 이를 승인한 후 2년까지 계속 공고하여야 하는데, 이러한 공고기간 이후에도 누구나 그 내용을 열람할 수 있도록 하여야 한다($\frac{\text{상 289}}{\text{조 4항}}$). 또한 회사가 전자적 방법으로 공고를 할 경우에는 게시기간과 게시내용에 대하여 증명하여야 한다($\frac{\text{상 289}}{\text{조 5항}}$). 회사의 전자적 방법으로 하는 공고에 관하여 필요한 사항은 대통령령으로 정한다($\frac{\text{상 289조 6}}{\text{항, 상시 6조}}$).

8) **발기인의 성명·주민등록번호[1] 및 주소**   발기인이 누구이냐 하는 것은 회사의 이해관계인에게 중요하므로 이를 정관의 절대적 기재사항으로 한 것이다. 이 때 정관상 발기인의 기재는 발기인의 기명날인 또는 서명만으로 충분하고 그의 주소의 기재를 생략할 수 있다는 견해가 있는데,[2] 상법의 명문규정에 반한다고 본다.

(2) 상대적 기재사항

정관의 상대적 기재사항은 상법의 여러 곳에 규정되어 있다($\frac{\text{상 290조, 344조 2항, 344}}{\text{조의 2~ 346조, 357조, 361}}$ $\frac{\text{조, 383조 3항, 387조, 416조,}}{\text{418조, 463조, 517조 1호 등}}$). 이와 같이 상법에 규정되어 있는 다수의 상대적 기재사항 중 특히 문제가 되는 것은, 회사의 설립시에 자본금 충실을 기하기 위하여 반드시 정관에 기재하여야만 그 효력이 있는 것으로 규정하고 있는 사항인 변태설립사항($\frac{\text{위험한}}{\text{약속}}$) (qualifizierte Gründung)이다($\frac{\text{상}}{\text{290조}}$). 이러한 변태설립사항은 그것이 남용된 경우 회사의 재산적 기초를 약화시키므로 반드시 정관에 기재하여야 그 효력이 발생하도록 함은 물론, 주식청약서에도 기재하도록 하고($\frac{\text{상 302조}}{\text{2항 2호}}$), 또 원칙적으로 법원이 선임한 검사인에 의하여 엄격한 조사를 받도록 하고 있다[3]($\frac{\text{상 299조}}{\text{1항, 310조}}$). 이러한 변태설립사항을 정관에 기재하지 않고 하였거나 또는 정관에는 기재하였으나 검사인 등에 의한

---

1) 이는 발기인의 동일성을 명백히 하기 위하여 1995년 개정상법에서 추가된 것이다.
2) 정(동), (회) 110면; 채, 407면.
    동지: 日大判 1923. 5. 9(民集 12, 1092).
3) 참고로 일본의 2005년 회사법에서는 현물출자 또는 재산인수의 목적이 일정한 요건에 해당하는 경우(소규모이거나, 상장유가증권이거나, 부동산으로서 일정한 요건을 갖춘 경우)에는 검사인에 의한 조사를 면제하고 있다(日會 33조 10항).
    우리나라도 1995년 개정상법에 의하여 변태설립사항 중 발기인이 받을 특별이익(상 290조 1호)과 회사가 부담할 설립비용·발기인이 받을 보수액(상 290조 4호)에 관하여는 공중인의 조사·보고로, 현물출자(상 290조 2호)와 재산인수(상 290조 3호)에 관한 사항과 현물출자의 이행에 관한 사항(상 295조 2항)은 공인된 감정인의 감정으로 법원이 선임한 검사인에 의한 조사에 갈음할 수 있도록 하고 있다(상 298조 4항 단서, 299조의 2, 310조 3항).

검사를 받지 않고 한 경우에는 원칙적으로 무효라고 본다.[1] 이러한 변태설립사항에는 다음과 같은 것이 있다.

1) 특별이익($\frac{상\ 290}{조\ 1호}$)

(가) 발기인이 받을 특별이익과 이를 받을 자의 성명은 변태설립사항으로 이를 정관에 기재하여야 그 효력이 발생한다. 발기인이 받을 「특별이익」이란 발기인의 회사설립에 대한 공로로서 발기인에게 부여되는 이익을 말하는데(예컨대, 이익배당·잔여재산 분배·신주인수에 대한 우선권, 회사설비이용에 대한 특혜, 회사제품의 총판매권 부여, 발기인으로부터 원료의 총구입의 약속 등), 자본금 충실의 원칙에 반하는 이익(예컨대, 무상주의 교부)·주주평등의 원칙에 반하는 이익(예컨대, 의결권에 대한 특혜) 또는 단체법의 원칙에 반하는 이익(예컨대, 이사의 지위약속) 등은 이에 포함되지 않는다.[2]

(나) 발기인에게 부여된 이러한 특별이익은 일단 부여된 뒤에는, 이익의 성질과 정관의 규정에 반하지 않는 한 양도 또는 상속의 대상이 될 수 있다.[3]

2) 현물출자($\frac{상\ 290}{조\ 2호}$)

(가) 현물출자를 하는 자가 있는 경우에는 그 자의 성명과 현물출자의 목적인 재산의 종류·수량·가격과 이에 대하여 부여할 주식의 종류와 수를 정관에 기재하여야 그 효력이 발생한다.[4] 주식회사에서는 금전출자가 원칙이나, 예외적으로 현물출자가 가능하다.[5] 현물출자에 관한 사항을 상법이 변태설립사항으로 규정한 것은 현물출자되는 재산이 과대평가되어 회사설립시부터 자본금에 결함이 생겨 회사채권자를 해하는 것을 방지하고, 또 현물출자자에게 부당하게 많은 주수(株數)를 배당함으로 인하여 금전출자한 주주를 해하는 것을 방지하려는 데 그 목적이 있다.[6]

(나) 현물출자의 성질은 민법상 전형계약은 아니고, 상법상 「출자의 하나의 형

---

1) 동지: 정(동), (회) 122면(정관에는 기재하였으나 검사인 등의 조사를 받지 아니한 경우에는 그 내용이 불공정한 경우에 한하여 무효라고 한다).
2) 정(희), 369면; 손(주), 557면; 정(동), (회) 111면 외.
3) 정(희), 369면; 손(주), 557면; 정(동), (회) 111면 외.
4) 동지: 대판 1967. 6. 13, 67 다 302(화물자동차를 현물출자하였다고 하더라도, 이에 관하여 정관의 규정이 없는 이상 현물출자라고 볼 수 없다).
5) 1995년 개정상법 이전에는 주식회사의 설립시에 있어서 현물출자자는 발기인으로 한정하였다(상 294조). 그 이유는 발기인 자신이 출자하는 현물에 문제가 있는 경우에는 발기인은 자본금 충실의 책임을 부담하므로(상 321조) 쉽게 그 문제가 해결될 수 있기 때문에 정책적으로 발기인으로 제한한 것이다. 그러나 신주발행시에는 현물출자자의 제한도 없고 또 이를 정관에 기재할 필요도 없이(대판 1960. 11. 24, 4292 민상 874·875⟨카드 6871⟩) 정관에 다른 규정이 없는 한 이사회가 자유로이 정할 수 있는 점(상 416조 4호) 및 현물출자는 그 현물이 정당하게 평가되고 그 출자가 확실하게 이행되기만 하면 된다는 점 등에서 1995년 개정상법에서는 이러한 제한을 폐지하였다.
6) 동지: 대판 1960. 11. 24, 4292 민상 874·875(카드 6871); 정(희), 369면; 이(철), (회) 245면; 주상(제5판)(회사 Ⅱ), 146면.

태」라고 보아야 할 것이다. 그런데 이러한 현물출자는 쌍무·유상계약의 성질을 갖기 때문에, 위험부담·하자담보 등에 관한 민법의 규정($\frac{민\ 537조,\ 570}{조\ 이하,\ 580조}$)이 유추적용될 수 있다고 본다(통설).[1]

(다) 현물출자의 목적물이 될 수 있는 것은 대차대조표의 자산에 기재할 수 있는 것이면 무엇이든지 가능하다고 본다. 따라서 동산, 부동산, 채권, 유가증권, 무체재산권, 영업의 전부 또는 일부, 영업상의 비결(秘決), 컴퓨터의 소프트웨어 등 재산적 가치가 있는 것이면 무엇이든지 현물출자의 목적물이 될 수 있다.[2]

(라) 현물출자의 이행은 납입기일에 출자의 목적인 재산을 인도하고, 등기·등록 기타 권리의 설정 또는 이전을 요하는 경우에는 이에 관한 서류를 완비하여 교부하여야 한다($\frac{상\ 295조\ 2항,}{305조\ 3항}$). 현물출자의 불이행이 있는 경우에는 민법상 채무불이행의 일반원칙에 의하여 강제집행을 할 수 있으나($\frac{민}{389조}$), 이행불능의 경우에는 민법상 일반원칙에 의하여 그에게 손해배상을 청구할 수 있음은 물론($\frac{민\ 390조,}{544조,\ 551조}$) 정관을 변경하여 설립절차를 속행할 수도 있다.[3]

3) 재산인수($\frac{상\ 290}{조\ 3호}$)

(가) 발기인은 회사의 성립을 조건으로 하여 회사를 위하여 특정인으로부터 일정한 재산을 양수하기로 약정하는 경우가 있는데(재산인수), 이 때에는 그 재산의 종류·수량·가격과 그 양도인의 성명을 정관에 기재하여야 그 효력이 발생한다. 이 때 「회사성립 후에 양수할 것을 약정한다」 함은 '발기인이 설립될 회사를 위하여 회사의 성립을 조건으로 하여 발기인이나 주식인수인 또는 제3자로부터 일정한 재산을 매매의 형식으로 양수할 것을 약정하는 계약'을 의미한다.[4] 이와 같은 발기인

---

1) 정(찬), (회) 340면; 정(희), 370면; 손(주), 558면; 정(동), (회) 112면; 이(철), (회) 246면; 이(기) 외, (회) 160면; 주상(제5판)(회사 Ⅱ), 148~149면.

2) 동지: 정(희), 369~370면; 정(동), (회) 111면; 이(철), (회) 246면; 채, 409면; 이(기) 외, (회) 160면; 주상(제5판)(회사 Ⅱ) 146~147면; 이·최, 247면.

3) 동지: 이(철), (회) 247면.

4) 동지: 대판 1994. 5. 13, 94 다 323(공보 970, 1681)(현물출자를 하기로 한 발기인이 현물출자에 따른 번잡함을 피하기 위하여 회사의 성립 후 회사와 현물출자자 사이의 매매계약에 의한 방법에 의하여 위 현물출자를 완성하기로 약정하였다면, 그 약정은 그대로 상법 제290조 3호의 재산인수에 해당하여 이를 정관에 기재하지 않고 한 경우는 무효라고 판시하고 있다); 동 2015. 3. 20, 2013 다 88829(공보 2015, 601)(갑이 을이 장래 설립·운영할 병 주식회사에 토지를 현물로 출자하거나 매도하기로 약정하고 병 회사 설립 후 소유권이전등기를 마쳐 준 다음 회장 등 직함으로 장기간 병 회사의 경영에 관여해 오다가, 병 회사가 설립된 때부터 약 15년이 지난 후에 토지 양도의 무효를 주장하면서 소유권이전등기의 말소를 구한 사안에서, 위 약정은 상법 제290조 제3호에서 정한 재산인수로서 정관에 기재가 없어 무효이나, 병 회사로서는 병 회사의 설립에 직접 관여하여 토지에 관한 재산인수를 위한 약정을 체결하고 이를 이행한 다음 설립 후에는 장기간 병 회사의 경영에까지 참여하여 온 갑이 이제 와서 병 회사의 설립을 위한 토지 양도의 효력을 문제 삼지 않을 것이라는 정당한 신뢰를 가지게 되었고, 갑이 을과 체결한 사업양도양수계약에 따

의 재산인수행위는 회사설립행위 자체에 속하는 행위는 아니고, 개업준비행위로서 성립 후의 회사의 영업개시를 위한 준비행위에 속한다.[1]

따라서 발기인의 권한범위에 관한 학설에 따라서, 상법이 재산인수를 변태설립사항으로 규정한 이유에 대하여는 달리 설명되고 있다. 즉, 발기인의 권한에 개업준비행위를 포함시키는 견해에서는, 상법이 재산인수를 변태설립사항이라고 규정한 것은 재산인수로 인한 실제상의 폐단(재산인수의 경우에 재산이 과대평가되면 회사의 재산적 기초가 위태롭게 되고 또 양도인이 발기인인 경우에는 현물출자의 탈법행위로 악용될 염려가 있는 폐단)을 고려하여 규정한 것이라고 한다.[2] 그러나 발기인의 권한에 개업준비행위를 포함시키지 않는 견해에서는, 재산인수를 상법이 규정하고 있는 것은 성립 후의 회사가 공백 없이 목적사업을 수행할 수 있도록 하기 위하여 예외적으로 허용한 규정이라고 한다.[3]

(나) 「재산인수」($\frac{상 290}{조 3호}$)는 현물출자($\frac{상 290}{조 2호}$)의 탈법행위로 악용되는 것을 방지하기 위하여 상법이 변태설립사항으로 규정한 것이고, 또 재산인수의 탈법행위로 악용되는 것을 방지하기 위하여 상법은 다시 「사후설립」(회사의 성립 후 2년 내에 그 성립 전부터 존재하던 재산을 자본금의 100분의 5 이상에 해당하는 대가로써 취득하는 계약을 하는 경우에는 주주총회의 특별결의를 요한다)($\frac{상}{375조}$)을 규정하고 있는 것이다.[4] 따라서 「현물출자」, 「재산인수」 및 「사후설립」의 3자는 유사하면서도 매우 다르다. 즉, 「현물출자」는 단체법상의 출자행위이나 「재산인수」는 개인법상의 거래행위란 점에서 양자는 근본적으로 구별되고, 한편 「재산인수」는 회사성립 전의 계약이나 「사후설립」은 회사 성립 후의 계약이라는 점에서 양자는 근본적으로 구별되고 있다.[5]

(다) 재산인수는 변태설립사항으로 반드시 정관에 기재하여야 그 효력이 발생하

른 양도대금채권이 시효로 소멸하였으며, 갑이 병 회사 설립 후 15년 가까이 지난 다음 토지의 양도가 정관의 기재 없는 재산인수임을 내세워 자신이 직접 관여한 회사설립행위의 효력을 부정하면서 무효를 주장하는 것은 회사의 주주 또는 회사채권자 등 이해관계인의 이익 보호라는 상법 제290조의 목적과 무관하거나 오히려 이에 배치되는 것으로서 신의성실의 원칙에 반하여 허용될 수 없다).

1) 동지: 정(동), (회) 113면.
2) 정(동), (회) 113면.
3) 이(철), (회) 247~248면; 이(기) 외, (회) 161면.
4) 동지: 정(희), 371면; 대판 1989. 2. 14, 87 다카 1128(공보 845, 405; 집 37 ① 민 40)(회사와의 사이의 토지매매가 현물출자에 관한 상법상의 규정을 회피하기 위한 방법으로 행하여져 무효인지 여부를 가리기 위하여는 먼저 그 거래가 재산인수인지 또는 사후설립인지 여부를 심리·판단하여야 한다); 동 1992. 9. 14, 91 다 33087(공보 931, 2851)(갑과 을이 각각 금전출자 및 현물출자를 하여 A주식회사를 설립하기로 합의하고 설립의 편의상 갑이 전액 금전출자하여 회사를 설립한 후 을이 그 반액을 현물로 출자하고 갑이 이에 해당하는 출자금을 되찾아 간 경우, 이는 재산인수에 해당하여 정관에 기재가 없는 한 무효이나, 이는 동시에 상법 제375조의 사후설립에도 해당되어 이에 대하여 주주총회의 특별결의에 의한 사후의 추인이 있었다면 A회사는 유효하게 을의 현물출자로 인한 부동산의 소유권을 취득한다).
5) 현물출자·재산인수 및 사후설립의 이동(異同)에 관한 상세는 이(범), (예해) 449~452면 참조.

는데, 정관에 기재하지 아니한 재산인수의 효력은 어떠한지가 문제된다. 이는 원칙적으로 무효가 된다는 점에 대하여는 앞에서 본 바와 같이 이론이 없으나, 성립 후의 회사가 예외적으로 추인할 수 있는지 여부에 대하여는 발기인이 그의 권한범위 외의 행위를 한 경우에 성립 후의 회사가 이를 추인할 수 있는지 여부의 경우와 같이 견해가 나뉘어 있다. 즉, 이에 대하여 (i) 다수설은 정관에 규정이 없는 재산인수의 추인을 인정하면 이는 상법 제290조 3호의 취지를 무의미하게 하여 결과적으로 재산인수의 탈법행위를 인정하는 것이 되고, 또 자본금 충실에 관한 절차상의 규정은 다수결의 원리로 그 적용을 배제할 성질이 아니라는 이유로, 정관에 규정이 없는 재산인수는 주주총회의 특별결의가 있는 경우에도 절대적으로 무효라고 한다.[1] (ii) 그러나 발기인이 권한범위 외의 행위를 한 경우와 같이 성립 후의 회사는 주주총회의 특별결의로써($\substack{상\,375조 \\ 유추적용}$) 이를 추인할 수 있다고 본다(소수설).[2] 앞에서 본 바와 같이 재산인수는 계약으로 단체법상 출자인 현물출자와는 구별되고 오히려 사후설립과 유사한 점이 많으므로, 이에 사후설립에 관한 규정이 유추적용될 수 있다고 본다. 그런데 이러한 재산인수는 회사설립시에 자본금 충실을 기하기 위하여 변태설립사항으로 규정하였고 또한 자본금에 대한 일정비율 이상의 제한도 없기 때문에 ($\substack{상\,290 \\ 조\,3호}$)($\substack{사후설립과 \\ 구별되는 점}$) 재산인수의 대가가 자본금의 100분의 5 미만인 경우에도 주주총회의 특별결의가 있어야 추인할 수 있다고 본다.

4) 설립비용 등($\substack{상\,290 \\ 조\,4호}$)

(가) 회사가 부담할 설립비용과 발기인이 받을 보수액도 변태설립사항으로, 이를 정관에 기재하여야 그 효력이 발생한다. 이 때 「설립비용」이란 발기인이 회사의 설립을 위하여 지출한 비용을 말하는데, 정관·주식청약서 등의 인쇄비, 주주모집을 위한 광고비, 설립사무소의 임차료 등이 이에 해당한다.[3] 그러나 회사의 개업준비를 위하여 지출한 공장·건물·집기·원료 등의 구입비인 개업준비비용은 이에 포함되지 않는다(통설).[4] 개업준비를 위한 금전차입은 비용이 아니므로 이에 포함될 수

---

1) 서·정, 316면; 손(주), 559면; 정(동), (회) 114면; 이(철), (회) 248~249면; 이(기) 외, (회) 162면; 주상(제5판)(회사 Ⅱ), 151~152면 외.

2) 정(찬), (회) 344면; 정찬형, 전게 법률신문(1981. 4. 20), 9면; 연습, 302면(사례 51). 동지: 정(희), 371면; 채, 409면.

3) 참고로 일본 회사법은 주식회사가 부담할 설립비용에서 '정관인증의 수수료 그 밖에 주식회사에 손해를 줄 우려가 없는 것으로서 법무성령으로 정한 것'은 제외하는 것으로 규정하고 있다(日會 28조 4호).

4) 정(찬), (회) 345면; 정(희), 372면; 정(동), (회) 114면; 이(철), (회) 249면; 채, 410면; 이(기) 외, (회) 162면; 주상(제5판)(회사 Ⅱ), 152~153면 외.

없음은 당연하다.[1] 상법이 이와 같이 설립비용을 변태설립사항으로 규정한 것은 발기인의 권한남용에 의한 과다한 비용지출을 방지하고자 함에 있다.

「발기인이 받을 보수」란 발기인이 회사의 설립사무에 종사한 노동의 대가를 말하는 것으로서 이는 일시적으로 지급되는 급료이므로,「발기인이 받을 특별이익」($\binom{상 290}{조 1호}$)과 구별되고, 또한 「설립비용」에도 포함되지 않는다.[2]

(나) 정관에 기재하지 않거나 기재액을 초과하여 지출한 설립비용은 발기인 자신이 부담하여야 한다. 이는 (성립 후의) 회사와 발기인간의 내부관계에 속하는 사항이나, 발기인은 이를 회사에 대하여 부당이득 또는 사무관리의 법리에 의하여 구상할 수 없다(통설).[3]

(다) (성립 후의) 회사와 발기인간의 외부관계에 속하는 사항으로 설립비용이 지급되지 않은 경우에 이를 누가 부담할 것인가의 문제가 있다. 이에 대하여 회사 전액부담설[4] · 발기인 전액부담설[5] 및 회사 · 발기인 중첩책임설[6] 등이 있는데, 발기인의 적법한 행위로 설립중의 회사가 부담하는 채무는 동일성설에 의하여 성립 후의 회사의 채무가 된다는 점과 제3자의 보호면에서 볼 때 회사 전액부담설이 가장 타당하다고 본다. 회사 전액부담설에 의하는 경우 정관에 규정된 설립비용은 당연히 회사의 부담이나, 정관에 규정되지 않은 설립비용은 회사가 먼저 제3자에게 지급하고 내부관계에서 회사가 이를 추인하지 않는 한 발기인에게 구상(求償)할 수 있다고 본다.[7]

(3) 임의적 기재사항

상법에 규정이 없더라도 강행법규 또는 주식회사의 본질에 반하지 않는 한 정관에 기재할 수 있고 이로써 그 효력이 발생하는 사항이 있는데, 이를 임의적 기재사항이라고 한다. 임의적 기재사항의 예로는 주권의 종류, 주식명의개서절차, 이사 · 감사의 수, 영업연도 등이 있다.

---

1) 동지: 대판 1965. 4. 13, 64 다 1940.
2) 입법례로 독일의 경우는 발기인의 보수를 설립비용에 포함시키고 있다(AktG § 26).
3) 정(찬), (회) 345면; 손(주), 559면; 정(동), (회) 115면; 이(철), (회) 249면; 주상(제5판)(회사 Ⅱ), 153면 외.
4) 정(동), (회) 115~116면; 이(기) 외, (회) 163면.
5) 최(기), 557면; 동, (회) 163면.
6) 손(주), 560면.
7) 일본에는 정관에 기재된 비용은 회사가 부담하고, 그 외의 비용은 발기인이 (제3자에 대하여 — 저자 주) 부담한다는 회사 · 발기인 분담설도 있다[日大判 1917. 7. 4(民集 6, 429)].

3. 정관의 효력발생

정관은 원칙적으로 공증인의 인증을 받음으로써 효력이 생긴다($\frac{상\ 292}{조\ 본문}$). 그러나 자본금 총액이 10억 원 미만인 회사로서 발기설립을 하는 경우에는 예외적으로 발기인이 정관에 기명날인 또는 서명함으로써 효력이 생긴다($\frac{상\ 292}{조\ 단서}$).

제 2 그 밖의 실체형성절차

주식회사에서 정관작성 후 설립등기 전까지의 설립절차를 그 밖의 실체형성절차로 볼 수 있는데, 이는 주식회사의 설립절차에서 가장 중요한 부분이라고 볼 수 있다. 이러한 그 밖의 실체형성절차에는 주식발행사항의 결정절차·주식인수절차·출자이행절차·기관구성절차 및 설립경과조사절차가 있는데, 주식발행사항의 결정절차를 제외한 나머지는 회사의 설립방법이 발기설립이냐 모집설립이냐에 따라 차이가 있다. 주식인수절차 및 출자이행절차에 의하여 주식회사의 인적 기초인 사원(주주)이 확정되고, 다른 한편 물적 기초인 자본금이 확정된다. 주식회사의 설립방법으로 발기설립방법을 택할 것인가 또는 모집설립방법을 택할 것인가는, 정관의 기재사항이 아니라 발기인 전원의 합의에 의하여 정하여진다.[1]

1. 주식발행사항의 결정절차(공통절차)

(1) 「회사의 설립시에 발행하는 주식의 총수」($\frac{상\ 289조}{1항\ 5호}$)와 「액면주식을 발행하는 경우 1주의 금액」($\frac{상\ 289조}{1항\ 4호}$)은 반드시 정관에 의하여 정하여지지만, 그 이외의 구체적인 주식발행사항은 정관에 특별히 규정된 바가 없으면 발기인에 의하여 정하여질 수밖에 없다.

(2) 이 중에서 (i) 어떤 종류의 주식($\frac{보통주식·이익배당\ 또는\ 잔여재산분배에\ 관한\ 종류주식·}{상환주식·전환주식·의결권이\ 없거나\ 또는\ 제한되는\ 종}$류주식 등)[2]을 몇 주 발행할 것인가의 문제, (ii) 액면주식의 경우에 액면가액 이상의 주식을 발행할 때에는[3] 그 주식의 발행가액을 얼마로 하고 또 이러한 발행가액의 주식

---

1) 동지: 이(철), (회) 251면.
2) 이 때 '어떤 종류의 주식'에는 보통주를 포함하는데, 보통주를 제외한 나머지 주식은 정관에 규정이 있는 경우에만 발행할 수 있으므로(상 344조~351조), 이 때에는 정관에 규정이 없는 사항에 대해서만 발기인이 정할 수 있다.
3) 액면주식의 경우 회사의 자본금 충실을 위하여 원칙적으로 액면가액 이상으로 발행되어야 한다. 따라서 상법은 회사의 설립시에는 주식의 액면미달발행을 인정하지 않음을 명문으로 규정하고 있다(상 330조 본문). 그러나 회사의 성립 후에는 회사의 자금조달의 편의를 위하여 엄격한 제한 하에 액면미달발행이 예외적으로 인정된다(상 330조 단서, 417조).

을 몇 주 발행할 것인가의 문제 및 (iii) 무액면주식을 발행하는 경우에는 주식의 발행가액과 주식의 발행가액 중 자본금으로 계상하는 금액을 얼마로 할 것인가의 문제는, 정관에 별도로 정한 바가 없으면 발기인 전원의 동의로써 정한다($^{상}_{291조}$).[1] 왜냐하면 이러한 사항은 원시정관에서 미리 규정하기가 곤란하고 정관작성 후의 사정에 따라 주식발행 직전에 결정하는 것이 가장 적당하며, 또 이러한 사항은 회사 및 이해관계인들에게 매우 중요한 사항이기 때문에 발기인 전원의 동의를 받도록 한 것이다.[2]

발기인 전원의 동의의 방식은 상법상 아무런 제한이 없으므로 명시이든 묵시이든, 서면이든 구두이든, 어떠한 방법에 의하더라도 무방하다. 그러나 만일 발기인 전원의 동의를 어떠한 방식에 의하든 얻지 못한 경우에는 그것이 회사의 설립을 무효로 하는가와 관련하여 문제가 있는데, 주주의 모집 직전에 발기인 전원의 동의를 받지 못하면 원칙적으로 그 주식의 인수는 무효가 되어 설립무효의 원인이 되지만, 그 후($^{주식인수 후 또}_{는 설립등기 후}$) 동의를 받으면 예외적으로 그 하자는 치유된다고 본다.[3] 발기인이 주식발행사항을 정한 때에는 이를 증명하는 정보를 등기신청시에 제공하여야 한다($^{상등규}_{129조 4호}$). 따라서 실제로는 이에 관하여 발기인 전원의 동의가 없이 회사가 설립되는 경우는 거의 없다.

(3) 위의 사항을 제외한 나머지 사항($^{예컨대, 주식의 청약기간·}_{납입기일·납입취급은행 등}$)은 발기인의 과반수의 다수결로써 정한다(통설).[4]

2. 주식인수절차

(1) 발기설립의 경우

1) 주식인수방법   발기설립의 경우에는 회사의 설립시에 발행하는 주식의 총수를 발기인이 인수하는 것인데,[5] 이 때에 발기인은 반드시 서면에 의하여 주식

---

1) 이는 회사설립시의 자본금 형성의 첫 단계라는 중요성 때문에 발기인 전원의 동의를 요하고, 이러한 문제가 없는 신주발행의 경우에는 이사 과반수의 출석과 출석이사 과반수의 찬성으로 정한다(상 391조 1항)[동지: 이(철), (회) 251~252면].

2) 동지: 정(희), 373면; 손(주), 564면; 정(동), (회) 118면 외.

3) 동지: 정(희), 374면; 서·정, 318면; 손(주), 565면; 정(동), (회) 118면; 이(철), (회) 252면 (그러나 설립등기 이전에 동의가 있어야 하자가 치유된다고 한다); 채, 425면; 주상(제5판)(회사 Ⅱ), 158~159면. 일본에는 유효설도 있다(松田, 29면).

4) 정(찬), (회) 348면; 정(동), (회) 118면; 손(주), 563면; 이(기) 외, (회) 168면; 주상(제5판) (회사 Ⅱ), 159면 외.

5) 주식회사의 자본금은 주식의 인수에 의한 출자로써 형성되는 것이므로, 주식인수 이외의 다른 방법으로는 직접 출자할 수 없다(대판 1966. 1. 18, 65 다 880·881〈민판집 100, 7〉).

을 인수하여야 하고($^{\text{상}}_{293조}$), 이 서면은 설립등기 신청시에 제공되어야 한다($^{\text{상등규}}_{129조\ 2호}$). 이는 발기인의 주식인수내용을 대내외적으로 증거하고자 하기 위한 것뿐이므로, 발기인별로 별도의 서면을 작성할 필요는 없고 1 매의 서면에 각자의 주식인수내용을 기재하여도 무방하다고 본다.

2) 주식인수의 법적 성질   발기인의 주식인수의 법적 성질에 대하여는 합동행위설(통설)[1]과 설립중의 회사에의 입사계약설(소수설)[2]로 나뉘어 있는데, 설립중의 회사의 성립시기를 정관작성시가 아니라 이에 더 나아가 일부의 주식인수가 있는 때라고 본다면(통설) 합동행위설이 타당하다.

3) 주식인수의 시기   발기인의 주식인수의 시기에 대하여는 정관작성의 전후를 불문한다고 보는 견해[3]와, 정관작성 이후 또는 적어도 정관작성과 동시라는 견해[4]로 나뉘어 있다.

생각건대 설립중의 회사의 성립시기와 관련하여 볼 때 발기인의 주식인수의 시기는 정관작성과 동시 또는 그 이후이어야 한다고 본다.

(2) 모집설립의 경우

모집설립의 경우에는 회사의 설립시에 발행하는 주식의 일부는 발기인이 인수하고(즉, 발기인은 반드시 1주 이상의 주식)($^{\text{상}\ 301조}_{\text{전단, }293조}$)($^{\text{을 주주의 모집 전에 인수하여야 한다}}$) 나머지는 주주를 모집[5]하여 인수시키는 것인데($^{\text{상}\ 301}_{\text{조 후단}}$), 이 때에는 주주의 모집과 관련하여 발기인의 주식인수와는 다른 점이 많다.

1) 주주의 모집방법(주식청약서주의)   모집설립의 경우에 주주를 모집하는 방법에는 제한이 없으므로 공모(公募)이든 사모(私募)(연고모집)이든 무방하다. 다만 상법은 응모주주를 보호하기 위하여 주식청약서주의를 채택하고 있다. 따라서 발기인은 회사의 개요와 청약의 조건을 기재한 주식청약서를 반드시 작성하여야 하고($^{\text{상}\ 302}_{\text{조 2항}}$), 주식인수의 청약을 하고자 하는 자는 반드시 이에 의하여 청약하여야 한다($^{\text{상}\ 302}_{\text{조 1항}}$).

---

1) 정(희), 374면; 서·정, 320면; 손(주), 566면; 이(기) 외, (회) 170면; 주상(제5판)(회사 Ⅱ), 164면 외.
2) 이(철), (회) 252면(이는 설립중의 회사의 성립시기가 정관의 작성시라는 동 교수의 주장을 전제로 하며, 통설이 말하는 합동행위라는 것은 출자에 관한 발기인조합원들간의 내부적 출자합의에 지나지 않는다고 비판한다).
  동지: 정(동), (회) 119면(발기인간의 계약으로 보면서, 합동행위에도 계약에 관한 규정이 준용되므로 논의의 실익은 없다고 한다).
3) 정(희), 374면; 서·정, 320면; 최(기), 562면; 채 412면; 이·최, 250면.
4) 정(동), (회) 119면; 이(철), (회) 253면; 이(기) 외, (회) 170면; 주상(제5판)(회사 Ⅱ), 166면.
5) 주주의 모집이란 주식인수의 청약을 권유하는 것이다[정(동), (회) 123면; 이(기) 외, (회) 172면].

주주를 50인 이상 다수인을 상대로 공모하고자 하는 경우에는 일반투자자를 보호하기 위하여 자본시장과 금융투자업에 관한 법률상 일정한 규제를 받는다(자금 9조 7항·9항, 119조 이하, 자 금시 11조 1항).

2) 주식의 인수

⑦ 주식인수의 법적 성질 모집설립에 있어서 주식의 인수는 주식을 인수하고자 하는 자의 청약과 발기인의 배정에 의하여 성립한다. 따라서 모집설립의 경우 주식인수의 법적 성질에 대하여 우리나라의 학설은 대체로 입사(入社)계약이라고 보고, 입사의 대상에 대하여는 「설립중의 회사」라고 보는 견해[1]와 「장래 성립할 회사」라고 보는 견해[2]로 나뉘어 있다.[3]

생각건대 어떤 견해를 취하거나 그 결과에 있어서 차이가 있는 것은 아니나, 설립중의 회사의 성립시기를 (정관이 작성되고) 주식의 일부가 인수된 때라고 보면, 주식의 모집 전에 발기인에 의하여 이미 주식의 일부가 인수되어 설립중의 회사가 성립하였다고 볼 수 있으므로, 「설립중의 회사」에의 입사계약이라고 보는 것이 보다 정확하다고 본다.

이러한 주식인수의 계약은 「사단법상 특수한 계약」이므로 상행위가 될 수 없다. 따라서 이러한 계약에는 민법의 규정이 적용되는 것이지, 상행위에 관한 상법의 규정이 적용되지 않는다(예컨대, 주식인수로 인한 채권은 5년의 상사채권의 소멸 시효가 아니라, 10년의 민사채권의 소멸시효에 걸린다).[4]

⑷ 청 약

① 청약의 방식 주식인수의 청약을 하고자 하는 자는 주식청약서 2통[5]에 인수할 주식의 종류·수 및 주소를 기재하고 기명날인 또는 서명하여야 한다(요식행위)(상 302 조 1항). 주식청약서는 발기인이 작성하는데, 이에 일정한 사항을 적어야 한다(상 302 조 2항). 이러한 주식인수의 청약은 부합계약적 성질을 갖고 있기 때문에 청약자는 주식청약서에 기재된 청약조건을 변경하여 청약할 수 없고, 또한 청약자는 실제로 청약과 동시에 납입금의 전부 또는 일부를 청약증거금으로 납입하는 경우가 많다.

② 가설인(假設人) 또는 타인명의의 청약 주식인수의 청약은 가설인 명의 또는 타인의 승낙을 얻지 않고 타인명의로 하는 경우도 있는데, 이 때에는 실제로

---

1) 서·정, 326면; 손(주), 575~576면; 채, 419면.
2) 정(회), 377~378면; 정(동), (회) 126면.
3) 이에 반하여 발기인과 주식인수인 사이에 성립하는 계약으로 보는 견해도 있다[주상(제5판)(회사 Ⅱ), 219면].
4) 동지: 손(주), 576면; 주상(제5판)(회사 Ⅱ), 219면; 日大判 1918. 9. 4.
5) 주식청약서를 2통 요구하는 것은 1통은 회사가 보관하고, 다른 1통은 설립등기신청서에 제공하기 위한 것이다(상등규 129조 3호).

청약을 한 자가 주식배정 후 주식인수인이 되어 그가 주식인수인으로서의 책임(예컨대, 납
입책임 등)을 부담한다(상 332조 1항).[1] 그런데 타인의 승낙을 얻어 타인명의로 주식을 청약하고
그 후 그 타인에게 주식이 배정된 경우에는 누가 주식인수인이 되는가.[2] 이에 대하
여 학설은 명의대여자가 주식인수인이라고 보는 형식설(소수설)[3]과 명의차용자가
주식인수인이라고 보는 실질설(다수설[4])로 나뉘어 있는데, 법률행위의 일반이론에
비추어 보나 실질적 투자자를 보호할 필요가 있는 점에서 보나 실질설이 타당하다
고 본다.

우리 대법원판례는 종래에는 실질설에 따라 일관하여 판시하였으나,[5] 그 후 대

---

1) 동지: 대판 2017. 12. 5, 2016 다 265351(공보 2018, 48)(가설인 명의로 또는 타인의 승낙 없
이 그 명의로 주식을 인수하는 약정을 한 경우, 가설인은 주식인수계약의 당사자가 될 수 없다. 한
편 타인의 명의로 주식을 인수하면서 그 승낙을 받지 않은 경우, 명의자와 실제로 출자를 한 자
〈이하 '실제 출자자'라 한다〉 중에서 누가 주식인수인인지 문제되는데, 명의자는 원칙적으로 주식
인수계약의 당사자가 될 수 없다. 자신의 명의로 주식을 인수하는 데 승낙하지 않은 자는 주식을
인수하려는 의사도 없고 이를 표시한 사실도 없기 때문이다. 따라서 실제 출자자가 가설인 명의나
타인의 승낙 없이 그 명의로 주식을 인수하기로 하는 약정을 하고 출자를 이행하였다면, 주식인수
계약의 상대방〈발기설립의 경우에는 다른 발기인, 그 밖의 경우에는 회사〉의 의사에 명백히 반한
다는 등의 특별한 사정이 없는 한, 실제 출자자가 주주의 지위를 취득한다고 보아야 한다).
2) 이 문제에 관한 상세는 연습, 332~336면(사례 56) 참조.
3) 손(주), 574면; 채, 593면; 이(철), (회) 327면.
4) 정(희), 377면; 서·정, 325면 주 1; 정(동), (회) 125면; 이(기) 외, (회) 175면 외.
5) 대판 1975. 7. 8, 75 다 410(집 23 ② 민 186); 동 1975. 9. 23, 74 다 804(집 25 ③ 민 143);
동 1977. 10. 11, 76 다 1448(집 25 ③ 민 136); 동 1977. 10. 21, 76 다 1443(민판집 238, 25);
동 1978. 4. 25, 78 다 805(민판집 247, 317); 대결 1980. 9. 19, 80 마 376(집 28 ③ 민 84); 대
판 1980. 12. 9, 79 다 1989(민판집 276, 35); 동 1985. 12. 10, 84 다카 319(공보 769, 235);
동 1986. 7. 22, 85 다카 239·240(공보 784, 1090); 동 1998. 4. 10, 97 다 50619(공보 1998,
1286)(실제로 주식을 인수하여 그 대금을 납입한 명의차용인만이 실질상의 주식인수인으로 주
주가 되고, 단순한 명의대여자에 불과한 자는 주주로 볼 수 없다); 동 2004. 3. 26, 2002 다
29138(공보 2004, 709)(주식을 인수함에 있어 타인의 승낙을 얻어 그 명의로 출자하여 주식대금
을 납입한 경우에는 실제로 주식을 인수하여 그 대금을 납입한 명의차용인만이 실질상의 주식인
수인으로서 주주가 된다고 할 것이고 단순한 명의대여인은 주주가 될 수 없다고 할 것이다. 따라
서 주식회사의 자본충실의 요청상 주금을 납입하기 전에 명의대여자 및 명의차용자 모두에게 주
금납입의 연대책임을 부과하는 규정인 상법 제332조 2항은 이미 주금납입의 효력이 발생한 주금
의 가장납입의 경우에는 적용되지 않는다고 할 것이고, 또한 주금의 가장납입이 일시 차입금을 가
지고 주주들의 주금을 체당납입한 것과 같이 볼 수 있어 주금납입이 종료된 후에도 주주는 회사
에 대하여 체당납입한 주금을 상환할 의무가 있다고 하여도 이러한 주금상환채무는 실질상 주주
인 명의차용자가 부담하는 것일 뿐 단지 명의대여자로서 주식회사의 주주가 될 수 없는 자가 부담
하는 채무라고는 할 수 없을 것이다); 동 2011. 5. 26, 2010 다 22552(공보 2011, 1278)(주주명
부에 기재된 명의상 주주는 회사에 대한 관계에서 자신의 실질적 권리를 증명하지 않아도 주주 권
리를 행사할 수 있는 자격수여적 효력을 인정받을 뿐이지 주주명부 기재에 의하여 창설적 효력을
인정받는 것은 아니므로, 주식을 인수하면서 타인의 승낙을 얻어 그 명의로 출자하여 주식대금을
납입한 경우에는 실제로 주식을 인수하여 대금을 납입한 명의차용인만이 실질상 주식인수인으로
서 주주가 되고 단순한 명의대여인은 주주가 될 수 없으며, 이는 회사를 설립하면서 타인 명의를
차용하여 주식을 인수한 경우에도 마찬가지이다. 또한 상법 제403조 제1항은 '발행주식의 총수의

법원 전원합의체 판결로써 형식설로 변경하였다.[1] 실질설에 의하는 경우 실질주주

100분의 1 이상에 해당하는 주식을 가진 주주'가 주주대표소송을 제기할 수 있다고 규정하고 있을 뿐, 주주의 자격에 관하여 별도 요건을 규정하고 있지 않으므로, 주주대표소송을 제기할 수 있는 주주에 해당하는지는 위 법리에 따라 판단하여야 한다. 이러한 점에서 볼 때 전직 대통령인 갑이 대통령 재직 당시 동생 을에게 알아서 관리해 보라고 하면서 돈을 교부하였고, 을이 그 돈과 은행 대출금 등으로 회사를 설립하였는데, 갑이 회사 주식 50%의 실질주주라고 주장하면서 주주대표소송을 제기한 사안에서, 위 돈의 조성 경위, 돈을 교부할 당시 갑과 을의 언동, 갑과 을의 관계, 돈의 교부가 이루어진 동기 및 경위, 당사자가 돈의 교부에 의하여 달성하려고 하는 목적과 진정한 의사, 돈의 사용처, 돈의 관리·사용에 관한 갑의 관여 여부 등 돈 교부 후의 정황 등 여러 사정 및 갑이 을에게 공동소유 회사 설립을 위임하는 계약의 본질적 사항이나 중요한 사항에 관하여 구체적으로 의사 합치가 있었다거나 적어도 장래 구체적으로 특정할 수 있는 기준과 방법 등에 관하여 합의가 있었다고 보기 어려운 점이나 관련 민사소송 확정판결에서 인정된 사실관계 등에 비추어 보면, 위 돈 교부 당시 갑과 을의 의사는 노모와 자녀들 장래를 위하여 을이 위 돈을 어떤 형태로든지 유지·보전하고 있다가 갑의 요구가 있으면 반환하라는 것으로 해석될 수 있을 뿐, 갑이 을에게 위 돈으로 회사 설립·운영을 위임하되 갑과 을이 회사 지분을 공유하기로 하는 위임에 유사한 계약이 체결된 것으로 해석하여 갑이 회사 주식 50%의 실질주주라고 인정하기에는 여러 정황상 무리가 있다).

1) 대판(전) 2017. 3. 23, 2015 다 248342(공보 2017, 847)(상법이 주주명부제도를 둔 이유는, 주식의 발행 및 양도에 따라 주주의 구성이 계속 변화하는 단체법적 법률관계의 특성상 회사가 다수의 주주와 관련된 법률관계를 외부적으로 용이하게 식별할 수 있는 형식적이고도 획일적인 기준에 의하여 처리할 수 있도록 하여 이와 관련된 사무처리의 효율성과 법적 안정성을 도모하기 위함이다. 이는 회사가 주주에 대한 실질적인 권리관계를 따로 조사하지 않고 주주명부의 기재에 따라 주주권을 행사할 수 있는 자를 획일적으로 확정하려는 것으로서, 주주권의 행사가 회사와 주주를 둘러싼 다수의 이해관계인 사이의 법률관계에 중대한 영향을 줄 수 있음을 고려한 것이며, 단지 해당 주주의 회사에 대한 권리행사 사무의 처리에 관한 회사의 편의만을 위한 것이라고 볼 수 없다. 회사에 대하여 주주권을 행사할 자가 주주명부의 기재에 의하여 확정되어야 한다는 법리는 주식양도의 경우뿐만 아니라 주식발행의 경우에도 마찬가지로 적용된다. 주식양도의 경우와 달리 주식발행의 경우에는 주식발행 회사가 관여하게 되므로 주주명부에의 기재를 주주권 행사의 대항요건으로 규정하고 있지는 않으나, 그럼에도 상법은 주식을 발행한 때에는 주주명부에 주주의 성명과 주소 등을 기재하여 본점에 비치하도록 하고〈제352조 제1항, 제396조 제1항〉, 주주에 대한 회사의 통지 또는 최고는 주주명부에 기재한 주소 또는 그 자로부터 회사에 통지한 주소로 하면 되도록〈제353조 제1항〉 규정하고 있다. 이와 같은 상법 규정의 취지는, 주식을 발행하는 단계에서나 주식이 양도되는 단계에서나 회사에 대한 관계에서 주주권을 행사할 자를 주주명부의 기재에 따라 획일적으로 확정하기 위한 것으로 보아야 한다. 따라서 주식을 양수하였으나 아직 주주명부에 명의개서를 하지 아니하여 주주명부에는 양도인이 주주로 기재되어 있는 경우뿐만 아니라, 주식을 인수하거나 양수하려는 자가 타인의 명의를 빌려 회사의 주식을 인수하거나 양수하고 타인의 명의로 주주명부에의 기재까지 마치는 경우에도, 회사에 대한 관계에서는 주주명부상 주주만이 주주로서 의결권 등 주주권을 적법하게 행사할 수 있다)[이 대법원 판결(다수의견)에 대하여 반대하는 취지의 상세한 평석으로는 정찬형, "주주명부의 기재(명의개서)의 효력,"「서강법률논총」(서강대 법학연구소), 제6권 제2호(2017. 8), 145~215면]. 동지: 대판 2017. 12. 5, 2016 다 265351(공보 2018, 48)(타인의 명의로 주식을 인수한 경우에 누가 주주인지는 결국 주식인수를 한 당사자를 누구로 볼 것인지에 따라 결정하여야 한다. 발기설립의 경우에는 발기인 사이에, 자본의 증가를 위해 신주를 발행할 경우에는 주식인수의 청약자와 회사 사이에 신주를 인수하는 계약이 성립한다. 이때 누가 주식인수인이고 주주인지는 결국 신주인수계약의 당사자 확정 문제이므로, 원칙적으로 계약당사자를 확정하는 법리를 따르되, 주식인수계약의 특성을 고려하여야 한다. 타인의 승낙을 얻어 그 명의로 주식을 인수하기로 약정한 경우에는 계약 내용에 따라 명의자 또는 실제 출자자가 주식인수인이 될 수 있으나, 원칙적으로는 명의자를 주식인수인으로 보아

의 채권자는 실질주주를 대위하여 명의신탁계약을 해지하고 명의주주를 상대로 주
주권 확인을 구할 수 있다.[1]

그런데 이 때에 어느 설을 따르더라도 상법의 규정에 의하여 명의대여자와 명
의차용자는 연대하여 주금액을 납입할 책임을 부담한다($\substack{상\ 332 \\ 조\ 2항}$).

③ 청약의 하자(무효·취소)　　　주식인수의 청약도 의사표시이므로 의사표시
에 관한 민법의 일반원칙이 원칙적으로 적용되어($\substack{민\ 107조~ \\ 110조}$) 청약의 의사에 흠결이
있거나 하자가 있는 경우에는 무효 또는 취소가 될 수 있다. 그러나 주식인수의 청
약은 단체법상의 행위로서 개인법상의 행위와는 다르기 때문에, 의사표시자의 보호
에만 치중할 수 없고 주식인수의 청약의 효력을 가능한 한 확보할 필요가 있다. 따
라서 상법은 이에 관한 몇 가지의 특칙을 두고 있다.

상법상 이러한 특칙으로는 (i) 주식인수의 청약자가 비진의표시를 하고 상대방

야 한다. 명의자와 실제 출자자가 실제 출자자를 주식인수인으로 하기로 약정한 경우에도 실제 출
자자를 주식인수인이라고 할 수는 없다. 실제 출자자를 주식인수인으로 하기로 한 사실을 주식인
수계약의 상대방인 회사 등이 알고 이를 승낙하는 등 특별한 사정 없다면, 그 상대방은 명의자를
주식인수계약의 당사자로 이해하였다고 보는 것이 합리적이기 때문이다)[이 판결에 찬성하는 취
지의 평석으로는 정웅기, "타인명의의 주식인수와 주주권의 귀속,"「선진상사법률연구」(법무부),
제84호(2018. 10), 1∼30면(타인의 승낙을 얻어 주식을 인수하는 경우는 원칙적으로 명의신탁의
법리에 따라 명의인이 주주가 되고, 실제 출자자가 명의자의 명칭을 자신이 표시하기 위하여 사용
하고 회사도 그렇게 인식한 경우에만 예외적으로 실제 출자자를 주주로 보아야 한다고 한다)]; 동
2019. 5. 16, 2016 다 240338(공보 2019, 1219)(주주명부상의 주주가 아닌 제3자가 주식을 인
수하고 그 대금을 납입한 경우 그 제3자를 실질상의 주주로 보기 위해서는 단순히 제3자가 주식
인수대금을 납입하였다는 사정만으로는 부족하고 제3자와 주주명부상 주주 사이의 내부관계, 주
식 인수와 주주명부 등재에 관한 경위 및 목적, 주주명부 등재 후 주주로서의 권리행사 내용 등
을 종합하여 판단해야 한다); 동 2020. 6. 11, 2017 다 278385·278392(공보 2020, 1328)(상법
이 주주명부제도를 둔 이유는, 주식의 발행 및 양도에 따라 주주의 구성이 계속 변화하는 단체법
적 법률관계의 특성상 회사가 다수의 주주와 관련된 법률관계를 외부적으로 용이하게 식별할 수
있는 형식적이고도 획일적인 기준에 의하여 처리할 수 있도록 하여 이와 관련된 사무처리의 효율
성과 법적 안정성을 도모하기 위함이다. 이는 주식의 소유권 귀속에 관한 회사 이외의 주체들 사
이의 권리관계와 주주의 회사에 대한 주주권 행사국면을 구분하여, 후자에 대하여는 주주명부상
기재 또는 명의개서에 특별한 효력을 인정하는 태도라고 할 것이다. 따라서 특별한 사정이 없는
한, 주주명부에 적법하게 주주로 기재되어 있는 자는 회사에 대한 관계에서 그 주식에 관한 의결
권 등 주주권을 행사할 수 있고, 회사 역시 주주명부상 주주 외에 실제 주식을 인수하거나 양수하
고자 하였던 자가 따로 존재한다는 사실을 알았든 몰랐든 간에 주주명부상 주주의 주주권 행사를
부인할 수 없으며, 주주명부에 기재를 마치지 아니한 자의 주주권 행사를 인정할 수도 없다. 그러
나 상법은 주주명부의 기재를 회사에 대한 대항요건으로 정하고 있을 뿐 주식 이전의 효력발생요
건으로 정하고 있지 않으므로, 명의개서가 이루어졌다고 하여 무권리자가 주주가 되는 것은 아니
고, 명의개서가 이루어지지 않았다고 해서 주주가 그 권리를 상실하는 것도 아니다. 이와 같이 주
식의 소유권 귀속에 관한 권리관계와 주주의 회사에 대한 주주권 행사국면은 구분되는 것이고, 회
사와 주주 사이에서 주식의 소유권, 즉 주주권의 귀속이 다투어지는 경우 역시 주식의 소유권 귀
속에 관한 권리관계로서 마찬가지이다).

1) 동지: 대판 2013. 2. 14, 2011 다 109708.

(발기인)이 이를 알았거나 또는 알 수 있었을 경우에도 그 청약은 무효가 되지 않는 것으로 규정한 점($^{상\ 302}_{조\ 3항}$), (ii) 회사성립 후 또는 창립총회에 출석하여 권리를 행사한 후에는 주식청약서의 요건의 흠결을 이유로 하여 주식인수의 무효를 주장하거나, 착오($^{민}_{109조}$) 또는 사기·강박($^{민}_{110조}$)을 이유로 하여 주식인수를 취소할 수 없도록 규정한 점($^{상}_{320조}$)이다.

그러나 상법상 이러한 특칙이 없는 경우에는 당연히 청약의 의사표시에 민법의 일반원칙이 적용되므로, 청약자에 제한능력($^{민\ 5조,\ 10}_{조,\ 13조}$) 또는 사해행위($^{민}_{406조}$) 등의 사유가 있는 경우에는 그 청약을 취소할 수 있고, 또 청약자에 의사무능력 또는 통정한 허위표시[1] 등의 사유가 있는 경우에는 그 청약의 무효를 주장할 수 있다.

㈐ 배　　정[2]

① 배정자유의 원칙　　주식인수의 청약에 대하여 발기인은 배정방법을 미리 공고하지 않은 이상 자유로이 배정할 수 있다($^{배정자유}_{의\ 원칙}$).[3] 이와 같이 발기인에게 배정자유를 인정하는 이유는, 발기인은 청약자의 납입능력·주주간의 세력균형 등을 고려하여 배정할 필요가 있기 때문이다.[4] 또한 주식청약자는 아직 주주가 아니므로 이 경우에 주주평등의 원칙이 적용되지도 않는다.

이 때 발기인은 설립중의 회사의 기관의 자격에서 배정하는 것이고, 청약자에 대한 배정의 의사표시의 방법에는 제한이 없으나 보통 서면의 통지로써 한다. 발기인은 배정의 통지를 주식청약서에 기재된 주소 또는 그 자로부터 회사에 통지한 주소로 하면 되는데($^{상\ 304}_{조\ 1항}$), 이러한 통지는 보통 그 도달할 시기에 도달한 것으로 간주된다($^{상\ 304}_{조\ 2항}$).

② 주식인수인의 의무　　주식인수의 청약에 대하여 배정이 있으면 주식의 인수가 성립하는데, 이 때에 청약자는 인수인이 되어 배정받은 주식의 수에 따라서 인수가액을 납입할 의무를 부담한다($^{상}_{303조}$). 그런데 일반적으로 주식인수의 청약자는 주식청약시에 주금액의 상당액을 청약증거금으로 미리 납부하므로, 그가 주식의 배

---

1) 주식인수의 청약자가 상대방(발기인)과 통정한 허위표시를 한 경우(민 108조 1항)에 대하여는 상대방이 안 비진의표시와 같이 그 청약은 무효가 되지 않는 것으로도 해석할 수 있겠으나(상 302 조 3항의 유추적용), 상법이 이에 관하여 명문으로 규정하고 있지 않은 점과 상대방과 통정한 허위표시는 비진의표시와는 달리 상대방을 보호할 여지가 전혀 없는 점 등에서 볼 때 무효라고 보아야 할 것으로 생각한다.

2) 이는 계약의 일반원칙에서는 청약에 대한 「승낙」에 해당한다.

3) 그러나 발기인은 보통 주식모집의 광고나 사업설명서에서 배정방법(예컨대, 선착순·지분비례 등)을 미리 공고한다.

4) 동지: 이(철), (회) 259면.

정을 받으면 청약증거금이 주금의 납입으로 대체된다.[1]

3. 출자이행절차

(1) 발기설립의 경우

1) 금전출자의 경우

(가) 전액납입주의　　　발기인이 설립시에 발행하는 주식총수를 인수하고(발기설립) 금전출자를 하는 경우에는, 그 발기인은 지체 없이 각 주식에 대하여 그 인수가액의 전액을 납입하여야 한다(전액납입주의)($^{상\ 295조}_{1항\ 1문}$).[2] 주주가 어음이나 수표로써 금전출자를 이행한 경우에는 그 어음이나 수표가 현실적으로 결제된 때에 납입이 있다고 보아야 할 것이다.[3]

(나) 납입방법　　　발기인은 납입을 맡을 은행 기타 금융기관과 납입장소를 지정하여야 하고[4]($^{상\ 295조}_{1항\ 2문}$), 발기인은 이와 같이 지정된 납입장소에 인수가액의 전액을 납입하여야 한다. 따라서 납입금보관자의 증명(2009년 5월 28일 개정상법은 자본금 총액이 10억원 미만인 소규모 주식회사의 설립절차를 간소화하기 위하여, 이러한 회사를 발기설립하는 경우에는 주금납입금보관증명서를 잔고증명서로 대체할 수 있도록 하고 있다 – 상 318조 3항)과 책임[5]($^{상\ 318조}_{유추적용}$) 및 가장납입[6] 등에 관하여는 모집설립의 경우와 같다. 그러나 납입금의 보관자 등의 변경에 법원의 허가를 얻도록 한 상법 제306조는 발기인 이외의 주식인수인을 보호하기 위한 규정으로 볼 수 있으므로 발기설립에는 유추적용되지 않는다고 본다.[7]

2) 현물출자의 경우　　　발기인이 현물출자를 하는 경우에는 그 발기인은 납입기일에 지체 없이 출자의 목적인 재산을 인도하고, 등기·등록 기타 권리의 설정 또는 이전을 요할 경우에는 이에 관한 서류를 완비하여 교부하여야 한다($^{상\ 295}_{조\ 2항}$). 즉,

---

1) 동지: 정(동), (회) 126면.
2) 독일의 경우에는 전액납입주의가 아니므로 1인설립의 경우에 발기인은 납입한 금액을 초과하는 금전출자분에 대하여는 담보를 제공하여야 한다(獨株 36조 2항 2문).
3) 동지: 대판 1997. 4. 12, 76 다 943(민판집 232, 146).
4) 1995년 개정상법 이전에는 발기인의 납입방법에 관하여 상법이 특별히 규정하고 있지 않았으므로 발기인조합의 업무집행방법으로 발기인간의 합의에 의하여 할 수 있는 것으로 해석되었으나, 1995년 개정상법에서는 모집설립의 경우(상 302조 2항 9호)와 같이 납입장소를 은행 기타 금융기관으로 제한하였다. 그 이유는 1995년 개정상법 이전에도 발기설립의 경우 비송사건절차법에 의하여 설립등기신청서에 첨부할 서류로서 주금의 납입을 맡을 금융기관의 납입금보관증명서가 요구되어(비송 203조 11호〈상등 80조 11호〉) 실무상 이미 그렇게 실시되고 있었던 점, 주금의 납입을 확실하게 하기 위하여 납입장소를 금융기관 등으로 제한할 필요가 있는 점, 1995년 개정상법에 의하여 발기설립의 경우에도 원칙적으로 법원이 선임한 검사인에 의하여 조사를 받지 않게 된 점 등을 들고 있다[해설(1995), 63면].
5) 동지: 정(동), (회) 120면; 이(철), (회) 253면; 주상(제5판)(회사 Ⅱ), 169면.
6) 동지: 주상(제5판)(회사 Ⅱ), 175~177면.
7) 동지: 주상(제5판)(회사 Ⅱ), 169면.

등기·등록에 필요한 협력의무를 완전히 이행하여야 한다. 회사로서는 이 경우 등기·등록을 회사성립 후에 하는 것은 무방하다고 하겠다. 이는 등기·등록의 이중적인 절차를 피하고 비용과 노력을 절약할 필요가 있기 때문이다. 부동산 또는 이것과 동일하게 취급되는 물건에 관하여 설립중의 회사명의로 등기한 경우에는 다시 성립후 회사명의로 이전등기를 할 필요가 없다고 본다. 왜냐하면 이 경우의 부동산물권의 이전은 법률상 당연히 되는 것이므로 민법 제187조의 기타「법률의 규정」에 포함되기 때문이다.[1]

3) 불이행에 대한 조치

(개) 금전출자의 경우　　발기인이 출자의 이행을 하지 않는 경우에는 모집설립에서와 같은 실권(失權)절차($\substack{상 \\ 307조}$)는 인정되지 않고, 채무불이행의 일반원칙에 따라 그 이행을 강제하든가($\substack{민 389조, \\ 390조}$) 또는 회사불성립의 결과가 된다.[2]

(내) 현물출자의 경우　　발기인이 현물출자를 이행하지 않는 경우에는 민법의 일반원칙에 따라 그 이행을 강제하든가($\substack{민 389조, \\ 390조}$) 또는 회사불성립의 결과가 된다.[3]

(2) 모집설립의 경우

1) 금전출자의 경우

(개) 전액납입주의　　모집설립의 경우 발기인은 발기인 이외의 주식인수인에 대하여 납입기일에 각 주식에 대한 인수가액의 전액을 납입시켜야 한다(전액납입주의)($\substack{상 305 \\ 조 1항}$).

(내) 납입방법　　모집설립의 경우에 주식인수인의 금전출자는 반드시 주식청약서에 기재된 납입장소에서만 납입할 수 있는데, 이러한 납입장소는「은행 또는 기타 금융기관」에 한한다($\substack{상 305조 2항, \\ 302조 2항 9호}$). 한편 이러한 납입금의 보관은행 등은 법원의 허가가 있는 경우에만 변경될 수 있다($\substack{상 \\ 306조}$). 또한 이러한 납입금의 보관은행 등은 발기인 또는 이사의 청구가 있는 때에는 그 보관금액에 관하여 증명서를 교부할 의무가 있고, 이와 같이 증명한 보관금액에 대하여는 납입의 부실 또는 그 금액의 반환에 관한 제한이 있음을 이유로 하여 회사에 대항하지 못한다($\substack{상 318조 \\ 1항·2항}$). 상법의 이와 같은 규정은 납입금의 소재를 분명히 하고 납입에 따른 부정행위($\substack{가장납입 \\ 행위 등}$)를 방지하여 자본금 충실을 기하기 위해서이다.[4]

납입금의 보관은행 등은 이러한 납입금을 회사가 성립한 이후에만 반환할 수

---

1) 동지: 정(동), (회) 120면; 손(주), 567면; 이(기) 외, (회) 171면.
2) 동지: 이(철), (회) 253면; 주상(제5판)(회사 Ⅱ), 171면.
3) 동지: 정(동), (회) 120면.
4) 동지: 정(동), (회) 127면.

있다고 본다.[1)]

    ㈐ 가장납입　　주금의 납입은 현실적으로 하여야 하는데, 실제로는 납입이 가장되는 일이 많다. 이렇게 납입이 가장되는 가장납입행위($_{조\ 참조}^{상\ 628}$)에는 (i) 납입은행과 결탁하여 하는 「통모가장납입」, (ii) 납입은행과의 결탁 없이 일시 타인으로부터 자금을 차용하여 납입하고 회사성립 후 즉시 인출하여 변제하는 「위장납입」 및 (iii) 양자의 「절충형태」가 있다.

    ① 통모가장납입[2)]이란 발기인이 납입을 맡을 은행 등으로부터 금전을 차입하여 주식의 납입에 충당하고 이것을 설립중의 회사의 예금으로 이체하지만, 그 차입금을 변제할 때까지는 그 예금을 인출하지 않을 것을 약정하는 것이다. 상법이 위에서 본 바와 같이 납입을 맡을 기관을 은행 등에 한정하고($_{2항\ 9호}^{상\ 302조}$) 그 은행 등에 대하여 납입금보관증명을 하도록 하며($_{조\ 1항}^{상\ 318}$), 납입금보관증명을 한 은행 등은 그 증명한 금액에 대하여는 반환에 관한 제한이 있다는 것을 주장하여 회사에 대항하지 못하게 한 것($_{조\ 2항}^{상\ 318}$) 등은 모두 이 통모가장납입을 방지하기 위한 것으로서, 이러한 상법의 규정에 의하여 통모가장납입행위는 방지되고 있다.

    ② 위장납입[3)]이란 실제로 많이 발생하는 가장납입의 형태로서, 발기인이 납입금의 보관은행 등과 통모함이 없이 그 이외의 제3자로부터 금전을 차입하여 납입하고 회사성립 후(설립등기를 마친 후) 납입은행으로부터 즉시 인출하여 차입금을 변제하는 것이다. 이에 대하여 우리나라의 판례는 「이는 실제 금원의 이동에 따른 현실의 납입이 있는 것이고, 발기인 등의 주관적인 의도는 주금납입의 효력을 좌우할 수 없으므로, 이는 유효하다」고 한다.[4)] 이에 대하여 학설은 이는 실질적으로 납입이

---

  1) 동지: 日最高判 1962. 3. 2(民集 16－3, 423).
     반대: 정(동), (회) 127~128면(창립총회 종료시 이후에는 반환할 수 있다고 한다).
  2) 일본에서는 이를 「預合」이라고 한다.
  3) 일본에서는 이를 「見金」이라고 한다.
  4) 대판 1966. 10. 21, 66 다 1482(카드 1226).
    동지: 대판 1973. 8. 31, 73 다 824(민판집 189, 358); 동 1983. 5. 24, 82 누 522(공보 708, 1025); 동 1985. 1. 29, 84 다카 1823・1824(집 33 ① 민 19)(그러나 이 때에 회사는 일시차입금을 가지고 주주들의 주금〈株金〉을 체당납입한 것과 같이 볼 수 있으므로, 주금납입의 절차가 완료된 후에 회사는 주주에 대하여 체당납입한 주금의 상환을 청구할 수 있다고 한다); 대결 1994. 3. 28, 93 마 1916(공보 968, 1335)(회사를 설립함에 있어 일시적인 차입금을 가지고 주금납입의 형식을 취하여 회사설립절차를 마친 후 곧 납입금을 인출하여 차입금을 변제하는 이른바 주금의 가장납입의 경우에도 주금납입의 효력을 부인할 수는 없는 것이므로, 설사 주주가 주금을 가장납입하였다 하더라도 그 주주를 실질상의 주식인수인에게 명의만을 빌려 준 차명주주〈명의대여자―저자 주〉와 동일시할 수는 없다)[이 판결에 반대하는 취지의 평석으로는 강위두, 법률신문, 제2324호(1994. 7. 4), 15면]; 대판 1998. 12. 23, 97 다 20649(공보 1999, 211)(주식회사를 설립하면서 일시적인 차입금으로 주금납입의 외형을 갖추고 회사설립절차를 마친 다음 바로 그 납입금을 인출하여 차입금을 변제하는 이른바 가장납입의 경우에도 주금납입의 효력을 부인할 수

있었다고 볼 수 없다는 이유로 무효라고 보는 견해(통설)[1]와 판례와 같이 이를 유효라고 보는 견해(소수설)[2]로 나뉘어 있다.

생각건대 위장납입의 경우는 자금의 이동이 현실적으로 있었다는 점, 회사는 주주에 대하여 납입금의 상환을 청구할 수 있고[3] 또한 발기인은 회사에 대하여 연대하여 손해배상책임을 지는 점[4]$\binom{상}{322조}$ 등에서 회사는 어느 정도 자본금 충실을 기할 수 있다는 점 등에서 볼 때, 판례의 입장인 유효설에 찬성한다. 그러나 이 경우 발기인 등은 납입가장죄의 처벌을 받는다$\binom{상}{628조}$.[5]

③ 양자의 절충형태란 발기인대표가 개인자격으로 납입을 맡을 은행으로부터 납입금에 해당하는 금액을 대출받아 주금납입을 하고, 회사성립 후 회사가 그 은행으로부터 납입금을 반환받아 발기인대표이었던 자에게 빌려주어 그가 은행차입금을 변제하게 하는 것이다. 이것은 실질적으로 통모가장납입의 변형으로 통모가장납입행위를 방지하기 위한 상법의 규정을 탈법하는 행위이므로 납입으로서의 효력을 부정하여야 할 것이다.[6]

2) 현물출자의 경우　　앞에서 본 바와 같이 1995년 개정상법에 의하여 설립시의 현물출자는 발기인뿐만 아니라 일반 주식인수인도 할 수 있다$\binom{상\ 294}{조\ 삭제}$. 이러한 현물출자자의 현물출자의 방법은 발기설립의 경우 발기인의 현물출자의 방법$\binom{상\ 295}{조\ 2항}$과 같다$\binom{상\ 305}{조\ 3항}$.

3) 불이행에 대한 조치

㈎ 금전출자의 경우(실권〈失權〉절차)　　모집설립의 경우에는 주식인수인이

없다); 동 2004. 3. 26, 2002 다 29138(공보 2004, 709)(주식회사를 설립하면서 일시적인 차입금으로 주금납입의 외형을 갖추고 회사 설립절차를 마친 다음 바로 그 납입금을 인출하여 차입금을 변제하는 이른바 가장납입의 경우에도 주금납입의 효력을 부인할 수는 없다고 할 것이어서, 주식인수인이나 주주의 주금납입의무도 종결되었다고 보아야 할 것이다).

반대: 日最高判 1963. 12. 6(民集 17-12, 1633)(탈법행위로서 가장납입을 했는지는 회사성립 후 차입금을 변제하기까지의 기간의 장단 및 회사자금으로 운용된 사실의 유무, 차입금의 변제가 회사자금에 미치는 영향의 유무 등 사안의 제반사정을 고려하여 판단하였어야 한다).

1) 정(회), 379면(위장납입은 형식상으로는 금전의 이동에 의한 현실적 납입이 있어 유효한 납입으로 볼 수 있으나, 실제상으로는 도저히 납입한 것으로 볼 수 없으므로 납입으로서의 효력이 없다고 하여야 한다); 손(주), 577면; 정(동), (회) 129면; 이(철), (회) 267면(납입으로서 효력이 없음은 물론 주식인수 자체가 무효라고 한다); 주상(제5판)(회사 Ⅱ), 176면.
　동지: 日最高判 1963. 12. 6(民集 17-12, 1633).
2) 서·정, 327면 주 2; 채, 423면.
3) 동지: 대판 1985. 1. 29, 84 다카 1823·1824.
4) 동지: 대판 1989. 9. 12, 89 누 916.
5) 대판 1986. 9. 9, 85 도 2297(공보 787, 1419) 외.
6) 동지: 정(회), 379면; 손(주), 578면; 정(동), (회) 129면; 이(기) 외, (회) 178면; 日最高判 1963. 12. 6(民集 17-12, 1633).

금전출자 이행을 하지 않은 경우에 주식인수인으로부터의 주금 추심을 용이하게 하여 회사설립의 신속을 기하기 위하여 특별히 실권절차가 규정되어 있다. 즉, 주식인수인이 금전출자 이행을 하지 않은 때에는 발기인은 일정한 기일을 정하여 그 기일 내에 이행을 하지 않으면 실권한다는 통지를 그 기일의 2주간 전에 주식인수인에게 하여야 하는데($\binom{상 307}{조 1항}$), 이 때 주식인수인이 그 기일 내에 이행을 하지 않으면 그는 주식인수인으로서의 권리를 잃고 발기인은 다시 그 주식에 대한 주주를 모집할 수 있다($\binom{상 307}{조 2항}$). 이 때 설립중의 회사에게 손해가 있으면 발기인은 실권한 주식인수인에 대하여 손해배상도 청구할 수 있다($\binom{상 307}{조 3항}$). 모집설립의 경우 이러한 실권절차에 의하지 아니하면 금전출자 이행이 없더라도 주식인수인의 권리는 상실되지 않는다.[1] 그러나 실제로는 납입금에 상당하는 금액을 청약증거금으로 받으므로, 이러한 실권절차가 이용될 여지는 거의 없다.

(내) 현물출자의 경우　　주식인수인이 현물출자를 이행하지 않은 경우에는 현물출자는 개성이 강한 것이므로 실권절차에 의할 수는 없고, 민법의 일반원칙에 따라 그 이행을 강제하든가($\binom{민 389조,}{390조}$) 또는 회사불성립의 결과가 된다.[2]

4. 기관구성절차(이사·감사의 선임)

(1) 발기설립의 경우

1) 발기설립의 경우에는 출자이행절차가 완료된 때에 발기인에 의하여 이사와 감사($\binom{감사 대신에 감사위원회가 설치되는 경우에는}{감사위원회 위원 - 상 415조의 2 7항, 296조}$)($\binom{자본금 총액이 10억원 미만인 소규모 주식회사의 경우}{에는 감사를 선임하지 아니할 수 있다 - 상 409조 4항}$)가 선임되는데, 이 때에는 발기인의 의결권의 「과반수로써」 선임된다($\binom{상 296}{조 1항}$). 이 때 발기인은 설립중의 회사의 기관으로서의 자격이 아니라, 설립중의 회사의 구성원(출자자)으로서의 자격으로 이사·감사($\binom{감사 대신에 감사위원회가 설치되는 경우에는}{감사위원회 위원 - 상 415조의 2 7항, 296조}$)($\binom{자본금 총액이 10억원}{미만인 소규모 주식회사}$의 경우에는 감사를 선임하지 아니할 수 있다 - 상 409조 4항)를 선임하는 것이다.[3] 따라서 발기인의 의결권은 그 인수주식의 1주에 대하여 1개로 한다($\binom{상 296}{조 2항}$).

또한 이 경우에 발기인은 의사록을 작성하여 의사의 경과와 그 결과를 기재하고 기명날인 또는 서명하여야 한다($\binom{상}{297조}$).

2) 이렇게 선임된 이사들은 정관에 달리 정한 바가 없으면 이사회를 열어 대표이사($\binom{집행임원 비설}{치회사의 경우}$)를 선임하여야 한다($\binom{상 389조 1항,}{317조 2항 9호}$).[4]

---

1) 동지: 서울고판 1979. 6. 21, 78 나 3263.
2) 동지: 정(동), (회) 128면.
3) 동지: 이(철), (회) 253면.
4) 동지: 이(철), (회) 257면; 이(기) 외, (회) 171면; 주상(제5판)(회사 Ⅱ), 180면(정관에 대표이

(2) 모집설립의 경우

1) 모집설립의 경우에는 출자이행절차가 완료된 때에 주식인수인으로 구성되는 창립총회에서 이사와 감사($\substack{\text{감사 대신에 감사위원회가 설치되는 경우에는}\\\text{감사위원회 위원 — 상 415조의 2 7항, 312조}}$)($\substack{\text{자본금 총액이 10억원 미만인 소}\\\text{규모 주식회사의 경우에는 감사}\\\text{를 선임하지 아니할 수}\\\text{있다 — 상 409조 4항}}$)가 선임되는데($\substack{\text{상}\\312조}$), 이러한 창립총회는 「발기인」이 소집하고($\substack{\text{상 308}\\\text{조}\\1항}$) 「출석한 주식인수인의 의결권의 3분의 2 이상이며 인수된 주식총수의 과반수에 해당하는 다수로써」 결의한다($\substack{\text{상}\\309조}$).[1] 창립총회는 설립중의 회사의 의사결정기관으로 성립 후의 회사의 주주총회에 해당하므로, 주주총회에 관한 많은 규정이 준용되고 있다($\substack{\text{상 308}\\\text{조 2항}}$).

2) 창립총회에서 선임된 이사들도 정관에 달리 정한 바가 없으면 이사회를 열어 대표이사($\substack{\text{집행임원 비설}\\\text{치회사의 경우}}$)를 선임하여야 한다($\substack{\text{상 389조 1항,}\\\text{317조 2항 9호}}$).[2]

5. 설립경과조사절차

(1) 발기설립의 경우

발기설립의 경우 설립경과조사는 「이사·감사($\substack{\text{감사 대신에 감사위원회가 설}\\\text{치되는 경우에는 감사위원회}}$)($\substack{\text{자본금 총액이}\\\text{10억원 미만인}\\\text{소규모 주식회사의 경우에는 감사를 선}\\\text{임하지 아니할 수 있다 — 상 409조 4항}}$)」와 「검사인」이 하는데, 그 절차는 다음과 같다.[3]

① 이사와 감사($\substack{\text{감사 대신에 감사위원회가 설}\\\text{치되는 경우에는 감사위원회}}$)($\substack{\text{자본금 총액이 10억원 미만인 소규모 주식회사의 경우}\\\text{에는 감사를 선임하지 아니할 수 있다 — 상 409조 4항}}$)는 취임 후 지체 없이 회사의 설립에 관한 모든 사항이 법령 또는 정관의 규정에 위반되지 아니하는지의 여부를 조사하여 발기인에게 보고하여야 한다($\substack{\text{상 298}\\\text{조 1항}}$). 이 때 이사와 감사($\substack{\text{감사 대신에 감사위원회가 설치}\\\text{되는 경우에는 감사위원회 위원}}$)($\substack{\text{자본금 총액이 10억원 미만인 소규모 주식회사의 경우}\\\text{에는 감사를 선임하지 아니할 수 있다 — 상 409조 4항}}$) 중에 발기인이었던 자·현물출자자 또는 회사성립 후 양수할 재산의 계약당사자인 자는 이러한 조사·보고에 참가하지 못하는데($\substack{\text{상 298}\\\text{조 2항}}$), 이사와 감사($\substack{\text{감사 대신에 감사위원회가 설치}\\\text{되는 경우에는 감사위원회 위원}}$)($\substack{\text{자본금 총}\\\text{액이 10억}\\\text{원 미만인 소규모 주식회사의 경우에는 감사}\\\text{를 선임하지 아니할 수 있다 — 상 409조 4항}}$)의 전원이 이에 해당하는 때에는 이사는 공증인으로 하여금 이러한 조사·보고를 하게 하여야 한다($\substack{\text{상 298}\\\text{조 3항}}$).

사의 선임을 주주총회에서 하기로 정한 경우에는 발기인들이 선임하여야 한다고 한다).

1) 주주총회의 특별결의는 「출석한 주주의 의결권의 3분의 2 이상의 수와 발행주식총수의 3분의 1 이상의 수로써」 하므로(상 434조), 창립총회의 결의요건이 주주총회의 특별결의요건보다 가중되어 있다고 볼 수 있다.

2) 동지: 이(철), (회) 264면, 257면; 채, 423면; 주상(제5판)(회사 Ⅱ), 246~247면(정관에 대표이사의 선임을 주주총회에서 하기로 정한 경우에는 창립총회에서 대표이사를 선임하여야 한다고 한다).

3) 발기설립의 경우 설립경과조사는 1995년 개정상법 이전에는 법원이 선임한 검사인이 하였는데, 1995년 개정상법은 원칙적으로 이사·감사가 하고 다만 변태설립사항만 법원이 선임한 검사인이 하도록 하였고, 이러한 변태설립사항도 공증인과 공인된 감정인의 조사·보고로 갈음할 수 있도록 하여 법원의 관여를 완전히 배제할 수 있도록 하였다[상세는 해설(1995), 65~71면 참조].

② 변태설립에 관한 사항은 원칙적으로 법원이 선임한 검사인이 조사하는데, 이 때 이사는 이에 관한 조사를 하게 하기 위하여 법원에 검사인의 선임을 청구하여야 한다($\frac{상 298조}{4항 본문}$). 이러한 검사인의 선임신청은 본점소재지의 지방법원 합의부에 하는데($\frac{비송 72}{조 1항}$), 서면으로 하여야 하고 그 신청서에는 신청의 사유·검사의 목적·연월일·법원의 표시를 하고 신청인이 이에 기명날인하여야 한다($\frac{비송}{73조}$). 변태설립사항의 조사는 예외적으로 법원의 관여를 피할 수 있는데, 변태설립사항 중 발기인이 받을 특별이익($\frac{상 290}{조 1호}$)과 회사가 부담할 설립비용 및 발기인이 받을 보수액($\frac{상 290}{조 4호}$)에 관하여는 '공증인'의 조사·보고로, 현물출자($\frac{상 290}{조 2호}$)와 재산인수($\frac{상 290}{조 3호}$) 및 현물출자의 이행($\frac{상 295}{조 2항}$)에 관하여는 '공인된 감정인'의 감정으로, 법원이 선임한 검사인의 조사에 갈음할 수 있다($\frac{상 299조의 2 \ 1문,}{298조 4항 단서}$).

③ 검사인은 원칙적으로 변태설립사항($\frac{상}{290조}$)과 현물출자의 이행에 관한 사항($\frac{상 295}{조 2항}$)을 조사한 후 조사보고서를 작성하여 이를 법원에 제출하고($\frac{상 299}{조 1항}$), 그 등본을 각 발기인에게 교부한다($\frac{상 299}{조 3항}$). 그러나 (i) 현물출자 및 재산인수의 총액이 자본금의 5분의 1을 초과하지 아니하고 대통령령으로 정한 금액($\frac{5,000만원 -}{상시 7조 1항}$)을 초과하지 아니하는 경우, (ii) 현물출자 및 재산인수되는 재산이 거래소에서 시세가 있는 유가증권으로서 정관에 적힌 가격이 대통령령으로 정한 방법으로 산정된 시세[1]를 초과하지 아니하는 경우 및 (iii) 그 밖에 위 (i) 및 (ii)에 준하는 경우로서 대통령령으로 정하는 경우의 하나에 해당하는 경우에는, 검사인 등에 의한 조사와 법원에 대한 보고절차를 밟을 필요가 없다($\frac{상 299}{조 2항}$). 이는 설립절차를 간편하게 하기 위하여 2011년 4월 개정상법에 의하여 신설된 것이다.

이 때 검사인의 조사보고서에 사실과 상위한 사항이 있는 경우에는, 발기인은 이에 대한 설명서를 법원에 제출할 수 있다($\frac{상 299}{조 4항}$).

변태설립사항 및 현물출자의 이행에 관한 사항을 검사인에 갈음하여 공증인이 조사하거나 또는 공인된 감정인이 감정하는 경우에는 이러한 공증인 또는 감정인은 조사 또는 감정결과를 법원에 보고하여야 한다($\frac{상 299조}{의 2 2문}$).[2]

---

1) 이 때 "대통령령으로 정한 방법으로 산정된 시세"란 다음 각 호의 금액 중 낮은 금액을 말한다 (상시 7조 2항). 그러나 현물출자 및 재산인수되는 재산에 그 사용, 수익, 담보제공, 소유권 이전 등에 대한 물권적 또는 채권적 제한이나 부담이 설정된 경우에는 적용하지 아니한다(상시 7조 3항).
  1. 상법 제292조에 따른 정관의 효력발생일(이하 이 항에서 '효력발생일'이라 한다)부터 소급하여 1개월간의 거래소에서의 평균 종가, 효력발생일부터 소급하여 1주일간의 거래소에서의 평균 종가 및 효력발생일의 직전 거래일의 거래소에서의 종가를 산술평균하여 산정한 금액
  2. 효력발생일 직전 거래일의 거래소에서의 종가
2) 이러한 내용은 1998년 개정상법에 의하여 신설되었다.

④ 법원은 위 ③의 검사인 또는 공증인의 조사보고서 또는 감정인의 감정결과와 발기인의 설명서를 심사한 후 변태설립사항이 부당하다고 인정한 경우에는, 이를 변경하여 각 발기인에게 통고할 수 있다(상 300조 1항).

⑤ 위 ④의 법원의 변경에 대하여 발기인이 불복하는 경우에는 그 발기인은 자기의 주식인수를 취소할 수 있는데, 이 때에 법원은 정관을 변경하여 설립절차를 속행할 수 있다(상 300조 2항). 만일 법원의 변경통고가 있은 후 2주 내에 주식인수를 취소한 발기인이 없는 때에는 법원의 변경통고에 따라 정관이 변경된 것으로 간주된다(상 300조 3항).

발기설립의 경우 설립경과조사절차를 도시(圖示)하면 다음과 같다.

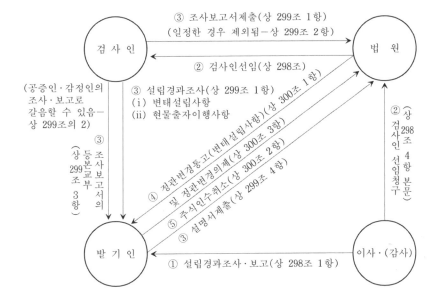

(2) 모집설립의 경우

모집설립의 경우 설립경과조사는 「이사·감사(감사 대신에 감사위원회가 설치되는 경우에는 감사위원회)(자본금 총액이 10억원 미만인 소규모 주식회사의 경우에는 감사를 선임하지 아니할 수 있다 — 상 409조 4항)」와 「검사인」이 하는데, 그 절차는 다음과 같다.

① 발기인은 먼저 회사의 설립에 관한 보고서를 창립총회에 제출하여야 하는데(상 311조 1항), 이 보고서에는 주식인수절차 및 출자이행절차에 관한 사항과 변태설립에 관한 사항이 명백히 기재되어야 한다(상 311조 2항).

② 이사와 감사(감사 대신에 감사위원회가 설치되는 경우에는 감사위원회)(에는 감사를 선임하지 아니할 수 있다 — 상 409조 4항)는 취임 후 지체 없이 회사의 설립에 관한 모든 사항이 법령 또는 정관의 규정에 위반되지 아니하는지의 여부를 조사하여 창립총회에 보고하여야 한다(상 313조 1항). 이 때 이사

와 감사(감사 대신에 감사위원회가 설치)(자본금 총액이 10억원 미만인 소규모 주식회사의 경우) 중에 발기인
       (되는 경우에는 감사위원회 위원)(에는 감사를 선임하지 아니할 수 있다 — 상 409조 4항)
이었던 자·현물출자자 또는 회사성립 후 양수할 재산의 계약당사자인 자가 있는
경우에는 위의 조사보고에 참가하지 못하는데, 이사와 감사(감사 대신에 감사위원회가 설치)
                                          (되는 경우에는 감사위원회 위원)
(자본금 총액이 10억원 미만인 소규모 주식회사의 경우)의 전원이 이에 해당한 때에는 이사는 공증
(에는 감사를 선임하지 아니할 수 있다 — 상 409조 4항)
인으로 하여금 위의 사항의 조사·보고를 하게 하여야 한다(상 313).
                                              (조 2항)

③ 변태설립에 관한 사항은 원칙적으로 검사인에 의하여 조사를 받아야 하는
데, 이 때의 검사인은 발기인의 청구에 의하여 법원이 선임한다(상 310). 이러한 검사
                                              (조 1항)
인의 선임절차는 발기설립의 경우와 같다(비송 72조). 검사인은 변태설립사항을 조사
                                  (1항, 73조)
한 후 보고서를 작성하여 창립총회에 제출하여야 한다(상 310). 이러한 변태설립사항
                                          (조 2항)
의 조사는 예외적으로 발기설립의 경우와 같이 법원의 관여를 피할 수 있는데, 변태
설립사항 중 발기인이 받을 특별이익(상 290)과 회사가 부담할 설립비용 및 발기인이
                              (조 1호)
받을 보수액(상 290)에 관하여는 공증인의 조사·보고로, 또한 현물출자(상 290)와 재산
        (조 4호)   (조 2호)
인수(상 290) 및 현물출자의 이행(상 305)에 관하여는 공인된 감정인의 감정으로, 법원
   (조 3호)   (조 3항)
이 선임한 검사인의 조사에 갈음할 수 있고(상 310조 3항,), 이러한 공증인 또는 감정인
                                  (299조의 2 1문)
은 조사 또는 감정결과를 창립총회에 보고하여야 한다(상 310조 2항·3항,).
                                            (299조의 2 2문)

④ 위 ③의 보고에 의하여 창립총회는 변태설립사항이 부당하다고 인정한 때에
는 이를 변경할 수 있다(상 314). 이 때 창립총회의 변경에 불복하는 주식인수인은 그
                   (조 1항)
주식의 인수를 취소할 수 있는데 이 경우에는 정관을 변경하여 설립에 관한 절차를
속행할 수 있다(상 314조 2항,). 창립총회의 변경통고가 있은 후 2주간 내에 주식의 인
            (300조 2항)
수를 취소한 주식인수인이 없는 때에는 정관은 변경통고에 따라 변경된 것으로 간
주된다(상 314조 2항,). 그런데 이 때 발기인 및 현물출자자 이외의 주식인수인은 주식
      (300조 3항)
의 인수를 취소할 수 없다고 본다.[1]

⑤ 창립총회는 위 ④의 변태설립사항 이외의 사항에 대하여도 정관을 변경할
수 있고, 심지어는 설립의 폐지를 결의할 수도 있다(상 316). 창립총회의 이러한 결의
                                          (조 1항)
는 창립총회의 소집통지서에 그 뜻의 기재가 없는 경우에도 가능하다(상 316).
                                                  (조 2항)

모집설립의 경우 설립경과조사절차를 도시(圖示)하면 다음과 같다.

---

1) 동지: 정(동), (회) 132면(발기인·현물출자자 이외의 주식인수인은 이익을 입을 뿐이므로 주식인수
   를 취소할 수 없다고 한다); 최(기), 583면; 이(기) 외, (회) 181~182면; 주상(제5판)(회사 Ⅱ), 250면.

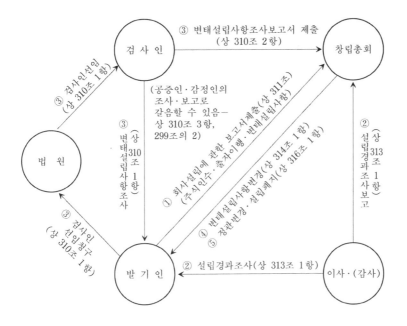

제 3 관   설립등기

제 1   등기시기

주식회사의 설립등기는 발기설립의 경우에는 검사인($^{공증인·}_{감정인}$)의 변태설립사항 조사·보고 후 또는 법원의 변태설립사항 변경처분 후 2주간 내에, 모집설립의 경우에는 창립총회 종결 후 또는 창립총회에 의한 변태설립사항 변경 후 2주간 내에 하여야 한다($^{상 317}_{조 1항}$).

제 2   등기절차

(1) 설립등기는 대표이사가 신청하는데,[1] 신청서에는 일정한 서류를 첨부하여야한다($^{상등규}_{129조}$).

---

1) 1995년 개정상법 이전에는 설립등기는 「이사의 공동신청」으로 하도록 규정하였는데, 등기신청은 회사의 업무집행의 하나로서 대표이사가 당연히 담당할 업무인데 「이사의 공동신청」으로 하라고 요구하는 것은 법리상으로도 옳지 않고 또 그렇게 요구할 만한 현실적인 필요도 없다는 점 등에서 1995년 개정상법에서 이를 삭제하였다[해설(1995), 77~78면].

(2) 설립등기를 게을리하면 과태료의 제재를 받고($\substack{상\ 635조 \\ 1항\ 1호}$), 설립등기를 위하여 주식의 납입이나 현물출자의 이행 기타 변태설립사항에 관하여 법원 또는 창립총회에 부실보고를 하거나 사실을 은폐하면 형벌의 처벌을 받는다($\substack{상\ 625 \\ 조\ 1호}$).

(3) 설립등기에는 지방세인 등록세가 과세된다.

제 3 등기사항

(1) 등기사항은 회사의 내용을 공시하는 목적에서 입법정책적으로 정하여지는 것이므로, 정관의 절대적 기재사항과 동일하지 않다. 등기사항이 정관의 절대적 기재사항과 다른 점은, (i) 회사의 설립시에 발행하는 주식에 관하여는 그 총수 외에 그 종류와 각종 주식의 내용과 수, (ii) 자본금의 액, (iii) 주식의 양도에 관하여 이사회(^{자본금 총액이 10억원 미만으로서 이사를 1명 또는 2명을 둔 소규모 주식회사⟨상 383조 1항 단서⟩는 이사회가 없으므로, 이러한 이사회의 권한을 주주총회가 행사한다⟨상 383조 4항⟩})의 승인을 얻도록 정한 때에는 그 규정, (iv) 주식매수선택권을 부여하도록 정한 때에는 그 규정, (v) 지점의 소재지, (vi) 존립기간이나 해산사유, (vii) 이익소각에 관한 사항, (viii) 전환주식에 관한 사항, (ix) 사내이사, 사외이사, 그 밖에 상무에 종사하지 아니하는 이사 · 감사(^{자본금 총액이 10억원 미만인 소규모 주식회사의 경우에는 감사를 선임하지 아니할 수 있다 — 상 409조 4항}) 및 집행임원의 성명과 주민등록번호, (x) 대표이사 또는 대표집행임원의 성명 · 주민등록번호 및 주소, (xi) 공동대표에 관한 사항, (xii) 명의개서대리인을 둔 때에는 그 상호 및 본점소재지, (xiii) 감사위원회를 설치한 때에는 감사위원회 위원의 성명 및 주민등록번호 등이다($\substack{상\ 317 \\ 조\ 2항}$). 이와 같은 사항은 주주 및 회사의 이해관계인 등에게 중요한 사항이므로, 입법정책적으로 등기에 의하여 공시하도록 한 것이다.[1]

(2) 주식회사의 지점설치의 등기 · 이전등기 및 변경등기에 관한 사항은 대체로 합명회사의 경우와 같으나($\substack{상\ 317조\ 4항, \\ 181조~183조}$), 다만 지점 설치 및 이전시의 지점소재지 또는 신지점소재지에서 하는 등기사항은 본점에서의 등기사항 중 일부 중요한 사항만으로 제한하였다[2]($\substack{상\ 317 \\ 조\ 3항}$).

---

1) 동지: 정(희), 382면.
2) 이는 1995년 개정상법에서 신설된 것이다.

제 4 등기효력

(1) 본질적 효력

주식회사는 설립등기에 의하여 회사가 성립하여 법인격을 취득한다($^{상}_{172조}$). 이것은 설립등기 본래의 효력으로서, 제3자의 선의·악의를 불문하고 등기만으로 대항력이 발생하는 점에서 상업등기의 일반적 효력($^{상}_{37조}$)과 구별된다($^{상업등기의 특수적}_{효력 중 창설적 효력}$). 이러한 설립등기의 효력에 의하여 설립중의 회사($^{및 발기}_{인조합}$)는 소멸하고, 주식인수인은 주주가 된다.

(2) 부수적 효력

설립등기가 있으면 이 외에도 여러 가지의 부수적인 효력이 발생하는데, 이는 다음과 같다.

1) 주식인수인이 주식청약서의 요건의 흠결을 이유로 하여 그 인수의 무효를 주장하거나, 착오 또는 사기·강박을 이유로 하여 그 인수를 취소하지 못한다($^{상 320}_{조 1항}$) ($^{상업등기의}_{보완적 효력}$).

2) 주권발행이 허용되고($^{상 355조}_{1항·2항}$), 권리주양도의 제한($^{상}_{319조}$)이 해제된다($^{상업등기}_{의 해제적 효력}$).

3) 그 밖에 설립등기의 효력과 관련하여 발기인은 자본금 충실의 책임을 부담하고($^{상}_{321조}$), 설립무효는 소에 의하지 아니하고는 그 무효를 주장할 수 없으며($^{상 328}_{조 1항}$), 또 상호권($^{상 23조, 289조 1항 2}_{호, 상등규 129조 1호}$)이 발생한다.

제 4 관 설립하자(^{무효})

주식회사의 설립절차에 있어서 하자가 있는 경우에는 설립무효의 소($^{상}_{328조}$)가 인정된다. 주식회사에서는 합명회사·합자회사·유한책임회사 및 유한회사에서와는 달리 설립취소의 소는 인정되지 않고 있다($^{상 184조, 269조, 287}_{조의 6, 552조 참조}$). 이에 관하여는 회사의 설립하자 일반에 관한 설명에서 이미 상세히 설명하였는데, 중요한 내용을 다시 반복하여 설명하면 다음과 같다.

(1) 설립무효의 원인

주식회사의 설립무효의 원인에 대하여 상법에는 규정이 없으나, 통설은 주식회사가 자본단체라는 특질에서 주주(사원)의 주관적 원인($^{의사무능력·비진의}_{표시·허위표시 등}$)은 무효원인이 아니고 객관적 원인만을 무효원인으로 보고 있다.[1] 따라서 주식회사의 설립이 강행법규나 주식회사의 본질에 반하는 경우, 예컨대 정관의 절대적 기재사항에 흠결이 있는 경우 등이 설립무효의 원인이 된다.[2]

(2) 설립무효의 주장

주식회사의 설립무효의 원인이 있는 경우에는 이의 무효주장은 민법상 무효주장의 일반원칙과는 달리 반드시 「소(訴)」만으로 주장할 수 있고(무효주장방법의 제한), 주주·이사 또는 감사에 한하여 무효를 주장할 수 있으며(제소권자의 제한), 또 회사성립의 날(설립등기의 날)로부터 「2년 내」에만(제소기간의 제한) 무효를 주장할 수 있도록 하였다(상 328조 1항). 이와 같이 무효의 주장을 제한한 것은 회사의 설립과정에서는 이해관계인이 많으므로 법률관계를 획일적으로 처리하고 기존상태를 보호하기 위한 것인데, 이를 위하여 상법은 특별히 규정하고 있는 것이다[3](상 328조).

(3) 그 밖의 사항

주식회사의 설립무효의 소에 관한 그 밖의 절차 및 판결의 효력에 관해서는 합명회사의 설립무효의 소에 관한 규정이 준용된다(상 328조 2항).

제 5 관　설립에 관한 책임

주식회사는 준칙주의에 의하여 설립되므로 설립절차에서 과오나 부정이 개입하기 쉽고, 또 사기의 목적으로 설립되는 경우도 있다. 따라서 상법은 준칙주의로 인한 이러한 설립의 폐단을 방지하기 위하여 설립관여자(발기인, 이사·감사, 검사인 및 유사발기인 등)의 책임을 엄격히 규정하고 있다. 이러한 설립관여자는 민사상의 책임(상 321조~327조)만이 아니라, 형사상의 책임(상 622조, 625조, 628조, 630조) 또는 행정상의 책임(과태료)(상 635조)도 부담한다.

---

1) 정(회), 383면; 손(주), 599면; 정(동), (회) 154면; 이(철), (회) 277~278면; 이(범), 132면; 주상(제5판)(회사 Ⅱ), 306면 외.
2) 독일에서는 설립절차상의 하자는 원칙적으로 설립등기에 의하여 치유된다(Schmidt〈GR〉, S. 606 f.).
3) 동지: 이(범), 132면.

설립관여자 중에서도 발기인은 회사설립에 있어서 가장 중심적인 인물로서 그책임이 아주 엄격하다. 발기인의 이러한 책임은 「회사가 성립한 경우」와 「회사가불성립한 경우」로 나누어지고, 회사가 성립한 경우의 발기인의 책임은 「회사에 대한 책임」과 「제3자에 대한 책임」으로 다시 나누어진다. 발기인의 회사에 대한 책임은 또 다시 「자본금 충실의 책임」과 「손해배상책임」으로 나누어진다. 이러한 설립관여자의 책임을 도시(圖示)하면 위와 같은데, 이하에서는 설립관여자의 상법상 규정된 민사상의 책임에 대해서만 설명한다.

제 1 발기인의 책임

1. 회사가 성립한 경우

(1) 회사에 대한 책임

1) 자본금 충실의 책임

⑦ 의   의   발기인은 회사에 대한 자본금 충실의 책임으로, 회사의 설립시에 발행하는 주식에 대하여 아래와 같은 인수담보책임과 납입담보책임을 진다.상법은 회사의 설립시의 자본금 충실을 기하기 위하여 설립시에는 발행하는 주식총수에 대하여 전부 인수되고 또 납입되도록 하였는데($\frac{상 295조.}{305조}$), 이를 확보하기 위하

여 다시 발기인의 자본금 충실의 책임을 규정한 것이다.

① 인수담보책임　　　발기인은 회사설립시에 발행하는 주식으로서 회사성립 후에 아직 인수되지 아니한 주식이 있거나, 주식인수의 청약이 취소된 때에는 이를 공동으로($^{발기인이 수}_{인인 경우}$) 인수한 것으로 본다($^{상 321}_{조 1항}$). 이 때 「인수되지 아니한 주식이 있는 경우」란 발기인의 사무상의 과실로 인하여 인수가 없는 주식이 생긴 경우를 의미하는데, 그 밖에 주식인수인의 의사무능력·허위표시 또는 무권대리 등에 의하여 주식인수가 무효로 된 경우를 포함한다.[1] 그러나 상법의 특칙에 의하여 주식인수인은 비진의표시($^{상 302}_{조 3항}$) 또는 주식청약서의 요건흠결($^{상 320}_{조 1항}$)을 이유로 주식인수의 무효를 주장할 수 없으므로, 이 경우에는 발기인의 인수담보책임이 발생할 여지가 없다. 또한 「주식인수의 청약이 취소된 경우」란 주식인수인의 제한능력이나 사해행위를 이유로 주식인수인($^{제한능력}_{의 경우}$) 또는 그의 채권자($^{사해행위}_{의 경우}$)가 주식인수를 취소한 경우를 의미한다. 그러나 상법의 특칙에 의하여 주식인수인은 착오·사기·강박을 이유로 하여 주식인수를 취소할 수 없으므로($^{상 320}_{조 1항}$), 이 경우에는 발기인의 인수담보책임이 발생할 여지가 없다.

발기인은 이 때에 인수가 의제된 주식에 대하여 납입담보책임도 부담하므로($^{상 333}_{조 1항}$), 이를 엄격히 말하면 「인수 및 납입담보책임」이라고 말할 수 있다.

② 납입담보책임　　　발기인은 회사성립 후에 이미 인수된 주식에 대하여 인수가액의 전액이 납입되지 않은 주식이 있는 때에는 이를 연대하여 납입할 의무를 부담한다($^{상 321}_{조 2항}$). 상법은 주식의 납입을 확실하게 하기 위하여 상법상 여러 가지의 특칙을 두고 있는데($^{상 295조 1항 2문, 302조}_{2항 9호, 306조, 318조}$), 상법은 다시 발기인의 납입담보책임을 규정하고 있는 것이다.

(내) 기　　능　　　설립시에 발행하는 주식 중에서 인수 또는 납입이 없는 주식이 있으면 이는 자본금 확정 및 자본금 충실의 원칙에 어긋나게 되므로 원칙적으로 설립무효의 원인이 된다고 하겠으나, 인수나 납입이 없는 주식의 수가 근소한 경우까지 설립무효의 원인으로 한다면 이는 국민경제상의 손실이 크다고 볼 수 있다. 따라서 이러한 경우에는 발기인에게 자본금 충실의 책임을 부과하여 회사의 자본금 충실도 기하고 또한 지금까지 진행된 설립절차의 효력도 유지시키고자 한 것이다. 이러한 점에서 볼 때 발기인의 자본금 충실의 책임은 보충적이고 부수적인 것이라고 보아야 한다.[2] 따라서 인수 또는 납입이 없는 주식의 수가 큰 경우에는, 이는 회

---

1) 동지: 이(철), (회) 270면.
2) 동지: 정(회), 384면.

사설립의 무효원인이 되는 것이고 발기인의 자본금 충실의 책임에 해당되지 않는다고 본다(통설).[1]

㈐ 성　질　　발기인의 이러한 자본금 충실의 책임은 회사의 자본금 충실과 기업유지의 이념을 위하여「상법이 인정하는 특수한 책임」(법정책임)으로「무과실책임」이다(이설). 따라서 이 책임은 총주주의 동의로도 면제되지 못한다.

㈑ 내　용

① 발기인이 인수담보책임을 부담하는 경우는「발기인이 이를 공동으로(발기인이 수인인 경우) 인수한 것으로 본다」고 규정하고 있으므로(상 321조 1항 후단), 발기인 전원을 공동인수인으로 의제하고 있다. 따라서 발기인 전원은 인수된 주식에 대하여 공유관계가 성립하고(민 262조 이하), 연대하여 주금액을 납입할 책임을 부담한다(상 333조 1항). 이 때에는 발기인 전원이 주주로서 그 주식을 공유하므로 공유자(발기인 전원)는 발기인 중의 1인을 주주의 권리를 행사할 자로 정하여야 하는데(상 333조 2항), 이와 같이 주주의 권리를 행사할 자를 정하지 않은 경우에는 공유자에 대한 통지나 최고는 발기인 중 1인에 대하여 하면 된다(상 333조 3항). 이러한 발기인의 인수담보책임의 발생시기는 원칙적으로 회사의 성립시이나, 예외적으로 회사성립 후 주식인수를 취소한 경우는 그 취소시이다.[2]

② 발기인이 납입담보책임을 부담하는 경우는「발기인은 연대하여(발기인이 수인인 경우) 그 납입을 하여야 한다」고 규정하고 있으므로(상 321조 2항 후단), 발기인에게 연대납입의무를 부여하고 있다. 이 때에는 발기인의 인수담보책임과는 달리 발기인이 주주가 되는 것이 아니고, 그 주식에 대한 주식인수인이 주주가 된다. 이 때에 주식인수인도 납입담보책임을 부담하므로 발기인과 주식인수인은 납입에 관하여 부진정연대채무를 부담하고,[3] 발기인이 납입을 하면 주식인수인에 대하여 구상권을 행사할 수 있음은 물론(민 481조),[4] 다른 발기인에 대하여도 그의 부담부분에 대하여 구상권을 행사할 수 있다(민 425조). 납입담보책임의 발생시기도 인수담보책임의 그것과 같다.

㈒ 현물출자의 경우　　현물출자의 불이행이 있는 경우에도 발기인의 자본금 충실의 책임이 인정될 수 있는가. 이에 대하여 대체가능한 현물출자 또는 회사의 사

---

1) 정(찬), (회) 374면; 정(희), 384면; 서 · 정, 334면; 손(주), 588면; 이(철), (회) 271면; 최(기), 585면 외.

　동지: 日大判 1916. 10. 25(民錄 22, 1967); 同 1917. 3. 8(民錄 23, 364).

　반대: 이 때에도 설립등기에 의하여 주식 전부에 대한 인수 · 납입이 있다고 신뢰하는 일반주주 및 회사채권자의 이익보호를 위하여, 회사설립의 유효 · 무효와는 무관하게 언제나 발기인의 자본금 충실의 책임을 인정하는 견해로는, 양(승), (사례) 110면.

2) 동지: 정(동), (회) 162면; 채, 440면; 이(기) 외, (회) 188면; 주상(제5판)(회사 Ⅱ), 280면.

3) 동지: 정(동), (회) 161~162면; 채, 442면; 이(기) 외, (회) 188면; 주상(제5판)(회사 Ⅱ), 282면.

4) 동지: 정(희), 385면.

업수행에 불가결한 것이 아닌 현물출자의 경우에는 (금전으로 환산하여) 발기인에게 자본금 충실의 책임을 긍정하는 견해도 있다.[1] 그러나 현물출자는 개성이 강한 것으로 일반적으로 타인이 대체이행을 하는 것이 곤란하고 또 상법은 발기인의 납입 담보책임에서 금전출자의 납입만을 규정하여 현물출자의 이행과는 달리 표현하고 있으므로($\substack{상\ 295조\ 1 \\ 항,\ 305조\ 1항}$), 현물출자에는 발기인의 자본금 충실의 책임을 부정하는 것이 타당하다고 본다(통설).[2]

㉻ **이행청구** 발기인의 자본금 충실의 책임은 (대표)이사 또는 (대표)집행임원이 그 이행을 청구할 수 있다. 그러나 소수주주도 회사를 위하여 대표소송 또는 다중대표소송을 제기할 수 있다($\substack{상\ 324조,\ 403조 \sim \\ 406조,\ 406조의\ 2}$). (대표)이사나 (대표)집행임원 또는 소수주주의 발기인에 대한 자본금 충실의 책임의 이행청구는 그에 대한 손해배상청구에 영향을 미치지 않는다($\substack{상\ 321 \\ 조\ 3항}$).

2) 손해배상책임

㉮ **의   의**

① 발기인이 회사의 설립에 관하여 그 임무를 게을리한 때에는 그 발기인은 회사에 대하여 연대하여 손해를 배상할 책임이 있다($\substack{상\ 322 \\ 조\ 1항}$). 발기인에게 이와 같이 회사에 대한 손해배상책임을 인정한 것은, 발기인은 설립중의 회사의 기관으로서 선량한 관리자의 주의로써 사무를 집행할 의무를 갖고 있기 때문이다.[3] 예컨대, 발기인이 주식인수대금을 가장납입하고 회사의 성립과 동시에 이를 인출한 경우,[4] 주식을 공모하면 액면초과액을 얻을 수 있었음에도 불구하고 액면가액으로 가족에게 배정한 경우,[5] 발기인 중의 일부가 스스로 설립사무를 이행하지 않고 발기인대표에게 그 업무를 일임하고 그 발기인대표가 임무를 게을리한 경우[6] 등이 이에 해당한다.

② 발기인의 회사에 대한 이러한 손해배상책임은 앞에서 본 바와 같이 발기인이 회사에 대하여 자본금 충실의 책임을 진다고 하여 면제되는 것은 아니다($\substack{상\ 321 \\ 조\ 3항}$).

---

1) 정(동), (회) 162면; 이(철), (회) 271~272면; 이(기) 외, (회) 188면; 주상(제5판)(회사 Ⅱ), 283~284면; 김영곤, "발기인의 주식인수와 납입에 대한 책임,"「사회과학연구」(조선대), 1982. 1, 217면.
  참고로 일본 회사법상 발기인 및 설립시의 이사는 현물출자재산 등의 가액이 정관에 기재된 가액에 현저하게 부족하면 이 부족액을 전보할 책임을 진다(日會 52조 1항).
2) 정(찬), (회) 375면; 정(희), 385면; 손(주), 589~590면; 최(기), 591면; 이·최, 264면 외.
  동지: 日大判 1938. 12. 14(民集 17－23, 2371).
3) 동지: 정(희), 385면; 정(동), (회) 163면.
4) 대판 1989. 9. 12, 89 누 916(공보 1989, 1509)(발기인이 주식인수대금을 가장납입하고 회사의 성립과 동시에 이를 인출하였다면, 회사에 대하여 그 손해를 연대하여 배상할 책임을 진다).
5) 日靜岡地判 1926. 9. 28(新聞 2606, 8).
6) 정(동), (회) 163면.

따라서 발기인이 임무를 게을리함으로 인하여 주식의 인수나 납입에 흠결이 생긴 경우에는, 발기인은 회사에 대하여 자본금 충실의 책임($\frac{상}{321조}$)을 지는 외에 손해배상책임($\frac{상 322}{조 1항}$)도 연대하여 부담한다.

③ 이사와 감사($\frac{감사 대신에 감사위원회가 설치}{되는 경우에는 감사위원회 위원}$)($\frac{자본금 총액이 10억원 미만인 소규모 주식회사의 경우}{에는 감사를 선임하지 아니할 수 있다 — 상 409조 4항}$)가 설립경과에 관한 사항($\frac{상 298조 1}{항, 313조 1항}$)의 조사를 게을리하여 회사에 대하여 손해배상책임을 부담하고 발기인도 임무를 게을리하여 회사에 대하여 손해배상책임을 부담하는 경우에는, 발기인과 이사 및 감사($\frac{감사 대신에 감사위원회가 설치}{되는 경우에는 감사위원회 위원}$)($\frac{자본금 총액이 10억원 미만인}{소규모 주식회사의 경우에는 감}$ $\frac{사를 선임하지 아니할}{수 있다 — 상 409조 4항}$)는 연대하여 회사에 대하여 손해를 배상할 책임이 있다($\frac{상}{323조}$).

④ 발기인의 이러한 손해배상책임은 회사가 성립한 경우에만 발생하고, 회사가 불성립한 경우에는 발생하지 않는다.[1] 그러나 회사가 성립한 후 설립무효가 확정된 경우에는, 일단 발생한 발기인의 책임은 소멸하지 않는다($\frac{상 328조}{2항, 190조}$).[2]

(나) 성　　질　　　발기인이 임무를 게을리함으로 인한 손해배상책임은 발기인과 회사 사이에는 어떤 계약관계가 없으므로 계약상의 책임(채무불이행책임)도 아니고 또 발기인에게 위법성을 요건으로 하지 않으므로 불법행위책임도 아닌「상법이 인정하는 특수한 손해배상책임」(법정책임)이다.[3] 또한 이 책임은「과실책임」이다.[4] 따라서 발기인의 이 책임은 총주주 동의에 의하여 면제될 수 있다($\frac{상 324}{조, 400조}$). 발기인의 이 책임도 연대책임인데 이 책임은 과실책임이라는 점에서, 발기인의 자본금 충실의 책임($\frac{인수 및 납}{입담보책임}$)이 무과실책임으로서 연대책임인 점과 구별된다. 즉, 발기인이 회사에 대하여 부담하는 자본금 충실의 책임($\frac{인수 및 납}{입담보책임}$)은 발기인의 과실 유무에 불문하고 발기인 전원이 연대하여 부담하는 책임임에 반하여($\frac{상 321}{조 2항}$), 발기인이 회사에 대하여 부담하는 손해배상책임은 과실 있는 발기인만이 연대하여 부담하는 책임이다($\frac{상 322}{조 1항}$).

(다) 이행청구　　　발기인의 이러한 손해배상책임도 자본금 충실의 책임과 같이 (대표)이사나 (대표)집행임원에 의하여 추궁되거나 또는 소수주주에 의한 대표소송 또는 다중대표소송에 의하여 추궁될 수 있다($\frac{상 324조, 403조\sim}{406조, 406조의 2}$).

---

1) 동지: 손(주), 590~591면; 정(동), (회) 163면; 채, 443면; 이(기) 외, (회) 189면; 주상(Ⅱ－상), 508면; 주상(제5판)(회사Ⅱ), 286면; 日大判 1916. 10. 9(刑錄 22, 1511).

2) 동지: 정(동), (회) 163면; 손(주), 591면; 이(철), (회) 273면; 채, 443면; 이(기) 외, (회) 189면; 주상(제5판)(회사Ⅱ), 286면.

3) 동지: 정(동), (회) 163면; 이(철), (회) 273면; 최(기), 593면; 채, 443면; 이(기) 외, (회) 189면; 주상(제5판)(회사Ⅱ), 285면 외.

4) 동지: 손(주), 591면; 정(동), (회) 163면; 이(철), (회) 273면; 최(기), 593면; 채, 443면; 이(기) 외, (회) 189면; 주상(제5판)(회사Ⅱ), 286면.

㈃ **책임감면**　　　 발기인의 회사에 대한 책임의 면제 또는 감경은 성립 후 회사의 이사의 경우와 같다($\substack{상 324 \\ 조, 400조}$).

(2) 제3자에 대한 책임

1) 의　　의

① 발기인이 악의 또는 중대한 과실로 인하여 그 임무를 게을리한 때에는 그 발기인은 제3자에 대하여도 직접 연대하여 손해를 배상할 책임을 진다($\substack{상 322 \\ 조 2항}$). 예컨대, 발기인이 정관의 기재 없이 재산인수계약을 체결하였는데 그 계약이 무효가 되어 제3자가 손해를 입은 경우, 주식의 일부에 대하여 납입이 없음에도 불구하고 설립등기를 하여 그러한 회사와 거래한 제3자가 손해를 입은 경우 등이다.

② 발기인의 제3자에 대한 책임은 발기인에게 불법행위가 없음에도 불구하고 제3자를 보호하기 위하여 인정된 책임인데, 이에 경과실까지 포함시키는 것은 발기인의 기관적 지위와 설립사무의 복잡성과 관련하여 발기인에게 너무 가혹하므로 발기인을 보호하기 위하여 경과실을 배제한 것이다.[1]

③ 발기인의 제3자에 대한 이러한 책임도 발기인의 회사에 대한 책임과 같이, 이사와 감사(감사위원회 위원)가 설립경과에 관한 사항($\substack{상 313 \\ 조 1항}$)의 조사를 게을리하여 제3자에 대한 손해배상책임을 부담하는 경우에는 발기인은 이사·감사와 연대하여 책임을 진다($\substack{상 \\ 323조}$).

2) 성　　질　　　 발기인이 직접적인 법률관계를 갖지 않는 제3자에 대하여 부담하는 이러한 손해배상책임의 법적 성질이 무엇이냐에 대하여 견해가 나뉘어 있다. 즉, 이를 불법행위책임의 일종이라고 보는 「불법행위책임설」(소수설)[2]도 있으나, 상법이 인정하는 특수한 손해배상책임이라고 보는 「법정책임설」(통설)[3]이 타당하다고 본다. 따라서 이러한 법정책임설에 의하면 발기인의 행위가 동시에 불법행위의 요건을 충족하면 당연히 청구권의 경합이 생긴다.[4]

3) 제3자의 범위　　　 발기인이 책임을 부담하는 「제3자」의 범위에 대하여

---

1) 동지: 정(희), 386면.
2) 서·정, 335면(발기인의 이 책임은 상법이 인정한 특수한 불법행위책임이라고 하면서, 민법 제750조의 일반적 불법행위의 요건과는 관계 없이 상법 제322조 2항에 명기된 요건만 갖추면 성립한다고 한다); 이(병), 361면.
3) 정(희), 386면; 손(주), 592면; 정(동), (회) 164면; 최(기), 593면; 이(철), (회) 274면, 816~817면; 채, 444면; 이(기) 외, (회) 190면; 주상(제5판)(회사 Ⅱ), 288면; 이·최, 265면 외.
4) 동지: 정(희), 386면.
　　서·정, 335~336면은 불법행위책임설의 입장이면서 그 요건이 상이하다는 점에서 민법 제750조와의 경합을 인정한다.

학설은 나뉘어 있다. 즉, 이에 대하여 (i) 주주를 포함하지 않는 견해(소수설)[1](회사가 손해를 배상받음으로써 주주도 간접적으로 배상을 받게 되는 경우)도 있으나, (ii) 제3자를 널리 보호하는 것이 상법 제322조 2항의 입법취지라는 점에서 볼 때 주주 또는 주식인수인을 포함하여 널리 회사 이외의 모든 자를 의미하는 것이라고 보아야 한다(통설).[2]

2. 회사가 불성립한 경우

1) 의 의 발기인은 회사가 성립하지 못한 경우에도 그 설립에 관한 행위에 대하여 연대책임을 지고(상 326조 1항), 회사의 설립에 관하여 지급한 비용을 부담한다(상 326조 2항).

회사가 성립하지 못한 경우에도 발기인에게 위와 같은 책임을 지우는 이유는, 주식인수인 및 설립중의 회사와 거래관계를 가진 채권자를 보호할 필요가 있는데 발기인 이외에는 다른 책임귀속의 주체가 없기 때문이다.[3]

2) 내 용 발기인은 회사불성립의 경우에(회사가 법률상은 물론 사실상으로도 성립하지 못한 경우를 의미하므로, 회사가 일단 성립하였다가 무효판결이 확정된 경우에는 발기인은 상법 제326조가 아니라 상법 제322조에 의한 책임을 진다.),[4] (i) 주식인수인에 대하여는 청약증거금 또는 주식납입금을 반환하여 줄 의무가 있고,[5] (ii) 제3자(회사채권자)에 대하여는 회사의 설립에 필요한 거래행위에서 발생한 채무를 이행할 의무가 있다(설립에 관한 행위가 무엇이냐에 대하여는 발기인의 권한범위와 관련하여 그 범위가 결정된다).

3) 성 질 발기인은 원래 설립중의 회사의 기관으로서 활동하여 온 자이므로, 회사불성립의 경우에 개인적으로 책임을 져야 할 이유는 없다. 그럼에도 불구하고 상법은 발기인에 의한 경솔한 회사설립을 막기 위하여 이러한 책임을 정책적으로 인정하고 있으므로, 발기인의 이러한 책임의 법적 성질은 「상법이 인정하는 특수한 책임」(법정책임)이라고 할 수 있다.[6] 또한 발기인의 이러한 책임은 발기인의 과실 유무를 불문하고 인정되는 책임으로 「무과실책임」이고(통설), 발기인 전원의

---

1) 서·정, 336면.
2) 정(찬), (회) 378면; 정(희), 386면; 정(동), (회) 164~165면; 이(철), (회) 274면, 818~819면; 채, 445면; 이(기) 외, (회) 190면; 주상(제5판)(회사 Ⅱ), 289면 외.
3) 동지: 정(동), (회) 166면; 이(철), (회) 275면; 손(주), 593면; 최(기), 595면; 대판 1970. 8. 31, 70 다 1357(집 18 ② 민 298)(설립중의 회사가 취득한 권리의무는 실질적으로 회사불성립을 정지조건으로 하여 발기인에게 귀속됨과 동시에, 같은 사실을 해제조건으로 하여 설립중의 회사에 귀속되는 것이다).
4) 동지: 정(희), 386면.
5) 주식인수인은 설립중의 회사의 채무에 대하여 책임이 없다[동지: 이(철), (회) 276면].
6) 동지: 이(범), 135면; 정(희), 386면.

「연대책임」이다($^{상\ 326조}_{1항\ 후단}$).[1]

제 2　이사 · 감사($^{감사\ 대신에\ 감사위원회가\ 설치}_{되는\ 경우에는\ 감사위원회\ 위원}$)($^{자본금\ 총액이\ 10억원\ 미만인\ 소규모\ 주식회사의\ 경}_{우에는\ 감사를\ 선임하지\ 아니할\ 수\ 있다\ —\ 상\ 409}$$_{조}^{4항}$) · 공증인 · 감정인의 책임

(1) 의　　의

1) 이사와 감사($^{감사\ 대신에\ 감사위원회가\ 설}_{치되는\ 경우에는\ 감사위원회}$)($^{자본금\ 총액이\ 10억원\ 미만인\ 소규모\ 주식회사의\ 경우}_{에는\ 감사를\ 선임하지\ 아니할\ 수\ 있다\ —\ 상\ 409조\ 4항}$)는 설립중의 회사의 감사기관으로 설립경과를 조사하여 발기인 또는 창립총회에 보고하여야 할 임무를 부담하고 있는데($^{상\ 298조\ 1}_{항,\ 313조\ 1항}$), 이사와 감사($^{감사\ 대신에\ 감사위원회가\ 설치}_{되는\ 경우에는\ 감사위원회\ 위원}$)($^{자본금\ 총액이\ 10억원\ 미만인\ 소규모\ 주식회사의\ 경우}_{에는\ 감사를\ 선임하지\ 아니할\ 수\ 있다\ —\ 상\ 409조\ 4항}$)가 이러한 임무를 게을리하여 회사 또는 제3자에게 손해를 입힌 때에는 이를 연대하여 배상할 책임을 진다($^{상}_{323조}$). 이 경우에 발기인도 회사 또는 제3자에 대하여 손해배상책임을 지는 때에는 발기인 · 이사 · 감사($^{감사\ 대신에\ 감사위원회가\ 설치}_{되는\ 경우에는\ 감사위원회\ 위원}$)($^{자본금\ 총액이\ 10억원\ 미만인\ 소규모\ 주식회사의\ 경우}_{에는\ 감사를\ 선임하지\ 아니할\ 수\ 있다\ —\ 상\ 409조\ 4항}$)가 회사 또는 제3자에 대하여 연대채무를 부담한다($^{상}_{323조}$).

이사와 감사($^{감사\ 대신에\ 감사위원회가\ 설치}_{되는\ 경우에는\ 감사위원회\ 위원}$)($^{자본금\ 총액이\ 10억원\ 미만인\ 소규모\ 주식회사의\ 경우}_{에는\ 감사를\ 선임하지\ 아니할\ 수\ 있다\ —\ 상\ 409조\ 4항}$)의 제3자에 대한 책임의 발생요건에 대하여 상법에는 명문규정이 없으나, 발기인의 제3자에 대한 책임과의 균형상 「악의 또는 중대한 과실」이 있는 경우에 한한다고 해석한다($^{상\ 322조\ 2}_{항\ 유추적용}$).[2]

2) 상법에는 규정이 없으나,[3] 법원이 선임한 검사인에 갈음하여 변태설립사항을 조사 · 평가하는 공증인이나 감정인의 회사 또는 제3자에 대한 손해배상책임도 이사 · 감사($^{감사\ 대신에\ 감사위원회가\ 설치}_{되는\ 경우에는\ 감사위원회\ 위원}$)($^{자본금\ 총액이\ 10억원\ 미만인\ 소규모\ 주식회사의\ 경우}_{에는\ 감사를\ 선임하지\ 아니할\ 수\ 있다\ —\ 상\ 409조\ 4항}$)의 경우와 동일하게 해석하여야 할 것으로 본다[4]($^{상\ 323조}_{유추적용}$). 왜냐하면 이러한 공증인이나 감정인의 업무가 법원이 선임한 검사인의 그것에 갈음하는 점에서는 검사인의 책임과 동일하게 보아야 할 것 같으나, 이러한 자는 회사에 의하여 선임되는 점에서 회사와의 관계에서 위임관계에 있으므로 이와 유사한 이사 · 감사($^{감사\ 대신에\ 감사위원회가\ 설치}_{되는\ 경우에는\ 감사위원회\ 위원}$)($^{자본금\ 총액이\ 10억원\ 미만인\ 소규모\ 주식회사의\ 경우}_{에는\ 감사를\ 선임하지\ 아니할\ 수\ 있다\ —\ 상\ 409조\ 4항}$) 등의 책임과 유사하게 보는 것이 타당하기

---

1) 정(찬), (회) 379면; 정(희), 386면; 손(주), 593면; 정(동), (회) 165면; 이(철), (회) 275면; 이 (범), 135면; 주상(제5판)(회사 Ⅱ), 298면 외.
2) 동지: 정(희), 387면; 정(동), (회) 168면; 이(철), (회) 276면; 최(기), 596면; 이(기) 외, (회) 193면 외.
3) 이(철), (회) 276면은 이에 대하여 상법이 규정하지 않은 것은 입법의 불비라고 한다.
4) 정(동), (회) 168면은 그 형식에 있어서는 법원이 선임한 검사인의 책임과 동일하게 설명하면 서, 내용에 있어서는 이사 · 감사의 책임과 동일하게 보고 있다.

때문이다.

(2) 성   질

이사·감사(감사 대신에 감사위원회가 설치)(자본금 총액이 10억원 미만인 소규모 주식회사의 경우) 등의
되는 경우에는 감사위원회 위원 에는 감사를 선임하지 아니할 수 있다 — 상 409조 4항
이러한 손해배상책임은 「과실책임」으로, 회사에 대한 책임은 발기인의 경우와 같이
면제 또는 감경될 수 있다고 본다(상 324조, 400).
조 유추적용

(3) 이행청구

이사·감사(감사 대신에 감사위원회가 설치)(자본금 총액이 10억원 미만인 소규모 주식회사의 경우) 등에
되는 경우에는 감사위원회 위원 에는 감사를 선임하지 아니할 수 있다 — 상 409조 4항
대한 회사의 손해배상청구도 (대표)이사나 (대표)집행임원 또는 소수주주에 의한 대
표소송·다중대표소송에 의하여 추궁될 수 있다(상 324조, 403조~406).
조, 406조의 2 유추적용

제 3 검사인의 책임

(1) 의   의

법원이 선임한 검사인은 회사의 설립경과(변태설립사항)를 조사할 임무를 가지는
데(상 299), 이러한 검사인이 악의 또는 중대한 과실로 인하여 그 임무를 게을리한
조, 310조
때에는 회사 또는 제3자에 대하여 손해를 배상할 책임이 있다(상). 법원이 선임한
325조
검사인의 이러한 손해배상책임은 회사에 대한 책임의 경우에도 「악의 또는 중과실」
이 있는 경우에만 발생하는 점에서, 발기인·이사·감사(감사 대신에 감사위원회가 설치)(자본금 총
되는 경우에는 감사위원회 위원
액이 10억원 미만인 소규모 주식회사의 경우에는)의 회사에 대한 책임의 발생원인과 구별된다.
감사를 선임하지 아니할 수 있다 — 상 409조 4항

(2) 성   질

법원이 선임한 검사인은 회사 또는 제3자와는 아무런 법률관계가 없으므로 책
임을 질 이유가 없으나, 상법은 주식인수인과 회사채권자를 보호하기 위하여 정책
적으로 특별히 그러한 검사인의 책임을 인정하고 있는 것이다.[1] 따라서 검사인의
이 책임은 「상법이 인정하는 특수한 책임」(법정책임)이라고 볼 수 있다.

제 4 유사발기인의 책임

(1) 의   의

주식청약서 기타 주식모집에 관한 서면에 성명과 회사의 설립에 찬조하는 뜻을
기재할 것을 승낙한 자(유사발기인)는 발기인과 동일한 책임이 있다(상).
327조

---

1) 동지: 정(동), (회) 168면; 채, 449면.

(2) 성   질

이러한 유사발기인은 발기인은 아니나, 그러한 외관을 믿고 행위를 한 주식인수인 등을 보호하기 위하여, 상법이 금반언(禁反言)의 법리 또는 권리외관법리에 의하여 입법한 「상법이 인정하는 특수한 책임」(법정책임)이다.[1] 따라서 이 책임은 무과실책임과 같이 총주주의 동의로도 면제될 수 없다.

(3) 내   용

상법은 유사발기인은 「발기인과 동일한 책임이 있다」고 규정하고 있으나, 유사발기인은 발기인과 같이 회사설립에 관한 임무를 수행하지 않으므로 이를 전제로 한 발기인의 책임($\frac{상}{322조}$)은 해석상 제한된다. 따라서 유사발기인은 회사가 성립한 경우에는 회사에 대한 자본금 충실의 책임($\frac{상}{321조}$)과 회사가 불성립한 경우에는 그에 따른 책임($\frac{상}{326조}$)만을 부담한다(통설).[2]

(4) 이행청구

이 책임도 (대표)이사나 (대표)집행임원 또는 소수주주에 의한 대표소송·다중대표소송에 의하여 추궁될 수 있다($\frac{상 324조, 403조~ 406}{조, 406조의 2 유추적용}$).[3]

제 3 절   주식과 주주

제 1 관   주   식

제 1   주식의 의의

주식이라는 용어에는 법률상 두 가지의 의미가 있는데, 하나는 「자본금의 구성단위」라는 의미이고($\frac{상 329조 2항, 451}{조 1항·2항 등}$), 다른 하나는 「주주의 (회사에 대한) 지위(주주권)」를 의미한다($\frac{상 335}{조 등}$).[4] 주식이라는 말이 때에 따라서는 「주주권을 표창하는 유가증권」을 의미하는 뜻으로도 사용되는 경우가 있으나, 상법은 이를 「주권(株券)」으로 명백히 구별하여 표현하고 있어($\frac{상 335조}{3항, 336조}$) 주권을 의미하는 뜻으로 주식이라는 용어

---

1) 동지: 정(동), (회) 167면 외.
2) 정(찬), (회) 382면; 정(희), 388면; 정(동), (회) 167면; 이(철), (회) 277면; 이(범), 135면; 채, 448면; 이(기) 외, (회) 193면; 주상(제5판)(회사 Ⅱ), 303~304면; 이·최, 266면 외.
3) 동지: 정(동), (회) 167면; 채, 448면; 이(기) 외, (회) 193면; 주상(제5판)(회사 Ⅱ), 304면.
4) 인적회사에 있어서의 「지분」이라는 용어를 주식회사에서는 「주식」이라는 용어로 사용하고 있다.

를 사용하는 것은 잘못된 용어이거나 또는 통속적인 의미밖에 없다. 이와 같이 주식
회사에서는 주식이라는 개념을 통하여 물적 요소인 자본금과 인적 요소인 사원(주
주)을 결부시키고 있다. 다시 말하면 주식이라는 개념에 의하여 주식회사의 두 개의
실질적 요소인 자본금(물적 요소)과 사원(인적 요소)이 결부되고 있다.[1]

1. 자본금의 구성단위로서의 주식

(1) 자본금의 구성단위

주식회사의 자본금은 액면주식(par-value share〈stock〉; Nennbetragsaktie)의 경
우 균등한 비례적 단위인 주식으로 분할되므로($\substack{상\ 329조\ 2항,\\451조\ 1항}$) 주식은 자본금의 구성단
위가 된다. 또한 액면주식의 경우 자본금의 구성단위인 주식도 금액으로 표시되는
데,[2] 액면주식 1주의 금액은 100원 이상이어야 한다($\substack{상\ 329\\조\ 3항}$).[3] 주식회사가 액면주식
을 발행한 경우 상환주식의 소각($\substack{상\\345조}$)·배당가능이익으로써 취득한 자기주식의 소
각($\substack{상\ 343조\\1항\ 단서}$)의 경우에는 소각된 주식수만큼 주식수는 감소하지만 이는 자본금 감소절
차에 의한 주식의 소각이 아닌 점에서 자본금은 감소하지 않는다고 해석되고 있으
므로, 그 한도에서는 예외적으로 자본금은 「발행주식의 액면총액」($\substack{상\ 451\\조\ 1항}$)이 되지 않
는다.

주식회사는 원칙적으로 액면주식을 발행하여야 하는데, 정관에서 정한 경우에
는 주식의 전부를 무액면주식으로 발행할 수 있고 이 경우에는 액면주식을 발행할
수 없다($\substack{상\ 329\\조\ 1항}$). 회사가 이와 같이 무액면주식을 발행하는 경우 자본금은 「주식의 발
행가액 중 회사가 자본금으로 계상하기로 한 금액의 총액」으로 하므로($\substack{상\ 451\\조\ 2항}$), 주식
은 자본금의 (균등한 비례적 단위는 아니지만) 구성단위가 된다.[4]

---

1) 동지: 정(희), 388면.
2) 자본금 또는 1주의 금액의 외화표시에 관하여는 이를 금지하는 규정이 없으므로 1주의 금액이
   100원 이상에 해당되는 외화로 표시될 수 있다는 논리도 성립될 수 있으나, 환시세의 변동 등에
   의한 위험부담의 문제가 있어 사실상 불가능하다고 보는 견해가 있다[정(희), 389면]. 독일 주식
   법 제6조는 「유로(€)」로 표시하도록 규정하고 있다.
3) 1998년 개정상법 이전에는 1주의 금액이 5,000원 이상이었고(상 329조 4항), 증권거래법상 주
   권상장법인 또는 협회등록법인의 주식의 경우 상법의 이러한 규정에 불구하고 1주의 금액을 100
   원 이상으로 할 수 있었다(증거 192조의 2 1항).
     그런데 1998년 개정상법은 이러한 증권거래법상의 규정과 같이 1주의 금액을 100원 이상으로
   할 수 있도록 대폭 인하하였는데, 이는 주식분할을 자유롭게 하고 또한 기업자금조달의 편의를 도
   모하기 위한 것이다(정부의 상법개정안 제안이유).
4) 우리나라는 2011년 4월 개정상법에서 무액면주식을 최초로 도입하였는데, 미국·일본·캐나다
   등에서는 종래부터 액면가액이 표시되지 않고 자본금에 대한 비율만을 표시하는 무액면주식(비례
   주식)(no-par share〈stock〉; Stückaktie, Quotenaktie)을 인정하고 있었다. 이러한 무액면주식
   을 인정하는 취지는 액면주식의 명목가격(액면가)이 실시세를 반영하지 못하는 데도 불구하고 이

주식은 자본금의 구성단위이므로 자본금의 일부분을 표창하지 않는 무상주는 인정되지 않는다.[1]

(2) 주식의 불가분성

주식은 주식회사의 경우 지분의 단위가 되고 있으므로 주식을 (임의로) 단위 미만으로 다시 세분하거나(액면분할) 또는 그 주식이 표창하는 권리를 분해하여(권리분할) 이를 별도로 타인에게 양도할 수 없다($^{주식불가}_{분의 원칙}$). 예컨대, 주주가 하나의 주식을 둘로 나누어 반을 타인에게 양도하거나, 이익배당청구권이나 의결권만을 타인에게 양도할 수 없다. 이러한 점에서 회사가 주식을 병합할 때에 주주가 가지는 주식에서 1주에 미달하는 단주(端株)가 생기는 경우, 상법은 단주를 그대로 인정하지 않고 단주의 처리방법을 특별히 규정하고 있다($^{상}_{443조}$).

(3) 주식의 공유

단위주식을 세분하여 수 인에게 귀속시킬 수는 없지만, 단위주식 그 자체를 수 인이 공유할 수는 있다. 이러한 주식의 공유는 수 인이 공동으로 주식을 인수한 경우($^{상 333}_{조 1항}$), 수 인이 공동으로 주식을 상속한 경우, 발기인 또는 이사가 주식의 인수담보책임을 부담한 경우($^{상 321조 1항,}_{428조 1항}$) 등에 발생한다.[2] 이와 같이 주식을 공유하는 경우에 주주의 권리를 행사함에는 그 행사할 자 1인을 정하여야 한다($^{상 333}_{조 2항}$). 이러한 자를 정하지 않은 때에는 공유자에 대한 회사의 통지나 최고는 그 1인에 대하여 하면 된다($^{상 333}_{조 3항}$).

(4) 주식의 분할(stock-split-up, share division)

1) 의   의   주식의 분할이란 종래의 1주를 신주 2주로 하는 경우와 같이 회사재산은 물론 자본금도 증가하지 않고 발행한 주식수만을 증가시키는 것을 말한다. 이러한 주식분할은 주식을 단위 미만으로 세분화하는 것이 아니고, 단위 자체를 인하하여 종래보다 작은 단위를 만드는 것이므로 주식불가분의 원칙과 상충되는 것이 아니다.[3]

를 유지하는 것은 회사의 재정상태를 오인케 할 염려가 있고, 또 액면미달발행이 금지되어 있어 회사의 사업이 부진한 경우에 증자의 방법이 없어 회사 회생의 길이 막힌다는 점에 있다. 그러나 한편 무액면주식은 주식사기와 자본금 충실의 원칙을 위반하는 원인이 되기 쉽다.

1) 동지: 정(회), 389면.

2) 이와 같이 주식을 공유하는 경우 주식의 공유자들 사이에 주식공유를 분할하는 판결이 확정되면 그 공유자들 사이에서는 별도의 법률행위를 할 필요 없이 자신에게 귀속된 주식에 대하여 주주로서의 권리를 취득하고, 회사에 대하여 주주로서의 자격을 보유하기 위하여 자기가 그 주식의 실질상의 소유자라는 것을 증명하여 단독으로 명의개서를 청구할 수 있다[대판 2000. 1. 28, 98 다 17183(공보 2000, 551)].

3) 동지: 정(회), 390면; 정(동), (회) 180면.

이러한 주식의 분할은 단위주식의 시가가 너무 상승하여 거래에 불편할 때 주식수를 증가시켜 단위주식의 시가를 낮추기 위한 경우, 합병절차를 간소화하기 위한 방법으로 당사회사들이 자기의 주식의 액면가를 일치시키기 위한 경우 등에 이용된다.[1]

1998년 개정상법은 회사합병의 준비단계에서 주가차를 조절하고 고가주의 유통성을 회복시키기 위하여 주식분할에 관한 규정을 두게 되었다[2]$\binom{\text{정부의 상법개}}{\text{정안 제안이유}}$.

2) 절   차

① 회사는 주주총회의 특별결의에 의하여 주식을 분할할 수 있는데$\binom{\text{상 329조}}{\text{의 2 1항}}$,[3] 이 때 액면주식의 경우 분할 후의 1주의 금액은 그 최저금액인 100원 미만으로 할 수 없다$\binom{\text{상 329조}}{\text{의 2 2항}}$.

② 주식분할에 관한 그 밖의 절차는 주식병합의 절차에 관한 규정을 준용하고 있다$\binom{\text{상 329조의 2 3항,}}{\text{440조~443조}}$. 즉, 주식을 분할하고자 하는 경우에 회사는 1월 이상의 기간을 정하여 그 뜻과 그 기간 내에 주권을 회사에 제출할 것을 공고하고 주주명부에 기재된 주주와 질권자에 대하여는 따로따로 그 통지를 하여야 하는데$\binom{\text{상 329조의 2}}{\text{3항, 440조}}$, 주식분할은 원칙적으로 이 기간이 만료한 때에 그 효력이 생기고 예외적으로 채권자이의절차가 종료하지 아니한 때에는 그 종료한 때에 효력이 생긴다$\binom{\text{상 329조의 2}}{\text{3항, 441조}}$. 이 때 구(舊) 주권을 회사에 제출할 수 없는 자가 있는 때에는 회사는 그 자의 청구와 비용으로 3월 이상의 기간을 정하고 이해관계인에 대하여 그 주권에 대한 이의가 있으면 그 기간 내에 제출할 뜻을 공고하고 그 기간이 경과한 후에 신(新) 주권을 청구자에게 교부할 수 있는데$\binom{\text{상 329조의 2}}{\text{3항, 442조}}$, 이는 분실 기타의 사유로 구 주권을 제출하지 못하는 자를 위하여 공시최고절차보다 간편한 방법을 인정한 것이다. 이 경우 분할에 적합하지 않은 구 주권을 제출할 수 없는 자가 있으면, 분할에 적합한 구 주권을 분실 등으로 제출할 수 없는 경우와 같이 이의제출의 공고절차가 끝난 후에 그 대금을 지급한다$\binom{\text{상 329조의 2 3항,}}{\text{443조 2항, 442조 1항}}$.

③ 이 때 분할에 적합하지 않은 단주(端株)는 이것을 합하면 일정수의 신 주식이 되므로, 이것을 경매하거나 거래소의 시세가 있는 주식은 거래소를 통하여 매각하고 거래소의 시세가 없는 주식은 법원의 허가를 얻어 임의매각을 함으로써 얻은 대금을 단주의 수에 비례하여 종전의 주주에게 지급하여야 한다$\binom{\text{상 329조의 2}}{\text{3항, 443조 1항}}$. 이와

---

1) 동지: 정(동), (회) 180면; 이(철), (회) 460면.
2) 주식분할에 관한 일본 회사법의 규정으로는 日會 183조 참조.
3) 일본에서는 주주총회의 결의(이사회 설치회사에서는 이사회의 결의)로 주식분할을 할 수 있다 (日會 183조 2항).

같이 주식분할에 따른 단주의 처리규정이 있으므로, 회사는 액면가를 자유롭게 하는 주식분할을 할 수 있다.[1]

　　3) 효　　력　　　　주식분할의 결과 발행주식총수와 각 주주가 가지는 주식수가 증가하나, 회사의 자본금과 재산에는 변동이 없다. 이 때 분할 전후의 주식은 동질성이 있으므로 분할 전의 주식에 대한 질권은 분할 후의 주식에 대하여도 그 효력이 미친다($^{상}_{339조}$). 또한 회사는 주주에 대하여 신 주권을 발행하여야 하고, 발행주식총수가 증가하므로 이에 따른 변경등기를 하여야 한다($^{상\ 317조}_{2항\ 3호}$).

　　(5) 주식의 병합(share split-down; Zusammenlegung von Aktien)

　　주식의 병합이란 주식의 분할과는 반대로 종래의 2주를 신주 1주로 하는 경우와 같이 수 개의 주식을 합하여 종래의 주식수를 감소시키는 것을 말한다. 이러한 주식의 병합은 (액면주식의 경우) 자본금 감소의 하나의 방법으로 이용되는데, 상법 제440조 이하는 이에 관한 절차에 대하여 규정하고 있다. 이에 대하여는 자본금 감소에 관한 부분에서 상술하겠다.

2. 주주의 지위(주주의 권리의무)로서의 주식

　　주식은 또한 사원인 주주가 회사에 대하여 갖는 권리의무($^{회사와\ 주주}_{간의\ 법률관계}$)를 의미하므로, 이하에서는 주식이 나타내는 권리(주주권)와 의무에 대하여 살펴본 후 주식의 평등성에 대하여 설명하겠다.

　　(1) 주식이 나타내는 권리(주주권)

　　1) 주식의 법적 성질

　　(가) 주식의 법적 성질에 관하여는 주식회사의 본질과 관련하여 많은 학설이 나뉘어 있다.[2] 과거에는 주식회사를 조합으로 보고 주식을 회사재산에 대한 공유(합유)지분으로 보는「물권설」도 있었고, 또 주식회사를 법인으로 보고 주식을 회사에 대한 채권으로 보는「채권설」도 있었다. 그러나 오늘날은 주식회사를 (사단)법인으로 보고 주식은 이 (사단)법인에 대한 사원(주주)의 지위를 뜻하는「사원권(주주권)」으로 보는 사원권(주주권)설이 우리나라를 비롯한 독일·일본의 통설이다.[3] 이러한 사원권(주주권)설에서는 주주는 회사재산에 대하여 공유권을 가지는 것이 아니므로 주식은 물권이 아니요, 또 주주는 의결권 등

---

1) 동지: 이(철), (회) 461면.

2) 이에 관하여는 정정일, "주식의 본질에 관한 고찰," 법학석사학위논문(서울대, 1968) 참조.

3) 이러한 사원권(주주권)설에 대하여, 공익권과 자익권의 사원권성을 부정하는「사원권 부인설」, 주식의 본질을 이익배당청구권만으로 보는「신(新) 채권설」, 주식회사를 재단으로 보는 입장에서 주식을 순수한 금전채권으로만 파악하는「순(純) 채권설」등도 있는데, 모두 주식의 일면만을 강조한 견해로 타당하지 않다고 본다. 이러한 견해에 대한 소개와 비판으로는 서·정, 343～344면 주 3 및 정(동), (회) 175～178면 등 참조.

과 같은 공익권을 가지므로 주식은 (순수한) 채권도 아니라고 비판한다.

(내) 이러한 사원권(주주권)설에서도 그 사원권(주주권)의 내용이 무엇이냐에 대하여 다시 학설이 나뉘어 있다. 즉, 주주인 지위에서 갖는 권리와 의무가 합쳐서 하나의 단일한 권리를 이룬다고 하는 「단일권설」, 주주의 지위에서 갖게 되는 권리의무의 집합이라고 보는 「권리의무 집합설」, 권리의무관계를 생기게 하는 법률상의 지위 또는 자격이라고 하는 「자격설(법률관계설)」 등이 있다.

(대) 생각건대 사원권(주주권)의 개념을 인정하는 통설인 사원권(주주권)설이 타당하다고 보고, 그 사원권(주주권)의 내용은 주주의 회사에 대한 권리의무를 근거짓는 법률관계라고 본다(법률관계설).[1]

2) **지분복수주의**   주주가 회사에 대하여 갖는 권리의무는 그가 갖고 있는 주식수만큼 집적되는데, 이를 지분복수주의라고 한다. 이것은 합명회사의 경우 각 사원이 회사에 대하여 갖는 사원의 지위는 항상 하나이고 출자액에 비례하여 대소(大小)가 있는 지분단일주의와 구별되고 있다. 주식회사의 경우에도 합명회사의 경우와 같이 지분단일주의를 주장하는 견해가 있으나,[2] 타당하지 않다고 본다.[3]

3) **주주권의 내용**   주주권의 내용은 주주가 회사로부터 경제적 이익을 받는 권리(자익권)와 이를 확보하기 위한 권리(공익권)의 두 가지로 크게 분류될 수 있는데, 이는 다음과 같다.[4]

(개) **자 익 권**   자익권은 다시 출자금에 대한 수익을 위한 권리와 출자금의 회수를 위한 권리로 분류된다.

① 출자금에 대한 수익을 위한 권리 중 대표적인 것으로는 이익배당청구권($\frac{상}{462조}$)이 있고, 이것을 보완하는 권리로서 중간배당청구권($\frac{상 462}{조의 3}$) 및 신주인수권($\frac{상}{418조}$) 등이 있다.

---

1) 동지: 서·정, 343면 주 2; 정(희), 391면; Würdinger, S. 42.
2) 田中耕太郎, 「改正會社法槪論(下)」, 1955, 297면.
3) 그 이유는 다음과 같다. 합명회사에 있어서는 손익의 분배는 각 사원의 출자의 가액에 따르고 (상 195조, 민 711조), 의사결정은 중요한 사항에 관하여는 총사원의 동의(상 204조, 227조 2호, 230조, 525조)에 의하며, 업무집행에 관하여는 사원의 과반수에 의하는(상 195조, 203조, 민 706조 2항) 것과 같이 두수제(頭數制)이기 때문에 각 사원의 지위를 하나로 보는 지분단일주의가 맞는다. 이에 반하여 주식회사에 있어서는 이익의 분배를 지주수(持株數)에 따라 하게 되는 것(상 464조)은 물론이고, 의사결정도 총주의 동의에 의하는 것은 극히 드문 예외의 경우에 한하여 인정될 뿐이고(상 400조 1항, 604조 1항), 주주총회의 결의도 1주 1의결권의 원칙(상 369조 1항)에 의한 다수결에 의하는 것이 원칙(상 368조 1항, 434조)이기 때문에 주주의 지위를 수 개로 보는 지분복수주의가 맞는다[동지: 정(희), 392면].
4) 이러한 주주권은 어떤 특정된 구체적인 청구권을 내용으로 하는 것이 아니므로 Y회사의 주주 X가 Y회사를 대위하여 Y회사 명의의 토지에 대하여 등기말소를 청구할 수는 없다[대판 1998. 3. 24, 95 다 6885(공보 1998, 1127)].

② 출자금의 회수를 위한 권리로서 대표적인 것으로는 잔여재산분배청구권($^{상}_{538조}$)이 있는데, 이 외에 정관에 의한 주식양도의 제한이 있는 경우 회사가 양도승인을 거부하거나($^{상\,335}_{조의\,6}$) 주식의 포괄적 교환이나 이전·영업양도·합병 등의 경우에($^{상\,360조의\,5,\,360조의\,22,\,374조}_{의\,2,\,522조의\,3,\,530조의\,11\;2항}$) 인정되는 주식매수청구권도 출자금회수를 위한 권리이다.

주식회사의 존속중에 출자금의 회수를 보장하기 위하여 주식양도자유의 원칙($^{상\,335조}_{1항\,본문}$)이 있고, 이것을 뒷받침하는 권리로서 주권교부청구권($^{상}_{355조}$)과 명의개서청구권($^{상\,337}_{조\,2항}$)이 있다.

(나) 공 익 권　　　공익권은 다시 경영참여를 위한 권리와 경영감독을 위한 권리의 두 가지로 분류되는데, 이는 다음과 같다.

① 경영참여를 위한 권리에는 (i) 대표적인 것으로 주주총회에서의 의결권(단독주주권)($^{상\,369}_{조,\,368조}$)이 있고, 이 외에 (ii) 주주제안권(소수주주권)($^{상\,363조의\,2,}_{542조의\,6\;2항}$)[1] 및 (iii) 집중투표청구권(소수주주권)($^{상\,382조의}_{2,\,542조의\,7}$)[2]이 있다. 주주의 주주총회에서의 의결권은 단독주주권이나 상법 또는 정관에 정해진 사항에 한하여 이를 행사할 수 있는 제한이 있고($^{상}_{361조}$), 주주제안권 및 집중투표청구권은 소수주주권으로 행사하는 제한이 있다.

② 경영감독을 위한 권리는 다시 단독주주권과 소수주주권으로 분류된다.

(i) 단독주주권으로는 설립무효소권($^{상}_{328조}$), 주식교환무효소권($^{상\,360}_{조의\,14}$), 주식이전무효소권($^{상\,360}_{조의\,23}$), 주주총회결의취소의 소권($^{상}_{376조}$), 주주총회결의무효·부존재확인소권($^{상}_{380조}$), 신주발행유지청구권($^{상}_{424조}$), 신주발행무효소권($^{상}_{429조}$), 감자무효소권($^{상}_{445조}$), 합병무효소권($^{상}_{529조}$), 분할무효소권($^{상\,530조}_{의\,11\;1항}$) 등이 있다.

(ii) 소수주주권으로는 해산판결청구권($^{상\,520}_{조\,1항}$), 주주총회소집청구권($^{상\,366조,\,542}_{조의\,6\;1항}$),

---

1) 주주제안권은 비상장회사의 경우에는 의결권 없는 주식을 제외한 발행주식총수의 100분의 3 이상에 해당하는 주식을 가진 소수주주에게 인정되고 있는데(상 363조의 2 1항), 상장회사의 경우에는 6개월 전부터 계속하여 상장회사의 의결권 없는 주식을 제외한 발행주식총수의 1,000 분의 10(최근 사업연도 말 자본금이 1천억원 이상인 상장회사의 경우에는 1,000분의 5) 이상에 해당하는 주식을 보유한(주식을 소유하거나 주주권행사에 관한 위임을 받거나 또는 2명 이상 주주의 주주권을 공동행사의 방법으로 주식을 보유한 것을 의미. 이하 '보유'의 개념은 이와 동일함) 소수주주(상장회사의 정관에서 이보다 단기의 주식보유기간을 정하거나 낮은 주식보유비율을 정할 수 있는데, 이 점은 이하 상장회사의 소수주주권에 공통된다)에게 인정되고 있다(상 542조의 6 2항·7항·8항, 상시 32조).

2) 집중투표청구권은 비상장회사의 경우에는 의결권 없는 주식을 제외한 발행주식총수의 100분의 3 이상에 해당하는 주식을 가진 소수주주에게 인정되고 있는데(상 382조의 2 1항), 최근 사업연도 말 현재의 자산총액이 2조원 이상인 상장회사의 경우에는 의결권 없는 주식을 제외한 발행주식총수의 100분의 1 이상에 해당하는 주식을 보유한 소수주주에게 인정되고 있다(상 542조의 7, 상시 33조).

이사·감사·청산인의 해임청구권($^{상\ 385조\ 2항,\ 415조,\ 539}_{조\ 2항,\ 542조의\ 6\ \ 3항}$), 회계장부열람청구권($^{상\ 466조,\ 542}_{조의\ 6\ \ 4항}$), 회사의 업무와 재산상태를 조사하기 위한 검사인선임청구권($^{상\ 467조,\ 542}_{조의\ 6\ \ 1항}$), 이사·집행임원·청산인의 위법행위유지청구권($^{상\ 402조,\ 408조의\ 9,\ 542}_{조\ 2항,\ 542조의\ 6\ \ 5항}$), 이사·집행임원·감사($^{감사}_{대신}$ $^{에\ 감사위원회가\ 설치되는}_{경우에는\ 감사위원회\ 위원}$)에 대한 손해배상청구 및 이익공여금지위반의 경우 이익반환에 관한 대표소송권($^{상\ 403조,\ 408조의\ 9,\ 415조,}_{467조의\ 2\ \ 4항,\ 542조의\ 6\ \ 6항}$)과 자회사의 이사 등에 대한 다중대표소송권($^{상\ 406조의\ 2,\ 408조의\ 9,\ 324조,}_{415조,\ 542조\ 2항,\ 542조의\ 6\ \ 7항}$)이 있다.[1]

(2) 주식이 나타내는 의무[2]

1) 주식이 나타내는 의무는 재산출자의무뿐이고, 이 의무의 내용은 주식의 인수가액을 한도로 하는 유한책임이다($^{상}_{331조}$). 이 주식이 나타내는 의무는 그 주식의 귀속자인 주주의 의무이기도 하므로, 이것은 주주유한책임의 원칙이 된다.[3]

2) 법인격부인이론에 의하여 주주에게 회사채무에 대한 책임을 인정하는 경우에는, 위와 같은 주주유한책임의 원칙에 대하여 예외가 되고 있다.[4]

(3) 주식의 평등성

1) 의   의

(가) 「주주평등의 원칙」(Prinzip der Gleichbehandlung der Atkionäre)이란 주주는 회사에 대한 주주의 지위에 따른 법률관계에 있어서 원칙적으로 그가 가진 주식의 수에 따라 평등한 대우를 받는 것을 말한다. 주식회사에서는 사원인 주주가 자본적으로 결합하기 때문에 주주의 평등은 두수(頭數)에 따른 평등이 아니라, 각 주주가 갖고 있는 주식에 따른 평등을 의미한다. 따라서 주주평등의 원칙은 엄격히 말하면 주식평등의 원칙이라고 하여야 할 것이다.[5]

---

1) 이러한 소수주주권은 1998년 개정상법 등에 의하여 낮추어졌는데, 이러한 소수주주권의 행사요건의 완화를 비판한 글로는 권재열, "소수주주권의 법리(그 행사요건의 완화에 대한 검토를 중심으로)," 「상사법연구」, 제22권 2호(2003), 133~178면 참조.

2) 사원권(주주권)에는 앞에서 본 자익권 및 공익권인 권리뿐만 아니라 의무도 포함된다. 따라서 사원권 또는 주주권이라는 용어를 피하고 주주의 지위 등으로 표현하는 견해도 있다[정(동), (회) 175~176면].

3) 그러나 외국의 입법례에서 보면 주주에게 다른 의무를 추가하는 경우도 있다. 예컨대, 독일에서는 주식의 양도에 회사의 동의가 있어야 하는 경우 정관으로 주주에게 종급부의무(從給付義務)라고 하여 출자의무 외에 일정한 현물공급을 하여야 할 의무를 부담시킬 수 있고(獨株 55조), 미국의 뉴욕주 등에서는 종업원에 대한 임금채무에 관하여 대주주들에게 개인적 책임을 지우고 있다(N.Y. Bus. Corp. Law 630조).

4) 주주유한책임의 원칙에 대한 예외로서 법인격부인이론 외에, 우리 상법이 (실질적으로) 인정하고 있는 것으로는 불공정인수를 한 통모인수인에게 차액에 대한 추가출자의무를 부과하는 경우(상 424조의 2)를 들 수 있다[동지: 정(희), 394면. 반대: 정(동), (회) 204면(이를 주주의 출자의무에 포함시켜 주주유한책임의 원칙에 대한 예외가 아닌 취지로 설명하고 있다)].

5) 동지: 정(희), 394면; 정(동), (회) 185면.

(내) 상법은 주주(주식)평등의 원칙을 직접적으로 규정하고 있지는 않으나, 이익 등의 배당기준($^{상\ 464}_{조\ 본문}$)·잔여재산의 분배기준($^{상\ 538}_{조\ 본문}$)·주주의 의결권의 기준($^{상\ 369}_{조\ 1항}$) 등 의 규정에 의하여 이 원칙을 간접적으로 인정하고 있다.

2) 주주평등원칙의 내용　　이 주식평등의 원칙의 내용은 자본금의 구성단 위인 주식의 균등성($^{액면주식}_{의\ 경우}$)과 종류성을 전제로 하는 「자본적 평등」을 의미하고, 그 평등의 내용은 권리의 행사와 의무의 이행 등에 관하여 기회가 균등하게 주어져야 한다는 「기회의 균등」, 주주는 지주수($^{持株}_{數}$)에 따라 주주권을 갖는다는 「비례적 평 등」 및 주식의 종류에 따른 「종류적 평등」을 의미한다.[1] 이러한 점에서 회사가 직 원들을 유상증자에 참여시키면서 퇴직시 출자 손실금을 전액 보상하여 주기로 약정 하는 것은 주주평등의 원칙에 위반되어 무효이다.[2] 또한 회사가 특정한 주주에게 일정한 금액을 지급하기로 약정하는 것은 주주평등의 원칙에 위반되어 무효이다.[3]

1) 동지: 정(희), 394면; 정(동), (회) 185면.

2) 대판 2007. 6. 28, 2006 다 38161 · 38178(공보 2007, 1150)(회사가 직원들을 유상증자에 참 여시키면서 퇴직시 출자 손실금을 전액 보전해 주기로 약정한 경우, 그러한 내용의 '손실보전합 의 및 퇴직금 특례지급기준'은 유상증자에 참여하여 주주의 지위를 갖게 될 회사의 직원들에게 퇴직시 그 출자 손실금을 전액 보전해 주는 것을 내용으로 하고 있어서 회사가 주주에 대하여 투 하자본의 회수를 절대적으로 보장하는 셈이 되고 다른 주주들에게 인정되지 않는 우월한 권리 를 부여하는 것으로서 주주평등의 원칙에 위반되어 무효이다. 비록 그 손실보전약정이 사용자와 근로자의 관계를 규율하는 단체협약 또는 취업규칙의 성격을 겸하고 있다고 하더라도, 주주로서 의 지위로부터 발생하는 손실에 대한 보상을 주된 목적으로 한다는 점을 부인할 수 없는 이상 주 주평등의 원칙의 규율 대상에서 벗어날 수는 없을 뿐만 아니라, 그 체결 시점이 위 직원들의 주 주자격 취득 이전이라 할지라도 그들이 신주를 인수함으로써 주주의 자격을 취득한 이후의 신주 매각에 따른 손실을 전보하는 것을 내용으로 하는 것이므로 주주평등의 원칙에 위배되는 것으로 보아야 하고, 위 손실보전약정 당시 그들이 회사의 직원이었고 또한 시가가 액면에 현저히 미달 하는 상황이었다는 사정을 들어 달리 볼 수는 없다. 또한 회사가 직원들을 유상증자에 참여시키 면서 퇴직시 출자 손실금을 전액 보전해 주기로 약정한 경우, 직원들의 신주인수의 동기가 된 위 손실보전약정이 주주평등의 원칙에 위배되어 무효라는 이유로 신주인수까지 무효로 보아 신주인 수인들로 하여금 그 주식인수대금을 부당이득으로서 반환받을 수 있도록 한다면 이는 사실상 다 른 주주들과는 달리 그들에게만 투하자본의 회수를 보장하는 결과가 되어 오히려 강행규정인 주 주평등의 원칙에 반하는 결과를 초래하게 될 것이므로, 위 신주인수계약까지 무효라고 보아서는 아니 된다).

3) 대판 2018. 9. 13, 2018 다 9920 · 9937(공보 2018, 1977)(주주평등의 원칙이란, 주주는 회사 와의 법률관계에서는 그가 가진 주식의 수에 따라 평등한 취급을 받아야 함을 의미한다. 이를 위 반하여 회사가 일부 주주에게만 우월한 권리나 이익을 부여하기로 하는 약정은 특별한 사정이 없 는 한 무효이다. 갑 주식회사와 그 경영진 및 우리사주조합이 갑 회사의 운영자금을 조달하기 위 하여 을과 '을은 우리사주조합원들이 보유한 갑 회사 발행주식 중 일부를 액면가로 매수하여 그 대금을 갑 회사에 지급하고, 이와 별도로 갑 회사에 일정액의 자금을 대여하며, 갑 회사 임원 1명 을 추천할 권리를 가진다'는 내용의 주식매매약정을 체결하였고, 그 후 갑 회사가 을과 '을이 위 임원추천권을 행사하는 대신 갑 회사가 을 및 그의 처인 병에게 매월 약정금을 지급한다'는 내용 의 약정을 체결하여 을 등에게 매월 약정금을 지급하였다. 그런데, 갑 회사가 위 약정금 지급약정 이 주주평등의 원칙에 반하여 무효라고 주장하면서 약정금의 지급을 중단하고 부당이득반환을 구 하였다. 이 사안에서, 을이 임원추천권을 가지게 된 것은 자금난에 처한 갑 회사에 주식매매약정

그러나 회사가 일부 주주에게 우월한 권리나 이익을 부여하는 경우에도 그 차등적 취급을 정당화할 수 있는 특별한 사정이 있는 경우에는 이를 허용할 수 있다.[1] 또한

에 따라 주식매매대금과 대여금으로 운영자금을 조달해 준 대가이므로, 임원추천권 대신 을 등에게 약정금을 지급하기로 한 위 지급약정도 그러한 운용자금 조달에 대한 대가라고 볼 수 있고, 이와 같이 을 등이 지급약정에 기해 매월 약정금을 받을 권리는 주주 겸 채권자의 지위에서 가지는 계약상 특수한 권리인 반면, 을 등은 주식매매대금을 지급하고 주식을 매수한 때부터 현재까지 갑 회사의 주주이고, 이러한 주주로서의 권리는 주식을 양도하지 않는 이상 변함이 없으므로, 을 등이 갑 회사로부터 적어도 운영자금을 조달해 준 대가를 전부 지급받으면 갑 회사 채권자로서의 지위를 상실하고 주주로서의 지위만을 가지게 되는데, 채권자의 지위를 상실하여 주주에 불과한 을 등에게 갑 회사가 계속해서 지급약정에 의한 돈을 지급하는 것은 갑 회사가 다른 주주들에게 인정되지 않는 우월한 권리를 주주인 을 등에게 부여하는 것으로 주주평등의 원칙에 위배된다); 동 2020. 8. 13, 2018 다 236241(공보 2020, 1751)(주주평등의 원칙이란, 주주는 회사와의 법률관계에서는 그가 가진 주식의 수에 따라 평등한 취급을 받아야 함을 의미한다. 이를 위반하여 회사가 일부 주주에게만 우월한 권리나 이익을 부여하기로 하는 약정은 특별한 사정이 없는 한 무효이다. 회사가 신주를 인수하여 주주의 지위를 갖게 되는 자와 사이에 신주인수대금으로 납입한 돈을 전액 보전해 주기로 약정하거나, 상법 제462조 등 법률의 규정에 의한 배당 외에 다른 주주들에게는 지급되지 않는 별도의 수익을 지급하기로 약정한다면, 이는 회사가 해당 주주에 대하여만 투하자본의 회수를 절대적으로 보장함으로써 다른 주주들에게 인정되지 않는 우월한 권리를 부여하는 것으로서 주주평등의 원칙에 위배되어 무효이다. 이러한 약정의 내용이 주주로서의 지위에서 발생하는 손실의 보상을 주된 내용으로 하는 이상, 그 약정이 주주의 자격을 취득하기 이전에 체결되었다거나, 신주인수계약과 별도의 계약으로 체결되는 형태를 취하였다고 하여 달리 볼 것은 아니다. 갑 주식회사가 제3자 배정 방식의 유상증자를 실시하면서 이에 참여한 사람들 중 일부인 을 등과 '을 등이 투자하는 돈을 유상증자 청약대금으로 사용하되, 투자금은 30일 후 반환하고 투자원금에 관하여 소정의 수익률에 따른 수익금을 지급하며, 담보로 공증약속어음, 발행되는 주식 등을 제공한다'는 등의 내용으로 투자계약을 체결한 다음 을 등에게 담보를 제공하고 수익금을 지급하였는데, 이후 갑 회사가 위 투자계약이 주주평등의 원칙에 반하여 무효라며 을 등을 상대로 그들이 지급받은 수익금 상당의 부당이득반환을 구한 사안에서, 위 투자계약은 유상증자에 참여하여 갑 회사 주주의 지위를 갖게 되는 을 등에게 신주인수대금의 회수를 전액 보전해 주는 것을 내용으로 하고 있어서 회사가 주주에 대하여 투하자본의 회수를 절대적으로 보장하는 것인 동시에 다른 주주들에게 인정되지 않는 우월한 권리를 부여하는 계약인데, 을 등이 투자한 자금이 그 액수 그대로 신주인수대금으로 사용될 것으로 예정되어 있었고 실제로도 그와 같이 사용되었으며 이로써 을 등이 갑 회사의 주주가 된 이상, 위 투자계약이 을 등의 주주 지위에서 발생하는 손실을 보상하는 것을 주된 목적으로 한다는 점을 부인할 수 없으므로 주주평등의 원칙에 위배되어 무효이고, 투자계약이 체결된 시점이 을 등이 주주 자격을 취득하기 전이었다거나 신주인수계약과 별도로 투자계약이 체결되었다고 하여 이를 달리 볼 수 없다).

1) 대판 2023. 7. 13, 2021 다 293213(공보 2023, 1434)(주주평등 원칙이란, 주주는 회사와의 법률관계에서 그가 가진 주식의 수에 따라 평등한 취급을 받아야 함을 의미한다. 이를 위반하여 회사가 일부 주주에게만 우월한 권리나 이익을 부여하기로 하는 약정은 특별한 사정이 없는 한 무효이다. 다만 회사가 일부 주주에게 우월한 권리나 이익을 부여하여 다른 주주들과 다르게 대우하는 경우에도 법률이 허용하는 절차와 방식에 따르거나 그 차등적 취급을 정당화할 수 있는 특별한 사정이 있는 경우에는 이를 허용할 수 있다. 나아가 차등적 취급을 허용할 수 있는지 여부는, 차등적 취급의 구체적 내용, 회사가 차등적 취급을 하게 된 경위와 목적, 차등적 취급이 회사 및 주주 전체의 이익을 위해 필요하였는지 여부와 정도, 일부 주주에 대한 차등적 취급이 상법 등 관계 법령에 근거를 두었는지 아니면 상법 등의 강행법규와 저촉되거나 채권자보다 후순위에 있는 주주로서의 본질적인 지위를 부정하는지 여부, 일부 주주에게 회사의 경영참여 및 감독과 관련하여 특별한 권한을 부여하는 경우 그 권한 부여로 회사의 기관이 가지는 의사결정 권한을 제한하여 종국적

주주평등의 원칙은 주주와 회사간에 적용되는 것이지, 주주와 회사의 다른 주주 내지 이사 개인의 법률관계에는 적용되지 않는다.[1]

3) 주주평등원칙의 예외   위와 같은 주주(주식)평등의 원칙에 대하여 상법은 다음과 같이 이에 대한 예외를 규정하고 있다.

(개) 정관의 규정에 의하여 종류주식이 발행된 경우($\frac{상\ 344조}{1항 \cdot 2항}$), 그 종류주식 상호간에는 주식평등의 원칙이 적용되지 않는다. 즉, 이익배당 또는 잔여재산분배에 관한 종류주식($\frac{상\ 344}{조의\ 2}$) · 의결권이 없거나 제한되는 종류주식($\frac{상\ 344}{조의\ 3}$) · 상환주식($\frac{상}{345조}$) · 전환주식($\frac{상}{346조}$) 상호간에는 주식평등의 원칙이 적용되지 않는다. 그러나 같은 종류의 주식간에는 물론 주식평등의 원칙이 적용된다.

(내) 종류주식이 발행된 경우에는 정관에 다른 정함이 없는 경우에도 주식의 종

으로 주주의 의결권을 침해하는지 여부를 비롯하여 차등적 취급에 따라 다른 주주가 입는 불이익의 내용과 정도, 개별 주주가 처분할 수 있는 사항에 관한 차등적 취급으로 불이익을 입게 되는 주주의 동의 여부와 전반적인 동의율, 그 밖에 회사의 상장 여부, 사업목적, 지배구조, 사업현황, 재무상태 등 제반 사정을 고려하여 일부 주주에게 우월적 권리나 이익을 부여하여 주주를 차등 취급하는 것이 주주와 회사 전체의 이익에 부합하는지를 따져서 정의와 형평의 관념에 비추어 신중하게 판단하여야 한다. 이러한 점에서 회사가 자금조달을 위해 신주인수계약을 체결하면서 주주의 지위를 갖게 되는 자에게 회사의 의사결정에 대한 사전동의를 받기로 약정한 경우 그 약정은 회사가 일부 주주에게만 우월한 권리를 부여함으로써 주주들을 차등적으로 대우하는 것이지만, 주주가 납입하는 주식인수대금이 회사의 존속과 발전을 위해 반드시 필요한 자금이었고 투자유치를 위해 해당 주주에게 회사의 의사결정에 대한 동의권을 부여하는 것이 불가피하였으며 그와 같은 동의권을 부여하더라도 다른 주주가 실질적 · 직접적인 손해나 불이익을 입지 않고 오히려 일부 주주에게 회사의 경영활동에 대한 감시의 기회를 제공하여 다른 주주와 회사에 이익이 되는 등으로 차등적 취급을 정당화할 수 있는 특별한 사정이 있다면 이를 허용할 수 있다).

1) 대판 2023. 7. 13, 2022 다 224986(공보 2023, 1442)(회사가 신주를 인수하여 주주의 지위를 갖게 되는 사람에게 금전 지급을 약정한 경우, 그 약정이 실질적으로는 회사가 주주의 지위를 갖게 되는 자와 사이에 주식인수대금으로 납입한 돈을 전액 보전해 주기로 약정하거나, 상법 제462조 등 법률의 규정에 의한 배당 외에 다른 주주들에게는 지급되지 않는 별도의 수익을 지급하기로 약정한다면, 이는 회사가 해당 주주에 대하여만 투하자본의 회수를 절대적으로 보장함으로써 다른 주주들에게 인정되지 않는 우월한 권리를 부여하는 것으로서 주주평등의 원칙에 위배되어 무효이다. 이러한 약정은 회사의 자본적 기초를 위태롭게 하여 회사와 다른 주주의 이익을 해하고 주주로서 부담하는 본질적 책임에서조차 벗어나게 하여 특정 주주에게 상법이 허용하는 범위를 초과하는 권리를 부여하는 것에 해당하므로, 회사의 다른 주주 전원이 그와 같은 차등적 취급에 동의하였다고 하더라도 주주평등의 원칙을 위반하여 효력이 없다. 이러한 주주평등의 원칙은 주주와 회사의 법률관계에 적용되는 원칙이고, 주주가 회사와 계약을 체결할 때 회사의 다른 주주 내지 이사 개인이 함께 당사자로 참여한 경우 주주와 다른 주주 사이의 계약은 주주평등과 관련이 없으므로, 주주와 회사의 다른 주주 내지 이사 개인의 법률관계에는 주주평등의 원칙이 직접 적용되지 않는다. 주주는 회사와 계약을 체결하면서 사적자치의 원칙상 다른 주주 내지 이사 개인과도 회사와 관련한 계약을 체결할 수 있고, 그 계약의 효력은 특별한 사정이 없는 한 주주와 회사가 체결한 계약의 효력과는 별개로 보아야 한다. 나아가 주주가 회사의 다른 주주 내지 이사 개인과 체결한 계약의 내용을 해석할 때에는 계약의 형식과 내용, 계약이 체결된 동기와 경위 및 목적, 당사자의 진정한 의사 등을 종합적으로 고려하여 논리와 경험의 법칙, 사회일반의 상식과 거래의 통념에 따라 합리적으로 해석해야 하는 등 계약 해석에 관한 일반 원칙을 적용할 수 있다).

류에 따라 신주의 인수, 주식의 병합·분할·소각 또는 회사의 합병·분할로 인한 주식의 배정에 관하여 특수한 정함을 할 수 있는데($\substack{상\ 344\\조\ 3항}$), 이렇게 한 경우에는 그 범위 내에서 주식평등의 원칙이 적용되지 않는다.

 (다) 단주(端株) 처리에 관하여는 특별한 규정이 있으므로($\substack{상\\443조}$), 이 범위 내에서 주식평등의 원칙이 적용되지 않는다.

 (라) 감사($\substack{감사위원\\회\ 위원}$) 선임 등에 있어서 발행주식총수의 100분의 3 이상을 가진 주주는 그 초과부분에 대하여 의결권이 없고($\substack{상\ 409조\ 2항,\ 542조의\\12\ \ 4항,\ 542조의\ 7\ \ 3항}$), 회사가 취득한 자기주식 등에도 의결권이 없는데($\substack{상\ 369조\\2항·3항}$), 이 범위 내에서 주식평등의 원칙이 적용되지 않는다.

 (마) 주주권이 소수주주권으로만 인정되는 경우($\substack{상\ 363조의\ 2,\ 366조\ 1항,\ 382조의\ 2,\ 385조\ 2\\항,\ 402조,\ 403조,\ 408조의\ 9,\ 415조,\ 466조,}$ 467조, 467조의 2, 520조, 542조의 6, 542조의 7 2항 등)에는, 이 범위 내에서 주식평등의 원칙이 적용되지 않는다.

 4) **주주평등원칙에 대한 위반의 효과** 주식평등의 원칙은 회사와 주주간의 법률관계에서 주주에 대하여 적용되는 법칙으로서 이는 주식을 평등대우하도록 회사를 구속하는 것이므로, 이에 위반한 정관의 규정·주주총회의 결의·이사회의 결의 또는 회사의 업무집행($\substack{주주와의\\약정\ 등}$)은 회사의 선의·악의를 불문하고 원칙적으로 모두 무효가 된다. 따라서 주식평등의 원칙을 간접적으로 규정한 상법의 규정은 강행법규이다.[1)]

 그러나 회사의 이러한 위반행위에 의하여 손해를 받은 주주가 이것을 승인하면 예외적으로 유효가 된다.[2)]

제 2 주식의 분류

1. 액면주식 · 무액면주식

(1) **액면주식**(par-value share〈stock〉; Nennbetragsaktie)

액면주식이란 1주의 금액이 정관($\substack{상\ 289조\\1항\ 4호}$)과 주권($\substack{상\ 356\\조\ 4호}$)에 표시되는 주식을 말한다. 우리 상법상 액면주식의 발행을 원칙적으로 한다($\substack{상\ 329\\조\ 1항}$). 액면주식을 발행하는 경우 주식의 액면가액은 균일하여야 하고($\substack{상\ 329\\조\ 2항}$) 또 100원 이상이어야 하는데($\substack{상\ 329\\조\ 3항}$), 발행주식의 액면총액이 자본금이 된다($\substack{상\ 451\\조\ 1항}$).[3)]

---

1) 동지: 정(희), 395면; 정(동), (회) 185~186면.
2) 동지: 대판 1980. 8. 26, 80 다 1263.
3) 1998년 개정상법 이전에는 1주의 금액이 5,000원 이상이었고(상 329조 4항), 증권거래법상 주권상장법인 또는 협회등록법인의 주식은 상법 제329조 4항의 규정에 불구하고 1주의 금액을 100

액면주식을 발행하는 경우에는 자본금 충실의 원칙상 발행가액을 액면가액 이상으로 정하여야 하는데($^{상\ 330}_{조\ 본문}$), 이 때 액면가액은 자본금을 구성하고($^{상\ 451}_{조\ 1항}$) 액면가액을 초과하는 금액(프리미엄)은 자본준비금으로 적립되어야 한다($^{상\ 459}_{조\ 1항}$). 그러나 경우에 따라서는 회사의 주가가 하락하여 액면가액 이상으로 주식을 발행할 수 없는 경우가 있다. 이 때에는 회사의 자본금 충실의 요청과 자금조달의 요청이 조화되어야 한다. 이에 대하여 상법은 회사의 설립시에는 자본금 충실의 요청에 부응하여 주식의 액면미달발행을 금하고($^{상\ 330}_{조\ 본문}$), 회사의 성립 후 신주발행시에는 자금조달의 요청에 부응하여 엄격한 제한하에 주식의 액면미달발행(할인발행)을 허용하고 있다($^{상\ 330조}_{단서,\ 417조}$).

(2) 무액면주식(no-par share⟨stock⟩; Stückaktie, Quotenaktie)

무액면주식이란 1주의 금액이 정관 및 주권에 표시되지 않고 단지 자본금에 대한 비율만이 표시되는 주식을 말하는데($^{이러한\ 주식은\ 주권에}_{주식수만이\ 기재된다}$), 우리나라에서는 2011년 4월 개정상법에서 무액면주식제도를 최초로 도입하였다($^{상\ 329조\ 1항·4항·}_{5항,\ 451조\ 2항·3항}$).[1] 무액면주식의 경우에는 회사가 주식을 발행할 때마다 발행가액을 임의로 정하고, 그 발행가액의 일부가 자본금을 구성하는 것이므로 회사의 자금조달의 편의를 기할 수 있는 장점이 있다.[2]

원 이상으로 할 수 있었으며(증거 192조의 2 1항) 이에 따라 1주의 금액이 5,000원 미만인 주식을 발행한 주권상장법인 또는 협회등록법인이 주권상장법인 및 협회등록법인 중 어느 쪽에도 속하지 아니하게 된 경우에도 1주의 금액을 100원 이상으로 할 수 있었다(증거 192조의 2 2항).

그런데 1998년 개정상법은 주식분할을 자유롭게 하고 또한 기업자금조달의 편의를 도모하기 위하여 1주의 금액을 100원 이상으로 할 수 있도록 대폭 인하하였다. 이에 따라 증권거래법 제192조의 2는 1998년 12월 28일 동법의 개정으로 삭제되었다.

1) 미국에서의 무액면주식은 1915년 뉴욕주에서 처음으로 인정된 이래, 오늘날은 대부분의 주가 무액면주식제도를 이용하고 있다[Hamilton(Nutshell)(1996), p. 135].

2) 미국에서 무액면주식을 발행한 경우 그 발행가액은 반드시 자본금과 자본준비금으로 구성되어야 하는데, 1984년 개정 전의 모범사업법에 기초한 대부분의 주의 회사법이 인정하고 있는 무액면주식은 발행가액의 전부가 자본금을 구성하도록 하고 있다. 그러나 주법(州法)은 일반적으로 이사회에게 발행가액의 전부 또는 일정비율을 자본준비금으로 적립하도록 정할 수 있는 권한을 부여한다. 1969년 이전의 모범사업회사법은 이사회의 자본준비금의 적립비율을 발행가액의 25%로 제한하였다. 그러나 오늘날 대부분의 주는 무액면주식의 발행가액에 대하여 자본금과 준비금의 구성비율을 자유롭게 정할 수 있도록 하고 있다. 그러나 세법상 액면주식은 액면가액을 기준으로 과세하는 데 비하여 무액면주식은 발행가액을 기준으로 과세하므로 과세상 불리하여 무액면주식이 액면주식을 채택하고 있는 대부분의 주에서 크게 이용되지 못하고 있다[Hamilton(Nutshell)(1996), pp. 135~136].

우리나라에서 무액면주식제도의 도입에 관한 논의로는 장지석, "무액면주식제도 도입론,"「상장협」, 제48호(2003, 추계호), 229~243면(우리나라에서도 무액면주식제도를 단계적으로 도입할 때가 되었다고 한다); 나승성, "무액면주식제도 도입방안의 법적 검토,"「안암법학」, 통권 제14호(도서출판 고려, 2002), 261~314면(현실적 필요의 관점에서 보거나 주식회사의 자본에 관한 원칙과 관련하여 보거나 투자자 보호와 관련하여 볼 때 도입의 필요성이 적다고 한다); 최병규, "무

2011년 4월 개정상법은 무액면주식제도를 최초로 도입하였는데, 이에 의하면 회사는 정관에서 정한 경우에만 주식의 전부를 무액면주식으로 발행할 수 있고, 이와 같이 무액면주식을 발행하는 경우에는 액면주식을 발행할 수 없다($^{상\ 329}_{조\ 1항}$). 회사가 무액면주식을 발행하는 경우 회사의 자본금은「주식의 발행가액의 2분의 1 이상의 금액으로서 이사회($^{신주발행을\ 정관에서\ 주주총회에서}_{결정하기로\ 정한\ 경우에는\ 주주총회}$)에서 자본금으로 계상하기로 한 금액의 총액」으로 하고($^{상\ 451조}_{2항\ 1문}$), 주식의 발행가액 중 자본금으로 계상하지 아니하는 금액은 자본준비금으로 계상하여야 한다($^{상\ 451조}_{2항\ 2문}$).

회사는 정관에서 정하는 바에 따라 발행된 액면주식을 무액면주식으로 전환하거나 무액면주식을 액면주식으로 전환할 수 있는데($^{상\ 329조}_{4항\cdot 5항}$), 회사가 액면주식을 무액면주식으로 전환하거나 무액면주식을 액면주식으로 전환함으로써 자본금을 변경할 수는 없다($^{상\ 451}_{조\ 3항}$).

2. 기명주식·무기명주식

(1) 기명주식(share certificate; Namensaktie)

기명주식이란 주주의 성명이 주권과 주주명부에 표시되는 주식을 말하는데, 우리 상법은 2014년 5월 개정($^{2014.\ 5.\ 20.\ 법\ 12591}_{호,\ 시행\ 2014.\ 5.\ 20}$)으로 무기명주식을 폐지함으로써($^{상\ 357}_{조\ 및}$ $^{358조}_{삭제}$) 기명주식만을 발행하도록 규정하고 있다.

기명주식의 주주는 특히 주주명부에 기재되므로 회사가 주주를 관리하거나 또는 주주가 회사에 대하여 권리를 행사함에는 이에 근거하여 하도록 되어 있다. 따라서 회사는 기명주식의 주주에 대하여는 주주명부에 기재된 주소로 통지나 최고를 하면 된다($^{상\ 353}_{조\ 1항}$).

한편 기명주식의 주주는 주주명부의 기재에 의하여 주주로서의 자격을 가진 것으로 추정되므로, 주권이 없이도 권리를 행사할 수 있다. 또 기명주식의 주주는 처음부터 주권불소지가 가능하고($^{상\ 358}_{조의\ 2}$), 입질의 경우에는 등록질도 가능하다($^{상}_{340조}$).

액면주식제도의 도입가능성 연구,"「상사법연구」, 제20권 1호(2001), 165~194면(무액면주식제도는 단점보다는 장점이 앞서는 것으로 제한적으로 도입하여 확대해 나가야 한다고 한다); 김기남, "무액면주식에 관한 연구," 법학석사학위논문(고려대, 2001. 8)(일본 상법상의 무액면주식제도를 우리 상법에도 도입할 것을 주장한다); 이동석, "무액면주식제도에 대한 연구," 법학석사학위논문(고려대, 2005. 2)(무액면주식제도의 도입에 따른 문제점을 제시하고, 이의 도입에는 신중할 필요가 있다고 한다) 등 참조.

　무액면주식의 활성화에 관하여는 이효경, "무액면주식의 활성화를 위한 법적 문제점과 그 해결방안,"「상사법연구」(한국상사법학회), 제32권 제4호(2014. 2), 285~319면(미국과 일본에서의 무액면주식제도를 소개하고 상법상 자본금·주식분할 및 주식병합·주식소각·주식배당 등과 관련하여 무액면주식을 설명함) 참조.

(2) **무기명주식**(share warrant to bearer; Inhaberaktie)

무기명주식이란 주주의 성명이 주권과 주주명부에 표시되지 않는 주식을 말한다. 우리 상법은 제정($^{1962.\ 1.\ 20.}_{법\ 1000호}$) 이후 무기명주식을 인정하여 왔는데,[1] 2014년 5월 개정상법($^{2014.\ 5.\ 20.\ 법\ 12591}_{호,\ 시행\ 2014.\ 5.\ 20}$)에 의하여 무기명주식제도가 폐지되었다. 그 이유는 현재까지 무기명주식은 발행사례도 없어 기업의 자금조달에 기여하지 못하고, 소유자 파악이 곤란하여 양도세 회피 등 과세사각지대의 발생 우려가 있으며, 조세 및 기업 소유구조의 투명성 결여로 인한 국가의 대외신인도를 저하시키는 원인이 되고 있고, 프랑스·일본·미국·독일 등 주요 선진국들도 무기명주식 제도를 폐지하는 추세 등으로 무기명주식제도를 더 이상 유지할 실익이 없기 때문이라고 한다.[2]

3. 종류주식

(1) 의   의

1) 상법은 종류주식에 대하여 그 의의를 규정하고 있는데, 이에 의하면「이익의 배당, 잔여재산의 분배, 주주총회에서의 의결권의 행사, 상환 및 전환 등에 관하여 내용이 다른 주식」을 의미한다($^{상\ 344}_{조\ 1항}$). 즉, 상법은 주식의 자익권($^{이익배당\ 및}_{잔여재산분배}$)과 공익권($^{의결}_{권}$)에 관하여 내용이 다른 종류주식의 발행을 인정하고 있다.[3]

---

1) 2014년 5월 개정상법 이전에 우리 상법은 예외적으로 정관에 규정이 있는 경우에 한하여 무기명주식의 발행을 인정하고 있었는데(2014년 개정전 상 357조 1항), 이러한 무기명주식이 발행된 경우에 그러한 주식의 주주는 언제든지 무기명주식을 기명주식으로 변경하여 줄 것을 청구할 수 있도록 하였고(2014년 개정전 상 357조 2항), 대한민국 국민만으로 조직할 주식회사나 대한민국 국민만으로 조직할 것을 조건으로 하여 특별한 권리를 가진 주식회사는 무기명주식을 발행하지 못하도록 하였다(2014년 개정전 상부 4조). 무기명주식이 발행된 경우 회사는 무기명주식의 주주를 알 수 없으므로 그러한 주주에 대하여 회사가 어떤 사항을 알리고자 하는 경우에는 공고하도록 하였다(2014년 개정전 상 363조 3항). 무기명주식의 주주는 주권의 소지에 의하여 적법한 권리자로 추정받게 되므로 주권이 없이는 권리의 행사가 불가능하여 무기명주식의 주주가 권리를 행사하고자 하면 주권을 회사에 공탁하도록 하였다(2014년 개정전 상 358조). 또한 무기명주식의 주주는 주권불소지가 불가능하고(2014년 개정전 상 358조의 2 반대해석), 입질의 경우 등록질도 인정될 수 없었다(2014년 개정전 상 340조 반대해석).

2) 동 개정법률 제안이유.

3) 2011년 4월 개정상법상 종류주식의 개념에, 보통주가 제외된다는 견해[이(철), (회) 287~288면; 강희철, "신종증권 발행을 통한 상장회사 자금조달 활성화 방안,"「상장협연구」(한국상장회사 협의회), 제69호(2014. 4), 102면]와, 보통주가 포함된다는 견해[임(재), (회 I) 382~383면; 주상(제5판)(회사 II), 505~510면]가 있다. 또한 보통주가 포함된다고 보면서(상 344조 1항), 보통주주의 종류주주총회도 가능하고(상 435조), 보통주에 대하여도 상환주의 발행이 가능하며(상 345조 5항), 전환주식도 보통주로의 전환이 가능하다는 견해도 있다(상 346조 1항)[정동윤, "보통주와 종류주의 개념에 관하여(개정상법의 해석과 관련하여),"「상사법연구」(한국상사법학회), 제31권 1호(2012. 5), 37~53면].

2011년 4월 개정상법 이전에는 상법 제344조 제1항에서「수종의 주식」에 대하여 '이익이나 이자의 배당 또는 잔여재산의 분배에 관하여 내용이 다른 주식'으로 규정하였고, 이에는 우선주·보

2) 종류주식은 이와 같이 주주가 받는 권리의 내용에 차등을 두는 주식으로, 주

통주·후배주·혼합주가 있는데, 이 중 어느 특정한 주식을 「주식의 종류」라고 표현하였으며(상 291조 1호 등), 이익배당 우선주에만 인정되는 상환주·무의결권주는 수종의 주식 중 우선주의 하나의 속성으로 보고 전환주는 수종의 주식의 하나의 속성으로 보아 이러한 상환주·무의결권주 및 전환주는 수종의 주식과 별도의 독립된 개념이 아니라 수종의 주식 내에 있어서의 다른 형태의 개념인 「특수한 주식」으로 보았다[정(찬), (상)(제14판), 649면].

그런데 2011년 4월 개정상법은 「종류주식」의 개념을 '이익의 배당, 잔여재산의 분배, 주주총회에서의 의결권의 행사, 상환 및 전환 등에 관하여 내용이 다른 종류의 주식'으로 정의하고 있으므로, 개정전의 「수종의 주식」과 개정후의 「종류주식」은 개념이 같다고 볼 수 없다(즉, 상환주식·무의결권주식·전환주식은 개정전 상법상 「수종의 주식」이 아니었는데, 개정상법상 「종류주식」의 개념에 포함된다). 또한 2011년 4월 개정상법은 개정전 상법상의 「수종의 주식」에 포함되는 '주식의 종류'의 표현에 대하여는 어느 곳에서는 그대로 두면서(상 291조 1호 등), 다른 곳에서는 '종류주식'으로 변경하였다(상 346조 1항 등). 이에 더하여 개정전 상법상 「수종의 주식」을 내용이 같지 않음에도 불구하고 개정상법에서는 '종류주식'으로 변경하였다(상 346조 1항, 356조 6호, 435조 1항 등). 따라서 개정전 상법상 「수종의 주식」에 포함되고 우선주와 후배주의 표준이 되는 주식인 보통주가 개정상법상 「종류주식」에 포함되는지 여부가 문제되고, 개념상 혼란이 발생한 것은 당연하다고 보겠다. 문제는 2011년 4월 개정상법에서 용어에 대한 정의도 없이 너무 쉽게 종래의 「수종의 주식」 또는 「주식의 종류(종류의 주식)」를 '종류주식'으로 변경한 점에 있다. 따라서 입법론으로는 이 점을 명확히 규정하여야 하겠으나, 우선 해석상 '종류주식'에 보통주가 포함되는지 여부를 결정하여야 한다. 이에 대하여 '종류주식'에 보통주가 포함된다거나 또는 포함되지 않는다고 일률적으로 보면 종래의 해석과 다르거나 또는 종류주식을 인정하는 취지에 반하는 결과가 된다. 따라서 이를 일률적으로 해석할 수는 없고, 각 규정에 따라 개정전 상법과 종류주식의 취지에 따라 합리적인 해석을 하여야 할 것이다. 개정상법상 '종류주식'에 보통주가 포함되는지 여부에 대하여는, 개정상법 제344조 제1항의 종류주식의 정의에서 보통주는 기준이 되는 주식이고, 이러한 기준이 되는 주식에 비하여 이익의 배당 등에 관하여 내용이 다른 주식이 '종류주식'이라는 점에서 볼 때, 종류주식에는 원칙적으로 보통주가 포함되지 않는다고 본다. 그러나 개정전 상법상 '수종의 주식'에 보통주가 포함된다고 보고 이러한 '수종의 주식' 중 어느 특정한 주식을 '주식의 종류' 또는 '종류의 주식'으로 표현한 점을 감안할 때, '수종의 주식'을 '종류주식'으로 변경한 규정(상 346조, 356조 6호 등) 또는 '주식의 종류'나 '종류의 주식'을 '종류주식'으로 변경한 규정(상 346조 등)에서는 원칙적으로 종류주식에 보통주를 포함한다고 보아야 할 것이다. 개정상법상 '주식의 종류'를 그대로 둔 규정(상 291조 1호 등)에서는 개정전 상법과 같이 '주식의 종류'에 보통주가 포함된다고 보아야 할 것이다. 중요한 규정에 관하여 이를 개별적으로 살펴보면 다음과 같다.

① 개정상법 제344조 2항 및 3항에서 '종류주식'은 개정전의 '수종의 주식'을 '종류주식'으로 변경했다는 점 및 기준이 되는 주식을 규정할 필요가 있다는 점 등에서 볼 때, '종류주식'에 보통주가 포함된다고 본다.

② 개정상법 제344조 4항 및 제435조에서의 '종류주식'에서는 종류주주총회의 원래의 취지에서 볼 때 보통주는 포함되지 않는 것으로 보아야 할 것이다.

③ 개정상법 제345조 5항에서의 '종류주식'에는 보통주를 포함하지 않는다고 본다. 그 이유는 개정전 상법에서도 이익배당 우선주에 대하여만 상환주를 인정하였고, 보통주를 모두 상환주로 하면 보통주를 모두 상환함으로써 자본금이 없는 회사가 발생할 우려가 있기 때문이다.

④ 개정상법 제346조에서의 '종류주식'에는 위에서 본 바와 같이 개정전 상법과의 관계에서 보통주를 포함한다고 본다. 이와 같이 해석하면 개정전 상법의 경우와 같게 된다.

⑤ 개정상법 제356조 6호·제462조의 2 2항 등에서의 '종류주식'에는 위에서 본 바와 같이 개정전 상법과의 관계에서 보통주를 포함한다고 본다. 이와 같이 해석하면 개정전 상법의 경우와 같게 된다.

주가 받는 권리의 내용에는 아무런 차이가 없는 액면주식·무액면주식, 기명주식·무기명주식 등은 종류주식에 속하지 않는다. 이러한 종류주식에는 이익배당·잔여재산분배에 관한 종류주식($^{상\,344}_{조의\,2}$), 의결권의 배제·제한에 관한 종류주식($^{상\,344}_{조의\,3}$), 주식의 상환에 관한 종류주식(상환주식)($^{상}_{345조}$) 및 주식의 전환에 관한 종류주식(전환주식)($^{상}_{346조}$)이 있다.

3) 상법이 이와 같이 종류주식을 발행할 수 있도록 규정한 것은 주식에 투자유인동기를 부여하여 주주의 모집을 용이하게 하고, 나아가서 자금운용의 기동성을 꾀하기 위한 것이다.[1] 특히 종류주식 중 의결권의 배제·제한에 관한 종류주식, 상환주식 또는 전환주식 등은 기호가 다양한 투자가를 대상으로 회사의 자금조달의 기동성을 위하여 개발된 다양한 상품이라고 볼 수 있다.

(2) 발   행

1) 정관의 기재   회사가 종류주식을 발행하는 경우에는 반드시 정관에서 각 종류주식의 내용과 수를 정하여야 한다($^{상\,344}_{조\,2항}$). 이 때의 정관은 원시정관뿐만 아니라 변경정관을 포함한다.[2] 종류주식이 발행되는 경우에는 기존 및 장래의 주주들에게 중대한 이해관계가 있을 뿐만 아니라, 경우에 따라서는 자본금 충실을 해할 염려가 있기 때문에 정관에 기재하게 한 것이다.[3]

2) 공   시   종류주식을 발행하는 경우에는 주식청약서($^{상\,302조}_{2항\,4호}$)·신주인수권증서($^{상\,420조의}_{2\,\,2항\,3호}$)·주주명부($^{상\,352조}_{1항\,2호}$)·주권($^{상\,356}_{조\,6호}$) 등에 기재하고, 또 이를 상업등기부에 등기하여($^{상\,317조}_{2항\,3호}$) 공시하여야 한다.

3) 결   의   회사설립시에는 「발기인 전원」의 동의로 정관에 기재된 범위 내에서 구체적으로 발행할 주식의 종류와 수를 결정하고($^{상\,291}_{조\,1호}$), 회사성립 후에는 (원칙적으로) 「이사회의 결의」($^{원칙적으로\,이사\,과반수의\,출석과\,출석이사의}_{과반수의\,찬성으로\,결의함\,-\,상\,391조\,1항}$)로 발행할 신주의 종류와 수를 결정한다($^{상\,416}_{조\,1호}$).

(3) 종류주식에 관한 특칙

회사가 종류주식을 발행한 경우에는 다음과 같은 상법상의 특칙이 적용된다.

1) 주주(식)평등의 원칙의 예외   회사가 종류주식을 발행하는 때에는 정관에 다른 정함이 없는 경우에도 주식의 종류에 따라 신주의 인수, 주식의 병합·분할·소각 또는 회사의 합병·분할로 인한 주식의 배정에 관하여 특수하게 정할 수 있다($^{상\,344}_{조\,3항}$). 종류주식이 발행된 경우에는 주주의 신주의 인수, 주식의 병합 등으로

---

1) 동지: 이(범), (예해) 491면 이하.
2) 동지: 정(동), (회) 192면; 최(기), 609면.
3) 동지: 이(철), (회) 288면.

인한 주식의 배정 등에서 형식적인 주식평등의 원칙의 예외로서 차등을 둘 수 있는데, 이것은 정관에 규정이 없는 경우에도 가능하다. 즉, 이러한 차등에 대한 결의는 신주발행에 관한 이사회결의($\frac{상\ 416}{조\ 이하}$),[1] 준비금의 자본금 전입에 관한 이사회결의($\frac{상\ 461}{조\ 이하}$), 주식의 병합·소각 등을 통한 자본금 감소나 주식의 분할에 관한 주주총회의 결의($\frac{상\ 438}{조\ 이하}$), 회사합병이나 회사분할에 관한 주주총회의 결의($\frac{상\ 522}{조\ 이하}$) 등에서 정하여진다.[1]

2) 종류주주총회

⑺ 회사가 종류주식을 발행한 경우에는, (i) 정관을 변경함으로써 어느 종류주식의 주주에게 손해를 미치게 될 때($\frac{상\ 435}{조\ 1항}$),[2] (ii) 신주의 인수 또는 주식의 병합 등으로 인한 주식의 배정에 관한 이사회 또는 주주총회의 결의에서 종류주식의 주주 간에 차등을 두어 어느 종류주식의 주주에게 손해를 미치게 될 때($\frac{상\ 436조\ 전단,}{344조\ 3항}$), 또는 (iii) 회사의 분할 또는 분할합병, 주식교환·주식이전 및 회사의 합병으로 인하여 어느 종류주식의 주주에게 손해를 미치게 될 때($\frac{상\ 436}{조\ 후단}$)에는, 그에 관한 이사회 또는 주주총회의 결의 외에 종류주주총회의 결의가 있어야 한다.[3]

⑻ 위와 같은 종류주주총회의 결의는 언제나 그 종류의 「출석한 주주의 의결권의 3분의 2 이상의 수와 그 종류의 발행주식총수의 3분의 1 이상의 수로써」 하여야 한다는 점($\frac{상\ 344조\ 4}{항,\ 435조\ 2항}$)에서, 주주총회의 특별결의요건($\frac{상}{434조}$)과 유사하다. 그러나 주주총회의 특별결의요건에서는 의결권이 없는 종류주식 또는 의결권이 제한되는 종류주식은 발행주식총수에 산입되지 않는데($\frac{상\ 371}{조\ 1항}$), 종류주주총회에서는 의결권이 없는 종류주식 또는 의결권이 제한되는 종류주식도 발행주식총수에 포함됨은 물론 의결권의 수에도 산입되는 점($\frac{상\ 435}{조\ 3항}$)은 주주총회의 특별결의요건과 구별되는 점이다.

---

1) 주회(상), 539면.
2) 이의 의미에 대하여는 대판 2006. 1. 27, 2004 다 44575·44582(공보 2006, 321) 참조(상법 제 435조 1항은 "회사가 수종의 주식을 발행한 경우에 정관을 변경함으로써 어느 종류의 주주에게 손해를 미치게 될 때에는 주주총회의 결의 외에 그 종류의 주주의 총회의 결의가 있어야 한다"고 규정하고 있는바, 위 규정의 취지는 주식회사가 보통주 이외의 수종의 주식을 발행하고 있는 경우에 보통주를 가진 다수의 주주들이 일방적으로 어느 종류의 주식을 가진 소수주주들에게 손해를 미치는 내용으로 정관을 변경할 수 있게 할 경우에 그 종류의 주식을 가진 소수주주들이 부당한 불이익을 받게 되는 결과를 방지하기 위한 것이므로, 여기서의 '어느 종류의 주주에게 손해를 미치게 될 때'라 함에는, 어느 종류의 주주에게 직접적으로 불이익을 가져오는 경우는 물론이고, 외견상 형식적으로는 평등한 것이라고 하더라도 실질적으로는 불이익한 결과를 가져오는 경우도 포함되며, 나아가 어느 종류의 주주의 지위가 정관의 변경에 따라 유리한 면이 있으면서 불이익한 면을 수반하는 경우도 이에 해당된다).
3) 그러나 이러한 경우에도 객관적으로 명백히 실질적 평등을 깨는 경우에는 종류주주총회의 결의가 있더라도 그러한 이사회 또는 주주총회의 결의는 무효가 된다고 보아야 할 것이다[동지: 정 (희), 399면].

(다) 위와 같이 종류주주총회의 결의를 요하는 사항에서 종류주주총회의 결의가 없는 이사회 또는 주주총회의 결의는 불발효(불완전)라고 볼 수 있는바(즉, 일반 주주총회 결의의 효력은 무효도 아니고 취소할 수 있는 것도 아닌 부동적〈浮動的〉인 상태에 있다가 후에 종류주주총회의 결의를 얻으 면 확정적으로 유효가 되고, 이를 얻지 못하면 확정적으로 무효가 된다 — 부동적 무효설 또는 결의불발효설),[1] 이에 대하여는 주주총회결의하자에 관한 상법상의 규정이 유추적용되지 않고 민사소송 법의 규정에 따라 결의불발효(또는 불완전)확인의 소를 제기할 수 있다고 본다.[2]

(라) 상환주식 또는 전환주식이 어느 종류주식(예컨대, 우선주식)과 그 범위가 일치하지 않는 경우에는 상환주식 또는 전환주식의 주주만을 보호할 필요가 있는 경우가 있으므로, 상환주식 또는 전환주식의 주주만을 위한 종류주주총회를 인정할 필요가 있다.[3] 이것은 의결권이 없는 종류주식 또는 의결권이 제한되는 종류주식의 주주만을 위한 종류주주총회의 경우에도 동일하다고 본다.[4]

---

1) 동지: 정(동), 363~364면, 377면, 656면; 동, "종류주주총회의 결의를 얻지 아니한 정관변경 결의의 효력,"「상법연구의 향기」(정희철교수 정년 20년 기념), 2004, 41~55면; 이(기) 외, (회) 396면 외(통설); 수원지판 2003. 7. 11, 2002 가합 14429, 2003 가합 6609; 서울고판 2004. 7. 9, 2003 나 55037·2003 나 55044; 대판 2006. 1. 27, 2004 다 44575·44582(공보 2006, 321)(어 느 종류 주주에게 손해를 미치는 내용으로 정관을 변경함에 있어서 그 정관변경에 관한 주주총회 의 결의 외에 추가로 요구되는 종류주주총회의 결의는 정관변경이라는 법률효과가 발생하기 위 한 하나의 특별요건이라고 할 것이므로, 그와 같은 내용의 정관변경에 관하여 종류주주총회의 결 의가 아직 이루어지지 않았다면 그러한 정관변경의 효력이 아직 발생하지 않는 데에 그칠 뿐이고, 그러한 정관변경을 결의한 주주총회결의 자체의 효력에는 아무런 하자가 없다).

　이에 반하여 종류주주총회의 결의가 없는 일반주주총회의 결의의 효력을 무효로 보는 무효설 [서·정, 503면; 손(주), 739면, 894면], 그러한 일반주주총회의 결의는 취소사유가 된다는 취소 사유설(또는 유효설)[이(철), (회) 655~656면(부동적 무효설〈불발효론〉은 상법이 인정하고 있 지 않은 하자의 유형을 창설하는 것이므로 찬성하기 어렵다고 한다)] 등이 있으나, 일반주주총회 의 결의에는 하자가 없는데 일반주주총회의 결의에 대하여 무효 또는 취소사유로 보는 것은 타당 하지 않다고 본다[취소사유설에 대한 상세한 비판으로는 정동윤, 전게 상법연구의 향기, 49~53면 참조].

2) 동지: 정(동), 363면, 377면; 동, 전게 상법연구의 향기, 54~55면; 서울고판 2004. 7. 9, 2003 나 55037·2003 나 55044.

　반대: 대판 2006. 1. 27, 2004 다 44575·44582(공보 2006, 321)(정관의 변경결의의 내용이 어 느 종류의 주주에게 손해를 미치게 될 때에 해당하는지 여부에 관하여 다툼이 있는 관계로 회사가 종류주주총회의 개최를 명시적으로 거부하고 있는 경우에, 그 종류의 주주가 회사를 상대로 일반 민사소송상의 확인의 소를 제기함에 있어서는, 정관변경에 필요한 특별요건이 구비되지 않았음을 이유로 하여 정면으로 그 정관변경이 무효라는 확인을 구하면 족한 것이지, 그 정관변경을 내용으 로 하는 주주총회결의 자체가 아직 효력을 발생하지 않고 있는 상태〈이른바 불발효 상태〉라는 관 념을 애써 만들어서 그 주주총회결의가 그러한 '불발효 상태'에 있다는 것의 확인을 구할 필요는 없다)[이 판결에 대한 반대의 평석으로는 정찬형, "종류주주총회의 결의가 없는 주주총회결의의 효력,"「고려법학」(고려대 법학연구원), 제46호(2006), 141~170면 참조].

3) 동지: 손(주), 738면; 최(기), 801면.

4) 동지: 손(주), 738면; 최(기), 801면.

(4) 종류주식의 분류

1) 이익배당 또는 잔여재산분배에 관한 종류주식(상 344 조의 2)

회사가 이익배당에 관하여 내용이 다른 종류주식을 발행하는 경우에는 정관에 그 종류주식의 주주에게 교부하는 배당재산의 종류·배당재산의 가액의 결정방법·이익을 배당하는 조건 등 이익배당에 관한 내용을 정하여야 하고(상 344조의 2 1항), 회사가 잔여재산의 분배에 관하여 내용이 다른 종류주식을 발행하는 경우에는 정관에 잔여재산의 종류·잔여재산의 가액의 결정방법·그 밖에 잔여재산분배에 관한 내용을 정하여야 한다(상 344조의 2 2항). 따라서 회사는 정관에서 정하는 바에 따라 주주에게 배당 또는 분배하는 재산의 종류를 달리 정할 수 있다. 즉, 회사는 정관에서 주주에게 배당 또는 분배할 현물 또는 금전 등 재산의 종류를 정하고, 현물인 경우에는 그 재산의 가액의 결정방법도 정하여야 한다.[1] 그러나 이는 합리적인 범위 내에서만 인정되고 이를 벗어나는 극단적인 이익배당이나 재산의 분배(예컨대, A종류주식에 대하여 B종류주식의 100배에 해당하는 배당액을 지급한다는 것 또는 A종류주식에 대하여 이익배당을 일시적 또는 영구적으로 제한하는 것 등)는 무효이다.[2] 또한 회사의 특정 사업부분의 실적에만 배당금액이 연동되는 트래킹주식(tracking stock)은 허용되지 않는다고 본다.[3]

동일종류의 재산인 경우에는 배당 또는 분배의 순위를 달리 정할 수 있는데, 이 경우 다음과 같이 우선주·보통주·후배주·혼합주가 있다.[4]

(가) 우선주(preference shares; Prioritätsaktie; actions de priorité)

① 우선주는 「이익의 배당 또는 잔여재산의 분배에 관하여 우선적 지위가 부여된 주식」이다.[5] 우선주는 배당순위 또는 분배순위에 있어서 다른 주식보다 우선적 지위를 주는 것이지,[6] 다른 주식보다 언제나 고율의 배당을 한다는 의미는 아니다. 일반적으로 이익배당에 관한 우선주에 대하여는 (액면주식의 경우) 주식액면금액에 대하여 연 몇 퍼센트의 이익배당을 한다거나 또는 정기예금 이자율 중 최고율에

---

1) 이는 2011년 4월 개정상법이 새로 신설한 내용이다.
2) 동지: 해설(2012), 133면, 135면.
3) 동지: 해설(2012), 133~134면.
4) 이는 2011년 4월 개정상법 이전과 같은 내용이다.
5) 이러한 우선주는 회사의 자금조달의 원활을 기하기 위하여 인정된 것인데, 실제에 있어서 이익배당에 관한 우선주가 주로 발행되고 잔여재산분배에 관한 우선주는 거의 없다[해설(2012), 126면, 131~132면].
   참고로 우리나라의 1995년 개정상법에서는 이익배당우선주의 경우에는 정관에 최저배당률을 정하도록 규정하고 있었는데(개정전 상 344조 2항 후단), 2011년 4월 개정상법에서는 이를 폐지하였다.
6) 그런데 이익배당에 관한 종류주식에는 이러한 우선주 등만이 있는 것은 아니므로 보통주보다 우선적 배당이 보장되지 아니하고 단지 몇 % 추가배당만을 허용하는 이익배당에 관한 종류주식 (과거 1% 무의결권 우선주식과 유사한 형태)은 허용된다고 본다[동지: 해설(2012), 135면].

해당하는 비율로 이익배당을 한다는 등으로 배당률을 정하는데, 이로 인하여 배당률에 대하여 제한이 없는 보통주가 우선주보다 고율의 배당을 받는 경우가 있다. 이 때에 우선주가 보통주의 배당액과의 차액에 대하여 참가할 수 있는 우선주를 「참가적 우선주」(participating shares)라 하고, 참가할 수 없는 우선주를 「비참가적 우선주」(non-participating shares)라 한다.[1]

② 우선주라 하더라도 이익이 없으면 배당할 수 없는데($\frac{사채〈社債〉}{와의\ 차이}$), 이 때 부족한 배당금을 차기에 이월시켜 차기의 배당금과 함께 합산하여 받을 수 있게 하는 우선주를 「누적적 우선주」(cumulative shares)라 하고, 차기에 이월시키지 않는 우선주를 「비누적적 우선주」(non-cumulative shares)라 한다.[2] 회사는 우선주를 참가 여부와 누적 여부를 상호 결합하여 「참가적·비누적적 우선주식」 등으로 발행하고 있다. 이와 같은 경우에 우선주가 의결권이 없고 비참가적·누적적이면 사채(社債)와 아주 유사하게 된다.

③ 회사는 우선주를 영구적으로 존속시키면 회사에 재정상의 부담을 주게 되므로, 일정한 기한의 도래나 조건의 성취로 우선주가 자동적으로 보통주로 전환되는 것으로 약정하고 있다.[3]

(내) **보통주**(common shares; Stammaktie)   보통주란 「우선주와 후배주의 표준이 되는 주식」을 말한다.

(대) **후배주**(deferred shares; Nachzungsaktie)   후배주란 「이익의 배당 또는 잔여재산의 분배에 관하여 열후적 지위가 부여된 주식」을 말한다. 회사의 사업이 상승할 때에는 이러한 주식도 선호하게 된다. 후배주는 배당(분배)순위에서만 열후할 뿐이므로, 배당률에서는 다른 주식보다 고율인 경우도 있다.[4] 그러나 후배주는 보통주보다 저율의 배당을 받거나 무배당인 경우가 많다.[5]

(래) **혼 합 주**   혼합주란 예컨대, 이익배당에 있어서는 보통주에 우선하고

---

1) 참가적 우선주의 경우에는, 예컨대 「보통주의 배당률이 우선주의 배당률을 초과할 때에는 그 초과부분에 대하여 우선주식과 보통주식에 대하여 평등한 비율로 분배한다」고 약정하고 있다(효성물산 주식회사의 우선주식의 예).

2) 누적적 우선주의 경우에는, 예컨대 「우선주식에 대하여 당해 연도의 이익으로써 소정의 배당을 할 수 없는 경우에는 그 부족액을 차기 영업연도의 이익으로써 누적적으로 배당한다」고 약정하고 있다(효성물산 주식회사의 우선주식의 예).

3) 예컨대, 「우선주의 존속기간은 영업개시일로부터 제4기의 영업연도 말일까지로 하고 위 기간 만료와 동시에 보통주로 전환된다. 그러나 위 기간중에 소정의 배당을 완료하지 못한 경우에는 소정의 배당을 완료할 때까지 그 기간을 연장한다」는 등으로 약정하고 있다(국민투자금융주식회사의 우선주식의 예).

4) 정(회), 398면.

5) 최(기), 611면.

잔여재산분배에 있어서는 열후한 것과 같이, 「어떤 권리에 있어서는 우선적 지위가 부여되고 다른 권리에 있어서는 열후적 지위가 부여된 주식」을 말한다. 혼합주는 후배주와 같이 우리나라에서 거의 이용되고 있지 않다.

2) 의결권의 배제(무의결권주) 또는 제한에 관한 종류주식(상 344조의 3)

(가) 의　의　　회사가 의결권이 없는 종류주식(의결권배제종류주식 또는 무의결권주)[1]이나 의결권이 제한되는 종류주식(의결권제한 종류주식)[2]을 발행하는 경우에는 정관에 의결권을 행사할 수 없는 사항과, 의결권행사 또는 부활의 조건을 정한 경우에는 그 조건 등을 정하여야 한다(상 344조의 3 1항). 이 때 「의결권이 없는 종류주식」이란 정관에서 예컨대 "A종류주식은 법령에 특별한 정함이 있는 경우를 제외하고 주주총회에서 모든 의결권이 없다" 등과 같이 정한 종류주식을 말하고, 「의결권이 제한되는 종류주식」은 정관에서 예컨대 "B종류주식은 이사의 선임에 관한 주주총회에서 의결권이 없다" 등과 같이 정한 종류주식을 말한다. 이와 같이 의결권을 배제하거나 제한하는 종류주식에 대하여는 상법에서 특별히 제한을 두고 있지 않으므로, 보통주에 대하여도 의결권을 배제하거나 제한할 수 있다.[3]

그러나 복수의결권이나 차등의결권을 부여하는 종류주식은 인정되지 않는다.[4]

(나) 효　용　　의결권이 없는 종류주식이나 의결권이 제한되는 종류주식은 회사의 경영에는 관심이 없고 이익배당에만 관심이 있는 투자주주로부터 자금을 조달하는 데 적합하고, 회사의 소유와 경영을 분리하는 요인이 되고 있다.

(다) 내　용

① 의결권이 배제되거나 제한되는 종류주식의 수는 주주총회의 결의(의결권이 제한되는 종류주식의 경우는 의결권이 제한되는 결의)에 관하여는 발행주식총수에 산입하지 아니한다(상 371조 1항). 따라서 이러한 종류주식은 출석한 주주의 주식수에서 제외된다. 의결권이 배제되는 종류주식을 보유하거나 또는 (의결할 사항에 관하여) 의결권이 제한되는 종류주식을 보유한 주주는 의결권을 전제로 하는 권리인 주주총회의 소집통지를 받을 권리가 없고(상 363조 7항) 또한 주주총회의 소집청구권(상 366조, 542조의 6 1항 참조)도 없다고 본다. 그러나 그 이외의 권

---

1) 이는 2011년 4월 개정상법 이전의 경우와 유사한 내용이다.
2) 이는 2011년 4월 개정상법이 새로 신설한 내용이다.
3) 그러나 2011년 4월 개정상법 이전에는 「이익배당에 관한 우선주」에 대하여만 의결권이 없는 것으로 하였다(개정전 상 370조 1항 본문).
4) 동지: 해설(2012), 137면.
　2006년 6월 법무부 상법개정안에서는 거부권부주식(golden share) 및 임원선해임권부주식을 인정하였으나 2008년 정부의 상법개정안에서 삭제되었고, 2008년 정부의 상법개정안에서는 주식의 양도에 대한 종류주식(양도제한주식)을 인정하였으나, 이는 경영권방어수단으로 남용될 우려가 있다는 이유로 국회의결과정에서 부결되었다[해설(2012), 126~127면].

리, 예컨대 주주총회에 출석하여 발언할 권리, 주주총회결의의 하자를 다투는 제소권($\substack{상\ 376조,\\380조}$), 이사·감사·청산인의 법원에 대한 해임청구권($\substack{상\ 385조\ 2항,\ 415조,\ 539\\조\ 2항·3항,\ 542조의\ 6\ 3항}$), 이사·청산인의 위법행위유지청구권($\substack{상\ 402조,\ 542조\ 2\\항,\ 542조의\ 6\ 5항}$), 이사·감사·청산인·공모인수인($\substack{주식·전환사채·\\신주인수권부사채}$)·주주의 권리행사와 관련하여 재산상의 이익공여를 받은 자에 대한 대표소송권($\substack{상\ 403조,\ 415조,\ 542조\ 2항,\ 424조의\ 2,\ 516조\ 1\\항,\ 516조의\ 10,\ 467조의\ 2\ 4항,\ 542조의\ 6\ 6항}$), 이사·집행임원·발기인·감사·청산인에 대한 다중대표소송권($\substack{상\ 406조의\ 2,\ 324조,\ 408조의\ 9,\\415조,\ 542조,\ 546조의\ 6\ 7항·9항}$), 회계장부열람권($\substack{상\ 466조,\ 542\\조의\ 6\ 4항}$), 회사의 업무와 재산상태의 조사를 위한 검사인의 선임청구권($\substack{상\ 467조,\ 542\\조의\ 6\ 1항}$) 등은 행사할 수 있다고 본다.[1]

② 의결권이 없는 종류주식 또는 의결권이 제한되는 종류주식에 관하여 의결권의 행사 또는 부활의 조건은 정관에서 정하도록 하고 있다($\substack{상\ 344조의\\3\ 1항\ 후단}$).[2] 그러나 다음과 같은 경우에는, 의결권이 없는 종류주식 또는 의결권이 제한되는 종류주식에 관하여 정관에서 의결권의 행사 또는 부활의 조건을 규정하지 않은 경우에도, 그러한 종류주식을 보유한 자는 상법의 규정에 의하여 당연히 의결권을 행사할 수 있다. 즉, (i) 정관의 변경, 신주의 인수 또는 주식의 병합 등으로 인한 주식의 배정, 회사의 분할 또는 분할합병·주식교환이나 주식이전 또는 회사의 합병으로 인하여 의결권이 없는 종류주식 또는 의결권이 제한되는 종류주식을 가진 주주에게 손해를 미치게 될 경우에, 이러한 종류주식을 가진 주주의 종류주주총회($\substack{상\ 435조\ 1항·3항,\\436조,\ 344조\ 3항}$), (ii) 창립총회에서의 의결권이 없는 종류주식 또는 의결권이 제한되는 종류주식의 인수인($\substack{상\ 308조\ 2항은\ 363조\ 7항,\ 371조\ 1항을\ 준용하지\\않음으로\ 인하여,\ 이를\ 간접적으로\ 인정하고\ 있음}$), (iii) 총주주의 동의(결의)를 요하는 이사·감사·집행임원의 책임면제($\substack{상\ 400조,\ 415\\조,\ 408조의\ 9}$) 또는 유한회사 또는 유한책임회사로의

---

1) 정찬형, "의결권 없는 주식에 관한 연구,"「법학논집」(고려대 법학연구소), 제28집(1992. 12), 158~160면.

동지: 최(기), (회) 237~238면(신주인수권도 포함함); 주상(제5판)(회사 Ⅱ), 523면(신주인수권 및 총회소집청구권을 인정함); 정(동), (회) 201면(그러나 주주총회에 출석하여 발언할 권리는 제외함); 이(기) 외, (회) 220면(그러나 주주총회에의 출석·발언권은 제외함); 최병규, "무의결권주식에 관한 연구,"「법학논집」(목포대 법학연구소), 창간호(2001), 19~22면(그러나 주주총회소집청구권도 인정함).

반대: 이(범), (예해) 494~495면(그러나 주주총회에 출석하여 발언할 권리는 있다고 함); 서·정, 360면(주주총회결의취소권 등은 행사하지 못하나, 주주총회에 출석하여 발언할 권리는 있다고 함); 채, 611면(그러나 주주총회에 출석하여 토의에 참여할 권리는 있다고 함); 박길준, "우선주제도의 개편방향," 공청회자료 94-1(한국상장회사협의회, 1994. 11. 24), 14면(의결권의 존재를 전제로 한 공익권〈주주총회소집청구권·주주총회결의취소의 소권 등〉도 행사할 수 없다고 한다).

2) 2011년 4월 개정상법 이전에는, 상법에서 이익배당에 관한 우선주에 대해서만 인정되는 무의결권주식은 이익배당에 관하여 우선적 배당을 받지 않는 경우 자동적으로 의결권이 부활하는 것으로 규정하였다(개정전 상 370조 단서). 그러나 2011년 4월 개정상법은 이러한 점을 정관에서 규정할 수 있도록 한 점에서, 개정전 상법과 구별되고 있다.

조직변경($\binom{상 604조, 287}{조의 43\ 1항}$)의 경우, (iv) 회사의 분할계획서 또는 분할합병계약서를 승인하는 주주총회의 결의($\binom{상 530조}{의 3\ 3항}$)의 경우에는, 의결권이 없는 종류주식 또는 의결권이 제한되는 종류주식을 가진 주주도 의결권을 행사할 수 있다.

    (ɬ) **발행의 제한**   의결권이 없는 종류주식 및 의결권이 제한되는 종류주식의 총수는 발행주식총수의 4분의 1을 초과하지 못하고, 만일 이러한 종류주식이 발행주식총수의 4분의 1을 초과하여 발행된 경우에는 회사는 지체 없이 그 제한을 초과하지 아니하도록 하기 위하여 필요한 조치를 하여야 한다($\binom{상 344조}{의 3\ 2항}$). 이와 같이 의결권이 없는 종류주식 및 의결권이 제한되는 종류주식의 발행한도에 제한을 둔 것은 소수의 의결권이 있는 주식을 가진 주주가 회사를 지배하는 폐단을 방지하기 위해서이다.

    그러나 주권상장법인이 일정한 경우(대통령령으로 정하는 방법에 따라 외국에서 주식을 발행하거나 외국에서 발행한 주권관련 사채권 및 그 밖에 주식과 관련된 증권의 권리행사로 주식을 발행하는 경우, 국가기간산업 등 국민경제상 중요한 산업을 경영하는 법인 중 대통령령으로 정하는 기준에 해당하는 법인으로서 금융위원회가 의결권 없는 주식의 발행이 필요하다고 인정하는 법인이 주식을 발행하는 경우)에 발행하는 의결권 없는 주식은 이 한도에서 배제된다($\binom{자금 165조의 15\ 1항, 자}{금시 176조의 16\ 1항 \cdot 2항}$). 그러나 이러한 의결권 없는 주식과 상법 제344조의 3 1항에 따른 의결권이 없거나 제한되는 주식을 합한 의결권 없는 주식의 총수는 발행주식총수의 2분의 1을 초과하지 못한다($\binom{자금 165}{조의 15\ 2항}$). 또한 의결권이 없거나 제한되는 주식 총수의 발행주식총수에 대한 비율이 4분의 1을 초과하는 주권상장법인은, 발행주식총수의 2분의 1 비율 이내에서 대통령령으로 정하는 방법에 따라 신주인수권의 행사·준비금의 자본금 전입 또는 주식배당 등의 방법으로 의결권 없는 주식을 발행할 수 있다($\binom{자금 165조의 15\ 3항,}{자금시 176조의 16\ 3항}$).

    3) 주식의 상환에 관한 종류주식(상환주식)(redeemable or callable stock)($\binom{상}{345조}$)

    (ᐯ) **의   의**   회사는 정관에서 정하는 바에 따라 회사의 이익으로써 소각할 수 있는 종류주식($\binom{회사상환주식 또}{는 상환사유부주식}$) 또는 정관에서 정하는 바에 따라 주주가 회사에 대하여 상환을 청구할 수 있는 종류주식($\binom{주주상환주식 또는}{상환청구권부주식}$)을 발행할 수 있는데, 이러한 종류주식을 상환주식이라고 한다($\binom{상 345조 1항}{1문 \cdot 3항 1문}$). 2011년 4월 개정상법은 상환주식으로 할 수 있는 주식에 대하여 상환주식과 전환주식을 제외한 종류주식($\binom{이익배당 \cdot 잔여재산분}{배에 관한 종류주식, 의}$ 결권의 배제 · 제한 에 관한 종류주식 등)[1]으로 한정하고 있다($\binom{상 345}{조 5항}$).[2]

---

1) 그러나 해석상 보통주에 대하여는 상환주식으로 할 수 없다고 본다. 왜냐하면 이를 허용하면 포이즌필과 유사한 기능을 하여 경영권 방어수단으로 악용될 수 있기 때문이다[동지: 해설(2012), 148면, 150면; 권종호, "방어수단으로서의 종류주식," 「상사법연구」, 제27권 제2호(2008), 63면 이하].

    또한 어느 종류주식에 전환권과 상환권을 동시에 주는 전환상환주는 법문상 인정되지 않는다고 본다[반대: 해설(2012), 151면].

2) 2011년 4월 개정상법 이전에는 이익배당에 관한 우선주에 한하여 상환주로 할 수 있음을 규정하고 있었는데(개정전 상 345조 1항), 2011년 4월 개정상법에서는 이를 종류주식으로 확대하고

상환주식은 일정한 기간만 존속하는 점에서는 사채(社債)와 유사하나, 반드시 이익으로써만 상환된다는 점에서 사채와 다르다. 또 상환주식은 상환되는 경우에 주식이 소각되는 점에서, 우선주가 보통주 등으로 전환되는 전환주식 또는 기한부 (조건부) 우선주식과 구별된다.

(내) 효 용   회사상환주식은 회사의 일시적인 자금조달의 필요와 일정기간 후에는 배당압박을 피하고 타인자본에 의하는 것이 배당보다 유리한 경우에 합리적인 재무관리를 위하여 이용되고, 주주상환주식은 주주가 상환기간 내에 회사의 경영상황을 탐색하고 투자를 용이하게 회수할 수 있으므로 주식투자로 인한 위험을 축소시키기 위하여 이용된다.[1]

(다) 종 류   상환에 대한 선택권이 회사에게 있는 회사상환주식 또는 상환사유부주식(수의〈임의〉상환주식)($\frac{\text{상 345}}{\text{조 1항}}$)과 주주에게 있는 주주상환주식 또는 상환청구권부주식(의무〈강제〉상환주식)($\frac{\text{상 345}}{\text{조 3항}}$)이 있다. 2011년 4월 개정상법은 이 두 가지의 상환주식에 대하여 명문규정을 두고 있다.[2]

(라) 발 행

① 회사상환주식을 발행하기 위하여는 회사는 정관에 상환가액($\frac{\text{액면가·발행}}{\text{가·시가 등}}$), 상환기간($\frac{\text{발행 후 일정기간 경과 후}}{\text{몇년 내의 배당금 지급시 등}}$), 상환방법과 상환할 주식의 수를 정하여야 한다($\frac{\text{상 345}}{\text{조 1}}$ $\frac{\text{항}}{\text{2문}}$).

주주상환주식을 발행하기 위하여는 회사는 정관에 주주가 회사에 대하여 상환을 청구할 수 있다는 뜻, 상환가액, 상환청구기간, 상환방법을 정하여야 한다($\frac{\text{상 345}}{\text{조 3}}$ $\frac{\text{항}}{\text{2문}}$).

② 상환주식을 발행하는 내용을 주식청약서($\frac{\text{상 302조 2항}}{\text{7호, 420조 2호}}$)·주권($\frac{\text{상 356}}{\text{조 6호}}$) 등에 기재하고 또 회사의 등기부에 이를 등기하여($\frac{\text{상 317조}}{\text{2항 6호}}$) 공시하여야 한다.

③ 회사가 수권주식총수의 범위 내에서 보통의 주식발행절차에 따라 상환주식을 발행하여야 함은 물론이다.

있다.
　영국과 일본 등의 회사법에서는 상환주로 할 수 있는 주식에 대하여 특별히 제한하고 있지 아니한다[영국 회사법(2006) 684조; 日本 會社法 108조].
1) 동지: 이(철), (회) 298면.
2) 동지: 영국 회사법(2006) 제684조 1항.
　2011년 4월 개정상법 이전에는 상법에서 의무(강제)상환주식에 대하여 명문규정을 두지 않았다(개정전 상 345조 1항).

㈐ 상환절차

① 상환주식은 배당가능이익[1]으로써 상환되는 것이므로 상환기한이 도래되었다 하더라도 배당가능이익이 없으면 상환하지 못한다. 따라서 상환주식을 발행한 회사는 매년 이익의 일부를 주식상환적립금(목적이 특정된 임의준비금) 등의 명목으로 상환기금을 적립하는 것이 보통이다.

② 회사상환주식이든 주주상환주식이든 회사는 상환주식의 취득의 대가로 현금 외에 유가증권(다른 종류주식은 제외한다)이나 그 밖의 자산을 교부할 수 있는데, 이 경우에는 그 자산의 장부가액이 상법 제462조에 따른 배당가능이익을 초과하여서는 아니 된다(상 345조 4항).

③ 회사상환주식의 경우에는 회사는 상환대상인 주식의 취득일로부터 2주 전에 그 사실을 그 주식의 주주 및 주주명부에 적힌 권리자에게 따로 통지하여야 하는데, 이러한 통지는 공고로 갈음할 수 있다(상 345조 2항). 회사는 이러한 상환대상인 주식을 취득한 후 주식실효(失效)의 절차를 밟는데(상 343조 1항 단서), 이 절차를 마친 때에 상환의 효력이 발생한다.[2]

④ 주주상환주식의 경우에는 회사는 상환청구기간 내에 상환주식을 가진 주주로부터 상환을 청구받고, 상환주식을 취득하여 주식실효(失效)의 절차를 밟는데, 이 절차를 마친 때에 상환의 효력이 발생한다. 따라서 상환주식의 주주가 회사에 대하여 상환권을 행사한 이후에도(상 345조 3항) 상환금을 지급받을 때까지는 원칙적으로 여전히 주주의 지위를 갖는다.[3]

⑤ 주금액의 일부에 대한 상환은 있을 수 없고(주식불가분의 원칙),[4] 상환의 경우 상환주식 상호간에는 주식평등의 원칙이 적용되어야 한다.

㈑ 상환의 효력   상환주식의 상환의 효력이 자본금과 수권주식총수에 어떠한 영향을 미치는지가 문제된다.

---

1) 이 때의 배당가능이익은 임의준비금을 포함한다[동지: 정(동), (회) 196~197면; 채, 606면; 이(기) 외, (회) 216면].
2) 동지: 정(동), (회) 197면; 이(기) 외, (회) 216면.
3) 동지: 대판 2020. 4. 9, 2017 다 251564(공보 2020, 899)(회사는 정관으로 정하는 바에 따라 주주가 회사에 대하여 상환을 청구할 수 있는 종류주식을 발행할 수 있다. 이 경우 회사는 정관에 주주가 회사에 대하여 상환을 청구할 수 있다는 뜻, 상환가액, 상환청구기간, 상환의 방법을 정하여야 한다〈상법 제345조 제3항〉. 주주가 상환권을 행사하면 회사는 주식 취득의 대가로 주주에게 상환금을 지급할 의무를 부담하고, 주주는 상환금을 지급받음과 동시에 회사에게 주식을 이전할 의무를 부담한다. 따라서 정관이나 상환주식인수계약 등에서 특별히 정한 바가 없으면 주주가 회사로부터 상환금을 지급받을 때까지는 상환권을 행사한 이후에도 여전히 주주의 지위에 있다).
4) 동지: 이(철), (회) 304면.

① 자본금에 미치는 영향   상환주식의 상환이 자본금에 미치는 영향은 상환주식의 상환으로 상환주식만큼 주식수는 줄어드나, 자본금은 감소되지 않는다. 왜냐하면 이것은 자본금 감소절차($\frac{상\ 438}{조\ 이하}$)에 의한 주식의 소각이 아니므로 자본금 감소가 되지 않기 때문이다($\frac{상\ 343조}{1항\ 단서}$). 따라서 이 때에는 액면주식의 경우 「자본금은 발행주식의 액면총액」이라는 자본금의 정의($\frac{상\ 451}{조\ 1항}$)에 예외적인 현상이 발생한다.

② 수권주식총수에 미치는 영향   상환주식의 상환이 수권주식총수에 어떠한 영향을 미치는지의 문제는, 먼저 수권주식총수의 감소를 가져오는지 여부가 문제되고, 그 다음으로 이에 따라 상환된 주식수만큼 주식을 새로이 발행할 수 있는지 여부가 문제된다.

가) 상환주식을 상환하면 (정관을 변경하지 않더라도) 당연히 상환된 주식수만큼 수권주식총수가 감소된다고 보면,[1] 상환된 주식수만큼 미발행주식수도 증가되지 않고 따라서 그만큼 주식을 재발행할 여지는 없게 된다.

나) 상환주식을 상환하더라도 수권주식총수는 감소되지 않는다고 보면 순이론상으로는 상환된 주식수만큼 미발행주식수가 증가하므로 그만큼 주식을 재발행할 수 있다고 보아야 할 것 같다. 이에 대하여 우리나라의 (i) 소수설은 상환된 주식수만큼 주식을 재발행할 수 있다고 하나,[2] (ii) 다수설은 상환된 주식수만큼 미발행주식수가 증가하는 것 같지만(다시 말하면 수권주식총수는 감소하지 않지만) 상환주식의 발행에 의하여 이미 주식의 발행권한이 행사된 것이므로 (또 상환주식으로의 재발행을 인정하면 실제로 무한의 발행수권을 인정하는 것이 되고, 보통주식으로의 재발행을 인정하면 정관으로 정한 종류주식의 발행수권을 침해하는 것이 되므로) 상환주식이 상환되더라도 그만큼 주식을 재발행할 수 없다고 한다.[3]

그런데 정관에 보통주식으로의 재발행을 인정하는 규정이 있으면 어떻게 되는가. 위의 (i) 소수설에 의하면 위와 같은 정관의 규정은 당연한 사항을 규정한 것이 되나, (ii) 다수설에 의하면 위와 같은 정관의 규정의 효력이 문제된다.[4]

---

1) 정(희), 401면(수권주식수는 정관을 변경하지 않고도 당연히 상환된 주식수만큼 감소한다고 한다).
2) 이(철), (회) 304면, 458~459면; 이(병), 507면.
3) 서·정, 357면; 손(주), 626면; 정(동), (회) 197면; 최(기), 612~613면; 동, (회) 233~234면; 주상(상), 906~907면; 채, 607면; 이(기) 외, (회) 217면 외.
4) 참고로 1995년 개정상법 이전에는 「회사가 발행할 주식의 총수를 증가하는 경우에는 발행주식 총수의 4배를 초과하지 못한다」는 규정이 있어(상 437조) 이 규정을 근거로 보통주식으로의 재발행을 인정하는 정관의 규정을 무효로 보는 무효설[주상(상), 906~907면; 日最高判 1965. 2. 2] 과 이를 유효로 보는 유효설[최(기), (회)(1991) 357~358면(우선주로의 재발행도 가능하다고 한다); 안동섭, 「상법판례 연습」(법지사, 1985), 341~342면]로 나뉘어 있었다. 즉, 무효설은 그러

생각건대 상환주식의 발행으로 인하여 이미 주식의 발행권한이 행사된 것이므로 동 상환주식이 상환되었다고 하여도 수권주식총수는 감소되지 않는다고 본다. 그런데 상환된 주식수만큼 주식을 재발행할 수 있는지 여부의 문제는 상환주식으로의 재발행은 정관의 규정 유무에 불문하고 무한수권(無限授權)의 폐단이 있어 인정될 수 없고, 보통주식으로의 재발행은 정관에 규정이 있으면 상환주식과 같이 정관에 의하여 발행권한을 부여받는 것이고 또 무한수권의 폐단도 없으므로 가능하나 정관에 규정이 없으면 불가능하다고 본다.[1]

4) 주식의 전환에 관한 종류주식(전환주식)(convertible stock)($\frac{상}{346조}$)

(가) 의 의 회사가 종류주식을 발행하는 경우에 정관에서 정하는 바에 따라 주주의 청구에 의하여 또는 정관에서 정한 일정한 사유가 발생할 때 회사가 주주의 인수주식을 다른 종류주식으로 전환할 수 있는데, 이러한 종류주식을 전환주식이라 한다($\frac{상 346조}{1항·2항}$). 이러한 전환주식은 전환권이 주주에게 인정되는 경우도 있고 (주주전환주식 또는 전환청구권부주식), 회사에게 인정되는 경우도 있다(회사전환주식 또는 전환사유부주식).[2] 전환주식은 전환권의 행사에 의하여 다른 종류주식으로 전환되는 것이므로, 일정한 기한의 도래 또는 조건의 성취로 인하여 당연히 다른 종류주식으로 전환되는 기한부 우선주 또는 조건부 우선주 등과 구별된다.[3]

(나) 효 용 주주전환주식은 전환권을 인정하여 투자유인동기를 마련함으로써 주주의 모집을 용이하게 하고, 이로 인하여 회사의 자금조달을 원활히 하는 기능을 하고 있다. 즉, 현재 보통주에 대하여 배당률이 저조하고 주식시세도 낮다면

한 정관의 규정은 상법 제437조(수권주식총수는 발행주식총수의 4배를 초과하지 못함)에 위반되어 무효라고 한다. 예컨대, 발행주식총수가 6만주(보통주)인 회사가 정관을 변경하여 보통주식 12만주, 상환주식 12만주로 규정하고 상환주식을 상환한 경우에는 그만큼 보통주식을 발행할 수 있다고 규정하였다면, 이는 회사가 합계 36만주의 주식을 발행할 수 있는 것이 되어 발행주식총수 6만주의 4배를 초과하게 되어 그러한 정관의 규정은 무효라고 설명하였다. 그러나 유효설은 상환주식의 상환에 의하여 발행되는 보통주식을 기준으로 하면 상법 제437조에 위반되지 않는다는 것이다. 즉, 위의 예에서 상환주식을 상환한 때의 수권주식총수는 24만주(보통주식 12만주＋상환주식의 상환에 의하여 발행되는 보통주식 12만주)가 되어 상법 제437조에 위반되지 않는다는 것이다. 그런데 1995년 개정상법은 이미 설명한 바와 같이 수권주식총수의 증가의 제한에 관한 제437조를 삭제하였으므로, 위와 같이 상법 제437조를 근거로 한 무효설과 유효설은 그 의미가 없게 되었다.

1) 동지: 정(희), 401면(정관에 규정이 있는 경우 보통주로의 재발행에 관하여).
2) 2011년 4월 개정상법이 전환권을 회사(이사회)에게도 인정하는 전환주식을 인정함으로써, 적대적 M&A를 방어하기 위하여(즉, 회사는 의결권이 없는 우선주인 전환주식을 보통주로 전환함으로써) 회사전환주식제도를 도입하는 회사가 늘고 있다. 즉, 상장사 중 회사전환주식제도를 도입한 회사는 2012년에 24개사, 2013년에 8개사, 2014년에 10개사(두산그룹 5개 상장사, GS건설 등)이다(조선경제, 2014. 4. 28, B7면).
3) 동지: 정(희), 401~402면.

주주는 전환권이 있는 우선주를 인수하여 우선배당을 받다가, 그 후 배당률도 높아지고 주식시세도 상승하면 전환권을 행사하여 보다 많은 수량의 보통주를 확보함으로써 보다 많은 배당금과 주식의 환가가치를 가질 수 있는 것이다.[1]

이에 반하여 회사전환주식은 회사의 자금조달을 용이하게 하고 재무관리를 탄력적으로 할 수 있으며, 또 경영권 방어수단으로도 활용하는 등 다양한 용도로 이용할 수 있다.[2]

(대) 발   행

① 전환권이 주주에게 있는 전환주식($\binom{주주전환주식\ 또는}{전환청구권부주식}$)을 발행하기 위하여는 정관에 전환의 조건($\binom{전환주식\ 몇\ 주에\ 대하여\ 신}{주\ 몇\ 주를\ 주는가의\ 비율}$), 전환의 청구기간($\binom{예컨대,\ 전환주식을\ 발행한\ 때로}{부터\ 몇\ 년\ 경과한\ 후\ 몇\ 년\ 내\ 등}$), 전환으로 인하여 발행할 주식의 수와 내용($\binom{예컨대,\ 보통}{주식\ 몇\ 주\ 등}$)을 정하여야 한다($\binom{상\ 346조}{1항\ 2문}$).

전환권이 회사에게 있는 전환주식($\binom{회사전환주식\ 또}{는\ 전환사유부주식}$)을 발행하기 위하여는 정관에 전환의 사유, 전환의 조건, 전환의 기간, 전환으로 인하여 발행할 주식의 수와 내용을 정하여야 한다($\binom{상\ 346조}{2항\ 2문}$).

이 때에 전환으로 인하여 새로 발행할 주식의 수는 전환청구기간 또는 전환의 기간 내에는 종류주식($\binom{상\ 344}{조\ 2항}$)의 수 중에 유보(留保)하여야 한다($\binom{상\ 346}{조\ 4항}$).

② 전환주식을 발행하는 내용을 주식청약서 또는 신주인수권증서($\binom{상}{347조}$)·주권($\binom{상\ 356}{조\ 6호}$) 등에 기재하고, 또 설립등기시에 이를 등기하여($\binom{상\ 317조}{2항\ 7호}$) 공시하여야 한다.

③ 회사가 수권주식총수의 범위 내에서 보통의 주식발행절차에 따라 전환주식을 발행하여야 함은 물론이다.

(라) 전환절차

① 전환권이 주주에게 있는 전환주식($\binom{주주전환주식\ 또는}{전환청구권부주식}$)을 전환하고자 하는 자는 전환하고자 하는 주식의 종류·수와 청구연월일을 기재하고 기명날인 또는 서명한 청구서 2 통에, 주권을 첨부하여 회사에 제출하여야 한다($\binom{상\ 349조}{1항·2항}$).

전환권이 회사에게 있는 경우($\binom{회사전환주식\ 또}{는\ 전환사유부주식}$) 회사의 이사회($\substack{자본금\ 총액이\ 10억원\ 미만\\인\ 회사로서\ 이사를\ 1명\ 또\\는\ 2명\ 둔\ 경우에는\ 각\ 이사\ 또는\ 정관에\ 따라\ 대표이사를\\정한\ 경우에는\ 그\ 대표이사\ -\ 상\ 383조\ 6항,\ 346조\ 3항}$)는 (i) 전환할 주식, (ii) 2주 이상의 일정한 기간 내에 전환주식의 주권을 회사에 제출하여야 한다는 뜻, (iii) 주권제출기간 내에 주권을 제출하지 아니할 때에는 그 주권이 무효로 된다는 뜻을 그 전환주식을 가진 주주 및 주주명부에 적힌 권리자에게 따로 통지하여야 하는데, 이러한 통지는 공고로 갈음할 수 있다($\binom{상\ 346}{조\ 3항}$). 회사전환주식을 가진 자는 회사의 이러한 통지 또는 공

---

1) 동지: 이(철), (회) 305~306면.
2) 동지: 이(철), (회) 306면.

고에 따라 전환주식의 주권제출기간 내에 그 주권을 회사에 제출하여야 한다($\substack{\text{상 346} \\ \text{조 3항}}$).

② 주주전환주식의 전환의 효력은 주주가 갖고 있는 전환권이 형성권이므로 전환을 청구한 때에 그 효력이 발생하고, 회사전환주식의 전환의 효력은 회사의 통지 또는 공고에 따른 전환주식의 주권제출기간이 끝난 때에 발생한다($\substack{\text{상 350} \\ \text{조 1항}}$). 전환주식은 주주명부폐쇄기간 중에도 전환될 수 있는데[1]($\substack{\text{상 349조 3항} \\ \text{삭제 참조}}$), 이 때 전환된 주식의 주주는 그 기간중의 주주총회의 결의에 관하여는 (전환된 주식의) 의결권을 행사할 수 없다($\substack{\text{상 350} \\ \text{조 2항}}$). 그러므로 예컨대 의결권 없는 우선주를 보통주로 전환한 경우에는 주주는 그 주주총회에서 의결권을 행사할 수 없다. 그러나 이와 반대로 의결권 있는 주식이 의결권 없는 주식으로 전환된 경우에는 종전의 주식의 주주는 의결권을 행사할 수 있다.[2]

③ 전환으로 인한 등기사항의 변경등기는 전환을 청구한 날($\substack{\text{주주전환주} \\ \text{식의 경우}}$) 또는 전환주식의 주권제출기간이 끝난 날($\substack{\text{회사전환주} \\ \text{식의 경우}}$)이 속하는 달의 마지막 날부터 2주 내에 본점소재지에서 이를 하여야 한다($\substack{\text{상} \\ \text{351조}}$).[3]

④ 전환주식에 설정된 질권의 효력은 전환으로 인하여 발행되는 신(新) 주식에 미친다($\substack{\text{질권의} \\ \text{물상대위}}$)($\substack{\text{상} \\ \text{339조}}$).

⑤ 전환으로 인하여 단주(端株)가 생길 수 있는데, 이러한 단주의 처리에 관하여 상법에 명문의 규정은 없으나, 주식의 병합으로 인한 단주의 처리에 관한 상법 제443조를 유추적용하여 처리하여야 할 것으로 본다.[4]

(바) **전환의 효과**　　전환을 청구한 때($\substack{\text{주주전환주} \\ \text{식의 경우}}$) 또는 전환주식의 주권제출기간이 끝난 때($\substack{\text{회사전환주} \\ \text{식의 경우}}$)에 전환주식은 소멸하고 신 주식이 발행되는 효과가 발생하는데, 이 때에 전환주식의 전환이 자본금에 어떠한 영향을 미치는가의 문제와 전환주식의 전환이 수권주식총수에 어떠한 영향을 미치는가의 문제가 있다.

① 자본금에 미치는 영향　　전환주식의 전환이 자본금에 어떠한 영향을 미

---

1) 1995년 개정상법 이전에는 주주명부의 폐쇄기간중에는 주식의 전환을 청구할 수 없도록 규정하였는데(상 349조 3항), 주주총회에서의 의결권을 행사하거나 이익배당을 받을 자를 정하기 위하여 이용되는 주주명부의 폐쇄제도는 주식의 전환청구와는 별개의 사항이기 때문에 1995년 개정상법은 이 규정을 삭제하였다[해설(1995), 106면].

2) 해설(1995), 108면.

3) 1995년 개정상법 이전에는 전환한 날을 기준으로 본점소재지에서는 2주간 내, 지점소재지에서는 3주간 내에 변경등기를 하도록 규정하였으나, 전환한 날(즉, 전환을 청구한 날)을 기준으로 개별적으로 등기기간을 산정하는 것은 지나치게 번거롭고 또한 지점소재지에서 이를 등기하도록 하는 것도 번거롭기 때문에 1995년 개정상법은 이와 같이 개정한 것이다[해설(1995), 109면].

4) 동지: 김건식, "무의결권우선주에 관한 연구," 상장협연구보고서 94-2(서울: 한국상장회사협의회, 1994. 11), 92면.

치는가의 문제는, 상법 제348조의 전환으로 인하여 발행하는 주식의 발행가액의 제한과 관련된다.[1] 즉, 동조에 의하여 전환주식의 발행가액총액과 신 주식의 발행가액총액이 일치하여야 한다. 따라서 전환주식의 1주당 발행가액과 신 주식의 1주당 발행가액이 같은 경우에는 전환조건(전환비율)이 1 : 1이 되어 자본금의 증감을 초래하지 않으나, 이러한 경우는 실제로 거의 발생하지 않는다. 왜냐하면 전환주식(예컨대, 우선주)과 신 주식(예컨대, 보통주식)의 가치가 다르고, 또 (전환주식의 발행시와 전환청구시에 있어서) 주식의 시가가 다르기 때문이다. 따라서 전환주식의 1주당 발행가액(예컨대, 액면주식의 경우 발행가액은 10,000원, 액면가액은 5,000원)과 신 주식의 1주당 발행가액(예컨대, 액면주식의 경우 발행가액은 5,000원, 액면가액은 5,000원)이 다른 경우에는 자동적으로 전환조건(예컨대, 전환주식 1주당 신주식을 주는 비율은 1 : 2)은 달라지게 되어 자본금의 증감을 초래하게 된다.

가) 자본금이 증가하는 경우   위의 예에서와 같이 우월적 조건을 가진 주식(예컨대, 고가인 우선주)을 열후적 조건을 가진 주식(예컨대, 저가인 보통주)으로 전환하는 경우에는 발행가액의 비율에 반비례하여 주식수가 증가하므로 액면주식의 경우 증가된 주식의 액면총액만큼 자본금의 증가를 가져오게 되는데(이는 준비금이 자본금 전입된 것과 동일한 결과가 됨), 이것은 정관의 규정에 의한 결과이므로 적법하다.[2] 즉, 위의 예에서 액면주식의 경우 전환주식을 10,000주 발행하였다면 신주식은 20,000주가 발행되어야 하고(발행가액 @₩10,000×10,000주=발행가액 @₩5,000×20,000주, 상 348조), 전환주식의 발행시에는 자본금이 5천만원(액면가 @₩5,000×10,000주, 상 451조 1항)인데(액면초과액 @₩5,000×10,000주=₩50,000,000원은 자본준비금으로 적립됨, 상 459조 1항), 전환으로 인하여 신 주식이 발행된 경우에는 자본금이 1억원(액면가 @₩5,000×20,000주)이 되어 5천만원이 증자된 결과가 된다. 위와 같은 경우를 하향전환(downstream conversion)이라고 하는데, 이것은 정관의 규정에 의한 증자이므로 우리 상법의 해석상 인정된다.

나) 자본금이 감소하는 경우   위의 예와 반대되는 경우(저가인 보통주를 고가인 우선주로 전환하는 경우)에는 신 주식수가 감소되어(전환조건은 2 : 1) 액면주식의 경우 감소된 주식의 액면총액(액면가 @₩5,000×10,000주 〈감소된 주식수〉=₩50,000,000)만큼 자본금이 감소하게 된다. 이것은 결과적으로 상법상 엄한 자본금 감소절차를 탈법하는 것이 되므로(즉, 채권자보호절차 등과 같은 자본금 감소절차를 밟고 있지 않으므로), 우리 상법의 해석상 무효가 된다.[3] 위와 같은 경우를 상향전환(upstream conversion)이라고 하는데,

---

1) 상법 제348조의 규정은 (액면주식의 경우) 신주의 발행가액이 액면미달이 되지 않도록 전환주식의 발행가액을 정하도록 하여, 회사의 자본금 충실을 기하기 위한 것이다.

2) 동지: 손(주), 629면; 정(동), (회) 200면; 이(철), (회) 312면; 이(기) 외, (회) 218면; 주상(제5판)(회사 Ⅱ), 538면 외.

3) 동지: 손(주), 629면; 정(동), (회) 200면; 채, 608면; 이(기) 외, (회) 218면; 주상(제5판)(회사 Ⅱ), 538면(그러나 채권자보호절차를 거친다면 이론상은 가능하다고 한다) 외.
  반대: 이(철), (회) 312면(자본금이 감소되는 경우에는 채권자보호절차를 밟아야 한다고 한다).

미국에서는 종래에 이를 입법으로 금지하는 주가 많았다.[1] 그러나 근래에는 이를 허용하는 경향이 많다.[2]

　　② 수권주식총수에 미치는 영향　　　　전환주식의 전환이 수권주식총수에 어떠한 영향을 미치는가의 문제는 상환주식의 경우와 비교하여 볼 수 있다.

　　가) 상환주식의 경우에는 상환주식이 상환되면 그만큼 주식수가 줄어들기 때문에 수권주식총수가 감소된다고 볼 여지가 있으나, 전환주식의 경우에는 종류가 다른 주식 상호간의 교체이므로 수권주식총수가 전환되는 주식수만큼 감소된다고 볼 여지는 없다.

　　나) 따라서 전환주식이 전환되더라도 수권주식총수에는 변동이 없는데, 전환에 의하여 소멸된 전환주식의 수만큼 그 종류의 미발행주식수가 부활하여 재발행이 가능한가. 재발행이 가능하다면 전환주식으로의 재발행이 가능한가의 문제가 있다.[3] 이에 대하여 우리나라의 (i) 소수설은 상환주식의 경우와 같이 전환주식의 경우에도 전환으로 인하여 소멸된 종류의 주식은 미발행주식으로 부활하지 아니한다고 보아 어떠한 형태의 주식으로도 재발행을 인정하지 않으나,[4] (ii) 다수설은 상환주식의 경우와는 달리 전환주식의 경우에는 전환으로 인하여 다른 종류의 주식으로 교체된 것에 불과하므로 전환으로 인하여 소멸된 주식만큼 그 종류의 미발행주식으로 부활한다고 보는데 다만 전환권이 없는 주식으로의 재발행을 인정한다.[5]

　　생각건대 전환주식을 전환한 경우에는 상환주식의 경우와는 달리 수권주식총수의 범위 내에서의 주식의 종류 상호간의 교체에 불과하므로 (정관의 규정 유무에 불구하고) 전환으로 인하여 소멸된 주식만큼 그 종류의 미발행주식으로 부활하여 재발행이 가능하다고 본다(이 점에서는 다수설에 찬성함). 그런데 어떠한 종류의 주식으로의 재발행이 가능한가의 문제가 있다. 이에 대하여는 (i) 전환주식으로의 재발행이 가능하다고 보는 견해, (ii) 전환권이 없는 전환 전의 주식(예컨대, 우선주에 대하여 보통주로의 전환권이 인정된 경우에는 전환권이 없는 우선주)으로의 재발행이 가능하다고 보는 견해, (iii) 보통주로의 재발행이 가능하다고 보는 견해의 세 가지를 생각할 수 있다. 이에 대하여 우리나라의 다수설은 (ii)의 견해에 따라 설명하고 있으나, (ii) 또는 (iii)의 견해에 따르는 경우에는 정관에서 정한 종류주식의

1) N.Y. Bus. Corp. Law § 519; MBCA(1969) § 15(e) 외(Dooley, p. 164).
2) RMBCA(2006) § 6.1(c); Del. Gen. Corp. Law § 151(e); Cal. Corp. Code § 403.
3) 이러한 문제에 관한 논의에 대하여 상세한 소개로는 연습, 328~331면(사례 55) 참조.
4) 이(범), (예해) 494면.
5) 서·정, 359면 주 1; 손(주), 629면; 정(동), (회) 200면(그 이유는 이미 전환권을 행사하였기 때문이라고 한다); 이(철), (회) 312면; 이(기) 외, (회) 219면; 주상(상), 914면; 채, 609면; 이·최, 273면 외.

발행수권을 침해하는 것이 되어 타당하지 않다고 본다. 따라서 정관에 재발행되는 주식의 종류에 관하여 별도의 정함이 없으면 전환주식($^{(i)의}_{견해}$)으로의 재발행만이 가능하고, 전환권이 없는 전환 전의 주식($^{(ii)의}_{견해}$) 또는 보통주식($^{(iii)의}_{견해}$)으로의 재발행은 그와 같은 내용이 정관에 규정된 경우에만 가능하다고 본다($^{이\ 점에서는\ 다}_{수설에\ 반대함}$). (i)의 견해와 같이 전환주식으로의 재발행을 인정하는 경우에는, 전환으로 인하여 발행할 주식의 수는 수권주식총수 내에 유보되어야 하므로($^{상\ 346}_{조\ 4항}$) 상환주식에서와 같이 무한수권 (無限授權)의 폐단은 있을 수 없고 자동적으로 제한되며, 또 정관에서 정한 종류의 주식발행이므로 (ii) 또는 (iii)의 경우와 같이 정관에서 정한 종류주식의 발행수권을 침해하는 경우도 발생하지 않는다.

제 2 관 주   주

제 1 주주의 의의

(1) 주주의 개념

주주(shareholder; Aktionär)란 주식회사의 사원(구성원)으로서 주주권의 의미의 주식의 귀속의 주체이다. 주주의 지위는 주식의 인수 또는 양수에 의하여 취득되고,[1] 주식의 소각 또는 양도에 의하여 상실된다.[2]

(2) 주주의 자격

주주가 될 수 있는 자격에는 원칙적으로 제한이 없다. 따라서 자연인이든 법인이든, 내국인이든 외국인이든, 행위능력의 유무 등을 불문하고, 원칙적으로 아무런 제한 없이 주주가 될 수 있다. 그러나 예외적으로 상법 또는 특별법에 의하여 주주가 될 수 있는 자가 제한되는 경우가 있다($^{상\ 341조,\ 자금\ 172}_{조,\ 독규\ 9조\ 1항\ 등}$).

(3) 주주의 수

주주의 수는 제한이 없으므로 1인 주주도 인정된다($^{상\ 517조\ 1호에서\ 227}_{조\ 3호를\ 준용하지\ 않음}$). 또한 주주의 수의 최고한의 제한도 없다.

---

1) 동지: 대판 1967. 6. 13, 67 다 302(카드 443)(주식회사에 있어서는 주식을 인수 또는 양수함으로써 주주가 되는 것이므로, 발기인 상호간에 이와 다른 약정을 하였다면 그 약정은 무효라 할 것이다).

2) 동지: 대판 1963. 11. 7, 63 다 1179(집 11 ② 민 231)(주주권은 주식양도, 주식의 소각 또는 주금액의 체납에 의한 실권절차 등 법정사유에 의해서만 상실된다); 대결 1991. 4. 30, 90 마 672(공보 899, 1596)(주주가 사실상 주권을 포기하고 회사에 주권 포기의 의사표시를 하고 반환하더라도 그러한 행위만으로는 주식이 소멸되거나 주주의 지위가 상실되는 것이 아니다).

제 2 주주의 종류

(1) 주식의 종류에 따른 분류

주주의 종류는 주식의 종류에 따라 보통주주·우선주주·후배주주·혼합주주·상환주주·전환주주·무의결권주주 등으로 분류된다.

(2) 주식소유의 수량에 따른 분류

주식소유의 수량에 따라 대주주·소주주(소액주주)로 분류된다.

(3) 주식소유의 동기에 따른 분류

주식소유의 경제적 동기에 따라 투자주주·투기주주·기업자주주·종업원주주 등으로 분류된다.

(4) 주주명부에의 주식소유자의 등재명의에 따른 분류

기명주식의 경우 실질적인 주식소유자가 주주명부에 등재되지 않고 타인명의로 등재된 경우, 실질주주와 명의주주로 분류된다(그런데 이는 상장회사의 경우 주주실 명제 이후에는 거의 그 의미가 없다). 실질주주에 관하여는 뒤에 상술한다.

(5) 주식소유자가 누구이냐에 따른 분류

주식소유자(주주)가 자연인이냐 법인이냐에 따라 개인주주·법인주주로 분류된다. 근래에는 법인주주의 수가 압도적으로 많아지고 있다.

제 3 주주의 권리의무

1. 주주의 권리

주주의 권리의무는 주식이 나타내는 권리의무를 그것이 귀속되는 주체자의 면에서 본 것이므로, 이는 위에서 본 주식이 나타내는 권리의무와 같다. 다만 이에 관하여는 다음과 같은 점을 특히 유의할 필요가 있다.

(1) 의   의

주주의 권리란 주주가 회사에 대하여 가지는 권리로서 주식의 개념의 하나인 주주권을 의미한다. 이러한 주주의 권리는「포괄적이고 추상적인 권리」로서 주식의 취득에 의하여 취득되고, 주식과 분리하여 그 자체로서 양도 또는 담보의 목적이 될 수 없으며, 또 시효에도 걸리지 않는다. 그런데 이러한 주주의 권리 중 자익권인 이익배당청구권 등은 주주총회의 이익배당에 관한 승인에 의하여(상 449조 1항, 464조의 2 1항), 구체화되고 독립된 이익배당청구권 등과 같은 주주의 「채권자적 권리」로 변한다. 주주의 이러한 권리는 주주권에서 유출되기는 하나, 이와는 분리되어 일반채권과 같이 양도 또는 압류의 대상이 된다.

(2) 종   류

1) **자익권**(재산권) · **공익권**(관리권)   이는 주주의 권리행사의 목적에 의한 구별인데, 이에 관하여는 주식이 나타내는 권리의 설명에서 이미 상세히 설명하였다.

2) **단독주주권** · **소수주주권**   이는 주주의 권리행사의 방법에 의한 구별이다.

㈎ 단독주주권은 각 주주가 지주수(持株數)에 관계 없이 단독으로 행사할 수 있는 권리로서, 자익권은 전부 단독주주권에 속하고 공익권도 대부분 단독주주권에 속한다.

㈏ 소수주주권은 발행주식총수의 일정비율의 주식을 가진 주주[1]만이 행사할 수 있는 권리로서, 공익권의 일부에 대하여 인정되고 있다.[2]

3) **고유권** · **비고유권**   이는 주주의 의사에 반하여 박탈할 수 있는지 여부에 의한 구별이다.

㈎ 고유권은 정관의 규정 또는 주주총회의 결의에 의하여 회사가 일방적으로 박탈할 수 없는 권리로서, 주주의 의결권($\frac{상}{369조}$) · 이익배당청구권($\frac{상}{464조}$) 등은 이의 대표적인 예라고 볼 수 있다.[3]

㈏ 비고유권은 정관의 규정 또는 주주총회의 결의에 의하여 회사가 일방적으로 박탈할 수 있는 권리이다. 그런데 현행 상법상 주주의 권리에 관한 규정은 모두 강행법규로 규정되어 있기 때문에, 고유권 · 비고유권을 문제로 할 것도 없이 입법에 의하여 해결되고 있다. 따라서 고유권 · 비고유권에 관한 논의는 실익이 없다.[4]

2. 주주의 의무

주주의 의무는 주식회사의 개념($\frac{주주의}{유한책임}$)과 주식의 의의($\frac{주식이 나타}{내는 의무}$)에서 이미 설명

---

1) 이 때의 주주는 1인의 주주만을 의미하는 것이 아니라, 수 인의 주주가 소유하는 주식을 합하여 일정비율 이상이 되는 경우에는 그 수 인의 주주에게도 소수주주권이 인정된다.

2) 상법상 소수주주의 보호에 관한 규정을 정리한 것으로는 임홍근, "상법상 소수주주 보호제도에 관한 연구,"「상장협」, 제43호(2001, 춘계호), 97~122면.

3) 동지: 정(동), (회) 191면; 채, 597면; 이(기) 외, (회) 213면.

4) 동지: 서 · 정, 350면; 정(동), (회) 191~192면; 이(철), (회) 317면; 이(범), 141면; 채, 597면; 이(기) 외, (회) 213면; 이 · 최, 277면.

한 바 있는데, 이를 다시 정리하여 보면 다음과 같다.

(1) 출자의무

(가) 주주는 회사채권자와는 직접 아무런 관계가 없고,[1] 회사에 대하여 그가 가진 주식의 인수가액을 한도로 하는 출자의무만을 부담한다[2]($\substack{상\\331조}$)($\substack{법인격부인론이 인정되\\는 경우는 이에 대한}$ 예외가 됨). 그런데 주주는 회사에 대하여 인수가액의 전액을 납입하여야 하고(전액납입주의), 이러한 납입은 회사성립 전 또는 신주발행의 효력발생 전에 전부 이행되어야 하므로($\substack{상 295조, 305조,\\421조, 423조}$), 엄격히 말하면 이러한 출자의무는 「주주」가 아니라 「주식인수인」으로서의 의무에 해당된다고 본다[3]($\substack{그러나 회사성립 후에도 주식인수인이 납입하지 않은 경우\\나, 이사와 통모하여 현저하게 불공정한 발행가액으로 주식}$을 인수한 자는 극히 예외적으로 주주의 자격[4]으로 출자의무 또는 추가출자의무를 부담한다).

(나) 주주의 이러한 출자의무의 이행으로서의 출자목적은 「재산출자」에 한정되고($\substack{노무출자 또는 신용\\출자는 인정되지 않음}$), 재산출자는 금전출자가 원칙이고 현물출자는 예외적으로만 인정된다. 금전출자의 이행은 원칙적으로 현실적으로 납입하여야 한다.[5] 그러나 실질적으로 자본금 충실을 해하지 않는 한 회사의 동의에 의한 상계는 허용된다($\substack{상 421\\조 2항}$).[6] 따라서 금융기관 등이 회사에 대하여 갖고 있는 대출채권을 출자로 전환하는 경우에 상계가 인정된다.[7] 또한 주주가 자발적으로 회사채무를 부담하기로 약정한 것은 개인법적 약정이므로 주주의 유한책임과 무관하게 유효하다.[8]

주주가 어음이나 수표로써 금전출자를 이행한 경우에는 그 어음이나 수표가 결

---

1) 이 점에서 주주는 회사채권자에 대하여 직접·유한책임을 지는 합자회사의 유한책임사원과 구별된다.

2) 통설: 서·정, 351면; 손(주), 683면; 이(철), (회) 321~322면; 채, 591면; 이(기) 외, (회) 221면; 주상(제5판)(회사 Ⅱ), 355~356면 외.

반대: 정(동), (회) 204~208면(주주는 설립중의 회사의 채무에 대하여 차액책임을 지는 등 출자의무 이외의 재산적 의무를 부담하는 경우가 있으며, 지배주주의 경우에는 충실의무도 부담한다고 한다).

영미에서의 지배주주의 신인의무(fiduciary duty)에 관한 소개로는 노일석, "회사법상 지배주주의 신인의무," 「사회과학논총」(성신여대 사회과학연구소), 제14집(2001), 17~43면.

3) 통설: 이(철), (회) 322면; 이(범), 141면; 이(기) 외, (회) 221면; 주상(제5판)(회사 Ⅱ), 356면 외.

4) 동지: 정(동), (회) 204면.

5) 동지: 대판 1963. 10. 22, 63 다 494(집 11 ② 민 200)(주금납입은 현실적 이행이 있어야 한다); 동 1977. 4. 12, 76 다 943(민판집 232, 146)(주금납입의무는 현실적 이행이 있어야 하므로 당좌수표로써 납입한 때에는 그 수표가 현실적으로 결제된 때에 납입이 있었다고 할 수 있다).

6) 동지: 대판 1960. 11. 24, 4292 민상 874·875(카드 6871)(주금납입에 있어 현금수수의 수고를 생략하는 의미의 대물변제나 상계는 회사측에서 이를 합의한 이상 이를 절대로 무효로 할 이유는 없다).

7) 대법원 1999. 1. 25, 등기예규 제960호.

8) 동지: 이(철), (회) 322면; 대판 1989. 9. 12, 89 다카 890.

제된 때에 납입이 있다고 보아야 할 것이다.[1)]

㈐ 주주의 금전출자의 경우 이러한 출자의무는 회사의 납입최고를 전후하여 이론상 추상적 출자의무[2)]와 구체적 출자의무[3)]로 구분될 수 있겠으나, 우리 상법은 주식인수 후 지체 없이(회사설립시) 또는 납입기일에(신주발행시) 인수가액 전액을 납입시키는 전액납입주의를 취하고 있고(상 295조 1항, 305조 1항, 421조 1항) 또 실무상 청약시에 주금액에 상당하는 금액을 미리 청약증거금으로 받아 주식배정시 또는 납입기일에 주금액으로 대체하는 일이 많으므로, 회사로부터의 주식인수인에 대한 납입최고란 실무상 거의 없다(주식인수인에 대한 납입최고는 분할납입주의의 입법에서 실익이 있다). 따라서 현행법상 현실적으로는 주주의 추상적 출자의무는 거의 발생하지 않고, 주식인수인은 주식인수시에 구체적 출자의무(금전채무)만을 부담한다고 본다. 따라서 회사는 이 채권(구체적 출자이행청구권)을 양도할 수 있고, 회사채권자는 이를 압류하거나 대위행사할 수 있다.

(2) 유한책임

주주는 이와 같이 회사에 대하여만 일정한 출자의무만을 부담하므로, 주주는 인수가액의 범위 내에서 간접유한책임을 진다. 이것을 주주유한책임의 원칙이라고 하는데, 이는 주식회사의 본질적인 요소이므로 정관 또는 주주총회의 결의로 이와 달리 정할 수 없다.[4)] 따라서 회사는 이를 가중할 수도 없지만, 주주에 대한 납입청구권을 포기하거나 감경할 수도 없다. 그러므로 회사는 주주의 주금납입의무를 대체하여 이행할 수도 없다.[5)]

그러나 주주는 유한책임의 원칙을 포기하고 회사채무를 부담하거나 추가출자를 할 수도 있다.[6)] 이러한 주주의 의사에 반하는 주주유한책임의 원칙에 대한 예외에는 법인격부인론 등이 있다.

---

1) 동지: 전게 대판 1977. 4. 12, 76 다 943.
2) 대판 1969. 8. 19, 68 다 2421(집 17 ③ 민 11)(회사로부터의 납입최고가 있기 전에는 주주는 추상적 출자의무만을 부담하고, 이 의무를 주주라는 자격과 분리할 수 없으므로, 회사채권자는 이를 대위행사할 수 없다).
3) 대판 1960. 9. 1, 4292 민상 915(카드 6353)(회사의 주주에 대한 구체적 주금납입청구권은 양도할 수 있다).
4) 동지: 이(철), (회) 322면.
5) 동지: 대판 1963. 10. 22, 63 다 494.
6) 동지: 대판 1983. 12. 13, 82 도 735(공보 721, 210); 동 1989. 9. 12, 89 다카 890(공보 1989, 1469).

제 4 실질주주

1. 의   의

(1) 광의의 실질주주

광의의 실질주주란 주주명부에 기재된 주주는 아니지만, 실질적으로 주식의 소유자로서 그 주식에 관하여 직접적인 이해관계를 갖는 자를 말한다. 이에 반하여 주주명부에 주주로 기재되어 있지만, 실질적인 주식의 소유자가 아닌 자를 명의주주(형식주주)라 한다. 이러한 실질주주에는 다음과 같은 자들이 있다.

1) **명의차용자** 타인명의로 주식을 인수(또는 양수)하여 명의대여자가 주주명부에 주주로 기재된 경우에는 명의차용자가 실질주주가 된다.

(개) 가설인(假設人)이나 타인의 승낙 없이 타인명의로 주식을 인수한 자는 상법상 주식인수인으로서의 책임이 있으므로(상 332조 1항), 그가 주주로서 모든 권리의무를 갖는다. 가설인이나 타인의 승낙 없이 타인명의로 주식을 양수한 자에 대하여도 이와 동일하게 해석하여야 한다고 본다.

(내) 그런데 타인의 승낙을 얻어 그 명의로 주식을 인수한 자는 상법상 그 타인과 연대하여 납입할 책임만이 있을 뿐(상 332조 2항), 누가 주식인수인(주주)으로서의 권리의무가 있는지에 대하여 규정이 없으므로 이에 대하여 논의가 있다. 이에 대하여 학설은 (i) 명의대여자가 주주라고 보는 형식설(소수설)과, (ii) 명의차용자가 주주라고 보는 실질설(다수설)로 나뉘어 있는데, 실질설이 타당하다고 한 점은 이미 설명한 바와 같다.[1] 이에 대하여 종래의 판례는 실질설에 따라 판시하였으나,[2] 그 후 대법원 전원합의체 판결로써 형식설로 변경하였다.[3] 타인의 승낙을 얻어 그 명의로 주식을 양수한 자에 대하여도 이와 동일하게 해석하여야 한다고 본다. 이러한 점에서 실질주주의 채권자는 실질주주를 대위하여 명의신탁계약을 해지하고 명의주주를 상대로 주주권 확인을 구할 수 있다.[4]

2) **명의개서 미필주주** 주식을 양수하였으나 주주명부에 아직 명의개서를 하지 못하여 양도인이 주주명부에 주주로 기재되어 있는 명의개서 미필주주(名義改書 未畢株主)는 실질주주가 된다. 이렇게 명의개서를 하지 않은 주식을 「광의의 실기주(失期株)」[5]라 하는데, 이러한 실기주의 주주가 실질주주가 된다.

---

1) 이에 관한 상세는 연습, 332~336(사례 56) 참조.
2) 대판 1986. 7. 22, 85 다카 239 · 240(공보 784, 1090) 외 다수.
3) 대판(전) 2017. 3. 23, 2015 다 248342(공보 2017, 847) 외.
4) 대판 2013. 2. 14, 2011 다 109708.
5) 이에 반하여 신주배정일까지 명의개서를 하지 않음으로 인하여 양도인에게 배정된 신주를 「협의의 실기주」라고 하는데, 양수인은 어떠한 법리에 의하여 이의 반환을 청구할 수 있는가에 대하여 논의가 있다(이에 관하여는 후술함).

3) 제도상의 실질주주

(가) 주주(투자자)가 투자의 목적으로 그의 주권을 집합투자업자(위탁자)에게 맡기고 집합투자업자는 신탁업자(수탁자)와 신탁계약을 체결하여 수탁자로 하여금 당해 위탁자의 지시에 따라 투자·운용하게 하는 경우(투자신탁)($\frac{자금}{188조}$)에는, 그 주권의 명의는 수탁자인 신탁업자의 명의로 되므로($\frac{신탁}{3조}$), 투자자가 실질주주가 된다.[1]

(나) 우리사주 조합제도($\frac{자금 165}{조의 7}$)에 의하여 조합원이 취득한 주식은 대표자의 명의로 증권금융회사에 예탁하도록 되어 있으므로, 이 경우에는 조합원이 실질주주가 된다.

4) 자본시장과 금융투자업에 관한 법률상의 실질주주 　고객의 상장주권(유가증권)은 자본시장과 금융투자업에 관한 법률에 의하여 보통 금융투자업자(예탁자)를 통하여 한국예탁결제원에 예탁되는데, 이 때 그 주권은 한국예탁결제원의 이름으로 명의개서가 되므로, 이 경우에는 그 주권을 예탁한 자($\frac{투자자 또}{는 예탁자}$)가 실질주주가 된다.

(2) 협의의 실질주주

위에서 본 광의의 실질주주 중 4) 자본시장과 금융투자업에 관한 법률상의 실질주주만을 보통 협의의 실질주주라고 한다.[2] 이러한 협의의 실질주주에 관하여는 주권예탁결제제도와 관련하여 자본시장과 금융투자업에 관한 법률 제309조 내지 제316조에서 상세히 규정하고 있으므로, 이하에서는 이에 관하여 좀더 상세히 살펴보겠다. 따라서 이하에서 실질주주라 함은 협의의 실질주주만을 의미한다.

2. 주권의 예탁

(1) 주권의 예탁절차

1) 상장주권(유가증권)을 가진 자(투자자)는 (향후 매매 등의 편의를 위하여) 금융투자업자(예탁자)에 그 주권을 예탁하는데, 이 때 금융투자업자는 일정한 사항($\frac{투자자의 성명 및 주}{소, 예탁증권 등의 종}$ $\frac{류 및 수와 그}{발행인 명칭 등}$)을 기재한 「투자자 계좌부」를 작성·비치하여야 한다($\frac{자금 310}{조 1항}$).

2) 금융투자업자는 위의 주권이 투자자 예탁분이라는 것을 밝혀 지체 없이 예탁결제원에 예탁하여야 하는데($\frac{자금 310}{조 2항}$), 이 때 예탁결제원은 일정한 사항($\frac{예탁자의 명칭 및 주소, 예탁받}{은 증권 등의 종류 및 수와 그}$ $\frac{발행인의}{명칭 등}$)을 기재한 「예탁자 계좌부」를 작성·비치하되, 예탁자의 자기소유분과 투자자의 예탁분이 구분될 수 있도록 하여야 한다($\frac{자금 309}{조 3항}$). 예탁결제원은 이러한 예탁증권 등을 종류·종목별로 혼합하여 보관할 수 있다($\frac{자금 309}{조 4항}$).

---

1) 이 때 자산운용회사(위탁자)의 법적 지위에 관하여, 투자자에 대한 신탁관계에서의 수탁자의 지위에 있다고 보는 견해(단순신탁설·법적 신탁설)도 있으나, 위임관계에서의 수임인의 지위에 있다고 본다(조직계약설)[동지: 박삼철, "투자펀드의 법적 구조와 환매규제에 관한 연구," 법학박사학위논문(고려대, 2004. 2), 142~143면, 162~163면]. 투자신탁의 법적 성질에 관한 상세는 박삼철, 상게 박사학위논문, 128~170면 참조.

2) 동지: 정(동), (회) 186면.

(2) 예탁(계좌부기재)의 효력

1) 투자자 계좌부와 예탁자 계좌부에 기재된 자는 각각 그 증권 등을 점유하는 것으로 보고($\frac{\text{자금 311}}{\text{조 1항}}$), 이러한 계좌부에 증권 등의 양도를 목적으로 계좌간 대체의 기재를 하거나 질권설정을 목적으로 질물(質物)인 뜻과 질권자를 기재한 경우에는 주권의 교부가 있었던 것으로 본다($\frac{\text{자금 311}}{\text{조 2항}}$).

2) 투자자와 예탁자는 각각 투자자 계좌부와 예탁자 계좌부에 기재된 주권의 종류·종목 및 수량에 따라 예탁증권 등에 대한 공유지분을 가지는 것으로 추정하고($\frac{\text{자금}}{\text{312}}\frac{}{\text{조 1항}}$), 투자자는 예탁자에 대하여 예탁자는 예탁결제원에 대하여 언제든지 그 공유지분에 해당하는 주권의 반환을 청구할 수 있다($\frac{\text{자금 312}}{\text{조 2항}}$).

3. 권리행사

(1) 실질주주의 권리행사

1) 실질주주($\frac{\text{예탁주권}}{\text{의 공유자}}$)가 주주로서 권리행사에 있어서는 예탁주권의 공유지분에 상당하는 주식을 가지는 것으로 본다($\frac{\text{자금 315}}{\text{조 1항}}$). 따라서 실질주주는 명의주주($\frac{\text{예탁결}}{\text{제원}}$)가 있더라도 일정한 예외를 제외하고는($\frac{\text{자금 314}}{\text{조 3항}}$), 원칙적으로 모든 주주권을 행사할 수 있다.

2) 실질주주가 예외적으로 주주권을 행사할 수 없는 경우는 다음과 같다. 즉, 실질주주는 주권불소지신고($\frac{\text{상 358}}{\text{조의 2}}$), 주주명부에의 기재 및 주권에 관하여는 주주로서의 권리를 행사할 수 없다($\frac{\text{자금 314조 3항,}}{\text{315조 2항 본문}}$). 다만 이 경우에도 회사의 주주에 대한 통지 및 주주명부의 열람 또는 등사에 관하여는 실질주주가 그 권리를 행사할 수 있다($\frac{\text{자금 315}}{\text{조 2항 단서}}$).

(2) 명의주주(한국예탁결제원)의 권리행사

예탁결제원은 예탁주권에 대하여 자기명의로 명의개서를 청구할 수 있는데($\frac{\text{자금 314}}{\text{조 2항}}$), 이로 인하여 명의주주가 된다.

1) 예탁결제원은 (명의주주이든 아니든) 원칙적으로 실질주주의 신청에 의하여($\frac{\text{예탁자}}{\text{또는 투}}$ 자자의 신청에 의하는데, 투자자 의 신청은 예탁자를 거쳐야 한다) 주주권을 행사할 수 있다($\frac{\text{자금 314}}{\text{조 1항}}$).

2) 명의주주인 예탁결제원은 예외적으로 실질주주의 신청이 없는 경우에도 주권불소지신고($\frac{\text{상 358}}{\text{조의 2}}$), 주주명부의 기재 및 주권에 관하여 주주로서의 권리를 행사할 수 있다($\frac{\text{자금 314}}{\text{조 3항}}$).

제 3 관 주권과 주주명부

제 1 주   권

1. 의의와 성질

(1) 주권의 의의

주권이란 「주주의 회사에 대한 지위(주주권)를 의미하는 주식을 표창하는 유가증권」이다. 따라서 주권은 사원권적 유가증권이다. 주권은 주식회사라는 사단관계를 기초로 하여 발행되는 유가증권이므로, 유가증권의 법리뿐만 아니라 사단의 법리에 의해서도 지배된다.[1]

이러한 주권은 상법상 주식유통의 불가결한 수단으로서, 주주인 지위의 취득과 유가증권인 주권의 취득이 서로 결합되어 있다.

(2) 주권의 성질

주권은 사단의 법리에 의해서도 지배되는 점에서 어음·수표와는 다른 법적 성질을 갖고 있는데, 이는 다음과 같다. 즉, 주권은 이미 존재하는 주식을 표창하는 유가증권이고(비설권〈非設權〉증권성), 주식의 존재를 전제로 하여 주권의 효력이 발생하는 유가증권이며(요인증권), 주권의 법정기재사항이 있으나 이것이 본질적인 것이 아닌 한 이의 기재가 없거나 사실과 상이하게 기재되어도 유효한 유가증권이고(완화된 요식증권성), 주권의 기재문언에 따라 선의의 주권취득자가 그 권리를 취득하는 유가증권이 아니며(비문언〈非文言〉증권성), 권리의 이전(기명주권)에만 주권의 소지를 요하는 유가증권이고(불완전유가증권), 권리의 행사에 계속적으로 주권을 필요로 하는 유가증권(비상환증권성)이다.

2. 분   류

(1) 기명주권·무기명주권

1) 주식을 표창하는 유가증권이 주권이므로 주식에 기명주식과 무기명주식이 있는 것과 같이 주권에도 기명주권과 무기명주권이 있다. 우리나라에서는 앞의 기명주식·무기명주식에서 본 바와 같이 2014년 5월 개정상법 이전에는 무기명주식을 인정한 것과 함께 무기명주권을 인정하면서(2014년 5월 개정 전 상 357조) 무기명주주의 권리행

---

1) 동지: 정(희), 414~415면.

사$\left(\substack{2014년\ 5월\ 개정 \\ 전\ 상\ 358조}\right)$ 등에 대하여도 규정하였다. 그런데 2014년 5월 개정상법에서 무기명주식제도를 폐지하였으므로, 이와 함께 무기명주권제도도 폐지되었다$\left(\substack{상\ 357조· \\ 358조\ 삭제}\right)$.

2) 기명주권을 유가증권의 입장에서 보면 주권의 교부만에 의하여 주식이 양도되고$\left(\substack{상\ 336 \\ 조\ 1항}\right)$, 기명주식에서 주주의 성명을 주권에 기재하는 것은 권리지정의 의미를 갖지 않고 단순히 주주명부에 명의개서를 하였다는 기록에 지나지 않으므로, 유가증권의 종류에서 무기명증권의 범주에 속한다고 볼 수 있다. 따라서 기명주권에서 권리의 양도방법은 주권의 교부이고, 권리의 행사방법, 즉 기명주권을 소지하는 주주가 회사에 대하여 권리를 행사하는 방법은 주주명부에 명의개서를 하여야 한다$\left(\substack{이\ 점은\ 다른\ 무기 \\ 명증권과\ 구별됨}\right)\left(\substack{상\ 337 \\ 조\ 1항}\right)$.

(2) 단일주권 · 병합주권

주권은 그것이 표창하는 주식수에 따라 단일주권$\left(\substack{1주권에\ 1 \\ 주식을\ 표창}\right)$과 병합주권$\left(\substack{1주권에\ 수 \\ 개의\ 주식 \\ 을\ 표창}\right)$으로 나누어진다. 주주는 그의 비용으로 회사에 대하여 주권의 분할 또는 병합을 청구할 수 있다.[1]

3. 발　행

(1) 주권의 발행시기

1) 회사는 성립(설립등기) 후 또는 신주의 납입기일 후 지체 없이 주권을 발행하여야 한다$\left(\substack{상\ 355 \\ 조\ 1항}\right)$. 이 때의 「지체 없이」란 상법 제335조 3항 단서와 관련하여 볼 때 6개월 이내라고 볼 수 있다.[2]

주식의 양도에는 주권의 교부를 요하고$\left(\substack{상\ 336 \\ 조\ 1항}\right)$ 또 주식의 자유양도성은 상법상 원칙적으로 보장되므로$\left(\substack{상\ 335조 \\ 1항\ 본문}\right)$, 회사의 성립 후 또는 신주의 납입기일 후에 회사가 지체 없이 주권을 발행하여야 한다는 상법 제355조 1항의 규정은 강행규정으로 정관에 의해서도 이와 달리 정할 수 없다고 본다.[3] 이러한 회사의 주권발행의무는 회사성립시의 주식발행이나 회사성립 후의 신주발행$\left(\substack{상 \\ 416조}\right)$뿐만 아니라, 주식배당 · 준비금의 자본금 전입 등을 원인으로 하는 모든 신주발행의 경우$\left(\substack{상\ 350조,\ 442조,\ 461조, \\ 462조의\ 2,\ 515조,\ 523 \\ 조\ 3호}\right)$에 적용된다.[4]

한편 회사의 주권발행의무와 대응하여 주주는 회사에 대하여 주권발행청구권 및 주권교부청구권을 갖는다.[5] 또한 주주의 이러한 권리는 일신전속권이라고 볼 수

1) 동지: 정(동), (회) 212면; 이(기) 외, (회) 227면.
2) 동지: 정(희), 417면; 정(동), (회) 213면; 이(기) 외, (회) 228면.
3) 동지: 정(희), 417면; 정(동), (회) 212면.
4) 동지: 이(철), (회) 332면; 주상(제5판)(회사 Ⅱ), 560면.
5) 동지: 이(철), (회) 332면; 정(동), (회) 212면; 최(기), 641면.

없으므로 주주의 채권자가 대위행사($^{민}_{조}$ $^{404}_{1항}$)할 수 있다.[1] 이 때 회사가 주권을 발행하지 않는 경우에는, 이사는 회사($^{상}_{399조}$) 및 주주($^{상}_{401조}$)에 대하여 손해배상책임을 지는 외에, 과태료($^{상}_{1항}$ $^{635조}_{19호}$)의 제재도 받는다.

2) 한편 회사는 회사의 성립 후 또는 신주의 납입기일 후가 아니면 주권을 발행하지 못한다($^{상}_{조}$ $^{355}_{2항}$). 이것은 권리주 양도제한($^{상}_{319조}$)에 대응하여 권리주의 유가증권화 및 이를 통한 투기를 방지하기 위한 것이다.[2] 만일 회사가 이에 위반하여 회사의 성립 전 또는 신주의 납입기일 전에 주권을 발행하면 그 주권은 무효가 되고($^{상}_{3항}$ $^{355조}_{본문}$), 이를 발행한 발기인·이사 등은 그 주권이 무효가 됨으로 인하여 손해를 입은 자에 대하여 손해배상책임을 부담함은 물론($^{상}_{3항}$ $^{355조}_{단서}$), 또 과태료의 제재도 받는다($^{상}_{1항}$ $^{635조}_{19호}$). 한편 이렇게 무효가 된 주권은 회사의 성립 또는 신주의 납입기일의 경과로 치유되지 않고,[3] 또 회사는 이렇게 발행된 주권의 효력 및 이에 의한 권리주의 양도의 효력을 인정할 수도 없다고 본다.[4]

(2) 주권의 효력발생시기

주권의 효력발생시기를 언제로 볼 것인가는, 어음행위의 성립시기를 언제로 볼 것인가($^{어음이론 또}_{는 어음학설}$)와 유사한 문제인데,[5] 우리나라에서는 이에 대하여 다음과 같은 세 가지의 견해가 있다.

1) 작성시설　　회사가 주권을 작성한 때에 주권으로서의 효력이 발생한다고 보는 견해로, 이는 어음이론에서 창조설($^{엄격히는 순정창조}_{설〈純正創造說〉}$)에 대응하는 견해라고 볼 수 있다. 이 견해에서는 기명주권의 경우에는「주주의 성명이 주권에 기재된 때」에 주권으로서의 효력이 발생한다고 한다.[6] 따라서 이 견해에 의하면 주권의 작성 후 주주에게 교부하기 전이라도 선의취득·압류·제권판결 등이 가능하다고 한다. 그러나 이 견해에 의하는 경우라도 상법상 주권발행시기($^{회사의 성립시 또는 납}_{입기일 - 상 355조 1항}$) 이전에 발

1) 동지: 정(동), (회) 212면; 이(철), (회) 332면; 최(기), 641면; 이(기) 외, (회) 228면; 대판 1982. 9. 28, 82 다카 21; 동 1981. 9. 8, 81 다 141.
2) 동지: 정(동), (회) 213면; 이(철), (회) 332면; 채, 622면; 이(기) 외, (회) 228면.
3) 동지: 이(철), (회) 332면; 최(기), 636면(그러나 회사가 그 주권의 효력을 인정할 수는 있다고 한다).
　　반대: 정(동), (회) 213면(회사의 성립 또는 신주의 효력발생과 동시에 이러한 주권은 유효로 된다고 한다).
4) 동지: 이(철), (회) 332면.
　　반대: 최(기), 641~642면.
5) 반대: 최(기), 643면(주권은 비설권증권이므로 교부계약이 있어야 교부의무와 교부청구권이 성립하는 것이 아니며, 주권의 경우에는 권리외관설이 적용될 여지가 없으므로 주권의 효력발생시기를 논함에 있어서 어음이론을 적용할 여지가 없다고 한다).
6) 배철세·강위두,「상법강의 Ⅱ」, 273면.

행된 주권은 무효가 된다($_{2항 \cdot 3항}^{상 355조}$).

이 견해에 의하면 거래의 안전은 보호되나, 주주의 보호에 문제가 있다.

2) 발행시설   회사가 주권을 작성하여 (주주에게 교부한다는 의사로써) 누구에게든($_{의 \, 자에게}^{주주 \, 이외}$) 교부한다면 주권으로서의 효력이 발생한다고 보는 견해로, 이는 어음이론에서 발행설($_{수정발행설}^{엄격히는}$)에 대응하는 견해라고 볼 수 있다. 이 견해는 회사가 주권을 교부하여야 그 효력이 발생한다고 보는 점에서 앞에서 본 작성시설과 다르고, 주주가 아니더라도 누구에게든 교부하기만 하면 그 효력이 발생한다는 점에서 다음에서 보는 교부시설과 다르다.

이 견해에 의하면 주권의 작성 후 회사의 의사에 기한 주권의 점유이전행위($_{등}^{일치}$)가 있게 되면 (주주가 주권을 취득하기 전이라도) 선의취득 · 압류 · 제권판결 등이 가능하나($_{과 \, 동일}^{작성시설}$), 주권의 작성 후 회사의 의사에 기하지 않은 주권의 점유이탈행위($_{등}^{도난}$)가 있게 되면 (주주가 주권을 취득하기 전에) 선의취득 · 압류 · 제권판결 등이 불가능하다($_{과 \, 차이}^{작성시설}$). 이 견해는 작성시설과 교부시설을 절충한 입장이나, 주주가 자기의 과실 없이 주주권을 잃을 수 있다는 점 및 주주는 주권을 점유했던 일조차 없는데 「주권의 점유를 잃은 자」($_{수 \, 21조}^{상 \, 359조}$)에 해당하여 제3자의 선의취득을 허용하게 되는 바, 이는 선의취득제도의 본래의 취지에도 어긋나는 문제도 있다.

이 견해를 취한 과거의 우리나라의 대법원판례가 있다. 즉, 사망한 주주의 상속인(원고) 이외의 타인이 그 상속인의 인장을 위조하고 자기가 상속인이라 가장하여 회사(피고)에 대하여 주권교부신청을 하고, 회사는 주주인 상속인에게 교부할 의사로써 상속인을 가장한 그 타인에게 주권을 교부한 사안에서, 그 주권발행은 유효라고 판시하였다.[1]

3) 교부시설   회사가 주권을 작성하여 주주에게 교부한 때에 주권으로서의 효력이 발생한다고 보는 견해로, 이는 어음이론에서 교부계약설($_{약설 \, 또는 \, 순정발행설}^{엄격히는 \, 수정교부계}$)에 대응하는 견해라고 볼 수 있다. 이 견해에 의하면 주권의 작성 후 주주에게 교부하기 전에는 주권으로서의 효력이 발생하지 않으므로 선의취득 · 압류 · 제권판결 등이 불가능하다.

---

1) 대판 1965. 8. 24, 65 다 968(집 13 ② 민 75)(주권발행이라 함은 회사의 권한 있는 기관이 주 주권의 일정단위를 표시한 증권을 작성하여 이것을 주주에게 교부함을 말하고, 그와 같은 문서가 작성되었다 하여도 주주에게 교부하기 전에는 아직 주권으로서의 효력은 발생할 수 없는 것이나, 회사가 적법히 주권을 작성하여 주주에게 교부할 의사로써 교부하였고 그 교부에 있어 교부를 받을 자에게 대한 착오가 있다 하여도 이미 그 주권이 유통되어 제3자가 악의 또는 중대한 과실 없이 선의취득을 한 경우에는 본래의 주주의 주주권은 상실되었다 아니할 수 없고, 따라서 그 주권 발행은 유효라고 해석하여야 할 것이다).

이 견해에 의하면 주주는 보호되나, 거래의 안전에 문제가 있다. 우리나라의 통설은 주권은 어음·수표와는 달리 사단법적 법리가 지배하는 특수성이 있어 거래의 안전보다는 진정한 주주의 보호가 더 요청된다는 이유로 교부시설을 취하고 있다.[1]

우리나라의 판례는 과거에는 앞에서 본 바와 같이 발행시설의 입장에서 판시하였으나, 그 후에는 교부시설의 입장에서 주권이 주주에게 교부된 때에 비로소 주권으로서의 효력이 발생한다고 판시하고 있다.[2]

생각건대 주권은 원칙적으로 주주에게 교부한 때에 그 효력이 발생한다고 본다(교부시설). 따라서 회사가 주주 아닌 타인에게 (주주에게 교부할 의사로써) 주권을 교부하여도 그 주권은 효력이 발생하지 않고, 그 주권을 교부받은 타인은 회사에 대하여 주주권을 행사할 수 없다고 본다. 그러나 회사가 주주 아닌 타인에게 주권을 교부하고 그 타인이 다시 제3자에게 주권을 양도한 경우에는 제3자가 그 타인이 적법한 주주라고 믿고 또 믿은 데 대하여 중대한 과실이 없으면 그러한 제3자는 보호되어야 할 것으로 본다. 따라서 이 때에는 예외적으로 주권의 효력이 발생하고, 제3자는 주권을 선의취득하여 회사에 대하여 주주권을 행사할 수 있다고 본다(발행시설).[3]

이렇게 보면 위의 발행시설에 의한 1965. 8. 24자 대법원판례와 교부시설에 의한 1977. 4. 12자 및 1987. 5. 26자 등의 대법원판례는 서로 모순되거나 또는 판례를 변경한 것으로 볼 수 없다고 본다.

(3) 주권의 기재사항

주권은 요식증권으로서 상법이 규정하고 있는 일정한 사항[4]과 번호를 기재하

---

1) 정(희), 418~419면; 정(동), (회) 215면; 이(철), (회) 333면; 이(기) 외, (회) 230면; 이·최, 280면; 강, (회) 356면 외.

2) 대판 1977. 4. 12, 76 다 2766(공보 559, 10005)(상법 제355조 규정의 주권발행은 동법 제356조 소정의 형식을 구비한 문서를 작성하여 이를 주주에게 교부하는 것을 말하고 위 문서가 추주에게 교부된 때에 비로소 주권으로서의 효력을 발생한다고 해석되므로, 피고회사가 구주권을 표창하는 문서를 작성하여 이를 주주가 아닌 제3자에게 교부하여 주었다 하더라도 위 문서는 아직 피고회사의 주권으로서의 효력을 갖지 못한다고 보아야 할 것이다); 동 1987. 5. 26, 86 다카 982·983(공보 804, 1052); 동 2000. 3. 23, 99 다 67529(공보 2000, 1032)(상법 제355조의 주권발행은 같은 법 제356조 소정의 형식을 구비한 문서를 작성하여 이를 주주에게 교부하는 것을 말하고, 위 문서가 주주에게 교부된 때에 비로소 주권으로서의 효력을 발생하는 것이다)[이 판결에 찬성하는 취지의 평석으로는 정진세, "주권발행전 주식양도 및 주권의 효력발생시기," 「판례월보」, 2001. 8(통권 371호), 30~38면].

3) 반대: 정진세, 전게 판례월보(2001. 8), 37면(주권에 있어서는 회사가 제3자와의 사이에서 만들어 낸 외관을 이유로 진정한 주주가 주주의 지위를 잃는 것은 부당하므로, 교부시설을 권리외관설에 의하여 수정·보충할 것은 아니라고 한다).

4) 주권의 기재사항에서 1995년 개정상법은 「주식의 양도에 관하여 이사회(2009년 5월 28일 개정 상법에 의하여 이사가 1명 또는 2명인 소규모 주식회사의 경우에는 이사회가 없으므로, 주주총회 — 상 383조 1항 단서, 4항)의 승인을 얻도록 정한 때에는 그 규정」을 추가하고 있다(상 356조

고, 대표이사 또는 대표집행임원이 기명날인 또는 서명하여야 한다[1]($^{상\ 356조,\ 408}_{조의5\ 2항}$).

　이러한 주권의 요식성은 어음·수표와 같이 엄격하지 않으므로, 본질적인 것이 아닌 사항($^{예컨대,\ 회사의}_{성립연월일\ 등}$)은 그 기재를 흠결하여도 주권의 효력에 영향이 없다.[2] 그러나 주권에 법정기재사항을 기재하지 아니하거나 부실한 기재를 한 경우에는 이사·집행임원은 회사($^{상\ 399조,\ 408}_{조의8\ 1항}$) 및 제3자($^{상\ 401조,\ 408}_{조의8\ 2항}$)에 대하여 손해배상책임을 지는 외에, 과태료의 제재($^{상\ 635조}_{1항\ 6호}$)도 받는다.

4. 주식의 전자등록[3]

(1) 인정이유

　(가) 유가증권의 무권화(전자화)의 일환으로 2011년 4월 개정상법은 주권을 발행하지 않고 주식을 전자등록할 수 있도록 하는 입법을 하였다. 우리 상법은 주식을 표창하는 유가증권으로 주권(株券)에 대하여 규정하고 있는데($^{상\ 355조\sim}_{360조}$), 종래의 실무에서는 주권을 한국예탁결제원에 예탁하는 증권예탁제도($^{자금\ 308}_{조\sim323조}$)와 주주가 기명주식의 주권을 소지하지 않겠다고 회사에 신고하는 주권불소지제도($^{상\ 358}_{조의2}$) 등에 의하여 권리의 발생·이전·행사 등에 주권이 실제로 이용되지 않는 경우가 많았다. 이는 증권무권화(dematerialization) 과정의 하나의 단계라고 볼 수 있는데, 증권예탁제도나 주권불소지제도는 증권(주권)의 발행을 전제로 한다. 그런데 2011년 4월 개정상법에서 도입된 주식의 전자등록제도는 처음부터 주권을 발행하지 않는 제도로

　6호의 2).

　　참고로 일본의 2005년 회사법에서는 주권의 기재사항으로 (i) 주권발행회사의 상호, (ii) 당해 주권과 관련된 주식의 수, (iii) 주권과 관련된 주식양도에 회사의 승인을 요하는 경우에는 그 내용, (iv) 당해 주권과 관련된 주식의 종류와 그 내용을 기재하도록 하고 있다(日會 216조).

1) 대판 1970. 3. 10, 69 다 1812(집 18 ① 민 203)(대표이사가 주권을 발행하지 않는다고 하여 전무이사가 그 명의로 발행한 주권은 무효이다); 동 1996. 1. 26, 94 다 24039(공보 1996, 715) (대표이사가 주권발행에 관한 주주총회나 이사회의 결의 없이 주주명의와 발행연월일을 누락한 채 단독으로 주권을 발행한 경우, 특별한 사정이 없는 한 주권의 발행은 대표이사의 권한이라고 할 것이므로 그 주권의 무효사유가 된다고 할 수 없다. 또한 이러한 점은 대표이사가 정관에 규정된 병합주권의 종류와 다른 주권을 발행하였다고 하더라도 같다).

2) 동지: 정(동), (회) 213면; 이(철), (회) 332면; 이(기) 외, (회) 229면; 주상(제5판)(회사 Ⅱ), 566면 외.

3) 이에 관한 상세는 정찬형, "전자증권제도의 도입에 따른 법적 과제,"「상사법연구」, 제22권 제3호 특집호(2003. 10), 11~72면; 손진화, "주식 등의 전자등록제도의 도입방안,"「상사법연구」, 제22권 제3호 특집호(2003. 10), 73~119면; 정경영, "전자증권의 법적 성질과 전자등록제도에 관한 고찰,"「상사법연구」, 제22권 제3호 특집호(2003. 10), 121~178면; 김순석, "주식 등의 전자등록제도 도입에 따른 주주 보호방안,"「상사법연구」, 제22권 제3호 특집호(2003. 10), 279~327면; 이병목, "전자증권제도의 법리에 관한 연구 — 투자증권을 중심으로," 법학박사학위논문(고려대, 2005. 8) 등 참조.

서 증권무권화제도의 최종단계라고 볼 수 있다.[1] 이와 같은 주식의 전자등록제도는 신주발행시의 신주인수권($\frac{상}{조의}\frac{420}{4}$)·사채(社債)($\frac{상}{조}\frac{478}{3항}$)·신주인수권부사채의 신주인수권 ($\frac{상}{조의}\frac{516}{7}$) 및 상법상의 유가증권($\frac{상}{조}\frac{65}{2항}$)에도 준용되어, 상법상의 모든 유가증권을 무권화(전자화)할 수 있도록 하였다. 따라서 주식의 전자등록에 관한 규정은 상법상의 유가증권의 무권화(전자화)에 관한 일반규정의 기능을 하고 있다.

　　자본시장법상 증권의 전자등록에 관하여는 2016년 3월 22일에「주식·사채 등의 전자등록에 관한 법률」($\frac{법}{14096호}$)이 제정되었고,[2] 동 법률의 시행령($\frac{대통령령}{29892호}$)이 2019년 6월 25일 제정되어, 동 법은 2019년 9월 16일부터 시행되고 있다. 따라서 자본시장법상 (기존) 상장주식 등은 발행인의 신규 전자등록 신청이 없더라도 동 법 시행일($\frac{2019.}{9.16.}$)부터 전자등록주식 등으로 전환되고, 주식 등을 새로 발행하려는 경우에는 발행인은 전자등록기관에 신규 전자등록을 신청하여야 한다($\frac{전등 부칙 3조 1항, 25}{조 1항 단서, 전등시 18}$$\frac{}{조}$$\frac{}{1항}$). 그 이외의 주식 등은 발행인이 전자등록기관에 신규 전자등록을 신청할 수 있다($\frac{전등 25조}{1항 본문}$). 이러한 점에서 볼 때 상장주식 등은「주식·사채 등의 전자등록에 관한 법률」에 의하여 의무적으로 전자등록되어야 한다고 볼 수 있다.

　　(내) 주식의 전자등록제도는 발행회사측에서는 실물주권의 발행과 발행된 실물주권의 관리와 관련되는 각종 절차를 간소화하고 또한 비용을 절약할 수 있는 장점이 있고, 투자자측에서는 실물주권의 보유로 인하여 발생하는 도난·분실 등의 위험이 없고 권리행사가 편리하게 되는 장점이 있으며, 금융투자업자측에서는 주권관련 비용의 절감과 주권업무의 효율성을 제고할 수 있는 장점 등이 있다.[3]

　　(대) 2011년 4월 개정상법은「주식의 전자등록」이라는 용어를 사용하여 주권의 발행에 갈음하여 주식을 전자등록기관의 전자등록부에 등록할 수 있고($\frac{상 356조}{의 2 1항}$) 또한 이와 같이 전자등록부에 등록된 주식의 양도나 입질(入質)은 전자등록부에 등록하여야 그 효력이 발생하는 것으로($\frac{상 356조}{의 2 2항}$) 규정하고 있는데, 이러한 주식의 전자등록의 법적 성질은 (유가증권법상 전형적인) 유가증권으로 볼 수는 없고 장부증권이론에서의 장부증권 또는 전자적 권리표창이론에서의 전자적 등록증권이라고 볼 수 있다.[4] 이러한 주식의 전자등록은 전자등록기관에의 등록을 권리관계의 기초로 하는

---

1) 이에 관한 상세는 정찬형, 전게논문(상사법연구 제22권 제3호 특집호), 21면 참조.
2) 이 법률의 내용 소개 및 문제점에 관하여는 정찬형, "전자증권제도 도입에 따른 관련 제도의 정비·개선,"「예탁결제」(한국예탁결제원), 제100호(2017. 3), 7~80면 참조. 이 법률에 관한 간단한 소개는 본서 제6장 제8절 제2관 제2 4. 전자증권 참조.
3) 이에 관한 상세는 정찬형, 전게논문(상사법연구 제22권 제3호 특집호), 22면 참조.
4) 이에 관한 상세는 정찬형, 전게논문(상사법연구 제22권 제3호 특집호), 17~20면 참조.
　　전자어음에서 동지의 견해로는 정(찬), (하)(제24판), 504면.

전자등록방식(장부등록방식)을 채택한 전자증권제도의 하나라고 볼 수 있다.[1]

주식의 전자등록제도는 실물증권의 발행 없이 전자적으로 관리되는 증권등록부에 등록되는 형태로 증권을 발행하는 것이다. 이와 같이 유가증권상의 권리가 종래와 같이 서면에 표창되지 않고 전자매체에 표창되는 새로운 현상이 발생하여 종래의 서면인 유가증권에 적용되는 많은 규정이 그대로 적용될 수는 없으므로, 이에 적용하기 위하여 2011년 4월 개정상법은 주식의 전자등록에 관한 규정을 신설한 것이다. 주식의 전자등록을 유가증권인 주권과 관련하여 어떻게 볼 것인가에 대하여, 이를 종래의 유가증권의 틀을 벗어난 새로운 권리형태로 파악할 수는 없고, 종래의 유가증권의 연장선상에서 권리표창의 방법의 상이에 따라 종래의 유가증권상의 규정이 변경된 것으로 파악하여야 할 것이다. 따라서 이 경우에도 종래의 유가증권에 적용되는 제 규칙이 원칙적으로 모두 적용되는데, 다만 권리표창방법의 상이로 수정 적용되는 것으로 보아야 할 것이다. 이러한 점에서 볼 때 권리표창의 방법이 상이한 점만에 의하여, 이를 종래의 유가증권의 개념에서 완전히 벗어난 전혀 다른 새로운 권리라고 보거나, 종래의 유가증권에 적용되는 제 원칙이 모두 적용될 수 없다고 보는 것은 무리라고 본다. 그러므로 권리표창이 전자적으로 이루어지는 주식의 전자등록제도(전자증권제도)는 어디까지나 종래의 유가증권 개념의 연장선상에서 파악되어야 할 것으로 본다.[2]

(2) 주식의 발행에 관한 전자등록

회사는 주권을 발행하는 대신 정관에서 정하는 바에 따라 전자등록기관(유가증권 등의 전자등록업무를 취급하는 기관을 말함)의 전자등록부에 주식을 등록할 수 있다(상 356조의 2 1항, 전등 부칙 10조 1항 2문). 이는 전자어음의 발행과 유사하다고 볼 수 있다(전어 5조 1항). 주식의 발행에 관한 전자등록은 주식 자체의 발행에 관한 것이 아니고 주권의 발행에 갈음하는 것이므로 이러한 전자등록을 하기 전에 이미 주식을 발행하였어야 한다.

회사가 정관에서 주권을 발행하는 대신 전자등록기관의 전자등록부에 주식을 등록할 수 있도록 정한 경우에, 일부의 주주가 회사에 대하여 주권의 발행을 요청한

---

1) 실물유가증권을 발행하지 않는 유가증권에 대하여 각국의 입법례는 각각 달리 표현하고 있다. 즉, 영국과 미국에서는 무증서증권(uncertificated securities), 스웨덴은 장부등록증권(book-entry securities) 또는 등록증권(registered security), 덴마크는 전자증권(electronic securities) 또는 장부등록증권(book-entry securities), 프랑스 및 노르웨이는 등록증권 등의 용어를 사용하고 있다. 일본에서는 "株券不發行" 또는 "株券代替制度"로 부르고 있다[정찬형, 전게논문(상사법연구 제22권 제3호 특집호), 15면].

2) 정찬형, 상게논문, 19~20면. 동지: 맹수석, "전자증권제도의 시행과 법적 쟁점의 검토,"「경영법률」(한국경영법률학회), 제28집 제4호(2018. 7), 14면.
   전자어음에서 동지의 견해로는 정(찬), (하)(제24판), 504면.

경우에 회사는 이에 응하여야 하는가. 이에 대하여 회사의 편의를 위하여는 부정하여야 할 것으로 볼 수 있으나[1](의무적 전자증권제도)(전등 36조), 투자자를 보호할 필요가 있는 점과 또한 상법 규정의 해석에서 볼 때(상 355조 1항, 356조의 2 1항) 이를 긍정하여야 할 것으로 본다[2](임의적 전자증권)(은행 33조의 5 3항 본문 및 제도)(전등 부칙 10조 2항 참조).

이러한 전자등록의 절차·방법 및 효과, 전자등록기관에 대한 감독, 그 밖에 주식의 전자등록 등에 필요한 사항은 따로 법률로 정한다(상 356조의 2 4항, 전 등 부칙 10조 1항 2문).[3] 이 때 전자등록기관은 전자어음에서 전자어음관리기관과 유사한데, 이러한 전자등록기관은 주식의 발행·이전 등과 관련된 전자등록에서 매우 중요한 역할을 하므로 중립성·공공성·안정성 및 신뢰성이 요구되고 또한 정부의 감독을 받아야 할 것으로 본다.[4]

회사가 주주 전원의 동의에 의한 결의로 정한 정관에 의하여 주권을 발행하는 대신 전자등록기관의 전자등록부에 주식을 등록하는 경우(즉, 주권의 발행을 요청하는 주주가 없는 경우), 회사가 전자등록기관의 전자등록부를 이전받아 전자주주명부로 이용한다면(상 352조의 2) 상법상 주식의 명의개서(상 337조 1항)·약식질(상 338조)·명의개서대리인(상 337조 2항)·주주명부의 폐쇄(상 354조) 등의 규정은 적용될 여지가 없고 또한 실질주주와 명의주주는 언제나 일치하게 되어 실질주주와 명의주주의 불일치에서 발생하는 문제는 없게 될 것이다.[5]

---

1) 김지환, "주식의 전자등록제도에 있어서 주주 보호 방안," 「상사법연구」(한국상사법학회), 제34권 제1호(2015. 5), 86면.

2) 동지: 정찬형, 전게논문(상사법연구 제22권 제3호 특집호), 55면; 동, 전게논문(예탁결제 제100호), 36~37면.

3) 상법(회사편) 정부안에서는 전자등록의 절차·방법 및 효과, 전자등록기관의 지정·감독 등 주식의 전자등록에 관한 사항은 "따로 법률(전자유가증권법)"로 정하기로 하였다. 그러나 전자유가증권법 제정 추진 과정에서 국채등록업무를 담당하는 한국은행의 반대에 부딪혀 전자유가증권법안은 2년 넘게 표류하고 있었고, 그 사이 금융위원회는 기업어음(CP)을 대상으로 하는 '전자단기사채 등의 발행과 유통에 관한 법률'을 단독으로 제정하여 2011. 6. 23 국회본회의를 통과하였다. 따라서 법무부는 국회 법안심사 소위에 이러한 문제상황이 있음을 밝히고, 우선 대통령령인 '상법시행령'에서 세부사항을 정하도록 기존의 합의를 변경할 필요성을 주장하여, 국회 법안심사 1 소위에서 "다른 법률"이 "대통령령"으로 수정되어 가결되었다. 이와 함께 법무부는 금융위원회와 함께 '전자유가증권법'의 제정을 추진하기로 하였다[해설(2012), 167~168면].

그 후 주식·사채를 포함한 자본시장법상 증권을 전자등록할 수 있도록 한 법률인 「주식·사채 등의 전자등록에 관한 법률」(2016. 3. 22, 법 14096호)이 제정되어, 동법 부칙 제10조 제1항 제2문에서 상법 제356조의 2 제4항을 본문과 같이 개정하여 처음의 정부안과 같이 하였다. 따라서 이때의 법률은 「주식·사채 등의 전자등록에 관한 법률」을 말한다. 동 법률은 공포 후 4년을 넘지 아니하는 범위에서 대통령령(제정: 2019. 6. 25, 대통령령 29892호)으로 정하는 날(시행: 2019. 9. 16.)부터 시행한다(전등 부칙 1조). 또한 동 법률의 시행으로 「공사채등록법」과 「전자단기사채 등의 발행 및 유통에 관한 법률」은 폐지된다(전등 부칙 2조).

4) 이에 관한 상세는 정찬형, 전게논문(상사법연구 제22권 3호 특집호), 57~61면 참조.

위에서 본 「주식·사채 등의 전자등록에 관한 법률」의 제정으로 동법 공포 후 6개월이 경과한 날 당시 예탁결제원은 동법 제5조 제1항에 따라 전자등록기관의 허가를 받은 것으로 보고 있다(전등 부칙 8조 1항).

5) 동지: 정찬형, 전게논문(상사법연구 제22권 제3호 특집호), 54면, 64~66면.

(3) 주식의 이전 등에 관한 전자등록

전자등록부에 등록된 주식의 양도나 입질(入質)은 전자등록부에 등록하여야 효력이 발생한다($\substack{상\ 356조의\ 2\ 2항,\\전등\ 35조\ 2항\cdot3항}$). 주식의 발행에 관한 전자등록은 정관에서 정하는 바에 따라 할 수 있으므로 회사가 임의로 선택할 수 있으나, 회사가 이를 선택하여 전자등록부에 주식을 등록하면 이의 양도나 입질을 위하여는 반드시 전자등록부에 등록하여야 양도나 입질의 효력이 발생한다.

(4) 전자등록의 권리추정적 효력 및 선의취득

전자등록부에 주식을 등록한 자는 그 등록된 주식에 대한 권리를 적법하게 보유한 것으로 추정하며, 이러한 전자등록부를 선의로 그리고 중대한 과실 없이 신뢰하고 양도나 입질(入質)에 관한 전자등록에 따라 권리를 취득한 자는 그 권리를 적법하게 취득한다($\substack{상\ 356조의\ 2\ 3항,\\전등\ 35조\ 1항\cdot5항}$).

주식의 전자등록제도에서 전자등록부의 기재의 내용을 전자주주명부의 기재의 내용으로 이용하는 경우($\substack{상\ 352\\조의\ 2}$), 이러한 전자등록부의 기재는 주권(유가증권)의 기능과 주주명부의 기능을 동시에 갖고 있다고 볼 수 있다.[1] 따라서 전자등록부에의 기재에 대한 권리추정적 효력은 주권이 발행된 경우 주권의 점유자에 대한 권리추정적 효력($\substack{주식의\ 소유관계에서\ 갖는\ 적\\법소지인으로서\ 추정적\ 효력}$)($\substack{상\ 336\\조\ 2항}$)과 주주명부의 명의개서에 따른 추정력($\substack{회사에\ 대한\\권리의\ 행사\\에서\ 갖는\\추정적\ 효력}$)을 동시에 갖게 된다. 또한 전자등록부에 의한 주식의 선의취득도 주권이 발행된 경우 주권의 선의취득($\substack{상\\359조}$)과 주주명부의 명의개서에 따른 대항력($\substack{상\ 337\\조\ 1항}$)을 동시에 갖게 된다. 따라서 이 점은 전자등록부에 의한 등록과 주권이 발행되는 경우와 구별되는 점이다.

5. 주권의 불소지제도

(1) 인정이유

1) 주주는 주주명부에 명의개서가 되어 있는 한 권리의 행사에 주권의 소지가 불필요하고($\substack{주주명부의\ 자\\격수여적\ 효력}$), 다만 권리의 양도에만 주권의 소지가 필요하다($\substack{상\ 336\\조\ 1항}$). 그런데 주식의 양도는 주권의 단순한 교부만으로 가능하므로($\substack{상\ 336\\조\ 1항}$), 주주가 주권을 상실한 경우에는 그의 권리를 상실할 위험이 매우 크다. 따라서 상법은 1984년의 개정시에 주식을 장기간 양도할 의사가 없는 고정주주의 이익을 위하여 주권불소지제도를 채택하여 신설하였다($\substack{상\ 358\\조의\ 2}$). 이러한 주권의 불소지제도는 종래에 자본시장육성에 관한 법률($\substack{이\ 법률은\ 그\ 후\ 폐지되고,\ 동\ 법률상의\\일부규정은\ 종래의\ 증권거래법에\ 흡수됨}$)에 규정되어 있던 것을 상법에 옮김으로

---

1) 동지: 정찬형, 상게논문, 54면.

써 일반제도화한 것이다. 이 제도는 비상장주권의 경우는 위에서 본 바와 같이 주권의 상실에 따른 위험을 방지할 수 있는 실효성이 있고, 상장주권의 경우는 주권예탁제도에 의하여 그러한 실효성은 거의 없으나 불소지제도를 이용하면 보관비용을 크게 줄일 수 있는 실효성은 있다.[1]

2) 그런데 이러한 주권의 불소지제도는 정관에 이를 금하는 규정이 없는 경우에 한하여 이용할 수 있다($\frac{상}{의 2}\frac{358조}{1항}$). 즉, 주권의 불소지제도는 회사의 사무의 번잡을 야기하므로, 회사는 정관의 규정에 의하여 이 제도를 이용하지 않을 수 있다. 그러나 정관 이외의 방법($\frac{예컨대, 회}{사내규 등}$)으로 이 제도의 이용을 배제할 수는 없다.[2]

(2) 주주의 불소지신고

1) 신 고 자   주주는 정관에 다른 정함이 없는 한 회사에 대하여 주권의 불소지신고를 할 수 있다($\frac{상}{2}\frac{358조의}{1항 1문}$). 주주는 주식인수인의 자격으로서도 불소지신고를 할 수 있고,[3] 또 주권발행의 전후를 불문하고 불소지신고를 할 수 있다.[4] 다만 주권발행 후에는 주주명부상의 주주에 한하고,[5] 또 이러한 주주는 이미 발행된 주권을 회사에 제출하여야 한다($\frac{상}{2}\frac{358조의}{3항 전단}$). 또한 주주는 자기가 소지하고 있는 주식의 일부에 대하여도 주권의 불소지신고를 할 수 있다고 본다.[6]

주권불소지신고로 주주가 변동되는 것이 아니므로 주주는 주주명부폐쇄기간중에도 주권불소지신고를 할 수 있다고 본다.[7]

2) 상 대 방   주권의 불소지신고의 상대방은 회사인데, 회사가 명의개서대리인을 두고 있는 경우에는($\frac{상}{조}\frac{337}{2항}$) 그에 대하여도 불소지신고를 할 수 있다고 본다.[8]

(3) 회사의 처리

주주의 주권의 불소지신고가 있으면 회사는 지체 없이 주권을 발행하지 아니한다는 뜻을 주주명부와 그 복본에 기재하고, 그 사실을 주주에게 통지하여야 한다($\frac{상}{358}$ $\frac{조의 2}{2항 1문}$). 회사가 이렇게 주권을 발행하지 아니한다는 뜻을 주주명부 등에 기재한 때

---

1) 동지: 이(철), (회) 334면. 참고로 2020년 12월 말 현재 한국예탁결제원이 예탁받은 비상장주식(상장주식은 2019년 9월부터 전자등록됨) 335억주 중 276억주(82.36%)가 불소지신고된 주권이라고 한다[이(철), (회) 334면].

2) 동지: 정(희), 419면.

3) 동지: 이(철), (회) 335면; 이(기) 외, (회) 232면; 주상(제5판)(회사 Ⅱ), 573면.

4) 동지: 정(동), (회) 216면; 이(철), (회) 335면; 채, 623면; 이(기) 외, (회) 232면; 주상(제5판)(회사 Ⅱ), 574면.

5) 동지: 이(철), (회) 334면(그 이유는 불소지신고가 주주명부에 기재되어야 하기 때문이라고 한다).

6) 동지: 이(철), (회) 335면; 주상(제5판)(회사 Ⅱ), 574면.

7) 동지: 이(철), (회) 335면.

8) 동지: 정(동), (회) 216면; 이(철), (회) 335면; 이(기) 외, (회) 232면; 주상(제5판)(회사 Ⅱ), 574면.

에는 회사는 주권을 발행할 수 없다($\frac{상~358조의}{2~2항~2문}$). 회사가 이미 주권을 발행하여 주주로부터 주권을 제출받은 경우에는 회사는 제출받은 주권을 무효로 하거나 명의개서대리인에게 임치하여야 한다($\frac{상~358조의}{2~3항~후단}$).[1] 회사가 이와 같이 제출된 주권을 무효로 하거나 임치한 경우에는 그 사실을 주주에게 통지하여야 한다.[2] 이에 위반하여 회사가 발행하거나 주주로부터 제출받은 주권이 유통된 경우에도, 그러한 주권은 무효이므로 선의취득이 있을 수 없다.[3]

(4) 주권의 발행

주주가 주권의 불소지신고를 한 경우에도 주식을 양도하거나 입질하기 위하여 주권이 필요한 경우에는, 언제든지 회사에 대하여 주권의 발행 또는 반환을 청구할 수 있다($\frac{상~358조}{의~2~4항}$). 이 때 발행의 청구는 회사가 전혀 주권을 발행하지 아니하였거나 또는 이미 발행한 주권을 무효로 한 경우이고, 반환의 청구는 명의개서대리인에게 그 주권을 임치한 경우이다.[4] 이와 같이 주주가 주권의 발행 또는 반환청구를 한 경우에 회사는 지체 없이 주권을 발행하거나 반환하여야 하는데, 정관에 의하여 이를 제한하거나 금지할 수 없다.[5]

6. 주권의 상실과 선의취득

주주가 주권을 상실하면 권리의 양도를 할 수 없다. 한편 상실된 주권은 선의의 제3자에 의하여 선의취득될 수가 있다[6]($\frac{상}{359조}$). 따라서 상법은 주권의 상실자를 위하여 공시최고절차와 제권판결에 의하여 상실된 주권을 무효로 할 수 있게 하고($\frac{상~360}{조~1항,~민소}_{475조~이하}$), 또 주권의 재발행을 청구할 수 있게 하였다($\frac{상~360}{조~2항}$). 그러나 상실된 주권에 대한 제권판결을 취소하는 판결이 선고·확정되면, 재발행된 주권은 소급하여 무효가 되므로 이를 선의취득할 수 없다.[7]

---

1) 1995년 개정상법 이전에는 「회사에 제출된 주권은 이를 무효로 한다」고 규정하여(상 358조의 2 3항 후단) 회사는 이를 무효로 할 수밖에 없었으나, 1995년 개정상법은 회사의 선택에 따라 이를 무효로 할 수도 있고 이를 무효로 하지 않고 명의개서대리인에 이를 임치할 수도 있도록 개정하였다(상 358조의 2 3항 후단). 그 이유는 회사가 새로 주권을 발행하는 비용과 임치료 등을 비교하여 적당한 방법을 선택할 수 있도록 하기 위해서이다.
2) 동지: 해설(1995), 112~113면.
3) 동지: 정(동), (회) 217면; 이(철), (회) 335~336면; 이(기) 외, (회) 232면; 주상(제5판)(회사 II), 575면.
4) 해설(1995), 113면.
5) 동지: 정(동), (회) 218면; 주상(제5판)(회사 II), 576면.
6) 상법 제359조가 어음법 제16조 2항을 준용하지 않고 수표법 제21조를 준용한 것은 어음은 무기명증권이 인정되지 않는데, (기명)주권은 무기명증권으로 (기명)주권은 무기명수표와 동일한 방법으로 선의취득되기 때문이다.
7) 동지: 대판 2013. 12. 12, 2011 다 112247·112254(공보 2014, 158)(상법 제360조 제1항은

주권의 제3자에 의한 선의취득[1]과 공시최고에 의한 제권판결[2]은 어음·수표의

"주권은 공시최고의 절차에 의하여 이를 무효로 할 수 있다"라고 정하고, 같은 조 제2항은 "주권을 상실한 자는 제권판결을 얻지 아니하면 회사에 대하여 주권의 재발행을 청구하지 못한다"라고 정하고 있다. 이는 주권은 주식을 표창하는 유가증권이므로 기존의 주권을 무효로 하지 아니하고는 동일한 주식을 표창하는 다른 주권을 발행할 수 없다는 의미로서, 위 규정에 반하여 제권판결 없이 재발행된 주권은 무효라고 할 것이다. 한편 증권이나 증서의 무효를 선고한 제권판결의 효력은 공시최고 신청인에게 그 증권 또는 증서를 소지하고 있는 것과 동일한 지위를 회복시키는 것에 그치고 공시최고 신청인이 실질적인 권리자임을 확정하는 것은 아니다. 따라서 증권이나 증서의 정당한 권리자는 제권판결이 있더라도 실질적 권리를 상실하지 아니하고, 다만 제권판결로 인하여 그 증권 또는 증서가 무효로 되었으므로 그 증권 또는 증서에 따른 권리를 행사할 수 없게 될 뿐이다. 그리고 민사소송법 제490조, 제491조에 따라 제권판결에 대한 불복의 소가 제기되어 제권판결을 취소하는 판결이 확정되면 제권판결은 소급하여 효력을 잃고 정당한 권리자가 소지하고 있던 증권 또는 증서도 소급하여 그 효력을 회복하게 된다. 그런데 위와 같이 제권판결이 취소된 경우에도 그 취소 전에 제권판결에 기초하여 재발행된 주권이 여전히 유효하여 그에 대한 선의취득이 성립할 수 있다면, 그로 인하여 정당한 권리자는 권리를 상실하거나 행사할 수 없게 된다. 이는 실제 주권을 분실한 적이 없을 뿐 아니라 부정한 방법으로 이루어진 제권판결에 대하여 적극적으로 불복의 소를 제기하여 이를 취소시킨 정당한 권리자에게 가혹한 결과이고, 정당한 권리자를 보호하기 위하여 무권리자가 거짓 또는 부정한 방법으로 제권판결을 받은 때에는 제권판결에 대한 불복의 소를 통하여 제권판결이 취소될 수 있도록 한 민사소송법의 입법 취지에도 반한다. 또한 민사소송법이나 상법은 제권판결을 취소하는 판결의 효력을 제한하는 규정을 두고 있지도 아니하다. 따라서 기존 주권을 무효로 하는 제권판결에 기하여 주권이 재발행되었다고 하더라도 제권판결에 대한 불복의 소가 제기되어 제권판결을 취소하는 판결이 선고·확정되면, 재발행된 주권은 소급하여 무효로 되고, 그 소지인이 그 후 이를 선의취득할 수 없다고 할 것이다).

1) 주권의 선의취득을 인정한 판례: 대판 1965. 8. 24, 65 다 968(집 13 ② 민 75); 동 1978. 9. 26, 77 다 2289(공보 598, 11116); 동 1997. 12. 12, 95 다 49646(공보 1998, 248)(주권의 양도인이 무권대리인인 경우에도 주권의 선의취득은 인정된다).

주권의 선의취득을 부정한 판례: 대판 2000. 9. 8, 99 다 58471(공보 2000, 2081)(양도인이 소유자로부터 보관위탁을 받아 제3자〈주식회사〉에게 보관시킨 주권을 양수인에게 양도한다는 약정을 하고 양수인이 제3자〈주식회사〉의 대표이사의 지위도 겸하고 있는 경우, 양도인이 주권반환청구권을 양도하고 지명채권 양도의 대항요건을 갖추어 양수인에게 선의취득의 요건으로서의 주권의 점유취득은 있었으나 양수인은 그 취득 당시 거래에서 필요로 하는 주의의무를 현저히 결여한 중대한 과실이 있으므로 주권을 선의취득하지 못한다)[이 판결은 주권의 선의취득요건으로서 주권이 교부되는 방법 중 주권반환청구권의 양도방법을 법원이 처음으로 인정하였다는 점에 의의가 있다는 취지의 평석으로는 김재범, "주권의 선의취득요건," 「JURIST」, Vol. 381(2002. 6), 59~68면 참조]; 동 2018. 7. 12, 2015 다 251812(공보 2018, 1578)(주권의 선의취득은 주권의 소지라는 권리외관을 신뢰하여 거래한 사람을 보호하는 제도이다. 주권 취득이 악의 또는 중대한 과실로 인한 때에는 선의취득이 인정되지 않는다〈상법 제359조, 수표법 제21조〉. 여기서 악의 또는 중대한 과실이 있는지 여부는 그 취득 시기를 기준으로 결정하여야 하며, '악의'란 교부계약에 하자가 있다는 것을 알고 있었던 경우, 즉 종전 소지인이 무권리자 또는 무능력자라거나 대리권이 흠결되었다는 등의 사정을 알고 취득한 것을 말하고, '중대한 과실'이란 거래에서 필요로 하는 주의의무를 현저히 결여한 것을 말한다〈대법원 2000. 9. 8. 선고 99 다 58471 판결 참조〉. 그리고 주권 등을 취득하면서 통상적인 거래기준으로 판단하여 볼 때 양도인이 무권리자임을 의심할 만한 사정이 있음에도 불구하고 이에 대하여 상당하다고 인정될 만한 조사를 하지 아니한 채 만연히 주권을 양수한 경우에는 양수인에게 상법 제359조, 수표법 제21조 단서에서 말하는 '중대한 과실'이 있다고 보아야 한다〈대법원 2006. 11. 9. 선고 2006 다 58684 판결〉.—명의수탁자로부터 주식을 취득한 자가 명의수탁자의 이전 거래를 확인하지 않은 것에 '중대한 과실'이 있다고 함〈저자 주〉).

2) 대판 1981. 9. 8, 81 다 141(공보 667, 14332)(주권을 분실한 자가 주권발행회사라 하더라도

그것과 같으므로, 어음·수표의 해당부분에 관한 설명을 참고하기 바란다.

제 2 주주명부

1. 의   의

주주명부란 「주주 및 주권에 관한 사항을 명백히 하기 위하여 상법의 규정에 의하여 작성되는 장부」를 말한다. 주주명부는 주주를 기초로 하여 작성되는 장부라는 점에서 주권을 기초로 하여 작성되는 장부인 「주권대장」과 구별되고, 또 회계에 관한 장부가 아니라는 점에서 「상업장부」($\frac{상}{조}\frac{29}{1항}$)와 구별된다.

2. 기재사항

상법은 주주명부의 기재사항에 대하여 규정하고 있는데, (기명)주식을 발행한 경우($\frac{상}{조}\frac{352}{1항}$)와 전환주식을 발행한 경우($\frac{상}{조}\frac{352}{2항}$)로 각각 분류하여 규정하고 있다. 주주명부 및 그 복본에 법정기재사항을 기재하지 않거나 부실기재한 경우에는 이사 또는 명의개서대리인은 과태료의 제재를 받는다($\frac{상\,635조}{1항\,9호}$).

주주명부의 기재사항에 변경이 생긴 경우에는 회사는 그 변경 후 지체 없이 이를 변경하여야 한다.[1]

3. 비치·공시

(대표)이사는 주주명부를 작성하여 회사의 본점에 비치하여야 하는데, (정관이 정하는 바에 의하여) 명의개서대리인을 둔 경우에는 주주명부 또는 그 복본을 명의개서대리인의 영업소에 비치할 수 있다($\frac{상}{조}\frac{396}{1항}$). 주주명부의 복본은 그 효력이 주주명부와 동일한 것으로, 복본에 한 명의개서는 주주명부에 한 명의개서와 동일한 효력이 있다($\frac{상}{조}\frac{337}{2항}$).

주주와 회사채권자는 회사를 상대로(명의개서대리인을 상대로 할 수 없음)[2] 영업시

위 주권에 대한 제권판결이 없는 이상 동 회사에 대하여 주권의 재발행을 청구할 수 없다).

1) 동지: 정(동), (회) 222~223면; 이(기) 외, (회) 236면.
2) 동지: 대결 2023. 5. 23, 2022 마 6500(공보 2023, 1119)(상법이 주주에게 회사에 대한 각종 서류 등 열람·등사 청구권을 부여하는 규정을 둔 취지와 체계, 상법 제396조 문언의 내용, 명의개서대리인의 지위와 업무 내용 등을 종합적으로 고려하면, 주주는 회사를 상대로 상법 제396조 제2항에 따라 주주명부 열람·등사를 청구할 수 있고, 회사의 이행보조자 또는 수임인에 불과한 명의개서대리인에게 직접 주주명부 열람·등사를 청구할 수는 없다. 또한 민사집행법 제300조 제2항에서 정한 임시의 지위를 정하기 위한 가처분은 그 가처분의 성질상 주장 자체에 의하여 다툼이 있는 권리관계에 관한 정당한 이익이 있는 자가 그 가처분을 신청할 수 있고, 그 경우 주

간 내에는 언제든지 주주명부 또는 그 복본의 열람 또는 등사를 청구할 수 있다($\frac{상}{조}\frac{396}{2항}$). 주주명부의 열람 또는 등사청구가 허용되는 범위는 '주주명부의 기재사항'($\frac{상}{352조}$)에 한정되므로 전자우편주소는 이에 포함되지 않고, 또한 이러한 열람청구가 개인정보보호법에 위반된다고 볼 수 없다.[1]

회사는 주주 등의 이러한 청구에 정당한 목적이 없다는 점을 증명하여 이의 청구를 거절할 수 있다.[2]

4. 효   력

(1) 대 항 력

주식의 양도는 주권의 교부에 의하여 가능하므로($\frac{상}{조}\frac{336}{1항}$) 그러한 주식의 양수인은 주권의 교부만 받으면 주주가 되지만(효력요건), 그가 주주임을 회사에 대항하기 위

장 자체에 의하여 신청인과 저촉되는 지위에 있는 자를 피신청인으로 하여야 한다. 주주명부 열람·등사 청구권이라는 권리관계에 관하여 임시의 지위를 정하기 위한 가처분 신청 사건에서 주주와 저촉되는 지위에 있는 자는 주주명부 열람·등사를 허용할 것인지를 결정하는 이사를 기관으로 하는 회사이고, 회사의 요청에 따라 필요한 조치를 취할 뿐인 명의개서대리인은 그 주장 자체로 주주와 저촉되는 지위에 있는 자라고 할 수 없다. 따라서 주주는 회사를 채무자로 하여 회사 본점 또는 명의개서대리인의 영업소에 비치된 주주명부의 열람·등사 가처분 신청을 할 수 있을 뿐이고, 직접 명의개서대리인을 채무자로 하여 그 가처분을 신청할 수는 없다).

1) 동지: 대판 2017. 11. 9, 2015 다 235841(공보 2017, 2309)(주주는 영업시간 내에 언제든지 주주명부의 열람 또는 등사를 청구할 수 있고〈상법 제396조 제2항〉, 자본시장과 금융투자업에 관한 법률〈이하 '자본시장법'이라고 한다〉에서 정한 실질주주 역시 이러한 주주명부의 열람 또는 등사를 청구할 수 있다〈자본시장법 제315조 제2항〉. 이는 주주가 주주권을 효과적으로 행사할 수 있게 함으로써 주주를 보호함과 동시에 회사의 이익을 보호하려는 데에 그 목적이 있다. 그와 함께 소수주주들로 하여금 다른 주주들과의 주주권 공동행사나 의결권 대리행사 권유 등을 할 수 있게 하여 지배주주의 주주권 남용을 방지하는 기능도 담당한다. 그런데 자본시장법에 따라 예탁결제원에 예탁된 상장주식 등에 관하여 작성되는 실질주주명부는 상법상 주주명부와 동일한 효력이 있으므로〈자본시장법 제316조 제2항〉, 위와 같은 열람·등사청구권의 인정 여부와 필요성 판단에서 주주명부와 달리 취급할 이유가 없다. 따라서 실질주주가 실질주주명부의 열람 또는 등사를 청구하는 경우에도 상법 제396조 제2항이 유추적용된다. 열람 또는 등사청구가 허용되는 범위도 위와 같은 유추적용에 따라 '실질주주명부상의 기재사항 전부'가 아니라 그중 실질주주의 성명 및 주소, 실질주주별 주식의 종류 및 수와 같이 '주주명부의 기재사항'에 해당하는 것에 한정된다. 이러한 범위 내에서 행해지는 실질주주명부의 열람 또는 등사가 개인정보의 수집 또는 제3자 제공을 제한하고 있는 개인정보 보호법에 위반된다고 볼 수 없다).

2) 동지: 대판 2010. 7. 22, 2008 다 37193(공보 2010, 1633)(주주 또는 회사채권자가 상법 제396조 2항에 의하여 주주명부 등의 열람등사청구를 한 경우, 회사는 그 청구에 정당한 목적이 없는 등의 특별한 사정이 없는 한 이를 거절할 수 없고, 이 경우 정당한 목적이 없다는 점에 관한 증명책임은 회사가 부담한다); 동 2017. 11. 9, 2015 다 235841(공보 2017, 2309)(주주 또는 회사채권자가 상법 제396조 제2항에 의하여 주주명부 등의 열람·등사청구를 한 경우, 회사는 그 청구에 정당한 목적이 없는 등의 특별한 사정이 없는 한 이를 거절할 수 없고, 이 경우 정당한 목적이 없다는 점에 관한 증명책임은 회사가 부담한다. 이러한 법리는 상법 제396조 제2항을 유추적용하여 실질주주명부의 열람·등사청구권을 인정하는 경우에도 동일하게 적용된다.)

하여는 주주명부에 그의 성명과 주소를 기재하여야 한다(대항요건)($^{상\ 337}_{조\ 1항}$). 따라서 주식의 양수인은 주주명부에 명의개서를 할 때까지는 회사에 대하여 자기가 주주라는 것을 주장할 수 없다.[1] 이것이 주주명부의 명의개서의 대항력이다. 주권을 신탁회사에 신탁하는 경우에는 (주권에 신탁재산인 사실을 표시하고) 주주명부에 신탁재산인 사실을 기재함으로써 제3자에게 대항할 수 있다[2]($^{신탁\ 4}_{조\ 1항}$).

그러나 회사가 명의개서를 하지 않은 주식양수인을 주주로 인정하는 것은 무방하다(통설).[3] 우리나라의 종래의 대법원판례는 이러한 통설과 같은 입장이었으나,[4] 대법원 2017. 3. 23. 선고 2015 다 248342 전원합의체 판결에서는 종래의 판결을 변경하여 회사는 주주명부에의 명의개서에 구속되어 주주명부에 기재되지 아니한 자를 주주로 인정할 수 없다고 판시하였다.[5] 그러나 이는 주주의 회사에 대한 주주권 행사에 관한 것이고, 주식의 소유권 귀속에 관한 권리관계에 관한 것은 아니다.[6]

---

1) 동지: 대판 1962. 9. 20, 62 다 385(집 10 ③ 민 260); 동 1972. 9. 26, 72 다 1205(민판집 179, 247); 동 2002. 12. 24, 2000 다 69927(공보 2003, 435)(기명주식이 양도된 후 주식회사의 주주명부상 양수인 명의로 명의개서가 이미 이루어졌다면, 그 후 그 주식양도약정이 해제되거나 취소되었다 하더라도 주주명부상의 주주 명의를 원래의 양도인 명의로 복구하지 않는 한 양도인은 주식회사에 대한 관계에 있어서는 주주총회에서 의결권을 행사하기 위하여 주주로서 대항할 수 없다).
　　또한 이러한 대항요건의 구비여부는 당사자의 주장이 있음을 전제로 하여 법원이 심사판단할 문제이고, 법원이 당사자의 주장여하에 불구하고 직권으로 심사판단할 것이 아니다[대판 1961. 11. 23, 4293 민상 727(카드 6848)].
2) 이 때 주주명의를 신탁한 사람이 수탁자에 대하여 명의신탁계약을 해지하면 바로 주주의 권리가 명의신탁자에게 복귀하는 것이지, 주식의 양도를 위하여 새로 법률행위를 하여야 하는 것은 아니다[대판 1992. 10. 27, 92 다 16386(공보 934, 3261)].
3) 정(찬), (회) 447면, 516면; 손(주), 673면; 정(동), (회) 276면; 채, 615면 외.
4) 대판 1989. 10. 24, 89 다카 14714(공보 1989, 1769) 외.
5) 대판(전) 2017. 3. 23, 2015 다 248342(공보 2017, 847)(회사가 주식발행시 작성하여 비치한 주주명부에의 기재가 회사에 대한 구속력이 있음을 전제로 하여 주주명부에의 명의개서에 대항력을 인정함으로써 주식양도에 있어서도 일관되게 회사에 대한 구속력을 인정하려는 것이므로, 상법 제337조 제1항에서 말하는 대항력은 그 문언에 불구하고 회사도 주주명부에의 기재에 구속되어, 주주명부에 기재된 자의 주주권 행사를 부인하거나 주주명부에 기재되지 아니한 자의 주주권 행사를 인정할 수 없다는 의미를 포함하는 것으로 해석함이 타당하다)[이 대법원 판결(다수의견)에 대하여 반대하는 취지의 상세한 평석으로는 정찬형, "주주명부의 기재(명의개서)의 효력," 「서강법률논총」(서강대 법학연구소), 제6권 제2호(2017. 8), 145~215면].
6) 동지: 대판 2020. 6. 11, 2017 다 278385 · 278392(공보 2020, 1328)(상법은 주주명부의 기재를 회사에 대한 대항요건으로 정하고 있을 뿐 주식 이전의 효력발생요건으로 정하고 있지 않으므로 명의개서가 이루어졌다고 하여 무권리자가 주주가 되는 것은 아니고, 명의개서가 이루어지지 않았다고 해서 주주가 그 권리를 상실하는 것도 아니다. 이와 같이 주식의 소유권 귀속에 관한 권리관계와 주주의 회사에 대한 주주권 행사국면은 구분되는 것이고, 회사와 주주 사이에서 주식의 소유권, 즉 주주권의 귀속이 다투어지는 경우 역시 주식의 소유권 귀속에 관한 권리관계로서 마찬가지이다).

(2) 추정력(자격수여적 효력)

주식의 양수인이 주주명부에 명의개서를 하면 이후 주주로 추정되어 자기가 실질적 권리자(주주)라는 것을 증명하지 않고도 적법한 주주로서의 권리를 행사할 수 있다[1](또한 주주명부에 등록질권자로 기재된 자는 적법한 질권자로 추정되어 질권을 행사할 수 있다). 이것이 주주명부의 명의개서(기재)에 대한 추정력이다. 따라서 주주명부상의 명의주주는 회사 등의 반증이 없는 한 회사에 대하여 주권을 제시하지 않고도 그의 권리를 행사할 수 있다. 이러한 주주명부의 명의개서에 대한 추정력은 앞에서 본 대항력의 다른 면으로 볼 수 있다.

한편 주권의 점유에 의해서도 적법한 소지인으로 추정되는데($\frac{상}{조}\frac{336}{2항}$), 이것은 주식의 양도와 관련하여 주권의 소지에 대하여 (소유자로서) 적법추정을 하여 주주권의 선의취득($\frac{상}{359조}$)과 관련되는 것이므로, 그러한 주권의 소지인이 회사에 대하여 주주권을 행사할 수는 없는 것이다.[2] 그러므로 이는 주주권의 행사와 관련한 주주명부의 명의개서에 대한 추정력과는 구별된다.[3]

(3) 면 책 력

주식의 이전(질권설정)에 명의개서(질권자의 성명과 주소를 주주명부에 부기)를 하면 회사는 그러한 명의주주(질권자)를 적법한 주주(질권자)로 인정하여 주주명부에 기재한 주소 또는 그 자

---

1) 동지: 대판 1985. 3. 26, 84 다카 2082(공보 752, 623); 동 1989. 7. 11, 89 다카 5345(공보 855, 1229)(주주명부에 기재된 명의상의 주주는 실질적 권리를 증명하지 않아도 주주의 권리를 행사할 수 있게 한 자격수여적 효력만을 인정한 것뿐이지 주주명부의 기재에 창설적 효력을 인정하는 것은 아니다); 동 1993. 1. 26, 92 다 11008(공보 940, 852)(따라서 주식의 이전을 주장하는 원고가 입증하여야 한다); 동 2010. 3. 11, 2007 다 51505(공보 2010, 704)(주주명부에 주주로 등재되어 있는 이는 그 회사의 주주로 추정되며 이를 번복하기 위하여는 그 주주권을 부인하는 측에 입증책임이 있다. 또한 주주명부에 주주로 등재되어 있는 이는 주주로서 주주총회에서 의결권을 행사할 자격이 있다고 추정되므로, 특별한 사정이 없는 한 주주명부상의 주주는 회사에 대한 관계에서 그 주식에 관한 의결권을 적법하게 행사할 수 있다. 따라서 한편 주주명부상의 주주임에도 불구하고 회사에 대한 관계에서 그 주식에 관한 의결권을 적법하게 행사할 수 없다고 인정하기 위하여는, 주주명부상의 주주가 아닌 제3자가 주식인수대금을 납입하였다는 사정만으로는 부족하고, 그 제3자와 주주명부상의 주주 사이의 내부관계·주식 인수와 주주명부 등재에 관한 경위 및 목적·주주명부 등재 후 주주로서의 권리행사 내용 등에 비추어, 주주명부상의 주주는 순전히 당해 주식의 인수과정에서 명의만을 대여해 준 것일 뿐 회사에 대한 관계에서 주주명부상의 주주로서 의결권 등 주주로서의 권리를 행사할 권한이 주어지지 아니한 형식상의 주주에 지나지 않는다는 점이 증명되어야 한다)[이 판결에 대하여 "이는 법리적인 관점에서 향후 주주명부의 기재와 관련된 문제의 해결을 객관적으로 하도록 하라는 취지를 보여준 선도적 판결로서 의미를 가진다고 본다"는 취지의 평석으로는 최승재, "주주명부기재의 추정력과 복멸," 법률신문, 제3884호 (2010. 10. 28), 15면 참조].
그러나 위와 같은 대법원판례는 대법원 2017. 3. 23. 선고 2015 다 248342 전원합의체 판결에 의하여 그 의미를 상실하였다고 볼 수 있다.

2) 따라서 주권의 소지에 대한 적법추정에 관한 상법 제336조 2항은 상법 제359조(주권의 선의취득)와 관련하여서 의미가 크다.

3) 동지: 이(철), (회) 356면.

로부터 회사에 통지한 주소로 그에게 각종의 통지·최고를 하면 면책이 된다($^{상\,353}_{조\,1항}$). 이러한 통지·최고는 보통 그 도달할 시기에 도달한 것으로 본다($^{상\,353}_{조\,2항}$). 이것이 주주명부의 명의개서(기재)에 대한 면책력이다. 이러한 면책력은 앞의 대항력 및 추정력과는 달리 회사측이 주주명부의 기재에 의하여 받는 이익이다.

(4) 그 밖의 효력

1) 등록질의 효력　　주식의 등록질의 경우에 질권자를 주주명부에 부기함으로써, 그러한 질권자는 회사로부터 이익의 배당·잔여재산의 분배 등에 의한 금전의 지급을 받아 다른 채권자에 우선하여 자기채권의 변제에 충당할 수 있는 등의 이익을 가지므로, 등록질은 약식질과는 다른 특별한 이익을 받는 효력이 있다($^{상}_{340조}$).

2) 주권불소지 기재의 효력　　주권불소지의 신고시 회사는 그러한 주권을 발행하지 않는다는 뜻을 주주명부에 기재함으로써 회사는 그러한 주권을 발행할 수 없고, 또 이미 발행되어 제출받은 주권을 무효로 하거나 명의개서대리인에게 임치하여야 하는 효력이 있다($^{상\,358}_{조의\,2}$).

5. 전자주주명부

회사는 정관으로 정하는 바에 따라 전자문서로 주주명부(전자주주명부)를 작성할 수 있는데($^{상\,352조}_{의\,2\,1항}$), 이러한 전자주주명부에는 주주명부의 기재사항($^{상\,352}_{조\,1항}$) 외에 전자우편주소를 적어야 한다($^{상\,352조}_{의\,2\,2항}$). 회사가 전자주주명부를 작성하는 경우에 회사의 본점 또는 명의개서대리인의 영업소에서 전자주주명부의 내용을 서면으로 인쇄할 수 있으면 주주명부($^{상\,396}_{조\,1항}$)를 갖추어 둔 것으로 본다($^{상\,352조의\,2\,3항,}_{상시\,11조\,1항}$). 주주와 회사채권자는 영업시간 내에 언제든지 서면 또는 파일의 형태로 전자주주명부에 기록된 사항의 열람 또는 복사를 청구할 수 있는데, 회사는 주주의 전자우편주소를 열람 또는 복사의 대상에서 제외하는 조치를 하여야 한다($^{상\,352조의\,2\,3항,}_{상시\,11조\,2항}$).

주식의 전자등록($^{상\,356}_{조의\,2}$)과 함께 전자주주명부를 이용하면 상법상 주식의 명의개서($^{상\,337}_{조\,1항}$)·약식질($^{상}_{338조}$)·명의개서대리인($^{상\,337}_{조\,2항}$)·주주명부의 폐쇄($^{상}_{354조}$) 등의 규정은 적용될 여지가 없고,[1] 실질주주와 명의주주는 언제나 일치하게 되어 실질주주와 명의주주의 불일치에서 발생하는 문제는 없게 될 것이다.[2]

---

1) 동지: 김지환, 전게논문(상사법연구 제34권 제1호), 84면.
2) 주식의 전자등록이 주주명부에 미치는 영향에 관하여는 최지웅, "전자증권제도의 시행과 주주명부제도 개선과제," 「경영법률」(한국경영법률학회), 제28집 제4호(2018. 7), 59~96면 참조 (86~88면에서는 전자등록계좌부를 주주명부로 간주하기에는 어려움이 있으므로 양자를 각각 인정하는데, 소유자명세를 바탕으로 신속하게 주주명부를 작성할 수 있게 되었다고 한다. 또한 89~90면에서는 주주명부의 기재사항에 휴대폰 번호를 추가하여야 한다고 한다).

6. 주주명부의 폐쇄와 기준일

(1) 의 의

1) 개 념　　　　주식회사에서는 주식이 유통됨에 따라 주주가 항상 변동되므로 주주권을 행사할 자를 일정한 시점의 주주로 특정시킬 필요가 있다. 따라서 상법은 일정기간 주주명부를 폐쇄하여 주주의 권리변동을 금하는「주주명부의 폐쇄」($\binom{명의개서}{의 정지}$)와, 일정한 날에 주주명부에 기재된 주주를 권리를 행사할 자로 보는「기준일」(등록일)의 두 제도를 두고 있다($\frac{상}{354조}$).

2) 양 제도의 차이점　　　　주주명부의 폐쇄제도에 의해서도 폐쇄 당시의 주주명부상의 주주가 권리를 행사할 자가 되므로, 일정한 시점에서 권리를 행사할 자가 확정되는 것은 주주명부의 폐쇄제도와 기준일제도가 동일하다. 그러나 양제도는 다음과 같은 점에서 차이가 있다.

(가) 폐쇄제도에서는 폐쇄기간중에 주식이 양도되는 경우에 명의개서가 정지되므로 형식상의 주주와 실질상의 주주가 상이하나, 기준일제도에서는 기준일 이후에 주식이 양도되는 경우에 명의개서가 정지되지 않으므로 형식상의 주주와 실질상의 주주가 동일하다. 이러한 차이에서 주식양수인의 권리의 내용에도 차이가 있다.

(나) 폐쇄제도는 특정한 목적을 위해서만 이용할 수 없으나, 기준일제도는 특정한 목적을 위해서만 이용할 수 있다.[1] 이러한 차이점으로 인하여 양 제도는 병용될 수 있는데, 실무상으로도 결산기 이후 정기주주총회에 출석할 주주와 이익배당을 받을 주주를 확정하기 위하여 양 제도가 많이 병용되고 있다.

3) 이용강제·목적　　　　주주명부의 폐쇄제도와 기준일제도는 그 이용이 강제되는 것은 아니고, 회사의 주식사무의 편의를 위하여 상법에 규정된 것이다. 그러나 회사가 일단 이 제도를 이용한다면 상법상의 규정에 따라야 한다.[2] 또한 이러한 제도는 주주 또는 질권자로서 권리를 행사할 자를 일률적으로 정하기 위해서만 이용할 수 있고, 주주의 개별적인 의사에 따라 그 권리를 행사할 자가 특정되는 경우나($\binom{예컨대, 소수주주권,}{각종의 소제기권 등}$) 그 이외에 단순히 회사의 실무상의 편의를 위해서는 이용할 수 없다고 본다.[3]

---

1) 동지: 정(희), 413면.
2) 동지: 정(희), 412면; 이(철), (회) 358면, 360~361면.
3) 동지: 정(동), (회) 225면; 이(철), (회) 358~359면; 채, 616면; 이(기) 외, 239면; 주상 (제5판)(회사 Ⅱ), 554면.

(2) 주주명부의 폐쇄

1) 내   용

(가) 폐쇄기간　　　회사는 의결권을 행사하거나 이익배당을 받을 자 기타 주주 또는 질권자로서 권리를 행사할 자를 정하기 위하여 「일정기간」 주주명부의 기재를 폐쇄(정지)할 수 있는데 이를 주주명부의 폐쇄라고 하고($_{1항\ 전단}^{상\ 354조}$), 이 기간은 3월을 초과할 수 없다($_{조\ 2항}^{상\ 354}$). 주주명부를 장기간 폐쇄하면 명의개서를 할 수 없어 사실상 주식의 유통을 제한하므로 상법은 폐쇄기간을 제한한 것이다.[1] 따라서 3월을 초과하는 기간을 폐쇄기간으로 정한 경우에는 그 초과하는 기간은 무효가 되고, 시기(始期) 또는 종기(終期)가 불확정하면 그 전부가 무효가 된다.[2]

(나) 공   고　　　상법은 주주명부의 폐쇄에 대하여 예고절차를 두어 폐쇄기간의 2주간 전에 이를 공고하도록 규정하고 있다($_{4항\ 본문}^{상\ 354조}$). 이는 명의개서를 하지 않은 주식취득자로 하여금 명의개서를 하여 권리를 행사할 수 있도록 하기 위해서이다. 그러나 정관에 폐쇄기간이 정하여진 경우에는 공고할 필요가 없다($_{4항\ 단서}^{상\ 354조}$).

2) 효   력

주주명부의 폐쇄에 의하여 폐쇄 직전에 주주명부에 기재된 자가 주주권을 행사할 자로 확정되고, 회사는 폐쇄기간중에는 그 주식에 관하여 주주 또는 질권자의 권리를 변동시키는 일체의 기재($_{록,\ 신탁재산표시\ 등}^{명의개서,\ 질권의\ 등}$)를 할 수 없다. 그러나 이러한 권리변동과 무관한 사항($_{의\ 주소변경\ 등}^{예컨대,\ 주주}$)은 기재할 수 있으며, 예외적으로 폐쇄기간중에도 전환주식($_{350조\ 2항\ 참조}^{상\ 349조\ 3항\ 삭제,}$)·전환사채($_{조\ 2항}^{상\ 516}$) 또는 신주인수권부사채($_{516조의\ 10}^{상\ 516조의\ 9,}$)의 권리($_{신주인수권}^{전환권\ 또는}$)의 행사가 가능하다.

그런데 이러한 주주명부의 폐쇄의 효력과 관련하여 다음과 같은 문제점이 있다.

(가) 첫째는 폐쇄기간중에 회사가 임의로 한 명의개서의 효력은 어떠한지의 문제가 있다. 이에 대하여는 (i) 이를 무효라고 보는 견해(다수설)[3]와, (ii) 명의개서 자체는 유효하나 다만 그 효력은 폐쇄기간 경과 후에 발생한다고 보는 견해(소수설)[4]가 대립하고 있다.

생각건대 폐쇄기간중의 명의개서의 효력을 폐쇄기간 경과 후에 발생한다고 하

---

1) 동지: 정(희), 411면; 손(주), 644면; 정(동), (회) 225면(그러나 주주명부폐쇄기간이 종료된 후 1일 이상의 기간을 두면 계속하여 주주명부를 폐쇄할 수 있다고 한다); 이(기) 외, (회) 240면; 주상(제5판)(회사 Ⅱ), 556면.

2) 동지: 손(주), 645면; 정(동), (회) 228면; 이(철), (회) 361면; 최(기), 652면; 주상(제5판)(회사 Ⅱ), 558면.

3) 정(동), (회) 226면; 최(기), (회) 382면(그러나 소수설을 무효설과 다를 바 없다고 한다); 이(병), 402면; 이(원), 389면 외.

4) 정(희), 411면(폐쇄기간중에는 그 개서의 효과를 회사에 대하여 주장하지 못하고 회사도 이를 승인하지 못한다고 한다); 이(철), (회) 359면; 日大判 1917. 3. 9(民錄 22, 247).

여 폐쇄제도를 둔 목적에 어긋난다고 볼 수도 없고, 또 그것이 어떠한 주주의 이익
을 해하는 것도 아니므로, 후자의 견해(소수설)에 찬성한다.

    (내) 둘째는 상법의 규정에 위반하여 한 주주명부의 폐쇄의 효력은 어떠한지의
문제가 있다. 이에 대하여는 (i) 이를 무효로 보는 견해도 있으나(소수설),[1] (ii) 이를
일률적으로 무효로 보지 않고 구체적인 사안에 따라서 합리적으로 판단하되 경미한
위반은 무효가 아니라고 보는 것이 상법 제354조의 입법목적에 맞는 것으로 생각한
다(다수설).[2]

(3) 기 준 일

1) 내 용

    (개) 설 정   회사는 의결권을 행사하거나 이익배당을 받을 자 기타 주주
또는 질권자로서 권리를 행사할 자를 정하기 위하여「일정한 날」에 주주명부에 기
재된 주주 또는 질권자를 그 권리를 행사할 주주 또는 질권자로 볼 수 있는데, 이
때의 이러한「일정한 날」이 기준일이다($^{상\,354조}_{1항\,후단}$). 이러한 기준일은 주주 또는 질권자
로서 권리를 행사할 날에 앞선 3월 내의 날로 정하여야 한다($^{상\,354}_{조\,3항}$).

    (내) 공 고   주주명부의 폐쇄의 경우와 같이 이러한 기준일이 정관으로
정하여지지 않은 경우에는 기준일의 2주간 전에 이를 공고하여야 한다($^{상\,354}_{조\,4항}$). 기준
일의 공고에는 반드시 그 목적을 기재하여야 하는데,[3] 기준일은 이와 같이 공고된
목적 이외에는 이용될 수 없다.[4] 이 점은 주주명부의 폐쇄의 경우와 다른 점으로,
이에 대하여는 이미 앞에서 설명하였다.

    2) 효 력   기준일의 효력($^{특히\,회사가\,상법의\,규정에\,위}_{반하여\,설정한\,기준일의\,효력}$)에 대하여는 주주명부의
폐쇄의 경우와 같다.

7. 실질주주명부

(1) 의 의

    실질주주명부란 자본시장과 금융투자업에 관한 법률상의 실질주주($^{협의의}_{실질주주}$)에 관하여
일정한 사항($^{그의\,성명\,및\,주소,\,그가}_{가진\,주식의\,종류\,및\,수\,등}$)을 기재하여 작성한 주주명부를 말하는데, 한국예탁결제
원에 예탁된 주권의 발행회사 또는 그의 명의개서대리인이 작성·비치하여야 한다($^{자금}_{316}$

---

1) 김(용), 334면.
2) 동지: 정(희), 412면; 정(동), (회) 228면(공고를 하지 않거나 2주간보다 짧은 기간 전에 공고를
   한 때에는 주주명부의 폐쇄 또는 기준일은 효력이 없으나, 공고사항의 경미한 위반은 그 효력에
   영향이 없다고 한다); 이(철), (회) 361면 외.
3) 동지: 이(철), (회) 360면; 이(기) 외, (회) 244면; 주상(제5판)(회사 Ⅱ), 557면.
4) 동지: 정(동), (회) 226면; 이(기) 외, (회) 244면; 주상(제5판)(회사 Ⅱ), 557면.

조
1항).

(2) 작 성

1) 한국예탁결제원이 예탁하고 있는 주권에 관하여 그 주권의 발행회사가 주주명부 폐쇄기간 또는 배정일을 정한 때에는($\frac{상}{354조}$) 발행회사는 한국예탁결제원에 이를 지체 없이 통지하여야 하고, 한국예탁결제원은 그 기간의 초일 또는 그 날의 실질주주에 관하여 일정한 사항을 지체 없이 당해 주권의 발행회사 또는 그의 명의개서대리인에게 통지하여야 한다($\frac{자금\ 315}{조\ 3항}$). 이 때 투자자에 관한 실질주주는 예탁자를 통하여 그 내용을 통보받는다 ($\frac{자금\ 315}{조\ 4항}$).

2) 위의 통지를 받은 주권발행회사 또는 그의 명의개서대리인은 이에 기하여 실질주주명부를 작성·비치하여야 한다($\frac{자금\ 316}{조\ 1항}$).

(3) 효 력

1) 실질주주명부에의 기재는 주주명부에의 기재와 동일한 효력을 갖는다($\frac{자금\ 316}{조\ 2항}$). 다만 이러한 기재의 효력은 주주명부폐쇄일 또는 기준일에 소급하여 발생하는 것으로 본다.[1]

2) 주권발행회사 또는 그의 명의개서대리인은 주주명부에 기재된 주주와 실질주주명부에 기재된 주주가 동일인이면 주주로서의 권리행사에 있어서 양자의 주식수를 합산하여야 한다($\frac{자금\ 316}{조\ 3항}$). 이것은 동일한 주주가 소유주권 중 일부는 자기가 직접 보관하고, 나머지는 한국예탁결제원에 예탁한 경우에 관한 것이다.

제 4 관 주식의 양도

제 1 주식양도의 의의

(1) 주식양도란 「법률행위에 의하여 주식을 이전하는 것」을 말하는데, 주식양도에 의하여 주주가 회사에 대하여 갖고 있는 일체의 권리의무가 포괄적으로 양수인에게 이전된다(사원권설).[2] 그러나 주주총회(이사회)에서 배당결의가 있은 후에 발생하는 특정결산기의 배당금지급청구권 등과 같은 채권적 권리는 주주권과 분리된 구체적인 권리이므로 이전되지 않는다.[3]

---

1) 동지: 정(동), (회) 229면.
2) 참고: 대판 2007. 6. 1, 2006 다 80445(공보 2007, 981)(회사의 주식이나 지분권을 그 소유자로부터 양수받아 양수인이 회사의 새로운 지배자로서 회사를 경영하는 경우, 양도·양수되는 것은 회사의 주식이나 지분권일 뿐 계약당사자가 아닌 회사의 자산이나 부채 자체가 이전되는 것은 아니므로, 특별한 사정이 없는 한 이러한 계약이 무효로 될 때 양도의 목적물이 아닌 회사의 자산 등이 양수인의 원상회복의무의 대상이 된다고 할 수 없다).
3) 동지: 이(철), (회) 365면; 정(동), (회) 231면; 채, 627면; 이(기) 외, (회) 256~257면; 주상 (제5판)(회사 Ⅱ), 372면.

지배주식의 양도와 함께 경영권이 주식양도인으로부터 주식양수인에게 이전하는 경우 그와 같은 경영권의 이전은 지배주식의 양도에 따르는 부수적인 효과에 불과하다. 따라서 지배주식의 양도와 독립된 경영권 이전은 인정될 수 없다.[1]

주식양도는 보통 매매·증여·교환 등과 같은 원인행위(채권행위)의 이행으로서 행하여지므로 원인행위와는 구별되고, 그의 법적 성질은 직접 주식이전의 효과를 생기게 하는 것이므로「준물권행위」이다(통설).[2]

(2) 주식을 취득하는 방법에는 크게 원시취득(회사의 설립시 또는 신주발행시 발행되는 주식을 인수하는 경우, 주권을 무권리자로부터 선의취득 하는 경우 등)과 승계취득이 있고, 승계취득에는 다시 포괄승계(상속·합병 등에 의하여 주식을 취득하는 경우)와 특정승계(주식의 양도·경매·공매 등에 의하여 주식을 취득하는 경우)가 있는데, 주식양도에 의한 취득은 특정승계의 대표적인 예가 된다.

(3) 주식양도는 보통 주권을 통하여 이루어지므로 주식양도의 문제는 주권양도의 문제가 된다. 그러나 이미 설명한 바 있는 주식의 전자등록(상 356 조의 2)·주권예탁제도(자금 308 조~323조) 및 주권불소지제도(상 358 조의 2) 등에 의하여 주권에 의한 주식양도는 이론상의 제도로 되어가고 있다.

주식의 명의수탁자의 주식반환의무는 특정물채무가 아니라 종류채무에 해당하므로, 그가 수탁받은 주식을 제3자에게 매도한 경우에도 명의수탁자의 주식반환의무가 이행불능이 되었다고 할 수 없다.[3]

(4) 주식양도와 관련하여 회사의 이사·집행임원·감사 또는 피용자에게 부여되는 주식매수선택권제도가 있는데(상 340조의 2~340조의 5), 이로 인하여 회사의 이사 등은 자기회사의 주식을 취득한다.

---

1) 동지: 대판 2014. 10. 27, 2013 다 29424(공보 2014, 2238); 동 2021. 7. 29, 2017 다 3222·3239(공보 2021, 1593)(발행주식 전부 또는 지배주식의 양도와 함께 경영권이 주식 양도인으로부터 주식 양수인에게 이전하는 경우 경영권의 이전은 발행주식 전부 또는 지배주식의 양도에 따른 부수적인 효과에 지나지 않아 주식 양도의무와 독립적으로 경영권 양도의무를 인정하기 어렵다).

2) 정(찬), (회) 456면; 정(희), 422면; 서·정, 368면; 정(동), (회) 231면; 채, 627면; 이(기) 외, (회) 257면; 주상(제5판)(회사 Ⅱ), 372면; 이·최, 284면 외.

3) 동지: 대판 2015. 2. 26, 2014 다 37040(공보 2015, 545)(갑이 을에게서 병 주식회사 주식을 매수한 후 을에게 명의신탁하였는데, 병 회사 주식이 제3자에게 매도된 후 갑이 명의신탁을 해지한 사안에서, 주식은 주주가 출자자로서 회사에 대하여 가지는 지분으로서 동일 회사의 동일 종류 주식 상호 간에는 개성이 중요하지 아니한 점, 을이 갑에게 교부한 주식보관증에 을이 보관하는 주권이 특정되어 있지 아니한 점을 고려하여 보면, 을의 갑에 대한 주식반환의무는 특정물채무가 아니라 종류채무에 해당하므로, 을 보유 주식이 제3자에게 매도되어 을이 이를 보유하고 있지 않다는 사정만으로는 을의 주식반환의무가 이행불능이 되었다고 할 수 없는데도, 이와 달리 본 원심판결에 법리오해의 잘못이 있다).

제 2 주식양도자유의 원칙

(1) 주식회사는 인적회사와는 달리 퇴사제도가 없으므로,[1] 사원(주주)의 출자금의 회수를 위하여 주식양도의 자유를 보장할 필요가 있다. 사원(주주)의 출자금의 회수는 주식양도뿐만 아니라 회사에 대한 주식매수청구권에 의해서도 이루어지는데, 주식양도에 의하여 이루어지는 것이 일반적이다. 따라서 상법도 주식은 타인에게 이를 양도할 수 있다고 규정하여($^{상\,335조}_{1항\,본문}$), 주식양도의 자유를 원칙적으로 보장하고 있다.[2]

투자 관련 계약에서 당사자 일방이 상대방(다른 주주 등)에게 자신이 보유한 주식의 매수를 청구하면 주식에 관한 매매계약이 체결되는 것으로 정하는 주식매수청구권도 인정된다.[3]

1) 동지: 대판 2007. 5. 10, 2005 다 60147(공보 2007, 853)(상법은 제218조 6호·제220조·제269조에서 인적 회사인 합명회사·합자회사에 대하여 사원의 퇴사사유의 하나로서 '제명'을 규정하면서 제명의 사유가 있는 때에는 다른 사원 과반수의 결의에 의하여 그 사원의 제명의 선고를 법원에 청구할 수 있도록 규정하고 있음에 비하여, 주식회사의 경우에는 주주의 제명에 관한 근거규정과 절차 규정을 두고 있지 아니한바, 이는 상법이 인적 결합이 아닌 자본의 결합을 본질로 하는 물적 회사로서의 주식회사의 특성을 특별히 고려한 입법이라고 해석되므로, 회사의 주주의 구성이 소수에 의하여 제한적으로 이루어져 있다거나 주주 상호간의 신뢰관계를 기초로 하고 있다는 등의 사정이 있다 하더라도, 그러한 사정만으로 인적 회사인 합명회사·합자회사의 사원 제명에 관한 규정을 물적 회사인 주식회사에 유추적용하여 주주의 제명을 허용할 수 없다. 따라서 주주간의 분쟁 등 일정한 사유가 발생할 경우 어느 주주를 제명시키되 회사가 그 주주에게 출자금 등을 환급해 주기로 하는 내용의 규정을 회사의 정관이나 내부규정에 두는 것은 그것이 회사 또는 주주 등에게 생길지 모르는 중대한 손해를 회피하기 위한 것이라 하더라도 법정사유 이외에는 자기주식의 취득을 금지하는 상법 제341조의 규정에 위반되므로, 결국 주주를 제명하고 회사가 그 주주에게 출자금 등을 환급하도록 하는 내용을 규정한 정관이나 내부규정은 물적 회사로서의 주식회사의 본질에 반하고 자기주식의 취득을 금지하는 상법의 규정에도 위반되어 무효이다).

2) 동지: 대판 2010. 7. 22, 2008 다 37193(공보 2010, 1633)(상법 제335조 1항 본문은 "주식은 타인에게 이를 양도할 수 있다"고 하여 주식양도의 자유를 보장하고 있으므로 회사와 경쟁관계에 있거나 분쟁 중에 있어 그 회사의 경영에 간섭할 목적을 가지고 있는 자에게 주식을 양도하였다고 하여 그러한 사정만으로 이를 반사회질서 법률행위라고 할 수 없다).

3) 동지: 대판 2022. 7. 14, 2019 다 271661(공보 2022, 1588)(투자 관련 계약에서 당사자 일방이 상대방에게 자신이 보유한 주식의 매수를 청구하면 주식에 관한 매매계약이 체결되는 것으로 정한 경우 이러한 주식매수청구권은 일방의 의사표시에 따라 매매계약이라는 새로운 법률관계를 형성하는 권리로서 일종의 형성권에 해당한다. 이와 같이 계약에 따라 발생하는 형성권인 주식매수청구권의 행사기간은 제척기간이다. 제척기간은 일반적으로 권리자로 하여금 자신의 권리를 신속하게 행사하도록 함으로써 법률관계를 조속히 확정하려는 데 그 제도의 취지가 있으나, 법률관계를 조속히 확정할 필요성의 정도는 그 권리를 정한 계약마다 다르므로, 주식매수청구권의 행사기간을 정할 때에도 이를 고려해야 한다. 우선 계약에서 주식매수청구권의 행사기간을 약정한 때에는 주식매수청구권은 그 기간 내에 행사되지 않으면 제척기간의 경과로 소멸한다. 반면 주식매수청구권의 행사기간에 관한 약정이 없는 때에는 그 기초가 되는 계약의 성격, 주식매수청구권을 부

(2) 그러나 소규모 주식회사에서는 주주 상호간의 신뢰관계를 보호하고 주주가 바라지 않는 주주의 참여를 배제하여 경영의 안전을 도모할 필요가 있다. 따라서 1995년 개정상법에서는 「주식의 양도는 정관이 정하는 바에 따라 이사회의 승인을 얻도록 할 수 있다」고 규정하여($\begin{smallmatrix}상 335조\\1항 단서\end{smallmatrix}$), 주식양도자유의 원칙에 대하여 예외를 규정하고 있다.[1] 그러나 정관의 규정으로 주식양도를 제한하는 경우에도 주식양도를 전면적으로 금지하는 규정을 둘 수는 없고, 또한 이러한 내용을 회사와 주주 사이에서 또는 주주들 사이에서 약정을 하였더라도 회사에 대한 관계에서는 무효이다.[2]

그런데 주주들 사이에서 주식의 양도를 일부 제한하는 약정은 당사자 사이에서는 원칙적으로 유효하다.[3]

여한 동기나 그로 말미암아 달성하고자 하는 목적, 주식매수청구권 행사로 발생하는 채권의 행사기간 등을 고려하여 주식매수청구권의 행사기간을 정해야 한다. 상행위인 투자 관련 계약에서 투자자가 약정에 따라 투자를 실행하여 주식을 취득한 후 투자대상회사 등의 의무불이행이 있는 때에 투자자에게 다른 주주 등을 상대로 한 주식매수청구권을 부여하는 경우가 있다. 특히 주주 간 계약에서 정하는 의무는 의무자가 불이행하더라도 강제집행이 곤란하거나 그로 인한 손해액을 주장·증명하기 어려울 수 있는데, 이때 주식매수청구권 약정이 있으면 투자자는 주식매수청구권을 행사하여 상대방으로부터 미리 약정된 매매대금을 지급받음으로써 상대방의 의무불이행에 대해 용이하게 권리를 행사하여 투자원금을 회수하거나 수익을 실현할 수 있게 된다. 이러한 주식매수청구권은 상행위인 투자 관련 계약을 체결한 당사자가 달성하고자 하는 목적과 밀접한 관련이 있고, 그 행사로 성립하는 매매계약 또한 상행위에 해당하므로, 이때 주식매수청구권은 상사소멸시효에 관한 상법 제64조를 유추적용하여 5년의 제척기간이 지나면 소멸한다고 보아야 한다. 한편 투자 관련 계약에서 투자대상회사 등의 의무불이행이 있는 때에 투자자가 형성권인 주식매수청구권을 행사할 수 있다고 정한 경우 특별한 사정이 없는 한 그 행사기간은 투자대상회사 등의 의무불이행이 있는 때부터 기산한다고 보아야 한다. 그렇지 않으면 행사기간이 지난 다음에 비로소 투자대상회사 등의 의무불이행이 있는 경우에 투자자가 주식매수청구권을 행사할 수 없게 되어 불합리하다).

1) 1995년 개정상법 이전에는 「주식의 양도는 정관에 의하여도 이를 금지하거나 제한하지 못한다」고 규정하여(상 335조 1항), 주식양도의 자유를 절대적으로 보장하였다. 그런데 이와 같이 주식양도를 절대화한 우리 상법의 규정은 인적 신뢰관계를 중시하는 소규모 주식회사에서는 문제가 많으므로 입법론상 개정되어야 한다는 점이 다수의 견해에 의하여 지적되어[정(동), (회)(1991) 226면; 이·이, (회)(1991) 286~287면(특히 이에 관한 비판과 외국의 입법례의 소개가 상세함); 이(기), (회)(1990) 353면 외], 1995년 개정상법에 의하여 위와 같이 개정되게 된 것이다.
  우리와 같이 주식양도자유의 원칙에 대한 예외를 규정하고 있는 외국의 입법례로는 獨株 68조 2항; 日會 136조 이하; RMBCA(2006) 6.27조; 英會(2006) 544조; 佛商 231-4조 등이 있다.
2) 동지: 대판 2000. 9. 26, 99 다 48429(공보 2000, 2183).
3) 동지: 대판 2022. 3. 31, 2019 다 274639(공보 2022, 790)(주식의 양도를 제한하는 방법으로 이사회 승인을 받도록 정관에 정할 수 있다는 상법 제335조 제1항 단서의 취지에 비추어 볼 때, 주주 사이에서 주식의 양도를 일부 제한하는 약정을 한 경우, 그 약정은 주주의 투하자본회수 가능성을 전면적으로 부정하는 것이 아니고, 선량한 풍속 그 밖의 사회질서에 반하지 않는다면 당사자 사이에서는 원칙적으로 유효하다. 갑 주식회사의 출자자 전원이 체결한 주주 간 협약에는 '출자자는 주식을 계속하여 보유하는 것이 위법하게 되는 경우와 나머지 출자자 전원이 동의하는 경우에만 주식양도를 할 수 있고, 이 경우 다른 주주들은 우선매수할 권리가 있다'는 내용의 조항을 두고 있는데, 을 주식회사가 갑 회사의 출자자인 병 주식회사로부터 갑 회사의 주식을 양수하는 계약을 체결하면서 출자자 전원의 동의를 얻지 못할 경우에는 계약을 무효로 한다고 약정하였

제 3 주식양도의 제한

주식양도는 법률에 의해서 제한됨은 물론, 위에서 본 바와 같이 정관에 의해서
도 제한될 수 있다. 주식양도의 법률에 의한 제한은 다시 상법상의 제한과 특별법상
의 제한으로 구분된다.

1. 법률에 의한 제한

(1) 상법상의 제한

1) 권리주 양도의 제한

(가) 의의 및 입법목적　　　권리주란「주식의 인수로 인한 권리」($\frac{주식인수}{인의 지위}$)로서 회
사의 성립시 또는 신주의 납입기일까지 존재하는데, 이러한 권리주의 양도는 회사
에 대하여 효력이 없다($\frac{상}{319조}$). 이와 같이 권리주의 양도를 제한하는 이유는 권리주
는 그 양도방법이 없을 뿐만 아니라, 이의 양도의 인정으로 인하여 회사 설립절차나
신주 발행절차가 복잡해지고 투기행위가 발생하는 것을 방지하기 위해서이다.[1] 만
일 발기인 또는 이사가 권리주를 양도한 때에는 과태료의 제재를 받는다($\frac{상 635}{조 2항}$).

(나) 회사의 승인의 효력　　　상법 제319조의「…회사에 대하여 효력이 없다」
라는 의미가 무엇이냐에 대하여, 우리나라의 학설은 대립하고 있다. 즉, 이에 대하

다가 병 회사로부터 출자자 전원의 동의를 얻지 못하여 계약이 무효가 되었다는 통보를 받자, 우
선매수권 행사가 없는 경우 출자자 전원의 동의는 필요하지 않다는 주장과 주식양도를 위해 출자
자 전원의 동의를 요하는 위 협약 조항은 무효라는 주장을 하면서 계약의 유효를 전제로 주식양도
절차의 이행을 구한 사안에서, 을 회사와 병 회사가 체결한 계약에서 말하는 '출자자 전원의 동의'
는 문언상 위 주주 간 협약과 관련하여 해석해야 하는데, 위 협약 조항은 출자자 전원의 동의와 출
자자의 우선매수권을 별도로 정하고 있고, 위 협약 조항에 규정된 우선매수권 부여절차는 주식보
유가 위법하여 주식을 양도하는 경우와 출자자의 동의로 주식을 양도하는 경우에 모두 적용되는
점과 우선매수권 부여절차와 출자자 동의절차가 그 목적에서 서로 구분되는 점을 들어, 위 계약의
해석상 주식양도를 위해서는 우선매수권 부여절차와 별도로 주식양도에 대한 출자자 전원의 동의
가 필요하다고 본 원심의 판단과, 위 협약 조항에서 주식의 양도를 전면적으로 금지하는 것이 아
니라 일정한 요건과 절차를 거쳐 양도가 가능하도록 규정하고 있고, 갑 회사의 주주가 8명에 지나
지 않아 다른 주주로부터 동의를 받는 것이 양도를 금지할 정도에 이른다고 보기 어려운 점, 갑 회
사는 존립기간이 설립등기일로부터 13년으로 정해져 있어 주주의 투하자본 회수가 불가능하다고
보기 어려운 점, 갑 회사의 목적 사업은 주주의 구성이 중요하여 그 구성의 변동을 제한할 합리적
필요성이 있는 점을 들어, 주식양도를 위해 출자자 전원의 동의를 받도록 한 위 협약 조항을 무효
라고 할 수 없다고 본 원심의 판단에 법리오해 등의 잘못이 없다).
[1] 동지: 정(희), 423면; 정(동), (회) 241면; 이(철), (회) 399~400면; 채, 650면; 이(기) 외, (회)
259면.

여 (i) 우리나라의 통설[1]·판례[2]는 회사가 권리주의 양도를 승인하더라도 효력이 없다고 해석하는데, (ii) 소수설은 회사가 권리주의 양도를 인정하는 것은 무방하고 또 이것이 거래의 실정에도 맞다고 해석한다.[3]

생각건대 권리주는 그 양도방법이 없을 뿐만 아니라 또 그 존속기간이 단기간이므로 이의 양도를 인정할 실제상의 필요성도 없으므로, 통설·판례와 같이 그 양도의 효력을 부정하는 것이 타당하다고 본다.[4]

2) 주권발행 전의 주식양도의 제한

(카) **의의 및 입법목적**　　회사가 성립하거나 신주의 납입기일이 경과하여 권리주의 상태가 소멸된 경우에도 주권이 발행되기 전에 한 주식의 양도는 회사에 대하여 효력이 없다(상335조 3항 본문). 이와 같이 주권발행 전의 주식양도를 제한하는 이유는, 주식의 양도는 주권의 교부에 의하여야 하는데(상336 조 1항) 주권발행 전에는 적법한 주식의 양도방법이 없고 또 적절한 공시방법(기명주식의 경우 주주 명부에의 명의개서 등)도 없어 주식거래의 안전을 기할 수 없을 뿐만 아니라,[5] 또 주권발행사무의 혼잡을 방지하여 주권발행을 촉진시키려는 기술적 이유에서이다.[6]

(나) **회사의 성립**(신주의 납입기일) **후 6월이 경과한 경우 주권발행 전의 주식양도의 허용과 문제점**

① 주권발행 전에 한 주식양도의 효력에 대하여 1984년 개정상법시까지의 우리나라의 대법원판례는 이를 아주 엄격히 해석하여, 「주권발행 전이란 말은 주권을 발행할 수 있는 합리적 시기 이전을 의미한다고 볼 수 없고 또 주권발행 전의 주식양도는 회사가 이를 승인하여 명의개서까지 한 경우라 하더라도 역시 무효이다」라고 판시하였다.[7] 그러나 이러한 대법원판례는 다수의 학설에 의하여 비판을 받아

---

1) 정(동), (회) 241면; 이(철), (회) 400면; 박·이, 204면; 최(기), 662~663면; 채, 650면; 이(기) 외, (회) 259면; 주상(제5판)(회사 Ⅱ), 272면; 이·최, 285면 외.
2) 대판 1965. 12. 7, 65 다 2069(집 13 ② 민 273); 동 2001. 4. 24, 2001 다 3719.
3) 정(희), 424면; 강, (회) 376면.
4) 상장회사가 주식을 발행하는 실무를 보면 신주를 청약할 자와 수는 기준일에 의하여 미리 정하여지고 청약증거금을 100% 예납받고 납일기일은 보통 청약일의 다음 날 또는 수일 내로 정하여지고 있으므로 시간상으로 보아 권리주의 양도는 거의 발생할 여지가 없고, 주금납입영수증 또는 청약증거금영수증에 백지위임장을 첨부하여 주식이 양도되는 것은 보통 권리주 양도가 아니라 주권발행 전의 주식의 양도의 형태이다[동지: 이(철), (회) 400면 주1].
  그러나 최(기), 663면은 주금납입영수증의 교부에 의하여 권리주가 실제에 있어서 양도된다고 한다.
5) 동지: 이(철), (회) 401면; 정(희), 424면.
6) 동지: 정(동), (회) 241~242면; 이(기) 외, (회) 259면.
7) 대판 1967. 1. 31, 66 다 2221(집 15 ① 민 59) 외 다수.
  그러나 대판 1983. 4. 26, 80 다 580(집 31 ② 민 114)는 「주권발행 전의 주식양도인이 주식양

왔고,[1] 또 주권발행 전의 간악한 주식양도인에 의하여 회사를 도로 찾으려는 목적으로 자주 악용되었다.[2] 따라서 1984년의 개정상법에서는 「회사 성립 후 또는 신주의 납입기일 후 6월이 경과한 때에는 주권발행 전의 주식양도는 유효하다」는 규정을 신설하여($\substack{상 335조 \\ 3항 단서}$), 주권발행을 고의로 늦추어 자유로운 주식양도($\substack{상 335조 1항 \\ 본문 참조}$)를 방해하는 회사로부터 주주를 보호하고 또 위와 같은 간악한 주식양도인으로부터 선량한 주식양수인을 보호하고 있다.

한편 위의 규정($\substack{상 335조 \\ 3항 단서}$)은 개정상법의 시행($\substack{1984. \\ 9. 1}$) 이전에 이루어진 주권발행 전의 주식양도에도 적용되어($\substack{상부 \\ 6조}$), 이러한 문제를 둘러싸고 발생한 기존의 분쟁까지도 종식시켰다.[3]

② 그러나 위의 규정($\substack{상 335조 \\ 3항 단서}$)의 신설에 의하여 회사는 주권발행을 게을리할 우려가 있고,[4] 또한 주권 없는 주식양도가 합법화되어 주식의 양도는 주권의 교부에 의하여야 한다는 규정($\substack{상 336 \\ 조 1항}$)을 사문화(死文化)시킬 우려도 있다.[5]

㈐ **주권발행 전의 주식양도의 효력**

① 회사의 성립 후 또는 신주의 납입기일 후 6월 이내에 주권 없이 주식을 양도한 경우   (i) 회사의 성립 후 또는 신주의 납입기일 후 6월 이내에 주권 없이 주식을 양도한 경우에는, 그러한 주식의 양도는 회사에 대하여 효력이 없다($\substack{상 335 \\ 조 3 \\ 항 \\ 본문}$). 이러한 주식양도의 효력은 1984년 개정상법 이전의 경우와 같다. 따라서 이러한 주식양도를 회사 측에서 승인을 하고 또 주주명부에 명의개서를 하였다고 하더라도, 회사에 대한 관계에서는 아무런 효력이 생기지 않는다고 본다.[6] 따라서 이 때

도 후에 주식양도의 효력을 다투는 것은 신의성실의 원칙에 위배된다」고 하여, 주권발행 전에 한 주식양도의 효력을 인정하였다.

1) 이의 대표적인 학설은 합리적 시기설인데, 이에 의하면 「회사가 주권을 발행할 수 있는 합리적 시기를 경과하도록 주권을 발행하지 않는 경우에는(상 355조 1항 참조) 주권발행 전의 주식의 양도는 유효하다」고 한다. 이 외에 신의칙설에서도 유사하게 설명되고 있다.

2) 동지: 정(동), (회) 242~243면.

3) 그러나 1984년 개정상법 시행 전에 주권의 발행 없이 이루어진 주식양도에도 1984년 개정상법이 적용된다는 상법 부칙 제6조는, 개정상법이 시행되기 전에 주권이 발행되어 주권발행 전의 주식양수인 이외의 제3자에게 그 주권이 교부된 경우에는 적용될 여지가 없다[대판 1989. 6. 27, 87 도 798(공보 854, 1190; 집 37 ② 민 707); 동 1989. 7. 25, 87 다카 2316(공보 856, 1278; 집 37 ② 민 217)].

4) 회사는 상법상 성립 후 또는 신주의 납입기일 후 지체 없이 주권을 발행할 의무가 있고(상 355조 1항) 또 회사의 발기인·이사 등이 이에 위반하면 과태료의 처벌을 받지만(상 635조 1항 19호), 주주로부터 주권발행을 독촉받을 우려가 없고 또 주권발행비용을 절약하기 위하여 주권발행을 게을리할 우려는 충분히 있다[동지: 이·이, (회)(1991) 308면. 반대: 정(동), (회) 243면].

5) 동지: 정(희), 425면.
   반대: 정(동), (회) 243면.

6) 동지: 이(철), (회) 402면; 채, 648면; 이(기) 외, (회) 259면; 주상(제5판)(회사 Ⅱ), 383면; 대판

의 주식양수인은 회사에 대하여 주권을 자기에게 발행·교부하여 달라는 청구를 할수 없고, 다만 주식양도인의 회사에 대한 주권발행 및 교부청구권을 대위행사하여주식양도인에의 주권발행·교부를 청구할 수 있을 뿐이다.[1] 이러한 점에서 주식양도인(채무자)의 채권자는 주식 자체를 가압류하지 못하고 주식양도인이 회사에 대하여 가지고 있는 주권교부청구권을 가압류할 수밖에 없다.[2] 이 경우 회사가 주식양수인에게 주권을 발행하더라도, 이는 주권으로서의 효력이 발생하지 않는다.[3] 또한이러한 주식양수인이 주주총회를 개최하여 새로 (대표)이사 등을 선임하였더라도 그결의는 효력이 없고,[4] 동 결의는 결의부존재의 원인이 된다.[5]

또한 이러한 주식양수인은 주식양도인에 대하여 채권자에 불과하므로, 주주총회결의의 무효확인을 구할 법률상 이익도 없다.[6]

(ii) 위의 주권발행 전의 주식양도가 회사에 대하여 효력이 없다 하여도, 당사자간에는 양도의 효력(채권적 효력)이 있음을 부정할 수 없다.[7]

(iii) 회사의 성립 후 또는 신주의 납입기일 후 6월 이내에 주권이 발행되기 전에 주식이 양도되고 그 후 6월 이내에 주권이 발행되었다면 동 주식양도는 회사에대하여 효력이 없으나, 6월이 경과한 후에 주권이 발행되었다면 동 주식양도는 하자가 치유되어 유효라고 본다.[8] 왜냐하면 이를 무효라고 하면 양도인과 양수인이 6월 경과 후 주권발행 전에 다시 양도의 의사표시를 하여 동 양도를 유효하게 할 수있는데($\frac{상 335조}{3항 단서}$), 이렇게 되면 공연히 절차만 번거롭게 되기 때문이다. 그러나 1984

1965. 4. 6, 64 다 205(집 13 ① 민 101); 동 1987. 5. 26, 86 다카 982·983(공보 804, 1052) 외.

1) 동지: 대판 1981. 9. 8, 81 다 141(공보 667, 14332); 동 1982. 9. 28, 82 다카 21(공보 693, 1009).

2) 주권발행 전 주식의 경우 회사의 성립(신주의 납입기일) 후 6월 경과 주식의 경우와 같이 6월경과 전 주식에 대하여도 주식 자체에 대한 가압류를 인정하여야 할 현실적 필요가 있다는 견해로는 송달룡, "주식 가압류 소고," 법률신문, 2014. 2. 13, 12~13면(주권교부청구권을 가압류한 채권자는 채무자인 주식양도인이 주식 자체를 제3자에게 양도하고 신주의 납입기일 후 6월 경과 후에 회사에게 확정일자 있는 증서로 주식양도 사실을 통지하면 회사는 주식양수인을 주주로 보지않을 수 없게 되어, 회사가 주권을 발행하지 않는 한 주권교부청구권을 가압류한 채권자는 보전처분의 목적을 충분히 달성할 수 없다).

3) 동지: 이(철), (회) 402면; 대판 1987. 5. 26, 86 다카 982·983.

4) 동지: 대판 1975. 12. 23, 75 다 770(공보 530, 8890); 동 1983. 9. 27, 83 도 1622(공보 716, 1631).

5) 동지: 대판 1977. 6. 7, 77 다 54(민판집 234, 277).

6) 동지: 대판 1962. 5. 17, 4294 민상 1114(카드 6693).

7) 동지: 이(철), (회) 402면; 채, 648면; 이(기) 외, (회) 259면; 대판 1975. 4. 22, 75 다 174(공보 515, 8453); 동 1983. 2. 22, 82 다 15(공보 702, 583).

8) 동지: 정(희), 425면; 정(동), (회) 243면; 이(철), (회) 402면; 이(기) 외, (회) 262면; 대판 2002. 3. 15, 2000 두 1850(주식양도가 회사 성립 후 또는 신주의 납입기일 후 6월이 경과하기 전에 이루어졌다고 하더라도 그 이후 6월이 경과하고 그때까지 회사가 주권을 발행하지 않았다면 그 하자는 치유되어 회사에 대하여도 유효한 주식양도가 된다).

반대: 최(기), 664면.

년 개정상법 이전에는 나중에 주권발행이 있는 경우에도 (언제나) 주권발행 전의 주식양도의 효력은 발생하지 않는 것으로 보았다.[1]

② 회사의 성립 후 또는 신주의 납입기일 후 6월 이후에 주권 없이 주식을 양도한 경우   (i) 회사의 성립 후 또는 신주의 납입기일 후 6월 이후에 주권 없이 주식을 양도한 경우에는 당사자간에는 물론이고, 회사에 대하여도 유효한 주식양도가 된다($\frac{상\ 335조}{3항\ 단서}$). 따라서 이 때의 주식양수인은 그가 적법하게 주식을 양수하였다는 사실을 증명하여 회사에 대하여 명의개서와 주권발행·교부를 청구할 수 있다.[2] 또한 이 경우 주식양수인(채무자)의 채권자는 주식 자체를 가압류할 수 있다. 그런데 주식양도청구권이 압류 또는 가압류된 경우, 채무자는 제3채무자를 상대로 주식의 양도를 구하는 소를 제기할 수 있고 법원은 가압류를 이유로 이를 배척할 수 없으나, 위 주식이 지명채권의 양도방법으로 양도할 수 있는 주권발행 전 주식인 경우 법원이 위 청구를 인용하려면 가압류의 해제를 조건으로 하여야 한다.[3]

그런데 회사가 6월이 경과하도록 주권을 발행하지 않았다고 하더라도 주식의 양도일 현재 회사가 주권을 발행한 경우라면, 주권 없이 주식을 양도할 수는 없다.[4]

(ii) 1984년 개정상법은 이 때의 주식양도의 효력을 인정하면서 그 양도방법에 관하여는 아무런 규정을 두고 있지 않다. 따라서 이 때의 주식양도는 민법상 지명채권의 양도방법과 같이 당사자 사이의 의사표시에 의하여 이루어지고, 회사 기타 제3자에게 대항력($\frac{주식의\ 소유관계에서\ 적법한}{주주임을\ 주장하기\ 위한\ 대항력}$)을 갖추기 위하여는 회사에 대한 통지 또는 회사의 승낙을 요한다($\frac{민\ 450}{조\ 1항}$)고 보는 것이 통설[5]·판례[6]이다. 그러나 회사에 대하

---

1) 대판 1963. 11. 7, 63 다 1179(집 11 ② 민 231).

2) 동지: 이(철), (회) 402면(그러나 주권발행은 명의개서를 한 후에 청구할 수 있다고 한다); 대판 1992. 10. 27, 92 다 16386(공보 934, 3261)(이러한 양수인은 단독으로 자신이 주식을 양수한 사실을 증명함으로써 회사에 대하여 그 명의개서를 청구할 수 있다).

3) 대판 2021. 7. 29, 2017 다 3222·3239(공보 2021, 1593)(일반적으로 주식양도청구권의 압류나 가압류는 주식 자체의 처분을 금지하는 대물적 효력은 없고 채무자가 제3채무자에게 현실로 급부를 추심하는 것을 금지할 뿐이다. 따라서 채무자는 제3채무자를 상대로 그 주식의 양도를 구하는 소를 제기할 수 있고 법원은 가압류가 되어 있음을 이유로 이를 배척할 수 없다. 다만 주권발행 전이라도 회사성립 후 또는 신주의 납입기일 후 6개월이 지나면 주권의 교부 없이 지명채권의 양도에 관한 일반원칙에 따라 당사자의 의사표시만으로 주식을 양도할 수 있으므로, 주권발행 전 주식의 양도를 명하는 판결은 의사의 진술을 명하는 판결에 해당한다. 이러한 주식의 양도를 명하는 판결이 확정되면 채무자는 일방적으로 주식 양수인의 지위를 갖게 되고, 제3채무자는 이를 저지할 방법이 없으므로, 가압류의 해제를 조건으로 하지 않는 한 법원은 이를 인용해서는 안 된다. 이는 가압류의 제3채무자가 채권자의 지위를 겸하는 경우에도 동일하다).

4) 동지: 대판 1993. 12. 28, 93 다 8719; 이(철), (회) 402면.

5) 정(동), (회) 269면; 이(철), (회) 403면(여기서 회사에 대한 대항력은 회사에 대하여 적법한 양수인임을 주장하고 명의개서를 청구할 수 있음을 말한다고 한다); 해설(1984), 52면; 채, 649면 외.

6) 대판 1988. 10. 11, 87 누 481(공보 1988, 1414)(주권이 발행되지 않았다고 하여도 회사성립

여 주주권을 행사하기 위한 대항요건(즉, 양수인이 앞으로 계속적으로 주주권을 행사하기 위한 대항요건)으로는 명의개서를 요하고(이러한 대항요건을 갖추지 않으면 주주는 그가 회사에 대하여 주주권을 행사할 때마다 매번 적법한 주주임을 증명하여야 할 것임)(상 337조 1항), 제 3 자에 대한 배타적인 대항요건(양도인이 이중으로 주식을 양도한 경우에 제1의 양수인이 제2의 양수인에 대하여 주주임을 주장하기 위한 대항요건)으로는 확정일자 있는 증서에 의한 양도통지 또는 회사의 승낙을 요한다[1](민 450조 2항). 그러나 이중으로 양도받은 2인 이상의 양수인이 모두 확정일자 없이 회사에 대한 통지·승낙의 요건만 구비하였다면, 회사에 먼저 통지하거나 승낙을 받아 명의개서를 한 자가 우선한다.[2]

이러한 관계를 좀더 확실하게 하기 위하여 다음의 예에서 구체적으로 살펴본다. Y_1회사의 주주인 A는 X에게 자기의 주식을 양도하고, 그 후 다시 Y_2에게 동 주식을 이중으로 양도하였다. 이 때 Y_1회사는 성립 후 6월이 경과하였는데도 주권을 발행하지 않았고, X는 Y_1회사의 확정일자 있는 승낙은 받았으나 주주명부에 명의개서를 하지 않았으며, Y_2는 주주명부에 명의개서를 하였다. 이 때 X가 Y_1회사에 대하여 주주임을 대항하기 위하여는 Y_1회사의 승낙(또는 A의 Y_1회사에 대한 통지)으로써 충분하고(민 450조 1항) 또 X가 Y_2에 대하여 자기가 주주임을 대항하기 위하여는 이러한 승낙서(또는 통지서)에 확정일자를 받으면 충분하나(민 450조 2항), X가 Y_1회사에 대하여 앞으로 계속적으로 주주권을 행사하기 위한 대항요건은 명의개서이다(상 337조 1항). 한편 Y_2가 주주명부상 주주로 기재되어 있다고 하여 Y_2가 Y_1회사에 대한 관계에서 주주라고 볼 수는 없다. 왜냐하면 주주명부상 Y_2가 주주로서 기재된 것은 권리추정적 효력밖에 없으므로, X가 실질적 주주임을 증명하면 Y_2의 권리추정적 효력은 깨어지기 때문이다.[3] 따라서 이

후 6월이 경과한 경우에는 회사에 대하여 주식양도의 효력을 주장할 수 있고, 이러한 주권발행 전의 주식양도는 지명채권양도의 일반원칙에 따른다); 동 1991. 8. 13, 91 다 14093(공보 905, 2349); 동 1992. 10. 27, 92 다 16386(공보 934, 3261); 동 1996. 6. 25, 96 다 12726(공보 1996, 2309)(회사성립 후 또는 신주의 납입기일 후 6월이 경과한 때의 주권발행 전의 주식의 양도는 지명채권양도에 관한 일반원칙에 따라 당사자의 의사표시만으로 그 효력이 발생한다); 동 2002. 9. 10, 2002 다 29411(공보 2002, 2431)(회사 성립 후 또는 신주의 납입기일 후 6월이 경과한 경우 주권발행 전의 주식은 당사자의 의사표시만으로 양도할 수 있고, 그 주식양도계약이 해제되면 계약의 이행으로 이전된 주식은 당연히 양도인에게 복귀한다).

1) 동지: 대판 1995. 5. 23, 94 다 36421(공보 995, 2226)(주권발행 전의 주식양도의 제3자에 대한 대항요건은 확정일자 있는 증서에 의한 양도통지 또는 회사의 승낙이고, 주주명부의 명의개서는 주식양수인들 상호간의 대항요건이 아니라 적법한 양수인이 회사에 대한 관계에서 주주의 권리를 행사하기 위한 대항요건에 지나지 않는다); 동 2003. 10. 24, 2003 다 29661(공보 2003, 2250)(상법 제335조 3항 소정의 주권발행 전에 한 주식의 양도는 회사성립 후 6월이 경과한 때에는 회사에 대하여 효력이 있는 것으로서, 이 경우 주식의 양도는 지명채권의 양도에 관한 일반원칙에 따라 당사자의 의사표시만으로 효력이 발생하는 것이고, 상법 제337조 1항에 규정된 주주명부상의 명의개서는 주식의 양수인이 회사에 대한 관계에서 주주의 권리를 행사하기 위한 대항요건에 지나지 아니한다).

2) 동지: 대판 2010. 4. 29, 2009 다 88631; 이(철), (회) 403면.

3) 동지: 대판 1989. 7. 11, 89 다카 5345(공보 855, 1229); 동 1985. 3. 26, 84 다카 2082(공보 752, 623); 동 1996. 8. 20, 94 다 39598(공보 1996, 2779)(회사성립 후 6월이 경과한 후에 주권

에에서 X만이 Y₁회사에 대한 관계에서 주주이고, X는 이를 Y₁회사 및 Y₂에 대하여
주주임을 대항할 수 있다.[1] 또한 이 경우 X(제1양수인)는 A(양도인)에 대하여 불법행
위에 기한 손해배상을 청구할 수 있다.[2]

  (iii) 이 때에 주권발행 전의 주식양도가 인정된다고 하더라도 주권이 없기 때문
에 주권의 교부에 의하여 주식을 양수한 자가 누리는 적법성의 추정($\frac{상}{조}\frac{336}{2항}$)은 인정되

  발행 전 주식양도가 있고 회사가 이러한 사실을 통지받았다면, 회사가 그 주식에 관하여 임의로
  제3자 명의로 명의개서를 마치고 또 주권을 발행하였다고 하더라도 제3자가 주주가 되는 것이
  아니다); 동 1999. 7. 23, 99 다 14808(공보 1999, 1730)(주권발행 전에 주식이 양도되는 경우라
  도 그것이 회사 성립 후 6개월이 경과한 후에 이루어진 때에는 회사에 대하여 효력이 있으므로 그
  주식양수인은 주주명부상의 명의개서 여부와 관계없이 회사의 주주가 되고, 그 후 주식양도 사실
  을 통지받은 바 있는 회사가 그 주식에 관하여 주주가 아닌 제3자에게 주주명부상의 명의개서절
  차를 마쳤다고 하더라도, 그로써 제3자가 주주가 되고 주식양수인이 주주권을 상실한다고 볼 수
  는 없다); 동 2000. 3. 23, 99 다 67529(공보 2000, 1032)(주권발행 전의 주식양도라 하더라도 회
  사 성립 후 6월이 경과한 후에 이루어진 때에는 회사에 대하여 효력이 있으므로 그 주식양수인은
  주주명부상의 명의개서 여부와 관계 없이 회사의 주주가 되고 그 후 그 주식양도 사실을 통지받
  은 바 있는 회사가 그 주식에 관하여 주주가 아닌 제3자에게 주주명부상의 명의개서절차를 마치
  고 나아가 그에게 기명식 주권을 발행하였다 하더라도, 그로써 제3자가 주주가 되고 주식양수인
  이 주주권을 상실한다고는 볼 수 없다)[이 판결에 찬성하는 취지의 평석으로는 정진세, 전게 관례
  월보(2001. 8), 30~38면].
1) 이에 관한 상세는 정찬형, "주권발행 전 주식양도 및 이사회의 결의 없는 신주인수권 양도의 회
  사에 대한 효력,"「관례월보」, 제304호(1996. 1), 20~23면.
2) 동지: 대판 2012. 11. 29, 2012 다 38780(공보 2013, 34)(주권발행 전 주식의 양도는 양도인과
  양수인 사이의 주식 양도에 관한 의사의 합치, 즉 주식양도계약만으로 그 효력이 발생하므로, 주
  식양도계약이 체결됨으로써 바로 양도인은 양도의 목적이 된 주식을 상실하고 양수인이 이를 이
  전받아 그 주주가 된다. 그와 같이 하여 주권발행 전 기명주식을 양도받은 사람은 다른 특별한 사
  정이 없는 한 양도인의 협력 없이도 그 주식을 발행한 회사에 대하여 자신이 주식을 취득한 사실
  을 증명함으로써 명의개서를 청구할 수 있고, 그 명의개서로써 회사에 대한 관계에서 주주로서의
  권리를 행사할 자격을 갖추게 된다. 한편 주식양도의 원인이 된 매매·증여 기타의 채권계약에서
  다른 약정이 없는 한 양도인은 그 채권계약에 기하여 양수인이 목적물인 주식에 관하여 완전한 권
  리 내지 이익을 누릴 수 있도록 할 의무를 진다고 할 것이다. 그러므로 양도인은 이미 양도한 주
  식을 제3자에게 다시 양도 기타 처분함으로써 양수인의 주주로서의 권리가 침해되도록 하여서는
  아니된다. 나아가 회사 이외의 제3자에 대하여 주식의 양도를 대항하기 위하여는 지명채권의 양
  도에 준하여 확정일자 있는 증서에 의한 양도의 통지 또는 그와 같은 승낙〈이하 단지 '제3자대항
  요건'이라고 한다〉이 있어야 하므로, 양도인은 위와 같은 의무의 일환으로 양수인에 대하여 회사
  에 그와 같은 양도통지를 하거나 회사로부터 그러한 승낙을 받을 의무를 부담한다. 따라서 양도
  인이 제1양수인에 대하여 앞서 본 바와 같은 원인계약상의 의무를 위반하여 이미 자신에 속하지
  아니하게 된 주식을 다시 제3자에게 양도하고 제2양수인이 주주명부상 명의개서를 받는 등으로
  제1양수인이 회사에 대한 관계에서 주주로서의 권리를 제대로 행사할 수 없게 되었다면, 이는 그
  한도에서 이미 제1양수인이 적법하게 취득한 주식에 관한 권리를 위법하게 침해하는 행위로서 양
  도인은 제1양수인에 대하여 그로 인한 불법행위책임을 진다고 할 것이다. 이러한 양도인의 책임
  은 주식이 이중으로 양도되어 주식의 귀속 등에 관하여 각 양수인이 서로 양립할 수 없는 이해관
  계를 가지게 됨으로써 이들 양수인이 이른바 대항관계에 있게 된 경우에 앞서 본 대로 그들 사이
  의 우열이 이 중 누가 제3자대항요건을 시간적으로 우선하여 구비하였는가에 달려 있어서 그 여
  하에 따라 제1양수인이 제2양수인에 대하여 그 주식의 취득을 대항할 수 없게 될 수 있다는 것에
  의하여 영향을 받지 아니한다).

지 않는다.[1] 따라서 주권발행 전에 주식양도가 있었다는 사실은 일반원칙에 따라
그것을 주장하는 측(양수인)에서 증명하여야 한다.[2]

3) 자기주식 취득의 제한

㈎ **입법방향** 회사가 자기주식을 취득하면 실질적으로 출자를 환급하는
결과가 되어 자본금 충실(유지)의 원칙에 반하고, 또 회사는 기업위험을 부담하는
외에 주가변동에 따른 위험을 이중으로 부담하게 되며, 또 취득시에 기회의 불평등
과 대가의 불공정성으로 인하여 주주평등의 원칙에 반하게 될 수 있고, 또 회사의
내부자(임원 등)에 의한 투기거래로 악용될 우려가 있는 등 여러 가지의 폐해가 있
다. 따라서 2011년 4월 개정상법 이전의 상법에서는 회사의 자기주식의 취득을 원
칙적으로 금지하였다.[3] 그러나 자본시장법(구 증권거래법)에서는 적대적 M&A에 대
한 방어수단이나 주가관리수단 등의 기능을 중시하여[4] 주권상장법인에 대하여 자기
주식의 취득을 원칙적으로 인정하고, 다만 자기주식의 취득에 따른 폐해를 방지하
기 위하여 취득재원 및 취득방법 등에 대하여 규제하였다(자금 165).[5] 2011년 4월 개
정상법은 회사의 자기주식의 취득은 회사의 재산을 주주에게 환급한다는 점에서 본
질적으로 주주에 대한 이익배당과 유사하게 볼 수 있는 점, 자기주식을 모든 주주로
부터 지분비율에 따라 취득하면 주주평등의 원칙에 위반하는 문제가 발생하지 않을
수 있는 점, 비상장회사에 대하여도 배당가능이익으로 재원을 한정하여 자기주식을
취득하도록 하면 회사채권자의 이익을 해하지 않는다는 점 등의 이유로, 자본시장
법의 입법태도와 같이 배당가능이익으로써 자기주식을 취득하는 것을 원칙적으로
허용하고 있다.[6]

그러나 자본시장법은 주권상장법인이 자기주식을 취득할 수 있는 경우를 「신탁
계약에 따라 자기주식을 취득한 신탁업자로부터 신탁계약이 해지되거나 종료된 때
반환받는 방법」에 의하여 자기주식을 취득하는 경우를 추가시키고, 자기주식의 취
득은 상법 제341조 제2항에도 불구하고 이사회의 결의로서 가능하며, 자기주식을
취득하거나 취득한 자기주식을 처분하는 경우에는 대통령령으로 정하는 요건·방법

---

1) 동지: 이(철), (회) 404면 외.
2) 동지: 이(철), (회) 404면; 해설(1984), 52면.
3) 동지의 입법례: 獨株 71조; 佛商(2001) 225 – 206조; 英會(2006) 658조 1항; N. Y. Bus.
   Corp. Law § 513 (a) 등.
4) 회사가 자기주식을 취득하는 동기에 관하여는 김정수, 「현대증권법원론」(서울: 박영사, 2002),
   538~540면 참조.
5) 동지의 입법례: RMBCA(2006) § 6. 31.
6) 법무부, 상법개정특별분과위원회 회의록(회사편), 2006. 12, 335면.

등의 기준(이사회결의사항, 취득·처분금지사항과 기간, 취득방법과 기간, 자기주식을 교환대상으로 하는 교환사채
권의 발행시 그 사채권을 발행한 때에 자기주식을 처분한 것으로 간주, 금전신탁의 경우 신탁업자에 대한
취득·처분금지기간
통보의무 등을 규정함)에 따르도록 하는 등의 특칙을 두고 있다(자금 165조의 3,).
자금시 176조의 2).

이러한 자기주식의 취득을 규제하는(원칙적으로 배당가능이익으로써 자기주식을 취득하는 경
우에도 그 폐해를 방지하기 위하여 예외적으로 규제하는) 방
법으로는 목적규제·재원규제·수량규제·보유규제·공시규제 및 거래규제 등이 있
는데,[1] 우리 상법은 배당가능이익으로써(손익거
래로써) 자기주식을 취득하는 경우에는 기본
적으로 재원규제를 하고(상
341조)[2] 배당가능이익이 아닌 자금으로써(자본거
래로써) 자기주식을
취득하는 경우에는 기본적으로 목적규제를 하고 있다(상 341
조의 2).[3] 이하에서는 이에 관
하여 차례로 살펴본다.

(ㅂ) **재원규제**   회사가 배당가능이익으로써 자기주식을 취득하는 경우에는
다음과 같은 재원상 제한과 방법상 제한이 있다.

① 재원상 제한   회사가 자기주식을 취득하기 위하여는 다음과 같이 직전
결산기의 대차대조표상 이익이 현존하여야 하고 또한 당해 결산기에 이익이 예상되
어야 하는데, 이 점은 중간배당의 요건(상 462조의 3
2항·3항·4항)과 아주 유사하다.

(a) 직전 결산기의 대차대조표상 이익이 현존하여야 한다(상 341조
1항 단서)   회사가
자기주식을 취득하는 경우 그 취득가액의 총액은 직전 결산기의 대차대조표상의 순
자산액에서 (i) 자본금의 액, (ii) 그 결산기까지 적립된 자본준비금과 이익준비금의
합계액, (iii) 그 결산기에 적립하여야 할 이익준비금의 액 및 (iv) 대통령령으로 정
하는 미실현이익(회계원칙에 따른 자산 및 부채에 대한 평가로 인하여 증가한 대차대조표
상의 순자산액으로서, 미실현손실과 상계하지 아니한 금액 — 상시 19조)을 뺀 금액(배당
가능이익)을 초과하지 못한다(상 341조
1항 단서).

직전 결산기에 배당가능이익이 없었음에도 불구하고 회사가 자기주식을 취득한
경우, 그 자기주식 취득의 사법상 효력은 어떠한가. 이에 대하여 취득한 자기주식
중 재원규제 위반분과 그렇지 않은 부분의 구별이 불가능할 수 있다는 점 등에서 재
원규제에 위반한 자기주식의 취득을 유효로 보는 견해도 있다.[4]

그러나 이는 (상법 제341조의 2 각 호에 해당하지 않으면) 강행규정인 상법 제341조
의 2에 위반한 자기주식의 취득인 점, 배당가능이익이 없는 위법한 이익배당을 당
연무효로 보는 점 등에서 볼 때 무효로 보아야 할 것이다.

---

1) 동지: 정(동), (회) 244면.
2) 이는 2011년 4월 개정상법이 신설한 것이다. 이의 경우에도 입법론상 목적규제·수량규제 또는
   (및) 보유규제가 필요하다는 견해로는 정찬형, "2011년 개정상법상 자기주식의 취득·처분 및 소
   각과 관련한 법적 문제점,"「법과 기업 연구」(서강대 법학연구소), 제5권 제2호(2015. 8), 9~14면.
3) 이는 2011년 4월 개정상법 이전과 유사하다(개정전 상 341조).
4) 권종호,「자본시장법(주석서Ⅰ)」(한국증권법학회)(서울: 박영사, 2009), 696면; 안성포, "자기주
   식취득의 허용에 따른 법적 쟁점,"「상사법연구」(한국상사법학회), 제30권 제2호(2011. 8), 82면.

(b) 해당 영업연도의 결산기에 이익이 예상되어야 한다($\substack{\text{상 341}\\\text{조 3항}}$)　　회사는 해당 영업연도의 결산기에 대차대조표상의 순자산액이 (i) 자본금의 액, (ii) 그 결산기까지 적립된 자본준비금과 이익준비금의 합계액, (iii) 그 결산기에 적립하여야 할 이익준비금의 액 및 (iv) 대통령령으로 정하는 미실현이익의 합계액에 미치지 못할 우려가 있는 경우($\substack{\text{즉, 배당가능이익이}\\\text{예상되지 않는 경우}}$)에는 자기주식을 취득하여서는 아니 된다($\substack{\text{상 341}\\\text{조 3항}}$). 만일 해당 영업연도의 결산기에 배당가능이익이 예상되지 않는 경우에도 회사가 자기주식을 취득하면, 이사[1]는 그가 해당 영업연도의 결산기에 이익이 발생할 것으로 판단함에 있어 주의를 게을리하지 아니하였음을 증명하지 못하는 한 회사에 대하여 연대하여 그 미치지 못한 금액을 배상할 책임이 있다($\substack{\text{상 341}\\\text{조 4항}}$).

② 방법상 제한

(a) 주주총회의 결의　　회사가 배당가능이익으로써 자기주식을 취득하고자 하는 경우에는 미리 주주총회의 결의로 (i) 취득할 수 있는 주식의 종류 및 수, (ii) 취득가액의 총액의 한도 및 (iii) 1년을 초과하지 아니하는 범위에서 자기주식을 취득할 수 있는 기간을 결정하여야 한다($\substack{\text{상 341조}\\\text{2항 본문}}$). 그러나 이사회의 결의로 이익배당을 할 수 있다고 정관에서 정하고 있는 경우에는 위의 사항에 대하여 주주총회의 결의에 갈음하여 이사회의 결의로써 한다($\substack{\text{상 341조}\\\text{2항 단서}}$). 자본금 총액이 10억원 미만인 회사로서 이사를 1명 또는 2명 둔 경우에는 이사회가 없으므로 언제나 주주총회의 결의에 의하여야 한다($\substack{\text{상 383조 5항,}\\\text{341조 2항 단서}}$).

배당가능이익이 없음에도 불구하고 주주총회 또는 이사회가 자기주식을 취득할 것을 결의하면, 이러한 결의는 무효가 된다고 본다.[2] 그러나 주주총회 또는 이사회가 절차상의 하자로 인하여 사후에 취소된 경우 등에 회사가 취득한 자기주식의 사법상 효력은 위법한(전단적) 대표행위의 효력의 문제가 될 것이다.[3]

(b) 취득방법의 제한　　회사가 배당가능이익으로써 자기주식을 취득하는 경우, 그 취득방법은 (i) 거래소에서 시세(時勢)가 있는 주식의 경우에는 거래소에서 취득하는 방법과 (ii) 상환주식의 경우 외에 각 주주가 가진 주식수에 따라 균등한 조건으로 취득하는 것으로서 대통령령으로 정하는 방법[4]으로 한정된다($\substack{\text{상 341조}\\\text{1항 본문}}$). 회

---

1) 집행임원 설치회사(상 408조의 2~408조의 9)에서 자기주식 취득에 관한 사항을 주주총회에 갈음하여 이사회의 결의로 정하는 경우(상 341조 2항 단서 참조), 이사에 갈음하여 집행임원이 그 책임을 지어야 할 것으로 본다. 따라서 입법론으로는 「이사 또는 집행임원」으로 규정하였어야 한다고 본다.

2) 배당가능이익이 없음에도 불구하고 위법배당을 결의한 주주총회결의는 무효확인의 소의 대상이 된다(이 책 1257면).

3) 이에 관하여는 이 책 1033~1038면.

4) 이 때 "대통령령으로 정하는 방법"이란 다음 각 호의 어느 하나에 해당하는 방법을 말한다(상시

사가 이와 같이 자기주식의 취득방법을 제한하는 것은 주주에게 기회의 평등과 대가의 공정을 제공하여 주주평등의 원칙에 반하지 않도록 하기 위해서이다.[1]

회사가 위와 같은 자기주식의 취득방법에 위반하여 자기주식을 취득한 경우, 그 취득행위의 사법상 효력은 어떠한가. 이에 대하여 원칙적으로 무효이나 상대방(주주)이 선의인 경우에는 유효라고 보는 견해가 있으나,[2] 이는 상법 제341조(강행법규)에 위반한 거래이고 또한 주주평등의 원칙에 반하는 회사의 행위이므로 상대방(주주)의 선의·악의를 불문하고 언제나 무효라고 본다.[3]

9조 1항).

1. 회사가 모든 주주에게 자기주식 취득의 통지 또는 공고를 하여 주식을 취득하는 방법

이 경우에는 다음 각 호의 기준에 따라야 한다(상시 10조).

(i) 법 제341조 2항에 따른 결정을 한 회사가 자기주식을 취득하려는 경우에는 이사회의 결의로써 다음 각 목의 사항을 정할 것. 이 경우 주식 취득의 조건은 이사회가 결의할 때마다 균등하게 정하여야 한다.

가. 자기주식 취득의 목적

나. 취득할 주식의 종류 및 수

다. 주식 1주를 취득하는 대가로 교부할 금전이나 그 밖의 재산(해당 회사의 주식은 제외한다. 이하 이 조에서 "금전등"이라 한다)의 내용 및 그 산정 방법

라. 주식 취득의 대가로 교부할 금전등의 총액

마. 20일 이상 60일 내의 범위에서 주식양도를 신청할 수 있는 기간(이하 이 조에서 "양도신청기간"이라 한다)

바. 양도신청기간이 끝나는 날부터 1개월의 범위에서 양도의 대가로 금전등을 교부하는 시기와 그 밖에 주식 취득의 조건

(ii) 회사는 양도신청기간이 시작하는 날의 2주 전까지 각 주주에게 회사의 재무 현황, 자기주식 보유 현황 및 위 (i) 각 목의 사항을 서면으로 또는 각 주주의 동의를 받아 전자문서로 통지할 것. 다만, 회사가 무기명식의 주권을 발행한 경우에는 양도신청기간이 시작하는 날의 3주 전에 공고하여야 한다.

(iii) 회사에 주식을 양도하려는 주주는 양도신청기간이 끝나는 날까지 양도하려는 주식의 종류와 수를 적은 서면으로 주식양도를 신청할 것

(iv) 주주가 위 (iii)에 따라 회사에 대하여 주식 양도를 신청한 경우 회사와 그 주주 사이의 주식 취득을 위한 계약 성립의 시기는 양도신청기간이 끝나는 날로 정하고, 주주가 신청한 주식의 총수가 위 (i) 나목의 취득할 주식의 총수를 초과하는 경우 계약 성립의 범위는 취득할 주식의 총수를 신청한 주식의 총수로 나눈 수에 위 (iii)에 따라 주주가 신청한 주식의 수를 곱한 수(이 경우 끝수는 버린다)로 정할 것

2. 「자본시장과 금융투자업에 관한 법률」 제133조부터 제146조까지의 규정에 따른 공개매수의 방법

이와 같이 자기주식을 취득한 회사는 지체 없이 취득 내용을 적은 자기주식 취득내역서를 본점에 6개월간 갖추어 두어야 하는데, 이 경우 주주와 회사채권자는 영업시간 내에 언제든지 자기주식 취득내역서를 열람할 수 있으며, 회사가 정한 비용을 지급하고 그 서류의 등본이나 사본의 교부를 청구할 수 있다(상시 9조 2항).

1) 동지: 권종호, 전게서(자본시장법〈주석서 Ⅰ〉), 696면; 안성포, 전게논문(상사법연구 제30권 제2호), 82~83면.

2) 권종호, 전게서(자본시장법〈주석서 Ⅰ〉), 696면; 안성포, 전게논문(상사법연구 제30권 제2호), 92면.

3) 동지: 대판 2021. 10. 28, 2020 다 208058(공보 2021, 2261). 상법 제341조의 2(개정전 상 341

(c) 회사의 명의와 회사의 계산으로 취득   회사가 배당가능이익으로써 자기주식을 취득하는 경우에는 「자기의 명의와 자기의 계산」으로 취득하여야 한다($^{상 341조}_{1항 본문}$).[1] 이 점은 주권상장법인의 경우에도 같다($^{자금 165조}_{의 3 1항 1호}$).[2] 이와 같이 「자기의 명의」로 취득하는 경우에만 자기주식을 취득할 수 있도록 한 것은 취득주체에 대한 공시의 진정성을 확보하기 위해서이다.[3] 따라서 회사가 배당가능이익으로써 「타인의 명의」와 「회사의 계산」으로 자기주식을 취득하는 것은 허용되지 않는다고 본다.[4]

㈐ 목적규제

① 회사는 배당가능이익이 없는 경우 원칙적으로 (자기의 계산으로) 자기주식을 취득할 수 없고, 예외적으로 다음과 같은 특정목적이 있는 경우에는 위에서 본 재원상 제한이나 방법상 제한을 받지 않고 (자기의 계산으로) 자기주식을 취득할 수 있다. 즉, (i) 회사의 합병 또는 다른 회사의 영업전부의 양수로 인한 경우, (ii) 회사의 권리를 실행함에 있어 그 목적을 달성하기 위하여 필요한 경우,[5] (iii) 단주(端株)의 처리를 위하여 필요한 경우 및 (iv) 주주가 주식매수청구권을 행사한 경우[6]이다($^{상 341}_{조의 2}$ $^{1호~}_{4호}$).

회사는 상법상 허용되는 이러한 경우 이외에 정관이나 내부규정에 의하여 자기

조) 위반의 효력에 대하여도 동일하게 보아야 할 것이다(이 책 796~797면).

1) 2011년 4월 개정상법 이전에는 회사가 「자기의 계산으로」 자기주식을 취득하는 것만을 제한하고(개정전 상 341조), 자기의 계산이 아니면 「자기의 명의로」 자기주식을 취득하는 것에 대하여는 제한하지 않았다(예컨대, 신탁회사 또는 위탁매매인이 고객의 계산으로 자기주식을 취득하거나, 자기주식을 무상으로 취득하는 경우 등).

2) 주권상장법인이 금전의 신탁계약에 따라 신탁업자에게 자기주식을 취득하게 하는 경우에는(자금 165조의 3 4항 전단) 신탁법리상 「타인(신탁업자)의 명의」와 「타인(신탁업자)의 계산으로」 자기주식을 취득하는 것이 되고, 이 경우 신탁업자가 증권시장에서 취득한 자기주식을 신탁계약의 해지 또는 종료로 인하여 주권상장법인이 반환받는 경우에는(자금 165조의 3 1항 2호) 「자기의 명의」와 「자기의 계산」으로 자기주식을 취득하는 것이 된다[동지: 안성포, 전게논문(상사법연구 제30권 제2호), 78면 주 9].

3) 동지: 안성포, 상게논문(상사법연구 제30권 제2호), 77면.

4) 이 점은 2011년 4월 개정전 상법 제341조와 그 취지가 같다고 볼 수 있다[동지: 안성포, 상게논문(상사법연구 제30권 제2호), 77면].

5) 예컨대, 회사의 채무자가 가지고 있는 유일한 재산이 동 회사의 주식이어서 그 주식을 경락하거나, 대물변제로 받거나, 또는 소송상의 화해 등에 의하여 취득하는 경우이다. 이 경우에는 채무자에게 자기주식 이외에는 다른 재산이 없다는 사실을 회사가 증명하여야 한다[대판 1977. 3. 8, 76다 1292(집 25 ① 민 99)].

6) 1995년 개정상법에 의하여 주식양도의 제한으로 회사로부터 양도상대방에 대한 주식의 양도승인을 받지 못한 주주(상 335조의 2 4항) 또는 영업양도·합병 등에 반대하는 주주(상 360조의 5, 360조의 22, 374조의 2, 522조의 3, 530조의 11 2항)에게는 주식매수청구권을 인정하였으므로, 이에 따라 예외적으로 자기주식을 취득할 수 있는 경우를 추가한 것이다.

주식을 취득할 수 없다.[1]

　회사가 자본금 감소 등의 방법으로 자기주식을 취득하여 소각하는 경우에는 상법 제341조에 의한 자기주식의 취득에 해당하지 않으므로 상법 제341조의 2에서 (2011년 4월 개정전 상법 제341조 1호와 같이) 「주식을 소각하기 위한 경우」를 반드시 추가하여야 할 것으로 본다.[2] 이는 입법상 미비라고 본다. 또한 상법 제341조의 2 제2호는 입법론상 쉬운 표현으로 「회사의 채무자에게 자기주식 이외에는 다른 재산이 없는 경우」로 개정되어야 할 것으로 본다.

　② 상법 제341조의 2에 의하여 자기주식의 취득이 원칙적으로 금지되는 대표적인 이유는 회사의 자본금 충실을 기하고 회사의 채권자를 보호하기 위한 것이므로, 자기주식의 취득이 금지되는 것은 취득자의 명의는 불문하고 「회사의 계산」[3]으로 취득하는 자기주식의 취득만이 금지된다고 본다(개정전 상 341조 본문 참조).[4] 이 때 회사가 자기가 발행하는 주식을 인수하려는 자 또는 이미 발행한 주식을 취득하려는 자에게 금전대여 또는 보증을 하여 자기주식을 취득시키는 것은 상법 제341조의 2의 탈법행위의 일종으로 보아 「회사의 계산」으로 자기주식을 취득하는 것으로 보아 금지된다고 본다.[5] 이 점에 대하여 명문으로 금지하는 입법례도 있다.[6] 그러나 회사의 계산으

---

1) 동지: 대판 2007. 5. 10, 2005 다 60147(공보 2007, 853).

2) 정찬형, 전게논문(법과 기업 연구 제5권 제2호), 13면. 또한 2011년 4월 개정상법은 (자본금이 감소하지 않는) 이익소각에 관하여는 자기주식의 취득(상 341조)과 소각(상 343조 1항 단서)에 관한 규정을 두고 있으면서, 자본금 감소에 관하여는 자기주식의 취득에 대하여는 규정하고 있지 않으면서 주식소각에 대하여만 규정하고 있어(상 343조 1항 본문) 균형을 잃은 입법을 하고 있다.

3) 이에 관한 상세는 박준, "타인명의 자기주식의 취득과 '회사의 재산'," 「상사법연구」(한국상사법학회), 제37권 제1호(2018. 5), 9~61면 참조.

4) 동지: 이(철), (회) 408면.

5) 동지: 대판 2003. 5. 16, 2001 다 44109(공보 2003, 1309)(회사 아닌 제3자의 명의로 회사의 주식을 취득하더라도 그 주식취득을 위한 자금이 회사의 출연에 의한 것이고 그 주식취득에 따른 손익이 회사에 귀속되는 경우라면, 상법 기타의 법률에서 규정하는 예외사유에 해당하지 않는 한, 그러한 주식의 취득은 회사의 계산으로 이루어져 회사의 자본적 기초를 위태롭게 할 우려가 있는 것으로서 상법 제341〈2011년 4월 개정상법 제341조의 2〉가 금지하는 자기주식의 취득에 해당한다. 이러한 점에서 주식회사의 자본충실의 원칙상 주식의 인수대금은 그 전액을 현실적으로 납입하여야 하고 그 납입에 관하여 상계로써 회사에 대항하지 못하는 것이므로 회사가 제3자에게 주식인수대금 상당의 대여를 하고 제3자는 그 대여금으로 주식인수대금을 납입한 경우에, 회사가 처음부터 제3자에 대하여 대여금 채권을 행사하지 아니하기로 약정되어 있는 등으로 대여금을 실질적으로 회수할 의사가 없었고 제3자도 그러한 회사의 의사를 전제로 하여 주식인수청약을 한 때에는, 그 제3자가 인수한 주식의 액면금액에 상당하는 회사의 자본이 증가되었다고 할 수 없으므로, 위와 같은 주식인수대금의 납입은 단순히 납입을 가장한 것에 지나지 아니하여 무효이다); 동 2007. 7. 26, 2006 다 33609(공보 2007, 1346)(회사가 제3자의 명의로 회사의 주식을 취득하더라도, 그 주식 취득을 위한 자금이 회사의 출연에 의한 것이고 그 주식 취득에 따른 손익이 회사에 귀속되는 경우라면, 상법 기타의 법률에서 규정하는 예외사유에 해당하지 않는 한, 그러한 주식의 취득은 회사의 계산으로 이루어져 회사의 자본적 기초를 위태롭게 할 우려가 있는 것으로서

로 자기주식을 취득하는 경우가 아닌 경우, 예컨대 신탁회사 또는 위탁매매인이 고객의 계산으로 자기주식을 취득하거나 자기주식을 무상으로 취득하는 경우 등에는 자기주식의 취득이 당연히 인정된다고 본다.[1]

③ 상법 제341조의 2에서의 「자기주식」에는 신주인수권증서($\frac{상\ 420}{조의\ 2}$)나 신주인수권증권($\frac{상\ 516}{조의\ 5}$)이 포함된다고 본다.[2] 그러나 이 경우 신주인수권부사채나 전환사채는 포함되지 않으므로 회사는 이를 취득할 수 있으나, 신주인수권이나 전환권을 행사할 수는 없다고 본다.[3]

이 때 자기주식의 취득에는 유상의 승계취득에 한하지 않고, 설립시 또는 신주발행시의 주식인수(원시취득)를 포함한다고 본다.[4]

④ 회사가 상법 제342조의 2에 위반하여 각 호의 어디에도 해당하지 아니함에도 불구하고 (또한 배당가능이익이 없음에도 불구하고) 자기주식을 취득한 경우, 다음과 같이 그 취득행위의 사법상 효력과 이사 등의 책임이 문제된다.

(a) 취득행위의 사법상 효력   회사가 상법 제341조의 2에 위반하여 자기주식을 취득한 경우 그 취득행위의 사법상 효력이 어떠한가에 대하여 다음과 같이 세 가지의 학설이 대립하고 있다.

(i) (절대적) 무효설   이 설에서는 자기주식 취득금지에 위반하여 자기주식을 취득하는 것은 출자금을 환급하는 것과 같은 결과를 가져오는데, 이것은 주식회사의 본질적인 요청인 자본금 충실의 원칙을 침해하는 결과가 되고, 또 이를 규정한 상법 제341조의 2는 강행규정이기 때문에, 이에 위반한 취득행위는 무효가 된다고

상법 제341조〈2011년 4월 개정상법 제341조의 2〉·제625조 제2호, 제622조가 금지하는 자기주식의 취득에 해당한다).

그러나 대판 1963. 5. 30, 63 다 106(집 11 ① 민 344)은 「회사가 자기주식을 어떤 사람에게 공로주로 주기로 약정하였다 하더라도 회사가 반드시 자기주식을 취득하여 이행할 필요는 없고, 회사가 주주인 제3자에게 대가를 지급하고 제3자로부터 직접 위 사람에게 주식을 양도케 할 수 있으므로, 위 약정이 강행법규에 반하거나 원시적으로 이행이 불능한 것이라고 볼 수 없다」고 하여, 마치 자기주식 취득이 아닌 것처럼 판시하고 있으나, 이것은 회사가 「자기의 계산으로」 취득한 자기주식을 증여한 것과 동일한 결과라고 본다.

6) 獨株 71a조 1항; 英會(2006) 677조~680조.
1) 동지: 대판 1989. 11. 28, 88 누 9268(공보 1990, 163)(회사가 무상으로 자기주식을 취득하는 것은 회사의 채권자를 해하거나 부당한 투기적 수단으로 이용될 가능성이 없는 점에서 허용된다); 이(철), (회) 418면.
2) 동지: 이(철), (회) 409면.
3) 동지: 정(동), (회) 245면.
4) 정찬형, "자기주식의 취득," 「고시계」, 2003. 9, 58면.
   그러나 이에 대하여 이론상(회사가 동시에 자기의 구성원이 될 수 없는 점 및 가장납입) 당연히 금지된다고 하는 견해로는 손(주), 659면 및 같은 면 주 1(이 때의 '취득'에는 원시취득과 포괄승계는 제외된다고 한다); 정(동), (회) 245면; 이(철), (회) 409면.

한다.[1)]

1) 서·정, 373면; 정(동), (회) 248~249면; 최(기), 669면(그러나 양도인은 특별한 사정이 없으면 그 무효를 주장할 수 없다고 한다); 이(범), 145면; 이(기) 외, (회) 264면; 최병규, "자기주식취득의 제한과 허용," 「현대상사법논집」(우계강희갑박사화갑기념논문집), 2001, 161면.

동지: 대판 1955. 4. 7, 4287 민상 229(민관집 11, 643)(주식회사가 주주의 출자한 재산을 그 주주에게 반환하는 동시에 그 주주가 가진 주식을 양수키로 한 것은 자기주식을 취득하는 것을 약정한 것이므로 무효이다); 대결 1964. 11. 12, 64 마 719(카드 8319)(상법 제341조〈2011년 4월 개정상법 제341조의 2〉에 위배하여 한 회사의 자기주식 취득행위는 당연무효이다); 대판 2003. 5. 16, 2001 다 44109(공보 2003, 1309)(주식회사가 자기의 계산으로 자기의 주식을 취득하는 것은 회사의 자본적 기초를 위태롭게 하여 회사와 주주 및 채권자의 이익을 해하고 주주평등의 원칙을 해하며 대표이사 등에 의한 불공정한 회사지배를 초래하는 등의 여러 가지 폐해를 생기게 할 우려가 있으므로 상법은 일반 예방적인 목적에서 이를 일률적으로 금지하는 것을 원칙으로 하면서, 예외적으로 자기주식의 취득이 허용되는 경우를 유형적으로 분류하여 명시하고 있으므로 상법 제341조〈2011년 4월 개정상법 제341조의 2〉, 제341조의 2〈2011년 4월 개정상법에서는 폐지됨〉, 제342조의 2 또는 증권거래법 등에서 명시적으로 자기주식의 취득을 허용하는 경우 외에, 회사가 자기주식을 무상으로 취득하는 경우 또는 타인의 계산으로 자기주식을 취득하는 경우 등과 같이, 회사의 자본적 기초를 위태롭게 하거나 주주 등의 이익을 해한다고 할 수 없는 것이 유형적으로 명백한 경우에도 자기주식의 취득이 예외적으로 허용되지만, 그 밖의 경우에 있어서는, 설령 회사 또는 주주나 회사채권자 등에게 생길지도 모르는 중대한 손해를 회피하기 위하여 부득이한 사정이 있다고 하더라도 자기주식의 취득은 허용되지 아니하는 것이고 위와 같은 금지규정에 위반하여 회사가 자기주식을 취득하는 것은 당연히 무효이다); 동 2018. 10. 25, 2016 다 42800·42817·42824·42831(공보 2018, 2227)(주권이 발행되지 않은 주식에 관하여 체결된 매매계약이 구 상법〈2011. 4. 14. 법률 제10600호로 개정되기 전의 것, 이하 같다〉 제341조에서 금지한 자기주식의 취득에 해당하여 무효인 경우, 매도인은 지급받은 주식매매대금을 매수인에게 반환할 의무를 부담하는 반면 매수인은 매매계약 체결 당시 이행받은 급부가 없으므로 특별한 사정이 없는 한 반환할 부당이득이 존재하지 않는다. 다만 무효인 매매계약을 근거로 매수인이 마치 주주인 것처럼 취급되고 이러한 외관상 주주의 지위에서 매도인의 권리를 침해하여 매수인이 이익을 얻었다면 매수인은 그 이익을 반환할 의무가 있다. 그러나 매수인이 이러한 외관상 주주의 지위에 기하여 이익을 얻은 바도 없다면, 역시 매수인의 매도인에 대한 부당이득반환의무는 존재하지 않는다. 한편 만약 무효인 매매계약에 따라 매수인에게 상법 제337조 제1항에 규정된 명의개서절차가 이행되었더라도, 매도인은 특별한 사정이 없는 한 매수인의 협력을 받을 필요 없이 단독으로 매매계약이 무효임을 증명함으로써 회사에 대해 명의개서를 청구할 수 있다. 주권이 발행되지 않은 주식에 관하여 체결된 매매계약이 구 상법 제341조에서 금지한 자기주식의 취득에 해당하여 무효인 경우에도 마찬가지이다); 2021. 10. 28, 2020 다 208058(공보 2021, 2261)(2011. 4. 14. 법률 제10600호로 개정되어 2012. 4. 15.부터 시행된 개정 상법은 종래 자기주식 취득을 엄격히 불허하였던 것에서 이를 완화하여, 제341조에서 회사가 배당가능이익의 한도 내에서 거래소에서 취득하는 방법 등으로 자기의 명의와 계산으로 자기주식을 취득할 수 있도록 허용하고, 제341조의 2에서는 각호에서 규정한 특정한 목적이 있는 경우에는 구 상법〈2011. 4. 14. 법률 제10600호로 개정되기 전의 것〉과 마찬가지로 배당가능이익이나 취득 방법 등의 제한 없이 자기주식을 취득할 수 있도록 허용하면서, 제4호에서 주주가 주식매수청구권을 행사한 경우를 들고 있다. 따라서 개정 상법 제360조의 5 제1항, 제374조의 2 제1항, 제522조의 3 제1항 등에 따라 주주가 주식매수청구권을 행사하는 경우에는 개정 상법 제341조의 2 제4호에 따라 회사가 제한 없이 자기주식을 취득할 수 있으나, 회사가 특정 주주와 사이에 특정한 금액으로 주식을 매수하기로 약정함으로써 사실상 매수청구를 할 수 있는 권리를 부여하여 주주가 그 권리를 행사하는 경우는 개정 상법 제341조의 2 제4호가 적용되지 않으므로, 개정 상법 제341조에서 정한 요건하에서만 회사의 자기주식취득이 허용된다. 다만 이와 같이 개정 상법이 자기주식취득 요건을 완화하였다고 하더라도 여전히 법이 정한 경우에만 자기주식취득이 허용된다는 원칙에는 변함이 없고 따라

(ii) 상대적 무효설(부분적 무효설)　　　이 설에서는 자기주식 취득금지에 위반한 취득행위는 원칙적으로 무효이나, 다만 선의의 제3자에게 대항하지 못한다고 한다.[1]

(iii) 유 효 설　　　이 설에서는 상법 제341조의 2의 규정을 단속규정으로 보고, 이에 위반한 자기주식의 취득행위의 사법상의 효력은 유효하다고 한다.[2]

생각건대 회사의 자본금 충실의 원칙은 주식회사의 본질적 요소이고 또 이러한 자본금 충실을 기하고자 하는 것이 상법 제341조의 2의 입법목적인 점에서 볼 때 동 규정을 강행규정으로 보아야 할 것이므로, 이에 위반한 자기주식의 취득행위의 사법상 효력은 양도인의 선의·악의를 불문하고 언제나 무효라고 본다(무효설).[3]

(b) 이사 등의 책임　　　(i) 이사·집행임원 등이 상법 제341조의 2에 위반하여 회사의 계산으로 자기주식을 취득한 경우에는 회사($\frac{\text{상 399조, 408}}{\text{조의 8 1항}}$) 또는 제3자($\frac{\text{상 401}}{\text{조, 408}}$ $\frac{\text{조의}}{\text{8 2항}}$)에 대하여 손해배상책임을 지고, (ii) 또 그러한 이사·집행임원 등은 형벌의 제재를 받는다($\frac{\text{상 625}}{\text{조 2호}}$).

(라) 자기주식의 지위

① 자기주식의 지위　　　회사가 자기주식을 취득하는 경우에 회사는 그 주식에 기하여 주주권을 행사할 수 있는가.

(i) 자기주식에 대한 공익권 중「의결권」에 대하여는 상법이 명문으로 규정하여 이를 배제하고 있으므로($\frac{\text{상 369}}{\text{조 2항}}$) 아무런 문제가 없다. 이러한 자기주식은 발행주식총수에 산입되지 않는다($\frac{\text{상 371}}{\text{조 1항}}$).

그러나 의결권 이외의 공익권과 자익권에 대하여는 상법에 규정이 없으므로 해석에 의하여 해결될 수밖에 없다. 회사의 자기주식에 대한「의결권 이외의 공익권」

서 위 규정에서 정한 요건 및 절차에 의하지 않은 자기주식취득 약정은 효력이 없다).
1) 정(회), 426면(상법의 금지규정에 위반한 회사의 자기주식취득은 법률상 무효이지만, 상법 제341조〈2011년 4월 개정상법 제341조의 2〉의 입법취지로 보아 동조에 의하여 보호받아야 할 자는 회사·채권자·주주이므로 양도인은 선의·악의를 불문하고 언제나 무효를 주장하지 못하고, 한편 거래안전을 고려하여 회사·회사채권자·주주도 양도인이 선의인 한 무효를 주장하지 못한다고 보는 것이〈상대적 무효설〉관계자의 이해를 가장 잘 조정할 수 있다고 한다); 손(주), 659면(이 때 제3자는 회사가 타인명의로써 취득한 경우의 양도인만을 의미한다고 한다); 이(철), (회) 420면(이 때 제3자는 회사로부터 다시 주식을 취득한 자·압류채권자 등을 의미한다고 하고, 자기주식의 취득은 양도인의 선의·악의를 묻지 않고 무효이나 다만 전득자〈轉得者〉·압류채권자 등과 같은 선의의 제3자에게 대항하지 못한다고 한다).
2) 박·이, 206면; 강, 289면; 채, 648면.
3) 참고로 독일 주식법에서는 그 취득에 관한 행위를 채권행위와 물권행위로 나누어, 채권행위는 언제나 무효가 되고(獨株 71조 2항 1문), 물권행위는 원칙적으로 유효이고 전액납입되지 아니한 주식의 취득만이 무효라고 하고 있다(獨株 71조 2항 2문). 그러므로 계약단계에서는 무효이고, 주권의 교부가 있으면 유효하다는 결과가 된다. 이에 반하여 일본의 판례는 무효설을 엄격히 적용하여 민법 제746조에 의한 불법원인급여의 법리를 적용하고 있다[日大判 1941. 2. 20(民集 20, 247)].

(예컨대, 소수주주권, 각종의 소제기권 등)은 그 성질상 회사에 인정될 수 없다는 데 대하여 학설은 일치하고 있다.

(ii)「자익권」에 대하여는 견해가 나뉘어 있다. 즉, 회사의 자기주식에 대하여는 i) 자익권 중 이익배당청구권 및 잔여재산분배청구권이 인정된다고 하거나,[1] 또는 이익배당이나 주식배당이 인정된다고 하거나,[2] 또는 신주발행이나 준비금의 자본금 전입시에 신주인수권이 인정된다고 하는 것[3] 등과 같이 자익권의 일부를 인정하고 나머지를 인정하지 않는 부분적 휴지(休止)설(소수설)과, ii) 일체의 자익권을 인정하지 않는 전면적 휴지설(통설)[4]로 나뉘어 있다.

생각건대 회사가 자기주식을 취득하는 것이 인정되는 경우에도 이는 보통 주식을 실효하거나 타에 처분하기 위한 일시적인 현상인 점($\frac{상\ 342조,\ 343조}{1항\ 단서\ 참조}$), 주주권은 본래 회사 이외의 자를 위하여 인정되는 권리로서 회사가 동시에 그 구성원이 되는 자기주식의 취득의 경우에는 그 성질상 인정될 수 없는 권리라는 점 등에서 볼 때, 통설인 전면적 휴지설에 찬성한다.[5]

(iii) 자기주식에 대하여 이렇게 주주권이 휴지(休止)되는 것은 주식 자체의 속성은 아니므로, 그 주식이 제3자에게 이전되면 모든 주주권이 부활되는 것은 당연하다.

② 자기주식의 회계   한국채택국제회계기준상 자기주식의 회계처리는 자본의 재무상태표상 '기타자본구성요소'로 기재하고($\frac{IFRS기반\ XBRL}{표준계정과목체계}$), 취득한 자기주식은 취득원가를 자본항목에서 차감한다($\frac{K-IFRS\ 1032}{호\ 문단\ 33}$).[6]

⒨ **자기주식의 처분 및 소각**

① 자기주식의 처분

(a) 2011년 4월 개정상법($\frac{상}{342조}$)은 회사가 보유하는 자기주식을 처분하는 경우,

---

1) 배철세 · 강위두, 「상법강의 Ⅱ」, 294면.

2) 서(정), 224면, 267면, 447면.

3) 서(정), 447면; 최(기), 675~676면(준비금의 자본전입시의 신주인수권만을 인정함).

4) 정(회), 427면; 서 · 정, 375면; 손(주), 663면; 이(범), 146면; 정(동), (회) 249~250면; 이(철), (회) 425~426면(특히 부분적 휴지설에 대한 비판이 상세하다); 이(기) 외, (회) 266면; 주상(제5판)(회사 Ⅱ), 127면; 강, (회) 385~386면; 최병규, 전게논문(현대상사법논집), 162~163면 외.

5) 참고로 독일 주식법에서는 회사가 취득한 자기주식에 대하여는 일체의 권리를 인정하고 있지 않은데(獨株 71b조), 다만 이에 대한 예외로 준비금의 자본전입으로 인한 신주는 배정받을 수 있음을 규정하고 있다(獨株 215조). 그러나 우리나라에서는 법무부장관의 유권해석에서 자기주식에 대해서는 준비금의 자본전입으로 인한 신주를 배정할 수 없다고 해석하고 있다(법무부 법심 2301－1386, 1990. 2. 2).

6) 이에 관한 상세는 김근수, 「원리를 중심으로 한 IFRS」(서울: 어울림, 2011), 316면, 328면 참조.

(i) 처분할 주식의 종류와 수·(ii) 처분할 주식의 처분가액과 대가의 지급일 및 (iii) 주식을 처분할 상대방 및 처분방법에 관하여, 정관에 규정이 없으면 이사회의 결의에 의하도록 하고 있다.[1]

주권상장법인이 배당가능이익으로써 취득한 자기주식을 처분하기 위하여는 이사회가 처분의 목적·금액 및 방법, 주식의 종류와 수, 그 밖에 금융위원회가 정하여 고시하는 사항을 결의하여야 한다($\frac{자금\ 165조의\ 3\ 4항,\ 자}{금시\ 176조의\ 2\ 1항\ 1호}$).

(b) 상법 제342조에서 「회사가 보유하는 자기주식」은 배당가능이익으로써 취득한(손익거래에 의하여 취득한) 자기주식($\frac{상}{341조}$)을 의미하느냐 또는 특정목적에 의하여 취득한(자본거래에 의하여 취득한) 자기주식($\frac{상\ 341}{조의\ 2}$)을 포함하느냐의 문제가 있고, 회사가 보유하는 자기주식에 대하여 (정관에 규정이 없는 경우) 이사회가 주식을 처분할 상대방 및 처분방법 등을 임의로 결정하도록 한 경우 기존주주의 이익을 침해할 우려가 있는 문제점이 있다. 이하에서 이 두 가지 점에 대하여 살펴보기로 한다.

(i) 상법 제342조의 규정형식은 위에서 본 바와 같이 자본시장법의 규정형식과 유사하다. 이러한 점에서 보면 상법 제342조에서 「회사가 보유하는 자기 주식」은 회사가 배당가능이익으로써 취득한(손익거래에 의하여 취득한) 자기주식($\frac{상}{341조}$)만을 의미한다고 볼 수도 있다. 이와 같이 해석하면 특정목적에 의하여 취득한(자본거래에 의하여 취득한) 자기주식($\frac{상\ 341}{조의\ 2}$)의 처분에 대하여는 규정이 없게 된다. 따라서 입법론으로는 특정목적에 의하여 취득한(자본거래에 의하여 취득한) 자기주식($\frac{상\ 341}{조의\ 2}$)의 처분의무를 (2011년 4월 개정전 상법 제342조와 같이) 별도로 규정하여야 할 것이다.[2] 그러나 이러한 별도의 입법이 없는 한 해석론상으로는 상법 제342조의 「회사가 보유하는 자기주식」에 회사가 특정목적에 의하여 취득한(자본거래에 의하여 취득한) 자기주식($\frac{상\ 341}{조의\ 2}$)을 포함시켜 해석할 수밖에 없다.[3] 이와 같이 해석하면 배당가능이익으로써 취득한 자기주식($\frac{상}{341조}$)이나 특정목적에 의하여 취득한 자기주식($\frac{상\ 341}{조의\ 2}$)은 모두 보

---

1) 2011년 4월 개정상법 이전의 상법에 의하면, 배당가능이익으로써 취득한 자기주식은 상당한 시기에 이를 처분하거나(개정전 상 341조의 2 1항·3항) 또는 소각할 수 있도록 하고(개정전 상 343조의 2), (배당가능이익이 없음에도 불구하고) 특정목적에 의하여 취득한 자기주식(개정전 상 341조)은 상당한 시기에 이를 처분하도록 하였다(개정전 상 342조).

2) 정찬형, 전게논문(법과 기업 연구 제5권 제2호), 18면.
　　동지: 송옥렬, "2011년 개정회사법의 해석상 주요쟁점(기업재무 분야를 중심으로)," 「저스티스」(한국법학원), 통권 제127호(2011. 12), 65면; 송(옥), 873면.

3) 이와 같이 해석하면 특정목적에 의하여 취득한 자기주식(상 341조의 2)은 2011년 4월 개정상법 이전에는 상당한 시기에 처분할 의무가 있었으나(개정전 상 342조), 2011년 4월 개정상법에 의하면 회사는 이러한 처분의무가 없고 계속 보유할 수 있게 되는데, 이는 문제가 있다고 본다[정찬형, 전게논문(법과 기업 연구 제5권 제2호), 18면].

유기간에 대한 제한이 없고[1] 언제든지 처분할 수 있게 된다.

(ii) 특히 회사가 배당가능이익으로써 취득한 자기주식($\frac{상}{341조}$)을 이사회 결의만으로 다른 주주에게 매수의 기회를 부여하지 않고 특정주주 또는 제3자에게 처분하면 주주평등의 원칙에 반함은 물론 기존주주의 의결권에서 지분율을 희석시키므로 기존주주의 이익을 해하게 된다.[2] 또한 회사의 경영권에 관하여 분쟁이 있는 경우 이사회가 임의로 회사가 보유하는 자기주식을 그의 우호적인 주주 또는 제3자에게 처분하게 되면 이는 이사회가 신주를 발행하여 임의로 배정하는 것과 동일하게 되어 기존주주의 신주인수권을 침해하는 결과와 동일하게 된다.[3] 회사가 배당가능이익 등으로써 취득하여 보유하는 회사의 자기주식은 회사 이외의 주주가 보유하는 회사의 주식과는 전혀 그 성격을 달리하므로, 회사가 자기주식을 처분하는 것을 회사 이외의 주주가 그의 주식을 처분하는 것과 동일하게 보아 이를 개인법적 거래로 보는 견해는[4] 매우 타당하지 않고, 또한 결과적으로 기존주주의 이익을 크게 해함에도 불구하고 이는 손익거래로서 개인법적 거래이므로 이에는 단체법적 거래에 적용되는 주주평등의 원칙이 적용되지 않는다고 하는 것은[5] 주주평등의 원칙은 이에 대한 예외가 법률에 규정되지 않는 한 정관의 규정·주주총회의 결의·이사회의 결의 및 회사의 모든 업무집행에 적용되는 원칙이라는 점을 망각하고 기존주주의 이익을 해하면서 하는 회사의 자기주식의 처분을 합리화하기 위한 무리한 논리라고 본다.[6] 또한 회사가 자기주식을 취득하는 것에 대하여는 모든 주주에게 동일한 기회를 부여하도록 하여 주주평등의 원칙에 합치하도록 하면서($\frac{상\ 341조\ 1항\ 1호·2호,}{상시\ 9조\ 1항\ 참조}$) 이의 처분은 개인법적 거래이므로 주주평등의 원칙이 적용되지 않는다고 자의로 해석하는 것은[7] 균형이 맞지 않을 뿐만 아니라, 주주평등의 원칙은 회사와 주주간의 모

---

1) 동지: 송(옥), 873면(이 점이 타당한지는 의문이라고 한다).
2) 동지: 이(철), (회) 423면(누구에게 처분하느냐에 따라 주주들의 비례적 지분관계 나아가 지배력의 균형에 변동이 생기기 때문에 모든 주주에게 매수의 기회를 주어야 주주평등의 원칙에 부합한다).
    이러한 자기주식의 매도를 무효로 본 하급심 판례로는 서울서부지결 2006. 3. 24, 2006 카합 393; 서울서부지판 2006. 6. 29, 2005 가합 8262 등 참조.
3) 동지: 송(옥), 873~874면; 대판 2009. 1. 30, 2008 다 50776 참조.
4) 이(철), (회) 424면(그런데 우리 상법상 개인법적 거래로 다루어지는 자기주식의 처분에 있어서의 불공정은 방치되어 있는 셈인데, 이는 자기주식 취득을 허용하는 폭은 넓히면서 그에 따른 후속적인 입법을 소홀히 한 탓에 생긴 법의 흠결이다); 임(재), (회 Ⅰ) 191면; 대판 1980. 12. 23, 79 누 370.
5) 이(철), (회) 424면; 임(재), (회사 Ⅰ) 191면.
6) 동지: 안성포, 전게논문(상사법연구 제30권 제2호), 96면.
7) 이(철), (회) 423~424면.

든 법률관계에 적용되는 원칙이라는 점에서도 타당하지 않다.[1]

따라서 회사가 보유하는 자기주식을 처분하는 것과 신주를 발행하여 배정하는 것은 결과적으로 동일 또는 유사하게 볼 수 있으므로, 입법론상 상법 제342조에서는 기존주주의 이익을 보호하기 위하여 2006년 법무부가 입법예고한 상법개정안과 같이 상법 제418조 등 신주발행에 관한 규정을 준용하는 규정을 두어야 할 것이고,[2] 해석론상 주주평등의 원칙에 반하거나 신주인수권 등 기존주주의 이익을 해하는 회사의 자기주식의 처분은 무효의 원인이 된다고 보아야 할 것이다.[3] 특히 경영권 분쟁과 같은 이해관계가 첨예하게 대립된 상황에서 회사가 그의 돈(배당가능)으로 취득하여 보유하고 있는 자기주식을 지배주주의 지배권(경영권)을 방어하기 위하여 지배주주 또는 지배주주와 우호적인 제3자에게 처분하는 것은, 이를 회사의 손익거래라고 볼 수 없는 점, 기존주주의 신주인수권 등을 위시한 이익을 침해하는 점,[4] 주주평등의 원칙에 반하는 점[5] 등에서 볼 때, 무효의 원인이라고 본다.[6]

② 자기주식의 소각

(a) 2011년 4월 개정상법 제343조 1항은 주식의 소각에 관하여 규정하고 있는데, "주식은 자본금 감소에 관한 규정에 따라서만 소각할 수 있다. 다만, 이사회의 결의[7]에 의하여 회사가 보유하는 자기주식을 소각하는 경우에는 그러하지 아니하

---

1) 정찬형, 전게논문(법과 기업 연구 제5권 제2호), 18~19면, 21면.
2) 정찬형, 전게논문(법과 기업 연구 제5권 제2호), 19~21면.
　동지: 안성포, 전게논문(상사법연구 제30권 제2호), 97~98면; 임(재), (회사 I) 191면; 송(옥), 874면; 동, 전게논문(저스티스 통권 제127호), 66면; 이영철, "자기주식의 취득 및 처분과 관련된 몇 가지 쟁점,"「기업법연구」(한국기업법학회), 제28권 제3호(2014. 9), 131~133면; 염미경, "자기주식의 취득과 처분에 관한 쟁점의 검토,"「경영법률」(한국경영법률학회), 제26집 제1호(2015. 10), 160~161면, 171~172면; 英會(2006) 560조 2항 b호; 日會 199조.
　2006년 10월 4일에 법무부가 입법예고한 회사법개정안(법무부공고 제2006-106호) 제342조 2항에서는 자기주식의 처분에 관하여 신주발행에 적용되는 규정(제417조 내지 제419조, 제421조 내지 제422조, 제423조 제2항 및 제3항, 제424조, 제424조의 2, 제427조 내지 432조)을 준용하도록 규정하고 있었다. 그런데 2007년 8월 27일에 법무부가 입법예고한 회사법개정안(법무부공고 제2007-97호) 제342조 2항에서는 재계의 요구를 받아들여 제418조 및 제419조를 준용규정에서 삭제하였으며, 그 후 법무부가 2008년 5월 7일에 입법예고하여 2008년 10월 21일 국회에 제출한 회사법개정안(법무부공고 제2008-47호)에서는 제342조 2항 전체를 삭제하였다.
3) 동지: 日會 828조 1항 3호.
4) 영국 회사법은 회사의 자기주식 처분도 주주의 신주인수권의 대상이 된다고 명문으로 규정하고 있다(英會〈2006〉 560조 2항 b호).
5) 독일 주식법은 회사의 자기주식 처분은 주주평등의 원칙에 따를 것을 요구하고 있다(獨株 71조 1항 8호).
6) 정찬형, 전게논문(법과 기업 연구 제5권 제2호), 21~24면.
　동지: 송(옥), 874면(다른 경영상 목적이 인정되지 않는 이상 이사의 주의의무 위반이라고 해석해야 할 것이라고 한다).
7) 자본금 총액이 10억원 미만으로서 이사를 1명 또는 2명 둔 경우에는 이사회가 없으므로 각 이

다"고 규정하고 있다.[1)]

이 때 상법 제343조 1항 단서에서「회사가 보유하는 자기주식」에는 배당가능이익으로써 취득한(손익거래에 의하여 취득한) 자기주식($\frac{상}{341조}$)만을 의미하느냐 또는 특정목적에 의하여 취득한(자본거래에 의하여 취득한) 자기주식($\frac{상\ 341}{조의\ 2}$)을 포함하느냐의 문제가 있다. 만일 상법 제343조 1항 단서의「회사가 보유하는 자기주식」에 특정목적에 의하여 취득한(자본거래에 의하여 취득한) 자기주식($\frac{상\ 341}{조의\ 2}$)을 포함시키면, 회사가 자본금으로 취득한 자기주식을 이사회의 결의만으로 소각하게 되어($\frac{즉,\ 실질적으로\ 자본금의}{감소의\ 결과를\ 가져오는}$ $\frac{주식의\ 소각을\ 이사회의}{결의만으로\ 하는\ 것이\ 되어}$) 자본감소절차를 결과적으로 탈법하는 것이 된다. 따라서 입법론상 특정목적에 의하여 취득한(자본거래에 의하여 취득한) 자기주식($\frac{상\ 341}{조의\ 2}$)에 대하여는 2011년 4월 개정상법 이전과 같이 그 처분의무를 별도로 규정할 필요가 있고,[2)] 상법 제343조 1항 단서는「회사가 보유하는 자기주식」대신에「상법 제341조에 의하여 취득한 자기주식」으로 개정되어야 할 것으로 본다. 이와 같은 개정전에는 해석론상 특정목적에 의하여 취득한 자기주식($\frac{상\ 341}{조의\ 2}$)은 (상법 제342조에 의하여 처분하든가 또는) 제343조 1항 본문에 의하여 자본금 감소에 관한 규정에 따라서만 소각할 수 있다고 보아야 할 것이다.[3)]

(b) 2011년 4월 개정상법 이전에는 상법 제343조 1항 단서에서 이익소각에 관

사(정관에 따라 대표이사를 정한 경우에는 그 대표이사)가 이를 결정한다(상 383조 6항, 343조 1항 단서).

1) 2011년 4월 개정상법 이전에는 상법 제343조 단서가「그러나 정관의 정한 바에 의하여 주주에게 배당할 이익으로써 주식을 소각하는 경우에는 그러하지 아니하다」고 규정하여, 이익소각(강제소각)에 대하여 규정하였다. 또한 2011년 4월 개정상법 이전에는 상법 제343조의 2에 의하여 정기주주총회에서 특별결의로 배당가능이익의 범위 내에서 자기주식을 매수하여 소각할 수 있음을 규정하였다(매입소각). 그런데 2011년 4월 개정상법은 자기주식 취득을 자유화하였으므로(상 341조) 강제소각제도인 이익소각제도를 폐지하고 매입소각제도로 일원화하면서 자기주식의 취득(매입)과 소각의 동시성을 배제하였다(상 343조 1항 단서)[동지: 해설(2012), 116~123면].

2) 2011년 4월 개정상법 이전에는, 특정목적에 의하여 취득한 자기주식(상 341조의 2, 개정전 상 341조)에 대하여는「상당한 시기에 자기주식을 처분」하도록 규정하였다(개정전 상 342조).

3) 정찬형, 전게논문(법과 기업 연구 제5권 제2호), 27~28면.
    동지: 안성포, 전게논문(상사법연구 제30권 제2호), 99면; 송옥렬, 전게논문(저스티스 통권 제127호), 67~68면(이는 자기주식 취득이 이원화되어 있다는 점을 인식하지 못한 것으로 보이는데, 이는 자기주식의 처분과 함께 입법과정에서 실수가 있었던 것으로 생각한다고 한다); 송(옥), 904면; 해설(2012), 120면; 이효경, "무액면주식의 활성화를 위한 법적 문제점과 그 해결방안,"「상사법연구」(한국상사법학회) 제32권 제4호(2014. 2), 310면.
    이에 반하여 상법 제343조 1항 단서의「회사가 보유하는 자기주식」은 (자본금 감소와 무관한) 무액면주식을 의미하고 이러한 무액면주식은 상법 제341조에 의하여 취득한 경우이든 상법 제341조의 2에 의하여 취득한 경우이든 불문한다고 보는 견해가 있다[이(철), (회) 456~457면]. 그러나 액면주식인 경우에도 상법 제341조에 의하여 취득한 경우에는 (자본금이 감소되지 않으므로) 이에 포함된다고 보아야 한다[동지: 임(재), (회 I) 575면].

하여 규정하고 있었는데, 이는 주주총회의 특별결의에 의하여 배당가능이익으로 써 자기주식을 매수하여 소각(매입소각)할 수 있는 규정($^{개정전\ 상}_{343조의\ 2}$)과의 관계상 강제 소각만이 인정되었다($^{개정전\ 상}_{343조\ 2항}$). 이러한 강제소각은 회사가 주주의 의사와 관계 없이 특정한 주식을 취득하여($^{예컨대,\ 추첨·안분}_{비례\ 등에\ 의하여}$) 소각시키는 방법이다. 이 때에는 1월 이상 의 일정한 기간을 정하여 주식을 소각한다는 뜻과 그 기간 내에 주권을 회사에 제 출할 것을 공고하고, 주주명부에 기재된 주주와 질권자에 대하여는 각별로 통지를 하여야 하는데($^{개정전\ 상\ 343}_{조\ 2항,\ 440조}$), 주식소각의 효력은 위 기간이 만료한 때에 생긴다($^{개정전}_{상\ 343}$ $^{조\ 2항,}_{441조}$).

2011년 4월 개정상법은 위와 같은 이익소각에 대하여는 규정하지 않고,[1]($^{개정전}_{상법\ 제}$ $^{343조의\ 2에서\ 규정한\ 주주총회의\ 특별결의에\ 의}_{하여\ 자기주식을\ 매수하여\ 소각하는\ 경우와\ 같이}$) 배당가능이익으로써 자기주식을 취득하는 점 ($^{상}_{341조}$)과 이러한 자기주식을 소각하는 점($^{상\ 343조}_{1항\ 단서}$) 및 자기주식의 취득과 소각에 대 한 동시성을 배제하는 점을 규정하고 있다. 따라서 2011년 4월 개정상법에 의하면 개정전의 이익소각제도($^{강제소}_{각제도}$)를 폐지하고 ($^{배당가능이}_{익으로써의}$) 매입소각제도만을 인정하고 있 다고 볼 수 있다.[2] 이 경우에 소각된 주식수만큼 주식수는 줄어드나 자본금 감소절 차를 밟지 않았기 때문에 자본금의 감소는 없다.

2011년 4월 개정상법이 이익소각제도를 폐지하고 자기주식의 취득과 소각에 대한 동시성을 배제함으로 인하여, 회사가 자기주식을 취득할 때에는 그 취득가액 의 총액이 배당가능이익의 범위 내이었으나 회사가 보유하고 있는 이러한 자기주식 을 소각할 때에는 그 소각되는 자기주식의 시가총액이 배당가능이익을 초과하고 있 는 경우에도 이사회의 결의만으로 이러한 자기주식을 소각할 수 있는가의 문제가 있다. 2011년 4월 개정상법 이전의 상법상 이익소각($^{강제}_{소각}$)의 경우에는 자기주식의 취 득시점과 소각시점에 시간적 차이가 거의 없었기 때문에 문제가 발생하지 않았고 ($^{개정전\ 상\ 343}_{조\ 1항\ 단서,\ 2항}$) 또한 임의소각의 경우에도 「자기주식을 매수하여 이를 소각할 수 있 다」로 규정하여($^{개정전\ 상\ 343}_{조의\ 2\ 1항}$) 자기주식의 취득시점과 소각시점에 큰 차이가 없었기 때 문에 이러한 문제가 발생할 여지가 거의 없었으나, 2011년 4월 개정상법 제343조 1 항 단서에 의한 회사가 보유하는 자기주식의 소각에는 취득시점과 소각시점에 시간 적 차이가 클 수 있기 때문에 이러한 문제가 발생한다. 이 경우 2011년 4월 개정상 법 이전의 상법상 이익소각과 관련하여 볼 때 자기주식의 (취득 및) 소각 시점에 배

---

1) 2011년 4월 개정전 상법에 의한 이익소각의 경우에는 상법 제440조 및 제441조를 준용하였는 데(개정전 상 343조 2항), 2011년 4월 개정상법에서는 「자본금 감소에 관한 규정에 따라 주식을 소각하는 경우에만」 상법 제440조 및 제441조를 준용하고 있다(상 343조 2항).
2) 동지: 안성포, 전게논문(상사법연구 제30권 제2호), 98면.

당가능이익이 있을 것을 요한다는 점, 2011년 4월 개정상법은 자기주식의 취득과 소각을 별개로 보아 배당가능이익으로써 취득한 자기주식은 처분할 수도 있고 소각할 수도 있도록 규정한 점, 배당가능이익이 없이 자기주식을 소각하면 자본금으로써 자기주식을 소각한 것과 같게 되어 회사의 자본금 충실에 반하는 점 등에서 볼 때, 주식소각 시점에 배당가능이익이 없으면 주식소각을 인정할 수 없을 것으로 생각된다.[1] 따라서 자기주식의 소각시점에서 소각되는 주식의 시가총액이 배당가능이익을 초과하지 않는 범위 내에서만 회사가 보유하고 있는 자기주식의 소각이 가능하다고 본다.

4) 자회사에 의한 모회사 주식취득의 제한

⑺ 원   칙

① 의의 및 입법목적

(i) 갑회사가 을회사의 주식을 보유하고 반대로 을회사가 갑회사의 주식을 보유하는 형태를 「주식의 직접상호보유」[2](단순상호보유)라고 하고, 갑회사가 을회사의 주식을 보유하고 을회사는 병회사의 주식을 보유하며 병회사는 다시 갑회사의 주식을 보유하는 형태를 「주식의 간접상호보유」(고리형 또는 환상형 〈環狀型〉 상호보유)라고 한다. 이 밖에 갑회사는 을·병회사의 주식을 보유하고 을회사는 갑·병회사의 주식을 보유하며 병회사는 갑·을회사의 주식을 보유하는 형태를 「주식의 행렬(行列)(matrix)형 상호보유」라고 한다.[3]

주식의 직접상호보유에 대한 규제로는 우리 상법상 다음의 두 가지 경우가 있다.

첫째는 갑회사(모회사)가 을회사(자회사)의 발행주식총수의 100분의 50을 초과하는 주식을 소유하는 경우(모자〈母子〉회사간)에는, 을회사로 하여금 갑회사의 주식을 원칙적으로 취득할 수 없도록 규제하였다(상 342조 의 2 1항).

---

1) 정찬형, 전게논문(법과 기업 연구 제5권 제2호), 29~30면.
　　반대: 송옥렬, 전게논문(저스티스 통권 제127호), 67면(주식소각을 할 때에는 배당가능이익이 있는지 여부는 따지지 않는다고 한다); 송(옥), 904면; 임(재), (회 I) 576면; 해설(2012), 121면(자기주식 취득 당시 배당가능이익의 한도 내에서 이를 재원으로 하여 자기주식을 취득하였을 것이므로, 소각 당시 시점에 배당가능이익의 존재 여부와 관계 없이 자기주식 소각이 가능하다고 한다).
2) 이를 「상호주」라고 표현하기도 하나[이(철), (회) 427면 이하; 증거 189조 등], 상호주라는 주식의 종류가 있는 것이 아니므로 이러한 표현은 적절하지 못하다고 본다[동지: 정(동), (회) (1991) 235면 주 40].
3) 정(동), (회) 251면; 이(철), (회) 427면.
　　주식의 상호보유에 관한 상세한 논문으로는 이철송, "상호주에 관한 연구," 법학박사학위논문(서울대, 1983); 유영일, "상호주(상법 제369조 제3항)의 판단시점과 판단기준 — 대법원 2009. 1. 30. 선고 2006다31269 판결을 중심으로—,"「상사판례연구」(한국상사판례학회), 제24집 제1권(2011), 197~226면 등 참조.

둘째는 갑회사가 을회사의 발행주식총수의 10분의 1을 초과하는 주식을 소유하는 경우(비모자〈非母子〉회사간)에는, 을회사는 갑회사의 주식을 취득할 수는 있으나 그 주식에 대하여는 의결권이 없는 것으로 규제하였다($\frac{상\ 369}{조\ 3항}$).

위와 같이 갑회사와 을회사가 주식을 상호보유하는 경우로서, 위 첫째의 경우에는 을회사는 갑회사의 주식을 취득할 수 없고, 위 둘째의 경우에는 을회사는 갑회사의 주식을 취득할 수는 있으나 의결권이 없다. 따라서 을회사는 갑회사가 자기의 주식을 어느 정도 취득하고 있는지를 알고 있는 것은 을회사의 이해관계에 매우 중요하다. 따라서 1995년 개정상법은 갑회사가 을회사의 발행주식총수의 10분의 1을 초과하여 취득한 때에는 을회사에 대하여 지체 없이 이를 통지하도록 하여 갑회사에게 을회사의 주식취득의 통지의무를 부담시키고 있다($\frac{상\ 342}{조의\ 3}$). 이는 갑회사가 을회사의 주식을 을회사가 모르게 대량으로 은밀하게 취득하는 것을 방지하기 위하여 신의칙상 명문으로 인정한 것이다.[1)]

위 첫째의 모자회사간에서 자회사에 의한 모회사의 주식취득의 금지는 주식양도의 자유에 대한 제한이므로 이 곳에서 설명하고, 위 둘째의 비모자회사간에서 의결권의 제한은 주주총회의 의결권에 관한 부분에서 설명한다.

(ii) 이러한 주식의 상호보유는 실질적으로 자기주식의 취득의 경우와 같이 출자의 환급이 되어 자본의 공동화(空洞化)를 가져오고, 법인주주가 주축이 되어 회사의 사단성이 파괴되며, 회사지배가 왜곡되는 등 많은 폐해를 가져온다.[2)] 그러므로 우리 상법에서는 다른 외국의 입법례[3)]와 같이 주식의 상호보유를 원칙적으로 규제하고 있는데,[4)] 규제의 기술적인 어려움 때문에 주식의 직접상호보유에 대해서만 규제하고 있고, 간접상호보유 및 행렬형상호보유에 대해서는 규제하지 못하고 있다.[5)]

② 상호보유규제의 내용   위에서 본 바와 같이 모자회사간에서 자회사

---

1) 해설(1995), 103면.
　　그런데 상법 제342조의 3은 그 내용에 있어서 상법 제369조의 3과 관련하는 규정이므로 상법 제369조 3항의 다음에 규정하든가, 또는 이 규정을 상법 제342조의 2와 관련하여 상법 제342조의 2의 다음에 규정하고자 하면 갑회사가 을회사의 주식을 발행주식총수의 100분의 50을 초과하여 취득한 때에도 을회사에 대한 통지의무를 규정하였어야 할 것으로 본다.

2) 동지: 정(희), 432면; 정(동), (회) 252~253면(이 폐해에 대한 설명이 상세함).

3) 독일 주식법 328조; 프랑스 상법 233-30조; 유럽회사법 47조; 이탈리아 민법 2360조; 일본 회사법 308조 등.

4) 종전에는 증권거래법 제189조에 의하여 상장회사 사이에서만 주식의 상호보유를 금지하였는데, 1984년의 상법개정시에 이를 상법에 규정함으로써 모든 회사에 일반화하였다.

5) 우리 상법은 간접상호보유 및 행렬형상호보유를 규제하지 못하고, 유한회사 상호간 또는 유한회사와 주식회사간의 상호보유를 규제하지 못하는 등으로 인하여, 규제의 충분한 실효를 거두기 어렵고 운영상 많은 문제점이 발생한다고 지적되고 있다[정(동), (회)(1991) 238면 외].

에 의한 모회사의 주식취득이 금지되는 것은 종래의 학설에서도 인정되어 왔는데, 1984년의 개정상법에서는 이를 명문으로 규정하게 되었고, 아울러 모자회사의 개념을 입법적으로 해결하였다는 점에 의미가 있다.

(i) 상법은 위의 예에서 갑회사가 을회사의 발행주식총수[1]의 100분의 50을 초과하는 주식을 소유하는 경우에, 갑회사를 「모회사」로 을회사를 「자회사」로 정의하고, 자회사에 의한 모회사의 주식취득을 원칙적으로 금지하고 있다(직접지배형)($\frac{상 342조}{의 2 1항}$).

(ii) 상법은 병회사의 발행주식총수의 100분의 50을 초과하는 주식을 갑회사(모회사) 및 을회사(자회사)가 소유하거나(합동지배형) 또는 을회사(자회사)가 소유하는 경우에도(간접지배형),[2] 병회사(손〈孫〉회사)를 갑회사(조모〈祖母〉회사)의 자회사로 의제하여, 병회사에 의한 갑회사의 주식취득도 원칙적으로 금지하고 있다($\frac{상 342조}{의 2 3항}$)($\binom{이 때에 병회사}{의 발행주식총수의 100분의 50을 초과하는 주식을 갑회사 및 을회사가 소유하는 경우에는 병회사는 을회사의 주식을 취득할 수 있으나, 을회사가 소유하는 경우에는 상법 제342조의 2 1항에 의하여 병회사는 을회사의 주식을 취득할 수 없다}$).

(iii) 증손(曾孫)회사($\binom{및 그 이후에 계}{속되는 손회사}$)도 증조모(曾祖母)회사($\binom{및 그 이후에 계}{속되는 조모회사}$)의 자회사로 보아, 증손회사는 증조모회사의 주식취득이 금지되는가. 이에 관하여는 상법에 규정이 없고, 학설은 이를 i) 긍정하는 견해(다수설)[3]와 ii) 부정하는 견해(소수설)[4]로 나뉘어 있다.

생각건대 상법 제342조의 2 3항을 엄격하게 해석하여야 한다고 보며, 또 위와 같이 확대해석하여 자회사에 의한 모회사의 주식취득을 금하는 것은 거래의 실정에도 맞지 않을 뿐만 아니라 그 실효를 거두는 것도 거의 불가능하므로, 부정하는 견해에 찬성한다.[5]

③ 금지위반의 효과   자회사가 모회사의 주식취득금지에 위반하여 모회사의 주식을 취득한 경우에는, 다음과 같이 그 취득행위의 사법상 효력과 이사 등의 책임이 문제된다.

(i) 취득행위의 사법상 효력   이에 대하여도 특정목적 이외의 자기주식 취득금지($\frac{상 341}{조의 2}$)에 위반한 경우와 같이 i) (절대적) 무효설,[6] ii) 상대적 무효설[7](부분적

---

1) 이 때의 「발행주식총수」는 의결권 없는 주식은 회사지배와 무관하므로 '의결권 있는 발행주식총수'라고 본다(은행 37조 1항 참조)[동지: 이(철), (회)(2014) 403면][그런데 이(철), (회)(2021) 431면은 "'의결권 있는 주식'의 과반수 소유가 논리적이나, 자본충실의 저해를 방지하는 관점에서는 과반수 출자, 즉 '발행주식 총수'의 과반수 소유를 기준으로 삼는 것이 입법목적에 부합하다」고 한다].

2) 직접지배형, 합동지배형 및 간접지배형의 표현은 정(동), (회) 254면에서 사용하고 있다.

3) 손(주), 665면; 최(기), 681면 외.

4) 이(철), (회) 431면 주 2; 주상(제5판)(회사 Ⅱ), 481면.

5) 연습, 371면(사례 62).

6) 정(동), (회) 255면; 최(기), 683면; 서ㆍ정, 379면; 이(기) 외, (회) 267~268면.

7) 손(주), 667면; 이(철), (회) 433~434면.

무효설) 및 iii) 유효설[1]이 있다.

생각건대 이 경우에도 특정목적 이외의 자기주식 취득금지($\frac{\text{상 }341}{\text{조의 }2}$)에 위반하여 취득한 경우와 같이 절대적으로 무효라고 본다(무효설).

(ii) 이사 등의 책임   i) 자회사의 이사 등이 상법 제342조의 2에 위반하여 모회사의 주식을 취득한 경우에는, 그러한 이사 등은 회사($\frac{\text{상}}{\text{399조}}$) 또는 제3자($\frac{\text{상}}{\text{401조}}$)에 대하여 손해배상책임을 부담하는 외에, ii) 2,000만원 이하의 벌금형의 제재를 받는다($\frac{\text{상 }625}{\text{조의 }2}$).[2]

(나) 예   외

① 예외가 인정되는 범위   모자회사간에서 자회사는 원칙적으로 모회사의 주식을 취득할 수 없는데, 예외적으로 자회사가 모회사의 주식을 취득할 수 있는 경우가 있다. 즉, (i) 주식의 포괄적 교환, 주식의 포괄적 이전 또는 자회사가 모회사의 주식을 갖고 있는 다른 회사와 흡수합병하거나 영업전부를 양수하는 경우와, (ii) 회사의 권리를 실행함에 있어 그 목적을 달성하기 위하여 필요한 경우에는, 자회사는 모회사의 주식을 예외적으로 취득할 수 있다($\frac{\text{상 }342\text{조의 }2}{\text{1항 }1\text{호~}2\text{호}}$).

위의 경우에 자회사는 모회사의 주식을 취득한 날로부터 6월 이내에 처분하여야 하는데($\frac{\text{상 }342\text{조}}{\text{의 }2\ 2\text{항}}$), 자회사의 이사 등이 이러한 처분을 하지 않으면 회사($\frac{\text{상}}{\text{399조}}$) 및 제3자($\frac{\text{상}}{\text{401조}}$)에 대하여 손해배상책임을 부담하는 외에, 2,000만원 이하의 벌금형의 제재를 받는다($\frac{\text{상 }625}{\text{조의 }2}$).

② 모회사주식의 지위   자회사가 예외적으로 모회사의 주식을 취득하는 경우에 자회사는 그 주식에 대하여 어떠한 권리를 행사할 수 있는가. 이에 대하여 자회사는 그 주식에 관하여 공익권 중 의결권이 없음은 상법의 규정상 명백하다($\frac{\text{상 }369\text{조}}{\text{3항 참조}}$). 그 이외의 권리($\frac{\text{의결권 이외의}}{\text{공익권 및 자익권}}$)에 대하여는 상법에 규정이 없으므로 의문이나, 자회사가 자기주식을 취득한 경우와 같이 일체의 주주권이 휴지(休止)된다고 본다(통설).[3]

---

1) 정(희), 433면(상법 제342조의 2는 자회사에 의한 모회사의 주식취득을 금지하고는 있으나, 이것을 위반하여 취득한 경우에도 동조 1항 1호와 2호에 의하여 적법하게 취득한 경우와 같이 조속한 처분을 하여야 하는 것이지, 그 취득 자체가 무효가 되는 것은 아니다〈자기주식 취득금지의 위반의 효과와 구별〉. 다만 취득의 원인행위는 그 무효를 다툴 수 있을 것이나, 이 경우에도 자기주식 취득금지의 위반의 경우와 같이 상대방이 선의인 경우에는 무효를 주장하지 못한다고 보아야 할 것이다).

2) 이사가 자기주식 취득금지에 위반한 경우에는 「5년 이하의 징역 또는 1,500만원 이하의 벌금」의 처벌을 받는데(상 625조 2호), 상호보유금지에 위반하여 모회사의 주식을 취득한 경우에는 「2,000만원 이하의 벌금」의 처벌을 받는다(상 625조의 2).

3) 동지: 정(희), 431면; 정(동), (회) 255~256면; 이(철), (회) 433면; 최(기), 683면(다만 준비금

(2) 특별법상의 제한

1) 은행법에 의한 제한   은행법은 금융자본의 독점화를 방지할 목적으로 타회사의 의결권 있는 발행주식의 100분의 15를 초과하는 주식을 소유하지 못하게 하고$\left(\begin{smallmatrix}\text{그러나}\\\text{금융위}\end{smallmatrix}\right.$ 원회가 정하는 업종에 속하는 회사 또는 기업구조조정 촉진을 위해 필요한 것으로 금융위 원회의 승인을 얻은 경우에는 발행주식의 100분의 15를 초과하는 주식을 소유할 수 있다$\left.\begin{smallmatrix}\end{smallmatrix}\right)\left(\begin{smallmatrix}\text{은행 37조}\\\text{1항·2항}\end{smallmatrix}\right)$, 또한 주주 1인과 그와 특수관계에 있는 자(동일인)는 원칙적으로 금융기관의 의결권 있는 발행주식총수의 100분의 10을 초과하는 주식을 보유하지 못하게 하고 있으므로$\left(\begin{smallmatrix}\text{은행 15조}\\\text{1항 본문}\end{smallmatrix}\right)$, 그 한도 내에서는 주식의 양도가 제한되고 있다.

2) 독점규제 및 공정거래에 관한 법률에 의한 제한   독점규제 및 공정거래에 관한 법률에 의하여 누구든지 직접 또는 특수관계인을 통하여 다른 회사의 주식을 취득(인수)함으로써 일정한 거래분야에서 경쟁력을 실질적으로 제한하는 경우에는 원칙적으로 그러한 주식취득을 할 수 없고$\left(\begin{smallmatrix}\text{동법 9조 1}\\\text{항 1호·5호}\end{smallmatrix}\right)$, 또한 상호출자제한 기업집단에 속하는 회사는 자기의 주식을 취득 또는 소유하고 있는 계열회사의 주식을 원칙적으로 취득 또는 소유할 수 없으며$\left(\begin{smallmatrix}\text{동법 21}\\\text{조 1항}\end{smallmatrix}\right)$, 또한 기업결합 신고대상회사는 다른 회사의 의결권 없는 주식을 제외한 발행주식총수의 100분의 20$\left(\begin{smallmatrix}\text{주권상장법인의 경}\\\text{우는 100분의 15}\end{smallmatrix}\right)$ 이상을 소유하는 경우에는 그 주식취득을 공정거래위원회에 신고하도록 하고 있는바$\left(\begin{smallmatrix}\text{동법 11조 1}\\\text{항 1호·4호}\end{smallmatrix}\right)$, 이 한도 내에서는 역시 주식양도가 제한되고 있다.

3) 자본시장과 금융투자업에 관한 법률에 의한 제한   자본시장과 금융투자업에 관한 법률 제172조는 주권상장법인의 내용을 잘 아는 내부자$\left(\begin{smallmatrix}\text{임원, 직원 또}\\\text{는 주요주주}\end{smallmatrix}\right)$의 주식거래를 제한하고 있다.

2. 정관에 의한 제한

(1) 인정이유

앞에서 본 바와 같이 1995년 개정상법에 의하여 주식의 양도는 예외적으로 정관이 정하는 바에 따라 이사회의 승인을 얻도록 제한할 수 있다[1]$\left(\begin{smallmatrix}\text{상 335조}\\\text{1항 단서}\end{smallmatrix}\right)$. 그런데 자본금 총액이 10억원 미만으로서 이사를 1명 또는 2명을 둔 소규모 주식회사$\left(\begin{smallmatrix}\text{상 383}\\\text{조 1}\\\text{항 단서}\end{smallmatrix}\right)$는 이사회가 없으므로, 이러한 이사회의 권한을 주주총회가 행사한다$\left(\begin{smallmatrix}\text{상 383}\\\text{조 4항}\end{smallmatrix}\right)\left(\begin{smallmatrix}\text{따라}\\\text{서 이}\end{smallmatrix}\right.$

의 자본전입에 의한 무상주의 교부는 주식의 분할과 같으므로 인정된다고 한다); 이(기) 외, (회) 268면; 주상(제5판)(회사 Ⅱ), 484면.

독일 주식법은 이를 명문으로 규정하고 있다(AktG §§ 71b, 71d).

1) 그러나 정관의 규정에 의하여 주식양도를 전면적으로 제한하는 규정을 둔 경우, 그러한 규정은 주식회사의 본질에 반하므로 무효이다[동지: 해설(1995), 84~85면; 대판 2000. 9. 26, 99 다 48429(공보 2000, 2183)(상법 제355조 1항 단서는 주식의 양도를 전제로 하고, 다만 이를 제한하는 방법으로서 이사회의 승인을 요하도록 정관에 정할 수 있다는 취지이지, 주식의 양도 그 자체를 금지할 수 있음을 정할 수 있다는 뜻은 아니기 때문에, 정관의 규정으로 주식의 양도를 제한하는 경우에도 주식양도를 전면적으로 금지하는 규정을 둘 수는 없다)].

하 정관에 의한 주식양도의 제한에서 이러한 소규
모 주식회사의 경우, 이사회는 주주총회를 의미한다).

이는 소규모·폐쇄적인 주식회사에서 주주 상호간의 인적 관계를 존중하여 회
사가 바라지 않는 주주의 참여를 막아 경영의 안전을 도모하기 위하여 인정된 것이
다.[1] 그러나 이러한 경우에 사원(주주)의 퇴사제도가 인정되지 않는 주식회사에서
투자한 자금을 회수하고 사원(주주)의 지위를 떠나고자 하는 주주의 이익도 보호하
여 줄 필요가 있다. 따라서 상법은 회사의 이익과 투자한 자금을 회수하고자 하는
주주의 이익을 조화시키기 위하여, 정관에 의한 주식양도제한에 관한 규정($^{상\,335조}_{1항\,단서}$)
을 두면서도 다시 양도승인과 관련한 상세한 규정($^{상\,335조의}_{2\sim335조의\,7}$)을 두고 있다.[2]

(2) 양도제한의 요건

1) 정관의 규정   회사가 주주의 주식양도를 제한하기 위하여는 먼저 정관
에 이에 관하여 규정하여야 한다. 즉, 정관에 「주식의 양도는 이사회의 승인을 얻
어야 한다」라든가, 또는 「주주는 이사회의 승인을 얻어 그가 가진 주식을 양도할
수 있다」라는 취지의 규정을 두어야 한다.[3] 이러한 정관은 원시정관이든 변경정관
이든 상관이 없으나, 승인기관은 반드시 이사회로 하여야 한다. 따라서 정관상 승인
기관을 대표이사로 하든가 또는 주주총회의 결의 등으로 제한하는 것은 허용되지
않는다.[4]

앞에서 본 바와 같이 정관의 규정으로 주식양도를 제한하는 경우에도 주식양도
를 전면적으로 금지하는 규정을 둘 수는 없고, 또한 이러한 내용을 회사와 주주 사
이에서 또는 주주들 사이에서 약정을 하였다 하여도 회사에 대한 관계에서는 무효
이다.[5]

2) 양도제한의 공시   정관의 규정에 의하여 주식양도를 제한한 경우 그 규
정은 주식청약서[6]($^{상\,302조\,2}_{항\,5호의\,2}$)와 주권($^{상\,356조}_{6호의\,2}$)에 기재하고 또 등기하여($^{상\,317조\,2}_{항\,3호의\,2}$) 이를

---

1) 동지: 이(철), (회) 385~386면(주식양도의 자유를 절대적으로 관철하는 것은 대부분의 주식회
사가 비상장회사라는 점에서 비현실적이라고 한다); 해설(1995), 84면.
2) 주식양도의 제한에 관한 각국의 입법례의 간단한 소개로는 이(철), (회) 386면 참조.
    우리 상법상 정관에 의한 주식양도제한의 문제점에 관하여는 김병연, "정관에 의한 주식양도의
    제한과 문제점,"「비교사법」, 제7권 2호(2000. 12), 645~669면 참조.
3) 동지: 해설(1995), 84면.
4) 동지: 이(철), (회) 388면(예컨대, 특정주주의 승인을 받게 한다든지, 대표이사의 승인을 받게
    하는 정관의 규정은 무효라고 한다); 해설(1995), 84면.
5) 동지: 대판 2000. 9. 26, 99 다 48429(공보 2000, 2183)[이 판결에 대하여 '이는 명의개서에 한
    정되는 것이고 당사자간에 채권적 효력은 있다'는 취지의 평석으로는 조민제, "주식양도 제한계약
    의 법적 효력,"「저스티스」, 통권 제63호(2001. 10), 215~229면].
6) 상법에는 규정이 없으나 신주발행시의 주식청약서(상 420조 참조) 및 신주인수권증서(상 420
    조의 2 2항 참조)에도 양도제한의 사실을 기재하여야 한다고 본다[동지: 이(철), (회) 387면].

공시하여야 한다. 또한 전환사채와 신주인수권부사채의 청약서·채권(債券)·사채원부와 신주인수권부사채의 경우 신주인수권증권에도 양도제한의 사실을 기재하여야 한다($_{4호,\ 516조의\ 5\ 2항\ 5호}^{상\ 514조\ 1항\ 5호,\ 516조의\ 4}$).

3) 양도제한을 받는 주식   주식양도의 제한은 앞에서 본 바와 같이 주주 상호간의 인적 관계가 존중되는 소규모의 주식회사에서만 인정되는 것이므로, 주권 상장회사에서는 주식양도가 제한될 수 없다.[1] 또한 회사는 주식의 양도에 관한 종류주식을 발행할 수 없다.[2] 그러나 회사가 일정한 양수인($_{외국인}^{예컨대,}$·)에게 양도하는 경우 등에만 양도를 제한하는 것은 가능하다고 본다.[3]

주식의 양도제한은 특정승계인 주식의 양도의 경우에만 적용되는 것이므로, 포괄승계인 주식의 상속이나 합병 등에는 적용되지 않고 또한 양도가 아닌 입질·양도담보 등 담보제공행위에도 적용되지 않는다.[4] 그러나 담보제공된 주식의 경우에는 담보권자(채권자)가 담보권을 실행하는 경우($_{경매\ 등}^{예컨대,}$)에는 그 주식의 취득자가 이사회의 승인을 얻어야 한다고 본다.[5]

4) 이사회의 승인   정관의 규정에 의하여 이사회의 승인을 얻어 주식을 양도할 수 있는 주주가 이와 같은 이사회의 승인 없이 주식을 양도한 경우에는, 그 주식양도는 회사에 대하여 효력이 없다($_{조\ 2항}^{상\ 335}$). 이 때 「회사에 대하여 효력이 없다」는 의미는 권리주양도($_{319조}^{상}$) 및 주권발행 전의 주식의 양도($_{3항\ 본문}^{상\ 335조}$)의 경우와 동일하게 해석할 수 있다고 본다. 따라서 이사회의 적법한 승인 없는 이러한 주식의 양도는 대표이사 또는 대표집행임원이 이를 승인(추인)하더라도 그 효력이 없고, 양도의 당사자간에만 그 효력이 있을 뿐이다($_{의\ 7\ 참조}^{상\ 335조}$).[6] 그러나 당사자의 승인신청에 대하여 이사회의 승인결의가 없었음에도 불구하고 대표이사 또는 대표집행임원이 이사회의 승인이 있는 것으로 당사자에게 통지하고 이를 믿고 주식을 양도한 경우에는, 후

---

1) 동지: 해설(1995), 85~86면; 유가증권시장 상장규정(2013. 2. 22. 전부개정, 2022. 12. 7. 개정) 제29조 제1항 제7호(원칙적으로 주식양도의 제한이 없어야 주권의 신규상장의 요건이 된다), 제48조 제1항 제13호(상장회사가 주식양도를 제한하면 원칙적으로 상장폐지의 사유가 된다).

2) 2011년 4월 개정상법의 정부안에서는 주식의 양도에 관한 종류주식에 대하여 규정하였으나(개정안 344조 1항, 344조의 4), 국회 법제사법위원회의 심의과정에서 삭제되었다.

3) 동지: 정(동), (회) 233면; 이(철), (회) 388~389면.

4) 동지: 이(철), (회) 389면; 정(동), (회) 233~234면.
   반대: 日最高判 1973. 6. 15(民集 27−6, 700)(양도담보의 경우에 이사회의 승인을 요한다고 함).

5) 동지: 정(동), (회) 233~234면.

6) 동지: 이(철), (회) 390면; 정(동), (회) 239면(동 교수는 다만 이사회의 승인을 얻지 않고 주식을 양도한 경우에도 총주주의 동의가 있거나 1인회사의 1인주주가 양도한 때에는 회사에 대하여도 그 효력이 있다고 해석하는데, 조문의 규정으로 보나 또 주주의 이익을 회사의 이익과 동일시할 수 없는 점에서 볼 때 의문이다); 대판 2008. 7. 10, 2007 다 14193.

술하는 바와 같이 당사자가 선의·무중과실인 한 거래의 안전을 위하여 그 양도는 회사에 대하여도 유효하다고 본다.

(3) 양도승인의 절차

1) **주주(양도인)의 양도승인의 청구**　　주식의 양도에 관하여 정관의 규정에 의하여 이사회의 승인을 얻어야 하는 경우에, 주식을 양도하고자 하는 주주(양도인)는 회사에 대하여 양도의 상대방 및 양도하고자 하는 주식의 종류와 수를 기재한 서면으로 양도의 승인청구를 할 수 있다(상335조의2 1항). 이러한 승인청구는 반드시 서면으로 하여야 하므로, 구두로 하는 것은 그 효력이 없다.[1] 또한 이러한 승인청구서에는 1인 또는 수 인의 양도의 상대방(양수인)을 특정하여 기재하고, (회사가 종류주식을 발행한 경우) 주주가 양도할 주식의 종류와 수를 확정하여 기재한 후, 주주가 기명날인 또는 서명하여야 한다. 이러한 양도인에 의한 승인청구는 주식을 양도하기 전의 사전청구인 점에서, 양수인에 의한 승인청구(상335조의7)가 사후청구인 점과 구별된다.

2) **회사의 승인여부의 통지**　　회사는 주주로부터 위 1)의 승인청구가 있는 날부터 1월 이내에 이사회의 결의를 거쳐 그 승인여부를 서면으로 통지하여야 한다[2](상335조의2 2항). 주식양도의 승인기관은 이와 같이 이사회인데, 만일 대표이사 또는 대표집행임원이 이사회의 승인을 얻도록 한 정관의 규정에 위반하여 승인통지를 한 경우에는, 그러한 승인통지는 대표이사 또는 대표집행임원의 위법한(전단적〈專斷的〉) 대표행위이나 대외적 행위로서 거래의 안전을 보호하고 또 주주의 주식양도권을 보호하여 주어야 한다는 점에서 볼 때, (주주 및 양수인에게 악의 또는 중과실이 없는 한) 이를 유효로 해석하여야 할 것으로 본다.[3] 이 때 만일 회사가 주주에게 1월의 기간 내에 이사회의 승인절차를 밟아 승인여부를 서면으로 통지하면 그에 따라 주주는 필요한 조치를 취할 수 있겠으나, 회사가 그 기간 내에 거부의 통지를 하지 않으면 회사는 그 주식의 양도에 관하여 이사회의 결의를 거쳐 승인한 것으로 본다(상335조의2 3항).[4]

---

1) 동지: 정(동), (회) 234면; 해설(1995), 87면.
2) 이를 발신주의로 보아야 할 것인가 또는 도달주의로 보아야 할 것인가에 대하여 의문이 있으나, 양도인(주주)을 보호하기 위하여 민법의 일반원칙에 따라 도달주의로 보는 것이 타당하다고 본다 [동지: 이(철), (회) 391면; 정(동), (회) 234~235면].
3) 동지: 정(동), (회) 234면, 240면; 이(철), (회) 392면(다만 선의·악의의 기준을 양수인에 의하여 판단하나, 승인통지의 상대방은 양도인〈주주〉이므로 양도인을 배제하는 것은 문제가 있다고 본다); 해설(1995), 88면(다만 이 때 주주가 그 사실을 알았느냐 아니냐에 관계없이 그 효력이 있다고 해석하는데, 주주가 악의인 경우에도 주주의 주식양도를 회사에 대한 관계에서 유효로 보아야 하는지에 대하여는 의문이다. 이는 또한 위법한 대표행위의 대외적 행위의 효력에 관한 대법원 판례의 입장에도 반한다).
4) 이 조문은 이사회의 승인결의가 있었으나 회사가 이를 주주에게 통지하지 않은 경우에는 그 결과에서 동일하므로 이에 대하여는 규정하지 않고, 「회사가 주주에게 거부의 통지를 하지 아니한

회사가 주주의 승인청구에 대하여 적법하게 승인하고 소정의 기간 내에 승인통지를 한 경우에는, 주주는 승인청구서에 기재된 내용대로 양도의 상대방에게 소정의 주식을 양도할 수 있다. 그런데 회사가 주주의 승인청구에 대하여 이를 받아들이기 어렵다고 판단하여 소정의 기간 내에 양도승인거부의 통지를 한 경우에는(회사가 주식의 양도에 관하여 이사회의 결의를 거쳐 승인하였다고 하더라도, 주식의 일부에 관하여만 승인하였거나 또는 조건부로 승인한 것을 통지한 경우에는 전체에 관하여 양도승인거부의 통지를 한 것이 된다),[1] 주주는 다음에서 보는 바와 같이 그 거부통지를 받은 날로부터 20일 내에 회사에 대하여 양도의 상대방의 지정 또는 그 주식의 매수를 청구할 수 있다[2](상 335조의 2 4항).

3) 양수인의 승인청구　　　주식의 양도에 관하여 정관의 규정에 의하여 이사회의 승인을 얻어야 하는 경우에, 주식을 취득한 자(양수인)도 회사에 대하여 그 주식의 종류와 수를 기재한 서면으로 그 취득의 승인을 청구할 수 있다(상 335조의 7 1항). 위의 주주(양도인)가 회사의 이사회의 승인 없이 주식을 양도한 경우에도 양수인은 당사자간에 유효하게 그 주식을 양수하나 회사에 대하여는 주주임을 주장할 수 없다(상 335조 2항).

따라서 이러한 주식양수인이 회사에 대하여 주주로서의 권리를 행사할 수 있도록 하기 위하여 주식양수인도 회사에 대하여 그 주식취득의 승인신청을 청구할 수 있도록 한 것이다.[3] 특히 주식을 경매 등의 방법에 의하여 취득하는 경우에는 사전승인이 불가능하거나 부적당하므로 양수인에 의한 사후승인이 큰 의미를 갖는다.[4] 이 때의 주식양수인도 주식양도인의 경우와 같이 매매 또는 증여 등에 의하여 개별적으로 주식을 취득한 자에 한하고, 상속이나 합병 등에 의하여 포괄적으로 주식을 취득한 자는 제외된다.[5]

주식양수인이 주식취득의 승인청구를 하는 경우에도 주식양도인(주주)이 승인청구를 하는 경우와 동일한 절차에 의한다(상 335조의 7 2항). 다만 이 때 주의할 점은 주식양수인의 주식취득의 승인청구에 대하여 회사가 승인거부를 한 경우에는 그 주식양수인은 회사에 대한 관계에서는 주주가 아니지만, 주주가 회사로부터 승인거부의 통지를 받은 경우와 같이 거부통지를 받은 날로부터 20일 내에 회사에 대하여 상대방의 지정 또는 주식의 매수를 청구할 수 있는 절차를 밟을 수 있다(상 335조의 7 2항, 335조의 2 4항, 335조의 3 내

때에」 대하여만 규정하고 있다.

1) 동지: 정(동), (회) 235면.
2) 일본 회사법에서는 회사가 승인을 거절할 경우 매수인을 지정하든가 또는 회사가 매수하도록 규정하고 있다(日會 138조, 140조).
3) 해설(1995), 96면.
4) 동지: 정(동), (회) 238면.
5) 동지: 해설(1995), 96면.

지 335) 1)
조의 6)·

(4) 승인거부의 효력

주주가 회사로부터 주식양도의 승인거부의 통지를 받은 때에는, 위에서 본 바
와 같이 그 효력으로서 그 통지를 받은 날로부터 20일 내에 회사에 대하여 양도의
상대방을 지정청구하거나 또는 그 주식의 매수청구를 할 수 있는데($^{상\,335조}_{의\,2\,4항}$), 이는
다음과 같다.

1) 회사에 대한 양도상대방의 지정청구권

⑺ 양도상대방의 지정청구   주주가 회사로부터 주식양도의 승인거부의 통
지를 받은 때에는, 그 통지를 받은 날로부터 20일 내에 회사에 대하여 양도의 상대
방을 지정하여 줄 것을 청구할 수 있다($^{상\,335조}_{의\,2\,4항}$). 이러한 청구는 앞의 양도승인의 청
구와는 달리 서면으로 할 것을 요구하고 있지 않으므로, 구두의 청구도 가능하다고
본다.2) 이는 주주에 대하여 그의 출자금의 회수를 보장하기 위하여 인정된 것이다.
법문상으로는 주주가 승인거부의 통지를 받은 경우에 비로소 양도상대방의 지정청
구를 할 수 있는 것으로 규정되어 있으나, 해석상 주주가 회사에 대하여 양도승인을
청구할 때에 만일 회사가 주주의 지정양도상대방을 승인하지 않는 경우에는 양도상
대방을 지정하여 줄 것을 동시에 할 수 있다고 본다.3) 이와 같이 하는 것이 비용과
시간을 절약할 수 있어 실무상 많이 활용될 것으로 본다.

⑷ 회사의 지정통지   주주가 위 ⑺의 경우와 같이 회사에 대하여 양도의
상대방을 지정하여 줄 것을 청구한 경우에는, 회사는 이사회의 결의에 의하여 이를
지정하고 그 청구가 있는 날부터 2주간 내에 주주 및 지정된 상대방에게 서면으로

---

1) 동지: 대판 2014. 12. 24, 2014 다 221258·221265(공보 2015, 193)(주식의 양도에 관하여 이
사회의 승인을 얻어야 하는 경우에 주식을 취득하였으나 회사로부터 양도승인거부의 통지를 받은
양수인은 상법 제335조의 7에 따라 회사에 대하여 주식매수청구권을 행사할 수 있다. 이러한 주
식매수청구권은 주식을 취득한 양수인에게 인정되는 이른바 형성권으로서 그 행사로 회사의 승
낙 여부와 관계 없이 주식에 관한 매매계약이 성립하게 되므로, 주식을 취득하지 못한 양수인〈양
수인은 점유개정에 의하여 주권을 교부받지 못하고 주식매수청구권을 행사한 이후에 주권을 교부
받음〉이 회사에 대하여 주식매수청구를 하더라도 이는 아무런 효력이 없고, 사후적으로 양수인이
주식 취득의 요건을 갖추게 되더라도 하자가 치유될 수는 없다); 해설(1995), 97면.
　이 때 양도인 또는 양수인이 거부통지를 받은 날부터 20일 내에 회사에 대하여 상대방의 지정
또는 주식의 매수를 청구하지 않은 경우에는, 양도인 또는 양수인은 다시 승인청구를 할 수 있다
는 견해가 있으나[이(철), (회) 392면], 이 때에 양수인은 양도인에게 조건의 불성취 등으로 양도
계약을 해제하여 그 주식을 반환함으로써 환가할 수 있는 여지가 있고 또 조문의 해석상 그와 같
이 해석하는 것도 무리인 점에서 볼 때 타당하지 않다고 본다[동지: 정(동), (회) 239면 및 같은
면 주 1].
2) 동지: 이(철), (회) 392면; 정(동), (회) 235면.
3) 동지: 정(동), (회) 235~236면; 해설(1995), 90면; 日會 138조, 140조.

이를 통지하여야 한다($\frac{상}{의 3} \frac{335조}{1항}$). 이 때 이사회의 양도상대방의 지정권한은 그의 재량에 속하는 것이나, 이러한 권한이 남용되면 이사는 회사 또는 제3자(주주 포함)에 대하여 손해배상책임을 부담한다고 본다.[1] 또한 이 때 양도의 상대방은 1인 또는 수인이 지정될 수 있으나, 양도승인을 청구한 주식 전부에 대하여 양도의 상대방이 지정되어야 한다.[2]

만일 회사가 양도의 상대방의 지정청구가 있은 날로부터 2주간 내에 주주에게 양도의 상대방의 지정통지를 하지 아니한 때에는, 그 주식의 양도에 관하여 회사의 이사회의 승인이 있는 것으로 본다($\frac{상}{의 3} \frac{335조}{2항}$). 따라서 이 때에 주주는 그 전에 그가 회사에 대하여 승인청구한 상대방에 대하여 그 주식을 양도할 수 있고, 만일 그 상대방이 그 주식의 양수를 거부한 때에는 주주는 회사에 대하여 그 주식의 매수를 청구할 수 있다.[3]

(다) **피지정자**(지정매수인)**의 매도청구권**　　　회사가 위 (내)에 의하여 양도의 상대방을 지정하고 또 그에게 소정의 기간 내에 이를 통지한 경우에는, 상대방으로 지정된 자(피지정자, 지정매수인)는 지정통지를 받은 날로부터 10일 이내에 주주에 대하여 서면으로 그 주식을 자기에게 매도할 것을 청구할 수 있다($\frac{상}{의 4} \frac{335조}{1항}$). 피지정자의 이러한 매도청구권은 형성권이다.[4] 이 때 회사로부터 양도의 상대방으로 지정된 자는 반드시 그 주식을 매수하여야 할 의무를 부담하는 것은 아니나, 회사가 미리 양도의 상대방의 의사를 물어 그의 동의를 받아 지정한 경우에는 그는 회사에 대하여 주식을 매수할 계약상의 의무를 부담한다.[5]

피지정자가 소정의 기간 내에 주주에 대하여 주식매도를 청구한 때에는, 주주와의 사이에 매매계약이 성립한다. 왜냐하면 주주는 회사에 대하여 이미 회사가 지정한 양도의 상대방에게 주식을 매도하겠다는 청약을 하였고, 그 피지정자는 주주에 대하여 주식매도를 청구함으로써 매도의 청약을 승낙하였기 때문이다.[6] 그러나 피지정자가 소정의 기일 내에 주주에 대하여 주식매도를 청구하지 아니한 때에는,

---

1) 이러한 이사회의 권한남용을 방지하기 위하여 각 주주에게 그가 가지고 있는 지주수(持株數)에 비례하여 양수할 기회를 부여해야 한다는 견해가 있으나[이(철), (회) 393면], 이는 실정법적 근거가 없는 것으로서 무리라고 본다.

2) 동지: 해설(1995), 90면.

3) 동지: 해설(1995), 91면.

4) 동지: 정(동), (회) 236면; 이(철), (회) 394면.

5) 동지: 정(동), (회) 236면; 이(철), (회) 394면(따라서 피지정자가 소정의 기간 내에 주주에 대하여 주식매도를 청구하지 않아 주식양도의 승인이 있는 것으로 간주될 때에는, 피지정자는 회사에 대하여 책임문제가 발생할 수 있다고 한다); 해설(1995), 92면.

6) 동지: 정(동), (회) 237면; 해설(1995), 92~93면.

그 주식의 양도에 관하여 회사의 이사회의 승인이 있는 것으로 본다($\frac{\text{상 }335\text{조의 }4 \text{ 2항,}}{335\text{조의 }3 \text{ 2항}}$).
따라서 이 때에 주주는 그 전에 그가 회사에 대하여 승인청구한 상대방에 대하여 그
주식을 양도할 수 있고, 만일 그 상대방이 그 주식의 양수를 거부한 때에는 주주는
회사에 대하여 그 주식의 매수를 청구할 수 있다.

(라) **매도가액의 결정**　　　회사의 이사회가 주식양도의 상대방을 지정한 경우,
그 피지정자와 주주간의 주식의 매도가액은 다음과 같이 결정된다.

① 첫째로 그 주식의 매도가액은 당사자간의 협의로 결정된다($\frac{\text{상 }335\text{조의}}{5 \text{ 1항 본문}}$). 따라
서 피지정자가 주주에 대하여 그 주식의 매도청구를 한 때에 당사자 사이에 그 주식
의 가액에 대하여 협의가 이루어지면, 그 가액이 매도가액이 된다.

② 둘째로 주주가 피지정자로부터 자기주식의 매도를 청구받은 날로부터 30일
이내에 당사자간에 주식의 매도가액에 대하여 협의가 이루어지지 아니한 때에는,
주주 또는 피지정자는 법원에 대하여 매도가액의 결정을 청구할 수 있는데, 이 때 법
원은 제반사정을 참작하여 공정한 가액으로 이를 산정하여야 한다($\frac{\text{상 }335\text{조의 }5 \text{ 2항,}}{374\text{조의 }2 \text{ 4항·5항}}$).
따라서 주식의 매도가액을 산정하는 최종기관은 법원인데, 이 때 법원은 회사의 본
점소재지의 지방법원이다($\frac{\text{비송 }72}{\text{조 참조}}$).

2) 회사에 대한 주식매수청구권

(가) **주주의 회사에 대한 주식매수청구**　　　주주가 회사로부터 주식양도의 승인
거부의 통지를 받은 때에는, 그 통지를 받은 날부터 20일 내에 회사에 대하여 그 주
식의 매수를 청구할 수 있다($\frac{\text{상 }335\text{조}}{\text{의 }2 \text{ 4항}}$). 주주가 회사로부터 주식양도의 승인거부의 통
지를 받으면, 회사에 대하여 앞에서 본 바와 같이 양도상대방의 지정청구를 하든가,
또는 이와 같은 주식매수청구권을 선택적으로 행사할 수 있다고 본다.[1] 이는 앞에
서 본 양도상대방의 지정청구권과 같이 주주에 대하여 그의 출자금의 회수를 보장
하기 위하여 인정된 것이다.

상법에 의하여 주주의 회사에 대한 주식매수청구권은 크게 두 경우에 인정되는

---

1) 이에 대하여 주주가 이러한 선택권을 행사하면 주주는 회사채권자들에 앞서 출자금을 환급받는
방법으로 주식매수청구권을 행사하여 회사채권자를 해할 우려가 있다는 이유로 회사에게 이러한
선택권이 있는 것으로 해석해야 한다는 견해가 있는데[이(철), (회) 394~396면], 이는 조문규정
에도 너무나 벗어난 해석일 뿐만 아니라 회사가 양도상대방의 지정통지를 하지 않으면 자동적으
로 주주의 주식양도를 승인한 것으로 간주하는 상법 제335조의 3 2항을 무의미하게 하여 주주의
이익을 크게 희생하고 또 회사가 이를 악용할 우려가 있기 때문에 타당하지 않다고 본다[동지: 정
(동), (회) 238면].
　　또한 이 경우에 대주주에 의한 악용을 방지하기 위하여 회사에 대한 주식매수청구권의 수량과
재원(財源)의 규제가 필요하다는 견해가 있는데[정(동), (회) 237면 주 2], 이는 입법론상 참고가
될 수 있을 것으로 본다.

데, (i) 첫째는 위의 경우와 같이 주식양도의 제한에서 회사가 주주의 주식양도를 승인거부한 때에 인정되는 경우이고($\frac{\text{상 335조}}{\text{의 2 4항}}$), (ii) 둘째는 주식의 포괄적 교환과 포괄적 이전·회사의 영업양도 등·합병 또는 분할합병에 관한 주주총회의 특별결의에 반대한 주주에게 인정되는 경우이다($\frac{\text{상 360조의 5, 360조의 22, 374조}}{\text{의 2, 522조의 3, 530조의 11 2항}}$). 이러한 주주의 회사에 대한 주식매수청구권은 모두 주주의 출자금의 회수를 보장하기 위한 점에서는 공통점이 있으나, (i)의 경우는 주식양도제한과 관련하여 모든 주주의 이익을 보호하기 위하여 인정되는 것이나, (ii)의 경우는 주주의 이익에 중대한 이해관계가 있는 주주총회결의사항과 관련하여 소수주주의 이익을 보호하기 위하여 인정되는 점에서 그 성질상 차이점이 있다.[1]

(내) 회사의 주식매수 위 (개)의 경우와 같이 회사가 주주로부터 주식매수청구를 받은 경우에는, 회사는 그 매수청구기간($\frac{\text{양도승인거부의 통지}}{\text{를 받은 날부터 20일}}$)이 종료하는 날부터 2개월 이내에 그 주식을 매수하여야 한다($\frac{\text{상 335조의 6,}}{\text{374조의 2 2항}}$). 이 때 '회사는 그 주식을 매수하여야 한다'는 의미를 회사는 (2개월 이내에) 이행($\frac{\text{매수대금}}{\text{의 지급}}$)을 하여야 한다고 보는 견해도 있고,[2] 주식매수청구권이 형성권임을 부인하면서 (2개월 이내에) 매매계약체결청구권을 행사하여야 한다는 견해도 있는데,[3] 매매가액이 결정되지 않은 상태에서 매매계약이 체결되었다고 보기는 어려우므로 회사는 (2개월 이내에) 매수가격을 협의하여 매매계약을 체결할 의무를 부담하는 것이라고 본다.[4]

(대) 매수가액의 결정 주주가 회사에 대하여 주식매수청구권을 행사한 경우, 회사와 주주간의 그 주식의 매수가액은 다음과 같이 결정된다.

① 첫째로 그 주식의 매수가액은 회사와 주주간의 협의로 결정된다($\frac{\text{상 335조의 6,}}{\text{374조의 2 3}}$ $\frac{\text{항}}{\text{본문}}$).

② 둘째로 회사가 주주로부터 주식매수청구를 받은 날부터 30일 이내에 당사자간에 주식의 매수가액에 대하여 협의가 이루어지지 아니하는 경우에는, 회사 또는 주식의 매수를 청구한 주주는 법원에 대하여 매수가액의 결정을 청구할 수 있는데, 이 때 법원은 회사의 재산상태 그 밖의 사정을 참작하여 공정한 가액으로 이를 산정하여야 한다($\frac{\text{상 335조의 6, 374}}{\text{조의 2 4항·5항}}$).

---

1) 동지: 해설(1995), 98면.
2) 정(동), (회) 360면; 이(철), (회) 605면(2월 이내에 이행〈매수대금의 지급〉을 하여야 한다는 뜻으로 해석해야 한다고 한다); 임(재), (회 Ⅱ) 216면; 송(옥), 956면.
3) 김화진, "주식매수청구권의 본질과 주식매수가격의 결정,"「인권과 정의」(대한변호사협회), 제393호(2009. 5), 29면.
4) 동지: 정(경), 464면; 이(기) 외, (회) 394면.

제 4 주식양도의 방법

1. 주권발행 전의 양도방법

1984년의 개정상법에서는 제335조 3항에 단서를 신설하여 「회사의 성립 후 또는 신주의 납입기일 후 6월이 경과하면 주권 없이도 유효하게 주식을 양도할 수 있다」고 규정하였으나, 주권발행 전의 주식의 양도방법에 대하여는 특별히 규정하지 않고 있다. 따라서 주권발행 전의 주식의 양도방법은 민법의 일반원칙에 의할 수밖에 없다. 즉, 주권발행 전의 주식의 양도는 지명채권양도의 일반원칙에 의하여 당사자 사이의 의사표시의 합치만으로 그 양도의 효력이 발생하나,[1] 이를 회사에 대항하기 위하여는 양도에 관하여 양도인이 회사에 통지하거나(양도인이 회사에 양도계약서를 제출하거나 양도인과 양수인이 함께 회사에 주식의 양도사실을 신고하는 것 등) 회사의 승낙(회사의 대표이사가 주식양도를 승낙한 경우 등)을 받아야 한다(민 450 조 1항).[2] 따라서 이 때에 주금납입영수증이나 주식청약증거금영수증을 교부하는 것은 주식양도의 요건은 아니다.[3] 주권발행 전의 주식양도를 회사(및 제3자)에 대항하기 위한 양도인의 회사에 대한 통지나 회사의 승낙(민 450 조 1항)은 앞에서(주권발행전의 주식양도의 제한) 본 바와 같이 주식의 소유관계에서 적법한 주주임을 주장하기 위한 대항요건에 불과하고,[4] (기명주식의 경우) 회사에 대하여 주주권을 행사하기 위한 대항요건(즉, 양수인이 앞으로 계속적으로 주주권을 행사하기 위한 대항요건)은 명의개서이고(상 337 조 1항), 제3자에 대한 배타적인 대항요건은 확정일자 있는 증서에 의한 양도통지 또는 회사의 승낙이다(민 450 조 2항).[5] 따라서 당사자가 민법 제450조에 의한 대항요건

---

1) 동지: 정(동), (회) 264면, 269면; 이(철), (회) 403면; 채, 649면; 이(기) 외, (회) 275면; 주상 (제5판)(회사 Ⅱ), 385면; 대판 1988. 10. 11, 87 누 481(공보 1988, 1414); 동 1991. 8. 13, 91 다 14093(공보 905, 2349); 동 1993. 12. 28, 93 다 8719(공보 962, 511).

2) 동지: 정(동), (회) 269면; 채, 649면.
반대: 최(기), 702면(회사에 대한 관계에서는 명의개서만으로 대항요건이 갖추어지는 것이고, 따로 지명채권양도의 절차가 주식양도의 효력발생요건이나 대항요건이 될 수 없다고 하는데, 의문이다); 동, (회) 369면.

3) 동지: 정(동), (회) 264면; 이(기) 외, (회) 275면.
그러나 손(주), 668면은 「주식양도에 관한 의사표시와 주금납입영수증이나 주식청약증거금영수증이 있으면 이러한 것과 양도증서를 교부함으로써 하는 수밖에 없다」고 한다.

4) 동지: 이(철), (회) 403면(민법 제450조 1항에 의한 회사에 대한 통지 또는 회사의 승낙에 의하여 발생하는 회사에 대한 대항력은 회사에 대하여 적법한 양수인임을 주장하며 명의개서를 청구할 수 있음을 말한다고 한다); 대판 1995. 5. 23, 94 다 36421(공보 995, 2226).

5) 동지: 대판 2006. 9. 14, 2005 다 45537(공보 2006, 1726)(주권발행 전 주식의 양도는 당사자의 의사표시만으로 효력이 발생하고, 주권발행 전 주식을 양수한 사람은 특별한 사정이 없는 한 양도인의 협력을 받을 필요 없이 단독으로 자신이 주식을 양수한 사실을 증명함으로써 회사에 대하여 그 명의개서를 청구할 수 있지만, 회사 이외의 제3자에 대하여 양도 사실을 대항하기 위하여는 지명채권의 양도에 준하여 확정일자 있는 증서에 의한 양도통지 또는 승낙을 갖추어야 한다

을 갖추면 회사는 명의개서를 하여야 하고, 당사자가 민법 제450조에 의한 대항요
건을 갖추지 않았다고 하더라도 양수인이 양도사실에 관한 서류(예컨대, 양
도계약서 등) 등을 회
사에 제출하고 상법 제335조 3항 단서의 규정에 따른 양도사실을 증명하여 명의개
서를 청구하면 회사는 이를 거절할 수 없다고 본다.[1]

　주권발행 전 주식에 관하여 주주명의를 신탁한 자가 수탁자에 대하여 명의신탁
계약을 해지하면 그 주식에 대한 주주의 권리는 해지의 의사표시만으로 명의신탁자
에게 복귀한다.[2]

는 점을 고려할 때, 양도인은 회사에 그와 같은 양도통지를 함으로써 양수인으로 하여금 제3자
에 대한 대항요건을 갖출 수 있도록 해 줄 의무를 부담한다. 따라서 양도인이 그러한 채권양도의
통지를 하기 전에 제3자에게 이중으로 양도하고 회사에 확정일자 있는 양도통지를 하는 등 대항
요건을 갖추어 줌으로써 양수인이 그 제3자에게 대항할 수 없게 되었고, 이러한 양도인의 배임
행위에 제3자가 적극 가담한 경우라면, 제3자에 대한 양도행위는 사회질서에 반하는 법률행위
로서 무효이다); 동 2018. 10. 12, 2017 다 221501(공보 2018, 2091)(회사 이외의 제3자에 대하
여 주권발행 전 주식의 양도사실을 대항하기 위해서는 지명채권 양도의 경우와 마찬가지로 확정
일자 있는 증서에 의한 양도통지 또는 회사의 승낙 요건을 갖추어야 한다. 주권발행 전 주식의 양
수인과 동일 주식에 대하여 압류명령을 집행한 자 사이의 우열은 확정일자 있는 증서에 의한 양도
통지 또는 승낙의 일시와 압류명령의 송달일시를 비교하여 그 선후에 따라 정하여야 한다. 주주가
제3자에게 주권발행 전 주식을 양도하고 확정일자 있는 증서에 의한 통지나 승낙으로 주식양도의
대항요건을 갖추었다면, 그 후 주주의 다른 채권자가 그 양도된 주식을 압류하더라도 위와 같이
먼저 주식을 양도받아 대항요건을 갖춘 제3자에 대하여 압류의 효력을 주장할 여지가 없다. 또한
회사성립 후 또는 신주의 납입기간 후 6월이 지나도록 주권이 발행되지 않아 주권 없이 채권담보
를 목적으로 체결된 주식양도계약은 바로 주식양도담보의 효력이 생기고, 양도담보권자가 대외적
으로는 주식의 소유자가 된다. 주권발행 전 주식의 양도담보권자와 동일 주식에 대하여 압류명령
을 집행한 자 사이의 우열은 주식양도의 경우와 마찬가지로 확정일자 있는 증서에 의한 양도통지
또는 승낙의 일시와 압류명령의 송달일시를 비교하여 그 선후에 따라 결정된다. 이때 그들이 주주
명부에 명의개서를 하였는지 여부와는 상관없다).

1) 동지: 손(주), 668면; 정(동), (회) 270면; 이(철), (회) 404면; 주상(제5판)(회사 Ⅱ), 386면;
　대판 1992. 10. 27, 92 다 16386(공보 934, 3261)(이러한 양수인은 특별한 사정이 없는 한 양도
　인의 협력을 받을 필요 없이 단독으로 자신이 주식을 양수한 사실을 증명함으로써 회사에 대하여
　그 명의개서를 청구할 수 있다).

2) 대판 2013. 2. 14, 2011 다 109708(공보 2013, 462)(주권발행 전 주식에 관하여 주주명의를 신
　탁한 사람이 수탁자에 대하여 명의신탁계약을 해지하면 그 주식에 대한 주주의 권리는 해지의 의
　사표시만으로 명의신탁자에게 복귀하는 것이고, 이러한 경우 주주명부에 등재된 형식상 주주명의
　인이 실질적인 주주의 주주권을 다투는 경우에 실질적인 주주가 주주명부상 주주명의인을 상대로
　주주권의 확인을 구할 이익이 있다. 이는 실질적인 주주의 채권자가 자신의 채권을 보전하기 위하
　여 실질적인 주주를 대위하여 명의신탁계약을 해지하고 주주명의인을 상대로 주주권의 확인을 구
　하는 경우에도 마찬가지이고, 그 주식을 발행한 회사를 상대로 명의개서절차의 이행을 구할 수 있
　다거나 명의신탁자와 명의수탁자 사이에 직접적인 분쟁이 없다고 하여 달리 볼 것은 아니다).

2. 주권발행 후의 양도방법

(1) 상법상의 양도방법(주권의 교부)

1) 주권발행 후의 주식의 양도[1]는 (주식양도의 합의와)[2] 「주권의 교부」[3]에 의하여 한다($\frac{상\ 336}{조\ 1항}$). 이 때의 주권의 교부는 주식양도의 효력발생요건이지 대항요건이 아니다($\frac{민\ 523}{조\ 참조}$).[4] 따라서 (기명)주식의 양도를 회사에 대항하기 위하여는 별도로 주주명부에의 명의개서를 하여야 한다($\frac{상}{337조}$).

2) 주식의 양도는 주권의 교부에 의하여 그 효력이 발생하므로, 그 주권의 점유자는 (점유취득원인을 불문하고) 점유 자체만으로 권리자로서의 외관을 갖게 되어 적법한 소지인으로 추정된다($\frac{상\ 336}{조\ 2항}$)($\frac{주권의\ 점유자에\ 대}{한\ 자격수여적\ 효력}$).[5] 따라서 (기명)주식의 양도의 제3자에 대한 대항요건은 「주권의 소지」이다.

(2) 자본시장과 금융투자업에 관한 법률상의 특칙

1) 주권예탁결제제도

(개) 증권 등에 표시될 수 있거나 표시되어야 할 권리가 「주식·사채 등의 전자등록에 관한 법률」에 따라 전자등록된 경우 그 증권 등은 예탁대상증권 등이 되지 못하고($\frac{자금\ 308}{조\ 1항}$), 그 외의 증권으로서 한국예탁결제원이 지정한 증권 등(예탁대상증권 등)이 한국예탁결제원에 예탁될 수 있다($\frac{자금\ 308}{조\ 2항}$). 이에 따라 전자등록되지 않은 주권으로서 한국예탁결제원이 지정한 일정한 주권(유가증권)에 대하여는 한국예탁결제원($\frac{자금\ 308}{조\ 이하}$)에 예탁시키고 주식의 양도에 주권의 교부를 요하지 않고 계좌간 대체만으로 간단하게 처리되도록 하고 있는데, 이것이 주권예탁결제제도[6]이다. 이러한 제도에 의하여 주권의 소유자(투자자)는 먼

---

1) 주식의 양도가 아닌 상속이나 합병 등과 같이 포괄승계에 의하여 주식이 이전되거나 유증 등과 같이 단독행위에 의하여 주식이 이전되는 경우에는, 「주권의 교부」를 요하지 않는다.

2) 주식양도·양수계약이 적법하게 해제되었다면 종전의 주식양수인은 주식회사의 주주로서의 지위를 상실하였으므로 주식회사의 주권을 점유하고 있다고 하더라도 주주로서의 권리를 행사할 수 없다(즉, 주식양도의 합의가 없으면 양도인이 주권을 교부하여 양수인이 그 주권을 점유하고 있더라도 양수인은 주주권을 취득하지 못한다 — 저자 주)[대판 1994. 6. 28, 93 다 44906(공보 973, 2085)].

3) 주권의 교부에는 현실의 인도(민 188조 1항)뿐만 아니라, 간이인도(민 188조 2항)·점유개정(민 189조) 및 목적물반환청구권의 양도(민 190조)를 포함한다[대판 2014. 12. 24, 2014 다 221258·221265(공보 2015, 193)].
　그러나 이전의 우리 대법원판례는 현실의 인도(교부) 외에 간이인도와 반환청구권의 양도만을 인정하였다[대판 2010. 2. 25, 2008 다 96963·96970(공보 2010, 627)].

4) 동지: 이(철), (회) 367면(주권의 교부는 주식양도의 성립요건이라고 한다); 정(동), (회) 266면; 채, 654면; 이(기) 외, (회) 275면; 주상(제5판)(회사 Ⅱ), 408면; 대판 1993. 12. 28, 93 다 8719(공보 962, 511)(주권발행 후의 주식의 양도는 주권을 교부하여야만 그 효력이 발생한다).

5) 동지: 대판 1989. 7. 11, 89 다카 5345(공보 855, 1229).

6) 우리나라에서 이 제도는 1974년부터 시행되고 있는데, 이러한 예탁결제제도는 주권뿐만 아니라 회사채·국공채와 같은 채권거래에도 이용되므로 이를 합하여 증권예탁결제제도라고 한다[정(동), (회) 267면].

저 자기의 주권을 금융투자업자(예탁자)에 예탁(임치)하고 계좌(투자자계좌부)를 개설한 후, 주식의 양도나 담보권의 설정은 주권을 교부하지 않고 이 계좌상의 대체만으로 하고 있다(자금 311)(이에 관한 상세는 실질주주에).

(내) 이러한 주권예탁결제제도는「주권 없는 주식거래」로서 주권의 중요한 기능인 양도수단의 기능을 상실시키고 있으나, 한편 증권 없는 사회를 향한 발전이라고도 볼 수 있다.[1] 그러나 이러한 제도의 시행에 따른 각종의 법률문제에 대하여는 앞으로 해결해야 할 과제라고 본다[2](이에 관하여 자본시장과 금융투자업에 관한 법률은 제309조 내지 제)(316조에서 규정을 두어 이러한 문제를 어느 정도 해결하고자 한다).

2) 주식의 공개매수　　　주식의 공개매수(take-over bid〈TOB〉, tender offer; Übernahmeangebot)란 불특정 다수인에 대하여 의결권 있는 주식, 그 밖에 대통령령으로 정하는 증권(이하 "주식)등"이라 함)의 매수(교환함 포함함)의 청약을 하거나 매도(교환함 포함함)의 청약을 권유하고 증권시장 밖에서 그 주식 등을 매수하는 것을 말하는데(자금 133)(조 1항), 이와 같이 주식 등을 공개매수하고자 하는 자는 당해 매수 등을 한 후에 본인과 그 특별관계자(대통령령이 정하는 특별)(한 관계가 있는 자를 말함)가 보유하게 되는 주식 등의 수의 합계가 그 주식 등의 총수의 100분의 5 이상이 되는 경우에는 원칙적으로 공개매수를 하여야 한다(자금 133)(조 3항). 자본시장과 금융투자업에 관한 법률은 제133조 내지 제146조에서 공개매수의 요건과 절차 등을 규정하고 있어 주식양도방법의 특례를 이루고 있다.[3]

3. 명의개서(〈기명〉주식 양도의 회사에 대한 대항요건)

(1) 의의 및 필요성

주식의 양도는 주권의 교부에 의하여 그 효력이 발생하지만(효력요건)(상 336)(조 1항), 이를 회사에 대항하기 위하여는 명의개서를 하여야 한다.[4] 즉, 주식양수인(주권취득자)의 성명과 주소를 주주명부에 기재하여야 하는데(상 337조), 이것을 명의개서 (Umschreibung)라 한다. 이러한 명의개서제도는 빈번하고 대량적으로 이루어지는 주식유통과정에서 회사가 명의개서된 주주만을 획일적으로 주주로 인정함으로써, 주주간의 분쟁에서 회사를 보호하기 위한 기술적 제도이다.[5] 이 때 주식양수인은

---

1) 동지: 정(동), (회) 268면.
2) 이에 관한 상세는 안문택, "증권규제에 관한 서론적 연구," 법학박사학위논문(서울대, 1984), 278면 이하.
3) 주식의 공개매수에서 종래에는 발행주식총수의 100분의 25 이상을 취득하고자 할 때에는 발행주식총수의 100분의 50에 1주를 더한 수에서 기보유 주식 등의 수를 공제한 수만큼 의무적으로 공개매수하도록 하였으나(1998년 2월 24일 개정전 증거 21조 2항, 동법시행령 11조의 2~11조의 3), 1998년 2월 24일 법률 제5521호 및 동 일자 대통령령 제15687호로 증권거래법 및 동법시행령을 개정하여 기업의 구조조정을 지원하기 위한 정책적인 이유로 이러한 의무공개매수제도를 폐지하였다.
4) (기명)주식의 양도의 제3자에 대한 대항요건은「주권의 소지」이다[동지: 정(동), (회) 270면].
5) 동지: 정(동), (회) 271면; 이(철), (회) 370면.

양도($^{주권의}_{교부}$)에 의하여 주식을 취득한 경우뿐만 아니라, 상속·합병 기타에 의하여 주식을 취득한 경우에도 주주명부에 명의개서를 하지 않으면 회사에 대하여 주주로서 권리를 행사하지 못한다. 이 명의개서에 의하여 주식양수인과 회사는 사단법적으로 연결된다.[1]

(2) 명의개서의 절차

1) 청구권자　　　　주식양수인은 주주권을 회사에 대하여 행사하기 위한 전제로서 명의개서청구권을 갖는다. 주식양수인은 이러한 명의개서청구권을 단독으로 행사할 수 있고, 등록주주인 양도인의 협력을 요하지 않는다.[2]

명의개서청구의 상대방은 회사이지 양도인이 아니다.[3]

2) 주권의 제시

㈎ 주식을 양수한 자는 주권의 교부를 받고($^{상\ 336}_{조\ 1항}$) 또 주권의 점유자는 적법한 소지인으로 추정되므로($^{상\ 336}_{조\ 2항}$), 이러한 주권소지인이 주권을 제시하고 명의개서를 청구하면 회사는 그가 무권리자임을 증명하지 못하는 한 명의개서를 하여야 한다.[4]

---

1) 동지: 정(희), 438면.

2) 동지: 정(희), 438면; 정(동), (회) 271면; 이(철), (회) 371면; 이(기) 외, (회) 283면; 대판 2010. 10. 14, 2009 다 89665(공보 2010, 2079)(명의개서청구권은 기명주식을 취득한 자가 회사에 대하여 주주권에 기하여 그 기명주식에 관한 자신의 성명, 주소 등을 주주명부에 기재하여 줄 것을 청구하는 권리로서 기명주식을 취득한 자만이 그 기명주식에 관한 명의개서청구권을 행사할 수 있다. 또한 기명주식의 취득자는 원칙적으로 취득한 기명주식에 관하여 명의개서를 할 것인지 아니면 명의개서 없이 이를 타인에게 처분할 것인지 등에 관하여 자유로이 결정할 권리가 있으므로, 주식 양도인은 다른 특별한 사정이 없는 한 회사에 대하여 주식 양수인 명의로 명의개서를 하여 달라고 청구할 권리가 없다. 이러한 법리는 주권이 발행되어 주권의 인도에 의하여 기명주식이 양도되는 경우뿐만 아니라, 회사 성립 후 6월이 경과하도록 주권이 발행되지 아니하여 양도인과 양수인 사이의 의사표시에 의하여 기명주식이 양도되는 경우에도 동일하게 적용된다); 동 2016. 3. 24, 2015 다 71795(주권발행 전 주식양도가 회사 성립 후 6월이 경과한 후에 이루어진 경우, 주식양수인은 단독으로 회사에 대하여 그 명의개서를 청구할 수 있고, 이는 정관에 주식양도시 이사회 승인을 요구하는 규정이 주식양도 후에 도입되었다고 하더라도 마찬가지이다); 동 2019. 4. 25, 2017 다 21176(공보 2019, 1170)(주권발행 전 주식의 양도가 회사 성립 후 6월이 경과한 후에 이루어진 때에는 당사자의 의사표시만으로 회사에 대하여 효력이 있으므로, 주식양수인은 특별한 사정이 없는 한 양도인의 협력을 받을 필요 없이 단독으로 자신이 주식을 양수한 사실을 증명함으로써 회사에 대하여 명의개서를 청구할 수 있다); 동 2019. 5. 16, 2016 다 240338(공보 2019, 1219)(주식을 취득한 자는 특별한 사정이 없는 한 점유하고 있는 주권의 제시 등의 방법으로 자신이 주식을 취득한 사실을 증명함으로써 회사에 대하여 단독으로 그 명의개서를 청구할 수 있다. 갑이 을 주식회사를 상대로 자신이 주주명부상 주식의 소유인데 위조된 주식매매계약서에 의해 타인 앞으로 명의개서가 되었다며 주주권 확인을 구한 사안에서, 갑이 을 회사를 상대로 직접 자신이 주주임을 증명하여 명의개서절차의 이행을 구할 수 있으므로, 갑이 을 회사를 상대로 주주권 확인을 구하는 것은 갑의 권리 또는 법률상 지위에 현존하는 불안·위험을 제거하는 유효·적절한 수단이 아니거나 분쟁의 종국적 해결방법이 아니어서 확인의 이익이 없다).

3) 동지: 정(동), (회) 271면; 이(철), (회) 371면; 서울고판 1976. 6. 19, 78 나 840.

4) 동지: 정(희), 438면; 대판 1995. 7. 28, 94 다 25735(공보 999, 2965)(주식을 증여받은 자가

(내) 명의개서청구에 주권의 제시는 절대적인 것은 아니고, 주식양수인이 상속·합병 등과 같이 포괄승계에 의하여 주식을 양수하거나 또는 주권발행 전에 주식을 양수한 경우($^{\text{상 335조 3항 단서}}_{\text{에 해당하는 경우}}$) 등에는 양수인이 이러한 사실을 증명하면 회사는 명의개서를 하여야 한다.[1]

3) 회사의 심사

(가) 주권의 점유자는 적법한 소지인으로 추정되므로($^{\text{상 336}}_{\text{조 2항}}$), 회사는 진정한 주권을 점유하고 있는가에 대한 형식적 자격만을 심사할 의무가 있고, 그가 진정한 주주인가에 대한 실질적 자격을 심사할 의무는 없다.[2] 따라서 회사는 명의개서를 청구

회사에 그 양수한 내용만 통지하였다면, 그 통지사실만 가지고는 회사에 명의개서를 요구한 것으로 보기 어렵다); 동 2019. 8. 14, 2017 다 231980(주권의 점유자는 적법한 소지인으로 추정되므로〈상법 제336조 제 2 항〉, 주권을 점유하는 자는 반증이 없는 한 그 권리자로 인정되고 이를 다투는 자는 반대사실을 입증하여야 한다〈대법원 1989. 7. 11. 선고 89다카5345 판결 참조〉. 주권이 발행되어 있는 주식을 양도할 때에는 주권을 교부하여야 하고〈상법 제336조 제 1 항〉, 주권이 발행되어 있는 주식을 양수한 자는 주권을 제시하여 양수사실을 증명함으로써 회사에 대해 단독으로 명의개서를 청구할 수 있다〈대법원 1995. 5. 23. 선고 94다36421 판결 참조〉. 이때 회사는 청구자가 진정한 주권을 점유하고 있는가에 대한 형식적 자격만을 심사하면 족하고, 나아가 청구자가 진정한 주주인가에 대한 실질적 자격까지 심사할 의무는 없다. 따라서 주권이 발행되어 있는 주식을 취득한 자가 주권을 제시하는 등 그 취득사실을 증명하는 방법으로 명의개서를 신청하고, 그 신청에 관하여 주주명부를 작성할 권한 있는 자가 형식적 심사의무를 다하였으며, 그에 따라 명의개서가 이루어졌다면, 특별한 사정이 없는 한 그 명의개서는 적법한 것으로 보아야 한다).

1) 동지: 정(동), (회) 271면; 이(철), (회) 371면; 주상(제5판)(회사 Ⅱ), 413면; 대판 1992. 10. 27, 92 다 16386(공보 934, 3261)(회사성립 후 또는 신주의 납입기일 후 6월이 경과하도록 주권이 발행되지 아니한 경우).

2) 동지: 대판 2019. 8. 14, 2017 다 231980(공보 2019, 1728)(주권의 점유자는 적법한 소지인으로 추정되므로〈상법 제336조 제 2 항〉, 주권을 점유하는 자는 반증이 없는 한 그 권리자로 인정되고 이를 다투는 자는 반대사실을 입증하여야 한다. 주권이 발행되어 있는 주식을 양도할 때에는 주권을 교부하여야 하고〈상법 제336조 제 1 항〉, 주권이 발행되어 있는 주식을 양수한 자는 주권을 제시하여 양수사실을 증명함으로써 회사에 대해 단독으로 명의개서를 청구할 수 있다. 이때 회사는 청구자가 진정한 주권을 점유하고 있는가에 대한 형식적 자격만을 심사하면 족하고, 나아가 청구자가 진정한 주주인가에 대한 실질적 자격까지 심사할 의무는 없다. 따라서 주권이 발행되어 있는 주식을 취득한 자가 주권을 제시하는 등 그 취득사실을 증명하는 방법으로 명의개서를 신청하고, 그 신청에 관하여 주주명부를 작성할 권한 있는 자가 형식적 심사의무를 다하였으며, 그에 따라 명의개서가 이루어졌다면, 특별한 사정이 없는 한 그 명의개서는 적법한 것으로 보아야 한다. 갑 주식회사의 자회사인 을 주식회사가 신주를 발행하자, 갑 회사의 대표이사인 병의 동서 정이 자기앞수표로 위 주식의 인수대금을 납입한 다음 주권을 발행받아 현재까지 소지하고 있는데, 갑 회사가 병이 대표이사직에서 해임된 후 정에게 주식 명의신탁 해지의 의사표시를 하면서 주권을 반환하라고 요구하는 통지서를 발송하고 병에게도 주권이 반환될 수 있도록 해달라는 통지서를 발송한 다음, 을 회사를 상대로 위 주식은 갑 회사가 정에게 명의신탁한 것인데 적법하게 명의신탁이 해지되었다며 명의개서절차 이행을 청구하여 을 회사로부터 위 주식에 관한 명의개서를 받은 사안에서, 을 회사는 정이 위 주식에 관한 주권을 소지하고 있음을 잘 알고 있으면서도 주권을 점유하지 않은 제3자인 갑 회사의 명의개서절차 이행청구에 따라 위 주식에 관한 명의개서를 마쳐주었고, 당시 갑 회사가 정과 위 주식의 명의신탁약정을 체결하였다는 처분문서조차 제시하지 못한 점 등에 비추어 보면, 을 회사는 명의신탁 해지를 주주권 취득원인으로 주장한 갑 회사의

한 자의 형식적 자격을 심사한 경우라면, 설사 그가 실질적 자격이 없는 경우에도 회사는 이에 관한 악의 또는 중과실이 없는 한 면책된다.[1]

(ㄴ) 회사는 주주명부의 폐쇄기간중에는 명의개서청구를 거절하여야 한다($\frac{상\ 354}{조\ 1항}$).

(ㄷ) 주주가 적법하게 명의개서를 청구하고 회사가 이를 수리하면, 회사가 이를 수리한 때에 명의개서의 효력이 발생한다고 본다.[2]

(3) 명의개서의 효력

명의개서의 효력은 주주명부의 효력에서 설명한 바와 같다. 즉, 명의개서가 있으면 주식양수인은 회사에 대하여 주주임을 대항할 수 있고(대항력)($\frac{상\ 337}{조\ 1항}$), 주주명부에 기재된 주주는 권리창설적 효력은 없으나 적법한 주주로 추정되며(추정력 또는 자격수여적 효력)(우리나라의 대법원판례는 종래에는 주주명부의 기재에 자격수여적 효력만이 있을 뿐 권리창설적 효력이 없다고 판시하였는데,[3] 그 후 대법원 전원합의체 판결로써 이를 변경하여 회사에 대한 관계에서는 상법 제337조 제1항의 대항력을 그 문언에 불구하고 회사도 주주명부의 기재에 구속되는 것으로 해석하여,[4] 회사와의 관계에서 권리창설적 효력이 있는

명의개서절차 이행청구에 대하여 형식적 심사의무를 다하였다고 볼 수 없다).

1) 동지: 정(동), (회) 286면; 이(철), (회) 372면; 채, 657면; 주상(제5판)(회사 Ⅱ), 413~414면; 대판 1974. 5. 28, 73 다 1320(집 22 ② 민 21)(상호변경을 이유로 주주명부의 명의개서를 청구해 온 경우에는 위 상호변경절차가 적법하게 된 것인가〈형식적 자격—저자 주〉를 조사한 후가 아니면 명의개서를 해 주어서는 아니될 의무가 있는데, 이를 해태한 때에는 중대한 과실이 있다).

2) 동지: 정(동), (회) 274면; 채, 657면; 이(기) 외, (회) 283면; 日最高判 1966. 7. 28(民集 20-6, 1251).

3) 대판 1989. 7. 11, 89 다카 5345(공보 855, 1229); 동 2006. 9. 14, 2005 다 45537(공보 2006, 1726)(주주명부에 기재된 명의상의 주주는 회사에 대한 관계에서 자신의 실질적 권리를 증명하지 않아도 주주의 권리를 행사할 수 있는 자격수여적 효력을 인정받을 뿐이지 주주명부의 기재에 의하여 창설적 효력을 인정받는 것은 아니므로, 실질상 주식을 취득하지 못한 사람이 명의개서를 받았다고 하여 주주의 권리를 행사할 수 있는 것이 아니다. 따라서 주권발행 전 주식의 이중양도가 문제되는 경우, 그 이중양수인 중 일부에 대하여 이미 명의개서가 경료되었는지 여부를 불문하고 누가 우선순위자로서 권리취득자인지를 가려야 하고, 이 때 이중양수인 상호간의 우열은 지명채권 이중양도의 경우에 준하여 확정일자 있는 양도통지가 회사에 도달한 일시 또는 확정일자 있는 승낙의 일시의 선후에 의하여 결정하는 것이 원칙이다).

4) 대판(전) 2017. 3. 23, 2015 다 248342(공보 2017, 847)(주식양도의 경우에는 주식발행의 경우와는 달리 회사 스스로가 아니라 취득자의 청구에 따라 주주명부의 기재를 변경하는 것이기는 하나, 회사가 주식발행시 작성하여 비치한 주주명부에의 기재가 회사에 대한 구속력이 있음을 전제로 하여 주주명부에의 명의개서에 대항력을 인정함으로써 주식양도에 있어서도 일관되게 회사에 대한 구속력을 인정하려는 것이므로, 상법 제337조 제1항에서 말하는 대항력은 그 문언에 불구하고 회사도 주주명부에의 기재에 구속되어, 주주명부에 기재된 자의 주주권 행사를 부인하거나 주주명부에 기재되지 아니한 자의 주주권 행사를 인정할 수 없다는 의미를 포함하는 것으로 해석함이 타당하다)[이 대법원 판결(다수의견)에 대하여 반대하는 취지의 상세한 평석으로는 정찬형, "주주명부의 기재(명의개서)의 효력,"「서강법률논총」(서강대 법학연구소), 제6권 제2호 (2017. 8), 145~215면. 동지: 정경영, "주식회사와 형식주주, 실질주의 관계,"「비교사법」(한국비교사법학회), 제24권 제2호(2017. 6), 859면 이하; 이영철, "실질주주와 형식주주의 관계 및 주주명부의 대항력 구속범위,"「선진상사법률연구」(법무부), 제81호(2018. 1), 153~182면; 김

것과 동일하게 판시하고 있다[1]), 회사가 주주명부에 기재된 주주를 적법한 주주로 인정하여 그에게 통지·최고 등을 하면 면책된다(면책력)($\frac{\text{상 353}}{\text{조 1항}}$).

(4) 명의개서 미필주주(광의의 실기주주)의 지위

1) 명의개서가 부당하게 거절된 경우　　주식의 양수인이 주권을 제시하여 적법하게 명의개서를 청구하였음에도 불구하고 회사가 정당한 이유 없이 명의개서를 거절하거나 지체한 경우에는, 회사는 명의개서를 청구한 자(양수인)에게 손해배상책임을 지고 또 회사의 이사 등은 일정한 과태료의 제재를 받는다($\frac{\text{상 635조}}{\text{1항 7호}}$). 이 때 주식양수인은 회사에 대하여 명의개서청구의 소를 제기할 수 있고, 필요한 경우에는 임시주주의 지위를 정하는 가처분을 청구할 수도 있다[2]($\frac{\text{민집 300}}{\text{조 2항}}$).

그러나 회사가 부당하게 명의개서를 거절하거나 지체하였을 때에는 주식양수인은 명의개서를 하지 않고도 회사에 대하여 주주의 권리를 행사할 수 있다고 보아야 한다.[3] 그러나 이러한 문제는 명의개서대리인제도에 의하여 거의 발생하지 않을 것

택주, "주주명부 기재의 효력," 「상사판례연구」(한국상사판례학회), 제30집 제4권(2017. 12), 93~140면(대상판결은 조문해석의 한계를 벗어난 것이라고 한다); 김교창, "실질주주, 형식주주 및 회사 사이의 법률관계(판례평석)," 법률신문, 2017. 12. 7, 12면(실질주주의 주주권 행사를 원천봉쇄하고 형식주주에게 전적으로 주주권을 행사하게 하는 것은 주객전도이므로, 대상판결을 다시 변경하여야 한다); 김정호, "주주명부 기재의 효력 — 대판 2017. 3. 23, 2015다248342의 평석을 겸하여—," 「선진상사법률연구」(법무부), 제82호(2018. 4), 1~38면(소규모 주식회사 등에서는 획일주의는 뿌리를 내리기 어렵고, 비상장회사에 대해서는 소수의견과 보충의견이 더 설득력이 있다고 한다) 외][이 대법원 판결(다수의견)에 대하여 찬성하는 취지의 평석으로는 정응기, "타인명의 주식취득과 주주명부 기재의 효력," 「선진상사법률연구」(법무부), 제81호(2018. 1), 183~224면 외].

그러나 우리 대법원도 주주명부의 명의개서를 주식 이전의 효력발생요건으로 보지는 않는다[대판 2018. 10. 12, 2017 다 221501(공보 2018, 2091)(상법은 주식의 유통성으로 인해 주주가 계속 변동되는 단체적 법률관계의 특성을 고려하여 주주들과 회사 간의 권리관계를 획일적이고 안정적으로 처리할 수 있도록 명의개서제도를 마련해 두고 있다. 즉, 주식을 양수하여 기명주식을 취득한 자가 회사에 대하여 주주의 권리를 행사하려면 자기의 성명과 주소를 주주명부에 기재하여야 한다〈상법 제337조 제1항〉. 주주명부에 명의개서를 한 주식양수인은 회사에 대하여 자신이 권리자라는 사실을 따로 증명하지 않고도 의결권, 배당금청구권, 신주인수권 등 주주로서의 권리를 적법하게 행사할 수 있다. 회사로서도 주주명부에 기재된 자를 주주로 보고 주주로서의 권리를 인정한 경우 주주명부상 주주가 진정한 주주가 아니더라도 책임을 지지 않는다. 그러나 상법은 주주명부의 기재를 회사에 대한 대항요건〈제337조 제1항〉으로 정하고 있을 뿐 주식 이전의 효력발생요건으로 정하고 있지 않으므로, 명의개서가 이루어졌다고 하여 무권리자가 주주가 되는 것은 아니고, 명의개서가 이루어지지 않았다고 해서 주주가 그 권리를 상실하는 것도 아니다)].

1) 동지: 이(철), (회) 381면.
2) 동지: 정(희), 439면; 이(철), (회) 373면.
3) 동지: 정(희), 439면; 정(동), (회) 276면; 이(철), (회) 373면(신의칙상 긍정해야 한다고 한다); 최(기), 704면; 동, (회) 383면; 채, 657면; 이(기) 외, (회) 284면; 대판 1993. 7. 13, 92 다 40952(공보 952, 2242)(주식을 양도받은 주식양수인들이 명의개서를 청구하였는데도 위 주식양도에 입회하여 그 양도를 승낙하였고 더구나 그 후 주식양수인들에 대하여 주주로서의 지위를 인정한 바 있는 회사의 대표이사가 정당한 사유 없이 그 명의개서를 거절한 것이라면, 회사는 그 명

으로 본다.[1]

   2) **회사측에서 권리행사를 허용하는 경우**   회사가 명의개서를 하지 않은 주식양수인(명의개서미필주주)(광의의 실기주주)을 주주로 인정하여 그 자에게 권리행사를 허용할 수 있는가. 이에 대하여 학설은 (i) 다수인의 이해관계가 교차하는 회사의 법률관계를 획일적으로 처리하기 위한 것이 명의개서의 취지인데, 회사가 주주 인정의 문제에 관하여 선택권을 갖는 것은 단체법상의 법률관계의 획일성을 저해하고 불안정을 초래하며 주주평등의 원칙에도 반한다고 하여 이를 부정하는 견해(쌍면적〈쌍방적〉구속설)(소수설)와,[2] (ii) 상법이 명의개서를 하지 않으면 「회사에 대항하지 못한다」고 규정하고 있는 것은 단순한 대항요건에 불과하므로, 회사가 그 이전이 있음을 인정하여 주식양수인을 주주로 취급하는 것은 그 법의에 어긋나는 것이 아니므로 이를 긍정하는 견해(편면적 구속설)(다수설)[3]가 있는데, 편면적 구속설이 타당하다고 본다.[4]

의개서가 없음을 이유로 그 양도의 효력과 주식양수인의 주주로서의 지위를 부인할 수 없다); 동 1995. 5. 23, 94 다 36421(공보 995, 2226)(주권발행 전 주식을 양수한 사람은 특별한 사정이 없는 한 양도인의 협력을 받을 필요 없이 단독으로 자신이 주식을 양수한 사실을 증명함으로써 회사에 대하여 그 명의개서를 청구할 수 있으므로, 주주명부상의 명의개서가 없어도 회사에 대하여 자신이 적법하게 주식을 양수한 자로서 주주권자임을 주장할 수 있다); 동(전) 2017. 3. 23, 2015 다 248342(공보 2017, 847)(주주명부에 기재를 마치지 않고도 회사에 대한 관계에서 주주권을 행사할 수 있는 경우는 주주명부에의 기재 또는 명의개서청구가 부당하게 지연되거나 거절되었다는 등의 극히 예외적인 사정이 인정되는 경우에 한한다); 동 2019. 2. 14, 2015 다 255258(공보 2019, 731)(특별한 사정이 없는 한, 주주명부에 적법하게 주주로 기재되어 있는 자는 회사에 대한 관계에서 그 주식에 관한 의결권 등 주주권을 행사할 수 있고, 회사 역시 주주명부상 주주 외에 실제 주식을 인수하거나 양수하고자 하였던 자가 따로 존재한다는 사실을 알았든 몰랐든 간에 주주명부상 주주의 주주권 행사를 부인할 수 없으며, 주주명부에 기재를 마치지 아니한 자의 주주권 행사를 인정할 수도 없다. 주주명부에 기재를 마치지 않고도 회사에 대한 관계에서 주주권을 행사할 수 있는 경우는 주주명부에의 기재 또는 명의개서청구가 부당하게 지연되거나 거절되었다는 등의 극히 예외적인 사정이 인정되는 경우에 한한다).
   그러나 이에 대하여 다수의 주주에 대한 획일적 처리를 필요로 하는 주주명부제도의 취지와 거절의 정당한 이유의 유무를 객관적으로 결정하는 것은 곤란하다는 이유로 명의개서를 하지 않은 주식취득자는 주주의 권리를 행사할 수 없다는 부정설도 있다[田中誠二, 「再全訂會社法詳論(上)」, 380면].
1) 동지: 정(희), 439면.
2) 이(철), (회) 376면; 최(기), 705~706면; 동, (회) 283~285면.
3) 정(희), 438면, 439면; 손(주), 673면; 정(동), (회) 276면; 채, 659면; 이(기) 외, (회) 284~285면; 이·최, 291면; 임홍근, "주식명의개서상의 2가지 문제점,"「21세기 한국상사법의 진로」(내동우홍구박사정년기념논문집), 2002, 268~269면; 정진세, "주주명부제도(회사의 실질주주 인정가능성),"「비교사법」, 제8권 2호(2001. 12), 311~312면(일본에서는 명의개서를 하지 않은 주식양수인을 주주로 인정할 수 없다는 견해를 사단법리설로 부르고 주주로 인정할 수 있다는 견해를 증권법리설로 부르고 있는데, 이 양자에 대한 소개와 비판이 상세하다).
4) 정(찬), (회) 516면.

우리나라의 판례는 종래에는 편면적 구속설에서 판시하였는데,[1] 그 후 대법원 전원합의체 판결로써 쌍면적(쌍방적) 구속설로 변경하였다.[2]

3) **실기주**(실념주〈失念株〉)　　명의개서미필과 관련하여 실기주(失期株)가 있다. 실기주란 「광의」로는 이익배당금·합병교부금 등의 지급과 관련하여 일정한 기일까지 명의개서를 하지 않은 주식을 말하고, 「협의」로는 신주발행의 경우 구(舊)주의 양수인이 배정일까지 명의개서를 하지 않음으로 인하여 주주명부상의 주주인 구주의 양도인에게 배정된 신주를 말한다.

이 때 주주명부에 명의개서가 되지 않음으로 인하여 회사는 구주의 양도인을 주주로 취급하여 그에게 이익을 배당(합병의 경우는 합병교부금을 지급)하거나 신주발행의 경우에는 신주(협의의 실기주)를 배정할 것인데, 이러한 이익(합병교부금)이나 신주(협의의 실기주)는 누구에게 귀속되는가가 문제된다. 이는 물론 회사법상의 문제는 아니고 양도인과 양수인간의 개인법상의 문제인데, 당사자간에 별도의 약정이 없는 한 이러한 이익(합병교부금)이나 신주(협의의 실기주)는 주식양수인(광의의 실기주주)에게 귀속되어야 하는 점에 대하여는 이견(異見)이 없다.

그런데 이 때 주식양수인은 주식양도인에 대하여 이익(또는 합병교부금)은 민법상 부당이득의 법리에 의하여 반환청구할 수 있는데, 신주(협의의 실기주)는 어떠한 법리에 근거하여 주식양도인에게 반환청구를 할 수 있는가에 대하여는 다음과 같이 세 가지의 견해로 나뉘어 있다. 즉, (i) 양수인은 민법상 「부당이득의 법리」에 의하여 양도인에게 이의 반환을 청구할 수 있다고 보는 견해,[3] (ii) 양수인은 민법상 「사무관리의 법

---

1) 대판 1989. 10. 24, 89 다카 14714(공보 1989, 1769)(기명주식의 취득자가 명의개서를 하지 않으면 스스로 회사에 대하여 주주권을 주장할 수 없을 뿐이고, 회사측에서 명의개서를 하지 아니한 실질상의 주주를 주주로 인정하는 것은 무방하다); 동 2001. 5. 15, 2001 다 12973(공보 2001, 1379)(명의개서를 하지 아니한 실질상의 주주를 회사측에서 주주로 인정하는 것은 무방하다)[이 판결에 대하여 찬성하는 취지의 평석으로는 정진세, 법률신문, 제3003호(2001. 8. 20), 15면 참조].
　　동지: 日最高判 1955. 10. 20(民集 9－11, 1657).
2) 대판(전) 2017. 3. 23, 2015 다 248342(공보 2017, 847)(회사가 상법의 규정에 따라 스스로 작성하여 비치한 주주명부의 기재에 구속됨은 당연한 논리적 귀결이며, 주주명부에 기재되지 않은 타인의 주주권 행사를 인정하는 것이야말로 회사 스스로의 행위를 부정하는 모순을 초래하게 되어 부당하다. 주식양도의 경우에는 주식발행의 경우와는 달리 회사 스스로가 아니라 취득자의 청구에 따라 주주명부의 기재를 변경하는 것이기는 하나, 회사가 주식발행시 작성하여 비치한 주주명부에의 기재가 회사에 대한 구속력이 있음을 전제로 하여 주주명부에의 명의개서에 대항력을 인정함으로써 주식양도에 있어서도 일관되게 회사에 대한 구속력을 인정하려는 것이므로, 상법 제337조 제 1 항에서 말하는 대항력은 그 문언에 불구하고 회사도 주주명부에의 기재에 구속되어, 주주명부에 기재된 자의 주주권 행사를 부인하거나 주주명부에 기재되지 아니한 자의 주주권 행사를 인정할 수 없다는 의미를 포함하는 것으로 해석함이 타당하다)[이 대법원 판결(다수의견)에 대하여 반대하는 취지의 상세한 평석으로는 정찬형, "주주명부의 기재(명의개서)의 효력," 「서강법률논총」(서강대 법학연구소), 제6권 제2호(2017. 8), 145~215면].
3) 임홍근, 전게논문(내동우홍구박사정년기념논문집), 270면; 日最高判 1968. 12. 12(民集 22－13, 2943); 竹内昭夫·鈴木竹雄, 「會社法(第三版)」, 1994, 160면.

리」에 의하여 양도인에게 이의 반환을 청구할 수 있다고 보는 견해[1] 및 (iii) 양수인
은 「준(準)사무관리의 법리」에 의하여 양도인에게 이의 반환을 청구할 수 있다고 보
는 견해[2]가 있다. 생각건대 준사무관리의 개념은 민법학자들간에도 그 인정여부에
대하여 학설이 대립되어 있어 아직 정립된 개념이 아니므로[3] 이에 근거할 수는 없
고, 또 양도인이 회사로부터 받은 신주를 그 자체로 양수인에게 반환하기 위하여는
민법상 부당이득의 법리로는 미흡하므로, 민법상 사무관리의 법리가 가장 타당하다
고 본다.

(5) 명의개서대리인

1) **의의 및 입법목적**　　　명의개서대리인(transfer agent)이란 「회사를 위하여
명의개서사무를 대행하는 자」이다.[4] 주식의 명의개서는 원래 회사가 함이 원칙이
나, 주식이 거래소 등을 통하여 대량적·집단적으로 거래됨으로 인하여 발생하는 회
사의 명의개서사무의 번잡을 덜고 또한 주식양수인의 편의를 위하여 상법은 명의개
서대리인을 둘 수 있음을 규정하고 있다. 즉, 회사는 정관이 정하는 바에 의하여 명
의개서대리인을 둘 수 있는데, 이 경우에는 명의개서대리인이 주식양수인의 성명과
주소를 주주명부의 복본에 기재한 때에 주주명부의 명의개서가 있는 것으로 본다
$\binom{\text{상 337}}{\text{조 2항}}$.

2) **지　　　위**　　　명의개서대리인은 명의개서를 대행하는 자이므로 민법상 회
사의 대리인은 아니고, 이행보조자 내지 수임인의 지위를 가질 뿐이다.[5] 따라서 자
본시장과 금융투자업에 관한 법률에서는 「명의개서 대행회사」라고 표현하고 있다
$\binom{\text{동법 365}}{\text{조~369조}}$.

3) **선　　　임**

(가) **정관의 규정**　　　회사는 정관이 정하는 바에 의하여 명의개서대리인을 둘

---

1) 정(희), 515~516면(양도인이 배정받은 신주 그 자체의 반환을 양수인이 청구할 수 있기 위하
　여는 사무관리의 법리에 의하는 것이 더 합리적이라고 한다).
2) 정(동), (회) 508면(동 교수는 277면에서 이익배당금이나 합병교부금에 대하여는 부당이득의
　법리에 의하여 반환청구를 할 수 있다고 하고, 협의의 실기주에 대하여는 508면에서 준사무관리
　의 법리에 의하여 반환청구를 할 수 있는 것으로 설명하고 있다); 최(기), 712면; 채, 696면.
3) 곽윤직, 「채권각론(재 전정판)」(박영사, 1992), 548~550면 참조(특히 동 교수는 505면에서 준
　사무관리의 개념을 부정함).
4) 우리나라에서의 이러한 명의개서대리인제도는 과거에는 자본시장육성에 관한 법률(현재 이 법
　률은 폐지되었고, 이 법률의 규정의 일부는 종전의 증권거래법에 흡수되었는데, 이 내용은 자본시
　장과 금융투자업에 관한 법률에도 승계되었다 — 자금 365조~369조)에 의하여 주권상장회사나
　공개회사에만 인정되었으나, 1984년의 상법개정에 의하여 상법에 규정함으로써(상 337조 2항)
　모든 주식회사에 일반화하였다.
5) 동지: 이(철), (회) 375면(회사의 이행보조자로서의 지위를 갖는다고 한다); 채, 658면.

수 있을 뿐이므로($\substack{상 337조\\2항 전단}$), 명의개서대리인을 두는지 여부는 임의적이다. 그러나 상장회사의 경우는 한국거래소가 제정한 상장규정에 의하여 명의개서 대행계약을 상장요건으로 하고 있으므로 명의개서대리인을 두는 것이 강제적이다($\substack{유가증권시장 상장규\\정〈개정: 2022. 12.\\7〉 26조, 28조 1항, 동 시행세칙〈개정: 2023.\\5. 11〉 20조 및 별표 1 7호, 22조 및 별표 3}$).

(내) **자　　격**　　명의개서대리인의 자격은 자본시장과 금융투자업에 관한 법률에 의하여 한국예탁결제원 또는 전국적인 점포망을 갖춘 은행이어야 하는 등 일정한 요건을 갖추고, 금융위원회에 등록하여야 한다($\substack{상시 8조,\\자금 365조}$).

(대) **공　　시**　　회사가 명의개서대리인을 둔 경우에는 그의 상호 및 본점소재지를 등기하여야 하고($\substack{상 317조\\2항 11호}$), 또 주식청약서·신주인수권증서·사채청약서 등에 기재하여야 한다($\substack{상 302조 2항 10호, 420조 2호, 420\\조의 2 2항 2호, 474조 2항 15호}$). 이는 명의개서대리인을 주주·사채권자 등에 알리기 위해서이다.

4) **권　　한**　　회사가 명의개서대리인을 둔 경우에는 주주명부나 사채원부 또는 그 복본을 명의개서대리인의 영업소에 비치할 수 있다($\substack{상 396조\\1항 2문}$). 명의개서대리인이 주주명부의 복본에 명의개서를 한 때에는 그의 원본에 한 것과 동일한 효력이 있다($\substack{상 337조\\2항 2문}$).

명의개서대리인은 명의개서의 대행업무 외에도 증권의 배당·이자 및 상환금의 지급을 대행하는 업무와 증권의 발행을 대행하는 업무를 영위할 수 있다($\substack{자금\\366조}$).

5) **책　　임**　　명의개서대리인이 정당한 사유 없이 주권의 명의개서를 하지 아니하거나, 주주명부 등에 기재할 사항을 기재하지 아니하거나, 또는 부실한 기재를 한 때에는 상법상 일정한 과태료의 제재가 있다($\substack{상 635조 1\\항 7호·9호}$). 그 밖에 명의개서대리인은 수임인으로서 선관주의의무를 다하지 못하면 회사에 대하여 손해배상책임을 지고($\substack{민 680\\조, 681조}$), 주주 및 제3자에 대하여도 민법의 일반원칙에 따라 불법행위의 책임을 진다($\substack{민\\750조}$).

제5 주식매수선택권[1]

1. 의의 및 성질

(1) 의　　의

주식매수선택권(stock option)이란 「회사의 일정한 자($\substack{이사·집행임원·감\\사 또는 피용자 등}$)가 일정한

---

1) 이에 관한 상세는 정동윤, "주식매입선택권에 관하여,"「법학논집」(고려대 법학연구소), 제33집(1997. 8), 503~522면; 염미경, "주식매수선택권에 관한 법적 규제(미국법과의 비교를 중심으로),"법학박사학위논문(고려대, 2002. 2); 동, "주식매수선택권에 관한 법적 문제점의 검토,"「상

기간(행사기간) 내에 미리 정하여진 일정한 유리한 가격(행사가격)으로 일정수량의 자기회사의 주식을 취득($^{매수·신주인}_{수 등에 의하여}$)할 수 있는 권리」를 말한다. 이에 대하여 우리 상법은 「회사의 설립·경영과 기술혁신 등에 기여하거나 기여할 수 있는 회사의 이사·집행임원·감사 또는 피용자에게 미리 정한 가액($^{이하 '주식매수선택권}_{의 행사가격'이라 한다}$)으로 신주를 인수하거나 자기의 주식을 매수할 수 있는 권리」라고 규정하고 있다($^{상 340조}_{의 2 1항}$).

(2) 성　질

이러한 주식매수선택권은 회사와 주식매수선택권자와의 계약에 의하여 부여되는데, 주식매수선택권자가 이 권리를 행사하면 회사의 승낙을 요하지 않고 그 효력이 발생하므로 이 권리의 성질은 형성권이다.[1]

이와 같이 주식매수선택권자는 형성권인 주식매수선택권을 행사할 수 있는 권리를 갖는데, 그 권리의 내용은 신주인수권($^{신주인수권의 행사의 경우에도 이 권리의 행사에 의하}_{여 신주를 발행하는 때에 기존주주가 함께 참여하는 것}$$_{이 아님}$)뿐만 아니라 주식매수권 등을 포함하고 이것도 특히 유리한 가격으로 취득할 수 있도록 하는 점에서, 제3자 신주인수권·제3자에게 신주인수권부사채를 발행하는 경우 등과 구별된다.

2. 장점과 단점

(1) 장　점

주식매수선택권제도는 권리자의 입장에서는 주가가 행사가격 이상으로 상승하였을 때에만 이 권리를 행사하여 행사 당시의 시가와 행사가격의 차액만큼 이득을 보기 때문에, 회사의 발전에 많은 공헌이 있거나 능력이 있는 임직원에게 장기인센티브 보수제도로서의 장점이 있다. 따라서 주식매수선택권을 부여하는 회사의 입장에서는 최소의 비용으로 우수한 인재를 확보하고, 임직원에게 주인의식을 심어주어 생산성을 향상시키며, 재무구조를 개선하는 등의 장점이 있다.

사법연구」, 제21권 2호(2002), 217~244면; 동, "주식매수선택권에 관한 법적 규제방향과 문제점에 대한 검토,"「경영법률」(한국경영법률학회), 제13집 1호(2002. 9), 39~66면; 강석철, "주식매수선택권에 관한 연구," 법학석사학위논문(고려대, 2000. 2); 최병규, "주식매수선택권제도에 관한 연구,"「비교사법」, 제8권 2호(2001. 12), 49~92면; 주영은, "미국에서의 주식매수선택권이 회사재산감소를 가져오는가에 관한 고찰,"「상사법연구」, 제22권 4호(2003), 59~97면; 윤은경, "무효인 주식매수선택권 부여계약과 회사의 민사상 책임,"「법학논총」(국민대 법학연구소), 제28권 제2호(2015), 95~122면; 김희철, "주식매수선택권제도에 관한 소고 — 대법원 2011. 3. 24. 선고 2010다85027 판결을 중심으로 —,"「경영법률」(한국경영법률학회), 제24집 제2호(2014), 165~186면 등 참조.

1) 동지: 정동윤, 전게논문, 505면.

(2) 단　　점

주식매수선택권자의 입장에서는 주식시장의 침체·행사기간이나 행사조건이 극히 불리한 경우에 자기의 노력에 대한 보상을 받지 못하는 단점이 있다. 또한 주식매수선택권을 부여하는 회사의 입장에서는 이 권리를 부여받은 임직원의 노력과는 무관한 주식시장 전체의 주가상승에 기인한 부분까지 보상하게 되는 점, 이 권리를 특정한 임직원에게 차등지급하는 경우 상호간에 신뢰나 화합을 저해할 수 있는 점, 이 권리를 부여받는 임·직원들이 장기적 성장의 잠재력보다는 단기적 성과에 집착하여 회사발전을 저해할 수 있는 우려가 있는 점 등의 단점이 있다.

3. 연혁 및 각국의 주식매수선택권제도

(1) 미　　국

주식매수선택권제도가 가장 잘 발달되어 있는 나라는 미국이다. 미국은 1920년대에 최초로 이 제도를 도입하여 이용하였는데, 세금제도의 변화에 따라 이 제도가 다양하게 발전되어 왔다. 미국에서 이 제도는 세법뿐만 아니라, 1933년 증권법·1934년 증권거래법 및 1940년 연방투자회사법 등 연방법과 주(州)회사법의 규율을 받고 있다.[1] 미국에서 이 제도는 주로 임원에 대한 보수의 차원에서 널리 이용되고 있다.

(2) 프 랑 스

프랑스에서는 1970년에 개정된 회사법에서 모든 피용자에게 주식인수선택권과 주식매수선택권을 인정하고 있었는데,[2] 이는 2001년 개정상법에서도 그대로 수용되었다.[3]

(3) 일　　본

일본은 회사법에서 주식매수선택권에 대하여 특별히 규정하고 있지 않으나, 신주예약권(회사에 대하여 행사함으로써 해당 회사의 주식을 교부받을 수 있는 권리 — 日會 2조 21호)에 대하여 상세한 규정을 두고 있고(日會 236조~294조) 이 신주예약권은 그 발행목적에 대하여 제한을 두고 있지 않으므로 신주예약권은 주식매수선택권의 형식으로 발행될 수 있다.[4]

(4) 우리나라

우리나라에서는 1997년 1월 13일 증권거래법(1997. 1. 13. 법 5254호)의 개정으로 처음으로 이 제도가 도입된 이래,[5] 주권상장법인과 벤처기업(중소기업창업지원법의 규정에 의한 창업자 또는 신기술사업금융지원에 관한 법률의 규정에 의한 신기술사업자로서 중

---

1) 미국의 RMBCA § 6.24도 주식매수선택권을 인정하고 있다.
2) 佛會(1970. 12. 31, 법 제70－1322호로 개정) 208조의 1~208조의 7.
3) 佛商(2001년 개정) 225－150조~225－197－5조.
4) 전국경제인연합회, 「주요국 회사법」, 2009. 1, 266면.
5) 이 때의 증권거래법에서는 상법과는 달리 '주식매수선택권' 대신에 '주식매입선택권'이라는 용어를 사용하였는데, 2000. 1. 21, 법 6176호로 개정된 증권거래법은 '주식매입선택권'을 전부 상법과 같이 '주식매수선택권'으로 개정하였다(증거 189조의 4).

소기업창업지원법의 규정에 의한 창업지원업무
에 관한 기준에 적합한 업종을 영위하는 내국법인)이 이용하게 되었다(증거 189조의 4 1항, 동).[1] 벤처기업
의 경우에는 그 후 1998년 12월 30일 벤처기업육성에 관한 특별법(제정: 1997. 8. 28, 법 5381호,)(개정: 2024. 3. 19, 법 20398호)
의 개정에 의하여 벤처기업의 주식매수선택권은 동법이 규율하게 되었다(동법 16 조의 3). 또한
2005년 3월 31일 근로복지기본법(제정: 2001. 8. 14, 법 6510호,)(개정: 2022. 6. 10, 법 18926호)의 개정으로 우리사주조합이 설
립되어 있는 회사의 우리사주조합원에 대하여는 발행주식총수의 100분의 20의 범위 안에
서 우리사주매수선택권을 인정하고 있다(동법 39조).[2]

주식매수선택권제도는 그 동안 주권상장법인과 벤처기업에서 회사의 경영혁신과 기
술개발 등에 기여하는 유용한 수단으로 활용되고 있는 점에서, 비상장 중소기업형태인 주
식회사도 이 제도를 이용할 수 있도록 하기 위하여 1999년 개정상법에서 이 제도를 도입
하였다(상 340조의 2~ 340조의 5). 따라서 앞으로 상법상의 모든 주식회사는 이 제도를 이용하여 최소
의 비용으로 임직원에 유능한 인재를 확보하여 기업의 경쟁력을 높일 수 있게 되었다.

또한 2009년 개정상법에서는 상장회사에 대하여 (종래에 증권거래법에서 규정한) 이에
관한 특칙규정을 두고 있다(상 542 조의 3).

4. 부여의 주체와 대상자

(1) 부여의 주체

상법상 주식매수선택권을 부여할 수 있는 회사는 「모든 주식회사」이다(상 340조 의 2 1항).

(2) 부여의 대상자

1) 상법상 주식매수선택권을 부여받을 수 있는 자는 비상장회사의 경우 원칙적
으로 「회사의 설립·경영과 기술혁신 등에 기여하거나 기여할 수 있는 회사의 이
사·집행임원·감사 또는 피용자」이다(상 340조 의 2 1항). 그러나 예외적으로 대주주 등에 의
한 이 제도의 남용을 방지하기 위하여 위에 해당하는 이사·집행임원·감사 또는 피
용자라고 하더라도 그가 (i) 의결권이 없는 주식을 제외한 발행주식총수의 100분의
10 이상의 주식을 가진 주주이거나, (ii) 이사·집행임원·감사의 선임과 해임 등 회
사의 주요경영사항에 대하여 사실상 영향력을 행사하는 자이거나, (iii) 위 (i)과 (ii)
의 자의 배우자와 직계존·비속이면, 주식매수선택권을 부여할 수 없다(상 340조 의 2 2항).

2) 상장회사의 경우 주식매수선택권을 부여받을 수 있는 자는 위의 자 이외에
도 대통령령으로 정하는 관계회사[3](주식매수선택권을 부여하는 회사의 수출실적에 영향을 미치는 생산 또는 판매업무를 영위하거나 해당 회사의 기술혁신을 위한 연구개발

---

1) 2002. 8. 14 현재 우리나라의 전체 상장회사 675개사 중 주식매수선택권을 부여하여 운영하고
   있는 회사는 118개사인데, 이에 관한 부여 및 운영현황의 상세는 한국상장회사협의회, 「상장」,
   2002. 10, 37~42면 참조.
2) 우리사주매수선택권제도의 문제점과 개선의 건의에 관하여는 상장회사협의회, 「상장」, 2005.
   10, 48~51면 참조.
3) 관계회사의 범위를 너무 확대하는 것은 바람직하지 않다고 본다[정찬형, "2009년 개정상법 중

활동을 수행하는 회사로서 해당 회사가 총출자액의 100분의 30 이상을 출자하고 최대출자자로 있는 외국법인 등$\binom{\text{상 542조의 3 1항}}{\text{본문, 상시 30조 1항}}$의 이사·집행임원·감사 또는 피용자이다$\binom{\text{상 542조의 3 1항}}{\text{본문, 상시 30조 1항}}$. 또한 정관에서 정하는 바에 따라 발행주식총수의 100분의 10의 범위에서 대통령령으로 정하는 한도$\binom{\text{최근 사업연도말 현재의 자본금이 3,000억원 이상인 법인의 경우는 발}}{\text{행주식총수의 100분의 1에 해당하는 주식수이고, 최근 사업연도말 현재}}$의 자본금이 3,000억원 미만인 법인의 경우는 발행주식총수의 100분의 3에 해당하는 주식수임)까지 이사회가 제340조의 3 제2항 각 호의 사항$\binom{\text{비상장회사의 경우}}{\text{주주총회의 결의사항}}$을 결의하는 경우 해당 회사의 집행임원·감사 또는 피용자 및 관계회사의 이사·집행임원·감사 또는 피용자에게 주식매수선택권을 부여할 수 있다$\binom{\text{상 542조의 3 3항}}{\text{1문, 상시 30조 4항}}$.

그러나 최대주주[1] 등 대통령령으로 정하는 자$\binom{\text{최대주주 및 그 특수관계인,}}{\text{주요주주[2] 및 그 특수관계인[3]}}$에게는 주식매수선택권을 부여할 수 없다$\binom{\text{상 542조의 3 1항}}{\text{단서, 상시 30조 2항}}$.

5. 부여방법

우리 상법($\substack{\text{상 340조} \\ \text{의 2 1항}}$)이 인정하고 있는 주식매수선택권의 부여방법에는 신주인수권방식(신주발행교부방식), 자기주식교부방식 및 주가차액교부방식(주가차익수익권방식, 주가상승보상권방식)의 세 가지가 있다. 따라서 회사는 이 세 가지 방법 중 하나에 의하여만 부여하여야 하고, 이 이외의 방법을 정하거나 또는 이 세 가지 방법 중 두 가지를 결합하는 것은 허용되지 않는다.[4]

(1) 신주인수권방식

신주인수권방식이란 주식매수선택권자가 주식매수선택권을 행사하여 행사가격을 회사에 납입한 경우에 회사는 그에게 신주를 발행하여 교부하는 방법을 말한다($\substack{\text{상 340조의} \\ \text{2 1항 본문}}$). 신주인수권방식에 의한 주식매수선택권을 부여하는 경우에는 제3자에게 신주인수권을 부여하는 경우와 같이 주주의 신주인수권은 그 한도에서 배제된다. 그러나 신주인수권방식에 의한 주식매수선택권의 부여는 특히 유리한 가격으로 신주를 인수할 수 있게 하는 점에서 제3자에게 신주인수권을 부여하는 경우와 구

상장회사에 대한 특례규정에 관한 의견,"「상사법연구」(한국상사법학회), 제28권 제1호(2009. 5), 275면. 동지: 김순석, "상장회사 특례제도의 문제점 및 개선방안,"「상사법연구」(한국상사법학회), 제34권 제2호(2015. 8), 132면(부여대상 범위를 확대하는 데에는 일정한 제한이 있을 수밖에 없는데, 부여대상 범위를 확대하는 것보다 주식매수선택권의 취소에 대한 예외사유로서 '경영에 기여한 임직원이 계열회사로 발령되는 경우'를 추가하는 것이 더 효율적이라고 한다)].

1) 이 때의「최대주주」란 '의결권 없는 주식을 제외한 발행주식총수를 기준으로 본인 및 그의 특수관계인이 소유하는 주식의 수가 가장 많은 경우 그 본인'을 말한다(상 542조의 8 2항 5호).
2) 이 때의「주요주주」란 '누구의 명의로 하든지 자기의 계산으로 의결권 없는 주식을 제외한 발행주식총수의 100분의 10 이상의 주식을 소유하거나 이사·감사의 선임과 해임 등 상장회사의 주요 경영사항에 대하여 사실상 영향력을 행사하는 주주'를 말한다(상 542조의 8 2항 6호).
3) 최대주주와 주요주주의「특수관계인」에 대하여는 상법시행령 제34조 4항에서 규정하고 있다.
4) 동지: 정동윤, 전게논문, 514면.

별된다.

기존주주에게 신주를 발행하는 기회에 함께 하는 것이 아니라는 점에서는 신주발행의 경우 제3자의 신주인수권과 구별되나, 신주인수권부사채의 경우 신주인수권과 유사하다.

(2) 자기주식교부방식

자기주식교부방식이란 주식매수선택권자가 주식매수선택권을 행사하여 행사가격을 회사에 납입한 경우에 회사는 이미 보유하고 있는 자기주식을 교부하는 방법을 말한다($\frac{상 340조의}{2\ 1항\ 본문}$).

회사가 이와 같이 자기주식교부방식을 택하게 되면 기존주주의 주식의 소유권이 희석되는 효과가 적으므로, 경영권보호에 우려가 큰 기업은 이 방법을 택하게 될 것이다.

(3) 주가차액교부방식

주가차액교부방식이란 주식매수선택권자가 주식매수선택권을 행사한 때에 주식매수선택권의 행사가격이 주식의 실질가격보다 낮은 경우에 회사는 그 차액을 금전으로 지급하거나 그 차액에 상당하는 자기주식을 교부하는 방법을 말한다($\frac{상 340조}{의 2\ 1}$ $\frac{항}{단서}$). 이 방법에 의하는 경우에는 주식매수선택권자가 행사가격을 별도로 납입할 필요가 없는 점에 특색이 있다. 이 방법은 자기주식교부방식의 경우보다 경영권보호에 더 유리한 점이 있다.

6. 부여한도

상법은 주식매수선택권 부여의 남용을 방지하기 위하여 일정한 제한을 두고 있다.

(1) 비상장회사의 경우 주식매수선택권 부여를 위하여 발행할 신주 또는 양도할 자기주식은 회사의 발행주식총수의 100분의 10을 초과할 수 없다($\frac{상 340조}{의 2\ 3항}$). 그러나 상법은 주식매수선택권자 각각에 대하여 부여할 수 있는 주식매수선택권의 한도에 대해서는 특별한 제한을 두지 않고 회사의 자율에 맡기고 있다.

(2) 상장회사의 경우에는 발행주식총수의 100분의 20 범위에서 대통령령으로 정하는 한도($\frac{100분}{의 15}$)까지 주식매수선택권을 부여할 수 있다($\frac{상 542조의 3\ 2항,}{상시 30조 3항}$).

7. 행사가격

상법상 주식매수선택권의 행사가격은 (i) 신주를 발행하는 경우에는 주식매수선택권의 부여일을 기준으로 한 주식의 실질가액과 주식의 권면액($\frac{무액면주식을 발행한 경우}{에는 자본금으로 계상되}$

는 금액 중 1주에 해당하는 금액을 권면액으로 본다) 중 높은 금액 이상이어야 하고($\frac{상\ 340조의}{2\ 4항\ 1호}$), (ii) 자기주식을 양도하는 경우에는 주식매수선택권의 부여일을 기준으로 한 주식의 실질가액 이상이어야 한다($\frac{상\ 340조의}{2\ 4항\ 2호}$). (iii) 주가차액교부방식에 의한 주식매수선택권의 행사가격에 대하여는 상법상 제한이 없으므로, 이는 계약당사자가 자유로이 결정할 수 있다고 본다($\frac{상\ 340}{조의 2\ 1항\ 1}$ 문 단서 참조).

8. 부여요건

회사가 주식매수선택권을 부여하기 위하여는 다음의 요건이 필요하다.

(1) 정관의 규정

상법상 주식회사가 주식매수선택권을 부여하기 위하여는 반드시 정관에 이에 관한 사항이 규정되어야 한다($\frac{상\ 340조}{의 2\ 1항}$). 이 경우 정관에는 (i) 일정한 경우 주식매수선택권을 부여할 수 있다는 뜻, (ii) 주식매수선택권의 행사로 발행하거나 양도할 주식의 종류와 수(예컨대, 보통주 500,000주), (iii) 주식매수선택권을 부여받을 자의 자격요건(예컨대, 대표이사·집행임원·전무이사·상무이사 등), (iv) 주식매수선택권의 행사기간(예컨대, 주식매수선택권을 행사할 수 있는 날로부터 3년) 및 (v) 일정한 경우 이사회결의로 주식매수청구권의 부여를 취소할 수 있다는 뜻이 기재되어야 한다($\frac{상\ 340조}{의 3\ 1항}$)($\frac{상장회사\ 표준약관}{제10조의 3\ 참조}$).

이 때 주식매수선택권의 부여는 '정관의 규정'과 '주주총회의 특별결의'에 의하도록 하면서($\frac{상\ 340조}{의 2\ 1항}$) 그 부여의 취소는 '이사회의 결의'만으로 할 수 있도록 하고 있는 점은 불균형이 있는 면도 있으나, 주식매수선택권을 악용하는 경우 주주총회를 소집하여 이를 취소한다는 것은 사실상 곤란한 점이 있으므로 취소는 정관의 규정에 의하여 이사회의 결의만으로 할 수 있도록 하였다.

(2) 주주총회의 특별결의

1) 상법상 주식회사가 일정한 자에게 주식매수선택권을 부여하기 위하여는 주주총회의 특별결의가 있어야 한다($\frac{상\ 340조}{의 2\ 1항}$). 이 경우 주주총회의 특별결의사항은 (i) 주식매수청구권을 부여받을 자의 성명, (ii) 주식매수선택권의 부여방법, (iii) 주식매수선택권의 행사가격과 그 조정에 관한 사항,[1] (iv) 주식매수선택권의 행사기간 및 (v) 주식매수선택권을 부여받을 자 각각에 대하여 주식매수선택권의 행사로 발행하거나 양도할 주식의 종류와 수이다($\frac{상\ 340조}{의 3\ 2항}$).

2) 그러나 상장회사의 경우에는 정관에서 정하는 바에 따라 발행주식총수의

---

1) 스톡옵션의 행사가격조정(option repricing)에 관하여는 안수현, "회사법상 스톡옵션의 행사가격조정(option repricing)에 따른 문제점 및 개선방안," 「상사법연구」, 제22권 2호(2003), 205~237면 참조.

100분의 10의 범위에서 대통령령으로 정하는 한도(최근 사업연도말 현재의 자본금이 3,000억원 이상인 법인의 경우는 발행주식총수의 100분의 1에 해당하는 주식수, 최근 사업연도말 현재의 자본금이 3,000억원 미만인 법인의 경우에는 발행주식총수의 100분의 3에 해당하는 주식수)까지 주주총회의 결의사항을 이사회가 결의함으로써 해당 회사의 집행임원·감사 또는 피용자 및 관계회사의 이사·집행임원·감사 또는 피용자에게 주식매수선택권을 부여할 수 있는데, 이 경우에는 주식매수선택권을 부여한 후 처음으로 소집되는 주주총회의 승인을 받아야 한다(상 542조의 3 3항, 상시 30조 4항).

(3) 부여계약

상법상 주식회사가 주주총회의 특별결의에 의하여 일정한 자에게 주식매수선택권을 부여하는 경우에는 그와 부여계약을 체결하고, 상당한 기간 내에 그에 관한 계약서를 작성하여야 한다(상 340조의 3 3항). 상법상 주식매수선택권에 관한 부여계약서의 기재사항에 대하여는 별도의 규정이 없으므로 당사자가 자율적으로 그 내용을 기재할 수 있다고 본다.

(4) 등기 및 공시

1) 등　기　　상법상 주식회사가 주식매수선택권을 부여할 것을 정한 때에는 그 회사의 등기부에 이에 관한 사항을 등기하여야 한다(상 317조 2항 3의 3호, 4항).

2) 공　시　　상법상 주식회사가 주식매수선택권을 부여한 경우 회사는 주식매수선택권자와 체결한 주식매수선택권의 계약서를 주식매수선택권의 행사기간이 종료할 때까지 본점에 비치하고 주주로 하여금 영업시간 내에 이를 열람할 수 있도록 하여야 한다(상 340조의 3 4항).

3) 주권상장법인의 경우 주주총회 또는 이사회에서 주식매수선택권을 부여하기로 결의한 경우 대통령령으로 정하는 방법(이 경우 주주총회 의사록 또는 이사회 의사록을 첨부하여야 함)에 따라 금융위원회와 거래소에 그 사실을 신고하여야 하는데, 금융위원회와 거래소는 신고일부터 주식매수선택권의 존속기한까지 그 사실에 대한 기록을 갖추어 두고, 인터넷 홈페이지 등을 이용하여 그 사실을 공시하여야 한다(자금 165의 17 1항, 자금시 176조의 18).

9. 행　　사

(1) 행사요건

1) 행사기간

① 상법상 주식매수선택권은 비상장회사의 경우 주식매수선택권자가 주식매수선택권에 관한 주주총회 결의일부터 2년 이상 재임하거나 또는 재직하여야 이를 행사할 수 있다(상 340조의 4 1항). 이 때 주식매수선택권자 본인의 귀책사유가 아닌 사유로 퇴

임 또는 퇴직하게 되더라도 퇴임 또는 퇴직일까지 상법 제340조의 4 제1항의 '2년 이상 재임 또는 재직' 요건을 충족하지 못한다면 위 조항에 따른 주식매수선택권을 행사할 수 없다.[1] 이와 같이 상법이 주식매수선택권자가 일정기간 회사에 재임 또는 는 재직하여야 주식매수선택권을 행사할 수 있게 한 것은 주식매수선택권을 인정한 취지가 회사에 일정기간 근무하면서 회사에 공헌한 자에게 인정되는 권리라는 점을 고려한 것이고, 이 기간을 2년으로 한 것은 이사의 임기가 3년인 점을 고려한 것이다.

② 상장회사의 경우 주식매수선택권자가 주식매수선택권을 행사하기 위하여는 주식매수선택권에 관한 주주총회 결의일(이사회 결의일)부터 2년 이상 재임 또는 재 직하여야 하는 점은 비상장회사의 경우와 같으나, 다만 대통령령으로 정하는 경우 (주식매수선택권을 부여받은 자가 사망하거나 그 밖에 본인의 책임이 아닌 사유 로 퇴임하거나 퇴직한 경우를 말하는데, 정년에 따른 퇴임이나 퇴직은 제외함)에는 이에 대한 예외로 2년 이상을 재임 또는 재직하지 않아도 된다(상 542조의 3 4항, 상시 30조 5항). 또한 주식매수선택권의 행 사기한을 해당 이사·집행임원·감사 또는 피용자의 퇴임 또는 퇴직일로 정하는 경 우, 이들이 본인의 귀책사유가 아닌 사유로 퇴임 또는 퇴직한 때에는 그 날부터 3월 이상의 행사기간을 추가로 부여하여야 한다(상 542조의 3 5항, 상시 30조 7항).

회사와 주식매수선택권자 간의 약정에 의하여 2년의 재임기간 경과 후 행사기 간을 별도로 정할 수는 있다.[2]

1) 동지: 대판 2011. 3. 24, 2010 다 85027(공보 2011, 818)(주식매수선택권을 부여받은 비상장법 인 임직원들이 자신들의 귀책사유가 아닌 사유로 비자발적으로 퇴임·퇴직한 경우에 상법 제340 조의 4 제1항의 최소 재임〈재직〉 요건에 관계 없이 주식매수선택권을 행사할 수 있는지에 대하 여는, 그러한 경우라 하더라도 최소 재임〈재직〉 요건을 충족하지 못하는 한 위 조항에 따른 주식 매수선택권을 행사할 수 없다).

2) 동지: 대판 2018. 7. 26, 2016 다 237714(공보 2018, 1829)(상법은 주식매수선택권을 부여하기 로 한 주주총회 결의일〈상장회사에서 이사회결의로 부여하는 경우에는 이사회 결의일〉부터 2년 이상 재임 또는 재직하여야 주식매수선택권을 행사할 수 있다고 정하고 있다〈상법 제340조의 4 제1항, 제542조의 3 제4항, 상법 시행령 제30조 제5항〉. 이와 같이 상법은 주식매수선택권을 행사할 수 있는 시기〈始期〉만을 제한하고 있을 뿐 언제까지 행사할 수 있는지에 관해서는 정하지 않고 회사 의 자율적인 결정에 맡기고 있다. 따라서 회사는 주식매수선택권을 부여받은 자의 권리를 부당하 게 제한하지 않고 정관의 기본 취지나 핵심 내용을 해치지 않는 범위에서 주주총회 결의와 개별 계약을 통해서 주식매수선택권을 부여받은 자가 언제까지 선택권을 행사할 수 있는지를 자유롭게 정할 수 있다고 보아야 한다. 나아가 주식매수선택권을 부여하는 주주총회 결의에서 주식매수선 택권의 부여 대상과 부여방법, 행사가액, 행사기간, 주식매수선택권의 행사로 발행하거나 양도할 주식의 종류와 수 등을 정하도록 한 것은 이해관계를 가지는 기존 주주들로 하여금 회사의 의사결 정 단계에서 중요 내용을 정하도록 함으로써 주식매수선택권의 행사에 관한 예측가능성을 도모하 기 위한 것이다. 그러나 주주총회 결의 시 해당 사항의 세부적인 내용을 빠짐없이 정하도록 예정 한 것으로 보기는 어렵다. 이후 회사가 주식매수선택권 부여에 관한 계약을 체결할 때 주식매수선 택권의 행사기간 등을 일부 변경하거나 조정한 경우 그것이 주식매수선택권을 부여받은 자, 기존 주주 등 이해관계인들 사이의 균형을 해치지 않고 주주총회 결의에서 정한 본질적인 내용을 훼손 하는 것이 아니라면 유효하다고 보아야 한다. 따라서 당사자 간에 2년의 재임기간이 지난 후에 퇴 직한 경우에는 퇴직일로부터 3개월 이내에 주식매수청구권을 행사하여야 한다고 약정한 경우, 그

2) 행사방법

① 주식매수선택권은 주식매수선택권자의 일방적 의사표시에 의하여 행사한다 (형성권). 이러한 주식매수선택권은 주주명부 폐쇄기간중에도 행사할 수 있는데, 이 경우 그 폐쇄기간중의 주주총회결의에 관하여는 의결권을 행사할 수 없다($\frac{상\ 340조의}{5,\ 350조\ 2항}$).

② 신주인수권방식에 의하여 주식매수선택권을 부여하는 경우에는 주식매수선 택권자는 청구서 2통을 회사에 제출하고($\frac{상\ 340조의\ 5,}{516조의\ 9\ 1항}$), 은행 기타 금융기관의 납입장 소에 행사가격을 납입하여야 한다($\frac{상\ 340조의\ 5,}{516조의\ 9\ 3항}$). 위의 청구서 및 납입을 맡을 은행 기 타 금융기관에 관하여는 모집설립의 경우와 같다($\frac{상\ 340조의\ 5,}{516조의\ 9\ 4항}$). 이 경우에는 자본금 이 증가하므로 이에 따른 변경등기를 하여야 하는데, 이는 주식매수선택권을 행사 한 날이 속하는 달의 말일부터 2주 내에 본점소재지에서 하여야 한다($\frac{상\ 340조}{의\ 5,\ 351조}$).

(2) 행사효과

1) 주식매수선택권 부여회사의 의무 　　　주식매수선택권자가 주식매수선택권 을 행사기간 내에 적법하게 행사하면 주식매수선택권이 형성권이라는 성질에서 부 여회사는 그에 따른 의무를 부담하게 되는데, 부여회사의 의무는 주식매수선택권의 부여방법에 따라 다르다. 즉, 주식매수선택권자가 주식매수선택권을 행사기간 내에 적법하게 행사하면, 부여회사는 (i) 신주인수권방식의 경우에는 신주를 발행하여 주 식매수선택권자에게 교부하여야 할 의무를 부담하고, (ii) 자기주식교부방식의 경우 에는 자기주식을 교부하여야 할 의무를 부담하며, (iii) 주가차액교부방식의 경우에 는 주식매수선택권을 행사한 때의 주식의 실질가격과 주식매수선택권의 행사가격 의 차액을 금전으로 지급하거나 그 차액에 상당하는 자기주식을 교부할 의무를 부 담한다.

2) 주주가 되는 시기 　　　주식매수선택권자가 주주가 되는 시기도 주식매수선 택권의 부여방법에 따라 다르다. 즉, (i) 신주인수권방식의 경우에는 주식매수선택 권자가 주식매수선택권을 행사하고 행사가액을 납입한 때에 주주가 되고($\frac{상\ 340조의}{5,\ 516조의}$ $\frac{10}{전단}$), (ii) 자기주식교부방식의 경우에는 상법에 이에 관한 규정은 없으나 주식양도 의 경우와 같이 주식매수선택권자가 주식매수선택권을 행사하고 회사에 행사가액 을 납입한 때에 주주가 되며,[1] (iii) 주가차액교부방식의 경우에는 회사가 그 차액을 현금으로 교부한 때에는 문제가 되지 않고 자기주식을 교부하는 때에는 주식매수선 택권자가 주식매수선택권을 행사한 때에 주주가 된다고 본다.

러한 약정은 유효하여, 3개월이 경과한 후에 행사한 주식매수선택권은 효력이 없다).
　1) 동지: 정동윤, 전게논문, 519면.

10. 양도제한

상법상 주식매수선택권은 이를 양도할 수 없고, 다만 주식매수선택권자가 사망한 경우에는 그 상속인이 이를 행사할 수 있다($\substack{상 340조\\의 4 2항}$).

11. 취   소

(1) 비상장회사의 경우 주식매수선택권의 취소는 전부 회사의 자율에 맡기고 있다. 즉, 정관의 규정에 의하여 일정한 경우 이사회결의에 의하여 주식매수선택권의 부여를 취소할 수 있다($\substack{상 340조의\\3 1항 5호}$). 그러나 자본금 총액이 10억원 미만으로서 이사를 1명 또는 2명을 둔 소규모 주식회사($\substack{상 383조\\1항 단서}$)는 이사회가 없으므로, 이러한 이사회의 권한을 주주총회가 행사한다($\substack{상 383\\조 4항}$).

비상장회사의 경우 주식매수선택권을 취소할 수 있는 사유는 정관이 정하는 바에 의한다.

(2) 상장회사의 경우 주식매수선택권도 정관이 정하는 바에 따라 이사회의 결의에 의하여 이를 취소할 수 있는데, 다만 그 취소사유가 상법시행령에 의하여 제한되어 있다. 즉, 주식매수선택권을 부여한 상장회사는 (i) 주식매수선택권을 부여받은 자가 본인의 의사에 따라 사임하거나 사직한 경우, (ii) 주식매수선택권을 부여받은 자가 고의 또는 과실로 회사에 중대한 손해를 입힌 경우, (iii) 해당 회사의 파산 등으로 주식매수선택권 행사에 응할 수 없는 경우, (iv) 그 밖에 주식매수선택권을 부여받은 자와 체결한 주식매수선택권 부여계약에서 정한 취소사유가 발생한 경우에, 주식매수선택권을 부여한 상장회사는 정관에서 정하는 바에 따라 이사회결의에 의하여 주식매수선택권의 부여를 취소할 수 있다($\substack{상 542조의 3 5항.\\상시 30조 6항}$).

제 5 관   주식의 담보[1]

제 1 의   의

주식은 재산적 가치를 갖고 또 양도가 가능하므로 담보의 대상이 될 수 있다. 주식은 주권에 표창되어 유통되므로 주식의 담보도 주권에 의하여 설정된다. 주식의 담보방법에는 상법상 규정된 질권과 관습법상 인정된 양도담보의 방법이 있다. 주식에 대하여 담보를 설정할 때 담보의 대상이 되는 것은 주식이 갖는 권리 중 자

---

1) 이에 관하여는 박윤한, "주식의 담보에 관한 연구," 법학석사학위논문(고려대, 1997. 2) 참조.

익권뿐이고, 공익권은 담보설정자인 주주가 여전히 갖는다(통설).[1] 그러나 담보설정자가 담보권자에게 의결권 행사를 위임하는 특약을 하면 담보권자가 의결권을 행사한다.[2]

제 2 주식담보의 자유와 제한

1. 주식담보자유의 원칙

주식양도가 원칙적으로 자유인 것과 같이($\frac{\text{상 335}}{\text{조 1항}}$), 주식담보도 원칙적으로 자유라고 본다.[3]

2. 주식담보의 제한

(1) 권리주의 담보

권리주의 양도는 회사에 대하여 효력이 없는 것과 같이($\frac{\text{상}}{\text{319조}}$), 권리주에 대한 담보설정($\frac{\text{질권이든 양}}{\text{도담보이든}}$)도 회사에 대하여 효력이 없다고 본다.[4]

(2) 주권발행 전의 주식의 담보

주권발행 전에 한 주식의 양도는 회사에 대하여 효력이 없는 것과 같이($\frac{\text{상 335}}{\text{조 3}}$ 항본문), 주권발행 전의 주식에 대한 담보설정도($\frac{\text{질권이든 양}}{\text{도담보이든}}$) 회사에 대하여 효력이 없다고 본다.[5] 그러나 회사의 성립 후 또는 신주의 납입기일 후 6월이 경과한 때에는 주권이 없어도 주식에 대하여 담보를 설정하여 회사에 대항할 수 있다고 본다($\frac{\text{상 335}}{\text{조 3항 단}}$ 서참조).[6]

이 때의 주식에 대한 담보설정방법은 질권이든 양도담보이든 지명채권의 양도방법에 의하는데, 이를 회사에 대항하기 위하여는 회사에 통지하거나 또는 회사가 승낙하여야 한다[7]($\frac{\text{민 346조, 349}}{\text{조, 450조 1항}}$).

---

1) 정(찬), (회) 533면; 정(희), 440면; 정(동), (회) 291면; 손(주), 681면; 최(기), 721면 외.
2) 대판 2014. 1. 23, 2013 다 56839 참조.
3) 동지: 정(동), (회) 283면; 이(기) 외, (회) 288면.
4) 동지: 박윤한, 전게 석사학위논문, 38면.
   반대: 정(동), (회) 283~284면(담보설정은 가능하나, 회사에 대하여 등록을 청구할 수 없다고 한다).
5) 반대: 정(동), (회) 283~284면(담보설정은 가능하나, 회사에 대하여 등록을 청구할 수 없다고 한다).
6) 동지: 정(동), (회) 284면; 이(기) 외, (회) 288면; 박윤한, 전게 석사학위논문, 39~40면; 이(철), (회) 447면.
7) 동지: 대결 2000. 8. 16, 99 그 1(공보 2000, 2051)(주권발행 전의 주식에 대한 양도도 인정되고, 주권발행 전 주식의 담보제공을 금하는 법률규정도 없으므로 주권발행 전 주식에 대한 질권설

(3) 자기주식의 담보

1) 의의 및 입법목적   자기주식을 질권의 목적으로 취득함에 있어서는 원칙적으로 자유이나, 다만 예외적으로 상법의 규정에 의하여 그 수량이 제한되어 있다.[1] 즉, 회사는 발행주식총수의 20분의 1을 초과하여 자기주식을 질권의 목적으로 취득하지 못한다($\frac{상\ 341조}{의\ 3\ 본문}$). 자기주식의 질취(質取)를 이와 같이 수량적으로 제한하는 것은, 이것이 자기계산으로 하는 자기주식의 취득과 비슷한 위험성을 내포하고 있어 자칫하면 특정목적 이외의 자기주식 취득금지의 탈법행위로 이용되기 쉽기 때문에 이것을 방지하기 위한 것이다.[2] 이 때 「질권의 목적으로」라는 것은 자기주식의 질권자가 되는 것뿐만 아니라, (약한 의미의) 양도담보의 목적으로 하는 것을 포함한다고 보아야 한다.[3] 또한 근질(根質)로서 자기주식을 취득하는 것도 포함한다고 본다.[4]

2) 제한위반의 효과   회사가 상법의 이러한 제한규정에 위반하여 자기주식을 질권의 목적으로 취득한 경우, 그 제한비율을 초과한 부분의 질권의 효력과 이사 등의 책임이 문제된다.

㈎ 질권의 효력에 대하여는 특정목적 이외의 자기주식 취득금지($\frac{상\ 341}{조의\ 2}$)의 위반의 경우와 같이 (절대적) 무효설[5]·상대적 무효설[6]·유효설[7]로 나뉘어 있다.

정도 가능하다고 할 것이지만, 상법 제338조 1항은 기명주식을 질권의 목적으로 하는 때에는 주권을 교부하여야 한다고 규정하고 있으나, 이는 주권이 발행된 기명주식의 경우에 해당하는 규정이라고 해석함이 상당하므로, 주권발행 전의 주식 입질에 관하여는 상법 제338조 1항의 규정이 아니라 권리질권설정의 일반원칙인 민법 제345조로 돌아가 그 권리의 양도방법에 의하여 질권을 설정할 수 있다고 보아야 한다).

1) 1984년 이전의 상법에서는 자기주식의 질취도 자기주식의 취득과 같이 원칙적으로 금지하였으나(상 341조), 1984년의 개정상법에서는 제341조의 2를 신설하여 자기주식의 질취를 원칙적으로 인정하면서 다만 수량적으로 이를 제한하였다.
2) 동지: 정(희), 428면; 정(동), (회) 284면; 손(주), 682면(자기주식을 질취하고 있는 경우에는 채무자가 도산하고 그 결과 자사(自社)도 도산하게 된 때에는 이중위험을 부담하게 된다고 하는 문제가 있다고 한다).
  EU회사법 제46조 3항, 독일 주식법 제71조 3항도 이것을 금지하고 있다.
3) 동지: 정(희), 428면; 손(주), 682면; 이(기) 외, (회) 290면; 주상(제5판)(회사 Ⅱ), 472면.
4) 동지: 정(희), 428면; 주상(제5판)(회사 Ⅱ), 472면.
5) 서·정, 377면; 최(기), 721면; 김(용), 340면; 이(기) 외, (회) 290면.
6) 정(희), 429면(이 제한을 초과하여 자기주식을 담보로 잡더라도 그것은 절대적으로 무효가 되는 것이 아니라, 질권설정자가 선의인 한 회사(질권자)는 무효를 주장할 수 없다. 왜냐하면 법이 자기주식의 질취를 허용한 것은 채권만 가지고 있는 것보다는 자기주식이라 할지라도 담보로 잡아두는 것이 채권확보를 위하여 유리하다는 취지인 것인바, 수량제한을 초과한 부분을 무효로 하여서는 그 취지를 살리지 못하기 때문이다); 양·박, 336면.
7) 손(주), 683면(자기주식 취득금지의 위반에 대하여는 상대적 무효설의 입장인데, 이 경우에는 질취를 무효로 하더라도 회사의 이익보호가 되지 않는다는 점에서 유효설의 입장에서 설명함); 정(동), (회) 285면(자기주식 취득금지의 위반에 대하여는 무효설의 입장임); 채, 659면; 박윤한, 전

생각건대 자기주식의 질취는 원칙적으로 허용되고 다만 그 수량만이 제한되는
점, 회사는 자기주식이라도 담보로 취득하는 것이 담보가 없는 경우보다 더 유리하
다는 점 등에서 볼 때, 유효설이 타당하다고 본다. 이렇게 그 제한비율을 초과한 부
분의 질권의 효력을 유효로 보면, 이의 처분이 문제된다. 회사가 상법의 제한규정에
위반하여 자기주식을 질취한 경우에 그 초과부분의 처분에 대하여는 상법에 규정이
없으나, 상당한 기간 내에 이를 제한비율에 맞게 하여야 할 것으로 본다($^{\text{자금 165조의}}_{2\ 5항\ 참조}$).

(나) 위법한 자기주식의 질취에 대하여 이사는 벌칙의 제재를 받고($^{\text{상 625}}_{\text{조 2호}}$), 또한
회사나 제3자에 대하여 손해배상책임을 진다[1]($^{\text{상 399조.}}_{401조.}$).

3) 제한의 예외   회사는 예외적으로 「회사의 합병 또는 다른 회사의 영업
전부의 양수로 인한 때」 또는 「회사의 권리를 실행함에 있어 그 목적을 달성하기
위하여 필요한 때」에는 자기주식을 위의 한도를 초과하여 질권의 목적으로 취득할
수 있다($^{\text{상 341조}}_{\text{의 3 단서}}$).[2]

4) 질취한 자기주식의 지위   질취한 자기주식에 대하여 회사는 질권자로
서 갖는 일반적 권리인 우선변제권($^{\text{민}}_{329조}$)·전질권($^{\text{민}}_{336조}$)·물상대위권[3]($^{\text{상 339조,}}_{461조 6항}$) 등을
행사할 수 있음은 물론, 등록질의 경우에는 이익배당청구권과 잔여재산분배청구권
도 행사할 수 있다고 본다[4]($^{\text{약식질의 경우에는 후술하는 바와 같이 잔여재산분배청구권이 인정되는 데 대하}}_{\text{여는 이견(異見)이 없으나, 이익배당청구권이 인정되는가에 대하여는 긍정설과}}$
$^{\text{부정설로}}_{\text{뉘어 있다}}$ 나). 그러나 질취(質取)한 자기주식에 대하여 의결권 등 공익권은 질권설정자
인 주주가 갖는다.[5]

참고로 회사가 취득한 자기주식의 경우에는 이미 설명한 바와 같이 주주의 모
든 권리(주주권)가 휴지(休止)된다(전면적 휴지설).

5) 자기주식을 양도담보의 목적으로 취득하는 경우   자기주식을 양도담보
의 목적으로 취득함에 대하여는 상법에 별도의 규정이 없다. 따라서 이에 관하여는
해석에 의할 수밖에 없는데, 앞에서 본 바와 같이 약한 의미의 양도담보의 경우에는
상법 341조의 3의 「질권의 목적으로」에 포함된다고 본다. 그러나 강한 의미의 양도
담보나 매도담보(賣渡擔保) 등의 경우에는 대내외적으로 자기주식의 취득의 경우와

게 석사학위논문, 46~47면.
  1) 동지: 정(희), 430면.
  2) 2011년 4월 개정상법 이전에는 이와 같이 한도를 초과하여 질권의 목적으로 취득한 자기주식은
    「상당한 시기」에 질권의 처분을 하도록 하였는데(개정전 상 342조 후단), 2011년 4월 개정상법은
    이러한 규정을 두고 있지 않으므로 질권자인 회사는 이러한 처분의무를 부담하지 않고 질권의 효
    력에 따라 그의 권리를 행사하면 된다.
  3) 그러나 약식질의 경우에도 질권자가 회사이므로 압류할 필요는 없다고 본다[동지: 최(기), 715면].
  4) 동지: 정(동), (회) 285면.
  5) 동지: 박윤한, 전게 석사학위논문, 47면.

같으므로, 이 때에는 자기주식의 질취에 관한 규정($\frac{상 341}{조의 3}$)이 적용되는 것이 아니라 특정목적에 의한 자기주식의 취득에 관한 규정($\frac{상 341}{조의 2}$)이 적용되어 원칙적으로 그의 취득이 금지된다고 본다.[1]

(4) 자회사에 의한 모회사 주식의 담보

자회사가 모회사의 주식을 취득하는 것은 원칙적으로 금지되는데($\frac{상 342}{조의 2}$), 자회사가 모회사의 주식을 담보($\frac{질권 또는}{양도담보}$)의 목적으로 취득하는 것은 상법에 특별히 제한규정이 없으므로 아무런 제한 없이 인정된다고 본다.[2]

제 3 주식의 입질

1. 성   질

주식의 입질의 성질이 무엇이냐에 대하여 넓게는 권리질($\frac{민 345조\sim}{346조 참조}$)로 볼 수 있으나, 좁게는 주권이 발행된 경우에는 유가증권의 입질($\frac{민 351조, 상}{338조 \cdot 340조}$)로 보고 주권이 발행되지 않은 경우($\frac{상 335조 3항}{단서 참조}$)에는 채권질(債權質)($\frac{민}{349조}$)로 보아야 할 것이다.

주식에 대한 질권자는 담보제공자인 주주로부터 의결권을 위임받지 않는 한 의결권을 행사할 수 없다.[3]

2. 주식의 입질방법

우리 상법은 2014년 5월 개정상법에 의하여 무기명주식제도를 폐지하고 기명주식만을 인정하고 있으므로, 이하에서는 기명주식의 입질에 대하여만 설명한다.

(기명)주식의 입질방법에는 「약식질」과 「등록질」이 있는데, 각각에 대하여 그 설정방법뿐만 아니라 효력에 차이가 있다.

(1) 약 식 질

1) 설정방법

㈎ **효력요건**   주식의 약식질은 당사자간의 질권설정의 「합의」와 질권자에

---

1) 동지: 정(희), 429면; 정(동), (회) 284면; 이(기) 외, (회) 290면.
2) 동지: 정(동), (회) 284면; 손(주), 666면(그러나 모회사가 100% 투자한 자회사가 모회사주식을 담보취득하는 것은 상법 제341조의 3에 의한 자기주식의 질취의 문제가 된다고 한다); 이(기) 외, (회) 290면; 박윤한, 전게 석사학위논문, 48면.
   반대: 이(철), (회) 432면(자기주식의 질취와 동질적이므로 상법 제341조의 3이 적용된다고 한다).
3) 동지: 대판 2017. 8. 18, 2015 다 5569(공보 2017, 1781)(주식에 대해 질권이 설정되었다고 하더라도 질권설정계약 등에 따라 질권자가 담보제공자인 주주로부터 의결권을 위임받아 직접 의결권을 행사하기로 약정하는 등의 특별한 약정이 있는 경우를 제외하고 질권설정자인 주주는 여전히 주주로서의 지위를 가지고 의결권을 행사할 수 있다).

대한 「주권의 교부」에 의하여 그 효력이 발생한다($\frac{상}{조}\frac{338}{1항}$).

(내) 대항요건   약식질을 (회사 및) 제3자에게 대항하기 위하여는 질권자에 의한 「주권(株券)의 계속점유」를 요한다($\frac{상}{조}\frac{338}{2항}$).

2) 효 력

(가) 일반적 효력   주식의 약식질권자는 권리질권자와 같이 유치권[1]($\frac{민}{335조}\frac{355}{}$) · 우선변제권($\frac{민}{329조}\frac{355조,}{}$) · 전질권(轉質權)($\frac{민}{336조}\frac{355조,}{}$) 및 물상대위권($\frac{민}{342조}\frac{355조,}{}$)을 갖는다. 다만 상법은 주식의 질권에 대한 물상대위권에 관하여는 특칙을 두고 있다. 즉, 상법은 이러한 물상대위권에 관하여 「주식의 소각 · 병합 · 분할 또는 전환이 있는 때에는 이로 인하여 종전의 주주가 받을 금전이나 주식에 대하여도 종전의 주식을 목적으로 한 질권을 행사할 수 있다」고 특별히 규정하여($\frac{상}{339조}$), 질권자의 물상대위의 목적물의 범위를 확대하고 있다. 물상대위의 목적물은 이외에도 해석상 주주가 회사에 대하여 주식매수청구권을 행사한 경우에 받는 주식의 매수대금($\frac{상 335조의 2}{항, 335조의 6,}\frac{4}{}$ $\frac{374조의 2,}{522조의 3}$), 회사의 회생절차에서 주주가 권리의 변경에 의하여 받는 금전($\frac{파}{조}\frac{252}{2항}$), 신주발행무효에 의하여 주주가 반환받는 주식납입금($\frac{상}{조}\frac{432}{3항}$) 등에도 미친다. 다만 이 때에도 권리질의 물상대위에 관한 일반원칙에 따라 약식질권자는 금전의 지급 또는 주권의 교부 전에 이를 압류하여야 한다(통설).[2]

(내) 이익배당청구권   약식질권자는 회사에 대하여 질취(質取)한 주식의 이익배당청구권이 있는가. 이에 대하여 우리나라의 학설은 (i) 이익배당을 과실(果實)에 준하는 것으로 보아 이를 긍정하는 긍정설[3]과, (ii) 약식질은 회사와 무관하게 설정되고 또 주식 자체의 재산적 가치만이 담보의 목적이라는 점에서 이를 부정하는 부정설[4]로 나뉘어 있다.

생각건대 회사에게 공시되지 않는 약식질권자에게 이러한 권리를 인정하는 것은 무리이고 또 거래의 실정에도 맞지 않으므로, 부정설에 찬성한다.

---

1) 주권이 발행되고 질권자가 그 주권을 점유하고 있는 경우에 한한다.
2) 정(찬), (회) 538면; 서 · 정, 391면; 손(주), 685면; 이(병), 414면; 최(기), 725면; 채, 674면. 그러나 정(동), (회) 289면; 이(철), (회) 450면은 「주권의 제출과 교환으로 금전이 지급되거나 또는 주권이 교부되는 경우에는 금전이나 주권에 대한 물상대위는 압류가 불필요하다」고 하나, 회사의 질권자에 대한 처리를 간명하고 일원적으로 하기 위하여는 통설이 더 합리적이라고 본다.
3) 정(희), 440~441면(이익배당은 과실에 준하는 것이므로 이를 긍정하여야 한다. 다만 회사에 대하여는 이를 직접 청구하지 못하고, 지급 또는 인도 전에 압류하여야 한다); 정(동), (회) 290면; 이(병), 414면; 최(기), 720면; 채, 673면; 이(기) 외, (회) 291~292면; 日大判 1928. 1. 14(民集 17-8, 703).
4) 서 · 정, 391면; 손(주), 686면; 이(철), (회) 448~449면; 박 · 이, 214면; 박윤한, 전게 석사학위 논문, 84면.

(대) **잔여재산분배청구권**　　약식질권자에게도 잔여재산분배청구권이 있는가. 이에 대하여 상법상 명문규정은 없으나 해석상 인정된다($\binom{이설(異}{說)없음}$). 왜냐하면 잔여재산이 분배된 이후의 주식의 재산적 가치는 없는 것이고, 잔여재산분배청구권은 해산시의 주식의 변형물에 불과하기 때문이다.

(라) **신주인수권**　　약식질권자에게도 신주인수권이 있는가. 이에 대하여 (i) 신주가 발행된 경우에는 입질된 주식의 담보가치가 하락한다는 이유로 이를 긍정하는 긍정설[1]도 있으나, (ii) 신주인수권은 입질된 주식의 변형물이라고 볼 수 없을 뿐만 아니라, 또한 그의 행사에는 별도의 납입($\binom{또는 현}{물출자}$)을 요하는데 신주인수권을 질권자에게 인정하고 이의 납입을 질권자가 하는 경우에는 질권자에게 납입의무를 지우는 결과가 되어 부당하고, 질권설정자가 하는 경우에는 추가담보를 강요하는 것이 되어 부당하므로 이를 부정하는 부정설[2]이 타당하다고 본다. 이를 긍정한다 하여도 질권자가 이 권리를 행사하고자 하면 이를 압류하여야 하는데, 피담보채권의 변제기가 도래하지 않는 한 질권자는 신주인수권을 압류하여 행사하지 못하므로, 이것을 인정할 실익도 거의 없다고 본다.[3]

(2) 등 록 질

1) 설정방법

(가) **효력요건**　　(기명)주식의 등록질은 당사자간의 질권설정의 「합의」와 질권자에 대한 「주권의 교부」 외에, 질권설정자의 청구에 의하여($\substack{질권자는 이러한 청구권이\\없고,\ 질권설정자는 특약이\\있는 경우에만 등록청\\구의 의무를 부담한다}$)「질권자의 성명과 주소가 주주명부에 기재됨으로써」 그 효력이 발생한다[4]($\binom{상 340조}{1항 전단}$). 회사가 명의개서대리인을 둔 경우에는 그 영업소에 비치된 주주명부 또는 그 복본에 질권자의 성명과 주소를 기재하면 등록질의 효력이 있다($\binom{상 337}{조 2항}$).

(나) **대항요건**　　등록질의 회사에 대한 (효력요건 및) 대항요건은 주주명부에의 기재이므로, 등록질권자가 회사에 대하여 권리를 행사하기 위하여는 주권의 제시나 기타 자기의 권리를 증명할 필요 없이 질권자로서의 권리를 행사할 수 있다.[5] 등록질권자가 그의 권리를 제3자에게 대항하기 위한 요건에 대하여 「(질권자의 성명

---

1) 정(동), (회) 291면; 채, 673면; 이(기) 외, (회) 292면.
2) 정(희), 441면; 이(철), (회) 449면; 최(기), 728면; 박윤한, 전게 석사학위논문, 92면.
3) 동지: 정(희), 441면.
4) 상법 제340조 1항 전단은 주주명부에의 기재 외에 주권에 질권자의 성명이 기재됨을 요하나, 등록질의 효력요건은 주주명부에의 기재이지 주권에의 기재는 아니다[통설: 손(주), 684면; 정(동), (회) 286면; 이(철), (회) 446면; 이(기) 외, (회) 289면; 주상(제5판)(회사 Ⅱ), 439면 외].
5) 손(주), 684면; 이(철), (회) 446면; 이(기) 외, (회) 289면; 주상(제5판)(회사 Ⅱ), 439면.

이 기재된) 주권의 계속점유」가 있어야 한다($\frac{상\ 338}{조\ 2항}$)고 보는 견해가 있으나,[1] 「질권자의 성명을 주권에 기재한 것」이라고 볼 수 있다($\frac{상\ 340}{조\ 1항}$).[2]

2) 효 력 등록질권자는 위의 약식질권자의 모든 권리를 갖는 외에, 다음과 같은 권리를 추가로 갖는다.

(가) 등록질권자는 약식질권자와는 달리 물상대위권($\frac{상}{339조}$)의 행사에 있어서 물상대위의 목적물을 그 지급 또는 인도 전에 압류할 필요가 없이($\frac{민\ 342조}{단서\ 참조}$), 직접 회사로부터 그 목적물을 지급받을 수 있다($\frac{상\ 340조}{1항\ 후단}$).

(나) 등록질권자는 약식질권자보다 물상대위의 목적물의 범위가 넓다. 즉, 입질된 주식에 대한 이익배당,[3] 주식배당[4] 또는 잔여재산의 분배[5]에 대하여도 물상대위하여 이를 직접($\frac{압류할\ 필}{요\ 없이}$) 회사에 대하여 청구할 수 있다($\frac{상\ 340조}{1항\ 후단}$).

(다) 등록질권자는 약식질권자와는 달리 물상대위의 목적물이 금전이고 그 목적물의 변제기가 질권자의 채권의 변제기보다 먼저 도래한 때에는 회사에 대하여 그 금전의 공탁을 청구할 수 있는데, 이 때에는 그 공탁금에 질권의 효력이 미친다($\frac{상\ 340}{조\ 2항,\ 민}$ $\frac{}{353조\ 3항}$).

(라) 등록질권자는 약식질권자와는 달리 물상대위의 목적물이 주식인 경우에는[6] 그 주식에 대한 주권의 교부를 회사에 대하여 직접 청구할 수 있다($\frac{상\ 340}{조\ 3항}$).

제 4 주식의 양도담보

(1) 주식의 양도담보는 상법에는 아무런 규정이 없고 관습법상 인정되고 있는 제도인데, 채권확보가 질권보다 더 유리하고 또 그 집행이 간편하기 때문에 실제로는 질권보다 더 많이 이용되고 있다.[7] (기명)주식의 경우는 공시되지 않는 약식양도

---

1) 손(주), 684면; 정(동), (회) 287면; 이(기) 외, (회) 289면; 주상(제5판)(회사 Ⅱ), 439~440면.
2) 정찬형, 「상법강의(상)(제19판)」은 등록질의 제3자에 대한 대항요건을 「주권의 계속점유」라고 보았으나, 본문과 같이 견해를 바꾼다.
3) 약식질권자에게도 이익배당청구권이 인정된다고 보는 견해에서는, 등록질권자는 「이를 지급하기 전에 압류할 필요가 없이 직접 회사에 대하여 청구할 수 있다」는 점에서 차이가 있다.
4) 이는 이익배당을 주식으로 하는 경우인데(상 462조의 2), 주식배당의 법적 성질을 이익배당으로 보면 약식질권자에게 이익배당청구권을 인정할 것인지 여부에 따라 차이가 있고, 주식분할로 보면 약식질권자에게도 당연히 물상대위권이 인정되므로 양자가 유사하게 된다.
5) 잔여재산분배청구권은 약식질권자에게도 해석상 인정되므로 이 점에서는 유사하나, 이 권리를 행사하기 위하여 이를 압류할 필요가 없는 점에서 차이가 있다.
6) 이는 상법 제339조에 의하여 주식이 물상대위의 목적인 경우와 상법 제340조 1항에 의하여 이익배당으로 주식배당을 하여 그 주식이 물상대위의 목적인 경우이다.
7) 정(희), 441~442면; 이(철), (회) 451면.

담보가 등록양도담보보다 더 많이 이용되고 있다.[1]

(2) (기명)주식의 양도담보는 (기명)주식의 입질의 경우와 같이 약식양도담보와
등록양도담보가 있다. 약식양도담보의 설정방법은 약식질과 같이 당사자간의 양도
담보의 「합의」와 「주권의 교부」에 의하여 그 효력이 발생하고($\frac{상\ 336}{조\ 1항}$), 양도담보권자
에 의한 「주권의 계속점유」가 회사 및 제3자에 대한 대항요건이다($\frac{상\ 338조}{2항\ 유추}$). 이 때
양도담보권자는 대외적으로 주주이므로 그가 담보된 주식을 제3자에게 양도한 경
우에는, 제3자는 (그가 선의이면) 정당하게 주주권을 취득하고 양도담보설정자는 주
주권을 상실한다.[2]

(기명)주식의 약식질의 설정과 약식양도담보의 설정이 그 외관상 동일하여 당사
자의 의사에 따라 구별할 수밖에 없다. 이 때 당사자의 의사가 명확하지 않은 경우
에는 (i) 채무자의 보호를 위하여 약식질로 해석하는 견해[3]와, (ii) 담보권자에게 유
리하게 약식양도담보로 추정하는 견해[4]로 나뉘어 있다. 생각건대 당사자의 의사가
명확하지 않은 경우에는 채권자(담보권자)를 위하는 것으로 해석해야 할 것이므로,
약식양도담보로 추정해야 할 것으로 본다.

(3) 주식의 양도담보권자는 당사자간에 주주권을 행사하지 않기로 약정을 하였
으면 회사에 대하여 주주권을 행사할 수 없으나,[5] 양도담보권자는 회사에 대하여 주
주의 자격을 갖고, 등록양도담보권자는 (피담보채권이 소멸한 경우에도) 회사에 대하여
주주권을 행사할 수 있다.[6]

---

1) 정(동), (회) 287면.
2) 동지: 대판 1995. 7. 28, 93 다 61338(공보 999, 2958)(회사의 성립 후 6개월이 경과한 후에 채
   권담보의 목적으로 이루어진 주식양도의 약정은 바로 주식의 양도담보로서의 효력을 갖는다. 따
   라서 이 경우 양도담보권자가 대외적으로 주식의 소유자라 할 것이므로 양도담보설정자는 그 후
   양도담보권자로부터 담보주식을 매수한 자에 대하여는 특별한 사정이 없는 한 그 소유권을 주장
   할 수 없다).
3) 이(철), (회) 451면.
4) 정(희), 442면; 정(동), (회) 288면; 최(기), 723면; 이(기) 외, (회) 289~290면.
5) 동지: 대판 1992. 5. 12, 90 다 8862(공보 923, 1826)(보증인이 보증채무이행에 따른 구상권을
   담보하기 위하여 채무자의 보유주식을 취득하는 경우에는 보증채무를 변제하기까지는 의결권 등
   공익권을 행사하지 않기로 당사자간에 약정을 하였으면 보증인은 그 주식에 대하여 의결권을 비
   롯한 공익권을 행사할 수 없다).
6) 동지: 대판 1993. 12. 28, 93 다 8719(공보 962, 511)(채권담보의 목적으로 주식이 양도되어
   그 양수인이 양도담보권자에 불과하다고 하더라도 회사에 대한 관계에서는 양도담보권자가 주주
   의 자격을 갖는다); 대결 2020. 6. 11, 2020 마 5263(공보 2020, 1339)(채무자가 채무담보 목적
   으로 주식을 채권자에게 양도하여 채권자가 주주명부상 주주로 기재된 경우, 그 양수인이 주주로
   서 주주권을 행사할 수 있고 회사 역시 주주명부상 주주인 양수인의 주주권 행사를 부인할 수 없
   다. 따라서 갑 주식회사의 주주명부상 발행주식총수의 2/3 이상을 소유한 주주인 을이 상법 제
   366조 제2항에 따라 법원에 임시주주총회의 소집허가를 신청한 사안에서, 갑 회사는 을이 주식의
   양도담보권자인데 피담보채무가 변제로 소멸하여 더 이상 주주가 아니므로 위 임시주주총회 소집

제5 주권예탁결제제도에서의 주식담보

(1) 상장주권에 대하여 인정되고 있는 주권예탁결제제도 하에서는, 그러한 주식에 대한 담보($\frac{질권 또는}{양도담보}$)의 설정은 예탁기관(한국예탁결제원)에 혼장임치(混藏任置)된 주권을 현실로 움직이지 아니하고 예탁자계좌부 또는 투자자계좌부상의 담보권설정자의 계좌로부터 담보권자의 계좌로의 대체의 기재를 하거나 또는 질물(質物)인 뜻과 질권자를 기재함으로써 한다($\frac{자금\ 311조}{2항\ 전단}$). 이러한 대체 또는 질권설정의 기재에는 주권의 교부가 있었던 것과 동일한 효력을 인정하므로($\frac{자금\ 311조}{2항\ 후단}$), 예탁주권의 공유지분에 대하여 담보권을 설정한 것이 된다.

(2) 이 때 담보권자는 예탁자에 대하여 언제든지 공유지분에 해당하는 주권의 반환을 청구할 수 있다($\frac{자금\ 312}{조\ 2항}$).

제6관 주식의 소각

주식의 일생과 관련하여 주식의 발행·병합·분할·소각이 있다. 발행은 회사의 설립시의 주식발행과 성립 후의 신주발행이 있는데, 설립시의 주식발행에 대하여는 이미 설명하였고, 성립 후의 신주발행에 대하여는 후술한다. 또한 주식의 병합 및 분할에 대하여는 이미 주식의 개념에 관한 부분에서 설명하였다. 따라서 이 곳에서는 주식의 소각에 관한 부분만을 간단히 설명한다.

제1 의 의

주식의 소각이란 「회사의 존속중에 특정한 주식을 절대적으로 소멸시키는 회사의 행위」이다. 주식의 소각은 「회사의 존속중에 특정한 주식」을 소멸시키는 점에서 회사의 해산시에 전 주식을 소멸시키는 것과 구별되고, 「주식 자체」를 소멸시키는 점에서 주식을 소멸시키지 않고 주권만을 소멸시키는 주권의 제권판결($\frac{상}{360조}$) 및 주식인수인의 자격만을 실효시키는 실권절차($\frac{상}{307조}$)와도 구별된다.

주식이 소멸되거나 주주의 지위가 상실되는 것은 이와 같이 주식을 소각하거나

허가 신청이 권리남용에 해당한다고 주장하나, 을에게 채무담보 목적으로 주식을 양도하였더라도 주식의 반환을 청구하는 등의 조치가 없는 이상 을은 여전히 주주이고, 갑 회사가 주장하는 사정과 제출한 자료만으로는 을이 주주가 아니라거나 임시주주총회 소집허가 신청이 권리남용에 해당한다고 볼 수 없다는 이유로 위 신청을 인용한 원심결정은 정당하다).

또는 주식의 양도나 주금체납에 의한 실권절차 등 법정사유에 의하여만 가능한 것이고, 단순히 당사자간의 특약이나 주식포기의 의사표시만으로 주식이 소멸되거나 주주의 지위가 상실되는 것이 아니다.[1]

제 2 종   류

주식의 소각에는 크게 「자본금 감소」의 방법으로 소각하는 경우($\frac{상}{1항} \frac{343조}{본문}$)와, 주주에게 배당할 「이익」으로써 (자기주식을 취득하여) 소각하는 경우($\frac{상}{항} \frac{341조 \cdot 343조 1}{단서, 345조 1항}$)의 두 가지가 있다. 전자의 경우에는 소각되는 주식만큼 자본금이 감소하므로 반드시 채권자보호절차를 밟아야 하나($\frac{상}{2항} \frac{439조}{본문}$), 후자의 경우에는 이익이 소각의 재원(財源)이 되어 자본금이 감소하지 않으므로 채권자보호절차를 밟을 필요가 없다.[2] 주주에게 배당할 이익으로써 (자기주식을 취득하여) 주식을 소각하는 경우는 다시 처음부터 특정주식을 대상으로 하는 상환주식의 상환($\frac{상}{345조}$)과, 배당가능이익으로써 취득한 자기주식의 소각($\frac{상}{조} \frac{341조, 343}{1항 단서}$)이 있다.

자본금 감소의 방법으로 주식을 소각하는 경우에 대하여는 자본금 감소에 관한 부분에서 후술할 것이고, 상환주식의 상환에 대하여는 이미 설명하였으므로, 이 곳에서는 배당가능이익으로써 취득한 자기주식의 소각($\frac{상}{조} \frac{341조, 343}{1항 단서}$)에 대해서만 설명한다.

제 3 배당가능이익으로써 취득한 자기주식의 소각

1. 목   적

회사는 주가관리 등 재무관리의 편의를 위하여 배당가능이익으로써 자기주식을 취득할 수 있는데($\frac{상}{341조}$), 회사는 이와 같이 보유한 자기주식을 소각할 수 있다($\frac{상}{조} \frac{343}{1}$ $\frac{항}{단서}$).

2. 배당가능이익으로써 자기주식을 취득하기 위한 요건

이에 관하여는 자기주식의 취득에서 이미 상세히 살펴보았는데, 그 주요내용은 다음과 같다.

---

1) 대판 1999. 7. 23, 99 다 14808(공보 1999, 1730).
2) 동지: 채, 677면; 이(기) 외, (회) 294면.

(1) 재원상 제한

1) 회사가 자기주식을 취득하기 위하여는 직전 결산기의 대차대조표상 이익이 현존하여야 한다($\frac{상 341조}{1항 단서}$).

2) 자기주식을 취득하는 해당 영업연도의 결산기에 이익이 예상되어야 한다($\frac{상 341}{조 3항}$).

(2) 방법상 제한

1) 취득할 수 있는 주식의 종류 및 수 등에 관하여 미리 주주총회($\frac{이사회의 결의로 이}{익배당을 할 수 있다고 정관에서 정하고 있는 경우에는 이사회}$)의 결의가 있어야 한다($\frac{상 341}{조 2항}$).

2) 취득방법은 거래소에서 시세가 있는 주식의 경우에는 거래소에서 취득하는 등 주주평등의 원칙에 반하지 않는 방법으로 취득하여야 한다($\frac{상 341조}{1호·2호}$).

3) 회사는 자기의 명의와 자기의 계산으로 자기주식을 취득하여야 한다($\frac{상 341}{조 1항 본문}$).

3. 자기주식 소각의 방법

위와 같이 회사가 배당가능이익으로써 취득하여 보유하는 자기주식은 이사회의 결의에 의하여 소각할 수 있다($\frac{상 343조}{1항 단서}$). 따라서 이러한 주식의 소각의 효력은 주식실효절차의 종료시에 발생한다.[1]

4. 자기주식 소각의 효과

(1) 자본금에 미치는 영향

회사가 배당가능이익으로써 취득한 자기주식을 소각하는 경우, 그만큼 발행주식수가 감소하지만 이는 자본금 감소절차에 의한 주식소각이 아니므로 자본금에는 영향이 없다. 따라서 이 때에는 자본금이 감소하지 않고, 액면주식의 경우 자본금과 주식과의 관계($\frac{상 451}{조 1항}$)는 예외적으로 끊어지게 된다.

(2) 수권주식수에 미치는 영향

회사가 배당가능이익으로써 자기주식을 취득(매입)하여 소각하는 경우, 이러한 주식소각에 의하여 발행주식수가 감소한다고 하더라도 일단 주식이 발행된 것이므로 수권주식수가 감소하는 것도 아니고, 또 미발행주식수가 그만큼 증가하는 것도 아니다. 따라서 상환주식의 상환의 경우와 같이 이 경우에도 소각된 주식수만큼 신주를 재발행할 수 없다.

---

1) 동지: 대판 2008. 7. 10, 2005 다 24981(공보 2008, 1118).

제 7 관 주식의 포괄적 교환 및 이전[1]

제 1 서   언

2001년 개정상법은 지주회사 설립 등을 통한 회사의 구조조정을 원활히 할 수 있도록 하기 위하여 주식의 포괄적 교환 및 이전제도를 신설하였다.[2]

현행 상법상 지주회사의 설립방법에는 현물출자 등에 의한 자회사의 설립방법·지주회사(신회사)에 의한 사업회사의 주식의 매수방법·지주회사(신회사)가 제3자 배정의 방식에 의하여 신주발행(증자)하는 경우에 사업회사의 주주(제3자)가 자기회사의 주식을 현물출자의 방법으로 참여하는 방법·회사의 물적분할방법($\frac{상}{12}_{\frac{의}{530조}}$) 등이 있는데, 이러한 방법들은 모두 절차상 또는 비용상 문제점이 많다고 볼 수 있다.[3] 그런데 주식의 포괄적 교환·이전제도는 이러한 문제점을 극복하고($\frac{특히 비용}{을 들이지}$ $\frac{않고 주식을 발}{행하는 것만으로}$) 순수 지주회사를 설립하여 기업의 구조조정을 원활히 할 수 있어 그 효용이 크다고 볼 수 있다.[4]

주식의 포괄적 교환 및 이전제도는 미국($\frac{RMBCA}{\S 11.02 이하}$) 및 일본($\frac{日會 767}{조 이하}$) 등에서도 인정되고 있는 제도인데, 2001년 개정상법은 주로 일본의 제도를 참고하여 입법한 것

---

1) 이에 관한 상세는 정찬형, "주식의 포괄적 교환 및 이전제도에 관한 연구,"「고려법학」(고려대 법학연구원), 제39호(2002), 1~59면; 동, "우리 상법상 주식의 포괄적 교환 및 이전에 관한 문제점,"「고시계」, 2002. 8, 42~55면; 김동훈, "주식의 포괄적 교환·이전에 관한 소고,"「기업법연구」, 제9집(2002. 4), 367~391면; 동, "주식교환·이전제도의 도입에 따른 법적 과제,"「상장협」, 제44호(2001, 추계호), 87~107면; 고재종, "주식교환제도와 주주보호에 관한 고찰,"「기업법연구」, 제8집(2001), 373~396면; 안택식, "주식교환·주식이전제도에 관한 검토,"「비교사법」, 제8권 2호(2001), 99~136면; 김효신, "주식교환·주식이전제도,"「비교사법」, 제8권 1호(하)(2001), 759~786면; 동, "개정상법상 주식교환제도,"「현대상사법논집」(우계강희갑박사화갑기념논문집), 2001, 169~189면; 윤현석, "주식교환·이전제도에 관한 연구(세제를 중심으로),"「상사법연구」, 제20권 1호(2001), 425~454면; 김재형·최장현, "개정상법상 지주회사의 설립방식의 검토,"「기업법연구」(한국기업법학회), 제8집(2001), 279~297면 등 참조.

2) 이는 독점규제 및 공정거래에 관한 법률이 1999년에 개정되어 동법 제8조(1999. 2. 5, 법률 제5813호로 개정)가 지주회사의 설립 또는 전환을 허용하게 됨에 따라 가능하게 되었는데, 금융기관의 구조조정의 일환으로 금융지주회사의 설립에 관하여는 금융지주회사법(2000. 10. 23, 법률 제6274호로 제정)이 2000년에 먼저 제정되었다.

   우리 정부의 이러한 일관성이 없는 지주회사 정책에 대한 비판으로는 전삼현, "지주회사에 대한 법적 재검토,"「상장협」, 제47호(2003, 춘계호), 145~165면 참조.

3) 손주찬,「상법개정의 착안점」(법무부 용역보고서), 2000. 11, 41~43면; 안경봉, "상법상 주식매수선택권·상법상 지주회사의 설립방식,"「고시연구」, 2002. 7, 32~38면.

4) 참고로 금융지주회사의 경우에는 이에 관한 특별법인 금융지주회사법이 2000년 10월 23일 법률 제6274호로 별도로 제정되었으나, 2001년 개정상법이 이에 관하여 규정함에 따라 금융지주회사법상 주식의 포괄적 교환 및 이전에 관한 규정은 2002년 4월 27일 법률 제6692호로 삭제되었다.

이다.[1]

제 2 주식의 포괄적 교환

1. 의 의

주식의 포괄적 교환이란 「회사(완전모회사가 되는 회사)가 다른 회사(완전자회사가 되는 회사)(둘 이상의 회사도 무방함)의 발행주식총수와 자기회사의 주식을 교환함으로써, 완전자회사가 되는 회사의 주주가 가지는 그 회사의 주식은 주식을 교환하는 날에 주식교환에 의하여 완전모회사가 되는 회사에 이전하고 그 완전자회사가 되는 회사의 주주는 그 완전모회사가 되는 회사가 주식교환을 위하여 발행하는 신주 또는 완전모회사가 되는 회사가 소유하고 있는 자기주식의 배정을 받는 것」을 말한다(상 360조의 2).

이러한 주식의 포괄적 교환은 우호적인 기업매수(M&A)의 하나의 수단이 되고 있는데, 현금이 없이도 다른 기업을 매수할 수 있다는 점에서 이점이 있다.[2] 또한 주식의 포괄적 교환은 자회사를 완전자회사로 만들기 위하여도 이용된다.[3]

이러한 주식의 포괄적 교환제도는 지주회사(완전모회사)를 설립하는 방법이라는 점에서는 다음에서 보는 주식의 포괄적 이전제도와 동일하나, 주식의 포괄적 교환제도는 기존의 회사 사이에서 지주회사(완전모회사)를 신설하는 제도이나 주식의 포괄적 이전제도는 어느 회사가 스스로 자회사가 되어 지주회사를 새로이 설립하는 제도라는 점에서 양자는 구별된다.[4]

또한 주식의 포괄적 교환은 각 회사의 법인격이 그대로 존속하고 재산관계도

1) 일본의 주식교환·이전제도에 관한 소개로는 原田晃治, "株式交換等に係る平成11年改正商法の解説(上)(中)(下)," 「商事法務」, 第1536號(1999. 9. 5), 4~26면, 第1537號(1999. 9. 15), 4~19면, 第1538號(1999. 9. 25), 4~10면; 同, "平成11年改正商法の解説(株式交換·時價評價)," 「民事月報」, 第54卷 8號(1999. 8), 7~98면; 나승성, "주식교환·주식이전제도에 관한 연구," 「판례월보」, 제362호(2000. 11), 56~74면; 동, "주식교환제도에 관한 연구," 「상장협」, 제42호(2000. 추계호), 113~140면; 동, "주식이전제도에 관한 연구," 「사법행정」, 제41권 제10호(통권 478호)(2000. 10), 17~30면 등 참조.
2) 이에 관하여는 권재열, "벤처기업 M&A의 수단으로서의 주식교환에 관한 법적 검토," 법률신문, 제2932호(2000. 11. 23), 14~15면; 동, "벤처기업의 구조조정에 관한 법적 검토(이른바 주식교환에 의한 M&A를 중심으로)," 「현대상사법논집」(우계강희갑박사화갑기념논문집), 2001, 49~66면 참조.
3) 동지: 菊地 伸, "株式交換·株式移轉制度の活用と留意點," 「商事法務」, 第1539號(1999. 10. 5), 38~40면.
4) 동지: 永井和之, 「會社法(第3版)」(東京: 有斐閣, 2001), 421면; 林勇, "親子會社法制の改正と實務對應(上)―株式交換·株式移轉手續の概要とスケジュール―," 「商事法務」, 第1549號(2000. 1. 25), 14~15면.

이전되지 않고 그대로 남아있는 점에서 흡수합병과 구별되며, 주식취득비용을 부담하는 자회사의 주식을 매수하는 것과도 구별된다.

주식의 포괄적 교환(및 포괄적 이전)의 법적 성질은 합병과 유사한 조직법적 행위로 볼 수 있다.[1]

2. 절 차

(1) 주식교환계약서의 작성

1) 회사가 주식교환을 하고자 하면 먼저 기존의 쌍방의 회사가 주식교환계약서를 작성하여야 한다($^{상\ 360조의}_{3\ 1항\ 전단}$). 이러한 주식교환계약서에서는 (i) 완전모회사가 되는 회사가 주식교환으로 인하여 정관을 변경하는 경우에는 그 규정, (ii) 완전모회사가 되는 회사가 주식교환을 위하여 신주를 발행하거나 자기주식을 이전하는 경우에는 발행하는 신주 또는 이전하는 자기주식의 총수·종류와 종류별 주식의 수 및 완전자회사가 되는 회사의 주주에 대한 신주의 배정 또는 자기주식의 이전에 관한 사항[2]($^{이\ 때\ 완전자회사가\ 되는\ 회사가\ 갖고\ 있는\ 자기주식에\ 대하여는\ 주식교환에\ 의하여\ 완전모회사가\ 되는\ 회사의\ 주식을}_{배당하여야\ 하고}$(상 342조의 2 1항 1호 참조), 완전모회사가 되는 회사가 갖고 있는 완전자회사가 되는 회사의 주식에 대하여는 주식교환에 의하여 발행하는 신주를 배당하거나 자기주식을 이전할 필요가 없다고 보며[3](상 360조의 7 2항 참조), 완전자회사가 되는 회사가 종류주식을 발행한 경우에는 그러한 주주에게 완전모회사가 되는 회사는 같은 종류주식으로써 배정하거나 또는 보통주로써 배정할 수 있다고 본다 [4]), (iii) 완전모회사가 되는 회사의 자본금 또는 준비금이 증가하는 경우에는 증가할 자본금 또는 준비금에 관한 사항, (iv) 완전자회사가 되는 회사의 주주에게 (ii)에도 불구하고 그 대가의 전부 또는 일부로서 금전(주식교환교부금)이나 그 밖의 재산(주식교환교부물)(완전모회사의 모회사의 주식을 포함함)을 제공하는 경우에는 그 내용 및 배정에 관한 사항,[5] (v) 각 회사가 주식의 포괄적 교환을 승인하는 주주총회의 기일($^{이는\ 주식교환의\ 예정을}_{명확히\ 하기\ 위한\ 것임}$), (vi) 주식교환을 할 날($^{이는\ 주식}_{교환기일임}$), (vii) 각 회사가 주식교환을 할 날까지 이익배당[6]을 할 때에는 그 한도액($^{이는\ 회사의\ 자본금충실을}_{기하기\ 위한\ 것이고,\ 회사}$

---

1) 정찬형, "주식의 포괄적 교환 및 이전제도에 관한 연구,"「고려법학」(고려대 법학연구원), 제39호(2002), 16~17면.

2) 2015년 개정상법은 자기주식의 이전을 신주발행과 함께 규정하고, 자기주식의 이전을 별도로 규정하고 있던 개정전 상법 360조의 3 3항 8호 및 360조의 6을 삭제하였다.

3) 동지: 原田晃治, "改正商法に基づく株式交換·株式移轉の實務(座談會),"「商事法務」, 第1539號(1999. 10. 5), 16면.

4) 동지: 中西敏和, "平成11年改正商法に基づく株式交換契約書の記載 ― 最近までの記載實態の分析 ― ,"「商事法務」, 第1552號(2000. 2. 25), 22면.

5) 2015년 개정상법은 흡수합병의 경우와 같이 주식교환교부물을 인정하고 또한 그 대가의 전부에 대하여도 주식교환교부금 또는 주식교환교부물을 제공할 수 있도록 하여 교환대가를 유연화함으로써 삼각주식교환(교환의 대가로 자기주식을 교부하는 것이 아니라, 모회사의 주식을 교부함)을 허용하는 등 구조조정을 용이하게 할 수 있도록 하였다.

6) 2011년 4월 개정상법 이전에는 「이익배당 한도액과 금전으로 하는 중간배당한도액」을 기재하도록 하였는데(개정전 상 360조의 3 3항 7호), 2011년 4월 개정상법은 「금전으로 하는 중간배

의 주식교환비율을 정함에 있어 고려되는 사항임), (viii) 완전모회사가 되는 회사에 취임할 이사와 감사 또는 감사위원회의 위원을 정한 때에는 그 성명 및 주민등록번호를 적어야 한다(상 360조의 3 3항).

2) 2015년 개정상법은 2011년 4월 개정상법에 의하여 도입된 삼각합병제도(상 523조 4호, 523조의 2)와 함께 기업구조조정을 유연하게 할 수 있도록 하기 위하여 삼각주식교환제도(상 360조의 3 3항 4호, 6항, 7항) 및 삼각분할합병제도(상 530조의 6 1항 4호, 4항, 5항)를 도입하였다.

삼각주식교환에 의하여 모회사(A회사)의 자회사(B회사)가 다른 회사(C회사)와 주식의 포괄적 교환을 하면서 다른 회사(C회사)의 주주에게 자기회사(B회사)의 주식이 아닌 그의 모회사(A회사)의 주식을 교부하면(상 360조의 3 3항 4호, 6항) A→B→C로 순차적인 모자회사관계가 성립한다(이 경우 제1차적인 주식의 포괄적 교환에 의하여 B는 C의 완전모회사가 된다). 이 경우 제2차적으로 C회사가 B회사를 흡수합병하는 절차를 거치면(A회사는 B회사가 가지고 있는 C회사의 주식을 갖고, A회사가 가지고 있는 B회사의 주식을 소각함), 역삼각합병(모회사가 자회사를 통하여 대상회사와 합병하면서 자회사가 대상회사를 흡수하는 형태가 삼각합병이고, 이와 반대로 대상회사가 자회사를 흡수하는 형태가 역삼각합병임)이 가능하게 되어, A회사는 C회사가 보유한 독점적 사업권(일·허가권 등)·장기리스권·상표권·제3자의 동의가 없으면 양도할 수 없는 계약상의 권리 등을 그대로 보유할 수 있게 된다.[1]

삼각주식교환에 의하여 다른 회사(C회사)의 주주는 그 대가로 보다 가치있는 모회사(A회사)의 주식을 교부받을 수 있고, 모회사(A회사)는 다른 회사(C회사)를 그대로 존치시키면서 그의 독점적 사업권 등을 그대로 활용할 수 있다.

삼각주식교환의 경우 자회사(B회사)는 상법 제342조의 2 제1항에도 불구하고 그의 모회사(A회사)의 주식을 취득할 수 있는데(상 360조의 3 6항), 자회사(B회사)가 이와 같이 취득한 그의 모회사(A회사) 주식을 주식교환 후에도 계속 보유하게 되면 주식교환의 효력이 발생하는 날부터 6개월 이내에 그 주식을 처분하여야 한다(상 360조의 3 7항).

완전자회사가 되는 회사의 주주에게 제공되는 대가인 「그 밖의 재산(현물)」이 완전모회사가 되는 회사의 모회사 주식이면 삼각주식교환이 되고, 주식에 갈음하여 현물을 제공하게 되면 완전자회사가 되는 회사의 주주를 축출하는 효과를 갖게 된다(이는 현금주식교환의 경우에도 동일함).[2]

당 한도액」을 규정하지 않았다. 그 이유가 2011년 4월 개정상법은 중간배당에도 현물배당을 인정하고 또한 중간배당은 당연히 이익배당이라는 전제하에 중간배당에 관한 규정은 불필요한 규정이므로(상 462조의 3 1항, 462조의 4) 중간배당에 관한 부분을 규정하지 않은 것인지는 알 수 없으나, 중간배당에 관한 부분을 포함시키고자 하면 중간배당의 법적 성질에 관하여 이익배당인지 여부에 대하여 학설이 나뉘어 있으므로 개정전과 같이 명백히 규정하는 것이 타당하다고 본다. 따라서 현행 상법의 해석상 중간배당은 제외된다고 해석할 수밖에 없다.

1) 역삼각합병에 관한 상세는 송종준, "역삼각합병제도의 도입을 둘러싼 상법상의 쟁점," 「상사법연구」(한국상사법학회), 제33권 제1호(2014. 5), 35~72면 참조.

2) 주상(제5판)(회사 V), 355면 참조.

⑵ 주주총회의 승인결의

1) 승인결의방법

㈎ 원   칙   주식교환을 하는 쌍방의 회사는 위의 주식교환계약서에 대하여 주주총회의 특별결의에 의한 승인을 받아야 한다($\frac{상 360조의 3}{1항 후단 . 2항}$). 이는 완전모회사가 되는 회사의 기존주주에게는 합병이나 현물출자와 같은 영향이 있고 또한 완전자회사가 되는 회사의 주주($\frac{완전모회사가 되}{는 회사의 신주주}$)에게는 완전모회사의 주주가 되어 그 지위에 변동을 초래하는 등으로 모두에게 중대한 영향을 미치기 때문에 주주총회의 특별결의에 의한 승인을 얻도록 한 것이다. 그러나 이 경우 완전모회사가 되는 회사는 자본금에 변동이 없거나($\frac{완전모회사가 자기주}{식을 교부하는 경우}$) 또는 자본금이 증가하고($\frac{완전모회사가 신주발}{행하여 배정하는 경우}$) 완전자회사가 되는 회사는 주주만의 변동이 있어 회사채권자를 해할 염려가 없기 때문에 채권자보호절차는 필요없다고 본다.[1]

이 때 회사는 이러한 주주총회의 소집통지에 (i) 주식교환계약서의 주요내용, (ii) 주주총회의 결의에 반대하는 주주가 행사할 주식매수청구권의 내용 및 행사방법과 (iii) 일방회사의 정관에 주식의 양도에 관하여 이사회의 승인을 요한다는 뜻의 규정이 있고 다른 회사의 정관에 그 규정이 없는 경우 그 뜻을 기재하여야 한다($\frac{상 360}{조의}$ $_{3\ 4항}$).

㈏ 예   외

① 간이주식교환   완전자회사가 되는 회사의 총주주의 동의가 있거나 그 회사의 발행주식총수의 100분의 90 이상을 완전모회사가 되는 회사가 소유하고 있는 때에는 완전자회사가 되는 회사의 주주총회의 승인은 이사회의 승인으로 갈음할 수 있다($\frac{상 360조}{의 9 1항}$). 이는 주식교환절차를 간소화하기 위하여 합병의 경우($\frac{상 527}{조의 2}$)와 같이 인정한 것이다. 이 때 완전자회사가 되는 회사는 총주주의 동의가 있는 경우가 아니면 주식교환계약서를 작성한 날부터 2주 내에 주주총회의 승인을 얻지 아니하고 주식교환을 한다는 뜻을 공고하거나 주주에게 통지하여야 한다($\frac{상 360조}{의 9 2항}$).

② 소규모 주식교환   완전모회사가 되는 회사가 주식교환을 위하여 발행하는 신주 및 이전하는 자기주식의 총수가 그 회사의 발행주식 총수의 100분의 10을 초과하지 아니하고($\frac{이는 완전모회사가 되는 회사의 기존 주주의 보유주식비율이 크게 저하}{되지 않는 범위 내에서 주주총회의 승인결의를 생략할 수 있기 때문임}$) 또한 완전자회사가 되는 회사의 주주에게 제공할 금전이나 그 밖의 재산을 정한 경우에 그 금액 및 그 밖의 재산의 가액이 최종 대차대조표에 의하여 완전모회사가 되는 회사에 현존하는 순자산액의 100분의 5를 초과하지 않는 경우에는($\frac{이는 완전자회사가 되는 회사의 주}{주에게 제공할 금전이나 그 밖의}$

---

1) 동지: 永井, (會) 424~425면.

^{재산이 많은 경우 주식교환에 의하여 발행하는 신주나 이전하} 완전모회사가 되는 회사의 주주총회의
^{는 자기주식의 수를 적게 하는 탈법적인 수단이 되기 때문임}
승인은 이사회의 승인으로 갈음할 수 있다($^{상\,360조}_{의\,10\,1항}$).¹⁾

이 때에 완전모회사가 되는 회사는 주식교환계약서에 주주총회의 승인을 얻지
아니하고 주식교환을 할 수 있다는 뜻을 기재하여야 하나, 변경된 정관의 내용은 기
재하지 못한다($^{상\,360조}_{의\,10\,3항}$).

또한 이 경우에 완전모회사가 되는 회사는 주식교환계약서를 작성한 날부터 2주
내에 완전자회사가 되는 회사의 상호와 본점, 주식교환을 할 날 및 주주총회의 승인
을 얻지 아니하고 주식교환을 한다는 뜻을 공고하거나 주주에게 통지하여야 한다
($^{상\,360조}_{의\,10\,4항}$). 이러한 통지 또는 공고에 의하여 완전모회사가 되는 회사의 발행주식총
수의 100분의 20 이상에 해당하는 주식을 가지는 주주가 위의 통지 또는 공고를 한
날부터 2주 내에 회사에 대하여 서면으로 소규모 주식교환에 반대하는 의사를 통지
한 때에는 주주총회의 승인을 얻어야 한다($^{상\,360조}_{의\,10\,5항}$).

소규모 주식교환의 경우 주식교환계약서 등의 사전공고의 기산일은 '주주총회
의 회일'이 아니라 '소규모 주식교환의 공고일 또는 통지일'이고($^{상\,360조}_{의\,10\,6항}$), 반대주주
의 주식매수청구권은 인정되지 않는다($^{상\,360조}_{의\,10\,7항}$).

③ 종류주주총회의 결의·총주주의 결의   주식의 포괄적 교환에 의하여
($^{완전모회사가\,되는\,회사\,또}_{는\,완전자회사가\,되는\,회사의}$) 어느 종류의 주주에게 손해를 미치게 될 경우에는 그 회사의
주주총회의 특별결의 외에 종류주주총회의 결의를 얻어야 하고($^{상}_{436조}$), 각 회사의 주
주의 부담이 가중되는 경우에는 주주 전원의 동의가 있어야 한다($^{상\,360조}_{의\,3\,5항}$).

2) 승인반대주주의 주식매수청구권   주식의 포괄적 교환에 관한 주주총회
의 결의사항에 관하여 이사회의 결의가 있는 때에 그 결의에 반대하는 주주($^{의결권이}_{없거나\,제}$
$^{한되는\,주주}_{를\,포함함}$)²⁾는 주주총회 전에 회사에 대하여 서면으로 그 결의에 반대하는 의사를 통
지하고, 주주총회의 결의일부터 20일 이내에 주식의 종류와 수를 기재한 서면으로
회사에 대하여 자기가 소유하고 있는 주식의 매수를 청구할 수 있다($^{상\,360조}_{의\,5\,1항}$). 간이
주식교환의 경우에는 완전자회사가 되는 회사는 주식교환계약서를 작성한 날로부
터 2주 내에 주주총회의 승인을 얻지 아니하고 주식교환을 한다는 뜻을 공고하거나
주주에게 통지하여야 하는데($^{상\,360조의}_{9\,2항\,본문}$), 이 경우 완전자회사가 되는 회사의 주주는
이러한 공고 또는 통지를 한 날로부터 2주 내에 회사에 대하여 서면으로 주식교환
에 반대하는 의사를 통지하고, 그 기간이 경과한 날로부터 20일 이내에 주식의 종류

---

1) 이는 2015년 개정상법에 의하여 소규모합병(상 527조의 3 1항)의 경우와 동일하게 개정된 것
   이다.
2) 2015년 개정상법이 이에 관하여 명문규정을 두었다.

와 수를 기재한 서면으로 회사에 대하여 자기가 소유하고 있는 주식의 매수를 청구
할 수 있다($^{상\ 360조}_{의\ 5\ 2항}$).

　주식매수청구권을 행사하는 주주는 완전모회사가 되는 회사의 주주[1] 및 완전자
회사가 되는 회사의 주주를 의미하고, 반대하는 경우는 주식교환의 조건이나 상대
방 회사의 재산상황 등에 의하여 불이익을 받을 가능성이 있기 때문에 주식교환 자
체를 반대하는 경우나 주식교환비율에 반대하는 경우 등이다.

　이러한 주식매수청구에 대하여 회사는 매수청구기간이 종료하는 날($^{즉,\ 주식의\ 포괄}_{적\ 교환에\ 관한}$
$^{주주총회의\ 결의일}_{부터\ 20일이\ 되는\ 날}$)[2]부터 2월 이내에 그 주식을 매수하여야 하는데($^{상\ 360조의\ 5\ 3항,}_{374조의\ 2\ 2항}$), 매
수가액은 원칙적으로 주주와 회사간의 협의에 의하여 정하여지고, 예외적으로 이러
한 협의가 매수청구기간이 종료하는 날부터 30일 이내에 이루어지지 아니한 경우에
는 회사 또는 주식매수를 청구한 주주는 법원에 대하여 매수가액의 결정을 청구할
수 있다($^{상\ 360조의\ 5\ 3항,}_{374조의\ 2\ 3항~5항}$).

　완전자회사가 되는 회사의 주주가 주식매수청구권을 행사한 경우에 그 회사는
특정목적에 의한 자기주식 취득의 경우의 하나로 자기주식을 취득하는데($^{상\ 341조}_{의\ 2\ 4호}$),
이 주식에 대하여는 앞에서 본 바와 같이 완전모회사가 되는 회사의 주식이 배당된
다($^{상\ 342조의}_{2\ 1항\ 1호}$). 완전자회사가 되는 회사는 이러한 완전모회사가 되는 회사의 주식을
취득한 날로부터 6월 이내에 처분하여야 한다($^{상\ 342조}_{의\ 2\ 2항}$).

(3) 그 밖의 절차

1) 주식교환계약서 등의 사전공시　　　　주식의 포괄적 교환의 경우 각 당사 회
사의 이사는 이를 승인하는 주주총회의 회일의 2주 전($^{소규모\ 주식교환의\ 경우에는\ 완전모회사}_{가\ 되는\ 회사가\ 주주총회의\ 승인을\ 얻지}$
$^{아니하고\ 주식교환을\ 한다는\ 뜻을\ 공고하거}_{나\ 주주에게\ 통지한\ 날\ -\ 상\ 360조의\ 10\ 6항}$)부터 (주식교환의 날 이후 6월이 경과하는 날까지) (i)
주식교환계약서, (ii) 완전모회사가 되는 회사가 주식교환을 위하여 신주를 발행하
거나 자기주식을 이전하는 경우에는 완전자회사가 되는 회사의 주주에 대한 신주의
배정 또는 자기주식의 이전에 관하여 그 이유를 기재한 서면($^{이는\ 주식교환비율\ 등에\ 관한\ 것}_{으로서\ 이의\ 산정\ 등의\ 공정성을}$

---

1) 주식의 포괄적 교환에 의하여 자회사의 주주에게 모회사의 주식을 교부하는 것은 모회사 신주
의 제3자배정과 유사한데, 신주의 제3자배정에는 이에 반대하는 주주들에게 주식매수청구권을
인정하지 않는다. 따라서 입법론상 완전모회사가 되는 회사의 주주에 대하여 주식매수청구권을
인정하는 것은 신주의 제3자배정의 경우와 균형이 맞지 않기 때문에 폐지되어야 한다고 주장하는
견해가 있다[한국증권법학회, 상법개정연구보고서, 2006. 6, 429~430면; 정찬형, 회사법 중장기
개선과제에 관한 연구(상장협 연구보고서 2009-1), 36~37면].
2) 2월의 기산일에 대하여 2015년 개정상법 이전에는 '회사가 주식매수의 청구를 받은 날'로 규정
하였는데, 이는 주식매수청구권을 행사한 주주별로 주식매수의 기한이 달라져 회사에 절차상 부
담을 주었으므로, 2015년 개정상법은 이를 통일하기 위하여 이와 같이 기산일을 명확히 규정하였다.

확보하기 위하여는 당사회사들이 모두 인정할 수 있는 객관)[1] 및 (iii) 주식교환을 승인하는 주주총회의 회일(간이주식교환의 경우에는 완전자회사가 되는 회사가 주주총회의 승인을 얻)[2] (소규모 주식교환의 경우에는 완전모회사가 되는 회사가 주 지 아니하고 주식교환을 한다는 뜻을 공고하거나 또는 주주에게 통지한 날) 주주총회의 승인을 얻지 아니하고 주식교환을 한다는 뜻을 공고하거나 주주에게 통지한 날 ─ 상 360조의 10 6항) 전 6월 내의 날에 작성한 각 회사의 최종 대차대조표 및 손익계산서를 본점에 비치하여야 한다(상 360조 의 4 1항).[3] 이는 주주가 주식 교환조건의 적정성 여부·주식교환의 승인여부·주식매수청구권의 행사여부 등을 판단할 수 있도록 하고, 주식교환의 효력이 발생한 후에는 주식교환무효의 소를 제 기할지 여부를 결정하기 위한 정보의 공시를 목적으로 한다.[4]

주주는 영업시간 내에 이러한 서류를 열람 또는 등사를 청구할 수 있다(상 360조 의 4 2항, 391조의 3 3항). 이 경우 완전모회사가 되는 회사는 자본금에 변동이 없거나 자본금이 증가 하므로 회사채권자를 해할 염려가 없고 또한 완전자회사가 되는 회사는 주주만이 변동되는 것이므로 회사채권자를 해할 염려가 없기 때문에 회사채권자에게는 이러 한 서류의 열람권이 없다.

2) 주권의 실효절차   주식교환에 의하여 완전자회사가 되는 회사는 이에 관한 주주총회의 승인결의가 있는 때에는 (i) 주식교환계약서에 대하여 주주총회가 승인결의를 한 뜻·(ii) 주식교환의 날의 전날까지 주권을 회사에 제출하여야 한다 는 뜻과 (iii) 주식교환의 날에 주권이 무효가 된다는 뜻을 주식교환의 날 1월 전에 공고하고, 주주명부에 기재된 주주와 질권자에 대하여는 따로따로 그 통지를 하여 야 한다(상 360조 의 8 1항).

이 때에 주권을 회사에 제출할 수 없는 자가 있는 때에는 회사는 그 자의 청구에 의하여 3월 이상의 기간을 정하고 이해관계인에 대하여 그 주권에 대한 이의(異議)가 있으면 그 기간 내에 제출할 뜻을 공고하고 그 기간이 경과한 후에 신주권을 청구자 에게 교부할 수 있는데, 이러한 공고의 비용은 청구자의 부담으로 한다(상 360조의 8 2항, 442조).

3) 단주(端株)처리 등의 절차   주식의 포괄적 교환으로 인하여 완전자회사

---

1) 정찬형, 전게논문(고려법학 제39호), 50~52면.

2) 그런데 이와 같이 규정하는 경우 완전자회사가 되는 회사의 총주주의 동의가 있는 때에는 본문 과 같은 공고 또는 통지가 필요 없는데(상 360조의 9 2항 단서), 이 때에는 주주총회 회일에 갈 음하는 기산일이 없게 되어 문제가 있다[정찬형, 전게 상사법연구(제20권 1호), 122면 참조].

3) 위와 같은 서류의 사전공시제도는 출자자인 주주가 주식교환에 관한 주주총회에서 찬성할 것 인지 여부를 판단하기 위한 자료라는 점에서 볼 때 6월 이내에(즉, 최근에) 작성한 것이어야 하는 점은 의미가 있으나, 6월 내의 날에 작성한 최종의 대차대조표 또는 손익계산서를 공시하도록 규 정한 점은 주주총회 회일 전 6월 내에 작성한 최종의 대차대조표와 손익계산서가 없는 때에는 문 제가 있으므로 6월 내에 작성한 대차대조표와 손익계산서 및 최종의 대차대조표와 손익계산서를 함께 공시하도록 하는 규정을 신설하여야 할 것으로 본다(동지: 금융지주회사법 22조 1항)[이에 관하여는 정찬형, 전게 상사법연구(제20권 1호), 120~122면 참조].

4) 동지: 原田, 前揭 商事法務(第1536號), 16면.

가 되는 회사의 주식 1주에 대하여 완전모회사가 되는 회사의 주식 1주를 교환할 수 없는 경우에는 단주처리의 절차를 밟아야 한다($\substack{상 360조의 11 \\ 1항, 443조}$). 주식교환의 경우에는 단주는 발생하여도 주식이 병합되는 등의 문제는 발생하지 않는다고 본다.[1]

　이 경우에 완전자회사가 되는 회사의 주식을 목적으로 하는 질권에는 물상대위와 회사에 대한 주권교부청구권이 인정된다($\substack{상 360조의 11 2항,\\339조, 340조 3항}$).

　4) 완전모회사의 이사·감사의 임기　　주식의 포괄적 교환에 의하여 완전모회사가 되는 회사의 이사 및 감사로서 주식교환 전에 취임한 자는, 주식교환계약서에 다른 정함이 있는 경우를 제외하고는 주식교환 후 최초로 도래하는 결산기에 관한 정기주주총회가 종료하는 때에 퇴임한다($\substack{상 360\\조의 13}$).

　(4) 변경등기

　주식교환의 경우에는 이로 인한 변경등기 신청서에 소정의 서류를 첨부하여 주식교환으로 인한 변경등기를 하여야 한다($\substack{상등규\\146조}$).

　(5) 공　　시

　주식의 포괄적 교환을 함에 있어서는 주식교환계약서 등을 사전공시하여야 함은 물론, 일정한 사항을 기재한 서면을 사후공시하여야 한다.

　1) 사전공시　　이에 대하여는 이미 앞에서 본 바와 같다. 즉, 주식교환을 하는 당사회사의 이사[2]는 앞에서 본 바와 같이 주식교환을 승인하는 주주총회의 회일의 2주 전($\substack{소규모 주식교환의 경우에는 완전모회사가 되는 회사가 주주총회의 승인을 얻지 아니\\하고 주식교환을 한다는 뜻을 공고하거나 주주에게 통지한 날 — 상 360조의 10 6항}$)부터 (주식교환의 날 이후 6월이 경과하는 날까지) (i) 주식교환계약서·(ii) 완전자회사가 되는 회사의 주주에 대한 주식의 배정에 관하여 그 이유를 기재한 서면 및 (iii) 주식교환을 승인하는 주주총회의 회일($\substack{소규모 주식교환의 경우에는 완전모회사가 되는 회사가 주주총회의 승인을 얻지\\아니하고 주식교환을 한다는 뜻을 공고하거나 주주에게 통지한 날 — 상 360조의\\10 6항}$) 전 6월 내의 날에 작성한 각 회사의 최종 대차대조표 및 손익계산서를 본점에 비치하고($\substack{상 360조\\의 4 1항}$), 주주의 영업시간 내의 열람 또는 등사청구에 제공하여야 한다($\substack{상 360\\조의 4 2항,\\391조의 3 3항}$).

　2) 사후공시　　주식교환을 하는 당사회사의 이사[3]는 주식교환의 날부터 6월간 (i) 주식교환의 날·(ii) 주식교환의 날에 완전자회사가 되는 회사에 현존하는 순자산액·(iii) 주식교환으로 인하여 완전모회사에 이전한 완전자회사의 주식의 수 및 (iv) 그 밖의 주식교환에 관한 사항을 기재한 서면을 본점에 비치하고($\substack{상 360조\\의 12 1항}$), 주주의 영업시간 내의 열람 및 등사청구에 제공하여야 한다($\substack{상 360조의 12 2\\항, 391조의 3 3항}$). 이러한

---

1) 동지: 永井, (會) 425면.
2) 「이사 또는 집행임원」으로 규정하였어야 하는데, 집행임원이 누락된 것은 입법의 미비라고 본다.
3) 「이사 또는 집행임원」으로 규정하였어야 하는데, 집행임원이 누락된 것은 입법의 미비라고 본다.

사후공시는 주식교환절차가 적법하게 이행되었음을 간접적으로 담보하고, 또한 주주가 주식교환무효의 소를 제기하기 위한 판단자료를 제공하기 위하여 인정된 것이다.

(6) 주권상장법인에 대한 특칙

주권상장법인이 주식의 포괄적 교환을 하는 경우에는 합병의 경우와 같이 교환가액의 산정 및 외부평가기관에 의한 평가에 관한 특칙이 적용된다($\substack{\text{자금 165조의 4 1항 3호}\\\text{전단, 자금시 176조의 6}}$).

3. 효   과

(1) 완전모회사가 되는 회사의 자본금의 증가

완전모회사가 되는 회사는 완전자회사가 되는 회사의 주주에게 일반적으로 신주를 발행하여 (교환비율에 따라) 교부하므로, 완전모회사가 되는 회사의 자본금은 증가한다.

이 때 완전모회사가 되는 회사의 자본금 증가의 한도액은, 주식교환의 날에 완전자회사가 되는 회사에 현존하는 순자산액에서 (i) 완전자회사가 되는 회사의 주주에게 제공할 금전이나 그 밖의 재산의 가액(주식교환교부금 또는 주식교환교부물의 가액) 및 (ii) 완전모회사가 신주발행에 갈음하여 자기주식을 이전하는 경우 완전자회사가 되는 회사의 주주에게 이전하는 자기주식의 장부가액의 합계액을 공제한 금액이다($\substack{\text{상 360조}\\\text{의 7 1항}}$)[완전모회사가 되는 회사의 자본금 증가액≦완전자회사가 되는 회사의 현존 순자산액 − (주식교환교부금 또는 주식교환교부물의 가액 + 자기주식을 이전하는 경우 이전하는 자기주식의 장부가액의 합계액)].

완전모회사가 되는 회사가 주식교환 이전에 완전자회사가 되는 회사의 주식을 이미 소유하고 있는 경우에는, 완전모회사가 되는 회사의 자본금 증가의 한도액은, 주식교환의 날에 완전자회사가 되는 회사에 현존하는 순자산액에 그 회사의 발행주식총수에 대한 주식교환으로 인하여 완전모회사가 되는 회사에 이전하는 주식의 수의 비율을 곱한 금액에서 (i) 완전자회사가 되는 회사의 주주에게 제공할 금전이나 그 밖의 재산의 가액(주식교환교부금 또는 주식교환교부물의 가액) 및 (ii) 신주발행에 갈음하여 자기주식을 이전하는 경우 완전자회사가 되는 회사의 주주에게 이전하는 자기주식의 장부가액의 합계액을 공제한 금액이다($\substack{\text{상 360조}\\\text{의 7 2항}}$)[완전모회사가 되는 회사의 자본금 증가액≦완전자회사가 되는 회사의 현존 순자산액 × 주식교환에 의하여 완전모회사에 이전하는 주식의 수/완전자회사가 되는 회사의 발행주식총수 − (주식교환교부금 또는 주식교환교부물의 가액 + 자기주식을 이전하는 경우 이전하는 자기주식의 장부가액의 합계액)].

위와 같은 완전모회사가 되는 회사의 자본금 증가의 한도액이 그 회사의 실제의 증가한 자본금을 초과한 경우에는 그 초과액을 자본준비금으로 적립하여야 한다($\frac{\text{상 459}}{\text{조 1항}}$).

(2) 완전자회사가 되는 회사의 설립 및 그 회사의 구(舊) 주권의 실효

어느 회사($\frac{\text{완전자회사}}{\text{가 되는 회사}}$)의 발행주식총수는 기존의 주주에 갈음하여 위와 같이 설립된 완전모회사가 소유하게 되므로($\frac{\text{상 360}}{\text{조의 2}}$), 완전자회사가 설립되어 완전모자회사관계가 새로이 발생한다.

완전자회사가 되는 회사의 기존 주권은 실효되는데, 이에 관하여는 이미 앞에서 설명하였다($\frac{\text{상 360}}{\text{조의 8}}$).

4. 주식교환무효의 소

(1) 주식교환무효의 소의 절차

주식교환절차에 하자($\frac{\text{예컨대, 주식교환계약 자체에 무효원인이 있는 경우, 주식교환계약서의 기재사항에}}{\text{흠결이 있는 경우, 주식교환계약서 등의 비치의무를 게을리한 경우, 주식교환계약서}}$
$\frac{}{\text{에 대한 주주총회의 승}}$[1]$\frac{}{\text{인결의가 없는 경우 등}}$)가 있는 경우에 상법은 법률관계를 획일적으로 확정하기 위하여 소만으로 주식교환무효를 주장할 수 있도록 하였다. 즉, 주식교환의 무효는 각 회사의 주주·이사·감사나 감사위원회의 위원 또는 청산인[2]에 한하여 주식교환의 날로부터 6월 내에 소만으로 이를 주장할 수 있다($\frac{\text{상 360조}}{\text{의 14 1항}}$). 주식교환의 경우 합병과는 달리 채권자의 권리에 영향이 없으므로 채권자와 파산관재인은 제소권자가 아니다.

주식배정비율이 현저하게 불공정한 경우에는 이는 주주에게는 손해가 되나 회사의 손해는 아니므로 주주나 감사는 이사의 위법행위유지청구권($\frac{\text{상}}{\text{402조}}$)을 행사할 수는 없고, 다만 주식교환무효의 소를 제기할 수 있을 뿐이다.[3]

주식교환무효의 소는 완전모회사가 되는 회사의 본점 소재지의 지방법원의 관할에 전속한다($\frac{\text{상 360조}}{\text{의 14 2항}}$). 주식교환무효의 소가 제기된 때에는 회사는 지체없이 공고하여야 하고($\frac{\text{상 360조의}}{\text{14 4항, 187조}}$), 수 개의 주식교환무효의 소가 제기된 때에는 법원은 이를 병합심리하여야 한다($\frac{\text{상 360조의}}{\text{14 4항, 188조}}$). 법원은 주식교환무효의 소의 심리중에 원인이 된 하자가 보완되고 회사의 현황과 제반사정을 참작하여 이를 무효로 하는 것이 부적당하다고 인정한 때에는 무효의 청구를 기각할 수 있다($\frac{\text{상 360조의 14}}{\text{4항, 189조}}$). 주주가 주식교환무효의 소를 제기한 때에는 법원은 회사의 청구에 의하여 상당한 담보를 제공할

---

1) 정찬형, 전게논문(고려법학 제39호), 45면.
2) 이러한 청산인을 제소권자로 한 이유는, 청산인은 청산중의 회사의 대표권을 갖는데 주식교환계약서의 승인결의를 한 주주총회결의 취소의 소 계속중에 주식교환일이 도래한 경우, 청산인이 주식교환무효의 소의 제소권자가 아니면 주주총회결의 취소의 소가 각하되어야 하는 부당한 경우가 생기기 때문이라고 한다[原田, 前揭商事法務(제1536호), 25면].
3) 동지: 永井, (會) 424면.

것을 명할 수 있는데, 그 주주가 이사 또는 감사나 감사위원회의 위원이면 그러하지 아니하다($\binom{\text{상 360조의 14}}{\text{4항, 377조}}$).

(2) 주식교환무효판결의 효과

1) 원고승소의 효과

(가) **주식교환무효의 등기**　　주식교환무효판결이 확정된 때에는 본점과 지점의 소재지에서 등기하여야 한다($\binom{\text{상 360조의 14 4항 · 192}}{\text{조, 비송 107조 9호}}$).

(나) **대세적 효력 및 불소급효**　　주식교환무효의 판결은 원 · 피고뿐만 아니라 제3자에게도 그 효력이 미치고(대세적 효력)($\binom{\text{상 360조의 14}}{\text{4항, 190조 본문}}$), 장래에 대하여만 그 효력이 있다(불소급효)($\binom{\text{상 360조의 14}}{\text{4항, 431조 1항}}$). 이 때 완전모회사가 되는 회사는 지체없이 그 뜻과 3월 이상의 기간 내에 교환된 완전모회사가 되는 회사의 신(新) 주권을 그 회사에 제출할 것을 공고하고 주주명부에 기재된 주주와 질권자에 대하여는 각별로 통지하여야 한다($\binom{\text{상 360조의 14}}{\text{4항, 431조 2항}}$).

(다) **무효판결확정 전의 주식의 처리**　　주식교환을 무효로 하는 판결이 확정된 때에는 완전모회사가 된 회사는 주식교환을 위하여 발행한 신주 또는 이전한 자기주식의 주주($\binom{\text{이 때 주주는 주식교환무효의 판결이 확정될 때까지의 주식교환을 위하여 발행}}{\text{한 신주 등의 양도가 유효하므로 주식교환의 무효판결이 확정된 시점의 주주임}}$)[1]에 대하여 그가 소유하였던 완전 자회사가 된 회사의 주식($\binom{\text{완전모회사가 완전자회사의 주식을 제3자에}}{\text{계 양도한 경우에는 금전으로 처리하여야 함}}$)[2]을 이전하여야 한다($\binom{\text{상 360조}}{\text{의 14 3항}}$). 이 때 신주 등에 대한 질권에 대하여는 물상대위 및 주권교부청구권이 인정된다($\binom{\text{상 360조의 14 4항,}}{\text{339조, 340조 3항}}$).

2) 원고패소의 효과　　주식교환무효의 소를 제기한 자가 패소한 경우에 악의 또는 중대한 과실이 있는 때에는 회사에 대하여 연대하여 배상할 책임이 있다($\binom{\text{상 360조의}}{\text{14 4항, 191조}}$).

제 3　주식의 포괄적 이전

1. 의　　의

주식의 포괄적 이전이란 「회사($\binom{\text{둘 이상의 회사도 무방함 —}}{\text{상 360조의 16 1항 8호 참조}}$)가 스스로 완전자회사가 되는 회사가 되어 완전모회사(지주회사)를 설립하는 하나의 방법으로, 완전자회사가 되는 회사의 주주가 소유하는 그 회사의 주식은 주식이전에 의하여 설립하는 완전모회사에 이전하고 그 완전자회사가 되는 회사의 주주는 그 완전모회사가 주식이전

---

1) 동지: 原田, 前揭 商事法務(第1536號), 25면.
2) 동지: 原田, 上揭 商事法務(第1536號), 25면.

을 위하여 발행하는 주식의 배정을 받음으로써 그 완전모회사의 주주가 되는 것」을 말한다($\frac{상\ 360}{조의\ 15}$).

　이러한 주식의 포괄적 이전은 기존의 기업그룹을 재편성하고자 하거나, 합병의 대체로서 공동지주회사의 설립을 위하여 이용된다.[1][2]

　이러한 주식의 포괄적 이전제도는 이미 앞에서 본 바와 같이 어느 회사가 스스로 자회사가 되어 지주회사(완전모회사)를 새로이 설립하는 제도라는 점에서, 기존의 회사 사이에서 완전모자회사관계를 신설하는 주식의 포괄적 교환제도와는 구별된다. 또한 주식의 포괄적 이전제도는 그 대상회사(완전자회사가 되는 회사)가 존속하는 점에서 신설합병과 구별되고, 완전모회사의 사업 중 일부가 이전되어 완전자회사가 되는 물적분할과도 구별된다.

2. 절　　차

(1) 주식이전계획서의 작성

　회사($\frac{완전자회사}{가\ 되는\ 회사}$)가 주식이전을 하고자 하면 먼저 주식이전계획서를 작성하여야 한다($\frac{상\ 360조의}{16\ 1항\ 전단}$). 이러한 주식이전계획서에는 (i) 설립하는 완전모회사의 정관의 규정, (ii) 설립하는 완전모회사가 주식이전에 있어서 발행하는 주식의 종류와 수 및 완전자회사가 되는 회사의 주주에 대한 주식의 배정에 관한 사항, (iii) 설립하는 완전모회사의 자본금 및 자본준비금에 관한 사항, (iv) 완전자회사가 되는 회사의 주주에게 (ii)에도 불구하고 금전(주식이전교부금)이나 그 밖의 재산(주식이전교부물)(완전모회사의 사채 등)을 제공하는 경우에는 그 내용 및 배정에 관한 사항(이는 단순지주회사를 설립하는 경우에는 문제가 되지 않고, 둘 이상의 공동지주회사를 설립하는 경우에 각 회사의 주주에게 배당하여야 하는 공동지주회사의 주식의 비율을 조정하기 위하여 일방 또는 쌍방의 주주에게 일정한 금전이나 그 밖의 재산을 제공할 필요가 생기는 경우에 발),[3] (v) 주식이전을 할 시기, (vi) 완전자회사가 되는 회사가 주식이전의 날까지 이익배당[4]을 하는 경우에는 그 한도액(이는 주식이전의 날까지 이익배당이 있는 경우에 이러한 사항을 고려하여 설립되는 완전모회사의 주식의 배당비율이 정하여지기 때문에 필요함),[5] (vii) 설립하는 완전모회사의 이사와 감사 또는 감사위원회의 위원의 성명

---

1) 동지: 菊地 伸, 前揭 商事法務(第1539號), 40면.
2) 2001. 7. 24. 상법상 주식이전제도가 도입된 이후 상법에 따른 주식이전으로는 2005년 12월 하나금융지주회사, 2008년 9월 KB금융지주회사, 2009년 6월 한국스탠다드차타드금융지주회사, 2011년 3월 BS금융지주회사, 2011년 5월 DGB금융지주회사, 2013년 7월 JB금융지주회사의 설립 등이 있다.
3) 동지: 原田, 前揭 商事法務(第1537號), 6면.
4) 주식교환계약서(상 360조의 3 3항 7호)의 경우와 같이 중간배당에 관한 부분을 포함시키고자 하면 2011년 4월 상법 개정 전과 같이 명백히 규정하는 것이 타당하다고 본다. 따라서 현행 상법상 중간배당은 제외된다고 해석할 수밖에 없다.
5) 동지: 原田, 前揭 商事法務(第1537號), 6면.

과 주민등록번호 및 (viii) 회사가 공동으로 주식이전에 의하여 완전모회사를 설립하는 때에는 그 뜻(이는 복수의 회사가 주식이전을 하여 완전모회사를 설립하는 경우에 주주총회의 승인을 얻어야 함은 물론, 이 경우 완전모회사의 주식의 배당비율 등에 관하여도 주주총회의 승인을 얻어야 함)[1]을 적어야 한다(상 360조의 16 1항).

(2) 주주총회의 승인결의

1) 승인결의방법

(개) 원 칙 완전자회사가 되는 회사는 위와 같이 주식이전계획서를 작성하여 주주총회의 특별결의에 의한 승인을 받아야 한다(상 360조의 16 1항 후단·2항). 이는 완전자회사가 되는 회사의 기존주주(완전모회사가 되는 회사의 주주)의 지위에 중대한 영향을 미치기 때문에 주주총회의 특별결의에 의한 승인을 얻도록 한 것이다. 그러나 이는 완전자회사가 되는 회사의 주주만의 변동을 가져오는 점에서 회사채권자를 해하는 것이 아니므로 채권자보호절차는 필요 없다.

이 때 완전자회사가 되는 회사는 주주총회의 소집통지에 (i) 주식이전계획서의 주요내용, (ii) 주주총회의 결의에 반대하는 주주가 행사할 주식매수청구권의 내용 및 행사방법과, (iii) 완전자회사가 되는 회사와 설립되는 완전모회사의 어느 일방의 정관에 주식의 양도에 관하여 이사회의 승인을 요한다는 뜻의 규정이 있고 다른 일방의 정관에 그 규정이 없는 경우에는 그 뜻을 기재하여야 한다(상 360조의 16 3항, 360조의 3 4항).

(내) 예 외 주식의 포괄적 이전에 의하여 (완전자회사가 되는 회사의) 어느 종류의 주주에게 손해를 미치게 될 경우에는 그 회사의 주주총회의 특별결의 외에 종류주주총회의 결의를 얻어야 하고(상 436조), 주주의 부담이 가중되는 경우에는 주주 전원의 동의가 있어야 한다(상 360조의 16 4항).

2) 승인반대주주의 주식매수청구권 주식의 포괄적 이전에 관한 주주총회의 결의사항에 관하여 이사회의 결의가 있는 때에 그 결의에 반대하는 주주는 회사에 대하여 주식매수청구권을 행사할 수 있는데(상 360조의 22, 360조의 5), 이에 관하여는 주식의 포괄적 교환에 관하여 설명한 바와 같다. 주식이전의 경우에도 완전자회사가 되는 회사의 주주에게는 그의 지위에 중대한 변경을 가져오기 때문에 이에 반대하는 주주에게 주식매수청구권을 인정한 것이다.[2]

---

1) 동지: 原田, 上揭 商事法務(第1537號), 6면.
2) 완전자회사가 되는 회사의 주주에게 주식매수청구권을 인정하는 것에 대하여, 주식의 포괄적 이전은 완전모자회사 관계가 창설되었을 뿐 실질적으로 사업구조에 변동이 발생한 것이 아니고 채권자보호절차가 없는 주식이전제도에서 출자의 환급을 가져오는 주식매수청구권을 인정하는 것은 회사의 채권자보다 주주를 더 보호하는 결과가 된다는 점에서, 이를 반대하는 견해가 있다 [노혁준, "주식의 포괄적 교환·이전에 관한 연구," 법학박사학위논문(서울대, 2002), 118면].

(3) 그 밖의 절차

1) 주식이전계획서 등의 사전공시 주식의 포괄적 이전의 경우 (완전자회사가 되는 회사의) 이사는 이를 승인하는 주주총회의 회일의 2주 전부터 (주식이전의 날 이후 6月을 경과하는 날까지) (i) 주식이전계획서, (ii) 완전자회사가 되는 회사의 주주에 대한 주식의 배정에 관하여 그 이유를 기재한 서면 및 (iii) 주식이전을 승인하는 주주총회의 회일 전 6月 내의 날에 작성한 완전자회사가 되는 회사의 최종 대차대조표 및 손익계산서를 본점에 비치하여야 한다($\frac{\text{상 360조}}{\text{의 17 1항}}$). 이는 완전자회사가 되는 회사의 주주에게 주식이전조건의 적정성여부·주주총회에서 주식이전의 승인여부 및 주식이전무효의 소를 제기할 것인지 여부를 판단하기 위한 정보의 공시를 목적으로 한다.

주주는 영업시간 내에 이러한 서류를 열람 또는 등사를 청구할 수 있다($\frac{\text{상 360조}}{\text{의 17 2}}$ $\frac{\text{항, 391조}}{\text{의 3 3항}}$). 주식이전은 완전자회사가 되는 회사의 주주에 변동을 가져오는 것뿐이고 회사재산에 변동을 가져오는 것이 아니어서 회사채권자를 해하는 것이 아니므로, 회사채권자에게는 이러한 서류의 열람권 등이 인정되지 않는다.[1]

2) 주권의 실효절차 주식이전에 의하여 완전자회사가 되는 회사는 이에 관한 주주총회의 승인결의가 있는 때에는 (i) 주식이전계획서에 대하여 주주총회가 승인결의를 한 뜻·(ii) 1月을 초과하여 정한 기간 내에 주권을 회사에 제출하여야 한다는 뜻 및 (iii) 주식이전의 날에 주권이 무효가 된다는 뜻을 공고하고, 주주명부에 기재된 주주와 질권자에 대하여 따로 따로 그 통지를 하여야 한다($\frac{\text{상 360조}}{\text{의 19 1항}}$).

이 때에 주권을 회사에 제출할 수 없는 자가 있는 때에는, 회사는 그 자의 청구에 의하여 3月 이상의 기간을 정하고 이해관계인에 대하여 그 주권에 대한 이의(異議)가 있으면 그 기간 내에 제출할 뜻을 공고하고 그 기간이 경과한 후에 신 주권을 청구자에게 교부할 수 있는데, 이러한 공고의 비용은 청구자의 부담으로 한다($\frac{\text{상 360}}{\text{조의}}$ $\frac{\text{19 2항,}}{\text{442조}}$).

3) 단주(端株)처리 등의 절차 주식의 포괄적 이전으로 인하여 완전자회사가 되는 회사의 주식 1주에 대하여 완전모회사가 되는 회사의 주식 1주를 교환할 수 없는 경우에는 단주처리의 절차를 밟아야 하고($\frac{\text{상 360조의 22, 360}}{\text{조 의 11 1항, 443조}}$), 또한 완전자회사가 되는 회사의 주식을 목적으로 하는 질권에는 물상대위와 회사에 대한 주권교부청구권이 인정된다($\frac{\text{상 360조의 22, 360조의}}{\text{11 2항, 339조, 340조 3항}}$).

---

1) 동지: 原田, 前揭 商事法務(第1537號), 8면.

(4) 설립등기

주식이전의 경우에는 이로 인한 회사설립등기의 신청서에 소정의 서류를 첨부하여 주식이전에 의한 회사설립등기를 하여야 한다($\binom{상등규}{147조}$).

(5) 공 시

주식의 포괄적 이전의 경우에는 앞에서 본 바와 같은 사전공시제도($\binom{상 360}{조의 17}$)와, 주식의 포괄적 교환에서와 같은 사후공시제도($\binom{상 360조의}{22, 360조의 12}$)가 있다.

(6) 주권상장법인에 대한 특칙

주권상장법인이 주식의 포괄적 이전을 하는 경우에는 합병의 경우와 같이 이전가액의 산정 및 외부평가기관에 의한 평가에 관한 특칙이 적용된다($\binom{자금 165조의 4 1}{항 3호 후단, 자금시}$ $\binom{176조}{의 6}$).

3. 효 과

(1) 완전모회사의 설립

완전자회사가 되는 회사의 주주는 자기의 주식을 완전모회사가 되는 회사에 이전하여 완전모회사를 설립하고, 그 완전모회사가 주식이전을 위하여 발행하는 주식의 배정을 받음으로써 그 완전모회사의 주주가 되므로($\binom{상 360}{조의 15}$), 완전모회사가 설립된다.

이 때 주식이전을 하여 설립한 완전모회사는 본점의 소재지에서는 2주 내에 또한 지점의 소재지에서는 3주 내에 설립등기사항을 등기하여야 하는데($\binom{상 360}{조의 20}$), 주식이전은 완전모회사가 본점소재지에서 이러한 등기를 함으로써 그 효력이 발생하므로($\binom{상 360}{조의 21}$) 완전모회사는 이 때에 성립한다. 이 경우 등기기산일은 '주식이전을 한 때'인데, 이는 주식이전계획서상 '주식이전을 할 시기'를 의미한다고 본다($\binom{상 360조}{의 16 1}$ $\binom{항}{5호}$). 완전자회사의 경우에는 주주가 변경될 뿐 등기사항에 변경이 생기는 것이 아니므로 원칙적으로 변경등기를 요하지 않는다. 또한 주식교환의 경우에는 기존의 회사 사이에 완전모자회사관계만이 창설되는 것이므로, 주식이전에서와 같은 회사의 설립등기절차가 없다.

주식이전에 의하여 설립되는 완전모회사의 자본금은 주식이전의 날에 완전자회사가 되는 회사에 현존하는 순자산액에서 그 회사의 주주에게 제공할 금전 및 그 밖의 재산의 가액(주식이전교부금 또는 주식이전교부물의 가액)을 정한 때에는 그 금액($\binom{상 360}{조의 16}$ $\binom{1항 4호}{}$)을 공제한 액을 한도로 하여야 하는데($\binom{상 360}{조의 18}$), 이는 완전모회사의 자본금 충실을 기하기 위한 것이다. 이 때 설립되는 완전모회사의 자본금의 한도액이 실제로 정한 완전모회사의 자본금을 초과하면, 그 초과액(주식이전차금)은 자본준비금으로 적립하여야 한다($\frac{상\ 459}{조\ 1항}$).

(2) 완전자회사가 되는 회사의 설립 및 그 회사의 구(舊) 주권의 실효

어느 회사($\substack{완전자회사\\가\ 되는\ 회사}$)의 발행주식총수는 기존의 주주에 갈음하여 위와 같이 설립된 완전모회사가 소유하게 되므로($\frac{상\ 360}{조의\ 15}$), 완전자회사가 설립되어 완전모자회사관계가 새로이 발생한다.

완전자회사가 되는 회사의 기존 주권은 실효되는데, 이에 관하여는 이미 앞에서 설명하였다($\frac{상\ 360}{조의\ 19}$).

4. 주식이전무효의 소

주식이전절차에 하자가 있는 경우에 각 회사의 주주·이사·감사나 감사위원회의 위원 또는 청산인은 주식이전의 날로부터 6월 내에 소만으로 이를 주장할 수 있는데($\frac{상\ 360조}{의\ 23\ 1항}$), 이 소는 완전모회사가 되는 회사의 본점소재지의 지방법원의 관할에 전속한다($\frac{상\ 360조}{의\ 23\ 2항}$).

주식이전을 무효로 하는 판결이 확정된 때에는 완전모회사가 된 회사는 주식이전을 위하여 발행한 주식의 주주에 대하여 그가 소유하였던 완전자회사가 된 회사의 주식을 이전하여야 한다($\frac{상\ 360조}{의\ 23\ 3항}$). 이 때 완전모회사는 해산에 준하여 청산하여야 하고, 청산인은 주주 기타 이해관계인의 청구에 의하여 법원이 선임할 수 있다($\substack{상\ 360조의\\23\ 4항,\ 193조}$).

그 이외의 사항은 주식교환무효의 소의 경우와 같다($\substack{상\ 360조의\ 23\ 4항,\\비송\ 107조\ 8호}$).

제 8 관　지배주주에 의한 소수주식의 강제매수

제 1　서　　언

특정주주가 주식의 대부분을 보유하는 경우 회사로서는 주주총회의 운영 등과 관련하여 소수주주의 관리비용이 들고 소수주주로서는 정상적인 출자회수의 길이 막히기 때문에 대주주가 소수주주의 주식을 매입함으로써 그 동업관계를 해소할 필요가 있는데, 소수주주가 그의 주식의 매도를 원하지 않는 경우에는 그 관계의 해소가 어렵게 된다. 따라서 2011년 4월 개정상법은 회사의 발행주식총수의 100분의 95 이상을 자기의 계산으로 보유하고 있는 지배주주는 소수주주를 관리하기 위한 비용을 절약하고 또한 회사의 신속한 의사결정을 통하여 효율적인 경영의 향상을 위하여 소수주주의 주식을 강제로 매입할 수 있도록 하였다.[1] 이와 함께 소수주주에게도 그의 출자를 회수할 수 있도록 하기 위하여 지배주주에 대한 주식매수청구권을 인정하였다.

2011년 4월 개정상법은 위와 같은 지배주주에 의한 소수주식의 강제매수제도 외에, 주식회사의 (흡수)합병시에 존속회사가 소멸회사의 주주에게 합병의 대가의 전부를 금전으로 제공할 수 있도록 하는 현금지급합병제도(cash-out merger)를 도입하여($\frac{상 523}{조 4호}$) 이러한 제도에 의해서도 소수주주를 배제할 수 있도록 하였다 (squeeze-out or freeze-out).

미국에서는 일반적으로 현금지급합병제도를 이용하여 소수주주를 배제하고 있고, 영국에서는 2006년 개정 회사법에 의하여 회사의 의결권 있는 주식 중 90% 이상을 취득한 공개매수청약자(지배주주)는 소수주주에게 주식매수의 통지를 하고 이러한 통지의 내용을 법원이 승인하여 지배주주는 소수주주의 주식을 강제매수할 수 있도록 하였으며($\frac{英會}{979조}$), 독일은 2001년 주식법의 개정으로 회사의 발행주식총수 중 95% 이상을 보유한 지배주주에게 소수주주의 주식을 강제매수할 수 있는 규정을 신설하였다($\frac{獨株 327조}{a\sim327조f}$).[2] 2011년 4월 개정상법이 신설한 지배주주에 의한 소수주식의 강제매수에 관한 규정은 위의 독일법과 가장 근접하다고 볼 수 있다.

우리 상법상 지배주주에 의한 소수주식의 강제매수제도는 크게 지배주주의 매도청구권과 소수주주의 매수청구권으로 나누어 규정되고 있으므로, 이하에서도 이 두 가지에 대하여 차례로 설명하겠다.

제2 지배주주의 주식매도청구권

1. 의   의

회사의 발행주식총수의 100분의 95 이상을 자기의 계산으로 보유하고 있는 주주(지배주주)는 회사의 경영상 목적을 달성하기 위하여 필요한 경우에는 회사의 다른 주주(소수주주)에게 그 보유하는 주식 전부의 매도를 청구할 수 있는데($\frac{상 360조}{의 24 1항}$),[3] 이

---

1) 법무부, 「상법(회사법)개정 공청회자료」, 2006. 7. 4, 53~54면; 김홍식, "개정상법상 소수주식의 강제매수제도에 관한 연구,"「안암법학」(안암법학회), 통권 제36호(2011. 9), 743면.

2) 이에 관한 상세는 김홍식, 상게논문, 745~756면 참조.

3) 동지: 대판 2020. 6. 11, 2018 다 224699(공보 2020, 1331)(상법 제360조의 24 제1항은 회사의 발행주식총수의 100분의 95 이상을 자기의 계산으로 보유하고 있는 주주〈이하 '지배주주'라고 한다〉는 회사의 경영상 목적을 달성하기 위하여 필요한 경우에는 회사의 다른 주주〈이하 '소수주

것이 지배주주에 의한 소수주식의 강제매수제도이다. 지배주주에 의한 소수주식의 강제매수에 의하여 지배주주는 100% 주주가 되어 불편한 동업관계를 해소할 수 있다.

　이 제도는 위에서 본 바와 같이 소수주주가 그의 주식의 매도를 원하지 않으면서 회사의 경영의 효율성을 저하시키는 경우에, 소수주주의 관리비용을 절약하면서 회사의 신속한 의사결정 등에 의하여 효율적인 경영의 향상을 위하여 인정된 것이다.

2. 주식매도청구권의 법적 성질

　이와 같이 지배주주가 소수주주에게 주식의 매도를 청구하면(상 360조 의 24 1항) 이러한 매도청구를 받은 소수주주는 (매도청구를 받은 날부터 2개월 내에) 지배주주에게 그 주식을 매도하여야 하는 의무를 부담하므로(상 360조 의 24 6항), 지배주주의 이러한 주식매도청구권의 법적 성질은 형성권의 일종이라고 볼 수 있다.

　지배주주의 주식매도청구권의 행사에 의하여 당해 주식에 관한 매매가액이 정하여지지 않았음에도 불구하고 매매계약이 성립한다고 볼 수는 없고, 주식매도청구권은 형성권이므로 지배주주가 주식매도청구권을 행사하면 소수주주는 지배주주와 매도가액에 대하여 협의할 의무를 부담하는 것으로 보아야 할 것이다. 따라서 상법 제360조의 24 제6항에서 「소수주주는 매도청구를 받은 날부터 2개월 내에 지배주주에게 그 주식을 매도하여야 한다」는 것은 2월 이내에 매도가액을 협의결정하여 매매계약을 체결하여야 한다는 뜻으로 해석하여야 한다고 본다.[1]

3. 주식매도청구권의 당사자

(1) 주식매도청구권자(지배주주)

　회사의 발행주식총수의 100분의 95 이상을 자기의 계산으로 보유하고 있는 주주(지배주주)이다. 「대상회사」는 공개매수나 합병을 전제로 하고 있지 않으며,[2] 또한 상장여부를 불문하고 모든 주식회사이다.[3]

주'라고 한다)에게 그 보유하는 주식의 매도를 청구할 수 있다고 규정하고 있다. 이는 95% 이상의 주식을 보유한 지배주주가 소수주주에게 공정한 가격을 지급한다면, 일정한 요건하에 발행주식 전부를 지배주주 1인의 소유로 할 수 있도록 함으로써 회사 경영의 효율성을 향상시키고자 한 제도이다. 이러한 입법 의도와 목적 등에 비추어 보면, 지배주주가 본 조항에 따라 매도청구권을 행사할 때에는 반드시 소수주주가 보유하고 있는 주식 전부에 대하여 권리를 행사하여야 한다).

1) 주식매수청구권에 관하여 동지의 견해로는 이 책 942~943면.
2) 영국의 2006년 회사법은 「공개매수 청약자가 대상회사의 의결권 있는 주식의 90% 이상을 취득한 것」을 전제로 한다(英會 979조).
3) 이 제도는 상장회사에 적합한 제도이므로 상장회사만을 대상으로 하는 것이 이 제도의 시행초기에 발생할 수 있는 부작용을 감소시킬 수 있고, 이 제도를 비상장회사에까지 적용하는 것은 마

회사의 발행주식총수의 100분의 95 이상을 보유하는 지배주주의 산정에는 자기의 명의는 불문하고 「자기의 계산」으로 보유하고 있는 모든 주식을 포함하고($\substack{상 360 \\ 조의 \\ 24 1항}$), 또한 모회사와 자회사가 보유한 주식은 합산한다($\substack{이 경우 회사가 아닌 주주가 어느 회사 \\ 의 발행주식총수의 100분의 50을 초과 \\ 하는 주식을 가진 경우, 그 회사가 보유하는 \\ 주식도 그 주주가 보유하는 주식과 합산한다}$)($\substack{상 360조 \\ 의 24 2항}$). 이 경우 자회사가 보유하는 자기주식은 발행주식총수 및 모회사의 보유주식에 합산된다.[1]

(2) 주식매도청구의 상대방(소수주주)

주식매도청구의 상대방은 회사의 발행주식총수의 100분의 5 미만의 주식을 보유하고 있는 주주(소수주주)이다($\substack{상 360조 \\ 의 24 1항}$).

4. 주식매도청구의 행사요건

(1) 경영상 목적을 달성하기 위하여 필요

지배주주가 소수주주에 대하여 주식매도청구권을 행사하기 위하여는 회사의 「경영상 목적을 달성하기 위하여 필요한 경우」이어야 한다($\substack{상 360조 \\ 의 24 1항}$). 지배주주가 이러한 주식매도청구권을 행사하기 위하여는 후술하는 바와 같이 미리 주주총회의 승인을 받아야 하는데($\substack{상 360조 \\ 의 24 3항}$), 「주식매도청구의 목적」에 대하여는 이러한 주주총회의 소집통지서에 적고 또한 주주총회에서 그 내용을 설명하여야 한다($\substack{상 360조의 \\ 24 4항 2호}$). 그런데 이러한 주식매도청구의 목적은 경영상 목적을 달성하기 위한 경우로 한정되어 있다.[2] 이 때 지배주주는 주식매도청구의 목적이 경영상의 목적의 범주에 속한다는 점만을 주주총회에서 설명한다고 하여 경영상 목적을 달성하기 위한 필요가 존재하게 되고 또한 이로써 주식매도청구의 목적에 실질적인 정당성이 증명되었다고 볼 수는 없다고 본다.[3] 따라서 지배주주는 주식매도청구의 목적이 회사의 경영상 목적

치 1인회사를 장려하는 것과 같은 결과를 가져온다고 보는 견해도 있다[김홍식, 전게논문(안암법학 통권 제36호), 757면; 김화진, "소수주식의 강제매수제도," 「법학」(서울대 법학연구소), 제50권 제1호(2009), 342면].

1) 대결 2017. 7. 14, 2016 마 230(공보 2017, 1701)(자회사의 소수주주가 상법 제360조의 25 제1항에 따라 모회사에게 주식매수청구를 한 경우에 모회사가 지배주주에 해당하는지 여부를 판단함에 있어, 상법 제360조의 24 제1항은 회사의 발행주식총수를 기준으로 보유주식의 수의 비율을 산정하도록 규정할 뿐 발행주식총수의 범위에 제한을 두고 있지 않으므로 자회사의 자기주식은 발행주식총수에 포함되어야 한다. 또한 상법 제360조의 24 제2항은 보유주식의 수를 산정할 때에는 모회사와 자회사가 보유한 주식을 합산하도록 규정할 뿐 자회사가 보유한 자기주식을 제외하도록 규정하고 있지 않으므로 자회사가 보유하고 있는 자기주식은 모회사의 보유주식에 합산되어야 한다).

2) 참고로 독일의 2001년 개정주식법상 소수주식의 강제매수에 관한 규정(獨株 327조a~327조f)에는 소수주식의 강제매수를 위한 목적을 특별히 제한하고 있지 않다.

3) 동지: 김홍식, 전게논문(안암법학 통권 제36호), 758~759면(따라서 주식매도청구의 목적이 경영상 목적을 달성하기 위하여 필요한 경우로서 실질적 정당성을 가지려면 소수주주에 대한 억압

을 달성하기 위하여 부득이한 것이고 소수주주의 이익을 침해하고자 하는 것이 결코 아니라는 점에 관하여 주주총회에서 구체적으로 충분히 설명하고 또한 증명하여야 한다고 본다.

(2) 사전 주주총회의 승인

지배주주가 소수주주에 대하여 주식매도청구권을 행사하기 위하여는 미리 주주총회의 승인을 받아야 한다($\frac{상 360조}{의 24\ 3항}$).[1]

이러한 주주총회의 소집을 통지할 때에는 (i) 지배주주의 회사 주식의 보유현황 · (ii) 매도청구의 목적 · (iii) 매매가액의 산정 근거와 적정성에 관한 공인된 감정인의 평가 및 (iv) 매매가액의 지급보증에 관한 사항을 통지서에 적어야 하고, 매도를 청구하는 지배주주는 주주총회에서 그 내용을 설명하여야 한다($\frac{상 360조}{의 24\ 4항}$).

(3) 소수주주에 대한 사전 공고 · 통지

지배주주는 주식매도청구의 날 1개월 전까지 (i) 소수주주는 매매가액의 수령과 동시에 주권을 지배주주에게 교부하여야 한다는 뜻과 (ii) 주권을 교부하지 아니할 경우 매매가액을 수령하거나 지배주주가 매매가액을 공탁한 날에 주권은 무효가 된다는 뜻을 공고하고, 주주명부에 적힌 주주와 질권자에게 따로 그 통지를 하여야 한다($\frac{상 360조}{의 24\ 5항}$).

5. 주식매도청구의 행사효과

(1) 소수주주의 주식매도의무

지배주주가 소수주주에게 위의 요건을 갖추어 주식매도청구를 하면, 주식매도청구를 받은 소수주주는 매도청구를 받은 날부터 2개월 내에 지배주주에게 그 주식을 매도하여야 한다($\frac{상 360조}{의 24\ 6항}$). 이 때 소수주주가 「매도청구를 받은 날부터 2개월 내에 그 주식을 지배주주에게 매도하여야 한다」는 의미는, 앞에서 본 바와 같이 소수주주는 지배주주와 2개월 내에 매매가격을 합의결정하여 매매계약을 체결하여야 한다는 뜻으로 해석하여야 할 것으로 본다.[2]

(2) 주식매도가액의 결정

소수주주의 지배주주에 대한 주식의 매도가액의 결정은, (i) 협의가액, (ii) 법원

의 부존재를 증명하여야 한다고 보고 있다).

1) 이 경우 매도청구기간에 대한 제한이 없으므로 주주총회의 승인대상에 매매가액을 포함시켜야 한다는 견해가 있는데(권기범, "상법상 기업재편법제의 현황과 개선방안,"「상사법연구」(한국상사법학회), 제33권 제1호(2014. 5), 32~33면), 이를 인정한다고 하더라도 이는 매매가액은 될 수 없고 협의제안가액이 될 수 있을 뿐이다(상 360조의 24 7항 · 8항 참조).

2) 회사에 대한 주식매수청구권에 관하여 동지의 견해로는 이 책 948~950면.

에 의한 결정가액의 2단계를 거치게 된다. 즉, (i) 매도가액은 매도청구를 받은 소수주주와 매도를 청구한 지배주주간의 협의로 결정하고($\frac{\text{상 360조}}{\text{의 24 7항}}$), (ii) 소수주주가 지배주주로부터 매도청구를 받은 날부터 30일 내에 매매가액에 대한 협의가 이루어지지 아니한 경우에는 주식매도청구를 받은 소수주주 또는 주식매도청구를 한 지배주주는 법원에 매매가액의 결정을 청구할 수 있는데($\frac{\text{상 360조}}{\text{의 24 8항}}$), 법원이 이러한 주식의 매매가액을 결정하는 경우에는 회사의 재산상태와 그 밖의 사정을 고려하여 공정한 가액으로 산정하여야 한다($\frac{\text{상 360조}}{\text{의 24 9항}}$). 이는 회사의 영업양도 등에 관한 주주총회의 특별결의시에 그 결의에 반대하는 소수주주 등에게 인정되는 주식매수청구권에서 그 주식매수가액의 결정방법과 같다($\frac{\text{상 335조의 6, 360조의 5 3항, 360조의 22, 374조}}{\text{의 2 3항·4항·5항, 530조 2항, 530조의 11 2항}}$).

(3) 주식의 이전시기

지배주주가 소수주주에 대하여 주식매도청구권을 행사한 경우, 주식을 취득하는 지배주주가 「매매가액($\frac{\text{상 360조의 24 7항~9항}}{\text{에 의하여 정하여진 가액}}$)[1]을 소수주주에게 지급한 때」에 주식이 이전된 것으로 본다($\frac{\text{상 360조}}{\text{의 26 1항}}$).

그런데 지배주주가 매매가액을 지급할 소수주주를 알 수 없거나 소수주주가 수령을 거부할 경우에는 지배주주는 그 가액을 공탁할 수 있는데, 이 경우 주식은 「공탁한 날」에 지배주주에게 이전된 것으로 본다($\frac{\text{상 360조}}{\text{의 26 2항}}$). 이는 주식의 양도에 있어서는 주권을 교부하여야 한다는 원칙($\frac{\text{상 336}}{\text{조 1항}}$)에 대한 예외라고 볼 수 있다.

---

1) 대판 2020. 6. 11, 2018 다 224699(공보 2020, 1331)(상법 제360조의 26 제1항은 상법 제360조의 24에 따라 주식을 취득하는 지배주주는 매매가액을 소수주주에게 지급한 때에 주식이 이전된 것으로 본다고 규정하고, 같은 조 제2항은 제1항의 매매가액을 지급할 소수주주를 알 수 없거나 소수주주가 수령을 거부할 경우에는 지배주주는 그 가액을 공탁할 수 있다고 규정하고 있다. 이때의 '매매가액'은 지배주주가 일방적으로 산정하여 제시한 가액이 아니라, 소수주주와 협의로 결정된 금액 또는 법원이 상법 제360조의 24 제9항에 따라 산정한 공정한 가액으로 보아야 한다. 이유는 다음과 같다. ① 지배주주의 일방적인 매도청구권 행사로 소수주주가 그 의사에 반하여 회사로부터 축출될 수 있기 때문에, 공정한 가격을 지급함으로써 소수주주를 보호할 필요성이 인정된다. 상법에서 '지배주주의 매도청구권이 주주총회에서 승인된 때' 또는 '소수주주가 매도청구권의 통지를 수령한 때'가 아니라 '지배주주가 매매가액을 지급한 때'에 비로소 주식이 이전된다고 규정하고, 또 지배주주의 매도청구권에 대응하는 권리로 상법 제360조의 25에서 소수주주에게도 매수청구권을 부여한 점에 비추어 보더라도 그러하다. ② 상법 제360조의 26은 상법 제360조의 24에 따라 지배주주가 매도청구권을 행사한 경우뿐 아니라 상법 제360조의 25에 따라 지배주주가 있는 회사의 소수주주가 지배주주를 상대로 매수청구권을 행사한 경우에도 동일하게 적용된다. 그런데 후자의 경우, 지배주주가 일방적으로 산정하여 제시하는 매매가액이라는 개념은 상정하기 어렵다).

제 3 소수주주의 주식매수청구권

1. 의   의

회사의 발행주식총수의 100분의 95 이상을 자기의 계산으로 보유하고 있는 주주(지배주주)가 있는 회사의 다른 주주(소수주주)는 언제든지 지배주주에게 그 보유주식의 매수를 청구할 수 있는데($\frac{상}{의}\frac{360조}{25}$ 1항), 이것이 소수주주의 (지배주주에 대한) 주식매수청구권이다.

2011년 4월 개정상법은 지배주주에게 소수주주에 대한 주식매도청구권을 인정하고 있는 점과 대응하여, 소수주주에 대하여도 그의 출자를 회수하여 동업관계를 해소할 수 있도록 하기 위하여 소수주주의 (지배주주에 대한) 주식매수청구권을 인정하였다.[1]

이러한 소수주주의 (지배주주에 대한) 주식매수청구권($\binom{이하 이를 '지배주주에 대한}{주식매수청구권'으로 약칭함}$)은 회사의 영업양도 등에 관한 주주총회의 특별결의시에 그 결의에 반대하는 소수주주가 회사에 대하여 청구할 수 있는 주식매수청구권 등($\binom{이하 이를 '회사에 대한 주}{식매수청구권'으로 약칭함}$)($\frac{상}{조의}$ 335조의 6, 360조의 22, 374조의 2, 522조의 3, 530조의 11 2항)과는 같은 점도 많으나, 그 상대방이 회사가 아니라 지배주주이고 또한 사전의 통지를 요하지 않는다는 점 등에서 구별된다.

2. 주식매수청구권의 법적 성질

소수주주가 지배주주에게 주식매수청구권을 행사하면 지배주주는 (매수를 청구한 날을 기준으로 2개월 내에) 매수를 청구한 소수주주로부터 그 주식을 매수하여야 하는 의무를 부담하므로($\frac{상}{의}\frac{360조}{25}$ 2항), 소수주주의 지배주주에 대한 이러한 주식매수청구권의 법적 성질은 형성권의 일종이라고 볼 수 있다. 이 점은 지배주주의 소수주주에 대한 주식매도청구권($\frac{상}{24}\frac{360조의}{1항·6항}$) 및 회사에 대한 주식매수청구권($\frac{상}{374조의 2, 522조의 3, 530}^{360조의 5, 360조의 22,}_{조의 11 2항}$)의 그것과 같다.

3. 주식매수청구권의 당사자

(1) 주식매수청구권자(소수주주)

회사의 발행주식총수의 100분의 95 이상을 자기의 계산으로 보유하고 있는 주주(지배주주)가 있는 회사의 다른 주주(소수주주)이다($\frac{상}{의}\frac{360조}{25}$ 1항). 즉, 이러한 소수주주

---

1) 법무부, 전게 상법(회사법)개정 공청회 자료, 53~54면.

는 회사의 발행주식총수의 100분의 5 미만을 보유한 주주이다. 그러나 회사에 대한 주식매수청구권에서는 그 주식매수청구권자에 대하여 회사의 발행주식총수의 일정한 비율 이하의 주식을 보유하는 자로 제한하고 있지 않다. 따라서 이 점에서는 지배주주에 대한 주식매수청구권과 회사에 대한 주식매수청구권이 구별되는 점이라고 볼 수 있다.

(2) 주식매수청구의 상대방(지배주주)

주식매수청구의 상대방은 발행주식총수의 100분의 95 이상을 자기의 계산으로 보유하고 있는 지배주주이다($\frac{상\,360조}{의\,25\,1항}$). 따라서 이 점에서 지배주주에 대한 주식매수청구와 회사에 대한 주식매수청구는 근본적으로 구별되고 있다.

4. 주식매수청구의 행사요건

소수주주는「언제든지」지배주주에게 그 보유주식의 매수를 청구할 수 있으므로($\frac{상\,360조}{의\,25\,1항}$), 이러한 주식매수청구에는 어떠한 전제요건이 없다고 볼 수 있다. 따라서 이 점은 지배주주가 소수주주에 대하여 주식매도청구권을 행사하기 위하여는 일정한 요건을 요하는 점($\frac{경영상\,목적을\,달성하기\,위하여\,필요하고,\,사전에\,주주총회의\,승인을}{받아야\,하며,\,소수주주에\,대하여\,사전에\,공고·통지를\,하여야\,하는\,점}$)과 구별되고, 또한 회사에 대한 주식매수청구권을 행사하기 위하여도 일정한 요건을 요하는 점($\frac{주주총회\,전에\,회사에\,대하여\,서면으로\,그\,결의에\,반대하는\,의사를\,통지하고,\,주}{주총회의\,결의일부터\,20일\,이내에\,회사에\,대하여\,주식매수를\,청구하여야\,하는\,점}$)과 구별되고 있다.

5. 주식매수청구의 행사효과

(1) 지배주주의 주식매수의무

소수주주가 지배주주에게 주식매수를 청구하면, 이러한 주식매수청구를 받은 지배주주는 주식매수를 청구한 날을 기준으로 2개월 내에 매수를 청구한 주주로부터 그 주식을 매수하여야 한다($\frac{상\,360조}{의\,25\,2항}$). 이 때 지배주주가「매수를 청구한 날을 기준으로 2개월 내에 매수를 청구한 소수주주로부터 그 주식을 매수하여야 한다」는 의미는, 지배주주는 소수주주와 2개월 내에 매매가격을 합의결정하여 매매계약을 체결하여야 한다는 뜻으로 해석하여야 할 것으로 본다.[1]

(2) 주식매수가액의 결정

소수주주가 지배주주에 대하여 주식매수청구권을 행사한 경우 주식의 매수가액의 결정은, (i) 협의가액, (ii) 법원에 의한 결정가액의 2단계를 거치게 된다. 즉, (i) 매수가액은 매수를 청구한 소수주주와 매수청구를 받은 지배주주간의 협의로 결정

---

1) 회사에 대한 주식매수청구권에 관하여 동지의 견해로는 이 책 948~950면.

하고($\frac{\text{상 360조}}{\text{의 25 3항}}$), (ii) 매수청구를 받은 날부터 30일 내에 매수가액에 대한 협의가 이루어지지 아니한 경우에는 매수청구를 받은 지배주주 또는 매수청구를 한 소수주주는 법원에 대하여 매수가액의 결정을 청구할 수 있는데($\frac{\text{상 360조}}{\text{의 25 4항}}$), 이 때 법원은 회사의 재산상태와 그 밖의 사정을 고려하여 공정한 가액으로 산정하여야 한다($\frac{\text{상 360}}{\text{조의}}$ $\frac{25}{5항}$). 이는 지배주주가 주식매도청구권을 행사한 경우($\frac{\text{상 360조의 24}}{\text{7항·8항·9항}}$) 및 회사에 대하여 주식매수청구권을 행사한 경우($\frac{\text{상 335조의 6, 360조의 5 3항, 360조의 22, 374조}}{\text{의 2 3항·4항·5항, 530조 2항, 530조의 11 2항}}$)와 같다.

(3) 주식의 이전시기

소수주주가 지배주주에 대하여 주식매수청구권을 행사한 경우, 주식을 취득하는 지배주주가 「매매가액을 소수주주에게 지급한 때」에 주식이 이전된 것으로 보고($\frac{\text{상 360조}}{\text{의 26 1항}}$), 소수주주가 매매가액의 수령을 거부할 경우에는(소수주주가 지배주주에 대하여 주식매수청구권을 행사한 경우에는 '소수주주를 알 수 없는 경우'란 있을 수 없음) 지배주주가 매매가액을 「공탁한 날」에 주식이 지배주주에게 이전된 것으로 본다($\frac{\text{상 360조}}{\text{의 26 2항}}$). 이는 주식의 양도에 있어서는 주권을 교부하여야 한다는 원칙($\frac{\text{상 336}}{\text{조 1항}}$)에 대한 예외인데, 소수주주가 지배주주에게 주식매수청구권을 행사한 경우에도 이러한 예외를 인정해야 하는지는 의문이다.[1] 회사에 대한 주식매수청구권에는 이러한 규정이 없다.

제 4 절 기 관

제 1 관 총 설

제 1 서 설

(1) 주식회사는 법인($\frac{\text{상}}{\text{169조}}$)이므로 자연인과는 달리 기관을 통하여 활동한다. 주식회사에서 주주(사원)는 회사의 존재의 기초가 되나, 기관은 회사의 활동의 기초가 된다. 즉, 주식회사의 주주는 권리능력의 기초가 되나, 기관은 행위능력 내지 의사능력의 기초가 된다. 인적회사에서는 원칙적으로 각 사원이 업무집행권과 대표권을 가지므로($\frac{\text{상 200조 1항.}}{\text{207조, 273조}}$) 사원자격과 기관자격이 일치하나(자기기관), 주식회사($\frac{\text{특히 대규}}{\text{모의 상장}}$ $\frac{\text{주식}}{\text{회사}}$)에서는 원칙적으로 이사 또는 집행임원은 주주임을 전제로 하지 않으므로($\frac{\text{상}}{\text{387조}}$) 사원자격과 기관자격이 분리된 소유와 경영의 분리현상이 나타난다(제3자 기관).

(2) 우리나라의 현행 상법상 주식회사의 기관은 크게 필요기관과 임시기관으로

---

1) 입법론으로는 상법 제360조의 26 제1항에서 '제360조의 25'를 삭제하는 것이 타당하다고 본다.

분류될 수 있다. 필요기관에는 회사의 기본적 사항에 관한 의사결정기관으로서 「주주총회」가 있고, 업무집행기관으로서 집행임원 비설치회사의 경우는 원칙적으로 「이사회와 대표이사」[1](자본금 총액이 10억원 미만인 소규모 주식회사로서 이사가 1명 또는 2명인 경우에는 이사회가 없고 대표이사는 임의기관이므로, 각 이사〈또는 대표이사〉가 업무집행기관임 — 상 383조 1항 단서, 6항)가 있고 집행임원 설치회사의 경우는 「집행임원」이 있으며, 이사 또는 집행임원의 업무 및 회계에 관한 감사기관으로서 「감사(監事)」(자본금 총액이 10억원 미만인 소규모 주식회사의 경우에는 감사가 임의기관임 — 상 409조 4항) 또는 「감사위원회」가 있다. 임시기관에는 주식회사의 설립절차 또는 업무나 재산상태 등을 조사하기 위하여 법원 또는 주주총회에 의하여 선임되는 「검사인」이 있다. 이 외에 특별법인 주식회사 등의 외부감사에 관한 법률(제정: 1980. 12. 31, 법 3297호, 개정: 2024. 1. 16, 법 20055호)에 의하여 일정규모 이상의 주식회사에 대한 회계감사기관으로서 「(외부)감사인」이 있다.

(3) 주식회사의 기관의 중심은 물론 필요기관인데, 이러한 필요기관의 각 기관 상호간의 권한분배에 관하여는 연혁적으로 또 비교법적으로 차이점이 많다. 따라서 이하에서는 우리 상법상 주식회사의 각 기관을 정확히 이해하기 위하여, 먼저 주식회사의 필요기관에 대한 연혁적 및 비교법적인 고찰을 하겠다. 주식회사의 기관 상호간의 권한분배에 있어서 연혁적인 고찰에서는 주주총회와 업무집행기관간의 권한분배가 주로 문제가 되었고, 비교법적인 고찰에서는 업무집행기관과 감독(감사)기관간의 권한분배가 주로 문제되고 있다.[2]

제 2 주식회사 기관의 연혁적 고찰

(1) 우리나라에서 주식회사를 규율하는 법은 시간적으로 크게 세 단계로 분류될 수 있다. 즉, 1962년까지의 의용(依用)상법(구〈舊〉 상법), 1963년 이후의 신 상법(1962. 1. 20 제정), 1984년 개정상법(1984. 4. 10 개정) 이후가 그것이다. 따라서 우리나라 주식회사의 기관의 연혁적 고찰에서는 크게 의용상법·신상법·1984년 개정상법 이후의 순으로 주식회사의 기관의 특징을 살펴보면 되겠다.

1) 의용(依用)상법에서의 주식회사의 기관은 현재와 같이 3기관으로 분화되어 있어, 의사기관으로 주주총회·업무집행기관으로 이사(取締役) 및 감사기관으로 감사(監事役)

---

1) 「이사」도 독립된 업무집행기관인가와 「대표이사」는 이사회와 독립된 업무집행기관인가에 대하여는 학설이 나뉘어 있는데(이에 관하여는 후술함), 이사의 기관성을 부인하고 대표이사의 독립기관성을 긍정하는 견해(통설)에 의하면 주식회사의 업무집행기관은 이사회와 대표이사이다.

2) 이에 관한 상세는 이재윤, "주식회사의 업무집행에 대한 감사·감독제도에 관한 연구," 법학박사학위논문(고려대, 2005. 8); 金香蘭, "중한 주식회사의 지배구조에 관한 비교연구," 법학박사학위논문(고려대, 2009. 8) 등 참조.

가 있었다. 이 때의 주주총회는 최고·만능이었고, 감사는 업무감사 및 회계감사의 권한을 갖고 있었다.

2) 1962년 제정상법에서도 의용상법에서와 같이 3기관의 분화는 유지되었으나, 기관 상호간의 권한이 재조정되었다. 즉, 업무집행기관을 이사회와 대표이사로 분화하고, 종래의 주주총회의 권한을 이사회에 대폭 이양하였다. 또한 종래의 감사의 권한 중 업무감사의 권한을 이사회에 이전하고, 감사(監事)에게는 회계감사의 권한만을 부여하였다. 따라서 이 때에는 회사의 중심이 주주총회에서 이사회로 옮겨졌다. 회사의 중심기관을 이사회로 변경하는 대신, 그 견제를 위하여 이사의 책임과 벌칙을 강화하고 주주에게도 감시·시정의 권리를 부여하였다.

3) 1984년 개정상법 이후에는 1984년의 대폭적인 상법개정 이외에도 1995년·1998년·1999년·2001년·2009년·2011년·2014년·2015년 및 2020년의 상법개정이 있었다.

1984년 개정상법에서도 3기관의 분화와 이사회 중심의 권한분배가 유지되었으나, 기관 상호간의 권한분배가 다시 조정되었다. 즉, 1984년 개정상법에서는 주주총회의 권한을 더욱 축소하여 이사회의 권한으로 이전하였고, 이사회의 권한으로서의 업무감사권을 감사(監事)의 권한으로 다시 부활시켰다. 이 때에 주주총회의 권한에서 이사회의 권한으로 이전된 것으로 대표적인 것으로는 준비금의 자본전입권($\frac{상}{461조}$), 전환사채의 발행권($\frac{상}{513조}$), 지점의 설치·이전 또는 폐지권($\frac{상 393조}{1항 후단}$) 등이다.

1995년 개정상법에서는 감사(監事)의 권한이 더욱 확대되었다($\frac{상 411조, 412조의 2,}{412조의 3, 412조의 4}$).

1998년 개정상법에서는 자본금이 5억원 미만인 소규모 주식회사에서는 예외적으로 이사의 수를 1인 또는 2인으로 할 수 있도록 하였고($\frac{상 383조}{1항 단서}$), 이사의 충실의무를 인정함과 동시에($\frac{상 382}{조의 3}$) 사실상의 이사(업무집행지시자 등)에 대하여 이사의 책임을 인정하고($\frac{상 401}{조의 2}$), 주주제안권($\frac{상 363}{조의 2}$)과 집중투표제도($\frac{상 382}{조의 2}$)를 인정함과 동시에, 소수주주권의 행사를 용이하게 하여 주주의 이사에 대한 직접감독권을 강화하였다($\frac{상 366조, 402조,}{403조, 466조, 467조}$).

1999년 개정상법에서는 이사회 내에 2인 이상의 이사로 구성되는 각종 위원회를 설치할 수 있도록 하고($\frac{상 393}{조의 2}$), 이러한 위원회 중의 하나로 감사위원회를 감사(監事)에 갈음하여 둘 수 있도록 하였다($\frac{상 415}{조의 2}$). 이와 함께 주주총회에서 의장에게 질서유지권을 부여하였고($\frac{상 366}{조의 2}$), 주주의 서면결의를 인정하였다($\frac{상 368}{조의 3}$). 또한 이사회에서 이사에게 동영상 등의 통신수단에 의한 결의참가를 인정하였다($\frac{상 391}{조 2항}$).

2001년 개정상법에서는 주주총회의 권한을 확대하고($\frac{상 360조의 3,}{360조의 16}$), 이사회의 권한을 구체화하였으며($\frac{상 393}{조 1항}$), 이사의 권한($\frac{상 382조의}{4, 393조 3항}$) 및 의무($\frac{상 382조의}{4, 393조 4항}$)를 확대하였다.

2009년 1월 30일 개정상법에서는 종래에 증권거래법에 있었던 상장회사의 지배구조에 관한 특례규정을 신설하였다($\frac{상 제3편}{제4장 제13절}$). 또한 2009년 5월 28일 개정상법에서는 자본금 총액이 10억원 미만인 소규모 주식회사에 대하여 주주총회 소집절차를 간소화하고($\frac{상}{363조 4항}$~7항), 이사를 1명 또는 2명 둘 수 있도록 하였으며($\frac{이 경우에는}{이사회가 없음}$)($\frac{상 383조 1항}{단서, 4항~6항}$), 감사(監事)

를 임의기관으로 하였다($\binom{상\ 409}{조\ 4항}$). 이와 함께 전자공고($\binom{상\ 289조\ 3항}{단서,\ 4항\sim6항}$) · 전자주주명부($\binom{상\ 352}{조의\ 2}$) 및 전자적 방법에 의한 의결권의 행사(전자투표)($\binom{상\ 368}{조의\ 4}$) 등에 대하여 규정함으로써 기업경영의 정보기술(IT)화를 일부 실현하였다.

2011년 4월 14일 개정상법에서는 집행임원제도를 도입하였고($\binom{상\ 408조의}{2\sim408조의\ 9}$), 이사의 의무를 확대하였으며($\binom{상\ 397조}{의\ 2,\ 398조}$), 이사의 회사에 대한 책임을 감경할 수 있는 규정을 두었고($\binom{상\ 400}{조\ 2항}$), 감사의 권한을 확대하는 규정을 두었다($\binom{상\ 412}{조의\ 4}$).

2014년 5월 20일 개정상법에서는 1962년 제정상법부터 존재란 무기명주식제도를 폐지하였다($\binom{상\ 352조\ 2항\ 삭제,\ 357조\sim358조\ 삭제,\ 363조\ 3}{항\ 및\ 4항\ 후단\ 삭제,\ 368조\ 2항\ 삭제,\ 444조\ 삭제}$).

2015년 개정상법에서는 (합병의 경우와 같이) 삼각주식교환($\binom{상\ 360}{조의\ 3}$) 및 삼각분할합병($\binom{상\ 530}{조의\ 6}$)을 인정하고, 간이영업양도 등($\binom{상\ 374}{조의\ 3}$)을 인정하여, 다양한 형태의 M&A의 수요에 대응할 수 있도록 하였다.

2020년 12월 개정상법에서는 다중대표소송제도의 신설($\binom{상\ 406}{조의\ 2}$) · 감사위원회 위원 중 1명의 분리선출제($\binom{상\ 542조의}{12\ 2항\ 단서}$) · 상장회사에서 소수주주권은 일반규정에 따라서도 행사할 수 있도록 하여($\binom{상\ 542조}{의\ 6\ 10항}$) 소수주주권을 행사할 수 있는 범위의 확대 · 신주의 이익배당 기준일에 관한 규정의 삭제($\binom{상\ 350조\ 3항\ 삭제,\ 423조\ 1항\ 2문\ 삭제,\ 461조\ 6항\ 삭제,\ 462조의\ 2}{4항\ 2문\ 삭제,\ 462조의\ 3\ 5항\ 일부\ 삭제,\ 516조의\ 10\ 2문\ 일부\ 삭제}$) · 주주총회에서 감사 또는 감사위원회 위원의 선임시 전자투표의 경우에는 '발행주식총수의 4분의 1 이상'을 의결정족수에서 배제하였다($\binom{상\ 409조\ 3항,}{542조의\ 12\ 8항}$).

(2) 참고로 독일의 주식회사에서 오늘날과 같이 주주총회 · 이사회 및 감사회의 3 기관이 최초로 규정된 것은 1870년의 구(舊) 상법 중 주식법 개정법률이었다. 즉, 위의 3 기관 중 맨 나중에 규정된 기관은 감사회인데, 동 감사회가 1870년의 주식법 개정법률에서 주식회사의 의무기관으로 최초로 규정되었다.[1] 그 이유는 1870년의 독일의 주식회사에 관한 입법정책에서 종래의 면허주의를 폐지하고 준칙주의로 변경하였는데, 이에 따라 주식회사에 대한 감독을 국가의 감독 대신에 회사내부의 감독에 강제로 맡기고자 하였기 때문이다.[2] 독일에서 감사회를 최초로 의무기관으로 규정한 것은 1861년의 구(舊) 상법이었는데, 이 때에는 주식합자회사에서 감사회를 의무기관으로 규정하였고,[3] 주식회사에서는 임의기관으로 규정하였다.[4] 그 후 위에서 본 바와 같이 1870년부터 주식회사에 대하여도 감사회를 의무기관으로 규정하게 된 것이다.

이러한 주식회사의 3기관은 그 후 1897년의 신상법(HGB) · 1937년의 주식법 및 1965년의 주식법에서도 그대로 유지되었으나, 각각의 법률에서의 3기관의 권한에는 차이

---

1) ADHGB i.d.F. des Gesetzes vom 11. Juni 1870 § 209 Nr. 6.
2) Klaus J. Hopt, "Zur Funktion des Aufsichtsrats im Verhältnis von Industrie und Bankensystem," *Recht und Entwicklung der Grossunternehmen im 19. und frühen 20 Jahrhundert*, 1979, S. 232.
3) ADHGB §§ 175 Nr. 6, 191 ff.
4) ADHGB § 225.

가 있었다. 즉, 1897년의 신상법에서는 주주총회를 최상위기관으로 규정하고 주주총회에
가장 강력한 권한을 부여하였으나, 1937년의 주식법에서는 이사회의 권한을 현저히 강화
하였고, 1965년의 주식법에서는 본질적인 변경은 없었으나 주주총회 및 감사회의 권한을
개별적인 점에서 다시 약간 확대하였다.[1]

(3) 이렇게 보면 우리나라의 의용(依用)상법에서 주주총회 중심의 권한분배는 1897
년의 독일 신상법의 그것과 유사하고, 우리나라의 신상법에서 이사회 중심의 권한분배는
1937년의 독일 주식법의 그것과 유사하다고 볼 수 있다. 따라서 우리 상법이 주식회사의
기관의 권한분배에서 이사회 중심의 입법을 한 것이 전적으로 영미법의 영향에 의한 것으
로만 볼 수는 없다. 그러나 1998년 · 1999년 · 2001년 · 2009년 및 2011년의 개정상법에 의
하여 영미법에 많이 가깝게 되었다.

제 3　주식회사 기관의 비교법적 고찰

1. 주주총회

(1) 한　　국

우리 상법상 주주총회는 상법 또는 정관에 정하는 사항에 한하여 결의할 수 있어
($\frac{상}{361조}$), 그 권한이 매우 제한되어 있다. 상법상 타기관($\frac{예컨대}{이사회}$·)의 권한으로 규정되어 있는
것을 정관에 의하여 주주총회의 권한으로 할 수 있는가. 이에 대하여 우리나라의 학설은 후
술하는 바와 같이 긍정설(통설)과 부정설(소수설)로 나뉘어 있다. (i) 긍정설에서는 주주총
회는 주식회사의 최고기관이라는 이유로 주주총회의 소집결정($\frac{상}{362조}$)과 같이 그 성질상 허
용될 수 없는 것을 제외하고는 정관에 의하여 주주총회의 권한으로 할 수 있다고 한다.[2]
(ii) 그러나 부정설은 상법상 각 기관의 권한에 관한 규정은 강행규정으로 보아야 하고 또
주식회사의 3 기관간에는 가능한 한 견제와 균형의 원리가 유지되어야 하기 때문에, 상법
상 타기관의 권한으로 규정되어 있는 것은 정관에 의하여 주주총회의 권한으로 할 수 없
다고 한다.[3] 생각건대 후술하는 바와 같이 부정설이 타당하다고 본다.[4]

(2) 독　　일

1) 독일의 주식법에서도 주주총회는 주식법 및 정관에 명시적으로 규정된 사항에 대
하여만 결의를 할 수 있다($\frac{AktG \S}{119 \, ①}$). 그런데 우리 상법상 주주총회의 권한과 독일 주식법상
주주총회의 권한은 일치하지 않는다. 즉, 우리 상법상 주주총회의 권한으로 규정되어 있

---

1) Hueck, S. 189.
2) 정(희), 445면; 서 · 정, 413면; 정(동), (회) 315면; 채, 498면; 이(기) 외, (회) 363면 외.
3) 이(철), (회) 506면.
4) 정(찬), (회) 579면, 600~601면; 정찬형, "주주총회(한국법과 독일법의 비교를 중심으로),"
「논문집」(경찰대), 제7집(1988), 350면; 동, "서독주식회사의 기관(한국법과 비교를 중심으로),"
「고시연구」, 1988. 2, 78~79면.

는 것이 독일의 주식법상 주주총회의 권한으로 규정되어 있지 않고 감사회의 권한으로 되어 있는 것으로 대표적인 것은 이사의 임면(任免)권($\binom{\text{상 382조 1항;}}{\text{AktG § 84}}$), 재무제표의 확정권($\binom{\text{상 449}}{\text{조;}}_{\text{§ 172}}^{\text{AktG}}$), 이사의 보수의 결정권($\binom{\text{상 388조;}}{\text{AktG § 87}}$) 등이다.

한편 우리 상법에는 주주총회의 권한으로 규정하고 있지 않으나 독일의 주식법에는 주주총회의 권한으로 규정하고 있는 것으로 대표적인 것은, 주주총회결의의 준비를 위하여 이사회에 요구할 권한($\binom{\text{AktG}}{\text{§ 83 ①}}$), 감사회의 동의를 얻어야 할 법률행위에 대하여 감사회가 동의를 거절한 경우에 이사회의 요구에 의하여 이에 대신하여 결의할 권한($\binom{\text{AktG}}{\text{§ 111 ④}}$), 발기인·이사·감사 등에 대한 회사의 배상청구권의 행사에 관한 의결권($\binom{\text{AktG}}{\text{§ 147}}$) 등이다.

2) (소수)주주의 권한으로 주주의 제안권을 인정하고 있는 점은 우리 상법($\binom{\text{상 363}}{\text{조의 2}}$)과 독일의 주식법($\binom{\text{AktG §§}}{\text{126, 127}}$)이 공통적이나, 독일의 주식법은 이 외에도 주주의 설명청구권($\binom{\text{AktG §§}}{\text{131, 132}}$) 등을 인정하고 있다.[1]

(3) 프 랑 스

1) 프랑스 상법상 주주총회의 권한을 제한하는(즉, 우리 상법 제361조와 같은) 포괄적인 규정은 없으나, 이사회의 권한이 「법률($\binom{\text{또는}}{\text{정관}}$)에 의하여 (감사회 및) 주주총회에 명시적으로 부여된 것을 제외하고는 회사의 명의로 하는 모든 행위」에 미친다고 규정하고 있는 점에서 보아($\binom{\text{佛商 §§ 225-35}}{\text{①, 225-64 ①}}$), 주주총회의 권한은 법률($\binom{\text{또는}}{\text{정관}}$)에 명시적으로 규정되어 있는 사항으로 제한된다고 볼 수 있다.

2) 프랑스 상법이 이사의 임면(任免)권($\binom{\text{佛商 §}}{\text{225-18 ①}}$)·재무제표의 확정권($\binom{\text{佛商 §}}{\text{225-100 ⑨}}$) 등을 주주총회의 권한으로 규정하고 있는 점은 우리 상법의 경우와 유사하고, 독일의 주식법의 경우와 다르다고 볼 수 있다. 그런데 프랑스 상법상 주식회사가 신형이사회제도를 선택하는 경우에는 이사는 감사회에 의하여 선임되고($\binom{\text{佛商 §}}{\text{225-59 ①}}$), 주주총회의 결의($\binom{\text{정관에 규}}{\text{정이 있으}}$면 감사회의 결의)에 의하여 해임된다($\binom{\text{佛商 §}}{\text{225-61 ①}}$).

(4) 영 미

영미의 회사법에서 주주총회의 권한을 제한하는(즉, 우리 상법 제361조와 같은) 포괄적인 규정은 없다. 그러나 주주총회는 이사회의 업무집행에 대해서 단지 제한적인 범위 내에서만 관여할 수 있을 뿐이다. 즉, 주주총회의 권한으로는 (i) 이사의 임면(任免)권, (ii) 정관의 채택·변경 및 추인권, (iii) 비일상(非日常)업무($\binom{\text{예컨대, 회사의 전 재산}}{\text{의매도·합병·해산 등}}$)에 대한 결정권 등으로 제한된다.[2]

---

1) 우리 상법에도 이러한 독일법상의 주주의 설명청구권을 도입하여야 한다는 견해로는 권상로, "독일법상 주주의 설명청구권의 수용방안," 「비교사법」, 제8권 2호(2001. 12), 1043~1068면 참조.
2) Henn & Alexander, p. 491.

2. 업무집행기관

(1) 한   국

1) 우리 상법상 주식회사의 업무집행기관은, 집행임원 비설치회사의 경우는 원칙적으로 이사회와 대표이사이고(통설), 집행임원 설치회사의 경우는 집행임원이라고 볼 수 있다. 그러나 자본금 총액이 10억원 미만인 소규모 주식회사로서 이사를 1명 또는 2명 둔 경우에는($\frac{상\ 383조\ 1항}{단서,\ 4항~6항}$), 예외적으로 이사회가 없고 (이사가 2명인 경우) 대표이사도 임의기관이다($\frac{상\ 383조}{6항\ 참조}$). 따라서 이러한 소규모 주식회사의 업무집행기관은 각 이사이다.

집행임원 비설치회사의 업무집행기관으로서 이사회와 대표이사가 있는 경우 이사회는 상법 및 정관에 의하여 주주총회의 권한으로 규정되어 있는 사항을 제외하고는 회사의 업무집행에 관한 모든 사항에 대하여 의사결정을 할 권한이 있고($\frac{상\ 393}{조\ 1항}$) 또한 이사의 직무집행을 감독할 권한이 있으며($\frac{상\ 393}{조\ 2항}$), 대표이사는 대내적으로는 주주총회 및 이사회에서 결정한 사항에 관하여 업무를 집행할 권한이 있고($\frac{이\ 때\ 대표이사에게\ 구체적으로\ 위임된\ 사항과\ 일}{상업무에\ 대하여는\ 의사를\ 결정하여\ 집행할\ 권한}$ 이 있음) 또한 대외적으로는 회사의 영업에 관한 재판상 · 재판 외의 모든 행위에 대하여 회사를 대표할 권한이 있다($\frac{상\ 389조\ 3항,}{209조\ 1항}$).

1999년 개정상법에 의하면 이사회 내에 각종 위원회를 설치할 수 있고, 이러한 위원회는 이사회로부터 위임받은 권한을 행사할 수 있다($\frac{상\ 393}{조의\ 2}$).

2) 위와 같이 우리 상법상 집행임원 비설치회사의 경우 이사회는 (원칙적으로) 회사의 업무집행에 관한 모든 사항에 대하여 의사결정을 할 권한을 갖고 또한 이사의 직무집행을 감독할 권한을 갖는데($\frac{이를\ '참여형}{이사회'라고\ 함}$), 이러한 참여형 이사회제도는 우리 상법 제정 이후부터 주식회사의 규모에 관계 없이 이용되어 왔다. 그런데 이러한 참여형 이사회제도는 이사회가 주로 업무집행기능에만 전념하여 이사회의 업무감독기능이 유명무실하게 되어, 회사경영의 투명성과 관련하여 (특히 대규모 주식회사에서) 이사회의 감독기능의 활성화 방안이 그동안 많이 논의되었다.[1] 따라서 2011년 4월 개정상법은 이사회의 실효성 있는 감독기능을 위하여 업무집행기관(집행임원)과 업무감독기관(이사회)을 분리하는($\frac{이를\ '감독형}{이사회'라\ 함}$) 집행임원 설치회사를 둘 수 있도록 하였다($\frac{상\ 408조}{의\ 2\ 1항}$). 또한 IMF 경제체제 이후에는 이사회의 업무감독기능을 활성화하기 위하여 상장회사는 의무적으로 이사회에 사외이사를 두도록 하였다($\frac{상\ 542조}{의\ 8\ 1항}$).

따라서 이러한 집행임원 설치회사에서는 대표이사에 갈음하여 집행임원을 두고($\frac{상\ 408}{조의\ 2\ 1항}$) 2명 이상의 집행임원이 선임된 경우에는 이사회 결의로 대표집행임원을 선임하여야 하는데($\frac{상\ 408조의}{5\ 1항\ 본문}$), 이러한 (대표)집행임원이 회사의 업무를 집행하고($\frac{상\ 408조}{의\ 4\ 1호}$) 회사를 대표한다($\frac{상\ 408조}{의\ 5\ 2항}$). 또한 이러한 집행임원은 정관이나 이사회의 결의에 의하여 위임받은 업무집행에 관한 의사결정권도 있다($\frac{상\ 408조}{의\ 4\ 2호}$). 집행임원 설치회사에서의 이사회의 주업무는

---

1) 정찬형, "기업경영의 투명성 제고를 위한 주식회사의 지배구조의 개선," 「상사법연구」(한국상사법학회), 제17권 제1호(1998. 6), 219~230면 외.

(대표)집행임원을 선임·해임하고 집행임원의 업무집행을 감독한다($^{상\ 408조}_{의\ 2\ 3항}$). 따라서 집행임원 설치회사에서는 이사회의 회의를 주관하기 위하여 이사회 의장을 두어야 하는데, 이 경우 이사회 의장은 정관의 규정이 없으면 이사회 결의로 선임한다($^{상\ 408조}_{의\ 2\ 4항}$).

(2) 독   일

1) 독일의 주식법상 업무집행기관은 「이사회」이고, 이러한 이사회는 업무집행에 관한 모든 책임을 진다($^{AktG}_{§\ 76\ ①}$). 이러한 업무집행권은 모든 이사에게 공동으로($^{즉,\ 이}_{사회에}$) 귀속되므로, 모든 업무는 원래 이사회의 다수결이 아니라 이사 전원의 승인을 받아야 한다($^{AktG}_{§\ 77}$ $^{①}_{S.\ 1}$). 그러나 정관 또는 이사회규칙에 의하여 이와 달리 규정할 수 있다($^{AktG\ §}_{77①\ S.\ 2}$). 따라서 대부분의 경우에는 정관 또는 이사회규칙에 의하여 일정한 다수결에 의하여 이사회는 업무에 관한 의사를 결정한다. 또한 그러한 규정에 의하여 실제로 업무영역에 따라 각 이사가 업무분담을 하게 되나, 이사회의 결의를 요하고 전 이사의 책임으로 집행되어야 할 업무는 분담되지 못한다.[1] 독일의 주식법상 이사회 의장이 선임될 수는 있으나($^{AktG}_{§\ 84\ ②}$), 그러한 이사회 의장에게는 우리 상법상 대표이사와 같은 고유한 권한이 없고 단지 회의의 의장에게 일반적으로 부여되는 권한만이 있을 뿐이다. 즉, 이사회 의장은 이사회의 회의를 소집하고, 의사일정을 결정하며, 동 회의를 주재하고, 또 투표의 결과를 확정하는 등의 권한밖에 없다.[2]

2) 독일의 주식법상 주식회사의 제3자에 대한 대표권도 「이사회」에게 있다($^{AktG\ §}_{78\ ①\ ②}$). 따라서 원칙적으로 모든 이사가 공동으로 회사를 대표하는데($^{AktG\ §}_{78\ ②\ S.\ 1}$), 이러한 이사회는 재판상 및 재판 외의 모든 업무에 있어서($^{일상업무이건\ 비일}_{상업무이건\ 불문하고}$) 회사를 대표한다($^{AktG}_{§\ 78\ ①}$). 이사회가 수 인의 이사로 구성되는 경우에는 원칙적으로 전원이 공동으로만 회사를 대표할 수 있는데($^{AktG}_{§\ 78\ ②}$), 예외적으로 정관 또는 정관으로부터 수권받은 감사회의 규정에 의하여 단독대표 또는 지배인과의 공동대표에 대하여 규정할 수 있다($^{AktG}_{§\ 78\ ③}$). 이에 따라 독일에서는 수 인의 이사가 있는 경우에 2인의 이사($^{또는\ 1인}_{의\ 이사}$)와 1인($^{또는}_{2인}$)의 지배인이 공동대표하는 것이 일반적이고, 이 외에 이사회 의장이 있는 경우에는 그가 단독대표하는 경우도 있다.[3]

(3) 프 랑 스

1) 프랑스에서의 전통적인 주식회사의 업무집행기관은 영국에서 온 것인데, 이에 의하면 주식회사의 업무집행권은 「이사회」에 있다. 즉, 이사회는 법률($^{또는}_{정관}$)에 명시적으로 규정되어 있는 사항을 제외하고는 회사의 모든 업무를 집행한다($^{佛商\ §}_{225-35\ ①}$). 그러나 회사의 제3자에 대한 법률관계에 있어서는 「대표이사」가 회사를 대표하고($^{佛商\ §}_{225-51-1}$), 대표이사를 보좌하기 위하여 전무를 둔 경우에는 이러한 전무도 제3자에 대하여 회사를 대표한다($^{佛商\ §§\ 225-}_{51-1,\ 225-56}$). 이러한 대표이사는 회사의 업무집행에 관하여는 법률($^{및}_{정관}$)에 의하여 주

---

1) Hueck, S. 201.
2) Hueck, S. 202.
3) Hueck, S. 198.

주총회와 이사회에 부여된 업무를 제외한 회사의 업무를 집행한다($\frac{佛商 \S\S 225-}{51-1, \ 225-56}$). 따라서 이사회와 대표이사간에 업무집행에 관한 권한의 한계를 정하는 것이 종종 문제가 된다. 즉, 이사회는 대표이사의 능력과 인격에 따라 그의 권한을 달리 정하는데, 종종 강력한 대표이사에게는 많은 권한을 부여하므로 이에 따라 그의 권한의 남용이 문제된다.[1]

2) 프랑스에서는 위와 같이 이사회와 대표이사간의 불분명한 권한분배가 자주 비판되어 1966년에는 독일의 제도인 「이사회」와 「감사회」의 중층제도를 선택적으로 도입하게 되었는데, 이러한 이사회를 신형이사회라고 한다. 이러한 신형이사회는 법률($\frac{및}{정관}$)에 의하여 주주총회 및 감사회에 명시적으로 유보된 업무를 제외하고는 회사의 모든 업무를 집행할 권한을 갖는다($\frac{佛商 \S}{225-64}$ ①). 따라서 이러한 신형이사회는 위에서 본 바와 같이 감사회에 유보된 업무가 제외되는 점, 또 그의 모든 업무집행은 감사회에 의하여 계속적으로 감사와 감독을 받아야 하는 점($\frac{佛商 \S\S 225-58}{③, \ 225-68 \ ①}$) 등에서 전통적인 이사회의 권한보다 훨씬 축소되었다고 볼 수 있다. 신형이사회제도를 선택한 경우에도 대표이사제도는 존속하는데, 전통적인 이사회제도의 경우보다 훨씬 완화되었다. 즉, 전통적인 이사회제도에서는 주주총회($\frac{창립총회}{또는 정관}$)에서 3인 이상 18인 이하의 이사를 선임하고($\frac{佛商 \S\S 225-17}{①, \ 225-18 \ ①}$) 이러한 이사들이 이사회를 구성하여 그 구성원 중에서 대표이사를 선임하는데($\frac{佛商 \S}{225-47}$), 신형이사회제도에서는 감사회가 5인 이내의 이사를 선임하고 이렇게 선임된 이사 중의 1인에게 대표이사의 자격을 준다($\frac{佛商 \S\S 225-58}{①, \ 225-59 \ ①}$). 이 때에 감사회는 이사를 1인만 선임할 수도 있는데, 이를 단독이사라고 한다($\frac{佛商 \S\S 225-58}{②, \ 225-59 \ ②}$). 따라서 신형이사회제도에서는 대표이사 또는 단독이사가 제3자와의 관계에서 회사를 대표하는데($\frac{佛商 \S}{225-66 \ ①}$), 이에 불구하고 감사회는 정관의 규정에 의하여 이사 중의 1인 또는 수 인에게 대표권을 부여할 수도 있다(전무제도)($\frac{佛商 \S}{225-66 \ ②}$).

3) 2001년에 프랑스 개정상법은 대표이사제도를 다시 개정하였다. 즉, 이사회의 운영권($\frac{이사회 소집 \cdot 이사회의 회의 주재 \cdot}{이사회 회의결과 주주총회 보고 등}$)은 언제나 대표이사가 행사하지만, 회사의 전반적인 업무집행권과 대표권은 회사의 선택에 따라 대표이사 또는 대표이사와는 다른 자인 집행임원이 행사할 수 있도록 하였다($\frac{佛商 225-}{51-1}$). 이 때 회사가 집행임원을 선택하는 경우에는 이사회의 업무감독권과 집행임원의 업무집행권이 분리되는데, 이는 미국 회사법의 영향을 받은 입법으로 볼 수 있다.

(4) 영   미

1) 영   국   영국에서의 주식회사의 업무집행권은 보통 개별적인 이사가 아닌 「이사회」에 있는데,[2] 공개회사(public company)는 2인 이상의 이사를 두어야 한다($\frac{CA \ 2006}{\S \ 154 \ (2)}$).[3] 또한 제3자에 대하여 회사를 대표하는 자도 제1차적으로 「이사회」이다. 따라

---

1) 정찬형, "주식회사의 경영기관(비교법을 중심으로),"「법률학의 제문제」(유기천박사고희기념논문집), 1988, 478면.
2) Gower(1992), p. 140.
3) 그러나 폐쇄회사(private company)는 1인 이상의 이사를 두어야 한다(CA 2006 § 154 ⑴).

서 회사의 대표권은 모든 이사에게 집단적으로(즉, 이사) 부여되는 것이고, 개별적인 이사나 일부의 이사에게 부여되는 것이 아니다.[1] 그런데 위의 이사회는 사외이사(non-executive director)와 사내이사(executive director)로 구성되어 있는데, 사내이사가 회사의 일상의 업무를 처리한다. 또한 이러한 사내이사 중 최상위 사내이사를 관리이사(managing director)라고 하는데, 이는 공개회사에서 대표집행임원(chief executive)으로 불린다.[2]

또한 공개회사는 반드시 총무(secretary)를 두어야 하는데($^{CA\ 2006}_{\S\ 271}$),[3] 이러한 총무는 회사의 업무를 집행하는 것은 아니고, 회사의 서류를 관리하는 것이 제1차적인 책임이다.[4]

2) 미 국   미국에서도 과거의 전통적인 입법에서는 영국에서와 같이 주식회사의 업무집행권은 정관 등에 의하여 제한되는 경우를 제외하고는 전부 「이사회」[5]에 있었다($^{the\ business\ and\ affairs\ "shall}_{be\ managed"\ by\ the\ board}$)($^{MBCA\ \S}_{8.\ 01\ ⓑ}$). 그런데 오늘날 미국의 회사법은 이를 변경하여 "회사의 영업과 업무는 회사의 이사회에 의하거나 또는 이사회의 지시 하에서 또한 이사회의 감독에 따라 집행되어야 한다"($^{the\ business\ and\ affairs\ shall\ be\ managed\ "by\ or\ under\ the}_{direction,\ and\ subject\ to\ the\ oversight,"\ of\ the\ board\ of\ directors}$)로 규정하고 있다($^{RMBCA\ 2016\ \S\ 8.01ⓑ;}_{Del.\ Gen.\ Corp.\ Law\ \S141ⓐ}$). 이는 회사(특히 공개회사)의 운영 현실을 반영한 것이다.[6] 따라서 오늘날 미국의 대부분의 주식회사에서 「이사회」는 회사의 주요업무와 일반정책만을 결정하고, 이의 집행 및 일상업무의 집행은 보통 이사회에 의하여 선임된 「(집행)임원」이 한다($^{RMBCA\ \S\ 8.}_{40\ ⓑ,\ \S\ 8.\ 41}$). 미국에서는 2016년 개정모범회사법($^{RMBCA}_{\S\ 8.\ 40}$)을 비롯하여 캘리포오니아주 회사법($^{Cal.\ Corp.}_{Code\ \S\ 312}$)·델라웨어주 회사법($^{Del.\ Gen.\ Corp.}_{Law\ \S\ 142}$) 등에서는 회사는 (집행)임원을 두어야 하는 것으로 규정하고, 뉴욕주 회사법($^{N.Y.\ Bus.\ Corp.}_{Law\ \S\ 715}$)에서는 (집행임원을 두는 것을 전제로) 이사회가 일정한 (집행)임원을 선임할 수 있는 것을 규정하고 있다.[7] (집행)임원으로는 전통적으로 보통 사장(president)이 있고, 그 밑에 부사장(vice-president)·총무(secretary) 및 재무(cashier or treasurer)가 있었다.[8] 이러한 (집행)임원의 종류는 1969년 모범회사법에서 규정한 것인데, 1984년 모범회사법과 델라웨어주 회사법에서는 이를 변경하여 (집행)임원의 종류를 규정하지 않음으로써 (집행)임원의 종류는 회사의 정관이나 이사회가 자유롭게 정할 수 있도록 하였다.[9] 미국법조협회(American Law Institute: ALI)

1) 정찬형, 전게논문(법률학의 제문제), 512~514면.
2) Gower(1992), p. 158.
3) 폐쇄회사는 총무를 두지 않을 수 있다(CA 2006 § 270 (1)).
4) Gower(1992), p. 162.
5) 미국의 이사회제도와 1999년 이의 개정동향에 관하여는 박세화, "미국의 회사지배구조 개선에 관한 최근 동향(이사회제도에 관한 논의를 중심으로)," 「한림법학 FORUM」(한림대학교 법학연구소), 제10권(2001), 229~250면.
6) Freer(Nutshell)(2020), pp. 109~110(§ 5.4).
7) 미국의 50개 모든 주법(州法)상 (집행)임원에 대한 상세한 소개에 관하여는 정찬형, "미국 회사법상 집행임원제도," 「금융법연구」(한국금융법학회), 제19권 제3호(2022. 12), 133~205면 참조.
8) Henn & Alexander, pp. 586 ff.
9) Hamilton(Nutshell)(2000), p. 322; 서규영, "주식회사의 집행임원제도에 관한 연구," 법학박사학위논문(고려대, 2009. 8), 48~49면.

가 1992년 3월 31일에 최종안으로 제안한 「회사지배구조의 원칙」(Principles of Corporate Governance)에 의하면, 공개회사의 업무집행은 이사회에 의하여 선임된 주요상급집행임원 등에 의하여 수행되어야 하는데($\substack{동 \ 원칙 \\ 3.01조}$), 이러한 집행임원은 주요 상급집행임원(principal senior executives)과 기타 임원(other officers)으로 나뉘는데, 주요 상급집행임원이란 대표집행임원(chief executive officer: CEO)·대표총무집행임원(chief operating officer: COO)·대표재무집행임원(chief financial officer: CFO)·대표법률집행임원(chief legal officer: CLO) 및 대표회계집행임원(chief accounting officer: CAO)을 말한다($\substack{동 \ 원칙 \\ 1.30조. \\ 1.27조 \\ (a)항}$). 따라서 오늘날 보통 이 양자의 용어를 함께 사용하고 있다(예컨대, president and chief executive officer 등).[1] 이사와 (집행)임원은 이론상으로는 구별되는데, 이사회는 이 양자의 지위를 겸하는 사내이사와 겸하지 않는 사외이사로[2] 혼합되어 구성되어 있다.[3] 집행임원의 업무집행권은 법률·정관·회사의 내부규칙 또는 이사회의 결의에 의하여 부여되는데, 이 권한의 범위는 언제나 명백한 것이 아니다. 사장(대표집행임원)은 보통 그의 직과 관련하여 필요한 모든 업무를 수행할 수 있고 그의 직에 의하여 계약을 체결할 수 있으며, 또 회사의 일상업무로부터 발생하거나 이와 관련되는 업무에 있어서 회사를 대표할 권한을 갖는다.[4] 그러나 사장(대표집행임원)도 그 이상의 권한은 별도의 특별수권이 있어야 한다.

3. 감독(감사)기관

(1) 한   국

1) 우리 상법상 주식회사에서 이사($\substack{대표이사 \\ 를 \ 포함}$) 또는 집행임원의 직무집행에 대한 감독기관으로는 원칙적으로 「이사회」가 있고($\substack{상 393조 2항, \\ 408조의 2 \ 3항}$)($\substack{집행임원 설치회사에서의 이사회의 집행임원에 대 \\ 한 감독권은 실효성이 있으나, 집행임원 비설치회 \\ 사에서의 이사회의 이사에 대한 감독 \\ 권은 자기감독으로서 실효성이 없음}$), 이사 또는 집행임원의 직무집행에 대한 감사기관($\substack{업무 및 \\ 회계감사}$)으로는 원칙적으로 「감사(監事)」($\substack{상 412조 1항, \\ 542조의 10}$) 또는 「감사위원회」($\substack{상 415조의 2, 542조 \\ 의 11·542조의 12}$)가 있다.

그러나 자본금 총액이 10억원 미만인 소규모 주식회사로서 이사가 1명 또는 2명인 경우에는($\substack{상 383조 \\ 1항 단서}$), 이사회가 없으므로 이러한 이사에 대한 감독기관은 이사회가 될 수 없고($\substack{상 383 \\ 조 5항}$) 주주총회이다($\substack{상 383조 \\ 4항 참조}$). 또한 이러한 소규모 주식회사의 경우에는 감사(監事)가 임의기관이므로($\substack{상 409 \\ 조 4항}$), 이러한 소규모 주식회사가 감사(監事)를 두지 않은 경우에는 이러한 이사의 업무집행에 대한 감사기관은 주주총회라고 볼 수 있다.

또한 일정 규모 이상($\substack{주권상장법인, 직전사업연도 말 \\ 의 자산총액이 500억원 이상 등}$)의 주식회사에서는 특별법에 의하여 인정된 회계감사기관으로 회계법인 등인 「(외부)감사인」이 있다($\substack{주식회사 등의 외부감사에 관한 법률, \\ 제정: 1980. 12. 31, 법 3297호, 개}$

---

1) Hamilton(Nutshell)(1996), pp. 320~321.
2) 미국의 사외이사에 대한 심층적 분석으로는 노일석, "주식회사의 사외이사(미국의 사외이사를 중심으로)," 「상사법연구」, 제21권 1호(2002), 249~300면.
3) Henn & Alexander, p. 553.
4) Joseph Greenpon's Sons Iron & Steel Co. v. Pecos Valley Gas Co., 156 A. 350, 352(Del. 1931).

^{정: 2024. 1.}
_{16, 법 20055호}).

이 외에 주식회사의 설립절차 또는 회사의 업무나 재산상태 등을 조사하기 위하여 상법상 법원 또는 주주총회에 의하여 선임되는 임시의 감사기관인 「검사인」이 있다(^{상 298조,}_{310조,} _{417조 3항,} _{467조 1항}).

2) 이 중 회사내부의 독립된 기관인 「감사(監事)」(^{위에서 본 바와 같이 자본금 총액이 10억원 미만}_{인 소규모 주식회사로서 감사를 두지 않은 회사} _{에는 해당되지 않}_{음 — 상 409조 4항}) 또는 「감사위원회」가 특히 문제가 되고 있다. 집행임원 비설치회사에서는 이사에 대한 감사기관으로 감사(監事)를 두도록 하고, 집행임원 설치회사에서는 집행임원에 대한 감사기관으로 감사위원회를 둘 수 있도록(또는 두도록) 하였어야 하는데, 이러한 제한 없이 감사(監事)에 갈음하여 감사위원회를 둘 수 있도록(또는 두도록) 하여(^{상 415조의}_{2 1항, 542} _{조의}_{11 1항}), 감사기관의 독립성과 감사(監査)의 효율성을 크게 떨어뜨리고 있다고 볼 수 있다.

감사는 1인 이상이면 무방하고 수 인인 경우에도 회의체를 구성하지 않는다. 감사의 독립적이고 공정한 업무수행을 위하여, 그 선임에서 대주주의 의결권을 제한하고(^{상 409}_{조 2항}) 또 겸직금지를 규정하고 있다(^상_{411조}). 특히 1984년 및 1995년의 개정상법에서는 감사(監事)에 의한 감사(監査)의 실효성을 확보하기 위하여 감사(監事)의 직무와 의무를 대폭 확대하는 방향으로 개정한 바 있고, 2009년 1월 30일 개정상법은 최근 사업연도말 현재 자산총액이 1,000억원 이상인 상장회사에 대하여 감사(監査)의 실효성을 확보하기 위하여 상근감사(監事)를 의무적으로 두도록 하는 특칙규정 등을 두고 있다(^{상 542조의}_{10, 상시 36조}).

1999년 개정상법에 의하여 신설된 감사위원회는 감사(監事)에 갈음하여 설치할 수 있다(^{상 415조}_{의 2 1항}). 이러한 감사위원회는 3인 이상의 이사로 구성되는데, 그의 독립성을 위하여 사외이사가 위원의 3분의 2 이상이어야 한다(^{상 415조}_{의 2 2항}). 2009년 1월 30일 개정상법은 최근 사업연도말 현재 자산총액이 2조원 이상인 상장회사에 대하여는 감사위원회를 의무적으로 두도록 하고 이러한 감사위원회의 구성·감사위원회 위원의 선임 및 해임 등에 관한 특칙규정을 두고 있다(^{상 542조의 11, 542조}_{의 12, 상시 37조~38조}).

(2) 독   일

1) 독일의 주식회사에서는 이사회의 업무집행에 대한 감독 및 공동경영기구로서 「감사회」(Aufsichtsrat)가 있다. 이러한 감사회의 가장 중요한 두 가지의 권한은 이사회의 업무집행에 대한 계속적인 감독권(^{AktG §}_{111 ①})과 이사의 임면(任免)권(^{AktG}_{§ 84})이다. 감사회는 이러한 중요한 업무 외에도, 이사와의 재판상 및 재판 외의 회사의 행위에 대한 회사의 대표권(^{AktG}_{§ 112}), 설립검사권(^{AktG}_{§ 33 ①}), 회사의 이익을 위하여 필요한 경우 임시주주총회소집권(^{AktG §}_{111 ③}), 정관에 규정이 있는 경우 이사회의 업무집행에 대한 동의권(^{AktG §}_{111 ④ S. 2}), 이사·감사 등에 대한 신용부여의 동의권(^{AktG §}_{§ 89, 115}), 주주총회의 의사일정상의 결의안에 대한 제안권(^{AktG §}_{124 ③}), 재고보고서 및 이익처분안에 대한 검사권(^{AktG}_{§ 171}), 재무제표의 확정권(^{AktG}_{§ 172}), 이익준비금의 결정권(^{AktG}_{§ 58 ②}), 이사의 보수의 결정권(^{AktG}_{§ 87}), 이사의 경업거래에 대한 승인권

및 개입권의 행사의 권한($_{① ②, 112}^{\text{AktG §§ 88}}$) 등이 있다.[1] 이렇게 보면 독일 주식회사의 감사회의 권한은 우리 주식회사의 감사(監事)의 권한(감사〈監査〉권한)을 훨씬 초월하여 이사회에 대한 감독권한 및 주주총회의 권한의 일부까지도 갖는 것을 알 수 있다.

또한 독일 주식회사의 감사회는 반드시 3인 이상의 복수의 감사로 구성되는 회의체기관이고($_{§ 95}^{\text{AktG}}$), 또 일정한 규모 이상의 회사는 특별법($_{\text{법·공동결정법 및 종업원조직법}}^{\text{몬탄공동결정법·공동결정보충}}$)에 의하여 주주대표의 감사와 근로자대표의 감사로 공동구성되는 점은 우리 주식회사의 감사제도와는 현저하게 다르다.

2) 독일 주식회사에서 검사인(Prüfer)에는 설립검사인($_{§ 33}^{\text{AktG}}$)·특별검사인($_{§ 142}^{\text{AktG}}$) 및 결산검사인($_{§ 318\,\text{ff.}}^{\text{HGB §}}$) 등이 있는데, 이 중에서 설립검사인과 특별검사인은 우리 주식회사의 검사인과 유사하고, 결산검사인은 우리 주식회사에서 「주식회사 등의 외부감사에 관한 법률」에 의한 (외부)감사인과 유사하다. 그런데 독일에서는 모든 주식회사가 재무제표에 대하여 반드시 전문적인 결산검사인의 검사를 받아야 한다는 점($_{316\,①}^{\text{HGB §}}$)은 우리의 (외부)감사제도와 다르다($_{\text{주식회사 등이 〈외부〉감사인의 감사를 받음}}^{\text{우리는 주권상장법인 또는 일정규모 이상의}}$). 또 우리 주식회사의 경우와 다른 점은 결산검사인의 검사를 받은 재무제표는 다시 감사회에 의하여 감사를 받아야 한다는 점이다($_{171①\,S.\,2}^{\text{AktG §}}$). 독일의 이러한 결산검사인은 주주총회에서 선임되는데($_{4,\,\text{HGB § 318 ①}}^{\text{AktG § 119 ① Nr.}}$), 경제검사인 및 경제검사회사만이 결산검사인이 될 수 있다($_{319\,①}^{\text{HGB §}}$).

우리나라에서의 (외부)감사인은 주권상장법인 등의 경우 감사위원회에 의하여 선임되거나 또는 감사인선임위원회의 승인을 받아 감사(監事)에 의하여 선임되고 그 밖의 회사는 감사(監事) 또는 감사위원회에 의하여 선임되는데($_{\text{조 4항}}^{\text{외감 10}}$), 다만 주권상장법인 등이 아닌 회사가 직전사업연도의 (외부)감사인을 다시 (외부)감사인으로 선임하고자 할 때에는 그러하지 아니하다($_{2호\, 단서\, 및\, 가.}^{\text{외감 10조 4항}}$). 또한 일정한 경우에는 증권선물위원회는 그가 지정하는 자를 (외부)감사인으로 선임하거나 변경선임할 것을 요구할 수 있다($_{11조}^{\text{외감}}$).

(3) 프 랑 스

1) 프랑스의 주식회사에서 전통적인 이사회제도를 채택한 경우에는 (대표)이사의 업무집행에 대한 감독(감사)기관은 「이사회」이다($_{35\,③\,참조}^{\text{佛商 § 225-}}$). 다만 회계감사를 위하여는 별도의 감사기관인 「회계감사인」이 있다($_{225-218}^{\text{佛商 §§}}$). 이러한 회계감사인은 주주총회에 의하여 선임되는데($_{225-228}^{\text{佛商 §}}$), 1인 이상이어야 한다($_{225-218}^{\text{佛商 §}}$).

2) 프랑스의 주식회사에서 신형이사회제도를 채택한 경우에는 독일의 경우와 같이 이사회($_{\text{표}이사}^{\text{및 대}}$)의 업무집행에 대한 감독(감사)기관은 「감사회」이다($_{58\,③,\,225-68}^{\text{佛商 §§ 225-}}$). 그러나 이때에도 회계감사기관은 「회계감사인」이다($_{225-218}^{\text{佛商 §§}}$). 독일의 경우와는 달리 프랑스의 경우 재무제표 및 이익은 주주총회에 의하여 확정되므로($_{225-100\,⑨}^{\text{佛商 §}}$), 회계감사인의 보고도 감

---

1) 이에 관한 상세는 정찬형, "서독 주식회사의 감사회," 「월간고시」, 1988. 3, 127~140면; 권상로, "독일 주식법상 감사회의 영향력 행사수단에 관한 연구," 「비교사법」, 제7권 2호(2000. 12), 707~734면; 동, "감사기관의 영향력 행사방법에 관한 비교법적 고찰(한국 상법과 독일 주식법상의 감사기관을 중심으로)," 「기업법연구」(한국기업법학회), 제7집(2001), 59~82면 등 참조.

사회에 함으로써 끝나는 것이 아니라 주주총회에까지 하여야 한다.

(4) 영   미

1) 영미에서 사내이사 또는 (집행)임원의 감독기관은 「이사회」이고,[1] 독일에서와 같이 내부의 독립기관으로서 업무집행을 계속적으로 감독하는 감사회는 없다. 따라서 이러한 영미의 경영기구가 「이사회」만으로 구성되었다 하여 이를 단층제도(one-tier or single-board system)라고 부르고, 이에 반하여 독일의 경영기구는 「이사회」 및 「감사회」로 구성되었다 하여 이를 중층제도(two-tier or dual-board system)라고 부른다. 그러나 앞에서 본 바와 같이 오늘날 미국에서는 대부분 회사의 업무집행기능을 이사회가 아니라 (집행)임원이 담당하고 이사회는 (집행임원에 대한) 감독기능을 주로 담당하므로, 단층제도의 의미는 크게 상실하였고 사실상 중층제도로 통일되어 가고 있다고 볼 수 있다. 또한 이러한 중층제도가 사실상 글로벌 스탠더드의 지배구조가 되어가고 있다고 볼 수 있다.

2) 영국에서는 회계감사를 위하여 회계전문가인 「감사」(auditor)를 모든 회사가 반드시 선임하여야 한다$\binom{\text{CA 2006, § 485 ①,}}{\text{§ 489 ①, § 1212}}$. 이러한 감사는 임원의 개념에 포함되지 않는다$\binom{\text{CA 2006,}}{\text{§ 1121 ②}}$.

3) 미국에서는 업무집행기관에 대한 감사를 보통 이사회내 위원회의 하나인 감사위원회(audit committee)가 하는데,[2][3] 이러한 감사위원회에 의한 감사의 실효성을 위하여 2002년 사베인스·옥스리법에 의하여 미국의 증권거래법이 개정되어 상장회사의 감사위원회 위원은 전원이 사외이사(independent director)이어야 한다.[4]

4. 종합비교

(1) 위에서 본 바와 같이 우리나라의 주식회사의 「주주총회」가 이사의 임면(任免)권이 있고 (원칙적으로) 재무제표와 이익의 확정권 등을 갖는 점은 프랑스 및 영미의 주주총회와 유사하나, 독일의 주주총회와는 다른 점이다$\binom{\text{독일에서는 이러한}}{\text{권한이 감사회에 있음}}$. 그러나 주주총회에 관하여는 각국의 입법이 근본적으로 크게 다른 점이 없다.

---

1) 미국에서는 이사회의 이러한 감독(감사)기능을 보조하기 위하여 이사회의 하부기관으로 「감사위원회」(audit committee)를 두어 감사업무를 담당시키고 있다. 이러한 감사위원회는 보통 사외이사로 구성되는데, 이사회와 감사(auditor)를 연결하는 기능을 한다(Hamilton, p. 533).

2) 미국의 코네티컷주는 "주주가 100명 이상인 회사의 경우에는 2명 이상의 이사로 구성되는 감사위원회를 설치하여야 하고, 그 위원 중 1인은 사외이사이어야 한다"고 규정하여, 감사위원회를 의무적으로 설치하여야 한다는 점과 이러한 감사위원회에 사외이사를 두어야 하는 점을 규정하고 있다[Connecticut Business Corporation Act(Rev. 2009. 1. 1.) § 33-753 (c) (1)].

3) 영미의 감사제도에 관하여는 정찬형, "영미법상의 감사제도," 「월간고시」, 1988. 10, 37~50면; 강희갑, "미국의 주식회사의 감사위원회제도에 관한 최근 동향과 그 시사점," 「상사법연구」, 제20권 4호(2002), 43~82면; 이영철, "영미 보통법상 회계감사인의 제3자에 대한 손해배상책임," 「비교사법」, 제8권 2호(2001. 12), 1069~1097면 등 참조.

4) Securities Exchange Act of 1934(approved Oct. 13, 2009) § 10A(m)(3)(A)(B); Sarbanes-Oxley Act of 2002 § 301.

(2) 우리나라의 주식회사에서 집행임원 비설치회사의 업무집행기관이 원칙적으로 「이사회」와 「대표이사」로 나뉘어 있는 점은 전통적인 프랑스의 업무집행기관과 유사하나, 독일 및 영미의 업무집행기관과는 다른 점이다(독일의 업무집행기관은 「이사회」이고, 영미의 업무집행기관은 「이사회」 또는 「집행임원」임). 그러나 집행임원 설치회사의 경우에는 업무집행기관(집행임원)과 업무감독기관(이사회)이 분리되는 점에서 독일 및 미국의 제도와 유사하게 된다.

(3) 우리나라의 주식회사의 상법상 「감사(監事)」(위에서 본 바와 같이 자본금 총액이 10억원 미만인 소규모 주식회사로서 감사를 두지 않은 회사에는 해당되지 않음 ― 상 409조 4항)는 업무집행에 대한 감사권도 가지고 있는 점, 회계전문가 등의 자격을 요하지 않는 점 및 회사의 내부기관인 점 등에서 프랑스의 회계감사인 또는 영미의 감사(auditor)와 차이가 있다고 볼 수 있다. 그러나 1999년 개정상법이 신설한 감사위원회제도는 미국법을 도입한 것이다. 또한 우리나라의 주식회사의 회계감사기관인 특별법상의 「(외부)감사인」은 프랑스의 전통적인 이사회제도에서의 회계감사인 또는 영미의 감사(auditor)와 아주 유사하다고 볼 수 있다. 우리나라의 주식회사가 회계감사에 관한 한 상법상의 감사(監事)(위에서 본 바와 같이 자본금 총액이 10억원 미만인 소규모 주식회사로서 감사를 두지 않은 회사에는 해당되지 않음 ― 상 409조 4항) 또는 감사위원회와 특별법상의 (외부)감사인에 의하여 중복하여 독립적으로 감사받도록 되어 있는 점도 우리법의 특색이라고 하겠다.

우리나라의 주식회사가 원칙적으로 내부의 필요기관으로 감사(監事)를 두고 있는 점은 독일의 감사회(및 프랑스의 신형이사회제도에서의 감사회를 포함)와 유사하다고 볼 수도 있으나, 우리나라의 이러한 감사(監事)는 독일의 감사회와는 근본적으로 구별된다. 즉, 독일의 감사회는 감사권 이외에 이사회의 업무집행에 대한 감독권·이사의 임면(任免)권·일정한 경우 이사회의 업무집행에 대한 동의권·재무제표의 확정권 등이 있어 이사회에 대한 계속적이고 실질적인 감독업무를 수행함과 함께 이사회와 더불어 공동경영기구(two-tier or dual-board system)를 구성하고 있음에 반하여, 우리나라에서 위의 감사(監事)는 이사회(및 대표이사)[1] 또는 집행임원과 함께 공동경영기구가 될 수 없음은 물론이고 이사(및 대표이사) 또는 집행임원에 대한 감독기능이 없다는 점에서 근본적으로 구별된다.

따라서 우리나라의 주식회사의 감사(監事)제도는 1950년 일본의 개정상법의 입법을 받아들인 것으로서 독일의 감사회제도를 영국의 감사(auditor)제도로 수정한 것이라고 하나,[2] 위에서 본 바와 같이 독일의 감사회와 같은 실질적인 감독 및 공동의 경영기능도 없고, 영국법상의 감사(auditor)와 같은 전문적인 회계감사기능도 없다. 따라서 우리나라에서 위의 감사(監事)는 실제로 유명무실할 수밖에 없고, 이를 극복하기 위하여 1984년 및 1995년 개정상법이 감사(監事)의 권한과 의무를 대폭 확대하는 방향으로 상법을 개정하였으나, 근본적인 문제가 해결되지 않고는 유명무실한 감사(監事)의 기능은 크게 변경되

---

1) 자본금 총액이 10억원 미만인 회사로서 이사가 1명 또는 2명인 경우에는(상 383조 1항 단서) 「각 이사」(정관에 따라 대표이사를 정한 경우에는 그 대표이사)가 이에 해당한다(상 383조 6항).
2) 이범찬, 「주식회사감사제도론」(법문사, 1976), 31면.

지 않으리라고 본다.[1]

　　종래의 감사(監事)가 이와 같이 유명무실하다고 하여, 1999년 개정상법은 감사(監事)에 갈음하여 감사위원회를 설치할 수 있다고 규정하고($\frac{상}{조의}\frac{415}{2}$), 2009년 개정상법은 일정규모 이상의 상장회사에 대하여 감사위원회를 의무적으로 설치하도록 하고 있다($\frac{상}{의}\frac{542조}{11}$ 1항). 그러나 이러한 감사위원회제도는 집행임원 설치회사가 아닌 경우 이사로서 업무집행에 관여한 자가 다시 감사업무를 담당하도록 하는데 이는 자기감사의 모순이 있고, 또한 종래의 감사(監事)보다도 그 지위의 독립성에 문제가 더 있게 되었다. 또한 동일하게 미국제도를 도입하였다는 감사위원회제도와 (외부)감사인제도가 상법과 특별법에 의하여 별도로 병존하고 있는 점도 문제라고 본다. 또한 감사위원회제도는 원래 업무집행기관($\frac{집행}{임원}$)에 대하여 독립적으로 감독업무를 수행하는 (감독형) 이사회($\frac{즉, 업무집행기관(집행임원)과}{분리된 업무감독기관인 이사회}$)를 전제로 하여 이러한 이사회내 위원회의 하나로서 감사업무를 수행하고 이러한 감사위원회는 이사회의 감독을 받도록 한 제도인데($\frac{상}{2}\frac{393조의}{4항 참조}$), 이와 성격이 다른 감사(監事)에 갈음하여 ($\frac{일정규모 이상의 대규모 상장회사는 감사위원회를}{의무적으로 두도록 하거나〈상 542조의 11 1항〉}$) 모든 주식회사가 감사위원회제도를 선택할 수 있도록 하는 것은($\frac{상}{의}\frac{415조}{2}$ 1항)($\frac{즉, 집행임원 설치회사가 아닌 회사가 이러한}{감사위원회제도를 선택할 수 있도록 하는 것은}$) 감사(監査)의 실효성과 독립성을 감사(監事)의 경우보다도 더 떨어뜨리는 것이 아닌가 우려된다.[2]

　　(4) 주식회사의 기관 중 주주총회에 대하여는 각국의 입법이 크게 다르지 않다. 그러나 업무집행기관 및 감독(감사)기관($\frac{이 양자를 합}{하여 경영기관}$)에 대하여는 그 권한분배를 어떻게 할 것이냐에 대하여 종래에 영미제도인 단층제도($\frac{이사}{회}$)와 독일제도인 중층제도($\frac{이사회와}{감사회}$)로 나뉘었다.[3]

1) 정찬형, 전게논문(월간고시, 1988. 10), 50면.
2) 감사위원회에 관한 문제점에 대하여는 강희갑, 주식회사의 경영감독·감사 및 감사위원회제도에 관한 연구(상장협연구보고서 2000－5), 2002. 8; 엄해윤, "블루리본 보고서와 최근의 미국 감사위원회," 「상사법연구」, 제21권 1호(2002), 301~330면(미국 감사위원회제도의 소개와 우리 감사위원회제도에 대하여 비판하고 있다); 임충희, "감사위원회제도의 현상과 과제," 「상사법연구」, 제20권 3호(2001), 299~320면; 권종호, "감사제도의 개선과 감사위원회제도의 과제," 「상사법연구」, 제19권 3호(2001), 99~130면; 최병규, "증권거래법·상법상 감사제도의 문제점과 개선방안," 「21세기한국상사법의 진로」(내동우홍구박사정년기념논문집), 2002, 279~306면; 최완진, "주식회사의 감사제도의 개선방안에 관한 연구(감사위원회제도를 중심으로)," 「21세기한국상사법의 진로」(내동우홍구박사정년기념논문집), 2002, 307~331면; 동, "감사제도의 변천과 개정상법상 감사위원," 「현대상사법논집」(우계강희갑박사화갑기념논문집), 2001, 191~213면; 강대섭, "주식회사의 감사위원회제도에 관한 연구," 「법학논집」(목포대 법학연구소), 창간호(2001), 31~56면; 서완석·하삼주, "현행 감사제도의 개선방안에 관한 연구," 「상법학의 전망(평성 임홍근교수 정년퇴임기념논문집」(서울: 법문사, 2003), 207~238면; 박은경, "사외이사제도와 감사위원회제도의 운영현황에 기초한 법적 문제점 연구," 「경성법학」(경성대 법학연구소), 제11호(2002), 153~183면; 전우현, "주식회사 감사위원회제도의 개선에 관한 일고찰(집행임원제 필요성에 관한 검토의 부가)," 「상사법연구」(한국상사법학회), 제23권 3호(2004. 11), 251~295면; 강선영, "감사위원회의 실효성 확보방안에 관한 연구(미국 감사위원회와의 비교를 중심으로)," 법학석사학위논문(고려대, 2010. 8) 등 참조.
3) 이에 관하여는 권순희, "미국과 독일의 기업지배구조와 최근 동향에 관한 검토," 「상사법연구」

영미에서의 단층제도는 이사회가 업무집행($^{의사}_{결정}$)기관과 업무감독기관의 두 지위를 모두 갖는 제도이고($^{참여형\ 이}_{사회제도}$), 독일에서의 중층제도는 업무집행기관($^{이사}_{회}$)과 업무감독기관($^{감사}_{회}$)이 분리된 제도이다. 그런데 미국에서의 단층제도인 이사회는 이 두 기능 중 어느 것도 제대로 수행하지 못하고, 업무집행기능은 실제로 이사회가 선임하는 집행임원(officer)이 수행하는 것이 관행이었고, 이러한 관행은 회사법에도 반영되었다($^{MBCA}_{1999\ \S\ 8.\ 40}$). 따라서 이사회는 경영일선에서 후퇴하고 집행임원에 대하여 감독기능을 수행하게 되었고($^{감독}_{형\ 이}$ $^{사회}_{제도}$), 이사회의 감독기능의 효율화를 위하여 이사회에 사외이사를 참여시키게 되었는데, 이는 경제계에서도 커다란 성공을 거두어 특히 대기업의 이사회에서는 사외이사가 과반수를 차지하는 현상이 1970년대부터 나타났다.[1] 또한 미국의 증권거래법은 2002년 사베인스 · 옥스리법에 의하여 개정되어, 상장회사는 이사회 내에 감사위원회를 두고, 감사위원회의 위원 전원을 사외이사로 하도록 하였다.[2] 따라서 오늘날 영미의 이사회가 집행임원을 선임하여 회사의 업무집행권을 부여하면서 이사회는 집행임원의 업무집행을 감독하는 기능을 수행하는 경우($^{즉,\ 감독형\ 이사회제}_{도를\ 채택하는\ 경우}$), 영미의 단층제도는 그 의미를 상실하고 독일의 중층제도에 유사하게 되어 양자의 차이는 크게 없게 되었다.

우리나라의 주식회사에서 이사는 종래에 대부분 사내이사이고[3] 또 2011년 4월 개정 상법 이전에는 이사회와 분리되는 상법상 (집행)임원제도도 없어, 이사의 직무집행에 대한 이사회의 감독($^{상\ 393}_{조\ 2항}$)은 자기감독이 되어 그 실효를 거두기는 사실상 어렵게 되어 있었

(한국상사법학회), 제21권 4호(2003), 177~214면(양국의 제도는 최근 기업경영의 투명성확보와 경영진에 대한 감독기능의 강화라는 점에서 접근현상을 보이고 있고, 국내기업의 경우 주주뿐만 아니라 종업원과 채권자 등 이해관계자 모두를 중시하는 독일의 기업지배구조의 필요성은 여전히 남아 있다고 한다).

1) 김건식, 「기업지배구조와 법」(서울: 소화, 2010), 284~286면.
2) Securities Exchange Act of 1934(approved Oct. 13, 2009) sec. 10A(m)(3)(A)(B); SarbanesOxley Act of 2002 sec. 301.
3) 그런데 1997년 말 IMF 경제체제를 맞으면서 상장회사 지배구조의 개선을 위하여 주권상장법인에 대하여 사외이사의 선임을 의무화하였는데, 이러한 내용이 처음에는 「유가증권상장규정」(1998년 2월 20일 개정된, 동 규정 48조의 5)에 규정되었다가 증권거래법에서 규정되었고(2000년 1월 21일 법 6176호로 개정된, 동법 191조의 16 1항) 그 후 이러한 내용이 2009년 1월의 개정상법에서 규정되었다. 즉, 상장회사는 자산규모 등을 고려하여 대통령령으로 정하는 경우를 제외하고는 이사총수의 4분의 1 이상을 사외이사로 하여야 하고, 자산규모 등을 고려하여 대통령령으로 정하는 상장회사(최근 사업연도말 현재의 자산 총액이 2조원 이상인 상장회사)의 사외이사는 3명 이상으로 하되 이사총수의 과반수가 되도록 하여야 한다(상 542조의 8 1항, 상시 34조 1항 · 2항). 또한 은행 등 금융회사도 사외이사가 3인 이상이며 이사총수의 과반수가 되도록 하여야 하고, 다만 대통령령으로 정하는 금융회사의 경우 이사총수의 4분의 1 이상을 사외이사로 하여야 한다(지배 12조 1항 · 2항).

   그러나 이러한 사외이사제도가 그 실효성을 거둘 수 있을지는 매우 의문이다[이에 관하여는 정찬형, "IMF 경제체제 이후 회사지배구조에 관한 상법개정에 대한 평가," 「현대상사법논집」(우계 강희갑박사화갑기념논문집), 2001, 36~40면; 동, "사외이사제도," 「고시계」, 2001. 12, 49~67면; 동, "사외이사제도의 개선방안," 「고려법학」(고려대 법학연구원), 제40호(2003), 39~66면; 동, 사외이사제도 개선방안에 관한 연구(상장협연구보고서 2010－2)(서울: 한국상장회사협의회, 2010. 10) 참조].

다. 이에 대하여 우리나라의 학설 중에는 이사회의 감독기능의 실효를 거두기 위하여 사외이사(또는 독립)의 비율을 높여야 한다는 견해도 있었다.[1]

한편 우리나라의 감사(監事)(위에서 본 바와 같이 자본금 총액이 10억원 미만인 소규모 주식회사로서 감사를 두지 않은 회사에는 해당되지 않음 — 상 409조 4항)는 위에서 본 바와 같이 독일의 감사회와 같은 감독기능이 없다. 또한 1999년 개정상법이 도입한 감사위원회도 앞에서 지적한 문제점으로 인하여 그 실효성이 의문이다. 따라서 우리나라의 주식회사의 업무집행기능은 집행임원 설치회사가 아닌 경우 원칙적으로 이사회와 대표이사(실제로는 업무담당이사(또는 사실상의 집행임원)와 대표이사(또는 회장))에 의하여 수행된다고 볼 수 있으나, 이에 대한 감독기능을 수행하는 기관(이사회) 및 감사기능을 수행하는 기관(감사(監事) 또는 감사위원회)은 거의 유명무실하다고 볼 수 있다. 업무집행(회계업무)에 대한 감사 중에서 어느 정도 실효를 거두고 있는 감사는 (외부)감사인에 의한 회계감사라고 볼 수 있는데, 이것도 외부기관에 의한 감사이고 또 제한적인 시간과 범위에서의 감사이기 때문에 회계업무 전반에 관한 효율적인 감사가 되지 못하고 있다. 따라서 우리나라의 주식회사의 업무집행은 집행임원 설치회사가 아닌 경우 거의 대표이사(또는 회장)에 의하여 전횡되고 있다고 하여도 과언이 아니며, 그의 권한남용도 많이 문제되고 있다.

따라서 이에 대한 효율적인 감독 및 감사기능을 수행할 수 있도록 하기 위하여는 영미제도와 같이 집행임원을 별도로 두고 이사회에 사외이사를 두어 이사회에 의한 감독과 회계전문가의 자격을 가진 감사(監事)에 의한 회계감사를 하도록 하든가, 또는 독일제도(절충제도)인 감사회에 의한 감독 및 감사와 회계감사를 보조하기 위하여 그 밑에 회계전문가의 자격을 가진 결산검사인을 두는 방법 등을 생각할 수 있다.

생각건대 우리나라에서는 사내이사가 오랜 관행으로 형성되었는데 이에 대하여 사외이사를 의무화한다고 하여 그 실효를 거둘 수 있을지는 의문인 점,[2] 기업의 사회적 책임과 관련하여 근로자의 경영참가의 면은 원칙적으로 감사회에 두어야 하는 점, 감사회제도

---

1) 정(동), (회) 401면; 홍복기, "사외이사제도에 관한 입법론적 연구," 법학박사학위논문(연세대, 1988) 등.

2) 사외이사제도의 개선방안에 관하여는 정찬형, 전게 현대상사법논집(2001), 36~40면; 동, 전게 고시계(2001. 12), 49~67면; 동, 전게 고려법학(제40호, 2003), 39~66면; 동, 전게 사외이사제도 개선방안에 관한 연구(상장협연구보고서 2010－2); 한국상장회사협의회, "사외이사 선임제도의 개선 심포지엄 지상중계," 「상장」, 2002. 5, 63~79면; 동, "사외이사 제도 및 운영개선에 관한 의견," 「상장」, 제339호(2003. 3), 36~42면; 이형규, "사외이사 선임제도의 문제점과 개선방안," 「21세기한국상사법의 진로」(내동우홍구박사정년기념논문집), 2002, 223~240면; 강희갑, "우리나라 주식회사의 이사회 및 사외이사의 실태와 그 개선방안(경영감독기능을 중심으로)," 「비교사법」, 제9권 2호(2002. 8), 225~283면; 이형규·이상복, 사외이사 선임제도 개선방안에 관한 연구(상장협연구보고서, 2002－3), 2002. 5; 안택식, "기업경쟁력 강화를 위한 사외이사제도의 개선방안," 「상사법연구」, 제21권 2호(2002), 245~287면; 이기수, "사외이사제도의 강화를 둘러싼 쟁점," 「상사법연구」, 제19권 3호(2001), 59~98면; 양동석, "사외이사제도의 운영현황과 활성화 방안," 「기업법연구」(한국기업법학회), 제8집(2001), 253~277면; 김용구, "사외이사제도에 관한 연구," 「기업법연구」(한국기업법학회), 제10집(2002), 347~372면; 김영곤, "주식회사에 있어서 이사회운영의 활성화 방안," 「기업법연구」(한국기업법학회), 제8집(2001), 397~418면 등 참조.

가 보다 권한의 분배가 명확하고 (대표)이사의 권한남용을 보다 효율적으로 억제할 수 있다는 점 등에서 볼 때, 독일의 중층제도가 보다 더 우리 실정에 맞을 것으로 본다.[1] 그러나 1997년말 IMF경제체제를 맞으면서 1998년부터 상장회사에 대하여 이사회에 사외이사를 의무적으로 두도록 하였고, 또한 자산총액이 2조원 이상인 상장회사에 대하여는 사외이사를 3인 이상 및 이사총수의 과반수가 되도록 하면서(상 542조의 8 1항, 상시 34조 1항·2항) 감사위원회를 의무적으로 두도록 하였다(상 542조의 11 1항). 이는 우리 상법이 미국법에 더 가깝게 입법되었고 또한 이는 국제기준에 근접한 입법이기도 하다. 따라서 현재로 우리 상법상 주식회사의 지배구조를 독일의 중층제도로 변경한다는 것은 사실상 거의 불가능하고, 현행 제도에서 업무집행기관에 대한 감독 및 감사기능이 그 효율성을 발휘할 수 있도록 보완할 필요가 있다. 이를 위하여는 업무집행기능과 업무감독기능을 분리하여 업무집행기능은 집행임원이 담당하도록 하고 이사회는 업무감독기능만을 담당하도록 하여야 할 것이다(특히 자산총액 2조원 이상인 대회사에서). 이를 위하여 상법에 집행임원에 관한 규정을 두어야 한다는 주장이 그동안 꾸준히 제기되어,[2] 2011년 4월 개정상법은 회사의 선택에 의하여 집행임원을 둘 수 있는 것으로 규정하였다(상 408조의 2 1항).[3] 그러나 위에서 본 바와 같이 대회사는 이사회에 의무적으로 사외이사를 이사총수의 과반수 두도록 하여 이사회의 감독기능을 강화한 점과의 균형상 대회사는 의

---

1) 동지의 상법상 주식회사 지배구조의 개선방안에 관한 상세는 정찬형 외, 주식회사 감사제도의 개선방안에 관한 연구(상장협연구보고서 95－4)(한국상장회사협의회, 1995. 12), 233~262면; 정찬형, 전게논문(법률학의 제문제), 529~530면; 동, 전게논문(월간고시, 1988. 10), 50면; 동, "기업경영의 투명성 제고를 위한 주식회사의 지배구조의 개선,"「상사법연구」, 제17권 1호(1998. 6), 203~230면; 동, "주식회사의 업무집행기관에 대한 감독(감사)기관,"「고려법학」, 제38호(2002), 35~59면; 동, "주식회사의 지배구조와 권한의 분배,"「상사판례연구」(한국상사판례학회), 제16집(2004), 3~51면 등 참조.
   반대: 전삼현, "독일 감사회제도의 문제점,"「상사법연구」, 제22권 2호(2003), 179~203면(WTO체제 출범 이후에 급진적으로 글로벌화가 추진되고 있는 현재의 세계 경제흐름을 고려하여 볼 때, 현재는 더 이상 독일의 감사회제도가 우리의 기업지배구조개선과 관련하여 모델이 되기는 어렵다고 본다).
   참고로 일본은 1993년 개정상법(1993. 10. 1 시행)에서 대회사의 경우에는 3인 이상의 감사(이 중 1인은 반드시 사외감사이어야 함)로 구성된 감사회를 두도록 하여(상특 18조~18조의 4), 대회사의 경우 독일의 중층제도의 요소를 많이 가미하고 있었다.
2) 동지: 정찬형, "한국 주식회사에서의 집행임원에 관한 연구,"「고려법학」(고려대 법학연구원), 제43호(2004), 37~62면; 강희갑, 전게 상장협 연구보고서 2002. 5, 200~254면; 동, "미국법상의 집행임원제도의 도입에 관한 연구(주식회사의 지배구조의 개선과 관련하여),"「비교사법」, 제7권 2호(2000. 12), 671~705면; 양동석, "임원제도 도입에 따른 법적 문제,"「상사법연구」, 제20권 2호(2001), 109~148면; 동, "집행임원제도 도입의 필요성,"「21세기한국상사법의 진로」(내동우홍구박사정년기념논문집), 2002, 155~176면; 동, "집행임원의 역할과 법적 지위,"「상장협」, 제48호(2003, 추계호), 162~186면; 정쾌영, "집행임원제도에 관한 상법개정안의 문제점 검토,"「기업법연구」(한국기업법학회), 제21권 제4호(2007. 12), 110~111면; 전우현, "주식회사 감사위원회제도 개선에 관한 일고찰 — 집행임원제 필요성에 관한 검토의 부가,"「상사법연구」(한국상사법학회), 제23권 3호(2004. 11), 284면 등.
3) 2011년 개정상법상 집행임원제도의 활성화에 관하여는 박정민, "2011년 개정상법상 집행임원제도의 활성화방안에 관한 연구," 법학석사학위논문(고려대, 2012. 2) 참조.

무적으로 집행임원을 두도록 하여야 하고,[1] 감사의 실효성을 위하여 집행임원을 둔 회사에서만 감사위원회를 둘 수 있도록 하여야 할 것으로 본다.[2]

제 2 관　주주총회(기본사항의 의결기관)

제 1　의　　의

주주총회(general meeting; General – od. Hauptversammlung; assemblée générale)는「주주로 구성되고 회사의 기본적 사항에 관하여 회사의 의사를 결정하는 필요상설의 기관」이다. 이를 분설하면 다음과 같다.

1) 주주총회는「주주」만으로 구성된다. 따라서 이사나 감사(監事)는 주주총회에 출석하더라도($\frac{상}{2항,}\frac{373조}{413조}$) 주주총회의 구성원이 되지 못한다. 주주라 하더라도 의결권이 없거나 제한되는 종류주식($\frac{상}{의3}\frac{344조}{1항}$)을 가진 주주는 의결권이 없거나 제한되는 한 주주총회의 구성원이 되지 못한다고 본다(통설).[3]

2) 주주총회는 회사의「기본적 사항」에 관해서만 회사의 의사를 결정할 수 있다. 즉, 주주총회는 상법 또는 정관에 정해진 사항에 한해서만 결의할 수 있다($\frac{상}{361조}$). 의용(依用)상법에서의 주주총회는 강행법규 또는 선량한 풍속 기타 사회질서에 반하지 않는 한 어떠한 사항도 결의할 수 있어 그 권한이 매우 광범위하였으므로 명실

---

1) 동지: 문상일 "상법상 집행임원제도의 지배구조적 문제점과 개선방안,"「상사법연구」(한국상사법학회), 제36권 제4호(2018. 2), 60~61면.

2) 정찬형, "2007년 확정한 정부의 상법(회사법)개정안에 대한 의견,"「고려법학」(고려대 법학연구원), 제50호(2008), 384~392면, 394~395면; 동, "주식회사 지배구조관련 개정의견,"「상사법연구」(한국상사법학회), 제24권 2호(2005. 8), 163~167면; 동, "2009년 개정상법중 상장회사에 대한 특례규정에 관한 의견,"「상사법연구」(한국상사법학회), 제28권 1호(2009. 5), 291~292면, 301~302면; 동, "주식회사의 지배구조,"「상사법연구」(한국상사법학회), 제28권 3호(2009. 11), 31~64면; 동, 회사법 중장기 개선과제에 관한 연구(상장협연구보고서 2009 – 1)(서울: 한국상장회사협의회, 2009. 9), 82~99면, 108~125면; 동, 전게 사외이사제도개선방안에 관한 연구(상장협연구보고서 2010 – 2), 84~107면; 동, "주식회사법 개정제안,"「선진상사법률연구」(법무부), 제49호(2010. 1), 1~66면; 동, "우리 주식회사 지배구조의 문제점과 개선방안,"「상사법연구」(한국상사법학회), 제34권 제2호(2015. 8), 9~43면; 동, "집행임원,"「제4판 주식회사법 대계 II」(한국상사법학회 편), 법문사, 2022. 3, 1275~1388면; 동, "대기업의 투명경영을 위한 지배구조,"「선진상사법률연구」(법무부), 통권 제78호(2017. 4), 1~28면.

　　주요 유럽국가의 Corporate Governance에 관한 소개로는 강희갑 · 권기범 · 정호열 · 원용수, "주요 유럽국가의 회사지배구조의 최근 동향과 우리나라의 기업결합에 있어서의 지배구조,"「상사법연구」, 제20권 1호(2001), 347~424면 참조.

3) 정(찬), (회) 597면; 정(희), 444면; 정(동), (회) 307면; 주상(제5판)(회사 III), 65면 외.

　　반대: 이(철), (회) 503면(주주는 의결권의 유무에 불구하고 주주인 이상 주주총회의 구성원으로 보아야 한다고 한다); 이(기) 외, (회) 361면.

공히 회사의 최고·만능의 기관이었으나, 1963년부터 시행되는 신 상법 이후에는 위와 같이 주주총회는 상법 또는 정관이 정하는 사항에 한해서만 결의할 수 있게 하였으므로 그 권한에서 만능기관은 아니다. 그러나 주주총회는 이사·감사(監事)의 선임·해임권($\frac{상}{1}$ 382조 1항, 385조 1항, 409조 1항, 415조), 정관변경권($\frac{상}{조}$ 433조 1항) 등이 있어 이를 통하여 회사의 업무집행을 감독하고 또 주주총회의 권한범위를 확대할 수 있으므로 회사의 최고기관이라고 볼 수는 있다.[1]

3) 주주총회는 회사의 내부적인 「의사결정기관」이고, 이의 대외적인 대표행위는 대표이사 또는 대표집행임원이 한다.[2] 주주총회의 의사결정은 주주들의 현실적인 집회에서의 결의에 의하는데, 이것은 주주가 적극적으로 회사의 경영에 참여하는 유일한 길이다.[3]

4) 주주총회는 주식회사에서 반드시 존재해야 하는 「필요기관」이고, 또 추상적 의미의 존재형식에서 「상설기관」이다[4](주주총회는 회의체기관이므로 그 활동형식에 있어서는 이사회 등과 같이 물론 상설기관이 될 수 없다)[5].

---

1) 동지: 정(동), (회) 308면; 이(철), (회) 504면; 채, 460면; 이(기) 외, (회) 362면; 주상(제5판)(회사 Ⅲ), 66면.

2) 따라서 대표이사 또는 집행임원이 주주총회의 결의를 요하는 업무에 관하여 동 결의가 없거나 또는 동 결의와 상이함에도 불구하고 대외적인 대표행위를 한 경우의 효력이 문제되는데, 이에 관해서는 대표이사에 관한 설명에서 후술하기로 한다.

3) 동지: 이(철), (회) 503~504면(주주는 이외에도 각종의 제소권·유지〈留止〉청구권 등을 갖고 있지만 이러한 권리는 소극적인 면에서 행사할 수 있는 권리에 불과하고, 주주가 적극적인 면에서 회사경영에 참여하는 권리는 주주총회에서의 의결권뿐이라고 한다).

4) 동지(상설기관설): 정(희), 445면; 정(동), (회) 308면; 이(철), (회) 504면; 채, 460면; 이(기) 외, (회) 362면; 주상(제5판)(회사 Ⅲ), 67면.
   반대(비상설기관설): 손(주), 698면(주주총회는 회의체기관이므로 상설기관이 아니라고 한다); 이(원), 415면.

5) 주주총회의 전자화에 대하여는 고재종, "가상공간상 주주총회의 운용에 관한 검토,"「상사법연구」, 제21권 1호(2002), 223~247면(이사회와 같이 화상회의 등을 통한 주주총회를 인정하여야 하고, 주주총회의 소집지에 가상공간을 포함하여야 하며, 주주총회의 공고도 전자적 방법에 의하여 할 수 있도록 하고, 의결권에 대한 대리권의 부여방식도 전자적 방법에 의할 수 있도록 하며, 의결권의 행사도 서면뿐만 아니라 전자적 수단으로 할 수 있도록 하여야 한다); 정쾌영, "주주총회의 전자화에 관한 입법론적 고찰,"「상사법연구」, 제21권 3호(2002), 315~345면(주주의 의결권 행사와 의결권 대리행사의 위임, 주주제안과 주식매수청구권 등을 전자적 방법으로 할 수 있도록 조속한 입법이 요구된다고 한다); 차대운·정쾌영, "주주총회의 전산화와 그 법적 과제,"「상장협」, 제46호(2002, 추계호), 140~155면; 홍복기, "전자주주총회제도의 도입,"「상사법연구」, 제22권 3호(2003), 179~224면; 권재열, "주주총회의 전자화(상법 제363조 제1항에 대한 고찰을 중심으로),"「비교사법」, 제10권 2호(2003. 6), 265~291면; 정준우, "상법상 주주 및 회사의 서면행위의 전자화방안,"「비교사법」, 제10권 3호(2003. 9), 349~384면 등 참조.

제 2 권한(결의사항)

우리 상법상 주주총회는 만능의 권한을 갖는 것이 아니라, 상법 또는 정관에 정하는 사항에 한하여만 결의할 수 있는 권한을 가질 뿐이다($\frac{상}{361조}$). 즉, 1963년부터 시행되는 신상법에서는 그 이전의 의용(依用)상법에 비하여 주주총회의 권한을 대폭 축소하고, 그 대신 이사회의 권한을 강화하였다. 1984년의 개정상법에서는 종래에 주주총회의 권한으로 되어 있던 준비금의 자본전입권($\frac{상 461조}{1항 본문}$), 전환사채의 발행권($\frac{상 513조}{2항 본문}$) 등의 권한을 원칙적으로 이사회의 권한으로 옮김으로써 주주총회의 권한을 더욱 약화시켰는데, 이것은 현대 회사법의 입법례의 추세라고도 볼 수 있다.

이하에서는 주주총회의 권한을 상법상의 권한, 특별법상의 권한 및 정관상의 권한으로 나누어서 간단히 살펴보겠다.

1. 상법상의 권한

주주총회의 상법상의 권한을 분류하여 열거하면 다음과 같다.

(1) 기관구성과 관련한 권한

회사의 기관구성과 관련한 권한으로는 이사·감사·청산인의 선임 및 해임($\frac{상 382}{조, 385조, 409조,}$ $\frac{}{415조, 531조, 539조}$), 검사인의 선임($\frac{상 366조}{3항, 367조}$) 등에 관한 권한이 있다.

(2) 회계와 관련한 권한

회사의 회계와 관련한 권한으로는 재무제표의 승인($\frac{상 449}{조 1항}$), 주식배당의 결정($\frac{상 462}{조의 2}$ $\frac{}{1항 본문}$), 배당금지급시기의 결정($\frac{상 464조의}{2 \ 1항 단서}$), 청산의 승인($\frac{상 540}{조 1항}$) 등에 관한 권한이 있다.

(3) 업무감독과 관련한 권한

이사 등의 업무감독과 관련한 권한으로는 이사·감사·청산인의 보수결정($\frac{상 388}{조, 415}$ $\frac{}{조 542}$), 사후설립($\frac{상}{375조}$), 발기인·이사·감사·청산인의 책임면제($\frac{상 324조, 400조,}{415조, 542조}$), 이사·감사·청산인의 책임해제의 유보($\frac{상 450조,}{542조 2항}$), 주주 이외의 자에 대한 전환사채 또는 신주인수권부사채의 발행($\frac{상 513조 3항,}{516조의2 \ 4항}$) 등에 관한 권한이 있다.

(4) 기본기구의 변경과 관련한 권한

회사의 기본기구의 변경과 관련한 권한으로는 영업의 전부 또는 중요한 일부의 양도 등($\frac{상}{374조}$),[1] 정관변경($\frac{상 433}{조 1항}$), 자본금 감소($\frac{상}{438조}$), 합병($\frac{상}{522조}$), 분할($\frac{상 530조의 2~}{530조의 12}$),

---

1) 회사편에서의 이러한 영업양도가 총칙편의 영업양도(상 41조 1항)와 어떠한 관련을 갖는가에 대하여, 양자를 동일하게 해석하여 법해석의 통일성과 안정성을 기해야 한다는「형식설」(주식회사의 영업용 재산 또는 중요재산의 양도는 그것이 영업양도에 해당하지 않으면 주주총회의 특별

주식의 포괄적 교환($\substack{상 360 \\ 조의 3}$) · 이전($\substack{상 360 \\ 조의 16}$), 계속($\substack{상 \\ 519조}$), 조직변경($\substack{상 604 \\ 조 1항}$), 해산($\substack{상 \\ 518조}$) 등에 관한 권한이 있다.

2. 특별법상의 권한

청산중의 회사나 파산선고 후의 회사가 회생절차의 개시신청을 함에는 채무자회생 및 파산에 관한 법률상 주주총회의 특별결의를 요하고($\substack{파 \\ 35조}$), 보험회사가 계약으로써 다른 보험회사에게 그 업무와 재산의 관리를 위탁하는 경우에는 보험업법상 주주총회의 특별결의를 요한다($\substack{보험 138 \\ 조, 140조}$).

3. 정관상의 권한

주주총회의 권한은 상법($\substack{및 특 \\ 별법}$)에 규정된 사항 이외에도 정관에 의하여 확대될 수 있다. 이러한 권한은 다음과 같이 분류될 수 있다.

1) 상법에 규정이 없거나, 또는 상법의 규정에 의하여 주주총회의 권한으로 유보되어 있는 사항($\substack{예컨대, 상 \\ 416조 단서}$)에 대하여 정관에서 주주총회의 권한으로 규정하는 것은 당연하다.

2) 상법에서 주주총회 이외의 기관($\substack{예컨대, \\ 이사회 등}$)의 권한으로 규정하고 있는 사항을 정관에서 주주총회의 권한으로 규정할 수 있는가. 이에 대하여는 이미 설명한 바와 같이 우리나라의 학설은 나뉘어 있다. 즉, (i) 통설은 주주총회의 최고기관성 및 권한분배의 자율성 등을 이유로 하여, 주식회사의 본질이나 강행법규에 위반되지 않는 한 상법상 규정된 이사회 등의 권한도 정관에 의하여 주주총회의 권한으로 규정할 수 있는데, 다만 주주총회의 소집권한($\substack{상 \\ 362조}$)은 그 성질상 주주총회의 권한으로 할 수 없다고 한다.[1] (ii) 그러나 소수설은 주식회사의 각 기관의 권한분배에 관한

결의를 요하지 않는다는 점에서 불요설이라고도 함), 양자는 입법목적이 다르므로 동일하게 해석할 필요가 없다고 보는 「실질설」(주식회사의 영업용 재산 또는 중요재산의 양도는 그것이 비록 영업양도에 해당되지 않을지라도 주주총회의 특별결의를 요한다고 보는 점에서 필요설이라고도 함) 및 양자를 절충한 「절충설」이 있는데, 이에 관하여는 영업양도에 관한 부분에서 이미 상세히 설명하였다.

사견으로는 영업양도에 관한 부분에서 이미 설명한 바와 같이 대법원판례의 입장과 같은 절충설이 타당하다고 보며, 영업의 일부양도는 회사편에서만 인정하는 것이 타당하다고 본다.

1) 정(희), 445면(상법에서 이사회의 권한으로 되어 있는 것도 총회소집과 같이 그 성질상 허용될 수 없는 것을 제외하고는, 정관에서 주주총회의 권한으로 유보할 수 있다고 본다); 정(동), (회) 315면(다만 이 경우에는 이사의 회사 및 제3자에 대한 책임의 규정을 주주에게 유추적용할 필요가 생긴다고 한다); 서 · 정, 413면; 박 · 이, 231면; 이(병), 427면; 채, 498면; 이(기) 외, (회) 363면; 김영주, "정관에 의한 주주총회 권한의 확장 — 일본 최고재판소 2017. 2. 21. 결정의 분석과 시사점 —," 「상사판례연구」(한국상사판례학회), 제31집 제1권(2018. 3), 314면 외.

규정은 강행규정이고, 또 통설에 의하면 상법이 주주총회의 권한으로 유보한 조항($\binom{예컨대, 상 389조 1항}{단서, 416조 단서 등}$)이 무의미해지며, 또한 이로 인하여 주주총회가 이사회의 권한을 대폭 잠식하게 되어 주식회사의 소유와 경영의 분리를 기대하는 상법의 이념에 역행한다는 이유 등으로, 상법이 정관의 규정에 의하여 주주총회의 권한으로 할 수 있음을 명문으로 규정하지 않는 한 정관에 의하여 이사회 등의 권한을 주주총회의 권한으로 할 수 없다고 한다.[1]

생각건대 주식회사의 각 기관의 권한에 관한 상법의 규정은 입법정책의 문제로서 전부 강행규정으로 보아야 하므로, 그 범위에서 자율성은 배제된다. 따라서 상법 제361조에서 「정관에서 정한 사항」이란 상법상의 유보조항($\binom{예컨대, 상 416조 단서,}{461조 1항 단서 등}$)에 의하여 정관에서 주주총회의 권한으로 정한 사항 및 상법에 규정이 없는 사항을 정관에서 주주총회의 권한으로 정한 사항을 말하고, 그러한 상법상의 유보조항이 없이 상법이 타 기관의 권한으로 규정하고 있는 사항을 정관의 규정만으로 주주총회의 권한으로 할 수는 없다고 본다($\binom{소수설}{에 찬성}$).

제 3 소 집

1. 소집권자

(1) 원 칙

주주총회의 소집은 원칙적으로 「이사회」가 결정한다($\binom{상}{362조}$). 이러한 이사회의 결정의 집행은 대표이사 또는 집행임원이 한다($\binom{상 389조 3항 · 209}{조, 408조의 4 1호}$). 청산중의 회사의 경우에는 청산인회가 소집을 결정하고, 대표청산인이 그 결정을 집행한다($\binom{상}{542조}$).

그러나 자본금 총액이 10억원 미만으로서 이사를 1명 또는 2명을 둔 소규모 주식회사($\binom{상 383조}{1항 단서}$)는 이사회가 없으므로, 이러한 이사회의 기능을 각 이사($\binom{정관에 따라 대표}{이사를 정한 경우}\atop\binom{에는 그}{대표이사}$)가 수행한다($\binom{상 383}{조 6항}$).

(2) 예 외

주주총회는 예외적으로 「소수주주」($\binom{상 366조 2항,}{542조의 6 1항}$), 「감사(監事)」($\binom{상 412}{조의 3}$) 또는 「감사위원회」($\binom{상 415조의 2}{7항, 412조의 3}$), 「법원의 명령」($\binom{상 467}{조 3항}$)에 의하여 소집되는 경우가 있다.

1) 소수주주에 의하여 소집되는 경우　　소수주주에 의하여 주주총회가 소집되는 경우는, 비상장회사의 경우에는 발행주식총수의 100분의 3 이상에 해당하는 주식을 가진 주주가($\binom{상 366}{조 2항}$), 상장회사의 경우에는 발행주식총수의 100분의 3 이상에

---

1) 이(철), (회) 506면.

해당하는 주식을 가진 주주($\substack{상\ 542조\\ 의\ 6\ 10항}$) 또는 6개월 전부터 계속하여 상장회사 발행주식총수의 1,000분의 15 이상에 해당하는 주식을 보유한 주주[1]가($\substack{상\ 542조\\ 의\ 6\ 1항}$), 회의의 목적사항과 소집의 이유를 적은 서면 또는 전자문서를 먼저 이사회($\substack{자본금\ 총액이\ 10억원\ 미\\ 만으로서\ 이사를\ 1명\ 또}$는 2명을 둔 소규모 주식회사〈상 383조 1항 단서〉는 이사회가 없으므로, 이러한 이사회의 기능을 각 이사〈정관에 따라 대표이사를 정한 경우에는 그 대표이사〉가 수행한다〈상 383조 6항〉)에 제출하여 주주총회(임시총회)의 소집을 청구하여야 하고($\substack{상\ 366조\ 1항,\\ 542의\ 6\ 1항}$), (이때 '이사회'는 원칙적으로 대표이사를 의미하고, '전자문서'란 전자우편 · 휴대전화 문자메시지 · 모바일),[2] 이러한 청구가 있음에도 불구하고 이사회($\substack{자본금\ 총액이\ 10억원\ 미만으로서\\ 이사를\ 1명\ 또는\ 2명을\ 둔\ 소규모}$ 주식회사〈상 383조 1항 단서〉는 이사회가 없으므로, 이러한 이사회의 기능을 각 이사〈정관에 따라 대표이사를 정한 경우에는 그 대표이사〉가 수행한다〈상 383조 6항〉)가 지체 없이 총회소집의 절차를 밟지 아니한 때에는(소집통지의 발송뿐 아니라 총회개최결정을 위한 이사회의 개최, 주주명부의 폐쇄, 공고 기타 소집절차 중 어느 하나라도 지체해서는 안 된다는 뜻), 그 소수주주가 법원의 허가를 받아 직접 총회를 소집하는 경우이다($\substack{상\ 366조\ 2항\ 1문,\\ 542의\ 6\ 1항}$). 이 경우 주주총회의 의장은 법원이 이해관계인의 청구나 직권으로 선임할 수 있다($\substack{상\ 366\\ 조\ 2\\ 항\ 2문}$). 소수주주가 법원의 허가를 받아 소집한 주주총회에서 지배주주를 대표하는 자가 주주총회의 의장을 맡게 되면 지배주주를 위한 독단적인 의사진행으로 소수주주의 이익을 해하기 때문에 이러한 규정을 2011년 4월 개정상법에서 신설하였다.

이 때 소수주주가 법원에 총회소집의 허가를 신청하는 경우에는, 이사가 그 소집을 게을리한 사실을 소명하여야 하고($\substack{비송\ 80조\\ 1항\ 후단}$), 법원은 이러한 신청에 대하여 이

---

1) 금융회사의 경우는 6개월 전부터 계속하여 금융회사의 의결권 있는 주식총수의 10,000분의 150 이상(대통령령으로 정하는 금융회사의 경우에는 10,000분의 75 이상)에 해당하는 주식을 보유한 자이다(지배 33조 2항).

　참고로 종래의 증권거래법과 상법과의 관계에 대하여 우리 대법원은 "증권거래법 제191조의 13 제5항(현재의 상 542조의 6 1항에 해당함) 등은 상법 제366조의 적용을 배제하는 특별법에 해당한다고 볼 수 없으므로 주권상장법인 등의 주주는 증권거래법 제191조의 13 제5항 등이 정하는 6월의 보유기간 요건을 갖추지 못한 경우라 할지라도 상법 제366조의 요건을 갖추고 있으면 그에 기하여 주주총회소집청구권을 행사할 수 있다"고 판시하였다[대판 2004. 12. 10, 2003 다 41715(공보 2005, 97)]. 그런데 2020년 개정상법은 이를 입법적으로 명확히 하였다(상 542조의 6 10항).

2) 대결 2022. 12. 16, 2022 그 734(공보 2023, 254)(상법 제366조 제1항에서 정한 소수주주는 회의의 목적사항과 소집 이유를 적은 서면 또는 전자문서를 이사회에 제출하는 방법으로 임시주주총회의 소집을 청구할 수 있다〈상법 제366조 제1항〉. 이때 '이사회'는 원칙적으로 대표이사를 의미하고, 예외적으로 대표이사 없이 이사의 수가 1인 또는 2인인 소규모 회사의 경우에는 각 이사를 의미한다〈상법 제383조 제6항〉. 한편 상법 제366조 제1항에서 정한 '전자문서'란 정보처리시스템에 의하여 전자적 형태로 작성 · 변환 · 송신 · 수신 · 저장된 정보를 의미하고, 이는 작성 · 변환 · 송신 · 수신 · 저장된 때의 형태 또는 그와 같이 재현될 수 있는 형태로 보존되어 있을 것을 전제로 그 내용을 열람할 수 있는 것이어야 하므로, 이와 같은 성질에 반하지 않는 한 전자우편은 물론 휴대전화 문자메시지 · 모바일 메시지 등까지 포함된다. 갑 주식회사의 소수주주인 을이 대표이사 병에게 2회에 걸쳐 발송한 임시주주총회 소집청구서가 폐문부재로 배달되지 않아 폐기 처리된 후, 을의 소송대리인이 같은 내용의 임시주주총회 소집청구서를 카카오톡 메시지로 발송하여 그 무렵 병이 이를 수신하였는데도 갑 회사가 임시주주총회 소집절차를 밟지 않자, 을이 법원에 주주총회 소집허가를 구한 사안에서, 대표이사인 병이 카카오톡 메시지를 통하여 임시주주총회 소집요구서를 제출받아 이를 확인한 이상, 을의 상법 제366조 제1항에 따른 임시주주총회의 소집청구는 적법하다).

유를 붙인 결정으로써 재판을 하여야 하는데(_{조 1항}^{비송 81}), 신청을 인용한 재판에 대하여는 불복의 신청을 할 수 없고(_{조 2항}^{비송 81}) 민사소송법 제449조에 의한 특별항고만이 허용된다.[1] 또한 소수주주가 법원에 이러한 주주총회소집의 허가를 신청하는 경우에는 주주총회의 결의사항이 아닌 것을 회의목적사항으로 할 수 없다.[2]

　이 때 법원이 총회의 소집기간을 구체적으로 정하지 않은 경우에도 소집허가를 받은 소수주주는 소집의 목적에 비추어 상당한 기간 내에 총회를 소집하여야 하고 이러한 상당한 기간이 경과하면 소집권한은 특별한 사정이 없는 한 소멸한다.[3]

---

1) 동지: 대결 1991. 4. 30, 90 마 672(공보 899, 1596); 동 1963. 9. 23, 63 마 15(민결집 10, 349).

2) 대결 2022. 4. 19, 2022 그 501(공보 2022, 1013)(소수주주가 상법 제366조에 따라 주주총회 소집허가 신청을 하는 경우, 주주총회 결의사항이 아닌 것을 회의목적사항으로 할 수 없다. 주주총회는 상법 또는 정관이 정한 사항에 한하여 결의할 수 있고〈상법 제361조〉, 대표이사는 정관에 특별한 정함이 없는 한 이사회 결의로 선임되므로〈상법 제389조〉, 정관에서 주주총회 결의사항으로 '대표이사의 선임 및 해임'을 규정하지 않은 경우에는 이를 회의목적사항으로 삼아 상법 제366조에서 정한 주주총회소집허가 신청을 할 수 없다); 동 2022. 9. 7, 2022 마 5372(공보 2022, 2104)(일반적으로 주주총회는 이사회의 결의로 소집하지만〈상법 제362조〉, 예외적으로 소수주주가 법원의 허가를 얻어 소집할 수도 있다. 즉 발행주식총수의 100분의 3 이상에 해당하는 주식을 가진 주주는 회의의 목적사항과 소집의 이유를 적은 서면〈이하 '임시총회소집청구서'라 한다〉을 이사회에 제출하여 임시총회의 소집을 청구할 수 있고, 위 청구가 있은 후 지체 없이 총회소집의 절차가 진행되지 않은 때에는 법원의 허가를 받아 직접 총회를 소집할 수 있다〈상법 제366조〉. 이러한 임시총회소집청구권은 주주의 공익권 중 하나로서, 소수주주의 이익을 보호하고 특히 지배주주의 지지를 받는 이사가 주주총회의 소집을 미루고 있는 경우 이를 견제하기 위한 것이다. 이와 같은 절차를 통하여 소수주주는 자신이 제안하는 안건을 주주총회의 결의에 부의할 수 있게 된다. 소수주주가 상법 제366조에 따라 임시총회 소집에 관한 법원의 허가를 신청할 때 주주총회의 권한에 속하는 결의사항이 아닌 것을 회의 목적사항으로 할 수는 없다. 이때 임시총회소집청구서에 기재된 회의의 목적사항과 소집의 이유가 이사회에 먼저 제출한 청구서와 서로 맞지 않는다면 법원의 허가를 구하는 재판에서 그 청구서에 기재된 소집의 이유에 맞추어 회의의 목적사항을 일부 수정하거나 변경할 수 있고, 법원으로서는 위와 같은 불일치 등에 관하여 석명하거나 지적함으로써 신청인에게 의견을 진술하게 하고 회의 목적사항을 수정·변경할 기회를 주어야 한다. 한편 정관에 다른 규정이 없으면 대표이사는 이사회 결의로 이사 중에서 선임되므로〈상법 제389조〉, 대표이사가 이사직을 상실하면 자동적으로 대표이사직도 상실한다. 따라서 대표이사는 이사회 결의로 대표이사직에서 해임되는 경우뿐만 아니라 주주총회 결의로 이사직에서 해임되는 경우에도 대표이사직을 상실하게 된다. 그렇다면 소수주주가 제출한 임시총회소집청구서에 회의의 목적사항이 '대표이사 해임 및 선임'으로 기재되었으나 소집의 이유가 현 대표이사의 '이사직 해임'과 '후임 이사 선임'을 구하는 취지로 기재되어 있고, 회사의 정관에 '대표이사의 해임'이 주주총회 결의사항으로 정해져 있지 않다면, 회의의 목적사항과 소집의 이유가 서로 맞지 않으므로 법원으로서는 소수주주로 하여금 회의의 목적사항으로 기재된 '대표이사 해임 및 선임'의 의미를 정확하게 밝히고 그에 따른 조치를 취할 기회를 갖도록 할 필요가 있다).

3) 동지: 대판 2018. 3. 15, 2016 다 275679(공보 2018, 675)(법원은 상법 제366조 제2항에 따라 총회의 소집을 구하는 소수주주에게 회의의 목적사항을 정하여 이를 허가할 수 있다. 이때 법원이 총회의 소집기간을 구체적으로 정하지 않은 경우에도 소집허가를 받은 주주는 소집의 목적에 비추어 상당한 기간 내에 총회를 소집하여야 한다. 소수주주에게 총회의 소집권한이 부여되는 경우, 총회에서 결의할 사항은 이미 정해진 상태이고, 일정기간이 경과하면 소집허가결정의 기초가 되었던 사정에 변경이 생길 수 있기 때문이다. 소수주주가 아무런 시간적 제약 없이 총회를 소집

이 경우의 소수주주는 회사의 집행기관의 지위에 서는 것이므로, 소집비용은 회사의 부담이 될 것이다. 이렇게 소수주주에 의하여 소집된 주주총회는 회사의 재산상태의 악화에 대한 대책을 세우거나, 임원을 해임하는 경우 등에 중요한 의미를 갖는다.[1] 따라서 이렇게 소집된 주주총회에서는 회사의 업무와 재산상태를 조사하기 위하여 검사인을 선임할 수 있다(상 366
조 3항).

2) 감사(監事) 또는 감사위원회에 의하여 소집되는 경우　　감사 또는 감사위원회도 소수주주와 같은 방법으로 주주총회(임시총회)를 소집할 수 있다. 즉, 감사 또는 감사위원회는 먼저 회의의 목적사항과 소집의 이유를 기재한 서면(상법 제412조의
3 제1항에서 '또는 전자문서'가 빠진
것은 입법상 누락임)을 이사회(자본금 총액이 10억원 미만으로서 이사를 1명 또는 2명을 둔 소규모 주식회사(상
383조 1항 단서)는 이사회가 없으므로, 이러한 이사회의 기능을 각 이사(정관에 따
라 대표이사를 정한 경우에는 그 대
표이사)가 수행한다(상 383조 6항))에 제출하여 총회의 소집을 청구하여야 하고(상 412조의 3 1항,
415조의 2 7항), 이러한 청구가 있음에도 불구하고 이사회(자본금 총액이 10억원 미만으로서 이사를 1명 또는 2명을 둔
소규모 주식회사(상 383조 1항 단서)는 이사회가 없으므로,
이러한 이사회의 기능을 각 이사(정관에 따라 대표이사를
정한 경우에는 그 대표이사)가 수행한다(상 383조 6항))가 지체 없이 총회소집의 절차를 밟지 아니한 때에는, 감사 또는 감사위원회는 법원의 허가를 얻어 직접 총회를 소집할 수 있다(상 412조의 3 2항, 366조
2항 1문, 415조의 2 7항). 이 경우 주주총회의 의장은 법원이 이해관계인의 청구나 직권으로 선임할 수 있다(상 412조의 3 2항, 366조
2항 2문, 415조의 2 7항).

감사에게 이와 같이 주주총회소집권을 부여한 것은 1995년 개정상법에 의해서이고, 감사위원회에 주주총회소집권을 부여한 것은 1999년 개정상법에 의해서인데, 이는 감사 또는 감사위원회에 의한 감사의 실효성을 확보하기 위한 방안의 하나로 신설된 것이다. 따라서 이와 같이 감사 또는 감사위원회에 의하여 소집된 주주총회는 감사 또는 감사위원회로부터 감사결과를 보고받고 이에 대한 대책을 세움으로써, 감사의 실효성을 확보하는 데 기여할 수 있을 것이라는 점에서 의미가 있다고 본다.

3) 법원의 명령에 의하여 소집되는 경우　　법원의 명령에 의하여 주주총회가 소집될 수 있는 경우는, 회사의 업무집행에 관하여 부정행위 또는 법령이나 정관에 위반한 중대한 사실이 있음을 의심할 사유가 있는 때에는, 비상장회사의 경우는 발행주식총수의 100분의 3(1998년 개정상법
이전에는 100분의 5) 이상에 해당하는 주식을 가진 소수주주

할 수 있다고 보는 것은, 이사회 이외에 소수주주가 총회의 소집권한을 가진다는 예외적인 사정이 장기간 계속되는 상태를 허용하는 것이 되고, 이사회는 소수주주가 소집청구를 한 경우 지체 없이 소집절차를 밟아야 하는 것에 비해 균형을 상실하는 것이 된다. 따라서 총회소집 허가결정일로부터 상당한 기간이 경과하도록 총회가 소집되지 않았다면, 소집허가결정에 따른 소집권한은 특별한 사정이 없는 한 소멸한다. 소집허가결정으로부터 상당한 기간이 경과하였는지는 총회소집의 목적과 소집허가결정이 내려진 경위, 소집허가결정과 총회소집 시점 사이의 기간, 소집허가결정의 기초가 된 사정의 변경 여부, 뒤늦게 총회가 소집된 경위와 이유 등을 고려하여 판단하여야 한다).

1) 동지: 정(동), (회) 316면.

의 청구에 의하여($\substack{상 467 \\ 조 1항}$), 상장회사의 경우는 발행주식총수의 100분의 3 이상에 해당하는 주식을 가진 소수주주($\substack{상 542조 \\ 의 6 10항}$) 또는 6개월 전부터 계속하여 상장회사 발행주식총수의 1,000분의 15 이상에 해당하는 주식을 보유한 소수주주의 청구에 의하여($\substack{상 542조 \\ 의 6 1항}$) 법원이 선임한 검사인이 회사의 업무와 재산상태를 조사하여 그 결과를 법원에 보고하여야 하는데($\substack{상 467 \\ 조 2항}$), 법원은 그 보고에 의하여 필요하다고 인정한 때에 대표이사 또는 (대표)집행임원에게 주주총회의 소집을 명하는 경우이다($\substack{상 467 \\ 조 3항}$). 이 때에는 이사회의 결정을 요하지 아니하고 대표이사 또는 (대표)집행임원(자본금총액이 10억 원 미만으로서 이사를 1명 또는 2명을 둔 소규모 주식회사〈상 383조 1항 단서〉는 이사회가 없으므로, 이러한 이사회의 기능을 각 이사〈정관에 따라 대표이사를 정한 경우에는 그 대표이사〉가 수행한다〈상 383조 6항〉)이 바로 소집한다(통설). 대표이사 또는 (대표)집행임원(자본금총액이 10억원 미만으로서 이사를 1명 또는 2명을 둔 소규모 주식회사〈상 383조 1항 단서〉는 이사회가 없으므로, 이러한 이사회의 기능을 각 이사〈정관에 따라 대표이사를 정한 경우에는 그 대표이사〉가 수행한다〈상 383조 6항〉)이 이러한 법원의 명령에 위반하여 주주총회를 소집하지 아니한 경우에는 과태료의 제재를 받는다($\substack{상 635조 \\ 1항 22호}$).

2. 소집시기

주주총회는 그의 소집시기를 기준으로 하여 「정기총회」(annual meeting; ordentliche Generalversammlung)와 「임시총회」(special meeting; ausserodentliche Generalversammlung)로 나뉜다. 정기총회와 임시총회는 그 권한에 있어 차이가 있다고 보는 소수설도 있으나,[1] 양자는 소집시기에 있어서만 차이가 있을 뿐 그 권한이나 소집절차 또는 결의의 효력 등에서는 차이가 없다고 본다(통설).[2]

(1) 정기총회

정기총회는 원칙적으로 매년 1회 일정한 시기(매 결산기)에 소집되는데($\substack{상 365 \\ 조 1항}$), 예외적으로 연 2회 이상의 결산기를 정한 회사는 매 결산기에 정기총회를 소집하여야 한다($\substack{상 365 \\ 조 2항}$). 정기총회는 원래 재무제표를 승인하고 이익처분을 결정하기 위하여 소집되는데, 이러한 점에서 정기주주총회를 결산주주총회라고도 한다. 그 시기는 보통 정관에 규정되는데, 정관에 규정이 없으면 매 결산기 후 3월 내에 소집되어야 한다[3]($\substack{상 354조 2 \\ 항·3항 참조}$).

이사($\substack{상 383 \\ 조 3항}$) 또는 감사($\substack{상 \\ 410조}$)의 임기를 정기주주총회의 종결시까지로 정한 경우 이러한 이사 또는 감사의 임기는 정기총회로 불려지는 그 총회의 종결시까지 계속

---

1) 손(주), 701면(재무제표의 승인권한은 정기주주총회에만 있다고 한다).
2) 정(찬), (회) 605면; 정(희), 446면; 정(동), (회) 318면; 이(철), (회) 512~513면; 채, 463면; 이(기) 외, (회) 364면; 이·최, 305면 외.
3) 동지: 정(희), 446면; 정(동), (회) 317면; 이(철), (회) 512면(정관에 규정이 없는 경우에도 재무제표 승인의 필요상 결산종료일 후 상당한 기간 내에 소집해야 한다고 한다); 이(기) 외, (회) 363면.

되는 것이 아니고, 그 임기는 정기총회가 원래 개최되어야 할 기간의 경과로 종료된다고 본다.[1]

정기총회에서는 재무제표의 승인 및 이사·감사의 개선과 같은 일상적인 사항 이외에도 정관의 변경·합병계약서 또는 분할계획서(분할합병계약서)의 승인 등도 할 수 있으므로, 이러한 사항 때문에 정기총회에 이어 또 다시 임시총회를 개최할 필요는 없다. 또한 법원의 명령 등에 의하여 소집된 임시총회($\frac{상\ 467}{조\ 3항}$)의 시기가 마침 정기총회의 소집시기와 일치한다면, 그 정기총회에서 임시총회를 요구한 소정사항을 결의할 수 있다.[2]

(2) 임시총회

임시총회는 필요한 경우에 수시로 소집되는데($\frac{상\ 365}{조\ 3항}$), 회사의 필요에 의하여 임의로 소집되는 경우가 일반적이나, 때에 따라서는 그 소집이 강제되는 경우도 있다($\frac{상\ 467조,\ 526조,\ 533}{조\ 1항,\ 540조\ 1항\ 등}$).

3. 소집지와 소집장소

(1) 소 집 지

주주총회의 소집지는 정관에 다른 정함이 없으면 「본점소재지 또는 이에 인접한 지」이어야 한다($\frac{상}{364조}$). 소집지란 최소독립행정구역($\frac{특별시·광역}{시.시.군}$)[3]을 의미하는데, 상법이 이러한 규정을 둔 것은 주주의 출석편의를 위해서이다.

(2) 소집장소

소집장소에 대하여는 상법에 규정이 없으나 「소집지 내의 특정한 장소」로 해석하고,[4] 보통 총회소집의 통지 또는 공고에 함께 기재된다. 소집장소는 위치·규모 등에서 주주가 출석하는 데 편리한 장소이어야 하므로, 교통곤란한 장소 또는 출석주주를 수용할 수 없는 협소한 건물에 소집하는 것은 소집절차의 불공정을 이유로 결의취소의 소의 원인이 될 수 있다.[5]

판례에 의하면 건물의 옥상이나 다방을 소집장소로 정한 경우에도 유효하다고 한다.[6]

---

1) 동지: 정(희), 446면.
2) 동지: 정(희), 446면.
3) 동지: 이(철), (회) 517면.
　　그러나 정(동), (회) 318면 및 주상(제5판)(회사 Ⅲ), 87면은 시·군과 특별시 및 광역시의 경우는 구를 의미한다고 한다.
4) 동지: 정(희), 448면; 정(동), (회) 319면.
5) 동지: 정(희), 448면.
6) 대판 1983. 3. 23, 83 도 748(집 31 ④ 형 82).

만일 소집장소의 기재가 없으면 본점이 소집장소가 된다.[1]

4. 소집절차

(1) 통지의 필요성

주주총회를 소집함에 있어서는 주주에게 출석의 기회와 준비의 시간을 주기 위하여 (기명)주주에게는 「통지」하여야 한다($\frac{상363조}{1항\sim2항}$).[2] 의결권이 없는 종류주식을 가진 주주에 대하여는 원칙적으로 이러한 통지를 할 필요가 없다($\frac{상363조}{7항 본문}$).[3] 그러나 주주총회 소집통지서에 적은 회의의 목적사항이 주식교환계약서·주식이전계획서·영업의 전부 또는 중요한 일부의 양도 등·합병계약서·분할계획서 또는 분할합병계약서를 승인하는 주주총회로서 반대주주의 주식매수청구권이 인정되는 사항($\frac{상360조}{의 5, 360}$ $\frac{조의 22, 374조의 2,}{522조의 3, 530조의 11}$)이 포함되는 경우에는 의결권이 없는 종류주식을 가진 주주도 주식매수청구권을 행사할 수 있으므로($\frac{상374조}{의 2 1항}$), 의결권이 없는 종류주식을 가진 주주에게도 소집통지를 하여야 한다($\frac{상363조}{7항 단서}$).[4]

주주총회 소집통지서를 발송하였다가 이를 철회하는 경우에도 소집절차와 동일한 절차를 밟아야 한다.[5]

(2) (기명)주주에 대한 통지

(기명)주주에 대한 소집통지는 회일의 2주간 전($\frac{회일의 전일부터 14일 이전}{까지 발송하여야 한다는 뜻}$)(2009년 5월 개정 상법에 의하여 자본금 총액이 10억원 미만인 소규모 주식회사의 경우에는 그 운영을 간소화하기 위하여 「10일 전」으로 단축함 — 상 363조 3항 전단)에 서면($\frac{따라서 구두·전화 등에 의한 통지,}{회람, 안내방송 등은 허용되지 않는다}$)[6]

---

1) 동지: 정(희), 448면.
2) 이러한 통지에 갈음하는 전자공시제도가 논의되고 있는데, 이에 관하여는 정대익, "전자공시제도에 관한 법적 고찰," 「상사법연구」, 제22권 3호(2003), 225~277면; 곽관훈, "전자문서에 의한 주주총회 소집통지," 「기업법연구」(한국기업법학회), 제11집(2002), 97~117면(전자공시에 관한 구체적인 절차 및 방법들에 대해서 명확히 규정해야 할 것이고, 아울러 주주의 회사에 대한 각종 청구권의 행사도 전자적 방법에 의하여 행하여질 수 있도록 입법적인 정비를 하는 것이 필요하다고 한다).
3) 이 때 「의결권이 없는 주주」란 의결권이 없는 종류주식이나 그 주주총회의 결의사항에 대하여 의결권이 제한되는 종류주식을 가진 주주를 말한다(상 344조의 3 참조).
4) 2015년 개정상법이 의결권이 없거나 제한되는 주주에게도 명문으로 주식매수청구권을 인정함에 따라(상 374조의 2 1항), 상법 제363조 제7항에 단서를 신설하여, 이러한 경우에는 의결권이 없거나 제한되는 주주에게도 주주총회 소집통지를 하도록 한 것이다.
5) 대판 2011. 6. 24, 2009 다 35033(공보 2011, 1459)(주식회사 대표이사가 이사회결의를 거쳐 주주들에게 임시주주총회 소집통지서를 발송하였다가 다시 이를 철회하기로 하는 이사회결의를 거친 후 총회 개최장소 출입문에 총회 소집이 철회되었다는 취지의 공고문을 부착하고, 이사회에 참석하지 않은 주주들에게는 퀵서비스를 이용하여 총회 소집이 철회되었다는 내용의 소집철회통지서를 보내는 한편, 전보와 휴대전화〈직접 통화 또는 메시지 녹음〉로도 같은 취지의 통지를 한 사안에서, 임시주주총회 소집을 철회하기로 하는 이사회결의를 거친 후 주주들에게 소집통지와 같은 방법인 서면에 의한 소집철회통지를 한 이상 임시주주총회 소집이 적법하게 철회되었다고 본 원심판단은 정당하다).
6) 동지: 정(동), (회) 320면; 이(철), (회) 513면; 이(기) 외, (회) 366면.

또는 각 주주의 동의를 받아 전자문서로 통지를 발송하여야 하고(발신주의)($^{상\,363조}_{1항\,본문}$), 그 통지서에는 회의의 목적사항[1]을 적어야 한다($^{상\,363}_{조\,2항}$). 그러나 개개의 주주가 이러한 소집통지를 받을 권리를 포기하거나, 또는 전화나 구두에 의한 통지에 동의하는 것은 무방하다고 본다.[2]

그런데 이러한 소집통지가 주주명부상의 주주의 주소에 계속 3년간 도달하지 아니한 때에는 회사는 해당 주주에게 총회의 소집을 통지하지 아니할 수 있다($^{상\,363}_{조\,1}_{항\,단서}$). 이는 장기간 소재불명한 주주에게 무의미한 총회소집통지를 생략함으로써, 법률적 분쟁을 예방하고 총회소집비용과 번거로움을 덜어주어 회사($^{특히\,상}_{장회사}$) 운영의 편의를 도모하기 위하여 1995년 개정상법에 의하여 신설된 것이다.

2009년 1월 개정상법에 의하면 상장회사의 주주총회소집에 있어서는 대통령령이 정하는 수($^{의결권\,있는\,발행주}_{식총수의\,100분의\,1}$) 이하의 주식을 소유하는 주주에게는 정관에서 정하는 바에 따라 주주총회 회일의 2주 전에 주주총회를 소집하는 뜻과 회의의 목적사항을 둘 이상의 일간신문에 각각 2회 이상 공고하거나 대통령령으로 정하는 바에 따라 전자적 방법($^{금융감독원\,또는\,한국거래소가\,운용하는}_{전자공시시스템을\,통하여\,공고하는\,방법}$)으로 공고함으로써 위의 소집통지에 갈음할 수 있다($^{상\,542조의4\,1항,}_{상시\,31조\,1항\cdot2항}$). 또한 상장회사가 이사·감사의 선임에 관한 사항을 목적으로 하는 주주총회를 소집통지 또는 공고하는 경우에는 이사·감사후보자의 성명, 약력, 추천인, 그 밖에 대통령령으로 정하는 후보자에 관한 사항(1. 후보자와 최대주주와의 관계, 2. 후보자와 해당 회사와의 최근 3년간의 거래내역, 3. 주주총회 개최일 기준 최근 5년 이내에 후보자가 「국세징수법」 또는 「지방세징수법」에 따른 체납처분을 받은 사실이 있는지 여부, 4. 주주총회 개최일 기준 최근 5년 이내에 후보자가 임원으로 재직한 기업이 「채무자 회생 및 파산에 관한 법률」에 따른 회생절차 또는 파산절차를 진행한 사실이 있는지 여부, 5. 법령에서 정한 취업제한사유 등 이사·감사 결격사유의 유무)을 통지하거나 공고하여야 한다($^{상\,542조의4\,2항,}_{상시\,31조\,3항}$). 상장회사는 이와 같이 통지하거나 공고한 후보자 중에서 이사·감사를 선임하여야 하는데($^{상\,542}_{조의5}$), 상장회사가 이에 위반하여 이사·감사를 선임한 경우에는 500만원 이하의 과태료의 처벌을 받는다($^{상\,635조}_{1항\,30호}$).

상장회사가 주주총회 소집의 통지 또는 공고를 하는 경우에는, (i) 사외이사 그 밖에 해당 회사의 상무에 종사하지 아니하는 이사의 이사회 출석률·이사회 의안에

---

1) 회의의 목적사항이란 '결의사항'(의안〈議案〉 또는 의사일정)을 말하고, 결의사항이 정관의 변경 기타 중요한 사항일 때에는 '의안의 요령'도 기재하여야 한다(상 433조 2항, 522조 2항). 예컨대, 「정관의 일부변경의 건」은 결의사항이고, 「정관 제 몇 조를 어떻게 개정할 것인가의 요지」는 의안의 요령이다[정(동), (회) 320면].

주주총회가 이러한 '목적사항'에 없는 사항을 결의하면 결의취소의 소(상 376조)의 원인이 되나(대판 1979. 3. 27, 79 다 19; 동 1969. 2. 4, 68 다 2284 외), '의안의 요령'과 다른 내용으로 결의하더라도 이는 결의취소의 소의 원인이 아니라고 본다. 왜냐하면 '의안의 요령'은 이사회의 하나의 안(案)이므로 주주총회에서는 그 안과 달리 결의할 수 있는 것이며, 또한 이 경우 주주총회의 권한은 '의안의 요령'에 대하여 가부(可否)만을 결의하는 것으로 한정하는 것으로 볼 수 없기 때문이다.

2) 동지: 정(동), (회) 325면; 이(철), (회) 526면.

대한 찬반 여부 등 활동내역과 보수에 관한 사항, (ii) 자산총액 2조원 이상인 상장회사의 경우 그 상장회사와 최대주주·그의 특수관계인 및 그 상장회사의 특수관계인과의 일정한 거래내역($^{상\ 542조}_{의9\ 3항}$) 및 (iii) 영업현황 등 사업개요와 주주총회의 목적사항별로 금융위원회가 정하는 방법에 따라 작성한 참고서류, (iv)「자본시장과 금융투자업에 관한 법률」제159조에 따른 사업보고서 및「주식회사 등의 외부감사에 관한 법률」제23조 제 1 항 본문에 따른 감사보고서($^{이\ 경우\ 해당보고서는\ 주주총회\ 개최\ 1주\ 전까}_{지\ 전자문서로\ 발송하거나\ 회사의\ 홈페이지에}$ $_{게재하는\ 것으로}^{갈음할\ 수\ 있다}$)를, 통지 또는 공고하여야 한다($^{상\ 542조의4\ 3항}_{본문,\ 상시\ 31조\ 4항}$). 다만 상장회사가 그 사항을 대통령령으로 정하는 방법($^{회사의\ 인터넷\ 홈페이지에\ 게재하고\ 회사의\ 본\cdot지점,\ 명의개서대행회사,}_{금융위원회\ 및\ 한국거래소에\ 갖추어\ 두어\ 일반인이\ 열람할\ 수\ 있도록\ 하}$ $_{방법}^{는}$)으로 하는 경우에는 그러하지 아니하다($^{상\ 542조의4\ 3항}_{단서,\ 상시\ 31조\ 5항}$).

(3) 연기와 속행

1) 의　　의　　주주총회의 연기란「총회가 성립한 후 의사에 들어가지 않고 회일을 후일로 다시 정하는 것」이고, 속행이란「의사에 들어가기는 하였으나 종결하지 못하고 나머지 의사를 다음 회일에 계속하는 것」이다.

2) 소집절차의 불요　　주주총회의 연기나 속행은 일단 주주총회가 성립한 후에 그 주주총회의 결의에 의하여 하는데($^{상\ 372}_{조\ 1항}$), 이러한 결의에 의하여 후일 성립하는 연기회나 계속회는 당초의 총회와 동일성을 유지하므로 다시 소집절차를 밟을 필요가 없다($^{상\ 372}_{조\ 2항}$).[1)]

주주총회의 연기나 속행은 일단 총회가 성립한 후에 이루어지는 점에서, 총회가 성립하지도 않고 또 소집절차를 다시 밟아야 하는 총회소집의 철회나 변경과 구별된다.[2)] 연기나 속행은 주주총회의 결의가 있기 전에만 가능한 것으로, 일단 주주총회의 결의가 있게 되면 그것이 가결이든 부결이든 연기나 속행이 있을 수 없다.[3)]

(4) 소집절차를 흠결한 총회

소집절차를 흠결한 주주총회의 결의의 효력은 취소($^{상}_{376조}$) 또는 부존재($^{상}_{380조}$)의 원인이 되고 또 그러한 절차를 흠결한 (대표)이사 또는 (대표)집행임원은 과태료의 제재($^{상\ 635조}_{1항\ 2호}$)를 받으나, 다음과 같은 주주총회는 특수한 경우로서 그 소집절차에 흠

---

1) 동지: 대판 1989. 2. 14, 87 다카 3200(공보 1989, 416)(계속회는 당초의 주주총회와 동일성을 유지하고 있다고 할 것이므로 별도의 소집절차를 밟을 필요가 없다).

2) 동지: 대판 2009. 3. 26, 2007 도 8195(공보 2009, 590)(주주총회의 소집의 통지·공고가 행하여진 후 소집을 철회하거나 연기하기 위해서는 소집의 경우에 준하여 이사회의 결의를 거쳐 대표이사가 그 뜻을 그 소집에서와 같은 방법으로 통지·공고하여야 한다); 손(주), 709~710면(개회를 하지 않은 철회나 후일 다른 회일에 개회할 것을 정한 소집의 연기의 경우에는 소집절차를 별도로 밟아야 하는데, 다만 통지는 회일 전에 도달하여야 한다고 한다).

3) 동지: 이(철), (회) 529면.

결이 있다 하더라도 그 유효 여부가 특히 문제된다.

1) 전원출석총회   법정된 소집절차를 이행하지 않았으나 총주주가 주주총회의 개최에 동의하여 출석하면, 그 총회에서의 결의는 유효한가. 이것을 전원출석총회(Universalversammlung)라고 하는데, 유효라고 본다(통설).[1] 법이 소집절차를 규정한 것은 모든 주주에게 출석의 기회를 주기 위한 것이므로, 모든 주주가 그 이익을 포기하고 총회의 개최에 동의한다면, 이를 유효한 총회로 인정하여도 어느 주주의 이익을 해하는 것이 아니기 때문이다.[2]

우리 대법원은 1인회사의 경우에는 그 1인의 주주가 출석하면 전원총회로서 성립하고 소집절차를 밟을 필요가 없다고 일관하여 판시하였다.[3] 그러나 1인회사 이외의 경우에는 종래에는 「소집권자에 의하여 소집되지 아니한 이상 가사 전 주주가 어떤 결의를 하였더라도 이는 주주의 회합(會合)에 불과하고 이러한 회합에서의 결의는 소위 주주총회의 결의라 할 수 없으므로 그 결의는 부존재 또는 당연무효이다」고 하여 전원출석총회의 효력을 부정하였으나,[4] 그 후에는 태도를 바꾸어 「주주총회의 특별결의시 그 주주총회가 상법 소정의 적법한 소집절차를 경유하지 않았다고 하더라도, 주주 전원이 출석하여 만장일치로 결의한 경우라면 위 주주총회는 이른바 전원출석총회로서 그 결의는 주주총회결의로서 유효하다」고 판시하여 전원출석총회의 효력을 긍정하였다.[5]

1) 정(찬), (회) 610면; 정(희), 449면; 서·정, 399면; 정(동), (회) 324면; 최(기), 759~760면; 이(기) 외, (회) 367면; 주상(제5판)(회사 Ⅲ), 80면; 이(철), (회) 526~528면(다만 이사회의 총회소집의 결의는 있어야 하며, 이의 흠결은 1인회사를 포함하여 전원출석총회의 경우에도 치유될 수 없다고 한다) 외.
　　　독일 주식법은 이를 명문으로 규정하고 있다(AktG § 241 Nr. 1).
　　　전원출석총회에 의한 결의를 독일 주식법의 경우와 같이 유효로 하는 명문규정을 두어야 한다는 견해로는 김성호, "주식회사의 활성화를 위한 상법상의 과제(독일 주식법의 1994년 개정을 중심으로),"「경영법률」(한국경영법률학회), 제12집(2001), 243~245면, 250면.
2) 동지: 정(희), 449면.
3) 대판 1976. 4. 13, 74 다 1755(집 24 ① 민 203)(1인회사의 경우는 그 주주가 유일한 주주로서 총회에 출석하면 전원총회로서 성립하고, 그 주주의 의사대로 결의가 성립될 것이므로 총회소집절차를 따로 필요로 하지 않으며, 총회를 개최한 사실이 없더라도 1인주주에 의하여 의결이 있었던 것으로 의사록에 작성되어 있다면 그 사유만으로 결의부존재를 다툴 수 없다)(반대: 양승규, 법률신문, 1976. 6. 7. 찬성: 최기원, 「회고」 5, 152); 동 1964. 9. 22, 63 다 792(민판집 82, 296); 동 1967. 2. 28, 63 다 981(집 15 ① 민 160); 동 1966. 9. 20, 66 다 1187·1188(집 14 ③ 민 54); 동 1977. 2. 8, 74 다 1754; 동 1992. 6. 23, 91 다 19500(공보 926, 2228); 동 1993. 6. 11, 93 다 8702(공보 950, 2019)(1인회사의 경우에는 실제로 주주총회를 개최한 사실이 없더라도 주주총회 의사록이 작성되었다면 그 결의가 없었던 것으로 다툴 수 없다) 외.
4) 대판 1960. 9. 8, 4292 민상 766(카드 6359).
5) 대판 1979. 6. 26, 78 다 1794(민판집 258, 375). 동지: 대판 1993. 2. 26, 92 다 48727(공보 942, 1087)(임시주주총회가 법령 및 정관상 요구되는 이사회의 없이 또한 그 소집절차를 생략하

2) 총주주의 동의에 의한 소집절차의 생략   유한회사의 사원총회는 총사원의 동의가 있으면 소집절차 없이 총회를 열 수 있다($\frac{상}{573조}$). 이것은 총사원이 소집절차 없이 총회를 개최하는 데 동의하면 결석자가 있더라도($\frac{전원출석총}{회와 구별}$) 유효한 총회로 인정하는 것이다. 이러한 규정이 없는 주주총회에 대하여도 유한회사에 관한 상법 제573조를 유추적용하여, 총주주가 동의하면 소집절차를 생략할 수 있는가.

생각건대 주주총회의 소집절차에 관한 규정은 주주에게 출석의 기회와 준비의 시간을 주기 위한 것인데 주주가 소집절차의 생략에 관하여 동의하면($\frac{그러나 이 동의는}{매총회마다 하여야}$ 유효하고 모든 주주총회에 대하여 포괄적으로 동의하는 것은 신의칙상 인정되지 않는다고 본다) 주주가 이러한 이익을 포기한 것으로 볼 수 있는 점, 위에서 본 바와 같이 우리 대법원이 전원출석총회를 인정하는 점, 1999년 개정상법이 정관에 규정이 있으면 서면에 의한 의결권의 행사를 인정하고 있는데($\frac{상 368}{조의 3}$) 이러한 입법취지에서 볼 때 주주총회의 소집절차 및 의결권의 행사의 요건을 완화하는 경향이 있는 점 등을 고려하여 볼 때, 총주주의 동의가 있으면 그 회의 주주총회에 한하여 소집절차를 생략할 수 있다고 본다.[1]

2009년 5월 개정상법은 자본금 총액이 10억원 미만인 소규모 주식회사의 경우에는 그 운영을 간소화하기 위하여 주주 전원의 동의가 있으면 소집절차 없이 주주총회를 개최할 수 있음을 명문으로 규정하고 있다($\frac{상 363조 4}{항 1문 전단}$).

고 이루어졌다고 하더라도, 주주의 의결권을 적법하게 위임받은 수임인과 다른 주주 전원이 참석하여 총회를 개최하는 데 동의하고 아무런 이의 없이 만장일치로 결의가 이루어졌다면, 이는 다른 특별한 사정이 없는 한 유효한 것이다); 동 2002. 7. 23, 2002 다 15733(공보 2002, 2020)(주식회사의 주주총회가 법령이나 정관상 요구되는 이사회의 결의나 소집절차를 거치지 아니하고 이루어졌다고 하더라도 주주 전원이 참석하여 아무런 이의 없이 일치된 의견으로 총회를 개최하는 데 동의하고 결의가 이루어졌다면 그 결의는 특별한 사정이 없는 한 유효하다); 동 2002. 12. 24, 2000 다 69927(공보 2003, 435)(주식회사의 임시주주총회가 법령 및 정관상 요구되는 이사회의 결의 및 소집절차 없이 이루어졌다 하더라도, 주주명부상의 주주 전원이 참석하여 총회를 개최하는 데 동의하고 아무런 이의 없이 만장일치로 결의가 이루어졌다면 그 결의는 특별한 사정이 없는 한 유효하다).
1) 저자는 과거에는 「주식회사와 유한회사는 그 본질적 특성이 다르므로 소규모·폐쇄적인 회사를 전제로 한 유한회사에 관한 규정을 주식회사에 유추적용할 수는 없다고 보고, 소규모·폐쇄적인 주식회사는 유한회사로 전환시키기 위한 정책적인 목적에서도 오히려 주식회사에 관한 규정을 엄격히 적용하여야 할 것이므로 총주주의 동의에 의해서는 소집절차를 생략할 수 없다고 본다」고 하여 총주주의 동의에 의한 소집절차의 생략에 반대하였으나 [정찬형, 「제1개정판 상법강의(상)」 (서울: 박영사, 1999), 700면], 제3판부터 위의 내용과 같이 변경한다[동지: 정(희), 449면; 정(동), (회) 325면].

제 4 주주제안권

1. 의   의

주주제안권(Antragsrecht)이란 「주주가 일정한 사항을 주주총회의 목적사항으로 할 것을 제안할 수 있는 권리」를 말한다. 이러한 주주제안권은 다음에서 보는 주주의 의결권과 함께 주주권 중 공익권에 해당한다. 주주제안권은 미국($^{증권거래위원회}_{규칙 14a-8조}$)·영국($^{회사법\langle2006\rangle}_{292조\sim294조}$)·독일($^{주식법 126}_{조\sim127조}$)·일본($^{회사법}_{303조}$) 등에서 인정하고 있는데,[1] 우리나라에서는 1997년에 증권거래법을 개정하여 주권상장법인에 대하여 이를 인정하다가($^{증거}_{^{191조}_{14}}$) 1998년 개정상법이 이를 규정함으로써($^{상 363}_{조의 2}$) 모든 주식회사에 일반화하였다.[2]

상법상 주주제안권의 내용은 일정한 사항을 주주총회의 목적사항($^{예컨대, '정관의}_{일부변경의 건'}$)으로 할 것을 제안할 수 있는 권리뿐만 아니라(의제〈議題〉제안권)($^{상 363조}_{의 2 1항}$), 주주총회의 목적사항에 추가하여 의안의 요령($^{예컨대, '정관 제 몇 조를 어}_{떻게 개정할 것인가의 요지'}$)을 제출할 수 있는 권리(의안〈議案〉제안권)($^{상 363조}_{의 2 2항}$)를 포함한다. 주주의 의제제안권은 회사가 제출한 목적사항에 추가할 것을 청구하는 권리이므로 이를 추가제안권이라고도 하고, 주주의 의안제안권은 주주 자신이 제안한 목적사항에 대하여 행사할 수도 있고 회사가 채택한 목적사항에 대하여 행사할 수도 있는데 이 후자의 경우에는 회사측의 의안제안에 대하여 수정제안 또는 반대제안이 될 수 있다.[3]

2. 당 사 자

(1) 제안권자

상법상 주주제안권은 개개의 주주에 대하여 인정하지 않고, 비상장회사의 경우에는 「의결권이 없는 주식을 제외한 발행주식총수의 100분의 3 이상에 해당하는 주식을 가진 주주(소수주주)」에 대하여 인정하고 있다($^{상 363조}_{의 2 1항}$).

상장회사의 경우에는 「의결권이 없는 주식을 제외한 발행주식총수의 100분의 3 이상에 해당하는 주식을 가진 주주」($^{상 542조}_{의 6 10항}$) 또는 「6개월 전부터 계속하여 상장회사의 의결권 없는 주식을 제외한 발행주식총수의 1,000분의 10($^{최근 사업연도 말 자본금}_{이 1천억원 이상인 상장}$

---

1) 독일(주식법 131조)과 일본(회사법 314조)에서는 주주제안권 외에도 주주에게 이사·감사 등에 대한 설명청구권(Auskunftsrecht)을 인정하고 있다.

2) 우리 상법 및 증권거래법상 주주제안권의 문제점을 지적한 논문으로는 정준우, "주주제안권의 행사요건과 그 문제점," 「상사법연구」, 제21권 3호(2002), 285~314면 참조.

3) 동지: 손(주), 707~708면; 정(동), (회) 322~323면.

는 1,000분의 5/ 회사의 경우에) 이상에 해당하는 주식을 보유한 자」이다(상 542조의 6 2항, 상시 32조). 1)

(2) 상 대 방

상법상 주주제안권의 상대방은 「이사」이다(상 363조 의 2 1항).

3. 행사방법

(1) 상법상 주주제안을 할 수 있는 소수주주는 이사에게 주주총회일(경우 직전 연도 의 정기주주총회일에 해당하는 그 해의 해당일. 이하 이 조에서 같다)의 6주 전에 서면 또는 전자문서로 일정한 사항을 주주총회의 목적사항으로 할 것을 제안할 수 있다(의제제안)(상 363조 의 2 1항).

또한 이러한 소수주주는 이사에게 주주총회일의 6주 전에 서면 또는 전자문서로 회의의 목적으로 할 사항에 추가하여 당해 주주가 제출하는 의안의 요령을 주주총회소집의 통지에 기재할 것을 청구할 수 있다(의안제안)(상 363조 의 2 2항).

(2) 이와 같이 주주가 6주 전에 주주제안권을 행사하도록 한 것은 주주총회소집을 위한 준비기간을 고려한 것이다(상 363조 등 참조). 2)

그런데 주주가 주주총회의 회일 전 6주에 미달하는 기간에 주주제안을 하는 경우, 회사는 그 제안을 채택할 수 없다는 견해가 있으나, 3) 위 기간이 주주총회의 소집준비를 위한 기간임을 고려하여 볼 때 회사는 그 제안을 채택할 의무는 없으나 이를 채택하여 주주총회의 소집통지서에 기재하여 총회에 상정할 수 있다고 본다. 4)

4. 효   과

(1) 상법상 의제제안을 받은 이사는 이를 이사회에 보고하고, 이사회는 주주제안의 내용이 법령 또는 정관을 위반하는 경우와 그 밖에 대통령령으로 정하는 경우5)를 제외하고는 이를 주주총회의 목적사항으로 하여야 하는데, 이 경우 주주제안을 한 자의 청구가 있으면 주주총회에서 당해 의안을 설명할 기회를 주어야 한다(상 363 조의

---

1) 금융회사의 경우는 6개월 전부터 계속하여 금융회사의 의결권 있는 발행주식총수의 10,000분의 10 이상에 해당하는 주식을 대통령령으로 정하는 바에 따라 보유한 자이다(지배 33조 1항).

2) 동지: 손(주), 708면; 정(동), (회) 323면.

3) 손(주), 708면(다만 제안의 성질과 당해 제안주주의 의사가 차기총회에 상정할 수도 있는 것으로 판단되는 경우에는 그 제안을 부적법한 것으로 처리할 필요는 없다고 한다).

4) 동지: 정(동), (회) 323면.

5) 그 밖에 "대통령령이 정하는 경우"란 (i) 주주총회에서 의결권의 100분의 10 미만의 찬성밖에 얻지 못하여 부결된 내용과 동일한 의안을 부결된 날로부터 3년 내에 다시 제안하는 경우, (ii) 주주 개인의 고충에 관한 사항, (iii) 주주가 권리를 행사하기 위하여 일정 비율을 초과하는 주식을 보유해야 하는 소수주주권에 관한 사항, (iv) 임기중에 있는 임원의 해임에 관한 사항(상 542조의 2 1항의 상장회사에 한함) 및 (v) 회사가 실현할 수 없는 사항 또는 제안이유가 명백히 거짓이거나 특정인의 명예를 훼손하는 사항이다(상시 12조).

$\binom{2}{3항}$). 그런데 자본금 총액이 10억원 미만으로서 이사를 1명 또는 2명을 둔 소규모 주식회사$\binom{상 383조}{1항 단서}$는 이사회가 없으므로, 이러한 이사회의 기능을 각 이사$\binom{정관에 따라 대표}{이사를 정한 경우}$$\binom{에는 그}{대표이사}$가 수행한다$\binom{상 383}{조 6항}$.

이사가 주주로부터 의안제안을 받으면 주주총회 소집통지에 이러한 의안의 요령을 기재하여야 한다$\binom{상 363조}{의 2 2항}$.

(2) 회사가 주주의 의제제안을 무시하고 한 총회결의는 주주가 제안한 의제에 관한 어떠한 결의가 있었던 것이 아니므로 다른 결의는 유효하고 다만 이사는 그러한 주주에 대하여 손해배상책임을 지고 또한 과태료의 제재를 받으나$\binom{상 635조}{1항 21호}$, 주주의 의안제안을 무시하고 한 총회결의는 결의취소의 소$\binom{상}{376조}$의 원인이 된다고 본다.[1]

제 5 의 결 권

1. 의의 및 성질

(1) 의   의

의결권(voting right; Stimmrecht; droit de vote)이란 「주주가 주주총회에 출석하여 결의에 참가할 수 있는 권리」를 말한다. 주주는 이러한 의결권에 의하여 경영에 참여하게 된다. 주주권에는 이미 본 바와 같이 자익권과 공익권이 있는데, 의결권은 대표적인 공익권에 속한다.

(2) 성   질

1) 의결권은 고유권에 속하는 것으로서 정관에 의해서도 이를 박탈하거나 제한할 수 없고, 주주도 이를 (미리) 포기하지 못한다.[2] 그러나 법률에 의하여 일정한 주식을 의결권이 없는 종류주식이나 의결권이 제한되는 종류주식으로 발행할 수는 있다$\binom{상 344}{조의 3}$.

2) 의결권은 구체적·채권적 권리로 변할 수 없으므로$\binom{이 점에서 이익배당청구권}{등과 같은 자익권과 구별됨}$, 언제나 주식과 분리하여 양도될 수 없다.[3]

---

1) 동지: 손(주), 709면; 정(동), (회) 324면; 이(철), (회) 524면.
2) 동지: 손(주), 710면; 이(철), (회) 534면(주식과 분리하여 의결권을 포기하지 못한다고 한다); 대판 2002. 12. 24, 2002 다 54691(공보 2003, 447)(주주권은 주식의 양도나 소각 등 법률에 정하여진 사유에 의하여서만 상실되고, 단순히 당사자 사이의 특약이나 주주권 포기의 의사표시만으로 상실되지 아니한다. 따라서 주주가 일정기간 주주권을 포기하고 타인에게 주주로서의 의결권 행사권한을 위임하기로 약정한 사정만으로는 그 주주가 주주로서의 의결권을 직접 행사할 수 없게 되었다고 볼 수 없다)[이 판결에 찬성하는 취지의 평석으로는 채동헌, 「상장」, 제339호 (2003. 3), 93~101면].
3) 동지: 이(철), (회) 534면.

3) 의결권은 인격권적·일신전속적인 권리는 아니고, 주주의 자익권을 확보하기 위한 권리로서 재산권적·비개성적(非個性的) 성질을 갖는 권리라고 볼 수 있다.[1]

2. 의결권의 수

(1) 원　칙

1) 의결권은 1주식마다 1개만이 부여되는 것이 원칙이다($^{1주 1의결}_{권의 원칙}$)($^{상 369}_{조 1항}$). 이는 주주가 가진 지주수(持株數)에 따라 의결권의 수를 정한 것으로, 인적회사의 의결권이 사원의 두수(頭數)에 의하는 것($^{상 195조·269}_{조, 민 706조}$)과 크게 구별되는 점이다. 우리 상법에서는 특정한 주식에 대하여 수 개의 의결권을 인정하는 복수의결권제도[2]는 인정되지 않는다.[3]

2) 1주 1의결권의 원칙을 규정한 상법 제369조 1항은 강행규정이므로 정관으로 이와 달리 정할 수 없다.[4] 또한 당사자 사이의 계약에 의해서도 1주에 대하여 복수의결권을 인정하거나, 특정한 주식에 대하여 의결권을 박탈하거나, 주주가 가진 주식 중 일정한 수를 초과하는 주식에 대하여 의결권의 행사를 제한할 수 없다.[5]

(2) 예　외

1주 1의결권의 원칙은 강행규정이므로 정관 또는 당사자간의 계약 등에 의하여는 제한될 수 없으나,[6] 법률($^{상법 또는}_{특별법}$)에 의하여는 다음과 같이 제한될 수 있다.[7]

반대: 대판 1985. 12. 10, 84 다카 319(공보 769, 235)(의결권만을 양도할 수 있다고 한다).

1) 동지: 정(동), (회) 326면; 이(기) 외, (회) 375면.
2) 독일 주식법에서는 복수의결권제도를 인정하지 않으나(AktG § 12 ②), 프랑스 상법에서는 예외적으로 2 배수 의결권을 인정하고 있다(佛商 225－123조).
3) 이사의 선임시 모든 주식에 대하여 1주마다 선임할 이사의 수와 동일한 수의 의결권을 인정하는 집중투표제도(상 382조의 2, 542조의 7)는 2인 이상의 이사의 선임을 일괄하여 1개의 결의사항으로 하는 것으로서 의결권의 행사방법이 보통의 경우와 다른 것 뿐이므로, 1주 1의결권의 원칙에 대한 예외라고 볼 수 없다[동지: 손(주), 762면].
4) 동지: 이(철), (회) 538면; 주상(제5판)(회사 Ⅲ), 125면; 대판 2009. 11. 26, 2009 다 51820(공보 2010, 24)(상법 제369조 1항에서 주식회사의 주주는 1주마다 1개의 의결권을 가진다고 하는 1주 1의결권의 원칙을 규정하고 있는바, 위 규정은 강행규정이므로 법률에서 위 원칙에 대한 예외를 인정하는 경우를 제외하고, 정관의 규정이나 주주총회의 결의 등으로 위 원칙에 반하여 의결권을 제한하더라도 효력이 없다).
5) 동지: 정(동), (회), 332면(다만 의결권을 일정한 방향으로 행사할 것을 약정하는 것은 상관이 없다고 한다); 이(철), (회) 538면.
6) 동지: 정(동), (회) 332면(주주의 의결권을 정관 또는 당사자간의 계약 등으로 제한하는 것은 주주의 고유권을 해하고 또한 주주평등의 원칙에 반하므로 무효라고 한다); 이(철), (회) 538면(1주 1의결권에 반하는 주주간의 합의는 무효라고 한다).
7) 주주의 의결권행사 제한에 관한 종합적인 소개와 문제점의 제시에 관하여는 최규윤, "주주의 의결권행사 제한제도에 관한 고찰,"「상장협」, 제45호(2000. 3), 162～190면 참조.

1) 상법에 의한 제한

(개) 의결권이 없거나 제한되는 종류주식[1]

① 의결권이 없는 종류주식은 주주총회의 모든 결의사항에 대하여 의결권이 없고 의결권이 제한되는 종류주식은 의결권이 제한되는 결의사항에 대하여 의결권이 없는 것이 원칙이나($\substack{상 344조의 \\ 3 \ 1항 \ 전단}$), 예외적으로 정관에서 정한 의결권행사 또는 부활의 조건을 충족한 경우에는 의결권이 부활한다($\substack{상 344조의 \\ 3 \ 1항 \ 후단}$). 의결권이 없거나 제한되는 종류주식은 종류주주총회에서는 의결권을 갖지만($\substack{상 435조. \\ 436조}$), 이것은 주주총회에서의 의결권의 문제는 아니다.

② 이러한 의결권이 없거나 제한되는 종류주식은 그 주식 자체에 의결권이 없거나 제한되는 경우로서 그 주식을 누가 소유하든 의결권이 없거나 제한된다. 이러한 의결권이 없거나(모든 결의사항에서) 의결권이 제한되는(제한되는 결의사항에서) 종류주식은 발행주식총수에 산입되지 않는다($\substack{상 371 \\ 조 1항}$). 따라서 이는 상법 제368조 제1항을 적용함에 있어 「의결권」과 「발행주식총수」에서 모두 산입되지 않는다.

(내) 자기주식

① 회사가 보유하는 자기주식($\substack{상 341조, 341조 \\ 의 2 \ 1호~4호}$)에는 의결권이 없다($\substack{상 369 \\ 조 2항}$).

② 이러한 자기주식은 그 주식 자체에는 의결권이 있으나 이를 회사가 소유하고 있는 점에서 의결권이 휴지(休止)되는 것이므로, 이러한 주식을 회사 이 외의 자가 소유하는 경우에는 의결권을 갖게 된다($\substack{의결권이 없는 종류주식이나 의결권 \\ 이 제한되는 종류주식과 구별되는 점}$). 이러한 자기주식도 발행주식총수에 산입되지 않으므로($\substack{상 371 \\ 조 1항}$), 모든 의안에 대하여 의결권을 행사할 수 없음은 말할 나위가 없다($\substack{의결권이 없는 종 \\ 류주식과 동일한 점}$). 따라서 이는 상법 제368조 제1항을 적용함에 있어 「의결권」과 「발행주식총수」에서 모두 산입되지 않는다.

(대) 상호보유주식

① 모자회사간에는 자회사에 의한 모회사의 주식취득이 금지되나($\substack{상 342 \\ 조의 2}$), 비모자회사간에는 주식의 상호보유 자체를 인정하면서 일정한 비율 이상의 주식을 상호보유하는 경우에는 그 주식의 의결권을 제한하고 있다. 즉, 갑회사가 을회사의 발행주식총수의 10분의 1을 초과하는 주식을 가지고 있는 경우, 을회사가 가지고 있는 갑회사의 주식에는 의결권이 없다($\substack{상 369 \\ 조 3항}$). 이 때 갑회사가 을회사의 발행주식총수의 10분의 1을 초과하는 주식을 가지는 시점은 (주주총회에서 의결권을 행사할 주주를 정하기 위한) 기준일이 아니라 의결권이 행사되는 주주총회일이고, 갑회사가 가지는 주

---

1) 의결권 없는 주식에 관한 상세는 정찬형, "의결권 없는 주식(무의결권주식)에 관한 연구," 「법학논집」(고려대 법학연구소), 제28집(1992. 12), 137~167면 참조.

식은 주주명부상의 명의개서를 불문하고 실제로 소유하고 있는 주식수를 기준으로 판단한다.[1] 또한 모회사인 갑회사와 자회사인 A회사가 합하여[2] 또는 자회사인 A회사만이[3] 을회사의 발행주식총수의 10분의 1을 초과하는 주식을 가지고 있는 경우에도, 을회사가 가지고 있는 갑회사의 주식에는 의결권이 없다($^{상\ 369}_{조\ 3항}$).

이와 같은 상법의 규정($^{상\ 369}_{조\ 3항}$)은 모자회사간의 주식취득금지에 관한 상법의 규정($^{상\ 342}_{조의\ 2}$)과 같이 결합기업을 규제하기 위하여 1984년의 개정상법에서 신설된 것인데, 모자회사간의 주식취득금지에 관한 규정($^{상\ 342}_{조의\ 2}$)과 같이 입법상 많은 미비점이 있다.[4] 이러한 미비점을 일부라도 해결하기 위한 방안으로 이미 앞에서 본 바와 같이 1995년 개정상법에서는 갑회사가 을회사의 발행주식총수의 10분의 1을 초과하여 취득한 때에는 갑회사에게 을회사에 대하여 지체 없이 이를 통지하여야 할 의무를 부담시키고 있다($^{상\ 342}_{조의\ 3}$).[5]

② 이러한 상호보유주식($^{위의\ 예에서\ 을회사가}_{소유하는\ 갑회사의\ 주식}$)은 자기주식의 경우와 같이 그 주식 자체에는 의결권이 있으나 주식을 상호보유하고 있는 갑·을회사간에서 그 의결권이 휴지(休止)되는 것이므로, 만일 제3자가 그 주식을 소유하거나 또는 을회사가 그 주식을 소유하고 있더라도 갑회사가 소유하는 을회사의 주식의 소유비율이 10% 이하로 낮아지면 그 주식은 당연히 의결권을 갖는다.[6] 이러한 상호보유주식도 자기주

1) 동지: 대판 2009. 1. 30, 2006 다 31269(공보 2009, 209)(상법 제369조 3항은 "회사, 모회사 및 자회사 또는 자회사가 다른 회사의 발행주식의 총수의 10분의 1을 초과하는 주식을 가지고 있는 경우 그 다른 회사가 가지고 있는 회사 또는 모회사의 주식은 의결권이 없다"고 규정하고 있다. 이와 같이 모자회사 관계가 없는 회사 사이의 주식의 상호소유를 규제하는 주된 목적은 상호주를 통해 출자 없는 자가 의결권 행사를 함으로써 주주총회결의와 회사의 지배구조가 왜곡되는 것을 방지하기 위한 것이다. 한편, 상법 제354조가 규정하는 기준일 제도는 일정한 날을 정하여 그 날에 주주명부에 기재되어 있는 주주를 계쟁 회사의 주주로서의 권리를 행사할 자로 확정하기 위한 것일 뿐, 다른 회사의 주주를 확정하는 기준으로 삼을 수는 없으므로, 기준일에는 상법 제369조 3항이 정한 요건에 해당하지 않더라도, 실제로 의결권이 행사되는 주주총회일에 위 요건을 충족하는 경우에는 상법 제369조 3항이 정하는 상호소유 주식에 해당하여 의결권이 없다. 이때 회사, 모회사 및 자회사 또는 자회사가 다른 회사 발행주식총수의 10분의 1을 초과하는 주식을 가지고 있는지 여부는 앞서 본 '주식 상호소유 제한의 목적'을 고려할 때, 실제로 소유하고 있는 주식수를 기준으로 판단하여야 하며 그에 관하여 주주명부상의 명의개서를 하였는지 여부와는 관계가 없다).
2) 이 때에 을회사가 가지고 있는 A회사의 주식에는 의결권이 있다.
3) 이 때에 을회사가 가지고 있는 A회사의 주식에는 앞의 예와 동일하여(즉, A회사가 을회사의 발행주식총수의 10분의 1을 초과하는 주식을 가지고 있음으로 인하여) 의결권이 없다.
4) 즉, 갑회사의 영향 아래 있는 을회사가 갑회사의 주주로서 의결권을 행사한다면 갑회사의 결의가 왜곡될 우려가 있으므로 이를 정책적으로 금지한 것인데, 이 때 10%가 적정한 것인가, 이것을 위반하여 의결권을 행사하였을 때의 효과는 어떻게 되는가 등의 문제가 있다.
5) 갑회사가 을회사의 발행주식총수의 10분의 1을 초과하여 의결권을 대리행사할 권한을 취득한 경우에는 상법 제342조의 3이 유추적용되지 않는다[대판 2001. 5. 15, 2001 다 12973(공보 2001, 1379)].
6) 동지: 이(철), (회) 438면.

식의 경우와 같이 의결권이 없으므로($^{상\ 369}_{조\ 3항}$) 발행주식총수에 산입되지 않고($^{상\ 371}_{조\ 1항}$), 모든 의안에 대하여 의결권을 행사할 수 없음은 말할 나위가 없다. 따라서 이는 상법 제368조 제1항을 적용함에 있어 「의결권」과 「발행주식총수」에서 모두 산입되지 않는다.

　회사가 소유하는 자기주식에 관하여는 상법상 의결권이 없는 점에 대하여만 규정하고 있으나($^{상\ 369}_{조\ 2항}$), 해석상 의결권 이외의 모든 공익권 및 자익권이 없는 점에 대하여는 이미 설명하였다(전면적 휴지〈休止〉설). 그런데 비모자회사간에서 주식을 상호보유하는 경우에도($^{위의\ 예에서\ 을회사가\ 소유하고}_{있는\ 갑회사의\ 주식의\ 경우에도}$) 이와 동일하게 해석할 수 있는가. 이에 대하여도 상법은 의결권이 없는 점만을 규정하고 있다($^{상\ 369}_{조\ 3항}$). 이러한 주식에 대하여 자익권은 당연히 인정되어야 할 것이다.[1] 문제는 의결권을 제외한 공익권에 관한 것인데, 이에 대하여는 학설이 나뉘어 있다. 즉, 이에 대하여 (i) 의결권을 제외한 다른 공익권을 모두 긍정하는 견해[2]와, (ii) 모두 부정하는 견해[3]가 있으나, 의결권 및 의결권을 전제로 하는 공익권만을 부정하는 것이 타당하다고 본다.[4]

㈃ 특별이해관계인의 소유주식

　① 주주총회의 결의에 관하여 특별한 이해관계가 있는 자는 그가 가진 주식에 대하여 의결권을 행사하지 못한다($^{상\ 368}_{조\ 3항}$). 이 때에 「특별한 이해관계를 가지는 자」가 무엇을 의미하느냐에 대하여 학설은 여러 가지로 나뉘어 있다. 즉, 이에 대하여 (i) 그 결의에 의하여 권리의무가 발생하거나 상실되는 등 법률상 특별한 이해관계를 갖는 경우라고 보거나(법률상 이해관계설)[5] 또는 모든 주주의 이해에 관련되지 않고 특정주주의 이해에만 관련되는 경우라고 보는(특별이해관계설)[6] 소수설도 있으나, (ii) 「특정한 주주가 주주의 입장을 떠나서 개인적으로 가지는 이해관계」라고 보아(개인법설) 이를 가능한 한 좁게 해석하는 것이 타당하다고 본다(통설).[7] 따라서 개별

---

1) 동지: 정(동), (회) 328면; 이(철), (회) 438면; 최(기), (회) 474면; 채, 469면; 이(기) 외, (회) 382면 외.
2) 최(기), (회) 474면.
3) 손주찬, "개정상법 제369조 3항에 관한 해석론과 입법론," 「고시계」, 1984. 5, 135면.
4) 동지: 정(동), (회) 328면; 이(철), (회) 438면(의결권 및 의결권을 전제로 하는 권리를 제외한 그 밖의 공익권은 제한되지 않는다고 한다); 채, 469면; 이(기) 외, (회) 382~383면.
5) 이(병), 603면.
6) 박·이, 243면.
7) 정(동), (회) 329면(또한 동 교수는 같은 면에서 특별이해관계인의 의결권을 제한하는 상법 제368조 3항에 대하여 입법론상 의문을 제기하고 있다); 이(철), (회) 538~539면; 손(주), 713면; 최(기), 785면; 채, 478면; 이(기) 외, (회) 383면; 주상(제5판)(회사 Ⅲ), 114면 외.
　동지: 대판 2007. 9. 6, 2007 다 40000; 부산고판 2004. 1. 16, 2003 나 12328(신문 3251, 14) (합작회사의 대주주인 주식회사가 영업을 양도하는 회사와 계열회사 관계에 있는 경우, 상법 제368조 4항 소정의 의결권행사가 제한되는 특별이해관계인에 해당되지 않는다).

이사 등의 면책결의에 있어서 해당 이사 등인 주주($\frac{상\ 400조,}{415조,\ 324조}$), 영업양도 등의 결의에 있어서 상대방인 주주($\frac{상}{374조}$), 개별 이사 등의 보수결정에 있어서 해당 이사 등인 주주($\frac{상\ 388}{조,\ 415조}$) 등은 「특별한 이해관계를 가지는 자」로서 의결권이 없다. 그러나 주주가 주주의 입장(사단관계)에서 이해관계를 갖는 경우, 예컨대, 이사 · 감사의 선임 또는 해임결의에 있어서 당사자인 주주,[1] 재무제표의 승인결의에 있어서 이사나 감사인 주주[2] 등은 사단관계에서 주주권을 행사하므로 「특별한 이해관계를 가지는 자」가 아니다. 주주총회가 재무제표를 승인한 후 2년 내에 이사와 감사의 책임을 추궁하는 결의를 하는 경우($\frac{상\ 450조\ 1문}{반대해석}$) 당해 이사와 감사인 주주는 회사로부터 책임을 추궁당하는 위치에 서게 되어 주주의 입장을 떠나 개인적으로 이해관계를 가지는 경우로서 그 결의에 관한 특별이해관계인에 해당하나, 이러한 특별한 이해관계가 있음은 객관적으로 명확하여야 하므로 '제13기 결산서 책임추궁 결의에 관한 건'이라는 안건에서 이사 · 감사 전원이 이 사건 결의에 관하여 특별한 이해관계가 있다고 속단할 수는 없다.[3]

특별한 이해관계가 있는 주주의 의결권은 주주 자신은 물론, 그의 대리인도 행사할 수 없다고 본다.[4]

② 이러한 특별이해관계인이 소유하는 주식은 그 주식 자체에 의결권이 있음은 물론 그 주식을 특별이해관계인이 소유하고 있는 동안에도 원칙적으로 의결권이 있는데, 다만 그 의안이 회사와 특별이해관계인 사이에서 위에서 본 특별이해관계가 있는 경우에만 휴지(休止)될 뿐이다. 다시 말하면 특별이해관계인이 소유하는 주식에는 모든 의안에 대하여 의결권이 휴지되는 것이 아니라, 특별이해관계가 있는 특정한 의안에 대하여만 의결권이 휴지된다.

특별이해관계가 있는 특정한 의안에서도 발행주식총수에는 산입되고, 다만 의결권의 수(의결정족수)에만 산입되지 아니한다($\frac{상\ 371}{조\ 2항}$). 따라서 상법 제368조 제1항을 적용함에 있어 「발행주식총수의 4분의 1 이상」에는 산입되고, 「의결권」에서만 산입되지 않는다. 예컨대, 갑주식회사의 발행주식총수가 1,000주인데, A가 600주, B

---

1) 동지: 정(동), (회) 329면; 이(철), (회) 539면.
　　반대: 손(주), 713면.
　　日最高判 1967. 3. 14(民集 21 − 2, 378)은 선임의 경우에는 특별이해관계인이 아니라고 하고, 日最高判 1969. 3. 28(民集 23 − 3, 645)은 해임의 경우에는 특별이해관계인이 된다고 한다.
2) 동지: 손(주), 714면; 정(동), (회) 329~330면; 이(철), (회) 539면.
3) 대판 2007. 9. 6, 2007 다 40000.
4) 동지: 정(동), (회) 330면; 이(철), (회) 539면(반대의 경우도 의결권을 행사할 수 없다고 본다); 손(주), 715면; 최(기), 786면.

가 300주, C가 100주를 갖고 있다고 가정하자. A소유 부동산을 갑회사에 매도함에 있어서 갑주식회사의 주주총회의 보통결의를 요하는 경우 A가 총회의 결의에 관하여 특별이해관계가 있는 자라면 A는 의결권을 전혀 행사할 수 없으므로 의결권(B 300주＋C 100주＝400주)의 과반수는 200주를 초과하여야 하나, A가 갖고 있는 주식은 발행주식총수에 포함되므로 발행주식총수(1,000주)의 4분의 1 이상은 250주 이상이어야 한다.[1] 따라서 A와 C가 주주총회에 출석하여 이 결의에 찬성하였다면 상법 제368조 제1항을 적용함에 있어 발행주식총수(1,000주)의 4분의 1 이상(250주 이상)의 요건은 충족하나(A 600주＋C 100주＝700주) 의결권(400주) 중 C 100주만이 찬성한 것이므로 이는 의결권의 과반수(200주 초과)가 되지 못하여 부결된다. 그러나 B만이 출석하여 찬성하면(300주 출석 및 찬성) 이는 발행주식총수의 4분의 1(250주) 이상이고 또한 의결권(B 300주＋C 100주＝400주)의 과반수이므로 적법한 결의가 된다.

　㈐ **감사**(監事)(감사위원회 위원) **선임**(해임)**의 경우의 주식**

　① 비상장회사의 경우 감사(자본금 총액이 10억원 미만인 소규모 주식회사로서 감사를 선임하지 아니한 회사에 대하여는 적용되지 않음 — 상 409조 4항)를 선임하는 주주총회의 결의에서 의결권 없는 주식을 제외한 발행주식총수의 100분의 3(정관에서 더 낮은 주식 보유비율을 정할 수 있으며, 정관에서 더 낮은 주식 보유비율을 정한 경우에는 그 비율로 한다)을 초과하는 수의 주식을 가진 주주는 그 초과하는 주식에 관하여 의결권을 행사하지 못한다(모든 주주에 대하여 단순 3% rule을 적용함)(상 409조 2항). 상장회사가 감사(監事)를 선임하거나 해임할 때에는 최대주주인 경우에는 그의 특수관계인·그 밖에 대통령령으로 정하는 자가 소유하는 주식을 합산하여 의결권 없는 주식을 제외한 발행주식총수의 100분의 3(정관에서 더 낮은 주식 보유비율을 정할 수 있으며, 정관에서 더 낮은 주식보유비율을 정한 경우에는 그 비율로 한다)을 초과하는 수의 주식을 가진 주주는 그 초과하는 주식에 관하여 의결권을 행사하지 못하고, 최대주주 이외의 경우에는 비상장회사가 감사를 선임하는 경우와 같다(최대주주에 대하여는 합산 3% rule이 적용되고, 그 이외의 주주에 대하여는 단순 3% rule이 적용됨)(상 542조의 12 7항). 상장회사가 감사위원회를 두어야 하는 경우, 사외이사가 아닌(상근) 감사위원회 위원을 선임·해임할 때에는 상장회사의 감사(監事)의 선임·해임시와 같이 주주의 의결권이 제한되고(최대주주에 대하여는 합산 3% rule이 적용되고, 그 외의 주주에 대하여는 단순 3% rule이 적용됨), 사외이사인 감사위원회 위원을 선임·해임할 때에는 비상장회사가 감사(監事)를 선임할 때와 같이 의결권이 제한된다(모든 주주에 대하여 단순 3% rule이 적용됨)(상 542조의 12 4항). 상법이 이

---

1) 주주의 의결권이 제한되는 경우는 상법 제368조 제1항의 적용에서 일반적인 경우(주주의 의결권이 제한되지 않는 경우)와는 달리 해석하여야 한다고 본다. 즉, 상법 제368조 제1항에서의 「출석한 주주의 의결권의 과반수」와 「발행주식총수의 4분의 1 이상」은 의결권의 계산에서는 단절된다고 본다. 따라서 「출석한 주주의 의결권의 과반수」란 '출석하여 찬성한 의결권이 총의결권의 과반수'인 경우를 의미하고(문언대로 해석하면 남용의 여지가 큼), 「발행주식총수의 4분의 1 이상」이란 '출석하여 찬성한 주주가 소유하고 있는 주식이 발행주식총수의 4분의 1 이상'인 경우를 의미한다고 해석하여야 할 것이다. 이 점은 후술하는 감사의 선임의 경우에도 같다.

렇게 감사(감사위원회 위원)의 선임에 있어서 그 의결권을 제한하는 이유는, 대주주의 영향을 감소시켜 중립적인 인물을 감사(監事)로 선출하려는 취지이다.[1]

② 감사(감사위원회 위원)선임(해임) 등의 경우 (대)주주가 갖는 주식에 대하여 의결권의 행사가 제한되는 효력도 특별이해관계인이 소유하는 주식에 대하여 의결권의 행사가 제한되는 효력과 같다. 즉, (대)주주는 감사(감사위원회 위원)선임(해임) 등이라는 특정한 의안에 대하여만 의결권의 행사가 제한되는 것이지, 그 이외의 의안에 대하여는 제한되지 않는다. 또한 이 경우 (대)주주가 소유하는 일정비율 이상의 주식은 발행주식총수에는 산입되고, 다만 의결정족수에만 산입되지 않는다($\frac{상\ 371}{조\ 2항}$). 이에 관한 구체적인 예는 주주총회의 보통결의요건에서 후술한다.

2) 특별법에 의한 제한

주주의 의결권은 특별법에 의하여 다음과 같이 제한되기도 한다.

㈎ 독점규제 및 공정거래에 관한 법률에 의한 제한　　상호출자제한 기업집단에 속하는 국내회사로서 금융업 또는 보험업을 영위하는 회사는, 국내 계열회사의 주식을 소유(취득)하더라도 의결권을 행사하지 못한다($\frac{독규\ 25조}{1항\ 본문}$).

㈏ 은행법에 의한 제한　　은행법의 적용을 받는 은행의 주식을 동일인이 발행주식총수($\frac{의결권이\ 없는\ 종류주식\ 또는\ 의}{결권이\ 제한되는\ 종류주식\ 제외}$)의 100분의 10을 초과하여 소유하더라도, 그 초과분에 대하여 의결권을 행사하지 못한다($\frac{은행}{16조}$).

3. 의결권의 행사방법

(1) 총　　설

주주는 주주명부상의 명의개서만으로 주권의 제시 없이 의결권을 행사할 수 있다($\frac{상\ 337조\ 1}{항\ 반대해석}$). 주주는 이러한 의결권을 자기 스스로 행사할 수도 있지만, 대리인을 통하여 행사할 수도 있고($\frac{상\ 368}{조\ 2항}$), 주주가 수 개의 의결권을 가지는 경우에는 주주는 이러한 의결권을 통일하지 않고 행사할 수도 있으며($\frac{상\ 368}{조의\ 2}$), 주주는 이러한 의결권을 서면 또는 전자적 방법으로 행사할 수도 있다($\frac{상\ 368조의}{3,\ 368조의\ 4}$). 이하에서는 상법이 명문으로 규정하고 있는 의결권의 대리행사·불통일행사·서면행사 및 전자적 방법에 의한 행사에 대하여 설명하고, 우리 상법에 없는 의결권행사방법과 관련한 그 밖의 사항을 간단히 살펴본다.

(2) 의결권의 대리행사

1) 대리행사의 의의 및 인정이유　　주주는 대리인으로 하여금 그 의결권을

---

1) 동지: 정(동), (회) 330면; 이(철), (회) 869면; 이(기) 외, (회) 383면.

대리행사시킬 수가 있는데($\frac{\text{상 368조}}{\text{2항 1문}}$),[1] 이 때에 그 대리인은 대리권을 증명하는 서면($\frac{\text{위임장}}{\text{의 원본}}$)을 총회에 제출하여야 한다[2]($\frac{\text{상 368조}}{\text{2항 2문}}$). 이와 같이 주주의 의결권의 대리행사를 인정하는 것은 주주의 개성이 중시되지 않기 때문인데, 이로 인하여 회사는 널리 분산된 주식에 대하여 용이하게 정족수를 확보할 수 있고 또 주주는 의결권을 용이하게 행사할 수 있다.[3] 의결권의 대리행사에 관한 상법의 규정은 강행규정이므로, 정관에 의해서도 이를 금지하거나 부당하게 제한하지 못한다($\frac{\text{이설(異)}}{\text{說)없음}}$). 그러나 어느 주주의 의결권의 대리행사로 말미암아 주주총회의 개최가 부당하게 저해되거나 또는 회사의 이익이 부당하게 침해될 염려가 있는 등의 특별한 사정이 있는 경우에는, 회사는 의결권의 대리행사를 거절할 수 있다고 본다.[4]

2) 대리인의 자격   의결권의 대리행사의 경우에 그 대리인의 자격을 정관에 의하여 제한($\frac{\text{예컨대,}}{\text{주주 등}}$)할 수 있는가. 이는 임의대리에 한하는데, 이에 대하여 우리나라의 학설은 (i) 이를 일률적으로 유효라고 보는 유효설,[5] (ii) 이는 원칙적으로 유효한데 법인주주인 경우에는 그 직원과 개인주주인 경우에는 그 가족을 대리인으로 선임하는 것을 제한할 수 없다는 제한적 유효설[6] 및 (iii) 이를 일률적으로 무효라고 보는 무효설[7] 등으로 나뉘어 있다.

---

1) 독일 주식법상 의결권의 대리행사에 관한 소개로는 안성포, "주주 의결권의 대리행사(2001년 독일의 NaStraG를 중심으로)," 「경영법률」(한국경영법률학회), 제12집(2001), 251~276면 참조.

2) 동지: 대판 1995. 2. 28, 94 다 34579(공보 989, 1460)(대리권을 증명하는 서면은 위조나 변조 여부를 쉽게 식별할 수 있는 원본이어야 하고, 특별한 사정이 없는 한 사본은 그 서면에 해당하지 않는다); 동 2004. 4. 27, 2003 다 29616(공보 2004, 881)(상법 제368조 3항의 규정은 대리권의 존부에 관한 법률관계를 명확히 하여 주주총회 결의의 성립을 원활하게 하기 위한 데 그 목적이 있다고 할 것이므로 대리권을 증명하는 서면은 위조나 변조 여부를 쉽게 식별할 수 있는 원본이어야 하고, 특별한 사정이 없는 한 사본은 그 서면에 해당하지 아니하고, 팩스를 통하여 출력된 팩스본 위임장 역시 성질상 원본으로 볼 수 없다).

3) 동지: 이(철), (회) 544~545면; 정(희), 451면.

4) 동지: 대판 2001. 9. 7, 2001 도 2917(주주의 의결권 행사를 위한 대리인의 선임이 무제한으로 허용되는 것은 아니고 주주총회 개최가 부당하게 저해되거나 회사의 이익이 부당하게 침해될 염려가 있는 등의 특별한 사정이 있는 경우에는 회사는 이를 거절할 수 있다); 동 2009. 4. 23, 2005 다 22701·22718(공보 2009, 703)(주주의 자유로운 의결권 행사를 보장하기 위하여 주주가 의결권의 행사를 대리인에게 위임하는 것이 보장되어야 한다고 하더라도 주주의 의결권 행사를 위한 대리인 선임이 무제한적으로 허용되는 것은 아니고, 그 의결권의 대리행사로 말미암아 주주총회의 개최가 부당하게 저해되거나 혹은 회사의 이익이 부당하게 침해될 염려가 있는 등의 특별한 사정이 있는 경우에는 회사가 이를 거절할 수 있다).

5) 정(희), 451면; 손(주), 721면; 이(기) 외, (회) 377면; 이·최, 308면.

6) 정(동), (회) 336면(법인주주는 비주주인 직원 등에게, 개인주주는 비주주인 아들 등에게 의결권을 대리행사시키면 그들은 주주의 지시에 따를 것이 예상되므로 그들이 주주총회를 교란시킬 염려는 없기 때문이라고 한다); 최(기), 772~773면; 김영호, "주주의 의결권 대리행사와 행사상의 문제점," 「고시계」, 제553호(2003. 3), 64~65면.

7) 이(철), (회) 545~546면; 이(원), 426면; 채, 473면.

생각건대 주주총회가 주주 이외의 제3자에 의하여 교란되는 것을 방지하여 회사의 이익을 보호하고, 또 정관에 의한 이러한 제한을 금지할 합리적인 이유가 없다는 점 등에서 볼 때, 유효설에 찬성한다. 이러한 유효설에 의하는 경우에도 법인주주인 경우에는 그 법인주주 내부의 의사결정에 따른 대표자의 의사를 그대로 반영하여 그 법인의 직원이 의결권을 행사하는 것이 보통이므로(이는 엄격한 의미에서 의결권의 대행이라고 볼 수 있음) 법인의 직원의 이러한 의결권의 행사는 정관의 규정내용에 불문하고 언제나 인정되어야 할 것이다.[1] 또한 이 때 이러한 정관의 규정은 회사가 주주 아닌 대리인에 의한 의결권행사를 거절할 수 있다는 의미로 해석하여야 하고, 회사가 주주 아닌 대리인에 의한 의결권행사를 거절하지 않고 대리행사를 시키는 것은 무방하다고 본다.[2] 유효설에 의하는 경우에도 그러한 정관의 규정은 임의대리에만 적용되는 것이므로, 제한능력자의 대리인 등과 같은 법정대리인은 그러한 정관의 규정에 불구하고 당연히 대리인이 될 수 있다. 또한 제한능력자나 법인도 의결권의 대리행사를 할 수 있다고 본다.[3]

대리인의 수에 관하여 우리 상법에는 규정이 없으나, 수 인의 대리인을 선임할 수 있다고 본다.[4] 또한 이러한 대리인은 주주의 명시적 또는 묵시적 승낙이 있으면 복대리인을 선임할 수 있다고 본다[5]($\frac{민}{120조}$).

---

1) 동지: 대판 2009. 4. 23, 2005 다 22701·22718(공보 2009, 703)(상법 제368조 2항의 규정은 주주의 대리인의 자격을 제한할 만한 합리적인 이유가 있는 경우 정관의 규정에 의하여 상당하다고 인정되는 정도의 제한을 가하는 것까지 금지하는 취지는 아니라고 해석되는바, 대리인의 자격을 주주로 한정하는 취지의 주식회사의 정관 규정은 주주총회가 주주 이외의 제3자에 의하여 교란되는 것을 방지하여 회사 이익을 보호하는 취지에서 마련된 것으로서 합리적인 이유에 의한 상당한 정도의 제한이라고 볼 수 있으므로 이를 무효라고 볼 수는 없다. 그런데 위와 같은 정관규정이 있다 하더라도 주주인 국가·지방공공단체 또는 주식회사 등이 그 소속의 공무원·직원 또는 피용자 등에게 의결권을 대리행사하도록 하는 때에는 특별한 사정이 없는 한 그들의 의결권 행사에는 주주 내부의 의사결정에 따른 대표자의 의사가 그대로 반영된다고 할 수 있고 이에 따라 주주총회가 교란되어 회사 이익이 침해되는 위험은 없는 반면에, 이들의 대리권 행사를 거부하게 되면 사실상 국가·지방공공단체 또는 주식회사 등의 의결권 행사의 기회를 박탈하는 것과 같은 부당한 결과를 초래할 수 있으므로, 주주인 국가·지방공공단체 또는 주식회사 소속의 공무원·직원 또는 피용자 등이 그 주주를 위한 대리인으로서 의결권을 대리행사하는 것은 허용되어야 하고 이를 가리켜 정관 규정에 위반한 무효의 의결권 대리행사라고 할 수는 없다).
2) 동지: 정(희), 451면.
3) 동지: 정(희), 451면.
4) 동지: 이(철), (회) 547면; 최(기), 774면; 채, 473면.
    반대: 정(동), (회) 335면; 일본 회사법(2005) 제310조 5항(주식회사는 주주총회에 출석할 수 있는 대리인의 수를 제한할 수 있다); 김영호, 전게 고시계(제553호), 66면.
5) 동지: 대판 2009. 4. 23, 2005 다 22701·22718(공보 2009, 703)(구 증권업감독규정〈2001. 10. 4. 금융감독위원회 공고 제2001-72호로 개정되기 전의 것〉제7-16조 1항은 외국인은 보관기관 중에서 상임대리인을 선임할 수 있고 선임한 상임대리인 이외의 자로 하여금 본인을 위하여 취득유가증권의 권리행사 기타 이와 관련된 사항 등을 대리 또는 대행하게 하지 못한다고 규정하

3) 대리행사의 방법　　의결권의 대리행사의 경우에 대리인은 회사에 위임장(원본)(대리권을 증명하는 서면)을 제출하여야 하는데[1](상 368조 2항 2문), 이를 매 총회마다 제출하여야 하는가 또는 포괄적인 위임장을 제출할 수 있는가의 문제가 있다. 이에 대하여 우리나라의 학설은 (i) 매 총회마다 제출하여야 한다는 견해[2]와, (ii) 포괄적인 위임장을 제출할 수 있다는 견해[3]로 나뉘어 있다. 생각건대 은행 등에 의하여 관리를 받고 있는 회사 등의 경우에는 포괄적인 위임장에 의하여 의결권을 대리행사시킬 실제상의 필요가 있으므로, 일정한 기간에 걸친 포괄적인 위임장의 제출도 가능하다고 본다.[4]

　　의결권의 대리행사의 경우 보통 회사는 위임장과 함께 인감증명서·참석장 등을 제출하도록 요구하는데, 대리인이 이러한 서류 등을 소지하지 아니하였다 하더라도 주주 또는 대리인이 다른 방법으로 위임장의 진정성 내지 위임의 사실을 증명할 수 있다면 회사는 그 대리권을 부정할 수 없다.[5]

　　의결권의 대리행사의 경우 대리인은 본인인 주주에 불리하게 의결권을 행사할

고 있다. 이는 외국인이 상임대리인을 선임하여 놓고도 수시로 상임대리인 이외의 자로 하여금 취득유가증권의 권리행사를 하도록 할 경우 발생할 수 있는 혼란을 피하기 위하여 마련된 규정이라고 해석되므로, 외국인 주주가 상임대리인이 아닌 다른 자에게 의결권 행사를 위임하는 것이 아니라, 외국인 주주로부터 의결권 행사를 위임받은 상임대리인이 제3자에게 그 의결권 행사를 재위임하는 것은 위 규정에 의하여 금지된다고 볼 수 없다. 그리고 대리의 목적인 법률행위의 성질상 대리인 자신에 의한 처리가 필요하지 아니한 경우에는 본인이 복대리금지의 의사를 명시하지 아니하는 한 복대리인의 선임에 관하여 묵시적인 승낙이 있는 것으로 보는 것이 타당하므로, 외국인 주주로부터 의결권 행사를 위임받은 상임대리인은 특별한 사정이 없는 한 그 의결권 행사의 취지에 따라 제3자에게 그 의결권의 대리행사를 재위임할 수 있다).

1) 주주들의 의결권 대리행사에 관한 위임이 있다고 본 판례로는 대판 1979. 9. 25, 79 도 1300(형판집 185, 266)(다른 주주들의 인장이 대표이사에게 보관되어 일상적인 회사운영에 관한 업무가 대표이사에게 위임되어 있는 경우, 업체분리를 위한 형식상의 광산매각에 관한 주주총회결의에 관하여 다른 주주들의 위임 내지 추정적 승낙이 있다고 볼 것이다).

2) 정(희), 451면; 이(철), (회) 549~550면(포괄적인 위임장의 제출을 인정한다면 우리 법상 인정될 수 없는 의결권의 신탁이 사실상 가능하고, 극단적인 경우 의결권만의 양도가 사실상 가능한 결과가 되기 때문이라고 한다); 이(기) 외, (회) 376면; 日會 310조 2항.

3) 서·정, 405면; 정(동), (회) 334면; 최(기), 773면; 채, 473면.

4) 동지: 대판 1969. 7. 8, 69 다 688(집 17 ② 민 316)(같은 총회에서의 상이한 의안에 관하여 주주는 그 의결권을 포괄적으로 위임할 수 있다); 동 2002. 12. 24, 2002 다 54691(7년간의 의결권 위임이 유효한 것을 전제로 판시함); 동 2014. 1. 23, 2013 다 56839(의결권의 행사를 구체적이고 개별적인 사항에 국한하여 위임해야 한다고 해석하여야 할 근거는 없고, 포괄적으로 위임할 수도 있다).

5) 대판 2009. 4. 23, 2005 다 22701·22718(공보 2009, 703)(상법 제368조 3항이 규정하는 '대리권을 증명하는 서면'이라 함은 위임장을 일컫는 것으로서 회사가 위임장과 함께 인감증명서·참석장 등을 제출하도록 요구하는 것은 대리인의 자격을 보다 확실하게 확인하기 위하여 요구하는 것일 뿐, 이러한 서류 등을 지참하지 아니하였다 하더라도 주주 또는 대리인이 다른 방법으로 위임장의 진정성 내지 위임의 사실을 증명할 수 있다면 회사는 그 대리권을 부정할 수 없다. 한편 회사가 주주 본인에 대하여 주주총회 참석장을 지참할 것을 요구하는 것 역시 주주 본인임을 보다 확실하게 확인하기 위한 방편에 불과하므로, 다른 방법으로 주주 본인임을 확인할 수 있는 경우에는 회사는 주주 본인의 의결권 행사를 거부할 수 없다).

수 있다고 본다.[1)]

4) 대리행사의 권유

(가) 의결권의 대리행사의 권유는 회사가 주주총회의 소집통지와 함께 백지위임장을 송부하여 하는데, 이 때 주주는 이 위임장에 대리인을 지정하지 않고 기명날인 또는 서명만을 하여 회사에 반송한다. 이 때 회사가 하는 대리행사의 권유는 대리인의 선임권에 관한 청약이고 주주가 하는 위임장의 반송은 승낙으로 볼 수 있어, 이로 인하여 대리인의 선임권에 관한 위임계약이 성립하였다고 볼 수 있다($\frac{민}{680조}$).

(나) 이러한 대리행사의 권유는 회사에 의한 위임장의 권유(proxy solicitation)에 의하여 행하여지는데, 이는 회사가 총회 정족수를 성립시키고 또 주주의 의사를 적극 반영하기 위하여 이용되기는 하나, 이를 남용하면 자칫 주주총회를 허구화할 우려도 있고 또 경영자의 지배권 유지를 위한 수단으로 악용될 우려도 있다.[2)]

(다) 상법은 이러한 대리행사의 권유에 대하여 특별히 규정하고 있지 않으나, 자본시장과 금융투자업에 관한 법률은 의결권 대리행사의 권유에 대하여 일정한 제한을 하고 있다($\frac{자금 152}{조\sim158조}$).

(3) 의결권의 불통일행사

1) 불통일행사의 의의 및 인정이유 의결권의 불통일행사란 2개 이상의 의결권을 가진 주주가 이를 통일하지 않고 행사하는 것이다. 이러한 의결권의 불통일행사는 주식의 신탁 기타 주권예탁제도에 의하여 주주명부상 형식적으로 1인의 주주(한국예탁결제원)에게 속하는 주식이 실질적으로는 복수인($\frac{예탁자 또는}{예탁자의 고객}$)에게 귀속되는 경우에 명의주주가 실질주주($\frac{예탁증권}{의 공유자}$)의 의사에 따라 의결권을 행사할 필요가 있는 때, 주식을 법인이 소유하는 경우에 그 법인의 구성원 사이에 의견이 갈릴 때, 주식이 공유된 경우에 공유자끼리 의견이 갈릴 때($\frac{주주권을 행사할 자 1)}{인을 정하여야 하므로}$) 등에 필요하게 된다. 이로 인하여 종래의 통설도 위와 같은 경우에 의결권의 불통일행사를 인정하였다.[3)] 그런데 1984년의 개정상법에서는 이러한 종래의 통설에 따라 이를 명문으로 규정하였다.[4)]

---

1) 동지: 대판 2014. 1. 23, 2013 다 56839(본인인 대주주가 대표이사인 경우, 대주주의 대리인이 주주총회에서 그 대표이사를 해임하고 다른 자를 이사로 선임함).

2) 동지: 이(철), (회) 553면; 정(동), (회) 336면.
  미국의 공개된 대회사의 경우에는 의결권의 대리행사방법으로 proxy와 voting trust가 이용되는데, 현재의 임원진이 회사의 비용으로 proxy와 voting trust를 유치·장악하여 자기들의 회사 내의 지위를 영구화하려는 경향이 있고, proxy fighting(위임장쟁탈전)을 둘러싼 문제가 회사법상 크게 거론되고 있다고 한다[정(희), 451면].

3) 그러나 주주의 의결권은 주주 1인에 대하여 1개뿐이라는 사원권부인론에서는 의결권의 불통일행사가 인정될 여지가 없다.

4) 의결권의 불통일행사에 대하여 명문으로 규정하고 있는 외국의 입법례로는 영국의 Companies Act (2006) S. 322, 일본 회사법 제313조 등이 있다.

2) **불통일행사의 절차**   주주가 의결권을 불통일행사하기 위해서는 주주총회일의 3일 전에 회사에 대하여 서면 또는 전자문서로 그 뜻과 이유를 통지하여야 하는데($^{상\ 368조의}_{2\ 1항\ 2문}$), 이러한 통지는 3일 전까지 회사에 도달하여야 한다(통설).[1] 그러나 이러한 통지가 주주총회일의 3일 전이라는 시한보다 늦게 도착하였다고 하더라도 회사가 이를 받아들이는 것은 무방하다.[2]

이 때에도 포괄적인 통지가 가능한가에 대하여는 긍정설[3]과 부정설[4]로 나뉘어 있다. 생각건대 대리행사시의 위임장과 같이 포괄적인 통지가 가능하다고 본다($^{긍정}_{설}$ $^{에}_{찬성}$).

만일 주주가 불통일행사의 통지를 하지 않고 의결권을 불통일행사한 경우에는, 회사가 결의 후에 이를 승인할 수 있다고 하면 회사가 결의의 성부(成否)를 사후에 선택하게 되어 부당하므로 회사는 이를 승인할 수 없고, 따라서 그 결의는 하자가 있게 되어 결의취소의 소의 원인이 된다고 본다.[5] 그러나 주주가 불통일행사를 통지하였더라도 통일행사하는 것은 무방하다(통설).

3) **회사의 거부**   주주로부터 의결권의 불통일행사에 관한 통지를 받은 회사는 주주의 의결권의 불통일행사를 결의 전에 거부할 수 있다.[6] 그러나 주주가 「주식의 신탁을 인수하였거나」($^{예컨대,\ 주식신탁의\ 경우\cdot}_{증권투자신탁의\ 경우\ 등}$), 기타 「타인을 위하여 주식을 가지고 있는 경우」($^{예컨대,\ 위탁매매인\cdot한국예탁결제원\cdot주식공}_{유자\cdot명의개서\ 미필주식의\ 양도인\ 등의\ 경우}$)에는 회사는 의결권의 불통일행사

---

1) 정(찬), (회) 631면; 손(주), 717면; 정(동), (회) 338면; 이(철), (회) 542~543면; 채, 476면; 주상(제5판)(회사 Ⅲ), 117면 외.

2) 동지: 대판 2009. 4. 23, 2005 다 22701·22718(공보 2009, 703)(상법 제368조의 2 제1항은 "주주가 2 이상의 의결권을 가지고 있는 때에는 이를 통일하지 아니하고 행사할 수 있다. 이 경우 회일의 3일 전에 회사에 대하여 서면으로 그 뜻과 이유를 통지하여야 한다"고 규정하고 있는바, 여기서 3일의 기간이라 함은 의결권의 불통일행사가 행하여지는 경우에 회사 측에 그 불통일행사를 거부할 것인가를 판단할 수 있는 시간적 여유를 주고, 회사의 총회 사무운영에 지장을 주지 아니하도록 하기 위하여 부여된 기간으로서, 그 불통일행사의 통지는 주주총회 회일의 3일 전에 회사에 도달할 것을 요한다. 다만, 위와 같은 3일의 기간이 부여된 취지에 비추어 보면, 비록 불통일행사의 통지가 주주총회 회일의 3일 전이라는 시한보다 늦게 도착하였다고 하더라도 회사가 스스로 총회운영에 지장이 없다고 판단하여 이를 받아들이기로 하고 이에 따라 의결권의 불통일행사가 이루어진 것이라면, 그것이 주주평등의 원칙을 위반하거나 의결권 행사의 결과를 조작하기 위하여 자의적으로 이루어진 것이라는 등의 특별한 사정이 없는 한, 그와 같은 의결권의 불통일행사를 위법하다고 볼 수는 없다).

3) 정(희), 452면(이 통지는 총회마다 할 필요는 없고 계속적으로 불통일행사를 한다는 이유를 달아 통지하면 된다); 정(동), (회) 338~339면; 손(주), 717면; 채, 476면; 이(기) 외, (회) 379면; 주상(제5판)(회사 Ⅲ), 117면.

4) 이(철), (회) 543면(주주의 확정은 총회 때마다 하여야 하므로 실질주주를 확정하는 의미가 있는 불통일행사는 총회 때마다 통지하여야 한다고 한다).

5) 동지: 이(철), (회) 543면; 정(동), (회) 339면.

6) 동지: 대판 2001. 9. 7, 2001 도 2917.

를 거부할 수 없다($_{의 2 2항}^{상 368조}$). 이와 같이 명의주주와 실질주주가 다른 경우 외에는 의결권의 불통일행사의 실익이 없고 오히려 주주총회 운영의 혼란만 가중하므로 회사는 이러한 불통일행사를 거부할 수 있게 한 것이다.[1]

불통일행사의 거부는 결의 전에 하여야 하는데, 거부할 수 있을 뿐이지 반드시 거부하여야 하는 것은 아니다.[2]

4) 불통일행사의 효과   적법하게 의결권이 불통일행사된 경우에는 그 의결권은 그대로 유효한 것이지, 상반하여 행사된 동수의 의결권이 상계(相計)되어 무효로 되는 것은 아니다.[3] 또한 이러한 불통일행사는 의안마다 하는 것이므로 어느 의안에 대하여는 불통일행사를 하고, 다른 의안에 대하여 통일적으로 행사하여도 무방하다고 본다.[4]

(4) 서면에 의한 의결권의 행사

1) 서면에 의한 의결권의 행사의 의의 및 인정이유   서면에 의한 의결권의 행사(서면투표제도)란 주주($_{인을 포함함}^{주주의 대리}$)가 주주총회에 출석할 수 없는 경우에 투표용지에 필요한 사항을 기재하여 회사에 제출하여 의결권을 행사하는 방법이다.

이러한 서면에 의한 의결권의 행사방법(서면투표제도)을 인정한 것은 소수주주의 회사경영의 참여를 유도하고, 주주총회의 원활한 진행을 위하며, 회사는 주주수에 크게 구애받지 않고 주주총회의 장소를 구할 수 있도록 하고, 또한 외국인 주주가 의결권을 행사함에 있어 편의를 제공하고자 하는 것 등이다.[5]

그러나 서면에 의한 의결권의 행사방법은 의사진행과정($_{정동의·등}^{예컨대·수}$)에 적절하게 대처하지 못하고 또한 주주총회에 출석한 주주들의 토의결과를 반영하지 못하는 등의 문제점이 있다. 또한 전 주주나 대부분의 주주가 이러한 서면에 의한 의결권의 행사방법에 의하는 경우, 주주총회가 형해화될 수 있는 등의 문제점도 있다.

이러한 서면에 의한 의결권의 행사제도는 일본에서 이를 채택하고 있고,[6] 미국의 많은 주에서도 이를 채택하고 있다. 우리나라의 경우 과거에는 상법에 이에 관한

---

1) 동지: 이(철), (회) 543면.
2) 동지: 정(희), 452면.
3) 동지: 정(희), 452면.
4) 동지: 정(동), (회) 340면; 주상(제5판)(회사 Ⅲ), 119면.
5) 이러한 서면투표제도의 활성화에 관하여는 정준영, 서면투표제도의 정착화 방안(상장협 연구보고서 2001-3)(한국상장회사협의회, 2001. 11); 김재범, "서면투표제도를 이용한 주주총회의 운영," 「경영법률」(한국경영법률학회), 제12집(2001), 173~201면 등 참조.
6) 일본에서는 종래에 감사특례법 제21조의 3(천 명 이상의 주주가 있는 특례법 규제대상회사에 대하여 서면결의를 허용함)에서 대회사에 대하여만 인정하였는데, 2005년 회사법을 제정하면서 이러한 제한을 두지 않고 인정하고 있다(日會 311조).

규정이 없어 학설에서는 해석상 이를 긍정하는 견해[1]와 부정하는 견해[2]가 있었으나, 1999년 개정상법은 이에 대하여 명문규정을 두었다($\frac{상 368}{조의 3}$).

2) 행사요건

① 정관에 이에 관한 규정이 있어야 한다($\frac{상 368조}{의 3 1항}$). 유한회사의 경우에는 총사원의 동의가 있으면 서면에 의한 결의를 할 수 있고 또한 결의의 목적사항에 관하여 총사원이 서면으로 동의하면 서면에 의한 결의가 있은 것으로 본다고 규정하여($\frac{상}{577조}$) 서면에 의한 의결권의 행사에 관한 사항을 상법에서 직접 규정하고 있으나, 주식회사의 경우에는 원칙적으로 이를 회사가 자율적으로 정할 수 있도록 하기 위하여 정관에 규정이 있는 경우에만 서면에 의한 의결권의 행사제도를 이용할 수 있게 하였다.

그러나 2009년 5월 개정상법은 자본금 총액이 10억원 미만인 소규모 주식회사의 경우에는 그 운영을 간소화하기 위하여 예외적으로 유한회사와 같이 규정하였다 ($\frac{상 363조 4항}{1문 후단 · 2문}$). 즉, 자본금 총액이 10억원 미만인 소규모 주식회사는 주주 전원의 동의가 있을 경우에는 (소집절차 없이 주주총회를 개최할 수 있고) 서면에 의한 결의로써 주주총회의 결의에 갈음할 수 있는데, 결의의 목적사항에 대하여 주주 전원이 서면으로 동의를 한 때에는 서면에 의한 결의가 있는 것으로 본다($\frac{상 363}{조 4항}$). 이러한 서면에 의한 결의는 주주총회의 결의와 같은 효력이 있고($\frac{상 363}{조 5항}$), 이러한 서면에 의한 결의에 대하여는 주주총회에 관한 규정을 준용한다($\frac{상 363}{조 6항}$).

② 회사가 정관의 규정에 의하여 서면에 의한 의결권의 행사제도를 채택하면, 회사는 주주총회의 소집통지서에 (서면에 의한) 의결권을 행사하는 데 필요한 서면($\frac{예컨대, 투}{표용지 등}$)과 참고자료($\frac{예컨대, 이사 선임에 관한 의결권의 행사인 경우에}{는 모든 후보이사에 대한 인적 사항에 관한 서류 등}$)를 첨부하여야 한다($\frac{상 368조}{의 3 2항}$). 이 때 주주가 많은 대회사인 경우 회사가 모든 주주에게 이러한 참고자료를 송부하기 위하여는 많은 비용과 시간이 소요되어 이 제도의 이용을 오히려 기피할 것이므로, 이 제도의 활성화를 위하여는 입법론상 서면에 의하여 의결권을 행사할 의사를 표명한 주주에게만 필요한 참고자료를 송부하여 주도록 하는 것도 고려하여야 할 것으로 본다.

또한 서면투표의 한 형식으로 전자투표를 인정할 수 있을 것인지 여부에 대하여 이를 긍정하는 견해도 있으나,[3] 인터넷상의 투표용지를 상법 제368조의 3에서

---

1) 정(희), 457면.
2) 정찬형, 「제1개정판 상법강의(상)」(서울: 박영사, 1999), 713면.
3) 박상근, "인터넷과 주주총회," 「법학」(서울대), 제42권 1호(2001. 5), 111면, 123면; 권종호, "서면투표제도, 과연 입법상의 성과인가?," 「상사법연구」(한국상사법학회), 제19권 2호(2000), 480~481면.

말하는 '의결권을 행사하는 데 필요한 서면'으로 보는 것은 무리가 있는 점 및 전자투표를 이용하기 위하여는 이에 따른 많은 법률문제가 수반되므로 이에 관한 명확한 법규정이 존재하여야 한다는 점 등에서 볼 때 현행 상법 제368조의 3에만 근거하여 전자투표제도를 이용하는 것은 무리이고 이 제도를 이용하기 위하여는 새로운 입법이 필요하다고 본다.[1] 따라서 2009년 5월 개정상법은 후술하는 바와 같이 전자적 방법에 의한 의결권의 행사($\frac{전자}{투표}$)에 관하여 새로 규정하였다. 이러한 전자투표제도를 이용하면 회사 및 주주는 모두 많은 비용과 시간을 절약할 수 있게 되어 주주총회가 매우 활성화될 것으로 본다.[2]

③ 주주가 의결권을 행사한 서면(투표용지)이 언제까지 회사에 도착하여야 하는가의 문제가 있다. 이에 대하여 정관에 특별히 정함이 없으면 주주총회의 회일의 전일까지 회사에 도착하여야 한다고 본다.

3) 행사효과　　　주주가 서면에 의하여 의결권을 행사한 경우에는 직접 주주총회에 출석하여 행사한 경우와 동일하게 보아야 할 것이다($\frac{상 363조 5}{항 \cdot 6항 참조}$). 따라서 그러한 주주는 출석정족수의 산정에 있어서 발행주식총수에 산입됨은 물론($\frac{상 371조}{1항 참조}$), 의결정족수의 산정에 있어서 출석한 주주의 의결권의 수에 산입된다($\frac{상 371조}{2항 참조}$). 또한 서면에 의하여 의결권을 행사하는 경우에도 의결권의 대리행사($\frac{상 368}{조 2항}$)와 불통일행사($\frac{상 368}{조의 2}$)가 가능하다고 본다.

(5) 전자적 방법에 의한 의결권의 행사

2009년 5월 개정상법($\frac{공포 후 1년이 경과한 날부}{터 시행함 - 상 부칙 1조}$)은 전자적 방법에 의한 의결권의 행사(전자투표)를 인정하고 있다.[3] 즉, 회사는 이사회의 결의로($\frac{자본금 총액이 10억원 미만인 소규}{모 주식회사로서 이사가 1명 또는 2}$ 명인 경우에는 이사회가 없으므로, 각 이사〈정관에 따라 대표이사를 정한 경우에는 그 대표이사〉가 이를 결정함—상 383조 6항) 주주가 주주총회에 출석하지 않고 전자적 방법으로 의결권을 행사할 수 있음(전자투표)을 정할 수 있다($\frac{상 368조}{의 4 1항}$). 이 때 회사는 주주총회의 소집통지를 할 때에 주주가 전자적 방법으로 의결권을 행사할 수 있음을 통지하여야 하고($\frac{상 368조의 4　2}{항, 상시 13조 2항}$) 이러한 의결권 행사에 필요한 양식과 참고자료를 주주에게 전자적 방법으로 제공하여야 하며($\frac{상 368조의}{4　3항 2문}$), 주주는 주주 확인절차

---

1) 정찬형, "주주총회 활성화를 위한 제도개선방안,"「상사법연구」(한국상사법학회), 제23권 3호(2004. 11), 78면.
　　전자투표제도의 도입에 관한 상세는 정찬형, 상게논문(상사법연구, 제23권 3호), 43~87면; 정경영, "전자투표제도 도입을 위한 법제정비 방안에 관한 연구,"「상사법연구」(한국상사법학회), 제23권 3호(2004. 11), 97~167면; 정완용, "바람직한 전자투표 인프라 구축방안,"「상사법연구」(한국상사법학회), 제23권 3호(2004. 11), 183~244면 등 참조.
2) 정찬형, 전게논문(상사법연구, 제23권 3호), 77면.
3) 이에 관한 상세는 이세영, "주주총회의 전자화에 관한 법적 연구," 법학박사학위논문(성균관대, 2011. 8) 참조.

등 대통령령으로 정하는 바에 따라(전자서명법 제8조 제2항에 따른 운영기준 준수사실의 인정을 받은 전
자서명인증사업자가 제공하는 본인확인의 방법 또는 정보통신망 이용
촉진 및 정보보호 등에 관한 법률 제23조의 3에 따른 본인
확인기관에서 제공하는 본인확인의 방법—상시 13조 1항) 의결권을 행사하여야 한다(상 368조의
4 3항 1문). 이 경우 동일한 주식에 관하여 전자투표 또는 서면투표를 행사하는 경우, 주주는 어느 하나의 방법을 선택하여야 한다(상 368조
의 4 4항). 주주가 전자투표를 한 경우 회사는 의결권 행사에 관한 전자적 기록을 주주총회가 끝난 날부터 3개월간 본점에 갖추어 두어 열람하게 하고, 주주총회가 끝난 날부터 5년간 보존하여야 한다(상 368조
의 4 5항). 주주 확인 절차 등 전자적 방법에 의한 의결권 행사의 절차와 그 밖에 필요한 사항은 대통령령으로 정한다(상 368조의 4
6항, 상시 13조). 1)2)

이러한 전자투표에 의하여 감사 또는 감사위원회 위원을 선임하는 경우에는 '발행주식총수의 4분의 1 이상'의 의결정족수 요건이 배제된다(상 409조 3항,
542조의 12 8항). 이는 2020년 개정상법에 의하여 신설되었다.

(6) 의결권행사방법과 관련한 그 밖의 사항

우리 상법에는 인정되지 않지만, 주로 외국에서 논의되거나 또는 외국의 입법례에서 인정되고 있는 것으로 다음과 같은 사항이 있다.3)

---

1) 이에 따라 상법 시행령 제13조는 다음과 같이 규정하고 있다.

① 상법 제368조의 4에 따라 주주가 의결권을 전자적 방법으로 행사(전자투표)하는 경우 주주는 「전자서명법」 제8조 제2항에 따른 운영기준 준수사실의 인정을 받은 전자서명인증사업자가 제공하는 본인확인의 방법 또는 정보통신망 이용촉진 및 정보보호 등에 관한 법률 제23조의 3에 따른 본인확인기관에서 제공하는 본인확인의 방법으로 주주 본인임을 확인하고, 「전자서명법」 제2조 2호에 따른 전자서명을 통하여 전자투표를 하여야 한다.

② 상법 제368조의 4에 따라 전자적 방법으로 의결권을 행사할 수 있음을 정한 회사는 주주총회 소집의 통지나 공고에 다음 각 호의 사항을 포함하여야 한다.

1. 전자투표를 할 인터넷 주소
2. 전자투표를 할 기간(전자투표의 종료일은 주주총회 전날까지로 하여야 한다)
3. 그 밖에 주주의 전자투표에 필요한 기술적인 사항

③ (삭제 2020. 1. 29.)

④ 회사는 전자투표의 효율성 및 공정성을 확보하기 위하여 전자투표를 관리하는 기관을 지정하여 주주 확인절차 등 의결권 행사절차의 운영을 위탁할 수 있다.

⑤ 회사, 제4항에 따라 지정된 전자투표를 관리하는 기관 및 전자투표의 운영을 담당하는 자는 주주총회에서 개표가 있을 때까지 전자투표의 결과를 누설하거나 직무상 목적 외로 사용해서는 아니 된다.

⑥ 회사 또는 제4항에 따라 지정된 전자투표를 관리하는 기관은 전자투표의 종료일 3일 전까지 주주에게 전자문서로 제2항 각 호의 사항을 한 번 더 통지할 수 있다. 이 경우 주주의 동의가 있으면 전화번호 등을 이용하여 통지할 수 있다. (신설 2020. 1. 29.)

2) 2013년 7월 16일 정부(법무부)의 「상법 일부개정(안) 입법예고」(법무부공고 제2013－162호)에서는 상법 제542조의 14(전자적 방법에 의한 의결권 행사)를 신설하여 "주주의 수 등을 고려하여 대통령령으로 정하는 상장회사는 제368조의 4 제2항 내지 제6항에 따라 주주가 총회에 출석하지 아니하고 전자적 방법으로 의결권을 행사할 수 있도록 하여야 한다"고 규정함으로써, 일정규모 이상의 상장회사에 대하여 전자투표를 의무화하여 주주총회 활성화에 기여하고자 하였다.

3) 이에 관한 상세한 소개로는 정(동), (회) 342~347면 참조.

1) **의결권계약**(voting agreement; Stimmrechtsverbindungsvertrag) 이것은 주주들이 의결권을 일정한 방향으로 행사하기로 미리 약정하는 계약으로 미국 및 독일에서 그 유효성이 논의되고 있는데, 신의칙에 반하지 않고 특정주주의 의결권을 박탈하거나 부당하게 제한하는 것이 아니면 당사자간에서 채권적 효력은 인정된다고 본다.[1] 이러한 계약에 위반하여 한 의결권의 행사가 유효함은 말할 나위도 없다.

2) **의결권신탁**(voting trust) 이것은 의결권계약의 가장 강화된 형태로서, 미국의 많은 주에서는 그의 유효성을 인정하여 이를 제정법에서 규정하고 있다. 우리나라에서도 (i) 상법상 및 신탁법상 이를 인정할 수 있다고 보는 긍정설도 있으나,[2] (ii) 실정법상 명문규정이 없을 뿐만 아니라 의결권이 신탁의 목적이 될 수 있는지에 대하여도 의문이 있는 점에서 볼 때 이를 부정하여야 할 것으로 본다.

3) **자격양도**(Legitimationsübertragung) 이것은 독일법상 인정되고 있는 제도인데, 주주가 타인에게 그 타인의 명의로 의결권을 행사할 수 있는 권한을 부여하는 것이다. 이를 우리 상법상에서도 인정할 수 있을 것인가에 대하여, (i) 이를 긍정하는 견해도 있으나,[3] (ii) 이 때 자격양수인은 자기의 이름으로 의결권을 행사하는 것이기 때문에 우리 상법상의 의결권의 대리행사와는 구별되고 또 우리나라는 독일에서와 같이 은행 등 금융기관이 주식을 예탁받고 있는 것도 아니므로 이를 부정하여야 할 것으로 본다.

제 6 의사와 결의

1. 의 사

(1) 의사방법

주주총회의 의사(議事)방법에 관하여는 상법에 명문의 규정이 없는 사항은 정관 또는 총회결의에 의하고, 이것이 없으면 관습에 의하며, 관습도 없으면 회의의 일반원칙에 의한다.

(2) 의 장

1) **선 임** 주주총회는 회의체의 기관이므로 그의 의사진행을 맡을 의장이 반드시 필요하다(상373조 2항 참조). 의장은 보통 정관의 규정에 의하여 대표이사 또는

---

1) 이에 관한 상세는 곽관훈, "벤처기업에 있어서의 주주간계약(의결권구속계약을 중심으로)," 「상사법연구」, 제22권 1호(2003), 329~357면(벤처기업의 육성이라는 차원에서 주주간 계약의 필요성을 인정하고, 실질적으로 기능할 수 있도록 하기 위한 제도적인 정비가 필요하다고 한다); 천경훈, "주주간 계약의 실태와 법리 — 투자촉진수단으로서의 기능에 주목하여 —,"「상사판례연구」(한국상사판례학회), 제26집 제3권(2013. 9), 3~44면 등 참조.

2) 정(동), (회) 344면.

3) 서·정, 405면 주 1; 정(동), (회) 344~345면.

(대표)집행임원이 될 수 있으나, 그러한 정관의 규정이 없으면 주주총회에서 선출된다($\frac{상\ 366조}{의\ 2\ 1항}$).[1] 의장은 주주임을 요하지 않고, 주주총회의 결의에 관하여 특별한 이해관계를 갖는 경우에도 의사진행을 할 수 있다고 본다.[2]

2) 권　　한　주주총회의 의장은 총회의 질서를 유지하고 의사를 정리하는데($\frac{상\ 366조}{의\ 2\ 2항}$), 의장은 그 총회장에서 고의로 의사진행을 방해하기 위한 발언을 하거나 행동을 하는 등 현저히 질서를 문란하게 하는 자에 대하여 그 발언의 정지 또는 퇴장을 명할 수 있다[3]($\frac{상\ 366조}{의\ 2\ 3항}$). 이 경우 퇴장당한 주주가 있는 경우에는 출석한 주주의 의결권의 수에 산입하지 아니한다고 본다($\frac{상\ 371조\ 2}{항\ 유추적용}$).

상법은 소위 「총회꾼」 등의 폐단을 방지하기 위하여 의장에게 이러한 권한을 부여하였는데, 총회의 의장은 회의의 질서유지를 위하여 이 권한을 적정하게 행사하여야 하고, 주주의 발언권을 제약하는 등 이 권한을 남용하여서는 안 된다고 본다.[4]

이와 아울러 상법에서는 주주의 권리행사에 관하여 회사는 주주에게 이익을 공여하는 것을 금하는 규정을 두고 있다($\frac{상\ 467}{조의\ 2}$). 또한 총회에서의 발언 또는 의결권의 행사에 관한 증수뢰(贈收賂)에 대하여는 형벌을 과하고 있다($\frac{상\ 631}{조\ 1호}$).

(3) 의 사 록

1) 작　　성　주주총회의 의사에 관하여는 의사록을 작성하여야 하는데($\frac{상\ 373}{조\ 1항}$), 이 의사록에는 의사의 경과요령과 그 결과를 기재하고 의장과 출석한 이사가 기명날인 또는 서명하여야 한다($\frac{상\ 373}{조\ 2항}$).

2) 비　　치　(대표)이사 또는 (대표)집행임원은 이러한 의사록을 회사의 본·지점에 비치하여 주주 및 회사채권자의 열람에 제공하여야 한다($\frac{상\ 396조\ 1항\cdot 2}{항,\ 408조의\ 9}$). 등기에 의사록을 첨부하여야 하는 경우에는($\frac{상등규}{128조\ 2항}$), 이 의사록은 공증을 받아야 한다($\frac{공증\ 66}{조의\ 2}$).

---

1) 이는 1999년 개정상법이 명문으로 규정하였다. 동지: 대판 1983. 8. 23, 83 도 748(공보 714, 1448)(개회선언된 임시주주총회에서 대표이사인 의장이 주주들의 의사에 반하여 자진 퇴장한 경우, 그 임시주주총회가 폐회되었다거나 종결되었다고 할 수는 없으며, 그 당시 회의장에 남아 있던 총주식수의 과반수 이상을 가진 주주들이 전 주주의 동의로 임시의장을 선출하여 진행한 임시주주총회의 결의는 적법하다).
2) 동지: 이(철), (회) 561면.
3) 과거에는 증권거래법에서만 이러한 내용이 규정되어(증거 191조의 9) 주권상장법인이나 협회등록법인의 의장에게만 이러한 권한이 인정되었으나, 1999년 개정상법이 이를 규정하여 모든 주식회사의 주주총회의 의장은 이러한 권한을 행사할 수 있게 되었다. 따라서 증권거래법상 이에 관한 규정은 삭제되었다.
4) 이와 관련하여 우리 상법상 주주의 질문권은 최대한 보장되어야 하지만 남용은 제한되어야 한다는 견해로는 김재범, "주주의 질문권과 회사의 설명의무," 「상사법연구」(한국상사법학회), 제 21권 4호(2003), 151~176면.

2. 결   의

(1) 결의의 의의 및 법적 성질

1) 의   의   주주총회의 결의는 「다수결의 원리에 의하여 형성된 주주총회의 의사표시」로서, 결의의 성립이 선언된 때부터 각 주주의 의사와는 관계 없이 관계자 전원(주주 전원 및 회
사의 각 기관 등)을 법적으로 구속한다.

2) 법적 성질   주주총회의 결의의 법적 성질이 무엇이냐에 대하여 크게 (i) 「전통적인 법률행위(단독행위·계
약·합동행위)의 일종」이라고 보는 견해(통설)(이 견해는 다시 어떤 종
류의 법률행위이냐에 대하여 계약으로 보는 계약설1)과 합동행
위로 보는 합동행위설2)로 나뉘어 있다)와, (ii) 「전통적인 법률행위의 어느 것에도 해당되지 않는 별개의 법률행위유형」에 속한다고 보는 견해3)(특수법률행위설)(소수설)로 나뉘어 있다. 이러한 두 견해의 차이는 전자의 경우에는 원칙적으로 민법의 의사표시에 관한 제(諸) 규정(예컨대, 민 107
조~112조 등)이 적용되나, 후자의 경우에는 원칙적으로 민법의 의사표시에 관한 제 규정이 적용되지 않는다고 하는 점이다.4)

생각건대 주주총회의 결의를 법률행위로 보면서 (전통적인) 법률행위가 아닌 다른 유형의 법률행위라고 하는 것은 그 개념이 모호하여 타당하지 않다고 본다. 따라서 주주총회의 결의의 법적 성질은 의결권의 내용에 나타나는 의사표시를 요소로 하는 법률행위이고, 의안에 대한 복수의 의사표시가 결의요건을 충족하여 성립하는 사단법상의 합동행위라고 본다.5) 따라서 이에 대하여는 민법의 의사표시 및 법률행위에 관한 일반원칙이 원칙적으로 적용된다고 본다.

(2) 결의방법

주주총회의 결의방법에 관하여는 상법에 특별한 제한이 없다. 따라서 이에 관하여 정관에 규정이 있으면 그에 의하고,6) 정관에 규정이 없으면 어떠한 방법(거수·
기립·기명 또는 무
기명투표 등)이든 무방하다고 본다.7)

---

1) 이영준, 「민법총칙」(박영사, 1991), 155면.

2) 정(희), 455면; 곽윤직, 「신정판 민법총칙」(박영사, 1992), 346면.

3) 정(동), (회) 351면(이를 '특수한 종류의 다면적 법률행위'라고 한다); 이(철), (회) 565~566면; 이(기) 외, (회) 385면.

4) 정(동), (회) 351~352면(의결권의 행사에 관하여 의사의 하자가 있는 경우에는 민법의 원칙이 원칙적으로 적용되나, 의사의 하자 이외에는 각 개의 규정을 개별적으로 검토하여 그 적용여부를 결정하여야 한다고 한다); 이(철), (회) 566면(주주총회의 결의에는 그 단체적 특성으로 인하여 의사표시와 법률행위의 일반원칙에 관한 민법의 제 원칙은 그 적용이 배제된다고 한다).

5) 동지: 정(희), 455면.

6) 정관에 규정이 있으면 사전투표도 가능하다는 견해로는 김성탁, "사전투표에 의한 주주의 의결권행사 — 필요성, 가능성, 규율의 법리를 중심으로," 「상사판례연구」(한국상사판례학회), 제28집 제2권(2015. 6), 3~49면 참조.

7) 동지: 정(동), (회) 352면; 채, 483면; 주상(제5판)(회사 Ⅲ), 100면.

다만 앞에서 본 바와 같이 정관에 규정이 있으면 서면결의도 가능하다($\frac{상\ 368}{조의\ 3}$).

(3) **결의요건**(결의능력)

일반적으로 총회의 결의요건은 일정수의 구성원의 출석($\frac{출석정족수 \cdot 의사정족수}{또는\ 정족수\langle quorum\rangle}$)과 출석한 구성원 중에서 일정수 이상의 찬성($\frac{의결정족수\ 또는\ 표결수}{\langle voting\ requirement\rangle}$)을 요하는데, 1995년 개정상법은 주식이 폭넓게 분산된 주식회사에서 주주총회의 성립을 위한 출석정족수(의사정족수)를 확보하기 어려운 현실을 감안하여 주주총회의 결의요건에서 출석정족수의 요건을 폐지하고 의결정족수의 요건만을 규정하였다. 그런데 이와 같이 규정하는 경우에 일부의 주식을 가진 소수의 주주만이 출석하여 총회의 결의가 성립하는 것을 방지하기 위하여, 이에 발행주식총수의 일정수 이상의 찬성을 요하는 것을 추가요건으로 규정하고 있다($\frac{2020년\ 개정상법에\ 의하여,\ 전자투표를\ 실시하는\ 회사에\ 대하여는\ 감사\ 또}{는\ 감사위원회\ 위원의\ 선임시\ 이\ 추가요건을\ 배제함\langle 상\ 409조\ 3항,\ 542조의}$ $\frac{12}{8항}$).[1)]

그러나 이와 같이 주주총회에서 출석정족수의 요건을 폐지한 것은 회의의 일반원칙에 맞지 않으므로 2006년 상법개정시안에서는 1995년 개정상법 이전과 같이 출석정족수를 부활하였다. 그런데 2008년 상법개정안에서는 경제계의 의견을 반영하여 위의 상법개정시안의 내용을 삭제하였다. 그러나 2009년 5월 개정상법에 의하여 전자투표제도가 도입되어 이를 적극 이용하면 주주의 주주총회의 참여가 많이 활성화될 것이라는 점, 주주총회의 결의요건을 일반회의의 원칙에 맞게 규정하는 것이 국제기준에 맞는다는 점 등을 고려하여 출석정족수를 부활하여야 할 것으로 본다.[2)]

주주총회의 결의요건에는 의안의 중요도에 따라 다수결의 요건에 차이를 두고 있는데, 이에는 다음과 같이 보통결의 · 특별결의 및 특수결의가 있다.

1) 보통결의

⑺ **보통결의요건**

① 보통결의는 원칙적으로 출석한 주주의 의결권의 「과반수」(의결정족수)와 발행주식총수[3)]의 「4분의 1 이상」의 수로써($\frac{'발행주식총수의\ 4분의\ 1\ 이상'의\ 요건은,\ 2020년\ 개정상법}{에\ 의하여,\ 전자투표를\ 실시하는\ 회사에\ 대하여는\ 감사\ 또는}$

---

1) 이와 같이 개정한 이유에 관한 상세는 해설(1995), 116~117면 참조.
　이와 같이 출석정족수를 폐지한 점에 대한 상세한 비판으로는 이(철), (회) 568면 및 이철송, 상법개정공청회자료(법무부, 1994. 5. 25), 58면 참조.
2) 정찬형, "주식회사법 개정제안," 「선진상사법률연구」(법무부), 통권 제49호(2010. 1), 42~43면.
3) 주식 자체는 유효하게 발행되었지만 주식의 이전 등 관계로 당사자간에 주식의 귀속에 관하여 분쟁이 발생하여 진실의 주주라고 주장하는 자가 명의상의 주주를 상대로 의결권의 행사를 금지하는 가처분의 결정을 받은 경우, 그 명의상의 주주는 주주총회에서 의결권을 행사할 수 없으나, 그가 가진 주식수는 주주총회의 결의요건을 규정한 상법 제368조 1항 소정의 정족수 계산의 기초가 되는 '발행주식의 총수'에는 산입되는 것으로 해석함이 상당하다[대판 1998. 4. 10, 97 다

$\binom{\text{감사위원회 위원의 선임시 배제된다}}{\langle \text{상 409조 3항, 542조의 12 8항}\rangle}$) 하는 결의이다[1]$\binom{\text{상 368}}{\text{조 1항}}$. 이 경우에 출석한 주주의 의결권의 과반수(의결정족수)는 일반적인 경우(즉, 의결권의 제한이 없는 경우) 발생주식총수의 4분의 1 이상이어야 한다. 또한 이미 앞에서 본 바와 같이 의결권이 없는 종류주식이나 의결권이 제한되는 종류주식·회사가 갖고 있는 자기주식·자회사가 갖고 있는 모회사의 주식·상호보유주식은 발행주식총수에 산입되지 않고($\binom{\text{상 371}}{\text{조 1항}}$), 특별이해관계인의 소유주식·감사 선임에 있어서의 100분의 3을 초과하는 주식은 의결정족수에 산입되지 않는다($\binom{371}{\text{조 2항}}$).

예컨대, 갑주식회사의 발행주식총수가 1,000주인데, 갑회사가 갖고 있는 자기주식은 200주, A 주주가 400주, B 주주가 300주, C 주주가 100주를 갖고 있다고 가정할 경우, 보통결의요건은 다음과 같다. 이때 「발행주식총수의 4분의 1 이상」이란 [1,000주 − 200주(갑회사의 자기주식)] × 1/4 = 200주 이상을 말하므로($\binom{\text{대판 1998.}}{\text{4. 10, 97 다}}$ $^{50619}_{\text{참조}}$), A 주주(400주) 또는 B 주주(300주)가 출석하여 찬성하면(또는 A주주와 B주주가 출석하여 A주주는 찬성하고 B주주는 반대한 경우도 동일함) 이 요건을 충족하나, C 주주(100주)만 출석하여 찬성하면 이 요건을 충족하지 못한다. 그런데 감사 D를 선임하는 경우에는 어떠한가. 감사의 선임에서 정관에 다른 규정이 없으면 의결권 없는 주식(200주)을 제외한 발행주식총수(800주)의 100분의 3(24주)을 초과하는 수의 주식을 가진 주주는 그 초과하는 주식에 관하여 감사의 선임에 있어서는 의결권을 행사하지 못하므로($\binom{\text{상 409}}{\text{조 2항}}$), A 주주·B 주주 및 C 주주는 각각 24주까지만 의결권을 행사할 수 있다. 따라서 이 경우 감사 선임에 있어서 의결정족수인 의결권(24주 × 3 = 72주)의 과반수란 37주 이상이어야 한다. 따라서 A(24주) 또는 B(24주)만 출석하여 찬성하면 발행주식총수의 4분의 1 이상이라는 요건은 충족하나 의결권의 과반수(37주)라는 요건을 충족하지 못하여 감사를 선임할 수 없게 되고, C 주주가 추가로 감사의 선임에 찬성하여야 감사를 선임할 수 있게 된다.[2] 따라서 A와 C가 감사 D를

50619(공보 1998, 1286)].

1) 1995년 개정상법 이전에는 「발행주식총수의 과반수에 해당하는 주식을 가진 주주의 출석(출석정족수)과, 출석주주의 의결권의 과반수(의결정족수)로써 하여야 한다」고 규정하였다(상 368조 1항).

2) 이 경우 주주의 의결권이 제한되므로 총주주의 의결권의 합계(72주)가 발행주식총수의 4분의 1(200주)이 되지 못하는데, 출석한 주주의 의결권의 과반수가 발행주식총수의 4분의 1 이상이 될 수는 없다. 따라서 이 경우 「출석한 주주의 의결권의 과반수」란 '출석하여 찬성한 의결권이 총의결권의 과반수'인 경우를 의미하고(문언대로 해석하면 남용의 여지가 큼), 「발행주식총수의 4분의 1 이상」이란 '출석하여 찬성한 주주가 소유하고 있는 주식이 발행주식총수의 4분의 1 이상'인 경우를 의미한다고 해석하여야 할 것이다. 즉, 이 경우에는 일반적인 경우와는 달리 의결권이 제한되므로, 「출석한 주주의 의결권의 과반수」와 「발행주식총수의 4분의 1 이상」은 의결권의 계산에서는 단절된다.

선임하는데 찬성하면 의결권(72주) 중 48주(A 24주＋C 24주)가 찬성하므로 의결권의 과반수라는 의결정족수를 충족하고, 발행주식총수(800주) 중 500주(A 400주＋ C 100 주)가 찬성하므로 발행주식총수의 4분의 1(200주) 이상의 요건도 충족하게 된다. 이 와 같이 하면 B와 C가 찬성하면 최대주주 A의 동의가 없어도 감사 D를 선임할 수

　　결과동지: 대판 2016. 8. 17, 2016 다 222996(공보 2016, 1331)(상법 제409조는 제1항에서 감 사를 주주총회에서 선임하도록 하면서 제2항에서 "의결권 없는 주식을 제외한 발행주식총수의 100분의 3을 초과하는 수의 주식을 가진 주주는 그 초과하는 주식에 관하여 제1항의 감사의 선 임에 있어서는 의결권을 행사하지 못한다"라고 규정하고 있다. 그리고 주주총회의 결의방법에 관 하여 상법 제368조 제1항은 "총회의 결의는 이 법 또는 정관에 다른 정함이 있는 경우를 제외하 고는 출석한 주주의 의결권의 과반수와 발행주식총수의 4분의 1 이상의 수로써 하여야 한다"라고 규정하고 있다. 따라서 주주총회에서 감사를 선임하려면 우선 '출석한 주주의 의결권의 과반수'라 는 의결정족수를 충족하여야 하고, 나아가 그 의결정족수가 '발행주식총수의 4분의 1 이상의 수' 이어야 하는데, 상법 제371조는 제1항에서 '발행주식총수에 산입하지 않는 주식'에 대하여 정하 면서 상법 제409조 제2항의 의결권 없는 주식〈이하 '3% 초과 주식'이라 한다〉은 이에 포함시키 지 않고 있고, 제2항에서 '출석한 주주의 의결권 수에 산입하지 않는 주식'에 대하여 정하면서는 3% 초과 주식을 이에 포함시키고 있다. 그런데 만약 3% 초과 주식이 상법 제368조 제1항에서 말 하는 '발행주식총수'에 산입된다고 보게 되면, 어느 한 주주가 발행주식총수의 78%를 초과하여 소유하는 경우와 같이 3% 초과 주식의 수가 발행주식총수의 75%를 넘는 경우에는 상법 제368조 제1항에서 말하는 '발행주식총수의 4분의 1 이상의 수'라는 요건을 충족시키는 것이 원천적으로 불가능하게 되는데, 이러한 결과는 감사를 주식회사의 필요적 상설기관으로 규정하고 있는 상법 의 기본 입장과 모순된다. 따라서 감사의 선임에 있어서 3% 초과 주식은 위 제371조의 규정에도 불구하고 상법 제368조 제1항에서 말하는 '발행주식총수'에 산입되지 않는다고 보아야 한다. 그 리고 이는 자본금 총액이 10억 원 미만이어서 감사를 반드시 선임하지 않아도 되는 주식회사라고 하여 달리 볼 것도 아니다. 원심판결 이유에 의하면, 원심은 피고 회사가 발행한 총 1,000주를 원 고가 340주〈34%〉, 소외 1이 330주〈33%〉, 소외 2가 330주〈33%〉씩 보유하고 있는 사실, 원고ㆍ 소외 1ㆍ소외 2가 참석하여 개최된 피고 회사의 임시주주총회에서 소외 1과 소외 2의 찬성으로 소 외 3을 감사로 선임하는 이 사건 결의가 이루어진 사실 등을 인정하였다. 나아가 원심은, 원고ㆍ소 외 1ㆍ소외 2는 감사 선임에 있어서 발행주식총수의 3%〈30주〉를 초과하는 주식에 관해서는 의결 권이 없으므로 의결권이 있는 발행주식총수는 90주인데, 위 90주 중 소외 3의 감사 선임에 찬성 한 주식 수는 소외 1과 소외 2의 각 30주 합계 60주로서, 결국 출석한 주주의 의결권의 과반수와 발행주식총수의 1/4 이상의 찬성이 있었으므로 이 사건 결의는 적법하다고 보았다. 원심의 위와 같은 판단은 앞서 본 법리에 따른 것으로서 정당하고, 거기에 상고이유로 주장하는 법령 위반 등 의 위법이 없다. 또한 원심의 소송비용에 관한 판단에 상고이유로 주장하는 법령 위반 등의 위법 이 있다고 할 수도 없다).
　　상법 제371조 제1항은 발행주식총수에서 산입되지 않는 주식을 규정한 것이고 동조 제2항 은 의결권의 수에 산입하지 않는 주식을 규정한 것으로 구별되는데, 위 판결에서 대법원은 3% 초 과 주식이 발행주식총수에 산입되는 것으로 규정되었다고 하여 상법 제371조에도 불구하고 동 제 368조 제1항에서 말하는 '발행주식총수'에 산입되지 않는다고 이유를 설시하고 있다. 그런데 감 사의 선임의 경우에는 일반적인 경우와는 구별되므로(즉, 상법 제368조 제1항에서의 '출석한 주 주의 의결권의 과반수'와 '발행주식총수의 4분의 1 이상'은 의결권의 계산에서 단절되므로) 본문 의 예에서 본 바와 같이 해석하면 3% 초과 주식을 발행주식총수에 포함하더라도 위와 동일한 결 과가 된다. 즉, 소외 1과 소외 2가 소외 3 감사의 선임에 찬성하면(60주) 의결권(90주)의 과반수 찬성이 되고(상 371조 2항) 또한 찬성한 소외 1과 소외 2의 주식수(330주＋330주＝660주)는 발 행주식총수(1,000주)의 과반수가 된다(상 371조 1항 참조). 이러한 문제점을 해결하기 위하여는 상법 제368조 제1항을 개정하여 출석정족수를 부활하여야 한다고 본다.

있다(B의 의결권 24주+C의 의결권 24주=48주의 찬성이므로 주주의 의결권 72주의 과반수가 되고, B의 300주+C 의 100주=400주는 발행주식총수 800주의 4분의 1 이상이 되어 상법 제368조 제1항의 요건을 갖추게 된다). 갑주식회사가 전자투표를 실시하는 경우 감사 D를 선임할 때에는 '발행주식총수의 4분의 1 이상'이라는 추가요건이 적용되지 않으나(상 409 조 3항), 결과는 동일하다.

이는 감사 선임에서 소수주주의 의견을 반영하게 될 뿐만 아니라, 출석정족수가 없음으로 인하여 발생할 수 있는 소수주주의 횡포도 방지할 수 있는 것이다.

② 보통결의요건에서 '발행주식총수의 4분의 1 이상'의 요건은 전자투표를 실시하는 회사가 감사 또는 감사위원회 위원을 선임하는 경우에는 예외적으로 배제된다(상 409조 3항, 542조의 12 8항).

③ 보통결의요건은 예외적으로 정관의 규정에 의하여 출석정족수를 둘 수 있고,[1] 또한 의결정족수를 가중(다만 특별결의요 건을 한도로 함)할 수 있다(상 368 조 1항).[2] 정관의 규정으로 발행주식총수의 4분의 1 이상이라는 요건을 가중할 수는 있으나, 감경할 수는 없다고 본다.[3]

④ 결의시에 가부 동수(可否 同數)인 경우에는 그 의안은 부결된 것으로 보아야 하고, 이 때에 의장에게 그 결정권을 주는 내용의 정관의 규정은 1주 1의결권의 원칙에 반하므로 무효라고 본다(가부 동수인 경우에 의장이 결정한다는 뜻의 정관규정은 의장이 주주인 경우 에는 1주 1의결권의 원칙에 반하고, 주주가 아닌 경우에는 주주 아닌 자의 결 의참가가 되 므로 무효이다)(통설).[4]

(나) **보통결의사항**　　보통결의사항은 상법이나 정관에서 특별결의사항이나 특수결의사항으로 정한 이외의 모든 사항이다(상 368 조 1항).

2) 특별결의

(가) **특별결의요건**　　특별결의는 출석한 주주의 의결권의 「3분의 2 이상」의 수(의결정족수)와 발행주식총수의 「3분의 1 이상」의 수로써 하는 결의이다[5](상 434조). 특별결의의 요건(의결정족수)도 정관의 규정에 의하여 출석정족수를 둘 수 있다고 본

---

1) 동지: 대판 2017. 1. 12, 2016 다 217741(공보 2017, 337)(정관에 의하여 의사정족수를 규정하는 것은 가능하고, 이는 이사의 선임을 집중투표의 방법으로 하는 때에도 같다. 주주총회의 안건에 기권하였지만 퇴장하지 않은 채 남아있던 주주는 이러한 의사정족수에 포함된다).

2) 다만 단체의 의사결정의 성질상 정관의 규정에 의해서도 의결정족수를 과반수 이하로 완화하는 것은 허용되지 않는다[동지: 정(동), (회) 353면; 이(철), (회) 569면].

3) 동지: 이(철), (회) 569면(4분의 1 이상이라는 요건은 조리(條理)상 허용될 수 있는 단체의사결정의 최소한도의 요건을 규정한 것이므로 이를 완화할 수는 없다고 한다); 최(기), (회)(2014) 542면.
　반대: 정(동), (회) 353면(사적 자치의 원칙상 가능하다고 한다).

4) 정(찬), (회) 645면; 손(주), 728~729면; 정(동), (회) 353면; 이(철), (회) 569면; 이(기) 외, (회) 385면 외.

5) 1995년 개정상법에 의하여 위의 보통결의요건과 같이 출석정족수를 폐지하고 이와 같이 개정된 것인데, 그 이유에 관한 상세는 해설(1995), 151~153면 참조.
　1995년 개정상법 이전에는 「발행주식총수의 과반수에 해당하는 주식을 가진 주주의 출석으로 그 의결권의 3분의 2 이상의 다수로써 하여야 한다」고 규정하였다(상 434조).

다. 또한 정관의 규정에 의하여 의결정족수를 감경할 수는 없으나(결의의 중대성과 이에 관한 상법 제434조의 규정에 근거하여 이와 같이 해석하는데, 이에 대하여는 이설〈異說〉이 없음), 가중할 수 있는가에 대하여는 긍정설[1]과 부정설[2]로 나뉘어 있다. 생각건대 상법의 특별결의의 요건에 관한 규정이 강행법규라고는 볼 수 없으므로, 정관의 규정에 의하여 의결정족수의 요건을 가중하는 것은 가능하다고 본다. 따라서 정관의 규정으로 발행주식총수의 3분의 1 이상이라는 요건도 가중할 수는 있으나, 감경할 수는 없다고 본다.

(내) **특별결의사항**　　상법상 규정된 특별결의사항으로는 주식의 분할(상 329조의 2 1항), 주식의 포괄적 교환(상 360조의 3), 주식의 포괄적 이전(상 360조의 16), 정관의 변경(상 434조), 자본의 감소(상 438조), 회사의 해산(상 518조), 회사의 합병(상 522조), 회사의 분할(상 530조 3 2항), 회사의 계속(상 519조), 회사의 영업의 전부 또는 중요한 일부의 양도(상 374조 1항 1호), 영업전부의 임대 또는 경영위임·타인과 영업의 손익 전부를 같이하는 계약 기타 이에 준하는 계약의 체결이나 변경 또는 해약(상 374조 1항 2호), 회사의 영업에 중대한 영향을 미치는 다른 회사의 영업 전부 또는 일부의 양수(상 374조 1항 3호), 사후설립(상 375조), 이사·감사의 해임(상 385조 1항, 415조), 주주 이외의 자에 대한 전환사채·신주인수권부사채의 발행(상 513조 3항, 516조의 2 4항), 주식의 할인발행(상 417조 1항) 등이다.

　　이러한 주주총회의 특별결의사항 중 주식의 포괄적 교환(상 360조의 3 1항·2항)·주식의 포괄적 이전(상 360조의 16 1항·2항)·회사의 영업의 양도 등(상 374조 1항)·회사의 합병(상 522조) 및 분할합병(상 530조의 2 2항·3항)의 경우에는, 그 결의에 반대하는 주주에게 주식매수청구권이 인정되고(상 360조의 5, 360조의 22, 374조의 2, 522조의 3, 530조의 11 2항), 또한 이러한 사항에 관한 주주총회의 소집통지 또는 공고를 하는 경우에는 주식매수청구권의 내용 및 행사방법을 명시하여야 한다(상 374조 2항, 530조 2항, 530조의 11 2항).[3]

　　위의 주주총회의 특별결의사항 중 영업의 양도 등(상 374조 1항)의 의미와 간이영업양도 등에 대하여 살펴보면 다음과 같다(그 이외의 특별결의사항에 대하여는 해당되는 곳에서 설명한다).

　　가) 영업의 양도 등의 의미

　　① 영업의 전부 또는 중요한 일부의 양도(상 374조 1항 1호)　　이 때의 영업양도의 의의와 상법총칙(상 41조~45조)에서의 영업양도의 의의와의 관계에 대하여는 앞에서 이미 설명한 바와

---

1) 정(동), (회) 354면; 이(철), (회) 570~571면(동 교수는 1991년판 435면에서는 부정설의 입장이었으나, 1996년판 513면에서는 이와 같이 긍정설로 개설〈改說〉하였는데, 다만 강화의 최대한도는 1995년 개정상법 이전의 특별결의요건과 같이 과반수출석에 3분의 2 이상의 찬성이라고 한다); 채, 482면; 이(기) 외, (회) 386면.

2) 이(병), 440면.

3) 주식매수청구권은 주주총회결의에 반대하는 소수주주 등을 보호하기 위하여 1995년 개정상법에 의하여 신설된 것이다.

같이 양자를 동일하게 해석하는 형식설(불요설), 양자를 달리 해석하는 실질설(필요설) 및
상법 제374조에 사실상의 영업양도를 포함시키는 절충설로 나뉘어 있다(본서 제1편 제8장에 관한 설명 참조).
우리나라의 대법원판례는 기본적으로 양자의 영업양도의 의미를 동일하게 보는 형식설의
입장이면서,[1] 주주의 이익을 보호하기 위하여 「영업용 재산」의 양도에도 그것이 회사영
업의 전부 또는 일부를 양도하거나 폐지하는 것과 같은 결과를 가져오는 경우에는(그것이
비록 영업의 전부 또는 일부의 양도에 해당하는 경우가 아닐지라도) 상법 제374조 1항 1호를
유추적용하여 주주총회의 특별결의를 요하는 것으로 판시하고 있는데[2](위의 절충설과는 다른 의미의 절충설),
사견으로 이러한 대법원판례의 입장에 찬성한다.

주식회사의 영업양도와 지배주식의 양도는 구별된다.[3] 상법총칙에서는 규정하고 있
지 않으나 상법 제374조 1항 1호 후단에서 규정하고 있는 「영업의 중요한 일부의 양도」
의 의미가 무엇인지가 문제된다. 이는 회사가 제품별 또는 지역별로 사업부제를 채택하고
사업을 운영하다가 그 중 한 부문(영업)의 사업을 양도하는 경우가 영업의 일부의 양도에
해당하는 대표적인 예가 될 것이다. 그런데 중요한 일부의 양도인지 여부는 양도하고자
하는 부문의 사업(영업)이 전체 매출액 및 수익에서 차지하는 양적 요소와 그 영업양도가

---

1) 대판 2002. 4. 12, 2001 다 38807(공보 2002, 1094)(상법 제374조 1항 1호에 의하여 주주총회
   의 특별결의를 요하도록 정하여진 영업의 양도라 함은 주식회사가 상대방과의 사법상의 채권계약
   에 의하여 일정한 영업목적을 위하여 조직되고 유기적 일체로서 기능하는 재산의 전부 또는 그 일
   부를 그 동일성을 유지하면서 일체로서 이전하는 것을 가리킨다).
2) 대판 1988. 4. 12, 87 다카 1662(공보 824, 834); 동 1998. 3. 24, 95 다 6885(공보 1998,
   1127)(상법 제374조 1항 1호 소정의 주주총회의 특별결의를 요하는 '영업의 전부 또는 중요한 일
   부의 양도'라 함은 일정한 영업목적을 위하여 조직되고 유기적 일체로서 기능하는 재산의 전부 또
   는 중요한 일부를 양도하는 것을 의미하고, 회사의 영업 그 자체가 아닌 영업용 재산의 처분이라
   고 하더라도 그로 인하여 회사의 영업의 전부 또는 중요한 일부를 양도하거나 폐지하는 것과 같은
   결과를 가져오는 경우에는 그 처분행위를 함에 있어서 그와 같은 특별결의를 요한다. 그러나 회
   사가 회사존속의 기초가 되는 영업재산을 처분할 당시에 이미 영업을 폐지하거나 중단하고 있었
   던 경우에는 그 처분으로 인하여 비로소 영업의 전부 또는 중요한 일부가 폐지되거나 중단되기에
   이른 것이라고 할 수 없으므로, 그와 같은 경우에는 주주총회의 특별결의를 요하지 않는다); 동
   2004. 7. 8, 2004 다 13717(공보 2004, 1308)(주주총회의 특별결의가 있어야 하는 상법 제374조
   1항 1호 소정의 '영업의 전부 또는 중요한 일부의 양도'라 함은 일정한 영업목적을 위하여 조직되
   고 유기적 일체로 기능하는 재산의 전부 또는 중요한 일부를 총체적으로 양도하는 것을 의미하는
   것으로서, 이에는 양수회사에 의한 양도회사의 영업적 활동의 전부 또는 중요한 일부분의 승계가
   수반되어야 하는 것이므로 단순한 영업용 재산의 양도는 이에 해당하지 않으나, 다만 영업용 재산
   의 처분으로 말미암아 회사 영업의 전부 또는 일부를 양도하거나 폐지하는 것과 같은 결과를 가져
   오는 경우에는 주주총회의 특별결의가 필요하다. 따라서 당해 특허권을 이용한 공사의 수주를 회
   사의 주된 사업으로 하고, 위 특허권이 회사의 자산에서 대부분의 비중을 차지하는 경우, 위 특허
   권의 양도는 회사 영업의 전부 또는 일부를 양도하거나 폐지하는 것과 같은 결과를 가져오는 것이
   므로 특허권의 양도에는 주주총회의 특별결의가 필요하다) 외.
3) 대판 1996. 11. 15, 96 다 31246(공보 1997, 12); 동 1999. 4. 23, 98 다 45546(공보 1999,
   1001)(영업양도의 경우 양도인은 회사이고 양수인은 회사와는 별도의 영업의 주체이나, 지배주식
   의 양도의 경우 지배주주 개인과 양수인간의 주식양도이고 회사의 영업이나 재산에는 아무런 변
   동이 없는 점에서 양자는 구별된다).

장차 회사의 사업성격 및 주주에게 미치는 영향과 같은 질적 요소를 종합하여 판단하여야 할 것으로 본다.[1] 참고로 자본시장과 금융투자업에 관한 법률 및 동법 시행령은 금융위원회에 신고하여야 할 '중요한 영업 또는 자산의 양수 또는 양도'를, (i) 양수 또는 양도하려는 영업부문의 자산액이 최근 사업연도말 현재 자산총액의 100분의 10 이상인 양수·양도, (ii) 양수·양도하려는 영업부문의 매출액이 최근사업연도말 현재 매출액의 100분의 10 이상인 양수·양도, (iii) 영업의 양수로 인하여 인수할 부채액이 최근사업연도말 현재 부채총액의 100분의 10 이상인 양수, (iv) 양수·양도하려는 자산액이 최근 사업연도말 현재 자산총액의 100분의 10 이상인 양수·양도(다만, 일상적인 영업활동으로서 상품·제품·원재료를 매매하는 행위 등 금융위원회가 정하여 고시하는 자산의 양수·양도는 제외함) 중 하나에 해당하는 것으로 규정하고 있는데(자금 161조 1항 7호·165조의 4 1항 2호, 자금시 171조 2항·176조의 6 1항), 이것은 주주총회의 특별결의를 받아야 할 사항인 상법 제374조 1항 1호 후단의 '영업의 중요한 일부의 양도'에 해당되는지 여부에 관한 판단에도 참고가 될 수 있을 것으로 본다.

구체적으로 대법원판례에서 상법 제374조 1항 1호를 적용(또는 유추적용)하여 주주총회의 특별결의를 요한다고 본 것으로는 다음과 같은 것들이 있다. 즉, 「매매의 목적물이 회사의 영업용 재산이고 또 이것을 처분함으로써 회사의 영업의 전부 또는 중요한 일부를 양도하거나 폐지하는 결과가 되는 경우」,[2] 「회사의 유일무이한 재산을 매도담보계약의 목적으로 한 경우」,[3] 「회사 존속의 기초인 중요재산을 처분하는 경우」,[4] 「양도회사의 내부에서 유일하게 수익창출 가능성이 높은 사업부문이며 또한 전체자산의 약 33.9%에 달하는 금융사업부문을 양도함으로써 양도회사의 중요한 영업의 일부를 폐지하는 것과 같은 결과를 초래하는 경우」[5] 등에는 주주총회의 특별결의를 요하는 것으로 판시하고 있다.

이러한 상법의 규정(상374조 1항 1호)은 강행법규이므로, 주식회사가 영업의 전부 또는 중요한 일부를 양도한 후 주주총회의 특별결의가 없었다는 이유를 들어 스스로 영업양도의 약정의 무효를 주장하더라도 그 무효 주장이 신의성실 원칙에 반한다고 할 수는 없다.[6]

---

1) 동지: 권기범, 「회사의 합병 및 영업양수·도('97 개정판)」(서울: 한국상장회사협의회, 1997), 311~312면; 上柳克部 外, 「新版注釋會社法(5)」(東京: 有斐閣, 1990), 269~270면.

2) 대판 1964. 7. 23, 63 다 820(집 12 ② 민 51); 동 1965. 12. 21, 65 다 2099·2100(요지 민·상 Ⅱ, 493); 동 1966. 1. 25, 65 다 2140·2141(집 14 ① 민 22); 동 1969. 11. 25, 64 다 569(집 17 ④ 민 29); 동 1991. 1. 15, 90 다 10308(공보 891, 739).

3) 대판 1962. 10. 25, 62 다 538(주판집 민 Ⅳ, 666); 동 1987. 4. 28, 86 다카 553(공보 1987, 870).

4) 대판 1955. 12. 15, 4288 민상 136(요지 민·상 Ⅱ, 493); 동 1958. 5. 22, 4290 민상 460(집 6 민 29).

5) 대판 2014. 10. 15, 2013 다 38633(공보 2014, 2179).

6) 동지: 대판 2018. 4. 26, 2017 다 288757(공보 2018, 969)(상법 제374조 제1항 제1호는 주식회사가 영업의 전부 또는 중요한 일부의 양도행위를 할 때에는 제434조에 따라 출석한 주주의 의결권의 3분의 2 이상의 수와 발행주식총수의 3분의 1 이상의 수로써 결의가 있어야 한다고 규정하고 있는데, 이는 주식회사가 주주의 이익에 중대한 영향을 미치는 계약을 체결할 때에는 주주총회의 특별결의를 얻도록 하여 그 결정에 주주의 의사를 반영하도록 함으로써 주주의 이익을 보호

그러나「하천부지 복개공사에 대한 권리(이 외에는 다른 재산이 없는 경우)를 처분하는 경우」,[1]「회사의 중요재산에 근저당권을 설정하는 경우」,[2]「총자산의 10퍼센트에도 미치지 못하는 회사의 부동산을 양도하는 경우」,[3]「단순한 영업용 재산의 양도」,[4]「회사가 그의 존속의 기초가 되는 영업재산을 처분할 당시에 이미 그 영업을 폐지하거나 중단하고 있었던 경우」,[5]「주식회사가 이사회결의에 의하여 공장을 3개월 이내에 이전하고 공장으로 사용하여 온 부동산을 2개월 이내에 매매하여 매도대금 중 공장이전비용을 초과하는 금액을 위 부동산을 양도한 주주에게 지급하기로 약정하는 경우」,[6]「A와 Y 주식회사가 A의 토지에 대하여 임대차계약을 체결하면서 Y가 영업에 필요한 신축건물을 신축하여 사용하되 임차기간이 만료된 때에는 신축건물의 소유권을 A에게 귀속시키기로 약정하는 경우」,[7]「주 영업이 금속제품생산업인 회사가 온천개발사업을 계획중이던 부동산을 양도하는 경우」[8] 등에는, 상법 제374조 1항 1호에 해당하지 아니하여 주주총회의 특별결의를 요하지 않는다고 판시하고 있다.

주권상장법인이 대통령령으로 정하는 중요한 영업 또는 자산을 양수 또는 양도하는 경우에는 합병의 경우와 같이 양도(양수)가액의 산정 및 외부평가기관에 의한 평가에 관한 특칙이 적용된다($^{자금\ 165조의\ 4\ 1항\ 2호,\ 자}_{금시\ 176조의\ 5～176조의\ 6}$).

② 영업 전부의 임대 또는 경영위임, 타인과 영업의 손익전부를 같이하는 계약, 기타이에 준하는 계약의 체결·변경 또는 해약($^{상\ 374조}_{1항\ 2호}$)   「영업 전부의 임대」란 객관적 의의의 영업($^{영업용\ 재산과\ 재산적\ 가치\ 있는\ 사실관계가\ 합하}_{여\ 이루어진\ 조직적·기능적\ 재산으로서의\ 영업}$)의 소유의 법적 관계에는 영향을 주지 않고 경영의 법적 관계가 전면적으로 임차인에게 이전하는 법현상으로, 이에 의하여 임차인은 경영권행사의 주체·영업활동에 의한 권리의무의 귀속자 및 영업이윤의 제1차적 귀속자로서의 지위를 승계하고, 임대인은 약정된 임대료만을 취득한다(물권의 채권화 경향)($^{본서\ 제1편}_{제8장\ 제4\ 참조}$).「영업 전부의 경영위임」이란 객관적 의의의 영업의 전부에 대한 경영을 타인에게 위임하는 것을 말하는데, 이에는 수임인이 경영권행사의 주체로서의 지위만을 갖

하려는 강행법규이므로, 주식회사가 영업의 전부 또는 중요한 일부를 양도한 후 주주총회의 특별결의가 없었다는 이유를 들어 스스로 그 약정의 무효를 주장하더라도 주주 전원이 그와 같은 약정에 동의한 것으로 볼 수 있는 등 특별한 사정이 인정되지 않는다면 위와 같은 무효 주장이 신의성실 원칙에 반한다고 할 수는 없다).

1) 대판 1970. 5. 12, 70 다 520(집 18 ② 민 48).
2) 대결 1971. 4. 29, 71 마 226(집 19 ① 민 391); 대판 1971. 4. 30, 71 다 392(집 19 ① 민 393).
3) 대판 1979. 1. 16, 78 다 2138(민판집 253, 114).
4) 대판 1987. 6. 9, 86 다카 2478(공보 805, 1137); 동 1994. 10. 28, 94 다 39253(공보 981, 3124).
5) 대판 1988. 4. 12, 87 다카 1662(공보 824, 834); 동 1992. 8. 18, 91 다 14369(공보 930, 2731).
6) 대판 1991. 5. 28, 90 다 20084(공보 900, 1745).
7) 대판 1997. 4. 8, 96 다 54249·54256(공보 1997, 1391).
8) 대판 1997. 7. 25, 97 다 15371(공보 1997, 2698).

는 경영관리계약과 수임인이 경영권행사의 주체 및 기업이윤의 제1차적 귀속자로서의 지위를 갖는 경영위임계약이 있다. 영업의 임대차와 다른 점은 영업활동에 의한 권리의무의 귀속자(상인)로서 지위를 위임인이 갖고 수임인이 갖지 못하는 점이다(본서 제1편 제8장 제5 참조).

「타인과 영업의 손익 전부를 같이하는 계약」(손익공동계약)(Gewinngemeinschaftsvertrag)이란 수 개의 기업간에 그 법적 동일성을 유지하면서 일정기간의 영업상의 손익에 관하여 공동관계를 설정하는 계약을 말한다.[1] 이익만을 나누기로 한 동업계약은 손해까지 부담할 정도에 이르지 아니하여 이에 해당하지 않는다.[2] 「기타 이에 준하는 계약」이란 손익공동계약에 준하는 계약을 말하는데, 판매카르텔 등과 같이 회사가 타인의 계산으로 자기의 영업을 하는 계약 등을 말한다.[3] 이러한 손익공동계약 및 기타 이에 준하는 계약의 체결·변경·해약의 경우에는 합병이나 영업양도와 동일한 효과를 회사에 미치므로 각 당사회사에서 각각 주주총회의 특별결의를 받아야 한다.[4]

③ 회사의 영업에 중대한 영향을 미치는 다른 회사의 영업 전부 또는 일부의 양수(상374조 1항 3호)　영업의 양도인 경우에는 영업 전부를 양도하거나 또는 영업의 중요한 일부의 양도에 주주총회의 특별결의를 요하는데, 영업양수의 경우에는 회사의 영업에 중대한 영향을 미치는 경우에만 다른 회사의 영업 전부 또는 일부의 양수에 주주총회의 특별결의를 요한다. 이 때 영업 전부인가 아닌가는 경제적 관점에서 판단되어야 할 것이고, 회사의 영업에 중대한 영향을 미치는 영업의 양수인지 여부는 앞에서 본 영업의 중요한 일부의 양도에 관한 설명이 참고가 될 수 있을 것이다.

나) 간이영업양도 등

2015년 개정상법은 간이영업양도 등의 제도를 새로 도입하여 기업구조조정에 유연성을 부여함으로써 상황에 따라 다양한 방식의 M&A가 가능하도록 하였다. 즉, 상법 제374조 제1항 각호(영업의 전부 또는 중요한 일부의 양도 등)의 어느 하나에 해당하는 행위를 하는 회사(인수대상회사)의 총주주의 동의가 있거나 그 회사의 발행주식총수의 100분의 90 이상을 해당 행위의 상대방(인수주체)이 소유하고 있는 경우에는 그 회사(인수대상회사)의 주주총회의 승인은 이를 이사회의 승인으로 갈음할 수 있다(상374조의3 1항). 이 때 회사(인수대상회사)는 영업양도·양수·임대 등의 계약서 작성일부터 2주 이내에 주주총회의 승인을 얻지 아니하고 영업양도·양수·임대 등을 한다는 뜻을 공고하거나 주주에게 통지하여야 하는데, 총주주의 동의가 있는 경우에는 그러하지 아니하다(상374조의3 2항).

이 경우 영업양도 등에 반대하는 주주가 주식매수청구권을 행사하기 위하여는, 위의 공고 또는 통지를 한 날부터 2주 이내에 그러한 주주가 회사에 대하여 서면으로 영업양도·양수·임대 등에 반대하는 의사를 통지하여야 하고(간이영업양도 등이 아닌 경우에는 '이사회 결의 후 주주총회 전'에 반대의 통지를 하여야

---

1) 동지: 정(동), (회) 888면; 주상(제5판)(회사 Ⅲ), 145면.
2) 동지: 대판 1965. 6. 29, 65 다 827.
3) 동지: 주상(제5판)(회사 Ⅲ), 145면.
4) 동지: 주상(제5판)(회사 Ⅲ), 145~146면.

함 $\binom{\text{상 374}}{\text{조의 2 1항}}$, 이러한 통지를 한 주주는 그 2주의 기간이 경과한 날$\binom{\text{간이영업양도 등이 아닌 경우에}}{\text{는 주주총회의 결의일 — 상 374}}$ $\binom{\text{조의}}{\text{2 1항}}$부터 20일 이내에 주식의 종류와 수를 기재한 서면으로 회사에 대하여 자기가 소유하고 있는 주식의 매수를 청구할 수 있다$\binom{\text{상 374조의}}{\text{3 3항 1문}}$. 그 이외 사항은 간이영업양도 등이 아닌 경우의 주식매수청구권의 경우와 같다$\binom{\text{상 374조의}}{\text{3 3항 2문}}$.

3) 특수결의

(가) 특수결의요건　　　특수결의요건은 특별결의요건보다 더 가중되어 있는데, 이에는 「총주주의 동의」 또는 「총주주의 일치에 의한 총회의 결의」와 「출석한 주식인수인의 3분의 2 이상의 찬성과 인수된 주식총수의 과반수에 의한 결의」의 두 가지의 경우가 있다.

(나) 특수결의사항　　　특수결의사항에는 위에서 본 바와 같이 두 가지의 경우가 있다.

① 「총주주의 동의」를 요하는 사항에는 발기인·이사·감사·청산인의 회사에 대한 책임면제$\binom{\text{상 324조, 400조,}}{\text{415조, 542조 2항}}$에 관한 사항이 있고, 「총주주의 일치(동의)에 의한 총회의 결의」를 요하는 사항에는 주식회사의 유한회사로의 조직변경$\binom{\text{상 604}}{\text{조 1항}}$ 및 주식회사의 유한책임회사로의 조직변경$\binom{\text{상 287조}}{\text{의 43 1항}}$에 관한 사항이 있다.[1] 이 때에는 의결권이 없는 종류주식이나 의결권이 제한되는 종류주식도 포함된다.[2] 이러한 사항은 모든 주주의 이해에 중대한 영향이 있는 사항이기 때문에 총주주의 동의를 받도록 한 것이나, 상장회사에서는 현실성이 없는 결의요건이라고 볼 수 있다.[3]

② 「출석한 주식인수인의 3분의 2 이상이며 인수된 주식총수의 과반수에 의한 결의」를 요하는 사항에는, 모집설립·신설합병·분할 또는 분할합병시의 창립총회의 결의사항이다$\binom{\text{상 309조, 527조 3}}{\text{항, 530조의 11 1항}}$. 이 때에도 의결권이 없는 종류주식이나 의결권이 제한되는 종류주식의 인수인이 포함된다.[4] 이러한 창립총회는 회사설립·(신설)합병·분할 또는 분할합병이라는 중요한 사항을 결정하기 때문에 특별결의요건보다 특히 엄격한 결의요건을 규정한 것이다. 이는 엄격히 말하여 주주총회의 결의방법

---

1) 상법은 이사 등의 책임면제의 경우에는 「총주주의 동의」로 규정하여 이 때에는 총주주의 동의만 있으면 되고 총회에서의 결의가 필요 없는 것으로 규정하고, 유한회사 또는 유한책임회사로의 조직변경의 경우에는 「총주주의 일치(동의)에 의한 총회의 결의」를 요하는 것으로 규정하여, 양자를 구별하고 있다. 그러나 이와 같이 양자를 구별하여야 할 명백한 합리적인 근거는 없으므로, 어떤 경우에도 총주주의 동의를 얻거나 또는 총회에서 총주주의 일치(동의)에 의한 결의를 얻거나 무방하다고 본다[동지: 정(동), (회) 356면]. 이렇게 보면 총주주의 동의에 의한 경우는 엄격히 보면 주주총회의 결의요건이라고 볼 수 없으나, 편의상 함께 설명하는 것이다.
2) 동지: 이(철), (회) 571면, 809면.
3) 동지: 이(철), (회) 809면.
4) 동지: 정(동), (회) 131면.

은 아니나,[1] 편의상 이에 포함시켜 설명하는 것이다.

제 7 주주총회결의 반대주주의 주식매수청구권

1. 의   의

위에서 본 바와 같이 정관에 의하여 주식양도가 제한된 경우 주주가 회사에 대하여 양도승인을 청구하였으나 회사가 이를 거부한 경우에 그러한 주주에게 주식매수청구권이 인정되는 경우(상 335조의 2 4항, 335조의 6) 외에, 주식의 포괄적 교환(상 360조의 3 1항·2항)과 포괄적 이전(상 360조의 16 1항·2항)·회사의 영업의 양도 등(상 374조)·회사의 합병(상 522조) 및 분할합병(상 530조의 2 2항·3항)의 경우(주권상장법인의 경우에는 단순분할의 경우에도 물적분할이 아닌 분할로서 분할에 의하여 설립되는 법인이 발행하는 주권이 증권시장에 상장되지 아니하는 경우에는 주식매수청구권이 인정된다 — 자금 165조의 5 1항, 자금시 176조의 7 1항)에는 주주의 이해관계에 중대한 영향을 미치므로 주주총회의 특별결의를 요하는데, 이 때 그 결의에 반대하는 소수주주에게는 그가 출자금을 회수하고 회사를 떠날 수 있도록 하기 위하여 회사에 대하여 자기가 갖고 있는 주식의 매수청구권을 인정하고 있다.[2] 이것이 주주총회결의 반대주주의 주식매수청구권 (appraisal right of dissenter, shareholder's cash–out right; Abfindungsrecht)이다(상 360조의 5, 360조의 22, 374조의 2, 522조의 3, 530조의 11 2항).[3]

주권상장법인의 경우에는 이에 관한 특례규정을 두고 있다(자금 165조의 5, 자금시 176조의 7). 즉, (i) 단순분할의 경우에도 일정한 경우에는 주식매수청구권을 인정하고(자금 165조의 5 1항, 자금시 176조의 7 1항), (ii) 해당 회사는 매수청구기간이 종료하는 날부터 1개월 이내에 해당 주식을 매수하여야 하며(자금 165조의 5 2항), (iii) 매수가격에 대하여 당사자간의 협의가격과 법원에 의한 매수가격의 결정 사이에 증권시장에서의 거래가격에 관한 특칙을 두고 있고(자금 165조의 5 3항, 자금시 176조의 7 3항),[4] (iv) 해당 회사는 매수한 주식을 3년 이내에 처분하여야 하며(자금 165조의 5 4항, 자금시 176조의 7 4항), (v) 해당 회사는 주주총회 소집의 통지 또는 공고에 주식매수청구권의 내용 및 행사방법을 명시하여야 한다(자금 165조의 5 5항).

이것은 실질적으로 주금(株金)을 환급하는 것과 다름이 없으므로 주금의 환급금

---

1) 동지: 정(동), (회) 356면.
2) 상법상 인정되고 있는 주식매수청구권에 관하여는 정찬형, "주식매수청구권," 「고시계」, 2002. 12, 84~103면 참조.
3) 주주총회결의 반대주주의 주식매수청구권은 종래에 증권거래법에서 인정되었는데(증거 191조), 1995년 개정상법에서 상법상의 제도로 규정하였다.
4) 참고: 서울고판 2016. 5. 30, 2016 라 20189·20190·20192(주권상장법인의 주식매수가격을 산정하는 경우, 자본시장법에서 정한 산정방법 중 어느 하나를 반드시 선택하여 그에 따라서만 매수가격을 산정하여야 하는 것은 아니고, 사안의 구체적 사정을 고려하여 합리적으로 결정할 수 있다. 그러나 이 경우에도 특별한 사정이 없으면 자본시장법이 정한 시장주가에 의한 산정방식을 원칙적으로 존중하여야 한다).

지라는 대원칙에 반하는 것이기는 하나, 다수결원칙 때문에 자칫 희생되기 쉬운 소수주주를 보호하기 위하여 둔 규정이다.[1]

그러나 회사가 해산한 후 영업을 양도하거나($\substack{日會 469조 1 \\ 항 \ 단서 \ 참조}$), 채무자 회생 및 파산에 관한 법률상 회생계획의 일환으로 영업양도나 합병 등을 하는 경우에는 주식매수청구권을 행사할 수 없다[2]($\substack{파 261조 2항·271조 3항, 일본 회사 \\ 갱생법 250조 2항·258조 3항 참조}$).

2. 주식매수청구권의 법적 성질

주식매수청구권은 위와 같이 일정한 경우 상법에 의하여 주주에게 인정되는 권리인데, 주주가 그 권리를 일방적으로 행사하면 회사는 그 주식을 매수할 의무가 생기는 것이므로 형성권의 일종이라고 볼 수 있다.[3]

주식매수청구권의 행사에 의하여 당해 주식에 관한 매매계약이 성립한다고 하는 견해가 있으나,[4] 주식매수청구권은 형성권이므로 회사에 대하여 매수가액협의의무를 생기게 할 뿐이라고 본다.[5] 따라서 상법 제374조의 2 2항($\substack{주식의 포괄적 교환의 경우 \\ 는 \ 상 \ 360조의 \ 5 \ 3항에서,}$ 주식의 포괄적 이전의 경우는 상 360조의 22에서, 합병의 경우는 상 530조 2항에서, 분할합병의 경우는 상 530조의 11 2항에서 각각 이를 준용함)에서 「회사는 매수청구기간이 종료하는 날($\substack{즉, 이에 관한 주주총회의 \\ 결의일부터 20일이 되는 날}$)부터 2월 이내($\substack{주권상장법인의 경우는 매수청구기간이 종료하 \\ 는 \ 날부터 \ 1개월 \ 이내 \ - \ 자금 \ 165조의 \ 5 \ 2항}$)에 그 주식을 매수하여야 한다」는 것은 2월($\substack{주권상장법인 \\ 의 경우는 1월}$) 이내에 매수가액을 협의결정하

---

1) 주주총회의 다수결원칙에 대하여 소수주주를 보호하기 위한 조치에는 이러한 주주총회 결의반대주주의 주식매수청구권이 대표적인 예가 될 것이다. 그런데 이 외에도 소수주주를 보호하기 위한 상법상의 조치로는 각종의 소수주주권이 있는데, 대주주의 다수결원칙에 대한 횡포를 억제하기 위한 대표적인 소수주주권으로는 소수주주가 이사·감사의 해임을 법원에 청구할 수 있는 권리를 갖고 있는 점(이에 관하여는 후술함)(상 385조 2항, 415조) 및 대주주의 다수결원칙에 대한 횡포를 억제하고 소수주주의 의사를 가능한 한 반영하기 위한 조치로 인정된 이사선임시의 집중투표제(상 382조의 2, 542조의 7) 등이 있다.

2) 동지: 정(동), (회) 359면; 이(철), (회) 602~603면.

3) 동지: 대판 2011. 4. 28, 2010 다 94953(공보 2011, 1031); 이(철), (회) 605면; 이(기) 외, (회) 394면.

4) 대판 2011. 4. 28, 2010 다 94953(공보 2011, 1031); 동 2011. 4. 28, 2009 다 72667; 정(동), (회) 238면, 360면; 동, "개정상법상의 주식매수청구권에 대하여," 「법조」, 제45권 11호(1996), 14면(매매가격을 유보한 매매계약도 가능하기 때문에, 주주로부터 매수의 청구가 있으면 회사의 승낙을 요하지 않고 주주와 회사 사이에 주식매매계약이 체결된다고 한다); 손(주), 731~732면(주식매수청구권은 실질적으로는 주주에 의한 투자의 해지를 회사에 대하여 요구하는 권리라고 보아야 하기 때문에, 주주가 매수청구를 한 때에 그 주식의 매수계약이 성립한 것과 같은 효력이 생기는 것이라고 한다); 최(기), (회) 425면.

5) 동지: 정(희), 460면; 이(기) 외, (회) 394면; 강헌, "상법상 주식매수청구권제도의 문제점," 「상사법연구」, 제21권 2호(2002), 409~410면(그러나 주식매수청구로 인하여 실질적인 매수의무, 즉 대금지급의무가 상법상의 법정의무로 발생한다고 한다); 안택식, "반대주주의 주식매수청구권의 문제점," 「경영법률」(한국경영법률학회), 제24권 제4호(2014. 7), 7~8면(가격합의에 실패한 귀책원인은 회사와 주주에게 있는데, 그에 대한 법률적 책임을 회사가 일방적으로 부담하는 법적 구조는 불합리하므로, 매수가격 협의의무설을 취하는 것이 타당하다고 한다).

여 매매계약을 체결하여야 한다는 뜻으로 해석하여야 한다고 본다.[1] 가액이 협의된 후의 매수가액의 지급기일에 대하여는 상법에 규정이 없으므로, 당사자가 가액협의 시에 그것을 함께 합의하여야 할 것이다.[2]

3. 연혁 및 각국의 주식매수청구권

(1) 주주총회결의 반대주주의 주식매수청구권은 원래 미국의 회사법에서 발생하였다. 즉, 미국에서는 19세기 중반까지 보통법상 고유권(vested right)이론[3]에 의하여 회사의 합병 등 중요한 기구변경에는 주주 전원의 동의가 있어야 하였다. 따라서 각 주주들은 이러한 고유권이론에 의하여 자신들의 기대에 반하는 회사의 기구변경으로부터 강력한 보호를 받을 수 있었으나, 소수주주권의 남용으로 회사가 기업환경의 변화에 부응할 수 없게 되었다. 이러한 점에서 변화된 경제환경에 맞는 회사의 기구변경에는 주주총회의 다수결에 의하도록 하면서, 이에 반대하는 소수주주에게는 그들의 주식에 대하여 보상하여 줌으로써 회사를 떠날 수 있게 하였는데, 이것이 주식매수청구권제도이다.[4]

미국에서는 회사가 이와 같이 주식매수청구권을 인정하는 경우에도 그 회사의 주식이 증권거래소에 상장되어 있거나 또는 비상장회사라고 하더라도 그 주주(株主)수가 일정수(예컨대, 2,000명) 이상인 경우에는 시장가격이 그 회사 주식의 공정한 가치를 반영하므로 주식매수청구권이 불필요하다고 하여 시장예외조항(market exception clause)을 두는 경우가 있다.[5]

---

1) 동지: 정(희), 460면.
   반대: 대판 2011. 4. 28, 2010 다 94953(공보 2011, 1031)(영업양도에 반대하는 주주의 주식매수청구권에 관하여 규율하고 있는 상법 제374조의 2 제1항 내지 제4항의 규정 취지에 비추어 보면, 영업양도에 반대하는 주주의 주식매수청구권은 이른바 형성권으로서 그 행사로 회사의 승낙 여부와 관계 없이 주식에 관한 매매계약이 성립하고, 상법 제374조의 2 제2항의 '회사가 주식매수청구를 받은 날로부터 2월'은 주식매매대금 지급의무의 이행기를 정한 것이라고 해석된다. 그리고 이러한 법리는 위 2월 이내에 주식의 매수가액이 확정되지 아니하였다고 하더라도 다르지 아니하다); 이(철), (회) 605면(2월 이내에 이행〈매수대금의 지급〉을 하여야 한다는 뜻으로 해석해야 한다고 한다); 양기진, "반대주주의 주식매수청구권에 관한 연구,"「기업법연구」(한국기업법학회), 제26권 제1호(2012. 3), 190~191면(대판 2011. 4. 28, 2010 다 94593의 입장에 찬성한다고 한다).
2) 동지: 정(희), 460면.
   참고로 일본 회사법 제469조 1항은 자기가 소유하는 주식을 '공정한 가격'으로 매수할 것을 청구할 수 있도록 규정하고, 동 제470조 1항은 매수가격 협의가 이루어지면 회사는 효력발생일부터 60일 내에 지급하도록 규정하며, 동 제470조 2항은 가격결정에 관하여 효력발생일부터 30일 이내에 협의가 이루어지지 아니하면 그 기간만료일 30일 이내에 법원에 대하여 가격결정의 신청을 할 수 있음을 규정하고 있다.
3) 정동윤, 전게논문, 5면은 "vested right"을 기득권으로 번역하고 있다.
4) Lauman v. Lebanon Valley Railroad Company, 30 Pa. 42(1858); The State v. Bailey, 16 Ind. 46(1861); 정동윤, 전게논문, 5~6면 ; 강헌, "반대주주의 주식매수청구권에 관한 연구," 법학박사학위논문(고려대, 2002. 2), 10~12면.
5) RMBCA § 13.02(b); Del. Gen. Corp. Law § 262(b)(1); Cal. Gen. Corp. Code § 1300(b)(1).

(2) 독일에서도 소수주주를 보호하기 위하여 주식매수청구권 또는 이와 유사한 제도를 인정하고 있다. 즉, 콘체른 형성을 위한 지배계약 및 이익제공계약이 체결된 경우 지배회사는 국외주주(aussenstehende Aktionäre)의 요구에 의하여 그의 주식을 취득할 의무를 부담하는데, 이러한 주식의 취득의 대가는 현금뿐만 아니라 지배회사의 주식 또는 다른 회사의 주식이다(獨株 305조). 또한 회사의 합병이나 분할의 결의에 반대하는 사원에게 지분매수청구권(Abfindungsangebot)을 인정하고 있다(독일 사업재편법 29조~34조, 125조).

(3) 일본의 경우에는 1950년 개정상법에 의하여 영업의 전부 또는 일부의 양도 등의 결의와 합병계약서의 승인결의에 반대하는 주주에게 최초로 주식매수청구권을 인정하였는데(日商 245조의 2 이하, 408조의 3), 그 후 상법개정에 의하여 주식의 양도제한을 위한 정관변경결의에 반대하는 주주(日商 349조)·주식교환과 이전의 결의에 반대하는 주주 및 회사분할의 결의에 반대하는 주주에게도 주식매수청구권을 인정하였고(日商 355조, 371 조 3항, 374조의 3), 이는 2005년 회사법에서도 동일하게 인정되고 있다(日會 469조~470조, 116조, 785조, 806조).

4. 주식매수청구권의 당사자

(1) 주식매수청구권자

주식매수청구권자는 회사에 대하여 주주의 권리를 행사할 수 있는 주주로서, 사전에 당해 회사에 대하여 서면으로 반대의 통지를 한 주주이다(상 360조의 5 1항 전단· 360조의 22·374조의 2 1항 전단·522조의 3 1항 전단·530조의 11 2항, 자금 165조의 5 1항). 이 때「회사에 대하여 주주의 권리를 행사할 수 있는 주주」란 영업의 전부 양도의 경우에는 양도회사(상 374조 1항 1호) 및 양수회사(상 374조 1항 3호)의 주주이고, 영업의 일부 양도의 경우에는 그것이 양도회사의 중요한 영업의 일부가 되면 양도회사의 주주이고(상 374조 1항 1호) 또한 그것이 양수회사의 영업에 중대한 영향을 미치면 양수회사의 주주이며(상 374조 1항 4호), 회사합병의 경우에는 소멸회사 및 존속회사(상 522 조 1항)의 주주이고, 회사의 분할합병의 경우에는 분할 전 회사(분할회사) 및 분할 후 회사(상 530조의 3 1항~3항)의 주주를 의미한다.[1] 또한 주식매수청구권을 행사하는 주주는 주식의 포괄적 교환의 경우에는 완전모회사가 되는 회사의 주주 및 완전자회사가 되는 회사의 주주를 의미하고(상 360조의 3 1항·2항), 주식의 포괄적 이전의 경우에는 완전자회사가 되는 회사의 주주를 의미한다(상 360조의 16 1항·2항).

또한 주식매수청구권을 행사할 수 있는 주주는 원칙적으로 주주명부에 명의개서된 명의주주이다[2](상 337 조 1항). 그러나 주주명부에 명의개서되지 않은 일정한 실질주주(예컨대, 상속이나 합병에 의한 포괄승계인, 증권예탁결제제도에서의 실질주주 등)도 예외적으로 주식매수청구권을 행사할 수 있다고

---

1) 동지: 정(동), (회) 360면; 동, 전게논문, 12면.
2) 동지: 손(주), 733면.

본다.[1]

의결권이 없거나 제한되는 종류주식의 주주에 대하여도 주식매수청구권이 인정된다($\frac{상\ 374조}{의\ 2\ 1항}$).[2] 따라서 회사는 이러한 주주에게도 주주총회의 소집통지를 하여야 한다($\frac{상\ 363조}{7항\ 단서}$).

(2) 주식매수청구의 상대방

주식매수청구의 상대방은 주식매수청구권자가 속하는 회사이다. 그러나 회사가 흡수합병되어 소멸된 경우에는 주식매수청구권이 있는 주주는 존속회사에 대하여 주식매수대금의 지급을 청구할 수 있다고 본다[3]($\substack{RMBCA\ \S \\ 13.01\ (3)\ 참조}$).

5. 주식매수청구권의 행사절차

(1) 사전반대통지

주식매수청구권을 행사하려는 주주는 이에 관한 「이사회의 결의가 있는 때」($\substack{자본금\ 총액이\ 10억원\ 미만인\ 소규모\ 주식회사로서\ 이사를\ 1명\ 또는\ 2명을\ 둔\ 경우에는\ 이사회가\ 없으므로,\ 이\ 때\ '이 \\ 사회의\ 결의가\ 있는\ 때'는\ '상법\ 제363조\ 제1항에\ 따른\ 주주총회의\ 소집통지가\ 있는\ 때'로\ 본다\ —\ 상\ 383조\ 4항\ 후단}$)에 주주총회 전에 회사에 대하여 서면으로 그 결의에 반대하는 의사를 통지하여야 한다($\substack{상\ 360조의\ 5\ 1항\ 전단\cdot360조의\ 22\cdot374조의\ 2\ 1항\ 전단\cdot \\ 522조의\ 3\ 1항\ 전단\cdot530조의\ 11\ 2항,\ 자금\ 165조의\ 5\ 1항}$).

주권상장법인의 경우는 주식의 포괄적 교환 등에 관한 주주총회 소집의 통지 또는 공고에 주식매수청구권의 내용 및 행사방법을 명시하여야 한다($\frac{자금\ 165조}{의\ 5\ 5항}$).

간이합병($\substack{합병할\ 회사의\ 일방이\ 합병\ 후\ 존속하는\ 경우에\ 합병으로\ 인하여\ 소멸하는\ 회사의\ 총주주의\ 동의가 \\ 있거나\ 또는\ 그\ 회사의\ 발행주식총수의\ 100분의\ 90\ 이상을\ 합병\ 후\ 존속하는\ 회사가\ 소유하고\ 있는 \\ 때에는\ 합병으로\ 인하여\ 소멸하는\ 회사의\ 주주총회의\ 승인은 \\ 이사회의\ 승인으로\ 갈음될\ 수\ 있는\ 합병\ —\ 상\ 527조의\ 2\ 1항}$)의 경우에는 소멸회사가 총주주의 동의가 있는 경우를 제외하고 합병계약서를 작성한 날로부터 2주 내에 주주총회의 승인을 얻지 아니하고 합병한다는 뜻을 공고하거나 주주에게 통지하여야 하는데($\substack{상\ 527 \\ 조의\ 2\ 2항}$), 주식매수청구권을 행사하고자 하는 주주는 이러한 공고 또는 통지를 한 날부터 2주 내에 회사에 대하여 서면으로 합병에 반대하는 의사를 통지하여야 한다($\substack{상\ 522조 \\ 의\ 3\ 2항}$ 전단, 자금 165조의 5 1항). 간이주식교환($\substack{상\ 360조의\ 9\cdot360조의\ 5\ 2 \\ 항\ 전단,\ 자금\ 165조의\ 5\ 1항}$)·간이영업양도 등($\substack{상\ 374조 \\ 의\ 3\ 3항}$) 및 간이분할합병($\substack{상\ 530조의\ 11\ 2항,\ 527조 \\ 의\ 2,\ 522조의\ 3\ 2항\ 전단}$)의 경우에도 간이합병의 경우와 같다.

---

1) 동지: 권기범, "주식매수청구권," 「상사법연구」, 제13집(1994), 95면; 강헌, 전게논문, 44~47면.
2) 참고로 이에 대하여 2015년 개정상법 이전에는 상법에 명문규정이 없어 학설은 부정설[손(주), 733면]과 긍정설[정(동), (회) 360면 외]로 나뉘어 있었다. 우리 자본시장과 금융투자업에 관한 법률은 의결권이 없는 주식을 가진 주주도 주식매수청구권을 행사할 수 있다고 명문으로 규정하고 있다(자금 165조의 5 1항).
   2015년 개정상법은 자본시장과 금융투자업에 관한 법률에서와 같이 의결권이 없거나 제한되는 주주도 주식매수청구권을 행사할 수 있는 것으로 명문으로 규정하였다(상 374조의 2 1항). 따라서 학설상 이러한 논의는 무의미하게 되었다.
3) 동지: 강헌, 전게논문, 54면.

주권상장법인의 경우는 위의 공고 또는 통지에 주식매수청구권의 내용 및 행사방법을 명시하여야 한다(자금 165조).

주식매수청구권을 행사하려는 주주에 대하여 이와 같은 통지를 하게 하는 이유는 매수청구의 예고를 함으로써 회사에 대하여 그러한 의안제출 여부를 재고하도록 하고, 또 그 결의 성립을 위한 대책을 강구할 수 있도록 하기 위해서이다.[1]

이러한 사전반대통지는 주주권의 행사이므로 통지 당시에 주주권을 행사할 수 있는 주주만이 할 수 있고, 이는 주주총회일 이전에 회사에 도달하여야 하며, 이러한 사실은 주주가 증명하여야 한다.[2]

(2) 사후매수청구

주식매수청구권자인 주주총회결의 반대주주는 총회의 결의일부터(간이합병의 경우에는 소멸회사가 주주총회의 승인을 얻지 아니하고 합병한다는 뜻을 공고하거나 주주에게 통지한 날로부터 2주간이 경과한 날부터 — 상 522조의 3 2항 후단)(간이주식교환〈상 360조의 5 2항〉·간이영업양도 등〈상 374조의 3 3항〉 및 간이분할합병〈상 530조의 11, 522조의 3 2항〉의 경우도 간이합병의 경우와 같다) 20일 이내에 주식의 종류와 수를 기재한 서면으로 회사에 대하여 자기가 소유하고 있는 주식의 매수를 청구할 수 있는데[3](상 360조의 5 1항·360조의 22·374조의 2 1항 후단·522조의 3 1항 후단·530조의 11 2항, 자금 165조의 5 1항), 이러한 사전반대통지와 사후매수청구의 2단계의 의사표시는 동일인에 의하여 이루어져야 한다. 따라서 매수청구권자가 사전반대통지 후 그 소유주식을 양도한 경우에는 그 양수인은 매수청구권까지 양도받은 것이 아니라고 해석되므로 매수청구를 할 수 없다고 본다.[4] 그러나 주주는 그가 소유하는 주식 중 일부만을 매수청구하여도 무방하다고 본다.[5]

회사에 대하여 사전에 주주총회결의 반대의 통지를 한 주주라도 주식매수청구를 하기 전 또는 주식매수청구와 함께 주주총회결의 하자의 소(상 376조·380조)를 제기할 수 있다고 본다.[6] 이 때 주주가 주주총회의 결의를 유효한 것으로 전제하여 주식매

---

1) 동지: 이(철), (회) 604면; 해설(1995), 122면.

2) 동지: 이(철), (회) 604면.

3) 참고로 일본 회사법 제469조 2항 1. 가.는 주주가 사전반대통지를 하고 또한 주주총회를 출석하여 반대할 것을 요구하고 있으나, 우리 1991년 개정증권거래법 제191조 1항은 반대주주가 주주총회에 출석하여 반대하는 것은 불필요한 절차라고 하여 이를 삭제하였고, 1995년 개정상법은 이러한 증권거래법과 동일하게 입법한 것이다. 따라서 우리 상법상 주주는 (일본 상법의 경우와는 달리) 다시 주주총회에 출석하여 반대할 필요가 없다[동지: 정동윤, 전게논문, 12면; 손(주), 734면]. 다만 사전에 반대통지한 주주가 주주총회에 출석하여 찬성의 투표를 한 경우에는 반대의 통지를 철회한 것으로 보아 주식매수청구를 하지 못하는 것으로 보아야 할 것이다[동지: 정동윤, 전게논문, 12면; 손(주), 734면; 김병연, "주식매수청구권제도의 개선에 관한 연구,"「상장협」, 제48호(2003, 추계호), 44~45면(현실적으로 투표가 무기명·비밀투표로 이루어지므로 주주총회에 참석하는 것은 허용되나, 의결권을 행사하지 못하는 것으로 해야 한다)].

4) 동지: 정동윤, 전게논문, 12면; 이(철), (회) 605면.

5) 동지: 정(희), 461면; 정(동), (회) 360면; 이(철), (회) 605면; 해설(1995), 122면.

6) 동지: 손(주), 734면; 정동윤, 전게논문, 18면.

수청구권을 행사하면서 다시 이의 취소 또는 무효의 소를 제기하는 것은 모순되는 것으로 생각될 수 있으나, 주주는 주주총회결의일로부터 20일이 경과하면 주식매수청구를 할 수 없으므로 양자를 동시에 청구하는 것은 무방하다고 본다. 이 경우 주식대금의 지급 전에 원고 승소의 판결이 확정되면 주식매수청구의 원인이 없게 되어 주주는 주식대금을 지급받을 수 없고, 반대로 판결이 확정되기 전에 주주가 주식대금을 지급받으면 원고는 주주의 지위를 상실하였으므로 그가 제기한 결의취소의 소 등은 당사자적격의 흠결로 인하여 각하되어야 할 것으로 본다.[1]

6. 주식매수청구권의 행사효과

(1) 회사의 주식매수의무

주주가 주식매수청구권을 행사하면 회사는 매수청구기간이 종료하는 날($\frac{즉, 이에}{관한 주주}$ $총회의 결의일부$)[2]부터 2월 이내($\frac{주권상장법인의 경우는 매수청구기}{간이 종료하는 날부터 1개월 이내}$)에 그 주식을 매수하여야 한다($\frac{상 360조의 5 \ 3항 \cdot 360조의 22 \cdot 374조의 2 \ 2항 \cdot}{530조 2항 \cdot 530조의 11 \ 2항, 자금 165조의 5 \ 2항}$). 이 때 회사가 「2월 이내($\frac{주권상장법인의}{경우는 1개월 이내}$)에 그 주식을 매수하여야 한다」는 의미에 대하여는, 앞에서 본 바와 같이 주식매수청구권은 형성권이고 또한 매매가격을 유보한 매매계약도 가능하다는 점에서 주주가 주식매수청구권을 행사하면 주주와 회사 사이에는 주식매매계약이 체결되고 회사는 매수청구기간이 종료하는 날부터 2월 이내($\frac{주권상장법인의}{경우는 1개월 이내}$)에 그 계약에 따른 주식대금을 지급하여야 한다고 해석하는 견해도 있으나,[3] 매수가격이 합의되지 않은 상

---

1) 동지: 정동윤, 전게논문, 18면.
2) 2월의 기산일에 대하여 2015년 개정상법 이전에는 '회사가 주식매수의 청구를 받은 날'로 규정하였는데, 이는 주식매수청구권을 행사한 주주별로 주식매수의 기한이 달라져 회사에 절차상 부담을 주었으므로, 2015년 개정상법은 이를 통일하기 위하여 이와 같이 기산일을 명확히 규정하였다.
3) 전게 대판 2011. 4. 28, 2010 다 94953(따라서 영업양도에 반대하는 주주들의 주권이 금융기관에 예탁되어 있었는데 반대주주들이 주식매수청구권을 행사하면서 회사가 공정한 매매대금을 지급함과 동시에 언제든지 자신들이 소지하고 있는 주권을 인도하겠다는 취지의 서면을 회사에 제출한 사안에서, 반대주주들이 주식매수청구권을 행사한 날부터 2월이 경과하였을 당시 회사에 주식매수대금 지급과 동시에 주권을 교부받아 갈 것을 별도로 최고하지 않았더라도 주권 교부의무에 대한 이행제공을 마쳤다고 보아 회사의 동시이행 항변을 배척한 원심판단은 정당하다. 또한 영업양도에 반대하는 주주들이 주식매수청구권을 행사하였으나 2월의 매수기간 내에 주식대금을 지급하지 않은 회사에 지체책임을 인정한 사안에서, 반대주주들이 주식매수가액 결정에서 자신들의 희망 매수가액을 주장하는 것은 상법에 의하여 인정된 권리이고, 법원의 주식매수가액 결정에 대하여 항고 및 재항고를 하는 것 역시 비송사건절차법에 의하여 인정되는 권리이므로, 반대주주들이 위와 같은 권리를 남용하였다는 특별한 사정이 인정되지 않는 한 반대주주들이 법원의 주식매수가액 결정에 대하여 항고 및 재항고를 거치면서 상당한 기간이 소요되었다는 사정만으로 지연손해금에 관하여 감액이나 책임제한을 할 수 없다고 본 원심판단은 정당하다); 정동윤, 전게논문, 14면; 정(동), (회) 360면; 권기범, 전게논문, 97면; 이(철), (회) 605면; 임(재), (회 Ⅱ) 216~217면; 송(옥), 960면.

태에서 주식매수청구권자의 일방적인 의사표시만으로 매매계약이 체결되었다고 보는 것도 무리이고 또한 매수청구기간이 종료하는 날부터 2월 이내($\substack{주권상장법인의 \\ 경우는 1개월 이내}$)에 그 주식을 매수하여야 한다는 의미를 매매계약의 이행의 완료로 보는 것도 상법 제374조의 2 제4항과 관련하여 볼 때 무리인 점에서 매수청구기간이 종료하는 날부터 2월 이내($\substack{주권상장법인의 \\ 경우는 1개월 이내}$)에 매매가격을 합의결정하여 매매계약을 체결하여야 한다는 뜻으로 해석하여야 할 것으로 본다.[1] 이 때 회사는 특정목적에 의한 자기주식의 취득사유의 하나로 자기주식을 취득할 수 있다($\substack{상 341조 \\ 의 2 4호}$). 이러한 주식매매계약의 효력은 회사에 대하여 회생절차가 개시된 경우에도 유효하다.[2]

그러나 주권상장법인은 회사가 이와 같이 취득한 자기주식을 대통령령으로 정하는 기간 이내에 처분하여야 하는데, 다만 주주에게 배당할 이익으로써 그 주식을 소각할 수 있다($\substack{자금 165조 \\ 의 5 4항}$).

(2) 주식매수가액의 결정

1) 매수가액의 결정은 비상장법인의 경우, (i) 협의가액, (ii) 법원에 의한 결정가액의 2 단계를 거치게 된다. 즉, (i) 매수가액은 원칙적으로 주주와 회사간의 협의에 의하여 결정하고($\substack{상 374조의 2 3항, 360조의 \\ 5 3항, 360조의 22, 530조 2항}$), (ii) 매수청구기간이 종료하는 날부터 30일 이내에 이러한 협의가 이루어지지 아니한 경우에는 회사 또는 주식매수를 청

---

1) 동지: 정(희), 460면; 정(경), 464면; 이(기) 외, (회) 394면.

또한 주식매수청구권이 형성권임을 부인하면서 (2월 이내에) 매매계약체결청구권을 행사하여야 한다는 견해도 있는데[김화진, "주식매수청구권의 본질과 주식매수가격의 결정," 「인권과 정의」(대한변호사협회), 제393호(2009. 5), 29면], 이는 신속한 주식매수절차의 진행에 의하여 주주의 이익을 보호할 필요가 있는 점에서 볼 때 타당하지 않다고 본다.

2) 대판 2017. 4. 26, 2015 다 6517·6524·6531(공보 2017, 1089)(채무자 회생 및 파산에 관한 법률〈이하 '채무자회생법'이라고 한다〉 제119조 제1항, 제121조 제2항의 규정들은 쌍방의 채무가 법률적·경제적으로 상호 관련성을 가지고 원칙적으로 서로 담보의 기능을 하고 있는 쌍무계약에 관하여 쌍방 당사자가 아직 이행을 완료하지 아니한 상태에서 당사자인 일방의 채무자에 대하여 회생절차가 개시된 경우, 관리인에게 계약을 해제할 것인가 또는 상대방 채무의 이행을 청구할 것인가의 선택권을 부여함으로써 회생절차의 원활한 진행을 도모함과 아울러, 관리인이 계약의 해제를 선택한 경우 이에 따른 원상회복의무도 이행하도록 함으로써 양 당사자 사이에 형평을 유지하기 위한 취지에서 만들어진 쌍무계약의 통칙이다. 따라서 상법 제374조의 2에서 규정하고 있는 영업양도 등에 대한 반대주주의 주식매수청구권 행사로 성립한 주식매매계약에 관하여 채무자회생법 제119조 제1항의 적용을 제외하는 취지의 규정이 없는 이상, 쌍무계약인 위 주식매매계약에 관하여 회사와 주주가 모두 이행을 완료하지 아니한 상태에서 회사에 대하여 회생절차가 개시되었다면, 관리인은 채무자회생법 제119조 제1항에 따라 주식매매계약을 해제하거나 회사의 채무를 이행하고 주주의 채무이행을 청구할 수 있다. 또한 채무자회생법 제119조 제1항의 '그 이행을 완료하지 아니한 때'에는 채무의 일부를 이행하지 아니한 것도 포함되고 이행을 완료하지 아니한 이유는 묻지 아니하므로, 주식매수청구권 행사 후 회사의 귀책사유로 주식대금 지급채무의 일부가 미이행되었다고 하더라도, 일부 미이행된 부분이 상대방의 채무와 서로 대등한 대가관계에 있다고 보기 어려운 경우가 아닌 이상 관리인은 일부 미이행된 부분뿐만 아니라 계약의 전부를 해제할 수 있다).

구한 주주는 법원에 대하여 매수가액의 결정을 청구할 수 있는데, 이 때 법원은 회사의 재산상태 그 밖의 사정을 참작하여 공정한 가액으로 이를 산정하여야 한다(상374 조의 2 4항·5항, 360조의 5) 1) 3항, 360조의 22, 530조 2항).

---

1) 비상장주식의 매수가액의 산정방법에 관하여는 대결 2006. 11. 23, 2005 마 959·960·961· 962·963·964·965·966(회사의 합병 또는 영업양도 등에 반대하는 주주가 회사에 대하여 비상장주식의 매수를 청구하는 경우, 그 주식에 관하여 객관적 교환가치가 적정하게 반영된 정상적인 거래의 실례가 있으면 그 거래가격을 시가로 보아 주식의 매수가액을 정하여야 할 것이나, 그러한 거래사례가 없으면 비상장주식의 평가에 관하여 보편적으로 인정되는 시장가치방식, 순자산가치방식, 수익가치방식 등 여러 가지 평가방법을 활용하되, 비상장주식의 평가방법을 규정한 관련 법규들은 그 제정 목적에 따라 서로 상이한 기준을 적용하고 있으므로, 어느 한 가지 평가방법〈예컨대, 증권거래법 시행령 제84조의 7 제1항 제2호의 평가방법이나 상속세 및 증여세법 시행령 제54조의 평가방법〉이 항상 적용되어야 한다고 단정할 수는 없고, 당해 회사의 상황이나 업종의 특성 등을 종합적으로 고려하여 공정한 가액을 산정하여야 한다. 한편, 비상장주식에 관하여 객관적 교환가치가 적정하게 반영된 정상적인 거래의 실례가 있더라도, 거래 시기, 거래 경위, 거래 후 회사의 내부사정이나 경영상태의 변화, 다른 평가방법을 기초로 산정한 주식가액과의 근접성 등에 비추어 위와 같은 거래가격만에 의해 비상장주식의 매수가액으로 결정하기 어려운 경우에는 위와 같은 거래가액 또는 그 거래가액을 합리적인 기준에 따라 조정한 가액을 주식의 공정한 가액을 산정하기 위한 요소로 고려할 수 있다. 또한 영업양도 등에 반대하는 주주의 주식매수청구에 따라 비상장주식의 매수가액을 결정하는 경우, 특별한 사정이 없는 한 주식의 가치가 영업양도 등에 의하여 영향을 받기 전의 시점을 기준으로 수익가치를 판단하여야 하는데, 이 때 미래에 발생할 추정이익 등을 고려하여 수익가치를 산정하여야 한다. 그러나 당해 사건에서 미래의 수익가치를 산정할 객관적인 자료가 제출되어 있지 않거나, 수익가치가 다른 평가방식에 의한 요소와 밀접하게 연관되어 있어 별개의 독립적인 산정요소로서 반영할 필요가 없는 경우에는 주식매수가액 산정시 수익가치를 고려하지 않아도 된다. 또한 시장가치, 순자산가치, 수익가치 등을 종합적으로 반영하여 비상장주식의 매수가액을 산정하는 경우, 당해 회사의 상황이나 업종의 특성, 개별 평가요소의 적정 여부 등 제반 사정을 고려하여 그 반영비율을 정하여야 한다); 동 2006. 11. 24, 2004 마 1022(공보 2007, 47)(회사의 발행주식을 회사의 경영권과 함께 양도하는 경우 그 거래가격은 주식만을 양도하는 경우의 객관적 교환가치를 반영하는 일반적인 시가로 볼 수 없고, 비상장법인의 순자산가액에는 당해 법인이 가지는 영업권의 가액도 당연히 포함된다); 동 2018. 12. 17, 2016 마 272(공보 2019, 286)(회사의 합병 등에 반대하는 주주가 회사에 대하여 비상장주식의 매수를 청구하는 경우, 그 주식에 대하여 회사의 객관적 가치가 적정하게 반영된 것으로 볼 수 있는 정상적인 거래의 실례가 있으면 그 거래가격을 주식의 공정한 가액으로 보아 매수가액을 정하여야 한다. 그러나 그러한 거래사례가 없으면 비상장주식의 평가에 관하여 보편적으로 인정되는 시장가치방식·순자산가치방식·수익가치방식 등 여러 가지 평가방법을 활용하되, 회사의 상황이나 업종의 특성 등을 종합적으로 고려하여 공정한 가액을 산정하여야 한다. 만일 비상장주식에 관한 거래가격이 회사의 객관적 가치를 적정하게 반영하지 못한다고 판단되는 경우에는, 법원은 그와 같이 판단되는 사유 등을 감안하여 그 거래가격을 배제하거나 그 거래가격 또는 이를 합리적인 기준에 따라 조정한 가격을 순자산가치나 수익가치 등 다른 평가 요소와 함께 주식의 공정한 가액을 산정하기 위한 요소로서 고려할 수 있다. 상속세 및 증여세법〈상증세법〉과 그 시행령의 규정들은 납세자의 법적 안정성과 예측가능성을 보장하기 위하여 비상장주식의 가치평가방법을 정한 것이기 때문에, 합병반대주주의 비상장주식에 대한 매수가액을 정하는 경우에 그대로 적용해야 하는 것은 아니다. 비상장주식의 평가기준일이 속하는 사업연도의 순손익액이 급격하게 변동한 경우에 이러한 순손익액을 포함하여 순손익가치를 산정할 것인지는 그 변동의 원인이 무엇인지를 고려하여 결정해야 한다. 가령 비상장주식의 평가기준일이 속하는 사업연도의 순손익액이 급격하게 변동하였더라도 일시적이고 우발적인 사건으로 인한 것에 불과하다면 평가기준일이 속하는 사업연도의 순손익액을 제외하고 순손익가치를 산정해야 한다고 볼 수 있다. 그러나 그 원인이 일시적이

협의가액에 대하여 주식매수청구권자가 수 인이면 그 각 주주마다 매수가액이 달라도 무방하다고 보는데, 이것이 주주평등의 원칙에도 반하지 않는다고 본다.[1] 그러나 이에 대하여 각 주주에 대하여 협의가액이 다르다면 회사와 특정주주가 공모하여 고액으로 매수가액을 정하여 다른 주주와 채권자를 해할 우려가 있다는 점에서 각 주주에 따라 협의가액이 다른 점을 반대하는 견해도 있다.[2] 그러나 우리 상법상 협의가액을 정하기 위한 기준일을 정하지 않고 또한 주식매수청구권자가 주식매수를 청구한 시기 및 소유하고 있는 주식수, 회사에 대한 기여도 등이 다름에 따라 각 주식매수청구권자마다 협의가액이 다른 점은 부득이하다고 본다.

법원에 의한 결정가액도 법원에 따라 또는 주식매수청구권자에 따라 다를 수 있다고 보고, 또한 법원에 의한 결정가액이 협의가액보다 높거나 낮을 수 있다고 본다. 이 때 협의가액에 만족하여 대금을 지급받은 주식매수청구권자에게는 법원에 의한 결정가액의 대세적 효력이 미치지 않는다고 본다.

2) 주권상장법인의 경우에는 (i) 협의가액, (ii) 이사회 결의일 이전에 증권시장에서 거래된 해당 주식의 거래가액을 기준으로 하여 대통령령으로 정하는 방법에 따라 산정된 가액, (iii) 해당 법인이나 매수를 청구한 주주가 그 매수가액에 대하여도 반대하는 경우에는 법원에 의한 결정가액[3]의 3단계를 거친다(자금 165조의 5 3항).

거나 우발적인 사건이 아니라 사업의 물적 토대나 기업환경의 근본적 변화라면 평가기준일이 속하는 사업연도의 순손익액을 포함해서 순손익가치를 평가하는 것이 회사의 미래수익을 적절하게 반영한 것으로 볼 수 있다. 법원이 합병반대주주의 주식매수가액결정신청에 따라 비상장주식의 가치를 산정할 때 위와 같은 경우까지 상증세법 시행령 제56조 제1항에서 정한 산정방법을 그대로 적용하여 평가기준일이 속하는 사업연도의 순손익액을 산정기준에서 제외하는 것은 주식의 객관적 가치를 파악할 수 없어 위법하다).

주식매수가격의 산정방법을 개선하여야 한다는 견해로는 김병연, 전게논문(상장협 제48호), 45~52면(시장가치를 기준으로 하여 자산가치와 수익가치 등 모든 요소를 종합적으로 고려하여야 한다). 주식매수가격의 산정방법에 관한 상세는 김순석, "주식매수청구권 제도의 재검토,"「기업법연구」(한국기업법학회), 제32권 제1호(2018. 3), 164~174면 참조.

참고로 일본 회사법 제469조 내지 제470조는 영업양도 등에 반대하는 주주는 '공정한 가격'으로 매수할 것을 청구할 수 있도록 규정하고, 매수가격협의가 이루어지면 당해 회사는 효력발생일부터 60일 내에 지급하여야 하며, 효력발생일부터 30일 내에 협의가 이루어지지 않은 때에는 주주 또는 회사는 그 기간만료일 후 30일 내에 법원에 그 가격결정을 청구할 수 있음을 규정하고 있다.

1) 동지: 해설(1995), 122면.
2) 권기범, 전게논문, 102면.
3) 대결 2011. 10. 13, 2008 마 264(공보 2011, 2296)(주권상장법인의 합병 등에 반대하여 주식매수를 청구한 주주가 법원에 매수가격결정을 청구한 사안에서, 회사정리절차에 있는 기업의 시장주가가 정상기업에 비해 낮게 형성되고 주당 순자산가치에 상당히 못 미친다는 사정만으로 시장주가가 기업의 객관적 가치를 반영하지 못하고 있다거나 거래 이외의 부정한 요인에 의하여 가격형성이 왜곡되었다고 볼 수 없고, 주식이 관리종목으로 지정된 사정만으로는 시장주가가 당해 기업의 객관적 가치를 반영하지 못할 정도의 거래 제약이 있다고 볼 수 없음에도, 당해 법인이 회사정리절차 중에 있었던 관계로 주식의 시장가치가 저평가되어 있고 회사정리절차가 진행되는 동안

주식이 유가증권시장에서 관리대상종목에 편입됨으로써 주식 거래에 다소의 제약을 받고 있었다는 이유로 시장주가가 당해 법인의 객관적 교환가치를 제대로 반영하고 있지 않다고 단정하여 시장가치 외에 순자산가치까지 포함시켜 매수가격을 산정한 원심결정을 파기한다); 동 2022. 4. 14. 2016 마 5394·5395·5396(공보 2022, 858)(주권상장법인의 합병 등에 반대하는 주주가 자본시장과 금융투자업에 관한 법률 제165조의 5 제1항에 의하여 해당 법인에 대하여 상장주식의 매수를 청구하고 주주와 해당 법인 간에 매수가격에 대한 협의가 이루어지지 아니하여 주주 또는 해당 법인이 법원에 매수가격의 결정을 청구한 경우, 법원은 원칙적으로 해당 법인의 시장주가를 참조하여 매수가격을 산정하여야 한다. 일반적으로 주권상장법인의 시장주가는 유가증권시장에 참여한 다수의 투자자가 법령에 근거하여 공시되는 해당 기업의 자산내용·재무상황·수익력·장래의 사업전망 등 해당 법인에 관한 정보에 기초하여 내린 투자 판단에 의하여 해당 기업의 객관적 가치가 반영되어 형성된 것으로 볼 수 있고, 주권상장법인의 주주는 통상 시장주가를 전제로 투자행동을 취한다는 점에서 시장주가를 기준으로 매수가격을 결정하는 것이 해당 주주의 합리적 기대에 합치하기 때문이다. 다만 이처럼 시장주가에 기초하여 매수가격을 산정하는 경우라고 하여 법원이 반드시 자본시장과 금융투자업에 관한 법률 시행령⟨이하 '자본시장법 시행령'이라 한다⟩ 제176조의 7 제3항 제1호에서 정한 산정 방법에 따라서만 매수가격을 산정하여야 하는 것은 아니다. 법원은 공정한 매수가격을 산정한다는 매수가격 결정 신청사건의 제도적 취지와 개별 사안의 구체적 사정을 고려하여 이사회 결의일 이전의 어느 특정일의 시장주가를 참조할 것인지, 또는 일정 기간 동안의 시장주가의 평균치를 참조할 것인지, 그렇지 않으면 자본시장법 시행령 제176조의 7 제3항 제1호에서 정한 산정 방법에 따라 산정된 가격을 그대로 인정할 것인지 등을 합리적으로 결정할 수 있다. 나아가 해당 상장주식이 유가증권시장에서 거래가 형성되지 아니한 주식이거나 시장주가가 가격조작 등 시장의 기능을 방해하는 부정한 수단에 의하여 영향을 받는 등으로 해당 주권상장법인의 객관적 가치를 반영하지 못하고 있다고 판단될 경우에는, 시장주가를 배제하거나 또는 시장주가와 함께 순자산가치나 수익가치 등 다른 평가요소를 반영하여 해당 법인의 상황이나 업종의 특성 등을 종합적으로 고려한 공정한 가액을 산정할 수도 있으나, 단순히 시장주가가 순자산가치나 수익가치에 기초하여 산정된 가격과 다소 차이가 난다는 사정만으로 시장주가가 주권상장법인의 객관적 가치를 반영하지 못한다고 쉽게 단정하여서는 아니 된다. 주식매수가격 결정의 재판⟨비송사건절차법 제86조의 2)에 적용되는 비송사건절차는 민사소송절차와 달리 당사자의 변론에만 의존하는 것이 아니고, 법원이 자기의 권한과 책임으로 재판의 기초가 되는 자료를 수집하는, 이른바 직권탐지주의에 의하고 있으므로⟨비송사건절차법 제11조), 법원으로서는 당사자의 주장에 구애되지 아니하고 주식의 공정한 가격이 얼마인지 직권으로 사실조사를 하여 산정할 수 있다. 다만 그 경우에도 법률에서 달리 정하고 있지 않은 한 법원이 어떠한 사실을 인정하기 위해서는 증명이 필요하므로 통상인이라면 의심을 품지 않을 정도의 고도의 개연성이 인정되어야 한다는 점은 민사소송에서와 동일하다. 이때 증명은 신뢰성 있는 자료에 근거하여야 하고, 단순한 추측이나 의혹, 소문, 편향된 의견 등에 근거해서는 안 된다. 주권상장법인의 주식매수가격 결정 시 자본시장과 금융투자업에 관한 법률 시행령 제176조의 7 제3항 제1호에서 합병계약 체결에 관한 이사회 결의일 전일 무렵의 시장주가를 기초로 가격을 산정하도록 하는 것은 주식의 가치가 합병에 의하여 영향을 받기 전의 시점을 기준으로 공정한 가액을 산정하기 위한 것이다. 일반적으로 서로 독립된 상장법인 사이의 합병 사실은 합병계약 체결에 관한 이사회 결의 등이 공시됨으로써 비로소 대외적으로 명확하게 알려질 것이기 때문이다. 따라서 합병 사실이 공시되지는 않았으나 자본시장의 주요 참여자들이 합병을 예상함에 따라 시장주가가 이미 합병의 영향을 받았다고 인정되는 경우까지 반드시 이사회 결의일 전일을 기준으로 주식매수가격을 산정하여야 한다고 볼 수 없다. 무엇보다도 합병이 대상회사에 불리함을 이유로 반대하는 주주에 대하여 합병의 영향으로 공정한 가격보다 낮게 형성된 시장주가를 기준으로 주식매매대금을 산정하는 것은 합병에 반대하여 주식매수청구권을 행사한 주주에게 지나치게 불리하여 합리적이지 않기 때문이다. 갑 기업집단 내 계열회사인 주권상장법인 을 주식회사와 병 주식회사가 경영권 승계작업의 일환으로 합병을 하였는데, 이에 반대하는 을 회사의 주주인 정 등이 자본시장과 금융투자업에 관한 법률 제165조의 5 제3항에 따라 법원에 주식매수가격의 결정을 청구한 사안에서, 다수의 금융

7. 주식매수청구권의 실효(失效)

회사가 주식매수청구의 원인이 된 영업양도 등을 중지한 때(즉, 그러한 결의
를 철회한 때)에는, 주식매수청구의 원인이 소멸되었으므로 주주의 주식매수청구는 그 효력을 잃는다(日會 469조
7항 참조).

또한 주주가 영업양도 등의 주주총회의 결의일로부터 20일 내에 회사에 대하여 주식매수청구를 하지 않으면(상 374조의 2
1항 등 참조), 주주는 주식매수청구권을 행사할 수 없다.

제 8 종류주주총회

이에 관하여는 종류주식에서 설명하였는데, 이 곳에서 다시 정리하여 보면 다음과 같다.

1. 의의 및 효력

(1) 회사가 종류주식을 발행한 경우(상 344조
1항·2항)에 주주총회(또는
이사회)[1]의 결의에 의하여 어느 특정한 종류주식의 주주에게 손해를 미치게 될 때에는, 상법은 주주총회(또는
이사회)의 결의 외에 추가로 그 종류주식을 가진 주주들만의 결의를 요하도록 규정하고 있는데, 이것이 종류주주총회이다.

(2) 이러한 종류주주총회는 회사의 기관도 아니고, 또 독립한 주주총회도 아니며, 단지 주주총회(또는
이사회)의 결의의 효력을 발생시키기 위한 추가적인 요건에 불과하다. 따라서 주주총회의 결의 외에 종류주주총회를 요하는 경우에 종류주주총회의 결의가 없거나 또는 그 결의가 무효 또는 취소가 되어 주주총회의 결의의 효력이 발생하지 않는 것을 주주총회결의의 「불발효(불완전)」라고 하는데(부동적〈浮動的〉 무효)[2]
(설 또는 결의불발효설),

투자업자들이 적어도 병 회사의 상장 무렵부터는 병 회사와 계열회사의 합병을 통한 경영승계 방안을 예상하기도 하는 등 병 회사와 유력한 합병 상대회사였던 을 회사의 시장주가는 적어도 병 회사의 상장 무렵부터는 합병의 영향을 받은 것이라고 볼 여지가 충분하고, 계열회사 사이의 합병에서 주식매수가격을 산정할 때는 합병 사실의 영향을 받는 시점을 보다 엄격하게 판단할 필요가 있으므로, 을 회사의 합병계약에 관한 이사회 결의일 전일 무렵은 을 회사 주식의 공정한 매수가격을 산정하기 위한 기준으로 합리적이지 않고, 정 등의 주식매수청구권 행사 시기와 가장 가까운 시점으로서 합병의 영향을 최대한 배제할 수 있는 때는 합병 가능성이 구체화된 병 회사의 상장 시점이라고 보는 것이 합리적이라는 이유로, 병 회사의 상장일 전일을 기준일로 주식매수가격을 결정한 원심판단은 정당하다).

1) 종류주주총회는 반드시 주주총회를 전제로 하지 않는다. 즉, 이사회결의(예컨대, 신주발행 등)가 어느 종류의 주주에게 손해를 미치게 될 때에도 종류주주총회를 요한다.

2) 이는 일반주주총회의 결의의 효력은 무효도 아니고 취소할 수 있는 것도 아닌 부동적(浮動的)인 상태에 있다가 후에 종류주주총회의 결의를 얻으면 확정적으로 유효가 되고, 이를 얻지 못하면

이 경우에는 주주총회결의하자에 관한 상법상의 규정이 유추적용되지 않고 민사소송법의 규정에 따라 주주총회결의 불발효확인의 소를 제기할 수 있다.[1]

2. 종류주주총회의 결의를 요하는 경우

상법상 종류주주총회의 결의를 요하는 경우는 다음과 같은 세 경우가 있다.

1) 첫째는 회사가 정관을 변경함으로써 어느 종류주식의 주주에게 손해를 미치게 될 때[2]이다(예컨대, 우선주의 배당률을 낮추는 경우 등)(상 435조 1항).

2) 둘째는 주식의 종류에 따라 신주의 인수, 주식의 병합·분할·소각 또는 회사의 합병·분할로 인한 주식의 배정에 관하여 특수한 정함을 하는 경우에 어느 종류주식을 가진 주주에게 손해를 미치게 될 때이다(예컨대, 우선주에 대하여 보통주보다 신주배정의 비율을 낮게 하는 경우 등)(상 436조 전단, 344조 3항).

3) 셋째는 회사의 분할 또는 분할합병, 주식교환, 주식이전 및 회사의 합병으로 인하여 어느 종류주식을 가진 주주에게 손해를 미치게 될 때이다(예컨대, 회사의 합병의 경우 소멸회사의 우선주에 대하여 보통주보다 존속회사의 주식을 적게 배정하는 경우 등)(상 436조 후단).

3. 주주총회와의 이동(異同)

종류주주총회에는 주주총회에 관한 규정이 원칙적으로 전부 준용되는데(상 435조 3항),[3] 예외적으로 주주총회의 경우와 다른 점이 두 가지 있는데 이는 다음과 같다.

확정적으로 무효가 된다는 것이다[정(동), (회) 363~364면, 377면, 656면; 이(기) 외, (회) 396면 외(통설); 수원지판 2003. 7. 11, 2002 가합 14429·2003 가합 6609; 서울고판 2004. 7. 9, 2003 나 55037·2003 나 55044; 대판 2006. 1. 27, 2004 다 44575·44582(공보 2006, 321)].

이에 반하여 종류주주총회의 결의가 없는 일반주주총회의 결의의 효력을 무효로 보는 무효설[서·정, 503면; 손(주), 739면, 894면], 그러한 일반주주총회의 결의는 취소사유가 된다는 취소사유설[이(철), (회) 617면, 656면] 등이 있으나, 일반주주총회의 결의에는 하자가 없으므로 이러한 견해는 타당하지 않다고 본다[동지: 정동윤, "종류주주총회의 결의를 얻지 아니한 정관변경결의의 효력,"「상법연구의 향기」(정희철교수 정년 20년 기념), 2004, 49~54면].

1) 동지: 정(희), 470면; 정(동), (회) 363면, 377면; 동, 전게 상법연구의 향기, 54~55면; 서울고판 2004. 7. 9, 2003 나 55037·2003 나 55044.
반대: 대판 2006. 1. 27, 2004 다 44575·44582(공보 2006, 321)(민사소송법상 확인의 소를 제기하는 것은 인정하나, 불발효 확인의 소를 제기할 필요 없이 바로 정관변경이 무효라는 확인을 구하면 족하다고 한다)[이 판결에 대하여 반대하는 취지의 평석으로는 정찬형, "종류주주총회의 결의가 없는 주주총회결의의 효력,"「고려법학」(고려대 법학연구원), 제46호(2006), 141~170면 참조].

2) 이의 의미에 대하여는 대판 2006. 1. 27, 2004 다 44575·44582(공보 2006, 321) 참조.

3) 따라서 종류주주총회의 결의에 하자가 있는 경우에는 주주총회결의의 하자에 관한 규정이 준용되고 또한 이 경우에 종류주주총회 결의의 하자를 독립적으로 다룰 이익이 있다고 본다[동지: 정(동), (회) 363면].

그러나 이 경우 종류주주총회의 결의는 주주총회결의의 효력발생요건에 지나지 않으므로 종류

1) 첫째는 종류주주총회의 결의방법인데, 종류주주총회의 결의는 언제나 그 종류주식의 출석한 주주의 의결권의 3분의 2 이상의 수와 그 종류주식의 발행주식총수의 3분의 1 이상의 수로써 한다는 점이다[1]($\frac{상\ 435}{조\ 2항}$). 이러한 결의요건은 정관의 규정으로도 가중 또는 감경하지 못한다(통설).[2]

2) 둘째는 종류주주총회에서는 의결권이 없는 종류주식이나 의결권이 제한되는 종류주식을 가진 주주도 의결권을 행사할 수 있는 점이다($\frac{상\ 435}{조\ 3항}$).

제 9 주주총회결의의 하자

1. 총   설

(1) 주주총회의 결의는 사단적 법률행위로서 그 성립과정 및 성립 후에 있어서 다수의 이해관계인이 있게 된다. 그러므로 이러한 주주총회의 결의에 하자가 있는 경우에 법률행위의 하자에 관한 일반원칙에 의하여 해결할 수는 없다. 따라서 상법은 회사에 관한 법률관계의 획일적 처리 및 법적 안정성을 고려하여 회사설립무효의 경우와 같이 주주총회결의의 하자에 관한 소(訴)를 특별히 규정하고 있다.

(2) 상법상 규정되어 있는 주주총회결의의 하자에 대한 소에는 결의취소의 소($\frac{상\ 376조\sim}{379조}$), 결의무효확인의 소($\frac{상\ 380}{조\ 전단}$), 결의부존재확인의 소($\frac{상\ 380}{조\ 후단}$) 및 부당결의취소·변경의 소($\frac{상}{381조}$)가 있다. 이 중에서 결의부존재확인의 소는 1984년의 상법개정시에 추가된 것이다. 이하에서는 이 네 가지의 소에 대하여 차례로 설명하겠다.

2. 결의취소의 소

(1) 소의 원인

결의의 「절차상(형식적) 또는 내용상(실질적) 경미한 하자」가 소의 원인이 된다. 즉, 상법 제376조 1항은 「총회의 소집절차 또는 결의방법이 법령 또는 정관에 위반하거나 현저하게 불공정한 때 또는 그 결의의 내용이 정관에 위반한 때」라고 규정

주주총회의 결의의 하자는 별개의 소로 주장하지 못한다는 견해도 있다[이(철), (회) 655면].
1) 이 규정도 1995년 개정상법에 의하여 출석정족수를 폐지한 것인데, 그 이유는 주주총회의 결의요건에서 이를 폐지한 것과 같다.
1995년 개정상법 이전에는 「어느 종류의 주주의 총회의 결의는 그 종류의 발행주식총수의 과반수에 해당하는 주식을 가진 주주의 출석으로 그 의결권의 3분의 2 이상의 다수로써 하여야 한다」고 규정하였다(상 435조 2항).
2) 정(찬), (회) 667면; 정(동), (회) 363면; 손(주), 738면; 이(기) 외, (회) 396면; 주상(제5판) (회사 Ⅳ), 219면(완화는 불가능하나 가중은 합리적인 범위 내에서 가능하다고 한다) 외.

하고 있다.¹⁾ 이하에서는 절차상 경미한 하자 중 총회의「소집절차」가 법령 또는 정관에 위반하여 결의취소의 소의 원인이 되는 경우와, 총회의「결의방법」이 법령 또는 정관에 위반하여 결의취소의 소의 원인이 되는 경우를 판례를 중심으로 하여 차례로 살펴본다.

  1)「소집절차」가 법령 또는 정관에 위반하거나 현저하게 불공정한 경우   (i)「주식회사의 대표이사가 정당한 사유 없이 주주총회를 소집하지 않는다 하여 전무이사가 주주총회를 소집한 경우」,²⁾ (ii)「이사회의 결의 없이 소집권자가 주주총회를 소집한 경우」,³⁾ (iii)「일부주주에게 소집통지를 하지 않았거나 법정기간을 준수한 서면통지를 하지 않은 경우」,⁴⁾「주주총회의 개회시각을 사실상 부정확하게 한

---

1) 1995년 개정상법 이전에는「총회의 소집절차 또는 결의방법이 법령 또는 정관에 위반하거나 현저하게 불공정한 때」라고 규정하여(상 376조 1항) 절차상(형식적) 하자만을 결의취소의 소의 원인으로 하였으나, 1995년 개정상법에서는 이에「또는 그 결의의 내용이 정관에 위반한 때」를 추가하여 경미한 내용상 하자도 결의취소의 소의 원인으로 하였다. 따라서 1995년 개정상법에 의하면 경미한 절차상 및 내용상 하자는 결의취소의 소의 원인이 되고, 중대한 절차상 하자는 결의부존재확인의 소의 원인이 되며, 중대한 내용상 하자는 결의무효확인의 소의 원인이 되는 것으로 정리할 수 있다.
   그런데 '결의의 내용이 정관에 위반한 때'란 정관변경의 절차를 거치지 아니한 것으로 이것도 절차상의 하자의 하나로 볼 여지가 있다는 견해가 있는데[해설(1995), 127면], 이는 절차상의 하자로 무리하게 의제하고자 하는 것으로 타당하지 않다고 본다.
2) 대판 1962. 1. 11, 4294 민상 490(카드 7137)(주식회사의 정관의 규정에 주주총회는 대표이사가 이를 소집하고 대표이사가 유고시에는 부사장·전무이사 등의 순서로 대표이사를 대리한다고 규정되어 있을 때에, 위 규정 중 대표이사가 유고시라는 것은 신병 등으로 사무를 집행할 수 없는 경우를 의미하며 주주총회를 정당한 이유 없이 소집하지 않는 경우는 포함되지 않는다고 해석되고 이와 같은 경우에는 법원의 허가를 얻어 소집하는 방법으로 하여야 하므로, 주식회사의 대표이사가 정당한 사유 없이 주주총회를 소집하지 않는다 하여 전무이사가 대표권행사의 순위에 관한 정관의 규정에 따라 대표이사 명의로 주주총회를 소집한 경우는, 소집권이 없는 자가 소집한 주주총회이므로 그 주주총회결의는 상법 제376조가 적용되어 취소되어야 할 것이다).
3) 대판 1980. 10. 27, 79 다 1264(집 28 ③ 민 141)(주주총회가 이사회의 결정이 없이 소집되었다고 하더라도 소집권한이 있는 자가 적법하게 소집절차를 밟은 이상 이사회의 결정이 없었다는 사정은 취소사유가 됨에 불과하다); 동 1989. 5. 23, 88 다카 16690(공보 1989, 993)(이사회의 결의 없이 소집되었고 주주명부상 명의개서가 되어 있지 않은 주주에게 소집통지를 하지 않은 주주총회의 결의는, 취소사유는 될지언정 무효 또는 부존재사유는 되지 않는다).
4) 대판 1981. 7. 28, 80 다 2745·2746(집 29 ② 민 244)(적법한 소집권자에 의하여 소집된 주주총회에서 총주식의 과반수를 넘는 주식을 소유한 주주가 참석하여 참석주주 전원의 찬성으로 결의가 있었으나, 일부주주에게 소집통지를 하지 아니하였거나 법정기간을 준수한 서면통지를 하지 아니하여 그 소집통지에 하자가 있었다면 이 하자는 동 결정의 무효사유가 아니라 취소사유에 해당한다); 동 1987. 4. 28, 86 다카 553(공보 1987, 870); 동 1993. 1. 26, 92 다 11008(공보 940, 852)(2인의 공동대표이사 중 1인이 다른 공동대표이사와 임시주주총회를 소집하지 않았다거나 또는 다른 공동대표이사와 발행주식총수의 41%의 주식을 보유한 주주에게 소집통지를 하지 않았다는 등의 소집절차상의 하자만으로는, 그 주주총회의 결의가 부존재한다거나 무효라고 할 정도의 중대한 하자라고 볼 수 없고 결의취소의 소의 원인에 해당한다); 동 1993. 10. 12, 92 다 21692(공보 957, 3057)(일부주주에게 소집통지를 하지 아니하였거나 법정기간을 준수하지 아니하고 서면통지를 한 경우에는 결의취소의소의 원인에 해당한다); 동 1993. 12. 28, 93 다 8719(공

경우」[1] 등이 이에 해당한다.

그러나 「법정기간을 준수한 서면통지를 하지 아니한 채 임시주주총회가 소집된 경우라도, 정족수가 넘는 주주의 출석으로 결의를 하였다면 그 결의는 적법하다」고 한 판례도 있다.[2] 또한 이미 설명한 바와 같이 「1인회사」[3] 또는 「전원출석총회」[4]의 경우에는, 소집절차상의 위와 같은 하자는 결의취소의 원인이 되지 않는다.

2)「결의방법」이 법령 또는 정관에 위반하거나 현저하게 불공정한 경우

(i)「의결권이 없는 자가 의결권을 행사한 경우」,[5] (ii)「주주명부상의 주주가 실질주주가 아님을 회사가 알고 있었고 이를 용이하게 증명할 수 있었는데도 위 형식주주에게 소집통지를 하고 의결권을 행사하게 한 경우」[6](이는 대법원 2017. 2. 23, 2015

보 962, 511)(회사가 발행한 주식 200,000주 중 6,300주의 주식을 소유한 주주들에게 주주총회의 소집통지를 하지 아니한 것은 결의취소의 소의 원인에 해당한다); 동 2010. 7. 22, 2008 다 37193(공보 2010, 1633)(갑 회사와 을 회사가 분할합병계약을 체결한 후 갑 회사가 임시주주총회를 개최하여 위 분할합병계약을 승인하는 결의를 하였으나, 갑 회사가 위 주주총회를 소집하면서 소수주주들에게 소집통지를 하지 아니한 사안에서, 갑 회사가 위 주주총회를 개최함에 있어 발행주식의 9.22%를 보유한 소수주주들에게 소집통지를 하지 아니한 것만으로 위 주주총회결의가 부존재한다고 할 수 없고 이는 결의 취소사유에 해당한다).

1) 대판 2003. 7. 11, 2001 다 45584(공보 2003, 1705)(주주총회의 개회시각이 부득이한 사정으로 당초 소집통지된 시각보다 지연되는 경우에도 사회통념에 비추어 볼 때 정각에 출석한 주주들의 입장에서 변경된 개회시각까지 기다려 참석하는 것이 곤란하지 않을 정도라면 절차상의 하자가 되지 아니할 것이나, 그 정도를 넘어 개회시각을 사실상 부정확하게 만들고 소집통지된 시각에 출석한 주주들의 참석을 기대하기 어려워 그들의 참석권을 침해하기에 이르렀다면 주주총회의 소집절차가 현저히 불공정하다고 하지 않을 수 없다. 또한, 소집통지 및 공고가 적법하게 이루어진 이후에 당초의 소집장소에서 개회를 하여 소집장소를 변경하기로 하는 결의조차 할 수 없는 부득이한 사정이 발생한 경우, 소집권자가 대체 장소를 정한 다음 당초의 소집장소에 출석한 주주들로 하여금 변경된 장소에 모일 수 있도록 상당한 방법으로 알리고 이동에 필요한 조치를 다한 때에 한하여 적법하게 소집장소가 변경되었다고 볼 수 있을 것이다. 따라서 피고 은행 노동조합원 등의 방해행위로 인하여 소집통지된 시각에 그 소집장소에서 주주총회를 개회할 수 없었던 사정은 인정되나, 소집통지된 시각 이후 언제 개회될지 알 수 없는 불확정한 상태가 지속되다가 12시간이 경과한 같은 날 22:15경 주주총회가 개회된 것이라면, 이미 사회통념상 당초의 개회시각에 출석하였던 주주들의 참석을 기대할 수 없어 이들의 참석권을 침해하였다 할 것이고, 또한 그나마 같은 날 22:15까지 개회를 기다리고 있던 일반 주주들에게 소집장소가 변경되었다는 통지마저 제대로 이루어지지 아니하였다는 것이므로, 이 사건 주주총회의 소집절차는 일부 주주에 대하여 주주총회 참석의 기회를 박탈함으로써 현저하게 불공정하였다 할 것이다).

2) 대판 1991. 5. 28, 90 다 6774(공보 900, 1732).

3) 대판 1966. 9. 20, 66 다 1187 · 1188(집 14 ③ 민 54); 동 1967. 2. 28, 63 다 981(집 15 ① 민 160); 동 1976. 4. 13, 74 다 1755(집 24 ① 민 203); 동 1977. 2. 8, 74 다 1754; 동 1992. 6. 23, 91 다 19500(공보 926, 2228) 외.

4) 대판 1979. 6. 26, 78 다 1794(민판집 258, 375).

5) 대판 1983. 3. 23, 83 도 748(집 31 ④ 형 82)(주주총회가 적법하게 소집되어 개회된 이상 의결권이 없는 자가 의결권을 행사하였으며 동인이 의결권을 행사한 주식수를 제외하면 의결정족수에 미달하여 총회결의에 하자가 있었다는 주장은, 주주총회 결의방법이 법령 또는 정관에 위반하는 경우에 해당하여 결의취소의 사유에 해당한다).

6) 대판 1998. 9. 8, 96 다 45818(공보 1998, 2400)(주식회사가 주주명부상의 주주에게 주주총회

다 248342 전원합의체판결로 변경된 판례에 의하면 취소사유가 되지 않을 수 있음—저자 주),
(iii)「총회소집통지서에 기재되지 않은 사항(목적사항)에 관하여 결의한 경우」,[1]
(iv)「정관상 의장이 될 사람이 아닌 자가 의장이 되어 의사에 관여한 경우」,[2] (v)
「사실상 주주 2인으로 구성된 주식회사의 일방 주주측이 다른 주주의 회의장 입장
을 부당하게 방해하였고 그 의사진행방식 및 결의방식이 신의칙에 반하는 경우」,[3]
(vi)「정족수에 미달한 결의」[4] 등이 이에 해당한다.

의 소집을 통지하고 그 주주로 하여금 의결권을 행사하게 하면, 그 주주가 단순히 명의만을 대여
한 이른바 형식주주에 불과하여도 그 의결권 행사는 적법하지만, 주식회사가 주주명부상의 주주
가 형식주주에 불과하다는 것을 알았거나 중대한 과실로 알지 못하였고 또한 이를 용이하게 증명
하여 의결권 행사를 거절할 수 있었음에도 의결권 행사를 용인하거나 의결권을 행사하게 한 경우
에는 그 의결권 행사는 위법하게 된다. 따라서 주주명부상의 주주가 실질주주 아님을 회사가 알
고 있었고 이를 용이하게 증명할 수 있었는데도 위 형식주주에게 소집통지를 하고 의결권을 행사
하게 한 잘못이 인정되면 그 주주총회결의를 취소할 수 있다).

1) 대판 1969. 2. 4, 68 다 2284(민판집 136, 226)(임시주주총회 소집통지서에는 그 부의안건으로
서 '결산보고의 건'만 기재되었는데, 청산인 선임 및 해임을 결의한 것은 주주총회결의 취소를 면
할 수 없다); 동 1962. 1. 31, 4294 민상 452(카드 7170)(청산인을 해임하는 것이 청산종료를 위
한 하나의 방법으로서 긴박을 요한다 할지라도 주주총회에서는 소집통지서에 기재된 바 없는 청
산인 해임 및 선임에 관한 결의를 할 수는 없는 것이므로, 이에 위배되는 임시주주총회결의는 취소
를 면할 수 없다); 동 1978. 8. 22, 76 다 1747; 동 1979. 3. 27, 79 다 19(집 27 ① 민 228)(정기
주주총회 소집 당시 목적사항은 '재무제표 승인의 건, 감사선임의 건, 임원보수 승인의 건'이었는
데 이사를 해임하고 새로운 이사를 선임하는 결의를 한 경우, 상법 제376조에 해당하는 것으로 판
시함); 대구지판 2014. 8. 19, 2014 가합 3249(주주들에게 보낸 소집통지서에 감사의 선임방법을
정하지 않고 선거관리위원장의 일방적인 고지로 집중투표제의 방법으로 감사를 선임한 주주총회
의 결의는 1주 1의결권의 원칙에 반하여 위법이므로 취소사유이다).

2) 대판 1977. 9. 28, 76 다 2386(집 25 ③ 민 73)(정관상 의장이 될 사람이 아닌 자가 정당한 사
유 없이 주주총회의 의장이 되어 의사에 관여하였다고 가정하더라도, 그 사유만으로서는 위 주주
총회에서의 결의가 부존재한 것으로는 볼 수 없는 것이고, 그러한 하자는 다만 그 결의방법이 정
관에 위반하는 것으로서 주주총회의 결의취소사유에 해당하는 데 지나지 않는 것으로 볼 수밖에
없다).
   그러나 주주총회의 의장이 주주들의 의사에 반하여 자진하여 퇴장한 경우 퇴장 당시 회의장에
남아 있던 주주들이 임시의장을 선출하여 진행한 주주총회의 결의는 적법하다(대판 2001. 5. 15,
2001 다 12973)

3) 대판 1996. 12. 20, 96 다 39998(공보 1997, 363)(사실상 주주 2인으로 구성된 주식회사의 일
방 주주측이 다른 주주의 회의장 입장을 부당하게 방해하였고, 그 의사진행방식 및 결의방식이 개
최시각보다 지연입장하게 된 다른 주주의 의결권행사를 최대한 보장하는 방법으로 이루어지지 아
니하여 신의칙에 반하는 경우, 주주총회 결의방법이 현저하게 불공정하여 결의취소사유에 해당
한다).

4) 대판 1996. 12. 23, 96 다 32768·32775·32782(공보 1997, 514)(전체 주식의 43%를 취득하
였으나 그 주식취득의 효력이 다투어지고 있는 자의 명의개서 요구에 불응하고 주주명부만을 기
초로 소집통지한 것은 절차상의 하자가 있다고 할 수 없으며 또한 주주총회결의의 무효나 부존
재사유가 될 수 없고, 정족수에 미달한 결의는 결의취소의 사유에 불과하다); 동 2001. 12. 28,
2001 다 49111(신문 3047, 9)(주주총회가 소집권자에 의하여 소집되어 개최된 이상 정족수에 미
달한 결의가 이루어졌다고 하더라도 그와 같은 하자는 결의취소의 사유가 불과하다).
   참고: 대판 2010. 1. 28, 2009 다 3920(공보 2010, 396)(의결권행사금지가처분과 동일한 효력

(2) 소의 당사자

1) 원　　고　　　상법 제376조 1항은 주주총회결의취소의 소의 원고는 「주주·이사·감사[1]」에 한하는 것으로 규정하고 있다. 이 때 주주는 다른 주주에 대한 소집절차의 하자를 이유로 주주총회결의 취소의 소를 제기할 수 있는데,[2] 주주총회결의에 참가한 주주도 주주총회결의 취소의 소의 원고가 될 수 있다.[3] 또한 이러한 주주는 결의 당시의 주주가 아니더라도 제소 당시의 주주이면 되고,[4] 의결권 없는 주주도 제소권이 있다고 본다.[5] 그러나 주주총회결의 취소소송의 계속중 주주로서의 지위를 상실한 자는 원고의 자격을 상실한다.[6] 이사가 주주총회결의 취소의 소를 제기하였다가 소송의 계속중 사망하였거나 사실심 변론종결 후에 사망하였다면 그 소송은 그대로 종료된다.[7]

하자 있는 결의에 의하여 해임당한 이사·감사도 제소권이 있다고 보며,[8] 청산중의 회사에서는 청산인도 제소권이 있다($^{상\ 542조}_{2항,\ 376조}$).

2) 피　　고　　　주주총회결의취소의 소의 피고에 대하여는 상법에 명문의 규정이 없으나, 「회사」만이 피고가 될 수 있다(통설·판례[9]).

(3) 제소기간

상법 제376조 1항은 주주총회결의취소의 소의 제소기간을 「결의의 날로부터 2

이 있는 강제조정 결정에 위반하는 의결권행사로 주주총회 결의에 가결정족수 미달의 하자 여부가 문제된 사안에서, 가처분의 본안소송에서 가처분의 피보전권리가 없음이 확정됨으로써 그 가처분이 실질적으로 무효임이 밝혀진 이상 위 강제조정 결정에 위반하는 의결권 행사는 결국 가처분의 피보전권리를 침해한 것이 아니어서 유효하다).

1) 감사는 1984년의 상법개정시에 감사의 권한확대의 일환으로 추가된 것이다.

2) 대판 2003. 7. 11, 2001 다 45584(공보 2003, 1705)(주주는 다른 주주에 대한 소집절차의 하자를 이유로 주주총회결의 취소의 소를 제기할 수도 있다).

3) 전게 대판 1979. 3. 27, 79 다 19(집 27 ① 민 228)(… 이사해임 및 보선의안의 결의는 재적주주 전원의 동의가 없어 부적법하다 할 것이니, 설사 원고가 이사보선시의 주주총회에 참석하여 그 결의에 가담했다 해도 그로써 곧 그 결의의 취소를 구함이 신의성실의 원칙에 위배되거나 금반언의 원칙에 반한다고 볼 수 없다).

4) 동지: 정(동), (회) 367면(그러나 이러한 주주는 그 소송의 판결이 확정될 때까지 주주의 지위를 유지하여야 한다고 한다); 이(철), (회) 620면.

5) 동지: 정(동), (회) 367면; 이(철), (회) 620면.

6) 대판 2016. 7. 22, 2015 다 66397(신문 4434, 10).

7) 대판 2019. 2. 14, 2015 다 255258(공보 2019, 731)(이사가 그 지위에 기하여 주주총회결의 취소의 소를 제기하였다가 소송계속중에 사망하였거나 사실심 변론종결 후에 사망하였다면, 그 소송은 이사의 사망으로 중단되지 않고 그대로 종료된다. 이사는 주식회사의 의사결정기관인 이사회의 구성원이고, 의사결정기관 구성원으로서의 지위는 일신전속적인 것이어서 상속의 대상이 되지 않기 때문이다).

8) 동지: 이(철), (회) 621면.

9) 대판 1982. 9. 14, 80 다 2425(집 30 ③ 민 9)(주주총회결의취소의 판결은 대세적 효력이 있으므로 그와 같은 소송의 피고가 될 수 있는 자는 그 성질상 회사로 한정된다).

월 내」로 규정하고 있다.[1] 그런데 이러한 제소기간의 기산일은 결의내용이 등기사항이라든가 또는 주주나 이사가 이를 몰랐다고 하여 연기되는 것은 아니다.[2]

주주총회에서 여러 개의 안건이 상정되어 각각 그 결의가 있은 경우에 위 제소기간의 준수 여부는 각 안건에 대한 결의마다 별도로 판단하여야 한다.[3]

(4) 소의 절차

1) 주주총회결의취소의 소의 절차에 대하여 상법은 합명회사의 설립무효·취소의 소의 절차에 관한 규정을 많이 준용하고 있다(상 376조 2항). 즉, 결의취소의 소는 회사의 본점소재지의 지방법원의 전속관할에 속하고(상 376조 2항, 186조), 소가 제기된 때에는 회사는 지체 없이 공고하여야 하며(상 376조 2항, 187조), 수 개의 취소의 소가 제기된 때에는 법원은 이를 병합심리하여야 한다(상 376조 2항, 188조).

2) 상법은 남소(濫訴)를 방지하기 위하여 이사·감사가 아닌 주주가 결의취소의 소를 제기한 때에는, 회사의 청구에 의하여 법원은 그러한 주주에게 상당한 담보를 제공할 것을 명할 수 있음을 규정하고 있다(상 377조 1항). 다만 회사가 이러한 청구를 함에는 주주의 청구가 악의임을 소명하여야 한다(상 377조 2항, 176조 4항).[4] 그런데 이 때 제소주주가 제공할 「담보액의 기준」은 회사가 받게 될 모든 불이익을 기준으로 하여 법원이 자

---

1) 대판 2003. 7. 11, 2001 다 45584(공보 2003, 1705)(주주총회결의 취소의 소는 상법 제376조에 따라 결의의 날로부터 2월 내에 제기하여야 할 것이나, 동일한 결의에 관하여 부존재확인의 소가 상법 제376조 소정의 제소기간 내에 제기되어 있다면, 동일한 하자를 원인으로 하여 결의의 날로부터 2월이 경과한 후 취소소송으로 소를 변경하거나 추가한 경우에도 부존재확인의 소 제기시에 제기된 것과 동일하게 취급하여 제소기간을 준수한 것으로 보아야 한다).

2) 대판 1966. 10. 4, 66 다 2269(카드 2249)(… 주주총회의 결의내용이 등기할 사항이라든가 주주나 이사가 위 결의 있음을 몰랐다고 하는 경우라고 하여서 결의취소의 소의 제소기간의 기산일을 늦춰야 할 법적 근거는 없다).

3) 대판 2010. 3. 11, 2007 다 51505(공보 2010, 704)(주주총회결의 취소의 소는 상법 제376조 1항에 따라 그 결의의 날로부터 2개월 내에 제기하여야 하고, 이 기간이 지난 후에 제기된 소는 부적법하다. 그리고 주주총회에서 여러 개의 안건이 상정되어 각기 결의가 행하여진 경우 위 제소기간의 준수 여부는 각 안건에 대한 결의마다 별도로 판단되어야 한다. 따라서 임시주주총회에서 이루어진 여러 안건에 대한 결의 중 이사선임결의에 대하여 그 결의의 날로부터 2개월 내에 주주총회결의 무효확인의 소를 제기한 뒤, 위 임시주주총회에서 이루어진 정관변경결의 및 감사선임결의에 대하여 그 결의의 날로부터 2개월이 지난 후 주주총회결의 무효확인의 소를 각각 추가적으로 병합한 후, 위 각 결의에 대한 주주총회결의 무효확인의 소를 주주총회결의 취소의 소로 변경한 경우, 위 정관변경결의 및 감사선임결의 취소에 관한 부분은 위 각 주주총회결의 무효확인의 소가 추가적으로 병합될 때에 주주총회결의 취소의 소가 제기된 것으로 볼 수 있으나, 위 추가적 병합 당시 이미 2개월의 제소기간이 도과되었으므로 부적법하다).

4) 독일 판례에 나타난 주주총회결의 취소소송의 남용사례에 관한 소개는 김성호, "주주총회결의 취소소송과 신의성실의 원칙,"「안암법학」(안암법학회 편), 통권 제12호(2000), 303~330면 참조(독일 주식법상 주주소송의 남용에 관하여는 거의 규정하고 있지 않으므로, 판례는 주주가 이러한 소송을 제기함으로써 '이기적인 이익'을 추구하면 권리남용에 해당한다고 판시하고 있다).

유재량으로 결정한다.[1)]

3) 상법은 경미한 하자에 대한 남소를 방지하여 회사를 보호하기 위하여 법원의 재량에 의하여 결의취소의 소의 청구를 기각할 수 있음을 규정하고 있다. 즉, 법원은 결의취소의 소가 제기된 경우에 결의의 내용, 회사의 현황과 제반사정을 참작하여 그 취소가 부당하다고 인정한 때에는 그 청구를 기각할 수 있다($\frac{상}{379조}$). 이 때 법원의 재량에 의한 청구기각의 전제로는 먼저 주주총회결의 자체가 법률상 존재하여야 한다.[2)]

법원은 주주총회결의절차에 하자가 있는 경우로서 그 결의를 취소하여도 회사 또는 주주에게 아무런 이익이 되지 않든가, 또는 이미 그 결의가 집행되었기 때문에 이를 취소하여도 아무런 효과가 없는 경우 등에는 주주총회결의 취소청구를 기각할 수 있다.[3)]

1) 대결 1963. 2. 28, 63 마 2(카드 798)(주주가 결의취소의 소를 제기한 경우에 제공하는 담보는 그 소송제기로 인하여 회사가 받고 또 장차 받게 될 모든 손해를 담보하는 것이 목적이므로, 그 담보액은 회사가 받게 될 모든 불이익을 표준으로 하여 법원이 자유재량에 의하여 정할 수 있다).

2) 대판 1978. 9. 26, 78 다 1219(집 26 ③ 민 76)(이사회의 결정 없이 소집된 본건 주주총회는 주주총회 자체의 성립을 인정하기 어렵고 주주총회 자체를 부인하는 이상 그 결의 자체도 법률상 존재한다고 할 수 없다〈대판 1973. 6. 29, 72 다 2611 참조〉. 그런데 상법 제379조의 재량기각을 함에 있어서는 첫째로 주주총회결의 자체가 법률상 존재함이 전제가 되어야 할 것이고, 만약에 주주총회결의 자체가 법률상 존재하지 않는 경우는 결의취소의 소는 부적법한 소에 돌아가고 따라서 상법 제376조를 적용할 여지도 없다 할 것이다. 따라서 이 사건 소를 소송판결로써 각하하여야 함에도 불구하고 원심이 실체판결로써 원고의 청구를 기각하였음은 위법이라 아니할 수 없다).

3) 대판 1987. 9. 8, 86 다카 2971(공보 811, 1557)(피고는 상호신용금고회사로서 전국상호신용금고연합회의 결의 및 재무부의 승인에 의하여 다른 상호신용금고들과 함께 결산기를 변경시행하여 오던 중 일부 주주가 참석하지 못한〈위임장의 접수거절로 인함〉 가운데 주주총회에서 이러한 결산기의 변경에 관한 정관변경을 결의하였다. 이에 대하여 원심은 위의 정관변경결의는 결의방법이 현저하게 불공정하여 취소사유에 해당되나, 제반사정을 참작하여 위 주주총회의 결의를 취소함은 부적당하다 하여 원고들의 주주총회결의취소청구를 기각하였다. 주주총회결의취소의 소에 있어 법원의 재량에 의하여 청구를 기각할 수 있음을 밝힌 상법 제379조는 결의의 절차에 하자가 있는 경우에 결의를 취소하여도 회사 또는 주주에게 이익이 되지 않든가, 이미 결의가 집행되었기 때문에 이를 취소하여도 아무런 효과가 없든가 하는 때에 결의를 취소함으로써 오히려 회사에게 손해를 끼치거나 일반거래의 안전을 해치는 것을 막고 또 소의 제기로써 회사의 질서를 문란케 하는 것을 방지하려는 취지이므로 원심이 그 인정의 결의내용, 피고의 현황, 다른 금융기관의 실태, 원고들의 제소목적 등 제반사정을 참작하여 원고들의 청구를 기각하였음은 정당하다); 동 2003. 7. 11, 2001 다 45584(공보 2003, 1705)(주주총회결의 취소의 소에 있어 법원의 재량에 의하여 청구를 기각할 수 있음을 밝힌 상법 제379조는, 결의의 절차에 하자가 있는 경우에 결의를 취소하여도 회사 또는 주주에게 이익이 되지 않는가 이미 결의가 집행되었기 때문에 이를 취소하여도 아무런 효과가 없는가 하는 때에 결의를 취소함으로써, 회사에 손해를 끼치거나 일반거래의 안전을 해치는 것을 막고 결의취소의 소의 남용을 방지하려는 취지이며, 또한 위와 같은 사정이 인정되는 경우에는 당사자의 주장이 없더라도 법원이 직권으로 재량에 의하여 취소청구를 기각할 수도 있다); 동 2010. 7. 22, 2008 다 37193(공보 2010, 1633)(상법 제530조의 11 제1항 및 제240조는 분할합병무효의 소에 관하여 상법 제189조를 준용하고 있고 상법 제189조는 "설립무효의 소 또는 설립취소의 소가 그 심리중에 원인이 된 하자가 보완되고 회사의 현황과 제반 사정을 참작하여 설

4) 주주총회결의취소의 소는 단체의 법률관계를 대상으로 하는 소로서 제소권자나 회사가 임의로 처분할 수 있는 이익이 아니므로, 당사자간의 화해(和解)나 인낙(認諾) 등은 허용되지 않는다고 본다.[1]

(5) 판결의 효력

1) 원고가 승소한 경우　　원고가 승소한 경우에는 주주총회결의취소의 판결의 효력은 민사소송법상의 취소판결의 효력과 같이 소급효는 있으나($\frac{\text{상 376조 2항,}}{\text{190조 단서}}$ 준용배제),[2] 민사소송법상의 취소판결의 효력과는 달리 대세적 효력이 있다($\frac{\text{상 376조 2항,}}{\text{190조 본문}}$). 이러한 대세적 효력으로 인하여 주주총회결의 하자를 다투는 소에서 청구의 인낙이나 화해·조정은 할 수 없고, 설사 이러한 청구의 인낙 등이 이루어졌다 하더라도 그러한 인낙조서 등은 효력이 없다.[3]

이 때에 주주총회의 결의사항이 등기된 경우에는 결의취소의 판결이 확정된 때에 본점과 지점의 소재지에서 등기하여야 한다($\frac{\text{상}}{\text{378조}}$).

립을 무효 또는 취소하는 것이 부적당하다고 인정한 때에는 법원은 그 청구를 기각할 수 있다"고 규정하고 있으므로, 법원이 분할합병무효의 소를 재량기각하기 위해서는 원칙적으로 그 소 제기 전이나 그 심리중에 원인이 된 하자가 보완되어야 할 것이나, 그 하자가 추후 보완될 수 없는 성질의 것인 경우에는 그 하자가 보완되지 아니하였다고 하더라도 회사의 현황 등 제반 사정을 참작하여 분할합병무효의 소를 재량기각할 수 있다. 따라서 분할합병계약의 승인을 위한 주주총회를 개최하면서 소수주주들에게 소집통지를 하지 않음으로 인하여 위 주주들이 주식매수청구권 행사 기회를 갖지 못하였으나, 주식매수청구권은 분할합병에 반대하는 주주로 하여금 투하자본을 회수할 수 있도록 하기 위해 부여된 것인데 분할합병무효의 소를 제기한 소수주주가 자신이 보유하고 있던 주식을 제3자에게 매도함으로써 그 투하자본을 이미 회수하였다고 볼 수 있고, 위 분할합병의 목적이 독점규제 및 공정거래에 관한 법률상 상호출자관계를 해소하기 위한 것으로 위 분할합병을 무효로 함으로 인하여 당사자 회사와 그 주주들에게 이익이 된다는 사정이 엿보이지 아니하는 점 등을 참작해 볼 때, 분할합병무효청구를 기각한 원심판단은 타당하다).

1) 동지: 이(철), (회) 638면; 대판 1993. 5. 27, 92 누 14908(회사법상의 주주총회결의의 하자를 다투는 소에서는 청구의 인낙은 인정되지 아니한다).

2) 1995년 개정상법 이전에는 주주총회결의취소의 판결의 효력에 대하여 소급효를 제한하였으나(상 제376조 2항, 190조 단서 준용), 이로 인하여 원고는 이러한 소를 제기한 보람이 없어지는 경우가 많다는 이유로 1995년 개정상법에서는 소급효를 인정하는 것으로 개정하였다(상 제376조 2항, 제190조 단서 준용배제).

　　1995년 개정상법이 소급효를 제한하는 규정(상 190조 단서)을 준용하지 않는 것으로 한 점에 대하여, 이는 취소판결에 일률적으로 소급효를 인정하고 이로부터 발생하는 제3자의 보호는 상법 제39조·제395조 등에 의하여 보호할 수밖에 없다고 해석하는 것이 다수의 견해이나[이(철), (회) 641~642면; 최(기), (회) 523면 외], 상법이 불소급효에 관한 규정을 준용하지 않는다고 하여 그것이 곧 소급효를 인정한다는 뜻은 아니고 취소판결이 소급하느냐 여부는 여러 가지 사정을 종합하여 판단하여야 할 문제라고 해석하는 견해도 있다[정(동), (회) 370면].

3) 동지: 대판 2004. 9. 24, 2004 다 28047(공보 2004, 1737)(주주총회결의의 부존재·무효를 확인하거나 결의를 취소하는 판결이 확정되면 당사자 이외의 제3자에게도 그 효력이 미쳐 제3자도 이를 다툴 수 없게 되므로, 주주총회결의의 하자를 다투는 소에 있어서 청구의 인낙이나 그 결의의 부존재·무효를 확인하는 내용의 화해·조정은 할 수 없고, 가사 이러한 내용의 청구인낙 또는 화해·조정이 이루어졌다 하여도 그 인낙조서나 화해·조정조서는 효력이 없다).

2) 원고가 패소한 경우   원고가 패소한 경우에는 그 판결의 효력은 민사소송법의 일반원칙에 따라 당사자 사이에만 미친다($\frac{민소 218}{조 1항}$).[1] 이 때 원고에게 악의 또는 중과실이 있으면 원고는 연대하여 회사에 대하여 손해를 배상할 책임이 있다($\frac{상}{376}$ 조 2항, 191조).

(6) 소의 성질

결의취소의 소의 성질이 「형성의 소」라는 점에서는 이설(異說)이 없다.[2] 따라서 주주총회의 소집절차가 법령이나 정관에 위배된 경우 등에도 상법 제376조에 의하여 취소되지 않는 한 유효하다.

3. 결의무효확인의 소

(1) 소의 원인

결의의 「내용상(실질적) 중대한 하자」가 소의 원인이 된다. 상법 제380조는 「총회의 결의의 내용이 법령에 위반한 때」라고 규정하고 있다.[3]

결의무효확인의 소의 원인에 관한 판례는 거의 없고($\frac{대부분이 결의부존재}{확인에 관한 판례임}$), 학설은 주주평등의 원칙에 반하는 결의·주주유한책임의 원칙에 반하는 결의·주주총회의 권한에 속하지 아니하는 사항에 대한 결의·선량한 풍속 기타 사회질서에 반하는 결의·강행법규에 반하는 결의 등을 결의무효확인의 소의 원인으로 들고 있다.

(2) 소의 당사자

1) 원   고   주주총회결의무효확인의 소의 원고에 대하여는 취소의 소의 경우와는 달리 상법상 제한이 없다. 따라서 이론상은 누구나 무효확인의 소를 제기할 수 있으나, 판례는 「그 무효확인에 관하여 정당한 법률상의 이익이 있는 자」이어야 한다고 판시하고 있다.[4] 그런데 무효확인에 관하여 정당한 법률상의 이익이 있는 자란 「원고의 권리 또는 법률상의 지위에 현존하는 불안·위험이 있고 그 불안·위험을 제거함에는 확인판결을 받는 것이 가장 유효·적절한 수단이 되는 자」인데,[5] 구체적으로 누구이냐에 대하여 판례는 다음과 같이 판시하고 있다. 「무효인

---

1) 동지: 정(동), (회) 370면; 채, 505면; 이(기) 외, (회) 403면; 주상(제5판)(회사 Ⅲ), 169면.
2) 대판 1965. 11. 16, 65 다 1683(카드 1539); 동 1987. 4. 28, 86 다카 553(공보 1987, 870).
3) 1995년 개정상법 이전에는 「총회의 결의의 내용이 법령 또는 정관에 위반하는 때」라고 규정하여(상 380조 전단) 모든 결의의 내용상의 하자를 무효확인의 소의 원인으로 하였으나, 1995년 개정상법에서는 '결의의 내용이 정관에 위반한 때'를 결의취소의 소의 원인으로 옮김으로써 내용상의 중대한 하자만을 무효확인의 소의 원인으로 하였다.
4) 대판 1959. 12. 3, 4290 민상 669(카드 8201).
5) 대판 2016. 7. 22, 2015 다 66397(신문 4434, 10)(소송의 계속중에 주식의 포괄적 교환에 의하여 피고의 주주의 지위를 상실하고 그의 완전모회사의 주주가 된 자는 이 사건 주주총회결의 부존

주주총회의 결의로 대표이사직을 해임당한 자는 그가 주주이거나 아니거나를 막론하고 주주총회결의의 무효확인을 청구할 수 있다」고 하고,[1] 이와 유사하게 「무효인 주주총회의 결의에 의하여 이사직을 해임당한 자도 그가 주주인지 여부를 막론하고 주주총회결의의 무효확인을 청구할 수 있다」고 한다.[2] 그런데 「사임한 이사는 주주총회결의의 무효확인을 구할 법률상 이익이 없다」고 하나,[3] 「사임으로 인하여 법정 또는 정관소정의 이사의 원수(員數)를 결한 경우에는 무효확인을 구할 법률상 이익이 있다」고 한다.[4] 또한 「임기만료로 퇴임하는 이사는 후임이사의 취임시까지는 이사로서의 권리의무가 있으므로 후임이사를 선임하는 주주총회결의에 대하여 그 무효확인을 구할 법률상 이익이 있다」고 한다.[5] 한편 「회사에 대하여 효력이 없는 주권발행 전의 주식양수인은 주식양도인에 대하여 채권자에 불과하므로 주주총회결의의 무효확인을 구할 법률상 이익이 없다」고 하고,[6] 또한 「기명주식의 양수인이 명의개서를 하지 않은 경우나 주권을 제권판결 이전에 선의취득한 자라도 그 제권판결이 취소되지 않는 한 회사에 대하여 적법한 주주로서의 권한을 행사할 수 없으므로 주주총회결의의 무효확인을 소구(訴求)할 이익이 없다」고 하나,[7] 「주권발행 전의 주식인수인(중자에 따른 신주인수인)은 사실상 주주이므로 무효확인을 구할 정당한 이익이 있다」고 한다.[8] 또한 「주주총회의 결의에 찬동·추인한 주주도 다시 그 결의의 무효(부존재)확인을 주장할 수 있다」고 하고,[9] 「주주총회의 소집통지를 받지 못한 주주도 무효확인을 구할 법률상의 이익이 있다」고 한다.[10] 그러나 「법원의 해산판결에 의하여 회사가 해산되고 법원이 적법하게 청산인을 선임한 경우에는 주주총회의 이

재 확인을 구할 확인의 이익이 없다).

1) 대판 1962. 1. 25, 4294 민상 525(집 10 ① 민 52); 동 1966. 9. 27, 66 다 980(집 14 ③ 민 87); 동 1975. 4. 22, 74 다 1464(민판집 208, 387).
2) 대판 1982. 4. 27, 81 다 358(집 30 ① 민 167).
3) 대판 1982. 9. 14, 80 다 2425(집 30 ③ 민 9); 동 1992. 8. 14, 91 다 45141(공보 929, 2655).
4) 대판 1985. 12. 10, 84 다카 319(공보 769, 235)(부존재확인에 관한 판결이나 무효확인과 동일하게 볼 수 있다); 동 1992. 8. 14, 91 다 45141(공보 929, 2655)(후임이사를 선임한 주주총회결의나 이사회결의의 하자를 주장하여 부존재확인을 구할 법률상의 이익이 있다).
5) 대판 1982. 12. 14, 82 다카 957(집 30 ④ 민 144).
6) 대판 1962. 5. 17, 4294 민상 1114(카드 6693)(이는 1984년 개정상법에 의하면 회사의 성립 후 또는 신주의 납입기일 후 6월이 경과하기 전의 주권발행 전의 주식양수인을 의미한다 — 상 335조 3항 단서 참조).
7) 대판 1991. 5. 28, 90 다 6774(공보 900, 1732).
8) 서울고판 1967. 1. 27, 66 나 880(고집 1967 민 42)(부존재확인에 관한 판결); 대구고판 1969. 10. 22, 69 나 265(고집 1969 민 ② 155)(부존재확인에 관한 판결).
9) 대판 1977. 4. 26, 76 다 1440·1441(민판집 232, 718); 서울고판 1976. 4. 20, 75 나 1890·1891.
10) 대판 1995. 7. 28, 93 다 61338(공보 999, 2958).

사해임결의가 무효라 하더라도 그 이사로서는 청산인의 지위에 이를 수 없으므로 주주총회결의의 무효확인을 구할 법률상 이익이 없다」고 하고,[1] 「이사가 임원개임 (改任)의 주주총회결의에 의하여 임기만료 전에 이사직에서 해임당하고 그 후임이 사의 선임이 있었다 하더라도 그 후에 적법한 절차에 의하여 후임이사가 선임되었 을 경우에는, 당초의 이사개임결의의 부존재 또는 무효확인을 구할 이익이 없다」고 한다.[2]

2) 피   고   주주총회결의 무효확인의 소의 피고에 대하여도 상법에는 규정이 없으나, 「회사」로 한정된다는 것이 통설·판례[3]이다.

주식회사의 이사·감사를 선임하거나 해임하는 주주총회결의의 무효확인을 구 하는 소송에 있어서, 동 결의에 의하여 선임되거나 해임된 이사·감사는 회사를 대 표할 수 있는가. 이에 대하여 과거의 판례는 이를 부정하였으나,[4] 그 후의 판례는 전원합의체판결에 의하여 과거의 판례를 변경하여 이를 긍정하고 있다.[5]

(3) 제소기간

결의취소의 소와는 달리 상법상 제소기간의 제한이 없으므로, 원고는 언제든치 결의무효확인의 소를 제기할 수 있다.

(4) 소의 절차

결의취소의 소의 절차에 관한 상법상의 대부분의 규정은 결의무효의 확인의 소 에도 준용되므로, 이 점에서는 양자에 큰 차이가 없다($\substack{상 380조, 186조~ \\ 188조, 377조}$). 다만 법원의 재량에 의한 청구기각에 관한 규정($\substack{상 \\ 379조}$)만이 무효확인의 소에 준용되지 않는다. 왜 냐하면 법원의 재량에 의한 청구기각의 규정($\substack{상 \\ 379조}$)은 주주총회결의 자체가 법률상 존재함을 전제로 하므로, 주주총회결의 자체가 무효이거나 부존재한 경우에는 동

---

1) 대판 1991. 11. 22, 91 다 22131(공보 912, 263).
2) 대판 1993. 10. 12, 92 다 21692(공보 957, 3057). 동지: 대판 1995. 2. 24, 94 다 50427(공보 989, 1439).
　　그러나 「후임이사를 선임한 주주총회의 결의가 무권리자에 의하여 소집된 총회라는 하자 이외 의 다른 절차상·내용상의 하자로 인하여 부존재임이 인정되는 경우에는, 그 임원을 선임한 당초 결의의 무효여부는 현재의 임원을 확정함에 있어서 직접적인 이해관계가 있는 것이므로 이 경우 당초의 선임결의의 무효확인을 구할 법률상의 이익이 있고, 여기서 말하는 '후임이사를 선임한 결 의'는 특별한 사정이 없는 한 당초에 이사직에서 해임된 바로 그 자를 후임이사로 선임한 결의도 포함된다고 보아야 한다」고 판시하고 있다[대판 1995. 7. 28, 93 다 61338(공보 999, 2958)].
3) 대판 1982. 9. 14, 80 다 2425(집 30 ③ 민 9)(부존재확인의 소에 관한 판결); 서울고관 1967. 3. 14, 66 나 1816·1853(고집 1967 민 156).
4) 대판 1963. 4. 25, 62 다 836(집 11 ① 민 263).
5) 대판 1983. 3. 22, 82 다카 1810(집 31 ② 민 43)(전원합의체판결에 의하여 과거의 판례변경); 동 1985. 12. 10, 84 다카 319(공보 769, 235).

규정이 적용될 여지가 없기 때문이다.[1]

(5) 판결의 효력

결의무효확인의 소의 판결의 효력도 결의취소의 소의 판결의 효력과 같다. 즉, 대세적 효력이 있고(이로 인하여 주주총회결의의 부존재 또는 무효 확인을 구하는 소를 여러 사람이 공동으로 제기한 경우, 민사소송법 제67조가 적용되는 필수적 공동소송에 해당함),[2] 또한 소급효가 있다(상 380조, 190조 본문).[3]

(6) 소의 성질

결의무효확인의 소의 성질이 무엇이냐에 대하여 학설은 「확인소송설」[4]과 「형성소송설」[5]로 나뉘어 있는데, 판례는 확인소송설의 입장에서 「주주총회결의의 내용이 법령(또는 정관 – 1995년 개정상법 이전이기 때문에 정관위반이 포함된 것임〈저자 주〉)에 위반되는 경우에는 그 결의는 당연히 무효인 것이므로, 일반원칙에 의하여 누구나 언제든지 여하한 방법으로라도 그 무효를 주장할 수 있는 것이고, 그 무효의 주장은 소의 방법에 한한다고 해석할 수 없다」고 판시하고 있다.[6]

---

1) 동지: 대판 1978. 9. 26, 78 다 1219(집 26 ③ 민 76)(주주총회결의 자체가 부존재한 경우이나, 무효인 경우에도 동일함).

2) 대판(전) 2021. 7. 22, 2020 다 284977(공보 2021, 1554)([다수의견] 주주총회결의의 부존재 또는 무효 확인을 구하는 소의 경우, 상법 제380조에 의해 준용되는 상법 제190조 본문에 따라 청구를 인용하는 판결은 제3자에 대하여도 효력이 있다. 이러한 소를 여러 사람이 공동으로 제기한 경우 당사자 1인이 받은 승소판결의 효력이 다른 공동소송인에게 미치므로 공동소송인 사이에 소송법상 합일확정의 필요성이 인정되고, 상법상 회사관계소송에 관한 전속관할이나 병합심리 규정〈상법 제186조, 제188조〉도 당사자 간 합일확정을 전제로 하는 점 및 당사자의 의사와 소송경제 등을 함께 고려하면, 이는 민사소송법 제67조가 적용되는 필수적 공동소송에 해당한다.

    [대법관 이기택, 대법관 박정화, 대법관 김선수, 대법관 이흥구의 별개의견] 청구를 기각하는 판결은 제3자에 대해 효력이 없지만 청구를 인용하는 판결은 제3자에 대해 효력이 있는 상법상 회사관계소송에 관하여 여러 사람이 공동으로 소를 제기한 경우, 이러한 소송은 공동소송의 원칙적 형태인 통상공동소송이라고 보아야 한다. 필수적 공동소송의 요건인 합일확정의 필요성을 인정할 수 없어, 민사소송법 제67조를 적용하여 소송자료와 소송 진행을 엄격히 통일시키고 당사자의 처분권이나 소송절차에 관한 권리를 제약할 이유나 필요성이 있다고 할 수 없다).

3) 1995년 개정상법에서 결의취소의 소의 판결의 효력과 같이 소급효를 인정하는 것으로 개정하였다.

4) 서·정, 419~420면; 손(주), 748~749면; 양·박, 365면; 양승규, "1인회사의 주주가 회의 없이 의사록을 작성한 주주총회결의의 효력," 「고시연구」, 1993. 4, 94면; 최(기), (회) 526~527면; 채, 509면; 이(기) 외, (회) 404면; 이·최, 314면 외.

5) 정(희), 468~469면; 정(동), (회) 374면; 이(철), (회) 627~628면(확인소송설에 대한 비판이 상세함); 주상(제5판)(회사 Ⅲ), 180면; 이영섭, 「민사소송법(제7개정판)」, 198면; 방순원, 「민사소송법(상)」, 186면; 이시윤, 「민사소송법」, 297면; 송상현, 「민사소송법(상)」, 187면; 이(병), 619면 외.

6) 대판 1962. 5. 17, 4294 민상 1114(카드 6693). 동지: 대판 1992. 8. 18, 91 다 39924(공보 930, 2741); 동 1992. 9. 22, 91 다 5365(공보 932, 2950); 동 2011. 6. 24, 2009 다 35033(공보 2011, 1459)(주주총회결의 효력이 회사 아닌 제3자 사이의 소송에서 선결문제로 된 경우에 당사자는 언제든지 당해 소송에서 주주총회결의가 처음부터 무효 또는 부존재한다고 주장하면서 다툴 수 있고, 반드시 먼저 회사를 상대로 주주총회의 효력을 직접 다투는 소송을 제기하여야 하는 것

결의무효확인의 소의 법적 성질을 확인의 소라고 보는 확인소송설의 근거는 상법이 결의무효확인의 소에 대하여는 결의취소의 소와는 달리 「제소권자」와 「제소기간」에 대하여 제한을 두고 있지 않은 점에 근거하고, 형성의 소라고 보는 형성소송설의 근거는 상법이 결의무효확인의 소의 「판결의 효력」을 결의취소의 소의 판결의 효력(대세적 효력·소급효)과 동일하게 규정한 점에 근거한다.

어느 설을 취하느냐에 따라 발생하는 실제적인 차이는 소(訴)로써만 무효를 주장할 수 있느냐(형성소송설), 또는 소 이외의 방법으로도 무효를 주장할 수 있느냐(확인소송설)에 있다. 생각건대 결의의 내용이 강행법규 또는 주식회사의 본질에 반하는 결의까지 일단 효력이 발생하고 소로써만 무효로 할 수 있다는 것은 부당하므로, 확인소송설에 찬성한다.[1]

4. 결의부존재확인의 소

(1) 소의 원인

결의의 「절차상(형식적) 중대한 하자」가 소의 원인이다. 즉, 「총회의 소집절차 또는 결의방법에 총회결의가 존재한다고 볼 수 없을 정도의 중대한 하자가 있는 경우」가 결의부존재확인의 소의 원인이 된다(상 380조 후단).

판례에서 주주총회결의의 부존재를 인정한 것으로는 다음과 같은 것들이 있다. 「소집통지한 지정된 일시에 주주총회가 유회(流會)된 후 소집권자의 적법한 새로운 소집절차 없이 동일장소, 동일자, 다른 시간에 개최된 주주총회에서의 결의」,[2] 「권한이 없는 자가 소집한 주주총회의 결의」,[3] 「이사회의 결의 없이 무권한자가 일부

은 아니다).

1) 참고로 독일의 주식법에서는 무효판결의 효력에 대세적 효력을 인정하면서(AktG § 248 S. 1), 무효는 소 이외의 방법으로도 주장할 수 있음을 명문으로 규정하고 있다(AktG § 249 ① S. 2).

2) 대판 1964. 5. 26, 63 다 670(집 12 ① 민 108); 동 1993. 10. 12, 92 다 28235·28242(공보 957, 3059)(주주총회가 산회선언되었는데 그 후 주주 3인이 별도의 장소에 모여 결의를 한 경우에는 위 주주 3인이 과반수를 훨씬 넘는 주식을 가진 주주라 하더라도 그 결의는 주주총회결의 부존재라 볼 수 있다).

3) 대판 1959. 11. 19, 4292 민상 604(민판집 38, 632)(1945. 8. 9 이전에 한국 내에서 설립된 주식회사이나 주식이 전부 한국정부에 귀속되어 권한이 없는 일본인 대표이사가 주주총회를 소집한 경우); 동 1959. 12. 31, 4291 민상 150·151(카드 8204)(앞의 경우와 동일내용); 동 1962. 12. 27, 62 다 473(카드 6398)(앞의 경우와 동일내용); 동 1969. 9. 2, 67 다 1705·1706(집 17 ③ 민 81); 동 1973. 7. 24, 73 다 326(민판집 188, 476)(본 판결에서는 '무효'라고 판시하고 있으나, 내용상의 하자가 아니라 절차상의 하자이므로 '부존재'라고 하였어야 할 것이다); 동 1990. 2. 9, 89 누 4642(공보 1990, 661)(주주총회를 소집할 권리가 없는 자들이 소집한 주주총회에서 이사를 선임한 결의와 그 이사에 의한 이사회결의는 존재하지 않는 것이거나 당연무효이다); 동 2010. 6. 24, 2010 다 13541(공보 2010, 1442)(주주총회를 소집할 권한이 없는 자가 이사회의 주주총회 소집결정도 없이 소집한 주주총회에서 이루어진 결의는, 1인회사의 1인 주주에 의한 총회 또는 주

주주에게만 구두통지하여 소집한 주주총회의 결의」,[1]「주주의 전부 또는 대부분의 주주에게 소집통지를 발송하지 아니하고 개최된 주주총회의 결의」,[2]「발행주식총수 20,000주식 중 12,000주식에 기한 의결권을 행사할 수 있는 자에게 소집통지를 하지 아니하고 한 주주총회의 결의」,[3]「주식수탁자에 의한 결의」,[4]「주권발행 전의 주식양수인들이 한 주주총회의 결의」,[5]「기명주식의 양도방법(명의개서
저자 주)에 의하지 아니한 기명주식의 양도의 경우 주식양수인들에 의한 주주총회의 결의」,[6]「제1주주총회의 결의가 부존재인 경우 이에 기하여 선임된 대표이사가 소집한 제2주주총회의 결의」,[7]「주식의 소유가 실질적으로 분산되어 있는 주식회사에서 총 주식 대다수를 소유하고 있는 지배주주 1인이 실제의 소집절차와 결의절차를 거치지 아니한 채 주주총회의 결의가 있었던 것처럼 의사록을 허위로 작성한 경우」,[8] 등에, 주주총회결의의 부존재를 인정하고 있다.

1995년 개정상법 이전의 상법 제380조에 의한 판례에서는「전혀 주주총회를 소집·개최함이 없이 주주총회 의사록만을 작성하였거나 또는 외형상 당해 회사의 주주총회로 볼 수 없는 회의를 개최하여 의사록을 작성한 경우」,[9]나,「회사와 전혀 관계가 없는 사

주 전원이 참석하여 총회를 개최하는 데 동의하고 아무런 이의 없이 결의가 이루어졌다는 등의 특별한 사정이 없는 이상, 총회 및 결의라고 볼 만한 것이 사실상 존재한다고 하더라도 그 성립 과정에 중대한 하자가 있어 법률상 존재하지 않는다고 보아야 한다. 따라서 임기만료로 퇴임한 이사 갑이 소집한 이사회에 갑과 임기만료로 퇴임한 이사 을 및 이사 병이 참석하여 정을 대표이사에서 해임하고 갑을 대표이사로 선임하는 결의를 한 다음, 갑이 곧바로 소집한 주주총회에 갑·을·병이 주주로 참석하여 정을 이사에서 해임하고 갑과 무를 이사로 선임하는 결의를 한 경우, 위 이사회결의는 소집권한 없는 자가 소집하였을 뿐 아니라 이사가 아닌 자를 제외하면 이사 1인만 참석하여 이루어진 것이 되어 정관에 정한 소집절차 및 의결정족수에 위배되어 무효이고, 위 주주총회결의는 소집권한 없는 자가 이사회의 소집결정 없이 소집한 주주총회에서 이루어진 것으로 그 하자가 중대하여 법률상 존재하지 않는다고 보아야 한다); 동 2022. 11. 10, 2021 다 271282(공보 2023, 6)(주주총회를 소집할 권한이 없는 자가 이사회의 주주총회 소집결정도 없이 소집한 주주총회에서 이루어진 결의는 특별한 사정이 없는 한 총회 및 결의라고 볼 만한 것이 사실상 존재한다고 하더라도 그 성립과정에 중대한 하자가 있어 법률상 존재하지 않는다고 보아야 한다).

1) 대판 1973. 6. 29, 72 다 2611(공보 468, 7348).
2) 대판 1978. 11. 14, 78 다 1269(공보 603, 11589).
3) 대판 1980. 12. 9, 80 다 128(민판집 276, 70).
4) 대판 1975. 7. 8, 74 다 1969(민판집 211, 221).
5) 대판 1977. 6. 7, 77 다 54(민판집 234, 277).
6) 대판 1980. 1. 15, 79 다 71(집 28 ① 민 16).
7) 대판 1993. 10. 12, 92 다 28235·28242(공보 957, 3059).
8) 대판 2007. 2. 22, 2005 다 73020(공보 2007, 490).
9) 대판 1992. 8. 18, 91 다 14369(공보 930, 2731)(그러나 이 경우에도 허위로 의사록을 작성한 주주가 회사의 과반수 주식을 보유하거나 회사의 운영을 사실상 지배하는 주주인 경우에는 주주총회결의 부존재확인의 소에 준하여 회사의 책임을 인정할 수 있다고 한다); 동 1993. 3. 26, 92 다 32876(공보 944, 1296)(주주총회 자체가 소집된 바 없을 뿐만 아니라 결의서 등 그 결의의 존재를 인정할 아무런 외관적인 징표도 찾아볼 수 없으므로 이 사건 주주총회결의 부존재확인의 소

람이 주주총회 의사록을 위조한 경우와 같이 회사내부의 의사결정 자체가 아예 존재하지 않는 경우」[1] 등에는, 처음부터 주주총회결의가 존재하지 않으므로 상법 제380조(및 제190조)가 적용될 여지가 없다고 판시하였다.

이와 같이 우리 대법원은 1995년 개정상법 이전의 결의부존재확인의 판결에서 상법 제380조를 적용함에 있어서, 결의라고 볼 만한 실체가 사실상 존재하기는 하지만 소집절 차 또는 결의방법에 있어서 총회결의가 존재한다고 볼 수 없을 정도의 중대한 하자가 있 는 경우(표현결의〈表見決議〉)에만 상법 제380조를 적용하고, 총회결의 사실이 전혀 존재 하지 않는 경우(비결의〈非決議〉)에는 상법 제380조를 적용하지 않았다. 그 이유는 결의 부존재확인의 소의 판결의 효력이 소급하지 않았으므로 결의부존재확인의 소에서 승소한 원고가 아무런 승소의 이익을 가질 수 없는 점에서, 비결의의 경우에는 상법 제380조가 적용되지 않는다고 하여야 처음부터 그 효력이 없다고 볼 수 있었기 때문이다.

그런데 1995년 개정상법에서는 위와 같은 논리구성의 정당성에도 의문이 있을 뿐만 아니라, 표현결의 이외에 비결의도 상법 제380조의 결의부존재확인의 소의 원인이 될 수 있다고 볼 수 있는 점에서, 결의부존재확인판결의 효력에 소급효를 인정하였다.[2] 따라서 1995년 개정상법 이후에는 결의부존재확인판결에서 표현결의와 비결의로 나누어서 판시 하는 것은 거의 그 의미가 없게 되었다.[3]

(2) 소의 당사자

1) 원 고   결의무효확인의 소의 경우와 동일한데, 특히 결의부존재확인 의 소의 원고에 관한 판례로는 다음과 같은 것들이 있다. 주식회사의 「금전상의 채

는 확인의 이익이 없어 부적법하다); 동 1996. 6. 11, 95 다 13982(공보 1996, 2109)(대판 1992. 8. 18, 91 다 14369 판결의 내용과 동일함).

1) 대판 1992. 8. 18, 91 다 39924(공보 930, 2741); 동 1992. 9. 22, 91 다 5365(공보 932, 2950); 동 1994. 3. 25, 93 다 36097(공보 968, 1324); 동 1995. 6. 29, 94 다 22071(공보 997, 2522)(이미 회사에서 퇴직하여 경영에서 완전히 물러난 종전 대표이사가 주주도 아닌 자들을 다 방에 불러모아 의사록을 작성하여 총회결의의 외관을 현출시킨 데 지나지 않는다면, 이에 대한 주 주총회결의 부존재확인판결은 상법 제380조에 규정된 결의부존재의 범주에 들어가지 않는다 할 것이다).

2) 해설(1995), 127~129면.

3) 동지: 대판 2004. 8. 16, 2003 다 9636(공보 2004, 1522)(실제의 소집절차와 회의절차를 거치 지 아니한 채 주주총회 의사록을 허위로 작성하는 등 도저히 그 결의가 존재한다고 볼 수 없을 정 도로 중대한 하자가 있는 경우에는 그 주주총회의 결의는 부존재하다고 보아야 할 것이다〈대법원 1992. 9. 22. 선고 91 다 5365 판결〉. Y회사는 주주총회의 소집을 위한 각 주주에 대한 아무런 서 면통지나 소집공고 없이, 또 실제 결의를 한 바 없이, 1999. 3. 30. 마치 주주 전원이 참석하여 주 주총회의 결의를 한 것처럼 허위의 주주총회 의사록을 작성한 것은 주주총회 절차상의 하자가 너 무 중대하여 그 주주총회에서 하였다는 정관변경결의는 그 존재를 인정할 수 없고, 나아가 비록 이 사건 Y회사의 이사회결의나 그에 따른 전환사채 발행의 효력을 부인할 수는 없다 하더라도, 위 와 같은 정관변경결의가 있었던 것 같은 외관이 실제로 존재하고 있고, 앞으로 위와 같이 부존재 한 정관변경결의의 내용에 따라 주주 이외의 자에 대하여 전환사채를 발행할 위험성이 계속 존재 하는 이상, X의 이 사건 정관변경결의 부존재확인청구는 그 확인의 이익도 있다).

권자」는 그 회사의 주주총회결의의 부존재확인을 구할 법률상의 이익이 있고,[1] 회사의 단순한 채권자는 「그 회사의 주주총회의 결의로 인하여 권리 또는 법적 지위에 현실적으로 직접 어떠한 구체적인 영향을 받게 되는 경우」에 한하여 주주총회결의의 부존재확인을 구할 수 있다.[2] 「이사가 임원 개임(改任)의 주주총회결의에 의하여 임기만료 전에 이사직에서 해임당한 경우 그 이사」는 후임이사 선임결의가 부존재하거나 무효 등의 사유가 있고 구(舊) 이사가 상법 제386조 1항에 의하여 계속 천거의무를 갖게 되는 경우에는, 당초의 해임결의의 부존재확인을 구할 법률상 이익이 있다.[3]

「주권발행 전 주식양도 제한규정에 위반하여 주식을 양도한 자」는 결의부존재확인을 구할 수 있으나,[4] 「명의대여자」는 주주로 볼 수 없으므로 결의부존재확인을 구할 정당한 지위에 있지 않다.[5] 또한 「회사의 소유 및 경영을 양도한 지배주주」,[6] 「주권의 교부의무를 이행하지 않은 주식양도인」[7] 등이 부존재확인청구를 하는 것도 신의성실의 원칙에 반하는 소권(訴權)의 행사로서 인정될 수 없다.

주주는 주주총회의 결의에 관한 부존재확인의 소를 제기하면서 이를 피보전권리로 한 가처분이 허용되는 경우라 하더라도, 주주총회에서 이루어진 결의 자체의 집행 또는 효력정지를 구할 수 있을 뿐, 회사 또는 제3자의 별도의 거래행위에 직접 개입하여 회사가 체결한 계약의 무효를 주장하거나 이를 금지할 권리는 없다.[8]

2) 피　　고　　결의취소의 소 및 결의무효확인의 소의 경우와 같이, 결의부존재확인의 소송에 있어서 피고가 될 수 있는 자는 「회사」로 한정된다.[9]

(3) 제소기간

결의무효확인의 소의 경우와 같이, 상법상 제소기간의 제한이 없다.

---

1) 대판 1970. 2. 24, 69 다 2018(집 18 ① 민 146).
2) 대판 1977. 5. 10, 76 다 878(집 25 ② 민 1); 동 1980. 1. 29, 79 다 1322(공보 628, 12592); 동 1980. 10. 27, 79 다 2267(집 28 ③ 민 161); 동 1992. 8. 14, 91 다 45141(공보 929, 2655).
3) 대판 1991. 12. 13, 90 다카 1158(공보 913, 496). 동지: 대판 1985. 12. 10, 84 다카 319(공보 769, 235)(사임한 이사·감사의 경우); 동 1992. 2. 28, 91 다 8715(공보 918, 1149).
4) 대판 1980. 1. 15, 79 다 71(집 28 ① 민 16).
5) 대판 1980. 12. 9, 79 다 1989(민판집 276, 35).
6) 대판 1988. 10. 11, 87 다카 113(공보 1988, 1399); 동 1992. 8. 14, 91 다 45141(공보 929, 2655).
7) 대판 1991. 12. 13, 90 다카 1158(공보 913, 496); 동 1992. 2. 28, 91 다 8715(공보 918, 1149).
8) 대결 2001. 2. 28, 2000 마 7839(공보 2001, 1440).
9) 대판 1982. 9. 14, 80 다 2425(집 30 ③ 민 9)(통설도 이와 동지이다).

(4) 소의 절차

결의무효확인의 소의 경우와 동일하다.

(5) 판결의 효력

결의취소의 소 및 결의무효확인의 소의 경우와 동일하다($\frac{상\ 380조,}{190조\ 본문}$).[1] 즉, 대세적 효력이 있고 또한 소급효가 있다.[2]

(6) 소의 성질[3]

주주총회결의 부존재확인의 소가 「형성의 소」이냐 또는 「확인의 소」이냐에 대하여 학설은 결의무효확인의 소의 경우와 동일하게 견해가 나뉘어 있는데, 판례는 「확인의 소」라고 판시하고 있다.[4]

이에 관한 사건도 결의무효확인의 소의 경우와 같다.

5. 부당결의취소 · 변경의 소

(1) 소의 원인

주주총회의 결의에 관하여 특별한 이해관계가 있는 자는 의결권을 행사하지 못하는데($\frac{상\ 368}{조\ 3항}$), 이러한 자가 의결권을 행사하지 못함으로 말미암아 주주총회의 결의가 현저하게 부당하고 그 주주가 의결권을 행사하였더라면 이를 저지할 수 있었을 경우이다($\frac{상\ 381}{조\ 1항}$). 이에 관한 우리나라의 판례는 아직 없다.

---

1) 대판 1983. 3. 22, 82 다카 1810(집 31 ② 민 43)(이사선임결의 부존재확인소송에서 결의부존재확인판결은 그 결의에 의하여 선임된 이사가 그 이전에 한 소송행위에는 아무런 영향을 미치지 아니한다)(이 판결은 결의부존재확인판결이 소급하지 않는다는 1995년 개정상법 이전의 판결인데, 동 판결의 효력이 소급하는 것으로 개정한 1995년 개정상법에 의하면 맞지 않게 된다 — 저자 주); 동 1988. 4. 25, 87 누 399(공보 1988, 915).

2) 1995년 개정상법에서 결의취소의 소의 판결의 효력과 같이 소급효를 인정하는 것으로 개정하였다.

3) 결의부존재확인의 소에 대하여 1984년의 개정상법 이전에는 상법에 규정이 없었기 때문에, 그것이 「민사소송법상의 소」이냐 또는 「상법상의 소」이냐에 대하여 학설 · 판례는 나뉘어 있었다[이에 관한 과거의 대법원판례를 정리한 것으로는 정찬형, "주주총회결의의 하자," 「고시계」, 1988. 7, 94~95면 참조]. 그러나 1984년의 개정상법에서는 상법 제380조에 결의부존재확인의 소를 결의무효확인의 소와 함께 규정하고 있으므로, 그것이 「상법상의 소」라는 점에 대하여 입법적으로 해결하였다.

4) 대판 1980. 10. 27, 79 다 2267(집 28 ③ 민 161); 동 1965. 9. 28, 65 다 940(카드 1822) (결의부존재의 주장은 항변으로서도 가능한 것이며, 반드시 소제기의 방법에 의하여야 한다고만 볼 수 없다); 동 1992. 8. 18, 91 다 39924(공보 930, 2741)(상법 제380조에 규정된 주주총회결의 부존재확인의 소는 그 법적 성질이 확인의 소에 속하는 것인데, 이에 상법 제190조의 규정을 준용하는 것은 이 소를 회사법상의 소로 취급하여 그 판결에 대세적 효력을 부여하고 또 소급효를 제한하여〈이는 1995년 개정상법 이전의 규정에 의하여 소급효를 인정하지 않음 — 저자 주) 이미 형성된 법률관계를 유효한 것으로 취급함으로써 회사에 관한 법률관계에 법적 안정성을 보장하여 주려는 법정책적인 판단의 결과이다).

(2) 소의 당사자

1) 원   고   「주주총회결의에 관하여 특별한 이해관계가 있어 의결권을 행사할 수 없었던 자」이다($\frac{상 381}{조 1항}$).

2) 피   고   「회사」이다.[1]

(3) 제소기간

「결의의 날로부터 2월 내」이다($\frac{상 381}{조 1항}$).

(4) 소의 절차

결의취소의 소의 경우와 동일한데, 다만 법원의 재량에 의한 청구기각에 관한 규정($\frac{상}{379조}$)은 준용되지 않는다($\frac{상 381}{조 2항}$).

(5) 판결의 효력

결의취소의 소의 판결의 효력과 같이, 대세적 효력이 있고 또한 소급효가 있다($\frac{상 381조 2항,}{190조 본문}$).[2]

(6) 소의 성질

결의취소의 소의 경우와 같이 「형성의 소」라는 점에 대하여 이설(異說)이 없다.

제 3 관 이사회·대표이사 또는 집행임원(업무집행기관)

제1 총   설

(1) 1962년 우리 상법 제정 이후 2011년 4월 개정상법 이전까지 주식회사의 업무집행기관은 원칙적으로 이사회(의사결정기관)와 대표이사(대내적으로 회사의 업무를 집행하고 대외적으로 회사를 대표하는 기관)만이 있었는데, 이 경우 이사회는 한편으로는 회사의 업무집행에 관한 의사를 결정할 권한을 갖고($\frac{상 393}{조 1항}$) 다른 한편으로는 (대표)이사의 직무집행을 감독할 권한을 갖는다($\frac{상 393}{조 2항}$)(이러한 회사를 이사회의 면에서 보면 '참여형 이사회'라 하고, 집행임원의 면에서 보면 '집행임원 비설치회사'라 함). 이에 반하여 2011년 4월 개정상법은 집행임원제도를 도입하여, 회사는 선택에 의하여 대표이사에 갈음하여 집행임원을 둘 수 있도록 하였다(이러한 회사를 이사회의 면에서 보면 '감독형 이사회'라 하고, 집행임원의 면에서 보면 '집행임원 설치회사'라 함)($\frac{상 408조}{의 2 1항}$). 이

---

1) 동지: 정(동), (회) 376면; 이(철), (회) 644면; 채, 512면 외.

2) 1995년 개정상법에서 결의취소·결의무효확인 및 결의부존재확인의 소의 판결의 효력에 대하여 소급효를 인정하는 것으로 개정하면서(상 제376조 2항 및 제380조에서 제190조 단서의 적용 배제), 부당결의취소·변경의 소의 판결의 효력에 대하여는 이와 동일하게 개정하지 않아 이 경우에만 소급효가 제한되는 것으로 되었는데, 이는 법개정에 있어서의 과오로서 1998년 개정상법에 의하여 결의취소 등의 판결의 효력과 동일하게 개정하였다(상 381조 2항에서 190조 본문만 준용하는 것으로 개정함).

러한 집행임원 설치회사는 회사의 업무집행기관(집행임원)과 업무감독기관(이사회)을 분리하여, 이사회는 회사의 업무를 잘 알고 또한 경영의 전문가인 집행임원을 업무집행기관으로 선임·해임하여 회사의 업무집행(경영)을 맡기고, 이사회는 이에 대한 감독만을 하면서 (필요한 경우) 회사의 중요한 사항에 대하여 의사를 결정하는 회사를 말한다.

참여형 이사회제도에서는 이사회가 주로 업무집행기능에만 전념하여 이사회의 업무감독기능은 유명무실하게 되었다. 따라서 우리나라에서는 1998년 IMF 경제체제 이후 이사회의 감독기능을 강화하기 위하여 상장회사의 경우 이사회에 사외이사를 의무적으로 두도록 하였다(상 542조의 8 1항).[1]

2011년 4월 개정상법 이전에 법률상 집행임원에 관한 규정을 두지는 않고(즉, 이사회를 참여형 이사회에서 감독형 이사회로 변경하지 않고) 위와 같이 상장회사 등에게 (참여형 이사회에) 사외이사를 두는 것을 강제함으로써 상장회사 등은 사외이사를 두는 것을 최소화할 목적으로[2] 이사의 수를 대폭 축소하고 회사의 정관 또는 내규에 의하여 또는 대표이사에 의하여 선임된 (사실상의) 집행임원을 두게 되었다. 또한 이러한 집행임원은 등기되지 않으므로 비등기임원이라고도 불리운다. 이러한 (사실상의) 집행임원은 실제로 (사외이사를 강제하기 전에) 등기이사가 수행하던 직무를 담당하고 이로 인하여 보수 등에서도 등기이사와 거의 동등한 대우를 받고 있으면서도, 상법 등 법률상 근거가 없는 새로운 제도로서 발생하게 되었다. 또한 이러한 (사실상) 집

---

1) 정부는 1998년 2월 6일 경제위기를 극복하고 회사의 경영투명성 제고를 위하여 발표한 회사구조조정 추진방안에서 주권상장법인에 대하여 전격적으로 사외이사의 선임을 의무화하기로 정하였다. 이에 따라 1998년 2월 20일 유가증권상장규정을 개정하여 주권상장법인은 (회사경영의 공정과 투자자의 보호를 위하여) 이사총수의 4분의 1(최소 1인) 이상의 사외이사를 의무적으로 두도록 하였고, 사외이사의 적극적 자격요건과 소극적 자격요건을 규정하였다(동 규정 48조의 5). 2000년 1월 21일(법률 제6176호) 증권거래법이 개정되어 사외이사에 관하여 "주권상장법인은 사외이사를 이사총수의 4분의 1 이상이 되도록 하여야 한다. 다만, 대통령령이 정하는 주권상장법인의 사외이사는 3인 이상으로 하되, 이사총수의 2분의 1 이상이 되도록 하여야 한다"고 규정함으로써(동법 191조의 16 1항), 유가증권상장규정상의 사외이사에 관한 규정은 삭제되었다. 그 후 증권거래법은 2001년 3월 28일(법률 제6423호) 개정되어 사외이사를 의무적으로 두어야 할 회사에 주권상장법인뿐만 아니라 (대통령령이 정하는) 협회등록법인을 추가하고(동법 191조의 16 1항), 2003년 12월 31일(법률 제7025호) 다시 개정되어 대통령령이 정하는 주권상장법인 또는 협회등록법인의 사외이사는 3인 이상으로 하되 이사총수의 (2분의 1 이상에서) 과반수로 상향하였다(동법 191조의 16 1항 단서). 이러한 증권거래법상의 사외이사에 관한 규정의 내용은 2009년 1월 30일(법률 제9362호) 개정상법에 의하여 신설된 상장회사에 대한 특례에서 규정되고 있다(상 542조의 8).

2) 이와 같이 사외이사를 두는 것을 최소화하는 것은 참여형 이사회제도에서 사외이사가 회사의 의사를 결정하는 이사회에 매번 참여함으로써 사외이사의 기업정보에 대한 대외유출을 우려하고, 사외이사로 인한 이사회의 의사결정 지연 및 비용부담의 증가를 우려하기 때문이다[동지: 양동석, "임원제도도입에 따른 법적 문제,"「상사법연구」(한국상사법학회), 제20권 2호(2001), 113~114면].

행임원은 회사의 규모가 클수록 그 수가 많다. 이러한 (사실상) 집행임원(비등기이사)은 오늘날 실제로 IMF 경제체제 이전의 등기이사의 업무를 수행하면서도 주주총회에서 선임되지 않았고 또한 등기가 되지 않았다는 이유로, 우리 대법원판례는 이러한 (사실상) 집행임원은 상법상 이사로서의 직무권한을 행사할 수 없고 근로기준법상의 근로자에 해당한다고 판시하였다.[1] 이와 같이 2011년 4월 개정상법 이전에 사

---

1) 대판 2003. 9. 26, 2002 다 64681(공보 2003, 2075)(상법상 이사와 감사는 주주총회의 선임 결의를 거쳐 임명하고 그 등기를 하여야 하며, 이사와 감사의 법정 권한은 위와 같이 적법하게 선임된 이사와 감사만이 행사할 수 있을 뿐이고 그러한 선임절차를 거치지 아니한 채 다만 회사로부터 이사라는 직함을 형식적·명목적으로 부여받은 것에 불과한 자는 상법상 이사로서의 직무권한을 행사할 수 없다. 주식회사의 이사·감사 등 임원은 회사로부터 일정한 사무처리의 위임을 받고 있는 것이므로, 사용자의 지휘·감독 아래 일정한 근로를 제공하고 소정의 임금을 받는 고용관계에 있는 것이 아니며, 따라서 일정한 보수를 받는 경우에도 이를 근로기준법 소정의 임금이라 할 수 없고, 회사의 규정에 의하여 이사 등 임원에게 퇴직금을 지급하는 경우에도 그 퇴직금은 근로기준법 소정의 퇴직금이 아니라 재직중의 직무집행에 대한 대가로 지급되는 보수에 불과하다. 근로기준법의 적용을 받는 근로자에 해당하는지 여부는 계약의 형식에 관계없이 그 실질에 있어서 임금을 목적으로 종속적 관계에서 사용자에게 근로를 제공하였는지 여부에 따라 판단하여야 할 것이므로, 회사의 이사 또는 감사 등 임원이라고 하더라도 그 지위 또는 명칭이 형식적·명목적인 것이고 실제로는 매일 출근하여 업무집행권을 갖는 대표이사나 사용자의 지휘·감독 아래 일정한 근로를 제공하면서 그 대가로 보수를 받는 관계에 있다거나 또는 회사로부터 위임받은 사무를 처리하는 외에 대표이사 등의 지휘·감독 아래 일정한 노무를 담당하고 그 대가로 일정한 보수를 지급받아 왔다면 그러한 임원은 근로기준법상의 근로자에 해당한다).

그러나 그 이후에는 생명보험주식회사의 '방카슈랑스 및 직접 마케팅' 부문을 총괄하는 업무책임자이고 이사회에서 선임된 미등기임원인 상무에 대하여, 근로기준법상 근로자에 해당한다고 보기 어렵다고 판시하고 있는데, 이는 상법상 집행임원(상 408조의 2 2항)에 준하여 이러한 (사실상) 집행임원과 회사와의 관계는 위임관계라고 본 것이라고 볼 수 있다[대판 2017. 11. 9, 2012 다 10959(공보 2017, 2275)(회사의 임원이라 하더라도, 업무의 성격상 회사로부터 위임받은 사무를 처리하는 것으로 보기에 부족하고 실제로는 업무집행권을 가지는 대표이사 등의 지휘·감독 아래 일정한 노무를 담당하면서 그 노무에 대한 대가로 일정한 보수를 지급받아 왔다면, 그 임원은 근로기준법에서 정한 근로자에 해당할 수 있다. 그러나 회사의 임원이 담당하고 있는 업무 전체의 성격이나 업무수행의 실질이 위와 같은 정도로 사용자의 지휘·감독을 받으면서 일정한 근로를 제공하는 것에 그치지 아니하는 것이라면, 그 임원은 위임받은 사무를 처리하는 지위에 있다고 할 수 있으므로, 근로기준법상 근로자에 해당한다고 보기는 어렵다. 특히 대규모 회사의 임원이 전문적인 분야에 속한 업무의 경영을 위하여 특별히 임용되어 해당 업무를 총괄하여 책임을 지고 독립적으로 운영하면서 등기 이사와 마찬가지로 회사 경영을 위한 의사결정에 참여하여 왔고 일반 직원과 차별화된 처우를 받은 경우에는, 이러한 구체적인 임용 경위, 담당 업무 및 처우에 관한 특수한 사정을 충분히 참작하여 회사로부터 위임받은 사무를 처리하는지를 가려야 한다. 대규모 금융회사인 갑 보험회사에서 미등기임원인 상무로 선임되어 '방카슈랑스 및 직접마케팅〈Direct Marketing〉' 부문을 총괄하는 업무책임자〈Function Head〉의 업무를 담당하다가 해임된 을이 근로기준법상 근로자에 해당하는지 문제된 사안에서, 갑 회사의 규모, 경영 조직 및 대규모 금융회사로서의 특수성, 갑 회사의 경영목적상 필요에 의하여 을이 외부에서 미등기임원으로 선임된 경위, 그 과정에서 고려된 을의 전문적인 능력 및 담당 직위와의 상관관계, 을이 실제로 담당한 포괄적인 권한과 업무수행 실태, 갑 회사의 의사결정·경영에 대한 을의 참여 정도, 갑 회사의 임원과 직원에 대한 구분 및 분리 임용, 직원보다 현저하게 우대받은 을의 보수 및 처우, 해임의 경위와 취지 등에 관한 여러 사정을 관련 법리에 비추어 종합하여 보면, 을은 갑 회사의 대표이사 등으로부터 구체적인 지휘·감독을 받으면서 정해진 노무를 제공하였다기보다 기능적으로 분리된

외이사를 강제하는 법률에서 집행임원에 대하여는 규정을 두지 않음으로써, 사실상 종래의 임원(이사)의 업무를 수행하는 (사실상) 집행임원은 그 설치근거도 법률에 없었을 뿐만 아니라 그의 지위·권한·의무·책임에 대하여도 법률에 규정이 없었고 또한 그러한 집행임원은 등기되어 공시되지도 않음으로 인하여 (사실상) 집행임원과 거래하는 제3자의 보호에 많은 문제점을 제기하였다. 이러한 (사실상) 집행임원은 (참여형 이사회에) 사외이사의 설치 강요에 따라 발생한 새로운 기업에서의 현상으로서 법률이 미처 이를 규정하지 못한 점에서 발생한 특수한 현상(법률상 미아 현상)이라고 볼 수 있다. 따라서 해석론상으로는 이러한 집행임원에 대하여 그 성질이 허용하는 한 이사에 관한 규정을 유추적용하여 그의 의무·책임 등을 인정하여야 하고, 입법론상으로는 집행임원에 관하여 그의 지위·권한·의무·책임 등에 대하여 상법에서 규정하여야 한다는 주장이 제기되었다.[1]

비교법적으로 볼 때 (앞에서 본 바와 같이) 독일에서는 업무집행기관(이사회)과 업무감독기관(감사회)이 처음부터 분리되었고(중층제도), 미국에서는 초기에 참여형 이사회제도이었으나(단층제도) 근래에는 감독형 이사회제도를 많이 채택하여 독일의 중층제도와 유사하게 되었다. 따라서 오늘날은 업무집행기관과 업무감독기관을 분리하는 입법추세가 국제적인 기준이 되고 있다고 볼 수 있다. 미국에서 집행임원을 의무적으로 두도록 한 주법(州法)으로는 캘리포니아주[2]·델라웨어주[3] 등이 있고, 정관에 의하여 집행임원을 둘 수 있도록 한 주로는 뉴욕주[4] 등이 있다. 미국법조협회

특정 전문 부분에 관한 업무 전체를 포괄적으로 위임받아 이를 총괄하면서 상당한 정도의 독자적인 권한과 책임을 바탕으로 처리하는 지위에 있었으므로 근로기준법상 근로자에 해당한다고 보기 어렵다)][이 판결에 대한 평석으로는 김선정, "주주총회에서 선임되지 않은 보험사 임원의 법적 지위," 「월간생명보험」(생명보험협회), Vol. 469(2018. 3), 30~46면].

1) 이에 관한 상세는 정찬형, "한국 주식회사에서의 집행임원에 관한 연구," 「고려법학」, 제43호(2004. 11), 37~62면; 동, "주식회사의 지배구조와 권한분배," 「상사판례연구」(한국상사판례학회), 제16집(2004), 32~35면; 동, "2007년 확정한 정부의 상법(회사법) 개정안에 대한 의견," 「고려법학」(고려대 법학연구원), 제50호(2008), 384면; 동, "주식회사의 지배구조," 「상사법연구」(한국상사법학회), 제28권 3호(2009. 11), 39~48면, 54면; 동, 사외이사제도 개선방안에 관한 연구(한국상장회사협의회)(상장협 연구보고서 2010-2), 2010. 10, 98~103면.

동지: 정쾌영, "집행임원제도에 관한 상법개정안의 문제점 검토," 「기업법연구」(한국기업법학회), 제21권 제4호(2007. 12), 110~111면, 116면; 전우현, "주식회사 감사위원회제도의 개선에 관한 일고찰—집행임원제 필요성에 관한 검토의 부가," 「상사법연구」(한국상사법학회), 제23권 3호(2004. 11), 284면; 원동욱, "주식회사 이사회의 기능변화에 따른 집행임원제도의 도입에 관한 연구," 법학박사학위논문(고려대, 2006. 2), 86~87면, 167~169면, 181면; 서규영, "주식회사의 집행임원제도에 관한 연구," 법학박사학위논문(고려대, 2009. 8), 101~102면, 182면 외.

2) Cal. Corp. Code 제312조.

3) Del. Gen. Corp. Law 제142조.

4) N. Y. Bus. Corp. Law 제715조.

(American Law Institute: ALI)가 1992년 3월 31일에 최종안으로 제안한 회사지배구조의 원칙(Principles of Corporate Governance: Analysis and Recommendation)에 의하면 일정규모 이상의 공개회사는 집행임원제도를 채택하도록 하고($\frac{동 원칙}{3.01조}$), 개정모범사업회사법(Revised Model Business Corporation Act 2006: RMBCA)도 회사는 집행임원을 두도록 하고 있다($\frac{동법 8.40}{조 (a)항}$). 프랑스의 2001년 개정상법에서도 회사의 전반적인 업무집행권은 회사의 선택에 따라 대표이사 또는 대표이사와는 다른 자인 집행임원이 행사할 수 있도록 하였다($\frac{佛商\ 225-}{51-1조}$). 일본의 2005년 신회사법에서는 사외이사를 과반수로 한 위원회를 설치하는 위원회설치회사에서는 집행임원(執行役)을 의무적으로 두도록 하고 있고($\frac{日會 402}{조 1항}$), 2005년 개정된 중국 회사법도 주식회사에서는 집행임원(經理)을 의무적으로 두도록 하고 있다($\frac{中會 114}{조 1문}$).[1]

위에서 본 바와 같이 우리나라의 (대규모) 상장회사에서 실무상 두고 있는 (사실상) 집행임원에 대하여 법적 근거를 마련하고, 대내적으로 경영의 안정성과 효율성을 확보하고 대외적으로 거래의 안전을 기할 수 있도록 하기 위하여, 2011년 4월 개정상법은 이사회와는 별도의 집행임원을 둘 수 있도록 하여 업무집행기관(집행임원)과 업무감독기관(이사회)을 분리한 지배구조($\frac{집행임원 설치회사,}{감독형 이사회제도}$)를 가질 수 있도록 하였다.

따라서 이하에서는 주식회사의 업무집행기관에 대하여 집행임원이 없는 종래와 같은 이사회 · 대표이사의 경우($\frac{집행임원 비설치회사,}{참여형 이사회제도}$)와 2011년 4월 개정상법이 도입한 집행임원이 있는 경우($\frac{집행임원 설치회사,}{감독형 이사회제도}$)로 나누어 설명하겠다.

(2) 집행임원 비설치회사의 경우 주식회사의 업무집행기관이 원칙적으로 이사회와 대표이사로 분화되는 경우에 이사의 기관성 여부에 대하여는 (i) 긍정설[2](소수설)과 (ii) 부정설[3](다수설)이 있으나, 부정설이 타당하다고 본다. 이렇게 볼 때 집행임원 비설치회사의 경우 상법상 업무집행기관은 원칙적으로 이사 전원으로 구성되고 업무집행의 의결을 하는 「이사회」(board of directors; Vorstand; conseil d'administration)와, 이사회(또는 주주총회)에서 선임되고 업무집행 자체를 수행하며 제3자에 대하여 회사를 대표하는 「대표이사」로 구성된다. 그러므로 부정설에서 보면 이사는 직접 회사의 기관이 되는 것이 아니고 「이사회」와 「대표이사」만이 기관

1) 중국 회사법상 집행임원제도에 관하여는 席丹丹, "中國會社法上 執行任員制度에 관한 硏究," 법학석사학위논문(고려대, 2011. 2) 참조.
2) 이(철), (회) 659면; 박 · 이, 252면.
3) 정(희), 470면; 서 · 정, 426면; 손(주), 754면; 정(동), (회) 382~383면; 서(정), 277면; 이(원), 256면; 차, 334면; 최(기), (회) 540면; 이(병), 447면; 강, 136면; 주회(상), 660면; 주상(제5판) (회사 Ⅲ), 191면; 채, 545면; 이(기) 외, (회) 298면; 이 · 최, 318면.

이며, 이사는 다만 이사회의 구성원과 대표이사가 될 수 있는 전제자격[1]에 불과하다. 이렇게 볼 때 상법상 이사가 주주총회에 출석하여 의사록에 기명날인 또는 서명하는 권한($\frac{상 373}{조 2항}$), 설립무효의 소($\frac{상}{328조}$)·총회결의취소의 소($\frac{상}{376조}$)·신주발행무효의 소($\frac{상}{429조}$)·자본금 감소무효의 소($\frac{상}{445조}$)·합병무효의 소($\frac{상}{529조}$) 등 각종의 소를 제기할 수 있는 권한, 이사의 부작위의무($\frac{상 397조, 397}{조의 2, 398조}$) 및 임무해태로 인한 책임($\frac{상}{399조}$) 등은 이사가 기관으로서 갖는 권리·의무·책임이 아니라, 이사가 기관구성원으로서 개인의 지위에서 갖는 권리·의무·책임이라고 보아야 할 것이다.[2]

그러나 자본금이 10억원 미만인 소규모 주식회사의 경우에는 1명 또는 2명의 이사를 둘 수 있는데($\frac{상 383조}{1항 단서}$), 이로 인하여 그러한 회사가 1명 또는 2명의 이사를 둔 경우에는 이사회가 없고($\frac{상 383}{조 5항}$) 또한 (이사가 2명인 경우에도) 대표이사가 임의기관이므로($\frac{상 383}{조 6항}$), 이러한 소규모 주식회사의 업무집행기관은 이사회와 대표이사로 이원화되지 않고 예외적으로 각 이사($\frac{정관에 따라 대표이사를}{정한 경우에는 그 대표이사}$)로 일원화되어 있다($\frac{상 383}{조 6항}$). 따라서 이러한 소규모 주식회사의 업무집행기관은 유한회사의 업무집행기관과 아주 유사하게 된다($\frac{상 561}{조 참조}$).

(3) 집행임원 설치회사의 경우 주식회사의 업무집행기관은 집행임원이라고 볼 수 있다($\frac{상 408}{조의 4}$). 이 때 이사회는 집행임원의 업무집행을 감독하는 것을 주업무로 한다($\frac{상 408조의}{2 \ 3항 2호}$).

(4) 이하에서는 집행임원 비설치회사의 경우 주식회사의 업무집행기관이 원칙적으로 이사회와 대표이사로 분화되는 점을 전제로 하여, 이사회의 구성원이고 대표이사가 될 수 있는 전제자격인 이사에 대하여 먼저 설명하고, 다음으로 이사회와 대표이사에 대하여 차례로 설명하겠다. 또한 집행임원 설치회사의 경우 주식회사의 업무집행기관은 대표이사에 갈음하여 집행임원인 점에서 대표이사 다음에 집행임원을 설명하겠다. 마지막으로 이사·집행임원의 의무와 책임에 대하여 설명하겠다.

제 2 이   사

1. 의   의

(1) 개   념

이사(director; Vorstandsmitglieder; directeur)는 앞에서 본 바와 같이 원칙적으로

---

1) 동지: 정(희), 470면.
2) 동지: 정(동), (회) 382~383면.

기관이 아니라 기관인 이사회의 구성원에 불과하다. 따라서 이사란 집행임원 비설
치회사의 경우「이사회의 구성원으로서 이사회의 회사의 업무집행에 관한 의사결
정과 (대표)이사의 업무집행을 감독하는 데 참여할 권한을 갖는 자」라고 볼 수 있다.
그런데 집행임원 설치회사에서의 이사란「이사회의 구성원으로서 원칙적으로 집행
임원의 업무집행을 감독하는 데 참여할 권한을 가진 자」라고 볼 수 있다.

그러나 이사가 1명 또는 2명인 소규모 주식회사의 경우에는 앞에서 본 바와 같
이 예외적으로 각 이사($\binom{정관에 따라 대표이사를}{정한 경우에는 그 대표이사}$)는「업무집행기관 및 대표기관」으로서의
지위를 갖는다($\binom{상 383}{조 6항}$).

(2) 회사와의 관계

이사와 회사와의 관계는 위임관계이므로(상업사용인과 회사와의 관계가 보통 고용
관계인 점과 구별됨), 민법상의 위임에 관한 규정이 이에 준용된다($\binom{상 382}{조 2항}$). 그러나 민법
상의 위임계약이 원칙적으로 무상인 점과는 달리 회사는 이사에게 보수를 주는 것
이 보통이다(유상계약). 따라서 상법은 이사의 보수의 액을 정관에서 정하지 아니한
때에는 주주총회의 결의로 이를 정하여야 하는 것으로 규정하고 있다($\binom{상}{388조}$)

2. 선임 · 종임

(1) 선   임

1) 선임기관 · 방법

(개) 이사는「주주총회」에서「보통결의」[1]에 의하여 선임된다($\binom{주주총회의}{전속권한사항}$)($\binom{상 382}{조 1항}$).
이사의 선임방법에는 단순투표제(straight voting)와 집중투표제(누적투표제)
(cumulative voting)가 인정되는데, 집중투표제에 대하여는 다음에서 상세히 살펴보
겠다.

(내) 설립시의 경우에는 위와 달리 선임되는데, 발기설립의 경우는「발기인」에
의하여 선임되고($\binom{상}{296조}$), 모집설립의 경우에는「창립총회」에서 선임된다($\binom{상}{312조}$).

(대) 이사는 주주총회에서 선임되는데, 언제 이사의 지위를 취득하는지가 문제된

---

1) 1995년 개정상법 이전에는 이사 선임을 하기 위한 결의요건은 발행주식의 과반수에 해당하는
주식을 가진 주주의 출석이라는 출석정족수와 그 의결권의 과반수의 결의가 있어야 한다는 의결
정족수가 엄격하게 지켜져야 하며, 정관에 의해서도 그 요건을 완화 내지 배척하지 못하는 것으로
규정하였다(상 384조). 이는 개정전 상법이 보통결의요건을 정관의 규정에 의하여 완화할 수 있
도록 규정하였기 때문에(상 368조 1항) 이사선임의 경우에는 이를 완화할 수 없도록 규정한 것인
데(상 384조), 1995년 개정상법에서는 보통결의요건(상 368조 1항)을 정관의 규정에 의하여 강화할
수는 있으나 완화할 수는 없다고 해석하므로 이를 완화할 수 없도록 한 상법 제384조의 의미가 없어
졌다. 따라서 1995년 개정상법에서는 제384조를 삭제한 것이다[동지: 해설(1995), 130~131면].

다. 이에 대하여 종래의 대법원판례는 "주주총회의 결의는 피선임자를 회사의 기관인 이사로 한다는 취지의 회사 내부의 의사결정에 불과하므로 주주총회에서 이사의 선임결의가 있었다고 하여 바로 피선임자가 이사의 지위를 취득하는 것이 아니고, 주주총회의 이 결의에 따라 회사대표자의 청약과 피선임자의 승낙(묵시적이라도 무관)으로 피선임자가 이사의 지위를 취득한다(상 382조 2항)"고 판시하였는데,[1] 그 후 대법원 전원합의체 판결로써 이러한 종래의 대법원판례를 변경하여 "주주총회에서 이사·감사를 선임하는 경우, 그 선임결의와 피선임자의 승낙만 있으면, 피선임자는 대표이사와 별도의 임용계약을 체결하였는지 여부와 관계없이 이사·감사의 지위를 취득한다"고 판시하였다.[2]

---

1) 감사의 경우 동지의 판례로는 대판 1995. 2. 28, 94 다 31440(공보 1995, 1458); 대결 2005. 11. 8, 2005 마 541(공보 2006, 89).

　동지: 임중호, "주주총회의 이사·감사선임행위의 법적 구조," 「21세기한국상사법의 진로」(내동우홍구박사정년기념논문집), 2002, 252면, 253~255면(다만 임용계약의 체결시에 요구되는 회사대표권도 원칙적으로 주주총회에 귀속된다고 한다).

2) 대판(전) 2017. 3. 23, 2016 다 251215(공보 2017, 863)(이사·감사의 지위가 주주총회의 선임결의와 별도로 대표이사와 사이에 임용계약이 체결되어야만 비로소 인정된다고 보는 것은, 이사·감사의 선임을 주주총회의 전속적 권한으로 규정하여 주주들의 단체적 의사결정 사항으로 정한 상법의 취지에 배치된다. 또한 상법상 대표이사는 회사를 대표하며, 회사의 영업에 관한 재판상 또는 재판 외의 모든 행위를 할 권한이 있으나〈제389조 제3항, 제209조 제1항〉, 이사·감사의 선임이 여기에 속하지 아니함은 법문상 분명하다. 그러므로 이사·감사의 지위는 주주총회의 선임결의가 있고 선임된 사람의 동의가 있으면 취득된다고 보는 것이 옳다. 상법상 이사는 이사회의 구성원으로서 회사의 업무집행에 관한 의사결정에 참여할 권한을 가진다〈제393조 제1항〉. 상법은 회사와 이사의 관계에 민법의 위임에 관한 규정을 준용하고〈제382조 제2항〉, 이사에 대하여 법령과 정관의 규정에 따라 회사를 위하여 그 직무를 충실하게 수행하여야 할 의무를 부과하는 한편〈제382조의 3〉, 이사의 보수는 정관에 그 액을 정하지 아니한 때에는 주주총회의 결의로 이를 정한다고 규정하고 있는데〈제388조〉, 위 각 규정의 내용 및 취지에 비추어 보아도 이사의 지위는 단체법적 성질을 가지는 것으로서 이사로 선임된 사람과 대표이사 사이에 체결되는 계약에 기초한 것은 아니다. 또한 주주총회에서 새로운 이사를 선임하는 결의는 주주들이 경영진을 교체하는 의미를 가지는 경우가 종종 있는데, 이사 선임결의에도 불구하고 퇴임하는 대표이사가 임용계약의 청약을 하지 아니한 이상 이사로서의 지위를 취득하지 못한다고 보게 되면 주주로서는 효과적인 구제책이 없다는 문제점이 있다. 한편 감사는 이사의 직무의 집행을 감사하는 주식회사의 필요적 상설기관이며〈제412조 제1항〉, 회사와 감사의 관계에 대해서는 이사에 관한 상법 규정이 다수 준용된다〈제415조, 제382조 제2항, 제388조〉. 이사의 선임과 달리 특히 감사의 선임에 대하여 상법은 제409조 제2항에서 "의결권 없는 주식을 제외한 발행주식총수의 100분의 3을 초과하는 수의 주식을 가진 주주는 그 초과하는 주식에 관하여는 의결권을 행사하지 못한다"라고 규정하고 있다. 따라서 감사 선임결의에도 불구하고 대표이사가 임용계약의 청약을 하지 아니하여 감사로서의 지위를 취득하지 못한다고 하면, 위 조항에서 감사 선임에 관하여 대주주의 의결권을 제한한 취지가 몰각되어 부당하다. 이사의 직무집행에 대한 감사를 임무로 하는 감사의 취임 여부를 감사의 대상인 대표이사에게 맡기는 것이 단체법의 성격에 비추어 보아도 적절하지 아니함은 말할 것도 없다. 결론적으로, 주주총회에서 이사나 감사를 선임하는 경우, 선임결의와 피선임자의 승낙만 있으면, 피선임자는 대표이사와 별도의 임용계약을 체결하였는지와 관계없이 이사나 감사의 지위를 취득한다)[이 판결에 찬성하는 취지의 평석으로는 김성탁, "주주총회의 선임결의와 피선임자의 승낙에 의한 이사·감사 지위 취득의 법리," 「상사법연구」(한국상사법학회), 제36권

(라) 이사의 선임이 끝나면 그 성명과 주민등록번호를 「등기」하여야 한다($_{조\,2}^{상\,317}$ $_{8호}^{항}$). 따라서 상법상 이사는 위와 같은 주주총회의 선임절차를 거쳐 이사의 지위를 취득한 후 등기된 자만이다.[1]

2) 집중투표제

(가) 의   의   집중투표제란 2명 이상의 이사의 선임에서 각 주주가 1주마다 선임할 이사의 수와 동일한 의결권을 갖고($_{순투표제와\;동일}^{이\;점에서는\;단}$), 이 의결권을 이사후보자 1명 또는 수 명에게 집중하여 투표하는 방법으로($_{투표제와\;구별}^{이\;점에서\;단순}$) 그 의결권을 행사하는 제도이다. 예컨대, 2명의 이사를 동일한 주주총회에서 선임하는 경우에 발행주식총수($_{주}^{10,000}$) 중 6,000주를 가진 주주 갑은 12,000개의 의결권이 있고 4,000주를 가진 주주 을은 8,000개의 의결권이 있다. 이 때 갑측 이사후보자는 A와 B이고 을측 이사후보자는 C인 경우, 갑은 A에 대하여 7,000개의 의결권을 행사하면 B에 대하여는 5,000개의 의결권을 행사할 수밖에 없는데, 을은 그의 의결권 8,000개를 전부 C에게 행사하면, 이사는 A와 C가 된다.

이와 같이 집중투표제는 소수주주의 대표자가 이사로 선임될 수 있어 다수주주에 의하여 선임된 이사의 경영을 견제할 수 있는 장점도 있으나, 이사회 구성원의 이질성(異質性)으로 인하여 회사경영의 원활을 해칠 수 있는 단점도 있다.[2]

이러한 집중투표제는 미국[3]과 일본[4] 등에서 인정되고 있는데,[5] 1998년 개정상법이 이를 도입한 것이다. 이러한 집중투표제는 2명 이상의 이사의 선임을 일괄하여 1개의 결의사항으로 취급하는 것으로서, 의결권의 행사방법이 보통의 의결권의 행사방법과 다를 뿐이므로 1주 1의결권의 원칙에 반하는 것이 아니고,[6] 또한 의결

제2호(2017. 8), 263~306면; 김선광, "이사·감사 지위의 실효성 요건," 「기업법연구」(한국기업법학회), 제32권 제3호(2018. 9), 73~97면].

1) 동지: 대판 2003. 9. 26, 2002 다 64681(공보 2003, 2075)(상법상 이사와 감사는 주주총회의 선임 결의를 거쳐 임명하고 그 등기를 하여야 하며, 이사와 감사의 법정 권한은 위와 같이 적법하게 선임된 이사와 감사만이 행사할 수 있을 뿐이고 그러한 선임절차를 거치지 아니한 채 다만 회사로부터 이사라는 직함을 형식적·명목적으로 부여받은 것에 불과한 자는 상법상 이사로서의 직무권한을 행사할 수 없다).

2) 동지: 손(주), 761~762면; 정(동), (회) 385면.

3) RMBCA(2006) § 7.28; Cal. § 301.5.

4) 日會 342조.

5) 러시아의 「주식회사에 관한 연방법」에서는 2004년 개정 후에 모든 주식회사가 이사의 선임은 집중투표에 의하도록 하고 있다(동법 제66조 4항)(그런데 2004년 개정 전에는 의결권 있는 주식을 가진 주주가 1,000명을 초과하는 회사만 집중투표제를 의무적으로 하도록 하고, 그 이하의 회사는 회사가 선택하여 할 수 있도록 하였다).

6) 동지: 손(주), 762면; 정(동), (회) 384면; 김성탁, "대주주의 이사선임 독점현상을 시정하기 위한 제도모색(집중투표제의 실효성 제고방안을 중심으로)," 「상사법연구」, 제20권 3호(2001), 257~258면.

권을 같은 방향으로 행사하는 것이므로 의결권의 불통일행사가 아니다.[1]

(내) 요 건

① **정관에 이를 배제하는 규정이 없을 것**　　정관에서 집중투표제를 배제하는 규정을 두지 않아야 한다($\frac{\text{상 382조}}{\text{의 2 1항}}$). 즉, 집중투표제는 회사의 선택에 의하여 그 실시 여부를 결정할 수 있는데, 회사는 이와 같이 정관에 이를 배제할 수 있는 규정을 두거나 이사의 임기를 시차별로 하여 사실상 이 제도를 무력화시킬 수 있다.[2]

최근 사업연도말 현재의 자산총액이 2조원 이상인 상장회사가 정관으로 집중투표를 배제하거나 그 배제된 정관을 변경하려는 경우에는 의결권 없는 주식을 제외한 발행주식총수의 100분의 3(정관으로 이보다 낮은 주식보유비율을 정한 경우에는 그 비율로 한다)을 초과하는 수의 주식을 가진 주주는 그 초과하는 주식에 관하여 의결권을 행사하지 못하고($\frac{\text{상 542조의 7}}{\text{3항, 상시 33조}}$), 집중투표의 배제 여부에 관한 정관의 변경을 주주총회의 목적사항으로 하는 의안은 그 밖의 사항의 정관 변경에 관한 의안과 별도로 상정하여 의결하여야 한다($\frac{\text{상 542조}}{\text{의 7 4항}}$).[3]

② **2인 이상의 이사 선임**　　2인 이상의 이사를 선임하는 주주총회의 결의의 경우에 한하여 집중투표제를 채택할 수 있다($\frac{\text{상 382조}}{\text{의 2 1항}}$).

③ **소수주주의 청구**　　의결권 없는 주식을 제외한 발행주식총수의 100분의 3 이상에 해당하는 주식을 가진 주주가 회사에 대하여 집중투표의 방법으로 이사를 선임할 것을 청구하여야 한다($\frac{\text{상 382조}}{\text{의 2 1항}}$).

반대: 이(철), (회) 670면(1주 1의결권의 원칙에 대한 예외라고 함).

1) 동지: 손(주), 762면.
2) 동지: 정(동), (회) 385면.

　　2010년 4월 1일 현재 유가증권시장 주권상장법인 713개사(외국회사 3개사 제외) 중 649개 회사(91.0%)가 정관에 의하여 집중투표제를 배제하고 있다[한국상장회사협의회, 「유가증권시장 주권상장법인 정관 기재유형」, 2010. 6, 60면 참조]. 따라서 우리나라에서는 집중투표제에 대한 정관배제조항을 삭제하여 이를 의무화해야 한다고 주장하는 견해도 있으나, 회사의 원만한 경영을 위해서나 소수주주를 보호하기 위한 예외적인 제도를 근본적인 이유 없이 상법에 의하여 의무규정으로 두는 것은 (자본)다수결의 원칙에 반하는 점 등에서 볼 때 이의 채택여부를 회사의 자치에 맡기는 것이 타당하다고 본다[이에 관한 상세는 정찬형, "IMF경제체제 이후 회사지배구조에 관한 상법개정에 대한 평가," 「현대상사법논집」(우계강희갑박사화갑기념논문집), 2001. 12, 30~34면 참조. 동지: 이형규, "집중투표제와 그 의무화에 대한 검토," 「현대상사법논집」(우계강희갑박사화갑기념논문집), 2001, 114~115면].

3) 입법론상 상법 제542조의 7 제3항 및 제4항은 정당한 이유 없이 주주의 의결권을 제한하는 것으로서 삭제되어야 한다고 본다[정찬형, "2009년 개정상법 중 상장회사에 대한 특례규정에 관한 의견," 「상사법연구」(한국상사법학회), 제28권 제1호(2009. 5), 289면. 동지: 김순석, "상사회사 특례제도의 문제점 및 개선방안," 「상사법연구」(한국상사법학회), 제34권 제2호(2015. 8), 140면; 송양호, "상장회사 특례규정 및 동 시행령에 관한 검토 및 개선방안," 「기업법연구」(한국기업법학회), 제26권 제1호(2012. 3), 163면].

그러나 최근 사업연도말 자산총액이 2조원 이상인 상장회사는 의결권 없는 주식을 제외한 발행주식총수의 100분의 1 이상에 해당하는 주식을 보유한 주주가 집중투표의 방법으로 이사를 선임할 것을 청구할 수 있다(상 542조의 7, 상시 33조).[1]

소수주주는 이러한 청구를 비상장회사의 경우는 이사 선임을 위한 주주총회 회일의 7일 전까지 회사에 서면 또는 전자문서로 하여야 하고(상 382조의 2 2항), 상장회사의 경우는 주주총회일(정기주주총회의 경우에는 직전 연도의 정기주주총회일에 해당하는 그 해의 해당일) 6주 전까지 서면 또는 전자문서로 회사에 청구하여야 한다(상 542조의 7 1항). 소수주주가 이와 같이 집중투표의 청구를 한 경우에 주주총회는 이를 배제하는 결의를 할 수 없다고 본다. 왜냐하면 다수결로써 이를 배제하면 집중투표제를 인정하는 의미가 없기 때문이다.[2]

④ 회사의 공시   소수주주가 위와 같이 집중투표를 서면으로 청구하면 회사는 이러한 서면을 주주총회가 종결될 때까지 본점에 비치하고 주주로 하여금 영업시간 내에 열람할 수 있게 하여야 하고(상 382조의 2 6항), 주주총회의 의장은 이사 선임의 결의에 앞서 집중투표의 청구가 있다는 취지를 알려야 한다(상 382조의 2 5항). 회사가 이러한 공시를 하지 않으면 소집절차 또는 결의방법에 하자가 있는 것이므로 결의취소의 소의 원인이 된다고 본다.[3] 또한 회사는 주주에 대하여 주주총회의 소집의 통지와 공고를 함에 있어서는 주주가 집중투표의 청구를 할 것인가 여부를 결정할 수 있도록 하기 위하여 선임할 이사의 수를 기재하여야 한다고 본다.[4]

⑷ 투표방법 및 선임결정

① 위의 요건이 구비되면, 각 주주는 1주마다 선임할 이사의 수와 동일한 수의 의결권을 갖고, 그 의결권을 이사후보자 1인 또는 수 인에게 집중하여 투표할 수도 있으며, 분산하여 투표할 수도 있다(상 382조의 2 3항). 이에 관한 구체적인 예는 앞에서 본 바와 같다.

이 때 정관에 의하여 출석정족수(의사정족수)가 규정되어 있으면(상 368조 1항) 이를 충족하여야 한다.[5]

---

1) 2013년 7월 16일 정부(법무부)의 「상법 일부 개정(안) 입법예고」(법무부공고 제2013－162호)에서는 상법 제542조의 7 제1항을 개정하여 "자산규모 등을 고려하여 대통령령으로 정하는 상장회사에서 2인 이상의 이사의 선임을 목적으로 하는 총회가 있는 경우 제542조의 6 제2항에 해당하는 주식(원칙적으로 발행주식총수의 1,000분의 10)을 보유한 주주는 집중투표의 방법으로 이사를 선임할 것을 청구할 수 있다"고 규정함으로써, 이 경우 회사는 정관배제와 관계 없이 이를 채택하도록 의무화 하였다(동 개정안 개정이유 참조).
2) 동지: 이(철), (회) 670면.
3) 동지: 정(동), (회) 386면; 최(기), 831면.
4) 동지: 정(동), (회) 386면; 최(기), 830면.
5) 동지: 대판 2017. 1. 12, 2016 다 217741(신문 4479, 10).

② 위와 같이 투표한 결과 투표의 최다수를 얻은 자부터 순차적으로 이사에 선임된다($\frac{상\ 382조}{의\ 2\ 4항}$).

3) 자 격

(개) 이사가 될 수 있는 자격에는 원칙적으로 제한이 없으므로,[1] 주주가 아니어도 무방하다. 따라서 주식회사의 소유와 경영은 분리되고 있다. 그러나 정관으로 이사는 주주이어야 한다는 것 등을 정할 수 있는데(자격주〈資格株〉), 이 때에 이사는 그 수의 주권을 감사 또는 감사위원회(대표위원)에게 공탁하여야 한다($\frac{상\ 387조,\ 415}{조의\ 2\ 7항}$).

(내) 2009년 1월 개정상법에 의하면 사외이사의 결격사유에 대하여 규정하고, 사외이사가 그러한 결격사유의 하나에 해당하게 되면 그 직을 상실하는 것으로 규정하고 있다($\frac{상\ 382}{조\ 3항}$). 즉, 사외이사는 해당 회사의 상무에 종사하지 아니하는 이사로서, 다음의 결격사유 중 어느 하나에도 해당하지 아니하는 자를 말한다. 사외이사의 이러한 결격사유는 (i) 회사의 상무에 종사하는 이사·집행임원 및 피용자 또는 최근 2년 이내에 회사의 상무에 종사한 이사·감사·집행임원 및 피용자, (ii) 최대주주가 자연인인 경우 본인과 그 배우자 및 직계 존·비속, (iii) 최대주주가 법인인 경우 그 법인의 이사·감사·집행임원 및 피용자, (iv) 이사·감사 및 집행임원의 배우자 및 직계 존·비속, (v) 회사의 모회사 또는 자회사의 이사·감사·집행임원 및 피용자, (vi) 회사와 거래관계 등 중요한 이해관계에 있는 법인의 이사·감사·집행임원 및 피용자, (vii) 회사의 이사·집행임원 및 피용자가 이사·집행임원으로 있는 다른 회사의 이사·감사·집행임원 및 피용자인 자이다.

(대) 법인이 이사가 될 수 있는가에 대하여는 이미 설명한 바와 같이($\frac{회사의\ 권리능}{력에\ 관한\ 부}$ $\frac{}{분\ 참조}$) 긍정설,[2] 부정설[3] 및 업무를 담당하는 이사($\frac{사내이사·}{상근이사}$)는 될 수 없으나 업무를 담당하지 않는 이사($\frac{사외이사·}{비상근이사}$)는 될 수 있다는 설[4]로 나뉘어 있다.

생각건대 이사는 본질적으로 인적 개성에 의하여 임면(任免)되므로 이사는 자연인에 한한다고 본다($\frac{부정설}{에\ 찬성}$).

(래) 이사는 자연인인 이상 행위능력의 유무를 묻지 아니하나($\frac{민\ 117}{조\ 유추}$)[5] 파산자 또

---

1) 日會 331조 1항은 이사의 결격사유를 규정하고 있다(특히 법인을 이사의 결격사유로 규정하고 있다).
2) 서·정, 427면; 정(동), (회) 387면; 이(병), 449면; 강, 317면; 주회(상), 659면.
   외국의 입법례로는 프랑스 상법 제225 – 20조 1항이 명문의 규정을 두고 있다.
3) 이(철), (회) 661면; 최(기), (회) 552면; 김(용), 374면; 서(정), 241면; 정(무), 448면; 채, 546면; 이(기) 외, (회) 299면; 주상(Ⅱ – 하), 188면; 이·최, 318면.
   외국의 입법례로는 독일 주식법 제76조 3항 및 일본 회사법 제331조 1항이 있다.
4) 정(희), 471면; 손(주), 759면.
5) 동지: 정(희), 471면; 서·정, 427면; 손(주), 759면; 채, 546면.

는 피성년후견인(금치산자)은 이사가 되지 못한다고 보아야 할 것이다($^{민\,690}_{조\,참조}$).[1] 그러나 후술하는 바와 같이 상장회사의 경우 미성년자·피성년후견인(금치산자)·피한정후견인(한정치산자) 및 파산자는 사외이사가 될 수 없음을 명문으로 규정하고 있다($^{상\,542조의\,8}_{2항\,1호·2호}$). 또 감사(監事)는 그 회사 및 자회사의 이사가 되지 못한다($^{상}_{411조}$). 지배인 기타의 상업사용인은 영업주의 허락이 없으면 다른 회사의 이사가 되지 못하고($^{상\,17}_{조\,1항}$), 대리상·인적회사의 무한책임사원·유한책임회사의 업무집행자 또는 물적회사의 이사(집행임원)는 본인·다른 사원 또는 이사회(사원총회)의 허락(승인)이 없으면 동종영업을 목적으로 하는 다른 회사의 업무집행자·이사 또는 집행임원이 되지 못한다($^{상\,89조,\,198조\,1항,\,269조,\,287}_{조의\,10\,1항,\,397조\,1항,\,567조}$).

4) 상장회사의 사외이사에 관한 특칙[2]

㉮ 사외이사의 선임의무　　　상장회사는 대통령령으로 정하는 경우($^{1.\,벤처기업}_{중\,최근\,사업}$ 연도말 현재의 자산총액이 1,000억원 미만으로서 코스닥시장 또는 코넥스시장에 상장된 주권을 발행한 벤처기업, 2.「채무자 회생 및 파산에 관한 법률」에 따른 회생절차가 개시되었거나 파산선고를 받은 상장회사, 3. 유가증권시장, 코스닥시장 또는 코넥스시장에 주권을 신규로 상장한 상장회사(신규상장 후 최초로 소집되는 정기주주총회 전날까지만 해당한다). 다만, 유가증권시장에 상장된 주권을 발행한 회사로서 사외이사를 선임하여야 하는 회사가 코스닥시장 또는 코넥스시장에 상장된 주권을 발행한 회사로 되는 경우 또는 코스닥시장 또는 코넥스시장에 상장된 주권을 발행한 회사로서 사외이사를 선임하여야 하는 회사가 유가증권시장에 상장된 주권을 발행한 회사로 되는 경우에는 그러하지 아니하다, 4.「부동산투자회사법」에 따른 기업구조조정 부동산투자회사, 5. 해산을 결의한 상장회사)를 제외하고 사외이사[3]를 이사 총수의 4분의 1 이상이 되도록 하여야 하는데, 최근 사업연도말 현재의 자산총액이 2조원 이상인 상장회사는 사외이사를 3인 이상으로 하고 또한 이사 총수의 과반수가 되도록 하여야 한다($^{상\,542조의\,8\,1항,}_{상시\,34조\,1항·2항}$).[4] 상장회사는 사외이사의 사임·사망 등의 사유로 인하여 사외이사의 수가 이러한 요건에 미달하게 되면 그 사유가 발생한 후 처음으로 소집되는 주주총회에서 이러한 요건에 합치되도록 사외이사를 선임하여야 한다($^{상\,542조}_{의\,8\,3항}$).

이와 같이 상장회사 등에게 사외이사를 두는 것을 강제하면서 2011년 4월 개정 상법 이전에는 집행임원에 관한 규정을 두고 있지 않았기($^{즉,\,감독형\,이사}_{회제도가\,없었기}$) 때문에 앞에

반대: 이(철), (회) 661면(이사는 법률행위를 하고 회사와 제3자에 대하여 책임을 지므로 법인 및 제한능력자는 이사가 될 수 없다고 한다).

1) 동지: 정(희), 471면(파산자에 대하여); 정(동), (회) 387면(법인을 통한 범법행위가 늘어나는 추세에 비추어 볼 때 범법자 등도 이사가 될 수 없도록 규제하는 것이 타당하다고 한다).
2) 중국 상장회사의 사외이사(독립이사)제도에 관하여는 仇燕妮, "中國 上場會社의 獨立理事制度에 관한 研究," 법학석사학위논문(고려대, 2012. 2) 참조.
3) 사외이사의 지위에 관하여는 이균성, "주식회사의 사외이사의 지위,"「상사법연구」, 제20권 1호(2001), 233~262면 참조.
4) 금융회사는 원칙적으로 이사회에 사외이사를 3인 이상이며 이사총수의 과반수 두어야 하는데, 다만 대통령령으로 정하는 금융회사의 경우 이사총수의 4분의 1 이상을 사외이사로 하여야 한다(지배 12조 1항·2항).
　　증권거래법(현재는 상 542조의 8 1항) 등에서 이와 같이 일정비율 이상의 사외이사를 강제로 두도록 하는 규정은 삭제되고 원칙적으로 기업의 자율에 맡겨야 한다는 견해로는 전삼현, "사외이사와 감사위원회제도의 활성화방안,"「상장」, 제342호(2003. 6), 6~9면.

서 본 바와 같이 상장회사 등은 사외이사를 두는 것을 최소화할 목적으로 이사의 수
를 대폭 축소하고 회사의 정관 또는 내규에 의하여 또는 대표이사에 의하여 선임된
(사실상의) 집행임원을 두게 되었다. 또한 이러한 (사실상) 집행임원은 등기되지 않았
기 때문에 비등기임원이라고도 불리었는데, 실제로 (사외이사를 강제하기 전에) 등기
이사가 수행하던 직무를 담당하고 이로 인하여 보수 등에서도 등기이사와 거의 동
등한 대우를 받고 있었다. 이러한 (사실상) 집행임원(비등기이사)은 2011년 4월 개정
상법 이전에는 상법 등 법률상 근거가 없는 특수한 현상(법률상 미아 현상)이었으나,
2011년 4월 개정상법에서는 집행임원에 관하여 규정하고 있으므로($\frac{상\,408조의}{2\sim408조의\,9}$) 종래
의 (사실상) 집행임원(비등기이사)은 상법상 집행임원으로 대체되어 상법상 규정에
따라 선임·해임되고 공시(등기)되어야 할 것으로 본다.

　(나) **사외이사의 결격사유**　　　상장회사의 사외이사는 위에서 본 이사의 결격사
유 이외에도, (i) 미성년자·피성년후견인(금치산자) 또는 피한정후견인(한정치산자), (ii)
파산선고를 받은 자로서 복권되지 아니한 자, (iii) 금고 이상의 형을 선고받고 그 집행
이 끝나거나 집행이 면제된 후 2년이 지나지 아니한 자, (iv) 대통령령으로 별도로 정
하는 법률[1]에 위반하여 해임되거나 면직된 후 2년이 지나지 아니한 자, (v) 최대주주[2]

---

1) 상법 제542조의 8 2항 4호에서 "대통령령으로 별도로 정하는 법률"이란 다음 각 호의 금융 관
련 법령(이에 상응하는 외국의 금융 관련 법령을 포함한다)을 말한다(상시 34조 3항).
　1.「한국은행법」, 2.「은행법」, 3.「보험업법」, 4.「자본시장과 금융투자업에 관한 법률」, 5.
「상호저축은행법」, 6.「금융실명거래 및 비밀보장에 관한 법률」, 7.「금융위원회의 설치 등에 관
한 법률」, 8.「예금자보호법」, 9.「한국자산관리공사 설립 등에 관한 법률」, 10.「여신전문금융업
법」, 11.「한국산업은행법」, 12.「중소기업은행법」, 13.「한국수출입은행법」, 14.「신용협동조합
법」, 15.「신용보증기금법」, 16.「기술보증기금법」, 17.「새마을금고법」, 18.「벤처투자 촉진에
관한 법률」, 19.「신용정보의 이용 및 보호에 관한 법률」, 20.「외국환거래법」, 21.「외국인투자
촉진법」, 22.「자산유동화에 관한 법률」, 23. 삭제(2021. 2. 1.), 24.「금융산업의 구조개선에 관
한 법률」, 25.「담보부사채신탁법」, 26.「금융지주회사법」, 27.「기업구조조정투자회사법」, 28.
「한국주택금융공사법」.
2) 상법 제542조의 8 제2항 제5호의 최대주주는 "…본인 및 특수관계인이 소유하는 주식의 수
가 가장 많은 경우 그 본인"이라고 규정하고, 자본시장과 금융투자업에 관한 법률(이하 '자본시장
법'으로 약칭함) 제9조 제1항 및 금융회사의 지배구조에 관한 법률 제2조 제6호 가.의 최대주주
는 "…본인 및 특수관계인이 누구의 명의로 하든지 자기의 계산으로 소유하는 주식을 합하여 그
수가 가장 많은 경우의 그 본인"이라고 규정하여, 양자는 최대주주의 정의를 달리 규정하고 있어,
예컨대 상법 제542조의 12 제4항을 적용하는 경우 등에 어떻게 최대주주를 정할 것인가가 문제
된다. 상장회사에서 최대주주인지 여부는 자본시장법이 아니라 상법의 상장회사에 대한 특례규정
(상 542조의 8 2항 5호)에 의하여 판단하여야 할 것으로 본다(따라서 구 증권거래법에 따른 자본
시장법의 규정은 상법에 맞게 개정되어야 할 것으로 본다). 이와 같이 상장회사에서 최대주주인지
여부를 상법에 의하여 판단할 때, 상법에서는 "…계산으로 주식을 보유하는 자"에 대하여는 별도
로 명문의 규정을 두고 있으므로(상 360조의 24 1항, 상시 38조 1항 1호 등), 상법에서 "…소유
하는 주식의 수"는 주주명부상 주주의 주식수를 의미하는 것으로 보아야 할 것이다(동지: 이동욱,
"상법상 최대주주의 판단기준," 법률신문, 제4607호〈2018. 5. 28〉, 12면).

및 그의 특수관계인,[1] (vi) 주요주주 및 그의 배우자와 직계존비속, (vii) 그 밖에 사외이사로서의 직무를 충실하게 수행하기 곤란하거나 상장회사의 경영에 영향을 미칠 수 있는 자로서 대통령령으로 정하는 자[2]는 사외이사가 될 수 없으며, 사외이사

---

1) 상법 제542조의 8 2항 5호에서 "대통령령으로 정하는 특수한 관계에 있는 자"란 다음 각 호의 어느 하나에 해당하는 자(이하 "특수관계인"이라 한다)를 말한다(상시 34조 4항).
　1. 본인이 개인인 경우에는 다음 각 목의 어느 하나에 해당하는 사람
　가. 배우자(사실상의 혼인관계에 있는 사람을 포함한다)
　나. 6촌 이내의 혈족
　다. 4촌 이내의 인척
　라. 본인이 단독으로 또는 본인과 가목부터 다목까지의 관계에 있는 사람과 합하여 100분의 30 이상을 출자하거나 그 밖에 이사·집행임원·감사의 임면 등 법인 또는 단체의 주요 경영사항에 대하여 사실상 영향력을 행사하고 있는 경우에는 해당 법인 또는 단체와 그 이사·집행임원·감사
　마. 본인이 단독으로 또는 본인과 가목부터 라목까지의 관계에 있는 자와 합하여 100분의 30 이상을 출자하거나 그 밖에 이사·집행임원·감사의 임면 등 법인 또는 단체의 주요 경영사항에 대하여 사실상 영향력을 행사하고 있는 경우에는 해당 법인 또는 단체와 그 이사·집행임원·감사
　2. 본인이 법인 또는 단체인 경우에는 다음 각 목의 어느 하나에 해당하는 자
　가. 이사·집행임원·감사
　나. 계열회사 및 그 이사·집행임원·감사
　다. 단독으로 또는 제1호 각 목의 관계에 있는 자와 합하여 본인에게 100분의 30 이상을 출자하거나 그 밖에 이사·집행임원·감사의 임면 등 본인의 주요 경영사항에 대하여 사실상 영향력을 행사하고 있는 개인 및 그와 제1호 각 목의 관계에 있는 자 또는 단체(계열회사는 제외한다. 이하 이 호에서 같다)와 그 이사·집행임원·감사
　라. 본인이 단독으로 또는 본인과 가목부터 다목까지의 관계에 있는 자와 합하여 100분의 30 이상을 출자하거나 그 밖에 이사·집행임원·감사의 임면 등 단체의 주요 경영사항에 대하여 사실상 영향력을 행사하고 있는 경우 해당 단체와 그 이사·집행임원·감사
2) 상법 제542조의 8 2항 7호에서 "대통령령으로 정하는 자"란 다음 각 호의 어느 하나에 해당하는 자를 말한다(상시 34조 5항).
　1. 해당 상장회사의 계열회사의 상무에 종사하는 이사·집행임원·감사 및 피용자이거나 최근 3년 이내에 계열회사의 상무에 종사하는 이사·집행임원·감사 및 피용자였던 자
　2. 다음 각 목의 법인 등의 이사·집행임원·감사 및 피용자[사목에 따른 법무법인, 법무법인(유한), 법무조합, 변호사 2명 이상이 사건의 수임·처리나 그 밖의 변호사 업무수행 시 통일된 형태를 갖추고 수익을 분배하거나 비용을 분담하는 형태로 운영되는 법률사무소, 합작법무법인, 외국법자문법률사무소의 경우에는 해당 법무법인 등에 소속된 변호사, 외국법자문사를 말한다]이거나 최근 2년 이내에 이사·집행임원·감사 및 피용자였던 자(그러나 은행법에 따른 은행 등인 기관투자자 및 이에 상당하는 외국금융회사는 제외됨 — 상시 34조 6항)
　가. 최근 3개 사업연도 중 해당 상장회사와의 거래실적의 합계액이 자산총액(해당 상장회사의 최근 사업연도 말 현재의 대차대조표상의 자산총액을 말한다) 또는 매출총액(해당 상장회사의 최근 사업연도 말 현재의 손익계산서상의 매출총액을 말한다. 이하 이 조에서 같다)의 100분의 10 이상인 법인
　나. 최근 사업연도 중에 해당 상장회사와 매출총액의 100분의 10 이상의 금액에 상당하는 단일의 거래계약을 체결한 법인
　다. 최근 사업연도 중에 해당 상장회사가 금전, 유가증권, 그 밖의 증권 또는 증서를 대여하거나 차입한 금액과 담보제공 등 채무보증을 한 금액의 합계액이 자본금(해당 상장회사의 최근 사업연도 말 현재의 대차대조표상의 자본금을 말한다)의 100분의 10 이상인 법인
　라. 해당 상장회사의 정기주주총회일 현재 그 회사가 자본금(해당 상장회사가 출자한 법인의 자본금을 말한다)의 100분의 5 이상을 출자한 법인

가 이에 해당하게 된 경우에는 그 직을 상실한다($\frac{상\ 542조의\ 8\ \ 2항,\ 상시}{34조\ 3항\cdot4항\cdot5항\cdot6항}$). 1)

  ㈐ **사외이사의 선임방법** 최근 사업연도말 현재의 자산총액이 2조원 이상인 상장회사는 사외이사후보를 추천하기 위하여 이사회내 위원회의 하나인 「사외이사 후보추천위원회」를 설치하여야 하는데, 이 위원회는 사외이사가 총위원의 과반수가 되도록 구성하여야 한다($\frac{상\ 542조}{의\ 8\ \ 4항}$).

  위의 상장회사가 주주총회에서 사외이사를 선임하려는 때에는 「사외이사 후보추천위원회」의 추천을 받은 자 중에서 선임하여야 하는데, 이 경우 「사외이사 후보추천위원회」가 사외이사후보를 추천할 때에는 주주제안권을 행사할 수 있는 요건을 갖춘 주주($\frac{상\ 363조의\ 2\ \ 1항,}{542조의\ 6\ \ 2항}$)가 주주총회일($\frac{정기주주총회의\ 경우\ 직전연도의\ 정기주}{주총회일에\ 해당하는\ 당해\ 연도의\ 해당일}$)의 6주 전에 추천한 사외이사후보를 포함시켜야 한다($\frac{상\ 542조}{의\ 8\ \ 5항}$).

  ㈑ **주권상장법인의 사외이사에 관한 특칙** 주권상장법인은 사외이사를 선임 또는 해임하거나 사외이사가 임기만료 외의 사유로 퇴임한 경우에는 그 내용을 선임 · 해임 또는 퇴임한 날의 다음 날까지 금융위원회와 거래소에 신고하여야 한다($\frac{자금\ 165조}{의\ 17\ \ 3항}$).

  5) 원수(員數) 이사는 원칙적으로 3인 이상이어야 한다($\frac{상\ 383조}{1항\ 본문}$).

  상장회사의 경우 사외이사의 수에 대하여는 앞에서 본 바와 같이 최저수의 제한이 있다($\frac{상\ 542조}{의\ 8\ \ 1항}$).

  그러나 자본금 총액이 10억원 미만인 소규모 주식회사의 경우에는 예외적으로

  마. 해당 상장회사와 기술제휴계약을 체결하고 있는 법인
  바. 해당 상장회사의 감사인으로 선임된 회계법인
  사. 해당 상장회사와 주된 법률자문 · 경영자문 등의 자문계약을 체결하고 있는 법무법인, 법무법인(유한), 법무조합, 변호사 2명 이상이 사건의 수임 · 처리나 그 밖의 변호사 업무수행 시 통일된 형태를 갖추고 수익을 분배하거나 비용을 분담하는 형태로 운영되는 법률사무소, 합작법무법인, 외국법자문법률사무소, 회계법인, 세무법인, 그 밖에 자문용역을 제공하고 있는 법인
  3. 해당 상장회사 외의 2개 이상의 다른 회사의 이사 · 집행임원 · 감사로 재임 중인 자
  4. 해당 상장회사에 대한 회계감사 또는 세무대리를 하거나 그 상장회사와 법률자문 · 경영자문 등의 자문계약을 체결하고 있는 변호사(소속 외국법자문사를 포함한다), 공인회계사, 세무사, 그 밖에 자문용역을 제공하고 있는 자
  5. 해당 상장회사의 발행주식총수의 100분의 1 이상에 해당하는 주식을 보유(「자본시장과 금융투자업에 관한 법률」 제133조 제3항에 따른 보유를 말한다)하고 있는 자
  6. 해당 상장회사와의 거래(「약관의 규제에 관한 법률」 제2조 1호의 약관에 따라 이루어지는 해당 상장회사와의 정형화된 거래는 제외한다) 잔액이 1억원 이상인 자
  7. 해당 상장회사에서 6년을 초과하여 사외이사로 재직했거나 해당 상장회사 또는 그 계열회사에서 각각 재직한 기간을 더하면 9년을 초과하여 사외이사로 재직한 자
 1) 금융회사의 사외이사의 결격사유에 대하여는 별도로 규정하고 있는데(지배 6조 1항), 다만 금융회사의 사외이사에 대하여는 적극적 자격요건도 규정하고 있다(지배 6조 3항).

이사를 1명 또는 2명 둘 수 있도록 하고 있다($\frac{상 383조}{1항 단서}$).[1)]

6) 임　　기

(가) 이사의 임기는 원칙적으로 3년을 초과하지 못한다($\frac{상 383}{조 2항}$).[2)] 그러나 임기중의 최종의 결산기에 관한 정기주주총회가 종결하기 전에 임기가 만료할 때에는 예외적으로 정관의 규정에 의하여 정기주주총회의 종결에 이르기까지 임기를 연장할 수 있다($\frac{상 383}{조 3항}$)(예컨대, 12월 31일을 결산기로 하는 회사의 이사의 임기가 다음해 1월 10일에 만료하고 정기주주총회일이 2월 20일이면 2월 20일에 임기가 만료된다는 의미이다).[3)] 이사의 임기를 이와 같이 제한한 것은 이사의 권한이 매우 강력하고 또 임기중에는 해임이 쉽지 않기 때문이다. 그러나 임기만료 후의 재선은 가능하다.[4)]

상법상 이사의 임기는 3년을 초과하지 않으면 되고($\frac{상 383}{조 2항}$), 모든 이사의 임기가 동일하거나 또는 임기의 기산점이 동일하여야 하는 것은 아니므로, 정관의 규정에 의하여 이사시차임기제가 가능하다고 본다.[5)]

(나) 이사의 임기의 기산점은 이사의 지위를 취득한 날(선임결의 후 피선임자의 동의가 있으면 그 동의시이고, 선임결의 전 피선임자의 동의가 있으면 선임결의시 또는 그 선임결의에서 정한 임기개시일)이다.[6)]

7) 선임결의의 하자(이사의 직무집행정지와 직무대행자선임의 가처분제도)

(가) 의의·성질　　이사 선임결의의 무효나 취소의 소(또는 이사 해임의 소)가 제기된 경우에는 법원은 당사자의 신청에 의하여 가처분으로써 그 이사의 직무집행을 정지할

---

1) 1인 이사인 주식회사에서의 상법 적용상 문제점에 관한 상세는 김성탁, "이사가 1인인 주식회사의 법률문제,"「비교사법」, 제8권 2호(2001. 12), 705~744면 참조.

2) 상법 제383조 2항과 동일한 내용을 회사의 정관에서 규정한 것이 이사의 임기를 3년으로 정하는 취지라고 해석할 수는 없다[대판 2001. 6. 15, 2001 다 23928(공보 2001, 1610)].

3) 동지: 대판 2010. 6. 24, 2010 다 13541(공보 2010, 1442)(상법 제383조 3항은 이사의 임기는 3년을 초과할 수 없도록 규정한 같은 조 제2항에 불구하고 정관으로 그 임기중의 최종의 결산기에 관한 정기주주총회의 종결에 이르기까지 이를 연장할 수 있다고 규정하고 있는바, 위 규정은 임기가 만료되는 이사에 대하여는 임기중의 결산에 대한 책임을 지고 주주총회에서 결산서류에 관한 주주들의 질문에 답변하고 변명할 기회를 주는 한편, 회사에 대하여는 정기주주총회를 앞두고 이사의 임기가 만료될 때마다 임시주주총회를 개최하여 이사를 선임하여야 하는 번거로움을 덜어주기 위한 것에 그 취지가 있다. 위와 같은 입법취지 및 그 규정내용에 비추어 보면, 위 규정상의 '임기중의 최종의 결산기에 관한 정기주주총회'라 함은 임기중에 도래하는 최종의 결산기에 관한 정기주주총회를 말하고, 임기 만료 후 최초로 도래하는 결산기에 관한 정기주주총회 또는 최초로 소집되는 정기주주총회를 의미하는 것은 아니므로, 위 규정은 결국 이사의 임기가 최종 결산기의 말일과 당해 결산기에 관한 정기주주총회 사이에 만료되는 경우에 정관으로 그 임기를 정기주주총회 종결일까지 연장할 수 있도록 허용하는 규정이라고 보아야 한다).

4) 동지: 정(희), 472면; 정(동), (회) 388면.

5) 동지: 김홍식,「M&A개론」(서울: 박영사, 2009), 200면; 동, "적대적 M&A에 있어서 대상회사의 방어수단에 관한 법적 연구," 법학박사학위논문(고려대, 2007. 2), 152면.

6) 임용계약의 효력발생시라고 하는 견해로는 정(동), (회) 388면.
　　선임결의시 또는 선임결의에서 정한 임기개시일이라고 보는 견해로는 정(희), 472면; 이(철), (회) 672면.

수 있고,[1] 또는 직무대행자를 선임할 수 있다($\substack{상 407조 \\ 1항 1문}$). 이러한 가처분을 이사 직무집행정지 가처분 또는 이사 직무대행자선임 가처분이라고 하는데, 이는 이사 선임결의의 무효나 취소의 소($\substack{또는 이사 \\ 해임의 소}$)의 판결이 확정될 때까지 그 이사로 하여금 그대로 직무를 계속하게 하는 것은 회사에 예기치 못한 손해를 생기게 할 염려가 있기 때문이다. 이러한 가처분은 「임시의 지위를 정하는 가처분」[2]($\substack{민집 300 \\ 조 2항}$)으로 그 절차나 효력에 대하여는 민사집행법에 의하나($\substack{민집 300 \\ 조 이하}$), 상법은 이에 관한 특칙을 규정한 것이다.

이러한 이사의 직무집행을 정지하고 직무대행자를 선임하는 가처분결정이 있는 경우, 이사의 임기가 당연히 정지되거나 가처분결정이 존속하는 기간만큼 연장된다고 할 수 없다.[3]

(내 절   차   이러한 가처분은 (i) 원칙적으로 본안소송이 제기된 경우에 본안의 관할법원이 당사자의 신청에 의하여 하나($\substack{상 407조 \\ 1항 1문}$), 급박한 사정이 있는 때에는 본안소송의 제기 전이라도 관할법원은 그러한 가처분을 할 수 있다[4]($\substack{상 407조 \\ 1항 2문}$). (ii) 또한 이러한 가처분은 그러한 이사가 계속하여 직무를 집행하는 경우에 회사에 현저하게 손해가 발생할 염려가 있어야 하는 보전의 필요가 있어야 한다($\substack{민집 300 \\ 조 2항}$).

---

1) 동지: 대결 2014. 7. 11, 2013 마 2397(공보 2014, 1572)(갑 주식회사가 이사회를 개최하여 정기주주총회에서 실시할 임원선임결의에 관한 사전투표 시기〈始期〉를 정관에서 정한 날보다 연장하고 사전투표에 참여하거나 주주총회에서 직접 의결권을 행사하는 주주들에게 골프장 예약권과 상품교환권을 제공하기로 결의한 다음 사전투표 등에 참여한 주주들에게 이를 제공하여 주주총회에서 종전대표이사 을 등이 임원으로 선임되자, 대표이사 등 후보자로 등록하였다가 선임되지 못한 주주 병 등이 주주총회결의의 부존재 또는 취소사유가 존재한다고 주장하면서 을 등에 대한 직무집행정지 가처분을 구한 사안에서, 위 주주총회결의는 정관을 위반하여 사전투표기간을 연장하고 사전투표기간에 전체 투표수의 약 67%에 해당하는 주주들의 의결권행사와 관련하여 사회통념상 허용되는 범위를 넘어서는 위법한 이익이 제공됨으로써 주주총회결의 취소사유에 해당하는 하자가 있으므로, 위 가처분신청은 을 등에 대한 직무집행정지 가처분을 구할 피보전권리의 존재가 인정되는데도, 이와 달리 보아 가처분신청을 기각한 원심결정에는 주주총회결의 취소사유에 관한 법리오해의 위법이 있다).
2) 가처분에는 두 가지가 있는데, (i) 하나는 현상의 변경으로 당사자의 권리를 실행하지 못하거나 이를 실행함에 현저히 곤란할 염려가 있는 때이고(민집 300조 1항), (ii) 다른 하나는 임시의 지위를 정하기 위하여 필요한 때이다(민집 300조 2항)[참고: 대결 2020. 4. 24, 2019 마 6918(공보 2020, 951)(민사집행법 제300조 제2항에서 정한 '임시의 지위를 정하는 가처분'은 다툼 있는 권리관계에 관하여 그것이 본안소송에 의하여 확정되기까지 가처분권리자가 현재의 현저한 손해를 피하거나 급박한 위험을 막기 위하여 또는 그 밖에 필요한 이유가 있는 경우 허용되는 응급적·잠정적인 처분이므로 다툼 있는 권리관계의 존재를 요건으로 한다)].
3) 동지: 대판 2020. 8. 20, 2018 다 249148(공보 2020, 1769).
4) 대법원판례에 의하면 가처분의 필요성에 대하여 「회사주식의 60%를 소유하고 있는 주주의 의사에 의하여 대표이사 등 임원이 선임된 경우, 선임절차상의 잘못이 있어 무효로 돌아간다 하더라도 그 직무집행을 정지시키고 그 대행자를 선임하여야 할 필요성이 있다고 볼 수는 없다」고 하고 [대결 1991. 3. 5, 90 마 818(공보 896, 1236)], 또한 직무대행자로 선임될 수 있는 자에 대하여는 「가처분에 의하여 직무집행이 정지된 종전의 이사 등은 직무대행자로 선임될 수 없다」고 한다 [대결 1990. 10. 31, 90 그 44(공보 886, 2417)].

이 때 이사 직무집행정지가처분의 신청인이 될 수 있는 자는 본안소송의 원고 또는 원고가 될 수 있는 자이고,[1] 피신청인이 될 수 있는 자는 그 성질상 「이사」이고 회사가 아니다.[2]

㈐ 효   력   직무집행의 정지를 당한 이사가 가처분의 취지에 반하여 한 행위는 제3자에 대한 관계에서는 절대적으로 무효이고, 그 후 그 가처분이 취소된 경우에도 소급하여 유효가 되는 것이 아니다.[3] 또한 직무집행의 정지를 당한 이사는 직무집행에서 배제되므로 그 직무와 관련하여 발생하는 책임도 없다.[4] 이러한 이사의 직무집행정지가처분은 그 존속기간의 정함이 없는 경우에도 본안소송에서 가처분신청자가 승소하여 그 판결이 확정된 때에는, 그 목적을 달성한 것이 되어 당연히 그 효력을 상실한다.[5]

㈑ 가처분의 변경·취소   법원은 당사자(피신청인)의 신청에 의하여 이러한 가처분을 변경 또는 취소할 수 있다($\frac{상\ 407}{조\ 2항}$). 이 변경이나 취소에 관하여는 상법에 특별한 규정이 없으므로 민사집행법의 규정에 의하여야 한다고 본다.[6] 이사의 직무집행정지 또는 직무대행자선임의 가처분이 있거나 또는 가처분의 변경이나 취소가 있을 때에는, 이는 당사자 및 제3자에게 미치는 영향이 크므로 본점과 지점의 소재지에서 등기하여야 한다($\frac{상\ 407}{조\ 3항}$).[7] 왜냐하면 이러한 가처분은 임시의 지위를 정하는 것이므로 가처분절차의 효력이 당사자에게뿐만 아니라 제3자에게도 미치는 까닭이다.

직무집행정지·대행자선임의 가처분에 의하여 직무집행이 정지된 이사가 사임

---

1) 동지: 정(동), (회) 397면.
2) 동지: 대판 1982. 2. 9, 80 다 2424(공보 678, 333); 동 1972. 1. 31, 71 다 2351(집 20 ① 민 41)(임시의 지위를 정하는 가처분인 청산인 직무집행정지 및 직무대행자선임 가처분신청에 있어서는, 신청인 주장 자체에 의하여 신청인과 저촉되는 지위에 있는 청산인을 피신청인으로 하여야 하고, 회사는 피신청인의 적격이 없다.

　이에 반하여 피신청인은 회사라는 견해[日 大判 1933. 6. 30(民集 12, 1711)], 회사 및 이사라는 견해[김광일, "회사이사 등의 직무집행정지·직무대행자선임의 가처분,"「사법논집」, 제3권, 505면]도 있다.
3) 동지: 정(희), 502면.
4) 동지: 대판 1980. 3. 11, 79 누 322(공보 632, 12747).
5) 동지: 대판 1989. 5. 23, 88 다카 9883(공보 852, 983; 집 37 ② 민 107); 동 1989. 9. 12, 87 다카 2691(공보 1989, 1446).
6) 동지: 정(동), 399면; 日 名古屋高判 1960. 1. 30(高民集 13-1, 78면).
　반대: 정(희), 503면(가처분의 변경이나 취소에 관하여는 간이·신속을 위주로 하는 상법적 요청으로 보아 민사소송법상의 일반가처분의 변경과 취소의 절차와 요건을 필요로 하지 않는다고 한다).
7) 즉, 이러한 가처분이 있는 때에는 본점과 지점의 소재지에서 그 등기를 하여야 하는데(상 407조 3항), 이사 결원의 경우의 직무대행자(상 386조 2항 1문)에 대하여는 1995년 개정상법에서 본점소재지에서만 등기하도록 규정하였다(상 386조 2항 2문). 이와 같이 양자의 경우에 등기범위에 반드시 차이를 두어야 하는지는 의문이며, 차이를 둘 필요가 없다면 상법 제407조 3항도 본점소재지에서만 등기하도록 개정되어야 할 것으로 본다.

하고 주주총회의 결의로 후임이사가 선임되더라도, 그것만으로 즉시 위 가처분이 실효하거나 위 직무대행자의 권한이 소멸하는 것이 아니고, 가처분의 취소가 있어야 가처분에 의한 직무대행자의 권한이 소멸하는 것이다.[1] 또한 그러한 후임이사가 이사회에서 대표이사로 선임되더라도 그 대표이사는 가처분이 취소되지 않는 한 그 권한을 행사하지 못한다.[2]

㈐ 직무대행자의 권한

1) 직무대행자의 선임은 일시적인 필요에 의한 것이므로 이러한 직무대행자는 원칙적으로 회사의 상무(常務)에 속하는 행위만을 할 수 있다($\frac{\text{상 408조 1항}}{\text{본문 후단}}$).[3] 그러나

---

1) 동지: 대판 1997. 9. 9, 97 다 12167(공보 1997, 3054)(청산인의 직무대행자는 회사계속의 결의와 아울러 새로운 이사 및 감사 선임의 결의가 있었다고 하여 그의 권한이 당연히 소멸되는 것이 아니고, 이 때에는 가처분에 의하여 직무집행이 정지되었던 피신청인이 그 사정변경을 이유로 가처분이의의 소를 제기하여 위 가처분의 취소를 구할 수 있다); 정(희), 503면.

2) 동지: 대판 1992. 5. 12, 92 다 5638(공보 923, 1850)(가처분결정이 취소되지 않는 한 직무대행자의 권한은 유효하게 존속하는 반면, 새로이 선임된 대표이사는 그 선임결의의 적법 여부에 관계 없이 대표이사로서의 권한을 가지지 못하는데, 그 대표이사와 거래한 제3자가 선의인 경우에도 그 행위의 유효를 주장할 수 없다); 동 2014. 3. 27, 2013 다 39551(공보 2014, 936)(주식회사 이사의 직무집행을 정지하고 직무대행자를 선임하는 가처분은 성질상 당사자 사이뿐만 아니라 제3자에 대한 관계에서도 효력이 미치므로 가처분에 반하여 이루어진 행위는 제3자에 대한 관계에서도 무효이므로 가처분에 의하여 선임된 이사직무대행자의 권한은 법원의 취소결정이 있기까지 유효하게 존속한다. 또한 등기할 사항인 직무집행정지 및 직무대행자선임 가처분은 상법 제37조 제1항에 의하여 이를 등기하지 아니하면 위 가처분으로 선의의 제3자에게 대항하지 못하지만 악의의 제3자에게는 대항할 수 있고, 주식회사의 대표이사 및 이사에 대한 직무집행을 정지하고 직무대행자를 선임하는 법원의 가처분결정은 그 결정 이전에 직무집행이 정지된 주식회사 대표이사의 퇴임등기와 직무집행이 정지된 이사가 대표이사로 취임하는 등기가 경료되었다고 할지라도 직무집행이 정지된 이사에 대하여는 여전히 효력이 있으므로 가처분결정에 의하여 선임된 대표이사 및 이사 직무대행자의 권한은 유효하게 존속하고, 반면에 가처분결정 이전에 직무집행이 정지된 이사가 대표이사로 선임되었다고 할지라도 그 선임결의의 적법 여부에 관계 없이 대표이사로서의 권한을 가지지 못한다); 정(희), 503면.

3) 회사의 상무에 속하는지 여부에 관한 판례로는, 회사가 종업원이었던 자에게 지급할 출장비 대신에 회사의 부동산을 대물변제하기로 약정하고 그 이행을 구하는 소송에서 직무대행자가 변론기일에 출석하지 아니하여 의제자백으로 인정된 행위는 회사의 상무에 해당하는 행위라고 하고 [대판 1991. 12. 24, 91 다 4355(공보 914, 664)], 변호사에게 소송대리를 위임하고 그 보수계약을 체결하는 행위는 회사의 상무에 속한다고 하였다[대판 1970. 4. 14, 69 다 1613(집 18 ① 민 326); 동 1989. 9. 12, 87 다카 2691(공보 1989, 1446)].

　　그러나 회사를 대표하여 소송상의 인낙을 하는 것은 회사의 상무에 속하는 것이 아니므로 특별수권이 있어야 한다고 하고[대판 1975. 5. 27, 75 다 120(집 23 ② 민 102)], 제1심 판결에 대한 항소취하는 회사의 상무가 아니라고 하며[대판 1982. 4. 27, 81 다 358(집 30 ① 민 167)], 대표이사 직무대행자가 그 권한의 전부를 가처분을 신청한 사람측에게 위임하는 것은 회사의 상무라고 할 수 없다고 하고[대판 1984. 2. 14, 83 다카 875 · 876 · 877(집 32 ① 민 61)], 대표이사 직무대행자가 회사에 관한 소송에서 상대방 당사자의 변호사의 보수지급에 관하여 약정하는 것은 회사의 상무에 속한다고 볼 수 없다고 하였다[대판 1989. 9. 12, 87 다카 2691(공보 1989, 1446)]. 또한「직무대행자가 정기주주총회를 소집함에 있어서 그 안건에 이사회의 구성 자체를 변경하는 행위나 상법 제374조의 특별결의사항에 해당하는 행위 등 회사의 경영 및 지배에 영향

가처분명령에 다른 정함이 있거나[1] 또는 법원의 허가[2]가 있으면 직무대행자는 예외적으로 회사의 일상에 속하는 행위가 아니라도 할 수 있다(상 408조 1항 본문 전단 및 단서).

2) 직무대행자가 위의 권한을 초과한 행위를 한 경우에도, 거래안전을 위하여 회사는 선의의 제3자에 대하여는 책임을 져야 한다[3](상 408조 2항).

(2) 종   임

1) 종임사유

㈎ 일반적 종임사유

① 이사와 회사간에는 위임에 관한 규정이 준용되기 때문에(상 382조 2항) 이사는 위임의 종료사유에 의하여 종임된다. 위임계약은 약정종료사유(각 당사자의 계약해지)(민 689조)와 법정종료사유(위임인의 사망·파산, 수임(인의 사망·파산·성년후견)(민 690조)에 의하여 종료된다. 따라서 이사도 회사에 의한 해임(회사에 의한 위임계약의 해지)이나 이사의 사임(이사에 의한 위임계약의 해지)[4]에 의하여 종료되고(약정종료사유), 회사의 해산·파산이나 이사의 사망[5]·파산·성년후견에 의하여 종료된다(법정종료사유). 회사가 해산한 경우에는 원칙적으로 이사가 청산인이 된다(상 531조 1항 본문). 회사가 파산한 경우에는 주주총회는 새로 이사를 선임하여야 하지만, 그러한 이사는 파산재단에 대한 관리처분권이 없으므로 그 권한은 한정된다(파 384 조 참조).

② 이사는 위와 같은 일반적 종료사유 이외에 임기의 만료·정관소정 자격의 상실 등에 의하여도 종임된다. 또한 회사의 회생절차에서 회생계획에 의하여 유임할 것을 정하지 않은 경우에도 이사의 해임을 수반하는 일이 있다(파 263 조 4항).

③ 이사가 종임한 때에는 이를 등기하여야 한다(상 317조 2항 8호·4항, 183조).

을 미칠 수 있는 것이 포함되어 있다면 그 안건의 범위에서 정기총회의 소집이 상무에 속하지 않는다고 할 것이고, 직무대행자가 이러한 정기주주총회를 소집하는 행위가 상무에 속하지 아니함에도 법원의 허가 없이 이를 소집하여 결의한 때에는 소집절차상의 하자로 결의취소사유에 해당한다」고 하였다[대판 2007. 6. 28, 2006 다 62362(공보 2007, 1159)].

1) 동지: 대판 1982. 4. 27, 81 다 358(집 30 ① 민 167)(가처분결정에 의하여 다른 정함이 있는 경우 외에는 회사의 상무에 속하지 아니한 행위를 하지 못한다고 한다).

2) 대결 2008. 4. 14, 2008 마 277(공보 2008, 677)(법원이 주식회사의 이사 직무대행자에 대하여 상법 제408조 1항에 따라 상무 외 행위를 허가할 것인지 여부는 일반적으로 당해 상무 외 행위의 필요성과 회사의 경영과 업무 및 재산에 미치는 영향 등을 종합적으로 고려하여 결정하여야 한다).

3) 동지: 대판 1965. 10. 26, 65 다 1677(집 13 ② 민 212)(그런데 제3자의 선의라는 점에 대한 주장과 입증책임은 상대방에 있다고 한다).

4) 동지: 대판 1998. 4. 28, 98 다 8615(공보 1998, 1498)(주식회사와 이사의 관계는 위임에 관한 규정이 준용되므로 이사는 언제든지 사임할 수 있고 사임의 의사표시가 대표이사에게 도달하면 그 효과가 발생하나, 대표이사에게 사표의 처리를 일임한 경우에는 대표이사가 사표를 수리함으로써 사임의 효과가 생긴다).

5) (대표)이사의 사망의 경우에는 민법 제692조(위임종료는 상대방에 통지하여야 상대방에게 대항력이 발생함)에 의한 통지를 요하지 않고 대항력이 발생한다[대판 1963. 9. 5, 63 다 233(집 11 ② 민 99)].

(내) 해임결의와 해임판결　　　이사의 종임사유 중 특히 문제가 되는 것은 해임이다. 해임에는 주주총회의 결의에 의하는 것과, 법원의 판결에 의하는 것이 있다.

① 주주총회는 이사의 선임권이 있으므로 해임권도 있다. 다만 주주총회가 이사(임기만료 후 이사로서의 권리의무를 행)[1]에 대하여 해임권을 행사함에는 (선임의 경우에는 보통결의에 의하는 것과는 달리) 특별결의에 의하여야 하고, 만일 정당한 이유 없이 그 임기중에 해임한 때에는 회사는 그 이사에 대하여 손해배상책임을 진다[2](상 385조 1항). 이때 「정당한 이유」란 주주와 이사 사이에 불화 등 단순히 주관적인 신뢰관계가 상실된 것만으로는 부족하고, 이사가 법령이나 정관에 위배된 행위를 하였거나 정신적·육체적으로 경영자로서의 직무를 감당하기 현저하게 곤란한 경우, 회사의 중요한 사업계획 수립이나 그 추진에 실패함으로써 경영능력에 대한 근본적인 신뢰관계가 상실된 경우 등과 같이, 당해 이사가 경영자로서 업무를 집행하는 데 장해가 될 객관적 상황이 발생한 경우이다.[3] 회사의 정관에 이사의 해임사유에 관한 규정이

---

1) 대판 2021. 8. 19, 2020 다 285406(공보 2021, 1708)(주식회사의 이사는 임기가 만료됨에 따라 이사의 지위를 상실하는 것이 원칙이지만, 소유와 경영의 분리를 원칙으로 하는 주식회사에 있어 경영자 지위의 안정이라는 이사의 이익뿐만 아니라 주주의 회사에 대한 지배권 확보라는 주주의 이익 또한 보호되어야 하므로, 위와 같은 주주와 이사의 이익을 조화시키기 위해 상법 제385조 제1항은 회사가 언제든지 주주총회의 결의로 이사를 해임할 수 있도록 하는 한편 이사를 선임할 때와 달리 이사를 해임할 때에는 주주총회의 특별결의를 거치도록 하고, 임기가 정해진 이사가 임기만료 전에 정당한 이유 없이 해임된 때에는 회사에 대하여 손해배상을 청구할 수 있도록 하고 있다. 한편 임기만료로 퇴임한 이사라 하더라도 상법 제386조 제1항 등에 따라 새로 선임된 이사의 취임 시까지 이사로서의 권리의무를 가지게 될 수 있으나〈이하 '퇴임이사'라고 한다〉, 그와 같은 경우에도 새로 선임된 이사가 취임하거나 상법 제386조 제2항에 따라 일시 이사의 직무를 행할 자가 선임되면 별도의 주주총회 해임결의 없이 이사로서의 권리의무를 상실하게 된다. 이러한 상법 제385조 제1항의 입법 취지, 임기만료 후 이사로서의 권리의무를 행사하고 있는 퇴임이사의 지위 등을 종합하면, 상법 제385조 제1항에서 해임대상으로 정하고 있는 '이사'에는 '임기만료 후 이사로서의 권리의무를 행사하고 있는 퇴임이사'는 포함되지 않는다고 보아야 한다. 따라서 이러한 이사에 대한 주주총회의 해임결의는 효력이 없고, 회사는 이러한 이사에게 임원연봉규정에 따라 퇴직금을 지급할 의무가 있다).

2) 이사가 의원면직의 형식으로 해임된 경우에는 상법 제385조 1항 단서에 해당하지 않으므로 이사는 회사에 대하여 손해배상을 청구할 수 없다[대판 1993. 8. 24, 92 다 3298(공보 954, 2570)].

3) 대판 2004. 10. 15, 2004 다 25611(공보 2004, 1827)(Y주식회사의 대표이사인 X는 Y회사의 경영계획 중 1년 동안 어느 것 하나 제대로 실천된 것이 없을 정도로 투자유치능력이나 경영능력 및 자질이 부족하였다고 보여지고, 이로 인하여 대표이사인 X가 Y회사를 위하여 수임한 직무를 수행하기 곤란하게 되었을 뿐만 아니라 대표이사와 Y회사간의 인적 신뢰관계가 무너져 Y회사가 대표이사인 X를 믿고 그에게 Y회사의 경영을 맡길 수 없는 사정이 생겼다는 이유로 Y회사가 X를 해임한 것은 정당한 이유가 있다); 동 2013. 9. 26, 2011 다 42348(공보 2013, 1880)(감사에게 감사정보비·업무추진비·출장비 일부의 부적절한 집행 등 잘못이 있는 경우만으로는 정당한 해임사유가 아니고, 그 감사가 다른 직장에 종사하여 얻은 이익은 손해배상액에서 공제되어야 한다) [이 판결에서의 손익상계에 대하여 부정하는 견해로는 이철송, "이사·감사의 해임에 따른 손해배상 손익상계," 법률신문, 2014. 3. 10, 10면; 동, "이사의 해임에 따른 손해배상과 손익상계,"「상장」, 제472호(2014. 4), 17~22면이 있고, 찬성하는 견해로는 김홍기, 법률신문, 2014. 4. 24, 13

있는 경우 회사는 이사의 중대한 의무위반 또는 정상적인 사무집행 불능 등의 특별한 사정이 없는 이상 정관에서 정하지 아니한 사유로 이사를 해임하는 것은 정당한 이유가 없다고 본다.[1] 이러한 정당한 이유의 존부에 관한 증명책임은 손해배상을 청구하는 이사가 부담한다.[2] 또한 이 경우 이사의 임기를 정한 경우라 함은 정관 또는 주주총회의 결의로 임기를 정하고 있는 경우를 말한다.[3]

면이 있다]; 동 2023. 8. 31, 2023 다 220639(공보 2023, 1748)(상법 제385조 제1항은 주주총회의 특별결의로 언제든지 이사를 해임할 수 있게 하는 한편, 이사의 임기를 정한 경우에 정당한 이유 없이 그 임기만료 전에 해임한 때에는 그 이사는 회사에 대하여 해임으로 인한 손해의 배상을 청구할 수 있다고 정하고 있다. 이는 주주총회에 의한 이사 해임의 자유를 보장하는 한편, 임기가 정하여진 이사의 임기에 대한 기대를 보호하기 위하여 정당한 이유 없이 임기만료 전에 이사를 해임한 때에는 회사가 손해배상책임을 부담하도록 함으로써, 주주의 회사에 대한 지배권 확보와 경영자 지위의 안정이라는 주주와 이사의 이익을 조화시키려는 규정이다. 여기에서 '정당한 이유'란 주주와 이사 사이에 불화 등 단순히 주관적인 신뢰관계가 상실된 것만으로는 부족하고, 이사가 법령이나 정관에 위배된 행위를 하였거나 정신적 · 육체적으로 경영자로서의 직무를 감당하기 현저하게 곤란한 경우, 회사의 중요한 사업계획 수립이나 그 추진에 실패함으로써 경영능력에 대한 근본적인 신뢰관계가 상실된 경우 등과 같이 당해 이사가 경영자로서 업무를 집행하는 데 장해가 될 객관적 상황이 발생한 경우를 의미한다. 위 조항에 따라 회사가 이사에 대하여 부담하는 손해배상책임은 회사의 고의나 과실을 묻지 않고 그 책임을 인정하는 법정책임에 해당한다. 이러한 상법 제385조 제1항의 문언 내용과 규정 취지, 손해배상책임의 법적 성질 등을 고려하면, 정당한 이유가 있는지는 해임결의 당시 객관적으로 존재하는 사유를 참작하여 판단할 수 있고, 주주총회에서 해임사유로 삼거나 해임결의 시 참작한 사유에 한정되는 것은 아니다. 따라서 갑 등이 을 주식회사의 이사로 재직 중 이사회 승인 없이 을 회사의 영업과 동종 영업을 목적으로 한 주식회사를 설립한 후 대표이사 등으로 취임하였고, 그 후 을 회사는 임시주주총회를 개최하여 갑 등을 이사에서 해임하였는데, 해임결의 당시 을 회사는 갑 등의 경업금지의무 위반사실을 인지하지 못하여 이를 해임사유로 삼지 않았고, 갑 등은 임기만료 전 해임에 정당한 이유가 없다고 주장하며 을 회사를 상대로 상법 제385조 제1항에 따른 손해배상을 구한 사안에서, 해임결의 당시 이미 발생한 갑 등의 경업금지의무 위반행위는 해임사유에 해당하는데도, 주주총회에서 해임사유로 삼지 않았다는 이유로 이를 갑 등에 대한 해임에 정당한 이유가 있었는지를 판단하는 데에 참작할 수 없다고 본 원심판단에 법리오해의 잘못이 있다).

1) 동지: 대판 2013. 11. 28, 2011 다 41741(공보 2014, 10)(법인과 이사의 법률관계는 신뢰를 기초로 한 위임 유사의 관계로 볼 수 있는데, 민법 제689조 제1항에서는 위임계약은 각 당사자가 언제든지 해지할 수 있다고 규정하고 있으므로, 법인은 원칙적으로 이사의 임기 만료 전에도 이사를 해임할 수 있지만, 이러한 민법의 규정은 임의규정에 불과하므로 법인이 자치법규인 정관으로 이사의 해임사유 및 절차 등에 관하여 별도의 규정을 두는 것도 가능하다. 그리고 이와 같이 법인이 정관에 이사의 해임사유 및 절차 등을 따로 정한 경우 그 규정은 법인과 이사와의 관계를 명확히 함은 물론 이사의 신분을 보장하는 의미도 아울러 가지고 있어 이를 단순히 주의적 규정으로 볼 수는 없다. 따라서 법인의 정관에 이사의 해임사유에 관한 규정이 있는 경우 법인으로서는 이사의 중대한 의무위반 또는 정상적인 사무집행 불능 등의 특별한 사정이 없는 이상, 정관에서 정하지 아니한 사유로 이사를 해임할 수 없다).

2) 동지: 대판 2006. 11. 23, 2004 다 49570(공보 2007, 11)(주식회사 이사의 임기를 정한 경우에 주식회사가 정당한 이유 없이 임기만료 전에 이사를 해임한 때에는 그 이사는 회사에 대하여 해임으로 인한 손해의 배상을 청구할 수 있는데〈상법 제385조 1항 후문〉, 이러한 경우 '정당한 이유'의 존부에 관한 입증책임은 손해배상을 청구하는 이사가 부담한다).

3) 대판 2001. 6. 15, 2001 다 23928(공보 2001, 1610)(상법 제385조 1항에 의하면 '이사는 언제든지 주주총회의 특별결의로 해임할 수 있으나, 이사의 임기를 정한 경우에 정당한 이유없이 그

이사의 해임결의에 있어서 해임대상인 이사가 주주인 경우에 그 주주는 특별이
해관계인($\frac{\text{상} 368}{\text{조} 3\text{항}}$)에 해당하지 않는 점은 이미 앞에서 설명하였다. 해임의 효과는 해임
되는 이사에게 해임의 고지를 한 때에 발생하는 것이지, 해임결의로 즉시 발생하는
것이 아니다.[1]

② 이사가 직무에 관하여 「부정행위 또는 법령이나 정관에 위반한 중대한 사
실」[2]이 있음에도 불구하고 주주총회에서 그 해임을 부결한 때에는, 비상장회사의
경우는 발행주식총수의 100분의 3 이상에 해당하는 주식을 가진 주주는 그 결의가
있은 날로부터 1월 내에 본점소재지의 지방법원에 그 이사의 해임을 청구할 수 있
다[3]($\frac{\text{상} 385\text{조}}{2\text{항} \cdot 3\text{항}}$). 그러나 상장회사의 경우는 발행주식총수의 100분의 3 이상에 해당하
는 주식을 가진 주주($\frac{\text{상} 542\text{조}}{\text{의} 6\ 10\text{항}}$) 또는 6개월 전부터 계속하여 상장회사 발행주식총수
의 10,000분의 50($\frac{\text{최근 사업연도말 자본금이 1천억원 이상}}{\text{인 상장회사의 경우에는 10,000분의 25}}$) 이상에 해당하는 주식을 보유한 자
가 그 이사의 해임청구의 소를 제기할 수 있다($\frac{\text{상} 542\text{조의} 6}{3\text{항, 상시 32조}}$).[4]

임기만료 전에 이를 해임한 때에는 그 이사는 회사에 대하여 해임으로 인한 손해의 배상을 청구할
수 있다'고 규정하고 있는바, 이 때 이사의 임기를 정한 경우라 함은 정관 또는 주주총회의 결의로
임기를 정하고 있는 경우를 말하고, 이사의 임기를 정하지 않은 때에는 이사의 임기의 최장기인 3
년을 경과하지 않는 동안에 해임되더라도 그로 인한 손해의 배상을 청구할 수 없다고 할 것이고,
회사의 정관에서 상법 제383조 2항과 동일하게 '이사의 임기는 3년을 초과하지 못한다'고 규정한
것이 이사의 임기를 3년으로 정하는 취지라고 해석할 수는 없다)[이 판결에 대하여 찬성하는 취지
의 평석으로는 채동헌, 「상장」, 2002. 9, 91~96면].

1) 동지: 정(회), 473면 외.
   반대: 정(동), (회) 389면(해임의 효과는 피해임자의 동의를 요하지 않고 또 그에게 해임의 고
   지를 요하지 않고 발생한다고 한다)(동 교수는 제4전정판 366면에서는 저자와 동지의 견해이었
   으나, 제5판에서 이와 같이 개설〈改說〉하였다); 日最高判 1966. 12. 20(民集 20-10, 2160)(해
   임결의 즉시 효력이 발생한다고 한다).
2) 대판 2010. 9. 30, 2010 다 35985(공보 2010, 2000)(직무에 관한 부정행위 또는 법령이나 정
   관에 위반한 중대한 사실이 있어 해임되어야 할 이사가 대주주의 옹호로 그 지위에 그대로 머물게
   되는 불합리를 시정함으로써 소수주주 등을 보호하기 위한 상법 제385조 2항의 입법 취지 및 회
   사 자본의 충실을 기하려는 상법의 취지를 해치는 행위를 단속하기 위한 상법 제628조 1항의 납
   입가장죄 등의 입법 취지를 비롯한 위 각 규정의 내용 및 형식 등을 종합하면, 상법 제628조 1항
   에 의하여 처벌 대상이 되는 납입 또는 현물출자의 이행을 가장하는 행위는 특별한 다른 사정이
   없는 한, 상법 제385조 2항에 규정된 '그 직무에 관하여 부정행위 또는 법령에 위반한 중대한 사
   실'이 있는 경우에 해당한다고 보아야 한다).
3) 동지: 대판 1993. 4. 9, 92 다 53583(공보 945, 1365)(A가 갑회사의 대표이사로서 주주총회의
   승인 없이 갑회사와 동종영업을 목적으로 하는 을회사를 설립하고 을회사의 이사 겸 대표이사가
   되어 영업준비작업을 하여 오다가 영업활동을 개시하기 전에 을회사의 이사 및 대표이사직을 사
   임하였다고 하더라도, 이는 상법 제397조 1항 소정의 경업금지의무를 위반한 행위로서 특별한 다
   른 사정이 없는 한 이사의 해임에 관한 상법 제385조 2항 소정의 '법령에 위반한 중대한 사실'이
   있는 경우에 해당한다); 대결 1990. 11. 2, 90 마 745(공보 886, 2417).
4) 금융회사의 경우는 6개월 전부터 계속하여 금융회사의 발행주식총수의 100,000분의 250 이상
   (대통령령으로 정하는 금융회사의 경우에는 100,000분의 125 이상)에 해당하는 주식을 보유한 자
   이다(지배 33조 3항).

이 소는 회사와 그 이사를 공동피고로 하고,[1] 또 원고승소의 판결이 확정되면 회사의 해임행위를 요하지 않고 바로 해임의 효력이 발생한다(형성판결).[2] 이와 같이 소수주주에게 이사의 해임판결을 청구할 수 있도록 한 것은 대주주의 다수결원칙에 의한 횡포로부터 (회사 및) 소수주주를 보호하기 위한 것이고, 이 경우에 당해 이사의 직무집행을 정지하고 직무대행자를 선임하는 가처분을 신청할 수 있는 점($\frac{\text{상}}{407\text{조}}$)은 이미 설명한 바와 같다.[3]

2) 결원의 경우의 조치   법률 또는 정관에 정한 이사의 원수(員數)를 결한 경우에는 「임기의 만료」 또는 「사임」으로 인하여 퇴임한 이사는 새로 선임된 이사가 취임할 때까지 이사의 권리의무를 갖는데($\frac{\text{상법}}{\text{조}}\frac{386}{1\text{항}}$), 이 경우 퇴임이사가 유죄판결을 받는 등 이사로서의 권리의무를 상실한 경우에는 이사의 권리의무를 갖지 못한다.[4] 이 때 필요하다고 인정한 때에는 법원은 이사·감사·기타의 이해관계인의 청구에

---

1) 동지: 정(희), 473면; 정(동), (회) 390면.
   이에 반하여 피고를 회사로 하여야 한다는 견해[김(용), 378면; 이(병), 630면], 이사로 하여야 한다는 견해[서·정, 431면; 손(주), 768면]도 있다.
2) 동지: 정(희), 473면; 정(동), (회) 390면.
3) 동지: 대결 1997. 1. 10, 95 마 837(공보 1997, 591)(상법 제385조 2항에 의한 소수주주의 이사해임의 소를 피보전권리로 하는 이사 직무집행정지신청은 반드시 본안소송의 제기를 전제로 하지 않으며, 상법 제385조 2항에 의한 소수주주에 의한 이사해임의 소의 제기절차 및 이사 집무집행정지신청의 요건은 특별히 급박한 사정이 없는 한 해임의 소를 제기할 수 있을 정도의 절차요건을 거친 흔적이 소명되어야 피보전권리의 존재가 소명되는 것이고 그 가처분의 보전의 필요성도 인정될 수 있다).
4) 동지: 대판 2022. 11. 10, 2021 다 271282(공보 2023, 6)(법률 또는 정관에 정한 이사의 원수를 결한 경우에는 임기의 만료 또는 사임으로 인하여 퇴임한 이사〈이하 '퇴임이사'라 한다〉는 새로 선임된 이사가 취임할 때까지 이사의 권리의무가 있고, 이는 대표이사의 경우에도 동일하며〈이하 '퇴임대표이사'라 한다〉, 필요하다고 인정할 때에는 법원은 이사·감사 기타의 이해관계인의 청구에 의하여 일시 이사 또는 대표이사의 직무를 행할 자를 선임할 수 있다〈상법 제386조, 제389조 제3항〉. 이는 이사 정원에 결원이 발생한 경우 새로운 이사를 선임할 때까지 업무집행의 공백을 방지하여 회사 운영이 계속되도록 하기 위함이다. 특정경제범죄 가중처벌 등에 관한 법률〈이하 '특정경제범죄법'이라 한다〉 제14조 제1항에 의하면, 이득액 5억 원 이상의 사기·횡령 등 특정경제범죄법 제3조에 의하여 가중처벌되는 특정재산범죄로 유죄판결을 받은 사람은 법무부장관의 승인을 받은 경우가 아닌 한 유죄판결이 확정된 때부터 특정경제범죄법 제14조 제1항 각 호의 기간 동안 유죄판결된 범죄행위와 밀접한 관련이 있는 기업체에 취업할 수 없다. 이는 유죄판결된 범죄사실과 밀접하게 관련된 기업체에 대한 취업을 제한함으로써 중요 경제범죄의 재발을 방지하고 이를 통하여 건전한 경제질서를 확립하며 나아가 국민경제 발전에 이바지하고자 하는 데 그 취지가 있다. 이러한 특정경제범죄법 제14조 제1항의 규정 내용과 입법 취지 및 상법 제386조·제389조 제3항의 입법 취지를 종합하여 보면, 임기 만료 당시 이사 정원에 결원이 생기거나 후임 대표이사가 선임되지 아니하여 퇴임이사 또는 퇴임대표이사의 지위에 있던 중 특정재산범죄로 유죄판결이 확정된 사람은 유죄판결된 범죄행위와 밀접한 관련이 있는 기업체의 퇴임이사 또는 퇴임대표이사로서의 권리의무를 상실한다고 보아야 한다).

의하여 일시 이사의 직무를 행할 자(직무대행자·임시이사 또는 가〈假〉이사)[1]를 선임할 수 있다[2](상 386조 2항 1문). 이사의 권리의무를 갖는 이러한 퇴임이사를 상대로 하는 그 직무집행정지 가처분신청은 허용되지 않고, 그러한 이사의 퇴임 당시에 법률 또는 정관에 정한 이사의 원수(員數)가 충족되어 있는 경우라면 퇴임하는 이사는 임기의 만료 또는 사임과 동시에 당연히 이사로서의 권리의무를 상실하므로 이러한 퇴임한 이사를 상대로 하는 직무집행정지 가처분신청은 허용된다.[3]

---

1) 대법원판례는 이러한 직무대행자(임시이사)의 선임에는 임기의 만료 또는 사임으로 인하여 이사의 원수(員數)를 결하게 된 경우에 한하지 않고 법률 또는 정관에 정한 이사의 원수를 결한 일체의 경우를 말하는 것이라고 하고[대판 1964. 4. 28, 63 다 518(집 12 ① 민 53)], 수 회에 걸쳐 이사(또는 감사)로 선임 또는 중임되어 온 자를 다시 이사(또는 감사)로 선임하는 주주총회결의가 부존재한다고 하더라도 이 경우에는 후임이사(또는 감사)가 없는 결과가 되어 퇴임이사(또는 퇴임감사)는 계속 이사(또는 감사)로서의 권리의무를 가진다고 한다[대판 1991. 12. 27, 91 다 4409·4416(공보 915, 765); 동 1971. 3. 9, 71 다 251(집 19 ① 민 167)]. 또한 임기만료로 퇴임한 이사가 상법 제386조 1항에 의하여 여전히 이사의 권리의무가 있다 하여도 그는 상법 제317조에 의한 변경등기절차의 이행의무를 진다고 한다[대결 1968. 2. 28, 67 마 921(집 16 ① 민 125)]. 이러한 경우 (퇴임)이사의 퇴임등기를 하여야 하는 2주 또는 3주의 기간(상 317조 4항, 183조)은 일반의 경우처럼 퇴임한 이사의 퇴임일부터 기산하는 것이 아니라 후임이사의 취임일부터 기산한다고 보아야 하며, 후임이사가 취임하기 전에는 퇴임한 이사의 퇴임등기만을 따로 신청할 수 없다고 한다[대결 2005. 3. 8, 2004 마 800(공보 2005, 541); 동 2007. 6. 19, 2007 마 311(공보 2007, 1131)].

2) 이러한 직무대행자로 선임될 수 있는 자에 관하여 우리 대법원은 「직무대행자 선임신청인이 추천한 사람이 선임되지 아니하고 다른 사람이 선임되었다고 하여 선임신청을 불법한 결정이라고 볼 수 없으므로 이에 대한 불복을 할 수 없다」고 하고[대결 1985. 5. 28, 85 그 50(공보 762, 1297)], 또한 「이러한 직무대행자의 자격에는 아무런 제한이 없으므로 회사와 이해관계가 있는 자에 한하는 것은 아니다」고 한다[대판 1981. 9. 8, 80 다 2511(공보 668, 14367; 집 29 ③ 민 1)].
　　이러한 직무대행자를 선임할 수 있는 경우에 대하여 우리 대법원은 「회사가 휴면회사가 되어 해산등기가 마쳐졌음에도 대표청산인이 청산절차를 밟지 않고 있고 회사채권자인 재항고인의 수차례에 걸친 주소보정에도 불구하고 대표청산인에 대한 재산관계 명시결정이 계속적으로 송달불능 상태에 있는 경우에는 직무대행자를 선임할 필요성이 인정된다」고 하나[대결 1998. 9. 3, 97 마 1429(공보 1998, 2819)], 「여기에서 필요한 때라 함은 이사의 사망으로 결원이 생기거나 종전의 이사가 해임된 경우, 이사가 중병으로 사임하거나 장기간 부재중인 경우 등과 같이 퇴임이사로 하여금 이사로서의 권리의무를 가지게 하는 것이 불가능하거나 부적당한 경우를 의미한다고 할 것인데, 회사의 대표이사 및 이사의 임기만료로 법률 또는 정관에 정한 원수에 결원이 발생한 경우 회사 동업자들 사이에 동업을 둘러싼 분쟁이 계속되고 있다는 사정만으로는 이에 해당한다고 볼 수 없다」고 판시하고 있다[대결 2000. 11. 17, 2000 마 5632(공보 2001, 111)].

3) 동지: 대결 2009. 10. 29, 2009 마 1311(공보 2009, 2008)(상법 제386조 1항은 법률 또는 정관에 정한 이사의 원수를 결한 경우에는 임기의 만료 또는 사임으로 인하여 퇴임한 이사로 하여금 새로 선임된 이사가 취임할 때까지 이사의 권리의무를 행하도록 규정하고 있는바, 위 규정에 따라 이사의 권리의무를 행사하고 있는 퇴임이사로 하여금 이사로서의 권리의무를 가지게 하는 것이 불가능하거나 부적당한 경우 등 필요한 경우에는 상법 제386조 2항에 정한 일시 이사의 직무를 행할 자의 선임을 법원에 청구할 수 있으므로, 이와는 별도로 상법 제386조 1항에 정한 바에 따라 이사의 권리의무를 행하고 있는 퇴임이사를 상대로 해임사유의 존재나 임기만료·사임 등을 이유로 그 직무집행의 정지를 구하는 가처분신청은 허용되지 않는다. 그런데 상법 제386조 1항의 규정에 따라 퇴임이사가 이사의 권리의무를 행할 수 있는 것은 법률 또는 정관에 정한 이사의 원수

이러한 임시이사의 선임이 필요하다고 인정되는 때라 함은 이사가 사임하거나 장기간 부재중인 경우와 같이 퇴임이사로 하여금 이사로서의 권리의무를 갖게 하는 것이 불가능하거나 부적당한 경우를 의미하는 것으로서, 이의 필요성은 임시이사제도의 취지와 관련하여 사안에 따라 개별적으로 판단되어야 할 것이다.[1]

이러한 직무대행자(임시이사)는 이사의 직무집행정지의 가처분($\substack{상 \\ 407조}$)과 함께 선임되는 직무대행자와 구별되고, 그 권한은 법원에 의하여 특히 제한되지 않는 한 본래의 이사의 권한과 같다.[2] 그러나 이사의 직무집행정지의 가처분과 함께 선임되는 직무대행자의 권한은 상법의 규정에 의하여 회사의 상무(常務)에 속하는 행위로 제한되어 있다($\substack{상 \\ 408조}$).

이러한 직무대행자의 경우에는 본점소재지에서 그 등기를 하여야 한다($\substack{상 386 \\ 조 2 \\ 항 \\ 2문}$).[3]

상장회사의 사외이사가 사임·사망 등의 사유로 인하여 사외이사의 수가 법정요건($\substack{상 542조 \\ 의 8 1항}$)에 미달하게 되면, 그 사유가 발생한 후 처음으로 소집되는 주주총회에서 법정요건에 합치되도록 사외이사를 선임하여야 한다($\substack{상 542조 \\ 의 8 3항}$).

3. 권   한

(1) 회사의 업무집행기관이 원칙적으로 이사회와 대표이사로 분화되는 경우에 이사는 이사회의 구성원으로서 회사의 업무집행에 관한 의사결정과 (다른) 이사의 직무집행의 감독에 참여할 권한이 있고 대표이사가 될 수 있는 전제자격을 가지나, 대표이사가 아닌 이사는 원칙적으로 회사의 업무집행권 및 대표권이 없다. 다만 정관 또는 내부규칙에 의하여 일정한 이사에게 내부적으로 업무집행권한을 부여할 수는 있다(업무담당이사).

예외적으로 자본금 총액이 10억원 미만인 소규모 주식회사로서 이사를 1명 또는 2명 둔 경우에는 각 이사($\substack{정관에 따라 대표이사를 \\ 정한 경우에는 그 대표이사}$)는 회사의 업무집행권과 대외적으로

를 결한 경우에 한정되는 것이므로, 퇴임할 당시에 법률 또는 정관에 정한 이사의 원수가 충족되어 있는 경우라면 퇴임하는 이사는 임기의 만료 또는 사임과 동시에 당연히 이사로서의 권리의무를 상실하는 것이고, 그럼에도 불구하고 그 이사가 여전히 이사로서의 권리의무를 실제로 행사하고 있는 경우에는 그 권리의무의 부존재확인청구권을 피보전권리로 하여 직무집행의 정지를 구하는 가처분신청이 허용된다).

1) 동지: 대결 2001. 12. 6, 2001 그 113(공보 2002, 337).
2) 동지: 정(동), (회) 391면; 대결 1968. 5. 22, 68 마 119(집 16 ② 민 62).
3) 1995년 개정상법 이전에는 이러한 직무대행자는 본·지점소재지에서 등기하도록 되어 있었으나, 그 절차가 매우 번거롭고 불필요한 비용이 들기 때문에 1995년 개정상법에 의하여 본점소재지에서만 등기하도록 개정되었다.

회사를 대표할 권한을 갖는다($\binom{\text{상 383조 1항}}{\text{단서, 6항}}$).

(2) 이사가 개인의 지위에서 상법상 여러 가지의 권한($\binom{\text{상 328조, 373조 2항, 376조, 393}}{\text{조 3항, 429조, 445조, 529조 등}}$)을 갖는 점에 대하여는 이미 설명하였다.

4. 이사의 보수

(1) 보수의 개념

이사의 보수란 이사의 직무집행에 대한 대가로서 지급되는 것으로 그 명칭을 불문한다. 따라서 봉급·각종의 수당·상여금[1]·퇴직위로금[2]·해직보상금[3]·실적금[4]

---

1) 다만 상여금이 이익처분의 방법으로 지급되는 특별한 경우에는 보수라고 볼 수 없다. 따라서 이 때에는 상법 제449조에 의한 주주총회의 결의만 있으면 되고 상법 제388조에 의한 주주총회의 결의를 요하지 않는다[동지: 정(동), (회) 393면].
   모든 상여금의 지급을 언제나 이익처분의 방법으로 보아 이 때의 보수에 포함시키지 않는 견해로는 최(기), (회) 567면.

2) 동지: 대판 1977. 11. 22, 77 다 1742(집 25 ③ 민 320); 동 1988. 6. 14, 87 다카 2268(집 36 ② 민 42); 동 1999. 2. 24, 97 다 38930(공보 1999, 557)(이사 또는 감사에 대한 퇴직위로금은 보수의 일종으로서 상법 제388조에 규정된 보수에 포함된다); 동 2006. 5. 25, 2003 다 16092·16108(공보 2006, 1111); 동 2018. 5. 30, 2015 다 51968(공보 2018, 1164)(상법 제388조가 정하는 '이사의 보수'에는 월급·상여금 등 명칭을 불문하고 이사의 직무수행에 대한 보상으로 지급되는 대가가 모두 포함되고, 퇴직금 또는 퇴직위로금도 그 재직 중의 직무수행에 대한 대가로 지급되는 급여로서 상법 제388조의 '이사의 보수'에 해당한다. 주식회사의 이사, 대표이사〈이하 '이사 등'이라고 한다〉의 보수청구권〈퇴직금 등의 청구권을 포함한다〉은, 그 보수가 합리적인 수준을 벗어나서 현저히 균형을 잃을 정도로 과다하거나, 이를 행사하는 사람이 법적으로는 주식회사 이사 등의 지위에 있으나 이사 등으로서의 실질적인 직무를 수행하지 않는 이른바 명목상 이사 등에 해당한다는 등의 특별한 사정이 없는 이상 민사집행법 제246조 제1항 제4호 또는 제5호가 정하는 압류금지채권에 해당한다고 보아야 한다).

3) 동지: 대판 2006. 11. 23, 2004 다 49570(공보 2007, 11)(주식회사와 이사 사이에 체결된 고용계약에서 이사가 그 의사에 반하여 이사직에서 해임될 경우 퇴직위로금과는 별도로 일정한 금액의 해직보상금을 지급받기로 약정한 경우, 그 해직보상금은 형식상으로는 보수에 해당하지 않는다 하여도 보수와 함께 같은 고용계약의 내용에 포함되어 그 고용계약과 관련하여 지급되는 것일 뿐 아니라, 의사에 반하여 해임된 이사에 대하여 정당한 이유의 유무와 관계없이 지급하도록 되어 있어 이사에게 유리하도록 회사에 추가적인 의무를 부과하는 것인바, 보수에 해당하지 않는다는 이유로 주주총회결의를 요하지 않는다고 한다면, 이사들이 고용계약을 체결하는 과정에서 개인적인 이득을 취할 목적으로 과다한 해직보상금을 약정하는 것을 막을 수 없게 되어, 이사들의 고용계약과 관련하여 그 사익 도모의 폐해를 방지하여 회사와 주주의 이익을 보호하고자 하는 상법 제388조의 입법 취지가 잠탈되고, 나아가 해직보상금액이 특히 거액일 경우 회사의 자유로운 이사해임권 행사를 저해하는 기능을 하게 되어 이사선임기관인 주주총회의 권한을 사실상 제한함으로써 회사법이 규정하는 주주총회의 기능이 심히 왜곡되는 부당한 결과가 초래되므로, 이사의 보수에 관한 상법 제388조를 준용 내지 유추적용하여 이사는 해직보상금에 관하여도 정관에서 그 액을 정하지 않는 한 주주총회결의가 있어야만 회사에 대하여 이를 청구할 수 있다).

4) 동지: 대판 2010. 12. 9, 2009 다 59237(공보 2011, 97)(정관 규정에 따라 공동대표이사 갑과 을이 해외 유명상표 사용에 관한 라이센스 계약의 체결·유지 및 창업에 대한 공로의 대가로 지급받기로 한 실적금은, 갑과 을이 대표이사로 재직하면서 그 직무집행의 대가로 받는 보수의 성격을 가진 것이어서 대표이사의 지위를 전제로 지급되는 것이라고 봄이 상당하다).

등을 포함한다. 이사가 회사의 지배인 기타 사용인을 겸직하는 경우에 사용인분 급여도 이에 포함되는가. 이에 대하여 (i) 사용인분 급여를 이에 포함시키지 않는다면 상법 제388조를 탈법하는 결과가 되므로 사용인분 급여를 이에 포함시켜야 한다는 견해(포함설)[1]도 있으나, (ii) 사용인분 급여는 사용인의 노무에 대한 근로계약에 기한 대가로서 이사의 경우와는 그 법적 성질을 달리하므로 이에 포함시키지 않는 것이 타당하다고 본다(불포함설).[2]

명목상 이사·감사도 법적으로는 이사·감사의 지위를 가지므로 상법 제388조에 따라 정관의 규정 또는 주주총회의 결의에 의하여 결정된 보수청구권을 갖는다.[3]

---

1) 이(철), (회) 683면. 참고: 대판 2006. 5. 25, 2003 다 16092·16108(공보 2006, 1111)(회사의 직원으로 근무하면서 맺은 근로관계는 이사로 취임함으로써 종료되고 이후로는 회사와 새로이 위임관계를 맺었다고 할 것이지만, 이사로 취임할 때 회사가 직원으로 근무한 데에 대한 퇴직금을 지급하지 아니하였고 퇴직한 다른 이사에게 퇴직금을 지급하면서 직원으로 근무한 기간까지 정관에 정하여진 근속연수에 계산하여 퇴직금을 산정하여 지급한 사례 등을 고려하여, 퇴직한 이사에 대하여 직원으로 근무한 기간과 이사로 근무한 기간을 합쳐서 퇴직금을 산정한 원심의 판단은 타당하다).

2) 동지: 정(동), (회) 392면(다만 사용인분의 급여를 주주총회에 명확히 밝힐 필요는 있다고 한다); 이(기) 외, (회) 308면. 참고: 대판 1988. 6. 14, 87 다카 2268(공보 828, 1023; 집 36 ② 민 42)(이사의 보수는 위임사무처리에 대한 대가이므로 근로기준법 소정의 임금이라 할 수 없고, 또 이사의 퇴직금도 근로기준법 소정의 퇴직금이 아니라 재직중 직무집행에 대한 대가로 지급되는 보수의 일종이므로, 이에는 임금채권의 시효에 관한 규정이 적용되지 아니하고 일반채권의 시효에 관한 규정이 적용되어야 한다); 동 2003. 9. 26, 2002 다 64681(공보 2003, 2075)(주식회사의 이사·감사 등 임원은 회사로부터 일정한 사무처리의 위임을 받고 있는 것이므로, 사용자의 지휘·감독 아래 일정한 근로를 제공하고 소정의 임금을 받는 고용관계에 있는 것이 아니며, 따라서 일정한 보수를 받는 경우에도 이를 근로기준법 소정의 임금이라 할 수 없고, 회사의 규정에 의하여 이사 등 임원에게 퇴직금을 지급하는 경우에도 그 퇴직금은 근로기준법 소정의 퇴직금이 아니라 재직중의 직무집행에 대한 대가로 지급되는 보수에 불과하다).

3) 동지: 대판 2015. 7. 23, 2014 다 236311(공보 2015, 1236)(법적으로는 주식회사 이사·감사의 지위를 갖지만 회사와의 명시적 또는 묵시적 약정에 따라 이사·감사로서의 실질적인 직무를 수행하지 않는 이른바 명목상 이사·감사도 법인인 회사의 기관으로서 회사가 사회적 실체로서 성립하고 활동하는 데 필요한 기초를 제공함과 아울러 상법이 정한 권한과 의무를 갖고 의무 위반에 따른 책임을 부담하는 것은 일반적인 이사·감사와 다를 바 없으므로, 과다한 보수에 대한 사법적 통제의 문제는 별론으로 하더라도, 오로지 보수의 지급이라는 형식으로 회사의 자금을 개인에게 지급하기 위한 방편으로 이사·감사로 선임한 것이라는 등의 특별한 사정이 없는 한, 회사에 대하여 상법 제388조, 제415조에 따라 정관의 규정 또는 주주총회의 결의에 의하여 결정된 보수의 청구권을 갖는다. 따라서 이러한 이사·감사의 보수청구권을 부정한 원심의 판단은 명목상 이사·감사의 보수청구권에 관한 법리를 오해하여 판결 결과에 영향을 미친 잘못이 있다); 동 2015. 9. 10, 2015 다 213308(공보 2015, 1493)(주식회사의 주주총회에서 이사·감사로 선임된 사람이 주식회사와 계약을 맺고 이사·감사로 취임한 경우에, 상법 제388조·제415조에 따라 정관 또는 주주총회 결의에서 정한 금액·지급시기·지급방법에 의하여 보수를 받을 수 있다. 이에 비추어 보면, 주주총회에서 선임된 이사·감사가 회사와의 명시적 또는 묵시적 약정에 따라 업무를 다른 이사 등에게 포괄적으로 위임하고 이사·감사로서의 실질적인 업무를 수행하지 않는 경우라 하더라도 이사·감사로서 상법 제399조·제401조·제414조 등에서 정한 법적 책임을 지므로, 이사·감사를 선임하거나 보수를 정한 주주총회 결의의 효력이 무효이거나 또는 소극적인 직무 수행

(2) 보수액의 결정방법

1) 이사와 회사간의 관계에는 위임에 관한 규정이 준용되지만($^{\text{상}}_{\text{조 2항}}$), 민법상의 수임인이 무상인 것과는 달리 이사는 선임된 사실만으로 명시 또는 묵시의 보수지급에 관한 특약을 한 것이라고 보아야 할 것이다.[1] 이사의 보수액은 정관에 그 액을 정하지 아니한 때에는 주주총회의 결의로 이를 정하도록 되어 있는데($^{\text{상}}_{388조}$), 물가변동 등과 같은 이유로 정관으로 이를 정하는 경우는 거의 없고 주주총회의 결의로 정하는 것이 보통이다.[2] 이 때 이사의 보수액을 각 이사별로 정할 필요는 없다. 따라

이 주주총회에서 이사·감사를 선임하면서 예정하였던 직무 내용과 달라 주주총회에서 한 선임 결의 및 보수지급 결의에 위배되는 배임적인 행위에 해당하는 등의 특별한 사정이 없다면, 소극적인 직무 수행 사유만을 가지고 이사·감사로서의 자격을 부정하거나 주주총회 결의에서 정한 보수청구권의 효력을 부정하기는 어렵다. 다만 이사·감사의 소극적인 직무 수행에 대하여 보수청구권이 인정된다 하더라도, 이사·감사의 보수는 직무 수행에 대한 보상으로 지급되는 대가로서 이사·감사가 회사에 대하여 제공하는 반대급부와 지급받는 보수 사이에는 합리적 비례관계가 유지되어야 하므로, 보수가 합리적인 수준을 벗어나서 현저히 균형성을 잃을 정도로 과다하거나, 오로지 보수의 지급이라는 형식으로 회사의 자금을 개인에게 지급하기 위한 방편으로 이사·감사로 선임하였다는 등의 특별한 사정이 있는 경우에는 보수청구권의 일부 또는 전부에 대한 행사가 제한되고 회사는 합리적이라고 인정되는 범위를 초과하여 지급된 보수의 반환을 구할 수 있다. 이 때 보수청구권의 제한 여부와 제한 범위는, 소극적으로 직무를 수행하는 이사·감사가 제공하는 급부의 내용 또는 직무 수행의 정도, 지급받는 보수의 액수와 회사의 재무상태, 실질적인 직무를 수행하는 이사 등의 보수와의 차이, 소극적으로 직무를 수행하는 이사·감사를 선임한 목적과 선임 및 자격 유지의 필요성 등 변론에 나타난 여러 사정을 종합적으로 고려하여 판단하여야 한다. 따라서 이러한 이사·감사에게 지급된 보수 명목의 돈을 소극적인 직무수행에 대한 대가로 보지 아니하고 단순히 명의대여의 대가에 불과하다고 본 원심의 판결은 적절하지 아니하나, 이들에 대한 보수의 약정이 유효하다는 원심의 결론은 수긍할 수 있다).

1) 동지: 대판 1964. 3. 31, 63 다 715(집 12 ① 민 16)(정관이나 주주총회의 결의 또는 주무부장관의 승인에 의한 보수액의 결정이 없었다고 하더라도, 주주총회의 결의에 의하여 상무이사로 선임되고 그 임무를 수행한 자에 대하여는 명시적이든 묵시적이든 보수금 지급의 특약이 있었다고 볼 것이다); 동 1969. 2. 4, 68 다 2220(민판집 136, 195). 그러나 주주총회에서 정한 사칙에 비록 대표이사에 대한 보수규정이 있다 하더라도, 대표이사 본인이 그 보수를 원하지 아니한다고 회사에 의사표시를 하면 그 의사표시는 회사에 대하여 효력이 있다[대판 1973. 5. 8, 73 다 213(민판집 186, 110)].

2) 동지: 정(동), (회) 392면; 정(희), 474면; 대판 1983. 3. 22, 81 다 343(공보 704, 728)(정관 및 관계규정상 이사의 보수에 관하여는 사원총회의 결의가 있어야 한다고 규정되어 있는 경우, 그와 같은 절차가 이행되지 않는 한 이사의 보수청구는 이유 없다).

참고: 대판 2016. 1. 28, 2014 다 11888(공보 2016, 340)(상법이 정관 또는 주주총회의 결의로 이사의 보수를 정하도록 한 것은 이사들의 고용계약과 관련하여 사익 도모의 폐해를 방지함으로써 회사와 주주 및 회사채권자의 이익을 보호하기 위한 것이므로, 비록 보수와 직무의 상관관계가 상법에 명시되어 있지 않더라도 이사가 회사에 대하여 제공하는 직무와 지급받는 보수 사이에는 합리적 비례관계가 유지되어야 하며, 회사의 채무 상황이나 영업실적에 비추어 합리적인 수준을 벗어나서 현저히 균형성을 잃을 정도로 과다하여서는 아니 된다. 따라서 회사에 대한 경영권 상실 등으로 퇴직을 앞둔 이사가 회사에서 최대한 많은 보수를 받기 위하여 그에 동조하는 다른 이사와 함께 이사의 직무내용, 회사의 재무상황이나 영업실적 등에 비추어 지나치게 과다하여 합리적 수준을 현저히 벗어나는 보수 지급 기준을 마련하고 지위를 이용하여 주주총회에 영향력을 행사함으로써 소수주주의 반대에 불구하고 이에 관한 주주총회결의가 성립되도록 하였다면, 이는

회사를 위하여 직무를 충실하게 수행하여야 하는 상법 제382조의 3에서 정한 의무를 위반하여 회사재산의 부당한 유출을 야기함으로써 회사와 주주의 이익을 침해하는 것으로서 회사에 대한 배임행위에 해당하므로, 주주총회결의를 거쳤다 하더라도 그러한 위법행위가 유효하다 할 수는 없다); 동 2017. 3. 30, 2016 다 21643(공보 2017, 867)(유한회사에서 상법 제567조·제388조에 따라 정관 또는 사원총회 결의로 특정 이사의 보수액을 구체적으로 정하였다면, 보수액은 임용계약의 내용이 되어 당사자인 회사와 이사 쌍방을 구속하므로, 이사가 보수의 변경에 대하여 명시적으로 동의하였거나, 적어도 직무의 내용에 따라 보수를 달리 지급하거나 무보수로 하는 보수체계에 관한 내부규정이나 관행이 존재함을 알면서 이사직에 취임한 경우와 같이 직무내용의 변동에 따른 보수의 변경을 감수한다는 묵시적 동의가 있었다고 볼 만한 특별한 사정이 없는 한, 유한회사가 이사의 보수를 일방적으로 감액하거나 박탈할 수 없다. 따라서 유한회사의 사원총회에서 임용계약의 내용으로 이미 편입된 이사의 보수를 감액하거나 박탈하는 결의를 하더라도, 이러한 사원총회 결의는 결의 자체의 효력과 관계없이 이사의 보수청구권에 아무런 영향을 미치지 못한다. 갑 유한회사의 사원이자 이사인 을 등이 갑 회사가 사원총회를 열어 을 등의 보수를 감액하는 내용의 결의를 하자, 갑 회사를 상대로 보수감액 결의의 무효확인을 구한 사안에서, 보수감액 결의는 그 자체로 임용계약에 이미 편입된 을 등의 보수청구권에 아무런 영향을 미칠 수 없는 것이므로, 을 등은 사원의 지위에서 법률상 의미가 없는 보수감액 결의에 구속되는 법률관계에 있다거나 결의내용의 객관적 성질에 비추어 사원으로서의 이익이 침해될 우려가 있다고 볼 수 없고, 이사의 지위에서 스스로 위와 같은 결의를 준수하여 자신들에 대한 보수를 감액 지급할 의무를 부담하는 것도 아닐 뿐만 아니라, 임용계약의 당사자로서 을 등에게 야기될 수 있는 불안도 갑 회사가 보수감액 결의에 의하여 감액된 보수를 지급하지 않을 수 있다는 사실상·경제상 이익에 대한 것일 뿐 을 등의 권리나 법적 지위에 어떠한 위험이나 불안이 야기되었다고 볼 수 없으며, 을 등이 갑 회사에 대하여 감액된 보수의 지급을 구하는 것이 갑 회사의 보수청구권을 둘러싼 분쟁을 해결하는 데에 직접적인 수단이 되는 것이므로, 보수감액 결의의 무효확인을 구하는 것이 을 등의 불안과 위험을 제거하는 가장 유효·적절한 수단이라고 볼 수 없다. 확인의 소에 있어서 확인의 이익은 원고의 권리 또는 법률상의 지위에 현존하는 불안·위험이 있고 확인판결을 받는 것이 불안·위험을 제거하는 가장 유효·적절한 수단일 때에만 인정된다); 동 2017. 9. 21, 2015 두 60884(법인이 지배주인 임원에게 지급한 보수가 법인의 영업이익 등에서 차지하는 비중과 규모, 해당 법인 내 다른 임원들 또는 동종업계 임원들의 보수와의 현격한 격차 여부, 법인의 소득을 부당하게 감소시키려는 주관적 의도 등 제반 사정을 종합적으로 고려할 때, 그 보수가 임원의 직무집행에 대한 정상적인 대가라기보다는 주로 법인에 유보된 이익을 분여하기 위하여 대외적으로 보수의 형식을 취한 것에 불과하다면〈월 3,000만원 이하의 보수를 3억원으로 인상함〉, 이는 이익처분으로 손금불산입 대상이 되는 상여금과 그 실질이 동일하므로, 법인세법 시행령 제43조에 따라 손금에 산입할 수 없다. 증명의 어려움이나 공평의 관념 등에 비추어, 위와 같은 사정이 상당한 정도로 증명된 경우에는 보수금 전체를 손금불산입의 대상으로 보아야 하고, 위 보수금에 직무집행의 대가가 일부 포함되어 있어 그 부분이 손금산입의 대상이 된다는 점은 보수금 산정 경위나 그 구성내역 등에 관한 구체적인 자료를 제출하기 용이한 납세의무자가 이를 증명할 필요가 있다); 동 2020. 4. 9, 2018 다 290436(공보 2020, 906)(상법 제388조는 이사의 보수는 정관에 그 액을 정하지 아니한 때에는 주주총회의 결의로 이를 정한다고 규정한다. 이는 이사가 자신의 보수와 관련하여 개인적 이익을 도모하는 폐해를 방지하여 회사와 주주 및 회사채권자의 이익을 보호하기 위한 강행규정이다. 따라서 정관에서 이사의 보수에 관하여 주주총회의 결의로 정한다고 규정한 경우 그 금액·지급방법·지급시기 등에 관한 주주총회의 결의가 있었음을 인정할 증거가 없는 한 이사는 보수청구권을 행사할 수 없다. 이때 '이사의 보수'에는 월급, 상여금 등 명칭을 불문하고 이사의 직무수행에 대한 보상으로 지급되는 대가가 모두 포함되고, 회사가 성과급, 특별성과급 등의 명칭으로 경영성과에 따라 지급하는 금원이나 성과 달성을 위한 동기를 부여할 목적으로 지급하는 금원도 마찬가지이다. 갑 주식회사의 정관에 이사의 보수에 관하여 주주총회의 결의로 정하도록 규정하고 있는데, 갑 회사의 대표이사인 을이 주주총회의 결의 없이 갑 회사로부터 '특별성과급'이라는 명목으로 금원을 지급받은 사안에서, 을이 '특별성과급'이서 이사 전원에 대한 보수의 총액 또는 한도액을 정하고 각 이사에 대한 배분의 결정을 이사회에 위임할 수는 있다.[1] 그러나 보수액의 결정 및 지급을 전적으로 이사회나 대표이사에게 위임하는 내용의 주주총회의 결의는 무효이다.[2]

2) 이사의 보수액을 정하는 주주총회의 결의에서 주주인 이사는 특별이해관계인이나, 주주총회에서 결정된 이사의 보수총액에서 각 이사에 대한 보수를 이사회의 결의로 배분하는 경우에 이사는 특별이해관계인이 아니라고 본다.[3]

라는 명목으로 지급받은 금원은 직무수행에 대한 보상으로 지급된 보수에 해당하는데, 을이 특별성과급을 지급받을 때 주주총회의 결의 없이 갑 회사의 대주주의 의사결정만 있었다면, 주주총회를 개최하였더라도 결의가 이루어졌을 것이 예상된다는 사정만으로 결의가 있었던 것과 같게 볼 수 없고, 특별성과급 일부가 주주총회에서 정한 이사의 보수한도액 내에 있다는 사정만으로 그 부분의 지급을 유효하다고 볼 수도 없으므로, 을에게 지급된 특별성과급은 법률상 원인 없이 이루어진 부당이득에 해당한다고 본 원심판단은 타당하다); 동 2020. 6. 4, 2016 다 241515·241522(공보 2020, 1313)(상법 제388조는 "이사의 보수는 정관에 그 액을 정하지 아니한 때에는 주주총회의 결의로 이를 정한다"라고 규정하고 있고, 위 규정의 보수에는 연봉·수당·상여금 등 명칭을 불문하고 이사의 직무수행에 대한 보상으로 지급되는 모든 대가가 포함된다. 이는 이사가 자신의 보수와 관련하여 개인적 이익을 도모하는 폐해를 방지하여 회사와 주주 및 회사채권자의 이익을 보호하기 위한 강행규정이다. 상법 제361조는 "주주총회는 본법 또는 정관에 정하는 사항에 한하여 결의할 수 있다"라고 규정하고 있는데, 이러한 주주총회 결의사항은 반드시 주주총회가 정해야 하고 정관이나 주주총회의 결의에 의하더라도 이를 다른 기관이나 제3자에게 위임하지 못한다. 따라서 정관 또는 주주총회에서 임원의 보수 총액 내지 한도액만을 정하고 개별 이사에 대한 지급액 등 구체적인 사항을 이사회에 위임하는 것은 가능하지만, 이사의 보수에 관한 사항을 이사회에 포괄적으로 위임하는 것은 허용되지 아니한다. 그리고 주주총회에서 이사의 보수에 관한 구체적 사항을 이사회에 위임한 경우에도 이를 주주총회에서 직접 정하는 것도 상법이 규정한 권한의 범위에 속하는 것으로서 가능하다. 주식회사의 총주식을 한 사람이 소유하는 이른바 1인회사의 경우에는 그 주주가 유일한 주주로서 주주총회에 출석하면 전원 총회로서 성립하고 그 주주의 의사대로 결의가 될 것이 명백하다. 이러한 이유로 주주총회 소집절차에 하자가 있거나 주주총회의사록이 작성되지 않았더라도, 1인주주의 의사가 주주총회의 결의내용과 일치한다면 증거에 의하여 그러한 내용의 결의가 있었던 것으로 볼 수 있다. 그러나 이는 주주가 1인인 1인회사에 한하여 가능한 법리이다. 1인회사가 아닌 주식회사에서는 특별한 사정이 없는 한, 주주총회의 의결정족수를 충족하는 주식을 가진 주주들이 동의하거나 승인하였다는 사정만으로 주주총회에서 그러한 내용의 결의가 이루어질 것이 명백하다거나 또는 그러한 내용의 주주총회 결의가 있었던 것과 마찬가지라고 볼 수는 없다).

1) 동지: 정(희), 474면; 정(동), (회) 393면 외.

2) 동지: 정(동), (회) 393면; 이(기) 외, (회) 308면; 대판 1979. 11. 27, 79 다 1599(공보 625, 12409)(3,000주 중 2,000주를 가지고 있는 대표이사가 한 이사에 대한 보수·퇴직금 등에 관한 약정은 무효라고 한다); 日東京地判 1951. 4. 28(下民集 2−4, 566).
  반대: 대판 1979. 2. 27, 78 다 1852·1853(주주총회에서 이사의 퇴직위로금의 지급여부 및 그 금액의 결정을 이사회에 위임할 수 있다고 한다); 동 1978. 1. 10, 77 다 1788(집 26 ① 민 10)(회사주식의 80%를 소유한 대표이사가 주주총회결의를 거치지 않고 이사에게 공로상여금을 지급하겠다는 약속은 유효라고 한다). 그러나 이러한 판결은 극히 의문이다[동지: 정(동), (회) 393~394면].

3) 동지: 정(희), 474면.

(3) 퇴 직 금

이사가 종임하였을 때에 그에게 보통 퇴직금이 지급되는데, 이 퇴직금도 앞에서 본 바와 같이 보수에 포함되므로 보수와 같이 정관이나 주주총회의 결의로 그 총액 또는 한도액만을 정하고 구체적으로 각 이사에게 지급할 퇴직금의 액수·지급기일·지급방법 등의 결정은 이사회에 위임할 수 있다.[1] 그러나 정관 등에서 이사의 보수에 관하여 주주총회 결의로 정한다고 규정되어 있으면 그 금액·지급방법·지급시기 등에 관한 주주총회의 결의가 있어야 이사는 보수청구권을 행사할 수 있다.[2]

그런데 이 때 퇴직금은 보통 이미 정하여진 퇴직금지급규정에 의하여 지급되는데, 이에 의한 퇴직금의 지급이 유효한지 여부에 대하여 판례상 자주 논의되고 있다. 즉,「이사에 대한 퇴직위로금이 이미 퇴직금지급규정에 의하여 결정되어 있는데, 그 규정에 주주총회의 승인을 얻어 지급한다고 되어 있는 경우, 이의 의미는 그 지급시기와 지급방법 등을 규제하려는 내부적인 절차규정에 불과하므로 주주총회에서 지급하지 않기로 결의한 것은 무효이다」고 하고,[3] 또「이사회에서 작성한 퇴직금지급규정에 대한 주주총회의 결의가 없다는 것만으로 퇴직금지급을 거절한 것

---

1) 동지: 대판 2006. 5. 25, 2003 다 16092·16108(공보 2006, 1111)(회사가 정관에서 퇴직하는 이사에 대한 퇴직금액의 범위를 구체적으로 정한 다음, 다만 재임중 공로 등 여러 사정을 고려하여 이사회가 그 금액을 결정할 수 있도록 하였다면, 이사회로서는 퇴직한 이사에 대한 퇴직금액을 정하면서, 퇴임한 이사가 회사에 대하여 배임행위 등 명백히 회사에 손해를 끼쳤다는 등의 특별한 사정이 없는 한, 재임중 공로의 정도를 고려하여 정관에서 정한 퇴직금액을 어느 정도 감액할 수 있을 뿐 퇴직금 청구권을 아예 박탈하는 결의를 할 수는 없으므로, 이사회가 퇴직한 이사에 대한 퇴직금을 감액하는 등의 어떠한 결의도 하지 않았을 경우 회사로서는 그와 같은 이사회 결의가 없었음을 이유로 퇴직한 이사에 대하여 정관에 구체적으로 정한 범위 안에서의 퇴직금 지급을 거절할 수는 없다).

2) 동지: 대판 2019. 7. 4, 2017 다 17436(공보 2019, 1517)(상법 제388조에 의하면 주식회사의 이사의 보수는 정관에 그 액을 정하지 아니한 때에는 주주총회의 결의로 이를 정한다고 규정되어 있다. 이는 이사가 자신의 보수와 관련하여 개인적 이익을 도모하는 폐해를 방지하여 회사와 주주 및 회사채권자의 이익을 보호하기 위한 강행규정이다. 따라서 정관 등에서 이사의 보수에 관하여 주주총회의 결의로 정한다고 규정되어 있는 경우 그 금액·지급방법·지급시기 등에 관한 주주총회의 결의가 있었음을 인정할 증거가 없는 한 이사는 보수청구권을 행사할 수 없다. 이사의 퇴직금은 상법 제388조에 규정된 보수에 포함되고, 퇴직금을 미리 정산하여 지급받는 형식을 취하는 퇴직금 중간정산금도 퇴직금과 성격이 동일하다. 다만 이사에 대한 퇴직금은 성격상 퇴직한 이사에 대해 재직 중 직무집행의 대가로 지급되는 보수의 일종이므로, 이사가 재직하는 한 이사에 대한 퇴직금 지급의무가 발생할 여지가 없고 이사가 퇴직하는 때에 비로소 지급의무가 생긴다. 그런데 퇴직금 중간정산금은 지급시기가 일반적으로 정해져 있는 정기적 보수 또는 퇴직금과 달리 권리자인 이사의 신청을 전제로 이사의 퇴직 전에 지급의무가 발생하게 되므로, 이사가 중간정산의 형태로 퇴직금을 지급받을 수 있는지 여부는 퇴직금의 지급시기와 지급방법에 관한 매우 중요한 요소이다. 따라서 정관 등에서 이사의 퇴직금에 관하여 주주총회의 결의로 정한다고 규정하면서 퇴직금의 액수에 관하여만 정하고 있다면, 퇴직금 중간정산에 관한 주주총회의 결의가 있었음을 인정할 증거가 없는 한 이사는 퇴직금 중간정산금 청구권을 행사할 수 없다).

3) 대판 1977. 11. 22, 77 다 1742(집 25 ③ 민 320); 서울고판 1978. 3. 23, 77 나 2938.

은 잘못인데, 그 이유는 동 규정에 의하여 당해 이사가 보수를 지급받은 사실이 있으므로 원심은 이에 대한 묵시적 승인이 있는지 여부를 심리·판단하였어야 하기 때문이다」고 한다.[1] 또한 「퇴직금이 사실상 1인회사의 실질적 1인 주주의 결재·승인을 거쳐 관행적으로 지급되었다면, 임원퇴직금지급규정에 관하여 주주총회의 결의가 있었던 것으로 볼 수 있다」고 한다.[2]

제 3 이 사 회

1. 의   의

이사회(board of directors; Vorstand)는 집행임원 비설치회사의 경우는 「회사의 업무집행에 관한 의사결정 및 이사의 직무집행을 감독할 권한을 갖는 이사 전원으로 구성되는 주식회사의 기관」이나($\frac{상 393조}{1항 \cdot 2항}$), 집행임원 설치회사의 경우는 「(대표)집행임원의 선임·해임 등과 집행임원의 업무집행을 감독하는 것을 주업무로 하는 이사 전원으로 구성되는 주식회사의 기관」이다($\frac{상 408조}{의 2 3항}$). 기관인 이사회는 원칙적으로 상설적 존재이나, 그 활동은 정기 또는 임시의 회의형식으로 한다.[3] 따라서 기관으로서의 이사회(board of directors)와 그 이사회가 업무수행을 위하여 개최하는 정기 또는 임시의 이사회($\frac{엄격히는 이}{사회의 회의}$)(meeting of the board of directors)는 개념상 명백히 구별되는 것이다($\frac{그러나 상법은 이를}{구별하지 않고 있다}$).[4]

앞에서 본 바와 같이 자본금이 10억원 미만인 소규모 주식회사로서 이사를 1명 또는 2명 둔 경우에는 각 이사($\frac{정관에 따라 대표이사를}{정한 경우에는 그 대표이사}$)가 회사의 업무집행에 관한 의사결정을 하여 집행하고($\frac{상 383조}{6항 후단}$), 이사회가 존재하지 아니하므로 이러한 이사회에 관한 규정이 적용되지 아니한다($\frac{상 383조 1}{항 단서, 5항}$).

---

1) 대판 1969. 5. 27, 69 다 327(집 17 ② 민 143).
2) 대판 2004. 12. 10, 2004 다 25123(공보 2005, 107)(상법 제388조에 의하면, 주식회사 이사의 보수는 정관에 그 액을 정하지 아니한 때에는 주주총회의 결의로 이를 정한다고 규정되어 있는바, 이사에 대한 퇴직위로금은 그 직에서 퇴임한 자에 대하여 그 재직중 직무집행의 대가로 지급되는 보수의 일종으로서 상법 제388조에 규정된 보수에 포함되고, 정관 등에서 이사의 보수 또는 퇴직금에 관하여 주주총회의 결의로 정한다고 규정되어 있는 경우 그 금액·지급방법·지급시기 등에 관한 주주총회의 결의가 있었음을 인정할 증거가 없는 한 이사의 보수나 퇴직금청구권을 행사할 수 없다. 그런데 임원퇴직금지급규정에 관하여 주주총회 결의가 있거나 주주총회 의사록이 작성된 적은 없으나 위 규정에 따른 퇴직금이 사실상 1인회사의 실질적 1인 주주의 결재·승인을 거쳐 관행적으로 지급되었다면 위 규정에 대하여 주주총회의 결의가 있었던 것으로 볼 수 있다).
3) 동지: 정(희), 475면; 정(동), (회) 400면.
4) 동지: 정(동), (회) 400면; 이(철), (회) 697면(회의〈會議〉인 이사회는 기관인 이사회의 구체적인 권한실행방법일 뿐이라고 한다).

2. 소 집

(1) 소집권자

이사회의 소집권자는 원칙적으로 「각 이사」이나, 예외적으로 이사회의 결의로 특정한 이사(대표이사 또는 이사회의장)에게 소집권을 위임할 수도 있다(이로 인하여 내규인 이사회규칙 등으로 이사회의 소집권자의 순위를 정하는 경우가 보)(상 390 조 1항). 이 때 소집권자로 지정되지 않은 다른 이사는 소집권자인 이사에게 이사회 소집을 요구할 수 있는데, 소집권자인 이사가 정당한 이유 없이 이사회 소집을 거절하는 경우에는 다른 이사가 이사회를 소집할 수 있다(상 390 조 2항). 이는 종래에 통설[1]·판례[2]가 인정하고 있었는데, 2001년 개정상법이 명문화하였다.[3]

집행임원은 필요하면 이사(소집권자가 있는 경우에는 소집권자)에게 이사회 소집을 청구할 수 있는데, 이 때 이사가 지체 없이 이사회 소집절차를 밟지 아니하면 집행임원은 법원의 허가를 받아 이사회를 소집할 수 있다(상 408 조의 7). 또한 감사도 필요하면 이사(소집권자가 있는 경우에는 소집권자)에게 이사회 소집을 청구할 수 있는데, 이 때 이사가 지체 없이 이사회를 소집하지 아니하면 그 청구한 감사가 이사회를 소집할 수 있다(상 412 조의 4).

자본금 총액이 10억원 미만으로서 이사가 1명 또는 2명인 소규모 주식회사의 경우에는 이사회가 없으므로, 이러한 규정이 적용되지 않는다(상 383 조 5항).

(2) 소집절차

이사회를 소집하기 위하여는 출석의 기회와 준비를 위하여 회일로부터 1주간 전에 각 이사 및 감사에게 통지를 발송하여야 한다(발신주의)(상 390조 3항 본문).[4] 감사에게도 통지하도록 한 것은 1984년 개정상법에 의하여 감사에게 이사회에의 출석 및 의견 진술권이 인정되었기 때문이다(상 391조 의 2 1항).

이 통지기간은 정관에 의하여 단축될 수 있는데(상 390조 3항 단서), 사실상 출석불능한 정

---

1) 동지: 정(동), (회) 403면; 채, 518면; 이(기) 외, (회) 320면 외.
2) 대결 1975. 2. 13, 74 마 595(공보 510, 8346; 집 23 ① 민 54); 대판 1976. 2. 10, 74 다 2255(민판집 218, 53).
3) 동지: 日會 366조 3항.
4) 이사회의 소집절차에 관하여 우리 대법원판례는 「이사 3인 중 2인에 대하여 직접 소집통지서를 발송한 경우에는 다른 1인에 대하여도 소집통지가 있는 것으로 추정함이 정당하고, 통지의 흠결의 입증책임은 이를 주장하는 측에 있다」고 하고[대판 1963. 6. 20, 62 다 685(민판집 67, 102)], 「이사 3인 중 회사의 경영에 전혀 참여하지 않고 경영에 관한 모든 사항을 다른 이사들에게 위임하여 놓고 그들의 결정에 따르며 필요시 이사회 회의록 등에 날인만 하여 주고 있는 이사에 대한 소집통지 없이 열린 이사회에서 한 결의는 유효하다」고 하며[대판 1992. 4. 14, 90 다카 22698(공보 921, 1551)](이 판결의 이론구성에 반대하는 취지의 평석으로는 강위두, 법률신문, 제 2161호, 15면)], 또한「정관에 이사회의 의장은 회장이 되고 회장 유고시 사장이 의장이 된다고 규정하고 있는 경우, 회장이 적법한 소집통지를 받고도 이사회에 출석하지 않은 이상 이는 회장 유고시에 해당하여 사장이 이사회의 의장이 된다」고 한다[대판 1984. 2. 28, 83 다 651(공보 727, 580)].

도의 단축이나 통지의 폐지를 정관에 규정할 수는 없다.[1] 이에 더 나아가 이사 및 감사 전원의 동의가 있으면 위의 절차를 밟지 않고 언제든지 회의를 할 수 있다($\frac{상390}{조4항}$). 이것은 정기회일을 정하거나 개별적인 회의에서 이사 및 감사 전원의 동의를 받아 소집절차를 생략하는 것을 말하고, 장래의 모든 이사회에 대하여 그 절차를 생략하는 동의는 인정되지 않는다.[2] 통지는 서면으로 하지 않고 구두로 하여도 무방하고, 또 통지에 의안(목적사항)을 기재할 필요도 없다.[3]

이사회의 소집시기에 관하여도 상법상 특별한 규정이 없다. 그러나 이사는 3월에 1회 이상 업무의 집행상황을 이사회에 보고하여야 하는 점에서($\frac{상393}{조4항}$) 3월에 1회 이상은 개최되어야 한다고 본다.[4]

이와 같이 이사회의 소집절차는 주주총회의 소집절차($\frac{상}{363조}$)보다 훨씬 완화되어 있다. 이러한 점에서 볼 때 개개의 이사 또는 감사가 소집통지를 받을 권리를 포기하거나 소집통지가 없는 경우의 전원출석총회는 당연히 인정되어야 할 것이다.[5] 이사회에서도 주주총회의 경우와 같이 회의의 속행 또는 연기의 결의를 할 수 있다($\frac{상392조,}{372조}$).

자본금 총액이 10억원 미만으로서 이사가 1명 또는 2명인 소규모 주식회사의 경우에는 이사회가 없으므로, 위와 같은 규정이 적용되지 않는다($\frac{상383}{조5항}$).

3. 권   한

이사회의 권한은 집행임원 비설치회사와 집행임원 설치회사에서 각각 다르다. 따라서 이하에서는 이를 나누어서 설명한다.

(1) 집행임원 비설치회사에서의 이사회의 권한

집행임원 비설치회사에서의 이사회는 첫째로 법령 또는 정관에 의하여 주주총

---

1) 동지: 정(희), 475면.
2) 동지: 정(희), 475면.
3) 동지: 대판 2011. 6. 24, 2009 다 35033(공보 2011, 1459)(이사회 소집통지를 할 때에는, 회사의 정관에 이사들에게 회의의 목적사항을 함께 통지하도록 정하고 있거나 회의의 목적사항을 함께 통지하지 아니하면 이사회에서의 심의·의결에 현저한 지장을 초래하는 등의 특별한 사정이 없는 한, 주주총회 소집통지의 경우와 달리 회의의 목적사항을 함께 통지할 필요는 없다); 정(희), 475면; 정(동), (회) 403~404면; 이(기) 외, (회) 320면(소집통지에 목적사항을 기재할 필요가 없다고 한다); 주상(제5판)(회사 Ⅲ), 263면; 채, 519면.
   반대: 최(기), (회) 571면(목적사항을 통지하여야 한다고 한다).
4) 동지: 日會 363조 2항은 「이사회설치회사에서 이사는 3월에 1회 이상 자기의 직무집행 상황을 이사회에 보고하여야 한다」고 규정하여, 간접적으로 3월에 1회 이상 이사회를 개최하도록 하고 있다.
5) 동지: 정(동), (회) 404면; 채, 519면; 이(기) 외, (회) 320면.

회의 권한으로 되어 있는 사항을 제외하고는 회사의 모든 업무집행에 관하여 의사결정을 할 권한($\frac{상}{조}\frac{393}{1항}$)과, 둘째로 이사의 직무집행을 감독할 권한을 갖는다($\frac{상}{조}\frac{393}{2항}$). 이를 좀더 상세히 살펴보면 다음과 같다.

1) 업무집행에 관한 의사결정권

(가) 집행임원 비설치회사에서의 이사회는 (업무집행에 관한 구체적인 사항으로서 대표이사 등에게 위임한 경우에는 직접 결정할 필요가 없으나) 원칙적으로 업무집행에 관한 모든 사항을 결정하여야 한다.[1] 이사회는 특히 상법 또는 정관이 그의 권한으로 규정한 사항에 대하여는 그 결정을 후술하는 이사회 내의 위원회에 위임하는 경우($\frac{상}{조의}\frac{393}{2}$)를 제외하고 대표이사 등 다른 기관에 위임하지 못한다.[2]

---

1) 동지: 대판 2019. 8. 14, 2019 다 204463(공보 2019, 1732)(상법 제393조 제1항은 주식회사의 중요한 자산의 처분 및 양도, 대규모 재산의 차입 등 회사의 업무집행은 이사회의 결의로 한다고 규정함으로써 주식회사의 이사회는 회사의 업무집행에 관한 의사결정권한이 있음을 밝히고 있으므로, 주식회사의 중요한 자산의 처분이나 대규모 재산의 차입행위뿐만 아니라 이사회가 일반적·구체적으로 대표이사에게 위임하지 않은 업무로서 일상 업무에 속하지 아니한 중요한 업무에 대해서는 이사회의 결의를 거쳐야 한다. 주식회사는 회생절차를 통하여 채권자·주주 등 여러 이해관계인의 법률관계를 조정하여 채무자 또는 그 사업의 효율적인 회생을 도모할 수 있으나〈채무자회생법 제1조〉, 회생절차 폐지의 결정이 확정된 경우 파산절차가 진행될 수 있는 등〈채무자회생법 제6조 제1항〉 회생절차 신청 여부에 관한 결정이 주식회사에 미치는 영향이 크다. 위와 같은 주식회사에서의 이사회의 역할 및 주식회사에 대한 회생절차개시결정의 효과 등에 비추어 보면 주식회사의 회생절차개시신청은 대표이사의 업무권한인 일상 업무에 속하지 아니한 중요한 업무에 해당하여 이사회 결의가 필요하다고 보아야 한다); 대결 2021. 8. 26, 2020 마 5520(공보 2021, 1747)(상법 제393조 제1항은 '중요한 자산의 처분 및 양도, 대규모 재산의 차입 등 회사의 업무집행은 이사회의 결의로 한다'고 정함으로써 주식회사의 이사회는 회사의 업무집행에 관한 의사결정권한이 있음을 명시하고 있다. 주식회사가 중요한 자산을 처분하거나 대규모 재산을 차입하는 등의 업무집행을 할 경우에 이사회가 직접 결의하지 않고 대표이사에게 일임할 수 없다. 즉, 이사회가 일반적·구체적으로 대표이사에게 위임하지 않은 업무로서 일상 업무에 속하지 않은 중요한 업무의 집행은 반드시 이사회의 결의가 있어야 한다. 주식회사 이사회의 역할과 주식회사에 대한 회생절차 개시결정의 효과 등에 비추어 주식회사가 회생절차 개시신청을 하는 것은 대표이사의 업무권한인 일상 업무에 속하지 않는 중요한 업무에 해당하여 이사회 결의가 필요하다. 회생절차 개시신청에 관한 이러한 법리는 파산신청의 경우에도 유사하게 적용할 수 있다. 위와 같은 주식회사 이사회의 역할, 파산이 주식회사에 미치는 영향, 회생절차 개시신청과의 균형, 파산신청 권자에 대한 규정의 문언과 취지 등에 비추어 보면, 주식회사의 대표이사가 회사를 대표하여 파산 신청을 할 경우 대표이사의 업무권한인 일상 업무에 속하지 않는 중요한 업무에 해당하여 이사회 결의가 필요하다고 보아야 하고, 이사에게 별도의 파산신청권이 인정된다고 해서 달리 볼 수 없다. 그러나 자본금 총액이 10억 원 미만으로 이사가 1명 또는 2명인 소규모 주식회사에서는 대표 이사가 특별한 사정이 없는 한 이사회 결의를 거칠 필요 없이 파산신청을 할 수 있다. 소규모 주식 회사는 각 이사〈정관에 따라 대표이사를 정한 경우에는 그 대표이사를 말한다〉가 회사를 대표하고 상법 제393조 제1항에 따른 이사회의 기능을 담당하기 때문이다〈상법 제383조 제6항, 제1항 단서〉).

2) 동지: 정(희), 476면; 정(동), (회) 402면(상법이 이사회의 결의사항으로 구체적으로 명정하고 있는 것은 정관의 규정에 의하여 주주총회의 권한으로 하지 않는 한, 하위의 기관인 대표이사나 상무회의 결정에 맡길 수 없다고 한다); 채, 521면; 이(기) 외, (회) 318면.

자본금 총액이 10억원 미만으로서 이사를 1명 또는 2명을 둔 소규모 주식회사 $\binom{상\ 383조}{1항\ 단서}$는 이사회가 없으므로, 이러한 이사회의 기능을 각 이사$\binom{정관에\ 따라\ 대표이사를}{정한\ 경우에는\ 그\ 대표이사}$가 수행한다$\binom{상\ 383}{조\ 6항}$.

(나) 상법이 이사회의 결의사항으로 규정한 것으로는 주식매수선택권 부여의 취소$\binom{상\ 340조의}{3\ 1항\ 5호}$,[1] 주주총회의 소집$\binom{상}{362조}$,[2] 대표이사의 선임과 공동대표의 결정$\binom{상}{389조}$, 이사회 소집권자의 특정$\binom{상\ 390조}{1항\ 단서}$, 중요한 자산의 처분 및 양도[3] · 대규모자산의 차입 · 지배인의 선임 · 해임과 지점의 설치 · 이전 또는 폐지$\binom{상\ 393}{조\ 1항}$,[4] 이사의 경업거래

---

1) 이사가 1명 또는 2명인 소규모 주식회사의 경우에는 주주총회가 이 업무를 수행한다(상 383조 4항).

2) 이사가 1명 또는 2명인 소규모 주식회사의 경우에는 각 이사(정관에 따라 대표이사를 정한 경우에는 그 대표이사)가 이 업무를 수행한다(상 383조 6항).

3) 동지: 대판 2005. 7. 28, 2005 다 3649(공보 2005, 1415)(상법 제393조 1항은 주식회사의 중요한 자산의 처분 및 양도는 이사회의 결의로 한다고 규정하고 있는바, 여기서 말하는 중요한 자산의 처분에 해당하는가 아닌가는 당해 재산의 가액 · 총자산에서 차지하는 비율 · 회사의 규모 · 회사의 영업 또는 재산의 상황 · 경영상태 · 자산의 보유목적 · 회사의 일상적 업무와 관련성 · 당해 회사에서의 종래의 취급 등에 비추어 대표이사의 결정에 맡기는 것이 상당한지 여부에 따라 판단하여야 할 것이고, 중요한 자산의 처분에 해당하는 경우에는 이사회가 그에 관하여 직접 결의하지 아니한 채 대표이사에게 그 처분에 관한 사항을 일임할 수 없는 것이므로 이사회규정상 이사회 부의사항으로 정해져 있지 아니하더라도 반드시 이사회의 결의를 거쳐야 한다); 동 2011. 4. 28, 2009 다 47791(공보 2011, 1014)(상법 제393조 제1항은 주식회사의 중요한 자산의 처분 및 양도는 이사회의 결의로 한다고 규정하고 있는데, 여기서 말하는 중요한 자산의 처분에 해당하는지 아닌지는 당해 재산의 가액, 총자산에서 차지하는 비율, 회사의 규모, 회사의 영업 또는 재산의 상황, 경영상태, 자산의 보유목적, 회사의 일상적 업무와 관련성, 당해 회사의 종래 취급 등에 비추어 대표이사의 결정에 맡기는 것이 타당한지 여부에 따라 판단하여야 하고, 중요한 자산의 처분에 해당하는 경우에는 이사회가 그에 관하여 직접 결의하지 아니한 채 대표이사에게 그 처분에 관한 사항을 일임할 수 없으므로 이사회규정상 이사회 부의사항으로 정해져 있지 않더라도 반드시 이사회의 결의를 거쳐야 한다. 따라서 갑 주식회사가 을 유한회사와 체결한 부동산 양도계약에 관하여 갑 회사의 이사회결의에 하자가 있었던 사안에서, 위 양도계약은 갑 회사의 일상적 업무에 해당한다거나 대표이사 개인의 결정에 맡기는 것이 타당하다고 보기 어려워 상법 제393조 제1항에 따라 이사회결의를 필요로 하는 주식회사의 중요한 자산의 처분에 해당하고, 갑 회사에게서 대여금 및 미지급 공사대금 채권을 변제받을 목적으로 자산유동화거래를 위한 특수목적회사인 을 회사를 설립하여 그 회사로 하여금 위 양도계약을 체결하도록 한 병 주식회사가, 갑 회사 대표이사 등의 내용증명 통지를 통해 위 양도계약에 관한 갑 회사 이사회결의의 하자를 알고 있는 상태에서, 을 회사의 설립 및 자산유동화계획의 수립을 주도하고 스스로의 인적 · 물적 기반이 없는 을 회사를 대신하여 위 양도계약의 체결 및 이행 업무를 실제로 처리한 사실에 비추어, 위 양도계약과 관련한 갑 회사 이사회결의의 하자에 관한 병 회사의 인식에 근거하여 양도계약 당사자인 을 회사가 갑 회사 이사회결의의 하자를 알았거나 알 수 있었다고 볼 수 있다); 동 2016. 7. 14, 2014 다 213684(투자자가 주식을 매수하면서 해당 주식에 대하여 풋옵션을 설정하고 투자자가 이를 행사하면 당해 회사가 이를 매수하기로 한 경우에는 상법 제393조 제1항에 해당하여 이사회의 결의를 거쳐야 하고, 이를 거치지 않으면 회사는 악의의 투자자에게 대항할 수 있다).

4) 이사가 1명 또는 2명인 소규모 주식회사의 경우에는 각 이사(정관에 따라 대표이사를 정한 경우에는 그 대표이사)가 이 업무를 수행한다(상 383조 6항).

와 겸직의 승인 및 경업의 경우의 개입권의 행사($\substack{상\\397조}$),[1] 이사의 회사 사업기회 이용의 승인($\substack{상397\\조의 2}$),[2] 이사의 자기거래의 승인($\substack{상\\398조}$),[3] 신주발행사항의 결정($\substack{상 416\\조 본문}$),[4] 정관에서 정하고 일정한 요건을 갖춘 경우 재무제표 등의 승인($\substack{상 449조\\의 2 1항}$), 무액면주식을 발행하는 경우 자본금으로 계상하기로 한 금액의 결정($\substack{상 451\\조 2항}$),[5] 준비금의 자본금전입($\substack{상461조\\1항 본문}$),[6] 중간배당의 결정($\substack{상 462조\\의 3 1항}$),[7] 이익배당의 지급시기 결정($\substack{상 464조의\\2 1항 단서}$),[8] 사채의 발행($\substack{상 469\\조 1항}$),[9] 전환사채 및 신주인수권부사채의 발행($\substack{상 513조 2항 본문,\\516조의 2 2항 본문}$),[10] 대통령령으로 정하는 상장회사가 최대주주 등과 일정규모 이상인 거래를 하는 경우의 승인($\substack{상 542조\\의 9 3항}$) 등이 있다. 이 밖에도 상법상 회사가 결정하여야 할 것으로 된 사항은 성질상 이사회의 결의사항이라고 보아야 할 것이 많다. 그러나 이사가 주주의 의결권 행사를 불가능하게 하거나 현저히 곤란하게 하는 것은 주식회사제도의 본질적 기능을 해하는 것으로서 허용되지 아니하고, 그러한 것을 내용으로 하는 이사회결의는 무효이다.[11]

---

1) 이사가 1명 또는 2명인 소규모 주식회사의 경우에는 주주총회가 이 업무를 수행한다(상 383조 4항).
2) 이사가 1명 또는 2명인 소규모 주식회사의 경우에는 주주총회가 이 업무를 수행한다(상 383조 4항).
3) 이사가 1명 또는 2명인 소규모 주식회사의 경우에는 주주총회가 이 업무를 수행한다(상 383조 4항).
4) 이사가 1명 또는 2명인 소규모 주식회사의 경우에는 주주총회가 이 업무를 수행한다(상 383조 4항).
5) 이사가 1명 또는 2명인 소규모 주식회사의 경우에는 주주총회가 이 업무를 수행한다(상 383조 4항).
6) 이사가 1명 또는 2명인 소규모 주식회사의 경우에는 주주총회가 이 업무를 수행한다(상 383조 4항).
7) 이사가 1명 또는 2명인 소규모 주식회사의 경우에는 주주총회가 이 업무를 수행한다(상 383조 4항).
8) 이사가 1명 또는 2명인 소규모 주식회사의 경우에는 주주총회가 이 업무를 수행한다(상 383조 4항).
9) 이사가 1명 또는 2명인 소규모 주식회사의 경우에는 주주총회가 이 업무를 수행한다(상 383조 4항).
10) 이사가 1명 또는 2명인 소규모 주식회사의 경우에는 주주총회가 이 업무를 수행한다(상 383조 4항).
11) 대판 2011. 6. 24, 2009 다 35033(공보 2011, 1459)(소유와 경영의 분리를 원칙으로 하는 주식회사에서 주주는 주주총회 결의를 통하여 회사 경영을 담당할 이사의 선임과 해임 및 회사의 합병, 분할, 영업양도 등 법률과 정관이 정한 회사의 기초 내지는 영업조직에 중대한 변화를 초래하는 사항에 관한 의사결정을 하기 때문에, 이사가 주주의 의결권행사를 불가능하게 하거나 현저히 곤란하게 하는 것은 주식회사 제도의 본질적 기능을 해하는 것으로서 허용되지 아니하고, 그러한 것을 내용으로 하는 이사회결의는 무효로 보아야 한다. 그런데 주식회사 대표이사 갑이 자신이 을에게 교부하였던 주식에 대하여 갑 측과 경영권 분쟁 중인 을 측의 의결권행사를 허용하는 가처분결정이 내려진 것을 알지 못한 채 이사회결의를 거쳐 임시주주총회를 소집하였다가 나중에 이를 알고 가처분결정에 대하여 이의절차로 불복할 시간을 벌기 위해 일단 임시주주총회 소집을 철회

상법은 이사회가 업무집행에 관한 권한의 행사를 원활하게 수행하도록 하기 위하여 이사에게 회사의 업무에 관한 정보접근권을 강화하였다. 즉, 이사는 대표이사로 하여금 다른 이사 또는 피용자의 업무에 관하여 이사회에 보고할 것을 요구할 수 있고($\frac{상\ 393}{조\ 3항}$), 이사는 3월에 1회 이상 업무의 집행상황을 이사회에 보고하여야 한다($\frac{상\ 393}{조\ 4항}$).

자본금 총액이 10억원 미만으로서 이사가 1명 또는 2명인 소규모 주식회사의 경우에는 이사회가 없으므로, 이러한 규정이 적용되지 않는다($\frac{상\ 383}{조\ 5항}$).

(대) 특별법이 이사회의 결의사항으로 규정한 것으로는, 주권상장법인이 정관으로 정하는 바에 따라 일반공모증자에 관하여 결의를 하는 경우($\frac{자금\ 165}{조의\ 6}$) 등이 있다.

(라) 상법($\frac{특별법}{포함}$) 또는 정관에 이사회의 권한사항으로 규정된 것이 아니라 하여도 상법 또는 정관의 규정에 의하여 주주총회의 권한사항으로 규정한 것이 아니면, 업무집행에 관한 의사결정권한은 전부 이사회의 권한사항이다($\frac{상\ 393}{조\ 1항}$).

2) 이사 직무집행에 관한 감독권

(가) 이사회는 이사($\frac{대표이사\ 및}{기타의\ 이사}$)의 직무집행을 감독할 권한을 갖는다($\frac{상\ 393}{조\ 2항}$). 이사회는 대표이사의 선임·해임권을 가지므로($\frac{상\ 389조}{1항\ 본문}$), 이러한 점에서도 이사회는 대표이사에 대한 실질적인 감독권을 갖는다. 즉, 이사회는 (대표)이사의 업무집행에 관한 의사결정기관일 뿐만 아니라, 사후의 업무집행 감독기관도 겸하고 있음이 상법의 명문의 규정상 명백하다.[1]

이와 같이 집행임원 비설치회사에서의 이사회는 업무집행에 관한 의사결정권과 이사(업무집행기관)의 직무집행에 관한 감독권을 동일기관이 갖게 되어 자기감독이 되므로, 이사(업무집행기관)의 직무집행에 대한 감독은 사실상 유명무실할 수밖

하기로 계획한 후 이사회를 소집하여 결국 임시주주총회 소집을 철회하기로 하는 내용의 이사회 결의가 이루어진 사안에서, 을 측은 발행주식총수의 100분의 3 이상에 해당하는 주식을 가진 주주로서 구 상법〈2009. 5. 28. 법률 제9746호로 개정되기 전의 것〉제366조에 따라 임시주주총회 소집을 청구할 수 있고 소집절차를 밟지 않는 경우 법원의 허가를 얻어 임시주주총회를 소집할 수 있었던 점 등에 비추어 볼 때, 임시주주총회 소집을 철회하기로 하는 이사회결의로 을 측의 의결권행사가 불가능하거나 현저히 곤란하게 된다고 볼 수 없으므로 위 이사회결의가 주식회사 제도의 본질적 기능을 해하는 것으로서 무효가 되기에 이르렀다고 보기 어렵다).

1) 이러한 이사회의 (대표)이사에 대한 감독권의 효율성을 높이기 위하여는 입법론상 대표이사 이외의 이사는 되도록 업무담당을 하지 않게 하는 것이 이사회제도의 취지에 맞는다고 하거나[정희철, "이사회제도의 비교법적 고찰," 「법학」(특별호), 제4권(1979. 12), 49~69면 참조], 사내이사(inside director)들로 이사회가 구성되면 자칫하여 이사회가 허수아비가 될 위험성이 있으므로 그 권한을 제대로 행사하자면 사외이사(outside director)의 비율을 높여야 한다거나[홍복기, "사외이사제도에 관한 입법론적 연구," 법학박사학위논문(연세대, 1988) 참조], 이사에게 이사회에 대한 업무집행의 보고의무를 부여하여야 한다(日會 363조 2항은 이를 명문화함)는 견해[정(동), (회) 403면] 등이 있다.

에 없다.

자본금 총액이 10억원 미만으로서 이사가 1명 또는 2명인 소규모 주식회사의 경우에는 이사회가 존재하지 않으므로, 이러한 이사에 대한 감독권이 이사회에 있을 여지는 없고(상 383 조 5항), 주주총회에 있다고 보아야 할 것이다.

(내) 이사회의 (대표)이사에 대한 이러한 감독권은 상하관계(대표이사의 지위에 관하여 독립기관설에 의하는 경우에는 대표이사를 제외한 이사와의 관계에서만 상하관계임)에서 행사되는 것이고 또 타당성(합목적성) 감사에도 미치는 점에서, 감사(監事) 또는 감사위원회의 감사권(수평적 지위에서 원칙적으로 적법성감사만을 함)이나 업무집행권이 없는 이사가 업무집행권이 있는 이사에 대하여 하는 감시권과 구별된다.[1]

(2) 집행임원 설치회사에서의 이사회의 권한

1) 집행임원 설치회사(감독형 이사회제도)[2]에서의 이사회는 원칙적으로 회사의 중요한 사항에 대해서만 결의하고 그 이외의 업무집행에 관한 의사결정은 집행임원에게 위임하며, 주로 업무집행기관(집행임원)에 대한 업무감독권한을 갖는다. 따라서 상법은 집행임원 비설치회사(참여형 이사회제도)에서의 이사회 권한(상 393조, 특히 동조 1항 및 2항)에 갈음하여 집행임원 설치회사(감독형 이사회제도)에서의 이사회 권한에 관하여 별도로 규정하고 있다(상 408조의 2 3항). 즉, 이사회는 (i) 집행임원과 대표집행임원의 선임·해임권, (ii) 집행임원의 업무집행 감독권, (iii) 집행임원과 집행임원 설치회사의 소송에서 집행임원 설치회사를 대표할 자의 선임권, (iv) 집행임원에게 업무집행에 관한 의사결정의 위임권(상법에서 이사회 권한사항으로 정한 경우[3]는 제외함), (v) 집행임원이 여러 명인 경우 집행임원의 직무 분담 및 지휘·명령관계, 그 밖에 집행임원의 상호관계에 관한 사항의 결정권, (vi) 정관에 규정이 없거나 주주총회의 승인이 없는 경우 집행임원의 보수결정권을 갖는다(상 408조의 2 3항).

상법 제393조는 원래 집행임원 비설치회사(참여형 이사회제도)를 전제로 한 규정이므로, 이는 집행임원 설치회사(감독형 이사회제도)에 대하여는 적용되지 않는다고

---

1) 동지: 손(주), 774면; 정(동), (회) 403면.
2) 집행임원 설치회사는 업무집행기관과 업무감독기관을 분리한 지배구조를 가진 회사인데, 업무집행기관의 면에서 보면 '집행임원 설치회사'로 부를 수 있고, 업무감독기관의 면에서 보면 '감독형 이사회제도'라고 부를 수 있다.
  이에 반하여 업무집행기관과 업무감독기관을 분리하지 않은 종래의 이사회제도를 가진 회사는 업무집행기관의 면에서 보면 '집행임원 비설치회사'라고 부를 수 있고, 업무감독기관의 면에서 보면 '참여형 이사회제도'로 부를 수 있다.
3) 상법 제393조는 원래 집행임원 비설치회사(참여형 이사회제도)에서 적용되는 규정이므로 '상법에서 이사회 권한사항으로 정한 경우'에는 해석상 상법 제393조가 배제된다고 본다. 그런데 이러한 점을 명확히 하기 위하여 입법론상 "제393조를 제외하고 이 법에서 이사회 권한사항으로 정한 경우는 제외한다"로 규정하는 것이 바람직하다고 본다(법무부, 2017 상법특별위원회 회의록, 2018. 1., 220면 참조).

본다.[1] 즉, 상법 제393조 제1항은 집행임원 설치회사에서는 그 성질상 적용될 여지가 없고(그 권한이 이사회의 고유권한이 아니라는 점에서는 지배 15조 3항 참조), 동조 제2항은 집행임원 설치회사에서는 제408조의 2 제3항에서 구체적으로 규정하고, 동조 제3항 및 제4항은 집행임원 설치회사에서는 제408조의 6에서 별도로 규정하고 있다.

2) 집행임원 비설치회사(참여형 이사회제도)에서는 회사의 업무집행에 관한 의사결정을 원칙적으로 이사회의 결의로 하는데(상 393조 1항), 집행임원 설치회사에서는 업무집행(의사결정 및 집행)을 원칙적으로 집행임원이 한다(상 408조의 4, 408조의 2 3항 4호). 또한 집행임원 설치회사는 (상법에 의하여 이사회 권한사항으로 정한 경우를 제외하고) 회사의 업무에 관한 이사회 결의사항에 대하여 이사회 결의에 의하여 집행임원에 (그 업무집행에 관한) 의사결정을 위임할 수 있는데(상 408조의 2 3항 4호), 이 때 집행임원은 위임받은 업무집행에 관하여는 의사를 결정하여 집행한다(상 408조의 4 2호). 따라서 집행임원 설치회사에서의 이사회는 (상법에서 이사회 권한사항으로 규정한 것을 포함한) 회사의 중요한 사항에 대하여만 결의하고, 나머지는 집행임원에 그 의사결정을 위임할 것으로 본다.

집행임원 비설치회사에서도 대표이사는 일상업무에 관한 사항 및 이사회가 구체적으로 위임한 사항에 대하여는 의사결정권이 있다고 해석하는데,[2] 이 경우에는 집행임원 설치회사와 유사하게 되는 것이 아니냐 하는 점도 있다. 그러나 (i) 집행임원 설치회사에서의 이사회는 집행임원 비설치회사에서와는 달리 주업무가 업무집행에 관한 의사결정을 하는 것이 아니라 업무집행기관(집행임원)을 감독하며(상 408조의 2 2호) 회사의 중요한 사항에 대하여만 의사결정을 하고, 업무집행은 원칙적으로 각 집행임원이 의사를 결정하여 집행하므로(집행임원의 경우는 이사회와 같이 회의체기관이 아니어서 각 집행임원이 업무집행에 관한 의사를 결정하여 집행하므로, 즉 업무집행에 관한 의사결정기관과 집행기관이 분리되지 않으므로) 업무집행의 효율성을 기할 수 있는 점(상 408조의 2 3항 4호, 408조의 4), (ii) 집행임원 설치회사에서의 이사회는 집행임원을 선임·해임하고(상 408조의 2 3항 1호) (정관이나 주주총회의 승인이 없는 경우) 집행임원의 보수를 결정하며(상 408조의 2 3항 6호) 또한 집행임원이 여러 명인 경우 집행임원의 직무분담 및 지휘·명령관계 등에 관한 사항을 결정함으로써(상 408조의 2 3항 5호) 집행임원 비설치회사의 경우보다 실질적으로 집행임원의 업무집행에 관한 감독을 효율적으로 할 수 있는 점, (iii) 집행임원 설치회사는 업무집행기

---

1) 입법론으로는 상법 제408조의 2 제3항 본문이 "집행임원 설치회사에 대하여는 제393조가 적용되지 않고, 이사회는 다음의 권한을 갖는다"로 개정되어야 할 것으로 본다(법무부, 2017 상법특별위원회 회의록, 2018. 1., 220면 참조).

법무부 2005년 상법개정위원회에 집행임원에 관하여 발제한 안 제408조의 2 제1항에서는 감독형 이사회에 대하여 상법 제393조를 배제하고 있다(법무부, 2017 상법특별위원회 회의록, 2018. 1., 221면 참조).

2) 이 책 1028면 참조.

관(집행임원)과 업무집행을 감독하는 기관(이사회)의 양자가 확연히 구별되는 점 등
에서 집행임원 비설치회사에서의 이사회와 대표이사와는 구별된다.

집행임원 설치회사에서는 상법에 이사회 권한으로 규정하고 있는 사항을 제외
하고는 업무집행에 관한 의사결정권을 집행임원에게 위임할 수 있고$\left(\substack{상\ 408조의\ 2\ 3항\\4호,\ 408조의\ 4\ 2호}\right)$
또한 이와 같이 업무집행에 관한 의사결정권을 집행임원에게 위임하는 것이 일반적
일 것이므로, 이사회는 그 결과에 따라 집행임원을 재선임 또는 해임하거나 보수를
조정하는 점 등을 함으로써 실질적 감독권을 실효성 있게 행사하는 것이다. 또한 집
행임원 비설치회사에서는 이사회가 업무집행에 관한 의사결정권을 대표이사에게 위
임한다고 하더라도 대표이사의 수와 그 대표권의 행사와 관련하여 한계가 있으나, 집
행임원 설치회사에서는 업무집행에 관한 경영전문가를 별도로 선임하여 업무집행을
위임하는 것이므로 이러한 제한이 있을 수 없고 포괄적·일반적 위임이 가능하다.

3) 집행임원 설치회사는 업무집행기관(집행임원)과 업무감독기관(이사회)의 분
리가 명확하고 또한 경영전문가에게 업무집행기능을 맡길 수 있어, 업무집행기능
과 업무감독기능의 효율성을 보다 더 높일 수 있다. 특히 이사회에 사외이사가 과반
수인 대회사의 경우에는 사외이사가 개별적인 업무집행(의사결정)에 참여하지 않게
되어 업무집행의 효율성을 높일 수 있고, 사외이사는 업무집행기관(집행임원)의 선
임·해임 등과 중요한 회사의 (정책적인) 의사결정에만 참여하여 감독권을 효율적으
로 행사할 수 있는 것이다. 사외이사는 또한 이사회 구성원으로서 업무집행기관과
이해관계가 없으므로 이사회의 업무집행기관(집행임원)에 대한 업무감독에 참여하여
업무감독의 효율성을 높일 뿐만 아니라, 이사회내 위원회의 하나인 감사위원회에도
참여하여 업무집행기관(집행임원)의 직무집행에 대하여 효율적인 감사를 할 수 있게
된다.

4) 상법상 이사회의 권한으로 규정하고 있는 사항$\left(\substack{앞에서\ 본\ 바와\ 같이\\상\ 393조는\ 제외}\right)$은 집행임원
설치회사에서도 집행임원 비설치회사의 경우와 같다$\left(\substack{상\ 408조의\ 2\ 3항\ 4\\호,\ 408조의\ 9\ 참조}\right)$. 대표적인 것
으로는 집행임원의 경업거래와 겸직의 승인 및 경업의 경우 개입권의 행사$\left(\substack{상\ 408\\조의\\9,\ 397조}\right)$, 집행임원의 회사사업기회 이용의 승인$\left(\substack{상\ 408조의\\9,\ 397조의\ 2}\right)$, 집행임원의 자기거래의 승
인$\left(\substack{상\ 408조의\\9,\ 398조}\right)$ 등이다.

4. 결   의

(1) 결의요건(결의능력)

1) 원   칙   이사회의 결의요건은 원칙적으로 이사의 과반수의 출석(출석

정족수)[1])과 출석이사의 과반수(의결정족수)이다($\frac{상}{1항}\frac{391조}{본문}$). 이러한 결의요건을 충족하는지 여부는 이사회 결의 당시를 기준으로 판단한다.[2]) 또한 이사회의 출석정족수는 이사회의 개회시뿐만 아니라 회의의 전 과정에서 유지되어야 하고,[3]) 그 수는 재임이사의 과반수를 말한다. 이사회의 결의는 1인 1의결권에 의한 다수결로 한다($\frac{주주총}{회의 결}$ $\frac{의가 1주 1의결}{권인 점과 구별됨}$). 이 때 재임이사의 산정에 있어서 이사선임결의의 취소·무효확인 또는 이사해임의 소가 제기되어 직무집행이 정지된 이사($\frac{상}{407조}$)는 재임이사에서 제외되지만, 이 경우에 선임된 「직무대행자」($\frac{상}{408조}$)는 그 권한범위 내의 사항에 관하여는 재임이사에 산입된다.[4]) 이사의 종임으로 상법 또는 정관에 정한 이사의 원수(員數)를 결하게 되어 후임자가 취임할 때까지 「이사의 권리의무를 갖는 자」($\frac{상}{조}\frac{386}{1항}$), 또 이 때에 선임된 「임시이사」(직무대행자)($\frac{상}{조}\frac{386}{2항}$)도 재임이사에 산입된다.[5]) 따라서 이사 전원이 임기만료되었어도 후임자가 선임되기 전에 이사의 과반수 출석과 출석이사의 과반수 찬성으로 한 결의는 유효하다.[6])

자본금 총액이 10억원 미만으로서 이사가 1명 또는 2명인 소규모 주식회사의 경우에는 이사회가 존재하지 않으므로, 이러한 규정이 적용될 여지가 없다($\frac{상}{조}\frac{383}{5항}$).

2) 예외(가중)   상법에서 이사·집행임원의 회사기회 이용 또는 회사와의 자기거래를 승인하는 경우 및 감사위원회위원의 해임의 경우에는 예외적으로 재적이사 3분의 2 이상의 찬성을 받도록 이사회의 결의요건을 가중하고 있다($\frac{상 397조의 2}{1항 2문, 398}$ $\frac{조 2문, 408조의}{9, 415조의 2 3항}$).

또한 정관으로 이사회의 결의요건을 가중할 수는 있으나, 완화할 수는 없다($\frac{상}{조}\frac{391}{1항}$ $\frac{}{단서}$). 따라서 정관으로 이사회의 결의요건을 이사 전원의 과반수로 하거나 또는 3분의 2 이상의 다수로 정할 수도 있다. 그러나 일부 이사에게 거부권을 주는 것과 같은 정도로 강화할 수는 없다.[7])

---

1) 동지: 대판 1995. 4. 11, 94 다 33903(공보 992, 1835)(재적 6명의 이사 중 3인이 참석하여 참석이사 전원의 찬성으로 연대보증을 의결하였다면, 위 이사회의 결의는 과반수에 미달하는 이사가 출석하여 상법 제391조 1항 본문 소정의 의사정족수〈출석정족수 — 저자 주〉가 충족되지 아니한 이사회에서 이루어진 것으로 무효라 할 것이다).

2) 동지: 대판 2003. 1. 24, 2000 다 20670(공보 2003, 683)(이사회 결의요건을 충족하는지 여부는 이사회 결의 당시를 기준으로 판단하여야 하고, 그 결의의 대상인 행위〈연대보증행위〉가 실제로 이루어진 날을 기준으로 판단할 것은 아니다).

3) 동지: 정(동), (회) 406면; 日最高判 1966. 8. 26(民集 20 – 6, 1289).

4) 동지: 정(희), 477면.

5) 동지: 정(희), 477면.

6) 동지: 정(희), 477면; 대판 1963. 4. 18, 63 다 15(집 11 ① 민 269).

7) 동지: 정(희), 477면; 이(철), (회) 706면(그런데 동 교수는 통상의 업무집행에 관해서는 재적이사 과반수보다 더 강화할 수는 없다고 한다).
   반대: 정(동), (회) 405면(동 교수는 제4전정판 379면에서 '이사회의 결의에 특정인의 동의를

(2) 결의와 관련된 제반사항

1) 가부동수(可否同數)

가부동수인 경우에 특정인($^{대표이}_{사 등}$)에게 결정권을 주도록 정한 정관의 규정은 유효한가. 이에 대하여 (i) 이사회는 업무집행에 관한 의사결정을 신속히 할 필요가 있고 이사의 경우에는 주주처럼 의결권의 평등을 강하게 요청할 필요가 없다는 점에서 이를 긍정하는 견해도 있으나,[1] (ii) 이것은 결의요건을 가중시킬 수만 있도록 규정한 상법 제391조 1항 단서의 취지에 어긋날 뿐만 아니라, 법적 근거 없이 특정인에게 복수의결권을 주는 것이 되므로 이를 부정하는 것이 타당하다고 본다.[2]

2) 특별이해관계인

이사회의 결의에 특별한 이해관계를 가진 이사는 의결권을 행사하지 못한다($^{상 391조 3}_{항, 368조 3항}$). 이사회의 결의에서 특별한 이해관계를 갖는 이사로서 대표적인 예는 이사와 회사간의 거래($^{상}_{398조}$)에서의 당해 이사이다.[3] 이러한 특별이해관계인인 이사도 이사회의 소집통지를 받고 이사회에 출석하여 의견을 진술할 수 있으므로, 이사회의 출석정족수에는 산입되나, 의결정족수에는 산입되지 아니한다[4]($^{상 391조 3}_{항, 371조 2항}$).

3) 대리행사 등

이사는 그의 직책상 스스로 회의에 출석하여 토의하고 결의하여야 하므로 의결권의 대리행사는 허용되지 않고(통설[5]·판례[6]), 또 구체적인 회의를 요하는 점에서 일반전화나 서면에 의한 결의($^{주주총회에서는 서면결의가 가능}_{한 점과 비교 — 상 368조의 3 참조}$) 또는 공람·회람 등에 의한 결의도 불가한 것으로 본다(통설).[7] 다만 정관에서 달리 정하는 경우를 제외하고 이사회는 이사의 전부 또는 일부가 직접 회의에 출석하지 아니하고 모든 이사가 음성을 동시에 송·수신하는 원격통신수단에 의하여($^{2011년 4월 개정상법}_{에 의하여 동영상이}$

요하게 하는 것은 이사회의 권한을 제약하는 것으로서 무효이다'는 견해이었으나, 제5판에서는 '결의요건의 강화에 한계를 설정하려고 하는 것은 부당하다'고 하여 개설〈改說〉한 것으로 보인다).

1) 서·정, 435면; 정(동), (회) 405면; 이(병), 645면; 박·이, 271면; 주회(상), 685면.
2) 동지: 정(희), 477면; 손(주), 776면; 이(철), (회) 707면; 김(용), 382면; 서(정), 248면; 강, 323면; 채, 521면; 이(기) 외, (회) 321면; 주상(제5판)(회사 Ⅲ), 269면; 日大阪地判 1953. 6. 19.
3) 동지: 대판 1992. 4. 14, 90 다카 22698(공보 921, 1551)(이사 겸 주주로부터 회사가 자기 주식을 양수하는 경우).
4) 동지: 대판 1991. 5. 28, 90 다 6774(공보 900, 1732); 동 1992. 4. 14, 90 다카 22698(공보 921, 1551).
5) 정(찬), (회) 751면; 정(희), 478면; 정(동), (회) 406면; 채, 520면; 이(기) 외, (회) 321면; 주상(제5판)(회사 Ⅲ), 269면; 이·최, 322면 외.
6) 대판 1982. 7. 13, 80 다 2441(공보 688, 743; 집 30 ② 민 169)(대리인에 의한 출석은 인정되지 않고, 따라서 이에 위반된 이사회의 결의는 무효라고 한다).
7) 정(찬), (회) 752면; 정(희), 478면(서면결의에 대하여); 정(동), (회) 406면; 이(철), (회) 709면(서면결의는 인정되지 않는다고 한다); 채, 520면 외.
   동지: 日最高判 1969. 11. 27(民集 23 – 11, 2301).

없어도 음성을 동시에 송·수신하는 원격통신수단이면 족한 것으로 개정함) 결의에 참가하는 것이 허용되는데, 이 경우 당해 이사는 이사회에 직접 출석한 것으로 본다($\frac{\text{상}}{\text{조}} \frac{391}{2\text{항}}$).[1] 이는 1999년 개정상법에 의하여 신설되고 2011년 4월 개정상법에 의하여 개정된 것인데, 첨단의 통신수단을 활용하여 이사회 운영의 원활함과 편의성을 제고하기 위한 것이다. 위와 같은 통신수단에 의하여 회의에 참가하는 이사는 이사회에 출석한 것은 물론 결의에 참가한 것으로 인정된다.

4) 결의방법　　이사회의 결의방법에 대하여는 상법에 특별한 제한이 없다. 따라서 이에 관하여 정관에 별도의 규정이 없으면 어떠한 방법($\frac{\text{거수·기립·}}{\text{투표 등}}$)에 의하여도 무방하다. 다만 투표에 의하는 경우에는 이사는 그 결과에 대하여 책임을 져야 하므로($\frac{\text{상} 399\text{조}}{2\text{항 참조}}$) 무기명투표는 허용되지 않는다고 본다.[2]

5) 감사(監事)의 출석·의견진술권　　감사는 이사회에 출석하여 의견을 진술할 수 있고($\frac{\text{상} 391\text{조}}{\text{의} 2 1\text{항}}$), 이사가 법령 또는 정관에 위반한 행위를 하거나 그 행위를 할 염려가 있다고 인정한 때에는 이사회에 이를 보고하여야 한다($\frac{\text{상} 391\text{조}}{\text{의} 2 2\text{항}}$). 그러나 감사는 이사회의 구성원은 아니므로 결의에 참가하지 못함은 물론이다.

6) 회의의 연기 또는 속행　　이사회는 회의의 연기나 속행의 결의를 할 수 있는데, 이 때에는 주주총회의 경우와 같이 다시 소집절차를 밟을 필요가 없다($\frac{\text{상}}{\text{조,}} \frac{392}{372\text{조}}$).

7) 이사간의 계약　　주주인 이사들이 이사회에서 일정한 방법으로 의결권을 행사하기로 약정하는 경우, 주주측에서 보면 주주간의 계약이나 이사측에서 보면 이사간의 계약이다. 이러한 이사간의 계약을 미국에서는 인정하는 경우도 있으나, 우리나라에서는 당연히 부정되어야 한다.[3]

(3) 결의의 하자

1) 이사회의 결의에 절차상 또는 내용상의 하자가 있는 경우에 그 결의의 효력에 관하여 상법상 아무런 규정이 없다. 따라서 이사회의 결의에 하자가 있는 경우에는 민법의 일반원칙에 의하여 처리하여야 한다(통설[4]·판례[5]). 그러므로 이사회의 결

---

1) 동지: 미국의 개정모범사업회사법(2006) 제8.20조 (b)항 2문.

2) 동지: 이(철), (회) 709면.

3) 동지: 정(동), (회) 407－1면.

4) 정(찬), (회) 753면; 정(동), (회) 407－2면; 이(철), (회) 714면; 채, 523면; 이(기) 외, (회) 322면; 주상(제5판)(회사 Ⅲ), 271~272면 외.

5) 대판 1982. 7. 13, 80 다 2441(집 30 ② 민 169); 동 1988. 4. 25, 87 누 399(공보 1988, 915) (이사회결의에 하자가 있는 경우에는 이해관계인은 언제든지 또 어떤 방법에 의하든지 그 무효를 주장할 수 있다고 할 것이지만, 이와 같은 무효주장의 방법으로 무효확인의 소송이 제기되어 승소 확정판결을 받은 경우 그 판결의 효력에는 상법 제190조가 준용될 근거가 없으므로 대세적 효력은 없다); 동 2004. 2. 27, 2002 다 19797(공보 2004, 519)(이사 선임의 주주총회결의에 대한 취

의에 하자가 있는 경우에는 그것이 어떠한 절차상의 하자이든 어떠한 내용상의 하자이든 불문하고, 원칙적으로 법률상 당연히 무효가 된다고 보아야 할 것이다. 따라서 누구나 언제든지 어떠한 방법에 의하여도 무효를 주장할 수 있는데,[1] 필요한 경우에는 결의무효확인의 소를 제기할 수도 있다.[2]

결의무효확인의 소를 제기한 경우 이 무효확인의 판결의 효력은 어떠한가. 즉, 주주총회결의 무효확인의 판결의 효력과 같이 대세적 효력을 인정할 것인지 여부가 문제된다. 이에 대하여 이사회결의 무효확인의 판결도 획일적 확정이 필요한 때에는 대세적 효력을 인정하여야 할 것이며 앞으로 이에 대한 입법이 필요하다고 하는 견해도 있으나,[3] 이사회결의의 하자의 경우에는 민법의 일반원칙이 적용되므로 그 결의무효확인의 판결의 효력도 판결의 기판력($\frac{민소}{218조}$)의 일반원칙에 따라 대세적 효력이 없는 것으로 보아야 할 것이다(통설[4]·판례[5]).

2) 대표이사 또는 (대표)집행임원이 이사회결의를 위반하거나 또는 하자 있는 결의에 따라 업무를 집행한 경우에는, 대내적인 사항($\frac{예컨대, 지}{배인선임 등}$)은 무효이나, 대외적인 사항($\frac{예컨대, 타인}{과의 매매 등}$)은 거래안전과 관련하여 상대방이 선의이면 유효로 보아야 할 것이다($\frac{이에 관하여는 후술하는 부적법}{한 대표행위의 효력에서 상술함}$)(통설[6]·판례[7]).

소판결이 확정된 경우 그 결의에 의하여 이사로 선임된 이사들에 의하여 구성된 이사회에서 선정된 대표이사는 소급하여 그 자격을 상실하고, 그 대표이사가 이사 선임의 주주총회결의에 대한 취소판결이 확정되기 전에 한 행위는 대표권이 없는 자가 한 행위로서 무효가 된다).

1) 동지: 정(희), 478면; 정(동), (회) 407 − 2면 외.
  반대: 日最高判 1969. 12. 2(民集 23 − 12, 2396)(일부의 이사에게 소집통지를 하지 않은 경우 그 이사가 출석하여도 결의의 효력에 영향이 없다고 인정될 특별한 사정이 있는 때에는 위 하자는 결의의 효력에 영향이 없다고 판시함).
2) 이사회결의무효확인의 소를 제기하는 경우에, 피고는 「회사」가 되는 것이고 이사회결의에 참여한 이사가 되는 것이 아니다[대판 1982. 9. 14, 80 다 2425(집 30 ③ 민 9)].
3) 정(희), 478면.
4) 정(찬), (회) 754면; 정(동), (회) 407 − 2면; 이(철), (회) 714면 외.
5) 대판 1988. 4. 25, 87 누 399(상법 제190조가 준용될 근거가 없으므로 대세적 효력이 없다고 한다).
6) 정(찬), (회) 754면; 정(희), 478~479면; 정(동), (회) 417면; 이(철), (회) 715면; 채, 524면; 주상(제5판)(회사 Ⅲ), 273면 외.
7) 대판 1978. 6. 27, 78 다 389(집 26 ② 민 151)(대표이사가 이사회결의를 거쳐야 할 대외적 거래행위에 관하여 이를 거치지 아니하고 한 경우라도 그러한 이사회의 결의사항은 회사의 내부적인 의사결정에 불과하므로, 그 거래상대방이 그와 같은 이사회결의가 없었음을 알았거나 알 수 있었을 경우가 아니라면 그 거래행위는 유효하다고 해석함이 상당하고, 상대방의 악의는 이를 주장하는 주식회사측에서 주장·입증하여야 한다).

5. 의 사 록

(1) 의사록의 작성의무

이사회의 의사에 관하여는 (대표이사 또는 집행임원이) 의사록을 작성하여야 한다$\left(\substack{상 391조\\의 3 1항}\right)$. 이러한 이사회의 의사록은 이사의 책임을 물을 수 있는 증거가 되고$\left(\substack{상 399\\조 2\\항·3\\항 참조}\right)$ 이사회에서 논의된 중요한 내용들이 기재되므로, 1999년 개정상법은 이사회의 의사록에 기재할 내용을 구체적으로 확대하면서 한편 이러한 의사록의 열람 또는 청구를 제한하였다.

자본금 총액이 10억원 미만으로서 이사를 1명 또는 2명을 둔 소규모 주식회사$\left(\substack{상 383조\\1항 단서}\right)$는 이사회가 없으므로, 이러한 규정이 적용되지 않는다$\left(\substack{상 383\\조 5항}\right)$.

(2) 의사록의 기재사항

이사회의 의사록에는 의사의 안건·경과요령·그 결과·반대하는 자와 그 반대이유를 기재하고, 출석한 이사 및 감사가 기명날인 또는 서명하여야 한다$\left(\substack{상 391조\\의 3 2항}\right)$. 위에서 본 바와 같이 이사회의 의사록의 기재사항은 이사의 책임과 직결되어 있으므로 그 기재사항을 구체적으로 상세하게 기재하도록 한 것이다.

(3) 의사록의 열람 또는 등사청구

이사회의 의사록은 1999년 개정상법 이전에는 회사의 본점에 비치하여 주주와 회사채권자가 영업시간 내에는 언제든지 열람 또는 등사를 청구할 수 있는 것으로 하였는데$\left(\substack{상 396\\조 참조}\right)$, 1999년 개정상법에서는 이사회의 의사록에 기재된 회사의 중요한 정보와 영업비밀을 유지시켜 주기 위하여 이사회 의사록의 열람 또는 등사청구에 대하여 제한을 하였다. 즉, 주주$\left(\substack{회사채권자는\\해당되지 않음}\right)$는 영업시간 내에 이사회 의사록의 열람 또는 등사를 청구할 수 있는데$\left(\substack{상 391조\\의 3 3항}\right)$, 회사는 주주의 이러한 청구에 대하여 이유를 붙여 이를 거절할 수 있도록 하였다$\left(\substack{상 391조의\\3 4항 1문}\right)$.[1] 회사가 주주에게 이와 같이 이유

---

1) 동지: 대결 2004. 12. 24, 2003 마 1575(공보 2005, 232)(상법 제391조의 3 제3항, 제466조 제1항에서 규정하고 있는 주주의 이사회의 의사록 또는 회계의 장부와 서류 등에 대한 열람·등사청구가 있는 경우, 회사는 그 청구가 부당함을 증명하여 이를 거부할 수 있는바, 주주의 열람·등사권 행사가 부당한 것인지 여부는 그 행사에 이르게 된 경위·행사의 목적·악의성 유무 등 제반 사정을 종합적으로 고려하여 판단하여야 할 것이고, 특히 주주의 이와 같은 열람·등사권의 행사가 회사업무의 운영 또는 주주 공동의 이익을 해치거나 주주가 회사의 경쟁자로서 그 취득한 정보를 경업에 이용할 우려가 있거나, 또는 회사에 지나치게 불리한 시기를 택하여 행사하는 경우 등에는 정당한 목적을 결하여 부당한 것이라고 보아야 한다); 동 2014. 7. 21, 2013 마 657(공보 2014, 1767)(상법 제391조의 3 제3항, 제466조 제1항에서 규정하고 있는 주주의 이사회 의사록 또는 회계 장부와 서류 등에 대한 열람·등사청구가 있는 경우, 회사는 청구가 부당함을 증명하여 이를 거부할 수 있는데, 주주의 열람·등사권 행사가 부당한 것인지는 행사에 이르게 된 경위·행사의 목적·악의성 유무 등 제반 사정을 종합적으로 고려하여 판단하여야 하고, 특히 주주의 이와 같은 열람·등사권 행사가 회사업무의 운영 또는 주주 공동의 이익을 해치거나 주주

를 붙여 이사회 의사록의 열람 또는 등사를 거절하면, 주주는 법원의 허가를 얻어서
만 이사회 의사록을 열람하거나 등사할 수밖에 없다($\frac{상}{3}\frac{391조의}{4항 2 문}$).

6. 이사회내 위원회

(1) 의   의

　1999년 개정상법은 이사회는 정관이 정한 바에 따라 이사회 내에 위원회를 설
치할 수 있도록 하고 있는데($\frac{상}{의 2}\frac{393조}{1항}$), 이러한 위원회는 이사회로부터 위임받은 업무
에 대하여 이사회의 권한을 행사하는 이사회의 하부조직이다.

　이러한 이사회내 위원회제도는 이사회의 효율적 운영($\substack{\text{예컨대, 이사의 수가 많고 각 이사의} \\ \text{사정으로 인하여 이사회를 빈번하게 개}}$
$\substack{\text{최하기가 곤} \\ \text{란한 경우}}$)과 또한 의사결정의 객관성과 전문성을 확보하기 위하여($\substack{\text{예컨대, 경영진의 인사} \\ \text{보수 등과 같은 사항에 대}}$
$\substack{\text{하여 사외이사로 구성된} \\ \text{위원회에 위임하는 경우}}$), 미국의 제도[1]를 도입하여 1999년 개정상법이 신설한 것이다. 상
법이 이와 같이 이사회내 위원회를 설치할 수 있는 근거규정을 두게 됨으로써 그 동
안 실무에서 실시하고 있었던 이사회 내의 각종 위원회가 그 법률상 지위를 얻게 되
었고, 또한 감사(監事)에 갈음하여 설치되는 감사위원회($\substack{\text{상} \\ \text{조의 2}}\frac{415}{}$)의 설치근거가 마련된

　가 회사의 경쟁자로서 취득한 정보를 경업에 이용할 우려가 있거나, 또는 회사에 지나치게 불리한
시기를 택하여 행사하는 경우 등에는 정당한 목적을 결하여 부당한 것이라고 보아야 한다. 적대적
인수·합병을 시도하는 주주의 열람·등사청구라고 하더라도 목적이 단순한 압박이 아니라 회사
의 경영을 감독하여 회사와 주주의 이익을 보호하기 위한 것이라면 허용되어야 하는데, 주주가 회
사의 이사에 대하여 대표소송을 통한 책임추궁이나 유지청구, 해임청구를 하는 등 주주로서의 권
리를 행사하기 위하여 이사회 의사록의 열람·등사가 필요하다고 인정되는 경우에는 특별한 사정
이 없는 한 그 청구는 회사의 경영을 감독하여 회사와 주주의 이익을 보호하기 위한 것이므로, 이
를 청구하는 주주가 적대적 인수·합병을 시도하고 있다는 사정만으로 청구가 정당한 목적을 결하
여 부당한 것이라고 볼 수 없고, 주주가 회사의 경쟁자로서 취득한 정보를 경업에 이용할 우려가
있거나 회사에 지나치게 불리한 시기를 택하여 행사하는 등의 경우가 아닌 한 허용되어야 한다.
이러한 점에서 갑 주식회사의 엘리베이터 사업부문을 인수할 의도로 갑 회사 주식을 대량 매집하
여 지분율을 끌어올려 온 을 외국법인이 갑 회사가 체결한 파생상품계약 등의 정당성을 문제 삼
으면서 갑 회사 이사회 의사록의 열람·등사를 청구한 사안에서, 을 법인이 이사에 대한 대표소송
등 주주로서의 권리를 행사하기 위하여 이사회 의사록의 열람·등사가 필요하다고 인정되는 점,
을 법인이 이사회 의사록으로 취득한 정보를 경업에 이용할 우려가 있다거나 갑 회사에 지나치게
불리한 시기에 열람·등사권을 행사하였다고 볼 수 없는 점 등 여러 사정에 비추어, 을 법인의 열
람·등사청구가 갑 회사의 경영을 감독하여 갑 회사와 주주의 이익을 보호하기 위한 것과 관계없
이 갑 회사에 대한 압박만을 위하여 행하여진 것으로서 정당한 목적을 결하여 부당하다고 할 수
없는데도, 이와 달리 보아 위 청구를 배척한 원심결정은 주주의 이사회 의사록 열람·등사권 행사
에 관한 법리오해의 위법이 있다. 또한 이사회결의 등을 위해 이사회에 제출된 관련 서류라도 그
것이 이사회 의사록에 첨부되지 않았다면 이는 이사회 의사록 열람·등사청구의 대상에 해당하지
않으나, 이사회 의사록에서 '별첨'·'별지' 또는 '첨부' 등의 용어를 사용하면서 내용을 인용하고
있는 첨부자료는 해당 이사회 의사록의 일부를 구성하는 것으로서 이사회 의사록 열람·등사청구
의 대상에 해당한다).
1) 미국의 개정모범사업회사법(2006) 제8.25조, 델라웨어주 일반회사법 제141조, 뉴욕주 사업회
사법 제712조, 캘리포니아주 회사법 제9212조.

것이다.

이러한 위원회는 모든 주식회사가 강제적으로 두어야 하는 것은 아니고, 자율적으로 정관의 규정에 의하여 설치할 수 있다($^{상\ 393조}_{의\ 2\ 1항}$). 또한 이러한 위원회는 2인 이상의 이사로 구성되므로($^{상\ 393조}_{의\ 2\ 3항}$), 이사가 1명 또는 2명인 자본금 총액이 10억원 미만인 주식회사($^{상\ 383조}_{1항\ 단서}$)는 성질상 이 위원회를 설치할 수 없다고 본다.

(2) 구   성

1) **위원의 수**　　이사회내 각 위원회는 원칙적으로 2인 이상의 이사로 구성되는데($^{상\ 393조}_{의\ 2\ 3항}$), 다만 감사위원회는 3인 이상의 이사로 구성된다($^{상\ 415조의}_{2\ 2항\ 본문}$).[1] 이러한 위원회의 구성원인 이사가 법률 또는 정관에 정한 이사의 원수(員數)를 결한 경우에는 임기만료 또는 사임으로 인하여 퇴임한 이사는 새로 선임된 이사가 취임할 때까지 이사의 권리·의무가 있다($^{상\ 393조의\ 2}_{5항,\ 386조\ 1항}$).

2) **위원의 자격·선임·종임**　　이사회내 위원회의 위원은 이사의 자격이 있어야 함은 상법상 명백한데($^{상\ 393조}_{의\ 2\ 3항}$), 어느 이사를 어느 위원회에 배정할 것인가 등에 관한 위원의 선임·해임기관은 이사회라고 보아야 할 것이다($^{상\ 393조의\ 2}_{2항\ 3호\ 참조}$).

3) **위원의 임기**　　이사회내 위원회의 위원의 임기에 대하여는 상법에 규정이 없다. 따라서 이러한 위원의 임기는 정관에 규정이 있으면 그에 의하고, 정관에 규정이 없으면 이사회가 이를 정할 수 있다고 보는데, 이사회도 이를 정하지 아니하면 이사의 지위의 종료와 함께 위원의 임기도 종료된다고 본다.

4) **위원회의 종류**　　이사회내 위원회로서 어떠한 위원회를 둘 것인가는 회사의 자율에 맡겨져 있어, 정관이 정하는 바에 의한다.[2]

---

1) 금융회사는 감사위원회 뿐만 아니라 임원후보추천위원회도 3명 이상의 위원으로 구성한다(지배 17조 2항, 19조 1항 1문).

2) 금융회사는 이사회내 위원회로서 (i) 임원후보추천위원회, (ii) 감사위원회, (iii) 위험관리위원회 및 (iv) 보수위원회를 설치하여야 한다(지배 16조 1항). 이러한 위원회 위원의 과반수는 사외이사로 구성하고(지배 16조 3항), 위원회의 대표는 사외이사로 한다(지배 16조 4항).

　위의 규정은 일본 회사법상 위원회설치회사에서의 위원회와 유사하게 규정하고 있는데(日會 400조, 404조), 일본 회사법상 위원회설치회사는 집행임원을 두는 것을 전제로 한다(日會 402조, 403조). 이러한 점에서 볼 때 우리 「금융회사의 지배구조에 관한 법률」상 이러한 위원회는 상법상 집행임원 설치회사에서만 의미가 있는데, 이를 전제로 규정하지 않은 점은 아쉽게 생각하며, 또한 집행임원 비설치회사에서의 이러한 위원회에 관한 규정이 실효를 거둘 수 있을지는 매우 의문이다.

　미국의 회사에서 두고 있는 이사회내 위원회의 종류에는 집행위원회(executive committee), 보수위원회(compensation committee), 이사후보지명위원회(nominating committee), 재무위원회(finance committee), 공공정책위원회(public policy committee) 및 주주대표위원회(committee of shareholder representatives) 등이 있다.

　일본 개정상법상(2002년) 각종 위원회에 대한 소개로는 이범찬, "일본개정상법상의 각종위원회제도," 「상법학의 전망」(평성 임홍근교수 정년퇴임기념논문집)(서울: 법문사, 2003), 88~103면 참조.

다만 이사 총수의 과반수이며 3인 이상의 사외이사를 두어야 하는 최근 사업연도말 현재의 자산총액이 2조원 이상인 상장회사는, 이사회내 위원회에 반드시 사외이사후보를 추천하기 위한 「사외이사후보 추천위원회」를 두어야 하고(이 위원회는 사외
이사가 총 위원의
과반수가 되도록
구성하여야 함)(상 542조
의 8 4항), 또한 「감사위원회」를 설치하여야 한다(이 위원회는 총위원의 3분의
2 이상을 사외이사로 구성
하여)(상 542조의 11 1항,
야 함)(415조의 2 2항 단서).

(3) 소   집

1) 소집권자   이사회내 위원회는 원칙적으로 각 위원이 소집하는데, 예외적으로 위원회의 결의로 소집할 위원을 정한 때에는 그러하지 아니하다(상 393조의
2 5항, 390
조
1항).

2) 소집절차   위원회를 소집함에는 회일을 정하고 그 1주일(이 기간은 정관으로 단축할 수 있음)전에 각 위원에 대하여 통지를 발송하여야 하는데(상 393조의 2
5항, 390조 3항), 위원회는 위원 전원의 동의가 있으면 이러한 절차 없이 언제든지 회의를 할 수 있다(상 393조의 2
5항, 390조 4항).

(4) 권   한

이사회내 위원회는 이사회의 하부조직으로서의 지위를 가지므로, 원칙적으로 이사회로부터 위임받은 업무에 대하여만 이를 결의할 권한을 갖는다.

그러나 이사회는 그의 권한을 모두 위원회에 위임할 수 있는 것은 아니고, 위임할 수 없는 권한이 있다. 즉, 이사회는 (i) 주주총회의 승인을 요하는 사항의 제안, (ii) 대표이사(집행임원 설치회사의 경우는 집행임원과
대표집행임원 — 상 408조의 2 3항 1호)[1]의 선임과 해임, (iii) 위원회의 설치와 그 위원의 선임 및 해임, (iv) 정관에서 정하는 사항에 대하여는, 그 권한을 위원회에 위임할 수 없다(상 393조
의 2 2항).

(5) 결   의

1) 결의요건(결의능력)   이사회내 위원회의 결의요건도 이사회의 그것과 같이 정관에 달리 정한 바가 없으면 위원 과반수의 출석(출석정족수)과 출석위원의 과반수(의결정족수)이다(상 393조의 2
5항, 391조 1항). 이 때 법률 또는 정관에 정한 위원의 원수(員數)를 결한 경우에는 임기만료 또는 사임으로 인하여 퇴임한 위원은 새로 선임된 위원이 취임할 때까지 위원의 권리의무가 있으므로(상 393조의 2
5항, 386조 1항), 출석정족수의 산정에 있어서 재임위원에 포함된다. 또한 정관에서 달리 정하는 경우를 제외하고 위원회는 위원의 전부 또는 일부가 출석하지 아니하고 모든 위원이 음성을 동시에 송수신하는 원격통신수단에 의하여 결의에 참가하는 것을 허용할 수 있는데, 이 경우 당해 위원은 위원회에 직접 출석한 것으로 본다(상 393조의 2
5항, 391조 2항). 또한 위원회의 결의에 있어서 특

---

1) 상법 제393조의 2 제2항 2호에 '(대표)집행임원'을 추가하지 않은 것은 입법의 미비라고 본다.

별이해관계가 있는 위원은 의결권을 행사하지 못하는데($^{상\ 393조의\ 2\ 5항,}_{391조\ 3항,\ 368조\ 3항}$),[1] 이러한 특별이해관계가 있는 위원의 의결권의 수는 출석한 위원의 의결권의 수에 산입하지 아니한다($^{상\ 393조의\ 2\ 5항,}_{391조\ 3항,\ 371조\ 2항}$).

2) **결의방법**　　위원회의 결의방법에 대하여 상법에 특별한 규정은 없다. 따라서 이에 관하여 정관에 별도의 정함이 없으면 어떠한 방법($^{예컨대,\ 거수 \cdot}_{기립 \cdot 투표\ 등}$)에 의하여도 무방하다고 보나, 다만 투표에 의하는 경우에는 위원은 그 결과에 대하여 책임을 져야 하므로 무기명투표는 허용되지 않는다고 본다.

3) **결의효력**　　이사회내 위원회의 결의의 효력은 이사회로부터 위임받은 범위 내에서는 이사회의 결의와 동일한 효력을 갖는다($^{상\ 393조의}_{2\ 2항\ 참조}$).

4) **결의의 통지 및 이사회의 재(再)결의**　　위원회는 결의된 사항을 각 이사에게 통지하여야 한다($^{상\ 393조의}_{2\ 4항\ 1문}$). 이 경우 이를 통지받은 각 이사는 이사회의 소집을 요구할 수 있고, 이사회는 위원회가 결의한 사항에 대하여 다시 결의할 수 있다($^{상\ 393}_{조의\ 2}_{4항\ 2문}$). 그러나 감사위원회가 결의한 사항에 대하여는 이사회가 다시 결의하지 못한다($^{상\ 415조}_{의\ 2\ 6항}$).

5) **회의의 연기 또는 속행**　　위원회는 회의의 연기나 속행의 결의를 할 수 있는데, 이 때에는 다시 소집절차를 밟을 필요가 없다($^{상\ 393조의\ 2\ 5항,}_{392조,\ 372조,\ 363조}$).

6) **결의의 하자**　　위원회의 결의에 절차상 또는 내용상 하자가 있는 경우에 그 결의의 효력에 관하여 상법상 아무런 규정이 없으나, 이사회의 결의에 하자가 있는 경우와 같이 민법의 일반원칙에 의하여 처리하여야 한다고 본다. 따라서 위원회의 결의에 하자가 있는 경우에는 그것이 어떠한 절차상의 하자이든 어떠한 내용상의 하자이든 불문하고, 원칙적으로 법률상 당연히 무효가 된다고 보아야 할 것이다. 따라서 누구나 언제든지 어떠한 방법에 의하여도 무효를 주장할 수 있는데, 필요한 경우에는 결의무효확인의 소를 제기할 수도 있다고 본다.

(6) **의 사 록**

위원회의 의사에 관하여는 의사록을 작성하여야 하는데($^{상\ 393조의\ 2\ 5항,}_{391조의\ 3\ 1항}$), 이 의사록에는 의사의 안건 · 경과요령 · 그 결과 · 반대하는 자와 그 반대이유를 기재하고 출석한 위원이 기명날인 또는 서명하여야 한다($^{상\ 393조의\ 2\ 5항,}_{391조의\ 3\ 2항}$).

주주는 영업시간 내에 위원회 의사록의 열람 또는 등사를 청구할 수 있고($^{상\ 393}_{조의\ 2}_{5항,\ 391조}_{의\ 3\ 3항}$), 회사는 주주의 이러한 청구에 대하여 이유를 붙여 이를 거절할 수 있는데

---

1) 금융회사의 임원후보추천위원회에서 동 위원회의 위원은 본인을 임원 후보로 추천하는 임원후보추천위원회 결의에 관하여 의결권을 행사하지 못한다(지배 17조 5항).

이 경우 주주는 법원의 허가를 얻어 위원회 의사록을 열람 또는 등사할 수 있다(상₃₉₃조의 2 5항, 391조의 3 4항).

제 4 대표이사

1. 의   의

(1) 집행임원 비설치회사의 경우 주식회사의 업무집행기관이 원칙적으로 이사회와 대표이사로 분리되는데, 대표이사는 「대내적으로는 회사의 업무를 집행하고 대외적으로는 회사를 대표하는 두 권한을 가진 주식회사의 독립적 기관」이다. 이하에서는 집행임원 비설치회사의 경우 대표이사에 대하여 먼저 설명한 후, 집행임원 설치회사에서의 업무집행기관인 집행임원에 대하여는 대표이사 다음에 설명하겠다.

대표이사와 이사회와의 관계에서 대표이사의 지위에 대하여는 (i) 파생기관설(소수설)[1]과 (ii) 독립기관설(다수설)[2]로 나뉘어 있는데, 독립기관설에 의하면 대표이사는 이사회와는 「독립적 기관」이다. 또한 (i) 대표이사가 이사회에 의하여 임면(任免)되고 또 그의 감독을 받는다고 하여 대표이사를 이사회의 하부기관으로 보는 견해도 있으나,[3] (ii) 독립기관설에 의하는 한 대표이사는 이사회의 하부기관이 아니라 이사회와는 별개의 독립된 병렬적 기관이라고 보아야 할 것이다.[4] 그러나 어느 설에 의하더라도 실제적인 차이가 생기는 것은 아니라고 보는 견해도 있다.[5]

(2) 집행임원 비설치회사의 경우 주식회사의 업무집행에 관하여는 원칙적으로 의사결정기관과 집행 및 대표기관이 분리되어, 전자는 이사회가 담당하고 후자는 대표이사가 담당한다. 따라서 대표이사가 아닌 이사는 원칙적으로 이사회의 구성원으로서 회사의 업무집행 및 이사의 직무집행감독에 관한 의사결정에 참여할 수 있을 뿐이다. 그러나 대표이사는 동시에 이사로서 이사회의 구성원이므로, 이로 인하여 회사의 의사결정의 기능과 집행의 기능이 상호 연결된다. 이로 인하여 대표이사는 이사회의 의사에 따라 업무를 집행할 수 있고, 또 이사회는 대표이사의 업무집행

---

1) 대표이사를 이사회의 파생기관으로 보는 견해로는 서·정, 437면; 이(병), 649면; 주회(상), 658면, 676면; 채, 515~516면 등이 있다.
2) 대표이사를 이사회와는 독립기관으로 보는 견해로는 정(동), (회) 382면; 서(정), 283면; 박·이, 313면; 최(기), 869면; 동, (회) 585면; 이(원), 256면; 강, 325면; 양·박, 322면; 정찬형, "주식회사의 대표이사," 「고시연구」, 1981. 7, 155면 등이 있다.
3) 손(주), 783면; 정(동), (회) 410면(동 교수는 독립기관설의 입장이면서 대표이사는 이사회의 하부기관이라고 한다); 이(기) 외, (회) 324면.
4) 정찬형, 전게논문(고시연구, 1981. 7), 156면.
5) 이(철), (회) 724면.

을 효율적으로 감독할 수 있다는 것이다.[1]

자본금 총액이 10억원 미만으로서 이사가 1명 또는 2명인 소규모 주식회사의 경우에는 각 이사(정관에 따라 대표이사를 정한 경우에는 그 대표이사)가 회사의 업무집행에 관하여 의사결정 및 집행을 하고 또한 대외적으로 회사를 대표하므로(상 383 조 6항), 이러한 회사에서는 회사의 업무집행 및 대표기관이 각 이사(정관에 따라 대표이사를 정한 경우에는 그 대표이사)로 일원화되었다고 볼 수 있다. 따라서 이러한 (대표)이사에 대하여는 아래의 대표이사의 선임·종임에 관한 규정은 적용될 여지가 없고, 대표이사의 권한에 관한 규정은 대체로 적용된다고 본다.

(3) 대표이사인지 여부는 대표권 유무에 의하여 결정되는 것이므로, 대표권이 부여된 이상 대내적인 실제상의 명칭(회장·사장· 전무·상무 등) 여하를 묻지 아니하고 대표이사이나, 대표이사는 대외적으로는 대표이사라는 명칭을 부기하여야 한다.

2. 선임·종임

(1) 선 임

1) 선임기관   대표이사는 원칙적으로 이사회의 결의로 선임되나, 예외적으로 정관의 규정에 의하여 주주총회에서 선임된다(상 389 조 1항). 이미 설명한 바와 같이 이사회나 주주총회의 대표이사 선임결의에 있어서 대표이사의 후보자인 이사 또는 주주는 특별이해관계인이 아니다(상 368조 3항, 391조 3항).[2] 대표이사는 이와 같이 적법한 선임기관에 의하여 선임되어야 하므로, 적법한 선임기관에 의하여 대표이사로 선임되지 않은 이사가 사실상 대표이사의 직무를 수행하더라도 그를 대표이사로 볼 수는 없다.[3]

2) 자 격   대표이사의 자격은 이사이면 되고, 그 밖의 특별한 자격제한은 없다.[4] 그러나 정관으로 대표이사의 자격을 정하는 것은 무방하다고 본다.[5]

3) 원수(員數)   대표이사의 원수에 관하여는 아무런 제한이 없으므로 1인 또는 수 인을 대표이사로 선임할 수 있다. 이사회 또는 주주총회는 보통 이사 중의 1인 또는 수 인을 대표이사로 선임하는데, 모든 이사를 대표이사로 선임할 수 있는가. 이에 대하여 (i) 이는 위법은 아니나 이사회는 대표이사의 업무집행을 감독하는 지위에 있는데 위와 같은 것은 이러한 제도의 취지에 맞지 않는다거나[6] 또는 관리

---

1) 동지: 정(희), 479면.
2) 동지: 정(희), 479면; 정(동), (회) 410면; 채, 525면.
3) 동지: 대판 1989. 10. 24, 89 다카 14714.
4) 따라서 대표이사는 회사의 주주인지 여부에 관계가 없으므로 그 소유주식 전부를 매도하였다 하여 회사를 대표할 권한을 상실하는 것은 아니다[대판 1963. 8. 31, 63 다 254(카드 6052)].
5) 동지: 이(철), (회) 720면.
6) 정(동), (회) 411면; 채, 526면; 주상(제5판)(회사 III), 245면.

와 지휘의 합일을 가져오지 못하므로 상법의 이념에 반한다고 하여[1] 이를 반대하는 견해도 있으나, (ii) 이사의 지위와 대표이사의 지위는 엄연히 구별된다는 점에서 볼 때 이사회에 대표이사의 감독권을 준 제도의 취지에 반한다고 할 수 없고 또 회사의 필요에 의하여 실제상 업무분담이 다른 이사 모두에게 대표권을 부여할 필요도 있을 것이므로 모든 이사를 대표이사로 하여도 무방하다고 본다.[2]

4) 등　기　　대표이사의 성명·주민등록번호 및 주소는 등기사항이다$\left(\begin{smallmatrix}상317\\조 2\\항 9호\end{smallmatrix}\right)$$\left(\begin{smallmatrix}대표이사가 선임등기되어 활동을 개시한 뒤에 그 선임결의가 무효 또는\\취소가 되면 회사는 상법 제39조의 법리에 의하여 책임을 저야 할 것이다\end{smallmatrix}\right)$. 대표이사는 등기사항이지만 대표이사의 자격의 존재 유무는 등기 유무에 의하여 결정되는 것이 아니라, 대표이사의 선임행위로써 결정된다.[3]

(2) 종　임

1) 종임사유

(가) 대표이사는 이사의 자격을 전제로 하므로 이사의 자격을 상실하면 당연히 대표이사의 자격을 상실하게 된다. 그러나 반대로 대표이사의 자격을 상실하더라도 이사의 자격을 상실하는 것은 아니다.

(나) 회사는 정당한 사유가 있거나 없거나 언제든지 이사회의 결의로 대표이사를 해임할 수 있다. 정관으로 주주총회에서 대표이사를 선임하도록 한 경우에는 주주총회의 결의로 대표이사를 해임할 수 있다. 대표이사의 임기를 정한 경우에 회사가 정당한 사유 없이 그 임기만료 전에 대표이사를 해임한 때에는 그 대표이사는 회사에 대하여 해임으로 인한 손해의 배상을 청구할 수 있다고 보는 견해가 있는데[4]$\left(\begin{smallmatrix}상385\\조 1항 단서\\의 유추적용\end{smallmatrix}\right)$, 대표이사는 이사와는 달리 그 업무집행에 있어서 집행임원의 성격이 강하므로 대표이사에 대하여는 상법 제385조 1항 단서를 유추적용하지 않는 것이 타당하다고 본다$\left(\begin{smallmatrix}저자는 이 책 제11판까지 상법 제385조 1항 단서를 유추적용해야 한\\다는 견해를 취하였으나, 제12판부터 이와 같이 견해를 변경하였다\end{smallmatrix}\right)$. 우리 대법원판례도 이와 동지로 이사회가 대표이사를 해임하는 경우에는 상법 제385조 1항 단서의 유

---

1) 주상(상), 1002면.
2) 동지: 이(철), (회) 720면.
　　본조와 같은 규정을 갖고 있는 일본에서는 1951. 10. 10일자로 靜岡地方法務局長의 질의에 대하여 法務部 民事局長은 "이사 전원을 대표이사로 하는 것은 무방하다"는 회답을 함으로써 유권해석을 하고 있다.
3) 동지: 주상(상), 1002면; 주상(제5판)(회사 Ⅲ), 245면; 대판 1959. 7. 23, 4291 민상 759·760; 동 1995. 2. 14, 94 다 42174(신문 2397, 9)(주식회사의 대표이사직에서 사임한 자는 사임등기가 경료되지 아니하여도 그 사임 이후의 회사의 대표이사의 자격으로 한 법률행위의 효력이 회사에 대하여 미칠 수는 없다. 그러나 상법 제39조나 동 제395조가 적용되는 경우에는 별도의 문제이다).
4) 동지: 정(희), 480면; 정(동), (회) 411면 외.

추적용을 부정하고 있다.[1)]

해임의 효과에 대하여 이사회($\frac{또는 주}{주총회}$)의 결의만으로 그 효력이 생기고 본인에 대하여 고지를 요하지 않는다고 보는 견해가 있으나,[2)] 본인에 대하여 고지를 함으로써 그 효력이 생긴다고 본다.[3)]

㈐ 대표이사는 언제든지 그 직을 사임할 수 있다. 다만 부득이한 사유 없이 회사의 불리한 시기에 사임하여 회사에 손해가 발생한 때에는 이를 배상하여야 한다[4)] ($\frac{상 382조 2항}{민 689조 2항}$·). 사임의 효과는 그 의사표시가 회사에 도달한 때에 생긴다.

2) 등 기   대표이사가 종임한 때에는 회사는 이를 등기하여야 한다($\frac{상 317}{조 2항 9호 ·}$ $\frac{}{4항, 183조}$).

3) 결원의 경우의 조치   법률 또는 정관에 정한 대표이사의 원수(員數)를 결(缺)한 경우에는 임기의 만료 또는 사임으로 인하여 퇴임한 대표이사는 새로 선임된 대표이사가 취임할 때까지 대표이사의 권리의무가 있다($\frac{상 389조 3항}{386조 1항}$·). 또 필요한 때에는 일시 대표이사의 직무를 행할 자($\frac{임시대표이사}{또는 직무대행자}$)의 선임을 법원에 청구할 수 있다($\frac{상 389조 3항}{386조 2항}$·). 이 때 법원에 의하여 임시대표이사가 선임될 수 있는 경우는 대표이사의 임기만료 또는 사임의 경우에 한하지 않고,[5)] 또 법원에 의하여 선임된 임시대표이사는 대표이사와 동일한 권리의무를 갖는다.[6)]

3. 권 한

대표이사는 대내적으로는 회사의 업무집행권을 갖고, 대외적으로는 회사의 대표권을 갖는다. 그런데 대표이사는 일정한 경우에는 업무집행 그 자체에 관한 행위뿐만 아니라, 이에 관한 의사결정권까지 갖는다. 대표이사가 갖는 이러한 권한($\frac{업무집}{행권}$ $\frac{및 대}{표권}$)의 근거는 무엇이고 또 업무집행에 관한 의사결정권은 어느 범위 내에서 갖는

---

1) 대판 2004. 12. 10, 2004 다 25123(공보 2005, 107)(상법 제385조 1항은 주주총회의 특별결의에 의하여 언제든지 이사를 해임할 수 있게 하는 한편, 임기가 정하여진 이사가 그 임기 전에 정당한 이유 없이 해임당한 경우에는 회사에 대하여 손해배상을 청구할 수 있게 함으로써 주주의 회사에 대한 지배권 확보와 경영자 지위의 안정이라는 주주와 이사의 이익을 조화시키려는 규정이고, 이사의 보수청구권을 보장하는 것을 주된 목적으로 하는 규정이라 할 수 없으므로, 이를 이사회가 대표이사를 해임한 경우에도 유추적용할 것은 아니고, 대표이사가 그 지위의 해임으로 무보수·비상근의 이사로 되었다고 하여 달리 볼 것도 아니다).
2) 정(동), (회) 411~412면(대표이사의 자격만을 박탈하는 데 그치고 또 회사의 손해를 줄여야 한다는 이유로, 고지를 요하지 않고 결의만 있으면 즉시 그 해임의 효력이 발생한다고 한다); 日最高判 1966. 12. 20(民集 20 - 10, 2160).
3) 동지: 정(희), 480면.
4) 동지: 이(철), (회) 721면.
5) 동지: 대판 1964. 4. 28, 63 다 518.
6) 동지: 대결 1968. 5. 22, 68 마 119.

가에 대하여, 앞에서 본 바와 같이 파생기관설과 독립기관설은 달리 설명하고 있다. 이에 대하여 참고적으로 좀더 상세히 살펴보면 다음과 같다.

　파생기관설에서는 이사회를 업무집행에 관한 의사결정은 물론 구체적인 그 집행 자체에 관해서까지도 전 권한을 갖는 유일한 업무집행기관으로 보고, 이사회가 업무에 관하여 결정한 것을 합의체인 이사회가 직접 집행하는 것은 불편한데다가 모든 업무를 이사회에서 결정하도록 하는 것은 불필요하므로, 이사회의 결정사항의 집행과 상무의 결정·집행은 이사회의 파생기관인 대표이사에게 맡기는 것이라고 한다.[1]

　그러나 독립기관설에서는 이사회와 대표이사는 대등한 독립기관이며, 이사회는 업무집행에 관한 의사를 결정하고 대표이사는 그 결정에 따라서 업무를 집행하며 대외적으로는 회사를 대표한다고 한다. 이 설에서는 대표이사는 「이사회의 기관」이 아니라 「회사의 기관」으로 법정되었고, 조문상으로 보아도 이사회가 (회사의 업무집행을) 「결의한다」로 되었지 「집행한다」고 한 것이 아니므로 이사회만을 유일한 업무집행기관으로 보는 것은 해석론상 무리라고 한다.[2]

　생각건대 상법 제389조와 제393조의 해석상 업무집행권의 다른 면인 회사의 대표권[3]이 원래 이사회에 속하였던 것이 대표이사에게 위임되었다고 해석하는 것은 무리인 것 같으며, 또 파생기관설에서는 대표이사를 주주총회에서 선임하는 경우에 이사회가 언제·어떻게 그 고유의 권한을 대표이사에게 위임하였는가를 설명하기가 곤란한 점 등에서 볼 때, 앞에서 본 바와 같이 독립기관설이 타당하다고 본다.[4]

(1) 업무집행권

1) 업무집행권의 범위

　㈎ 대표이사는 이사회가 결정한 사항을 집행하고, 이사회가 구체적으로 위임한 사항과 일상업무에 관한 사항을 결정·집행할 권한을 갖는다.[5] 대표이사는 엄격히 보면 「집행과 대표이사」이나,[6] 상법이 대표이사의 대표권에 관해서만 규정하는 것

---

1) 서·정, 426면 및 주 1, 437면; 동 "이사회와 이사·대표이사,"「법정」, 1963. 8, 58면 이하.
2) 정(희), 480면; 정(동), (회) 382면, 413면; 최(기), 872면; 동, (회) 590~591면; 이(범), (예해) 580면; 채, 516면 외.
3) 상법 제389조는 대표권에 관하여만 규정하고 있으나, 회사대표는 대내적으로 보면 항상 업무집행이 되고 회사대표의 권한은 항상 동시에 업무집행의 권한에 의하여 뒷받침되어 있어야 한다. 따라서 대표권만 분리하여 이는 원래 대표이사에 고유한 권한이라고 볼 수는 없다.
4) 정(찬), (회) 766면; 정찬형, 전게논문(고시연구, 1981. 7), 155면.
5) 그러나 대표이사의 업무집행권은 대표이사의 개인적인 재산상의 권리가 아니므로 특별한 사정이 없는 한 대표이사의 업무집행권에 기하여 회사가 제3자에 대하여 가지는 특정물에 대한 물권적 청구권 등의 재산상의 청구권을 직접 또는 대위 행사할 수 없다(Y회사의 사실상 대표이사인 X가 Y회사를 대위하여 Y명의의 토지에 대하여 등기말소를 구한다는 X의 청구를 배척함)[대판 1998. 3. 24, 95 다 6885(공보 1998, 1127)].
6) 동지: 정(희), 480면.

은$\binom{\text{상 389조}}{\text{3항, 209조}}$ 대표이사가 원칙적으로 회사의 모든 업무에 관한 집행권$\binom{\text{의사결정}}{\text{권이 아님}}$을 가진다는 것을 전제로 하여 그 업무집행이 대외관계를 수반하는 경우의 회사대표권에 관하여 규정한 것으로 해석된다. 이와 같이 대표이사의 업무집행권 그 자체는 회사의 모든 업무에 미친다.

(나) 대표이사의 업무집행에 관한 의사결정권은 앞에서 본 바와 같이 이사회로부터 구체적$\binom{\text{이사회규칙 또는 개별적}}{\text{인 이사회결의에 의하여}}$으로 위임받은 사항 및 일상업무에 한한다고 본다.[1]

(다) 상법이 이사의 직무권한으로 규정하고 있는 대부분의 사항은 대표이사의 권한에 속하는 사항이다. 예컨대, 주주총회 또는 이사회의 의사록·정관·주주명부·사채원부의 비치$\binom{\text{상}}{\text{396조}}$, 재무제표의 작성·비치·공고·제출$\binom{\text{상 447조, 447조의}}{\text{3, 448조, 449조}}$, 주식·사채청약서의 작성$\binom{\text{상 420조,}}{\text{474조 2항}}$, 신주인수권증서·신주인수권증권의 기명날인 또는 서명$\binom{\text{상 420조의 2 2항,}}{\text{516조의 5 2항}}$ 등이 그것이다.

2) 업무집행방법 대표이사가 수 인 있는 경우에도 업무집행방법은 원칙적으로 각자 단독으로 집행하나, 예외적으로 공동대표인 경우에는 공동으로 집행하여야 한다$\binom{\text{상 389}}{\text{조 2항}}$.

3) 업무담당이사

(가) 우리 상법상 대표이사만이 업무집행기관이지만 회사는 보통 (정관 등의 규정에 의하여) 대표이사 이외의 이사에게도 대내적으로 업무집행권을 부여하는데(업무담당이사), 이러한 이사를 사내이사(inside director) 또는 상근이사라고도 한다. 이러한 사내이사는 부장·지점장 등 상업사용인의 직무를 겸하는 경우도 있다(겸직이사).[2] 이러한 사내이사는 그의 담당업무의 내용과 승진단계에 따라 전무이사·상무이사 등으로 불리고 있다. 이에 반하여 회사의 내부에서 업무를 담당하지 않는 이사를 사외이사(outside director) 또는 비상근이사라고 한다.[3]

상법이 대표이사에 대하여서만 규정하고 있는 것은 필요한 최소한도를 규정한 것뿐이고, 이 외에 업무담당이사나 겸직이사를 두는 것을 금하는 것은 아니며, 또한 인적회사에서는 업무집행자와 대표자를 분리하여 상법이 명백하게 규정하고 있으나$\binom{\text{상 207}}{\text{조 단서}}$ 상법상 이러한 규정이 없는 물적회사의 경우에도 동일하게 해석하여야 한다고 본다.[4]

---

1) 정(동), (회) 413면은 독립기관설의 입장이면서 「대표이사는 이사회의 결정사항으로 유보되지 아니한 (모든) 업무집행사항에 관하여 스스로 의사결정을 하여 집행할 수 있다」고 하는데, 의문이다.
2) 동지: 정(희), 481면; 정(동), (회) 413면.
3) 사외이사에 관한 상세는 홍복기, 전게 박사학위논문, 31면, 특히 52면 이하 참조.
4) 동지: 정(희), 481면.

(나) 대표권이 없는 이러한 업무담당이사가 대외적인 행위를 한 경우에는 회사는 선의의 제3자에 대하여 표현대표이사의 책임을 지게 된다($\frac{상}{395조}$). 업무담당이사는 대표권은 없으나, 회사는 그 자가 직무를 수행함에 있어 타인에게 가한 손해를 배상할 책임이 있다고 해석하여야 할 것이다.[1]

(2) 대 표 권

1) 대표권의 범위   대표이사는 회사의 영업에 관한 재판상 · 재판 외 (gerichtlich und aussergerichtlich)의 모든 행위에 대하여 회사를 대표할 수 있는 권한을 갖고(포괄 · 정형성), 이 권한에 대한 내부적 제한은 선의(선의 · 무중과실)의 제3자에게 대항하지 못한다(획일성 또는 불가제한성)($\frac{상\ 389조}{3항,\ 209조}$).[2]

주식회사의 대표이사의 대표권의 성질과 내용은 합명회사의 대표사원의 그것과 같으나, 지배인의 대리권($\frac{상}{11조}$)과는 구별된다.[3] 또 대표권 제한은 등기를 할 수도 없고 이를 등기하였다고 하더라도 선의의 제3자에게 대항할 수 없는 점에서, 비영리 법인의 이사의 그것과 다르다($\frac{민\ 60}{조\ 참조}$).

대표이사가 대표권의 범위에서 한 적법한 대표행위는 그 자체가 바로 회사의 행위가 되는 것이지 그 행위의 효과가 회사에 귀속하는 것이 아니라는 점에서는 대표가 대리와 근본적으로 구별되는 것이지만, 대표에 관하여도 그 성질이 허용하는

---

1) 동지: 정(희), 481면; 정(동), (회) 413면.
2) 대판(전) 2021. 2. 18, 2015 다 45451(공보 2021, 598)(대표권이 제한된 경우에 대표이사는 그 범위에서만 대표권을 갖는다. 그러나 그러한 제한을 위반한 행위라고 하더라도 그것이 회사의 권리능력을 벗어난 것이 아니라면 대표권의 제한을 알지 못하는 제3자는 그 행위를 회사의 대표행위라고 믿는 것이 당연하고 이러한 신뢰는 보호되어야 한다. 일정한 대외적 거래행위에 관하여 이사회 결의를 거치도록 대표이사의 권한을 제한한 경우에도 이사회 결의는 회사의 내부적 의사결정절차에 불과하고, 특별한 사정이 없는 한 거래 상대방으로서는 회사의 대표자가 거래에 필요한 회사의 내부절차를 마쳤을 것으로 신뢰하였다고 보는 것이 경험칙에 부합한다. 따라서 회사 정관이나 이사회 규정 등에서 이사회 결의를 거치도록 대표이사의 대표권을 제한한 경우⟨이하 '내부적 제한'이라 한다⟩에도 선의의 제3자는 상법 제209조 제2항에 따라 보호된다. 거래행위의 상대방인 제3자가 상법 제209조 제2항에 따라 보호받기 위하여 선의 이외에 무과실까지 필요하지는 않지만, 중대한 과실이 있는 경우에는 제3자의 신뢰를 보호할 만한 가치가 없다고 보아 거래행위가 무효라고 해석함이 타당하다).
3) 대표이사의 대표권과 지배인의 지배권은 포괄 · 정형성과 획일성이 있고(상 389조 3항, 209조 2항, 11조 1항), 공동대표(지배)가 인정되며(상 389조 2항, 12조 1항), 표현대표(지배)가 인정되고 (상 395조, 14조), 등기사항(상 317조 2항 9 호, 13조)이라는 점에서는 공통하나, 다음과 같은 차이점이 있다. 즉, 대표이사의 대표권은 ① 회사의 기관으로서 갖는 권한(단체법상의 대표관계)이지 개인법상의 대리관계와는 다르고, ② 그 범위가 회사의 영업 전반에 걸치는 것이지 특정 영업소의 영업에 한정되는 것은 아니며, ③ 대표이사는 지배인의 선임과 해임에 관여할 수 있으나(상 393조 1항) 지배인은 다른 지배인의 선임 · 해임에 관여할 수 없고(상 제11조 2항 반대해석), ④ 대표이사의 불법행위에 대하여는 상법 제389조, 동 제210조(민법 제35조 1항도 같은 취지)에 의하여 회사가 그 책임을 부담하는데 지배인의 불법행위에 대하여는 민법 제756조에 의하여 회사가 그 책임을 부담한다는 점 등에서 지배인의 대리권과는 상이하다.

한 대리에 관한 규정이 준용된다($^{민 59}_{조 2항}$).

2) 대표권의 행사방법

㈎ 대표이사가 수 인 있는 경우에도 수 인의 대표이사는 원칙적으로 각자 독립하여 회사를 대표한다(각자대표).

㈏ 회사는 대표권의 남용 또는 오용을 방지하기 위하여 이사회($^{또는 주}_{주총회}$)의 결의로써 예외적으로 수 인의 대표이사가 공동으로 회사를 대표하도록 정할 수 있다[1](공동대표)($^{상 389}_{조 2항}$). 이와 같이 이사회의 결의로써 공동대표이사를 정한 경우에는, 이를 폐지하는 것도 이사회의 결의로써 할 수 있다.[2]

① 공동대표의 경우에 공동대표이사는 상대방에 대한 의사표시(능동대표)를 공동으로 하여야 하고, 또 요식행위에는 공동대표이사 전원의 기명날인 또는 서명이 있어야 한다. 이 때 공동대표이사의 일부가 그의 대표권을 다른 공동대표이사에게 위임할 수 있는가에 대하여는, 공동지배인에서 이미 설명한 바와 같이 견해가 나뉘어 있는데, 특정한 사항에 관하여 공동대표이사 전원의 합의가 있는 때에는 의사표시만을 일부의 자에게 개별적으로 위임할 수는 있다고 볼 것이나, 포괄적으로 위임할 수는 없다고 본다.[3]

② 공동대표이사가 상대방으로부터 의사표시를 수령하는(수동대표) 경우에는 공동대표이사 중의 1인이 하면 그 효력이 생긴다($^{상 389조 3항,}_{208조 2항}$).

3) 대표권의 제한   대표이사의 대표권은 법률·정관·이사회규칙 등에 의하여 제한을 받는다.

㈎ 대표이사의 대표권이 법률(상법)에 의하여 제한을 받는 경우는 한 가지뿐인데, (대표)이사와 회사간의 소송행위에 관한 경우이다. 즉, 회사와 (대표)이사와의 소송에 관하여는 어느 쪽이 원고이고 피고인가를 불문하고 대표이사는 대표권이 없

---

1) 독일 주식법상은 공동대표가 원칙이고 정관으로 각자대표 또는 지배인과의 공동대표를 정할 수 있을 뿐이며, 따로 대표이사를 두는 제도는 없다(獨株 78조 참조).

2) 동지: 대판 1993. 1. 26, 92 다 11008(공보 940, 852).

3) 동지: 손(주), 787~788면; 이(철), (회) 736~737면(포괄위임은 전면적이든 부분적이든 허용되지 않고, 공동대표이사 1인에게 개별적인 행위를 위임하는 것은 가능하다고 보는데, 다만 위임관계를 행위시에 현명〈顯名〉하여야 한다고 한다); 채, 536면; 이(기) 외, (회) 329면; 주상(제5판) (회사 Ⅲ), 255~256면; 대판 1989. 5. 23, 89 다카 3677(공보 852, 998; 집 37 ② 민 134); 동 1992. 10. 27, 92 다 19033(공보 934, 3271)(사전 위임과는 다른 형태인 사후 추인에 관하여, 다른 공동대표이사는 공동대표이사 중의 1인이 단독으로 제3자와 한 법률행위에 대하여 사후 추인을 할 수 있다고 하고, 이 때 추인의 상대방은 단독으로 행위한 공동대표이사나 상대방인 제3자라고 한다).

반대: 정(동), (회) 419면(동 교수는 이사 전원의 동의가 있으면 일정한 종류의 사항에 관하여도 그 결정과 집행을 일부의 자에게 포괄적으로 위임할 수 있다고 한다); 日最高判 1979. 3. 8(民集 33−2, 245)(포괄적 위임을 인정함).

고, 감사(監事) 또는 감사위원회가 회사를 대표한다¹⁾($\substack{상\ 394조\ 1항\ 1문\cdot\\415조의\ 2\ 7항}$). 회사가 주주의 대표소송이나 다중대표소송의 청구를 받은 경우에도 같다($\substack{상\ 394조\\1항\ 2문}$).

자본금 총액이 10억원 미만인 소규모 주식회사인 경우에는 감사가 임의기관이므로($\substack{상\ 409\\조\ 4항}$) 이러한 소규모 주식회사가 감사를 선임하지 아니한 때에는, 이 경우 회사·이사 또는 이해관계인이 법원에 회사를 대표할 자를 선임하여 줄 것을 신청하여야 한다($\substack{상\ 409\\조\ 5항}$).

(나) 대표이사의 대표권이 정관·이사회규칙·이사회의 결의 등에 의하여 제한을

---

1) 동지: 대판 1990. 5. 11, 89 다카 15199(공보 875, 1253)(이사가 회사에 대하여 소를 제기함에 있어서는 상법 제394조에 의하여 감사가 회사를 대표하여야 하는데, 이 점을 간과하고 대표이사가 피고회사를 대표하여 한 소송행위나 피고회사의 대표이사에 대하여 한 소송행위는 모두 무효이다. 그러나 이 경우 원고인 이사가 스스로 또는 법원의 보정명령에 따라 소장에 표시된 대표이사를 감사로 정정함으로써 그 흠결을 보정할 수 있고, 이 경우에는 감사가 무효인 종전의 소송행위를 추인하는지 여부와 관계없이 법원과 원고 및 피고의 3자간의 소송법률행위가 유효하게 성립한다).

반대: 대판 1985. 12. 10, 84 다카 319(공보 769, 235)(이사 또는 대표이사의 선임결의의 부존재를 다투는 분쟁 중에 한 결의부존재확인의 소를 제기하지 않겠다는 부제소약정에 있어서는 그 대표이사가 부존재를 다투는 결의에서 선임되었다 하더라도 그는 주식회사를 대표할 수 있다); 동 1983. 3. 22, 82 다카 1810(집 31 ② 민 43)(대표이사는 자기를 이사로 선임한 주주총회결의의 무효 또는 부존재확인소송에서도 회사를 대표하여 그 소송을 수행한다); 동 1962. 1. 11, 4294 민상 558(민판집 53, 101)(원고회사의 이사 겸 대표이사와 피고간에 이해관계가 동일하고 회사와 이익이 상반되는 경우에도, 위의 대표이사는 회사를 대표하여 소송을 진행할 수 있다); 동 1977. 6. 28, 77 다 295(집 25 ③ 민 145)(이사가 이미 이사의 자리를 떠난 경우에 회사가 그 사람을 상대로 제소하는 경우에는 대표이사는 당연히 대표권이 있다); 동 2002. 3. 15, 2000 다 9086(공보 2002, 864)(상법 제394조 1항에서는 이사와 회사 사이의 소에 있어서 양자간에 이해의 충돌이 있기 쉬우므로 그 충돌을 방지하고 공정한 소송수행을 확보하기 위하여 비교적 객관적 지위에 있는 감사로 하여금 그 소에 관하여 회사를 대표하도록 규정하고 있는바, 소송의 목적이 되는 권리관계가 이사의 재직중에 일어난 사유로 인한 것이라 할지라도 회사가 그 사람을 이사의 자격으로 제소하는 것이 아니고 이사가 이미 이사의 자리를 떠난 경우에 회사가 그 사람을 상대로 제소하는 경우에는 특별한 사정이 없는 한 위 상법 제394조 1항은 적용되지 않는다. 또한 전 이사들을 상대로 하는 주주대표소송에 회사가 참가하는 경우, 상법 제394조 1항의 적용이 배제되어 회사를 대표하는 자는 감사가 아닌 대표이사이다); 대결 2013. 9. 9, 2013 마 1273(공보 2013, 2057)(회사의 이사로 등기되어 있던 사람이 회사를 상대로 사임을 주장하면서 이사직을 사임한 취지의 변경등기를 구하는 소에서는 상법 제394조 제1항이 적용되지 아니한다); 대판 2018. 3. 15, 2016 다 275679(공보 2018, 675)(상법 제394조 제1항은 이사와 회사 사이의 소에 관하여 감사로 하여금 회사를 대표하도록 규정하고 있는데, 이는 이사와 회사 양자 간에 이해의 충돌이 있기 쉬우므로, 그 충돌을 방지하고 공정한 소송수행을 확보하기 위한 것이다. 갑 주식회사의 일시대표이사인 을이 갑 회사를 대표하여 갑 회사의 소수주주가 소집한 주주총회에서 이사로 선임된 병을 상대로 이사선임결의의 부존재를 주장하며 이사 지위의 부존재 확인을 구하자, 병이 회사와 이사 사이의 소는 상법 제394조 제1항에 따라 감사가 회사를 대표하여야 한다고 주장한 경우, 소 제기 전 갑 회사의 주주가 갑 회사를 적법하게 대표할 사람이 없다는 이유로 일시대표이사 및 이사의 선임을 구하는 신청을 하여 변호사인 을이 갑 회사의 일시대표이사 및 이사로 선임된 것이어서 일시대표이사인 을로 하여금 갑 회사를 대표하도록 하였더라도 그것이 공정한 소송수행을 저해하는 것이라고 보기는 어려우므로, 위 소에 상법 제394조 제1항은 적용되지 않는다).

받는 경우(내부적 제한)에는 대표이사는 이에 따라야 할 것이나, 대표이사가 이에 위반한 경우에도 회사는 이러한 제한으로써 선의(선의 · 무중과실)의 제3자에게 대항하지 못한다[1] $\binom{상 389조 3항,}{209조 2항}$.

4) 부적법한 대표행위의 효력　　부적법한 대표행위에는 대표이사의 불법행위 · 위법한 대표행위$\binom{전단적\langle專斷}{的\rangle인 대표행위}$ 및 대표권의 남용행위가 있는데, 이하에서 차례로 고찰한다.

⑺ 대표이사의 불법행위　　대표이사가 그 업무집행으로 인하여 타인에게 손해를 가한 때에는 회사와 그 대표이사는 연대하여(부진정연대채무) 그 손해를 배상할 책임이 있다[2]$\binom{상 389조}{3항, 210조}$. 이 때 회사가 타인에게 배상한 경우에는 대표이사에게 구상

---

1) 동지: 대판(전) 2021. 2. 18, 2015 다 45451(공보 2021, 598)(대표권이 제한된 경우에 대표이사는 그 범위에서만 대표권을 갖는다. 그러나 그러한 제한을 위반한 행위라고 하더라도 그것이 회사의 권리능력을 벗어난 것이 아니라면 대표권의 제한을 알지 못하는 제3자는 그 행위를 회사의 대표행위라고 믿는 것이 당연하고 이러한 신뢰는 보호되어야 한다. 일정한 대외적 거래행위에 관하여 이사회 결의를 거치도록 대표이사의 권한을 제한한 경우에도 이사회 결의는 회사의 내부적 의사결정절차에 불과하고, 특별한 사정이 없는 한 거래 상대방으로서는 회사의 대표자가 거래에 필요한 회사의 내부절차를 마쳤을 것으로 신뢰하였다고 보는 것이 경험칙에 부합한다. 따라서 회사 정관이나 이사회 규정 등에서 이사회 결의를 거치도록 대표이사의 대표권을 제한한 경우〈이하 '내부적 제한'이라 한다〉에도 선의의 제3자는 상법 제209조 제2항에 따라 보호된다. 거래행위의 상대방인 제3자가 상법 제209조 제2항에 따라 보호받기 위하여 선의 이외에 무과실까지 필요하지는 않지만, 중대한 과실이 있는 경우에는 제3자의 신뢰를 보호할 만한 가치가 없다고 보아 거래행위가 무효라고 해석함이 타당하다); 정(희), 483면; 정(동), (회) 414면(이 때 선의에는 무중과실임을 요한다고 한다).

2) 동지: 대판 1959. 8. 27, 4291 민상 395(카드 6930)(대표이사가 집달리의 강제집행을 방해하여 회사의 채권자에게 손해를 입힌 경우); 동 1980. 1. 15, 79 다 1230(공보 627, 12541; 집 28 ① 민 20); 동 2009. 3. 26, 2006 다 47677(공보 2009, 528)(주식회사의 대표이사가 이사회결의 절차를 거치지 아니하고 타인의 채무에 대하여 보증 기타 이와 유사한 약정〈이하 '보증'이라고 한다〉을 한 경우 채권자가 이사회결의가 없음을 알지 못한 데 대하여 과실이 있는 경우에는 그 보증은 무효이지만, 이 경우 그 대표이사가 상법이 정한 이사회결의 절차를 거치지 아니하여 채권자와의 보증계약이 효력을 갖지 못하게 한 것은 업무의 집행자로서의 주의의무를 다하지 못한 과실행위이고, 그 대표이사가 위와 같이 이사회결의의 절차를 거치지 아니하여 그 보증계약이 무효임에도 불구하고 그 보증이 유효한 것으로 오신한 채권자로 하여금 그 거래를 계속하게 하여 손해를 입게 한 경우에는, 이는 주식회사의 대표이사가 그 업무집행으로 인하여 타인에게 손해를 가한 때에 해당하므로 당해 주식회사는 상법 제389조 3항에 의하여 준용되는 상법 제210조에 의하여 그 대표이사와 연대하여 손해를 배상할 책임이 있다. 위와 같은 경우 이사회결의의 부존재를 이유로 주식회사에 대한 보증계약의 효력을 부정하면서 회사의 손해배상책임을 인정한다고 하여 상법 제393조 1항의 규정 취지를 몰각하였다고 볼 수는 없다. 또한 불법행위의 피해자가 제3자에 대하여 채권을 가지게 되어 그의 변제를 받는다면 손해가 생기지 않게 되는 경우에도 피해자는 불법행위자에 대하여 손해배상청구권을 행사할 수 있으므로, 위의 경우에 채권자가 채무자로부터 변제를 받을 경우 손해를 회복할 수 있게 된다 하더라도 그러한 사정만으로 보증계약을 한 주식회사 및 그 대표이사에 대하여 보증의 무효로 인한 손해배상을 청구하지 못하는 것은 아니다); 동 2013. 6. 27, 2011 다 50165(건축회사인 주식회사의 대표이사가 건축대금을 받기 위하여 직원으로 하여금 타인의 부동산을 지배 · 관리하게 하는 등으로 소유자의 사용수익권을 침해한 경우, 대표이사는 회사와 별도로 손해배상책임을 진다)(이 판결에 반대하는 견해로는 김홍기, 법률신문, 2014. 4.

할 수 있음은 물론이다. 이에 관하여는 회사의 불법행위능력에서 이미 설명하였다.

(바) 위법한(전단적) **대표행위의 효력**　주주총회나 이사회의 결의를 얻어야 하는 경우에 이것을 얻지 않고$\binom{\text{또는 그 결의가 무효}}{\text{또는 취소된 경우에}}$ 한 대표이사의 행위, 또는 결의가 있는 경우에도 그 결의에 위반하여 한 대표이사의 행위의 효력은 어떠한가. 이 경우 행위 자체는 위법이라고 하지 않을 수 없으므로 그 행위가 대내적인 행위$\binom{\text{예컨대, 주주}}{\text{총회의 결의}}$ $\binom{\text{없는 정관변경, 이사회의 결}}{\text{의 없는 준비금의 자본전입 등}}$인 경우에는, 언제나 무효이다(통설[1] · 판례[2]).

그러나 그 행위가 대외적인 행위인 경우에는 거래의 안전과 관련하여 특히 그 효력이 문제된다. 이에 대하여 학설 중에는 주주총회 또는 이사회의 결의를 얻어야 하는 경우에 이것을 얻지 않고 한 대표이사의 대외적 행위의 효력은 외관주의와 거래안전의 필요상 이것을 유효로 보아야 한다고 하여 이를 일률적으로 유효로 보는 견해가 많다.[3] 예컨대, 보통의 영업거래$\binom{\text{상대방이 악의인 경우에}}{\text{는 악의의 항변권이 있음}}$, 신주의 발행$\binom{\text{상}}{416조}$, 사채의 모집$\binom{\text{상}}{469조}$ 등이 그것이다.

생각건대 주주총회 또는 이사회의 결의를 요하는 경우에 대표이사가 이러한 결의 없이 한 대외적 행위를 일률적으로 유효라고 볼 수는 없고, 다음과 같이 그러한 결의가 없는 것이 법률에 위반한 것이냐 또는 정관 등 단순한 회사의 내부규칙에 위반한 것이냐, 또한 주주총회결의사항이냐 또는 이사회결의사항이냐에 따라 그 효력을 달리 보아야 할 것이다.

(i) 법률$\binom{\text{상법 또는}}{\text{특별법}}$에 의하여 주주총회의 결의$\binom{\text{상 374조,}}{\text{375조 등}}$를 요하는 경우에, 그러한

24, 12면); 동 2017. 9. 26, 2014 다 27425(공보 2017, 2063)(상법 제389조 제3항, 제210조에 의하여 주식회사가 대표이사의 불법행위로 손해배상책임을 지는 것은 대표이사가 '업무집행으로 인하여' 타인에게 손해를 입힌 경우이어야 한다. 여기에서 '업무집행으로 인하여'라는 것은 대표이사의 업무 그 자체에는 속하지 않으나 행위의 외형으로부터 관찰하여 마치 대표이사의 업무 범위 안에 속하는 것으로 보이는 경우도 포함한다. 행위의 외형상 주식회사의 대표이사의 업무집행이라고 인정할 수 있는 것이라면 설령 그것이 대표이사의 개인적 이익을 도모하기 위한 것이거나 법령의 규정에 위배된 것이라고 하더라도 주식회사의 손해배상책임을 인정하여야 한다).

1) 정(찬), (회) 778~779면; 정(희), 482면 외.
　그러나 이에 대하여 (주주총회 또는) 이사회의 결의가 없는 후속행위(예컨대, 신주발행 등)의 효력을 다루는 소(예컨대, 신주발행무효의 소 등)가 별도로 인정되는 경우에는 이러한 결의의 결여는 그 후속행위의 하자에 흡수되어 그 행위 자체의 효력으로 다루어지고, 그러한 소가 규정되어 있지 않은 후속행위의 효력만이 문제되는데, 이 때 대내적인 행위는 무효이고 대외적인 행위는 상대방이 선의인 경우에는 유효라고 보는 견해가 있다[이(철), (회) 714~715면]. 그러나 이 견해는 그러한 무효의 소의 성질에 대하여 형성의 소로 보면 후속행위의 하자에 흡수될 수 있으나, 확인의 소로 보면 다시 결의가 없는 후속행위의 효력이 소와 관계 없이 문제되므로 위의 견해는 소의 성질을 어떻게 보든 공통적으로 타당한 것으로는 볼 수 없다. 따라서 위 본문에서 보는 바와 같이 주주총회결의 또는 이사회결의의 위반이 법률에 위반한 것이냐 또는 회사의 내부규칙에 위반한 것이냐에 따라 그 효력을 다루는 것이 타당하다고 본다.
2) 대결 1961. 12. 3, 1961 민재항 500.
3) 정(희), 482면 외.

결의 없이($^{즉, 그러한 법}_{률에 위반하여}$) 대표행위를 한 경우에는 그것이 대외적 행위인 경우에도 무효라고 보아야 한다. 왜냐하면 그러한 법률의 규정은 강행법규라고 보아야 하고 또한 제3자도 이를 미리 예견하고 있다고 볼 수 있으며, 법률에 의하여 주주총회의 결의사항으로 규정된 사항은 회사($^{또는}_{주주}$)의 이익을 위하여 아주 중요한 사항이므로 제3자보다는 회사($^{또는}_{주주}$)를 보호하는 것이 이익교량의 면에서 타당하기 때문이다.[1]

참고로 법률에 의하여 대표권 자체가 제한되는 경우에, 이 제한에 위반하여 한 대표이사의 행위는 모두 무효가 된다. 이는 회사와 (대표)이사간의 소송에 관한 행위($^{상}_{394조}$)인데, 이는 대내적 행위라는 점에서도 당연히 무효가 된다.

(ii) 그러나 법률($^{상법 또는}_{특별법}$)에 의하여 이사회의 결의를 요하거나($^{상 393조, 398조,[2]}_{416조, 469조 등}$) 또는 정관 등 회사의 내부규칙에 의하여 주주총회 또는 이사회의 결의를 요하는 경우에, 이러한 결의 없이 대표이사가 한 대외적 행위의 효력은 제3자(상대방)가 선의인 한($^{악의 및 중과}_{실이 없는 한}$) 유효라고 본다.[3] 왜냐하면 법률에 의하여 이사회의 결의사항으로

---

1) 정(찬), (회) 779~780면; 정찬형, "주식회사의 경영기관(비교법을 중심으로)," 「법률학의 제문제」(유기천박사고희기념논문집)(서울: 박영사, 1988), 503면(다만 법률에 의하여 이사회결의사항으로 규정된 것을 이사회결의 없이 대표이사가 한 행위의 대외적 효력도 무효라고 한 점에 대하여는, 본문과 같이 개설〈改說〉한다).

동지: 정(동), (회) 416면(그러나 주주총회결의사항이면 〈법률에 규정된 것이든 정관 등 회사의 내부규칙에 규정된 것이든 이를 구별하지 않고〉 총회의 결의가 그 효력요건이고, 따라서 대표이사가 총회의 결의 없이 법률행위를 한 경우에는 원칙적으로 무효라고 한다); 이(철), (회) 726면(법률상 주주총회결의를 요건으로 하는 행위를 대표이사가 주주총회결의 없이 한 경우에는 무효라고 한다); 대판 2012. 5. 24, 2012 다 5810; 동 2018. 4. 26, 2017 다 288757(공보 2018, 969)(상법 제374조 제1항 제1호는 주식회사가 영업의 전부 또는 중요한 일부의 양도행위를 할 때에는 제434조에 따라 출석한 주주의 의결권의 3분의 2 이상의 수와 발행주식총수의 3분의 1 이상의 수로써 결의가 있어야 한다고 규정하고 있는데 이는 주식회사가 주주의 이익에 중대한 영향을 미치는 계약을 체결할 때에는 주주총회의 특별결의를 얻도록 하여 그 결정에 주주의 의사를 반영하도록 함으로써 주주의 이익을 보호하려는 강행법규이므로, 주식회사가 영업의 전부 또는 중요한 일부를 양도한 후 주주총회의 특별결의가 없었다는 이유를 들어 스스로 그 약정의 무효를 주장하더라도 주주 전원이 그와 같은 약정에 동의한 것으로 볼 수 있는 등 특별한 사정이 인정되지 않는다면 위와 같은 무효 주장이 신의성실 원칙에 반한다고 할 수는 없다).

반대: 대판 1993. 9. 14, 91 다 33926(공보 955, 2738)(이 판결은 「부동산이 매각될 당시 갑, 을은 그들이 법정대리인이 된 미성년 자녀들 주식을 포함하여 회사의 발행주식 중 72% 남짓한 주식을 보유하고 있어 주주총회의 특별결의에 필요한 의결권을 갖고 있으면서 주주총회를 개최하지 않고 부동산 매도의 임시주주총회 의사록만을 작성한 경우, 주주총회결의의 존재를 인정할 수 없다 하더라도 외부적 거래는 상대방이 선의이면 유효하다」고 하여 주주총회의 결의 없는 부동산의 매각을 상대방이 선의이면 유효하다고 판시한 것이나, 이는 다수주주의 의사와 합치하는 것으로 다수주주의 의사에 반하여 대표이사가 독단적으로 한 외부적 거래가 유효한가의 문제와는 어느 정도 구별된다고 본다).

2) 이러한 결론은 상법 제398조 위반의 효력에 대한 상대적 무효설(통설·판례)과도 일치한다.

3) 동지: 정(동), (회) 414면, 417면(제3자의 선의에 대하여 대표권의 내부적 제한〈정관 등에 의하여 이사회의 결의를 받도록 한 경우 등〉에는 선의·무중과실이라 하고, 대표권의 법률적 제한〈법률에 의하여 이사회의 결의를 받도록 한 경우 등〉에는 선의·무과실의 취지로 설명함); 이

되어 있는 것은 법률에 의하여 주주총회의 결의사항으로 되어 있는 것보다 회사 (또는)의 이익을 위하여 아주 중요한 사항이 아니고, 또 정관 등 회사의 내부규칙에 의하여 주주총회 또는 이사회의 결의를 요하는 사항으로 되어 있는 것은 제3자에게 회사의 정관 등 내부규칙을 예견하고 있다고 기대할 수 없으므로, 이 경우에는 회사(또는)보다는 제3자를 보호하는 것이 이익교량의 면에서 타당하기 때문이다.

우리 대법원판례는 종래에 "거래상대방이 이사회의 결의가 없음을 알았거나 (악의) 알 수 있었을 경우(과실)가 아니라면 대표이사가 한 그 거래행위는 유효하다"고 판시하였는데,[1] 대법원 2021. 2. 18. 선고 2015 다 45451 전원합의체 판결

(철), (회) 726~727면(다만 법률에 의하여 이사회의 결의를 요하는 행위와 정관 등에 의하여 이사회의 결의를 요하는 행위로 구별하여, 전자의 경우 제3자의 선의는 선의 및 무과실이어야 하나, 후자의 경우 제3자의 선의는 과실 유무를 묻지 않는다고 보아 과실 있는 선의도 포함된다고 한다. 그러나 이와 같이 구별할 필요는 없다고 본다. 우리 대법원판례도 같다).

1) 대판 1978. 6. 27, 78 다 389(공보 592, 10971; 집 26 ② 민 151)(회사의 정관과 사규에 회사 업무집행에 관한 중요사항과 중요한 회사재산의 처분에 관한사항은 이사회의 결의를 거치도록 되어 있는 경우에, 이사회의 결의를 거치지 않고 한 대외적 거래행위는 상대방이 그와 같은 이사회 결의가 없음을 알았거나 알 수 있었을 경우가 아니라면 유효하다); 동 1989. 5. 23, 89 도 570(집 37 ② 민 650)(법인의 대표자가 이사회의 결의를 거쳐야 할 대외적 거래행위에 관하여 이를 거치지 아니한 경우라도, 그 거래상대방이 이를 알았거나 알 수 있었을 경우가 아니라면 그 거래행위는 유효하다); 동 1990. 12. 11, 90 다카 25253(공보 889, 469; 집 38 ④ 민 171)(골프장을 운영하는 주식회사의 대표이사가 회사의 내부규정에 따른 입회절차나 자격요건을 갖추지 않은 자에게 입회를 권유하고 입회금을 받은 다음 회원증을 발급한 경우, 이는 상대방이 그 위반사실을 알았거나 알 수 있었을 특별한 사정이 없는 한 그 거래행위는 유효하다); 동 1993. 6. 25, 93 다 13391(공보 951, 2117)(주식회사의 대표이사가 이사회의 결의를 거쳐야 할 거래행위에 관하여 이를 거치지 않고 한 거래행위는 거래상대방이 이를 알았거나 알 수 있었을 경우가 아니면 그 거래행위는 유효하다); 동 1994. 10. 28, 94 다 39253(공보 981, 3124)(Y회사의 대표이사인 A가 이 사건 금원을 이사회의 결의를 받지 않고 X로부터 차입한 경우에도, X가 위 금원의 대여 당시에 이사회의 결의가 없었음을 알았거나 알 수 있었다는 점에 대하여 Y회사가 입증하지 않는 이상 Y회사의 금원차입행위는 유효하다); 동 1995. 4. 11, 94 다 33903(공보 992, 1835)(주식회사의 대표이사가 이사회의 결의를 요하는 대외적 거래행위를 함에 있어서 실제로 이사회결의를 거치지 아니하였거나 이사회결의가 있었다고 하더라도 그 결의가 무효인 경우, 거래상대방이 그 이사회결의의 부존재 또는 무효사실을 알았거나 알 수 있었다면 그 거래행위는 무효라 할 것이다); 동 1996. 1. 26, 94 다 42754(공보 1996, 722)(주식회사의 대표이사가 이사회의 결의를 거쳐야 할 대외적 거래행위에 관하여 이를 거치지 아니한 경우라도 그 거래상대방이 그와 같은 이사회결의가 없었음을 알았거나 알 수 있었을 경우가 아니라면 그 거래행위는 유효하다 할 것이고, 이 경우 거래상대방의 이러한 사정은 회사측이 주장·입증하여야 한다); 동 1998. 3. 24, 95 다 6885(공보 1998, 1127)(법인의 대표자가 이사회의 결의를 거쳐야 할 대외적 거래행위에 관하여 이를 거치지 아니한 경우라도 그 거래 상대방이 그와 같은 이사회 결의가 없었음을 알았거나 알 수 있었을 경우가 아니라면 그 거래행위는 유효하고, 이 경우 거래 상대방의 악의나 과실은 거래행위의 무효를 주장하는 자가 주장·입증하여야 한다); 동 1998. 7. 24, 97 다 35276(공보 1998, 2197)(주식회사의 대표이사가 이사회결의를 요하는 대외적 거래행위를 하면서 실제로 이사회결의를 거치지 아니하였거나 이사회결의가 무효인 경우, 거래상대방이 이를 알았거나 알 수 있었다면 그 거래행위는 무효이다); 동 1999. 10. 8, 98 다 2488(공보 1999, 2280)(시멘트제조주식회사가 타인의 대출금채무에 대하여 이사회결의 없이 연대보증한 행위는 그 거래상대방이 그와 같은 이사회결의가

에서 위의 종래의 판례를 변경하여 "대표이사의 대표권이 정관 등에 의한 내부적 제한이든 상법 제393조 제1항 등과 같은 법률적 제한이든 거래상대방은 악의 및 중과실이 없는 한 보호된다"고 판시하여,[1] 제3자(거래상대방)를 더 넓게 보호하고

없었음을 알았거나 알 수 있었을 경우가 아니면 유효하고, 이의 입증책임은 이를 주장하는 회사 측이 부담한다); 동 2003. 1. 24, 2000 다 20670(공보 2003, 683)(주식회사의 대표이사가 이사회의 결의를 거쳐야 할 대외적 거래행위에 관하여 이를 거치지 아니한 경우라도, 이와 같은 이사회 결의사항은 회사의 내부적 의사결정에 불과하다 할 것이므로, 그 거래 상대방이 그와 같은 이사회 결의가 없었음을 알았거나 알 수 있었을 경우가 아니라면 그 거래행위는 유효하다 할 것이고, 이 경우 거래의 상대방이 이사회의 결의가 없었음을 알았거나 알 수 있었음은 이를 주장하는 회사 측이 주장·입증하여야 한다); 동 2005. 7. 28, 2005 다 3649(공보 2005, 1415)(주식회사의 대표 이사가 이사회의 결의를 거쳐야 할 대외적 거래행위에 관하여 이를 거치지 아니한 경우라도, 이와 같은 이사회 결의사항은 회사의 내부적 의사결정에 불과하다 할 것이므로, 그 거래상대방이 그와 같은 이사회결의가 없었음을 알았거나 알 수 있었을 경우가 아니라면 그 거래행위는 유효하다 할 것이고, 이 경우 거래의 상대방이 이사회의 결의가 없었음을 알았거나 알 수 있었음은 이를 주장 하는 회사측이 주장·입증하여야 한다); 동 2009. 3. 26, 2006 다 47677(공보 2009, 528)(주식회 사의 대표이사가 이사회의 결의를 거쳐야 할 대외적 거래행위에 관하여 이를 거치지 아니한 경우 라도, 이와 같은 이사회결의 사항은 회사의 내부적 의사결정에 불과하므로 그 거래 상대방이 그와 같은 이사회결의가 없었음을 알았거나 알 수 있었을 경우가 아니라면 그 거래행위는 유효하고, 이 때 거래 상대방이 이사회결의가 없음을 알았거나 알 수 있었던 사정은 이를 주장하는 회사가 주 장·증명하여야 할 사항에 속하므로, 특별한 사정이 없는 한 거래 상대방으로서는 회사의 대표자 가 거래에 필요한 회사의 내부절차는 마쳤을 것으로 신뢰하였다고 보는 것이 일반 경험칙에 부합 하는 해석이다).

1) 대판(전) 2021. 2. 18, 2015 다 45451(공보 2021, 598)([다수의견] (가) 주식회사의 대표이사 는 대외적으로는 회사를 대표하고 대내적으로는 회사의 업무를 집행할 권한을 가진다. 대표이사 는 회사의 행위를 대신하는 것이 아니라 회사의 행위 자체를 하는 회사의 기관이다. 회사는 주주 총회나 이사회 등 의사결정기관을 통해 결정한 의사를 대표이사를 통해 실현하며, 대표이사의 행 위는 곧 회사의 행위가 된다. 상법은 대표이사의 대표권 제한에 대하여 선의의 제3자에게 대항하 지 못한다고 정하고 있다〈상법 제389조 제3항, 제209조 제2항〉. 대표권이 제한된 경우에 대표 이사는 그 범위에서만 대표권을 갖는다. 그러나 그러한 제한을 위반한 행위라고 하더라도 그것이 회사의 권리능력을 벗어난 것이 아니라면 대표권의 제한을 알지 못하는 제3자는 그 행위를 회사 의 대표행위라고 믿는 것이 당연하고 이러한 신뢰는 보호되어야 한다. 일정한 대외적 거래행위에 관하여 이사회 결의를 거치도록 대표이사의 권한을 제한한 경우에도 이사회 결의는 회사의 내부 적 의사결정절차에 불과하고, 특별한 사정이 없는 한 거래 상대방으로서는 회사의 대표자가 거래 에 필요한 회사의 내부절차를 마쳤을 것으로 신뢰하였다고 보는 것이 경험칙에 부합한다. 따라서 회사 정관이나 이사회 규정 등에서 이사회 결의를 거치도록 대표이사의 대표권을 제한한 경우〈이 하 '내부적 제한'이라 한다〉에도 선의의 제3자는 상법 제209조 제2항에 따라 보호된다. 거래행 위의 상대방인 제3자가 상법 제209조 제2항에 따라 보호받기 위하여 선의 이외에 무과실까지 필 요하지는 않지만, 중대한 과실이 있는 경우에는 제3자의 신뢰를 보호할 만한 가치가 없다고 보아 거래행위가 무효라고 해석함이 타당하다. 중과실이란 제3자가 조금만 주의를 기울였다면 이사 회 결의가 없음을 알 수 있었는데도 만연히 이사회 결의가 있었다고 믿음으로써 거래통념상 요구 되는 주의의무를 현저히 위반하는 것으로, 거의 고의에 가까운 정도로 주의를 게을리하여 공평의 관점에서 제3자를 구태여 보호할 필요가 없다고 볼 수 있는 상태를 말한다. 제3자에게 중과실이 있는지는 이사회 결의가 없다는 점에 대한 제3자의 인식가능성, 회사와 거래한 제3자의 경험과 지위, 회사와 제3자의 종래 거래관계, 대표이사가 한 거래행위가 경험칙상 이례에 속하는 것인지 등 여러 가지 사정을 종합적으로 고려하여 판단하여야 한다. 그러나 제3자가 회사 대표이사와 거 래행위를 하면서 회사의 이사회 결의가 없었다고 의심할 만한 특별한 사정이 없다면, 일반적으로

있다.[1)]

다만 이 경우에 신주발행이나 사채발행(일반사채뿐만 아니라, 원칙적으로 전환사채나 신주인수권 부사채 등 특수사채의 발행을 포함한다. 다만 주주 외의 자에 대하여 전환사채 또는 신주인수권부사채를 발행하는 경우에는 일정한 사항에 대하여 주주총회의 특별결의를 받아야 하므로⟨상 513조 3항, 516조의 2 4항⟩ 이러한 주주총회의 특별결의 없이 발행한 전환사채 또는 신주인수권부사채는 앞에서 본 법률에 의하여 주주총회의 결의를 요하는 사항에 대하여 그러한 결의 없이 한 대표이사의 대표행위와 같이 무효라고 본다.)과 같은 집단적 행위에는 제3자의 선의·악의에 의하여 개별적으로 그 효력이 달라지는 것으로 할 수는 없고 확일적으로 보아야 하기 때문에, 언제나 유효라고 본다.[2)] 이에 반하여 이사회결의의 없이(상 362

이사회 결의가 있었는지를 확인하는 등의 조치를 취할 의무까지 있다고 볼 수는 없다.

(나) 대표이사의 대표권을 제한하는 상법 제393조 제1항은 그 규정의 존재를 모르거나 제대로 이해하지 못한 사람에게도 일률적으로 적용된다. 법률의 부지나 법적 평가에 관한 착오를 이유로 그 적용을 피할 수는 없으므로. 이 조항에 따른 제한은 내부적 제한과 달리 볼 수도 있다. 그러나 주식회사의 대표이사가 이 조항에 정한 '중요한 자산의 처분 및 양도, 대규모 재산의 차입 등의 행위'에 관하여 이사회의 결의를 거치지 않고 거래행위를 한 경우에도 거래행위의 효력에 관해서는 위에서 본 내부적 제한의 경우와 마찬가지로 보아야 한다.

[대법관 박상옥, 대법관 민유숙, 대법관 김상환, 대법관 노태악의 반대의견] (가) 주식회사의 대표이사가 '이사회 결의를 거쳐야 하는 경우'가 모두 대표이사의 대표권에 대한 제한에 해당한다는 전제하에 상법 제209조 제2항이 전면적으로 적용된다고 보는 것은 부당하다. 대표권의 법률상 제한이 존재하는 주식회사와 그렇지 않은 합명회사의 구조적 차이 등을 고려해 보면, 정관 등 내부 규정에 의하여만 대표권이 제한될 것이 예정되어 있는 합명회사의 대표사원에 관한 상법 제209조 제2항을 상법 제389조 제3항에 따라 주식회사의 대표이사에 준용하더라도, 대표이사의 대표권 제한에 관한 모든 경우에 그대로 준용할 것이 아니라 성질상 준용이 가능한 범위에서만 준용되어야 하므로, 상법 제393조 제1항에 따라 이사회의 결의로 회사의 의사결정을 하여야만 하는 경우에까지 적용되어야 한다고 볼 수는 없다.

(나) 거래 상대방을 보호하는 기준을 '선의·무과실'에서 '선의·무중과실'로 변경하는 것은 거래안전 보호만을 중시하여 회사법의 다른 보호가치를 도외시하는 것일뿐더러 '전부 아니면 전무'의 결과가 되어 개별 사건을 해결할 때 구체적이고 합리적인 타당성을 기하기 어렵다. 지금까지의 판례는 선의·무과실의 거래 상대방을 보호한다는 원칙하에 주식회사의 여러 다양한 실질관계에 따라 보호되는 '과실'의 범위를 해석하는 데에 집중하는 한편, 보호되지 않는 경과실의 거래 상대방은 회사에 대한 손해배상청구가 가능하도록 제도를 운용함으로써 과실상계를 통한 손해의 공평·타당한 분담을 도모하고 있다. 이러한 관점에서 지금까지의 판례가 보호기준으로 삼고 있는 '선의·무과실'은 단순한 '선의·무과실'이라는 표현에 그치는 것은 아니다. 다수의견과 같이 거래 상대방의 보호기준을 '선의·무중과실'로 판례를 변경하는 것은 강학적인 의미에서 '무과실'을 '무중과실'이라는 용어로 대치하는 것 외에 재판실무에 큰 변화를 가져올 것으로 보이지 않는다. 오히려 판례를 변경한다면, 거래 상대방의 과실의 정도가 큰 경우에도 중과실에 해당하지 않는 한 그 거래행위를 유효하다고 보게 될 것이어서, 특히 보증과 같은 거래행위를 한 경우에는 회사의 재정건전성을 악화시키는 결과를 가져올 수 있다. 결론적으로 구체적 타당성과 쌍방의 이해관계 조정에 있어 지금까지의 판례가 더 우월하기 때문에 판례 변경의 필요성이 없다).

1) 이러한 대법원판결에 대하여, 대표이사의 대표권의 법률적 제한에는 반대하는(즉, 선의·무과실을 요한다는) 취지의 평석으로는 이철송, "대표이사의 전단행위의 효력," 「선진상사법률연구」(법무부), 통권 제94호(2021. 4), 1~30면(그러나 대표이사의 대표권의 내부적 제한에는 판지에 찬성함); 김희철, "대법원 2021. 2. 18. 선고 2015 다 45451 전원합의체판결에 대한 소고," 「상사판례연구」(한국상사판례학회), 제34권 제2호(2021. 6), 209~230면(상법 제209조 제2항은 내부적 제한을 허용하지 아니하는 취지의 조문으로, 이를 법률상 제한에 적용할 경우 회사가 제한하지 아니한 내용에 대한 위험을 회사가 부담하는 결과를 초래한다).

2) 동지: 정(동), (회) 417~418면; 최(기), (회) 594~595면(신주발행은 무효로 보면서, 사채발

^조_{위반}) 대표이사가 소집한 주주총회결의의 효력은 주주의 선의·악의에 불문하고 언제나 결의취소의 소의 원인($^{상\,376}_{조\,1항}$)이 된다 (통설·판례).

㈎ 대표권남용행위의 효력　　대표이사가 객관적으로는 그 대표권의 범위에 속하는 행위를 하였으나 주관적으로는 자기 또는 제3자의 이익을 위하여 대표행위를 하는 경우($^{예컨대,\ 대표이사가\ 자기의\ 권한범위\ 내에서\ 약속어}_{음을\ 발행하여\ 자기\ 개인의\ 채무를\ 변제한\ 경우\ 등}$)가 대표권의 남용행위인데, 이 때 그 대표이사가 회사에 대하여 대내적으로 손해배상책임을 지는 것은 당연하고, 대외적으로 그 행위의 효력이 문제된다. 이러한 행위가 객관적으로 대표권의 범위 내의 행위인 이상 그 대외적 효력은 거래의 안전을 위하여 원칙적으로 당연히 유효로 보아야 할 것이다.[1]

다만 제3자(상대방)가 대표권의 남용을 알고 있거나(악의) 알 수 있었을 경우(중과실)에는 회사는 그 무효를 주장할 수 있는데,[2] 그 근거에 대하여는 다음과 같이 견해가 나뉘어 있다.

① 비진의(非眞意)표시설　　대표권의 남용행위는 원칙적으로 유효한데, 다만 제3자(상대방)가 대표권의 남용($^{대표이사}_{의\ 진의}$)을 알았거나 알 수 있었을 때에는 민법 제107조 단서의 규정을 유추적용하여 무효라고 한다.[3]

은 유효로 본다); 이(기) 외, (회) 330면; 日最高判 1961. 3. 31(民集 15－3, 645).

　반대: 서·정, 500면(신주발행의 경우 이를 유효로 보지 않고 신주발행무효의 소의 원인이 된다고 한다); 이(철), (회) 714~715면(이사회 결의 없는 신주발행은 신주발행 무효의 소에 의하여 그 효력이 다투어지고, 이사회 결의 없는 사채발행은 상대방이 선의인 경우에는 유효이고 악의 또는 과실 있는 선의인 경우에는 무효라고 한다); 최준선, "경영권 방어를 목적으로 하는 전환사채 발행의 효력,"「고시계」, 제554호(2003. 4), 34면(이사회의 결의 없는 신주발행은 수권자본제도의 내재적 한계로서 무효이고, 이사회의 결의 없는 전환사채의 발행도 무효라고 한다).

1) 동지: 대판 1988. 11. 8, 87 다카 958(공보 1988, 1525)(상호신용금고의 대표이사가 타인의 개인자금조달을 위하여 외관상 동 금고의 차입금으로 가장한 경우, 동 금고는 사용자로서 대주에게 손해배상할 책임이 있다).

2) 동지: 대판 1993. 6. 25, 93 다 13391(공보 951, 2117)(대표이사가 그 권한을 남용한 경우〈자기 또는 제3자의 이익을 도모할 목적으로 그 권한을 행사한 경우〉에 상대방이 이를 알았거나 알수 있었을 때에는 그 행위는 회사에 대하여 무효가 된다) 외. 이 경우 대표이사가 대표권을 남용하여 약속어음을 발행하고 동 어음이 제3자에게 유통되지 않았다면 대표이사는 배임미수죄로 처벌받는다[대판(전) 2017. 7. 20, 2014 도 1104].

3) 최(기), (회) 596~597면; 채, 535면; 대판 1988. 8. 9, 86 다카 1858(공보 832, 1207); 동 1997. 8. 29, 97 다 18059(공보 1997, 2870)(대표권의 남용행위는 일단 회사의 행위로서 유효한데, 다만 그 행위의 상대방이 대표이사의 진의를 알았거나 알 수 있었을 때에는 회사에 대하여 무효가 되는 것이다); 동 2004. 3. 26, 2003 다 34045(공보 2004, 712)(대표이사가 대표권의 범위 내에서 한 행위는 설사 대표이사가 회사의 영리목적과 관계 없이 자기 또는 제3자의 이익을 도모할 목적으로 그 권한을 남용한 것이라 할지라도 일단 회사의 행위로서 유효하고, 다만 그 행위의 상대방이 대표이사의 진의를 알았거나 알 수 있었을 때에는 회사에 대하여 무효가 되는 것이며, 이는 민법상 법인의 대표자가 대표권한을 남용한 경우에도 마찬가지이다. 따라서 법인의 대표자의 행위가 직무에 관한 행위에 해당하지 아니함을 피해자 자신이 알았거나 또는 중대한 과실로 인

② 권리남용설   대표권의 남용행위는 원칙적으로 유효한데, 제3자(상대방)가 대표권남용의 사실을 알고 있거나 또는 중과실로 모른 경우에 회사에 대하여 권리를 주장하는 것은 신의칙위반 또는 권리남용($\frac{민}{2조}$)에 해당하여 허용될 수 없다고 한다.[1]

③ 이익교량설(상대적 무효설)   대표권의 남용행위는 대표이사의 개인적 이익을 위하여 행사한 경우로서 선관주의의무에 위반하여 원칙적으로 무효이지만, 다만 선의의 제3자(상대방)에 대하여는 유효하다고 한다. 그러나 제3자에게 악의 또는 중과실이 있는 경우에는 다시 원칙으로 돌아가서 무효라고 한다.[2]

④ 대표권제한설(내부적 제한설)   대표권의 남용행위를 대표권의 내부적 제한위반의 경우와 동일하게 보아($\frac{상 389조 3항,}{209조 2항 참조}$), 선의의 제3자(상대방)에 대하여는 유효하나, 그가 악의이면 무효를 주장할 수 있다고 한다.[3]

생각건대 대표권은 포괄·정형성의 성질을 갖고 있고 이 정형성은 주관적으로 판단되는 것이 아니라 객관적으로 판단되는 것이므로, 대표행위가 객관적으로 대표권의 범위 내의 행위라면 당연히 대표행위로서 유효하여 회사는 이에 대하여 책임을 진다. 다만 제3자(상대방)가 이를 알고 있거나 또는 중과실로 모른 경우에 권리를 주장하는 것은 신의칙위반 또는 권리남용에 해당하여($\frac{민}{2조}$) 회사는 그 이행을 거절

하여 알지 못한 경우에는 법인에게 손해배상책임을 물을 수 없다고 할 것이고, 여기서 중대한 과실이라 함은 거래의 상대방이 조금만 주의를 기울였더라면 대표자의 행위가 그 직무권한 내에서 적법하게 행하여진 것이 아니라는 사정을 알 수 있었음에도 만연히 이를 직무권한 내의 행위라고 믿음으로써 일반인에게 요구되는 주의의무에 현저히 위반하는 것으로 거의 고의에 가까운 정도의 주의를 결여하고, 공평의 관점에서 상대방을 구태여 보호할 필요가 없다고 봄이 상당하다고 인정되는 상태를 말한다); 동 2005. 7. 28, 2005 다 3649(공보 2005, 1415)(주식회사의 대표이사가 그 대표권의 범위 내에서 한 행위는 설사 대표이사가 회사의 영리목적과 관계 없이 자기 또는 제3자의 이익을 도모할 목적으로 그 권한을 남용한 것이라 할지라도 일단 회사의 행위로서 유효하고, 다만 그 행위의 상대방이 대표이사의 진의를 알았거나 알 수 있었을 때에는 회사에 대하여 무효가 되는 것이다). 동지: 日最高判 1963. 9. 5(民集 17-8, 909); 同 1976. 11. 26(判時 839, 111).

1) 정(희), 482면(신의칙의 법리에 반한다고 한다); 손(주), 786면; 정(동), (회) 416면; 이(철), (회) 730면(비진의표시설을 취할 때에는 과실 있는 선의의 상대방이 악의의 상대방과 같이 취급되고, 또한 남용행위의 개념과 괴리되는 설명이라고 한다); 이(기) 외, (회) 331면; 이영철, "대표권남용과 어음행위," 「상사법연구」, 제19권 3호(2001), 165면; 대판 1987. 10. 13, 86 다카 1522(공보 1987, 1699); 동 1990. 3. 13, 89 다카 24360(공보 1990, 880); 동 2016. 8. 24, 2016 다 222453(공보 2016, 1357)(주식회사의 대표이사가 대표권의 범위 내에서 한 행위는 설사 대표이사가 회사의 영리 목적과 관계없이 자기 또는 제3자의 이익을 도모할 목적으로 권한을 남용한 것이라도 일응 회사의 행위로서 유효하다. 그러나 행위의 상대방이 그와 같은 정을 알았던 경우에는 그로 인하여 취득한 권리를 회사에 대하여 주장하는 것이 신의칙에 반하므로 회사는 상대방의 악의를 입증하여 행위의 효과를 부인할 수 있다).

2) 北澤, 「會社法(新版)」, 1982, 363면; 鈴木·竹內, 「會社法」, 211면.

3) 服部, "代表取締役," 「法學セミナー」, 45號, 34면; 大森, 「會社法講義」, 16면; 日大判 1935. 3. 30; 日大阪高判 1961. 4. 12.

할 수 있다고 본다($^{권리남용}_{설에 찬성}$). 이 때에 제3자의 악의 또는 중과실의 증명책임은 회사
가 부담하고, 제3자에게 선의 또는 경과실이 있는 경우에는 회사는 신의칙위반을
주장할 수 없다고 본다.

4. 표현대표이사

(1) 의의 및 인정이유

1) 주식회사에서 회사의 대표권은 (집행임원 비설치회사의 경우) 대표이사에게 있
으므로($^{상 389조,}_{209조}$), 이러한 대표이사가 아닌 이사는 회사를 대표할 권한이 없다. 그러
나 회사에서는 대표이사가 아닌 이사에게 사장·부사장·전무이사·상무이사 등과
같이 대표권이 있다고 믿을 만한 명칭의 사용을 허락하는 경우가 많고, 이와 같은
명칭을 사용한 자와 거래한 제3자는 그가 대표권이 없음에도 불구하고 그 명칭으
로 보아서 회사를 대표할 수 있는 권한이 있다고 믿고 거래한 경우가 많으므로, 이
와 같은 선의의 제3자를 보호할 필요가 있다. 따라서 상법 제395조는 「그러한 명칭
을 사용한 이사의 행위에 대하여는 그 이사가 회사를 대표할 권한이 없는 경우에도
회사는 선의의 제3자에 대하여 그 책임을 진다」고 규정하고 있다.[1]

2) 이러한 표현대표이사제도는 기업거래에 있어서의 일반적인 통념에 따라 선
의의 제3자를 보호하려는 입법정책의 소산이나,[2] 이 제도가 제3자를 지나치게 보
호하고 또 상업등기제도($^{상}_{37조}$)와도 모순된다는 점 등에서 이 제도를 (입법론상) 반대
하는 견해도 있다.[3]

3) 표현대표이사제도의 기초가 되는 법리에 대하여는 영미법상의 금반언(禁反
言)의 법리(estoppel by representation)에 의하여 설명하는 견해,[4] 독일법상의 외관이
론(Rechtsscheintheorie)에 의하여 설명하는 견해[5] 또는 위 두 이론을 구별하지 않고
함께 금반언 내지 외관이론에 의하여 설명하는 견해[6]가 있으나, 어느 이론에 의하
여 설명한다고 하여도 그 결과에 있어서 차이가 있는 것은 아니다.[7]

---

1) 일본 회사법도 우리와 동일하게 표현대표이사를 규정하고 있는데(日會 354조), 일본은 1938년
   상법개정시에 이러한 표현대표이사제도를 신설하였다[田村諄之輔, "表見代表取締役,"「新商法
   演習 2 會社⑵」(東京: 有斐閣, 1976), 64면].
2) 박길준, "표현대표이사,"「상사법논집」(무애서돈각교수정년기념)(법문사, 1986), 189면.
3) 정동윤, "표현대표이사,"「상법논집」(정희철선생화갑기념)(경문사, 1979), 105면; 정(동), (회)
   420~421면(제3자의 보호는 사실상의 이사제도나 일반이론에 의하여 보호하면 충분하다고 한다).
4) 주상(상), 1017면; 박준용, "표현대표이사제도,"「사법연구자료」, 제6집, 164~165면.
5) 정(희), 484면; 정동윤, 전게논문, 85면; 이(기) 외, (회) 332면.
6) 서·정, 444면; 채, 537면; 주상(제5판)(회사 Ⅲ), 294면.
7) 동지: 이(철), (회) 739면.

4) 자본금 총액이 10억원 미만으로서 이사가 1명 또는 2명($^{정관에 따라 대표}_{이사가 없는 경우}$)인 소규모 주식회사의 경우에는 각 이사에게 회사의 대표권이 있으므로($^{상 383}_{조 6항}$), 이러한 이사에 대하여는 표현대표이사에 관한 규정($^{상}_{395조}$)이 적용될 여지가 없다.

(2) 타제도와의 관계

표현대표이사제도는 먼저 상업등기의 일반적 효력($^{상}_{37조}$)과 충돌하는 문제점이 있고, 민법상 표현대리($^{민 125조,}_{126조, 129조}$) · 상법상 부실등기($^{상}_{39조}$) · 표현지배인($^{상}_{14조}$) · 사실상의 대표이사($^{상 376조,}_{380조, 381조}$) · 공동대표이사($^{상 389조}_{2항 · 3항}$) 및 무권대행(위조)과는 어떠한 관련을 갖고 있는 것인가의 문제점이 있다. 이하에서는 이에 대하여 먼저 간단히 살펴보겠다.

1) 민법상 표현대리($^{민 125조,}_{126조, 129조}$)와의 관계

(가) 표현대표이사를 규정한 상법 제395조는 대리권수여의 표시에 의한 표현대리에 관한 민법 제125조의 특칙으로 해석될 수도 있겠으나, 표현대표이사는 이에 한하지 않고 권한유월(踰越)의 경우나 대표권이 소멸한 후에도 성립할 수 있으므로 민법 제126조(권한을 넘은 표현대리) 및 민법 제129조(대리권소멸 후의 표현대리)의 특칙으로도 해석할 수 있다고 본다.[1]

(나) 이와 같이 상법 제395조가 표현대표이사에 관하여 민법의 표현대리에 관한 제(諸)규정($^{민 125조,}_{126조, 129조}$)의 특칙으로 규정되어 있다고 하여, 표현대표이사에 관한 상법 제395조는 민법의 표현대리에 관한 제규정의 적용을 배척한다고 볼 수는 없다. 따라서 이 때에 민법의 표현대리에 관한 제규정의 적용요건을 충족한 경우에는 회사는 그러한 민법의 규정에 의하여도 책임을 부담할 수 있다.[2] 그러나 상법 제395조는 민법의 표현대리에 관한 제규정보다 제3자를 더 광범위하게 보호하고 있으므로,[3] 상법 제395조가 적용되는 경우에는 민법상의 표현대리에 관한 제규정이 적용될 여지가 거의 없을 것이다.

2) 표현지배인($^{상}_{14조}$)과의 관계

(가) 상법 제395조는 「… 그 이사가 회사를 대표할 권한이 없는 경우에도 회사는 선의의 제3자에 대하여 그 책임을 진다」고 규정하여, 표현대표이사가 되기 위하여는 적어도 이사의 자격이 있을 것을 요건으로 규정하고 있으나, 통설[4]과 판례[5]는 이사의 자격이 없

---

1) 동지: 정(동), (회) 420면; 동, 전게논문, 85~86면; 최(기), (회) 601면.
2) 동지: 주상(상), 128면(표현지배인과 민법의 표현대리와의 관계에 대하여).
3) 예컨대, 상법 제395조에 의하면 과실 있는 제3자도 보호되나(통설 · 판례), 민법상 표현대리에 관한 제규정에서는 과실 있는 제3자는 보호되지 않는다[곽윤직, 「(신정판)민법총칙」, 1992, 482면, 487면, 491면].
4) 정(희), 485면; 정(동), (회) 421면; 동, 전게논문, 92면; 채, 539면; 이(기) 외, (회) 333면; 주상(제5판)(회사 Ⅲ), 295~296면; 이 · 최, 326면 외.
5) 대판 1979. 2. 13, 77 다 2436(공보 609, 11790; 집 27 ① 민 66); 동 1985. 6. 11, 84 다카 963(공보 757, 995); 동 1987. 7. 7, 87 다카 504(공보 807, 1319); 동 1992. 7. 28, 91 다 35816(공보 928, 2547)(회사는 이사의 자격이 없는 자에게 표현대표이사의 명칭을 사용하게 한 경우는 물론, 이사의 자격도 없는 사람이 임의로 표현대표이사의 명칭을 사용하는 것을 소극적

는 「회사의 사용인 등」이나 「이사직을 사임한 자」가 회사를 대표할 권한이 있는 것으로 인정될 만한 명칭을 사용한 경우에도 상법 제395조를 유추적용하고 있다. 따라서 이렇게 보면 회사는 회사의 사용인 등이 사용하는 명칭 및 이에 대한 회사의 귀책사유에 의하여 표현지배인($\frac{상}{14조}$)으로서 책임을 부담하기도 하고 또는 표현대표이사($\frac{상}{395조}$)로서 책임을 부담하기도 한다. 즉, 회사의 사용인 등이 지배권이 없으면서 「본점 또는 지점의 본부장, 지점장, 그 밖에 지배인으로 인정될 만한 명칭」을 사용하고[1] 그러한 명칭사용에 회사의 귀책사유가 있으면 회사는 상법 제14조에 의하여 그 책임을 지고, 회사의 사용인 등이 대표권이 없으면서 「사장·부사장·전무·상무 기타 회사를 대표할 권한이 있는 것으로 인정될 만한 명칭」을 사용하고 그러한 명칭사용에 회사의 귀책사유가 있으면 회사는 상법 제395조에 의하여 그 책임을 지는 것이다.

(나) 따라서 지배권이 있는 회사의 사용인(지배인) 등이 자기명의(지배인명의)로 행위를 하였다면 회사는 상법 제11조 1항에 의하여 당연히 책임을 지나, 그러한 지배인이 회사의 상무라고 칭하면서 대표권에 속하는 행위를 하고 회사가 이에 대하여 귀책사유가 있다면 회사는 상법 제395조에 의하여 책임을 진다.[2]

3) **상업등기의 일반적 효력($\frac{상}{37조}$)과의 관계**　　대표이사의 성명 등은 등기사항이고($\frac{상\ 317조}{2항\ 9호}$), 이러한 등기사항을 등기하면 회사는 선의의 제3자에게도 (그가 정당한 사유로 인하여 이를 모른 경우를 제외하고) 대항할 수 있다($\frac{상업등기의\ 적극}{적\ 공시의\ 원칙}$)($\frac{상\ 37조\ 1항\ 반}{대해석\ 및\ 2항}$). 그런데 상법 제395조는 제3자에게 정당한 사유가 있건 없건 불문하고 제3자가 현실로 선의이기만 하면 회사에게 그 책임을 인정한 것으로서, 이러한 상법 제395조는 상법 제37조와는 모순된다. 이러한 모순을 해결하기 위하여 우리나라의 학설은 (i) 상법 제395조는 상법 제37조

───

으로 묵인한 경우에도 상법 제395조가 유추적용된다); 동 1998. 3. 27, 97 다 34709(공보 1998, 1176)(상법 제395조가 회사를 대표할 권한이 있는 것으로 인정될 만한 명칭을 사용한 이사의 행위에 대한 회사의 책임을 규정한 것이어서 표현대표이사가 이사의 자격을 갖출 것을 요건으로 하고 있으나, 이 규정은 표시에 의한 금반언의 법리나 외관이론에 따라 대표이사로서의 외관을 신뢰한 제3자를 보호하기 위하여 그와 같은 외관의 존재에 대하여 귀책사유가 있는 회사로 하여금 선의의 제3자에 대하여 그들의 행위에 관한 책임을 지도록 하려는 것이므로, 회사가 이사의 자격이 없는 자에게 표현대표이사의 명칭을 사용하게 허용한 경우는 물론, 이사의 자격이 없는 사람이 임의로 표현대표이사의 명칭을 사용하고 있는 것을 회사가 알면서도 아무런 조치를 취하지 아니한 채 그대로 방치하여 소극적으로 묵인한 경우에도 위 규정이 유추적용되는 것으로 해석함이 상당하다).

1) 또한 당해 사용인의 근무장소가 상법상의 영업소인 본점 또는 지점의 실체를 가지고 어느 정도 독립적으로 영업활동을 할 수 있는 것임을 요한다(대판 1978. 12. 13, 78 다 1567〈집 26 ③ 민 295〉).

2) 서울고판 1972. 12. 30, 72 나 2141(고집 1972 민 ② 527)(피고회사 사고처리담당 업무부장의 지위에 있는 자가 그 회사 상무라고 칭하면서 회사소속 차량사고 피해자에 대한 치료비를 부담하겠다고 원고에게 약속하였고 원고도 이를 믿고 치료를 받았다면, 위 업무부장이 회사를 대표할 권한이 없었다 하더라도 피고회사는 선의인 원고에게 위 의사표시에 따른 책임을 면할 수 없다—상 395조 참조).

와는 차원(법익)을 달리한다고 설명하는 견해(이차원설〈異次元說〉)[1]와, (ii) 상법 제395조는 상법 제37조의 예외규정이라고 설명하는 견해(예외규정설)[2]가 있다.[3] 이에 대하여 우리나라의 대법원은 이차원설에서 판시하고 있다.[4]

생각건대 회사의 대표이사와 거래하는 제3자가 거래시마다 일일이 등기부를 열람하여 대표권 유무를 확인하는 것은 제3자에게 너무 가혹하고 또 집단적·계속적·반복적·대량적인 회사기업의 거래실정에도 맞지 않는 점을 고려하면, 상법 제395조는 상법 제37조의 예외규정이라고 보는 것이 타당하다고 본다. 상법 제395조를 단순히「차원을 달리한다」거나「법익을 달리한다」고 설명하는 것은 애매모호한 설명이라고 생각된다.[5]

4) 부실등기의 공신력($\frac{상}{39조}$)과의 관계

(가) 대표이사를 선임하지 않고도 선임한 것으로 하여 등기하였거나 또는 대표이사가 퇴임하였는데도 퇴임등기를 하지 않은 동안에 그러한 자가 회사를 대표하여 제3자와 거래행위를 한 경우에, 회사는 선의의 제3자에 대하여 상법 제39조에 의하여 책임을 지는가 또는 상법 제395조에 의하여 책임을 지는가.

(i) 이 때 제3자는 그러한 자가 대표이사임을 위의 부실등기에 의하여 신뢰하고 또 그러한 부실등기에 대하여 등기신청권자($\frac{적법한}{대표이사}$)에게 고의·과실이 있다면, 회사는 그러한 선의의 제3자에 대하여 부실등기의 공신력에 관한 상법 제39조에 의하여 책임을 진다.[6]

(ii) 그런데 이 경우에 회사는 그러한 자가 회사의 대표명의를 사용하여 제3자와 거래하는 것을 적극적 또는 묵시적으로 허용하였다고 할 수 있는 사정이 있고 또 이러한 사정을 제3자가 증명할 수 있다면, 회사는 상법 제395조에 의해서도 이 책임을 부담할 수 있다.[7] 그런데 이 때에 그러한 제3자는 상법 제39조에 의하여 이미 보호받고 있으므로,

---

1) 정(동), (회) 424면; 이(철), (회) 739면; 이(기) 외, (회) 337면.

2) 정(희), 484면; 최(기), (회) 602~603면; 채, 544면; 주상(제5판)(회사 Ⅲ), 303면.

3) 일본의 학설 중에는 상법 제395조에서 제3자가 대표권이 있는 것으로 신뢰한 것은 상법 제37조 2항의「정당한 사유」에 해당되기 때문에 회사는 그러한 제3자에게 대항할 수 없다고 설명하는 견해[野津務,「改訂新會社法(上)」, 231면]도 있으나(정당사유설), 우리나라에서 이와 같이 설명하는 견해는 없는 것 같다.

4) 대판 1979. 2. 13, 77 다 2436(집 27 ① 민 66)(상법 제395조와 상업등기〈상법 37조 — 저자주〉와의 관계를 헤아려 보면 본조는 상업등기와는 다른 차원에서 회사의 표현책임을 인정한 규정이라고 해야 옳겠으니, 이 책임을 물음에 상업등기가 있는 여부는 고려의 대상에 넣어서는 아니된다고 하겠다. 따라서 원판결이 피고의 상호변경에 대하여 원고의 악의를 간주한 판단은 당원이 인정치 않는 법리 위에 선 것이라 하겠다.

5) 정(찬), (회) 796면; 정찬형, 전게논문(고시연구, 1981. 7), 160면.

6) 동지: 대판 2004. 2. 27, 2002 다 19797(공보 2004, 519)(이사 선임의 주주총회결의의 취소판결이 확정되어 그 이사 겸 대표이사의 행위가 무효인 경우에 그가 제3자와 한 행위에 대하여는 상법 제39조를 적용 내지 유추적용하여 제3자를 보호할 필요가 있다).

7) 동지: 대판 1977. 5. 10, 76 다 878(집 25 ② 민 1)(본 판결에서는 회사가 대표명의를 사용하는 것을 허용하였다고 할 수 있는 사정이 없다 하여 상법 제395조의 적용을 배척함).
반대: 정(희), 484면(이는 상법 제39조에 의하여 생기는 책임이지, 상법 제395조에 의한 책임은 아니라고 한다).

제3자가 다시 「회사의 적극적 또는 묵시적인 명칭사용의 허용사실」을 증명하여 상법 제 395조의 적용을 주장할 필요는 없다고 본다.[1)]

　(내) 위 (가)의 경우에 등기신청권자($^{적법한}_{대표이사}$)에게 고의·과실이 없이 회사의 이사 또는 감사가 주주총회의사록 및 이사회의사록을 위조하여 대표이사를 변경등기하고, 그러한 대표이사가 제3자와 거래행위를 한 경우에도 동일한가.

　(i) 이에 대하여 우리나라의 대법원판례는 상법 제39조를 적용하기 위한 전제로서 부실등기에서의 고의·과실의 판단기준을, (합명회사에서) 「회사를 대표할 수 있는 업무집행사원」을 표준으로 하고[2)] 또한 「대표사원의 유고시 회사 정관에 따라 업무를 집행하는 사원이 있다고 하더라도 그 사원을 표준으로 할 수는 없다」고 판시하고 있다.[3)] 따라서 위의 경우에 대법원은 등기신청권자에게 고의·과실이 없다고 하여 상법 제39조의 적용을 배척하고,[4)] 그러한 대표이사의 제3자와의 거래행위에 대하여 상법 제395조를 유추적용하는 것으로 판시하고 있다.[5)]

　(ii) 그러나 위의 대법원판례는 타당하지 않다고 본다. 위의 경우에는($^{주주총회의사록을 허}_{위로 작성하여 대표이}$
$^{사를 선임하고, 이에 대하여}_{회사에 귀책사유가 있는 경우}$) 굳이 상법 제395조를 유추적용할 것이 아니라, 상법 제39조를 적용하여 회사의 책임을 인정하여야 할 것으로 본다. 왜냐하면 상법 제39조의 고의·과실에 의한 부실등기는 적법한 대표이사(등기신청권자)의 등기신청에 기한 등기가 아니라 하더라도, 이와 비견되는 정도의 회사 책임에 기한 신청으로 등기된 경우이거나 또는 이미 이루어진 부실등기의 존속에 관하여 회사에서 이를 알고도 묵인한 경우에 비견되는 중대한 과실이 있는 경우에는, 이에 포함되는 것으로 보아야 하기 때문이다.[6)]

5) 주주총회결의 하자(瑕疵, 흠)의 소($^{상 376조,}_{380조, 381조}$)와의 관계

　(가) 주식회사의 이사는 주주총회에서 선임되고($^{상 382}_{조 2항}$), 이렇게 선임된 이사 중에서 대표이사는 이사회($^{또는 정관의 규정에}_{의하여 주주총회}$)의 결의로 선임된다($^{상 389}_{조 1항}$). 그런데 이사를 선임한 주주총회의 결의에 하자가 있어 주주총회결의 하자의 소($^{결의취소의 소〈상 376조〉, 결의무효확인의 소〈상}_{380조〉, 결의부존재확인의 소〈상 380조〉, 부당결의}$
$^{취소변경의}_{소〈상 381조〉}$)가 제기되고 원고가 승소의 확정판결을 받으면($^{따라서 이사를 선임한 주주총회결의}_{가 취소되거나 무효 또는 부존재가}$

---

1) 동지: 이·이, (회)(1991) 535면.
2) 대판 1971. 2. 23, 70 다 1361(집 19 ① 민 93).
3) 대판 1981. 1. 27, 79 다 1618·1619(집 29 ① 민 27).
4) 대판 1975. 5. 27, 74 다 1366(집 23 ② 민 71)(등기신청권자가 아닌 자가 문서위조 등의방법으로 등기신청자의 명의를 모용〈冒用〉하여 부실등기를 경료한 것과 같은 경우에는, 비록 그 자가 그러한 등기를 신청함에 있어 회사에게 과실이 있거나 또는 이미 경료된 부실등기의 존속에 관하여 회사에게 과실이 있다 하더라도 이로써 곧 스스로 등기신청권자의 고의나 과실로 부실등기를 신청한 것과 동일시할 수는 없으므로, 이러한 사유만 가지고는 회사에 대한 관계에서 상법 제39조를 적용할 수 없다).
5) 대판 1985. 6. 11, 84 다카 963(공보 757, 995).
6) 정(찬), (회) 801면; 연습, 73~74면(사례 12).
　동지: 양(승), (사례) 53면; 전게 대판 1975. 5. 27, 74 다 1366의 원심인 서울고등법원의 판결이유(1974. 7. 9, 72 나 1289 판결).

^{확정}_{되면}), 원고가 그러한 승소의 확정판결을 받기 이전에 위의 이사 및 대표이사(^{사실상의 이사}_{및 대표이사}) 가 제3자와 한 거래행위에 대하여도 상법 제395조가 적용되는가.

이에 대하여 1995년 개정상법 이전에는 그 판결의 소급효가 제한되는 점과 관련하여 이러한 사실상의 이사 및 대표이사의 거래행위에도 상법 제395조가 유추적용된다는 긍정설[1]과 유추적용될 여지가 없다는 부정설[2]로 나뉘어 있었다.

생각건대 1995년 개정상법 이전에는 주주총회결의 하자의 소의 판결의 효력이 소급하지 않았으므로(^{상 376조 2항, 380조, 381조 2}_{항은 모두 상 190조를 준용함}), 원고가 그러한 소에서 승소의 확정판결을 받더라도 확정판결 전에 한 사실상의 이사 및 대표이사의 거래행위는 당연히 유효하므로, 이에 상법 제395조가 유추적용될 여지는 없었다(^{따라서 이 때에는 그러한 이사 및 대표이사와 거래한}_{제3자의 선의·악의를 불문하고 이사 및 대표이사의 행위}_{는 회사의 행위}). 그런데 1995년 개정상법에서는 이미 앞에서 본 바와 같이 주주총회결의하자의 소의 판결의 효력은 소급하는 것으로 개정되었으므로(^{상 376조 2항, 380조 및 381조}_{2항에서 190조 단서의 준용-배제}), 1995년 개정상법의 시행 후에 있어서 위의 사실상의 이사 및 대표이사의 거래행위에는 회사가 이에 대한 귀책사유가 있다면 상법 제395조가 유추적용될 수 있을 것이다.[3]

(ﾅ) 주주총회에서 이사를 선임한 결의에는 하자가 없으나, 이사회에서 대표이사를 선임한 결의에 하자가 있는 경우에는 어떠한가. 이 때에 이사회결의의 하자에 대하여는 이미 설명한 바와 같이 주주총회결의 하자의 경우와 같이 이를 소추(訴追)하는 상법상의 규정도 없고 또 주주총회결의 하자의 소에 관한 규정이 유추적용되지도 않으므로, 민법의 일반원칙에 의하여 법률상 당연히 무효가 되고 필요한 경우에는 (민사소송법상의 소로서)

1) 정(희), 485면; 박길준, 전게논문(상사법논집), 193면; 주상(Ⅱ-하), 239면.
　　1995년 개정상법 이전의 판례로서 주주총회의 비결의(非決議)가 있는 경우에 상법 제395조가 유추적용될 수 있다고 보는 판례로는 대판 1977. 5. 10, 76 다 878(집 25 ② 민 1); 동 1985. 6. 11, 84 다카 963(공보 757, 995)(이 때에는 상법 제395조가 유추적용된다고 판시하고 있다); 동 1992. 8. 18, 91 다 14369(공보 930, 2731); 동 1992. 8. 18, 91 다 39924(공보 930, 2741); 동 1994. 12. 27, 94 다 7621·7638(공보 985, 661)(주주총회를 소집·개최함이 없이 의사록만을 작성한 주주총회의 결의로 대표자로 선임된 자의 행위에 대하여 회사에게 그 책임을 물으려면, 의사록작성으로 대표자격의 외관이 현출된 데에 대하여 회사에 귀책사유가 있음이 인정되어야 한다) 등이 있다.
2) 정(동), (회)(1991) 399면; 이·이, (회)(1991) 534~535면.
3) 동지: 이(철), (회) 745면(1995년 개정상법 하에서는 특히 이를 표현대표이사로 볼 실익이 커졌다고 한다).
　　결과 동지: 대판 2004. 2. 27, 2002 다 19797(공보, 2004, 519)(이사 선임의 주주총회결의에 대한 취소판결이 확정된 경우 그 결의에 의하여 이사로 선임된 이사들에 의하여 구성된 이사회에서 선정된 대표이사는 소급하여 그 자격을 상실하고, 그 대표이사가 이사 선임의 주주총회결의에 대한 취소판결이 확정되기 전에 한 행위는 대표권이 없는 자가 한 행위로서 무효가 된다. 이와 같이 이사 선임의 주주총회결의에 대한 취소판결이 확정되어 그 결의가 소급하여 무효가 된다고 하더라도 그 선임 결의가 취소되는 대표이사와 거래한 상대방은 상법 제39조의 적용 내지 유추적용에 의하여 보호될 수 있으며, 주식회사의 법인등기의 경우 회사는 대표자를 통하여 등기를 신청하지만 등기신청권자는 회사 자체이므로 취소되는 주주총회결의에 의하여 이사로 선임된 대표이사가 마친 이사 선임 등기는 상법 제39조의 부실등기에 해당된다).

결의무효확인의 소를 제기할 수도 있다(통설·판례[1]). 따라서 이사회결의에 하자가 있어 무효가 되는 경우에는 소급효가 있게 되어 사실상의 대표이사가 무효확인 전에 한 행위의 효력이 문제되는데, 이러한 사실상의 대표이사가 한 행위에 대하여는 상법 제395조가 유추적용되어 회사의 책임이 인정된다고 본다.[2] 그러나 이러한 사실상의 대표이사가 등기되어 있는 경우에는($\frac{상\ 317조}{2항\ 9호}$) 상법 제39조에 의하여 사실상의 대표이사와 거래한 제3자는 이미 충분히 보호되고 있으므로, 이에 다시 상법 제395조를 유추적용할 실익은 없다고 본다.[3]

6) 공동대표이사($\frac{상\ 389}{조\ 2항}$)와의 관계

(가) 이사회($\frac{정관의\ 규정이\ 있는}{경우에는\ 주주총회}$)는 수 인의 대표이사가 공동으로 회사를 대표할 것을 정할 수 있는데(공동대표)($\frac{상\ 389}{조\ 2항}$), 이 때에는 회사가 제3자에 대하여 하는 의사표시(능동대표)는 반드시 공동대표이사의 공동으로 하여야 하나, 제3자의 회사에 대한 의사표시(수동대표)는 공동대표이사의 1인에 대하여 할 수 있다($\frac{상\ 389조\ 3항,}{208조\ 2항}$). 그런데 이 때 공동대표이사 중의 1인이 제3자에 대하여 단독대표행위를 하고 제3자가 그러한 공동대표이사에게 단독으로 대표할 수 있는 권한이 있다고 믿은 경우에, 상법 제395조가 적용 또는 유추적용될 수 있는가. 이 때에 특히 문제가 되는 경우는 회사가 공동대표이사에게 「사장」 또는 「대표이사 사장」 등과 같이 단독대표권을 수반하는 것으로 인식되는 명칭사용을 허락한 경우에는 회사에 명백히 귀책사유가 있어 회사는 상법 제395조에 의한 책임을 지므로 문제가 되지 않으나,[4] 회사가 단지 공동대표이사에게 「대표이사」라는 명칭사용을 허락한 경우이다. 즉, 이 때에도 회사는 그 명칭사용에 대한 귀책사유가 있어 상법 제395조에 의하여 책임을 부담하는지 여부가 문제된다.

(나) 이에 대하여 우리나라에서는 (i) 대표이사의 권한남용으로 인한 위험을 예방하려는 공동대표이사제도의 기본취지에서 상법 제395조의 적용을 부정하는 견해(소수설)[5]와, (ii) 대표이사라는 명칭은 가장 뚜렷하게 대표권이 있다는 외관을 나타내는 명칭임에도 불구하고 단지 그 행사방법을 제한한 공동대표이사제도에서 그 중 1인이 한 대표행위에 대하여 회사가 책임을 지지 않는다고 하면 대표권이 전혀 없는 표현대표이사의 행위에 대하여도 회사가 책임을 지는 것과 형평에 반하고 또 거래의 안전을 심히 저해하게 된다는 점에서 상법 제395조의 (유추)적용을 긍정하는 견해(통설[6]·판례[7])로 나뉘어 있다.

---

1) 대판 1988. 4. 25, 87 누 399(공보 1988, 915).

2) 동지: 정(동), (회) 422면; 이(철), (회) 745면.

3) 동지: 이·이, (회)(1991) 535면; 전게 대판 2004. 2. 27, 2002 다 19797.

4) 동지: 日最高判 1968. 12. 24(民集 22−13, 3349).

5) 이(철), (회) 745면.

6) 정(동), (회) 426면; 동, 전게논문, 102면; 최(기), (회) 611면; 주상(상), 1019면; 주상(제5판) (회사 Ⅲ), 297~298면; 채, 543면; 이(기) 외, (회) 336면 외.

7) 대판 1991. 11. 12, 91 다 19111(공보 911, 94)(회사가 공동으로만 회사를 대표할 수 있는 공동대표이사에게 단순한 대표이사라는 명칭의 사용을 용인 내지 방임한 경우에는, 회사는 상법 제395조에 의한 표현책임을 진다); 동 1992. 10. 27, 92 다 19033(공보 934, 3271); 동 1993. 12. 28, 93 다 47653(공보 962, 532).

생각건대 회사는 공동대표이사가 제3자와 거래하는 경우는 반드시 「공동대표이사」라는 명칭을 사용하도록 하여야 하는데, 회사가 공동대표이사에게 단순히 「대표이사」라는 명칭사용을 허락하거나 또는 이를 묵인한 경우에는 회사에게 귀책사유가 있다고 보아야 할 것이고, 이렇게 회사에게 귀책사유가 있음으로 인하여 회사를 보호하고자 하는 공동대표이사제도의 입법취지가 무시되는 것은 부득이한 일이라고 본다. 또 공동대표이사는 등기사항($\frac{상}{2항} \frac{317조}{10호}$)이고 이를 등기하면 선의의 제3자에게 대항력이 발생하나($\frac{상}{37조}$), 상법 제395조가 적용될 때는 상법 제37조에 의한 대항력을 주장할 수 없다고 하는 점은 앞에서 본 바와 같다. 또 상법 제395조는 대표권이 없는 자의 표현대표규정이므로 대표권이 있는 자의 공동대표에는 적용되지 않는다고 하는 것은 이유가 되지 않는다고 본다. 왜냐하면 대표권이 있는 자가 「대표이사」라는 명칭을 사용한 경우에는, 대표권이 없는 자가 「상무」 등의 명칭을 사용한 경우보다도 오히려 우선적으로 표현대표이사에 관한 규정을 적용하는 것이 형평에 맞기 때문이다.[1]

7) 무권대행(無權代行)과의 관계   표현대표이사가 자기명의($\frac{상무·}{전무 등}$)로 대표권이 없으면서 대표권에 속하는 행위를 제3자와 한 경우에는 상법 제395조가 바로 적용되는 경우이나, 표현대표이사가 대표이사(타인)명의로 대표권이 없으면서 대표권에 속하는 행위를 제3자와 한 경우에도 상법 제395조가 적용될 수 있는가. 이것은 무권대행으로서 위조가 되는데, 이 때 피위조자(회사)의 책임을 인정하는 근거를 상법 제395조에 의할 것인가 또는 민법상 표현대리에 관한 규정에 의할 것인가가 문제된다.

이에 대하여 우리나라의 학설·판례는 상법 제395조의 적용을 부정하는 견해[2]($\frac{따라서}{민법상}$ 표현대리에 관한 규정이 적용 또는 유추적용되어야 한다는 견해)와, 상법 제395조의 적용을 긍정하는 견해[3]로 나뉘어 있다.[4]

---

1) 정(찬), (회) 805~806면; 정찬형, "표현대표이사의 적용상 문제점,"「고시연구」, 1989. 3, 37~38면; 동, 전게논문(고시연구, 1981. 7), 164면.
2) 이(철), (회) 746면.
　동지: 대판 1968. 7. 16, 68 다 334·335(카드 8502); 동 1968. 7. 30, 68 다 127(집 16 ② 민 324); 동 1969. 9. 30, 69 다 964(판총 11-2, 980-4-2).
3) 박길준, 전게논문(상사법논집), 194면; 정동윤, 전게논문(상법논집), 90~91면; 주상(제5판) (회사 Ⅲ), 296~297면.
　동지: 대판 1979. 2. 13, 77 다 2436(집 27 ① 민 66)[본 판결에 대한 평석으로는 정찬형, "어음행위의 표현책임(판례평석)," 법률신문, 제1642호(1986. 7. 7), 15~16면 참조(판지에 반대함)]; 동 1988. 10. 25, 86 다카 1228(공보 837, 1467); 동 1988. 10. 11, 86 다카 2936(공보 836, 1396)[본 판결에 대한 평석으로는 서정갑, "표현대표이사의 법률행위와 회사책임," 법률신문, 제1805호(1988. 12. 12), 11면(판지에 찬성함)]; 동 1998. 3. 27, 97 다 34709(공보 1998, 1176)(상법 제395조는 표현대표이사가 자기의 명칭을 사용하여 법률행위를 한 경우는 물론이고, 자기의 명칭을 사용하지 아니하고 다른 대표이사의 명칭을 사용하여 행위를 한 경우에도 적용된다); 동 2003. 7. 22, 2002 다 40432(공보 2003, 1765)(상법 제395조는 표현대표이사가 자기의 명칭을 사용하여 법률행위를 한 경우는 물론이고 자기의 명칭을 사용하지 아니하고 다른 대표이사의 명칭을 사용하여 행위를 한 경우에도 유추적용되고, 이와 같은 대표권 대행의 경우 제3자의 선의나 중과실은 표현대표이사의 대표권 존부에 대한 것이 아니라 대표이사를 대행하여 법률행위를 할 권한이 있느냐에 대한 것이다); 동 2003. 9. 26, 2002 다 65073(공보 2003, 2080); 동

생각건대 표현대표이사가 「자기명의」로 행위를 한 경우와 「대표이사명의」로 행위를 한 경우는 구별되어야 할 것으로 본다. 왜냐하면 표현대표이사가 자기명의로 행위를 한 경우에 거래의 상대방의 신뢰의 대상은 그 명칭에 의한 「대표권(대리권)」임에 반하여, 표현대표이사가 대표이사(타인) 명의로 행위를 한 경우에 거래의 상대방의 신뢰의 대상은 그 명칭과는 무관한 「대행권」이기 때문이다.[1] 따라서 자기명의로 한 경우에는 「행위자」가 누구이며 그가 「대표권이 있다고 믿을 만한 명칭」을 사용하였는지 여부가 문제되겠지만, 대표이사명의로 행위를 한 경우에는 행위자가 누구인지는 전혀 불문하고(상무이사이든, 경리과장이든 또는 단순한 경리직원이든 불문함) 그의 「대행권한 유무」만이 문제가 된다. 따라서 표현대표이사의 행위에 대하여 거래의 상대방의 신뢰를 보호하기 위하여 회사의 책임을 인정하는 것인데, 이와 같이 상대방의 신뢰의 대상이 다른 경우를 동일하게 취급하여 모두 상법 제395조를 적용하는 것은 타당하지 않다고 본다. 따라서 표현대표이사가 대행권한 없이 대표이사명의로 한 행위는 무권대행(위조)이 되고, 이 때에 회사에게 무권대행(위조)에 대한 귀책사유가 있다면 민법상 표현대리에 관한 규정을 유추적용하여 회사의 책임을 인정하여야 할 것이다. 이 때에 회사의 책임이 인정되는 근거는 무권대행자에게 그 행위에 관한 기본적인 대리권이 있다면(상무이사·경리부장 등) 민법 제126조가 유추적용될 것이고(회사의 표현책임), 이러한 기본적인 대리권이 없다면(단순한 경리직원 등) 민법 제756조가 적용되어 회사의 책임이 인정될 것이다(회사의 불법행위책임).[2]

2011. 3. 10, 2010 다 100339(공보 2011, 734)(표현대표이사의 행위로 인한 주식회사의 책임에 대하여 정한 상법 제395조는 표현대표이사가 자신의 이름으로 행위한 경우는 물론이고 대표이사의 이름으로 행위한 경우에도 적용된다. 그리고 이 경우에 상대방의 악의 또는 중대한 과실은 표현대표이사의 대표권이 아니라 대표이사를 대리하여 행위를 할 권한이 있는지에 관한 것이다. 따라서 갑 회사의 표현대표이사 을이 대표이사를 대리하여 자신의 채권자 병에게 차용증을 작성해 준 사안에서, 상대방인 병의 악의 또는 중과실은 을에게 대표권이 있는지가 아니라 그에게 대표이사를 대리하여 위 차용증을 작성함으로써 채무를 부담할 권한이 있는지 여부에 따라 판단되어야 하므로, 을이 갑 회사의 대표이사가 아님을 병이 알았다고 하더라도 그 점은 병의 악의 또는 중과실을 판단하는 데 결론을 좌우할 만한 의미가 있는 사정이 된다고 할 수 없고, 상법 제395조의 취지와 위 중과실의 의미 내지 판단 기준 등에 비추어 보면, 을이 갑 회사의 표현대표이사에 해당하는 한 그에게 대표권 등 권한이 있는지를 당연히 의심하여 보아야 하는 객관적 사정이 있는 등의 경우가 아닌 이상 갑 회사에 을이 대표이사를 대리하여 위 차용증을 작성할 권한이 있는지 여부에 관하여 확인하지 않았다는 사정만으로 병의 악의 또는 중과실을 쉽게 인정할 수는 없다).

4) 이에 관한 상세는 정찬형, 「사례연구 어음·수표법」(법문사, 1987), 146~149면; 동, 전게논문(고시연구, 1989. 3), 38~41면 참조.

1) 참고로 우리 대법원판례도 표현대표이사의 행위와 이사회의 결의를 거치지 아니한 대표이사의 행위에 대하여 제3자의 신뢰의 대상이 다르다는 것을 전제로(즉, 전자에 있어서의 신뢰의 대상은 「대표권의 존재」인 반면에, 후자에 있어서의 신뢰의 대상은 「대표권의 범위」임) 그 법률취급을 달리 하여, 표현대표이사의 행위로 인정되는 경우에도 거래의 상대방이 이사회결의가 없었음을 알았거나 알 수 있었을 경우에는 회사는 그 행위에 대하여 책임을 면한다고 판시하고 있다[대판 1998. 3. 27, 97 다 34709(공보 1998, 1176)].

2) 상세는 정찬형, 전게서(사례연구 어음·수표법), 147~149면; 동, 전게 법률신문(1986. 7. 7), 15~16면; 동 전게논문(고시연구, 1989. 3), 41면 참조.

(3) 요　　건

1) 외관의 부여

⑺ 회사가 표현대표이사의 명칭사용을 허락한 경우에 한하여 본조가 적용되고, 당해 행위자가 임의로 그와 같은 명칭을 사용(참칭)한 경우에는 본조가 적용되지 않는다[1]$\binom{\text{상법 제14조의 표현}}{\text{지배인과 같은 법리}}$. 즉, 회사에 귀책사유가 있어야 상법 제395조가 적용된다. 이때 회사의 허락은 적극적인 승낙뿐만 아니라, 소극적인 묵인을 포함한다.[2]

⑻ 회사의 허락($\substack{\text{승낙 또}\\\text{는 묵인}}$)의 판단기준은 정관 등 회사의 내규에 특별히 규정이 없으면 「업무집행기관($\substack{\text{특히 대}\\\text{표이사}}$)」인데, 대표이사 전원[3] 또는 이사 전원[4]의 허락이 있는 경우는 물론, 이사 과반수[5] 또는 수 인의 대표이사 중의 1인[6]이 알고 있는 경우에도, 허락(묵인)이 있다고 보아야 한다. 우리나라의 판례도 이와 동지로 「회사가 표현대표를 허용하였다고 하기 위하여는 진정한 대표이사가 이를 허용하거나, 이사 전원이 아닐지라도 적어도 이사회의 결의의 성립을 위하여 회사의 정관에서 정한 이

---

1) 동지: 대판 1975. 5. 27, 74 다 1366(집 23 ② 민 71); 동 1988. 10. 11, 86 다카 9362(공보 1988, 1396); 동 1995. 11. 21, 94 다 50908(공보 1996, 42)(상법 제395조에 의하여 회사가 책임을 지는 것은 회사가 표현대표자의 명칭사용을 명시적으로나 묵시적으로 승인한 경우에 한하는 것이고, 회사의 명칭사용 승인 없이 임의로 명칭을 잠칭한 자의 행위에 대하여는 비록 그 명칭사용을 알지 못하고 제지하지 못한 점에 있어 회사에게 과실이 있다 할지라도 그 회사의 책임으로 돌려 선의의 제3자에 대하여 책임을 지게 할 수 없다).

2) 동지(회사의 명칭사용 허락을 인정하여 회사의 책임을 인정한 판례): 대판 1955. 11. 24, 4288 민상 340(카드 4933); 동 1994. 12. 2, 94 다 7591(공보 984, 428)(Y회사의 대표이사 갑이 심각한 건강상 이유로 을에게 회사의 경영권 및 운영권 일체를 위임한다는 위임장을 작성하여 준 경우, 을이 X와 택시운영권 매매계약을 체결하였다면 Y회사는 을의 표현대표행위로서 X에게 책임을 진다).

　　반대(회사의 명칭사용의 허락을 부정하여 회사의 책임을 부정한 판례): 상게 대판 1975. 5. 27, 74 다 1366(상법 제395조가 적용되기 위하여는 회사가 표현대표자의 명칭사용을 명시적으로나 묵시적으로 승인한 경우에 한하며, 회사가 그 명칭사용을 알지 못하고 이를 제지하지 못한 점에 있어서 회사에게 과실이 있는 경우는 해당되지 않는다); 동 1972. 9. 26, 71 다 2197(집 20 ③ 민 12)(사임한 대표이사가 사임등기 경료 후에 대표이사 명의를 모용하여 수표를 발행한 경우); 동 1974. 11. 12, 74 다 1091(민판집 203, 151)(명목상 회사로서의 법정요건인 기관을 갖추기 위하여 이사로 등기되어 있는 자들이 자의로 금전을 차용한 경우).

3) 日最高判 1960. 10. 14(民集 14－12, 2499).

4) 日最高判 1967. 4. 28(民集 21－3, 796).

5) 동지: 대판 2011. 7. 28, 2010 다 70018(공보 2011, 1749)(상법 제395조에 의하여 회사가 표현대표이사의 행위에 대하여 책임을 지기 위하여는 표현대표이사의 행위에 대하여 그를 믿었던 제3자가 선의이어야 하고, 또한 회사가 적극적 또는 묵시적으로 표현대표를 허용한 경우에 한한다. 여기서 회사가 표현대표를 허용하였다고 하기 위하여는 진정한 대표이사가 이를 허용하거나, 이사 전원이 아닐지라도 적어도 이사회결의의 성립을 위하여 회사의 정관에서 정한 이사의 수, 그와 같은 정관의 규정이 없다면 최소한 이사 정원의 과반수 이사가 적극적 또는 묵시적으로 표현대표를 허용한 경우이어야 한다); 정(동), (회) 422~423면; 日東京地判 1956. 9. 10(下民集 7－9, 2455).

6) 동지: 정(동), (회) 422~423면; 최(기), (회) 607면; 채, 540면.

사의 수, 그와 같은 정관의 규정이 없다면 최소한 이사 정원의 과반수의 이사가 적극적 또는 묵시적으로 표현대표를 허용한 경우이어야 한다」고 판시하고 있다.[1]

2) 외관의 존재(사용)

(개) 거래의 통념상 회사대표권의 존재를 표시하는 것으로 인정될 만한 명칭을 사용하여야 한다.[2] 상법 제395조는 사장·부사장[3]·전무·상무를 예시하고 있으나, 이에 한하지 않고 총재·은행장·이사장 등과 같이 일반관행에 비추어 대표권이 있는 것으로 사용되는 모든 명칭을 포함한다. 이러한 자가 법률행위를 함에는 그 자신의 명칭을 사용하여야 하는가 또는 진정한 대표이사의 명칭을 사용하여도 무방한가에 대하여는 학설·판례가 나뉘어 있는데, 이에 대하여는 이미 무권대행과의 관계에서 설명하였다.

(내) 상법 제395조는 이러한 명칭을 사용하는 자가 이사임을 요하는 것으로 규정하고 있으나, 제3자의 신뢰를 보호하여 거래의 안전을 보장하려는 동조의 입법취지에서 이사임을 요하지 않는다고 보는 것이 통설[4]·판례[5]임은 이미 설명한 바와 같다.

(대) 명칭을 사용하는 것은 요식행위인 경우에는 표현적 명칭과 성명을 기재하는 것이나, 불요식행위인 경우에는 상대방에게 자기가 대표권이 있는 자임을 인식시킴으로써 충분하다.[6] 또한 명칭사용은 성질상 대외적 행위에 한한다.

3) 외관의 신뢰

(개) 제3자는 행위자가 대표권이 없음을 알지 못하여야 한다.[7] 이 때「제3자」는

---

1) 대판 1992. 9. 22, 91 다 5365(공보 932, 2950).
2) 동지: 대판 1959. 12. 3, 4292 민상 123(카드 8214)(상무이사가 제3자와 납품계약을 체결하면서 형식상 당사자를 대표이사로 하고 상무이사는 입회인으로만 표시하였다고 하더라도, 회사는 선의의 제3자에 대하여 책임을 진다); 동 2003. 2. 11, 2002 다 62029(공보 2003, 785)(상법 제395조에 정한 표현대표이사의 행위로 인한 회사의 책임이 성립하기 위하여는 회사의 대표이사가 아닌 이사가 외관상 회사의 대표권이 있는 것으로 인정될 만한 명칭을 사용하여 거래행위를 하여야 하고, 그와 같은 명칭이 표현대표이사의 명칭에 해당하는지 여부는 사회 일반의 거래통념에 따라 결정하여야 한다. 따라서 '경리담당이사'는 회사를 대표할 권한이 있는 것으로 인정될 만한 명칭에 해당한다고 볼 수 없으므로 상법 제395조에 따른 회사의 책임을 물을 수 없다).
3) 동지: 대판 1971. 6. 29, 71 다 946(집 19 ② 민 168)(부사장을 표현대표이사로 인정하고 있다).
4) 정(희), 485면; 정(동), (회) 421면; 이(철), (회) 740면; 채, 540면; 이(기) 외, (회) 333면; 주상(제5판)(회사 Ⅲ), 295~296면; 이·최, 326면 외.
5) 대판 1979. 2. 13, 77 다 2436(집 27 ① 민 66); 동 1985. 6. 11, 84 다카 963(공보 757, 995); 동 1992. 7. 28, 91 다 35816(공보 928, 2547); 동 2004. 2. 27, 2001 다 53387.
6) 동지: 이(철), (회) 740면.
7) 동지: 대판 1998. 3. 27, 97 다 34709(공보 1998, 1176)(상법 제395조 소정의 '선의'란 표현 대표이사가 대표권이 없음을 알지 못한 것을 말하는 것이지, 반드시 형식상 대표이사가 아니라는 것을 알지 못한 것에 한정할 필요는 없다); 동 1971. 12. 28, 71 다 2141(민판집 170, 984)(제3자의 악의를 인정하여 회사의 표현책임을 부정한 판례).

직접의 거래상대방뿐만 아니라, 그 명칭의 표시를 신뢰한 모든 제3자($\binom{\text{예컨대, 어음}}{\text{의 제3취득자}}$)를 포함한다고 본다.[1)]

    (내) 제3자의 「선의」에는 무과실을 요하는가. 이에 대하여 무과실을 요한다고 보는 견해[2)]도 있으나, 무과실을 필요로 하지 않는다고 본다. 다만 대표권이 있는지 여부에 대하여 중대한 과실이 있는 경우($\binom{\text{예컨대, 의심할 만한 중대한 사유가 있음에}}{\text{도 불구하고 등기열람을 하지 않은 경우 등}}$)에는 악의로 보아야 할 것이다.[3)] 우리 대법원도 이와 동지로 판시하고 있다.[4)]

---

1) 동지: 정(동), (회) 423면; 이(철), (회) 743면; 채, 540면; 이(기) 외, (회) 336면; 주상(제5판) (회사 Ⅲ), 301면; 대판 2003. 9. 26, 2002 다 65073(공보 2003, 2080)(회사를 대표할 권한이 없는 표현대표이사가 다른 대표이사의 명칭을 사용하여 어음행위를 한 경우, 회사가 책임을 지는 선의의 제3자의 범위에는 표현대표이사로부터 직접 어음을 취득한 상대방뿐만 아니라, 그로부터 어음을 다시 배서양도받은 제3취득자도 포함된다); 서울민사지판 1986. 2. 12, 85 가합 50; 日東京地判 1954. 7. 28.

2) 日大阪高判 1963. 12. 24.

3) 동지: 정(희), 485면; 정(동), (회) 423면; 이(철), (회) 744면; 최(기), (회) 608~609면; 이(기) 외, (회) 335면; 주상(제5판)(회사 Ⅲ), 301~302면; 日最高判 1966. 11. 10; 同 1977. 10. 14(判時 871, 8262).

4) 제3자의 중과실을 긍정한 판례: 대판 1999. 11. 12, 99 다 19797(공보 1999, 2483)(X렌탈 주식회사의 과장이 Y회사의 전무이사/주택사업본부장인 B가 동 회사의 대표이사인 A명의로 C발행의 어음에 담보목적으로 배서한 경우에 B를 Y회사의 표현대표이사라고 믿은 것에는 중대한 과실이 있다)[이 판결에 대하여 찬성하는 취지의 평석으로는 최준선, 법률신문, 제2880호(2000. 5. 1), 15면]; 동 1973. 2. 28, 72 다 1907(집 21 ① 민 111)(상법 제395조에 무과실을 요한다는 규정이 없고 또 거래의 신속과 안전 등을 위하여야 한다는 점에서 제3자에게 무과실까지 요하는 것은 아니다).

    제3자의 중과실을 부정한 판례: 대판 2003. 7. 22, 2002 다 40432(공보 2003, 1765)(상법 제395조가 규정하는 표현대표이사의 행위로 인한 주식회사의 책임이 성립하기 위하여는 법률행위의 상대방이 된 제3자의 선의 이외에 무과실까지도 필요로 하는 것은 아니지만, 그 규정의 취지는 회사의 대표이사가 아닌 이사가 외관상 회사의 대표권이 있는 것으로 인정될 만한 명칭을 사용하여 거래행위를 하고, 이러한 외관이 생겨난 데에 관하여 회사에 귀책사유가 있는 경우에 그 외관을 믿은 선의의 제3자를 보호함으로써 상거래의 신뢰와 안전을 도모하려는 데에 있다 할 것인바, 그와 같은 제3자의 신뢰는 보호할 만한 가치가 있는 정당한 것이어야 할 것이므로 설령 제3자가 회사의 대표이사가 아닌 이사가 그 거래행위를 함에 있어서 회사를 대표할 권한이 있다고 믿었다 할지라도 그와 같은 믿음에 있어서 중대한 과실이 있는 경우에는 회사는 그 제3자에 대하여는 책임을 지지 아니하고, 여기서 제3자의 중대한 과실이라 함은 제3자가 조금만 주의를 기울였더라면 표현대표이사의 행위가 대표권에 기한 것이 아니라는 사정을 알 수 있었음에도 만연히 이를 대표권에 기한 행위라고 믿음으로써 거래통념상 요구되는 주의의무에 현저히 위반하는 것으로, 공평의 관점에서 제3자를 구태여 보호할 필요가 없다고 봄이 상당하다고 인정되는 상태를 말한다. 이러한 점에서 피고은행이 A가 위조한 약속어음 3장 합계 86억원 상당을 할인대출하면서 A가 이 사건 근질권 설정행위에 관하여 대표이사의 대표권을 대행하는 데 대하여, 피고은행에게 중대한 과실이 있다고 보기는 어렵다); 동 2003. 9. 26, 2002 다 65073(공보 2003, 2080)(상게 대판 2003. 7. 22, 2002 다 40432에서 피고은행이 원고가 되어 제소한 사건에서 동지로 판시함); 동 2013. 2. 14, 2010 다 91985(공보 2013, 449)(상법 제395조가 표현대표이사의 행위로 인한 주식회사의 책임을 인정하는 취지는, 회사의 대표이사가 아닌 이사가 외관상 회사의 대표권이 있는 것으로 인정될 만한 명칭을 사용하여 거래행위를 하고 그러한 외관이 생겨난 데에 회사의 귀책사유가 있는 경우에 그 외관을 믿은 선의의 제3자를 보호함으로써 상거래의 신뢰와 안전

㈐ 제3자의 선의 여부($\frac{즉}{악의}$)에 대한 증명책임은 「회사」에게 있다[1]($\frac{이설\langle 異}{說\rangle 없음}$).

(4) 효   과

상법 제395조가 적용되는 경우에는 표현대표이사의 행위에 대하여 회사는 마치 대표권이 있는 대표이사의 행위와 같이, 제3자에 대하여 권리를 취득하고 의무를 부담한다. 따라서 이 경우에는 무권대리에 관한 민법의 규정($\frac{민}{조}$ $\frac{130}{이하}$)이 적용될 여지가 없다.[2] 다만 표현대표이사가 어음행위를 한 경우에는 어음법의 특칙에 의하여 표현대표이사도 어음상의 권리자에 대하여 어음채무를 부담한다($\frac{어}{조}$ $\frac{8}{1문}$).

(5) 적용범위

1) 상법 제395조는 거래의 안전을 보호하기 위한 것이므로 법률행위[3]에 대해서만 적용된다. 따라서 표현대표이사의 불법행위에는 본조가 적용되지 않고, 민법 제35조 또는 제756조에 의하여 회사는 그 책임을 부담하게 될 것이다(통설).[4] 또한 표현대표이사가 한 법률행위는 대표이사의 권한에 속하는 행위이어야 한다.[5]

을 도모하려는 데 있다. 따라서 거래의 상대방인 제3자가 대표이사가 아닌 이사에게 그 거래행위를 함에 있어 회사를 대표할 권한이 있다고 믿었다 할지라도 그와 같이 믿은 데에 중대한 과실이 있는 경우에는 회사는 위 규정에 의한 책임을 지지 아니한다. 여기서 제3자의 중대한 과실이라 함은 제3자가 조금만 주의를 기울였더라면 표현대표이사의 행위가 대표권에 기한 것이 아니라는 사정을 알 수 있었음에도 만연히 이를 대표권에 기한 행위라고 믿음으로써 거래통념상 요구되는 주의의무에 현저히 위반하는 것으로서, 공평의 관점에서 제3자를 구태여 보호할 필요가 없다고 봄이 상당하다고 인정되는 상태를 말하고 제3자에게 중과실이 있는지는 거래통념에 비추어 개별적·구체적으로 판단하여야 한다. 이 사건은 상표의 전용사용권자인 갑 주식회사로부터 상표의 사용허락을 받은 통상사용권자인 을 주식회사의 이사 병이 갑 회사의 동의 없이 정에게 위 상표의 사용권을 부여하는 내용의 업무협약을 체결하였고, 정이 위 상표를 부착하여 상품을 제조·납품하여 오다가 갑 회사로부터 형사고소와 민사소송을 제기당한 사건인데, 을 회사가 전용사용권자인 갑 회사 등으로부터 정의 상표 사용에 대한 승낙을 받아 줄 의무를 이행하지 아니한 상태에서 정이 업무협약 체결에 따라 상표 사용권을 취득하였다고 믿고 제조한 상품에 상표를 부착한 후 거래처에 납품하여 납품대금을 수령하는 이익을 얻었다 하더라도〈정을 상법 제395조의 적용에 있어서 제3자로 보고, 또한 정의 중과실을 부인함—저자 주〉, 그 이득은 상표에 화체된 신용과 고객흡인력 및 정의 노력과 비용이 투입된 상품의 제조·납품행위로 인하여 생긴 것일 뿐 상표의 적법한 사용권을 정에게 부여한 바 없는 업무협약과 상당인과관계가 있다고 볼 수 없으므로, 그 납품대금 상당의 이득을 을 회사가 정에게 배상하여야 할 손해액에서 공제할 수 없다).

1) 대판 1971. 6. 29, 71 다 946(집 19 ② 민 168).
2) 동지: 정(동), (회) 425면; 최(기), (회) 611~612면; 채, 541면.
3) 이 때의 법률행위에는 준법률행위 및 수동적 대표행위(예컨대, 의사표시의 수령 등)를 포함한다[동지: 이(철), (회) 742면].
4) 정(찬), (회) 816면; 정(동), (회) 424면; 이(철), (회) 742면; 최(기), (회) 603면; 채, 539면; 이(기) 외, (회) 332면 외.
5) 동지: 이(철), (회) 742~743면; 대판 1964. 5. 19, 63 다 293(민판집 76, 438)(대표이사로서도 주주총회의 특별결의 없이는 할 수 없는 행위에 대하여는 상법 제395조가 적용될 여지가 없다); 동 1998. 3. 27, 97 다 34709(공보 1998, 1176)(표현대표이사의 행위와 이사회의 결의를 거치지 아니한 대표이사의 행위는 모두 본래는 회사가 책임을 질 수 없는 행위들이지만 거래의 안전과 외관이론의 정신에 입각하여 그 행위를 신뢰한 제3자가 보호된다는 점에 공통되는 면이 있으나,

2) 상법 제395조는 소송행위에도 적용되지 않는다$\binom{\text{상 14조 1항 단}}{\text{서의 유추적용}}$(통설).[1]

3) 상법 제395조는 조세의 부과 및 징수의 경우에도 적용되지 않는다.[2]

제 5 집행임원[3]

1. 의 의

(1) 2011년 4월 개정상법은 주식회사$\binom{\text{특히 대규}}{\text{모주식회사}}$의 경영의 투명성과 효율성을 높이기 위하여 주식회사는 (선택에 의하여) 대표이사에 갈음하여 집행임원을 둘 수 있도록 하였는데$\binom{\text{상 408조}}{\text{의 2 1항}}$, 이와 같이 집행임원을 둔 회사를 '집행임원 설치회사'라 한다. 이러한 집행임원 설치회사는 회사의 업무집행기관(집행임원)과 업무감독기관(이사회)을 분리하여(감독형 이사회), 이사회는 회사의 업무를 잘 알고 또한 경영의 전문가인 집행임원을 업무집행기관으로서 선임(해임)하여 회사의 업무집행(경영)을 맡기고, 이사회는 이에 대한 감독만을 하면서 (필요한 경우) 회사의 중요한 사항에 대하여 의사를 결정하는 회사를 말한다. 따라서 집행임원 설치회사에서의 집행임원은 (집행임원 비설치회사에서의 대표이사에 갈음하여) 「대내적으로 회사의 업무를 집행하고 대표집행임원은 대외적으로 회사를 대표하는 기관」이라고 볼 수 있다. 집행임원 설치회사에서 집행임원이 수인인 경우에 각 집행임원은 회사의 업무를 집행할 뿐만 아니라$\binom{\text{상 408조}}{\text{의 4 1항}}$ 정관이나 이사회의 결의에 의하여 위임받은 업무집행에 관한 의사결정을 (대표권 유무에 관계 없이) 각 집행임원이 하므로$\binom{\text{상 408조} \quad \text{즉, 집행임원회}}{\text{의 4 2호 는 상법상 없음}}$ 업무집행의 효율성을 기할 수 있는 점, 또한 집행임원은 언제나 이사회에 의하여 선임·해임될 뿐만 아니라$\binom{\text{상 408조의}}{\text{2 3항 1호}}$ (정관에 규정이 없거나 주주총회의 승인이 없는 경우) 그의 보수도 이사회에 의하여 결정되므로$\binom{\text{상 408조의}}{\text{2 3항 6호}}$ 이사회에 의한 실효성 있는 감독을 받는다는 점 등으로 인하여, 집행임원 비설치회사에서의 대표이사와는 구별되고 업무집

제3자의 신뢰의 대상이 전자에 있어서는 대표권의 존재인 반면 후자에 있어서는 대표권의 범위이므로, 제3자가 보호받기 위한 구체적인 요건이 반드시 서로 같다고 할 것은 아니고, 따라서 표현대표이사의 행위로 인정이 되는 경우라고 하더라도 만일 그 행위에 이사회의 결의가 필요하고 거래의 상대방인 제3자의 입장에서 이사회의 결의가 없었음을 알았거나 알 수 있었을 경우라면 회사로서는 그 행위에 대한 책임을 면한다).

1) 정(찬), (회) 817면; 정(동), (회) 424면; 이(철), (회) 742면; 채, 539면; 이(기) 외, (회) 332면; 이·최, 326면 외.
  반대: 대판 1970. 6. 30, 70 후 7(집 18 ② 행 27)(전무이사의 항소취하에 대하여 상법 제395조를 적용함).
2) 동지: 정(희), 485면; 정(동), (회) 424면; 대판 1987. 7. 21, 87 누 224(공보 808, 1414).
3) 이에 관한 상세는 정찬형, "2011년 개정상법에 따른 준법경영제도 발전방향(집행임원 및 준법지원인을 중심으로)," 「선진상사법률연구」, 통권 제55호(2011. 7), 11~29면 참조.

행기관(집행임원)과 업무감독기관(이사회)의 구별이 좀 더 명확하게 되어 업무집행의 효율성과 업무감독의 실효성을 거둘 수 있는 것이다.[1] 집행임원 비설치회사에서는 회사의 대표권을 갖는 대표이사에 대하여만 규정하고($\frac{상}{389조}$) 대내적인 업무집행권에 관하여는 상법에 규정이 없고 업무집행권은 대표권의 대내적인 면이라는 점에서 대표이사에게만 있다고 설명한다. 또한 이러한 회사는 보통 (정관 등의 규정에 의하여) 대표이사 이외의 이사에게도 대내적으로 업무집행권을 부여한다고 설명한다(업무담당이사)ㆍ집행임원 설치회사에서는 집행임원 비설치회사에서의 이러한 대표이사 및 업무담당이사의 업무집행권을 상법상 명문으로 규정하고($\frac{상 408}{조의 4}$) 대표권에 대하여는 별도로 규정하고 있는 점($\frac{상 408}{조의 5}$)에서도 그 의미가 크다.

(2) 최근 사업연도말 현재의 자산총액 2조원 이상인 주식회사는 의무적으로 이사회를 사외이사가 이사총수의 과반수로 구성하고($\frac{상 542조의 8 1항 단서,}{동법 시행령 34조 2항}$) 또한 이사회내 위원회의 하나이고 사외이사가 위원의 3분의 2 이상인 감사위원회를 의무적으로 두어야 하는 규정($\frac{상 542조의 11 1항,}{동법 시행령 37조 1항}$)의 취지에서 볼 때 이러한 이사회는 업무감독기능에 중점이 있으므로, 이러한 주식회사에서는 이사회(업무감독기관)와는 분리된 집행임원(업무집행기관)을 반드시 두어야 할 것으로 본다($\frac{즉, 이러한 회사는 상법상 집행임원 설치회사를}{선택하여야 하는데, 선택하지 않는 경우 발생하}$는 문제점을 해결하기 위하여 입법론상 상법 제542조의 8 제1항 단서의 "상[2] 장회사의"를 "상장회사로서 집행임원 설치회사의"로 수정하여야 할 것이다).

1) 집행임원 설치회사의 집행임원제도가 집행임원 비설치회사에서의 업무집행기관(대표이사)과 다른 점을 간단히 정리하면 다음과 같다[정찬형, "상법 회사편(특히 주식회사의 지배구조) 개정안에 대한 의견," 국회 법사위 상법 일부개정법률안에 관한 공청회 자료, 2009. 11. 20, 27~28면; 동, 전게논문(선진상사법률연구 제55호), 23면 주 16)].

(i) 집행임원 비설치회사에서는 업무집행에 관한 의사결정을 회의체인 이사회에서 하고(상 393조 1항) 이의 집행은 대표이사가 하나(상 389조), 집행임원 설치회사에서는 일반적으로 이사회의 위임에 의하여 각 집행임원이 결정하여 집행하므로(이사회와 같은 회의체 기관이 아니고, 이 경우 업무집행에 관한 의사결정기관과 집행기관이 분리되지 않으므로) 업무집행의 효율성을 기할 수 있다(상 408조의 2 3항 4호, 408조의 4).

(ii) 집행임원 비설치회사에서는 대표이사가 정관의 규정에 의하여 주주총회에서 선임되는 경우에는(상 389조 1항 2문) 이사회가 대표이사의 선임ㆍ해임권이 없으므로 이사회가 대표이사의 직무집행을 실제로 감독할 수 없다. 집행임원 비설치회사에서 대표이사가 이사회에서 선임되는 경우에도(상 389조 1항 1문) (대표)이사의 보수는 정관에 규정이 없으면 주주총회의 결의로 정하여지므로(상 388조) 이사회는 대표이사의 직무집행을 실제로 감독할 수 없다. 그러나 집행임원 설치회사에서는 이사회가 집행임원의 선임ㆍ해임권 및 보수결정권(정관ㆍ주주총회의 승인이 없는 경우)이 있으므로(상 408조의 2 3항), 이사회는 실질적으로 집행임원에 대한 감독권을 실효성 있게 행사할 수 있다.

(iii) 집행임원 비설치회사에서는 현행 상법상 (대표)이사는 한편으로 이사회 구성원으로서 업무집행과 업무감독에 관한 의사결정을 하고(상 393조 1항ㆍ2항) 다른 한편 업무집행기능을 수행하나, 집행임원 설치회사에서는 이 양자가 명확히 분리되어(상 408조의 2 3항ㆍ4항, 408조의 4, 408조의 5) 이사회는 업무집행기관(집행임원)에 대하여 실효성 있는 감독업무를 수행할 수 있다.

2) 이러한 대회사에 대하여는 이사회에 의무적으로 이사총수의 과반수의 사외이사를 두도록 하고(상 542조의 8 1항 단서) 또한 감사위원회를 의무적으로 두도록 한 점(상 542조의 11 1항)과의

그러나 그 이외의 주식회사는 임의로 집행임원 설치회사를 선택할 수 있는데, 사외이사가 이사총수의 과반수인 주식회사는 위에서 본 대회사의 경우와 같은 취지에서 볼 때 집행임원 설치회사를 선택하여야 한다고 본다.[1] 다시 말하면 집행임원 설치회사는 사외이사가 이사총수의 과반수이어야 한다. 이러한 점에서 볼 때 입법론상 상법 제408조의 2에 이러한 내용의 규정을 두어야 할 것으로 본다. 또한 감사위원회는 원래 감독형 이사회에 설치되는 것이므로 집행임원 설치회사에 한하여 감사위원회를 두도록 하는 것이 감사(監査)의 실효성 면에서 타당하다고 본다(이러한 점에서 입법론상 상법 제415조의 2 제1항의 "회사"는 "집행임원 설치회사"로 수정되어야 할 것이다)(상 415조의 2 1항 참조).[2]

(3) 자본금 총액이 10억원 미만으로서 이사를 1명 또는 2명 둔 경우에는 이사회가 없으므로 집행임원 설치회사가 있을 수 없다고 본다.[3]

(4) 집행임원 설치회사에서는 대표이사가 없으므로 대외적으로 회사를 대표하는 자는 (대표)집행임원(CEO)이지 대표이사가 아니고, 이사회의 회의를 주관하기 위하여는 (정관에 규정이 없으면 이사회의 결의로) 이사회 의장을 두어야 한다(상 408조의 2 4항). (대표)집행임원과 이사회 의장은 분리되는 것이 집행임원 설치회사의 원래의 취지(집행과 감

균형상 집행임원도 의무적으로 두도록 하여야 하는데[정찬형, "주식회사법 개정제안," 「선진상사법률연구」, 통권 제49호(2010. 1), 14~15면; 동, 전게논문(선진상사법률연구 통권 제55호), 14면. 동지: 문상일, "상법상 집행임원제도의 지배구조적 문제점과 개선방안," 「상사법연구」(한국상사법학회), 제36권 제4호(2018. 2), 60~61면], 상법이 집행임원제도를 임의규정으로 하였다고 하더라도 위와 같이 사외이사 및 감사위원회를 의무적으로 두도록 한 규정의 취지 및 현실적으로 사실상 집행임원을 두고 있는 점에서 이러한 대회사는 집행임원 설치회사의 지배구조를 선택하여야 할 것으로 본다. 이러한 대회사가 집행임원 비설치회사인 경우, 발생하는 문제점에 관한 상세는 정찬형, "우리 주식회사 지배구조의 문제점과 개선방안," 「상사법연구」(한국상사법학회), 제34권 2호(2015. 8), 19~21면, 25~27면, 33~35면; 동, "대기업의 투명경영을 위한 지배구조," 「선진상사법률연구」(법무부), 통권 제78호(2017. 4), 1~28면 등 참조.

1) 정찬형, 전게논문(선진상사법률연구 통권 제49호), 170면; 동, 전게논문(선진상사법률연구 통권 제55호), 14면; 동, 전게논문(상사법연구 제34권 2호), 19면.

2) 정찬형, 전게논문(상사법연구 제34권 2호), 29면, 32면, 34면. 2013년 7월 16일 정부(법무부)의 「상법 일부 개정(안) 입법예고」(법무부공고 제2013-162호)에서는 상법 제415조의 2 제1항 제2문을 개정하여 "감사위원회를 설치한 경우에는 감사를 둘 수 없고, 제408조의 2 이하의 규정에 의한 집행임원을 두어야 한다"고 규정하고 있다. 이는 감사위원회 설치회사로서 상법상 집행임원을 두지 않은 경우 업무집행 및 감독기능이 모두 이사회에 집중되어 자기감독의 모순이 발생하고 견제와 균형이 유지되기 어려운 문제가 발생하여, 이와 같은 개정으로 기업지배구조내 견제와 균형을 회복함으로써 지배구조의 투명성을 제고하고자 하는 것이다(동 개정안 개정이유).

3) 이러한 점에서 볼 때, 2011년 개정상법 제383조 제5항은 자본금 총액이 10억원 미만으로서 이사를 1명 또는 2명 둔 주식회사에 대하여 집행임원에 관한 일부 규정만을 적용하지 않는 것으로 규정하고 있으나, 집행임원에 관한 규정 전부(상 408조의 2부터 408조의 9까지)를 적용하지 않는 것으로 규정하였어야 한다고 본다. 이는 입법의 미비라고 본다[동지: 정찬형, 상게논문(선진상사법률연구 통권 제55호), 14면 주 4)].

동의
분리)에 맞으나,[1] 우리 상법상 이를 금지하는 규정을 두고 있지 않으므로 이 양자의
지위를 겸할 수 있다고 본다(이 경우 법률상 명칭은 종래의 대표이사에
갈음하여 '대표집행임원 및 이사회 의장'이다). 또한 집행임원과 이사
와의 관계에서도 원래는 분리되어야 집행임원 설치회사의 취지에 맞으나,[2] 우리 상
법상 이 양자의 지위를 금지하는 규정을 두고 있지 않으므로 이 양자의 지위도 겸할
수 있다고 본다(이 경우 법률상 사내이사는 '집행임원 및 이사'이고, 사외이사 및 그
밖에 상무에 종사하지 않는 이사는 '집행임원이 아닌 이사'를 의미한다).

2. 지   위

집행임원 설치회사와 집행임원의 관계는 민법 중 위임에 관한 규정이 준용된다
(상 408조
의 2 2항).[3] 이는 이사와 회사와의 관계와 같고(상 382
조 2항), 상업사용인과 회사와의 관계가
보통 고용관계인 점과 구별된다. 민법상의 위임계약이 원칙적으로 무상인 점과는
달리 집행임원 설치회사는 (이사의 경우와 같이) 집행임원에게 보수를 주는 것이 보통
이므로(유상계약), 집행임원의 보수에 대하여는 정관에 규정이 없거나 주주총회의
승인이 없는 경우 이사회가 이를 결정한다(상 408조의
2 3항 6호).

2011년 개정상법은 주식회사에서 이와 같이 집행임원에 대하여 규정하고 이와
함께 집행임원과 집행임원 설치회사와의 관계가 위임관계임을 명백히 규정하고 있
으므로, 종래에 사실상 집행임원(비등기임원)에 대하여 우리 대법원판례가 주주총회
에서 선임되지 않았고 또한 등기되지 않았다는 이유를 들어 이사가 아니라는 점에
서 회사와의 관계는 (고용계약을 전제로 하는) 근로자이고 또한 이러한 사실상 집행임
원(비등기임원)에 대하여는 근로기준법이 적용된다고 판시한 것은,[4] 이에 관한 근거
규정이 제정되었으므로 수정되어야 할 것으로 본다.[5]

---

1) 2013년 7월 16일 정부(법무부)의 「상법 일부 개정(안) 입법예고」(법무부공고 제2013-162호)
   에서는 상법 제408조의 2 제4항 제1문을 "집행임원 설치회사는 이사회의 회의를 주관하기 위하
   여 집행임원이 아닌 이사회 의장을 두어야 한다"고 규정함으로써, 집행임원과 이사회 의장의 지위
   를 분리하였다.
   또한 금융회사의 지배구조에 관한 법률에서는 "금융회사의 이사회는 매년 사외이사 중에서 이
   사회 의장을 선임하는데, 이사회가 사외이사가 아닌 자를 이사회 의장으로 선임하는 경우에는 그
   사유를 공시하고 선임사외이사를 별도로 선임하여야 한다"고 규정하고 있다(지배 13조 1항·2항).
2) 동지: 문상일, 전게논문(상사법연구 제36권 제4호), 61~62면(집행임원의 이사 겸직을 엄격히
   제한하는 명문규정을 마련할 필요가 있다고 한다).
3) 금융회사의 지배구조에 관한 법률에서는 주요업무집행책임자와 해당 금융회사의 관계에 대하
   여만 민법상 위임관계로 규정하고(지배 8조 3항) 임원에 속하는 업무집행책임자와 해당 금융회사
   와의 관계에 대하여는 규정을 두고 있지 않다.
4) 대판 2003. 9. 26, 2002 다 64681(비등기임원을 원심에서는 근로자가 아니라고 보았으나, 대법
   원에서는 이러한 비등기임원을 근로자라고 보고 원심을 파기환송함) 외.
5) 동지: 대판 2017. 11. 9, 2012 다 10959(공보 2017, 2275)(대규모 금융회사인 갑 보험회사에
   서 비등기임원인 상무로 선임되어 '방카슈랑스 및 직접마케팅〈Direct Marketing〉' 부문을 총괄하
   는 업무책임자〈Function Head〉의 업무를 담당하는 을은 기능적으로 분리된 특정 전문 부분에 관

3. 선임 · 해임

(1) 집행임원 설치회사에서는 집행임원과 대표집행임원의 선임 및 해임권이 이사회에 있다($\frac{상\ 408조의}{2\ 3항\ 1호}$).[1] 따라서 이사회는 정관에 (높은 비율로) 달리 규정하고 있지 않는 한 이사 과반수의 출석과 출석이사 과반수의 찬성으로 집행임원을 선임 · 해임할 수 있다($\frac{상\ 391}{조\ 1항}$). 이 때 가부동수(可否同數)인 경우 이사회 의장에게 결정권을 주는 것으로 정한 정관의 규정은 법적 근거 없이 이사회 의장에게 복수의결권을 주는 것이 되어 무효라고 본다.[2] 이사회 결의에 관하여 특별한 이해관계를 갖는 이사는 이사회에서 의결권을 행사하지 못하는데($\frac{상\ 391조\ 3항,}{368조\ 3항}$), 집행임원 후보인 이사가 이사회에서 의결권을 행사할 수 있는지 여부가 문제될 수 있다. 주주총회의 결의에서 주주가 주주의 입장(사단관계)에서 이해관계를 갖는 경우에는 특별한 이해관계를 갖지 않는 것으로 보고 주주가 주주의 입장을 떠나서 개인적으로 갖는 이해관계만을 특별한 이해관계를 갖는 것으로 해석하는 것(개인법설)이 통설인데,[3] 이러한 통설을 이사회에서도 동일하게 적용한다면 집행임원 후보인 이사는 의결권을 행사할 수 있는 것으로 볼 수 있다. 또한 이러한 이사회의 결의에 대하여 이사는 책임을 져야 하므로($\frac{상\ 399조\ 2}{항\cdot 3항\ 참조}$) 무기명투표는 허용되지 않는다.

집행임원은 이와 같이 이사회에서 선임 · 해임되어야 하므로 (이사회에서 선임 · 해임되지 않는) 회장($\frac{또는\ 지배주주}{겸\ 대표이사}$) 등과 이들이 선임 · 해임하는 (사실상) 집행임원은 상법상 집행임원은 아니나, 상법상 집행임원과 동일하게 보아 그의 책임을 물을 수 있다고 본다($\frac{상\ 408조의}{9,\ 401조의\ 2}$).

(2) 집행임원의 수에는 (최저이든 최고이든) 제한이 없다. 또한 집행임원이 다수인 경우에도 (이사회와 같이) 회의체를 구성하는 것이 아니다.

(3) 집행임원의 자격에는 제한이 없다. 그러나 해석상 집행임원은 당해 회사 및 자회사의 감사(監事)를 겸직할 수 없다고 본다($\frac{상\ 411}{조\ 참조}$).[4] 따라서 이사회는 유능한 경

한 업무 전체를 포괄적으로 위임받아 이를 총괄하면서 상당한 정도의 독자적인 권한과 책임을 바탕으로 처리하는 지위에 있었으므로 근로기준법상 근로자에 해당한다고 보기 어렵다); 서울고판 2015. 5. 15, 2014 나 2049096(동양그룹의 상무였던 L 등 전 임원 2명이 근로자임을 전제로 퇴직금청구소송을 제기한 사안에서, L 등이 비등기이사라 하더라도 등기이사와 동일한 보수를 받고 업무에 대한 위임전결권한을 갖고 있었다면 근로자를 볼 수 없으므로 퇴직금청구권이 없다).

1) 금융회사의 지배구조에 관한 법률상 주요업무집행책임자는 이사회의 의결을 거쳐 임면된다(지배 8조 1항).
2) 이 책 1014면 참조.
3) 이 책 915~916면; 정(동), (회), 329면; 이(철), (회) 539면 외.
4) 따라서 상법 제411조에서는 당연히 집행임원이 추가되어야 한다고 본다. 상법 제411조의 감사의 겸직금지의 대상에 집행임원이 빠진 것은 입법의 미비라고 본다.

영인을 집행임원으로 선임하여 업무집행의 효율성을 극대화할 수 있고, 언제든지 그 결과에 대하여 책임을 물을 수 있다.

(4) 집행임원의 임기는 정관에 다른 규정이 없으면 2년을 초과하지 못한다($^{상}_{408조}$ $^{의 3}_{1항}$).[1] 정관의 규정에 의하여 이와 달리(1년 또는 3년) 임기를 정할 수 있다. 집행임원의 임기에 관하여는 이사의 임기와 그 기간만이 다르지, 임기의 산정에 관하여는 이사의 임기에 관한 해석과 같다. 따라서 이사회는 집행임원을 선임할 때에 정관에 달리 규정하고 있지 않으면 2년을 초과하지 않는 범위 내에서 집행임원의 임기를 정하여야 한다.[2] 이사의 임기가 3년을 초과하지 못하는 점($^{상 383}_{조 2항}$)과 관련하여 이사회는 그가 선임한 집행임원에 대하여 책임을 물을 수 있도록 하기 위하여($^{즉, 이사회가}_{집행임원을 해}$ $^{임할 수 있도}_{록 하기 위하여}$) 2년으로 단축한 것이다.

이사회는 집행임원의 임기중에도 집행임원에게 정당한 사유가 있거나 없거나 언제든지 집행임원을 해임할 수 있다. 따라서 집행임원의 임기를 2년으로 정하고 이사회가 2년 전에 집행임원을 해임하였다고 하여도, 집행임원은 정당한 사유 없이 임기만료 전에 해임하였다고 하여 회사에 손해배상을 청구할 수는 없다.[3] 집행임원에 대하여 2년의 임기만료 전에 이사회가 정당한 사유가 없는 경우에도 해임할 수 있는 점을 들어 상법이 집행임원의 임기를 규정한 의미가 없다는 의견이 있을 수 있으나, 상법이 이와 같이 집행임원의 임기를 규정함으로써 정관 또는 이사회가 집행임원의 임기를 정함에 있어서 기준이 되는 점 또한 집행임원의 종임의 사유가 임기만료와 해임은 구별되는 점 등에서 상법에서 집행임원의 임기를 규정하는 것은 의미가 있다고 본다.

집행임원이 임기만료 후에 재선이 가능한 점은 이사의 경우와 같다.

그런데 이러한 집행임원의 임기는 정관에 그 임기중의 최종 결산기에 관한 정기주주총회가 종결한 후 가장 먼저 소집하는 이사회의 종결시까지로 정할 수 있다($^{상 408조}_{의 3 2항}$)($^{예컨대, 12월 31일을 결산기로 하는 회사의 집행임원의 임기가 다음 해 1월 10일에 만료하고 정기주주총회}_{일이 다음 해 3월 20일이며 이후 가장 먼저 소집하는 이사회가 다음 해 3월 30일이면, 정관의 규정으로 집행}$ $^{임원의 임기를 3월 30일에}_{만료되는 것으로 할 수 있다}$).

현재 대기업에서 시행하고 있는 사실상 집행임원(비등기임원)에 대하여는 상법상 규정이 없으므로 임기에 대한 보장이 있을 수 없으나, 그러한 대기업이 상법상

---

1) 금융회사의 지배구조에 관한 법률상 주요업무집행책임자의 임기는 정관에 다른 규정이 없으면 3년이다(지배 8조 2항).
2) 대판 2001. 6. 15, 2001 다 23928(회사의 정관에서 상법 제383조 제2항과 동일하게 규정한 것이 이사의 임기를 3년으로 정하는 취지라고 해석할 수는 없다) 참조.
3) 대판 2004. 12. 10, 2004 다 25123(대표이사에 대하여는 상법 제385조 제1항 단서가 유추적용되지 않는다) 참조.

집행임원 설치회사의 지배구조를 채택하면 집행임원은 (이사회에 의하여 선임·해임되는 점과 함께) 상법상 2년까지 임기를 어느 정도 보장받게 되어 안정된 상태에서 업무집행기능을 수행할 수 있게 될 것으로 본다.

(5) 집행임원의 성명과 주민등록번호는 이사와 같이 등기사항이고($\frac{상\ 317조}{2항\ 8호}$), 또한 회사를 대표할 집행임원(대표집행임원)의 성명·주민등록번호 및 주소도 등기사항이며($\frac{상\ 317조}{2항\ 9호}$), 둘 이상의 대표집행임원이 공동으로 회사를 대표할 것을 정한 경우에는 그 규정(공동대표집행임원)도 등기사항이다($\frac{상\ 317조}{2항\ 10호}$).

회사가 집행임원을 선임하여 회사의 업무집행권한을 부여하면서 (대표)집행임원에 관한 등기를 하지 않으면, 그러한 집행임원은 집행임원으로서의 권한을 갖고 회사는 다만 선의의 제3자에게 대항하지 못하는 (상업등기의 일반적 효력상) 불이익을 받게 된다($\frac{상\ 37}{조\ 1항}$). 이는 (대표)이사 및 지배인의 경우에도 동일하다.

현재 대회사에서 많이 시행하고 있는 사실상 집행임원(비등기임원)에 대하여는, IMF 경제체제 이전($\frac{즉,\ 의무적인\ 사외이사}{제도가\ 도입되기\ 이전}$)에 이사의 업무를 수행하는 자의 경우에는 2011년 4월 개정상법상($\frac{이사회에\ 의한\ 선임절차를\ 취함과}{동시에\ -\ 상\ 408조의\ 2\ 3항\ 1호}$) 집행임원으로 등기하여야 할 것이고($\frac{상\ 317}{조\ 2항}$ $8호$), 종래의 이사와 같은 업무를 수행하지 않고 지배인과 동일 또는 유사한 업무를 수행하는 자에 대하여는 지배인 등기를 하여 공시하여야 할 것으로 본다($\frac{상}{13조}$). 만일 현행 사실상 집행임원(비등기임원)이 실제로 상법상 부분적 포괄대리권을 가진 상업사용인($\frac{상}{15조}$)에 해당된다면($\frac{회사의\ 차}{장·과장\ 등}$) 등기할 필요가 없을 것인데, 이러한 비등기임원이 부분적 포괄대리권을 가진 상업사용인에 해당한다고 보기는 (특별한 경우를 제외하고는) 사실상 어려울 것으로 본다.

4. 권   한

(1) 업무집행권

집행임원은 (i) 집행임원 설치회사의 업무를 집행하고, (ii) 정관이나 이사회의 결의에 의하여 위임받은 업무집행에 관한 의사를 결정한다($\frac{상\ 408}{조의\ 4}$). 즉, 집행임원은 종래의 대표이사와 같이 회사 내부적으로 업무를 집행한다. 종래의 대표이사에 대하여는 대표권에 관하여만 규정하고($\frac{상\ 389조}{3항,\ 209조}$) 업무집행권에 대하여는 규정하고 있지 않았다. 그러나 대표이사는 원칙적으로 회사의 모든 업무에 관하여 집행권을 가진다는 것을 전제로 하여, 그 업무집행이 대외관계를 수반하는 경우에서 회사대표권에 관하여 규정한 것으로 해석하였다($\frac{즉,\ 대표이사는\ 엄격히\ 말하면\ 「집행}{과\ 대표이사」라고\ 볼\ 수\ 있다고\ 하였다}$).[1] 그런데 집행

---

1) 이 책 1027~1028면.

임원 설치회사의 경우에는 집행임원의 업무집행에 대하여 명확히 규정한 것이다. 이는 합명회사($상 \atop 201조$) 및 합자회사($상 273조. \atop 278조$)의 경우에도 같다.

집행임원은 필요하면 회의의 목적사항과 소집이유를 적은 서면을 이사($소집권자가 \atop 있는 경우에 \atop 는 소 \atop 집권자$)에게 제출하여 이사회를 소집청구할 수 있다($상 408조 \atop 의 7 1항$). 집행임원이 이러한 청구를 한 후 이사($소집권자가 있는 \atop 경우에는 소집권자$)가 지체 없이 이사회 소집의 절차를 밟지 아니하면 소집을 청구한 집행임원이 법원의 허가를 받아 이사회를 소집할 수 있는데, 이 경우 이사회 의장은 법원이 이해관계자의 청구에 의하여 또는 직권으로 선임할 수 있다($상 \atop 408 \atop 조의 \atop 7 2항$). 이사회 소집을 하지 않고자 하는 이사회 의장($이는 보통 이사 \atop 회의 소집권자임$)이 집행임원이 법원의 허가를 받아 소집한 이사회에서 이사회의 의장을 맡는다는 것은 원만한 이사회의 운영을 위하여 적절하지 않으므로, 이 경우에는 법원이 이해관계자의 청구 또는 직권으로 이사회 의장을 선임하도록 한 것이다.

(2) 대 표 권

집행임원 설치회사에서는 대표집행임원이 회사를 대표한다.[1] 2명 이상의 집행임원이 선임된 경우는 이사회 결의로 대표집행임원을 선임하여야 하는데, 집행임원이 1명인 경우에는 그 집행임원이 대표집행임원이 된다($상 408조 \atop 의 5 1항$). 대표집행임원에 관하여 상법에 다른 규정이 없으면 주식회사의 대표이사에 관한 규정을 준용하고($상 \atop 의 5 \atop 2항 \atop 408조$), 표현대표이사에 관한 규정($상 \atop 395조$)도 준용한다($상 408조 \atop 의 5 3항$).

제 6 이사 · 집행임원의 의무(이사 · 집행임원과 회사간의 이익조정)

1. 일반적 의무(선관의무와 충실의무)

(1) 이사($집행임원 설치회사에서는 '집 \atop 행임원'을 포함한다. 이하 같다$)와 회사간의 관계는 위임관계이므로($상 382조 2항, \atop 408조의 2 2항$), 이사는 일반적인 의무로서 회사에 대하여 선량한 관리자의 주의의무(선관의무)를 부담한다($민 \atop 681조$). 그런데 1998년 개정상법은 이사의 책임강화를 통한 건전한 기업운영을 촉진한다는 목적으로, 다시 이사의 충실의무를 도입하여 「이사는 법령과 정관의 규정에 따라 회사를 위하여 그 직무를 충실하게 수행하여야 한다」고 규정하고 있다($상 382조의 3. \atop 408조의 9$). 이사의 선관의무는 대륙법계의 위임관계에 기초한 의무인데, 1998년 개정상법은 이에 다시 영미법계의 충실의무에 대하여 1개의 조문을 둔 것이다. 이로 인하여 이사의 회사에 대한 일반적 의무가 달라지는 것일까. 이에 대하여 (i) 이

---

1) 대표집행임원은 대표이사와는 반대로 회사의 업무집행을 전제로 하여 대외적으로 회사를 대표하는 권한을 부여받고 있다고 볼 수 있다.

사의 충실의무를 규정한 상법 제382조의 3은 종래의 선관의무와는 전혀 다른 영미법상의 충실의무를 도입한 것이라고 보는 견해(이질설〈異質說〉)도 있으나,[1] (ii) 이사의 선관의무도 단순한 주의의무가 아니라 항상 위임자의 이익을 위하여 행동하여야 할 의무라고 해석하면 선관의무와 충실의무는 크게 다르지 않고, 1998년 개정상법이 신설한 이사의 충실의무는 이사의 회사에 대한 선관의무를 구체화한 것이거나 또는 이사의 주의의무를 다시 강조한 선언적인 규정이라고 볼 수 있다(동질설〈同質說〉).[2]

이와 같은 점은 일본 상법이 1950년의 개정상법에서 이사의 충실의무를 도입하여 규정하였으나($\binom{日商\ 254조의}{3,\ 日會\ 355조}$), 다수설과 판례는 이 규정을 이사의 선관의무를 구체화한 것이거나 또는 주의적으로 규정한 것이지 이보다 높거나 다른 주의를 요하는 것은 아니라고 해석하고 있는 점[3]에서도 많은 참고가 될 수 있다고 본다. 또 충실의무설에 관한 우리나라의 대법원판례[4]도($\binom{비록\ 충실의무를\ 상법에서\ 규정한\ 1998}{년\ 개정상법\ 이전의\ 것이기는\ 하나}$)「악의 또는 중과실로 임무를 해태한 행위라 함은 이사의 충실의무 또는 선관의무의 위반행위로서 위법성이 있는 것을 말한다」고 하여, 양자를 동의어로 쓰고 있을 뿐, 충실의무를 선관의무와 구별하여 특별한 의미를 부여하지 않고 있는 것도 이러한 점을 반영하고 있다고 볼 수 있다.

(2) 상법은 이사와 회사간의 이익조정을 위하여 구체적으로 이사에게 경업피지의무($\binom{상\ 397조,}{408조의\ 9}$)·회사기회유용금지의무($\binom{상\ 397조의\ 2,}{408조의\ 9}$)·자기거래금지의무($\binom{상\ 398조,}{408조의\ 9}$) 및 비

---

1) (동), (회) 427면, 431~433면(따라서 선관의무는 이사에게 보통 요구되는 주의와 역할을 다할 것을 요구하고 이사가 고의·과실로 이를 위반하면 회사에 발생한 손해를 배상하여야 할 책임을 지나, 충실의무는 이사가 그 지위를 이용하여 자기 또는 제3자를 위하여 회사의 이익을 희생시키는 것을 금지하고 이사와 회사 사이에 이익충돌의 위험이 있을 때에는 회사의 이익을 우선시킬 것을 요구하는 것인 바 충실의무의 위반에는 원칙적으로 필요한 고의·과실이 요구되지 않고 그 위반시 책임의 범위도 회사가 입은 손해의 배상에 그치지 않고 이사가 얻은 모든 이득의 회사에 대한 반환에까지 미친다고 한다).

2) 동지: 손(주), 794~795면(상법 제382조의 3은 선관의무 이외에 특별히 가중된 의무를 규정한 것으로는 보기 어렵고 추상적인 선관의무를 주식회사의 이사의 의무로서 구체적으로 명확하게 한 것이며, 이 밖에 강행규정이라는 의미도 인정된다고 한다); 이(철), (회) 759~760면(상법 제382조의 3의 '주의의무의 범위를 벗어나는 내용은 우리의 법제하에서는 성문의 규정이 없이는 인정할 수 없는 규범으로서, 이사는 … 충실하게 …'라는 표현만으로는 영미법의 duty of loyalty를 수용하였다고 볼 수는 없다고 한다); 최(기), 898~899면(선관의무의 내용은 통일적으로 정형화되는 것이 아니라 기업의 종류와 규모 등과 각 이사의 특별한 직무에 따라 달라지므로 이사회의 권한이 확대되면 선관의무도 그만큼 그 내용도 강화된다고 해석할 수 있으므로, 기업의 거대화·국제화에 따라 이사는 그에 상응하는 선관의무를 가진다고 볼 수 있기 때문에 동질설이 타당하다고 한다); 鈴木竹雄·竹內昭夫,「會社法(第三版)」(東京: 有斐閣, 1994), 289면 註 1; 日最高判 1970. 6. 24(民集 24-6, 625).

3) 上柳克郎 外,「新版注釋會社法(6)」, 28면; 日最高判 1970. 6. 24(民集 24-6, 625).

4) 대판 1985. 11. 12, 84 다카 2490(공보 767, 18).

밀유지의무($\frac{상\ 382조의\ 4,}{408조의\ 9}$)의 네 가지를 특별히 규정하고, 또한 (감사〈監事〉 또는 감사위원회에 의한 감사〈監査〉의 실효성을 확보하며) 회사의 손해를 사전에 방지하기 위하여 이사의 감사(監事) 또는 감사위원회에 대한 보고의무($\frac{상\ 412조의\ 2,\ 415조}{의\ 2\ 7항,\ 408조의\ 9}$)[1]와 이사의 정보접근권을 강화하기 위하여 이사의 이사회에 대한 업무보고의무($\frac{상\ 393}{조\ 4항}$)를 규정하고 있는데, 이러한 의무가 이사의 회사에 대한 선관의무(duty of due care and diligence) ($\frac{상\ 382조\ 2항\cdot408조}{의\ 2\ 2항,\ 민\ 681조}$)를 구체화한 것이냐 또는 충실의무(fiduciary duty of loyalty)($\frac{상\ 382}{조의\ 3,}$ $\frac{408조}{의\ 9}$)를 구체화한 것이냐에 대하여, 우리나라의 학설은 다음과 같이 크게 두 가지로 나뉘어 있다.

1) 선관의무설(同質說)　　이 설에서는 위에서 본 바와 같이 상법 제382조의 3의 충실의무는 상법상 선관의무 이외에 특별히 가중된 의무를 규정한 것으로 보기 어렵고 선관의무를 구체화한 것이나 다시 강조한 것에 불과하다고 보기 때문에, 상법상 이사에게 인정된 경업피지의무 등은 이사의 회사에 대한 선관의무를 구체화한 것이라고 한다.[2]

2) 충실의무설(異質說)[3]　　이 설에서는 민법상의 수임인은 원칙적으로 무보수인데($\frac{민}{686조}$) 이러한 수임인(이사)이 위임과 관계 없는 개인적 사항에 관하여 위임인(회사)의 이익을 우선시키고 자기의 이익을 무시해야 할 의무를 부담한다고 보는 것은 어렵고, 또 우리 상법은 영미법상의 이사회제도를 도입하여 이사회의 권한을 확대하였으므로 이에 맞추어 이사의 의무와 책임도 강화해야 할 필요가 있고, 또 상법이 기업경영의 투명성을 제고하고 기업지배구조의 선진화를 꾀하기 위하여 이사의 책임을 강화하는 개정을 하면서 이사의 충실의무를 특히 규정한 점에 비추어, 이사의 경업피지의무 등을 충실의무에 의하여 설명하여야 한다고 한다.[4] 이 설에서는 이사가 회사를 위하여 직무를 집행하는 측면(기관관계적 측면)에서 요구되는 의무는 선관의무이고, 이사가 그 지위를 이용하여 자기 또는 제3자의 이익을 위하여 행동

---

1) 이사의 감사에 대한 보고의무(상 412조의 2)는 1995년 개정상법에 의하여 신설된 것인데, 이는 직접적으로 이사와 회사간의 이익조정을 목적으로 한 이사의 의무는 아니고, 감사(監事)에 의한 감사(監査)의 실효성을 확보하여 간접적으로 회사의 이익을 보호하려는 것이다. 또한 이러한 이사의 감사에 대한 보고의무는 적극적인 작위의무인 점에서, 이사의 경업피지의무나 자기거래금지 의무가 소극적인 부작위의무인 점과 구별된다.

2) 손(주), 792~793면; 이(철), (회) 750면, 759~760면; 최(기), 897면.

3) 외국의 충실의무제도에 관한 소개로는 정(동), (회) 432~434면; 이(철), (회) 760~762면; 송상현, "주식회사이사의 충실의무론," 「법학」(서울대), 제14권 2호, 119면 이하; 김성배, "미국법상 이사의 이익충돌거래와 충실의무," 「비교사법」, 제9권 2호(2002. 8), 285~317면 등 참조.

4) 정(동), (회) 431~433면.

하는 측면(개인관계적 측면)에서 요구되는 의무는 충실의무라고 한다.[1] 따라서 이사의 선관의무에는 수임인으로서 일반적인 주의의무(민 681조) 외에 이사의 보고의무(상 412조의 2, 408조의 9)·감시의무 및 영업비밀준수의무가 있고, 충실의무에는 상법상 인정된 것으로 경업피지의무(상 397조, 408조의 9)·회사기회유용금지의무(상 397조의 2, 408조의 9)·자기거래금지의무(상 398조, 408조의 9) 등이 있고 자본시장과 금융투자업에 관한 법률상 인정된 것으로 이사(내부자)의 주식거래제한(자금 172조, 174조) 등이 있는데, 이 외에도 영미법상의 구체적인 충실의무(소수주주의 억압 및 지배권의 매도의 이론 등)의 도입가능성도 신중히 검토되어야 한다고 설명한다.[2]

3) 사 견 생각건대 선관의무의 내용을 반드시 이사가 기관관계적 측면에서 요구되는 의무(이렇게 보면 이사의 기관성을 부인하는 견해에 의하면 대표이사 이외의 이사는 선관의무를 부담하지 않는 결과가 되어 상법에 정면으로 반함)로 제한하여 볼 이유는 없고 매우 탄력성 있게 해석하여 회사에 최선의 이익이 되는 결과를 추구해야 할 의무(적극적 의무)를 포함하는 것으로 볼 수 있는데 이렇게 해석하면 선관의무와 충실의무는 크게 구별되는 것이 아닌 점[3] 등에서 볼 때, 위의 이사의 경업피지의무 등을 반드시 이사의 충실의무에 의하여만 설명할 필요는 없다고 본다.

이렇게 볼 때 상법에서 인정한 이사의 경업피지의무(상 397조, 408조의 9)·회사기회유용금지의무(상 397조의 2, 408조의 9)·자기거래금지의무(상 398조, 408조의 9)·비밀유지의무(상 382조의 4, 408조의 9) 및 이사의 감사(監事) 또는 감사위원회에 대한 보고의무(상 412조의 2, 415조의 2 7항, 408조의 9)와 판례에서 인정한 이사의 감시의무[4] 등은 모두 이사의 회사에 대한 선관의무를 구체화한 것으로도 볼 수 있다. 또 이와 같이 광범위한 선관의무를 부담하는 이사는 상근·비상근, 보수의 유무 등에 관계 없이 모든 이사를 의미하고, 그 의무의 범위는 이사의 직무와 관련된 모든 행위(이사의 의무로 규정된 직무의 수행뿐만 아니라, 법상 모든 직무상의 권한행사에 관련된 행위)에 미친다.[5]

이하에서는 이사와 회사간의 이익조정을 위하여 상법에서 규정하고 있고 또한 판례에서 인정한 이사의 회사에 대한 구체적인 의무에 대하여 개별적으로 살펴본다.[6]

---

1) 정(동), (회) 432면.
2) 정(동), (회) 431~445면; 정(희), 486면[상법은 이사에게 일반적으로 요구되는 선관의무를 위반한 경우로서 경업(상 397조)과 자기거래(상 398조)를 규정하고 있지만, 기업의 규모가 거대화되고 국제화되며 또 공개화되고 있는 우리나라의 회사법적 현실로서는 한 걸음 더 나아가 영미법상의 충실의무의 관념과 몇 가지 선진 미국판례법상의 이론을 도입할 필요가 있다고 한다].
3) 동지: 이(철), (회) 750면, 759~760면.
4) 대판 1985. 6. 25, 84 다카 1954(집 33 ② 민 103).
5) 동지: 이(철), (회) 750면.
6) 한국과 중국의 회사법상 임원의 의무와 책임을 비교한 것으로는 劉定湘, "회사의 임원의 의무와 책임에 관한 연구(한중 회사법의 비교를 중심으로)," 법학박사학위논문(고려대, 2010. 8) 참조.

2. 경업피지의무

집행임원 비설치회사의 경우 이사는 이사회를 통하여 또는 대표이사의 지위에서 $\binom{\text{자본금이 10억원 미만으로서 이사가 1명 또는 2명인 소규모 주식회사〈이하 '소규모 주식회사'로 약칭}}{\text{함〉의 경우로서 정관상 대표이사가 없는 경우에는 이사의 지위에서 — 상 383조 1항 단서·5항·6항}}$ 회사의 업무를 집행하므로 회사의 비밀을 잘 알게 되는데, 이사$\binom{\text{집행임원 설치회사에서는 '집}}{\text{행임원'을 포함한다. 이하 같다}}$는 이렇게 업무수행상 알게 된 비밀을 이용하여 자기 또는 제3자의 이익을 도모해서는 안 되는 선관의무$\binom{\text{상 382조 2항, 408조}}{\text{의 2 2항, 민 681조}}$와 충실의무$\binom{\text{상 382조의 3,}}{\text{408조의 9}}$를 부담한다. 상법은 앞에서 본 바와 같이 이사의 이러한 선관의무를 구체화하여 회사의 이익을 보호하기 위하여 이사의 (광의의) 경업피지의무에 대하여 규정하고 있다$\binom{\text{상 397조;}}{\text{408조의 9}}$.[1] 이사의 이러한 (광의의) 경업피지의무는 상업사용인의 그것과 마찬가지로 법정의 부작위의무인데, 이에는 경업금지의무$\binom{\text{협의의 경}}{\text{업피지의무}}$와 겸직금지의무가 있다. 각각의 내용 및 그 위반효과는 상업사용인의 그것과 거의 같으므로, 이 곳에서는 차이점만을 간단히 보기로 한다.[2]

(1) 경업금지의무(협의의 경업피지의무)

1) 이사는 이사회$\binom{\text{이사가 1명 또는 2명인 소규모 주식회사의 경우에}}{\text{는 이사회가 없으므로 주주총회 — 상 383조 4항}}$의 승인이 없으면 자기 또는 제3자의 계산으로 회사의 영업부류에 속한 거래를 하지 못한다$\binom{\text{상 397조 1항}}{\text{전단, 408조의 9}}$.[3] 이사가 회사의 영업부류에 속한 거래를 자기 또는 제3자의 계산으로 하기 위하여는 상업사용인의 경우에는「영업주」의 허락이 있어야 하는데, 주식회사의 경우에는「이사회의 승인」이 있어야 한다.

---

1) 미국법상 이에 관한 내용을 소개하고 상법 제397조의 입법적 보완에 관한 견해를 밝힌 논문으로는 허덕회, "이사의 회사기회유용에 관한 규제(ALI의 Principles of Corporate Governance를 중심으로),"「상사법연구」, 제20권 2호(2001), 473~503면; 동, "이사의 회사기회유용에 관한 규제(ALI의 Principles of Corporate Governance를 중심으로),"「21세기한국상사법의 진로」(내동 우홍구박사정년기념논문집), 2002, 333~354면 참조.

2) 경업피지의무는 상업사용인 및 주식회사의 이사뿐만 아니라, 대리상(상 89조)·합명회사의 사원(상 198조)·합자회사의 무한책임사원(상 269조)·유한책임회사의 업무집행자(상 287조의 10) 및 유한회사의 이사(상 567조)에게도 부여되어 있는데, 이 중에서 상업사용인의 경업피지의무가 맨 먼저 나오므로 경업피지 의무에 대하여는 상업사용인에서 상세히 설명된다.

3) 1995년 개정상법 이전에는 이사의 경업행위에 대한 승인기관을「주주총회」로 하였는데, 1995년 개정상법에서는 이를「이사회」로 개정하였다(일본 상법은 1980년의 개정에서 이사의 경업거래의 승인기관을 주주총회에서 이사회로 변경하였는데, 2005년 회사법에서는 승인기관을 주주총회로 하고 있다〈日會 356조 1항〉). 이는 이사의 경업행위에 대한 승인기관을 주주총회로 한 경우 주주총회의 소집 및 결의라는 형식적인 절차가 번거로워서 그 승인절차를 간소화할 필요가 있다는 점[해설(1995), 134면]과, 또 이사의 자기거래의 승인기관이「이사회」인데(상 398조) 이와 균형을 맞출 필요가 있다는 점[정(동), (회) 435~436면] 등에서 그 이유를 들고 있다. 그러나 이사의 경업금지는 이사의 자기거래와는 달리 직접적으로 출자자의 이익을 보호하고자 하는 면이 강한데, 출자자인 주주의 의사를 묻지 않고 이사회의 승인사항으로만 하는 것은 너무나 회사의 업무처리의 편의성만을 고려한 것으로 타당하지 않다고 본다.

이사가 경업대상회사의 지배주주가 되어 그 회사의 의사결정과 업무집행에 관여할 수 있게 되면 자신이 속한 회사의 이사회의 승인을 얻어야 하나,[1] 이사가 실질적으로 그가 속한 회사의 지점 내지 영업부문으로 운영되고 공동의 이익을 추구하는 관계에 있는 다른 회사의 지배주주가 되는 경우에는 자신이 속한 회사의 이사회의 승인을 얻을 필요가 없다.[2]

2) 이사가 경업금지의무에 위반한 경우에 위반한 거래 자체는 유효하나, 회사는 그 이사를 해임할 수 있고[3]($\frac{\text{상 385조, 408}}{\text{조의 2 3항 1호}}$) 또 그 이사에 대하여 손해배상을 청구할 수 있음은 물론($\frac{\text{상 399조, 408조}}{\text{의 8 1항 · 3항}}$) 개입권을 행사할 수 있음은($\frac{\text{상 397조 2항,}}{\text{408조의 9}}$)[4] 상업사용인의 경우와 같다. 이사의 회사에 대한 이러한 손해배상책임은 상법 제397조를 강행규정으로 보면 주주 전원의 동의로 면제될 수 없다고 보며($\frac{\text{상 400조 1항, 408}}{\text{조의 9 적용배제}}$),[5] 감경될 수도 없다($\frac{\text{상 400조 2항}}{\text{단서, 408조의 9}}$)(이에 관한 상세는 뒤에서 보는 '회사기회유용금지의무'의 위반에 관한 부분을 참조함). 다만 회사가 개입권을 행사하고자 하면 「이사회($\frac{\text{이사가 1명 또는 2명인 소규모 주}}{\text{식회사의 경우에는 이사회가 없으}}$$\frac{\text{므로 주주총회}}{\text{— 상 383조 4항}}$)의 결의」를 얻어야 하고($\frac{\text{상 397조 2항}}{\text{전단, 408조의 9}}$), 개입권의 행사기간(제척기간)이 상업사용인의 경우는 「영업주가 그 거래를 안 날로부터 2주간, 그 거래가 있은 날로부터 1년」이나($\frac{\text{상 17}}{\text{조 4항}}$) 주식회사의 이사의 경우에는 단지 「거래가 있은 날로부터 1년」이다($\frac{\text{상 397조 3항,}}{\text{408조의 9}}$). 이와 같이 주식회사의 이사의 경우에는 「그 거래를 안 날로부터 2

---

1) 대판 2018. 10. 25, 2016 다 16191(공보 2018, 2219)(상법 제397조 제1항은 "이사는 이사회의 승인이 없으면 자기 또는 제3자의 계산으로 회사의 영업부류에 속한 거래를 하거나 동종영업을 목적으로 하는 다른 회사의 무한책임사원이나 이사가 되지 못한다"라고 규정하고 있다. 이 규정의 취지는, 이사가 그 지위를 이용하여 자신의 개인적 이익을 추구함으로써 회사의 이익을 침해할 우려가 큰 경업을 금지하여 이사로 하여금 선량한 관리자의 주의로써 회사를 유효적절하게 운영하여 그 직무를 충실하게 수행하여야 할 의무를 다하도록 하려는 데 있다. 따라서 이사는 경업대상 회사의 이사 · 대표이사가 되는 경우뿐만 아니라, 그 회사의 지배주주가 되어 그 회사의 의사결정과 업무집행에 관여할 수 있게 되는 경우에도 자신이 속한 회사 이사회의 승인을 얻어야 한다).

2) 대판 2013. 9. 12, 2011 다 57869(공보 2013, 1752).

3) 동지: 대결 1990. 11. 2, 90 마 745(공보 886, 2417)(이사가 주주총회의 승인 없이〈이는 1995년 개정상법 이전의 판례이기 때문에 '이사회의 승인'이 아니라 '주주총회의 승인'이다 — 저자 주〉 그 회사와 동종영업을 목적으로 하는 회사를 설립하고 그 회사의 이사 겸 대표이사로 있다가 그 회사가 영업활동을 개시하기 전에 이사 및 대표이사직을 사임하였다고 하더라도, 이는 분명히 상법 제397조 1항 소정의 경업금지의무를 위반한 행위로서 이는 이사의 해임에 관한 상법 제385조 2항 소정의 「법령에 위반한 중대한 사실」에 해당한다).

4) 1995년 개정상법에 의하여 이사의 경업행위에 대한 승인기관이 주주총회에서 이사회로 변경됨에 따라, 회사의 개입권의 결정기관도 주주총회에서 이사회로 변경되었다.

5) 상법 제397조 · 제397조의 2 및 제398조의 위반의 효력에 관하여 저자는 본서 제15판에서 "주주 전원의 동의로 면제할 수 있다"(상 400조 1항, 408조의 9)고 보았으나, 상법 제397조 등을 강행규정으로 보고 또한 회사 및 제3자의 이익을 고려할 때 "주주 전원의 동의로 면제할 수 없다"고 보는 것이 타당하다고 생각한다(상 400조 1항, 408조의 9 적용배제). 따라서 본서 제16판부터는 이에 관하여 이와 같이 저자의 견해를 바꾸었다.

주간 내」라는 제척기간을 두지 않은 이유는, 이러한 주관적 기준이 회사에는 적합하지 않을 뿐만 아니라 또 개입권의 행사에 이사회의 결의를 요하기 때문에 단기의 제척기간을 둘 수가 없기 때문이다.[1]

(2) 겸직금지의무

1) 이사는 이사회($\binom{\text{이사가 1명 또는 2명인 소규모 주식회사의 경우에}}{\text{는 이사회가 없으므로 주주총회 — 상 383조 4항}}$)의 승인이 없으면 「동종영업을 목적으로 하는 다른 회사」의 무한책임사원이나 이사[2]가 되지 못한다($\binom{\text{상 397조}}{\text{1항 후단,}}$ $\binom{408조}{\text{의 9}}$).[3] 이 때 「동종영업을 목적으로 하는 다른 회사」란 '경영의 대상이 되는 회사가 아직 영업을 개시하지 못한 채 공장의 부지를 매수하는 등 영업의 준비작업을 추진하고 있는 단계에 있는 회사'도 포함한다.[4] 그러나 모자회사 사이에는 서로 이익충돌의 여지가 없다.[5] 또한 「(동종영업을 목적으로 하는 다른 회사의) 무한책임사원이나 이사」에는 '그 회사의 지배주주가 되어 그 회사의 의사결정과 업무집행에 관여할 수 있게 되는 경우'를 포함한다.[6]

이사의 겸직금지의무가 상업사용인의 그것과 다른 점은, 상업사용인의 경우는 「다른 모든 회사의 무한책임사원 · 이사 또는 다른 상인의 사용인」[7]이나($\binom{\text{상 17}}{\text{조 1항}}$), 주식회사의 이사의 경우는 「동종영업을 목적으로 하는 다른 회사의 무한책임사원 · 이사」[8]에 한한다는 점이다($\binom{\text{상 397조 1}}{\text{항, 408조의 9}}$). 따라서 상업사용인의 경우 무제한설에 의하면 상업사용인은 이종(異種)영업을 목적으로 하는 다른 회사의 무한책임사원이나 이사도 될 수 없으나, 주식회사의 이사의 경우는 이종(異種)영업을 목적으로 하는 다른 회사의 무한책임사원이나 이사가 될 수 있다. 또 법문만에 의하면 상업사용인은 다른 모든($\binom{\text{동종영업이든}}{\text{이종영업이든}}$) 상인의 상업사용인이 될 수 없으나, 주식회사의 이사는 다른 모든 상인의 상업사용인이 될 수 있을 것 같다. 그러나 상업사용인의 겸직금지의무에서 볼 때, 주식회사의 이사는 다른 상인의 상업사용인이 될 수 없다고 본다.

2) 이사가 겸직금지의무에 위반한 경우에 회사는 그 이사를 해임할 수 있고($\binom{\text{상 385}}{\text{조, 408}}$

---

1) 동지: 이(철), (회) 770면.

2) 입법론상 상법 제397조 1항 후단에 '업무집행자'(유한책임회사) 및 '집행임원'을 추가하여야 한다고 본다.

3) 1995년 개정상법에 의하여 이사의 경업행위에 대한 승인기관과 같이 이사의 겸직행위에 대한 승인기관도 주주총회에서 이사회로 변경되었다.

4) 대판 1993. 4. 9, 92 다 53583(공보 945, 1365).

5) 대판 2013. 9. 12, 2011 다 57869(공보 2013, 1752).

6) 상게 대판.

7) 입법론상 상법 제17조 1항 후단에 '업무집행자'(유한책임회사) 및 '집행임원'을 추가하여야 한다고 본다.

8) 입법론상 상법 제397조 1항 후단에 '업무집행자'(유한책임회사) 및 '집행임원'을 추가하여야 한다고 본다.

$\binom{\text{조의 2}}{\text{3항 1호}}$) 또 회사에 손해가 있는 경우에는 손해배상청구를 할 수 있는 점은$\binom{\text{상 399조, 408조}}{\text{의 8 1항·3항}}$, 상업사용인의 경우와 같다. 이 경우 이사의 회사에 대한 이러한 손해배상책임의 면제 또는 감경에 관하여는 경업금지위반의 경우와 같다$\binom{\text{상 400조 1항 배제·}}{\text{2항 단서, 408조의 9}}$.

3. 회사기회유용금지의무

(1) 의   의

1) 2011년 4월 개정상법은 이사$\binom{\text{집행임원 설치회사에서는 '집}}{\text{행임원'을 포함한다. 이하 같다}}$의 회사기회유용금지의무를 신설하여, 이사가 직무상 알게 된 회사의 정보를 이용하여 회사의 이익이 될 수 있는 사업기회를 이사회의 승인 없이 자기 또는 제3자의 이익을 위하여 이용하지 못하도록 하였다$\binom{\text{상 397조의 2}}{\text{1항, 408조의 9}}$.[1]

이러한 상법상 이사의 회사기회유용금지의무에 관한 규정은 미국에서 논의되는 회사기회유용금지의 법리[2]에 따른 입법이라고 볼 수 있다.[3]

2) 이사의 경업피지의무$\binom{\text{상 397조,}}{\text{408조의 9}}$는 '현재'의 회사의 이익을 보호하기 위한 것인데, 이사의 회사기회유용금지의무$\binom{\text{상 397조의}}{\text{2, 408조의 9}}$는 '장래'의 회사의 이익을 보호하기 위한 것이라는 점에서, 양자는 구별되나 본질적으로는 양자가 유사한 점이 많다는 점에서 이사의 회사기회유용금지의무에 관한 규정을 이사의 경업피지의무에 관한 규정 다음에 규정하게 된 것이다.[4]

3) 이사의 회사기회유용을 원칙적으로 금지하는 상법 제397조의 2의 법적 성질은 앞에서 본 바와 같이 이사에게 일반적으로 요구되는 (충실의무를 포함한) 선관의무$\binom{\text{상 382조의 3·382조 2항, 408조의}}{\text{2 2항·408조의 9, 민 681조 참조}}$를 구체화한 것이라고 본다.

(2) 회사의 사업기회

1) 이사가 이사회의 승인 없이 자기 또는 제3자의 이익을 위하여 이용할 수 없는 회사의 사업기회는 「현재 또는 장래에 회사에 이익이 될 수 있는 사업기회」로서$\binom{\text{상 397조의 2 1항}}{\text{본문, 408조의 9}}$, 「직무를 수행하는 과정에서 알게 되거나 회사의 정보를 이용한 사업기회」$\binom{\text{주관적 사유에}}{\text{따른 사업기회}}\binom{\text{상 397조의 2 1항}}{\text{1호, 408조의 9}}$[5] 또는 「회사가 수행하고 있거나 수행할 사업과

---

1) 회사기회유용금지에 관한 상세는 천경훈, "회사기회의 법리에 관한 연구," 법학박사학위논문 (서울대, 2012. 8); 강태훈, "회사기회유용금지의 법리에 관한 연구(미국 판례의 발전과 우리 상법의 해석을 중심으로)," 법학박사학위논문(고려대, 2013. 2) 등 참조.

2) ALI원칙 제5.05조; RMBCA 제8.70조.

3) 천경훈, "개정상법상 회사기회유용 금지규정의 해석론 연구,"「상사법연구」(한국상사법학회), 제30권 제2호(2011. 8), 144면.

4) 상법 제397조의 2의 입법과정에 관하여는 구승모, "상법 회사편 입법과정과 향후과제,"「선진 상사법률연구」(법무부), 통권 제55호(2011. 7), 123~125면 참조.

5) 이는 ALI원칙 § 5.05(b)(1)(A)(B)와 유사하다.

밀접한 관계가 있는 사업기회」$\binom{객관적 사유에}{따른 사업기회}$$\binom{상 397조의 2 1항}{2호, 408조의 9}$)[1]이어야 한다. 「회사의 현재 또는 장래의 사업기회」라는 개념이 매우 포괄적이고 추상적인 내용이라 이를 좀 더 구체화하기 위하여 상법 제397조의 2 제1항 1호 및 2호에서 주관적 사유에 따른 사업기회 및 객관적 사유에 따른 사업기회를 규정하게 된 것인데, 이와 같은 규정에도 불구하고 회사의 사업기회의 개념은 매우 광범위하고 비정형적인 면이 있어 구체적인 경우에 회사의 사업기회에 해당하는지 여부는 법원의 판단에 맡길 수밖에 없다.[2]

　　구체적으로 '자동차 제조회사'의 경우 '그의 생산된 자동차와 부품 등의 운송 및 물류업'은 자동차회사의 객관적 사유에 따른 사업기회가 될 수 있을 것이다.[3]

　　2) 주관적 사유에 따른 사업기회는 이사가 회사에 대하여 (충실의무를 포함한) 선관의무$\binom{상 382조의 3 · 382조 2항, 408조}{의 2 2항 · 408조의 9, 민 681조}$를 부담하기 때문에 회사의 기관으로서 알게 된 사업기회는 회사에 우선적으로 귀속시켜야 하는 점, 객관적 사유에 따른 사업기회는 회사와 이사간의 이익상충의 우려가 크고 또한 사회경제적으로도 회사에 그 기회를 부여하는 것이 효율적일 가능성이 높기 때문에 그 사업기회는 회사에 우선적으로 귀속시켜야 하는 점에서, 이사의 회사사업기회 유용금지의 당위성을 인정할 수 있을 것으로 본다.[4]

　　3) 이사가 회사의 사업기회를 이용하는 유형에는 이사가 그 사업기회를 이용하면 회사와 거래관계에 있게 되는 「자기거래형」$\binom{자동차를 제조하는 Y회사의 이사 A가 그가 100\% 출}{자한 X회사를 설립하여 X회사는 Y가 생산한 자동차}$ 와 부품 등의 운송 및 물류업을 거의 전적으로 영위하는 경우), 회사의 사업과 경쟁관계에 있게 되는 「경업형」$\binom{는 Y회사의 이사}{A가 그가 100\% 출자한 X회사를 설립하여 X}$ 회사는 다른 지방도시 백화점을 영위하는 경우)[5] 및 이 두 가지 유형에는 해당하지 않지만 이사가 회사의 사업기회를 이용하는 경우(기타 유형)가 있다. 이 세 가지 유형 중에서 기타

---

1) 이는 ALI원칙 § 5.05(b)(2)와 유사하다.

2) 동지: 구승모, 전게논문(선진상사법률연구 통권 제55호), 123면.

3) 이에 대하여 상법 제397조의 2가 규정되기 전에 제1심판결(서울중앙지판 2011. 2. 25, 2008 가합 47881)에서는 일반적인 선관주의의무와 충실의무의 해석을 통해 자동차회사에 현존한 구체적이고 현실적인 사업기회가 아니라고 판시하였으나, 상법 제397조의 2에 의하면 자동차회사의 객관적 사유에 따른 사업기회에 해당한다고 볼 수 있다(동지: 구승모, 상게논문〈선진상사법률연구 통권 제55호〉, 125면).

4) 동지: 천경훈, 전게논문(상사법연구 제30권 제2호), 160~162면; 대판 2018. 10. 25, 2016 다 16191(공보 2018, 2219)(이사는 회사에 대하여 선량한 관리자의 주의의무를 지므로, 법령과 정관에 따라 회사를 위하여 그 의무를 충실히 수행한 때에야 이사의 임무를 다한 것이 된다. 이사는 이익이 될 여지가 있는 사업기회가 있으면 이를 회사에 제공하여 회사로 하여금 이를 이용할 수 있도록 하여야 하고, 회사의 승인 없이 이를 자기 또는 제3자의 이익을 위하여 이용하여서는 아니 된다).

5) 동지: 대판 2018. 10. 25, 2016 다 16191(공보 2018, 2219)(Y회사의 이사 A가 X회사를 설립하여 Y회사와 동종영업을 하는 경우).

유형은 거의 없고, 대부분 자기거래형이나 경업형이다.[1]

　위에서 본 바와 같이 회사의 사업기회를 상법 제397조의 2 제1항 1호 및 2호에서 좀 더 구체화하고 또한 이에 관한 거래유형이 위와 같이 있다고 하더라도, 회사의 사업기회의 개념이 포괄적이고 비정형적인 속성상 회사의 사업기회에 해당하는지 여부는 상당히 넓게 인정될 수밖에 없고, 그로부터의 면책은 이사회의 승인과정에서 경영판단의 원칙을 넓게 인정할 수밖에 없다고 본다. 따라서 회사의 사업기회에 해당하는지 여부에 대하여 의심스러운 사항은 이사회의 승인을 받도록 하고, 이사회의 승인과정에서 이사들이 선관주의의무 및 충실의무를 다하여 승인하였다면 이사는 면책될 수 있다고 본다.[2]

(3) 회사의 사업기회 유용금지의 대상

1) 상법은 이사의 자기거래가 금지되는 대상에 대하여는 이사뿐만 아니라 주요주주·이사 및 주요주주의 배우자와 직계존비속 등(이사의 주변인물)이 포함되는 것으로 규정하였으나($\substack{상 398조, \\ 408조의 9}$), 회사의 사업기회 유용금지의 대상에 대하여는 이사의 경업피지의무($\substack{상 397조, \\ 408조의 9}$)와 같이 「이사」에 대하여만 규정하고 있다. 그 이유는 이사의 자기거래는 이사의 주변인물들이 회사와 직접적인 거래를 하여 회사와 실질적인 연관성을 가지나, 경업금지와 회사의 사업기회 유용은 이사의 주변인물들이 회사와 직접적인 연관을 갖는 것이 아니라는 점에서 차이가 있는 점 또한 이를 이사의 주변인물들에게까지 확대하면 그들의 영업의 자유를 침해할 우려가 있다는 점 등을 고려하였기 때문이다.[3] 그런데 이와 관련하여 업무집행지시자 등($\substack{상 401조의 \\ 2, 408조의 9}$)은 이사와 동일한 책임을 지므로 이사와 같이 회사의 사업기회 유용금지의 대상이 된다고 보면서, 이를 명확히 하기 위하여 입법론상 상법 제401조의 2 제1항 본문에 "제397조의 2"를 추가하여야 할 것으로 본다는 견해가 있다.[4] 그런데 상법 제401조의 2 제1항에서는 이사의 책임과 관련한 제399조·제401조 및 제403조만 적용하고 있는데, 이사의 의무에 관한 제397조의 2만을 적용하는 것은 적절치 않으므로 타당하지 않다고 본다.[5]

　집행임원은 상법상 명문으로 회사의 사업기회 유용금지의 대상이 되고 있다($\substack{상 \\ 408}$

---

1) 이에 대한 미국·한국의 사례에 관하여는 천경훈, 전게논문(상사법연구 제30권 제2호), 168~178면 참조.
2) 동지: 천경훈, 상게논문(상사법연구 제30권 제2호), 181~182면, 198~201면, 206면.
3) 구승모, 전게논문(선진상사법률연구 통권 제55호), 125면.
4) 천경훈, 전게논문(상사법연구 제30권 제2호), 182~183면.
5) 본서 제15판에서는 업무집행지시자 등(상 401조의 2, 408조의 9)도 이사의 사업기회유용금지의 대상이 된다고 보았으나, 본서 제16판부터는 본문과 같이 견해를 바꾼다.

조의 9,
397조의 2).

2) 지배주주가 직접 또는 그가 직접·간접적으로 전부 또는 대부분의 지분을 소유한 별도법인이 회사의 사업기회를 이용한 경우에는, 그 지배주주가 회사의 이사·집행임원을 겸하고 있으면 당연히 이사 등과 같은 의무와 책임을 진다. 그런데 그러한 지배주주가 이사 등을 겸하고 있지 않으면, 그러한 지배주주 자체에 대하여는 이사에 준하는 의무와 책임을 물을 수 없고, 지배주주가 회사의 사업기회를 이용하는 것을 적극적으로 관여하였거나 또는 선관주의의무 내지 충실의무에 반하여 이를 묵인·방치한 이사 등은 "제3자의 이익을 위하여" 회사의 사업기회를 이용한 것이므로(즉, 부작위에 의한 회사의 / 사업기회를 이용한 것이므로) 이에 따른 책임을 부담하여야 할 것으로 본다.[1]

(4) 이사회의 승인

1) 이사의 회사의 사업기회 유용금지의 대상이 되는 사업이라도, 이사는 이사회의 승인이 있는 때에는 유효하게 그러한 사업을 수행할 수 있고, 이사회의 의사결정과정에 현저한 불합리가 없는 한 그와 같이 결의한 이사들의 경영판단은 존중되어야 한다.[2] 이사회가 승인하는 것은 회사가 그 사업이 중소기업의 고유업종이거나, 협력업체와의 관계개선 등을 위해서나, 또는 퇴직자의 복지차원 등에서 그 사업을 포기하는 것이다.[3]

2) 승인기관은 「이사회」에 한하고, 정관의 규정에 의해서도 주주총회의 결의사항으로 할 수 없다고 보고, 또한 이는 주주만의 이익을 위한 것이 아니고 회사의 이익을 위한 것이므로 총주주의 동의에 의해서도 이사회의 승인을 갈음할 수 없다고

---

1) 동지: 천경훈, 전게논문(상사법연구 제30권 제2호), 184~185면; 구승모, 전게논문(선진상사법률연구 통권 제55호), 125~126면(이사 등의 이러한 부작위에 의한 책임은 작위의무 불이행의 경우보다 적극적으로 넓게 해석하여야 한다고 한다).

2) 동지: 대판 2013. 9. 12, 2011 다 57869(공보 2013, 1752)(회사의 이사회가 그에 관하여 충분한 정보를 수집·분석하고 정당한 절차를 걸쳐 회사의 이익을 위하여 그러한 사업기회를 포기하거나 어느 이사가 그것을 이용할 수 있도록 승인하였다면 그 의사결정과정에 현저한 불합리가 없는 한 그와 같이 결의한 이사들의 경영판단은 존중되어야 한다); 동 2017. 9. 12, 2015 다 70044(공보 2017, 1941)(이사는 회사에 대하여 선량한 관리자의 주의의무를 지므로, 법령과 정관에 따라 회사를 위하여 그 의무를 충실히 수행한 때에야 이사로서의 임무를 다한 것이 된다. 이사는 이익이 될 여지가 있는 사업기회가 있으면 이를 회사에 제공하여 회사로 하여금 이를 이용할 수 있도록 하여야 하고, 회사의 승인 없이 이를 자기 또는 제3자의 이익을 위하여 이용하여서는 아니 된다. 그러나 회사의 이사회가 그에 관하여 충분한 정보를 수집·분석하고 정당한 절차를 거쳐 의사를 결정함으로써 그러한 사업기회를 포기하거나 어느 이사가 그것을 이용할 수 있도록 승인하였다면 의사결정과정에 현저한 불합리가 없는 한 그와 같이 결의한 이사들의 경영판단은 존중되어야 할 것이므로, 이 경우에는 어느 이사가 그러한 사업기회를 이용하게 되었더라도 그 이사나 이사회의 승인 결의에 참여한 이사들이 이사로서 선량한 관리자의 주의의무 또는 충실의무를 위반하였다고 할 수 없다).

3) 이에 관한 상세는 천경훈, 전게논문(상사법연구 제30권 제2호), 197~198면 참조.

본다.

그러나 자본금 총액이 10억원 미만인 회사로서 이사가 1명 또는 2명인 경우에는 이사회가 없으므로, 이사회에 갈음하여 주주총회의 승인이 있어야 한다(상 383조 4항, 397조의 2 1항).

3) 승인시기는「사전」에 하여야 하고, 사후승인(추인)은 인정되지 않는다고 본다.[1] 입법론상 상법 제398조와 같이 '미리'의 문구를 넣어 명확하게 하여야 할 것으로 본다.[2]

4) 승인방법은 이사회가 개별 사업기회를 검토하여 승인여부를 결정하여야 할 것이므로 포괄승인 등은 원칙적으로 인정되지 않으나, 예외적으로 예측가능하고 정형화된 거래에 대하여는 일정한 기간별로 포괄승인이 가능하다고 본다.[3]

이사회의 승인결의에 있어서 당해 이사는 특별이해관계가 있는 자이므로 의결권을 행사하지 못한다(상 391조 3항, 368조 3항).

상법에 명문규정은 없으나 이사의 자기거래의 경우(상 398조, 408조의 9)와 같이[4] 당해 이사는 회사의 이사회의 승인을 받기 전에 이사회에 그 사업기회에 대하여 알리고 그에 관한 정보를 제공하여야 한다(사전정보개시의무)고 본다.[5] 이를 명확히 하기 위하여 입법론으로는 상법 제398조의 경우와 같이 "이사회에서 해당 사업기회에 관한 중요사실을 밝히고"를 추가하여야 할 것으로 본다.

5) 회사가 그 사업기회를 이용할 것인지 여부에 관한 이사회의 승인요건에 대하여, 상법은 이사의 자기거래의 경우(상 398조, 408조의 9)와 같이 "이사 3분의 2 이상의 수로써 하여야 한다"고 규정하고 있다(상 397조의 2 1항 2문, 408조의 9). 이 때「이사」란 재적이사(당해 이사를 포함함)를 의미한다고 본다.[6] 이와 같이 회사가 그 사업기회를 이용할 것인지 여부

---

1) 상법 제397조의 2에 대한 국회의 논의과정에서 이는 제398조와 평행하게 당연히 '사전'에 이사회의 승인이 있어야 한다고 이해하였는데, "이사회의 승인 없이 … 이용하여서는 아니 된다"는 조건부 부정문으로 표현된 결과 그 문맥상 당연히 사전승인이라는 의미가 내포되어 있다는 이유로 "미리" 또는 "사전"이라는 문구가 삽입되지 않았다고 한다(구승모, 전게논문〈선진상사법률연구 통권 제55호〉, 126면).

   이에 반하여 사후추인을 인정하는 견해도 있다[천경훈, 상게논문(상사법연구 제30권 제2호), 190~193면].

2) 동지: 천경훈, 상게논문(상사법연구 제30권 제2호), 193면.

3) 동지: 천경훈, 상게논문(상사법연구 제30권 제2호), 193면.

4) 동지: 대판 2007. 5. 10, 2005 다 4284(공보 2007, 842).

5) 동지: 천경훈, 전게논문(상사법연구 제30권 제2호), 182면, 185~187면.

6) 이에 대하여, 송(옥), 1074면; 천경훈, 상게논문(상사법연구 제30권 제2호), 188면은 "이 때「이사」란 이사회 결의에 관하여 특별한 이해관계가 있어 의결권을 행사하지 못하는 이사(상 391조 3항, 368조 3항)를 제외한 나머지 재적이사를 의미한다고 본다"고 하는데, 타당하지 않다고 본다. 왜냐하면 당해 이사는 의결권만을 행사하지 못하는 것이므로 재적이사에는 포함되어야 한다고 본다(상 371조 2항 참조)[동지: 주상(제5판)(회사 Ⅲ), 325면; 이(철), (회) 772면(이사 전원의 3분의 2 이상의 찬성이라고 함)].

에 관한 이사회의 승인요건을 강화한 것은 기업경영의 투명성을 강화하기 위한 것으로 이해할 수도 있는데, 이러한 이사회의 특별결의의 요건은 이사회의 신속한 결의를 저해하며 또한 이를 사실상 이사회내 위원회에게도 위임할 수 없게 되어 이사회의 기동성을 매우 하향시키는 점 등에서 볼 때 이러한 특별결의요건은 삭제되어야 할 것으로 본다.[1]

이사회의 승인내용은 조문의 규정상 적극적인 승인($\binom{예컨대, 회사는 A의 사업기회를}{이사 B가 이용하는 것을 승인한다}$)만을 의미하는 것으로 해석될 수 있으나, 소극적 승인($\binom{회사는 A의 사업기회}{를 이용하지 않는다}$)을 포함한다고 본다.[2]

회사가 그 사업기회를 이용할 것인지 여부에 관한 이사회의 논의과정에서 이사는 선관주의의무와 충실의무를 다하여야 한다. 이사가 이러한 선관주의의무와 충실의무에 위반하여 회사의 사업기회를 당해 이사에게 승인하였다면 그와 같이 승인한 이사는 당해 이사와 연대하여 회사에 대하여 손해배상을 할 책임을 부담하고($\binom{상 397조의}{2 \ 2항 \cdot}$ $\binom{399조, 408조의 9 \cdot}{408조의 8 \ 1항 및 3항}$), 이사가 선관주의의무와 충실의무를 충실히 이행한 후에 회사의 사업기회를 당해 이사에게 승인하였다면 당해 이사는 적법하게 회사의 사업기회를 자기 또는 제3자의 이익을 위하여 이용할 수 있고($\binom{상 397조의 2}{1항 \ 반대해석}$) 다른 이사는 그러한 승인으로 인하여 회사에 손해가 발생하였다고 하여도 경영판단의 원칙에 따라 면책된다고 본다.[3]

6) 이사회의 그 승인은 그 이사가 회사의 사업기회를 이용할 수 있는 「유효요건」($\binom{엄격하게 말하면, 이는 이사의 회사에 대한 책임과 관련하여 그 이사는 이사}{회의 승인이 있으면 원칙적으로 회사에 대하여 책임을 지지 않는다는 의미임}$)에 불과하고($\binom{상 397조의 2 \ 1}{항 \ 1문 \ 반대해석,}$ $\binom{408조}{의 9}$), 다른 이사의 책임을 면제하는 것은 아니다. 따라서 앞에서 본 바와 같이 이사회의 승인에서 이사가 선관주의의무와 충실의무에 위반하였다면 (당해 이사 및) 승인결의에 찬성한 이사는 연대하여 회사에 대하여 손해배상을 할 책임을 부담한다($\binom{상 397조}{}$ $\binom{의 2 \ 2항 \cdot 399조, 408조의}{9 \cdot 408조의 8 \ 1항 및 3항}$).

(5) 상법 제397조의 2 위반의 효과

1) 회사의 사업기회 이용행위의 효력　　이사의 자기거래의 경우($\binom{상 398조,}{408조의 9}$)는 이사가 이사회의 승인 없이 한 회사와의 거래행위의 사법상 효력이 문제될 수 있으

입법론상은 상법 제415조의 2 제3항과 같이 「이사」를 「이사 총수」로 하여야 할 것으로 본다.
1) 동지: 천경훈, 상계논문(상사법연구 제30권 제2호), 188~189면.
2) 동지: 천경훈, 상계논문(상사법연구 제30권 제2호), 187~188면.
3) 동지: 구승모, 전게논문(선진상사법률연구 통권 제55호), 126~127면; 천경훈, 전게논문(상사법연구 제30권 제2호), 198~201면(이러한 이사회의 승인에 대하여 상장회사의 경우 공시의무대상으로 하면 투자자의 감시대상이 되어 경영판단의 원칙을 적용한다고 하여 이사회의 승인이 유명무실화되지는 않는다고 한다).

나, 이사가 회사의 사업기회를 이사회의 승인 없이 이용하여 한 여러 가지의 법률행위 및 사실행위(예컨대, 회사설립·주식인수·계약체
결·인력채용·물건공급·물건인수 등)는 당연히 유효하다. 즉, 이사가 회사의 사업기회를 이용하여 한 그 사업에 관한 모든 행위는 그에 관한 이사회의 승인여부와는 무관하게 유효하다고 보아야 할 것이다.[1] 따라서 위에서 본 이사회의 승인이 있는 경우 회사에 대하여 유효하다는 의미는 그 행위 자체의 효력이 아니라, 회사에 대한 책임과 관련하여 이사회의 승인이 있으면 원칙적으로 회사에 대하여 책임을 지지 않는다는 의미라고 볼 수 있다(이 점은 이사의 자기거래와 구별됨).

2) **이사의 책임**　　상법 제397조의 2 제1항을 위반하여 회사에 손해를 발생시킨 이사 및 승인한 이사는 연대하여 회사에 대하여 손해를 배상할 책임이 있는데, 이 때 이로 인하여 이사 또는 제3자가 얻은 이익은 손해로 추정한다(상 397조의 2
2항, 408조의 9).

(개) 상법 제397조의 2 제2항에서「제1항에 위반하여」의 의미는 이사회의 승인이 없는 경우뿐만 아니라, 이사회의 승인이 있었으나 이사가 선관주의의무와 충실의무에 위반하여 승인한 경우를 포함한다고 본다.[2] 따라서 이와 같은 경우「당해 이사 및 승인한 이사」가 연대하여 손해를 배상할 책임이 있게 되는 것이다.[3] 이러한 이사의 책임은 상법 제397조의 2 제2항(집행임원의 경우
는 상 408조의 9)에 의하여도 물을 수 있지만 상법 제399조(집행임원의 경우는
상 408조의 8 1항)에 의해서도 물을 수 있다. 그러나 상법 제397조의 2 제2항에 의하여 책임을 묻게 되는 경우에는「이사 또는 제3자가 얻은 이익은 손해로 추정한다」는 점에서 손해를 증명할 책임을 면하게 되는 이익이 있다.

이사회의 승인이 없는 경우에는 당해 이사만이 책임이 있고, 이사회의 승인이 있고 이사에게 선관주의의무와 충실의무의 위반이 없었다면 (회사에게 손해가 있는 경우에도) 경영판단의 원칙에 의하여 이사는 책임이 없는 것이다.

(내) 이사가 이사회의 승인 없이 회사의 사업기회를 이용한 경우「회사에 손해를 발생시킨 경우」에만 이사는 회사에 대하여 손해를 배상할 책임을 지고, 회사에 손

---

1) 동지: 천경훈, 상계논문(상사법연구 제30권 제2호), 194면.

2) 따라서「제1항에 위반하여」의 의미를 이사회의 승인이 없는 경우로만 해석하여 당해 이사와 승인한 이사에 대하여 연대책임을 지우는 것은 모순이라고 비난할 필요는 없다고 본다.

3) 동지: 천경훈, 전게논문(상사법연구 제30권 제2호), 204~205면(그러나 상법 제397조의 2 제1항의 '승인'의 의미와 동조 제2항의 '승인'의 의미를 달리 해석하는 것은 부자연스럽고 또한 '승인한 이사'는 상법 제399조 2항에 의하여 책임을 지게 하면 족하므로 상법 제397조의 2 제2항에서 '및 승인한 이사는 연대하여'를 삭제하는 것이 타당하다고 한다. 그러나 상법 제399조 2항에 의하여 책임을 지게 할 수 있는 점은 당해 이사도 동일하므로 '승인한 이사'만을 삭제할 이유는 없다고 보며, 이는 후단의 손해의 추정과 관련하여 상법 제399조 2항과 중복되지만 규정한 것으로 보는데, 상법 제398조와는 다른 입법형식이다); 구승모, 전게논문(선진상사법률연구 통권 제55호), 127면.

해가 없는 경우에는 당해 이사는 회사에 손해를 배상할 책임이 없다.

이 때 「회사에 발생시킨 손해액」이란 '회사가 그 사업기회를 이용하여 사업을 하였더라면 얻을 수 있었던 일실이익'인데,[1] 회사가 소송과정에서 이를 산정하고 증명하는 것은 매우 어려운 문제이다. 따라서 이러한 문제를 해결하기 위하여 상법 제397조의 2 제2항 후단은 「이사가 회사의 사업기회를 이용함으로써 이사 또는 제3자가 얻은 이익은 손해로 추정한다」는 규정을 두었다($\frac{日會\ 423조}{2항\ 참조}$).[2] 따라서 회사가 그의 사업기회를 이용하여 얻을 수 있는 일실이익이 이사 또는 제3자가 얻은 이익보다 크다는 것을 증명하면 회사는 그의 일실이익을 손해액으로 배상청구할 수 있을 것이다.

이사가 이사회의 승인을 받지 않고 회사의 사업기회를 이용함으로써 회사에 손해를 발생시킨 경우에는, 상법 제397조의 2를 강행규정으로 보면 주주 전원의 동의로 이사의 회사에 대한 책임은 면제될 수 없다고 보며($\frac{상\ 400조\ 1항,\ 408}{조의\ 9\ 적용배제}$) 그러한 이사의 책임은 경감될 수도 없다($\frac{상\ 400조\ 2항}{단서,\ 408조의\ 9}$). 그러나 당해 이사가 아니라 이사회에서 승인한 이사의 선관주의의무와 충실의무에 위반한 책임은 원래 상법 제399조에 의한 책임이므로, 주주 전원의 동의로 면제될 수 있고($\frac{상\ 400조\ 1항,}{408조의\ 9}$) 그러한 이사는 '고의 또는 중대한 과실이 있는 경우'에만 그의 책임이 감경되지 않는 것으로 보아야 할 것

---

1) 동지: 대판 2018. 10. 25, 2016 다 16191(공보 2018, 2219)(갑은 을 주식회사의 이사로 재직하던 중 병 주식회사를 설립하여 이사 또는 실질주주로서 병 회사의 의사결정과 업무집행에 관여할 수 있는 지위에 있었는데, 병 회사가 을 회사와 정 외국법인이 체결한 정 법인 제품에 관한 독점판매계약의 기간이 종료하기 전부터 정 법인 제품을 수입·판매하는 사업을 하다가 위 계약 기간 종료 후 정 법인과 독점판매계약을 체결하여 정 법인의 한국 공식총판으로서 위 제품의 수입·판매업을 영위하고 그 후 이를 제3자에게 양도하여 영업권 상당의 이득을 얻자, 위 사업기회를 상실한 후 운영에 어려움을 겪다가 해산한 을 회사의 주주 무가 갑을 상대로 경업금지의무 및 기회유용금지의무 위반에 따른 손해배상을 구하였다. 이 사안에서, 갑은 경업금지의무를 위반하고 사업기회를 유용하여 을 회사의 이사로서 부담하는 선량한 관리자의 주의의무 및 충실의무를 위반하였으므로 을 회사의 손해를 배상할 책임이 있는데, 을 회사가 갑의 경업행위와 사업기회 유용행위로 입은 손해는 을 회사의 매출액 감소에 따른 영업수익 상실액 상당이며, 을 회사의 매출액 감소분은 병 회사가 판매한 정 법인 제품의 매출액 상당이라고 봄이 타당하다. 또한 병 회사는 갑이 유용한 을 회사의 사업기회를 이용하여 직접 사업을 영위하면서 이익을 얻고 있다가 이를 제3자에게 양도하면서 영업권 상당의 이익을 얻었는데, 그 영업권 속에는 병 회사가 직접 사업을 영위하여 형성한 가치 외에 갑의 사업기회 유용행위로 을 회사가 상실한 정 법인과의 독점판매계약권의 가치도 포함되어 있고, 위 사업 양도 후 수개월이 지나 을 회사가 해산하였다고 하여 해산 전에 을 회사가 입은 손해와 상당인과관계가 단절되지도 않으므로, 병 회사가 받은 양도대금 중 병 회사가 을 회사의 사업기회를 이용하여 수년간 직접 사업을 영위하면서 스스로 창출한 가치에 해당하는 부분을 제외하고 을 회사가 빼앗긴 사업기회의 가치 상당액을 산정하는 등의 방법을 통해 이를 을 회사의 손해로 인정하여야 한다).
2) 구승모, 전게논문(선진상사법률연구 통권 제55호), 127면.

이다$\binom{\text{상 400조 2항}}{\text{단서, 408조의 9}}$. [1]

4. 자기거래금지의무

(1) 의   의

1) 이사$\binom{\text{집행임원 설치회사에서는 '집행}}{\text{임원'을 포함한다. 이하 같다}}$ 등$\binom{\text{후술하는 바와 같이 이사·주요주주 및 이들}}{\text{의 주변인물을 포함하여 '이사 등'으로 함}}$은 회사의 업무집행에 관여하여 그 내용을 잘 아는 자이므로 이사 등이 회사와 거래한다면 이사 등 또는 제3자의 이익을 위하여 회사의 이익을 희생하기 쉽다. 따라서 상법은 이사 등이 자기 또는 제3자의 계산으로 회사와 거래를 하는 것을 원칙적으로 금지하고, 다만 예외적으로 이를 하는 경우에는 이사회$\binom{\text{이사가 1명 또는 2명인 소규모 주식회사의 경우에}}{\text{는 이사회가 없으므로 주주총회 — 상 383조 4항}}$의 승인을 받아야 하는 것으로 규정하고 있다$\binom{\text{상 398조 본}}{\text{문, 408조의 9}}$. 이 때의 이사 등과 회사간의 거래는 누구의 명의로 하느냐는 문제되지 않고, 경제상의 이익의 주체가 「이사 등 또는 제3자」이면 된다. 또한 이 때에 이사라 함은 「거래 당시 이사와 이에 준하는 자$\binom{\text{직무대행자·}}{\text{청산인 등}}$」에 한하고, 거래 당시 이사의 직위를 떠난 자[2]나 사실상의 이사[3] 등은 이에 포함되지 않는다.

2011년 4월 개정상법은 이사와 주요주주[4]가 회사의 재산을 빼돌려 사익추구하는 것을 방지하여 회사경영의 투명성을 강화하기 위하여, 이사회의 승인 없이 회사와 하는 거래가 금지되는 범위를 이사 본인이 회사와 거래하는 경우뿐만 아니라 주요주주 및 이사와 주요주주의 주변인물이 회사와 거래하는 경우까지 확대하였다$\binom{\text{이들을 모두 합하여}}{\text{'이사 등'이라 함}}$.[5] 즉, (i) 이사 또는 주요주주, (ii) (i)의 자의 배우자 및 직계존비속, (iii) (i)의 자의 배우자의 직계존비속, (iv) (i)부터 (iii)까지의 자가 단독 또는 공동으로 의결권 있는 발행주식총수의 100분의 50 이상을 가진 회사 및 그 자회사 또는 (v) (i)부터 (iii)까지의 자가 (iv)의 회사와 합하여 의결권 있는 발행주식총수의 100분의 50 이상을 가진 회사가, 자기 또는 제3자의 계산으로 (이사 또는 주요주주가 속한) 회사와 거래를 하기 위하여는 미리 이사회의 승인을 받아야 한다$\binom{\text{상 398조 1문,}}{\text{408조의 9}}$.

---

1) 동지: 천경훈, 전게논문(상사법연구 제30권 제2호), 205면.
2) 대판 1988. 9. 13, 88 다카 9098(공보 834, 1277; 집 36 ② 민 118)(따라서 이사가 회사에 투자를 하였다가 이사직을 떠난 후 위 투자금을 반환받는 거래는 이에 포함되지 않는다).
3) 대판 1966. 1. 18, 65 다 888·881(민판집 100, 7); 동 1981. 4. 14, 80 다 2950(민판집 280, 195)(실질적으로 회사의 사장직을 맡고 있었을 뿐 이사나 대표이사가 아닌 경우에는 상법 제398조가 적용되지 않는다).
4) 이 때 「주요주주」란 '누구의 명의로 하든지 자기의 계산으로 의결권 없는 주식을 제외한 발행주식총수의 100분의 10 이상의 주식을 소유하거나 이사·집행임원·감사의 선임과 해임 등 회사의 주요 경영사항에 대하여 사실상의 영향력을 행사하는 주주'이다(상 542조의 8 2항 6호).
5) 이에 관한 상세는 구승모, 전게논문(선진상사법률연구 통권 제55호), 117~122면 참조.

따라서 상법 제398조의 제목도 「이사 등과 회사간의 거래」로 하고 있다.

2) 이사 등의 자기거래를 원칙적으로 금지하는 상법 제398조(집행임원에 대하여는 상 408조의 9에서 이를 준용함)의 법적 성질은 (주요주주를 제외하면) 이사에게 일반적으로 요구되는 (충실의무를 포함한) 선관의무(상 382조의 3·408조의 9, 382조 2 항·408조의 2 2항, 민 681조 참조)를 구체화한 것이라고 보고, 주요주주의 경우에는 법정의무라고 본다.

(2) 적용범위

1) 상법 제398조(집행임원에 대하여는 상 408조의 9에서 이를 준용함)의 법문에서 보면 「이사 등이 (자기 또는 제3자의 계산으로) 회사와 하는 모든 거래」가 이에 해당하는 것같이 생각되나, 형식 상 이사 등과 회사간의 모든 거래가 이에 해당하는 것이 아니라 그 실질에 의하여 「이사 등과 회사간의 이해충돌을 생기게 할 염려가 있는 모든 재산상의 법률행위」 가 이에 해당한다(통설).[1] 따라서 형식상은 이사 등과 회사간의 거래라도 실질상 이 해충돌을 생기게 할 염려가 없는 거래는 상법 제398조(집행임원에 대하여는 상 408조의 9에서 이를 준용함)의 이사 등의 자기거래에 포함되지 않는다. 예컨대, 회사에 대한 부담 없는 증여, 회사에 대 한 무이자·무담보의 금전대여,[2] 상계, 채무의 이행, 보통거래약관에 의한 거래 등 이 이에 속한다.[3]

우리나라의 대법원도 이러한 통설과 같이 형식상은 이사와 회사간의 거래이나 실질상은 이해충돌을 생기게 할 염려가 없는 거래에 대하여는 상법 제398조가 적용 되지 않는 것으로, 「Y주식회사의 대표이사인 A가 자기회사의 채무를 담보하기 위 하여 자기 앞으로 Y회사의 약속어음을 발행한 것은 회사와 이해관계가 반대되는 경 우가 아님이 분명하여(상 398조에 의한 이사회의 승 인이 없는 경우에도 — 저자 주) 적법하다」고 판시하고 있다.[4]

2) 실질적으로 이사 등과 회사간에 이해충돌을 생기게 할 염려가 있는 거래이

1) 정(찬), (회) 846면; 정(희), 487면; 정(동), (회) 439면 외.
2) 동지: 대판 2010. 1. 14, 2009 다 55808(신문 3813, 12)(이사가 회사에 대하여 담보약정이나 이자약정 없이 금전을 대여하는 행위와 같이 성질상 회사와 이사 사이의 이해충돌로 인하여 회사 에 불이익이 생길 염려가 없는 경우에는 이사회의 승인을 거칠 필요가 없다).
3) 대판 2010. 3. 11, 2007 다 71271(공보 2010, 709)(상법 제398조 전문이 이사와 회사 사이의 거래에 관하여 이사회의 승인을 얻도록 규정하고 있는 취지는, 이사가 그 지위를 이용하여 회사와 직접 거래를 하거나 이사 자신의 이익을 위하여 회사와 제3자 간에 거래를 함으로써 이사 자신의 이익을 도모하고 회사 및 주주에게 손해를 입히는 것을 방지하고자 하는 것이므로, 이사와 회사 사이의 거래라고 하더라도 양자 사이의 이해가 상반되지 않고 회사에 불이익을 초래할 우려가 없 는 때에는 이사회의 승인을 얻을 필요가 없다. 따라서 주식회사의 이사가 자신을 피보험자 및 수 익자로 하여 회사 명의로 퇴직보험에 가입한 사안에서, 회사가 이사를 피보험자로 하여 퇴직보험 계약을 체결한 것은 임원퇴직금지급규정상 임원의 보수를 지급하기 위한 수단에 불과하고, 회사 에게 퇴직금을 조성하기 위한 일반적인 자금 운영의 범위를 넘는 실질적인 불이익을 초래할 우려 가 없으므로, 이에 관하여 이사회의 승인을 얻을 필요가 없다).
4) 대결 1962. 3. 13, 62 라 1(집 10 ① 민 196).

면, 형식상 이사 등과 회사간의 거래이든(직접거래) 회사와 제3자간의 거래이든(간접거래) 불문한다(통설). 이러한 직접거래와 간접거래에는 각각 「자기계약의 형태」와 「쌍방대리의 형태」가 있는데, 이는 다음과 같다.[1]

㈎ 직접거래

① 자기계약의 형태   예컨대, Y회사의 대표이사 A가 Y회사로부터 동 회사 소유의 재산을 양수하는 경우는, 이는 회사(Y)와 이사(A)간의 자기계약 형태의 직접거래로서 상법 제398조(집행임원에 대하여는 상 408조의 9에서 이를 준용함)에 해당하는 전형적인 경우이다. 또한 이 때의 「Y·A간의 거래」는 그 실질에 있어서 「이사와 회사간의 이해충돌을 생기게 할 염려가 있는 재산상의 행위」이므로, A가 이러한 행위를 하기 위하여는 상법 제398조(집행임원에 대하여는 상 408조의 9에서 이를 준용함)에 의하여 Y회사의 이사회(이사가 1명 또는 2명인 소규모 주식 회사의 경우에는 이사회가 없으므로 주주총회 — 상 383조 4항)[2]의 승인을 받아야 한다.

② 쌍방대리(대표)의 형태   예컨대, Y회사와 X회사의 대표이사가 동일인인 A가 「Y·X간의 계약」으로 Y회사에게는 불리하고 X회사에게는 유리한 계약을 체결하는 경우는, 이는 쌍방대리(대표) 형태의 직접거래로서 상법 제398조(집행임원에 대하여는 상 408조의 9에서 이를 준용함)에 해당하여 이러한 행위를 하기 위하여는 그 행위의 결과에서 불리한 Y회사의 이사회(이사가 1명 또는 2명인 소규모 주식회사의 경우에는 이사회가 없으므로 주주총회 — 상 383조 4항)의 승인을 요한다.

우리나라의 대법원도 이와 동지로, 「Y회사와 X회사는 형식상 전연 별개의 회사이고 같은 사람(A)이 위 양 회사의 대표이사를 겸하면서 그 같은 사람이 이해관계가

---

1) 이에 관한 상세는 정(찬), (회) 847~852면; 연습, 454~458면(사례 74); 정찬형, 「사례연구 어음·수표법」(서울: 법문사, 1987), 88면 이하 참조.

2) 대판 2020. 7. 9, 2019 다 205398(공보 2020, 1580)(상법 제398조는 이사 등이 그 지위를 이용하여 회사와 거래를 함으로써 자기 또는 제3자의 이익을 도모하고 회사와 주주에게 예기치 못한 손해를 끼치는 것을 방지하기 위한 것으로, 이사와 지배주주 등의 사익추구에 대한 통제력을 강화하고자 적용대상을 이사 외의 주요주주 등에게까지 확대하고 이사회 승인을 위한 결의요건도 가중하여 정하였다. 다만 상법 제383조에서 2인 이하의 이사만을 둔 소규모회사의 경우 이사회의 승인을 주주총회의 승인으로 대신하도록 하였다. 이 규정을 해석·적용하는 과정에서 이사 등의 자기거래를 제한하려는 입법 취지가 몰각되지 않도록 해야 한다. 일반적으로 주식회사에서 주주총회의 의결정족수를 충족하는 주식을 가진 주주들이 동의하거나 승인하였다는 사정만으로 주주총회에서 그러한 내용의 주주총회 결의가 있는 것과 마찬가지라고 볼 수 없다. 따라서 자본금 총액이 10억 원 미만으로 이사가 1명 또는 2명인 회사의 이사가 자기 또는 제3자의 계산으로 회사와 거래를 하기 전에 주주총회에서 해당 거래에 관한 중요사실을 밝히고 주주총회의 승인을 받지 않았다면, 특별한 사정이 없는 한 그 거래는 무효라고 보아야 한다. 갑 주식회사의 이사 2인 중 1인인 을이 주주총회 결의 없이 갑 회사와 주식양수도계약을 체결한 사안에서, 주식양수도계약 체결 당시 을이 대표이사로 있던 병 주식회사가 갑 회사의 주식 65%를 보유하고 있었고, 갑 회사가 을로부터 주식양수도대금을 지급받아 이를 병 회사에 대여하였다는 사실만으로는 주주총회 결의가 없는데도 주식양수도계약을 유효로 볼 만한 특별한 사정이 있다고 인정하기 부족하다는 이유로 위 주식양수도계약이 무효라고 본 원심판단은 정당하다).

상반된 양 회사의 대표자로서 위와 같은 상호협약을 체결한 경우에는 역시 상법 제
398조의 규정이 적용된다고 해석하여야 할 것인즉, 원심이 Y회사에 불리함이 명백
한 본건에 있어서 그 협약체결에 Y회사 이사회의 승인이 있었는가의 여부를 심리판
단하지 않고 A의 위의 행위를 적법한 행위라고 판단하였음은 상법 제398조의 규정
을 오해하고 또 심리를 다하지 못한 위법이 있다」고 판시하고 있다.[1]

(내) 간접거래

① 자기계약의 형태　　　예컨대, Y회사가 동 회사의 대표이사 A가 개인적으
로 X(제3자)에 대하여 부담하고 있는 채무를 「Y·X간의 계약」으로 인수한 경우는,[2]
형식적으로 보면 회사(Y)와 제3자(X)간의 거래이나 실질적으로 보면 이사(A)에게
는 유리하고 회사(Y)에게는 불리하다. 따라서 이러한 거래는 간접거래로서 상법 제
398조($\frac{\text{집행임원에 대하여는 상}}{\text{408조의 9에서 이를 준용함}}$)에 해당된다. 그런데 이러한 거래는 실질적으로 이사와
회사간의 관계이므로 자기계약 형태에 속하는 간접거래이다. 우리나라의 대법원도
이러한 경우에 이와 동지로 「상법 제398조 소정의 거래 가운데는 이사와 주식회사
간에 성립될 이해상반의 행위뿐만 아니라, 이사 개인의 채무에 관하여 채권자에게
면책적이든 중첩적이든 채무인수를 하는 것과 같은 결국 이사에게는 이롭고 회사에
게는 불이익한 것으로 인정되는 행위가 포함된다고 할 것이다」고 판시하고 있다.[3]

② 쌍방대리(대표)의 형태　　　예컨대, Y회사와 X회사의 대표이사가 동일인
인 A가 X회사의 B(제3자)에 대한 채무를 위하여 Y회사가 「Y·B간의 계약」으로 보
증을 하는 경우에는, 형식적으로 보면 Y회사와 제3자간의 거래이나 실질적으로 보
면 X회사에게는 유리하고 Y회사에게는 불리한 거래이므로 이는 쌍방대리(대표) 형
태의 간접거래로서 상법 제398조($\frac{\text{집행임원에 대하여는 상}}{\text{408조의 9에서 이를 준용함}}$)에 포함된다.

　우리나라의 대법원도 이와 동지로 「상법 제398조에서 말하는 거래에는 이사와

---

1) 대판 1969. 11. 11, 69 다 1374(집 17 ④ 민 6). 동지: 대판 1996. 5. 28, 95 다 12101·12118
(공보 1996, 1977).
2) Y회사는 채권자(X)와의 계약으로 채무를 인수할 수 있다(민 453조 1항 본문). 채무인수의 방
법은 이 외에도 Y회사와 채무자(A)와의 계약으로도 할 수 있는데, 이 때에는 채권자(X)의 승낙에
의하여 그 효력이 생긴다(민 454조 1항). 이 밖에 채무인수는 해석상 3 당사자(Y·X·A)의 합의
로도 할 수 있다.
3) 대판 1965. 6. 22, 65 다 734(집 13 ① 민 208). 동지: 대판 1980. 1. 29, 78 다 1237(공보
628, 12589)(이사가 회사로부터 채권양도를 받는 경우); 동 1980. 7. 22, 80 다 341·342(공보
641, 13075)(Y 주식회사의 이사인 A가 X에게 금원을 대여함에 있어 Y 회사가 그 채무에 대하여
연대보증을 하였다면, 이는 이사와 회사 사이에 이익상반되는 거래행위이므로 이사회의 승인이
없는 한 위 연대보증행위는 무효이다); 동 1980. 7. 22, 80 다 828(공보 641, 13078)(이사가 타인
에게 금원을 대여함에 있어 회사가 그 채무를 연대보증하는 경우); 동 1989. 1. 31, 87 누 760(공
보 1989, 362)(대표이사가 개인적 용도에 사용할 목적으로 회사명의의 수표를 발행하거나 타인이
발행한 약속어음에 회사명의의 배서를 하여 준 경우).

회사 사이에 직접 성립하는 이해상반하는 행위뿐만 아니라 이사가 회사를 대표하여 자기를 위하여 자기 개인채무의 채권자인 제3자와의 사이에 자기 개인채무의 연대보증을 하는 것과 같은 이사 개인에게 이익이 되고 회사에 불이익을 주는 행위도 포함하는 것이라 할 것이고, 이런 의미에서 볼 때 두 회사의 대표이사를 겸하고 있던 A가 X회사의 채무에 관하여 Y회사를 대표하여 연대보증을 한 경우에는 역시 상법 제398조의 규정이 적용되는 것으로 보아야 할 것이다」고 판시하고 있다.[1]

3) 상법 제398조($\frac{집행임원에\ 대하여는\ 상}{408조의\ 9에서\ 이를\ 준용함}$)의 거래에는 어음행위를 포함하는가. 이에 대하여 학설은 (i) 어음행위는 거래의 수단에 지나지 않는 행위로서 그 자체 이해충돌을 일으키는 행위가 아니라는 이유로 상법 제398조($\frac{집행임원에\ 대하여는\ 상}{408조의\ 9에서\ 이를\ 준용함}$)에 포함되지 않는다고 보는 부정설[2](소수설)도 있으나, (ii) 어음행위자는 어음행위에 의하여 오히려 원인관계와는 무관하고 더 엄격한 어음채무를 부담하고 또 이러한 어음채무와 관련하여 당사자간에는 이해충돌이 생기게 될 염려가 있으므로 어음행위는 상법 제398조($\frac{집행임원에\ 대하여는\ 상}{408조의\ 9에서\ 이를\ 준용함}$)에 포함된다고 보는 긍정설[3](통설)이 타당하다고 본다.[4]

우리나라의 대법원도 통설과 동지로 「본건 약속어음의 발행에 관하여는 상법 제398조에 의하여 Y회사의 이사회의 승인이 있어야 할 터이므로 원심은 이 점을 심사판단하였어야 할 것임에도 불구하고 …, (이를 하지 않고) 본건 약속어음의 발행행위는 유효한 것으로 판단한 것은 잘못이다」고 판시하고 있다.[5]

4) 이사 등과 회사의 자회사와의 거래에는 상법 제398조($\frac{집행임원에\ 대하여는\ 상}{408조의\ 9에서\ 이를\ 준용함}$)가 적용되지 않는다.[6]

(3) 이사회의 승인

이사 등과 회사간의 행위가 이해충돌을 생기게 할 염려가 있는 재산상의 행위이더라도, 이사 등은 이사회의 승인이 있는 때에는 유효하게 그러한 행위를 할 수 있다($\frac{상\ 398조,}{408조의\ 9}$).

1) 승인기관은 「이사회」에 한하고, 정관의 규정에 의해서도 주주총회의 결의사

---

1) 대판 1984. 12. 11, 84 다카 1591(공보 745, 166; 집 32 ④ 민 174)[이 판결에 대한 평석으로는 정찬형, "이사의 자기거래," 법률신문, 제1586호(1985. 4. 22), 12면 참조].
2) 서 · 정, 446면.
3) 정(희), 487~488면; 정(동), (회) 441면; 손(주), 799면; 최(기), 907면; 이(철), (회) 784면; 채, 559면; 이 · 최, 328면 외.
4) 정(찬), (회) 851면; 정찬형, 전게서(사례연구 어음 · 수표법), 92면; 연습, 456면(사례 74).
5) 대판 1966. 9. 6, 66 다 1146(집 14 ③ 민 15). 동지: 대판 1965. 6. 22, 65 다 734(집 13 ① 민 208)(이사회의 승인 없이 인수된 채무의 지급을 위하여 발행된 어음이라는 원인관계를 주장할 수 있다고 한다); 동 1978. 3. 28, 78 다 4(집 26 ① 민 252) 외.
6) 동지: 대판 2013. 9. 12, 2011 다 57869(공보 2013, 1752).

항으로 할 수 없다.[1] 다만 자본금 총액이 10억원 미만으로서 이사가 1명 또는 2명 인 소규모 주식회사의 경우에는 이사회가 없으므로 주주총회의 승인이 있어야 한다 (상383 조 4항).

또한 이는 주주만의 이익을 위한 것이 아니고 회사의 이익을 위한 것이므로, 총주 주의 동의에 의해서도 이사회의 승인을 갈음할 수 없다고 본다.[2] 따라서 1인주주인 회 사의 경우에도 (자본금 총액이 10억원 미만으로서 이사가 1명 또는 2명인 소규모 주식회사가 아니면) 1인주주(그가 이사인지 여부를 불문함)와 회사간의 거래에는 이사회의 승인을 요한다(상398조 1호 후단).

2) 승인시기는 「사전」에 하여야 하고, 사후승인(추인)은 인정되지 않는다. 2011 년 4월 개정상법 이전에는 이에 관하여 명문규정이 없었기 때문에 사후승인(추인)을

---

1) 동지: 이(철), (회) 784면(그 이유는 상법 제398조에 주주총회의 결의로 할 수 있다는 유보조항이 없고 또 주주총회의 승인에 대해서는 승인한 자에 대한 책임추궁이 불가능하기 때문이라고 한다).
  반대: 대판 2007. 5. 10, 2005 다 4284(공보 2007, 842)(정관에 주주총회의 권한사항으로 정해 져 있다는 등의 특별한 사정이 없는 한 이사회의 전결사항이다); 이(병), 471면; 채, 559면.
2) 동지: 이(철), (회) 784면; 이(기) 외, (회) 345면; 김(홍), 605면.
  반대: 정(동), (회) 442면(상법 제398조는 회사, 나아가 주주의 이익보호를 목적으로 하므로 주 주 전원이 합의하는 경우에는 자기거래를 할 수 있다고 한다); 최(기), 908면; 이(병), 675면; 이 상훈, "주주 전원 동의에 의한 자기거래 승인: 부정설 비판과 긍정설의 재구성—대법원 2017. 8. 18. 선고 2015다5569 판결을 계기로—,"「기업법연구」(한국기업법학회), 제32권 제3호(2018. 9), 149~177면; 동, "자기거래와 주주 전원의 동의: 주주의 비례적 이익, 패러다임 전환을 제안하 며—자기거래 규율의 대상, 취지, 구조 분석을 토대로—,"「선진상사법률연구」(법무부), 제84호 (2018. 10), 31~58면; 대판 1992. 3. 31, 91 다 16310(공보 920, 1400)(상법 제398조의 이사의 자기거래에 해당하는 행위라도 사전에 주주 전원의 동의가 있었다면, 회사는 이사회의 승인이 없 었음을 이유로 그 책임을 회피할 수 없다); 동 2002. 7. 12, 2002 다 20544(공보 2002, 1952)(회 사의 채무부담행위가 상법 제398조 소정의 이사의 자기거래에 해당하여 이사회의 승인을 요한다 고 할지라도, 위 규정의 취지가 회사 및 주주에게 예기치 못한 손해를 끼치는 것을 방지함에 있다고 할 것이므로, 그 채무부담행위에 대하여 사전에 주주 전원의 동의가 있었다면 회사는 이사회의 승인 이 없었음을 이유로 그 책임을 회피할 수 없다); 동 2007. 5. 10, 2005 다 4284(공보 2007, 842)(이 사와 회사 사이의 이익상반거래에 대한 승인은 주주 전원의 동의가 있다거나 그 승인이 정관에 주 주총회의 권한사항으로 정해져 있다는 등의 특별한 사정이 없는 한 이사회의 전결사항이라 할 것이 므로, 이사회의 승인을 받지 못한 이익상반거래에 대하여 아무런 승인 권한이 없는 주주총회에서 사 후적으로 추인결의를 하였다 하여 그 거래가 유효하게 될 수는 없다); 동 2017. 8. 18, 2015 다 5569(공보 2017, 1781)(구 상법〈2011. 4. 14. 법률 제10600호로 개정되기 전의 것, 이하 같다〉 제398조는 "이사는 이사회의 승인이 있는 때에 한하여 자기 또는 제3자의 계산으로 회사와 거래 를 할 수 있다. 이 경우에는 민법 제124조의 규정을 적용하지 아니한다"라고 정하고 있다. 그러나 회사의 채무부담행위가 구 상법 제398조에서 정한 이사의 자기거래에 해당하여 이사회의 승인이 필요하다고 할지라도, 위 규정의 취지가 회사와 주주에게 예기치 못한 손해를 끼치는 것을 방지함 에 있으므로, 그 채무부담행위에 대하여 주주 전원이 이미 동의하였다면 회사는 이사회의 승인이 없었음을 이유로 그 책임을 회피할 수 없다〈다만 2011. 4. 14. 법률 제10600호로 개정되어 2012. 4. 15.부터 최초로 체결된 거래부터 적용되는 현행 상법 제398조는 '상법 제542조의 8 제2항 제6호에 따른 주요주주의 경우에도 자기 또는 제3자의 계산으로 회사와 거래를 하기 위해서는 미리 이사회에 해당 거래에 관한 중요사실을 밝히고 이사회의 승인을 받아야 한다'고 정하고 있 다〉); 日最高判 1974. 9. 26(民集 28-6, 1306).

인정할 것인지 여부에 대하여 부정설[1]과 긍정설[2]로 나뉘어 있었으나, 2011년 4월 개정상법에서는 「미리」 이사회의 승인을 받도록 명문으로 규정하였다($\substack{상\ 398조\ 1문,\\408조의\ 9}$).[3]

3) 승인방법은 원칙적으로 개개의 거래에 관하여 「개별적」으로 하여야 한다고 본다(통설).[4] 다만 반복하여 이루어지고 있는 동종거래에서는 종류·기간·금액의 한도 등을 정하여 합리적인 범위 내에서의 포괄적인 승인이 예외적으로 가능하다고 본다.[5] 또한 승인방법은 이사회($\substack{이사가\ 1명\ 또는\ 2명인\ 소규모\ 주식회사의\ 경우에\\는\ 이사회가\ 없으므로\ 주주총회\ —\ 상\ 383조\ 4항}$)의 회의의 방법에 의하여야 하는데, 우리 대법원은 이사회의 회의방법에 의하지 않더라도 당해 이사 이외의 나머지 이사들의 「합의」가 있으면 무방하다고 판시한 것도 있다.[6]

이사회($\substack{이사가\ 1명\ 또는\ 2명인\ 소규모\ 주식회사의\ 경우에\\는\ 이사회가\ 없으므로\ 주주총회\ —\ 상\ 383조\ 4항}$)의 승인결의에 있어서 거래당사자인 이사는 특별이해관계가 있는 자이므로 의결권을 행사하지 못한다($\substack{상\ 391조\ 3항,\\368조\ 3항}$). 또한 거래당사자인 이사는 이사회($\substack{이사가\ 1명\ 또는\ 2명인\ 소규모\ 주식회사의\ 경우에\\는\ 이사회가\ 없으므로\ 주주총회\ —\ 상\ 383조\ 4항}$)의 승인결의 이전에 이사회에서 「해당거래에 관한 중요사실」을 밝혀야 한다($\substack{이사의\ 사전\\정보\ 개시의무}$)($\substack{상\ 398조\ 1문,\\408조의\ 9}$).

이사의 사전정보 개시의무는 종래에 학설·판례에서도 해석상 인정되었으나,[7]

---

1) 정(희), 488면; 정(동), (회) 442면(추인을 인정하면 이사가 이를 예상하여 함부로 거래할 염려가 있기 때문이라고 한다); 이(철), (회) 784면; 채, 560면; 이(기) 외, (회) 345면.

2) 대판 2007. 5. 10, 2005 다 4284(공보 2007, 842)(상법 제398조 전문이 이사와 회사 사이의 거래에 관하여 이사회의 승인을 얻도록 규정하고 있는 취지는, 이사가 그 지위를 이용하여 회사와 거래를 함으로써 자기 또는 제3자의 이익을 도모하고 회사 나아가 주주에게 불측의 손해를 입히는 것을 방지하고자 함에 있는바, 이사회의 승인을 얻은 경우 민법 제124조의 적용을 배제하도록 규정한 상법 제398조 후문의 반대해석상 이사회의 승인을 얻지 아니하고 회사와 거래를 한 이사의 행위는 일종의 무권대리인의 행위로 볼 수 있고 무권대리인의 행위에 대하여 추인이 가능한 점에 비추어 보면, 상법 제398조 전문이 이사와 회사 사이의 이익상반거래에 대하여 이사회의 사전 승인만을 규정하고 사후 승인을 배제하고 있다고 볼 수는 없다. 이 때 회사가 이익상반거래를 묵시적으로 추인하였다고 보기 위해서는 그 거래에 대하여 승인 권한을 갖고 있는 이사회가 그 거래와 관련된 이사의 이해관계 및 그와 관련된 중요한 사실들을 지득한 상태에서 그 거래를 추인할 경우 원래 무효인 거래가 유효로 전환됨으로써 회사에 손해가 발생할 수 있고 그에 대하여 이사들이 연대책임을 부담할 수 있다는 점을 용인하면서까지 추인에 나아갔다고 볼 만한 사유가 인정되어야 한다).

3) 동지: 대판 2023. 6. 29, 2021 다 291712(공보 2023, 1307)(상법 제398조의 문언 내용을 입법 취지와 개정 연혁 등에 비추어 보면, 이사 등이 자기 또는 제3자의 계산으로 회사와 유효하게 거래를 하기 위하여는 미리 상법 제398조에서 정한 이사회 승인을 받아야 하므로 사전에 상법 제398조에서 정한 이사회 승인을 받지 않았다면 특별한 사정이 없는 한 그 거래는 무효라고 보아야 하고, 사후에 그 거래행위에 대하여 이사회 승인을 받았다고 하더라도 특별한 사정이 없는 한 무효인 거래행위가 유효로 되는 것은 아니다).

4) 정(찬), (회) 854면; 정(희), 488면; 정(동), (회) 442면 외.

5) 동지: 정(동), (회) 442면; 이(철), (회) 785면; 채, 560면; 이(기) 외, (회) 345면; 주상(제5판)(회사 Ⅲ), 343~344면; 日最高判 1961. 12. 23(判時 656, 85).

6) 동지: 대판 1967. 3. 21, 66 다 2436(민판집 113, 249)(대표이사가 개인명의로 차용한 금원을 일부는 회사가 인수하고 일부는 회사가 상환하기로 나머지 이사가 합의한 경우, 회사는 채무를 이행할 책임이 있다).

7) 정(동), (회) 442면; 이(철), (회)(2005) 628면; 대판 2007. 5. 10, 2005 다 4284(공보 2007,

2011년 4월 개정상법은 이 점에 대하여 명문으로 규정하였다.[1]

4) 승인결의는 이사($\substack{\text{당해 이사를 포함한}\\\text{재적이사를 의미함}}$)[2] 3분의 2 이상의 수로써 하여야 하고, 그 거래의 내용과 절차는 공정하여야 한다($\substack{\text{상 398조 2문,}\\\text{408조의 9}}$). 따라서 이사회는 이사와 회사와의 거래의 내용과 절차가 공정한지 여부도 고려하여 승인하여야 한다. 이러한 이사회의 결의요건은 이사의 회사기회 이용을 허용하는 경우($\substack{\text{상 397조의 2 1항}\\\text{2문, 408조의 9}}$)와 같다.

5) 이사회($\substack{\text{이사가 1명 또는 2명인 소규모 주식회사의 경우에}\\\text{는 이사회가 없으므로 주주총회 — 상 383조 4항}}$)의 승인은 해당 이사 등의 자기거래의 「유효요건」에 불과하고, 그 이사의 책임을 면제하는 것이 아니다. 따라서 이사회($\substack{\text{이사가 1명 또는 2명인 소규모 주식회사의 경우에}\\\text{는 이사회가 없으므로 주주총회 — 상 383조 4항}}$)의 승인이 있는 해당 이사 등의 자기거래로 인하여 회사에 손해가 발생하였다면, 그 이사 및 승인결의에 찬성한 이사($\substack{\text{이사가 1명 또}\\\text{는 2명인 소규}\\\text{모 주식회사에서 주주총회의 승인이 있는}\\\text{경우에 이에 찬성한 주주는 해당되지 않음}}$)는 연대하여 회사에 대하여 손해배상을 할 책임을 부담한다($\substack{\text{상 399조 1항·2항,}\\\text{408조의 8 1항·3항}}$).[3]

---

842)(이사와 회사 사이의 이익상반거래가 비밀리에 행해지는 것을 방지하고 그 거래의 공정성을 확보함과 아울러 이사회에 의한 적정한 직무감독권의 행사를 보장하기 위해서는 그 거래와 관련된 이사는 이사회의 승인을 받기에 앞서 이사회에 그 거래에 관한 자기의 이해관계 및 그 거래에 관한 중요한 사실들을 개시하여야 할 의무가 있고, 만일 이러한 사항들이 이사회에 개시되지 아니한 채 그 거래가 이익상반거래로서 공정한 것인지 여부가 심의된 것이 아니라 단순히 통상의 거래로서 이를 허용하는 이사회의 결의가 이루어진 것에 불과한 경우 등에는 이를 가리켜 상법 제398조 전문이 규정하는 이사회의 승인이 있다고 할 수는 없다).

1) 동지: 대판 2017. 9. 12, 2015 다 70044(공보 2017, 1941)(구 상법〈2011. 4. 14. 법률 제10600호로 개정되기 전의 것〉 제398조에 의하면 "이사는 이사회의 승인이 있는 때에 한하여 자기 또는 제삼자의 계산으로 회사와 거래를 할 수 있다."라고 규정하고 있다. 여기서 이사회의 승인이 필요한 이사와 회사의 거래에는 이사가 거래의 상대방이 되는 경우뿐만 아니라 상대방의 대리인이나 대표자로서 회사와 거래를 하는 경우와 같이 특별한 사정이 없는 한 회사와 이사 사이에 이해충돌의 염려 내지 회사에 불이익을 생기게 할 염려가 있는 거래도 해당된다. 이러한 이사의 거래에 이사회의 승인을 요하는 이유는 이사와 회사 사이의 이익상반거래가 비밀리에 행해지는 것을 방지하고 그 거래의 공정성을 확보함과 아울러 이사회에 의한 적정한 직무감독권의 행사를 보장하기 위해서이다. 따라서 그 거래와 관련된 이사는 이사회의 승인을 받기에 앞서 이사회에 그 거래에 관한 자기의 이해관계 및 그 거래에 관한 중요한 사실들을 개시하여야 할 의무가 있다); 동 2023. 6. 29, 2021 다 291712(공보 2023, 1307)(상법 제398조는 이사 등이 회사와의 거래에 관하여 이사회 승인을 받기 위하여는 이사회에서 해당 거래에 관한 중요사실을 밝히도록 정하고 있으므로, 만일 이러한 사항들을 밝히지 아니한 채 그 거래가 이익상반거래로서 공정한 것인지에 관한 심의가 이루어진 것이 아니라 통상의 거래로서 이를 허용하는 이사회의 결의가 이루어진 것에 불과한 경우 등에는 상법 제398조가 정하는 이사회 승인이 있다고 할 수 없다).

2) 동지: 이(철), (회) 784면(이사 전원의 3분의 2의 찬성을 요한다고 함); 주상(제5판)(회사 Ⅲ), 345면.

입법론상은 상법 제415조의 2 제3항과 같이 「이사」를 「이사 총수」로 하여야 할 것으로 본다.

이사회의 승인결의요건을 이사 재적인원 3분의 2 이상의 찬성으로 하도록 한 것에 대하여 법무부는 이는 과도한 제약이 될 수 있고 또한 현행 상법상 이사회에서는 특별결의요건이 규정된 바 없다는 이유로 반대하였으나, 국회 법사위의 논의과정에서 회사의 투명경영의 강화가 절실하다는 점에서 이와 같이 결정되었다(구승모, 전게논문〈선진상사법률연구 통권 제55호〉, 121~122면).

3) 동지: 손(주), 801면; 정(동), (회) 442~443면; 이(철), (회) 785면.

우리나라의 대법원도 이와 동지로 「주식회사의 대표이사가 그의 개인적인 용도에 사용할 목적으로 회사명의의 수표를 발행하거나 타인이 발행한 약속어음에 회사명의의 배서를 해 주어 회사가 그 지급책임을 부담하고 이를 이행하여 손해를 입은경우에는, 당해 주식회사는 대표이사의 위와 같은 행위가 상법 제398조 소정의 이사와 회사간의 이해상반하는 거래행위에 해당한다 하여 이사회의 승인여부에 불구하고 같은 법 제399조 소정의 손해배상청구권을 행사할 수 있음은 물론이고 대표권의 남용에 따른 불법행위를 이유로 한 손해배상청구권도 행사할 수 있는 것이다」고판시하고 있다.[1]

그러나 이사회의 승인에 현저한 불합리가 없는 한 그와 같이 결의한 이사들의경영판단은 존중되어야 하므로, 해당 이사나 이사회의 승인 결의에 참여한 이사들이 선관의무 또는 충실의무에 위반하였다고 할 수 없다.[2]

(4) 상법 제398조 위반의 효과

1) **거래행위의 사법상의 효력** 상법 제398조($\binom{집행임원에 대하여는 상}{408조의 9에서 이를 준용함}$)에 위반한 행위의 효력에 대하여는 회사의 이익보호와 거래안전을 어떻게 조화할 것인가가문제인데, 이에 대하여는 아래와 같이 크게 세 가지의 견해가 있다.

(개) **무 효 설** 무효설은 상법 제398조($\binom{집행임원에 대하여는 상}{408조의 9에서 이를 준용함}$)를 강행규정으로보고 이에 위반하는 행위를 무효로 보면서, 선의의 제3자는 선의취득규정에 의하여보호된다고 한다.[3]

(내) **유 효 설** 유효설은 상법 제398조($\binom{집행임원에 대하여는 상}{408조의 9에서 이를 준용함}$)를 명령규정으로보고 이에 위반하는 행위를 유효로 보면서, 회사의 이익은 이사의 손해배상책임과악의의 항변의 원용에 의하여 보호된다고 한다.[4]

(대) **상대적 무효설** 무효설과 유효설을 절충한 견해로 상대적 무효설이 있다. 상대적 무효설은 상법 제398조($\binom{집행임원에 대하여는 상}{408조의 9에서 이를 준용함}$)의 위반의 효력을 대내적으로는 무효, 대외적으로는 상대방인 제3자의 악의를 회사가 증명하지 못하는 한 유효라고 하여, 거래의 안전과 회사의 이익보호라는 두 요청을 함께 만족시키고 있다(통설).[5]

---

1) 대판 1989. 1. 31, 87 누 760(공보 1989, 362).
2) 참고(회사사업기회 이용 승인의 경우—상 397조의 2): 대판 2017. 9. 12, 2015 다 70044(공보 2017, 1941).
3) 서·정, 445면; 김(용), 389면.
4) 박·이, 303면; 서(정), 286면; 양·박, 383면.
5) 정(희), 489면; 손(주), 800~801면(종래의 무효설에서 상대적 무효설로 개설〈改說〉함); 정(동), (회) 444면; 이(철), (회) 786면(상대적 무효설이 통설·판례의 일관된 입장이라고 한다);

우리나라의 대법원도 상대적 무효설의 입장에서 「당해 이사에 대하여 이사회의
승인을 못 얻은 것을 내세워 그 행위의 무효를 주장할 수 있음은 그 규정으로 당연
하지만, 회사 이외의 제3자와 이사가 회사를 대표하여 자기를 위하여 한 거래에 대
하여는 거래의 안전의 견지에서 선의의 제3자를 보호할 필요가 크므로, 회사는 그
거래에 대하여 이사회의 승인을 안 받은 것 외에 상대방인 제3자가 악의(이사회의 승인
없음에 대하여
알고
있음)라는 사실을 주장·입증하여야 비로소 그 무효를 그 상대방인 제3자에게 주장
할 수 있다고 해석해야 옳을 것이다」고 판시하고 있다.[1]

생각건대 무효설은 거래의 안전을 지나치게 희생하는 결과가 되어 타당하지 않
고, 또 유효설은 상법 제398조(집행임원에 대하여는 상
408조의 9에서 이를 준용함)의 존재의의를 거의 반감시키므
로 타당하지 않다고 본다. 따라서 거래의 안전과 회사의 이익을 모두 보호할 수 있
는 상대적 무효설에 찬성한다.[2] 이 때 거래의 무효를 주장할 수 있는 자는 회사이지
이사나 제3자가 아니다.[3] 또한 상대적 무효설은 이사 등이 거래의 당사자인 경우에
는 이사 등이 선의로 인정받을 수 없으므로 의미가 없고, 이사 등이 거래의 당사자
로서 참여하지 않고 회사와 제3자간에 한 간접거래 또는 이사 등이 회사와의 거래
로써 취득한 물건을 제3자에게 양도한 거래 등에서 그 의미가 크다.

채, 561면; 이(기) 외, (회) 345면 외.
1) 대판 1973. 10. 31, 73 다 954(집 21 ③ 민 138). 동지: 대판 1974. 1. 15, 73 다 955(카드
10637); 동 1978. 3. 28, 78 다 4(집 26 ① 민 252); 동 1978. 11. 14, 78 다 513(민판집 251,
130); 동 1978. 12. 26, 77 다 907(민판집 252, 382); 동 1981. 9. 8, 80 다 2511(집 29 ③ 민
1); 동 1984. 12. 11, 84 다카 1591(집 32 ④ 민 174); 동 1994. 10. 11, 94 다 24626(공보 980,
2964).
　　제3자의 악의 또는 중과실을 인정하여 대표이사의 자기거래행위(약속어음의 발행행위)를 무효
로 본 판례로는 대판 2004. 3. 25, 2003 다 64688(공보 2004, 701)(회사의 대표이사가 이사회의
승인 없이 한 이른바 자기거래행위는 회사와 이사간에서는 무효이지만, 회사가 위 거래가 이사회
의 승인을 얻지 못하여 무효라는 것을 제3자에 대하여 주장하기 위해서는 거래의 안전과 선의의
제3자를 보호할 필요상 이사회의 승인을 얻지 못하였다는 것 외에 제3자가 이사회의 승인 없음
을 알았다는 사실을 입증하여야 할 것이고, 비록 제3자가 선의였다 하더라도 이를 알지 못한 데
중대한 과실이 있음을 입증한 경우에는 악의인 경우와 마찬가지라고 할 것이며, 이 경우 중대한
과실이라 함은 제3자가 조금만 주의를 기울였더라면 그 거래가 이사와 회사간의 거래로서 이사회
의 승인이 필요하다는 점과 이사회의 승인을 얻지 못하였다는 사정을 알 수 있었음에도 불구하고,
만연히 이사회의 승인을 얻은 것으로 믿는 등 거래통념상 요구되는 주의의무에 현저히 위반하는
것으로서 공평의 관점에서 제3자를 구태여 보호할 필요가 없다고 봄이 상당하다고 인정되는 상태
를 말한다. 따라서 어음할인 등 여신을 전문적으로 취급하는 은행이 대표이사의 개인적인 연대보
증채무를 담보하기 위하여 대표이사 본인 앞으로 발행된 회사 명의의 약속어음을 취득함에 있어
서 당시 위 어음의 발행에 관하여 이사회의 승인이 없음을 알았거나 이를 알지 못한 데 대하여 중
대한 과실이 있다고 볼 수 있다).
2) 정(찬), (회) 858면; 정찬형, 전게서(사례연구 어음·수표법), 95면; 동, "이사의 자기거래," 법
률신문, 제1586호(1985. 4. 22), 12면.
3) 동지: 광주고판 1984. 5. 18, 83 나 292; 이(철), (회) 786~787면.

2) **이사의 책임**　이사회$\left(\substack{\text{이사가 1명 또는 2명인 소규모 주식회사의 경우에}\\\text{는 이사회가 없으므로 주주총회 — 상 383조 4항}}\right)$의 승인을 받지 않고 이사 등이 회사와의 자기거래를 한 경우에는, 그 이사는 법령위반의 행위를 한 것이므로 회사에 대하여 손해배상의 책임을 진다$\left(\substack{\text{상 399조, 408조}\\\text{의 8 1항·3항}}\right)$.[1] 이 책임은 상법 제398조를 강행규정으로 보면 총주주의 동의로 면제될 수 없다고 보며$\left(\substack{\text{상 400조 1}\\\text{항, 408조의 9}}\right.$ $\left.\substack{\text{적용}\\\text{배제}}\right)$, 감경될 수도 없다$\left(\substack{\text{상 400조 1항·2항}\\\text{단서, 408조의 9}}\right)$$\left(\substack{\text{이에 관한 상세는 앞에서 본 '회사기회유}\\\text{용금지의무'의 위반에 관한 부분을 참조함}}\right)$.

(5) **상장회사에 대한 특칙**

상법은 상장회사와 이사 등과의 거래에 대하여는 회사의 이익을 보호하기 위하여 금지행위 및 제한행위$\left(\substack{\text{일정규모 이상의 상장회사가 일정규모 이상의 거}\\\text{래를 하는 경우 이사회의 승인을 받아야 하는 행위}}\right)$에 대하여 특별히 규정하고 있다$\left(\substack{\text{상 542}\\\text{조의 9}}\right)$.

1) **금지행위**

(가) **금지행위의 내용**　상장회사는 (i) 주요주주 및 그의 특수관계인, (ii) 이사$\left(\substack{\text{상법 401조의 2 1항 각호의 업무집행지}\\\text{시자 등을 포함함. 이하 이 특칙에서 같음}}\right)$·집행임원 또는 (iii) 감사(監事)의 어느 하나에 해당하는 자를 상대방으로 하거나 그를 위하여 신용공여$\left(\substack{\text{금전 등 경제적 가치가 있는 재산의 대}\\\text{여·채무이행의 보증·자금지원적 성격의}}\right.$ 증권 매입·그 밖에 거래상의 신용위험이 따르는 직접적·간접적 거래로서 대통령령으로 정하는 거래〈담보를 제공하는 거래·무담보배서를 제외하고 어음을 배서하는 거래·출자의 이행을 약정하는 거래 등〉을 말함. 이하 이 특칙에서 같음$\Big)$를 하여서는 아니 된다$\left(\substack{\text{상 542조의 9 1}\\\text{항, 상시 35조 1항}}\right)$. 상장회사에 대하여는 이러한 특칙의 규정$\left(\substack{\text{상 542}\\\text{조의}}\right.$ $\left.\substack{\text{9 1항}}\right)$이 상법 제398조에 우선하여 적용되므로, 이러한 신용공여행위는 금지된다. 이러한 신용공여는 상장회사가 그 이사 등을 직접 상대방으로 하는 경우뿐만 아니라, 그 금전 등의 대여행위(신용공여)로 인한 경제적 이익이 실질적으로 상장회사의 이사 등에게 귀속하는 경우$\left(\substack{\text{기업집단 내 비상장법인이나}\\\text{개인을 통하여 받는 경우 등}}\right)$를 포함한다.[2]

(나) **위반의 효과**　위의 금지행위에 관한 규정은 효력규정으로 볼 수 있으므로, 이에 위반한 행위의 사법상 효력은 무효라고 본다.[3] 또한 이에 위반하여 신용공

---

1) 이 경우 이사는 민사책임 외에 형사책임을 지는 경우도 있다. 즉, 1인 회사의 주주이자 대표이사가 자신의 채무담보를 위하여 회사의 재산을 제공한 행위는 회사의 재산에 손해를 가한 행위가 되어 업무상 배임죄가 성립하고(대판 2005. 10. 28, 2005 도 4915), 회사소유재산을 주주나 대표이사가 제3자의 자금조달을 위하여 담보로 제공하는 등 사적인 용도로 임의 처분하였다면 그 처분에 관하여 주주총회나 이사회의 결의가 있었는지 여부와는 관계없이 횡령죄가 성립하며(대판 2005. 8. 19, 2005 도 3045), 주식회사의 임원이나 회계책임자가 당해 회사의 주식을 매수하여 대주주가 되려는 자에게 대여금 명목으로 회사자금을 교부하면 특별한 사정이 없는 한 업무상 배임죄가 성립한다(대판 2007. 2. 8, 2006 도 483).

2) 대판 2013. 5. 9, 2011 도 15854.

3) 동지: 대판 2021. 4. 29, 2017 다 261943(공보 2021, 1045)(상법 제542조의 9 제1항의 입법목적과 내용, 위반행위에 대해 형사처벌이 이루어지는 점 등을 살펴보면, 위 조항은 강행규정에 해당하므로 위 조항에 위반하여 이루어진 신용공여는 허용될 수 없는 것으로서 사법상 무효이고, 누구나 그 무효를 주장할 수 있다. 그리고 위 조항의 문언상 상법 제542조의 9 제1항을 위반하여 이루어진 신용공여는, 상법 제398조가 규율하는 이사의 자기거래와 달리, 이사회의 승인 유무와 관계없이 금지되는 것이므로, 이사회의 사전 승인이나 사후 추인이 있어도 유효로 될 수 없다.

여를 한 자는 5년 이하의 징역 또는 2억원 이하의 벌금에 처하는 형사처벌을 받는다($^{상 624}_{조의 2}$).

㈐ 예 외 상장회사가 이사 등에게 하는 신용공여라 하더라도 (i) 복리후생을 위한 이사·집행임원 또는 감사(監事)에 대한 금전대여 등으로서 대통령령으로 정하는 신용공여($^{학자금·주택자금 또는 의료비 등 복리후생을 위하여 그 회사}_{가 정하는 바에 따라 3억원 범위 안에서 금전을 대여하는 행위}$), (ii) 다른 법령에서 허용하는 신용공여, 또는 (iii) 그 밖에 상장회사의 경영건전성을 해칠 우려가 없는 금전대여 등으로서 대통령령으로 정하는 신용공여($^{회사의 경영상 목적을 달성하기 위하여 필요한}_{경우로서 법인인 주요주주 등을 상대로 하거나}$ $_{그를 위하여 적법한 절차에 따라 이행하는 신용공여를 말함}$)를 할 수 있다($^{상 542조의 9 2항,}_{상시 35조 2항·3항}$).

2) 제한행위

㈎ 제한행위의 내용 자산규모 등을 고려하여 대통령령으로 정하는 상장회사($^{최근 사업연도말 현재의 자산}_{총액이 2조원 이상인 상장회사}$)($^{상시 35}_{조 4항}$)는 최대주주, 그의 특수관계인 및 그 상장회사의 특수관계인으로서 대통령령으로 정하는 자($^{상시 35조 5항, 34조}_{4항의 특수관계인}$)를 상대방으로 하거나 그를 위하여($^{위 금지행위}_{를 제외하고}$) (i) 단일 거래규모가 대통령령으로 정하는 규모 이상인 거래($^{해당 회사}_{가 「금융}$ $_{위원회의 설치 등에 관한 법률」 제38조에 따른 검사 대상 기관인 경우에는 해당 회사의 최근 사업연도 말 현재의 자산총}$ $_{액의 100분의 1이고, 동 검사 대상 기관이 아닌 경우에는 해당 회사의 최근 사업연도말 현재의 자산총액 또는 매출총액}$ $_{의 100분의 1 이상인 거래}$) 또는 (ii) 해당 사업연도 중에 특정인과 해당 거래를 포함한 거래총액이 대통령령으로 정하는 규모 이상인 거래($^{해당 회사가 「금융위원회의 설치 등에 관한 법률」 제38조에 따}_{른 검사 대상 기관인 경우에는 해당 회사의 최근 사업연도 말 현}$ $_{재의 자산총액의 100분의 5이고, 동 검사 대상 기관이 아닌 경우에는 해당 회사}$ $_{의 최근 사업연도말 현재의 자산총액 또는 매출 총액의 100분의 5 이상인 거래}$)를 하려는 경우에는 이사회의 승인을 받아야 한다($^{상 542조의 9 3항,}_{상시 35조 4항~7항}$).

이 경우 상장회사는 이사회의 승인 결의 후 처음으로 소집되는 정기주주총회에 해당 거래의 목적·상대방·그 밖에 대통령령으로 정하는 사항($^{거래의 내용·날짜·기간 및}_{조건, 해당 사업연도 중 거래}$ $_{상대방과의 거래유형별 총 거래금액 및 거래잔액}$)을 보고하여야 한다($^{상 542조의 9 4항,}_{상시 35조 8항}$).

회사와 이사 등의 거래가 상법 제542조의 9 제3항과 제398조에 중복하여 해당하는 경우, 상법 제542조의 9 제3항이 상장회사에 대한 특칙이라는 점에서 보면 이러한 특칙규정이 상법 제398조에 우선하여 적용되어야 할 것 같으나($^{상 542조}_{의 2 2항}$), 2011년 4월 개정상법에서 상법 제398조를 강화하여 규정함으로써 비상장회사도 강화된 규정의 적용을 받는데 상장회사가 완화된 규정의 적용을 받는 것은 불균형하고 또

다만 상법 제542조의 9는 제1항에서 신용공여를 원칙적으로 금지하면서도 제2항에서는 일부 신용공여를 허용하고 있는데, 회사의 외부에 있는 제3자로서는 구체적 사안에서 어떠한 신용공여가 금지대상인지 여부를 알거나 판단하기 어려운 경우가 생길 수 있다. 상장회사와의 상거래가 빈번한 거래현실을 감안하면 제3자로 하여금 상장회사와 거래를 할 때마다 일일이 상법 제542조의 9 위반 여부를 조사·확인할 의무를 부담시키는 것은 상거래의 신속성이나 거래의 안전을 해친다. 따라서 상법 제542조의 9 제1항을 위반한 신용공여라고 하더라도 제3자가 그에 대해 알지 못하였고 알지 못한 데에 중대한 과실이 없는 경우에는 그 제3자에 대하여는 무효를 주장할 수 없다고 보아야 한다. 그러나 이 사건에서는 제3자에게 중과실이 있다고 보아 무효라고 판시함).

한 이는 입법상 과오에서 발생한 것이므로 해석상 상장회사에 대하여도 상법 제398조에 의한 이사회의 승인을 받아야 할 것으로 본다($\frac{상 542조의 2}{2항 적용배제}$). 그러나 입법론으로는 상법 제542조의 9 제3항 내지 제5항을 폐지하든가 또는 제398조와 조화할 수 있도록 수정하여 규정하여야 할 것으로 본다.

(나) **위반의 효과**　　　위의 제한행위에 대하여 이사회의 승인을 받지 않고 한 거래행위의 사법상 효력은 상법 제398조 위반의 효력과 같다고 본다.

이 경우 위반행위를 한 자($\frac{상법 635조 1항 각 호}{외의 부분에 규정된 자}$)는 5,000만원 이하의 과태료가 부과된다($\frac{상 635조}{3항 4호}$). 또한 이러한 회사의 이사 또는 집행임원은 법령위반의 행위를 한 것이므로 회사에 대하여 손해배상책임을 지는데($\frac{상 399조, 408조}{의 8 1항 · 3항}$), 이사 또는 집행임원의 이러한 책임의 면제 또는 감경에 대하여는 상법 제398조의 위반의 경우와 같다고 본다.[1]

(다) **예　　　외**　　　상장회사가 경영하는 업종에 따른 일상적인 거래로서 (i) 약관에 따라 정형화된 거래로서 대통령령으로 정하는 거래($\frac{약관의 규제에 관한 법률 2조 1호}{의 약관에 따라 이루어지는 거래}$) 또는 (ii) 이사회에서 승인한 거래총액의 범위 안에서 이행하는 거래는 이사회의 승인을 받지 아니하고 할 수 있다($\frac{상 542조의 9 5항}{전단, 상시 35조 9항}$).

이러한 행위를 이사회의 승인을 받지 않고 하더라도 위의 규모 이상인 거래의 경우에는 거래 후 처음으로 소집되는 정기주주총회에 해당 거래내용을 보고하여야 하는데, 위 (ii)에 해당하는 거래에 대하여는 그 거래내용을 주주총회에 보고하지 아니할 수 있다($\frac{상 542조의}{9 5항 후단}$).

5. 보고의무

(1) 의의 및 인정이유

이사($\frac{집행임원 설치회사에서는 '집}{행임원'을 의미한다. 이하 같다}$)의 보고의무는 이사회에 대한 보고의무와 감사(監事) 또는 감사위원회에 대한 보고의무의 두 경우가 있다.

1) 이사는 3개월에 1회 이상 업무의 집행상황을 이사회에 보고하여야 할 의무를 부담한다($\frac{상 393조 4항,}{408조의 6 1항}$). 이는 이사회의 활성화를 위한 방안의 하나로 2001년 개정상법에 의하여 신설된 것이고,[2] 집행임원에 대하여는 2011년 4월 개정상법에 의하여 신설된 것이다.

자본금 총액이 10억원 미만으로서 이사를 1명 또는 2명을 둔 소규모 주식회사

---

1) 입법론상 상법 제400조 2항에 "제542조의 9 제3항"을 포함시켜야 한다고 본다.
2) 이사의 정보접근권에 관한 미국과 한국의 법제와 현황에 대하여는 김대연, "이사의 정보접근권,"「비교사법」, 제8권 1호(하)(2001. 6), 701~728면 참조.

$\binom{상\,383조}{1항\,단서}$는 이사회가 없으므로, 이러한 규정이 적용되지 않는다$\binom{상\,383}{조\,5항}$.

집행임원 비설치회사의 경우 이사는 대표이사로 하여금 다른 이사 또는 피용자의 업무에 관하여 이사회에 보고할 것을 요구할 수 있는데$\binom{상\,393}{조\,3항}$, 대표이사는 이에 따를 의무가 있다. 집행임원 설치회사의 경우 집행임원은 이사회에 3개월에 1회 이상 하는 정기보고 외에도 이사회의 요구가 있으면 언제든지 이사회에 출석하여 요구한 사항을 보고할 의무가 있고$\binom{상\,408조}{의\,6\,\,2항}$, 이사는 대표집행임원으로 하여금 다른 집행임원 또는 피용자의 업무에 관하여 이사회에 보고할 것을 요구할 수 있는데$\binom{상\,408}{조\,의\,6\,\,3항}$ 대표집행임원은 이에 따를 의무가 있다.

2) 이사는 회사에 현저하게 손해를 미칠 염려가 있는 사실을 발견한 때에는 즉시 감사(監事) 또는 감사위원회에게 이를 보고하여야 할 의무를 부담한다$\binom{상\,412조의\,2,}{415조의\,2\,\,7항,\,408조의\,9}$. 이는 감사(監事) 또는 감사위원회에 의한 감사의 실시를 용이하게 하고 또한 회사의 손해를 사전에 방지할 수 있도록 하기 위하여 감사의 실효성을 확보하기 위한 방안의 하나로 인정된 것이다.[1] 이로 인하여 이사는 감사(監事) 또는 감사위원회의 요구가 있는 때에만 하는 소극적인 보고의무$\binom{상\,412조\,2항,\,415조}{의\,2\,\,7항,\,408조의\,9}$에서 감사(監事) 또는 감사위원회의 요구가 없더라도 스스로 하여야 하는 적극적인 보고의무를 부담하게 되었다.

자본금 총액이 10억원 미만으로서 감사(監事)를 선임하지 아니한 소규모 주식회사$\binom{상\,409}{조\,4항}$는 이러한 감사(監事)의 업무를 주주총회가 수행한다$\binom{상\,409}{조\,6항}$.

(2) 내   용

1) 이사가 이사회에 대한 보고의무를 부담하는 경우는 자기의 모든 업무집행과정에서 하는 것이고, 보고방법에는 제한이 없으므로 구두 또는 서면으로 보고할 수 있다.

2) 이사가 감사(監事) 또는 감사위원회에 대한 보고의무를 부담하는 경우는 모든 업무집행과정에서 하는 것은 아니고 「회사에 현저하게 손해[2]를 미칠 염려가 있는 사실을 발견한 때」$\binom{예컨대,\,회사의\,중요한\,거래처의\,도산,\,공장\,등의\,화재}{로\,인한\,소실,\,회사재산에\,대한\,횡령이\,있는\,경우\,등}$에 한하고, 이사의 위법행위를 원인으로 하여 발생하였는지 여부를 불문한다.[3] 이 때 이사의 보고방법에는 제한이 없으므로 구두 또는 서면으로 보고할 수 있고, 감사(監事)가 수 인이면 그 중 1인에게 보고하고 감사위원회에 보고하는 경우에는 위원 중의 1인에게 보고하면 충

---

1) 동지: 해설(1995), 140면; 日會 357조 1항.
2) 이러한 「현저한 손해」는 「회복할 수 없는 손해」(상 402조)와 구별되어, 이에 이르지 않아도 당해 회사에 있어서 중요하다고 인정되는 손해를 말한다[해설(1995), 141면].
3) 동지: 해설(1995), 140~141면.

분하다.[1)]

(3) 위반효과

이사가 이러한 보고의무에 위반하고 이로써 회사에 손해가 발생하면, 이사는 회사에 대하여 법령위반을 한 것으로써 손해배상책임을 진다($\binom{상 399조 1항, 408}{조의 8\ 1항 \cdot 3항}$). 이사가 감사(監事) 또는 감사위원회에 대한 보고의무를 위반하면, 감사(監事) 또는 감사위원회는 이를 감사보고서에 기재하여야 한다[2)]($\binom{상 447조의}{4\ 2항 10호}$).

6. 비밀유지의무

이사($\binom{집행임원 설치회사에서는 '집'}{행임원'을 포함한다. 이하 같다}$)는 재임중뿐만 아니라 퇴임 후에도 직무상 알게 된 회사의 영업상 비밀을 누설하여서는 아니되는 의무를 부담한다($\binom{상 382조의 4,}{408조의 9}$). 이사의 이러한 의무는 회사의 이익을 보호하기 위하여 정책적으로 인정한 법정의무라고 볼 수 있는데, 이사가 퇴임 후에도 이러한 의무를 부담하도록 한 점에서 법정의무로서의 의미가 크다고 볼 수 있다.

7. 감시의무

(1) 인정여부

1) 대표이사($\binom{집행임원 설치회사의 경우}{는 '대표집행임원'을 말한다}$)가 다른 이사($\binom{집행임원 설치회사의 경}{우는 '집행임원'을 말한다}$)의 직무집행을 감시할 의무가 있는 점은 그의 직무의 성질에서 당연하고, 공동대표이사($\binom{집행임원 설치}{회사의 경우는}$ '공동대표집행$\binom{}{임원'을 말한다}$)의 경우 각 대표이사($\binom{집행임원 설치회사의 경우}{는 '대표집행임원'을 말한다}$)는 다른 대표이사($\binom{집행임원 설치회사}{의 경우는 '대표집}$ 행임원' $\binom{}{을 말한다}$)의 직무집행을 상호 감시할 의무가 있다.[3)]

---

1) 동지: 해설(1995), 142면.
2) 동지: 해설(1995), 142면.
3) 동지: 대판 2008. 9. 11, 2006 다 68636(공보 2008, 1345)(대표이사는 이사회의 구성원으로서 다른 대표이사를 비롯한 업무담당이사의 전반적인 업무집행을 감시할 권한과 책임이 있으므로, 다른 대표이사나 업무담당이사의 업무집행이 위법하다고 의심할 만한 사유가 있음에도 악의 또는 중대한 과실로 인하여 감시의무를 위반하여 이를 방치한 때에는 그로 말미암아 제3자가 입은 손해에 대하여 배상책임을 면할 수 없다. 이러한 감시의무의 구체적인 내용은 회사의 규모나 조직, 업종, 법령의 규제, 영업상황 및 재무상태에 따라 크게 다를 수 있는바, 고도로 분업화되고 전문화된 대규모의 회사에서 공동대표이사와 업무담당이사들이 내부적인 사무분장에 따라 각자의 전문 분야를 전담하여 처리하는 것이 불가피한 경우라 할지라도 그러한 사정만으로 다른 이사들의 업무집행에 관한 감시의무를 면할 수는 없고, 그러한 경우 무엇보다 합리적인 정보 및 보고시스템과 내부통제시스템을 구축하고 그것이 제대로 작동하도록 배려할 의무가 이사회를 구성하는 개개의 이사들에게 주어진다는 점에 비추어 볼 때, 그러한 노력을 전혀 하지 아니하거나, 위와 같은 시스템이 구축되었다 하더라도 이를 이용한 회사 운영의 감시·감독을 의도적으로 외면한 결과 다른 이사의 위법하거나 부적절한 업무집행 등 이사들의 주의를 요하는 위험이나 문제점을 알지 못한 경우라면, 다른 이사의 위법하거나 부적절한 업무집행을 구체적으로 알지 못하였다는 이유만으로 책임을 면할 수는 없고, 위와 같은 지속적이거나 조직적인 감시 소홀의 결과로 발생한 다른

　　2) 집행임원 비설치회사의 경우 대표권이 없는 업무담당이사의 다른 이사(대표이사를 포함)의 직무집행에 대한 감시권도 그의 직무에서 대표이사와 동일하게 볼 수 있다.[1] 그러나 집행임원 설치회사의 경우 집행임원의 다른 집행임원(대표집행임원을 포함)의 직무집행에 대한 감시권은 (집행임원 비설치회사의 경우 이사회와 같은 의사결정기관이 별도로 없으므로) 원칙적으로 없다고 본다.

<hr>

이사나 직원의 위법한 업무집행으로 인한 손해를 배상할 책임이 있다); 동 2021. 11. 11, 2017 다 222368(공보 2022, 4)(이사가 고의 또는 과실로 법령 또는 정관에 위반한 행위를 하거나 그 임무를 게을리한 경우에는 그 이사는 회사에 대하여 연대하여 손해를 배상할 책임이 있다〈상법 제399조 제1항〉. 주식회사의 이사는 담당업무는 물론 다른 업무담당이사의 업무집행을 감시할 의무가 있으므로 스스로 법령을 준수해야 할 뿐 아니라 다른 업무담당이사들도 법령을 준수하여 업무를 수행하도록 감시·감독하여야 할 의무를 부담한다. 특히 대표이사는 회사의 영업에 관하여 재판상 또는 재판 외의 모든 행위를 할 권한이 있으므로〈상법 제389조 제3항, 제209조 제1항〉, 모든 직원의 직무집행을 감시할 의무를 부담함은 물론, 이사회의 구성원으로서 다른 대표이사를 비롯한 업무담당이사의 전반적인 업무집행을 감시할 권한과 책임이 있다. 따라서 다른 대표이사나 업무담당이사의 업무집행이 위법하다고 의심할 만한 사유가 있음에도 고의 또는 과실로 인하여 감시의무를 위반하여 이를 방치한 때에는 이로 말미암아 회사가 입은 손해에 대하여 상법 제399조 제1항에 따른 배상책임을 진다. 이사의 감시의무의 구체적인 내용은 회사의 규모나 조직, 업종, 법령의 규제, 영업상황 및 재무상태에 따라 크게 다를 수 있는데, 고도로 분업화되고 전문화된 대규모 회사에서 대표이사 및 업무담당이사들이 내부적인 사무분장에 따라 각자의 전문 분야를 전담하여 처리하는 것이 불가피한 경우라 할지라도 그러한 사정만으로 다른 이사들의 업무집행에 관한 감시의무를 면할 수는 없다. 그러한 경우 합리적인 정보 및 보고시스템과 내부통제시스템〈이하 '내부통제시스템'이라고 한다〉을 구축하고 그것이 제대로 작동되도록 하기 위한 노력을 전혀 하지 않거나 위와 같은 시스템이 구축되었다 하더라도 회사 업무 전반에 대한 감시·감독의무를 이행하는 것을 의도적으로 외면한 결과 다른 이사의 위법하거나 부적절한 업무집행 등 이사들의 주의를 요하는 위험이나 문제점을 알지 못하였다면, 이사의 감시의무 위반으로 인한 손해배상책임을 진다. 이러한 내부통제시스템은 비단 회계의 부정을 방지하기 위한 회계관리제도에 국한되는 것이 아니라, 회사가 사업운영상 준수해야 하는 제반 법규를 체계적으로 파악하여 그 준수 여부를 관리하고, 위반사실을 발견한 경우 즉시 신고 또는 보고하여 시정조치를 강구할 수 있는 형태로 구현되어야 한다. 특히 회사 업무의 전반을 총괄하여 다른 이사의 업무집행을 감시·감독하여야 할 지위에 있는 대표이사가 회사의 목적이나 규모, 영업의 성격 및 법령의 규제 등에 비추어 높은 법적 위험이 예상되는 경우임에도 이와 관련된 내부통제시스템을 구축하고 그것이 제대로 작동되도록 하기 위한 노력을 전혀 하지 않거나 위와 같은 시스템을 통한 감시·감독의무의 이행을 의도적으로 외면한 결과 다른 이사 등의 위법한 업무집행을 방지하지 못하였다면, 이는 대표이사로서 회사 업무 전반에 대한 감시의무를 게을리한 것이라고 할 수 있다); 동 2022. 7. 28, 2019 다 202146(공보 2022, 1737)(앞의 판결과 동지 내용); 日最高判 1969. 11. 26(民集 23-11, 2150).

1) 동지: 이(철), (회) 751~752면(그의 직무에서 다른 이사를 감시할 기회가 보다 많이 주어지기 때문이라고 한다); 대판 2023. 3. 30, 2019 다 280481(공보 2023, 753)(이사는 대표이사나 다른 이사가 선량한 관리자의 주의로써 직무를 수행하는지, 법령과 정관의 규정에 따라 회사를 위하여 직무를 충실하게 수행하는지를 감시·감독하여야 할 의무를 부담한다. 특정 이사가 대표이사나 다른 이사의 업무집행으로 인해 이익을 얻게 될 가능성이 있는 경우에도 그 이사는 이러한 감시·감독의무를 부담한다. 따라서 이사가 대표이사나 다른 이사의 업무집행이 위법하거나 이들이 선관주의의무나 충실의무를 위반하였다고 의심할 만한 사유가 있음에도 고의 또는 과실로 감시의무를 위반하여 이를 방치한 때에는 이로 말미암아 회사가 입은 손해에 대하여 상법 제399조 제1항에 따른 배상책임을 진다).

3) 집행임원 비설치회사의 경우 대표권도 없고 업무도 담당하지 않는 평이사(사외이사 또는 비상근이사)는 다른 이사에 대한 감시의무를 부담하는가. 이러한 평이사가 이사회를 통하여 다른 이사의 직무집행을 감시(감독)하는 점(소극적 감시의무)은 상법의 규정상 명백하다($\frac{상 393}{조 2항}$). 그런데 이러한 평이사가 이사회를 통하지 않고 개별적으로 회사의 업무 전반에 관하여 다른 이사에 대하여 감시의무(적극적 감시의무)를 부담하는가에 대하여는 의문이 있다. 이에 대하여 (i) 이사의 직무집행에 대한 감독($\frac{상 393}{조 2항}$) 및 이사의 의무위반에 대한 책임($\frac{상 399}{조 2항}$)에 관한 상법의 규정을 엄격하게 해석하여 평이사에게 그러한 감시의무가 없다는 부정설도 있으나,[1] (ii) 이사는 회사에 대하여 개인적으로 선관의무 및 충실의무를 부담하고 이사의 직무집행에 대한 이사회의 감독기능의 효율성을 높인다는 점 등에서 볼 때 이를 인정하는 긍정설이 타당하다고 본다.[2]

우리나라의 대법원도 평이사의 감시의무를 인정하는 입장에서, 「주식회사의 업무집행을 담당하지 않는 평이사는 대표이사를 비롯한 업무담당이사의 전반적인 업무집행을 감시할 수 있는 것이므로, 업무담당이사의 업무집행이 위법하다고 의심할 만한 사유가 있었음에도 불구하고 평이사가 감시의무를 위반하여 이를 방치할 때에는, 이로 말미암아 회사가 입은 손해에 대하여 배상책임을 면할 수 없다」고 판시하고 있다.[3]

---

1) 大阪谷公雄, "取締役の責任,"「株式會社法講座」, 第3卷, 1121면.
2) 동지: 정(동), (회) 429~430면(동 교수는 이사의 경업피지의무·자기거래금지의무는 이사의 충실의무에 근거를 두면서, 이사의 감시의무는 이사의 선관의무에 근거를 둔다); 이(철), (회) 753~754면(평이사는 경영 전반의 개황을 파악해야 하고, 이를 벗어나는 사항은 그가 '알았거나 알 수 있었을 경우'에 한하여 감시의무를 부담한다고 한다).
　미국법상 이사의 감시의무에 관한 소개로는 김이수, "미국법상 이사의 감시의무와 위반책임,"「상사법연구」, 제20권 1호(2001), 307~346면; 김성호, "미국에서의 이사의 감시의무와 책임의 완화,"「상사법연구」, 제19권 3호(2001), 189~216면; 정봉진, "이사의 감시의무에 관한 미국법 연구,"「비교사법」, 제10권 2호(2003. 6), 357~391면 참조.
3) 대판·1985. 6. 25, 84 다카 1954(공보 758, 1049; 집 33 ② 민 103). 동지: 대판 2002. 5. 24, 2002 다 8131(신문 3084, 9); 동 2004. 12. 10, 2002 다 60467(공보 2005, 87)(주식회사의 이사는 이사회의 일원으로서 이사회에 상정된 의안에 대하여 찬부의 의사표시를 하는 데에 그치지 않고, 담당업무는 물론 다른 업무담당이사의 업무집행을 전반적으로 감시할 의무가 있으므로, 주식회사의 이사가 다른 업무담당이사의 업무집행이 위법하다고 의심할 만한 사유가 있음에도 불구하고 이를 방치한 때에는 이로 말미암아 회사가 입은 손해에 대하여 배상책임을 면할 수 없다); 동 2007. 9. 20, 2007 다 25865(공보 2007, 1632)(주식회사의 이사는 이사회의 일원으로서 이사회에 상정된 의안에 대하여 찬부의 의사표시를 하는 데 그치지 않고, 담당업무는 물론 다른 업무담당이사의 업무집행을 전반적으로 감시할 의무가 있으므로, 주식회사의 이사가 다른 업무담당이사의 업무집행이 위법하다고 의심할 만한 사유가 있음에도 불구하고 이를 방치한 때에는 이사에게 요구되는 선관주의의무 내지 감시의무를 해태한 것이므로 이로 말미암아 회사가 입은 손해에 대하여 배상책임을 면할 수 없다); 동 2007. 12. 13, 2007 다 60080(공보 2008, 25)(주식회사의 이

그런데 집행임원 설치회사의 경우 사외이사는 이사회를 통하여 집행임원에 대한 감독권을 행사하는 것($\frac{상\ 408조의}{2\ 3항\ 2호}$)뿐만 아니라, 이사회를 통하지 않고 개별적으로 집행임원에 대하여 이러한 감시의무(적극적 감시의무)를 부담한다고 본다.

4) 자본금 총액이 10억원 미만으로서 이사가 1명인 경우는 문제가 되지 않고, 2명인 소규모 주식회사의 경우에는 각 이사($\frac{정관에\ 따라\ 대표이사를}{정한\ 경우에는\ 그\ 대표이사}$)가 (회사의 업무를 집행하고) 회사를 대표하므로($\frac{상\ 383조\ 1}{항\ 단서 \cdot 6항}$) 이 때에 각 이사는 다른 이사의 업무집행에 대한 감시의무가 있다고 본다. 즉, 이사가 2명이면서 각 이사가 (회사의 업무를 집행하고)

사는 이사회의 일원으로서 이사회에 상정된 의안에 대하여 찬부의 의사표시를 하는 데 그치지 않고, 담당업무는 물론 다른 업무담당이사의 업무집행을 전반적으로 감시할 의무가 있으므로, 주식회사의 이사가 다른 업무담당이사의 업무집행이 위법하다고 의심할 만한 사유가 있음에도 불구하고 이를 방치한 때에는 그로 말미암아 회사가 입은 손해에 대하여 배상책임을 면할 수 없다); 서울지판 2000. 11. 21, 2000 가합 57165(신문 2937, 11)(임원에 대한 보수지급행위가 주주총회에서 주주 전원의 동의가 있었다고 하더라도 그 보수지급이 회사의 채권자를 해하는 등 객관적으로 위법·불공정하면 평이사는 감시의무 위반의 책임을 진다)[이 판결에 대하여 원칙적으로 찬성하면서 보수지급행위로 인하여 회사채권자의 채권실현이 어느 정도로 침해되고 있는지에 관한 판단도 있어야 한다는 점 등을 지적한 평석으로는 김재범, "평이사의 감시의무 위반과 주주총회의 동의," 「안암법학」(안암법학회 편), 통권 제13호(2001), 345~366면 참조]; 대판 2022. 5. 12, 2021다 279347(공보 2022, 1115)(이사가 고의 또는 과실로 법령 또는 정관에 위반한 행위를 하거나 그 임무를 게을리한 경우에는 그 이사는 회사에 대하여 연대하여 손해를 배상할 책임이 있다〈상법 제399조 제1항〉. 주식회사의 이사는 담당업무는 물론 대표이사나 업무담당이사의 업무집행을 감시할 의무가 있으므로 스스로 법령을 준수해야 할 뿐 아니라 대표이사나 다른 업무담당이사도 법령을 준수하여 업무를 수행하도록 감시·감독하여야 할 의무를 부담한다. 이러한 감시·감독의무는 사외이사 등 회사의 상무에 종사하지 않는 이사라고 하여 달리 볼 것이 아니다. 따라서 주식회사의 이사가 대표이사나 업무담당이사의 업무집행이 위법하다고 의심할 만한 사유가 있음에도 고의 또는 과실로 인하여 감시의무를 위반하여 이를 방치한 때에는 이로 말미암아 회사가 입은 손해에 대하여 상법 제399조 제1항에 따른 배상책임을 진다. 이사의 감시의무의 구체적인 내용은 회사의 규모나 조직, 업종, 법령의 규제, 영업상황 및 재무상태에 따라 크게 다를 수 있다. 특히 고도로 분업화되고 전문화된 대규모 회사에서 대표이사나 일부 이사들만이 내부적인 사무분장에 따라 각자의 전문 분야를 전담하여 처리하는 것이 불가피한 경우에도, 모든 이사는 적어도 회사의 목적이나 규모, 영업의 성격 및 법령의 규제 등에 비추어 높은 법적 위험이 예상되는 업무와 관련해서는 제반 법규를 체계적으로 파악하여 그 준수 여부를 관리하고 위반사실을 발견한 경우 즉시 신고 또는 보고하여 시정조치를 강구할 수 있는 형태의 내부통제시스템을 구축하여 작동되도록 하는 방식으로 감시의무를 이행하여야 한다. 다만 회사의 업무집행을 담당하지 않는 사외이사 등은 내부통제시스템이 전혀 구축되어 있지 않는데도 내부통제시스템 구축을 촉구하는 등의 노력을 하지 않거나 내부통제시스템이 구축되어 있더라도 제대로 운영되고 있지 않다고 의심할 만한 사유가 있는데도 이를 외면하고 방치하는 등의 경우에 감시의무 위반으로 인정될 수 있다. 이사가 고의 또는 과실로 법령 또는 정관에 위반한 행위를 하거나 그 임무를 게을리함으로써 회사에 대하여 손해를 배상할 책임이 있는 경우에 그 손해배상의 범위를 정함에 있어서는, 당해 사업의 내용과 성격, 당해 이사의 임무위반의 경위 및 임무위반행위의 태양, 회사의 손해 발생 및 확대에 관여된 객관적인 사정이나 그 정도, 평소 이사의 회사에 대한 공헌도, 임무위반행위로 인한 당해 이사의 이득 유무, 회사의 조직체계의 흠결 유무나 위험관리체제의 구축 여부 등 제반 사정을 참작하여 손해분담의 공평이라는 손해배상제도의 이념에 비추어 그 손해배상액을 제한할 수 있는데, 이 때에 손해배상액 제한의 참작 사유에 관한 사실인정이나 그 제한의 비율을 정하는 것은 그것이 형평의 원칙에 비추어 현저히 불합리한 것이 아닌 한 사실심의 전권사항이다).

회사를 대표하는 경우에는 각 이사가 다른 이사의 업무집행에 대한 감시의무를 부담하고, 정관에 따라 대표이사를 정하고 그 대표이사만이 회사의 업무를 집행하고 회사를 대표하는 경우에는 다른 이사가 대표이사에 대한 이러한 감시의무를 부담한다고 본다.

(2) 인정범위

집행임원 비설치회사의 경우 위와 같이 평이사에게 감시의무를 인정한다고 하더라도, 업무집행을 담당하지 않는 평이사가 회사의 모든 업무집행에 관하여 적극적으로 상황을 파악하여 위법 또는 부당한지 여부에 대한 감시를 한다는 것은 불가능하거나 또는 실현성이 없다. 따라서 평이사는 다른 이사의 업무집행이 위법함을 「알았거나 또는 알 수 있었을 경우」에만 감시의무를 부담한다고 본다.[1]

집행임원 설치회사의 경우 사외이사의 감시의무에 대하여도 이 점은 같다고 본다.

(3) 위반효과

평이사(집행임원 설치회사의 경우는 '사외이사'를 말한다)가 위와 같은 감시의무에 위반하면 선관의무 및 충실의무에 위반하여 임무를 해태한 것이 되므로, 그 이사는 회사에 대하여 손해배상책임을 지고[2](상 399조, 408조의 8 1항·3항), 악의 또는 중과실이 있으면 제3자에 대하여도 손해배상책임을 진다(상 401조, 408조의 8 2항·3항).

제 7 이사 · 집행임원의 책임

이사(집행임원 설치회사의 경우 '집행임원'을 포함한다. 이하 같다)의 책임[3]은 발기인의 그것과 같이 크게 「회사에 대한 책임」과 「제3자에 대한 책임」으로 분류되고, 회사에 대한 책임은 다시 업무집행과 관련한 「손해배상책임」(상 399조, 408조의 8 1항·3항)과 「자본금 충실의 책임」(집행임원은 이러한 책임이 없음)(상 428조)으로 분류된다. 이사의 제3자에 대한 책임은 언제나 업무집행과 관련한 손해배상책임이다(상 401조, 408조의 8 2항·3항). 이사의 이러한 책임은 민사책임으로 이사가 무자력인 경우에는 실효가 없다(따라서 이에 대하여 이사의 책임보험제도를 도입할 필요가 있다는 견해[4]도 있다). 이사는 이 외에도 벌칙의 제재를 받

---

1) 동지: 정(동), (회) 430면; 이(철), (회) 754면(평이사는 회사의 경영 전반의 개황을 파악하여 감시할 의무를 부담하는데, 다만 경영 전반의 개황을 벗어나는 사항은 평이사가 이를 '알았거나 알 수 있었을 경우'에 한하여 감시의무를 부담한다고 한다); 상게 대판 1985. 6. 25, 84 다카 1954(평이사는 다른 업무집행이사의 업무집행이 위법하다고 의심할 만한 사유가 있는 경우에 감시의무를 부담한다고 함).
2) 동지: 상게 대판 1985. 6. 25, 84 다카 1954.
3) 사외이사의 책임에 관하여는 김재걸, "주식회사의 사외이사의 책임에 관한 법적 고찰(일본의 판례를 중심으로 하여)," 「상사법연구」, 제21권 2호(2002), 289~329면 참조.
4) 정(동), (회) 446면; 김문환, "이사의 회사에 대한 책임," 「회사법의 현대적 과제」(무애서돈각

는다($\frac{상\,3편\,7}{장\,참조}$).

1. 회사에 대한 책임

(1) 손해배상책임

이사는 회사에 대하여 수임인으로서 선관의무를 부담하고($\frac{상\,382조\,2항\,\cdot\,408조}{의\,2\,2항,\,민\,681조}$) 또한 충실의무를 부담하므로($\frac{상\,382조의}{3,\,408조의\,9}$) 채무불이행으로 인한 손해배상책임($\frac{민}{390조}$)을 지고, 또 불법행위의 요건을 갖춘 때에는 불법행위로 인한 손해배상책임($\frac{민}{750조}$)[1]을 지는 것은 말할 나위가 없다. 그러나 광범위한 권한을 갖고 있는 이사의 지위에서 상법은 이사에게 이러한 민법상의 일반책임에 대한 특칙으로 이사의 책임을 규정하고 있다.[2] 즉, 상법은 이사의 회사에 대한 책임에 관하여 「이사가 고의 또는 과실로 법령이나 정관을 위반한 행위를 하거나 그 임무를 게을리한 경우에는, 그 이사는 회사에 대하여 연대하여 손해를 배상할 책임이 있다」($\frac{상\,399}{조\,1항}$)고 규정하고,[3] 집행임원의 회사에 대한 책임에 관하여 「집행임원이 고의 또는 과실로 법령이나 정관을 위반한 행위를 하거나 그 임무를 게을리한 경우에는 그 집행임원은 집행임원 설치회사에 손해를 배상할 책임이 있다」($\frac{상\,408조}{의\,8\,1항}$)고 규정하고 있다. 이사의 책임은 연대책임이나 집행임원의 책임은 연대책임이 아닌 점에서 집행임원의 책임에 대하여 별도로 규정하고 있다.

1) 책임의 원인 및 성질   이사가 책임을 지는 원인은 「이사가 고의 또는 과실로 법령이나 정관을 위반한 행위를 하거나」 또는 「고의 또는 과실로 임무를 게을리한 경우」인데, 이를 좀더 상세히 살펴보면 다음과 같다.

박사화갑기념논문집)(법문사, 1981), 145면 이하.

1) 참고: 대판 2016. 2. 18, 2015 다 13386(주식회사의 대표이사가 회사의 금원을 인출하여 사용하였는데 그 사용처에 관한 증빙자료를 제시하지 못하고 있고 그 인출사유와 금원의 사용처에 관하여 납득할 만한 합리적인 설명을 하지 못하고 있다면, 이러한 금원은 그가 불법영득의 의사로 회사의 금원을 인출하여 개인적 용도로 사용한 것으로 추단할 수 있다〈대법원 2008. 3. 27. 선고 2007 도 9250 판결, 대법원 2010. 4. 29. 선고 2007 도 6553 판결 등〉는 기존 형사판례의 법리에 따라, 피고가 인출한 회사 자금의 사용처에 대하여 납득할 만한 설명을 하지 못하고 있는 이상 이를 개인적 용도로 사용하여 횡령한 것으로 추단하여야 한다).

2) 동지: 정(동), (회) 446면(상법은 민법의 일반책임 외에 특별책임을 규정하고 있다고 한다); 이(철), (회) 790면(상법은 이사의 지위의 특수성을 감안하여 민법상의 채무불이행책임이나 불법행위책임과는 다른 특수한 책임을 인정하고 있다고 한다).
   반대: 전계 대판 1985. 6. 25, 84 다카 1954(상법 제399조 1항의 임무해태로 인한 책임은 위임관계로 인한 채무불이행책임이라고 한다).

3) 상법 제399조 제1항에 대하여, 헌법재판소는 재산권을 침해하지 않는다고 판시하였다(헌결 2015. 3. 26, 2014 헌바 202).

(가) 이사가 「고의 또는 과실로 법령[1]이나 정관을 위반한 행위를 한 경우」란 다음과 같은 경우이다. 예컨대, 상법에 위반하여 자기주식을 취득하거나($\substack{상\ 341조,\\ 341조의\ 2}$), 손실전보나 법정준비금을 적립하지 아니하고 이익배당안을 주주총회에 제출하거나($\substack{상\ 462\\ 조\ 참조}$), 배당가능이익이 없음에도 있는 것으로 재무제표를 분식하여 주주에 대하여 이익배당을 하거나($\substack{상\\462조}$),[2] 이사회($\substack{이사가\ 1명\ 또는\ 2명인\ 소규모\ 주식회사의\ 경우에\\는\ 이사회가\ 없으므로\ 주주총회\ -\ 상\ 383조\ 4항}$)의 승인 없이 경업피지의무 또는 회사기회유용금지의무를 위반한 행위를 하거나($\substack{상\ 397조,\ 397조\\의\ 2,\ 408조의\ 9}$), 이사회($\substack{이사가\ 1명\ 또는\ 2명인\ 소규모\ 주식회사의\ 경우에\\는\ 이사회가\ 없으므로\ 주주총회\ -\ 상\ 383조\ 4항}$)의 승인 없이 자기거래를 하거나($\substack{상\ 398조,\\408조의\ 9}$), 또는 인수인과 통모하여 현저하게 불공정한 발행가액으로 주식을 인수시킨 경우($\substack{상\ 424\\조의\\2\ 3항}$),[3] 이사가 자본금 감소를 위한 주식소각 과정에서 법령을 위반하여 회사에 손해를 끼친 경우($\substack{상\\445조}$)[4] 등이다.[5] 또한 이사가 「회사의 자금으로 뇌물을 공여한 경우」도 이에 해당한다.[6]

이와 같이 이사가 법령에 위반한 행위를 한 때에는 경영판단의 원칙이 적용될 여지가 없다.[7]

---

1) 이 때의 '법령'은 법률과 그 밖의 법규명령으로서의 대통령령·총리령·부령 등을 의미하고, 종합금융회사 업무운용지침·외화자금거래취급요령·외국환관리규정·종합금융회사 내부의 심사관리규정 등은 이에 해당하지 않는다[대판 2006. 11. 9, 2004 다 41651·41668(공보 2006, 2053)].
2) 대판 2007. 11. 30, 2006 다 19603(공보 2007, 2043).
3) 입법론상 상법 제424조의 2 제1항 및 제3항에 '집행임원'을 추가하여야 한다고 본다.
4) 대판 2021. 7. 15, 2018 다 298744(공보 2021, 1478)(이사가 고의 또는 과실로 법령 또는 정관에 위반한 행위를 하거나 그 임무를 게을리한 경우에는 그 이사는 회사에 대하여 연대하여 손해를 배상할 책임이 있다〈상법 제399조 제1항〉. 이사가 임무를 수행함에 있어서 법령을 위반한 행위를 한 때에는 그 행위 자체가 회사에 대하여 채무불이행에 해당하므로, 그로 인하여 회사에 손해가 발생한 이상 특별한 사정이 없는 한 손해배상책임을 면할 수 없다. 자본금 감소를 위한 주식소각 절차에 하자가 있다면, 주주 등은 자본금 감소로 인한 변경등기가 된 날부터 6개월 내에 소로써만 무효를 주장할 수 있다〈상법 제445조〉. 그러나 이사가 주식소각 과정에서 법령을 위반하여 회사에 손해를 끼친 사실이 인정될 때에는 감자무효의 판결이 확정되었는지 여부와 관계없이 상법 제399조 제1항에 따라 회사에 대하여 손해배상책임을 부담한다).
5) 동지: 정(희), 491면; 정(동), (회) 447면.
6) 대판 2005. 10. 28, 2003 다 69638(공보 2005, 1847).
7) 대판 2005. 10. 28, 2003 다 69638; 동 2006. 11. 9, 2004 다 41651·41668(공보 2006, 2053); 동 2007. 7. 26, 2006 다 33609(공보 2007, 1346)(상법 제399조는 이사가 법령에 위반한 행위를 한 경우에 회사에 대하여 손해배상책임을 지도록 규정하고 있는데, 이사가 임무를 수행함에 있어서 위와 같이 법령에 위반한 행위를 한 때에는 그 행위 자체가 회사에 대하여 채무불이행에 해당하므로, 그로 인하여 회사에 손해가 발생한 이상 특별한 사정이 없는 한 손해배상책임을 면할 수 없다. 한편, 이사가 임무를 수행함에 있어서 선량한 관리자의 주의의무를 위반하여 임무위반으로 인한 손해배상책임이 문제되는 경우에도, 통상의 합리적인 금융기관의 임원이 그 당시의 상황에서 적합한 절차에 따라 회사의 최대이익을 위하여 신의성실에 따라 직무를 수행하였고 그 의사결정과정 및 내용이 현저하게 불합리하지 않다면, 그 임원의 행위는 경영판단이 허용되는 재량범위 내에 있다고 할 것이나, 위와 같이 이사가 법령에 위반한 행위에 대하여는 원칙적으로 경영판단의 원칙이 적용되지 않는다); 동 2008. 4. 10, 2004 다 68519(공보 2008, 646)(상법

이러한 이사의 법령이나 정관을 위반한 행위에 대한 책임은 과실책임이다[1]($\frac{상}{399}$조 1항, $\frac{408}{조의 8}$ 1항). 2011년 4월 개정상법 이전에는 이에 대하여 상법에 명문규정이 없어 과실책임인지 여부에 대하여 학설이 나뉘어 있었는데, 2011년 4월 개정상법에서는 이에 대하여「고의 또는 과실로」라고 명문으로 규정하여 과실책임임을 입법적으로 해결하였다.

(나) 이사가「고의 또는 과실로 임무를 게을리한 경우」란 이사의 감독불충분으로 지배인이 회사재산을 낭비한 경우, 이사의 조사불충분으로 대차대조표를 잘못 작성하여 부당하게 이익배당을 한 경우,[2] 이사회가 채권을 회수할 수 있는 조치를 취함이 없이 만연히 채권을 포기하고 이를 위한 저당권 설정등기까지 말소한다는 결의를 한 경우,[3] (상호신용금고의) (대표)이사가 재직 당시 동일인에 대한 대출한도를 초과하여 돈을 대출하면서 충분한 담보를 확보하지 아니하는 등 그 임무를 게을리하여 회사(상호신용금고)로 하여금 대출금을 회수하지 못하게 하는 손해를 입게 한 경우,[4] 평이사가 대표이사 등 업무담당이사의 업무집행이 위법하다고 의심할 만한 사

제399조는 이사가 법령을 위반한 행위를 한 경우에 회사에 대하여 손해배상책임을 지도록 규정하고 있는데, 이사가 임무를 수행하면서 위와 같이 법령을 위반한 행위를 한 때에는 그 행위 자체가 회사에 대한 채무불이행에 해당하므로, 그로 인하여 회사에 손해가 발생한 이상 특별한 사정이 없는 한 손해배상책임을 면할 수 없고, 법령을 위반한 행위에 대하여는 원칙적으로 경영판단의 원칙이 적용되지 않는다).

1) 동지: 대판 2007. 9. 20, 2007 다 25865(공보 2007, 1632)(상법 제399조는 이사가 법령 또는 정관에 위반한 행위를 하거나 그 임무를 해태한 때에는 회사에 대하여 손해배상책임을 지도록 규정하고 있는데, 이사가 회사에 대하여 손해배상책임을 지는 사유가 되는 법령에 위반한 행위는 이사로서 임무를 수행함에 있어서 준수하여야 할 의무를 개별적으로 규정하고 있는 상법 등의 제 규정과 회사가 영업활동을 함에 있어서 준수하여야 할 제 규정을 위반한 경우가 이에 해당하고, 이사가 임무를 수행함에 있어서 위와 같은 법령에 위반한 행위를 한 때에는 그 행위 자체가 회사에 대하여 채무불이행에 해당하므로 이로 인하여 회사에 손해가 발생한 이상 손해배상책임을 면할 수 없다); 정(동), (회) 448면; 이(철), (회) 791~792면; 채, 564면; 이(기) 외, (회) 346면; 허덕회, "이사의 법령위반행위에 대한 책임,"「상사법연구」, 제22권 1호(2003), 359~392면(이사는 자신의 직무가 법령에 위반한다는 인식이 없는 상태에서 행위를 하였으나, 그 후에 법령에 위반한다는 결과가 나온 경우에는, 이사가 합리적으로 신뢰할 수 있는 전문가의 의견을 들어야 하는 조사의무의 이행결과에 따라 그 책임을 결정하면 될 것이다); 독일 주식법 제93조 2항 2 문(이는 이사의 책임이 과실책임을 전제로 한다고 볼 수 있다).

2) 동지: 日大判 1908. 5. 4(民集 14, 532).

3) 동지: 대판 1965. 1. 26, 64 다 1324(민판집 86, 366).

4) 대판 2002. 2. 26, 2001 다 76854(공보 2002, 810). 동지: 대판 2002. 3. 15, 2000 다 9086(공보 2002, 864)(금융기관인 은행은 주식회사로 운영되기는 하지만, 이윤추구만을 목표로 하는 영리법인인 일반의 주식회사와는 달리 예금자의 재산을 보호하고 신용질서 유지와 자금중개 기능의 효율성 유지를 통하여 금융시장의 안정 및 국민경제의 발전에 이바지해야 하는 공공적 역할을 담당하는 위치에 있는 것이기에, 은행의 그러한 업무의 집행에 임하는 이사는 일반의 주식회사 이사의 선관의무에서 더 나아가 은행의 그 공공적 성격에 걸맞는 내용의 선관의무까지 다할 것이 요구된다 할 것이고, 따라서 금융기관의 이사가 위와 같은 선량한 관리자의 주의의무에 위반

유가 있음에도 감시의무를 위반하여 방치한 경우,[1] 주식회사의 이사 내지 대표이사가 개인적으로 지급의무를 부담하여야 할 사저(私邸)근무자들의 급여를 회사의 자금으로 지급하도록 한 경우,[2] 주식회사의 대표이사가 이사회결의 등 적법한 절차를 거치지 않고 제3자의 회사에 대한 채무를 면제한 경우[3] 등이다.[4]

하여 자신의 임무를 해태하였는지의 여부는 그 대출결정에 통상의 대출담당임원으로서 간과해서는 안 될 잘못이 있는지의 여부를 금융기관으로서의 공공적 역할의 관점에서 대출의 조건과 내용, 규모, 변제계획, 담보의 유무와 내용, 채무자의 재산 및 경영상황, 성장가능성 등 여러 가지 사항에 비추어 종합적으로 판정해야 한다. 이러한 점에서 볼 때 본 건의 경우 은행의 대표이사 내지 이사가 〈한보철강에 대한〉 대출결정에 있어서 선관의무에 위반하여 임무를 해태하였다고 볼 수 있으므로 회사에 대하여 손해배상책임을 진다)[이 판결에 찬성하는 취지의 논문으로는 정대, "미국의 금융기관 이사의 주의의무에 관한 고찰," 「비교사법」, 제9권 2호(2002. 8), 319~350면; 동, "미국 금융기관 이사의 주의의무와 책임에 관한 연구," 「기업법연구」(한국기업법학회), 제10집(2002), 259~295면 참조]; 동 2002. 6. 14, 2001 다 52407(공보 2002, 1650)(금융기관의 임원, 특히 새마을금고의 임원이 대출을 결정함에 있어서 임원이 법령이나 정관에 위반한 대출이었음을 알았거나 또는 부정한 청탁을 받거나 당해 대출에 관한 어떤 이해관계가 있어 자기 또는 제3자의 부정한 이익을 취득할 목적으로 대출을 감행한 경우 또는 조금만 주의를 기울였으면 임원으로서의 주의의무를 다할 수 있었을 것임에도 그러한 주의를 현저히 게을리하여 쉽게 알 수 있었던 사실을 알지 못하고 대출을 실행한 경우에는 회사에 대하여 고의 또는 중과실로 인한 책임을 진다); 동 2002. 6. 14, 2002 다 11441(공보 2002, 1658)(상호신용금고의 대표이사가 재직 당시 동일인에 대한 대출 한도를 초과하여 돈을 대출하면서 충분한 담보를 확보하지 아니하는 등 그 임무를 해태하여 상호신용금고로 하여금 대출금을 회수하지 못하게 하는 손해를 입게 한 경우, 회수하지 못한 대출금 중 동일인 대출 한도를 초과한 금액에 해당하는 손해를 상법 제399조에 따라 상호신용금고에게 배상할 책임이 있다. 이 때 동 상호신용금고의 사실상의 1인주주인 그 대표이사로부터 상호신용금고의 100% 주식과 경영권을 양수한 자 및 새로운 경영진도 그 대표이사에 대하여 이러한 손해배상을 청구할 수 있다)[이 판결에 대하여 찬성하는 취지의 평석으로는 정진세, 「JURIST」, Vol. 384(2002. 9), 67~71면].

1) 동지: 대판 1985. 6. 25, 84 다카 1954(공보 758, 1049; 집 33 ② 민 103).
2) 동지: 대판 2007. 10. 11, 2007 다 34746(공보 2007, 1750)(주식회사의 이사 내지 대표이사가 개인적으로 지급의무를 부담하여야 할 사저〈私邸〉 근무자들의 급여를 회사의 자금으로 지급하도록 한 행위는 이사로서의 선관주의의무를 위반하여 회사로 하여금 그 급여액 상당의 손해를 입게 한 것이므로 위 이사는 상법 제399조 1항에 따라 회사가 입은 손해를 배상할 책임이 있다. 이 때 이사가 법령 또는 정관에 위반한 행위를 하거나 그 임무를 해태함으로써 회사에 대하여 손해를 배상할 책임이 있는 경우에 그 손해배상의 범위를 정함에 있어서는, 당해 사업의 내용과 성격, 당해 이사의 임무위반의 경위 및 임무위반행위의 태양, 회사의 손해 발생 및 확대에 관여된 객관적인 사정이나 그 정도, 평소 이사의 회사에 대한 공헌도, 임무위반행위로 인한 당해 이사의 이득 유무, 회사의 조직체계의 흠결 유무나 위험관리체제의 구축 여부 등 제반 사정을 참작하여 손해분담의 공평이라는 손해배상제도의 이념에 비추어 그 손해배상액을 제한할 수 있는데, 이 때에 손해배상액 제한의 참작 사유에 관한 사실인정이나 그 제한의 비율을 정하는 것은 민법상 과실상계의 사유에 관한 사실인정이나 그 비율을 정하는 것과 마찬가지로 그것이 형평의 원칙에 비추어 현저히 불합리한 것이 아닌 한 사실심의 전권사항이다).
3) 대판 2012. 7. 12, 2012 다 20475(공보 2012, 1416)(그런데 이 판결에서는 대표이사의 불법행위책임을 인정하고, 채무면제행위 당시 대표이사와 감사가 함께 그 자리에 있었음에도 감사가 필요한 조치를 전혀 취하지 않았다면 민법 제766조 제1항의 '손해 및 가해자를 안 날'이란 대표이사 및 감사를 제외한 다른 임원 또는 사원이나 직원 등이 이를 안 때를 기산점으로 하여야 한다고 한다).

그러나 이사가 단순히 경영상의 판단(business judgement)을 잘못한 것은 임무를

---

4) 대판 2010. 7. 29, 2008 다 7895(공보 2010, 1741)(정부투자기관인 한국석유공사의 사장 및 부
사장이자 이사들인 갑과 을이 전환사채 인수의 형식을 취하고 있으나 실질적으로 출자에 해당하
는 '전자석유거래소 개설·운영을 위한 합작회사 설립 및 업무협력에 관한 기본합의'를 이사회의
심의·의결을 거치지 않고 독단적으로 체결한 것은 위 공사의 이사로서 직무상 충실 및 선관주의
의무를 해태한 행위에 해당하므로, 갑과 을은 구 정부투자기관 관리기본법 제13조의 7 제1항 및
상법 제399조에 의한 책임을 진다); 동 2019. 5. 16, 2016 다 260455(공보 2019, 1222)(주식회
사 이사들이 이사회에서 회사의 주주 중 1인에 대한 기부행위를 결의하면서 기부금의 성격, 기부
행위가 회사의 설립 목적과 공익에 미치는 영향, 회사 재정상황에 비추어 본 기부금 액수의 상당
성, 회사와 기부상대방의 관계 등에 관하여 합리적인 정보를 바탕으로 충분한 검토를 거치지 않았다
면, 이사들이 결의에 찬성한 행위는 이사의 선량한 관리자로서의 주의의무에 위배되는 행위에 해
당한다. 카지노사업자인 갑 주식회사의 이사회에서 주주 중 1인인 을 지방자치단체에 대한 기부
행위를 결의하였는데, 갑 회사가 이사회 결의에 찬성한 이사인 병 등을 상대로 상법 제399조에 따
른 손해배상을 구한 사안에서, 위 이사회 결의는 폐광지역의 경제 진흥을 통한 지역 간 균형발전
및 주민의 생활향상이라는 공익에 기여하기 위한 목적으로 이루어졌고, 기부액이 갑 회사 재무상
태에 비추어 과다하다고 보기 어렵다고 하더라도, 기부행위가 폐광지역 전체의 공익 증진에 기여
하는 정도와 갑 회사에 주는 이익이 그다지 크지 않고, 기부의 대상 및 사용처에 비추어 공익 달
성에 상당한 방법으로 이루어졌다고 보기 어려울 뿐만 아니라 병 등이 이사회에서 결의를 할 당시
위와 같은 점들에 대해 충분히 검토하였다고 보기도 어려우므로, 병 등이 위 결의에 찬성한 것은
이사의 선량한 관리자로서의 주의의무에 위배되는 행위에 해당한다고 본 원심판단은 타당하다);
동 2019. 11. 28, 2017 다 244115(공보 2020, 166)(주식회사의 이사는 선량한 관리자의 주의로
써 대표이사 및 다른 이사들의 업무집행을 전반적으로 감시할 권한과 책임이 있고, 주식회사의 이
사회는 중요한 자산의 처분 및 양도, 대규모 재산의 차입 등 회사의 업무집행사항에 관한 일체의
결정권을 갖는 한편, 이사의 직무집행을 감독할 권한이 있다. 따라서 이사는 이사회의 일원으로
서 이사회에 상정된 안건에 관해 찬부의 의사표시를 하는 데 그치지 않고, 이사회 참석 및 이사회
에서의 의결권 행사를 통해 대표이사 및 다른 이사들의 업무집행을 감시·감독할 의무가 있다. 이
러한 의무는 사외이사라거나 비상근이사라고 하여 달리 볼 것이 아니다. 코스닥 시장 상장회사였
던 갑 주식회사가 추진한 유상증자 이후, 차명 지분 등을 통해 갑 회사를 포함한 그룹을 지배하며
실질적으로 운영하던 을 및 그의 지휘 아래 그룹 업무를 총괄하던 병 등이 유상증자대금의 일부를
횡령하자, 갑 회사가 횡령행위 기간 중 갑 회사의 이사 또는 대표이사 및 감사로 재직하였던 정 등
을 상대로 상법 제399조, 제414조 등에 따른 손해배상을 구한 사안에서, 정 등이 재직하는 기간
동안 한 번도 이사회 소집통지가 이루어지지 않았고 실제로도 이사회가 개최된 적이 없는데도, 갑
회사는 이사회를 통해 주주총회 소집·재무제표 승인을 비롯하여 위 유상증자 안건까지 결의한 것
으로 이사회 회의록을 작성하고, 그 내용을 계속하여 공시하였는데, 이사회에 참석한 바 없어 그
내용이 허위임을 알았거나 알 수 있었던 정 등이 한 번도 그 점에 대해 의문을 제기하지 않은 점,
유상증자대금이 갑 회사의 자산과 매출액 등에 비추어 볼 때 규모가 매우 큰데도 정 등이 위와 같
은 대규모 유상증자가 어떻게 결의되었는지, 결의 이후 대금이 어떻게 사용되었는지 등에 관하여
전혀 관심을 기울이지 않았고, 유상증자대금 중 상당액이 애초 신고된 사용 목적과 달리 사용되었
다는 공시가 이루어졌는데도 아무런 의문을 제기하지 않은 점, 회계감사에 관한 상법상의 감사와
'주식회사의 외부감사에 관한 법률'상의 감사인에 의한 감사는 상호 독립적인 것이므로 외부감사
인에 의한 감사가 있다고 해서 상법상 감사의 감사의무가 면제되거나 경감되지 않는 점 등에 비추
어 보면, 정 등은 갑 회사의 이사 및 감사로서 이사회에 출석하고 상법의 규정에 따른 감사활동을
하는 등 기본적인 직무조차 이행하지 않았고, 을 등의 전횡과 위법한 직무수행에 관한 감시·감독
의무를 지속적으로 소홀히 하였으며, 이러한 정 등의 임무 해태와 을 등이 유상증자대금을 횡령함
으로써 갑 회사가 입은 손해 사이에 상당인과관계가 충분히 인정되는데도, 이와 달리 보아 정 등
의 책임을 부정한 원심판단에는 상법상 이사 및 감사의 주의의무에 관한 법리오해의 잘못이 있다).

게을리한 것(선관의무위반)으로 볼 수 없다.[1] 또한 흡수합병에서 소멸회사의 이사가

1) 동지: 정(동), (회) 428면, 448면; 이(철), (회) 796면; 서울고판 2001. 10. 19, 2001 나 18904(이사의 충실의무는 회사를 위한 것으로 그 속에 소수주주에 대한 공정의무는 포함하지 않으며, 자본적인 위기에 처한 회사를 살리기 위하여 실시된 신주의 제3자 배정은 이사들의 정당한 경영판단에 기한 것으로서 그 책임을 물을 수 없다); 대판 2023. 3. 30, 2019 다 280481(공보 2023, 753)(이사는 법령 또는 정관에 정해진 목적 범위 내에서 회사의 경영에 관한 판단을 할 재량권을 가지고 있다. 기업의 경영은 장래의 불확실한 상황을 전제로 이루어지는 경우가 많으므로 거기에는 다소의 모험과 그에 따른 위험이 수반될 수밖에 없다. 따라서 이사가 법령에 위반됨이 없이 임무를 수행하는 과정에서 합리적으로 이용가능한 범위 내에서 필요한 정보를 충분히 수집·조사하고 검토하는 절차를 거친 다음, 이를 근거로 회사의 최대 이익에 부합한다고 합리적으로 신뢰하고 신의성실에 따라 경영상의 판단을 내렸고, 그 내용이 현저히 불합리하지 않은 것으로서 통상의 이사를 기준으로 할 때 합리적으로 선택할 수 있는 범위 안에 있는 것이라면, 비록 사후에 회사가 예상했던 이익을 얻지 못하고 손해를 입게 되는 결과가 발생하였다 하더라도 이사의 행위는 허용되는 경영판단의 재량 범위 내에 있는 것이어서 해당 회사에 대하여 손해배상책임을 부담한다고 할 수 없다. 이사가 임무를 수행하면서 검토할 사항은 거래를 하는 목적이나 동기·거래의 종류와 내용·상대방과의 관계·소속 회사의 재무적 상황 등에 따라 달라지므로, 사안마다 개별적으로 판단되어야 한다. 또한 이사의 경영판단을 정당화할 수 있는 이익은 원칙적으로 회사가 실제로 얻을 가능성이 있는 구체적인 것이어야 하고, 일반적이거나 막연한 기대에 불과하여 회사가 부담하는 비용이나 위험에 상응하지 않는 것이어서는 아니 된다(이 사건에서 경영판단의 재량 범위 내를 인정함)).

이사의 경영판단의 재량범위 내가 아니라고 하여 이사의 책임을 인정한 판례로는 대판 2007. 10. 11, 2006 다 33333(공보 2007, 1738)(회사의 이사가 법령에 위반됨이 없이 관계회사에게 자금을 대여하거나 관계회사의 유상증자에 참여하여 그 발행 신주를 인수함에 있어서, 관계회사의 회사 영업에 대한 기여도, 관계회사의 회생에 필요한 적정 지원자금의 액수 및 관계회사의 지원이 회사에 미치는 재정적 부담의 정도, 관계회사를 지원할 경우와 지원하지 아니할 경우 관계회사의 회생가능성 내지 도산가능성과 그로 인하여 회사에 미칠 것으로 예상되는 이익 및 불이익의 정도 등에 관하여 합리적으로 이용가능한 범위 내에서 필요한 정보를 충분히 수집·조사하고 검토하는 절차를 거친 다음, 이를 근거로 회사의 최대 이익에 부합한다고 합리적으로 신뢰하고 신의성실에 따라 경영상의 판단을 내렸고, 그 내용이 현저히 불합리하지 않은 것으로서 통상의 이사를 기준으로 할 때 합리적으로 선택할 수 있는 범위 안에 있는 것이라면, 비록 사후에 회사가 손해를 입게 되는 결과가 발생하였다 하더라도 그 이상의 행위는 허용되는 경영판단의 재량범위 내에 있는 것이어서 회사에 대하여 손해배상책임을 부담한다고 할 수 없다. 그러나 회사의 이사가 이러한 과정을 거쳐 이사회 결의를 통하여 자금지원을 의결한 것이 아니라, 단순히 회사의 경영상의 부담에도 불구하고 관계회사의 부도 등을 방지하는 것이 회사의 신인도를 유지하고 회사의 영업에 이익이 될 것이라는 일반적·추상적인 기대하에 일방적으로 관계회사에 자금을 지원하게 하여 회사에 손해를 입게 한 경우 등에는, 그와 같은 이사의 행위는 허용되는 경영판단의 재량범위 내에 있는 것이라고 할 수 없다); 동 2008. 7. 10, 2006 다 39935(공보 2008, 1125)(금융기관의 이사가 대출 관련 임무를 수행함에 있어 필요한 정보를 충분히 수집·조사하고 검토하는 절차를 거친 다음 이를 근거로 금융기관의 최대 이익에 부합한다고 합리적으로 신뢰하고 신의성실에 따라 경영상의 판단을 내렸고, 그 내용이 현저히 불합리하지 아니하여 이사로서 통상 선택할 수 있는 범위 안에 있는 것이라면, 비록 사후에 회사가 손해를 입게 되는 결과가 발생하였다고 하더라도 그로 인하여 이사가 회사에 대하여 손해배상책임을 부담한다고 할 수 없지만, 금융기관의 이사가 이러한 과정을 거쳐 임무를 수행한 것이 아니라 단순히 회사의 영업에 이익이 될 것이라는 일반적·추상적인 기대하에 일방적으로 임무를 수행하여 회사에 손해를 입게 한 경우에는 필요한 정보를 충분히 수집·조사하고 검토하는 절차를 거친 다음 이를 근거로 회사의 최대 이익에 부합한다고 합리적으로 신뢰하고 신의성실에 따라 경영상의 판단을 내린 것이라고 볼 수 없으므로, 그와 같은 이사의 행위는 허용되는 경영판단의 재량범위 내에 있는 것이라고 할 수 없다); 동 2021. 5. 7, 2018 다

동의한 합병비율이 객관적으로 불합리하지 아니할 정도로 상당성이 있는 경우, 선관주의의무를 다한 것이다.[1]

275888(공보 2021, 1179)(금융기관의 임원은 소속 금융기관에 대하여 선량한 관리자의 주의의무를 지므로 그 의무를 충실히 이행해야 임원으로서 임무를 다한 것이다. 금융기관의 임원이 위와 같은 선량한 관리자의 주의의무를 위반하여 자신의 임무를 게을리하였는지는 대출결정에 통상의 대출 담당 임원으로서 간과해서는 안 될 잘못이 있는지 여부를 관련 규정의 준수 여부, 대출의 조건, 내용과 규모, 변제계획, 담보 유무와 내용, 채무자의 재산과 경영상황, 성장가능성 등 여러 가지 사항에 비추어 종합적으로 판정해야 한다. 이른바 프로젝트 파이낸스 대출은 부동산 개발 관련 특정 프로젝트의 사업성을 평가하여 사업에서 발생할 미래의 현금흐름을 대출원리금의 주된 변제 재원으로 하는 금융거래이므로, 대출을 할 때 이루어지는 대출상환능력에 대한 판단은 프로젝트의 사업성에 대한 평가에 주로 의존한다. 이러한 경우 금융기관의 이사가 대출 요건인 프로젝트의 사업성에 관하여 심사하면서 필요한 정보를 충분히 수집·조사하고 검토하는 절차를 거친 다음 이를 근거로 금융기관의 최대 이익에 부합한다고 합리적으로 신뢰하고 신의성실에 따라 경영상의 판단을 하였고, 그 내용이 현저히 불합리하지 않아 이사로서 통상 선택할 수 있는 범위에 있는 것이라면, 비록 나중에 회사가 손해를 입게 되는 결과가 발생하였다고 하더라도 그로 인하여 이사가 회사에 대하여 손해배상책임을 부담한다고 할 수 없다. 그러나 금융기관의 이사가 이러한 과정을 거쳐 임무를 수행한 것이 아니라 단순히 회사의 영업에 이익이 될 것이라고 기대하고 일방적으로 임무를 수행하여 회사에 손해를 입게 한 경우에는 필요한 정보를 충분히 수집·조사하고 검토하는 절차를 거친 다음 이를 근거로 회사의 최대 이익에 부합한다고 합리적으로 신뢰하고 신의성실의 원칙에 따라 경영상의 판단을 한 것이라고 볼 수 없으므로, 그와 같은 이사의 행위는 허용되는 경영판단의 재량범위에 있다고 할 수 없다).

이사의 책임과 경영판단의 원칙과의 관계에 대하여는 이균성, "CEO의 책임과 경영판단의 원칙,"「상장협」, 제45호(2002. 3), 3~16면; 정봉진, "이사의 주의의무와 경영판단의 법칙간의 관계에 관한 미국법 고찰,"「상사법연구」, 제21권 2호(2002), 331~366면; 동 "미국 회사법상의 경영판단의 법칙,"「경영법률」(한국경영법률학회), 제13집 1호(2002. 9), 99~137면; 김효신, "회사지배거래에 있어 이사의 경영판단(지배·종속회사간 합병과 적대적 기업매수에 대한 방어행위를 중심으로),"「상사법연구」, 제20권 2호(2001), 445~472면; 윤보옥, "미국 회사법에서의 이사의 의무와 경영판단의 법칙,"「비교사법」, 제7권 2호(2000. 12), 335~376면; 최병규, "미국법상 경영판단의 원칙과 우리나라에의 도입가능성,"「안암법학」(안암법학회 편), 통권 제12호(2000), 279~302면; 양동석, "경영판단원칙의 수용가능성,"「기업법연구」(한국기업법학회), 제7집(2001), 83~118면; 홍복기, "이사의 의무와 경영판단의 원칙의 적용,"「21세기한국상사법의 진로」(내동우홍구박사정년기념논문집), 2002, 355~370면; 김재형, "이사의 기부행위와 경영판단의 법칙,"「상사법연구」, 제22권 4호(2003), 239~266면(자선단체 등에 대한 기부행위는 경영판단의 범위에 속하나, 정치헌금은 원칙적으로 이에 속하지 아니한다고 한다); 김은정, "이사의 신인의무와 경영판단의 원칙에 관한 연구," 법학박사학위논문(성균관대, 2011. 2); 윤동인, "주식회사 이사의 책임과 경영판단의 원칙," 법학석사학위논문(고려대, 2006. 2) 등 참조.

1) 동지: 대판 2015. 7. 23, 2013 다 62278(공보 2015, 1211)(흡수합병시 존속회사가 발행하는 합병신주를 소멸회사의 주주에게 배정·교부함에 있어서 적용할 합병비율을 정하는 것은 합병계약의 가장 중요한 내용이고, 만일 합병비율이 합병할 각 회사의 일방에게 불리하게 정해진 경우에는 그 회사의 주주가 합병 전 회사의 재산에 대하여 가지고 있던 지분비율을 합병 후에 유지할 수 없게 됨으로써 실질적으로 주식의 일부를 상실하게 되는 결과를 초래하므로, 비상장법인 간 흡수합병의 경우 소멸회사의 주주인 회사의 이사로서는 합병비율이 합병할 각 회사의 재산 상태와 그에 따른 주식의 실제적 가치에 비추어 공정하게 정하여졌는지를 판단하여 회사가 합병에 동의할 것인지를 결정하여야 한다. 다만 비상장법인 간 합병의 경우 합병비율의 산정방법에 관하여는 법령에 아무런 규정이 없을 뿐만 아니라 합병비율은 자산가치 이외에 시장가치·수익가치·상대가치 등의 다양한 요소를 고려하여 결정되어야 하는 만큼 엄밀한 객관적 정확성에 기하여 유일한 수치

이사의 이러한 임무를 게을리함으로 인한 손해배상책임은 위임계약의 불이행에 의한 손해배상책임으로서 과실책임인 점도 있다. 다만 이 책임은 과실 있는 이사들의 연대책임인 점($\substack{상 399조, \\ 408조 8 3항}$)에서 민법의 일반원칙에 대한 예외를 이루고 있다.[1]

임무를 게을리함으로 인한 손해배상청구의 경우에는 일반원칙에 따라 이를 주장하는 자($\substack{회사 또는 \\ 제3자}$)가 증명책임을 부담한다.[2]

상법 제399조 제1항에 의한 이사의 회사에 대한 임무해태로 인한 손해배상책임은 위임관계로 인한 채무불이행책임이므로 그에 따른 손해배상채권에는 일반불법행위에 따른 손해배상청구권의 단기시효에 관한 규정($\substack{민 766 \\ 조 1항}$)이 적용되지 않는다.[3]

㈐ 이사의 「법령·정관에 위반한 행위」 또는 「임무를 게을리한 행위」와 회사의 손해와의 사이에는 상당인과관계가 있어야 한다.[4] 이 때 법원은 제반사정을 참작하

로 확정할 수 없는 것이므로, 소멸회사의 주주인 회사의 이사가 합병의 목적과 필요성·합병 당사자인 비상장법인간의 관계·합병 당시 각 비상장법인의 상황·업종의 특성 및 보편적으로 인정되는 평가방법에 의하여 주가를 평가한 결과 등 합병에 있어서 적정한 합병비율을 도출하기 위한 합당한 정보를 가지고 합병비율의 적정성을 판단하여 합병에 동의할 것인지를 결정하였고, 합병비율이 객관적으로 현저히 불합리하지 아니할 정도로 상당성이 있다면, 그 이사는 선량한 관리자의 주의의무를 다한 것이다).

1) 동지: 정(희), 491면.
2) 동지: 정(동), (회) 448면; 채, 564면; 이(철), (회) 794면.
3) 동지: 대판 2023. 10. 26, 2020 다 236848(공보 2023, 2059)(상법 제399조 제1항, 제414조 제1항에서 규정하고 있는 주식회사의 이사 또는 감사의 회사에 대한 임무해태로 인한 손해배상책임은 위임관계로 인한 채무불이행책임이므로 그에 따른 손해배상채권에는 민법 제766조 제1항의 단기소멸시효가 적용되지 않는다.
4) 동지: 대판 2007. 8. 23, 2007 다 23425(공보 2007, 1456)(이사의 법령·정관 위반행위 혹은 임무해태행위로 인한 상법 제399조의 손해배상책임은 그 위반행위와 상당인과관계 있는 손해에 한하여 인정될 뿐이므로, 그 결과로서 발생한 손해와의 사이에 상당인과관계가 인정되지 아니하는 경우에는 이사의 손해배상책임이 성립하지 아니한다고 할 것이고〈대법원 2005. 4. 29. 선고 2005 다 2820 판결 등 참조〉, 회사 자금의 횡령행위가 이루어진 이후에 그로 인한 회사 자금의 부족을 은폐하기 위하여 허위로 회계처리하도록 업무를 집행한 이사는 그 회계처리 당시에는 횡령행위에 관여한 자들로부터 횡령금액 또는 횡령으로 인한 손해배상채권을 회수할 수 있었으나 허위로 회계처리함으로써 횡령행위를 적발하고 회수할 수 있는 기회를 놓쳤고 그 사이 그들의 자금 사정이 악화되어 이를 회수할 수 없게 되었다는 등의 사정이 없는 한, 손해배상책임을 부담하지 않는다고 할 것이다); 동 2007. 7. 26, 2006 다 33609(공보 2007, 1346)(이사의 법령·정관 위반행위 혹은 임무위반행위로 인한 상법 제399조 소정의 손해배상책임과 감사의 임무위반행위로 인한 상법 제414조 소정의 손해배상책임은 그 위반행위와 상당인과관계 있는 손해에 한하여 인정될 뿐이므로, 비록 이사나 감사가 그 직무수행과정에서 법령·정관 위반행위 혹은 임무위반행위를 하였다고 하더라도, 그 결과로서 발생한 손해와의 사이에 상당인과관계가 인정되지 아니하는 경우에는 이사나 감사의 손해배상책임이 성립하지 아니한다. 따라서 종합금융회사가 자신의 계산 아래 제3자의 명의로 자기주식을 취득하기 위한 목적의 대출약정은 무효로서 그 대출금 중 주금으로 납입된 부분은 위 회사에 실제 손해가 발생한 것으로 볼 수 없으나, 주식취득을 위한 비용으로 지출한 나머지 부분은 그 대출에 관여한 이사와 감사의 임무위반으로 인하여 발생한 손해라고 볼 것이다); 동 2018. 10. 25, 2016 다 16191(공보 2018, 2219)(회사 이사가 법령을 위배하여 회사가 손해를 입은 경우 이사가 회사에 손해배상책임을 지기 위해서는 법령에 위배된 행위와 회사의

여 이사의 손해배상액을 제한할 수 있다.[1]

2) 책임의 부담자   회사에 대하여 손해배상책임을 부담하는 자는 이사($\frac{상}{조의 8}$, $\frac{399}{408}$)와 업무집행지시자 등($\frac{상}{408조의 9}$ 401조의 2,)이다.

(개) 이   사   행위자인 이사가 이 책임을 지는 것은 당연하다. 그런데 (대표)이사가 이사회의 승인을 받아 거래를 한 경우(예컨대, 이사가 이사회의 승인을 받아 자기거래를 하였는데 그 대가가 부당하여 회사에 손해가 발생한 경우 등)에는 그 결의에 찬성한 이사도 임무를 게을리한 것이라고 할 수 있으므로 그 결의에 찬성한 이사도 같은 책임을 지고[2](이사가 1명 또는 2명인 소규모 주식회사의 경우에는 이사회가 없으므로 이 규정이 적용될 여지가 없다 — 상 383조 5항),

손해 사이에 상당인과관계가 있어야 한다. 이때 상당인과관계의 유무는 결과발생의 개연성, 위배된 법의 입법 목적과 보호법익, 법령위배행위의 모습 및 피침해이익의 성질 등을 종합적으로 고려하여 판단하여야 한다).

1) 동지: 대판 2007. 7. 26, 2006 다 33609(공보 2007, 1346)(이사가 법령 또는 정관에 위반한 행위를 하거나 그 임무를 게을리함으로써 회사에 대하여 손해를 배상할 책임이 있는 경우에 그 손해배상의 범위를 정함에 있어서는, 당해 사업의 내용과 성격, 당해 이사의 임무위반의 경위 및 임무위반행위의 태양, 회사의 손해 발생 및 확대에 관여된 객관적인 사정이나 그 정도, 평소 이사의 회사에 대한 공헌도, 임무위반행위로 인한 당해 이사의 이득 유무, 회사의 조직체계의 흠결 유무나 위험관리체제의 구축 여부 등 제반 사정을 참작하여 손해분담의 공평이라는 손해배상제도의 이념에 비추어 그 손해배상액을 제한할 수 있다); 동 2018. 10. 25, 2016 다 16191(공보 2018, 2219)(이사가 법령 또는 정관을 위반한 행위를 하거나 임무를 해태함으로써 회사에 대하여 손해를 배상할 책임이 있는 경우에 그 손해배상의 범위를 정할 때에는, 당해 사업의 내용과 성격, 당해 이사의 임무 위반의 경위 및 임무위반행위의 태양, 회사의 손해 발생 및 확대에 관여된 객관적인 사정이나 그 정도, 평소 이사의 회사에 대한 공헌도, 임무위반행위로 인한 당해 이사의 이득 유무, 회사의 조직체계의 흠결 유무나 위험관리체제의 구축 여부 등 제반 사정을 참작하여 손해분담의 공평이라는 손해배상제도의 이념에 비추어 그 손해배상액을 제한할 수 있다. 이때에 손해배상액 제한의 참작 사유에 관한 사실인정이나 그 제한의 비율을 정하는 것은, 그것이 형평의 원칙에 비추어 현저히 불합리한 것이 아닌 한 사실심의 전권사항이다); 동 2019. 5. 16, 2016 다 260455(공보 2019, 1222)(이사가 법령 또는 정관에 위반한 행위를 하거나 임무를 해태함으로써 회사에 대하여 손해를 배상할 책임이 있는 경우에 손해배상의 범위를 정할 때에는, 당해 사업의 내용과 성격, 당해 이사의 임무 위반의 경위 및 임무위반행위의 태양, 회사의 손해 발생 및 확대에 관여된 객관적인 사정이나 정도, 평소 이사의 회사에 대한 공헌도, 임무 위반행위로 인한 당해 이사의 이득 유무, 회사의 조직체계의 흠결 유무나 위험관리체제의 구축 여부 등 제반 사정을 참작하여 손해분담의 공평이라는 손해배상제도의 이념에 비추어 손해배상액을 제한할 수 있다. 이때 손해배상액 제한의 참작 사유에 관한 사실인정이나 제한의 비율을 정하는 것은, 그것이 형평의 원칙에 비추어 현저히 불합리한 것이 아닌 한 사실심의 전권사항이다); 동 2023. 3. 30, 2019 다 280481(공보 2023, 753)(이사가 법령 또는 정관에 위반한 행위를 하거나 임무를 게을리함으로써 회사에 대하여 손해를 배상할 책임이 있는 경우에 손해배상의 범위를 정할 때에는, 해당 사업의 내용과 성격, 해당 이사의 임무 위반의 경위 및 임무 위반행위의 태양, 회사의 손해 발생 및 확대에 관여된 객관적인 사정이나 그 정도, 평소 이사의 회사에 대한 공헌도, 임무 위반행위로 인한 해당 이사의 이득 유무, 회사의 조직체계의 흠결 유무나 위험관리체제의 구축 여부 등 제반 사정을 참작하여 손해분담의 공평이라는 손해배상제도의 이념에 비추어 손해배상액을 제한할 수 있다. 이때에 손해배상액 제한의 참작 사유에 관한 사실인정이나 제한의 비율을 정하는 것은, 그것이 형평의 원칙에 비추어 현저히 불합리한 것이 아닌 한 사실심의 전권사항이다(피고 2의 손해배상책임을 전체 손해액 345,639,851,681원의 약 50%인 1,700억 원으로, 피고 1의 손해배상책임을 전체 손해액 191,132,732,753원의 약 10%인 190억 원으로 제한함)).

2) 동지: 대판 2007. 5. 31, 2005 다 56995(공보 2007, 956)(비록 대표이사에 의해 대출이 이미

그 결의에 참가한 이사로서 의사록에 이의(異議)(기권을 포함)[1]를 하지 않은 자는 그 결의에 찬성한 것으로 추정되어 반증을 들지 못하는 한 책임을 지게 된다(상 399조 2항·3항). 책임을 지는 이사가 다수인 때에는 그 책임은 연대책임이다(상 399조 1항, 408조의 8 3항).

집행임원 비설치회사의 경우는 회사의 업무집행에 관한 의사결정은 (원칙적으로) 이사회의 결의에 의하고(상 393조 1항) 이러한 이사회의 결의에 찬성한 이사는 연대하여 회사 또는 제3자에 대하여 손해배상책임을 부담하므로 상법은 이사의 책임에 대하여는 「연대하여」라고 규정하였으나(상 399조 1항, 401조 1항), 집행임원 설치회사의 경우 집행임원의 업무집행에 대하여는 집행임원회라는 제도가 없을 뿐만 아니라 집행임원회의 의사결정을 거쳐야 하는 절차도 없으므로 집행임원의 회사 또는 제3자에 대한 책임에 대하여는 상법에서 「연대하여」라고 규정하지 않고(상 408조의 8 1항·2항) 다만 책임이 있는 집행임원·이사 또는 감사와 연대책임을 지는 것으로 규정하고 있다(상 408조의 8 3항). 그러나 책임 있는 이사·집행임원 또는 감사만이 연대하여 손해배상책임을 진다는 점에서는 집행임원 설치회사의 경우나 집행임원 비설치회사의 경우나 큰 차이가 없다고 본다.

㈔ 업무집행지시자 등

① 의   의   1998년 개정상법은 업무집행지시자 등의 책임에 관한 규정을 신설하여(상 401조의 2) 회사에 대한 영향력을 이용하여 이사에게 업무집행을 지시하거나 경영권을 사실상 행사하는 지배주주 등을 이사로 보아 이러한 자는 회사에 대하

실행되었다고 하더라도 이에 대한 추인행위는 대표이사의 하자 있는 거래행위의 효력을 확정적으로 유효로 만들어 주는 것으로서, 피고〈이사〉가 선관의무를 다하지 아니하여 이와 같은 추인결의에 찬성하였다면 손해 발생과 인과관계가 인정된다. 또한 이사회의 추인결의에 찬성한 이사들의 행위와 이 사건 대출금의 회수 곤란으로 인한 손해 사이의 인과관계는 이사 개개인이 선관의무를 다하였는지 여부에 의해 판단되어야 하고, 다른 이사들이 선관의무에 위반하여 이사회의 추인결의에 찬성하는 등 행위를 전제로 판단할 것은 아니다. 이사회의 결의는 법률이나 정관 등에서 다른 규정을 두고 있지 않는 한 출석한 이사들의 과반수 찬성에 의해 이루어지는바, 피고의 주장대로 한다면 이사회의 결의를 얻은 사항에 관하여 이사 개개인에게 손해배상책임을 묻는 경우, 당해 이사 개개인은 누구나 자신이 반대하였다고 해도 어차피 이사회 결의를 통과하였을 것이라는 주장을 내세워 손해배상책임을 면하게 될 것이기 때문이다. 또한 부실대출이 실행된 후 여러 차례 변제기한이 연장된 끝에 최종적으로 당해 대출금을 회수하지 못하는 손해가 발생한 경우, 그에 대한 손해배상책임은 원칙적으로 최초에 부실대출 실행을 결의하거나 이를 추인한 이사들만이 부담하고, 단순히 변제기한의 연장에만 찬성한 이사들은, 그 기한 연장 당시에는 채무자로부터 대출금을 모두 회수할 수 있었으나 기한을 연장함으로써 채무자의 자금사정이 악화되어 대출금을 회수할 수 없게 된 경우가 아닌 한 손해배상책임을 부담하지 않는다고 보아야 한다).

1) 동지: 대판 2019. 5. 16, 2016 다 260455(공보 2019, 1222)(이사가 이사회에 출석하여 결의에 기권하였다고 의사록에 기재된 경우에 그 이사는 "이의를 한 기재가 의사록에 없는 자"라고 볼 수 없으므로, 상법 제399조 제3항에 따라 이사회 결의에 찬성한 것으로 추정할 수 없고, 따라서 같은 조 제2항의 책임을 부담하지 않는다고 보아야 한다).

여 이사와 동일한 책임을 지도록 하고, 이사도 책임을 지는 경우 이러한 자는 이사와 연대책임을 부담하도록 하였다. 즉, (i) 회사에 대한 자신의 영향력을 이용하여 이사에게 업무집행을 지시한 자(업무집행지시자),[1] (ii) 이사의 이름으로 직접 업무를 집행한 자(무권대행자), (iii) 이사가 아니면서 명예회장·회장·사장·부사장·전무·상무·이사·기타 회사의 업무를 집행할 권한이 있는 것으로 인정될 만한 명칭을 사용하여 회사의 업무를 집행한 자(표현이사)$\binom{\text{이하 '업무집행지시}}{\text{자 등'으로 약칭함}}$는, 그 지시하거나 집행한 업무에 관하여 회사에 대하여 손해배상책임을 지는데$\binom{\text{상 401조}}{\text{의 2 1항}}$, 이 때 회사에 대하여 손해를 배상할 책임이 있는 이사는 이러한 자와 연대하여 그 책임을 진다$\binom{\text{상 401조}}{\text{의 2 2항}}$.

이러한 업무집행지시자 등을 합하여 사실상의 이사(de facto director)[2] 또는 실질상의 이사[3]로 부르기도 한다. 이는 독일[4]·영국[5] 등에서 인정하고 있는 제도를 1998년 개정상법이 도입한 것인데, 특히 지배주주 등의 지위남용을 방지하기 위한 것이다.[6]

또한 2011년 4월 개정상법에서는 집행임원제도가 도입됨에 따라 집행임원 설치회사의 경우 집행임원에 대하여 업무집행을 지시한 자 등에 대하여도 집행임원과 동일한 책임을 인정하였다$\binom{\text{상 408조의 9,}}{\text{401조의 2}}$. 따라서 이하에서 이사는 집행임원 설치회사의 경우 집행임원을 포함한다.

② 종 류 우리 상법은 업무집행지시자 등에 대하여 다음과 같이 세 종류를 규정하고 있다$\binom{\text{상 401조의 2,}}{\text{408조의 9}}$.

㉠ 업무집행지시자 업무집행지시자는 '회사에 대한 자신의 영향력을 이용하여 이사·집행임원에게 업무집행을 지시한 자'이다$\binom{\text{상 401조의 2 1항}}{\text{1호, 408조의 9}}$. 이러한 업무집행지시자는 법률상의 이사·집행임원이 아니어야 하고,[7] 「영향력」이란 '지배주주 등이 회사의 의사결정을 자신이 의도하는 바대로 유도하는 사실상의 힘'이라고

---

1) 동지: 이(철), (회) 823~827면.
   (i)의 업무집행지시자와 (ii)의 무권대행자를 합하여 '배후이사'로 부르는 견해가 있다[손(주), 813~814면; 정(동), (회) 457면 및 같은 면 주 4)].
2) 손(주), 813면, 최(기), 927~928면, 934면.
3) 정(동), (회) 457면, 458면 주 1).
4) 獨株(AktG) 117조.
5) 英會(CA)(2006) 251조; 英會(CA)(1985) 741조 2항(shadow director).
6) 입법의 배경에 관한 상세는 이(철), (회) 822~823면.
   이러한 사실상의 이사의 책임에 관한 상세는 이균성, "주식회사의 사실상의 이사의 책임," 「21세기한국상사법의 진로」(내동우홍구박사정년기념논문집), 2002, 13~42면; 김동근, "상법상 업무집행지시자 등의 책임," 「기업법연구」(한국기업법학회), 제 9 집(2002), 551~591면 등 참조.
7) 동지: 손(주), 813면.

볼 수 있다.[1] 이러한 업무집행지시자의 범위에 대하여 주주 외에 거액의 채권을 가진 금융기관·회사와 거액의 공급거래를 갖는 회사 등으로 확대하고 또한 일시적인 영향력을 이용하더라도 본조의 적용대상이 된다고 하여 넓게 보는 견해와,[2] 좁게 보는 견해가 있는데,[3] 이러한 자의 지시는 1회에 지시하는 것만으로는 부족하고 통상적·관행적인 것으로서 경영권의 행사와 관련하여 구속력을 가져야 하는 점에서 볼 때, 좁게 해석하는 것이 입법의 취지에 맞는 것이 아닌가 한다.[4] 지시를 받은 자의 범위에 대하여 법문에는 이사·집행임원으로 규정하고 있으나, 이사·집행임원에 한하지 않고 부장·과장 등 상업사용인에 대한 지시도 포함한다고 본다.[5] 지시받은 업무집행의 범위는 법률행위뿐만 아니라 사실행위($\frac{불법행위}{를 포함}$)를 포함한다고 본다.[6]

ⓛ 무권대행자   무권대행자는 '이사·집행임원의 이름으로 직접 업무를 집행하는 자'인데($\frac{상 401조의 2 1항}{2호, 408조의 9}$), 위의 업무집행지시자와 다른 점은 이사·집행임원에 대한 지시에 의하여 간접적으로 회사의 업무에 관여하는 것이 아니고 본인이 직접 명목상의 이사·집행임원의 명의로 업무집행을 하는 것이다. 법문에는 영향력이 있어야 하는 규정이 없으나, 업무집행지시자로서의 요건을 갖춘 자가 이사·집행임원에게 지시하는 대신에 자신의 영향력을 이용하여 이사·집행임원의 이름으로 직접 업무를 집행하는 경우라고 보아야 할 것이다.[7] 중소규모의 회사에 있어서는 이러한 형태로 업무를 집행하는 경우가 있다.[8]

ⓒ 표현이사·표현집행임원   표현이사[9]·표현집행임원은 '이사·집행임원이 아니면서 명예회장·회장·사장·부사장·전무·상무·이사 기타 회사의 업무를 집행할 권한이 있는 것으로 인정될 만한 명칭을 사용하여 회사의 업무를 집행하는 자'이다($\frac{상 401조의 2 1항}{3호, 408조의 9}$). 표현이사·표현집행임원은 이와 같이 예시된 명칭을 사용하는 자 외에도 회사의 업무를 집행할 권한이 있는 것으로 인정될 만한 명칭을

---

1) 동지: 이(철), (회) 823~824면.
2) 이(철), (회) 825면.
3) 손(주), 814면; 정(동), (회) 458면; 최(기), 937면.
4) 英會(CA)(2006) 251조 1항(shadow director란 회사의 이사가 그의 명령과 지시에 따라 행동하는 것이 관행화된 경우 이를 지시하는 자를 말한다) 참조.
5) 동지: 獨株(AktG) 117조 1항; 손(주), 815면; 정(동), (회) 459면.
6) 동지: 손(주), 814면; 정(동), (회) 459면; 최(기), 937면.
7) 동지: 이(철), (회) 827면.
8) 정(동), (회) 459면; 최(기), 938면.
9) 금융회사의 지배구조에 관한 법률은 이러한 표현이사의 개념과 유사하게 금융회사의 '업무집행책임자'를 정의하고 있는데(지배 2조 5호), 이는 타당하지 않다고 본다. 왜냐하면 금융회사의 업무집행책임자는 금융회사의 임원으로서(지배 2조 2호) 정당하게 금융회사의 업무를 집행하는 자이나, 표현이사의 규정은 표현이사 개인의 책임 면탈을 방지하기 위하여 둔 규정이기 때문이다.

사용하는 자(예컨대, 그룹 기획조정실장·그룹 비서실 임원 등)를 포함한다.[1] 이러한 표현이사·표현집행임원은 그 명칭 자체가 영향력 행사의 근거가 되므로 별도의 영향력 행사라는 요건은 필요하지 않다.[2]

이러한 표현이사·표현집행임원을 표현대표이사($\binom{\text{집행임원 설치회사의 경}}{\text{우는 '표현대표집행임원'}}$)($\binom{\text{상 395조, 408}}{\text{조의 5 3항}}$)와 비교하여 보면, (i) 입법취지가 전자는 표현이사·표현집행임원 자신의 책임면탈을 방지하기 위한 것이나 후자는 회사대표의 외관을 신뢰한 자를 보호하기 위한 것으로서, (ii) 책임의 주체에 대하여 전자는 표현이사·표현집행임원 개인이나 후자는 회사이고, (iii) 회사의 명칭사용에 대한 귀책사유에 대하여 전자는 이를 요하지 아니하나 후자는 이를 요하며, (iv) 제3자의 외관의 신뢰에 대하여 전자는 이를 요하지 아니하나 후자는 이를 요하고, (v) 대표소송($\binom{\text{상 403조,}}{\text{408조의 9}}$)에 의한 책임추궁에 대하여 전자는 가능하나 후자는 성질상 가능하지 않다.[3]

또한 표현이사·표현집행임원을 앞의 업무집행지시자나 무권대행자와 비교하여 보면 전자는 표현이사·표현집행임원의 명칭 자체가 영향력의 근거가 되므로 회사에 대한 영향력의 행사의 요건은 별도로 필요하지 않으나, 후자는 이의 요건이 필요하다.[4]

③ 책   임

㉠ 책임의 성질   상법은 업무집행지시자 등의 책임에 대하여 「지시하거나 집행한 업무에 관하여 제399조·제401조·제403조 및 제406조의 2의 적용에 있어서 이를 이사·집행임원으로 본다」고 규정하고 있다($\binom{\text{상 401조의 2}}{\text{1항, 408조의 9}}$). 업무집행지시자 등의 책임의 성질에 대하여, 이를 (i) 불법행위책임의 일종으로 보는 견해도 있으나,[5] (ii) 법문의 규정으로 보아 이사·집행임원의 지위에 따른 기관책임($\binom{\text{법정}}{\text{책임}}$)이라

---

1) 동지: 손(주), 816면; 정(동), (회) 459면; 최(기), 938~939면(이 외에도 등기를 하지 않은 임원, 이사선임결의가 취소 또는 무효로 된 자, 이사선임절차 없이 취임등기에 동의한 자 또는 사임 후에도 퇴임등기를 하지 않기로 승낙한 자도 이에 해당할 수 있다고 한다).

2) 동지: 정(동), (회) 460면; 이(철), (회) 828면; 대판 2009. 11. 26, 2009 다 39240(공보 2010, 20)(상법 제399조·제401조·제403조의 적용에 있어 이사로 의제되는 자에 관하여, 상법 제401조의 2 제1항 제1호는 '회사에 대한 자신의 영향력을 이용하여 이사에게 업무집행을 지시한 자', 제2호는 '이사의 이름으로 직접 업무를 집행한 자', 제3호는 '이사가 아니면서 명예회장·회장·사장·부사장·전무·상무·이사 기타 업무를 집행할 권한이 있는 것으로 인정될 만한 명칭을 사용하여 회사의 업무를 집행한 자'라고 규정하고 있는바, 제1호 및 제2호는 회사에 대해 영향력을 가진 자를 전제로 하고 있으나, 제3호는 직명 자체에 업무집행권이 표상되어 있기 때문에 그에 더하여 회사에 대해 영향력을 가진 자일 것까지 요건으로 하고 있는 것은 아니다).

3) 이에 관한 상세한 손(주), 816~817면. 동지: 정(동), (회) 460면; 최(기), 939~940면.

4) 동지: 이(철), (회) 827~828면; 정(동), (회) 460면.

5) 이(철), (회) 827~828면(무권대행자와 표현이사의 책임에 대하여).

고 본다.[1] 따라서 이러한 업무집행지시자 등의 손해배상책임에 따른 손해배상채권에는 일반불법행위책임의 단기소멸시효의 규정($^{\text{민 766}}_{\text{조 1항}}$)이 적용되지 않는다.[2]

(ㄴ) 책임의 내용　　　업무집행지시자 등은 회사에 대하여 이사·집행임원으로서의 손해배상책임($^{\text{상 399조,}}_{\text{의 8 1항}}$ $^{\text{408조}}_{\text{·3항}}$)을 진다. 이 때 회사에 대하여 손해를 배상할 책임이 있는 이사·집행임원이 있는 경우에는, 업무집행지시자 등은 그러한 이사·집행임원과 연대책임을 진다($^{\text{상 401조의 2}}_{\text{2항, 408조의 9}}$).

3) 책임의 감경　　　이사의 회사에 대한 손해배상책임의 감경에 대하여 2011년 4월 개정상법은 신설하여 규정하였다($^{\text{상 400조 2항,}}_{\text{408조의 9}}$). 즉, 회사는 정관에서 정하는 바에 따라 이사의 회사에 대한 책임을 이사가 그 행위를 한 날 이전 최근 1년간의 보수액($^{\text{상여금과 주식매수선택권의 행}}_{\text{사로 인한 이익 등을 포함한다}}$)의 6배($^{\text{사외이사의}}_{\text{경우는 3배}}$)를 초과하는 금액에 대하여 면제할 수 있다($^{\text{상 400조 2항}}_{\text{본문, 408조의 9}}$). 그러나 이사가 고의 또는 중대한 과실로 손해를 발생시킨 경우와, 경업피지의무 위반($^{\text{상 397조,}}_{\text{408조의 9}}$)·회사기회유용금지의무 위반($^{\text{상 397조의}}_{\text{2, 408조의 9}}$) 및 자기거래금지의무 위반($^{\text{상 398조,}}_{\text{408조의 9}}$)의 경우에는 그러하지 아니하다($^{\text{상 400조 2항}}_{\text{단서, 408조의 9}}$). 따라서 이사의 회사에 대한 책임은 이사가 회사의 업무를 집행하는 중에 경과실로 인하여 회사에 손해가 발생한 경우에 정관에서 정하는 바에 따라 감경될 수 있을 것으로 본다.

2011년 4월 개정상법 이전에도 법원은 제반사정을 참작하여 이사의 손해배상액을 감경하였다. 즉, 법원은 이사가 법령 또는 정관에 위반한 행위를 하거나 그 임무를 해태함으로써 회사에 대하여 손해를 배상할 책임이 있는 경우에 그 손해배상의 범위를 정함에 있어서는, 당해 사업의 내용과 성격·당해 이사의 임무위반의 경위 및 임무위반행위의 태양·회사의 손해 발생 및 확대에 관여된 객관적인 사정이

---

1) 동지: 정(동), (회) 460면.
2) 대판 2023. 10. 26, 2020 다 236848(공보 2023, 2059)(상법 제401조의 2 제1항은 회사에 대한 자신의 영향력을 이용하여 이사에게 업무집행을 지시한 자〈제1호〉, 이사의 이름으로 직접 업무를 집행한 자〈제2호〉 또는 이사가 아니면서 명예회장·회장·사장·부사장·전무·상무·이사 기타 회사의 업무를 집행할 권한이 있는 것으로 인정될 만한 명칭을 사용하여 회사의 업무를 집행한 자〈제3호〉가 그 지시하거나 집행한 업무에 관하여 제399조, 제401조, 제403조 및 제406조의 2를 적용하는 경우에는 그 자를 "이사"로 본다고 규정하고 있다. 이는 주식회사의 이사가 아니지만 이사에게 업무집행을 지시하거나 이사처럼 업무를 집행하는 등으로 회사의 업무에 관여한 자에 대하여 그에 상응하는 책임을 묻기 위함이다. 이러한 법률 문언 내용과 입법 취지에 비추어 보면, 상법 제401조의 2 제1항 각호에 해당하는 자는 회사의 이사는 아니지만 상법 제399조에서 정한 손해배상책임을 적용함에 있어 그가 관여한 업무에 관하여 법령준수의무를 비롯하여 이사와 같은 선관주의의무와 충실의무를 부담하고, 이를 게을리하였을 경우 회사에 대하여 그로 인한 손해배상책임을 지게 되는 것이다. 이와 같이 상법 제401조의 2 제1항이 정한 손해배상책임은 상법에 의하여 이사로 의제되는 데 따른 책임이므로 그에 따른 손해배상채권에는 일반 불법행위책임의 단기소멸시효를 규정한 민법 제766조 제1항이 적용되지 않는다).

나 그 정도·평소 이사의 회사에 대한 공헌도·임무위반행위로 인한 당해 이사의 이득 유무·회사의 조직체계의 흠결 유무나 위험관리체제의 구축 여부 등 제반 사정을 참작하여 손해분담의 공평이라는 손해배상제도의 이념에 비추어 그 손해배상액을 제한하였다.[1]

4) 책임의 면제　　이사의 회사에 대한 손해배상책임은 다음과 같이 주주 전원의 동의에 의한 적극적 책임면제와, 일정한 경우에 책임이 면제된 것으로 의제되는 소극적 책임면제가 있다.

(가) 적극적 책임면제　　이사의 회사에 대한 이러한 손해배상책임은 주주 전원의 동의로 면제될 수 있다($\frac{상}{408조의~9}^{400조~1항,}$). 그러나 이사가 고의 또는 중대한 과실로 회사에 손해를 발생시킨 경우와, 앞에서 본 바와 같이 상법 제397조·제397조의 2 및 제398조에 위반한 경우에는 주주 전원의 동의로 이사의 회사에 대한 책임을 면제할 수 없다고 본다($\frac{상}{단서~참조}^{400조~2항}$). 이것은 회사가 적극적으로 이사의 책임을 면제하는 방법인데, 주주 전원의 동의는 개별적인 동의도 무방하고[2] 또한 묵시적인 의사표시의 방법으로도 할 수 있다.[3] 이 때의 주주에는 의결권이 없는 종류주식이나 의결권이 제한되는 종류주식을 가진 주주도 포함된다(통설).[4] 따라서 이사의 이러한 책임은 1주의 주주라도 반대하면 그 책임을 면제할 수 없어 소규모의 가족회사를 제외하고는 실질적으로 면제를 인정하지 않는 것과 거의 다름이 없기 때문에, 입법론으로는 이사가 이사회의 승인을 받아 행위를 한 경우에는 그 책임면제의 결의요건을 완화하는 것이 바람직하다는 견해가 있다.[5]

---

1) 대판 2004. 12. 10, 2002 다 60467·60474(공보 2005, 87); 동 2005. 10. 28, 2003 다 69638(공보 2005, 1847).
2) 동지: 이(철), (회) 809면; 주상(상), 1029면; 주상(제5판)(회사 Ⅲ), 369면.
3) 동지: 대판 2002. 6. 14, 2002 다 11441(공보 2002, 1658)(이 때 총주주의 동의는 묵시적 의사표시의 방법으로 할 수 있고 반드시 명시적·적극적으로 이루어질 필요는 없으며, 실질적으로는 1인에게 주식 전부가 귀속되어 있으면 그 사실상의 1인 주주가 한 동의도 총주주의 동의로 보아야 한다).
4) 정(찬), (회), 887면; 손(주), 807면; 정(동), (회) 449면; 이(철), (회) 809면; 채, 565면; 이(기) 외, (회) 347면; 주상(제5판)(회사 Ⅲ), 369면 외.
5) 동지: 정(동), (회) 449면.
　참고로 일본은 2001년 12월에 상법을 개정하여 이사의 책임면제의 요건을 크게 완화하였다. 즉, 이사의 경우 법령 또는 정관에 위반하는 행위를 선의·무과실로 한 때에는 해당 이사가 원래 배상하여야 할 손해액으로부터 그 이사의 보수의 일정분 등을 공제한 금액을 한도로 주주총회의 특별결의 또는 정관의 정함에 기한 이사회 결의로써 책임을 면제할 수 있도록 하였고(日商 266조 7항~18항), 사외이사의 경우 책임면제사유는 이사의 경우와 마찬가지로 선의·무중과실에 의한 법령 또는 정관위반행위로 국한되나, 책임면제방법에 있어서는 정관에 사전에 정한 일정금액으로 손해배상액을 제한하는 내용의 계약을 체결할 수 있는 취지의 규정을 둔 경우에는 계약으로 이사의 책임을 면제할 수 있도록 하였다(日商 266조 19항~23항). 이러한 일본의 개정상법의 특이 때 주주 전원의 동의로 면제되는 이사의 책임은 상법 제399조($\substack{\text{집행임원의 경우에는} \\ \text{상 408조의 8 1항}}$) 소정의 이사의 책임에 국한되는 것이지, 이사의 불법행위로 인한 손해배상책임까지 면제되는 것은 아니다.[1]

(내) 소극적 책임면제   재무제표($\substack{\text{상} \\ 447\text{조}}$)를 정기주주총회($\substack{\text{상 449} \\ \text{조 1항}}$) 또는 이사회 ($\substack{\text{상 449} \\ \text{조의 2}}$)[2]에서 승인한 후 2년 내에 다른 결의가 없으면 이사의 부정행위를 제외하고 회사는 그 이사의 책임을 해제한 것으로 의제하고 있다($\substack{\text{상} \\ 450\text{조}}$). 집행임원 설치회사의 경우에는 집행임원이 재무제표를 작성하여($\substack{\text{상} \\ 447\text{조}}$) 정기주주총회 또는 이사회에 제출 할 것이므로 집행임원에 대하여도 그의 책임을 해제한 것으로 의제하는 규정을 두 어야 할 것으로 본다($\substack{\text{그 방법으로는 상법 제450조에 집행임원을 추가한다든가 또는} \\ \text{상법 제408조의 9에 450조를 준용하는 규정을 둘 수 있다}}$).

이것은 이사 등의 책임사유가 재무제표 등에 기재되어 정기주주총회 등에서 승 인을 받은 사항에 대하여,[3] 회사가 소극적으로 이사의 책임을 면제하는 방법이다. 이 때에「2년 내에 다른 결의」란 '주주총회결의뿐만이 아니라 이사회결의나 회사의

징은 (i) 책임면제의 요건을 종래의 '총주주의 동의'로부터 '주주총회 특별결의나 정관의 정함에 기한 이사회결의'로 완화한 점, (ii) 책임면제의 범위에 대하여 일정한 제한이 있다는 점(즉, 전액 면제는 허용되지 않는다는 점), (iii) 사외이사의 경우 계약으로써 사전에 배상책임액을 일정 한도 로 제한하는 것이 가능하다는 점, (iv) 책임면제의 대상은 선의·무중과실에 의한 법령·정관위반 행위로 국한된다는 점으로 요약할 수 있다[동지: 권종호, "이사의 배상책임 완화,"「상장」, 2002. 5, 8면; 동, "이사의 배상책임의 완화(2001년 일본 개정상법을 중심으로),"「21세기한국상사법 의 진로」(내동우홍구박사정년기념논문집), 2002, 95~96면; 동, "감사의 기능강화·이사의 책임 완화·주주대표소송의 합리화(2001년 12월 일본 개정상법을 중심으로),"「비교사법」, 제9권 2호 (2002. 8), 351~380면]. 2005년 일본 회사법에서도 이사·사외이사 등의 회사에 대한 책임에 대 하여 그러한 이사 등이 선의이며 중과실이 없으면 주주총회의 결의 또는 정관의 규정에 의하여 그 책임을 제한할 수 있음을 규정하고 있다(日會 425조~428조).

위와 같은 일본의 입법례를 참조하여 우리나라에서도, 이사의 책임제한을 주장하는 견해로는 양동석, "이사의 책임제한,"「상법학의 전망(평성 임홍근교수 정년퇴임기념논문집)」(서울: 법문 사, 2003), 169~186면; 안성포, "이사의 면책에 관한 입법론적 고찰(책임면제와 화해를 중심으 로),"「상사법연구」, 제22권 2호(2003), 85~132면; 김대연, "이사의 책임제한 및 면제,"「비교사 법」, 제10권 2호(2003. 6), 321~355면.

1) 동지: 대판 1989. 1. 31, 87 누 760(공보 1989, 362); 동 1996. 4. 9, 95 다 56316(공보 1996, 1395)(감사의 회사에 대한 책임에 관하여).

2) 2011년 4월 개정상법에서는 제449조의 2를 신설하면서 제450조에서는 이에 관하여 명확히 규 정하고 있지 않은데, 이는 입법의 미비라고 본다. 즉, 상법 제450조의 "전조 제1항"이 무엇을 의 미하는지에 관하여 명확히 규정하여야 할 것이다.

3) 대판 2002. 2. 26, 2001 다 76854(공보 2002, 810)(상법 제450조에 따른 이사의 책임해제는 재무제표 등에 기재되어 정기총회에서 승인을 얻은 사항에 한정되는데, 상호신용금고의 대표이사 가 충분한 담보를 확보하지 아니하고 동일인 대출 한도를 초과하여 대출한 것은 재무제표 등을 통 하여 알 수 있는 사항이 아니므로, 상호신용금고의 정기총회에서 재무제표 등을 승인한 후 2년 내 에 다른 결의가 없었다고 하여 대표이사의 손해배상책임이 해제되었다고 볼 수 없다); 동 2007. 12. 13, 2007 다 60080(공보 2008, 25)(상법 제450조에 따른 이사·감사의 책임 해제는 재무제표 등에 그 책임사유가 기재되어 정기총회에서 승인을 얻은 경우에 한정된다).

제소(提訴)행위 등'을 의미하고, 「부정행위」란 '반드시 악의의 가해행위뿐만 아니라 불법행위 이외에 이사의 권한 내의 행위라 할지라도 당해 사정 하에서 이를 행함이 정당시될 수 없는 모든 경우'를 의미한다.[1]

5) 책임의 시효　　이사의 회사에 대한 손해배상책임의 시효기간은 채권의 일반시효기간($^{민\ 162}_{조\ 1항}$)과 같이 10년이다(통설[2]·판례[3]). 또한 상법 제399조($^{집행임원의\ 경우에}_{는\ 상\ 408조의\ 8\ 1항}$)에 기한 손해배상청구의 소를 제기한 것이 일반 불법행위로 인한 손해배상청구권에 대한 소멸시효 중단의 효력은 없다.[4]

(2) 자본금 충실의 책임

1) 신주발행의 경우 이사는 회사 설립의 경우의 발기인과 같이 자본금 충실의 책임을 진다. 즉, 신주발행의 경우 이로 인한 변경등기가 있은 후에 아직 인수하지 않은 주식이 있거나 주식인수의 청약이 취소된 때에는 이사가 이를 공동으로 인수한 것으로 보고($^{상\ 428}_{조\ 1항}$), 이렇게 인수가 의제된 주식에 대하여는 이사는 납입책임을 부담한다($^{상\ 333조}_{1항\ 참조}$).

2) 위와 같이 이사가 자본금 충실의 책임을 지는 경우가 발생하는 경우에는 동시에 이사에게 임무를 게을리하였다고 볼 수 있기 때문에($^{상\ 399조}_{1항\ 참조}$), 그로 인하여 회사에게 손해가 발생한 때에는 이사는 회사에 대하여 자본금 충실의 책임을 부담하는 것과는 별도로 손해배상책임도 부담한다($^{상\ 428}_{조\ 2항}$).

3) 이사의 자본금 충실의 책임은 회사채권자에 대한 담보의 기능을 가지기 때문에 무과실책임이고, 총주주의 동의에 의해서도 면제될 수 없다.[5]

4) 2011년 4월 개정상법은 집행임원에 대하여는 자본금 충실의 책임을 규정하고 있지 않으나, 집행임원 설치회사의 경우 신주발행에 관한 의사결정은 원칙적으로 이사회에서 하나($^{상\ 416}_{조\ 본문}$) 신주발행에 관한 업무집행 및 변경등기는 집행임원이 할 것이므로 집행임원에 대하여도 자본금 충실의 책임을 규정하여야 할 것으로 본다($^{그\ 방법으로는\ 상법\ 제428조에\ 집행임원을\ 추가하든가\ 또는}_{상법\ 제408조의\ 9에\ 제428조를\ 준용하는\ 규정을\ 둘\ 수\ 있다}$).

---

1) 동지: 대판 2005. 10. 28, 2003 다 69638(공보 2005, 1847)(이사가 회사가 보유하고 있는 비상장주식을 적정가격보다 현저히 낮은 가액으로 매도한 것은 상법 제450조의 부정행위에 해당한다); 서울고판 1977. 1. 28, 75 나 2885(고집 1977 민 ① 27).

2) 정(찬), (회) 889면; 정(희), 492면; 손(주), 807면; 정(동), (회) 449면; 이(철), (회) 813면; 채, 565면; 주상(제5판)(회사 Ⅲ), 368면 외.

3) 대판 1985. 6. 25, 84 다카 1954(공보 758, 1049; 집 33 ② 민 103)(이사의 임무해태로 인한 손해배상책임은 위임관계로 인한 채무불이행책임이므로 그 소멸시효기간은 일반채무와 같이 10년이다); 동 1969. 1. 28, 68 다 305(집 17 ① 민 86).

4) 동지: 대판 2002. 6. 14, 2002 다 11441(공보 2002, 1658).

5) 동지: 정(동), (회) 450면; 이(기) 외, (회) 348면; 주상(제5판)(회사 Ⅳ), 167~168면.

2. 제3자에 대한 책임

(1) 의의 및 인정이유

1) 이사와 회사간의 관계는 위임관계($\frac{상\,382조\,2항,}{408조의\,2\,\,2항}$)이므로 이사는 회사에 대하여 수임인으로서 선량한 관리자의 주의로써 그 직무를 수행할 의무를 부담한다($\frac{민}{681조}$). 따라서 이사가 그 임무를 게을리하여 회사에 손해를 입혔을 경우에는, 그 이사는 회사에 대하여 채무불이행으로 인한 손해배상책임을 부담한다($\frac{상\,399조\,1항,}{408조의\,8\,\,1항}$). 그러나 이사가 임무를 게을리함으로 인하여 제3자에게 손해를 입혔을 경우에는 (회사가 이사의 행위로 인하여 책임을 지는 것은 몰라도) 이사가 개인적으로 직접 제3자에 대하여 책임을 지는 경우는 (민법상 불법행위의 책임을 지는 경우를 제외하고는) 없다. 따라서 상법은 제3자를 보호하고 또 이사의 직무집행을 신중하게 하기 위하여, 이사가 고의 또는 중대한 과실로 그 임무를 게을리한 경우에는 그 이사(개인)는 제3자에 대하여 직접 손해배상을 하도록 규정하고 있는데,[1] 이사의 제3자에 대한 책임은 연대책임으로 규정하고 집행임원의 제3자에 대한 책임은 연대책임이 아닌 것으로 규정하고 있다($\frac{그\,이유는\,앞}{에서\,설명함}$)($\frac{상\,401조\,1항,}{408조의\,8\,\,2항}$). 따라서 이사가 그 임무를 게을리하여 제3자에게 직접 또는 간접으로 손해를 입힌 경우에는, 비록 불법행위의 요건을 갖추지 않아도 그 이사는 제3자에 대하여 상법 제401조($\frac{집행임원의\,경우는}{상\,408조의\,8\,\,2항}$)에 의하여 손해배상책임을 부담하는 것이다.

2) 이러한 이사의 제3자에 대한 책임을 규정한 상법 제401조($\frac{집행임원의\,경우는}{상\,408조의\,8\,\,2항}$)는 주주가 동시에 이사인 소규모 주식회사에서는 법인격부인론의 대체적 기능을 하고 있다고 볼 수 있다.[2]

(2) 대표이사 · 대표집행임원의 제3자에 대한 책임과의 관계

1) 상법은 대표이사($\frac{집행임원\,설치회사에서는\,'대표'}{집행임원'을\,말한다.\,이하\,같다}$)의 제3자에 대한 책임에 대하여는 불법행위에 관하여 규정하고 있는바, 이에 대하여는 회사의 책임을 인정하고 있다($\frac{상\,389조\,3항\cdot408}{조의\,5\,\,2항,\,210조}$). 이는 대표이사의 행위는 바로 회사의 행위로 인정되는 성질($\frac{대표는\,기관}{과\,법인의}$ $\frac{사단법적인}{일원관계}$)과 피해자의 구제에 만전을 기하고자 하는 정책적인 배려에서 상법에서 특별히 규정하고 있는 것으로 볼 수 있다. 따라서 이 규정에 의하여 회사의 불법행위 능력이 설명된다. 이러한 상법의 규정은 민법 제35조 1항과 표현은 다르지만 같은 취지의 규정이다. 만일 이러한 규정이 없다면 대표이사도 회사의 피용자이고 회사는 사용자이므로 회사는 사용자로서 대표이사의 선임 · 감독에 과실이 없음을 증명

---

1) 동지: 정(희), 493면; 정(동), (회) 450면; 대판 1985. 11. 12, 84 다카 2490(공보 767, 18).
2) 동지: 정(희), 495면; 정(동), (회) 456면; 이(철), (회) 820면.

하여 대표이사의 제3자에 대한 불법행위책임을 면할 수 있을 것인데($^{민\ 756조}_{1항\ 단서}$), 동 규정($^{상\ 389조\ 3항·408}_{조의5\ 2항,\ 210조}$)에 의하여 대표이사의 업무집행으로 인하여 제3자에게 가한 불법행위에 대하여는 회사는 그 책임을 면하지 못하는 것이다.[1] 그런데 대표이사의 불법행위에 대하여 회사만이 책임을 지는 것은 아니고, 대표이사 개인도 책임을 지며, 양자는 제3자에 대하여 연대책임을 진다($^{상\ 389조\ 3항·408}_{조의5\ 2항,\ 210조}$).

2) 대표이사(개인) 및 대표이사 이외의 이사(개인)의 제3자에 대한 손해배상책임은 상법 제401조($^{집행임원의\ 경우는}_{상\ 408조의8\ 2항}$) 및 민법 제750조에 의하여 부담하며($^{다만\ 대표이사의}_{불법행위로\ 인한}$ $^{손해배상책임은\ 회사와\ 부진정연대책임이}_{다 - 상\ 389조\ 3항·408조의5\ 2항,\ 210조}$), 대표이사 및 이사 이외의 회사의 피용자의 제3자에 대한 손해배상책임은 민법 제750조에 의하여 부담한다.

한편 대표이사의 제3자에 대한 불법행위에 대하여 회사가 그 책임을 부담하는 것은 상법 제389조 3항($^{대표집행임원의\ 경우}_{는\ 상\ 408조의5\ 2항}$)($^{상\ 210}_{조\ 준용}$)에 의해서이고, 대표이사 이외의 자($^{이사·집행임}_{원·지배인\ 등}$)의 제3자에 대한 불법행위에 대하여 회사가 그 책임을 부담하는 것은 민법 제756조(사용자의 배상책임)에 의해서이다.[2]

이와 같이 (대표)이사가 상법 제401조($^{집행임원의\ 경우는}_{상\ 408조의8\ 2항}$)에 의하여 제3자에 대하여 책임을 지고 또한 회사도 제3자에 대하여 책임을 지는 경우, 양자는 부진정연대의 관계에 있다. 그러나 양자는 법률적으로 발생원인을 달리하는 별개의 책임이므로, 채권자가 회사에 대한 채권을 타인에게 양도하였다고 하여 이사에 대한 채권이 함께 당연히 수반되어 양도되는 것은 아니다.[3]

---

1) 동지: 주상(상), 1004면.

2) 동지: 주상(상), 1004면 외.

3) 동지: 대판 2008. 1. 18, 2005 다 65579(공보 2008, 225)(금융기관이 회사 임직원의 대규모 분식회계로 인하여 회사의 재무구조를 잘못 파악하고 회사에 대출을 해 준 경우, 회사의 금융기관에 대한 대출금채무와 회사 임직원의 분식회계 행위로 인한 금융기관에 대한 손해배상채무는 서로 동일한 경제적 목적을 가진 채무로서 서로 중첩되는 부분에 관하여는 일방의 채무가 변제 등으로 소멸하면 타방의 채무도 소멸하는 이른바 부진정연대의 관계에 있다. 그러나 금융기관의 회사에 대한 대출금채권과 회사 임직원에 대한 손해배상채권은 어디까지나 법률적으로 발생원인을 달리하는 별개의 채권으로서 그 성질상 회사 임직원에 대한 손해배상채권이 회사에 대한 대출금채권의 처분에 당연히 종속된다고 볼 수 없을 뿐만 아니라, 특히 금융기관이 부실채권을 신속하게 정리하기 위하여 타인에게 대출금채권을 양도하고 받은 대금이 대출금채권액에 미달하는 경우에는 미회수된 채권 상당액을 회사임직원에 대한 손해배상청구를 통하여 회수할 실익이 있는 점 등에 비추어 볼 때, 금융기관이 회사에 대한 대출금채권을 타인에게 양도하였다는 사정만으로 회사 임직원에 대한 손해배상채권까지 당연히 함께 수반되어 양도된 것이라고 단정할 수는 없다. 따라서 금융기관이 회사 임직원의 대규모 분식회계로 인하여 회사의 재무구조를 잘못 파악하고 회사에 대출을 해 준 후 구 금융기관 부실자산 등의 효율적 처리 및 한국자산관리공사의 설립에 관한 법률〈2001. 5. 31. 법률 제6561호로 개정되기 전의 것〉 제4조에서 정한 바에 따라 부실채권을 신속하게 정리하기 위하여 회사에 대한 대출금채권을 한국자산관리공사에게 양도하고 그 대출금채권의 실질적 가액에 관한 정산을 거쳐 대가를 지급받은 경우, 부실대출로 인한 금융기관의 손해는 그 양도대가에 의하여 회수되지 아니하는 대출금채권액으로 확정되고, 그 후 한국자산관리공사가

(3) 책임의 원인

이사가 주식청약서·사채청약서·재무제표 등에 허위의 기재를 하거나 허위의 등기나 공고를 하여 제3자에게 손해를 입힌 경우에는, 「고의 또는 중대한 과실로 그 임무를 게을리한 행위」라고 볼 수 있어 본조의 책임을 진다.[1] 또한 이사가 회사의 자산·경영상태 등에 비추어 만기에 지급가능성이 없는 어음을 발행한 경우에도 그 어음의 소지인(제3자)에 대하여 본조의 책임을 지고,[2] 대표이사가 회사의 경영을 지나치게 방만하게 경영한 결과 회사의 채무를 지급할 수 없게 된 경우에는 회사채권자에 대하여 본조의 책임을 지며,[3] 대표이사가 대표이사로서의 업무 일체를 다른 이사 등에게 위임하고 대표이사로서의 직무를 전혀 집행하지 않았다면 그러한 대표이사는 회사가 발행한 수출환어음의 소지인(제3자)에게 본조의 책임을 진다.[4] 또한 부동산의 매수인 회사의 대표이사가 매도인과 사이에 매매 잔대금의 지급방법으로 매수부동산을 금융기관에 담보로 제공하여 그 대출금으로 잔금을 지급하기로 약정하였으나, 대출이 이루어진 후 해당 대출금 중 일부만을 매매 잔대금으로 지급하고 나머지는 다른 용도로 사용하여 목적부동산이 경매된 경우, 위 회사의 대표이사는 위 부동산의 매도인(제3자)에 대하여 본조의 책임을 진다.[5] 또한 회사의 이사가

그 대출금채권을 행사하거나 그에 관한 담보권을 실행하여 어떠한 만족을 얻었다 하더라도 이미 대출금채권을 양도한 금융기관의 회사 임직원에 대한 손해배상채권이 그 대등액 상당만큼 실질적인 만족을 얻어 당연히 소멸하게 된다고 볼 수 없으므로 그 대등액 상당을 회사 임직원이 배상할 손해액을 산정함에 있어서 당연히 공제할 수는 없고, 다만 대출금채권을 양수한 한국자산관리공사가 대출금채권을 행사하거나 담보권을 실행하여 회수한 금액이 대출금채권의 양도대금을 상당히 초과하여 그 대가 산정의 적정성이 문제될 수 있는 등의 특별한 사정이 인정되는 경우에 한하여 회사 임직원의 손해배상책임을 제한하는 참작사유가 될 수 있을 뿐이다).

1) 日會 429조 2항 1호 참조.
2) 동지: 日最高判 1966. 4. 15(民集 20-4, 660).
3) 동지: 日最高判 1966. 4. 15(民集 20-4, 660).
4) 대판 2003. 4. 11, 2002 다 70044(공보 2003, 1167)(상법 제401조 1항에 규정된 주식회사의 이사의 제3자에 대한 손해배상책임은 이사가 악의 또는 중대한 과실로 인하여 그 임무를 해태한 것을 요건으로 하는 것이어서 단순히 통상의 거래행위로 인하여 부담하는 회사의 채무를 이행하지 않는 것만으로는 악의 또는 중대한 과실로 그 임무를 해태한 것이라고 할 수 없지만, 이사의 직무상 충실 및 선관의무 위반의 행위로서 위법성이 있는 경우에는 악의 또는 중대한 과실로 그 임무를 해태한 경우에 해당한다 할 것이고, 대표이사가 대표이사로서의 업무 일체를 다른 이사 등에게 위임하고 대표이사로서의 직무를 전혀 집행하지 않는 것은 그 자체가 이사의 직무상 충실 및 선관의무를 위반하는 행위에 해당한다고 할 것이므로 대표이사는 회사가 발행한 수출환어음의 소지인에게 그가 입은 손해를 배상할 책임을 진다)[이 판결에 찬성하는 취지의 평석으로는 채동헌, "명목상 대표이사의 제3자에 대한 책임," 「상장」, 제344호(2003. 8), 102~109면]; 동 2006. 9. 8, 2006 다 21880(공보 2006, 1662)(주식회사의 대표이사가 대표이사의 업무 일체를 다른 이사 등에게 위임하고 대표이사의 직무를 전혀 집행하지 않는 것은 그 자체가 이사의 직무상 충실 및 선관의무를 위반하는 행위에 해당하므로, 명의상 대표이사에 불과하더라도 상법 제401조 1항에 의한 손해배상책임이 있다).
5) 대판 2002. 3. 29, 2000 다 47316(공보 2002, 990)(상법 제401조 1항에 규정된 주식회사의 이

대규모 분식회계에 가담한 경우, 그 회사에 대하여 여신을 제공한 금융기관에 대하여 본조의 책임을 진다.[1] 또한 대표이사가 다른 이사의 업무집행이 위법하다고 의심할 만한 사유가 있음에도 이를 방치한 경우, 그로 인하여 제3자가 입은 손해에 대하여 배상책임을 진다.[2] 또한 회사 재산을 횡령한 이사가 악의 또는 중대한 과실로 부실공시를 하여 재무구조 악화 사실이 증권시장에 알려지지 아니함으로써 회사 발행주식 주가가 정상주가보다 높게 형성되었고, 주식매수인이 이를 모르고 주식을 취득하였다가 그 후 이러한 사실이 증권시장에 공표되어 주가가 하락한 경우, 이로 인하여 주주(제3자)가 입은 손해에 대하여 이사는 손해배상책임을 진다.[3]

사의 제3자에 대한 손해배상책임은 이사가 악의 또는 중대한 과실로 인하여 그 임무를 해태한 것을 요건으로 하는 것이어서 단순히 통상의 거래행위로 인하여 부담하는 회사의 채무를 이행하지 않는 것만으로는 악의 또는 중대한 과실로 그 임무를 해태한 것이라고 할 수 없지만, 이사의 직무상 충실 및 선관의무 위반의 행위로서 위법성이 있는 경우에는 악의 또는 중대한 과실로 그 임무를 해태한 경우에 해당한다. 이러한 점에서 볼 때 본 건의 경우 부동산의 매수인인 주식회사의 대표이사가 매도인과 사이에 매매잔대금의 지급방법으로 매수부동산을 금융기관에 담보로 제공하여 그 대출금으로 잔금을 지급하기로 약정하였으나, 대출이 이루어진 후 해당 대출금 중 일부만을 매매잔대금으로 지급하고 나머지는 다른 용도로 사용한 후, 나머지 잔금이 지급되지 않은 상태에서 피담보채무도 변제하지 아니하여 그 부동산이 경매절차에서 경락되어 결과적으로 매도인이 손해를 입었다면, 그 주식회사의 대표이사가 악의 또는 중대한 과실로 인하여 그 임무를 해태한 경우에 해당한다고 볼 수 있다)[이 판결에 찬성하는 취지의 평석으로는 박효관, "이사의 제3자에 대한 책임(위법성 요건을 중심으로)," 「판례연구」(부산판례연구회), 제14집(2003), 529~567면이 있고, 이 판결의 결론에 반대하면서 '피고는 제3자의 직접손해에 대하여 일반불법행위상의 책임을 부담할 수 있다'는 취지의 평석으로는 정진세, "이사의 제3자에 대한 책임," 「JURIST」, 2002. 8(Vol. 383), 69~75면].

1) 대판 2008. 1. 18, 2005 다 65579(공보 2008, 225)(기업체의 재무제표 및 이에 대한 외부감사인의 회계감사 결과를 기재한 감사보고서는 대상 기업체의 정확한 재무상태를 드러내는 가장 객관적인 자료로서 증권거래소 등을 통하여 일반에 공시되고 기업체의 신용도와 상환능력 등의 기초자료로서 그 기업체가 발행하는 회사채가 기업어음의 신용등급평가와 금융기관의 여신제공 여부 결정에 중요한 판단 근거가 된다. 따라서 기업체의 임직원 등이 대규모 분식회계에 가담하거나 기업체의 감사가 대규모로 분식된 재무제표의 감사와 관련하여 중요한 감사절차를 수행하지 아니하거나 소홀히 한 잘못이 있는 경우에는, 그로 말미암아 금융기관이 기업체에게 여신을 제공하기에 이르렀다고 봄이 상당하고, 위와 같은 재무상태가 제대로 밝혀진 상황에서라면 금융기관이 여신을 제공함에 있어서 고려할 요소로서 '재무제표에 나타난 기업체의 재무상태' 외의 다른 요소들, 즉 상환자원 및 사업계획의 타당성, 채권의 보전방법, 거래실적 및 전망, 기업체의 수익성, 사업성과, 기업분석 및 시장조사 결과 등도 모두 극히 저조한 평가를 받을 수밖에 없으므로, 이러한 '재무제표에 나타난 기업체의 재무상태' 외의 요소들이 함께 고려된다는 사정을 들어 여신 제공 여부의 판단이 달라졌으리라고 볼 수 없다. 따라서 이러한 기업체의 이사·감사는 여신을 제공한 금융기관〈제3자〉에 대하여 손해배상책임을 진다).

2) 대판 2008. 9. 11, 2006 다 68636(공보 2008, 1345).

3) 대판 2012. 12. 13, 2010 다 77743(공보 2013, 121)(주식회사의 주주가 이사의 악의 또는 중대한 과실로 인한 임무해태행위로 직접 손해를 입은 경우에는 이사에 대하여 구 상법〈2011. 4. 14. 법률 제10600호로 개정되기 전의 것, 이하 '상법'이라 한다〉 제401조에 의하여 손해배상을 청구할 수 있으나, 이사가 회사의 재산을 횡령하여 회사의 재산이 감소함으로써 회사가 손해를 입고 결과적으로 주주의 경제적 이익이 침해되는 손해와 같은 간접적인 손해는 상법 제401조 제1항에

그러나 이사가 통상의 거래행위로 인하여 부담하는 회사의 채무를 이행할 능력이 있었음에도 단순히 그 이행을 지체하고 있는 사실로 인하여 상대방에게 손해를 끼친 사실만으로는 본조의 책임을 지지 않는다.[1] 또한 이사 등의 경영상의 판단에 과오(경과실)가 있고 이로 인하여 제3자에게 손해를 끼친 경우에도 이사는 본조에 의한 책임을 지지 않는다.[2]

(4) 책임의 성질[3]

상법 제401조($\substack{\text{집행임원의 경우는}\\\text{상 408조의 8 2항}}$)에 의한 이사의 제3자에 대한 책임의 법적 성질에 대하여, 학설은 크게 법정책임설(다수설)과 불법행위책임설(소수설)로 나뉘어 있다.

1) 법정책임설   이 설에서는 이사는 제3자에 대하여 원래 직접 아무런 법률관계를 가지는 것이 아니므로 이사는 당연히 타인자격으로 제3자에 대하여 책임을 지는 것이 아니나, 이사의 직무의 성질상 제3자에게 손해를 입히는 것을 고려하여 제3자를 보호하기 위하여 상법이 인정한 특수한 책임이 상법 제401조($\substack{\text{집행임원의 경우는}\\\text{상 408조의 8 2항}}$)의 이사의 제3자

서 말하는 손해의 개념에 포함되지 아니하므로 이에 대하여는 위 법조항에 의한 손해배상을 청구할 수 없다. 그러나 회사의 재산을 횡령한 이사가 악의 또는 중대한 과실로 부실공시를 하여 재무구조의 악화 사실이 증권시장에 알려지지 아니함으로써 회사 발행주식의 주가가 정상주가보다 높게 형성되고, 주식매수인이 그러한 사실을 알지 못한 채 주식을 취득하였다가 그 후 그 사실이 증권시장에 공표되어 주가가 하락한 경우에는, 주주는 이사의 부실공시로 인하여 정상주가보다 높은 가격에 주식을 매수하였다가 주가가 하락함으로써 직접 손해를 입은 것이므로, 이사에 대하여 상법 제401조 제1항에 의하여 손해배상을 청구할 수 있다. 이러한 점에서 갑 주식회사 주주인 을 등이 이사 병을 상대로, 병의 횡령, 주가조작, 부실공시 등 임무해태행위로 인한 주가 하락으로 손해를 입었음을 이유로 상법 제401조 제1항에 기한 손해배상을 구한 사안에서, 병이 주가 형성에 영향을 미칠 수 있는 사정들에 관하여 언제 어떠한 내용의 부실공시를 하거나 주가조작을 하였는지, 을 등이 어느 부실공시 또는 주가조작으로 인하여 주식 평가를 그르쳐 몇 주의 주식을 정상주가 보다 얼마나 높은 가격에 취득하였는지 등에 관하여 심리하여 을 등이 주장하는 손해가 상법 제401조 제1항에 정한 손해에 해당하는지 및 상당인과관계를 인정할 수 있는지를 가려본 후 손해액 산정에 나아가야 하는데도, 이에 관하여 제대로 심리하지 아니한 채 을 등의 청구를 인용한 원심판결에는 상법 제401조 제1항의 해석 및 상당인과관계에 관한 법리를 오해한 위법이 있다) [이 판결에 대한 반대의 취지의 평석으로는 김순석, "이사의 제3자에 대한 손해배상책임과 주주의 간접손해," 「상사법연구」(한국상사법학회), 제33권 제1호(2014. 5), 177~219면].

1) 동지: 대판 1985. 11. 12, 84 다카 2490(공보 767, 18)(본 판결에 대한 평석으로는 이병태, "이사의 제3자에 대한 책임," 법률신문, 제1629호(1986. 3. 24), 15면 참조); 동 2006. 8. 25, 2004 다 26119(공보 2006, 1600)(상법 제401조의 2 제1항 1호의 '회사에 대한 자신의 영향력을 이용하여 이사에게 업무집행을 지시한 자'에는 자연인뿐만 아니라 법인인 지배회사도 포함되나, 나아가 상법 제401조의 제3자에 대한 책임에서 요구되는 '고의 또는 중대한 과실로 인한 임무해태행위'는 회사의 기관으로서 인정되는 직무상 충실 및 선관의무 위반의 행위로서 위법한 사정이 있어야 하므로, 통상의 거래행위로 부담하는 회사의 채무를 이행할 능력이 있었음에도 단순히 그 이행을 지체하여 상대방에게 손해를 끼치는 사실만으로는 임무를 해태한 위법한 경우라고 할 수 없다).

2) 동지: 정(동), (회) 428면, 448면(선관의무에 관하여).

3) 이에 관한 논문으로는 정희철, "상법 제401조에 의한 이사의 책임," 「기업법의 전개」, 181면 이하; 서돈각, "이사의 제3자에 대한 책임," 「신주식회사법의 기본문제」, 96면 이하; 이병태, "이사의 제3자에 대한 책임," 「법률행정논집」(고려대), 제10집, 163면 이하.

에 대한 책임이라는 것이다.

이러한 법정책임설은 다시 「일반법정책임설」($\binom{이사는 제3자에 대하여 직접손해이든}{간접손해이든 모든 손해배상책임을 짐}$)과 「특수법정책임설」($\binom{이사는 회사에 생긴 손해 때문에 간접적으}{로 제3자에게 생긴 손해를 배상할 책임을 짐}$)로 나누어지는데, 우리나라의 다수설은 일반법정책임설이다.[1]

이러한 법정책임설에서는 이사의 이 책임을 민법상 불법행위책임($\frac{민}{750조}$)과는 별개의 책임으로 보기 때문에, 민법상 불법행위책임과의 경합을 인정하고 있다. 또한 법정책임설에서는 이사의 고의 또는 중과실은 회사에 대하여 임무를 게을리한 점에 존재하여야 하고, 제3자에는 주주를 포함하며, 이사의 이 책임의 소멸시효기간은 일반채권과 같이 10년이라고 한다.[2]

2) 불법행위책임설　　　이 설에서는 상법 제401조($\binom{집행임원의 경우는}{상 408조의8\ 2항}$)의 이사의 제3자에 대한 책임은 민법상 불법행위책임의 성질을 가지는 것이나, 「경과실」이 제외되고 「위법행위」를 요건으로 하지 않는 점에서 특수한 불법행위책임이라고 한다. 불법행위책임설은 다시 「불법행위특칙설」[3]($\binom{민\ 750조와\ 비교하여}{이사의 책임을 경감함}$)과 「특수불법행위설」[4]($\binom{민\ 755조~759조}{의\ 특수불법행위}$$_{으로 봄}$)로 나뉜다.

불법행위책임설 중 「불법행위특칙설」은 민법상 불법행위책임($\frac{민}{750조}$)과의 경합을 인정하지 않고, 이사의 고의·중과실은 제3자에 대한 가해행위에 존재하여야 하며, 제3자에는 주주를 포함하고, 제3자의 손해는 직접손해에 한하며, 이사의 이 책임의 소멸시효기간은 불법행위책임과 같이 3년이라고 한다. 그러나 「특수불법행위설」은 민법상 불법행위책임($\frac{민}{750조}$)과의 경합을 인정하는데, 이 설은 책임의 소멸시효기간을 3년으로 보고 있는 점이외에는 그 밖의 사항이 법정책임설(일반법정책임설)의 경우와 같다.

생각건대 상법 제401조($\binom{집행임원의 경우는}{상 408조의8\ 2항}$)의 입법취지가 이사의 책임을 강화하고 제3자를 보호하고자 하는 데에 있는 점에서 볼 때, 법정책임설($\binom{일반법정}{책임설}$)이 타당하다고 본다. 따라서 이러한 법정책임설에 의하면 상법 제401조($\binom{집행임원의 경우는}{상 408조의8\ 2항}$)에 의한 이사의 제3자에 대한 손해배상책임의 소멸시효기간은 민사채권의 그것과 같이 10년으로 보아야 할 것이다.[5]

---

1) 정(희), 494면; 손(주), 809면; 정(동), (회) 451~452면; 이(철), (회) 816~817면; 김(용), 390면; 채, 567면; 이(기) 외, (회) 359면; 주상(제5판)(회사 Ⅲ), 376면; 이·최, 332면 외.

2) 동지: 대판 2008. 1. 18, 2005 다 65579(공보 2008, 225); 동 2008. 2. 14, 2006 다 82601(공보 2008, 370)(상법 제401조에 기한 이사의 제3자에 대한 손해배상책임이 제3자를 보호하기 위하여 상법이 인정하는 특수한 책임이라는 점을 감안할 때 일반 불법행위책임의 단기소멸시효를 규정한 민법 제766조 1항은 적용될 여지가 없고, 일반 채권으로서 민법 제162조 1항에 따라 그 소멸시효기간은 10년이며, 제3자가 상법 제401조에 기한 이사의 제3자에 대한 손해배상책임만을 묻는 손해배상청구소송에 있어서 주식회사의 외부감사에 관한 법률 제17조 7항이 정하는 단기소멸시효는 적용될 여지가 없다).

3) 서(정), 242면, 288면(그러나 용어는 특수한 불법행위라고 쓰고 있음); 이(원), 262면.

4) 서·정, 455~456면; 주회(상), 717면; 이(병), 692면.

5) 동지: 대판 2006. 12. 12, 2004 다 63354(공보 2007, 199)(상법 제401조에 기한 이사의 제3자

(5) 제3자의 범위

1) 제3자의 범위에 주주(또는 주식인수인)도 포함되는가. 이에 대하여 우리나라의 학설 중에는 (i) 주주가 직접손해를 입은 경우(예컨대, 이사가 임무를 게을리함으로 인하여 주가가 하락하여 주주가 손해를 입은 경우)에는 제3자의 범위에 주주가 포함되나, 회사가 손해를 입음으로써 주주가 간접손해를 입은 경우에는 회사가 손해의 배상을 받음으로써 주주의 손해는 간접적으로 보상되는 것이므로(만일 이 때 제3자의 범위에 주주를 포함시키면 주주가 회사채권자에 우선하여 변제를 받는 결과가 되므로) 제3자의 범위에 주주가 포함되지 않는다고 보는 견해(소수설)[1]도 있으나, (ii) 주주는 언제나 제3자의 범위에 포함된다고 본다(통설).[2]

이와 같이 주주가 언제나 제3자의 범위에 포함된다고 보더라도 주주의 이사에 대한 손해배상청구방법에는 차이가 있다. 즉, (i) 주주는 그가 입은 「직접손해」(예컨대, 이

에 대한 손해배상책임이 제3자를 보호하기 위하여 상법이 인정하는 특수한 책임이라는 점을 감안할 때, 일반 불법행위책임의 단기소멸시효를 규정한 민법 제766조 1항은 적용될 여지가 없고, 일반 채권으로서 민법 제162조 1항에 따라 그 소멸시효기간은 10년이다).

1) 대판 1993. 1. 26, 91 다 36093(공보 940, 845)(주식회사의 주주가 그 회사의 대표이사의 악의 또는 중대한 과실로 인한 임무해태행위로 직접 손해를 입은 경우에는 이사와 회사에 대하여 상법 제401조·제389조 3항·제210조에 의하여 손해배상을 청구할 수 있다 하겠으나, 대표이사가 회사재산을 횡령하여 회사재산이 감소함으로써 회사가 손해를 입고 결과적으로 주주의 경제적 이익이 침해되는 손해와 같은 간접손해는 상법 제401조 1항에서 말하는 손해의 개념에 포함되지 아니하므로 주주는 상법 제401조에 의한 손해배상을 청구할 수 없다); 동 2003. 10. 24, 2003 다 29661(공보 2003, 2250)(주식회사의 주주가 이사의 악의 또는 중대한 과실로 인한 임무해태행위로 직접 손해를 입은 경우에는 이사에 대하여 상법 제401조에 의하여 손해배상을 청구할 수 있으나, 이사가 회사재산을 횡령하여 회사재산이 감소함으로써 회사가 손해를 입고 결과적으로 주주의 경제적 이익이 침해되는 손해와 같은 간접적인 손해는 상법 제401조 1항에서 말하는 손해의 개념에 포함되지 아니하므로 이에 대하여는 위 법조항에 의한 손해배상을 청구할 수 없다〈대법원 1993. 1. 26. 선고 91 다 36093 판결 참조〉. 따라서 가사 A건설회관의 이사인 Y가 대출금을 횡령하여 A건설회관의 재산을 감소시킴으로써 주주임을 전제로 하는 X의 경제적 이익이 결과적으로 침해되는 손해를 입었다 하더라도 이는 간접적인 손해에 불과하므로 X로서는 상법 제401조에 의하여 Y에 대하여 손해배상을 구할 수 없다).

2) 정(찬), (회) 900면; 손(주), 810~811면; 이(철), (회) 818~819면; 채, 568면; 이(기) 외, (회) 339면; 주상(제5판)(회사 Ⅲ), 379~381면; 권기범, 「현대회사법론」(서울: 삼지원, 2001), 691면 외.

동지 판례: 서울지판 2002. 11. 12, 2000 가합 6051(하집 2002-2, 278)(이사가 회사재산을 횡령하여 회사재산이 감소함으로써 회사가 손해를 입고 결과적으로 주주의 경제적 이익이 침해되는 손해와 같은 간접적인 손해는 상법 제401조 1항에서 말하는 손해의 개념에 포함되지 아니한다고 볼 것이므로 이에 대하여는 위 법조항에 기한 손해배상을 청구할 수 없다고 할 것이나, 회사 경영진이 기업 경영자에게 일반적으로 기대되는 충실·선관의무를 위배하여 비합리적인 방법으로 기업을 운영하고 이로 인해 회사의 채권자나 주주 등 회사의 이해관계인조차도 도저히 예상할 수 없는, 통상적인 기업경영상 손실을 넘어서는 특별한 손실이 회사에 발생하고, 이러한 손실의 원인이 회사 경영진의 명백히 위법한 임무해태행위에 있으며, 그 손실의 규모가 막대하여 이를 직접적인 원인으로 회사가 도산하는 등 소멸하여 회사 경영진에 대한 회사의 책임 추궁이 실질적으로 불가능하고, 따라서 회사 경영진에 대한 주주의 직접적인 손해배상청구를 인정하지 않는다면 주주에게 발생한 손해의 회복은 사실상 불가능한 경우와 같이 특별한 사정이 인정되는 경우에는 주주의 간접손해에 대해서도 상법 제401조의 적용을 인정함이 타당하다).

사의 허위정보를 믿고 주식을 인수·매수하거나 또는 매도할 기회를 잃은 주주의 손해)에 대하여는 상법 제401조(집행임원의 경우는 상 408조의 8 2항)에 의하여 해당 이사에 대하여 직접 손해배상청구권을 행사할 수 있다.[1] (ii) 그러나 주주가 입은 「간접손해」(예컨대, 이사가 회사재산에 대하여 손해를 가하였기 때문에 이익배당을 받지 못한 주주가 입은 손해)에 대하여는, 주주는 그 이사에 대하여 자기에게 직접 손해배상을 할 것을 청구할 수는 없고 회사에게 손해배상을 할 것을 청구할 수 있을 뿐이다[2](그러나 회사채권자인 제3자는 이러한 간접손해에 대하여도 상 제401조(집행임원의 경우는 상 408조의 8 2항)에 의한 손해배상청구권이 있다). 그런데 이 때에 주주는 대표소송(상 403조)을 제기할 수 있으므로 주주는 이에 의하여 그의 간접손해가 전보될 수도 있다. 이렇게 보면 이 경우에는 주주를 제3자의 범위에 포함시키는 실익이 없는 것으로 생각될 수도 있다. 그러나 이 때 주주를 제3자의 범위에 포함시키지 않으면 주주는 대표소송(상 403조 이하)의 요건이 구비된 경우에 한하여 이러한 권리를 주장할 수 있고 또 일정한 경우에는 담보를 제공하여야 하나(상 403조 7항, 176조 3항), 주주를 제3자의 범위에 포함시키면 이러한 요건이나 제한 없이 이사에 대하여 회사에게 손해배상을 할 것을 청구할 수 있다는 점에서 차이가 있으므로, 이 때에도 주주에게 상법 제401조(집행임원의 경우는 상 408조의 8 2항)에 의한 권리를 인정할 실익이 있게 된다.[3]

2) 제3자의 범위에 공법관계인 국가와 지방자치단체는 포함되지 않는다.[4]

(6) 책임의 부담자

상법 제401조(집행임원의 경우는 상 408조의 8 2항)에 의하여 제3자에 대하여 책임을 부담하는 자는 「고의 또는 중과실로 임무를 게을리한 이사 자신」이고, 그가 수 인인 때에는 연대하여 책임을 진다(상 401조 1항, 408조의 8 3항). 또한 이사(이 경우 이사에 집행임원은 포함되지 않음)의 그러한 임무를 게을리한 행위가 이사회의 결의에 의한 경우에는 결의에 찬성한 이사도 연대책임을 지고(이사가 1명 또는 2명인 소규모 주식회사의 경우에는 이사회가 없으므로 이 규정이 적용될 여지가 없다 — 상 383조 5항)(상 401조 2항, 399조 2항), 그 결의에 참가한 이사로서 의사록에 이의(異議)를 제기한 기재가 없는 경우에는 그 결의에 찬성한 것으로 추정한다(상 401조 2항, 399조 3항).

앞에서 본 바와 같이 이사가 아닌 업무집행지시자 등은 회사에 대하여 손해배상책임을 부담하는 것과 같이 제3자에 대하여도 손해배상책임을 지고, 이사도 책임

---

1) 동지: 양승규, "이사의 제3자에 대한 책임," 법률신문, 제1466호(1982. 10. 25), 9면; 스위스 채무법 제754조 1항 및 제755조 참조.

2) 결과 동지: 대판 1993. 1. 26, 91 다 36093(공보 940, 845).

3) 동지: 이(철), (회) 818~819면; 김순석, 전게논문(상사법연구 제33권 제1호), 201~214면(주주의 간접손해에 대하여도 주주의 이사에 대한 직접청구를 허용할 필요가 있다고 한다).

4) 동지: 대판 1982. 12. 14, 82 누 374(공보 698, 296)(상법 제401조는 공법관계에 속하는 수도사업의 이용대가인 급수사용료의 부과처분에 대한 근거규정이 될 수 없다); 동 1983. 4. 12, 82 누 517(공보 705, 838); 동 1983. 7. 12, 82 누 537(공보 712, 1279).

을 지는 경우 이러한 자는 이사와 연대하여 그 책임을 진다($\frac{상 \, 401조의}{2, \, 408조의 9}$).[1]

제 8 이사·집행임원의 위법행위에 대한 주주의 직접감독

1. 총   설

회사의 업무집행권이 집행임원 비설치회사의 경우 이사회와 대표이사($\frac{이사가 \, 1명}{또는 \, 2명인}$ 소규모 주식회사의 경우에는 각 이사($\frac{정관에 \, 따라 \, 대표}{이사를 \, 정한 \, 경우에는 \, 그 \, 대표이사}$) — 상 383조 6항)에게 있고($\frac{상 \, 393조}{1항, \, 389조}$), 집행임원 설치회사의 경우 집행임원에 있지만($\frac{상 \, 408}{조의 4}$), 주주는 회사의 구성원으로서 이해관계가 크므로 이를 감독할 권한을 갖는다. 주주는 이러한 감독권을 주주총회에서 이사의 선임·해임과 재무제표의 승인 등을 통하여($\frac{집행임원 \, 설치회사의 \, 경}{우는 \, 이사회를 \, 통하여}$) 간접적으로 행사하는 것이 원칙이지만, 일정한 경우에는 예외적으로 소수주주를 통하여 직접적으로 행사할 수 있다. 이사($\frac{집행임원 \, 설치회사의 \, 경우 \, '집'}{행임원'을 \, 포함한다. \, 이하 \, 같다}$)의 위법행위에 대한 주주의 이러한 직접감독권은 사전의 조치로서 위법행위 유지청구권이 있고, 사후의 조치로서 대표소송권 또는 다중대표소송권이 있다. 주주는 이와 같이 이사의 위법행위에 대하여 사전에 유지청구권을 행사하든가 사후에 대표소송 또는 다중대표소송을 제기할 수 있을 뿐, 회사(이사)와 거래한 제3자에 대하여 직접 그 거래가 무효임을 주장할 수는 없다.[2]

이러한 제도는 상법이 이사회제도를 채용함으로써 주주의 지위가 상대적으로 약화되는 것을 보완하고, 또한 이사의 권한 확대에 대응하여 주주에게도 강력한 감독권을 부여함으로써 상호간에 균형을 유지하게 한 것으로서, 이는 미국 회사법상의 제도를 도입한 것이다. 다만 모법인 미국법이나 그를 도입한 일본법은 이 위법행위유지청구권과 대표소송권을 모두 단독주주권으로 인정하고 있음에 반하여, 우리나라는 이의 남용을 방지한다는 이유로 소수주주권으로 인정하고 있다.

---

1) 이에 관하여는 김재걸, "사실상의 이사의 제3자에 대한 책임(일본의 판례를 중심으로 하여),"「상법학의 전망(평성 임홍근교수 정년퇴임기념논문집)」(서울: 법문사, 2003), 187~206면 참조.
2) 동지: 대결 2001. 2. 28, 2000 마 7839(공보 2001, 1440); 대판 2022. 6. 9, 2018 다 228462·228479(공보 2022, 1338)(주식회사의 주주는 주식의 소유자로서 회사의 경영에 이해관계를 가지고 있기는 하지만, 직접 회사의 경영에 참여하지 못하고 주주총회의 결의를 통해서 이사를 해임하거나 일정한 요건에 따라 이사를 상대로 그 이사의 행위에 대하여 유지청구권을 행사하여 그 행위를 유지시키고 대표소송에 의하여 그 책임을 추궁하는 소를 제기하는 등 회사의 영업에 간접적으로 영향을 미칠 수 있을 뿐이다. 그러므로 주주가 회사의 재산관계에 대하여 법률상 이해관계를 가진다고 평가할 수 없고, 주주는 직접 제3자와의 거래관계에 개입하여 회사가 체결한 계약의 무효 확인을 구할 이익이 없다. 이러한 법리는 회사가 영업의 전부 또는 중요한 일부를 양도하는 계약을 체결하는 경우에도 마찬가지이다).

2. 위법행위 유지청구권[1]

(1) 의   의

1) 주주의 위법행위 유지청구권이란 「이사가 법령 또는 정관에 위반한 행위를 하여 이로 인하여 회사에 회복할 수 없는 손해가 생길 염려가 있는 경우에, 회사를 위하여 그 이사에 대하여 그 행위를 유지할 것을 청구할 수 있는 권리」이다($상 \frac{402조}{408조의 9}$).

상법상 주주의 위법행위 유지청구권은 앞에서 본 바와 같이 영미법상의 소에서 인정되는 법원의 유지명령제도[2](injunction)를 도입한 것인데, 이와 다른 점은 영미법상의 위법행위 유지청구는 개개의 주주가 이를 청구할 수 있으나, 우리 상법상 위법행위 유지청구는 소수주주 또는 감사(監事)나 감사위원회가 이를 청구할 수 있도록 규정한 점이다.

2) 앞에서 본 바와 같이 우리 상법은 이사(회)의 업무집행에 대한 주주의 직접 감독권으로서 주주의 유지청구권($상 \frac{402조·408}{조의 9, 424조}$)과 대표소송권($상 \frac{403조,}{408조의 9}$)·다중대표소송권($상 \frac{406조의}{2, 408조의 9}$)을 규정하고 있는데, 주주의 유지청구권은 사전조치이나 대표소송권·다중대표소송권은 사후조치라는 점에서 양자는 근본적으로 구별되고 있다.

3) 주주의 유지청구권에는 이사의 위법행위 유지청구권($상 \frac{402조}{408조의 9}$)과 신주발행 유지청구권($상 424조$)이 있는데, 양자는 다음과 같은 점에서 다르다.

(가) 목   적   위법행위 유지청구권은 회사에 회복할 수 없는 손해가 생길 염려가 있는 경우에 「회사의 손해방지」를 직접의 목적으로 하나($따라서 주주가 회사에 갈음하여 행사하는 것이므로 이 것은 주주의 공익권에 속함$), 신주발행 유지청구권은 주주 자신이 불이익을 받을 염려가 있는 경우에 「주주의 개인적인 손해방지」를 직접의 목적으로 한다($따라서 이는 주주 의 자익권에 속함$).

(나) 청구권자   위법행위 유지청구권은 「소수주주」에 의하여 행사되는데, 신주발행 유지청구권은 「주주 개인」에 의하여 행사된다. 또한 감사(監事) 또는 감사위원회는 위법행위 유지청구권을 행사할 수 있으나, 신주발행 유지청구권을 행사할 수는 없다.[3]

(다) 상 대 방   위법행위 유지청구권의 상대방은 「이사」 또는 「집행임원」 개

---

1) 이사의 위법행위 유지청구권에 관하여는 강태훈, "이사의 위법행위 유지청구권(상법 제402조)," 「사법논집」(법원도서관), 제56집(2013. 12), 1~64면 참조(유지가처분결정에도 불구하고 위법행위가 있으면 그 행위의 효력을 부인하는 것으로 해석하면 위법행위 유지청구권의 활성화가 이루어질 것이라고 한다).

2) 이에 관한 간단한 소개로는 이(철), (회) 829면 참조.

3) 감사(監事)에게 위법행위 유지청구권을 인정한 것은 1984년 개정상법에 의하여서인데, 종래에 주주의 위법행위 유지청구권이 활용되지 못하고 또 감사(監事)가 위법행위를 유지청구하는 것이 효율적이고 감사기능도 활성화하는 것이 된다는 판단에서 감사(監事)에게도 위법행위 유지청구권을 인정하게 된 것이다.

인인데, 신주발행 유지청구권의 상대방은 「회사」이다.

㈐ **요   건**   위법행위 유지청구권의 요건은 「이사가 법령 또는 정관에 위반한 행위를 하는 때」에 인정되지만, 신주발행 유지청구권은 「회사가 법령 또는 정관에 위반하거나 현저하게 불공정한 방법으로 신주를 발행한 때」에 인정된다.

(2) 요   건

1) 이사가 「법령 또는 정관에 위반한 행위」를 하여야 한다($\substack{상\,402조,\\408조의\,9}$). 이러한 이사의 행위는 불법행위는 물론 법률행위나 준법률행위 나아가서 사실행위도 포함되고, 또한 회사의 목적범위 내외 또는 이사의 고의·과실이나 권한 내외를 묻지 않는다.[1]

2) 위와 같은 이사의 행위로 인하여 「회사에 회복할 수 없는 손해가 생길 염려」가 있어야 한다($\substack{상\,402조,\\408조의\,9}$). 이 때에 「회복할 수 없는 손해」인지 여부는 사회통념에 따라 판단되는데, 반드시 법률적으로 불가능한 것만을 뜻하는 것은 아니다.[2]

(3) 당 사 자

1) **청구권자**   「감사(監事)」나 「감사위원회」 또는 「소수주주」이다($\substack{상\,402조,\\408조의\,9,\\415조의\,2\,7항,\\542조의\,6\,5항}$). 단독주주에게 이러한 권리를 인정하지 않은 것은 제도의 남용의 폐단을 방지하기 위한 것이다.[3] 소수주주의 지주수(持株數)의 계산에서는 의결권이 없는 종류주식이나 의결권이 제한되는 종류주식을 포함하고(통설),[4] 유지청구의 당시 이의 요건이 충족되면 된다.[5]

위법행위 유지청구권을 행사하기 위하여 소수주주가 보유하여야 하는 주식의 비율은, 비상장회사의 경우는 발행주식총수의 100분의 1 이상에 해당하는 주식을 가진 주주이고($\substack{상\,402조,\\408조의\,9}$), 상장회사의 경우는 발행주식총수의 100분의 1 이상에 해당하는 주식을 가진 주주($\substack{상\,542조\\의\,6\,10항}$) 또는 6개월 전부터 계속하여 상장회사 발행주식총수의 100,000분의 50($\substack{최근\,사업연도말\,자본금이\,1천억원\,이상\\인\,상장회사의\,경우에는\,100,000분의\,25}$) 이상에 해당하는 주식을 보유한 자이다($\substack{상\,542조의\,6\\5항,\,상시\,32조}$).[6]

---

1) 동지: 이(철), (회) 830~831면; 주상(제5판)(회사 Ⅲ), 391~392면.
2) 동지: 이(철), (회) 831면; 채, 572면; 주상(제5판)(회사 Ⅲ), 392면.
3) 동지: 이(철), (회) 831면; 주상(상), 1032면; 이(기) 외, (회) 352면.
4) 정(찬), (회) 906면; 정(동), (회) 463면; 이(철), (회)(2014) 789면(2021년판에서는 이에 관한 설명이 없음); 채, 572면; 이(기) 외, (회) 352면; 주상(제5판)(회사 Ⅲ), 393면 외.
5) 동지: 주상(제5판)(회사 Ⅲ), 393면.
      일본 회사법에서는 (단독주주권으로 인정하고 있지만) 권리행사의 6월 전부터 주식을 계속하여 소유할 것을 요한다(日會 360조 1항).
6) 금융회사의 경우는 6개월 전부터 계속하여 금융회사의 발행주식총수의 1,000,000분의 250 이상(대통령령으로 정하는 금융회사의 경우에는 1,000,000분의 125 이상)에 해당하는 주식을 보유한 자이다(지배 33조 4항).

이의 요건이 충족된 경우에 주주가 이 권리를 행사할 것인지 여부는 임의이지만, 감사(監事) 또는 감사위원회는 반드시 행사하여야 하고 이를 행사하지 않으면 임무를 게을리한 것이 된다.[1]

2) 피청구자   위법행위 유지청구의 상대방은 법령 또는 정관에 위반한 행위를 한「이사 또는 집행임원」이다.

(4) 행사방법

1) 위법행위 유지청구는 이사가 그 행위를 하기 전에 행사하여야 하지만, 소(訴)에 의하여 할 수도 있고 소 이외의 방법(의사표시)에 의하여 할 수도 있다. 소에 의하여 하는 경우에는 이 소를 본안으로 하여 가처분으로 그 행위를 유지시킬 수 있다($\frac{민집}{300조}$).

2) 유지의 소에 대하여는 상법에 규정이 없으나, 그 성질은 대표소송의 일종이므로 대표소송에 관한 규정($\frac{상\ 403조~406}{조,\ 408조의\ 9}$)이 유추적용된다고 본다. 이러한 유지의 소는 회사 자체의 이익을 위하여 하는 것이므로, 그 판결의 효력은 회사에 미친다($\frac{민소}{218조}$).

(5) 효   과

1) 감사(監事)나 감사위원회 또는 소수주주가 위의 요건이 구비된 경우에 위법행위 유지청구를 하면, 그 이사는 그 행위를 중지하여야 한다. 만일 이사가 유지청구에도 불구하고 그 행위를 하였다면, 유지청구가 그 행위의 사법상의 효력에는 영향이 없고,[2] 이사는 법령 또는 정관에 위반한 행위를 하였음이 나중에 확정된 경우에 한하여 책임을 진다($\frac{상\ 399조\ 1항,}{408조의\ 8\ \ 1항}$). 이사의 이러한 책임은 주주 등이 유지청구권을 행사하였는지 여부에 불문하고 생기는 것이므로, 이러한 책임이 유지청구권의 효과라고도 볼 수 없다. 다만 이사의 그러한 행위가 그 후에 법령 또는 정관에 위반한 행위로 확정되면, 그러한 이사는 중과실이 의제되어($\frac{따라서\ 이\ 때\ 그러한\ 이사의\ 무}{과실의\ 반증은\ 인정되지\ 않음}$) 언제나 상법 제399조($\frac{집행임원의\ 경우는\ 상}{408조의\ 8\ \ 1항·3항}$)에 의한 책임을 부담한다고 본다.[3]

2) 유지청구는 소에 의하든 소 이외의 방법(의사표시)에 의하든 그 위반에 대하여 특별한 책임을 부과하지 않고 또 유지청구에 위반한 행위의 효력에도 영향이 없으므로, 유지청구권의 실효성은 거의 없다.[4] 따라서 유지청구권의 실효성을 확보하

---

1) 동지: 이(철), (회) 831면.
2) 동지: 정(동), (회) 464면(그 이유에 관하여 상세히 설명하고 있음).
3) 동지: 이(철), (회) 832면.
   정(동), (회) 464면은 중과실로 추정된다고 하는데, 같은 책 448면에서 이사의 법령위반행위를 이미 과실로 추정하고 있으므로 간주로 보지 않고 이와 같이 추정으로 보는 의미는 거의 없다고 본다.
4) 동지: 정(동), (회) 464면; 이(철), (회) 833면(이와 같이 위법행위 유지청구권이 실효성이 없게

기 위하여는, 적어도 유지청구가 소에 의하여 제기되고 그 소의 확정판결 전에 그 소에 기한 가처분이 내려진 경우에 그 가처분을 위반한 행위 자체를 처벌할 수 있게 하거나,[1] 또는 그 가처분에 위반하여 한 행위를 무효라고 보아야 할 것이다.[2]

3) 위법행위 유지청구권의 행사에 관한 증(贈)·수뢰(收賂)에 대하여는 형벌의 제재가 있다$\binom{\text{상 631조}}{\text{1항 3호}}$.

3. 대표소송(representative suit or derivative suit)

(1) 의   의

1) 주주의 대표소송이란「소수주주가 회사를 위하여 이사 등의 책임을 추궁하기 위하여 제기하는 소송」을 말한다. 집행임원 비설치회사의 경우 이사와 회사간의 소송에 관하여는 감사(監事)나 감사위원회가 회사를 대표하여 회사가 스스로 소를 제기하여야 하는데$\binom{\text{상 394조; 415}}{\text{조의 2 7항}}$, 감사(監事)나 감사위원회와 이사간의 정실관계로 그 실현을 기대하기가 어렵다. 또한 집행임원 설치회사의 경우 집행임원과 집행임원 설치회사간의 소송에 관하여는 이사회가 회사를 대표할 자를 선임하는데$\binom{\text{상 408조의}}{\text{2 3항 3호}}$ 이사회가 이와 같이 회사를 대표할 자를 선임하여 집행임원에 대하여 쉽게 소송을 제기하지 않을 것이다. 그런데 이는 회사와 주주의 이익을 해하는 것이므로 상법은 소수주주에게 회사를 대위하여 직접 이사의 책임을 추궁하는 소를 제기할 수 있도록 한 것이다$\binom{\text{상 403조 3항;}}{\text{408조의 9}}$.[3]

이 제도는 원래 미국의 형평법에서 인정된 것인데,[4] 우리 상법이 이를 도입한 것이다. 다만 미국 및 이를 도입한 일본에서는 이를 단독주주권으로 인정하고 있으

된 이유는 영미법에서의 유지청구제도가 원래 보전처분의 성격을 갖는 것임에도 불구하고 이를 실체법상의 권리로 수용한 데서 비롯된 것이라고 하고, 따라서 입법론상 재고를 요한다고 한다).

1) 동지: 정(동), (회) 465면; 이(기) 외, (회) 353면.
2) 동지: 강태훈, 전게논문(사법논집 제56집), 59~61면.
3) 주주의 대표소송에 관한 상세는 신홍기, "주주대표소송에 관한 연구," 법학석사학위논문(고려대, 2003. 2); 김영곤, "주주의 대표소송에 관한 소고,"「기업법연구」(한국기업법학회), 제11집 (2002), 9~31면(단독주주권으로 하고 이사회 내에 소송위원회를 두어 남소를 방지하여야 한다고 한다); 최문희, "판례에 나타난 주주대표소송의 절차법적 논점—주주의 제소청구 요건을 중심으로—,"「선진상사법률연구」(법무부), 제82호(2018. 4), 39~71면(대표소송이 경미한 절차적 요건의 하자로 각하되는 이유를 분석하고, 향후 개선방안을 시도함) 참조.
4) 이에 관한 간단한 소개로는 이(철), (회) 834면 참조.
주주의 대표소송은 미국에서 처음에 1주주가 전 주주를 대표하는 소송으로 생각하여 형평법상의 대표당사자소송(class suit) 내지 대표소송(representative suit)의 하나이었으나, 그 후 주주가 회사를 대위하여 이 소송을 제기한다는 관념이 발생하여 대위소송(derivative suit)이라는 명칭이 생겨났고, 이러한 점에서 이는 이사의 책임추궁의 경우에만 한정되는 것이 아니라고 한다[정(동), (회) 465~466면].

나,[1] 주주들이 이를 남용하는 경우가 많으므로 우리 상법은 이 제도를 도입하면서도 제소권자를 소수주주로 제한하였다.[2]

2) 주주의 대표소송은 앞에서 본 바와 같이 사후조치인 점에서, 사전조치인 유지청구권과는 근본적으로 구별된다.

(2) 성 질

대표소송은 소수주주가 회사의 이익을 위하여 회사의 대표기관적 자격에서 소송을 수행하는 것이므로 「제3자의 소송담당」에 해당한다.[3] 따라서 판결의 효력은 당연히 회사(및 다른 주주)에 미치고($\frac{민소\ 218}{조\ 3항}$), 소수주주의 이 권리는 공익권의 일종이다.

(3) 인정범위

1) 대표소송의 대상이 되는 이사의 책임범위에 대하여 학설은 나뉘어 있다. 즉, (i) 소수설은 이사가 상법 제399조($\frac{집행임원의\ 경우는\ 상}{408조의 8\ 1항·3항}$) 및 제428조에 의하여 회사에 대하여 부담하는 채무만을 의미한다고 하나,[4] (ii) 다수설은 이러한 채무 이외에 이사가 회사에 대하여 부담하는 모든 채무(예컨대, 이사와 회사간의 거래에서 이사가 회사에 대하여 부담하는 모든 거래상의 채무 및 손해배상책임, 이사로 취임하기 전에 회사에 대하여 부담한 채무, 상속 또는 채무인수에 의하여 승계취득한 채무 등)도 포함한다고 한다.[5]

생각건대 주주의 대표소송은 감사(監事)나 감사위원회(집행임원에 대한 대표소송에서는 이사회에 의하여 선임된 회사를 대표할 자)가 이사(집행임원)의 책임을 추궁하지 않음으로 인하여 회사에 발생하는 손해를 방지하여 모든 주주(및 회사)의 이익을 보호하는 것이 그 인정취지이므로, 이러한 취지에서 보면 이사가 회사에 대하여 부담하는 책임범위를 제한할 이유가 없다고 본다. 따라서 다수설에 찬성한다.

2) 이사의 책임을 추궁하는 대표소송에 관한 규정은 발기인($\frac{상}{324조}$)·업무집행지시자 등($\frac{상\ 401}{조의\ 2}$)·집행임원 설치회사에서의 집행임원($\frac{상\ 408}{조의\ 9}$)·감사(監事)($\frac{상}{415조}$)·청산인($\frac{상\ 542}{조\ 2항}$), 불공정한 가액으로 신주를 인수한 자($\frac{상\ 424}{조의\ 2}$) 및 주주권의 행사와 관련하여 이익을 공여받은 자($\frac{상\ 467}{조의\ 2}$)에 대한 책임을 추궁하는 경우에도 준용된다.

1) 미국법에서는 주주의 회사에 대한 소제기 청구 후 회사가 부정·부당하게 또는 재량권의 남용에 의하여 소를 제기하지 아니할 때에만 주주들이 직접 소를 제기할 수 있게 하고 있어, 주주의 대표소송의 인정범위를 제한하고 있다.
2) 우리나라에서도 주주의 대표소송 제기권을 단독주주권으로 하여야 한다고 주장하는 견해도 있으나(김영곤, 전게 기업법연구〈제11집〉, 24면 외), 우리의 실정에서 이를 단독주주권으로 하는 것은 무리라고 본다[이에 관한 상세는 정찬형, "IMF 경제체제 이후 회사지배구조에 관한 상법개정에 대한 평가,"「현대상사법논집」(우계강희갑박사화갑기념논문집), 2001. 12, 34~36면 참조].
3) 동지: 정(희), 500면; 정(동), (회) 466면.
4) 정(희), 398~399면; 강, (회) 582면; 박·이, 317면.
5) 서·정, 472면; 손(주), 821면; 정(동), (회) 467면; 이(병), 701면; 양·박, 402면; 이(철), (회) 836면; 주회(상), 725면; 주상(제5판)(회사 Ⅲ), 398면; 채, 575면; 이(기) 외, (회) 354면; 이·최, 334면.

3) 회사가 파산절차중에는 주주가 이사나 감사(監事)의 책임을 추궁하는 이러한 대표소송을 제기하지 못한다.[1]

(4) 당 사 자

1) 원　　고　　　　소(訴) 제기시에 비상장회사의 경우는 발행주식총수($^{의결권이 없}_{는 종류주}_{식 또는 의결권이 제한}_{되는 종류주식을 포함}$)의 100분의 1 이상에 해당하는 주식을 가진 소수주주이고($^{상 403조}_{1항 전단,}_{408조}_{의 9}$), 상장회사의 경우는 발행주식총수의 100분의 1 이상에 해당하는 주식을 가진 소수주주($^{상 542조}_{의 6 10항}$) 또는 6개월 전부터 계속하여 상장회사 발행주식총수($^{의결권이 없는 종}_{류주식 또는 의결}_{권이 제한되는}_{종류주식을 포함}$)의 10,000분의 1 이상에 해당하는 주식을 보유한 소수주주이다($^{상}_{542조}_{의 6}_{6항}$).[2]

대표소송을 제기하는 소수주주가 보유하여야 할 이러한 주식의 비율은 「소(訴) 제기시」에만 유지하면 되고, 그의 보유주식이 제소 후 이러한 주식의 비율 미만으로 감소한 경우($^{발행주식을 보유하지 아니}_{하게 된 경우를 제외한다3)}$)에도 제소의 효력에는 영향이 없다($^{상 403조 5항,}_{408조의 9}$).[4] 이는 대표소송의 제기를 쉽게 하고 또한 이러한 소를 가능한 한 유지시킴으로써 소수주주권을 강화하여 주주들의 효율적인 경영감시를 유도하며 또한 기업경영의 투명성을 보장하기 위하여 1998년 개정상법이 신설한 것이다.[5]

이 때 의결권이 없는 종류주식 또는 의결권이 제한되는 종류주식도 위에서 본 바와 같이 이에 포함됨은 유지청구권의 경우와 같다(통설).[6]

주주대표소송의 이러한 주주가 확정판결을 받으면 이를 집행권원으로 하여 채

---

1) 동지: 대판 2002. 7. 12, 2001 다 2617(신문 3097, 9).
2) 금융회사의 경우는 6개월 전부터 계속하여 금융회사의 발행주식총수의 100,000분의 1 이상에 해당하는 주식을 보유한 자이다(지배 33조 5항).
3) 동지: 대판 2013. 9. 12, 2011 다 57869(공보 2013, 1752); 동 2018. 11. 29, 2017 다 35717(공보 2019, 138)(갑 은행 발행주식의 약 0.013%를 보유한 주주인 을 등이 대표소송을 제기한 후 소송 계속 중 갑 은행과 병 주식회사가 주식교환을 완료하여 병 회사가 갑 은행의 100% 주주가 되고 을은 갑 은행의 주주로서의 지위를 상실한 경우, 대표소송 제기 후 갑 은행의 주식을 전혀 보유하지 않게 된 을은 원고적격을 상실하였다고 본 원심판단은 타당하다).
4) 1998년 개정상법 이전에는 대표소송을 제기하는 소수주주는 소 제기시부터 변론종결시까지 그가 보유하여야 할 소수주주의 비율을 유지하여야 한다고 해석되었으므로 제소시에 이 비율을 유지한 경우에도 변론종결 전에 일부주주가 이탈한 경우에는 당사자적격을 갖추지 못하여 그 소가 각하될 수밖에 없었다. 따라서 이 때에 회사나 피고측에서 일부주주를 회유하여 그 소에서 이탈하도록 하는 것을 막고 또한 그 소가 장기화하는 경우에 원고주주들이 주식양도를 할 수 없게 되는 것을 방지하기 위하여 1998년 개정상법에서 이러한 규정을 두게 된 것이다[법무부, 상법개정공청회자료(1998. 4. 1), 29면].
5) 이에 대하여 「이는 대표소송 제기권을 사실상 단독주주권으로 만든 것이나 다름이 없으므로 문제이다」고 비판하는 견해가 있다[정(동), (회) 468면].
6) 정(찬), (회) 911면; 정(동), (회) 468면; 이(철), (회) 837~838면; 채, 576면; 이(기) 외, (회) 354면; 주상(제5판)(회사 Ⅲ), 399면 외.

무자(이사 등)를 상대로 채권압류 및 전부명령신청을 할 수 있는 집행채권자가 될 수 있다.[1]

2) 피　고　　이사·집행임원 등이다.[2] 즉, 회사의 이사($상_{조\ 1항}^{403}$)·집행임원($상_{조의\ 9}^{408}$)뿐만 아니라, 회사의 발기인($상_{324조}$), 업무집행지시자 등($상_{조의\ 2}^{401}$), 감사($상_{415조}$), 청산인($상_{조\ 2항}^{542}$) 등도 피고가 될 수 있다.

(5) 요　건

대표소송은 다음과 같은 요건이 구비된 경우에 인정된다.

1) 첫째, 소수주주는 먼저 회사($^{이사의\ 위법행위의\ 경우는\ 감사\langle 監事\rangle\ 또는\ 감사위원회이고\langle 상\ 394}_{조\ 1항\ 2문,\ 415조의\ 2\ 7항\rangle,\ 집행임원의\ 위법행위의\ 경우는\ 이사회}$에 의하여 선임된 회사를 대표$^{할\ 자\langle 상\ 408조의\ 2\ 3항\ 3호\rangle}$)에 대하여 이유를 기재한 서면($^{이\ 서면에는\ 책임추궁\ 대상\ 이사의\ 성명)3}_{과\ 책임발생\ 원인사실이\ 기재되어야\ 함}$)

---

1) 대결 2014. 2. 19, 2013 마 2316(공보 2014, 585).

2) 미국에서는 회사를 명목상 피고로 인정하고 있다.

3) 대판 2021. 5. 13, 2019 다 291399(공보 2021, 1194)(상법 제403조 제1항, 제2항, 제3항은 '발행주식 총수의 100분의 1 이상에 해당하는 주식을 가진 주주는 그 이유를 기재한 서면으로 회사에 대하여 이사의 책임을 추궁할 소의 제기를 청구할 수 있고, 회사가 그 청구를 받은 날로부터 30일 내에 소를 제기하지 아니한 때에는 위 주주가 즉시 회사를 위하여 소를 제기할 수 있다.'고 정하고 있는데, 그 취지는 주주가 회사를 위해 회사의 권리를 행사하여 이사의 책임을 추궁할 수 있는 대표소송을 인정함으로써 회사의 이익보호를 도모하면서도, 주주의 대표소송이 회사가 가지는 권리에 바탕을 둔 것임을 고려하여 제소요건을 마련함으로써 주주에 의한 남소를 방지하고자 함에 있다. 따라서 상법 제403조 제2항에 따른 서면에 기재되어야 하는 '이유'에는 권리귀속주체인 회사가 제소 여부를 판단할 수 있도록 책임추궁 대상 이사, 책임발생 원인사실에 관한 내용이 포함되어야 한다. 다만 주주가 언제나 회사의 업무 등에 대해 정확한 지식과 적절한 정보를 가지고 있다고 할 수는 없으므로, 주주가 상법 제403조 제2항에 따라 제출한 서면에 책임추궁 대상 이사의 성명이 기재되어 있지 않거나 책임발생 원인사실이 다소 개략적으로 기재되어 있더라도, 회사가 그 서면에 기재된 내용, 이사회의사록 등 회사 보유 자료 등을 종합하여 책임추궁 대상 이사, 책임발생 원인사실을 구체적으로 특정할 수 있다면, 그 서면은 상법 제403조 제2항에서 정한 요건을 충족하였다고 보아야 한다); 동 2021. 7. 15, 2018 다 298744(공보 2021, 1478)(만약 회사가 이사의 책임을 추궁하지 않는다면, 발행주식의 총수의 100분의 1 이상에 해당하는 주식을 가진 주주는 회사를 위하여 직접 이사의 책임을 추궁할 소를 제기할 수 있다〈상법 제403조 제3항〉. 주주는 소를 제기하기 전에 먼저 회사에 대하여 소의 제기를 청구해야 하는데, 이 청구는 이유를 기재한 서면〈이하 '제소청구서'라 한다〉으로 하여야 한다〈상법 제403조 제1항, 제2항〉. 제소청구서에 기재되어야 하는 '이유'에는 권리귀속주체인 회사가 제소 여부를 판단할 수 있도록 책임추궁 대상 이사, 책임발생 원인사실에 관한 내용이 포함되어야 한다. 다만 주주가 언제나 회사의 업무 등에 대해 정확한 지식과 적절한 정보를 가지고 있다고 할 수는 없으므로, 제소청구서에 책임추궁 대상 이사의 성명이 기재되어 있지 않거나 책임발생 원인사실이 다소 개략적으로 기재되어 있더라도, 회사가 제소청구서에 기재된 내용, 이사회의사록 등 회사 보유 자료 등을 종합하여 책임추궁 대상 이사, 책임발생 원인사실을 구체적으로 특정할 수 있다면, 그 제소청구서는 상법 제403조 제2항에서 정한 요건을 충족하였다고 보아야 한다. 주주가 아예 상법 제403조 제2항에 따른 서면〈이하 '제소청구서'라 한다〉을 제출하지 않은 채 대표소송을 제기하거나 제소청구서를 제출하였더라도 대표소송에서 제소청구서에 기재된 책임발생 원인사실과 전혀 무관한 사실관계를 기초로 청구를 하였다면 그 대표소송은 상법 제403조 제4항의 사유가 있다는 등의 특별한 사정이 없는 한 부적법하다. 반면 주주가 대표소송에서 주장한 이사의 손해배상책임이 제소청구서에 적시된 것과 차이가 있더라도 제소청구서의 책임발생 원인사실을 기초로 하면서 법적 평가만을 달리한 것에 불과하다면 그 대표소송은 적법하다. 따라서 주주는 적법하게 제기된 대표

으로 이사의 책임을 추궁하는 소의 제기를 청구하여야 한다(상 403조 1항 · 2) 1)
항, 408조의 9).

2) 둘째, 회사가 이러한 청구를 받은 날로부터 30일 내에 소를 제기하지 않을
때에는, 1)의 소수주주는 즉시 회사를 위하여 직접 소를 제기할 수 있다(상 403조 3항,
408조의 9).
다만 이러한 30일의 경과로 인하여 회사에 회복할 수 없는 손해가 생길 염려가 있
는 경우(예컨대, 시효완성, 이사가 재산을 처분하려 하는 경우 등)에는, 예외적으로 그 소수주주는 즉시 소를 제기할 수
있다(상 403조 4항, 408조의 9).

(6) 절   차

이사의 책임을 추궁하는 소송은 회사가 스스로 제기하는 경우이든 소수주주가
회사를 위하여 제기하는 경우이든 공정하게 되어야 하는데, 상법은 이 점에 관하여
특별한 소송법적 규정을 두고 있다(상법은 대표소송에 관하여만 규정하고 있으나, 이는 유지의 소 등에도 유추적용되어야 한다는 점에 대하여는 이미 설명하였다).

1) 전속관할   이사의 책임을 추궁하는 소는 회사 본점소재지의 지방법원
의 전속관할이다(상 403조 7항, 408조의 9, 186조).

2) 담보제공   소수주주가 악의(원고인 주주가 피고인 이사를 해한다는 것을 아는 것)로 대표소송을 제기하
는 경우, 피고인 이사는 원고인 주주의 악의를 소명하여 주주에게 상당한 담보를 제
공하게 할 것을 법원에 청구할 수 있다(상 403조 7항, 408조의 9, 176조 3항 · 4항). 2) 이것은 대표소송의 남용
을 방지하기 위한 것이다.

3) 소송참가와 소송고지   판결이 확정되면 기판력이 생겨 그 이사의 회사
에 대한 책임을 또 다시 문제삼을 수 없게 되므로 소수주주가 이러한 대표소송을 제
기한 경우에는 그러한 소수주주는 회사에게 소송참가의 기회를 주기 위하여 지체
없이 회사에 대하여 그 소송의 고지를 하여야 하고(상 404조 2항, 408조의 9), 회사는 소수주주가
제기한 대표소송에 소송참가를 할 수 있다(상 404조 1항, 408조의 9). 3) 이러한 소송참가는 원래 회

소송 계속 중에 제소청구서의 책임발생 원인사실을 기초로 하면서 법적 평가만을 달리한 청구를
추가할 수도 있다).
1) 이 때 감사(監事)는 소를 제기할 것인지 여부를 결정할 재량이 없고, 반드시 소를 제기하여야
한다[동지: 정(동), (회) 469면].
이러한 대표소송의 제기요건을 단독주주권으로 하고 이의 남소를 방지하기 위하여는 소송위원
회제도를 도입할 것을 입법론으로 주장하는 견해로는 정쾌영, "대표소송의 단독주주권화와 남소
제한에 관한 연구," 「상사법연구」, 제20권 2호(2001), 413~443면.
2) 이에 관하여는 김대연, "주주대표소송에서의 담보제공명령제도(일본법제의 현황을 중심으로),"
「상사법연구」, 제21권 2호(2002), 367~396면; 김영균, "주주대표소송에 있어서 담보제공제도
에 관한 소고," 「상법학의 전망(평성 임홍근교수 정년퇴임기념논문집)」(서울: 법문사, 2003),
147~168면(우리 상법상 담보제공명령제도는 그 나름으로의 역할을 수행하고 있어 대표소송 활
성화를 위하여 재검토해야 할 이유는 없다고 한다) 참조.
3) 동지: 대판 2002. 3. 15, 2000 다 9086(공보 2002, 864)(이러한 회사의 소송참가의 법적 성격
은 공동소송참가를 의미한다. 또한 비록 원고 주주들이 주주대표소송의 사실심 변론종결시까지
대표소송상의 원고주주요건을 유지하지 못하여 종국적으로 소가 각하되는 운명에 있다고 할지라

사가 소를 제기한 경우에는 주주가, 소수주주가 소를 제기한 경우에는 회사와 다른 주주가 유효적절한 소송수행을 위하여 할 수 있는 것인데, 많은 주주의 소송참가는 부당하게 소송을 지연시키거나 법원의 부담을 무겁게 할 염려가 있기 때문에 상법은 소수주주가 제소한 경우에 한해서 회사만이 소송참가를 할 수 있게 하였다[1]($\substack{상 404\\조 1항,\\408조의 9}$).

4) 소의 취하 등의 제한   위의 소수주주의 청구에 의하여 회사가 소를 제기하거나 또는 소수주주가 직접 대표소송을 제기한 경우 당사자는 법원의 허가를 얻지 아니하고는 소의 취하·청구의 포기·인낙[2]·화해를 할 수 없다($\substack{상 403조 6항,\\408조의 9}$).[3] 이러한 소송은 위에서 본 바와 같이 소수주주가 회사의 이익을 위하여 제기하는 것이므로 회사 또는 제소주주가 쉽게 소의 취하·화해 등을 하는 것은 곤란하지만, 한편 소송수행중 부득이하게 소의 취하·화해 등을 할 필요성이 있는 경우에 이를 인정하지 않을 수 없는 경우도 있다. 따라서 1998년 개정상법은 이러한 양자를 조화하여 「법원의 허가」가 있는 경우에만 회사 또는 제소주주는 소의 취하 등을 할 수 있게 하였다.[4]

5) 재심의 소   이사의 책임을 추궁하는 소가 제기된 경우에 원고와 피고의 공모로 인하여 소송의 목적인 회사의 권리를 사해(詐害)할 목적으로 판결을 하게 한 때에는 회사($\substack{소수주주가\\원고인 경우}$) 또는 주주($\substack{회사가 원고인 경우인데, 여기에서의\\주주는 소수주주에 한하지 않는다}$)는 확정된 종국판결에 대하여 재심의 소를 제기할 수 있다($\substack{상 406조 1항,\\408조의 9}$). 이사의 책임을 추궁하는 소는 소송참가제도가 있음에도 불구하고 원고와 피고와의 공모에 의해서 불공정한 결과가 발생할 염려가 크므로, 민사소송법에도 재심의 제도가 있으나($\substack{민소\\451조}$) 그것만으로

도 회사인 원고 공동소송참가인의 참가시점에서는 원고 주주들이 적법한 원고적격을 가지고 있었다고 할 것이어서 회사인 원고 공동소송참가인의 참가는 적법하다고 할 것이고, 뿐만 아니라 원고 주주들의 주주대표소송이 확정적으로 각하되기 전에는 여전히 그 소송계속 상태가 유지되고 있는 것이어서, 그 각하판결 선고 이전에 회사가 원고 공동소송참가를 신청하였다면 그 참가 당시 피참가소송의 계속이 없다거나 그로 인하여 참가가 부적법하게 된다고 볼 수는 없다).

1) 동지: 정(희), 501면.
   반대: 정(동), (회) 469면(다른 주주도 대표소송에 참가할 수 있고, 회사가 이사의 책임을 추궁하는 소를 제기하는 경우에는 주주도 이에 참가할 수 있다고 한다); 채, 576면; 日會 849조 1항(주주 또는 회사는 이사의 책임을 추궁하는 소송에 참가할 수 있다).
2) 청구의 「인낙」은 이사가 하는 것으로서 이를 금할 이유가 없는 것이므로 입법의 착오라고 하는 견해가 있다[이(철), (회) 841면].
3) 동지: 미국 연방민사소송규칙(Federal Rules of Civil Procedure) § 23.1; N. Y. Bus. Corp. Law § 626(d).
4) 동지: 법무부, 전게 상법개정공청회자료(1998. 4. 1), 30면.
   주주의 대표소송을 포함하여 이사의 책임을 추궁하는 소송은 회사와 다른 주주의 이해가 관련되어 있으므로 당사자처분권주의를 제한한 것이다[정(동), (회)(제6판, 2000) 470면].

는 충분하지 않기 때문에 상법은 이에 관하여 특칙을 둔 것이다.[1]

재심의 소는 당사자가 판결확정 후 재심의 사유를 안 날로부터 30일 내에 제기하여야 하고, 판결확정 후 5년을 경과한 때에는 재심의 소를 제기하지 못한다($\substack{\text{민소} \\ 456조}$). 이 재심의 소를 제기한 주주도 후술하는 바와 같이 승소의 경우에는 회사에 대하여 변호사보수의 청구권을 갖고, 패소의 경우에는 악의가 없는 한 책임이 없다($\substack{\text{상 406조 2} \\ \text{항, 405조,} \\ \text{408조} \\ \text{의 9}}$).

(7) 효   과

1) 판결의 효력   대표소송은 앞에서 본 바와 같이 제3자의 소송담당의 한 경우이므로, 원고인 소수주주가 받는 판결의 효력($\substack{\text{승소이든} \\ \text{패소이든}}$)은 당연히 회사에 미치게 된다($\substack{\text{민소 218} \\ \text{조 3항}}$). 또 원고인 소수주주가 받는 판결의 효력에 대하여 다른 주주도 동일한 주장을 하지 못하고, 피고인 이사도 원고인 소수주주에게 반소를 제기할 수 없다.[2]

2) 소송비용부담

(가) 원고인 소수주주가 승소하면 그 주주는 회사에 대하여 소송비용[3] 및 그 밖에 소송으로 인하여 지출한 비용 중 상당한 금액의 지급을 청구할 수 있다[4]($\substack{\text{상 405조} \\ \text{1항 1문,} \\ \text{408조} \\ \text{의 9}}$). 이 경우 소송비용은 패소한 이사가 부담하게 되므로($\substack{\text{민소} \\ 89조}$) 소송비용을 지급한 회사는 그 이사에 대하여 구상권이 있는데($\substack{\text{상 405조 1항} \\ \text{2문, 408조의 9}}$),[5] 회사를 대표하여 그 이사

---

1) 상법상 재심제도는 대표소송의 경우에 한하여 인정되고 있으나, 원래 회사법상의 소는 모두 원고와 피고의 공모의 위험성이 내포되어 있는 것이며, 더구나 그 판결의 효력이 대세적이고 법률관계가 획일적으로 해결되기 때문에 부당한 결과를 고칠 길이 없으므로 회사법상의 소를 전체적으로 개관할 때 그 소의 목적이나 절차·효력 등이 비슷한 점에 비추어 대표소송에 관한 재심의 소의 규정을 다른 소에 대하여도 유추적용할 필요가 있고, 입법론적으로는 회사법상의 소에 관하여 변론주의보다도 직권탐지주의로 하여 그 소송에서 생기는 폐단을 미연에 방지하도록 하여야 한다는 견해가 있다[정(희), 502면].
2) 동지: 정(희), 500면; 정(동), (회) 470면.
3) 참고: 대결 2020. 4. 24, 2019 마 6990(공보 2020, 954)(민사소송법 제109조 제1항은 "소송을 대리한 변호사에게 당사자가 지급하였거나 지급할 보수는 대법원규칙이 정하는 금액의 범위 안에서 소송비용으로 인정한다"라고 규정하고 있고, 변호사보수의 소송비용 산입에 관한 규칙 제3조 제1항은 "소송비용에 산입되는 변호사의 보수는 당사자가 보수계약에 의하여 지급한 또는 지급할 보수액의 범위 내에서 각 심급 단위로 소송목적의 값에 따라 별표의 기준에 의하여 산정한다"라고 규정하고 있다. 따라서 소송비용에 산입되는 변호사의 보수에는 당사자가 보수계약에 의하여 현실적으로 지급한 것뿐만 아니라 사후에 지급하기로 약정한 것까지 포함되고, 제3자가 지급한 경우에도 당사자가 지급한 것과 동일하다고 볼 수 있는 사정이 인정되면 소송비용에 산입되는 변호사보수로 인정할 수 있다).
4) 이에 관하여는 윤영신, "주주대표소송의 변호사보수 등 소송관련비용의 부담,"「상사법연구」, 제20권 1호(2001), 195~232면 참조.
5) 이와 반대로 이사가 회사의 업무수행과 관련하여 소송에 연루됨으로써 부담하는 비용을 회사가 보상하는 미국법상의 제도를 소개한 글로는 정봉진, "미국법상 이사에 대한 보상,"「상사법연구」, 제22권 4호(2003), 99~129면(이에 관한 우리나라의 현행법의 규정으로는 민법상 수임인의 비용상환청구권밖에 없다고 한다).

에 대한 손해배상책임을 묻지 않은 감사(監事)($\frac{상 394}{조 1항}$)에 대하여도 소송비용을 지급한 회사는 구상권이 있다($\frac{상405조 1항 2}{문, 408조의 9}$). 이와 같이 회사에 대하여 소송비용 등을 지급하도록 한 것은, 원고의 이러한 소송으로 인하여 이익을 받게 되는 자는 회사와 다른 주주들도 해당되므로 회사가 이러한 비용을 모두 부담하도록 하고, 다만 소송비용은 패소한 이사 또는 감사에게 구상하도록 한 것이다.[1] 상법이 「소송비용 및 그 밖에 소송으로 인하여 지출한 비용 중 상당한 금액」이라는 표현을 쓰고 있는데, 이는 변호사비용 등이 부당하게 다액으로 약정되는 폐해를 방지하기 위하여 이와 같이 표현한 것으로 본다.[2]

(나) 원고인 주주가 패소한 때에는 그가 악의인 경우 외에는 과실이 있다 하더라도 회사에 대하여 손해배상의 책임을 지지 아니한다($\frac{상 405조 2항,}{408조의 9}$). 이것은 원고인 주주가 패소를 두려워하여 대표소송제도의 이용을 기피하는 것을 방지하기 위한 것이다.

3) 벌 칙   대표소송에 관한 증(贈)·수뢰(收賂)에 관하여는 벌칙의 제재가 있다($\frac{상 631조,}{1항 2호}$).

4. 다중대표소송(이중대표소송)(multiple derivative suit)

(1) 입법연혁

모회사의 주주가 자회사를 위하여 자회사의 이사($\frac{집행임원 설치회사의 경}{우 '집행임원'을 포함함}$)의 책임을 추궁하는 소송을 대위하여 행사하는 것과 같은 경우를 이중대표소송($\frac{관련회사가}{2개인 경우}$) 또는 다중대표소송($\frac{관련회사가 3}{개 이상인 경우}$)이라고 하는데, 이에 관한 상법의 규정이 없었던 경우에도 이를 인정할 수 있을 것인지가 문제되었다. 이는 자회사뿐만 아니라 자회사의 주주인 모회사가 제소(提訴)를 게을리한 것까지 있어야 하는 점이 일반적인 대표소송과 다르다. 미국의 판례에서는 이를 인정하고 있는데,[3] 상법의 규정이 없는 우리나라에

---

1) 승소한 원고가 소송비용을 패소한 이사에게 청구하지 않고 이러한 소송비용까지 회사에 대하여 직접 청구할 수 있도록 한 것은 대표소송의 제기를 쉽게 하기 위하여 2001년 개정상법이 변경한 것인데, 이는 패소한 이사가 자력이 없는 경우 그 소송에 참가하여 승소한 원고(회사)가 결과적으로 소송비용을 부담하게 되는 문제점이 있고, 또한 남소의 위험도 있다고 본다[이에 관한 상세는 정찬형, "2000년 정부의 상법개정안에 대한 검토의견," 「상사법연구」(한국상사법학회), 제20권 1호(2001. 5), 129~130면 참조].

2) 동지: 정(희), 500면.

3) Henn & Alexander, p. 1056. 미국에서 다중대표소송에 대하여 명문으로 규정하고 있는 주법은 없고, 델라웨어 주 등에서 판례법상 인정되고 있음; 일본은 2014년 회사법 개정으로 100% 완전 모자회사에 한정하여 다중대표소송이 허용됨(日會 847조의 3); 영국은 다중대표소송을 허용하나 법원의 제소허가를 받아야 함(英會 260조 이하)[다중대표소송에 관한 외국 입법례의 상세는 천경훈, "다중대표소송 재론," 「법학연구」(연세대 법학연구원), 제28권 제1호(2018. 3), 86면 이하 참조].

서도 이를 긍정하는 견해가 있었다.[1] 그러나 우리 대법원판례는 이를 부정하였다.[2]

그런데 그 후 법무부의 상법개정안 작성시에, 지배주주 및 경영진의 사익추구 행위를 견제하는 사후적 견제장치로 주주 대표소송제도의 취지가 충분히 구현될 수 있는 이중 또는 다중대표소송법제를 마련하여야 한다는 의견이 제기되어, 2006년 10월 4일 입법예고한($^{법무부공고}_{2006-106호}$) 법무부의 상법개정안에서는 제406조의 2(이중대표 소송 등)를 신설하여 이중대표소송에 관한 규정을 두었으나, 경제계(재계)의 '남소우려' · '기업활동 위축' 등의 주장으로 인하여 최종안에서 삭제되었다. 그 후 또 다시 2013년 7월 16일 정부(법무부)의 「상법 일부 개정(안) 입법예고」($^{법무부공고 제}_{2013-162호}$)에서 상법 제406조의 2(다중대표소송)를 신설하여 다중대표소송에 대하여 규정하였는데,[3] 경제단체의 강력한 반발로 유보되었다. 그 후 2017년 12월 법무부의 상법개정안에서도 상법 제406조의 2(다중대표소송)를 신설하여 다중(이중)대표소송제도를 규정하였는데, 2020년 8월 31일 정부가 국회에 보낸 상법 일부 개정법률안의 내용은 대체로 이와 같은 내용이고, 2020년 12월 9일 국회 본회의에서 통과된 상법개정안도 대체로 이와 같은 내용인데 상장회사의 경우 다중대표소송을 행사하기 위한 소수주주권의 주식보유비율을 상향하였다($^{정부안은 발행주식총수의 '10,000분의 1 이상'이었}_{으나, 국회에서 '10,000분의 50 이상'으로 상향함}$).[4]

1) 정(동), (회) 471면; 김동훈, "다중대표소송에 대한 고찰," 「21세기한국상사법의 진로(내동우 홍구박사정년기념논문집), 2002, 65~67면, 77면; 김대연, "주식의 포괄적 교환 및 이전과 대표소송," 「상장협」, 제46호(2002, 추계호), 156~173면(지배회사의 주주가 종속회사를 위하여 중복대표소송을 제기할 수 있는 방향으로 해석 또는 입법되는 것이 바람직하다고 한다).

2) 대판 2004. 9. 23, 2003 다 49221(공보 2004, 1702)(어느 한 회사가 다른 회사의 주식의 전부 또는 대부분을 소유하여 양자간에 지배종속관계에 있고, 종속회사가 그 이사 등의 부정행위에 의하여 손해를 입었다고 하더라도, 지배회사와 종속회사는 상법상 별개의 법인격을 가진 회사이고, 대표소송의 제소자격은 책임추궁을 당하여야 하는 이사가 속한 당해 회사의 주주로 한정되어 있으므로, 종속회사의 주주 아닌 지배회사의 주주는 상법 제403조 · 제415조에 의하여 종속회사의 이사 등에 대하여 책임을 추궁하는 이른바 이중대표소송을 제기할 수 없다).

3) 동 상법개정안 제406조의 2 제1항은 "모회사의 발행주식총수의 100분의 1 이상에 해당하는 주식을 가진 주주는 자회사에 대하여 자회사 이사의 책임을 추궁할 소의 제기를 청구할 수 있다"고 규정하였고, 동조 제2항은 이에 대표소송에 관한 규정 등의 준용규정을 두었으며, 동조 제3항은 "제1항의 소의 제기를 청구한 후 모회사의 자회사에 대한 보유주식이 발행주식총수의 100분의 50 이하로 감소한 경우에도 제소의 효력에는 영향이 없다"고 규정하였고, 동조 제4항은 "본조의 소는 자회사의 본점 소재지의 지방법원의 관할에 전속한다"고 규정하였다. 이로 인하여 자회사 이사의 위법행위로 자회사에 손해가 발생하고 이로 인하여 모회사도 손해를 입게 되었음에도, 자회사나 그 주주 또는 모회사가 책임을 추궁하지 않는 경우, 모회사의 주주가 권리를 구제받을 수 있도록 하였다(동 개정안 개정이유 참조).

4) 다중(이중)대표소송제도의 인정 여부에 대하여는 반대론과 찬성론이 있다. 반대론에서는 (i) 이를 인정하면 모회사와 자회사간의 독립된 법인격 부인의 법리적 문제가 있고, (ii) 이를 인정하면 남소의 우려가 있으며, (iii) 이를 인정하면 책임증가에 따라 위험회피적 소극 경영을 하여 회사 경영에 악영향을 미칠 우려가 있다는 점 등을 들고 있다. 이에 반하여 찬성론에서는 (i) 해석상 독립된 법인격 부인의 문제는 입법적으로 해결하면 되고, (ii) 다중대표소송에도 대표소송에 적용되는 남소방지의 규정이 그대로 적용되므로 남소의 우려가 특별히 크다고 할 수 없으며, (iii) 이를 인정

(2) 의 의

1) 상법상 인정되고 있는 다중대표소송(이중대표소송)은「모회사 발행주식총수의 100분의 1 이상에 해당하는 주식을 가진 주주(상장회사의 경우는 이 경우뿐만 아니라, 6개월 전부터 계속하여 모회사 발행주식총수의 1만분의 50 이상에 해당하는 주식을 보유한 주주)가 자회사[1]의 이사의 책임을 추궁하는 소송」을 말한다(상 406조의 2 1항, 542조의 6 7항·10항). 예컨대, B회사의 이사인 C가 고의 또는 과실로 법령 또는 정관에 위반한 행위를 하거나 그 임무를 게을리하여 B회사에 손해를 가한 경우, B회사가 C에 대하여 손해배상청구를 하여야 하는데(상 399조) B회사가 이러한 청구를 하지 않는 경우 B회사의 주주(특히 소수주주)가 B회사를 대위하여 직접 C의 책임을 추궁하는 소를 제기할 수 있도록 한 것이 주주의 대표소송이고(상 403조), B회사가 이러한 청구를 하지 않고 또한 B회사의 주주(B회사의 발행주식총수의 100분의 50을 초과하는 주식을 가지고 있는 A회사〈상 342조의 2 1항〉 및 B회사의 소수주주)도 대표소송을 제기하지 않는 경우에 B회사의 모회사인 A회사의 소수주주가 B회사를 대위하여 C의 책임을 추궁할 수 있도록 한 것이 다중대표소송(이중대표소송)이다. 이때 A회사와 B회사는 모자회사라고 하여도 별개의 법인이므로 원래는 A회사의 주주(소수주주)가 B회사를 대위하여 C의 책임을 추궁하는 소를 제기할 수 없는 것이지만,[2] 2020년 개정상법은 다중대표소송에 관한 규정을 신설하여(상 406조의 2) 이를 입법적으로 해결하였다. 이러한 다중대표소송(이중대표소송)제도의 도입으로 종속회사(B회사)의 이사(C)의 위법행위에 대하여 종속회사(B회사) 또는 그 주주인 지배회사(A회사)(특히 A회사가 B회사의 100% 모회사이거나 또는 100% 모회사가 아니더라도 B회사가 비상장회사로서 소수주주가 극소수인 경우)가 C의 책임을 추궁하지 않는 경우에는 실질적인 이해관계를 갖는 지배회사(A회사)의 소수주주에게 B회사를 대위하여 C의 책임을 묻도록 하는 것이(즉, 다중대표소송제도를 인정하는 것이) 주주의 대표소송제도의 취지가 충분히 구현될 수 있다.

2) 다중대표소송도 대표소송과 같이 사후조치인 점에서, 사전조치인 유지청구

하더라도 주주가 승소한 경우 그 이익은 회사에 귀속되므로 전체 주주와 기업에 유익한 제도라는 점 등을 들고 있다.

사견으로, 우리 대기업의 경우 모자회사 등으로 많이 연결되어 있어 상법상 대표소송만으로는 기업집단구조에 적용하기 어려운 문제가 있는 점, 독립된 법인격의 한계를 극복하기 위하여는 입법적 해결이 불가피한 점, 위법한 경영진에 대한 책임추궁의 실효화를 기할 필요가 있는 점, 주주 전체와 기업의 이익을 보호할 필요가 있는 점 등을 고려하면, 다중(이중)대표소송제도를 도입할 필요성은 있다고 본다. 다만 다중(이중)대표소송으로 인한 폐해인 남소 등의 폐해를 방지하기 위하여는 모자회사에 구속되지 말고 종속회사(자회사)에 대한 지분비율(100% 소유, 80% 이상 소유 등)을 조정하는 방법이 있을 수 있다.

1) 이때의「자회사」는, 예컨대 A회사가 B회사 발행주식총수의 100분의 50을 초과하는 주식을 가진 경우의 B회사뿐만 아니라(상 342조의 2 1항), D회사 발행주식총수의 100분의 50을 초과하는 주식을 A회사 및 B회사 또는 B회사가 가지고 있는 경우 D회사(손회사)도 자회사로 의제되므로(상 342조의 2 3항) D회사를 포함한다고 본다(법무부, 2017 상법특별위원회 회의록, 2018. 1, 161~162면 참조).

2) 대판 2004. 9. 23, 2003 다 49221(공보 2004, 1702) 참조.

권과는 근본적으로 구별된다.

(3) 성　질

다중대표소송도 대표소송과 같이 모회사의 소수주주가 자회사의 이익을 위하여 자회사의 대표기관적 자격에서 소송을 수행하는 것이므로 「제3자의 소송담당」에 해당하고, 그 판결의 효력은 자회사에 미치며($\substack{민소\ 218 \\ 조\ 3항}$), 모회사 소수주주의 이 권리는 공익권의 일종이라고 볼 수 있다.

(4) 인정범위

1) 다중대표소송의 대상이 되는 자회사 이사의 책임범위도 대표소송의 경우와 같이 상법 제399조($\substack{집행임원의\ 경우는\ 상 \\ 408조의 8\ 1항·3항}$) 및 제428조에 의하여 회사에 대하여 부담하는 채무뿐만 아니라, 그 이외에 이사가 회사에 대하여 부담하는 모든 채무도 포함한다고 본다.

2) 자회사 이사의 책임을 추궁하는 대표소송에 관한 규정은 발기인($\substack{상 \\ 324조}$)·업무집행지시자 등($\substack{상 401 \\ 조의 2}$)·집행임원 설치회사에서의 집행임원($\substack{상 408 \\ 조의 9}$)·감사(監事)($\substack{상 \\ 415조}$)·청산인($\substack{상 542 \\ 조 2항}$)의 책임을 추궁하는 경우에도 적용한다.

(5) 당사자

1) 원　고　　소(訴) 제기시에 (위의 예에서 A회사가), 비상장회사의 경우에는 모회사 발행주식총수($\substack{의결권이\ 없는\ 종류주식\ 또는\ 의 \\ 결권이\ 제한되는\ 종류주식을\ 포함}$)의 100분의 1 이상에 해당하는 주식을 가진 소수주주이고($\substack{상 406조의 2 \\ 1항,\ 408조의 9}$), 상장회사의 경우에는 모회사인 상장회사 발행주식총수의 100분의 1 이상에 해당하는 주식을 가진 소수주주($\substack{상 542조 \\ 의 6\ 10항}$) 또는 6개월 전부터 계속하여 모회사인 상장회사 발행주식총수($\substack{의결권이\ 없는\ 종류주식\ 또는\ 의 \\ 결권이\ 제한되는\ 종류주식을\ 포함}$)의 10,000분의 50 이상에 해당하는 주식을 보유한 소수주주이다($\substack{상 542조 \\ 의 6\ 7항}$).

다중대표소송을 제기하는 소수주주(위의 예에서 A회사의 소수주주)가 보유하여야 할 이러한 주식의 비율은 「소(訴) 제기시」에만 유지하면 되고 그의 보유주식이 제소 후 이러한 주식의 보유비율 미만으로 감소한 경우($\substack{발행주식을\ 보유하지\ 아니 \\ 하게\ 된\ 경우를\ 제외한다}$)에도 제소의 효력에는 영향이 없다($\substack{상 406조의 2\ 3항·403 \\ 조 5항,\ 408조의 9}$). 이는 대표소송의 경우와 같다.

다중대표소송의 경우에는 모회사의 소수주주가 자회사 이사의 책임을 추궁하는 소이기 때문에 소 제기 이후 모자회사관계의 변동이 이 소에 어떠한 영향을 미치는 지가 문제된다. 이에 관하여 상법은 특별히 규정하고 있다. 즉, 모회사(A회사)의 소수주주가 자회사(B회사)에 대하여 자회사 이사(C)의 책임을 추궁할 '소의 제기를 청구한 후' 모회사(A회사)가 보유한 자회사(B회사)의 주식이 자회사(B회사) 발행주식총수의 100분의 50 이하로 감소한 경우($\substack{발행주식을\ 보유하지\ 아니 \\ 하게\ 된\ 경우를\ 제외한다}$)에도 자회사(B회사)에 대하여 자회사 이사(C)의 책임을 추궁할 소의 제기의 청구($\frac{상 406조}{의 2 1항}$)와 자회사(B회사)를 위한 제소($\frac{상 406조}{의 2 2항}$)의 효력에는 영향이 없다($\frac{상 406조}{의 2 4항}$). 다시 말하면 다중대표소송에서 모자회사관계는 모회사(A회사)의 소수주주가 자회사(B회사)에 대하여 자회사 이사(C)의 책임을 추궁할 '소의 제기를 청구할 때'에만 유지되면 되는 것이다($\frac{그러나 다중대표소}{송에서 모회사의 소}$ 수주주가 보유하여야 할 주식의 비 율은 '소 제기시'에만 유지되면 된다).

2) 피　　고　　자회사(B회사)의 이사·집행임원 등이다. 즉, 자회사의 이사 ($\frac{상 406조}{의 2 1항}$)·집행임원($\frac{상 408}{조의 9}$)뿐만 아니라, 자회사의 발기인($\frac{상}{324조}$), 업무집행지시자 등 ($\frac{상 401}{조의 2}$), 감사($\frac{상}{415조}$), 청산인($\frac{상 542}{조 2항}$)도 피고가 될 수 있다.

이때 자회사(B회사)는 앞에서 본 바와 같이 의제자회사(손회사)를 포함하므로($\frac{상 342}{조의}$ ${2\ 3항}$), 위의 예에서 A회사의 의제자회사(손회사)(D회사)의 이사·집행임원 등도 피고가 될 수 있다고 본다.

(6) 요　　건

다중대표소송은 다음과 같은 요건이 구비된 경우에 인정된다.

1) 첫째, 모회사(A회사)의 소수주주는 먼저 자회사(B회사)에 대하여 그 이유를 기재한 서면으로 자회사 이사(C)의 책임을 추궁할 소의 제기를 청구하여야 한다($\frac{상}{406}$ 조의 2 1항·3항, 403조 2항, 408조의 9). 이러한 점은 대표소송의 경우와 같다($\frac{상 403조}{1항·2항}$).

2) 둘째, 자회사(B회사)가 이러한 청구를 받은 날부터 30일 내에 소를 제기하지 아니한 때에는 1)의 모회사(A회사)의 소수주주는 즉시 자회사(B회사)를 위하여 직접 소를 제기할 수 있다($\frac{상 406조의 2}{2항, 408조의 9}$). 다만 이러한 30일의 경과로 인하여 자회사(B회사)에 회복할 수 없는 손해가 생길 염려가 있는 경우에는, 예외적으로 모회사(A회사)의 소수주주는 즉시 소를 제기할 수 있다($\frac{상 406조의 2 3항,}{403조 4항, 408조의 9}$). 이러한 점도 대표소송의 경우와 같다($\frac{상 403조 3항·4}{항, 408조의 9}$).

3) 셋째, 해석상 자회사(B회사)의 주주가 대표소송($\frac{상 403조,}{408조의 9}$)을 제기하지 않은 경우에 모회사(A회사)의 주주(소수주주)가 다중대표소송($\frac{상 406조의}{2, 408조의 9}$)을 제기할 수 있다고 본다.[1] 왜냐하면 자회사(B회사)의 이사(C)의 책임을 추궁하는 소는 모두 동일한 소송이므로, B회사가 C의 책임을 추궁하지 않는 경우 B회사의 주주(소수주주)에게 대표소송을 인정하고($\frac{상 403조,}{408조의 9}$), B회사의 주주(소수주주)가 대표소송을 제기하지 않는

---

1) 위의 예에서 손회사(D회사)의 이사(E)의 책임을 추궁하는 소의 경우에는, D회사가 E의 책임을 추궁하지 않고, D회사의 주주(소수주주)도 E에 대하여 대표소송(상 403조, 408조의 9)을 제기하지 않으며, B회사가 D회사의 모회사인 경우 B회사의 주주(소수주주)도 다중대표소송(이중대표소송)으로(상 406조의 2, 408조의 9) E의 책임을 추궁하지 않는 경우에, A회사(조모회사)의 주주 (소수주주)는 다중대표소송(상 406조의2, 408조의 9)으로 E의 책임을 추궁할 수 있다고 본다.

경우에 B회사의 모회사인 A회사의 주주(소수주주)에게 다중대표소송(이중대표소송)이 인정되는 것으로 해석하여야 할 것이기 때문이다(403조 1항 및 406조의 2 1항의 취지 참조).

(7) 절   차

다중대표소송의 절차에 관하여 상법은 대표소송에 관한 규정을 주로 준용하여 특별한 소송법적 규정을 두고 있다.

1) 전속관할   자회사의 이사의 책임을 추궁하는 다중대표소송은 자회사의 본점소재지의 지방법원의 전속관할이다(상 406조의 2 5항, 408조의 9).

2) 담보제공   모회사의 소수주주가 악의로 다중대표소송을 제기하는 경우, 피고인 자회사의 이사는 원고인 주주의 악의를 소명하여 주주에게 상당한 담보를 제공하게 할 것을 법원에 청구할 수 있다(상 406조의 2 3항, 176조의 3항·4항, 408조의 9). 이것은 다중대표소송의 남용을 방지하기 위한 것이다. 이는 대표소송의 경우와 같다(상 403조 7항, 176조 3항·4항, 408조의 9).

3) 소송참가와 소송고지   모회사의 소수주주가 다중대표소송을 제기한 경우에는 그러한 소수주주는 자회사에게 소송참가의 기회를 주기 위하여 지체 없이 자회사에 대하여 그 소송의 고지를 하여야 하고(상 406조의 2 3항, 404조 2항, 408조의 9), 자회사는 모회사의 소수주주가 제기한 다중대표소송에 참가할 수 있다(상 406조의 2 3항, 404조 1항, 408조의 9). 이는 대표소송의 경우와 같다(상 404조, 408조의 9). 따라서 자회사만이 다중대표소송에 참가할 수 있다고 본다.

4) 소의 취하 등의 제한   모회사의 소수주주의 청구에 의하여 자회사가 그의 이사의 책임을 추궁하는 소를 제기하거나 또는 모회사의 소수주주가 직접 자회사의 이사의 책임을 추궁하는 다중대표소송을 제기한 경우, 당사자는 법원의 허가를 얻지 아니하고는 소의 취하·청구의 포기·인낙·화해를 할 수 없다(상 406조의 2 3항, 403조 6항, 408). 이는 대표소송의 경우와 같다(상 403조 6항, 408조의 9).

5) 재심의 소   자회사 이사의 책임을 추궁하는 소가 제기된 경우에 원고와 피고의 공모로 인하여 소송의 목적인 자회사의 권리를 사해할 목적으로써 판결을 하게 한 때에는 자회사 또는 모회사의 소수주주는 확정한 종국판결에 대하여 재심의 소를 제기할 수 있다(상 406조의 2 3항, 406조, 408조의 9). 이는 대표소송의 경우와 같다(상 406조, 408조의 9).

(8) 효   과

1) 판결의 효력   다중대표소송도 앞에서 본 바와 같이 대표소송과 같이 「제3자의 소송담당」의 한 경우이므로, 원고인 모회사의 소수주주가 받는 판결의 효력(승소이든 패소이든)은 당연히 자회사에 미치게 된다(민소 218조 3항). 또 원고인 모회사의 소수주주가 받는 판결의 효력에 대하여 (모회사 및 자회사의) 다른 주주도 동일한 주장을 하지 못

하고, 피고인 자회사의 이사도 원고인 모회사의 소수주주에게 반소를 제기할 수 없
다고 본다.

2) 소송비용부담

㈎ 다중대표소송에서 원고인 모회사의 소수주주가 승소하면 그 주주는 자회사
에 대하여 소송비용(소송을 대리한 변호사비용은 대법원규칙이 정하는 금액)(의 범위 안에서 소송비용으로 인정됨(민소 109조 1항)) 및 그 밖에 소송으로 인
하여 지출한 비용 중 상당한 금액의 지급을 청구할 수 있는데, 이 경우 소송비용을
지급한 자회사는 그의 패소한 이사 또는 감사에 대하여 구상권이 있다(상 406조의 2 3)(항, 405조 1항,)(408조). 이 점은 대표소송의 경우와 같다(상 405조 1)(항, 408조의 9).
(의 9

㈏ 다중대표소송에서 원고인 모회사의 소수주주가 패소한 때에는 그에게 악의
가 있는 경우 외에는 과실이 있다 하더라도 자회사에 대하여 손해를 배상할 책임이
없다(상 406조의 2 3항,)(405조 2항, 408조의 9). 이 점은 대표소송의 경우와 같다(상 405조 2)(항, 408조의 9).

3) 벌　　칙
다중대표소송에 관한 증(贈)·수뢰(收賂)에 관하여는 벌칙의
제재가 있다(상 631조)(1항 2호).

제 4 관　감사(監事)·감사위원회·검사인·(외부)감사인·준법 지원인·준법감시인(감사기관)

주식회사의 감사기관에는 상법상 필요기관인 감사(監事) 또는 감사위원회와 임
시기관인 검사인이 있고, 특별법인 주식회사 등의 외부감사에 관한 법률(제정: 1980.)(12. 31, 법)(3297호, 개정: 2024.)(1. 16, 법 20055호.)에 의하여 일정규모 이상의 주식회사에 대한 회계감사기관으로 (외
부)감사인이 있다. 또한 2011년 4월 개정상법에서 신설된 준법지원인이 있고, 2000
년부터 은행 등에서 시행되고 있는 준법감시인이 있다. 이하에서 차례로 살펴본다.

제 1　감사(監事)

1. 감사제도의 발생

이사의 업무집행에 대한 감독(사)기관의 기원은 1623년의 「네덜란드」에서 생긴 대
주주회(Hauptpartizipanten)에 있는데, 이는 그 후 주주총회를 갈음하는 관리위원회
(Verwaltungsrat)로 되었다가, 다시 독일의 감사회(Aufsichtsrat) 및 영미의 이사회(board
of directors)의 두 방향으로 발전하였다.[1]

---

1) 정(동), (회) 473면.

독일의 감사회제도의 특색은, 감사의 수가 3인 이상으로 3배수이고($^{AktG}_{\S\,95}$) 그 3분의 1은 근로자대표이어야 하는 점,[1] 감사회가 이사 선출의 권한을 갖는 점($^{AktG}_{\S\,84}$), 결산검사인(Abschlussprüfer)이 따로 있는 점($^{HGB}_{\S\S\,318\,ff.}$) 등이다.

미국에서는 업무집행기관에 대한 감독기관으로 이사회가 있고, 감사(監事)라는 내부기관으로서의 감사기관을 두지 않고 일정한 경우 회계감사인 감사(監事)(auditor)를 별도로 선임한다. 그러나 영국에서는 이러한 감사(auditor)가 필요기관이다($^{英會\langle2006\rangle\,485}_{조\,1항,\,489조\,1항}$).

2. 감사(監事)의 의의

(1) 감사(auditor; Aufsichtsratmitglieder; membre du conseil de surveillance)는 「이사(집행임원 설치회사의 경우에는 '집행임원'을 포함한다. 이하 같다)의 업무집행과 회계를 감사할 권한을 가진 주식회사의 기관」이다. 주식회사의 감사(監事)는 원칙적으로 필요기관인 점에서 유한회사의 감사(監事)가 언제나 임의기관인 점($^{상}_{568조}$)과 다르고, 원칙적으로 상설기관인 점에서 언제나 임시기관인 검사인과 다르다.[2] 또 우리 상법상 감사(監事)는 그 지위 및 권한에서 독일의 주식법상 감사회와는 매우 다르다. 따라서 우리 상법상 감사(監事)가 수 인인 경우에도 독일의 주식법상 감사회와는 달리 회의체를 구성하는 것이 아니고, 원칙적으로 각자가 그의 업무를 수행한다.

자본금 총액이 10억원 미만인 소규모 주식회사의 경우에는 감사(監事)가 예외적으로 임의기관이다($^{상\,409}_{조\,4항}$). 따라서 이하의 감사(監事)에 관한 설명은 자본금 총액이 10억원 미만인 소규모 주식회사로서 감사(監事)를 두지 않은 주식회사에는 해당하지 아니한다.

(2) 우리 상법상 감사(監事)는 업무감사권과 회계감사권을 갖는 강력한 기관이기는 하지만, 실무에서는 감사(監事)의 독립성과 실효성(전문성)이 확보되지 못하여 유명무실한 감사를 하는 경우가 많다.

따라서 (i) 우리 상법은 감사(監事)의 독립성을 확보하기 위하여 감사(監事)선출방법에 있어서 1주 1의결권의 원칙의 예외를 인정하여 대주주의 뜻에 좌우되지 않는 공정한 선출을 보장하기 위한 방법을 만들었고($^{상\,409}_{조\,2항}$), (ii) 주식회사 등의 외부감사에 관한 법률은 회계감사의 실효성을 확보하기 위하여 일정규모 이상의 주식회사

---

1) 이는 공동결정에 관한 4개의 특별법 중 종업원조직법이 적용되는 경우에 해당하는데(BetrVG 1952 §§ 76, 77), 동법은 모든 주식회사(및 주식합자회사)에 적용된다(BetrVG 1952 § 76 ①). 다만 주식회사라도 1인회사이거나 가족회사로서 근로자가 500명 미만인 경우에는 동법이 적용되지 않는다(BetrVG 1952 § 76 ⑥).

2) 금융회사는 원칙적으로 '감사위원회'를 두어야 하는데(지배 16조 1항 2호), 완전자회사 등에서 사외이사를 두지 아니하거나 이사회에 위원회를 설치하지 아니하는 경우에는 '상근감사'를 선임하여야 한다(지배 23조).

는 반드시 회계법인 등에 의한 외부의 회계감사를 받도록 하였다.

또한 상법상 감사(監事)의 독립성을 보장하고 감사의 실효성을 확보하기 위하여 1984년·1995년 및 2011년 4월 개정상법에서도 감사(監事)에 관한 규정이 많이 개정 또는 보완되었는데, 1995년 개정상법에서 이를 반영한 것으로는 다음과 같은 사항이 있다. 즉, 감사(監事)의 독립성을 보장하기 위하여 감사(監事)의 해임시에는 감사(監事)에게 주주총회에서의 의견진술권을 부여하였고($^{상\ 409}_{조의\ 2}$), 감사(監事)의 임기를 2년에서 3년으로 연장하였으며($^{상}_{410조}$), 감사(監事)는 회사뿐만 아니라 자회사의 이사 또는 지배인 기타의 사용인의 직무도 겸하지 못하게 하였다($^{상}_{411조}$). 감사(監事)에 의한 감사의 실효성을 확보하기 위하여 이사의 감사(監事)에 대한 보고의무를 인정하였고($^{상\ 412}_{조의\ 2}$), 감사(監事)에게 주주총회소집청구권을 인정하였으며($^{상\ 412}_{조의\ 3}$), 또한 감사(監事)에게 자회사에 대한 조사권도 인정하였다($^{상\ 412}_{조의\ 5}$). 2011년 4월 개정상법은 감사(監事)에 의한 감사의 실효성을 확보하기 위하여 감사(監事)에게 이사회 소집(청구)권을 인정하였다($^{상\ 412}_{조의\ 4}$).

3. 감사(監事)의 선임 · 종임

(1) 선   임

1) 선임기관 · 방법

(개) 감사(監事)는 주주총회에서 선임된다($^{주주총회의}_{전속권한사항}$)($^{상\ 409}_{조\ 1항}$).

(내) 감사(監事)의 선임방법은 보통결의($^{다만\ 회사가\ 상법\ 제368조의\ 4\ 제1항에\ 따라\ 전자적\ 방법}_{으로\ 의결권을\ 행사할\ 수\ 있도록\ 한\ 경우에는,\ 동\ 제368조}$ 제1항에도 불구하고 출석한 주주의 의결권의 과반수로써만 감사의 선임을 결의할 수 있다〈즉 '발행주식총수의 4분의 1 이상'은 의결정족수에서 배제됨〉〈상 409조 3항〉)의 방법에 의하되, 대주주의 의결권의 행사가 제한된다. 즉, 비상장회사의 경우에는 의결권 없는 주식을 제외한 발행주식총수의 100분의 3($^{정관에서\ 더\ 낮은\ 주식\ 보유비율을\ 정할\ 수\ 있으며,\ 정관에}_{서\ 더\ 낮은\ 주식\ 보유비율을\ 정한\ 경우에는\ 그\ 비율로\ 한다}$)을 초과하는 수의 주식을 가진 주주는 감사(監事)의 선임에서 그 초과하는 주식에 관하여 의결권을 행사하지 못한다($^{모든\ 주주에\ 대하여\ 단}_{순\ 3\%\ rule을\ 적용함}$)($^{상\ 409}_{조\ 2항}$). 이는 상법 제368조 제1항을 적용함에 있어 「의결권의 과반수」(의결정족수)에서 의결권에 해당하는 것이지($^{상\ 371}_{조\ 2항}$), 「발행주식총수의 4분의 1 이상」에서의 발행주식총수($^{상\ 371}_{조\ 1항}$)와는 무관하다. 이에 관한 구체적인 예는 주주총회 보통결의 요건에서 살펴본 바와 같다. 이는 이사를 선임한 대주주가 감사기관인 감사(監事)를 다시 선임하는 것을 방지하고 감사(監事)의 선임에서는 소수주주의 의사가 반영될 수 있도록 하기 위한 것인데, 우리 상법의 특색이기도 하다.[1]

---

1) 동지: 정(동), (회) 476면; 정(희), 505면.

상장회사의 경우에는 감사(監事)의 선임에서 최대주주 이외의 주주는 비상장회사에서 감사를 선임할 때와 같이 의결권이 제한되나(최대주주 이외의 주주에 대하여 단순 3% rule을 적용함)(상 542조의 12 7항), 최대주주는 그와 그의 특수관계인·그 밖에 대통령령으로 정하는 자(최대주주 또는 그 특수관계인의 계산으로 주식을 보유하는 자, 최대주주 또는 그 특수 관계인에게 의결권〈의결권의 행사를 지시할 수 있는 권한을 포함한다〉을 위임한 자〈해당 위임분만 해당한다〉)가 소유하는 (상장회사의 의결권 있는) 주식의 합계가 그 회사의 의결권 없는 주식을 제외한 발행주식총수의 100분의 3(정관에서 이보다 낮은 주식보유비율을 정할 수 있다)을 초과하는 경우 그 초과하는 주식에 관하여 의결권을 행사하지 못한다(최대주주에 대하여 합산 3% rule을 적용함)(상 542조의 12 7항, 상시 38조 1항). 즉, 감사의 선임에서 최대주주에 대하여는 합산 3% rule을 적용하나, 그 이외의 주주에 대하여는 단순 3% rule을 적용한다. 따라서 「최대주주가 아닌 주주와 그 특수관계인 등」에 대하여도 일정비율을 초과하여 소유하는 주식에 관하여 감사(監事)의 선임 및 해임에 있어서 의결권을 제한하는 내용의 정관 규정이나 주주총회결의 등은 무효이다.[1]

또한 상장회사가 주주총회의 목적사항으로 감사(監事)의 선임을 위한 의안을 상정하려는 경우에는 이사의 선임을 위한 의안과는 별도로 상정하여 의결하여야 한다(상 542조의 12 5항).

최근 사업연도말 현재의 자산총액이 1천억원 이상 2조원 미만인 상장회사는 상근감사를 1명 이상 두어야 하는데(상 542조의 10 1항, 상시 36조 1항), 상법의 상장회사에 대한 특례규정(상 542조의 11, 542조의 12) 및 다른 법률에 따라 감사위원회를 설치한 회사는 그러하지 아니하다(상 542조의 10 1항 단서).

(다) 주주총회에서 선임된 감사(監事)가 언제 감사의 지위를 취득하는가에 대하여, 우리 대법원 전원합의체 판결은 종래의 대법원판례[2]를 변경하여 "주주총회에서 감

참고판례: 서울고판 2015. 4. 10, 2014 나 2028587(정관상 필요적 최소 감사 수에 해당하는 감사가 재임중인 상황에서 '감사를 추가로 선임할지의 여부'에 관한 안건은 특정인을 감사로 선임하는 안건이 아니므로 상법 제409조 제2항이 적용되지 않는다).

1) 동지: 대판 2009. 11. 26, 2009 다 51820(공보 2010, 24)(상법 제409조 2항은 '주주'가 일정 비율을 초과하여 소유하는 주식에 관하여 감사의 선임에 있어서 그 의결권을 제한하고 있고, 구 증권거래법〈2007. 8. 3. 법률 제8635호 자본시장과 금융투자업에 관한 법률 부칙 제2조로 폐지〉 제191조의 11은 '최대주주와 그 특수관계인 등'이 일정 비율을 초과하여 소유하는 주권상장법인의 주식에 관하여 감사의 선임 및 해임에 있어서 의결권을 제한하고 있을 뿐이므로, '최대주주가 아닌 주주와 그 특수관계인 등'에 대하여도 일정 비율을 초과하여 소유하는 주식에 관하여 감사의 선임 및 해임에 있어서 의결권을 제한하는 내용의 정관 규정이나 주주총회결의 등은 무효이다).

2) 동지: 대결 2005. 11. 8, 2005 마 541(공보 2006, 89)(감사의 선임에 관한 주주총회의 결의는 피선임자를 회사의 기관인 감사로 한다는 취지의 회사 내부의 결정에 불과한 것이므로, 주주총회에서 감사선임결의가 있었다고 하여 바로 피선임자가 감사의 지위를 취득하게 되는 것은 아니고, 주주총회의 선임결의에 따라 회사의 대표기관이 임용계약의 청약을 하고 피선임자가 이에 승낙을 함으로써 비로소 피선임자가 감사의 지위에 취임하여 감사로서의 직무를 수행할 수 있게 되는 것이므로, 주주총회에서 감사선임의 결의만 있었을 뿐 회사와 임용계약을 체결하지 아니한 자는 아직 감사로서의 지위를 취득하였다고 할 수 없다); 대판 1995. 2. 28, 94 다 31440(공보 1995,

사를 선임하는 경우, 그 선임결의와 피선임자의 승낙만 있으면, 피선임자는 대표이사와 별도의 임용계약을 체결하였는지 여부와 관계 없이 감사의 지위를 취득한다"고 판시하였다.[1]

이러한 절차에 의하여 감사(監事)의 선임이 끝나면 그 성명과 주민등록번호는 등기사항이다($\frac{\text{상 317조}}{\text{2항 8호}}$).[2]

2) 자　　격 　감사(監事)의 자격은 이사의 그것과 같이 원칙적으로 아무런 제한이 없다. 그러나 정관의 규정으로 주주 등과 같이 감사(監事)의 자격을 정할 수는 있다.[3] 감사(監事)는 직무의 성질상 자연인에 한한다.[4] 그러나 감사(監事)는 그의 지위의 독립성과 감사의 공정성을 기하기 위하여, 그의 회사 및 자회사의 이사·집행임원[5] 또는 지배인 기타의 사용인의 직무를 겸하지 못한다($\frac{\text{상}}{\text{411조}}$).[6] 따라서 회사의 이사 등이 감사(監事)로 선임되면 종전의 이사 등의 직을 사임하는 의사를 표시한 것으로 해석한다.[7] 그러나 모회사의 감사(監事)가 자회사의 감사(監事)를 겸하거나 모회사의 이사 등이 자회사의 감사(監事)를 겸하는 것은 무방하다고 본다.[8]

상장회사의 상근감사(監事)의 결격사유에 대하여는 상법이 별도로 규정하고 있는데, 상근감사(監事)가 이러한 결격사유에 해당하게 되는 경우에는 그 직을 상실한다($\frac{\text{상 542조의 10 2}}{\text{항, 상시 36조 2항}}$). 즉, 상근감사(監事)가 될 수 없는 결격사유는 (i) 미성년자·피성년후견인 또는 피한정후견인, (ii) 파산선고를 받고 복권되지 아니한 자, (iii) 금고 이

1458)(주주총회에서 감사〈監事〉의 선임결의를 하였다고 하더라도 그 피선임자와 회사의 대표기관 사이에 감사〈監事〉로서의 임용계약이 체결되지 않았다면 그 피선임자는 감사〈監事〉로서의 지위를 취득하지 못하므로, 감사〈監事〉선임등기가 지연되었다는 이유로 그 피선임자가 감사〈監事〉변경의 등기절차의 이행을 구할 수는 없다).

1) 대판(전) 2017. 3. 23, 2016 다 251215.
2) 1995년 개정상법에 의하여 등기사항이 「주소」 대신에 「주민등록번호」로 변경되었다.
3) 동지: 정(희), 505면; 정(동), (회) 476면 외.
4) 동지: 정(희), 505면; 독일 주식법 100조 1항.
　반대: 정(동), (회) 476면(법인도 감사가 될 수 있다고 한다); 프랑스 상법 225 - 219조.
5) 2011년 4월 개정상법이 상법 제411조에 '집행임원'을 추가하지 않은 것은 중대한 입법의 미비라고 본다.
6) 이미 앞에서 본 바와 같이 감사(監事)의 독립성을 보장하고 감사의 공정성과 적정성을 확보하기 위하여, 1995년 개정상법은 감사(監事)의 겸직금지의무에 대하여 감사(監事)는 피감사회사뿐만 아니라 그의 자회사의 이사 또는 지배인 기타 사용인의 직무도 겸하지 못하도록 개정하였다.
　동지: 日會 335조 2항.
7) 대판 2007. 12. 13, 2007 다 60080(공보 2008, 25)(감사가 회사 또는 자회사의 이사 또는 지배인 기타의 사용인에 선임되거나 반대로 회사 또는 자회사의 이사 또는 지배인 기타의 사용인이 회사의 감사에 선임된 경우에는 그 선임행위는 각각의 선임 당시에 있어 현직을 사임하는 것을 조건으로 하여 효력을 가지고, 피선임자가 새로이 선임된 지위에 취임할 것을 승낙한 때에는 종전의 직을 사임하는 의사를 표시한 것으로 해석하여야 한다).
8) 동지: 해설(1995), 139면; 정(동), (회) 476면.

상의 형을 선고받고 그 집행이 끝나거나 집행이 면제된 후 2년이 지나지 아니한 자, (iv) 대통령령으로 별도로 정하는 법률($^{상시\ 34}_{조\ 3항}$)에 위반하여 해임되거나 면직된 후 2년이 지나지 아니한 자, (v) 해당 회사의 주요주주 및 그의 배우자와 직계존속·비속, (vi) 해당 회사의 상무에 종사하는 이사·집행임원 및 피용자 또는 최근 2년 이내에 해당 회사의 상무에 종사한 이사·집행임원 및 피용자($^{다만\ 상법의\ 상장회사에\ 대한\ 특례}_{규정상\ 감사위원회위원으로\ 재임}$ $_{중이거나\ 재임하였}^{던\ 이사는\ 제외함}$), (vii) 위 (i) 내지 (vi) 외에 해당 회사의 경영에 영향을 미칠 수 있는 자로서 대통령령으로 정하는 자($^{해당\ 회사의\ 상무에\ 종사하는\ 이사·집행임원의\ 배우자\ 및\ 직계존속·비}_{속,\ 계열회사의\ 상무에\ 종사하는\ 이사·집행임원\ 및\ 피용자이거나\ 최근\ 2}$ $_{이사·집행임원\ 및\ 피용자}^{년\ 이내에\ 상무에\ 종사한}$)이다.

3) 원수(員數)   감사(監事)의 수에 대하여는 상법상 제한이 없다. 감사가 2인 이상이 있는 경우에도 각자가 그 권한을 단독으로 행사하는 것이지, 이사회와 같이 회의체를 구성하는 것이 아니다.[1)

상장회사로서 최근 사업연도말 현재 자산총액이 1,000억원 이상인 상장회사는($^{감사위원회의\ 설치의무\ 유무를\ 불문하}_{고\ 감사위원회를\ 설치한\ 경우가\ 아니면}$) 반드시 1인 이상의 상근감사(常勤監事)($^{회사에\ 상근하면서}_{감사업무를\ 수행하}$ $_{감사}^{는}$)를 두어야 한다($^{상\ 542조의\ 10\ 1}_{항,\ 상시\ 36조\ 1항}$).

4) 임   기   감사(監事)의 임기는 「취임 후 3년 내의 최종의 결산주주총회의 종결시」까지이다[2)($^{결산기가\ 취임\ 후\ 3년\ 내에\ 도달하면\ 되고,}_{정기총회가\ 3년\ 내에\ 도달할\ 필요는\ 없다}$)[3)($^{상}_{410조}$). 이러한 감사(監事)의 임기는 정관 또는 주주총회의 결의에 의하더라도 이와 달리 단축 또는 연장할 수 없다고 본다.[4) 그러나 중임하는 것은 무방하다.

5) 보   수   감사(監事)의 보수에 관한 사항도 이사의 경우와 같다($^{상\ 415}_{조,}$ $_{조}^{388}$).

상장회사의 경우 주주총회의 목적사항으로 감사(監事)의 보수결정을 위한 의안을 상정하려는 경우에는 이사의 보수결정을 위한 의안과는 별도로 상정하여 의결하여야 한다($^{상\ 542조}_{의\ 12\ 5항}$).

---

1) 일본의 1993년 개정상법(1993. 10. 1 시행)에 의하면 대회사의 경우 감사의 수를 3인 이상으로 하여 회의체의 기관으로 변경하고, 이 중 1인은 반드시 사외감사이어야 하는 것으로 하였는데(商特 18조~18조의 4), 2005년 회사법에서는 감사회설치회사에서는 감사는 3명 이상이고, 그 중 반수 이상은 사외감사이어야 하는 것으로 규정하고 있다(日會 335조 3항).

2) 이미 앞에서 본 바와 같이 감사(監事)의 임기에 대하여 감사(監事)의 독립성을 보장하고 그 지위의 안정을 도모하기 위하여 1995년 개정상법은 이사의 그것과 유사하게 3년으로 연장하였다(일본도 1993년 개정상법〈1993. 10. 1 시행〉제273조 1항에 의하여 감사의 임기를 2년에서 3년으로 연장하였는데, 2005년 회사법에서는 원칙적으로 4년이고 일정한 경우 10년까지 연장하는 것으로 규정하고 있다〈日會 336조 1항·2항〉). 그러나 1995년 개정상법의 시행 당시(1996. 10. 1) 재임중인 주식회사의 감사(監事)의 임기는 종전의 규정에 의한다(따라서 그 임기는 2년이다)(상부 5조).

3) 동지: 정(동), (회) 477면.

4) 동지: 주상(제5판)(회사 Ⅲ), 627~628면.

6) 선임결의의 하자　　　감사(監事)선임결의에 하자가 있는 경우에 그 감사 (監事)의 직무집행정지와 직무대행자선임의 가처분제도는 이사의 경우와 같다($\frac{상}{415}$ $\frac{조,}{407조}$).[1)]

(2) 종　임

1) 종임사유　　　감사(監事)의 종임사유는 대체로 이사의 그것과 같다[2)]($\frac{상 415}{조, 382}$ $\frac{조 2항,}{385조}$). 감사가 임기만료 전에 정당한 이유 없이 해임되어($\frac{상 415조,}{385조 1항}$) 회사를 상대로 보수 상당액을 해임으로 인한 손해배상액으로 청구하는 경우, 남은 임기동안 다른 직장에 종사하여 얻은 이익은 상당인과관계가 있는 한 손해배상액에서 공제되어야 한다.[3)]

주주총회에서 감사(監事)를 해임결의를 하는 경우에 당해 감사(監事)는 그의 해 임의 부당성에 관하여 의견을 진술할 수 있다($\frac{상 409}{조의 2}$). 이는 감사(監事)의 독립성을 보 장하고 그의 지위의 안정·강화를 도모하기 위하여 1995년 개정상법에 의하여 신설 된 것이다.[4)] 이 때 주주총회에서 그의 의견을 진술할 수 있는 자는 당해 감사(監事)

---

1) 대판 2020. 8. 20, 2018 다 249148(공보 2020, 1769)(주식회사의 이사나 감사를 피신청인으 로 하여 그 직무집행을 정지하고 직무대행자를 선임하는 가처분이 있는 경우 가처분결정은 이사 등의 직무집행을 정지시킬 뿐 이사 등의 지위나 자격을 박탈하는 것이 아니므로, 특별한 사정이 없는 한 가처분결정으로 인하여 이사 등의 임기가 당연히 정지되거나 가처분결정이 존속하는 기 간만큼 연장된다고 할 수 없다. 나아가 위와 같은 가처분결정은 성질상 당사자 사이뿐만 아니라 제3자에 대해서도 효력이 미치지만, 이는 어디까지나 직무집행행위의 효력을 제한하는 것일 뿐이 므로, 이사 등의 임기 진행에 영향을 주는 것은 아니다. 일반적으로 과거의 법률관계는 확인의 소 의 대상이 될 수 없지만, 그것이 이해관계인들 사이에 현재적 또는 잠재적 분쟁의 전제가 되어 과 거의 법률관계 자체의 확인을 구하는 것이 관련된 분쟁을 일거에 해결하는 유효·적절한 수단이 될 수 있는 경우에는 예외적으로 확인의 이익이 인정된다. 갑 주식회사의 주주들이 법원의 허가 를 받아 개최한 주주총회에서 을이 감사로 선임되었는데도 갑 회사가 감사 임용계약의 체결을 거 부하자, 을이 갑 회사를 상대로 감사 지위의 확인을 구하는 소를 제기하여, 소를 제기할 당시는 물 론 대법원이 을의 청구를 받아들이는 취지의 환송판결을 할 당시에도〈대판 2017. 3. 23, 2016 다 251215로 판례변경〉을의 감사로서 임기가 남아 있었는데, 환송 후 원심의 심리 도중 을의 임기 가 만료되어 후임 감사가 선임된 사안에서, 을의 임기가 만료되고 후임 감사가 선임됨으로써 을의 감사 지위 확인 청구가 과거의 법률관계에 대한 확인을 구하는 것이 되었으나, 과거의 법률관계라 고 할지라도 현재의 권리 또는 법률상 지위에 영향을 미치고 이에 대한 위험이나 불안을 제거하기 위하여 그 법률관계에 관한 확인판결을 받는 것이 유효·적절한 수단이라고 인정될 때에는 확인을 구할 이익이 있으므로, 을에게 현재의 권리 또는 법률상 지위에 대한 위험이나 불안을 제거하기 위해 과거의 법률관계에 대한 확인을 구할 이익이나 필요성이 있는지를 석명하고 이에 관한 의견 을 진술하게 하거나 청구취지를 변경할 수 있는 기회를 주어야 하는데도, 종전의 감사 지위 확인 청구가 과거의 법률관계에 대한 확인을 구하는 것이 되었다는 등의 이유만으로 확인의 이익이 없 다고 보아 을의 청구를 부적법 각하한 원심판결에는 확인소송에서 확인의 이익 및 석명의무의 범 위에 관한 법리오해의 잘못이 있다).
2) 감사의 사망으로 인한 종임의 경우에는 회사와의 관계는 종료되므로, 상속인이 그 지위를 승계 하는 것이 아니다[대판 1962. 11. 29, 62 다 524(카드 6418)].
3) 대판 2013. 9. 26, 2011 다 42348(공보 2013, 1880).
4) 동지: 해설(1995), 135면.

는 물론이고 그의 동료 감사(監事)도 포함된다고 보며, 의견을 진술할 수 있는 경우는 감사(監事)해임안이 위법하거나 현저하게 부당한 경우에만 한하는 것이 아니라 그러한 사유가 없더라도 의견을 진술할 수 있다고 본다[1](상 413조와 비교).

상장회사의 경우에는 감사(監事)의 해임에서 최대주주 이외의 주주는 비상장회사에서 감사를 선임할 때와 같이 의결권이 제한되나(최대주주 이외의 주주에 대하여 단순 3% rule을 적용함)(상 542조의 12 7항), 최대주주는 그와 그의 특수관계인·그 밖에 대통령령이 정하는 자(최대주주 또는 그 특수관계인의 계산으로 주식을 보유하는 자, 최대주주 또는 그 특수관계인에게 의결권의 행사를 지시할 수 있는 권한을 포함한다)을 위임한 자(해당 위임분만 해당한다)가 소유하는 (상장회사의 의결권 있는) 주식의 합계가 그 회사의 의결권 없는 주식을 제외한 발행주식총수의 100분의 3(정관에서 이보다 낮은 주식보유비율을 정할 수 있다)을 초과하는 경우 그 초과하는 주식에 관하여 의결권을 행사하지 못한다(최대주주에 대하여 합산 3% rule을 적용함)(비상장회사의 경우 감사의 해임에 있어서는 이러한 제한을 하고 있지 않은 점과 비교)(상 542조의 12 7항, 상시 38조 1항). 즉, (감사의 선임의 경우와 같이) 해임에서도 최대주주에 대하여는 합산 3% rule을 적용하나, 그 이외의 주주에 대하여는 단순 3% rule을 적용한다.

소수주주에 의한 감사(監事)의 해임청구의 소도 이사의 그것과 같다. 즉, 감사(監事)가 그 직무에 관하여 부정행위 또는 법령이나 정관에 위반한 중대한 사실이 있음에도 불구하고 주주총회에서 그 해임을 부결한 때에는, 비상장회사의 경우는 발행주식총수의 100분의 3 이상에 해당하는 주식을 가진 주주, 상장회사의 경우는 발행주식총수의 100분의 3 이상에 해당하는 주식을 가진 주주(상 542조의 6 10항) 또는 6개월 전부터 계속하여 상장회사 발행주식총수의 10,000분의 50(최근 사업연도말 자본금이 1,000억원 이상인 상장회사의 경우에는 10,000분의 25) 이상에 해당하는 주식을 보유한 자가,[2] 그러한 주주총회의 결의가 있은 날로부터 1월 내에 그 감사(監事)의 해임을 본점소재지의 지방법원에 청구할 수 있다(상 415조, 385조 2항·3항, 542조의 6 3항, 상시 32조).

회사의 해산의 경우에도 청산회사의 감사(監事)는 여전히 필요하므로, 해산은 원칙적으로 감사(監事)의 종임사유가 아니다.

2) 등 기   감사(監事)의 종임도 등기사항이다(상 317조 2항 8호).

3) 결원의 경우의 임시조치   이사의 경우와 같다(상 415조, 386조).

---

1) 동지: 이(철), (회) 878면(그러나 의견진술의 범위는 결의의 위법·부당의 지적 등 결의의 공정성을 기하기 위한 범위 내에서 인정된다고 한다); 해설(1995), 136~137면.
2) 금융회사의 경우는 6개월 전부터 계속하여 금융회사의 발행주식총수의 100,000분의 250(대통령령으로 정하는 금융회사의 경우에는 100,000분의 125) 이상에 해당하는 주식을 보유한 자이다(지배 33조 3항).

4. 감사(監事)의 권한

(1) 업무 및 회계감사권

감사(監事)는 이사(집행임원 설치회사의 경우는 '집행임원'을 포함한다. 이하 같다)의 직무집행을 감사할 권한을 갖는다(상 412 조 1항). 이것은 감사(監事)가 회계감사를 포함하여 업무집행 전반을 감사할 권한을 갖는다는 것을 의미한다.[1] 감사(監事)의 업무감사권의 범위에 대하여는 위법성감사에 한하는가, 타당성감사를 포함하는가에 관하여 견해가 나뉘어 있다. 즉, (i) 원칙적으로 위법성감사에 한하는데, 상법에 명문의 규정(상 413조, 447조 의 4 2항 5호·8호)이 있는 경우에는 타당성감사에도 미친다는 견해(다수설),[2] (ii) 원칙적으로 위법성감사에 한하는데, 예외적으로 타당성감사에도 미치는 경우는 상법에 명문의 규정이 있는 경우뿐만 아니라 이사의 업무집행이 현저하게 타당성을 결하는 경우에도 미친다는 견해(소수설),[3] (iii) 이사회에 의한 위법성감사에 공정을 기대할 수 없고 또 위법성과 타당성은 명확히 구별되지 않는다는 이유로 위법성감사에 한하지 않고 타당성감사에도 미친다는 견해(소수설)[4]로 나뉘어 있다.

생각건대 이사의 업무집행에 대한 타당성감사에 관한 권한은 이사회(이사가 1명 또는 2명인 소규모 주식회사에는 해당되지 않음 — 상 383조 5항)에 있으므로(상 393조 2항, 408 조의 2 3항 2호), 감사(監事)는 상법에 명문규정이 있는 경우를 제외하고는 위법성감사만을 할 수 있다고 본다((i)설에 찬성함).

그러나 자본금 총액이 10억원 미만으로서 감사(監事)를 선임하지 아니한 소규모 주식회사(상 409 조 4항)는 이러한 감사(監事)의 업무를 주주총회가 수행한다(상 409 조 6항).

(2) 그 밖의 권한

감사(監事)의 업무감사권의 내용을 명확히 하고 또 이를 보충하기 위하여 상법은 감사(監事)에게 다음과 같은 구체적인 직무권한을 인정하고 있다.

1) 회사에 대한 보고요구 · 조사권 감사(監事)는 언제든지 이사에 대하여 영업에 관한 보고를 요구하거나, 회사의 업무와 재산상태를 조사할 수 있다(상 412 조 2항). 또한 앞에서 본 바와 같이 1995년 개정상법에 의하여 이사는 회사에 현저하게 손해를 미칠 염려가 있는 사실을 발견한 때에는 감사(監事)의 요구가 없다 하더라도 즉시 이를 감사(監事)에게 보고하여야 할 의무를 부담한다(상 412 조의 2). 따라서 이사는 감사(監事)의 요구에 의하여 보고의무를 부담하는 경우(소극적 보고의무)와, 스스로 보고의무를 부담하는 경우(적극적 보고의무)가 있다. 감사(監事)의 이러한 조사를 방해하

---

1) 동지: 정(희), 506면; 정(동), (회) 478면 외.
2) 서·정, 477면; 정(동), (회) 479면; 이(철), (회) 873~874면 외.
3) 정(희), 506면; 채, 583면.
4) 최(기), 953면; 이(기) 외, (회) 415면; 주상(제5판)(회사 Ⅲ), 643면.

거나 요구를 거부한 때에는 과태료의 제재가 있고($\frac{상\ 635조\ 1}{항\ 3호\cdot4호}$), 감사(監事)는 필요한 조사를 할 수 없었다는 뜻 및 그 이유를 감사보고서에 기재하여야 한다($\frac{상\ 447조의}{4\ \ 2항\ 11호}$).

그러나 자본금 총액이 10억원 미만으로서 감사(監事)를 선임하지 아니한 소규모 주식회사($\frac{상\ 409}{조\ 4항}$)는 이러한 감사(監事)의 업무를 주주총회가 수행한다($\frac{상\ 409}{조\ 6항}$).

2) 자회사에 대한 보고요구 · 조사권　모회사의 감사(監事)는 그 직무를 수행하기 위하여 필요한 때에는 자회사에 대하여 영업의 보고를 요구할 수 있는데($\frac{상412}{조의}$ $\frac{}{5\ 1항}$), 이 때 자회사가 지체 없이 보고를 하지 아니하거나 보고를 한 경우로서 그 보고의 진부(眞否)를 확인할 필요가 있는 때에는 자회사의 업무와 재산상태를 조사할 수 있다($\frac{상\ 412조}{의\ 5\ 2항}$). 이 때 자회사는 정당한 이유가 없는 한 위의 보고 또는 조사를 거부하지 못한다($\frac{상\ 412조}{의\ 5\ 3항}$). 이는 모회사가 자회사를 이용하여 분식결산을 하는 경우가 있을 수 있으므로, 모회사의 감사(監事)에 의한 감사의 실효를 거두기 위하여 감사(監事)의 권한강화의 하나로 1995년 개정상법에 의하여 신설된 것이다.[1]

그러나 자본금 총액이 10억원 미만으로서 감사(監事)를 선임하지 아니한 소규모 주식회사($\frac{상\ 409}{조\ 4항}$)는 이러한 감사(監事)의 업무를 주주총회가 수행한다($\frac{상\ 409}{조\ 6항}$).

3) 이사회출석 · 의견진술 · 기명날인 또는 서명권　감사(監事)는 이사회에 출석하여 의견을 진술할 수 있다($\frac{상\ 391조}{의\ 2\ 1항}$). 따라서 이사회의 소집통지는 감사(監事)에게도 하여야 한다($\frac{상\ 390}{조\ 3항}$). 그러나 감사(監事)는 의결권이 없으므로 감사(監事)가 의견을 진술한다는 것은 의안에 대한 찬반의사를 표시하는 것을 뜻하는 것이 아니다. 감사(監事)는 이사회의사록의 정확 · 진정을 보장하기 위하여 이에 대한 기명날인권 또는 서명권이 있다($\frac{상\ 391조}{의\ 3\ 2항}$).

그러나 자본금 총액이 10억원 미만으로서 이사를 1명 또는 2명을 둔 소규모 주식회사($\frac{상\ 383}{1항\ 단서}$)는 이사회가 없으므로, 이러한 규정이 적용되지 않는다($\frac{상\ 383}{조\ 5항}$).

4) 이사 · 집행임원의 위법행위 유지청구권　감사(監事)는 이사 · 집행임원이 법령 또는 정관에 위반한 행위를 하여 이로 인하여 회사에 회복할 수 없는 손해가 생길 염려가 있는 경우에는, 이사 · 집행임원에 대하여 그 행위를 하지 말도록 유지청구할 수 있다($\frac{상\ 402조,}{408조의\ 9}$).

5) 이사와 회사간의 소(訴)에 관한 회사대표권　회사가 이사에 대하여 또는 이사가 회사에 대하여 소를 제기하는 경우에 감사(監事)는 그 소에 관하여 회사를 대표한다($\frac{상\ 394조}{1항\ 1문}$). 이 때 감사(監事)는 회사를 대표하여 이사에 대하여 소를 제기

---

1) 동지: 해설(1995), 144면; 日會 381조 3항 · 4항.

할 것인지의 여부를 결정할 수 있고,[1] 소수주주가 회사에 대하여 이사의 책임을 추궁하는 소의 제기를 청구할 때($^{상\ 403조\ 1항,}_{406조의\ 2\ 1항}$)에는 감사(監事)에 대하여 이를 청구하여야 한다($^{상\ 394조}_{1항\ 2문}$). 이에 위반하여 대표이사가 회사를 대표하여 수행한 소송행위는 무효가 된다($^{상법\ 394조는}_{효력규정임}$).[2]

그러나 집행임원 설치회사에서는 집행임원과 회사와의 소송에서 이사회가 집행임원 설치회사를 대표할 자를 선임하고($^{상\ 408조의}_{2\ 3항\ 3호}$), 자본금 총액이 10억원 미만인 소규모 주식회사로서 감사(監事)를 선임하지 아니한 때에는, 이 경우 회사·이사 또는 이해관계인은 법원에 회사를 대표할 자를 선임하여 줄 것을 신청하여야 한다($^{상\ 409}_{조\ 5항}$).

6) 주주총회의 소집청구권　감사(監事)는 회의의 목적사항과 소집의 이유를 기재한 서면을 이사회에 제출하여 임시총회의 소집을 청구할 수 있는데($^{상\ 412조}_{의\ 3\ 1항}$), 이 때 이사회가 지체 없이 총회소집의 절차를 밟지 아니하면 감사(監事)가 법원의 허가를 얻어 총회를 직접 소집할 수 있다[3]($^{상\ 412조의\ 3}_{2항,\ 366조\ 2항}$). 이는 감사(監事)의 조사나 이사의 보고에 따라 감사(監事)가 이사회에 적절한 조치를 촉구하여도 이사회가 이를 받아들이지 않는 경우에 감사(監事)가 직접 임시총회를 소집하여 이에 대한 대책을 강구할 수 있도록 하기 위하여 감사(監事)의 권한강화의 하나로 1995년 개정상법에 의하여 신설된 것이다.[4]

그러나 자본금 총액이 10억원 미만으로서 이사를 1명 또는 2명을 둔 소규모 주식회사($^{상\ 383조}_{1항\ 단서}$)는 이사회가 없으므로, 이러한 이사회의 기능을 각 이사($^{정관에\ 따라\ 대표}_{이사를\ 정한\ 경우}_{에는\ 그}_{대표이사}$)가 수행한다($^{상\ 383조\ 6항은\ 412조의\ 3\ 1항을\ 규정}_{하고\ 있지\ 않은데,\ 이는\ 입법상\ 누락임}$).

7) 이사회의 소집청구권　감사(監事)는 필요하면 회의의 목적사항과 소집이유를 적은 서면을 이사($^{소집권자가\ 있는\ 경우}_{에는\ 소집권자를\ 말함}$)에게 제출하여 이사회의 소집을 청구할 수 있는데($^{상\ 412조}_{의\ 4\ 1항}$), 이 때 이사가 지체 없이 이사회를 소집하지 않으면 그 청구한 감사(監事)가 이사회를 소집할 수 있다($^{상\ 412조}_{의\ 4\ 2항}$). 이는 감사(監事)의 충실한 감사업무를

---

1) 동지: 정(희), 507면; 정(동), (회) 480면; 이(철), (회) 879면; 채, 583면; 이(기) 외, (회) 416면; 주상(제5판)(회사 Ⅲ), 292~293면.

2) 동지: 대판 1990. 5. 11, 89 다카 15199(공보 875, 1253).

3) 동지: 獨株 111조 3항. 참고로 日會 383조 2항은 감사에게 이사(이사회소집권자)에 대하여 하는 이사회소집청구권을 인정하고 있고, 동 383조 3항에 의하여 이사가 이러한 이사회소집청구를 받고 일정 기간 내에 이사회 소집통지를 발송하지 아니한 경우에는 감사가 직접 이사회를 소집할 수 있다.

4) 동지: 해설(1995), 143면. 이러한 감사의 주주총회소집청구권은 감사업무의 실효성을 확보하기 위한 것으로 감사는 감사업무와 관련한 긴급한 의견진술을 위해서만 주주총회의 소집을 청구할 수 있다는 견해로는 이(철), (회) 877~878면; 서울중앙지결 2016. 1. 14, 2015 비합 30056(감사가 이사의 해임과 선임을 목적으로 하는 주주총회의 소집허가를 위한 가처분 신청을 기각함).

위하여 2011년 4월 개정상법에 의하여 신설된 것이다.

8) 전문가의 도움청구권　　감사(監事)는 회사의 비용으로 전문가의 도움을 구할 수 있는 권리를 갖는다($\frac{상 412}{조 3항}$). 이는 감사위원회에게 인정하고 점($\frac{상 415조}{의 2 5항}$)과 같은데, 감사(監事)의 충실한 감사업무를 위하여 2011년 4월 개정상법에 의하여 신설된 것이다.

9) 각종의 소권(訴權)　　감사(監事)는 회사법상 각종의 소(訴)를 제기할 권한을 갖는다. 즉, 감사(監事)는 회사설립무효의 소($\frac{상}{328조}$), 주주총회결의취소의 소($\frac{상}{376조 1항}$), 신주발행무효의 소($\frac{상}{429조}$), 자본감소무효의 소($\frac{상}{445조}$), 합병무효의 소($\frac{상 529}{조 1항}$) 및 회사분할·분할합병무효의 소($\frac{상 530조의 11}{1항, 529조 1항}$) 등을 제기할 수 있다.[1]

5. 감사(監事)의 의무

(1) 선관의무

감사(監事)와 회사간의 관계는 위임관계이므로($\frac{상 415조,}{382조 2항}$), 감사(監事)는 수임인으로서 회사에 대하여 선량한 관리자의 주의로써 위임사무를 처리할 의무를 부담한다. 그러나 감사(監事)는 이사와는 달리 업무집행권이 없으므로, 이와 관련된 의무인 충실의무($\frac{상 382}{조의 3}$)·경업피지의무($\frac{상}{397조}$)·회사기회유용금지의무($\frac{상 397}{조의 2}$) 및 자기거래금지의무($\frac{상}{398조}$)는 없다.[2]

(2) 그 밖의 의무

1) 이사회에 대한 보고의무　　감사(監事)는 이사가 법령 또는 정관에 위반하거나 또는 위반할 염려가 있다고 인정한 때에는 이를 이사회에 보고할 의무가 있다($\frac{상 391조}{의 2 2항}$). 그러나 이것을 위한 이사회소집청구권은 인정되지 않는다.[3]

2) 비밀유지의무　　감사(監事)는 재임중뿐만 아니라 퇴임 후에도 직무상 알게 된 회사의 영업상 비밀을 누설하여서는 아니 될 의무가 있다($\frac{상 415조,}{382조의 4}$).

3) 주주총회에 대한 의견진술의무　　감사(監事)는 주주총회에 제출될 의안 및 서류를 조사하여 법령 또는 정관에 위반하거나 현저하게 부당한 사항이 있는지

---

1) 감사(監事)가 주주총회결의취소의 소, 신주발행무효의 소, 자본감소무효의 소를 제기한 경우에는 이사인 주주가 제소한 경우와 같이 담보제공의무가 면제된다(상 377조, 430조, 446조).

2) 반대: 윤성승, "주식회사 감사의 주의의무에 대한 검토 — 감사의 회사에 대한 이해상충행위를 중심으로 —,"「상사판례연구」(한국상사판례학회), 제31집 제2권(2018. 6), 135~159면(특히, 141~146면, 148면, 153~154면)(감사의 경우에도 이해상충행위를 규율하기 위하여 선관주의의무 이외에 충실의무·경업피지의무·회사기회유용금지의무 및 자기거래금지의무를 명시적으로 준용할 필요가 있다고 한다. 이와 같이 하는 것이 감사위원회 위원의 주의의무와 균형을 이룬다고 한다).

3) 위에서 본 바와 같이 日會 제383조 제2항~제4항은 이를 인정하고 있다.

의 여부에 관하여 주주총회에 그 의견을 진술할 의무가 있다($\frac{\text{상}}{413\text{조}}$).

4) 감사록의 작성의무   감사(監事)는 감사록의 작성 및 그것에 기명날인 또는 서명할 의무가 있다($\frac{\text{상}}{\text{조의}}\frac{413}{2}$). 감사록은 감사실시의 일지인데, 감사할 때마다 감사의 실시요령과 그 결과를 기재한다.

5) 감사보고서의 작성·제출의무   감사(監事)는 매 결산기에 이사로부터 제출받은 재무제표와 영업보고서를 감사한 후 감사보고서를 작성하여, 이를 일정기간 내에 이사(대표이사)에게 제출할 의무가 있다($\frac{\text{상}}{\text{의}4}\frac{447\text{조}}{1\text{항}}$). 감사보고서의 기재사항은 상법에 상세히 규정되어 있다($\frac{\text{상}}{\text{의}4}\frac{447\text{조}}{2\text{항}}$).

6. 감사(監事)의 책임

감사(監事)와 회사간의 관계는 위임관계이므로($\frac{\text{상}415\text{조},}{382\text{조}\,2\text{항}}$), 감사(監事)가 수임인으로서 그 임무를 게을리하였을 때에는 그 감사(監事)는 연대하여 회사에 대하여 손해배상의 책임을 진다[1]($\frac{\text{상}}{\text{조}}\frac{414}{1\text{항}}$). 감사의 이러한 회사에 대한 임무해태로 인한 손해배상책임은 위임관계로 인한 채무불이행책임이므로 그에 따른 손해배상청구권에는 일반불법행위에 따른 손해배상청구권의 단기시효에 관한 규정($\frac{\text{민}}{\text{조}}\frac{766}{1\text{항}}$)이 적용되지 않는다.[2]

---

1) 대판 2003. 10. 9, 2001 다 66727(공보 2003, 2152)(상호신용금고의 출자자 등에 대한 대출 또는 동일인에 대한 여신한도 초과대출이 대표이사 등에 의하여 조직적으로 이루어지고 또한 타인의 명의를 빌림으로써 적어도 서류상으로는 그 대출행위가 위법함을 알아내기 어려운 경우, 사후에 그 대출의 적법 여부를 감사하는 것에 그치는 감사로서는 불법대출의 의심이 든다는 점만으로는 바로 관계 서류의 제출요구·관계자의 출석 및 답변요구·회사관계 거래처의 조사자료 징구·위법부당행위의 시정과 관계 직원의 징계요구 및 감독기관에 보고 등의 조치를 취할 것을 기대하기는 어렵기 때문에 감사의 회사에 대한 임무해태로 인한 손해배상책임을 인정할 수 없다); 동 2019. 11. 28, 2017 다 244115(공보 2020, 166)(주식회사의 감사는 회사의 필요적 상설기관으로서 회계감사를 비롯하여 이사의 업무집행 전반을 감시할 권한을 갖는 등 상법 기타 법령이나 정관에서 정한 권한과 의무가 있다. 감사는 이러한 권한과 의무를 선량한 관리자의 주의의무를 다하여 이행하여야 하고, 이에 위반하여 그 임무를 해태한 때에는 그로 인하여 회사가 입은 손해를 배상할 책임이 있다. 코스닥 시장 상장회사였던 갑 주식회사가 추진한 유상증자 이후, 차명 지분 등을 통해 갑 회사를 포함한 그룹을 지배하며 실질적으로 운영하던 을 및 그의 지휘 아래 그룹 업무를 총괄하던 병 등이 유상증자대금의 일부를 횡령하자, 갑 회사가 횡령행위 기간 중 갑 회사의 이사 또는 대표이사 및 감사로 재직하였던 정 등을 상대로 상법 제399조, 제414조 등에 따른 손해배상을 구한 사안에서, 정 등은 갑 회사의 이사 및 감사로서 이사회에 출석하고 상법의 규정에 따른 감사활동을 하는 등 기본적인 직무조차 이행하지 않았고, 을 등의 전횡과 위법한 직무수행에 관한 감시·감독의무를 지속적으로 소홀히 하였으며, 이러한 정 등의 임무 해태와 을 등이 유상증자대금을 횡령함으로써 갑 회사가 입은 손해 사이에 상당인과관계가 충분히 인정되는데도, 이와 달리 보아 정 등의 책임을 부정한 원심판단에는 상법상 이사 및 감사의 주의의무에 관한 법리오해의 잘못이 있다).

2) 동지: 대판 2023. 10. 26, 2020 다 236848(공보 2023, 2059)(상법 제399조 제1항, 제414조 제1항에서 규정하고 있는 주식회사의 이사 또는 감사의 회사에 대한 임무해태로 인한 손해배상책임에 따른 손해배상채권에는 민법 제766조 제1항의 단기소멸시효가 적용되지 않는다).

또 감사(監事)가 고의[1] 또는 중대한 과실로 인하여 그 임무를 게을리하고 그로 말미암아 제3자에게 손해를 입힌 경우에는, 그 감사(監事)는 제3자에 대하여 직접 연대하여 손해를 배상할 책임을 진다[2]($\frac{상\ 414}{조\ 2항}$). 이러한 감사(監事)의 책임은 상근감사이든 비상근감사이든 동일하다.[3] 이상 두 경우에 이사·집행임원도 책임을 져야 할 때에는, 그 감사(監事)와 이사·집행임원은 연대하여 배상할 책임이 있다($\frac{상\ 414조\ 3항,}{408조의\ 8\ 3항}$).

감사(監事)의 회사에 대한 책임면제의 요건[4]과 책임추궁을 위한 소수주주의 대

---

1) 2011년 4월 개정상법에서 상법 제414조 2항의 '악의'도 상법 제399조 1항과 같이 '고의'로 수정하였어야 한다고 본다.

2) 대판 1988. 10. 25, 87 다카 1370(공보 1988, 1473)(감사가 어음용지의 수량과 발행매수를 조사하거나 은행의 어음결재량을 확인하는 정도의 조사만이라도 했다면 경리업무담당자의 부정행위를 쉽게 발견할 수 있었을 것인 데도 아무런 조사도 하지 아니하였다면, 이는 감사로서 중대한 과실로 인한 임무해태를 한 것이 되므로 경리업무담당자의 부정행위로 발행된 어음취득자의 손해를 배상할 책임을 진다); 동 2008. 2. 14, 2006 다 82601(공보 2008, 370)(주식회사의 감사가 실질적으로 감사로서의 직무를 수행할 의사가 전혀 없으면서도 자신의 도장을 이사에게 맡기는 등의 방식으로 그 명의만을 빌려줌으로써 회사의 이사로 하여금 어떠한 간섭이나 감독도 받지 않고 재무제표 등에 허위의 사실을 기재한 다음 그와 같이 분식된 재무제표 등을 이용하여 거래 상대방인 제3자에게 손해를 입히도록 묵인하거나 방치한 경우, 감사는 악의 또는 중대한 과실로 인하여 임무를 해태한 때에 해당하여 그로 말미암아 제3자가 입은 손해를 배상할 책임이 있다. 그런데 주식회사의 감사가 감사로서 결산과 관련한 업무 자체를 수행하기는 하였으나 재무제표 등이 허위로 기재되었다는 사실을 과실로 알지 못한 경우에는, 문제된 분식결산이 쉽게 발견 가능한 것이어서 조금만 주의를 기울였더라면 허위로 작성된 사실을 알아내 이사가 허위의 재무제표 등을 주주총회에서 승인받는 것을 저지할 수 있었다는 등 중대한 과실을 추단할 만한 사정이 인정되어야 비로소 제3자에 대한 손해배상의 책임을 인정할 수 있고, 분식결산이 회사의 다른 임직원들에 의하여 조직적으로 교묘하게 이루어진 것이어서 감사가 쉽게 발견할 수 없었던 때에는 분식결산을 발견하지 못하였다는 사정만으로 중대한 과실이 있다고 할 수는 없고, 따라서 감사에게 분식결산으로 인하여 제3자가 입은 손해에 대한 배상책임을 인정할 수 없다); 동 2008. 9. 11, 2006 다 68636(공보 2008, 1345)(감사는 상법 기타 법령이나 정관에서 정한 권한과 의무를 선량한 관리자의 주의의무를 다하여 이행하여야 하고, 악의 또는 중과실로 선량한 관리자의 주의의무에 위반하여 그 임무를 해태한 때에는 그로 인하여 제3자가 입은 손해를 배상할 책임이 있는바, 이러한 감사의 구체적인 주의의무의 내용과 범위는 회사의 종류나 규모, 업종, 지배구조 및 내부통제시스템, 재정상태, 법령상 규제의 정도, 감사 개개인의 능력과 경력, 근무 여건 등에 따라 다를 수 있다 하더라도, 감사가 주식회사의 필요적 상설기관으로서 회계감사를 비롯하여 이사의 업무집행 전반을 감사할 권한을 갖는 등 상법 기타 법령이나 정관에서 정한 권한과 의무를 가지고 있는 점에 비추어 볼 때, 대규모 상장기업에서 일부 임직원의 전횡이 방치되고 있거나 중요한 재무정보에 대한 감사의 접근이 조직적·지속적으로 차단되고 있는 상황이라면, 감사의 주의의무는 경감되는 것이 아니라 오히려 현격히 가중된다. 따라서 감사가 위와 같은 이유로 필요한 회계감사를 제대로 실시하지 않았다면 악의 또는 중대한 과실을 인정할 수 있어 제3자에 대한 책임이 있다).

3) 동지: 대판 2007. 12. 13, 2007 다 60080(공보 2008, 25)(상법이 감사를 상임 감사와 비상임 감사로 구별하여 비상임 감사는 상임 감사에 비해 그 직무와 책임이 감경되는 것으로 규정하고 있지도 않을 뿐 아니라, 우리나라의 회사들이 비상임 감사를 두어 비상임 감사는 상임 감사의 유고 시에만 감사의 직무를 수행하도록 하고 있다는 상관습의 존재도 인정할 수 없으므로, 비상임 감사는 감사로서의 선관주의의무 위반에 따른 책임을 지지 않는다는 주장은 허용될 수 없다).

4) 대판 1996. 4. 9, 95 다 56316(공보 1996, 1395)(상법 제415조, 제400조에 의하여 총주주의 동의로 면제할 수 있는 감사의 회사에 대한 책임은 위임관계로 인한 채무불이행책임이지 불법행위

표소송 및 다중대표소송에 관하여는 이사의 경우와 같다(상 415조, 400조, 403조~406조, 406). 이 때 이러한 소수주주가 승소한 때에는 회사에 대하여 소송비용 및 그 밖에 소송으로 인하여 지출한 비용 중 상당한 금액의 지급을 청구할 수 있다(상 415조, 405조 1항).

1999년 개정상법에 의하면 감사위원회의 위원이 소의 당사자인 경우에는 감사위원회 또는 이사는 법원에 회사를 대표할 자를 선임하여 줄 것을 신청하도록 하고 있다(상 394조 2항). 그런데 감사(監事)가 1인인 경우 또는 수 인이 있는 경우에도 그들의 책임을 공동으로 추궁받을 때에 이사도 책임을 져야 할 경우에는 대표소송제기의 청구를 누구에게 하고 누가 그 소송에 관하여 회사를 대표할 것인가의 문제가 있는데, 이 경우에도 상법 제394조 2항을 유추적용하여 대표이사가 법원에 회사를 대표할 자를 선임하여 줄 것을 청구하여야 한다고 본다.

제2 감사위원회

1. 의   의

1999년 개정상법은 주식회사는 이사회내 위원회의 하나로서 감사위원회제도를 감사(監事)에 갈음하여 채택할 수 있음을 규정하고 있다(상 415조 의 2 1항). 따라서 이러한 감사위원회란 「감사(監事)에 갈음하여 업무집행기관의 업무집행과 회계를 감사할 권한을 가진 이사회내 위원회의 하나인 기관」이라고 볼 수 있다. 이러한 감사위원회는 합의체의 의결기관인 점에서 위의 감사(監事)가 수 인이 있는 경우와 구별된다.

감사위원회제도는 미국에서 발생하였는데, 현재는 영국·캐나다 등 많은 국가에 확산되고 있다.[1] 감사(監査)제도에 관한 외국의 입법례는 크게 (i) 이사회의 과반수 이상을 독립된 사외이사로 구성하고 이러한 사외이사로 구성되는 미국의 감사위원회(audit committee)제도,[2] (ii) 3인 이상의 감사(監事)로 구성되는 독일의 감사회(Aufsichtsrat)제도, (iii) 일본의 감사제도(위원회설치회사는 감사위원회〈日會 404조 2항〉, 감사회설치 회사는 감사회〈日會 390조 이하〉, 그 밖의 경우는 감사〈日會 381조 이하〉) 등이 있는데, 1999년 개정상법은 그간의 기업풍토와 감사현실에서 종래의 감사(監事)제도가 그 실효를 거두지 못하였다는 점 또한 자본시장의 국제화에 따라 회

책임이 아니므로, 사실상의 1인 주주가 책임면제의 의사표시를 하였더라도 감사의 회사에 대한 불법행위책임은 면제할 수 없다)[이 판결에 대하여 채무불이행책임도 면제되지 않는다는 취지의 평석으로는 강위두, 법률신문, 제2599호(1997. 5. 19), 14면이 있고, 불법행위책임도 면제된다는 취지의 평석으로는 김동완, 「판례월보」, 제320호, 26~31면].

1) 법무부, 상법개정공청회 자료(1999. 9. 14), 28면.
2) 미국의 감사위원회제도에 관하여는 김순석, "미국 감사위원회 제도의 최근 동향과 시사점," 「상법학의 전망(평성 임홍근교수 정년퇴임기념논문집)」(서울: 법문사, 2003), 239~260면 참조.

사의 지배구조에 관한 세계적인 추세[1]를 반영한다는 점 등에서 미국의 감사위원회제도를 채택하게 된 것이다.[2]

미국의 감사위원회제도는 주(州) 회사법상으로는 Connecticut주[3]를 제외하고는 강제되어 있지 않으나, 회사의 업무집행에 대한 감독기능을 수행할 이사회가 그 역할을 다하고 있지 않기 때문에 업무집행을 담당하지 않는 독립된 사외이사 등이 중심이 되어 업무집행에 대한 책임추궁을 종전보다 매우 엄격하게 하여야 한다는 사회적 요구가 있었으며 또한 증권거래위원회(SEC) 등이 공개회사에 대하여 회사의 재무제표를 감사하는 독립의 감사(auditor)를 지명하고 이러한 감사와 감사업무를 협의하는 것을 임무로 하는 사외이사로 구성된 감사위원회(audit committee)를 설치할 것을 권고하였던 점에 영향을 받아 1970년대부터 감사위원회는 크게 증가하였다.[4]

그러나 우리 상법이 이러한 감사위원회제도를 성급하게 도입한 것에 대하여는 많은 문제점이 있다고 본다.[5] 즉, (i) 첫째는 감사위원회제도는 원래 감독형 이사회

---

1) 회사의 지배구조에 관한 세계적인 논의는 1999년 5월 OECD 각료회의에서 공식문서로 채택한 「OECD 기업지배의 원칙」(OECD Principles of Corporate Governance), 1998년 1월에 발표된 영국의 Hampel Report(Report of the Committee on Corporate Governance: Final Report)가 있고, 1992년 4월에 최종안을 공표한 미국 법조협회(American Law Institute: A.L.I.)의 「ALI원칙」(Principles of Corporate Governance: Analysis and Recommendations)(Interim Report, 1997) 등이 있다[이에 관한 상세는 나승성, "주식회사지배구조에 관한 연구," 법학박사학위논문 (고려대, 2000. 2) 참조]. 이 중에서 특히 미국의 ALI원칙은 대규모 공개회사(주주가 2,000명 이상이고 총자산 1억불 이상인 회사)는 이사회내 위원회로서 감사위원회를 설치하고, 동 위원회는 회사와 고용관계가 없고 직전 과거 2년 내에 회사와 고용관계가 없었던 이사 3명으로 구성하며, 그 과반수는 회사의 임원(officer)으로부터 독립성이 있는 자로 구성할 것을 내용으로 하여 각 주 회사법에서 이를 채택할 것을 권고하고 있다.

이러한 세계적인 추세에 영향을 받아 우리나라에서도 1999년 7월 28일에 기업지배구조개선위원회에서 「기업지배구조모범규준」의 최종안을 마련하였는데, 이에 의하면 이사회에는 경영진과 지배주주로부터 독립적으로 기능을 수행할 수 있는 사외이사를 두도록 하고, 이러한 사외이사는 독립적으로 중요한 기업경영정책의 결정에 참여하고 이사회의 구성원으로서 경영진을 감독·지원할 수 있어야 한다고 규정하고 있다.

2) 1999년 개정상법이 감사위원회를 전격적으로 도입하게 된 배경에는 1997년 말 이후 외환위기에서 우리 정부와 IMF 및 IBRD와 합의한 사항을 이행하는 점[홍복기, "현행 감사제도와 감사위원회제도, 외부감사제도의 합리적 조화방안(심포지엄 II)," 「상장」, 1999. 12(제300호), 97면], 1998년 12월 금융감독위원회가 국제회계기준(International Accounting Standards)에 부합하도록 기업회계기준을 대폭 개정함으로써 우리 기업회계는 국제적인 표준에 한 걸음 더 접근하였는데 외국기관들은 이러한 기업회계의 투명성은 감사위원회의 설치 없이는 담보될 수 없다고 보기 때문에 이에 부응하고자 하는 점[법무부, 상법개정공청회자료(1999. 9. 14), 29면 주 12)] 등이다.

3) Conn. Gen. Stat. § 33－318(b).

4) 이에 관한 상세는 홍복기, "주식회사의 경영구조의 변화와 그 전망 — 감사위원회제도의 도입을 중심으로," 21세기의 기업지배구조(대한상공회의소·성균관대학교 비교법연구소 공동세미나자료, 1999. 11. 26), 52~54면 참조.

5) 이에 관한 상세는 정찬형, "IMF 경제체제 이후 회사지배구조에 관한 상법개정에 대한 평가,"

제도($\substack{즉, 업무집행기관과 업무감\\독기관을 분리한 지배구조}$)에서 감사(監査)의 실효성을 기할 수 있는 제도인데, 우리 상법은 이사회와 분리된 업무집행기관(집행임원)이 별도로 없는 참여형 이사회제도에서 감사위원회를 두도록 하거나($\substack{상 542조\\의 11 1항}$) 둘 수 있는 것으로($\substack{상 415조\\의 2 1항}$) 함으로써 업무집행에 관한 의사결정에 참여하는 이사가 다시 감사위원회 위원으로서 업무집행을 담당한 이사의 직무를 감사한다는 것은 자기감사의 모순이고 또한 이는 종래의 감사(監事)보다도 그 지위의 독립성과 감사(監査)의 실효성에 문제가 더 있는 점[1]($\substack{이러\\한 문}$제점의 해결방안으로는 상법 제415조의 2 제1항 제1문에서 "회사는"을 "집행임원설치회사는"으로 수정하고, 상법 제542조 11 제1항에서 "상장회사는"을 "상장회사로서 집행임원설치회사는"으로 수정하면 된다), [2] (ii) 둘째는 의무적 감사위원회에서 감사위원회 위원은 주주총회에 의하여 선임되고($\substack{상 542\\조의\\12\\1항}$) 임의적 감사위원회에서 감사위원회 위원은 이사회에서 선임되도록 한 것은($\substack{상 415\\조의 2 1항,\\393조의 2}$) 통일성이 없는 점(이러한 문제점의 해결방안으로는 집행임원 설치회사에서만 감사위원회를 두는 것을 전제로 하여 감사위원회 위원의 선임·해임을 이사회에서 하도록 통일하기 위하여 상법 제542조의 12 제1항~제4항을 삭제하면 된다), [3] (iii) 셋째는 감사위원회의 지위와 기능이 감사(監事)의 그것과 동일하지 않음에도 불구하고 감사(監事)에 갈음하여 감사위원회를 두는 것으로 규정한 점($\substack{상 415조의\\2 1항 참조}$), (iv) 넷째는 주식회사 등의 외부감사에 관한 법률의 적용을 받는 주식회사의 경우에는 종래의 (내부)감사(監事)에 의한 감사 외에도 (외부)감사인에 의한 회계감사를 받는데 이러한 주식회사가 감사위원회를 도입하면 (결과적으로) 같은 미국제도를 상법과 특별법에서 이중으로 도입하여 유사한 내용에 관하여 유사한 두 기관으로부터 독립적으로 이중으로 감사를 받게 한 점(이러한 문제점의 해결방안으로는 앞으로 주식회사 등의 외부감사에 관한 법률은 필요한 사항은 상법에서 규정하고 폐지되어야 할 것으로 본다) 등을 들 수 있다.

「현대상사법논집」(우계강희갑박사화갑기념논문집), 2001. 12, 42~48면; 동, "주식회사의 업무집행기관에 대한 감독(감사)기관," 「고려법학」, 제38호(2002), 54~59면; 동, "사외이사제도," 「고시계」, 2001. 12, 62~67면 참조.

　동지: 정준우, "감사위원회의 법적 지위와 그 문제점," 「비교사법」, 제8권 1호(하)(2001. 6), 729~758면; 최완진, "감사위원회에 관한 법적 고찰," 「경영법률」(한국경영법률학회), 제12집(2001), 203~228면; 최윤범, "감사위원회제도의 문제점과 개선방안," 「기업법연구」(한국기업법학회), 제8집(2001), 819~852면; 전삼현, "사외이사와 감사위원회제도의 활성화 방안," 「상장」, 제342호(2003. 6), 6~9면(감사위원의 책임을 종래의 감사의 책임보다 더 엄격하게 규정하고, 감사위원회의 법적 지위에 대하여 새로운 검토가 필요하다고 한다) 등.

1) 이러한 문제점에 관한 상세는 정찬형, "주식회사의 지배구조," 「상사법연구」(한국상사법학회), 제28권 3호(2009. 11), 34~36면; 동 "금융기관 지배구조의 개선방안," 「금융법연구」(한국금융법학회), 제12권 제1호(2015), 77~81면 참조.

　동지: 손주찬, "상법(회사법)의 개정과 2000년의 과제," 「법조」, 제520호(2000. 1), 131~132면; 한국상장회사협의회, "사외이사제도의 문제점 및 개선방안," 「상장」, 2001. 6, 43면; 김상규, "감사위원회제도에 관한 연구," 「상사법연구」, 제20권 4호(2002), 95~98면.

2) 동지: 정찬형 "우리 주식회사 지배구조의 문제점과 개선방안," 「상사법연구」(한국상사법학회), 제34권 2호(2015. 8), 34면, 37면.

3) 동지: 정찬형, 상계논문, 36~37면.

2. 설　　치

1) 상법상 감사위원회의 설치는 원칙적으로 임의사항이다. 즉, 회사는 정관이 정한 바에 따라 감사(監事)에 갈음하여 감사위원회를 설치할 수 있는데, 감사위원회를 설치한 경우에는 감사(監事)를 둘 수 없다($\substack{상\ 415조 \\ 의\ 2\ 1항}$).

2) 그러나 최근 사업연도말 현재 자산총액이 2조원 이상인 상장회사는 일정한 회사를 제외하고는 의무적으로 감사위원회를 설치하여야 한다($\substack{상\ 542조의\ 11\ \ 1\ 1 \\ 항,\ 상시\ 37조\ 1항}$).[1]

최근 사업연도말 현재의 자산총액이 1천억원 이상 2조원 미만인 상장회사는 감사위원회를 설치할 의무가 없고 1인 이상의 상근감사를 두어야 하는데($\substack{상\ 542조의 \\ 10\ \ 1항\ 본문}$), 이러한 회사가 상근감사에 갈음하여 감사위원회를 설치하는 경우에는 자산총액 2조원 이상의 상장회사와 같은 감사위원회를 설치하여야 한다($\substack{상\ 542조의 \\ 10\ \ 1항\ 단서}$).

3. 구　　성

(1) 위원의 수

감사위원회는 이사회내 위원회의 일종이기는 하나, 이사회내 위원회가 2인 이상의 이사로 구성되는 데 반하여($\substack{상\ 393조 \\ 의\ 2\ 3항}$), 이에 불구하고 반드시 3인 이상의 이사로 구성된다($\substack{상\ 415조의\ 2\ 2항\ 본 \\ 문;\ 지배\ 19조\ 1항\ 1문}$).

(2) 위원의 자격 · 선임 · 종임

1) 자　　격　　상법상 감사위원회 위원의 3분의 2 이상은 사외이사이어야 한다($\substack{상\ 415조의\ 2\ \ 2항 \\ 단서;\ 지배\ 19조\ 2항}$). 감사위원회를 임의적으로 설치한 상장회사($\substack{상법\ 415조의\ 2\ 1항에\ 따 \\ 라\ 감사위원회를\ 설치한 \\ 상장회사}$)의 경우, 감사위원회 위원인 사외이사의 사임 · 사망 등의 사유로 인하여 사외이사의 수가 이러한 요건에 미달하게 되면, 그 사유가 발생한 후 처음으로 소집되는 주주총회에서 그 요건에 합치되도록 하여야 한다($\substack{상\ 542조의 \\ 11\ 4항\ 2호}$).

앞에서 본 바와 같이 감사위원회를 의무적으로 설치하여야 하는 상장회사($\substack{상\ 542 \\ 조의 \\ 11\ \ 1항,\ 상시\ 37조\ 1 \\ 항;\ 지배\ 16조\ 1항\ 2호}$)의 경우는 위의 요건 이외에도, 감사위원회 위원 중 1명 이상은 대통령령으로 정하는 회계 또는 재무전문가이어야 하고,[2] 또한 감사위원회 대표는 사

---

1) 금융회사는 원칙적으로 감사위원회를 설치하여야 한다(지배 16조 1항 2호). 다만 자산규모 등을 고려하여 대통령령으로 정하는 금융회사는 상근감사를 1명 이상 두어야 한다(지배 19조 8항).

2) 상법 제542조의 11 2항 1호에서 "대통령령으로 정하는 회계 또는 재무 전문가"란 다음 각 호의 어느 하나에 해당하는 사람을 말한다(상시 37조 2항).

　　1. 공인회계사의 자격을 가진 사람으로서 그 자격과 관련된 업무에 5년 이상 종사한 경력이 있는 사람

　　2. 회계 또는 재무 분야에서 석사 이상의 학위를 취득한 사람으로서 연구기관 또는 대학에서 회계 또는 재무 관련 분야의 연구원이나 조교수 이상으로 근무한 경력(학위 취득 전의 경력을 포함한다)이 합산하여 5년 이상인 사람

외이사이어야 하는 요건이 추가된다(상 542조의 11 2항, 상시 37조 2항; 지배 19조 1항 2문, 16조 4항). 감사위원회를 의무적으로 설치하여야 하는 상장회사(상법 542조의 11 1항에 따라 감사위원회를 설치한 상장회사 및 금융회사)의 경우, 감사위원회 위원인 사외이사의 사임·사망 등의 사유로 인하여 사외이사의 수가 위의 요건에 미달하게 되면, 그 사유가 발생한 후 처음으로 소집되는 주주총회에서 그 요건에 합치되도록 하여야 한다(상 542조의 11 4항 1호; 지배 19조 3항).

또한 감사위원회를 의무적으로 설치하여야 하는 상장회사의 사외이사가 아닌 (상근) 감사위원회 위원에 대하여는, 상근감사의 결격사유가 동일하게 적용된다(상 542조의 11 3항, 542조의 10 2항).[1] 금융회사의 사외이사가 아닌 감사위원의 자격요건에 관하여는 사외이사의 자격요건에 관한 규정이 준용된다(지배 19조 10항 본문, 6조 1항·2항).

2) 선 임

㈎ 감사위원회를 임의적으로 설치하는 회사의 감사위원회 위원은 이사 중에서 이사회의 결의로 선임된다(상 415조의 2 1항 1문, 393조의 2 2항 3호 참조).

㈏ 감사위원회를 의무적으로 설치하여야 하는 상장회사(상 542조의 11 1항, 상시 37조 1항) 및 상근감사에 갈음하여 감사위원회를 설치하는 상장회사(상 542조의 10 1항 단서)의 경우, 감사위원회 위원을 선임하는(또는 해임하는) 권한은 주주총회에 있는데(상 542조의 12 1항), 이 경우 주주총회는 원칙적으로 이사를 선임한 후 선임된 이사 중에서 감사위원회 위원을 선임하여야 한다(일괄선출방식)(상 542조의 12 2항 본문).[2]

---

3. 상장회사에서 회계 또는 재무 관련 업무에 합산하여 임원으로 근무한 경력이 5년 이상 또는 임직원으로 근무한 경력이 10년 이상인 사람

4.「금융회사의 지배구조에 관한 법률 시행령」제16조 제1항 제4호·제5호의 기관 또는「한국은행법」에 따른 한국은행에서 회계 또는 재무 관련 업무나 이에 대한 감독 업무에 근무한 경력이 합산하여 5년 이상인 사람

5.「금융회사의 지배구조에 관한 법률 시행령」제16조 제1항 제6호에 따라 금융위원회가 정하여 고시하는 자격을 갖춘 사람

1) 상법 제542조의 10 제2항 2호의「회사의 상무(常務)에 종사하는 이사」는 업무집행을 전제로 하는 것으로 보아야 하므로 감사(監査)업무만을 위하여 상근하는 이사는 이에 해당하지 않는 것으로 보아야 하고, 업무집행을 담당하는「그 밖에 상무에 종사하지 아니하는 이사」(상 317조 2항 8호 참조)는「사외이사가 아닌 감사위원회 위원」이 될 수 없다고 본다.

2) 감사위원회 위원을 이와 같이 일괄선출방식에 의하여 선출하는 경우 선임된 이사 중에서 감사위원회 위원을 선임할 때에 주주의 의결권을 제한하더라도(단순 3% rule 또는 합산 3% rule) 감사(監事)의 선임시 주주의 의결권을 제한하여(단순 3% rule 또는 합산 3% rule) 소수주주의 의견을 반영한 것과 같은 효과를 얻을 수는 없다. 또한 (상법상 집행임원을 두고 있지 않은) 참여형 이사회를 두고 있는 회사는 감사(監事)를 두도록 하여야 하는데(감사기관의 독립성과 자기감사를 피하는 점에서), 감사위원회를 두도록 하거나 또는 둘 수 있도록 함으로써 감사(監事)의 선임에서 소수주주의 의견을 반영하고자 하는 입법취지도 반영할 수 없게 되고 또한 감사기관의 독립성에서 감사(監事)보다도 못하고 자기감사의 결과가 되어 감사(監査)의 효율성에서도 감사(監事)보다도 못하게 되었다. 따라서 주식회사(특히 대규모 상장회사)의 지배주주는 감사기관의 선임시 그의 의결권 행사가 제한되는 감사(監事)보다는 감사위원회를 선호하고 이와 함께 감사위원회의 감사

그러나 예외적으로 감사위원회 위원 중 1명(정관에서 2명 이상으로 정할 수 있으며, 정관)은
(으로 정한 경우에는 그에 따른 인원으로 한다)은
주주총회의 결의로 다른 이사들과 분리하여 감사위원회 위원이 되는 이사로 선임하
여야 한다(분리선)(상 542조의).1)2)
(출방식)(12 2항 단서).

기관으로서의 독립성이 떨어지고 자기감사로서 감사(監査)의 효율성이 떨어지는 (상법상 집행임
원을 두지 않는) 참여형 이사회제도를 선호하여, 우리나라의 대규모 상장회사는 거의 전부 이러한
지배구조를 취하고 있다.

1) 2020년 개정상법은 감독형 이사회를 전제로 하지 않고 (상법상 집행임원을 두고 있지 않은) 참
여형 이사회에서도 '감사위원회 위원 중 1명'을 분리선출방식에 의하여 선임하는 것으로 하였다.
이는 다음과 같은 문제점이 있다고 본다.

① 감사위원회는 원래 업무집행기관(집행임원)과 감독기관(이사회)이 분리되는 감독형 이사회
제도에서 그 이사회내 위원회의 하나로서 감사업무를 수행하는 기관이므로, 감사위원회를 둔 회
사는 의무적으로 상법상 집행임원을 두도록 먼저 규정을 하였어야 하는데(후술하는 2017년 12월
법무부 상법개정안 및 2013년 7월 법무부 상법개정안 참조), (상법상 집행임원을 두지 않은) 참여
형 이사회제도에서 감사위원회를 두도록(또는 둘 수 있도록) 하면, 이사회내 위원회의 하나인 감
사위원회는 그 자체로서 독립성이 결여되고 자기감사로 인한 감사(監査)의 효율성이 종래의 감
사(監事)의 경우보다 떨어지는데, 이러한 것은 감사위원회 위원 중 1명을 분리선출방식에 의하여
주주의 의결권을 제한하여(3% rule을 적용하여) 주주총회에서 선임한다고 하여 달라질 것이 없
다. 따라서 참여형 이사회에서는 감사기관의 독립성, 자기감사의 회피(감사의 효율성) 및 소수주
주의 의견을 적극 반영하는 면 등에서 볼 때 (감사위원회는 매우 부적절하고) 감사(監事)를 두도
록 하여야 할 것이다. (상법상 집행임원을 두고 있는) 감독형 이사회에서 감사기관으로 (이사회
내 위원회의 하나인) 감사위원회를 두는 경우에 감사(監事)의 선임방법과의 균형상 소수주주의
의견을 반영하고자 하면(즉, 지배주주의 영향력을 배제시키고자 하면), 2017년 12월 법무부 상법
개정안과 같이 '사외이사 1명'만 분리선출방식으로 주주총회에서 선임(해임)하도록 하면서 감사
(監事)의 경우와 같이 (지배)주주의 의결권을 제한하면 될 것으로 본다(이 경우 나머지 감사위원
회 위원은 감독형 이사회에서 선임 · 해임된다). 감독형 이사회에서의 감사위원회 위원은 업무집행
기관(집행임원)에 대한 감독업무를 수행하는 감독형 이사회의 구성원인 이사로서 업무집행기관인
참여형 이사회의 구성원인 이사와는 구별된다.

② 2020년 개정상법에 의하면 대규모 상장회사(자산총액 2조원 이상인 상장회사)의 경우 '감사
위원회 위원 중 1명'은 주주총회에서 분리선출되면서 주주의 의결권을 제한하고(소수주주의 의견
반영됨) 나머지 감사위원회 위원은 주주총회에서 일괄선출되면서 주주의 의결권을 제한하며(소수
주주의 의견이 반영되지 못함), 그 외의 상장회사(자산총액이 1천만원 미만인 상장회사—상 542
조의 10 1항 단서의 반대해석, 상시 36조 1항 참조)가 감사위원회를 두는 경우에는 감사위원회
위원이 이사회에서 선임되므로(상 393조의 2 2항 3호) 소수주주의 의견이 반영될 여지가 없다.
상장회사가 감사위원회를 두는 경우 감사위원회 위원의 선임방법이 이와 같이 3원화되어 있어 매
우 복잡하게 되어 있으나, 소수주주의 의견을 반영하는 것은 감사(監事)의 경우에 비하여 없거나
미미하다. 따라서 참여형 이사회에서는 이러한 감사위원회보다는 소수주주의 의견이 충분히 반영될
수 있고 감사기관의 독립성과 자기감사를 회피할 수 있는 감사(監事)를 두도록 하여야 할 것이다.

③ 참여형 이사회에서 '감사위원회 위원이 되는 이사'는 업무집행에 참여하는 이사인데, 이러한
이사의 선임에서 (지배)주주의 의결권을 제한하는 것은 자본다수결에 반하는 문제가 있으며, 특히
상근 감사위원회 위원인 이사의 선임에 (지배)주주의 의결권을 제한하는 것은 이러한 문제가 더
크다고 볼 수 있다.

④ 참여형 이사회에서 감사위원회 위원은 이사로서 이사회의 업무집행에 관한 의사결정에 참여
하는데 감사위원회가 이를 감사한다는 것은 (감사기관의 독립성 결여와) 자기감사의 문제가 있다.
그러나 감독형 이사회에서는 이사회가 업무집행기관인 집행임원과 분리되어 감독업무를 수행하
고, 감사업무는 이러한 이사회내 위원회의 업무로서 감독업무의 하부업무라고 볼 수 있으므로 감
사기관의 독립성 결여 및 자기감사의 문제가 없다.

이러한 상장회사가 사외이사인 감사위원회 위원을 선임(해임)할 때에는, 그 상장회사의 의결권 없는 주식을 제외한 발행주식총수의 100분의 3(정관에서 이보다 낮은 주식 보유비율을 정할 수 있음)을 초과하는 수의 주식을 가진 주주는 그 초과하는 주식에 관하여 의결권을 행사하지 못한다(모든 주주에 대하여 단 순 3% rule을 적용함)(상 542조 의 12 4항).[1] 그러나 이러한 상장회사(상 542조 의 12 1항)가 사외이사가 아닌(즉, 상근) 감사위원회 위원을 선임(해임)할 때에는, 최대주주는 그와 그의 특수관계인·그 밖에 대통령령으로 정하는 자가 소유하는 주식을 합산하여 의결권이 없는 주식을 제외한 발행주식총수의 100분의 3(정관에서 이보다 낮은 주식 보유비율을 정할 수 있음)을 초과하는 주식에 관하여 의결권을 행사하지 못하고(최대주주에 대하여 합 산 3% rule을 적용함)(상 542조의 12 4 항, 상시 38조 1항), 최대주주 이외의 주주는 사외이사인 감사위원회 위원을 선임(해임)할 때와 같이 의결권이

2017년 12월 법무부의 상법개정안에서는 자산총액 2조원 이상인 대규모 상장회사는 의무적으로 상법상 집행임원을 두도록 하면서(동 개정안 408조의 2 1항 1문: 제542조의 8 제1항 단서의 회사는 집행임원을 두어야 하고, 그 이외의 회사는 제542조의 8 제1항 단서의 사외이사를 둔 경우에 집행임원을 둘 수 있다), 감사위원회 위원 중 사외이사 1명(정관으로 이보다 많은 수를 정할 수 있음)은 상법 제393조의 2에도 불구하고 주주총회에서 선임(해임)하고, 그 이외의 감사위원회 위원은 이사회에서 선임(해임)하는 것으로 하였다(동 개정안 542조의 12 1항). 또한 주주총회에서 선임(해임)되는 감사위원회 위원은 주주총회의 보통결의로 다른 이사들과 분리하여 '감사위원회 위원이 되는 이사'로 선임되고(분리선출방식)(동 개정안 542조의 12 2항), 주주총회의 특별결의로 해임할 수 있도록 하였다(동 개정안 542조의 12 3항). 이러한 감사위원회 위원의 선임(해임)시에는 감사의 선임의 경우와 같이 단순 3% rule(최대주주인 경우에는 합산 3% rule)에 의하여 주주의 의결권을 제한하였고(동 개정안 542조의 12 4항), 이는 상장회사가 감사를 선임(해임)할 때에 준용하였다(동 개정안 542조의 12 5항).

2013년 7월 16일 정부(법무부)의 「상법 일부 개정(안) 입법예고」(법무부공고 제2013-162호)에서는 감사위원회를 설치한 회사는 상법 제408조의 2 이하의 규정에 의한 집행임원을 의무적으로 두도록 하면서(동 개정안 415조의 2 1항 2문 후단), 상법 제542조의 12 제2항을 "제542조의 11 제1항의 상장회사는 주주총회에서 감사위원회 위원이 되는 이사를 다른 이사들과 분리하여 선임하여야 한다"고 개정함으로써, 일괄선출방식에서 분리선출방식을 도입하여 감사위원회 위원이 되는 이사의 선임 단계에서 감사의 경우와 같이 대주주의 의결권이 3%로 제한될 수 있도록 하여 감사의 선임과 균형을 이루도록 하였다.

금융회사는 감사위원이 되는 사외이사 1명 이상에 대해서는 다른 이사와 분리하여 선임하여야 한다(분리선출 방식)(지배 19조 5항).

2) 이러한 감사위원회 위원의 분리선출제와 3% 의결권 제한의 문제점을 제기하면서 이를 폐지하고 현실적으로 가능한 대안으로 집중투표제를 의무화하여 소수주주를 대표하는 이사를 두도록 하고, 이러한 이사는 반드시 감사위원회에 배정되어 지배주주의 이익충돌행위를 감시하는 역할을 하도록 하여야 한다는 견해도 있다[송지민, "독립이사 및 소수주주 이사 선임에 대한 비교법적 연구 —지배주주가 존재하는 경우를 중심으로—," 「선진상사법률연구」(법무부), 제106호(2024. 4), 62~65면].

1) 금융회사의 감사위원의 선임·해임권도 주주총회에 있는데(지배 19조 6항 1문), 이 경우 감사위원이 되는 이사의 선임에 관하여는 상법 제409조 제2항을 준용하고(지배 19조 6항 2문), 특수관계인 등을 포함한 최대주주가 소유하는 금융회사의 의결권 있는 주식의 합계가 그 금융회사의 의결권 없는 주식을 제외한 발행주식총수의 100분의 3을 초과하는 경우 그 주주는 100분의 3을 초과하는 주식에 관하여 감사위원이 되는 이사의 선임·해임시 의결권을 행사하지 못한다(합산 3% rule)(지배 19조 7항 본문). 다만 금융회사는 정관으로 100분의 3보다 낮은 비율을 정할 수 있다(지배 19조 7항 단서).

제한된다(최대주주 이외의 주주에 대
하여 단순 3% rule을 적용함)(상 542조
의 12 4항). 즉, 상근 감사위원회 위원의 선임(해임)에는 최대주주에 대하여는 합산 3% rule을 적용하고, 그 외의 주주에 대하여는 단순 3% rule을 적용한다. 이는 상장회사에서 감사(監事)를 선임(해임)할 때와 동일하게 최대주주의 의결권이 제한된다(상 542조
의 12 7항).[1]

또한 이러한 상장회사가 전자적 방법으로 의결권을 행사할 수 있도록 한 경우에는 (감사의 선임의 경우와 같이) 상법 제368조 제1항에도 불구하고 출석한 주주의 의결권의 과반수로써 감사위원회 위원의 선임을 결의할 수 있다(즉, '발행주식총수의 4분의
1 이상'은 의결정족수에서 배제된다)(상 542조
의 12 8항).

3) 해　　임

㈎ 감사위원회를 임의적으로 설치하는 회사의 경우 이사회에서 선임된 감사위원회 위원은 이사총수의 3분의 2 이상의 결의로 하는 이사회결의로 해임된다(상 415
조의
2 3항). 이는 감사위원회 위원의 독립성을 보장하기 위하여 선임과는 달리 해임의 요건을 엄격하게 한 것이다.

㈏ 감사위원회를 의무적으로 설치하여야 하는 상장회사의 경우에는 감사위원회 위원을 해임할 수 있는 권한이 주주총회에 있다(상 542조
의 12 1항). 이 때 감사위원회 위원의 해임은 주주총회의 특별결의에 의한다(상 542조의
12 3항 1문). 이 경우 분리선출방법에 의하여 선임된 감사위원회 위원은 해임에 의하여 이사와 감사위원회 위원의 지위를 모두 상실한다(상 542조의
12 3항 2문).

위에서 본 바와 같이 감사위원회를 의무적으로 설치하여야 하는 상장회사의 경우에는 선임의 경우와 같이 해임의 경우에도 주주의 의결권이 제한된다. 즉, 사외이사인 감사위원회 위원을 해임할 때에는 단순 3% rule이 적용되는데, 사외이사가 아닌(상근) 감사위원회 위원을 해임하는 경우에는 최대주주에 대하여는 합산 3% rule이 적용되고(상 542조
의 12 4항), 최대주주 이외의 주주에 대하여는 단순 3% rule이 적용된다(상 542조
의 12 4항).

(3) 위원의 임기

1) 감사위원회 위원의 임기에 대하여는 상법에 규정이 없다. 따라서 이에 관하여 정관의 규정이 있으면 그에 의하고, 정관의 규정이 없으면 이사회(감사위원회 위원을
주주총회에서 선임하

---

1) 감사위원회를 임의적으로 설치하는 상장회사 중 최근 사업연도말 현재의 자산총액이 1천억원 미만인 상장회사(상 542조의 10 1항 단서의 반대해석, 상시 36조 1항 참조)는 감사위원회 위원을 이사회에서 선임(해임)하므로(상393조의 2 2항 3호) 감사위원회 위원의 선임(해임)에 소수주주의 의견이 반영될 여지가 전혀 없다(상 409조 2항 참조). 따라서 이러한 상장회사의 지배주주는 감사기관으로 소수주주의 의견이 반영되는 감사(監事)를 두는 것보다 감사위원회를 선호할 것이다.

는 경우에는 주주총회)가 이를 정할 수 있는데, 이사회(감사위원회 위원을 주주총회에서 선임하는 경우에는 주주총회)도 이를 정하지 아니하면 이사의 지위의 종료와 함께 감사위원회 위원의 임기도 종료된다고 본다.[1]

2) 회사의 합병의 경우 합병 전에 취임한 감사위원회 위원은, 합병계약서에 다른 정함이 있는 경우를 제외하고는, 합병 후 최초로 도래하는 결산기의 정기총회가 종료하는 때에 퇴임한다(상 415조의 2 7항, 527조의 4).

4. 운 영

(1) 대표 · 공동대표

감사위원회는 그 결의로 위원회를 대표할 자(대표위원)를 선정하여야 한다(상 415조의 2 4항 1문). 이 때 감사위원회는 수 인의 위원이 공동으로 감사위원회를 대표할 것을 정할 수 있다(공동대표위원)(상 415조의 2 4항 2문).

(2) 소집 · 결의 등

감사위원회는 이사회내 위원회 중의 하나이므로, 위원회의 소집(상 393조의 2 5항, 390조), 결의(상 393조의 2 5항, 391조), 결의의 통지(상 393조의 2 4항), 회의의 연기 또는 속행(상 393조의 2 5항, 392조, 372조)에 관한 규정과 결의의 하자에 관한 사항 등은 당연히 감사위원회에도 적용된다고 본다.

(3) 전문가의 도움

감사위원회는 회사의 비용으로 전문가의 도움을 구할 수 있다(상 415조의 2 5항). 변호사 또는 공인회계사 등의 전문가의 도움을 회사의 비용으로 구하는 경우가 대표적인 예가 될 것이다.

5. 권 한

(1) 업무 및 회계감사권

감사위원회는 감사(監事)에 갈음하여 이사의 직무집행을 감사할 권한을 갖는다(상 415조의 2 7항, 412조 1항). 이는 감사(監事)의 경우와 같이 감사위원회가 회계감사를 포함하여 업무집행 전반을 감사할 권한을 갖는다는 것을 의미하고, 업무감사의 범위는 원칙적으로 상법에 명문규정이 있는 경우를 제외하고는 위법성감사만을 할 수 있다고 본다.

2009년 1월 개정상법에 의하여 감사위원회가 결의한 사항에 대하여는 (이사회내 다른 위원회의 경우와는 달리) 이사회가 다시 결의할 수 없도록 하였다(상 415조의 2 6항).

모회사의 감사위원회는 자회사에 대한 조사권도 갖는다(상 415조의 2 7항, 412조의 5).

---

1) 동지: 손주찬, 전게논문(법조 제520호), 124면.

(2) 그 밖의 권한

감사위원회는 감사(監事)와 같이 업무감사권의 내용을 명확히 하고 또 이를 보충하기 위하여 다음과 같은 많은 권한을 갖는다. 즉, 감사위원회는 언제든지 이사에 대하여 영업에 관한 보고를 요구하거나 회사의 업무와 재산상태를 조사할 권한을 갖고($\frac{상\ 415조의\ 2}{7항,\ 412조\ 2항}$), 이사는 회사에 현저하게 손해를 미칠 염려가 있는 사실을 발견한 때에는 즉시 감사위원회에게 이를 보고하여야 한다($\frac{상\ 415조의\ 2}{7항,\ 412조의\ 2}$). 또한 감사위원회는 임시주주총회의 소집청구권이 있고($\frac{상\ 415조의\ 2}{7항,\ 412조의\ 3}$), 이사회 소집청구권이 있으며($\frac{상\ 415}{조의\ 2}$ $\frac{}{7항,\ 412조의\ 4}$), 이사의 위법행위 유지청구권이 있고($\frac{상\ 415조의}{2\ 7항,\ 402조}$), 이사와 회사간의 소(訴)에 관한 회사대표권($\frac{상\ 415조의}{2\ 7항,\ 394조}$) 등이 있다.

6. 의   무

(1) 선관의무

감사위원회 위원(이사)과 회사와의 관계는 위임관계이므로($\frac{상\ 382}{조\ 2항}$) 감사위원회는 수임인으로서 회사에 대하여 선량한 관리자의 주의로써 위임사무를 처리할 의무를 부담한다.

(2) 그 밖의 의무

감사위원회는 이사가 법령 또는 정관에 위반한 행위를 하거나 그 행위를 할 염려가 있다고 인정한 때에는 이사회에 이를 보고할 의무를 부담하고($\frac{상\ 415조의\ 2\ 7항,}{391조의\ 2\ 2항}$), 이사가 주주총회에 제출할 의안 및 서류를 조사하여 법령 또는 정관에 위반하거나 현저하게 부당한 사항이 있는지 여부에 관하여 주주총회에 그 의견을 진술할 의무를 부담하며($\frac{상\ 415조의\ 2}{7항,\ 413조}$), 감사록($\frac{상\ 415조의\ 2}{7항,\ 413조의\ 2}$)과 감사보고서($\frac{상\ 415조의\ 2}{7항,\ 447조의\ 4}$)를 작성할 의무를 부담한다.

7. 책   임

감사위원회 위원(이사)과 회사와의 관계는 위임관계이므로($\frac{상\ 382}{조\ 2항}$) 감사위원회 위원이 수임인으로서 그 임무를 게을리한 때에는 그 위원은 연대하여 회사에 대하여 손해배상의 책임이 있다($\frac{상\ 415조의\ 2}{7항,\ 414조\ 1항}$).[1] 이 때 감사위원회 위원이 악의 또는 중과실

---

1) 대판 2017. 11. 23, 2017 다 251694(공보 2018, 13)(갑 상호저축은행이 상근 감사위원이었던 을을 상대로 병 주식회사 등에 대한 불법·부당대출로 인한 손해배상을 구한 사안에서, 을은 자신이 서명한 대출 관련 심사부의안과 대출심사자료만 선량한 관리자의 주의의무로 검토하였더라도 병 회사 등에 대한 대출이 형식적인 신용조사만을 거쳐 충분한 채권보전조치 없이 이루어지는 것임을 쉽게 알 수 있었으므로, 관계 서류의 제출 요구 등을 통해 대출이 위법·부당한 것인지 여부에 관하여 추가로 조사하거나 감사위원회를 통해 이사회에 위와 같은 사실을 보고하여 위법·부당

로 인하여 그 임무를 게을리한 때에는 그 위원은 제3자에 대하여 연대하여 손해를 배상할 책임이 있다($\frac{\text{상}\ 415\text{조의}\ 2}{7\text{항, }414\text{조}\ 2\text{항}}$). 또한 감사위원회 위원이 회사 또는 제3자에 대하여 손해를 배상할 책임이 있는 경우에 이사·집행임원도 그 책임이 있는 때에는 그 감사위원회 위원과 이사·집행임원은 연대하여 배상할 책임을 진다($\frac{\text{상}\ 415\text{조의}\ 2\ 7\text{항,}}{414\text{조}\ 3\text{항, }408\text{조의}}$ $\frac{8}{3\text{항}}$). 이러한 감사위원회 위원의 회사에 대한 책임면제·감경의 요건과 책임추궁을 위한 소수주주의 대표소송 및 다중대표소송에 관하여는 이사의 경우와 같다($\frac{\text{상}\ 415\text{조}}{\text{의}\ 2\ 7\text{항,}}$ $\frac{400\text{조, }403\text{조}\sim406}{\text{조, }406\text{조의}\ 2}$).

제3 검 사 인

1. 의 의

검사인(inspector; Abschlussprüfer; commissaire aux comptes)은 「주식회사의 설립절차, 회사의 업무나 재산상태, 또는 주주총회의 소집절차나 결의방법의 적법성을 조사할 임무가 있는 임시적 감사기관」이다.

2. 선임기관 및 직무권한

검사인은 법원 또는 주주총회에 의하여 선임된다.

(1) 법원이 선임하는 경우

법원이 검사인을 선임하는 경우로는 (i) 설립시 변태설립사항을 조사하기 위하여 이사($\frac{\text{발기설립}}{\text{의 경우}}$) 또는 발기인($\frac{\text{모집설립}}{\text{의 경우}}$)의 청구가 있는 경우($\frac{\text{상}\ 298\text{조}\ 4\text{항}}{\text{본문, }310\text{조}\ 1\text{항}}$), (ii) 주주총회의 소집절차나 결의방법의 적법성을 조사하기 위하여 주주총회 전에 회사 또는 발행주식총수의 100분의 1 이상에 해당하는 소수주주의 청구가 있는 경우($\frac{\text{상}\ 367}{\text{조}\ 2\text{항}}$),[1] (iii) 할인발행의 인가 여부를 결정하기 위하여 회사의 재산상태를 조사하게 하기 위하여 법원이 직권으로 선임하는 경우($\frac{\text{상}\ 417}{\text{조}\ 3\text{항}}$), (iv) 신주발행시 현물출자를 검사하기 위하여 이사의 청구가 있는 경우($\frac{\text{상}\ 422}{\text{조}\ 1\text{항}}$), (v) 업무집행에 관하여 부정행위 또는 법령이나 정관에 위반한 중대한 사실이 있음을 의심할 사유가 있는 때에 소수주주의 청구가 있는 경우($\frac{\text{상}}{467\text{조}}$) 등이다.

한 행위의 시정 등을 요구할 의무가 있었음에도 그와 같은 의무를 다하지 않았다고 볼 여지가 충분한데도, 이와 달리 본 원심판단에 법리오해 등의 잘못이 있다).

1) 적대적 M&A의 경우 현 경영진이 주주총회에서의 투표와 개표를 방해하거나 조작하는 경우가 종종 발생하여, 2011년 4월 개정상법에서 이러한 규정을 신설하게 되었다.

(2) 주주총회가 선임하는 경우

주주총회가 검사인을 선임하는 경우로는 (i) 소수주주에 의하여 소집된 임시주주총회가 회사의 업무와 재산상태를 조사하게 하기 위한 경우($\frac{상\ 366}{조\ 3항}$), (ii) 이사나 청산인의 제출서류와 감사(監事) 또는 감사위원회의 보고서를 조사하게 하기 위한 경우($\frac{상\ 367조\ 1항,\ 542조}{2항,\ 415조의\ 2\ 7항}$) 등이다.

3. 자격 · 원수(員數) · 임기 · 등기

(1) 자   격

검사인의 자격은 법률상 아무런 제한이 없으나, 직무의 성질상 감사(監事)와 같이 자연인에 한한다고 본다.[1] 그러나 당해 회사의 이사 · 집행임원 · 감사(監事) · 지배인 기타의 사용인($\frac{또한\ 변태설립사항의\ 검사를\ 위한}{검사인은\ 현물출자자\ 등\ 당사자}$) 등을 겸할 수 없다(통설).[2]

(2) 원수(員數)

법률상 아무런 제한이 없으므로 1인 이상이다.

(3) 임   기

법률상 규정은 없으나, 그 직무의 종료시까지이다.[3]

(4) 등   기

임시기관이므로 등기할 필요가 없다.[4]

4. 책   임

(1) 검사인은 벌칙적용에 있어 회사의 기관과 같이 처벌대상에 들어간다($\frac{상\ 625}{조,\ 630}$ 조, 635조).

(2) 법원이 변태설립사항 및 발기설립의 경우 출자이행에 관한 사항을 조사하게 하기 위하여 선임한 검사인($\frac{상\ 299}{조,\ 310조}$)은, 상법상 고의[5] 또는 중대한 과실로 인하여 그 임무를 게을리한 때에는, 회사 또는 제3자에 대하여 손해를 배상할 책임이 있다($\frac{상}{325조}$). 이사 · 집행임원 또는 감사(監事)의 회사에 대한 손해배상책임이 단순히 임무를 게을리한 것에 의하여 발생하는 데 대하여, 검사인의 책임은 「고의 또는 중대한 과실로 인하여 임무를 게을리한」 경우에만 발생하는 점에서 다르다. 그 이유는 검

---

1) 반대: 이(철), (회) 894면(검사전문법인 등도 검사인이 될 수 있다고 한다).
2) 정(찬), (회) 957면; 정(동), (회) 490−1면; 이(철), (회) 894면; 이(기) 외, (회) 425면 외.
3) 동지: 정(동), (회) 490−1면.
4) 동지: 정(동), (회) 490−2면.
5) 2011년 4월 개정상법에서 상법 제325조의 '악의'도 상법 제399조 1항과 같이 '고의'로 수정하였어야 한다고 본다.

사인이 직무수행을 소신껏 하도록 하기 위해서이다. 그러나 제3자에 대한 책임발생요건은 검사인과 이사·집행임원 또는 감사(監事)의 경우가 동일하다.

위 이외의 경우의 법원이 선임한 검사인의 책임에 대하여는 상법상 명문규정은 없으나, 회사의 설립시에 선임된 검사인과 동일하게 보아야 할 것으로 본다.[1]

(3) 주주총회가 선임한 검사인은 회사와의 관계에서 위임관계라고 볼 수 있으므로 회사에 대하여는 수임인으로서 채무불이행의 책임을 지고($\frac{민}{390조}$), 제3자에 대하여는 불법행위의 책임($\frac{민}{750조}$)만을 부담할 뿐이다.[2]

제 4 (외부)감사인

1. 감사인의 의의·선임

(1) 의 의

주식회사 등의 외부감사에 관한 법률($\frac{제정: 1980. 12. 31, 법 3297호,}{개정: 2024. 1. 16, 법 20055호}$)($\frac{'외부감사법'}{으로 약칭함}$)[3] 및 동법 시행령($\frac{개정: 2023. 12. 19, 대통령}{령 34014호, 시행: 2024. 3. 1}$)에 의하여 주권상장법인·주권상장법인이 되려는 회사·그 밖에 대통령령으로 정하는 기준($\frac{직전 사업연도 말의 자산총액이 500억원}{이상인 회사 등—동법 시행령 5조 1항}$)에 해당하는 회사($\frac{주식회사 및}{유한회사—동}$ $\frac{법 2조 1호, 동}{법 시행령 5조}$)는 감사(監事) 또는 감사위원회에 의한 내부감사 외에 회사로부터 독립된 외부의 감사인($\frac{재무제표 및 연결재무제표}{의 감사인은 동일하여야 함}$)에 의한 회계감사를 받아야 하는데($\frac{동법 4}{조 1항}$), 이와 같이 회사의 외부에서 회계감사를 하는 자가 (외부)감사인이다.

이 (외부)감사제도의 목적은 회사의 회계처리의 적정을 기하게 함으로써 이해관계인을 보호하고 회사의 건전한 경영과 국민경제의 발전에 이바지 함을 목적으로 하는 데 있는데($\frac{동법}{1조}$), 감사(監事) 또는 감사위원회의 내부감사가 실효를 거두지 못한 것을 보강하기 위한 것이다.[4]

---

1) 동지: 정(동), (회) 490-2면(법원이 선임한 검사인과 회사와의 관계에서는 위임관계가 없기 때문이라고 한다).
   반대: 최(기), 969면.
2) 동지: 이(철), (회) 895면.
3) 이에 관하여는 홍복기, "외부감사법 전면개정의 의의와 과제," 법률신문, 제14566호(2017. 12. 18), 12면 참조.
4) 미국의 회계감사에 관한 개혁입법에 관한 소개로는 김순석, "미국 기업개혁법(Sarbanes-Oxley Act of 2002)의 주요내용과 우리나라에 대한 시사점,"「상장협」, 제47호(2003, 춘계호), 117~144면; 강희갑, "미국의 기업지배구조 및 회계감사에 관한 최근의 개혁입법,"「상사법연구」(한국상사법학회), 제21권 4호(2003), 215~251면 참조(Sarbanes-Oxley Act of 2002, 2002. 3. 7의 부시 대통령의 제안, 2002. 6. 26의 SEC의 개혁안, 2002. 6. 6의 NYSE의 개혁안을 소개하고 있다). 또한 미국의 외부감사의 독립성에 관하여는 김선정, "미국에 있어서 외부감사에 대한 비감사업무규제,"「상법학의 전망(평성 임홍근교수 정년퇴임기념논문집)」(서울: 법문사, 2003), 261~278면 참조.

(2) 선   임

감사인은 회계법인 또는 한국공인회계사회에 등록한 감사반이어야 하고($\frac{동법\,2}{조\,7호}$), 해당 사업연도의 감사인은 매 사업연도 개시일부터 45일 이내($\frac{감사위원회\,설치\,의무가\,있는\,회}{사는\,매\,사업연도\,개시일\,이전}$)에 선임 되어야 한다($\frac{동법\,10조}{1항\,본문}$). 그러나 이에도 불구하고 직전 사업연도에 회계감사를 받지 아니한 회사는 해당 사업연도 개시일부터 4개월 이내에 감사인을 선임하여야 한다($\frac{동법\,10}{조\,2항}$). 그러 나 주권상장법인·대형비상장주식회사 또는 금융회사($\frac{이하\,'주권상장}{법인\,등'이라\,함}$)는 연속하는 3개 사업 연도의 감사인을 동일한 감사인으로 선임하여야 한다($\frac{동법\,10조}{3항\,본문}$). 이 경우 주권상장법인 등 인 회사가 일정한 사유의 발생으로($\frac{동법\,10조}{7항\,각\,호}$) 감사인을 선임하는 경우에는 해당 사업연도 의 다음 사업연도부터 연속하는 3개 사업연도의 감사인을 동일감사인으로 선임하여야 한 다($\frac{동법\,10조}{3항\,단서}$).

회사는 주권상장법인 등인 경우에 감사위원회가 설치된 때에는 감사위원회가 선정한 감사인을, 감사위원회가 설치되지 아니한 때에는 감사인선임위원회의 승인을 받아 감사 (監事)가 선정한 감사인을, 각각 해당 회사의 감사인으로 선임하여야 한다($\frac{동법\,10조}{4항\,1호}$). 주권 상장법인 등이 아닌 그 밖의 회사는 감사(監事) 또는 감사위원회가 선정한 감사인을 해당 회사의 감사인으로 선임하여야 하는데, 다만 직전 사업연도의 감사인을 다시 감사인으로 선임하는 경우에는 그 감사인을 해당 회사의 감사인으로 선임하여야 하고, 감사(監事)가 없는 대통령령으로 정하는 일정 규모 이상의 유한회사인 경우에는 사원총회의 승인을 받 은 감사인을 해당 회사의 감사인으로 선임하여야 한다($\frac{동법\,10조}{4항\,2호}$).

증권선물위원회는, 감사인의 선임기간 내에 증권선물위원회에 감사인 지정을 요청하 거나 감사인의 선임기간 내에 감사인을 선임하지 아니한 회사 등 일정한 회사에 대하여 는, 3개 사업연도의 범위에서 증권선물위원회가 지정하는 회계법인을 감사인으로 선임하 거나 변경선임할 것을 요구할 수 있다($\frac{동법\,11}{조\,1항}$).

회사는 감사인을 선임 또는 변경선임하는 경우 그 사실을 감사인을 선임한 이후에 소 집되는 상법에 따른 정기총회에 보고하거나 대통령령으로 정하는 바에 따라 주주 또는 사 원($\frac{이하\,'주주}{등'이라\,함}$)에게 통지 또는 공고하여야 하고($\frac{동법\,12}{조\,1항}$), 회사가 감사인을 선임 또는 변경선임 하는 경우 해당 회사 및 감사인은 대통령령으로 정하는 바에 따라 원칙적으로 증권선물위 원회에 보고하여야 한다($\frac{동법\,12}{조\,2항}$).

2. 감사인의 권한 · 의무 · 책임

(1) 권   한

감사인은 일반적으로 공정·타당하다고 인정되는 회계감사기준에 따라 감사를 실시 하여야 하는데($\frac{동법\,16}{조\,1항}$), 이러한 회계감사기준은 감사인의 독립성 유지와 재무제표의 신뢰 성유지에 필요한 사항 등을 포함하여 대통령령으로 정하는 바에 따라 한국공인회계사회 가 금융위원회의 사전승인을 받아 정한다($\frac{동법\,16}{조\,2항}$). 감사인은 이러한 직무를 수행하기 위하

여 언제든지 회사 및 관계회사의 회계장부 및 서류의 열람 또는 복사청구권·회계자료제
출요구권·업무와 재산상태조사권 등을 갖는다(동법 21조 1항). 연결재무제표를 감사하는 감사인
은 그 직무의 수행을 위하여 필요하면 회사 또는 관계회사의 감사인에게 감사 관련 자료
의 제출 등 필요한 협조를 요청할 수 있다(동법 21조 2항).

이러한 감사인은 피감 회사의 채권과 관련하여 소멸시효 중단사유로서 채무승인의
통지를 수령할 대리권을 갖는다.[1]

(2) 의 무

1) 감사인은 감사결과를 기술(記述)한 감사보고서를 작성하여야 할 의무가 있다
(동법 18조 1항). 또한 감사인은 감사를 실시하여 감사의사를 표명한 경우에는 감사조서를 작
성하여야 할 의무가 있다(동법 19조 1항). 또한 감사인은 감사업무의 품질이 보장될 수 있도록
감사인의 업무설계 및 운영에 관한 기준(품질관리기준)을 준수하여야 할 의무가 있다(동법 17조 1항).

2) 감사인은 감사보고서를 작성하여(동법 18조) 대통령령으로 정하는 기간 내에 회사(監事) 또는 감사위원회를 포함한다)·증권선물위원회 및 한국공인회계사회에 제출하여야 할 의무가 있다(동법 23조 1항 본문).

3) 감사인 또는 그에 소속된 공인회계사는 주주총회 등이 요구하면 주주총회 또는 사
원총회(이하 '주주총회 등'이라 함)에 출석하여 의견을 진술하거나 주주 등의 질문에 답변하여야 할 의무
가 있고(동법 24조), 그가 직무를 수행할 때 이사의 직무수행에 관하여 부정행위 또는 법령이나
정관에 위반되는 중대한 사실을 발견하면 이를 감사(監事) 또는 감사위원회에게 통보하고
주주총회 등에 보고할 의무가 있다(동법 22조 1항). 또한 감사인은 회사가 회계처리 등에 관하여
회계처리기준을 위반한 사실을 발견하면 이를 감사(監事) 또는 감사위원회에게 통보하여
야 한다(동법 22조 2항). 이와 함께 감사(監事) 또는 감사위원회에게도 이사의 직무수행에 관하여
부정행위 또는 법령이나 정관에 위반되는 중대한 사실을 발견하면 이를 감사인에게 통보
하여야 할 의무를 부담시키고 있다(동법 22조 6항).

4) 감사인과 그에 소속된 공인회계사 등은 그 직무상 알게 된 비밀을 누설하거나 부
당한 목적을 위하여 이용해서는 아니 될 의무가 있다(동법 20조 본문).

5) 감사인은 감사조서를 감사종료 시점부터 8년간 보존하여야 하고, 이를 위조·변
조·훼손 및 파기하여서는 아니 될 의무가 있다(동법 19조 2항·3항).

---

1) 동지: 대판 2013. 11. 14, 2013 다 56310(공보 2013, 2216)(주식회사인 채권자의 외부감사인
이 채권자에 대한 회계감사를 위하여 채권자의 재무제표에 기재된 매출채권 등 채권의 실재 여부
를 확인함에 있어서 채권자가 외부감사인으로 하여금 해당 채권의 채무자에 대하여 채권 존부 확
인을 하지 못하도록 하였다거나 해당 채무자로부터의 채무승인의 통지를 수령할 권한을 배제하겠
다고 하는 등의 특별한 사정이 없는 한, 외부감사인은 채권자와의 외부감사인 선임계약에 기하여
피감 주식회사가 가지는 재무제표상 매출채권, 대여금채권 등의 채권과 관련하여 그 채무자로부
터 적법한 감사활동의 일환으로 행하여지는 채무 확인 등의 절차를 통하여 소멸시효 중단사유로
서 채무승인의 통지를 수령할 대리권을 가진다고 봄이 타당하다).

(3) 책　　임

1) 감사인의 회사 및 제3자에 대한 손해배상책임은 감사(監事)의 그것과 유사하다[1]

1) 대판 1997. 9. 12, 96 다 41991(공보 1997, 3079)(주식회사의 외부감사인의 부실감사로 인하여 주식투자자가 손해를 입은 경우에 외부감사인은 주식투자에 대하여 부실감사로 인하여 상실하게 된 주가 상당액의 손해배상책임을 부담한다); 동 1998. 4. 24, 97 다 32215(공보 1998, 1446)(일반적으로 감사인의 부실감사를 토대로 주식거래를 한 주식투자자가 부실감사를 한 감사인에 대하여 민법상의 불법행위책임을 근거로 배상을 구할 수 있는 손해액은 부실감사로 인하여 상실하게 된 주가 상당액이고, 주식투자자는 이러한 민법상의 불법행위책임과 함께 증권거래법 제197조의 책임도 물을 수 있다); 동 1999. 10. 22, 97 다 26555(공보 1999, 2391)(감사인의 부실감사로 손해를 입게 된 주식투자자가 민법상의 불법행위책임에 기하여 배상을 구할 수 있는 손해액은 부실감사가 밝혀지기 직전의 정상적인 주가와 부실감사가 밝혀진 후의 주가 또는 매도가액이고, 이러한 민법상의 불법행위책임과 증권거래법상의 손해배상책임과는 청구권경합관계에 있다); 동 2002. 9. 24, 2001 다 9311·9328(공보 2002, 2485)(주식회사의 외부감사에 관한 법률 제17조 2항의 규정에 의하여 손해배상책임을 지는 감사인은 동법 제2조에 따라 외부감사의 대상이 되는 회사에 대하여 외부감사를 하는 동법 제3조의 감사인에 한정된다); 동 2007. 1. 11, 2005 다 28082(공보 2007, 270)(기업체의 대규모 분식회계사실을 밝히지 못한 외부감사인의 회계감사상의 과실과 그 기업체가 발행한 기업어음을 매입하는 방식으로 여신을 제공한 금융기관의 손해 사이에는 인과관계가 인정된다. 또한 대규모 분식회계가 있음을 모른 채 기업어음을 회전매입하는 방식으로 기업체에 여신을 제공해 온 금융기관이 기업체의 자금에 의한 여신 회수가 사실상 불가능한 상태에서 정책적인 고려 아래 회전매입을 계속한 경우, 대규모 분식회계가 행하여진 재무제표에 대한 외부감사인의 회계감사상의 과실과 금융기관의 기업어음 매입으로 인한 손해 사이에는 인과관계가 단절되지 않는다); 동 2007. 7. 26, 2006 다 20405(공보 2007, 1342)(은행이 회계법인으로부터 기업의 회계감사에 필요한 은행조회서를 송부받아 제대로 확인하지 않고 회신한 주의의무 위반과 이를 바탕으로 작성된 부실감사보고서를 믿고 주식을 매수한 일반투자자들의 손해발생 사이에는 인과관계가 있다. 이 때 부실감사로 인하여 주식을 매수한 자들이 입은 손해액은 위와 같은 부실감사로 인하여 상실하게 된 주가 상당액이라고 봄이 상당하고, 이는 특별한 사정이 없는 한 부실감사 사실이 밝혀지기 전에 정상적으로 형성된 주가와 부실감사 사실이 밝혀지고 계속된 하종가를 벗어난 시점에 정상적으로 형성된 주가의 차액, 또는 그 이상의 가격으로 매도한 경우에는 그 매도가액과의 차액 상당이다); 동 2008. 7. 10, 2006 다 79674(공보 2008, 1141)(신용보증기관의 유동화자산 편입대상 적격업체 선정에 재무제표에 나타난 기업체의 재무상태 외에 상환자원 및 사업계획의 타당성·기업체의 수익성 등 다른 요인들도 함께 고려된다는 사정만으로는, 외부감사인의 감사보고서 허위기재와 이를 신뢰한 신용보증기관의 적격업체 선정 및 그에 따른 보증책임 발생 사이의 인과관계를 부정할 수 없다); 동 2008. 6. 26, 2007 다 90647(공보 2008, 1065)(투자자가 기업체의 대규모 분식회계사실을 제대로 알고 있었다면 그 기업체가 발행한 기업어음을 매입하지 않았을 것이므로, 재무제표의 감사와 관련하여 분식회계사실을 밝히지 못한 외부감사인의 과실과 그 기업체가 발행한 기업어음 매입 사이에 인과관계가 인정된다); 동 2011. 1. 13, 2008 다 36930(공보 2011, 293)(구 주식회사의 외부감사에 관한 법률〈2009. 2. 3. 법률 제9408호로 개정되기 전의 것〉상의 감사인이 피감사회사의 재무제표에 대한 회계감사를 실시하면서 피감사회사 자금팀장이 제공한 허위의 조회처 주소를 신뢰한 나머지 이를 제대로 확인하지 않고 예금잔액조회를 하여 위 자금팀장의 횡령 등 범행을 발견하지 못한 경우, 조회처 주소를 제대로 확인하지 않은 감사인의 잘못과 특정 회계연도에 대한 외부감사가 종료한 후에 자금팀장의 횡령 등 범행이 계속됨으로 인하여 피감사회사에게 확대된 횡령금액 상당의 손해 사이에는 상당인과관계가 없다); 동 2020. 4. 29, 2014 다 11895(공보 2020, 957)(주식거래에서 대상 기업의 재무상태는 주가를 형성하는 가장 중요한 요인 중의 하나이고, 대상 기업의 재무제표에 대한 외부감사인의 회계감사를 거쳐 작성된 감사보고서는 대상 기업의 정확한 재무상태를 드러내는 가장 객관적인 자료로서 일반투자자에게 제공·공표되어 주가 형성에 결정적인 영향을 미친다. 주식투자를 하는 일반투자자로서는 대상 기업의 재무상태를 나타내는 감사보고서가 정당하게 작성되

어 공표된 것으로 믿고 주가가 당연히 그에 바탕을 두고 형성되었으리라고 생각하여 대상 기업의 주식을 거래한 것으로 보아야 한다. 감사인의 부실감사를 토대로 주식거래를 한 주식투자자가 부실감사를 한 감사인에게 민법상 불법행위책임을 근거로 배상을 구할 수 있는 손해액은 일반적으로 그와 같은 부실감사로 상실하게 된 주가에 상응하는 금액이다. 이러한 주가에 상응하는 금액은 특별한 사정이 없는 한 부실감사가 밝혀져 거래가 정지되기 직전에 정상적으로 형성된 주가와 부실감사로 인한 거래정지가 해제되고 거래가 재개된 후 계속된 하종가를 벗어난 시점에서 정상적으로 형성된 주가의 차액이라고 볼 수 있다. 그와 같이 주가가 다시 정상적으로 형성되기 이전에 매도가 이루어지고 매도가액이 그 후 다시 형성된 정상적인 주가를 초과하는 경우에는 그 매도가액과의 차액이라고 할 수 있다); 동 2020. 7. 9, 2016 다 268848(공보 2020, 1567)(구 자본시장과 금융투자업에 관한 법률〈2013. 5. 28. 법률 제11845호로 개정되기 전의 것〉제170조 제1항은 선의의 투자자가 사업보고서 등에 첨부된 회계감사인의 감사보고서를 신뢰하여 손해를 입은 경우에 그 회계감사인의 손해배상책임에 관하여 구 주식회사의 외부감사에 관한 법률〈2013. 12. 30. 법률 제12148호로 개정되기 전의 것, 이하 '구 외부감사법'이라고 한다〉제17조 제2항부터 제7항까지의 규정을 준용하고 있다. 구 외부감사법 제17조 제2항은 감사인이 중요한 사항에 관하여 감사보고서에 기재하지 아니하거나 거짓으로 기재를 함으로써 이를 믿고 이용한 제3자에게 손해를 발생하게 한 경우에는 그 감사인은 제3자에게 손해를 배상할 책임이 있다고 규정하고 있다. 이때 감사인의 손해배상책임이 인정되기 위해서는 손해배상을 청구하는 자가 감사인이 중요한 사항에 관하여 감사보고서에 기재하지 아니하거나 거짓으로 기재를 하였다는 점을 주장·증명해야 한다. 갑 회계법인이 을 저축은행에 대한 회계감사를 수행한 후 감사보고서에 '적정' 의견을 표시하자, 을 은행이 회사채를 발행하면서 증권신고서에 '갑 법인이 을 은행의 재무제표에 관하여 적정 의견을 제출하였다'고 기재하였는데, 위 회사채를 취득하였다가 을 은행의 파산으로 손해를 입은 병 등이 갑 법인을 상대로 구 자본시장과 금융투자업에 관한 법률〈2013. 5. 28. 법률 제11845호로 개정되기 전의 것, 이하 '구 자본시장법'이라고 한다〉제170조 제1항, 구 주식회사의 외부감사에 관한 법률〈2013. 12. 30. 법률 제12148호로 개정되기 전의 것, 이하 '구 외부감사법'이라고 한다〉제17조 제2항 등에 따른 손해배상을 구한 사안에서, 갑 법인이 감사업무를 수행하는 과정에서 을 은행에 대하여 일부 대출채권의 자산건전성 분류 및 대손충당금 적립 액수의 오류를 지적하고 이를 바로잡을 것을 요청한 사실이 있고, 위 감사 당시 적용된 회계감사기준 등에 비추어 보면, 사후적으로 재무제표에서 일부 부정과 오류가 밝혀졌다고 하더라도, 감사인이 감사업무를 수행하면서 전문가적 의구심을 가지고 충분하고 적합한 감사증거를 확보하고 경영자 진술의 정당성 여부를 판단하기 위한 확인절차를 거치는 등 회계감사기준 등에 따른 통상의 주의의무를 다하였다면 그 임무를 게을리하지 아니하였음을 증명하였다고 봄이 타당하므로, 갑 법인이 위와 같이 요청한 이후에 그 내용이 최종 감사보고서와 최종 재무제표 등에 반영되어 수정되었는지 여부와 그 과정의 합리성과 적절성 등에 관하여 더 살펴보았어야 하는데도, 만연히 갑 법인이 을 은행의 재무제표상 거짓 기재를 인지하고서도 이를 지적하지 아니한 채 적정 의견의 감사보고서를 작성하여 제출하였다고 판단하여 갑 법인이 구 자본시장법 제170조 제1항, 구 외부감사법 제17조 제2항 또는 민법 제750조에 따라 병 등에게 손해배상책임을 부담한다고 본 원심판단에는 심리미진 등의 잘못이 있다); 동 2022. 7. 28, 2019 다 202146(공보 2022, 1737)(감사인은 구 주식회사의 외부감사에 관한 법률〈2017. 10. 31. 법률 제15022호로 전부 개정되기 전의 것, 이하 '구 외부감사법'이라 한다〉에 따라 주식회사에 대한 감사업무를 수행할 때 일반적으로 공정·타당하다고 인정되는 회계감사기준에 따라 감사를 실시함으로써 피감사회사의 재무제표에 대한 적정한 의견을 표명하지 못함으로 인한 이해관계인의 손해를 방지하여야 할 주의의무가 있다〈제1조, 제5조 제1항〉. 구 외부감사법 제5조 제2항에 따르면 회계감사기준은 한국공인회계사회가 정하며, 그에 따라 마련된 회계감사기준은 특별한 사정이 없는 한 일반적으로 공정·타당하다고 인정되는 것으로서 감사인의 위와 같은 주의의무 위반 여부에 대한 판단의 주요한 기준이 된다. 구 회계감사기준〈2005. 3. 29. 제정되고 2007. 12. 21. 개정되어 2007. 12. 28.부터 시행된 것, 이하 '회계감사기준'이라 한다〉에 따르면 감사인은 감사 대상인 재무제표가 부정이나 오류에 의해 중요한 부분이 왜곡되어 있을 가능성이 있다는 '전문가적 의구심'을 가지고 감사업무를 계획·수행해야 한다〈회계감사기준 200의 2.3〉. 그와 같이 감사업무를 수행하는 과정에서 부정이나 오류를 시사하는 사정이 발견된 경우에는 이를 간과하여서는 안 되고 그로 인해 실제로 재무제표가 중요하게 왜곡되었는지를 결정하는 데 적합한 정도의 감사절차를 진행해야 하므로, 경영자의 진술이나 피감사회사가 제출한 자료 등을 신중한 확인절차 없이 그대로 신뢰해서는 안 된다〈회계감사기준 240의 3, 500의 1.2 등 참조〉. 마찬가지로, 회계업무나 피감사회사가 속한 업종의 특성, 피감사회사가 속한 경영상황 등에 비추어 회계업무가 처리되는 과정에서 부정이나 오류가 개입되기 쉬운 사항이 있다면 그에 대한 감사절차도 통상의 경우보다 엄격하게 진행해야 한다. 구 자본시장과 금융투자업에 관한 법률〈2014. 1. 28. 법률 제12383호로 개정되기 전의 것, 이하 '구 자본시장법'이라 한다〉 제170조 제1항, 구 주식회사의 외부감사에 관한 법률〈2017. 10. 31. 법률 제15022호로 전부 개정되기 전의 것〉 제17조 제2항에 근거한 감사보고서의 거짓 기재로 인한 손해배상책임의 경우, 손해액은 구 자본시장법 제170조 제2항에 따라 산정된 금액으로 추정되고, 감사인은 구 자본시장법 제170조 제3항에 따라 손해의 전부 또는 일부와 감사보고서의 거짓 기재 사이에 인과관계가 없다는 점을 증명하여 책임의 전부 또는 일부를 면할 수 있다. 이러한 손해 인과관계 부존재 사실의 증명은 직접적으로 문제 된 감사보고서의 거짓 기재가 손해 발생에 아무런 영향을 미치지 않았다는 사실이나 부분적 영향을 미쳤다는 사실을 증명하는 방법 또는 간접적으로 문제 된 감사보고서의 거짓 기재 이외의 다른 요인에 의하여 손해의 전부 또는 일부가 발생하였다는 사실을 증명하는 방법으로 가능하다. 이때 투자자 보호의 측면에서 손해액을 추정하는 구 자본시장법 제170조 제2항의 입법 취지에 비추어 볼 때, 예컨대 허위공시 등 위법행위 이후 매수한 주식의 가격이 하락하여 손실이 발생하였는데 허위공시 등 위법행위 이후 주식 가격의 형성이나 그 위법행위 공표 이후 주식 가격의 하락의 원인이 문제 된 해당 허위공시 등 위법행위 때문인지가 불분명하다는 정도의 증명만으로는 손해액의 추정이 깨진다고 볼 수 없다. 허위공시 등의 위법행위가 있었던 사실이 정식으로 공표되기 이전에 투자자가 매수한 주식을 허위공시 등의 위법행위로 말미암아 부양된 상태의 주가에 모두 처분하였다고 하더라도 그 공표일 이전에 허위공시 등의 위법행위가 있었다는 정보가 미리 시장에 알려진 경우에는 주가가 이로 인한 영향을 받았을 가능성을 배제할 수 없다. 이러한 정보가 미리 시장에 알려지지 않았다는 사정을 증명하거나 다른 요인이 주가에 미친 영향의 정도를 증명하거나 또는 매수시점과 매도시점에서 허위공시 등의 위법행위가 없었더라면 존재하였을 정상적인 주가까지 증명하는 등의 사정이 없는 한, 공표 전 매각분이라는 사실의 증명만으로 인과관계 부존재가 증명되었다고 할 수는 없다. 특히 문제 된 허위공시의 내용이 분식회계인 경우에는 그 성질상 주가에 미치는 영향이 분식회계 사실의 공표를 갈음한다고 평가할 만한 유사정보〈예컨대 외부감사인의 한정의견처럼 회계투명성을 의심하게 하는 정보, 회사의 재무불건전성을 드러내는 정보 등〉의 누출이 사전에 조금씩 일어나기 쉽다는 점에서 더더욱 공표 전 매각분이라는 사실 자체의 증명만으로 인과관계 부존재가 증명되었다고 보기는 어렵다. 구 자본시장법 제170조 제2항은 '증권'을 대상으로 하고 있을 뿐 그 종류를 한정하고 있지 않고, 구 자본시장법에서 말하는 '증권'에는 주권뿐만 아니라 신주인수권증권이 포함된다〈제4조 제1항, 제4항〉. 따라서 위 법리는 주권의 거래로 인한 손해액 산정뿐만 아니라 신주인수권증권의 거래로 인한 손해액 산정에서도 그대로 적용된다. 구 자본시장과 금융투자업에 관한 법률〈2014. 1. 28. 법률 제12383호로 개정되기 전의 것〉 제162조, 제170조가 적용되는 손해배상청구소송의 경우에도 손해의 공평한 부담이라는 손해배상법의 기본 이념이 적용되어야 하므로, 피해자에게 손해의 발생과 확대에 기여한 과실이 있는 사정을 들어 과실상계를 하거나 공평의 원칙에 기하여 책임을 제한할 수 있다. 주식 가격의 변동요인은 매우 다양하고 여러 요인이 동시에 복합적으로 영향을 미치므로 어느 특정 요인이 언제 어느 정도의 영향력을 발휘한 것인지를 가늠하기가 극히 어렵다. 따라서 사업보고서 등이나 감사보고서의 거짓 기재 이외에도 매수한 때부터 손실이 발생할 때까지의 기간 동안 해당 기업이나 주식시장의 전반적인 상황의 변화 등도 손해 발생에 영향을 미쳤을 것으로 인정되나 성질상 그와 같은 다른 사정에 의하여 생긴 손해액을 일일이 증명하는 것이 극히 곤란한 경우가 있다. 이러한 경우 손해분담의 공평이라는 손해배상제도의 이념에 비추어 그러한 사정을 들어 손해배상액을 제한할 수 있다. 한편 손해배상사건에서 과실상계나 손해부담의 공평을 기하기 위한 책임제한에 관한 사실인정이나 그 비율을 정하는 것은 그것이

($\frac{\text{동법 31조}}{\text{1항~3항}}$). 감사인이 회사 또는 제3자에 대하여 손해를 배상할 책임이 있는 경우에 해당 회사의 이사 또는 감사(監事)($\frac{\text{감사위원회가 설치된 경우에}}{\text{는 감사위원회 위원을 말한다}}$)도 그 책임이 있는 때에는 그 감사인과 해당 회사의 이사 또는 감사(監事)는 연대하여 손해를 배상할 책임이 있다($\frac{\text{동법 31조}}{\text{4항 본문}}$).[1] 다만 손해를 배상할 책임이 있는 자가 고의가 없는 경우에 그 자는 법원이 귀책사유에 따라 정하는 책임비율에 따라 손해를 배상할 책임이 있다($\frac{\text{동법 31조}}{\text{4항 단서}}$).

2) 감사인은 이러한 손해배상책임을 보장하기 위하여 한국공인회계사회에 손해배상 공동기금($\frac{\text{이하 '공동}}{\text{기금'이라 함}}$)을 적립하여야 한다($\frac{\text{동법 32조}}{\text{1항 본문}}$).[2] 다만 대통령령으로 정하는 배상책임 보험에 가입한 경우에는 공동기금 중 연간적립금($\frac{\text{동법 32}}{\text{조 2항}}$)을 적립하지 아니할 수 있다($\frac{\text{동법}}{\text{32조 1}}$ $\frac{}{\text{항 단서}}$).

3) 감사인의 이러한 책임은 그 청구권자가 해당 사실을 안 날부터 1년 이내 또는 감사보고서를 제출한 날부터 8년 이내에 청구권을 행사하지 않으면 소멸한다($\frac{\text{동법 31조}}{\text{9항 본문}}$). 이 기간을 시효기간으로 보는 견해도 있으나,[3] 제척기간으로 보는 것이 입법의 취지에 맞는다고 본다. 다만 이 기간은 감사인의 선임계약으로 연장할 수 있다($\frac{\text{동법 31조}}{\text{9항 단서}}$).

4) 감사인에 대하여도 엄격한 벌칙이 규정되어 있다($\frac{\text{동법 39}}{\text{조~48조}}$).

제 5 준법지원인

1. 준법지원인의 의의

(1) 2011년 4월 개정상법은 대통령령으로 정하는 일정규모 이상의 상장회사에

형평의 원칙에 비추어 현저하게 불합리하다고 인정되지 않는 한 사실심의 전권사항에 속한다); 동 2022. 11. 30, 2017 다 841 · 858(공보 2023, 120)(투자자가 감사인의 부실감사로 인하여 비상장 기업의 가치 평가를 그르쳐 해당 기업의 주식을 매수하고 매입대금을 지급한 경우, 특별한 사정이 없는 한 투자자는 그때 해당 주식의 매입대금에서 해당 주식의 실제 가치, 즉 분식회계 및 부실감사가 없었더라면 형성되었을 주식의 가액을 공제한 금액 상당의 손해를 입은 것이고, 감사인은 구 주식회사의 외부감사에 관한 법률〈2013. 12. 30. 법률 제12148호로 개정되기 전의 것, 이하 '구 외부감사법'이라 한다〉 제17조 제2항에 따라 그 손해를 배상할 책임을 부담하게 된다. 즉 손해액은 특별한 사정이 없는 한 매입대금이 지급된 날을 기준시점으로 하여 산정되는 것이 원칙이다. 위와 같은 경우 분식회계를 한 기업과 부실감사를 한 감사인은 각자 투자자에 대하여 손해배상채무를 부담하고 이 두 채무는 부진정연대 관계에 있으므로, 해당 기업에 대한 회생절차에서 그 기업의 손해배상채무의 존부 및 그 범위가 확정되는 것은 감사인의 손해배상채무의 성립이나 범위에 아무런 영향이 없다. 또 투자자가 그 주식매매와 관련하여 해당 기업이나 대주주 등으로부터 취득한 담보권을 행사하여 투자금 일부를 회수하였다고 하더라도 이는 감사인이 부담하는 채무의 사후 소멸에 영향을 미칠 뿐, 감사인의 손해배상책임이 매입대금 지급시점에 이미 성립한 것 자체에 영향을 미치는 것이 아니다).

1) 주식회사의 감사와 (외부)감사인의 책임의 비교에 관하여는 정우용, "주식회사 감사 · 외부감사인의 책임에 관한 소고,"「상장협」, 제43호(2001, 춘계호), 153~169면.

2) 공인회계사의 배상책임보험에 관한 상세는 이영철, "공인회계사의 전문직업인배상책임보험에 관한 연구,"「기업법연구」(한국기업법학회), 제9집(2002), 105~138면 참조.

3) 정(동), (회) 490−1면.

대하여 준법통제기준과 준법지원인을 두도록 하는 규정을 신설하였다. 즉, 자산 규모 등을 고려하여 대통령령으로 정하는 상장회사(최근 사업연도 말 현재의 자산총액이 5,000억원 이상인 회사를 말하는데 〈2013년 12월 31일까지는 1억원〉, 다만 다른 법률에 따라 내부통제기준 및 준법감시인을 두어야 하는 상장회사는 제외함)는 법령을 준수하고 회사경영을 적정하게 하기 위하여 임직원이 그 직무를 수행할 때 따라야 할 준법통제에 관한 기준 및 절차(이하 "준법통제기준"이라 한다)를 마련하여야 하고(상 542조의 13 1항, 상시 39조·40조 및 상시부칙 5조), [1] 동시에 준법통제기준의 준수에 관한 업무를 담당하는 사람(이하 "준법지원인"이라 한다)을 1인 이상 두어야 한다(상 542조의 13 2항, 상시 39조). 따라서 준법지원인이란 「준법통제기준의 준수에 관한 업무를 담당하는 사람」이라고 볼 수 있다.

내부통제기준과 준법지원인에 관하여 필요한 사항은 대통령령으로 정한다(상 542조의 13 12항).

(2) 준법지원인은 (집행임원 설치회사로서) 감사위원회가 있는 경우에 두도록 하여야 할 필요성이 크다고 본다. 왜냐하면 감사위원회의 위원의 3분의 2 이상을 차지하는 사외이사는 외부자로서 상장회사의 업무파악 및 실질적인 감사기능의 수행에 한계가 있고 또한 합의체 성격인 감사위원회 조직의 특성상 신속한 의사결정과 중요 업무에 대한 사전통제의 역할을 수행하기가 곤란한 측면이 많은데, 이 경우 준법지원인이 임직원의 업무수행에 관한 준법 여부를 상시 점검할 필요성이 더 크기 때문이다. 따라서 (집행임원 설치회사로서) 감사위원회를 둔 회사는 준법지원인을 반드시 두도록 하는 조치가 필요하다고 본다.

2. 지 위

(1) 준법지원인은 '임직원이 준법통제기준을 준수하고 있는지 여부를 점검하고 그 결과를 이사회에 보고하는 자'라고 볼 수 있는데(상 542조의 13 2항·3항), 이러한 준법지원인

---

1) 상법 시행령 제40조(준법통제기준 등) ① 상법 제542조의 13 제1항에 따른 준법통제기준(이하 "준법통제기준"이라 한다)에는 다음 각 호의 사항이 포함되어야 한다.
   1. 준법통제기준의 제정 및 변경의 절차에 관한 사항
   2. 상법 제542조의 13 제2항에 따른 준법지원인(이하 "준법지원인"이라 한다)의 임면절차에 관한 사항
   3. 준법지원인의 독립적 직무수행의 보장에 관한 사항
   4. 임직원이 업무수행과정에서 준수해야 할 법규 및 법적 절차에 관한 사항
   5. 임직원에 대한 준법통제기준 교육에 관한 사항
   6. 임직원의 준법통제기준 준수 여부를 확인할 수 있는 절차 및 방법에 관한 사항
   7. 준법통제기준을 위반하여 업무를 집행한 임직원의 처리에 관한 사항
   8. 준법통제에 필요한 정보가 준법지원인에게 전달될 수 있도록 하는 방법에 관한 사항
   9. 준법통제기준의 유효성 평가에 관한 사항
   ② 준법통제기준을 정하거나 변경하는 경우에는 이사회의 결의를 거쳐야 한다.

은 (이사회가 제정한) 준법통제기준에 의하여 회사의 내부에서 임직원이 업무를 수행하기 이전에 관련법규 위반 등을 점검하는데, 감사위원회 또는 감사(監事)는 주주를 대리하여 업무집행기관 이외의 제3자로서 업무집행기관이 수행한 업무 및 회계 등의 적법성 여부를 (일반적으로) 사후에 감사한다고 볼 수 있다.

(2) 이러한 준법지원인은 이사회에 의하여 선임·해임되고($^{상\ 542조}_{의\ 13\ 4항}$) 또한 그의 업무수행의 결과를 이사회에 보고하며($^{상\ 542조}_{의\ 13\ 3항}$) 또한 (회사와의 관계에서 위임관계를 전제로 하여) 준법지원인은 회사에 대하여 선관주의의무를 부담하는 점($^{상\ 542조}_{의\ 13\ 7항}$) 등에서 볼 때, 집행임원에 준하는 지위에 있다고 볼 수 있으므로,[1] 집행임원을 감독하는 이사회 및 업무집행기관을 감사하는 감사(監事) 또는 감사위원회와는 구별된다고 본다.[2]

(3) 이러한 점에서 준법지원인에 대하여도 집행임원에 준하여 등기하도록 하고, 또한 집행임원에 준하는 의무를 부담하도록 하며, 집행임원에 준하여 그의 회사 및 제3자에 대한 책임을 규정하여야 할 것으로 본다. 또한 회사에 이미 있는 법무담당 임직원이 준법지원인을 겸할 수 있도록 하면 회사는 비용을 절약할 수 있을 것으로 본다.[3]

3. 선임·해임

(1) 준법지원인은 이사회의 결의로 선임·해임된다($^{상\ 542조}_{의\ 13\ 4항}$). 이러한 이사회의 결의요건에 대하여 특별한 제한이 없으므로 준법지원인의 선임과 해임은 이사 과반수의 출석과 출석이사의 과반수로 하여야 하는데, 다만 정관으로 이 비율을 높게 정할 수 있다고 본다($^{상}_{391조}$). 이는 감사위원회의 위원의 해임에 관한 이사회의 결의는 이사총수의 3분의 2 이상의 결의로 하도록 한 점($^{상\ 415조}_{의\ 2\ 3항}$)과 대비된다.

(2) 준법지원인은 (i) 변호사의 자격이 있는 사람, (ii) 고등교육법 제2조에 따른 학교의 법률학 조교수 이상의 직에 5년 이상 근무한 사람, (iii) 그 밖에 법률적 지식과 경험이 풍부한 사람으로서 대통령령으로 정하는 사람이다($^{상\ 542조의\ 13}_{5항,\ 상시\ 41조}$).[4]

---

1) 금융회사의 준법감시인은 원칙적으로 사내이사 또는 업무집행책임자 중에서 선임된다(지배 25조 2항 본문).

　준법지원인이 그 직무를 실효적으로 수행할 수 있도록 회사 내부에서의 직위를 임원급으로 부여하여야 한다는 견해로는 정준우, "준법경영의 확립을 위한 준법지원인제도의 문제점 및 개선방안 — 준법지원인의 법적 지위를 중심으로—,"「상사법연구」(한국상사법학회), 제34권 제2호(2015. 8), 440면.

　미국의 경우에는 기업실무에서 준법지원인을 CCO(Chief Compliance Officer)라고 하여 집행임원으로서의 명칭을 사용한다(정준우, 상게논문, 446면 주 34).

2) 정찬형, "2011년 개정상법에 따른 준법경영제도 발전방향(집행임원 및 준법지원인을 중심으로),"「선진상사법률연구」(법무부), 통권 제55호(2011. 7), 32면.

3) 정찬형, 상게논문(선진상사법률연구 통권 제55호), 32면.

4) 상법 제542조의 13 제5항 3호에서 "대통령령으로 정하는 사람"이란 다음 각 호의 어느 하나에

금융회사의 준법감시인의 자격요건은 적극적 요건과 소극적 요건에 대하여 규정하고 있는 점($\binom{지배}{26조}$)과 관련하여, 준법지원인에 대하여도 그의 적극적 요건을 균형 있게 상세히 규정하여야 할 것으로 본다. 즉, 준법지원인의 적극적 요건인 변호사에 대하여는 그 자격과 관련한 업무경력을 요하지 않는 것으로 규정하고 있는데, 이는 금융회사의 준법감시인의 적극적 요건($\binom{지배\ 26조}{1항\ 2호\ 다.}$)과도 균형을 잃고 또한 상법 제542조의 13 제5항 2호($\binom{법률학\ 조교수\ 이상의\ 직}{에\ 5년\ 이상\ 근무한\ 사람}$)와도 균형을 잃은 규정이라고 본다. 또한 준법지원인에 대하여도 금융회사의 준법감시인과 같이($\binom{지배\ 26조}{1항\ 1호}$) 소극적 요건을 규정하여야 할 것으로 본다.[1]

(3) 준법지원인의 임기는 3년으로 하고, 준법지원인은 상근으로 한다($\binom{상\ 542조}{의\ 13\ 6항}$). 준법지원인의 임기에 관하여 다른 법률의 규정이 3년보다 단기로 정하고 있는 경우에는 3년으로 하고 있다($\binom{상\ 542조의}{13\ 11항\ 단서}$).

준법지원인을 위에서 본 바와 같이 집행임원에 준하여 볼 수 있다면 집행임원의 임기가 최장 2년인 점($\binom{상\ 408조}{의\ 3\ 1항}$)과 관련하여 볼 때, 정관에 다른 규정이 없으면 2년으로 하는 것이 타당하다고 본다. 금융회사의 준법감시인의 임기도 2년 이상이다 ($\binom{지배\ 25}{조\ 4항}$). 또한 다른 법률에 준법지원인의 임기를 3년보다 단기로 정하고 있으면 3년으로 한다고 규정한 상법 제542조의 13 제11항 단서의 규정은, 다른 법률이 상법보다 우선하여 적용된다는 상법 제542조의 13 제11항 본문과도 상반할 뿐만 아니라, 상법은 다른 법률에 대하여 일반법인데 (특별한 사정도 없으면서) 일반법의 규정이 특별법에 우선하는 것으로 규정하는 것은 법제정 및 법적용의 일반원칙에도 반하는 입법이 아닌가도 생각된다.[2]

4. 의 무

상법상 준법지원인은 다음의 의무를 부담한다.[3]

해당하는 사람을 말한다(상시 41조).

 1. 상장회사에서 감사ㆍ감사위원ㆍ준법감시인 또는 이와 관련된 법무부서에서 근무한 경력이 합산하여 10년 이상인 사람

 2. 법률학 석사 이상의 학위를 취득한 사람으로서 상장회사에서 감사ㆍ감사위원ㆍ준법감시인 또는 이와 관련된 법무부서에서 근무한 경력(학위 취득 전의 경력을 포함한다)이 합산하여 5년 이상인 사람

1) 정찬형, 전게논문(선진상사법률연구 통권 제55호), 33면. 동지: 김순석, "상장회사 특례제도의 문제점 및 개선방안," 「상사법연구」(한국상사법학회), 제34권 제2호(2015. 8), 166면.

2) 정찬형, 상게논문(선진상사법률연구 통권 제55호), 33~34면.

3) 준법지원인에 대하여는 상법 제542조의 13 제3항ㆍ제7항 및 제8항의 의무 외에 회사의 이익과 상충되는 업무를 할 수 없도록 하는 규정을 상법시행령(상시 42조)에서 포괄적으로 규정할 것이 아니라 반드시 상법에 구체적으로 두어야 할 것이고(지배 29조 참조), 이 외에도 집행임원에

(1) 선관주의의무

준법지원인은 선량한 관리자의 주의로 그 직무를 수행하여야 한다($\binom{\text{상} 542조}{\text{의} 13 \ 7항}$).

(2) 보고의무

준법지원인은 준법통제기준의 준수여부를 점검하고 그 결과를 이사회에 보고하여야 한다($\binom{\text{상} 542조}{\text{의} 13 \ 3항}$).

(3) 영업비밀준수의무

준법지원인은 재임중 뿐만 아니라 퇴임 후에도 직무상 알게 된 회사의 영업상 비밀을 누설하여서는 아니 된다($\binom{\text{상} 542조}{\text{의} 13 \ 8항}$).

(4) 경업피지의무

준법지원인은 자신의 업무수행에 영향을 줄 수 있는 영업관련 업무를 담당하여서는 아니 된다($\binom{\text{상시}}{42조}$).

5. 책 임

2011년 4월 개정상법은 준법지원인의 책임에 대하여는 전혀 규정하고 있지 않다. 그런데 준법지원인의 지위를 집행임원에 준하여 보는 경우, 준법지원인의 회사 및 제3자에 대한 책임에 관하여 규정하여야 할 것으로 본다.[1]

6. 준법지원인과 관련한 회사의 의무

(1) 준법지원인을 둔 상장회사는 준법지원인이 그 직무를 독립적으로 수행할 수 있도록 하여야 하고, 준법지원인을 둔 상장회사의 임직원은 준법지원인이 그 직무를 수행할 때 자료나 정보의 제출을 요구하는 경우 이에 성실하게 응하여야 한다($\binom{\text{상} 542조}{\text{의} 13 \ 9항}$).[2]

준법지원인을 둔 상장회사는 준법지원인이었던 사람에 대하여 그 직무수행과 관련된 사유로 부당한 인사상의 불이익을 주어서는 아니 된다($\binom{\text{상} 542조}{\text{의} 13 \ 10항}$).[3]

(2) 2011년 4월 개정상법이 위와 같은 규정을 둔 것은 준법지원인의 독립성과 업무의 효율성을 위한 것으로 볼 수 있는데, 이의 위반에 따른 제재규정이 없어($\binom{\text{금융}}{\text{회사}}$도 같음) 그 실효성이 의문이다.[4]

준하는 의무를 부담하는 것으로 규정하여야 할 것이다.
1) 정찬형, 상게논문(선진상사법률연구 통권 제55호), 34면.
2) 금융회사의 준법감시인에 대하여도 이와 유사하게 규정하고 있다(지배 30조 3항).
3) 금융회사의 준법감시인에 대하여도 이와 유사하게 규정하고 있다(지배 30조 4항).
4) 정찬형, 전게논문(선진상사법률연구 통권 제55호), 35면.

제 6 준법감시인

(1) 은행 · 보험회사 및 금융투자업자(구〈舊〉 중권회사 등)에서는 은행법 · 보험업법 및 자본시장과 금융투자업에 관한 법률($^{2009.\ 2.\ 4\ 이전에}_{는\ 중권거래법\ 등}$)의 규정에 의하여 이미 2000년부터 내부통제기준 및 준법감시인이 실시되고 있었고, 현재는 이러한 내용이 '금융회사의 지배구조에 관한 법률'에서 규정되고 있다. 즉, 금융회사는 법령을 준수하고 경영을 건전하게 하며 주주 및 이해관계자 등을 보호하기 위하여 금융회사의 임직원이 직무를 수행할 때 준수하여야 할 기준 및 절차($^{이하\ "내부통제}_{기준"이라\ 한다}$)를 마련하여야 하고($^{지배\ 24}_{조\ 1항}$), 금융회사는 내부통제기준의 준수 여부를 점검하고 내부통제기준을 위반하는 경우 이를 조사하는 등 내부통제 관련 업무를 총괄하는 사람($^{이하\ "준법감}_{시인"이라\ 한다}$)을 1명 이상 두어야 하며, 준법감시인은 필요하다고 판단하는 경우 조사결과를 감사위원회 또는 감사에게 보고할 수 있다($^{지배\ 25)}_{조\ 1항}$).[1] 금융회사의 내부통제기준과 준법감시인에 관하여 그 밖의 필요한 사항은 대통령령으로 정한다($^{지배\ 24조\ 3항,}_{26조\ 1항\ 2호\ 마.}$).

(2) 금융회사는 사내이사 또는 업무집행책임자 중에서 준법감시인을 선임하여야 하고($^{지배\ 25조}_{2항\ 본문}$), 금융회사가 준법감시인을 임면하려는 경우에는 이사회의 의결을 거쳐야 하며($^{지배\ 25조}_{3항\ 전단}$), 해임할 경우에는 이사총수의 3분의 2 이상의 찬성으로 의결한다($^{지배\ 25조}_{3항\ 후단}$). 준법감시인의 임기는 2년 이상으로 한다($^{지배\ 25}_{조\ 4항}$).

제 5 절 자본금의 증감(변동)

제 1 관 총   설

(1) 우리 상법상 자본금은 액면주식의 경우 원칙적으로 「발행주식의 액면총액」이므로($^{상\ 451}_{조\ 1항}$) 자본금을 증가하기 위하여는 액면가액을 높이든가 또는 발행주식수를 늘리는 방법이 있을 수 있고, 자본금을 감소하기 위하여는 이와 반대로 액면가액을 낮추든가 또는 발행주식수를 줄이는 방법이 있을 수 있다. 회사가 무액면주식을 발행하는 경우 자본금은 「주식 발행가액의 2분의 1 이상의 금액으로서 이사회($^{주주}_{총회}$)에

---

1) 금융회사의 이러한 준법감시인은 상법상 준법지원인으로 통일되어야 할 것으로 본다. 따라서 준비감시인의 보고대상도 감사(감사위원회)가 아닌 이사회가 되어야 하고, 입법론상 준법감시인 (준법지원인)은 집행임원에 준하여 등기하도록 하여야 할 것이다(동지: 이종건, "준법감시인에 대한 단상," 법률신문, 2014. 2. 24, 13면).

서 자본금으로 계상하기로 한 금액의 총액」이므로(상 451조 2항 1문)(즉, 주식의 액면 가액이 없으므로) 자본금을 증가하기 위하여는 발행주식수를 늘리는 방법밖에 없고, 자본금을 감소하기 위하여는 자본금의 액을 임의로 낮추는 방법과 발행주식수를 줄이는 방법이 있다.

(2) 액면주식의 경우 증자(增資)의 방법으로서 액면가액을 높이는 것은 모든 주주에게 추가납입의무를 발생시키는 것으로서 이는 주주유한책임의 원칙에 반하므로 실제상 불가능하다. 따라서 액면주식의 경우에도 증자의 방법으로는 발행주식수를 늘리는 방법인 신주발행의 방법밖에 없다. 따라서 자본금 증가는 신주발행과 거의 동일하다고 볼 수 있다.[1]

자본금 증가를 가져오는 신주발행(광의의 신주발행)에는 두 가지가 있는데, 하나는 회사가 자금조달을 직접적인 목적으로 하여 신주를 발행하는 경우로서 반드시 회사의 재산이 증가하는「보통의(통상의) 신주발행」과, 다른 하나는 회사가 경리정책상 하는 신주발행으로 회사의 재산에는 원칙적으로 변동이 없는「특수한 신주발행」이 있다.

보통의 신주발행의 경우에는 회사의 재산이 증가하므로 이를「실질상 자본금 증가」또는「유상증자」라 한다. 그런데 이 때 증가되는 재산액은 증가되는 자본금과 반드시 일치하는 것은 아니다. 즉, 액면주식의 경우 회사가 신주의 발행가액을 액면가액과 동일하게 하면 양자는 일치하지만, 발행가액을 액면가액보다 높게 정하면(액면초과발행) 발행주식수의 액면초과액의 합계액만큼 증자액보다 증가하는 재산이 많게 되고(이 금액은 자본준비금으로 적립됨 — 상 459조 1항), 발행가액을 액면가액보다 낮게 정하면(할인발행) 발행주식수의 액면미달금액의 합계액만큼 증자액보다 증가하는 재산이 적게 된다(상 417 조 참조). 무액면주식의 경우에도 주식 발행가액을 전부 자본금으로 계상하지 않는 이상 증가되는 재산액과 증가되는 자본금은 불일치하는데, 다만 증가되는 재산이 증가되는 자본금보다 적게 되는 경우는 없다(즉, 액면주식에서의 할인발행과 같은 문제는 발생할 여지가 없다).

특수한 신주발행의 경우에는 (자본금은 증가하지만) 회사의 재산은 원칙적으로 변동이 없으므로 이를「명의상 자본금 증가」또는「무상증자」라 한다. 이러한 특수한 신주발행으로서 상법이 인정하고 있는 것으로는 준비금의 자본금 전입에 의한 신주발행(상 461조), 주식배당에 의한 신주발행(상 462조의 2 1항), 전환주식(상 346 조 이하) 또는 전환사채(상 513 조 이하)의 전환에 의한 신주발행, 신주인수권부사채의 신주인수권의 행사에 의한 신주발행(대용납입이 인정되는 경우)(상 516조의 2 2항 5호, 516조의 8), 회사의 흡수합병 또는 분할합병으로 인한 신주발행(상 523조 3호, 530 조의 6 1항 2호), 주식의 포괄적 교환으로 인한 신주발행(상 360조 의 2 2항), 주식의 병합 또는 분할에 의한 신주발행(상 440조~444 조, 329조의 2) 등이 있다.

---

1) 동지: 정(희), 520면; 이(철), (회) 899면.

포괄증자라 함은「주식의 발행가액 중 일부분을 법정준비금의 자본금 전입에 의하여 무상으로 하고, 나머지 부분을 유상으로 하는 신주발행」을 말한다.[1] 이러한 포괄증자는 유상증자와 무상증자를 유기적으로 결합시킨 것으로서 무상증자의 변형이라고 볼 수도 있고, 주주배정에 의한 유상증자로서 발행가액의 할인을 인정한 것이라고도 볼 수 있다. 포괄증자를 어떻게 보든 주주가 유상분을 납입하지 않으면 무상분에 대한 권리도 잃게 되는데, 이 점에서 주주배정에 의한 유상증자와 무상증자를 동시에 행하는「유상·무상의 병행증자」와 구별된다.[2] 일부 상장회사는 유상증자시에 신주의 납입기일 직후의 어느 날을 기준일로 하여 무상증자를 병행하여 유상증자에 따른 청약·납입이 없으면 무상증자에 따른 신주의 배정을 받을 수 없도록 하는데, 이를「사실상의 포괄증자」라 한다.[3] 상법상 포괄증자가 적법이냐 위법이냐 하는 것에 대하여는 견해가 나뉘어 있고, 또한 상법에서 이것을 받아들일 것인가에 대하여도 견해가 나뉘어 있다.[4]

(3) 감자(減資)의 방법으로서 액면주식의 경우 액면가액을 낮추거나 또는 발행주식수를 줄이는 것은 주주유한책임과 충돌하는 것이 아니므로 어느 방법도 가능하다.[5] 무액면주식의 경우는 감자의 방법으로 자본금 자체의 감소(이는 액면주식의 경우 주금액의 감소에 해당) 또는 자본금 자체의 감소와 발행주식수를 줄이는 방법이 있다.[6] 무액면주식의 경우 '발행주식수를 줄이는 방법'이란 발행주식수를 줄이면서(예컨대, 주식의 병합이나 소각) 자본금을 감소하는 방법을 말하는 것이지, 발행주식수를 줄이는 것만으로는 자본금이 감소하지 않는다. 왜냐하면 무액면주식에서는 발행가액의 2분의 1 이상을 자본금으로 계상한 이후에는 발행주식수와 자본금의 관계는 끊어지기 때문이다.[7]

이러한 감자에도 증자의 경우와 같이 실제로 회사의 재산이 감소하는「실질상 자본금 감소」와, (원칙적으로) 회사의 재산에 변동이 없는「명의상 자본금 감소」가 있다.

어떠한 방법에 의한 감자이든 감자의 경우에는 회사채권자를 위한 담보력을 감

---

[1] 우리나라에서는 과거에 한국전력주식회사법에서 포괄증자를 규정하였으나(동법 17조의 3), 한국전력주식회사의 공사화 방침에 따라 한국전력공사법이 제정되면서 위 법은 폐지되었다.

[2] 동지: 정(희), 520면.

[3] 이(철), (회) 936면.

[4] 이것을 상법에서 입법화하자는 견해로는 의견서, 100면 이하가 있고, 포괄증자는 주주권을 침해하므로 명문의 규정이 없는 상법하에서는 허용되지 않는다는 견해로는 이(철), (회) 936면 등이 있다.

[5] 동지: 이(철), (회) 899면.

[6] 동지: 송(옥), 901면.

[7] 동지: 이(철), (회) 900면, 960면(무액면주식을 발행한 경우에는 단지 회사의 자본금 감소의 의사결정만으로 자본금을 감소할 수 있고, 이와 함께 주식을 소각하거나 병합할 수도 있으나 이는 양자의 단순한 병행에 불과하다고 한다); 송(옥), 901~902면.

소시키는 것이므로$\left(\substack{\text{실질상 감자는 현실적으로 담보력을 감소시키고, 명의상 감자는 회사가 확보하고}\\\text{있어야 할 기준이 되는 자본금을 감소시키는 것이므로 장래의 담보력을 감소시킴}}\right)$, 증자의 경우와는 달리 반드시 채권자보호절차를 밟아야 한다.

(4) 자본금은 정관의 절대적 기재사항이 아니고 등기사항에 불과하므로$\left(\substack{\text{상 317조}\\\text{2항 2호}}\right)$, 자본금의 변동(증감)은 정관변경과는 무관하고 등기사항만을 변경하면 된다.

제 2 관 자본금의 증가(신주발행)

제 1 보통의 신주발행

1. 의   의

(1) 보통의 신주발행이란 「회사성립 후 회사의 자금조달을 직접적인 목적으로 수권주식총수의 범위 내에서 미발행주식을 발행하는 것」을 말한다.

1) 이러한 보통의 신주발행은 「회사성립 후」에 하는 신주발행으로, 회사설립시의 주식발행의 경우와 많은 차이점이 있다.[1]

2) 보통의 신주발행은 회사의 「자금조달」을 직접적인 목적으로 하는 것이므로 회사의 재산이 증가한다. 따라서 이를 실질상 증자 또는 유상증자라고 하는데, 이는 사채발행과 함께 회사에 의한 직접자금조달방법이 된다.[2] 이 때 신주의 인수인은 주주가 되는 경우와 제3자가 되는 경우가 있다.

3) 보통의 신주발행은 「수권주식총수의 범위 내」에서 미발행주식을 발행하는 것이므로, 수권주식총수 자체를 증가하는 정관변경과 다르다.

(2) 우리 상법은 회사의 자금조달의 편의를 도모하기 위하여 수권자본제도를 도입하여, (보통의) 신주발행은 원칙적으로 이사회에서 자유롭게 결정하여 할 수 있도록 하였다$\left(\substack{\text{상}\\\text{416조}}\right)$.

상법이 이와 같이 이사회에 신주발행에 관한 강력한 권한을 주는 대신에, 그 권한의 남용을 방지하고 주주의 이익을 보호하기 위하여 상법은 다시 다음과 같은 세 가지에 대하여 규정하고 있다.[3] 즉, (i) 첫째는 이사회는 수권주식총수의 범위 내에서만 신주를 발행할 수 있도록 제한하여$\left(\substack{\text{상 289조 1항 3}\\\text{호, 416조 참조}}\right)$, 이사회가 신주를 남발하지 못

---

1) 이러한 차이점에 관한 상세는 정(동), (회) 495~496면.
2) 중국법상 주식회사의 신주발행에 관하여는 南玉梅, "株式會社의 新株發行에 관한 硏究 — 中國法의 문제점과 개선방안을 중심으로," 법학박사학위논문(고려대, 2013. 8) 참조.
3) 동지: 정(희), 512~513면.

하도록 하고 있다. (ii) 둘째는 주주에게 원칙적으로 신주인수권을 부여하여($\substack{상\ 418 \\ 조\ 1항}$), 신주발행에 있어서 기존주주의 이익을 보호하고 이사회에 의한 신주인수권의 자의적인 부여를 금지하고 있다. 따라서 이사회가 주주 이외의 자에게 신주인수권을 부여하는 경우는 일정한 경우에 한하여 정관($\substack{또는\ 주주총 \\ 회의\ 특별결의}$)의 규정에 의한 수권이 있어야 하는 것으로 하였다($\substack{상\ 418 \\ 조\ 2항}$). (iii) 셋째는 이사회의 불공정한 신주발행을 사전에 예방하기 위하여 각 주주에게 신주발행 유지청구권을 인정하고 있다($\substack{상 \\ 424조}$).

(3) 보통의 신주발행방법은 누구에게 신주를 인수시킬 것인가($\substack{즉,\ 주식의 \\ 인수방법}$)에 따라 주주배정·제3자배정 및 모집의 세 가지가 있다. 주주배정의 방법은 주주에게 신주인수권이 인정된 경우이고, 제3자배정의 방법은 제3자에게 신주인수권이 인정된 경우이며, 모집의 방법은 누구에게도 신주인수권이 인정되지 않은 경우이다. 정관에 다른 규정이 없으면 기존주주의 이익을 보호하기 위하여 주주에게 신주인수권이 인정되고, 제3자에게 신주인수권을 인정하거나 또는 모집에 의한 신주발행을 하는 등 주주 외의 자에게 신주를 배정하는 경우에는 신기술의 도입·재무구조의 개선 등 회사의 경영상 목적을 달성하기 위하여 필요한 경우로서 정관에 규정이 있어야 한다($\substack{상\ 418 \\ 조\ 2항}$). 따라서 이하에서는 신주인수권을 먼저 설명한 후, 신주발행의 절차 등에 대하여 설명하겠다.

2. 신주인수권

(1) 의   의

1) 신주인수권(preemptive right; Bezugsrecht; droit de souscription)이란 「회사의 성립 후 신주를 발행하는 경우에 다른 사람에 우선하여 신주를 인수할 수 있는 권리」를 말하는데, 이것에는 주주의 신주인수권과 제3자의 신주인수권이 있다.[1] 상법은 주주의 신주인수권을 원칙적으로 법적인 권리로 규정하고($\substack{상\ 418 \\ 조\ 1항}$), 다만 예외적으로 일정한 경우에 한하여 정관에 의하여 제3자에게 신주인수권을 부여하는 등 주주 외의 자에게 신주를 배정할 수 있음을 규정하고 있다($\substack{상\ 418 \\ 조\ 2항}$). 앞에서 본 바와 같이 우리 상법은 수권자본제도의 도입에 따라 신주발행사항을 원칙적으로 이사회가 결정하도록 하면서, 이사회의 이러한 권한남용을 방지하기 위하여 주주에 대하여 신주인수권을 인정한 것이다.

2) 회사가 주주 이외의 자에게 신주를 발행하는 경우에는 회사의 지배력에 변

---

1) 워런트(Warrant)에 관한 상세는 김종선, "워런트(Warrant)제도에 관한 법적 연구," 법학박사학위논문(고려대, 2013. 2) 참조.

동을 초래함은 물론 주가의 하락에 의하여 기존주주에게 손실을 주게 되므로, 우리 상법은 위에서 본 바와 같이 기존주주의 이익을 보호하기 위하여 원칙적으로 주주에게 신주인수권을 부여하고 있으나(상 418조 1항), 이것은 한편으로 회사의 자금조달의 편의에 방해가 되는 경우가 있다. 따라서 보통의 신주발행의 경우에는 기존주주의 이익보호와 회사의 자금조달의 편의를 어떻게 조화시킬 것인가가 과제이다.[1]

(2) 주주의 신주인수권

1) 의의·성질   주주의 신주인수권이란「주주가 종래 가지고 있던 주식의 수에 비례하여 우선적으로 신주의 배정을 받을 수 있는 권리」이다(예컨대 100,000주를 발행한 회사가 20,000주의 신주발행을 한다면 주주는 구주 5주에 대하여 신주 1주를 인수할 권리가 있다). 주주의 신주인수권에 기하여 신주를 발행하는 것을 주주배정에 의한 신주발행이라고 한다. 주주의 이러한 신주인수권은 정관이나 이사회의 결의에 의해서 생기는 권리가 아니라, 법률의 규정에 의하여 주주에게 당연히 생기는 권리이다(상 418조 1항).[2] 이러한 주주의 신주인수권은 주주권(자익권)의 내용의 하나인「추상적 신주인수권」과, 이를 기초로 하여 이사회의 신주발행의 결의에 의하여 구체화된 권리인「구체적 신주인수권」으로 구별된다(이것은 마치 주주의 이익배당청구권도 추상적 이익배당청구권과 주주총회의 이익배당의결의에 의하여 구체적으로 발생하는 구체적 이익배당청구권으로 구별되는 것과 같다). 추상적 신주인수권은 주주권의 내용을 이루고 있으므로, 주식과 분리하여 이를 양도·처분 등을 할 수 없으나(주식불가분의 원칙), 구체적 신주인수권은 주주권과는 별개의 구체화된 채권적 권리[3]이므로 주식과 독립하여 이를 양도·처분 등을 할 수 있다. 구체적 신주인수권의 양도는 신주인수권증서의 교부에 의하여 하고(상 420조의 2, 420조의 3), 구체적 신주인수권은 이사회의 결의로 정하여진 배정일 현

---

1) EU회사법 제2지침(자본지침)(1976. 12. 13. 공포)(동 지침 29조)·독일(獨株 186조 1항)·프랑스(佛商 225–132조)·이탈리아(伊民 2441조)·스위스(스위스 채무법〈1991〉 652조 b) 등의 입법은 우리나라의 경우와 같이 주주의 이익보호를 위하여 원칙적으로 주주에게 신주인수권을 인정하고 있다. 영국도 EU회사법 지침을 받아들여 1980년 회사법 개정에서 주주의 신주인수권을 인정하고 있다(英會〈1985〉 89조; 동〈2006〉 561조).

　　미국은 모범사업회사법에서는 주주의 신주인수권을 정관에 규정이 없는 한 인정하지 않고(동법 〈2006〉 6.30조 a항), 각 주법은 신주인수권을 인정하는 주(네바다·네브라스카 등 18개 주)와 인정하지 않는 주(뉴저지·델라웨어 등 25개 주)로 나뉘어 있다. 일본도 자금조달의 기동성을 위하여 원칙적으로 주주에게 신주인수권을 인정하고 있지 않다(주주에게 신주인수권을 부여하는가의 여부는 신주발행을 결정할 때에 정하도록 함 — 日會 202조)[각국의 신주인수권법제에 관한 상세는 이동승, "주주의 신주인수권에 관한 연구(그 배제요건을 중심으로)," 법학박사학위논문(고려대, 1998. 8), 47~96면 참조].

　　독일 주식법상 주주의 신주인수권 배제요건에 관한 판례의 소개로는 최준선, "주주의 신주인수권에 관한 연구 — 독일 주식법을 중심으로," 「상장협」, 제43호(2001, 춘계호), 192~205면.

2) 따라서 이를「자연법적 권리이며 주주자격에 필연적인 부수현상」이라고 표현하기도 한다[정(희), 514면].

3) 이 권리에 기하여 신주인수권자가 주식인수의 청약을 하고 또 회사의 배정에 의하여 주식인수의 효과가 발생하는 것이므로, 이 권리는 형성권이 아니라 채권적 권리이다.

재의 주주명부상의 주주에게 귀속된다. 구체적 신주인수권자가 이 권리에 기하여 '청약'을 하고 또 회사로부터 '배정'을 받으면 「주식인수인의 지위」(권리주)를 갖게 되는데, 주식인수인이 납입 또는 현물출자를 이행한 때에는 '납입기일의 다음날'부터 「주주」가 된다(상 423조 1항).

2) 신주인수권의 대상이 되는 주식

(개) 주주는 법률상 당연히 신주인수권을 가지므로, 원칙적으로 「장래 발행될 모든 신주」가 신주인수권의 대상이 된다. 따라서 현재의 수권주식총수의 범위 내의 미발행주식뿐만 아니라, 그 후의 정관변경에 의하여 증가된 수권주식총수의 범위 내의 미발행주식에도 신주인수권이 미친다.

(내) 주주는 예외적으로 다음과 같은 신주발행의 경우에는 신주인수인이 모든 주주로 미리 정하여져 있어 청약과 배정이 없기 때문에 주주의 신주인수권이 문제되지 않거나 또는 신주인수인으로 될 자가 미리 특정되어 있기 때문에 일반주주의 신주인수권의 대상이 되지 않는다.

① 신주인수인이 모든 주주로 미리 정하여져 있어 청약과 배정이 없기 때문에 주주의 신주인수권이 문제되지 않는 경우로는, 준비금의 자본금 전입에 의한 신주발행(상 461조), 주식배당에 의한 신주발행(상 462조의 2), 주식병합이나 주식분할에 의한 신주발행(상 440조~443조, 329조의 2) 등이 있다.

② 신주인수인으로 될 자가 미리 특정되어 있어 일반주주의 신주인수권의 대상이 되지 않는 경우로는, 현물출자자에게 배정하기 위한 신주발행[1](상 416조 4호), 전환주식 또는 전환사채의 전환에 의한 신주발행(상 346조 이하, 513조 이하), 신주인수권부사채권자의 신주인수권의 행사에 의한 신주발행(상 516조의 8), 흡수합병으로 인하여 존속회사가 소멸회사의 주주에게 배정하기 위한 신주발행(상 523조), 분할합병으로 인하여 분할합병의 상대방회사(분할후 회사)가 분할되는 회사(분할전회사, 분할회사)의 주주에게 배정하기 위한 신주발행(상 530조의6 1항 3호) 및 주식의 포괄적 교환으로 인하여 완전자회사의 주주에게 배정하기 위한 신주발행(상 360조의 2 2항) 등이 있다.[2]

3) 신주인수권의 제한[3]

(개) **정관에 의한 제한** 　　　주주의 신주인수권은 정관에 의하여 제한될 수 있는

---

1) 대판 1989. 3. 14, 88 누 889(공보 847, 619; 집 37 ① 민 425)(현물출자자에 대하여 발행하는 신주에 대하여는 일반주주의 신주인수권이 미치지 않는다).

2) 대판 1977. 8. 23, 77 누 109(공보 569, 10273; 집 25 ② 행 87)(경제의 안정과 성장에 관한 긴급명령에 의하여 조정사채액〈調整私債額〉을 출자로 전환한 경우에는 기존주주의 신주인수권이 미치지 않는다).

3) 이에 관한 상세는 이동승, 전게 박사학위논문 참조.

데, 다만 이 경우에는 신기술의 도입·재무구조의 개선 등 회사의 경영상 목적을 달성하기 위하여 필요한 경우에 한한다($\frac{상\ 418조\ 2항,}{420조\ 5호}$).[1] 여기에서의 「제한」이라는 것은 박탈을 포함한다고 본다(통설).[2] 또한 이 때의 제한이란 보통 종류주식이 발행된 경우에 신주인수로 인한 주식의 배정에 관하여 특수한 정함을 하는 등과 같은 신주인수권의 부여비율에 관한 제한을 의미하나($\frac{상\ 344조}{3항\ 참조}$), 공모(公募)발행의 병행으로 인한 주주의 신주인수권의 제한, 공모만에 의하여 신주발행을 하는 경우에 있어서 주주의 신주인수권의 박탈, 제3자에게 신주인수권을 부여하는 경우에 있어서 주주의 신주인수권의 제한 또는 박탈 등도 이것에 포함된다.[3]

(H) 법률에 의한 제한

① 자본시장과 금융투자업에 관한 법률상 대통령령으로 정하는 주권상장법인 또는 주권을 대통령령으로 정하는 증권시장에 상장하려는 법인이 주식을 모집하거나 매출하는 경우 해당 법인의 우리사주조합원은 원칙적으로 (상법 제418조의 규정에도 불구하고) 모집 또는 매출하는 주식총수의 100분의 20의 범위에서 우선적으로 주식[4]을 배정받을 권리가 있다($\frac{자금\ 165조}{의\ 7\ 1항}$). 이는 우리사주조합원의 권리이고 동시에 당해 회사의 의무인데, 당해 회사의 기존주주의 신주인수권은 이 범위 내에서 제한된다. 그러나 그 법인의 우리사주조합원이 소유하는 주식수가 신규로 발행되는 주식과 이미 발행된 주식의 총수의 100분의 20을 초과하는 경우에는 그러하지 아니하다($\frac{자금\ 165조}{의\ 7\ 2항}$).

또한 자본시장과 금융투자업에 관한 법률이 인정하는 바에 따라 주권상장법인이 불특정 다수인에게 신주인수의 청약을 할 기회를 부여하고 이에 따라 청약을 한 자에 대하여 신주를 배정하는 방식으로 신주를 발행하는 경우에는($\frac{자금\ 165조}{의\ 6\ 4항}$) 이 범위 내에서 주주의

---

1) 「신기술의 도입·재무구조의 개선 등 회사의 경영상 목적을 달성하기 위하여 필요한 경우에 한하여」는 2001년 개정상법이 제3자에 대한 신주인수권의 부여가 남용되는 것을 방지하기 위하여 신설한 것인데, 회사의 자금조달의 편의성에서 문제가 있으며 또한 그 내용도 매우 추상적이어서 제한의 실효성도 없다고 본다[이에 관한 상세는 정찬형, "2000년 정부의 상법개정안에 대한 검토의견," 「상사법연구」(한국상사법학회), 제20권 1호(2001. 5), 128면 참조].

2) 정(찬), (회) 979~980면; 정(희), 516면; 서·정, 491면; 정(동), (회) 503면(정관에 규정을 두면 신주인수권의 완전박탈도 가능하다고 본다); 채, 698면; 이(기) 외, (회) 441면; 주상(제5판)(회사 Ⅳ), 66면(신주인수권의 일부 박탈은 허용되나, 정관의 규정으로 주주의 신주인수권을 획일적·전면적으로 배제하는 것은 허용되지 아니한다고 한다) 외(비교유력설).

獨株 제186조 3항·4항·5항은 신주인수권의 전부 또는 일부를 주주총회의 결의로 박탈할 수 있음을 규정하고 있으며(이러한 신주인수권의 배제는 금전에 의한 자본증가가 기본자본의 100분의 10을 초과하지 않으며 발행가액이 시가를 현저하게 하회하지 않는 경우에 특히 허용된다 — 獨株 186조 3항 4문), 瑞(스위스)債 제652조는 정관이나 증자결의에서 다른 정함을 하지 않을 때에 한하여 주주에게 신주인수권이 있는 것으로 규정하고 있다.

3) 동지: 정(희), 516면.

4) 대판 2014. 8. 28, 2013 다 18684(공보 2014, 1850)(이러한 '주식'에는 사채의 일종인 신주인수권부사채가 포함되지 아니하고, 또한 우리사주조합원에게 주식 외에 신주인수권부사채까지 우선적으로 배정받을 권리가 있다고 유추해석하기도 어렵다).

신주인수권은 제한된다.

② 회사회생절차상 회생계획에 의한 신주발행의 경우에도 주주의 신주인수권이 제한된다(채 265조 2항,).[1]
266조 3항

(다) 기타의 제한　　　해석상 주주의 신주인수권이 제한되는 경우는 다음과 같다.

① 회사가 취득하고 있는 자기주식(상 341조,)·자회사가 취득하고 있는 모회사의
341조의 2
주식(상 342조의 2)에는 신주인수권이 없다(이러한 주식을 처분하는 것은 신주발행이 아니므로,)·
1항 1호~2호　　　　　　　　　　　　　　　　이때에 다른 주주의 신주인수권이 인정될 여지는 없다

② 후술하는 실권주(失權株)·단주(端株)에는 신주인수권이 미치지 않는다.

4) 실기주(失期株)·실권주(失權株) 및 단주(端株)의 처리문제

(가) 실기주의 처리문제

① 실기주(실념주〈失念株〉)의 의의　　　이사회가 신주발행을 결의하는 날의 주주명부에 기재된 주주에게 주주의 구체적 신주인수권을 부여하면, 이사회의 신주발행 결의 전에 이미 주식을 취득하였으나 아직 명의개서를 하지 않은 자(실질주주)는 구체적 신주인수권을 취득할 수 없게 된다. 따라서 상법은 회사가 이사회의 신주발행 결의 후의 「일정한 날」을 정하여 그 날에 주주명부에 기재된 주주가 (구체적) 신주인수권을 갖는다는 뜻을 그 날의 2주간 전에 공고하도록 하고(상 418조), 그 날이
3항 1문
주주명부의 폐쇄기간중인 때에는 그 폐쇄기간의 초일의 2주간 전에 공고하도록 규정하고 있는데(상 418조), 이러한 일정한 날을 신주배정일(배정기준일)이라 한다. 그런
3항 2문
데 이러한 신주배정일의 사전 공고에도 불구하고 주식양수인이 신주배정일까지 주주명부에 명의개서를 하지 않아 새로 발행되는 신주가 주주명부상의 주주인 주식양도인에게 배정되는 경우가 있다. 이 때 신주배정일까지 명의개서를 하지 않은 주식양수인의 주식을 「광의의 실기주」라고 하고, 주식양수인이 명의개서를 하지 않음으로써 주주명부상의 주주인 주식양도인이 배정받은 신주를 「협의의 실기주」라고 한다. 이러한 협의의 실기주는, 회사의 이사회가 신주발행을 결의함으로써 발생하는 구체적 신주인수권은 주주의 고유권에 속하는 것이 아니고 구체적 권리에 불과하므로 주식의 이전에 수반되어 이전되지 아니하고 신주배정일에 있어서 실질주주가 누

---

1) 동지: 대결 2008. 5. 9, 2007 그 127(공보 2008, 839)(구 회사정리법〈2005. 3. 31. 법률 제 7428호 채무자 회생 및 파산에 관한 법률 부칙 제2조로 폐지〉 제222조 제3항, 상법 제418조 제2항의 입법취지 등에 비추어 볼 때, 정관에 규정된 수권자본금 한도 내에서 정리법원의 허가하에 향후 제3자 배정방식의 신주발행을 계획한 정리계획 조항은 무효라고 볼 수 없다. 따라서 정리회사의 관리인이 정관에 규정된 수권자본금 한도 내에서 정리법원의 허가하에 향후 제3자 배정방식의 신주발행을 계획하고 있는 정리계획 조항에 따라 신규자금을 유치할 목적으로 정리법원의 허가를 받아 신주를 발행하는 경우에는 정리회사의 기존 주주들이 정리계획에 의하여 감수하기로 예정한 불이익이 구체적으로 현실화되는 것에 불과하므로 특별한 사정이 없는 한 제3자 배정방식의 신주발행을 위하여 정리계획 변경절차를 거칠 필요가 없다).

구인가에 관계 없이 주주명부에 기재된 명의주주에게 귀속되어 회사는 그러한 명의주주(주식양도인)에게 신주를 배정하기 때문에, 발생하는 것이다.[1]

② 실기주의 처리

(i) 광의의 실기주의 경우에는 주식양수인(실기주주)은 주식양도인이 회사로부터 지급받은 이익배당금 · 합병교부금 등을 부당이득의 법리에 의하여 반환청구할 수 있는데, 이 점에 관하여는 이론(異論)이 없다.

(ii) 협의의 실기주의 경우에는 주식양수인(실기주주)이 주식양도인에 대하여 어떠한 법리에 의하여 이의 양도를 청구할 수 있을 것인가가 문제된다. 이 때에도 당사자간에는 주식양수인이 추상적 신주인수권뿐만 아니라 구체적 신주인수권도 가지고 있으므로(그러나 회사에 대한 관계에서는 위에서 본 바와 같이 주식양도인이 구체적 신주인수권을 갖는다), 주식양수인이 주식양도인에 대하여 신주배정에 의하여 취득한 권리를 반환청구할 수 있는 점에 대하여는 이론(異論)이 없다. 다만 주식양수인은 주식양도인에 대하여 어떠한 법리에 의하여 이의 반환을 청구할 수 있는가에 대하여 부당이득설 · 사무관리설 · 준사무관리설로 나뉘어 있다. 부당이득설에 의하면 양수인은 양도인에 대하여 신주 그 자체의 반환청구를 할 수는 없고 다만 신주인수에 의하여 얻은 이익(신주발행직후의 주가와 납입금액과의 차액)만을 부당이득으로 반환청구할 수 있다고 하고,[2] 사무관리설에 의하면 양도인은 양수인을 위하여 사무관리를 한 것이므로 양수인은 양도인에 대하여 신주 자체의 인도를 청구할 수 있고 만일 양도인이 신주를 처분하였을 때에는 그에 따른 이득금(利得金)의 인도를 청구할 수 있다고 하며,[3] 준사무관리설에 의하면 양도인에게 「타인을 위하여」 신주를 인수한다는 의사가 없으므로 사무관리는 성립되지 않고 양수인은 준사무관리의 법리에 의하여 양도인이 취득한 권리를 반환청구할 수 있다고 한다.[4]

생각건대 양수인은 신주 그 자체의 반환을 청구할 수 있다고 보아야 하므로 부당이득설은 타당하지 않고, 또 준사무관리설은 민법에서도 확립된 개념이 아니므로 이에 근거하는 것도 문제가 있으므로, 사무관리의 법리에 의하는 것이 가장 무난하다고 본다(이에 관한 상세는 주식에 관한 부분에서 이미 설명함).

---

1) 대판 1995. 7. 28, 94 다 25735(공보 999, 2965); 동 2010. 2. 25, 2008 다 96963 · 96970(공보 2010, 627)(회사가 신주를 발행하면서 그 권리의 귀속자를 주주총회나 이사회의 결의에 의한 일정시점에 있어서의 주주명부에 기재된 주주로 한정할 경우, 그 신주인수권은 위 일정시점에 있어서의 실질상의 주주인가의 여부에 관계 없이 회사에 대하여 법적으로 대항할 수 있는 주주, 즉 주주명부에 기재된 주주에게 귀속된다고 할 것이다).

2) 日最高判 1968. 12. 12(民集 22 − 13, 2943).

3) 정(희), 516면.

4) 정(동), (회) 508면; 채, 696면.

(내) 실권주(失權株)·단주(端株)의 처리문제

① 실권주·단주의 의의

(i) 신주인수권을 갖는 주주(또는 신주인수권)가 청약기일까지 청약을 하고 또 납입기일까지 발행가액의 전액을 납입하면 그 자는 납입기일의 다음 날로부터 주주가 되는데(상 423), 청약기일까지 주식인수의 청약을 하지 않으면 신주인수권을 잃게 되고(상 419) 또 청약기일까지 주식인수의 청약을 하였더라도 납입기일에 납입을 하지 않으면 주식인수인으로서의 지위를 잃게 되어(상 423) 실권주가 발생한다. 이와 같이 신주인수권을 가진 주주가 신주인수의 청약을 하지 않거나 또는 납입을 하지 않음으로 인하여 신주인수권의 대상인 주식이 실권된 주식을 「실권주」라고 한다. 실권주가 확정되는 것은 납입기일이나, 실무에서는 청약기일까지 납입금과 동액의 청약증거금을 청약과 동시에 납입하게 하므로 이러한 실권주는 실무상 납입기일이 아니라 청약기일에 사실상 확정된다.

(ii) 「단주」란 1주 미만의 주식을 말하는데, 신주인수권자에게 신주를 배정하는 과정에서 발생한다. 예컨대, 구주(舊株) 1주에 대하여 0.5주의 비율로 배정을 하는 경우에, 5주를 가진 주주는 2주를 배정받고 0.5주의 단주가 발생한다.

② 실권주·단주의 처리

(i) 신주인수권의 대상인 주식 중에서 실권주가 생긴 경우에 이에 관한 처리방법이 상법에는 없다. 따라서 회사는 이것을 방치할 수 있는데, 이 경우에 실권주는 수권주식 중 미발행주식으로 남게 된다. 또한 신주인수권과 관련하여 단주가 생긴 경우에도 회사는 이것을 방치할 수 있는데, 이 경우에도 단주의 합계에 해당하는 주식은 미발행주식으로 남게 된다. 신주발행시의 단주처리에 관하여는 자본금 감소의 경우와 같은 상법상 처리규정도 없다. 이 경우에는 회사설립의 경우와는 달리 이사의 인수·납입담보책임이 생기지 않고, 신주발행의 효력은 실권주·단주를 제외한 범위에서 발생할 뿐이다.[1]

(ii) 그런데 실무에서는 실권주와 단주의 합계에 해당하는 주식에 대하여 「이사회」의 결의로 주주를 모집하는 경우가 많다. 이 경우에 보통 실권주나 단주의 처리를 「이사회」에서 임의로 할 수 있음을 미리 공고하고 이에 따라 회사는 이를 자유로이 제3자에게 처분하는데, 우리 대법원 판례는 정관에 이에 관한 근거규정이 없는 경우에도 이를 유효로 보고 있다.[2] 그러나 이사회가 실권주 및 단주를(경우에 따라서는 이의 발생

---

1) 동지: 정(동), (회) 524면.
2) 대판 2012. 11. 15, 2010 다 49380(공보 2012, 2009); 동 2013. 9. 12, 2011 다 57869. 동지: 이(철), (회) 933면(실권주에 관하여).

을 유
도하여) 특정인에게 배정함으로써 회사지배권에 변동을 초래하는 것은 허용되지 않는
다고 본다.[1] 또한 주식의 시가가 당초의 발행가액을 상회하는 경우에는 실권주 및
단주에 대하여 다시 주주를 모집하는 경우에도 그 발행가액은 당초의 발행가액으로
하지 않고 시세를 감안한 공정한 가액으로 하여야 한다고 본다.[2] 단주의 경우에는
위의 발행가액과 주주에게 배정된 신주의 발행가액과의 차액을 단주수에 비례하여
단주의 주주에게 분배하여야 한다고 본다.[3]

(iii) 주권상장법인의 경우에는 자본시장과 금융투자업에 관한 법률상 실권주의 처리
에 관한 특칙규정이 적용된다.[4] 즉, 실권주에 대하여는 원칙적으로 발행을 철회하여야 하
는데, 다만 금융위원회가 정하여 고시하는 방법에 따라 산정한 가격 이상으로 신주를 발
행하는 경우로서 계열회사의 관계에 있지 아니한 투자매매업자가 실권주 전부를 인수하
는 경우 등에는 그러하지 아니하다($\binom{\text{자금 165조의 6 2항, 자}}{\text{금시 176조의 8 1항~3항}}$). 실권주의 처리에 관한 이러한 특
칙규정은 조건부자본증권·교환사채·상환사채·전환사채 및 신주인수권부사채에도 적용
된다($\binom{\text{자금 165조}}{\text{의 10 1항}}$).

5) 신주인수권의 양도

㉮ **신주인수권의 양도성**　　　주주는 그에게 부여된 구체적 신주인수권을 행사
하여 주식을 청약·납입할 수 있으나, 발행가액에 상당하는 자금이 없거나 부족한
경우에는 이러한 신주인수권의 전부 또는 일부를 포기하지 않을 수 없다. 이러한 경
우 그 주주는 신주식의 시가와 발행가액과의 차액을 잃게 된다($\binom{\text{보통 시가가 발}}{\text{행가액보다 높다}}$). 그러나
주주가 신주인수권을 양도할 수 있다면, 그가 신주의 청약과 납입을 하지 않더라도
신주인수권을 양도함으로써 그 차액을 얻을 수 있기 때문에 이는 주주에게 매우 유
리하다. 따라서 상법은 1984년의 개정시에 신주인수권의 양도성을 명문으로 인정하
고 그 양도방법을 규정하였다.[5]

---

1) 동지: 정(동), (회) 525면(이사회가 단주의 발생을 유도하여 회사지배권의 변동을 초래하는 것
은 허용되지 않는다고 한다); 나세준, "상장회사의 실권주 처리에 관한 연구," 법학석사학위논문
(고려대, 2017. 8), 22면(제3자 배정절차에서의 제한을 회피하기 위하여 의도적으로 실권주를 발
생시켜 특정주주에게 집중 배정하는 것은 허용되지 않는다고 한다).
2) 동지: 정(희), 519면; 나세준, 상게 법학석사학위논문, 16~17면; 최문희, "실권주에 관한 법적
쟁점의 검토 ― 최근의 판례를 소재로 하여 ―,"「상사법연구」(한국상사법학회), 제32권 제3호
(2013. 11), 137~138면; 대판 2017. 5. 17, 2014 두 14976(회사가 주주배정 방식으로 신주를 발
행하는 과정에서 발생한 실권주를 이사회결의로 제3자에게 동일한 조건으로 배정한 경우, 구 상
증세법 제39조 제1항 제1호 가목 괄호에 따라 증여세 과세대상에서 제외되지 않는다).
3) 동지: 정(희), 519~520면; 서·정, 492면; 정(동), (회) 525면; 이(철), (회) 934면(시가로 처분
하여 발행가와의 차액을 단주의 주주에게 돌려주어야 공평하고, 실무상으로도 이와 같이 하고 있
다고 한다); 채, 697면 외.
4) 이에 관하여는 나세준, 전게 법학석사학위논문, 29면 이하 참조.
5) 독일·프랑스·일본·미국 등에서도 신주인수권의 양도를 인정하고 있다.

(나) 신주인수권의 양도요건　　주주의 신주인수권은 정관 또는 이사회결의 $\binom{정관상\ 주주총회의\ 결의로\ 신주발행을\ 할}{수\ 있도록\ 규정된\ 경우에는\ 주주총회의\ 결의}$로 이를 양도할 수 있음을 정한 경우에만, 회사에 대한 관계에서 유효하게 양도할 수 있다$\binom{상\ 416}{조\ 5호}$.

정관 또는 이사회결의로 신주인수권의 양도를 정하지 않은 경우에 주주는 이를 양도할 수 있는가. 이에 대하여 (i) 채권양도의 방법과 효력으로써 이를 양도할 수 있다고 보는 견해도 있으나(소수설),[1] (ii) 이렇게 보면 상법 제416조 5호가 무의미하게 되고 또 신주인수권의 양도방법을 정한 상법 제420조의 3은 강행규정으로 보아야 하므로, 이 경우 신주인수권의 양도는 회사에 대하여는 효력이 없다고 보아야 할 것이다(다수설).[2]

(다) 신주인수권의 양도방법　　신주인수권의 양도는 신주인수권증서$\binom{이에\ 관하여}{는\ 다음\ 항에}$ $\binom{서\ 상세히}{살펴본다}$의 교부에 의하여서만 할 수 있다$\binom{상\ 420조}{의\ 3\ 1항}$. 신주인수권증서의 점유자는 적법한 소지인으로 추정받으므로, 이러한 점유자로부터 악의나 중과실 없이 이것을 양수한 자는 신주인수권을 선의취득한다$\binom{상\ 336}{조\ 2항}$.

6) 신주인수권증서

(가) 의의 · 성질　　신주인수권증서(stock subscription warrant)는 「주주의 신주인수권을 표창하는 유가증권」이다. 이러한 신주인수권증서는 주주에게 발행되는 것으로서, 신주인수권부 사채권자에게 발행되는 신주인수권증권$\binom{상\ 516}{조의\ 5}$과 구별된다. 이러한 신주인수권증서는 원칙적으로 청약기일 전 약 2주간 동안만 유통될 수 있는 단명의 유가증권이다.[3]

신주인수권증서는 이미 발생한 신주인수권을 표창하는 유가증권이므로 비설권증권이고, 또 교부만에 의하여 양도되므로 무기명증권이다.[4]

---

1) 이(철), (회) 924면; 최준선, "이사회의 결의가 없는 신주인수권의 양도방법," 법률신문, 제 2452호(1995. 11. 6), 14면; 대판 1995. 5. 23. 94 다 36421(공보 995, 2226).
　동지: 森本滋, 「新版註釋 會社法(7)」(東京 : 有斐閣, 1985), 44~47면.
2) 정찬형, "주권발행전의 주식양도 및 이사회의 결의 없는 신주인수권 양도의 회사에 대한 효력," 「판례월보」, 제304호(1996. 1), 23~29면(특히 그 이유에 관한 상세는 25~28면); 서 · 정, 490~491면; 손(주), 861면; 정(동), (회) 510면; 양 · 박, 412면; 이(기) 외, (회) 446~447면; 채, 700면; 이 · 최, 349면; 주상(제5판)(회사 Ⅳ), 102면(상법 제420조의 3은 강행법규이며, 이에 반하는 양도방식은 정관으로 정하여도 무효라고 한다) 외.
3) 우리나라에서 신주인수권증서의 발행현황은 1994년에는 13개 회사에 34건이고, 1995년에는 6개 회사에 17건에 불과하다. 이와 같이 신주인수권증서의 발행이 저조한 이유는 발행회사 및 주주의 인식부족과 이에 대한 유통시장의 미비 등에 있음을 지적하고, 이의 활성화 방안을 제시한 견해로는 박순표, "신주인수권증서 발행의 활성화," 「상장」(한국상장회사협의회), 제259호(1996. 7), 56~65면 참조.
4) 동지: 정(희), 518면; 정(동), (회) 511면; 이(철), (회) 925면; 채, 701면.

(내 발 행

① 발행요건　　신주인수권증서는 정관 또는 이사회결의($\frac{\text{또는 주주}}{\text{총회결의}}$)로 신주인수권을 양도할 수 있다는 것을 정한 경우($\frac{\text{상 416}}{\text{조 5호}}$)에 한하여 발행될 수 있다($\frac{\text{상 420조의}}{\text{2 1항 전단}}$).

회사는 이러한 신주인수권증서를 발행하는 대신 정관에서 정하는 바에 따라 전자등록기관의 전자등록부에 신주인수권을 등록하여 발행할 수 있는데($\frac{\text{상 420조}}{\text{의 4 1문}}$), 이의 내용은 주식의 전자등록과 같다($\frac{\text{상 420조}}{\text{의 4 2문}}$). 이는 2011년 4월 개정상법에 의하여 신설되었다.

주권상장법인이 이사회에서 주주배정 증자방식의 유상증자를 결의하는 때에는 상법 제416조 제5호 및 제6호에도 불구하고 주주에게 신주인수권증서를 발행하여야 하는데, 이 경우 증권시장에 상장하는 방법 등에 의하여 신주인수권증서가 유통될 수 있도록 하여야 한다($\frac{\text{자금 165조의 6 3항,}}{\text{자금시 176조의 8 4항}}$).

② 발행시기

(i) 정관 또는 이사회결의($\frac{\text{또는 주주}}{\text{총회결의}}$)로 「주주의 청구」가 있는 때에만 신주인수권증서를 발행한다는 것과 그 「청구기간」을 정한 경우($\frac{\text{상 416}}{\text{조 6호}}$)에는, 회사는 그 청구기간 내에 신주인수권증서의 발행을 청구한 주주에 한하여 신주인수권증서를 발행하여야 한다($\frac{\text{상 420조의}}{\text{2 1항 전단}}$).

(ii) 위와 같은 정함이 없는 경우에는 「신주의 청약기일($\frac{\text{상 419}}{\text{조 1항}}$)의 2주간 전」에 모든 주주에게 신주인수권증서를 발행하여야 한다($\frac{\text{상 420조의}}{\text{2 1항 후단}}$).

③ 발행방법　　신주인수권증서에는 신주인수권증서라는 뜻의 표시, 신주인수권의 목적인 주식의 종류와 수, 청약기일까지 주식의 청약을 하지 아니하면 그 권리를 잃는다는 뜻, 주식청약서의 기재사항($\frac{\text{상}}{\text{420조}}$)과 같은 사항과 번호를 기재하고, (대표)이사가 기명날인 또는 서명하여야 한다($\frac{\text{상 420조}}{\text{의 2 2항}}$).

④ 벌　　칙　　회사가 위의 규정에 위반하여 신주인수권증서를 작성하지 아니하거나, 이에 기재할 사항을 기재하지 아니하거나, 또는 부실기재를 한 경우에는 이사 등은 과태료의 제재를 받는다($\frac{\text{상 635조}}{\text{1항 16호}}$).

(대 효 력

① 신주인수권의 양도방법　　앞에서 본 바와 같이 신주인수권은 반드시 「신주인수권증서의 교부」에 의해서만 양도된다($\frac{\text{상 420조}}{\text{의 3 1항}}$). 또 신주인수권증서의 유통성을 강화하기 위하여 이에는 권리추정력과 선의취득이 인정된다($\frac{\text{상 420조}}{\text{의 3 2항}}$).

② 주식인수의 청약　　신주인수권증서를 발행한 경우에는 「신주인수권증서」에 의하여 주식인수의 청약을 한다($\frac{\text{상 420조의}}{\text{5 1항 전단}}$). 이 경우에는 주식청약자는 신주인

수권증서에 주식청약서의 경우와 같은 법정사항을 기재하여 기명날인 또는 서명하여야 한다($\substack{\text{상 420조의 5 1항} \\ \text{후단, 302조 1항}}$). 신주인수권증서를 상실한 자는 회사로부터 「주식청약서」를 교부받아 그것에 의하여 주식의 청약을 할 수 있다($\substack{\text{상 420조의} \\ \text{5 2항 본문}}$). 그러나 이 경우 상실된 신주인수권증서에 의한 주식인수의 청약이 있으면, 신주인수권증서에 의한 청약이 우선하고 주식청약서에 의한 청약은 그 효력을 잃는다($\substack{\text{상 420조의} \\ \text{5 2항 단서}}$).

　7) 위반의 효과　　회사가 주주의 신주인수권을 무시하고 신주를 발행한 경우에는 후술하는 바와 같이 주주는 사전에 「신주발행 유지청구권」($\substack{\text{상} \\ \text{424조}}$)을 행사할 수 있고, 또 사후에 「신주발행무효의 소」($\substack{\text{상 429} \\ \text{조 이하}}$)를 제기할 수 있다. 또 주주는 회사에 대하여 불법행위를 원인으로 손해배상을 청구할 수 있고($\substack{\text{상 389} \\ \text{조, 210조}}$), 이사·집행임원에 대하여는 고의 또는 중과실로 그 임무를 게을리한 것으로서 손해배상을 청구할 수 있다($\substack{\text{상 401조, 408} \\ \text{조의 8 2항}}$).

(3) 제3자의 신주인수권

　1) 의의·필요성　　제3자의 신주인수권이란 「주주 이외의 제3자가 우선적으로 신주를 배정받을 수 있는 권리」를 말한다. 제3자가 사실상 주주라 하더라도 주주자격에 의하지 않고 이러한 신주인수권을 갖는 경우에는 제3자의 신주인수권에 해당한다. 그러나 공모(公募)에 의하여 일반인이 주식인수의 청약을 하고 이에 대하여 회사가 배정을 하는 경우에는, 청약자(제3자)에게 우선적으로 배정받을 권리를 인정하는 것이 아니므로 제3자의 신주인수권에 해당하지 않는다.

　제3자에게 신주인수권을 주는 경우 회사의 지배관계 등에 변동을 생기게 할 수도 있고, 또 회사가 자금조달에 급급하여 지나치게 유리한 조건으로 제3자에게 신주를 발행하면 이는 주주의 권리를 해하게 된다. 그러나 회사의 신기술의 도입·재무구조의 개선 등 회사의 경영상 목적을 달성하기 위하여 필요한 경우에는, 제3자에게 신주인수권을 부여할 필요성이 발생한다. 이와 같은 점을 감안하여 상법 및 특별법은 주주의 이익을 배려하면서 제3자에게 신주인수권을 부여하고 있다[1]($\substack{\text{상 418조} \\ \text{2항·516} \\ \text{조의 2 4항, 자금} \\ \text{165조의 7 1항}}$).

　제3자에게 신주를 배정하는 경우에는 회사는 주주에게 (i) 신주의 종류와 수,

---

1) 참고: 대판 2007. 2. 22, 2005 다 73020(공보 2007, 490)(주식회사가 타인으로부터 돈을 빌리는 소비대차계약을 체결하면서 "채권자는 만기까지 대여금액의 일부 또는 전부를 회사 주식으로 액면가에 따라 언제든지 전환할 수 있는 권한을 갖는다"는 내용의 계약조항을 둔 경우, 달리 특별한 사정이 없는 한 이는 전환의 청구를 한 때에 그 효력이 생기는 형성권으로서의 전환권을 부여하는 조항이라고 보아야 하는바, 신주의 발행과 관련하여 특별법에서 달리 정한 경우를 제외하고 신주의 발행은 상법이 정하는 방법 및 절차에 의하여만 가능하다는 점에 비추어 볼 때, 위와 같은 전환권 부여조항은 상법이 정한 방법과 절차에 의하지 아니한 신주발행 내지는 주식으로의 전환을 예정하는 것이어서 효력이 없다).

(ii) 신주의 발행가액과 납입기일, (iii) 무액면주식의 경우에는 신주의 발행가액 중 자본금으로 계상하는 금액, (iv) 신주의 인수방법 및 (v) 현물출자를 하는 자의 성명과 그 목적인 재산의 종류·수량·가액과 이에 대하여 부여할 주식의 종류와 수를 그 납입기일의 2주 전까지 주주에게 통지하여야 한다($\frac{상\ 418}{조\ 4항}$). 이는 주주를 위하여 2011년 4월 개정상법에 신설된 규정이다.

그러나 주권상장법인의 경우 금융위원회에 제출한 주요사항보고서가 금융위원회와 거래소에 공시된 경우에는 이러한 통지·공고의무가 면제된다($\frac{자금\ 165}{조의\ 9}$).

2) 근거·성질

㈎ 법률에 의한 경우　　　상법에 의하여 신주인수권부사채($\frac{상\ 516조의}{2\ 2항\ 8호}$)를 제3자배정의 방법으로 발행하는 경우는($\frac{이\ 때에는\ 주주총회의\ 특별결의}{를\ 요한다\ -\ 상\ 516조의\ 2\ 4항}$) 법률에 의하여 제3자에 대하여 신주인수권을 주는 한 경우이다. 이러한 제3자배정에 의한 신주인수권부 사채권자의 신주인수권은 제3자가 정하여지지 않은 상태에서 신주인수권을 인정할 수는 없으므로 상법의 규정만으로 당연히 발생하는 것으로는 볼 수 없고($\frac{따라서\ 이\ 경우}{에는\ 성질상\ 추}$ 상적 신주인수권은 인정될 수 없고, 구체적 신주인수권만이 있음), 「회사가 신주인수권부사채를 제3자에게 구체적으로 배정하였을 때」에 비로소 발생한다고 본다.

자본시장과 금융투자업에 관한 법률 제165조의 7 1항에 의하여 우리사주조합원(종업원)은 주식을 모집하거나 매출하는 경우에 원칙적으로 해당 법인의 모집하거나 매출하는 주식총수의 100분의 20 범위에서 우선적으로 주식을 배정받을 권리를 갖는데, 이것은 종업원지주제도를 법제화한 것으로서 법률에 의하여 제3자에게 신주인수권이 주어진 대표적인 예이다. 이 경우 우리사주조합원의 신주인수권(추상적 신주인수권)은 법률의 규정에 의하여 「우리사주조합원의 지위의 취득」과 함께 당연히 발생한다고 본다.

㈏ 정관에 의한 경우　　　정관의 규정에 의하여 발기인에게 특별이익으로서 신주인수권을 부여하는 경우가 있는데($\frac{상\ 290}{조\ 1호}$), 이러한 신주인수권은 정관의 규정에 의하여 발생한다. 그러나 보통은 상법 제418조 2항의 규정에 의하여 정관의 규정으로 제3자에게 신주인수권이 부여되는데, 다만 이 경우에는 신기술의 도입·재무구조의 개선 등 회사의 경영상 목적을 달성하기 위하여 필요한 경우에 한한다. 이 때 정관의 규정에 의하여 제3자에게 신주인수권을 부여하는 경우에는 특정인을 미리 지정할 수도 있고, 「임원·구(舊) 임원·종업원·구(舊) 종업원에게 신주인수권을 부여할 수 있다」는 정도의 규정을 정관에 두고 그 후 신주를 발행할 때에 이사회에서 제3자의 범위를 구체적으로 정하여도 무방하다고 본다.[1] 이러한 제3자의 신주인수

---

1) 동지: 정(희), 521면.

권은 정관의 규정만으로는 발생하지 않고, 「회사와 제3자간의 계약」이 있어야만 비로소 발생한다고 본다(통설).[1] 왜냐하면 제3자는 사단관계 이외의 자이므로 회사의 규칙인 정관이 적용되지 않기 때문이다. 이러한 점에서 제3자의 신주인수권은 주주의 신주인수권이 주주자격에서 사단법상의 관계에서 법률상 당연히 인정되는 권리라는 점과 구별된다.

위와 같이 정관의 규정에 의하여 제3자에게 신주인수권을 부여하는 경우, 앞에서 본 바와 같이 회사는 (i) 신주의 종류와 수, (ii) 신주의 발행가액과 납입기일, (iii) 무액면주식의 경우에는 신주의 발행가액 중 자본금으로 계상하는 금액, (iv) 신주의 인수방법 및 (v) 현물출자를 하는 자의 성명과 그 목적인 재산의 종류·수량·가액과 이에 대하여 부여할 주식의 종류와 수를 그 납입기일의 2주 전까지 주주에게 통지하거나 공고하여야 한다($\frac{상}{조} \frac{418}{4항}$). 이는 주주를 보호하기 위하여 2011년 4월 개정상법에 의하여 신설된 것이다.

3) 양   도   제3자의 신주인수권을 양도할 수 있는가. 이에 대하여 학설은 나뉘어 있다. 즉, (i) 이는 계약상의 권리라는 점에서 양도할 수 있다는 견해,[2] (ii) 이는 제3자와 회사간의 특별한 관계에서 인정되는 권리이므로 양도할 수 없다고 보는 견해,[3] (iii) 회사가 승인한 경우에만 양도가 가능하다고 보는 견해[4]로 나뉘어 있다.

생각건대 법률에 의하여 제3자에게 신주인수권이 인정된 경우로서 우리사주조합원에게 인정된 신주인수권($\frac{자금}{조의 7} 165$)은 이에 관한 입법취지상 우리사주조합원 상호간에는 양도할 수 있으나 조합원 이외의 제3자에게는 양도할 수 없다고 보고, 신주인수권부 사채권자에게 인정된 신주인수권은 채권(債券)($\substack{비분리형\\인 경우}$) 또는 신주인수권증권($\substack{분리형인 경우 —\\상 516조의 6 1항}$)의 양도방법에 의하여 양도할 수 있다.[5] 정관에 의하여 제3자에게 신주인수권이 인정된 경우에도($\substack{발기인에게 인정된 경우이든, 그 이\\외의 제3자에게 인정된 경우이든}$) 제3자의 이익을 보호하기 위해서나 또는 회사의 자금조달의 편의를 위해서나, 정관에 반하지 않는 한 신주인수권의 양도를 인정하여야 할 것으로 본다.

---

1) 정(찬), (회) 990면; 정(희), 521면; 정(동), (회) 513면; 채, 703면; 이(기) 외, (회) 449면 외.
　반대: 이(철), (회) 922면(발기인·이사 등과 같은 회사조직상의 지위로 특정되어 있는 제3자는 정관의 규정에 의하여 신주인수권을 취득한다고 한다).
2) 서·정, 493면; 정(희), 521면.
3) 정(동), (회) 514면; 이(철), (회) 922면; 이(기) 외, (회) 450면.
4) 양·박, 415면; 박(상), (회) 532면.
5) 그러나 법률에 의하여 부여된 신주인수권은 양도할 수 없다는 견해로는 정(희), 521면; 정(동), (회) 514면; 이(철), (회)(2014) 872면; 채, 705면; 이(기) 외, (회) 449면.

4) **위반의 효과** 회사가 제3자의 신주인수권($_{정관에 의하여 부여된 경우이든}^{법률에 의하여 부여된 경우이든,}$)을 무시하고 신주발행을 한 경우에는, 회사는 채무불이행을 한 것이므로 제3자에 대하여 손해배상책임을 지나 그 신주발행이 무효가 되는 것은 아니다(통설)[1]($_{390조}^{민}$). 이 때 (대표)이사 또는 (대표)집행임원이 고의 또는 중과실로 그 임무를 게을리한 경우에는 그는 제3자에 대하여 연대하여 손해배상할 책임을 부담한다($_{조의 8 2항}^{상 401조, 408}$). 그러나 이 경우에는 회사가 주주의 신주인수권을 무시하고 신주발행을 한 경우에 주주에게 인정되는 신주발행 유지청구권($_{424조}^{상}$)·신주발행무효의 소($_{조 이하}^{상 429}$) 등은 제3자에게 인정되지 않는다.

3. 신주발행의 절차

신주발행의 절차는 신주발행사항의 결정, 신주인수권자가 있는 경우에는($_{는 제3자배정}^{즉, 주주}_{의 경우에는}^{배정 또}$) 신주인수권자를 확정하기 위한 신주배정일의 공고 및 신주인수권자에 대한 청약최고, 신주인수권자가 없는 경우에는($_{하는 경우에는}^{즉, 주주를 모집}$) 모집절차, 인수($_{및 배정}^{청약}$), 납입 및 현물출자의 이행, 등기의 순으로 진행된다. 이하에서 차례로 설명한다.

(1) 신주발행사항의 결정

실질상 증자를 위한 보통의 신주발행사항은 정관으로 주주총회에서 정하기로 정한 경우를 제외하고는 수권주식의 범위 내에서 이사회가 결정하는데, 다음의 사항 중에서 정관에 규정이 없는 사항을 결정한다($_{416조}^{상}$). 아래 사항 중 1) 내지 4)의 사항은 주주배정·제3자배정 및 모집에 공통하는 사항이나, 5) 내지 7)의 사항은 주주배정의 경우에만 해당되는 사항이다. 이사회는 아래의 사항을 대표이사 등에게 위임할 수 없다(통설).[2]

자본금 총액이 10억원 미만으로서 이사를 1명 또는 2명을 둔 소규모 주식회사($_{1항 단서}^{상 383조}$)는 이사회가 없으므로, 이러한 이사회의 권한을 주주총회가 행사한다($_{조 4항}^{상 383}$).

1) **신주의 종류와 수**($_{조 1호}^{상 416}$) 신주의 종류와 수는 정관에 종류주식의 발행이 규정된 경우($_{조 2항}^{상 344}$), 그 중 어떤 종류주식($_{에 관한 우선주식}^{예컨대, 이익배당}$)을 몇 주($_{10,000주}^{예컨대,}$) 발행하는가를 정하는 것이다. 발행하고자 하는 신주의 최고수는 수권주식수 중 미발행주식수의 범위 내에서 정하여져야 하는데, 발행할 주식의 최저수에 관한 제한은 없다.

2) **신주의 발행가액과 납입기일**($_{조 2호}^{상 416}$) 액면주식의 경우 신주의 발행가액은 액면가액 또는 그 이상으로 정하는 것만을 이사회에서 결정할 수 있다. 왜냐하면

---

1) 정(찬), (회) 991면; 정(희), 521면; 정(동), (회) 515면; 이(철), (회) 922면 외.

2) 정(찬), (회) 992면; 정(동), (회) 496면; 이(철), (회) 904면(그러나 이사회 내의 위원회에는 위임할 수 있다고 한다); 채, 680면 외.

액면미달의 발행여부 및 최저발행가액의 결정은 주주총회의 특별결의사항이기 때문이다[1]($^{상\,417조}_{1항\cdot2항}$). 신주의 발행가액은 기존주주의 이익을 해하지 않도록 하기 위하여 회사의 자산상태·영업이익 등을 고려하여 공정하게 결정되어야 한다.

무액면주식의 경우에는 신주의 발행가액 중 자본금으로 계상하는 금액을 이사회에서 결정하여야 한다($^{상\,416조}_{2호의\,2}$).

납입기일은 신주인수인이 인수한 주식에 대하여 납입 또는 현물출자를 이행하여야 할 날을 말한다. 주식인수인이 납입기일까지 납입 또는 현물출자를 이행하면 납입기일의 다음 날로부터 주주가 되지만($^{상\,423}_{조\,1항}$), 이를 이행하지 않으면 실권하고 실권주(失權株)가 발생한다.

3) 신주의 인수방법($^{상\,416}_{조\,3호}$) 주주배정·제3자배정 또는 모집 중 어느 방법에 의하여 신주를 발행할 것인가를 정하는 것인데, 제3자배정 또는 모집의 경우에는 주주의 신주인수권을 제한하는 것이므로 이에 관하여 법률 또는 정관($^{정관의\,규정에}_{의하여\,주주\,외}$의 자에게 신주를 배정하는 경우에는 신기술의 도입·재무구조의 개선 등 회사의 경영상 목적을 달성하기 위하여 필요한 경우에 한한다)에 규정이 있어야 한다.

법률 또는 정관에 아무런 규정이 없으면 이사회는 주주배정의 방법으로만 신주를 발행하여야 한다($^{상\,418}_{조\,1항}$). 정관에 제3자의 신주인수권 또는 모집에 관하여 정하여져 있으면($^{상\,418}_{조\,2항}$), 그 범위 내에서 구체적으로 어떻게 신주의 인수방법을 정할 것인가는 이사회가 결정한다.[2] 이사회는 이 외에도 신주의 인수방법으로 주식의 청약단위, 청약증거금 또는 주금납입을 취급할 금융기관, 단주(端株) 및 실권주(失權株)의 처리방법 등을 결정한다.

주권상장법인의 경우에는 정관에서 정하는 바에 따라 이사회의 결의로써 대통령령으로 정하는 일반공모증자방식($^{주주의\,신주인수권을\,배제하고\,불특정다수인(당해\,법인의}_{주주를\,포함한다)을\,상대방으로\,하여\,신주를\,모집하는\,방식}$)에 의하여 신주를 발행할 수 있는데($^{자금\,165조}_{의\,6\,1항}$), 이 경우 신주의 발행가격은 대통령령으로 정하는 방법에 따라 산정한 가격 이상($^{청약일\,전\,제5거래일부터\,과거\,1월간\,공표된\,매일의\,증권거래소\,최종시세가격의\,평균액,}_{청약일\,전\,제5거래일부터\,과거\,1주간\,공표된\,매일의\,증권거래소\,최종시세가격의\,평균액,}$ 청약일 전 제5거래일의 증권거래소 최종 시세가격 중 높은 가격의 100분의 70 이상)이어야 한다($^{자금\,165조}_{의\,6\,2항}$). 현행 상법 제418조 2항에 의하여 일정한 경우 주주 외의 자에게 신주를 배정할 수 있음을 정관에 규정하면 일반공모증자를 할 수 있으나, 상법 제418조 2항의 해석상의 다의성과 또한 기존주주의 신주인수권이 철저히 보호되어야 한다는 증자관행에서 대부분의 증자가 주주배정방식에 의존하고 있어 일반공모증자는 기업공개시를 제외하고는 거의 활용되지 못하였다. 이에 주권상장법인이 유상증자를 하는 때에 일반공모증자의 중요성을 인식하고 또한 효율적인 자금조달을 촉

---

1) 그러나 할인발행의 경우에도 주주총회에서 정한 최저발행가액 이상으로 발행하는 것은 이사회에서 정할 수 있다는 견해가 있다[서·정, 485면].
2) 따라서 이사회는 정관에서 위임되지 않는 한 적극적으로 특정인에게 신주인수권을 수여하는 것 또는 특정주주의 신주인수비율을 인상·인하하는 것 등을 결정하지 못한다[정(희), 522면].

진시키는 방안의 하나로 1997년 증권거래법(이는 현재 자본시장과 금 융투자업에 관한 법률임) 개정시(1997. 1. 13, 법 5254호로 개정)에 위와 같은 일반공모증자제도를 신설하게 된 것이다.[1]

4) 현물출자에 관한 사항(상 416 조 4호) 현물출자를 하는 자의 성명과 그 목적인 재산의 종류·수량·가액과 이에 대하여 부여할 주식의 종류와 수를 결정하여야 한 다. 설립의 경우와 다른 점은 현물출자에 관한 사항이 정관의 기재사항이 아니라는 점이다(설립의 경우에는 정관의 상대적 기재사항으로 정관 에 기재하여야 그 효력이 생긴다 — 상 290조 2호). 그러나 현물출자는 법원이 선임한 검 사인에 의하여 검사를 받아야 하는데, 이 경우 공인된 감정인의 감정으로 이러한 검 사인의 조사에 갈음할 수 있는 점은 설립의 경우와 같다(상 422조 1항, 298조 4항, 299조의 2, 310조).

5) 주주의 신주인수권의 양도에 관한 사항(상 416 조 5호) 주주의 신주인수권은 이 사회가 이를 양도할 수 있음을 결정한 경우에 한하여 회사에 대한 관계에서 유효하 게 양도할 수 있다.

6) 주주의 청구가 있는 때에만 신주인수권증서를 발행한다는 것과 그 청구기간 (상 416 조 6호) 이사회가 이러한 사항을 결의하지 않고 주주의 신주인수권의 양도에 관하여만 결의하면, 모든 주주에게 청약기일의 2주간 전에 신주인수권증서를 발행 하여야 한다(상 420조의 2 1항 후단).

7) 신주배정일(상 418 조 3항) 회사는 일정한 날(신주배정일)을 정하여 그 날에 주주 명부에 기재된 주주가 신주인수권을 갖는다는 것을 결정하여야 한다.

(2) 신주배정기준일 공고 및 청약최고(신주인수권자가 있는 경우)

1) 신주배정기준일 공고 신주배정기준일은 그 날의 2주간 전에 공고하여 야 하고(상 418조 3항 본문), 그 날이 주주명부의 폐쇄기간중인 때에는 그 폐쇄기간의 초일의 2 주간 전에 공고하여야 한다(상 418조 3항 단서). 이러한 신주배정기준일의 공고는 주식을 양수 한 자가 명의개서를 하여 신주인수권을 행사할 수 있도록 하기 위해서이다. 이와 같 은 공고에도 불구하고 신주배정일까지 명의개서를 하지 않은 주식은 광의의 실기주 가 된다.

2) 신주인수권자에 대한 청약최고 신주인수권은 권리이고 의무가 아닌 점에서 회사가 신주인수권자에 대하여 신주인수권을 행사할 것을 사전에 촉구하는 의미에서 상법은 실권예고부 청약최고에 대하여 규정하고 있다. 즉, 신주인수권을 가진 자(주주 또 는 제3자)가 있는 때에는 회사는 그 자가 신주인수권을 가지는 주식의 종류와 수, 신주인수권을 양도할 수 있음을 정한 때에는 그 뜻(상 416 조 5호), 주주의 청구가 있는 때에만 신주인수권증서를 발행한다는 것과 그 청구기간을 정한 경우에는 이에 관한

---

1) 주권상장법인의 일반공모증자제도의 도입필요성에 관한 연구보고서로는 한국상장회사협의회, 「일반공모증자제도의 도입과 대책」(상장협 연구보고서 95-3)(1995. 11) 참조.

사항($^{상\ 416}_{조\ 6호}$) 및 일정한 기일(청약기일)까지 주식의 청약을 하지 않으면 그 권리를 잃는다는 뜻을 그 기일의 2주간 전에 신주인수권자에게 통지하여야 한다($^{상\ 419조}_{1항\sim2항}$). 만일 신주인수권자가 그 기일까지 신주인수의 청약을 하지 아니하면 당연히 실권하게 되는데($^{상\ 419}_{조\ 3항}$), 이러한 주식이 실권주(失權株)이다.

이러한 실권예고부 청약최고의 경우에는 모집설립의 경우 주식인수인에 대한 실권예고부 납입최고($^{상}_{307조}$)와는 달리, 다시 일정한 기일을 정하여 청약최고를 할 필요 없이 청약기일의 경과로 당연히 실권한다.

(3) 모집절차(신주인수권자가 없는 경우)

1) 모집에 의한 신주발행의 의의 신주인수권자가 없는 경우($^{주주배정\ 또는}_{제3자배정의\ 어느}$ $^{경우에도\ 해당}$)의 신주발행($^{즉\ 누구에게도\ 신주인수권을\ 부}_{여하지\ 아니하고\ 하는\ 신주발행}$)을 모집에 의한 신주발행이라고 한다. 모집에 의한 신주발행은 상장회사가 많이 이용하는데, 회사가 실권주(失權株)·단주(端株)를 처리하는 방법으로도 이용된다. 다만 모집에 의한 신주발행은 주주의 신주인수권을 제한하므로, 제3자배정에 의한 신주발행의 경우와 같이 법률 또는 정관에 의하여 주주의 신주인수권을 제한하는 규정이 있는 경우에 한하여 이 방법에 의하여 신주를 발행할 수 있다($^{자금\ 165조의}_{6\ 4항\ 참조}$).

2) 모집방법

(개) 모집의 범위에 따라서 연고모집과 공모(公募)가 있다. 즉, 모집의 범위를 회사임원·종업원·거래처 등과 같이 연고자로 한정하는 모집방법을 「연고모집」이라고 하고,[1] 이와 같이 모집의 범위를 한정하지 않고 널리 일반으로부터 주주를 모집하는 모집방법을 「공모」(일반모집)라고 한다. 우리나라의 상장회사가 모집에 의하여 신주발행을 하는 경우는 대부분 공모에 의한다.

(내) 모집의 절차를 누가 하느냐에 따라 직접모집과 간접모집이 있다. 즉, 발행회사 자신이 직접 모집의 절차를 취하는 모집방법을 「직접모집」(자기모집)이라고 하고, 발행회사로부터 위탁을 받은 금융투자업자가 모집의 절차를 취하는 모집방법을 「간접모집」(위탁모집)이라고 한다. 우리나라의 상장회사는 거의 대부분 간접모집을 한다.

또 간접모집은 다시 금융투자업자가 모집을 주선하기만 하는 「모집주선」, 금융투자업자가 모집을 주선하고 남은 주식을 스스로 인수하는 「잔액인수」(도급모집), 금융투자업자가 발행회사의 주식을 전부 자기명의로 인수하여 일반에게 매출하는 「총액인수」(매수인수)의 방법이 있다. 우리나라에서는 상장회사가 신주를 공모하는

---

1) 그러나 정관에 미리 이들에게 신주인수권을 준다는 것을 정한 경우에는 앞에서 설명한 제3자배정의 신주발행이 된다.

경우에 총액인수의 방법을 택하는 것이 보통이다.[1]

　3) 신주의 발행가액　　　모집발행의 경우에도 이사회가 신주발행사항($\substack{상 \\ 416조}$)을 결정하는데, 이 중에서 신주의 발행가액을 정함에는 신주인수권자에 대한 신주발행의 경우와 차이가 있다. 즉, 신주인수권자에게 신주를 발행하는 경우에는($\substack{주주 또는 \\ 제3자배정에 \\ 의한 신주발행 \\ 의 경우에는}$) 발행가액을 「액면가액」으로 하는 것이 보통이지만, 공모에 의한 신주발행의 경우에는 「시가발행」을 하는 것이 보통이다. 왜냐하면 액면가액으로 신주를 발행하면 구(舊) 주주의 이익을 해하기 때문이다. 따라서 이 경우의 신주의 발행가액은 회사의 자산상태, 영업이익, 신주의 소화전망 등 제반사정을 참작하여 구(舊) 주주의 이익과 유리한 자금조달을 실현하고자 하는 회사의 이익을 조화하는 범위 내에서 공정한 발행가액으로 발행되어야 한다.[2]

　　우리나라에서 상장회사가 공모에 의하여 신주발행을 하는 경우에는 금융위원회가 정하는 「증권의 발행 및 공시 등에 관한 규정」에 의하여 시가발행을 할 수 있도록 규정하고 있는데, 적정한 시가의 산정방법에 관하여는 동 규정이 상세히 규정하고 있다($\substack{동 규정 \\ 5~18조}$).[3]

　4) 일정규모 이상의 신주발행에 관한 특칙　　　회사가 신주를 모집에 의하여 발행하는 경우에는 투자자보호를 위하여 자본시장과 금융투자업에 관한 법률상의 특칙이 적용된다. 즉, 회사가 신주를 모집에 의하여 발행을 하는 경우 그 모집가액의 총액이 일정규모 이상인 경우에는 발행회사가 그 증권신고서를 금융위원회에 제출하여 이로부터 일정기간이 경과하여 신고의 효력이 발생한 후가 아니면 신주발행을 하지 못한다($\substack{자금 118 \\ 조~122조}$). 또 증권신고서에 기재한 내용과 동일한 사항을 기재한 「투자설명서」를 작성하여 일정한 장소($\substack{발행인의 본점, 금융위원회, 한국거 \\ 래소 및 청약사무를 취급하는 장소}$)에 비치하고, 일반인에게 공람하게 하여야 한다($\substack{자금 123조, \\ 금융투자업규 \\ 칙 13조}$). 또 주식을 청약하고자 하는 자에게 이 투자설명서를 미리 교부한 후가 아니면 청약을 받을 수 없다($\substack{자금 124 \\ 조 1항}$). 또 신주발행 후에는 발행회사는 「증권발행 실적보고서」를 작성하여 금융위원회에 제출하여야 한다($\substack{자금 \\ 128조}$). 또 금융위원회는 증권신고서·투자설명서·증권발행 실적보고서를 3년간 일정한 장소에 비치하고 인터넷 홈페이지 등을 이용하여 공시하여야 한다($\substack{자금 \\ 129조}$).

　(4) 인 수(청약과 배정)

　　신주발행의 인수절차는 많은 점에서 모집설립의 경우와 비슷하다($\substack{상 420 \\ 조 이하}$).

　1) 청　　　약　　　신주인수권자($\substack{주주 \\ 제3자}$)이든 모집발행의 경우의 일반인이든 신주인수의 청약을 하고자 하는 경우에는, 누구든지($\substack{현물출자의 \\ 경우를 제외함}$) 이사(대표이사) 또는 (대

---

1) 안문택, 「증권거래법개설」, 1982, 132면.
2) 동지: 정(회), 524면.
3) 시가발행에 관하여는 이(철), (회) 908~909면 참조.

표)집행임원[1]이 작성한 주식청약서 2통에 인수할 주식의 수·주소·기타의 법정사항을 기재하고($^{상\,420조}$) 기명날인 또는 서명하여야 한다($^{상\,425조}_{302조\,1항}$)(주식청약서주의). 신주인수의 청약에 대하여는 비진의(非眞意)표시가 무효인 경우에 관한 민법의 규정($^{민}_{107}$조 1항 단서)이 적용되지 않는다($^{상\,425조}_{302조\,3항}$). 신주인수권증서가 발행된 경우에는 앞에서 본 바와 같이 원칙적으로 신주인수권증서에 의하여 청약을 한다($^{상\,420조}_{의\,4\,1항}$). 다만 신주인수권증서를 상실한 경우에는 주식청약서에 의하여 청약할 수 있다($^{상\,420조}_{의\,4\,2항}$).

신주인수권자가 있는 경우에는 앞에서 본 바와 같이 신주인수의 청약을 촉구하는 의미에서 실권예고부 청약최고를 하여야 한다($^{상}_{419조}$).

2) 배　　정　　주식인수의 청약에 대하여 회사는 배정을 하는데, 이로써 주식인수가 성립한다. 배정자유의 원칙은 신주인수권이 없는 자에게 적용되고, 신주인수권자에게는 적용되지 않는다. 주식인수의 법적 성질은 설립의 경우와 같이 입사계약이다(통설). 청약자가 배정을 받아 주식인수가 성립한 경우, 이러한 주식인수로 인한 권리인 권리주의 양도는 회사에 대하여 효력이 없다($^{상\,425조.}_{319조}$).

(5) 납입 및 현물출자의 이행

1) 신주의 인수인은 납입기일에 그 인수가액의 전액을 납입하고($^{상\,421}_{조\,1항}$), 현물출자를 하는 자는 납입기일에 지체 없이 출자의 목적인 재산을 인도하고 권리의 설정 또는 이전에 등기나 등록을 요하는 것은 그 서류를 완비하여 교부하여야 한다($^{상\,425}_{조\,3항,}$ 295조 2항). 납입장소, 납입금보관자 또는 납입장소의 변경, 납입금보관자의 증명과 책임 등은 모집설립의 경우와 같다($^{상\,425조,\,305조}_{2항,\,306조,\,318조}$). 납입은 원칙적으로 현실적으로 하여야 하고, 회사의 동의 없이 상계(相計)로써 회사에 대항하지 못한다($^{상\,421}_{조\,2항}$). 이는 2011년 4월 개정상법에 의하여 종래의 상법 제334조를 삭제하고, 신설한 것이다. 따라서 신주의 인수인은 회사의 동의를 받아 신주의 납입채무와 회사에 대한 채권을 상계할 수 있다.[2]

2) 현물출자를 하는 자가 있는 경우에 이사는 이를 조사하게 하기 위하여 검사인의 선임을 법원에 청구하여야 한다($^{상\,422조}_{1항\,1문}$). 그런데 이 경우 공인된 감정인의 감정으로 검사인의 조사에 갈음할 수 있다($^{상\,422조}_{1항\,2문}$). 그러나 현물출자가 (i) 제416조 4호의 현물출자의 목적인 재산의 가액이 자본금의 5분의 1을 초과하지 아니하고 대

---

1) 집행임원 설치회사의 경우에는 이사(대표이사)에 갈음하여 (대표)집행임원일 것이다. 이는 입법의 미비라고 본다.

2) 동지: 대판 1960. 11. 24, 4292 민상 874·875(카드 6871)(주금납입에 있어 단순한 현금수수의 수고를 생략하는 의미의 대물변제나 상계는 회사측이 이에 합의한 이상 이를 절대로 무효로 할 이유는 없다).

통령령으로 정한 금액($^{5,000만원-}_{상시\ 14조\ 1항}$)을 초과하지 아니하는 경우, (ii) 제416조 4호의 현물출자의 목적인 재산이 거래소의 시세 있는 유가증권인 경우 제416조 본문에 따라 결정된 가격이 대통령령으로 정한 방법으로 산정된 시세($^{상법\ 제416조에\ 따른\ 이사회\ 또는\ 주}_{주총회의\ 결의가\ 있은\ 날\langle이하\ "결의}$ 일"이라 함)부터 소급하여 1개월간의 거래소에서의 평균 종가, 결의일부터 소급하여 1주일간의 거래소에서의 평균 종가 및 결의일 직전 거래일의 거래소에서의 종가를 산술평균하여 산정한 금액이나 결의일 직전 거래일의 거래소에서의 종가 중 낮은 금액을 말하는데, 현물출자의 목적인 재산에 그 사용·수익·담보제공·소유권 이전 등에 대)한 물권적 또는 채권적 제한이나 부담이 설정된 경우에는 적용하지 아니한다 — 상시 14조 2항·3항)를 초과하지 아니하는 경우, (iii) 변제기가 돌아온 회사에 대한 금전채권을 출자의 목적으로 하는 경우로서 그 가액이 회사장부에 적혀 있는 가액을 초과하지 아니하는 경우, (iv) 그 밖에 (i)부터 (iii)까지의 규정에 준하는 경우로서 대통령령으로 정하는 경우($^{이에\ 관하}_{여\ 상법시행령에서}$는 규정하지 않음)의 어느 하나에 해당할 경우에는 검사인에 의한 조사나 공인된 감정인의 감정을 받을 필요가 없다($^{상\ 422}_{조\ 2항}$).[1] 이는 회사설립의 경우($^{상\ 299}_{조\ 2항}$)와 같이 신주발행절차를 간편하게 하기 위하여 2011년 4월 개정상법에 의하여 신설된 것이다.

법원은 검사인의 보고서 또는 감정인의 감정결과를 심사하여 부당하다고 인정한 때에는 이를 변경하여 이사와 현물출자자에게 통고할 수 있다($^{상\ 422}_{조\ 3항}$). 이러한 법원의 통고에 현물출자자가 불복하는 경우에는 2주 내에 그 주식의 인수를 취소할 수 있는데($^{상\ 422}_{조\ 4항}$), 통고가 있은 후 2주 내에 주식의 인수를 취소하지 않으면 그 통고에 따라 변경된 것으로 본다($^{상\ 422}_{조\ 5항}$). 신주발행시의 현물출자의 조사에 관하여는 발기설립의 경우와 유사한 면이 있다($^{상\ 298조\ 4항,\ 299조,\ 299}_{조의\ 2\ 후단,\ 300조,\ 422조}$).

검사인에 의한 검사절차($^{또는\ 공인된\ 감}_{정인의\ 감정절차}$)를 거치지 않았다고 하더라도 그 사유만으로는 이미 경료된 신주발행 및 변경등기의 당연무효사유($^{상}_{429조}$)가 되는 것은 아니다.[2]

(6) 신주발행의 효력발생

1) 효력발생시기   신주의 인수인이 신주의 납입기일에 납입 또는 현물출자의 이행을 하면, 그 한도에서 신주발행의 효력이 발생하여 납입 또는 현물출자의 이행을 한 인수인은 「납입기일의 다음 날」로부터 주주가 된다($^{상\ 423}_{조\ 1항}$).[3] 그러나 신주의

---

1) 참고로 일본 회사법 207조 9항에 의하면, 신주발행시의 현물출자에 관하여 현물출자를 하는 자에게 부여하는 주식의 수가 발행주식총수의 10분의 1을 초과하지 않는 경우, 현물출자의 가액의 총액이 500만엔을 초과하지 않는 경우, 그 밖에 현물출자의 가액을 객관적으로 확정할 수 있는 경우 등에는 검사인에 의한 검사가 면제된다.

2) 동지: 대판 1980. 2. 12, 79 다 509(집 28 ① 민 72)(현물출자에 관하여 이와 같은 검사절차를 거치지 않았더라도 신주발행이나 이로 인한 변경등기가 무효가 되는 것은 아니다).

3) 2020년 개정상법 이전에는 상법 제423조 제1항에 제2문을 신설하여 「이 경우 제350조 제3항 후단의 규정을 준용한다」고 규정하였다. 이에 따라 신주에 대한 이익이나 이자의 배당에 관하여는 정관이 정하는 바에 따라 「그 청구를 한 때가 속하는 영업연도의 직전영업연도말」에 주주가 되는 것으로 할 수 있었다(개정전 상 423조 1항 2문, 350조 3항 2문). 따라서 이익이나 이자의 배당에 관하여는 회사의 선택에 의하여(즉, 정관의 규정에 의하여) 동액배당을 할 수도 있고, 일할

인수인이 납입기일까지 납입 또는 현물출자의 이행을 하지 않으면 그 인수인에게 배정된 신주는 법률상 당연히 실권되고(失權株)($\frac{상 \ 423}{조 \ 2항}$), 그 주식의 인수인은 회사에 대하여 손해배상책임을 진다($\frac{상 \ 423}{조 \ 3항}$). 모집설립의 경우($\frac{상}{307조}$)와는 달리 납입기일 후 다시 일정한 기일을 정하여 그 기일 내에 납입하도록 실권예고부 납입최고를 할 필요는 없다.

2) **효력발생범위**   이와 같이 신주발행의 경우에는 이사회의 신주발행결의에서 정한 주식총수에 관하여 인수와 납입이 없더라도, 납입기일까지 현실로 인수와 납입이 있는 주식에 관하여만 그 범위 내에서 신주발행의 효력이 생기는 것이다. 이와 같이 이사회의 결의에서 정한 신주의 총수 중 그 일부에 관하여 인수 또는 납입이 없으면 회사의 자금계획에 차질이 발생하기는 하지만, 인수 또는 납입이 없는 주식은 미발행주식수로 남게 되어 다음에 발행할 수 있으므로 인수 및 납입된 주식에 대하여만 유효한 신주발행으로 인정한 것이다.[1]

위에서 본 바와 같이 인수 또는 납입이 되지 않은 주식(失權株)은 미발행주식으로 남게 되는데, 회사는 이러한 실권주를 그대로 둘 수도 있고 또는 다시 주주를 모집할 수도 있다. 또한 이러한 실권주에 대하여는 이사의 담보책임도 없다($\frac{다만 \ 변경등}{기 \ 후에는 \ 책}$ $_{임이 \ 있다}$). 이러한 점은 회사설립의 경우에 설립시에 발행하는 주식은 전부 인수 및 납입되도록 하여 자본금 확정의 원칙이 적용되고($\frac{상 \ 295}{조, \ 305조}$), 또 이에 대하여 발기인에게 자본충실의 책임을 부여하는 점($\frac{상}{321조}$)과 구별되고 있다.[2]

3) **효력발생의 효과**   신주발행의 효력발생의 효과로서 다음과 같은 점이

배당을 할 수도 있었다.
　이는 1995년 개정상법에 의하여 신설된 것인데, 신주발행의 경우(개정전 상 423조 1항 2문)뿐만 아니라, 준비금의 자본금 전입(개정전 상 461조 6항)이나 주식배당(개정전 상 462조의 2 4항 2문)의 경우에도 이와 동일하게 규정하여, 회사의 선택에 의하여 동액배당(同額配當) 또는 일할배당(日割配當)을 할 수 있게 하였다. 그런데 2020년 개정상법은 이러한 규정을 모두 삭제하였다. 그 이유에 대하여는 "신주의 이익배당 기준일에 대한 실무상 혼란을 초래한 규정을 정비하여 신주의 발행일에 상관 없이 이익배당 기준일을 기준으로 구주와 신주 모두에게 동등하게 이익배당을 할 수 있음을 명확히 하기 위한 것이다"고 설명한다(2020. 8. 31. 정부의 상법 일부개정 법률안 제안이유 및 2020년 개정상법 공포에 관한 관보상 개정이유).
　참고로 1995년 개정상법 이전에는 이러한 규정이 없었기 때문에 반드시 일할배당을 하여야 한다는 견해[의무설: 법무부유권해석(법무 810-25466, 74. 11. 25), 법무부 법령해석질의응답집, 제13집, 169면], 회사의 선택에 따라 동액배당 또는 일할배당을 할 수 있다는 견해[임의설: 정동윤, 「회사법(3정증보판)」(법문사, 1992), 591면] 및 일할배당은 위법하다는 견해[위법설: 이태로·이철송, 「회사법강의(제4판)」(박영사, 1994), 716면]로 나뉘어 있었는데, 1995년 개정상법은 이를 다수설인 임의설의 입장에서 규정함으로써 입법적으로 해결하였다고 볼 수 있었다[동지: 해설(1995), 148면].
　1) 동지: 정(희), 527면.
　2) 동지: 정(희), 527면.

있다.

⑺ 권리주 및 이의 양도제한($\frac{상\ 425}{조,\ 319조}$)이 없어진다. 따라서 주주는 주식을 양도할 수 있으나, 신주의 납입기일 후 6월까지 주권발행 전에 한 주식의 양도는 회사에 대하여 효력이 없다($\frac{상\ 335}{조\ 3항}$).

⑷ 회사는 주식양도의 원활을 위하여 신주의 납입기일 후 지체 없이 주권을 발행하여야 한다($\frac{상\ 355}{조\ 1항}$).

⑸ 발행주식총수·자본금의 액 및 경우에 따라서는 주식의 종류와 수에 변경이 생긴다.

(7) 등 기

1) 변경등기사항 신주발행의 효력이 생기면 발행주식총수·주식의 종류와 수($\frac{상\ 317조}{2항\ 3호}$)에 변경이 생기고 또 자본금의 액($\frac{상\ 317조}{2항\ 2호}$)도 증가하므로, 일정한 기일 내($\frac{본점소재지에서는\ 납입기일로부터\ 2주간\ 내,}{지점소재지에서는\ 납입기일로부터\ 3주간\ 내}$)에 변경등기를 하여야 한다($\frac{상\ 317조}{4항,\ 183조}$). 후술하는 할인발행을 한 경우에는 변경등기에 미상각액(未償却額)도 동시에 등기하여야 한다($\frac{상}{426조}$).

2) 변경등기의 효력

⑺ 신주발행의 변경등기의 본질적 효력은 이미 효력을 발생하고 있는 신주발행 및 이에 따른 자본금 증가 등을 공시하는 효력이 있다(적극적 공시의 원칙)($\frac{상}{37조}$).

⑷ 신주발행의 변경등기에는 다음과 같은 부수적 효력이 있다. (i) 첫째는 신주발행으로 인한 변경등기를 하면 그 날부터 1년을 경과한 후에는 신주인수인은 주식청약서 또는 신주인수권증서의 요건흠결을 이유로 하여 인수의 무효를 주장하거나, 착오·사기·강박을 이유로 하여 인수를 취소하지 못한다(보완적 효력). 1년을 경과하지 않은 경우에도 주주가 그 주식에 대하여 주주권을 행사한 때에는 동일한 제한을 받는다($\frac{상}{427조}$). (ii) 둘째는 다음에서 보는 이사의 자본금 충실의 책임($\frac{상\ 428}{조\ 1항}$)이 발생한다.

4. 이사의 책임

(1) 자본금 충실책임

1) 신주의 발행은 인수·납입된 주식을 한도로 그 효력이 발생하지만, 변경등기를 하게 되면 그 외관에 따른 자본금 충실을 기하여 법률관계의 안정을 도모할 필요가 있다. 따라서 이러한 점에서 상법은 변경등기(공시)에 부합하는 자본금 충실을 기하기 위하여 이사의 인수담보책임을 규정하고 있다. 즉, 신주발행으로 인한 변경등기가 있은 후에 아직 인수하지 아니한 주식이 있거나 주식인수의 청약이 취소된

때에는 이사(2011년 4월 개정상법에는 규정이 없으나, 집행임원 설치회사의 경우에는 집행임원이 변경, 등기를 포함한 신주발행절차의 업무를 수행하므로 '집행임원'을 포함하여야 한다고 본다)가 이를 공동으로 인수한 것으로 본다($\frac{\text{상 428}}{\text{조 1항}}$). 이사는 인수가 의제된 주식에 관하여는 당연히 연대하여 납입할 책임을 진다($\frac{\text{상 333}}{\text{조 1항}}$).

2) 이사의 자본금 충실책임은 설립시 발기인의 책임과 같이 무과실책임이고, 총 주주의 동의로도 면제할 수 없다. 그러나 이사의 자본금 충실책임에는 발기인의 그 것과는 달리 인수담보책임만이 있고 납입담보책임이 없다. 그 이유는 신주발행의 경우에는 인수만이 있고 납입기일에 납입이 없으면 인수가 당연히 무효가 되기 때 문이다($\frac{\text{상 423}}{\text{조 2항}}$). 또 발기인의 자본금 충실책임은 설립무효를 회피하는 기능을 갖지만 (따라서 설립시에 인수·납입되지 않은 주식이 현저한 경우에는 설립무효 사유가 되나, 근소한 경우에는 발기인의 자본금 충실책임에 의하여 보충됨), 신주발행의 경우 이사의 자본 금 충실책임은 신주발행의 무효를 회피하는 기능은 없고(신주의 인수·납입이 없더라도 다른 주식의 발행은 무효가 되지 않 기 때 문임) 오로지 공시된 자본에 대한 신뢰를 보호하는 기능만을 한다.[1]

(2) 손해배상책임

이사는 자본금 충실책임(인수담보책임)과는 별도로, 이로 인하여 회사에 손해가 발생한 경우에는 회사에 대하여 손해배상책임을 진다($\frac{\text{상 428조}}{\text{2항, 399조}}$).

5. 신주의 할인발행(액면미달발행)(issue of shares at a discount)

(1) 할인발행의 의의

회사설립의 경우에는 자본금 충실의 원칙상 액면주식의 경우 주식의 액면미달 발행이 금지되어 있으나($\frac{\text{상}}{\text{330조}}$), 이 원칙을 회사성립 후에도 일관하면 그 회사의 주식 의 시가가 액면가 이하이면 회사성립 후의 자금조달이 사실상 불가능하게 되므로, 우리 상법은 (과거의) 영국 회사법상의 제도[2]를 도입하여 신주발행시에는 엄격한 제

---

1) 정(동), (회) 527면.
2) 영국에서는 1948년의 회사법에서 주식의 할인발행을 규정하였는데(Companies Act 1948, S. 57), 이 제도는 거의 이용되지 않았다고 한다. 그러던 중 자본충실을 주 내용으로 하는 EC회사법 제2지침(1976. 12. 31)에 따라 1980년의 회사법 개정에서는 주식의 할인발행에 관한 회사법 제 57조를 폐지하고(Palmer/Schmitthoff, 18~25면, 290면), 1985년 회사법에서는 할인발행을 금지 하는 규정을 두고 있다(英會 100조 1항). 영국에서 이와 같이 1985년 회사법에서 주식의 할인발 행을 금지하는데, 이에 대한 유일한 예외는 주식인수의 수수료나(주식발행가액의 10% 이하) 중 개료를 지급하는 경우이다(英會 97조). 이러한 경우를 제외하고는 주식이 할인발행된 경우에 인 수인은 회사에 대하여 할인된 금액과 그에 대한 이자를 지급할 의무를 부담한다(英會 100조 2 항). 따라서 영국 회사법상 주식의 할인발행 또는 할인배정의 계약은 무효이고 강제이행할 수 없 다[John Birds · A. J. Boyle · Eils Ferran & Charlotte Villiers, *Boyle & Birds' Company Law*, 4th ed.(2000), p. 201]. 2006년 영국 회사법은 주식의 할인발행(배정)을 금지하고, 이에 위반하여 주 식을 인수한 자는 할인금액 및 상당한 이율로 계산한 이자를 회사에 지급하여야 함을 규정하고 있 다(英會〈2006〉580조).
많은 나라에서는 주식의 할인발행제도 대신에 무액면주식제도를 이용하고 있다[정(동), (회)

한하에 주식의 할인발행(액면미달발행)을 할 수 있음을 규정하고 있다[1]($\binom{상}{417조}$).

(2) 할인발행의 요건

회사가 신주발행의 경우에 할인발행을 하기 위하여는 다음의 요건을 갖추어야 한다($\binom{상}{417조}$).

1) 회사가 성립한 후 2년을 경과하였어야 한다($\binom{상 417}{조 1항}$).

2) 할인발행의 여부와 최저발행가액의 결정은 이사회의 결의가 아니라 주주총회의 특별결의에 의하여야 한다($\binom{상 417}{조 1항}$).

3) 법원의 인가를 얻어야 한다($\binom{상 417조 1항,}{비송 86조}$). 최저발행가액은 주주총회의 특별결의로 정하여지는데($\binom{상 417}{조 2항}$), 법원은 할인발행을 인가함에 있어 회사의 현황과 제반사정을 참작하여 최저발행가액을 변경하여 인가할 수 있다($\binom{상 417조}{3항 본문}$). 이 경우에 법원은 회사의 재산상태 기타 필요한 사항을 조사하게 하기 위하여 검사인을 선임할 수 있다($\binom{상 417조}{3항 단서}$).

그러나 주권상장법인의 경우에는 할인발행에 대한 특례가 인정되어 (이미 액면미달금액의 총액에 대하여 상각을 완료하였으면) 법원의 인가를 얻지 아니하고도 주주총회의 특별결의만으로 신주의 할인발행을 할 수 있다($\binom{자금 165조}{의8 1항}$). 이 때 신주의 최저발행가액은 위의 주주총회의 결의로 정하는데, 이 때 대통령령이 정하는 방법에 따라 산정한 가격 이상으로 하여야 한다($\binom{자금 165조}{의8 2항}$).

4) 회사는 법원의 인가를 얻은 날로부터 1월 내($\binom{법원은 이 기간을 연장}{하여 인가할 수 있음}$)에 신주발행을 하여야 한다($\binom{상 417}{조 4항}$).

주권상장법인의 경우로서 위의 할인발행에 대한 특례가 인정되는 경우에는 회사는 주주총회에서 다르게 정하는 경우를 제외하고는 주주총회의 결의일부터 1월 이내에 이러한 신주를 발행하여야 한다($\binom{자금 165조}{의8 3항}$).

(3) 회사채권자의 보호절차

회사가 신주를 할인발행하는 경우에 회사채권자를 보호하기 위하여 상법상 다음의 절차를 취해야 한다.

1) 주식청약서와 신주인수권증서에 할인발행의 조건과 미상각액을 기재하여야 한다($\binom{상 420조 4호, 420}{조의2 2항 2호}$).

499면 주 2].

1) 신주의 할인발행과 구별되는 것으로 신주의 고가매입에 관한 판례로는 대판 1989. 12. 22, 88누 7255(집 37 ④ 민 416)(신주의 액면미달발행이 엄격하게 제한되어 신주를 인수하고자 할 때에 그 액면가액대로 인수할 수밖에 없다고 할지라도, 세무회계상 다른 법인 발행의 신주인수는 투자자산의 매입에 해당하므로 신주발행 당시 발행회사의 자산상태 등의 평가에 의한 신주의 정당한 평가가액과 신주인수가액과의 차액을 비교하여 고가매입 여부를 따져 보아야 할 것이다) 참조.

2) 신주발행으로 인한 변경등기에 할인발행으로 인한 미상각액을 등기하여야 한다($\frac{상}{426조}$).

6. 신주의 위법·불공정발행에 대한 조치

(1) 총   설

수권자본제도하에서의 신주발행은 원칙적으로 이사회의 권한에 속하므로 자금조달의 편의를 도모할 수는 있으나, 이에 반하여 이사회의 위법·불공정한 신주발행에 의한 회사·주주 또는 회사채권자의 이익을 해할 우려가 있게 되었다. 따라서 상법은 이에 대한 세 가지의 구제방법을 규정하고 있는데, 이는 다음과 같다. (i) 첫째는 그러한 불공정한 신주발행으로 인하여 불이익을 받을 염려가 있는 각 주주는 회사에 대하여 신주발행 유지청구권을 행사할 수 있고($\frac{회사에 대한 사}{전의 예방조치}$)($\frac{상}{424조}$), (ii) 둘째는 이사($\frac{집행임원 설치회사의 경우에는}{'집행임원'을 의미한다. 이하 같다}$)와 통모하여 현저하게 불공정한 발행가액으로 주식을 인수한 자에 대하여 회사에게 공정한 발행가액과의 차액에 상당한 금액을 지급하도록 주주는 대표소송을 제기할 수 있으며($\frac{제3자에 대한}{사후의 구제조치}$)($\frac{상 424조}{의 2 2항}$), (iii) 셋째는 주주는 신주를 발행한 날로부터 6월 내에 회사를 상대로 하여 신주발행무효의 소를 제기할 수 있다($\frac{회사에 대한 사}{후의 구제조치}$)($\frac{상 429조~}{432조}$). 이하에서 차례로 설명한다.

(2) 주주의 신주발행 유지청구권($\frac{상}{424조}$)

1) 의   의

(가) 회사가 법령·정관에 위반하거나($\frac{예컨대, 수권주식총수를 초과하는 신주발행, 이사회의 결의 없}{는 신주발행, 주주의 신주인수권을 무시한 신주발행, 법정요건}$ $\frac{을 무시한 신주}{의 할인발행 등}$) 또는 현저하게 불공정한 방법에 의하여($\frac{예컨대, 회사임원 또는 특정인에게 부당하게}{많은 신주를 배정하는 경우, 현물출자를 과대}$ $\frac{평가를 하}{는 경우 등}$) 신주를 발행함으로써, 이로 인하여 주주가 불이익을 받을 염려가 있는 경우에는 그 주주는 회사에 대하여 신주발행을 유지할 것을 청구할 수 있다($\frac{상}{424조}$).

제3자가 신주인수권을 갖는 경우에는 회사가 제3자의 신주인수권을 무시하고 신주발행을 하여도 그는 회사에 대하여 신주발행 유지청구를 하지 못하고, 다만 손해배상청구를 할 수 있을 뿐이다.

주주는 회사에 대하여 직접 이 청구를 할 수도 있지만(의사표시), 이의 실효를 거두기 위하여 회사를 피고로 하는 신주발행 유지의 소(訴)를 제기하고 이 소를 본안으로 하여 소(訴) 제기 전이라도 신주발행 유지의 가처분을 신청할 수도 있다($\frac{민집 300}{조 이하}$).[1]

(나) 주주의 신주발행 유지청구권은 주주의 이사에 대한 위법행위 유지청구권과 같이 영미법상의 소에서 인정되는 법원의 유지명령제도(injunction)를 도입한 것이

---

1) 동지: 정(희), 529면.

다. 그러나 신주발행 유지청구권은 주주 개인의 손해방지를 직접 목적으로 하고(자익권), 단독주주권이며, 상대방은 회사이고, 「현저하게 불공정한 방법」으로 신주를 발행한 경우에도 인정되는 점 등에서, 위법행위 유지청구권과 구별된다. 이에 관하여는 위법행위 유지청구권에 관한 설명에서 이미 상세히 보았다.

2) 요 건

㈎ 회사가 「법령 또는 정관에 위반」하거나 「현저하게 불공정한 방법」에 의하여 주식을 발행하여야 한다($\frac{상}{424조}$). 신주의 발행방법이 다소 불공정한 경우는 유지청구의 대상이 되지 못하고($\frac{이는 회사의 운영에}{지장을 주지 않기 위함}$), 법령 또는 정관에 위반하거나 현저하게 불공정한 방법에 의한 신주발행은 그것이 유효인가 무효인가에 관계 없이 유지청구의 대상이 된다.[1]

㈏ ㈎로 말미암아 「주주가 불이익을 받을 염려」가 있어야 한다($\frac{상}{424조}$). 이는 특정주주에게 직접적으로 불이익이 생기는 것을 의미하고, 회사에게 손해가 생김으로 말미암아 모든 주주에게 간접적으로 불이익이 생기는 것을 의미하지 않는다.[2]

3) 당 사 자

㈎ **청구권자** 불이익을 입을 염려가 있는 「주주」($\frac{단독주주}{도 무방}$)이다. 신주인수권의 유무 또는 의결권의 유무를 묻지 않는다.[3]

㈏ **피청구권자** 「회사」이다.

4) 행사방법

㈎ 신주발행 유지청구는 사전조치이므로 신주발행의 효력이 생기는 「납입기일의 다음 날($\frac{상 423}{조 1항}$) 이전」에(즉, 납입기일까지) 행사하여야 한다.[4]

㈏ 신주발행 유지청구의 방법에 대하여도 상법상 특별한 규정이 없으므로, 위법행위 유지청구의 경우와 같이 「소(訴)」에 의해서 할 수도 있고, 「소 이외의 방법」(의사표시)에 의하여 할 수도 있다고 본다. 다만 소에 의하는 경우에는 대표소송에 관한 규정($\frac{상 403조~}{406조}$)을 유추적용할 수밖에 없는데, 이렇게 되면 단독주주는 제소할 수 없고 소수주주만이 제소할 수 있게 된다.

5) 효 과

㈎ 주주의 신주발행 유지청구가 있게 되면 회사(이사회)는 위법 또는 불공정 여

---

1) 동지: 정(동), (회) 528면; 이(기) 외, (회) 459면.
2) 동지: 이(철), (회) 939~940면(회사의 손해에 의한 주주의 간접손해는 상법 제402조의 위법행위 유지청구권 또는 상법 제429조의 신주발행무효의 소나 상법 제399조의 이사의 회사에 대한 손해배상책임에 의하여 구제되어야 한다고 한다).
3) 동지: 이(철), (회) 940면; 주상(제5판)(회사 Ⅳ), 140면.
4) 동지: 이(철), (회) 940면; 주상(제5판)(회사 Ⅳ), 141면.

부를 심사하여 그 유지(留止) 여부를 결정하여야 한다. 이 때 회사가 유지(留止)를 결정한 경우에는 지금까지 진행되어 온 신주발행절차의 전부가 효력이 없게 되고 또 앞으로 신주발행절차를 계속할 수 없는가. 신주발행 유지청구권을 단독주주에게 도 인정한 점과 관련하여 볼 때 이의 효과는 지나친 것이므로, 회사는 위법 또는 불 공정한 사항을 시정하여 신주발행절차를 속행할 수 있다고 보는 것이 보다 더 현실 에 맞는 것으로 본다.[1]

(나) 회사가 주주의 신주발행 유지청구를 무시하고 신주발행절차를 속행한 경우 에 그 효력은 어떤가. 이에 대하여는 소(訴)에 의한 경우와, 소 이외의 방법(의사표 시)에 의한 경우로 나누어 그 효력을 볼 수 있다.

① 신주발행 유지의 소가 제기되어 이에 기한 유지(留止)의 판결이나 가처분이 있음에도 불구하고 이에 위반하여 한 신주발행은 무효가 된다고 본다(통설).[2]

② 신주발행 유지청구를 소 이외의 방법(의사표시)으로 한 경우에 이를 무시하 고 한 신주발행은 무효원인이 되지 않고, 다만 이사의 책임($\frac{상}{401조}$)이 생길 뿐이다(통 설).[3] 이 때 주주는 회사를 상대로 손해배상을 청구할 수도 있는데, 이로 인하여 회 사에게 손해가 생겼다면 신주발행을 한 이사(들)는 회사에 대하여 손해배상책임이 있다($\frac{상}{399조}$).[4]

(3) 통모인수인의 책임($\frac{상\ 424}{조의\ 2}$)

1) 의   의

(가) 일반적으로 회사가 신주를 불공정한 가액으로 발행하면 회사는 공정한 가액 으로 발행하였다면 얻을 수 있었던 이익을 잃고, 구(舊) 주주는 주식의 가치를 희석 당한 것이 되어 불이익을 받는다. 이 경우 이사는 임무를 게을리한 것을 이유로 회 사 또는 주주(제3자)에 대하여 손해배상책임을 지지만($\frac{상\ 399조\ 1항,}{401조,\ 408조의\ 8}$), 주식인수인으 로서는 회사가 정한 가액으로 주식을 인수한 것이므로 불법행위로 인한 손해배상책

---

1) 동지: 이(철), (회) 940~941면(회사가 신주발행 유지청구를 받았을 때에는 신주발행의 위 법·불공정 여부를 심사해야 할 주의의무를 지지만, 이에 응하지 아니하였다 하여 신주발행이 무 효가 되는 것은 아니라고 한다).
2) 정(찬), (회) 1006면; 손(주), 825면(그러나 무효의 소의 원인이라고 한다); 정(동), (회) 529 면; 최(기), (회) 752면; 채, 713면; 이(기) 외, (회) 459면; 주상(제5판)(회사 Ⅳ), 144~145면; 이·최, 359면 외.
3) 정(찬), (회) 1006면; 손(주), 874~875면; 정(동), (회) 529면; 이(기) 외, (회) 459면 외. 동지: 서울고판 1977. 4. 7, 76 나 2887.
   그러나 일본에서는 이 경우도 무효라는 견해가 있다[北澤正啓,「會社法(第4版)」, 1994, 528 면; 정(동), (회) 529면 주 3 참조].
4) 이에 반하여 위법·불공정하지 않음에도 신주발행을 유지하여 회사에 손해가 생겼다면 그러한 유지를 한 이사들은 회사에 대하여 손해배상책임을 진다는 견해가 있다[이(철), (회) 941면].

임($\frac{민}{750조}$)이 성립하지 않는 한 그 가액 이상의 책임을 지지 않는다. 그러나 그 발행가액이 현저하게 불공정하고 또 이사와 주식인수인이 그 점에 관하여 통모를 한 경우에는, 회사의 자본금 충실을 기하고 또한 기존주주의 이익을 보호하기 위하여 주식인수인에게 공정한 가액과 발행가액과의 차액을 직접 회사에 지급할 의무를 부담시키고 있다($\frac{상\ 424}{조의\ 2}$).

(나) 주주배정에 의한 신주발행의 경우에도 자본금 충실을 이유로 본조의 적용을 주장하는 견해가 있으나,[1] 이 경우에는 주주평등의 원칙의 위반문제는 생길 수 있어도 본조 적용의 문제는 거의 생길 여지가 없을 것으로 본다.[2] 따라서 본조는 제3자배정에 의한 신주발행 및 모집에 의한 신주발행의 경우에 거의 대부분 적용될 것이다.

2) 책임의 성질   통모인수인의 책임은 이사와의 통모를 요건으로 하므로 법률적으로는 회사에 대한 불법행위에 기한 손해배상책임의 일종이라고 할 수 있으나, 책임의 내용은 실제의 불공정한 발행가액과 공정한 발행가액과의 차액을 지급하는 것이므로, 실질적으로는 회사의 자본금 충실을 위한 추가출자의무로서의 성질을 갖고 있는 것으로서 주주유한책임의 원칙($\frac{상}{331조}$)의 예외가 된다고 볼 수 있다.[3] 따라서 회사는 통모인수인의 이 책임을 면제하거나 지급금액을 반환하여 줄 수 없고, 통모인수인은 그 차액의 지급을 상계로써 대항할 수 없다고 본다.[4]

3) 책임발생의 요건

(가) 「발행가액이 현저하게 불공정」하여야 한다.

이 때의 「발행가액」이란 이사회가 결정한 발행가액(발행예정가액)이 아니라, 신주의 배정시에 있어서의 실제의 발행가액($\frac{배정가액\ 또}{는\ 인수액가}$)($\frac{상\ 421}{조\ 참조}$)이다.[5] 이사회가 현저하게 불공정한 발행가액을 정하고 따라서 실제의 인수가액도 현저하게 불공정한 경우

---

1) 정(동), (회) 535면; 최(기), (회) 762면; 이(기) 외, (회) 464면; 주상(제5판)(회사 Ⅳ), 149~150면.
2) 동지: 정(희), 530면; 이(철), (회) 942면.
3) 동지: 정(희), 530면; 정(동), (회) 535면; 이(기) 외, (회) 465면 외(통설).
   반대: 주상(제5판)(회사 Ⅳ), 151면(이는 주주가 당연히 납입하여야 할 책임을 사후에 이행하는 것이므로, 주주유한책임원칙의 예외라고 볼 수 없다고 한다); 최(기), (회) 763면(공정한 가액을 납입하는 것이므로 주주유한책임원칙의 예외가 아니라고 한다. 그러나 인수가액을 한도로 하는 주주의 책임 외에 차액을 납입할 의무가 생긴다는 점에서는 역시 주주유한책임의 원칙에 대한 예외라고 보지 않을 수 없다).
4) 동지: 정(동), (회) 535면.
   반대: 주상(제5판)(회사 Ⅳ), 151면(차액책임은 주주의 출자책임이므로 통모인수인은 그 지급에 관하여 회사의 동의를 얻어 상계〈상 421조 2항〉할 수 있다고 한다).
5) 동지: 정(희), 529면; 정(동), (회) 534면.

(예컨대, 현물출자의 평가를 현
저하게 부당하게 한 경우 등)에는, 본조가 적용되는 데 아무런 문제가 없다. 또한 이사회가 정한 발행가액이 현저하게 불공정한 경우에도 실제의 인수가액이 공정한 경우에는 본조가 적용되지 않는다(통설).[1]

그러나 이와 반대로 이사회가 정한 발행가액이 공정한 것인데 실제의 인수가액이 이것을 무시하고 현저하게 불공정한 경우에는 본조가 적용될 것인가에 관하여 견해가 나뉘어 있다. 이에 대하여 (i) 이는 자본금 충실의 원칙에 정면으로 위배되므로 본조가 적용되지 않고 신주발행무효의 소의 원인이 된다고 보는 견해도 있으나,[2] (ii) 이에 대하여도 본조를 적용하여 그 차액을 지급하도록 함으로써 자본금 충실을 기하도록 하는 것이 타당하다고 본다.[3]

발행가액이 「현저하게」 불공정하다는 것은 공정한 가액이 보통 시가보다 낮게 책정되므로 이러한 공정한 가액보다 객관적으로 보아 훨씬 낮은 경우를 일반적으로 의미하는데, 이사회가 정한 발행가액보다 낮은 가액으로 배정이나 인수를 하였다고 하여 무조건 현저하게 불공정하다고 보아서는 안 된다.

발행가액이 현저하게 「불공정」하여야 하는데, 이 때 먼저 현저하게 「불공정」한지의 여부를 가릴 표준이 되는 공정한 가액이 문제가 된다. 이것은 한편 공모주의 발행가액의 기준이 된다. 이 가액은 발행회사의 주식의 시가를 기초로 하여 회사의 자산상태·영업이익 등을 참작하여 결정되는데, 다시 발행주식수량과 청약시까지의 주가의 변동을 감안하여 시가보다 약간 낮게 정하여진다.

(나) 주식인수인이 이사와 「통모」하여야 한다. 상법 제424조의 2의 책임은 이사와 통모한 인수인에 대하여서만 인정되고, 이사와 이러한 통모가 없으면 비록 발행가액이 현저하게 불공정하여도 주식인수인은 책임을 지지 않는다. 이 때 「통모」라는 것은 이사와 인수인이 사전에 모의하는 것을 말한다. 원래 발행가액의 적부(適否)를 판단한다는 것은 쉬운 일이 아니고, 또 설사 발행가액이 불공정하다고 인정되는 경우에도 발행가액을 결정한 이사가 제1차적으로 책임을 지는 것이고 인수인은 공시된 가액에 따라 인수하면 되는 것이므로 인수인에게 책임을 지우는 것은 타당하지 않다. 그러나 이사와 통모한 인수인은 이사의 임무해태행위에 가담한 자이므로, 상법은 이러한 인수인에게 본조의 책임을 인정한 것이다.

(다) 이상의 요건에 해당하는 사실은 원고인 「회사」, 또는 대표소송을 제기하는

---

1) 정(찬), (회) 1008면; 정(동), (회) 534면; 이(철), (회) 941~942면; 이(기) 외, (회) 464면; 주상(제5판)(회사 Ⅳ), 147면 외.
2) 이(철), (회) 942면.
3) 동지: 정(희), 530면; 정(동), (회) 534~535면; 이(기) 외, (회) 464면.

「주주」가 증명하여야 한다.

4) 책임의 내용　　통모인수인의 책임은 신주를 인수한 때에 생기고, 후에 그 주식을 양도하더라도 그 책임이 당연히 양수인에게 이전하지는 않는다.[1] 통모인수인이 지는 이 책임의 내용은 납입기일에 차액을 지급하는 의무이고, 이 의무의 소멸시효기간은 10년이다. 차액이라 함은 공정한 가액과 실제의 인수가액과의 차액이고, 이것에 납입기일의 다음 날부터 지연손해금이 가산되는데, 그 이율은 연 5퍼센트이다(그러나 주식인수를 상행위로 보면 시효기간은 5년, 이율은 연 6퍼센트로 보게 된다).

현저하게 불공정한 가액으로 신주를 발행한 이사는 회사에 대하여 손해를 배상할 책임을 지는데(상 399조 1항), 이 배상책임액은 공정가액과 인수가액의 차액에 한하지 않는다. 상법 제424조의 2의 통모인수인의 책임과 이사의 회사에 대한 이러한 책임은 부진정연대채무의 관계에 있다.[2]

5) 차액의 처리　　통모인수인이 지급하여야 할 차액은 앞에서 본 바와 같이 실질적으로 추가출자로서의 성질을 갖기 때문에 상계·지급의무의 면제·지급금의 환급 등은 금지되고, 또 현실의 납입을 필요로 하기 때문에 대물변제도 금지된다.[3]

이 지급된 금액은 실질적으로 추가출자이므로 이익배당의 재원이 될 수 없다. 이의 처리에 대하여 상법은 특히 규정하고 있지 않으나, 이는 자본거래에서 발생한 잉여금으로 볼 수 있으므로 자본준비금으로 적립되어야 할 것으로 본다(상 459조 1항).[4]

6) 책임추궁의 방법　　원래는 「회사」가 통모인수인의 이러한 책임을 추궁하여야 할 것이나, 이사와 통모한 자에 대하여 회사가 그 책임을 추궁하는 것은 사실상 기대할 수 없으므로 「주주의 대표소송」이 인정된다(상 424조의 2 2항, 408 조의 9, 542조의 6 6항).[5] 이러한 대표소송을 제기할 수 있는 소수주주가 보유하여야 할 주식의 비율은, 비상장회사의 경우에는 발행주식총수의 100분의 1 이상에 해당하는 주식을 가진 주주이고(상 424조의 2 2항, 403조, 408조의 9), 상장회사의 경우에는 발행주식총수의 100분의 1 이상에 해당하는 주식을 가진 주주(상 542조 의 6 10항) 또는 6개월 전부터 계속하여 상장회사 발행주식총수의

---

1) 동지: 정(희), 530면; 정(동), (회) 535면; 이(철), (회) 943면; 채, 710면; 이(기) 외, (회) 464면.
그러나 영미에서는 악의의 양수인은 전보책임을 진다[영국 회사법(2006) 593조 3항 등 참조].

2) 동지: 정(희), 530면; 정(동), (회) 535면; 채, 710면; 이(기) 외, (회) 464면 외(통설).
반대 : 이(철), (회) 943~944면(양 책임은 서로 성질을 달리하는 상호 독립의 채무이므로 부진정연대책임의 성질이 아니라고 한다); 주상(제5판)(회사 Ⅳ), 150면.

3) 동지: 정(동), (회) 535면.

4) 동지: 정(희), 531면; 정(동), (회) 536면; 이(철), (회) 943면; 채, 710면; 이(기) 외, (회) 465면 외(통설).

5) 동지: 정(동), (회) 536면; 이(철), (회) 943면; 채, 710면; 이(기) 외, (회) 465면; 주상(제5판)(회사 Ⅳ), 151~152면.

10,000분의 1 이상에 해당하는 주식을 보유한 자이다(상 542조).[1]

통모인수인이 이러한 책임을 지는 경우에도, 이사는 회사(상 399조, 408조) 및 주주(상 401조, 408조)에 대한 책임을 면하지 못한다(상 424조).

(4) 신주발행의 무효(상 429조~ 432조)

1) 신주발행 무효의 의의

(가) 신주발행의 무효란 「신주발행이 법령이나 정관에 위반한 하자가 있는 경우에 새로이 발행되는 주식의 전부를 무효로 하는 것」으로서, 개개의 주식인수의 무효와 구별된다.

(나) 신주발행의 무효는 법률관계의 안정과 획일적인 처리를 위하여 민법상 무효의 일반원칙과는 달리 일정한 자가 일정한 기간 내에 소(訴)로써만 주장할 수 있게 하고(상 429조), 또 판결의 효력에 대세적 효력을 인정하며 소급효를 제한하고 있다(상 430조 190조 본문, 431조).

(다) 신주발행 무효의 소의 법적 성질은 「형성의 소」이다.[2]

2) 신주발행의 무효원인

(가) 신주발행의 무효원인에 관하여는 상법에 규정이 없고, 학설은 일반적으로 신주발행에 법령 또는 정관에 위반한 하자가 있어야 한다고 한다. 그런데 이 때 법령이나 정관에 위반한 신주발행이라도 이미 그 신주가 유통되어 신주발행의 유효성을 전제로 하여 많은 행위가 진전된 경우도 있으므로, 신주발행 유지청구의 대상으로 할 수 있거나(상 424조) 또는 이사의 손해배상책임(상 399조, 401조, 408조의 8) 등에 의하여 해결될 수 있는 비교적 가벼운 위법행위는 이를 모두 무효로 할 필요가 없다.[3] 따라서 주식회사의 본질에 반하는 중대한 위법행위만을 신주발행의 무효원인으로 보아야 할 것이다.[4] 예컨대, 수권주식총수를 초과하는 신주발행, 정관이 인정하지 않는 종류의 신주발행, 법정의 절차를 밟지 않고 한 액면미달의 신주발행, 주주의 신주인수권을 무시한 신주발행 등이 이에 해당한다.[5] 이사회의 결의가 없거나 또는 이사회의 결의

---

1) 금융회사의 경우는 6개월 전부터 계속하여 발행주식총수의 100,000분의 1 이상에 해당하는 주식을 보유한 자이다(지배 33조 5항).

2) 동지: 정(동), (회) 530면; 이(기) 외, (회) 460면; 주상(제5판)(회사 Ⅳ), 170면.

3) 동지: 정(희), 531면; 정(동), (회) 530면; 노혁준, "신주발행의 무효사유에 관한 연구,"「선진 상사법률」(법무부), 통권 제60호(2012. 10), 56면, 60~61면, 48~50면(그러나 주주에 대한 통지 및 공고를 누락한 경우에는 그 자체만으로 신주발행 무효사유라고 한다).

4) 동지: 정(희), 531면; 이(철), (회) 944~945면(특히 수권자본제·자본충실 및 주주의 신주인수권에 관한 사항이 주식회사의 본질에 속하는 사항으로 이에 위반한 신주발행이 무효원인이 된다고 한다); 채, 713면; 주상(제5판)(회사 Ⅳ), 172~173면.

5) 신주발행 무효의 원인이 된다고 본 판례: 대판 2003. 2. 26, 2000 다 42786(공보 2003,

에 하자가 있음에도 대표이사가 신주를 발행한 경우에 대하여, 이는 수권자본제의 한계를 넘는 것이라고 하여 무효로 보는 견해도 있으나,[1] 이것은 위법한(전단적〈專

897)(신주발행이 범죄행위를 수단으로 하여 행하여져 선량한 풍속 기타 사회질서에 반하여 현저히 불공정한 방법으로 이루어진 경우에는 무효이다)[이 판결에 찬성하는 취지에서 이 사건의 경우 자본충실의 원칙에 반하여 무효원인이라는 평석으로는 채동헌, "회사지배권 유지를 위한 부당한 신주발행의 효력," 「상장」, 제354호(2003. 9), 110~117면]; 동 2009. 1. 30, 2008 다 50776(공보 2009, 247)(상법 제418조 제1항, 제2항의 규정은 주식회사가 신주를 발행하면서 주주 아닌 제3자에게 신주를 배정할 경우 기존 주주에게 보유 주식의 가치 하락이나 회사에 대한 지배권 상실 등 불이익을 끼칠 우려가 있다는 점을 감안하여, 신주를 발행할 경우 원칙적으로 기존 주주에게 이를 배정하고 제3자에 대한 신주배정은 정관이 정한 바에 따라서만 가능하도록 하면서, 그 사유도 신기술의 도입이나 재무구조 개선 등 기업 경영의 필요상 부득이한 예외적인 경우로 제한함으로써 기존 주주의 신주인수권에 대한 보호를 강화하고자 하는 데 그 취지가 있다. 따라서 주식회사가 신주를 발행함에 있어 신기술의 도입, 재무구조의 개선 등 회사의 경영상 목적을 달성하기 위하여 필요한 범위 안에서 정관이 정한 사유가 없는데도, 회사의 경영권 분쟁이 현실화된 상황에서 경영진의 경영권이나 지배권 방어라는 목적을 달성하기 위하여 제3자에게 신주를 배정하는 것은 상법 제418조 제2항을 위반하여 주주의 신주인수권을 침해하는 것이다. 또한 신주발행을 사후에 무효로 하는 경우 거래의 안전과 법적 안정성을 해할 우려가 큰 점을 고려할 때, 신주발행무효의 소에서 그 무효원인은 가급적 엄격하게 해석하여야 한다. 그러나 신주발행에 법령이나 정관의 위반이 있고 그것이 주식회사의 본질 또는 회사법의 기본원칙에 반하거나 기존 주주들의 이익과 회사의 경영권 내지 지배권에 중대한 영향을 미치는 경우로서 주식에 관련된 거래의 안전, 주주 기타 이해관계인의 이익 등을 고려하더라도 도저히 묵과할 수 없는 정도라고 평가되는 경우에는 그 신주의 발행을 무효라고 보지 않을 수 없다); 동 2010. 4. 29, 2008 다 65860(공보 2010, 974)(신주발행 무효의 소를 규정하는 상법 제429조에는 그 무효원인이 따로 규정되어 있지 않으므로 신주발행유지청구의 요건으로 상법 제424조에서 규정하는 '법령이나 정관의 위반 또는 현저하게 불공정한 방법에 의한 주식의 발행'을 신주발행의 무효원인으로 일응 고려할 수 있다고 하겠으나, 다른 한편 신주가 일단 발행되면 그 인수인의 이익을 고려할 필요가 있고 또 발행된 주식은 유가증권으로서 유통되는 것이므로 거래의 안전을 보호하여야 할 필요가 크다고 할 것인데, 신주발행유지청구권은 위법한 발행에 대한 사전 구제수단임에 반하여 신주발행 무효의 소는 사후에 이를 무효로 함으로써 거래의 안전과 법적 안정성을 해칠 위험이 큰 점을 고려할 때, 그 무효원인은 가급적 엄격하게 해석하여야 하고, 따라서 법령이나 정관의 중대한 위반 또는 현저한 불공정이 있어 그것이 주식회사의 본질이나 회사법의 기본원칙에 반하거나 기존 주주들의 이익과 회사의 경영권 내지 지배권에 중대한 영향을 미치는 경우로서 신주와 관련된 거래의 안전, 주주 기타 이해관계인의 이익 등을 고려하더라도 도저히 묵과할 수 없는 정도라고 평가되는 경우에 한하여 신주의 발행을 무효로 할 수 있을 것이다. 따라서 신주발행을 결의한 갑 회사의 이사회에 참여한 이사들이 하자 있는 주주총회에서 선임된 이사들이어서, 그 후 이사 선임에 관한 주주총회결의가 확정판결로 취소되었고, 위와 같은 하자를 지적한 신주발행금지가처분이 발령되었음에도 위 이사들을 동원하여 위 이사회를 진행한 측만이 신주를 인수한 경우, 이 신주발행은 신주의 발행사항을 이사회결의에 의하도록 한 법령과 정관을 위반하였을 뿐만 아니라 현저하게 불공정하고, 그로 인하여 기존 주주들의 이익과 회사의 경영권 내지 지배권에 중대한 영향을 미쳤으므로 무효이다).

　신주발행 무효의 원인이 될 수 없다고 본 판례: 대판 1995. 2. 28, 94 다 34579(공보 989, 1460)(발행예정주식총수를 증가시키는 정관변경의 주주총회결의 이전에 주주와 회사의 대표이사 사이에 경영권에 관하여 분쟁이 있었고, 그 주주가 자기소유주식을 그 대표이사에게 양도하고 회사의 경영에서 탈퇴하려고 하였지만 그 양도대금에 관한 합의가 이루어지지 않은 상태에서 발행주식총수를 현저하게 증가시키는 신주발행이 이루어진 경우, 이는 그 신주발행이 현저하게 불공정한 방법에 의한 것으로서 무효라고 볼 수 없다).

1) 서·정, 500면; 이(철), (회) 945면; 최(기), (회) 754~755면; 채, 714면; 이·최, 360면.

斷的)) 대표행위로서 대외적 행위이므로 거래의 안전을 중시하여 유효로 보는 것이 타당하다고 생각한다.[1] 또한 현물출자시 검사인의 선임절차를 거치지 아니하였다 하여도, 그 사유만으로 이미 경료된 신주발행 및 변경등기가 당연무효의 원인이 되는 것은 아니다[2](그러나 현물출자가 과대하게 평가된 경우는 무효원인이 된다). 신주발행의 유지청구를 무시하고 한 신주발행은 유지청구의 무시 자체를 무효의 원인으로 볼 수는 없고, 유지가처분(留止假處分)이나 유지판결(留止判決)을 무시한 것은 무효의 원인이 된다고 본다.[3]

현저하게 불공정한 방법에 의하여 신주가 발행된 경우(예컨대, 공모의 경우 특정인에게 집중적으로 배정을 한 경우 등)에 대하여, 이를 무효로 보는 견해와[4] 거래의 안전을 위하여 이를 유효로 보는 견해가 있으나,[5] 이를 언제나 무효 또는 유효로 볼 수는 없고 일정한 경우(예컨대, 회사지 배에 변동을 가져오는 경우 등)에만 이를 무효로 보아야 할 것이다(일부무효설).[6]

(나) 신주발행을 위한 이사회결의 또는 주주총회결의에 하자가 있는 경우, 신주발행이 효력을 발생하기 전에는 이러한 결의하자의 소를 제기할 수 있으나, 신주발행이 효력을 발생한 후에는 이러한 결의의 하자는 신주발행의 무효원인에 흡수되어 이러한 결의의 하자의 소를 별도로 제기할 수 없다고 본다. 그러나 신주발행절차의 하자가 아니라 이의 전제요건(예컨대, 수권주식총수 등을 변경하기 위한 정관변경 등)을 위한 주주총회결의에 하자가 있는 경우에는, 이는 신주발행의 무효원인에 흡수될 수 없다. 따라서 이러한 하자의 소는 별도로 제기되어야 하는데, 편의상 신주발행 무효의 소와 동시에 제기되어 병합심리될 수 있다고 본다.[7]

1) 동지: 대판 2007. 2. 22, 2005 다 77060·77077; 정(희), 531면; 정(동), (회) 531면; 이(기) 외, (회) 461면; 주상(제5판)(회사 Ⅳ), 177면; 홍복기, "신주발행의 무효,"「고시연구」, 2002. 10, 32면; 노혁준, 전게논문(선진상사법률연구 통권 제60호), 52~53면. 日最高判 1961. 3. 31(民集 15－3, 645); 동 1994. 7. 14.
2) 동지: 대판 1980. 2. 12, 79 다 509(집 28 ① 민 72).
3) 동지: 정(희), 531~532면; 정(동), (회) 531면; 이(기) 외, (회) 461~462면; 주상(제5판)(회사 Ⅳ), 176면; 노혁준, 전게논문(선진상사법률연구 통권 제60호), 55~56면.
4) 최(기), (회) 757면.
5) 이(기) 외, (회) 462면.
6) 동지: 정(동), (회) 532면; 이(철), (회) 947면(회사지배에 대한 영향력에 변동을 줄 정도에 이르면 무효라고 한다); 채, 714면; 홍복기, "신주인수권의 제한과 그 양도,"「고시계」, 제554호 (2003. 4), 13면(주주에 대한 신주인수권의 부여는 그의 회사에 대한 지분비율을 유지함에 있어 중요한 의미가 있으므로, 대부분의 주주의 신주인수권을 무시하거나 또는 신주인수권을 무시한 결과 회사지배에 대한 영향을 끼친 경우에 무효원인이 된다); 주상(제5판)(회사 Ⅳ), 179면; 노혁준, 전게논문(선진상사법률연구 통권 제60호), 58~59면; 대판 2015. 12. 10, 2015 다 202919(공보 2016, 120)(경영권 분쟁이 현실화된 상황에서 경영진의 경영권이나 지배권 방어라는 목적을 달성하기 위하여 제3자에게 신주를 배정하는 것은 상법 제418조 제2항을 위반하여 주주의 신주인수권을 침해하는 것으로서 신주발행 무효의 소의 원인이 된다).
7) 동지: 이(철), (회) 949면.

3) 신주발행 무효의 소의 절차

(가) 신주발행 무효는 「주주·이사 또는 감사(監事)」(원고)에 한하여, 신주를 발행한 날로부터 「6월 내」(제소기간)에,[1] 「회사」(피고)를 상대로 하는, 「소(訴)」만으로 (형성의소) 주장할 수 있다($\frac{상}{429조}$).

(나) 소의 전속관할($\frac{상}{186조}$), 소제기의 공고($\frac{상}{187조}$), 소의 병합($\frac{상}{188조}$), 하자의 보완과 청구의 기각($\frac{상}{189조}$), 패소원고의 손해배상책임($\frac{상}{191조}$), 무효판결의 등기($\frac{상}{192조}$)에 관하여는, 회사의 설립무효의 소에 관한 규정이 준용된다($\frac{상}{430조}$). 또한 제소주주의 담보제공의무($\frac{상}{377조}$)는 주주총회결의취소의 소에 관한 규정이 준용된다($\frac{상}{430조}$).

4) 신주발행 무효판결의 효력

신주발행 무효판결이 확정된 때에는 법률관계의 획일적 처리를 위하여 대세적 효력이 인정되고($\frac{상 430조,}{190조 본문}$), 또한 거래의 안전을 기하기 위하여 그 신주발행은 판결이 확정된 때부터 장래에 대하여 그 효력이 없게 된다($\frac{상 431)}{조 1항}$).[2]

5) 신주발행 무효판결 후의 처리

(가) 신주발행 무효의 판결이 확정되면 그 신주는 장래에 대하여 효력이 없으므로, 회사는 유통되고 있는 신주권(新株券)을 회수하여 강제적으로 소각할 필요가 있다. 따라서 회사는 지체 없이 그 신주무효의 뜻과 3월 이상의 일정기간 내에 주권을 회사에 제출할 것을 공고하고, 주주명부에 기재된 주주와 질권자에 대하여는 각별로 그 통지를 하여야 한다($\frac{상 431}{조 2항}$).

(나) 신주발행 무효의 판결이 확정되면 회사는 신주의 주주에 대하여 그 납입금액을 환급하여야 한다($\frac{상 432}{조 1항}$). 그러나 회사가 환급할 납입금액이 무효판결 확정시의 회사의 재산상태에 비추어 현저하게 부당한 때에는 회사는 환급금액의 감액을, 신주주(新株主)는 그 증액을 법원에 청구할 수 있는데, 법원은 사정에 따라 그 증감을 명할 수 있다($\frac{상 432}{조 2항}$). 또 신주주(新株主)가 환급을 받는 경우 신주의 질권자의 권리는

---

1) 대판 1975. 7. 8, 74 누 270(집 23 ② 행 48)(경제의 안정과 성장에 관한 긴급명령에 의하여 채무가 소멸한 사채를 회사가 출자로 전환하여 신주를 발행한 경우에도, 그 신주발행일로부터 6월 내에 소로써 신주발행의 무효를 주장하지 않는 한 그 무효를 주장할 수 없는데, 이로 인하여 사채권자는 신주발행에 의한 주식배정을 받은 만큼의 이득을 보았다고 할 것이다); 동 2012. 11. 15, 2010 다 49380(공보 2012, 2009)(신주를 발행한 날부터 6월의 출소기간이 경과한 후에는 새로운 무효사유를 추가하여 주장할 수 없다).

2) 1995년 개정상법 제430조에서는 다른 회사법상의 소의 판결의 효력과 같이 제190조 단서를 준용하지 않는 것으로 규정하여, 결과적으로 제431조 1항의 내용과 모순되게 되었다[해설(1995), 149~150면 참조]. 이에 대하여 상법 제431조 1항에 의하여 신주발행 무효판결의 효력은 소급하지 않으므로 불필요하게 제190조 단서를 준용할 필요가 없었기 때문이라고 설명하는 견해가 있으나[정(동), (회) 533면 주 1], 두 조문 사이의 모순과 오해를 방지하기 위하여 상법 제430조에 제190조 단서도 준용하는 규정을 그대로 두었어야 한다고 본다.

그 환급금액 위에 물상대위한다($\frac{상}{조, 340조 1항 · 2항}$).

　(다) 무효판결에 의하여 신주가 실효하고 납입금액의 환급이 있게 되면, 회사의 발행주식수와 자본금은 그만큼 감소하므로 변경등기를 하여야 한다($\frac{상}{호 · 3호, 4항, 183조}$). 이 때 회사의 미발행주식수는 신주발행 전의 수로 증가한다.

　6) 신주발행의 부존재　　신주발행의 실체가 전혀 없고 다만 신주발행의 변경등기만 있는 경우에는 신주발행의 부존재가 있게 된다. 이 경우에는 누구나 언제든지 또 어떠한 방법으로도 그 무효를 주장할 수 있는데, 필요한 경우에는 신주발행부존재확인의 소도 제기할 수 있다.[1]

제 2　특수한 신주발행

1. 준비금의 자본금 전입에 의한 신주발행

(1) 의　　의

　1) 개　　념　　준비금의 자본금 전입이란「회사의 계산상 법정준비금계정으로 되어 있는 금액의 전부 또는 일부를 자본금계정으로 이체하는 것」을 말한다. 상법은 법정준비금을 원칙적으로 자본금의 결손에 충당하는 경우 외에는 사용하지 못하는 것으로 하고 있지만($\frac{상}{460조}$), 예외적으로 이를 자본금 전입에 사용할 수 있게 하고 있다($\frac{상 461}{조 1항}$).

　상법상 준비금의 자본금 전입과 같은 취지의 규정으로 자산재평가법에 의한 재평가적립금의 자본금 전입이 있다($\frac{동법 28조}{2항 2호}$). 다만 동법에는 자본금 전입절차에 관한 규정이 없으므로, 이 경우에도 상법의 규정에 의하여 자본금 전입하여야 할 것으로 본다.[2]

　2) 본　　질　　준비금의 자본금 전입은 (액면주식의 경우) 신주의 무상교부가 있게 되므로 실질적으로는 주식의 분할(stock-split-up)($\frac{상 329}{조의 2}$)과 비슷한 경제적 효과를 갖게 된다. 즉, 준비금의 자본금 전입에 의한 신주발행과 주식분할은 회사의 실제 재산에는 아무런 변동이 없으면서 주주는 그가 가진 주식수가 늘어나지만, 그것을 합한 가치는 그 때까지 가지고 있던 주식의 가치와 같다는 점에서 양자는 공통

---

　1) 동지 : 정(동), (회) 533면; 이(철), (회) 952~953면; 이(기) 외, (회) 460면; 대판 1989. 7. 25, 87 다카 2316(공보 856, 1278; 집 37 ② 민 217)(주주 아닌 자들이 모여서 개최한 임시주주총회에서 발행예정주식총수에 관한 정관변경결의와 이사선임결의를 하고 이와 같이 선임된 이사들이 모인 이사회에서 신주발행결의를 하였다면, 그러한 신주발행은 절차적 및 실체적 하자가 극히 중대하여 신주발행이 존재하지 않는다고 볼 수밖에 없으므로 신주발행 무효의 소에 의하지 않고 부존재확인의 소가 제기될 수 있다).

　2) 동지: 정(회), 534면.

점을 갖고 있다. 그러나 준비금의 자본금 전입에 의한 신주발행의 경우에는 자본금이 명목상 증가하지만, 주식분할의 경우에는 자본금에 아무런 변동이 없다는 점에서 양자는 구별되고 있다.

회사가 무액면주식을 발행한 경우에는 신주발행을 하지 않고 준비금을 자본금에 전입할 수도 있는데(상 461),[1] 이 경우에는 이러한 문제가 발생할 여지가 없다.

3) 기　　능

(가) 준비금($^{특히\ 적립에\ 제한이}_{없는\ 자본준비금}$)이 자본금에 비하여 너무 과대한 경우 이는 자본금구성의 면에서 적당하지 않으므로, 이를 자본금에 전입하여 시정함으로써 실정에 맞는 이윤율을 산출할 수 있다.[2]

(나) 주식의 시가가 너무 높아 거래에 불편한 경우 이는 주식의 시장성을 저하시키므로, 이를 자본금에 전입하여 무상주를 교부하면 주식수가 늘어나서 주가가 하락하여 주식의 시장성이 상승하고 또 회사의 신주발행에 의한 자금조달이 용이하게 된다.[3]

(다) 준비금의 자본금 전입은 회사재산의 확실한 사내유보를 증가시키므로 회사채권자를 보호할 수 있게 된다.

(2) 자본금 전입의 대상

자본금 전입의 대상이 되는 준비금은 「법정준비금」($^{자본준비금}_{및\ 이익준비금}$)만을 의미한다(통설).[4] 왜냐하면 상법은 주식배당제도를 규정하고 있으므로(상 462), 임의준비금은 주식배당의 방법으로 동일한 효과를 얻을 수 있으므로 이를 자본금 전입할 필요가 없고, 또한 임의준비금은 정관 또는 주주총회의 결의에 의하여 적립하는 것이므로 이것을 이사회의 결의로 처리하게 할 수 없기 때문이다.[5] 자본금 전입의 대상이 되는 법정준비금은 이익준비금이든 자본준비금이든 무방하다.[6]

---

1) 동지: 이(철), (회) 997~998면(신주를 발행하지 않는 것이 원칙이라고 한다); 주상(제5판)(회사 Ⅳ), 336면.

2) 동지: 정(희), 533면.

3) 동지: 정(희), 533면.

4) 정(찬), (회) 1017면; 정(희), 533면; 서·정, 525면 주 2; 양·박, 421면; 정(동), (회) 617면; 강, 394면; 이(철), (회) 996면; 채, 775면; 주상(제5판)(회사 Ⅳ), 334면 외.

　1984년 상법개정 전에는 주식배당제도가 상법에 규정되어 있지 않았기 때문에 그것과 동일한 경제적 효과를 얻게 하기 위하여 임의준비금도 자본전입능력이 있다고 해석할 여지가 있었다[정희철, "임의준비금의 자본전입능력," 「법학」(서울대), 제4권 1호·2호, 270면 이하].

5) 동지: 정(희), 533면.

6) 이에 대하여 입법론상 자본금 전입의 대상이 되는 준비금에는 이익준비금을 제외시켜야 한다는 견해가 있다. 이 견해에서는 그 이유를 (i) 이익준비금은 자본준비금과 달리 적립한도가 정하여져 있으므로(상 458조) 자본금과 불균형을 이룰 수가 없고, (ii) 이익준비금을 자본금 전입할 수 있게 하면 이익준비금이 그만큼 감소하므로 다시 이익 중에서 이익준비금으로 적립하여야 하고 이는

(3) 자본금 전입의 결의기관

1) 준비금의 자본금 전입의 결의기관은 원칙적으로 「이사회」이다($\substack{상 461조 \\ 1항 본문}$). 즉, 이사회는 원칙적으로 자본금에 전입할 준비금의 종류·액수·주식발행사항 등을 구체적으로 결의하여야 하고, 이러한 사항을 (대표)이사 또는 (대표)집행임원에게 위임할 수는 없다.[1] 준비금의 자본금 전입을 이사회의 결의에 의하는 경우 이사회는 신주배정일을 정하여야 하는데, 이사회가 신주배정일을 정한 때에는 회사는 이를 공고하여야 한다($\substack{상 461 \\ 조 3항}$).

2) 준비금의 자본금 전입은 주주에게 특히 불이익을 주지 않기 때문에 위와 같이 원칙적으로 이사회의 결의사항으로 하였으나, 예외적으로 정관의 규정에 의하여 준비금의 자본금 전입을 「주주총회」의 결의사항으로 할 수 있다($\substack{상 461조 \\ 1항 단서}$).

그러나 이사가 1명 또는 2명인 소규모 주식회사의 경우에는 이사회가 없으므로 준비금의 자본금 전입은 (정관의 규정 유무에 불문하고) 언제나 「주주총회」의 결의사항이다($\substack{상 383 \\ 조 4항}$).

(4) 자본금 전입의 결의시기·효력발생시기

1) 이사회($\substack{또는 주 \\ 주총회}$)는 「언제든지」 준비금의 자본금 전입의 결의를 할 수 있으며, 영업연도의 중간이라도 무방하다.

2) 자본금 전입의 효력은 이사회의 결의에 의한 경우에는 「신주배정 기준일」에 발생하고($\substack{상 461 \\ 조 3항}$), 주주총회의 결의에 의한 경우에는 「주주총회의 결의시」에 발생하나($\substack{상 461 \\ 조 4항}$) 그 결의에 조건이나 기한을 붙인 경우에는 그 조건이나 기한이 합리적인 경우이면 그에 따라 효력이 발생한다. 자본금 전입의 효력이 발생한 때에는 소정의 금액만큼 준비금이 감소하는 동시에 자본금이 증가한다.

(5) 자본금 전입에 의한 무상주교부

1) **무상주의 발행과 배정비율**　　회사는 준비금의 자본금 전입에 따라 증가하는 자본금에 관하여 주주가 가지는 주식의 수에 따라 신주를 발행하여($\substack{상 461조 \\ 2항 1문}$), 주주에게 그 배정비율에 따라 무상으로 교부하여야 한다. 왜냐하면 원래 주주는 자본금으로 전입된 준비금에 상당한 회사재산에 대하여도 지분을 가지고 있는 것이

결국 차기 이후의 배당가능이익을 감소시키는 것이 되며, (iii) 일단 이익준비금으로 적립되었던 것을 자본금 전입할 수 있다고 하면 주주총회의 결의로 하여야 할 주식배당을 이사회결의로 할 수 있다는 결과가 되어 주식배당의 탈법수단으로 악용될 염려가 있기 때문이라고 한다(그러나 이 점은 이익준비금은 반드시 주식배당의 방법만으로 자본에 전입할 수 있다는 것을 전제로 한다고 본다)[정(희), 533~534면].

1) 동지: 정(희), 535면; 정(동), (회) 618면; 주상(제5판)(회사 Ⅳ), 335면(정관의 규정에 의하여서도 법정준비금의 자본금 전입을 대표이사에게 위임할 수 없다고 한다).

고, 신주는 이 지분이 종래의 주식으로부터 분리하여 독립된 주식이 된 것에 불과하기 때문이다.[1] (액면주식의 경우) 신주의 발행이 강제되기 때문에 신주를 발행하지 않는다는 결의는 그 효력이 없지만, 이 때의 신주발행은 반드시 자본금 전입과 동시에 할 필요는 없고 수 회의 자본금 전입이 있은 후 그 총액에 대하여 한꺼번에 신주를 발생할 수도 있다.[2] 종류주식을 발행한 회사가 이러한 무상주를 교부하는 때에는 이로 인하여 불이익을 받게 되는 종류주식을 가진 주주들의 종류주주총회의 결의가 있으면 기존 비율관계에 변동을 가져오는 무상주 교부도 할 수 있다.[3] 이 때 발행되는 무상주는 보통주에 한한다고 보는 견해가 있는데,[4] 주주에게 기존 비율관계에 변동을 가져오지 않는 한(기존 비율관계에 변동을 가져오면 종류주주총회의 결의에 의하여) 보통주로 제한할 이유는 없다고 본다.[5] 그러나 회사의 자기주식은 이러한 무상주의 교부를 받을 수 없다고 본다.[6] 준비금의 자본금 전입에 의한 신주발행은 신주발행의 특수한 경우로서 보통의 신주발행의 절차에 관한 규정이 당연히 적용된다고 할 수는 없으나, 일정한 경우에는 보통의 신주발행에 관한 규정이 유추적용될 수 있다고 본다. 따라서 예컨대, 신주배정일의 공고를 하지 않았다든가, 자본금전입에 관한 이사회의 결의에 하자가 있었다든가 하는 경우 등에는 신주발행유지청구권($\frac{상}{424조}$) 또는 신주발행 무효의 소($\frac{상 429}{조 이하}$)에 관한 규정이 유추적용될 수 있다.[7]

공공적 법인($\frac{자금 152}{조 3항}$)이 준비금의 전부 또는 일부를 자본금에 전입할 때에는 예외적으로 정부에 대하여 발행할 주식의 전부 또는 일부를 대통령령으로 정하는 기준 및 방법에 따라 공공적 법인의 발행주식을 일정기간 소유하는 주주에게 발행할 수 있는데, 이러한 주주가 공공적 법인이 발행하는 주식을 취득한 때에는 그 취득일부터 5년간 그 주식을 예탁하여야 한다($\frac{자금 165조의 14\ 2항,\ 자}{금시\ 176조의\ 15\ 3항·4항}$).

2) 발행한도　　신주의 발행한도는 정관에서 정한 수권주식총수 중 미발행주식의 범위 내이어야 하고, 정관에서 종류주식이 규정된 경우에는 그 종류의 미발행주식의 범위 내이어야 한다($\frac{상 344조~346}{조, 370조}$). 만일 정관상의 수권주식총수 중에 필요한

----

1) 동지: 정(희), 536면.
2) 동지: 정(희), 536면.
3) 동지: 정(희), 535~536면.
4) 이(철), (회) 997면(우선주로 발행할 동기가 없기 때문이라고 한다).
5) 동지: 임(재), (회사 I) 753면(자본전입의 경우 종류주식의 주주에게는 같은 종류의 주식을 배정해야 한다고 한다).
6) 동지: 정(희), 536면; 정(동), (회) 250면, 619면; 이(철), (회) 426면.
  반대: 최(기), (회) 350~351면(준비금의 자본금 전입을 그 성질이 주식의 분할이고 또 회사는 자기주식을 무상으로 취득할 수 있다는 점에서 이를 긍정한다); 채, 778면.
7) 동지: 정(희), 536면; 서·정, 527면; 손(주), 932면; 정(동), (회) 619면; 양·박, 423면; 채, 778면 외(통설).

미발행주식수가 없거나 또는 부족한 경우에는, 먼저 정관을 변경하여 수권주식총수를 늘려야 한다($\frac{상\ 433조\sim}{434조}$).

3) **발행가액**　준비금의 자본금 전입에 의하여 발행되는 신주는 무상으로 주주에게 교부되는 것이므로, 액면주식의 경우 신주의 발행가액은 「액면가액」이어야 한다.[1] 이 경우에도 액면미달발행은 인정되지 않으며($\frac{상}{330조}$), 액면초과발행을 하는 경우 액면초과액은 다시 자본준비금으로 적립되어야 하므로 무의미하다.[2]

(6) **신주의 효력발생시기**(무상신주의 주주가 되는 시기)

1) **이사회의 결의에 의한 경우**　준비금의 전부 또는 일부를 자본금으로 전입한다는 이사회의 결의($\frac{이사가\ 1명\ 또는\ 2명인\ 소규모\ 주식회사의\ 경우에는\ 이사}{회가\ 없으므로\ 주주총회의\ 결의\ -\ 상\ 383조\ 1항\ 단서,\ 4항}$)가 있은 때에는, 회사는 일정한 날(신주배정일)을 정하여 그 날에 주주명부에 기재된 주주가 무상신주($\frac{상\ 461조}{3항\ 전단}$)의 주주가 된다는 뜻을 신주배정일의 2주간 전에($\frac{그\ 날이\ 주주명부폐쇄기간중인}{때에는\ 그\ 초일의\ 2주간\ 전에}$) 공고하여야 한다($\frac{상\ 461}{조\ 3항}$). 왜냐하면 이러한 사전의 공고 없이 준비금을 자본금으로 전입하면, 명의개서 전의 주식양수인은 무상주를 교부받지 못하고 또 주가는 무상교부의 비율에 따라 하락하여 주식양수인은 불측의 손해를 보게 되므로, 주식양수인에게 이러한 손해를 방지할 수 있도록 명의개서를 할 수 있는 기회를 주기 위해서이다. 따라서 이러한 공고 없이 한 무상주의 교부는 신주발행 유지청구 또는 신주발행 무효의 소의 원인이 된다고 본다.[3]

따라서 준비금의 자본금 전입이 이사회의 결의에 의한 경우에는 원칙적으로 회사에서 정한 「신주배정일」에 신주발행의 효력이 생긴다. 그러므로 신주배정일 현재 주주명부에 기재된 주주가 무상신주의 주주가 된다.

2) **주주총회의 결의에 의한 경우**　정관으로 준비금의 자본금 전입을 주주총회에서 결정하도록 정한 경우에는($\frac{이사가\ 1명\ 또는\ 2명인\ 소규모\ 주식회사의\ 경우에는\ 이사회가\ 없으}{므로\ 정관의\ 규정\ 유무를\ 불문하고\ 언제나\ 주주총회의\ 결의에\ 의함}$ $-\frac{상\ 383}{조\ 4항}$) 자본금 전입결의에서 다른 정함이 없는 한 「주주총회 결의시」부터 신주발행의 효력이 생기고, 주주는 그 때부터 배정받은 무상신주에 대하여 주주가 된다($\frac{상}{461}$ $\frac{조}{4항}$). 즉, 이러한 무상신주를 배정받을 수 있는 권리를 갖는 주주는 준비금의 자본금 전입 결의시에 있어서의 주주명부상의 주주이다.

그러나 이러한 법의 원칙에 따르면 주주총회에 참석할 주주를 확정하기 위한 기준일제도나 주주명부폐쇄제도와 관련하여 볼 때 불일치하여, 실무상 무상신주를 받을 주주의 확정에 곤란한 점이 많다. 그러므로 준비금의 자본금 전입의 권한을 주

---

1) 동지: 정(희), 536면.
2) 동지: 정(희), 536면.
3) 동지: 정(희), 537면.

주총회가 갖는 경우에는 주주총회는 무상신주를 배정받을 주주를 확정하기 위하여 배정일($\substack{\text{사실상의} \\ \text{배정일}}$)을 정하는 것이 보통인데, 이 배정일은 준비금의 자본금 전입을 결의하는 날의 이후일 수도 있고 이전일 수도 있다. 주주총회가 결의일 이후의 날을 배정일로 정한 경우에는 기한부결의가 되어 그 기한이 도래하여야 주주총회결의의 효력이 발생하고 그 날의 주주명부상의 주주가 무상신주의 주주가 되나, 주주총회가 결의일 이전의 날을 배정일로 정하는 경우에는 보통 주주명부폐쇄 직전의 날을 배정일로 정하는데 이 때에는 이러한 배정일 현재 주주명부상에 기재된 주주가 무상신주의 주주가 되는데 다만 그 효력은 주주총회결의일에 발생한다.[1]

3) 주권의 발행

준비금의 자본금 전입에 의한 신주발행의 효력이 발생한 때에는, 회사는 그 효력이 발생한 날로부터 6월 이내에 주권을 발행하여야 한다($\substack{\text{상} \\ 335}$조 3항 단서, 355조 참조).

(7) 단주(端株)의 처리

회사가 준비금을 자본금 전입하여 무상신주를 발행하여 주주에게 교부하는 경우에는 주주가 가진 주식의 수에 비례하여 교부하여야 하는데, 이 때 보통 1주에 미달하는 단주(端株)가 발생한다. 이 경우에 회사는 이러한 단주(端株)를 모아서 경매하여 그 대금을 단주주(端株主)에게 그 주수(株數)에 따라 지급하여야 한다($\substack{\text{상 461조 2} \\ \text{항 2문, 443}}$조 1항 본문). 그러나 거래소의 시세가 있는 주식은 거래소를 통하여 매각하고, 거래소의 시세가 없는 주식은 법원의 허가를 받아 경매 이외의 방법으로 매각할 수 있다($\substack{\text{상 461} \\ \text{조 2}}$항 2문, 443조 1항 단서).

(8) 무상주교부의 통지 및 물상대위

1) 통 지

준비금의 자본금 전입에 관한 이사회 또는 주주총회의 결의가 있어 신주의 주주가 확정되면, (대표)이사 또는 (대표)집행임원은 지체 없이 신주의 효력발생일($\substack{\text{배정일·사실상의 배} \\ \text{정일 또는 주주총회일}}$)의 주주명부상의 주주와 등록질권자에 대하여 그 주주가 받을 주식의 종류와 수를 통지하여야 한다($\substack{\text{상 461} \\ \text{조 5항}}$).

2) 물상대위

준비금의 자본금 전입에 의하여 발행되는 신주는 실질적으로 종전의 주식의 분할에 의하여 생긴 것과 같으므로, 종전의 주식이 입질(入質)된 경우에는 그 주주가 받은 무상신주 및 단주(端株)의 처분에 의하여 받은 대금 위에 물상대위의 효력이 생긴다($\substack{\text{상 461조} \\ \text{6항, 339조}}$).

(9) 등 기

준비금을 자본금 전입하면 자본금이 증가하고 또 액면주식의 경우 발행주식수

---

1) 동지: 정(희), 537~538면.

도 증가하므로, 이에 관하여 변경등기를 하여야 한다($\substack{상\ 317조\ 2항\ 2호 \cdot \\ 3호,\ 4항,\ 183조}$).

2. 주식배당에 의한 신주발행

(1) 주식배당은 배당가능이익을 자본금 전입함으로써 신주를 발행하는 것인데 ($\substack{상\ 462조의 \\ 2\ 1항\ 본문}$), 이 때에 발행되는 신주에 대하여도 주식배당을 결의한 주주총회에 의하여 당연히 그 인수가 확정되고 납입도 한 것이 된다. 따라서 회사는 주식배당에 의한 신주발행의 경우에도 준비금의 자본금 전입에 의한 신주발행의 경우와 같이, 무상신주를 기존주주에 대하여 그가 가진 주식수에 비례하여 교부한다. 주식배당은 이익배당총액의 2분의 1을 초과할 수 없다($\substack{상\ 462조의 \\ 2\ 1항\ 단서}$).

그러나 주권상장법인의 경우에는 주식의 시가가 액면액 이상이면 이익배당총액을 주식배당으로 할 수 있다($\substack{자금\ 165조 \\ 의\ 13\ 1항}$).

(2) 주식배당의 법적 성질에 대하여는 후술하는 바와 같이 현금배당에 갈음하는 이익배당으로 보는 견해(다수설)와, 주식분할이라고 보는 견해(소수설)로 나뉘어 있다.

(3) 주식배당의 경우에도 발행되는 신주의 액면가액만큼 자본금이 증가한다.

(4) 주식배당에 의한 신주발행의 효력발생시기는 이익배당·의결권행사 등과 중대한 관계가 있으므로, 상법은 이를 명문으로 하여 「주식배당을 결의한 주주총회의 종결시」라고 규정하고 있다($\substack{상\ 462조 \\ 의\ 2\ 4항}$).

3. 전환주식 또는 전환사채의 전환에 의한 신주발행

(1) 회사가 종류주식을 발행한 경우에 정관의 규정으로 주주에게 다른 종류주식으로 전환할 권리(전환권)가 인정되거나(주주전환주식) 정관에서 정한 일정한 사유가 발생할 때 회사가 전환권을 행사하는 주식(회사전환주식)($\substack{상\ 346 \\ 조\ 이하}$)과 사채권자에게 사채발행회사의 주식으로 전환할 것을 청구하는 권리(전환권)가 인정된 사채(전환사채) ($\substack{상\ 513 \\ 조\ 이하}$)의 경우에, 전환권자가 전환기간중에 전환권을 행사하면 회사는 신주를 발행하여 주주 또는 사채권자에게 교부하여야 한다($\substack{회사전환주식의\ 경우에는\ '정관에서\ 정한\ 일정 \\ 한\ 사유가\ 발생한\ 때'\ 회사는\ 전환권을\ 행사할 \\ 수\ 있다}$). 이 때 회사의 재산에는 변동이 없다. 주주전환주식과 전환사채의 전환권은 형성권이므로 전환의 효력은 전환권자가 전환을 청구한 때($\substack{회사전환주식의\ 경우에는 \\ '주권제출기간이\ 끝난\ 때'}$)에 생긴다($\substack{상\ 350조\ 1항\cdot \\ 516조\ 2항}$). 따라서 주주전환주식 또는 전환사채의 전환에 의한 신주발행의 효력발생시기는 전환권자에 의한 「전환의 청구시」라고 볼 수 있다. 이러한 전환의 청구는 주주명부 폐쇄기간중에도 할 수 있는데, 다만 이 때에는 주주명부 폐쇄기간중의

총회의 결의에 관하여 의결권을 행사할 수 없다($\substack{상 350조 2항, \\ 516조 2항}$,).[1] 그러나 회사전환주식의 전환에 의한 신주발행의 효력발생시기는 회사의 통지·공고에 의한 「주권제출기간이 끝난 때」라고 볼 수 있다.

(2) 액면주식의 경우 전환주식이 전환되어 신주가 발행된 경우에 전환주식과 신주식의 수가 동수이면($\substack{즉, 전환비율 \\ 이 1 : 1이면}$) 자본금에는 변동이 없으나, 신주식의 수가 증가하면 그만큼 자본금은 증가한다($\substack{반대로 신주식의 수가 감소하 \\ 는 전환은 인정되지 않는다}$). 그러나 전환사채의 경우에는 언제나 발행되는 신주의 액면총액(액면주식의 경우) 또는 자본금으로 계상하기로 한 금액(무액면주식의 경우)만큼 자본금이 증가한다.

4. 신주인수권부사채의 신주인수권의 행사에 의한 신주발행

(1) 신주인수권부사채란 사채권자에게 신주인수권이 부여된 사채인데, 사채권자는 이러한 신주인수권에 의하여 소정의 가액으로 신주의 발행을 기채(起債)회사에 청구할 수 있다. 사채권자는 이러한 청구를 주주명부 폐쇄기간중에도 할 수 있는데, 다만 이 때에는 주주명부 폐쇄기간중의 총회의 결의에 관하여 의결권을 행사할 수 없다($\substack{상 516조의 \\ 10, 350조 2항}$).[2] 이렇게 사채권자의 신주인수권의 행사에 의하여 발행된 신주의 효력발생시기는 원칙적으로 대용(代用)납입이 인정되지 않으므로, 신주의 「발행가액의 전액을 납입한 때」이다($\substack{상 516조 \\ 의 10 1문}$).

이러한 신주발행의 경우에는 회사의 자본금이 증가함은 물론 재산도 증가한다.

(2) 신주인수권부사채의 발행시에 예외적으로 대용(代用)납입($\substack{신주인수권부사채의 상환 \\ 에 갈음하여 신주인수권 \\ 의 행사에 의하여 발행되는 신주}$)이 인정되는 경우에는($\substack{상 516조의 \\ 2 2항 5호}$) 신주인수권부사채권자의 신주인수권의 행사시에 신주인수권부사채의 상환에 갈음하여 신주의 발행가액이 납입된 것으로 보게 되므로($\substack{전환사채의 전환청구 \\ 의 경우와 비슷한 결과}$), 대용납입이 인정되는 경우에는 「신주인수권의 행사시」에 신주발행의 효력이 발생하는 것으로 보아야 할 것이다($\substack{상 350조 1 \\ 항 유추적용}$). 이에 관하여는 상법에 규정이 없으나, 입법론적으로 전환사채의 경우와 같이($\substack{상 516 \\ 조 2 \\ 항 \\ 참조}$) 상법 제350조를 준용하는 규정을 두어야 할 것으로 본다.

이러한 신주발행의 경우에는 자본금은 증가하나 재산은 증가하지 않는다.

5. 회사의 흡수합병 또는 분할합병으로 인한 신주발행

(1) 회사의 흡수합병 또는 분할합병의 경우 존속회사($\substack{분할합병의 경우는 분할합병 \\ 의 상대방회사(분할후 회사)}$)는 소

---

1) 1995년 개정상법 이전에는 「주주명부 폐쇄기간중에는 전환을 청구하지 못한다」고 규정된 것을 (상 349조 3항), 1995년 개정상법이 이와 같이 개정한 것이다.
2) 이는 1995년 개정상법에 의하여 개정된 것이다.

멸회사(분할합병의 경우는 분(할회사〈분할전 회사〉))의 순재산을 승계하고, 이것에 해당하는 신주를 발행하여 소멸회사(분할합병의 경우는 분(할회사〈분할전 회사〉))의 주주에게 교부하게 되는데, 이 때에 발행되는 신주는「합병 또는 분할합병의 효력이 발생하는 때」에 그 효력이 발생한다고 보아야 할 것이다. 그런데 (흡수)합병 또는 분할합병의 효력은 존속회사(분할합병의 경우는 분할합병(의 상대방회사〈분할후 회사〉))가 본점소재지에서 합병으로 인한「변경등기시」에 발생한다($\binom{상\ 234조\ 530조}{2항,\ 530조의\ 11}$). 이 때 존속회사(분할합병의 경우는 분할합병(의 상대방회사〈분할후 회사〉))는 흡수합병(분할합병)의 보고총회(주주총회)가 종결한 날($\binom{소규}{모\ 합}$병의 경우에는 보고(에 갈음하는 공고일))로부터 본점소재지에서는 2주 내, 지점소재지에서는 3주 내에 변경등기를 하여야 한다($\binom{상\ 528조\ 1항,}{530조의\ 11\ 1항}$).

(2) 흡수합병 또는 분할합병으로 인한 신주발행은 회사의 재산 및 자본금이 동시에 증가하는 점에서 보통의 신주발행의 경우와 유사하다.[1] 그러나 보통의 신주발행은 주식인수의 청약과 배정에 의하여 주식인수인이 확정되고 또 이러한 주식인수인의 개별적인 출자를 요하는 것이나, 흡수합병 또는 분할합병으로 인한 신주발행은 주식인수의 청약과 배정이 없고 소멸회사(분할합병의 경우는 분(할회사〈분할전 회사〉))의 주주에게 그의 지주수(持株數)에 비례하여 존속회사(분할합병의 경우는 분할합병(의 상대방회사〈분할후 회사〉))의 신주식이 교부되고 또 소멸회사(분할합병의 경우는 분(할회사〈분할전 회사〉))의 재산이 존속회사(분할합병의 경우는 분할합병(의 상대방회사〈분할후 회사〉))에 포괄적으로 이전되는 점에서 양자는 구별된다.[2]

6. 주식의 포괄적 교환으로 인한 신주발행

(1) 주식의 포괄적 교환에 의하여 완전자회사가 되는 회사의 주주가 소유하는 그 회사의 주식은 완전모회사가 되는 회사에 이전하고 그 완전모회사가 되는 회사는 완전자회사가 되는 회사의 주주에게 배정하기 위하여 신주를 발행하는데($\binom{상\ 360}{조의}$ $_{2항}$), 이러한 신주발행의 효력은「주식교환을 할 날(주식교환일)」에 발생한다($\binom{상\ 360조}{의\ 3\ 3항\ 6}$호, 360조(의 2\ 2항)).

---

1) 그러나 소멸회사(분할합병의 경우는 분할회사〈분할전 회사〉)의 계수상의 자본액이 그대로 존속회사(분할합병의 경우는 분할합병의 상대방회사〈분할후 회사〉)의 자본액에 첨가되는 것이 아니라, 소멸회사(분할합병의 경우는 분할회사〈분할전 회사〉)의 순재산액에서 합병교부금의 액을 공제한 잔액이 첨가되는 것이 보통이다. 또 소멸회사(분할합병의 경우는 분할회사〈분할전 회사〉)로부터 승계한 순재산액으로부터 합병교부금 및 존속회사(분할합병의 경우는 분할합병의 상대방회사〈분할후 회사〉)의 증자액을 공제하고, 잔액(합병차액)이 있으면 존속회사(분할합병의 경우는 분할합병의 상대방회사〈분할후 회사〉)의 자본준비금으로 적립하여야 한다(상 459조 1항 3호, 459조 1항 3호의 2). 그러나 예외적으로 이러한 합병차액 중 소멸 또는 분할되는 회사의 이익준비금 기타 법정준비금은 합병후 또는 분할·분할합병후 존속 또는 설립되는 회사가 이를 승계할 수 있다(상 459조 2항).
2) 동지: 정(동), (회) 538면; 이(기) 외, (회) 467면.

참고로 주식의 포괄적 이전에 의하여 완전자회사가 되는 회사의 주주가 소유하는 그 회사의 주식은 주식이전에 의하여 설립하는 완전모회사에 이전하고 그 완전모회사가 되는 회사는 완전자회사가 되는 회사의 주주에게 배정하기 위하여 주식을 발행하는데($\substack{\text{상 360조} \\ \text{의 15 2항}}$), 이는 회사설립시의 주식발행에 해당하고 성립 후의 회사의 신주발행과는 구별된다.

(2) 주식의 포괄적 교환에 의하여 신주를 발행하는 완전모회사의 자본금은 일정한 한도 내에서 증가하게 된다($\substack{\text{상 360} \\ \text{조의 7}}$). 또한 완전모회사가 되는 회사의 경우는 완전자회사의 주식을 취득하는 만큼의 재산의 증가를 가져온다고 볼 수 있다. 따라서 주식의 포괄적 교환에 의한 신주발행은 현물출자 또는 흡수합병과 유사한 자본금 및 재산의 증가를 가져온다고 볼 수 있다.

7. 주식의 병합 또는 분할에 의한 신주발행

(1) 주식의 병합은 수 개의 주식을 합하여 종래보다 소수의 주식으로 함으로써 발행주식총수를 감소시키는 것인데, 자본금 감소($\substack{\text{상 440조~} \\ \text{442조}}$)·합병($\substack{\text{상 530} \\ \text{조 3항}}$) 또는 분할이나 분할합병($\substack{\text{상 530조} \\ \text{의 11 1항}}$)의 절차로 한다. 주식을 병합하는 경우에 회사는 1월 이상의 기간을 정하여 그 뜻과 그 기간 내에 주권을 회사에 제출할 것을 공고하고 주주명부에 기재된 주주와 질권자에 대하여는 각별로 그 통지를 하여야 하는데($\substack{\text{상} \\ \text{440조}}$), 병합은 이 기간이 만료한 때에 그 효력이 생긴다($\substack{\text{상 441} \\ \text{조 본문}}$). 그러나 채권자보호절차($\substack{\text{상} \\ \text{232조}}$)가 종료하지 아니한 때에는 그 절차가 종료한 때에 효력이 생긴다($\substack{\text{상 441} \\ \text{조 단서}}$).

자본금 감소의 절차로 주식을 병합하여 신주를 발행하는 경우에는($\substack{\text{즉, 명의상 감} \\ \text{자인 경우에는}}$), 회사의 재산에는 아무런 변동이 없으나 자본금은 감소한다. 회사의 합병·분할이나 분할합병의 절차로 주식을 병합하여 신주를 발행하는 경우에는, 흡수합병의 존속회사나 분할합병의 상대방회사(분할후 회사)의 경우를 보면 합병 전보다 합병 후에 회사의 재산 및 자본금이 증가하는 것이 일반적이다.

(2) 주식의 분할은 기존의 주식을 세분화하여 발행주식총수를 증가하는 것인데, 이에 대하여 1998년 개정상법은 명문으로 규정하고 있다($\substack{\text{상 329} \\ \text{조의 2}}$). 이에 의하면 회사는 주주총회의 특별결의로 주식을 분할할 수 있는데($\substack{\text{상 329조} \\ \text{의 2 1항}}$), 이 때 액면주식의 경우 분할 후의 1주의 금액은 1주의 최저금액인 100원 미만으로 할 수 없다($\substack{\text{상 329조} \\ \text{의 2 2항}}$). 이러한 주식분할의 경우에도 주식병합에 관한 규정이 준용되므로($\substack{\text{상 329조} \\ \text{의 2 3항}}$), 주식분할의 효력도 주식병합의 경우와 같이 「주권제출기간의 만료시」에 발생한다고 본다 ($\substack{\text{상 329조의} \\ \text{2 3항, 441조}}$).

주식분할에 의한 신주발행에는 회사의 재산 및 자본금에 변동을 가져오지 않는다.

제 3 관 자본금의 감소(감자〈減資〉)

제 1 의   의

(1) 자본금의 감소(reduction of capital; Kapitalherabsetzung)란「회사의 자본금을 감소하는 것」을 말한다. 자본금이 감소하면 그만큼 회사가 유보하여야 할 현실재산이 감소하게 되므로 대외적으로는 회사 채권자에게 불리하게 되고, 대내적으로는 주주의 권리의 존재와 범위에 영향을 주게 된다.[1] 이러한 점으로 인하여 상법은 감자가 정관변경사항은 아니지만, 이에 대하여 엄격한 요건(채권자보호절차 등)을 규정하고 있다 (자본금 감소 제한의 원칙).

(2) 자본금 감소에는 증자의 경우와 같이 실질상의 자본금 감소와 명의상의 자본금 감소가 있는데, 실무상 행하여지고 있는 것은 명의상의 자본금 감소가 대부분이다.[2] 회사는 재무구조를 개선하기 위하여 명의상의 자본금 감소와 실질상의 자본금 증가(특히 공모)를 병행할 수도 있다.[3]

제 2 감자의 방법

자본금을 감소하는 방법에는 액면주식의 경우 주금액의 감소·주식수의 감소 또는 양자의 병행이 있고, 무액면주식의 경우에는 자본금 자체의 감소(이는 액면주식의 경우 주금액의 감소에 해당) 또는 주식수의 감소와 자본금 자체의 감소의 병행이 있다.[4] 어떤 경우이든 주

---

1) 동지: 이(철), (회) 955면.
2) 정(동), (회) 660면; 이(기) 외, (회) 497면.
3) 상법·금융산업의 구조개선에 관한 법률 및 채무자회생 및 파산에 관한 법률상의 자본금 감소의 절차와 방법을 비교하여 소개한 것으로는 권재열, "기업구조조정을 위한 자본감소의 방법과 절차,"「판례월보」, 통권 368호(2001. 5), 29~43면; 동, "주식회사에서의 자본감소의 목적과 태양에 관한 소고(기업구조조정에 관련된 법률을 중심으로),"「상사법연구」, 제19권 3호(2001), 283~312면.
4) 동지: 송옥렬, "2011년 개정 회사법의 해석과 주요쟁점─기업재무분야를 중심으로─,"「저스티스」(한국법학원), 통권 제127호(2011. 12), 48면(무액면주식에서도 주당 자본금의 개념이 있어 자본금을 감소시키는 방법은 액면주식과 다르지 않으므로, 단순히 자본금의 액을 임의로 낮추는 방법과 발행주식총수를 줄이는 방법을 모두 사용할 수 있다고 한다); 송(옥), 901~902면; 이(철), (회) 900면, 960면(무액면주식을 발행한 경우에는 단지 회사의 자본금 감소의 의사결정만으로 자본금을 감소할 수 있고, 이와 함께 주식을 소각하거나 병합할 수도 있으나 이는 양자의 단순한 병행에 불과하다고 한다).

주평등의 원칙에 의하여야 하는데, 회사가 종류주식을 발행한 경우로서 감자의 방법으로 주식의 병합 또는 소각을 하는 경우에는 이의 예외가 인정된다($\frac{상}{조}\frac{344}{3항}$). 다만 이러한 예외의 경우에는 종류주주총회의 결의가 있어야 한다($\frac{상}{436조}$).

1. 액면주식에서 주금액의 감소 또는 무액면주식에서 자본금의 액의 감소

(1) 액면주식에서 주금액의 감소

액면주식의 경우 주금액의 감소의 방법에는 절기(切棄)[1](cancelling; Abschreibung)와 환급(還給)(returning; Rückzahlung)의 두 방법이 있다. 어느 방법이든 새로운 주금액은 100원을 밑돌 수 없고($\frac{상}{조}\frac{329}{3항}$) 또 균일하여야 한다($\frac{상}{조}\frac{329}{2항}$). 또 액면주식의 경우 1주의 금액은 정관의 절대적 기재사항($\frac{상\ 289조}{1항\ 4호}$)이므로 주금액을 감소하기 위하여는 주주총회의 특별결의에 의한 정관변경절차($\frac{상\ 433조}{434조}$)를 거쳐야 한다.

1) 절기(切棄)　　절기란 주주가 납입주금액의 일부를 포기하여 주주의 손실에서 주금액을 감소시키는 것으로서, 명의상의 자본금 감소에 이 방법이 이용된다.

2) 환급(還給)　　환급이란 회사가 주금액의 일부를 주주에게 반환하고 남은 주금액으로만 주금액을 감소하여 새로이 정하는 것으로서, 실질상의 자본금 감소에 이 방법이 이용된다.

(2) 무액면주식에서 자본금의 액의 감소

무액면주식의 경우 단순히 자본금의 액을 임의로 낮추는 방법이 있는데, 이 경우 자본금을 발행주식수로 나누면 주당 자본금이 감소하므로 이는 액면주식의 경우 주금액을 감소시키는 것과 유사하게 된다.

2. 주식수의 감소

(1) 액면주식에서 주식수의 감소

액면주식에서 주식수의 감소에는 주식의 병합과 주식의 소각의 두 가지 방법이 있다.

1) 주식의 병합

주식의 병합이란 「다수의 주식을 합하여 소수의 주식으로 하는 회사의 행위」이다. 예컨대, 5주를 1주로 하거나, 8주를 1주로 하는 것 등이다. 주식의 병합은 명의상의 감자방법인데, 실제로 가장 많이 이용되는 감자방법이다.[2] 상법은 감자방법으

---

1) 정(동), (회) 661면 및 같은 면 주 3은 "절기"라는 말이 국어대사전에는 없다고 하여, "삭감"(감액)이라고 표현하고 있다.

2) 정(동), (회) 662면; 이(기) 외, (회) 498면.

로 주식의 병합에 대하여 규정하고 있는데($^{상\ 440조\sim}_{443조}$), 주식의 병합시에 단주(端株)가 발생하는 경우에는 단주의 처리방법도 규정하고 있다($^{상}_{443조}$). 이 방법은 소수주주를 축출하는 수단으로 악용되는 수도 있다.[1]

2) 주식의 소각

주식의 소각이란 「회사의 존속중에 특정한 주식을 절대적으로 소멸시키는 회사의 행위」이다. 주식의 소각에는 그 주식의 주주의 승낙을 요하는지 여부에 따라 임의소각과 강제소각, 대가를 주는지 여부에 따라 유상소각과 무상소각으로 분류된다. 임의·유상소각(매입소각)이 보통이다. 어떠한 방법에 의한 소각이라도 주주평등의 원칙에 따라서 하여야 한다($^{예컨대,\ 강제소각의\ 경우는\ 추첨·안분비례,\ 임의소각}_{의\ 경우는\ 청약선착순\ 등으로\ 평등의\ 기회를\ 주면\ 된다}$). 또 주식의 소각에 의한 감자에 의하여 주식수가 감소하더라도, 그 감소한 수의 주식에 대하여는 이미 주식의 발행권한을 행사하였기 때문에 수권주식총수 중의 미발행주식수가 그만큼 환원·증가하는 것이 아니다.[2]

(2) 무액면주식에서 주식수의 감소

무액면주식을 발행한 때에는 발행가액의 2분의 1 이상을 자본금으로 계상하여야 하지만($^{상\ 451조}_{2항\ 본문}$) 이를 자본금에 계상한 이후에는 발행주식수와 자본금의 관계는 끊어지기 때문에, 회사는 발행주식수를 감소시키면서($^{예컨대,\ 주식의}_{병합이나\ 소각}$) 자본금의 액을 감소할 수도 있으나($^{이\ 경우에는\ 주당\ 자본금의}_{액이\ 변하지\ 않을\ 수\ 있음}$), 발행주식수를 그대로 두면서 앞에서 본 바와 같이 자본금의 액만을 감소할 수도 있다($^{이\ 경우에는\ 주당\ 자}_{본금의\ 액이\ 낮아짐}$). 무액면주식의 경우 자본금 감소는 발행주식수를 감소시키는 경우이든 아니든 반드시 자본금의 액을 감소시켜야 하고, 발행주식수를 감소시키는 것만으로는 자본금이 감소하지 않는다[3]($^{액면}_{과\ 다}_{른\ 점}$).

제 3 감자의 절차

1. 주주총회의 특별결의

감자 그 자체는 정관변경을 요하는 사항이 아니지만, 이는 주주에게 중대한 이해관계가 있으므로($^{즉,\ 주주의\ 권리를\ 감소}_{또는\ 소멸시키는\ 것이므로}$) 정관변경의 경우와 같이 주주총회의 특별결의를 받아야 한다($^{상\ 438}_{조\ 1항}$)(그러나 부실화 우려 있는 금융기관의 경우에는 이사회결의만으로 자본금 감소를 할 $^{수\ 있도록\ 하고\ 있는데}$〈금융산업의 구조개선에 관한 법률 12조 4항〉, 이것은 주주 재

---

1) 정(동), (회) 662면.
2) 동지: 정(회), 541면.
3) 동지: 이(철), (회) 900면, 960면; 송(옥), 901~902면.

산권의 본질적 내용을), 1)
침해하는 것이 아니다).·

　　그러나 결손의 보전을 위한 자본금의 감소는 주주총회의 보통결의($\frac{상\ 368}{조\ 1항}$)에 의한다($\frac{상\ 438}{조\ 2항}$). 이러한 경우 감자절차를 간소화하기 위하여, 2011년 4월 개정상법이 이를 신설하였다.

　　자본금 감소를 결의하기 위한 주주총회의 소집통지에는 의안의 요령을 적어야 하고($\frac{상\ 438}{조\ 3항}$), 또 감자에 관한 주주총회결의에서는 감자의 방법도 결정하여야 한다2) ($\frac{상\ 439}{조\ 1항}$).

　　감자의 방법으로 액면주식의 경우 주금액을 감소하는 방법을 선택한 때에는, 감자의 결의 외에 다시 주금액을 변경하는 정관변경을 위한 주주총회의 특별결의는 필요하지 않다고 본다.3) 감자의 방법으로 주식수를 감소하는 방법을 선택한 경우, 수권주식총수는 (수권에 의하여 이미 주식이 발행되었던 것이므로) 감소되지 않는다.

2. 채권자보호절차

　　실질상의 감자는 회사의 순재산을 감소시키고 또 명의상의 감자도 회사의 순재산의 공제금액을 감소시켜 이익배당을 가능하게 하므로, 어떤 경우든 감자는 직접 · 간접으로 사내 유보재산의 액을 감소하게 하여 채권자의 일반적 담보력을 감소시킨다.

　　따라서 상법은 감자의 경우 채권자보호를 위하여 회사는 감자결의일로부터 2주간 내에 일정한 기간($\frac{1월}{이상}$)을 정하여 그 기간 내에 채권자는 이의(異議)가 있으면 이를 제출하도록 하는 일반적 공고를 하고, 알고 있는 채권자에 대하여는 각별로 최고하도록 하고 있다($\frac{상\ 439조\ 2항\ 본}{문,\ 232조\ 1항}$).

　　그러나 결손의 보전을 위한 자본금 감소의 경우에는 이러한 채권자보호절차가 필요 없다($\frac{상\ 439조}{2항\ 단서}$). 이는 감자절차를 간소화하기 위하여 2011년 4월 개정상법에 의하여 신설된 것이다.

　　사채권자가 이의(異議)를 하자면 사채권자집회의 결의가 있어야 하는데, 이 경우에 법원은 이해관계인의 청구에 의하여 사채권자를 위하여 이의제기기간을 연장할 수 있다($\frac{상\ 439}{조\ 3항}$). 회사의 채권자가 이의를 제출한 때에는 회사는 그 채권자에게 변제하거나, 상당한 담보를 제공하거나, 또는 이를 목적으로 하여 신탁회사에 상당한 재산을 신탁하여야 한다($\frac{상\ 439조\ 2항}{본문,\ 232조\ 3항}$). 그러나 회사의 채권자가 이의제기기간내에 이

---

1) 대판 2010. 4. 29, 2007 다 12012(공보 2010, 964).

2) 따라서 감자방법을 이사회에 위임할 수는 없다[日大判 1926. 3. 27(民集 5, 222)].

3) 동지: 정(동), (회) 663면; 이(철), (회) 961면; 채, 803면; 이(기) 외, (회) 499면.

의를 제출하지 아니한 때에는 감자를 승인한 것으로 본다($^{상\ 439조\ 2항}_{본문,\ 232조\ 2항}$).

3. 주식에 대한 조치

주식에 대한 조치는 감자방법에 따라 아래와 같이 다르다. 상법이 규정하고 있는 감자방법에는 주식의 병합($^{상\ 440조\sim}_{443조}$)과 강제소각($^{상\ 343}_{조\ 2항}$)만이 있으므로 이 경우의 주식에 대한 조치는 상법에 규정되어 있으나, 그 이외의 경우에는 상법에 규정이 없으므로 해석에 의할 수밖에 없다.

(1) 액면주식에서 주금액의 감소의 경우

액면주식에서 주금액의 감소의 방법에 의할 때에는, 이에 관한 상법의 규정은 없지만, 회사가 주주에게 그 뜻을 통지·공고하고 주주로부터 주권을 제출받아 권면액을 정정하면 된다.[1]

(2) 주식수의 감소의 경우

1) 주식의 병합의 경우   회사가 주식의 병합에 의하여 자본금 감소를 하는 경우에는, 회사는 먼저 1월[2] 이상의 기간을 정하여 그 뜻과 그 기간 내에 주권을 회사에 제출할 것을 공고하고 주주명부에 기재된 주주와 질권자에 대하여는 각별로 그 통지를 하여야 하는데($^{상}_{440조}$), 회사가 이 기간 내에 구주권(舊株券)을 제출받으면 이를 회수하고 신주권(新株券)을 교부한다. 분실 기타의 사유로 구주권을 제출하지 못하는 자가 있으면, 공시최고절차보다 간편한 방법으로 회사는 그 자의 청구와 비용으로 이해관계인에 대한 이의제출의 공고를 하고, 일정한 기간($^{3월}_{이상}$)이 경과한 후에 신주권을 교부할 수 있다($^{상}_{442조}$). 이러한 신주권은 병합 전의 주식을 여전히 표창하면서 그와 동일성을 유지한다.[3]

병합에 적합하지 않은 단주(端株)는 이것을 합하면 일정수의 신주식이 되므로, 이것을 경매하거나 거래소의 시세가 있는 주식은 거래소를 통하여 매각하고 거래소의 시세가 없는 주식은 법원의 허가를 얻어 임의매각을 함으로써 얻은 대금을 단주의 수에 비례하여 종전의 주주에게 지급하여야 한다($^{상\ 443}_{조\ 1항}$). 병합에 적합하지 않은

---

1) 동지: 정(희), 542면; 정(동), (회) 664면.

2) 자본금 감소의 목적으로 하는 주식병합절차에서 구주권의 제출기간을 1995년 개정상법 이전에는 「3월」로 하였으나, 이 기간이 너무 장기라는 이유로 1995년 개정상법은 「1월」로 단축하였다. 이로 인하여 주식병합으로 인한 신주발행의 효력발생시기도 2개월이 단축되었다[해설(1995), 158면].

3) 동지: 대판 2005. 6. 23, 2004 다 51887(공보 2005, 1228)(주식병합의 효력이 발생하면 회사는 신주권을 발행하고〈상법 제442조 1항〉, 주주는 병합된 만큼 감소된 수의 신주권을 교부받게 되는 바, 이에 따라 교환된 주권은 병합 전의 주식을 여전히 표창하면서 그와 동일성을 유지한다).

구주권을 제출할 수 없는 자가 있으면, 병합에 적합한 구주권을 분실 등으로 제출할 수 없는 경우와 같이 이의제출의 공고절차가 끝난 후에 그 대금을 지급한다($\frac{\text{상}}{\text{항,}}^{443}_{\text{조 2}}$442조).

2) 주식의 소각의 경우

(가) 임의소각의 경우에는, 이에 관한 상법의 규정은 없으나, 주주의 신청과 주권을 제출받거나 또는 시장에서 매입하여 회사가 자기주식을 취득하여 지체 없이 주식실효의 절차를 밟아서 한다.[1] 이 때 주식의 임의소각의 효력은 주식실효절차를 마친 때에 발생하고, 주주의 주식소각대금채권의 발생시기는 상법 소정의 자본금 감소절차가 마쳐진 때에 발생한다.[2]

(나) 강제소각의 경우에는 이에 관한 상법의 규정이 있다. 즉, 회사는 주식의 병합의 경우와 같이 그 뜻과 일정기간($^{1개월}_{이상}$) 내에 주권을 회사에 제출할 것을 공고하고, 또 주주명부에 기재된 주주와 등록질권자에게 각별로 그 통지를 하여야 한다($\frac{\text{상}}{\text{조 2항,}}^{343}$440조). 이러한 주식의 소각은 위의 기간이 만료한 때에 그 효력이 생기는데, 다만 채권자보호절차가 종료하지 아니한 때에는 그 절차가 종료한 때에 효력이 생긴다($^{\text{상 343조 2항,}}_{441조, 232조}$).

4. 등 기

자본금의 액, 때로는 발행주식총수가 감소하므로 감자의 효력이 생기면 소정기간 내에 변경등기를 하여야 한다($^{\text{상 317조 2항 2호·}}_{3호, 4항, 183조}$). 그러나 이 등기는 자본금 감소의 효력발생요건이 아니다.

---

1) 동지: 정(희), 542면; 정(동), (회) 664면.
2) 동지: 대판 2008. 7. 10, 2005 다 24981(공보 2008, 1118)(주식의 강제소각의 경우와 달리, 회사가 특정 주식의 소각에 관하여 주주의 동의를 얻고 그 주식을 자기주식으로서 취득하여 소각하는 이른바 주식의 임의소각에 있어서는, 회사가 그 주식을 취득하고 상법 소정의 자본감소의 절차뿐만 아니라 상법 제342조가 정한 주식실효 절차까지 마친 때〈2011년 4월 개정상법 이전의 내용으로, 회사가 주식을 소각하기 위하여 자기주식을 취득하면 지체 없이 주식실효의 절차를 밟도록 함〉에 소각의 효력이 생긴다. 또한 주식 임의소각의 경우 그 소각의 효력이 상법 제342조의 주식실효 절차까지 마쳐진 때에 발생한다 하더라도, 주주가 주식소각대금채권을 취득하는 시점은 임의소각의 효력발생시점과 동일한 것은 아니며, 적어도 임의소각에 관한 주주의 동의가 있고 상법 소정의 자본감소의 절차가 마쳐진 때에는 주식소각대금채권이 발생하고, 다만 그 때까지 주주로부터 회사에 주권이 교부되지 않은 경우에는 회사는 주주의 주식소각대금청구에 대하여 주권의 교부를 동시이행항변 사유로 주장할 수 있을 뿐이다).

제 4 감자의 효력

1. 감자의 효력발생시기

(1) 감자의 효력은 액면주식의 경우 원칙적으로 감자의 모든 절차, 즉 주주총회의 결의·채권자보호절차·주식에 대한 조치가 모두 완료한 때에 생긴다.[1]

그러나 무액면주식의 감자의 경우에는 주주총회에서 감소되는 자본금의 액을 정하고 채권자보호절차를 밟으면 족하므로, 자본금 감소를 위한 주주총회에서 정한 자본금 감소의 효력발생일[2]$\binom{\text{이 때 채권자보호절차가 종료되지 않으면 채권}}{\text{자보호절차 종료시 — 상 441조 단서 유추적용}}$에 자본금 감소의 효력이 발생한다.[3]

(2) 액면주식에 대한 감자에서 강제소각 및 주식병합의 경우에는 예외적으로 주권제출기간의 만료시[4]$\binom{\text{만일 채권자보호절차가 아직 종}}{\text{료하지 아니한 때에는 그 종료시}}$에 그 효력이 생긴다$\binom{\text{상 343조 2항,}}{\text{440조, 441조}}$.

(3) 자본금 감소의 효력이 발생할 때까지는 주주총회의 특별결의로 자본금 감소의 결의를 철회할 수 있다.[5]

2. 감자차익금(減資差益金)의 처리

자본금 감소에 의하여 감소된 자본금의 액이 주식의 소각 또는 주금의 반환에 요한 금액과 결손의 전보에 충당한 금액을 초과하는 경우에는, 그 초과금액(감자차익금)을 대통령령으로 정하는 바에 따라 자본준비금으로 적립하여야 한다$\binom{\text{상 459조}}{\text{1항, 상}}$$\binom{\text{시}}{\text{18조}}$.

---

1) 동지: 정(희), 543면; 정(동), (회) 666면; 日大判 1930. 7. 17(民集 9, 868).
2) 日會 447조 1항 3호 참조.
3) 동지: 이(철), (회) 964면.
4) 그러나 1인 주주인 경우에는 주식병합에 관한 주주총회의 결의에 따라 그 변경등기의 경료시에 주식병합의 효력이 발생한다[대판 2005. 12. 9, 2004 다 40306(공보 2006, 111)(상법상 주식병합에 있어서 일정한 기간을 두어 공고와 통지의 절차를 거치도록 한 취지는 신 주권을 수령할 자를 파악하고 실효되는 구 주권의 유통을 저지하기 위하여 회사가 미리 구 주권을 회수하여 두려는 데 있다 할 것인바, 사실상 1인 회사에 있어서 주식병합에 관한 주주총회의 결의를 거친 경우에는 회사가 반드시 위와 같은 공고 등의 절차를 통하여 신 주권을 수령할 자를 파악하거나 구 주권을 회수하여야 할 필요성이 있다고 보기는 어려우므로, 주식병합에 관한 주주총회의 결의에 따라 그 변경등기가 경료되었다면 위와 같은 공고 등의 절차를 거치지 않았다고 하더라도 그 변경등기 무렵에 주식병합의 효력이 발생한다고 봄이 상당하다)].
5) 동지: 정(희), 543면; 정(동), (회) 666면; 日大判 1930. 7. 17(民集 9, 868).

제5 감자의 무효

1. 의 의

자본금 감소의 절차 또는 내용에 하자가 있는 경우에는, 일정한 자가 일정한 기간 내에 소(訴)만으로써 감자의 무효를 주장할 수 있다. 이는 회사설립무효의 소와 같은 취지이고, 민법의 일반원칙에 의한 무효의 주장 및 그 효력과 구별된다.

2. 감자무효의 소

(1) 무효원인

감자의 절차 또는 그 내용에 하자가 있는 경우에 감자는 무효원인이 된다. 예컨대, 감자에 관한 주주총회의 특별결의가 소에 의하여 취소되거나 또는 무효가 확인된 경우($^{상\,376}_{조,\,380조}$), 채권자보호절차를 이행하지 않은 경우, 주식병합에 관한 적법한 공고·통지절차를 이행하지 않은 경우,[1] 감자의 방법이 주주평등의 원칙에 반하는 경우 등이 감자무효의 소의 원인이 된다.

(2) 소의 요건

감자의 무효원인이 있는 경우에도 회사의 법률관계를 획일적으로 처리하고 기존상태를 보호하기 위하여, 상법은 일정한 자만이 제소기간 내에 소(訴)만으로 감자무효를 주장할 수 있도록 하여, 감자무효의 주장을 가능한 한 억제하고 있다($^{상}_{445조}$).

1) 소의 당사자

㈎ 감자무효의 소의 제소권자(원고)는 「주주·이사·감사(監事)·청산인·파산관재인 또는 자본감소를 승인하지 않은 채권자」이다($^{상}_{445조}$).

㈏ 이 소의 피고는 「회사」이다.

---

1) 동지: 대판 2009. 12. 24, 2008 다 15520(공보 2010, 208)(상법 부칙〈1984. 4. 10.〉 제5조 2항이 구 상법〈1991. 5. 31. 법률 제4372호로 개정되기 전의 것〉 제440조를 준용하여 주식병합에 일정한 기간을 두어 공고와 통지의 절차를 거치도록 한 취지는, 신 주권을 수령할 자를 파악하고 실효되는 구 주권의 유통을 저지하기 위하여 회사가 미리 구 주권을 회수하여 두려는 데 있다. 회사가 위와 같은 공고 등의 절차를 거치지 아니한 경우에는 특별한 사정이 없는 한 주식병합의 무효사유가 존재한다고 할 것이지만, 회사가 주식병합에 관한 주주총회의 결의 등을 거쳐 주식병합 등기까지 마치되 그와 같은 공고만을 누락한 것에 불과한 경우에는 그러한 사정만으로 주식병합의 절차적·실체적 하자가 극히 중대하여 주식병합이 부존재한다고 볼 수는 없다. 따라서 상법 부칙〈1984. 4. 10.〉 제5조 2항의 주식병합에 관하여 공고누락의 하자만을 이유로 주식병합의 무효를 주장하기 위해서는 구 상법 제445조에 따라 주식병합의 등기일로부터 6월 내에 주식병합 무효의 소를 제기하지 않으면 아니된다).

2) **제소기간**　　감자무효의 소의 제소기간은 자본금 감소로 인한 변경등기가 있는 날로부터 「6개월 내」이다($\frac{상}{445조}$). 이 제소기간은 제척기간이다.[1]

3) **주장방법**　　감자무효의 주장은 「소(訴)」만으로 할 수 있다($\frac{상}{445조}$). 따라서 감자무효의 소는 형성의 소이다.[2]

(3) 감자무효의 소와 주주총회결의취소의 소 등과의 관계

감자에 관한 주주총회결의의 취소를 구하는 소가 결과적으로 감자의 무효를 생기게 하는 경우가 있는데, 이 때 감자무효의 소와 감자를 결의한 총회결의취소의 소와는 어떠한 관계에 있는가가 문제된다.

이 때 자본금 감소의 효력발생 전에는 자본금 감소무효의 소를 제기할 수 없으므로 감자결의의 하자의 주장은 총회결의취소의 소 등에 의하지만,[3] 자본금 감소의 효력발생 후에는 자본금 감소의 절차의 일부에 지나지 않는 자본금 감소의 결의의 효력만을 다투는 총회결의취소의 소 등은 자본금 감소무효의 소에 의하여 흡수된다고 본다(흡수설).[4] 다만 총회결의취소의 소의 제소기간이 결의의 날로부터 「2월 내」이므로, 결의의 절차상의 하자를 이유로 하는 감자결의취소의 소는 위의 기간 내에 반드시 먼저 제기되어야 한다. 이 때 자본금 감소의 효력발생 전에 결의취소의 소 등이 제기된 경우로서, 그 원고가 감자무효의 소의 제소권자라면 감자의 효력발생

---

1) 동지: 대판 2010. 4. 29, 2007 다 12012(공보 2010, 964)(상법 제445조는 "자본감소의 무효는 주주 · 이사 · 감사 · 청산인 · 파산관재인 또는 자본감소를 승인하지 아니한 채권자에 한하여 자본감소로 인한 변경등기가 있는 날로부터 6월 내에 소만으로 주장할 수 있다"고 규정하고 있는바, 이는 자본감소에 수반되는 복잡한 법률관계를 조기에 확정하고자 하는 것이므로 새로운 무효사유를 출소기간의 경과 후에도 주장할 수 있도록 하면 법률관계가 불안정하게 되어 위 규정의 취지가 몰각된다는 점에 비추어 위 규정은 무효사유의 주장시기도 제한하고 있는 것이라고 해석함이 상당하고 자본감소로 인한 변경등기가 있는 날로부터 6월의 출소기간이 경과한 후에는 새로운 무효사유를 추가하여 주장할 수 없다); 동 2021. 7. 15, 2018 다 298744(공보 2021, 1478)(자본금 감소를 위한 주식소각 절차에 하자가 있다면, 주주 등은 자본금 감소로 인한 변경등기가 된 날부터 6개월 내에 소로써만 무효를 주장할 수 있다〈상 445조〉).

2) 동지: 대판 2009. 12. 24, 2008 다 15520(공보 2010, 208)(상법 제445조에서 규정하는 자본감소 무효의 소는 형성의 소를 의미한다).

3) 이 소를 본안으로 하여 자본감소실행금지의 가처분을 얻을 수 있다[정(희), 544면].

4) 동지: 정(희), 544면; 정(동), (회) 669면; 이(철), (회) 646면, 966면; 채, 807면; 이(기) 외, (회) 502면; 대판 2010. 2. 11, 2009 다 83599(공보 2010, 557)(상법 제445조는 자본감소의 무효는 주주 등이 자본감소로 인한 변경등기가 있는 날로부터 6월 내에 소만으로 주장할 수 있다고 규정하고 있으므로, 설령 주주총회의 자본감소 결의에 취소 또는 무효의 하자가 있다고 하더라도 그 하자가 극히 중대하여 자본감소가 존재하지 아니하는 정도에 이르는 등의 특별한 사정이 없는 한 자본감소의 효력이 발생한 후에는 자본감소 무효의 소에 의해서만 다툴 수 있다. 따라서 상법 제445조의 자본감소 무효의 소를 제기한 것으로 볼 여지가 충분한데도, 석명권을 행사하여 이를 분명히 하고 그에 따른 청구취지와 청구원인을 정리하지 아니한 채 자본감소 결의의 무효확인 판결을 선고한 원심판결을 파기한다).

후에는 감자무효의 소의 제기기간 내에 소의 변경절차에 따라 감자결의취소의 소를 감자무효의 소로 변경하여야 할 것이다.[1]

(4) 소의 절차

소의 전속관할, 소제기의 공고, 원고주주 또는 채권자의 담보제공, 소의 병합심리, 감자무효의 등기, 하자의 보완과 청구의 기각[2] 등은 회사설립무효의 소의 그것과 거의 같다($^{상\ 446조,\ 377조,\ 176조\ 4}_{항,\ 186조\sim189조,\ 192조}$).

(5) 판결의 효력

1) 감자무효의 소에서 원고가 승소하면 그 판결의 효력은 총회결의하자의 소의 경우와 같이 대세적 효력과 소급효가 있다($^{상\ 446조,}_{190조\ 본문}$).[3] 대세적 효력을 인정한 것은 법률관계를 획일적으로 처리하기 위한 것이다.

2) 감자무효의 소에서 원고가 패소하면 원고에게 고의[4] 또는 중과실이 있는 때에는 원고는 회사에 대하여 연대하여 손해배상할 책임을 진다($^{상\ 446조,}_{191조}$).

---

1) 동지: 정(희), 544면; 정(동), (회) 669면.
2) 대판 2004. 4. 27, 2003 다 29616(공보 2004, 881)(법원이 감자무효의 소를 재량 기각하기 위해서는 원칙적으로 그 소제기 전이나 그 심리중에 원인이 된 하자가 보완되어야 한다고 할 수 있을 것이지만, 하자가 추후 보완될 수 없는 성질의 것으로서 자본감소 결의의 효력에는 아무런 영향을 미치지 않는 것인 경우〈신분증의 사본 등이 첨부되지 아니한 위임장의 접수를 거부한 하자가 있는 경우인데, 이를 포함하여 출석주식수를 계산하더라도 찬성주식수가 의결정족수를 충족하는 경우〉 등에는 그 하자가 보완되지 아니하였다 하더라도 회사의 현황 등 제반사정을 참작하여 자본감소를 무효로 하는 것이 부적당하다고 인정한 때에는 법원은 그 청구를 기각할 수 있다. 따라서 주주총회의 감자결의에 결의방법상의 하자가 있으나, 그 하자가 감자결의의 결과에 아무런 영향을 미치지 아니하였고, 감자결의를 통한 자본감소 후에 이를 기초로 채권은행 등에 대하여 부채의 출자전환 형식으로 신주발행을 하고 수 차례에 걸쳐 제3자에게 영업을 양도하는 등의 사정이 발생하였다면, 자본감소를 무효로 할 경우 부채의 출자전환 형식으로 발행된 신주를 인수한 채권은행 등의 이익이나 거래의 안전을 해할 염려가 있으므로 자본감소를 무효로 하는 것이 부적당하다고 볼 사정이 있다).
3) 1995년 개정상법 이전에는 회사설립무효의 소의 경우와 같이 대세적 효력과 불소급효가 있는 것으로 규정하였으나(상 446조, 190조), 1995년 개정상법은 총회결의하자의 소의 경우와 같이 대세적 효력은 인정하나 소급효가 있는 것으로 개정하였다(상 446조, 190조 본문). 이로 인하여 자본감소의 방법의 하나인 주식의 병합에 의하여 새로 발행된 주식이 유통된 경우에 거래의 안전에는 문제가 있으나, 채권자보호의 실익은 크게 나타날 것으로 본다[동지: 해설(1995), 159면].
   이러한 개정상법에도 불구하고 감자무효의 소의 판결의 효력은 소급하지 않는다고 보는 견해(불소급설)로는 이(철), (회) 968면; 김정호, 「상법강의(제3판)」, 법문사, 810면; 동, "자본감소무효와 판결의 효력," 「상법학의 전망(평성 임홍근교수 정년퇴임기념논문집)」(서울: 법문사, 2003), 293~308면.
4) 2011년 4월 개정상법에서 상법 제191조의 '악의'도 상법 제399조 1항과 같이 '고의'로 수정하였어야 한다고 본다.

제 6 절 정관의 변경

제 1 정관변경의 의의

정관변경(미국: amendment of articles, 영국: alteration of memo-randum; Satzungsänderung; imodification des statuts)이란 「회사의 조직과 활동에 관한 근본규칙인 정관(실질적 의의 정관)을 변경하는 것」을 의미하고, 정관을 기재한 서면(형식적 의의 정관)을 변경하는 것을 의미하지 않는다.[1]

정관의 변경은 그것이 반사회적이거나 주식회사의 본질에 반하거나 또한 주주의 고유권을 해하지 않는 한, 원칙적으로 어떠한 내용이라도 자유롭게 변경할 수 있다.[2]

원시정관에 정관을 변경할 수 없다는 규정을 두어도 그 규정은 무효이고, 이에 불구하고 어떠한 내용도 정관변경절차에 의하여 변경할 수 있다.[3] 다만 정관의 변경은 자본단체인 주식회사의 경우 특히 주주에게 미치는 영향이 크므로 엄격한 절차를 밟도록 하고 있다. 회사에 이러한 정관변경이 있더라도 회사의 동일성에는 아무런 영향이 없다.

제 2 정관변경의 절차

1. 주주총회의 특별결의

정관을 변경하기 위하여는 주주총회의 특별결의가 있어야 하고[4](상 433조 1항, 434조), 이러

---

1) 정관변경에서는 서면인 정관(형식적 의의의 정관)의 변경을 의미하지 않는 점에서, 회사설립시의 정관작성(상 289조)에서 의미하는 정관은 실질적 의의의 정관과 형식적 의의의 정관의 양자를 모두 포함하는 점과 구별되고 있다.

2) 동지: 정(희), 545면; 정(동), (회) 654~655면.
   상법은 수권자본제도를 채용한 결과 자본액은 정관의 기재사항이 아니고 등기사항에 불과하므로, 자본의 증가는 정관변경사항이 아니다.

3) 동지: 정(동), (회) 655면; 이(기) 외, (회) 165면; 주상(제5판)(회사 Ⅳ), 203면 외.

4) 정관변경에 관한 주주총회의 특별결의가 있었는지 여부에 관한 우리 대법원판례로는 대판 1964. 9. 15, 64 다 512(민판집 81, 445)(주주가 모두 가족들로써 구성된 주식회사라 할지라도 주주총회의 특별결의를 요하는 경우에는 실제로 주주총회의 특별결의가 있음을 요하는 것이므로, 그 특별결의에 관한 결의서 등 기타 주주총회의 적법·유효한 특별결의가 있음을 추단할 수 있는 자료가 있어야 비로소 그 특별결의의 적법·유효한 성립을 추인할 수 있다); 동 1974. 2. 24, 72 다 1532(공보 507, 8268)(주주총회의 특별결의를 요하는 사항에 관한 특별결의서가 존재한다면 특단의 사정이 없는 한 일응 그에 관한 주주총회의 특별결의가 있었다고 추단할 수 있을 것이고, 또 그렇게 추단함에 주주총회의 소집 및 결의절차의 적법성 여부는 고려의 대상이 되지 않는다).

한 총회소집의 통지에는 의안의 요령($\frac{정관의 변경}{내용의 요점}$)을 기재하여야 한다($\frac{상 433}{조 2항}$). 정관변경에 관하여 통지된 '목적사항'에 반하는 결의는 결의취소의 소($\frac{상}{376조}$)의 원인이 되나,[1] '의안의 요령'에 반하는 결의는 결의취소의 소의 원인이 아니라고 본다($\frac{왜냐하면 '의안}{의 요령'은 이사}$ 회의 하나의 안이므로 주주총회에서 는 그와 달리 결의할 수 있기 때문이다).

결의의 방법은 출석한 주주의 의결권의 3분의 2 이상의 수와 발행주식총수의 3분의 1 이상의 수로써 하여야 한다($\frac{상}{434조}$).[2] 이러한 정관변경을 위한 특별결의요건은 정관의 규정으로 완화할 수는 없으나 가중($\frac{예컨대, 발행주식총수의 과반수의 출석을 요구하는 출석정}{족수의 신설, 의결정족수를 출석주주의 주식수의 4분의 3}$ 등으로 강화 하는 경우 등)할 수는 있다고 본다.[3]

정관의 기재내용이 사실에 기초를 둔 규정($\frac{예컨대, 본}{점소재지 등}$)이면 그 사실의 변경($\frac{예컨대,}{지명}$ 의 변 경 등)에 따라 당연히 정관이 변경되는 것이고, 이를 위하여 주주총회의 특별결의를 밟을 필요가 없다.[4] 또한 정관변경은 주주총회의 전속사항으로 이를 타기관에 위임할 수 없다.[5]

2. 종류주주총회의 결의

정관의 변경이 어느 종류주식의 주주에게 손해를 입히게 될 때에는 다시 그 종류주식의 주주총회의 결의가 있어야 한다($\frac{상 435}{조 1항}$). 이 종류주주총회의 결의는 그 종류주식의 출석한 주주의 의결권의 3분의 2 이상의 수와 그 종류주식의 발행주식총수의 3분의 1 이상의 수로써 하여야 하고($\frac{상 435}{조 2항}$),[6] 그 밖의 사항은 주주총회에 관한 규정이 준용된다($\frac{상 435}{조 3항}$). 그러나 의결권이 없는 종류주식 또는 의결권이 제한되는 종류주식을 가진 주주도 종류주주총회에서는 의결권을 행사할 수 있다($\frac{상 435}{조 3항}$).

종류주주총회의 결의를 요하는 경우에 주주총회의 특별결의만이 있고 종류주주총회의 결의가 없으면 그 주주총회의 결의는 불발효하게 되어($\frac{부동적〈浮動的〉 효력}{설 또는 결의불발효설}$), 정관변경의 효력이 발생하지 않는다.

---

1) 동지: 대판 1979. 3. 27, 79 다 19; 동 1969. 2. 4, 68 다 2284 외.

2) 이러한 주주총회의 특별결의방법은 이미 앞에서 본 바와 같이 1995년 개정상법에 의하여 이와 같이 개정된 것인데, 1995년 개정상법 이전에는 「발행주식총수의 과반수에 해당하는 주식을 가진 주주의 출석으로, 그 의결권의 3분의 2 이상의 다수로써 하여야 한다」고 규정하였다(상 434조).

3) 동지: 주상(제5판)(회사 Ⅳ), 214면.

4) 동지: 손(주), 894면; 정(동), (회) 655면; 이(철), (회) 969~970면; 이(기) 외, (회) 165면; 이 · 최, 405면.

5) 동지: 정(동), (회) 655면; 채, 809면; 이(기) 외, (회) 165면; 주상(제5판)(회사 Ⅳ), 206면.

6) 이러한 종류주주총회의 결의방법은 이미 앞에서 본 바와 같이 1995년 개정상법에 의하여 이와 같이 개정된 것인데, 1995년 개정상법 이전에는 「그 종류의 발행주식총수의 과반수에 해당하는 주식을 가진 주주의 출석으로 그 의결권의 3분의 2 이상의 다수로써 하여야 한다」고 규정하였다 (상 435조 2항).

3. 등   기

정관변경 그 자체는 등기를 요하지 아니하나, 등기사항인 정관의 규정을 변경하는 경우에는 그 변경등기를 하여야 한다($\substack{상\ 317조 \\ 4항,\ 183조}$).

제 3 정관변경의 효력

(1) 정관변경은 원칙적으로「주주총회의 결의시」에 즉시 그 효력이 생긴다. 서면인 정관의 변경은 그 후에 하게 되는데, 이것은 정관변경의 효력발생요건이 아니다. 또한 정관변경이 등기사항의 변경을 생기게 하는 경우에도 그 변경등기가 정관변경의 효력발생요건이 아니다.[1] 회사설립시의 원시정관($\substack{상 \\ 292조}$)과는 달리 정관변경에는 공증인의 인증도 필요 없다.

(2) 그러나 예외적으로 조건부 또는 기한부로 정관을 변경하면, 그 조건이 성취한 때 또는 기한이 도래한 때에 정관변경의 효력이 생긴다.

제 4 정관변경에서의 특수한 문제

1. 수권주식총수의 증감

(1) 회사의 수권주식총수($\substack{즉 회사가 발행 \\ 할 주식의 총수}$)는 정관의 절대적 기재사항이므로($\substack{상 289조 \\ 1항 3호}$), 그것을 증가하는 경우에는 정관을 변경하여야 한다. 따라서 이를 변경하고자 하는 경우에는 정관변경절차를 밟아야 한다.[2]

---

1) 동지: 대판 1978. 12. 26, 78 누 167(집 26 ③ 행 179)(주식회사의 원시정관은 공증인의 인증을 받음으로써 효력이 생기는 것이지만, 일단 유효하게 작성된 정관을 변경할 경우에는 이에 관한 주주총회의 특별결의가 있으면 그 때 유효하게 정관변경이 이루어지는 것이며, 서면인 정관이 고쳐지거나 변경내용이 등기사항인 때의 변경등기여부 내지 공증인의 인증여부는 정관변경의 효력발생에는 아무런 영향이 없다); 동 2007. 6. 28, 2006 다 62362(공보 2007, 1159)(주식회사의 원시정관은 공증인의 인증을 받음으로써 효력이 생기는 것이지만 일단 유효하게 작성된 정관을 변경할 경우에는 주주총회의 특별결의가 있으면 그 때 유효하게 정관변경이 이루어지는 것이고, 서면인 정관이 고쳐지거나 변경 내용이 등기사항인 때의 등기 여부 내지는 공증인의 인증 여부는 정관변경의 효력발생에는 아무 영향이 없다).
   반대: 독일 주식법 제181조 3항은 등기를 효력발생요건으로 규정하고 있다.
2) 1995년 개정상법 이전에는 수권주식총수의 증가는 발행주식총수의 4배를 초과하지 못하도록 규정하였다(상 437조). 이러한 제한을 둔 이유는 신주발행권을 무한히 확장함으로써 거대한 자본액을 조작하여 일반대중을 기만할 위험성이 있고, 또 이사회에 너무 광범위한 신주발행권을 부여하는 것은 주주의 보호에 충실하지 못할 염려가 있으며, 또 설립시에 수권주식총수의 4분의 1 이상을 발행하도록 하여 어느 정도 자본확정·자본충실의 원칙을 유지하도록 하고 있는 것(상 289조 2항)과 대응시키기 위한 것이었다. 그러나 자금조달의 기동성과 탄력성을 보장하고, 수권자본

(2) 수권주식총수를 감소하는 경우에 관하여는 상법에 명문규정이 없으나, 정관변경의 방법으로 이를 할 수 있다고 본다.[1] 다만 전환주식·전환사채 또는 신주인수권부사채를 발행한 경우에는 그 전환기간 또는 신주인수권의 행사기간 내에는 그에 해당하는 발행예정주식을 유보하여야 한다.[2]

2. 액면주식에서 주금액의 변경

(1) 액면주식에서 주금액의 인상

액면주식의 경우 1주의 금액은 정관의 절대적 기재사항이므로(상 289조 1항 4호), 주금액을 인상하기 위하여는 정관의 변경을 요한다. 그런데 주금액을 인상하기 위하여는 정관을 변경하는 것뿐만 아니라 주주에게 추가납입하도록 하거나 또는 주식을 병합하여야 하는 문제가 있다. 이 때 주주에게 추가납입을 하도록 하면 주주유한책임의 원칙에 반하므로 이 경우에는 단순한 정관변경절차를 밟는 것만으로는 부족하고 「총주주의 동의」를 받아야 하고, 주식을 병합하여야 하는 경우에는 단주(端株)가 발생하지 않으면 단순한 정관변경절차를 밟는 것만으로 충분하나 단주가 생기면 주주평등의 원칙에 반하므로 「총주주의 동의」에 의한 정관변경절차를 밟아야 한다(통설).[3]

그러나 준비금의 자본금 전입에 의하여 주식을 무상교부함과 동시에 그 신주(新株)와 구주(舊株)를 병합하여 주금액을 인상하는 경우에는 주주에게 추가납입을 하도록 하는 문제도 없고 또 주식의 병합에 따른 단주가 생기는 문제도 발생하지 않는다. 따라서 이와 같이 주주에게 추가납입이나 단주의 문제가 생기지 않는 주금액의 인상의 경우에는 주주총회의 「특별결의」만에 의하여 가능하다(통설).[4]

제도의 본래의 취지에 맞도록 하며, 종래에 대규모의 자본수요를 직면한 회사가 이를 조달하기 위하여 정관변경절차를 수 차례 반복하거나 주주총회의를 조건부로 하여야 하는 번거로움이 있었는데, 이러한 불필요한 번거로움을 덜어주기 위하여 1995년 개정상법에서는 동 규정을 삭제함으로써 이러한 제한을 폐지하였다[英會(2006) 761조, 763조, RMBCA(2006) § 6.01, § 10.01 이하 참조][개정이유에 관한 상세는 해설(1995), 155~157면 참조].

1) 동지: 정(희), 547면; 정(동), (회) 658면; 손(주), 895면.

2) 동지: 손(주), 895면.

3) 정(찬), (회) 1042면; 정(희), 547면; 정(동), (회) 658~659면; 채, 810면; 이(기) 외, (회) 167면 외.

　　동지: 日大判 1901. 5. 22(民集 7, 5106)(주주에게 추가납입을 시키는 경우 총주주의 동의를 요한다고 함).

　　반대: 손(주), 896면(주식을 병합하여 주금액을 인상하는 경우에 단주가 발생하면 자본감소의 경우의 단주의 처리방법에 의하여 하면 되므로 총주주의 동의를 요하지 않는다고 한다); 이(철), (회) 971면(주주의 지분을 현저히 감소시키지 않는 한, 주식병합에 의한 주금액을 인상하는 정관변경은 가능하다고 한다).

4) 이(철), (회) 971면 외.

(2) 액면주식에서 주금액의 인하

액면주식의 경우 1주의 금액은 정관의 절대적 기재사항이므로($\frac{상}{1항} \frac{289조}{4호}$), 정관에 기재된 1주의 금액을 인하하기 위하여는 주주총회의 특별결의를 받아야 한다. 그러나 주금액의 인하로 인하여 자본금 감소의 문제가 발생하는 경우에는, 이외에 「자본금 감소의 절차」를 별도로 밟아야 한다. 따라서 이와 같은 자본금 감소가 발생하지 않는 주금액의 인하의 경우에만($\frac{예컨대,}{주식분할}$) 주주총회의 정관변경의 결의로써 가능하다. 액면주식의 경우 어떤 경우이든 새로운 주금액이 법정된 최저한($\frac{100}{원}$) 미만이어서는 아니 된다($\frac{상}{3항} \frac{329조}{참조}$).

제 7 절 회사의 회계

제 1 회계규정의 필요성

(1) 주식회사는 영리를 추구하는 경제적 생활체이므로 이러한 이익을 계획적으로 추구하기 위하여 회계를 기본으로 활동하고 있으며, 이 회계제도는 매우 기술적으로 발달하여 조직적으로 제도화되어 있다.[1]

주식회사의 회계제도를 진실 · 적정 · 명료하게 운영하는 것은, 첫째로 회사채권자를 보호하고, 둘째로 현재의 주주 및 장래의 주주를 보호하며, 셋째로 국민경제를 건전하게 발전시킨다.[2] 따라서 주식회사에서의 회계의 건전성은 회사의 모든 이해관계인을 보호하는 면에서나 건전하고 투명한 경영을 위하여 매우 중요하게 요구되는 것이다.

(2) 회사법은 이러한 요구에 의하여 물적회사에 대하여는 회사의 회계 (Rechnungslegung)라는 하나의 절을 두어 결산절차에 관하여 상세하게 규정하고 있는데, 이러한 회계규정을 분류하여 보면 다음과 같다.[3]

1) 첫째로 재무제표의 작성 · 공시 · 승인에 관한 규정($\frac{결산절차에}{관한 규정}$)을 두어, 주주와 회사채권자로 하여금 회사의 재산상태에 관한 명확한 지식을 갖게 하였다($\frac{상}{450조} \frac{447조~}{}$).

2) 둘째로 대차대조표에 기재할 자본금과 준비금에 관한 규정을 두었다($\frac{재무제표}{의 기재사}$ $\frac{항에 관}{한 규정}$)($\frac{상}{조~461조의 2}$ $\frac{451조, 458}{}$).

3) 셋째로 이익배당 · 주식배당 · 현물배당 및 중간배당에 관한 규정을 두어 회사

---

1) 동지: 정(희), 548면.
2) 동지: 정(동), (회) 582~583면; 정(희), 548면.
3) 동지: 정(희), 548~549면.

자본금의 건실성을 촉구하고 있다$\left(\substack{\text{이익배당에}\\\text{관한 규정}}\right)\left(\substack{\text{상 462조}\sim\\\text{464조의 2}}\right)$.

4) 넷째로 회사의 업무와 재산상태의 검사에 관한 규정을 두어 경리의 부정을 시정하는 대책을 세우고 있다$\left(\substack{\text{주주의 경리검}\\\text{사에 관한 규정}}\right)\left(\substack{\text{상 466조}\sim\\\text{467조}}\right)$.

5) 다섯째로 회사의 회계와 직접 관련은 없으나 주주의 권리행사와 관련하여 이익공여를 금지하여 회사재산의 부당유용을 방지하고, 회사와 사용인간의 고용관계에 기하여 생긴 채권에 대하여 우선변제권을 인정함으로써 회사의 재산과 간접적으로 관련을 갖는 규정을 두고 있다$\left(\substack{\text{기타의}\\\text{규정}}\right)\left(\substack{\text{상 467조의}\\\text{2, 468조}}\right)$. 이하에서는 이에 관하여 차례로 설명한다.

(3) 회사의 회계에 관한 규정은 회사 · 회사채권자 · 주주 및 기타 일반공중의 이해관계와 직결되는 것이므로, 강행규정으로 보아 정관으로도 변경할 수 없는 것으로 해석하여야 한다.[1]

(4) 총칙의 상업장부에 관한 규정$\left(\substack{\text{상 29조}\sim\\\text{33조}}\right)$은 소상인을 제외한 모든 상인에 적용되는데$\left(\substack{\text{상 9조}\\\text{참조}}\right)$, 모든 회사는 상인이므로 총칙의 이 규정은 회사법상 특칙이 있는 것을 제외하고는 주식회사에도 당연히 적용된다.

(5) 주식회사의 회계는 상법과 대통령령으로 규정한 것[2]을 제외하고는 일반적으로 공정하고 타당한 회계관행에 따른다$\left(\substack{\text{상 446}\\\text{조의 2}}\right)$. 따라서 상법과 특별법에 규정이 없는 사항에는 총칙의 상업장부에서 이미 본 바와 같이 한국채택국제회계기준[3] · 일반기

---

1) 동지: 정(동), (회) 583면; 채, 755면; 이(기) 외, (회) 504면.
2) 이 때 "대통령령으로 규정한 것"이란 다음 각 호의 구분에 따른 회계기준을 말한다(상시 15조).
　　1.「주식회사 등의 외부감사에 관한 법률」제4조에 따른 외부감사 대상 회사: 같은 법 제5조 1항에 따른 회계처리기준(한국채택국제회계기준 및 일반기업회계기준)
　　2.「공공기관의 운영에 관한 법률」제2조에 따른 공공기관: 같은 법에 따른 공기업 · 준정부기관의 회계 원칙
　　3. 제1호 및 제2호에 해당하는 회사 외의 회사 등: 회사의 종류 및 규모 등을 고려하여 법무부장관이 중소벤처기업부장관 및 금융위원회와 협의하여 고시한 회계기준
3) 주권상장법인 · 은행 · 투자매매업자 · 보험회사 · 신용카드업자 등은 2011년 1월 1일부터 한국채택국제회계기준(Korean International Financial Reporting Standards: K‒IFRS)을 적용하여 재무제표 및 연결재무제표를 작성하여야 하는데(외감 13조 1항, 외감시 7조의 2 1항 · 동 부칙 6조)(2017. 10. 31, 법 15022호로 전부개정되고 2018. 11. 1. 시행되는「주식회사 등의 외부감사에 관한 법률」〈이하 '2017년 개정 외감법'으로 약칭함〉에 의하면 5조 3항 2문, 외감시 6조 1항), 한국채택국제회계기준은 금융위원회가 증권선물심의위원회의 심의를 거쳐 국제회계기준위원회의 국제회계기준을 채택한 것으로(외감 13조 1항 1호)(2017년 개정 외감법 5조 1항 1호), 이의 법적 성격은 '국제적으로(일반적으로) 인정된 회계관행'이라고 볼 수 있다[IFRS의 시행에 따른 국내 기업의 회계감사와 관련한 문제점에 대하여는 오수근, IFRS 시행에 따른 감사환경의 변화와 내부감사의 법적 책임(한국상장회사협의회)(상장협연구보고서 2010‒3), 2010. 11. 참조].
　　우리나라의 기업회계기준과 유사한 것으로 일본에는 기업회계원칙(1949년 경제안정본부 기업회계제도 대책조사회 제정) 및 회계기준(1990~1999년 기업회계심의회 제정)이 있고[이에 관한 상세는 권종호, "기업회계기준에 관한 일본의 최근 동향과 회사법 개정,"「상법상의 계산규

업회계기준[1] 등이 보충적으로 적용되는데, 상법이 이러한 회계기준과 상충하는 경우에는 이러한 회계기준을 상관습(법)의 일종으로 보고 성문법과 관습법과의 관계에서 대등적 효력설의 입장에서 보면 이러한 회계기준이 상법에 우선한다고 볼 수 있다[2]($\binom{\text{상 29}}{\text{조 2항}}$).

정과 기업회계기준과의 조화」(1999. 11. 12의 한국상사법학회 · 한국회계학회 공동심포지엄 자료), 3~27면 참조], 미국에는 Generally Accepted Accounting Principle(GAAP)(Financial Accounting Standards Board: FASB〈이는 민간부문기관인 재무회계기준심의회〉 제정)이 있고 [이에 관한 상세는 최현돌, 전게 한국상사법학회 · 한국회계학회 공동심포지엄 자료, 85~118면 참조], 프랑스에는 Plan Comptable General(PCG)(1947년 국가회계심의회 제정)이 있다(이에 관하여는 박정우, 전게 한국상사법학회 · 한국회계학회 공동심포지엄 자료, 61면 참조).

1) 기업회계처리의 기준으로 2010년까지는 기업회계기준이 있었다. 이러한 기업회계기준은 「주식회사의 외부감사에 관한 법률」(이하 '외감법'으로 약칭함) 제13조에 의하여 동법의 적용을 받는 대상회사의 회계처리기준으로서, 1981년 12월 23일에 증권관리위원회가 재정경제원장관(2011년 현재는 금융위원회)의 승인을 얻어 제정한 것이다. 외감법은 그 후 1998년 1월 8일 법 5497호로 개정되어 기업회계기준을 금융감독위원회(2011년 현재는 금융위원회)가 증권선물위원회의 심의를 거쳐 제정하도록 하였고(외감 13조 1항), 동법은 2000년 1월 12일 법 6108호로 다시 개정되어 금융감독위원회는 기업회계기준의 제정권을 대통령령이 정하는 바에 따라 전문성을 갖춘 민간법인 또는 단체(회계기준제정기관)에 위탁할 수 있도록 하고(외감 13조 4항)(2017년 개정 외감법 5조 4항) 이 경우 이 업무를 위탁받은 민간법인 또는 단체는 금융감독원이 유가증권 발행기업으로부터 징수한 분담금의 일정비율에 상당하는 금액을 지원받을 수 있도록 하였다(외감 13조 6항)(2017년 개정 외감법 5조 6항). 따라서 금융위원회의 위탁을 받은 한국회계연구원이 설치한 회계기준위원회가 기업회계기준을 심의 · 의결하여 제정 · 개정하였다(기준 문단 1조의 3).
    그런데 한국회계기준원 회계기준위원회는 2009년 11월 27일 이러한 기업회계기준을 수정 · 보완하여 「일반기업회계기준」으로 제정하였는데, 이러한 일반기업회계기준은 「주식회사 등의 외부감사에 관한 법률」(이하 '외부감사법'으로 약칭함)의 적용대상 기업 중 한국채택국제회계기준에 따라 회계처리를 하지 아니하는 기업의 회계처리에 적용한다(동법 5조 1항 2호). 그런데 이 기준은 외부감사법의 적용대상이 아닌 기업의 회계처리에 준용할 수 있다(일반기업회계기준 제1장 적용 1. 3).
    2017년 10월 31일 법률 제15022호로 전부개정되고, 2018년 11월 1일부터 시행되는 「주식회사 등의 외부감사에 관한 법률」에 의하면, 감사인은 일반적으로 공정 · 타당하다고 인정되는 '회계감사기준'에 따라 감사를 실시하여야 하는데(동법 16조 1항), 이러한 '회계감사기준'은 한국공인회계사회가 감사인의 독립성 유지와 재무제표의 신뢰성 유지에 필요한 사항 등을 포함하여 대통령령으로 정하는 바에 따라 금융위원회의 사전승인을 받아 정한다(동법 16조 2항, 동법 시행령 22조 4항).

2) 동지: 정(동), (회) 585면; 손(주), 148~149면(기업회계기준은 '일반적으로 공정타당한 회계관행'이라고 한다. 그러나 동 교수, 같은 책, 947면에서는 '기업회계기준은 법률이 아니므로 그 내용이 상이한 부분에 관하여는 상법이 적용된다'고 한다).
    반대: 오수근, "회계에 관한 법적 규율체계," 상법상의 계산규정과 기업회계기준과의 조화 (1999. 11. 12의 한국상사법학회 · 한국회계학회 공동심포지엄 자료), 32~38면(기업회계기준을 주식회사의 외부감사에 관한 법률의 일부로 보고 동법의 적용대상인 주식회사에는 기업회계기준만이 적용되고, 상법상 상업장부의 규정 및 주식회사의 계산규정이 적용되지 않는다고 한다); 왕순모, "기업회계법의 구축과 전망(1) — 기업회계기준의 법적 지위,"「상사법연구」(한국상사법학회), 제21권 4호(2003), 109~149면(기업회계기준은 그 자체를 법이라고 볼 수 없고, 하나의 이상적 회계처리기준 내지는 지침에 지나지 않는다고 한다); 동,「기업회계법의 구축과 전망」(부산: 경성대출판부, 2004), 39~40면, 77~78면(민간기구가 작성한 기업회계기준에 의하여 상법상의

주권상장법인의 경우에는 금융위원회가 투자자를 보호하고 공정한 거래질서를 확립하기 위하여 (i) 유상증자의 요건에 관한 사항·(ii) 주권 관련 사채권의 발행에 관한 사항·(iii) 배당에 관한 사항·(iv) 대통령령으로 정하는 해외증권(주권상장법인이 해외에서 발행하는 주권·주권관련 사채권·이익참가부채권·증권예탁증권·그 밖에 이와 비슷한 증권)의 발행에 관한 사항 및 (v) 그 밖에 건전한 재무관리에 필요한 것으로서 대통령령으로 정하는 사항(이익참가부채권의 발행에 관한 사항·결손금에 관한 사항·계산서류 및 재무에 관한 사항의 신고 및 공시방법에 관한 사항)에 관하여, 주권상장법인 재무관리기준을 정하여 고시하거나 그 밖에 필요한 권고를 할 수 있는데(자금 165조의 16 1항, 자금시 176조의 17 1항·2항), 주권상장법인은 이러한 재무관리기준에 따라야 한다(자금 165조의 16 2항).

제 2 회계절차

1. 재무제표 등의 작성

(1) 상업장부의 작성

주식회사는 상인이므로(상 169조, 4조, 5조 2항) 위에서 본 바와 같이 상업장부에 관한 상법총칙의 규정(상 29조 이하)이 적용된다. 따라서 주식회사는 그 재산 및 손익의 상황을 명백하게 하기 위하여 상업장부인 「회계장부」와 「대차대조표」를 작성하여야 한다(상 29조 1항). 이 경우 「회계장부」에는 거래와 기타 영업상 재산에 영향이 있는 사항을 일반적으로 공정·타당한 회계관행에 의하여 작성하여야 하고(상 30조 1항, 29조 2항), 「대차대조표」는 회사성립시 및 매결산기에 회계장부에 의하여 작성하여야 한다(상 30조 2항).

(2) 재무제표 및 그 부속명세서의 작성

주식회사의 이사(집행임원 설치회사의 경우는 '집행임원'을 말한다. 이하 같다)[1]는 매 결산기에 위의 대차대조표 이외에 손익계산서·그 밖에 회사의 재무상태와 경영성과를 표시하는 것으로서 대통령령으로 정하는 서류와 그 부속명세서를 작성하여야 하는데(상 447조 1항), 부속명세서를 제외한 이 세 가지를 재무제표라고 한다.[2] 영업보고서(상 447조의 2)는 전영업연도의 영업의 경과나 상황의 설명서로서 재무제표가 아니다. 즉, 재무제표라 함은 대차대조표·손익계산서·그 밖에 회사의 재무상태와 경영성과를 표시하는 것으로서 대통령령으로 정하는 서류를 말하는데(상 447조 1항 각호에 규정한 서류), 이는 기업의 재무상태와 경영성과를 기재하여 이해관계인에게 필요한 회계사실을 알리기 위하여 매결산기에 작성되는 서류이

강행규정이 개폐된다는 점을 인정한다는 것은 그야말로 상법규제의 포기를 의미하는 것이며, 상법규정의 사문화를 조장하는 행위이다).

1) 상법 제447조에서는 「이사·집행임원」으로 규정하였어야 하는데, 이를 규정하지 않은 것은 입법의 미비라고 본다.

2) 일본 회사법은 이를 계산서류라고 하고, 이는 대차대조표·손익계산서·그 밖에 주식회사의 재산 및 손익상황을 나타내기 위하여 필요한 것으로서 법무성령이 정하는 것이라고 규정하고 있는데(日會 435조 2항), 이는 우리 상법상 재무제표와 유사하다.

다. 이러한 재무제표의 중심은 손익계산서이고, 대차대조표는 단지 기간손익계산서의 작성을 위한 가교표(架橋表)에 지나지 않는다.[1]

회사법상의 재무제표를 상법총칙상의 상업장부와 비교하여 보면, 대차대조표는 상업장부 및 회사법상의 재무제표에 공통하나, 회계장부는 상업장부에만 있고, 손익계산서 및 그 밖에 회사의 재무상태와 경영성과를 표시하는 것으로서 대통령령으로 정하는 서류는 재무제표에만 있다. 이하에서는 각종의 재무제표에 대하여 좀더 상세히 살펴보겠다.

1) 대차대조표　　　대차대조표는「일정시(대차대조표일)에 있어서 기업의 재무상태를 명확히 보고하기 위하여, 대차대조표일 현재의 모든 자산·부채 및 자본금을 차변과 대변의 두 란으로 나누어 적정하게 표시하는 개괄표」이다(기준문단 2. 17 참조).[2]

회사는 성립한 때와 매결산기에 회계장부에 의하여 대차대조표를 작성하여야 한다(유도법)(상 30조 2항).

2) 손익계산서　　　손익계산서는「1영업기간(회계기간)의 기업의 경영성과를 명백히 보고하기 위하여, 그 기간에 속하는 모든 수익과 이에 대응하는 모든 비용을 적정하게 기재하여 손익과 그 발생원인을 일람표시하는 보고서」이다[3](기준 문단 2. 44 참조).[4] 손익계산서는 대차대조표에 나타난 이익 또는 손실을 전기적(傳記的)으로 기술한 서류로서, 1영업기간의 이익 또는 손실의 발생원인을 명백히 하는 것이다.[5] 대차대조표가 일정시에 있어서의 기업의 정적 상태로서의 재무구조를 표시하는 데 대하여, 손익계산서는 일정기간의 기업경영의 동적 상태의 누적결과를 표시하는 결산표이다.

3) 그 밖에 회사의 재무상태와 경영성과를 표시하는 것으로서 대통령령이 정하는 서류　　　대차대조표와 손익계산서 이외의 재무제표는 대통령령에 위임하여 기업회계관행을 고려하여 융통성 있게 정할 수 있도록 하였다. 즉, 이 때 "대통령령으로 정하는 서류"란 (i) 자본변동표나, (ii) 이익잉여금처분계산서 또는 결손금처리계산서 중의 어느 하나에 해당하는 서류를 말한다(상시 16조 본문). 그러나 외부감사 대상회사의 경우에는(외감 4조) (i) 자본변동표, (ii) 이익잉여금계산서 또는 결손금처리계산서, (iii) 현금흐름표 및 (iv) 주석(註釋)의 모든 서류를 말한다(상시 16조 1항 단서).

---

1) 동지: 정(희), 549면.
2) K-IFRS에서는 재무상태표(대차대조표)상 표시되어야 할 항목의 순서나 형식을 규정하지 않고 있다(기업회계기준서 1001호 문단 57).
3) 손(주), (축조) 381면, 396면.
4) K-IFRS에서는 '손익계산서'라는 용어와 '포괄손익계산서'라는 용어를 함께 사용하고 있는데, 이에 대한 정의규정은 없다(기업회계기준서 1001호 문단 81 이하).
5) 손(주), (축조) 397면.

4) **현금흐름표**   일반기업회계기준에서 현금흐름표란 「기업의 현금흐름을 나타내는 표로서 현금의 변동내용을 명확하게 보고하기 위하여 당해 회계기간에 속하는 현금의 유입과 유출내용을 적정하게 표시한 보고서」를 말한다(기준 문단 2. 58). 여기에서 '현금'이란 현금 및 현금성자산을 말한다(기준 문단 2. 59, 기업회계기준서 1007호 문단 6). 이러한 현금흐름표는 모든 주식회사가 다 작성하여야 한다(기준 문단 2. 4, 기업회계기준서 1001호 문단 3).

5) **재무제표부속명세서**   상법은 재무제표부속명세서를 재무제표와 함께 매결산기에 작성하여 이사회의 승인을 받도록 규정하고 있다(상 447조 1항). 재무제표부속명세서는 대차대조표와 손익계산서의 중요한 항목에 관하여 그 명세를 기재한 보고서이고, 대차대조표 및 손익계산서의 기재만으로 불충분한 것을 보충하는 기능을 가지는 것이다. 재산이나 비용의 각 항목마다 각별로 작성하고, 대개는 기중(期中)의 증감변화의 과정을 상세하게 표시하는 동적 명세서로 되어 있다.[1]

6) **연결재무제표**   연결재무제표란 「회사와 다른 회사(조합 등 법인격이 없는 기업을 포함함)가 대통령령으로 정하는 지배·종속관계에 있는 경우 지배회사가 작성하는 연결재무상태표·연결손익계산서 또는 연결포괄손익계산서·그 밖에 대통령령으로 정하는 서류」를 말한다(외감 2조 3호). 한국채택국제회계기준과 일반기업회계기준에 의하면 타회사를 지배하는 회사(지배회사)는 그 종속회사와의 연결재무제표를 작성하여야 한다(기업회계기준서 1027호 문단 9, 기준 문단 4. 2).

2011년 4월 개정상법도 외부감사의 대상회사(외감 4조) 중 지배회사(외감 2조 3호)의 이사는 연결재무제표를 작성하여 이사회의 승인을 받도록 하였다(상 447조 2항, 상시 16조 2항).

(3) **영업보고서의 작성**

영업보고서는 앞에서 말한 바와 같이 재무제표는 아니다. 이는 영업에 관한 중요한 사항을 기재한 설명서에 불과하고 계수적(計數的)인 것이 아니다. 이사 또는 집행임원은 매 결산기에 영업보고서를 작성하여 이사회의 승인을 받아(상 447조의 2) 감사(監事) 또는 감사위원회에게 제출하여야 한다[2](상 447조의 3, 415조의 2 7항). 또한 이사 또는 집행임원은 이러한 영업보고서를 주주총회에 제출하여 그 내용을 보고하기만 하면 되고(상 449조 2항), 그 승인을 받을 필요는 없다. 영업보고서의 기재사항은 상법시행령(2021. 12, 28, 대통령

---

1) 한국채택국제회계기준(기업회계기준서 1001호 참조) 및 일반기업회계기준(기준문단 2.82 이하)에서는 '재무제표부속명세서'라는 용어를 사용하지 않고, 그 내용을 '주석'에 기재하도록 하고 있다.

2) 이사회의 승인과 감사(監事)의 감사를 받은 영업보고서의 효력에 관한 대법원판례로는 대판 1990. 9. 28, 89 후 2281(공보 1990, 2167)(영업보고서가 상법 제447조의 2에 의한 이사회 승인과 동법 제447조의 4에 따른 감사를 거친 것이라면, 특별한 사정이 없는 한 그 신빙성이 있다고 보아야 할 것이다) 참조.

령
32274호) 제17조가 상세하게 규정하고 있다.[1]

2. 재무제표 등의 감사와 비치 · 공시

(1) 재무제표 등의 감사

1) 재무제표 등의 제출   (대표)이사 또는 (대표)집행임원은 재무제표(대통령령
으로 정
하는 회사는 이와 함께 연결재
무제표를 포함한다. 이하 같다)와 그 부속명세서($\frac{\text{상}}{447조}$)[2] 및 영업보고서($\frac{\text{상} 447}{조의 2}$)를 작성하여 이사회의 승인을 받은 후($\frac{\text{상} 447조,}{447조의 2}$), 감사(監事) 또는 감사위원회의 감사를 받기 위하여 정기총회의 회일의 6주간 전에 감사(監事) 또는 감사위원회에게 제출하여야 한다($\frac{\text{상} 447조의 3,}{415조의 2\ 7항}$).

2) 감사보고서의 내용   비상장회사의 감사(監事) 또는 감사위원회는 위의 서류를 받은 날로부터 4주간 내에(주주총회일의 2
주 이상 전까지) 감사를 하여 감사보고서를 (대표)이사 또는 (대표)집행임원에게 제출하여야 한다($\frac{\text{상} 447조의 4\ 1항,}{415조의 2\ 7항}$). 그러나 상장회사의 감사 (監事) 또는 감사위원회는 주주총회일의 1주 전까지 감사보고서를 제출할 수 있고 ($\frac{\text{상} 542조}{\text{의} 12\ 6항}$), 또한 (한국채택국제회계기준을 적용하는 회사의) (외부)감사인은 감사보고서를 작성하여 당해 회사(감사(監事) 또는 감
사위원회를 포함한다)에 대하여는 정기총회 1주일 전에 제출하여야 한다(외감 23조 1항.
외감시 27조 1항).

상법상 감사(監事) 또는 감사위원회의 감사보고서에는 다음 사항을 적어야 한다 ($\frac{\text{상} 447조의 4\ 2항,}{415조의 2\ 7항}$).

---

1) 상법 제447조의 2 제2항에 따라 영업보고서에 기재할 사항은 다음 각 호와 같다(상시 17조).
  1. 회사의 목적 및 중요한 사업 내용, 영업소 · 공장 및 종업원의 상황과 주식 · 사채의 상황
  2. 해당 영업연도의 영업의 경과 및 성과(자금조달 및 설비투자의 상황을 포함한다)
  3. 모회사와의 관계, 자회사의 상황, 그 밖에 중요한 기업결합의 상황
  4. 과거 3년간의 영업성적 및 재산상태의 변동상황
  5. 회사가 대처할 과제
  6. 해당 영업연도의 이사 · 감사의 성명, 회사에서의 지위 및 담당 업무 또는 주된 직업과 회사와의 거래관계
  7. 상위 5인 이상의 대주주(주주가 회사인 경우에는 그 회사의 자회사가 보유하는 주식을 합산한다), 그 보유주식 수 및 회사와의 거래관계, 해당 대주주에 대한 회사의 출자 상황
  8. 회사, 회사와 그 자회사 또는 회사의 자회사가 다른 회사의 발행주식총수의 10분의 1을 초과하는 주식을 가지고 있는 경우에는 그 주식 수, 그 다른 회사의 명칭 및 그 다른 회사가 가지고 있는 회사의 주식 수
  9. 중요한 채권자 및 채권액, 해당 채권자가 가지고 있는 회사의 주식 수
  10. 결산기 후에 생긴 중요한 사실
  11. 그 밖에 영업에 관한 사항으로서 중요하다고 인정되는 사항
2) 상법 「제447조의 서류」라고 할 때에는(상 447조의 3, 448조 1항 등) 재무제표와 그 부속명세서를 의미하고, 상법 「제447조 각 호에 규정한 서류」라고 할 때에는(상 449조 1항 등) 재무제표만을 의미한다[동지: 정(동), (회) 587면].

(가) 감사방법의 개요($\frac{상}{4}\frac{447조의}{2항\ 1호}$)   이는 업무감사의 방법과 회계감사의 방법을 포함한다.

(나) 회계장부에 기재될 사항이 기재되지 아니하거나 부실기재된 경우 또는 대차대조표나 손익계산서의 기재내용이 회계장부와 맞지 아니하는 경우에는 그 뜻($\frac{동}{2호}$)   이는 회계감사에 관한 것이다.

(다) 대차대조표 및 손익계산서가 법령과 정관에 따라 회사의 재무상태와 경영성과를 적정하게 표시하고 있는 경우에는 그 뜻($\frac{동}{3호}$)   이는 회계감사에 관한 것이다.

(라) 대차대조표 또는 손익계산서가 법령이나 정관을 위반하여 회사의 재무상태와 경영성과를 적정하게 표시하지 아니하는 경우에는 그 뜻과 이유($\frac{동}{4호}$)   이는 회계감사에 관한 것인데, 그 사유도 기재하여야 하는 점을 유의하여야 한다.

(마) 대차대조표 또는 손익계산서의 작성에 관한 회계방침의 변경이 타당한지 여부와 그 이유($\frac{동}{5호}$)   이는 회계감사에 관한 것이다. 이 때 회계방침(accounting policy)의 변경이란 회계처리방법의 변경을 의미하는데, 그 변경 자체가 위법은 아니어도 분식결산 등을 위하여 이를 변경하는 경우도 있으므로 이러한 점을 지적하라는 의미이다.[1] 따라서 이는 타당성감사에 관한 것이다.

(바) 영업보고서가 법령과 정관에 따라 회사의 상황을 적정하게 표시하고 있는지 여부($\frac{동}{6호}$)   영업보고서는 재무제표는 아니지만, 이것도 회계감사와 관련된 것이다.

(사) 이익잉여금의 처분 또는 결손금의 처리가 법령 또는 정관에 맞는지 여부($\frac{동}{7호}$)   이는 회계감사에 관한 것이다.

(아) 이익잉여금의 처분 또는 결손금의 처리가 회사의 재무상태나 그 밖의 사정에 비추어 현저하게 부당한 경우에는 그 뜻($\frac{동}{8호}$)   이는 회계감사에 관한 것이다. 이 때 현저하게 부당하다는 것은 위법의 경우에 한하지 않는다. 예컨대, 결산기에는 상당한 배당가능이익이 있었으나 그 후 정기총회까지 현저한 손실이 발생한 때에는 결산기의 시점에 있어서의 재산상태에 따라 이익배당을 하는 것은 위법은 아니지만 현저하게 부당한 경우라 할 수 있고, 또한 회사자산의 유동비율이 매우 작은데 차금(借金)하여 무리하게 배당하는 것도 현저하게 부당한 경우라고 할 수 있다. 따라서 이는 타당성감사에 관한 것이다.

(자) 재무제표 부속명세서에 기재할 사항이 기재되지 아니하거나 부실기재된 경우 또는 회계장부·대차대조표·손익계산서나 영업보고서의 기재 내용과 맞지 아니

---

1) 동지: 정(희), 551~552면.

하게 기재된 경우에는 그 뜻($\frac{동}{9호}$)   이는 회계감사에 관한 것이다.

㈔ 이사의 직무수행에 관하여 부정한 행위 또는 법령이나 정관의 규정을 위반하는 중대한 사실이 있는 경우에는 그 사실($\frac{동}{10호}$)   이는 업무감사에 관한 것이다.

상법상 감사(監事) 또는 감사위원회는 위의 사항 이외에도 감사를 하기 위하여 필요한 조사를 할 수 없었던 경우에는 감사보고서에 그 뜻과 이유를 적어야 한다($\frac{상447}{조의4 3항,}$ $\frac{}{415조의2 7항}$).

3) 외부감사를 받아야 하는 주식회사의 경우   「주식회사 등의 외부감사에 관한 법률(외감법)」에 의하여 외부감사를 받아야 하는 주식회사($\frac{또는 유}{한회사}$)($\frac{외감 4조 1항,}{외감시 5조 1항}$)는 위에서 말한 감사(監事) 또는 감사위원회에 의한 내부감사 외에, 감사인($\frac{외감 2}{조 7호}$)에 의한 외부감사를 받아야 한다.

회사는 상법에 따라 정기총회 또는 이사회의 승인을 받은 재무제표를 대통령령으로 정하는 바에 따라 증권선물위원회에 제출하여야 하는데, 이러한 재무제표가 감사인이 증권선물위원회에 제출하는 감사보고서에 첨부된 재무제표 또는 회사가 금융위원회와 거래소에 제출하는 사업보고서에 적힌 재무제표와 동일하면 제출하지 아니할 수 있다($\frac{외감 23}{조 3항}$).

감사인은 감사보고서를 작성하여($\frac{외감}{18조}$) 대통령령으로 정하는 기간 내에 이를 당해 회사($\frac{감사(監事) 또는 감}{사위원회를 포함한다}$), 증권선물위원회 및 한국공인회계사회에 각각 제출하여야 한다($\frac{외감23}{조 1항}$ $\frac{}{본문}$).

(2) 재무제표 등의 비치 · 공시

(대표)이사 · (대표)집행임원은 재무제표 · 그 부속명세서 · 영업보고서 및 감사보고서를 정기총회 회일의 1주간 전부터 본점에 비치하여 주주와 회사채권자에게 공시하여야 한다($\frac{상}{448조}$).

위에서 말한 외부감사를 받아야 하는 주식회사는 감사인의 감사보고서도 함께 비치하여야 한다($\frac{외감 23}{조 5항}$).

재무제표 · 부속명세서 · 영업보고서와 감사보고서는 본점에 5년간, 그 등본을 지점에 3년간 비치하여야 한다($\frac{상 448}{조 1항}$). 이 기간은 주주총회 승인의 날부터 기산한다.[1]

주주와 회사채권자는 영업시간 내에 언제든지 위 비치서류를 열람할 수 있으며, 회사가 정한 비용을 지급하고 그 서류의 등본이나 초본의 교부를 청구할 수 있다($\frac{상 448}{조 2항}$).

---

1) 동지: 정(희), 553면; 정(동), (회) 591면.

3. 재무제표 등의 승인·공고

(1) 정기총회에서의 승인

(대표)이사·(대표)집행임원은 재무제표를 정기총회에 제출하여 그 승인을 요구하여야 한다($\frac{상}{조}\frac{449}{1항}$). 영업보고서는 정기총회에 제출하되 그 내용을 보고만 하면 되고($\frac{상}{조}\frac{449}{2항}$), 감사보고서는 총회에 제출할 필요가 없다.[1] 주주총회는 (대표)이사·(대표)집행임원이 제출한 재무제표와 감사(監事) 또는 감사위원회가 제출한 보고서의 조사를 위하여 필요하다고 인정하는 경우에는 검사인을 선임할 수 있다($\frac{상}{조}\frac{367}{1항}$).[2]

재무제표의 승인은 주주총회의 보통결의에 의하는데, 주주총회는 그 승인을 가결 또는 부결할 수 있을 뿐만 아니라 그 내용을 수정하여 결의할 수도 있다.[3]

그러나 회사는 정관에서 정하는 바에 따라 재무제표를 이사회 승인사항으로 할 수 있는데, 이 경우는 외부감사인의 적정의견이 있고 감사(監事) 또는 감사위원($\frac{감사}{위원}$회가 설치된 회사의 경우) 전원의 동의가 있는 때에 한한다($\frac{상 449조}{의 2 1항}$). 이와 같이 이사회가 재무제표를 승인한 경우에는 이사 또는 집행임원은 재무제표의 내용을 주주총회에 보고하여야 한다($\frac{상 449조}{의 2 2항}$). 이는 2011년 4월 개정상법에 의하여 신설된 것인데, 입법론으로는 집행임원 설치회사에서만 재무제표를 이사회 승인사항으로 할 수 있는 것으로 규정하여야 한다고 본다.

(2) 재무제표의 승인의 효과

1) **재무제표의 확정**　　주주총회 또는 이사회가 재무제표를 승인하면 직접 효과로서 그 재무제표는 확정되고, 이에 따라 이익 또는 손실의 처분안도 확정된다.

2) **이사·집행임원·감사(監事) 또는 감사위원회의 책임해제**　　정기총회($\frac{상 449}{조 1항}$) 또는 이사회($\frac{상 449조}{의 2 1항}$)[4]가 재무제표를 승인하면, 그 후 2년 내에 다른 결의(예컨대, 임원의

---

1) 동지: 정(희), 553면; 정(동), (회) 591면; 이(기) 외, (회) 512면.
　　일본 회사법 제437조는 이사회설치회사에서는 정기총회 소집통지서에 감사보고서를 첨부하도록 규정하고 있으나, 우리나라는 그에 해당하는 조문이 없으므로 주주가 개별적으로 열람하거나 등본교부를 청구할 수밖에 없다.

2) 참고로 회사 또는 발행주식총수의 100분의 1 이상에 해당하는 주식을 가진 주주는 총회의 소집절차나 결의방법의 적법성을 조사하기 위하여 총회 전에 법원에 검사인의 선임을 청구할 수 있다(상 367조 2항). 이는 주주의 위임장의 유효·무효 조사, 투표·개표의 공정성 등을 확보하기 위하여 이사(집행임원) 또는 소수주주가 총회 전에 법원에 검사인을 선임청구할 수 있도록 한 것인데, 2011년 4월 개정상법에 의하여 신설되었다. 상법 제367조 1항의 경우 검사인 선임권자는 주주총회이고 선임시기는 총회 중이고 선임목적은 재무제표와 감사보고서를 조사하기 위한 것인데, 상법 제367조 2항의 경우 검사인 선임권자는 법원이고 선임시기는 총회 전이며 선임목적은 총회의 소집절차나 결의방법의 적법성을 조사하기 위한 것이라는 점에서, 양자는 구별된다.

3) 동지: 정(동), (회) 591면; 이(철), (회) 986~987면; 채, 760면; 이(기) 외, (회) 512면; 주상 (제5판)(회사 IV), 300~301면.

4) 2011년 4월 개정상법이 제449조의 2를 신설하면서 제450조를 개정하지 않은 것은, 입법의 미

책임추궁의 결의, 승인결의를 철회하는 결의 등)가 없으면 이사·집행임원[1] 및 감사(監事) 또는 감사위원회의 책임은 부정행위가 있는 경우를 제외하고 해제된 것으로 본다(상 450조, 415조의 2 7항).[2]

(가) 이러한 책임해제의 법적 성질에 대하여 (i) 재무제표의 승인결의의 부수적인 법정효과(승인결의효과설)라고 보는 견해도 있으나(일본의 다수설), (ii) 결의시를 기산점으로 하여 2년의 제척기간이 경과한 효과(제척기간설)라고 본다(우리나라의 다수설).[3]

(나) 책임해제의 효력이 미치는 범위는 재무제표에 기재되었거나 또는 그 기재로부터 알 수 있는 사항에 한한다.[4] 부정행위가 있는 경우의 의미는 회사에 대하여 고의 또는 중과실로 가해행위를 한 경우뿐만 아니라, 이사·집행임원의 권한 내의 행위일지라도 당해 사정하에서 정당시될 수 없는 모든 행위를 의미한다.[5] 또한 이러한 부정행위에는 원인행위가 부정한 경우(예컨대, 밀수를 위한 금전의 차입행위 등)와, 승인요구 자체와 관련하여 부정행위를 한 경우(예컨대, 사기 또는 강박에 의하여 승인결의를 시킨 경우 등)가 있다.[6]

책임해제에 관한 증명책임은 이사·집행임원·감사(監事) 또는 감사위원회에게 있다. 따라서 이사·집행임원·감사(監事) 또는 감사위원회는 그가 책임질 사항이 재무제표에 기재되었고 이러한 재무제표를 주주총회 또는 이사회가 승인하였다는 사실을 증명하여야 한다.[7]

(3) 대차대조표의 공고

(대표)이사·(대표)집행임원은 재무제표에 대한 주주총회 또는 이사회의 승인을

바라고 본다.

1) 집행임원 설치회사의 경우에는 집행임원도 면책되어야 할 것이므로, 상법 제450조에서 집행임원을 추가하지 않은 것은 입법의 미비라고 본다.

2) 독일 주식법은 감사회가 이사의 책임면제를 결의할 수 있도록 하는데, 이는 손해배상청구권의 포기를 뜻하는 것이 아니라고 한다(AktG §120 ②).

참고로 일본 상법은 우리 상법 제450조에 해당하는 제284조를 1981년 개정에서 삭제하였고, 2005년 회사법에서도 이에 대하여 규정하지 않고 있다.

3) 정(희), 553~554면; 서·정, 514면; 손(주), 921면; 정(동), (회) 592면; 이(철), (회) 987면; 채, 761면 외.

4) 동지: 정(희), 553면; 손(주), 921면; 이(철), (회) 987면; 채, 761면 외(다수설); 대판 1969. 1. 28, 68 다 305.

반대: 정(동), (회) 592면(제척기간설을 취하는 한 재무제표의 기재사항에 한정할 이유는 없다고 한다).

5) 동지: 서울고판 1977. 1. 28, 75 나 2885.

반대: 정(동), (회) 592~593면(부정행위란 회사에 대하여 악의 또는 중대한 과실로 가해행위를 한 경우를 말한다고 한다); 정(희), 553면(부정행위란 회사에 대하여 악의 또는 중과실로 인하여 가해행위를 한 경우를 말한다고 한다).

6) 동지: 정(희), 553면; 정(동), (회) 593면; 이(철), (회) 989면; 최(기), (회) 833면; 채, 762면.

7) 동지: 정(희), 554면; 정(동), (회) 593면; 이(철), (회) 988면; 이(기) 외, (회) 512면; 대판 1969. 1. 28, 68 다 305(집 17 ① 민 86)(책임해제를 주장하는 주식회사의 이사는 회사의 정기총회에 제출·승인된 서류에 그 책임사유가 기재되어 있는 사실을 입증하여야 한다).

얻은 때에는 지체 없이 대차대조표를 정관상 공고방법($\frac{\text{상 289조 1}}{\text{항 7호·3항}}$)인 일간신문에 공고하여야 한다($\frac{\text{상 449}}{\text{조 3항}}$).

외부감사를 받아야 하는 주식회사는 위 대차대조표의 공고시에 감사인의 명칭과 감사의견을 함께 적어야 한다($\frac{\text{외감 23}}{\text{조 6항}}$).

제 3 재무제표의 기재사항

1. 총 설

(1) 2011년 4월 개정상법 이전에는 자본금에 관하여 액면주식만을 인정하였기 때문에 「회사의 자본은 상법에 다른 규정이 있는 경우 외에는 발행주식의 액면총액으로 한다」고 간단히 규정하였으나, 2011년 4월 개정상법은 무액면주식제도를 도입하였기 때문에 주식회사의 자본금은 액면주식을 발행한 경우와 무액면주식을 발행한 경우로 나누어서 정의되고 있다.

(2) 재무제표의 기재사항에 대하여 2011년 4월 개정상법 이전에는 자산의 평가방법($\frac{\text{개정전}}{\text{상 452조}}$)과 이연자산($\frac{\text{개정전 상 453}}{\text{조~457조의 2}}$)에 대하여 상세한 규정을 두었으나, 2011년 4월 개정상법에서는 이러한 사항은 대통령령으로 규정하거나 또는 일반적으로 공정하고 타당한 회계관행에 따라서 하도록 하고($\frac{\text{상 446}}{\text{조의 2}}$) 상법에서는 전부 삭제하였다. 주식회사에서의 자산의 평가방법에 관한 특칙과 함께 총칙에서 회계장부에 기재될 자산의 평가방법도 2010년 5월 개정상법에서 삭제하였다.

(3) 2011년 4월 개정상법 이전에는 법정준비금의 재원에 대하여 개별적으로 규정하였으나($\frac{\text{개정전 상 459}}{\text{조 1호~4호}}$), 2011년 4월 개정상법에서는 이를 개별적으로 규정하지 않고 대통령령에 위임하였다($\frac{\text{상 459조 1항,}}{\text{상시 18조}}$). 또한 2011년 4월 개정상법에서는 법정준비금의 총액이 자본금의 1.5배를 초과하는 경우 주주총회의 결의만으로 감액할 수 있는 규정을 신설하였다($\frac{\text{상 461}}{\text{조의 2}}$).

2. 자 본 금

(1) 회사가 액면주식을 발행하는 경우 자본금은 「상법에 달리 규정한 경우 외에는 발행주식의 액면총액」으로 한다($\frac{\text{상 451}}{\text{조 1항}}$). 액면주식의 금액은 균일하여야 하고($\frac{\text{상 329}}{\text{조 2항}}$), 액면주식 1주의 금액은 100원 이상으로 하여야 한다($\frac{\text{상 329}}{\text{조 3항}}$). 또한 액면주식을 발행하는 경우 1주의 금액은 정관의 절대적 기재사항이고($\frac{\text{상 289조}}{\text{1항 4호}}$), 등기사항이다($\frac{\text{상 317조}}{\text{2항 1호}}$).

(2) 회사가 무액면주식을 발행하는 경우 회사의 자본금은 「주식 발행가액의 2분의 1 이상의 금액으로서 이사회$\binom{정관에\ 의하여\ 신주발행사항을\ 주주총회}{에서\ 결정하기로\ 정한\ 경우에는\ 주주총회}$에서 자본금으로 계상하기로 한 금액의 총액」을 말한다$\binom{상\ 451조}{2항\ 1문}$. 이 경우 주식의 발행가액 중 자본금으로 계상하지 아니하는 금액은 자본준비금으로 계상하여야 한다$\binom{상\ 451조}{2항\ 2문}$. 회사는 정관에서 정한 경우에는 주식의 전부를 무액면주식으로 발행할 수 있는데, 무액면주식을 발행하는 경우에는 액면주식을 발행할 수 없다$\binom{상\ 329}{조\ 1항}$.

(3) 회사는 정관에서 정하는 바에 따라 발행된 액면주식을 무액면주식으로 전환하거나, 무액면주식을 액면주식으로 전환할 수 있다$\binom{상\ 329}{조\ 4항}$. 이 경우에는 주식병합에 관한 규정$\binom{상\ 440조,\ 441}{조\ 본문,\ 442조}$을 준용한다$\binom{상\ 329}{조\ 5항}$. 회사의 자본금은 액면주식을 무액면주식으로 전환하거나, 무액면주식을 액면주식으로 전환함으로써 변경할 수 없다$\binom{상\ 451}{조\ 3항}$.

3. 준 비 금

(1) 총   설

1) 의의 · 기능

(가) 준비금(reserve; Reservefonds, Rücklage; fonds de réserve)이란 「회사가 순자산액으로부터 자본금을 공제한 금액(잉여금) 중 일부를 장래 생길지도 모르는 필요에 대비하기 위하여 회사에 적립해 두는 금액」을 말하는데, 적립금이라고도 한다.[1] 이러한 준비금은 일종의 기업저축으로서 자본금과 함께 경제학상 자기자본이 되어 영업활동의 기금(基金)이 되고 있다.[2]

(나) 준비금은 자본금과 같이 계산상의 수액(數額)으로서 그 액수만큼 순자산을 유지하고 보유하여야 할 구속이고,[3] 자본금과 함께 대차대조표의 부채항목에 기재되어 이익산출에 있어서 공제항목이 되고 있다$\binom{상\ 462}{조\ 1항}$. 이러한 점에서 볼 때 준비금은 자본금을 보전 및 강화하고, 자본금과 함께 이익배당을 규제하는 기능을 한다.[4]

2) 종   류

(가) 준비금에는 법률의 규정에 의하여 적립이 강제되는 법정준비금과, 정관 또는 주주총회의 결의에 의하여 적립하는 임의준비금이 있다. 법정준비금에는 자본준

---

1) 동지: 정(희), 559면; 정(동), (회) 609면.
2) 동지: 정(희), 559면.
3) 그러나 준비금은 자본금에 비하여 그 구속의 정도가 약하다. 즉, 자본금은 엄격한 자본금 감소절차에 의하지 아니하고는 감소할 수 없고 회사가 소멸할 때까지 그에 해당하는 재산을 항상 유지하여야 하나, 준비금은 자본금 감소절차보다는 간편한 절차로 이를 결손 전보에 사용하거나 또는 자본금 전입하여 사용할 수 있다[정(동), (회) 609~610면].
4) 동지: 정(동), (회) 610면.

비금$\binom{상}{459조}$과 이익준비금$\binom{상}{458조}$이 있는데, 상법이 단순히 준비금이라고 규정하는 경우에는($\substack{상 460 \\ 조 등}$) 이러한 법정준비금을 의미한다.

(내) 준비금은 상법이 규정하는 법정준비금 외에도 자산재평가법$\binom{2019. 8. 27. \\ 법 16568호}$이 규정하는 재평가적립금(revaluation reserve)이 있다. 이는 고정자산의 재평가차액(평가익)에서 재평가일 1일 전의 대차대조표상의 이월결손금을 공제한 잔액을 말한다($\substack{동법 8조 1 \\ 항, 28조 1항}$).

(대) 준비금과 유사한 것으로 장래에 예상되는 지출(충당부채) 또는 손실(대손충당금)을 대비하기 위한 것으로 충당금이 있다. 이러한 충당금에 대하여 한국채택국제회계기준 및 일반기업회계기준은 대손충당금·충당부채 등을 규정하고 있다($\substack{기업회계기준서 1039호 문단 \\ 63·1037호, 기준 문단 6. 17의 2· \\ 문단 \\ 14. 3}$).

(래) 위 (대)의 경우와는 반대로 대차대조표에 형식상 준비금으로 기재되지는 않으나 실질상 준비금의 성질을 갖는 비밀준비금(secret reserve; stille Reservefonds)이 있다. 이는 자산항목을 과소평가하거나 부채항목을 과대평가함으로써 발생한다.[1]

이러한 비밀준비금이 적법한가에 대하여는, 이의 적법성을 긍정하는 견해[2]와 부정하는 견해[3]로 나뉘어 있다. 생각건대 상업장부 및 재무제표상의 자산평가는 진실하여야 하는 점, 분식결산을 방지할 필요가 있는 점 등에서 볼 때, 비밀준비금을 부정하는 것이 타당하다고 본다.[4]

(2) **법정준비금**(legal reserve; gesetzlicher Reservefonds; fonds de réserve légale)

1) **법정준비금의 내용**   법정준비금은 앞에서 본 바와 같이 법률의 규정에 의해서 그 적립이 강제되어 있는 준비금을 말하는데, 상법상 법정준비금은 그 적립의 재원에 의하여 이익준비금(earned surplus reserve)과 자본준비금(capital surplus reserve)으로 나누어진다.[5] 다만 합병이나 회사의 분할 또는 분할합병의 경우 소멸 또는 분할되는 회사(분할회사)의 이익준비금이나 그 밖의 법정준비금은 합병·분할·분할합병 후 존속되거나 새로 설립되는 회사가 승계할 수 있다($\substack{상 459 \\ 조 2항}$).

(가) **이익준비금**   이익준비금이란 「이익(이익잉여금)을 재원으로 하여 적립되는 법정준비금」이다. 이 때의 이익이란 매 결산기의 당기이익만을 의미하는 것이

---

1) 이에 대하여 법정준비금이나 임의준비금을 「공연한 준비금」으로 부른다[정(동), (회) 611면].

2) 정(희), 563면; 서·정, 528면; 정(동), (회) 611면(그러나 상법은 자산의 평가방법에 관하여 상세한 규정을 두고 있으므로 사실상 비밀준비금이 생길 여지는 별로 없다고 한다); 이(철), (회) 992면(일반의 관행에 비추어 합리적이라고 인정하는 범위에서는 비밀준비금도 적법하다고 한다); 이(기) 외, (회) 516면; 주상(Ⅱ-하), 566면.

3) 손(주), 923~924면; 박·이, 387면; 김(용), 434면; 채, 771면; 주상(제5판)(회사 Ⅳ), 321면.

4) 외국의 경우에도 준비금의 적립요건을 엄격하게 하거나, 재산평가규정을 세밀화하여 비밀준비금의 적립을 금지하는 입법례가 있다. 예컨대, 독일 주식법 제153조와 제154조는 자의적인 (willkürlich) 비밀준비금의 적립을 막기 위하여 과소평가의 시기·방법 등을 제한하고 있다.

5) 법정준비금의 입법론상 논의에 관하여는 왕순모, 「기업회계법의 구축과 전망」(부산: 경성대출판부, 2004), 295~374면 참조.

아니라, 그 결산기의 당기이익이 없는 경우에 전기이월이익이나 임의준비금으로 금전배당을 하는 경우를 포함한다.[1]

이익준비금의 적립액과 적립한도에 대하여 상법은 「회사는 그 자본금의 2분의 1이 될 때까지 매 결산기의 (금전 및 현물에 의한) 이익배당액의 10분의 1 이상을 이익준비금으로 적립하여야 한다(다만, 주식배당의 경우에는 그러하지 아니하다)」고 규정하고 있다($\frac{상}{458조}$). 이 때 「(금전 및 현물에 의한) 이익배당액」이란 주식배당의 경우를 제외하고 그 결산기에 (이익발생 유무를 불문하고) 주주에게 금전 및 현물로 배당하기로 결정된 금액을 말하고, 실제로 주주에게 지급한 액을 의미하지 않는다.[2] 이러한 금전 및 현물에 의한 이익배당액에는 금전 및 현물의 사외유출이 없는 주식배당을 포함하지 않는다.

이익준비금의 적립한도는 「자본금의 2분의 1이 될 때까지」이므로, 자본금의 2분의 1을 초과한 금액은 (비록 그것이 정관의 규정에 의하여 이익준비금으로 규정된 것이라도) 임의준비금의 성질을 갖는다.[3] 이러한 이익준비금의 적립한도는 자본금의 증감에 따라 증감됨은 물론이다.

은행 등과 같은 공공기업의 경우에는 특별법에 의하여 법정준비금의 적립률과 적립한도가 별도로 규정되어 있다($\frac{은행}{40조}$).

(바) **자본준비금**　　자본준비금이란 「영업이익 이외의 자본거래에서 발생한 잉여금을 재원으로 하여 적립되는 법정준비금」을 말한다. 이는 그 자체가 잉여자본으로서 자본금의 일종의 성질을 갖고 있기 때문에 적립이 강제된다.[4]

한국채택국제회계기준에서는 자본잉여금에 대하여 규정하지 않고, 일반기업회계기준은 자본잉여금의 예로서 주식발행초과금 · 자기주식처분이익 · 감자차익 등을 규정하고 있다($\frac{기준 문}{단 2. 30}$).

2011년 4월 개정상법은 자본준비금의 재원에 대하여 개별적으로 규정하지 않고, 「회사는 자본거래에서 발생한 잉여금을 대통령령으로 정하는 바에 따라 자본준비금으로 적립하여야 한다」고 규정하여($\frac{상 459조 1}{항, 상시 18조}$), 개별적인 자본준비금의 재원에 대하여는 대통령령에 위임하였다. 이에 따라 주식회사는 상법시행령 제15조[5]에서

---

1) 동지: 정(희), 560면; 정(동), (회) 612면.
2) 동지: 정(희), 560면; 이(철), (회) 993면; 재정경제부 유권해석(증권 22325－57, 1986. 2. 4) (배당 여부에 불구하고 회사는 자본의 2분의 1에 달할 때까지는 이익준비금을 적립할 수 있으며, 배당을 하지 않는다고 하여 이것이 임의준비금이 되는 것은 아니다).
　　참고로 일본의 2005년 회사법은 준비금의 적립기준에 대하여 「이익배당금액의 10분의 1을 자본준비금 또는 이익준비금으로 적립하여야 한다」고 규정하고 있다(日會 445조 4항).
3) 동지: 정(희), 560면; 정(동), (회) 612면; 이(철), (회) 993면; 이(기) 외, (회) 514면; 주상 (제5판)(회사 Ⅳ), 325면.
4) 동지: 정(희), 561면.
5) 상법 제446조의 2에서 "대통령령으로 규정한 것"이란 다음 각 호의 구분에 따른 회계기준을 말

정한 회계기준에 따라 자본잉여금을 자본준비금으로 적립하도록 하였다($^{상시}_{18조}$).

 2) 법정준비금의 사용   법정준비금은 원칙적으로 자본금의 결손 보전에만 충당하여야 하는데($^{상\ 460}_{조\ 1항}$), 예외적으로 이를 자본금에 전입할 수 있다($^{상}_{461조}$).

 (개) 자본금의 결손 보전   「자본금의 결손」이란 회사의 순자산액이 자본금과 법정준비금의 합계액보다 적은 경우를 의미하는데, 이는 결산기에 확정된다.[1] 법정준비금을 자본금의 결손 보전에 사용한다고 하는 것은 대차대조표상의 부채란의 법정준비금액을 감소시키고 동시에 자산란의 손실액을 그만큼 감소시키는 계산상(장부상)의 행위를 의미한다.[2]

 자본금의 결손 보전를 위하여 사용하는 법정준비금에는 제한이 없다.[3]

 임의준비금과 법정준비금 사이에는 임의준비금을 먼저 사용하여야 하고,[4] 또 자본금의 결손이 있는 경우에 이를 임의준비금이나 법정준비금으로써 보전하지 않고 이연손실로 하여 차기로 이연시킬 수도 있다.[5]

 (내) 자본금 전입   이에 관하여는 특수한 신주발행에서 이미 상세히 설명하였다($^{상}_{461조}$). 준비금의 자본금 전입에도 대차대조표상의 부채란의 준비금계정의 금액을 필요한 만큼 감소하고 동시에 자본금계정의 금액을 증가시키는 것인데, 다만 이 경우에는 신주를 발행하여 종전의 주주[6]에게 그 지주수(持株數)에 따라 무상으로 교

한다(상시 15조〈회계원칙〉).
  1. 「주식회사 등의 외부감사에 관한 법률」 제4조에 따른 외부감사 대상 회사: 같은 법 제5조 1항에 따른 회계처리기준
  2. 「공공기관의 운영에 관한 법률」 제2조에 따른 공공기관: 같은 법에 따른 공기업·준정부기관의 회계원칙
  3. 제1호 및 제2호에 해당하는 회사 외의 회사 등: 회사의 종류 및 규모 등을 고려하여 법무부장관이 중소벤처기업부장관 및 금융위원회와 협의하여 고시한 회계기준
 1) 동지: 정(동), (회) 614면; 이(기) 외, (회) 516면; 이(철), (회) 995면; 주상(제5판)(회사 IV), 331면.
 2) 동지: 정(희), 562면; 정(동), (회) 614면.
 3) 2011년 4월 개정상법 이전에는 「이익준비금으로 자본의 결손의 전보에 충당하고서도 부족한 경우가 아니면 자본준비금으로 이에 충당하지 못한다」고 규정하여(개정전 상 460조 2항) 이익준비금을 먼저 자본금의 결손에 충당하도록 하였으나, 2011년 4월 개정상법은 이를 폐지하였다.
 4) 동지: 정(희), 562면; 서·정, 524면; 정(동), (회) 614면 외(다수설).
 5) 동지: 정(희), 562면; 이(철), (회) 995면.
 6) 준비금의 자본금 전입에 의한 신주발행의 경우 신주(무상주)를 배정받을 주주에 대하여 우리 대법원판례는 소유권 유보부 주식매매에 있어서는 매수인이 주식매매대금을 완납하지 않고 있는 사이에 준비금의 자본금 전입에 의하여 생긴 무상주는 당연히 주주권을 그대로 유보하고 있는 매도인에게 귀속된다고 판시하고[대판 1974. 6. 25, 74 다 164(집 22 ② 민 133)], 주식을 양도하고서 명의개서를 하지 않은 경우에는 이사회의 결의로 정한 일정한 날(배정기준일)에 주주명부에 주주로 기재된 주주만이 신주의 주주가 되므로 배정기준일 현재 주주명부에 기재된 주주(명의주주)가 준비금의 자본금 전입에 의한 무상주의 주주가 된다고 판시하고 있다[대판 1988. 6. 14, 87 다카 2599·2600(공보 1988, 1026)].

부한다.

(따) **법정준비금의 감소** 회사의 법정준비금의 총액이 자본금의 1.5배를 초과하는 경우에는 주주총회의 결의에 따라 그 초과한 금액 범위에서 자본준비금과 이익준비금을 감액할 수 있다($\binom{상\ 461}{조의\ 2}$). 이는 법정준비금이 자본금에 비하여 과다한 경우에 법정준비금을 간편하게 감소할 수 있도록 하기 위하여, 2011년 4월 개정상법이 신설한 조문이다.

(3) **임의준비금**(voluntary reserve; freiwilliger Reservefonds; fonds de resérve statutaire)

임의준비금(임의적립금)이란 「(법률에 의하여 그 적립이 강제되지 않고) 정관의 규정 또는 주주총회의 결의에 의하여 적립되는 준비금」을 말한다($\binom{기준\ 문단}{2.\ 40\ 참조}$).

임의준비금의 적립률이나 그 한도에 대하여는 제한이 없다.[1]

임의준비금은 적립목적에 따라서만 사용되고, 준비금의 자본금 전입에서 설명한 바와 같이 자본금 전입의 목적이 되지 못한다. 임의준비금의 폐지·변경·유용은 그 적립근거에 따라 정관에 의한 것은 정관의 변경으로, 주주총회의 결의에 의한 것은 주주총회의 결의로 자유롭게 할 수 있다.[2]

제 4 이익배당

1. 총   설

(1) 이익배당(dividend)이란 광의로는 「주식회사가 그 영업에 의하여 얻은 이익을 주주에게 분배하는 것」을 의미하는데, 주식회사에는 인적회사에서와 같은 퇴사제도가 없고 또 그 영속적 성질로 인하여 잔여재산분배도 쉽게 할 수 없으므로 이익배당은 주식회사의 본질에 해당한다.[3] 이의 결과 주주의 이익배당청구권은 주주의 권리 중에서도 가장 중요한 자익권에 속하고, 또한 고유권이므로 주주의 동의 없이는 이를 박탈하거나 제한할 수 없다.[4] 이와 같이 이익배당은 주식회사의 생리적 현상이지만, 한편 회사의 업무집행기관이 주주와 영합하여 재산을 부당평가하여 이익배당을 함으로써 회사채권자를 해하거나 주주총회에서 의결된 이익배당을 고의로 지연시킴으로써 주주를 해하는 경우에는 병리적 현상인 폐해도 발생한다.[5] 따라서

---

1) 동지: 정(동), (회) 615면.
   그러나 독일 주식법은 임의준비금의 적립한도에는 제한이 없으나 연도이익의 절반까지 임의준비금으로 적립할 수 있음을 규정하고 있다(AktG § 58 ①).
2) 동지: 정(희), 563면; 정(동), (회) 615면.
3) 동지: 정(희), 564면.
4) 동지: 손(주), 934면.
5) 동지: 정(희), 564면.

상법은 회사채권자의 이익을 보호하기 위하여 이익배당의 요건을 엄격하게 규정하고 ($\binom{상\ 462조,}{464조}$,), 한편 주주의 이익을 보호하기 위하여 배당금지급시기를 규정하고 있다[1] ($\binom{상\ 464}{조의\ 2}$).

(2) 이익배당의 방법에는 현금배당(금전배당)·현물(재산)배당 및 주식배당의 세 가지가 있는데, 우리 상법은 이 세 가지를 모두 인정하고 있다($\binom{상\ 462조,\ 462조}{의\ 2,\ 462조의\ 4}$).[2]

따라서 우리 상법상 광의의 이익배당이란 현금배당·현물배당 및 주식배당을 의미하지만, 협의의 이익배당이란 현금배당만을 의미한다. 한편 상법은 연 1회의 결산기를 정한 회사가 정관의 규정에 의하여 영업연도중 1회에 한하여 이익배당을 할 수 있는 중간배당을 인정하고 있다($\binom{상\ 462}{조의\ 3}$). 그러므로 이하에서는 협의의 이익배당 (현금배당)·현물배당·주식배당 및 중간배당에 대하여 차례로 살펴보겠다.

2. 이익배당(협의의 이익배당 또는 현금배당)

(1) 의   의

앞에서 본 바와 같이 광의의 이익배당이란「주식회사가 그 영업에 의하여 얻은 이익을 주주에게 분배하는 것」을 말하는데, 협의의 이익배당이란「주식회사가 그 영업에 의하여 얻은 이익을 주주에게 현금(금전)으로 분배하는 것」을 말한다.

(2) 이익배당의 요건

회사는 대차대조표상의 순자산액으로부터 자본금의 액과 그 결산기까지 적립 된 법정준비금·그 결산기에 적립하여야 할 이익준비금 및 대통령령으로 정하는 미실현이익[3]을 공제한 액(배당가능이익)[4]을 한도로 하여 이익배당을 할 수 있다($\binom{상}{462}$

---

1) 이익배당과 관련하여 주주의 이익을 해하는 경우로 회사에 많은 이익이 발생하였음에도 불구 하고 회사의 임원은 이를 주주에게 배당하는 의안을 주주총회에 제출하지 않고 사내에 유보하는 경 우가 있다. 이러한 폐해를 규제하기 위하여는 상법에 규정이 없고, 학설 중에는 주주에게 배당강 제소송(이익배당청구소송)을 인정하여야 한다는 견해도 있으나[정(동), (회) 622면], 우리나라의 대법원판례는 이를 인정하지 않는다[대판 1983. 3. 22, 81 다 343(공보 704, 728)].

2) 1984년의 상법개정 이전에는 현금배당만을 인정하였으나(상 462조), 1984년 상법개정에서 주 식배당을 인정하고 있고(상 462조의 2), 2011년 4월 개정상법에서 현물배당을 인정하고 있다(상 462조의 4).

3) 이는 2011년 4월 개정상법에서 신설된 것인데, "상법 제446조의 2의 회계원칙에 따른 자산 및 부채에 대한 평가로 인하여 증가한 대차대조표상의 순자산액으로서, 미실현손실과 상계(相計)하 지 아니한 금액"을 말한다(상시 19조 1항). 그러나 파생결합증권 또는 파생상품거래의 위험을 회 피하려고 그 거래와 연계된 반대거래를 하는 경우에 발생하는 미실현이익은 그에 상응하는 미실 현손실과 상계할 수 있다(상시 19조 2항). 이는 2014. 2. 24. 상법시행령의 개정으로 신설된 것인 데, 이로 인하여 2012년 기준 국내 10대 증권사의 배당가능이익이 약 6조원, 은행권 기준 파생상 품관련 배당가능이익이 약 26조원 증가하게 되었다.

4) 상법상 배당가능이익에 관하여는 이경석, "주식회사 배당가능이익의 산정에 관한 연구(상법 개 정안의 미실현이익 공제를 중심으로)," 법학석사학위논문(고려대, 2011. 2); 최병성·홍복기·박

조).[1] 정관의 규정 또는 주주총회의 결의로 임의준비금의 적립을 정한 때에는 이것도 공제하여야 하고, 자산재평가법에 의한 재평가적립금이 있는 경우에는 이것도 공제하여야 한다(자재_{28조}). 또한 이 이익의 일부를 임원상여금으로 지급하거나 차기이월이익으로 유보하는 경우도 있다.[2]

상법이 이와 같이 이익배당의 요건으로서 배당가능이익의 산출방법을 엄격히 규정한 것은 회사채권자를 보호하기 위한 것으로서 자본금 유지(충실)의 원칙의 하나가 되고 있다.

(3) 이익배당의 확정

이익배당의 결정은 원칙적으로 「주주총회」의 전권사항이다(상 449조, 462조_{조 2항 본문}).[3] 주주총회가 대차대조표와 손익계산서를 승인하면 이익이 확정된다. 주주총회가 이익배당안을 결의하면 배당액이 확정되는 것이지만(상 462조_{2항 본문}), 실제에 있어서는 재무제표와 이익배당안을 일괄하여 결의하는 것이 보통이다. 이에 앞서 이사·집행임원은 매 결산기에 이러한 재무제표를 작성하여 이사회의 승인과 감사(監事) 또는 감사위원회의 감사를 받은 후에, 이를 주주총회의 승인을 받기 위하여 주주총회에 제출한다. 주주총회는 이익배당을 결의함에 있어 이사회가 작성한 이익배당안을 수정변경할 수도 있다. 위와 같이 주주총회의 재무제표에 대한 승인 및 이익배당안에 대한 결의가 있으면 회사의 이익배당은 확정되고, 주주는 회사에 대하여 구체적인 이익배당청구권을 취득한다.[4]

앞에서 본 바와 같이 회사는 정관에서 정하는 바에 따라 일정한 경우 재무제표를 이사회가 승인하도록 할 수 있는데(상 449조_{의 2 1항}), 이 경우에는 이익배당안이 이사회의 결의로 확정된다(상 462조_{2항 단서}).

주식회사의 정관에서 회사에 배당의무를 부과하면서 배당금의 지급조건이나 배당금액의 산정 방식 등을 구체적으로 정하고 있어 개별 주주에게 배당할 금액이 일

정우, 상법상 배당가능이익 산정에 관한 연구(상장협 연구보고서 2002－4)(한국상장회사협의회, 2002. 7); 홍복기·박정우, "회사의 계산제도 개선에 관한 연구(배당가능이익 산정을 중심으로)," 「상사법연구」(한국상사법학회), 제20권 3호(2001), 47~95면; 심영, "주식회사의 배당가능이익 계산과 미실현이익,"「상사법연구」(한국상사법학회), 제33권 제3호(2014. 11), 43~71면 등 참조.

1) 이러한 이익배당규제의 문제점과 개선방향에 관하여는 왕순모, 「기업회계법의 구축과 전망」(부산: 경성대출판부, 2004), 171~194면 참조.

2) 한국채택국제회계기준에 의한 당기순손익의 계산에 관하여는 기업회계기준서 제1001호 문단 88을, 일반기업회계기준에 의한 당기순손익의 계산에 관하여는 문단 2. 56을 각각 참조.

3) 정찬형, "주식회사의 재무제표의 확정권한에 관한 연구,"「상장협」, 제47호(2003, 춘계호), 81~95면(재무제표의 확정권을 정관 또는 특별법에 의하여 이사회에 부여할 수 없다).

4) 동지: 대판 1983. 3. 22, 81 다 343(공보 704, 728).

의적으로 산정되고, 대표이사나 이사회가 배당금 지급 여부 등을 달리 정할 수 있도록 하는 규정이 없는 경우, 정관에서 정한 지급조건이 갖추어지는 때에 주주에게 구체적이고 확정적인 배당금지급청구권이 인정될 수 있다.[1]

(4) 이익배당의 기준

1) 주주평등의 원칙

(가) 원 칙 이익배당은 원칙적으로 주주평등의 원칙에 의하여 각 주주가 가진 주식의 수에 따라 지급하여야 한다($^{\text{상 464}}_{\text{조 본문}}$). 이 때 대주주는 무배당 또는 5%, 일반주주는 10%라는 등으로 차등배당을 결의하는 경우에는 대주주가 자기의 이익배당청구권의 전부 또는 일부를 포기한 것이라고 볼 수 있으므로, 이는 주주평등의 원칙에 반하는 것이 아니다. 이와 반대로 일반주주에게는 무배당으로 하고 특정한 대주주에게는 증여형식으로 일정한 금액을 지급하기로 하는 약정은 주주평등의 원칙에 반하므로 무효라고 보아야 한다.[2]

(나) 예 외

① 상법상의 예외로 회사가 정관의 규정에 따라 내용이 다른 종류주식을 발행한 경우에는($^{\text{상 344}}_{\text{조 1항}}$), 이러한 정관의 규정에 따라 회사는 종류주식 사이에 차등배당을 할 수 있다($^{\text{상 464}}_{\text{조 단서}}$). 그러나 이 경우에도 같은 종류주식 사이에는 주주평등의 원칙에 따라 배당되어야 한다.

② 특별법상의 예외로는 공공적 법인($^{\text{국가기간산업 등 국민경제상 중요한 산업을 영위하는 법인}}_{\text{으로서 대통령령으로 정하는 상장법인 — 자금 152조 3항}}$)은, 이익배당을 할 때 정부에 지급할 배당금의 전부 또는 일부를 상법 제464조에도 불구하고 대통령령으로 정하는 방법에 따라($^{\text{정부로부터 직접 매수하여 계속}}_{\text{소유하는 주식수에 따라 배당함}}$) 해당 법인의 주주 중 (i) 해당 주식을 발행한 법인의 우리사주조합원, (ii) 연간 소득수준 및 소유재산규모 등을 고려하여 대통령령으로 정하는 기준에 해당하는 자에게 지급할 수 있다($^{\text{자금 165조의 14 1항, 자}}_{\text{금시 176조의 15 1항·2항}}$).

---

1) 동지: 대판 2022. 8. 19, 2020 다 263574(공보 2022, 1868)(주주의 이익배당청구권은 장차 이익배당을 받을 수 있다는 의미의 권리에 지나지 아니하여 이익잉여금처분계산서가 주주총회에서 승인됨으로써 이익배당이 확정될 때까지는 주주에게 구체적이고 확정적인 배당금지급청구권이 인정되지 아니한다. 다만 정관에서 회사에 배당의무를 부과하면서 배당금의 지급조건이나 배당액을 산정하는 방식 등을 구체적으로 정하고 있어 그에 따라 개별 주주에게 배당할 금액이 일의적으로 산정되고, 대표이사나 이사회가 경영판단에 따라 배당금 지급 여부나 시기, 배당금액 등을 달리 정할 수 있도록 하는 규정이 없다면, 예외적으로 정관에서 정한 지급조건이 갖추어지는 때에 주주에게 구체적이고 확정적인 배당금지급청구권이 인정될 수 있다. 그리고 이러한 경우 회사는 주주총회에서 이익배당에 관한 결의를 하지 않았다거나 정관과 달리 이익배당을 거부하는 결의를 하였다는 사정을 들어 주주에게 이익배당금의 지급을 거절할 수 없다).

2) 동지: 정(희), 565면; 손(주), 935면; 정(동), (회) 624~625면; 대판 1980. 8. 26, 80 다 1263(요지 민·상 Ⅱ, 548); 日最高判 1970. 11. 24(民集 24 – 12, 1963).

2) 일할배당·동액배당　　　영업연도의 중간에 신주가 발행된 경우에 회사는 신주의 효력발생일로부터 결산일까지의 일수를 계산하여 이익배당을 하는 것을 일할배당이라고 하는데, 이는 주주의 실질적 평등에 합치하는 것이므로 위법이 아니라고 본다(일할배당 적법설).[1] 1995년 개정상법에 의하여 신설된 규정에 의하면, 신주에 대한 이익배당에 관하여 정관이 정하는 바에 따라 그 청구를 한 때가 속하는 영업연도의 직전영업연도 말에 주주가 되는 것으로 할 수 있었는데($\binom{1995년 \,개정 \,상 \,461조}{6항, \,423조 \,1항 \,2문,}$ $\binom{350조}{3항 \,2문}$), 이 경우에는 동액배당을 한다는 의미이다. 그런데 2020년 개정상법은 이러한 규정들을 모두 삭제하면서 그 개정이유에서는 "신주의 이익배당 기준일에 대한 실무상 혼란을 초래한 규정을 정비하여 신주의 발행일에 상관 없이 이익배당 기준일을 기준으로 구주와 신주 모두에게 동등하게 이익배당을 할 수 있음을 명확히 한다"고 하여($\binom{2020. \,8. \,31. \,정부의 \,상법 \,일부개정법률안 \,개정이유}{및 \,2020년 \,개정상법 \,공포에 \,관한 \,관보상 \,개정이유}$), 동액배당을 전제로 하여 이러한 규정들을 삭제한 것으로 설명하고 있다. 따라서 우리 상법상 주주의 실질적 평등에 따라 일할배당으로 할 것인가, 형식적 평등에 따라 동액배당으로 할 것인가는 회사의 임의라고 본다(일할배당 임의설).[2]

(5) 이익배당금의 지급

1) 이익배당청구권(배당금지급청구권)　　　주주의 이익배당청구권에는 신주인수권의 경우와 같이 추상적 이익배당청구권과 구체적 이익배당청구권의 두 가지가 있다. 추상적 이익배당청구권(Dividendenrecht)은 주주권의 내용을 이루는 권리로서 주주의 지위와 불가분의 관계에 있고, 개별적으로 처분하지 못하며(주식불가분의 원칙), 또 시효에 걸리지 않는다(주주의 고유권). 그러나 주주총회($\binom{상 \,449조 \,1항,}{462조 \,2항 \,본문}$) 또는 이사회($\binom{상 \,449조의 \,2 \,\,1항,}{462조 \,2항 \,단서}$)가 이익배당안을 결의하면 주주는 회사에 대하여 채권적 성질을 가진 구체적 이익배당청구권(배당금지급청구권)(Dividendenanspruch)을 취득하는데[3] (금전채권), 이는 독립하여 양도·압류·전부명령 등의 목적이 될 수 있고 또 시효에

---

1) 동지: 정(희), 566면; 정(동), (회) 624~625면; 손(주), 936면; 법무부유권해석 — 법무 810 – 25466, 74. 11. 25(주식회사의 이익배당에 관한 질의) 및 법무 810 – 11582, 74. 5. 25(자산재평가적립금 및 준비금 자본전입에 따라 발행하는 신주의 배당기산일에 관한 질의).

　반대: 이철송, "신주에 대한 일할배당과 대소주주에 대한 차등배당의 적법성," 「월간고시」, 1986. 5, 46~57면.

2) 과거에 일할배당 적법설은 다시 일할배당 의무설과 일할배당 임의설로 나뉘어 있었다.

3) 동지: 서울고판 1967. 3. 2, 66 구 256(고집 1967 특 188); 동 1976. 6. 11, 75 나 1555(고집 1976 민〈2〉329).

　유한회사에서도 이와 동지의 판례로는 대판 1983. 3. 22, 81 다 343(공보 704, 728)(사원총회의 재무제표승인에 의한 배당금의 확정과 배당에 관한 결의가 없는 경우에는 사원의 이익배당금 청구는 이유 없다).

도 걸린다. 주주의 이러한 구체적 이익배당청구권의 시효기간은 5년이므로($^{상\ 464조}_{의\ 2\ 2항}$), 주주는 이 시효기간 내에 배당금지급청구권을 행사하여야 한다. 이러한 구체적인 이익배당청구권을 갖는 주주는 결의 당시의 주주명부에 기재된 주주이어야 하겠으나, 실제로는 주주명부의 폐쇄 또는 기준일의 설정으로 인하여 결산일의 주주이다.[1]

2) 배당금 지급시기　　이익배당금 지급의 지연에 따른 주주의 손해를 방지하기 위하여 상법은 회사는 주주총회 또는 이사회에 의한 이익배당의 결의($^{상\ 462}_{조\ 2항}$)가 있은 날부터 1개월 내에 배당금을 지급하여야 하는 것으로 규정하고 있다($^{상\ 464조}_{의\ 2\ 1}$ $^{항}_{본문}$).[2] 그러나 주주총회 또는 이사회에서 배당금의 지급시기를 따로 정한 경우에는 그에 의한다($^{상\ 464조의}_{2\ 1항\ 단서}$).

회사가 1개월 내에 배당금을 지급하지 아니한 때에는 이사 등은 과태료의 제재를 받는다($^{상\ 635조}_{1항\ 27호}$). 또 주주총회 또는 이사회의 배당결의 후 1개월 내($^{주주총회\ 또는\ 이사}_{회에서\ 배당금지급}$ $^{시기를\ 따로\ 정한}_{때에는\ 그\ 시기\ 내}$)에 회사가 배당금을 지급하지 아니하면 주주는 회사에 대하여 지연배상금을 청구할 수 있는데, 이 때에 지연배상금의 산정은 배당금지급청구권이 민사채권이므로 연 5 퍼센트의 이율에 의하고($^{민}_{379조}$), 주주는 이에 관한 손해를 증명할 필요가 없으며, 회사는 무과실의 항변을 주장하지 못한다[3]($^{민}_{397조}$).

(6) 위법배당의 효과

1) 위법배당의 의의　　위법배당(제꼬리배당)이란 「배당가능이익이 없음에도 불구하고 이익배당을 하거나, 배당가능이익을 초과하여 이익배당을 하는 것」을 말하는데, 이러한 위법배당은 당연무효가 된다.[4]

회사가 자산을 부당평가하는 등의 방법으로 재무제표를 작성하여, 실질적으로는 배당가능이익이 없는데 형식적으로 배당가능이익이 있는 것이 되어 이익배당하는 경우를 「실질적인 위법배당(분식결산)」이라고 하는데,[5] 이것도 위법배당에 포함된다고 본다.[6]

2) 위법배당액의 반환청구　　위법배당은 위에서 본 바와 같이 당연무효이므로 위법배당을 받은 주주는 배당받은 이익을 부당이득으로 회사에 반환할 의무를

---

1) 동지: 정(희), 567면.
2) 배당금의 지급시기가 1995년 개정상법 이전에는 주주총회의 재무제표의 승인결의시부터 「2월」이었으나, 회사는 이를 근거로 1월 이내에 지급할 수 있음에도 불구하고 실제로 2월이 다 되어야 지급하는 폐단을 방지하기 위하여 1995년 개정상법은 「1월」로 단축하였다[해설(1995), 172~173면].
3) 동지: 정(희), 567면.
4) 동지: 정(동), (회) 627면.
5) 분식결산의 법적 의의와 책임문제에 관하여는 왕순모, 「경성법학」(경성대 법학연구소), 제10호(2001), 37~62면; 동, 「기업회계법의 구축과 전망」(부산: 경성대출판부, 2004), 85~122면 참조.
6) 동지: 정(동), (회) 627면; 이(기) 외, (회) 522면; 주상(제5판)(회사 Ⅳ), 353~354면.

부담한다($\stackrel{민\ 741조.}{748조}$). 이 때 주주가 스스로 반환하지 않거나 회사에서 반환청구를 하지 않는 경우에는, 「회사채권자」가 직접 주주에 대하여 위법배당액을 회사에 반환할 것을 청구할 수 있다($\stackrel{상\ 462}{조\ 3항}$). 이 때 회사채권자는 이익배당 당시의 채권자가 아니라도 무방하고, 채권액의 많고 적음을 불문하며, 반환청구할 수 있는 금액은 채권액이 아니라 위법배당한 전액이다.[1] 회사채권자의 이러한 반환청구는 소(訴)의 방법으로도 가능하고 소 이외의 방법(의사표시)으로도 가능한데, 소(訴)의 방법으로 하는 경우에는 본점소재지의 지방법원에 제기하여야 한다($\stackrel{상\ 462조}{4항,\ 186조}$).

위법배당을 결의한 주주총회결의는 무효확인의 소의 대상이 되는데, 이 소의 성질을 확인소송으로 보면 회사채권자는 주주총회결의 무효확인판결 이전에도 위법배당액의 반환청구를 할 수 있으나, 형성소송으로 보면 회사채권자는 주주총회결의 무효확인판결 이후에만 위법배당액의 반환청구를 할 수 있다.[2]

위법배당은 당연무효이므로 회사 또는 회사채권자가 위법배당액을 반환청구하는 경우에는 주주의 선의·악의를 불문한다(통설).[3]

위법배당에 따른 부당이득반환청구권은 상법 제64조가 적용되지 않고 민법 제162조 제 1 항이 적용되어 소멸시효기간이 10년이다.[4]

3) 이사·집행임원·감사(監事) 또는 감사위원회 등의 책임   위법배당안을

---

1) 동지: 정(동), (회) 627면; 이(기) 외, (회) 523면; 주상(Ⅱ - 하), 583면.

2) 정(희), 565면.
   그러나 정(동), (회) 374면은 위법배당을 결의한 주주총회결의의 무효확인의 소의 법적 성질을 형성소송설로 보면서, 정(동), (회) 628면은 회사의 채권자는 주주총회결의 무효확인의 소를 거치지 않고도 주주에 대하여 위법배당액을 반환청구할 수 있다고 한다(후단 부분은 개설〈改說〉함).

3) 정(찬), (회) 1070면; 정(희), 565면; 정(동), (회) 627면; 연습, 561면; 채, 785면; 이(기) 외, (회) 522면; 주상(제 5 판)(회사 Ⅳ), 355~356면 외.

4) 대판 2021. 6. 24, 2020 다 208621(공보 2021, 1340)(회사는 대차대조표의 순자산액으로부터 자본의 액, 그 결산기까지 적립된 자본준비금과 이익준비금의 합계액, 그 결산기에 적립하여야 할 이익준비금의 액을 공제한 액을 한도로 하여 이익의 배당을 할 수 있고〈상법 제462조 제 1 항〉, 일정한 요건을 갖추면 중간배당을 할 수 있지만 이때에도 배당 가능한 이익이 있어야 한다〈상법 제462조의 3 제 1 항, 제 2 항〉. 만약 회사가 배당 가능한 이익이 없음에도 이익의 배당이나 중간배당을 하였다면 위 조항에 반하는 것으로 무효라 할 것이므로 회사는 배당을 받은 주주에게 부당이득반환청구권을 행사할 수 있다. 이익의 배당이나 중간배당은 회사가 획득한 이익을 내부적으로 주주에게 분배하는 행위로서 회사가 영업으로 또는 영업을 위하여 하는 상행위가 아니므로 배당금지급청구권은 상법 제64조가 적용되는 상행위로 인한 채권이라고 볼 수 없다. 이에 따라 위법배당에 따른 부당이득반환청구권 역시 근본적으로 상행위에 기초하여 발생한 것이라고 볼 수 없다. 특히 배당가능이익이 없는데도 이익의 배당이나 중간배당이 실시된 경우 회사나 채권자가 주주로부터 배당금을 회수하는 것은 회사의 자본충실을 도모하고 회사 채권자를 보호하는 데 필수적이므로, 회수를 위한 부당이득반환청구권 행사를 신속하게 확정할 필요성이 크다고 볼 수 없다. 따라서 위법배당에 따른 부당이득반환청구권은 민법 제162조 제 1 항이 적용되어 10년의 민사소멸시효에 걸린다고 보아야 한다).

이사회에서 찬성하고($\frac{상}{447조}$) 이를 정기주주총회에 제출한 이사·집행임원 등은 회사에 대하여 연대하여 손해배상책임을 부담하며($\frac{상\ 399조,\ 408조}{의\ 8\ 1항\cdot 3항}$), 또한 이러한 이사·집행임원 등에 고의 또는 중과실이 있는 경우에는 그는 회사채권자 및 주주 등에 대하여도 손해배상책임을 부담한다($\frac{상\ 401조,\ 408조}{의\ 8\ 2항\cdot 3항}$). 감사(監事) 또는 감사위원회도 재무제표를 감사하여 감사보고서를 제출하고($\frac{상\ 447조의\ 4,}{415조의\ 2\ 7항}$) 또 주주총회 또는 이사회에 그 의견을 보고할 의무가 있으므로($\frac{상\ 413조,\ 415조의\ 2}{7항,\ 391조의\ 2\ 2항}$), 재무제표에 부정이나 허위가 있음에도 불구하고 이를 정당한 것으로 보고한 때에는 그 임무를 게을리한 것으로 볼 수 있으므로 회사 또는 제3자에 대하여 연대하여 손해배상책임을 부담한다($\frac{상\ 414조,\ 415}{조의\ 2\ 7항}$).

(외부)감사인이 있는 경우에는 이러한 자도 회사 및 제3자에 대하여 손해배상책임을 부담한다($\frac{외감}{31조}$).

이 때에 이러한 이사·집행임원 등의 책임은 과실책임이다($\frac{상\ 399조\cdot 401}{조,\ 408조의\ 8}$).

4) 벌   칙   위법배당을 한 이사 등은 5년 이하의 징역 또는 1,500만원 이하의 벌금에 의한 처벌도 받는다($\frac{상\ 625}{조\ 3호}$).

3. 현물배당

(1) 현물배당의 의의·효용

1) 2011년 4월 개정상법 이전에는 금전배당과 주식배당만을 인정하였으나,[1] 2011년 4월 개정상법에서는 이 외에 현물배당도 인정하고 있다($\frac{상\ 462조}{의\ 4}$).[2] 즉, 현물배당이란 「주식회사가 정관에 의하여 그 영업에 의하여 얻은 이익을 주주에게 금전 외의 재산으로 분배하는 것」이라고 볼 수 있다($\frac{상\ 462조}{의\ 4\ 1항}$). 다만 주주의 이익을 보호하기 위하여 주주는 회사에 대하여 금전배당을 청구할 수 있도록 하고 있다($\frac{상\ 462조의}{4\ 2항\ 1호}$).

2) 2011년 4월 개정상법이 이익배당에서 배당재원을 현물로까지 확대함으로써 실무상 다양한 수요에 대응할 수 있게 되었다. 회사는 현물배당을 이용함으로써 금전배당에 따른 자금조달의 어려움을 덜 수 있고, 또한 주식배당에 따른 복잡한 절차(신주발행 등)를 피할 수 있을 것으로 본다. 그러나 현물배당의 경우 현물의 평가에 따른 어려움은 있을 것으로 본다.

(2) 현물배당의 요건

1) 배당가능이익의 존재   현물배당을 하기 위하여 상법 제462조 1항에 의

---

1) 2011년 4월 개정상법 이전에도 특별법에서는 현물배당을 인정하고 있는 예가 있었다(한국산업은행법 43조 3항).
2) 현물배당에 관하여는 이영철, "현물배당제도에 관한 쟁점사항의 검토,"「상사법연구」(한국상사법학회), 제33권 제3호(2014. 11), 197~228면 등 참조.

한 배당가능이익이 있어야 하는 점은, 금전배당 및 주식배당의 경우와 같다.

  2) 정관의 규정   현물배당을 하기 위하여는 정관에 이에 관한 규정이 있어야 한다. 이는 주주들이 정관에 의하여 수권한 경우에 한하여 현물배당을 할 수 있도록 한 것으로서, 현물배당을 할 것인지 여부를 이사회에서 결정하도록 한 것이 아니라 주주총회의 특별결의로 결정하도록 한 것이라고 볼 수 있다. 이러한 점은 금전배당 및 주식배당의 경우와 구별되는 점이다.

  3) 현물의 범위   현물배당에서 현물의 범위에 대하여 상법은 특별히 제한하고 있지 않고,[1] 「금전 외의 재산」으로만 규정하고 있다($\frac{\text{상}}{\text{의}4}\frac{462\text{조}}{1\text{항}}$). 이에 대하여 「대차대조표상의 자산의 부에 기재할 수 있는 종류물」로 제한하여야 한다는 견해도 있으나,[2] 현물에 대한 평가가 공정하고 또한 어느 주주의 이익도 해하지 않는다면($\frac{\text{즉, 주주}}{\text{평등의 원칙에}}_{\text{합치하는 한}}$) 이와 같이 임의로 현물의 범위를 제한하는 것도 현물배당을 인정한 취지에 반한다고 본다.[3]

  4) 현물배당의 제한   상법은 회사가 정관의 규정에 의하여 현물배당을 하는 경우에도 주주에게 현물배당액에 상당한 금전의 지급을 청구할 수 있는 선택권을 부여함과 동시에, 일정 수 미만의 주식을 보유한 주주에 대하여는 회사가 금전배당을 할 수 있도록 하였다. 즉, 회사가 현물배당을 하는 경우에도 주주는 회사에 대하여 현물배당 대신 금전배당을 청구할 수 있는데, 이 경우 회사는 그 금액 및 청구할 수 있는 기간을 정하여야 한다($\frac{\text{상}}{4}\frac{462\text{조}}{2\text{항 1호}}$). 또한 회사는 현물배당을 하는 경우에도 일정 수 미만의 주식을 보유한 주주에게 현물배당 대신 금전배당을 할 수 있는데, 이 경우 회사는 그 일정 수 및 금액을 정하여야 한다($\frac{\text{상}}{4}\frac{462\text{조의}}{2\text{항 2호}}$).

4. 주식배당

(1) 주식배당의 의의·효용

  1) 의   의   우리 상법상 주식배당이란 「주식회사가 주주에게 배당할 수

---

1) 일본의 회사법에서는 자사주식·신주예약권·사채 등은 (배당절차 이외에 별도의 절차가 필요하므로) 현물에 포함되지 않는 것으로 규정하고 있다(日會 454조 1항 1호).
  우리나라에서 자기주식을 현물배당할 수 있는지 여부에 대하여 긍정설과 부정설이 있는데, 자기주식의 처분은 신주발행과 유사하다고 볼 수 있는 점에서 볼 때 부정설이 타당하다고 본다(동지: 이영철, 상게논문, 208면).
2) 안수현, "기업회계," 「21세기 회사법 개정의 논리」(2006년 법무부 상법개정작업 기초실무 자료〈기업재무편〉)(서울: 도서출판 소화, 2007), 264~265면(종류물이 아닌 이상 주주평등의 원칙이 문제될 수 있고〈주주들이 모두 동의한 경우에는 그렇지 않음〉, 현물배당의 경우 현물을 평가하는 문제가 제기될 수 있기 때문이다).
3) 동지: 이영철, 전게논문(상사법연구 제33권 제3호), 206면.

있는 이익의 일부를$\left(\substack{\text{이익배당총액} \\ \text{의 2분의 1까지}}\right)$ 새로이 발행하는 주식으로써 주주에게 그 지분비율에 따라 무상으로 배당하는 것」을 말한다.[1] 상법은 1984년의 개정으로 미국과 일본의 입법례를 참고하여 주식배당제도를 도입하였다.[2] 이러한 주식배당제도는 배당가능이익을 사내에 유보할 수 있도록 하여 회사의 자금조달을 원활히 한다는 가장 큰 장점이 있으나, 한편으로는 주주의 이익배당청구권을 침해할 우려가 있는 등$\left(\substack{\text{특히 주} \\ \text{식의 시} \\ \text{가가 액면가에} \\ \text{미달하는 경우}}\right)$의 단점이 있다. 따라서 상법은 이러한 주식배당제도의 단점을 보완하기 위하여 주식배당의 한도를 배당가능이익의 2분의 1로 제한하고 있다$\left(\substack{\text{상 462조의} \\ \text{2 1항 단서}}\right)$. 그러므로 상법상의 주식배당제도는 회사의 자금조달의 원활화와 주주 등의 이익을 보호하는 점을 조화하여 입법화한 것이다.[3]

우리 상법상 이러한 주식배당은 다음과 같은 개념과 구별된다.

(가) 주식배당은 회사가 새로이 발행하는 주식으로써 배당하는 것이므로, 회사가 이미 가지고 있는 「자기주식$\left(\substack{\text{사내주 또는 금} \\ \text{고주〈金庫株〉}}\right)$」[4]으로써 배당하는 것과 구별된다.[5]

(나) 주식배당은 이로 인하여 발행되는 신주의 금액만큼 자본금의 증가를 가져오는 점에서, 자본금에는 전혀 변동을 가져오지 않는 「주식분할」$\left(\substack{\text{상 329} \\ \text{조의 2}}\right)$과 근본적으로 구별된다.

(다) 주식배당은 배당가능이익을 재원으로 하는 점에서, 배당가능한 이익의 발생 여부와 무관하고 또 배당불가능한 법정준비금을 재원으로 하는 「준비금의 자본금 전입」과도 구별된다.

---

1) 이러한 주식배당의 의의는 각국의 상이한 입법례에 따라 각각 달리 설명될 수 있는데, 우리 상법의 주식배당에 관한 입법례는 배당재원이 배당가능이익에 한정되는 점에서 프랑스(프랑스 상법 §§ 232-11 ①, 232-20)의 입법례와 유사하고, 영국(CA 1985 § 278, CA 1980 § 45 ①, CA 2006 §§ 829~830) 및 미국(New York Business Corporation Law § 511)의 입법례와는 상이하다. 일본의 입법례는 과거에는 우리 상법의 경우와 같이 주식배당제도를 규정하였으나, 1990년의 개정상법(1991. 4. 1 부터 시행)에서는 배당가능이익의 자본전입제도로 바꾸었고(일본 상법 293조의 2), 2005년 회사법에서는 배당가능이익(잉여금)을 감소하여 자본금 또는 준비금을 증가할 수도 있고 또한 금전 이외의 재산으로도 배당할 수 있음을 규정하고 있다(日會 450조~454조).
2) 법무부, 상법개정안사항별축조설명, 1982, 134~135면; 해설(1984), 30면.
3) 박길준, "주식배당제도," 「고시계」, 1984. 6, 36면.
4) 미국에서는 회사의 발행주식(issued shares)을 둘로 구별하여 회사가 소유하는 주식을 사내주 또는 금고주(treasury shares)라고 하고, 회사 이외의 자가 소유하는 주식을 사외주(outstanding shares)라고 한다.
5) 미국에서도 회사에 의한 금고주(金庫株)의 배당은 잉여금의 자본화가 없기 때문에 주식배당으로 인정될 수 없다고 설명되고 있다(Ballantine, p. 484). 또한 미국의 개정모범사업회사법(Revised Model Business Corporation Act 2006, RMBCA)도 주식의 발행(an issuance of shares…)에 의한 배당을 주식배당의 개념으로 정의하고 있다(RMBCA § 6.23 (a)). 또한 동법은 「회사가 취득하는 자기주식은 미발행수권주식(authorized but unissued shares)으로 된다」고 규정하여(RMBCA § 6.31 (a)), 금고주(金庫株)의 개념을 폐지하고 있다.

(라) 그 밖에 주식배당은 自己會社의 추식을 배당하는 것으로서, 회사가 소유하고 있는 다른 회사의 주식을 배당하는 것, 종속회사의 주식을 배당하는 것, 또는 자회사를 설립하여 그 주식을 배당하는 것 등과 같은 「현물배당」과도 구별된다.[1]

2) 효   용   1984년 개정상법 전에는 이익배당으로서 현금(금전)배당만을 인정하고 있었기 때문에($\frac{상\ 462조}{1항\ 참조}$), 회사가 결산시에 재무제표상 이익이 발생하여 배당을 하여야 하는데 현금이 없는 경우에는 회사채(會社債)를 발행하여 배당을 하고 다시 원리금을 갚으려고 유상증자를 하는 악순환이 거듭되었다.[2] 또한 회사는 이러한 배당자금을 사내유보하기 위하여 (이익배당의 우회적인 방법으로) 현금배당과 때를 맞추어 유상증자를 하여 배당된 자금을 환수하거나, 배당자금을 주주총회결의로 이익준비금으로 적립한 뒤 다시 자본금 전입을 하는 등의 편법을 써왔다.[3] 그러나 이러한 절차와 방법은 번거로울 뿐만 아니라 이중의 경비와 시간을 필요로 하며 또 주주는 그가 받은 배당금으로 반드시 신주를 인수할 것이라는 보장도 없기 때문에, 회사는 확실하고 간편한 방법으로 배당자금을 사내유보할 수 있도록 하기 위하여 주식배당제도가 필요하게 된 것이다. 이와 같이 주식배당제도는 본질적으로 배당자금(이익)의 사내유보의 효용이 있을 뿐만 아니라, 현금배당에 따른 자금압박을 피할 수 있고, 또 주식의 증가에 따른 주가의 시장성을 높이는 효용도 있다.[4] 또한 주식배당은 회사의 채권자에게는 자본이 증가하므로 담보가 증가하여 유리하고, 또 주주로서는 소득세가 시가가 아니라 권면액으로 부과되는 등의 이점도 있다. 그러나 주식수의 증가에 따른 배당압력의 가중은 문제점이 되겠다.

(2) 주식배당의 본질

1) 학설의 대립   주식배당의 본질에 관하여 우리나라의 학설은 아래와 같이 이익배당설(다수설)과 주식분할설($\frac{또는\ 자}{본전입설}$)(소수설)로 나뉘어 있다.

(가) 이익배당설   이익배당설은 그 이유로 주식배당에 관한 규정형식이 이익배당의 한 경우로 규정되어 있고 또 주식배당은 이익배당과 같이 배당가능이익의 존재를 전제로 하는 점, 주식배당은 주식배당 전후의 회사자산과 비교하면 회사자산에 변동이 없으나 (배당 후의 자산을 기준으로 현금배당과 비교하여 보면) 회사자산의 증가($\frac{소극적\ 의미}{에서의\ 증가}$)가 있게

---

1) 이에 관한 상세는 민병준, "주식배당제도에 관한 연구," 법학석사학위논문(경희대, 1989. 2), 6면 참조.
2) 법무부, 민법·상법개정특별심의위원회 상법분과위원회 회의록, 1982, 101면(김표진 위원 발언 부분).
3) 해설(1984), 30면.
4) 동지: 정(동), (회) 629면.
    주식배당의 실무상 절차에 관하여는 한국상장회사협의회, "주식배당실무,"「상장」, 2003. 1, 73~81면 참조.

되어 주식분할과 구별되는 점(그러나 이 때에 1주당 자산가치는 주식배당의 경우나 현금배당의 경우나 거의 동일하다), 주식배당은 사외유출될 뻔한 자산이 유출되지 않았다는 점에서도 소극적인 의미에서의 회사자산이 증가하고 있으나 (법정)준비금의 자본금 전입의 경우에는 회사자산에 전혀 변동이 없는 점에서 양자는 구별된다는 점 등을 들고 있다.[1]

  (나) 주식분할설(또는 자본전입설)   주식분할설(또는 자본전입설)은 그 이유를 주식배당의 실질은 기업이윤의 사내유보에 의하여 회사의 자본적 수요를 충족시키는 것이므로 배당가능이익의 자본금 전입으로 파악해야 한다고 설명하거나,[2] 주식배당은 실질적으로 주식배당의 전후를 통하여 회사의 자산에 증감이 없고 단순히 이익항목으로부터 자본항목으로의 대체가 있을 따름이므로 준비금의 자본금 전입에 의한 신주의 무상교부와 같이 주식분할이라고 보는 것이 타당하다고 설명한다.[3]

  2) 사 견   사견으로는 이익배당설이 타당하다고 생각하는데, 그 이유는 다음과 같다.

  (가) 영미법에서 주식배당을 주식분할[4] 또는 준비금의 자본금 전입[5]과 유사하다고 하는 설명은 종래에 그 내용이 다른 우리의 주식배당에는 맞지 않았다고 본다. 다시 말하면 무액면주식을 인정하고 있는 미국에서 주식배당을 주식분할과 유사한 것으로 설명할 수 있겠으나, 그러한 설명이 (2011년 4월 개정상법 이전에) 무액면주식을 인정하지 않았던($\frac{상329}{조 3항·4항}$) 우리나라에서 그대로 적용될 수는 없었다(그런데 우리나라에서도 2011년 4월 개정상법에서는 무액면주식제도를 최초로 도입하였으나〈상 329조, 451조〉 실무에서는 거의 이용되고 있지 않음〈2022년 현재 무액면주식을 발행한 상장회사는 17개사인데, 이것도 대부분 국내에 상장된 외국계 회사임 — 예탁결제원 보도자료〉). 또한 (법정)준비금으로써도 이익배당을 할 수 있는 영국의 입법에서 주식배당을 준비금의 자본금 전입과 유사한 것으로 보는 것은 당연하나, 그러한 설명이 (법정)준비금으로써 이익배당을 할 수 없도록 규정하고 있는 우리나라에서는($\frac{상}{460조}$) 그대로 적용될 수 없다고 본다.

  (나) 주식배당은 주식분할과 유사하다고 보는 견해는 배당 전후에 있어서 회사의 자산에는 변동이 없음에 근거하나, 현금배당의 경우와 비교하면 현금배당에 필요한 자산만큼 자산이 증가한 것이므로 회사자산에 전혀 변동이 없다고 볼 수는 없다. 또한 주식배당의 경우에도 현금배당의 경우와 같이 회사자산에 대한 일주당 지분비율이 거의 동일하기 때문에, 현금배당의 경우와 비교하면 배당받은 신주만큼 주주의 순자산은 증가한 것으로 볼

---

  1) 정(희), 568~569면; 손(주), 944면; 이(철), (회) 1017~1018면; 이(기) 외, (회) 525면; 채, 787~788면; 이정한, "주식배당제도에 관한 연구,"「상법논총」(인산정희철선생정년기념), 1985, 160면; 김두환, "주식배당의 본질,"「고시연구」, 1988. 10, 64면; 최(기), (회) 869면; 이·최, 399면.
  2) 박길준, "주식배당제도,"「고시계」, 1984. 6, 38면; 주상(Ⅱ-하), 589면.
  3) 정(무), 540면; 정(동), (회) 631면[정(동), (회)(1991) 597~598면에서는 이익배당설의 입장이었으나, 1996년 판에서는 위와 같이 주식분할설로 개설(改說)함]; 김(용), 438면; 양명조, "개정상법과 주식회사의 이익배당,"「월간고시」, 1984. 5, 63~64면. 결과 동지: 주상(제5판)(회사Ⅳ), 360면.
  4) Henn & Alexander, pp. 919~920; Hamilton, pp. 382~385; Ballantine, pp. 482~483.
  5) Morse, pp. 604~606.

수 있다. 따라서 주식배당이 이익배당이 아니고 주식분할에 더 가깝다는 근거는 (적어도 우리 상법상의 주식배당의 설명에는) 희박하다고 본다.

(다) 영국의 회사법에서는 주식배당을 이익배당이 아니라고 명문으로 규정하고 있고 $\binom{CA\ 2006}{\S\ 829\ (2)(a)}$ 또 주식배당을 준비금의 적립과 함께 규정함으로써 「회사의 이익으로써 바로 신주를 발행하는 경우」와 「회사의 이익을 일단 준비금으로 적립하고 그 후에 이 준비금으로써 (이익배당의 방법으로) 신주를 발행하는 경우」를 거의 동일시하므로 주식배당을 준비금의 자본금 전입과 아주 유사하게 볼 수 있으나, 우리나라에서는 주식배당을 이익배당에서 규정하고 있는 점($\substack{상\ 462\\조의\ 2}$)으로 보나 (법정)준비금은 주주에게 이익으로 배당하지 못하고 원칙적으로 자본금의 결손전보에만 충당할 수 있도록 규정하고 있는 점($\substack{상\\460조}$) 등에서 볼 때, 우리의 주식배당을 이익배당이 아니라 준비금의 자본금 전입에 더 가깝다는 근거는 희박하다고 본다.

(라) 1995년 개정상법은 「회사가 종류주식을 발행한 때에는 각각 그와 같은 종류의 주식으로 주식배당을 할 수 있다」고 규정하고 있는데($\substack{상\ 462조의\\2\ 2항\ 후단}$), 이 규정에서 종류주식으로 주식배당할 수 있는 점에서만 보면 우리 상법이 주식분할설의 입장을 취한 것 같으나, 이 규정이 임의규정인 점에서 보면 결과적으로 이익배당설을 취한 것으로 볼 수 있다.[1]

3) 양설의 차이　　　주식배당의 본질에 관하여 어느 설을 취하느냐에 따라 다음의 경우에 그 결론이 달라질 수 있다(그러나 어느 설을 취한다고 하여 그에 따라 논리필연적으로 모든 경우를 일률적으로 그 학설에 따라서 해석하여야 한다고 볼 필요는 없고, 각각의 경우에 따라 거기에 가장 알맞은 해석을 하더라도〈따라서 주식배당의 본질에 관하여 취한 학설과 상이하더라도〉 무방하다고 본다).

(가) 회사가 종류주식을 발행한 경우($\substack{상\ 344\\조\ 1항}$), 주식배당에 의한 신주발행의 경우에도 같은 종류의 주식을 비례적으로 발행하여 주주에게 배당하여야 하는가. 이익배당설을 취하면 이를 부정하고 일률적으로 동일종류의 주식으로써 배당할 수 있으나,[2] 주식분할설을 취하면 이를 긍정하고 종류주주 상호간에 비례관계가 유지되어야 한다.[3]

생각건대 이익배당설의 입장에서 주주총회의 결정에 의하여 주식의 종류에 불문하고 동일종류의 주식으로써 주식배당을 할 수 있다고 본다.

1995년 우리 개정상법에 의하면 이 때 회사는 각각 그와 같은 종류의 주식으로 배당할 수도 있지만($\substack{상\ 462조의\\2\ 2항\ 후단}$), 주주총회의 결정에 의하여 어느 한 종류의 주식으로써 배당할

---

1) 동지: 해설(1995), 169면.
2) 정(희), 575면(주식배당을 이익배당의 일종으로 본다고 하더라도 주식배당은 이익배당과 동일시될 수는 없으므로 주식배당의 경우에도 종류주주의 배당가능이익을 해치지 않고 종류주주의 비례관계를 유지시켜야 하는 것이 대전제가 되겠으나, 이는 사실상 불가능하므로 종류주식의 내용을 변경하는 정관변경 또는 불이익을 받는 종류주주의 종류주주총회의 승인을 받아 같은 종류의 주식으로써 배당할 수 있다고 본다); 이정한, 전게논문, 169면. 주식분할설의 입장이면서 이 견해에 따르는 학설로는 김(용), 438면.
3) 정(동), (회) 634면(또한 주식분할설의 입장에서 1995년의 개정상법 제462조의 2 2항은 이익배당설의 입장과 저촉된다고 한다); 박길준, 전게논문, 42면; 정(무), 541면; 양명조, 전게논문, 66면; 주상(제5판)(회사 Ⅳ), 371~372면(회사가 이러한 내용을 정관에 규정함으로써 주식분할설의 결과를 선택할 수 있다고 한다).

수도 있다고 본다.

(나) 회사의 자기주식에 대하여 주식배당을 할 수 있는가. 이익배당설을 취하면 자기주식이 이익배당청구권을 갖는지 여부에 따라 그 결론이 달라지겠다.[1] 즉, 자기주식도 이익배당청구권을 갖는다고 보면(소수설)[2] 회사의 자기주식에 대하여도 주식배당을 할 수 있다는 결론이 되고, 자기주식은 이익배당청구권(엄격히 말하면 의결권 이외의 모든 공익권 및 자익권)을 갖지 않는다고 보면(통설)[3] 회사의 자기주식에 대하여는 주식배당을 할 수 없다고 본다.[4] 그러나 주식분할설을 취하면 자기주식도 이미 발행한 주식인 이상 분할의 대상에서 제외될 수 없으므로 회사의 자기주식에 대하여도 주식배당을 할 수 있다고 본다.[5]

생각건대 주식배당의 본질을 이익배당으로 보고 자기주식은 이익배당청구권(및 모든 자익권)을 갖지 않는다고 보아, 회사의 자기주식에 대하여는 주식배당을 할 수 없다고 본다.[6]

(다) 회사가 현금배당(중간배당을 포함함)을 하는 경우에 연도중에 발행한 신주에 대하여 회사의 선택에 의하여 동액배당을 할 수 있으나 일할배당을 할 수도 있다고 본다. 회사가 주식배당을 하는 경우에도 연도중에 배정한 신주에 대하여 일할배당을 할 수 있는가. 이에 대하여 순 이론상으로만 보면 이익배당설을 취하면 일할배당이 가능하나,[7] 주식분할설을 취하면 동액배당을 하여야 할 것이다.[8]

생각건대 주식배당의 본질을 이익배당으로 보기 때문에 주식배당의 경우에도 순 이론상은 신주에 대한 현금배당의 경우와 같이 일할배당이 가능하다고 보겠으나, 실무상은 계산의 편의상 동액배당을 하는 경우가 많을 것으로 본다.

(라) 주식배당에 의하여 배당된 신주에 대하여 등록질의 효력이 미치는 것은 상법이 명문으로 규정하고 있고(상 462조의 2 6항), 준비금의 자본금 전입에 의한 신주발행의 경우에도 질권(등록질이든·약식질이든)의 물상대위를 상법이 명문으로 규정하고 있어(상 461조 6항, 339조), 이러한 점에 관하여는 문제가 없다.

---

1) 상법은 자기주식에 대하여 의결권이 없다고만 규정하고 있기 때문에(상 369조 2항), 그 이 외의 공익권 및 자익권의 인정 여부에 대하여 학설은 나뉘어 있다.

2) 서(정), 267면; 강, 289~290면.

3) 정(희), 427면; 서·정, 375면; 채, 782면 외.

4) 정(희), 575~576면(자기주식에 대하여 주식배당을 인정하면 주식배당을 통한 또 하나의 자기주식취득방법을 인정하는 것이 되어 상법 제341조〈2011년 4월 개정상법 제341조의 2〉의 명문규정에 반한다) 외.

5) 정(동), (회) 635면; 김(용), 438면; 주상(Ⅱ-하), 592면.

6) 정찬형, "주식배당제도,"「경제법·상사법논집」(춘강손주찬교수정년기념)(한국경제법학회 편, 1989), 476면; 동, "주식배당제도,"「월간고시」, 1989. 6, 39면.
　　입법례로서는 미국의 개정모범사업회사법(2006) 제6.31조 (a)호 및 일리노이주 회사법 제41조 등은 사외주(社外株)에 대한 주식배당만을 인정하고 있으나, 독일 주식법 제215조 1항은 자기주식도 자산증가에 참여할 수 있다고 하고, 미국의 뉴욕사업회사법 제511조 (b)항도 회사의 자기주식에 대한 주식배당을 명문으로 인정하고 있다.

7) 이정한, 전게논문, 170면; 채, 788면.

8) 양명조, 전게논문, 67면; 주상(Ⅱ-하), 596면.

그런데 약식질의 효력이 주식배당에 의하여 배당된 신주에도 미치는가에 대하여는, 상법에 명문의 규정이 없어 논의가 있다. 이익배당설을 취하면 약식질의 효력이 이익배당청구권에 미치는지 여부에 따라 그 결론이 달라지겠다. 즉, 약식질의 효력이 이익배당청구권에도 미친다고 보면(긍정설)[1] 약식질의 효력이 주식배당에 의하여 배당된 신주에도 미친다는 결론이 되나,[2] 약식질의 효력이 이익배당청구권에는 미치지 않는다고 보면(부정설)[3] 약식질의 효력은 주식배당에 의하여 배당된 신주에는 미치지 않는다는 결론이 된다. 그러나 주식분할설을 취하면 약식질의 효력은 주식배당에 의하여 배당된 신주에 당연히 미친다고 본다.[4]

생각건대 주식배당의 본질을 이익배당이라고 보고 회사측에서 알 수 없는 약식질권자는 이익배당청구권을 갖지 않는다고 보기 때문에, 약식질의 효력은 주식배당에 의하여 배당된 신주에는 미치지 않는다고 본다.[5] 또 이렇게 해석하는 것이 상법 제462조의 2 제6항의 입법취지에도 맞는 것이 아닌가 생각된다.

㈐ 주식배당에 의하여 배당된 신주에 대하여 과세할 수 있는가. 순수하게 이론적으로만 보면 이익배당설을 취하면 과세하여야 하나($^{소득\ 17조}_{1항\ 1호}$), 주식분할설을 취하면 과세할 수 없다고 보아야 할 것이다. 그러나 주식배당의 본질을 무엇이라고 보든 우리 세법상 주식배당은 의제배당에 해당되어 과세된다($^{소득\ 17조\ 1항}_{3호,\ 2항\ 2호}$).

(3) 주식배당의 요건

1) 배당가능이익의 존재   배당가능이익이란 상법 제462조 1항에 의하여 산출된 이익을 말하는데, 당기이익에 한하지 않고 이월이익을 포함한다.[6] 주식배당은 배당가능이익만을 재원으로 하는 점에서 준비금의 자본금 전입($^{상}_{460조}$)과 구별되는 점은 앞에서 본 바와 같다. 임의준비금은 그 적립근거가 되는 정관 또는 주주총회의 결의에 따른 소정의 절차를 밟아($^{용도변경}_{을\ 포함함}$) 배당가능이익으로 환원시킨 후 상법 제462조의 2에 의한 주식배당절차를 밟아 자본금 전입할 수 있다고 본다.[7]

2) 배당가능이익의 제한   배당가능이익을 주식배당한다고 하더라도 그 전부를 할 수는 없고, 「2분의 1까지」만 가능하다는 상법상의 제한이 있다($^{상\ 462조의}_{2\ 1항\ 단서}$).

---

1) 정(희), 440~441면(다만 지급 또는 인도 전에 압류하여야 한다고 한다); 이(기) 외, (회) 291~292면 외.
2) 정(희), 576면.
3) 서·정, 391면 외.
4) 정(무), 542면.
5) 동지: 이(철), (회) 1022면; 이정한, 전게논문, 175면.
6) 동지: 정(희), 573면; 박길준, 전게논문, 40면; 이정한, 전게논문, 161면; 주상(제5판)(회사 Ⅳ), 362면.
7) 동지: 정(희), 571~572면(당해 영업연도에 생긴 이익에 한하지 않고 기존의 임의준비금을 헐어서 생기는 것도 포함한다고 한다); 정(동), (회) 633면; 최(기), (회) 872면; 박길준, 전게논문, 40면; 이정한, 전게논문, 161~162면; 주상(제5판)(회사 Ⅳ), 362면.

이와 같이 주식배당을 할 수 있는 배당가능이익을 제한하는 이유는 주주들에게 현금배당을 받을 수 있는 권리를 보장하여 주주의 이익배당청구권을 보호하기 위한 것이다.[1]

그러나 주권상장법인은 주식의 시가($^{이는\ 대통령}_{령으로\ 정함}$)가 액면액 이상이면 이익배당총액에 상당하는 금액까지 주식배당을 할 수 있다($^{자금\ 165조의\ 13\ \ 1항,}_{자금시\ 176조의\ 14}$).

3) 미발행수권주식의 존재   주식배당의 경우에도 신주가 발행되므로 이렇게 발행될 신주는 미발행수권주식의 범위 내이어야 한다. 만일 미발행수권주식수가 주식배당에 의하여 발행하여야 할 주식수에 부족한 경우에는 먼저 정관변경을 하여 수권주식총수(발행예정주식총수)를 증가시켜야 한다.

(4) 주식배당의 절차

1) 주식배당의 결정   주식배당을 하기 위해서는 먼저 이익잉여금처분계산서에 그 내용을 기재하여 이사회의 승인을 받고,[2] 주주총회의 결의가 있어야 한다[3] ($^{상\ 462조의}_{2\ \ 1항\ 본문}$). 이 때의 주주총회의 결의는 보통결의로 해석하고(통설),[4] 정기주주총회에서 하는 것이 일반적이겠으나 임시주주총회에서 하는 것도 무방하다.[5]

주주총회의 결의내용은 배당가능이익의 일부를 주식으로써 배당할 수 있다는 것과, 배당가능이익의 총액 중 2분의 1을 초과하지 않는 범위 내에서 실제로 얼마를 주식배당액으로 할 것이며, 또 어느 종류의 주식을 몇 주 발행할 것인가를 결의한다 ($^{상\ 462}_{조\ 1항}$).

주주총회가 위의 내용을 결의함에 있어서는 주주평등의 원칙에 따라서 하여야 한다. 따라서 일부 주식에는 현금배당을 하고 다른 주식에는 주식배당을 하거나, 지주수(持株數)에 따라 차별을 하거나, 또는 주식의 종류에 따라 현금배당과 주식배당의 비율에 차이를 두는 경우 등은 모두 위법이다.[6] 이와 관련하여 종류주식이 발행

---

1) 제한의 이유에 관한 상세한 설명은 해설(1984), 31면 참조. 정(희), 572~573면은 그 이유를 「첫째는 이익금처분은 현금배당을 원칙으로 하는 것과 주식배당액은 금전배당액과 동액 이하이어야 한다는 것을 천명하고, 둘째는 이익잉여금의 사내유보한도를 그것의 2분의 1 로 제한함으로써 현금배당을 보장하는 데 있다」고 한다.

2) 이익잉여금의 처분은 배당금의 과목을 정하여 다음과 같은 요령으로 기재하여야 한다. 즉, 이는 당기에 처분할 배당액으로 하되 금전에 의한 배당과 주식에 의한 배당으로 구분하여 기재하는데, 주식의 종류별 주당배당금액·액면배당률은 주기(註記)하고, 배당수익률·배당성향 및 배당액의 산정내역은 주석으로 기재한다(기준 77조 3호 라).

3) 보통의 신주발행(상 416조 본문) 및 준비금의 자본금 전입에 의한 신주발행(상 461조 1항 본문)은 원칙적으로 「이사회의 결의」만으로 가능하다.

4) 정(찬), (회) 1080면; 정(동), (회) 634면; 이(철), (회) 1019면; 채, 789면; 이(기) 외, (회) 532면; 주상(제5판)(회사 Ⅳ), 364~365면 외.

5) 동지: 이정한, 전게논문, 164면.

6) 동지: 정(동), (회) 634면; 이(철), (회) 1020면; 채, 788면; 주상(제5판)(회사 Ⅳ), 363면.

된 경우에 각 종류의 주식에 대하여 주식배당을 어떻게 할 것인가, 또 자기주식에 대하여도 주식배당을 할 수 있는가 등에 관하여는 이미 설명한 바와 같다.

2) 주식배당의 통지·공고   주식배당이 주주총회에서 결의된 때에는 이사는 지체 없이 배당을 받을 주주와 주주명부에 기재된 질권자에게 그 주주가 받을 주식의 종류와 수를 통지하여야 한다($\frac{상\ 462조}{의\ 2\ 5항}$).

3) 신주의 발행

(가) 주주총회의 주식배당결의가 있는 경우에는 회사는 그 결의에 따라 배당가능이익을 자본전입하고, 그에 해당하는 신주를 발행하여야 한다.

(나) 이 때의 신주의 발행가액은 「권면액」으로 하고, 회사가 종류주식을 발행한 때에는 각각 그와 같은 종류의 주식으로 할 수 있다($\frac{상\ 462조}{의\ 2\ 2항}$)[1] 따라서 액면미달 또는 액면초과의 발행가액을 정할 수 없고,[2] 회사가 종류주식을 발행한 경우 회사는 주주총회의 결의에 따라 각각 그 종류의 주식으로 발행할 수도 있고 또는 한 종류의 주식으로 발행할 수도 있다.[3]

(다) 이 때에 배당받은 신주에 대하여 주주가 되는 시기는 「주주총회의 종결시」이다($\frac{상\ 462조}{의\ 2\ 4항}$). 이것은 보통의 신주발행의 경우에는 「납입기일의 다음 날」부터 주주가 되고($\frac{상\ 423}{조\ 1항}$), 준비금의 자본금 전입의 경우에는 「이사회에서 정한 신주배정기준일」($\frac{주주총회의\ 결의에\ 의하여\ 자본금\ 전}{입을\ 하는\ 경우에는\ 주주총회의\ 결의시}$)부터 주주가 되는 것과 다른 점이다($\frac{상\ 461조}{3항·4항}$).

(라) 주식배당에 의한 신주발행의 경우에 단주(端株)가 생기는 경우에는 그 부분에 대하여 단주처리에 관한 상법 제443조 1항에 의한다($\frac{상\ 462조}{의\ 2\ 3항}$).[4] 따라서 회사는 이러한 단주를 경매하여 각 주수(株數)에 따라 그 대금을 종전의 주주에게 지급하여야

---

1) 상법 제462조의 2 제2항 후단의 규정은 1995년 개정상법에 의하여 신설된 것인데, 이에 관하여는 이미 위에서 상세히 설명한 바와 같다.
2) 동지: 정(동), (회) 633면; 이(철), (회) 1020면; 채, 789면; 이(기) 외, (회) 532면.
   반대: 김(용), 438면(액면초과발행을 인정하면서 액면초과액이 자본준비금으로 되는 것은 아니라고 한다); RMBCA § 6.23 참조.
3) 동지: 해설(1995), 168면.
4) 이에 대하여 1995년 개정상법 이전에는 「금전으로 배당한다」고만 규정하여(상 462조의 2 3항), 이 때에 「금전으로 배당한다」는 의미가 무엇이냐에 대하여 학설은 (i) 현금배당을 의미하는 것이라고 보는 견해[정(동), (회)(1991) 602면; 최(기), (회)(1991) 877면], (ii) 원칙적으로 현금배당을 의미하나 예외적으로 주식의 시가와 권면액이 불일치하는 경우에는 별도의 처리방법(단주를 합하여 매각하는 방법)을 인정하는 것은 무방하다고 보는 견해[이정한, 전게논문, 168면; 채, (1990) 727면], (iii) 상법 제443조 1항을 유추적용하여 단주를 합하여 매각하고 그 대가를 분배하여야 한다고 보는 견해[김(용), (1984) 438~439면] 등으로 나뉘어 있었다. 그런데 1995년 개정상법은 단주를 금전으로 환가하여야 금전지급이 가능한데 개정전 상법이 이에 관하여는 규정하고 있지 않음을 감안하여 위 학설 중 (iii)설에 따라 그 환가방법에 대하여 상법 제443조 1항을 준용하는 것으로 규정하게 된 것이다[동지: 해설(1995), 170면].

하는데, 거래소의 시세 있는 주식은 거래소를 통하여 매각하고 거래소의 시세 없는 주식은 법원의 허가를 받아 경매 외의 방법으로 매각할 수 있다($\frac{상\ 443}{조\ 1항}$).

4) 등 기 주식배당에 의하여 신주를 발행하게 되면 자본금의 총액($\frac{상\ 317}{조\ 2항\ 2호}$)이 증가하게 됨은 물론, 회사의 발행주식총수·그 종류와 각종 주식의 내용과 수($\frac{상\ 317조}{2항\ 3호}$)에 변경이 있게 된다. 따라서 회사는 주주총회 종결일($\frac{신주발행의\ 효력}{이\ 발생하는\ 때}$)로부터 본점소재지에서는 2주 내, 지점소재지에서는 3주 내에 이에 관한 변경등기를 하여야 한다($\frac{상\ 317조}{4항,\ 183조}$).

(5) 주식배당의 효과

1) 자본금 및 주식수의 증가 주식배당을 하면 배당가능이익이 그만큼 자본화되므로 자본금이 증가하게 되고, 또 이에 따라 신주가 발행되므로 발행주식수가 증가하게 된다. 그러나 주식배당의 전후에 있어 주주의 회사자산에 대한 지분은 원칙적으로 변동이 없으나,[1] 단주(端株)가 발생하여 이를 단주처리방법($\frac{상\ 443}{조\ 1항}$)에 따라 배당한 경우($\frac{상\ 462조}{의\ 2\ 3항}$)와 종류주식을 발행한 경우에 이에 비례하여 같은 종류의 주식을 발행하여 배당하지 않는 경우($\frac{상\ 462조의\ 2\ 2항\ 후단은\ 임의규정이므로\ 주주총회}{의\ 결의에\ 의하여\ 한\ 종류의\ 주식으로\ 배당한\ 경우}$)에는 예외적으로 주주의 회사자산에 대한 지분이 달라지게 된다.

2) 질권(質權)의 효력 주식배당의 경우에 등록질권자의 권리는 주식배당에 의하여 신주가 발행되어 채무자인 주주가 받을 신주에 미친다($\frac{상\ 462조의}{2\ 6항\ 1문}$). 이 때에 질권자는 회사에 대하여 질권의 효력이 미치는 신주에 대한 주권의 교부를 청구할 수 있다($\frac{상\ 462조의\ 2\ 6}{항\ 2문,\ 340조\ 3항}$).

약식질의 효력이 주식배당에 의하여 발행되는 신주에 미치는가의 여부는 이미 앞에서 설명한 바와 같다.

(6) 위법한 주식배당

회사가 상법에서 정한 주식배당의 요건 및 절차를 위반하여 주식배당을 한 경우($\frac{위법한}{주식배당}$)를 「이익배당의 요건」($\frac{상}{462조}$)을 위반한 경우와, 그 이외의 「신주발행의 요건」을 위반한 경우로 나누어서 아래에서 살펴보겠다.[2]

1) 이익배당의 요건을 위반한 경우 주식배당을 하기 위하여는 현금배당의 경우와 같이 상법 제462조 1항에 의하여 계산한 배당가능이익이 존재하여야 하는

---

1) 현금배당과 비교하면 1주당 (회사자산에 대한) 지분비율이 같으나, 주주의 주식수는 증가한 것이므로 주주의 자산은 그만큼 증가한 것이 된다.

2) 이정한, 전게논문, 172면은 이익배당의 요건을 위반한 경우를 「실질적 위법배당」으로, 그 이외의 신주발행의 요건을 위반한 경우를 「형식적 위법배당」으로 부르고 있으나, 적절하지 않다고 생각한다.

데, 배당가능이익이 존재하지 않음에도 불구하고 주식배당을 한 경우에 대하여 아래와 같이 나누어서 살펴보겠다.

㈎ 배당가능이익이 없음에도 불구하고 주식배당을 하여 이에 따라 신주를 발행한 경우에 그 신주발행의 효력에 대하여 우리나라의 학설은 다음과 같이 무효설과 유효설로 나뉘어 있다.

① 무효설에서는 배당가능이익이 객관적으로 존재하지 않는 경우에도 주식배당을 하는 경우에는, 액면미달의 신주발행이 될 것이기 때문에 이러한 신주발행은 신주발행무효의 소의 원인이 된다고 한다.[1]

② 유효설에서는 배당가능이익이 없음에도 불구하고 주식배당을 하고 이에 따른 신주발행을 한 경우에, 이를 무효로 하더라도 무효의 소를 제기할 수 있는 자는 주주·이사 또는 감사(監事)이기 때문에 채권자를 보호하는 데 도움이 되지 못하고, 또 이러한 경우에 신주발행을 유효라고 하더라도 자본금이 증가하였을 뿐 구체적인 회사재산이 유출·감소된 것이 아니므로 채권자에게 불리할 것도 없기 때문에 유효라고 한다. 한편 주주의 입장에서 보더라도 신주가 발행된 이상 장래의 이익배당액이 감소되긴 하겠으나 불이익이 되는 것은 아니기 때문에 유효라고 보아도 무방하다고 한다.[2]

생각건대 배당가능이익이 없음에도 불구하고 주식배당에 의하여 증자하고 신주를 발행하는 것은 결과적으로 납입이 없는 신주발행과 같게 되어 자본금 충실의 원칙에 반하므로 무효(정확하게 말하면 무효의 소의 원인)라고 본다. 따라서 무효설에 찬성한다.[3]

㈏ 배당가능이익이 없음에도 불구하고 현금배당을 한 경우에는 회사채권자는 그 이익을 회사에 반환할 것을 주주에 대하여 청구할 수 있는데(상 462 조 2항), 이러한 회사채권자의 반환청구권은 주식배당의 경우에도 동일하게 인정될 수 있는가. 이에 대하여 우리나라의 학설은 다음과 같이 긍정설과 부정설로 나뉘어 있다.

① 긍정설에서는 주식배당도 일종의 (이익)배당이므로 위법배당의 경우에 회사채권자는 직접 주주에 대하여 위법배당한 주식을 회사에 반환할 것을 청구할 수 있다고 한다[4](상 462조 2 항 유추적용).

② 부정설에서는 주식배당에 의하여 신주를 배당받은 주주는 신주를 스스로 인

1) 정(희), 577면; 정(동), (회) 636면; 이(철), (회) 1025면; 이(기) 외, (회) 533면; 주상(Ⅱ-하), 597면.
2) 이정한, 전게논문, 173면; 이범찬, "주식배당제도의 연구,"「상장협」, 제1호(1980. 1), 21면.
3) 정(찬), (회) 1084면; 동, 전게논문(경제법·상사법논집), 479~480면; 동, 전게논문(월간고시, 1989. 6), 45면.
4) 이정한, 전게논문, 173면; 채, 792면.

수한 것도 아니고 또 납입을 한 것도 아닌데, 회사채권자의 주주에 대한 반환청구권을 인정하면(따라서 배당된 주식수의 액면총액에 해당
하는 현금의 지급의무를 부과하는 것은) 주주에 대하여 강제배당된 신주의 출자의무를 강요하는 것이 되어, 결과적으로 주주유한책임의 원칙에 반하므로 회사채권자의 반환청구는 인정될 수 없다고 한다. 한편 회사채권자의 입장에서 보아도 배당가능이익이 없이 주식배당이 있었다고 하더라도 이것은 회사재산의 사외유출이 있었던 것도 아니요 오히려 사외로 유출될 뻔하였던 회사재산이 자본으로 전입된 것이므로 회사채권자는 아무런 불이익을 받지 않으므로, 주식배당의 경우 회사채권자에게는 위법배당된 주식의 반환청구권을 인정할 필요가 없다는 것이다.[1]

생각건대 배당가능이익이 없음에도 불구하고 주식배당에 의한 주식발행을 한 것이 자본금 충실의 원칙에 반하여 무효(정확하게 말하면
무효의 소의 원인)라고 본다면, 이의 결과 회사채권자는 신주발행무효의 판결이 확정되기 전에는 자기의 이익을 보호하기 위하여 주주에 대하여 배당된 신주를 회사에 반환할 것을 청구할 수 있는 권리를 갖는다고 보아야 할 것이고, 신주발행무효의 판결이 확정된 후에는 무효인 주식(주권)이 이후 유통되는 것을 방지하기 위하여 주주에 대하여 배당된 신주를 회사에 반환할 것을 청구할 수 있는 권리를 갖는다고 보아야 할 것이다(상 462조 2
항 유추적용). 따라서 긍정설에 찬성한다. 회사채권자는 이러한 반환청구를 반드시 소(訴)의 방법으로 할 필요는 없으나, 소에 의하는 경우에는 본점소재지의 지방법원에 제기한다(상 462조 3항,
186조 유추적용). 또한 이때에 회사도 물론 주주에 대하여 배당받은 신주의 반환청구를 부당이득의 법리에 의하여 행사할 수 있다(민
741조).

㈐ 배당가능이익이 없음에도 불구하고 주식배당을 한 경우에 이사·집행임원·감사(監事) 또는 감사위원회 등은 회사 또는 제3자에 대하여 어떠한 책임을 부담하는가. 이에 대하여 우리나라의 학설은 다음과 같이 긍정설과 부정설로 나뉘어 있다.

① 긍정설에서는 이 때에 이사·집행임원은 법령위반행위를 한 것이므로 회사에 대하여 그로 인한 손해배상책임을 부담하고(상 399조, 408
조의8 1항), 신주발행의 등기 후에는 자본금 충실의 책임(상
428조)을 진다고 한다. 한편 감사(監事) 또는 감사위원회는 임무해태로 인하여 회사에 대하여 이사와 연대하여 손해배상책임을 진다고 한다[2](상
414조).

---

1) 정(희), 577면; 정(동), (회) 636~637면; 이(철), (회) 1025면; 최(기), (회) 874~875면(주식배당의 경우 현금의 유출이 없었으므로 주주는 회사에 대하여 반환의무가 없다고 한다); 손(주), 948~949면.

2) 정(희), 577면; 정(동), (회) 637면(이사·감사 등의 손해배상책임에 대하여만); 이정한, 전게논문, 174면; 채, 792면; 이(기) 외, (회) 534면.

② 부정설에서는 이사·집행임원이 위법한 주식배당을 하였다고 하더라도 회사에 손해가 발생하였다고 볼 수 없으므로 이사의 회사에 대한 손해배상책임($\substack{상\ 399\\조,\ 408조\\의\ 8\\1항}$)을 인정할 수가 없고, 또한 주식배당의 경우에는 주식의 인수와 납입이 있었던 것도 아니므로 이사에 대하여 자본금 충실책임($\substack{상\\428조}$)을 물을 수도 없다고 한다.[1]

생각건대 이 때에 이사·집행임원은 분명히 법령위반행위를 한 것이고($\substack{상\ 462조\ 1\\항,\ 462조의\\2\ 1항\\에\ 위반}$) 감사(監事) 또는 감사위원회는 그 임무를 게을리한 것이며, 또 이로 인하여 회사에 손해가 발생하지 않았다고 단정할 수도 없는 것이므로, 그러한 이사·집행임원·감사(監事) 또는 감사위원회 등은 회사에 대하여 연대하여 손해를 배상할 책임이 있다고 본다($\substack{상\ 399조,\ 408조의\ 8\\1항,\ 414조\ 1항·3항}$). 또한 이 때에 제3자가 회사의 증자를 믿고 거래하고 또 이로 인하여 제3자에게 손해가 발생한 경우에는, 이사·집행임원·감사(監事) 또는 감사위원회 등은 그러한 제3자에 대하여 악의 또는 중과실로 인하여 그 임무를 게을리한 것이므로 손해배상책임을 부담한다고 본다($\substack{상\ 401조,\ 408조의\ 8\\2항,\ 414조\ 2항·3항}$). 그러나 그러한 이사라도 회사에 대한 자본금 충실의 책임($\substack{상\\428조}$)은 부담하지 않는다고 본다. 그 이유는 신주를 배당받은 주주도 인수 및 납입의무를 부담하지 않는데, 이를 이사에게 부담시킬 수는 없다고 보기 때문이다.

그러한 이사·집행임원·감사(監事) 또는 감사위원회 등은 위와 같은 손해배상책임(민사책임)을 부담하는 외에 형사책임도 부담한다($\substack{상\ 625\\조\ 3호}$).

2) 신주발행의 요건을 위반한 경우　주식배당에 관한 주주총회결의에 하자가 있는 경우, 정관 소정의 수권주식총수의 한도를 넘어 신주를 발행한 경우, 정관에서 정하지 않은 종류의 주식을 발행한 경우 등이 이에 속한다. 이 때에는「신주발행무효의 소에 관한 규정」($\substack{상\ 429\\조\ 이하}$)을 유추적용하여 주주·이사·감사(監事) 또는 감사위원회는 신주를 발행한 날로부터 6월 내에 소로써만 이러한 신주발행의 무효를 주장할 수 있다고 본다.[2] 그런데 이 때에 주주 등이 신주발행무효의 소를 제기하여 승소의 확정판결을 받은 경우에도, 주주는 원래부터 주금액을 납입했던 것이 아니므로 회사는 신주의 주주에 대하여 납입했던 금액을 반환하여야 하는 규정이 적용될 여지는 없다($\substack{상\ 432조의\\유추적용\ 배제}$).[3]

또한 이 때 신주발행을 하기 전이면「신주발행 유지청구권에 관한 규정」($\substack{상\\424조}$)을 유추적용할 수 있다고 본다.[4]

---

1) 이범찬, 전게논문(상장협), 21면.
2) 동지: 이정한, 전게논문, 172면; 채, 791면; 이(기) 외, (회) 534면; 주상(제5판)(회사 Ⅳ), 369면.
3) 동지: 이정한, 전게논문, 172면; 이(철), (회) 1025면; 주상(제5판)(회사 Ⅳ), 369면.
4) 동지: 이정한, 전게논문, 172면; 주상(제5판)(회사 Ⅳ), 369면.

5. 중간배당

(1) 중간배당의 의의 및 성질

1) 의 의 중간배당이란「연 1회의 결산기를 정한 회사가 정관의 규정에 의하여 영업연도중 1회에 한하여 이사회의 결의(이사가 1명 또는 2명인 소규모 주식회사의 경우에는 이사회가 없으므로 각 이사가 이사회의 기능을 담당한다 ― 상 383조 1항 단서, 6항)로 일정한 날을 정하여 그 날의 주주에 대하여 이익을 배당하는 것」을 말한다(상 462조의 3 1항). 이익배당이란 앞에서 본 바와 같이 결산기에 발생한 이익을 주주에게 분배하는 것을 말하므로, 결산기가 도래하지 않으면 주주에게 이익배당을 할 수 없다. 그러나 연 1회의 결산기를 정한 회사는 영업연도중에 중간배당을 할 경제적 필요성이 발생한다. 따라서 1998년 개정상법은 이러한 회사에 한하여 회사의 선택에 의하여(정관의 규정이 있는 경우에 한하여) 영업연도 말의 이익배당 외에 영업연도중 1회에 한하여 중간배당을 할 수 있게 하였다.[1]

이러한 중간배당제도는 배당수익을 기대한 투자관행의 정착과 투자수요기반의 확충을 통한 증권시장의 안정화를 위하여 1997년에 증권거래법(2009. 2. 4. 이후에는 자본시장과 금융투자업에 관한 법률)에 의하여 주권상장법인 또는 코스닥상장법인에 대하여 인정되었는데(증거 192조의 3), 1998년 개정상법에 의하여 이를 상법상의 제도로 한 것이다. 따라서 상법상 이러한 중간배당제도의 도입으로 모든 주식회사는 자율적으로 이를 시행할 수 있게 되었는데, 이를 통하여 건전한 배당투자관행을 정착하고 결산기말의 현금배당으로 인한 기업의 일시 자금압박을 완화하며 기업의 경영성과에 대한 경영진의 중간점검의 기회를 제공하게 되었다.[2]

자본시장과 금융투자업에 관한 법률은 분기배당(연 1회의 결산기를 정한 주권상장법인이 정관에서 정하는 바에 따라 사업연도중 그 사업연도 개시일부터 3월, 6월 및 9월 말일 당시의 주주에게 이사회결의로써 금전으로 하는 이익배당)을 인정하고 있다(자금 165조의 12).

2) 성 질 이러한 중간배당은 결의기관이 언제나「이사회」이고「배당재원」이 당해 연도의 이익이 아니라는 점에서 (광의의) 이익배당과 구별된다.[3] 따라서 중간배당의 법적 성질은 이익배당이 아니고,「영업연도중의 금전의 분배」라고 볼 수 있다.[4] 왜냐하면 이익배당이란 법률적으로는 영업연도 말(결산기)의 이익을

---

1) 중간배당제도를 도입한 외국의 입법례로는 일본 회사법 제454조 5항(이사회설치회사의 경우), 독일 주식법 제58조 등이 있다.

2) 중간배당제도에 관하여는 한국상장회사협의회 조사부, "중간배당제도에 관한 소고,"「상장협」, 제40호(1999.10), 115~128면(상법상 중간배당제도와 관련하여 기업실무에서 발생할 수 있는 제반 문제점을 지적하고 있다); 왕순모, "중간배당제도의 도입과 그 활성화 방안,"「상장협」, 제47호(2003, 춘계호), 53~79면(중간배당시점에 있어서의 가결산을 의무화하고, 중간배당에 따른 이사회의 책임을 완화해야 한다고 한다); 동,「기업회계법의 구축과 전망」(부산: 경성대출판부, 2004), 195~230면.

3) 동지: 정(동), (회) 634면.

4) 동지: 손(주), 943면, 938면; 정(동), (회) 637면; 이(철), (회) 1009면(이익배당의 후급〈後給〉이라고 한다); 鈴木竹雄·竹內昭夫,「會社法(第三版)」(東京: 有斐閣, 1994), 380면.

주주총회의 결의를 받아 주주에게 분배하는 것을 말하는데, 중간배당은 영업연도의 도중에 언제나 이사회의 결의만으로 주주에게 이익을 분배하는 것으로서 이익배당의 요건을 갖추지 않았기 때문이다. 그러나 경제적으로는 이익배당의 성격을 갖고 있으므로 일반적으로 이를 중간배당이라고 부르고, 또한 이익배당에 관한 많은 규정을 중간배당에 준용하고 있다($\frac{상}{3}\frac{462조의}{5항 \cdot 6항}$).

중간배당의 성질을 그의 재원(財源)과 관련하여 (i) 전기에 발생한 이익의 후급으로 보는 전기이익후급설[1]($\frac{상}{3}\frac{462조의}{2항 참조}$)과 (ii) 당기에 발생한 이익의 선급(가지급)으로 보는 당기이익선급설[2]($\frac{상}{3}\frac{462조의}{3항 참조}$)이 있는데, 중간배당의 재원을 상법 제462조의 3 제2항에서 규정하고 있는 점에서 볼 때 전기이익후급설이 타당하다고 본다.

(2) 중간배당의 요건

1) 형식적 요건

⑺ **연 1회의 결산기를 정한 회사**　　중간배당을 할 수 있는 회사는 연 1회의 결산기를 정한 회사에 한한다($\frac{상}{의}\frac{462조}{3 1항}$).

⑷ **정관의 규정**　　중간배당을 할 수 있는 회사는 이에 관하여 정관에 규정이 있어야 한다($\frac{상}{의}\frac{462조}{3 1항}$).

⑸ **이사회의 결의**　　중간배당을 하기 위하여는 위와 같은 정관의 범위 내에서 이사회의 결의가 있어야 한다($\frac{상}{의}\frac{462조}{3 1항}$). 자본금 총액이 10억원 미만인 회사로서 이사를 1명 또는 2명 둔 경우에는 이사회가 없으므로, 이를 각 이사($\frac{정관에 따라 대표이사}{를 정한 경우에는 그}$ 대표$_{이사}$)가 결정한다($\frac{상 383조 6항,}{462조의 3 1항}$).

주권상장법인의 경우 분기배당을 할 수 있는데, 이에 관한 이사회결의는 분기 말일부터 45일 이내에 하여야 하고, 분기배당금은 정관에서 그 지급시기를 따로 정하지 않으면 이사회결의일부터 20일 이내에 지급하여야 한다($\frac{자금 165}{조의 12}$).

이 때 중간배당을 받는 주주를 확정하기 위한 「일정한 날」(중간배당 기준일)을 자본시장과 금융투자업에 관한 법률의 경우($\frac{자금 165조}{의 12 1항}$)와 같이 정관이 정하여야 한다고 해석하는 견해가 있으나,[3] 상법의 규정상($\frac{상 462조의 3 1항 \cdot}{항\langle354조 1항 준용\rangle}$)[5] 이사회의 결의로 정하는 것으로 해석하여야 한다고 본다.[4] 따라서 이사회는 중간배당을 할 것인지 여부를 결정하고, 중간배당을 할 것을 결정하면 중간배당 기준일을 정하여야 한다고 본다.

---

1) 정(동), (회) 638면; 이(철), (회) 1009면; 최(기), 1049면.
2) 손(주), 943면, 938면; 왕순모, 전게 「기업회계법의 구축과 전망」, 213면.
3) 손(주), 939면; 이(철), (회) 1008면.
4) 동지: 최(기), 1065면.

또한 이사회는 연 1회에 한하여 중간배당을 할 것을 결의할 수 있다($\frac{상}{의3}\frac{462조}{1항}$). 중
간배당에 관한 이사회 결의가 있으면, 같은 영업연도 중 다시 중간배당에 관한 결의
를 할 수 없고, 이사회 결의로 주주의 중간배당청구권이 구체적으로 확정된 이상 그
청구권의 내용을 수정 내지 변경하는 내용의 이사회 결의도 허용되지 않는다.[1]

정관에서 금전 외의 재산으로 배당을 할 수 있음을 정한 경우, 이사회는 중간배
당을 현물로 할 수 있을 것인가의 문제가 있다. 중간배당을 이익배당으로 보지 않는
경우에도 현물배당에 관한 상법 제462조의 4에서 「배당」이란 이익배당뿐만 아니라
중간배당을 포함한다고 보면, 이 경우 이사회는 중간배당으로 현물배당을 결의할
수 있다고 본다.[2]

2) 실질적 요건(중간배당의 한도)

㈎ 직전 결산기의 대차대조표상 이익이 현존하여야 한다　　중간배당은 위에
서 본 바와 같이 영업연도(결산기)를 1년으로 한 회사가 영업연도중 1회에 한하여
정관에서 정한 바에 따라 하는 것인데, 중간배당을 할 때에 가결산을 하지 않는 대
신에 직전 결산기의 대차대조표상 이익이 현존하여야 한다. 즉, 중간배당은 직전 결
산기의 대차대조표상의 순자산액에서 (i) 직전 결산기의 자본금의 액, (ii) 직전 결
산기까지 적립된 자본준비금과 이익준비금의 합계액, (iii) 직전 결산기의 정기총회
에서 이익으로 배당하거나 또는 지급하기로 정한 금액 및 (iv) 중간배당에 따라 당
해 결산기에 적립하여야 할 이익준비금을 공제한 액을 한도로 한다($\frac{상}{의3}\frac{462조}{2항}$). 이 때
중간배당에 따라 당해 결산기에 적립하여야 할 이익준비금은 중간배당액의 10분의
1 이상의 금액이다($\frac{상}{5항,}\frac{462조의3}{458조}$).

㈏ 당해 결산기에 이익이 예상되어야 한다　　즉, 회사는 당해 결산기의 대차

---

1) 동지: 대판 2022. 9. 7, 2022 다 223778(공보 2022, 2080)(상법 제462조의 3 제1항은 중간배
당에 관하여 '연 1회의 결산기를 정한 회사는 영업연도 중 1회에 한하여 이사회의 결의로 일정한
날을 정하여 그날의 주주에 대하여 이익을 배당할 수 있음을 정관으로 정할 수 있다'고 규정하고
있다. 이에 따라 연 1회의 결산기를 정한 회사의 경우 정관에 정함이 있으면 이사회 결의로 중간
배당을 실시할 수 있고 그 횟수는 영업연도 중 1회로 제한된다. 중간배당에 관한 이사회의 결의가
성립하면 추상적으로 존재하던 중간배당청구권이 구체적인 중간배당금 지급청구권으로 확정되므
로, 상법 제462조의 3이 정하는 중간배당에 관한 이사회 결의가 있으면 중간배당금이 지급되기
전이라도 당해 영업연도 중 1회로 제한된 중간배당은 이미 결정된 것이고, 같은 영업연도 중 다시
중간배당에 관한 이사회 결의를 하는 것은 허용되지 않는다. 이사회 결의로 주주의 중간배당금 지
급청구권이 구체적으로 확정된 이상 그 청구권의 내용을 수정 내지 변경하는 내용의 이사회 결의
도 허용될 수 없다).
2) 2011년 4월 개정상법 이전에는 상법 제462조의 3 제1항에서 「금전의 이익」을 배당할 수 있는
것으로 규정하였으나, 2011년 4월 개정상법에서는 「이익을」 배당할 수 있는 것으로 개정하였다.
　중간배당에 대하여도 현물배당이 인정된다고 보는 견해로는 안수현, 전게논문(21세기 회사법
개정의 논리), 264면.

대조표상의 순자산액이 (i) 당해 결산기의 자본금의 액, (ii) 당해 결산기까지 적립된 자본준비금과 이익준비금의 합계액, (iii) 당해 결산기에 적립하여야 할 이익준비금 및 (iv) 대통령령으로 정하는 미실현이익의 합계액에 미치지 못할 우려가 있는 때에는 중간배당을 하여서는 아니 된다($\substack{상\ 462조 \\ 의\ 3\ 3항}$). 만일 이사·집행임원[1]이 이에 위반하여 중간배당을 한 경우에는 그가 당해 결산기에 이익이 발생할 것으로 판단함에 있어 주의를 게을리하지 아니하였음을 증명하지 못하는 한 그 이사·집행임원은 회사에 대하여 연대하여 그 차액($\substack{배당액이\ 그\ 차액보다 \\ 적을\ 경우에는\ 배당액}$)을 배상할 책임을 진다($\substack{상\ 462조 \\ 의\ 3\ 4항}$).

(3) 중간배당의 확정

위와 같이 중간배당의 결정은 「이사회」의 결의사항이므로($\substack{상\ 462조 \\ 의\ 3\ 1항}$), 이사회가 정관의 규정에 의하여 중간배당을 결정하면 이사회의 결의로 정한 배당기준일(일정한 날)의 주주는 회사에 대하여 구체적인 중간배당청구권을 취득한다.

(4) 중간배당의 기준

1) 주주평등의 원칙

㈎ 원   칙   중간배당도 이익배당과 같이 원칙적으로 주주평등의 원칙에 의하여 각 주주가 가진 주식의 수에 따라 지급하여야 한다($\substack{상\ 462조의3\ 5 \\ 항,\ 464조\ 본문}$).

㈏ 예   외   상법상의 예외로 회사가 정관의 규정에 따라 내용이 다른 종류주식을 발행한 경우에는($\substack{상\ 344 \\ 조\ 1항}$), 이러한 정관의 규정에 따라 회사는 종류주식 사이에 차등배당을 할 수 있다($\substack{상\ 462조의3\ 5 \\ 항,\ 464조\ 단서}$).

2) 일할배당·동액배당   영업연도의 중간에 신주가 발행된 경우에는 납입기일의 다음 날로부터 주주의 권리의무가 있으므로($\substack{상\ 423 \\ 조\ 1항}$) 이러한 신주발행의 효력일이 중간배당 기준일 이전이면 신주에 대하여 동액배당 또는 일할배당을 할 수 있다고 본다. 또한 전환주식이 전환된 경우, 전환사채가 전환된 경우, 신주인수권부사채에서 신주인수권의 행사가 있은 경우에도 전환 또는 신주발행의 효력일($\substack{상\ 350조\ 1 \\ 항,\ 516조\ 2}$ $\substack{항,\ 516 \\ 조의\ 10}$)이 중간배당 기준일 이전이면 신주에 대하여 동액배당 또는 일할배당을 할 수 있다고 본다.

(5) 중간배당금의 지급

1) 중간배당청구권(중간배당금 지급청구권)   이사회에서 중간배당을 결의하면 이사회의 결의로 정한 배당기준일(일정한 날)의 주주는 회사에 대하여 구체적인 중간배당청구권을 취득하는데($\substack{금전 \\ 채권}$), 이는 독립하여 양도·압류·전부명령 등의 목적

---

1) 집행임원 설치회사의 경우에는 (대표이사에 갈음하여) 집행임원이 이러한 중간배당안을 이사회에 제출할 것이므로, 집행임원도 이에 대한 책임을 부담하여야 할 것으로 본다.

이 될 수 있고 또 시효에도 걸린다. 이러한 중간배당청구권의 시효기간은 5년이다$\binom{\text{상 464조}}{\text{의 2 2항}}$.

기명주식의 등록질권자도 중간배당청구권을 갖는다$\binom{\text{상 462조의 3}}{\text{5항, 340조 1항}}$. 회사는 중간배당을 받을 주주 또는 등록질권자를 확정하기 위하여 배당기준일을 정하여야 하는데$\binom{\text{상 462조}}{\text{의 3 1항}}$, 이에 관하여는 상법의 기준일에 관한 규정이 적용된다$\binom{\text{상 462조의 3}}{\text{5항, 354조 1항}}$.

2) 배당금지급시기 중간배당의 지연에 따른 주주의 손해를 방지하기 위하여 상법은 중간배당에 관한 이사회의 결의$\binom{\text{자본금 총액이 10억원 미만으로서 이사를 1명 또는 2명}}{\text{둔 소규모 주식회사의 경우에는 이사회가 없으므로, 주}}$ $\binom{\text{주총회의 결의}}{\text{— 상 383조 4항}}$가 있은 날부터 1개월 내에 중간배당을 하여야 할 것으로 규정하고 있다$\binom{\text{상 464조의}}{\text{2 1항 본문}}$. 그러나 이사회의 결의로 중간배당의 지급시기를 따로 정한 경우에는 그러하지 아니하다$\binom{\text{상 464조의}}{\text{2 1항 단서}}$. 회사가 중간배당의 지급을 지연한 경우 회사의 주주에 대한 책임은 이익배당의 지연의 경우와 같다.

(6) 위법중간배당의 효과

1) 위법중간배당의 의의 위법중간배당이란 「중간배당의 요건에 위반하여 이익을 배당하는 것」을 말한다. 다시 말하면 직전 결산기의 대차대조표상 이익이 없거나(또는 없고) 당해 결산기에 이익이 예상되지 않음에도 불구하고 중간배당을 하는 것을 말한다. 이러한 위법중간배당도 위법이익배당과 같이 당연무효가 된다고 본다.

2) 위법중간배당액의 반환청구 위법중간배당은 당연무효이므로 위법중간배당을 받은 주주는 배당받은 이익을 부당이득으로 회사에 반환할 의무를 부담한다$\binom{\text{민 741}}{\text{조, 748조}}$. 이 때 주주가 스스로 반환하지 않거나 회사에서 반환청구를 하지 않는 경우에는, 「회사채권자」가 직접 주주에 대하여 위법배당한 이익을 회사에 반환할 것을 청구할 수 있다$\binom{\text{상 462조의 3}}{\text{6항, 462조 3항}}$. 이에 관한 그 밖의 사항은 위법한 이익배당의 경우와 같다$\binom{\text{상 462조의 3}}{\text{6항, 462조 4항}}$.

3) 이사·집행임원·감사(監事) 등의 책임 중간배당과 관련하여 상법은 이사·집행임원에게 앞에서 본 바와 같이 당해 결산기에 이익이 예상되지 않는 경우에는 중간배당을 하여서는 아니 될 의무를 부담시키고$\binom{\text{상 462조}}{\text{의 3 3항}}$, 이 의무에 위반한 이사·집행임원에 대하여 특별한 차액배상책임을 부담시키고 있다$\binom{\text{상 462조}}{\text{의 3 4항}}$. 즉, 이사·집행임원은 당해 결산기에 이익이 예상되지 않으면 중간배당을 하여서는 아니 되는데$\binom{\text{상 462조}}{\text{의 3 3항}}$, 만일 이사·집행임원이 이에 위반하여 중간배당을 한 경우에는 그 이사·집행임원은 회사에 대하여 연대하여 그 차액$\binom{\text{배당액이 그 차액보다}}{\text{적을 경우에는 배당액}}$을 배상할 책임을 진다$\binom{\text{상 462조의}}{\text{3 4항 본문}}$. 다만 이사·집행임원이 당해 결산기에 이익이 발생할 것으로 판

단함에 있어 주의를 게을리하지 아니하였음을 증명한 때에는 이사·집행임원은 이러한 책임을 면한다($\substack{\text{상 }462조의\\3\ 4항 단서}$). 중간배당에 관한 이사회의 결의에 찬성한 이사는 모두 연대하여 이러한 책임을 지는데($\substack{\text{상 }462조의 3\\6항, 399조 2항}$), 이러한 이사회결의에 참가한 이사로서 이의(異議)를 한 기재가 의사록에 없는 자는 그 결의에 찬성한 것으로 추정한다($\substack{\text{상 }462조의 3\\6항, 399조 3항}$). 이사·집행임원의 이러한 책임은 주주 전원의 동의로 면제할 수 있고 정관에서 정하는 바에 따라 감경할 수 있다($\substack{\text{상 }462조의 3\\6항, 400조}$).

이사·집행임원·감사(監事) 또는 감사위원회 등의 그 밖의 회사 및 제3자($\substack{주주\\포함}$)에 대한 책임($\substack{\text{상 }399조, 401조,\\408조의 8\ 2항·3항}$)과 위법중간배당을 한 이사·집행임원 등의 형벌($\substack{\text{상 }462조\\의 3\ 5항,\\625조 3호}$)은 위법한 이익배당의 경우와 같다.

제 5 주주의 경리감독

1. 총   설

주주는 주주총회에서 회사의 기본적인 사항의 결의에 관하여 의결권을 행사할 수 있을 뿐($\substack{\text{상 }361조,\\369조}$), 회사의 업무집행에는 관여하지 못한다. 이사($\substack{집행임원 설치회사의 경\\우는 '집행임원'을 의미한\\다. 이\\하 같다}$)의 업무집행($\substack{특히\\경리}$)에 대한 감독 또는 감사를 주주총회가 하거나 주주총회에서 선임한 감사(監事) 또는 이러한 감사(監事)에 갈음하는 감사위원회가 하여야 하는데, 모두 그 실효를 거두기 어렵기 때문에 상법은 일정한 경우 주주가 직접 이사에 대한 감독권을 행사하도록 하고 있다. 따라서 상법은 이사의 권한남용을 방지하기 위하여 주주의 감독권으로서 이사의 해임청구권($\substack{\text{상}\\385조}$)·이사의 위법행위 유지청구권($\substack{\text{상 }402\\조,\\408조\\의 9}$)·대표소송제기권($\substack{\text{상 }403조,\\408조의 9}$) 및 다중대표소송제기권($\substack{\text{상 }406조의\\2, 408조의 9}$)을 규정하고 있다.

그러나 주주가 이러한 감독권을 효율적으로 행사하기 위하여는 회사의 업무와 재산상태에 관한 정확한 정보와 지식이 필요하므로, 상법은 이를 위하여 주주에게 다음과 같은 경리검사권을 부여하고 있다. 주주의 이러한 경리검사권은 검사의 대상이 간접적인 서류($\substack{재무제\\표 등}$)에서 직접적인 서류($\substack{회계장\\부 등}$)로 확대되고, 또 검사의 범위가 회계관계사항으로부터 업무 및 재산관계사항($\substack{검사인을 통한 업\\무 및 재산조사권}$)으로 확대되고 있다.

2. 재무제표와 그 부속명세서·영업보고서 및 감사보고서의 열람권(단독주주권)

이사는 정기총회 회일의 1주간 전부터 재무제표와 그 부속명세서[1]·영업보고서

---

1) 재무제표는 일반적인 서류이고, 그 부속명세서는 부정이 있기 쉬운 부분을 특별히 상세하게 꾸

및 감사보고서를 본점에서는 5년간 비치하고 지점에서는 3년간 비치하여야 하는데 ($\frac{상\ 448}{조\ 1항}$), 주주($\frac{및\ 회사}{채권자}$)는 영업시간 내에 언제든지 이를 열람하고, 그 등본이나 초본의 교부를 청구할 수 있다($\frac{상\ 448}{조\ 2항}$).

이러한 서류는 이사가 주주 등에게 열람시키고 주주총회의 승인을 얻기 위하여 작성하는 것으로서 원시기록은 아니다.[1] 또한 주주가 이러한 서류를 열람할 수 있는 권리는 개개의 주주에게 인정된 단독주주권이다.

3. 회계장부열람권(소수주주권)

(1) 인정이유

주주가 재무제표와 그 부속명세서·영업보고서 및 감사보고서를 가지고는 충분히 그 내용을 알 수 없는 경우에는, 주주는 다시 그 기재가 진실하고 정확한 기재인가를 알기 위하여 그 원시기록인 회계의 장부와 서류의 열람·등사를 청구할 수 있는 권리를 갖는다. 주주의 이러한 회계장부열람권(right of inspection of books and records)은 미국 회사법상의 제도를 따라 인정된 것이다.[2]

(2) 열람권자

주주의 이 권리는 남용될 위험성이 많기 때문에 소수주주의 권리로서만 행사할 수 있다($\frac{상\ 466조\ 1항,}{542조의\ 6\ 4항}$).[3] 이 경우의 발행주식총수에는 의결권이 없는 종류주식이나 의결권이 제한되는 종류주식을 포함한다.[4]

이 권리를 행사할 수 있는 소수주주는, 비상장회사의 경우는 발행주식총수의 100분의 3 이상에 해당하는 주식을 가진 주주이고($\frac{상\ 466}{조\ 1항}$), 상장회사의 경우는 발행주식총수의 100분의 3 이상에 해당하는 주식을 가진 주주($\frac{상\ 542조}{의\ 6\ 10항}$) 또는 6개월 전부터 계속하여 상장회사 발행주식총수의 10,000분의 10($\frac{최근\ 사업연도말\ 자본금이\ 1,000억원\ 이}{상인\ 상장회사의\ 경우에는\ 10,000분의\ 5}$)

민 서류이다. 주주의 부속명세서열람권은 재무제표열람권과 후술하는 회계장부열람권과의 중간적인 성질을 가진 것으로서, 이사의 업무집행에 대한 감독시정권을 유효적절하게 할 수 있게 하기 위하여 인정된 제도이다. 상법은 주주의 지위를 강화하기 위한 불가결한 전제가 된다고 하여 이 부속명세서 열람권제도를 두었으나, 그 실효성은 의문이다.

그리고 주주의 감사보고서열람권과 같은 것은 그 내용의 전문성 때문에 그 이해도 어렵거니와 또한 이것은 기관으로서의 감사(監事)의 감사(監査)를 주주가 다시 감사하는 것이 되어, 그 타당성도 의심스럽다.

1) 동지: 손(주), 953면.

2) 손(주), 954면; 정(동), (회) 643면.

3) 일본은 종래에 발행주식총수의 100분의 10 이상에 해당하는 주식을 가진 소수주주권으로 규정하였으나, 1993년 개정상법(1993. 10. 1 시행)에 의하여 100분의 3 으로 완화하였고(동법 293조의 6 1항), 이는 2005년 회사법에서도 그대로 유지되고 있다(日會 433조 1항).

4) 동지: 손(주), 954면.

이상에 해당하는 주식을 보유한 주주이다($\substack{\text{상 542조의 6} \\ \text{4항, 상시 32조.}}$).[1] 열람과 등사에 시간이 소요되는 경우에는 열람·등사를 청구한 주주는 전 기간을 통하여 이 권리를 행사할 수 있는 소수주주의 요건을 충족하여야 한다.[2]

주식매수청구권을 행사한 소수주주도 회사로부터 주식의 매매대금을 지급받지 아니하고 있는 동안에는 이러한 회계장부열람권($\substack{\text{상 466} \\ \text{조 1항}}$)을 갖는다.[3]

주주가 이 청구를 함에는 이유를 붙인 서면으로 하여야 하는데($\substack{\text{상 466} \\ \text{조 1항}}$), 회계의 장부와 서류를 열람 또는 등사시키는 것은 회계운영상 중대한 일이므로 그 절차를 신중하게 함과 동시에 상대방인 회사에게 열람 및 등사에 응하여야 할 의무의 존부 또는 열람 및 등사를 허용하지 않으면 안 될 회계의 장부 및 서류의 범위 등의 판단을 손쉽게 하기 위하여 그 이유는 구체적으로 기재하여야 한다.[4]

---

1) 금융회사의 경우는 6개월 전부터 계속하여 금융회사의 발행주식총수의 100,000분의 50 이상 (대통령령으로 정하는 금융회사의 경우에는 100,000분의 25 이상)에 해당하는 주식을 보유한 자이다(지배 33조 6항).

2) 동지: 대판 2017. 11. 9, 2015 다 252037(공보 2017, 2313)(발행주식의 총수의 100분의 3 이상에 해당하는 주식을 가진 주주는 상법 제466조 제1항에 따라 이유를 붙인 서면으로 회계의 장부와 서류의 열람 또는 등사를 청구할 수 있다. 열람과 등사에 시간이 소요되는 경우에는 열람·등사를 청구한 주주가 전 기간을 통해 발행주식 총수의 100분의 3 이상의 주식을 보유하여야 하고, 회계장부의 열람·등사를 재판상 청구하는 경우에는 소송이 계속되는 동안 위 주식 보유요건을 구비하여야 한다).

3) 동지: 대판 2018. 2. 28, 2017 다 270916(공보 2018, 635).

4) 동지: 대판 1999. 12. 21, 99 다 137(공보 2000, 273); 동 2022. 5. 13, 2019 다 270163(공보 2022, 1146)(상법 제466조 제1항은 회사 발행주식의 총수 중 100분의 3 이상에 해당하는 주식을 가진 주주의 회계장부 등에 대한 열람·등사청구권을 인정하고 있다. 주주가 상법상 인정되는 이사해임청구권〈상법 제385조〉, 위법행위 유지청구권〈상법 제402조〉, 대표소송권〈상법 제403조〉 등 각종 권한을 행사하려면 회사의 업무나 재산상태에 대해 정확한 지식과 적절한 정보를 가지고 있어야 한다. 상법 제448조에 따라 회사에 비치되어 있는 재무제표의 열람만으로는 충분한 정보를 얻기 어렵기 때문에 위와 같이 주주에게 재무제표의 기초를 이루는 회계장부와 회계서류까지 열람하거나 등사할 수 있는 권한을 인정한 것이다. 상법 제466조 제1항은 '이유를 붙인 서면'으로 열람·등사를 청구할 수 있다고 정한다. 그 이유는 주주가 회계장부와 서류를 열람·등사하는 것이 회사의 회계운영상 중대한 일이므로 그 절차가 신중하게 진행될 필요가 있고, 또 회사가 열람·등사에 응할 의무의 존부나 열람·등사 대상인 회계장부와 서류의 범위 등을 손쉽게 판단할 수 있도록 할 필요가 있기 때문이다. 주주가 제출하는 열람·등사청구서에 붙인 '이유'는 회사가 열람·등사에 응할 의무의 존부를 판단하거나 열람·등사에 제공할 회계장부와 서류의 범위 등을 확인할 수 있을 정도로 열람·등사청구권 행사에 이르게 된 경위와 행사의 목적 등이 구체적으로 기재되면 충분하고, 더 나아가 그 이유가 사실일지도 모른다는 합리적 의심이 생기게 할 정도로 기재하거나 그 이유를 뒷받침하는 자료를 첨부할 필요는 없다. 이와 달리 주주가 열람·등사청구서에 이유가 사실일지도 모른다는 합리적 의심이 생기게 할 정도로 기재해야 한다면, 회사의 업무 등에 관하여 적절한 정보를 가지고 있지 않는 주주에게 과중한 부담을 줌으로써 주주의 권리를 크게 제한하게 되고, 그에 따라 주주가 회사의 업무 등에 관한 정보를 확인할 수 있도록 열람·등사청구권을 부여한 상법의 취지에 반하는 결과가 초래되어 부당하다. 다만 이유 기재 자체로 그 내용이 허위이거나 목적이 부당함이 명백한 경우 등에는 적법하게 이유를 붙였다고 볼 수 없으므로 이러한 열람·등사청구는 허용될 수 없다. 또 이른바 모색적 증거 수집을 위한 열람·등사청구도

(3) 권리의 내용

열람 또는 등사의 대상인 회계의 「장부」란 재무제표와 그 부속명세서의 작성의 기초가 되는 장부로서($\frac{상\ 29}{조\ 참조}$) 회계에 관한 모든 장부인데, 예컨대 원장·전표 등을 의미한다. 회계의 「서류」란 회계장부의 기재의 원재료가 되는 서류로서, 예컨대 계약서·영수증·납품서 등을 의미한다. 또한 이 때의 회계의 장부 및 서류에는 자회사의 회계장부도 포함된다.[1]

주주의 회계장부 및 서류의 열람·등사청구권이 인정되는 이상 그 열람·등사청구권은 그 권리행사에 필요한 범위 내에서 허용되어야 할 것이지, 열람 및 등사의 횟수가 1회에 국한되는 등으로 사전에 제한될 성질의 것은 아니다.[2]

(4) 열람의 거부

소수주주의 회계장부열람의 이러한 청구가 있을 때에는, 회사는 주주의 청구가 부당함을 증명하지 않으면 이를 거부하지 못한다[3]($\frac{상\ 466}{조\ 2항}$). 만일 회사가 정당한 이유

허용될 수 없으나, 열람·등사청구권이 기본적으로 회사의 업무 등에 관한 정보가 부족한 주주에게 필요한 정보 획득과 자료 수집을 위한 기회를 부여하는 것이라는 사정을 고려할 때 모색적 증거 수집에 해당하는지는 신중하고 엄격하게 판단해야 한다. 한편 주주로부터 열람·등사청구를 받은 회사는 상법 제466조 제2항에 따라 열람·등사청구의 부당성, 이를테면 열람·등사청구가 허위사실에 근거한 것이라든가 부당한 목적을 위한 것이라든가 하는 사정을 주장·증명함으로써 열람·등사의무에서 벗어날 수 있다).

1) 대판 2001. 10. 26, 99 다 58051(공보 2001, 2532)(상법 제466조 1항에서 정하고 있는 소수 주주의 열람·등사청구의 대상이 되는 '회계의 장부 및 서류'에는 소수주주가 열람·등사를 구하는 이유와 실질적으로 관련이 있는 회계장부와 그 근거자료가 되는 회계서류를 가리키는 것으로서, 그것이 회계서류인 경우에는 그 작성명의인이 반드시 열람·등사제공의무를 부담하는 회사로 국한되어야 하거나, 원본에 국한되는 것은 아니며, 열람·등사제공의무를 부담하는 회사의 출자 또는 투자로 성립한 자회사의 회계장부라 할지라도 그것이 모자관계에 있는 모회사에 보관되어 있고, 또한 모회사의 회계상황을 파악하기 위한 근거자료로서 실질적으로 필요한 경우에는 모회사의 회계서류로서 모회사 소수주주의 열람·등사청구의 대상이 될 수 있다)[이 판결에 대하여 찬성하는 취지의 평석으로는 채동헌, 「상장」, 2002. 10, 94~101면].

2) 대판 1999. 12. 21, 99 다 137(공보 2000, 273).

3) 소수주주의 청구가 「부당한 경우」란 주주로서 가지는 권리의 확보나 행사를 위하여 청구하는 것이 아닌 경우(예컨대, 회사와의 거래 등을 위한 경우) 또는 열람의 허용이 회사의 이익에 반하는 경우(예컨대, 경쟁회사의 이익을 위하여 청구하는 경우) 등이다[손(주), 954면; 정(동), (회) 644면].

소수주주의 청구가 「부당한 경우」라고 본 경우: 대결 2004. 12. 24, 2003 마 1575(공보 2005, 232)(상법 제391조의 3 제3항, 제466조 제1항에서 규정하고 있는 주주의 이사회의 의사록 또는 회계의 장부와 서류 등에 대한 열람·등사청구가 있는 경우, 회사는 그 청구가 부당함을 증명하여 이를 거부할 수 있는바, 주주의 열람·등사권 행사가 부당한 것인지 여부는 그 행사에 이르게 된 경위, 행사의 목적, 악의성 유무 등 제반 사정을 종합적으로 고려하여 판단하여야 할 것이고, 특히 주주의 이와 같은 열람·등사권의 행사가 회사업무의 운영 또는 주주 공동의 이익을 해치거나 주주가 회사의 경쟁자로서 그 취득한 정보를 경업에 이용할 우려가 있거나, 또는 회사에 지나치게 불리한 시기를 택하여 행사하는 경우 등에는 정당한 목적을 결하여 부당한 것이라고 보아야 할 것이다); 동 2014. 7. 21, 2013 마 657(공보 2014, 1767)(상법 제391조의 3 제3항, 제466조 제1항

없이 소수주주의 이러한 청구를 거절한 경우에는, 주주는 열람청구의 소(訴)를 제기하고 또 필요한 경우(은닉·변경할 우려 등이 있는 경우)에는 장부서류보전의 가처분의 신청을 할 수도 있다.[1] 이 때 관계이사는 500만원 이하의 과태료의 제재를 받는다(상 635조 1항 4호).

4. 검사인을 통한 회사의 업무·재산상태조사권(소수주주권)

(1) 인정이유

주주가 위와 같이 회계관계서류의 열람 등을 통하여 업무집행기관의 불법·부정의 사실을 명백히 인정할 수 있는 경우에는, 주주는 사전의 조치로서 이사의 위법행위 유지청구권을 행사하여 그 행위를 방지하거나 사후의 조치로서 대표소송권을 행사하여 이사에 대하여 사후에 그 책임을 추궁하는 방법을 쓸 수도 있고, 또 임시총회를 소집하여 주주가 공동으로 그러한 이사에 대하여 책임을 물을 수도 있다. 그

에서 규정하고 있는 주주의 이사회 의사록 또는 회계 장부와 서류 등에 대한 열람·등사청구가 있는 경우, 회사는 청구가 부당함을 증명하여 이를 거부할 수 있는데, 주주의 열람·등사권 행사가 부당한 것인지는 행사에 이르게 된 경위·행사의 목적·악의성 유무 등 제반 사정을 종합적으로 고려하여 판단하여야 하고, 특히 주주의 이와 같은 열람·등사권 행사가 회사업무의 운영 또는 주주 공동의 이익을 해치거나 주주가 회사의 경쟁자로서 취득한 정보를 경업에 이용할 우려가 있거나, 또는 회사에 지나치게 불리한 시기를 택하여 행사하는 경우 등에는 정당한 목적을 결하여 부당한 것이라고 보아야 한다).

소수주주의 청구가 「부당한 경우」가 아니라고 본 경우: 대판 2018. 2. 28, 2017 다 270916(공보 2018, 635)(상법 제466조 제1항에서 규정하고 있는 주주의 회계장부와 서류 등에 대한 열람·등사청구가 있는 경우 회사는 청구가 부당함을 증명하여 이를 거부할 수 있고, 주주의 열람·등사권 행사가 부당한 것인지는 행사에 이르게 된 경위, 행사의 목적, 악의성 유무 등 제반 사정을 종합적으로 고려하여 판단하여야 한다. 특히 주주의 이와 같은 열람·등사권 행사가 회사업무의 운영 또는 주주 공동의 이익을 해치거나 주주가 회사의 경쟁자로서 취득한 정보를 경업에 이용할 우려가 있거나, 또는 회사에 지나치게 불리한 시기를 택하여 행사하는 경우 등에는 정당한 목적을 결하여 부당한 것이라고 보아야 한다. 그러나 주식매수청구권을 행사한 주주도 회사로부터 주식의 매매대금을 지급받지 아니하고 있는 동안에는 주주로서의 지위를 여전히 가지고 있으므로 특별한 사정이 없는 한 주주로서의 권리를 행사하기 위하여 필요한 경우에는 위와 같은 회계장부열람·등사권을 가진다. 주주가 주식의 매수가액을 결정하기 위한 경우뿐만 아니라 회사의 이사에 대하여 대표소송을 통한 책임추궁이나 유지청구, 해임청구를 하는 등 주주로서의 권리를 행사하기 위하여 필요하다고 인정되는 경우에는 특별한 사정이 없는 한 그 청구는 회사의 경영을 감독하여 회사와 주주의 이익을 보호하기 위한 것이므로, 주식매수청구권을 행사하였다는 사정만으로 청구가 정당한 목적을 결하여 부당한 것이라고 볼 수 없다).

1) 동지: 정(희), 580면; 정(동), (회) 644면; 대판 1999. 12. 21, 99 다 137(공보 2000, 273)(상법 제466조 1항 소정의 소수주주의 회계장부열람·등사청구권을 피보전권리로 하여 당해 장부 등의 열람·등사를 명하는 가처분이 실질적으로 본안소송의 목적을 달성하여 버리는 면이 있다고 할지라도, 나중에 본안소송에서 패소가 확정되면 손해배상청구권이 인정되는 등으로 법률적으로는 여전히 잠정적인 면을 가지고 있기 때문에 임시적인 조치로서 이러한 회계장부열람·등사청구권을 피보전권리로 하는 가처분도 허용된다고 볼 것이고, 이러한 가처분을 허용함에 있어서는 피신청인인 회사에 대하여 직접 열람·등사를 허용하라는 명령을 내리는 방법뿐만 아니라, 열람·등사의 대상 장부 등에 관하여 훼손·폐기·은닉·개찬이 행하여질 위험이 있는 때에는 이를 방지하기 위하여 그 장부 등을 집행관에게 이전 보관시키는 가처분을 허용할 수도 있다).

러나 주주의 위와 같은 경리검사권은 그 대상이 회계에 관한 서류·장부에 한정되고 또 그 방법도 열람 등에 그치므로, 회사의 업무집행에 관하여 불법·부정이 있음을 의심할 만한 사유가 있는 경우가 더 많다. 이를 위하여 상법은 주주에게 법원이 선임한 검사인을 통하여 회사의 업무와 재산상태를 조사할 수 있는 권리를 인정하고 있다(상467조).

(2) 검사인의 선임

1) 법원에 검사인의 선임을 청구할 수 있는 주주는 그 남용을 방지하기 위하여 소수주주권으로 하였다.

이 권리를 행사할 수 있는 소수주주는, 비상장회사의 경우는 발행주식총수의 100분의 3 이상에 해당하는 주식을 가진 주주이고(상467조1항), 상장회사의 경우는 발행주식총수의 100분의 3 이상에 해당하는 주식을 가진 주주(상542조의6 10항) 또는 6개월 전부터 계속하여 상장회사의 발행주식총수의 1,000분의 15 이상에 해당하는 주식을 보유한 주주이다(상542조의6 1항).1) 이 때 소수주주가 보유하는 주식에는 의결권 없는 주식을 포함한다.

이러한 검사인의 선임신청은 본점 소재지의 지방법원 합의부에 하는데(비송72조1항), 서면으로 하여야 하고, 그 신청서에는 신청의 사유·검사의 목적·연월일·법원의 표시를 하며 신청인이 이에 기명날인하여야 한다(비송73조). 이 때 법원이 검사인의 선임에 관한 재판을 할 경우에는 법원은 이사와 감사(監事)의 진술을 들어야 한다(비송76조).

검사인으로 선임될 수 있는 자는 이사·집행임원·감사(監事)·지배인·기타 상업사용인을 제외하고는 특별한 제한이 없다.2)

2) 검사인의 선임을 청구할 수 있는 이유는, 회사의 업무집행에 관하여 부정행위 또는 법령이나 정관에 위반한 중대한 사실이 있음을 의심할 사유가 있는 때에 한하여 인정된다(상467조1항). 따라서 구체적이고 명시적이 아닌 막연한 내용만으로는 검사인의 선임청구사유가 되지 않는다.3)

---

1) 금융회사의 경우에는 6개월 전부터 계속하여 금융회사의 발행주식총수의 10,000분의 150 이상 (대통령령으로 정하는 금융회사의 경우에는 10,000분의 75 이상)에 해당하는 주식을 보유한 자이다(지배 33조 2항).

2) 동지: 대결 1960. 8. 18, 4293 민재항 167(민결집 7, 3)(따라서 상대방의 대리인을 검사인에 선임하였다 하더라도 이를 위법이라 할 수 없다).

3) 동지: 대결 1985. 7. 31, 85 마 214(공보 762, 1304); 동 1996. 7. 3, 95 마 1335(공보 1996, 2445)(검사인의 선임청구사유에 대하여는 그 내용을 명확히 적시하여 입증하여야 하고, 단순히 일반적으로 그러한 의심이 간다는 정도의 막연한 것만으로는 그 사유로 삼을 수 없다).

(3) 검사인의 업무처리

1) 소수주주의 청구에 의하여 법원이 선임한 검사인은 단순히 회계의 장부와 서류뿐만 아니라, 회사의 업무와 재산상태를 조사하여 그 결과를 법원에 보고하여야 한다($\overset{\text{상 467조}}{\text{1항·2항}}$). 검사인의 보고는 서면으로 하여야 하고, 법원은 검사에 관하여 설명을 필요로 할 때에는 검사인을 심문할 수 있다($\overset{\text{비송}}{\text{74조}}$).

2) 법원은 검사인의 조사보고에 의하여 필요하다고 인정한 때에는 (대표)이사 또는 (대표)집행임원[1]에게 일정기간 내에 주주총회를 소집할 것을 명할 수 있다($\overset{\text{상 467}}{\text{조 3항 1문.}}$, 비송 79조).

3) 주주총회가 소집되는 경우 검사인은 그 조사보고서를 주주총회에도 제출하여야 한다($\overset{\text{상 467조 3항}}{\text{2문, 310조 2항}}$). 이 때 이사·집행임원과 감사(監事)는 지체 없이 검사인의 조사보고서의 정확 여부를 조사하여 주주총회에 보고하여야 한다($\overset{\text{상 467}}{\text{조 4항}}$).[2] 주주총회는 이 결과에 따라 이사의 해임 또는 손해배상책임의 추궁 등을 결정하게 된다.

제 6 회사의 회계에 관한 기타규정

상법은 회사의 회계와 관련하여 이익공여의 금지($\overset{\text{상 467}}{\text{조의 2}}$) 및 사용인의 우선변제권($\overset{\text{상}}{\text{468조}}$)을 규정하고 있다. 이러한 사항은 직접적으로는 회사의 회계와 관련이 없으나, 회사재산의 사외유출에 관한 것으로서 간접적으로 회사의 회계와 관련이 있는 사항이므로, 상법은 이러한 사항을 회사의 회계에 관한 규정에서 함께 규정하고 있다.

1. 회사의 이익공여금지

(1) 이익공여금지의 취지

1984년의 개정상법은 제467조의 2를 신설하여 주주의 권리행사와 관련한 회사의 이익공여를 금지하고 있다. 1984년의 상법개정 전에도 특별법($\overset{\text{증거 191}}{\text{조의 9}}$)[3] 및 상법

---

1) 집행임원 설치회사의 경우는 대표이사에 갈음하여 '대표집행임원'이 될 것이다. 2011년 4월 개정상법이 이에 대하여 규정하지 않은 것은 명백한 입법의 미비라고 본다.
2) 1995년 개정상법에 의하여 제313조 1항 3호(변태설립사항에 관한 검사인의 보고서의 정확 여부)가 삭제되었으므로, 제467조 3항에서 제313조 1항 3호의 준용규정을 삭제하고 이의 내용을 제467조 4항을 신설하여 규정하였다.
3) 증권거래법 제191조의 9(이 규정은 1996년 12월 증권거래법의 개정 전에는 자본시장육성에 관한 법률 제22조에서 규정되었고, 2000년 1월 21일의 증권거래법의 개정에 의하여 삭제됨): ① 주권상장법인 또는 협회등록법인의 주주총회의 의장은 그 주주총회장에서 고의로 의사진행을 방해하기 위한 언동을 하거나 질서를 문란하게 하는 자에 대하여 그 발언의 정지 또는 취소나 그의 퇴

의 벌칙규정(권리행사방해 등에 관한 증수)[1]에 의하여 정상적인 주주총회의 운영을 방해하뢰죄(贈收賂罪) ─ 상 631조)
는 자가 어느 정도 규제되었으나, 이러한 규정만으로는 불충분하였으므로 1984년
개정상법에서 제467조의 2의 규정을 두게 된 것이다.[2] 이러한 상법 제467조의 2는
주식을 상호보유한 경우 의결권을 제한한 상법 제369조 3항과 함께 주주의 의결권
의 정당한 행사를 도모하여 회사지배의 왜곡을 방지하고 있다.[3]

(2) 이익공여의 요건

본조의 이익공여가 되기 위하여는 다음의 요건을 갖추어야 한다.

1) 이익공여의 당사자

(가) 이익의 「공여자」는 회사이다(상 467조의 2, 1항·2항·3항). 대표이사·대표집행임원이 공여하
는 경우는 물론, 이사·집행임원·감사(監事), 지배인 기타의 사용인이 공여한 경우
에도 회사의 계산으로 공여한 경우에는 회사가 공여한 것이 된다.[4]

(나) 이익공여의 「상대방」은 제한이 없다. 따라서 주주뿐만 아니라, 주주 이외의
자(예컨대, 주주가 경영하는 회사, 주, 주에게 영향력을 미치는 제3자 등)도 이익공여의 상대방이 된다. 상법이 이익공여의 상대
방에 대하여 「누구에게든지」라고 규정한 것은(상 467조 의 2 1항) 이를 의미한다.

2) 주주의 권리행사와의 관련

(가) 본조의 이익공여가 되기 위하여는 「주주의 권리행사와 관련하여」 이익공여
가 있어야 한다. 이 때 「주주의 권리행사와 관련하여」란 주주의 권리행사에 영향을

장을 명할 수 있다.
　② 주권상장법인 또는 협회등록법인의 주주총회의 의장은 의사진행을 원활하게 하기 위하여 필
요하다고 인정할 때에는 주주의 발언시간 및 발언횟수를 제한할 수 있다.
1) 회사의 이익공여를 금지한 상법 제467조의 2는 권리행사방해 등에 관한 증수뢰죄(贈收賂罪)
를 규정한 상법 제631조를 사법적(私法的)으로 보완한 것으로 볼 수 있다. 이에 따라 상법 제634
조의 2에서 이익공여죄에 관한 벌칙규정을 신설하고 있다. 상법 제631조의 증수뢰죄는 동조 1항
1호 내지 3호에 게기된 주주 등의 권리행사에 관하여 「부정한 청탁을 받고 재산상의 이익을 수
수·요구 또는 약속하는 것」을 범죄구성요건으로 하는 데 대하여, 상법 제634조의 2의 이익공여
죄는 「회사의 계산으로 재산상의 이익을 공여하는 것」을 구성요건으로 하는 점이 다르다. 또 상법
제631조는 사법상의 효과에 대한 규정이 없는 데 대하여, 상법 제634조의 2는 동법 제467조의 2
에서 그것을 규정하고 있는 점이 다르다[정(회), 582면].
2) 상법 제467조의 2를 신설하게 된 입법의 취지는 (i) 첫째로 총회꾼의 농간에 의한 주주총회의
꼭두각시 노릇을 예방하고, (ii) 둘째로 회사의 소유자로서 하는 주주권의 행사에 대하여 회사의
계산으로 금전을 공여하는 행위가 있어서는 아니되며, (iii) 셋째로 공여된 금전이 불법원인급여
(不法原因給與)(민 746조)나 비채변제(非債辨濟)(민 742조)에 해당하는 경우에는 회사측에서
반환을 청구할 수 없는 결과가 되기 쉬우므로, 이익공여금지를 위반하여 이익을 공여한 경우에는
회사가 이의 반환청구를 할 수 있음을 일반적으로 규정할 필요가 있고, (iv) 넷째로 그 반환청구의
방법을 규정할 필요가 있다는 점 등에 있다. 따라서 이로 인하여 주주총회의 원활한 운영을 기하
고, 또한 회사의 이익을 보호하기 위하고자 하는 것이다[정(희), 582면].
3) 동지: 정(회), 582~583면.
4) 동지: 정(회), 583면; 정(동), (회) 647면.

미치기 위한 것으로서, 주주의 회사에 대한 계약상의 특수한 권리는 포함되지 않는다.[1] 또한 주주의 권리행사에 관련한 것이라 함은 주주의 공정한 권리행사에 영향을 미치는 모든 경우를 의미하고($\binom{예컨대,\ 주주권의\ 행사\cdot}{불행사\cdot 행사방법\ 등}$), 주주총회에서뿐만 아니라 주주총회 외($\binom{대표소송}{등의\ 제기}$)에서 행사하는 경우를 포함한다.[2]

  (나) 주주의 권리행사에 관한 것인지의 여부는 그의 증명이 경우에 따라서는 매우 곤란하다. 따라서 상법은 이에 관한 추정규정을 두어, 특정주주에게 무상으로 재산상의 이익을 공여하였거나, 특정주주에 대하여 유상으로 재산상의 이익을 공여한 경우에도 회사가 얻은 이익이 공여한 이익에 비하여 현저하게 적은 때에는 주주의 권리행사와 관련된 것으로 추정하고 있다($\binom{상\ 467조}{의\ 2\ 2항}$).[3] 따라서 이 때 상대방이 이익반환청구를 거절하자면 그 이익공여가 주주의 권리행사와 관련이 없다는 것을 증명하여야 한다.[4]

  3) 재산상의 이익   본조의 이익공여가 되기 위하여는 「재산상의 이익」이어야 한다. 이 때 재산상의 이익이란 금전의 경우가 일반적이겠으나, 이 외에 동산·부동산·유가증권일 수도 있고, 각종 이권(利權)($\binom{예컨대,\ 향응을\ 제공하거나,\ 건}{물공사를\ 도급시키는\ 경우\ 등}$)일 수도 있다.[5]

  4) 회사의 계산   본조의 이익공여가 되기 위하여는 「회사의 계산」으로 한 것이어야 한다. 따라서 이사가 자기의 개인재산을 지출하여 재선을 위한 운동을 하

---

  1) 동지: 대판 2017. 1. 12, 2015 다 68355·68362(상법 제467조의 2 제1항에서 정한 '주주의 권리'란 법률과 정관에 따라 주주로서 행사할 수 있는 모든 권리를 의미하고, 주주총회에서의 의결권, 대표소송 제기권, 주주총회결의에 관한 각종 소권 등과 같은 공익권뿐만 아니라 이익배당청구권, 잔여재산분배청구권, 신주인수권 등과 같은 자익권도 포함하지만, 회사에 대한 계약상의 특수한 권리는 포함되지 아니한다. 그리고 '주주의 권리행사와 관련하여'란 주주의 권리행사에 영향을 미치기 위한 것을 의미한다. 갑 주식회사가 운영자금을 조달하기 위해 을과 체결한 주식매매약정에서 을이 갑 회사의 주식을 매수하는 한편 갑 회사에 별도로 돈을 대여하기로 하면서 을이 '갑 회사의 임원 1명을 추천할 권리'를 가진다고 정하였는데, 주식매매약정 직후 을이 임원추천권을 행사하지 아니하는 대신 갑 회사가 을에게 매월 돈을 지급하기로 하는 내용의 지급약정을 체결한 사안에서, 을이 가지는 임원추천권은 주식매매약정에 정한 계약상의 특수한 권리이고 이를 주주의 자격에서 가지는 공익권이나 자익권이라고 볼 수는 없으므로 상법 제467조의 2 제1항에서 정한 '주주의 권리'에 해당하지 아니하고, 지급약정은 을이 갑 회사에 운영자금을 조달하여 준 것에 대한 대가를 지급하기로 한 것일 뿐 주주 권리행사에 영향을 미치기 위하여 돈을 공여하기로 한 것이라고 할 수 없으므로, 지급약정이 상법 제467조의 2 제1항에 위배된다고 볼 수 없다).
  2) 동지: 손(주), 957면; 정(동), (회) 647면; 채, 798면; 이(철), (회) 1036면; 주상(제5판)(회사 Ⅳ), 401면.
  3) 동지: 대결 2014. 7. 11, 2013 마 2397(공보 2014, 1572)(회사가 사전투표에 참여하거나 주주총회에서 직접 투표권을 행사한 주주들에게 무상으로 골프장예약권과 상품권을 제공한 것은 주주의 의결권이라는 주주의 권리행사에 영향을 미치기 위하여 제공된 것으로 주주의 권리행사와 관련하여 제공한 것으로 추정된다).
  4) 동지: 정(희), 583~584면.
  5) 동지: 정(희), 584면; 정(동), (회) 648면 등.

는 것은 본조에 해당하지 않으나, 이사의 급료를 증액하여 이것으로써 총회꾼에게 총회의 결의와 관련하여 쓰게 하는 것은 본조에 해당한다.[1]

(3) 이익공여의 효과(이익반환의무)

1) 주주 등의 이익반환의무

(가) 회사가 상법 제467조의 2 제1항에 위반하여 재산상의 이익을 공여한 때에는 그 이익을 공여받은 자는 이를 회사에 반환하여야 한다($\frac{\text{상 467조의}}{\text{2 3항 1문}}$). 이익공여계약은 법률위반으로서 무효이므로, 그 이익을 공여받은 주주 등은 부당이득으로 이를 회사에 반환할 의무를 부담한다. 그런데 이는 비채변제(非債辨濟)($\frac{\text{민}}{742\text{조}}$) 또는 불법원인급여(不法原因給與)($\frac{\text{민}}{746\text{조}}$)의 법리에 의하여, 경우에 따라서는 회사가 반환청구를 할 수 없는 경우가 발생한다. 따라서 상법은 부당이득에 관한 특칙으로서 이를 규정하여, 회사의 반환청구권을 인정하고 있는 것이다(통설).[2] 회사의 이 반환청구권은 주주 등이 이득한 재산상의 이득 그 자체를 반환시키는 것이므로, 이 경우 상대방이 회사에 지급한 대가가 있으면 상대방은 그것의 반환을 청구할 수 있다($\frac{\text{상 467조의}}{\text{2 3항 2문}}$). 또 만일 그것이 이미 제3자에게 이전된 경우에는 그 가액 상당액의 지급을 청구할 수 있을 것이다.[3]

(나) 회사의 이익반환청구는 보통 (대표)이사 또는 (대표)집행임원이 하나, 소수주주도 회사의 이익을 위하여 이익반환청구에 관한 대표소송을 제기할 수 있다($\frac{\text{상 467조}}{\text{의 2 4}}$ $\frac{\text{항, 403조~406}}{\text{조, 542조의 6 6항}}$).

비상장회사의 경우에는 이러한 대표소송을 제기할 수 있는 소수주주가 보유하여야 할 주식의 비율은 앞에서 본 바와 같이 발행주식총수의 100분의 1 이상에 해당하는 주식을 가진 주주이나($\frac{\text{상 467조의 2}}{\text{4항, 403조 1항}}$), 상장회사의 경우에는 발행주식총수의 100분의 1 이상에 해당하는 주식을 가진 주주($\frac{\text{상 542조}}{\text{의 6 10항}}$) 또는 6개월 전부터 계속하여 상장회사 발행주식총수의 10,000분의 1 이상에 해당하는 주식을 보유한 자이다($\frac{\text{상 542}}{\text{조의}}$ $\frac{}{\text{6 6항}}$).[4]

이 때 상법상 소수주주가 승소한 때에는 회사에 대하여 소송비용 및 그 밖에 소송으로 인하여 지출한 비용 중 상당한 금액의 지급을 청구할 수 있다($\frac{\text{상 467조의 2}}{\text{4항, 405조 1항}}$).

(다) 주주의 의결권행사와 관련하여 주주가 회사로부터 이익공여를 받았다고 하

---

1) 동지: 정(희), 584면; 정(동), (회) 648면.
2) 정(찬), (회) 1103~1104면; 정(희), 584면; 손(주), 959면; 정(동), (회) 649면; 이(철), (회) 1038면; 이(기) 외, (회) 543면; 주상(제5판)(회사 Ⅳ), 402~403면 외.
3) 동지: 정(희), 584면.
4) 금융회사의 경우에는 6개월 전부터 금융회사의 발행주식총수의 100,000분의 1 이상에 해당하는 주식을 대통령령으로 정하는 바에 따라 보유한 주주이다(지배 33조 5항).

더라도, 주주의 의결권행사 그 자체의 효력에는 아무런 영향이 없다.[1]

2) 이사 등의 책임

(가) 이사·집행임원 등이 본조를 위반하여 주주 등에게 이익을 공여한 경우에, 이것으로 말미암아 회사에 손해가 발생한 경우에는 이사·집행임원 등은 이를 배상할 책임이 있다(상 399조, 408조의 8 1항, 414조).

(나) 본조를 위반하여 이익을 공여한 이사·집행임원·감사(監事) 또는 감사위원회 위원 및 사용인 등은 형벌의 제재도 받는다(상 634조의 2 1항). 이 때에 이러한 이익을 수수하거나 제3자에게 이를 공여하게 한 자도 함께 형벌의 제재를 받는다(상 634조의 2 2항).

2. 회사사용인의 우선변제권

(1) 주식회사와 고용관계가 있는 사용인은 이 고용관계로 인하여 회사에 대하여 여러 가지 채권을 갖는 경우가 많다. 예컨대, 신원보증금 반환채권·급료채권·퇴직금채권 등이 그것이다. 회사에 따라서는 이러한 채권을 위하여 임의준비금이 적립되는 경우가 있는데, 이것을 회사는 결손전보를 위하여 사용할 수 있으므로 이는 사용인에 대한 충분한 보호가 되지 못한다. 이로 인하여 회사의 재산상태가 악화된 경우에는 대채권자(大債權者)에 의하여 회사사용인의 채권이 희생될 염려가 있다. 따라서 상법은 고용관계상의 채권을 갖는 사용인을 보호하기 위하여 사회정책적인 입장에서 특별규정을 두고 있다.[2] 즉, 이러한 고용관계로 인한 채권을 가진 사용인에게 회사의 총자산으로부터 우선변제를 받을 수 있는 권리를 인정하였다(상 468조 본문). 상법은 고용관계로 인한 사용인의 채권만을 보호하므로, 위임관계에 기한 이사·집행임원·감사(監事) 등의 보수채권은 보호되지 않는다.[3]

(2) 회사사용인의 이러한 우선변제권은 상법상 특별히 인정된「법정담보물권」이고, 상법에 명문규정은 없으나 회사자산에 대한 경매청구권도 있다고 보아야 할 것이다(통설[4])(민 322조 유추적용). 다만 이 경우 회사사용인의 우선변제권은 질권·저당권이나「동산·채권 등의 담보에 관한 법률」에 따른 담보권에는 우선하지 못하기 때문에(상 468조 단서) 담보권으로서의 효력이 약하다고 할 수 있는데,[5] 이는 질권·저당권이나

---

1) 동지: 정(동), (회) 648면; 이(철), (회)(2014) 987면(2021년판에는 이 내용이 없음); 채, 799면.
2) 동지: 정(희), 581면; 정(동), (회) 650면.
3) 동지: 서·정, 543면; 손(주), 956면; 정(동), (회) 650면; 이(철), (회) 1040면; 주상(제5판)(회사 IV), 405면 외.
4) 정(찬), (회) 1105면; 정(희), 581면; 손(주), 956면; 정(동), (회) 650면; 이(철), (회) 1040면; 이(기) 외, (회) 543면; 주상(제5판)(회사 IV), 405면.
5) 따라서 사용인의 우선변제권은 해상법상의 선박우선특권(상 861조 이하, 872조 참조)보다 훨씬

「동산·채권 등의 담보에 관한 법률」에 따른 특정재산에 대한 담보권이 아니라 일반재산에 대한 담보권이기 때문에 불가피하다고 볼 수 있다.[1]

(3) 채무자 회생 및 파산에 관한 법률은 회사(채무자)의 근로자의 임금·퇴직금 및 재해보상금과 회생절차개시 전의 원인으로 생긴 회사(채무자)의 근로자의 임치금 및 신원보증금의 반환청구권 등을 공익채권(公益債權)으로 하여(동법 179조 10호·11호), 이를 정리채권과 정리담보권에 우선하여 변제하도록 하고 또 수시로 변제하게 함으로써 이를 우선적으로 보호하고 있다(동법 180조).

제 8 절 사   채

제 1 관 일반사채

제 1 사채(社債)의 개념

1. 사채의 의의

(1) 사채의 경제적 의의

경제학상 자본은 자기자본과 타인자본으로 구별되는데, 보통 자기자본(상법상의 자본금)은 주식발행에 의하여 조달되는 주식납입금이고 타인자본은 회사의 신용에 의하여 조달되는 차입금이다. 타인자본은 차입금의 기간에 따라 단기자본조달형식(이는 유동자산의 보충을 위하여 사용되는데, 그 중요한 것이 어음할인·당좌차월·담보부신용과 같은 은행신용이다)과 장기자본조달형식(이는 회사사업의 확장이나 구채(舊債)의 상환 등의 목적으로 사용된다)이 있는데, 장기자본조달형식의 대표적인 것이 사채(社債)이다. 원래 주식회사에 있어서의 장기자본조달형식으로서는 신주를 발행하는 것과 사채(社債)를 발행하는 것의 두 방법이 있다.[2] 그런데 신주발행이 조만간 회수될 자본을 조달하는 경우와 같이 금융시장의 상황에서 적당하지 않거나, 신주발행이 어려운 경우에는 사채에 의하여

약하다.
1) 동지: 정(희), 581~582면.
2) 신주발행과 사채발행을 서로 대체적 수단으로 하여 자본시장의 여건변화에 적응하며 적절히 활용하면 자금의 흡인력을 최대화할 수 있다[이(철), (회) 1042면].
   주식회사의 자금조달에 관한 상세는 문준우, "주식회사의 자금조달에 관한 연구(주식과 사채를 중심으로)," 법학박사학위논문(고려대, 2010. 8) 참조.
   기업금융법제에 관한 일반적인 내용에 관하여는 정찬형, "경제환경의 변화와 기업금융법제의 발전," 「상사법연구」(한국상사법학회), 제34권 제1호(2015. 5), 9~41면 참조.

자금을 조달할 수밖에 없다.[1]

(2) 사채의 법률적 의의

사채(debenture,[2] bond[3] ; Anleihen, Obligation, Schuldverschreibungen)란 「주식회사가 일반공중으로부터 비교적 장기의 자금을 집단적·대량적으로 조달하기 위하여 채권(債券)을 발행하여 부담하는 채무」이다. 이를 좀더 상세히 살펴보면 다음과 같다.

1) 사채를 발행할 수 있는 회사는 보통 「주식회사」이다. 유한회사는 상법의 규정에 의하여 이를 발행할 수 없는 것으로 해석하고 있다(통설)[4]($\binom{상\ 600조\ 2항,\ 604}{조\ 1항\ 단서\ 참조}$). 유한책임회사도 사채를 발행할 수 없다고 본다($\binom{상\ 287조의\ 44,}{604조\ 1항\ 단서}$). 인적회사는 (i) 사채발행을 금지하는 규정이 없다고 하여 사채발행을 할 수 있다고 보는 견해도 있으나,[5] (ii) 실제로 인적회사가 사채를 발행한 예는 없으므로 해석상 이를 인정한다고 하더라도 의미가 없다.[6] 공익법인도 사채를 발행하는 경우가 있으나,[7] 이는 상법상의 사채(社債)라고 볼 수 없다. 또한 사채(社債)는 보통 국가 또는 지방자치단체가 발행하는 공채(公債)와 대립되는 의미로 사용된다.[8]

2) 사채는 「회사의 채무」이다. 따라서 사채권자는 회사에 대하여 개인법상의 채권자인데, 사채의 집단적 성질로 인하여 개인법상의 채권자와는 구별되는 점이 많다.

3) 사채는 「채권(債券)발행형식」에 의하여 회사가 부담하는 채무이다. 이 점이 차용증서나 어음에 의하여 회사가 부담하는 채무와 다르다. 채권(債券)발행형식에 의한 영업자금의 차입방법은 증권제도의 발달에 의하여 거액의 영업자금을 일반대중으로부터 쉽게 모집할 수 있게 되는 것이다.[9] 또한 이러한 채권(債券)은 유가증권으로서 고도의 유통성이 요구되므로, 이에 대한 법적 규제가 요구된다.

4) 사채는 회사가 일반대중으로부터 「집단적·대량적」으로 부담하는 채무이다.

1) 동지: 정(희), 585면.
2) 보통 무담보로 발행되는 사채를 의미한다.
3) 보통 담보부로 발행되는 사채를 의미한다.
4) 정(찬), (회) 1107면; 정(희), 586면; 서·정, 545면; 손(주), 960면; 정(동), (회) 541면; 이(철), (회) 1040면; 채, 717면; 주상(제5판)(회사 V), 40면; 이·최, 361면 외.
5) 서·정, 545면; 손(주), 960면.
6) 동지: 정(희), 586면; 이(철), (회) 1040면; 정(동), (회) 541면(인적회사는 관념적으로 사채를 발행할 수 있지만 그 실례가 없다고 한다).
7) 日最高判 1969. 6. 24(民集 23-7, 1143).
8) 동지: 정(동), (회) 540면; 채, 717면; 주상(III), 31면.
9) 동지: 정(희), 587면.

집단적·대량적인 성질은 사채의 개성을 상실시켜 이에 기술적 특성을 갖게 하고, 사채계약의 내용을 정형화한다. 이러한 의미에서 사채권자간에는 평등의 원칙이 적용되고, 또한 사채권자는 다수의 일반대중이므로 사채권자의 보호가 특히 필요하게 된다.[1]

2. 사채와 주식의 이동(異同)[2]

사채는 회사의 채무라는 점에서 주식과 근본적으로 구별되는데, 주식과의 이동 (異同)은 다음과 같다.

(1) 양자의 공통점

(i) 주식이나 사채는 모두 장기자금조달의 목적으로 발행된다. (ii) 주식이나 사채는 모두 분할되고, 또 유가증권화하여(주권이나 채권〈債券〉으로 하여) 유통성을 높이고 있다. (iii) 주식이나 사채는 모두 그 발행을 원칙적으로 이사회가 결정한다(상 416조, 469조). (iv) 주식이나 사채는 모두 인수(引受)에 일정한 형식을 갖춘 청약서에 의하도록 하고 있다 (상 420조, 474조). (v) 주식이나 사채는 기명식으로 발행한 경우에는 그의 이전에 소정의 대항요건을 갖추어야 한다(상 337조, 479조). (vi) 주식이나 사채는 모두 공모를 하는 경우로서 모집액이 일정금액을 초과하는 경우에는 자본시장과 금융투자업에 관한 법률상 일정한 제한을 받는다(자금 119조, 120조, 123조).

(2) 양자의 차이점

(i) 주식발행에 의하여 조달된 금액은 회사의 자기자본(자본금)을 형성하여 회사는 이를 반환할 채무를 부담하지 않으나, 사채발행에 의하여 조달된 금액은 회사의 타인자본(부채)이 되어 회사는 이를 반환할 채무를 부담한다. (ii) 주식의 발행에는 수권주식총수(상 289조, 1항 3호)와 액면주식의 경우 액면가액(상 330조)에 의한 제한이 있으나, 사채의 발행에는 특별한 제한이 없다. (iii) 주식에는 현물출자가 인정되나, 사채에는 금전납입만이 인정된다(상 476조 참조). (iv) 주식에 대한 주금액의 납입에 있어서는 회사의 동의 없이 상계(相計)로써 회사에 대항하지 못하나(상 421조 2항), 사채의 납입에 있어서는 이러한 제한이 없다. (v) 주식의 납입에는 전액납입이 요구되나(상 295조, 305조, 421조), 사채의 납입에는 분할납입이 인정된다(상 476조 1항). (vi) 주식에 대하여는 주주권을 표창하는 주권(株券)이 발행되나, 사채에 대하여는 순수한 채권(債權)을 표창하는 채권(債券)이 발행된다. (vii) 주식에 대하여는 이익이 있는 경우에만 존재하는 이익배당이 있으

---

1) 동지: 정(회), 587면.
2) 이에 관하여는 정(회), 586~587면; 손(주), 961~962면; 정(동), (회) 542~543면 등 참조.

나, 사채에 대하여는 이익의 유무에 불구하고 존재하는 확정이자가 있다. 따라서 이를 표창하는 유가증권의 측면에서 보면 주식은 투기증권이라고 볼 수 있는 데 대하여, 사채는 투자증권(이자증권)이라고 볼 수 있다. (viii) 주주는 회사의 사원으로서 회사의 관리·운영에 참여하지만(예컨대, 주주총회에 있어서의의 결권·각종의 제소권 등을 통하여), 사채권자는 회사의 채권자에 불과하므로 회사의 관리·운영에 참여하지 못한다. (ix) 주식은 원칙적으로 회사의 존속중에 상환(출자의 환급)되지 않으나(예외적으로 상 환주식은 상환됨), 사채는 상환기에 상환된다. 또한 회사해산의 경우에 사채가 주식에 우선하므로 회사는 사채권자에게 변제한 후에 주주에게 잔여재산을 분배할 수 있다(상 542조 1항, 260조). (x) 주식에 있어서는 자기주식의 취득에 일정한 제한이 있으나(상 341조, 341조의 2), 사채에 있어서는 자기사채의 취득에 특별한 제한이 없다. (xi) 주식의 입질(入質)에 관하여는 특별규정이 있으나(상 338 조; 340조), 사채의 입질에 관하여는 특별규정이 없다. (xii) 주식은 기명식으로만 발생할 수 있는데(상 357조 및 358조 삭제), 사채는 원칙적으로 기명식이나 무기명식으로 발행할 수 있다(상 480 조 참조).

(3) 양자의 접근

주식과 사채는 위와 같은 법률상 차이가 있으나, 경제적으로는 매우 유사하다. 또한 회사의 자금조달의 편의를 위하여 법률상으로도 주식의 사채화와 사채의 주식화 현상이 발생하여, 양자의 중간적 성질을 가지는 증권(hybrid securities)이 많이 생기고 있다. 이러한 예로 주식의 사채화 현상으로 발생한 주식에는 의결권이 없거나 제한되는 종류주식·상환주식 등이 있고, 사채의 주식화 현상으로 발생한 사채에는 전환사채·신주인수권부사채·이익참가부사채·교환사채 등이 있다.[1]

3. 사채의 종류

사채는 여러 가지 표준에 의하여 다음과 같이 분류된다.

(1) 사채권자에게 부여된 권리의 내용에 따른 분류(일반〈보통〉사채·특수사채)

사채권자에게 특수한 권리가 부여되지 않은 사채를 「일반(보통)사채」라고 하고, 특수한 권리가 부여되어 있는 사채를 「특수사채」라고 한다. 특수사채에는 전환사채·신주인수권부사채·이익참가부사채·교환사채·상환사채·파생결합사채 및 담보부사채(이는 담보부사채 신탁법에서 인정됨) 등이 있다.

---

1) 미국의 주식매수권부사채(bond with stock purchase warrants)·소득사채(income bond)·이익참가사채(participating bond)와, 프랑스의 교환사채(obligtion échangeables contre de actions)와 같은 것도 사채의 주식화현상으로 발생하는 사채이다[정(희), 587면; 정(동), (회) 543면].

(2) 사채권(社債券)에 사채권자의 성명이 기재되어 있는지 여부에 따른 분류 (기명사채·무기명사채)

사채권(社債券)에 사채권자의 성명이 기재되는 사채를 「기명사채」라고 하고, 그 기재가 없는 사채를 「무기명사채」라고 한다. 양자는 양도와 입질의 대항요건에서 차이가 있고, 양자 사이에는 상호 전환이 인정된다($\frac{상}{480조}$).

(3) 사채를 위하여 물상담보가 설정되어 있는지 여부에 따른 분류(무담보사채·담보부사채)

사채를 위하여 법정의 물상담보가 설정되어 있지 않은 사채를 「무담보사채」 ($\frac{상법상}{의 사채}$)라고 하고, 이러한 물상담보가 설정되어 있는 사채를 「담보부사채」($\frac{담보부사채신}{탁법\langle제정:}$ 1962. 1. 20, 법 991호, 개정: 2021. 4. 20, 법 18120호$\rangle$상의 사채)라고 한다.

(4) 사채의 (전자)등록여부에 따른 분류(현물사채·〈전자〉등록사채)

사채를 (전자)등록기관에 등록하지 않고 현실로 사채권(社債券)이 발행된 사채를 「현물사채」[1]라고 하고, 사채를 종래의 공사채등록법($\frac{그 후 「주식·사채 등의}{전자등록에 관한 법률」}$)[2]에 의하여 일정한 등록기관[3]에 등록한 사채 또는 상법에 의하여 일정한 전자등록기관의 전자등록부에 등록한 사채($\frac{상 478}{조 3항}$)를 「(전자)등록사채」라고 한다.

종래의 공사채등록법에 의한 등록사채를 인정하는 취지는 사채발행을 간편하게 하고 사채권자의 권리보전을 확실하게 하기 위함인데($\frac{공사}{등 1조}$), 등록사채의 경우에는 채권(債券)이 발행되지 않고($\frac{공사등}{5조 1항}$) 이미 채권(債券)이 발행된 경우에는 이를 회수하여야 한다($\frac{공사}{등 5}$ $\frac{조}{2항}$). 종래의 공사채등록법에 의하여 등록한 기명식의 사채를 이전하거나 담보권의 목적으로 하거나 신탁재산으로 위탁한 때에는, 이를 등록하고 발행자가 비치하는 사채원부에 그 뜻을 기재하여야 발행자 및 기타 제3자에게 대항할 수 있다($\frac{공사등}{6조 2항}$). 종래의 공사채등록법에 의하여 등록한 무기명식의 사채의 경우에는 이전 등을 등록기관에게 등록하기만 하면, 당해 사채의 발행자 및 기타 제3자에게 대항할 수 있다($\frac{공사등}{6조 1항}$).

종래의 공사채등록법에 의한 등록사채는 1993년에 한국예탁결제원($\frac{1993. 9. 15 재정경제부}{장관으로부터 공사채등}$ 록기관으로 인가를 받고, 1993. 12. 1부터 이의 업무를 개시함)이 전문등록기관으로서 등록업무를 취급하게 된 점, 또한 1980년

---

1) 정(동), (회) 541면; 이(기) 외, (회) 470면.
2) 공사채등록법은 「주식·사채 등의 전자등록에 관한 법률」(2016. 3. 22, 법 14096호)의 시행으로 폐지되었는데(전등 부칙 2조 1항, 전등시 부칙 3조 1항), 「주식·사채 등의 전자등록에 관한 법률」은 공포(2016. 3. 22) 후 4년을 넘지 않는 범위에서 대통령령으로 정하는 날(2019. 9. 16)부터 시행하고(전등 부칙 1조, 전등시 부칙 1~2조), 공사채등록법에 의하여 등록된 사채 등의 전자등록에 관한 경과규정을 두고 있다(전등 부칙 3조~6조, 전등시 4조 4항~8항, 7조, 10조).
3) 공사채등록법 시행령(개정: 2015. 3. 17, 대통령령 26147호) 제1조의 2 제1항에 의한 등록기관은 한국예탁결제원 및 일정한 요건을 갖춘 금융기관인데, 「주식·사채 등의 전자등록에 관한 법률」 및 동법 시행령에 의하면 한국예탁결제원(전등 부칙 8조, 전등시 부칙 8조) 및 (금융위원회와 법무부장관으로부터 허가를 받은) 전자등록기관이다(전등 2조 6호·5조 이하, 전등시 3조 이하).

대를 거쳐 1990년대에 이르는 동안 우리나라의 자본시장규모가 급속히 확대되면서 채권 (債券)발행 및 유통물량이 지속적으로 증대된 점 등으로 인하여, 1995년부터 급속히 증가 하였다.[1] 이러한 사채등록제도는 주권예탁결제제도 및 주권불소지제도 등과 함께 회사법 에서 증권의 무권화를 반영하였다.

그런데 2011년 4월 개정상법에 의하여 회사는 채권(債券)을 발행하는 대신 정관으 로 정하는 바에 따라 전자등록기관의 전자등록부에 채권(債權)을 등록할 수 있도록 하였고, 「주식·사채 등의 전자등록에 관한 법률」$\binom{2016.\ 3.\ 22,}{법\ 14096호}\binom{이하\ '전자등록}{법'으로\ 약칭함}$ 및 동법 시 행령$\binom{2019.\ 6.\ 25,\ 대}{통령령\ 29892호}$이 2019년 9월 16일부터 시행됨에 따라$\binom{전등\ 부칙\ 1조,\ 전}{등시\ 부칙\ 1~2조}$ 자본시장법 상 증권도 전자등록을 할 수 있게 되었다.[2] 이와 같이 전자등록된 유가증권을 전자증 권으로 부를 수 있는데, 이러한 전자증권의 출현으로 증권의 무권화가 완성되었다고 볼 수 있다.

4. 사채계약의 법적 성질

(1) 사채가 채권(債權)이라는 점에는 이론(異論)이 없다. 그런데 사채의 성립의 원인이 되는 사채계약의 법적 성질에 관하여는 (i) 소비대차설,[3] (ii) 소비대차에 유 사한 무명계약설,[4] (iii) 채권(債券)매매설,[5] (iv) 매출발행의 경우는 채권(債券)매매 이고, 그 이외의 경우는 소비대차에 유사한 무명계약이라고 하는 절충설(구분설)[6] 등이 있다.

(2) 생각건대 (i) 소비대차설과 (ii) 소비대차에 유사한 무명계약설은 사채계약에 의하여 회사가 채무를 부담하는 점에서 소비대차와 유사한 점에 착안한 것이나, 사 채의 경우에는 소비대차와는 다른 분할납입($\substack{상\ 476 \\ 조\ 1항}$) 등이 인정되는데, 소비대차설과 소비대차에 유사한 무명계약설에서는 이 점을 설명할 수 없는 점에서 문제가 있다 고 본다. 또한 (iv) 절충설(구분설)은 사채계약의 성질을 통일적으로 파악하지 못하 고 있을 뿐만 아니라 위에서 본 소비대차에 유사한 무명계약설에 대한 비판이 동일 하게 적용되는 점에서 문제가 있다고 본다. 따라서 (iii) 채권(債券)매매설이 가장 타

---

1) 1998. 6. 30 현재 상장회사채(특수채 및 금융채는 제외)는 거의 100% 한국예탁결제원을 등록 기관으로 지정해서 등록발행되었다(8,879 종목, 등록잔액 104조원).
2) 「주식·사채 등의 전자등록에 관한 법률」 및 동법 시행령에 관한 (간단한) 소개는 이 책의 후 단 제2 특별법상의 특수사채 4. 전자증권에서 하고 있고, 상세한 소개 및 문제점에 관하여는 정찬 형, "전자증권제도 도입에 따른 관련제도의 정비·개선," 「예탁결제」(한국예탁결제원), 제100호 (2017. 3), 7~80면 참조.
3) 이(철), (회) 1043면.
4) 최(기), (회) 774면; 채, 719면; 이(기) 외, (회) 470~471면.
5) 정(희), 588면; 서·정, 545~546면; 서(정), 317면; 김(용), 446면.
6) 정(동), (회) 543면; 손(주), 960~961면; 이(병), 762면; 정(무), 554면.

당하다고 본다. 소비대차에 유사한 무명계약설과 절충설은 사채계약과 채권(債券)발행이 구별되는 점을 전제로 하여 사채계약의 법적 성질을 규명하고자 하는 것이지만, 우리 상법상 사채발행은 원칙적으로 채권(債券)발행을 전제로 하여 규정하고 있는 점($^{상\,478조,\ 488조\,2}_{호\cdot5호\cdot7호\ 참조}$) 등에서 볼 때, 채권(債券)이 발행되는 사채발행의 경우는 채권(債券)매매설이 가장 무난하다고 본다.[1]

제 2   사채의 모집(발행)

1. 총   설

2011년 4월 개정상법 이전에는 사채총액을 제한하였고($^{개정전}_{상\,470조}$), 전에 모집한 사채총액의 납입이 완료된 후에만 다시 사채를 모집할 수 있도록 하는 사채의 재모집을 제한하였으며($^{개정전}_{상\,471조}$), 사채금액을 1만원 이상으로 제한하였고($^{개정전}_{상\,472조}$), 할증상환의 경우 권면액 초과액은 동률이어야 한다는 제한을 하였다($^{개정전}_{상\,473조}$).

이러한 사채발행의 제한에 관한 규정은 2011년 4월 개정상법에서 모두 폐지되었다. 사채총액의 제한은 사채발행시의 제한에 불과하고 회사가 그 후에 자본금 등을 감소하는 경우에 이러한 제한이 유지될 수 없고 또한 회사가 그 후에 개별적으로 차입하여 많은 부채를 부담하면 이러한 제한이 사채권자의 보호에 의미가 없어 사채총액을 제한하는 규정의 실효가 없다는 이유로 학설은 종래부터 이 규정을 폐지할 것을 입법론상 주장하였는데,[2] 2011년 4월 개정상법에서 사채총액의 제한에 관한 규정을 폐지한 것이다.[3] 사채의 재모집에 관한 제한은 사채발행의 남용을 방지하기 위한 것인데, 이러한 제한은 회사의 자금조달의 기동성을 저해하고 또한 실제로 실효성이 없다는 이유로 2011년 4월 개정상법에서 이를 폐지하였다.[4] 사채의 금액을 제한한 것은 사채권자집회에서 의결권 산정을 용이하게 하기 위한 것인데, 의

---

1) 동지: 정(희), 588면. 그러나 이러한 채권매매설에 대하여, 「채권매매설은 사채권자가 사채금액의 납입 후 채권의 교부 전에 이미 사채권을 가지고 있는 것을 설명할 수 없다」는 비판이 있다[정(동), (회) 544면]. 그러나 이는 채권(債券)의 요인증권성을 강조하여 사채계약이 채권발행과 필연적으로 결합된 것이 아니라는 점을 전제로 한 것이나, 우리 상법상 사채발행이 채권(債券)의 발행을 전제로 하여 규정하고 있는 점에서 보거나 또 사채계약의 법적 성질을 통일적으로 설명하기 위하여는 채권매매설로 설명하는 것이 가장 무난하다고 본다.

2) 정(찬), (상)(제14판), 1087면.

3) 사채총액의 제한에 관한 규정의 폐지 이유에 관하여는 해설(2012), 361~362면 참조(일반부채에 의한 자금조달의 액수에 대하여는 제한을 하고 있지 않은 점, 채권자에게 지급불능의 위험을 증가시키는 것은 부채총액이지 사채총액만이 아니라는 점 등을 들고 있다).

4) 해설(2012), 363면; 윤영신, "사채제도," 21세기 회사법 개정의 논리(2006년 법무부 상법개정작업 기초실무 자료〈기업재무편〉)(서울: 도서출판 소화, 2007), 316~317면.

결권의 산정은 사채권자가 가지고 있는 미상환사채의 합계액을 기준으로 하는 것이 합리적인 점에서 사채의 금액에 대한 제한은 불필요하다는 이유로 2011년 4월 개정상법에서 이를 폐지하였다.[1] 할증상환의 경우 권면액 초과액은 동률이어야 한다는 제한은 할증상환이 도박으로 악용되는 것을 방지하기 위한 것인데, 사행심에 대한 규제는 상법의 규율대상이 아니고 형벌규정 등으로 할 수 있는 것이므로 상법에서 이를 규제하는 것이 불필요하다는 이유로 2011년 4월 개정상법에서 이를 폐지하였다.[2]

2. 사채모집의 방법

사채모집의 경우에는 신주발행시의 신주인수권에 해당하는 것이 없으므로 주주배정이나 제3자배정의 방법은 있을 수 없고, 언제나 모집에 의한 방법에 의한다.[3] 그런데 이러한 모집에 의한 방법에는 총액인수($\frac{상}{475조}$)와 공모(公募)($\frac{상}{474조}$)가 있다.

(1) 총액인수

기채회사(起債會社)와 특정인간의 계약으로 특정인(인수인)에게 사채총액을 일괄하여 인수시키는 방법이다($\frac{상 475}{조 1문}$). 이 때 특정인(인수인)은 그 인수한 사채를 매출하여 그 차액을 이득하게 된다.

사채인수를 하는 자는 일정규모 이상의 자본을 가진 주식회사로서 금융위원회로부터 금융투자업의 인가를 받은 자이어야 한다($\frac{자금}{12조}$).

(2) 공   모

기채회사가 일반공중으로부터 사채를 모집하는 방법인데, 이것은 다음과 같이 네 가지 방법으로 나누어진다.

1) 직접모집　　기채회사(起債會社)가 직접 일반공중으로부터 사채를 모집하는 방법이다. 상법은 이 방법을 중심으로 규정하고 있으나, 실제로 이 방법은 거의 이용되지 않는다.

2) 간접모집　　기채회사(起債會社)(위탁회사)가 다른 회사(수탁회사)에 사채의 모집을 위탁하는 방법인데, 이에는 수탁회사가 응모액이 사채총액에 미달하는 경우 그 부족분을 인수하지 않는 위탁모집과 부족분을 인수하는 도급모집이 있다.

㉮ 위탁모집　　이는 수탁회사가 사채모집의 업무를 단순히 수임하는 데 불과한 사채모집의 방법인데, 이 때에 수탁회사는 그의 명의로 기채회사의 계산으로

---

1) 해설(2012), 364면; 윤영신, 상게논문(21세기 회사법 개정의 논리), 318~319면.
2) 해설(2012), 365면.
3) 동지: 정(동), (회) 545면.

사채청약서의 작성 및 사채의 납입 등의 사채발행에 관한 모든 행위를 한다(상 476조 2항). 따라서 이 때 수탁회사는 사채의 모집절차에 관한 권리의무(예컨대, 사채 인수인에 대한 납입청구권, 채권〈債券〉교부청구권 등)를 직접 갖게 되나, 사채관계는 직접 기채회사와 사채권자 사이에 발생한다.[1]

사채모집의 수탁회사는 상법부칙(1962.1.20)에 의하여 은행·신탁회사(2009. 2. 4 이후에는 금융투자업자) 또는 증권회사(2009. 2. 4 이후에는 금융투자업자)에 한하고(상부 6조), 사채모집의 주선회사는 자본시장과 금융투자업에 관한 법률에 의하여 금융투자업자에 한정된다(자금 6조 3항, 12조 1항 1호). 따라서 사채모집의 수탁회사가 은행인 경우에는 이들이 사채청약서를 작성하고 사채를 납입시키며 그 납입금을 기채회사에 인도하는 등의 업무를 수행하고, 주선회사인 금융투자업자는 사채모집의 선전과 주선 등의 업무를 하므로 업무가 이원화된다. 그러나 수탁회사와 주선회사가 다같이 금융투자업자인 경우에는 이러한 업무가 일원화된다.[2]

(바) **도급모집**(위탁인수모집)　　　이는 수탁회사가 응모액이 사채총액에 미달하는 경우 그 부족액을 스스로 인수하는 모집방법이다(상 474조 2항 14호).

수탁회사가 은행인 경우 주선회사가 되지 못할 뿐만 아니라(앞에서 본 바와 같이 주선회사는 금융투자업자에 한정됨) 스스로 응모잔액을 인수하지 못하므로(사채를 인수할 수 있는 자는 금융투자업자에 한정됨 — 자금 6조 2항·3항, 9조 11항, 12조 1항 1호) 기채회사는 은행과 「모집위탁계약」을 체결하여 사채의 모집을 위탁하는 동시에 금융투자업자와 「인수 및 모집주선계약」을 체결하여 사채모집의 주선 및 응모잔액을 인수시킨다. 이 방법을 「위탁인수모집」이라고 하는데, 현재 많이 이용되고 있는 사채모집방법이다.[3] 그러나 수탁회사가 금융투자업자인 경우에는 이러한 업무가 하나의 계약에 의하여 수행되는데, 이것이 전형적인 금융투자업자에 의한 도급모집(위탁인수모집)의 방법이다.

위탁인수모집의 경우 수탁회사인 은행이 사채상환을 보증하면 그 사채를 「보증사채」라고 한다.

3) **매출발행**　　　이는 사채총액을 확정하지 않고 일정한 매출기간을 정하여 그 기간 내에 이미 완성된 채권(債券)을 공중에 대하여 개별적으로 매출하는 방법이다.[4]

이 방법에 의한 사채모집은 발행회사가 직접 공중을 상대로 하여 모집하는 것

---

1) 동지: 정(희), 590면; 정(동), (회) 546면.
2) 동지: 정(동), (회) 546면.
3) 동지: 정(동), (회) 546면.
4) 주권은 신주의 납입기일 후에 한하여 발행할 수 있으므로(상 355조 2항), 주식의 매출발행은 있을 수 없다[정(동), (회) 547면].

인데, 사채청약서의 작성을 요하지 않고 일정한 사항을 공고만 하면 되므로 그 절차가 매우 간단하다. 현재 이러한 매출발행은 일반회사에는 인정되지 않고, 은행(금융채)에만 인정되고 있다(대표적인 예로는 산)(은행 시행령 19조 3)(업금융채권 등이 있다)(항, 산은 시행령 27조).

3. 사채모집의 절차

(1) 이사회의 결의

사채의 모집은 이사회의 결의에 의한다($\binom{상\ 469}{조\ 1항}$). 이것은 신주발행의 경우와 같이 회사의 자금조달의 신속을 위하여 이사회의 결의사항으로 한 것이다. 이사회의 이 결의에서는 사채총액, 사채의 이율, 사채상환의 방법 및 기한 등을 정하여야 한다. 이사회의 결의 없이 대표이사·대표집행임원이 사채를 모집한 경우에도 그 사채의 모집은 거래의 안전을 위하여 유효하다고 본다(통설).

그런데 이사회는 정관에서 정하는 바에 따라 대표이사 또는 대표집행임원에게 사채의 금액 및 종류를 정하여 1년을 초과하지 아니하는 기간 내에 사채를 발행할 것을 위임할 수 있다($\binom{상\ 469조\ 4항,}{408조의5\ 2항}$). 이는 사채발행의 기동성을 위한 것으로 2011년 4월 개정상법에 의하여 신설된 것이다.

자본금 총액이 10억원 미만으로서 이사를 1명 또는 2명을 둔 소규모 주식회사($\binom{상\ 383조}{1항\ 단서}$)는 이사회가 없으므로, 이러한 이사회의 권한을 주주총회가 행사한다($\binom{상\ 383}{조\ 4항}$).

(2) 사채계약의 성립(인수)

사채계약은 청약과 배정에 의하여 성립한다. 즉, 이 때 사채의 인수가 있게 된다.

1) 청 약   사채의 청약방법은 사채의 모집방법에 따라 다음과 같이 다르다.

㈎ 직접모집과 위탁모집의 방법에 의하는 경우에는, 일반 공중을 보호하기 위하여 사채청약서주의에 의하고 있다. 이 경우 사채의 모집에 대한 청약은 사채청약서 2통에 인수할 사채의 수와 주소를 기재하고 기명날인 또는 서명하여야 한다($\binom{상\ 474}{조\ 1항}$). 사채청약서는 원칙적으로 기채회사(起債會社)의 이사·집행임원[1]이 작성하지만($\binom{상\ 474}{조\ 2항}$), 예외적으로 수탁회사가 작성한다($\binom{상\ 476}{조\ 2항}$). 사채청약서에 법정사항을 기재하도록 한 것은($\binom{상\ 474}{조\ 2항}$) 일반 공중을 보호할 목적으로 사채의 내용을 널리 공시하기 위한 것일 뿐 이것이 사채계약의 내용이 되는 것이 아니므로, 법정기재사항의 일부의 기

---

1) 집행임원 설치회사의 경우 이사에 갈음하여 '집행임원'이 작성할 것이다. 2011년 4월 개정상법이 집행임원을 추가하지 않은 것은 명백한 입법의 미비이다.

재가 없는 경우에도 그것이 일반 공중의 보호에 본질적으로 중요한 것이 아니면 사채발행의 효력에 영향을 주지 않는다고 본다.[1] 그러나 사채청약서에 의하지 않은 사채청약이나 일반 공중의 보호에 본질적인 중요한 법정기재사항을 기재하지 않은 사채청약서에 의한 사채청약은 무효라고 본다.[2]

(나) 총액인수($\substack{상\ 475 \\ 조\ 1문}$)·도급모집에서 수탁회사가 사채의 일부를 인수하는 경우($\substack{상\ 475 \\ 조\ 2문}$) 및 매출발행의 경우에는 사채청약서에 의한 청약을 요하지 않는다. 왜냐하면 총액인수 및 도급모집에서 수탁회사가 사채의 일부를 인수하는 경우에는 일반공중을 상대로 하지 않고, 매출발행의 경우는 공고가 사채청약서의 작성을 면제하고 있기 때문이다.[3]

2) 배 정 청약에 대하여 기채회사 또는 수탁회사가 배정을 하면 사채계약이 성립하고, 사채의 인수가 있게 된다. 이 때 응모총액이 사채총액에 미달한 경우에 응모총액을 한도로 하여 사채발행의 효력이 생기는지 여부가 문제된다. 이에 대하여 (i) 사채발행의 통일성·일체성을 중시하는 입장에서 이를 무효로 보는 견해도 있으나,[4] (ii) 신주발행의 효력과 같이($\substack{상 \\ 423조}$) 응모총액에 대하여만 사채발행의 효력이 생긴다고 본다.[5]

(3) 납 입

사채모집이 완료되면 기채회사(起債會社)의 이사·집행임원[6] 또는 수탁회사는 지체 없이 사채인수인에 대하여 각 사채의 전액 또는 제1회의 납입을 시켜야 한다($\substack{상\ 476 \\ 조\ 1항}$).

사채의 납입에 관한 사항이 주식의 그것과 다른 점은 분할납입이 인정되고, 납입지체가 있는 경우 회사설립에 있어서의 주식모집과 같은 실권절차(失權節次)가 인정되지 않으며, 주금납입의 경우와는 달리 회사의 동의가 없는 경우 상계금지의 제한($\substack{상\ 421 \\ 조\ 2항}$)이 없고, 납입장소의 제한($\substack{상\ 295조\ 2문,\ 302조 \\ 2항\ 9호,\ 425조\ 1항}$)이 없는 점 등이다.

(4) 등 기

전환사채·신주인수권부사채 등과 같은 특수사채를 제외하고는, 일반사채의 경우는 1984년 개정상법 이후부터는 등기를 요하지 않는다.

---

1) 동지: 정(희), 592면; 정(동), (회) 547면.
2) 동지: 정(희), 592면; 손(주), 966면; 정(동), (회) 547면; 이(기) 외, (회) 476면.
3) 동지: 정(동), (회) 547면.
4) 田中 外,「コンメンタ―ル會社法(四全訂)」, 1270면.
5) 동지: 정(동), (회) 547~548면; 이(철), (회) 1047면; 채, 722면; 이(기) 외, (회) 477면.
6) 집행임원 설치회사의 경우 이사에 갈음하여 '집행임원'이 납입시켜야 할 것이다. 2011년 4월 개정상법이 집행임원을 추가하지 않은 것은 명백한 입법의 미비이다.

(5) 일정규모 이상의 사채발행에 관한 특칙

사채의 모집가액 또는 매출가액 각각의 총액이 일정액 이상인 경우에는, 기채회사(起債會社)는 당해 사채에 관하여 금융위원회에 「증권신고서」를 제출하여야 하고, 이것이 수리되어 신고의 효력이 발생한 경우에만 사채를 발행할 수 있다($^{자금}_{119조}$). 사채권(社債券)에 관한 신고서는 금융위원회에 제출되어 수리된 날로부터 일정한 기간이 경과한 날에 그 효력이 발생한다($^{자금\ 120}_{조\ 1항}$). 또 일정액 이상의 사채를 발행하는 기채회사는 사채의 모집 또는 매출 전에 「투자설명서」를 작성하여, 일정한 장소에 비치하고 일반인에게 공람하게 하여야 한다($^{자금}_{123조}$).

제 3 채권(債券)과 사채원부 · 사채등록부

1. 채권(債券)

(1) 채권(債券)의 의의 · 성질

1) 채권(bond certificate; Anleiheschein) 또는 사채권(社債券)이란 「사채를 표창하는 유가증권」으로서, 사채총액에 대한 분할채무증서이다.

2) 이러한 채권(債券)의 유가증권으로서의 특성은 채권(債權)증권 · 상환증권 · 요식증권($^{상\ 478}_{조\ 2항}$) · 문언증권의 성질이 있다. 그런데 채권(債券)이 무인증권이냐 또는 요인(유인)증권이냐에 대하여는 사채계약의 법적 성질을 어떻게 보느냐에 따라 다르다. 즉, 사채계약의 법적 성질에 대하여 채권(債券)매매설을 취하는 입장에서는 이를 무인증권으로 보나, 소비대차설 또는 소비대차에 유사한 무명계약설을 취하는 입장에서는 이를 요인증권으로 본다.[1] 또한 절충설(구분설)에서는 원칙적으로 요인증권이나, 매출발행에 의한 채권은 무인증권이라고 해석한다.[2]

(2) 채권(債券)의 종류

채권(債券)의 종류에는 앞에서 본 사채의 종류와 같이 기명채권(債券)과 무기명채권(債券)이 있다. 양자는 양도 · 입질에 있어서 대항요건이 다르다. 사채권자는 원칙적으로 언제든지 양자간의 상호 전환을 회사에 대하여 청구할 수 있다($^{상\ 480}_{조\ 본문}$). 그러나 채권(債券)을 기명식 또는 무기명식에 한하여 발행할 것을 발행조건으로 정한 때에는 그러하지 아니하다($^{상\ 480}_{조\ 단서}$).

---

1) 그러나 학설 중에는 사채계약의 법적 성질과 채권의 요인증권성 여부에 관하여 반드시 일치하여 설명하지 않는다. 따라서 무인증권설로는 서(정), 320면 등이 있고(소수설), 요인증권설로는 손(주), 968면; 이(기) 외, (회) 477면; 최(기), (회) 783면; 이(병), 770면; 박 · 이, 411면; 김(용), 453면; 서 · 정, 551면; 정(무), 559면; 강, 421면 등이 있다(다수설).

2) 정(동), (회) 549면.

(3) 채권(債券)의 발행

1) 채권(債券)은 앞에서 본 바와 같이 요식증권이므로, 일정한 법정사항과 번호를 기재하고 대표이사 또는 대표집행임원이 이에 기명날인 또는 서명하여야 한다$\binom{상\ 478조\ 2항,}{408조의\ 5\ 2항}$.

2) 채권(債券)은 사채 전액의 납입이 완료한 후가 아니면 이를 발행하지 못한다$\binom{상\ 478}{조\ 1항}$. 이에 위반하여 발행한 채권(債券)은 유효하나,[1] 이사 등은 과태료의 제재를 받는다$\binom{상\ 635조}{1항\ 28호}$.

3) 회사는 이러한 채권(債券)을 발행하는 대신 정관에서 정하는 바에 따라 전자등록기관의 전자등록부에 채권(債權)을 등록하여 발행할 수 있는데, 이 경우에는 주권의 전자등록발행과 같다$\binom{상\ 478}{조\ 3항}$. 이는 2011년 4월 개정상법에 의하여 신설된 것이다.

(4) (전자)등록사채에 있어서의 채권(債券)의 불발행

종래의 공사채등록법은 사채에 관하여 등록제도를 도입하여 등록기관$\binom{한국예탁결제원·금}{융기관·공사채발행}$$\binom{}{의\ 인가를\ 받은\ 자}$에 등록한 사채에 대하여는 채권(債券)을 발행하지 않고, 또 이미 채권(債券)이 발행된 사채에 대하여 등록을 하는 경우에는 등록기관이 그 채권(債券)을 회수하여야 하는 것으로 규정하고 있었다[2]$\binom{동법\ 5조}{1항·2항}$.

상법에서도 전자등록기관의 전자등록부에 채권(債權)을 등록한 경우에는 채권(債券)을 발행할 수 없다$\binom{상\ 478}{조\ 3항}$. 전자등록법상 사채의 발행인은 원칙적으로 전자등록기관에 사채를 임의로 전자등록 신청할 수 있으나$\binom{전등\ 25조}{1항\ 본문}$, 증권시장에 상장하는 사채는 의무적으로 전자등록기관에 신규 전자등록을 신청하여야 한다$\binom{전등\ 25조}{1항\ 단서}$. 사채의 발행인은 전자등록한 사채에 대해서는 증권 또는 증서를 발행해서는 아니되고$\binom{전등\ 36}{조\ 1항}$, 이에 위반하여 발행된 증권 또는 증서는 효력이 없다$\binom{전등\ 36조}{2항·3항}$.

(5) 채권(債券)의 재발행

기명채권(債券)은 기명증권으로서 이는 배서 또는 교부에 의하여 양도되지 못하므로 이를 상실한 경우에 관하여는 공시최고에 의한 제권판결이 인정되지 않지만, 무기명채권(債券)은 무기명증권으로서 이는 단순한 교부에 의하여 양도되므로 이를 상실한 경우에 상실자는 공시최고의 절차에 의한 제권판결을 받아$\binom{민\ 524조,}{521조}$ 채권(債

---

1) 이 점에 대하여 채권(債券)을 무인증권으로 보는 견해에 의하면 아무런 문제가 없으나, 요인증권으로 보는 견해에서는 문제가 있다[동지: 정(동), (회) 550면(회사가 스스로 그 이익을 포기하고 채권〈債券〉을 발행한 것이므로 유효라고 한다)].

2) 공사채등록제도에 관한 상세는 문승진, "공사채등록제도에 관한 연구," 법학석사학위논문(고려대, 1997. 2) 참조.

券)의 재발행을 청구할 수 있다고 본다[1]($\frac{\text{상 360조}}{\text{유추적용}}$).

2. 사채원부

사채원부란 「사채·채권(債券) 및 사채권자에 관한 사항을 명백하게 하기 위하여 작성되는 장부」이다. 이러한 사채원부는 (대표)이사·(대표)집행임원[2]이 작성·보존의 의무를 부담하고, 또한 본점 또는 명의개서대리인의 영업소에 비치하여 주주와 회사채권자의 열람에 제공하여야 한다($\frac{\text{상}}{\text{396조}}$). 사채원부의 기재사항은 상법에 규정되어 있는데($\frac{\text{상}}{\text{488조}}$), 이 사채원부의 기능은 주주명부의 그것과 같이 기명사채 이전의 대항요건이 되고($\frac{\text{상}}{\text{479조}}$) 사채권자에 대한 통지·최고의 근거가 된다($\frac{\text{상 489}}{\text{조 1항}}$). 그러나 실제로는 무기명채권(債券)이 대부분이므로 사채원부의 의미는 거의 없다.[3]

3. 사채등록부(전자등록부, 전자등록계좌부)

사채등록부는 종래의 공사채등록법에 의하여 사채의 등록기관이 비치하고 필요한 사항을 기재하여야 할 장부인데($\frac{\text{동법}}{\text{9조}}$), 등록기관은 등록사채권자 기타 이해관계인의 열람·등초본의 교부청구에 따라 이를 제공하여야 한다($\frac{\text{동법}}{\text{12조}}$). 사채등록부는 이미 앞($\frac{\text{사채의}}{\text{종류}}$)에서 본 바와 같이 등록채($\frac{\text{무기명식이든}}{\text{기명식이든}}$)의 이전·입질(入質)·신탁의 대항요건을 갖추는 데 그 의미가 있었다($\frac{\text{동법}}{\text{6조}}$).

　　상법에서도 전자등록부에 등록된 사채의 양도나 입질은 전자등록부에 하여야 효력이 있다($\frac{\text{상 478조 2문,}}{\text{356조의 2 2항}}$). 전자등록법상 전자등록된 사채를 양도하는 경우에는 전자등록계좌부상 해당 전자등록된 사채의 계좌간 대체의 전자등록을 하여야 그 효력이 발생한다($\frac{\text{전등 30조,}}{\text{35조 2항}}$). 전자등록된 사채에 질권을 설정하거나 말소하려는 경우 및 신탁재산의 표시·말소의 경우에도 같다($\frac{\text{전등 31조, 32조,}}{\text{35조 3항·4항}}$). 전자등록된 사채의 권리자는 전자등록기관을 통하여 원리금의 수령 등 사채에 관한 권리를 행사할 수 있고($\frac{\text{전등}}{\text{38조}}$), 전자등록기관은 사채의 소유자가 소유자증명서의 발행을 신청하면 이를 발행하여야 한다($\frac{\text{전등}}{\text{39조}}$).

제 4　사채의 양도와 입질

사채의 양도와 입질(入質)은 아주 자유롭다. 따라서 주식의 경우와 같은 기채회

---

1) 동지: 정(희), 593면.
2) 집행임원 설치회사의 경우는 (대표)이사에 갈음하여 (대표)집행임원이 사채원부의 작성·보존 의무가 있을 것이다. 2011년 4월 개정상법이 이에 '집행임원'을 규정하지 않은 것은 명백한 입법의 미비이다.
3) 동지: 정(동), (회) 550면.

사(起債會社)의 자기사채의 취득이나 입질의 제한이 없다($\substack{\text{상 341조, 341}\\\text{조의 2 참조}}$).

1. 무기명사채의 양도와 입질

이에 대하여는 상법이 특별히 규정하고 있지 않으므로 민법에 의하여 무기명사채의 양도는 양수인에게 채권(債券)을 교부함으로써 그 효력이 발생하고($\substack{\text{민}\\\text{523조}}$), 무기명사채의 입질은 채권(債券)을 질권자에게 교부함으로써 그 효력이 생긴다($\substack{\text{민}\\\text{351조}}$).

상법에 의하여 전자등록기관의 전자등록부에 등록된 무기명사채의 양도나 입질은 전자등록부에 등록하여야 그 효력이 발생한다($\substack{\text{상 478조 3항,}\\\text{356조의 2 2항}}$). 전자등록법상 전자등록계좌부에 전자등록된 무기명사채를 양도하거나 입질하는 경우에도 같다($\substack{\text{전등 30조,}\\\text{31조, 35}\\\text{조 2}\\\text{항·3항}}$).

2. 기명사채의 양도와 입질

(1) 기명사채의 양도

기명사채의 양도방법에 대하여는 상법에 특별한 규정이 없다($\substack{\langle\text{기명}\rangle\text{주식의 양도방법에}\\\text{관하여는 상 336조에 규정}\\\text{이}\\\text{있음}}$). 기명사채는 지시증권이 아니고 기명증권이므로 기명사채의 양도는 지명채권의 양도방법에 의한다. 즉, 기명사채의 양도는 양도의 의사표시에 의하여 그 효력이 발생하는데, 기명채권(債券)은 기명증권으로서 권리가 증권에 화체된 유가증권이므로 이외에 증권의 교부가 있어야 양도의 효력이 발생한다고 본다(효력요건)[1]($\substack{\text{이 점에서}\\\text{민법상 지}\\\text{명채권의 양도}\\\text{방법과 구별된다}}$). 또한 기명사채의 양도는 그 효력을 회사나 제3자에게 대항하기 위하여는, 취득자의 성명과 주소를 사채원부에 기재하고 그 성명을 채권(債券)에 기재하여야 한다(대항요건)($\substack{\text{이 점에서 민법상 지명채권의}\\\text{양도의 대항요건과 구별된다}}$)($\substack{\text{상 479}\\\text{조 1항}}$). 회사가 정관이 정하는 바에 의하여 명의개서대리인을 둔 경우에는 명의개서대리인에게 그 영업소에 비치된 사채원부 또는 복본에 이러한 절차를 이행하도록 할 수 있다($\substack{\text{상 479}\\\text{조 2항}}$). 기명채권(債券)은 기명증권이고 법률상 당연한 지시증권이 아니므로 배서에 의하여 양도할 수는 없다(통설).[2]

상법은 사채에 대하여 기명식과 무기명식의 두 종류의 사채만을 인정하고 지시식 사채를 인정하고 있지 않은데, 사채를 지시식으로 발행할 수 있는지 여부에 대하

---

1) 통설: 정(희), 594면; 손(주), 969~970면; 정(동), (회) 551면; 이(철), (회) 1049면(그런데 기명사채는 채권〈債券〉에 배서하여 양수인에게 교부함으로써 양도된다고 한다); 채, 728면; 이(기) 외, (회) 479면; 주상(제5판)(회사 Ⅴ), 102면 외.
   그러나 기명사채(기명증권)에서 「증권의 교부」는 권리의 행사에 증권의 소지를 요하기 때문에 이를 위하여 수반되는 것이다[이에 관한 상세는 정찬형, 「어음·수표법강의(제7개정판)」(서울: 박영사, 2009), 35~36면 및 36면 주 2 참조].
2) 정(찬), (회) 1122면; 정(희), 594면 외.

여 의문이 있다. 이에 대하여 (i) 이를 긍정하는 견해도 있으나,[1] (ii) 위와 같이 상법에서 이를 인정하고 있지 않은 점 및 유가증권법정주의의 원칙 등에서 볼 때 이를 부정하는 것이 타당하다고 본다.[2]

상법에 의하여 전자등록기관의 전자등록부에 등록된 기명사채의 양도나 입질은 전자등록부에 등록하여야 그 효력이 발생한다(상 478조 3항, 356조의 2 2항). 전자등록법상 전자등록계좌부에 전자등록된 기명사채를 양도하거나 입질하는 경우에도 같다(전등 30조, 31조, 35조 2 항·3항).

기명사채의 양도와 관련하여 기업금융조달의 담보수단으로 이용되는「환매조건부채권매매」라는 것이 있다. 환매조건부채권매매란 채권(債券)을 일정기간 후에 일정가액으로 환매(還買)할 것을 조건으로 매도하는 것(금융투자업자가 자금이 필요한 경우에 고객에게 채권〈債券〉을 파는 형식임)(조건부채권〈債券〉매도)과 일정기간 후 일정가액으로 환매(還賣)할 것을 조건으로 매수하는 것(자금이 필요한 고객으로부터 금융투자업자가 채권〈債券〉을 사는 형식임)(조건부채권〈債券〉매수)을 말한다. 이러한 환매조건부채권매매는 금융투자업규정에 의하여 수행되는데, 금융투자업자가 기업금융을 조달하는 방법으로 많이 이용되고 있다.[3]

(2) 기명사채의 입질

기명사채의 입질방법에 대하여도 상법에 특별한 규정이 없다. 따라서 기명사채의 입질방법은 기명주식의 입질에 관한 상법의 규정을 유추적용할 것이 아니라, 민법의 권리질(權利質)의 입질방법(민 346조~ 347조)에 의하여야 한다고 본다. 따라서 기명사채의 입질은 질권설정의 의사표시와 채권(債券)을 질권자에게 교부함으로써 질권설정의 효력이 발생한다(효력요건)(통설).[4] 또한 기명사채의 입질의 대항요건도 민법의 권리질의 대항요건(민 349조)에 의하여야 한다고 본다. 그러므로 질권설정자가 입질을 제3채무자인 기채회사(起債會社)에 대하여 통지하거나 또는 기채회사의 승낙이 있어야 기채회사 또는 기타 제3자에게 대항할 수 있다(대항요건)(다수설).[5]

---

1) 손(주), 970면; 서·정, 552면; 주상(Ⅲ), 71면.
2) 동지: 정(동), (회) 551면; 이(기) 외, (회) 479면; 채, 726면; 정(희), 594~595면; 주상 (제5판)(회사 Ⅴ), 102면.
3) 이에 관한 간단한 설명으로는 이(철), (회) 1049~1050면 참조.
4) 정(찬), (회) 1123면; 정(희), 595면; 서·정, 552~553면; 정(동), (회) 551면; 손(주), 970면; 이(기) 외, (회) 479면 외.
5) 정(찬), (회) 1123면; 정(희), 595면; 정(동), (회) 551~552면(입법론으로는 대항요건을 상법 제338조, 제340조와 같이 규정하는 것이 바람직스럽다고 한다); 손(주), 971면; 이(기) 외, (회) 479면 외.
   이에 반하여 기명사채의 입질의 대항요건을 기명주식의 입질의 대항요건(상 338조, 340조)과 동일하게 보는 견해[김(용), 454면; 이(병), 772면]도 있고, 기명사채의 양도의 대항요건(상 479조 1항)과 동일하게 보는 견해[이(철), (회) 1049면; 채, 730면]도 있다.

상법 또는 전자등록법에 의하여 전자등록기관의 전자등록부 또는 전자등록계좌
부에 등록된 기명사채의 입질에 대하여는 기명사채의 양도에서 이미 본 바와 같다.

3. 선의취득

무기명채권(債券)은 금전의 지급을 목적으로 하는 유가증권이므로 당연히 선의
취득이 인정된다($^{상\ 65조,\ 민}_{524조·514조}$). 그러나 기명채권(債券)은 기명증권으로서 그 점유에 자
격수여적 효력이 없기 때문에($^{상\ 336조}_{2항과\ 비교}$) 선의취득이 인정되지 않는다.[1]

상법에 의하여 전자등록부에 등록된 사채에 대하여는 선의취득이 인정된다($^{상}_{478}$
$^{조\ 3항,\ 356}_{조의2\ 3항}$). 전자등록법상 전자등록계좌부에 등록된 사채에 대하여도 선의취득이 인
정된다($^{전등\ 35}_{조\ 5항}$).

제 5   사채의 이자지급과 상환

1. 사채의 이자지급

(1) 이자지급

1) 사채에는 이자가 붙는데, 이 이자의 지급에 관한 사항($^{이율·지급방}_{법\ 및\ 기한\ 등}$)은 모두 사
채모집조건에서 정하여지고($^{상\ 474}_{조\ 2항}$) 또한 공시되어야 한다($^{상\ 474조\ 2항,}_{478조\ 2항,\ 488조}$).[2]

2) 사채의 이자의 지급은 기명채권(債券)의 경우는 사채원부에 기재된 사채권자
에게 지급되고, 무기명채권의 경우는 이권(利券)(coupon; Talon; coupon d'intérét)의
소지인에게 이 이권(利券)과 상환으로 지급된다.

3) 사채의 이자지급청구권(흠결이권소지인의 공제금액지급청구권)의 소멸시효기간
은 5년이다($^{상\ 487}_{조\ 3항}$).

또한 사채의 이자에 대한 지연손해금의 소멸시효기간도 사채의 이자와 같이 5
년이다.[3]

(2) 이권(利券)

이권(利券)이란 「무기명사채에서 각 이자지급시기에 이자지급청구권을 표창하

---

1) 동지: 정(희), 595면; 정(동), (회) 552면; 최(기), (회) 784면; 이(기) 외, (회) 479면.
2) 2011년 4월 개정상법 이전에는 회사가 사채의 이자의 지급을 게을리한 때 또는 정기에 사채의
   일부를 상환하여야 할 경우에 그 상환을 게을리한 때에는 사채의 총액에 관한 기한의 이익의 상실
   에 관하여 규정하였는데(개정전 상 505조, 506조), 이는 적기의 사채관리에 심각한 장애가 된다
   는 이유로 2011년 4월 개정상법에서 폐지하였다.
   　이에 관한 상세는 윤영신, 전게논문(21세기 회사법 개정의 논리), 350～352면 참조.
3) 대판 2010. 9. 9, 2010 다 28031(공보 2010, 1895).

는 유가증권」인데, 이는 채권(債券)과 분리되어 독립하여 유통의 대상이 될 수 있다. 이와 같이 이권(利券)은 각각 채권(債券)과 별개로 유통의 대상이 될 수 있으므로 회사가 무기명사채를 상환하는 경우에 이권(利券) 중에는 흠결된 것이 있을 수 있다. 회사가 무기명사채를 상환기한 도래 전에 미리 상환하는 경우에는 지급기가 도래하지 않은 이권(利券)이 있게 되고 이러한 이권(利券)이 흠결되면 회사는 사채권자에게 그 흠결된 이권(利券)에 상당한 금액을 사채상환액으로부터 공제하여 지급하고($_{조\ 1항}^{상\ 486}$), 이권(利券)소지인은 그 후 언제든지 이권(利券)과 상환하여 이 공제액의 지급을 청구할 수 있다($_{조\ 2항}^{상\ 486}$).

그러나 이미 지급기가 도래한 이권(利券)이 흠결된 경우에는 회사는 사채상환액과는 별도로 이의 지급의무를 부담하고 있었으므로, 회사가 사채상환금의 상환시에 그 이권(利券)의 권면액에 상당하는 금액을 상환액에서 공제하여야 할 이유가 없다고 본다.[1]

2. 사채의 상환

(1) 의　의

기채회사(起債會社)가 사채권자에 대하여 부담하는 채무를 변제하는 것을 사채의 상환(redemption; Tilgung der Anleiheschuld; motization)이라고 한다. 이러한 사채상환의 방법과 기한은 사채모집시의 발행조건에서 정하여지고, 이는 또한 사채청약서·채권(債券) 및 사채원부에 기재된다($_{478조\ 2항,\ 488조\ 3호}^{상\ 474조\ 2항\ 8호,}$).

(2) 상환의 기한

사채의 상환기한은 사채발행 후 일정한 거치기간을 정하고 그 후 일정한 기일까지 수시로 상환하든가, 또는 정기적으로 일정액을 상환하거나(정기분할상환) 또는 일정액을 추첨에 의하여 상환하여 일정한 기일까지 전부의 상환을 할 것을 정할 수 있다.[2] 이 거치기간중에는 사채권자의 의사에 반하여 상환할 수 없지만($_{조\ 2항}^{민\ 153}$), 이 거치기간 경과 후에는 기채회사(起債會社)는 상환조건에 따라 상환의무를 진다.

(3) 상환의 방법

1) 사채의 상환은 채권(債券)과 상환하여 한다. 상법상 전자등록사채의 상환방

---

1) 동지: 정(희), 596면; 이(철), (회) 1051면(상법 제486조는 사채의 상환기한도래 전의 조기상환의 경우에만 적용되는 것이고, 상환기한경과 후에는 적용될 여지가 없다고 한다).
　반대: 정(동), (회) 553면(이권〈利券〉이 상환증권이라는 점에서 이를 공제하여야 한다고 하나, 상환금액〈원금〉에서 이를 공제하여야 할 이유가 없다고 본다).
2) 동지: 손(주), 979면; 정(동), (회) 554면.

법에 대하여는 특별한 규정이 없다($\frac{상\ 478조}{3항\ 참조}$). 그러나 전자등록법에 의하여 전자등록기관에 전자등록된 사채의 권리자는 전자등록기관을 통하여 사채의 원리금을 수령하는 등 사채에 관한 권리를 행사할 수 있다($\frac{전등}{38조}$).

　　2) 기채회사(起債會社)는 자기사채 취득의 제한이 없으므로($\frac{상\ 341조,\ 341}{조의\ 2와\ 비교}$), 기채회사는 증권시장에서 자기사채를 언제든지 시가로 매입하여 채권(債券)을 파기함으로써 사채의 상환에 갈음할 수 있다(매입소각). 이는 사채의 시장가격이 상환가격보다 낮은 경우에 보통 이용하는 방법이다. 채권(債券)은 독립한 유가증권이므로 회사가 자기사채를 취득한 것만으로는 혼동에 의하여 소멸하지 않고, 채권(債券)을 파기하여야 사채가 소멸한다.[1]

(4) 사채관리회사가 있는 경우의 상환

　　후술하는 사채관리회사가 있는 경우에는 이러한 사채관리회사가 사채권자를 위하여 사채에 관한 채권을 변제받거나 채권의 실현을 보전하기 위하여 필요한 재판상·재판 외의 모든 행위를 할 권한을 갖는다($\frac{상\ 484}{조\ 1항}$). 사채관리회사가 이 권한을 행사하여 기채회사(起債會社)로부터 사채의 상환을 받은 때에는 기채회사의 상환의무는 소멸하고(즉, 사채는 소멸하고) 채권(債券)은 사채관리회사에 대한 상환지급청구권을 표창하는 유가증권이라고 볼 수 있다. 이 때 사채관리회사는 사채에 관한 채권을 변제받으면 지체 없이 그 뜻을 공고하고 알고 있는 사채권자에 대하여는 각별로 이를 통지하여야 하며($\frac{상\ 484}{조\ 2항}$), 사채권자는 사채관리회사에 대하여 채권(債券)과 상환하여 상환액지급청구를 하고 이권(利券)과 상환하여 이자지급청구를 하여야 한다($\frac{상\ 484}{조\ 3항}$). 이 때 사채관리회사가 둘 이상 있을 때에는 그 권한에 속하는 행위는 공동으로 하여야 하고($\frac{상\ 485}{조\ 1항}$), 각 사채관리회사는 사채권자에 대하여 연대하여 변제액을 지급할 의무를 부담한다($\frac{상\ 485}{조\ 2항}$). 사채관리회사는 사채권자를 위하여 사채에 관한 채권을 변제받거나 채권의 실현을 보전하기 위하여 필요한 재판상 또는 재판 외의 행위를 하기 위하여 필요하면 법원의 허가를 받아 기채회사의 업무와 재산상태를 조사할 수 있다($\frac{상\ 484}{조\ 7항}$).

　　사채관리회사가 이러한 권한을 갖는다고 하여도 사채관리회사가 이 권한을 행사하여 기채회사(起債會社)로부터 사채의 상환을 받기 전에는, 사채권자는 개별적으로 기채회사에 대하여 사채의 상환을 청구할 수 있다고 본다.[2]

---

1) 동지: 정(희), 597면.
2) 동지: 정(동), (회) 555면; 日大判 1928. 11. 28(民集 7, 1008).

(5) 상환청구권의 소멸시효기간

사채권자의 기채회사(起債會社)에 대한 상환청구권과 사채관리회사에 대한 사채의 상환청구권은 10년간 행사하지 않으면 소멸시효가 완성한다($^{상\ 487조}_{1항\ ·\ 2항}$). 사채의 공중성과 계속성을 고려하여 상사채권의 소멸시효기간에 관한 일반원칙을 배제하고 있다.[1)]

또한 사채의 상환청구권에 대한 지연손해금도 사채의 상환청구권과 같이 10년간 행사하지 아니하면 소멸시효가 완성한다.[2)]

(6) 기채회사의 불공정행위에 대한 사채관리회사의 취소의 소

기채회사(起債會社)가 사채권자평등의 원칙에 반하여 어느 사채권자에 대하여 한 변제 · 화해 · 그 밖의 행위가 현저하게 불공정한 때에는, 사채관리회사는 그 원인인 사실을 안 때로부터 6개월, 행위가 있은 때부터 1년 내에, 소(訴)만으로 그 행위의 취소를 청구할 수 있다($^{상\ 511조}_{1항\ ·\ 2항}$). 기채회사의 위의 행위가 사채권자집회의 결의가 있는 때에는 사채권자집회의 대표자 또는 집행자도 위 행위가 있은 때로부터 1년 내에 위 행위의 취소의 소권을 갖는다($^{상}_{512조}$). 이 소는 기채회사의 본점소재지의 지방법원의 관할에 전속하고($^{상\ 511조}_{3항,\ 186조}$), 기채회사의 위의 행위로 인하여 이익을 받은 자(사채권자)나 전득(轉得)한 자가 그 행위 또는 전득 당시에 (다른) 채권자를 해함을 알지 못한 경우에는 위 소를 제기할 수 없고($^{상\ 511조\ 3항,\ 민}_{406조\ 1항\ 단서}$), 취소의 효력은 모든 사채권자의 이익을 위하여 발생한다($^{상\ 511조\ 3}_{항,\ 민\ 407조}$). 위의 취소권은 민법의 채권자취소권과 경합하여 적용될 수 있다.[3)]

제 6   사채권자의 공동단체성

사채권자는 공통의 이해관계를 갖고 있으므로 공동단체성을 갖는다. 따라서 상법은 사채권자의 공동의 이익을 위하여 사채관리회사와 사채권자집회를 인정하고 있다.[4)]

---

1) 동지: 정(동), (회) 556면; 주상(제5판)(회사 V), 155면.
2) 대판 2010. 9. 9, 2010 다 28031(공보 2010, 1895).
3) 동지: 정(희), 598면; 정(동), (회) 556면.
4) 사채권자의 보호를 위한 방안을 제시한 논문으로는 윤영신, "사채권자보호에 관한 연구(주주와 사채권자의 이익충돌을 중심으로)," 법학박사학위논문(서울대, 1997. 2)(회사채시장이 가장 발달한 미국에서 논의되고 있는 사채권자 보호를 위한 방안을 소개하고, 우리 상법상 수탁회사 및 사채권자집회에 관한 규정의 개정을 제시함).

1. 사채관리회사

(1) 사채관리회사의 의의

1) 2011년 4월 개정상법 이전에는 기채회사(起債會社)(사채발행회사)로부터 사채모집의 위탁을 받은 수탁회사(受託會社)는 한편으로는 기채회사와 위임계약을 체결하고 기채회사의「임의대리인」의 자격에서 사채모집의 업무를 수행하였고, 다른 한편으로는 사채권자와 특별한 계약관계에 있지 않으면서 사채권자의「법정대리인」의 자격에서 사채권자를 위하여 사채의 상환을 받는 등의 업무를 수행하였다.

2) 그런데 수탁회사가 이해가 상반하는 기채회사와 사채권자의 대리인이 동시에 되는 것은 문제가 있다 하여, 2011년 4월 개정상법은 이 양자의 지위를 분리하여 기채회사로부터 사채모집의 위탁을 받아 사채모집의 업무를 수행하는 수탁회사는 그대로 두고, 사채권자의 대리인으로서 사채권자를 위하여 사채의 상환을 받는 등의 업무를 수행하는 자에 대하여는 수탁회사와는 별도로 사채관리회사를 둘 수 있도록 하였다($\frac{상\ 480조}{의\ 2\ 이하}$).[1]

3) 따라서 사채관리회사란「회사가 사채를 발행하는 경우에 회사의 위탁에 의하여 사채권자를 위하여 변제의 수령·채권의 보전·그 밖의 사채의 관리를 하는 회사」라고 말할 수 있다($\frac{상\ 480}{조의\ 2}$).

이러한 사채관리회사도 기채회사와 위임계약에 의하여 선임되고($\frac{상\ 480}{조의\ 2}$) 사채권자와는 특별한 계약관계에 있지 않으므로, 사채권자와의 관계에서는「법정대리인」으로서의 지위를 갖는다고 볼 수 있다.

(2) 사채관리회사의 자격

사채관리회사는 은행·신탁회사·그 밖에 대통령령으로 정하는 자만이 될 수 있다($\frac{상\ 480조의\ 3}{1항,\ 상시\ 26조}$).[2]

---

1) 해설(2012), 371면. 실무상 사채관리회사에 관하여는 김종현, "국내 사채관리회사 실무현황과 제도개선에 관한 의견,"「선진상사법률연구」(법무부), 통권 제64호(2013. 10), 176~190면 참조 (사채관리회사 선임을 강제화하고, 사채관리회사의 자격요건을 강화할 필요가 있다고 함).

　　일본의 회사법도 사채관리회사에 대하여 규정하고 있다(日會 702조~714조).

2) 상법 제480조의 3 제1항에서 "은행, 신탁회사, 그 밖에 대통령령으로 정하는 자"란 다음 각 호의 어느 하나에 해당하는 자를 말한다(상시 26조).

　　1.「은행법」에 따른 은행

　　2.「한국산업은행법」에 따른 한국산업은행

　　3.「중소기업은행법」에 따른 중소기업은행

　　4.「농업협동조합법」에 따른 농협은행

　　5.「수산업협동조합법」에 따른 수협은행

　　6.「자본시장과 금융투자업에 관한 법률」에 따라 신탁업 인가를 받은 자로서 일반투자자로부터 금전을 위탁받을 수 있는 자

그러나 (i) 사채의 인수인 및 (ii) 기채회사와 특수한 이해관계가 있는 자로서 대통령령으로 정하는 자는 사채관리회사가 될 수 없다($\substack{상\ 480조의\ 3\ 2항\cdot \\ 3항,\ 상시\ 27조}$).[1)]

(3) 사채관리회사의 선임·해임

사채관리회사는 앞에서 본 바와 같이 기채회사(起債會社)와의 위임계약에 의하여 선임되고, 동 위임계약의 종료에 의하여 해임된다($\substack{상\ 480 \\ 조의\ 2}$).

그런데 사채관리회사는 모든 사채권자를 보호할 임무를 갖는 법정대리인의 지위에 있으므로, 상법은 사채관리회사의 해임 및 사임에 일정한 제한을 두고 있다($\substack{민법상\ 위임계약은\ 각\ 당사자가\ 언제 \\ 든지\ 해지할\ 수\ 있음\ -\ 민\ 689조\ 1항}$). 즉, 기채회사(위탁회사)는 언제든지 사채관리회사를 해임할 수 있는 것이 아니라, 사채관리회사가 그 사무를 처리하기에 적임이 아니거나 그 밖에 정당한 사유가 있는 때에 한하여 기채회사 또는 사채권자집회의 청구에 의하여 법원만이 이를 해임할 수 있다($\substack{상 \\ 482조}$). 또한 사채관리회사는 언제든지 사임할 수 있는 것이 아니라, 기채회사와 사채권자집회의 동의를 받아 사임할 수 있고 부득이한 사유가 있는 경우에는 법원의 허가를 받은 경우에만 사임할 수 있다($\substack{상 \\ 481조}$).

(4) 사무승계자

위와 같이 해임 또는 사임에 의하여 사채관리회사가 없게 된 경우에는 기채회사는 사채권자집회의 동의를 받아 사무승계자를 정할 수 있는데($\substack{상\ 483 \\ 조\ 1항}$), 부득이한 사유가 있을 때에는 이해관계인의 청구에 의하여 법원이 사무승계자를 정할 수 있다($\substack{상\ 483 \\ 조\ 2항}$). 이러한 사무승계자는 사채관리회사와 같은 지위에서 사채관리회사가 사채

---

7. 「자본시장과 금융투자업에 관한 법률」에 따라 투자매매업 인가를 받은 자로서 일반투자자를 상대로 증권의 인수업무를 할 수 있는 자

8. 한국예탁결제원

9. 「자본시장과 금융투자업에 관한 법률」에 따른 증권금융회사

1) 상법 제480조의 3 제3항에서 "대통령령으로 정하는 자"란 사채관리회사가 되려는 자가 다음 각 호의 어느 하나에 해당하는 경우 그 회사(사채관리회사가 된 후에 해당하게 된 자를 포함한다)를 말한다(상시 27조).

1. 사채관리회사가 사채발행회사에 대하여 상법 제542조의 8 제2항 5호에 따른 최대주주 또는 같은 항 6호에 따른 주요주주인 경우

2. 사채발행회사가 사채관리회사에 대하여 다음 각 목의 어느 하나에 해당하는 경우

가. 사채관리회사가 상법시행령 제26조 1호의 은행인 경우: 「은행법」 제2조 1항 10호에 따른 대주주

나. 사채관리회사가 상법시행령 제26조 6호 및 7호의 자인 경우: 「자본시장과 금융투자업에 관한 법률」 제9조 1항에 따른 대주주

3. 사채발행회사와 사채관리회사가 「독점규제 및 공정거래에 관한 법률」 제2조 12호에 따른 계열회사(이하 "계열회사"라 한다)인 경우

4. 사채발행회사의 주식을 보유하거나 사채발행회사의 임원을 겸임하는 등으로 인하여 사채권자의 이익과 충돌하는 특수한 이해관계가 있어 공정한 사채관리를 하기 어려운 경우로서 법무부장관이 정하여 고시하는 기준에 해당하는 회사

권자를 위하여 취득 또는 부담한 모든 권리의무를 승계한다.[1]

(5) 보수 · 비용

사채관리회사, 그 대표자 또는 집행자에 대하여 줄 보수와 사무처리비용에 관하여는 사채관리회사 등을 보호하기 위하여 상법이 특별히 규정하고 있다($\frac{상}{507조}$). 즉, 이에 관하여 기채회사와 사채관리회사간의 계약에서 약정된 경우에는 그 약정에 따르고, 그러한 약정이 없는 경우에는 법원의 허가를 받아 기채회사로 하여금 이러한 보수 등을 부담하게 할 수 있다($\frac{상 507}{조 1항}$). 또한 사채관리회사 · 그 대표자 또는 집행자는 사채에 관한 채권을 변제받은 금액에서 사채권자보다 우선하여 이러한 보수와 비용을 변제받을 수 있다($\frac{상 507}{조 2항}$).

(6) 사채관리회사의 권한

사채관리회사는 다음의 권한을 갖는다.

1) 사채에 관한 채권의 변제수령권 등   사채관리회사는 사채권자를 위하여 사채에 관한 채권을 변제받거나 채권의 실현을 보전하기 위하여 필요한 재판상 또는 재판 외의 모든 행위를 할 수 있다($\frac{상 484}{조 1항}$). 사채관리회사가 사채에 관한 채권의 변제를 받으면 지체 없이 그 뜻을 공고하고, 알고 있는 사채권자에게 통지하여야 한다($\frac{상 484}{조 2항}$). 이러한 공고는 기채회사가 하는 공고와 같은 방법으로 하여야 한다($\frac{상 484}{조 6항}$). 이러한 통지 등을 받은 사채권자는 사채관리회사에 사채 상환액 및 이자 지급을 청구할 수 있는데, 이 경우 사채권(社債券)이 발행된 때에는 사채권과 상환하여 상환액을 지급청구하고 이자는 이권(利券)과 상환하여 지급청구하여야 한다($\frac{상 484}{조 3항}$).

그런데 사채관리회사는 사채에 관한 채권을 변제받거나 채권의 실현을 보전하기 위한 행위를 제외하고, (i) 해당 사채 전부에 대한 지급의 유예 · 그 채무의 불이행으로 발생한 책임의 면제 또는 화해, (ii) 해당 사채 전부에 관한 소송행위 또는 채무자회생 및 파산에 관한 절차에 속하는 행위를 하는 경우에는, 사채권자집회의 결의에 의하여야 한다($\frac{상 484조}{4항 본문}$). 다만, 기채회사는 위 (ii)의 행위를 사채관리회사가 사채권자집회결의에 의하지 아니하고 할 수 있음을 정할 수 있는데($\frac{상 484조}{4항 단서}$), 사채관리회사가 사채권자집회결의에 의하지 아니하고 위 (ii)의 행위를 한 때에는 지체 없이 그 뜻을 공고하고, 알고 있는 사채권자에게는 따로 통지하여야 한다($\frac{상 484}{조 5항}$). 이러한 공고는 기채회사가 하는 공고와 같은 방법으로 하여야 한다($\frac{상 484}{조 6항}$).

2) 사채권자집회의 소집권 등   사채관리회사는 사채권자집회를 소집할 수

---

1) 동지: 정(동), (회) 557면; 정(희), 599면(그러나 이러한 사무승계자는 사채관리회사는 아니라고 한다).

있고($\frac{상}{조}\frac{491}{1항}$), 사채관리회사의 대표자를 사채권자집회에 출석하게 하거나 서면으로 의견을 제출할 수 있으며($\frac{상}{조}\frac{493}{1항}$), 사채권자집회의 결의를 집행한다($\frac{상}{조}\frac{501}{전단}$).

3) 기채회사의 현저한 불공정행위에 대한 취소의 소의 제기권   기채회사가 어느 사채권자에게 한 변제·화해·그 밖의 행위가 현저하게 불공정한 때에는 사채관리회사는 소(訴)만으로 그 행위의 취소를 청구할 수 있다($\frac{상}{조}\frac{511}{1항}$). 사채관리회사는 이 소를 취소의 원인을 안 때부터 6개월, 행위가 있은 때부터 1년 내에 제기하여야 한다($\frac{상}{조}\frac{511}{2항}$).

(7) 사채관리회사의 의무·책임

1) 앞에서 본 바와 같이 사채관리회사는 사채권자에 대하여 법정대리인으로서의 지위에 있으므로, 사채관리회사는 사채권자를 위하여 공평하고 성실하게 사채를 관리하여야 할 의무($\frac{상\ 484조}{의\ 2\ 1항}$)와, 사채권자에 대하여 선량한 관리자의 주의로써 사채를 관리하여야 할 의무를 부담한다($\frac{상\ 484조}{의\ 2\ 2항}$).

2) 사채관리회사가 상법이나 사채권자집회의 결의를 위반한 행위를 한 때에는 사채권자에 대하여 연대하여 이로 인하여 발생한 손해를 배상할 책임이 있다($\frac{상\ 484조}{의\ 2\ 3항}$).

(8) 둘 이상의 사채관리회사의 권한·의무

1) 사채관리회사가 둘 이상 있을 때에는 그 권한에 속하는 행위는 공동으로 하여야 한다($\frac{상}{조}\frac{485}{1항}$).

2) 사채관리회사가 둘 이상 있을 때에는 사채관리회사가 사채에 관한 채권의 변제를 받은 때에는 사채관리회사는 사채권자에 대하여 연대하여 변제액을 지급할 의무가 있다($\frac{상}{조}\frac{485}{2항}$).

2. 사채권자집회

(1) 의의·소집·구성

1) 의   의

(개) 사채권자집회는「같은 종류의 사채권자에 의하여 구성되고, 사채권자에게 중대한 이해관계가 있는 사항에 관해서만 의결하는 회사 밖에 존재하는 임시기관」인데, 다음과 같은 특징이 있다. 즉, (ⅰ) 주주총회가 회사 안에 존재하는 상설기관인데 대하여, 사채권자집회는 회사 밖에 존재하는 임시기관으로 회사의 기관이 아니다. 그러나 사채권자집회는 주식회사에 있어서 타인자본에 대한 법적 기구이므로 매우 중요하다.[1] (ⅱ) 사채권자집회는 (주주총회와 같이) 의결기관이므로, 그 결의의

---

1) 동지: 정(희), 600면.

집행은 사채관리회사나 사채권자집회의 대표자 또는 사채권자집회의 결의로써 따로 정한 집행자가 한다($\frac{상}{501조}$). (iii) 회사가 수 종의 사채를 발행한 경우에는 각 종류의 사채별로 사채권자집회가 있을 뿐이고($\frac{상}{509조}$), 모든 종류의 사채에 공통된 사채권자집회는 없다.[1]

(내) 사채권자집회는 모든 사채권자의 이익을 보호하기 위하여 인정된 제도이나, 기채회사를 위하여도 단일의 상대방이 있게 되어 매우 편리한 제도이다.[2]

2) 소 집

(개) 소집권자는 기채회사(起債會社)·사채관리회사 및 소수사채권자($\frac{사채의 종류별로}{해당 종류의 사채}$ $\frac{총액(상환받은 액은 제외함)의 10}{분의 1 이상에 해당하는 사채권자}$)이다($\frac{상 491조}{1항·2항}$). 소수사채권자는 먼저 기채회사 또는 사채관리회사에 소집을 청구할 수 있고($\frac{상 491}{조 2항}$), 이러한 청구를 받은 회사가 지체 없이 소집절차를 밟지 않는 경우에는 법원의 허가를 얻어 직접 사채권자집회를 소집할 수 있다($\frac{상 491}{조 3항}$). 이 때 무기명채권을 가진 사채권자는 그 채권(債券)을 공탁하여야 이러한 권리를 행사할 수 있다($\frac{상 491}{조 4항}$).

(내) 소집시기는 정기적으로 하는 것이 아니고, 필요에 따라 수시로 한다.

(대) 소집지에 관한 특별한 제한은 없다.

(래) 소집절차는 기명사채인 경우에는 주주총회에 준한다($\frac{상 491조의 2 1}{항, 363조 1항·2항}$). 그러나 무기명사채인 경우에는 회사가 사채권자집회일의 3주($\frac{자본금총액이 10억}{원 미만인 회사는 2주}$) 전에 사채권자집회를 소집하는 뜻과 회의의 목적사항을 공고하여야 한다($\frac{상 491조}{의 2 2항}$)

3) 구 성

사채권자집회를 구성하고 의결권을 갖는 자는 사채권자이다($\frac{상 492}{조 1항}$).

기채회사(起債會社)나 사채관리회사에게는 의결권이 없다. 그러나 이러한 회사는 사채권자집회의 결의에 중대한 이해관계를 가지므로, 대표자를 사채권자집회에 출석하게 하거나 또는 서면으로 의견을 제출할 수 있는 권리를 갖는다($\frac{상 493}{조 1항}$). 그러므로 사채권자집회의 소집은 이러한 회사에 대하여도 소집통지를 하여야 한다($\frac{상 493}{조 2}$ $\frac{항·3항, 363}{조 1항·2항}$).

또 사채권자집회($\frac{또는 소}{집권자}$)는 필요하다고 인정하는 때에는, 기채회사(起債會社)에 대하여 그 대표자의 출석을 청구할 수 있다($\frac{상}{494조}$).

(2) 사채권자집회의 결의

1) 결의사항(권한)

사채권자집회의 결의사항(권한)은 크게, (i) 상법이 특

---

1) 동지: 정(희), 600면.
2) 동지: 정(동), (회) 558면.

히 규정한 것($\frac{상 439조 3항, 481조, 482조, 483조 1항, 484}{조 4항, 494조, 500조 1항, 501조 단서, 504조}$)과, (ii) 사채권자의 이해관계가 있는 사항[1]($\frac{상}{490조}$)에 한정된다.

2) 의 결 권　　각 사채권자는 그가 갖는 해당 종류의 사채금액의 합계액($\frac{상환받은 액}{은 제외한다}$)에 따라 의결권을 갖는다($\frac{상 492}{조 1항}$).[2]

무기명채권(債券)을 가진 자는 회일로부터 1주간 전에 그 채권(債券)을 공탁하여야 의결권을 행사할 수 있다($\frac{상 492}{조 2항}$).

의결권의 대리행사($\frac{상 510조 1항,}{368조 2항}$), 회사가 소유하는 자기사채의 의결권행사의 제한($\frac{상 510조 1항,}{369조 2항}$), 특별이해관계인의 의결권행사의 제한($\frac{상 510조 1항,}{368조 3항}$), 정족수 및 의결권수의 계산($\frac{상 510조}{1항, 371조}$) 등은 주주총회의 경우와 같다.

사채권자집회에서도 서면결의 또는 전자투표가 인정된다($\frac{상 495조}{3항~6항}$). 이는 2011년 4월 개정상법에 의하여 인정된 것이다.

3) 결의의 방법　　사채권자집회의 결의의 방법은 원칙적으로 주주총회의 특별결의의 방법에 의하는데($\frac{상 495조}{1항, 434조}$), 예외적으로 사채관리회사의 사임 동의·사채관리회사의 법원에 대한 해임 청구·사채관리회사의 사무승계자의 선임·기채회사(起債會社)의 대표자의 사채권자집회에 출석 청구 등의 경우에는 출석한 사채권자의 의결권의 과반수로써 할 수 있다($\frac{상 495조 2항, 481}{조~483조, 494조}$).

4) 결의의 효력　　사채권자집회의 결의는 결의 그 자체만으로는 효력이 없고, 원칙적으로 법원의 인가에 의하여 그 효력이 생긴다($\frac{상 498조}{1항 본문}$). 이와 같이 사채권자집회의 결의에 원칙적으로 법원의 인가를 얻도록 한 것은, 결의의 하자의 문제를 법원의 인가절차에 흡수시키고, 사채권자를 보호하기 위한 것이다.[3] 따라서 사채권자집회결의의 하자의 소는 없다.

사채권자집회의 결의에 대하여 법원의 인가를 받아야 할 경우, 사채권자집회의 소집자는 결의한 날부터 1주간 내에 결의의 인가를 법원에 청구하여야 한다($\frac{상}{496조}$). 법원은 이러한 인가의 청구가 있는 경우에, (i) 사채권자집회소집의 절차 또는 그 결의방법이 법령이나 사채모집의 계획서의 기재에 위반한 때, (ii) 결의가 부당한 방법에 의하여 성립하게 된 때, (iii) 결의가 현저하게 불공정한 때, (iv) 결의가 사채권

---

1) 2011년 4월 개정상법 이전에는 「사채권자의 이해에 중대한 관계가 있는 사항으로서 법원의 허가를 얻은 것」으로 규정하였으나, 2011년 4월 개정상법은 「사채권자의 이해관계가 있는 사항」으로 개정하였다.

2) 2011년 4월 개정상법 이전에는 「각 사채권자는 사채의 최저액마다 한 개의 의결권을 갖는다」고 규정하였으나, 2011년 4월 개정상법에 의하여 사채의 최저액에 관한 규정이 폐지됨에 따라 이와 같이 규정하였다.

3) 동지: 정(동), (회) 560면; 이(기) 외, (회) 485면.

자 일반의 이익에 반하는 때에는, 원칙적으로 그 결의를 인가하지 못한다($\frac{상}{조}\frac{497}{1항}$). 그러나 (i)·(ii)의 경우는 절차상의 하자이므로, 법원은 결의의 내용 기타 모든 사정을 참작하여 예외적으로 그 결의를 인가할 수 있다($\frac{상}{조}\frac{497}{2항}$). 사채권자집회의 결의에 대하여 법원의 인가 또는 불인가의 결정이 있은 때에는, 기채회사(起債會社)는 지체 없이 그 뜻을 공고하여야 한다($\frac{상}{499조}$).

그러나 그 종류의 사채권자 전원이 동의한 결의는 법원의 인가가 필요 없다($\frac{상}{조}\frac{498}{1항}$단서). 이는 2011년 4월 개정상법이 신설하였다.

사채권자집회의 결의는 그 종류의 사채를 가진 모든 사채권자에게 그 효력이 있다($\frac{상}{조}\frac{498}{2항}$).

5) 결의의 집행　　사채권자집회의 결의가 집행을 필요로 하는 경우에는 집회의 결의로써 따로 집행자를 정하였을 때에는 그 집행자, 이를 정하지 않았을 때에는 사채관리회사, 사채관리회사가 없는 때에는 사채권자집회의 대표자($\frac{상}{500조}$)가 이를 집행한다($\frac{상}{501조}$).

이러한 집행자·사채관리회사 또는 사채권자집회의 대표자는 사채에 관한 채권을 변제받은 금액에서 사채권자에 우선하여 보수와 비용의 변제를 받을 수 있다($\frac{상}{조}\frac{507}{2항}$).

6) 의사록 등　　사채권자집회의 의사에는 의사록을 작성하여야 하고($\frac{상}{항,}\frac{510}{1}$373조), 이를 기채회사(起債會社)의 본점에 비치하여($\frac{상}{조}\frac{510}{2항}$) 사채관리회사와 사채권자가 열람할 수 있도록 하여야 한다($\frac{상}{조}\frac{510}{3항}$). 사채권자집회는 회의의 속행 또는 연기를 결의할 수도 있다($\frac{상}{1항,}\frac{510조}{372조}$).

(3) 사채권자집회의 대표자

사채권자집회는 해당 종류의 사채총액($\frac{상환받은 금}{액을 제외함}$)의 500분의 1 이상을 가진 사채권자 중에서 1명 또는 여러 명의 대표자를 선임하여 사채권자집회가 결의할 사항의 결정을 그 대표자에게 위임할 수 있다($\frac{상}{조}\frac{500}{1항}$). 이 경우에는 그 대표자가 집회의 결의에 갈음하여 결정을 하는데, 이는 사채권자집회를 개최하기가 곤란한 경우에 대비하고 경미한 사항을 용이하게 결정하기 위한 것이다.[1]

대표자가 여러 명인 때에는 이러한 결정은 그 과반수로써 하고($\frac{상}{조}\frac{500}{2항}$), 또 그 권한에 속하는 행위는 공동으로 하여야 하며, 채무는 연대하여 지급할 의무를 부담한다($\frac{상}{485조}\frac{502조,}{}$).

사채권자집회는 언제든지 대표자($\frac{또는}{집행자}$)를 해임하거나 위임한 사항을 변경할 수

---

1) 동지: 정(동), (회) 561면.

있다($\frac{상}{504조}$). 대표자는 기채회사(起債會社)로부터 사채에 관한 채권을 변제받은 금액에서 사채권자보다 우선하여 보수와 비용을 변제받을 수 있다($\frac{상\ 507}{조\ 2항}$).

(4) 비용의 부담

사채권자집회에 관한 비용은 원칙적으로 기채회사(起債會社)가 부담한다($\frac{상\ 508}{조\ 1항}$). 법원에 대한 사채권자집회결의 인가청구의 비용도 원칙적으로 기채회사(起債會社)가 부담하여야 하는데, 예외적으로 법원은 이해관계인의 신청 또는 직권으로 그 비용의 전부 또는 일부에 관하여 비용의 부담자를 따로 정할 수 있다($\frac{상\ 508}{조\ 2항}$).

제 2 관 특수사채

특수사채는 크게 상법이 인정하고 있는 특수사채와 특별법이 인정하고 있는 특수사채로 분류된다. 상법이 인정하고 있는 특수사채로는 전환사채·신주인수권부사채·이익참가부사채·교환사채·상환사채 등이 있고,[1] 특별법이 인정하고 있는 특수사채로는 담보부사채($\frac{담보사}{17조}$) 등이 있다.

「전환사채」란 '사채권자에게 기채회사(起債會社)의 주식으로 전환할 수 있는 권리(전환권)가 인정된 사채'이고, 「신주인수권부사채」란 '사채권자($\frac{또는\ 신주인수권증}{권의\ 정당한\ 소지인}$)에게 기채회사(起債會社)에 대한 신주인수권($\frac{신주의\ 발행을\ 청}{구할\ 수\ 있는\ 권리}$)이 인정된 사채'이다. 「이익참가부사채」란 '사채권자에게 사채의 이율에 따른 확정이자가 부여되는 외에 기채회사(起債會社)의 이익배당에도 참가할 수 있는 권리가 부여된 사채'를 말하고, 「교환사채」란 '사채권자에게 기채회사(起債會社)가 소유하고 있는 주식이나 그 밖의 다른 유가증권으로 교환청구권이 부여된 사채'를 말하며, 「상환사채」란 '기채회사(起債會社)에게 사채권자에 대하여 주식이나 그 밖의 유가증권으로 상환할 수 있는 권리(상환권)가 부여된 사채'이다.

또한 「담보부사채」란 '사채의 담보를 위하여 기채회사(起債會社)의 물상담보권이 붙어 있는 사채'를 말한다($\frac{이는\ 사채관리회사인\ 금융기관의\ 인적\ 보}{증이\ 붙어\ 있는\ 「보증사채」와\ 구별된다}$).

이와 같은 특수사채($\frac{담보부사채}{를\ 제외함}$)는 주식과 사채의 중간형태($\frac{또는\ 혼}{합형태}$)로서, 회사의 자금조달을 원활하게 하는 공통된 기능을 수행하고 있다.

---

1) 2011년 4월 개정상법 이전에는 이익참가부사채(자금 165조의 11) 및 교환사채(자금 165조의 11)에 대하여 상법에는 규정이 없었고 자본시장과 금융투자업에 관한 법률에서 규정하였는데, 2011년 4월 개정상법에서는 이러한 특수사채에 관하여 상법에서 규정하게 되었고, 이 외에도 상환사채에 관하여 규정하였으며 파생결합사채도 발행할 수 있는 근거규정을 두었다. 그런데 이러한 특수사채의 내용 및 발행방법 등 발행에 필요한 구체적인 사항은 대통령령으로 정하도록 하고 있다(상 469조 3항, 상시 20조~24조).

제 1 상법상의 특수사채[1]

1. 전환사채

(1) 의   의

전환사채(convertible bonds; Wandelschuldverschreibungen; obligations convertibles)란「기채회사(起債會社)의 주식으로 전환할 수 있는 권리(전환권)가 인정된 사채」이다. 전환사채는 사채의 안전적 성질과 주식의 투기적 성질을 함께 갖고 있으므로(잠재적 주식), 보통의 사채보다 유리한 모집조건으로 사채를 모집할 수 있게 하여, 회사의 자금조달이 매우 용이하게 된다. 이와 같은 전환사채는 원래 미국에서 발생한 제도이나, 현재 우리나라에서도 많이 이용되고 있다.[2]

(2) 발   행

1) 전환사채 발행사항의 결정　전환사채의 발행방법에는 주주배정·제3자배정 및 모집의 세 가지 방법이 있는데, 제3자배정 및 모집에 의한 전환사채의 발행을 상법은「주주 외의 자에 대하여 전환사채를 발행하는 경우」로 규정하고 있다(상 513조 3항·4항). 따라서 이하에서는「주주배정에 의한 전환사채의 발행의 경우」와「주주 외의 자에 대하여 전환사채를 발행하는 경우」로 나누어서 설명한다.

(가) 주주배정에 의한 전환사채의 발행의 경우　주주배정에 의한 전환사채를 발행함에는 정관으로 주주총회에서 결정하기로 정한 경우를 제외하고,[3] 다음의 사항을 이사회(자본금 총액이 10억원 미만으로서 이사가 1명 또는 2명인 소규모 주식회사의 경우에는 이사회가 없으므로, 정관의 규정 유무에 불구하고 언제나 주주총회 — 상 383조 1항 단서, 4항)에서 결정하여야 한다(상 513조 2항). 신주발행이나 일반사채의 발행이 이사회의 결의사항으로 되어 있는 점에서, 전환사채도 신주발행이나 일반사채 발행의 특수한 경우로 보아 이사회의 권한으로 한 것이다.

---

1) 혼합증권에 관한 상세는 정승화, "혼합증권에 관한 법적 연구," 법학박사학위논문(고려대, 2012. 2) 참조.

2) 전환사채는 일찍이 미국에서 발달한 제도로서 화폐가치하락의 위험이 있는 시기에 장래 단순히 일정금액의 상환을 받는 보통의 사채보다는 주식으로 전환할 수 있는 권리를 가진 전환사채가 투자자의 환영을 받았다고 한다. 독일법에서는 1924년 이후 이 제도가 채용되었고(獨株 221조 참조), 프랑스에서는 1953년 이후 법제화되었으며, 일본에서는 1940년 상법개정시에 이를 채용하였다고 한다. 이 전환사채제도를 가능하게 하는 실질적 근거는 증권시장의 발달에 따르는 주식출자의 이자부자본화(利子附資本化)의 현상이므로, 증권시장의 발달 없이는 이 제도의 효용이 발휘될 수 없다고 한다[정(희), 604~605면].

3) 주식회사의 정관에서 신주발행 및 인수에 관한 사항은 주주총회에서 결정하고 자본의 증가 및 감소를 가져오는 때에는 주주총회의 특별결의를 받도록 규정하고 있는 경우, 전환사채의 발행에는 주주총회의 특별결의를 요한다[대판 1999. 6. 25, 99 다 18435(공보 1999, 1516)].

① 전환사채의 총액$\left(\substack{상\,513조\\2항\,1호}\right)$

② 전환의 조건$\left(\substack{상\,513조\\2항\,2호}\right)$ 전환조건은 전환비율로 정하는 방법과 전환가액으로 정하는 방법이 있다. 전환비율은 전환될 사채와 이에 대하여 줄 주식의 비례$\left(\substack{예컨대,\,사채액면\,얼마에\,대하\\여\,주식\,몇\,주라고\,하는\,경우}\right)$를 말하고, 전환가액은 전환에 의하여 발행되는 주식 1주에 대하여 요구되는 사채액면금액$\left(\substack{예컨대,\,주식\,1주에\,대하여\,사\\채액\,몇\,원이라고\,하는\,경우}\right)$을 말한다. 또한 전환가액을 정하는 방법에 시가전환방식과 액면전환방식이 있는데, 시가전환방식은 전환사채 발행 당시의 기채회사(起債會社)의 주식의 시가를 기준으로 하여 전환가액을 정하는 방식이고, 액면전환방식은 기채회사(起債會社)의 주식의 액면가액을 기준으로 하여 전환가액을 정하는 방식이다.

③ 전환으로 인하여 발행할 주식의 내용$\left(\substack{상\,513조\\2항\,3호}\right)$ 전환으로 인하여 발행할 주식의 내용은, 정관에 의하여 종류주식의 발행이 인정되는 경우$\left(\substack{상\,344조\\1항\,·\,2항}\right)$ 주식의 종류를 말한다.

④ 전환을 청구할 수 있는 기간$\left(\substack{상\,513조\\2항\,4호}\right)$ 전환청구기간은 보통 시기(始期)와 종기(終期)를 정하는데, 이 기간은 주주명부 폐쇄기간중이어도 무방하다$\left(\substack{상\,516조\,2\\항,\,350조\,2\\항\\참조}\right)$.

⑤ 주주에게 전환사채의 인수권을 준다는 뜻과 인수권의 목적인 전환사채의 액$\left(\substack{상\,513조\\2항\,5호}\right)$ 전환사채의 경우는 신주발행의 경우와는 달리 주주에게 전환사채의 인수권이 당연히 발생하는 것이 아니고, (정관에 이에 관한 규정이 없고 또한 정관에서 주주총회의 결의를 받도록 규정하지 않는 한) 이사회의 이에 관한 결의에 의하여 부여된다.[1]

(나) 주주 외의 자에 대하여 전환사채를 발행하는 경우   주주 외의 자에 대하여 전환사채를 발행하는 경우에는, 먼저 (i) 전환사채의 총액, (ii) 전환의 조건, (iii) 전환으로 인하여 발행할 주식의 내용, (iv) 전환을 청구할 수 있는 기간 및 (v) 주주 외의 자에게 전환사채를 발행하는 것과 이에 대하여 발행할 전환사채의 액에 대하여, 「이사회의 결의」$\left(\substack{정관에\,이에\,관한\,규정이\,없고\,또한\,정관에서\\주주총회의\,결의를\,받도록\,규정하지\,않는\,한}\right)$가 있어야 한다$\left(\substack{상\,513\\조\,2항}\right)$.

또한 이외에 (i) 주주 외의 자에 대하여 발행할 수 있는 전환사채의 액, (ii) 전환의 조건(이 때 전환조건은 전환비율로 정하는 방법과 전환가액으로 정하는 방법이 있고, 전환가액으로 정하는 방법에는 시가전환방식과 액면전환방식이 있다. 이 경우 시가전환방식을 정하면서 전환가액을 1주당 주식의

---

1) 동지: 정동윤, "경영권을 지키기 위한 신주 및 잠재적 주식의 발행," 「기업구조의 재편과 상사법(I)」(회명 박길준교수 화갑기념논문집)(도서출판 정문, 1998), 673면; 이준섭, "주주의 신주인수권 배제 ― 정당화요건을 중심으로," 「상사법연구」(한국상사법학회), 제13집(1994), 241면.
    반대: 이철송, "전환사채의 발행에 따르는 몇 가지 문제점," 「사법행정」(한국사법행정학회), 제336호(1988), 33면; 최완진, "특수사채에 관한 법적 연구," 법학박사학위논문(고려대, 1988. 2), 96면; 김두환, "전환사채에 관한 법적 연구," 법학박사학위논문(고려대, 2003. 8), 93~94면.

시가보다 낮게 정하는 경우에도 특별히 이사에게 위법행위나 불법행위가 없고 또한 이사로서 그의 선관의무를 다하였다면 이는 이사의 경영판단에 속하는 사항으로 이사는 회사에 대하여 임무해태를 하였다고 볼 수 없고 또한 이 경우 회사에게 손해가 발생하였다고 볼 수도 없다),[1] (iii) 전환으로 인하여 발행할 주식의 내용 및 (iv) 전환을 청구할 수 있는 기간에 관하여는, 정관에 규정이 없으면 다시「주주총회의 특별결의」가 있어야 한다($^{상\,513조}_{3항\,1문}$). 그런데 이 경우에는 신기술의 도입·재무구조의 개선 등 회사의 경영상 목적을 달성하기 위하여 필요한 경우에 한한다($^{상\,513조\,3항}_{2문,\,418조\,2항}$).[2] 이 때에는 주주 외의 자에게 전환사채를 발행한다는 내용의 의안의 요령을 주주총회의 소집에 관한 통지에 기재하여야 한다($^{상\,513}_{조\,4항}$). 이와 같이 주주 외의 자에 대하여 전환사채를 발행하는 경우에 주주총회의 특별결의를 받도록 한 것은, 회사의 자금조달의 편의와 주주의 이익보호를 조화하기 위한 것이다.[3]

---

1) 이에 관한 상세는 정찬형, "전환사채의 발행과 관련된 몇 가지 문제점,"「고려법학」, 제43호 (2004. 11), 260~262면. 동지: 대판 2004. 6. 25, 2000 다 37326(공보 2004, 1207)(구 상법 〈2001. 7. 24. 법률 제6488호로 개정되기 전의 것〉 제513조 3항은 '주주 외의 자에 대하여 전환사채를 발행하는 경우에 그 발행할 수 있는 전환사채의 액·전환의 조건·전환으로 인하여 발행할 주식의 내용과 전환을 청구할 수 있는 기간에 관하여 정관에 규정이 없으면 상법 제434조의 결의로써 이를 정하여야 한다'고 규정하고 있는바, 전환의 조건 등이 정관에 이미 규정되어 있어 주주총회의 특별결의를 다시 거칠 필요가 없다고 하기 위해서는 전환의 조건 등이 정관에 상당한 정도로 특정되어 있을 것이 요구된다고 하겠으나, 주식회사가 필요한 자금수요에 대응한 다양한 자금조달의 방법 중에서 주주 외의 자에게 전환사채를 발행하는 방법을 선택하여 자금을 조달함에 있어서는 전환가액 등 전환의 조건을 그때 그때의 필요자금의 규모와 긴급성·발행회사의 주가·이 자율과 시장상황 등 구체적인 경제사정에 즉응하여 신축적으로 결정할 수 있도록 하는 것이 바람직하다 할 것이고, 따라서 주주총회의 특별결의에 의해서만 변경이 가능한 정관에 전환의 조건 등을 미리 획일적으로 확정하여 규정하도록 요구할 것은 아니며, 정관에 일응의 기준을 정해 놓은 다음 이에 기하여 실제로 발행할 전환사채의 구체적인 전환의 조건 등은 그 발행시마다 정관에 벗어나지 않는 범위에서 이사회에서 결정하도록 위임하는 방법을 취하는 것도 허용된다. 따라서 정관이 전환사채의 발행에 관하여 '전환가액은 주식의 액면금액 또는 그 이상의 가액으로 사채발행시 이사회가 정한다'라고 규정하고 있는 경우, 이는 구 상법〈2001. 7. 24. 법률 제6488호로 개정되기 전의 것〉 제513조 3항에 정한 여러 사항을 정관에 규정하면서 전환의 조건 중의 하나인 전환가액에 관하여는 주식의 액면금액 이상이라는 일응의 기준을 정하되 구체적인 전환가액은 전환사채의 발행시마다 이사회에서 결정하도록 위임하고 있는 것이라고 할 것인데, 전환가액 등 전환의 조건의 결정방법과 관련하여 고려되어야 할 특수성을 감안할 때, 이러한 정관의 규정은 같은 법 제513조 3항이 요구하는 최소한도의 요건을 충족하고 있는 것이라고 봄이 상당하고, 그 기준 또는 위임방식이 지나치게 추상적이거나 포괄적이어서 무효라고 볼 수는 없다).

2) 이는 주주의 신주인수권을 제한하는 경우(상 418조 2항)와 같이 제3자에 대한 기채회사 주식의 전환권의 부여가 남용되는 것을 방지하기 위하여 2001년 개정상법에 의하여 신설될 것인데, 회사의 자금조달의 편의성에서 보거나 제한의 실효성에서 볼 때 문제가 있다고 본다[이에 관한 상세는 정찬형, "2000년 정부의 상법개정안에 대한 검토의견,"「상사법연구」(한국상사법학회), 제20권 1호(2001. 5), 128면 참조].

3) 동지: 법무부,「상법개정안 사항별 축조설명」, 1982. 9, 156~157면. 그런데 이러한 상법의 규정에 대하여 다음과 같이 비판하는 견해가 있다. 즉, 주주 외의 자에 대하여 전환사채를 발행하는 경우에 주주총회의 특별결의를 요하게 한 것은 전환사채의 발행권한을 이사회에 넘긴 입법의 기본입장과는 상치되는 것이며, 결국 이사회의 사채발행권한은 주주배정에 의한 전환사채발행의 경우에만 그 실효성이 있을 뿐 주주 이외의 자에 대하여 전환사채를 발행하는 경우에는 1984년 개정 전의 상법(1984년 개정 전의 상법은 전환사채의 발행은 주주총회의 특별결의를 요하는 것으로

회사가 이러한 주주총회의 특별결의 없이 주주 외의 자에 대하여 발행한 전환사채는 법률에 의하여 주주총회의 (특별)결의를 요하는 경우에 그러한 결의 없이 한 대표이사·대표집행임원의 대표행위(위법한 대표행위)에 해당하므로 무효라고 본다.

2) 전환사채발행의 절차　　　전환사채의 발행절차는 일반사채의 발행절차($\frac{상}{469조}$ $\frac{}{이하}$)와 거의 동일한데, 이와 다른 점은 다음과 같다.

㉮ 전환사채발행의 공시　　　사채청약서·채권(債券)과 사채원부에, (i) 사채를 주식으로 전환할 수 있다는 뜻, (ii) 전환의 조건, (iii) 전환으로 인하여 발행할 주식의 내용, (iv) 전환을 청구할 수 있는 기간 및 (v) 주식의 양도에 관하여 이사회의 승인을 얻도록 정한 때에는 그 규정[1]을 기재하여야 한다($\frac{상}{514조}$).

㉯ 전환사채의 배정

① 주주배정에 의한 전환사채의 발행의 경우

(a) 배정방법　　　전환사채의 인수권을 가진 주주는 그가 가진 주식의 수에 따라 전환사채를 배정받을 권리가 있으나, 다만 각 전환사채의 금액 중 최저액에 미달하는 단수(端數)에 대하여는 그러하지 아니하다($\frac{상 513조}{의 2 1항}$). 주주배정의 경우에 전환조건은 보통 액면전환이므로, 이 때 최저액은 액면가가 된다. 회사는 일정한 날을 정하여 그 날에 주주명부에 기재되어 있는 주주가 전환사채의 인수권이 있다는 뜻을 그 날의 2주간 전에 공고하여야 한다($\frac{상 513조의 2}{2항, 418조 3항}$).

(b) 실권예고부 청약최고　　　주주가 전환사채의 인수권을 갖는 경우에는 회사는 각 주주에 대하여 그가 인수권을 갖는 전환사채의 액, 발행가액, 전환의 조건, 전환으로 인하여 발행할 주식의 내용, 전환을 청구할 수 있는 기간과 일정한 기일까지 전환사채의 청약을 하지 아니하면 그 권리를 잃는다는 뜻을 통지하여야 한다($\frac{상 513}{조의}$ $\frac{}{3 1항}$). 이 통지는 위 기일의 2주간 전에 하여야 하고, 전환사채의 인수권을 갖는 주

하였으나, 1984년 개정상법에서 원칙적으로 이사회결의만을 요하는 것으로 하였다)과 다를 바가 없게 되었다. 주주 외의 자에 대하여 발행하는 경우라도 어느 특정인에게 특히 유리한 조건으로 전환사채를 발행하지 않는 한 기존주주의 이익이 침해된다고 할 수 없는만큼, 이 경우를 포함하여 주주총회의 특별결의를 얻게 한 것은 문제점이 있다. 그러나 상법 제513조 3항이 제3자배정에 의한 경우만을 규정한 것이라고 해석하는 한, 모집에 의한 전환사채의 발행은 증권거래법(이 법은 2009. 2. 4. 폐지되고, 자본시장과 금융투자업에 관한 법률로 대체됨)에 따른 절차를 필요로 함은 물론이나, 주주총회의 결의 없이 이사회의 결의만으로 할 수 있게 된다. 그러나 이 경우에도 주주는 주주의 자격을 떠나서 그 모집에 응모할 수 있으므로, 회사는 모집에 관한 사항을 주주에게 공시하는 절차를 규정하는 것이 주주의 이익보호를 위하여 바람직하다고 한다[정(희), 608~609면; 정(동), (회) 565면 주 2].

1) 이는 1995년 개정상법에 의하여 신설된 것인데, 1995년 개정상법이 정관에 의한 주식양도의 제한을 인정하고 있으므로(상 335조 1항 단서) 이에 따라 전환사채를 인수한 사채권자가 이 사실을 알 필요가 있기 때문에 사채청약서·주권 등에 이 사실을 기재하도록 한 것이다[동지: 해설 (1995), 181면].

주가 청약기일까지 청약을 하지 아니하면 전환사채인수권을 잃는다[1]$\binom{상\ 513조의}{3\ 2항,\ 419}$ 조 2 항·3항).

② 주주 외의 자에 대하여 전환사채를 발행하는 경우   주주 외의 자에 대하여 전환사채를 발행하는 경우는 앞에서 본 바와 같이 주주 외의 제3자에게 전환사채인수권을 주는 경우($\binom{제3자배정에\ 의하여\ 전}{환사채를\ 발행하는\ 경우}$)와, 모집에 의하여 전환사채를 발행하는 경우가 있다. 이 경우에는 앞에서 본 주주총회의 특별결의에 따라 제3자배정의 경우는 제3자에게 소정의 전환사채를 배정하고, 모집의 경우에는 일반사채의 경우와 동일한 방법으로 배정한다.

(대) **전환사채의 등기**   회사가 전환사채를 발행한 때에는 그 납입이 완료된 날로부터 2주간 내에 본점소재지에서 전환사채의 등기를 하여야 한다($\binom{일반사채의\ 발}{행은\ 등기사항}$ 이 아님)($\binom{상\ 514조}{의\ 2\ 1항}$).[2] 이 때 외국에서 전환사채를 모집한 경우에 등기할 사항이 외국에서 생긴 때에는 등기기간은 그 통지가 도달한 날로부터 기산한다($\binom{상\ 514조}{의\ 2\ 4항}$). 등기할 사항은 상법에 상세히 규정되어 있다($\binom{상\ 514조}{의\ 2\ 2항}$).

3) 불공정한 전환사채의 발행에 대한 조치[3]

(가) 회사가 법령 또는 정관에 위반하거나 현저하게 불공정한 방법에 의하여 전환사채를 발행함으로써 주주가 불이익을 받을 염려가 있는 경우에는, 주주는 회사에 대하여 그 발행을 유지(留止)할 것을 청구할 수 있다($\binom{상\ 516조}{1항,\ 424조}$). 이러한 전환사채 발행 유지청구권은 사전조치이므로, 주주는 전환사채발행의 효력이 생기기 전($\binom{즉,\ 전}{환사채}$ 의 납입 기일까지)에 이를 행사하여야 한다.[4]

(나) 이사와 통모하여 현저하게 불공정한 가액으로 전환사채를 인수한 자는 회사에 대하여 공정한 발행가액과의 차액에 상당한 금액을 지급할 의무가 있다($\binom{상\ 516조\ 1}{항,\ 424조}$ 의 2 1항). 이러한 통모인수인의 책임은 주주 외의 자에 대하여 전환사채가 발행되는 경

---

1) 일반사채의 발행의 경우에는 주주에게 사채인수권이 인정되지 않으므로 이러한 절차가 있을 수 없다.
2) 1995년 개정상법 이전에는 전환사채의 등기를 「지점소재지에서는 3주간 내」에 하도록 규정하였는데, 1995년 개정상법은 회사의 등기에 따른 부담을 덜어주기 위하여 본점소재지에서만 등기하도록 하고 지점소재지에서의 등기는 폐지하였다[동지: 해설(1995), 182면].
3) 일반사채의 경우에는 이러한 구제조치가 인정되지 않는다.
4) 동지: 대판 2004. 8. 16, 2003 다 9636(공보 2004, 1522)(전환사채 발행유지청구는 회사가 법령 또는 정관에 위반하거나 현저하게 불공정한 방법에 의하여 전환사채를 발행함으로써 주주가 불이익을 받을 염려가 있는 경우에 회사에 대하여 그 발행의 유지를 청구하는 것으로서〈상법 제516조 1항, 제424조〉, 전환사채 발행의 효력이 생기기 전, 즉 전환사채의 납입기일까지 이를 행사하여야 할 것이고, 한편 전환사채권자가 전환 청구를 하면 회사는 주식을 발행해 주어야 하는데, 전환권은 형성권이므로 전환을 청구한 때에 당연히 전환의 효력이 발생하여 전환사채권자는 그 때부터 주주가 되고 사채권자로서의 지위를 상실하게 되므로〈상법 제516조, 제350조〉 그 이후에는 주식전환의 금지를 구할 법률상 이익이 없게 될 것이다).

우에 거의 대부분 적용될 것이다(이에 관하여는 보통의 신주발행시 통
모인수인의 책임에 관한 설명 참조). 이 경우에는 주주의 대표소송이 인정되고(상 516조 1항,
424조의 2 2항), 이사는 회사 또는 주주에 대하여 손해배상책임을 진다(상 516조 1항,
424조의 2 3항).

(다) 상법상 신주발행무효의 소에 대응하는 전환사채발행무효의 소의 제도는 인정되지 않는다.[1] 그러나 우리 대법원판례는 전환사채의 발행의 경우에도 신주발행무효의 소에 관한 상법 제429조가 유추적용된다고 보고 있다.[2]

---

1) 동지: 임(홍), (회) 610면; 정동윤, "경영권을 지키기 위한 신주 및 잠재적 주식의 발행,"「기업구조의 재편과 상사법(Ⅰ)」(회명 박길준교수 화갑기념논문집)(도서출판 정문, 1998), 674~676면; 송종준, "회사지배권의 쟁탈과 자본구조변경에 의한 방어책의 효력,"「법조」, 1997. 4, 124면 (그러나 이를 주식으로 전환할 수 있도록 정한 전환권 행사의 조건은 무효라고 한다); 전삼현, "경영권 방어목적을 위한 사모 전환사채 발행의 유효성,"「고시계」, 제554호(2003. 4), 43~44면; 동, "전환사채발행시의 주주보호,"「상장협」, 제48호(2003, 추계호), 115면.

　반대: 김교창, "M&A의 방어수단으로 발행된 전환사채의 효력,"「인권과 정의」, 1998. 3, 120면; 권기범, 주식회사의 자금조달에 관한 연구(코협연구보고서, 2001), 145면; 최준선, "전환사채발행무효,"「고시연구」, 통권 378호(2005. 9), 111면.

2) 대판 2004. 6. 25, 2000 다 37326(공보 2004, 1207)(상법은 제516조 1항에서 신주발행의 유지청구권에 관한 제424조 및 불공정한 가액으로 주식을 인수한 자의 책임에 관한 제424조의 2 등을 전환사채의 발행의 경우에 준용한다고 규정하면서도, 신주발행무효의 소에 관한 제429조의 준용 여부에 대해서는 아무런 규정을 두고 있지 않으나, 전환사채는 전환권의 행사에 의하여 장차 주식으로 전환될 수 있는 권리가 부여된 사채로서, 이러한 전환사채의 발행은 주식회사의 물적 기초와 기존 주주들의 이해관계에 영향을 미친다는 점에서 사실상 신주를 발행하는 것과 유사하므로, 전환사채의 발행의 경우에도 신주발행무효의 소에 관한 상법 제429조가 유추적용된다고 봄이 상당하다. 신주발행무효의 소에 관한 상법 제429조에 도 무효원인이 규정되어 있지 않고, 다만 전환사채의 발행의 경우에도 준용되는 상법 제424조에 '법령이나 정관의 위반 또는 현저하게 불공정한 방법에 의한 주식의 발행'이 신주발행유지청구의 요건으로 규정되어 있으므로, 위와 같은 요건을 전환사채 발행의 무효원인으로 일응 고려할 수 있다고 하겠으나, 다른 한편 전환사채가 일단 발행되면 그 인수인의 이익을 고려할 필요가 있고 또 전환사채나 전환권의 행사에 의하여 발행된 주식은 유가증권으로서 유통되는 것이므로 거래의 안전을 보호하여야 할 필요가 크다고 할 것인데, 전환사채발행유지청구권은 위법한 발행에 대한 사전 구제수단임에 반하여, 전환사채발행무효의 소는 사후에 이를 무효로 함으로써 거래의 안전과 법적 안정성을 해칠 위험이 큰 점을 고려할 때, 그 무효원인은 가급적 엄격하게 해석하여야 하고, 따라서 법령이나 정관의 중대한 위반 또는 현저한 불공정이 있어 그것이 주식회사의 본질이나 회사법의 기본원칙에 반하거나 기존 주주들의 이익과 회사의 경영권 내지 지배권에 중대한 영향을 미치는 경우로서 전환사채와 관련된 거래의 안전, 주주 기타 이해관계인의 이익 등을 전부 고려하더라도 도저히 묵과할 수 없는 정도라고 평가되는 경우에 한하여 전환사채의 발행 또는 그 전환권 행사에 의한 주식의 발행을 무효로 할 수 있을 것이며, 그 무효원인을 원심이 판시하는 바와 같이 회사의 경영권분쟁이 현재 계속중이거나 임박해 있는 등 오직 지배권의 변경을 초래하거나 이를 저지할 목적으로 전환사채를 발행하였음이 객관적으로 명백한 경우에 한정할 것은 아니다. 그리고 전환사채발행무효의 소에 있어서의 무효원인을 위와 같이 엄격하게 해석하여야 하는 이상, 단지 전환사채의 인수인이 회사의 지배주주와 특별한 관계에 있는 자라거나 그 전환가액이 발행시점의 주가 등에 비추어 다소 낮은 가격이라는 것과 같은 사유는 일반적으로 전환사채발행유지청구의 원인이 될 수 있음은 별론으로 하고 이미 발행된 전환사채 또는 그 전환권의 행사로 발행된 주식을 무효화할 만한 원인이 되지는 못한다 할 것이다); 동 2004. 8. 16, 2003 다 9636(공보 2004, 1522)(상법은 제516조 1항에서 신주발행의 유지청구권에 관한 제424조 및 불공정한 가액으로 주식을 인수한 자의 책임에 관한 제424조의 2 등을

(3) 전환의 절차

1) 전환청구기간　　　전환사채권자가 전환을 청구하는 경우에는 전환기간 중 청구서 2통에 채권(債券)을 첨부하여 회사에 제출하여야 하는데($\frac{상 515조}{1항 본문}$), 이 청구서에는 전환하고자 하는 사채와 청구의 연월일을 기재하고 기명날인 또는 서명을 하여야 한다($\frac{상 515}{조 2항}$).

전환사채를 전자등록기관의 전자등록부에 등록하여 발행한 경우에는 그 채권을 증명할 수 있는 자료를 첨부하여 회사에 제출함으로써 전환을 청구한다($\frac{상 515조}{1항 단서}$). 이는 2011년 4월 개정상법이 채권(債券)을 발행하는 대신 정관에서 정하는 바에 따라 전자등록기관의 전자등록부에 채권(債權)을 등록할 수 있는 채권등록제도를 도입함에 따라($\frac{상 478}{조 3항}$), 신설된 내용이다.

전환기간중 주주명부폐쇄기간이 포함된 경우에는 이 폐쇄기간중에도 전환청구를 할 수 있는데, 다만 이 기간중에 전환된 전환사채의 주주는 그 기간중의 주주총회의 결의에 관하여는 의결권을 행사할 수 없다($\frac{상 516조 2항,}{350조 2항}$,).[1]

전환사채의 발행의 경우에 준용한다고 규정하면서도, 신주발행무효의 소에 관한 제429조의 준용여부에 대해서는 아무런 규정을 두고 있지 않으나, 전환사채는 전환권의 행사에 의하여 장차 주식으로 전환될 수 있는 권리가 부여된 사채로서, 이러한 전환사채의 발행은 주식회사의 물적 기초와 기존 주주들의 이해관계에 영향을 미친다는 점에서 사실상 신주를 발행하는 것과 유사하므로, 전환사채 발행의 경우에도 신주발행무효의 소에 관한 상법 제429조가 유추적용된다. 따라서 전환사채 발행의 경우에도 신주발행무효의 소에 관한 상법 제429조가 유추적용되므로 전환사채발행무효 확인의 소에 있어서도 상법 제429조 소정의 6월의 제소기간의 제한이 적용된다 할 것이나, 이와 달리 전환사채 발행의 실체가 없음에도 전환사채발행의 등기가 되어 있는 외관이 존재하는 경우 이를 제거하기 위한 전환사채발행부존재 확인의 소에 있어서는 상법 제429조 소정의 6월의 제소기간의 제한이 적용되지 아니한다).

동지: 서울고결 1997. 5. 13, 97 라 36(하집 1997－1, 48)(전환사채의 발행에 무효사유가 있는 경우 그 무효를 인정하여야 하고, 그 방법은 신주발행무효의 소에 관한 상법 제429조를 유추적용할 수 있다. 전환사채의 발행이 경영권 분쟁 상황하에서 열세에 처한 구지배세력이 지분 비율을 역전시켜 경영권을 방어하기 위하여 이사회를 장악하고 있음을 기화로 기존 주주를 완전히 배제한 채 제3자인 우호세력에게 집중적으로 '신주'를 배정하기 위한 하나의 방편으로 채택된 것이라면, 이는 전환사채제도를 남용하여 전환사채라는 형식으로 사실상 신주를 발행한 것으로 보아야 하며, 그렇다면 그러한 전환사채의 발행은 주주의 신주인수권을 실질적으로 침해한 위법이 있어 신주발행을 그와 같은 방식으로 행한 경우와 마찬가지로 무효로 보아야 하고, 뿐만 아니라 그 전환사채 발행의 주된 목적이 경영권 분쟁 상황하에서 우호적인 제3자에게 신주를 배정하여 경영권을 방어하기 위한 것인 점, 경영권을 다투는 상대방인 감사에게는 이사회 참석 기회도 주지 않는 등 철저히 비밀리에 발행함으로써 발행유지가처분 등 사전 구제수단을 사용할 수 없도록 한 점, 발행된 전환사채의 물량은 지배구조를 역전시키기에 충분한 것이었고, 전환기간에도 제한을 두지 않아 발행 즉시 주식으로 전환될 수 있도록 하였으며, 결과적으로 인수인들의 지분이 경영권 방어에 결정적인 역할을 한 점 등에 비추어, 그 전환사채의 발행은 현저하게 불공정한 방법에 의한 발행으로서 이 점에서도 무효라고 보아야 한다)[이 판결에 찬성하는 견해로는 최준선, "경영권 방어를 목적으로 하는 전환사채 발행의 효력,"「고시계」, 제554호(2003. 4), 36면이 있고, 반대하는 견해로는 전삼현, 전게 고시계(2003. 4), 44~49면이 있다].

1) 1995년 개정상법 이전에는 전환주식의 전환청구를 주주명부폐쇄기간중에는 하지 못하도록 규

2) 발행가액   상법이 전환사채의 발행가액총액을 전환에 의하여 발행하는 주식의 발행가액총액으로 하고 있으므로(상 516조 2항, 348조), 전환사채권자의 전환청구가 있으면 회사는 사채의 발행가액총액과 동액의 주식을 발행하여(즉, 발행하는 주식의 발행가액 총액과 일치시켜) 전환가액(시가전환방식 또는 액면전환방식 등)으로 나눈 수의 주식을 전환사채권자에게 주어야 한다. 상법 제348조에서 말하는 발행가액이라는 것은 발행가액의 총액을 의미하는 것이므로, 동조는 양자의 발행가액의 총액이 일치하여야 한다는 것을 의미한다. 예컨대, 전환사채의 발행가액총액이 500억원인 경우 1주의 액면가액이 5,000원이고 전환가액을 10,000원으로 하였다면, 전환조건을 전환가액으로 정한 경우 시가전환방식이면 500만주의 주식으로 전환되고, 액면전환방식이면 1,000만주의 주식으로 전환된다.

이와 같이 전환으로 인하여 발행되는 주식의 발행가액총액을 전환사채의 발행가액총액과 일치시키는 이유는, 주식의 액면미달발행의 제한(상 330조, 417조)과 함께 전환조건을 제한하여 이사회가 자금조달에 급급하여 무모한 조건으로 전환사채를 발행하는 것을 방지함으로써 회사의 자본금 충실을 기하고자 하는 것이다.[1] 시가전환방식인 경우 주식의 액면상당액은 자본금이 되고, 액면초과액은 자본준비금으로 적립되어야 한다(상 459조 1항).

또한 회사가 전환사채 발행 후 전환가액 이하로 신주를 발행하거나 또는 준비금의 자본전입 등에 의한 신주의 무상교부에 의하여 주식의 가치를 희석시키면 전환사채권자의 보호에 문제가 있다.

(4) 전환의 효력

1) 전환의 효력발생시기   전환청구권(Umtauschrecht)은 형성권이므로, 전환은 전환사채권자가 「전환을 청구한 때」에 그 효력이 발생하여(상 516조 2항, 350조 1항) 이 때 전환사채권자는 사채권자로서의 지위를 상실하고 전환에 의하여 발행되는 신주의 주주가 된다.

전환사채를 목적으로 하는 질권에는 전환으로 인하여 발행된 신주에 물상대위가 인정된다(상 516조 2항, 339조).

2) 신주의 발행   전환사채의 전환에 의하여 신주가 발행되므로, 회사는 전환기간중 전환에 의하여 발행될 주식의 수(종류주식이 발행된 경우에는 정관에서 정한 종류주식의 수)를 미발행주식수 중에 유보하여야 하는데(상 516조 1항, 346조 4항), 전환이 있으면 유보되었던 미발행주식수는 그만

정하였으나(상 349조 3항), 1995년 개정상법은 이 규정을 삭제하여 주주명부폐쇄기간중에도 전환을 청구할 수 있도록 하고 다만 이 기간중에 전환된 주식의 주주는 그 기간중의 주주총회의 결의에 관하여는 의결권을 행사할 수 없도록 개정하였다(상 350조 2항). 이에 따라 전환사채의 경우에도 동일하게 개정한 것이다.

1) 동지: 이(철), (회) 311면(전환주식에 관하여).

큼 감소한다. 따라서 회사의 경우에는 전환청구를 받으면 그 청구받은 전환사채의 금액만큼 사채가 감소하고, (액면전환방식인 경우) 이에 상당하는 자본금이 증가한다.

3) 전환의 등기   전환사채의 전환이 있으면 등기사항(상 514조의 2 2항 1호, 317조 2항 2호·3호 등)이 변경되므로 이에 관한 변경등기를 하여야 하는데, 이러한 변경등기는 「전환을 청구한 날이 속하는 달의 말일로부터 2주간 내」에 본점소재지에서 이를 하여야 한다(상 516조 2항, 351조).1)

2. 신주인수권부사채

(1) 개   념

1) 의   의   신주인수권부사채(bonds with stock purchase warrants2); Wandelschuldverschreibungen mit Bezugsrecht auf Aktien, Aktienbezugsobligation)란 「사채권자(또는 신주인수권증 권의 정당한 소지인)에게 기채회사(起債會社)에 대한 신주인수권이 부여된 사채」를 말한다. 여기에서의 「신주인수권」이란 '발행된 신주에 대하여 다른 사람보다 우선적으로 배정받을 수 있는 권리'(상 418조 1항)를 의미하는 것이 아니라, '기채회사(起債會社)에 대하여 신주발행을 청구하고 이에 따라 기채회사(起債會社)가 신주를 발행하면 그 신주에 대하여 당연히 주주가 되는 권리'를 의미한다.3) 따라서 신주인수권부사채는 「신주발행청구권부사채」라고도 볼 수 있다.4) 신주인수권부사채에서 사채권자(또는 신주인수권증 권의 정당한 소지인)가 신주인수권을 행사하면 기채회사(起債會社)는 당연히 신주를 발행하여야 할 의무를 부담하므로, 이러한 신주인수권은 전환사채에서의 전환권과 같이 형성권이다.

「신주인수권부사채」는 1984년 개정상법에 의하여 비로소 도입된 것인데, 그 이유는 다음과 같다. (i) 1984년 개정 전의 상법에서도 정관에 의하여 제3자에게 신주인수권을 부여할 수 있었으므로 신주인수권부사채의 발행이 가능하기는 하였으나, 회사의 자금조달의 대량화를 기하기 위하여는 그 내용을 정형화·일반화할 필요

---

1) 이는 1995년 개정상법에 의하여 전환주식의 전환의 등기기간이 개정됨에 따라(상 351조) 이와 동일하게 개정한 것이다. 전환주식의 등기기간에 대하여 1995년 개정상법 이전에는 「전환한 날로부터 본점소재지에서는 2주간 내, 지점소재지에서는 3주간 내」에 이를 하도록 되어 있었는데(상 351조), 이와 같이 각 주주가 청구한 날을 기준으로 개별적으로 등기하도록 하면 너무나 번거롭고 또 등기에 따른 회사의 부담을 덜어주기 위하여 1995년 개정상법은 위와 같이 개정한 것이다[동지: 해설(1995), 109면].

2) 워런트(warrant)에 관한 상세는 김종선 "워런트(warrant) 제도에 관한 법적 연구," 법학박사학위논문(고려대 대학원, 2013. 2) 참조.

3) 동지: 최완진, "특수사채에 관한 법적 연구," 법학박사학위논문(고려대, 1987. 12), 11면 주 11.

4) 손주찬, "신주인수권부사채," 「고시계」, 1983. 2, 78면.

가 있었고, (ii) 또 발행회사의 입장에서 보아도 신주인수권부사채를 발행하는 것이 회사의 자금조달면에서$\binom{대용납입(代用納入)}{이 인정되지 않는 경우}$ 전환사채제도보다 훨씬 더 유리하기 때문이다.[1]

2) 종 류

(가) 신주인수권부사채에는 분리형과 비분리형이 있다. 분리형 신주인수권부사채는 사채권을 표창하는 유가증권인「채권(債券)」과 신주인수권을 표창하는 유가증권인「신주인수권증권」을 별도로 발행하는 형태이고, 비분리형 신주인수권부사채는 사채권과 신주인수권을 동일한 유가증권인「채권(債券)」에 표창하여 발행하는 형태이다. 따라서 분리형 신주인수권부사채의 경우에는 사채권과 분리하여 신주인수권을 양도할 수 있으나, 비분리형 신주인수권부사채의 경우에는 사채권과 분리하여 신주인수권을 양도할 수 없다. 우리 상법상 두 종류의 신주인수권부사채를 다 발행할 수 있으나, 분리형의 경우에는 이사회에서 이에 관한 별도의 결의를 하여야 하므로$\binom{상\ 516조의}{2\ 2항\ 4호}$ 비분리형 신주인수권부사채의 발행을 원칙으로 하고 있다고 볼 수 있다.

(나) 사채권자가 신주인수권을 행사한 경우에 이에 기하여 발행되는 신주의 발행가액의 납입방법에 따라 대용납입(代用納入)이 인정되는 것과, 대용납입이 인정되지 않는 것이 있다. 대용납입이 인정되는 경우는 신주인수권을 행사하려는 자의 청구가 있는 때에 한하여 신주인수권부사채의 상환에 갈음하여 그 발행가액으로 신주의 납입을 의제하는 것이고$\binom{상\ 516조의}{2\ 2항\ 5호}$, 대용납입이 인정되지 않는 것은 신주인수권을 행사한 자가 이에 기하여 발행되는 신주의 발행가액의 전액을 현실로 납입하여야 하는 것이다$\binom{상\ 516조}{의\ 8\ 1항}$. 우리 상법은 대용납입을 인정하지 않는 것을 원칙으로 하고 있다.

3) 경제적 기능[2]

(가) 기채회사(起債會社)의 입장에서 보면 회사의 자금조달을 보다 원활히 하는 기능을 갖고 있다. 즉, 회사가 신주인수권부사채를 발행하는 경우에는 신주인수권이라는 매력의 대가로 저리의 사채를 모집할 수 있고, 또 전환사채의 경우와는 달리 (원칙적으로 대용납입이 인정되지 않으므로) 신주인수권의 행사에 따라 추가자금을 납입받게 되어 그만큼 회사의 실질적인 자금조달을 기할 수 있다.

(나) 사채권자의 입장에서 보면 신주인수권의 행사에 의하여 사채권자의 지위와 주주의 지위를 동시에 향유할 수 있는 점에서 투자의 매력을 갖게 된다$\binom{특히\ 비분리형으}{로서\ 대용납입이}$

---

1) 동지: 해설(1984), 114면.
2) 이에 관한 상세는 최완진, 전게논문, 14~18면 참조.

인정되지 않는 경우). 또한 분리형의 신주인수권부사채의 경우에는 신주인수권이 사채권으로부터 분리·독립되어 유통될 수 있으므로, 이 때에는 전환사채에서의 전환권보다 시장성이 높게 되어 투자효율이 높게 되고, 또 사채가 상환되어도 신주인수권 부분은 그 가치에 있어 아무런 변화가 없으므로 사채권자(투자자)에게는 그 투기성을 지속할 수 있는 큰 매력이 있다. 또한 신주인수권부사채에서는 사채권자가 신주인수권을 행사하더라도 (원칙적으로 대용납입이 인정되지 않으므로) 사채는 소멸되지 않으므로, 사채권자는 사채의 안전적 성질과 주식의 투기적 성질을 가장 효율적으로 이용할 수 있다.

4) 전환사채와의 차이점

(카) 경제적 기능　　　전환사채의 경우에는 회사에 있어서 현실적인 자금조달의 기능이 없으나, 신주인수권부사채의 경우에는 (원칙적으로 대용납입이 인정되지 않으므로) 신주인수권의 행사에 의하여 발행되는 신주의 발행가액은 전액이 납입되어야 하므로($\frac{상 516}{조의 9}$) 자금조달의 기능이 있다. 그러나 신주인수권부사채의 경우에도 예외적으로 대용납입이 인정되는 경우에는($\frac{상 516조의}{2 2항 5호}$) 전환사채의 경우와 유사해진다.

(나) 증권 및 양도　　　전환사채의 경우에는 기채회사(起債會社)는 채권(債券)만 발행하면 되나($\frac{언제나}{단일증권}$)($\frac{상 478}{조 1항}$), 분리형 신주인수권부사채의 경우에는 기채회사는 채권(債券)과 함께 신주인수권증권을 발행하여야 한다($\frac{복수}{증권}$)($\frac{상 516조}{의 5 1항}$). 따라서 전환사채의 경우는 사채와 분리하여 전환권만을 양도하는 것은 있을 수 없으나, 분리형 신주인수권부사채의 경우에는 사채와 분리하여 신주인수권만을 양도할 수 있는데 이 때에 신주인수권의 양도는 신주인수권증권의 교부에 의해서만 가능하다($\frac{상 516조}{의 6 1항}$). 그러나 비분리형 신주인수권부사채의 경우에는 전환사채의 경우와 유사하다($\frac{상 478}{조 1항}$).

(다) 행사방법　　　전환사채의 경우는 채권(債券)을 발행하고 전자등록을 하지 않으면 사채권자가 전환청구기간 내에 전환청구서에 채권(債券)을 첨부하여 회사에 제출함으로써 전환권을 행사하나($\frac{상 515조, 516조 2항,}{349조 3항, 354조 1항}$), 신주인수권부사채의 경우는 채권(債券) 및 신주인수권증권을 발행하고 전자등록을 하지 않으면 사채권자($\frac{비분리형}{인 경우}$) 또는 신주인수권증권의 정당한 소지인($\frac{분리형}{인 경우}$)이 신주발행청구서에 채권(債券)($\frac{비분리형}{인 경우}$)의 제시 또는 신주인수권증권($\frac{분리형}{인 경우}$)을 첨부하여 회사에 제출함으로써 신주인수권을 행사한다($\frac{상 516조의}{9 1항·2항}$). 또한 신주인수권부사채의 경우는 (원칙적으로 대용납입이 인정되지 않으므로) 전환사채와는 달리 신주의 발행가액을 별도로 납입해야 하므로($\frac{상 516}{조의 9 1항}$), 시간의 경과로 인하여 주식화되는 경향이 없다. 또한 대용납입을 인정하는 경우에도 신주인수권의 행사기간이 없으므로, 시간의 경과로 주식화되는 경향이 없다.

(ㄹ) **신주의 발행가액의 제한**   전환사채의 경우는 전환으로 인하여 발행되는 신주의 발행가액총액은 전환사채의 발행가액총액과 같아야 하지만($\substack{상\ 516조 \\ 2항,\ 348조}$), 신주인수권부사채의 경우는 신주인수권의 행사로 인하여 발행되는 신주의 발행가액총액은 신주인수권부사채의 금액(발행가액총액)을 초과하지 않는 범위 내에서 자유로이 조정될 수 있다($\substack{상\ 516조 \\ 의\ 2\ \ 3항}$).

(ㅁ) **신주의 효력발생시기**   전환사채의 경우는 전환권이 형성권이므로 전환권의 행사에 의하여 발행되는 신주의 효력발생시기는 원칙적으로 사채권자가 「전환을 청구한 때」이다($\substack{상\ 516조 \\ 2항,\ 350조}$). 그러나 신주인수권부사채에서 신주인수권의 행사로 인하여 발행되는 신주의 효력발생시기는 원칙적으로 대용납입이 인정되지 않으므로 「신주의 발행가액의 전액을 납입한 때」이나, 예외적으로 대용납입이 인정되는 경우에는 「신주발행의 청구서를 제출한 때」이다[1]($\substack{따라서\ 대용납입이\ 인정되는\ 경우 \\ 는\ 전환사채의\ 경우와\ 유사하다}$).

(ㅂ) **사채의 존속유무**   전환사채의 경우는 전환권을 행사하면 사채가 소멸하여 주식으로 변경되지만, 신주인수권부사채의 경우는 신주인수권의 행사로 인하여 발행되는 신주는 원칙적으로 (대용납입이 인정되지 않으므로) 발행가액의 전액이 납입되어야 하므로($\substack{상\ 516조 \\ 의\ 9\ \ 1항}$) 사채는 소멸되지 않고 사채와 주식이 병존하게 된다. 다만 신주인수권부사채의 경우에도 예외적으로 대용납입이 인정되는 경우에는 사채의 상환금으로 신주의 주금을 납입한 것으로 보기 때문에($\substack{상\ 516조의 \\ 2\ \ 2항\ 5호}$), 사채는 소멸하고 주식만이 있게 되어 전환사채의 경우와 유사하게 된다.

(ㅅ) **질권의 물상대위**   전환사채의 경우는 전환사채를 목적으로 한 질권자는 전환으로 인하여 받을 주식에 대하여 물상대위권을 행사할 수 있으나($\substack{상\ 516조 \\ 2항,\ 339조}$), 신주인수권부사채의 경우는 신주인수권부사채를 목적으로 한 질권자는 신주인수권의 행사로 인하여 받을 주식에 대하여 원칙적으로 (대용납입이 인정되지 않으므로) 물상대위권을 행사할 수 없다. 그러나 신주인수권부사채의 경우에도 예외적으로 대용납입이 인정되는 경우에는 사채 자체가 소멸하므로 새로이 발행되는 주식에 대하여 물상대위권을 행사할 수 있다고 본다.[2]

(2) **발   행**

신주인수권부사채의 발행도 전환사채의 경우와 같이 주주배정에 의하여 발행하

---

1) 해설(1984), 119면.
   그러나 이(범), (예해) 662면은 「대용납입의 청구서를 제출한 때」라고 한다. 실제로 신주발행의 청구서와 대용납입의 청구서는 동시에 제출될 것이므로 양자는 같은 의미라고 보나, 엄격히는 「대용납입의 의사와 함께 신주발행의 청구서를 제출한 때」라고 보아야 할 것이다.
2) 동지: 이(범), (예해) 662면.

는 경우와 주주 외의 자에 대하여 발행하는 경우가 있으므로, 이하에서는 이를 나누어서 살펴본다.

1) 주주배정에 의하여 신주인수권부사채를 발행하는 경우

(가) **발행사항의 결정** 신주인수권부사채의 발행사항(상 516조의 2 2항 1호~5)[1]에 관하여 정관에 규정이 없는 것은 원칙적으로 이사회(자본금 총액이 10억원 미만으로서 이사가 1명 또는 2명인 소규모 주식회사의 경우에는 이사회가 없으므로, 정관의 규정 유무에 불구하고 언제나 주주총회 ─ 상 383조 1항 단서, 4항)가 결정하는데, 예외적으로 정관으로 주주총회에서 이를 결정하기로 정한 경우에는 주주총회의 결의에 의한다(상 516조의 2 2항). 회사가 이와 같이 신주인수권부사채(분리형이든 비분리형이든)를 발행하여 주주에게 배정하는 경우에는 주주의 이익을 해하지 않으므로, 회사는 주주총회의 결의를 받을 필요없이 이사회의 결의만으로 발행할 수 있도록 한 것이다.

신주인수권부사채의 발행사항에 대하여 이와 같이 이사회가 결정하여야 하는 구체적인 내용은 전환사채의 경우와 유사하므로 그 설명을 생략한다.

(나) **발행절차** 신주인수권부사채도 사채이므로 원칙적으로 일반사채의 발행절차에 의하나, 예외적으로 일반사채의 발행절차와는 다른 특칙이 규정되어 있는데 이는 다음과 같다.

① 신주인수권부사채 발행의 공시 사채청약서 및 사채원부에는 신주인수권부사채라는 뜻, 각 신주인수권부사채에 부여된 신주인수권의 내용, 신주인수권을 행사할 수 있는 기간, 신주인수권만을 양도할 수 있는 것에 관한 사항, 대용납입(代用納入)에 관한 사항, 신주인수권의 행사에 의하여 신주의 납입을 맡을 은행 기타 금융기관과 납입장소 및 주식의 양도에 관하여 이사회의 승인을 얻도록 정한 때에는 그 규정[2]을 기재하여야 한다(상 516조의 4 본문). 비분리형 신주인수권부사채의 경우에는 채권(債券)에 위의 내용을 기재하여야 하나, 분리형 신주인수권부사채의 경우에는 신주인수권증권에 위의 내용이 기재되므로(상 516조의 5 2항) 채권(債券)에는 위의 내용이 기재될 필요가 없다(상 516조의 4 단서).

② 배정방법 주주는 이사회의 결의(정관으로 주주총회에서 이를 결정하 도록 정한 경우에는 주주총회의 결의)에 의하여 비로소 신주인수권부사채의 인수권을 부여받는데(상 516조의 2 2항 7호), 이 때에 주주는 그가 가진 주식의 수에 따라 신주인수권부사채의 배정을 받을 권리를 갖는다(상 516조의 11, 513조의 2 1

---

1) 1995년 개정상법에 의하여 제516조의 2 2항 6호(이익이나 이자의 배당에 관하여는 제516조의 8 1항의 규정에 의한 납입을 한 때가 속하는 영업연도 말에 신주의 발행이 있는 것으로 본다는 뜻)가 삭제되었다.

2) 이는 1995년 개정상법에 의하여 정관의 규정으로 주식양도를 제한할 수 있음에 따라(상 335조 1항 단서), 이러한 경우에 회사는 이의 내용을 신주인수권부 사채청약서·채권(債券) 등에 기재하여 공시하도록 한 것이다[동지: 해설(1995), 186면].

항_{본문}). 다만 신주인수권부사채의 금액 중 최저액에 미달하는 단수(端數)에 대하여는
그러하지 아니하다($^{상\ 516조의\ 11,\ 513}_{조의\ 2\ 1항\ 단서}$).

회사는 일정한 날(배정일)을 정하여 그 날에 주주명부에 기재된 주주가 신주인
수권부사채의 인수권을 가진다는 뜻과 신주인수권을 양도할 수 있을 경우에는 그
뜻을, 그 날의 2주 전에 공고하여야 한다($^{상\ 516조의\ 11,\ 513조}_{의\ 2\ 2항,\ 418조\ 3항}$).

③ 실권예고부(失權豫告附) 청약최고   회사는 기명주주에 대하여는 신주
인수권을 가지는 신주인수권부사채의 액·발행가액·신주인수권의 내용·신주인수
권을 행사할 수 있는 기간과 일정한 기일(청약기일)까지 신주인수권부사채의 청약을
하지 아니하면 그 권리를 잃는다는 뜻 등을 통지하여야 한다(실권예고부 청약최고)($^{상\ 516}_{조의}$
$^{조의}_{3\ 1항}$). 회사는 위의 내용을 청약기일의 2주 전에 통지하여야 하는데($^{상\ 516조의\ 3}_{2항,\ 419조\ 2항}$), 이
러한 통지에도 불구하고 주주가 청약기일에 청약을 하지 않을 경우에는 실권한다
($^{상\ 516조의\ 3}_{2항,\ 419조\ 3항}$).

④ 신주인수권부사채의 등기   회사가 신주인수권부사채를 발행한 경우에
는 보통의 일반사채의 경우와는 달리 이에 관한 일정한 사항을 등기하여야 한다
($^{상\ 516}_{조의\ 8}$).

2) 주주 외의 자에 대하여 신주인수권부사채를 발행하는 경우

(가) **발행사항의 결정**   주주 외의 자에 대하여 신주인수권부사채를 발행하는
경우($^{제3자배}_{정\ 및\ 모집}$)에는, 주주의 이익을 보호하기 위하여 위의 절차($^{주주배정의}_{경우의\ 절차}$) 외에 일정
한 사항에 관하여 주주총회의 특별결의를 받아야 한다. 즉, 그 발행할 수 있는 신주
인수권부사채의 액, 신주인수권의 내용과 신주인수권을 행사할 수 있는 기간에 관
하여 정관에 규정이 없으면 주주총회의 특별결의로써 이를 정하여야 한다[1]($^{상\ 516조}_{의\ 2\ 4}$
$^{항}_{1문}$). 그런데 이 경우에는 신기술의 도입·재무구조의 개선 등 회사의 경영상 목적을
달성하기 위하여 필요한 경우에 한한다($^{상\ 516조의\ 2\ 4항}_{2문,\ 418조\ 2항}$).[2] 이 때에 주주총회소집의
통지와 공고에는 신주인수권부사채의 발행에 관한 의안의 요령을 기재하여야 한다
($^{상\ 516조의\ 2\ 5항,}_{513조\ 4항,\ 363조}$).

---

1) 이와 같이 우리 상법은 주주 외의 자에게 신주인수권부사채를 발행하는 경우에는 언제나 주주
   총회의 특별결의를 받도록 규정하고 있는데, 학설 중에는 입법론으로 주주 외의 자에게 특히 유리
   한 내용의 신주인수권을 붙인 신주인수권부사채를 발행하는 경우에만 주주총회의 특별결의를 받
   도록 하는 것이 타당하다고 하는 견해가 있다[정(희), 614면; 정(동), (회) 571면 주 2].
2) 이는 주주의 신주인수권 제한(상 418조 2항) 및 주주 외의 자에 대하여 전환사채를 발행하는
   경우(상 513조 3항 2문)와 같이, 제3자에 대한 기채회사(起債會社) 신주인수권의 부여가 남용되
   는 것을 방지하기 위하여 2001년 개정상법에 의하여 신설된 것인데, 회사의 자금조달의 편의성에
   서 보거나 제한의 실효성에서 볼 때 문제가 있다고 본다[이에 관한 상세는 정찬형, 전게 상사법연
   구(제20권 1호), 128면 참조].

회사가 이러한 주주총회의 특별결의 없이 주주 외의 자에 대하여 발행한 신주인수권부사채는 법률에 의하여 주주총회의 (특별)결의를 요하는 경우에 그러한 결의 없이 한 대표이사 또는 대표집행임원의 대표행위(위법한 대표행위)에 해당하므로 무효라고 본다.

(나) **발행절차**　　　이에 대하여 상법은 특별히 규정하고 있지 않다. 따라서 일반사채의 발행에 관한 규정과 주주 외의 자에 대한 전환사채의 발행에 관한 규정을 유추적용하여 발행할 수 있다고 본다. 주주배정에 의한 신주인수권부사채의 발행절차와 비교하여 보면, 인수권자가 주주인 경우에 적용되는 절차는 필요 없다(즉, 위 1) $\binom{(\text{나})\text{에서}}{}$ ②·③은 주주 외의 자에 대하여 신주인수권부사채를 발행하는 경우에는 적용되지 않고, ①·④의 절차는 공통적으로 적용된다). 주주 외의 자에 대하여 신주인수권부사채를 발행하는 경우에는 제3자배정에 의한 경우와 모집에 의한 경우가 있는데, 제3자배정의 경우에는 주주배정에 의한 발행절차와 유사하나 모집(모집에는 그 범위에 따라 연고모집과 공모가 있다)의 경우에는 일반사채의 모집에 의한 발행절차에 의한다.

3) 불공정한 발행에 대한 조치

(가) 회사가 법령 또는 정관에 위반하거나 현저하게 불공정한 방법에 의하여 신주인수권부사채를 발행함으로써 주주가 불이익을 받을 염려가 있는 경우에는, 주주는 회사에 대하여 그 발행을 유지(留止)할 것을 청구할 수 있다(상 516조의 11, 516조 1항, 424조). 주주는 이러한 발행 유지청구를 소(訴)의 방법으로도 할 수 있고, 소 이외의 방법(의사표시)으로도 할 수 있다.

(나) 이사와 통모하여 현저하게 불공정한 발행가액으로 신주인수권부사채를 인수한 자가 있는 경우에는 그는 회사에 대하여 공정한 발행가액과의 차액에 상당한 금액을 지급할 의무를 부담하고(상 516조의 11, 516조 1항, 424조의 2 1항), 주주는 이에 관하여 대표소송을 제기할 수 있다(상 516조의 11, 516조 1항, 424조의 2 2항). 이러한 통모인수인의 책임은 주주 외의 자에 대하여 신주인수권부사채가 발행되는 경우에 거의 대부분 적용될 것이다(이에 관하여는 보통 의 신주발행시 통모 인수인의 책임에 관한 설명 참조).

(다) 그러나 신주발행의 경우와는 달리 발행무효의 소의 제도는 인정되지 않는다. 그런데 우리 대법원판례는 이에 신주발행무효의 소에 관한 상법 제429조를 유추적용하고 있다.[1]

---

1) 대판 2015. 12. 10, 2015 다 202919(공보 2016, 120)(상법 제418조 제1항, 제2항은 회사가 신주를 발행하는 경우 원칙적으로 기존 주주에게 배정하고 정관에 정한 경우에만 제3자에게 신주배정을 할 수 있게 하면서 사유도 신기술의 도입이나 재무구조의 개선 등 경영상 목적을 달성하기 위하여 필요한 경우에 한정함으로써 기존 주주의 신주인수권을 보호하고 있다. 따라서 회사가 위와 같은 사유가 없음에도 경영권 분쟁이 현실화된 상황에서 경영진의 경영권이나 지배권 방어라는 목적을 달성하기 위하여 제3자에게 신주를 배정하는 것은 상법 제418조 제2항을 위반하여

주주의 신주인수권을 침해하는 것이다. 그리고 이러한 법리는 신주인수권부사채를 제3자에게 발행하는 경우에도 마찬가지로 적용된다〈상법 제516조의 2 제4항 후문, 제418조 제2항 단서〉. 또한 신주 발행을 사후에 무효로 하는 것은 거래의 안전을 해할 우려가 크기 때문에 신주발행무효의 소에서 무효원인은 엄격하게 해석하여야 하나, 신주 발행에 법령이나 정관을 위반한 위법이 있고 그것이 주식회사의 본질 또는 회사법의 기본원칙에 반하거나 기존 주주들의 이익과 회사의 경영권 내지 지배권에 중대한 영향을 미치는 경우에는 원칙적으로 신주의 발행은 무효이다. 신주인수권부사채는 미리 확정된 가액으로 일정한 수의 신주 인수를 청구할 수 있는 신주인수권이 부여된 사채로서 신주인수권부사채 발행의 경우에도 주식회사의 물적 기초와 기존 주주들의 이해관계에 영향을 미친다는 점에서 사실상 신주를 발행하는 것과 유사하므로, 신주발행무효의 소에 관한 상법 제429조가 유추적용되고, 신주발행의 무효원인에 관한 법리 또한 마찬가지로 적용된다. 그런데 이 사건 신주인수권부사채는 피고의 정관에서 정한 긴급한 자금조달의 필요성이 있어 그러한 자금조달을 위하여 발행된 것이므로 신주인수권부사채의 발행의 무효원인이 아니다)[이 판결에 반대하는 취지의 평석으로는 정찬형, "신주인수권부사채 발행의 무효 – 대법원 2015. 12. 10. 선고 2015다202919 판결,"「법조(별책 최신판례분석 제2호)」(법조협회), 통권 제719호(2016. 10), 697~719면; 김태진, "신주인수권부사채 발행의 무효 — 대법원 2015. 12. 10, 2015다202919 판결의 평석을 겸하여—,"「기업법연구」(한국기업법학회), 제32권 제3호(2018. 9), 99~147면]; 동 2022. 10. 27, 2021 다 201054(공보 2022, 2302)(신주인수권부사채는 미리 확정된 가액으로 일정한 수의 신주 인수를 청구할 수 있는 신주인수권이 부여된 사채로서, 신주인수권부사채 발행의 경우에도 주식회사의 물적 기초와 기존 주주들의 이해관계에 영향을 미친다는 점에서 사실상 신주를 발행하는 것과 유사하므로, 신주발행무효의 소에 관한 상법 제429조가 유추적용된다. 신주인수권부사채 발행의 무효는 주주 등이 신주인수권부사채를 발행한 날로부터 6월 내 소만으로 주장할 수 있고, 6월의 출소기간이 지난 뒤에는 새로운 무효 사유를 추가하여 주장할 수 없다. 따라서 신주인수권부사채 발행일로부터 6월 내에 신주인수권부사채발행무효의 소가 제기되지 않거나 6월 내에 제기된 신주인수권부사채발행무효의 소가 적극적 당사자의 패소로 확정되었다면, 이후에는 더 이상 신주인수권부사채 발행의 무효를 주장할 수 없다. 다만 신주인수권부사채에 부여된 신주인수권의 행사나 그로 인한 신주 발행에 대해서는 상법 제429조를 유추적용하여 신주발행무효의 소로써 다툴 수 있다. 이때에는 특별한 사정이 없는 한 신주인수권 행사나 그에 따른 신주 발행에 고유한 무효 사유만 주장할 수 있고, 신주인수권부사채 발행이 무효라거나 그를 전제로 한 주장은 제기할 수 없다. 상법 제418조 제1항, 제2항은 회사가 신주를 발행하는 경우 원칙적으로 기존 주주에게 배정하되 정관에 정한 경우에만 제3자에게 신주배정을 할 수 있게 하면서 그 사유도 신기술의 도입이나 재무구조의 개선 등 경영상 목적을 달성하기 위하여 필요한 경우에 한정함으로써 기존 주주의 신주인수권을 보호하고 있다. 따라서 주식회사가 신주를 발행할 때 회사의 경영상 목적을 달성하기 위하여 필요한 범위 안에서 정관이 정한 사유가 없는데도, 회사의 경영권 분쟁이 현실화된 상황에서 대주주나 경영진 등의 경영권이나 지배권 방어라는 목적을 달성하기 위하여 제3자에게 신주를 배정하는 것은 상법 제418조 제2항을 위반하여 주주의 신주인수권을 침해하는 것이고, 그로 인하여 회사의 지배구조에 심대한 변화가 초래되고 기존 주주들의 회사에 대한 지배권이 현저하게 약화되는 중대한 결과가 발생하는 경우에는 그러한 신주 발행은 무효이다. 이러한 법리는 신주인수권부사채를 제3자에게 발행하는 경우에도 마찬가지로 적용된다〈상법 제516조의 2 제4항 후문, 제418조 제2항 단서〉. 신주인수권부사채의 경우 경영상 목적 없이 대주주 등의 경영권이나 지배권 방어 목적으로 제3자에게 발행되더라도 그 자체로는 기존 주주의 신주인수권을 침해하지 않고, 이후 대주주 등이 양수한 신주인수권을 행사하여 신주를 취득함으로써 비로소 기존 주주의 신주인수권이 침해되고 대주주 등의 경영권이나 지배권 방어 목적이 현실화된다. 이에 의하면 회사가 대주주 등의 경영권이나 지배권 방어 목적으로 제3자에게 신주인수권부사채를 발행하였다면 신주인수권부사채의 발행은 무효가 될 수 있고, 이런 사유는 그 발행일로부터 6월 이내에 신주인수권부사채발행무효의 소로써 다툴 수 있다. 나아가 대주주 등이 위와 같은 경위로 발행된 신주인수권부사채나 그에 부여된 신주인수권을 양수한 다음 신주인수권부사채 발행일부터 6월이 지난 후 신주인수권을 행사하여 신주를 취득하였다면, 이는 실질적으로

(3) 양   도

1) 비분리형인 경우   비분리형 신주인수권부사채의 경우에는 채권(債券)이 채권(債權) 및 신주인수권을 표창하고 있으므로, 채권(債券)의 양도에 의하여 두 권리가 동시에 양수인에게 이전한다. 채권(債券)의 양도방법은 기명채권(債券)과 무기명채권(債券)에 따라 상이한데, 이에 관하여는 이미 앞에서 설명하였다.

2) 분리형인 경우

㈎ 분리형 신주인수권부사채의 경우에는 채권(債券) 외에 신주인수권을 표창하는 신주인수권증권이 별도로 발행되므로, 두 증권을 분리하여 양도할 수 있다. 회사는 이사회의 결의에 의하여「신주인수권만을 양도할 수 있는 것에 관한 사항」을 결정하면($\frac{상\,516조의}{2\ 2항\,4호}$) 채권(債券)과 함께 신주인수권증권을 발행하여야 하는데($\frac{상\,516조}{의\,5\ 1항}$), 이러한 신주인수권증권에는 일정한 사항[1]과 번호를 기재하고 (대표)이사 또는 (대표)집행임원[2]이 기명날인 또는 서명하여야 한다($\frac{상\,516조}{의\,5\ 2항}$). 이와 같이 신주인수권증권이 발행되면 신주인수권은 신주인수권증권의 양도방법에 의하여 양도되는데, 신주인수권증권의 양도방법은 양도인의 의사표시와 동 증권의 교부이다($\frac{상\,516조}{의\,6\ 1항}$).

회사는 신주인수권증권을 발행하는 대신 정관에서 정하는 바에 따라 전자등록기관의 전자등록부에 신주인수권을 등록할 수 있는데, 이 경우에는 주권의 전자등록과 같다($\frac{상\,516}{조의\,7}$). 이는 주식의 전자등록 등과 같이 2011년 4월 개정상법에 의하여 신설된 것이다.

주권상장법인은 분리형 신주인수권부사채를 사모의 방법으로 발행할 수 없다($\frac{자금\,165조}{의\,10\ 2항}$). 그 동안 분리형 신주인수권부사채는 일부 한계기업의 편법적 지분확보나 대주주 등에게 저가매각 등을 통한 경영권 보호수단으로 악용되어 이의 발행을 자본시장과 금융투자업에 관한 법률에서 금지하게 된 것이다.[3]

회사가 경영상 목적 없이 대주주 등에게 신주를 발행한 것과 동일하므로, 신주인수권 행사나 그에 따른 신주 발행에 고유한 무효 사유에 준하여 신주발행무효의 소로도 신주 발행의 무효를 주장할 수 있다. 이로써 위법한 신주인수권부사채 발행이나 그에 기한 신주 발행을 다투는 주주의 제소권이 실질적으로 보호될 수 있다. 위에서 본 경우 신주발행무효의 소의 제소기간은 신주 발행일로부터 기산하여야 하고, 설령 신주 발행이 신주인수권부사채에 부여된 신주인수권의 행사 결과에 따른 것이라 할지라도 신주인수권부사채 발행일부터 기산되는 것은 아니다).

1) 신주인수권증권의 기재사항에는 1995년 개정상법에 의하여 정관의 규정으로 주식양도를 제한할 수 있음에 따라(상 335조 1항 단서), 이러한 경우에 회사는 이의 내용을 신주인수권증권의 소지인에게도 공시할 필요가 있으므로 신주인수권증권의 기재사항에「정관에 의하여 주식의 양도에 관하여 이사회의 승인을 얻도록 정한 때에는 그 규정」(상 516조의 5 2항 5호)을 기재하도록 추가하였다.

2) 집행임원 설치회사의 경우에는 (대표)이사에 갈음하여 (대표)집행임원일 것이다. 2011년 4월 개정상법이 '집행임원'을 추가하지 않은 것은 명백한 입법의 미비라고 본다.

3) 유춘화, "자본시장법 개정에 즈음하여,"「예탁결제」(한국예탁결제원), 제87호(2013년 3분기),

(바) 신주인수권증권은 보통의 신주발행시에 주주의 신주인수권의 양도의 편의를 위하여 발행되는 신주인수권증서와 다음과 같은 공통점과 차이점이 있다.

① 공 통 점   (i) 신주인수권증서나 신주인수권증권은 모두 신주인수권을 표창하는 유가증권이다.[1] (ii) 신주인수권증서나 신주인수권증권의 점유자는 모두 적법한 소지인으로 추정된다($\frac{상\ 420조의\ 3\ 2항,\ 516}{조의\ 6\ 2항,\ 336조\ 2항}$). 또한 이로 인하여 선의취득이 인정되고 있다($\frac{상\ 420조의\ 3\ 2항\cdot 516}{조의\ 6\ 2항,\ 수\ 21조}$). (iii) 신주인수권증서나 신주인수권증권은 모두 증서 또는 증권의 교부에 의하여 신주인수권이 양도된다($\frac{상\ 420조의\ 3\ 1항,}{516조의\ 6\ 1항}$).

② 차 이 점   (i) 신주인수권증서나 신주인수권증권은 모두 그 기재사항이 법정되어 있으나, 그 기재사항의 내용에는 차이가 있다($\frac{상\ 420조의\ 2\ 2항,}{516조의\ 5\ 2항}$). (ii) 신주인수권증서는 이사회결의 등으로 주주의 청구가 있는 때에만 이를 발행한다는 것과 그 청구기간을 정한 경우에는 그 청구기간 내에 이를 청구한 주주에게만 그 청구기간 내에 발행되고, 이와 같은 사항의 정함이 없는 경우에는 신주의 청약기일의 2주간 전에 모든 주주에게 발행되지만($\frac{상\ 416조\ 6호,}{420조의\ 2\ 1항}$), 신주인수권증권은 신주인수권부사채를 분리형으로 발행하는 경우에 언제나 모든 사채권자에게 의무적으로 발행되어야 한다($\frac{상\ 516조}{의\ 5\ 1항}$). (iii) 신주인수권증서는 그 이용기간이 단기간($\frac{약\ 2}{주간}$)이므로($\frac{상\ 420조의}{2\ 1항,\ 420조}$ $\frac{의\ 4\ 1}{항\ 참조}$) 그 상실의 경우에 제권판결에 의한 재발행이 인정되지 않고 간편한 구제조치($\frac{주식청약서에\ 의한}{주식청약이\ 가능}$)가 인정되지만($\frac{상\ 420조}{의\ 4\ 2항}$), 신주인수권증권은 그 존속기간이 장기에 걸치므로 그 상실의 경우에 제권판결에 의한 재발행이 인정된다($\frac{상\ 516조의\ 6}{2항,\ 360조}$). (iv) 신주인수권증서가 발행된 경우에는 신주인수권증서 자체에 의하여 주식의 청약을 하여야 하나($\frac{상\ 420조}{의\ 4\ 1항}$), 신주인수권증권이 발행된 경우에는 신주인수권의 행사는 신주발행청구서에 의하여 하고 신주인수권증권은 단순히 이에 첨부될 뿐이다($\frac{상\ 516조}{의\ 9\ 2항}$).

(4) 행   사

1) 행사방법

(가) 신주인수권부사채에서 신주인수권을 행사하려는 자는 청구서 2통을 회사에 제출하여야 하는데($\frac{상\ 516조의}{9\ 1항\ 전단}$), 이 청구서에는 인수할 주식의 종류 및 수와 주소를 기재하고 기명날인 또는 서명하여야 한다($\frac{상\ 516조의\ 9}{4항,\ 302조\ 1항}$). 이 때 신주인수권부사채가 분리형인 경우($\frac{즉,\ 신주인수권증}{권이\ 발행된\ 경우}$)에는 신주인수권증권을 첨부하고, 비분리형인 경우에는 채

56면.

1) 그러나 각각의 신주인수권의 내용은 상이하다. 즉, 신주인수권증서에서의 신주인수권은 신주가 이미 발행된 경우에 주주(및 동 증서의 양수인)가 이러한 신주를 우선하여 배정받을 권리이고(상 418조 1항), 신주인수권증권에서의 신주인수권이란 분리형 신주인수권부사채에서 사채권자(및 동 증권의 양수인)가 신주발행을 청구할 수 있는 권리(및 이렇게 발행된 신주를 전부 동 증권상의 권리자가 배정받을 권리)를 의미한다.

권(債券)을 제시하여야 한다($^{상\ 516조의}_{9\ 2항\ 본문}$).

그러나 채권(債券)이나 신주인수권증권을 발행하는 대신 전자등록기관의 전자등록부에 전자등록한 경우에는 그 채권(債權)이나 신주인수권을 증명할 수 있는 자료를 첨부하여 회사에 제출함으로써 신주인수권을 행사한다($^{상\ 516조의}_{9\ 2항\ 단서}$). 이는 2011년 4월 개정상법이 채권(債權)이나 신주인수권의 전자등록을 인정함에 따라 신설된 내용이다.

(나) 신주인수권의 행사는 그 행사기간중에 하여야 한다. 그 행사기간중에 주주명부폐쇄기간이 포함된 경우에는 이 폐쇄기간중에도 신주인수권을 행사할 수 있는데, 다만 이 주주명부폐쇄기간중에 신주인수권을 행사한 경우 그 주주는 그 기간중의 주주총회의 결의에 관하여는 의결권을 행사할 수 없다($^{상\ 516조의\ 10}_{2문,\ 350조\ 2항}$).[1]

(다) 회사는 신주인수권의 행사기간 동안은 신주인수권의 행사로 인하여 발행될 주식수를 수권주식총수 중 미발행주식수에 유보하여야 한다($^{상\ 516조의\ 11,\ 516}_{조\ 1항,\ 346조\ 4항}$).

2) 발행가액의 제한

(가) 신주인수권의 행사로 인하여 발행할 주식의 발행가액총액은 각 신주인수권부사채의 금액(발행가액총액)을 초과할 수 없다($^{상\ 516조}_{의\ 2\ 3항}$). 이러한 제한을 둔 이유는 사채액에 비하여 과대한 신주인수권을 부여하는 것을 방지함으로써 주주의 이익을 보호하기 위한 것이다[2] 전환사채의 경우는 사채발행액만큼 신주가 발행되므로($^{상\ 516\ 조\ 2}_{항,\ 348조}$) 전환되는 주식의 수가 적을수록 전환가액이 높아져야 하나, 신주인수권부사채의 경우에는 신주의 발행가액총액을 각 신주인수권부사채의 금액범위 내에서 자유로이 조절할 수 있으므로 신주의 발행가액총액과 발행주식수 및 주식시가를 균형있게 맞출 수 있다.[3]

신주인수권의 행사로 인하여 발행할 주식의 발행가액총액에 대한 위의 제한은 (i) 신주인수권부사채의 발행시에만 적용된다는 견해(발행시설)[4]와, (ii) 신주인수권의 행사시에도 적용된다는 견해(행사시설)[5]로 나뉘어 있다. 생각건대 행사시설에 의하면 분리형 신주인수권부사채에 있어서 사채와 신주인수권이 별도로 유통되는 경우에 양자의 관계를 현실적으로 파악하는 것이 불가능하고 또한 사채가 전액 상환

---

1) 이는 전환주식의 경우와 같이 1995년 개정상법에 의하여 개정된 것이다.
2) 동지: 정(동), (회) 571면; 이(철), (회) 1080~1081면(소액의 사채에 다량의 신주인수권을 주는 것은 실질적으로 신주인수권만을 부여하는 것과 같으므로 이를 방지하기 위한 것이라고 한다); 채, 744면.
3) 동지: 최완진, 전게논문, 17면.
4) 이(철), (회) 1081면; 채, 745면; 최완진, 전게논문, 86면.
5) 정(동), (회) 571면; 안동섭, "신주인수권부사채," 법률신문, 제1574호(1985. 1. 28), 9면.

되더라도 신주인수권을 행사할 수 있도록 하는 것이 타당하므로 발행시설에 찬성한다.[1]

(내) 신주인수권만의 양도가 가능한 분리형 신주인수권부사채를 발행한 회사가 발행조건으로 주식의 시가하락시 신주인수권의 행사가액을 하향조정하는 조항($\binom{리픽싱}{\langle refixing \rangle 조항}$)을 둔 경우, 신주인수권자가 주식의 시가하락에 따른 신주인수권 행사가액의 조정을 거절하는 발행회사를 상대로 신주인수권 행사가액 조정절차의 이행을 구하는 소를 제기할 수 있는데, 이러한 이행의 소는 신주인수권의 행사 여부와 관계 없이 허용된다.[2]

3) 납 입

(가) 신주인수권을 행사한 자는 원칙적으로 신주의 발행가액의 전액을 납입하여야 한다($\binom{대용납입이}{인정되지 않음}$)($\binom{상 516조의}{9 \ 1항 후단}$). 이 때의 납입은 채권(債券) 또는 신주인수권증권에 기재된 납입장소인 은행 기타 금융기관의 납입장소에서 하여야 하는데($\binom{상 516조}{의 9 \ 3항}$), 이러한 납입금보관은행의 변경 및 증명과 책임에 관하여는 회사설립(모집설립)의 경우와 같다($\binom{상 516조의 9 \ 4}{항, 306조, 318조}$).

(내) 신주인수권을 행사하려는 자의 청구가 있는 때에는 예외적으로 신주인수권부사채의 상환에 갈음하여 신주인수권의 행사에 의한 신주의 발행가액의 납입이 있는 것으로 본다($\binom{대용납입}{이 인정됨}$)($\binom{상 516조의}{2 \ 2항 5호}$).

이러한 대용납입의 법적 성질에 관하여는 (i) 신주인수권의 행사를 조건으로 하는 사채의 기한 전 상환에 의한 상환청구권과 납입의무와의 상계(相計)로 보는 상계

---

1) 동지: 최완진, 전게논문, 86면; 이(철), (회) 1081면.
2) 대판 2014. 9. 4, 2013 다 40858(공보 2014, 2002)(신주인수권만의 양도가 가능한 분리형 신주인수권부사채를 발행한 발행회사가 신주인수권의 발행조건으로 주식의 시가하락시 신주인수권의 행사가액을 하향조정하는 이른바 '리픽싱〈refixing〉 조항'을 둔 경우, 주식의 시가하락에 따른 신주인수권 행사가액의 조정사유가 발생하였음에도 발행회사가 그 조정을 거절하고 있다면, 신주인수권자는 발행회사를 상대로 조정사유 발생시점을 기준으로 신주인수권 행사가액 조정절차의 이행을 구하는 소를 제기할 수 있고, 신주인수권자가 소송과정에서 리픽싱 조항에 따른 새로운 조정사유의 발생으로 다시 조정될 신주인수권 행사가액의 적용을 받겠다는 분명한 의사표시를 하는 등의 특별한 사정이 없는 한 위와 같은 이행의 소에 대하여 과거의 법률관계라는 이유로 권리보호의 이익을 부정할 수는 없다. 그리고 위와 같은 발행조건의 리픽싱 조항에서 신주인수권의 행사를 예정하고 있지 아니하고 신주인수권자가 소로써 신주인수권 행사가액의 조정을 적극적으로 요구하는 경우와 발행회사가 자발적으로 행사가액을 조정하는 경우를 달리 볼 이유가 없는 점, 주식의 시가하락이 있는 경우 리픽싱 조항에 따른 신주인수권 행사가액의 조정이 선행되어야만 신주인수권자로서는 신주인수권의 행사 또는 양도 등 자신의 권리행사 여부를 결정할 수 있는 점, 반면 위와 같은 이행의 소에 신주인수권의 행사가 전제되어야 한다면 이는 본래 신주인수권의 행사기간 내에서 신주인수권의 행사 여부를 자유로이 결정할 수 있는 신주인수권자에 대하여 신주인수권의 행사를 강요하는 결과가 되어 불합리한 점 등을 종합하면, 신주인수권 행사가액 조정절차의 이행을 구하는 소는 신주인수권의 행사 여부와 관계없이 허용된다고 보아야 한다).

설(다수설)[1]과, (ii) 사채와 주식은 전혀 그 성질을 달리한다는 점에서 대물변제로 보는 대물변제설(소수설)[2]이 있다. 생각건대 대용납입은 실질적으로는 상계이므로, 상계설에 찬성한다. 이러한 상계설에서는 대용납입은 주식인수인의 회사의 동의 없는 납입상계금지원칙($\frac{상\ 421}{조\ 2항}$)에 대한 중대한 예외라고 볼 수 있다.[3]

4) 신주의 효력발생시기

(가) 신주인수권의 행사로 인하여 발행되는 신주의 효력발생시기는 원칙적으로 대용납입이 인정되지 않으므로, 신주인수권을 행사한 자가 「신주의 발행가액의 전액을 납입한 때」이다($\frac{상\ 516조}{의\ 10\ 1문}$).

(나) 대용납입이 인정되는 경우에는 예외적으로 현실적인 주금납입이 없으므로, 신주인수권을 행사하는 자가 회사에 (신주인수권증권을 첨부하거나 채권〈債券〉을 제시하여) 「신주발행의 청구서를 제출한 때」에($\frac{상\ 516조의\ 9}{1항\cdot 2항\ 참조}$) 신주발행의 효력이 발생한다.[4]

5) 변경등기

신주인수권을 행사하면 등기사항인 신주인수권부사채의 총액($\frac{상\ 516조의\ 8\ 1항\ 5호,}{516조의\ 2\ 2항\ 1호}$)이 감소하는 경우가 있고($\frac{대용납입이}{있는\ 경우}$), 또한 발행주식총수와 자본금의 액($\frac{상\ 317조\ 2}{항\ 2호\cdot 3호}$)이 증가하므로, 이에 관한 변경등기를 하여야 한다. 이 변경등기는 위와 같은 「신주의 효력발생시기가 속하는 달의 말일로부터 2주간 내」에 본점소재지에서 이를 하여야 한다($\frac{상\ 516조의}{11,\ 351조}$).[5]

3. 이익참가부사채

(1) 개 념

2011년 4월 개정상법은 사채발행근거를 탄력적·무제한적 규정으로 해석·운용할 수 있도록 하기 위하여 특수사채에 기존의 전환사채·신주인수권부사채 외에 이익참가부사채·교환사채·상환사채 및 파생결합사채를 추가하여 규정하고 있다($\frac{상\ 469}{조\ 2항}$).[6]

---

1) 이(철), (회) 1080면(상법 421조 2항을 신주인수권부사채에 대한 신주발행에도 유추적용해야 한다고 한다); 양·박, 447면; 최(기), (회) 810면; 해설(1984), 118면.

2) 정(희), 617면; 정(동), (회) 575면.

3) 동지: 양·박, 447면; 해설 118면.

4) 동지: 해설(1984), 119면.

5) 이는 1995년 개정상법에 의하여 전환주식의 전환의 등기기간이 개정됨에 따라(상 351조) 이와 동일하게 개정한 것이다.

6) 해설(2012), 357면.

　이익참가부사채는 미국·독일(獨株 221조)·프랑스 등에서 인정된 제도를 과거에 증권거래법 (2009. 2. 4.부터는 자본시장과 금융투자업에 관한 법률)에 의하여 도입한 것이고, 교환사채는 프랑스에서 인정된 제도를 과거에 증권거래법(2009. 2. 4.부터는 자본시장과 금융투자업에 관한 법률)에 의하여 도입한 것이다(증거 191조의 4).

　우리나라에서의 이익참가부사채는 후술하는 교환사채와 같이 당초에는 1987년에 개정된 자본시장육성에 관한 법률 및 동법시행령에 의하여 도입되었다. 그런데 1996년 12월에 증권거래법을

1) 의   의   이익참가부사채(participating bonds; Gewinnschuldversch-reibung; obligations participants)란 「사채권자에게 사채의 이율에 의한 확정이자를 지급하는 외에, 배당가능이익이 있는 경우에는 발행회사의 이익배당에도 참가할 수 있는 권리를 부여한 사채」를 말한다[1]$\binom{\text{상 469조 2항 1호·3항,}}{\text{상시 21조 1항 본문}}$.

2) 법적 성질   이익참가부사채는 전환사채와 신주인수권부사채와 같이 주식과 사채의 중간형태로서, 회사의 자금조달의 편의를 위하여 인정된 제도이다. 그런데 이익참가부사채는 사채의 내용이 소정이자 이외에 이익배당에도 참가할 수 있으므로, 처음부터 주식으로서의 성질을 갖고 있는 점에서 전환사채나 신주인수권부사채가 장래 주식으로 변할 가능성을 가지고 있는 사채인 점과 구별되고 있다.[2]

(2) 발   행

1) 발행사항의 결정   이익참가부사채도 전환사채나 신주인수권부사채와 같이 「주주배정에 의하여 발행하는 경우」와 「주주 외의 자에 대하여 발행하는 경우」$\binom{\text{제3자배정}}{\text{및 모집}}$로 나누어진다.

⑺ 주주배정에 의하여 발행하는 경우   주주배정에 의하여 이익참가부사채를 발행하는 경우에는 다음의 사항으로서 정관에 규정이 없는 것은 「이사회」가 이를 결정한다. 그러나 정관으로 주주총회에서 이를 결정하도록 정한 경우에는 그러하지 아니하다[3]$\binom{\text{상 469조 3항,}}{\text{상시 21조 1항}}$.

① 이익참가부사채의 총액

② 이익배당참가의 조건 및 내용$\binom{\text{예컨대, 배당률, 배당액의 최}}{\text{대 또는 최소, 배당순서 등}}$

대폭 개정하면서 자본시장육성에 관한 법률을 폐지하고 동 법률에서 존치가 필요한 사항만을 증권거래법에 이관하였다. 따라서 이익참가부사채 및 교환사채를 발행할 수 있는 근거조항이 자본시장육성에 관한 법률 제9조에서 증권거래법 제191조의 4로 이관되었고, 이익참가부사채의 발행절차에 관하여는 동법시행령 제84조의 12에서 규정하였고 교환사채의 발행절차에 관하여는 동법시행령 제84조의 13에서 각각 규정하였다.

그런데 2009년 2월 4일 자본시장과 금융투자업에 관한 법률이 시행됨과 동시에 증권거래법이 폐지되면서 증권거래법상 이익참가부사채 및 교환사채를 발행할 수 있는 근거조항이 자본시장과 금융투자업에 관한 법률 제165조의 11로 이관되고, 이익참가부사채의 발행절차에 관하여는 동법시행령 제176조의 12에서 규정하고 교환사채의 발행절차에 관하여는 동법시행령 제176조의 13에서 각각 규정하였다.

2011년 4월 개정상법에 의하여 이익참가부사채는 상법과 상법시행령에서 규정하게 되었다(상 469조 2항 1호·3항, 상시 21조).

1) 이러한 이익참가부사채의 발행의 적법성에 관하여는 안동섭, "이익참가부사채와 교환사채," 「고시계」, 1992. 11, 123~125면 참조.

2) 동지: 정(희), 618면; 정(동), (회) 578면.

3) 독일 주식법 제221조는 주주총회의 결의(결의시에 출석한 주식의 4분의 3 이상의 다수결)에 의해서만 발행할 수 있고[유럽회사법 제60조 (a)항도 동일함], 종류주식이 발행된 경우에는 종류주주총회의 결의도 요하는 것으로 규정하여, 이익참가부사채의 발행에 신중을 기하도록 하고 있다.

③ 주주에게 이익참가부사채의 인수권을 준다는 뜻과 인수권의 목적인 이익참가부사채의 금액

(나) 주주 외의 자에 대하여 발행하는 경우　　　주주 외의 자에 대하여 이익참가부사채를 발행하는 경우에는 (i) 주주 외의 자에 대하여 발행할 수 있는 이익참가부사채의 가액과, (ii) 이익배당참가의 내용에 관하여, 정관에 규정이 없으면 「주주총회의 특별결의」가 있어야 한다(상 469조 3항, 상시 21조 2항). 이 때에는 주주 외의 자에게 이익참가부사채를 발행한다는 내용의 의안의 요령을 주주총회의 소집에 관한 통지와 공고에 적어야 한다(상 469조 3항, 상시 21조 3항).

2) 발행절차

(가) 이익참가부사채의 발행의 공시　　　사채청약서 · 채권(債券)과 사채원부에 (i) 이익참가부사채의 총액, (ii) 이익배당 참가의 조건 및 내용, (iii) 주주에게 이익참가부사채의 인수권을 준다는 뜻과 인수권의 목적인 이익참가부사채의 금액을 기재하여 공시하여야 한다(상 469조 3항, 상시 25조 1호).

(나) 이익참가부사채의 배정

① 주주배정에 의하여 이익참가부사채를 발행하는 경우

(a) 배정방법　　　이익참가부사채의 인수권을 가진 주주는 그가 가진 주식의 수에 따라 이익참가부사채의 배정을 받을 권리가 있다. 그러나 각 이익참가부사채의 금액 중 최저액에 미달하는 끝수에 대하여는 그러하지 아니하다(상 469조 3항, 상시 21조 4항). 회사는 일정한 날을 정하여 그 날에 주주명부에 기재된 주주가 이익참가부사채의 인수권이 있다는 뜻을 그 날의 2주간 전에 공고하여야 한다. 다만 그 날이 주주명부 폐쇄기간중일 때에는 그 기간의 초일의 2주일 전에 이를 공고하여야 한다(상 469조 3항, 상시 21조 5항).

(b) 실권예고부 청약최고　　　주주가 이익참가부사채의 인수권을 가진 경우에는 회사는 각 주주에 대하여 인수권을 가진 이익참가부사채의 액, 발행가액, 이익참가의 조건과 일정한 기일까지 이익참가부사채의 청약을 하지 아니하면 그 권리를 잃는다는 뜻을 통지하여야 한다(상 469조 3항, 상시 21조 6항). 회사가 무기명식의 주권을 발행한 때에는 위 사항을 공고하여야 한다(상 469조 3항, 상시 21조 7항). 이 통지나 공고는 청약기일의 2주일 전에 하여야 한다(상 469조 3항, 상시 21조 8항). 이익참가부사채의 인수권을 가진 주주가 위의 통지 · 공고에도 불구하고 청약기일까지 이익참가부사채의 인수의 청약을 하지 아니하면 그 인수권을 잃는다(상 469조 3항, 상시 21조 9항).

② 주주 외의 자에 대하여 이익참가부사채를 발행하는 경우　　　주주 외의 자에 대하여 이익참가부사채를 발행하는 경우에는(이에는 모집발행과 제3자배정에 의

한 발행이 있다) 앞에서 본 바와 같이 주주총회의 특별결의가 있어야 하는데, 모집발행의 경우에는 일반사채와 동일한 방법의 모집절차를 밟아 이익참가부사채를 배정하고, 제3자배정의 경우는 제3자에게 소정의 이익참가부사채를 배정한다.

(대) 등 기   회사가 이익참가부사채를 발행하였을 때에는 사채의 납입이 완료된 날부터 2주일 내에 본점소재지에서, 이익참가부사채의 총액·각 이익참가부사채의 금액·각 이익참가부사채의 납입금액·이익배당에 참가할 수 있다는 뜻과 이익배당참가의 조건 및 내용을 등기하여야 한다($^{상 469조 3항,}_{상시 21조 10항}$). 이에 관한 변경등기는 본점소재지에서 2주일 내($^{지점소재지에}_{서는 3주일 내}$)에 하여야 하고($^{상 469조 3항,}_{상시 21조 11항}$), 등기할 사항이 외국에서 생긴 때에는 이 등기기간은 그 통지가 도달한 날부터 기산한다($^{상 469조 3}_{항, 상시 21}$ $^{조}_{12항}$).

(3) 이익배당참가의 내용

이익참가부사채권자는 사채계약에서 정한 비율에 따라 이자를 받을 뿐만 아니라, 회사의 이익배당에도 참가하여 그 배당을 받을 수 있다. 이익배당참가의 내용에 대하여는 상법 및 상법시행령에서 특별히 규정하고 있지 않으므로, 주주배정의 경우에는 원칙적으로 이사회에서 자유롭게 결정되나($^{상 469조 3항, 상}_{시 21조 1항 참조}$), 주주 외의 자에 대하여 발행하는 경우에는 정관에서 정함이 없으면 주주총회의 특별결의에 의하여 결정된다고 본다($^{상 469조 3항, 상}_{시 21조 2항 참조}$). 그러나 성질상 주식배당에는 참가할 수 없다고 본다.[1]

4. 교환사채

(1) 개 념

1) 의 의   교환사채(exchangeable bonds; obligation échangeables contre des action)란 「사채권자에게 당해 발행회사가 소유하고 있는 주식이나 그 밖의 다른 증권과의 교환을 청구할 수 있는 권리가 부여된 사채」를 말한다($^{상 469조 2항 2호·3항,}_{상시 22조 1항 본문}$).[2]

2) 전환사채와의 이동(異同)[3]

(가) 같은 점   교환사채는 발행회사 주식($^{발행회사가 소유하고 있는 주}_{식이나 그 밖의 다른 유가증권}$)으로의 교환

---

1) 동지: 정(동), (회) 579면; 이(기) 외, (회) 495면.
2) 교환사채는 1966년의 프랑스 상사회사법 제200조~제208조가 최초로 규정하였는데(2001년 프랑스 상법 228-91조~228-106조), 우리나라의 경우 당초에는 1987년에 개정된 자본시장육성에 관한 법률 제9조 및 동 시행령 제9조와 제10조에 의하여 법제화되었고, 그 후에는 증권거래법 제191조의 4 및 동 시행령 제84조의 13에서 규정하였으며, 그 후에는 자본시장과 금융투자업에 관한 법률 제165조의 11 및 동 시행령 제176조의 13에서 규정하였는데, 현재는 상법 제469조 2항 2호·3항 및 동 시행령 제22조에서 규정하고 있다.
3) 이에 관하여는 정(희), 621~622면 참조.

청구권이 부여된 점, 이사회의 결의에 의하여 발행되는 점($\substack{상 469조 3항,\\상시 22조 1항}$), 교환사채의 발행에 관하여는 이에 관한 일정한 사항을 사채청약서·채권(債券) 및 사채원부에 기재하여 공시하도록 한 점($\substack{상 469조 3항,\\상시 25조 2호}$) 등은 전환사채의 경우($\substack{상 513조\\2항, 514조}$)와 유사하다.

(내) 다른 점

① 주주 외의 자에게 발행회사의 자기주식으로 교환할 수 있는 사채를 발행하는 경우에 사채를 발행할 상대방에 관하여 정관에 규정이 없으면 이사회의 결의만 있으면 되나($\substack{상 469조 3항,\\상시 22조 2항}$), 전환사채를 주주 외의 자에게 발행하는 경우에는 정관에 규정이 없으면 주주총회의 특별결의가 있어야 한다($\substack{상 513\\조 3항}$).

② 교환사채는 회사가 이미 소유하고 있는 기존주권을 교환사채와 교환하여 교부하는데, 전환사채는 전환에 의하여 회사가 신주를 발행하여 교부한다.

③ 교환사채를 발행한 회사는 교환에 필요한 주식 또는 유가증권을 사채권자의 교환청구가 있는 때 또는 그 사채의 교환청구기간이 끝나는 때까지 한국예탁결제원에 예탁하거나 전자등록법에 의한 전자등록기관에 전자등록을 하여야 하는데($\substack{상 469\\조 3항,\\상시 22\\조 3항}$), 전환사채는 이러한 제한이 없고 전환에 의하여 회사가 신주를 발행하면 된다.

④ 교환사채가 교환할 수 있는 증권은 발행회사가 소유하고 있는 주식이나 그밖의 다른 유가증권이면 무방하나($\substack{즉, 발행회사의 자\\기주식을 포함함}$), 전환사채는 전환으로 인하여 기채회사가 자기의 신주를 발행하여 교부하여야 한다.

(2) 발   행

1) 발행사항의 결정

(개) 주식회사는 이사회의 결의에 의하여 교환사채를 발행할 수 있다($\substack{상 469조 3\\항, 상시 22\\조 1항}$). 이 점은 일반사채의 경우($\substack{상 469\\조 1항}$)와 같다. 그러나 교환사채는 상법이 인정하는 전환사채($\substack{상 513\\조 3항}$)·신주인수권부사채($\substack{상 516조\\의 2 4항}$)의 경우와는 달리 주주배정에 의한 발행이나 주주 외의 자에 대한 발행이 구별되지 않고 원칙적으로 이사회의 결의에 의하는데, 다만 주주 외의 자에게 발행회사의 자기주식으로 교환할 수 있는 사채를 발행하는 경우에 사채를 발행할 상대방에 관하여 정관에 규정이 없으면 이사회가 이를 결정한다($\substack{상시 22\\조 2항}$).[1]

(내) 이사회에서 교환사채의 발행에 관하여 결의할 사항은 (i) 교환할 주식이나 유가증권의 종류 및 내용, (ii) 교환의 조건, (iii) 교환을 청구할 수 있는 기간이다 ($\substack{상 469조 3항,\\상시 22조 1항}$).

---

1) 주주 외의 자에게 발행회사의 자기주식으로 교환할 수 있는 (교환)사채를 이사회의 결의만으로 발행할 수 있도록 하는 것은 기존주주의 이익보호 및 상법 제418조 2항의 취지에서 문제가 있다고 본다.

2) 공 시   사채청약서·채권(債券) 및 사채원부에 위에서 본 이사회의 결의사항의 내용을 기재하여 공시하여야 한다($\frac{상\ 469조\ 3항,}{상시\ 25조\ 2호}$).

3) 발행가액   교환사채의 발행가액에 대하여는 상법 및 상법시행령에 특별한 규정이 없으나, 프랑스법과 같이 교환할 주식의 액면가액 이상이어야 한다고 본다.[1]

(3) 교환의 절차

1) 교환청구는 교환청구기간 내에 청구서 2 통에 사채권(社債券)을 첨부하여 회사에 제출하여야 한다($\frac{상\ 469조\ 3항,}{상시\ 22조\ 4항}$). 교환청구서에는 교환하려는 주식이나 유가증권의 종류 및 내용, 수와 청구연월일을 적고 기명날인 또는 서명하여야 한다($\frac{상\ 469조\ 3}{항,\ 상시\ 22}$$\frac{}{조\ 5항}$). 만일 기채회사(起債會社)가 교환청구기간을 정하지 아니한 경우에는 사채권자는 수시로 교환을 청구할 수 있다고 본다.[2]

2) 교환사채를 발행하는 주식회사는 교환에 필요한 주식 또는 유가증권을 사채권자가 교환청구를 하는 때 또는 그 사채의 교환청구기간이 끝나는 때까지 한국예탁결제원에 예탁하거나 전자등록법에 의한 전자등록기관에 전자등록을 하여야 하는데, 이 경우 한국예탁결제원 또는 전자등록기관은 그 주식 또는 유가증권을 신탁재산임을 표시하여 관리하여야 한다($\frac{상\ 469조\ 3항,}{상시\ 22조\ 3항}$).

5. 상환사채

(1) 의 의

상환사채(redeemable bonds)란 「기채회사(起債會社)가 사채권자에 대하여 그 소유의 주식이나 그 밖의 다른 유가증권으로 상환할 수 있는 사채」라고 볼 수 있다($\frac{상\ 469}{조\ 2항\ 2호,\ 상\ 469조}$$\frac{}{3항,\ 상시\ 23조\ 1항}$). 일반사채의 발행회사는 금전으로 사채의 상환을 하는데, 상환사채의 발행회사는 금전이 아니라 '발행회사 소유의 주식이나 그 밖의 유가증권'으로써 상환할 수 있고 또 이러한 상환은 발행회사의 선택 또는 일정한 조건의 성취나 기한의 도래에 따라 하는 점($\frac{상\ 469조\ 3항,\ 상}{시\ 23조\ 1항\ 3호}$)에 특색이 있다($\frac{교환사채는\ 사채권자가\ 교}{환을\ 청구하는\ 점과\ 구별됨}$).

(2) 발 행

1) 발행사항의 결정   상환사채를 발행하는 경우에는 이사회가 (i) 상환할 주식이나 유가증권의 종류 및 내용, (ii) 상환의 조건, (iii) 회사의 선택 또는 일정한 조건의 성취나 기한의 도래에 따라 주식이나 그 밖의 다른 유가증권으로 상환한다

---

1) 동지: 정(희), 623면.
2) 동지: 정(희), 623면.

는 뜻을 결정하여야 한다.

주주 외의 자에게 발행회사의 자기주식으로 상환할 수 있는 사채를 발행하는 경우에도 사채를 발행할 상대방에 관하여 원칙적으로 이사회의 결의에 의하는데,[1] 다만 정관에 규정이 있으면 그에 의한다($\substack{\text{상 469조 3항,}\\\text{상시 23조 2항}}$).

2) 상환사채 발행의 공시　　상환사채를 발행하는 경우에는 사채청약서, 채권(債券), 사채원부에 위의 이사회의 결의사항을 기재하여 공시하여야 한다($\substack{\text{상 469조 3}\\\text{항, 상시 25}\\\text{조}\\\text{3호}}$).

(3) 상환의 절차

일정한 조건의 성취나 기한의 도래에 따라 상환할 수 있는 경우에는, 상환사채를 발행하는 회사는 조건이 성취되는 때 또는 기한이 도래하는 때까지 상환에 필요한 주식 또는 유가증권을 한국예탁결제원에 예탁하거나 전자등록기관에 전자등록을 하여야 하는데, 이 경우 한국예탁결제원 또는 전자등록기관은 그 주식 또는 유가증권을 신탁재산임을 표시하여 관리하여야 한다($\substack{\text{상 469조 3항,}\\\text{상시 23조 3항}}$).

제 2　특별법상의 특수사채

1. 담보부사채

(1) 의　　의

담보부사채(mortgage bond; obligation hypothécaries)란 「사채권을 담보하기 위하여 물상담보가 붙어 있는 사채」를 말한다. 사채발행의 경우에 기채회사(起債會社)가 각 사채권자에 대하여 개별적으로 담보권을 설정하는 것은 실제로 불가능하므로, 신탁의 법리에 의하여 수탁회사를 통하여 집단적 담보권을 설정할 수 있게 하는 담보부사채신탁법이 제정되었는데($\substack{\text{1962. 1. 10. 법 991호, 개}\\\text{정: 2021. 4. 20. 법 18120호}}$), 보통 담보부사채라 함은 이 법에 의하여 담보권이 설정된 사채를 말한다.

담보부사채는 물상담보가 붙여진 사채로서, (보통 수탁회사인 금융기관의) 인적 담보가 붙여진 「보증사채」(guaranteed obligations)와 구별된다.

(2) 신탁계약

1) 담보부사채신탁법에 의하면 사채에 대하여 물상담보권을 설정하고자 하는 경우에는 사채발행회사(기채회사)를 위탁회사로 하고, 자본시장과 금융투자업에 관한 법률에 의한 신탁업자 또는 은행법에 의한 은행으로서 금융위원회에 등록한 자를 수탁회사(신탁업

---

[1] 주주 외의 자에게 발행회사의 자기주식으로 상환할 수 있는 (상환)사채를 이사회의 결의만으로 발행할 수 있도록 하는 것은, 기존주주의 이익보호 및 상법 제418조 2항의 취지에서 문제가 있다고 본다.

자)로 하여(동법 5조), 양자간의 신탁계약에 의하여 사채를 발행하여야 한다(동법 3조). 이 때 수탁회사는 신탁증서에 총사채를 위하여 물상담보권을 취득하는 동시에(동법 60 조 1항) 이 담보권을 총사채권자를 위하여 보존하고 또 실행하여야 할 의무를 부담하므로(동법 60 조 2항), 사채권자는 수익자로서 그 담보의 이익을 채권액에 비례하여 평등하게 받는다(동법 61조).

2) 담보부사채에 관한 신탁계약은 법정요건을 기재한 신탁증서(trust indenture)에 의하여 체결되는데(동법 12 조 이하), 이러한 담보권은 다음과 같은 중요한 특징이 있다. 즉, (i) 신탁계약에 의한 물상담보가 사채(주채무) 성립 이전에도 그 효력이 발생하는 점(동법 62조), (ii) 담보권의 주체(수탁회사)와 채권의 주체(사채권자)가 상이한 점(동법 60조), (iii) 수탁회사가 신탁계약의 당사자가 아닌 사채권자에 대하여 선량한 관리자의 주의로써 신탁사무를 처리하여야 하는 의무를 부담하는 점(동법 59조), (iv) 사채에 붙일 수 있는 물상담보의 종류가 제한되어 있는 점(동법 4조) 등이다.

⑶ **물상담보의 종류**

신탁계약에 의하여 설정할 수 있는 물상담보의 종류는, (i) 동산질, (ii) 증서 있는 채권질, (iii) 주식질(상법 제542조의 2에 따른 상장회사가 아닌 회사가 발행한 주식을 물상 담보의 목적으로 하고자 할 때에는 금융위원회의 인가를 받아야 한다), (iv) 부동산저당이나 그 밖에 법령이 인정하는 각종의 저당(예컨대, 선박저당·공장저당·광업 저당·자동차저당·비행기저당 등), (v) 그 밖에 재산적 가치가 있는 것으로서 대통령령으로 정하는 담보권에 한정된다[1](동법 4조). 이러한 담보권은 총사채를 위하여 수탁회사에 귀속된다(동법 60조).

⑷ **담보부사채의 발행**

1) 기채회사(起債會社)는 동일담보권으로서 담보된 사채의 총액을 수 회로 분할하여 발행할 수 있다. 이 때 발행되는 각 회의 사채는 그 담보권에 대하여 동일순위에 있게 된다(동법 14조, 15조, 17조 2항, 60조). 다만 이 경우에 그 최종회의 발행은 신탁증서 작성일부터 5년 이내에 하여야 한다(동법 26조). 이것은 신주발행에 있어서 수권자본제도와 유사한 것으로,[2] 미국법상의 개방적 담보제도(open-end mortgage)를 도입한 것이다.[3]

이에 반하여 동일담보권으로서 담보된 사채의 총액을 일시에 발행하도록 하는 제도를 폐쇄적 담보제도(closed-end mortgage)라고 하는데, 사채발행액이 소액인 경우를 제외하고는 거의 이용되지 않는다.[4]

2) 기채회사(起債會社)가 담보부사채를 모집하는 경우에는 사채청약서(상 474조) 대신에 공고(동법 17조)에 의하고 있다.

⑸ **수탁회사**

1) 수탁회사의 자격은 앞에서 본 바와 같이 자본시장과 금융투자업에 관한 법률에 의

---

1) 외국에서는 기채회사의 총재산을 일괄하여 담보하는 부동(浮動)담보(floating charge) 내지 기업담보를 인정하고 있다(일본의 담보부사채신탁법 4조 14호 등 참조).
2) 정(동), (회) 563면.
3) 정(희), 604면; 정(동), (회) 563면.
4) 정(동), (회) 563면.

한 신탁업자 또는 은행법에 의한 은행으로서($\substack{동법 5 \\ 조 2항}$), 금융위원회에 등록하여야 한다($\substack{동법 5 \\ 조 1항}$).

2) 수탁회사는 앞에서 본 바와 같이 물상담보권의 귀속자로서($\substack{동법 60 \\ 조 1항}$), 총사채권자를 위하여 담보권을 보존·실행하여야 하는 업무($\substack{동법 60 \\ 조 2항}$) 외에, 다음과 같은 권한을 갖는다. 수탁회사는 위탁회사를 위하여 담보부사채의 모집에 관한 업무를 수행할 수 있고($\substack{동법 18 \\ 조, 19조}$), 사채권자집회를 소집하고 그 결의를 집행할 수 있으며($\substack{동법 41조 \\ 54조 본문}$), 담보권을 실행·강제집행할 수 있고($\substack{동법 71 \\ 조, 72조}$), 채권의 변제를 받음에 필요한 모든 업무($\substack{동법 \\ 73조}$) 등을 수행할 권한을 갖는다.

(6) 사채권자집회

담보부사채신탁법 제6장($\substack{41조~ \\ 58조}$)은 담보부사채의 사채권자집회에 대하여 상세하게 규정하고 있는데, 일반사채의 사채권자집회($\substack{상 490조~ \\ 512조}$)와 비교하여 특히 차이가 큰 점은 다음과 같다.

1) **결의사항**   일반사채의 경우는 상법에서 규정하고 있는 사항 및 사채권자의 이해관계가 있는 사항에 관하여 결의할 수 있는데($\substack{상 \\ 490조}$), 담보부사채의 경우는 담보부사채신탁법에 규정된 것 외에는 따로 신탁계약에 정한 것에 한하여 결의할 수 있다($\substack{담보사 \\ 51조}$).

2) **결의요건**   일반사채의 경우는 원칙적으로 주주총회의 특별결의요건($\substack{상 495 \\ 조 1항}$)과 같으나($\substack{상 495 \\ 조 1항}$), 담보부사채의 경우는 원칙적으로 행사된 의결권의 과반수($\substack{보통 \\ 결의}$)로써 결의한다($\substack{담보사 45 \\ 조 1항 본문}$).

3) **결의효력**   일반사채의 경우는 원칙적으로 법원의 인가를 받음으로써 그 효력이 생기나($\substack{상 498조 \\ 1항 본문}$), 담보부사채의 경우는 법원의 인가를 요하지 않고 결의의 절차 등에 하자가 있는 경우에는 위탁회사·수탁회사 또는 각 사채권자가 그 결의의 무효를 법원에 청구할 수 있다($\substack{담보사 \\ 50조}$).

2. 파생결합사채

(1) 총   설

2011년 4월 개정상법은 사채의 발행을 탄력적으로 운용할 수 있도록 하기 위하여, 종래에 특별법에 의하여 발행할 수 있도록 한 이익참가부사채($\substack{상 469조 \\ 2항 1호}$)·교환사채 및 상환사채($\substack{상 469조 \\ 2항 2호}$)를 상법에 의하여 발행할 수 있도록 한 것뿐만 아니라, 파생결합사채($\substack{상 469조 \\ 2항 3호}$)도 발행할 수 있는 근거규정을 두었다. 그런데 파생결합사채는 상법에 그 근거규정이 있다고 하여도 현실적으로는 자본시장과 금융투자업에 관한 법률이 정하는 내용과 절차에 따라 발행되므로, 실제로는 특별법상의 특수사채로 볼 수 있다.

(2) 상법상 파생결합사채

파생결합사채란 「유가증권이나 통화 또는 그 밖에 대통령령으로 정하는 자산이나 지표 등의 변동과 연계하여 미리 정하여진 방법에 따라 상환 또는 지급금액이 결정되는 사채」이다($^{상 469조 2항}_{3호, 상시 24조}$). 이 때 "대통령령으로 정하는 자산이나 지표"란 자본시장과 금융투자업에 관한 법률 제4조 10항에 따른 기초자산의 가격·이자율·지표·단위 또는 이를 기초로 하는 지수를 말한다($^{상 469조 3항,}_{상시 20조}$). 상법상 파생결합사채는 자본시장과 금융투자업에 관한 법률상 파생결합증권을 전제로 하여 상법(회사법)상 발행근거를 둔 것으로 두 개념이 유사하기는 하나 완전히 일치한다고 볼 수는 없다.[1] 또한 파생결합사채와 상환사채를 조합한 신종사채도 발행이 가능하다.[2]

주식회사가 파생결합사채를 발행하는 경우에는 이사회가 (i) 상환 또는 지급 금액을 결정하는 데 연계할 유가증권이나 통화 또는 그 밖의 자산이나 지표, (ii) 위 (i)의 자산이나 지표와 연계하여 상환 또는 지급 금액을 결정하는 방법을 결정한다($^{상 469조 3항,}_{상시 24조}$). 또한 사채청약서, 채권(債券) 및 사채원부에는 이러한 이사회의 결의사항을 기재하여 공시하여야 한다($^{상 469조 3항,}_{상시 25조 4호}$).

(3) 자본시장과 금융투자업에 관한 법률상 파생상품

자본시장과 금융투자업에 관한 법률에서는 파생상품을 "(i) 기초자산이나 기초자산의 가격·이자율·지표·단위 또는 이를 기초로 하는 지수 등에 의하여 산출된 금전 등을 장래의 특정 시점에 인도할 것을 약정하는 계약상의 권리, (ii) 당사자 어느 한쪽의 의사표시에 의하여 기초자산이나 기초자산의 가격·이자율·지표·단위 또는 이를 기초로 하는 지수 등에 의하여 산출된 금전 등을 수수하는 거래를 성립시킬 수 있는 권리를 부여하는 것을 약정하는 계약상의 권리, (iii) 장래의 일정기간 동안 미리 정한 가격으로 기초자산이나 기초자산의 가격·이자율·지표·단위 또는 이를 기초로 하는 지수 등에 의하여 산출된 금전 등을 교환할 것을 약정하는 계약상의 권리, 또는 (iv) (i)부터 (iii)까지의 규정에 따른 계약과 유사한 것으로서 대통령령으로 정하는 계약상의 권리"라고 정의하고 있다($^{다만, 해당 금융투}_{자상품의 유통 가능성, 계약 당사자, 발행 사유 등을 고려하여 증권으로 규제하는}$ $^{)(자금 5}_{것이 타당한 것으로서 대통령령으로 정하는 금융투자상품은 그러하지 아니하다}$ $^{)(자금 5}_{조 1항}$). 이러한 파생상품에는 장내파생상품과 장외파생상품이 있는데, 장내파생상품이란 "파생상품시장에서 거래되는 파생상품, 해외 파생상품시장($^{파생상품시장과 유사한 시장으로서 해외에 있는 시장과 대통령}_{령으로 정하는 해외 파생상품거래가 이루어지는 시장을 말한다}$)에서 거래되는 파생상품, 또는 그 밖에 금융투자상품시장을 개설하여 운영하는 자가 정하는 기준과 방법에 따라 금융투자상품시장에서 거래되는 파생상품"을 말하고($^{자금 5}_{조 2항}$), 장외파생상품이란 "파생상품으로서 장내파생상품이 아닌 것"을 말한다($^{자금 5}_{조 3항}$).

자본시장과 금융투자업에 관한 법률에서는 파생상품거래에 대하여 많은 규제를 하고

---

1) 해설(2012), 360면. 이에 관한 상세는 정재은, "파생결합사채의 발행과 관련된 법률문제 연구,"「예탁결제」(한국예탁결제원), 제90호(2014－2분기), 3~38면(특히 11~14면) 참조(워런트증권은 자본시장법상 파생결합증권에 해당하나 상법상 파생결합사채에는 해당하지 않고, 원금보장형 파생결합증권은 상법상 파생결합사채에 해당하나 자본시장법상 채무증권에 해당하는 점에서, 양자의 범위가 일치하지 않는다고 한다).
2) 해설(2012), 360면.

있다.[1]

3. 조건부자본증권

(1) 총 설

1) 의의 및 종류 조건부자본증권이란 「사채의 발행 당시 객관적이고 합리적인 기준에 따라 미리 정하는 사유가 발생하는 경우 주식으로 전환되거나 그 사채의 상환과 이자지급 의무가 감면된다는 조건이 붙은 사채」를 말한다(자금 165조의 11 1항). 따라서 조건부자본증권에는 주식으로 전환되는 조건이 붙은 사채인 「전환형(출자전환형) 조건부자본증권」(자금 165조의 11 2항, 자금시 176조의 12)과 사채의 상환과 이자지급의무가 감면된다는 조건이 붙은 사채인 「상각형(채무조정형) 조건부자본증권」(자금 165조의 11 2항, 자금시 176조의 13)이 있다.

2) 도입배경 이러한 조건부자본증권은 기업의 재무건전성 유지와 다양한 자금조달수단을 기업에 제공한다는 차원에서 2013년 5월 28일 개정된 자본시장과 금융투자업에 관한 법률에서 도입되었다(자금 165조의 11, 자금시 176조의 12~176조의 13). 조건부자본증권은 금융안정위원회(FSB)와 바젤금융감독위원회(BCBS)에서 금융회사의 자본규제 강화방안의 일환으로 2010년 12월 바젤Ⅲ에서 그 도입이 논의된 것인데, 바젤Ⅲ는 은행 등 금융기관이 독자생존이 불가능한 상황에서 공적 자금 투입 이전에 '자본증권은 이에 상각 또는 보통주로 전환되는 조건이 부가된 경우에만 자기자본으로 인정이 가능하다'고 규정하였다. 따라서 금융기관은 조건부자본증권을 활용하는 경우 외부 제3자가 아닌 주주 또는 채권자에 의한 구제금융이 가능하게 된다.[2] 조건부자본증권은 이러한 바젤Ⅲ에 의하여 금융회사의 자본규제 및 강화방안의 일환으로 도입된 점과 우리 은행법에서는 2016년 3월 29일 개정에서(시행: 2016. 8. 1.) 비로소 도입된 점(은행 33조~33조의 4, 은행시 19조~19조의 2)에서 볼 때, 우리나라에서 자본시장과 금융투자업에 관한 법률이 아니라 은행법에서 먼저 규정하였어야 한다고 본다.

3) 법적 성질 이러한 조건부자본증권은 상법이 정한 방법과 절차에 의하지 아니한 신주발행 내지는 주식으로의 전환이거나(전환형 조건부 자본증권의 경우)[3] 또는 원금상환성이 결여되어(상각형 조건부 자본증권의 경우), 상법상 사채라고 볼 수 없다. 자본시장과 금융투자업에 관한 법률에서도 조건부자본증권은 「상법 제469조 2항, 제513조 및 제516조의 2에 따른 사채와 다른 종류의 사채」라고 규정하고 있다(자금 165조의 11 1항 전단).

4) 상법상 다른 특수사채와의 구별 조건부자본증권은 '미리 정한 일정한 사

---

1) 이에 관한 상세는 박철우, "파생상품거래의 규제에 관한 연구," 법학석사학위논문(고려대, 2010. 8); 동, "파생상품거래와 투자자보호의 법리에 관한 연구," 법학박사학위논문(고려대, 2017. 2); 동, 「파생상품거래와 투자자보호의 법리 — 국내외 법제·판례 및 이슬람 파생상품 분석 —」(서울: 세창출판사, 2017) 참조.

2) 유춘화, "자본시장법 개정에 즈음하여," 「예탁결제」(한국예탁결제원), 제87호(2013년 3분기), 53~54면. 이에 관한 상세는 양기진, "은행에서의 조건부자본증권 도입에 관한 연구(자본시장법 개정안의 논의를 중심으로)," 「금융법연구」(한국금융법학회), 제9권 제1호(2012), 257면 이하.

3) 동지: 대판 2007. 2. 22, 2005 다 73020.

유'에 의하여 주식으로 전환되거나 상환이나 이자지급의무가 감면되는 점에서, 전환권이 사채권자에게 있는 전환사채($^{상}_{515조}$)와 다르고, 교환권이 사채권자에게 있는 교환사채($^{상 469조}_{2항 2호,}$ $^{상시 22}_{조 1항}$)와 다르며, 또한 상환권이 기채회사에 있는 상환사채($^{상 469조 2항 2}_{호, 상시 23조 1항}$)와 구별된다.[1] 또한 사채권자($^{또는 신주인수권증}_{권의 정당한 소지인}$)에게 신주인수권이 부여된 신주인수권부사채($^{상 516}_{조의 9}$)와도 구별된다. 조건부자본증권에서 '미리 정한 일정한 사유'가 '유가증권이나 통화 또는 그 밖에 대통령령으로 정하는 자산이나 지표 등의 변동'과 연계되어 있으면 조건부자본증권이 파생결합사채에 포함될 수 있는 것으로 볼 수 있는 여지도 있으나,[2] 일반적으로 이와 연계되지 않을 뿐만 아니라 또한 조건부자본증권은 발행회사의 주식으로 전환되거나 사채의 상환과 이자지급의무가 감면되는 것이지 사채의 상환이나 지급금액이 결정된다고 볼 수 없으므로 조건부자본증권은 파생결합사채와 구별되는데, 자본시장과 금융투자업에 관한 법률도 이 점을 분명히 규정하고 있다($^{자금 165조의 11 1}_{항 전단, 4조 7항 3호}$).

(2) 전환형 조건부자본증권의 발행 및 주식으로의 전환

1) 전환형 조건부자본증권의 발행

(가) 정관 등의 규정　　전환형 조건부자본증권을 발행하기 위하여는 주권상장법인의 정관에 (i) 전환형 조건부자본증권을 발행할 수 있다는 뜻, (ii) 전환형 조건부자본증권의 총액, (iii) 전환의 조건, (iv) 전환으로 인하여 발행할 주식의 종류와 내용, (v) 주주에게 전환형 조건부자본증권의 인수권을 준다는 뜻과 인수권의 목적인 전환형 조건부자본증권의 액 및 (vi) 주주 외의 자에게 전환형 조건부자본증권을 발행하는 것과 이에 대하여 발행할 전환형 조건부자본증권의 액에 관한 사항이 규정되어야 한다($^{자금 165조의 11 2항,}_{자금시 176조의 12 1항}$).

또한 전환형 조건부자본증권의 사채청약서 및 사채원부에는 (i) 조건부자본증권을 주식으로 전환할 수 있다는 뜻, (ii) 전환사유 및 전환의 조건 및 (iii) 전환으로 인하여 발행할 주식의 종류와 내용을 적어야 한다($^{자금 165조의 11 2항,}_{자금시 176조의 12 4항}$).

(나) 발행방법　　전환형 조건부자본증권은 전자등록의 방법으로 발행하여야 한다($^{자금 165조의 11 2항,}_{자금시 176조의 12 3항}$). 이는 신속한 권리관계의 확정을 위하여 전자등록발행을 의무화한 것이다.

(다) 등　　기　　전환형 조건부자본증권을 발행한 경우에는 상법 제476조에 따른 납입이 완료된 날부터 2주일 이내에 본점소재지에서 (i) 전환형 조건부자본증권의 총액, (ii) 각 전환형 조건부자본증권의 금액, (iii) 각 전환형 조건부자본증권의 납입금액, (iv) 사채청약서 및 사채원부에 전환형 조건부자본증권에 관하여 기재한 사항을 등기하여야 한다($^{자금 165조의 11 2항,}_{자금시 176조의 12 6항}$).

(라) 신주발행에 관한 규정 등의 준용　　전환형 조건부자본증권의 발행에 관하여

1) 이에 관한 상세는 양기진, 전게논문(금융법연구 제9권 제1호), 264~265면.
2) 양기진, 상게논문, 265~266면(자기자본이익률 또는 자기자본비율의 하락은 기초자산으로서의 성질을 배제할 수 없다. 조건부자본증권은 그 성질상 전환사채적 성격과 파생결합증권적 성격을 일정 부분 갖고 있다고 볼 수 있다).

는 상법 및 자본시장과 금융투자업에 관한 법률상 신주발행 및 전환주식에 관한 규정이 준용된다(자금 165조의 10 1항, 165조의 11 1항, 자금시 176조의 12 7항). 그 밖에 전환형 조건부자본증권의 발행 및 유통 등에 관하여 필요한 세부사항은 금융위원회가 정하여 고시한다(자금 165조의 11 2항, 자금시 176조의 12 8항).

2) 전환형 조건부자본증권에서 주식으로의 전환

(가) 주식전환사유　　　전환형 조건부자본증권을 발행하는 경우 그 조건부자본증권 의 주식전환사유는 (i) 적정한 방법에 의하여 산출 또는 관찰이 가능한 가격·지표·단 위·지수로 표시되는 것이거나 「금융산업의 구조개선에 관한 법률」 제10조 제 1항에 따른 적기시정조치 등의 사건(이하 "사유 등"이라 함)이어야 하고, (ii) 전환형 조건부자본증권의 발행과 관련 하여 이해관계를 가지는 자의 통상적인 노력으로 변동되거나 발생할 가능성이 현저히 낮 은 사유 등으로서 금융위원회가 정하여 고시하는 요건에 부합하여야 하며, (iii) 사유 등이 금융위원회가 정하여 고시하는 기준과 방법에 따라 증권시장 등을 통하여 충분히 공 시·공표될 수 있어야 한다(자금 165조의 11 2항, 자금시 176조의 12 2항).

(나) 주식전환 효력발생시기　　　전환형 조건부자본증권의 주식전환은 전환사유가 발생한 날부터 제3영업일이 되는 날에 그 효력이 발생한다(자금 165조의 11 2항, 자금시 176조의 12 5항).

(다) 전환주식에 관한 규정 등의 준용　　　전환형 조건부자본증권의 주식으로의 전 환에 관하여는 상법의 전환주식에 관한 규정 등을 준용한다(자금 165조의 11 2항, 자금시 176조의 12 7항 후단). 그 밖 에 전환사유 발생에 따른 전환형 조건부자본증권의 주식으로의 전환가격 등에 관하여 필 요한 세부사항은 금융위원회가 정하여 고시한다(자금 165조의 11 2항, 자금시 176조의 12 8항).

(3) 상각형 조건부자본증권의 발행 및 채무재조정

1) 상각형 조건부자본증권의 발행

(가) 정관 등의 규정　　　상각형 조건부자본증권을 발행하기 위하여는 주권상장법인 의 정관에 (i) 상각형 조건부자본증권을 발행할 수 있다는 뜻, (ii) 상각형 조건부자본증권 의 총액, (iii) 사채의 상환과 이자지급의무가 감면(이하 "채무재조정"이라 함)되는 조건 및 (iv) 채무재조 정으로 인하여 변경될 상각형 조건부자본증권의 내용에 관한 사항이 규정되어야 한다(자금 165조의 11 2항, 자금시 176조의 13 1항).

또한 상각형 조건부자본증권의 사채청약서 및 사채원부에는 (i) 상각형 조건부자본증 권에 대한 채무재조정이 발생할 수 있다는 뜻, (ii) 채무재조정 사유 및 채무재조정의 조건 및 (iii) 채무재조정으로 인하여 변경될 상각형 조건부자본증권의 내용을 적어야 한다(자금 165조 의 11 2항, 자금 시 176조의 13 2항).

(나) 발행방법　　　상각형 조건부자본증권도 전환형 조건부자본증권과 같이 전자등 록의 방법으로 발행하여야 한다(자금 165조의 11 2항, 자금시 176조의 13 4항 후단).

2) 상각형 조건부자본증권의 채무재조정

(가) 채무재조정 사유　　　전환형 조건부자본증권의 주식전환사유와 같다(자금 165조의 11 2항,

자금시 176조의 13 4항).
전단·176조의 12 2항).

㈏ 채무재조정 효력발생시기   상각형 조건부자본증권의 채무재조정은 채무재조정 사유가 발생한 날부터 제3영업일이 되는 날에 그 효력이 발생한다(자금 165조의 11 2항, 자금시 176조의 13 3항).

4. 전자증권

(1) 총   설

2016년 3월 22일 「주식·사채 등의 전자등록에 관한 법률」(이하 '전자등록법'으로 약칭함)이 제정되고 (법률 제 14096호) 2019년 6월 25일 「주식·사채 등의 전자등록에 관한 법률 시행령」(이하 '전자등록법시행령'으로 약칭함)이 제정됨(대통령령 제29892호)에 따라 동법은 2019년 9월 16일부터 시행되고 있다. 이로 인하여 상법상의 유가증권뿐만 아니라 자본시장법상 증권에 대하여도 전자등록을 할 수 있게 되었고, 또한 전자등록법은 전자등록기관 등의 지정·감독과 전자등록의 절차·방법·효과 등에 관하여 규정함으로써(상 356조의 2 4항 참조), 동법의 시행에 의하여 주식등을 실제로 전자등록할 수 있게 되었다.[1)]

이와 같이 모든 (유가)증권에 대하여 전자등록을 할 수 있게 함에 따라 그동안 일부의 (유가)증권에 대하여 (전자)등록을 할 수 있도록 한 특별법인 「공사채등록법」과 「전자단기사채 등의 발행 및 유통에 관한 법률」은 폐지하고(전등 부칙 2조), 또한 이에 관한 많은 경과규정을 두고 있다(전등 부칙 5조~ 7조, 9조, 11조).

전자등록법은 공포 후 4년을 넘지 아니하는 범위에서 대통령령(전자등록법시행령, 대통령령 제29892호)으로 정하는 날(2019년 9월 16일, 전등시 부칙 1조)부터 시행한다(전등 부칙 1조). 전자등록 주식등에 관하여는 다른 법률에 특별한 규정이 있는 경우를 제외하고는 전자등록법이 적용되므로(전등 3조), 상법 등 다른 법률이 우선 적용된다고 볼 수 있다.

전자등록법은 제1장 총칙, 제2장 제도운영기관(전자등록기관 및 계좌관리기관), 제3장 계좌의 개설 등, 제4장 전자등록, 제5장 전자등록주식등에 대한 권리 행사, 제6장 전자등록의 안전성 확보, 제7장 검사 및 감독, 제8장 단기사채등에 대한 특례, 제9장 보칙, 제10장 벌칙, 부칙으로 구성되어 있다. 이하에서 주요내용을 간단히 소개한다.

(2) 전자등록의 적용대상

자본시장법상 증권에는 채무증권·지분증권·수익증권·투자계약증권·파생결합증권 및 증권예탁증권이 있는데(자금 4조 2항), 전자등록법에서는 투자계약증권을 제외한 증권이 표창하는 권리를 대부분 전자등록의 적용대상으로 명시적으로 열거하여 규정하고 있다. 즉,

---

1) 이 법률의 내용 소개 및 문제점에 관하여는 정찬형, "전자증권제도 도입에 따른 관련 제도의 정비·개선," 「예탁결제」(한국예탁결제원), 제100호(2017. 3), 7~80면; 맹수석, "전자증권제도의 시행과 법적 쟁점의 검토," 「경영법률」(한국경영법률학회), 제28집 제4호(2018. 7), 1~35면 등 참조.

전자등록법상 전자등록의 적용대상이 되는 사채·국채·지방채·특수채·이중상환청구권부채권·주택저당증권 또는 학자금대출증권에 표시되어야 할 권리(전등 2조 1. 나.~ 마., 자., 차.)는 자본시장법상 채무증권에 해당하고, 전자증권법상 주식·신주인수권증서 또는 신주인수권증권에 표시되어야 할 권리 및 자산유동화증권에 표시될 수 있거나 표시되어야 할 권리(전등 2조 1. 가.. 바., 카.)는 자본시장법상 지분증권에 해당하며, 전자등록법상 (발행)신탁의 수익권 및 투자신탁의 수익권(전등 2조 1. 사.~아.)은 자본시장법상 수익증권에 해당하고, 전자등록법상 파생결합증권에 표시될 수 있거나 표시되어야 할 권리로서 대통령령으로 정하는 권리(증권 및 장외파생상품에 대한 투자매매업의 인가를 받은 금융투자업자가 발행하는 일정한 파생상품, 신주인수권증서, 신주인수권증권상의 권리 등)(전등 2조 1. 타., 전등시 2조 1항)는 자본시장법상 파생결합증권에 해당하고, 전자등록법상 증권예탁증권에 표시될 수 있거나 표시되어야 할 권리로서 대통령령으로 정하는 권리(증권예탁증권 중 국내에서 발행되는 것에 표시될 수 있거나 표시되어야 할 권리)(전등 2조 1. 파., 전등시 2조 2항)는 자본시장법상 증권예탁증권에 해당한다. 전자등록법은 이 외에 "외국법인 등이 국내에서 발행하는 증권 또는 증서에 표시될 수 있거나 표시되어야 할 권리로서 지분증권·채무증권·수익증권 및 파생결합증권이 표창하는 권리"를 전자등록의 적용대상으로 하고 있다(전등 2조 1. 하.). 또한 전자등록법은 향후 신종 금융상품의 출현 등에 대비하여 대통령령에 의하여 전자등록대상을 열거할 수 있도록(양도성예금증서, 조건부 자본증권상의 권리 등) 위임규정을 두고 있다(전등 2조 1. 거., 전등시 2조 3항).

(3) 제도운영기관

1) 전자등록기관 전자등록업을 하려는 자는 전자등록의 대상이 되는 주식등의 범위를 구성요소로 하여 대통령령으로 정하는 업무 단위(전자등록법시행령 별표 1에 따른 전자등록업 허가업무 단위)(이하 "전자등록업 허가업무 단위"라 함)의 전부 또는 일부를 선택하여 금융위원회 및 법무부장관으로부터 하나의 전자등록업허가를 받아야 한다(전등 5조 1항, 전등시 3조 1항). 전자등록업의 허가를 받으려는 자는 주식회사이어야 하고, 100억원 이상으로서 전자등록업 허가업무 단위별로 대통령령으로 정하는 금액(전자등록법시행령 별표 1에 따른 전자등록업 허가업무 단위별 최저 자기자본 금액) 이상의 자기자본을 갖추어야 하며, 사업계획이 타당하고 건전할 것 등의 요건을 갖추어야 하는데(전등 5조 2항, 전등시 3조 2항.. 3항), 허가요건에 관한 구체적인 사항은 대통령령으로 정한다(전등 5조 3항, 전등시 3조 3항~8항). 그런데 전자등록법 공포 후 6개월이 경과한 날 당시 예탁결제원은 동법 제5조 1항에 따라 전자등록기관의 허가를 받은 것으로 본다(부칙 8조 1항).

전자등록기관은 주식등의 전자등록에 관한 업무, 발행인관리계좌·고객관리계좌 및 계좌관리기관 등 자기계좌의 개설·폐지 및 관리에 관한 업무, 발행인관리계좌부·고객관리계좌부 및 계좌관리기관 등 자기계좌부의 작성 및 관리에 관한 업무, 외국 전자등록기관과의 약정에 따라 설정한 계좌를 통하여 하는 주식등의 전자등록에 관한 업무, 소유자명세(전등 37조)의 작성에 관한 업무, 전자등록주식등에 대한 권리행사의 대행에 관한 업무, 주식등의 전자등록 및 관리를 위한 정보통신망의 운영에 관한 업무, 전자등록주식등의 발행내용의 공개에 관한 업무 및 그 밖에 금융위원회로부터 승인을 받은 업무를 수행한다(전등 14조 1항).

전자등록기관은 주식등의 전자등록과 전자등록주식등의 관리를 위하여 전자등록업무 규정을 제정하여 금융위원회의 승인을 받아야 하는데, 이 경우 금융위원회는 그 승인을 할 때에 미리 법무부장관과 협의하여야 한다(전등 15조 1항).

2) 계좌관리기관　　　고객(투자자) 소유 주식등의 관리를 담당하는 기관이 계좌관리기관인데, 이러한 계좌관리기관이 될 수 있는 자는 자본시장법상 증권에 관한 투자매매업자 또는 투자중개업자·집합투자재산을 보관·관리하는 신탁업자, 은행법에 따라 인가를 받아 설립된 은행 또는 은행으로 보는 자·은행법 제5조에서 은행으로 보는 신용사업부문·농협은행·한국산업은행·중소기업은행, 한국은행, 보험회사, 외국전자등록기관, 명의개서대행회사, 법령에 따른 업무를 하기 위하여 고객계좌를 관리할 필요가 있는 자로서 대통령령으로 정하는 자(한국자산관리공사, 정리금융회사 등) 및 그 밖에 업무의 성격 등을 고려하여 대통령령으로 정하는 자(증권금융회사, 종합금융회사, 여신전문금융회사, 한국수출입은행, 상호저축은행 및 동 중앙회, 수산업협동조합 및 동 중앙회, 수협은행, 농업협동조합 및 동 중앙회, 신용협동조합 및 동 중앙회, 새마을금고 및 동 중앙회, 체신관서, 전자등록기관 등)이다(전등 19조, 전등시 11조).

계좌관리기관은 고객계좌부에 따른 주식등의 전자등록에 관한 업무, 고객계좌의 개설·폐지 및 관리에 관한 업무, 고객계좌부의 작성 및 관리에 관한 업무 및 위의 업무에 부수하는 업무를 수행한다(전등 20조 1항).

(4) 계좌의 개설 등

1) 전자등록기관에 계좌의 개설　　　주식등을 전자등록의 방법으로 새로 발행하려는 자, 이미 주권(株券)·그 밖에 대통령령으로 정하는 증권 또는 증서(비상장 채권(債券), 비상장 유동화증권 또는 기명식 수익증권)(이하 "주권등"이라 함)가 발행된 주식등의 권리자에게 전자등록의 방법으로 주식등을 보유하게 하거나 취득하게 하려는 자 및 그 밖에 이에 준하는 자로서 대통령령으로 정하는 자(국내에서 주권을 새로 발행하려는 외국법인등, 이미 국내에서 주권을 발행한 자로서 해당 주권의 권리자에게 전자등록의 방법으로 주식을 보유하게 하거나 취득하게 하려는 외국법인등)는 전자등록기관에 「발행인관리계좌」를 개설하여야 한다(전등 21조 1항, 전등시 12조 1항·2항). 발행인관리계좌가 개설된 경우 전자등록기관은 발행인의 명칭 및 사업자등록번호·그 밖에 발행인을 식별할 수 있는 정보로서 대통령령으로 정하는 정보(발행인의 법인등록번호 또는 고유번호, 발행인의 본점과 지점·그 밖의 영업소의 소재지, 발행인의 설립연월일·업종 및 대표자의 성명·그 밖에 이에 준하는 정보), 전자등록주식등의 종류·종목 및 종목별 수량 또는 금액 등을 기록하여 발행인별로 「발행인관리계좌부」를 작성하여야 한다(전등 21조 2항, 전등시 12조 3항·4항).

계좌관리기관은 고객계좌부에 전자등록된 전자등록주식등의 총수량 또는 총금액을 관리하기 위하여 전자등록기관에 「고객관리계좌」를 개설하여야 하고(전등 22조 3항), 전자등록기관은 이에 일정한 사항을 기록하여 계좌관리기관별로 「고객관리계좌부」를 작성하여야 한다(전등 22조 4항).

계좌관리기관, 법률에 따라 설립된 기금, 그 밖에 전자등록기관에 주식등을 전자등록할 필요가 있는 자로서 대통령령이 정하는 자(법률에 따라 설립된 기금을 관리·운용하는 법인 등)(이하 "계좌관리기관등"이라 함)가 전자등록주식등의 권리자가 되려는 경우에는 전자등록기관에 「계좌관리기관등 자기계좌」를 개설할 수 있다(전등 23조 1항, 전등시 16조).

2) 계좌관리기관에 계좌의 개설　　전자등록주식등의 권리자가 되려는 자는 계좌관리기관에 「고객계좌」를 개설하여야 한다(간접등록방식)($\frac{전등\ 22}{조\ 1항}$). 고객계좌가 개설된 경우 계좌관리기관은 권리자의 성명 또는 명칭 및 주소, 발행인의 명칭, 전자등록주식등의 종류·종목 및 종목별 수량 또는 금액, 전자등록주식등에 질권이 설정되거나 신탁재산이거나 또는 처분이 제한되는 경우에는 그에 관한 사항 등을 전자등록하여 권리자별로 「고객계좌부」를 작성하여야 한다($\frac{전등\ 22}{조\ 2항}$).

(5) 주식등의 전자등록

1) 전자등록의 유형 및 절차

⑺ 신청주의(원칙)　　　주식등의 전자등록은 발행인이나 권리자의 신청 또는 관공서의 촉탁에 따라 한다($\frac{전등\ 24조}{1항\ 본문}$). 주식등의 전자등록은 전자등록법에 다른 규정이 없으면 발행인이나 권리자 단독으로 신청하고($\frac{전등\ 24}{조\ 2항}$), 관공서의 촉탁에 따라 전자등록을 하는 경우에 대해서는 신청에 따른 전자등록에 관한 규정을 준용한다($\frac{전등\ 24}{조\ 3항}$).

① 발행인은 전자등록의 방법으로 주식등을 새로 발행하려는 경우 또는 이미 주권등이 발행된 주식등을 권리자에게 보유하게 하거나 취득하게 하려는 경우 전자등록기관에 주식등의 신규 전자등록을 신청할 수 있다(임의전자등록)($\frac{전등\ 25조}{1항\ 본문}$).

그러나 증권시장에 상장하는 주식등이거나 투자신탁의 수익권 또는 투자회사의 주식등에 대해서는 발행인은 전자등록기관에 신규 전자등록을 신청하여야 한다(의무전자등록)($\frac{전등\ 25조}{1항\ 단서}$).

전자등록기관은 새로 발행되는 주식등의 신규 전자등록을 할 때 신청내용을 발행인관리계좌부에 기록하고, 신청내용 중 전자등록기관에 전자등록될 사항은 계좌관리기관등 자기계좌부에 전자등록하고, 신청내용 중 계좌관리기관에 전자등록될 사항은 고객관리계좌부에 기록하고 지체 없이 그 신청내용과 관련된 각각의 권리자가 고객계좌를 개설한 계좌관리기관에 통지하고 계좌관리기관은 지체 없이 그 통지내용에 따라 전자등록될 사항을 고객계좌부에 전자등록하여야 한다($\frac{전등}{26조}$).

② 발행인이 이미 주권등이 발행된 주식등의 신규 전자등록을 신청하는 경우에는 신규 전자등록을 하려는 날($\frac{이하\ "기준}{일"이라\ 함}$)의 직전 영업일을 말일로 1개월 이상의 기간을 정하여 기준일부터 주권등이 그 효력을 잃는다는 뜻, 권리자는 기준일의 직전 영업일까지 발행인에게 주식등이 전자등록되는 고객계좌 또는 계좌관리기관등 자기계좌($\frac{이하\ "전자등}{록계좌"라\ 함}$)를 통지하고 주권등을 제출하여야 한다는 뜻 및 발행인은 기준일의 직전 영업일에 주주명부등에 기재된 권리자를 기준으로 전자등록기관에 신규 전자등록의 신청을 한다는 뜻을 공고하고, 주주명부 그 밖에 대통령령으로 정하는 장부($\frac{국채법·국고금\ 관리법\ 또는\ 한국은행\ 통화안정증권법}{에\ 따른\ 등록부,\ 사채원부·신탁사채원부,\ 신탁법에\ 따}$른 수익)($\frac{이하\ "주주명}{부등"이라\ 함}$)에 권리자로 기재되어 있는 자에게 그 사항을 통지하여야 한다($\frac{전등\ 27조\ 1}{항,\ 전등시}$ $\frac{22조}{1항}$).

발행인은 이미 주권등이 발행된 주식등을 전자등록하는 경우 신규 전자등록을 신청하기 전에 전자등록계좌를 통지하지 아니하거나 주권등을 제출하지 아니한 주식등의 소유자 또는 질권자를 위하여 명의개서대행회사 그 밖에 대통령령으로 정하는 기관($\frac{전자등}{록기관}$)(이하 "명의개서대행회사등"이라 함)에 기준일의 직전 영업일을 기준으로 주주명부등에 기재된 주식등의 소유자 또는 질권자를 명의자로 하는 전자등록계좌($\frac{이하 "특별}{계좌"라 함}$)를 개설하여야 한다($\frac{전등 29조 1}{항, 전등시 24}$ 조 1항).

(내) 예   외   전자등록법에 다른 규정이 있는 경우에는 전자등록기관 또는 계좌관리기관이 직권으로 전자등록을 할 수 있다($\frac{전등 24조}{1항 단서}$).

2) 전자등록의 효력

(가) 발행인은 전자등록주식등에 대해서는 증권 또는 증서를 발행해서는 아니 되고($\frac{전등 36}{조 1항}$), 이에 위반하여 발행된 증권 또는 증서는 효력이 없다($\frac{전등 36}{조 2항}$). 또한 이미 주권등이 발행된 주식등이 신규 전자등록된 경우 그 전자등록주식등에 대한 주권등은 기준일부터 그 효력을 잃는다($\frac{전등 36조}{3항 본문}$).

(나) 전자등록주식등의 양도($\frac{상속·합병 등 포}{괄승계를 포함함}$)를 위하여 계좌간 대체를 하려는 자는 해당 전자등록주식등이 전자등록된 전자등록기관 또는 계좌관리기관에 계좌간 대체의 전자등록을 신청하여야 하고($\frac{전등 30}{조 1항}$), 이러한 전자등록 신청을 받은 전자등록기관 또는 계좌관리기관은 지체 없이 전자등록계좌부에 해당 전자등록주식등의 계좌간 대체의 전자등록을 하여야 한다($\frac{전등 30}{조 2항}$).

전자등록주식등에 질권을 설정하거나 말소하려는 경우($\frac{전등}{31조}$) 및 전자등록주식등에 대하여 신탁재산이라는 사실을 표시하거나 그 표시를 말소하려는 경우($\frac{전등}{32조}$)에도 같다.

전자등록주식등을 양도하는 경우에는 이와 같이 계좌간 대체의 전자등록을 하여야 그 효력이 발생한다($\frac{전등 35}{조 2항}$). 전자등록주식등의 질권 설정 및 신탁의 경우에도 같다($\frac{전등 35}{조 3}$ 항·4항).

(다) 전자등록계좌부에 전자등록된 자는 해당 전자등록주식등에 대하여 전자등록된 권리를 적법하게 가지는 것으로 추정한다($\frac{전등 35}{조 1항}$). 선의(善意)로 중대한 과실 없이 전자등록계좌부의 권리 내용을 신뢰하고 소유자 또는 질권자로 전자등록된 자는 해당 전자등록주식등에 대한 권리를 적법하게 취득한다($\frac{전등 35}{조 5항}$).

(라) 원리금·상환금 지급 등으로 인한 전자등록주식등에 관한 권리의 전부 또는 일부의 소멸, 발행인이 회사의 정관변경 등으로 인한 전자등록주식등의 주권등으로의 전환, 발행인인 회사의 합병 및 분할($\frac{분할합병}{을 포함함}$), 발행인인 회사의 전자등록된 주식의 병합·분할·소각 또는 액면주식과 무액면주식간의 전환 또는 그 밖에 주식등에 대한 권리가 변경되거나 소멸되는 경우로서 대통령령으로 정하는 사유($\frac{발행인이 해산·청산된 경우, 법원의 판결·결}{정·명령이 있는 경우, 채권자가 전자등록주식등}$에 관한 채무면제의 의사표시를 한 경우, 투자신탁 또는 투자회사의 합병이 있는 경우 등)로 신규 전자등록을 변경하거나 말소하려는 자는 해당 전자등록주식등이 전자등록된 전자등록기관 또는 계좌관리기관에 신규 전자등록의 변경·말소의 전자등록을 신청하여야 하고($\frac{전등 33조 1항,}{전등시 28조 1항}$), 이러한 전자등록 신청을 받은 전자

등록기관 또는 계좌관리기관은 지체 없이 전자등록주식등에 관한 권리내용을 변경하거나 말소하는 전자등록을 하여야 한다(전등 33조 2항).

(6) 전자등록주식등에 대한 권리행사

1) 소유자명세

전자등록주식등으로서 기명식 주식등의 발행인은 상법 제354조(주주명부의 폐쇄, 기준일) 제1항에 따라 일정한 날을 정한 경우에는 전자등록기관에 그 일정한 날을 기준으로 해당 주식등의 소유자의 성명 및 주소, 소유자가 가진 주식등의 종류·종목·수량 등을 기록한 명세(이하 "소유자명세"라 함)의 작성을 요청하여야 한다(의무요청)(전등 37조 1항 본문). 또한 발행인이 법령 또는 법원의 결정 등에 따라 해당 전자등록주식등의 소유자를 파악하여야 할 경우 등에는 전자등록기관에 소유자명세의 작성을 요청할 수 있다(임의요청)(전등 37조 2항).

전자등록기관은 발행인으로부터 이러한 요청을 받은 경우에는 소유자명세를 작성하여 그 주식등의 발행인에게 지체 없이 통지하여야 하는데, 이 경우 전자등록기관은 계좌관리기관에 소유자명세의 작성에 필요한 사항의 통보를 요청할 수 있으며 그 요청을 받은 계좌관리기관은 그 사항을 지체 없이 전자등록기관에 통보하여야 한다(전등 37조 4항).

발행인은 전자등록기관으로부터 이러한 통지를 받은 경우 통지받은 사항과 통지 연월일을 기재하여 주주명부등을 작성·비치하여야 한다(전등 37조 6항 본문).

전자등록주식등의 신규 전자등록이 말소된 경우에는 전자등록기관은 신규 전자등록이 말소된 날을 기준으로 해당 주식등의 소유자명세를 작성하여 발행인에게 지체 없이 통지하여야 한다(전등 37조 7항).

2) 소유자증명서

전자등록기관은 전자등록주식등의 소유자가 자신의 권리를 행사하기 위하여 해당 전자등록주식등의 전자등록을 증명하는 문서(이하 "소유자증명서"라 함)의 발행을 신청하는 경우에는 대통령령으로 정하는 방법(1. 전자등록기관에 전자등록된 주식등의 소유자증명서: 계좌관리기관등 자기계좌부에 따라 증명 내용을 작성할 것, 2. 계좌관리기관에 전자등록된 주식등의 소유자증명서: 해당 계좌관리기관이 전자등록기관에 통지한 고객계좌부에 따라 증명 내용을 작성할 것)에 따라 발행하여야 하는데, 이 경우 계좌관리기관에 고객계좌를 개설한 전자등록주식등의 소유자는 해당 계좌관리기관을 통하여 신청하여야 한다(전등 39조 1항, 전등시 33조 1항·2항).

전자등록기관이 이러한 소유자증명서를 발행하였을 때에는 발행인, 그 밖에 대통령령으로 정하는 자(소유자가 전자등록주식등에 대한 권리를 행사하기 위해 법원에 신청 또는 청구를 하거나 소송을 제기하려는 경우 해당 법원을 말한다)(이하 "발행인등"이라 함)에게 그 사실을 지체 없이 통지하여야 한다(전등 39조 3항, 전등시 33조 4항). 전자등록기관이 이와 같이 소유자증명서를 발행한 경우 해당 전자등록주식등이 전자등록된 전자등록기관 또는 계좌관리기관은 이러한 전자등록주식등의 처분을 제한하는 전자등록을 하여야 하며, 그 소유자증명서가 반환된 때에는 그 처분을 제한하는 전자등록을 말소하여야 한다(전등 39조 4항).

전자등록주식등의 소유자가 소유자증명서를 발행인이나 그 밖에 대통령령으로 정하는 자(신청·청구 또는 소송을 제기하려는 경우 해당 법원, 사채관리회사 등)에게 제출한 경우에는 그 자에 대하여 소유자로서의 권리를 행사할 수 있다(전등 39조 5항, 전등시 33조 6항).

3) 소유 내용의 통지

전자등록기관은 전자등록주식등의 소유자로부터 자신의

전자등록주식등에 대한 소유 내용을 발행인등에게 통지하여 줄 것을 신청 받아 그 내용을 통지한 경우에는($^{전등\ 40}_{조\ 1항}$), 전자등록주식등의 소유자는 이와 같이 통지된 내용에 대하여 해당 전자등록주식등의 발행인등에게 소유자로서의 권리를 행사할 수 있다($^{전등\ 40}_{조\ 4항}$).

4) **권리 내용의 열람 등**　　　전자등록기관 또는 계좌관리기관은 해당 기관에 전자등록계좌를 개설한 전자등록주식등의 권리자가 자신의 권리 내용을 주식등의 전자등록 및 관리를 위한 정보통신망 등을 통하여 열람 또는 출력·복사할 수 있도록 하여야 한다($^{전등\ 41}_{조\ 1항}$).

또한 전자등록기관은 발행인관리계좌를 개설한 발행인이 자신의 발행 내용을 정보통신망 등을 통하여 열람 또는 출력·복사할 수 있도록 하여야 한다($^{전등\ 41}_{조\ 2항}$).

5) **전자등록기관을 통한 권리 행사**　　　전자등록주식등의 권리자는 전자등록주식등에 대한 권리($^{배당금·원리금·상}_{환금\ 등의\ 수령\ 등}$)를 (직접 행사할 수 있으나) 전자등록기관을 통하여 행사할 수 있다($^{전등\ 38}_{조\ 1항}$). 전자등록기관을 통하여 권리를 행사하려는 전자등록주식등의 권리자는 전자등록기관을 통하여 권리를 행사한다는 뜻과 권리 행사의 내용을 구체적으로 밝혀 전자등록기관에 신청하여야 한다($^{전등\ 38조}_{2항\ 1문}$).

전자등록주식등의 발행인은 전자등록기관을 통한 권리 행사를 위하여 대통령령으로 정하는 사항($^{전자등록주식등의\ 종류\ 및\ 발행회차,\ 전자등록주식등의\ 권리의\ 종류·발생사}_{유·내용\ 및\ 권리행사\ 일정과\ 발행조건이\ 변경된\ 경우에는\ 그\ 변경\ 내역\ 등}$)을 지체 없이 전자등록기관에 통지하여야 한다($^{전등\ 38조\ 3항,}_{전등시\ 32조\ 1항}$).

(7) **전자등록의 안전성 확보**

1) **초과분에 대한 해소 의무 등**　　　계좌관리기관은 고객계좌부에 전자등록된 주식등의 종목별 총수량 또는 총금액이 고객관리계좌부에 기록된 전자등록주식등의 종목별 총수량 또는 총금액을 초과하는 경우에는 대통령령으로 정하는 바에 따라($^{초과분이\ 발생한\ 경}_{우에는\ 고객계좌를}$ $_{말소하는\ 전자등록을\ 해야\ 한다}^{확인하여\ 지체\ 없이\ 그\ 초과분을}$) 지체 없이 그 초과분을 해소하여야 한다($^{전등\ 42조\ 1항,}_{전등시\ 35조\ 1항}$). 또한 전자등록기관은 계좌관리기관등 자기계좌부에 전자등록된 주식등의 종목별 총수량 또는 총금액과 고객관리계좌부에 기록된 전자등록주식등의 종목별 총수량 또는 총금액의 합이 발행인관리계좌부에 기록된 전자등록주식등의 종목별 총수량 또는 총금액을 초과하는 경우에는 대통령령으로 정하는 바에 따라($^{계좌관리기관등\ 자기계좌\ 또는\ 고객관리계좌를\ 확인하여}_{지체\ 없이\ 그\ 초과분을\ 말소하는\ 전자등록을\ 해야\ 한다}$) 지체 없이 그 초과분을 해소하여야 한다($^{전등\ 42조\ 2항,}_{전등시\ 35조\ 2항}$).

초과분에 해당하는 전자등록주식등의 권리자로 전자등록된 자로서 대통령령으로 정하는 자($^{1.\ 초과분\ 선의취득자가\ 없는\ 경우:\ 초과분의\ 권리자로\ 전자등록된\ 자,\ 2.\ 초}_{과분\ 선의취득자가\ 있는\ 경우:\ 초과\ 전자등록\ 종목의\ 권리자로\ 전자등록된\ 자}$)는 대통령령으로 정하는 바에 따라($^{발행인에게\ 권리를\ 주장할\ 수\ 없는\ 수량\ 또는\ 금액은\ 다음과\ 같다.\ 1.\ 초과분\ 선의취득자가\ 없는\ 경우:}_{전자등록법\ 제42조\ 제1항에\ 따른\ 초과분\ 중\ 각\ 권리자로\ 전자등록된\ 자의\ 고객계좌부에\ 전자등록된\ 수}$ $_{등록된\ 초과\ 전자등록\ 종목의\ 수량\ 또는\ 금액/해당\ 계좌관리기관의\ 고객계좌부\ 전체에\ 전자등록된\ 초과\ 전자등록\ 종목}^{량\ 또는\ 금액,\ 2.\ 초과분\ 선의취득자가\ 있는\ 경우:\ 초과분\ 중\ 선의취득된\ 수량\ 또는\ 금액×각\ 권리자의\ 고객계좌부에\ 전자}$ $_{또는\ 총금액}^{의\ 총수량}$) 산정된 수량 또는 금액에 대한 권리를 발행인에게 주장할 수 없다($^{전등\ 43조\ 1항·2}_{항,\ 전등시\ 36}$ $^{조\ 1}_{항·2항}$).

2) **전자등록의 안정성 확보**　　　누구든지 전자등록기관 또는 계좌관리기관의 주

식등의 전자등록 및 관리를 위한 정보통신망($^{정보처리장}_{치를 포함함}$)에 거짓 정보 또는 부정한 명령을 입력하거나 권한 없이 정보를 입력·변경해서는 아니 된다($^{전등 44}_{조 1항}$). 또한 누구든지 전자등록기관 또는 계좌관리기관에 보관된 전자등록정보 또는 기록정보를 멸실하거나 훼손해서는 아니 되고($^{전등 44}_{조 2항}$), 누구든지 정당한 접근권한 없이 또는 허용된 접근권한을 초과하여 전자등록기관 또는 계좌관리기관의 주식등의 전자등록 및 관리를 위한 정보통신망에 침입해서는 아니 된다($^{전등 44}_{조 3항}$).

(8) 기　　타

1) 단기사채등에 대한 특례　　「전자단기사채 등의 발행 및 유통에 관한 법률」($^{이하 '단기사채}_{법'이라 약칭함}$)이 폐지됨에 따라($^{전등 부칙}_{2조 2항}$) 동법상 상법 특례조항을 전자등록법에 이관하였다. 특례조항에서 전자단기사채의 발행요건은 단기사채법과 같이 규정하고 있는데($^{전등 59}_{조, 전단}$ $^{2조}_{1호}$), 그 명칭을 '전자단기사채등'에서 '단기사채등'으로 변경하였고($^{전등 59}_{조~61조}$), 상법 특례조항으로는 단기사채등에 대하여 사채원부 작성 의무를 면제하였으며($^{전등}_{60조}$), 사채권자집회에 관한 규정의 적용을 배제하였다($^{전등}_{61조}$).

2) 국채등에 대한 한국은행에 관한 특례　　한국은행은 국고채권·재정증권 또는 통화안정증권($^{이하 '국채등}_{이라 약칭함}$)의 소유자가 되려는 자가 국채등의 발행을 청구하는 경우에는 그 소유자가 되려는 자의 신청으로 이들을 갈음하여 전자등록기관을 명의인으로 하는 국채등의 등록을 할 수 있고($^{전등 72}_{조 1항}$), 이에 따라 전자등록기관의 명의로 등록된 국채등이 전자등록법에 따라 소유자의 명의로 전자등록될 수 있도록 한국은행의 등록내용을 전자등록기관에 통지하여야 한다($^{전등 72조}_{2항 1문}$). 이 경우 전자등록법상 주식등의 신규 전자등록($^{전등}_{25조}$) 및 새로 발행되는 주식등의 신규 전자등록에 따른 조치($^{전등}_{26조}$)의 규정을 준용한다($^{전등}_{72조 2}$ $^{항}_{2문}$).

3) 상법 및 은행법 등 관련 규정의 개정　　상법 제65조 제2항 전단 중 "제1항의 유가증권"을 "제1항의 유가증권으로서 그 권리의 발생·변경·소멸을 전자등록하는 데에 적합한 유가증권"으로 개정하고($^{전등 부칙 10}_{조 1항 1문}$), 동 제356조의 2 제4항을 "전자등록의 절차·방법 및 효과, 전자등록기관에 대한 감독, 그 밖에 주식의 전자등록 등에 필요한 사항은 따로 법률로 정한다"로 개정하였다($^{전등 부칙 10}_{조 1항 2문}$).

은행법을 개정하여 사채등의 소유자·질권자·그 밖의 이해관계자는 해당 사채등을 발행하는 은행에 각각 그 권리를 등록할 수 있는데, 사채등의 소유자는 언제든지 발행은행에 사채등의 등록을 말소하고 사채등이 표시된 증권이나 증서의 발행을 청구할 수 있다($^{전등 부칙}_{10조 2항}$).

제9절 조직변경·합병 및 분할

제1 조직변경

회사의 조직변경에 관하여는 이미 회사법 통칙에서 설명하였으나, 이 곳에서는 주식회사에 관하여만 좀더 상세히 살펴본다.

1) 주식회사는「유한회사」또는「유한책임회사」로 조직변경을 할 수 있는데, 다만 유한회사 또는 유한책임회사는 사채발행을 하지 못하므로 주식회사가「사채의 상환」을 완료하지 않은 경우에는 유한회사 또는 유한책임회사로 조직변경을 하지 못한다($^{상\ 604조\ 1항,}_{287조의\ 44}$).

2) 주식회사의 유한회사 또는 유한책임회사로의 조직변경에는「총주주의 일치(동의)에 의한 총회의 결의」가 필요한데($^{상\ 604조\ 1항,}_{287조의\ 43\ 1항}$), 이 결의에서는 정관 기타 조직변경에 필요한 사항을 정하여야 한다($^{상\ 604조\ 3항,}_{287조의\ 44}$). 이 때 변경 후의 유한회사 또는 유한책임회사의 자본금의 총액은 변경 전의 주식회사에 현존하는 순재산액보다 많게 하지 못한다($^{자본금\ 충}_{실의\ 원칙}$)($^{상\ 604조\ 2항,}_{287조의\ 44}$). 만일 조직변경 후의 유한회사 또는 유한책임회사에 현존하는 순재산액이 그 자본금에 부족한 때에는 조직변경결의 당시의 이사·집행임원[1]과 주주가 연대하여 그 부족액을 지급할 책임이 있다($^{상\ 605조\ 1항,}_{287조의\ 44}$). 주주의 이 책임은 면제될 수 없고, 이사·집행임원의 이 책임은 총사원의 동의에 의하여 면제될 수 있다($^{상\ 605조\ 2항·287조의\ 44,\ 550}_{조\ 2항,\ 551조\ 2항·3항\ 참조}$).

3) 조직변경에는 위의 절차 외에「채권자보호의 절차」를 요한다($^{상\ 608조·232}_{조,\ 287조의\ 44}$).

4) 조직변경에서 위의 절차가 종료하면 본점소재지에서는 2주간 내, 지점소재지에서는 3주간 내에 주식회사에 있어서는「해산등기」, 유한회사 또는 유한책임회사에 있어서는「설립등기」를 하여야 한다($^{상\ 606조,}_{287조의\ 44}$). 이 등기에 의하여 조직변경의 효력이 생긴다.[2] 이 때 종전의 주식을 목적으로 하는 질권은 그 주식을 갖고 있는 주주가 취득하는 유한회사 또는 유한책임회사의 지분 및 조직변경시의 수령금 위에 물상대위한다($^{상\ 604조\ 4항·287}_{조의\ 44,\ 601조}$).

---

1) 집행임원 설치회사의 경우에는 이사 대신에 집행임원이 이러한 책임을 부담하여야 할 것으로 본다. 따라서 2011년 4월 개정상법이 상법 제605조 1항에서 '집행임원'을 추가하지 않은 것은 입법의 미비라고 본다.
2) 동지: 정(희), 624면.

제 2 합 병

1. 총 설

회사의 합병에 관하여는 이미 회사법 통칙에서 설명하였으나, 이 곳에서는 주식회사에 특유한 것만을 좀더 상세히 설명한다.

(1) 주식회사는 원칙적으로 다른 어떠한 회사와도 합병할 수 있다($\substack{상\,174 \\ 조\,1항}$). 그러나 예외적으로 합병을 하는 회사의 일방 또는 쌍방이 주식회사·유한회사 또는 유한책임회사인 경우에는 존속회사 또는 신설회사는 주식회사·유한회사 또는 유한책임회사이어야 하고($\substack{상\,174 \\ 조\,2항}$), 해산한 주식회사는 존립중의 회사를 존속회사로 하는 경우에 한하여 합병할 수 있다($\substack{상\,174 \\ 조\,3항}$).

(2) 주식회사가 유한회사와 합병하는 경우에 존속회사 또는 신설회사가 유한회사이면 특별한 절차가 필요 없으나, 주식회사이면 합병은 법원의 인가를 얻어야 합병의 효력이 생긴다($\substack{상\,600 \\ 조\,1항}$).[1] 상법이 이와 같이 규정한 것은 합병의 수단에 의하여 주식회사의 설립과 증자에 관한 엄격한 감독규정을 탈법할 우려가 있고, 또 주주의 책임은 유한회사의 사원의 책임($\substack{상\,550조. \\ 551조\,참조}$)과 같은 전보책임이 없기 때문이다.[2] 또 주식회사가 사채의 상환을 완료하지 않고 유한회사와 합병하는 경우에는 존속회사나 신설회사는 유한회사가 될 수 없다($\substack{상\,600 \\ 조\,2항}$).

2. 합병계약의 내용

상법은 주식회사가 합병을 하는 경우 합병계약의 내용을 명백히 하여 사후 분쟁을 방지하기 위하여 합병계약에 요식주의를 채택하고($\substack{상\,523조. \\ 524조}$), 또한 합병계약서 등을 공시하도록 하였다($\substack{상\,522 \\ 조의\,2}$). 상법이 규정하고 있는 합병계약서의 기재사항은 다음과 같다.

(1) 흡수합병의 합병계약서의 기재사항($\substack{상\,523조}$)

1) 존속하는 회사가 합병으로 인하여 그 발행할 주식의 총수를 증가하는 때에는 그 증가할 주식의 총수·종류와 수 흡수합병의 경우 존속회사는 보통 신주를 발행하여 소멸회사의 주주에게 배정하여야 하는데, 이 신주발행이 정관에서 정한

---

1) 주식회사와 유한책임회사가 합병하여 존속회사 또는 신설회사가 유한책임회사가 되는 경우에도 2011년 4월 개정상법 제287조의 41에서 상법 제600조를 준용하는 규정을 두어야 할 것으로 본다.
2) 동지: 정(희), 625면.

수권주식총수($\frac{상 289조}{1항 3호}$)의 범위 내이면 그 미발행주식의 부분에서 발행하면 되나, 그 범위를 초과하면 수권주식총수를 적어도 그 이상으로 증가하여야 한다. 이 때 이것을 합병계약서에서 규정하고 합병승인을 위한 주주총회의 특별결의를 받으면, 그러한 정관변경에 대하여 별도로 주주총회의 특별결의를 받을 필요는 없다.[1]

그러나 교부금합병($\frac{상 523}{조 4호}$)의 경우, 존속회사가 소멸회사의 주식을 100% 소유하는 경우, 존속회사가 소멸회사의 주주에게 배정할 충분한 자기주식을 보유하는 경우 등에는 무증자합병이 가능하다.[2]

2) 존속하는 회사의 자본금 또는 준비금이 증가하는 경우에는 증가할 자본금 또는 준비금에 관한 사항   존속하는 회사의 자본금이 증가하는 경우는 존속하는 회사가 합병대가로 교부할 신주를 발행하는 경우에 해당하고, 존속하는 회사의 준비금이 증가하는 경우는 소멸하는 회사의 준비금의 승계($\frac{상 459}{조 2항}$) 또는 합병차익 발생 등으로 인한 자본준비금으로 적립($\frac{상 459}{조 1항}$) 등의 경우에 해당한다.

존속회사가 소멸회사로부터 승계하는 것은 소멸회사의 순재산이므로($\frac{상 360조의}{7, 360조의}$ $\frac{18}{참조}$), 합병당사회사의 자본금이나 준비금의 합계가 존속회사의 자본금이나 준비금의 합계가 되는 것은 아니다. 왜냐하면 존속회사가 소멸회사의 전 재산을 승계하는 것으로 하면 소멸회사에 결손이 있는 경우에는 자본금 충실의 원칙에 반하기 때문이다. 따라서 존속회사의 증가되는 자본금 및 준비금의 기준이 되는 것은 원칙적으로 소멸회사의 순재산의 가액이나,[3] 자본시장과 금융투자업에 관한 법률 및 동 시행령이 적용되는 흡수합병의 경우에는 (예외적으로) 존속회사의 증가할 자본금이 반드시 소멸회사의 순재산가액의 범위 내로 제한된다고 할 수 없다[4]$\left(\begin{smallmatrix}그 이유는 주권상장법인 \\ 은 합병가액을 최근 중\end{smallmatrix}\right.$

1) 동지: 정(동), (회) 816면.
2) 동지: 송(옥), 1240면.
3) 동지: 정(회), 626면.
   반대: 송(옥), 1239면(정책적으로는 존속회사의 증가하는 자본금은 소멸회사의 순자산가액으로 제한하지 않는 것이 타당하다고 한다).
4) 대판 2008. 1. 10, 2007 다 64136(공보 2008, 199)(상법 제523조 제2호가 흡수합병계약서의 절대적 기재사항으로 '존속하는 회사의 증가할 자본'을 규정한 것은 원칙적으로 자본충실을 도모하기 위하여 존속회사의 증가할 자본〈즉, 소멸회사의 주주들에게 배정·교부할 합병신주의 액면총액〉이 소멸회사의 순자산가액 범위 내로 제한되어야 한다는 취지라고 볼 여지가 있기는 하나, 합병당사자의 전부 또는 일방이 주권상장법인인 경우 그 합병가액 및 합병비율의 산정에 있어서는 증권거래법〈2009. 2. 4.부터는 자본시장과 금융투자업에 관한 법률〉과 그 시행령 등이 특별법으로서 일반법인 상법에 우선하여 적용되고, 증권거래법 시행령 제84조의 7〈현 자본시장과 금융투자업에 관한 법률시행령 176조의 5〉 소정의 합병가액 산정기준에 의하면 주권상장법인은 합병가액을 최근 유가증권시장에서의 거래가격을 기준으로 재정경제부〈현 금융위원회〉령이 정하는 방법에 따라 산정한 가격에 의하므로 경우에 따라 주당 자산가치를 상회하는 가격이 합병가액으로 산정될 수 있고, 주권비상장법인도 합병가액을 자산가치·수익가치 및 상대가치를 종합하여 산정한 가격에 의하는 이상 역시 주당 자산가치를 상회하는 가격이 합병가액으로 산정될 수 있으므

권시장에서의 거래가격을 기준으로 금융위원회가
정하는 방법으로 산정한 가격으로 하기 때문이다). 그러나 소멸회사의 이익준비금 기타 법정준비
금은 존속회사가 이를 그대로 승계할 수 있다(상 459
조 2항).

3) 존속회사가 합병을 하면서 신주를 발행하거나 자기주식을 이전하는 경우에는
발행하는 신주 또는 이전하는 자기주식의 총수 · 종류와 수 및 합병으로 인하여 소멸
하는 회사의 주주에 대한 신주의 배정 또는 자기주식의 이전에 관한 사항   이
는 합병조건의 중심이 되는 사항으로 소멸회사의 주주가 받을 주식의 내용 및 배정
비율에 관한 것이다.[1]

이 때 '합병으로 인하여 소멸하는 회사의 주주에 대한 신주의 배정에 관한 사
항'의 핵심적인 내용은 합병비율인데, 이는 공정하여야 하고, 현저하게 불공정한 합
병비율을 정한 합병계약은 신의성실의 원칙이나 공평의 원칙 등에 비추어 무효이다.[2]

4) 존속회사가 합병으로 인하여 소멸회사의 주주에게 배정할 신주의 전부 또
는 일부로서 제공할 금전이나 그 밖의 재산(합병교부금이나 합병교부물)을 정한 때에
는 그 내용 및 배정에 관한 사항   합병교부금에 대하여 2011년 4월 개정상법
이전에는 금전으로써만 지급하도록 하고 또한 이는 신주배정비율의 조정 및 이익배
당의 조정에 필요한 경우에만 인정되는 것으로 보았으나,[3] 2011년 4월 개정상법에
서는 합병대가를 유연화하여 기업의 경영합리화를 위한 기업구조조정을 보다 용이
하게 할 수 있도록 하기 위하여 소멸회사의 주주에게 배정할 신주의 전부에 대하여
도 합병교부금 또는 합병교부물을 제공할 수 있도록 하였고(현금〈현물〉지급합병 또는
교부금〈물〉합병) 또한 소멸회사의 주주에 대하여는 금전(합병교부금)뿐만 아니라 「그
밖의 재산」을 제공할 수 있는 것으로(합병교부물) 하였다.[4] 2011년 개정상법상 이와

로, 결국 소멸회사가 주권상장법인이든 주권비상장법인이든 어느 경우나 존속회사가 발행할 합병
신주의 액면총액이 소멸회사의 순자산가액을 초과할 수 있게 된다. 따라서 증권거래법〈2009. 2.
4.부터는 자본시장과 금융투자업에 관한 법률〉 및 그 시행령이 적용되는 흡수합병의 경우에는 존
속회사의 증가할 자본액이 반드시 소멸회사의 순자산가액의 범위 내로 제한된다고 할 수 없다).
1) 이에 관한 상세는 정(동), (회) 818~820면; 김희준, "상장법인 간 합병에 적용되는 합병비율
산정방식 검토 — 삼성물산과 제일모직의 합병사례를 중심으로 —,"「상사법연구」(한국상사법학
회), 제34권 제3호(2015. 11), 331~366면(상장법인 간 합병에 원칙적 주가기준방식을 유지하는
것에 찬성하면서, 개선방안 중에서 하나를 택해야 한다면 경영상의 판단에 맡기는 방법에 찬성한
다고 한다. 즉, 현행 자본시장법 규정을 삭제하여 일반 상장회사의 합병비율은 사적 자치에 맡기
고, 대규모 기업집단 내 계열사 간 합병비율만을 별도로 규정하는 방식이 차선책이 될 것이라고
한다).
2) 대판 2008. 1. 10, 2007 다 64136 참조.
3) 동지: 정(희), 626면; 정(동), (회) 821~822면.
4) 2011년 4월 개정상법은 소수주주를 배제하는 방법으로 지배주주에 의한 소수주식의 강제매수
(상 360조의 24)와 현금(현물)지급합병(상 523조 4호)을 인정하였는데, 이는 현금(현물)지급합병
에 의하여 소수주주를 배제하는 방법이다.

같은 합병대가의 유연화는 회사의 조직변경을 용이하게 할 수 있는 점은 있으나, 소멸회사의 소수주주의 보호 및 소멸회사의 주주평등의 원칙과 관련하여서는 문제가 있다고 본다.

또한 이 경우 소멸하는 회사의 주주에게 제공하는 재산이 존속하는 회사의 모회사 주식을 포함하는 경우에는 존속하는 회사는 상법 제342조의 2에도 불구하고 모회사의 주식을 취득할 수 있다($\substack{상\ 523 \\ 조의\ 2}$). 이는 2011년 4월 개정상법에서 신설된 것으로 상법 제523조 제4호와 함께 삼각합병(triangular merger)($\substack{대상회사를\ 직접\ 흡수합병하지\ 않 \\ 고\ 자회사를\ 통하여\ 대상회사를\ 흡 \\ 수합병하 \\ 는\ 형태}$)을 인정한 것이다. 이러한 삼각합병은 대상회사의 채무가 모회사에 승계되는 것을 차단시키고자 하거나, 외국회사와의 기업결합 등에서 이용된다.[1]

존속하는 회사가 위와 같이 삼각합병을 위하여 취득한 모회사의 주식을 합병 후에도 계속 보유하고 있는 경우에는, 합병의 효력이 발생하는 날부터 6개월 이내에 그 주식을 처분하여야 한다($\substack{상\ 523조 \\ 의\ 2\ 2항}$). 이는 삼각주식교환($\substack{상\ 360조 \\ 의\ 3\ 7항}$) 및 삼각분할합병($\substack{상\ 530조 \\ 의\ 6\ 5항}$)의 경우와 같이 2015년 개정상법이 신설한 것인데, 자회사가 예외적으로 취득한 모회사의 주식의 처분의무($\substack{상\ 342조 \\ 의\ 2\ 2항}$)와 균형을 이루기 위한 것이다.

5) **각 회사에서 합병의 승인결의를 할 사원총회 또는 주주총회의 기일** 이는 합병당사회사에서 합병계약서를 승인하는 총회기일을 말하는데, 이러한 승인결의가 없으면 합병계약은 그 효력을 잃는다. 합병승인결의의 기일은 보통 각 당사회사가 같은 날로 정하는 것이 보통이지만, 다른 날로 정하여도 무방하다.[2]

6) **합병을 할 날(합병기일)**[3] 이러한 합병기일이란 소멸회사의 재산이 존속회사에 승계되고 존속회사의 주식이 소멸회사의 주주에게 배정되어 실질적으로 당사회사가 합해지는 날을 말한다. 이러한 합병기일은 합병의 효력이 발생하는 날인 합병등기의 날과 구별된다. 합병기일은 보통 합병신주의 배정일과 같은 날인데, 배정일이 합병기일 이전이어도 무방하다.[4]

7) **존속하는 회사가 합병으로 인해 정관을 변경하기로 정한 때에는 그 규정**[5]

8) **각 회사가 합병으로 이익배당**[6]**을 할 때에는 그 한도액** 이는 회사의 자

---

1) 이에 관한 상세는 임(재), (회Ⅱ), 723~731면; 윤영신, "삼각합병제도의 도입과 활용상의 법률문제," 「상사법연구」(한국상사법학회), 제32권 제2호(2013), 14~16면 참조.
2) 동지: 정(동), (회) 822면.
3) 이러한 합병기일을 종래에는 임의적 기재사항으로 규정하였으나, 1998년 개정상법은 필요적 기재사항으로 규정하였다.
4) 동지: 정(동), (회) 822면.
5) 이는 1998년 개정상법에 의하여 신설된 것이다.
6) 2011년 4월 개정상법에서는 '중간배당'에 대하여 규정하지 않고 있는데, 중간배당의 법적 성질이 이익배당이 아니라고 보면 이는 제외된다고 본다. 따라서 이를 포함시킬 의도라면 입법상 명백

본금 충실을 기하기 위한 것이고 또한 당사회사의 주식교환비율을 정하기 위하여 고려되어야 하기 때문에 합병계약서에 기재하도록 한 것이다.

9) 합병으로 인하여 존속하는 회사에 취임할 이사와 감사(監事) 또는 감사위원회의 위원을 정한 때에는 그 성명 및 주민등록번호[1]

(2) 신설합병의 합병계약서의 기재사항($\frac{상}{524조}$)

1) 신설회사의 목적·상호·수권주식총수·액면주식을 발행하는 경우 1주의 금액·종류주식을 발행할 때에는 그 종류와 수 및 본점소재지

2) 신설회사가 합병 당시에 발행하는 주식의 총수와 종류·수 및 각 회사의 주주에 대한 주식의 배정에 관한 사항

3) 신설회사의 자본금과 준비금의 총액

4) 각 회사의 주주에게 2)에도 불구하고 금전이나 그 밖의 재산을 제공하는 경우에는 그 내용 및 배정에 관한 사항

5) 합병승인총회의 기일과 합병을 할 날(합병기일)

6) 신설회사의 이사와 감사(監事) 또는 감사위원회의 위원을 정한 때에는 그 성명 및 주민등록번호[2]

3. 합병의 절차

(1) 합병계약서의 작성

합병계약은 당사회사의 대표기관에 의하여 체결되는데, 이 경우 위에서 본 합병계약서를 작성하여야 한다. 이 때 존속회사와 신설회사가 주식회사인 경우에 당사회사의 일방 또는 쌍방이 합명회사나 합자회사이면 총사원의 동의를 얻어 합병계약서를 작성하여야 한다($\frac{상 525}{조 1항}$).

(2) 합병계약서 등의 공시

주식회사의 이사 또는 집행임원은 합병결의를 하기 위한 주주총회 회일의 2주 전부터 합병을 한 날(합병기일) 이후 6월이 경과하는 날까지, (i) 합병계약서, (ii) 소멸회사의 주주에게 발행하는 주식의 배정에 관하여 그 이유를 기재한 서면 및 (iii) 각 회사의 최종의 대차대조표와 손익계산서를 본점에 비치하여야 한다($\frac{상 522조}{의 2 1항}$). 주주 및 회사채권자는 영업시간 내에는 언제든지 이러한 서류의 열람을 청구할 수 있고, 회사가 정한 비용을 지급하고 등본이나 초본의 교부를 청구할 수 있다($\frac{상 522조}{의 2 2항}$).

히 규정하여야 할 것으로 본다.
1) 이는 2001년 개정상법에 의하여 신설된 것이다.
2) 이는 2001년 개정상법에 의하여 신설된 것이다.

(3) 합병계약서의 승인

1) 주식회사가 합병을 함에는 합병계약서를 작성하여 주주총회의 특별결의에 의한 승인을 받아야 한다($\frac{상}{항}\frac{522조}{본문}\frac{1}{\cdot 3항}$). 이러한 주주총회의 통지에는 합병계약의 요령을 기재하여야 한다($\frac{상}{조}\frac{522}{2항}$).

2) 흡수합병의 경우에 소멸회사의 총주주의 동의가 있거나 또는 그 회사의 발행주식총수의 100분의 90 이상을 존속회사가 소유하고 있는 때에는, 소멸회사의 주주총회의 승인은 이사회의 승인으로 갈음할 수 있다(간이합병)($\frac{상}{의}\frac{527조}{2}\frac{}{1항}$).[1] 이러한 간이합병의 경우에는 소멸회사의 총주주의 동의가 있는 경우를 제외하고 소멸회사는 합병계약서를 작성한 날부터 2주 내에 주주총회의 승인을 얻지 아니하고 합병을 한다는 뜻을 공고하거나 주주에게 통지하여야 한다($\frac{상}{의}\frac{527조}{2}\frac{}{2항}$).

3) 흡수합병의 경우에 존속회사가 합병으로 인하여 발행하는 신주의 총수가 그 회사의 발행주식총수의 100분의 10을 초과하지 아니하는 때에는, 존속회사의 주주총회의 승인은 이사회의 승인으로 갈음할 수 있다(소규모합병)($\frac{상}{의}\frac{527조의}{3}\frac{}{1항 본문}$). 그러나 소멸회사의 주주에게 지급할 금액을 정한 경우에 그 금액이 존속회사의 최종대차대조표상으로 현존하는 순자산액의 100분의 5 를 초과하는 때에는, 그러하지 아니하다($\frac{상}{의}\frac{527조의}{3}\frac{}{1항 단서}$). 이러한 소규모합병의 경우에는 존속회사의 합병계약서에 주주총회의 승인을 얻지 아니하고 합병한다는 뜻을 기재하여야 하고($\frac{상}{의}\frac{527조}{3}\frac{}{2항}$), 존속회사는 합병계약서를 작성한 날로부터 2주 내에 소멸회사의 상호 및 본점의 소재지·합병을 할 날·주주총회의 승인을 얻지 아니하고 합병을 한다는 뜻을 공고하거나 주주에게 통지하여야 한다($\frac{상}{의}\frac{527조}{3}\frac{}{3항}$). 합병 후 존속회사의 발행주식총수의 100분의 20 이상에 해당하는 주식을 소유한 주주가 이러한 공고 또는 통지를 한 날로부터 2주 내에 회사에 대하여 서면으로 소규모합병을 반대하는 의사를 통지한 때에는, 소규모합병을 할 수 없다($\frac{상}{의}\frac{527조}{3}\frac{}{4항}$).

4) 주주총회의 합병결의사항에 관하여 반대하는 주주는 주주총회 전에 회사에 대하여 서면으로 그 결의에 반대하는 통지를 하면, 그 주주총회의 결의일로부터 20일 이내에 주식의 종류와 수를 기재한 서면으로 회사에 대하여 자기가 소유하고 있는 주식의 매수를 청구할 수 있다($\frac{상}{의}\frac{522조}{3}\frac{}{1항}$). 간이합병의 경우에는 소멸회사가 주주총회의 승인을 얻지 아니하고 합병한다는 뜻을 공고하거나 주주에게 통지한 날로부터 2주 내에 회사에 대하여 서면으로 합병에 반대하는 의사를 통지한 주주가 이 기간

---

1) 1995년 개정상법에 의하여 미국의 모범사업회사법 및 각 주(各州)의 회사법에서 인정되고 있는 간이합병제도를 처음으로 인정하였고[동지: 해설(1995), 193면], 1998년 개정상법에서는 이를 더욱 확대하여 규정하였다.

이 경과한 날로부터 20일 이내에 회사에 대하여 주식매수청구권을 행사할 수 있고 ($\frac{상\ 522조}{의\ 3\ 2항}$), 소규모합병의 경우 존속회사의 주주는 주식매수청구권을 행사할 수 없다 ($\frac{상\ 527조}{의\ 3\ 5항}$).

(4) 채권자보호절차

이 절차를 밟아야 하는 점은 흡수합병 및 신설합병에 공통된다($\frac{상\ 527}{조의\ 5}$).

(5) 주식병합 또는 회사설립의 절차

흡수합병의 경우에는 자본감소의 경우와 같은 주식병합의 절차를 밟고($\frac{상\ 530}{조\ 3항,}$ $\frac{}{440조\sim}$ $\frac{}{444조}$), 신설합병의 경우에는 당사회사에서 선임한 설립위원이 공동으로 정관의 작성 기타 설립의 절차를 밟는다($\frac{상}{175조}$).

(6) 이사 · 감사(監事)의 임기

흡수합병의 경우에 존속회사의 이사 · 감사(監事)로서 합병 전에 취임한 자는 합병계약서에 다른 정함이 있는 경우를 제외하고는, 합병 후 최초로 도래하는 결산기의 정기총회가 종료하는 때에 퇴임한다($\frac{상\ 527조}{의\ 4\ 1항}$).

(7) 보고총회 또는 창립총회의 소집

1) 흡수합병의 경우 존속회사의 이사 · 집행임원은 채권자보호절차의 종료 후 ($\frac{상\ 527}{조의\ 5}$), 합병으로 인한 주식의 병합이 있을 때에는 그 효력이 생긴 후, 병합에 적당하지 아니한 주식이 있을 때에는 이에 대한 단주(端株)의 처분을 한 후($\frac{상}{443조}$), 소규모합병의 경우에는 존속회사가 이에 관한 사항을 공고하거나 주주에게 통지하고 이에 따라 주주의 합병반대의사의 통지절차가 종료한 후($\frac{상\ 527조의}{3\ 3항\cdot 4항}$), 지체 없이 주주총회를 소집하고 합병에 관한 사항을 보고하여야 한다($\frac{상\ 526}{조\ 1항}$). 존속회사가 주주총회(보고총회)를 소집하는 경우, 합병 당시에 발행하는 신주의 인수인은 이 보고총회에서 주주와 동일한 권리가 있다($\frac{상\ 526}{조\ 2항}$).

그러나 이 경우에 이사회는 공고로써 주주총회에 대한 보고에 갈음할 수 있다 ($\frac{상\ 526)}{조\ 3항}$).[1)]

이 때 자본금 총액이 10억원 미만으로서 이사를 1명 또는 2명을 둔 소규모 주식회사($\frac{상\ 383조}{1항\ 단서}$)는 이사회가 없으므로, 이러한 규정이 적용되지 않는다($\frac{상\ 383}{조\ 5항}$).

2) 신설합병의 경우 설립위원은 흡수합병에서와 같은 위의 절차($\frac{소규모\ 합병에\ 관}{한\ 사항은\ 제외함}$)를 마친 후 지체 없이 창립총회를 소집하고, 설립에 관한 사항을 보고하여야 한다($\frac{상\ 527}{조\ 1}$ $\frac{}{항\cdot 3항}$). 이 총회에서는 합병계약의 취지에 위반하지 않는 한 정관변경의 결의도 할

---

1) 이는 1995년 개정상법에 의하여 신설된 것인데, 그 이유는 합병보고만을 듣기 위한 보고총회를 생략하도록 함으로써 합병절차를 간소화하기 위한 것이다[이에 관한 상세는 해설(1995), 195~197면].

수 있다($^{상\ 527}_{조\ 2항}$). 따라서 신설합병의 창립총회는 합병폐지의 결의는 할 수 없다고 본다[1]($^{상\ 527조\ 2항과\ 상}_{316조\ 1항과\ 비교}$). 이러한 창립총회에는 모집설립에 있어서의 창립총회에 관한 규정이 준용된다($^{상\ 527}_{조\ 3항}$).

그러나 이 경우에 이사회는 공고로써, 창립총회에 대한 보고에 갈음할 수 있다($^{상\ 527}_{조\ 4항}$).[2] 이는 신설합병의 창립총회 자체를 이사회의 공고로써 갈음할 수 있음을 규정한 것이고, 이사회의 공고는 합병당사회사의 정관에 규정한 일반적인 공고방식에 의하여 할 수 있다.[3]

이 때 자본금 총액이 10억원 미만으로서 이사를 1명 또는 2명을 둔 소규모 주식회사($^{상\ 383조}_{1항\ 단서}$)는 이사회가 없으므로, 이러한 규정이 적용되지 않는다($^{상\ 383}_{조\ 5항}$).

(8) 주권상장법인에 대한 특칙

주권상장법인이 다른 법인과 합병하는 경우에는 대통령령으로 정하는 요건·방법 등의 기준에 따라야 한다($^{자금\ 165조의\ 4\ \ 1호,}_{자금시\ 176조의\ 5}$).

(9) 합병의 등기

1) 흡수합병의 경우는 보고총회가 종결한 날 또는 보고에 갈음하는 공고일, 신설합병의 경우는 창립총회가 종결한 날 또는 보고에 갈음하는 공고일부터, 본점소재지에서는 2주 내, 지점소재지에서는 3주 내에 존속회사에 있어서는 변경등기, 소멸회사에 있어서는 해산등기, 신설회사에 있어서는 설립등기를 하여야 한다($^{상\ 528}_{조\ 1항}$).

2) 존속회사 또는 신설회사가 합병으로 인하여 전환사채 또는 신주인수권부사

---

1) 동지: 정(동), (회) 829면.
2) 이는 1998년 개정상법에 의하여 신설된 것이다.
3) 동지: 대판 2009. 4. 23, 2005 다 22701·22718(공보 2009, 703)(상법 제527조 4항은 신설합병의 경우 이사회의 공고로써 신설합병의 창립총회에 대한 보고에 갈음할 수 있다고 규정하고 있고, 상법 제528조 1항은 신설합병의 창립총회가 종결한 날 또는 보고에 갈음하는 공고일로부터 일정기간 내에 합병등기를 하도록 규정하고 있으므로, 상법 제527조 4항은 신설합병의 창립총회 자체를 이사회의 공고로써 갈음할 수 있음을 규정한 조항이라고 해석된다. 한편 상법 제527조 2항은 신설합병의 창립총회에서 정관변경의 결의를 할 수 있되 합병계약의 취지에 위반하는 결의는 하지 못하도록 규정하고 있는바, 정관변경은 창립총회에서 할 수 있다는 것이지 반드시 하여야 하는 것은 아니고, 주식회사를 설립하는 창립총회에서는 이사와 감사를 선임하여야 한다는 상법 제312조의 규정이 상법 제527조 3항에 의해서 신설합병의 창립총회에 준용되고 있다 하더라도, 상법 제524조 6호에 의하면 합병으로 인하여 설립되는 회사의 이사와 감사 또는 감사위원회 위원을 정한 때에는 신설합병의 합병계약서에 그 성명 및 주민등록번호를 기재하게 되어 있고, 그 합병계약서가 각 합병당사회사의 주주총회에서 승인됨으로써 합병으로 인하여 설립되는 회사의 이사와 감사 등의 선임이 이루어지는 만큼, 이러한 경우에는 굳이 신설합병의 창립총회를 개최하여 합병으로 인하여 설립되는 회사의 이사와 감사 등을 선임하는 절차를 새로이 거칠 필요가 없고 이사회의 공고로 갈음할 수 있다. 또한 상법은 신설합병의 창립총회에 갈음하는 이사회 공고의 방식에 관하여 특별한 규정을 두고 있지 아니하므로, 이 경우 이사회 공고는 상법 제289조 1항 7호에 의하여 합병당사회사의 정관에 규정한 일반적인 공고방식에 의하여 할 수 있다).

채를 승계한 때에는 합병의 등기와 동시에 사채의 등기도 하여야 한다($^{상\ 528}_{조\ 2항}$).

3) 합병은 존속회사나 신설회사의 본점소재지에서 등기를 함으로써 그 효력이 생긴다($^{상\ 530조}_{2항,\ 234조}$).

⑽ 합병에 관한 서류의 사후공시

합병을 한 후 이사·집행임원[1]은 채권자보호절차의 경과, 합병을 한 날, 합병으로 인하여 소멸하는 회사로부터 승계한 재산의 가액과 채무액 기타 합병에 관한 사항을 기재한 서면을, 합병을 한 날로부터 6월간 본점에 비치하여야 한다($^{상\ 527조}_{의\ 6\ 1항}$). 주주 및 회사채권자는 영업시간 내에는 언제든지 위의 서류의 열람을 청구하거나, 회사가 정한 비용을 지급하고 그 등본 또는 초본의 교부를 청구할 수 있다($^{상\ 527}_{의\ 6\ 2항}$).[2]

4. 합병의 무효

합병무효는 각 회사의 주주·이사·감사(監事)·청산인·파산관재인 또는 합병을 승인하지 아니한 채권자에 한하여, 합병의 등기가 있는 날로부터 6월 내에 소(訴)만으로 이를 주장할 수 있다($^{상}_{529조}$). 그러나 공정거래위원회가 합병무효의 소를 제기하는 경우에는 제소기간의 제한이 없다($^{독규\ 14}_{조\ 2항}$).

합병무효의 소의 피고는 존속회사 또는 신설회사이다.[3] 이 소의 절차, 무효판결의 효력 등은 회사법 통칙에서 이미 설명한 바와 같다.

제 3   분   할

1998년 개정상법은 주식회사에 대해서만 회사의 분할($^{및\ 분할}_{합병}$)을 인정하고 있는데($^{상\ 530조의\ 2\sim}_{530조의\ 12}$), 이에 대하여는 이미 회사법 통칙에서 설명하였으므로 이 곳에서는 그 설명을 생략한다.

제10절   해산과 청산

회사의 해산과 청산에 관하여도 회사법 통칙에서 이미 설명하였으므로, 이곳에서는 주식회사에 대하여만 간단히 다시 정리하여 본다.

---

1) 집행임원 설치회사의 경우에는 이사에 갈음하여 집행임원이 이 업무를 수행할 것이다. 따라서 2011년 4월 개정상법이 '집행임원'에 대하여 규정하지 않은 것은 입법의 미비라고 본다.
2) 이는 1998년 개정상법에 의하여 신설된 것이다.
3) 동지: 정(희), 629면; 정(동), (회) 835면.

제 1 해   산

1. 해산원인

주식회사의 해산원인은 다음과 같다$\binom{상}{517조}$.

1) 존립기간의 만료[1] 기타 정관으로 정한 사유의 발생

2) 주주총회의 결의   이 결의는 특별결의의 방법에 의하여야 한다$\binom{상}{518조}$.

3) 회사의 합병

4) 회사의 분할 또는 분할합병[2]

5) 파   산

6) 법원의 명령 또는 판결   법원의 명령이란 법원의 해산명령$\binom{상}{176조}$을 의미하고, 법원의 판결이란 소수주주의 청구에 의한 해산판결$\binom{상}{520조}$을 의미한다.

7) 휴면회사의 정리$\binom{상\ 520}{조의\ 2}$

2. 해산의 공시

회사가 해산한 때에는 파산의 경우$\binom{파\ 133조에\ 의한}{공고가\ 있음}$ 외에는 이사는 지체 없이 주주에 대하여 그 통지를 하여야 한다$\binom{상}{521조}$. 또 해산사유가 있은 날로부터 본점소재지에서는 2주간 내, 지점소재지에서는 3주간 내에 해산등기를 하여야 한다[3]$\binom{상\ 521조}{의\ 2,\ 228조}$.

3. 회사의 계속

(1) 회사가 「존립기간의 만료 기타 정관에 정한 사유의 발생」 또는 「주주총회의 결의」에 의하여 해산한 경우에는, 청산중에도 주주총회의 특별결의에 의하여 회사를 계속할 수 있다$\binom{상}{519조}$. 회사계속의 결의는 해산등기 후에도 할 수 있는데, 이 때에는 본점소재지에서는 2주간 내, 지점소재지에서는 3주간 내에 회사계속의 등기를 하여야 한다$\binom{상\ 521조의\ 2,}{229조\ 3항}$.

(2) 파산선고에 의하여 회사가 해산한 경우에도, 강제화의(强制和議)의 가결이 있은 때 또는 파산폐지의 신청을 한 때에는 주주총회의 특별결의에 의하여 회사계

---

1) 대결 1968. 4. 22, 67 마 659(집 16 ① 민 259)(주식회사는 그 존속기간이 만료되면 해산되고, 회사가 해산하면 청산사무만을 할 수 있는 것이지 종전의 사업을 그대로 계속할 수는 없는 것이다).

2) 이는 1998년 개정상법이 회사의 분할 및 분할합병의 제도를 인정함에 따라 신설된 것이다.

3) 이 때의 해산등기는 제 3 자에 대한 대항요건(상 37조)에 불과하므로, 이 등기가 없다 하여도 해산에 영향이 없다[동지: 대판 1981. 9. 8, 80 다 2511(집 29 ③ 민 1)].

속을 할 수 있다($^{파\ 283조.}_{320조}$).

(3) 후술하는 휴면회사로서 해산한 것으로 의제된 회사도, 그 후 3년 내에는 주주총회의 특별결의에 의하여 회사를 계속할 수 있다($^{상\ 520조}_{의\ 2\ \ 3항}$).

4. 휴면회사의 해산

영업을 폐지한 회사가 등기부상 그대로 남아 있으면 거래에 악용될 우려가 있고 또한 등기와 실체가 불일치하여 타인의 상호선정의 자유를 부당하게 방해하는 등($^{상\ 22조}_{참조}$) 그 부작용이 많다. 이러한 회사는 오랫동안 아무런 등기도 하지 않는 경우가 많으므로 다년간 아무런 등기를 하지 않은 이러한 휴면회사를 정리하여 거래의 안전을 보호하기 위하여 1984년 개정상법은 제520조의 2를 신설하였다.[1]

이에 의하면 법원행정처장이 최후의 등기 후 5년을 경과한 회사는 본점소재지를 관할하는 법원에 아직 영업을 폐지하지 아니하였다는 뜻의 신고를 하도록 관보로써 공고하여야 하는데, 이를 공고한 경우에 그 공고한 날에 이미 최후의 등기 후 5년을 경과한 회사가 공고한 날로부터 2월 내에 상법시행령 제28조[2]가 정하는 바에 의하여 신고를 하지 아니한 때에는, 그 회사는 그 신고기간이 만료된 때에 해산한 것으로 보게 되는데, 그 기간 내에 등기를 한 회사에 대하여는 그러하지 아니하다($^{상\ 520조}_{의\ 2\ \ 1항}$). 법원행정처장이 위의 공고를 한 때에는 법원은 해당 회사에 대하여 그 공고가 있었다는 뜻의 통지를 발송하여야 한다($^{상\ 520조}_{의\ 2\ \ 2항}$).

---

1) 동지: 정(희), 630면; 정(동), (회) 675~676면.
2) 상법시행령 제28조(휴면회사의 신고) ① 상법 제520조의 2 제1항에 따른 영업을 폐지하지 아니하였다는 뜻의 신고는 서면으로 하여야 한다.

   ② 제1항의 서면에는 다음 각 호의 사항을 적고, 회사의 대표자 또는 그 대리인이 기명날인하여야 한다.

   1. 회사의 상호, 본점의 소재지, 대표자의 성명 및 주소
   2. 대리인이 제1항의 신고를 할 때에는 대리인의 성명 및 주소
   3. 아직 영업을 폐지하지 아니하였다는 뜻
   4. 법원의 표시
   5. 신고 연월일

   ③ 대리인이 제1항의 신고를 할 경우 제1항의 서면에는 그 권한을 증명하는 서면을 첨부하여야 한다.

   ④ 제1항 또는 제3항의 서면에 찍을 회사 대표자의 인감은 「상업등기법」 제24조 제1항에 따라 등기소에 제출된 것이어야 한다. 다만, 상법 제520조의 2 제2항에 따라 법원으로부터 통지서를 받고 이를 첨부하여 신고하는 경우에는 그러하지 아니하다.

제 2 청   산

1. 총   설

주식회사에 있어서는 회사재산만이 회사채권자의 유일한 담보이고 또 이해관계인이 다수이며 그 기구가 복잡하기 때문에, 그 청산방법을 회사에 임의로 맡길 수 없고 상법에서 강행법규로 규정할 필요가 있다.[1] 따라서 주식회사의 청산에는 인적회사와는 달리 임의청산이 없고 법정청산만이 있다.[2]

2. 관할법원

주식회사의 청산에 관한 사건은 회사의 본점소재지의 지방법원의 합의부의 관할에 속하고, 청산은 그 감독을 받는다($\binom{\text{비송 117조}}{\text{2항, 118조}}$).

3. 청 산 인

(1) 의   의

청산인은 「청산중의 회사의 청산사무를 담당하는 자」이다. 이러한 청산인의 수에 대하여는 상법상 제한이 없으므로($\binom{\text{상 542조에서 383}}{\text{조를 준용하지 않음}}$) 1인 이상이면 무방하다고 보는데 청산인이 1인이면 그가 대표청산인이 된다.[3] 다만 청산인이 3인 이상 복수로서 청산인회를 구성하는 경우에는 이사회에 관한 규정이 준용된다($\binom{\text{상 542조 2항,}}{\text{390조~393조의 2}}$).

청산인의 임기에 대하여도 상법상 제한이 없으므로($\binom{\text{상 542조에서 383}}{\text{조를 준용하지 않음}}$) 선임시부터 (사실상) 청산종결시까지라고 본다.

청산중의 회사에도 영업을 전제로 하지 않는 규정은 그대로 적용되므로 주주총회나 감사(監事) 등은 그대로 존속한다. 또한 필요한 경우에는 검사인도 선임될 수 있다.[4]

(2) 선임 · 해임

1) 주식회사의 청산인은 합병 · 분할 · 분할합병 또는 파산의 경우 외에는 원칙적

---

1) 동지: 정(희), 630~631면; 정(동), (회) 679면.
2) 의용(依用) 상법에 있던 특별청산제도는 없다.
3) 동지: 대판 1989. 9. 12, 87 다카 2691.
    저자는 본서 제17판(2014)까지는 청산인이 원칙적으로 청산인회를 구성한다는 점에서 복수임을 전제로 하여 설명하였으나, 제18판(2015)부터는 이와 같이 견해를 변경한다.
4) 동지: 日大判 1924. 7. 28(民集 3, 381).

으로「이사」가 되지만[1](법정청산인), 예외적으로 정관에서 다른 정함을 하거나 주주총회의 결의로 이사 외의 자를 선임할 수 있다($\frac{상}{조}$ 531조 1항).

위와 같은 방법에 의한 청산인이 없는 때에는「법원」이 이해관계인의 청구에 의하여 선임한다($\frac{상}{조}$ 531조 2항). 또 회사가 해산명령이나 해산판결에 의하여 해산한 때에도 법원이 주주 기타의 이해관계인이나 검사의 청구에 의하여 또는 직권으로 청산인을 선임하고($\frac{상 542조}{1항, 252조}$), 또 설립무효의 판결이 확정된 때에도 법원이 주주 기타의 이해관계인의 청구에 의하여 청산인을 선임할 수 있다($\frac{상 328조}{193조 2항}$).

이러한 청산인은 취임한 날로부터 2주 내에, (i) 해산의 사유와 그 연월일, (ii) 청산인의 성명·주민등록번호[2] 및 주소를 법원에 신고하여야 한다($\frac{상}{532조}$).

청산인의 선임은 등기사항이다[3]($\frac{상 542조 1항,}{253조 1항}$).

청산인의 원수(員數)에 관하여는 상법에 규정이 없다. 이에 대하여 청산인회와의 관계상 원칙적으로 3인 이상이어야 한다는 견해도 있는데,[4] 앞에서 본 바와 같이 1인 이상이면 무방하다고 본다.[5] 다만 자본금 총액이 10억원 미만인 회사로서 이사가 1명 또는 2명인 소규모 주식회사의 경우에는 청산인이 2인 이하이어도 무방하다고 본다($\frac{상 383조 1항 단}{서·5항, 531조 1항}$).

청산인과 회사와의 관계는 이사의 경우에 준하므로 위임관계이다($\frac{상 542조 2항,}{382조 2항}$).

2) 청산인은 법원이 선임한 경우 외에는 언제든지 주주총회의 결의로 해임될 수 있다($\frac{상}{조}$ 539조 1항). 또 청산인이 그 업무를 집행함에 현저하게 부적임하거나 중대한 임무에 위반한 행위가 있는 때에는, 법원은 소수주주의 청구에 의하여 그 선임의 방법 여하를 불문하고 청산인을 해임할 수 있다[6]($\frac{상}{조}$ 539조 2항). 청산인을 해임하기 위한 소수주주권은, 비상장회사의 경우는 발행주식총수의 100분의 3 이상에 해당하는 주식을

---

1) 이 때의「이사」는 해산 당시의 일시이사를 포함하고[대판 1981. 9. 8, 80 다 2511(공보 668, 14367; 집 29 ③ 민 1)], 정관이나 주주총회의 결의로 따로 청산인을 선임하지 않는 한 이사가 당연히 청산인이 되므로 청산법인의 주주총회에서 청산인을 선임하지 아니하고 이사를 선임하였다 하여 그 선임결의가 그 자체로서 무효가 된다고 볼 수 없다[대판 1989. 9. 12, 87 다카 2691(공보 1989, 1446)].

2) 청산인의 주민등록번호는 1995년 개정상법에 의하여 신설된 것이다.

3) 이 때의 청산인 취임등기도 제3자에 대한 대항요건(상 37조)에 불과하므로, 이 등기가 없다 하여도 청산인 자격에 영향이 없다[동지: 대판 1981. 9. 8, 80 다 2511(집 29 ③ 민 1)].

4) 정(희), 631면; 서·정, 575면; 손(주), 1087~1088면; 채, 835면 외.

5) 동지(1인이어도 무방하다는 견해): 정(동), (회) 681면; 이(기) 외, (회) 548면; 주상(제5판)(회사 V), 494면; 대판 1989. 9. 12, 87 다카 2691(공보 1989, 1446)(주식회사의 청산인의 수에 대하여는 제한이 없으므로 1인이라도 상관 없으며, 이 경우에는 1인의 청산인이 당연히 대표청산인이 된다); 日最高判 1971. 10. 19(民集 25-7, 951).

6) 상법 제539조 2항에 의한 청산인의 해임은 회사의 본점소재지의 법원에 그 회사와 청산인들을 상대로 하는 소에 의해서만 이를 청구할 수 있다[대결 1976. 2. 11, 75 마 533(집 24 ① 민 75)].

가진 주주이고($\frac{상\ 539}{조\ 2항}$), 상장회사의 경우는 발행주식총수의 100분의 3 이상에 해당하는 주식을 가진 주주($\frac{상\ 542조}{의\ 6\ 10항}$) 또는 6개월 전부터 계속하여 상장회사의 발행주식총수의 10,000분의 50($\frac{최근\ 사업연도말\ 자본금이\ 1,000억원\ 이}{상인\ 상장회사의\ 경우에는\ 10,000분의\ 25}$) 이상에 해당하는 주식을 보유한 주주이다($\frac{상\ 542조의\ 6}{3항,\ 상시\ 32조}$).[1]

청산인의 종임도 등기사항이다($\frac{상\ 542조}{1항,\ 253조}$).

(3) 직무권한

1) 청산인의 직무는 현존사무의 종결, 채권의 추심과 채무의 변제, 재산의 환가처분, 잔여재산의 분배이다($\frac{상\ 542조\ 1항,}{254조\ 1항}$). 이러한 직무는 청산인회의 과반수의 결의로 정하는데, 대표청산인은 이 직무에 관하여 모든 재판상·재판 외의 행위를 할 권한이 있다($\frac{상\ 542조\ 1항·2항,\ 254조}{2항·3항,\ 389조\ 3항,\ 209조}$). 청산인은 이외에 존속중의 회사의 이사의 직무도 수행한다($\frac{상\ 542조\ 2항,\ 362}{조,\ 388조\ 이하\ 등}$). 그러나 자본금 총액이 10억원 미만인 회사로서 이사가 1명 또는 2명인 소규모 주식회사의 경우에는 각 청산인($\frac{정관에\ 따라\ 대표이사를}{정한\ 경우에는\ 그\ 대표이사}$)이 그 직무권한을 수행한다($\frac{상\ 383조\ 1항\ 단서·}{5항·6항,\ 531조\ 1항}$).

2) 청산사무 중 법률적으로 가장 문제가 되는 것은 「채무의 변제」이므로, 상법은 이에 관하여 상세한 규정을 두고 있다. 즉, 청산인은 취임한 날로부터 2월 내에 회사채권자에 대하여 일정한 기간 내에($\frac{이\ 기간은\ 2월}{이상이어야\ 함}$) 그 채권을 신고할 것과, 그 기간 내에 신고하지 않으면 청산에서 제외될 뜻을 2회 이상 공고로써 최고하여야 한다($\frac{상\ 535}{조\ 1항}$). 또 청산인은 알고 있는 채권자에 대하여는 각별로 그 채권의 신고를 최고하여야 하는데, 그 채권자가 신고하지 않은 경우에도 청산에서 제외하지 못한다($\frac{상\ 535}{조\ 2항}$). 청산인은 이러한 채권의 신고기간 내에는 변제하지 못하는 것이 원칙인데($\frac{그러}{나\ 그}$ $\frac{변제의\ 지연으로\ 인한\ 손해}{배상책임은\ 면하지\ 못한다}$), 다만 소액의 채권과 담보부채권 기타 변제로 인하여 다른 채권자를 해칠 염려가 없는 채권에 한해서 법원의 허가를 얻어 예외적으로 변제할 수 있다($\frac{상}{536조}$). 위와 같은 채권신고의 최고에도 불구하고 신고를 하지 않은 채권자는 미분배의 잔여재산($\frac{이\ 때\ 일부의\ 주주에\ 대하여\ 재산의\ 분배를\ 한\ 경우에는\ 다른\ 주}{주에게\ 그와\ 동일한\ 비율로\ 분배할\ 재산을\ 잔여재산에서\ 공제한다}$)에 대하여서만 변제의 청구를 할 수 있다($\frac{상}{537조}$).

3) 채권자에 대한 채무를 변제한 후에 잔여재산이 있으면, 각 주주에 대하여 그가 가진 주식수에 비례하여 분배한다($\frac{그러나\ 종류주식이\ 발행된}{경우에는\ 그러하지\ 아니하다}$)($\frac{상}{538조}$).

4) 청산인의 직무와 관련하여 청산인은 많은 의무를 부담한다. 즉, 청산인은 법원에 대한 청산인의 취임신고의무($\frac{상}{532조}$), 회사재산의 조사보고의무($\frac{상}{533조}$), 감사(監事)

---

1) 금융회사의 경우는 6개월 전부터 계속하여 금융회사의 발행주식총수의 100,000분의 250(대통령령으로 정하는 금융회사의 경우에는 100,000분의 125) 이상에 해당하는 주식을 보유한 자이다(지배 33조 3항).

에 대한 대차대조표 및 그 부속명세서와 사무(事務)보고서의 제출의무 및 본점비치와 열람제공의무($\frac{상}{3항·4항}$), 정기총회에 대한 대차대조표 및 사무(事務)보고서의 승인요구의무($\frac{상}{조 5항}$), 파산원인을 발견한 경우 파산선고의 신청의무($\frac{상 542조 1항·254}{조 4항, 민 93조}$) 등을 부담한다.

4. 감사(監事) 또는 감사위원회의 감사보고서 제출의무

청산인은 정기총회 회일로부터 4주간 전에 대차대조표 및 그 부속명세서와 사무(事務)보고서를 작성하여 감사(監事) 또는 감사위원회에게 제출하여야 하고($\frac{상 534}{조 1}$ $\frac{항,}{의 2 7항}$), 감사(監事) 또는 감사위원회는 정기총회 회일로부터 1주간 전에 그 서류에 관한 감사보고서($\frac{상 447}{조의 4}$)를 청산인에게 제출하여야 한다($\frac{상 534조 2항,}{415조의 2 7항}$).

5. 청산의 종결

(1) 청산종결 후의 절차

1) 청산사무가 종결된 때에는 청산인은 지체 없이 결산보고서를 작성하고 이를 주주총회에 제출하여 승인을 얻은 후($\frac{상 540}{조 1항}$), 이 승인이 있은 날로부터 본점소재지에서는 2주간 내, 지점소재지에서는 3주간 내에 청산종결의 등기를 하여야 한다($\frac{상 542}{조 1}$ $\frac{항,}{264조}$). 주주총회의 결산보고서에 대한 승인이 있는 때에는, 회사는 청산인에 대하여 부정행위가 있는 경우를 제외하고는 그 책임을 해제한 것으로 본다($\frac{상 540}{조 2항}$).

2) 회사의 장부 기타 영업과 청산에 관한 중요한 서류는 본점소재지에서는 청산종결의 등기를 한 후 10년간 보존하여야 한다($\frac{상 541조}{1항 본문}$). 다만 전표 또는 이와 유사한 서류는 5년간 보존하여야 한다($\frac{상 541조}{1항 단서}$).[1] 회사의 장부 등의 보존인과 보존방법은 청산인 기타의 이해관계인의 청구에 의하여 법원이 이를 정한다($\frac{상 541}{조 2항}$).

(2) 휴면회사의 청산종결의제

해산한 것으로 의제된 휴면회사는 그 후 3년 내에 주주총회의 특별결의에 의하여 회사를 계속할 수 있는데($\frac{상 520조}{의 2 3항}$), 이와 같이 회사를 계속하지 아니한 경우에는 그 3년이 경과한 때에 청산이 종결된 것으로 의제된다($\frac{상 520조}{의 2 4항}$). 이러한 회사에 대하여는 해산의제만으로는 휴면회사의 정리가 종결되지 않기 때문에 청산종결까지 의제한 것이므로, 비록 실질적으로 청산사무가 종결되지 아니한 경우에도 이 기간의 경과로 인하여 청산종결이 의제된다.[2]

---

1) 이는 1995년 개정상법에 의하여 신설된 것인데, 상업장부 등의 보존의 경우(상 33조 1항)와 같이 전표 등의 보존기간을 단축하였다.
2) 동지: 정(희), 633면.

제1절 총 설

제1 유한회사의 의의

유한회사(Gesellschaft mit beschränkter Haftung, GmbH; société à resposabilitè limitèe, SARL)란 「사원의 출자에 의한 자본을 가지고, 이 자본은 균일한 비례적 단위인 출자에 의하여 분할되며, 사원은 원칙적으로 그 출자금액을 한도로 하여 회사에 대하여만 책임을 지는 회사」를 말한다.

유한회사의 의의는 주식회사의 그것과 같이 「자본금」, 「출자」 및 「사원의 유한책임」으로 구성된다. 유한회사의 자본금은 주식회사의 경우와 같이 최저자본금이 없고($^{2011년\ 4월\ 개정상법에}_{의하면\ 최저자본을\ 폐지함}$), 자본금의 균등한 비례적 단위인 출자 1 좌의 금액은 100원 이상($^{2011년\ 4월\ 개정상법에\ 의하면\ 출자}_{1좌의\ 금액을\ 100원\ 이상으로\ 함}$)이어야 한다($^{상}_{546조}$). 유한회사의 사원은 원칙적으로 회사에 대하여만 출자금액을 한도로 하는 간접·유한책임을 부담하는데, 일정한 경우에는 이에 대한 예외로서 자본금의 전보(塡補)책임을 부담한다($^{상\ 550조,\ 551조,}_{593조\ 등}$).

유한회사는 주식회사와 같이 물적회사이기는 하나, 주식회사가 대기업에 적합한 회사형태임에 반하여 유한회사는 중소기업에 적합한 회사형태라는 점에서 양자는 구별된다. 또한 유한회사는 합자회사와 같이 유한책임사원을 갖고 있으나, 합자회사의 유한책임사원은 직접·유한책임을 부담함에 반하여 유한회사의 (유한책임)사원은 간접·유한책임을 부담하는 점에서 양자는 구별된다. 유한회사와 유한책임회사의 사원의 책임은 상법에 다른 규정이 없으면 출자금액을 한도로 하는 점에서는 같으나($^{상\ 553조,}_{287조의\ 7}$), 유한회사의 사원은 현물출자 등의 부족재산가격 및 출자불이행 등에 대하여 전보책임을 지나($^{상\ 550조\ 1항,}_{551조\ 1항}$) 유한책임회사의 사원은 이러한 전보책임을 부담하지 않는 점에서 양자는 구별된다.

제 2　유한회사의 경제적 기능

　　유한회사는 인적회사와 주식회사의 장점만을 채택하여 만든 회사인데,「중소기업」에 가장 적합한 회사형태이다.[1] 대표적인 인적회사인 합명회사는 사원의 신뢰와 신용을 기초로 하여 설립되므로 회사조직이 간편하고 설립절차가 용이하다는 장점이 있다. 또한 대표적 물적회사인 주식회사는 모든 주주의 유한책임의 원칙을 기초로 설립되므로 대(大)자본을 모집할 수 있고 사원의 개성을 떠난 회사의 영속성과 경영의 합리화를 기할 수 있는 등의 장점이 있다. 유한회사는 주식회사의 장점인 사원의 유한책임의 원칙을 채택하여 회사의 영속성과 경영의 합리화를 도모하고, 또한 합명회사의 장점인 회사조직의 간이성과 설립절차의 용이성을 반영하고 있다.[2]

　　독일이나 영국 등에서는 유한회사의 수가 주식회사의 그것에 비하여 훨씬 많다.[3] 그러나 우리나라에서는 기업들이 주식회사만을 선호하여 유한회사는 거의 이용되고 있지 않다. 그 이유는 여러 가지가 있겠으나, 현행 유한회사에 관한 상법의 규정이 지나치게 경직된 것도 그 이유 중의 하나라고 한다. 따라서 앞으로 명실공히 유한회사가 중소기업의 회사형태에 맞게 적절한 법개정이 있어야 할 것으로 본다.[4]

---

1) 유한회사의 연혁은 상법상의 다른 회사에 비하여 가장 새로운 회사형태로서 19세기 후반에 비로소 발생하였는데, 이에는 두 가지의 기원이 있다. 하나는 독일에서 발생한 것으로 독일에서의 유한회사는 입법자의 합리적인 창작인 1892년의 유한회사법의 제정에 의하여 처음으로 생겨난 것인데, 이 제도가 프랑스 등 유럽 제국에 보급되고 일본을 거쳐 우리나라에 도입되었다. 다른 하나는 영국에서 발생한 것으로 영국에서는 유한회사에 유사한 회사형태로서 사(私)회사(private company)가 있는데, 이는 실업계의 실제적인 필요성에 따라 정관 또는 관행으로 보급되다가 1907년에 회사법에 입법화되었다. 미국에서의 유한회사는 영국의 사(私)회사와 유사한 회사형태로서 폐쇄회사(close corporation)가 있는데, 이는 대부분의 주에서 주식회사의 일종으로 주식회사와 함께 규정되고 있으나, 근래에는 이에 관한 독립된 법을 제정하는 주(州)가 증가하고 있다 [정(희), 640면; 손(주), 1101면; 정(동), (회) 702면].

2) 동지: 정(희), 640~641면; 동 "유한회사의 본질,"「기업법의 전개」, 266면 이하; 이기수, "유한회사법에서의 채권자보호제도,"「상법논집」, 221면 이하 참조.
　　그런데 우리나라의 유한회사는 영국의 사(私)회사나 독일의 유한회사보다 한층 더 인적회사에 가까운 것으로 되어 있다[동지: 손(주), 1101면].

3) 참고로 미국의 유한책임회사에 관한 소개로는 김동석, "미국 유한책임회사(LLC)의 특징과 설립,"「상사법연구」, 제20권 3호(2001), 321~343면.

4) 동지: 정(동), (회) 702~703면(이를 위하여는 독일의 유한회사법이 우리의 입법과 해석에 많은 참고가 될 것이라고 한다).

제 3 유한회사의 특색

유한회사는 앞에서 본 바와 같이 인적회사와 주식회사의 장점을 취한 것으로, 그의 특색도 이러한 점이 반영되어 크게 자본단체성($^{주식회사}_{의\ 장점}$)과 소규모폐쇄성($^{인적회사}_{의\ 장점}$)이 있다.

(1) 자본단체성

유한회사는 주식회사와 같이 사원의 출자에 의한 자본 중심의 물적회사이다. 유한회사의 자본금은 정관의 절대적 기재사항이고($^{상\ 543조}_{2항\ 2호}$)($^{자본금\ 확}_{정의\ 원칙}$), 그 증감은 정관변경의 절차를 요한다($^{상\ 584}_{조\ 이하}$)($^{자본금\ 불}_{변의\ 원칙}$). 또한 유한회사의 자본금은 회사채권자에 대하여 유일한 재산이므로 자본금에 해당하는 재산이 현실적으로 유지되어야 한다($^{상\ 544}_{조,}$ $^{548조,\ 550조,}_{551조,\ 583조\ 등}$)($^{자본금\ 유지}_{⟨충실⟩의\ 원칙}$). 이와 같이 유한회사에서의 자본금은 총액인수제도(확정자본주의)를 취하고 있는 점에서, (원칙적으로) 수권자본제도를 취하고 있는 주식회사보다 자본금에 관한 원칙이 철저하게 지켜지고 있다.

(2) 소규모폐쇄성

유한회사는 위에서 본 바와 같이 자본단체성이 있으나, 주식회사와 같이 일반 대중으로부터 대(大)자본을 모집하는 회사형태가 아니고 출자자 상호간의 인적 신뢰를 중시하는 소규모·폐쇄적인 회사이다. 따라서 상법은 이러한 성격을 반영하여 다음과 같은 규정을 두고 있다.

1) 설   립

(가) 설립절차가 간소하여 주식회사의 경우 모집설립에 해당하는 방법은 인정되지 않고($^{상\ 589조}_{2항\ 참조}$) 발기설립에 해당하는 방법만이 인정되며($^{상\ 543}_{조\ 이하}$), 설립경과에 대한 조사절차가 없고, 정관에 의하여 각 사원의 출자좌수가 확정된다($^{상\ 543조}_{2항\ 4호}$).

(나) 유한회사는 그 폐쇄성으로 인하여 (설립의 경우는 물론이고 자본금 증가의 경우에도) 사원의 공모(公募)가 인정되지 않고($^{상\ 589}_{조\ 2항}$), 증자의 경우 원칙적으로 사원의 출자인수권만이 인정된다($^{상}_{588조}$).

(다) 유한회사는 그 폐쇄성으로 인하여 사채(社債)발행도 인정되지 않는다($^{상\ 600}_{조\ 2항}$).

2) 사   원

유한회사는 그 소규모폐쇄성으로 인하여 사원의 개성이 강하고 사원 상호간의 유대관계가 높은데, 상법은 이를 반영하여 다음과 같이 규정하고 있다.

(가) 설립시 또는 증자시에 자본금의 결함이 있는 경우에 사원은 연대하여 이를

전보(塡補)할 책임을 진다($_{551조, 593조}^{상 550조,}$).

㈏ 사원의 지분에 관하여 지시식 또는 무기명식의 증권을 발행하지 못하도록 하고 있다($_{555조}^{상}$).

3) 기 관 유한회사의 소규모폐쇄성은 그 기관구성에도 반영되어 있는데, 이에 관한 대표적인 상법의 규정은 다음과 같다.

㈎ 총사원의 동의가 있으면 사원총회의 소집절차를 생략할 수 있고($_{573조}^{상}$), 서면에 의한 결의도 가능하다($_{577조}^{상}$).

㈏ 업무집행기관은 이사인데, 이사의 수에도 제한이 없으므로 1인 이상이면 된다($_{561조}^{상}$).[1]

㈐ 감사(監事)가 임의기관으로 되어 있고($_{568조}^{상}$), 감사위원회제도는 인정되지 않는다($_{의 2 참조}^{상 415조}$).

4) 기 타

㈎ 유한회사는 확정자본제도를 채택하고 있다.

㈏ 유한회사는 공시주의를 완화하여 대차대조표의 공고를 요하지 아니하고($_{449조 3항 참조}^{주식회사}$$^{의 경우는 상}$), 법원에 의한 감독이 매우 완화되어 변태설립사항 등에 법원이 선임한 검사인에 의한 조사 등이 없다($_{299조, 310조 등 참조}^{주식회사의 경우는 상}$).

제 2 절 설 립

제 1 설립의 특색

유한회사의 설립절차는 주식회사의 발기설립과 비슷하다. 그러나 유한회사의 설립에는 발기인이 없는 점, 법원이 선임한 검사인에 의한 조사제도가 없는 점($_{조, 310조 참조}^{주식회}^{사의}^{경우 상 299}$), 사원이 정관에 의하여 확정되고($_{1호, 179조 3호}^{상 543조 2항}$) 기관(이사)도 정관에서 정할 수 있는 점($_{조 1항}^{상 547}$), 사원과 이사에게 무거운 자본금의 전보(塡補)책임이 있는 점($_{551조, 593조}^{상 550조,}$), 사원의 개성이 중시되므로 설립취소의 소가 인정되는 점($_{552조}^{상}$) 등은 주식회사의 설립절차와는 다른 특색이다. 한마디로 유한회사의 설립의 특색은 주식회

---

1) 2009년 개정상법에 의하여 자본금 총액이 10억원 미만인 소규모 주식회사는 이사를 1명 또는 2명으로 할 수 있는데(상 383조 1항 단서) 이 때에는 각 이사(정관에 따라 대표이사를 정한 경우에는 그 대표이사)가 회사의 업무를 집행하고 또한 대표하므로(상 383조 6항) 주식회사의 업무집행기관과 같이 이사회와 대표이사로 이원화되지 않고 이사(정관에 따라 대표이사를 정한 경우에는 그 대표이사)로 일원화되는데(상 383조 6항), 이 경우에는 주식회사의 업무집행기관이 유한회사의 그것과 매우 유사하게 된다.

사의 그것보다 훨씬 간소화되어 있다.[1]

제 2 설립절차

1. 정관의 작성

(1) 유한회사의 설립은 먼저 1인 이상의 사원이 정관을 작성하고($\substack{상\ 543 \\ 조\ 1항}$),[2] 각 사원이 기명날인 또는 서명하여야 한다($\substack{상\ 543 \\ 조\ 2항}$). 이 정관은 주식회사의 경우와 같이 공증인의 인증을 받음으로써 그 효력이 생긴다($\substack{상\ 543조 \\ 3항,\ 292조}$).

(2) 정관의 기재사항은 다음과 같다.

(개) 정관의 절대적 기재사항은 (i) 목적, (ii) 상호, (iii) 사원의 성명·주민등록번호 및 주소($\substack{주식회사와는\ 달리\ 정관 \\ 에\ 의하여\ 사원이\ 확정된다}$), (iv) 자본금의 총액($\substack{자본금의\ 총액은\ 주식회사와는 \\ 달리\ 정관에\ 의하여\ 확정된다}$), (v) 출자 1좌의 금액($\substack{주식회사가\ 액면주식을\ 발행하는\ 경우와\ 같이\ 출자\ 1좌 \\ 의\ 금액은\ 100원\ 이상으로\ 균일하여야\ 한다\ -\ 상\ 546조}$), (vi) 각 사원의 출자좌수($\substack{유한회사는\ 주식회사와는\ 달리\ 출자의\ 인수절차가\ 없으므로\ 각\ 사원이\ 인수할\ 출자좌수 \\ 는\ 정관에\ 의하여\ 확정되고,\ 각\ 사원의\ 출자목적은\ 주식회사와\ 같이\ 재산출자에\ 한정된다}$), (vii) 본점의 소재지이다($\substack{상\ 543 \\ 조\ 2항}$).

(내) 정관의 상대적 기재사항은 현물출자·재산인수·설립비용의 변태설립사항($\substack{상 \\ 544조}$) 등이 있다. 이러한 변태설립사항으로서 재산인수를 탈법하기 위하여 이용되는 사후설립에는 주식회사의 경우와 같이 사원총회의 특별결의가 있어야 한다($\substack{상\ 576 \\ 조 \\ 2항}$).

(대) 정관의 임의적 기재사항으로는 이사의 수·결산기 등과 같은 사항($\substack{유한회사의\ 본 \\ 질\ 또는\ 강행 \\ 법규에\ 위반되 \\ 지\ 않는\ 사항}$) 등이 있다.

2. 출자의 이행

이사는 사원으로 하여금 출자 전액의 납입 또는 현물출자의 목적인 재산 전부의 급여를 시켜야 한다($\substack{상\ 548 \\ 조\ 1항}$). 이 경우에 현물출자의 목적인 재산이 등기·등록 등을 요하는 경우에는 이에 관한 서류를 갖추어 교부하여야 한다($\substack{상\ 548조\ 2항, \\ 295조\ 2항}$). 그러나 주식회사의 경우와 같이 변태설립사항의 경우 법원이 선임한 검사인에 의한 조사나 법원의 처분제도는 없다.

---

1) 동지: 정(희), 643면; 정(동), (회) 701면.
2) 우리 상법상 유한회사는 1인 사원에 의하여 설립될 수 있는데, 이는 독일 유한회사법상 유한회사가 1인 사원에 의하여 설립될 수 있는 점과 같다(동법 1조).

3. 이사·감사(監事)의 선임

유한회사의 설립에서는 주식회사에서와 같은 발기인이 없으므로 이사(초대이사)를 정관에서 직접 정할 수도 있으나, 정관에서 이를 정하지 아니한 때에는 회사성립 전에 사원총회를 열어 선임하여야 한다($^{상 547}_{조 1항}$). 이 사원총회는 각 사원이 소집할 수 있다($^{상 547}_{조 2항}$).

정관에서 감사(監事)를 두기로 정한 경우에는 이러한 감사(監事)의 선임의 경우에도 같다($^{상 568}_{조 2항}$).

4. 설립등기

유한회사의 설립등기는 출자의 납입 또는 현물출자의 이행이 있은 날로부터 2주간 내에 본점소재지에서 하여야 한다($^{상 549조 1항;}_{상등규 156조}$). 설립등기사항은 법정되어 있다($^{상 549}_{조 2항}$).[1] 유한회사도 다른 회사와 같이 설립등기에 의하여 성립한다($^{상}_{172조}$).

제3 설립의 하자(무효와 취소)

(1) 유한회사의 설립무효에 관하여는 주식회사의 경우와 같다($^{상 552}_{조 1항}$).

(2) 유한회사에는 합명회사·합자회사 및 유한책임회사와 같고 주식회사와는 다른 설립취소의 제도가 있다($^{상 552조 1항·2항, 184조}_{2항, 185조, 287조의 6}$). 이것은 유한회사가 자본단체이기는 하지만, 사원간의 조합계약적 성격이 있기 때문에 각 사원의 개성이 중요시되는 데서 인정되는 것이다. 그러므로 유한회사에서는 설립취소가 인정되는 범위 내에서는 법인격부인론이 적용될 여지가 없다고 하겠으나, 그 외에는 유한회사의 사원이 유한책임을 부담하는 점에서 회사의 채권자를 보호하기 위하여 법인격부인론이 적용되어야 할 것으로 본다.

제4 설립관여자의 책임

유한회사의 설립경과에 대하여는 자치적인 조사이든 법원이 선임한 검사인에 의한 공권적 조사이든 일체의 조사절차가 없는 대신에($^{주식회사의 경우에는 298조~}_{300조, 310조~314조 참조}$), 자본금 충실을 기하기 위하여 현물출자 및 출자미필에 대하여 사원과 이사 및 감사(監

---

1) 유한회사의 설립등기사항도 주식회사의 경우와 같이 1995년 개정상법에 의하여 일부 개정되었다.

事)에 대하여 자본금 전보책임을 인정하고 있다. 사원의 이러한 자본금 전보책임은 사원의 유한책임의 원칙에 대한 중대한 예외가 된다.

1. 사원의 현물출자 등의 부족재산가격 전보책임(변태설립사항)

현물출자 또는 재산인수의 목적인 재산의 회사성립 당시의 실가(實價)가 정관에 정한 가격에 현저하게 부족한 때에는, 회사성립 당시의 사원은 회사에 대하여 그 부족액을 연대하여 지급할 책임이 있다($\frac{상 550}{조 1항}$).[1] 유한회사의 변태설립사항은 주식회사에서와 같이 법원이 선임한 검사인에 의하여 조사를 받거나($\frac{상 298조 4항 본문,}{299조, 310조 1항·2항}$) 공인된 감정인에 의한 감정을 받는 제도($\frac{상 298조 4항 단서,}{299조의 2, 310조 3항}$)가 없는 대신, 이와 같이 사원의 책임으로 이에 갈음하고 있다.

이것은 정관작성 당시의 평가가 정당한지 여부를 불문하고, 회사성립 당시의 자본금에 상당하는 재산을 유지할 것을 요구하는 것으로, 자본금 충실의 원칙을 반영한 것이기도 하다.[2] 따라서 여기에서 「현저하게 부족한 때」란 재산의 과대평가로 인한 경우뿐만 아니라, 경제의 변동에 따른 재산가격의 하락을 포함한다.[3]

사원의 이러한 책임은 무과실책임으로 어떠한 경우에도 면제되지 못한다($\frac{상 550}{조 2항}$). 사원의 연대책임으로 인한 구상관계는 출자좌수에 비례한다.[4]

2. 사원과 이사 및 감사(監事)의 출자미필액 전보책임(출자불이행)

회사성립 후에 금전출자의 납입 또는 현물출자의 이행이 완료되지 아니하였음이 발견되었을 때에는, 회사성립 당시의 사원과 이사 및 감사(監事)는 회사에 대하여 그 납입되지 아니한 금액 또는 이행되지 아니한 현물의 가액을 연대하여 지급할 책임이 있다($\frac{상 551}{조 1항}$). 이 책임은 주식회사의 경우 발기인의 자본금 충실의 책임($\frac{상}{321조}$)에 해당하는 것이다.[5] 따라서 유한회사의 사원 등의 이 책임은 무과실책임이다. 다만 유한회사의 사원 등은 인수담보책임을 부담하지 않고 또 현물출자에 대하여도 책임을 부담하는 점에서 주식회사의 발기인의 자본금 충실의 책임과 구별된다.

사원의 이 책임은 사원의 현물출자 등의 부족재산가격 전보책임($\frac{상}{550조}$)과 같은 취지이다. 이사는 소정의 납입 또는 이행을 청구할 의무가 있기 때문에 이 책임을

---

1) 독일 유한회사법은 이러한 책임을 차액책임(Differenzhaftung)으로 규정하고 있다(동법 9조).
2) 동지: 정(희), 645면.
3) 동지: 정(동), (회) 706면.
4) 동지: 정(희), 645면.
5) 주식회사의 경우 현물출자 불이행에 대하여 발기인이 자본충실의 책임을 지는지에 대하여는 상법에 규정이 없고, 학설은 나뉘어 있는데 부정하는 것이 타당하다고 본다.

지고($^{상}_{548조}$), 감사(監事)는 업무감사권이 있기 때문에 이 책임을 진다($^{상}_{569조}$). 이사·감사(監事)는 유한회사의 수임인이므로($^{상 567조,}_{382조 2항}$), 총사원의 동의가 있으면 그 책임이 면제된다($^{상 551}_{조 3항}$). 그러나 사원의 책임은 면제되지 아니한다($^{상 551}_{조 2항}$). 이것은 주식회사의 경우 발기인의 자본금 충실의 책임이 면제되지 않는 점과 유사하다고 볼 수 있다.

제 3 절   사원의 지위

제 1   사원의 자격과 원수(員數)

1. 사원의 자격

유한회사의 사원의 자격에는 특별한 제한이 없으므로, 자연인 및 회사 기타의 법인이 사원이 될 수 있다.

2. 사원의 원수(員數)

사원의 원수(員數)는 제한이 없다. 2011년 4월 개정상법 이전에는 유한회사의 사원의 수에 대하여 원칙적으로 1인 이상 50 인 이하이어야 하는 제한을 두었으나 ($^{개정전 상 545}_{조 1항 본문}$), 2011년 4월 개정상법은 유한회사 사원의 수의 최고한을 폐지하였다 ($^{상}_{545조}$).

사원의 성명·주소 및 출자좌수를 기재하기 위하여 사원명부가 작성되는데, 이는 주주명부와 유사한 기능을 갖는다($^{상 557조, 559조 2항,}_{560조 2항, 353조}$).

제 2   사원의 권리의무

1. 사원의 권리

(1) 유한회사의 사원의 권리는 원칙적으로 주식회사의 주주의 그것과 비슷하다. 주식회사의 주주의 주식이나 유한회사의 사원의 지분은 원칙적으로 자유롭게 양도할 수 있다($^{상 335조}_{1항, 556조}$).[1]

그러나 유한회사의 사원의 대표소송권을 자본금의 100분의 3 이상에 해당하는

---

1) 유한회사 사원의 지분의 이전은 2011년 4월 개정상법 이전에는 크게 제한을 받았는데(개정전 상 556조), 2011년 4월 개정상법에서는 주식회사에서의 주식과 같이 원칙적으로 자유롭게 이전할 수 있도록 하였다(상 556조).

출자좌수를 갖는 소수사원권으로 인정하고 있는 점($\frac{상\ 565}{조\ 1항}$) 및 소수사원에 의한 사원총회의 소집권에 관하여 정관으로 다른 정함을 할 수 있게 한 점($\frac{상\ 572}{조\ 2항}$) 등은 주식회사의 경우($\frac{상\ 403조}{1항,\ 366조}$)와 차이가 있다.

(2) 유한회사의 사원의 자익권(自益權)으로는 이익배당청구권($\frac{상\ 583조}{1항,\ 462조}$), 잔여재산분배청구권($\frac{상}{612조}$), 출자인수권($\frac{상\ 588}{조\ 본문}$) 등이 있다.

유한회사의 사원의 공익권(共益權)으로서는 의결권($\frac{상}{575조}$), 총회소집청구권($\frac{상}{572조}$), 총회결의에 대한 취소·무효 또는 부존재확인·부당결의취소변경의 소권($\frac{상\ 578조,}{376조~381조}$), 회사의 설립무효 또는 취소($\frac{상}{552조}$)·증자무효($\frac{상}{595조}$)·감자무효($\frac{상\ 597조,}{445조~446조}$)·합병무효($\frac{상\ 603}{조,\ 529조}$)의 소권, 이사의 책임을 추궁하는 사원의 대표소송제기권($\frac{상}{565조}$), 이사의 위법행위 유지청구권($\frac{상\ 564}{조의\ 2}$), 회사의 업무·재산상태에 대한 검사청구권($\frac{상}{582조}$), 사원의 회계장부열람권($\frac{상}{581조}$) 등이 인정되는 점은 주식회사의 경우와 유사하다.

그러나 유한회사의 사원에게는 사원제안권 및 다중대표소송제기권을 인정하지 않은 점은 주식회사의 경우($\frac{상\ 363조의}{2,\ 406조의\ 2}$)와 차이가 있다.

2. 사원의 의무

(1) 유한회사의 사원은 원칙적으로 그가 인수한 출자에 대한 출자의무만을 부담하고, 사원의 책임은 원칙적으로 그 출자금액을 한도로 한다($\frac{상}{553조}$).

(2) 유한회사의 사원은 예외적으로 일정한 경우에 자본금 전보(塡補)책임을 진다. 즉, 회사성립 당시의 사원, 증자에 동의한 사원, 조직변경결의 당시의 사원은 앞에서 본 바와 같이 일정한 자본금 전보의 책임을 진다($\frac{상\ 550조,\ 551조,}{593조,\ 605조}$). 다시 말하면 회사성립 당시의 사원은 변태설립사항($\frac{현물출자}{및\ 재산인수}$)의 부족재산을 전보할 책임($\frac{상}{550조}$)과 출자불이행분을 전보할 책임($\frac{상}{551조}$)이 있고, 증자에 동의한 사원은 변태설립사항($\frac{현물출자}{및\ 재산인수}$)의 부족재산을 전보할 책임($\frac{상}{593조}$)이 있으며, 조직변경결의 당시의 사원은 현존하는 순자산액이 자본금의 총액에 부족한 때에는 이를 전보할 책임($\frac{상}{605조}$)이 있다.

제 3 사원의 지분

1. 지분의 의의

(1) 유한회사의 지분(Anteil)은 합명회사의 그것과 같이「출자자인 사원의 회사에 대한 법률상의 지위($\frac{즉\ 사원이\ 회사에\ 대하}{여\ 갖는\ 권리의무의\ 총체}$)」를 말한다. 주식회사에서의 주식은 자본의 구성단위로서의 주식과 주주의 회사에 대한 권리의무(사원권)로서의 주식이라는

두 가지 개념이 있으나, 유한회사에서는 전자에 해당하는 개념으로 「출자(좌수)」라는 용어를 사용하고 후자에 해당하는 개념으로 「지분」이라는 용어를 사용하고 있다($\binom{상 554}{조 참조}$).[1]

(2) 각 사원은 출자좌수에 따라 지분을 가지는데($\binom{상}{554조}$)(지분복수주의), 이는 유한회사의 자본단체적 성격을 반영하는 것이다. 이러한 점은 주식회사의 주식과 같고 인적회사의 지분과 다른 점이다.

(3) 유한회사는 소규모 폐쇄적 성격을 갖고 있으므로 지분의 유가증권화를 허용하지 않는다. 즉, 유한회사는 사원의 지분에 관하여 지시식 또는 무기명식의 유가증권을 발행하지 못한다($\binom{상}{555조}$). 다만 기명식의 지분증권을 발행할 수는 있으나, 이는 증거증권으로서만 인정되고 유가증권으로서는 인정되지 않는다.[2]

(4) 유한회사의 지분을 공유하는 것은 인정되는데, 이 경우에는 주식의 공유에 관한 규정이 준용된다($\binom{상 558조,}{333조}$).[3]

2. 지분의 양도

(1) 유한회사의 사원이 출자금을 회수할 수 있는 방법으로는 (i) 자본감소절차에 의한 지분의 유상소각이나 환급의 방법($\binom{상 597조,}{439조}$) 및 (ii) 지분을 양도하는 방법이 있다.[4] 이 중에서 지분의 양도는 사원이 출자금을 회수하는 방법으로서 매우 중요한 기능을 가지므로, 유한회사는 지분의 양도성을 인정하지 않을 수 없다. 따라서 유한회사는 지분의 양도를 주식회사의 주식의 양도와 같이 인정하고 있다. 즉, 유한회사의 사원은 그 지분의 전부 또는 일부를 양도하거나 상속할 수 있는데, 다만 정관에서 지분의 양도를 제한할 수 있다($\binom{상}{556조}$).

(2) 지분양도의 방법은 당사자간의 의사표시만으로 그 효력이 발생하는데, 양수인의 성명·주소와 그 목적이 되는 출자좌수를 사원명부에 기재하지 않으면 양수를 회사와 제3자에게 대항하지 못한다($\binom{상}{557조}$).

---

1) 동지: 정(동), (회) 708면.

2) 동지: 정(동), (회) 709면; 주상(제5판)(회사 Ⅵ), 122~123면.

3) 유한회사 사원의 지분을 수 인이 공유하는 경우, 사원의 수를 공유자 전원으로 계산하지 않고 공유자 전원을 1인의 사원으로 계산하여야 한다는 견해가 있다[정(동), (회) 708면; 최(기), (회) 999면; 채, 858면].

4) 상법 제560조에서 상법 제341조를 준용하고 있지 않으므로 유한회사는 배당가능이익으로써 자기지분을 취득할 수 없다. 따라서 유한회사는 배당가능이익으로써 자기지분을 매입소각할 수 없다고 본다.

3. 지분의 입질

유한회사의 사원의 지분은 재산적 가치가 있는 것이므로 질권의 목적으로 할 수 있다($\frac{\text{상}\ 559}{\text{조}\ 1\text{항}}$). 지분 입질(入質)의 요건 및 방법은 지분 양도의 경우와 같다.

질권 설정을 회사와 제3자에게 대항하기 위해서는 질권자의 성명·주소와 질권의 목적이 되는 출자좌수를 사원명부에 기재하여야 한다($\frac{\text{상}\ 559\text{조}}{2\text{항},\ 557\text{조}}$). 유한회사의 지분의 입질은 주식회사의 주식의 입질과는 달리 약식질은 인정되지 않고 등록질만이 인정되므로, 지분의 질권자는 주식의 등록질권자와 같은 권리를 갖는다($\frac{\text{상}\ 560\text{조}\ 1}{\text{항},\ 339\text{조},}$ $\frac{340\text{조}\ 1}{\text{항}\cdot 2\text{항}}$).

4. 자기지분의 취득 및 질취의 제한

유한회사는 배당가능이익으로써 자기지분을 취득할 수 없는 점은 주식회사의 경우와 구별되고, 질취의 제한은 주식회사의 경우와 같다($\frac{\text{상}\ 560\text{조},\ 341\text{조}}{\text{의}\ 2,\ 341\text{조의}\ 3}$).

제 4 절 회사의 관리

제 1 총   설

유한회사의 기관에는 의사기관으로 사원총회와 업무집행기관으로 이사가 있다. 유한회사의 감사기관으로 감사(監事)가 있는데, 이는 임의기관이다. 유한회사의 기관이 주식회사의 경우와 근본적으로 다른 점은 업무집행기관이 이사회와 대표이사로 이원화되거나 집행임원이 있지 않고 이사로 일원화되어 있으며,[1] 감사기관인 감사(監事)가 임의기관으로 되어 있는 점이다.[2] 또한 유한회사에서도 임시기관으로 검사인이 선임되는 경우가 있다.

---

1) 2009년 개정상법에 의하여 자본금 총액이 10억원 미만인 소규모 주식회사는 이사를 1명 또는 2명으로 할 수 있고(상 383조 1항 단서) 이 때에는 각 이사(정관에 따라 대표이사를 정한 경우에는 그 대표이사)가 회사의 업무를 집행하고 또한 대표하므로(상 383조 6항) 주식회사의 업무집행기관이 이사회와 대표이사로 이원화되지 않고 이사(정관에 따라 대표이사를 정한 경우에는 그 대표이사)로 일원화되는데(상 383조 6항), 이 경우에는 주식회사의 업무집행기관이 유한회사의 그것과 매우 유사하게 된다.

2) 감사가 임의기관인 점은 자본금 총액이 10억원 미만인 주식회사의 경우(상 409조 4항)와 같다.

제 2 사원총회

1. 의   의

사원총회란 「사원에 의하여 구성되고 회사에 관한 모든 사항에 대하여 결의할 수 있는 최고·만능의 필요상설기관」이다. 유한회사의 사원총회는 주식회사의 주주총회와 대체로 같다. 그러나 주식회사의 주주총회의 권한이 상법 또는 정관에 정하는 사항에 한하여 결의할 수 있음에 대하여($\frac{상}{361조}$), 유한회사의 사원총회에는 그러한 제한이 없기 때문에 유한회사의 사원총회는 법령이나 유한회사의 본질에 반하지 않는 한 회사의 (업무집행을 포함한) 모든 사항에 관하여 결의할 수 있는 회사의 만능의 기관이라는 점에서 구별된다. 그러나 유한회사는 소규모·폐쇄적인 성질로 인하여 사원총회에 관한 절차는 주식회사의 그것에 비하여 매우 간단하다.

2. 소   집

(1) 소집권자

1) 사원총회($\frac{정기총회와\ 임}{시총회를\ 불문함}$)는 원칙적으로 이사가 소집한다. 이사가 수 인이 있는 경우에는 이사의 과반수의 결의를 요하는가. 이에 대하여 사원총회의 소집의 결의는 이사의 과반수의 결의에 의하되 소집 자체는 이사 각자가 할 수 있다는 견해가 있으나(소수설),[1] 사원총회의 소집에 관한 이사의 권한($\frac{상\ 571조}{1항\ 본문}$)은 독립된 권한으로 보아야 할 것이므로 이사가 수 인인 경우에도 단독으로 결정하여 집행할 수 있다고 본다(다수설)[2]($\frac{즉,\ 상법\ 제571조\ 1항\ 본문은\ 제564조}{에\ 대한\ 특칙으로\ 보아야\ 할\ 것이다}$).

2) 사원총회의 소집에 관한 이러한 원칙에 대하여 다음과 같은 예외가 있다. 즉, 소수사원($\frac{자본금\ 총액의\ 100분의\ 3\ 이상에}{해당하는\ 출자좌수를\ 가진\ 사원}$)에게 소집청구권이 인정되고($\frac{상\ 572조}{1항·3항}$), 또한 감사(監事)에게 임시총회소집권이 인정된다($\frac{상\ 571조}{1항\ 단서}$). 소수사원에 의한 소집청구권이 인정되는 경우에는 그 요건을 정관에 의하여 상법과 달리 정할 수 있는데($\frac{상\ 572}{조\ 2항}$), 이 점은 주식회사에서의 소수주주에 의한 주주총회의 소집과 다른 점이다.

(2) 소집절차

사원총회의 소집절차는 회일로부터 1주간 전에 각 사원에게 서면으로 통지서를 발송하거나 각 사원의 동의를 받아 전자문서로 통지서를 발송하여야 한다($\frac{상\ 571}{조\ 2항}$). 주

---

1) 정(희), 651면; 주상(제5판)(회사 Ⅵ), 258~260면.
2) 동지: 손(주), 1110면; 정(동), (회) 715면 외.

식회사의 경우($_{조\ 1항}^{상\ 363}$)와 비교하여 볼 때 통지발송시기가 단축되어 있는 점이 다르다. 그러나 이 통지서의 기재사항·소집지 등은 주주총회에 관한 규정이 준용되므로($_{조\ 3항,\ 363}^{상\ 571}$ $_{조\ 2항,\ 364조}$), 주식회사의 경우와 같다. 따라서 통지서에 목적사항을 기재하지 않고 통지하거나 소집지를 본점소재지 또는 이에 인접한 지로 하지 않는 것은 인정되지 않는다.

위와 같은 소집절차를 밟지 않은 경우에도 총사원의 동의가 있으면 총회를 열 수 있다(전원출석총회)($_{573조}^{상}$). 유한회사는 이 점에 대하여 명문으로 규정하고 있는 점이 주식회사의 경우와 구별된다.

(3) 소집시기

사원총회에는 매년 정기적으로 소집되는 정기총회($_{365조\ 1항}^{상\ 578조}$)와 필요한 경우에 임시로 소집되는 임시총회($_{365조\ 3항}^{상\ 578조}$)가 있는데, 이 점은 주식회사의 경우와 같다.

3. 의 결 권

각 사원은 원칙적으로 출자 1좌에 대하여 1개의 의결권을 갖는데(1출좌 1의결권) ($_{조\ 본문}^{상\ 575}$), 정관으로 이와 다른 정함을 할 수 있다($_{조\ 단서}^{상\ 575}$). 따라서 정관($_{는\ 변경정관}^{원시정관\ 또}$)의 규정에 의하여 두수주의(頭數主義)(1사원 1의결권)로 하거나, 일정좌수 이상을 가진 사원의 의결권을 제한하거나, 출자 1좌에 대하여 복수의결권을 부여할 수 있다.[1] 이 점은 주식회사의 경우와 다른 점이다. 그러나 유한회사의 경우에도 사원의 의결권을 완전히 박탈할 수는 없다.[2]

또한 유한회사에서는 소수사원권으로서 사원제안권을 인정하고 있지 않은 점 ($_{의\ 2\ 참조}^{상\ 363조}$), 이사의 선임에 있어서 집중투표제도를 인정하고 있지 않은 점($_{의\ 2\ 참조}^{상\ 382조}$), 사원의 지분매수청구권을 인정하지 않은 점($_{의\ 2\ 참조}^{상\ 374조}$) 및 지분의 상호보유의 경우에 의결권이 제한되지 않는 점($_{3항\ 참조}^{상\ 369조}$) 등은 주식회사의 경우와 다르다.

그러나 의결권의 대리행사, 특별이해관계인의 의결권행사의 제한 및 출석한 주주의 의결권의 수에 산입하지 아니하는 점 등은 주주총회의 그것과 같다($_{조\ 2항·3항,}^{상\ 578조,\ 368}$ $_{2항\ 등}^{371조}$).

---

1) 동지: 정(희), 651면; 정(동), (회) 716~717면; 최(기), (회) 1008면.
2) 동지: 정(희), 651면; 이(철), (회) 1223면.

4. 의사(議事)·결의

(1) 의   사

의사의 진행과 의사록의 작성은 주주총회의 그것과 같다($\frac{상\,578조.}{373조}$).

(2) 결의요건

결의요건에는 보통결의·특별결의 및 총사원의 일치에 의한 결의가 있다.

1) 보통결의는 정관에 다른 정함이 없으면 총사원의 의결권의 과반수를 갖는 사원이 출석하고, 그 의결권의 과반수로써 한다($\frac{상}{574조}$). 이 점은 주주총회의 보통결의 요건($\frac{상\,368}{조\,1항}$)과 다른 점이다.

2) 특별결의는 총사원($\frac{의결권을\,행사할\,수\,없는\,사원은}{총사원의\,수에\,산입하지\,아니한다}$)의 반수 이상이고, 총사원의 의결권($\frac{행사할\,수\,없는\,의결권은\,이를\,의}{결권의\,수에\,산입하지\,아니한다}$)의 4분의 3 이상을 가지는 자의 동의로 한다($\frac{상}{585조}$). 의결권의 수와 관계없이 총사원의 과반수를 요구하는 것은 유한회사에서는 사원의 개성이 중시되기 때문이다.[1] 주주총회의 특별결의의 요건($\frac{상}{434조}$)과 비교하여 그 요건이 더욱 가중되어 있는 점이 다르다.

특별결의를 요하는 사항은 영업양도 등의 승인($\frac{상\,576조}{1항,\,374조}$), 정관변경($\frac{상\,585}{조\,1항}$), 증자의 경우 현물출자·재산인수·(사원 이외의 자에 대한) 출자인수권의 부여($\frac{상\,586조.}{587조}$), 자본금의 감소($\frac{상\,597조.}{584조}$), 사원의 출자인수권의 제한($\frac{상\,588}{조\,2문}$), 사후설립($\frac{상\,576}{조\,2항}$), 사후증자($\frac{상}{596조}$), 합병 및 (신설합병의 경우) 설립위원의 선임($\frac{상\,598}{조,\,599조}$), 정관에서 정하는 경우 주식회사로의 조직변경($\frac{상\,607조}{1항\,단서}$), 회사의 해산($\frac{상\,609조\,1}{항\,2호·2항}$), 회사의 계속($\frac{상\,610}{조\,1항}$) 등이다.

3) 총사원의 일치에 의한 총회의 결의를 요하는 사항은 정관에 다른 정함이 없는 경우 유한회사의 주식회사로의 조직변경이다($\frac{상\,607조}{1항\,본문}$). 이 밖에 총사원의 동의를 요하는 사항으로는 이사와 감사(監事)의 책임면제($\frac{상\,551조\,3항.}{607조\,4항}$)가 있다.

(3) 서면결의

유한회사의 소규모·폐쇄적 성격을 반영하여 상법은 유한회사에서 회의를 필요로 하는 총회의 결의에 갈음하여, 서면에 의한 사원의 찬성과 반대의 의사표시를 계산하여 회사의 의사를 결정하는 방법을 규정하고 있는데, 이것을 서면결의라고 한다. 이러한 서면결의는 총회의 결의와 동일한 효력이 인정되고($\frac{상\,577}{조\,3항}$), 또 총회에 관한 규정이 준용되고 있는데($\frac{상\,577}{조\,4항}$), 이에는 다음과 같은 두 가지의 방법이 있다.

1) 첫째는 총회의 결의사항을 총회를 소집하지 않고 서면에 의한 결의로 할 것을 총사원이 동의한 경우이다($\frac{상\,577}{조\,1항}$). 이는 의안에 대한 가부(可否)는 별문제로 하고

---

1) 동지: 정(동), (회) 717면.

결의방법에 관하여 총사원이 동의하는 경우로서, 서면결의의 원래의 방법이다.[1] 이 방법에 의한 서면결의는 특정사항에 관하여 하는 경우에만 인정되고, 미리 포괄적으로 이러한 방법으로 할 것을 정하는 것은 인정되지 않는다.[2] 서면결의에 관한 총사원의 동의가 있으면, 다음으로 사원은 서면에 의하여 의안에 대한 찬성 또는 반대의 의사표시를 하고 이 의사표시가 결의요건을 구비하는 경우에 의안이 확정된다. 이 경우 결의요건의 구비 여부는 결의사항의 종류에 따라 다른데, 출석정족수의 산정이 문제된다. 이에 대하여 (보통결의사항의 경우) 총사원의 의결권의 과반수를 가지는 사원이 가부(可否)의 의사를 표시하고(즉, 가부〈可否〉의 서면을 송부하고) 그 표시된 의결권의 과반수가 찬성하여야 한다는 견해도 있으나,[3] 사원은 가부(可否)에 관한 서면의 송부 여부를 불문하고 전원 출석한 것으로 보아야 할 것이다.[4]

2) 둘째는 결의의 목적사항에 관하여 총사원이 서면으로 동의한 경우이다. 결의방법에 관하여는 사전에 총사원의 동의가 없었으나, 결의내용인 의안(議案)(목적사항)에 관하여 총사원이 서면에 의하여 동의하면 서면에 의하여 결의가 있은 것으로 보는 것이다($\substack{상 577\\조 2항}$).

5. 결의의 하자

사원총회의 결의의 하자에 관하여는 주주총회에 관한 규정이 그대로 준용된다($\substack{상 578조,\\376조~381조}$).

제 3 이   사

1. 의   의

유한회사의 이사(Geschäftsführer; gérant)는 「대내적으로 회사의 업무를 집행하고 대외적으로 회사를 대표하는 유한회사의 필요상설의 기관」이다. 앞에서 본 바와 같이 유한회사의 업무집행기관은 언제나 이사로 일원화되어 있고, 주식회사의 경우와 같이 이사회와 대표이사로 이원화되거나 집행임원이 있는 경우가 없다.[5]

---

1) 동지: 정(희), 652면.
2) 동지: 정(희), 652면; 손(주), 1113면; 정(동), (회) 718면; 이(철), (회) 1224면; 이(기) 외, (회) 606면.
3) 정(동), (회) 718면.
4) 동지: 정(희), 652면.
5) 앞에서 본 바와 같이 자본금 총액이 10억원 미만인 소규모 주식회사에서 이사가 1명 또는 2명인 경우에는 주식회사의 업무집행기관도 유한회사의 그것과 같이 이사 또는 대표이사로 일원화되

2. 선임 · 해임

(1) 선   임

이사의 선임은 원칙적으로 사원총회의 결의에 의한다($^{상 547조 1항,}_{567조, 382조 1항}$). 그러나 예외적으로 회사설립의 경우 초대이사는 정관에 의하여 정할 수 있다($^{상 547}_{조 1항}$). 이사의 자격 · 임기 · 수에는 상법상 제한이 없다. 이사의 자격에 제한이 없는 점에서 유한회사는 자기기관이나 제3자기관이 모두 가능하고,[1] 이사의 임기 및 수에 제한이 없는 점은 주식회사의 이사의 경우($^{상}_{383조}$)와 구별된다.[2]

이사와 회사와의 관계는 위임관계이고($^{상 567조,}_{382조 2항}$) 또한 이사가 받을 보수는 정관이나 총회의 결의로 정하는 점은($^{상 567조,}_{388조}$) 주식회사의 경우와 같다.

(2) 해   임

사원총회의 특별결의로 이사가 해임될 수 있고 또 일정한 경우에는 소수사원이 이사의 해임의 소권(訴權)을 갖는 점도 주식회사의 경우와 같다($^{상 567조,}_{385조}$). 이사의 결원이 있는 경우 등에 취하는 조치도 주식회사의 경우와 같다($^{상 567조, 386조,}_{407조, 408조}$).

3. 권   한

(1) 업무집행권

이사는 회사의 업무집행권이 있는데, 이사가 수 인 있는 경우에는 회사의 업무집행의사는 통일되어야 하므로 정관에 다른 규정이 없는 한 그 과반수로써 업무집행의 의사를 결정하여야 한다($^{상 564}_{조 1항}$). 지배인의 선임 · 해임($^{사원총회가 지배인을 선임 · 해임하}_{는 경우는 제외됨 - 상 564조 2항}$)과 지점의 설치 · 이전 또는 폐지의 경우에도 같다($^{상 564}_{조 1항}$). 그러나 이 경우에도 수 인의 이사는 주식회사의 이사회와 같이 회의체형식의 기관으로서 활동하는 것이 아니므로, 반드시 회의를 열어서 결의하여야 하는 것은 아니다[3]($^{주식회사의 이사회와 구}_{별됨 - 상 393조 참조}$). 또한 이와 같이 결의된 사항에 관한 업무집행은 각 이사가 단독으로 한다($^{단독집행}_{의 원칙}$).

(2) 대 표 권

이사는 원칙적으로 각자 회사의 대표권이 있다($^{상 562}_{조 1항}$). 대표권의 범위($^{상}_{209조}$) 및 (대표)이사의 손해배상책임($^{상}_{210조}$) 등은 합명회사의 대표사원($^{주식회사의 대표이사}_{또는 대표집행임원}$)의 그것과 같다($^{상}_{567조}$). 이사가 수 인 있는 경우에 정관에 다른 정함이 없으면 사원총회에서

어 있다(상 383조 1항 단서 · 6항).

1) 동지: 정(동), (회) 719면.

2) 그러나 주식회사의 경우에도 자본금 총액이 10억원 미만인 소규모 주식회사에서는 이사를 1명 또는 2명 둘 수 있으므로(상 383조 1항 단서), 이 경우에는 유한회사와 유사하게 된다.

3) 동지: 정(희), 649면; 정(동), (회) 720면.

회사를 대표할 이사를 선정하여야 한다[1]($\frac{상\ 562}{조\ 2항}$).

이사는 단독대표가 원칙이나, 정관 또는 사원총회의 결의로 수 인의 이사가 공동으로 회사를 대표할 것을 정할 수 있다(공동대표)($\frac{상\ 562}{조\ 3항}$). 공동대표의 경우 제3자와의 대표행위에 관하여는 주식회사의 경우와 같다($\frac{상\ 562조\ 4항,}{208조\ 2항}$).

회사가 이사에 대하여 또는 이사가 회사에 대하여 소를 제기하는 경우에는 이사가 대표권이 없고, 사원총회에서 그 소에 관하여 회사를 대표할 자를 선정하여야 한다($\frac{상}{563조}$).

표현대표이사에 관하여는 주식회사의 그것과 같다($\frac{상\ 567조,}{395조}$).

4. 의   무

이사와 회사와의 관계는 위임관계이므로($\frac{상\ 567조,}{382조\ 2항}$), 주식회사의 경우와 같이 이사는 회사에 대하여 일반적인 선관주의의무($\frac{민}{681조}$)를 부담한다. 이사는 이 외에도 주식회사의 경우와 같이 경업피지의무($\frac{상\ 567}{조,\ 397조}$)[2] · 자기거래금지의무($\frac{상\ 564}{조\ 3항}$) 등을 부담한다.

그러나 주식회사의 경우($\frac{상\ 382}{조의\ 3}$)와는 달리 유한회사의 이사에 대하여는 충실의무에 대하여 규정하고 있지 않다. 또한 유한회사의 이사에게는 주식회사의 경우($\frac{상\ 397}{조의\ 2}$)와는 달리 회사기회유용금지의무가 없고, 자기거래금지의무에서도 주식회사의 경우($\frac{상}{398조}$)와는 달리 이사의 주변인물과 회사와의 거래에 대하여는 제한을 하지 않고 있다.

이사는 이 밖에도 그 권한과 관련하여, 정관 등의 비치의무($\frac{상\ 566}{조\ 1항}$), 재무제표의 작성 · 제출의무($\frac{상\ 579조,\ 583}{조,\ 449조\ 1항}$) 등을 부담한다.

5. 책   임

(1) 손해배상책임

유한회사의 이사는 주식회사의 이사와 같이 회사 및 제3자에 대하여 법령위반 또는 임무를 게을리함으로 인한 손해배상책임을 진다($\frac{상\ 567조,}{399조~401조}$).

---

1) 상법 제562조 1항이 이사의 각자대표를 원칙으로 내세우면서, 동조 2항이 대표이사의 선정을 강요하는 것은 모순이다. 가능규정으로 고쳐야 할 것이다[동지: 정(동), (회) 720면].

2) 다만 이사가 자기 또는 제3자의 계산으로 회사의 영업부류에 속하는 거래를 하거나 동종영업을 목적으로 하는 다른 회사의 무한책임사원이나 이사가 되고자 하는 경우에 주식회사의 경우에는 이사회의 승인을 받아야 하나(상 397조 1항), 유한회사의 경우에는 이사회가 없으므로 사원총회의 승인을 받아야 한다(상 567조 2문).

(2) 자본금 전보책임(자본금 충실책임)

이사(및 감사〈監事〉)는 회사성립 후에 출자(금전 및 현물)불이행이 있는 것에 대하여 이를 연대하여 전보(塡補)할 책임이 있고(상 551조 1항), 증자시에 출자의 인수 및 납입(현물출자의 목적인 재산에 대하여는 급여미필재산가액)담보책임이 있으며(상 594조), 또한 조직변경시에 현존하는 순자산액이 조직변경시에 발행하는 주식의 발행가액총액에 부족한 경우에는 이를 연대하여 전보할 책임이 있다(상 607조 4항).

이사(및 감사)의 이러한 책임은 총사원의 동의에 의하여 면제될 수 있다(상 551조 3항, 594조 3항, 607조 4항).

6. 사원의 이사에 대한 위법행위 유지청구권과 대표소송권

이에 관하여는 상법이 유한회사의 경우에 별도로 규정하고 있으나(상 564조의 2, 565조), 그 내용은 대체로 주식회사의 주주의 이사에 대한 경우와 같다(상 402조, 403조). 다만 유한회사의 경우 이사의 위법행위에 대하여 유지청구권을 행사할 수 있는 소수사원권의 비율이 자본금의 총액의 100분의 3 이상에 해당하는 출자좌수를 가진 사원이고(상 564조의 2와 402조의 비교), 대표소송을 제기할 수 있는 소수사원권의 비율이 자본금의 총액의 100분의 3 이상에 해당하는 출자좌수를 가진 사원이라는 점에서 주식회사의 경우와 다르다(상 565조 1항과 403조 1항의 비교). 또한 유한회사에서는 주식회사의 경우(상 406조의 2)와는 달리 다중대표소송을 인정하지 않는다.

제 4 감사(監事)·검사인 및 (외부)감사인

1. 감　사

(1) 유한회사는 소규모·폐쇄적 성격이 있으므로 감사(監事)는 임의기관인데, 이 점은 주식회사(소규모 주식회사를 제외함)의 경우와 크게 구별되는 점이다. 즉, 유한회사는 정관에 의하여 1인 또는 수 인의 감사(監事)를 둘 수 있다(상 568조 1항). 정관에서 감사(監事)를 두기로 한 경우에 (초대)감사의 선임은 (초대)이사의 선임방법과 같다(상 568조 2항, 547조). 그 밖에 감사(監事)의 해임의 결의요건(상 385조 1항), 결원의 경우의 조치(상 386조), 책임면제 및 감경(상 400조), 직무집행정지 및 직무대행자의 선임(상 407조), 겸임금지(상 411조), 총회에 대한 재무제표의 조사보고의무(상 413조), 손해배상책임(상 414조) 등은 모두 주식회사의 경우와 같다(상 570조).

그러나 소수사원에 의한 해임의 소가 인정되지 않는 점(상 570조에서는 385조 2항을 준용하지 않음), 임기의 제한이 없는 점($^{상\ 570조에서는\ 410}_{조를\ 준용하지\ 않음}$), 자본전보책임이 있는 점($^{상\ 551조,\ 594}_{조,\ 607조\ 4항}$) 등은 주식회사의 경우와 다르다.

(2) 감사(監事)는 언제든지 회사의 업무와 재산상태를 조사할 수 있고, 이사에 대하여 영업에 관한 보고를 요구할 수 있다($^{상}_{569조}$). 이 밖에 감사(監事)는 직접적인 임시사원총회의 소집권($^{상\ 571조\ 1항\ 단서,}_{412조의\ 3과\ 비교}$), 설립무효 및 증자무효의 소의 제기권($^{상\ 552조,}_{595조}$), 이사의 자기거래에 대한 승인권($^{상\ 564}_{조\ 3항}$) 등이 있다.

(3) 감사(監事)의 의무와 책임은 이사 및 주식회사의 감사(監事)의 경우와 유사하다($^{상\ 570조 \cdot 411조 \cdot 413조 \cdot 414조 \cdot}_{565조,\ 551조,\ 594조,\ 607조\ 등}$).

2. 검 사 인

유한회사의 임시의 감사기관으로 검사인이 있다. 이러한 검사인은 사원총회나 법원에 의하여 선임될 수 있는데, 이 점은 주식회사의 경우와 같다($^{상\ 578조 \cdot}_{367조,\ 582조}$).

그러나 회사의 변태설립사항을 조사하기 위하여 검사인이 선임되지 않는 점은 주식회사의 경우와 근본적으로 다르다.

3. (외부)감사인

2017년 10월 31일 「주식회사 등의 외부감사에 관한 법률」($^{개정:\ 2020.\ 5.}_{19,\ 법\ 17298호}$)의 전부개정으로 직전 사업연도 말의 자산, 부채, 종업원 수 또는 매출액, 사원 수, 유한회사로 조직변경 후 기간 등을 고려하여 대통령령으로 정하는 기준($^{직전\ 사업연도\ 말의\ 자산}_{총액이\ 500억원\ 이상인\ 회}$ $^{사\ 등—외감}_{시\ 5조\ 2항}$)에 해당하는 유한회사는 회계법인 또는 한국공인회계사회에 등록한 감사반인 「(외부)감사인」($^{외감\ 2}_{조\ 7호}$)을 의무적으로 두어야 한다($^{외감\ 4조\ 1항}_{3호,\ 2조\ 1호}$).

이러한 (외부)감사인에 관하여는 주식회사에서 설명한 바와 같다.

제 5 회사의 회계

1. 총   설

유한회사도 물적회사이므로 회사채권자를 보호하기 위하여 회사재산을 확보하는 것이 무엇보다도 중요하다. 따라서 유한회사의 회계에 관하여는 주식회사의 회계에 관한 규정을 많이 준용하고 있다($^{상}_{583조}$). 다만 유한회사는 소규모·폐쇄적 성격 때문에 대차대조표의 공고강제가 없는 점($^{상\ 449조}_{3항\ 참조}$) 등은 주식회사의 경우와 다르다.

2. 재무제표

(1) 작성 · 제출

재무제표의 작성($\frac{상}{579조}$), 영업보고서의 작성($\frac{상 579}{조의 2}$), 이들의 사원총회에의 제출 · 승인($\frac{상 583조 1항, 449}{조 1항 · 2항, 450조}$), 재무제표부속명세서의 작성 등은 대체로 주식회사의 경우와 유사하다.

(2) 내   용

유한회사는 법정준비금($\frac{이익준비금}{및 자본준비금}$)을 적립하여야 하고, 이는 자본금의 결손전보에만 충당할 수 있는 점($\frac{상 583조 1항,}{458조~460조}$) 등은 주식회사의 경우와 같다.

그러나 준비금의 자본금 전입이 인정되지 않는 점은 주식회사의 경우와 구별되는 점이다($\frac{상 461}{조 참조}$).

(3) 비치 · 공시

재무제표 · 영업보고서 및 감사보고서는 정기총회 회일의 1주간 전부터 5년간 회사의 본점에 비치하여야 한다($\frac{상 579조}{의 3 1항}$). 사원과 회사채권자는 영업시간 내에 언제든지 위 서류의 열람을 청구할 수 있고, 회사가 정한 소정의 비용을 지급하고 그 등본이나 초본의 교부를 청구할 수 있는데($\frac{상 579조의 3}{2항, 448조 2항}$), 이 점은 주식회사의 경우와 대체로 같다($\frac{상 448}{조 참조}$).

그러나 앞에서 본 바와 같이 대차대조표의 공고강제가 없는 점은 주식회사의 경우와 다르다($\frac{상 449조}{3항 참조}$).

3. 이익의 배당

(1) 이익배당의 요건은 주식회사의 경우와 같다($\frac{상 583조}{1항, 462조}$).

(2) 이익배당의 기준이 원칙적으로 각 사원의 출자좌수에 따라야 하는 점은 주식회사의 경우와 같지만, 정관으로 그 예외를 규정할 수 있는 점은 주식회사의 경우와 다르다($\frac{상}{580조}$).

(3) 유한회사의 경우에도 주식회사의 경우와 같이 중간배당을 인정하고 있다($\frac{상 583}{조 1항, 462조의 3}$).[1]

4. 기타의 경리문제

(1) 소수사원이 회계의 장부와 서류의 열람 또는 등사를 청구할 수 있는 권리를 갖는 점($\frac{상 581}{조 1항}$)은 주식회사의 경우와 같다($\frac{상}{466조}$). 그러나 유한회사의 경우 이러한 권

---

1) 1999년 개정상법에 의하여 유한회사에 대하여도 중간배당제도를 인정하고 있다.

리를 정관의 규정에 의하여 단독사원권으로 할 수 있고, 이 경우에 회사는 재무제표부속명세서를 작성하지 아니하는 점은($^{상\ 581}_{조\ 2항}$), 주식회사의 경우와 다르다($^{상\ 466}_{조\ 참조}$).

　(2) 소수사원의 검사인선임청구권($^{상}_{582조}$)은 주식회사의 경우($^{상}_{467조}$)와 유사하다.

　(3) 유한회사가 사원의 권리행사와 관련한 이익공여금지의 규정을 두고 있지 않은 점은 주식회사의 경우($^{상\ 467}_{조의\ 2}$)와 구별되나, 회사 피용자의 우선변제권을 인정한 점은 주식회사의 경우와 동일하다($^{상\ 583조}_{2항,\ 468조}$).

제 5 절   정관의 변경(자본금의 증감)

제 1 총 설

　유한회사의 정관의 변경은 사원총회의 특별결의에 의하는 점은($^{상\ 584조,}_{585조}$) 주식회사의 경우와 유사한데, 이 결의에서는 결의요건이 주식회사의 경우보다 가중되어 있고($^{상\ 585}_{조\ 1항}$) 또 정관에 규정이 없더라도 서면결의의 방법을 이용할 수 있는 점은($^{상}_{577조}$) 주식회사의 경우와 구별된다.

　정관변경이 등기사항에 관한 경우에는 그 변경등기를 하여야 한다($^{상\ 549조}_{4항,\ 183조}$). 그러나 이러한 변경등기는 원칙적으로 정관변경의 효력요건이 아니고 대항요건이다($^{상}_{37조}$). 그러나 자본금 증가의 변경등기는 예외적으로 본점소재지에서 변경등기를 함으로써 그 효력이 생기므로($^{상}_{592조}$) 효력요건이다.

　유한회사에서는 자본금의 총액이 정관의 절대적 기재사항이므로($^{상\ 543조}_{2항\ 2호}$), 자본금의 증감은 정관의 변경에 관한 사항이다. 따라서 이하에서는 정관변경사항 중 가장 중요한 것으로 볼 수 있는 자본금 증가와 자본금 감소에 대하여만 설명한다.

제 2 자본금 증가

1. 의 의

　자본금 증가(증자)란 「정관에서 규정하고 있는 자본금의 총액을 증가하는 것」을 말하는데, 유한회사에서의 증자는 정관변경을 수반하는 기구변경이다.[1] 유한회사에서는 사채(社債)의 발행이 인정되지 않으므로 회사가 다액의 장기자금을 조달하기

---

1) 동지: 정(동), (회) 728~729면; 채, 864면; 이(기) 외, (회) 608면.

위해서는 자본금 증가의 방법에 의할 수밖에 없다.[1]

증자의 방법에는 (i) 출자좌수의 증가, (ii) 출자 1 좌의 금액의 증가 및 (iii) 양자의 병용의 세 가지 방법이 있다. 그런데 출자 1 좌의 금액의 증가에는 사원에게 추가출자를 요하는 것이므로 사원의 유한책임의 원칙에서($\frac{상 553조}{2항 2호}$) 총사원의 동의를 요하므로, 실제로는 출자좌수의 증가에 의한 방법이 많이 이용되고 있는 점에서, 상법도 이에 대하여만 규정하고 있다.

2. 증자의 절차

(1) 사원총회의 특별결의

유한회사의 자본금은 정관의 절대적 기재사항이므로($\frac{상 543조}{2항 2호}$) 증자를 위하여는 사원총회의 특별결의에 의한 정관변경이 있어야 한다($\frac{상 584조,}{585조}$). 이 결의에서는 정관에 다른 정함이 없더라도 현물출자, 재산인수 및 증자부분의 출자인수권을 부여할 자에 관하여 정할 수 있다($\frac{상}{586조}$).

(2) 출자의 인수

1) 사원은 원칙적으로 증가할 자본금에 대하여 그 지분에 따라 출자를 인수할 출자인수권을 갖는다(법정출자인수권)($\frac{상 588}{조 본문}$).

그러나 예외적으로 정관변경의 사원총회에서 출자인수권을 부여할 자를 정한 경우($\frac{상 586}{조 3항}$) 또는 사원총회의 특별결의로 특정한 제3자에 대하여 출자인수권을 부여할 것을 약속한 경우($\frac{상}{587조}$)에는, 이 범위에서 사원은 출자인수권을 갖지 못한다($\frac{상 588}{조 단서}$). 이 점이 주식회사에서는 주주의 신주인수권을 제한하거나 또는 특정한 제3자에게 신주인수권을 부여함에는 신기술의 도입·재무구조의 개선 등 회사의 경영상 목적을 달성하기 위하여 필요한 경우로서 반드시 정관에 이를 규정하여야 하는 점과 다르다($\frac{상 418조 2항,}{420조 5호 참조}$).

2) 출자인수의 방법은 출자인수인이 출자인수를 증명하는 서면에 그 인수할 출자좌수와 주소를 기재하고 기명날인 또는 서명하여야 한다($\frac{서면에 의}{한 요식행위}$)($\frac{상 589}{조 1항}$). 그러나 사원 또는 출자인수권이 부여된 제3자가 출자인수를 하지 않는 경우에는($\frac{출자인수권은 사}{원의 권리이지}$ $\frac{의무가}{아님}$) 회사는 다른 출자인수인을 구할 수는 있으나, 광고 기타의 방법에 의하여 출자인수인을 공모하지는 못한다($\frac{상 589}{조 2항}$). 이와 같이 유한회사에서는 출자인수권자가 출자를 인수하지 않아도 다른 인수인을 공모하지 못하는 점이 주식회사의 경우와 다르다. 또 주식회사의 경우와는 달리 신주인수권증서에 해당하는 제도도 없다.

---

1) 동지: 정(희), 655면; 정(동), (회) 729면.

3) 유한회사의 증자의 경우에는 정관상 자본금의 총액이 이미 변경되어 있으므로, 증자액에 해당하는 출자 전좌(全座)의 인수가 있어야 한다. 이 점도 주식회사의 신주발행에 있어서는 발행신주의 총수의 인수가 없어도 신주발행의 효력이 있는 점과 다르다.

(3) 출자의 이행

증자액에 해당하는 출자 전좌(全座)의 인수가 있으면 이사는 설립의 경우와 같이 출자인수인으로 하여금 출자 전액의 납입 또는 현물출자의 목적인 재산 전부의 급여를 시켜야 하는데, 이 경우 출자인수인은 회사의 동의없이 회사에 대하여 상계를 주장하지 못한다(상 596조, 548조, 421조 2항). 만일 이 때 증자액에 해당하는 출자 전좌(全座)의 이행이 없으면 증자는 효력을 발생하지 않는데, 이 점도 주식회사의 경우와 다른 점이다.

(4) 증자의 등기

자본금 증가로 인한 출자 전액의 납입 또는 현물출자의 이행이 끝나면 회사는 그 이행이 완료된 날부터 2주 내에 본점소재지에서 증자에 대한 변경등기를 하여야 하는데(상 591조),[1] 증자는 이와 같이 본점소재지에서 등기를 함으로써 그 효력이 생긴다(상 592조). 그러므로 출자인수인은 이 때부터 사원이 되는데, 다만 이익배당에 관하여는 납입의 기일 또는 현물출자의 목적인 재산의 급여의 기일로부터 사원과 동일한 권리를 갖는다(상 590조).

3. 증자에 관한 책임

증자의 경우에 자본금 충실의 원칙상 상법은 사원에게 변태설립사항(현물출자·재산인수)의 부족재산가격 전보책임(상 593조)과 이사 및 감사(監事)에게 자본금 충실책임(인수 및 이행담보책임)(상 594조)을 인정하고 있다. 또한 사후증자의 경우에도 동일한 책임을 인정하고 있다.

(1) 사원의 현물출자 등의 부족재산가격 전보책임(변태설립사항)

현물출자나 재산인수의 목적인 재산의 자본금 증가 당시의 실가(實價)가 증자결의에 의하여 정한 평가액에 현저하게 부족한 때에는, 그 증자결의에 동의한 사원은 회사에 대하여 연대하여 그 부족액을 전보할 책임을 진다(유한책임원칙의 예외)(상 593조). 이러한 사원의 책임은 면제되지 못한다(상 593조 2항, 550조 2항, 551조 2항).

---

1) 이 등기기간에 대하여 1995년 개정상법 이전에는 「본점소재지에서는 2주간 내, 지점소재지에서는 3주간 내에」라고 규정하였으나(상 591조), 1995년 개정상법은 「2주간 내에 본점소재지에서」라고 개정하여 지점소재지에서의 등기를 폐지하였다.

(2) 이사 및 감사(監事)의 자본금 충실책임

자본금 증가 후($^{중자등}_{기~후}$)에 아직 인수되지 아니한 출자가 있는 경우에는 이사와 감사(監事)가 공동으로 이를 인수한 것으로 보고(인수담보책임)($^{상~594}_{조~1항}$), 아직 출자 전액의 납입 또는 현물출자의 목적인 재산의 급여가 없는 경우에는 이사와 감사(監事)가 연대하여 그 납입 또는 급여미필재산의 가액을 지급할 책임을 진다(이행담보책임)($^{상}_{594조}_{2항}$). 이사와 감사(監事)의 이 책임은 총사원의 동의로 면제될 수 있다($^{상~594조~3항,}_{551조~3항}$).

이를 회사설립시의 경우($^{상}_{551조}$)와 비교하면, 증자시의 사원은 이러한 책임을 부담하지 않는 점과, 증자시의 이사 및 감사(監事)는 인수담보책임도 부담한다는 점에서 양자는 구별된다.

4. 사후증자

사후증자($^{유한회사가~증자~후~2년~내에~증자~전부터~존재하는~재산으로써~영업을~위하여~계속하여}_{사용할~것을~자본금의~20분의~1~이상에~상당하는~대가로~취득하는~계약을~체결하는~경우}$)는 증자는 아니지만 현물출자나 재산인수에 의한 증자를 탈법하기 위하여 이용되므로 사후설립의 경우와 같이 사원총회의 특별결의를 받도록 하고 있는데($^{상~596조,}_{576조~2항}$), 이 점은 주식회사의 경우와 구별되고 있다.

제 3 자본금 감소

유한회사의 자본금 감소의 방법 및 절차는 주식회사에서 액면주식을 발행한 경우 자본금 감소와 대체로 같다($^{상}_{597조}$). 즉, 정관변경에 관한 사원총회의 특별결의($^{상~543}_{조~2항~2호,~584조,~585}$ $_{조~1항,~597조,~439조~1항}$), 채권자보호절차($^{상~597조,}_{439조~2항}$), 출자에 대한 조치($^{출자~1좌의~금액감소의~경}_{우에는~환급~또는~절기(切}$ $^{棄),~출자좌수의~감소의~경}_{우에는~이의~소각이나~병합}$)($^{상~597}_{조,~443조}$) 및 감자의 변경등기($^{상~549조}_{4항,~183조}$)를 하여야 한다. 다만 이 때 감자는 등기 전의 감자절차의 종료로써 효력이 생기므로 감자등기는 효력발생요건이 아니고 단순한 대항요건인데, 이 점은 증자등기가 효력발생요건인 점($^{상}_{592조}$)과 구별되고 있다.

제 4 증자 · 감자의 무효

증자 · 감자의 무효에 대하여는 주식회사의 신주발행무효의 소 및 감자무효의 소의 규정을 준용하므로 주식회사의 경우와 거의 동일하다($^{상~595조}_{2항,~597조}$). 다만 증자무효의 소의 제소기간인 6월을 산정함에 있어서 그 기산점이 주식회사의 경우는 「신주를 발행한 날$\left(\substack{납입기일 \\ 의 다음 날}\right)$」인데$\left(\substack{상 \\ 429조}\right)$, 유한회사의 경우는 「증자발효일$\left(\substack{본점소재지에서 \\ 증자등기를 한 날}\right)$」이 다$\left(\substack{상 595 \\ 조 1항}\right)$.

제 6 절   합병과 조직변경

제 1 합   병

(1) 유한회사는 어떤 회사와도 합병을 할 수 있다$\left(\substack{상 174 \\ 조 1항}\right)$. 그런데 합병을 하는 회 사의 일방 또는 쌍방이 주식회사·유한회사 또는 유한책임회사인 경우에는 존속회 사나 신설회사는 주식회사·유한회사 또는 유한책임회사이어야 한다$\left(\substack{상 174 \\ 조 2항}\right)$. 유한회 사와 주식회사가 합병을 하는 경우에 합병 후 존속하는 회사 또는 합병으로 인하여 설립되는 회사가 주식회사이면 법원의 인가를 얻어야 하고$\left(\substack{상 600 \\ 조 1항}\right)$, 유한회사이면 사 채의 상환이 완료되어야 한다$\left(\substack{상 600 \\ 조 2항}\right)$.

(2) 유한회사가 다른 회사와 합병을 함에는 사원총회의 특별결의가 있어야 한다 $\left(\substack{상 \\ 598조}\right)$. 신설합병의 경우에는 당사회사인 유한회사는 사원총회의 특별결의에 의하여 설립위원을 선임하여야 하는데$\left(\substack{상 \\ 599조}\right)$, 이러한 설립위원이 정관작성 기타 설립에 관 한 행위를 한다$\left(\substack{상 175 \\ 조 1항}\right)$.

(3) 유한회사가 주식회사와 합병하는 경우에 합병 후의 존속회사 또는 신설회사 가 유한회사인 경우에는, 소멸한 주식회사의 주식 위에 있는 질권은 그 유한회사의 지분에 물상대위하지만, 유한회사의 지분에는 약식질의 방법이 없으므로 사원명부 에 질권의 등록을 하여야 회사 기타 제3자에게 대항을 할 수 있다$\left(\substack{상 \\ 601조}\right)$.

(4) 그 밖에 합병의 절차, 합병계약서의 작성, 합병계약서 등의 공시, 합병의 효 력, 합병의 등기 등에 관하여는 앞에서 이미 설명한 합병에 대한 일반적인 경우와 같다$\left(\substack{상 602조, \\ 603조}\right)$. 다만 유한회사의 경우에는 이사회가 없으므로 이사회의 공고로써 흡 수합병의 보고총회나 신설합병의 창립총회에 갈음할 수 있는 제도는 없다$\left(\substack{상 603조에 \\ 서 526조 3 \\ 항 및 527조 4항 \\ 을 준용하지 않음}\right)$.

제 2 조직변경

(1) 유한회사는 정관에 다른 규정이 없으면 총사원의 일치에 의한 사원총회의 결의로$\left(\substack{2011년 4월 개정상법에 의하여 정관에서 정하는 바에 따라 제585조의 \\ 사원총회의 특별결의로 할 수 있도록 하고 있다 — 상 607조 1항 단서}\right)$ 주식회사로만 그 조직을

변경할 수 있다($\frac{\text{상} 607}{\text{조} 1\text{항}}$). 이 조직변경에 관한 결의에서는 정관 기타 조직변경에 필요한 사항을 정하여야 한다($\frac{\text{상} 607\text{조} 5\text{항},}{604\text{조} 3\text{항}}$). 이 조직변경에는 채권자보호절차를 밟아야 하고($\frac{\text{상} 608}{\text{조}, 232\text{조}}$), 조직변경이 끝나면 이를 등기하여야 한다($\frac{\text{상} 608\text{조에서} 606\text{조를} 준용하든가 또}{\text{는 변경등기에 관한 별도의 규정을 두었}}$ 으로 본다). 이 조직변경은 법원의 인가를 받아야 그 효력이 있다($\frac{\text{상} 607}{\text{조} 3\text{항}}$).

　(2) 조직변경시의 자본충실을 위하여 조직변경시에 발행하는 주식의 발행가액 총액은 회사에 현존하는 순재산액을 초과하지 못하도록 하고 있고($\frac{\text{상} 607}{\text{조} 2\text{항}}$), 만일 이를 초과하면 그 초과액에 대하여 결의 당시의 이사·감사(監事)와 사원이 연대하여 회사에 대하여 그 부족액을 전보할 책임을 진다($\frac{\text{상} 607\text{조}}{4\text{항} 1\text{문}}$).

　　조직변경 전의 유한회사의 지분상의 질권자는 주권교부청구권 및 물상대위에 의하여 보호된다($\frac{\text{상} 607\text{조} 5\text{항}, 340}{\text{조} 3\text{항}, 601\text{조} 1\text{항}}$).

제 7 절　해산과 청산

제 1　해　　산

　(1) 유한회사의 해산사유는 (i) 존립기간의 만료 기타 정관으로 정한 사유의 발생, (ii) 사원총회의 결의(특별결의), (iii) 합병, (iv) 파산, (v) 법원의 해산명령 또는 해산판결이다($\frac{\text{상}}{609\text{조}}$).

　(2) 위의 (i) 또는 (ii)의 경우에는 사원총회의 특별결의에 의하여 회사를 계속할 수 있다($\frac{\text{상} 610}{\text{조} 1\text{항}}$). 이와 같이 회사를 계속하는 경우에는 해산등기 후에도 계속이 가능한데, 다만 해산등기 후에는 일정한 기간 내에 회사의 계속등기를 하여야 한다($\frac{\text{상} 611\text{조},}{229\text{조} 3\text{항}}$).

제 2　청　　산

　(1) 유한회사의 청산은 주식회사의 경우와 같이 언제나 법정청산이다. 따라서 유한회사의 청산절차는 주식회사의 경우와 거의 동일하다($\frac{\text{상}}{613\text{조}}$).

　(2) 유한회사의 청산인은 집행임원 비설치회사인 주식회사의 경우와 같이 청산인회와 대표청산인으로 분화되지 않는다. 따라서 각 청산인이 청산사무의 집행권과 대표권을 갖는데, 이 점은 해산 전의 유한회사의 이사와 같다. 또 잔여재산분배의 기준이 원칙적으로 각 사원의 출자좌수에 따르는 점은 주식회사의 경우와 같으나, 예외적으로 정관의 규정에 의하여 이와 달리 정할 수 있는 점은 주식회사의 경우와 다르다($\frac{\text{상}}{612\text{조}}$).

제 8 장 외국회사

제 1 외국회사의 의의

상법은 외국회사(foreign company; ausländische Gesellschaft; société étrangère)에 관한 규정(제6장)을 두고 있으나, 외국회사의 의의에 관하여는 아무런 규정을 두고 있지 않다. 그러나 외국회사와 내국회사를 구별하는 것은 외국회사에 관한 규정을 적용하기 위하여 필요하므로, 이를 구별하여야 할 실제적인 필요성이 있다. 외국회사의 구별표준에 관하여 (국제사법상) 학설은 나뉘어 있다. 즉, 이에 대하여 주소지주의·설립준거법주의·설립지주의·사원의 국적주의·주식인수지주의 등이 있는데, 주소지주의는 다시 영업중심지주의와 본점소재지주의로 나뉘어 있다.

생각건대 설립준거법 주의가 타당하다고 본다.[1] 이 견해에 의하면 내국회사는 한국법에 의하여 설립된 회사이고, 외국회사는 외국법에 의하여 설립된 회사를 의미한다. 우리 상법은 설립준거법을 등기사항으로 하고 있는 점(상614조 3항 전단), 「외국에서 설립된 회사」라고 표현하고 있는 점(상617조) 등에서 볼 때, 설립준거법 주의를 취하고 있다고 볼 수 있다.[2] 이러한 점에서 볼 때 상법 제617조의 입법취지는 외국회사라 할지라도 한국 내에 본점을 설치하거나 또는 한국 내에서 영업할 것을 주된 목적으로 하는 때에는 「한국에서 설립된 회사」(내국회사)와 동일한 규정에 의한다는 점을 명시한 것이다.

---

1) 동지: 정(희), 660면; 손(주), 1135면; 정(동), (회) 884면; 이(기) 외, (회) 99면; 천경훈, "상법상 외국회사 규정의 몇 가지 문제점: 2011년 개정의 분석과 비판을 겸하여,"「상사법연구」(한국상사법학회), 제32권 제4호(2014. 2), 239~240면 외(우리나라의 통설).
  이에 대하여 설립준거법설과 본점소재지설의 절충설을 취하는 견해로는 박·이, 513면; 차, 391면.
2) 동지: 정(희), 660면; 정(동), (회) 884면.

이와 같이 설립준거법 주의에 의하여 외국회사와 내국회사를 구별하는 이상, 외국회사는 내국회사와 같은 영리성 및 법인성을 요하지 않는다고 본다.[1]

제 2 외국회사의 권리능력

외국회사의 일반적 권리능력의 유무($\frac{법인격존재}{의 유무}$)는 그 설립준거법(속인법)에 의하여 결정될 문제이다. 그런데 그 설립준거법에 의하여 일반적 권리능력이 인정된 외국회사가 우리나라에서 어떠한 범위 내의 개별적 권리능력을 가질 수 있는가는, 우리나라의 법이 결정할 문제이다. 이에 대하여 우리 민법은 외국법인에 관해서는 규정을 두고 있지 않고, 상법은 이에 관하여 「외국회사는 다른 법률($\frac{공사법\langle公私法\rangle \cdot}{조약을 포함함}$)[2]의 적용에 있어서는 법률에 다른 규정이 있는 경우 외에는 대한민국에서 성립된 동종 또는 가장 유사한 회사로 본다」($\frac{상}{621조}$)라고 규정하고 있다. 이것은 자연인에 관하여 평등주의를 취하고 있는 것과 같이, 외국회사에 대하여도 내국회사와 동일하게 그 권리능력을 인정한 것이다.[3]

앞에서 본 바와 같이 외국회사라도 국내에 본점을 두거나 또는 국내에서 영업할 것을 주된 목적으로 하는 회사는 내국회사와 동일하게 취급된다($\frac{상}{617조}$). 이것은 우리 상법의 규정을 회피하기 위하여 외국법에 의하여 설립된 유사(類似)외국회사를 규제하기 위한 것이다.[4]

제 3 외국회사에 대한 감독규정

이하의 규정들은 외국회사가 한국에서 영업을 하는 경우 이를 감독하기 위한 것이고, 그 회사가 외국법상 법인격을 갖는지 여부는 묻지 아니한다.[5]

---

1) 동지: 천경훈, 전게논문(상사법연구 제32권 제4호), 240~241면.
2) 동지: 정(동), (회) 885면; 이(기) 외, (회) 100면.
3) 동지: 정(희), 661면; 정(동), (회) 885면.
　　그러나 외국의 입법례 중에는 그 나라 국내법에 의하여 승인을 받아야 그 나라에서 영업활동을 할 수 있는 것으로 규정한 경우도 있다(일본 민법 35조 등).
4) 동지: 정(동), (회) 885면; 채, 909면; 이(기) 외, (회) 99~100면; 주상(제5판)(회사 Ⅶ), 72면.
5) 동지: 정(희), 661면; 서·정, 662면; 손(주), 1136면; 정(동), (회) 884면; 이(기) 외, (회) 100면; 주상(제5판)(회사 Ⅶ), 33면 외.

1. 등   기

(1) 외국회사가 대한민국에서 영업을 하려면 대한민국에서의 「대표자」를 정하고 대한민국 내에 「영업소」를 설치하거나 대표자 중 1명 이상이 대한민국에 그 「주소」를 두어야 한다($\frac{상 614}{조 1항}$). 2011년 4월 개정상법에 의하여 외국회사는 대한민국 내에 영업소를 설치하거나 대표자 중 1명 이상이 대한민국에 그 주소를 두어야 하는 것으로 규정하였다($\frac{상 614}{조 1항}$).

이 때 외국회사는 그 영업소의 설치에 관하여 한국 내에서 설립되는 동종의 회사 또는 가장 유사한 회사의 지점과 동일한 등기를 하여야 한다($\frac{상 614}{조 2항}$).[1]

(2) 외국회사의 영업소의 등기에서는 회사설립의 준거법과 대한민국에서의 대표자의 성명과 그 주소 및 대한민국에서의 공고방법 등을 등기하여야 한다($\frac{상 614조}{3항, 상등}$ $\frac{규}{163조}$). 입법론상 외국회사가 영업소를 설치하지 않고 대표자 중 1명 이상이 대한민국에 그 주소를 둔 경우($\frac{상 614}{조 1항}$)에도 등기사항을 규정할 필요가 있다고 본다.[2]

이러한 등기사항이 외국에서 생긴 때에는 그 등기기간의 기산점은 그 통지가 도달한 날이다($\frac{상}{615조}$).

(3) 외국회사의 한국에서의 대표자는 주식회사의 대표이사 또는 대표집행임원($\frac{합명회사의}{대표사원}$)과 동일한 권한과 불법행위능력을 갖는다($\frac{상 614조 4항,}{209조, 210조}$).

2. 등기 전의 계속거래의 금지

외국회사가 그 영업소의 소재지에서 일정한 사항을 등기하기 전에는 계속적 거래를 하지 못한다($\frac{상 616}{조 1항}$). 이에 위반하여 거래를 한 자는 그 거래에 대하여 회사와 연대하여 책임을 지고($\frac{상 616}{조 2항}$), 그 회사는 등록세의 배액에 상당한 과태료의 제재를 받는다($\frac{상 636}{조 2항}$). 이는 국내거래의 안전을 기하기 위한 것이다.[3]

3. 대차대조표 등의 공고 의무

외국회사로서 상법에 따라 등기를 한 외국회사($\frac{대한민국에서의 같은 종류의 회사 또는 가}{장 비슷한 회사가 주식회사인 것만 해당한다}$)는 재무제표에 따른 승인과 같은 종류의 절차 또는 이와 비슷한 절차가 종결된 후

---

1) 동지: 대판 1959. 7. 30, 4291 민상 331(카드 4781)(외국회사의 사장·부사장 등 이사 전원이 한국 내에 주소를 두고 사무소를 설치한 때에는 그 사무소의 명칭 여하에 상관없이 국내에 지점을 설치한 것이라 할 것인즉, 지점설치의 등기를 하여야 하고 이를 하지 아니한 때에는 제3자는 외국회사의 성립을 부인할 수 있다).
2) 동지: 천경훈, 전게논문(상사법연구 제32권 제4호), 255~256면.
3) 동지: 정(희), 662면; 정(동), (회) 886면.

지체 없이 대차대조표 또는 이에 상당하는 것으로서 대통령령으로 정하는 것을 대한민국에서 공고하여야 한다($\frac{상}{1항, 상시 43조}$).[1] 이의 공고방법은 우리 상법상 주식회사의 공고방법($\frac{상 289조 3항}{부터 6항까지}$)과 같다($\frac{상 616조}{의 2 2항}$). 이는 2011년 4월 개정상법에 의하여 신설되었다.

따라서 외국회사는 그 설립준거법상 요구되는 정도의 대차대조표를 중요한 요지 위주로 한글로 표시하여 공고하여야 한다고 본다.[2]

4. 외국회사의 주권 또는 채권(債券)의 발행과 유통

외국회사가 한국 내에서 그 회사의 주권 또는 채권(債券)의 발행·주식의 이전·입질(入質)과 사채(社債)의 이전 등에 관하여는, 그 유통시장이 한국이고 이의 관계자의 이익을 보호하기 위하여 상법의 주식 및 사채(社債)의 해당 규정을 많이 준용하고 있다($\frac{상}{618조}$).

5. 영업소의 폐쇄와 청산

(1) 외국회사는 외국법에 의하여 그 법인격이 인정되기 때문에, 우리 상법에 의한 해산명령을 하여 법인격을 박탈할 수는 없다. 따라서 외국회사에 대하여는 회사의 해산명령($\frac{상}{176조}$)에 갈음하여 영업소 폐쇄명령의 제도를 두고 있는데($\frac{상}{619조}$), 그 요건은 대체로 해산명령의 그것과 유사하다. 다만 그 요건에서 「정당한 사유 없는 지급정지」($\frac{상 619조 1}{항 2호 후단}$) 및 대표자 등의 행위가 「선량한 풍속 기타 사회질서에 위반한 행위」도 포함되어 있는 점($\frac{상 619조}{1항 3호}$)에서는 해산명령보다 가중되어 있으나, 「정관 위반의 경우」가 제외된 점($\frac{상 619조}{1항 3호}$)에서는 해산명령보다 완화되어 있다.[3]

(2) 위와 같은 법원의 폐쇄명령이 있는 경우에는 법원은 이해관계인의 신청이나 직권으로 한국에 있는 그 회사 재산의 전부에 대하여 청산개시를 명하고, 청산인을 선임하여야 한다($\frac{상 620}{조 1항}$). 이는 한국에 있어서의 이해관계인을 보호하기 위한 것인데,[4] 이러한 법원의 청산개시명령에 관한 규정은 외국회사가 스스로 영업소를 폐쇄한 경우에도 준용된다($\frac{상 620}{조 3항}$). 외국회사 영업소에 대한 법원의 청산개시명령에 의한 청산절차에는 주식회사의 청산에 관한 규정이 그 성질이 허용하는 한 준용된다($\frac{상 620}{조 2항}$).

---

1) 상법 제616조의 2 제 1 항에서 "대통령령으로 정하는 것"이란 복식부기의 원리에 의하여 해당 회사의 재무상태를 명확히 하기 위하여 회계연도 말 현재의 모든 자산·부채 및 자본의 현황을 표시한 서류로서 대차대조표에 상당하는 형식을 갖춘 것을 말한다(상시 43조).
2) 동지: 천경훈, 전게논문(상사법연구 제32권 제4호), 258~260면.
3) 동지: 정(희), 662면.
4) 동지: 정(희), 662면.

제 9 장 벌 칙

제1 총 설

회사제도는 자본주의 경제조직에서 핵심적인 형태인데, 그 필요성이 큰 것과 비례하여 남용의 위험도 크다. 따라서 상법은 회사제도에서 발생하는 폐해를 방지하기 위하여 회사에 관한 규정을 사법적(私法的)으로는 강행규정으로 규정하는 한편, 공법적으로는 이러한 위반행위(회사범죄)에 대하여 형사처벌을 하고 있다.[1]

상법 회사편 제7장 벌칙에서 규정하고 있는 회사범죄에 대한 벌칙은 크게 형벌 (징역·벌금·몰수 등)과 행정벌(과태료)이 있는데, 전자는 형사소송법에 의하여 부과되고 후자는 비송사건절차법($^{비송\ 247}_{조\sim250조}$)에 의하여 처리된다.[2]

이하에서는 회사범죄에 대한 이러한 벌칙을 피처벌자, 제재의 종류, 가벌행위로 분류하여 간단히 소개하겠다.

제2 피처벌자

1. 형벌규정이 적용되는 자

회사범죄자로서 형벌의 제재를 받는 자는 다음과 같다.

1) 발 기 인   발기인은 주식회사의 설립사무와 관련하여 부정행위가 있는

---

1) 동지: 정(동), (회) 895면.
2) 동지: 정(동), (회) 895면.
    이 때의 행정벌(과태료)은 행정청(검사)이 위반사실을 적발하여 통보함으로써 과태료에 처할 자의 주소지를 관할하는 지방법원이 결정으로써 과하는데(비송 247조, 248조 1항), 법원은 재판을 하기 전에 당사자의 진술을 듣고 검사의 의견을 구하여야 한다(비송 248조 2항). 당사자와 검사는 과태료의 재판에 대하여 즉시항고를 할 수 있다(비송 248조 3항).

경우 특별배임죄, 회사재산을 위태롭게 하는 죄, 부실문서행사죄, 납입가장죄, 수권주식총수의 초과발행죄, 독직죄 등의 처벌을 받는다($\binom{상\ 622조,\ 625조,\ 627조,}{628조,\ 629조,\ 630조}$).

2) **설립위원**   신설합병의 경우 설립위원도 발기인과 유사한 지위에 있으므로 발기인과 같은 형벌의 제재를 받는다($\binom{상\ 622}{조\ 2항}$).

3) **이사·집행임원 또는 그 직무대행자**   주식회사나 유한회사의 이사·집행임원과 그 직무대행자($\binom{상\ 386조\ 2항,\ 407}{조\ 1항,\ 415조,\ 567조}$)도 발기인과 유사한 형벌의 제재를 받는다($\binom{상\ 622조,}{625조,\ 630조}$).

4) **업무집행사원**   인적회사의 업무집행사원과 유한책임회사의 업무집행자[1]도 물적회사의 이사·집행임원과 같은 형벌의 제재를 받는다($\binom{상\ 622조,}{625조}$).

5) **감사(監事) 또는 그 직무대행자**   감사(監事)와 그 직무대행자는 특별배임죄, 회사재산을 위태롭게 하는 죄, 부실보고죄, 부실문서 행사죄, 납입가장죄, 독직죄 등의 처벌을 받는다($\binom{상\ 622조,\ 625조\sim}{628조,\ 630조}$).

6) **회사의 지배인 또는 부분적 포괄대리권을 가진 상업사용인**($\binom{상\ 10조,}{15조}$)   이러한 상업사용인도 특별배임죄, 회사재산을 위태롭게 하는 죄, 부실문서 행사죄, 납입가장죄, 독직죄 등의 처벌을 받는다($\binom{상\ 622조,\ 625조,}{627조\sim630조}$).

7) **청산인 또는 그 직무대행자**   회사의 청산인 또는 그 직무대행자도 특별배임죄 등의 처벌을 받는다($\binom{상\ 622}{조\ 2항}$).

8) **검 사 인**   검사인도 회사재산을 위태롭게 하는 죄 등의 처벌을 받는다($\binom{상}{625조}$).

9) **공증인**($\binom{인가공증인의\ 공증}{담당변호사를\ 포함함}$)·**감정인**[2]   이들도 회사재산을 위태롭게 하는 죄($\binom{상}{625조}$), 독직죄($\binom{상\ 630}{조\ 1항}$) 등의 처벌을 받는다.

10) **외국회사의 대표자**   외국회사의 대표자도 부실문서 행사죄 등의 처벌을 받는다($\binom{상}{627조}$).

11) **사채권자집회의 대표자 또는 그 결의집행자**   이들은 사채권자단체의 수임자로서 단체의 이익을 해할 지위에 있으므로 특별배임죄 등의 처벌을 받는다($\binom{상}{623조}$).[3]

---

1) 2011년 4월 개정상법은 상법 제622조 등에 유한책임회사의 '업무집행자'를 추가하지 않았는데, 이는 입법상 미비라고 본다.

2) 이들은 1995년 개정상법에 의하여 주식회사의 설립경과 및 현물출자를 조사할 수 있는 지위를 갖게 되었으므로(공증인의 경우는 상 298조 3항, 299조의 2, 310조 3항, 313조 2항, 감정인의 경우는 상 299조의 2, 310조 3항, 422조 1항 참조), 이와 관련된 부정을 방지하기 위하여 이들의 부실보고죄(상 625조 1호) 및 독직죄(상 630조 1항)를 신설하였다.

3) 입법론상 이에 '사채관리회사'를 포함시켜야 할 것으로 본다.

12) 주식 또는 사채의 모집을 위탁받은 자 또는 매출인   이들은 직접 투자자인 일반공중을 상대로 업무를 하는 점에서 진실성이 요구되므로 부실문서 행사죄 등의 처벌을 받는다($\stackrel{상}{627조}$).

13) 주주·사채권자·기타의 자   주주·사채권자 등이 그의 권리행사와 관련하여 부정한 청탁을 받고 재산상의 이익을 수수·요구 또는 약속하는 경우에는 권리행사방해 등에 관한 증수뢰죄의 처벌을 받고($\stackrel{상\ 631}{조\ 1항}$), 주주 등이 납입의 책임을 면하기 위하여 타인 또는 가설인의 명의로 주식 또는 출자를 인수하면 납입책임면탈죄의 처벌을 받으며($\stackrel{상}{634조}$), 납입가장에 응하거나 이를 중개한 자도 납입가장죄의 처벌을 받는다($\stackrel{상\ 628}{조\ 2항}$).

위의 피처벌자가 법인인 경우에는 일정한 회사범죄에 대하여는 그 행위를 한 이사·집행임원·감사(監事) 그 밖에 업무를 집행한 사원 또는 지배인을 처벌한다($\stackrel{상}{637조}$).

2. 행정벌(과태료)이 적용되는 자

행정벌인 과태료 제재가 적용되는 자는 대체로 위의 형벌규정이 적용되는 자와 동일한데,[1] 부분적 포괄대리권을 가진 상업사용인이 제외되고 대신 사채모집의 수탁회사와 그 사무승계자가 추가되어 있다.

또한 회사성립 전에 회사명의로 영업한 자·외국회사의 영업소 등기 전의 거래 금지에 위반한 자($\stackrel{상}{636조}$) 및 회사가 아니면서 회사 상호를 부당사용한 자($\stackrel{상}{28조}$) 등도 과태료의 처벌을 받는다.

또한 상법($\stackrel{상\ 363조의\ 2\ \ 1항,\ 542}{조\ 2항,\ 542조의\ 6\ \ 2항}$)에 위반하여 주주가 제안한 사항을 주주총회의 목적사항으로 하지 아니한 자($\stackrel{상\ 635조}{1항\ 21호}$)·주주총회의 소집통지·공고에 없는 후보자를 이사·감사(監事)로 선임한 자($\stackrel{상\ 635조\ 1항}{30호542조의\ 5}$)·사외이사 선임의무를 이행하지 아니한 경우 등 상장회사의 지배구조요건에 위반하는 자($\stackrel{상\ 635}{조\ 3항}$) 등도 과태료의 처벌을 받는다.

제 3 제재의 종류

1. 형   벌

회사범죄에 대한 형벌은 자유형인 「징역」과 재산형인 「벌금」($\stackrel{상\ 622}{조\ 등}$) 및 부가형

---

1) 이에는 1995년 개정상법에 의하여 공증인과 감정인이 추가되어 있고(상 635조), 1999년 개정 상법에 의하여 감사위원회의 위원이 추가되어 있다(상 635조).

인 「몰수」·「추징」($\frac{상}{633조}$)이 있다. 징역의 최고한은 10년, 벌금의 최고한은 3,000만원이다($\frac{상 622}{조 1항}$). 일정한 범죄에 대하여는 징역과 벌금을 병과할 수 있다($\frac{상}{632조}$). 이러한 형벌은 앞에서 본 바와 같이 형사소송법의 절차에 따라 과하여진다.

2. 행 정 벌

회사범죄인 행정벌은 과태료인데, 그 액의 최고한은 원칙적으로 500만원이지만($\frac{상}{635조}$), 예외적으로 등록세액의 배액으로 하는 경우도 있다($\frac{상}{636조}$). 회사범죄에 대하여 형벌을 과할 때에는 과태료에 처하지 아니한다($\frac{상 635조}{1항 단서}$). 이러한 과태료는 대통령령으로 정하는 바에 따라 법무부장관이 부과·징수하는데, 이에 이의를 제기한 때에는 법무부장관은 지체 없이 관할법원에 그 사실을 통보하여야 하고 그 통보를 받은 관할법원은 비송사건절차법에 따른 과태료 재판을 한다($\frac{상 637}{조의 2}$).

제 4 가벌행위

1. 특별배임행위

상법상 특별배임죄는 회사의 발기인·업무집행사원·업무집행자[1]·이사·집행임원·감사위원회 위원·감사(監事) 또는 그 직무대행자·지배인·부분적 포괄대리권을 가진 상업사용인[2]이 그 임무에 위반한 행위로써 재산상의 이익을 취득하거나 제3자로 하여금 이를 취득하게 하여 회사에 손해를 가한 경우에 성립하는데, 이는 형법상의 배임죄($\frac{형 355}{조 2항}$)에 대한 특별규정이다.[3] 특별배임행위의 내용은 배임의 인식이

---

1) 2011년 4월 개정상법이 유한책임회사의 '업무집행자'를 추가하지 않은 것은 입법의 미비라고 본다.

2) 동지: 대판 1986. 9. 9, 85 도 218(공보 786, 1327)(특별배임죄의 주체는 적법한 이사나 대표이사에 한하고, 그가 선임된 주주총회의 결의가 부존재한 것으로 된 경우에는 그 주체가 될 수 없다); 동 1978. 11. 28, 78 도 1297(공보 604, 11622); 동 1978. 1. 24, 77 도 1637(공보 581, 10646)(특별배임죄의 주체가 되는 회사사용인은 적어도 회사의 영업의 어떤 종류 또는 특정한 사항에 관하여 대외적으로 회사를 대리할 수 있는 부분적이기는 하나 포괄대리권을 가진 자만을 말하므로, 위임된 회사의 업무가 개별적·구체적 사항에 관한 것인 경우는 이에 해당되지 아니한다).

3) **특별배임행위를 부정하는 판례:** 대판 1971. 4. 13, 71 도 326(집 19 ① 형 145)(은행융자에 있어서 담보물이 충분하여 은행에 손해가 없다면, 특단의 사정이 없는 한 은행원에게 은행의 융자 적합성 등의 검토에 있어서 잘못이 있다고 하더라도 상법 제622조에 의한 특별배임죄를 구성하지 않는다); 동 1981. 1. 27, 79 도 2810(공보 653, 13703)(주식회사의 임원들이 과대계상에 의하여 생긴 잉여금을 추석찬대〈饌代〉겸 체불된 노임조로 주주들에게 배당하였다고 하더라도 그 배당 절차가 적법하고 그 액수도 통상노임액수에 미달되어 회사에 손해를 가한 것이 없다면 특별배임죄가 성립될 수 없다).

　특별배임행위를 긍정하는 판례: 대판 1984. 2. 28, 83 도 2928(공보 726, 556)(회사와 제3자간에 임대차관계 분쟁해결에 있어 회사가 지급할 금액을 보증금 및 손해금을 합하여 금

있는 이상 작위이든 부작위이든, 법률행위이든 사실행위이든 무방하다.[1]

특별배임죄는 회사에 현실로 손해가 발생한 경우에 기수(旣遂)가 되는데, 이 범죄의 미수도 처벌된다($\substack{\text{상} \\ \text{624조}}$).

특별배임죄에 대한 형벌은 회사범죄 중 가장 무거운 10년 이하의 징역 또는 3,000만원 이하의 벌금인데, 이를 병과할 수도 있다($\substack{\text{상 622조.} \\ \text{632조}}$). 다만 사채권자집회의 대표자 또는 그 결의집행자는 7년 이하의 징역 또는 2,000만원 이하의 벌금으로 경감되어 있다($\substack{\text{상 623조.} \\ \text{632조}}$).

2. 회사재산을 위태롭게 하는 행위

물적회사에서 회사의 재산적 기초를 위태롭게 하는 죄는 전형적인 회사범죄인데, 이하에서 이를 살펴보면 다음과 같다.

(1) 부실보고 등의 행위

물적회사의 설립 또는 증자시에 자본금 충실에 관한 사항($\substack{\text{인수, 납입, 현물출자} \\ \text{의 이행, 변태설립사항}}$)에 대하여 법원·총회 또는 발기인[2]에게 부실한 보고를 하거나 사실을 은폐하는 행위이다($\substack{\text{상 625} \\ \text{조 1호}}$). 유한회사와 주식회사 상호간의 조직변경 또는 유한책임회사와 주식회사 상호간의 조직변경시에 순재산액에 관하여 법원 또는 총회에 부실한 보고를 하거나 사실을 은폐하는 행위도 같다($\substack{\text{상} \\ \text{626조}}$).[3]

(2) 부정한 자기주식(지분)의 취득 또는 질취(質取)행위

법률이 인정하는 경우($\substack{\text{상 341조, 341조의 2,} \\ \text{341조의 3, 560조}}$)를 제외하고 자기주식(지분)을 회사의 계산으로 부정하게 취득하거나 질취(質取)하는 행위이다($\substack{\text{상 625} \\ \text{조 2호}}$).

1,700만원으로 상호 인정하고 일단 합의가 이루어졌는데도 회사 대표이사가 처벌받게 됨을 두려워하여 별도로 권리금 명목으로 금 700만원을 더 지급하였다면, 이는 회사가 지급할 의무 없는 권리금 명목의 금원을 지급한 것으로서 소위 특별배임죄에 해당한다); 동 1989. 10. 10, 87 도 966(집 37 ③ 민 678)(주식회사의 주주인 대표이사와 이사가 회사의 경비를 허위로 과다하게 지출한 양 경리장부를 작성하게 하여 그 돈을 회사의 정식경리에서 제외시킨 경우, 정식경리에서 제외된 공금의 용도가 구체적으로 밝혀지지 아니하고 또 거액으로서 위의 대표이사 및 이사가 그 지출내역에 관하여 주장조차 하지 못하고 있다면, 위 금액이 회사의 자금으로 관리되었다고 보기 어렵기 때문에 특별배임죄를 구성할 수 있다).

1) 동지: 정(희), 668면. 상법상 특별배임죄에 관한 상세는 김병기, "상법 제622조 임원 등의 특별배임죄에 관한 연구,"「상사판례연구」(한국상사판례학회), 제28집 제2권(2015. 6), 51~80면 참조.

2) 1995년 개정상법에 의하여 발기설립의 경우 이사·감사는 회사의 설립에 관한 모든 사항을 조사하여 발기인에게 보고하도록 되어 있으므로(상 298조 1항), 발기인에 대한 부실보고 등도 처벌하게 된 것이다.

3) 상법 제626조에 유한책임회사와 주식회사 상호간의 조직변경에 관한 '상법 제287조의 44'를 추가하여야 할 것으로 본다. 이는 입법상 미비라고 본다.

(3) 법령 또는 정관에 위반한 이익의 배당행위

법령 또는 정관에 위반하여(예컨대 상법에 위반하여 법정준비금을 적립하지 않거
나 정관에 위반하여 임의준비금을 적립하지 않은 경우) 이익을 배당하는 행위(위법배당 또
는 제꼬리배당)이다($\frac{상 625}{조 3호}$).

(4) 투기에 의한 회사재산의 처분행위

회사의 정당한 영업범위 외에서 투기행위를 하기 위하여 회사재산을 처분하는 행위이다($\frac{상 625}{조 4호}$).

위와 같은 회사재산을 위태롭게 하는 범죄에 대한 형은 5년 이하의 징역 또는 1,500만원 이하의 벌금인데($\frac{상}{625조}$), 이를 병과할 수 있다($\frac{상}{632조}$).

3. 자회사에 의한 모회사의 주식취득제한을 위반한 행위

상법 제342조의 2 제 1 항 · 제 2 항, 제360조의 3 제 7 항, 제523조의 2 제 2 항 및 제530조의 6 제 5 항의 규정을 위반하여 자회사가 모회사의 주식을 위법하게 취득하였거나 적법하게 취득한 주식이라도 그 주식을 취득한 날 · 교환의 효력이 발생하는 날 · 합병의 효력이 발생하는 날 · 분할합병의 효력이 발생하는 날부터 6월 이내에 모회사의 주식을 처분하지 않은 때에는 2,000만원 이하의 벌금에 처한다($\frac{상 625}{조의 2}$). 자유형이 없는 대신 무거운 벌금형을 과하고 있다.

4. 주식 또는 사채의 모집 및 매출에 관한 부실문서의 행사

주식회사의 발기인 · 업무집행사원 · 업무집행자 · 이사 · 집행임원 · 감사위원회위원 · 감사(監事) 또는 그 직무대행자 · 지배인 · 부분적 포괄대리권을 가진 상업사용인 · 외국회사의 대표자, 주식 또는 사채의 모집수탁자 및 매출인이 주식 또는 사채의 모집이나 매출을 함에 있어 중요한 사항에 관하여 부실한 기재가 있는 문서(주식청약서 ·
사채청약서 · 사업계
획서 · 모집광고 등)를 행사하는 행위이다($\frac{상}{627조}$).

이는 주식회사가 직접 자금을 모집함에 있어 과대선전을 방지하기 위한 것으로, 이에 위반하면 5년 이하의 징역 또는 1,500만원 이하의 벌금에 처하는데($\frac{상 627}{조 1항}$), 병과할 수도 있다($\frac{상}{632조}$).

5. 납입가장행위

통모가장납입(발기인이 납입을 맡은 은행으로부터 금전을 차입하여 이것을 설립중의 회사의 예금으로 이체
하여 주식의 납입에 충당하지만, 그 차입금을 변제할 때까지 그 예금을 인출하지 않을 것을 약
정하는 것) 또는 위장납입[1](주식납입의 의사 없이 고리대금업자 등으로부터 일시 납입금에 충당할
목적으로 차입하여 은행에 예입하고, 등기 즉시 이를 꺼내어 반환하는 것)을 말하는

---

1) 납입가장죄의 성립을 부정한 판례: 대판 1977. 11. 8, 77 도 2439(집 25 ③ 형 67)(납입한

데$\binom{상}{628조}$, 현물출자의 이행이 있는 것처럼 가장하는 부정행위도 이에 포함된다.[1]

이러한 행위를 한 자는 5년 이하의 징역 또는 1,500만원 이하의 벌금에 처하고 $\binom{상\ 628}{조\ 1항}$, 병과할 수도 있다$\binom{상}{632조}$.

6. 주식의 초과발행행위

주식회사의 발기인·이사·집행임원 또는 그 직무대행자가 정관 소정의 발행예정주식총수(수권주식총수)를 초과하여 주식을 발행한 경우에는, 5년 이하의 징역 또는 1,500만원 이하의 벌금에 처하고$\binom{상}{629조}$, 병과할 수도 있다$\binom{상}{632조}$.

7. 증(贈)·수뢰(收賂)행위

물적회사의 공공적 성격을 반영하는 것으로서 주목된다. 이것에는 다음의 두 가지가 있다.

(1) 임원의 독직(瀆職)행위

이는 회사의 발기인·업무집행사원·업무집행자·이사·집행임원·감사위원회위원·감사(監事) 또는 그 직무대행자·지배인·부분적 포괄대리권을 가진 상업사용인·사채권자집회의 대표자 또는 그 결의집행자·검사인·공증인 및 감정인[2]이 그

돈을 회사설립등기가 된 다음 날에 곧 납입맡은 은행에서 꺼내갔다 하더라도, 이를 회사를 위하여 썼다면 자본충실을 해친다고 할 수 없어서 주식납입의 의사 없이 납입하였다고는 할 수 없다〈즉, 위장납입이라고 하기 위하여는 그 돈이 회사를 위하여 쓰이지 않고, 즉시 대주〈貸主〉에게 반환되어야 한다는 의미이다 — 저자 주〉); 동 1973. 8. 31, 73 다 824(민판집 189, 358); 동 1979. 12. 11, 79 도 1489(형판집 188, 103); 동 2001. 8. 21, 2000 도 5418(주식납입금을 회사설립등기 바로 인출하였으나, 그 인출금을 주식납입금 상당 자산의 양수대금으로 사용한 경우에는 납입가장죄가 성립할 수 없다).

납입가장죄의 성립을 긍정한 판례: 대판 1986. 9. 9, 85 도 2297(공보 787, 1419)(주금으로 납입할 의사 없이 마치 주식인수인들이 그 인수주식의 주금으로 납입하는 양 돈을 은행에 예치하고 주금납입보관증을 교부받아 등기신청을 하여 상업등기부의 원본에 기재된 다음 그 예치한 돈을 인출하였다면, 이를 회사를 위하여 사용하였다는 등 특별한 사정이 없는 한 납입가장죄가 성립한다); 동 1982. 4. 13, 80 도 537(집 30 ① 형 67); 동 1976. 1. 27, 75 도 3282(형판집 141, 393)(회사설립에 있어서 주금액의 위장납입방법이 공공연하게 묵인되는 것이 관례가 되어 있는 사유만으로는 가장납입행위가 범죄가 된다고 생각하지 않은 것을 정당화할 수 있는 사유가 될 수 없다).

그런데 납입가장죄의 성립여부와는 별도로 위장납입이 주식납입으로 유효한지 여부에 대하여, 대법원판례는 이를 유효로 보고 있다[대판 1983. 5. 24, 82 누 522(공보 708, 1025)(일시 차입한 금원으로 납입하고 회사설립이나 증자절차 후 곧바로 그 납입금을 인출하여 차입금을 변제한 경우라도, 주금납입으로는 유효하다)].

1) 동지: 정(희), 670면.
   납입가장죄에 관한 상세는 김성탁, "주식인수금의 가장납입에 대한 상법상의 형사처벌조항,"「기업법연구」(한국기업법학회), 제8집(2001), 565~588면 참조.
2) 공증인과 감정인은 1995년 개정상법에 의하여 추가된 것인데, 그 이유는 앞에서 본 바와 같이 이들이 설립경과 및 현물출자를 조사할 수 있는 권한을 갖기 때문이다(상 298조 3항, 299조의 2,

직무에 관하여 부정한 청탁을 받고 재산상의 이익을 수수·요구 또는 약속하는 행위이다($^{상\,630}_{조\,1항}$).

이러한 행위를 하는 자는 5년 이하의 징역 또는 1,500만원 이하의 벌금에 처하고($^{상\,630}_{조\,1항}$), 병과할 수도 있다($^{상}_{632조}$). 이 행위의 상대방으로서 이익을 약속·공여 또는 공여의 의사를 표시한 자도 동일한 처벌을 받는다($^{상\,630}_{조\,2항}$).

(2) 권리행사방해 등에 관한 증(贈)·수뢰(收賂)행위

이는 주주(사원) 또는 사채권자 등이 그의 권리행사와 관련하여 부정한 청탁을 받고 재산상의 이익을 수수·요구 또는 약속하는 행위이다($^{'총회꾼'에 의한 행위}_{가 대표적인 예이다}$). 이러한 자의 행위에는 (i) 창립총회·주주총회·사원총회·사채권자집회에 있어서의 발언 또는 의결권의 행사에 관한 부정행위,[1] (ii) 회사법상의 소(訴)의 제기·소수주주권 (소수사원권)이나 소수사채권자의 권리행사에 관한 부정행위, (iii) 이사·집행임원[2] 의 위법행위 유지청구권 또는 신주발행 유지청구권의 행사에 관한 부정행위이다.

이러한 행위를 한 자는 1년 이하의 징역 또는 300만원 이하의 벌금에 처하고 ($^{상\,631}_{조\,1항}$), 병과할 수도 있다($^{상}_{632조}$). 이 행위의 상대방으로서 이익을 약속·공여 또는 공여의 의사를 표시한 자도 동일한 처벌을 받는다($^{상\,631}_{조\,2항}$).

위 (1)과 (2)의 경우 범인이 수수한 이익은 이를 몰수하고, 그 전부 또는 일부를 몰수하기 불능한 때에는 그 가액을 추징한다($^{상}_{633조}$).

또한 (1)과 (2)의 경우에 부정한 청탁의 의미는 뚜렷이 법령에 위반한 행위 외에도 회사의 사무처리규칙에 위반한 것 중 중요한 사항에 위반한 행위를 포함하는데,[3] 단순한 감독청의 행정지시나 사회상규에 반하는 것이라고 하여 부정한 청탁이라고 할 수는 없다.[4]

310조 3항, 313조 2항, 422조 1항).

1) 대판 2018. 2. 8, 2015 도 7397(대표이사가 사전투표와 직접투표를 한 주주들에게 무상으로 회사가 계산한 20만원 상당의 상품교환권 등을 제공한 행위는 주주총회 의결권 행사와 관련된 이익의 공여로서 사회통념상 허용되는 범위를 넘어서서 상법상 주주의 권리행사에 관한 이익공여의 죄에 해당한다).

2) 상법 제631조 제1항 제3호에 집행임원에 관한 '상법 제408조의 9'를 추가하여야 할 것으로 본다. 이는 입법의 미비이다.

3) 동지: 대판 1971. 4. 13, 71 도 326(집 19 ① 형 145).

4) 동지: 대판 1980. 2. 12, 78 도 3111(공보 629, 12635)(상법 제630조의 독직죄에 관한 규정은 그들 임원의 직무의 엄격성을 확보한다는 것보다 회사의 건전한 운영을 위하여 그들의 회사에 대한 충실성을 확보하고 회사에 재산상 손해를 끼칠 염려가 있는 직무위반행위를 금하려는 데 그 취지가 있으므로, 단지 감독청의 행정지시에 위반하거나 사회상규에 반하는 것이라고 해서 부정한 청탁이라고 할 수는 없다).

8. 납입책임 면탈행위

납입의 책임을 면하기 위하여 타인 또는 가설인의 명의로 주식 또는 출자를 인수하는 행위인데, 이러한 행위를 한 자는 1년 이하의 징역 또는 300만원 이하의 벌금에 처한다(상 634조).

9. 주주의 권리행사에 관한 이익공여행위

주식회사의 이사·집행임원·감사위원회 위원·감사(監事) 또는 그 직무대행자·지배인 그 밖의 사용인이 주주의 권리행사와 관련하여 회사의 계산으로 재산상의 이익을 공여하는 행위인데, 이러한 자는 1년 이하의 징역 또는 300만원 이하의 벌금에 처한다(상 634조의 2 1항). 이러한 이익을 수수한 자, 제3자에게 이를 공여하게 한 자도 같다(상 634조의 2 2항).

10. 회사법상의 질서위반행위

회사의 발기인·설립위원·업무집행사원·업무집행자·이사·집행임원·감사(監事)·감사위원회 위원·외국회사의 대표자·검사인·공증인·감정인·지배인·청산인·명의개서대리인·사채모집의 수탁회사와 그 사무승계자 등이 등기나 공고를 게을리하거나 검사나 조사를 방해하거나 또는 그 밖에 상법에 위반하는 행위 등을 하는 경우가 이에 해당하는데(상 635조),[1] 이러한 행위를 한 자는 500만원·1,000만원 또는 5,000만원 이하의 과태료에 처한다(상 635조 1항 본문, 3항 본문, 4항 본문).[2] 그러나 500만원 이하의 과태료에 처할 행위에 대하여 형벌을 과할 때에는 그러하지 아니하다(상 635조 1항 단서).

---

1) 이에는 1995년 개정상법에 의하여 주식회사의 이사 등이 「회사의 영업양도 등과 합병에 관한 주주총회의 소집통지나 공고를 할 때에 주식매수청구권의 내용과 행사방법을 통지 또는 공고하지 아니하는 경우」와 「자회사가 정당한 이유 없이 모회사의 감사의 조사를 거부한 경우」가 추가되어 있다.
  또한 1998년 개정상법에 의하여 「주식회사의 이사·청산인이 주주제안의 규정에 위반하여 주주가 제안한 사항을 주주총회의 목적사항으로 하지 아니하는 경우」, 「주식회사의 이사 등이 분할합병시에 주식매수청구권의 내용과 행사방법을 통지 또는 공고하지 아니하거나 부실한 통지 또는 공고를 한 경우」 및 「주식회사의 이사 등이 합병에 관한 서류의 사후공시의무를 위반하거나 회사분할시 분할대차대조표 등의 공시의무를 위반한 경우」가 추가되어 있다.
  또한 1999년 개정상법에 의하여 「자회사가 정당한 이유 없이 모회사의 감사위원회의 조사를 거부한 경우」가 추가되어 있다.
  또한 2009년 개정상법에서는 상장회사에 대한 특례규정이 신설됨으로써 이에 위반하는 많은 행위가 과태료를 부과할 수 있는 행위로 추가되었고, 2011년 4월 개정상법에서도 많은 행위가 과태료를 부과할 수 있는 행위로 추가되었다.
2) 행정벌과 형벌과의 한계는 그 시대의 일반사회통념과 형사정책의 여하에 따라 상대적으로 결정된다[정(희), 672면].

회사의 성립 전에 회사의 명의로 영업을 하는 행위와 외국회사의 영업소 등기 전의 거래금지행위를 한 자는 등록세의 배액에 상당한 과태료에 처한다($\frac{상}{636조}$).

과태료는 대통령령으로 정하는 바에 따라 법무부장관이 부과·징수하는데, 이에 관한 상세한 절차는 상법 및 상법시행령에 규정되어 있다($\frac{상\ 637조의\ 2,}{상시\ 44조}$).

Ⅰ. 판례색인

Ⅱ. 사항색인

저자약력
서울대학교 법과대학(법학과) 졸업
서울대학교 대학원(법학석사)
법학박사(서울대학교)
미국 워싱턴대학교 Law School 및 듀크대학교 Law School에서 상법연구(Visiting Scholar)
독일 뮌스터대학교 법과대학에서 상법연구(Gastprofessor)
충북대학교 법학과 전임강사 및 국립경찰대학 법학과 조교수·부교수
사법시험위원·공인회계사시험위원, 대한상사중재원 중재인
법무부 법무자문위원회 위원
고려대학교 법과대학 및 법학전문대학원 교수(상법 및 금융법 담당)
현 고려대학교 법학전문대학원 명예교수

저   서
어음·수표선의취득연구(박영사)
사례연구 어음·수표법(법문사)
어음법·수표법(공저)(서울대출판부)
EC 회사법(박영사)
주석어음·수표법(Ⅰ)(Ⅱ)(Ⅲ)(공저)(한국사법행정학회)
주석 상법(제5판)(회사 Ⅲ)(회사 Ⅴ)(회사 Ⅵ)(공저)(한국사법행정학회)
회사법강의(제4판)(박영사)
어음·수표법강의(제7판)(박영사)
상법판례평석(홍문사)
상법개론(제18판)(법영사)
객관식 상법(제5판)(법영사)
판례상법(상)·(하)(제2판)(박영사)
상법강의(하)(제24판)(박영사)
상법사례연습(제4판)(박영사)
상법강의요론(제20판)(박영사)
영미어음·수표법(고려대출판부)
은행법강의(제3판)(공저)(박영사)
주석 금융법 Ⅰ(은행법)·Ⅱ(보험업법)·Ⅲ(자본시장법)(공저)(한국사법행정학회)
백산상사법논집 Ⅰ·Ⅱ(박영사)
로스쿨 금융법(공저)(박영사)
금융법강의(제2판)(공저)(박영사)
로스쿨 회사법(제2판)(박영사)
로스쿨 어음·수표법(박영사)
로스쿨 상법총칙·상행위법(공저)(박영사)
주식회사의 집행임원제도(박영사)

제27판

상법강의(상)

초판발행	1998년 9월 20일
제27판발행	2025년 1월 10일
지은이	정찬형
펴낸이	안종만 · 안상준
편 집	이승현
기획/마케팅	조성호
표지디자인	이수빈
제 작	고철민 · 김원표
펴낸곳	(주) **박영사**
	서울특별시 금천구 가산디지털2로 53, 210호(가산동, 한라시그마밸
	등록 1959. 3. 11. 제300-1959-1호(倫)
전 화	02)733-6771
f a x	02)736-4818
e-mail	pys@pybook.co.kr
homepage	www.pybook.co.kr
ISBN	979-11-303-4794-3 94360
	979-11-303-4793-6(세트)

copyright©정찬형, 2025, Printed in Korea

정 가   74,000원